Código de Processo Civil

Código de Processo Civil

Anotado, Comentado e Interpretado

Volume III · 2015

PARTE ESPECIAL II (Arts. 693 a 1.072)

Artur César de Souza
Juiz Federal
Professor Universitário
Pós-Doutor em Direito

ALMEDINA

CÓDIGO DE PROCESSO CIVIL – VOLUME III
Anotado, Comentado e Interpretado
© Almedina, 2015

AUTOR: Artur César de Souza
DIAGRAMAÇÃO: Almedina
DESIGN DE CAPA: FBA
ISBN: 978-858-49-3055-5

Dados Internacionais de Catalogação na Publicação (CIP)
(Câmara Brasileira do Livro, SP, Brasil)

Souza, Artur César de
Código de processo civil: anotado, comentado e interpretado: parte especial (arts. 693 a 1.072), volume III/Artur César de Souza. – São Paulo: Almedina, 2015.
ISBN: 978-85-8493-055-5
1. Processo civil 2. Processo civil – Brasil 3. Processo civil – Legislação – Brasil I. Título.

15-05626 CDU-347.9(81)(094)

Índices para catálogo sistemático:
1. Brasil: Leis: Processo civil 347.9(81)(094)
2. Leis: Processo civil: Brasil 347.9(81)(094)

Este livro segue as regras do novo Acordo Ortográfico da Língua Portuguesa (1990).

Novembro, 2015

EDITORA: Almedina Brasil
Rua José Maria Lisboa, 860, Conj. 131 e 132, Jardim Paulista | 01423-001 São Paulo | Brasil
editora@almedina.com.br
www.almedina.com.br

ABREVIATURAS

AC TC – Acórdão Tribunal Constitucional
Ac. Acórdão
ACO – Ação Civil Ordinária
ACP – Ação Civil Pública
ADI-MC – Medida Cautelar em Ação Direta de Inconstitucionalidade
ADIN – Ação Direta de Inconstitucionalidade
ADPF – Arguição de Descumprimento de Preceito Fundamental
AG – Agravo
AgR – Agravo Regimental
AGRCR – Agravo Regimental em Carta Rogatória
AgREsp – Agravo em Recurso Especial
AgRg na APn – Agravo Regimental na Ação Penal
AgRg no Ag – Agravo Regimental no Agravo
AgRg no Ag – Agravo Regimental no Agravo
AgRg no AREsp – Agravo Regimental no Agravo em Recurso Especial
AgRg no CC – Agravo no Conflito de Competência
AgRg no RMS – Agravo Regimental no Recurso em Mandado de Segurança
AgRg nos EREsp – Agravo Regimental nos Embargos em Recurso Especial
AGU – Advocacia Geral da União
AI – Agravo de Instrumento
ALI – American Law Institute.
AR – Ação Rescisória
ARE – Recurso Extraordinário com Agravo.
Art. – Artigo
BACENJUD – Banco Central do Brasil Judiciário
BGB – Código Civil Alemão

C. Pr. Civil – Código de Processo Civil
C.C. – Código Civil
C.C.B. – Código Civil Brasileiro
C.c.b. – Código Civil Brasileiro
C.F. – Constituição Federal
C.J.F. – Conselho da Justiça Federal
C.N.J. – Conselho Nacional de Justiça
C.P.C. – Código de Processo Civil
C.P.P. – Código de Processo Penal
Cass. – Cassação
CC – Código Civil
CC – Conflito de Competência
CDA – Certidão de Dívida Ativa
CDC – Código de Defesa do Consumidor
CEF – Caixa Econômica Federal
Com. – Comentários
CONFEA – Conselho Federal de Engenharia e Agronomia
Conv. Eur. Dir. Uomo – Convênio Europeu dos Direitos dos Homens
CPC – Código de Processo Civil
CPCC – Código de Processo Civil Comentado
CRC – Conselho Regional de Contabilidade
CREAA – Conselho Regional de Engenharia e Agronomia e Arquitetura
CRM – Conselho Regional de Medicina
CSLL – Contribuição Social sobre Lucro Líquido
CTN – Código Tributário Nacional
D – Digesto
D.E. – Diário Eletrônico
Dec. – Decreto
DF – Distrito Federal
DI – Direito Internacional
Disp. Trans. – Disposições Transitórias
DIVULG – Divulgação
DJ – Diário da Justiça
DJe – Diário da Justiça Eletrônico
DNA – ácido desoxirribonucléico
DOU – Diário da Justiça da União
DR – Diário da República
EAD – Ensino à Distância
EC – Emenda Constitucional

ECA – Estatuto da Criança e do adolescente
ED – Embargos de Declaração
EDcl – Embargos de Declaração
EDcl nos EDcl no AgRg na MC. – Embargos de Declaração nos Embargos de Declaração no Agravo Regimental na Medida Cautelar
EDcl nos EDcl no RHC – Embargos de Declaração nos Embargos de Declaração no Recurso em Habeas Corpus
EDcl nos EDcl nos EDcl no AgRg na ExSusp – Embargos de Declaração nos Embargos de Declaração nos Embargos de Declaração no Agravo Regimental na Exceção de Suspeição.
EDcl nos EDcl nos EDcl nos EDcl no AgRg no REsp – Embargos de declaração nos Embargos de Declaração nos Embargos de Declaração nos Embargos de Declaração no Agravo Regimental no Recurso Especial
ED-ED-AgR – Embargos de Declaração em Embargos de Declaração em Agravo Regimental
EMENT – Ementário
EOA – Estatuto da Ordem dos Advogados
FGTS – Fundo de Garantia por Tempo de Serviço
FUNAI – Fundação Nacional do Índio
HC – Habeas Corpus
INC. – Inciso
INCRA – Instituto Nacional de Colonização e Reforma Agrária
INSS – Instituto Nacional de Seguridade Social
IRPJ – Imposto de Renda Pessoa Jurídica
J. – julgamento
L. – Lei.
LACP – Lei da Ação Civil Pública
LC – Lei Complementar
LDi – Lei de Divórcio
LICC – Lei de Introdução ao Código Civil brasileiro
LOMAN – Lei Orgânica da Magistratura Nacional
LOPJ – Lei Orgânica do Poder Judiciária
M.P. – Ministério Público
MC-REF – Referendo Medida Cautelar
MI – Mandado de Injunção
MIN. – Ministro
MP – Medida Provisória
MPF – Ministério Público Federal
MRE/MF – Ministério das Relações Exteriores/Ministério da Fazenda

MS – Mandado de Segurança
N. – número
OAB – Ordem dos Advogados do Brasil
ONG – Organização não Governamental
ONU – Organização das Nações Unidas
ORTN – Obrigações Reajustáveis do Tesouro Nacional.
PET – Petição
PIS/PASEP – Programa de Integração Social/Programa de Formação do Patrimônio do Servidor Público
PROJUDI – Processo Judicial
PUBLIC – Publicação
QO – Questão de Ordem
R0 – Recurso Ordinário
Rcl – Reclamação
RE – Recurso Extraordinário
Rel. – Relação
Rel. – Relator
REsp – Recurso Especial
Rev. – Revista
RHC – Recurso em Habeas Corpus
RI/STF – Regimento Interno do Supremo Tribunal Federal
RMS – Recurso em Mandado de Segurança
RPV – Requisição de Pequeno Valor
RSTJ – Revista do Superior Tribunal de Justiça
RT – Revista dos Tribunais
RTJ – Revista Trimestral de Jurisprudência
S.T.F. – Supremo Tribunal Federal
S.T.J. – Superior Tribunal de Justiça
SE – Sentença Estrangeira
SEC – Sentença Estrangeira Contestada
SENT. – Sentença
SIMP – Simpósio
SISTCON – Sistema de Conciliação
STC – Supremo Tribunal Constitucional
STEDH – Sentença do Tribunal Europeu de Direitos Humanos
T.R.Fs. – Tribunais Regionais Federais
T.S.M. – Tribunal Superior Militar
TEDH – Tribunal Europeu de Direitos Humanos
TFR – Tribunal Federal de Recurso

TJ/RS – Tribunal de Justiça do Rio Grande do Sul
TRF 1ª – Tribunal Regional Federal da 1ª Região
TRF4 – Tribunal Regional Federal da 4ª Região.
TRT – Tribunal Regional do Trabalho
TSE – Tribunal Superior Eleitoral
TST – Tribunal Superior do Trabalho
UERJ – Universidade Estadual do Rio de Janeiro
UNIDROIT – International Institute for the Unification
UTI – Unidade de Terapia Intensiva
VOL – Volume
ZPO – Código de Processo Civil Alemão

SUMÁRIO

PARTE ESPECIAL II

CAPÍTULO X – Das Ações de Família

Art. 693

As normas deste Capítulo aplicam-se aos processos contenciosos de divórcio, separação, reconhecimento e extinção de união estável, guarda, visitação e filiação.

Parágrafo único. A ação de alimentos e a que versar sobre interesse de criança ou de adolescente observarão o procedimento previsto em legislação específica, aplicando-se, no que couber, as disposições deste Capítulo.

Ações de Família

Segundo estabelece o art. 226 da Constituição Federal, a família, base da sociedade, tem especial proteção do Estado.

Tanto as normas de direito material quanto as de direito processual devem ser interpretadas de tal forma que se garanta a especial proteção do Estado à constituição e manutenção da família.

Na realidade, a urgência que envolve as demandas de família e as peculiaridades individuais de cada processo exigem mecanismos procedimentais específicos.

O novo C.P.C., focado no que dispõe o art 226 do C.F., traz uma inovação importante quanto ao procedimento a ser adotado em relação às demandas de *família*.

Mas para se analisar o procedimento em questão, inicialmente deve-se tentar definir o que se entende por família.

Segundo Maria Berenice Dias, *"dispondo a família de várias formatações, também o direito das famílias precisa ter espectro cada vez mais abrangente. Assim, difícil sua defi-*

nição sem incidir num vício de lógica. Como esse ramo de direito disciplina a organização da família, conceitua-se o direito de família com o próprio objeto a definir. Em consequência, mais que uma definição, acaba sendo feita a 'enumeração' dos vários institutos que regulam não só as relações entre pais e filhos, mas também entre cônjuges e conviventes, ou seja, a relação das pessoas ligadas por um vínculo de consanguinidade, afinidade ou afetividade".[1]

O novo C.P.C., dentro desta lógica, ao invés de definir o que se entende por demanda de família, também optou por *enumerar* algumas espécies de demanda que tenham por objeto o direito de família, como, por exemplo, divórcio, separação, reconhecimento e extinção de união estável, guarda, visitação e filiação.

Porém, é de se observar que: *"a entidade familiar, apesar do que muitos dizem, não se mostra em decadência. Ao contrário, é o resultado das transformações sociais. Houve a repersonalização das relações familiares na busca do atendimento aos interesses mais valiosos das pessoas humanas: afeto, solidariedade, lealdade, confiança, respeito e amor. Ao Estado, inclusive nas suas funções legislativas e jurisdicionais, foi imposto o dever jurídico constitucional de implementar medidas necessárias e indispensáveis para a constituição e desenvolvimento das famílias".*[2]

Atualmente, conforme aduz Teresa Arruda Alvim Wambier, a concepção de família sofreu alteração, pois o seu principal papel é dar sustentação emocional ao indivíduo em relação à constituição de laços afetivos.[3]

Assim, entende-se por *demandas (ações) de família* aquelas que tenham por pretensões jurídicas questões que envolvam a personalidade de pessoa em virtude de sua posição numa determinada relação familiar. Em sua maioria, são compostas de pretensões *intransmissíveis, irrevogáveis, irrenunciáveis e indisponíveis.*[4]

Tradicionalmente, pode-se configurar o direito de família em três grandes eixos temáticos: *a) direito matrimonial* (casamento, celebração, efeitos, anulação, regime de bens, dissolução, divórcio); b) *direito parental* (filiação, adoção e relações de parentesco); c) *direito protetivo ou assistencial* (poder familiar, alimentos, tutela e curatela). É certo que essa divisão vem cada vez mais sofrendo transformações.[5]

É importante salientar que tendo sido reconhecida a união estável como entidade familiar, os eventuais conflitos envolvendo essas questões devem ser considerados como demandas de família.

[1] DIAS, Maria Berenice. *Manual de direito das famílias.* 4ª ed. rev. atual. e ampl. São Paulo: Editora Revista dos Tribunais, 2007. p. 33.

[2] DIAS, M. B., idem, p. 34.

[3] WAMBIER, Teresa Arruda Alvim. *Direitos de família e do menor.* 3ª ed. Belo Horizonte: Del Rey, 1993. p. 83

[4] DIAS, M. B., op. cit., p. 35.

[5] DIAS, M. B., idem, ibidem.

Diante dessas considerações, e conforme determina o art. 693 do atual C.P.C., as normas previstas no Capítulo X (art. 693 a 699) devem ser aplicadas aos processos contenciosos que envolvam demandas que tenham por objeto pretensões sobre direito de família, dentre elas, divórcio contencioso, separação, reconhecimento e extinção de união estável, guarda, visitação e filiação.

É importante salientar que, para alguns, em nosso ordenamento jurídico não haveria mais separação contenciosa, pois o rompimento do casamento se dá diretamente pelo divórcio. Porém, para outros, ainda existe a possibilidade de se requerer apenas a separação sem efeito de divórcio.

Segundo prescreve o *parágrafo único do art. 693* do atual C.P.C., *a ação de alimentos e a que versar sobre interesse de criança ou adolescente observarão o procedimento previsto em legislação específica, aplicando-se, no que couber, as disposições deste Capítulo.*

Em relação às demandas que digam respeito a alimentos e as que versarem sobre interesse de criança ou adolescente, as disposições deste Capítulo serão aplicadas, no que couber, subsidiariamente, pois o procedimento a ser adotado para essas pretensões é o especificado em lei específica.

No caso das demandas de alimentos, deve-se observar, dentre outros, o procedimento previsto na Lei 5.478, de 25 de julho de 1968, na Lei 11.804 de 5 de novembro de 2008, sendo que, em relação aos interesses de criança ou adolescente, é de se aplicar, dentre outras legislações, o Estatuto da Criança e do Adolescente, Lei n. 8.069 de 13 de julho de 1990.

Também deverá ser observada a Lei da Ação Civil Pública, n. 7.347, de 24 de julho de 1985, quando for objeto de pretensão direito ou interesse individual homogêneo ou difuso ou coletivo de criança ou adolescente. Sobre o tema, eis o seguinte precedente do S.T.J.:

> *1. O Ministério Público Estadual detém legitimidade para a propositura de ação civil pública, objetivando a responsabilização de ex-dirigentes de fundação de direito privado, instituída para a execução de programas de proteção e sócioeducativos destinados a crianças e adolescentes.*
>
> *2. Deveras, o Ministério Público está legitimado a defender os interesses transindividuais, quais sejam os difusos, os coletivos e os individuais homogêneos.*
>
> *3. É que a Carta de 1988, ao evidenciar a importância da cidadania no controle dos atos da administração, com a eleição dos valores imateriais do art. 37, da CF como tuteláveis judicialmente, coadjuvados por uma série de instrumentos processuais de defesa dos interesses transindividuais, criou um microsistema de tutela de interesses difusos referentes à probidade da administração pública, nele encartando-se a Ação Popular, a Ação Civil Pública e o Mandado de Segurança Coletivo, como instrumentos concorrentes na defesa desses direitos eclipsados por cláusulas pétreas.*

4. A nova ordem constitucional erigiu um autêntico 'concurso de ações' entre os instrumentos de tutela dos interesses transindividuais e, a fortiori, legitimou o Ministério Público para o manejo dos mesmos.

5. O Ministério Público do Estado de Minas Gerais ajuizou ação civil pública em face de ex-dirigentes de fundação privada de assistência à criança, fundado na prática de inúmeras irregularidades, apuradas em auditoria interna, especialmente, uso indevido de verbas, além da apropriação indébita de recursos da referida entidade, no importe de R$ 81.192,47), consoante se infere dos autos.

(...).

10. À luz da legislação atinente à matéria, afere-se anomalia na administração da fundação, revela-se razoável que os interessados e, especialmente, o Ministério Público, no exercício de seu mister, sejam legitimados à propositura de ações judiciais aptas à coibir eventuais ingerências, possibilitando à fundação o cumprimento de sua finalidade precípua, consoante a lei e seus estatutos, máxime pela expressa previsão de fiscalização das mencionadas entidades, inserta no art. 95 do Estatuto da Criança do Adolescente, verbis: "As entidades governamentais e não-governamentais referidas no art. 90 serão fiscalizadas pelo Judiciário, pelo Ministério Público e pelos Conselhos Tutelares (...)".

11. Ad argumentandum tantum, o direito insculpido na Constituição Federal e no Estatuto da Criança e do Adolescente, é direito indisponível, em função do bem comum, maior a proteger, derivado da própria força impositiva dos preceitos de ordem pública que regulam a matéria.

12. Outrossim, a Lei nº 8.069/90 no art. 7º, 200 e 201, consubstanciam a autorização legal a que se refere o art. 6º do CPC, configurando a legalidade da legitimação extraordinária cognominada por Chiovenda como "substituição processual", senão vejamos: "Art. 7º A criança e o adolescente têm direito a proteção à vida e à saúde, mediante a efetivação de políticas sociais públicas que permitam o nascimento e o desenvolvimento sadio e harmonioso, em condições dignas de existência." "Art. 200. As funções do Ministério Público previstas nesta Lei serão exercidas nos termos da respectiva lei orgânica." "Art. 201. Compete ao Ministério Público: (...) V – promover o inquérito civil e a ação civil pública para a proteção dos interesses individuais, difusos ou coletivos relativos à infância e à adolescência, inclusive os definidos no art. 220, § 3º inciso II, da Constituição Federal;" 13. Recurso especial provido para reconhecer a legitimidade do Ministério Público Estadual.

(REsp 776.549/MG, Rel. Ministro LUIZ FUX, PRIMEIRA TURMA, julgado em 15/05/2007, DJ 31/05/2007, p. 346)

Art. 694

Nas ações de família, todos os esforços serão empreendidos para a solução consensual da controvérsia, devendo o juiz dispor do auxílio de profissionais de outras áreas de conhecimento para a mediação e conciliação.

Parágrafo único. A requerimento das partes, o juiz pode determinar a suspensão do processo enquanto os litigantes se submetem a mediação extrajudicial ou a atendimento multidisciplinar.

Solução consensual de controvérsia

Tendo em vista os valores que estão envolvidos nas pretensões processuais que digam respeito a direito de família, relações intersubjetivas de extrema singularidade, deve-se propugnar por soluções de conflito menos traumáticas e de forma a preservar o máximo possível a relação amistosa entre as pessoas envolvidas nessa espécie de demanda.

Aliás, estabelece o art. 3º, §3º, do atual C.P.C. que a *conciliação, a mediação e outros métodos de solução consensual de conflitos deverão ser estimulados por juízes, advogados, defensores públicos e membros do Ministério Público, inclusive no curso do processo judicial.*

Daí porque, todos os esforços serão empreendidos para a solução consensual da controvérsia, especialmente a conciliação e a mediação, evitando-se ao máximo a ruptura definitiva entre os laços de afetividade que ainda possam existir.

O juiz, ao se deparar com demandas de família, deverá dispor do auxílio de profissionais de outras áreas de conhecimento, como é o caso de terapeutas, assistentes sociais, psicólogos etc., para que a mediação ou conciliação possa ser melhor avaliada e aproveitada.

Segundo prescreve o *parágrafo único do art. 694* do atual C.P.C., a *requerimento das partes, o juiz pode determinar a suspensão do processo enquanto os litigantes se submetem a mediação extrajudicial ou a atendimento multidisciplinar.*

Muito embora este dispositivo estabeleça que se deve aguardar manifestação das partes para a suspensão do processo, é certo que o juiz, para se evitar inclusive eventual frustração de acordo, poderá, de *ofício,* suspender o processo quando haja notícia nos autos de que os litigantes se encontram submetidos a mediação extrajudicial ou a atendimento multidisciplinar.

Na realidade, a mediação ou conciliação judicial não excluem outras formas de conciliação e mediação extrajudiciais vinculadas a órgãos institucionais ou realizadas por intermédio de profissionais independentes, que poderão ser regulamentadas por lei específica.

E isso se justifica tendo em vista que nesse tipo de pretensão jurídica dá-se total preferência à resolução alternativa de conflito que não seja a contenciosa.

Art. 695

Recebida a petição inicial e, se for o caso, tomadas as providências referentes à tutela provisória, o juiz ordenará a citação do réu para comparecer à audiência de mediação e conciliação, observado o disposto no art. 694.

§ 1º O mandado de citação conterá apenas os dados necessários à audiência e deverá estar desacompanhado de cópia da petição inicial, assegurado ao réu o direito de examinar seu conteúdo a qualquer tempo.

§ 2º A citação ocorrerá com antecedência mínima de 15 (quinze) dias da data designada para a audiência.

§ 3º A citação será feita na pessoa do réu.

§ 4º Na audiência, as partes deverão estar acompanhadas de seus advogados ou de defensores públicos.

Citação do réu

Proposta a demanda que tenha por objeto pretensão envolvendo direito de família e recebida a petição inicial (que deverá preencher os pressupostos processuais e as condições de análise do mérito da demanda), o juiz irá apreciar eventuais pedidos de antecipação de tutela de urgência satisfativa ou cautelar.

Uma vez apreciado o pedido de tutela provisória, se for o caso, o juiz ordenará a citação do réu para comparecer à audiência de mediação e conciliação a ser designada, observado o disposto no art. 694 do atual C.P.C., ou seja, realizando-se todos os esforços necessários para uma solução consensual sobre o conflito.

É certo que o art. 319, inc. VII, do atual C.P.C., estabelece como requisito da petição inicial a opção do autor pela realização *ou não de audiência de conciliação ou de mediação*. Da mesma forma, preconiza o art. 334, §4º, inc. I, do atual C.P.C. que *a audiência não será realizada: I – se ambas as partes manifestarem, expressamente, desinteresse na composição consensual;*

Porém, nas demandas que digam respeito a pretensão de família, não haverá possibilidade de o autor ou de o réu dispensar a audiência de conciliação e mediação, pois todo o procedimento que envolva esse tipo de demanda deve ser norteado por esforços que encerrem a questão mediante acordo.

Conforme estabelece o *§1º do art. 695* do atual C.P.C., o *mandado de citação conterá apenas os dados necessários à audiência e deverá estar desacompanhado de cópia da petição inicial, assegurado ao réu o direito de examinar seu conteúdo a qualquer tempo.*

Este dispositivo vem reforçar a ideia de que não será possível dispensar a audiência de conciliação e mediação nas demandas (ações) de família.

A metodologia adotada pelo legislador do atual C.P.C. é de extrema importância em razão de dois aspectos: a) como a citação deve ser realizada prioritariamente por carta, torna-se mais seguro o segredo de justiça que envolve as demandas de família, se a carta não for acompanhada de cópia da petição inicial; b) visando à efetividade da conciliação ou mediação, é importante que o réu não tome conhecimento antes da tentativa de acordo do conteúdo da petição inicial, pois, muitas vezes, os argumentos inseridos na petição inicial podem ser ofensivos e desencadear maior animosidade entre as partes. Porém, se o réu desejar efetivamente conhecer o conteúdo da petição inicial antes da audiência, tal pretensão lhe será assegurada a qualquer tempo.

Estabelece o *§2º do art. 695* do atual C.P.C. que a *citação ocorrerá com antecedência mínima de 15 (quinze) dias da data designada para a audiência.*

Trata-se de um prazo razoável para meditação e avaliação das partes sobre uma futura tentativa de conciliação.

Preconiza o *§3º do art. 695* do atual C.P.C. que *a citação será feita na pessoa do réu.*

A citação do réu para comparecer à audiência de conciliação ou mediação dar-se-á na pessoa do réu.

Segundo prescreve o *§4º do art. 695* do atual C.P.C., *na audiência, as partes deverão estar acompanhadas de seus advogados ou de defensores públicos.*

Tendo em vista que a audiência de conciliação ou mediação caracteriza um efetivo ato processual, as partes deverão estar assistidas por advogado, até para que possam consultá-lo sobre as consequências jurídicas dos atos que praticarem durante a audiência.

Se a parte já tiver advogado nomeado no processo, também ele deverá ser intimado da audiência de conciliação ou mediação por meio de publicação no Diário Oficial Eletrônico ou pelo sistema de comunicação do processo eletrônico.

Se a parte comparecer pessoalmente à audiência de conciliação ou mediação, mas sem advogado, o juiz deverá nomear defensor público para representar a parte na referida audiência. Se não houver defensor público no momento da audiência, o juiz deverá suspender a audiência, comunicando o defensor público para que compareça na próxima audiência que será designada.

Não havendo defensor público, o juiz deverá nomear defensor 'ad hoc' para representar a parte na audiência de conciliação e mediação.

Essa nova perspectiva deve ser adotada, justamente pelo fato de que este tipo de procedimento deve ser regulado por todos os esforços necessários para se alcançar a conciliação ou mediação nas questões que envolvem interesse de família.

Se o autor ou o réu não comparecer à audiência de conciliação, o juiz deverá aplicar o disposto no §8º do art. 334 do atual C.P.C. que assim dispõe: *o não comparecimento injustificado do autor ou do réu à audiência de conciliação é considerado ato atentatório à dignidade da justiça e será sancionado com multa de até dois por cento da vantagem econômica pretendida ou do valor da causa, revertida em favor da União ou do Estado.*

O § 10. do art. 334 do atual C.P.C. estabelece que a parte poderá constituir representante, por meio de procuração específica, com poderes para negociar e transigir. Sobre o tema, eis o seguinte precedente do TJMG:

> *1. A presença pessoal dos cônjuges, na audiência de ratificação do divórcio direto consensual, é dispensável, em caráter excepcional. Presente a excepcionalidade, as partes podem ser representadas por advogado com poderes especiais. 2. A circunstância de o cônjuge varão residir no interior de outro Estado da Federação, não ter condições financeiras para o comparecimento e estar representado por procurador com poderes especiais, caracteriza a excepcionalidade mencionada. Ademais, a Emenda Constitucional nº 66, de 2010, procurou facilitar a concessão do divórcio. 3. Apelação cível conhecida e provida para cassar a sentença e, prosseguindo no julgamento, decretar o divórcio dos apelantes.*
>
> (TJMG; APCV 1557682-76.2009.8.13.0035; Araguari; Segunda Câmara Cível; Rel. Des. Caetano Levi Lopes; Julg. 19/10/2010; DJEMG 05/11/2010)

A propósito, confira-se o teor do art. 36 da Resolução n. 36 do C.N.J.:

> *"Art. 36. O comparecimento pessoal das partes é dispensável à lavratura de escritura pública de separação e divórcio consensuais, sendo admissível ao (s) separado (s) ou ao (s) divorciando (s) se fazer representar por mandatário constituído, desde que por instrumento público com poderes especiais, descrição das cláusulas essenciais e prazo de validade de trinta dias."*

É certo que sobre a necessidade de realização da audiência de ratificação no divórcio consensual, eis os seguintes precedentes:

> *1. Em regra, mesmo havendo acordo firmado pelas partes ajustando a separação judicial, é imperiosa a realização da audiência de ratificação. 2. Trata-se, pois, de exigência expressa do art. 1.122 do CPC, sendo que a inobservância da forma legal acarreta a nulidade da decisão, pois a solenidade prevista na lei visa resguardar direitos*

indisponíveis e dar à família a especial proteção determinada pelo art. 226 da CFB. 3. Consideradas as peculiaridades do caso concreto, onde as partes foram assistidas pela mesma procuradora e que, originalmente, era advogada apenas da autora, e tendo em mira as estipulações do acordo, que foram bastante favoráveis à separanda e aos filhos do casal, descabe decretar a nulidade da sentença pela não realização de audiência de ratificação. Recurso desprovido."

(ApC Nº 70035102656, 7ª Câmara Cível, TJRS, Relator: Sérgio Fernando de Vasconcellos Chaves, Julgado em 25/05/2011)

Ainda que haja a determinação legal e seja recomendável a realização da audiência de ratificação, excepcionalmente pode ser dispensada, principalmente quando não há filhos, nem obrigação alimentar. Não se verificando vício na manifestação de vontade das partes, possível chancelar a separação consensual, sem a formalidade. Agravo desprovido por maioria."

(AgI Nº 70012081089, 7ª Câmara Cível, TJRS, Relator: Maria Berenice Dias, Julgado em 09/11/2005

Art. 696

A audiência de mediação e conciliação poderá dividir-se em tantas sessões quantas sejam necessárias para viabilizar a solução consensual, sem prejuízo de providências jurisdicionais para evitar o perecimento do direito.

Sucessão de audiências de conciliação e mediação

É possível que na primeira audiência de conciliação ou mediação marcada para se tentar um acordo entre as partes não tenha sido possível concretizar-se a finalidade esperada.

Porém, pode ocorrer que as partes necessitem de mais tempo para avaliar eventual proposta ou mesmo para que possam pensar em alguma proposta a ser formulada. Nessa hipótese, poderá o juiz suspender a audiência de conciliação ou mediação, quantas vezes for necessária, marcando novas audiências para a tentativa de conciliação ou mediação.

Contudo, não obstante a necessidade de se postergar no tempo a tentativa de conciliação ou mediação, isso não prejudicará a possibilidade de concessão pelo magistrado de tutelas antecipadas com base na urgência (satisfativa ou cautelar).

Também poderá o juiz promover as medidas de urgência necessárias para se evitar perecimento de direito.

Art. 697

Não realizado o acordo, passarão a incidir, a partir de então, as normas do procedimento comum, observado o art. 335.

Frustração da conciliação e resposta do réu

Não sendo possível chegar-se à conciliação entre as partes pela falta efetiva de acordo, o réu poderá oferecer contestação, por petição, no prazo de 15 (quinze) dias, nos termos do art. 335 do atual C.P.C.

Preceitua o art. 335 do atual C.P.C.:

Art. 335. O réu poderá oferecer contestação, por petição, no prazo de 15 (quinze) dias, cujo termo inicial será a data:

I – da audiência de conciliação ou de mediação, ou da última sessão de conciliação, quando qualquer parte não comparecer ou, comparecendo, não houver autocomposição;

II – do protocolo do pedido de cancelamento da audiência de conciliação ou de mediação apresentado pelo réu, quando ocorrer a hipótese do art. 334, § 4º, inciso I;

III – prevista no art. 231, de acordo com o modo como foi feita a citação, nos demais casos.

§ 1º No caso de litisconsórcio passivo, ocorrendo a hipótese do art. 334, § 6º, o termo inicial previsto no inciso II será, para cada um dos réus, a data de apresentação de seu respectivo pedido de cancelamento da audiência.

§ 2º Quando ocorrer a hipótese do art. 334, § 4º, inciso II, havendo litisconsórcio passivo e o autor desistir da ação em relação a réu ainda não citado, o prazo para resposta correrá da data de intimação da decisão que homologar a desistência.

O inc. I do art. 335 do atual C.P.C. preconiza que mesmo não comparecendo o réu na audiência de conciliação ou mediação, o prazo para a contestação iniciar-se-á da data da audiência.

Art. 698

Nas ações de família, o Ministério Público somente intervirá quando houver interesse de incapaz e deverá ser ouvido previamente à homologação de acordo.

Hipótese de intervenção do Ministério Público

Muito embora, por vezes, as questões de família digam respeito a direitos indisponíveis, o certo é que o Ministério Público somente irá intervir quando houver interesse de incapaz, devendo ser ouvido previamente à homologação de acordo.

Portanto, não havendo interesse de incapazes, seja qual for a questão de família objeto do processo, não haverá intervenção do Ministério Público.

Art. 699

Quando o processo envolver discussão sobre fato relacionado a abuso ou a alienação parental, o juiz, ao tomar o depoimento do incapaz, deverá estar acompanhado por especialista.

Alienação parental

Se a causa disser respeito a questão de fato sobre abuso ou alienação parental, o juiz deverá estar acompanhado por especialistas ao tomar o depoimento do incapaz, até para que possa ser devidamente cientificado sobre o grau dessa alienação.

O termo alienação parental foi utilizado em 1985, por Richard Gardner, para descrever situação em que a mãe ou o pai de uma criança a induz a romper os laços afetivos com o outro cônjuge, criando sentimentos de ansiedade e rejeição.

A Lei n. 12.318/10 trata da alienação parental, *in verbis:*

> *Art. 1º Esta Lei dispõe sobre a alienação parental.*
>
> *Art. 2º Considera-se ato de alienação parental a interferência na formação psicológica da criança ou do adolescente promovida ou induzida por um dos genitores, pelos avós ou pelos que tenham a criança ou adolescente sob a sua autoridade, guarda ou vigilância para que repudie genitor ou que cause prejuízo ao estabelecimento ou à manutenção de vínculos com este.*
>
> *Parágrafo único. São formas exemplificativas de alienação parental, além dos atos assim declarados pelo juiz ou constatados por perícia, praticados diretamente ou com auxílio de terceiros:*
>
> *I – realizar campanha de desqualificação da conduta do genitor no exercício da paternidade ou maternidade;*
>
> *II – dificultar o exercício da autoridade parental;*
>
> *III – dificultar contato de criança ou adolescente com genitor;*
>
> *IV – dificultar o exercício do direito regulamentado de convivência familiar;*

V – omitir deliberadamente a genitor informações pessoais relevantes sobre a criança ou adolescente, inclusive escolares, médicas e alterações de endereço;

VI – apresentar falsa denúncia contra genitor, contra familiares deste ou contra avós, para obstar ou dificultar a convivência deles com a criança ou adolescente;

VII – mudar o domicílio para local distante, sem justificativa, visando a dificultar a convivência da criança ou adolescente com o outro genitor, com familiares deste ou com avós.

Art. 3º A prática de ato de alienação parental fere direito fundamental da criança ou do adolescente de convivência familiar saudável, prejudica a realização de afeto nas relações com genitor e com o grupo familiar, constitui abuso moral contra a criança ou o adolescente e descumprimento dos deveres inerentes à autoridade parental ou decorrentes de tutela ou guarda.

Art. 4º Declarado indício de ato de alienação parental, a requerimento ou de ofício, em qualquer momento processual, em ação autônoma ou incidentalmente, o processo terá tramitação prioritária, e o juiz determinará, com urgência, ouvido o Ministério Público, as medidas provisórias necessárias para preservação da integridade psicológica da criança ou do adolescente, inclusive para assegurar sua convivência com genitor ou viabilizar a efetiva reaproximação entre ambos, se for o caso.

Parágrafo único. Assegurar-se-á à criança ou adolescente e ao genitor garantia mínima de visitação assistida, ressalvados os casos em que há iminente risco de prejuízo à integridade física ou psicológica da criança ou do adolescente, atestado por profissional eventualmente designado pelo juiz para acompanhamento das visitas.

Art. 5º Havendo indício da prática de ato de alienação parental, em ação autônoma ou incidental, o juiz, se necessário, determinará perícia psicológica ou biopsicossocial.

§ 1º O laudo pericial terá base em ampla avaliação psicológica ou biopsicossocial, conforme o caso, compreendendo, inclusive, entrevista pessoal com as partes, exame de documentos dos autos, histórico do relacionamento do casal e da separação, cronologia de incidentes, avaliação da personalidade dos envolvidos e exame da forma como a criança ou adolescente se manifesta acerca de eventual acusação contra genitor.

§ 2º A perícia será realizada por profissional ou equipe multidisciplinar habilitados, exigido, em qualquer caso, aptidão comprovada por histórico profissional ou acadêmico para diagnosticar atos de alienação parental.

§ 3º O perito ou equipe multidisciplinar designada para verificar a ocorrência de alienação parental terá prazo de 90 (noventa) dias para apresentação do laudo, prorrogável exclusivamente por autorização judicial baseada em justificativa circunstanciada.

Art. 6º Caracterizados atos típicos de alienação parental ou qualquer conduta que dificulte a convivência de criança ou adolescente com genitor, em ação autônoma ou incidental, o juiz poderá, cumulativamente ou não, sem prejuízo da decorrente respon-

sabilidade civil ou criminal e da ampla utilização de instrumentos processuais aptos a inibir ou atenuar seus efeitos, segundo a gravidade do caso:

I – declarar a ocorrência de alienação parental e advertir o alienador;

II – ampliar o regime de convivência familiar em favor do genitor alienado;

III – estipular multa ao alienador;

IV – determinar acompanhamento psicológico e/ou biopsicossocial;

V – determinar a alteração da guarda para guarda compartilhada ou sua inversão;

VI – determinar a fixação cautelar do domicílio da criança ou adolescente;

VII – declarar a suspensão da autoridade parental.

Parágrafo único. Caracterizado mudança abusiva de endereço, inviabilização ou obstrução à convivência familiar, o juiz também poderá inverter a obrigação de levar para ou retirar a criança ou adolescente da residência do genitor, por ocasião das alternâncias dos períodos de convivência familiar.

Art. 7º A atribuição ou alteração da guarda dar-se-á por preferência ao genitor que viabiliza a efetiva convivência da criança ou adolescente com o outro genitor nas hipóteses em que seja inviável a guarda compartilhada.

Art. 8º A alteração de domicílio da criança ou adolescente é irrelevante para a determinação da competência relacionada às ações fundadas em direito de convivência familiar, salvo se decorrente de consenso entre os genitores ou de decisão judicial.

Art. 9º (VETADO)

Art. 10. (VETADO)

Art. 11. Esta Lei entra em vigor na data de sua publicação.

Sobre o tema, eis os seguintes precedentes do S.T.J.:

1. Incidente de alienação parental, instaurado no bojo de ação de reconhecimento e dissolução de união estável distribuída em 2010, da qual foi extraído o presente recurso especial, concluso ao Gabinete em 02/05/2012.

2. Discute-se o recurso cabível para impugnar decisão que, no curso de ação de reconhecimento e dissolução de união estável, declara, incidentalmente, a prática de alienação parental.

3. A Lei 12.318/2010 prevê que o reconhecimento da alienação parental pode se dar em ação autônoma ou incidentalmente, sem especificar, no entanto, o recurso cabível, impondo, neste aspecto, a aplicação das regras do CPC.

4. O ato judicial que resolve, incidentalmente, a questão da alienação parental tem natureza de decisão interlocutória (§ 2º do art. 162 do CPC); em consequência, o recurso cabível para impugná- lo é o agravo (art. 522 do CPC). Se a questão, todavia, for resolvida na própria sentença, ou se for objeto de ação autônoma, o meio de impugnação idôneo será a apelação, porque, nesses casos, a decisão encerrará a etapa cognitiva do processo na primeira instância.

5. No tocante à fungibilidade recursal, não se admite a interposição de um recurso por outro se a dúvida decorrer única e exclusivamente da interpretação feita pelo próprio recorrente do texto legal, ou seja, se se tratar de uma dúvida de caráter subjetivo.

6. No particular, a despeito de a Lei 12.318/2010 não indicar, expressamente, o recurso cabível contra a decisão proferida em incidente de alienação parental, o CPC o faz, revelando-se subjetiva – e não objetiva – a dúvida suscitada pela recorrente, tanto que não demonstrou haver qualquer divergência jurisprudencial e/ou doutrinária sobre o tema.

7. Recurso especial conhecido e desprovido.

(REsp 1330172/MS, Rel. Ministra NANCY ANDRIGHI, TERCEIRA TURMA, julgado em 11/03/2014, DJe 17/03/2014).

1. Consoante se verifica das informações prestadas pelos Juízos suscitados, não há discrepância de entendimento acerca da competência para julgamento da ação de modificação de guarda, não restando configurada qualquer das hipóteses do art. 115 do Código de Processo Civil.

2. No caso, tendo a detentora da guarda se mudado para outra comarca, a propositura da ação de modificação de guarda, ajuizada pelo pai nesse mesmo período, lá deveria ter se dado, consoante entenderam os Juízos suscitados. Não se trata de mudança de endereço depois de proposta a ação e efetivada a citação. Incidência do art. 147, I, do Estatuto da Criança e do Adolescente.

3. Os conflitos de competência apontados pelo embargante como representativos da jurisprudência desta egrégia Corte, tratam, na realidade, de hipóteses excepcionais, em que fica clara a existência de alienação parental em razão de sucessivas mudanças de endereço da mãe com o intuito exclusivo de deslocar artificialmente o feito, o que não ocorre nos autos.

4. Desta forma, ausente qualquer equívoco manifesto no julgado, tampouco se subsumindo a irresignação em análise a alguma das hipóteses do art. 535 do CPC, não merece ressonância a insurgência em questão.

5. Embargos de declaração rejeitados.

(EDcl no CC 108.689/PE, Rel. Ministro RAUL ARAÚJO, SEGUNDA SEÇÃO, julgado em 10/11/2010, DJe 18/11/2010).

CAPÍTULO XI – Da Ação Monitória

Art. 700

A ação monitória pode ser proposta por aquele que afirmar, com base em prova escrita sem eficácia de título executivo, ter direito de exigir do devedor capaz:

I – o pagamento de quantia em dinheiro;

II – a entrega de coisa fungível ou infungível ou de bem móvel ou imóvel;

III – o adimplemento de obrigação de fazer ou de não fazer.

§ 1º A prova escrita pode consistir em prova oral documentada, produzida antecipadamente nos termos do art. 381.

§ 2º Na petição inicial, incumbe ao autor explicitar, conforme o caso:

I – a importância devida, instruindo-a com memória de cálculo;

II – o valor atual da coisa reclamada;

III – o conteúdo patrimonial em discussão ou o proveito econômico perseguido.

§ 3º O valor da causa deverá corresponder à importância prevista no § 2º, incisos I a III.

§ 4º Além das hipóteses do art. 330, a petição inicial será indeferida quando não atendido o disposto no §2º deste artigo.

§ 5º Havendo dúvida quanto à idoneidade de prova documental apresentada pelo autor, o juiz intimá-lo-á para, querendo, emendar a petição inicial, adaptando-a ao procedimento comum.

§ 6º É admissível ação monitória em face da Fazenda Pública.

§ 7º Na ação monitória, admite-se citação por qualquer dos meios permitidos para o procedimento comum.

Demanda monitória

A demanda monitória ingressou em nosso ordenamento jurídico pela Lei 9.079, de 14 de julho de 1995, inserindo no C.P.C. de 1973 o Capitulo XV.

O Projeto de Lei originário do novo C.P.C. n. 166/10 extinguiu o procedimento monitório.

Porém, no novo C.P.C., por meio de substitutivo apresentado pela Câmara dos Deputados, reintroduziu-se na legislação processual o procedimento injuntivo ou monitório.

Sálvio de Figueiredo, ao relatar o REsp n. 196.580-MG, bem esclarece os objetivos da demanda monitória, *in verbis*:

O processo monitório foi introduzido no ordenamento jurídico brasileiro pela Lei 9.079/95, sendo adotado em países como a Itália (procedimento d'ingiunzione), a Alemanha e a Áustria (Mahnverfahren), a França e a Bélgica (injoction de payer). A seu respeito, também assinalei: "Este capítulo introduz o procedimento monitório, também chamado 'injuntivo', no atual processo civil brasileiro. Cuida-se de procedimento há muito utilizado no direito europeu, e com amplo sucesso. Seu objetivo é abreviar a formação do título executivo, encurtando a via procedimental do processo de conhecimento, partindo do pressuposto de que há créditos, sem eficácia de título executivo, que não justificam o moroso e caro procedimento do processo de cognição, especialmente pela antevisão de que o devedor não terá defesa convincente, séria, a opor. Trata-se de mecanismo hábil e ágil, em que assegurado o eventual contraditório" (Código de Processo Civil Anotado, 6ª ed., São Paulo: Saraiva, 1996, p. 694).

Assim, cabível é o procedimento monitório quando o credor possuir documento que comprove o débito mas que não tenha força de título executivo, ainda que lhe seja possível o ajuizamento da ação pelo rito ordinário ou sumário.

Segundo Dinamarco, a demanda monitória seria o meio mais rápido para obtenção de título executivo em via judicial, sem os trâmites exigidos pelo procedimento comum ordinário, especialmente, pelo fato de que o titular de um crédito obtém liminarmente um mandado de entrega ou pagamento que se tornará definitivo se o réu não ingressar com embargos ou se estes não forem acolhidos.[6]

Quanto à natureza jurídica da demanda monitória, anota Ada Pellegrini Grinover, *"Garbagnati, entendeu tratar-se de uma verdadeira sentença condenatória ou, pelo menos, de um mandamento que se equipara a uma sentença condenatória sujeita a uma condição suspensiva, ou seja, a que não haja oposição dos embargos. Só que essa sentença condenatória é acompanhada de um mandamento, que é exatamente a ordem judicial monitória após a cognição sumária inaudita altera parte. Então, quem sabe, aqui também, não fosse o caso de o processualista rever algumas posições firmes, até pouco tempo atrás contrárias ao reconhecimento de uma categoria de sentenças, que seria a sentença mandamental, para eventualmente se dizer que a sentença monitória é de natureza mandamental, não dependendo de uma execução* ex intervallo. *No próprio processo de conhecimento sumário da ação monitória, existe a condenação e o mandamento a praticar um determinado ato".*[7]

[6] Dinamarco, Cândido Rangel. *A Reforma do Código de Processo Civil.* São Paulo: Malheiros, 1995.

[7] Grinover, Ada Pellegrini. Ação monitória. RJ Consulex, nº 06, 1997.

Para Nelson Nery Júnior, a demanda monitória seria uma demanda cognitiva, condenatória, exercida mediante procedimento especial de cognição sumária e de execução.[8]

Conforme preconiza o *art. 700* do atual C.P.C., *a ação monitória pode ser proposta por aquele que afirmar, com base em prova escrita sem eficácia de título executivo, ter direito de exigir do devedor capaz: I – o pagamento de quantia em dinheiro; II – a entrega de coisa fungível ou infungível ou de bem móvel ou imóvel; III – o adimplemento de obrigação de fazer ou de não fazer.*

Os requisitos exigidos pelo texto normativo para o exercício da demanda monitória são:

a) Devedor capaz. Não caberá a demanda monitória se se tratar de devedor incapaz, seja pela idade, seja em razão de qualquer das causas previstas nos arts. 3º e 4º do C.C.b, a saber:

> *Art. 3º São absolutamente incapazes de exercer pessoalmente os atos da vida civil:*
> *I – os menores de dezesseis anos;*
> *II – os que, por enfermidade ou deficiência mental, não tiverem o necessário discernimento para a prática desses atos;*
> *III – os que, mesmo por causa transitória, não puderem exprimir sua vontade.*
> *Art. 4º São incapazes, relativamente a certos atos, ou à maneira de os exercer:*
> *I – os maiores de dezesseis e menores de dezoito anos;*
> *II – os ébrios habituais, os viciados em tóxicos, e os que, por deficiência mental, tenham o discernimento reduzido;*
> *III – os excepcionais, sem desenvolvimento mental completo;*
> *IV – os pródigos.*
> *Parágrafo único. A capacidade dos índios será regulada por legislação especial.*

Como o art. 700 não faz distinção, a incapacidade abrange tanto a absoluta quanto a relativa.

b) Afirmação com base em prova escrita sem eficácia de título executivo.

Segundo estabelece o art. 634 do Código de Processo Civil italiano, entende-se por prova escrita as provas idôneas como os escritos privados contendo obrigação de pagamento de quantia em dinheiro, as promessas unilaterais feitas por escritos privados e os telegramas, ainda que ausentes os requisitos exigidos pelo código civil italiano. Além dessas, são provas escritas: *Per i crediti relativi a somministrazioni di merci e di danaro nonche' per prestazioni di servizi, fatte da imprenditori che*

[8] Nery Junior. Nelson, e NERY, Rosa Maria Andrade. Código de processo civil comentado. 3a ed., São Paulo: Revista dos Tribunais, 1997. p. 1032.

esercitano un'attivita' commerciale, anche a persone che non esercitano tale attivita', sono altresi' prove scritte idonee gli estratti autentici delle scritture contabili di cui agli art. 2214 e seguenti del codice civile, purche' bollate e vidimate nelle forme di legge e regolarmente tenute, nonche' gli estratti autentici delle scritture contabili prescritte dalle leggi tributarie, quando siano tenute con l'osservanza delle norme stabilite per tali scritture.

A prova escrita não poderá ter eficácia de título executivo, pois se o credor já possui título executivo, em tese não teria interesse na demanda monitória, uma vez que poderia valer-se, de imediato, do processo de execução de título executivo extrajudicial.

É exemplo de prova escrita, sem eficácia de título executivo, uma correspondência encaminhada pelo devedor ao credor declarando que lhe deve determina quantia monetária.

c) afirmação de ter direito a exigir: I – o pagamento de quantia em dinheiro; II – a entrega de coisa fungível ou infungível ou de bem móvel ou imóvel; III – o adimplemento de obrigação de fazer ou de não fazer.

Ao contrário do que estabelecia o art. 1.102-A do C.P.C. de 1973, o art. 700 do atual C.P.C. deu maior amplitude ao objeto que pode ser inserido na pretensão da demanda monitória.

Pelo C.P.C. de 1973, a demanda monitória somente poderia ter por objeto o pagamento de soma em dinheiro ou a entrega de coisa fungível ou de determinado bem móvel.

O C.P.C. de 1973 não admitia a monitória que tivesse por objeto bem imóvel, ao contrário do que dispõe o atual C.P.C.

O C.P.C. de 1973 também não admitia a execução em demanda monitória de obrigação de fazer ou não fazer. Sobre o tema, eis o seguinte precedente do S.T.J.:

> *1. A propositura da ação monitória contra a Fazenda Pública é perfeitamente conciliável com o procedimento executivo fixado nos artigos 730 e 731 do Código de Ritos. Encerrada a fase de conhecimento, com ou sem embargos, e constituído o título judicial, inicia-se a fase executiva na forma prevista no art. 730 do CPC, finalizando com a inscrição do crédito em precatório, nos moldes delineados pelo art. 100 da Constituição da República.*
>
> *2. O art. 1.102-c do Código de Ritos excluiu do campo de incidência da ação monitória apenas a execução das obrigações de fazer e não fazer (Livro II, Título II, Capítulo III do CPC) e os créditos alimentícios (Capítulo V), não havendo qualquer ressalva quanto à aplicação do procedimento monitório contra a Fazenda Pública.*
>
> *3. A tese favorável ao cabimento da ação monitória contra a Fazenda Pública sagrou-se vencedora na Primeira Seção deste Sodalício, no julgamento do REsp*

434.571/SP, em 8.6.2005, Rel. Min. Eliana Calmon, Rel. p/acórdão Min. Luiz Fux (julgado pendente de publicação).

4. Recurso especial improvido.

(REsp 774.474/GO, Rel. Ministro CASTRO MEIRA, SEGUNDA TURMA, julgado em 17/11/2005, DJ 28/11/2005, p. 268)

Pela disposição normativa do novo C.P.C., a atual demanda monitória poderá ter por objeto o pagamento de quantia em dinheiro, a entrega de coisa fungível ou infungível ou de bem móvel ou imóvel; poderá ainda ter por objeto pretensão que tenha finalidade o cumprimento de obrigação de fazer e não fazer.

Entende o S.T.J. que a demanda monitória não é procedimento adequado para cobrar dívida ilíquida:

1. A ação monitória não é a via processual cabível para se cobrar dívida ilíquida.

2. A ação monitória é meio processual disponibilizado ao credor para realizar dívidas representadas em prova escrita, pelo que, sob pena de inépcia da inicial, a propositura da monitória deve vir acompanhada de um documento, considerado pelo magistrado juridicamente hábil, para, naquele primeiro momento, comprovar o montante da dívida, sem o qual não poderá expedir o competente mandado monitório.

3. O contrato de abertura de crédito, levando-se em conta tão somente os dados informados no instrumento contratual, apresenta obrigação destituída de liquidez. Daí a necessidade de se anexar demonstrativo de débito, a fim de conferir liquidez à cobrança pela via monitória. Súmula 249/STJ: "O contrato de abertura de crédito em conta-corrente, acompanhado do demonstrativo de débito, constitui documento hábil para o ajuizamento da ação monitória." Precedentes.

(...).

(AgRg no REsp 1402170/RS, Rel. Ministro RAUL ARAÚJO, QUARTA TURMA, julgado em 11/02/2014, DJe 14/03/2014).

Sobre a demanda monitória, eis as seguintes Súmulas do S.T.J.:

Súmula 504: *O prazo para ajuizamento de ação monitória em face do emitente de nota promissória sem força executiva é quinquenal, a contar do dia seguinte ao vencimento do título.*

Súmula 503: *O prazo para ajuizamento de ação monitória em face do emitente de cheque sem força executiva é quinquenal, a contar do dia seguinte à data de emissão estampada na cártula.*

Súmula 384: Cabe *ação monitória* para haver saldo remanescente oriundo de venda *extrajudicial de bem alienado fiduciariamente em garantia.*

Súmula 339: *É cabível ação monitória contra a Fazenda Pública.*

Súmula 299: *É admissível a ação monitória fundada em cheque prescrito.*

Súmula 292: *A reconvenção é cabível na ação monitória, após a conversão do procedimento em ordinário.*

Súmula 282: *Cabe a citação por edital em ação monitória.*

Súmula 247: *O contrato de abertura de crédito em conta-corrente, acompanhado do demonstrativo de débito, constitui documento hábil para o ajuizamento da ação monitória.*

Eis ainda sobre o tema os seguintes precedentes do S.T.J.:

(...).

3. A questão jurídica objeto do presente recurso – de que em ação monitória fundada em cheque prescrito, ajuizada contra o emitente, é dispensável referência ao negócio jurídico subjacente à emissão da cártula – foi julgada por esta Segunda Seção no REsp nº 1.094.571/SP, relator Ministro Luis Felipe Salomão, submetido ao rito dos recursos repetitivos (art. 543-C do CPC), com entendimento consonante ao fundado no aresto recorrido.

4. Agravo regimental não provido.

(AgRg nos EAREsp 223.963/PR, Rel. Ministro RICARDO VILLAS BÔAS CUEVA, SEGUNDA SEÇÃO, julgado em 26/02/2014, DJe 28/02/2014).

(...).

1. Consoante entendimento firmado por este Superior Tribunal de Justiça em sede de recurso representativo de controvérsia, 'O prazo para ajuizamento de ação monitória em face do emitente de cheque sem força executiva é quinquenal, a contar do dia seguinte à data de emissão estampada na cártula' (REsp n. 1.101.412/SP, Segunda Seção, relator Ministro Luis Felipe Salomão, DJe 03.02.2014).

2. Iniciando o prazo prescricional na vigência do Código Civil anterior e havendo sua redução pelo novo Diploma Civil, aplica-se a regra de transição prevista no art. 2.028 do CC/02, sendo o termo inicial da contagem do prazo o dia 11 de janeiro de 2003.

3. Agravo regimental desprovido.

(AgRg no REsp 1252188/RS, Rel. Ministro JOÃO OTÁVIO DE NORONHA, TERCEIRA TURMA, julgado em 24/04/2014, DJe 02/05/2014).

Processual civil e administrativo. Agravo regimental. Recurso especial. Repetição de indébito. Ação monitória. Fazenda pública.

Prazo prescricional. Aplicação do decreto n. 20.910/1932.

Precedentes. Termo inicial. Vencimento da obrigação. Precedentes. Ausência de fundamentos novos capazes de infirmar a decisão agravada.

Agravo regimental improvido.

(AgRg no REsp 1145520/SC, Rel. Ministro SEBASTIÃO REIS JÚNIOR, SEXTA TURMA, julgado em 08/04/2014, DJe 28/04/2014).

1. Embora juros contratuais em regra corram a partir da data da citação, no caso, contudo, de obrigação contratada como positiva e líquida, com vencimento certo, os juros moratórios correm a partir da data do vencimento da dívida.

2. Emissão de nota promissória em garantia do débito contratado não altera a disposição contratual de fluência dos juros a partir da data certa do vencimento da dívida.

3. O fato de a dívida líquida e com vencimento certo haver sido cobrada por meio de ação monitória não interfere na data de início da fluência dos juros de mora, a qual recai no dia do vencimento, conforme estabelecido pela relação de direito material.

4. Embargos de Divergência providos para início dos juros moratórios na data do vencimento da dívida.

(EREsp 1250382/RS, Rel. Ministro SIDNEI BENETI, CORTE ESPECIAL, julgado em 02/04/2014, DJe 08/04/2014).

1. A teor do disposto no artigo 1.102-A do Código de Processo Civil, a prova escrita apta a respaldar a demanda monitória deve apresentar elementos indiciários da materialização de uma dívida decorrente de uma obrigação de pagar ou de entregar coisa fungível ou bem móvel.

2. No caso dos autos, os bilhetes que instruíram a inicial não são aptos a demonstrar a presença da relação jurídica entre credor e devedor, o que afasta a existência da própria dívida, de modo que não se ajustam ao conceito de "prova escrita sem eficácia de título executivo" de que trata a legislação de regência.

3. Recurso especial provido.

(REsp 866.205/RN, Rel. Ministro RICARDO VILLAS BÔAS CUEVA, TERCEIRA TURMA, julgado em 25/03/2014, DJe 06/05/2014).

1. Na linha dos precedentes desta Corte, o credor munido de título de crédito sem executividade pode ajuizar, no prazo de 5 (cinco) anos, ação monitória para a cobrança da dívida representada nesse título, entendimento este que se mostra perfeitamente aplicável à ação de conhecimento, cujo procedimento é mais favorável ao devedor.

2. Agravo não provido.

(AgRg no AREsp 460.914/RS, Rel. Ministra NANCY ANDRIGHI, TERCEIRA TURMA, julgado em 18/03/2014, DJe 24/03/2014).

1. Na cobrança de cheque prescrito por ação monitória, o credor não precisa provar a origem da dívida. Precedentes.

2. Agravo regimental não provido.

(AgRg no REsp 1424896/SP, Rel. Ministro RICARDO VILLAS BÔAS CUEVA, TERCEIRA TURMA, julgado em 11/03/2014, DJe 19/03/2014).

(...).

2. Tratando-se de obrigação positiva e líquida, fica o devedor automaticamente constituído em mora desde o vencimento de cada parcela inadimplida ("dies interpelat pro homine").

3. Interpretação conjugada dos artigos 397 e 405 do Código Civil.

4. Precedentes acerca do tema.

5. PROVIMENTO AO RECURSO ESPECIAL.

(REsp 1281439/SP, Rel. Ministro PAULO DE TARSO SANSEVERINO, TERCEIRA TURMA, julgado em 25/02/2014, DJe 26/03/2014).

(...).

4. A nota fiscal, acompanhada da prova do recebimento da mercadoria ou prestação do serviço, pode servir como lastro à ação monitória.

Precedentes.

5. Somente se submetem ao controle do STJ os honorários advocatícios fixados por equidade quando irrisórios ou exorbitantes.

6. Agravo regimental a que se nega provimento.

(AgRg no AREsp 432.078/RS, Rel. Ministra MARIA ISABEL GALLOTTI, QUARTA TURMA, julgado em 20/02/2014, DJe 06/03/2014).

Estabelece o *§1º do art. 700* do atual C.P.C. que *a prova escrita pode consistir em prova oral documentada, produzida antecipadamente nos termos do art. 381.*

Este dispositivo traz mais uma inovação à demanda monitória.

Assim, a prova escrita que poderá servir de fundamento para a demanda monitória não necessita ser proveniente dos punhos do próprio devedor, mas poderá consistir em prova oral documentada, produzida antecipadamente, nos termos do art. 381 do atual C.P.C. que assim dispõe:

Art. 381. A produção antecipada da prova será admitida nos casos em que:

I – haja fundado receio de que venha a tornar-se impossível ou muito difícil a verificação de certos fatos na pendência da ação;

II – a prova a ser produzida seja suscetível de viabilizar a autocomposição ou outro meio adequado de solução de conflito;

III – o prévio conhecimento dos fatos possa justificar ou evitar o ajuizamento de ação.

(...).

Portanto, a prova escrita poderá advir da coleta de prova testemunhal antecipada, na qual conste o direito de se exigir do devedor capaz o pagamento de quantia em dinheiro; a entrega de coisa fungível ou infungível ou de bem móvel ou imóvel; o adimplemento de obrigação de fazer ou de não fazer.

Estabelece o *§2º do art. 700* do atual C.P.C. que *na petição inicial, incumbe ao autor explicitar, conforme o caso: I – a importância devida, instruindo-a com memória de cálculo; II – o valor atual da coisa reclamada; III – o conteúdo patrimonial em discussão ou o proveito econômico perseguido.*

Além dos requisitos da petição inicial exigidos no art. 319 do atual C.P.C., o autor da demanda monitória deverá indicar na petição inicial, em se tratando de pagamento de importância em dinheiro, a importância devida, instruindo-a com memória de cálculo. Em se tratando de entrega de coisa fungível ou infungível ou de bem móvel ou imóvel, o valor atual da coisa reclamada. Na hipótese de adimplemento de obrigação de fazer ou não fazer, o conteúdo patrimonial em discussão ou o proveito econômico perseguido pelo autor.

Conforme estabelece o *§3º do art. 700* do atual C.P.C., *o valor da causa deverá corresponder à importância prevista no §2º, incisos I a III.*

Além das hipóteses previstas no art. 330 do atual C.P.C., a petição inicial da demanda monitória será indeferida quando não atendido o disposto no §2º do art. 700 do mesmo diploma legal (*§4º do art. 700* do atual C.P.C.).

Preconiza o *§5º do art. 700* do atual C.P.C. que *havendo dúvida quanto à idoneidade da prova documental apresentada pelo autor, o juiz intimá-lo-á para, querendo, emendar a petição inicial, adaptando-a ao procedimento comum.*

Este dispositivo tem por fundamento dois importantes princípios reguladores no Processo Civil moderno, ou seja, o princípio da *economia processual* e o da *efetividade da tutela jurisdicional.*

Assim, se o juiz tiver dúvida objetiva quanto à idoneidade da prova documental apresentada pelo autor para efeito de fundamentar a demanda monitória, poderá determinar a intimação do autor para, querendo, emendar a petição inicial a fim de adaptá-la ao procedimento comum.

Uma vez cumprida a determinação judicial, o processo observará o procedimento comum para todos os efeitos legais.

Estabelece o *§6º do art. 700* do atual C.P.C. que *é admissível ação monitória em face da Fazenda Pública.*

Se havia alguma dúvida sobre esta questão quando em vigor o C.P.C. de 1973, não há mais.

Este parágrafo veio consolidar no âmbito normativo o entendimento consagrado pelo S.T.J. na Súmula n. 339: *É cabível ação monitória contra a Fazenda Pública.*

No mesmo sentido são os seguintes precedentes do S.T.J.:

1. A propositura da ação monitória contra a Fazenda Pública é perfeitamente conciliável com o procedimento executivo fixado nos artigos 730 e 731 do Código de Ritos. Encerrada a fase de conhecimento, com ou sem embargos, e constituído o título judicial, inicia-se a fase executiva na forma prevista no art. 730 do CPC, finalizando com a inscrição do crédito em precatório, nos moldes delineados pelo art. 100 da Constituição da República.

2. O art. 1.102-c do Código de Ritos excluiu do campo de incidência da ação monitória apenas a execução das obrigações de fazer e não fazer (Livro II, Título II, Capítulo III do CPC) e os créditos alimentícios (Capítulo V), não havendo qualquer ressalva quanto à aplicação do procedimento monitório contra a Fazenda Pública.

3. A tese favorável ao cabimento da ação monitória contra a Fazenda Pública sagrou-se vencedora na Primeira Seção deste Sodalício, no julgamento do REsp 434.571/SP, em 8.6.2005, Rel. Min. Eliana Calmon, Rel. p/acórdão Min. Luiz Fux (julgado pendente de publicação).

4. Recurso especial improvido.

(REsp 774.474/GO, Rel. Ministro CASTRO MEIRA, SEGUNDA TURMA, julgado em 17/11/2005, DJ 28/11/2005, p. 268).

Processual civil e administrativo. Agravo regimental. Recurso especial. Repetição de indébito. Ação monitória. Fazenda pública.

Prazo prescricional. Aplicação do decreto n. 20.910/1932.

Precedentes. Termo inicial. Vencimento da obrigação. Precedentes.

Ausência de fundamentos novos capazes de infirmar a decisão agravada.

Agravo regimental improvido.

(AgRg no REsp 1145520/SC, Rel. Ministro SEBASTIÃO REIS JÚNIOR, SEXTA TURMA, julgado em 08/04/2014, DJe 28/04/2014).

1. O simples ajuizamento de ação monitória em face da Fazenda Pública não se caracteriza como interesse público apto a determinar a intervenção obrigatória do Ministério Público.

(...).

(REsp 1196773/PA, Rel. Ministro MAURO CAMPBELL MARQUES, SEGUNDA TURMA, julgado em 19/09/2013, DJe 29/10/2013).

1. A Primeira Seção desta Corte, na sessão de 12.12.2012, ao julgar o Recurso Especial 1.251.993/PR, de relatoria do Min. Mauro Campbell Marques, afetado à Primeira Seção como representativo da controvérsia (art. 543-C do CPC), consolidou o entendimento no sentido de que não se aplicam os prazos prescricionais do Código Civil a ações movidas contra a Fazenda Pública, prevalecendo o prazo quinquenal previsto no Decreto n. 20.910/32.

(...).

(AgRg no REsp 1352121/MG, Rel. Ministro HUMBERTO MARTINS, SEGUNDA TURMA, julgado em 07/03/2013, DJe 18/03/2013).

Preceitua o *§7º do art. 700* do atual C.P.C. que na demanda monitória *admite-se a citação por qualquer dos meios permitidos para o procedimento comum*, no caso, a citação poderá ocorrer por mandado, pelo correio, por hora certa, pelo sistema eletrônico, por edital etc.

Art. 701

Sendo evidente o direito do autor, o juiz deferirá a expedição de mandado de pagamento, de entrega de coisa ou para execução de obrigação de fazer ou de não fazer, concedendo ao réu prazo de 15 (quinze) dias para o cumprimento e o pagamento de honorários advocatícios de cinco por cento do valor atribuído à causa.

§ 1º O réu será isento do pagamento das custas processuais se cumprir o mandado no prazo.

§ 2º Constituir-se-á de pleno direito o título executivo judicial, independentemente de qualquer formalidade, se não realizado o pagamento e não apresentados os embargos previstos no art. 702, observando-se, no que couber, o Título II do Livro I da Parte Especial.

§ 3º É cabível ação rescisória da decisão prevista no caput quando ocorrer a hipótese do § 2º.

§ 4º Sendo a ré Fazenda Pública, não apresentados os embargos previstos no art. 702, aplicar-se-á o disposto no art. 496, observando-se, a seguir, no que couber, o Título II do Livro I da Parte Especial.

§ 5º Aplica-se à ação monitória, no que couber, o art. 916.

Expedição de mandado de pagamento, de entrega de coisa ou para execução de obrigação de fazer ou de não fazer

Preenchidos os requisitos previstos no art. 700 do atual C.P.C., e sendo evidente o direito postulado pelo autor, o juiz deferirá a expedição de mandado de pagamento, em se tratando de pedido de quantia em dinheiro, de entrega de coisa, em se tratando de coisa fungível ou infungível móvel, ou imóvel, ou de execução de obrigação de fazer ou de não fazer, quando o objeto da monitória disser respeito a essas espécies de obrigação.

No mandado constará a concessão ao réu de prazo de quinze dias para o cumprimento da obrigação imposta e para o pagamento de honorários advocatícios de cinco por centro do valor atribuído à causa.

Se o réu cumprir o mandado judicial, inclusive com o pagamento da verba honorária, no prazo de quinze dias, ficará isento do pagamento das custas processuais, conforme estabelece o *§1º do art. 701* do atual C.P.C.

O réu, ao invés de cumprir a determinação constante no mandado judicial, poderá apresentar embargos à demanda monitória previstos no art. 702 do atual C.P.C.

Porém, se o réu não cumprir com a obrigação imposta no mandado, nem apresentar os embargos previstos no art. 702 do atual C.P.C., a decisão judicial de expedição do mandado de cumprimento de obrigação constituir-se-á de pleno direito em título executivo judicial, independentemente de qualquer outra formalidade, conforme estabelece o *§2º do art. 701* do atual C.P.C.

Uma vez constituído o título executivo judicial, poderá o autor valer-se das normas preconizadas para o *cumprimento de sentença* previstas no Título II do Livro I da Parte Especial deste Código.

Preceitua o *§3º do art. 701* do atual C.P.C. que *é cabível ação rescisória da decisão prevista no ‹caput› quando ocorrer a hipótese do §2º.*

Contra a decisão que constituir de pleno direito o título executivo judicial, pelo fato de não ter sido cumprida a obrigação imposta no mandado judicial ou em razão da não apresentação de embargos previstos no art. 702 do atual C.P.C., poderão as partes valer-se de ação rescisória, pois entendeu o legislador que essa decisão poderá ser desconstituída por ação rescisória.

Este preceito normativo vem superar a jurisprudência do S.T.J. que não permitia, nem demanda anulatória, muito menos demanda rescisória, contra decisão proferida em demanda monitória. Sobre o tema, eis o seguinte precedente do S.T.J.:

> *1. Pretende a recorrente desconstituir ato judicial de intimação realizado por auxiliares da Justiça, no âmbito de Ação Monitória por ela proposta e extinta sem julga-*

mento de mérito, sob o fundamento de que tal ato seria inválido, em função dos limites impostos pelo art. 236, § 1º, do CPC, bem como da jurisprudência desta Corte.

2. A Ação Anulatória visa a desconstituição de atos judiciais praticados pelas partes em juízo, dependente ou não de sentença homologatória. O ato processual de que cuida é ato jurídico praticado ou inserido no processo, emanado de declaração da vontade humana. Isso, porque os "atos judiciais" a que se refere o art. 486 do CPC são os atos realizados "em juízo", não os atos do juiz ou dos auxiliares de justiça. (MAGRI, Berenice Soubhie Nogueira. In: Ação Anulatória: art. 486 do CPC, 2 ed. rev. e atual. São Paulo: Revista dos Tribunais, 2004, p. 49-67.) 3. Dessarte, inexiste no sistema processual vigente a possibilidade de anular o ato de juiz ou de auxiliares da justiça pela estreita via da Ação Anulatória.

4. Acrescente-se que, ainda que se concebam, dentro do princípio da instrumentalidade das formas, a fungibilidade da Ação Anulatória e da Ação Rescisória, in casu, tal possibilidade é vedada diante da ausência de julgamento do mérito da Ação Monitória.

Recurso especial improvido.

(REsp 1197027/RJ, Rel. Ministro HUMBERTO MARTINS, SEGUNDA TURMA, julgado em 16/09/2010, DJe 27/10/2010).

Sendo ré a Fazenda Pública, não apresentados os embargos previstos no art. 702, aplicar-se-á o disposto no art. 496, observando-se, a seguir, no que couber, o Título II do Livro I da Parte Especial (*§4º do art. 701* do atual C.P.C.).

Se a demanda monitória for dirigida contra a Fazenda Pública, no caso, a União, Estados, o Distrito Federal, os Municípios e suas respectivas autarquias e fundações de direito público, e não sendo apresentados os embargos previstos no art. 702, deverá o juiz determinar a remessa necessária dos autos ao Tribunal competente, nos termos do art. 496 do atual C.P.C. que assim dispõe:

Art. 496. Está sujeita ao duplo grau de jurisdição, não produzindo efeito senão depois de confirmada pelo tribunal, a sentença:

I – proferida contra a União, os Estados, o Distrito Federal, os Municípios e suas respectivas autarquias e fundações de direito público;

II – que julgar procedentes, no todo ou em parte, os embargos à execução fiscal.

Uma vez analisada a remessa oficial pelo Tribunal competente, a parte autora poderá promover o cumprimento de sentença contra a Fazenda Pública, observando, no que couber, o disposto no Título II do Livro I da Parte Especial.

Porém, se o cumprimento de sentença disser respeito ao pagamento de quantia em dinheiro, deverá a parte autora promover a execução contra a Fazenda Pública.

Por fim, estabelece o *§5º do art. 701* do atual C.P.C. que *se aplica à ação monitória, no que couber, o art. 916.*

Estabelece o art. 916 do atual C.P.C.:

> *Art. 916. No prazo para embargos, reconhecendo o crédito do exequente e comprovando o depósito de trinta por cento do valor em execução, acrescido de custas e de honorários de advogado, o executado poderá requerer que lhe seja permitido pagar o restante em até 6 (seis) parcelas mensais, acrescidas de correção monetária e de juros de um por cento ao mês.*
>
> *§ 1º O exequente será intimado para manifestar-se sobre o preenchimento dos pressupostos do caput, e o juiz decidirá o requerimento em 5 (cinco) dias.*
>
> *§ 2º Enquanto não apreciado o requerimento, o executado terá de depositar as parcelas vincendas, facultado ao exequente seu levantamento.*
>
> *§ 3º Deferida a proposta, o exequente levantará a quantia depositada, e serão suspensos os atos executivos.*
>
> *§ 4º Indeferida a proposta, seguir-se-ão os atos executivos, mantido o depósito, que será convertido em penhora.*
>
> *§ 5º O não pagamento de qualquer das prestações acarretará cumulativamente:*
>
> *I – o vencimento das prestações subsequentes e o prosseguimento do processo, com o imediato reinício dos atos executivos;*
>
> *II – a imposição ao executado de multa de dez por cento sobre o valor das prestações não pagas.*
>
> *§ 6º A opção pelo parcelamento de que trata este artigo importa renúncia ao direito de opor embargos.*
>
> *§ 7º O disposto neste artigo não se aplica ao cumprimento da sentença.*

Art. 702

Independentemente de prévia segurança do juízo, o réu poderá opor, nos próprios autos, no prazo previsto no art. 701, embargos à ação monitória.

§ 1º Os embargos podem se fundar em matéria passível de alegação como defesa no procedimento comum.

§ 2º Quando o réu alegar que o autor pleiteia quantia superior à devida, cumprir-lhe-á declarar de imediato o valor que entende correto, apresentando demonstrativo discriminado e atualizado da dívida.

§ 3º Não apontado o valor correto ou não apresentado o demonstrativo, os embargos serão liminarmente rejeitados, se esse for o seu único fundamento, e, se houver outro fundamento, os embargos serão processados, mas o juiz deixará de examinar a alegação de excesso.

§ 4º A oposição dos embargos suspende a eficácia da decisão referida no caput do art. 701 até o julgamento em primeiro grau.

§ 5º O autor será intimado para responder aos embargos no prazo de 15 (quinze) dias.

§ 6º Na ação monitória admite-se a reconvenção, sendo vedado o oferecimento de reconvenção à reconvenção.

§ 7º A critério do juiz, os embargos serão autuados em apartado, se parciais, constituindo-se de pleno direito o título executivo judicial em relação à parcela incontroversa.

§ 8º Rejeitados os embargos, constituir-se-á de pleno direito o título executivo judicial, prosseguindo-se o processo em observância ao disposto no Título II do Livro I da Parte Especial, no que for cabível.

§ 9º Cabe apelação contra a sentença que acolhe ou rejeita os embargos.

§ 10. O juiz condenará o autor de ação monitória proposta indevidamente e de má-fé ao pagamento, em favor do réu, de multa de até dez por cento sobre o valor da causa.

§ 11. O juiz condenará o réu que de má-fé opuser embargos à ação monitória ao pagamento de multa de até dez por cento sobre o valor atribuído à causa, em favor do autor.

Embargos à demanda monitória

Uma vez citado o réu, ele poderá cumprir o mandado monitório judicial no prazo de quinze dias.

Porém, também poderá o réu, independentemente de prévia segurança do juízo, no mesmo prazo de quinze dias previsto no art. 701 do atual C.P.C., opor nos próprios autos embargos à demanda monitória, nos quais formulará sua defesa.

Em relação ao prazo dos embargos interpostos pela Fazenda Pública, assim já se manifestou o S.T.J.:

> *1. Computa-se em quádruplo o prazo para a Fazenda Pública oferecer embargos à ação monitória, nos termos do art. 188 do CPC.*

2. Recurso especial provido.

(REsp 845.545/RS, Rel. Ministro TEORI ALBINO ZAVASCKI, PRIMEIRA TURMA, julgado em 02/09/2010, DJe 10/09/2010)

Nos embargos à demanda monitória poderá o réu alegar toda matéria que poderia alegar como defesa (em contestação) no procedimento comum (*§1º do art. 702* do atual C.P.C.). Não há, portanto, limitação para a matéria a ser alegada nos embargos à demanda monitória.

Sobre o tema, eis os seguintes precedentes do S.T.J.:

1. O procedimento dos embargos ao mandado monitório segue o rito ordinário (art. 1.102-C, § 2º, do CPC), o que aponta inequivocamente para a vontade do legislador de conferir-lhe contraditório pleno e cognição exauriente, de modo que, diversamente do processo executivo, não apresenta restrições quanto à matéria de defesa, sendo admissível a formulação de alegação de natureza adjetiva ou substantiva, desde que se destine a comprovar a improcedência do pedido veiculado na inicial.

2. No caso, em embargos à monitória onde havia cobrança de taxas condominiais ordinárias e extraordinárias em atraso, pode o condômino arguir a invalidade das cotas extras, sustentando nulidade da assembleia que as fixou. Precedentes.

3. Recurso especial provido.

(REsp 1172448/RJ, Rel. Ministro LUIS FELIPE SALOMÃO, QUARTA TURMA, julgado em 18/06/2013, DJe 01/07/2013).

1. No procedimento monitório, tendo em vista seu propósito de propiciar a celeridade na formação do título executivo judicial, a expedição do mandado de pagamento é feita em cognição sumária, havendo inversão da iniciativa do contraditório, cabendo ao demandado a faculdade de opor embargos suscitando toda a matéria de defesa, portanto "não faz sentido exigir que o prazo prescricional da ação monitória seja definido a partir da natureza dessa causa debendi" (REsp 1339874/RS, Rel. Ministro SIDNEI BENETI, TERCEIRA TURMA, julgado em 09/10/2012, DJe 16/10/2012).

2. Assim, o prazo prescricional para a ação monitória baseada em duplicata sem executividade, é o de cinco anos previsto no artigo 206, § 5º, I, do Código Civil/2002, a contar da data de vencimento estampada na cártula.

3. Recurso especial provido.

(REsp 1088046/MS, Rel. Ministro LUIS FELIPE SALOMÃO, QUARTA TURMA, julgado em 12/03/2013, DJe 22/03/2013).

Estabelece o *§2º do art. 702* do atual C.P.C. que *quando o réu alegar que o autor pleiteia quantia superior à devida, cumprir-lhe-á declarar de imediato o valor que entende correto, apresentando demonstrativo discriminado e atualizado da dívida.*

Assim, não poderá o réu simplesmente de forma genérica alegar nos embargos o excesso de cobrança, sem que expressamente, por meio de documento apropriado, indique de imediato o valor que entende correto, apresentando demonstrativo discriminado e atualizado da dívida.

Se o embargante não apontar o valor correto ou não apresentar o demonstrativo, os embargos serão liminarmente rejeitados, se esse for o seu único fundamento; se houver outro fundamento, os embargos serão processados, mas o juiz deixará de examinar a alegação de excesso (*§3º do art. 702* do atual C.P.C.).

A oposição dos embargos suspende a eficácia da decisão referida no *caput* do art. 701 até o julgamento de primeiro grau *(§4º do art. 702* do atual C.P.C.).

Isso significa dizer que eventual apelação interposta contra a decisão que julgar os embargos será recebida apenas no efeito devolutivo e não suspensivo.

Diante dessa determinação legal, fica superada a seguinte decisão do S.T.J.:

> *Processual Civil. Recurso Especial. Embargos à Monitória. Apelação. Efeitos.*
>
> *As hipóteses excepcionais de recebimento da apelação no efeito meramente devolutivo, porque restritivas de direitos, limitam-se aos casos previstos em lei.*
>
> *Os embargos à monitória não são equiparáveis aos embargos do devedor para fins de aplicação analógica da regra que a estes determina seja a apelação recebida só no seu efeito devolutivo.*
>
> *Rejeitados liminarmente os embargos à monitória ou julgados improcedentes deve a apelação ser recebida em ambos os efeitos, impedindo, o curso da ação monitória até que venha a ser apreciado o objeto dos embargos em segundo grau de jurisdição.*
>
> (REsp 207.728/SP, Rel. Ministra NANCY ANDRIGHI, TERCEIRA TURMA, julgado em 17/05/2001, DJ 25/06/2001, p. 169)

Uma vez proferida a decisão de primeiro grau nos embargos à monitória, a decisão referida no *caput* passa a ter novamente eficácia.

Interposto os embargos à demanda monitória, o autor será intimado para responder aos embargos no prazo de 15 (quinze) dias (*§5º do art. 702* do atual C.P.C.).

O legislador do novo C.P.C. previu expressamente que na demanda monitória admite-se a reconvenção, sendo vedado, contudo, o oferecimento de reconvenção à reconvenção (*§6º do art. 702 do atual C.P.C.*).

A reconvenção poderá ensejar também um pedido de mandado monitório.

Segundo preceitua o *§ 7º do art. 702* do atual C.P.C., a critério do juiz, os embargos serão autuados em apartado, se parciais, constituindo-se de pleno direito o título executivo judicial em relação à parcela incontroversa.

É possível que o réu, ao ingressar com os embargos à demanda monitória, o faça apenas em relação a parte do pedido monitório, deixando de impugnar outros pedidos formulados. Assim, é possível que os embargos digam respeito apenas à multa e não ao principal e juros.

Na hipótese de impugnação parcial do pedido monitório, o juiz poderá determinar que os autos de embargos sejam autuados em apartado, constituindo-se de pleno direito o título executivo em relação à parcela incontroversa.

Sobre o tema, eis o seguinte precedente do S.T.J.:

> *(...).*
>
> *3. Em sede de ação monitória, embargado parcialmente o crédito pretendido, a parte incontroversa do mandado de pagamento constituir-se-á em título executivo.*
>
> *4. Recurso parcialmente provido.*
>
> (REsp 1130369/AL, Rel. Ministro MASSAMI UYEDA, TERCEIRA TURMA, julgado em 09/10/2012, DJe 16/10/2012).

Rejeitados os embargos, constituir-se-á de pleno direito o título executivo judicial, prosseguindo-se o processo em observância ao disposto no Título II do Livro I da Parte Especial, no que for cabível (*§8º do art. 702* do atual C.P.C.).

Contra a sentença que acolhe ou rejeita os embargos à demanda monitória cabe o recurso de *apelação* (*§9º do art. 700* do atual C.P.C.).

O recurso de apelação interposto contra a decisão que rejeita ou acolhe os embargos será recebido apenas no efeito devolutivo e não suspensivo.

O juiz condenará o autor de ação monitória proposta indevidamente e de má-fé ao pagamento, em favor do réu, de multa de até dez por cento sobre o valor da causa (*§10. do art. 702* do atual C.P.C.).

O juiz também condenará o réu que de má-fé opuser embargos à ação monitória ao pagamento de multa de até dez por cento sobre o valor atribuído à causa, em favor do autor (*§11. do art. 702* do atual C.P.C).

CAPÍTULO XII – Da Homologação Do Penhor Legal

Art. 703

Tomado o penhor legal nos casos previstos em lei, requererá o credor, ato contínuo, a homologação.

§1º Na petição inicial, instruída com o contrato de locação ou a conta pormenorizada das despesas, a tabela dos preços e a relação dos objetos retidos, o credor pedirá a citação do devedor para pagar ou contestar na audiência preliminar que for designada.

§ 2º A homologação do penhor legal poderá ser promovida pela via extrajudicial mediante requerimento, que conterá os requisitos previstos no §1º deste artigo, do credor a notário de sua livre escolha.

§ 3º Recebido o requerimento, o notário promoverá a notificação extrajudicial do devedor para, no prazo de 5 (cinco) dias, pagar o débito ou impugnar sua cobrança, alegando por escrito uma das causas previstas no art. 704, hipótese em que o procedimento será encaminhado ao juízo competente para decisão.

§ 4º Transcorrido o prazo sem manifestação do devedor, o notário formalizará a homologação do penhor legal por escritura pública.

Sumário:

1. Homologação do penhor legal

Conforme já anotara Clóvis Bevilaqua, ao comentar o Código Civil de 1916, o legislador em simetria com a hipoteca legal criou, em benefício de certas dívidas, o penhor legal, instituto mais amplo que o simples direito de retenção, e de eficácia maior do que o privilégio pessoal. Assim, não estaria a figura do penhor legal construída como um *pignus tacite contractum*, porém, como resultante da lei, o que lhe dá feição mais enérgica, resultando do próprio fato, a que a lei atribui o efeito de criar o penhor.[9]

A modalidade do penhor legal já existia na época imperial, numa modalidade tácita, ainda que não expressamente convencionada (*pignus, quod tacit contrahitur*, D. 20, 2, C. 8, 14,15). Admitia-se a constituição tácita do penhor a favor do locador, sobre os objetos introduzidos no imóvel locado.

O penhor é uma garantia real pela qual o devedor ou terceiro, quando convencional, entrega ao credor um bem móvel com o fim de resguardar o cumprimento da obrigação. Essa garantia gera principalmente em favor do credor o denominado direito de sequela, ou seja, de perseguir a coisa nas mãos de quem quer que injustamente a possua.

[9] BEVILAQUA, Clóvis. *Código civil dos estados unidos do Brasil comentado.* 6ª ed., Vol. III. Rio de Janeiro: Livraria Francisco Alves, 1942. p. 373.

Ao lado do penhor convencional, o Código Civil brasileiro prevê também duas hipóteses de penhor legal, ou seja, de penhor que é constituído pela lei e não pelo contrato, as quais estão previstas no art. 1.467, inc. II e II que assim dispõe:

"Art. 1.467. São credores pignoratícios, independentemente de convenção:

I – os hospedeiros, ou fornecedores de pousada ou alimento, sobre as bagagens, móveis, jóias ou dinheiro que os seus consumidores ou fregueses tiverem consigo nas respectivas casas ou estabelecimentos, pelas despesas ou consumo que aí tiverem feito.

II – o dono do prédio rústico ou urbano, sobre os bens móveis que o rendeiro ou inquilino tiver guarnecendo o mesmo prédio, pelos aluguéis ou rendas".

O penhor legal é conferido aos hospedeiros, fornecedores de pousada ou alimento sobre as bagagens, móveis, joias ou dinheiro que os seus consumidores ou fregueses tiverem consigo nas respectivas casas ou estabelecimentos, pelas despesas ou consumo que aí tiverem feito, assim como ao dono do prédio rústico ou urbano, sobre os bens móveis que o rendeiro ou inquilino tiver guarnecendo o mesmo prédio, pelos alugueres ou rendas.

Em cada um dos casos do art. 1.467 do C.c.b., o credor poderá tomar em garantia um ou mais objetos até o valor da dívida (art. 1.469 do atual C.c.b.).

Além do mais, os credores, compreendidos no art. 1.467 do C.c.b., podem fazer efetivo o penhor, *antes de recorrerem à autoridade judiciária, sempre que haja perigo na demora,* dando aos devedores comprovante dos bens de que se apossarem (art. 1.470 do C.c.b.).

Tomado o penhor legal nos casos previstos em lei, requererá o credor, ato contínuo, a sua homologação.

Na égide do C.P.C. de 1973, o procedimento a ser seguido para a homologação do penhor legal era o procedimento das medidas cautelares (art. 874 a 876), o que significava dizer que o legislador conferia à homologação do penhor legal a natureza de medida cautelar específica ou nominada.

Segundo Ovídio B. da Silva, a dificuldade com que os juristas se debatiam para encontrar uma conceituação clara do penhor legal, e, portanto, da natureza jurídica de sua homologação, é aumentada pela obscuridade dos preceitos contidos no Código Civil brasileiro. Segundo os preceitos normativos de direito material, o credor poderá *tomar* em garantia um ou mais objetos pertencentes ao devedor nos casos em que lhe seja outorgado o direito de penhor legal. Contudo, o art. 1.470 do C.c.b. estabelece que esses credores só poderão "fazer efetivo" o penhor, antes de recorrer à autoridade judiciária, se houver perigo na demora *periculum in mora.*

Clóvis Beviláqua, após afirmar que o penhor legal não resulta da simples entrada dos objetos na casa ou estabelecimento do hospedeiro, fornecedor de alimentos ou locador, porém, *inicia-se com a tomada de posse*, aduz que o penhor, para tornar-se *perfeito e acabado*, exige a homologação. Porém, havendo *notório* perigo na demora da homologação, o penhor considera-se perfeito e acabado mesmo antes de ser homologado, abrindo-se, desde logo, a fase de excussão do penhor (*Direito das coisas*, §110). Seguindo essa orientação de Clovis, significa que a tomada extrajudicial de posse seria sempre pressuposto para o pedido de homologação. Contudo, segundo Ovídio B. da Silva, a conclusão é outra, ou seja, os credores somente podem fazer efetivo o penhor, antes de recorrerem à autoridade judiciária, quando houver *perigo na demora*. Não havendo esta circunstância de urgência excepcional – é o que o art. 1.470 do C.c.b nos autoriza a afirmar, – não poderá os credores tornar efetivo o penhor, antes de recorrer à autoridade judiciária.

O novo C.P.C. mantém essa perplexidade sobre a forma de constituição do penhor legal, pois enquanto o art. 703 do atual C.P.C. fala em *tomado o penhor legal nos casos previstos em lei*, o art. 1.470 do C.c.b. de certa forma sugere que a apreensão dos bens pelo próprio credor somente poderá ocorrer na hipótese de existência de *periculum in mora*. Em razão dessa complexidade, também existente sob a égide do C.P.C. de 1973 e do C.c.b de 1916, lecionam Carlos Alberto Álvaro de Oliveira e Galeno Lacerda: *"A expressão 'tomado o penhor' suscita certa perplexidade de parte do intérprete, à vista do que dispõem os art. 778 e 779 do Código Civil (1916) e 876 da lei processual (de 1973). Assim é que, segundo o art. 778 (C.c.b. de 1916), 'em cada um dos casos do art. 776, o credor poderá tomar em garantia um ou mais objetos até ao valor da dívida', mas, ao mesmo tempo, o art. 779 parece restringir o alcance da regra, ao estatuir que 'os credores compreendidos no referido artigo (776) podem fazer efetivo o penhor, antes de recorrerem à autoridade judiciária, sempre que haja perigo na demora'. E ao art. 876 do Código induz à suposição de que, em todos os casos, tenha havido tomada de posse dos objetos sujeitos ao penhor, ao estabelecer que, não homologado este, devam os objetos ser entregues ao réu. A aparente antinomia entre essas regras decorre, tão-só, do meio de que se pode utilizar o credor para fazer efetivo o penhor, entendido, aqui, como o apossamento dos bens objeto de garantia. Se manifesto o 'periculum in mora', incide o art. 779 (C.c.b. de 1916), e o credor, desde que possível, se apossa, ele mesmo, dos bens móveis do devedor, sujeitos a penhor, para depois pedir, 'ato contínuo', a homologação em juízo. Trata-se de ato de justiça de mão própria, que o ordenamento jurídico admite como exceção, 'sempre que haja perigo na demora', e que autorizada doutrina denominou de 'autodifesa cautelare... Há casos, porém, em que se torna impossível o exercício da autodefesa, seja porque não se perfez o requisito do 'periculum in mora', seja porque, ainda presente este pressuposto, as circunstâncias impedem ao credor de assim agir. Com efeito. Como medida excepcional, descabe generalizar a autodefesa a ponto de extravasar das hipóteses configuradas no suporte fáctico da regra contida no art. 779 do C.c.b. 1916. De outro lado, autodefesa não significa tumulto ou uso exagerado de força, sendo prudente proibi-la quando produza considerável perturbação social, ou se coloquem em risco outros princípios de maior envergadura. Não seria possível, assim que o credor, a pretexto de fazer efetivo o penhor, invadisse 'manu militari' ou sem o consentimento do devedor a moradia deste; nem mesmo é de se admitir pudesse o credor se socorrer, para esse fim, do auxílio policial. A casa é o abrigo inviolável do indivíduo e a Constituição assegura que 'ninguém pode penetrar nela, à noite, sem consentimento do morador, a não ser em caso de crime ou desastre, nem durante o dia, fora dos casos e na forma que a lei estabelecer' (art. 153, §10 da C.F. de 1969). Tampouco pode ser aplaudida a tomada de posse mediante outro tipo e violência física, como se, à saída do hóspede do hotel, funcionários o agarrassem à força, buscando despojá-lo de sua bagagem, para tornar efetivo o penhor. A tanto não chega a faculdade desenhada no art. 779 (C.c.b. de 1916) da lei material e, além do mais, o respeito à pessoa humana e sua integridade física sobrelevam à simples garantia do crédito".*[10]

Da análise do que fora acima dito, apresentam-se três situações: *"existência de perigo na demora e possibilidade de apreensão imediata dos bens, objeto do penhor; concomitância de 'periculum in mora' e impossibilidade imediata de apreensão; inexistência de 'periculum in mora'"*.[11] Na primeira hipótese, aplica-se o disposto no art. 1.470 do C.c.b., podendo o credor tomar o penhor com as próprias mãos. Na segunda hipótese, deverá o credor ingressar com uma tutela de urgência cautelar apropriada, visando à apreensão dos bens necessários para a garantia do crédito resguardado pelo penhor legal. Na terceira hipótese, em que não há o *periculum in mora*, deverá o credor requerer uma tutela jurisdicional de natureza satisfativa de tomada de penhor, requerendo a declaração da pretensão do penhor, com a atribuição da posse e homologação judicial.

O certo é, tomado o penhor pessoalmente pelo credor, seja por qual forma isso ocorrer, dever-se-á de imediato requerer a homologação do penhor legal.

Diante da forma como se constitui o penhor legal, ou seja, com a efetiva possibilidade de o credor, sem autorização judicial, apoderar-se de bens do devedor, pode-se afirmar que este tipo de procedimento processual realmente não tinha e não tem a natureza de cautelaridade, pois a homologação ocorrerá após a constituição do penhor, ou seja, após o credor já haver se apossado dos bens do devedor. Uma vez que o credor já se encontra na posse dos bens, a homologação

[10] Alvaro de Oliveira. Carlos Alberto; Lacerda, Galeno. *Comentários ao código de processo civil,* Vol. VIII. Tomo II, art. 813 a 889. Rio de Janeiro: Forense, 1988. p. 535 e536.

[11] Alvaro de Oliveria, C. A.; Lacerda, G., idem, p. 536.

não tem por finalidade garantir a eficácia de um pedido principal, pois a homologação apenas irá regularizar formalmente o ato anteriormente praticado.

Além do mais, diante da nova perspectiva outorgada pelo atual C.P.C. ao penhor legal, de que o credor incorporará na sua posse os bens apenhados, a sua natureza assenta-se mais no âmbito das medidas *satisfativa* do que de cautelaridade. Nesse sentido já se manifestara Carlos Alberto Álvaro de Oliveira e Galeno Lacerda: *"Embora a topologia do procedimento, claro está que a homologação do penhor legal não ostenta caráter cautelar. E isto porque, com ele, visa-se apenas à 'satisfação' do direito de garantia assegurado na lei material, pela constituição que decorre da sentença homologatória, sem que com isso adquira o crédito maior ou menor".*[12]

Para Galeno Lacerda, a homologação do penhor legal não ostenta caráter cautelar, pois visa apenas à satisfação do direito de garantia assegurado na lei material, pela constituição que decorre da sentença homologatória, sem que com isso adquira o crédito eficácia maior ou menor (a executividade não depende da homologação, assim como dela não depende a existência do próprio crédito).

Preceitua o *§1º do art. 703* do atual C.P.C., que na petição inicial, instruída com o contrato de locação ou a conta pormenorizada das despesas, a tabela de preços e a relação dos objetos retidos, o credor pedirá a citação do devedor para pagar ou contestar na audiência preliminar que for designada.

A petição inicial deverá observar os requisitos de toda petição inicial instauradora de demandas judiciais, sendo que serão considerados documentos indispensáveis que deverão acompanhar a inicial a *tabela de preços ou o contrato de locação e a realização dos objetos retidos.* A conta das dívidas será extraída conforme a tabela impressa, prévia e ostensivamente exposta na casa, dos preços de hospedagem, da pensão ou dos gêneros fornecidos, sob pena de nulidade do penhor (art. 1.468 do C.c.b.).

O art. 1.468 do C.c.b. estabelece que a tabela deve ser impressa.

Observa-se, pelo dispositivo do código, que haverá necessidade de se juntar o contrato de locação. Ocorre que muitas vezes a locação existente é verbal, o que dificulta esta prova.

Assim, se o contrato for verbal, a princípio não será possível ao credor utilizar-se do denominado penhor legal. Contudo, se tiver qualquer documento que comprove a existência do contrato e o valor de locação, como, por exemplo, um recibo, isto poderá suprir a falta de contrato por escrito.

[12] ALVARO DE OLIVEIRA. Carlos Alberto; LACERDA, Galeno. *Comentários ao código de processo civil,* Vol. VIII. Tomo II, art. 813 a 889. Rio de Janeiro: Forense, 1988. p. 530.

Exige-se, ainda, a relação dos objetos retidos ou que se pretenda reter. Se os objetos tomados estiverem em malas ou caixas fechadas, o credor os relacionará como estão, pois não lhe é lícito, sem autorização do juiz, arrombar as malas ou as caixas para tomar o conteúdo.[13]

O credor pedirá na inicial a citação do devedor para pagar ou contestar na audiência preliminar que for designada. Note-se que pelo art. 874 do C.P.C. de 1973, o devedor seria citado para em 24 horas pagar ou apresentar contestação. O novo C.P.C. não traz mais o prazo de 24 horas, e estabelece que a contestação deverá ser apresentada em audiência.

Note-se que a contestação deverá ser ofertada em audiência preliminar a ser designada pelo juízo. Se não ofertar a contestação em audiência, o devedor será declarado revel.

É importante salientar que o juiz deverá marcar a audiência de forma que o réu tenha possibilidade de contratar um advogado e este possa formular a peça com tranquilidade e segurança.

Se o réu entender que não irá contestar, mas efetuar de plano o pagamento da dívida, poderá assim fazê-lo a qualquer tempo, ou deixar para fazê-lo quando da audiência designada pelo juiz. O pagamento da dívida deverá incluir os seus acréscimos, inclusive os honorários de advogado que o juiz arbitrar.

O art. 703 do novo C.P.C. não repetiu o disposto no parágrafo único do art. 874 do C.P.C. de 1973, ou seja, não estabelece que estando suficientemente provado o pedido nos termos da lei, o juiz poderá homologar de plano o penhor. Assim, atualmente não pode o juiz homologar de plano o penhor, mas somente durante ou após o transcurso da audiência a ser designada. Portanto, não se discute mais se a homologação *de plano* poderia ser *inaudita altera par.*

2. Homologação extrajudicial

O novo C.P.C. traz uma importante inovação na questão da homologação do penhor legal.

Segundo prescreve o *§2º do art. 703* do atual C.P.C., *a homologação do penhor legal poderá ser promovida pela via extrajudicial mediante requerimento, que conterá os requisitos previstos no §1º deste artigo, do credor a notário de sua livre escolha.*

Assim, a parte poderá, ao invés de se utilizar da tutela jurisdicional, promover a tutela jurídica de homologação do penhor legal perante notário de sua livre escolha.

Para tanto, o requerimento de homologação pela via extrajudicial deverá conter os mesmos requisitos estabelecidos no *caput* deste artigo.

[13] Alvaro de Oliveria, C.A.; Lacerda, G., idem, p. 540.

Trata-se, sem dúvida, de um método menos ortodoxo para a homologação do penhor legal.

Recebido o requerimento de homologação do penhor legal, o notário promoverá a notificação extrajudicial do devedor para, no prazo de 5 (cinco) dias, pagar o débito ou impugnar sua cobrança, alegando por escrito uma das causas previstas no art. 704, hipótese em que o procedimento será encaminhado ao juízo competente para decisão (*§3º do art. 703* do atual C.P.C.).

Recebida a notificação feita pelo notário, o devedor poderá, ou pagar o débito com os acréscimos legais, inclusive as taxas devidas ao notário, ou impugnar a cobrança, alegando algumas das hipóteses previstas no art. 704 deste Código. Nesta última hipótese, o notário encaminhará o pedido de homologação do penhor legal ao juízo competente para que seja proferida decisão judicial. No caso, o juízo competente é o da vara cível e não o juízo da vara de Registros Públicos.

Transcorrido o prazo fixado pelo notário, sem manifestação do devedor, o notário formalizará a homologação do penhor legal por escritura pública (*§4º do art. 703* do atual C.P.C.).

Art. 704

A defesa só pode consistir em:

I – nulidade do processo;

II extinção da obrigação;

III – não estar a dívida compreendida entre as previstas em lei ou não estarem os bens sujeitos a penhor legal;

IV – alegação de haver sido ofertada caução idônea, rejeitada pelo credor.

Matéria de defesa

O atual C.P.C., seguindo a tradição do C.P.C. de 1973 e do C.P.C. de 1939, limita o conteúdo da defesa que pode ser formulada pelo devedor na pretensão de homologação do penhor legal.

O juiz exerce aqui uma cognição horizontal limitada, uma vez que somente poderá conhecer das matérias restritas e específicas previstas nos incs. I a IV do art. 704 do atual C.P.C.

Evidentemente, o magistrado poderá conhecer de ofício a falta de pressupostos processuais ou das condições para exame do mérito do pedido. Poderá, inclusive, determinar que o requerente junte os documentos indispensáveis para a propositura da demanda, como o contrato de locação ou a tabela de preços, sob pena de extinção do processo.

Segundo dispõe o art. 704 do atual C.P.C., a primeira hipótese de defesa é a alegação de *nulidade do processo.* Trata-se de matéria de ordem pública processual, ou de exceção processual, principalmente em relação à falta de condições da demanda ou de algum dos pressupostos processuais.

A segunda hipótese de defesa seria a *extinção da obrigação.* O Código Civil brasileiro estabelece diversas causas que caracterizam a extinção das obrigações, a saber: a) prescrição ou decadência; b) novação; c) compensação; d) confusão; e) remissão de dívidas.

É bem verdade que, no que se refere à prescrição, *"sustenta Pontes de Miranda que a prescrição encobre eficácia, mas não faz extinguir a dívida, razão por que o devedor não pode invocar o art. 875, II (C.P.C. de 1973). Embora simples interpretação gramatical possa levar a essa conclusão, o resultado parece excessivo. No fundo, a norma ostenta por finalidade impedir o acesso à homologação a quem já não possa extrair do crédito o seu proveito. Ora, o beneficiário da prescrição, consumada esta, pode recusar o cumprimento da obrigação ou opor-se ao exercício do direito prescrito".*[14]

O pagamento por consignação pode ser alegado somente se o depósito foi resgatado pelo credor, ou se houver procedência do pedido na consignatória.

A extinção da obrigação pode ter sido reconhecida em outro processo, no qual o magistrado tenha reconhecido essa extinção com força de coisa julgada.

Poderá ainda a defesa alegar *não estar a dívida compreendida entre as previstas em lei ou não estarem os bens sujeitos a penhor legal.*

As dívidas que ensejam pretensão à homologação do penhor legal são somente aquelas descritas no art. 1.467 do C.c.b., a saber:

> *"Art. 1.467. São credores pignoratícios, independentemente de convenção:*
>
> *I – os hospedeiros, ou fornecedores de pousada ou alimento, sobre as bagagens, móveis, jóias ou dinheiro que os seus consumidores ou fregueses tiverem consigo nas respectivas casas ou estabelecimentos, pelas despesas ou consumo que aí tiverem feito.*
>
> *II – o dono do prédio rústico ou urbano, sobre os bens móveis que o rendeiro ou inquilino tiver guarnecendo o mesmo prédio, pelos aluguéis ou rendas".*

Portanto, somente os credores indicados expressamente nos incisos I e II do art. 1.467 do atual C.c.b. é que podem constituir o penhor legal. Não há nessa matéria interpretação extensiva ou analógica. Por isso, a simples ocupação de cômodo, com móveis, mas sem fornecimento de pousada ou alimento, de modo algum enseja o penhor legal. Da mesma forma, se o inquilino de casa de cômo-

[14] Alvaro de Oliveira, C. A.; Lacerda, G., idem, p. 545.

dos alugou imóvel, sublocando peças a terceiros, não lhe assiste também direito à garantia, pois constitui requisito exigido em lei que o credor por alugueres seja *dono do imóvel.*[15]

Ocorre que, poderão existir outras normas específicas que também constituam o penhor legal em favor de determinado credor. O art. 31 da Lei 6.533 de 24 de maio de 1978, institui o penhor legal em favor de artistas e de técnicos de espetáculos de diversões, sobre o equipamento e todo o material de propriedade do empregador, utilizado na realização de programa, espetáculo ou produção, pelo valor das obrigações não cumpridas pelo empregador.

O devedor também poderá alegar não estarem os bens sujeitos ao penhor legal.

Note-se que o penhor legal de crédito decorrente de hospedagem ou de fornecimento de alimentação limita-se às bagagens, móveis, joias ou dinheiro que os seus consumidores ou fregueses tiverem consigo nas respectivas casas ou estabelecimentos. Essa enumeração é taxativa. Muito embora seja taxativa, entendo que se encontra contido nesse rol, as roupas que estão nos armários ou mesmo o veículo que se encontra no estacionamento, pois se trata de bem móvel.

Já em relação aos bens móveis do rendeiro ou do locatário, o penhor restringe-se aos que tiverem guarnecendo o mesmo prédio. Por isso, se houver aluguel de invernada, para pastoreio de gado, não se autoriza a homologação de penhor legal, uma vez que a lei refere-se a móveis que guarnecem o prédio. Como o dispositivo fala em *bens que guarnecem o prédio*, a doutrina entende que se os bens não guarnecem o imóvel, ou seja, não provêm do necessário ao prédio, não abastecem o prédio, não poderão ser objeto de penhor, como, por exemplo, o dinheiro, as joias, pedras preciosas, títulos de crédito, os quais não guarnecem o imóvel, mas apenas estão guardados no seu interior. Conforme afirmam Carlos Alberto Álvaro de Oliveira e Galeno Lacerda: *"Assim, quando o art. 776, II do Código Civil (de 1916), alude a guarnecer com móveis quer designar tudo aquilo que se introduz no imóvel locado, e que for necessário, útil ou proveitoso à finalidade da locação. Fogem, portanto, ao conceito legal as joias, pedras preciosas, títulos de crédito ou o dinheiro que, sem guarnecer, encontram-se 'guardados' no prédio rústico ou urbano. Mas nele estão compreendidos os livros, quadros, obras de arte, mobiliário, e até os objetos e mercadorias que o locatário introduzir no imóvel, para consumo ou comércio. E, por isso, não há como fazer escapar à garantia os semoventes (Código Civil, art. 47, 1ª parte do C.c. de 1916),*

[15] ALVARO DE OLIVEIRA, C. A.; LACERDA, G., idem, p. 546.

bem assim as máquinas, aparelhos e utensílios, ou outras coisas móveis que guarneçam, munam ou abasteçam o prédio".[16]

Sob a égide do C.P.C. de 1973, como o penhor tinha a natureza de mera garantia, ou seja, a propriedade dos bens não se transferiria para o credor, uma vez que este, se quisesse efetivamente receber o seu crédito, deveria ingressar com a demanda correspondente, ou de cobrança ou de execução, entendia a doutrina e a jurisprudência que o penhor legal não poderia incidir sobre os bens que não pudessem ser penhorados, ou seja, sobre os bens impenhoráveis, como é o caso, por exemplo, do bem de família.

Ocorre que, muito embora pelo atual C.P.C. o credor adquire ao final a posse dos bens, essa posse tem natureza de 'posse garantia' e não de 'uso e gozo', razão pela qual deve-se seguir a mesma orientação normativa existente sob a égide do Código revogado, ou seja, não poderão ser objeto de penhor legal os bens que são impenhoráveis ou os reconhecidos como bem de família.

Por fim, o devedor poderá alegar *haver sido ofertada caução idônea, rejeitada pelo credor.*

Sobre a caução, preconiza o art. 1.472 do C.c.b.: *pode o locatário impedir a constituição do penhor mediante caução idônea.*

Portanto, se o devedor, seja ele locatário ou aquele que realizou a hospedagem ou consumiu a alimentação, oferecer caução idônea ao credor (penhor, hipoteca, anticrese, fiança, depósito em dinheiro), não poderá ser deferido o penhor legal em favor do credor.

Somente se demonstrada que a caução não era idônea ou que não era suficiente para garantir a totalidade da dívida, é que o penhor legal poderá ser homologado.

Art. 705

A partir da audiência preliminar, observar-se-á o procedimento comum.

Observância do procedimento comum

Conforme estabelece o art. 703, §1º, do atual C.P.C., após a propositura da demanda, com a distribuição da petição inicial, o juiz marcará audiência preliminar na qual o devedor poderá pagar a dívida ou contestar o pedido.

Realizada a audiência preliminar, seguir-se-á o procedimento comum.

[16] Alvaro de Oliveira, C. A.; Lacerda, G., idem, p. 548.

O juiz, então, passará ao julgamento conforme o estado do processo, podendo julgar antecipadamente a lide ou deferir outras provas que não possam ser colhidas de imediato na audiência preliminar designada.

Art. 706

Homologado judicialmente o penhor legal, consolidar-se-á a posse do autor sobre o objeto.

§1º Negada a homologação, o objeto será entregue ao réu, ressalvado ao autor o direito de cobrar a dívida pelo procedimento comum, salvo se acolhida a alegação de extinção da obrigação.

§2º Contra a sentença caberá apelação, e, na pendência do recurso, poderá o relator ordenar que a coisa permaneça depositada ou em poder do autor.

Consolidação da posse sobre o objeto

O art. 684 do Projeto Originário n. 2.046/10, antes do substitutivo introduzido pela Câmara dos Deputados, aduzia que *homologado o penhor, consolidar-se-á a propriedade do autor sobre o objeto; negada a homologação, o objeto será entregue ao réu, ressalvado ao autor o direito de cobrar a conta pela via ordinária, salvo se acolhida a alegação de extinção da obrigação.*

Este dispositivo trazia uma profunda mudança quanto à natureza da homologação do penhor.

O art. 876 do C.P.C. de 1973 estabelecia que homologado o penhor, os autos seriam entregues ao requerente 48 (quarenta e oito) horas depois independentemente de traslado, salvo se dentro desse prazo, a parte houvesse pedido certidão.

Com a homologação, o credor não se tornava proprietário do bem recebido em penhor, pois o bem seria uma mera garantia. O credor deveria em seguida ingressar com a demanda de cobrança ou de execução da dívida, a fim de penhorar o bem constituído em penhor e levá-lo a leilão. Com o valor recebido pela venda do bem em leilão, é que o credor receberia o seu crédito.

A sentença homologatória do penhor legal apresentava natureza constitutiva, sendo integrativa na forma. Com ela se constituía a garantia. Contudo, o seu elemento declarativo mostrava-se insuficiente para a concretização da coisa julgada.

Porém, o art. 684 do Projeto Originário estabelecia que homologado o penhor, *consolidar-se-á a propriedade do autor sobre o objeto.*

O novo C.P.C., no seu art. 706, não fala mais em consolidação da propriedade, mas, sim, em *consolidação da posse do objeto em favor do autor*.

Sem dúvida, a mudança operada pelo atual art. 704 do novo C.P.C., no sentido de alterar a expressão *propriedade* por *posse*, foi pior e trouxe inúmeras indagações.

A primeira indagação é se o termo *posse* abrange apenas a posse direta – *ius possessionis* ou se também diz respeito à posse indireta – *ius possidendi*.

Num primeiro momento, poder-se-ia afirmar que a expressão *consolidação da posse* quer dizer também a posse *indireta*, ou seja, a posse decorrente do direito de propriedade.

Porém, como o legislador do atual C.P.C. preferiu alterar de forma inequívoca a expressão *propriedade* para *posse*, isso somente pode significar que a posse que se consolida em favor do autor é a posse direta de garantia e não de uso e gozo.

Com isso, o devedor poderá, recuperar o objeto mediante o pagamento da integralidade da dívida.

Mas se o credor não quiser permanecer com o objeto na sua posse garantia pois a simples posse não lhe satisfaz, o que fazer? O art. 706 do atual C.P.C. não nos diz qual a solução. Nessa hipótese, tenho para mim que o credor deverá promover a cobrança da dívida, fazendo incidir a penhora sobre o bem que pertence ao devedor, mas que, por determinação legal, encontra-se na sua posse direta de garantia.

A natureza da sentença homologatória do penhor é constitutiva em relação à consolidação da posse em favor do autor, fazendo coisa julgada material. Porém, para que a sentença homologatória reconheça o penhor legal, a tutela jurisdicional também há de reconhecer a exigibilidade da obrigação, pois se não houver obrigação, o juiz não poderá homologar o penhor legal. Por isso o legislador do novo C.P.C. retirou o a homologação do penhor legal do âmbito das cautelares e o inseriu nos procedimentos especiais de jurisdição contenciosa. Como a decisão somente homologa a garantia pignoratícia de eventual crédito, tenho para mim que o credor não poderá promover o cumprimento de sentença, pois o crédito em si deverá ser exigido pelas vias próprias.

Preceitua o *§1º do art. 706* do atual C.P.C. que se o juiz negar a homologação, o objeto será entregue ao réu, ressalvado ao autor o direito de cobrar a dívida pelo procedimento comum, salvo se acolhida a alegação de extinção da obrigação.

Assim, se o juiz não homologar o penhor legal, o objeto será devolvido ao réu, podendo o credor promover a demanda de cobrança ou de execução, se for o caso, a fim de receber aquilo que lhe é devido.

O credor somente não poderá ingressar nas vias ordinárias, se o juiz, no âmbito da demanda de homologação do penhor legal, declarar por sentença extinta a obrigação, caso em que a sentença fará coisa julgada material.

Preceitua o *§2º do art. 706* do atual C.P.C. que contra a *sentença caberá apelação, e, na pendência do recurso, poderá o relator ordenar que a coisa permaneça depositada ou em poder do autor.*

Da sentença que homologar o penhor legal caberá o recurso de apelação, sendo que na pendência do recurso poderá o relator (e não o juiz) ordenar que a coisa permaneça depositada ou em poder do autor. Trata-se de concessão de medida cautelar, mantendo-se a coisa depositada em mãos de terceiro ou do autor, durante o trâmite do recurso de apelação. Essa medida cautelar, conforme aduz o dispositivo, poderá ser concedida pelo relator nó Tribunal.

CAPÍTULO XIII – Da Regulação de Avaria Grossa

Art. 707

Quando inexistir consenso acerca da nomeação de um regulador de avarias, o juiz de direito da comarca do primeiro porto onde o navio houver chegado, provocado por qualquer parte interessada, nomeará um de notório conhecimento.

Avaria grossa

O Código Comercial brasileiro, Lei n. 556, de 25 de junho de 1885, trata em seus artigos 761 a 771, da *natureza e classificação* das avarias, *in verbis:*

Art. 761 – Todas as despesas extraordinárias feitas a bem do navio ou da carga, conjunta ou separadamente, e todos os danos acontecidos àquele ou a esta, desde o embarque e partida até a sua volta e desembarque, são reputadas avarias.

Art. 762 – Não havendo entre as partes convenção especial exarada na carta partida ou no conhecimento, as avarias hão de qualificar-se, e regular-se pelas disposições deste Código.

Art. 763 – As avarias são de duas espécies: avarias grossas ou comuns, e avarias simples ou particulares. A importância das primeiras é repartida proporcionalmente entre o navio, seu frete e a carga; e a das segundas é suportada, ou só pelo navio, ou só pela coisa que sofreu o dano ou deu causa à despesa.

Art. 764 – São avarias grossas:

1 – Tudo o que se dá ao inimigo, corsário ou pirata por composição ou a título de resgate do navio e fazendas, conjunta ou separadamente.

2 – As coisas alijadas para salvação comum.

3 – Os cabos, mastros, velas e outros quaisquer aparelhos deliberadamente cortados, ou partidos por força de vela para salvação do navio e carga.

4 – As âncoras, amarras e quaisquer outras coisas abandonadas para salvamento ou benefício comum.

5 – Os danos causados pelo alijamento às fazendas restantes a bordo.

6 – Os danos feitos deliberantemente ao navio para facilitar a evacuação d'água e os danos acontecidos por esta ocasião à carga.

7 – O tratamento, curativo, sustento e indenizações da gente da tripulação ferida ou mutilada defendendo o navio.

8 – A indenização ou resgate da gente da tripulação mandada ao mar ou à terra em serviço do navio e da carga, e nessa ocasião aprisionada ou retida.

9 – As soldadas e sustento da tripulação durante arribada forçada.

10 – Os direitos de pilotagem, e outros de entrada e saída num porto de arribada forçada.

11 – Os aluguéis de armazéns em que se depositem, em, porto de arribada forçada, as fazendas que não puderem continuar a bordo durante o conserto do navio.

12 – As despesas da reclamação do navio e carga feitas conjuntamente pelo capitão numa só instância, e o sustento e soldadas da gente da tripulação durante a mesma reclamação, uma vez que o navio e carga sejam relaxados e restituídos.

13 – Os gastos de descarga, e salários para aliviar o navio e entrar numa barra ou porto, quando o navio é obrigado a fazê-lo por borrasca, ou perseguição de inimigo, e os danos acontecidos às fazendas pela descarga e recarga do navio em perigo.

14 – Os danos acontecidos ao corpo e quilha do navio, que premeditadamente se faz varar para prevenir perda total, ou presa do inimigo.

15 – As despesas feitas para por a nado o navio encalhado, e toda a recompensa por serviços extraordinários feitos para prevenir a sua perda total, ou presa.

16 – As perdas ou danos sobrevindos às fazendas carregadas em barcas ou lanchas, em conseqüência de perigo.

17 – As soldadas e sustento da tripulação, se o navio depois da viagem começada é obrigado a suspendê-la por ordem de potência estrangeira, ou por superveniência de guerra; e isto por todo o tempo que o navio e carga forem impedidos.

18 – O prêmio do empréstimo a risco, tomado para fazer face a despesas que devam entrar na regra de avaria grossa.

19 – O prêmio do seguro das despesas de avaria grossa, e as perdas sofridas na venda da parte da carga no porto de arribada forçada para fazer face às mesmas despesas.

20 – As custas judiciais para regular as avarias, e fazer a repartição das avarias grossas.

21 – As despesas de uma quarentena extraordinária.

E, em geral, os danos causados deliberadamente em caso de perigo ou desastre imprevisto, e sofridos como conseqüência imediata destes eventos, bem como as despesas feitas em iguais circunstâncias, depois de deliberações motivadas (artigo nº 509), em bem e salvamento comum do navio e mercadorias, desde a sua carga e partida até o seu retorno e descarga.

Art. 765 – Não serão reputadas avarias grossas, posto que feitas voluntariamente e por deliberações motivadas para o bem do navio e carga, as despesas causadas por vício interno do navio, ou por falta ou negligência do capitão ou da gente da tripulação. Todas estas despesas são a cargo do capitão ou do navio (artigo nº 565).

Art. 766 – São avaria simples e particulares:

1 – O dano acontecido às fazendas por borrasca, presa, naufrágio, ou encalhe fortuito, durante a viagem, e as despesas feitas para as salvar.

2 – A perda de cabos, amarras, âncoras, velas e mastros, causada por borrasca ou outro acidente do mar.

3 – As despesas de reclamação, sendo o navio e fazendas reclamadas separadamente.

4 – O conserto particular de vasilhas, e as despesas feitas para conservar os efeitos avariados.

5 – O aumento de frete e despesa de carga e descarga; quando declarado o navio inavegável, as fazendas são levadas ao lugar do destino por um ou mais navios (artigo nº 614).

Em geral, as despesas feitas; e o dano sofrido só pelo navio, ou só pela carga, durante o tempo dos riscos.

Art. 767 – Se em razão de baixios ou bancos de areia conhecidos o navio não puder dar à vela do lugar da partida com a carga inteira, nem chegar ao lugar do destino sem descarregar parte da carga em barcas, as despesas feitas para aligeirar o navio não são reputadas avarias, e correm por conta do navio somente, não havendo na carta-partida ou nos conhecimentos estipulação em contrário.

Art. 768 – Não são igualmente reputadas avarias, mas simples despesas a cargo do navio, as despesas de pilotagem da costa e barras, e outras feitas por entrada e saída de obras ou rios; nem os direitos de licenças, visitas, tonelagem, marcas, ancoragem, e outros impostos de navegação.

Art. 769 – Quando for indispensável lançar-se ao mar alguma parte da carga, deve começar-se pelas mercadorias e efeitos que estiverem em cima do convés; depois serão alijadas as mais pesadas e de menos valor, e dada igualdade, as que estiverem na coberta e mais à mão; fazendo-se toda a diligência possível para tomar nota das marcas e números dos volumes alijados.

Art. 770 – Em seguimento da ata da deliberação que se houver tomado para o alijamento (artigo nº 509) se fará declaração bem especificada das fazendas lançadas ao mar; e se pelo ato do alijamento algum dano tiver resultado ao navio ou à carga remanescente, se fará também menção deste acidente.

Art. 771 – As danificações que sofrerem as fazendas postas a bordo de barcos para à sua condução ordinária, ou para aligeirar o navio em caso de perigo, serão reguladas pelas disposições estabelecidas neste capítulo que lhes forem aplicáveis, segundo às diversas causas de que o dano resultar

No Direito Marítimo, a avaria acarretada à carga transportada se dá de forma *simples* ou *grossa.*

A avaria simples diz respeito a atos involuntários, como na hipótese de uma carga cair ao mar pelo balançar da embarcação, sem interferência humana ou qualquer ato voluntário. Nesse caso, os prejuízos ficam por conta do próprio transportador.

Já a *avaria grossa* significa que todos os danos ou despesas extraordinárias decorrem de um ato intencional, efetuado para a segurança do navio e suas cargas, em uma situação de perigo real e iminente, com o intuito de evitar um mal maior à expedição marítima. Sendo reconhecida a avaria grossa pelas autoridades competentes, todas as despesas geradas com o salvamento do navio e cargas serão rateadas proporcionalmente entre os proprietários das cargas embarcadas.

As avarias grossas são reguladas pelas Regras de York-Antuérpia. Estabelecem as regras de York: *"Há um ato de avaria grossa, quando e somente quando, qualquer sacrifício ou despesa extraordinária é intencional e é razoavelmente efetuado ou incorrido para a segurança comum, com o propósito de preservar do perigo a propriedade envolvida em uma aventura marítima comum."*

Ruy Pires dá os seguintes exemplos de avaria grossa e avaria particular:

"Com um exemplo melhor se compreenderá a diferença entre Avaria Grossa e Avaria Particular e a quem cabe suportar cada uma.

Na sequência de um incêndio na casa da máquina que se propaga ao porão do navio, o Comandante decide alijar (lançar ao mar) uns tambores com produtos inflamáveis e emitir um SOS a que acorre um rebocador de alto mar. Dominado o incêndio com grandes quantidades de água, inicia-se o reboque que chega a bom porto.

Feito o balanço dos prejuízos, temos:

- *Um navio com revestimentos e instalação eléctrica queimados e chapas deformadas –* ***Avaria Particular do navio*** *a ser* ***suportada pelo Armador;***
- *Algumas mercadorias total ou parcialmente queimadas –* ***Avarias Particulares das cargas*** *a serem* ***suportadas pelos seus donos;***

- *Prémio do salvamento comum a pagar ao rebocador – **Avaria Grossa** a ser **suportada pelo navio e cargas** (mesmo as sacrificadas) na proporção dos respectivos valores, depois de deduzidos os prejuízos que sofreram pelo incêndio;*
- *Mercadorias danificadas pela água de combate ao incêndio e os tambores alijados, isto é, em ambos os casos, sacrifícios que foram feitos para o salvamento comum e como tal classificáveis como **Avaria Grossa**».*[17]

Diante de determinada *avaria grossa* ocorrida a bordo de uma embarcação, e não existindo consenso acerca da nomeação de um *regulador de avarias*, o juiz de direito da comarca do primeiro porto onde o navio houver chegado, provocado por qualquer parte interessada, nomeará um de notório conhecimento (*art. 707* do atual C.P.C.).

Entende-se por *regulador de avarias*, a pessoa física ou jurídica, tecnicamente habilitada, que tem por objetivo elaborar o levantamento dos prejuízos sofridos em decorrência do sinistro, indicando a causa, natureza e a extensão das avarias.

O art. 707 do atual C.P.C. estabelece que não chegando as partes a um consenso sobre a nomeação do regulador, caberá ao juiz de direito da comarca do primeiro porto onde o navio houver chegado, provocado por qualquer parte interessada, nomear um de notório conhecimento.

Porém, o atual C.P.C. reconhece a competência do Tribunal Marítimo para a regulação, repartição ou rateio das avarias grossas, sendo que o art. 783 do Código Comercial assim dispõe:

> *Art. 783 – A regulação, repartição ou rateio das avarias grossas serão feitos por árbitros, nomeados por ambas as partes, as instâncias do capitão.*
>
> *Não se querendo as partes louvar, a nomeação de árbitros será feita pelo Tribunal do Comércio respectivo, ou pelo juiz de direito do comércio a que pertencer, nos lugares distantes do domicílio do mesmo tribunal.*
>
> *Se o capitão for omisso em fazer efetuar o rateio das avarias grossas, pode a diligência ser promovida por outra qualquer pessoa que seja interessada.*

Assim, somente será competente o juiz de direito da comarca do primeiro porto onde o navio houver chegado, se a comarca não for a sede do Tribunal Marítimo.

Sobre o tema, eis o seguinte precedente do S.T.J.:

[17] Pires, Ruy. *In: Revista do Clube de Oficias da Marinha Mercante.* Bordo Livre – Nº 70 Setembro/Outubro 2005.

Direito aduaneiro. Transporte de mercadorias. Avarias em container.

Falta de imediata lavratura do termo de avaria, pela entidade portuária. Matéria regulada pelo revogado Responsabilidade da entidade portuária, na qualidade de depositária dos bens. Arts. 470 e 479 do antigo Regulamento Aduaneiro (Decreto 91.030/85). Recurso improvido.

– Conforme entendimento pacificado pela Corte Especial, o termo "lei federal' abrange também os decretos, de modo que é possível conhecer de recurso especial interposto com base em sua violação (EREsp 663.562/RJ, Rel. Min. Ari Pargendler, DJ de 18/2/2008).

– Os arts. 470 e 479 do antigo Regulamento Aduaneiro (Decreto 91.030/85), ao falarem da necessidade de imediata lavratura de termo de vistoria nas hipóteses de descarga de "volume avariado', referem-se aos danos verificados nos contêineres, não nas mercadorias nele contidas. Assim, o momento de lavratura do referido termo é o do desembarque de tais containeres do navio, e não da respectiva abertura, no porto.

– Não tendo, a entidade portuária, feito qualquer ressalva quanto ao desembarque de container avariado, ela responde pelos danos verificados nas mercadorias importadas, nos termos do art. 2º do Decreto-lei 116/1967.

Recurso especial improvido.

(REsp 958.956/ES, Rel. Ministra NANCY ANDRIGHI, TERCEIRA TURMA, julgado em 05/11/2009, DJe 18/11/2009)

Art. 708

O regulador declarará justificadamente se os danos são passíveis de rateio na forma de avaria grossa e exigirá das partes envolvidas a apresentação de garantias idôneas para que possam ser liberadas as cargas aos consignatários.

§ 1º A parte que não concordar com o regulador quanto à declaração de abertura da avaria grossa deverá justificar suas razões ao juiz, que decidirá no prazo de 10 (dez) dias.

§ 2º Se o consignatário não apresentar garantia idônea a critério do regulador, este fixará o valor da contribuição provisória com base nos fatos narrados e nos documentos que instruírem a petição inicial, que deverá ser caucionado sob a forma de depósito judicial ou de garantia bancária.

§ 3º Recusando-se o consignatário a prestar caução, o regulador requererá ao juiz a alienação judicial de sua carga na forma dos arts. 879 a 903.

§ 4º É permitido o levantamento, por alvará, das quantias necessárias ao pagamento das despesas da alienação a serem arcadas pelo consignatário, mantendo-se o saldo remanescente em depósito judicial até o encerramento da regulação.

Competência do regulador de avaria

O regulador declarará justificadamente se os danos são passíveis de rateio na forma de avaria grossa e exigirá das partes envolvidas a apresentação de garantias idôneas para que possam ser liberadas as cargas aos consignatários.

A primeira providência a ser adotada pelo regulador é justamente verificar se os danos decorrentes da avaria grossa são passíveis de rateio na forma da avaria grossa.

Segundo estabelece o art. 772 do Código Comercial: *para que o dano sofrido pelo navio ou carga possa considerar-se avaria a cargo do segurador, é necessário que ele seja examinado por dois arbitradores peritos que declarem: 1 – De que procedeu o dano. 2 – A parte da carga que se acha avariada, e por que causa, indicando as suas marcas, número ou volumes. 3 – Tratando-se do navio ou dos seus pertences, quanto valem os objetos avariados, e em quanto poderá importar o seu conserto ou reposição. Todas estas diligências, exames e vistorias serão determinadas pelo juiz de direito do respectivo distrito, e praticada com citação dos interessados, por si ou seus procuradores; podendo o juiz, no caso de ausência das partes, nomear de ofício pessoa inteligente e idônea que as represente (artigo nº 618).*

As diligências, exames e vistorias sobre o casco do navio e seus pertences devem ser praticadas antes de dar-se princípio ao seu conserto, nos casos em que este possa ter lugar.

Deverá o regulador também exigir das partes envolvidas a apresentação de garantias idôneas para que possam ser liberadas as cargas aos consignatários.

Se a parte não concordar com o regulador quanto à declaração de abertura da avaria grossa deverá justificar suas razões ao juiz, que decidirá no prazo de 10 (dez) dias (*§1º do art. 708* do atual C.P.C.).

Muito embora o regulador apresente declaração de existência de avaria grossa, a parte poderá impugnar essa declaração, dizendo, por exemplo, que se trata de avaria simples. Porém, seus argumentos deverão vir acompanhados de devida fundamentação.

Apresentada a impugnação, o juiz decidirá no prazo de dez dias.

Contra a decisão que não admitir a abertura da avaria grossa caberá recurso de apelação.

Se o consignatário não apresentar garantia idônea a critério do regulador, este fixará o valor da contribuição provisória com base nos fatos narrados e nos documentos que instruírem a petição inicial, que deverá ser caucionado sob a forma de depósito judicial ou de garantia bancária (*§2º do art. 708* do atual C.P.C.).

Se a avaria for apenas parcial, e ainda existindo a mercadoria, poderá o regulador entregá-la ao consignatário, desde que este apresente garantia idônea a critério do regulador. Se o consignatário não apresentar garantia idônea, o regulador fixará o valor da contribuição provisória a cargo do consignatário, com base nos fatos narrados e nos documentos que instruírem a petição inicial, valor esse que deverá ser caucionado sob a forma de depósito judicial ou de garantia bancária.

Recusando-se o consignatário a prestar caução, o regulador requererá ao juiz a alienação judicial de sua carga na forma dos arts. 879 a 903. (*§3º do art. 708* do atual C.P.C.).

É permitido o levantamento, por alvará, das quantias necessárias ao pagamento das despesas da alienação a serem arcadas pelo consignatário, mantendo-se o saldo remanescente em depósito judicial até o encerramento da regulação (*§4º do art. 708* do atual C.P.C).

Art. 709

As partes deverão apresentar nos autos os documentos necessários à regulação da avaria grossa em prazo razoável a ser fixado pelo regulador.

Apresentação de documentos

Não havendo impugnação à declaração apresentada pelo regulador sobre a existência de avaria grossa, ou se houver, sendo esta já decidida pelo juiz ou pelo Tribunal competente, o regulador determinará a notificação das partes para que, em prazo razoável por ele fixado, apresentem as documentações necessárias à regulação da avaria grossa, especialmente no que concerne à responsabilidade de cada um nos danos causados à carga.

Art. 710

O regulador apresentará o regulamento da avaria grossa no prazo de até 12 (doze) meses, contado da data da entrega dos documentos nos autos pelas partes, podendo o prazo ser estendido a critério do juiz.

§ 1º Oferecido o regulamento da avaria grossa, dele terão vista as partes pelo prazo comum de 15 (quinze) dias, e, não havendo impugnação, será homologado por sentença.

§ 2º Havendo impugnação ao regulamento, o juiz decidirá no prazo de 10 (dez) dias, após a oitiva do regulador.

Regulamento da avaria grossa

Uma vez apresentado os documentos reguladores da avaria grossa, o regulador nomeado pelo juiz apresentará o regulamento da avaria grossa no prazo de até doze meses, contado da data da entrega dos documentos nos autos pelas partes.

O prazo de apresentação do regulamento poderá ser estendido a critério do juiz, especialmente em razão da complexidade do caso.

Oferecido o regulamento da avaria grossa, dele terão vistas as partes pelo prazo comum de quinze dias.

Não havendo impugnação, será homologado por sentença o regulamento apresentado, especialmente quanto à responsabilidade e valor que compete a cada um (*§1º do art. 710* do atual C.P.C.).

Como se trata de sentença homologatória, poderá ser ela objeto de impugnação por meio de recurso de apelação.

Havendo impugnação ao regulamento, o juiz decidirá no prazo de 10 (dez) dias, após a oitiva do regulador (*§2º do art. 710* do atual C.P.C.). Nesse caso, o recurso cabível é o de apelação, sendo que se já transitou em julgado a decisão, caberá a interposição de demanda rescisória.

Art. 711

Aplicam-se ao regulador de avarias os arts. 156 a 158, no que couber.

Aplicação subsidiária dos arts. 156 a 158

Conforme preconiza o art. 711 do atual C.P.C., aplicam-se subsidiariamente ao regulador as regras que dizem respeito aos peritos, nos termos dos arts. 156 a 158 do atual C.P.C. que *assim dispõem:*

Art. 156. O juiz será assistido por perito quando a prova do fato depender de conhecimento técnico ou científico.

§ 1º Os peritos serão nomeados entre os profissionais legalmente habilitados e os órgãos técnicos ou científicos devidamente inscritos em cadastro mantido pelo tribunal ao qual o juiz está vinculado.

§ 2º Para formação do cadastro, os tribunais devem realizar consulta pública, por meio de divulgação na rede mundial de computadores ou em jornais de grande circulação, além de consulta direta a universidades, a conselhos de classe, ao Ministério Público, à Defensoria Pública e à Ordem dos Advogados do Brasil, para a indicação de profissionais ou de órgãos técnicos interessados.

§ 3º Os tribunais realizarão avaliações e reavaliações periódicas para manutenção do cadastro, considerando a formação profissional, a atualização do conhecimento e a experiência dos peritos interessados.

§ 4º Para verificação de eventual impedimento ou motivo de suspeição, nos termos dos arts. 148 e 467, o órgão técnico ou científico nomeado para realização da perícia informará ao juiz os nomes e os dados de qualificação dos profissionais que participarão da atividade.

§ 5º Na localidade onde não houver inscrito no cadastro disponibilizado pelo tribunal, a nomeação do perito é de livre escolha pelo juiz e deverá recair sobre profissional ou órgão técnico ou científico comprovadamente detentor do conhecimento necessário à realização da perícia.

Art. 157. O perito tem o dever de cumprir o ofício no prazo que lhe designar o juiz, empregando toda sua diligência, podendo escusar-se do encargo alegando motivo legítimo.

§ 1º A escusa será apresentada no prazo de 15 (quinze) dias, contado da intimação, da suspeição ou do impedimento supervenientes, sob pena de renúncia ao direito a alegá-la.

§ 2º Será organizada lista de peritos na vara ou na secretaria, com disponibilização dos documentos exigidos para habilitação à consulta de interessados, para que a nomeação seja distribuída de modo equitativo, observadas a capacidade técnica e a área de conhecimento.

Art. 158. O perito que, por dolo ou culpa, prestar informações inverídicas responderá pelos prejuízos que causar à parte e ficará inabilitado para atuar em outras perícias no prazo de 2 (dois) a 5 (cinco) anos, independentemente das demais sanções previstas em lei, devendo o juiz comunicar o fato ao respectivo órgão de classe para adoção das medidas que entender cabíveis.

CAPÍTULO XIV – Da Restauração De Autos

Art. 712

Verificado o desaparecimento dos autos, eletrônicos ou não, pode o juiz, de ofício, qualquer das partes ou o Ministério Público, se for o caso, promover-lhes a restauração.

Parágrafo único. Havendo autos suplementares, nesses prosseguirá o processo.

Restauração de autos

Inicialmente, é importante distinguir os *autos* do *processo*.

Enquanto que o processo jurisdicional é um instrumento de poder realizado mediante uma relação jurídica desenvolvida em contraditório, os autos dão corpo a essa manifestação de poder, em outras palavras, os autos são a constituição material do processo.

Evidentemente, o art. 712 do atual C.P.C. terá maior aplicação em relação aos autos físicos, em papel, uma vez que em se tratando de autos eletrônicos, os sistemas de segurança permitem *backup,* ou seja, *cópia de segurança diária* de cada ato processual, tornando-se muito mais difícil o seu desaparecimento do mundo empírico. Além do mais, em regra todos os documentos estão inseridos no âmbito do sistema informatizado, razão pela qual muitas vezes as partes não guardam nem mesmo cópia de petição, pois o sistema permite que a petição seja elaborada no próprio sistema eletrônico.

Já no que concerne aos autos em papel, o art. 712 do atual C.P.C. estabelece que verificado o desaparecimento dos autos, pode o juiz, de ofício, ou qualquer das partes ou, ainda, o Ministério Público nos casos em que ele deve atuar como parte ou como interveniente (fiscal), promover a restauração dos autos.

A restauração dos autos é a recomposição dos autos de um processo quando desaparecem por perda, extravio, destruição por qualquer causa, ou indevida retenção, quando o detentor se recusa a restituí-los e se frustra a diligência de busca.[18]

É bem verdade que a constituição dos autos se dá por processo escrito e oral. Daí porque a necessidade de se gravar por áudio e vídeo os depoimentos das partes e de testemunhas, ou, se for o caso, reduzir a escrito esses depoimentos a fim de que possam ser utilizados para eventual restauração de autos.

Particularmente no processo brasileiro são peças escritas a inicial, a contestação, a impugnação à contestação, o conteúdo probatório em geral, os despachos, decisões e sentenças dos juízes de primeiro e segundo grau. Reduzidas a escrito ou gravadas em áudio e vídeo são também as diligências realizadas nas audiências.

[18] Barros e Moraes, Hamilton. *Comentários ao código de processo civil,* op.cit. p. 421.

Todos esses documentos escritos, inseridos em ordem cronológica, passarão a constituir os novos autos restaurados.

Assim, o princípio geral é de que todos os autos são restauráveis de uma maneira ou de outra, razão pela qual a sua perda ou extravio não caracteriza a impossibilidade fática de sua restauração.

E a forma de se remediar essa situação fática é justamente a demanda denominada de *restauração de autos*, realizada mediante um procedimento especial, cuja competência para o seu processamento é justamente do juízo em que houve a perda ou extravio dos autos originais.

O art. 1.063 do C.P.C. de 1973 não previa a possibilidade de o juiz, *de ofício*, promover a restauração dos autos. Segundo Hamilton de Moraes e Barros, *"No processo civil, o impulso é mais da parte do que do juiz. Dela é a iniciativa da propositura da ação, da defesa, das provas, dos recursos, da execução, dos procedimentos cautelares. Se a parte se aquieta com o desaparecimento dos autos, se é como que indiferente aos prejuízos que isso lhe possa trazer; se permanece insensível aos efeitos da litispendência, não é o juiz, de iniciativa sua, quem irá prover"*.[19]

O novo C.P.C., em seu art. 712, estabelece que o juiz, *de ofício*, poderá determinar a restauração dos autos.

Agiu bem o legislador em outorgar ao magistrado essa prerrogativa legal, uma vez que os autos de um processo são de propriedade pública, pertencem ao Poder Judiciário de cada ente federativo, cuja guarda e fiscalização compete ao juízo da causa.

Por isso, se houver inércia das partes ou dos interessados em promover a restauração, caberá ao juiz, *de ofício*, assim proceder.

Em se tratando de autos eletrônicos, basta que o juiz determine a restauração da cópia de segurança, inserindo essa cópia no âmbito do sistema processual eletrônico.

Terá o juiz um pouco mais de dificuldade de restauração dos autos físicos ou em papel, quando a contribuição das partes tornar-se mais significativa, principalmente em relação às peças processuais ou aos documentos que se encontrarem em poder de cada uma delas. Nessa hipótese, se não houver maior colaboração das partes, o juiz deverá determinar a restauração dos autos com as peças que se encontram arquivadas em cartório ou em outros registros públicos.

Estabelece o *parágrafo único do art. 712* do atual C.P.C. que *havendo autos suplementares, nesses prosseguirá o processo.*

Sobre o tema, eis os seguintes precedentes do S.T.J.:

[19] MORAES E BARROS, H., idem, p. 425.

1. O Superior Tribunal de Justiça tem entendido que, devidamente intimado da restauração dos autos, a inércia do ente público conduz à extinção do processo sem resolução de mérito, por abandono da causa.

2. Agravo regimental não provido.

(AgRg no AREsp 405.541/RJ, Rel. Ministro ARNALDO ESTEVES LIMA, PRIMEIRA TURMA, julgado em 25/02/2014, DJe 07/03/2014)

1. Na hipótese, a Corte Regional considerou que a Fazenda Nacional não apresentou o processo administrativo, ou no mínimo, documentos que comprovassem a realização de diligências para localização do mesmo, promovendo, assim, a referida reconstituição do processo desaparecido.

2. Havendo a intimação pessoal do representante da Fazenda para dar prosseguimento ao feito e permanecendo ele inerte, cabe ao juiz determinar a extinção do processo, sem julgamento de mérito, por abandono de causa.

3. Agravo regimental não provido.

(AgRg nos EDcl no REsp 1351378/RJ, Rel. Ministro BENEDITO GONÇALVES, PRIMEIRA TURMA, julgado em 11/02/2014, DJe 18/02/2014).

(...).

2. Despropositada a alegação de ofensa ao art. 1.066 do CPC, que determina a repetição das provas produzidas em audiência, na medida em que, ao tempo do desaparecimento dos autos, já havia decisão de mérito com trânsito em julgado.

3. Deferido o ingresso da União no feito na qualidade de assistente simples da INFRAERO, na forma do art. 5º da Lei nº 9.469/97, não há falar em nulidade da sentença por ofensa ao art. 10 da Lei 5.862/72.

4. Se alguma nulidade decorre de não ter a União participado como parte na ação principal, deve ser suscitada pelos meios próprios de impugnação, e não em simples procedimento de restauração de autos.

5. Situação fática que demonstra resistência injustificada ao andamento do processo, caracterizando a litigância de má-fé, que justifica a manutenção da multa fixada com fundamento no 538, parágrafo único, do CPC.

6. Recurso especial não provido.

(REsp 1100853/ES, Rel. Ministra ELIANA CALMON, SEGUNDA TURMA, julgado em 20/08/2013, DJe 28/08/2013)

Agravo regimental na petição no recurso especial – determinação de subida dos autos principais – prestação jurisdicional do superior tribunal de justiça – exaurimento – restauração de autos – necessidade – crivo do egrégio tribunal de origem – agravo regimental provido.

(AgRg na PET no REsp 1339623/PR, Rel. Ministro MASSAMI UYEDA, TERCEIRA TURMA, julgado em 20/11/2012, DJe 04/12/2012).

1. Na hipótese, a Corte Regional considerou que a Fazenda Nacional abandonou a causa, conforme os seguintes argumentos: "Na demanda em questão, quando do fornecimento da documentação necessária para a citada restauração dos autos, o Instituto Nacional do Seguro social não teve êxito em localizar o processo administrativo que deu origem à execução fiscal, conforme os documentos de fls. 12/13.Ausente o título executivo, uma das condições fundamentais para o processo executivo, ocorre o fenômeno da nulidade, como bem entendeu o juízo a quo. Ademais, tendo ocorrido a autuação dos autos, em 02/09/1983, conforme o documento de fls. 07, manifesta está a prescrição, por força dos arts. 174 do CTN e do art. 40 da LEF. Inexistindo remessa obrigatória da sentença que julga extinta a execução fiscal, ante a ausência de previsão no art. 475 do CPC." 2. Havendo a intimação pessoal do representante da Fazenda para dar prosseguimento ao feito e permanecendo ele inerte, cabe ao juiz determinar a extinção do processo, sem julgamento de mérito, por abandono de causa.

Agravo regimental improvido.

(AgRg no REsp 1323730/RJ, Rel. Ministro HUMBERTO MARTINS, SEGUNDA TURMA, julgado em 28/08/2012, DJe 03/09/2012).

1. A restauração de autos merece chancela nas hipóteses em que a Requerente acosta documentos suficientes ao julgamento do recurso de embargos de divergência por este Tribunal Superior, tornando possível a exata compreensão da controvérsia.

2. A ausência de contestação da parte requerida não inibe a fixação de honorários advocatícios, que, nos termos do artigo 1.069 do CPC, devem ser imputados à parte que deu causa ao desaparecimento dos autos.

3. Restauração de autos procedente.

(Pet 3.753/SC, Rel. Ministro LUIZ FUX, PRIMEIRA TURMA, julgado em 25/08/2009, DJe 17/09/2009).

Processual civil. restauração de autos. ação autônoma. extensão dos seus efeitos à causa principal. impossibilidade. sentença que tece breves comentários quanto ao mérito da execução fiscal, sem referência a ela na parte dispositiva. julgamento antecipado. inocorrência. recurso especial a que se nega provimento.

(REsp 780.390/SP, Rel. Ministro TEORI ALBINO ZAVASCKI, PRIMEIRA TURMA, julgado em 02/04/2009, DJe 15/04/2009).

Processual civil. Restauração de autos.

I – O objetivo da restauração dos autos é recolocar o processo no estado em que se encontrava antes de terem sido extraviados. O fato de a ação principal ter sido ajui-

zada não retira da autora, herdeira no inventário, o direito de vê-los restaurados. Vale salientar que os autos do inventário, por ser patrimônio público, devem ficar à disposição das partes.

II. – Recurso especial conhecido e provido.

(REsp 198.721/MT, Rel. Ministro ANTÔNIO DE PÁDUA RIBEIRO, TERCEIRA TURMA, julgado em 25/11/2003, DJ 19/12/2003, p. 451)

Art. 713

Na petição inicial, declarará a parte o estado do processo ao tempo do desaparecimento dos autos, oferecendo:

I – certidões dos atos constantes do protocolo de audiências do cartório por onde haja corrido o processo;

II – cópia das peças que tenha em seu poder;

III – qualquer outro documento que facilite a restauração.

Requisitos da petição inicial

Se a iniciativa da restauração dos autos for da parte, inclusive do Ministério Público, esta deverá indicar na petição inicial de restauração o estado em que a causa se encontra ao tempo de seu desaparecimento.

Para facilitar a restauração, a petição inicial deverá vir acompanhada de certidões dos atos constantes do protocolo de audiências do cartório por onde haja corrido o processo; de cópia das peças que tenha a parte em seu poder, bem como de qualquer outro documento que possa facilitar a restauração dos autos. Todo e qualquer registro dos acontecimentos histórico do processo poderão contribuir para a restauração dos autos.

É importante salientar que a demanda de restauração de autos destruídos ou desaparecidos não é uma reconstituição linear de peça por peça dos autos em si, mas uma sequência lógica e na medida do possível de cada peça ou ato processual que possa ou deveria ter sido realizado.

Art. 714

A parte contrária será citada para contestar o pedido no prazo de 5 (cinco) dias, cabendo-lhe exibir as cópias, as contrafés e mais as reproduções dos atos e dos documentos que estiverem em seu poder.

§ 1º Se a parte concordar com a restauração, lavrar-se-á o auto que, assinado pelas partes e homologado pelo juiz, suprirá o processo desaparecido.

§ 2º Se a parte não contestar ou se a concordância for parcial, observar-se-á o procedimento comum.

Citação da parte contrária

Conforme estabelece o art. 712 do atual C.P.C., são legitimados para requerer a restauração dos autos as partes originárias do processo desaparecido, o Ministério Público quando caiba atuar no processo, e o próprio juiz, de ofício.

Se a restauração for por iniciativa do Ministério Público como parte, a outra parte será citada para comparecer à relação jurídica processual. Se o Ministério Público requerer a restauração como fiscal do ordenamento jurídico, ambas as partes (autor e réu) serão citadas para a demanda da restauração.

Se a restauração decorrer de ato de ofício do juiz, ambas as partes (autor e réu) serão citadas para responder, concordando ou não com a restauração.

A citação poderá ser somente da parte contrária ou de ambas as partes do processo, dependendo de quem foi a iniciativa para a restauração.

O citado terá o prazo para contestar de cinco dias, podendo exibir as cópias, as contrafés e mais as reproduções dos atos e dos documentos que estiverem em seu poder.

Na realidade, a citação é para que os citandos apresentem contestação ou deem sua concordância com a restauração dos autos, acompanhando as sequências dos atos processuais realizados.

Uma vez citada a parte contrária, esta poderá contestar o pedido, podendo exibir as cópias, as contrafés e mais reproduções dos atos e dos documentos que estiverem em seu poder.

Preceitua o *§1º do art. 714* do atual C.P.C. que *se a parte concordar com a restauração, lavrar-se-á o auto que, assinado pelas partes e homologado pelo juiz, suprirá o processo desaparecido.*

Se a parte citada concordar com a sequência dos atos processuais apresentada pelo legitimado ao pedido de restauração, inclusive quanto às peças processuais inseridas e indicadas no ato de iniciativa da demanda, será lavrado um auto de acordo, que, depois de assinado pelas partes e de homologado pelo juiz, suprirá o processo desaparecido. Essa concordância deve ser expressa, pois equivale a uma confissão. A concordância, na realidade, *"é de exercer-se, sobretudo, com respeito aos pontos não documentados. Será como que a palavra de cavalheiros. A não aceitação por uma parte do que for afirmado pela outra frustrará a homologação do acordo, o qual iria suprir a falta dos autos extraviados"*[20]

Estabelece o *§2º do art. 714* do atual C.P.C. que se a parte não contestar ou se a concordância for parcial, observar-se-á o procedimento comum.

Além da concordância total, poderão os citandos contestar os termos da restauração, inclusive quanto à própria existência do processo. A contestação poderá ser total ou parcial, apenas em relação a determinado ato processual, quanto à sua forma ou quanto ao seu conteúdo.

Se a parte não contestar ou se a concordância for parcial, observar-se-á o procedimento comum, realizando-se o julgamento conforme o estado do processo. Havendo necessidade de provas, o juiz poderá designar audiência de instrumento e julgamento.

É importante salientar que se a parte não impugnar especificamente cada ato processual indicado na petição inicial ou no ato de iniciativa do juiz de restauração, isso equivalerá à aceitação como verdadeiros os atos e as fases processuais referidas.

Art. 715

Se a perda dos autos tiver ocorrido depois da produção das provas em audiência, o juiz, se necessário, mandará repeti-las.

§ 1º Serão reinquiridas as mesmas testemunhas, que, em caso de impossibilidade, poderão ser substituídas de ofício ou a requerimento.

§ 2º Não havendo certidão ou cópia do laudo, far-se-á nova perícia, sempre que for possível pelo mesmo perito.

§ 3º Não havendo certidão de documentos, esses serão reconstituídos mediante cópias ou, na falta dessas, pelos meios ordinários de prova.

§ 4º Os serventuários e os auxiliares da justiça não podem eximir-se de depor como testemunhas a respeito de atos que tenham praticado ou assistido.

§ 5º Se o juiz houver proferido sentença da qual ele próprio ou o escrivão possua cópia, esta será juntada aos autos e terá a mesma autoridade da original.

[20] Moraes e Barros, H., idem, p. 430.

Da reprodução de provas

Trata-se de uma faculdade conferida ao magistrado quando a perda dos autos ocorrer após a produção das provas em audiência.

Se existir o vídeo ou o áudio, assim como o registro de toda a colheita de prova e de todos os incidentes ocorridos na audiência, não haverá necessidade de se repetir a prova. Contudo, se esses registros forem parciais ou não apresentarem nitidez de áudio ou imagem, poderá o juiz determinar a repetição da produção probatória.

Estabelece o *§1º do art. 715* do atual C.P.C. que *serão reinquiridas as mesmas testemunhas, que, em caso de impossibilidade, poderão ser substituídas de ofício ou a requerimento.*

Este dispositivo demonstra que a restauração de autos não significa a possibilidade de uma nova demanda. Ao contrário, a demanda será a mesma, razão pela qual se houver necessidade de reinquirição de testemunhas, essa deverá ocorrer com as mesmas testemunhas que prestaram depoimento nos autos desaparecidos. Somente se não for mais possível a reinquirição (no caso de morte, por exemplo) é que será permitida a substituição de ofício ou a requerimento.

Preconiza o *§2º do art. 715* do atual C.P.C. que *não havendo certidão ou cópia do laudo, far-se-á nova perícia, sempre que for possível pelo mesmo perito.*

Se houver cópia do laudo pericial ou alguma certidão em que tenha o registro de suas conclusões, o juiz determinará a apresentação e a juntada desses documentos nos autos a serem restaurados. Somente se não existirem esses registros é que o juiz determinará a realização de nova prova pericial se ainda existirem os vestígios, devendo a perícia ser realizada pelo mesmo perito caso seja isso possível.

Sobre o tema, eis o seguinte precedente do S.T.J.:

> *(...).*
>
> *III. Reproduzida a essencialidade da prova técnica na sentença que julgou procedente a ação de prestação de contas, é de ser abrandado o rigor do art. 1.066, § 2º, do CPC, por se revelar desnecessária, pela peculiaridade da espécie, a juntada de cópia do laudo pericial, consoante a conclusão do Tribunal estadual, soberano na apreciação da matéria de fato.*
>
> *IV. "A pretensão de simples reexame de prova não enseja recurso especial." (Súmula n. 7/STJ) V. Recurso especial não conhecido.*
>
> (REsp 302.527/RJ, Rel. Ministro ALDIR PASSARINHO JUNIOR, QUARTA TURMA, julgado em 12/12/2006, DJ 12/02/2007, p. 262)

Preceitua o *§3º do art. 715* do atual C.P.C. que *não havendo certidão de documentos, esses serão reconstituídos mediante cópias ou, na falta, pelos meios ordinários de prova.*

É possível que haja certidão dos documentos que foram extraviados, principalmente se esses documentos constarem nos registros públicos. Contudo, se não houver possibilidade de se extrair certidão desses documentos, principalmente por se tratar de documento particular juntado no original, poderá a restauração ocorrer mediante cópia, e, na sua falta, pelos meios ordinários de prova, inclusive por meio de prova testemunhal que ateste a existência e o conteúdo do documento.

Estabelece o *§4º do art. 715* do atual C.P.C. que *os serventuários e os auxiliares da justiça não podem eximir-se de depor como testemunhas a respeito de atos que tenham praticado ou assistido.*

Geralmente, principalmente na colheita de prova realizada em audiência, os serventuários da justiça participam ativamente, inclusive redigindo os termos das declarações e depoimentos que são prestados em juízo.

Da mesma forma, os oficiais de justiça, quando do cumprimento de mandados judiciais, lavram certidões sobre fatos que ocorreram na sua presença.

Assim, deverão os serventuários e os auxiliares da justiça, se forem convocados para tanto, depor como *testemunhas* a respeito dos atos ou fato que tenham praticados ou assistidos, sob pena de responderem por *falso testemunho.*

Preceitua o *§5º do art. 715* do atual C.P.C. que *se o juiz houver proferido sentença da qual ele próprio ou o escrivão possua cópia, esta será juntada aos autos e terá a mesma autoridade da original.*

É possível que o juiz, ao proferir a sentença, tenha arquivado, principalmente em seu computador, a sentença ou mesmo o acórdão que fora proferido. Também poderá o escrivão ter arquivado alguma cópia da sentença proferida em papel. Nesse caso, cópia dessa decisão será juntada aos autos e terá a mesma autoridade do original.

Art. 716

Julgada a restauração, seguirá o processo os seus termos.

Parágrafo único. Aparecendo os autos originais, neles se prosseguirá, sendo-lhes apensados os autos da restauração.

Julgamento da restauração

Homologado o acordo firmado entre as partes, ou julgada por sentença a restauração de autos, seguirá o processo restaurado a partir do momento em que se deu o seu extravio ou perda, ultimando-se os seus termos.

Note-se que caberá recurso de apelação da sentença que julgar a restauração de autos.

Estabelece o *parágrafo único do art. 716* do atual C.P.C. que *aparecendo os autos originais, neles se prosseguirá, sendo-lhes apensados os autos da restauração.*

Deve-se interpretar esse dispositivo com certa razoabilidade.

Se os autos originais aparecerem em momento oportuno e logo após à sua restauração, os demais atos processuais deverão ser praticados nos próprios autos originais, devendo os autos restaurados serem apensados aos mesmos.

Contudo, é possível que os autos originais reapareçam muito tempo após a restauração, quando já foram praticados inúmeros atos processuais nos autos restaurados. Nessa hipótese, recomenda-se, por coerência e bom senso, que os atos processuais prossigam nos autos restaurados, apensando-se os autos originais.

Sobre o tema, eis o seguinte precedente do S.T.J.:

> *(...).*
>
> *2. Inocorre a nulidade da sentença, por ausência de fundamentação, quando a decisão do Juiz Singular, a despeito de concisa, examina a questão sub judice, consoante preceitua o art. 1.065 e seguintes do CPC, assim em se tratando de ação de restauração de autos em que o pronunciamento do juiz se opera apenas em torno da idoneidade das peças e elementos apresentados, ou ainda da inexigibilidade da restauração ante a ausência de peças essenciais do processo.*
>
> *3. Deveras, consoante cediço, o juiz, ao julgar o pedido de restauração de autos, ao contrário do que pretende a recorrente, deve cingir-se aos requisitos inerentes à própria restauração, sendo defeso o exame acerca da causa principal.*
>
> *4. Sobre o thema decidendum leciona Pontes de Miranda, in Comentários ao Código de Processo Civil, Tomo XV, Forense, 1977, litteris: "(...)1) NATUREZA DA SENTENÇA E RECURSO – A sentença de restauração de autos é sentença constitutiva em ação constitutiva.*
>
> *Julgada em ação, se o processo não estava terminado, no próprio processo de restauração é que se prossegue, depois do trânsito em julgado da sentença do art. 1.067. Nessa sentença, não se pode dar qualquer decisão ou simples despacho da causa principal (Supremo Tribunal Federal, 27 de junho de 1914, R. de D., 35, 457). (grifos nossos)*
>
> *5. Deveras, as questões de fato ou de direito pertinentes ao processo originário, como sói ser a questão concernente à prescrição do crédito executado, devem ser discutidas quando do prosseguimento do feito, revelando-se estranhas à ação de restauração de autos, tanto mais que sob o ângulo da eventualidade a prescrição pode ocorrer durante o trâmite da ação de restauração, matéria a ser aferível no juízo principal após a inteireza dos autos.*

6. Recurso Especial improvido.

(REsp 676.265/PB, Rel. Ministro LUIZ FUX, PRIMEIRA TURMA, julgado em 17/11/2005, DJ 28/11/2005, p. 203)

Art. 717

Se o desaparecimento dos autos tiver ocorrido no tribunal, o processo de restauração será distribuído, sempre que possível, ao relator do processo.

§ 1º A restauração far-se-á no juízo de origem quanto aos atos nele realizados.

§ 2º Remetidos os autos ao tribunal, nele completar-se-á a restauração e se proceder-se-á ao julgamento.

Competência para restauração dos autos

Trata-se de uma norma de logicidade, pois se os autos desapareceram no tribunal, seja porque se tratava de processo originário ou porque estava em grau de recurso, no próprio tribunal deverá tramitar o procedimento de restauração, preferencialmente, se for possível, perante o mesmo relator do processo.

A restauração de autos nos tribunais deverá seguir o rito estabelecido no regimento interno de cada tribunal.

No Supremo Tribunal Federal, a restauração de autos deve seguir os seguintes preceitos inseridos no seu Regimento Interno:

Art. 298 *– O pedido de reconstituição de autos, no Tribunal, será apresentado ao Presidente e distribuído ao Relator do processo desaparecido ou ao seu substituto.*

Art. 299 *– A parte contrária será citada para contestar o pedido no prazo de cinco dias, cabendo ao Relator exigir as cópias, contrafés e reproduções dos atos e documentos que estiverem em seu poder.*

Parágrafo único. *Se o citado concordar com a reconstituição, lavrar-se-á o respectivo auto que, assinado pelas partes e homologado pelo Relator, suprirá o processo desaparecido.*

Art. 300 *– O Relator determinará as diligências necessárias, solicitando informações e cópias autênticas, se for o caso, a outros juízes e tribunais.*

Art. 301 *– O julgamento de reconstituição caberá ao Plenário ou à Turma competente para o processo extraviado.*

Art. 302 *– Quem tiver dado causa à perda ou extravio responderá pelas despesas da reconstituição.*

Art. 303 *– Julgada a reconstituição, o processo seguirá os trâmites normais.*

Parágrafo único. *Encontrado o processo original, nele prosseguirá o feito, apensando-se os autos reconstituídos.*

Estabelece o *§1º do art. 717* do atual C.P.C. que *a restauração far-se-á no juízo de origem quanto aos atos nele realizados.*

Muito embora a restauração de autos possa ocorrer no tribunal, quando ali se encontravam os autos desaparecidos, a restauração de atos praticados no juízo de origem ali deverá ser realizada, como, por exemplo, colheita de prova testemunhal em audiência de instrução e julgamento, ou mesmo a realização de prova pericial.

Este dispositivo também garante a economia e a celeridade processual, pois é muito mais fácil e simples promover a restauração de atos processuais perante o juízo em que o ato tenha sido presenciado ou praticado.

Assim, poderá o relator determinar a expedição de carta de ordem ao juízo de origem para que ali se restaurem os atos processuais nele anteriormente praticados.

Estabelece o *§2º do art. 717* do atual C.P.C. que *remetidos os autos ao tribunal, nele completar-se-á a restauração e proceder-se-á ao julgamento.*

Realizados no juízo de primeiro grau os atos que ali foram anteriormente praticados, serão encaminhados ao tribunal esses atos, os quais deverão ser juntados aos autos restaurados, possibilitando o julgamento definitivo da restauração.

Sobre a competência para processar e julgar o pedido de restauração dos autos, eis os seguintes precedentes do S.T.J.:

> *1. A ação de restauração de autos é causa derivada da principal, competindo, portanto, ao Juízo que desta conheceu processar e julgar o referido procedimento de jurisdição voluntária.*
>
> *2. Conflito conhecido para declarar competente o Juízo de Direito da 2ª Vara Cível de Belo Horizonte – MG, o suscitado.*
>
> (CC 90.856/MG, Rel. Ministra ELIANA CALMON, PRIMEIRA SEÇÃO, julgado em 11/06/2008, DJe 12/08/2008).

> *– O Juízo competente para julgar a ação de restauração de autos (art. 1.063 do CPC) é o Juízo em que os autos originais foram extraviados.*
>
> *– A ampliação da competência da Justiça do Trabalho pela modificação do art. 114 da Constituição Federal, promovida pela Emenda Constitucional nº 45/04, não altera a competência para o julgamento de ação de restauração de autos de ação que se alega ter sido ajuizada no Juízo Comum Estadual.*
>
> *– Após eventual restauração dos autos na Justiça Comum Estadual, o processo deve ser remetido para a Justiça do Trabalho para apreciação e julgamento do pedido de indenização por danos decorrente de acidente do trabalho.*
>
> *Conflito conhecido, declarando-se competente o juízo suscitado.*

(CC 64.296/GO, Rel. Ministra NANCY ANDRIGHI, SEGUNDA SEÇÃO, julgado em 11/10/2006, DJ 26/10/2006, p. 217)

1 – No que concerne a atos constritivos sobre bens situados em Comarca diversa daquela em que se processa a Execução, a legislação é explícita (art. 658) quanto à obrigatoriedade da expedição de Carta Precatória, incidente processual com vistas à cooperação jurisdicional em casos nos quais, à vista do caráter territorial da jurisdição pátria, tal colaboração se mostra imprescindível.

Trata-se, pois, de atos processuais legalmente atribuídos ao Juízo deprecado, não havendo "delegação" de competência pelo deprecante.

2 – Em se cuidando de Execução por Carta Precatória, seu efetivo cumprimento, no tocante aos atos de penhora, avaliação e alienação, cuja realização a lei impõe ao Juízo deprecado, ocorre tão-somente após a expedição da carta de arrematação, cabendo ao deprecante realizar os atos posteriores, relativos ao pagamento ao credor e à extinção da Execução. In casu, a Carta Precatória de Execução não foi devidamente cumprida, porquanto não expedida a carta de arrematação, o que impede que se ultime ao pagamento à exeqüente, mediante autorização, pelo Juízo deprecante, do levantamento da quantia judicialmente depositada.

3 – Ainda assim, diante do desaparecimento dos autos, não há que se cogitar de mera hipótese de renovação de remessa da Carta Precatória, e, pois, de nova elaboração dos atos constritivos. Isso porque, mesmo não tendo sido efetivamente cumprida, já foram ultimadas, pelo D. Juízo deprecado, a penhora e a avaliação do bem imóvel, bem como, após tentativas infrutíferas, seu praceamento, inclusive com depósito judicial do produto arrecadado, restando-lhe tão-somente, restaurados os autos, finalizar o ato de arrematação com a expedição da respectiva carta.

4 – Desta feita, comprovado o desaparecimento dos autos de Carta Precatória de Execução, tenho por absolutamente necessária a Ação de Restauração de Autos, acessória àquela cujos autos desapareceram, devendo, portanto, ser ajuizada "perante o juiz competente para a ação principal" (art. 108 do CPC). In casu, nos termos do art. 658 do CPC, a competência para a prática dos atos executivos, realizados nos autos da Carta Precatória, pertencia exclusivamente ao D. Juízo deprecado, de modo que por ele deve ser dirimido incidente relativo à restauração de autos em que foram realizados unicamente os atos de penhora, avaliação e arrematação de bem imóvel, afetos à sua competência. Aplicação, por analogia, do art. 747 do CPC e da Súmula 46 da Corte.

5 – Conflito conhecido, declarando-se a competência do D. Juízo de Direito da 1ª Vara de Santo Antônio de Pádua – RJ, ora suscitado.

(CC 19.229/MG, Rel. Ministro JORGE SCARTEZZINI, SEGUNDA SEÇÃO, julgado em 09/03/2005, DJ 21/03/2005, p. 211).

Processual civil. Restauração de autos.

I. Desaparecidos os autos após a apreciação, por este Tribunal, dos recursos interpostos, a restauração deve ser procedida por esta Corte.

II. – A parte que der causa ao desaparecimento dos autos responde pelas custas da restauração e pelos honorários advocatícios (CPC, art. 1.069).

III. – Restauração julgada procedente, valendo estes autos como originais.

(Pet 2.128/GO, Rel. Ministro ANTÔNIO DE PÁDUA RIBEIRO, TERCEIRA TURMA, julgado em 27/05/2003, DJ 30/06/2003, p. 235)

Art. 718

Quem houver dado causa ao desaparecimento dos autos responderá pelas custas da restauração e pelos honorários de advogado, sem prejuízo da responsabilidade civil ou penal em que incorrer.

Responsabilidade jurídica pela restauração dos autos

O desaparecimento ou o extravio dos autos originais pode decorrer de caso fortuito ou força maior, como também em decorrência de culpa ou dolo de determinada pessoa.

A responsabilidade por culpa ou dolo pelo desaparecimento dos autos pode ser comprovada em processo administrativo instaurado pelo magistrado ou apurada em inquérito policial.

Se comprovada culpa ou dolo no desaparecimento dos autos, a responsabilidade daquele que assim agiu poderá dar-se no âmbito civil, criminal, processual e até mesmo profissional. Na esfera civil poderá ser responsabilizado por perdas e danos. Na esfera penal por crime contra a administração da justiça. Na esfera processual será condenado ao pagamento das custas processuais e pelos honorários de advogado que serão fixados nos autos de restauração. Na esfera profissional poderá sofrer as sanções previstas nos estatutos ou nos códigos de éticas de cada entidade profissional.

Sobre o tema, eis o seguinte precedente do S.T.J.:

I – O acórdão recorrido, ao aplicar, em feito relativo à restauração de autos, o princípio da sucumbência em razão do caráter litigioso que assumiu por oposição do requerido, não decidiu ultra nem extra petita, não violando, por isso mesmo, o art. 460 do CPC.

II – Recurso especial não conhecido.

(REsp 127.748/CE, Rel. Ministro ANTÔNIO DE PÁDUA RIBEIRO, TERCEIRA TURMA, julgado em 23/05/2000, DJ 26/06/2000, p. 154).

CAPÍTULO XV – Dos Procedimentos de Jurisdição Voluntária

SEÇÃO I – Disposições Gerais

Art. 719
Quando este Código não estabelecer procedimento especial, regem os procedimentos de jurisdição voluntária as disposições constantes desta Seção.

Jurisdição voluntária
Ao lado do procedimento comum, o atual Código rege também os denominados *procedimentos especiais* previstos no Título III, já analisados anteriormente.

Ao lado dos procedimentos especiais *contenciosos*, acima delineados, este Código também prevê os denominados procedimentos de *jurisdição voluntária*.

Assim, se este Código não estabelecer procedimento especial contencioso, nem for o caso de se utilizar do procedimento comum, o interessado deverá promover sua pretensão pelo denominado procedimento não contencioso ou de jurisdição voluntária.

Permaneceu no novo Código a distinção já existente no Código de Processo Civil de Portugal (arts. 986º a 1081º).

O Código Buzaid de 1973, em seu Livro IV, trazia a mesma distinção entre os procedimentos, a saber: a) dos procedimentos especiais de *jurisdição contenciosa*; b) dos procedimentos especiais de *jurisdição voluntária*.

É importante salientar que o Projeto Originário do novo C.P.C. n. 2.046/10, tinha introduzido uma nova nomenclatura para este tipo de procedimento.

Observou-se uma nítida distinção entre a terminologia utilizada pelo C.P.C. de 1973 e pelo projeto originário proposto pelo Senado Federal.

O Código anterior estabelecia a distinção entre *jurisdição contenciosa* e *jurisdição voluntária*.

Já o projeto originário não falava mais em *jurisdição*, mas procedimentos *especiais contenciosos* e *procedimentos não contenciosos*.

Essa distinção seria de suma importância para corrigir um problema até então acarretado pelo legislador do C.P.C. de 1973.

O projeto originário, com muita propriedade, não fazia mais a distinção entre *jurisdição contenciosa* e *jurisdição voluntária*, como fazia o Código revogado.

A contenciosidade no projeto originário encontrava-se no procedimento e não na jurisdição.

E essa correção de rumo foi tecnicamente correta, uma vez que a jurisdição, que é uma atividade desenvolvida pelo Estado, como uma de suas funções próprias, não comporta distinção. O que se torna contencioso ou não contencioso é o procedimento constituído pelo legislador.

Porém, lamentavelmente, o legislador do novo C.P.C. reintroduziu a velha terminologia, inserindo-se, novamente, em erro técnico de conceituação de institutos jurídicos.

A função jurisdicional do Estado-juiz é de índole substitutiva.

Todavia, para que tal substituição ocorra com eficácia imutável, necessário se faz que uma qualidade seja agregada a essa atividade substitutiva, ou seja, precisamente, que se some à autoridade da solução a qualidade de imutabilidade da própria sentença, na sua parte decisória. O que caracteriza, na quase totalidade dos casos, verdadeiramente a sentença – enquanto síntese dispositiva da atividade jurisdicional – é a autoridade da coisa julgada.

Excepcionalmente, poderá o sistema jurídico estruturar-se de modo a que a atividade jurisdicional não fique revestida (em sua síntese final, que é a sentença) pela autoridade da coisa julgada. Os casos excepcionais, exatamente porque o são, servem apenas para confirmar a regra geral. Ademais, mesmo nesses casos a revisão da sentença que poderá ser feita, sê-lo-á sempre pelo próprio Judiciário e não por outro Poder.[21]

As características mercantes da atividade jurisdicional são as seguintes:

1º) A "terzietà" do juiz, que tem de ser desinteressado do litígio, conceito este universalmente aceito e tradicional, e há de ser ocupante de órgão constitutivo do Poder Judiciário;

2º) O poder de que está investido este terceiro é o de aplicar o direito ao caso concreto. E, esgotados os recursos, valerá e terá eficácia a sentença/acórdão, com eficácia imutável de sua parte dispositiva, fenômeno conhecido como coisa julgada.

3º) Além daqueles dois elementos, é característica, ainda, da atividade jurisdicional, o seu desenvolvimento através de um *contraditório regular*, o que implica fundamentalmente, além de outros aspectos, a obediência a um procedimento regular e preestabelecido.

4º) Outro princípio informador da atividade jurisdicional é o de sua *provocação*, o que significa que só mediante solicitação da parte é que se instaura o processo contencioso, e, ainda, somente através de pedido do interessado é que o juiz poderá agir no campo da jurisdição exercida em procedimento não con-

[21] Alvim, Arruda; Alvim, Teresa Arruda. *Manual de Direito Processual Civil, vol.* 1, São Paulo: R.T., págs. 95/97.

tencioso. A regra, pois, é a de que o Poder Judiciário somente age quando regularmente provocado. Desta forma, não pode um juiz, sem pedido preordenado a tanto, instaurar um processo para o qual não tenha sido provocado pela parte.

Por sua vez, Bellinetti sustenta que uma das características fundamentais da atividade jurisdicional, via de regra, seria que lhe sejam formuladas pretensões para que atue (pretensão se traduziria como a exigência de subordinação de um interesse alheio ao interesse próprio – Cf. E.R. de Oliveira, Re.Pro. n. 16, pág.s 151-154).[22]

Note-se que o critério finalístico apontado é o *primordial,* mas não o *único.* Evidentemente, como já asseverado há de ser levado em conta também o critério da *substitutividade* (que parece ser constante na atividade jurisdicional) e ainda o da formulação de pretensões (o chamado princípio da ação).

É bem verdade, como pregava Carnelutti, somente haveria jurisdição se em contrapartida houvesse *lide.*

Micheli, quando contestou a posição de Carnelutti de que há jurisdição apenas quando há lide, sustentou serem os denominados *procedimento de jurisdição voluntária* espécies do gênero jurisdição, tendo seu nascimento independentemente de lide.

Dinamarco, em estudo recente, indica que em determinadas áreas de atuação da jurisdição não haveria lide.

Bellinetti concorda com as ideias de Frederico Marques e Lopes da Costa, os quais entendem não pertencer a denominada "jurisdição voluntária" ao âmbito da atividade jurisdicional, mas, sim, à administrativa. Para ele, *"estar em visar resolver um conflito jurídico de interesses"*, é que caracteriza a nota marcante da atividade jurisdicional, e diria, para distingui-la da administrativa, que objetiva-se resolver um conflito jurídico de interesses na atividade jurisdicional; objetiva-se administrar um ou mais interesses não conflitantes na atividade administrativa. Em face da definição de jurisdição por ele oferecida, evidentemente, por não visar a resolver um conflito jurídico de interesses (poderia quando muito haver controvérsia em torno de um interesse não conflitante), os procedimentos de "jurisdição voluntária" somente poderiam ser colocados no âmbito administrativo, como *administração pública de interesses privados.*

A jurisdição voluntária seria, para esta corrente, nessa medida, uma anomalia no quadro sistemático das funções estatais, atribuída que tem sido esta tarefa administrativa ao Judiciário; isto porque a administração, num Estado de Direito, cabe primordialmente ao Poder Executivo. Esta anomalia existe há

[22] Bellinetti, Luiz Fernando. *Sentença civil.* São Paulo: R.T., págs.77 e 78.

muito tempo, e a atividade de jurisdição voluntária, porque se foi agregando à função jurisdicional, hoje está formalmente integrada na disciplina do Direito Processual Civil. Em verdade, é uma anomalia no quadro sistemático das funções estatais, atribuída que tem sido ao Judiciário, cuja função específica é exercer a atividade jurisdicional. A "jurisdição voluntária" seria o instrumento de que se serve o Estado para resguardar, por ato do juiz, quando solicitado, bens reputados pelo legislador como de alta relevância social.

Vê-se, pois, que a doutrina nunca chegou a um consenso sobre a distinção entre *jurisdição contenciosa* e *jurisdição voluntária*. A doutrina não conseguiu concretizar, com clareza e certeza, um critério distintivo nítido e preciso. Nem mesmo os que sempre foram tidos como processualistas de renome internacional e que se dedicaram mais de perto sobre esta problemática, como, por exemplo, Cristofolini, Ugo Rocco, Redenti, Rosenberg, Niceto Alcalà-Zamora y Castillo e Hernando Devis Echandia, puderam chegar a uma conclusão indiscutida, ainda que cada qual tenha apresentado seu conceito de jurisdição voluntária.[23]

O legislador, no projeto do novo C.P.C., deixava evidenciado que a jurisdição seria uma atividade única exercida no âmbito de uma atividade estatal de direito público, sendo que a contenciosidade ou não ocorria no tipo de procedimento que fosse exercido.

Daí porque não se falaria mais em jurisdição voluntária ou contenciosa, mas em procedimento contencioso e não contencioso.

Porém, lamentavelmente, o novo C.P.C. voltou a utilizar a indicação de jurisdição voluntária ao invés de procedimento não contencioso.

Passemos, agora, a comentar as principais diferenças existentes entre os procedimentos especiais contenciosos e os procedimentos não contenciosos ou jurisdição voluntária:

Em primeiro lugar, tanto nos procedimentos especiais contenciosos quanto nos procedimentos não contenciosos ou de jurisdição voluntária, a atividade exercida pelo juiz é de natureza *jurisdicional* e não meramente *administrativa*. A jurisdição exercida nos procedimentos não contenciosos ou de jurisdição voluntária visa a regular determinadas situações jurídicas nas quais possa existir perigo de incertezas ou de injustiças, agindo o juiz em colaboração com os interessados para a constituição de um efeito jurídico, que sem a intervenção judicial não se produziria.

[23] Castro Filho, José Olympio. *Comentários ao código de processo civil*. 3ª ed. Vol. X (arts. 1.103 a 1.220). Rio de Janeiro: Forense, 1988. p. 2.

Podem existir questões a serem dirimidas, mas sem que isso caracterize contenciosidade ou pretensão específica de uma parte em relação a outra.

Na verdade, quando o juiz preside o conselho de família, quando autoriza a venda de imóvel de um menor ou autoriza que determinado valor seja direcionado a compra de bens em favor de incapaz, ou quando homologa uma transação de estatuto de uma sociedade, atua para a satisfação de um interesse público, que tem por objeto a 'boa administração dos interesses privados'.[24]

O procedimento não contencioso ou de jurisdição voluntária é mais expedito e mais sumário que o procedimento contencioso. Via de regra, com específicas exceções, no não contencioso inexiste o julgamento conforme o estado do processo, nem oportunidade para o juiz efetuar o julgamento antecipado da lide, assim como não cabe despacho saneador, nem haverá audiência de instrução e julgamento. É possível que ocorram alguns incidentes processuais, como acontece em qualquer processo pelo procedimento ordinário, podendo ser aplicadas as normas deste procedimento subsidiariamente. É possível, por exemplo, que o juiz seja incompetente, impedido ou suspeito, bem como pode ser arguido que o interessado não está legitimado para ingressar com o procedimento, ou que lhe falta legitimidade, ou, ainda, que não foi instruído com os documentos necessários.[25]

Art. 720

O procedimento terá início por provocação do interessado, do Ministério Público ou da Defensoria Pública, cabendo-lhes formular o pedido devidamente instruído com os documentos necessários e com a indicação da providência judicial.

Legitimidade para provocação do procedimento

O procedimento iniciar-se-á mediante provocação do interessado ou do Ministério Público, ou, ainda, da Defensoria Pública, devendo a inicial ser instruída de imediato com os documentos necessários e com a indicação da providência judicial.

Manteve íntegro, o Código, o princípio dispositivo, não autorizando ao juiz promover de ofício o procedimento de jurisdição voluntária.

[24] Castro Filho, J. O., idem. p. 7

[25] Bellinetti, L.F., op. cit., pág. 71 e 77.

Este dispositivo estabelece quais são os legitimados para ingressar com um processo a ser realizado por meio de um procedimento não contencioso.

Em primeiro lugar, o dispositivo fala que o procedimento terá início por provocação do interessado.

Nas demandas desenvolvidas por meio dos procedimentos contenciosos, o juiz decide entre litigantes, enquanto que no procedimento não contencioso ou de jurisdição voluntária não há litigantes mas, sim, interessados (inter volentes e pro volentibus); na contenciosa, a decisão deve ser pronunciada em favor ou contra uma das partes, enquanto que na não contenciosa será em prol de determinado interessado, sem que haja no polo passivo qualquer demandado.

Busca-se a certeza ou precisão de um direito ou certos efeitos jurídicos materiais ou legalidade a um ato, sem que seja apresentado ao juiz inicialmente qualquer controvérsia, nem litígio para solução por meio de sentença.

O Ministério Público também está legitimado para ingressar com o procedimento não contencioso ou de jurisdição voluntária. E a sua legitimidade ocorre tanto na hipótese em que atua como parte (substituto processual) ou quando atua como fiscal do ordenamento jurídico.

Pelo art. 1.105 do C.P.C. de 1973, quando o Ministério Público não fosse a parte ativa do procedimento, deveria ser obrigatoriamente intimado, sob pena de nulidade. Este dispositivo não foi repetido pelo atual C.P.C. Assim, o Ministério Público somente será intimado para participar da relação jurídica processual nas hipóteses legais em que deva intervir, ou seja, nos casos do art. 178 do atual C.P.C.

Art. 721

Serão citados todos os interessados, bem como intimado o Ministério Público, nos casos do art. 178, para que se manifestem, querendo, no prazo de 15 (quinze) dias.

Citação e intimação dos interessados

O art. 1.105 do C.P.C. de 1973 estabelecia que seriam *citados, sob pena de nulidade, todos os interessados, bem como o Ministério Público.*

O novo C.P.C. determina a citação da parte passiva, no caso, todos os interessados nas providências a serem tomadas no procedimento não contencioso ou de jurisdição voluntária.

O Ministério Público, por sua vez, não é mais citado (o que caracterizava um erro), mas, sim, intimado, e somente deverá intervir nas hipóteses legais em que se legitima a sua intervenção (art. 178 do atual C.P.C.).

Havendo necessidade de participação do Ministério Público, este deverá ter vista do processo pessoalmente.

Tanto os interessados como o Ministério Público poderão se manifestar no procedimento no prazo de quinze dias.

Essa manifestação não se caracteriza como uma contestação em face de pretensões litigiosas existentes no procedimento, muito embora possa haver questões a serem resolvidas pelo juiz.

Art. 722

A Fazenda Pública será sempre ouvida nos casos em que tiver interesse.

Intimação da Fazenda Pública

Também deverá ser intimada para participar a Fazenda Pública (Federal, Estadual ou Municipal), nos casos em que tenha interesse.

Geralmente, quando houver interesse tributário ou fiscal no âmbito do procedimento não contencioso ou de jurisdição voluntária, a Fazenda Pública (Federal, Estadual ou Municipal) deverá intervir no processo.

Art. 723

O juiz decidirá o pedido no prazo de 10 (dez) dias.

Parágrafo único. O juiz não é obrigado a observar critério de legalidade estrita, podendo adotar em cada caso a solução que considerar mais conveniente ou oportuna.

Sumário:

1. Decisão judicial **2.** Legalidade estrita

1. Decisão judicial

O prazo estabelecido no art. 723 do atual C.P.C., de dez dias para a decisão do pedido no procedimento não contencioso ou de jurisdição voluntária, é inferior ao prazo estabelecido no procedimento ordinário que é de trinta dias, conforme estabelece o art. 366 do atual C.P.C.:*Encerrado o debate ou oferecidas as razões finais, o juiz proferirá sentença em audiência ou no prazo de 30 (trinta) dias.*

Evidentemente, o prazo de dez dias para que o juiz decida sobre o pedido somente deverá ser observado caso não haja necessidade de se realizar outras diligências.

Na realidade, mesmo em se tratando de procedimento não contencioso ou de jurisdição voluntária em que é lícito ao juiz investigar livremente os fatos, é possível que os interessados tenham interesse em produção de provas para melhor fundamentar seus argumentos, assim como para dar mais subsídio ao juiz sobre a decisão do pedido. Nesse caso, não se poderá de plano impedir os interessados de provar suas alegações.

É importante observar que, muito embora as partes devam aportar as provas ao procedimento, nada impede que o juiz, de ofício, investigue livremente os fatos, a fim de melhor avaliar a decisão que deverá proferir. Assim, muito embora vigore no procedimento de jurisdição voluntária o princípio dispositivo, o princípio da aportação da prova é relativizado, pois o juiz terá mais liberdade para investigar os argumentos expostos pelos interessados.

Aliás, mesmo não ingressando no processo o interessado, o juiz terá liberdade para exercer maior ativismo judicial na busca da verdade dos fatos e para alcançar maior abrangência de seu conhecimento no sentido de aperfeiçoar sua decisão.

A decisão que o juiz profere no procedimento não contencioso ou de jurisdição voluntária tem natureza de *sentença*, razão pela qual deverá apresentar o relatório, fundamento e a decisão, salvo na hipótese de competência dos juizados especiais.

2. Legalidade estrita

Preceitua o *parágrafo único do art. 723* do atual C.P.C. que *o juiz não é obrigado a observar critério de legalidade estrita, podendo adotar em cada caso a solução que considerar mais conveniente ou oportuna.*

Este preceito normativo concede ao magistrado, nos procedimentos não contenciosos ou de jurisdição voluntária, maior liberdade na forma e no conteúdo da decisão que deverá proferir, razão pela qual não está obrigado a observar critério de legalidade estrita.

Este dispositivo aplica-se a todo e qualquer procedimento não contencioso ou de jurisdição voluntária em que há de certa forma a administração pública de interesses privados.

A doutrina tem indagado o que se entende pela expressão *legalidade estrita.* Tal expressão permitiria ao juiz decidir *contra legem*?

Observam-se algumas críticas contra essa ampliação dos poderes do juiz. Conforme anota José Olympio de Castro Filho: *"O Prof. Bartoloni Ferro, discorrendo acerca do processo civil e da ordem política e jurídica, nos 'Estudos de Derecho Procesal en honor de' Hugo Alsina, manifestou formal condenação ao aumento dos poderes do juiz. Começa Ferro por afirmar que se se pretende remediar o mal da Justiça ampliando-se os poderes do Juiz, corre-se o risco de somar ao mal da enfermidade o mal do remédio. A seguir, invoca Ferro estas palavras do Prof. Couture: 'Toda doutrina que resolva o problema do processo à custa do juiz renuncia implicitamente a ser uma solução para constituir-se em uma evasão. Dizer que o problema processual se resolve investindo--se o juiz dos poderes discricionários de um chefe de Estado autoritário, reforçando ao máximo sua autoridade, significa deixar as coisas na posição anterior, porque, então, daí por diante, o problema será do juiz. No momento mesmo em que as formas deixam de ser uma inquietação, começa o juiz a ser algo inquietante. O juiz é, afinal de contas, um homem' (Abraham Bartolini Ferro, in Estúdios de Derecho Procesal in Honor de Hugo Alsina, pág., 101; Eduardo Couture, Trayetoria y Destino del Derecho Procesal Civil Hispano americano, pág. 54)".*[26]

Não há dúvida que o parágrafo único do art. 723 não teve por finalidade conceder ao juiz os poderes inerentes ao Poder Executivo ou mesmo ao Poder Legislativo, nem mesmo preconizar que no âmbito do direito material o juiz poderia proferir julgamento *contra legem*. Na realidade, no âmbito do direito material o juiz não poderá julgar *contra legem*, ou seja, contra os preceitos normativos que estabelecem os critérios de existência e validade dos institutos jurídicos, sob pena de ferir o princípio constitucional democrático de separação dos poderes. Por isso, o juiz não pode constituir uma propriedade, uma posse, uma incapacidade, onde a lei não estabelece que tais institutos efetivamente ocorram.

Contudo, o parágrafo único do art. 723 confere ao juiz certa *discricionariedade* (com base na *conveniência e oportunidade*) quanto à solução que poderá adotar para a questão que lhe foi trazida, afastando-se das soluções legais até então estabelecidas pela legislação material ou processual.

Evidentemente, essa discricionariedade não poderá aproximar-se do arbítrio, razão pela qual, mesmo exercendo certo poder discricionário sobre qual a melhor solução para a questão, o juiz deverá fundamentar e mencionar os motivos que o levaram a proferir sua decisão.

[26] Castro Filho, J. O., op. cit., p. 30

Por isso, nessa administração de interesse privado, a conveniência e oportunidade que ditarão a decisão do juiz não podem se afastar do resguardo dos interesses fundamentais existentes no âmbito do procedimento não contencioso ou de jurisdição voluntária, no caso, o interesse preponderante dos incapazes, dos cônjuges, dos herdeiros etc.

Muito embora no procedimento não contencioso ou de jurisdição voluntária os poderes do magistrado sejam ampliados, principalmente pelo fato de que nesse tipo de procedimento evidencia-se o interesse público, isso não significa dizer que o juiz detenha a oportunidade e conveniência que o administrador público ou o legislador possuem. A submissão do juiz à lei é de rigor, pois se julgar contra a lei poderá a sua decisão estar sujeita à demanda rescisória, porque proferida contra literal disposição de lei.

O que o parágrafo único do art. 723 outorga ao juiz é a realização de uma interpretação da norma que justifique uma solução final que mais atenda aos interesses envolvidos no procedimento, mesmo que, quando da interposição do procedimento, não fosse essa solução aquele pretendida pelos interessados.

Na realidade, nas decisões proferidas nos procedimentos de jurisdição voluntária aflora ainda mais a base normativa dos princípios jurídicos do que das regras de direito.

Sobre o tema, eis os seguintes precedentes do S.T.J.:

> *Processo civil. Recurso especial. Interdição. Supressão do prazo de impugnação previsto no art. 1.182 do CPC com fundamento no art. 1.109 do mesmo diploma legal. Inviabilidade.*
>
> *– O art. 1.109 do CPC abre a possibilidade de não se obrigar o juiz, nos procedimentos de jurisdição voluntária, à observância do critério de legalidade estrita, abertura essa, contudo, limitada ao ato de decidir, por exemplo, com base na equidade e na adoção da solução mais conveniente e oportuna à situação concreta.*
>
> *– Isso não quer dizer que a liberdade ofertada pela lei processual se aplique à prática de atos procedimentais, máxime quando se tratar daquele que representa o direito de defesa do interditando.*
>
> *Recurso especial provido.*
>
> (REsp 623.047/RJ, Rel. Ministra NANCY ANDRIGHI, TERCEIRA TURMA, julgado em 14/12/2004, DJ 07/03/2005, p. 250).

> *(...).*
>
> *II – Em se tratando de procedimento de jurisdição voluntária, em que não há necessidade de se observar a legalidade estrita, podendo o juiz decidir por eqüidade (art. 1.109 do CPC), a expedição imediata de alvará, antes do término do prazo para*

a interposição de recurso, não configura ofensa à lei processual. (Precedente.) Recurso não conhecido.

(REsp 251.693/GO, Rel. Ministro FELIX FISCHER, QUINTA TURMA, julgado em 19/02/2002, DJ 18/03/2002, p. 281).

Art. 724

Da sentença caberá apelação.

Recurso de apelação

Tendo em vista que a decisão proferida pelo juiz julga o pedido formulado pelo requerente, após ouvir os requeridos ou interessados, encerrando o processo, tal decisão apresenta natureza de sentença, razão pela qual o recurso cabível é o de apelação.

Evidentemente, não é a apelação o único recurso cabível no âmbito do procedimento não contencioso ou de jurisdição voluntária, podendo ainda o interessado insurgir-se contra eventual decisão interlocutória por meio de recurso de agravo de instrumento, nas hipóteses legais em que esse recurso é cabível.

Uma questão importante sobre a sentença a ser proferida no procedimento não contencioso ou de jurisdição voluntária é quanto à existência de coisa julgada material.

Estabelecia o art. 1.111 do C.P.C. de 1973 que a *sentença poderá ser modificada, sem prejuízo dos efeitos já produzidos, se ocorrerem circunstâncias supervenientes.* Este dispositivo não foi repetido pelo atual C.P.C.

Com base no art. 1.111 do Código revogado, a doutrina entendia que no *procedimento de jurisdição voluntária* não havia *coisa julgada material*, uma vez que a sentença proferida nesse tipo de procedimento poderia ser a qualquer tempo modificada, sem prejuízo dos efeitos já produzidos.

O novo C.P.C., ao não repetir o disposto no art. 1.111 do Código revogado, permite a conclusão de que a sentença proferida no procedimento não contencioso ou de jurisdição voluntária faz coisa julgada formal e material.

Ocorre que, se ocorrerem circunstâncias supervenientes (fatos diversos ou questões jurídicas modificadas), outro procedimento não contencioso ou de jurisdição voluntária poderá ser instaurado, uma vez que tal instauração não caracterizará ofensa à coisa julgada material, pois se houver modificação de fatos ou do direito, isso significa que a causa de pedir próxima e remota serão distintas, o que impede a alegação de coisa julgada.

Deve-se notar que somente haverá coisa julgada se as partes, o pedido e a *causa de pedir* forem idênticos. Por isso, se a causa de pedir (fatos e direito) for distinta, não haverá coisa julgada material, pois uma nova demanda deverá ser proposta.

Evidentemente, a propositura de uma nova demanda de procedimento não contencioso ou de jurisdição voluntária somente terá lugar se for possível ainda a modificação da solução dada na demanda anterior. Por isso, há soluções que podem variar com o tempo. Assim, a interdição é aconselhável hoje tendo em vista que o fato incapacidade encontra-se evidenciado, sendo que amanhã, o fato é outro, pois a incapacidade deixou de existir, justificando o fim da interdição.

Outrossim, não obstante seja possível uma nova demanda e uma nova solução, o certo é que os efeitos já produzidos deverão ser observados, respeitando-se principalmente os direitos dos terceiros alheios à demanda. Assim, por exemplo, se foi autorizada a alienação do bem do menor, esta alienação não poderá ser desfeita por outra demanda, salvo se se tratar de nulidade.

Art. 725

Processar-se-á na forma estabelecida nesta Seção o pedido de:

I – emancipação;

II – sub-rogação;

III – alienação, arrendamento ou oneração de bens de crianças ou adolescentes, de órfãos e de interditos;

IV – alienação, locação e administração da coisa comum;

V – alienação de quinhão em coisa comum;

VI – extinção de usufruto, quando não decorrer da morte do usufrutuário, do termo da sua duração ou da consolidação, e de fideicomisso, quando decorrer de renúncia ou quando ocorrer antes do evento que caracterizar a condição resolutória;

VII – expedição de alvará judicial;

VIII – homologação de autocomposição extrajudicial, de qualquer natureza ou valor.

Parágrafo único. As normas desta Seção aplicam-se, no que couber, aos procedimentos regulados nas seções seguintes.

Questões que podem ser objeto de jurisdição voluntária

Este dispositivo traz algumas das questões que podem ser objeto do procedimento não contencioso ou de jurisdição voluntária.

O inciso I fala da *emancipação*, que na definição de Clóvis Bevilaqua seria *"a aquisição da capacidade civil antes da idade legal"*.

O atual Código Civil brasileiro estabelece que a maioridade civil alcança-se com a idade de 18 anos completos, nos termos do seu art. 5º.

Também cessará, para os menores, a incapacidade, pela concessão dos pais, ou de um deles na falta de outro, mediante instrumento público, independentemente de homologação judicial, ou por sentença do juiz, ouvido o tutor, se o adolescente tiver dezesseis anos completos (inc. I do ar. 5º do C.c.b.).

A emancipação ocorre por instrumento público, independentemente de homologação judicial, quando for ela concedida pelos pais, ou por um deles na falta do outro, na hipótese de o menor encontrar-se com dezesseis anos completos. Nesse caso não há necessidade de se instaurar o procedimento não contencioso ou de jurisdição voluntária de emancipação.

Na égide do C.P.C. de 1939, entendia-se que havia necessidade de homologação judicial a concessão de emancipação por ato do pai ou da mãe.

Atualmente, somente se o adolescente não estiver sob a responsabilidade dos pais, mas sim de um tutor, é que a emancipação dependerá de autorização judicial, razão pela qual deverá ser por meio de procedimento não contencioso. Nessa hipótese há necessidade de se ouvir o tutor, salvo se o procedimento for por ele iniciado.

Há também outras hipóteses de emancipação, como no caso de casamento; exercício de emprego público efetivo; colação de grau em curso de ensino superior e pelo estabelecimento civil ou comercial, ou pela existência de relação de emprego, desde que, em função deles, o adolescente com dezesseis anos completos tenha economia própria.

A doutrina controverte-se sobre a forma jurídica de concessão de emancipação na hipótese de o adolescente passar a exercer emprego público. Para alguns, é desnecessária a homologação do juiz. Já para José Olympio de Castro Filho, haveria necessidade de homologação judicial.[27]

Nas outras hipóteses, a certidão de casamento, a certidão do exercício de cargo público, ou de colação de grau em curso superior servirá, independentemente de homologação judicial, para a averbação no Registro de nascimento, sem necessidade de intervenção judicial, pois nesses casos a emancipação decorre do próprio fato.

[27] Castro Filho, J. O., op. cit., p. 52.

A emancipação judicial somente poderá ocorrer se houver prova de o adolescente ter completado dezesseis anos de idade. Este procedimento pode ser iniciado pelo próprio adolescente, pelo seu tutor, ou, ainda, pelo pai ou pela mãe que não tenha o adolescente sob sua guarda, ou, ainda, pelo Ministério Público. Se a iniciativa for do próprio adolescente, o juiz deverá nomear para ele um curador especial, a fim de suprir a sua *legitimatio ad processum*, nos termos do que dispõe o art. 72, inc. I do atual C.P.C., a saber: *O juiz nomeará curador especial: I – ao incapaz, se não tiver representante legal ou se os interesses deste colidirem com os daquele, enquanto durar a incapacidade.*

A função do curador especial será exercida pela Defensoria Pública, salvo se não houver defensor público na comarca ou subseção judiciária, hipótese em que o juiz nomeará advogado para desempenhar aquela função.

Por sua vez, como no procedimento não contencioso ou de jurisdição voluntária o juiz não precisa seguir a *legalidade estrita*, a nomeação do curador especial dar-se-á logo no início do procedimento, com o simples pedido formulado pelo adolescente, quando ele declarará que não possui representante legal ou que os interesses destes colidem com o daquele.

Para a concessão da emancipação, há necessidade de que o requerente faça a prova de que o adolescente possui capacidade física e mental para gerir sua pessoa e administrar seus bens. Esta prova pode ser realizada inclusive por testemunhas, pelo interrogatório do adolescente, por avaliação psicológica, sociológica etc.

No procedimento de emancipação, além de serem citados todos os interessados, deverá obrigatoriamente intervir o Ministério Público e o tutor, se houver.

Se o juiz acolher o pedido, a emancipação será concedida por sentença, a qual será levada a registro, nos termos do art. 29, inc. IV da Lei 6.015/73, *in verbis*:

> *Art. 29. Serão registrados no registro civil de pessoas naturais:*
> *(...).*
> *IV – as emancipações.*

A competência para processar o procedimento não contencioso é do domicílio do menor.

O inc. II fala da *sub-rogação*, isto é, na sub-rogação de bens inalienáveis.

Segundo anota José Olympio de Castro Filho, *"antes, no Código de 1939, dispunham os arts. 629 a 634 procedimento simples e adequado para a hipótese em que pode haver a intervenção judicial no que se refere à sub-rogação, isto é, a sub-rogação de bens inalienáveis: pedido do interessado, indicando os bens que pretende adquirir ou pelos quais pretende permutar os inalienáveis; avaliação dos bens; audiência dos interessados e do Ministério Público; e decisão, nomeando o juiz fiscal para receber o preço e proceder à compra dos bens em que se deva efetivar a sub-rogação"*.[28]

Atualmente, este procedimento de sub-rogação deve seguir o rito estabelecido nesta Seção para o procedimento não contencioso ou de jurisdição voluntária, sem necessidade, portanto, de nomeação de fiscal para a sub-rogação.

Note-se que o juiz, diante de seu juízo de conveniência ou oportunidade, necessidade ou desnecessidade, poderá avaliar com maior grau de discricionariedade a possibilidade da sub-rogação, ou seja, se o bem indicado para a transferência do vínculo ou do ônus irá atender aos interesses em jogo, ou não, bem como se terá valor equivalente.

O fundamento para se determinar a sub-rogação pode decorrer da necessidade fática ou jurídica da sua alienação, ou, ainda, em decorrência da melhor conveniência dos 'interessados'.

A sub-rogação pode decorrer de eventual inalienabilidade do bem imposta pelo testador ou pelo doador, para resguardar os interesses do herdeiro ou donatário, assim como, para aquisição de imóvel em relação a dinheiro que fora depositado em nome de incapaz, tendo em vista que a compra do imóvel será mais vantajosa e garantirá melhor os seus interesses. No caso de desapropriação, estabelecia o art. 633 do C.P.C. revogado: *"no caso de desapropriação, a importância da indenização aplicar-se-á na compra de imóvel, ou títulos de dívida pública, nos quais se sub-rogarão os ônus da coisa desapropriada"*. Tal regra não foi inserida no novo C.P.C. Contudo, isso não significa dizer que o preço da desapropriação poderá ser entregue ou levantado pelo expropriado do bem inalienável. No caso, o imóvel desapropriado sub-roga-se no preço da desapropriação.

Poderá haver a sub-rogação na hipótese em que o bem vinculado a inalienabilidade encontra-se sem qualquer possibilidade de renda, ou é muito custosa a sua manutenção para o herdeiro, ou, ainda, a aquisição de outro bem poderá garantir a valorização do patrimônio ou uma melhor utilidade de renda.

É importante salientar que a sub-rogação não ocorre apenas de imóvel para imóvel. Poderá ocorrer também de móvel para imóvel ou vice-versa, como, por exemplo, a venda de um imóvel para aquisição de títulos de renda fixa ou variável.

Eis o teor do Decreto-lei n. 6.777, de 8 de agosto de 1944:

> *Art. 1º Na subrogação de imóveis gravados ou inalienáveis, êstes serão sempre substituídos por outros imóveis ou apólices da Dívida Pública.*

[28] Castro Filho, J. O., idem, p. 55.

Art. 2º Se requerida a subrogação mediante permuta por apólices da Dívida Pública, o Juiz mandará vender o imóvel em hasta pública, ressalvando ao interessado o direito de conservá-lo livre, desde que, antes de assinado o auto de arrematação, ofereça, em substituição, apólices de valor igual ou superior ao do maior lanço acima da avaliação, ou ao desta, na falta de licitante.

Art. 3º A presente lei entrará em vigor na data da sua publicação, aplicando-se aos casos ainda não julgados definitivamente.

Art. 4º Revogam-se as disposições em contrário.

É bem verdade que este decreto raramente foi aplicado, uma vez que a sub-rogação em títulos é muito arriscada, havendo sempre preferência por imóveis. E de certa forma, este decreto-lei já havia sido revogado pelo que estabelecia o art. 1.116 do C.c.b. de 1916.

Na realidade, o que justifica ou não a sub-rogação é justamente o benefício que isso poderá ensejar para o seu beneficiário.

Mesmo que a cláusula de inalienabilidade tenha sido imposta pelo falecido, o certo é que se deve ser realista: *"o morto, ou o desaparecido, por mais ilustre e dinâmico que tenha sido, se o foi, não mais pode raciocinar, nem produzir. Seria mero resquício do individualismo, que todas as correntes filosóficas e políticas não mais toleram, perpetuar-se, inalterável, a sua simples vontade, em detrimento da utilização econômica da propriedade que acaso se mostre aconselhável"*.[29]

Não obstante, deve-se seguir a seguinte recomendação de Odilon de Andrade: *"O juiz deve proceder nas sub-rogações com a máxima cautela, permitindo-as somente quando se comprovar a impossibilidade ou a grave dificuldade de respeitar a cláusula proibitiva da alienação. A justificativa deve ser demonstrada pelo requerente, que, apontando os bens que se propõe adquirir em substituição, evidenciará as vantagens da sub-rogação pretendida"*.[30]

Por isso, a regra é que se deve manter a vontade do testador ou do doador quanto à cláusula de inalienabilidade.

Somente quando se demonstrar e comprovar de forma irrefutável a enorme inconveniência em se manter a cláusula sobre o bem é que se poderá admitir a sub-rogação.

O inc. III menciona a *alienação, arrendamento ou oneração de bens de crianças ou adolescentes, de órfãos e de interditos.*

Preceitua o art. 1.691 do C.c.b. que não podem os pais alienar, ou gravar de ônus real os imóveis dos filhos, nem contrair, em nome deles, obrigações que

[29] Castro Filho, J. O., idem, p. 57.

[30] Castro Filho, J. O., idem, ibidem.

ultrapassem os limites da simples administração, salvo por necessidade ou evidente interesse da prole, mediante prévia autorização do juiz.

Da mesma forma preconiza o art. 1.748, inc. IV do C.c.b. que compete ao tutor, com autorização do juiz, vender-lhe os imóveis nos casos em que for permitido. Por sua vez, os imóveis pertencentes aos menores sob tutela somente podem ser vendidos quando houver manifesta vantagem, mediante prévia avaliação judicial e aprovação do juiz (art. 1.750 do C.c.b.).

O Código Civil brasileiro de 1916, em seu art. 429, determinava que os imóveis dos menores somente poderiam ser vendidos em hasta pública. Já o art. 1750 do atual C.C.b. não mais condicionada a venda do imóvel à hasta pública.

Da mesma forma que o procedimento não contencioso ou de jurisdição voluntária é o utilizado para a sub-rogação, também o será para alienação, arrendamento ou oneração de bens de crianças e adolescentes, de órfãos e de interditos.

Contudo, assim como na sub-rogação, e tendo em vista que o juiz não está adstrito à legalidade estrita, ele deverá seguir de certa forma e na medida do possível um certo cronograma procedimental para a conclusão do ato de alienação, oneração ou arrendamento.

Uma vez requerida a alienação, oneração ou arrendamento de bens de criança e adolescente, de órfãos e de interditos, surge duas possibilidades: a) não há impugnação do pedido e o juiz se convence de que se trata de uma situação vantajosa para a criança, adolescente, órfão ou interdito; b) ocorre oposição pelos interessados ou pelo Ministério Público.

Em regra, o procedimento a ser adotado será o seguinte: a) petição fundamentada do interessado; b) citação de interessados e intimação do Ministério Público, assim como da Fazenda Pública; c) se houver oposição à autorização judicial, ou se o juiz entender indevida a autorização e não tiver dúvida a respeito: decisão do juiz; d) se não houver dúvida, e o juiz entender possível, em princípio, a autorização judicial, providências destinadas a fixar condições para a venda, o arrendamento ou a oneração dos bens, inclusive avaliação; e) decisão do juiz, com as condições inclusive.[31]

O inciso IV faz referência à *alienação, locação e administração de coisa comum*.

A hipótese normal de existência de coisa comum encontra-se no instituto do *condomínio*.

Se os condôminos não acordarem sobre a forma de alienação ou transferência da coisa indivisível, qualquer um deles poderá ingressar em juízo reque-

[31] CASTRO FILHO, O., idem, p. 63.

rendo a alienação do bem pelo procedimento não contencioso ou de jurisdição voluntária.

Preceitua o art. 1.322 do C.c.b.: *Quando a coisa for indivisível, e os consortes não quiserem adjudicá-la a um só, indenizando os outros, será vendida e repartido o apurado, preferindo-se, na venda, em condições iguais de oferta, o condômino ao estranho, e entre os condôminos aquele que tiver na coisa benfeitorias mais valiosas, e, não as havendo, o de quinhão maior.* Complementa o *parágrafo* único do mesmo dispositivo: *Se nenhum dos condôminos tem benfeitorias na coisa comum e participam todos do condomínio em partes iguais, realizar-se-á licitação entre estranhos e, antes de adjudicada a coisa àquele que ofereceu maior lanço, proceder-se-á à licitação entre os condôminos, a fim de que a coisa seja adjudicada a quem afinal oferecer melhor lanço, preferindo, em condições iguais, o condômino ao estranho.*

O juiz poderá decidir na venda da coisa comum questões como a forma ou modalidade da venda, repartição das despesas, preço mínimo e outras questões que se apresentarem.

Evidentemente, diante do pedido formulado, alienação, locação ou administração da coisa comum, o juiz deverá adotar procedimento próprio e direcionado à pretensão.

É importante salientar que o art. 1.323 do C.c.b. estabelece que *"deliberando a maioria sobre a administração da coisa comum, escolherá o administrador, que poderá ser estranho ao condomínio; resolvendo alugá-la, preferir-se-á, em condições iguais, o condômino ao que não o é"*.

O inc. V diz respeito à *alienação de quinhão em coisa comum.*

O art. 1.139 do C.c.b de 1916 estabelecia: *"não pode um condômino em coisa indivisível vender a sua parte a estranho, se outro consorte a quiser, tanto por tanto. O Condômino a quem não se der conhecimento da venda, poderá, depositando o preço, haver para si a parte vendida a estranho, se o requerer no prazo de seis meses"*. Se houvesse muitos condôminos, preferiria o que tivesse benfeitorias de maior valor, e na falta de benfeitorias, o de quinhão maior. Se os quinhões fossem iguais, haveriam a parte vendida os proprietários, que a quisessem depositando previamente o preço (p.u. do art. 1.139 do C.c.b. de 1916.).

Sobre esta questão, o atual C.c.b. assim preceitua:

> *Art. 504. Não pode um condômino em coisa indivisível vender a sua parte a estranhos, se outro consorte a quiser, tanto por tanto. O condômino, a quem não se der conhecimento da venda, poderá, depositando o preço, haver para si a parte vendida a estranhos, se o requerer no prazo de cento e oitenta dias, sob pena de decadência.*
>
> *Parágrafo único. Sendo muitos os condôminos, preferirá o que tiver benfeitorias de maior valor e, na falta de benfeitorias, o de quinhão maior. Se as partes forem iguais,*

haverão a parte vendida os comproprietários, que a quiserem, depositando previamente o preço.

Assim, se não houver acordo entre os condôminos, o condômino interessado poderá ingressar com o procedimento não contencioso para analisar a questão da alienação de quinhão em coisa comum.

Na petição inicial deverá o requerente demonstrar o seu interesse na coisa indivisível a qual se pretende alienar parte do quinhão, bem como estabelecendo o preço para eventual aquisição.

Nesse caso, como nenhum condômino manifestou interesse em ficar com a coisa, a venda será deferida a estranho.

Se não ocorrer qualquer oposição dos demais, ouvido o Ministério Público quando tenha interesse em intervir, bem como a Fazenda Pública, o juiz deferirá a venda de acordo com o que foi requerido.

Se houver oposição, o juiz deverá decidir sobre sua procedência ou não.

Se durante o procedimento, algum ou alguns dos condôminos manifestar interesse em permanecer com a coisa comum, o juiz deverá proceder de acordo com o disposto no art. 504 e seu parágrafo único do C.c.b.

Preceitua José Olympio de Castro Filho: *"Sustenta Pontes de Miranda que` não cabe dois ou mais se juntarem para perfazer quinhão maior; salvo se, antes da lide, transferiram a um só a parte ideal da propriedade'. 'Data vênia' do eminente jurisconsulto, a quem a cultura jurídica brasileira tanto deve, pelo valor inegável de sua imensa obra, não se justifica, a nosso ver, a exigência de ser a transferência de um quinhão a outro condômino 'antes da lide'. Na realidade, o que a lei civil veda é a venda a estranhos, sendo perfeitamente lícito ao condômino vender e, portanto, transferir sua parte a outro condômino, tanto podendo esta transferência ao outro consorte se efetuar antes do procedimento que visa à venda a estranho, quanto após iniciado este, pois o processo não pode ter a virtude de suspender a disponibilidade que a lei civil assegura.*[32]

Não obstante o entendimento de Castro Filho, entendo que o condômino, desejando vender sua parte, deverá ofertar e comunicar essa intenção a todos os outros condôminos, sendo que se existir mais de um interessado, deverá ser observado o disposto no parágrafo único do art. 504 do C.c.b.

O inc. VI menciona a extinção *de usufruto, quando não decorrer da morte do usufrutuário, do termo da sua duração ou da consolidação, e de fideicomisso, quando decorrer de renúncia ou quando ocorrer antes do evento que caracterizar a condição resolutória.*

[32] Castro Filho, J. O., idem, p. 67.

No usufruto, espécie de direito real, o usufrutuário tem direito a posse, o uso, a administração e percepção dos frutos, exercendo, portanto, a posse direta sobre o bem.

Já o nu-proprietário, que é o real proprietário do bem, exerce a posse indireta, podendo dispor do bem.

As hipóteses de extinção do usufruto encontram-se no art. 1.410 e 1.411 do C.c.b., a saber:

> *Art. 1.410. O usufruto extingue-se, cancelando-se o registro no Cartório de Registro de Imóveis: I – pela renúncia ou morte do usufrutuário; II – pelo termo de sua duração;*
>
> *III – pela extinção da pessoa jurídica, em favor de quem o usufruto foi constituído, ou, se ela perdurar, pelo decurso de trinta anos da data em que se começou a exercer; IV – pela cessação do motivo de que se origina; V – pela destruição da coisa, guardadas as disposições dos arts. 1.407, 1.408, 2ª parte, e 1.409; VI – pela consolidação;*
>
> *VII – por culpa do usufrutuário, quando aliena, deteriora, ou deixa arruinar os bens, não lhes acudindo com os reparos de conservação, ou quando, no usufruto de títulos de crédito, não dá às importâncias recebidas a aplicação prevista no parágrafo único do art. 1.395;*
>
> *VIII – Pelo não uso, ou não fruição, da coisa em que o usufruto recai (arts. 1.390 e 1.399).*
>
> *Art. 1.411. Constituído o usufruto em favor de duas ou mais pessoas, extinguir-se-á a parte em relação a cada uma das que falecerem, salvo se, por estipulação expressa, o quinhão desses couber ao sobrevivente.*

Algumas dessas hipóteses de extinção do usufruto comprovam-se pelo simples fato ocorrido, como é o caso de morte ou renúncia do usufrutuário, termo de sua constituição, ou quando ocorrer sua consolidação. Nesses casos, a extinção do usufruto dar-se-á com a comprovação destes fatos perante o Oficial de Cartório do Registro de Imóveis, o qual promoverá sua averbação.

Nas outras hipóteses, deverá o interessado promover a extinção do usufruto por meio do procedimento não contencioso ou de jurisdição voluntária.

Da mesma forma, havendo constituição de fideicomisso pelo testador, sua extinção poderá depender de uma decisão judicial a ser proferida no âmbito do procedimento não contencioso ou de jurisdição voluntária.

Segundo estabelece o art. 1.951 do C.c.b.: *"Pode o testador instituir herdeiros ou legatários, estabelecendo que, por ocasião de sua morte, a herança ou o legado se transmita ao fiduciário, resolvendo-se o direito deste, por sua morte, a certo tempo ou sob certa condição, em favor de outrem, que se qualifica de fideicomissário".*

A substituição fideicomissária somente se permite em favor dos não concebidos ao tempo da morte do testador (art. 1.952 do C.c.b.). Se, ao tempo da morte do testador, já houver nascido o fideicomissário, adquirirá este a propriedade dos bens fideicomedito, convertendo-se em usufruto o direito do fiduciário (p.u. do art. 1.952 do C.c.b.).

O fiduciário tem a propriedade da herança ou legado, mas restrita e resolúvel (art. 1. 953 do C.c.b.).

O fiduciário é obrigado a proceder ao inventário dos bens gravados, e a prestar caução de restituí-los se o exigir o fideicomissário (p.u. do art. 1.953 do C.c.b.).

Salvo disposição em contrário do testador, se o fiduciário renunciar a herança ou ao legado, defere-se ao fideicomissário o poder de aceitar (art. 1.954 do C.c.b).

As hipóteses em que ocorre a extinção do fideicomisso são as seguintes:

a) quando o fideicomissário morre antes do fiduciário ou antes de realizar-se a condição resolutória do direito deste último, ocorrendo nesta última hipótese a consolidação da propriedade em mãos do fiduciário (art. 1.958 do C.c.b.);
b) quando o fideicomissário morre primeiro que o testador;
c) tendo em vista que a substituição fideicomissária somente se permite em favor dos não concebidos ao tempo da morte do testador, se, ao tempo da morte do testador, já houver nascido o fideicomissário, adquirirá este a propriedade dos bens fideicometidos, convertendo-se em usufruto o direito do fiduciário (p.u. do art. 1.952 do C.c.b.);
d) quando o fideicomissário renuncia à herança ou legado, caso em que os bens ficam sendo de propriedade pura do fiduciário, se não houver disposição contrária do testador (art. 1.955 do C.c.b.).
e) quando perecer totalmente a coisa, objeto do fideicomisso, sem culpa do fiduciário.

Da mesma forma do que ocorre com a extinção do usufruto, a extinção do fideicomisso pode decorrer de fato provado por documento, razão pela qual, em duas hipóteses acima referidas não haveria necessidade de intervenção judicial, que se justifica nas demais hipóteses.

Somente será utilizado o procedimento de jurisdição voluntária *quando decorrer de renúncia ou quando ocorrer antes do evento que caracterizar a condição resolutória.*

A questão que se coloca na extinção do fideicomisso é em relação à competência do juízo para conhecer do procedimento não contencioso ou de jurisdição voluntária. No caso, o foro competente é do juízo do inventário do testador.

É de ressaltar que no procedimento não contencioso de extinção do usufruto ou do fideicomisso a questão a ser verificada e decidida pelo juízo é a verificação das causas legais de sua extinção, após a oitiva de todos os interessados.

O inc. VII estabelece o procedimento não contencioso ou de jurisdição voluntária para a *expedição de alvará judicial*.

Evidentemente, somente haverá necessidade de se instaurar um procedimento de jurisdição voluntária para expedição de alvará judicial, se esse requerimento for autônomo e não estiver vinculado a nenhum outro processo, caso contrário, o pedido de alvará judicial deverá ser formulado no processo que lhe deu origem.

Assim, pode-se citar alguns exemplos em que haverá interesse na expedição de alvará judicial: a) para suprimento de consentimento em geral; b) suprimento em caso de incapacidade ou ausência); c) levantamento de importâncias depositadas em nome de incapazes ou menores etc.

O inc. VIII preconiza o procedimento não contencioso ou de jurisdição voluntária para a *homologação de autocomposição extrajudicial, de qualquer natureza ou valor*.

Se os interessados realizam composição extrajudicial, mas desejam que esta autocomposição seja apreciada por um órgão do Poder Judiciário, isso poderá ocorrer mediante homologação que se realizará pelo procedimento não contencioso ou de jurisdição voluntária.

Não haverá restrição quanto à natureza ou o valor da autocomposição extrajudicial.

Por fim, preconiza o *parágrafo único do art. 725* do atual C.P.C. que *as normas desta Seção aplicam-se, no que couber, aos procedimentos regulados nas seções seguintes*.

Assim, as normas gerais do procedimento não contencioso ou de jurisdição voluntária aplicam-se ao processamento das questões indicadas logo a seguir.

Também o procedimento de jurisdição voluntária poderá ser utilizado em outras hipóteses previstas em legislações especiais.

SEÇÃO II – Da Notificação e da Interpelação

Art. 726

Quem tiver interesse em manifestar formalmente sua vontade a outrem sobre assunto juridicamente relevante poderá notificar pessoas participantes da mesma relação jurídica para dar-lhes ciência de seu propósito.

§1º Se a pretensão for a de dar conhecimento geral ao público, mediante edital, o juiz só a deferirá se a tiver por fundada e necessária ao resguardo de direito.

§2º Aplica-se o disposto nesta Seção, no que couber, ao protesto judicial.

Notificação e interpelação

O C.P.C. de 1973 tratava das notificações, das interpelações e do protesto no âmbito das medidas cautelares nominadas, mais especificamente nos arts. 867 a 873.

Contudo, a doutrina mais abalizada já previa a natureza destas medidas como sendo de *jurisdição voluntária*, onde o juiz apenas exerce, de regra, função de mero agente transmissor de comunicação de vontade. Algo, *"do telegrafista que envia a mensagem passada por outrem, investido, porém, de autoridade de vetar, em certos casos, a transmissão. E isto porque no poder de deferir está implícito o de indeferir, podendo o juiz denegar a medida, se concluir pela ausência dos pressupostos legais"*.[33]

Evidencia-se, portanto, que o protesto, a notificação e a interpelação não possuem qualquer natureza de medidas cautelares, pois não tinham e não têm por finalidade garantir a eficácia de outro processo ou de um outro pedido que deverá ser formulado em demanda de natureza satisfativa. A finalidade dessas medidas é de simples conservação de direito, em que a prevenção do dano é mínima. Além do mais, essas medidas por vezes visam apenas a constituir em mora a outra parte, dando cumprimento ao que dispõe o Código Civil brasileiro.

Por isso, fez bem o legislador do atual C.P.C. em retirar a notificação e a interpelação do capítulo das medidas cautelares, inserindo- as no âmbito do procedimento não contencioso ou de jurisdição voluntária, pois essas duas medidas visam somente a comunicação de conhecimento ou de vontade, com a finalidade de produzir efeitos determinados, os quais resultam da própria comunicação.[34]

Na notificação, o que mais se evidencia é a transmissão de determinado conhecimento do que a exigência de eventual direito, muito embora se pretenda uma atividade do notificado, positiva ou negativa.

Exigir, por sua vez, é finalidade decorrente da interpelação, na qual há a pretensão de solicitação.

[33] Alvaro de Oliveria, Carlos Alberto; Lacerda, Galeno. *Comentários ao código de processo civil.* Vol.. VIII. Tomo II. (arts. 813 a 889). Forense: Rio de Janeiro, 1988. p. 488.

[34] Alvaro de Oliveria, C. A.; Lacerda, G., idem, p. 489.

Mas, na verdade, a definição de cada medida é inconsistente, sendo que se houver equívoco na sua denominação nenhuma influência terá na análise do juiz para o seu deferimento ou não.

O art. 726 do atual C.P.C. trata da *notificação*. Para o exercício dessa medida há necessidade de alguns pressupostos: a) interesse em manifestar formalmente sua vontade a outrem; b) assunto juridicamente relevante; c) pessoas participantes da mesma relação jurídica de direito material; d) poderá a pretensão ser direcionada a dar conhecimento ao público em geral.

Observar-se que a vontade ou comunicação de intenção poderá ser direcionada a pessoas determinadas, as quais compõem a relação jurídica de direito material, como ao público em geral.

É importante salientar que somente assunto juridicamente relevante é que poderá ensejar o procedimento não contencioso ou de jurisdição voluntária, não abrangendo, portanto, assunto economicamente ou socialmente relevante.

Nos termos do *§1º do art. 726* do atual C.P.C., se a pretensão for a de dar conhecimento geral ao público, mediante edital, o juiz só a deferirá se a tiver por fundada e necessária ao resguardo de direito. Nesse caso, como a pretensão é para pessoas indeterminadas, a melhor forma de dar amplitude à manifestação de vontade é por meio de editais, sendo que o juiz somente deferirá tal medida se o interessado demonstrar que ela é necessária para o resguardo de direito.

Um exemplo típico de notificação para o público em geral é a que o Código anterior denominava de protesto contra a alienação de bens. Nesse caso, como a notificação ou cientificação do público em geral sobre o interesse do requerente em relação a determinado bem, a fim de resguardar direito, necessita de ampla divulgação, a sua forma de dar amplo conhecimento deverá ocorrer por meio de editais, a serem publicados nos meios de comunicação em geral.

Também poderá ser feita a notificação por edital, caso o requerido seja desconhecido, incerto ou estiver em lugar ignorado ou de difícil acesso.

Evidentemente, o requerente, a fim de que o juiz possa deferir sua pretensão, deverá expor os fatos e o seu interesse no resguardo de direito quando da apresentação da petição inicial. É importante salientar que isso não significa dizer que o requerente deverá expor a lide e seu fundamento, mas apenas indicar a conveniência e a utilidade da medida para fim de resguardar seus direitos. Se a notificação ou interpelação for vaga ou impertinente, ou, ainda, para fins ilícitos, o juiz não deferirá a medida requerida. Da mesma forma, o juiz deverá indeferir o pedido quando o requerente não houver demonstrado legítimo interesse, tendo a notificação ou a interpelação apenas por finalidade impedir a formação de contrato ou a realização de negócio lícito.

Por isso, *"não pode, pois, o juiz admitir protesto, notificação ou interpelação que implique ordem de fazer ou não fazer, ou que de qualquer forma, mesmo indiretamente, importe modificação, constituição ou extinção de direito, ou, ainda, coação sobre a vontade de outrem. Medidas voluntárias dessa natureza, emitidas em procedimento unilateral, não contêm essa espécie de eficácia; delas resulta apenas impedimento de caráter psicológico, sem efeito jurídico impeditivo"*.[35]

São impertinentes as notificações ou interpelações para: a) impedir herdeiros testamentários de processarem guias para negócios de gado; b) exorbita o magistrado, cometendo flagrante ilegalidade, se, ao deferir a notificação ou interpelação, expede ordem judicial impondo ao requerido a conduta pretendida pelo requerente; c) notificação de tabeliães para se absterem de lavrar escritura pública ou para efetuarem registros; d) como ordem jurídica impeditiva de alteração de contrato social etc.[36]

Na hipótese de interpelação para pagamento de dívida, é necessário que o credor delimite o valor devido, devendo indicar no pedido o valor de toda a dívida, o lugar, dia e hora do pagamento.

Tendo a notificação por finalidade apenas determinado aviso, os fundamentos são efetivamente muito mais simplificados.

Uma das hipóteses gerais de notificação é a da retomada de imóvel para uso próprio, ou para a devolução de bem dado em comodato por prazo indeterminado.

A competência para promover esse tipo de medida é, em regra, a do foro do domicílio do requerido, ou de situação do imóvel, quando se tratar de notificação pública contra a alienação de bens.

Evidentemente, se o requerido da notificação ou da interpelação for a União Federal ou uma de suas autarquias ou empresa pública federal, a competência será da Justiça Federal.

A jurisprudência, sob a égide do C.P.C. de 1973, entendia que a notificação para constituir em mora, não sendo uma medida cautelar, não tornava prevento o juízo para a ação de rescisão de contrato.

É importante salientar que se a parte visa a uma notificação contra a alienação de bens no curso de um processo de jurisdição contenciosa já em andamento, tal pretensão poderá ser formulada no próprio processo, não havendo necessidade de se ingressar com um procedimento não contencioso ou de jurisdição voluntária.

35 Alvaro de Oliveria, C. A.; Lacerda, G., idem, p.497.

36 Alvaro de Olivera, C. A.; Lacerda, G., idem, p. 498.

Algumas hipóteses em que a manifestação de vontade pode ser transmitida a outrem estão assim configuradas: a) interpelação para fazer valer a condição resolutiva tácita; b) a interrupção da prescrição por meio de notificação de pagamento; c) constituição em mora por meio de notificação; d) notificação do devedor de títulos caucionados; e) notificação de remição em favor de adquirente de imóvel hipotecado; f) notificação de cessão de créditos para o devedor; g) notificação para o exercício do direito à evicção; h) notificação sobre a intenção de venda de bem em condomínio ou locado etc.

Preceitua o *§2º do art.726* do atual C.P.C., *que se aplica o disposto nesta Seção, no que couber, ao protesto judicial.*

O protesto tem por finalidade promover uma reclamação contra outrem.

Diz a Súmula 361 do S.T.J.:*A notificação do protesto, para requerimento de falência da empresa devedora, exige a identificação da pessoa que a recebeu.*

Sobre o tema, eis o seguinte precedente do S.T.J.:

> *(...).*
>
> *3. A jurisprudência do STJ reconhece que a interrupção da prescrição pelo protesto judicial faz surgir novo prazo prescricional para a interposição da ação principal, que nas ações promovidas contra a Fazenda Pública, sujeitas ao regime jurídico do Decreto n. 20.910/32, uma vez interrompida a prescrição, esta volta a correr pela metade do prazo original, nos termos do art. 9º do apontado decreto. Precedentes.*
>
> *4. Na seara tributária, que possui regramento específico, a interrupção da prescrição faz surgir novo prazo prescricional quinquenal (art. 174 do Código Tributário Nacional), seja em favor da Fazenda Pública, seja em favor do contribuinte.*
>
> *5. Em face do caráter infringente dos embargos de declaração opostos contra acórdão fundamentado na jurisprudência firmada no RE 566.621/RS e no REsp 1269570/MG (rito previsto no art. 543-C do CPC), impõe-se aplicação de multa em 1% (um por cento) sobre o valor da causa (mutatis mutandis, Questão de Ordem no REsp 1.025.220/RS apreciada pela Primeira Seção – aplicação de Multa – art. 557, § 2º do CPC).*
>
> *Embargos de declaração rejeitados, com aplicação de multa.*
>
> *(EDcl no REsp 1042524/RS, Rel. Ministro HUMBERTO MARTINS, SEGUNDA TURMA, julgado em 25/03/2014, DJe 31/03/2014)*

Art. 727

Também poderá o interessado interpelar o requerido, no caso do art. 726, para que faça ou deixe de fazer o que o requerente entenda ser de seu direito.

Interpelação para fazer ou não fazer alguma coisa

Na notificação, como se afirmou, o que mais se pretende é dar a conhecer do que exigir, muito embora se pretenda uma atividade do notificado, positiva ou negativa.

Exigir, por sua vez, é finalidade decorrente da *interpelação,* na qual há a pretensão de solicitação de *fazer ou não fazer.*

Assim, se a cientificação de uma vontade tem por finalidade que o requerido faça ou deixe de fazer alguma coisa, essa comunicação deverá ocorrer por meio de *interpelação.*

A interpelação também deve observar os pressupostos do art. 726 do atual C.P.C.

Para o exercício dessa medida há necessidade de alguns pressupostos: a) interesse em manifestar formalmente sua vontade a outrem; b) assunto juridicamente relevante; c) pessoas da mesma relação jurídica de direito material; d) poderá a pretensão ser direcionada a dar conhecimento ao público em geral.

Assim, observa-se que a vontade ou comunicação de intenção poderá ser direcionada a pessoas determinadas, as quais compõem a relação jurídica de direito material, como ao público em geral.

Sobre o tema, eis os seguintes precedentes do S.T.J.:

> *(...).*
>
> *I – Verificar a necessidade da produção de novas provas, o que impediria o juiz de proferir o julgamento antecipado da lide, é, in casu, inviável diante da necessidade de reexame do conjunto fático probatório. (Súmula nº 07/STJ).*
>
> *II – Desnecessidade de interpelação judicial na hipótese de inadimplemento de obrigação negativa.*
>
> *Recurso parcialmente conhecido e, nessa parte, desprovido.*
>
> (REsp 712.213/DF, Rel. Ministro FELIX FISCHER, QUINTA TURMA, julgado em 06/12/2005, DJ 06/02/2006, p. 301)

> *Contrato de compra e venda de bem imóvel. Distrato. Necessidade de prévia interpelação. Carência de ação. Precedentes da Corte.*
>
> *1. Tratando o tema sob julgamento de distrato, não se há de dispensar a interpelação premonitória considerando que a posição originária relativamente ao bem foi invertida, passando a compradora, naquele momento devedora, a ser credora do valor que se refere à devolução, não havendo como fazer incidir a primeira parte do art. 1.093 do Código Civil de 1916. Por outro lado, os paradigmas sobre a aplicação da Súmula nº 76 da Corte não são apropriados, porquanto não se cuida da operação originária, a*

compra e venda, e, sim, do distrato, passando a devedora a ser credora da importância a ser devolvida.

2. Recurso especial não conhecido.

(REsp 605.469/PR, Rel. Ministro CARLOS ALBERTO MENEZES DIREITO, TERCEIRA TURMA, julgado em 07/06/2005, DJ 12/09/2005, p. 320)

Art. 728

O requerido será previamente ouvido antes do deferimento da notificação ou do respectivo edital:

I – se houver suspeita de que o requerente, por meio da notificação ou do edital, pretende alcançar fim ilícito;

II – se tiver sido requerida a averbação da notificação em registro público.

Oitiva prévia do requerido

Preceito similar havia no parágrafo único do art. 870 do C.P.C. de 1973, a saber: *"Quando se tratar de protesto contra a alienação de bens, pode o juiz ouvir, em 3 (três) dias, aquele contra quem foi dirigido, desde que lhe pareça haver no pedido ato emulativo, tentativa de extorsão, ou qualquer outro fim ilícito, decidindo em seguida sobre o pedido de publicação de editais.*

Em regra, a notificação é realizada *inaldita altera parte*, isto é, sem ouvir previamente os interessados ou os requeridos.

Contudo, verificando o juiz que a notificação poderá ensejar suspeita de que o requerente por meio da notificação ou do edital pretende alcançar fim ilícito deverá determinar a prévia oitiva do requerido, antes do deferimento da medida.

Também deverá ser ouvido previamente o requerido, na hipótese de averbação da notificação no registro público. Assim, se na notificação contra a alienação de bens for requerida a averbação dessa notificação na matrícula do imóvel, justamente para que terceiros não aleguem posteriormente a boa-fé, deverá ser ouvido previamente o requerido.

É importante salientar que essa oitiva do requerido não tem natureza de contestação, mas, sim, pretensão de fornecer ao magistrado maior amplitude de conhecimento sobre as reais intenções da notificação ou do edital. Por isso, a oitiva do requerido não caracterizará a *litigiosidade da coisa* ou mesmo a *litispendência.*

Entendo que a oitiva do devedor para se manifestar antes da notificação ou da publicação do edital não terá o efeito de constituir em mora o devedor ou mesmo a força para interromper a prescrição. Contudo, uma vez feita a notificação ou a publicação do edital, o devedor estará constituído em mora e a prescrição interrompida, conforme estabelece o art. 202, inc. II do C.c.b. Muito embora este dispositivo fale em protesto, a notificação judicial terá o mesmo efeito do protesto.

Há entendimento de que havendo ocultação do requerido em receber a notificação, essa poderá ser feita por hora certa.

É bem verdade que o Código não estabelece a maneira e o procedimento de se realizar a expedição dos editais. Nesse caso, deve-se aplicar, no que couber, o disposto no art. 257 do atual C.P.C. que assim dispõe:

Art. 257. São requisitos da citação por edital:

I – a afirmação do autor ou a certidão do oficial informando a presença das circunstâncias autorizadoras;

II – a publicação do edital na rede mundial de computadores, no sítio do respectivo tribunal e na plataforma de editais do Conselho Nacional de Justiça, que deve ser certificada nos autos;

III – a determinação, pelo juiz, do prazo, que variará entre 20 (vinte) e 60 (sessenta) dias, fluindo da data da publicação única ou, havendo mais de uma, da primeira;

IV – a advertência de que será nomeado curador especial em caso de revelia.

Na verdade, a forma de publicação dependerá sempre da natureza da notificação ou intimação a ser realizada pelo edital.

Sobre o tema, eis os seguintes precedentes do S.T.J.:

(..).

4. Admite-se a averbação, na matrícula do imóvel no cartório imobiliário, do protesto contra alienação de bem, uma vez que a medida visa dar maior eficácia à publicidade buscada pela lei com a determinação de intimação por editais, prevista no art. 870 do CPC.

(...).

6. Estando em julgamento apenas a possibilidade ou não de averbação no bojo da ação de protesto por alienação de bem, é irrelevante o fato novo concernente ao resultado de julgamento na origem sobre o motivo que levou ao protesto.

7. De qualquer modo, perdurando a controvérsia a respeito do fato que motivou o protesto em face da existência de recurso especial já admitido e pendente de julgamento, permanece o interesse no protesto e em sua publicidade, de modo a prevenir litígios e prejuízos para eventuais adquirentes.

8. Segundos embargos de declaração acolhidos com efeitos infringentes, para se negar provimento ao agravo regimental.

Prejudicados os primeiros aclaratórios.

(EDcl no AgRg nos EDcl nos EDcl no REsp 1302959/SP, Rel. Ministro JOÃO OTÁVIO DE NORONHA, TERCEIRA TURMA, julgado em 08/05/2014, DJe 19/05/2014)

1. O protesto contra alienação de bens não tem o condão de obstar o respectivo negócio tampouco de anulá-lo. Apenas tornará inequívocas as ressalvas do protestante em relação ao negócio, bem como que este alega – simplesmente alega – ter direitos sobre o bem e/ou motivos para anular a alienação.

2. O art. 869 do CPC subordina o protesto à presença de dois requisitos: legítimo interesse e não-prejudicialidade efetiva da medida.

3. O primeiro requisito – legítimo interesse – se traduz na necessidade ou utilidade da medida para assegurar ao promovente o fim colimado. Assim, devem ser sumariamente indeferidos por falta de legítimo interesse os protestos formulados por quem não demonstra vínculo com a relação jurídica invocada ou que se mostrem desnecessários frente aos próprios fatos descritos na petição inicial.

4. O segundo requisito – não-nocividade da medida – exige que o protesto não atente contra a liberdade de contratar ou de agir juridicamente, ou seja, o seu deferimento não deve dar causa a dúvidas e incertezas que possam impedir a formação de contrato ou a realização de negócio lícito. Esse impedimento, porém, é de natureza psicológica, porque o protesto não tem a força de direito de impedir qualquer negócio jurídico. Na prática, portanto, o Juiz deve tolher o uso abusivo da medida, como meio de suscitar suspeitas infundadas ou exageradas sobre o bem ou direito objeto do protesto, a ponto de afastar indevidamente o possível interesse de terceiros em firmar negócio jurídico envolvendo o mencionado bem ou direito.

5. Ainda que possa, eventualmente, ter reflexos negativos para o protestado, a publicação de editais deve ser deferida sempre que a publicidade for essencial à finalidade do protesto, notadamente nas situações em que a informação deva alcançar toda a coletividade.

6. Recurso especial a que se nega provimento.

(RMS 35.481/SP, Rel. Ministro MASSAMI UYEDA, Rel. p/ Acórdão Ministra NANCY ANDRIGHI, TERCEIRA TURMA, julgado em 28/08/2012, DJe 10/09/2012)

1. No caso, pretende o recorrente a condenação do oficial de registro de imóveis e do Banco do Brasil, sendo que o primeiro cumpriu determinação judicial acerca da averbação de protesto contra a alienação de imóvel, requerido pela instituição financeira, circunstância que afasta qualquer dever de indenizar.

2. Ademais, esta Corte pacificou o entendimento quanto à legalidade do protesto contra alienação de imóvel, no julgamento do EREsp nº 440.837/RS, relator p/ acórdão o Ministro Barros Monteiro, DJ de 28.05.2007, que uniformizou a jurisprudência no sentido de se permitir a averbação dentro dos limites do poder geral de cautela do juiz.

3. Recurso especial improvido.

(REsp 687.300/RS, Rel. Ministro LUIS FELIPE SALOMÃO, QUARTA TURMA, julgado em 05/08/2010, DJe 24/08/2010)

1. O protesto contra a alienação de bens visa resguardar direitos e prevenir responsabilidade, mas não impede a realização de negócios jurídicos.

2. "A averbação, no Cartório de Registro de Imóveis, de protesto contra alienaçao de bem, está dentro do poder geral de cautela do juiz (art. 798 do CPC) e se justifica pela necessidade de dar conhecimento do protesto a terceiros, prevenindo litígios e prejuízos para eventuais adquirentes" (Corte Especial, EREsp n. 440.837/RS).

3. Recurso ordinário desprovido.

(RMS 28.290/RN, Rel. Ministro JOÃO OTÁVIO DE NORONHA, QUARTA TURMA, julgado em 05/05/2009, DJe 18/05/2009)

Art. 729

Deferida e realizada a notificação ou interpelação, os autos serão entregues ao requerente.

Entrega dos autos ao requerente

Este dispositivo demonstra que a notificação ou a interpelação é um ato procedimental que pertence ao requerente, razão pela qual, após o seu deferimento, os autos serão entregues ao requerente, após o pagamento das respectivas custas.

É importante observar, contudo, que em se tratando de processo eletrônico, não haverá possibilidade de se entregar os autos fisicamente ao requerente, pois autos físicos não mais existem. No caso, ou o requerente solicita uma certidão ou imprime as peças processuais existentes no sistema informatizado.

O art. 872 do C.P.C. de 1973 estabelecia que os autos deveriam ser entregues ao requerente, independentemente de traslado, decorridas 48 (quarenta e oito) horas.

O atual C.P.C. não estabelece prazo para a entrega dos autos, razão pela qual ele poderá ser entregue imediatamente, após o pagamento das custas.

SEÇÃO III – Da Alienação Judicial

Art. 730

Nos casos expressos em lei, não havendo acordo entre os interessados sobre o modo como se deve realizar a alienação do bem, o juiz, de ofício ou a requerimento dos interessados ou do depositário, mandará aliená-lo em leilão, observando-se o disposto na Seção I deste Capítulo e, no que couber, o disposto nos arts. 879 a 903.

Alienação judicial

Não obstante a generalidade da presente Seção, ela não corresponde a todos os casos de alienações judiciais, nem abrange as hipóteses de arrematação judicial dos bens penhorados no procedimento executivo.

A arrematação decorrente de processo de execução ou de cumprimento de sentença apresenta um procedimento próprio, não sendo objeto de análise nesta Seção. Na realidade, a arrematação tem finalidade diversa (pagamento do credor) que não coincide com a finalidade do presente procedimento não contencioso ou de jurisdição voluntária.

Serão objeto de alienação qualquer tipo de bens: móveis, imóveis e semoventes.

Em regra, a Seção III trata das seguintes hipóteses de alienação de bens: a) o imóvel que, na partilha, não couber no quinhão de um só herdeiro ou não admitir divisão cômoda, salvo se adjudicando a um ou mais herdeiros acordes; b) – a coisa comum indivisível ou que, pela divisão, se tornar imprópria ao seu destino, verificada previamente a existência de desacordo quanto à adjudicação a um dos condôminos; c) – os bens móveis e imóveis de órfãos, incapazes e interditos nos casos em que a lei o permite e mediante autorização do juiz; d) alienação de bens na herança arrecadada; e) alienação de coisa alheia perdida, que foi depositada; f) alienação de bens necessários para pagamento de passivo do inventário.

Preceitua o *art. 730* do atual C.P.C. que *nos casos expressos em lei, não havendo acordo entre os interessados sobre o modo como se deve realizar a alienação do bem, o juiz, de ofício ou a requerimento dos interessados ou do depositário, mandará aliená-lo em leilão, observando-se o disposto na Seção I deste Capítulo e, no que couber, o disposto nos arts. 879 a 903.*

Este dispositivo determina a alienação de bens, nos casos expressos em lei, como, por exemplo:

> *Art. 742. O juiz poderá autorizar a alienação:*
>
> *I – de bens móveis, se forem de conservação difícil ou dispendiosa;*
>
> *II – de semoventes, quando não empregados na exploração de alguma indústria;*
>
> *III – de títulos e papéis de crédito, havendo fundado receio de depreciação;*
>
> *IV – de ações de sociedade quando, reclamada a integralização, não dispuser a herança de dinheiro para o pagamento;*
>
> *V – de bens imóveis:*
>
> *a) se ameaçarem ruína, não convindo a reparação;*
>
> *b) se estiverem hipotecados e vencer-se a dívida, não havendo dinheiro para o pagamento.*
>
> *§ 1º Não se procederá, entretanto, à venda se a Fazenda Pública ou o habilitando adiantar a importância para as despesas.*
>
> *§ 2º Os bens com valor de afeição, como retratos, objetos de uso pessoal, livros e obras de arte, só serão alienados depois de declarada a vacância da herança.*

Evidentemente, o juiz somente poderá atuar de ofício se os bens depositados já estiverem sob o crivo do magistrado em decorrência de algum procedimento anteriormente instaurado.

Em se tratando de bens de órfãos, interditos ou de crianças ou adolescentes, a alienação somente terá sentido se houver outros requisitos, como, por exemplo, fácil deterioração, avarias, despesas excessivas ou necessidade de se arrecadar dinheiro para algum interesse imperioso do proprietário do bem. Nesse caso, deverá ser ouvido previamente o Ministério Público.

Achando-se a coisa depositada em juízo (salvo na questão de penhora), o juiz também poderá determinar a venda judicial de ofício ou por provocação do interessado, desde que haja fundamento fático ou jurídico suficiente para deferir a alienação.

Tratando-se de semovente, por exemplo, pode o juiz determinar sua alienação, salvo se um dos interessados obrigar-se a satisfazer ou garantir as despesas de conservação. Essa assunção de obrigação pode ser de qualquer interessado ou do próprio depositário.

A alienação judicial será realizada observando-se o disposto na Seção I deste Capítulo e, no que couber, o disposto nos arts. 879 a 903. Desta forma, o juiz deverá, em tese, seguir o seguinte rol procedimental:

a) o procedimento terá início por provocação do interessado, do Ministério Público ou da Defensoria Pública, do depositário, ou, ainda, de ofício pelo juiz;
b) o juiz não é obrigado a observar critério de legalidade estrita, podendo adotar em cada caso a solução que considerar mais conveniente ou oportuna;
c) o juiz deverá ouvir todos os interessados na alienação no prazo de dez dias, bem como o Ministério Público nas hipóteses em que deva intervir. Também deverá ser ouvida a Fazenda Pública nos casos em que tiver interesse;
d) o juiz deverá decidir o pedido no prazo de quinze dias;
e) a alienação será feita mediante prévia avaliação;
f) a venda será por iniciativa particular ou em leilão judicial, podendo este ser eletrônico ou presencial;
g) o bem poderá ser adjudicado por um dos interessados pelo preço da avaliação;
h) havendo mais de um interessado, o juiz deverá promover a licitação entre eles;
i) o juiz fixará o prazo em que a alienação deve ser efetivada, a forma de publicidade, o preço mínimo, as condições de pagamento e as garantias, bem como, se for o caso, a comissão de corretagem;
j) a alienação será formalizada por termo nos autos, com a assinatura do juiz e do adquirente;
k) em se tratando de bem imóvel, será expedida carta de alienação e o mandado de imissão de posse; em se tratando de bem móvel, ordem de entrega ao adquirente;
l) ressalvados os casos de alienação a cargo de corretores de bolsa de valores, todos os demais bens serão alienados em leilão público;
m) o leilão será precedido de edital que conterá, no que couber, os requisitos do art. 886 do atual C.P.C.;
n) o leiloeiro oficial designado adotará providências para a ampla divulgação da alienação;
o) a publicação do edital deverá ocorrer pelo menos cinco dias antes da data marcada para o leilão;

p) a publicação do edital deverá ocorrer em sítio eletrônico, se possível, ou será afixado em local de costume e publicado, em resumo, pelo menos uma vez em jornal de ampla circulação local;
q) quando o valor dos bens não exceder a sessenta vezes o valor do salário mínimo vigente na data da avaliação, a publicação do edital será feita apenas no sítio eletrônico e no órgão oficial, sem prejuízo de afixação do edital em local de costume;
r) os editais de leilão de imóveis e de veículos automotores serão publicados pela imprensa ou por outros meios de divulgação preferencialmente na seção ou no local reservados à publicidade de negócios respectivos;
s) serão cientificados da alienação judicial, com pelo menos cinco dias de antecedência, todos os interessados;
t) podem oferecer lanço todos aqueles que estiverem na livre administração de seus bens, exceto aqueles previstos no art. 890 do atual C.P.C.;
u) os bens serão vendidos pelo preço mínimo fixado no edital, o qual é o valor da avaliação, podendo o juiz permitir a arrematação por preço inferior, desde que não vil, quando se tratar de pagamento de despesas processuais. Considera-se preço vil aquele inferior a cinquenta por cento da avaliação, salvo se outro for o preço mínimo fixado pelo juiz para a alienação do imóvel. Em se tratando de bens de menores, quando o leilão não alcançar pelo menos oitenta por cento do valor da avaliação, o juiz confiará o bem à guarda e à administração de depositário idôneo, adiando a alienação por prazo não superior a um ano;
v) se o leilão for de diversos bens e houver mais de um lançador, terá preferência aquele que se propuser a arrematá-los englobadamente;
w) incumbe ao leiloeiro, no que couber, observar o disposto no art. 884 do atual C.P.C.;
x) tratando de pedido incidental a processo já em andamento, da decisão que deferir ou indeferir o pedido de alienação caberá agravo (art. 1.015, inc. II, do novo C.P.C.) de instrumento. Se se tratar de pedido autônomo, da sentença caberá apelação.

Não obstante o art. 730 do atual C.P.C. fale em leilão, nada impede que o juiz determine a venda direta, desde que todos os interessados sejam capazes e aprovem esta modalidade de alienação pelo preço da avaliação. Por isso, a alienação por leilão não é uma regra imperativa para os procedimentos não contenciosos ou de jurisdição voluntária, podendo ela ceder diante de outros critérios.

Outro aspecto importante, é que os editais deverão ser efetivamente publicados em locais de ampla publicidade e circulação, pois muitas vezes essas publicações ficam restritas a determinados setores, pondo em risco a persecução de um melhor preço para a aquisição do bem.

Em regra geral, o leilão judicial é obrigatório. Contudo, em se tratando de procedimento não contencioso ou de jurisdição voluntária a venda será por leilão ou por meio regular que o juiz julgue mais conveniente ou oportuno.[37] Assim, *"se a experiência judicial diária mostra que a venda judicial através de leilão é, muitas vezes ou quase sempre, ruinosa, embora a tenha mantido o legislador como meio tradicional a observar no procedimento contencioso, nada justifica que seja também sempre obrigatória no procedimento de jurisdição voluntária, porque nesta foi expressamente dispensado o juiz de seguir o princípio da legalidade estrita e lhe foi atribuído o poder de adotar, em cada caso, solução mais consentânea com a tutela jurisdicional na Administração Pública dos interesses privados"*.[38]

Da mesma forma, mesmo em se tratando de imóvel pertencente a incapaz, se o juiz verificar que a venda direta é tão ou mais vantajosa que a venda por leilão público, poderá o juiz, ouvido o Ministério Público, autorizar a alienação nas hipóteses legais. Conforme bem afirma José Olympio de Castro Filho: *"Não vale, agora, argumentar com a disposição do art. 429 do Código Civil de 1916, segundo o qual, 'os imóveis pertencentes aos menores só podem ser vendidos quando houver manifesta vantagem, e sempre em hasta pública'. Tal norma, como se sabe, mesmo no direito anterior, tamanho sempre foi o horror à ineficiência da venda judicial em hasta pública, já levara a melhor doutrina e a mais repetida jurisprudência ao entendimento de que só se deveria aplicar aos bens de menores sob tutela, para se admitir a venda por iniciativa particular de bens de menores sob pátrio poder"*.[39]

A alienação judicial pode ser feita por leilão, hasta pública, ou também por concorrência pública, ou administrativa, promovida pelo juízo, ou consentida por este a corretor ou firma corretora idônea especializada, na qual aquele ou estes haverão de anunciar a alienação desejada, procurar os interessados, destes receber propostas, fechadas ou lacradas, a serem abertas na presença do juiz, aceitando este a que reputar mais vantajosa, ou rejeitando todas.[40]

É bem verdade que Pontes de Miranda apenas concebe a venda de imóveis de menores ou incapazes por meio de leilão público.

É importante salientar que na hipótese de venda de bem gravado com cláusula de inalienabilidade, ou, ainda, de venda de bens de menores ou incapazes para o pagamento de despesas processuais, o valor apurado, na primeira hipó-

[37] Castro Filho, J. O. idem, p. 77.
[38] Castro Filho, J., O, idem, p. 78.
[39] Castro Filho, J. O. idem, p. 78 e 79.
[40] Castro Filho, J., O. idem, p. 82.

tese, ou o saldo remanescente, na segunda, ficará sub-rogado nele os ônus ou a responsabilidade a que estiverem sujeitos os bens. Por isso mesmo é que o preço ou o produto da alienação deve ser depositado, não se permitindo o seu levantamento de imediato, sem antes se verificar a questão da sub-rogação real.

SEÇÃO IV – Do Divórcio e da Separação Consensuais, da Extinção Consensual de União Estável e da Alteração do Regime de Bens do Matrimônio

Art. 731

A homologação do divórcio ou da separação consensuais, observados os requisitos legais, poderá ser requerida em petição assinada por ambos os cônjuges, da qual constarão:

I – as disposições relativas à descrição e à partilha dos bens comuns;

II – as disposições relativas à pensão alimentícia entre os cônjuges;

III – o acordo relativo à guarda dos filhos incapazes e ao regime de visitas; e

IV – o valor da contribuição para criar e educar os filhos.

Parágrafo único. Se os cônjuges não acordarem sobre a partilha dos bens, far-se-á esta depois de homologado o divórcio, na forma estabelecida nos arts. 647 a 658.

Da extinção e modificação das relações sociais e conjugais

O direito brasileiro, anteriormente à Lei 6.515 de 26 de dezembro de 1977, conhecia apenas o instituto denominado de *desquite por mútuo consentimento ou litigioso*, expressão esta que designava a dissolução da sociedade conjugal, conservando-se, contudo, o vínculo (*foedus matrimonii*), correspondente ao divórcio canônico, que se superpusera, no tempo, ao divórcio romano.[41]

Portanto, antes da Lei 6.515/77 não existia em nosso ordenamento jurídico a possibilidade de dissolução da sociedade conjugal pelo divórcio.

Por isso, a redação original do art. 1.120 do C.P.C. de 1973 era nos seguintes termos: *O desquite por mútuo consentimento será requerido em petição assinada por ambos os cônjuges"*.

[41] PONTES DE MIRANDA. *Comentário ao código de processo civil.* Tomo XVI. Rio de Janeiro, 1977. p. 111.

E o motivo de não se permitir o divórcio, quando da entrada em vigor do C.P.C. de 1973, decorre do que dispunha o art. 175, § 1º da Emenda Constitucional n. 1 de 1969:

> *"Art. 175. A família é constituída pelo casamento e terá direito à proteção dos Poderes Públicos:*
> *§1º. O casamento é indissolúvel".*

Posteriormente, com a redação dada pela Emenda Constitucional n. 9, de 1977, o referido §1º do art. 175 da Constituição Federal de 1969 passou a ter a seguinte redação:

> *"§1º O casamento somente poderá ser dissolvido, nos casos expressos em lei, desde que haja prévia separação judicial por mais de três anos.*

Com a possibilidade de dissolução do casamento expressamente prevista no texto Constitucional, promulgou-se a Lei 6.515 de 26 de dezembro de 1977, permitindo-se tanto a separação judicial consensual ou litigiosa quanto o próprio divórcio após a existência de separação por mais de três anos.

Estabelecem os arts. 1º e 2º da Lei 6.515/77:

> *"Art. 1º. A separação judicial, a dissolução do casamento, ou a cessação de seus efeitos civis, de que trata a Emenda Constitucional n. 9, de 28 de junho de 1977, ocorrerão nos casos e segundo a forma que esta Lei regula.*
> *Art. 2º. A Sociedade Conjugal termina:*
> *I – pela morte de um dos cônjuges;*
> *II – pela nulidade ou anulação do casamento;*
> *III – pela separação judicial;*
> *IV – pelo divórcio.*
> *Parágrafo único. O casamento válido somente se dissolve pela morte de um dos cônjuges ou pelo divórcio".*

Idêntica regra encontra-se no art. 1.571 do atual C.c.b.

A separação judicial, nos termos do art. 3º da Lei 6.515/77, teria por finalidade por termo aos deveres de coabitação, fidelidade recíproca e ao regime matrimonial de bens, como se o casamento fosse dissolvido.

O divórcio, por sua vez, colocaria termo ao casamento e aos efeitos civis do matrimônio religioso (art. 24 da Lei 6.515/77).

A Constituição Federal de 1988, na redação originária do art. 225, §6º, estabelecia que o casamento civil poderia ser dissolvido pelo divórcio, após prévia separação judicial por mais de um ano nos casos expressos em lei, ou comprovada separação de fato por mais de dois anos.

Assim, a Constituição Federal brasileira, quando de sua promulgação, manteve os institutos da separação judicial consensual ou litigiosa, assim como o divórcio.

Contudo, recentemente, em razão da Emenda Constitucional n. 66 de 2010, o §6º do art. 226 da C.F. passou a ter a seguinte redação: *"O casamento civil pode ser dissolvido pelo divórcio"*.

Observa-se, portanto, que a partir da Emenda Constitucional n. 66/2010, o ordenamento jurídico não mais prevê a separação judicial como pressuposto necessário ao divórcio, uma vez que a dissolução poderá ser requerida de imediato e diretamente pelo instituto do divórcio.

Portanto, com a publicação da Emenda Constitucional n. 66, os casais que desejarem se divorciar podem fazê-lo sem a necessidade de separação prévia.

Não há mais prazo obrigatório para se ingressar com o pedido de divórcio.

Atualmente, a sociedade conjugal termina: a) pela morte de um dos cônjuges; b) pela nulidade ou anulação do casamento; c) pelo divórcio.

Como não mais existe a separação judicial como pressuposto do divórcio, em razão da Emenda Constitucional n. 66/10, os eventuais processos jurisdicionais que foram instaurados para efeito de se pretender a separação judicial, passaram automaticamente a ser regidos pela nova ordem jurídica, transformando-se em divórcio. No caso, a mudança alcança os processos judiciais em andamento.

O projeto originário do novo C.P.C., n. 2.046/10, não inseriu neste Capítulo a *separação consensual*, fazendo menção apenas ao *divórcio consensual*.

O novo C.P.C., ao contrário do projeto originário, fez constar nesta Seção a *Separação Consensual*, não como forma de extinção do casamento civil, pois tal pretensão somente é possível pelo divórcio, mas a separação judicial como forma de separação dos cônjuges da convivência mútua.

Talvez a regulamentação processual da *separação consensual* possibilite que os cônjuges mantenham a coabitação juridicamente suspensa, até para que possam avaliar melhor sua relação e se estão realmente conscientes da realização do divórcio, evitando-se com isso a concretização do divórcio de forma insegura.

É importante salientar que Súmula editada pelo 3º Grupo Cível do TJRS – originada em três processos com objetivos semelhantes – mantém a viabilidade do processo judicial de separação, não eliminando tal procedimento do Código Civil.

O relator, Desembargador Luiz Felipe Brasil Santos, assim asseverou *"ocorre que, notoriamente, o instituto do divórcio possui efeitos muito mais contundentes do que o da separação judicial, pois rompe o vínculo matrimonial, enquanto esta última desfaz apenas a sociedade conjugal. Logo, não se mostra coerente exigir mais para o menos e menos para o mais"*.

Assim, há a preservação do instituto da separação judicial consensual no ordenamento jurídico, dispensados, contudo, os requisitos temporais.

O divórcio poderá ser *consensual* ou *litigioso*.

O divórcio litigioso, conforme estabelece o art. 34 da Lei 6.515/77, deverá seguir o procedimento ordinário (procedimento comum).

Já o divórcio consensual deverá observar os artigos 731 a 734 do atual C.P.C.

Estabelece o *art. 731* do atual C.P.C. que: *a homologação do divórcio ou da separação consensuais, observados os requisitos legais, poderá ser requerida em petição assinada por ambos os cônjuges, da qual constarão: I – as disposições relativas à descrição e à partilha dos bens comuns; II – as disposições relativas à pensão alimentícia entre os cônjuges; III – o acordo relativo à guarda dos filhos incapazes e ao regime de visitas; e IV – o valor da contribuição para criar e educar os filhos.*

No divórcio ou na separação consensual, o único motivo que justifica a sua homologação é justamente o consentimento de ambos os cônjuges.

O art. 40 da Lei 6.515, com a redação dada pela Lei 7.841/89, estabelecia que no caso de separação de fato, e desde que completados 2 (dois) anos consecutivos, poderia ser promovida a ação de divórcio, na qual deveria ser comprovado decurso do tempo da separação.

Já o art. 1.572, §1º, do atual C.c.b. preconizava que a separação judicial poderia ser pedida se um dos cônjuges provasse ruptura da vida em comum há mais de um ano e a impossibilidade de sua reconstituição. Da mesma forma, o art. 1.574 do atual C.c.b. estabelecia que a separação judicial por mútuo consentimento poderia ser requerida se os cônjuges fossem casados por mais de um ano.

Contudo, com a entrada em vigor da Emenda Constitucional n. 66 de 2010, não há mais prazo mínimo para que os cônjuges possam requerer o divórcio ou a separação consensual. Assim, os cônjuges poderão requerer o divórcio ou a separação consensual e mesmo o divórcio litigioso a qualquer tempo.

O procedimento judicial de divórcio ou separação judicial consensual deverá ser instaurado por petição assinada por ambos os cônjuges, sendo que, no caso de incapacidade, o cônjuge será representado por curador, ascendente ou irmão, nos termos do §1º do art. 3º da Lei 6.515/77.

No que concerne ao divórcio litigioso, o motivo, causa ou fundamento será a imputação a um dos cônjuges de qualquer ato que importe grave violação dos deveres do casamento e torne insuportável a vida em comum, conforme estabelece o art. 1.572, do atual C.c.b.

O Cônjuge pode ainda requerer o divórcio quando o outro estiver acometido de grave doença mental, manifestada após o casamento, que torne impossível a continuação da vida em comum, desde que, após uma duração de dois anos, a enfermidade tenha sido reconhecida de cura improvável (§2º do art. 1.572 do atual C.c.b.).

O artigo 731 do atual C.P.C. trata dos requisitos da petição inicial do divórcio ou separação consensual, devendo ser observados também, no que couber, aqueles previstos no art. 319 do atual C.P.C.

Portanto, o art. 731 do atual C.P.C. não trata de todos os requisitos necessários da petição inicial do divórcio ou separação consensual.

Além dos requisitos estabelecidos no art. 731 do atual C.P.C., deve a petição inicial indicar o juízo competente, que, nos termos do art. 53, inc.I, do atual C.P.C., será o do domicílio do guardião de filho incapaz, para a ação de divórcio, separação, anulação de casamento, reconhecimento ou dissolução de união estável; caso não haja filho incapaz, a competência será do foro do último domicílio do casal; se nenhuma das partes residir no antigo domicílio do casal, será competente o foro de domicílio do réu.

Deve constar da inicial o nome, prenome, estado civil, profissão, domicílio e residência dos cônjuges. Deve constar, ainda, a causa de pedir próxima e remota (não é necessário descrever a causa ou o motivo da separação em si) e também o pedido, ou seja, a pretensão de homologação do divórcio e, se for o caso, também a partilha dos bens do casal. Deverá, ainda ser, indicado o valor da causa. Deverá igualmente ser indicado na petição inicial se a mulher continuará usando o nome de casada ou se voltará a utilizar o nome de quando era solteira.

Por isso, deve acompanhar a petição inicial certidão de casamento, certidão de nascimento dos filhos e documento comprobatório dos bens que poderão vir a ser partilhados. Deverá ser juntado, se houver, o pacto antenupcial.

É importante salientar que a petição, além de ser assinada pelo advogado ou advogados dos cônjuges, também deverá ser assinada por ambos os cônjuges.

Se os cônjuges não puderem ou não souberem assinar, é lícito que outrem o faça a rogo deles. As assinaturas, quando não lançadas na presença do juiz, deverão ser reconhecidas por tabelião. (Art. 34, §3º e 4º da Lei 6.515/77).

Dentre os efeitos do divórcio encontra-se a dissolução da sociedade conjugal e, portanto, do regime de bens que com esta foi estabelecido. Por isso, a petição inicial deverá conter as disposições relativas à descrição e à partilha dos bens comuns, pois os bens pertencentes a cada cônjuge não entram na partilha.

Deverá conter também a descrição das dívidas do casal. Contudo, se por qualquer motivo não for possível a partilha de imediato dos bens, esta ficará para uma segunda fase, após a homologação do divórcio. O certo é que, em que pese a partilha possa ser postergada, a inicial deverá no mínimo descrever os bens do casal, até para que se possa ter segurança quanto aos bens que efetivamente serão futuramente partilhados, resguardando assim os interesses de terceiros. Já para José Olympio de Castro Filho, a descrição dos bens não é indispensável e muito menos justifica a nulidade do acordo pela inobservância desse requisito.[42] Deve-se concordar que muito embora seja necessária a descrição dos bens, a falta de tal requisito caracterizará nulidade relativa e não absoluta.

Também deverá constar as disposições relativas à pensão alimentícia entre os cônjuges, se houver necessidade de pensão. A pensão poderá ser favorável tanto à mulher como ao homem.

O art. 1.707 do C.c.b. estabelece que pode o credor não exercer seu direito aos alimentos, porém lhe é vedado renunciar ao direito a alimentos.

Contudo, conforme vem entendendo o Superior Tribunal de Justiça, após a homologação do divórcio não poderá o ex-cônjuge pleitear alimentos se deles desistiu expressamente por ocasião do acordo de separação ou divórcio consensual. Entendeu o S.T.J. que não se aplica o art. 1.707 do C.c.b., na medida em que a impossibilidade de renúncia do direito à percepção de alimentos está fundada nas relações de parentesco (*iure sanguinis*), o que não ocorre em caso de controvérsia envolvendo ex-marido e mulher. Nesse sentido, eis os seguintes precedentes:

> *(...).*
>
> *3. Consoante entendimento pacificado desta Corte, após a homologação do divórcio, não pode o ex-cônjuge pleitear alimentos se deles desistiu expressamente por ocasião do acordo de separação consensual. Precedentes da 2ª Seção.*
>
> *4. Agravo regimental a que se nega provimento.*
>
> (AgRg no Ag 1044922/SP, Rel. Ministro RAUL ARAÚJO, QUARTA TURMA, julgado em 22/06/2010, DJe 02/08/2010)

> *Direito civil e processual civil. Família. Recurso especial.*
>
> *Separação judicial. Acordo homologado. Cláusula de renúncia a alimentos. Posterior ajuizamento de ação de alimentos por ex-cônjuge. Carência de ação. Ilegitimidade ativa.*

[42] Castro Filho, José Olympio. *Comentário ao código de processo civil.* X Vol. Rio de Janeiro: Forense, 1988. p. 104.

– A cláusula de renúncia a alimentos, constante em acordo de separação devidamente homologado, é válida e eficaz, não permitindo ao ex-cônjuge que renunciou, a pretensão de ser pensionado ou voltar a pleitear o encargo.

– Deve ser reconhecida a carência da ação, por ilegitimidade ativa do ex-cônjuge para postular em juízo o que anteriormente renunciara expressamente.

Recurso especial conhecido e provido.

(REsp 701902/SP, Rel. Ministra NANCY ANDRIGHI, TERCEIRA TURMA, julgado em 15/09/2005, DJ 03/10/2005, p. 249)

Recentemente o S.T.J. sintetizou o seu pensamento no sítio: http://www.stj.jus.br/portal_stj/publicacao/engine.wsp?tmp.area=398&tmp.texto=106988&utm_source=agencia&utm_medium=email&utm_campaign=pushsco:

"Alimentos entre ex-cônjuges: para o STJ, excepcionais e temporários.

A emancipação da mulher pode ser considerada uma das maiores conquistas sociais dos últimos tempos. A Constituição de 1988 trouxe para a prestação de alimentos entre cônjuges e companheiros o reflexo da nova sociedade, em que a mulher ganhou isonomia de tratamento e maior espaço para sua independência financeira. Antes confinada às tarefas domésticas, a mulher passou a exercer, com liberdade e independência, papéis-chave na sociedade.

O artigo 1.694 do Código Civil de 2002 estabelece a obrigação recíproca (podendo recair tanto sobre homens quanto sobre mulheres), observando-se para sua fixação a proporção das necessidades daquele que pede e dos recursos do que é obrigado – o chamado binômio necessidade-possibilidade. A jurisprudência do Superior Tribunal de Justiça (STJ) tem dado atenção à questão dos alimentos para ex-cônjuges, considerando a obrigação uma exceção à regra, incidente apenas quando configurada a dependência do outro ou a carência de assistência alheia.

Quando ainda era outra a sociedade brasileira, a legislação assegurava alimentos em qualquer circunstância. A pensão alimentar aparecia obrigatoriamente nos processos de desquite e, depois de 1977, nas separações e divórcios. No processo, buscava-se até mesmo o responsável pelo fracasso do casamento. E isso era determinante na fixação do valor dos alimentos.

"A mulher da atualidade não é mais preparada culturalmente apenas para servir ao casamento e aos filhos, mas tem consciência de que precisa concorrer no mercado de trabalho e contribuir para a manutenção material da família." A análise é do advogado e professor de direito de família Rolf Madaleno. Diretor nacional do Instituto Brasileiro de Direito de Família (IBDFAM), ele afirma que doutrina e jurisprudência vêm construindo entendimento de que os alimentos entre cônjuges são cada vez mais raros.

No STJ, muitos precedentes são claros ao definir que os alimentos devidos entre ex-cônjuges serão fixados por tempo certo, a depender das circunstâncias fáticas próprias da hipótese sob discussão.

Em 2008, a Terceira Turma consolidou a tese de que, "detendo o ex-cônjuge alimentando plenas condições de inserção no mercado de trabalho, como também já exercendo atividade laboral, quanto mais se esse labor é potencialmente apto a mantê-lo com o mesmo status *social que anteriormente gozava ou, ainda, alavancá-lo a patamares superiores, deve ser o alimentante exonerado da obrigação" (REsp 933.355).*

Prazo certo

O raciocínio dos julgadores do STJ é o da efetiva necessidade e conspira contra aqueles que, mesmo exercendo ou tendo condições de exercer atividade remunerada, insistem em manter vínculo financeiro em relação ao ex-cônjuge, por este ter condição econômica superior à sua.

Ao julgar um recurso oriundo do Rio de Janeiro, em 2011, a Terceira Turma reafirmou que o prazo fixado para o pagamento dos alimentos deve assegurar ao cônjuge alimentando tempo hábil para sua inserção, recolocação ou progressão no mercado de trabalho, que lhe possibilite manter pelas próprias forças status *social similar ao período do relacionamento (REsp 1.205.408).*

No STJ, o recurso era do ex-marido. Ele queria a exoneração da obrigação de pagar quatro salários mínimos à ex-mulher, que já se prolongava por dez anos. Para tanto, argumentou que passou a viver nova união, em que foi gerada uma filha com necessidade de cuidados especiais (síndrome de Down), o que lhe exigia maior capacidade financeira. Disse, também, que a ex-mulher era arquiteta autônoma e que não precisaria do recebimento de pensão para sobreviver.

Necessidade-possibilidade

Ao avaliar o caso, a ministra Nancy Andrighi reconheceu a possibilidade de os valores dos alimentos serem alterados, ou a obrigação extinta, ainda que não houvesse mudança na situação econômica dos ex-cônjuges. Não sendo os alimentos fixados por determinado prazo, o pedido de desoneração, total ou parcial, poderá dispensar a existência da variação necessidade-possibilidade, quando demonstrado o pagamento de pensão por período suficiente para que o alimentando reverta a condição desfavorável que detinha, no momento da fixação desses alimentos.

Trata-se, portanto, de alimentos temporários. Para a ministra, o alimentando não pode quedar-se inerte e deixar ao alimentante a obrigação eterna de sustentá-lo. "Decorrido esse tempo razoável, fenece para o alimentando o direito de continuar recebendo alimentos, pois lhe foram asseguradas as condições materiais e o tempo necessário para o seu desenvolvimento pessoal, não se podendo albergar, sob o manto da Justiça, a inércia laboral de uns, em detrimento da sobrecarga de outros", advertiu a ministra. A Turma decidiu desonerar o ex-cônjuge da obrigação e condenou a ex-mulher ao pagamento de custas e honorários.

Obrigação perene

No mesmo julgamento, a ministra Andrighi, advertiu, no entanto, que a obrigação é perene quando a incapacidade para o trabalho for permanente ou quando se verificar a impossibilidade prática de inserção no mercado de trabalho. Aí incluídas as hipótese de doença própria ou quando, em decorrência de cuidados especiais que algum dependente comum sob sua guarda apresente, a pessoa se veja impossibilitada de trabalhar.

Tempo hábil

Naquela sessão, processo similar foi decidido com base no mesmo entendimento, a fim de exonerar ex-marido de pensão paga por mais de dez anos. Ele sustentava que tinha se casado novamente e que assumira a guarda do filho em comum. Disse que a ex-mulher trabalhava como funcionária pública, com renda média de R$ 3 mil. Na sentença, o pedido foi negado. A segunda instância também entendeu que não houve variação negativa na condição econômica do ex-marido e negou o recurso.

'Não se evidencia a existência de uma das exceções à regra da temporalidade dos alimentos devidos a ex-cônjuge, que são a impossibilidade prática de inserção no mercado de trabalho ou a incapacidade física ou mental para o exercício de atividades laborais', afirmou a ministra Andrighi. A Turma concluiu que a ex-esposa teve 'tempo hábil para que melhorasse sua condição socioeconômica' e atendeu ao recurso do ex-marido (REsp 1.188.399).

Para o professor Rolf Madaleno, é difícil imaginar que uma pessoa vá enriquecer recebendo apenas uma pequena percentagem daquilo que o outro precisa na íntegra para sua subsistência (em geral, de 15% a 20%). "No entanto, o enriquecimento sem causa está presente quando efetivamente a pessoa que ganha pensão alimentícia já está trabalhando ou formou novo relacionamento e ainda assim segue percebendo os alimentos", explica.

Exoneração

Nesses casos, deve ser proposta ação de exoneração de alimentos. A Terceira Turma também já enfrentou o tema e definiu que a sentença que extingue a obrigação não retroage à data da citação. O caso, de Minas Gerais, foi julgado em 2008. O relator, ministro Sidnei Beneti, entendeu que efeitos da ação de exoneração de alimentos apenas têm incidência a partir do trânsito em julgado da decisão (REsp 886.537).

A decisão favoreceu a ex-mulher, que pediu judicialmente o pagamento de alimentos atrasados, no total de R$ 5 mil. O ex-marido opôs embargos à execução alegando que, como ele estava desempregado e não recebia mais salário, não poderia pagar a pensão. Além disso, argumentou que, em agosto de 1998, ingressou com ação de exoneração de alimentos e o pedido foi julgado procedente, desobrigando-o do pagamento. O tribunal estadual deu razão ao ex-marido, mas ela recorreu ao STJ.

Segundo o relator, no caso da ação de exoneração não houve notícia de liminar ou antecipação de tutela que liberasse o ex-marido do dever de pagar as prestações de pensão alimentícia.

Em diversos precedentes, o STJ também definiu que a desoneração da obrigação de alimentos não pode ser pedida por meio de habeas corpus, mas em ação própria. "A obrigação alimentar, sua redução ou desoneração não podem ser discutidas no âmbito do habeas corpus; só no juízo cível, mediante ação própria, é possível fazê-lo", afirmou o ministro Ari Pargendler no julgamento do RHC 21.514, em 2007. A falta de pagamentos de obrigação alimentar é causa de prisão civil do devedor.

Desaparecimento da necessidade

Em seu Curso de Direito de Família, *o professor Rolf Madaleno explica que a falta do exercício da ação de cobrança das prestações vencidas e não pagas não importa na automática exoneração do direito alimentar. O professor admite, no entanto, que o fato pode representar forte indicativo do desaparecimento da necessidade alimentar do credor. "Não é crível que possa o credor deixar de cobrar os alimentos essenciais à sua sobrevivência, devendo a discussão acerca da manutenção dos alimentos ser aferida em demanda específica de revisão ou de exoneração alimentar", diz ele.*

Em 2011, ao julgar o HC 187.202, a Terceira Turma afastou a possibilidade de prisão de um homem executado pela ex-mulher por dívidas de alimentos. A relatora, ministra Andrighi, constatou que o direito não foi exercitado ao longo de mais de 30 anos. "A necessidade não se mostra tão premente assim", concluiu.

Em 1987, o casal havia firmado acordo de partilha pelo qual a ex-mulher renunciaria aos alimentos com o pagamento de certa quantia, pelo ex-marido. No período de mais de 20 anos, houve vários pagamentos que alcançariam a quantia de R$ 1.660.900. Considerando que a obrigação do acordo não havia sido integralmente cumprida, a mulher ajuizou ação de cobrança de alimentos.

A ministra destacou que "não se pode deixar de considerar que a credora de alimentos, além de receber substanciais valores a título de cumprimento de acordo de partilha de bens e renúncia de alimentos", fez a cobrança da pensão alimentícia após mais de 30 anos de inércia. A relatora ainda ressaltou que a discussão sobre a manutenção dos alimentos não poderia ser feita em habeas corpus.

Benefícios indiretos

O artigo 1.708 do Código Civil de 2002 diz que "com o casamento, a união estável ou o concubinato do credor, cessa o dever de prestar alimentos". Seguindo essa norma, a Terceira Turma desobrigou um homem de pagar despesas de IPTU, água, luz e telefone de imóvel habitado pelos seus filhos e pela ex-mulher, que já vivia com novo companheiro (REsp 1.087.164).

Na origem, o ex-marido pediu a exoneração do pagamento de alimentos à ex-esposa. O Tribunal local atendeu ao pedido, mas manteve a obrigação de pagamento das despesas da casa. No STJ, o recurso atacou esse ponto. A ministra Andrighi ponderou que "a desoneração de alimentos prestados a ex-cônjuge, por força da constituição de novo relacionamento familiar da alimentada, abrange tanto os alimentos pagos em dinheiro como aqueles prestados diretamente, por meio de utilidades ou gêneros alimentícios".

Os ministros entenderam que a beneficiária principal dos pagamentos era a proprietária do imóvel, sendo o benefício aos filhos apenas reflexo. "Os benefícios reflexos que os filhos têm pelo pagamento dos referidos débitos da ex-cônjuge são absorvidos pela obrigação materna em relação à sua prole, que continua a existir, embora haja pagamento de alimentos pelo pai", afirmou a ministra, destacando que a obrigação de criar os filhos é conjunta.

Renúncia

Apesar de não constar expressamente em lei, está pacificado pela jurisprudência que os alimentos entre adultos (ex-cônjuges e ex-conviventes) são renunciáveis. O tema foi analisado em junho deste ano, quando a Terceira Turma, por maioria, definiu que não há direito à pensão alimentícia por parte de quem expressamente renunciou a ela em acordo de separação caracterizado pelo equilíbrio e pela razoabilidade da divisão patrimonial (REsp 1.143.762).

No caso, uma mulher que renunciou formalmente aos alimentos teve rejeitado na Justiça paulista o direito de produzir provas de que havia recebido do ex-marido R$ 50 mil por um período de dez meses após a separação, até que ele cessou o pagamento. Ela reivindicava a continuidade porque, a seu ver, ao assumir o encargo, mesmo diante da renúncia, o ex-cônjuge teria desistido da liberação acordada.

Contudo, o processo foi extinto, sem resolução de mérito, antes da fase de produção de provas. O juiz entendeu que, em razão de a mulher ter dispensado os alimentos, a interrupção do pagamento feito por liberalidade do ex-companheiro não lhe traria nenhum prejuízo.

No STJ, o entendimento que prevaleceu foi o do ministro Massami Uyeda, que divergiu da relatora, ministra Andrighi. Afora a força jurídica da renúncia, feita por escritura pública, os fatos demonstrariam que a ex-companheira teve motivos suficien-

tes para renunciar, pelo que recebeu na divisão patrimonial. E esses fatos – a renúncia e a razoabilidade do patrimônio recebido –, segundo Uyeda, tornavam dispensável o prosseguimento do processo, pois não poderiam vir a ser contestados.

Alimentos transitórios

Os chamados alimentos transitórios são largamente aplicados pela jurisprudência e recomendados pela doutrina, no sentido de assegurar a subsistência material por certo tempo e não mais, como era no passado, por tempo ilimitado. São cabíveis quando o alimentando for pessoa com idade, condições e formação profissional que lhe possibilitem a provável inserção (ou reinserção) no mercado de trabalho. A tese foi definida pela Terceira Turma no julgamento de outro recurso especial, analisado em 2010 (REsp 1.025.769).

De acordo com o professor Rolf Madaleno, é prática jurisprudencial fixá-los por um ou dois anos ou até a partilha dos bens. "Existem estudos ingleses comprovando que uma mulher que deixa o mercado de trabalho em função do casamento precisa de dez anos para voltar a receber aquilo que recebia ao deixar de trabalhar", conta.

O ministro Marco Buzzi, integrante da Quarta Turma do STJ, em seu livro Alimentos Transitórios: uma obrigação por tempo certo, *afirma que os alimentos são devidos apenas para que o alimentando tenha tempo de providenciar sua independência financeira. "Atualmente, não mais se justifica impor a uma das partes integrantes da comunhão desfeita a obrigação de sustentar a outra, de modo vitalício, quando aquela reúne condições para prover a sua própria manutenção", pondera o ministro Buzzi.*

A conclusão foi a mesma da ministra Andrighi. Ao atingir a autonomia financeira, "o ex-cônjuge se emancipará da tutela do alimentante – outrora provedor do lar –, que será então liberado da obrigação, a qual se extinguirá automaticamente".

O processo teve origem em Minas Gerais. O casamento durou cerca de 20 anos e, para embasar o pedido de alimentos, a ex-esposa alegava ter deixado seu emprego a pedido do marido, médico, que prometera proporcionar-lhe elevado padrão de vida. Considerando que a ex-mulher tinha 51 anos e era apta ao trabalho, a segunda instância definiu a pensão alimentícia pelo prazo de dois anos, contados do trânsito em julgado, sem adotar índice algum de atualização monetária. No STJ, ela pretendia afastar o prazo predeterminado da pensão mensal e instituir o reajuste das parcelas pelo salário mínimo.

Autossustento

A ministra relatora refletiu sobre a dificuldade do julgador de avaliar a real necessidade dos alimentos. Para ela, há um "fosso fático entre a lei e o contexto social", que exige do juiz a análise de todas as circunstâncias e peculiaridades no processo, para concluir pela capacidade ou não de autossustento daquele que pleiteia alimentos. "A reali-

dade social vivenciada pelo casal ao longo da união deve ser fator determinante para a fixação dos alimentos", afirmou.

A decisão estabeleceu também que, ao conceder alimentos, o julgador deve registrar expressamente o índice de atualização monetária dos valores. Diante da ausência dessa previsão no caso analisado, o STJ seguiu sua jurisprudência para fixar o valor em número de salários mínimos, convertidos pela data do acórdão.

Fazendo menção à boa-fé objetiva, a relatora afirmou que a fixação de alimentos conforme especificada pelo Tribunal de Justiça de Minas Gerais adota caráter motivador para que o alimentando busque efetiva recolocação profissional, e não permaneça indefinidamente à sombra do conforto material propiciado pelos alimentos prestados pelo ex-cônjuge, antes provedor do lar.

Alimentos compensatórios

O professor Madaleno destaca que a jurisprudência e a doutrina vêm construindo a figura jurídica dos alimentos compensatórios, cuja instituição é regulada em outros países e assegura alimentos para aquele cônjuge que trabalhe ou não, mas cujo padrão de vida pode sofrer brusca queda na comparação com o estilo de vida proporcionado durante o casamento pela maior remuneração do outro cônjuge.

De acordo com o jurista, sua aplicação tem maior escala de incidência, em especial, nos regime de separação de bens e notadamente quando a esposa se dedicou exclusivamente à família, não tendo renda própria ou tendo renda que é insuficiente para manter seu status *social. O STJ ainda não apreciou essa matéria.*

Contudo, em relação à pensão por morte, vem entendendo o próprio S.T.J.:

1. Consoante disposto na Súmula 336/STJ: a mulher que renunciou aos alimentos na separação judicial tem direito à pensão previdenciária por morte do ex-marido, comprovada a necessidade econômica superveniente.

2. O só fato de a recorrente ter-se divorciado do falecido e, à época, dispensado os alimentos, não a proíbe de requerer a pensão por morte, uma vez devidamente comprovada a necessidade (REsp. 472.742/RJ, Rel. Min. JOSÉ ARNALDO DA FONSECA, DJU 31.03.2003).

3. Agravo Regimental desprovido.

(AgRg no REsp 1015252/RS, Rel. Ministro NAPOLEÃO NUNES MAIA FILHO, QUINTA TURMA, julgado em 12/04/2011, DJe 25/04/2011).

Cessa o dever de prestar alimentos fixados no divórcio ou separação consensual, ocorrendo o casamento, a união estável ou o concubinato do credor (art. 1.708 do C.c.b.). Nesse sentido, eis o seguinte precedente do S.T.J.:

(...).

2 – Uma vez deferidos os alimentos provisionais para o sustento da autora durante a ação, a sua extinção de pleno direito em razão do seu casamento deve se dar sem efeito retroativo, sob pena de ofensa ao princípio da irrepetibilidade que informa os alimentos.

3 – Recurso conhecido em parte e, nessa parte, provimento para determinar que a exoneração do pagamento de alimentos pelo ex-companheiro à recorrente se dê a partir da data do casamento desta, sem efeito retroativo.

(REsp 763.780/RS, Rel. Ministro JORGE SCARTEZZINI, QUARTA TURMA, julgado em 07/11/2006, DJ 11/12/2006, p. 368)

Também cessará a obrigação se o cônjuge credor tiver procedimento indigno em relação ao devedor (p.u. do art. 1.708 do C.c.b.).

Haverá necessidade de se inserir na inicial o acordo relativo à guarda dos filhos menores e ao regime de visitas. Se for o caso, deverá constar a guarda compartilhada.

O juiz poderá observar, no que couber, o disposto no art. 34 da Lei 6.515/77.

Além da pensão acertada entre os cônjuges, também deverá constar na inicial o valor da contribuição para criar e educar os filhos.

Evidentemente, o juiz deverá verificar se a convenção preserva suficientemente os interesses dos filhos, e dependendo da situação em concreto, também os interesses dos cônjuges, podendo, se for o caso, deixar de homologar o divórcio ou separação consensual. É importante salientar que em relação aos filhos é vedada cláusula de renúncia aos alimentos. Aliás, conforme estabelece o art. 1.696 do C.c.b., o direito à prestação de alimentos é recíproco entre pais e filhos. Segundo preceitua o art. 1.701 do C.c.b., a pessoa obrigada a suprir alimentos poderá pensionar o alimentando, ou dar-lhe hospedagem e sustento, sem prejuízo do dever de prestar o necessário à sua educação, quando menor. Além do mais, para a manutenção dos filhos, os cônjuges separados judicialmente contribuirão na proporção de seus recursos (art. 1.703 do C.c.b.).

O procedimento de divórcio ou separação consensual deve correr em segredo de justiça, nos termos do art. 189, inc. II, do atual C.P.C.

É importante salientar que o disposto no art. 731 do atual C.P.C. também se aplica à dissolução de união estável consensual no que couber.

Sobre o reconhecimento da união estável, eis o teor da Lei 9.278/96:

Art. 1º É reconhecida como entidade familiar a convivência duradoura, pública e contínua, de um homem e uma mulher, estabelecida com objetivo de constituição de família.

Art. 2º São direitos e deveres iguais dos conviventes:

I – respeito e consideração mútuos;

II – assistência moral e material recíproca;

III – guarda, sustento e educação dos filhos comuns.

Art. 3º (VETADO)

Art. 4º (VETADO)

Art. 5º Os bens móveis e imóveis adquiridos por um ou por ambos os conviventes, na constância da união estável e a título oneroso, são considerados fruto do trabalho e da colaboração comum, passando a pertencer a ambos, em condomínio e em partes iguais, salvo estipulação contrária em contrato escrito.

§ 1º Cessa a presunção do ***caput*** *deste artigo se a aquisição patrimonial ocorrer com o produto de bens adquiridos anteriormente ao início da união.*

§ 2º A administração do patrimônio comum dos conviventes compete a ambos, salvo estipulação contrária em contrato escrito.

Art. 6º (VETADO)

Art. 7º Dissolvida a união estável por rescisão, a assistência material prevista nesta Lei será prestada por um dos conviventes ao que dela necessitar, a título de alimentos.

Parágrafo único. Dissolvida a união estável por morte de um dos conviventes, o sobrevivente terá direito real de habitação, enquanto viver ou não constituir nova união ou casamento, relativamente ao imóvel destinado à residência da família.

Art. 8º Os conviventes poderão, de comum acordo e a qualquer tempo, requerer a conversão da união estável em casamento, por requerimento ao Oficial do Registro Civil da Circunscrição de seu domicílio.

Art. 9º Toda a matéria relativa à união estável é de competência do juízo da Vara de Família, assegurado o segredo de justiça.

Assim, também a dissolução de união estável consensual deve seguir o rito de procedimento não contencioso, com a partilha de bens, pagamento de pensão alimentícia e guarda e manutenção dos filhos menores.

Quanto aos alimentos entre as pessoas que vivem em união estável, estabelece a Lei 8.971/94:

Art. 1º A companheira comprovada de um homem solteiro, separado judicialmente, divorciado ou viúvo, que com ele viva há mais de cinco anos, ou dele tenha prole, poderá valer-se do disposto na Lei nº 5.478, de 25 de julho de 1968, enquanto não constituir nova união e desde que prove a necessidade.

Parágrafo único. Igual direito e nas mesmas condições é reconhecido ao companheiro de mulher solteira, separada judicialmente, divorciada ou viúva.

Art. 2º As pessoas referidas no artigo anterior participarão da sucessão do(a) companheiro(a) nas seguintes condições:

I – o(a) companheiro(a) sobrevivente terá direito enquanto não constituir nova união, ao usufruto de quarta parte dos bens do de cujos, se houver filhos ou comuns;

II – o(a) companheiro(a) sobrevivente terá direito, enquanto não constituir nova união, ao usufruto da metade dos bens do de cujos, se não houver filhos, embora sobrevivam ascendentes;

III – na falta de descendentes e de ascendentes, o(a) companheiro(a) sobrevivente terá direito à totalidade da herança.

Art. 3º Quando os bens deixados pelo(a) autor(a) da herança resultarem de atividade em que haja colaboração do(a) companheiro, terá o sobrevivente direito à metade dos bens.

Art. 4º Esta lei entra em vigor na data de sua publicação.

Art. 5º Revogam-se as disposições em contrário

Sobre o tema, eis os seguintes precedentes do S.T.J.:

1. Não há omissão no acórdão que reconhece a legitimidade da autora para executar alimentos fixados em acordo de separação consensual, do qual ela é parte, ainda que o beneficiário seja maior e capaz.

2. Ausentes os vícios do art. 535 do CPC, não há falar em atribuição de efeitos infringentes para a alteração do julgado.

3. Embargos de declaração rejeitados.

(EDcl no REsp 1424513/PE, Rel. Ministra NANCY ANDRIGHI, TERCEIRA TURMA, julgado em 27/05/2014, DJe 09/06/2014)

(...).

2. Recurso especial em que se discute se a renúncia/cessão da meação pelo cônjuge varão em benefício de sua ex-mulher, tendo por contrapartida o usufruto vitalício sobre a totalidade dos bens partilháveis, pode ser considerada uma doação inoficiosa.

3. Da interpretação conjugada dos arts. 1.176, 1.576 e 1.721 do CC/16 (arts. 549, 1.789 e 1.846 do CC/02), se o testador possuir herdeiros necessários, não poderá deliberar sobre a denominada porção ou quota disponível, correspondente a 50% da herança. Em se tratando de doação, autoriza-se a liberalidade no limite da quota disponível. À doação que exceder essa porção disponível considera- se inoficiosa, sendo absolutamente nula.

4. O ato de disposição patrimonial representado pela renúncia/cessão gratuita da meação em favor da sua ex-mulher equipara-se à doação, considerando-se inoficiosa a parte que exceder a quota disponível.

5. O fato de a renúncia/cessão ter por contrapartida o usufruto vitalício sobre a totalidade dos bens partilháveis não prejudica essa equiparação. Não se pode analisar o ato sob a ótica dos efeitos produzidos na esfera jurídica do renunciante/cedente, mas à luz dos resultados gerados na esfera jurídica dos herdeiros necessários, que são as pessoas efetivamente tuteladas pelos arts. 1.176, 1.576 e 1.721 do CC/16 (arts. 549, 1.789 e 1.846 do CC/02). Nesse aspecto, o fato de o renunciante/cedente permanecer com o usufruto vitalício sobre a totalidade dos bens partilhados em nada altera o prejuízo causado aos herdeiros necessários que, de qualquer forma, se verão privados dos bens que deveriam compor a parte indisponível da herança.

6. Recurso especial a que se nega provimento.

(REsp 1217154/DF, Rel. Ministra NANCY ANDRIGHI, TERCEIRA TURMA, julgado em 15/05/2014, DJe 22/05/2014)

1. Ação de execução de alimentos, distribuída em 11/04/2011, da qual foi extraído o presente recurso especial, concluso ao Gabinete em 06/12/2013.

2. Discute-se a legitimidade ad causam da genitora para a execução de alimentos fixados, em favor do filho, no acordo realizado com o genitor, em processo de separação judicial.

3. O inciso III do art. 1.121 do CPC autoriza os requerentes de separação consensual – leia-se, divorcio – a indicar, na petição inicial, o valor que entendem devido para criar e educar os filhos, prevendo verdadeira hipótese de legitimação extraordinária dos pais quanto à fixação de alimentos aos seus descendentes, como exige o art. 6º do CPC.

4. Se a lei, ainda que excepcionalmente, admite que os pais transijam sobre os alimentos devidos aos filhos, em processo do qual sequer os alimentandos são parte, com maior razão deve ser-lhes permitido exercer a pretensão de fazer cumprir o que foi acordado, satisfazendo, como corolário do permissivo legal, o crédito alimentar estabelecido em beneficio dos descendentes.

5. No particular, a genitora, autora da ação de separação litigiosa, atuou como legitimada extraordinária, no que tange ao direito do descendente à verba alimentar para o custeio de sua educação. Nesse contexto, o simples fato de ela ser parte na relação jurídica controvertida, que deu origem ao direito então pleiteado, é circunstância capaz de autorizar a sua participação também neste processo de execução; aqui, como lá, agindo em nome próprio para defender interesse alheio.

6. Recurso especial conhecido e provido.

(REsp 1424513/PE, Rel. Ministra NANCY ANDRIGHI, TERCEIRA TURMA, julgado em 08/05/2014, DJe 16/05/2014)

1. É pressuposto da condição a subordinação do negócio jurídico a evento futuro e incerto.

2. A obrigação assumida pelo ex-marido, no acordo de separação consensual, de custear a diferença de preço entre o imóvel em que residia a família e outro imóvel a ser adquirido pela sua ex-mulher em cidade especificada no acordo não está subordinada a condição puramente potestativa.

3. A incerteza quanto ao objeto da obrigação não traduz arbítrio de uma das partes. Obrigação pecuniária ilíquida, cuja execução depende de prévia determinação do imóvel a ser adquirido, o qual, embora da escolha da credora, deve observar critério médio (nem o melhor e nem o pior imóvel da cidade de destino), compatível com a moradia em que residia anteriormente a família. Aplicação analógica dos critérios legais aplicáveis às obrigações de entrega de coisa incerta.

4. Recurso especial parcialmente provido.

(REsp 970.143/SC, Rel. Ministra MARIA ISABEL GALLOTTI, QUARTA TURMA, julgado em 15/02/2011, DJe 22/02/2011).

(...).

2. A jurisprudência desta Corte Superior é no sentido de que não há qualquer ilegalidade no acordo de separação consensual homologado judicialmente que prevê a manutenção de ex-cônjuge no plano de saúde do outro, uma vez que será deste o ônus decorrente do cumprimento do encargo, e não do órgão de assistência à saúde suplementar.

3. Este Sodalício já assentou ser uma obrigação alimentar a inclusão de alimentando em plano de saúde.

4. O cônjuge separado judicialmente ainda mantém o vínculo de matrimônio e, comumente, existe a relação de dependência, representada pelo percebimento de pensão alimentar, sendo lícito, portanto, ao ex-cônjuge figurar como dependente direto no plano de assistência à saúde. Existência de previsão em normas internas da entidade de assistência médica supletiva. Inocorrência de direito líquido e certo amparável pela via do mandado de segurança.

5. Agravo regimental a que se nega provimento.

(AgRg no RMS 17.240/ES, Rel. Ministro VASCO DELLA GIUSTINA (DESEMBARGADOR CONVOCADO DO TJ/RS), TERCEIRA TURMA, julgado em 01/06/2010, DJe 22/06/2010)

União estável. Dissolução. Interesse de agir. Partilha do patrimônio comum. Ajuste consensual.

1. A união estável autoriza os parceiros a procurar, amigavelmente, o Poder Judiciário para fazer a respectiva dissolução.

2. Recurso especial conhecido e provido, por maioria.

(REsp 178.262/DF, Rel. Ministro ANTÔNIO DE PÁDUA RIBEIRO, Rel. p/ Acórdão Ministro CARLOS ALBERTO MENEZES DIREITO, TERCEIRA TURMA, julgado em 19/05/2005, DJ 29/08/2005, p. 326).

1 – Reconhecida pela instância originária (ordinária) que ao deixar a mulher de usar o nome de casada ocorrerá manifesta distinção entre o seu nome de família e dos filhos havidos da união dissolvida, não tem força bastante o fundamento da maioridade da prole, invocado pelo acórdão para reformar a sentença, porquanto trata-se de requisito não contemplado pela lei de regência. Precedente da Quarta Turma – Resp 358.598-PR.

2 – Recurso especial conhecido em parte e, nesta extensão, provido.

(REsp 247.949/SP, Rel. Ministro FERNANDO GONÇALVES, QUARTA TURMA, julgado em 11/05/2004, DJ 31/05/2004, p. 312)

(...).

3. Impossibilidade de atribuição de eficácia de título executivo judicial à sentença sem assinatura juiz, homologando o acordo de separação consensual, por se tratar de ato inexistente.

4. Possibilidade, porém, de reconhecimento do acordo celebrado pelas partes em audiência, com a anuência do Ministério Público no respectivo termo, da eficácia de título executivo extrajudicial, na forma do art. 585, II, do CPC.

5. Recurso especial provido.

(REsp 858.270/MS, Rel. Ministro PAULO DE TARSO SANSEVERINO, TERCEIRA TURMA, julgado em 22/03/2011, DJe 28/03/2011)

Preceitua o *parágrafo único* do *731* do atual C.P.C. que *se os cônjuges não acordarem sobre a partilha dos bens, far-se-á esta depois de homologado o divórcio, na forma estabelecida nos arts. 647 a 658.*

Seja no divórcio litigioso quanto no divórcio ou separação consensual, a sentença que decreta o primeiro ou que homologa o segundo pode resolver de plano a partilha dos bens, conforme estabelecem os arts. 3º e 7º da Lei 6.515/77.

Contudo, conforme estabelece o p.u. do art. 731 do atual C.P.C., partilha dos bens não é um pressuposto para que o juiz possa homologar o divórcio ou a separação consensual.

Se não houver acordo entre os cônjuges sobre a partilha dos bens, esta poderá ser diferida para outro momento após a homologação do divórcio ou da separação consensual. Haverá a dissolução do casamento pelo divórcio, mas não haverá a dissolução da comunhão entre os bens.

Até que os cônjuges realizem a partilha, na forma estabelecida pelos arts. 647 a 658, a posse e propriedade dos bens permanecerão em comunhão.

Os arts. 647 a 658 tratam da partilha dos bens no processo de inventário.

Sobre o tema, eis os seguintes precedentes do S.T.J.:

1. O imóvel objeto de separação consensual devidamente homologada pela Vara de Família e Sucessões, cuja propriedade ficou a cargo da ex-esposa do executado, não pode ser objeto de penhora, ainda que o registro da partilha só tenha ocorrido em momento posterior ao ajuizamento da ação de execução. Precedentes.

2. Agravo Regimental improvido.

(AgRg no AREsp 159.917/SP, Rel. Ministro SIDNEI BENETI, TERCEIRA TURMA, julgado em 06/08/2013, DJe 30/08/2013)

1. A jurisprudência desta eg. Corte já se manifestou no sentido de considerar que não se caracteriza como ato de mera liberalidade ou simples promessa de doação, passível de revogação posterior, a doação feita pelos genitores aos seus filhos estabelecida como condição para a obtenção de acordo em separação judicial.

2. Agravo regimental a que se nega provimento.

(AgRg no REsp 883.232/MT, Rel. Ministro RAUL ARAÚJO, QUARTA TURMA, julgado em 19/02/2013, DJe 26/02/2013)

1. O nome atribuído à ação é irrelevante para a aferição da sua natureza jurídica. Precedentes.

2. Da análise da petição inicial, verifica-se que a pretensão da autora não era a de nulidade da partilha, mas sim a de que os bens e os valores dolosamente sonegados na partilha fossem corretamente divididos, haja vista terem sido adquiridos na constância do casamento, sem o conhecimento da agravada. Busca, na verdade, a recomposição do patrimônio pertencente ao casal antes da separação consensual para posterior sobrepartilha.

3. A pretensão a sobrepartilha de bens não se subordina ao prazo prescricional do art. 178, § 9º, I, c, mas ao disposto no art. 177 do Código Civil de 1916.

4. Na hipótese em exame, aplicando-se a norma de direito intertemporal prevista no art. 2.028 do Código Civil de 2002, tem-se que, quando entrou em vigor o referido código, já havia transcorrido mais da metade do prazo de 20 anos previsto no art. 177 do Código Civil de 1916. Desse modo, o prazo prescricional aplicável é mesmo o do referido dispositivo legal.

5. Agravo regimental a que se nega provimento.

(AgRg no Ag 740.560/SP, Rel. Ministro RAUL ARAÚJO, QUARTA TURMA, julgado em 22/06/2010, DJe 02/08/2010).

– O art. 1.121, §1º, do CPC remete os cônjuges ao procedimento de inventário e partilha, que seguirá o rito dos arts. 982 e ss. do CPC, com as adaptações que se fizerem necessárias. Não se trata, portanto, de apenas partilhar o patrimônio comum, mas, antes de tudo, de saber quais bens o compõem.

– Iniciado o inventário, torna-se desnecessário o ajuizamento de ação declaratória na qual buscam identificar os bens que se sub-rogaram nos herdados e não comunicáveis. Deve-se reconhecer a identidade de pedidos, de partes e de causa de pedir entre os dois processos.

– Cabe ao juiz do inventário indicar as questões de alta indagação que não podem ser resolvidas naquele processo.

– Havendo dúvida sobre as causas que levaram a parte a adotar comportamento contraditório no curso do processo, não se deve presumir a existência de má-fé. Recurso Especial parcialmente provido.

(REsp 960.885/RS, Rel. Ministra NANCY ANDRIGHI, TERCEIRA TURMA, julgado em 17/03/2009, DJe 08/06/2009)

Cônjuge que, nos autos de separação consensual, fica com a meação do outro no imóvel que servia de residência para o casal, assumindo o compromisso de pagar-lhe o preço; inadimplida a obrigação, não pode elidir a penhora que recaiu sobre o imóvel alegando tratar-se, nos termos da Lei nº 8.009, de 1990, de bem de família. Recurso especial não conhecido.

(REsp 419.430/SP, Rel. Ministro ARI PARGENDLER, TERCEIRA TURMA, julgado em 25/09/2006, DJ 04/12/2006, p. 294).

(...).

2 – Deveras, no acórdão hostilizado restou demonstrado que a ação ajuizada era a de sobrepartilha de bens sonegados, independentemente do nomen iuris atribuído à petição inicial, visto que pela análise da causa de pedir e do pedido ficou configurado que não houve vício na partilha, mas no comportamento do demandado que não levou à partilha todos os bens pertencentes ao casal, o que resultou no pleito de partilha adicional. Sendo assim, tendo em vista a natureza da ação proposta – de sobrepartilha – aplicou-se a prescrição vintenária.

3 – As decisões paradigmas, por sua vez, versaram sobre casos em que a ação proposta era, reconhecidamente, a anulatória de partilha em separação consensual, sendo que o prazo prescricional aplicado à espécie era o quadrienal. Cabe ressaltar que não houve discussão alguma nos paradigmas acerca da irrelevância do nome dado à ação, ou, mesmo, sobre a prescrição em ação de sobrepartilha de bens sonegados.

4 – Agravo Regimental desprovido.

(AgRg nos EREsp 509.300/SC, Rel. Ministro JORGE SCARTEZZINI, SEGUNDA SEÇÃO, julgado em 08/02/2006, DJ 22/02/2006, p. 134).

(...).

– Referência, no pedido, à anulação da partilha realizada, que deve, no entanto, ser compreendida como menção "à ineficácia do ato em relação à Massa Falida". Ao Juiz

é permitido conferir aos fatos narrados na inicial qualificação jurídica diversa da que lhe atribuiu o autor.

– Competência inequívoca do Juiz falimentar para processar e julgar a ação revocatória (arts. 7º, § 2º, e 56 da Lei de Falências).

– Não se tratando no caso de constrição judicial, mas de declaração de ineficácia de ato em relação à massa falida, impertinente é a invocação aos ditames da Lei n. 8.009/90.

– Sócio-gerente que, após a decretação da liquidação extrajudicial da empresa, dispõe de parte de seu patrimônio na partilha de bens realizada nos autos da separação judicial. Escopo e consciência de prejudicar credores. Incidência da Súmula n. 7-STJ.

Recursos especiais não conhecidos.

(REsp 151.305/SP, Rel. Ministro BARROS MONTEIRO, QUARTA TURMA, julgado em 18/10/2005, DJ 12/12/2005, p. 386).

1 – Segundo decidido pela Segunda Seção, o imóvel comum do casal, que não foi objeto da partilha, quando da separação consensual, na hipótese de uso exclusivo por um dos cônjuges, dá ao outro o direito de receber indenização, porquanto, neste caso, não subsiste mais a mancomunhão, mas, simplesmente, um condomínio, regido pelas normas que lhe são pertinentes e não pelo direito de família.

2 – No caso, entretanto, a controvérsia foi decidida com apoio na avença firmada entre as partes, no processo de separação consensual, não havendo – rigorosamente – identidade fática com as hipóteses colacionadas, até porque o óbito do autor da demanda trouxe para o pólo ativo da causa as filhas do casal, descortinando outro e diferente debate.

3 – Recurso especial não conhecido

(REsp 436.935/RS, Rel. Ministro FERNANDO GONÇALVES, QUARTA TURMA, julgado em 27/09/2005, DJ 17/10/2005, p. 296).

Firme a jurisprudência desta Corte no sentido de que o prazo previsto no art. 178, § 6º, V, do Código Civil de 1916 cuida de nulidade de partilha em inventário, e não daquela decorrente de separação consensual.

É vintenária a prescrição da ação que pretende desconstituir doação inoficiosa, sem reserva para subsistência do doador, ainda que efetuada mediante simulação.

Recurso especial não conhecido.

(REsp 591.401/SP, Rel. Ministro CESAR ASFOR ROCHA, QUARTA TURMA, julgado em 23/03/2004, DJ 13/09/2004, p. 259)

(...).

3 – A doação de imóvel à filha menor, por ocasião da separação consensual de seus pais, sendo o ato devidamente homologado por sentença passado em julgado, com, inclusive, recolhimento da sisa, configura ato jurídico perfeito e acabado e não mera promessa. A eventual falta do registro imobiliário não exclui o oferecimento dos embargos de terceiro.

4 – Recurso conhecido em parte e, nesta extensão, provido para, acolhendo os embargos, manter a recorrente na posse do bem.

5 – Precedentes do Superior Tribunal de Justiça.

(REsp 416.340/SP, Rel. Ministro FERNANDO GONÇALVES, QUARTA TURMA, julgado em 04/03/2004, DJ 22/03/2004, p. 310)

É importante ressaltar que o art. 698 do Projeto Originário n. 2048/10 estabelecia como regra procedimental que *recebida a petição inicial, o juiz designará audiência para ouvir os cônjuges, esclarecendo-lhes as conseqüências da manifestação de vontade.*

No mesmo sentido prevê o art. 3º, §2º, da Lei 6.515/77: *"O juiz deverá promover todos os meios para que as partes se reconciliem ou transijam, ouvindo pessoal e separadamente cada uma delas e, a seguir, reunindo-as em sua presença, se assim considerar necessário".*

Uma vez preenchidos os requisitos legais, o juiz receberia a petição inicial, designando preliminarmente audiência para ouvir os cônjuges.

Na audiência, o juiz verificaria eventual possibilidade de reconciliação dos cônjuges, bem como os alertaria das consequências da manifestação de vontade, principalmente quanto à dissolução da sociedade conjugal, partilha de bens, guarda de filhos e eventual pensão alimentícia.

O juiz, na busca da reconciliação, deveria evitar os motivos ou a causa da separação, uma vez que a recordação desses fatos poderia aflorar nos cônjuges maior rancor ou distúrbio emocional. Verificando o magistrado a possibilidade de reconciliação, deveria agir com prudência e bom senso.

É importante observar a seguinte advertência feita por José Olympio de Castro Filho: *"Todavia, para o êxito, que sempre se deseja, para a função que na oportunidade cabe ao juiz, muitas vezes olvidadas, sobretudo nas grandes cidades, em que a avalanche dos processos, ou a frieza gerada pelas condições de vida das metrópoles, leva muitos magistrados a uma inquirição apressada, quando não a cometem aos escrivães, nem sempre será tão irrelevante o conhecimento dos motivos da separação. Principalmente quando existam filhos menores, tal conhecimento por vezes é até conveniente, para ter o juiz os elementos com que decidir a respeito da guarda dos filhos, pois será através da inquirição cuidadosa e hábil dos cônjuges que poderá melhor determinar a esse respeito".*[43]

[43] Castro Filho. José Olympio. Idem, p. 111.

Por isso, indagar ou não sobre os motivos da separação deveria ficar ao prudente arbítrio do juiz, principalmente quando em jogo a segurança dos filhos menores.

Havendo a conciliação entre os cônjuges, o juiz simplesmente devolveria a petição inicial aos requerentes, uma vez que em tese ela ainda não foi distribuída, mas apenas despachada pelo juiz. Contudo, havendo distribuição prévia da petição inicial, o juiz determinaria o cancelamento da distribuição.

Após a audiência dos cônjuges, eles poderiam requerer que os advogados fossem chamados a assistir aos entendimentos e deles participar (§3º do art. 3º da Lei 6.515/77).

Porém, o novo C.P.C. não repetiu o mesmo procedimento normativo, razão pela qual haverá vozes dizendo que não há mais a audiência de ratificação do divórcio.

Para alguns, mesmo sob a égide do C.P.C. de 1973, não se justificaria mais a audiência de ratificação, especialmente a partir do momento em que o divórcio ou a separação consensual passou a ser realizada de forma extrajudicial.

Entendeu-se que não seria mais necessária a realização da audiência de ratificação, tendo em vista que com a superveniência da Lei 11.441/06, acrescentando o art.1.124-A ao C.P.C. de 1973, o divórcio e a separação consensual passaram a ser possível mediante escritura pública, sem necessidade de realização de audiência de ratificação.

A questão que poderá ser colocada é que, apesar de o novo C.P.C. não prever mais a audiência de ratificação, esse procedimento está previsto em lei especial, razão pela qual deverá ser ainda observado.

Art. 732

As disposições relativas ao processo de homologação judicial de divórcio ou de separação consensuais aplicam-se, no que couber, ao processo de homologação da extinção consensual de união estável.

Disposições sobre divórcio/separação e extinção da união estável

Este dispositivo determina que sejam aplicados os dispositivos regulamentadores do divórcio consensual ao procedimento de homologação judicial da separação consensual e da extinção consensual da união estável.

Desta feita, a homologação da separação consensual ou da extinção da união estável exigirá os seguintes requisitos:

a) petição assinada por ambos os companheiros, da qual constarão: a) disposições relativas à descrição e à partilha dos bens comuns; b) as disposições relativas à pensão ou indenização entre os companheiros, se for o caso; c) o acordo relativo à guarda dos filhos incapazes e o regime de visitas; e) o valor da contribuição para criar e educar os filhos; d)se os companheiros não acordarem sobre a partilha dos bens, far-se-á esta depois de homologada a extinção da união estável, na forma estabelecida nos arts. 647 a 658.

Sobre o tema, eis os seguintes precedentes do S.T.J.:

(...).

2. O Tribunal de origem concluiu que há acórdão transitado em julgado reconhecendo a exclusão do bem imóvel da partilha, visto que adquirido em data anterior ao início da união estável. A revisão das conclusões do acórdão recorrido encontra óbice no verbete 7 da Súmula desta Corte.

3. A alteração da conclusão do Tribunal de origem no tocante à redistribuição dos ônus de sucumbência impõe reexame reflexo de matéria fática da lide, vedado nos termos da Súmula n° 7 do STJ.

4. Agravo regimental a que se nega provimento.

(AgRg no AREsp 355.017/RJ, Rel. Ministra MARIA ISABEL GALLOTTI, QUARTA TURMA, julgado em 15/05/2014, DJe 28/05/2014)

1. Ação de reconhecimento e dissolução de união estável e partilha de bens distribuída em 19/01/2006, da qual foi extraído o presente recurso especial, concluso ao Gabinete em 10/05/2012.

2. Discute-se se a união estável havida entre a recorrente e o falecido perdurou até a morte deste, em 1998, e se há presunção de esforço comum relativamente ao bem adquirido por ele, na constância do relacionamento.

3. O Tribunal de origem, ao decidir que não ficou demonstrado o restabelecimento da relação afetiva após 25/07/1995, teve por fundamento o lastro fático e probatório dos autos, de forma que a alteração da conclusão não prescinde do vedado reexame de fatos e provas, atraindo, pois, a incidência da súm. 7/STJ.

4. Conquanto o art. 5º da Lei 9.278/96 incida do momento de sua vigência em diante, não se pode negar que o seu espírito nasceu impregnado do senso de justiça e solidariedade que impõe, na interpretação do § 3º do art. 226 da CF, mesmo antes da correspondente regulamentação, o reconhecimento de que, como entidade familiar que é, a união estável pressupõe a intenção dos seus membros de comungar esforços para o alcance de objetivos que lhes são comuns, sejam eles patrimoniais ou extrapatrimoniais.

5. Essa comunhão de esforços não se restringe à mera contribuição financeira, porque, na divisão de tarefas do cotidiano familiar, outras atividades existem, de igual importância e necessidade para a harmonia do convívio de todos os integrantes e a construção do almejado patrimônio.

6. A tese de que até o advento da Lei 9.278/96 se exige a comprovação do esforço comum, para que tenha o companheiro direito à metade dos bens onerosamente adquiridos na constância da união estável, é construção jurisprudencial que não se coaduna com a natureza própria de entidade familiar, conferida, muito antes, pela Constituição Federal, sob cujos influxos axiológicos deve ser interpretado todo o Direito infraconstitucional.

7. Assim, o preenchimento do vácuo legislativo decorrente da ausência de regulamentação legal do § 3º do art. 226 da Constituição Federal impõe ao Juiz o dever de decidir no sentido que confira máxima efetividade ao dispositivo constitucional que reconhece a união estável como entidade familiar. Para tanto, observando aquilo que ordinariamente acontece – que a formação da família pressupõe o empenho mútuo, no plano material e/ou imaterial, necessário à realização plena de seus integrantes –, a solução da controvérsia outra não deve ser senão a de reconhecer, salvo as exceções legais ou se pactuado diversamente pelos companheiros, o emprego do esforço comum para a aquisição onerosa de bens no curso da vida a dois.

8. Recurso especial conhecido e parcialmente provido.

(REsp 1337821/MG, Rel. Ministra NANCY ANDRIGHI, TERCEIRA TURMA, julgado em 21/11/2013, DJe 29/11/2013)

(...).

2. Discussão relativa à necessidade de prévia declaração judicial da existência de união estável para que a mulher possa requerer o acréscimo do patronímico do seu companheiro.

3. Inexiste ofensa ao art. 535 do CPC, quando o tribunal de origem pronuncia-se de forma clara e precisa sobre a questão posta nos autos.

4. Não há impedimento matrimonial na hipótese, mas apenas causa suspensiva para o casamento, nos temos do art. 1.523, III, do Código Civil.

5. Além de não configurar impedimento para o casamento, a existência de pendência relativa à partilha de bens de casamento anterior também não impede a caracterização da união estável, nos termos do art. 1.723, §2º, do Código Civil.

6. O art. 57, §2º, da Lei 6.015/73 não se presta para balizar os pedidos de adoção de sobrenome dentro de uma união estável, situação completamente distinta daquela para qual foi destinada a referida norma. Devem ter aplicação analógica as disposições específicas do Código Civil, relativas à adoção de sobrenome dentro do casamento, porquanto se mostra claro o elemento de identidade entre os institutos.

7. Em atenção às peculiaridades da união estável, a única ressalva é que seja feita prova documental da relação, por instrumento público, e nela haja anuência do companheiro que terá o nome adotado, cautelas dispensáveis dentro do casamento, pelas for-

malidades legais que envolvem esse tipo de relacionamento, mas que não inviabilizam a aplicação analógica das disposições constantes no Código Civil, à espécie.

8. Primazia da segurança jurídica que deve permear os registros públicos, exigindo-se um mínimo de certeza da existência da união estável, por intermédio de uma documentação de caráter público, que poderá ser judicial ou extrajudicial, além da anuência do companheiro quanto à adoção do seu patronímico.

9. Recurso especial desprovido.

(REsp 1306196/MG, Rel. Ministra NANCY ANDRIGHI, TERCEIRA TURMA, julgado em 22/10/2013, DJe 28/10/2013)

(...).

O Tribunal a quo asseverou que a orientação normativa de existir presunção sobre a comunhão de bens é matéria afeita à Lei n. 9.278/96, com conteúdo semelhante do art. 1.725 do Código Civil, razão pela qual os bens adquiridos na constância da união estável devem ser partilhados igualmente.

3. A Corte originária assentou inexistir prova sobre a subrogação de bens, motivo pelo qual indeferiu o pleito do recorrente. Sendo assim, para acolhimento do apelo extremo, seria imprescindível derruir a afirmação contida no decisum atacado, o que, forçosamente, ensejaria em rediscussão de matéria fática, incidindo, na espécie, o óbice da Súmula n. 7 deste Superior Tribunal de Justiça, sendo manifesto o descabimento do recurso especial.

4. Agravo regimental desprovido.

(AgRg no REsp 1084392/RS, Rel. Ministro MARCO BUZZI, QUARTA TURMA, julgado em 15/08/2013, DJe 23/08/2013)

(...).

3. Deduzido pedido para a partilha de todo o patrimônio amealhado durante o casamento, engloba-se, por conclusão lógica, precedentes períodos ininterruptos de convívio sob a forma de união estável ou sociedade de fato, porque se constata a existência de linha única de evolução patrimonial do antigo casal, na qual os bens adquiridos na constância do casamento são fruto, em parcela maior ou menor, do período pré-casamento, quando já existia labor conjunto.

4. Convolada em casamento uma união estável ou sociedade de fato, optando o casal por um regime restritivo de compartilhamento do patrimônio individual, devem liquidar o patrimônio até então construído para, após sua partilha, estabelecer novas bases de compartilhamento patrimonial.

5. A não liquidação e partilha do patrimônio adquirido durante o convívio pré-nupcial, caracterizado como sociedade de fato ou união estável, importa na prorroga-

ção da co-titularidade, antes existente, para dentro do casamento, sendo desinfluente, quanto a esse acervo, o regime de bens adotado para viger no casamento.

6. Recurso provido.

(REsp 1263234/TO, Rel. Ministra NANCY ANDRIGHI, TERCEIRA TURMA, julgado em 11/06/2013, DJe 01/07/2013)

(...).

2. Demonstrado que as instâncias de origem não apreciaram a efetiva contribuição de um dos conviventes para a construção do patrimônio comum, prova considerada irrelevante para o deslinde da controvérsia, mas entenderam aplicável a presunção legal do esforço comum prevista na Lei 9.278/96, também em relação aos bens adquiridos antes de sua entrada em vigor, não tem incidência, no caso presente, o óbice da Súmula 7/STJ.

3. A violação aos princípios do direito adquirido, ato jurídico perfeito e coisa julgada encontra vedação em dispositivo constitucional (art. 5º XXXVI), mas seus conceitos são estabelecidos em lei ordinária (LINDB, art. 6º). Dessa forma, não havendo na Lei 9.278/96 comandos que determine a sua retroatividade, mas decisão judicial acerca da aplicação da lei nova a determinada relação jurídica existente quando de sua entrada em vigor – hipótese dos autos – a questão será infraconstitucional, passível de exame mediante recurso especial. Precedentes do STF e deste Tribunal 4. A presunção legal de esforço comum na aquisição do patrimônio dos conviventes foi introduzida pela Lei 9.278/96, devendo os bens amealhados no período anterior a sua vigência, portanto, serem divididos proporcionalmente ao esforço comprovado, direito ou indireto, de cada convivente, conforme disciplinado pelo ordenamento jurídico vigente quando da respectiva aquisição (Súmula 380/STF).

5. Os bens adquiridos anteriormente à Lei 9.278/96 têm a propriedade – e, consequentemente, a partilha ao cabo da união – disciplinada pelo ordenamento jurídico vigente quando respectiva aquisição, que ocorre no momento em que se aperfeiçoam os requisitos legais para tanto e, por conseguinte, sua titularidade não pode ser alterada por lei posterior em prejuízo ao direito adquirido e ao ato jurídico perfeito (CF, art. 5, XXXVI e Lei de Introdução ao Código Civil, art. 6º).

6. Os princípios legais que regem a sucessão e a partilha de bens não se confundem: a sucessão é disciplinada pela lei em vigor na data do óbito; a partilha de bens, ao contrário, seja em razão do término, em vida, do relacionamento, seja em decorrência do óbito do companheiro ou cônjuge, deve observar o regime de bens e o ordenamento jurídico vigente ao tempo da aquisição de cada bem a partilhar.

7. A aplicação da lei vigente ao término do relacionamento a todo o período de união implicaria expropriação do patrimônio adquirido segundo a disciplina da lei anterior, em manifesta ofensa ao direito adquirido e ao ato jurídico perfeito.

8. Recurso especial parcialmente provido.

(REsp 959.213/PR, Rel. Ministro LUIS FELIPE SALOMÃO, Rel. p/ Acórdão Ministra MARIA ISABEL GALLOTTI, QUARTA TURMA, julgado em 06/06/2013, DJe 10/09/2013)

(...).

2. Na união estável, vigente o regime da comunhão parcial, há presunção absoluta de que os bens adquiridos onerosamente na constância da união são resultado do esforço comum dos conviventes.

3. Desnecessidade de comprovação da participação financeira de ambos os conviventes na aquisição de bens, considerando que o suporte emocional e o apoio afetivo também configuram elemento imprescindível para a construção do patrimônio comum.

4. Os bens adquiridos onerosamente apenas não se comunicam quando configuram bens de uso pessoal ou instrumentos da profissão ou ainda quando há sub-rogação de bens particulares, o que deve ser provado em cada caso.

5. Os frutos civis do trabalho são comunicáveis quando percebidos, sendo que a incomunicabilidade apenas atinge o direito ao seu recebimento.

6. Interpretação restritiva do art. 1.659, VI, do Código Civil, sob pena de se malferir a própria natureza do regime da comunhão parcial.

7. Caso concreto em que o automóvel deve integrar a partilha, por ser presumido o esforço do recorrente na construção da vida conjugal, a despeito de qualquer participação financeira.

8. Sub-rogação de bem particular da recorrida que deve ser preservada, devendo integrar a partilha apenas a parte do bem imóvel integrante do patrimônio comum.

9. RECURSO ESPECIAL PARCIALMENTE PROVIDO.

(REsp 1295991/MG, Rel. Ministro PAULO DE TARSO SANSEVERINO, TERCEIRA TURMA, julgado em 11/04/2013, DJe 17/04/2013)

Art. 733

O divórcio consensual, a separação consensual e a extinção consensual de união estável, não havendo nascituro ou filhos incapazes e observados os requisitos legais, poderão ser realizados por escritura pública, da qual constarão as disposições de que trata o art. 731.

§ 1º A escritura não depende de homologação judicial e constitui título hábil para qualquer ato de registro, bem como para levantamento de importância depositada em instituições financeiras.

§ 2º O tabelião somente lavrará a escritura se os interessados estiverem assistidos por advogado ou defensor público, cuja qualificação e assinatura constarão do ato notarial.

Divórcio consensual, separação consensual, extinção consensual de união estável via administrativa

Assim como o inventário e a partilha poderão, atualmente, ser realizados por escritura pública, também o divórcio consensual, a separação consensual e a extinção de união estável consensual poderão ser realizados por escritura pública.

Além dos requisitos legais exigidos para o divórcio, separação ou para a extinção da união estável, a possibilidade de realizá-los por escritura pública depende da inexistência de nascituro e filhos incapazes.

Havendo nascituro ou filhos incapazes, somente poderão ser realizados judicialmente.

Da escritura pública deverão constar, obrigatoriamente, as disposições de que trata o art. 731, a saber: I – as disposições relativas à descrição e à partilha dos bens comuns; II – as disposições relativas à pensão alimentícia entre os cônjuges; III – o acordo relativo à guarda dos filhos incapazes e ao regime de visitas; e IV – o valor da contribuição para criar e educar os filhos.

Se os cônjuges ou os companheiros acordarem, a partilha dos bens far-se-á depois da lavratura da escritura do divórcio, da separação ou da extinção da união estável, podendo ser lavrada nova escritura somente para a partilha dos bens.

Estabelece o *§1º do art. 733* do atual C.P.C. que *a escritura não depende de homologação judicial e constitui título hábil para qualquer ato de registro, bem como para levantamento de importância depositada em instituições financeiras.*

Assim como estabelecia o C.P.C. de 1973, a escritura de divórcio, separação ou de dissolução de união estável não depende de homologação judicial, apresentando força suficiente sem qualquer ratificação judicial.

Além do mais, a escritura lavrada por tabelionato constitui título hábil para qualquer ato de registro, seja no registro civil ou no registro de bens móveis ou imóveis, bem como para levantamento de importância depositada em instituições financeiras. Assim, os divorciados ou ex-companheiros não necessitarão de alvará judicial para levantar as importâncias que estejam depositadas em instituições financeiras.

Preconiza o *§2º do art. 733* do atual C.P.C. que *o tabelião somente lavrará a escritura se os interessados estiverem assistidos por advogado ou por defensor público, cuja qualificação e assinatura constarão do ato notarial.*

Assim como para a realização de inventário e partilha por meio de escritura depende da assistência de advogado, também a realização do divórcio, da separação ou da dissolução de união estável a presença de advogado no ato de lavratura da escritura é indispensável. As partes poderão estar assistidas por advogado comum ou advogados de cada uma delas, ou, ainda, por defensor público. Na escritura constará a qualificação dos advogados, bem como a assinatura deles no ato notarial.

Na realidade, a presença do advogado no momento da lavratura da escritura dará mais segurança de que os interessados estão plenamente cientes de seus direitos e obrigações em razão do divórcio, da separação e da dissolução da união estável.

O *§3º do art. 699 do* Projeto Originário n. 2046/10 dizia que *a escritura e os demais atos notariais serão gratuitos àqueles que se declararem hipossuficientes economicamente, na forma e sob as penas da lei.*

Lamentavelmente, o novo C.P.C. não repetiu a mesma regra.

Evidentemente, a lavratura de escrituras públicas, inclusive para efeito de divórcio, separação ou de dissolução de união estável está sujeita a pagamento de emolumentos.

Ocorre que, se a pessoa é hipossuficiente, não tendo condições de suprir suas necessidades com o que percebe, a lavratura da escritura deverá ser gratuita, bastando para isso que seja feita uma declaração, inclusive no próprio ato notarial, de que os cônjuges ou os companheiros são hipossuficientes.

Assim, não há nenhuma outra condição para a gratuidade da escritura.

Evidentemente, se a afirmação feita pelos cônjuges ou companheiros não for verdadeira, eles poderão sofrer as sanções civis e penais por tal fraude.

Art. 734

A alteração do regime de bens do casamento, observados os requisitos legais, poderá ser requerida, motivadamente, em petição assinada por ambos os cônjuges, na qual serão expostas as razões que justificam a alteração, ressalvados os direitos de terceiros.

§ 1º Ao receber a petição inicial, o juiz determinará a intimação do Ministério Público e a publicação de edital que divulgue a pretendida alteração de bens, somente podendo decidir depois de decorrido o prazo de 30 (trinta) dias da publicação do edital.

§ 2º Os cônjuges, na petição inicial ou em petição avulsa, podem propor ao juiz meio alternativo de divulgação da alteração do regime de bens, a fim de resguardar direitos de terceiros.

§ 3º Após o trânsito em julgado da sentença, serão expedidos mandados de averbação aos cartórios de registro civil e de imóveis e, caso qualquer dos cônjuges seja empresário, ao Registro Público de Empresas Mercantis e Atividades Afins.

Alteração do regime de bens

O juízo competente para este procedimento será o do domicílio do casal.

O regime de bens no casamento caracteriza o estatuto de bens das pessoas casadas.

O regime de bens é, portanto, *"o complexo de normas que disciplina as relações econômicas entre marido e mulher durante o casamento"*.[44]

Em relação ao regime de bens, há, em tese, total autonomia dos cônjuges, pois é sabido que é lícito aos nubentes, antes de celebrado o casamento, estipular, quanto aos seus bens, o que lhes aprouver (art. 1.639 do C.c.b.). O regime de bens entre os cônjuges começa a vigorar desde a data do casamento (§1º do art. 1.639 do C.c.b).

Os regimes de bens previstos no C.c.b. são: a) regime de comunhão parcial (arts. 1.658 a 1.666); b) regime de comunhão universal (arts. 1.667 a 1.671); c) regime de participação final de aquestos (arts. 1.672 a 1.686); d) regime de separação de bens (arts. 1.687 a 1.688).

A liberdade de escolha dos nubentes é a regra, apesar de que recaindo a escolha em regime diverso do padrão (comunhão parcial de bens), impõe-se a realização de pacto antenupcial.

É bem verdade que a autonomia dos nubentes em escolher determinado regime de bens é limitada ou excepcionada pela norma prevista no art. 1.641 do C.c.b que assim estabelece:

> *Art. 1.641. É obrigatório o regime da separação de bens no casamento:*
> *I – das pessoas que o contraírem com inobservância das causas suspensivas da celebração do casamento;*
> *II – da pessoa maior de 70 (setenta) anos; (Redação dada pela Lei nº 12.344, de 2010)*
> *III – de todos os que dependerem, para casar, de suprimento judicial.*

No direito brasileiro, sempre foi de tradição a irrevogabilidade do regime de bens escolhidos pelos nubentes, principalmente, sob a alegação de que a manutenção do regime de bens era fator preponderante de imutabilidade do regime matrimonial.[45]

Porém, não havia razão plausível (salvo, segurança de eventuais credores) para se manter a irrevogabilidade ou imutabilidade do regime de bens.

[44] LEITE, Eduardo de Oliveira. *Direito civil aplicado* (direito de família). Vol. 5. São Paulo: Editora Revista dos Tribunais, 2004. p. 295.

[45] PEREIRA, Caio Mário da Silva. *Instituições de direito civil.* Vol. 5. 13ª ed. P. 129 a 130.

Contudo, para o atual Código Civil brasileiro é admissível alteração do regime de bens, mediante autorização judicial em pedido motivado de ambos os cônjuges, apurada a procedência das razões invocadas e ressalvados os direitos de terceiros (§2º do art. 1.639 do C.c.b.).

Assim, para que se possibilite a alteração do regime de bens na constância do casamento há necessidade de se observar os seguintes requisitos: a) autorização judicial; b) pedido motivado por ambos os cônjuges; c) comprovação dos motivos alegados; d) ressalva dos direitos de terceiros.

O pedido será processado pelo procedimento não contencioso ou de jurisdição voluntária, observando-se, no que couber, o disposto no art. 734 do atual C.P.C.

É importante salientar que, assim como na petição do divórcio consensual, também a petição de alteração de regime de bens deve vir assinada por ambos os cônjuges.

O dispositivo em comento, contudo, não estabelece o que seria o motivo relevante para a alteração do regime de bens. Trata-se de um termo abrangente que deverá ser avaliado pelo juiz com prudência e sempre visando à proteção irrestrita dos cônjuges e de eventuais filhos menores existentes.

Paulo Lobo, por exemplo, entende que dentre os motivos relevantes encontra-se "a alteração do regime legal de comunhão parcial para o de separação de bens, tendo em vista que os cônjuges passaram a ter vidas econômicas e profissionais próprias, sendo conveniente a existência de patrimônios próprios para garantirem obrigações necessárias à vida profissional ou para incorporação em capital social da empresa".[46]

Muito embora haja a possibilidade de alteração do regime de bens, o certo é que essa alteração não poderá prejudicar terceiros, muito menos os credores dos cônjuges. Toda alteração que puder prejudicar terceiros ou credores é nula.

É importante salientar que a mutabilidade do regime de bens não poderá alcançar as hipóteses de separação total de bens previstas no art. 1.641 do C.c.b., pois se se permitisse a alteração, haveria uma forma oblíqua de se burlar a proibição legal.

Estabelece o *§ 1º do art. 734* do atual C.P.C. que *ao receber a petição inicial, o juiz determinará a intimação do Ministério Público e a publicação de edital que divulgue a pretendida alteração de bens, somente podendo decidir depois de decorrido o prazo de 30 (trinta) dias da publicação do edital.*

[46] Lobo, Paulo Luiz Netto. *Código civil comentado,* XVI. Direito de Família. Relações de Parentesco. Direito Patrimonial. São Paulo: Atlas, 2003. p. 234.

Já o *§ 2º do art.* 734 do atual C.P.C. preconiza que *os cônjuges, na petição inicial ou em petição avulsa, podem propor ao juiz meio alternativo de divulgação da alteração do regime de bens, a fim de resguardar direitos de terceiros.*

Por fim, estabelece o *§ 3º do art.* 734 do atual C.P.C. que *após o trânsito em julgado da sentença, serão expedidos mandados de averbação aos cartórios de registro civil e de imóveis e, caso qualquer dos cônjuges seja empresário, ao Registro Público de Empresas Mercantis e Atividades Afins.*

Sobre o tema, eis os seguintes precedentes:

> *1 – Separação judicial de casal que, após período de união estável, casou-se, em 1997, pelo regime da separação de bens, procedendo a sua alteração para o regime da comunhão parcial em 2007 e separando-se definitivamente em 2008.*
>
> *2 – Controvérsia em torno do termo inicial dos efeitos da alteração do regime de bens do casamento ("ex nunc" ou "ex tunc") e do valor dos alimentos.*
>
> *3 – Reconhecimento da eficácia "ex nunc" da alteração do regime de bens, tendo por termo inicial a data do trânsito em julgado da decisão judicial que o modificou. Interpretação do art. 1639, § 2º, do CC/2002.*
>
> *4 – Razoabilidade do valor fixado a título de alimentos, atendendo aos critérios legais (necessidade da alimentanda e possibilidade do alimentante). Impossibilidade de revisão em sede de recurso especial. Vedação da Súmula 07/STJ.*
>
> *5 – Precedentes jurisprudenciais do STJ.*
>
> (REsp 1300036/MT, Rel. Ministro PAULO DE TARSO SANSEVERINO, TERCEIRA TURMA, julgado em 13/05/2014, DJe 20/05/2014)

> *1. O casamento há de ser visto como uma manifestação vicejante da liberdade dos consortes na escolha do modo pelo qual será conduzida a vida em comum, liberdade essa que se harmoniza com o fato de que a intimidade e a vida privada são invioláveis e exercidas, na generalidade das vezes, em um recôndito espaço privado também erguido pelo ordenamento jurídico à condição de "asilo inviolável".*
>
> *2. Assim, a melhor interpretação que se deve conferir ao art. 1.639, § 2º, do CC/02 é a que não exige dos cônjuges justificativas exageradas ou provas concretas do prejuízo na manutenção do regime de bens originário, sob pena de se esquadrinhar indevidamente a própria intimidade e a vida privada dos consortes.*
>
> *3. No caso em exame, foi pleiteada a alteração do regime de bens do casamento dos ora recorrentes, manifestando eles como justificativa a constituição de sociedade de responsabilidade limitada entre o cônjuge varão e terceiro, providência que é acauteladora de eventual comprometimento do patrimônio da esposa com a empreitada do marido. A divergência conjugal quanto à condução da vida financeira da família é justificativa, em tese, plausível à alteração do regime de bens, divergência essa que, em não raras*

vezes, se manifesta ou se intensifica quando um dos cônjuges ambiciona enveredar-se por uma nova carreira empresarial, fundando, como no caso em apreço, sociedade com terceiros na qual algum aporte patrimonial haverá de ser feito, e do qual pode resultar impacto ao patrimônio comum do casal.

4. Portanto, necessária se faz a aferição da situação financeira atual dos cônjuges, com a investigação acerca de eventuais dívidas e interesses de terceiros potencialmente atingidos, de tudo se dando publicidade (Enunciado n. 113 da I Jornada de Direito Civil CJF/STJ).

5. Recurso especial parcialmente provido.

(REsp 1119462/MG, Rel. Ministro LUIS FELIPE SALOMÃO, QUARTA TURMA, julgado em 26/02/2013, DJe 12/03/2013).

SEÇÃO V – Dos Testamentos e Codicilos

Art. 735

Recebendo testamento cerrado, o juiz, se não achar vício externo que o torne suspeito de nulidade ou falsidade, o abrirá e mandará que o escrivão o leia em presença do apresentante.

§ 1º Do termo de abertura constarão o nome do apresentante e como ele obteve o testamento, a data e o lugar do falecimento do testador, com as respectivas provas, e qualquer circunstância digna de nota.

§ 2º Depois de ouvido o Ministério Público, não havendo dúvidas a serem esclarecidas, o juiz mandará registrar, arquivar e cumprir o testamento.

§ 3º Feito o registro, será intimado o testamenteiro para assinar o termo da testamentária.

§4º Se não houver testamenteiro nomeado ou se ele estiver ausente ou não aceitar o encargo, o juiz nomeará testamenteiro dativo, observando-se a preferência legal.

§ 5º O testamenteiro deverá cumprir as disposições testamentárias e prestar contas em juízo do que recebeu e despendeu, observando-se o disposto na lei.

Sumário:

1. Disposições gerais

Esta Seção trata do procedimento não contencioso ou de jurisdição voluntária acerca da abertura, registro e cumprimento dos testamentos, sejam eles *cerrado, público ou particular ou ológrafo, codicilo e aos testamentos marítimos, aeronáuticos, militar e nuncupativo.*

Aberta a sucessão, a herança transmite-se, desde logo, aos herdeiros legítimos e testamentários (art. 1.784 do C.c.b.).

A sucessão legítima ocorre por determinação legal, que supre a vontade do autor da herança. Já na sucessão testamentária, atende-se ao que, em testamento, foi determinado pelo *de cujus*, que pode, observando certos limites impostos por lei, alterar a ordem da vocação hereditária, instituindo herdeiros e distribuindo legados.[47]

Assim, a sucessão dá-se por lei ou por disposição de última vontade (art. 1.786 do C.c.b.).

A sucessão testamentária se dá por disposição de última vontade, isto é, por testamento, desde que este seja reputado válido.

Considera-se *testamento*: *"o ato revogável pelo qual alguém, de conformidade com a lei, dispõe, no todo ou em parte, do seu patrimônio, para depois de sua morte.* Portanto, o testamento é ato personalíssimo, podendo ser mudado a qualquer tempo (art. 1.858 do C.c.b.).

Havendo herdeiros necessários, o testador só poderá dispor da metade da herança (art. 1.789 do C.c.b.).

É importante salientar que no testamento será possível nomear um herdeiro testamentário ou mesmo um legatário.

Herdeiro é um sucessor universal.

O legatário, por sua vez, recebe bem determinado ou determinável a título singular.

O herdeiro sucede na integralidade do patrimônio ou numa fração ideal, enquanto que o legatório somente recebe um bem ou direito singularmente considerado.

Além dos incapazes, não podem testar os que, no ato de fazê-lo, não tiverem pleno discernimento (art. 1.860 do C.c.b.).

Podem testar os maiores de dezesseis anos (p.u. do art. 1.860 do C.c.b.).

Na sucessão testamentária podem ser chamados a suceder, nos termos do art. 1.799 do C.c.b.: a) os filhos, ainda não concebidos, de pessoas indicadas pelo testador, desde que vivas estas ao abrir-se a sucessão; b) as pessoas jurídicas; c)

[47] SOUZA, Orlando de. *Inventário e partilhas.* Rio de Janeiro: Forense, 1984. p. 128.

as pessoas jurídicas, cuja organização for determinada pelo testador sob a forma de fundação. Na hipótese de letra a), se, decorridos dois anos após a abertura da sucessão, não for concebido o herdeiro esperado, os bens reservados, salvo disposição em contrário do testador, caberão aos herdeiros legítimos (§4º do art. 1.800 do C.c.b.).

A legítima dos herdeiros necessários (descendentes, ascendentes e cônjuge) não poderá ser incluída no testamento (§1º do art. 1.857 do C.c.b.). Pertence aos herdeiros necessários, de pleno direito, a metade dos bens da herança, constituindo a legítima (art. 1.846 do C.c.b.).

Não podem ser nomeados herdeiros ou legatários: a) a pessoa que, a rogo, escreveu o testamento, nem o seu cônjuge ou companheiro, ou os seus ascendentes e irmãos; b) as testemunhas do testamento; c) o concubino do testador casado, salvo se este, sem culpa sua, estiver separado de fato do cônjuge há mais de cinco anos; d) o tabelião, civil ou militar, ou o comandante ou escrivão, perante quem se fizer, assim como o que fizer ou aprovar o testamento.

São nulas as disposições testamentárias em favor de pessoas não legitimadas a suceder, ainda quando simuladas sob a forma de contrato oneroso, ou feitas mediante interposta pessoa (art. 1.802 do C.c.b.). Presumem-se pessoas interpostas os ascendentes, os descendentes, os irmãos ou cônjuge ou companheiro do não legitimado a suceder (p.u. do art. 1.802 do C.c.b.).

Portanto, nula é a disposição testamentária: *"a) que institua herdeiro ou legatário, sob a condição captatória de que este disponha, também por testamento, em benefício do testador, ou de terceiro; b) que se refira à pessoa incerta, cuja identidade não se possa averiguar; c) que favoreça à pessoa incerta, cometendo a determinação de sua totalidade a terceiro; e d) que deixe ao arbítrio do herdeiro, ou de outrem, fixar o valor do legado. É válida, no entanto, a disposição que é feita em favor de pessoa incerta, que deva ser determinada por terceiro, dentre duas ou mais pessoas mencionadas pelo testador, ou pertencentes a uma família ou a um corpo coletivo, ou a um estabelecimento por ele designado. Também é válida a disposição em remuneração de serviços prestados ao testador, por ocasião da moléstia de que faleceu, ainda que fique ao arbítrio do herdeiro, ou de outrem, determinar o valor do legado"*.[48]

O erro na designação da pessoa do herdeiro, do legatório ou mesmo da coisa legada é causa de anulabilidade do testamento, salvo se, em razão do contexto do testamento for possível, de forma inequívoca, identificar a pessoa ou a coisa. Se o testador nomear dois ou mais herdeiros sem estabelecer a quota parte de cada um, significa que deve partir-se a herança por igual. Pode, ainda, o testador

[48] Souza, O. idem, p. 129.

nomear certos herdeiros individualmente e outros coletivamente. Nessa hipótese, a herança deverá ser dividida em tantas quotas quantos forem os indivíduos e os grupos indicados. Se forem determinadas as quotas de cada herdeiro, e não absorverem toda a herança, o remanescente pertencerá aos herdeiros legítimos, segundo a ordem de sucessão hereditária. Se, por sua vez, forem determinados os quinhões de uns e não os de outros herdeiros, após o pagamento dos quinhões discriminados, o restante será divido em partes iguais com os demais herdeiros designados.[49]

É lícita a deixa ao filho do concubino, quando também o for do testador (art. 1.803 do C.c.b.).

Sobre as disposições testamentárias, estabelecem os artigos 1.897 a 1911 do C.c.b.:

> *Art. 1.897. A nomeação de herdeiro, ou legatário, pode fazer-se pura e simplesmente, sob condição, para certo fim ou modo, ou por certo motivo.*
>
> *Art. 1.898. A designação do tempo em que deva começar ou cessar o direito do herdeiro, salvo nas disposições fideicomissárias, ter-se-á por não escrita.*
>
> *Art. 1.899. Quando a cláusula testamentária for suscetível de interpretações diferentes, prevalecerá a que melhor assegure a observância da vontade do testador.*
>
> *Art. 1.900. É nula a disposição:*
>
> *I – que institua herdeiro ou legatário sob a condição captatória de que este disponha, também por testamento, em benefício do testador, ou de terceiro;*
>
> *II – que se refira a pessoa incerta, cuja identidade não se possa averiguar;*
>
> *III – que favoreça a pessoa incerta, cometendo a determinação de sua identidade a terceiro;*
>
> *IV – que deixe a arbítrio do herdeiro, ou de outrem, fixar o valor do legado;*
>
> *V – que favoreça as pessoas a que se referem os arts. 1.801 e 1.802.*
>
> *Art. 1.901. Valerá a disposição:*
>
> *I – em favor de pessoa incerta que deva ser determinada por terceiro, dentre duas ou mais pessoas mencionadas pelo testador, ou pertencentes a uma família, ou a um corpo coletivo, ou a um estabelecimento por ele designado;*
>
> *II – em remuneração de serviços prestados ao testador, por ocasião da moléstia de que faleceu, ainda que fique ao arbítrio do herdeiro ou de outrem determinar o valor do legado.*
>
> *Art. 1.902. A disposição geral em favor dos pobres, dos estabelecimentos particulares de caridade, ou dos de assistência pública, entender-se-á relativa aos pobres do lugar*

[49] Souza, O. idem, ibidem.

do domicílio do testador ao tempo de sua morte, ou dos estabelecimentos aí sitos, salvo se manifestamente constar que tinha em mente beneficiar os de outra localidade.

Parágrafo único. Nos casos deste artigo, as instituições particulares preferirão sempre às públicas.

Art. 1.903. O erro na designação da pessoa do herdeiro, do legatário, ou da coisa legada anula a disposição, salvo se, pelo contexto do testamento, por outros documentos, ou por fatos inequívocos, se puder identificar a pessoa ou coisa a que o testador queria referir-se.

Art. 1.904. Se o testamento nomear dois ou mais herdeiros, sem discriminar a parte de cada um, partilhar-se-á por igual, entre todos, a porção disponível do testador.

Art. 1.905. Se o testador nomear certos herdeiros individualmente e outros coletivamente, a herança será dividida em tantas quotas quantos forem os indivíduos e os grupos designados.

Art. 1.906. Se forem determinadas as quotas de cada herdeiro, e não absorverem toda a herança, o remanescente pertencerá aos herdeiros legítimos, segundo a ordem da vocação hereditária.

Art. 1.907. Se forem determinados os quinhões de uns e não os de outros herdeiros, distribuir-se-á por igual a estes últimos o que restar, depois de completas as porções hereditárias dos primeiros.

Art. 1.908. Dispondo o testador que não caiba ao herdeiro instituído certo e determinado objeto, dentre os da herança, tocará ele aos herdeiros legítimos.

Art. 1.909. São anuláveis as disposições testamentárias inquinadas de erro, dolo ou coação.

Parágrafo único. Extingue-se em quatro anos o direito de anular a disposição, contados de quando o interessado tiver conhecimento do vício.

Art. 1.910. A ineficácia de uma disposição testamentária importa a das outras que, sem aquela, não teriam sido determinadas pelo testador.

Art. 1.911. A cláusula de inalienabilidade, imposta aos bens por ato de liberalidade, implica impenhorabilidade e incomunicabilidade.

Parágrafo único. No caso de desapropriação de bens clausulados, ou de sua alienação, por conveniência econômica do donatário ou do herdeiro, mediante autorização judicial, o produto da venda converter-se-á em outros bens, sobre os quais incidirão as restrições apostas aos primeiros.

O novo C.P.C. não tratou das disposições sobre a *execução dos testamentos*, conforme o fazia o C.P.C. de 1973 em seus arts. 1.135 a 1.141.

Contudo, as disposições sobre execução do testamento previstas no C.P.C. de 1973 estão quase todas elas reguladas nos artigos 1.976 a 1.990 do C.c.b., a saber:

Art. 1.976. O testador pode nomear um ou mais testamenteiros, conjuntos ou separados, para lhe darem cumprimento às disposições de última vontade.

Art. 1.977. O testador pode conceder ao testamenteiro a posse e a administração da herança, ou de parte dela, não havendo cônjuge ou herdeiros necessários.

Parágrafo único. Qualquer herdeiro pode requerer partilha imediata, ou devolução da herança, habilitando o testamenteiro com os meios necessários para o cumprimento dos legados, ou dando caução de prestá-los.

Art. 1.978. Tendo o testamenteiro a posse e a administração dos bens, incumbe-lhe requerer inventário e cumprir o testamento.

Art. 1.979. O testamenteiro nomeado, ou qualquer parte interessada, pode requerer, assim como o juiz pode ordenar, de ofício, ao detentor do testamento, que o leve a registro.

Art. 1.980. O testamenteiro é obrigado a cumprir as disposições testamentárias, no prazo marcado pelo testador, e a dar contas do que recebeu e despendeu, subsistindo sua responsabilidade enquanto durar a execução do testamento.

Art. 1.981. Compete ao testamenteiro, com ou sem o concurso do inventariante e dos herdeiros instituídos, defender a validade do testamento.

Art. 1.982. Além das atribuições exaradas nos artigos antecedentes, terá o testamenteiro as que lhe conferir o testador, nos limites da lei.

Art. 1.983. Não concedendo o testador prazo maior, cumprirá o testamenteiro o testamento e prestará contas em cento e oitenta dias, contados da aceitação da testamentaria.

Parágrafo único. Pode esse prazo ser prorrogado se houver motivo suficiente.

Art. 1.984. Na falta de testamenteiro nomeado pelo testador, a execução testamentária compete a um dos cônjuges, e, em falta destes, ao herdeiro nomeado pelo juiz.

Art. 1.985. O encargo da testamentaria não se transmite aos herdeiros do testamenteiro, nem é delegável; mas o testamenteiro pode fazer-se representar em juízo e fora dele, mediante mandatário com poderes especiais.

Art. 1.986. Havendo simultaneamente mais de um testamenteiro, que tenha aceitado o cargo, poderá cada qual exercê-lo, em falta dos outros; mas todos ficam solidariamente obrigados a dar conta dos bens que lhes forem confiados, salvo se cada um tiver, pelo testamento, funções distintas, e a elas se limitar.

Art. 1.987. Salvo disposição testamentária em contrário, o testamenteiro, que não seja herdeiro ou legatário, terá direito a um prêmio, que, se o testador não o houver fixado, será de um a cinco por cento, arbitrado pelo juiz, sobre a herança líquida, conforme a importância dela e maior ou menor dificuldade na execução do testamento.

Parágrafo único. O prêmio arbitrado será pago à conta da parte disponível, quando houver herdeiro necessário.

Art. 1.988. O herdeiro ou o legatário nomeado testamenteiro poderá preferir o prêmio à herança ou ao legado.

Art. 1.989. Reverterá à herança o prêmio que o testamenteiro perder, por ser removido ou por não ter cumprido o testamento.

Art. 1.990. Se o testador tiver distribuído toda a herança em legados, exercerá o testamenteiro as funções de inventariante.

Por isso, agiu bem o legislador em retirar essas normas do âmbito do processo civil, uma vez que suas disposições são de natureza de direito material.

2. Procedimento do testamento cerrado

Estabelece o *art. 735* do atual C.P.C. que *recebendo testamento cerrado, o juiz, se não achar vício externo que o torne suspeito de nulidade ou falsidade, o abrirá e mandará que o escrivão o leia em presença do apresentante.*

Segundo preceitua o art. 1.862 do C.c.b, são testamento ordinário: a) o público; b) o cerrado; c) o particular.

O art. 735 do atual C.P.C. trata do testamento cerrado.

Entende-se por testamento cerrado, segundo dispõe o art. 1.868 do C.c.b., o testamento escrito pelo testador, ou por outra pessoa, a seu rogo, e por aquele assinado, sendo válido se aprovado pelo tabelião ou seu substituto legal, observadas as seguintes formalidades: a) que o testador o entregue ao tabelião em presença de duas testemunhas; b) que o testador declare que aquele é o seu testamento e que quer que seja aprovado; c) que o tabelião lavre, desde logo, o auto de aprovação, na presença de duas testemunhas, e o leia, em seguida, ao testador e testemunhas; d) que o auto de aprovação seja assinado pelo tabelião, pelas testemunhas e pelo testador.

O testamento cerrado pode ser escrito mecanicamente, desde que seu subscritor numere e autentique, com a sua assinatura, todas as páginas (p.u. do art. 1.868).

O tabelião deve começar o auto de aprovação imediatamente depois da última palavra do testador, declarando, sob sua fé, que o testador lhe entregou para ser aprovado na presença das testemunhas; passando a cerrar e coser o instrumento aprovado (art. 1.869 do C.c.b.). Se não houver espaço na última folha do testamento, para início da aprovação, o tabelião aporá nele o seu sinal público, mencionado a circunstância no auto (p.u. do art. 1.869 do C.c.b.).

Se o tabelião tiver escrito o testamento a rogo do testador, poderá, não obstante, aprová-lo (art. 1870 do C.c.b.).

O testamento pode ser escrito em língua nacional ou estrangeira, pelo próprio testador, ou por outrem, a seu rogo (art. 1.871 do C.c.b.). Se redigido em língua estrangeira, e em se tratando de testamento cerrado, após a sua abertura, impõe-se a sua tradução para o vernáculo. Sendo o testamento público ou particular, a tradução poderá ser anterior, ficando arquivada com o original.

Não pode dispor de seus bens em testamento cerrado quem não saiba ou não possa ler (art. 1.872 do C.c.b).

Pode fazer testamento cerrado o surdo-mudo, contando que o escreva todo, e o assine de sua mão, e que, ao entregá-lo ao oficial público, ante as duas testemunhas, escreva, na face externa do papel ou do envoltório, que aquele é o seu testamento, cuja aprovação lhe pede (art. 1.873 do C.c.b.).

Depois de aprovado e cerrado, será o testamento entregue ao testador, e o tabelião lançará, no seu livro, nota do lugar, dia, mês e ano que o testamento foi aprovado e entregue (art. 1874 do C.c.b.).

Segundo dispõe o art. 735 do atual C.P.C., recebendo testamento cerrado, o juiz, se nele não achar vício externo que o torne suspeito de nulidade ou falsidade, o abrirá e mandará que o escrivão o leia em presença de quem o entregou

No mesmo sentido é o teor do art. 1.875 do C.c.b: *Falecido o testador, o testamento será apresentado ao juiz, que o abrirá e o fará registrar, ordenando seja cumprido, se não achar vício externo que o torne eivado de nulidade ou suspeito de falsidade.*

Assim, no momento em que for entregue o testamento cerrado ao juiz, normalmente pelo testamenteiro, o magistrado deverá observar se não há vícios externos (como, por exemplo, violação do lacre inserido pelo tabelião), verificando a inexistência de vícios de nulidade ou falsidade.

O C.P.C. de 1973 apenas determinava que o juiz verificasse se o testamento cerrado encontrava-se *intacto.*

O novo C.P.C., assim como já o fazia o Código Civil de 1916 (art. 1.644) e o Código de Processo Civil de 1939 (art. 524), permite ao juiz observar vícios externos que podem caracterizar nulidade ou suspeição de falsidade.

A competência do juiz nesta fase de apresentação do testamento é extremante limitada, apenas ao aspecto exterior e não interior do testamento.

Somente deverá o juiz impedir o cumprimento do testamento se observar algum vício externo ou possibilidade de falsidade do documento.

Eventual constatação de vícios externos não poderá ser avaliada no âmbito do procedimento não contencioso ou de jurisdição voluntária. Essa questão deverá ser avaliada no procedimento comum.

Outrossim, a inserção do *cumpra-se* não significa que não se possa discutir a validade do testamento, uma vez que a determinação de *cumpra-se* significa apenas que se dê execução ao ato de última vontade do falecido.

Não cabe ao juiz decretar a nulidade ou não do testamento, mas apenas verificar eventuais existências de vícios externos.

Não havendo vícios externos do testamento, o juiz o abrirá e mandará que o escrivão o leia em presença de quem o entregou.

Se o testador estabeleceu uma data específica para abertura do testamento, esta deverá ser respeitada.[50]

Sobre o tema, eis os seguintes precedentes do S.T.J.:

Testamento cerrado. Auto de aprovação. Falta de assinatura do testador.

Inexistindo qualquer impugnação à manifestação da vontade, com a efetiva entrega do documento ao oficial, tudo confirmado na presença das testemunhas numerarias, a falta de assinatura do testador no auto de aprovação é irregularidade insuficiente para, na espécie, causar a invalidade do ato. Art. 1638 do CCivil.

Recurso não conhecido.

(REsp 223.799/SP, Rel. Ministro RUY ROSADO DE AGUIAR, QUARTA TURMA, julgado em 18/11/1999, DJ 17/12/1999, p. 379).

Testamento cerrado. Falta de assinatura da testadora em testamento datilografado por uma sobrinha, que aparece na relação de herdeiros.

1. Por mais elástica que possa ser a interpretação em matéria testamentária, de modo a fazer prevalecer a vontade do testador, não é possível admitir o testamento cerrado, datilografado por outra pessoa, no caso uma sobrinha, ausente a assinatura do testador, que é requisito essencial nos termos da lei (art. 1.638, II, do Código Civil).

2. Recurso especial não conhecido.

(REsp 163.617/RS, Rel. Ministro CARLOS ALBERTO MENEZES DIREITO, TERCEIRA TURMA, julgado em 07/10/1999, DJ 24/04/2000, p. 51)

Testamento. Abertura (execução). Ministério Público (exigências).

Poder geral de cautela. 1. No procedimento de jurisdição voluntária, ao juiz é lícito investigar livremente os fatos (Cód. de Pr. Civil, art. 1.109). 2. É lícita a exigência de certidões negativas, porque só se cumpre o testamento, "se lhe não achar vício externo que o torne suspeito de nulidade ou falsidade" (Cód. de Pr. Civil, art. 1.126). 3. Recurso especial não conhecido.

(REsp 95.861/RJ, Rel. Ministro NILSON NAVES, TERCEIRA TURMA, julgado em 04/03/1999, DJ 21/06/1999, p. 149)

[50] Castro Filho, José Olympio, idem, p. 125.

Testamento cerrado. Escritura a rogo.

Não importa em nulidade do testamento cerrado o fato de não haver sido consignado, na cédula testamentaria, nem no auto de aprovação, o nome da pessoa que, a rogo do testador, o datilografou. Inexistência, nos autos, de qualquer elemento probatório no sentido de que qualquer dos beneficiários haja sido o escritor do testamento, ou seu cônjuge, ou parente seu. Exegese razoável dos artigos 1638, i, e 1719, i, combinados, do código civil.

Entende-se cumprida a formalidade do artigo 1638, xi, do código civil, se o envelope que contém o testamento está cerrado, costurado e lacrado, consignando o termo de apresentação sua entrega ao magistrado sem vestígio algum de violação.

Recurso especial não conhecido.

(REsp .228/MG, Rel. Ministro ATHOS CARNEIRO, QUARTA TURMA, julgado em 14/08/1989, DJ 04/12/1989, p. 17884)

Segundo estabelece o *§1º do art. 735* do atual C.P.C., *do termo de abertura constarão o nome do apresentante e como ele obteve o testamento, a data e o lugar do falecimento do testador, com as respectivas provas, e qualquer circunstância digna de nota.*

A determinação de abertura do testamento cerrado deverá constar em termo de abertura. Neste termo deverá constar o nome do apresentante do testamento, que de regra é o testamenteiro, bem como da maneira que ele teve acesso ao testamento. Também deverá constar a data e o lugar do falecimento do testador, assim como, comprovado pelo apresentante, qualquer circunstância digna de nota.

Preceitua o *§2º do art. 735* do atual C.P.C. *depois de ouvido o Ministério Público, não havendo dúvidas a serem esclarecidas, o juiz mandará registrar, arquivar e cumprir o testamento.*

No procedimento não contencioso ou de jurisdição voluntária de abertura de testamento deverá haver a participação do Ministério Público, o qual velará pela legitimidade e legalidade e devido cumprimento do ato de última vontade do testador.

Ouvido o Ministério Público e não observando o juiz qualquer vício externo ou indícios de falsidade do testamento, o juiz mandará registrar, arquivar e cumprir o testamento.

Estabelece o *§3º do art. 735* do atual C.P.C. que *feito o registro, será intimado o testamenteiro para assinar o termo da testamentária.*

Também, no ato de registro do testamento, deverá o juiz observar se foi nomeado pelo testador um testamenteiro para dar cumprimento ao ato de última vontade. Uma vez nomeado, deverá o testamenteiro ser intimado para prestar compromisso de bem exercer suas funções. O testador pode nomear um ou mais testamenteiros, conjuntos ou separados, para lhe darem cumprimento às disposições de última vontade (art. 1.976 do C.c.b.).

A nomeação de testamenteiro deverá ocorrer se aquele que foi nomeado pelo testador encontrar-se ausente. Essa ausência não é da leitura do testamento, mas, sim, se não for possível mais localizar o testamenteiro em qualquer lugar.

Se o testamenteiro encontra-se em outra Comarca, deverá ser intimado por precatória ou por meio de auxílio direto. Se se encontrar em lugar incerto e não sabido, deverá ser intimado por edital. Somente após o transcurso do prazo do edital é que o juiz nomeará um testamenteiro dativo.

Estabelece o *§4º do art.* 735 do atual C.P.C. que *se não houver testamenteiro nomeado ou se ele estiver ausente ou não aceitar o encargo, o juiz nomeará testamenteiro dativo, observando-se a preferência legal.*

Se não houver a nomeação de testamenteiro pelo testador, a execução testamentária compete a testamenteiro dativo nomeado pelo juízo, que será um dos cônjuges, e, em falta deste, um dos herdeiros (art. 1.984 do C.c.b.). Não havendo herdeiro para recair a escolha, poderá o juiz nomear um testamenteiro público, se houver. Não havendo um servidor oficial, poderá o juiz nomear um estranho.

Tendo o testamenteiro a posse e administração dos bens, incumbe-lhe requerer inventário e cumprir o testamento (art. 1.979 do C.c.b.).

Sobre o tema, eis o seguinte precedente:

> *Direito civil. Sucessões. Testamento. Revogação do anterior. Invalidade da nomeação do testamenteiro. Sistemática recursal. Recurso desprovido.*
>
> *i – revogado pelo posterior o testamento anterior, fica sem validade a nomeação do testamenteiro neste efetuada, do que resulta a sua ilegitimidade ad causam.*
>
> *ii – não se conhece do recurso especial, pelo dissidio, quando fundado em repertórios não autorizados e sem a demonstração analítica do confronto.*
>
> *iii – a sistemática do recurso especial, quanto a admissibilidade, deriva da sua natureza extraordinária.*
>
> (AgRg no Ag 10.639/PE, Rel. Ministro SÁLVIO DE FIGUEIREDO TEIXEIRA, QUARTA TURMA, julgado em 21/08/1991, DJ 30/09/1991, p. 13493)

Preceitua o *§5º do art.* 735 do atual C.P.C. que *o testamenteiro deverá cumprir as disposições testamentárias e prestar contas em juízo do que recebeu e despendeu, observando-se o disposto na lei.*

O testamenteiro nomeado deverá assinar o termo de compromisso de bem fiel cumprir e executar o testamento nos termos da lei.

O testamenteiro deverá cumprir as disposições testamentárias, bem como prestar contas ao juízo do inventário do que recebeu e despendeu.

Dentre as determinações legais que devem ser observadas pelo testamenteiro encontram-se as seguintes previstas no C.c.b.:

Art. 1.980. O testamenteiro é obrigado a cumprir as disposições testamentárias, no prazo marcado pelo testador, e a dar contas do que recebeu e despendeu, subsistindo sua responsabilidade enquanto durar a execução do testamento.

Art. 1.981. Compete ao testamenteiro, com ou sem o concurso do inventariante e dos herdeiros instituídos, defender a validade do testamento.

Art. 1.982. Além das atribuições exaradas nos artigos antecedentes, terá o testamenteiro as que lhe conferir o testador, nos limites da lei.

Art. 1.983. Não concedendo o testador prazo maior, cumprirá o testamenteiro o testamento e prestará contas em cento e oitenta dias, contados da aceitação da testamentaria.

Parágrafo único. Pode esse prazo ser prorrogado se houver motivo suficiente.

Art. 1.984. Na falta de testamenteiro nomeado pelo testador, a execução testamentária compete a um dos cônjuges, e, em falta destes, ao herdeiro nomeado pelo juiz.

Art. 1.985. O encargo da testamentaria não se transmite aos herdeiros do testamenteiro, nem é delegável; mas o testamenteiro pode fazer-se representar em juízo e fora dele, mediante mandatário com poderes especiais.

Art. 1.986. Havendo simultaneamente mais de um testamenteiro, que tenha aceitado o cargo, poderá cada qual exercê-lo, em falta dos outros; mas todos ficam solidariamente obrigados a dar conta dos bens que lhes forem confiados, salvo se cada um tiver, pelo testamento, funções distintas, e a elas se limitar.

Art. 1.987. Salvo disposição testamentária em contrário, o testamenteiro, que não seja herdeiro ou legatário, terá direito a um prêmio, que, se o testador não o houver fixado, será de um a cinco por cento, arbitrado pelo juiz, sobre a herança líquida, conforme a importância dela e maior ou menor dificuldade na execução do testamento.

Parágrafo único. O prêmio arbitrado será pago à conta da parte disponível, quando houver herdeiro necessário.

Art. 1.988. O herdeiro ou o legatário nomeado testamenteiro poderá preferir o prêmio à herança ou ao legado.

Art. 1.989. Reverterá à herança o prêmio que o testamenteiro perder, por ser removido ou por não ter cumprido o testamento.

Art. 1.990. Se o testador tiver distribuído toda a herança em legados, exercerá o testamenteiro as funções de inventariante.

Art. 736

Qualquer interessado, exibindo o traslado ou a certidão de testamento público, poderá requerer ao juiz que ordene o seu cumprimento, observando- se, no que couber, o disposto nos parágrafos do art. 735.

Procedimento do testamento público

O art. 735 e seus parágrafos tratam especificamente do denominado *testamento cerrado*.

O art. 736, por sua vez, trata da outra espécie de testamento, ou seja, o chamado *testamento público*.

Nos termos do art. 1.864 do C.c.b., são requisitos essenciais do testamento público: a) ser escrito por tabelião ou por seu substituto legal em seu livro de notas, de acordo com as declarações do testador, podendo este servir-se de minuta, notas ou apontamentos; b) lavrado o instrumento, ser lido em voz alta pelo tabelião ao testador e às duas testemunhas, a um só tempo; ou pelo testador, se o quiser, na presença destas e do oficial; c) ser o instrumento, em seguida à leitura, assinado pelo testador, pelas testemunhas e pelo tabelião.

O testamento público pode ser escrito manualmente ou mecanicamente, bem como ser feito pela inserção da declaração de vontade em partes impressas de livro de notas, desde que rubricadas todas as páginas pelo testador, se mais de uma (p.u. do art. 1.864 do C.c.b).

Se o testador não souber, ou não puder assinar, o tabelião ou seu substituto legal assim o declarará, assinando, neste caso, pelo testador, e, a seu rogo, uma das testemunhas instrumentárias (art. 1.865 do C.c.b).

O indivíduo inteiramente surdo, sabendo ler, lerá o seu testamento, e, se não souber, designará quem o leia em seu lugar, presentes as testemunhas (art. 1.866 do C.c.b.).

Ao cego só se permite o testamento público, que lhe será lido, em voz alta, duas vezes, uma pelo tabelião ou por seu substituto legal, e a outra por uma das testemunhas, designada pelo testador, fazendo-se de tudo circunstanciada menção no testamento (art. 1.867 do C.c.b.).

Por isso, qualquer interessado, exibindo o traslado ou a certidão de testamento público, poderá requerer ao juiz que ordene o seu cumprimento, observando-se, no que couber, o disposto nos parágrafos do art. 735 do atual C.P.C.

Do termo de abertura constarão o nome do apresentante e como houve ele o testamento, a data e o lugar do falecimento do testador, como comprovados pelo apresentante e qualquer circunstância digna de nota.

Depois de ouvido o Ministério Público, não havendo dúvidas a serem esclarecidas, o juiz mandará registrar, arquivar e cumprir o testamento.

Feito o registro, será intimado o testamenteiro para assinar o termo da testamentária. Se não houver testamenteiro nomeado, estiver ausente ou não aceitar o encargo, o juiz nomeará testamenteiro dativo, observando-se a preferência legal.

O testamenteiro deverá cumprir as disposições testamentárias e prestar contas em juízo do que recebeu e despendeu, observando-se o disposto na lei.

Sobre o tema, eis os seguintes precedentes:

1. O egrégio Tribunal a quo asseverou que a testadora encontrava-se lúcida, com pleno discernimento de seus atos, possuindo, inclusive, pensamento amadurecido sobre testar os seus bens ao tempo da morte.

Sendo assim, para acolhimento do apelo extremo, seria imprescindível derruir a afirmação contida no decisum atacado, o que, forçosamente, ensejaria em rediscussão de matéria fática, incidindo, na espécie, o óbice da Súmula n. 7 deste Superior Tribunal de Justiça, sendo manifesto o descabimento do recurso especial.

2. A Corte local, ao interpretar as disposições de última vontade, considerou não haver qualquer dificuldade sobre o destino dos bens, pois o de cujus dispôs de todos os seus bens. Igualmente, em relação à qualificação dos beneficiários pelo testamento, o Tribunal de origem assentou que estes se encontram suficientemente identificados. Ademais, a instância ordinária considerou inexistir qualquer mácula na entrega da minuta do testamento 2 (dois) dias antes de sua leitura e assinatura, mormente, porque a autora da herança, após a sua leitura ratificou o seu conteúdo na presença das 5 (cinco) testemunhas e do Tabelião, sendo alegada irregularidade insuscetível de viciar a vontade da testadora.

2.1. Nulidade do testamento. Pleito insubsistente. A Corte de origem asseverou que a vontade da testadora foi externada de modo livre e consciente, sendo perfeitamente compreensível e identificável as disposições testamentárias. Assim, "a análise da regularidade da disposição de última vontade (testamento particular ou público) deve considerar a máxima preservação do intuito do testador, sendo certo que a constatação de vício formal, por si só, não deve ensejar a invalidação do ato, máxime se demonstrada a capacidade mental do testador, por ocasião do ato, para livremente dispor de seus bens." (AgRg no REsp 1073860/PR, Rel. Ministro ANTONIO CARLOS FERREIRA, QUARTA TURMA, julgado em 21/03/2013, DJe 01/04/2013) 3. No que concerne à impossibilidade de ser a mesma pessoa testemunha, testamenteiro e inventariante, nota-se que o recurso especial encontra-se deficiente, porquanto esta Corte Superior entende que o dispositivo legal tido como violado deve conter carga normativa suficiente a alterar o julgado hostilizado. Na hipótese vertente, o insurgente aponta ofensa à regra jurídica incapaz de exercer modificação no provimento jurisdicional atacado, razão pela qual o apelo extremo é deficiente, nos termos da Súmula n. 284 do STF. Ainda que assim não fosse, o aresto hostilizado está fundado na regra do art. 990, V, do Código de Processo Civil, que não fora objeto de impugnação pelo apelo extremo, motivo pelo qual incide por analogia a Súmula n. 283 do STF.

4. Agravo regimental desprovido.

(AgRg no AgRg no REsp 1230609/PR, Rel. Ministro MARCO BUZZI, QUARTA TURMA, julgado em 17/09/2013, DJe 02/10/2013)

I. Inclina-se a jurisprudência do STJ pelo aproveitamento do testamento quando, não obstante a existência de certos vícios formais, a essência do ato se mantém íntegra, reconhecida pelo Tribunal estadual, soberano no exame da prova, a fidelidade da manifestação de vontade da testadora, sua capacidade mental e livre expressão.

II. "A pretensão de simples reexame de prova não enseja recurso especial" (Súmula n. 7/STJ).

III. Recurso especial não conhecido.

(REsp 600.746/PR, Rel. Ministro ALDIR PASSARINHO JUNIOR, QUARTA TURMA, julgado em 20/05/2010, DJe 15/06/2010)

Art. 737

A publicação do testamento particular poderá ser requerida, depois da morte do testador, pelo herdeiro, pelo legatário ou pelo testamenteiro, bem como pelo terceiro detentor do testamento, se impossibilitado de entregá-lo a algum dos outros legitimados para requerê-la.

§ 1º Serão intimados os herdeiros que não tiverem requerido a publicação do testamento.

§ 2º Verificando a presença dos requisitos da lei, ouvido o Ministério Público, o juiz confirmará o testamento.

§ 3º Aplica-se o disposto neste artigo ao codicilo e aos testamentos marítimo, aeronáutico, militar e nuncupativo.

§ 4º Observar-se-á, no cumprimento do testamento, o disposto nos parágrafos do art. 735.

Procedimento do testamento particular, codicilo, testamento marítimo, aeronáutico, militar e nuncupativo

O art. 735 do atual C.P.C. trata do denominado *testamento cerrado;* já o art. 736 do atual C.P.C. faz referência ao *testamento público.*

O art. 737 do atual C.P.C., por sua vez, regula a apresentação do *testamento particular ou ológrafo.*

O testamento *particular* pode ser escrito de próprio punho ou mediante processo mecânico (art. 1.876 do C.c.b.).

Se for escrito de próprio punho, são requisitos essenciais à sua validade seja lido e assinado por quem o escreveu, na presença de pelo menos três testemunhas, que o devem subscrever (§1º do art. 1.876 do C.c.b.).

Se elaborado por processo mecânico, não pode conter rasuras ou espaços em branco, devendo ser assinado pelo testador, depois de o ter lido na presença de pelo menos três testemunhas, que o subscreverão (§2º do art. 1.876 do C.c.b.).

O testamento particular pode ser escrito em língua estrangeira, contanto que as testemunhas a compreendam (art. 1.880 do C.c.b.).

A publicação do testamento particular poderá ser requerida, depois da morte do testador, pelo herdeiro, pelo legatário ou pelo testamenteiro, bem como pelo terceiro detentor do testamento, se impossibilitado de entregá-lo a algum dos outros legitimados para requerê-la.

Morto o testador, publicar-se-á em juízo o testamento, com citação dos herdeiros legítimos (art. 1.877 do C.c.b.).

Se as testemunhas forem contestes sobre o fato da disposição, ou, ao menos, sobre a sua leitura perante elas, e se reconhecerem as próprias assinaturas, assim como a do testador, o testamento será confirmado (art. 1.878 do C.c.b.).

Se faltarem testemunhas, por morte ou ausência, e se pelo menos uma delas o reconhecer, o testamento poderá ser confirmado, se, a critério do juiz, houver prova suficiente de sua veracidade (p.u. do art. 1.878 do C.c.b.).

Em circunstâncias excepcionais declaradas na cédula, o testamento particular de próprio punho e assinado pelo testador, sem testemunhas, poderá ser confirmado, a critério do juiz (art. 1.879 do C.c.b.).

Segundo estabelece o *§1º do art. 737* do atual C.P.C., *serão intimados os herdeiros que não tiverem requerido a publicação do testamento.*

Como devem participar e analisar o testamento todos os herdeiros interessados, o juiz deverá determinar a intimação de todos os herdeiros que não apresentaram o testamento particular para sua publicação.

Preceitua o *§2º do art. 737* do atual C.P.C. que *verificando a presença dos requisitos da lei, ouvido o Ministério Público, o juiz confirmará o testamento.*

Presentes os requisitos de norma de direito material e processual, e após ouvido o Ministério Público sobre a legalidade e legitimidade do testamento, o juiz confirmará o testamento particular para efeito de sua execução.

É importante salientar que faltando ao testamento particular a aprovação por um tabelião, assim como ocorre com o testamento público ou com o testamento cerrado, o juiz deverá verificar, principalmente pelas declarações das testemunhas que presenciaram a feitura do testamento, que o testador o elaborou de forma autônoma e com livre manifestação de vontade, sem qualquer coação. O procedimento visa a apurar a regularidade do testamento particular.

A petição inicial deve vir instruída com o testamento particular, devendo ser requerida a notificação das testemunhas instrumentais para se manifestarem sobre a regularidade do ato. Na audiência serão notificados os eventuais sucessores (herdeiros que não tiverem requerido a publicação do testamento), bem como o Ministério Público. Na audiência, as testemunhas testamentárias deverão ser indagadas a respeito de suas assinaturas e do teor das disposições de última vontade, bem como se o testamento foi lido em sua presença e se o testador, quando manifestou o ato de vontade, apresentava normalidade psíquica. É com base nas respostas dessas indagações que o juiz irá confirmar ou não a regularidade do testamento.

É importante salientar que os termos do art. 1.878 do C.c.b., se as testemunhas forem contestes sobre o fato da disposição, ou, ao menos, sobre a sua leitura perante elas, e se reconhecerem as próprias assinaturas, assim como a do testador, o testamento será confirmado.

É requisito essencial do testamento particular que ele seja lido na presença de três testemunhas.

Contudo, se faltarem testemunhas, por morte ou ausência, e se pelo menos uma delas o reconhecer, o testamento poderá ser confirmado, se, a critério do juiz, houver prova suficiente de sua veracidade (p.u. do art. 1.878 do C.c.b.).

Em circunstâncias excepcionais declaradas na cédula, o testamento particular de próprio punho, assinado pelo testador, sem testemunhas, poderá ser confirmado, a critério do juiz (art. 1.879 do C.c.b).

Sobre a questão das testemunhas probatórias, anota José Olympio de Castro Filho, respaldado em lição de Pontes de Miranda: *"Parece-nos que se deve ir além, no que diz respeito à hipótese de peita das testemunhas, e mesmo quando estas, negando a autenticidade do testamento, possam estar cometendo ato de mero arbítrio, bem ou mal-intencionado. É que as testemunhas testamentárias apenas existem como meio de prova de que o testemunho é 'autêntico', vale dizer, digno de ser acreditado. E a autenticidade, ou seja, a certeza de que o instrumento emanou de quem é o mesmo atribuído independe, rigorosamente, em muitos casos, de confirmação por testemunhas, já que pode ser comprovada por prova pericial grafológica. Ora, se a perícia confirmar que as assinaturas do testador e das testemunhas instrumentais são verdadeiras, razão alguma existirá para deixar de ser cumprido o testamento, que é ato de vontade não das testemunhas, mas do testador".*[51]

[51] Castro Filho, J. O., idem. p. 138.

Assim, verificando a presença dos requisitos da lei, ouvido o M.P., o juiz confirmará o testamento.

Preceitua o *§3º do art. 737* do novo C.P.C. que *se aplica o disposto neste artigo ao codicilo e aos testamentos marítimo, aeronáutico, militar e nuncupativo.*

Este inciso estabelece que as disposições sobre o testamento particular aplicam-se aos testamentos especiais, a saber: testamentos marítimos, aeronáuticos, militar, bem como ao testamento nuncupativo e ao codicilo.

Sobre o testamento marítimo e aeronáutico, prescrevem os artigos 1.888 a 1892 do C.c.b:

> *Art. 1.888. Quem estiver em viagem, a bordo de navio nacional, de guerra ou mercante, pode testar perante o comandante, em presença de duas testemunhas, por forma que corresponda ao testamento público ou ao cerrado.*
>
> *Parágrafo único. O registro do testamento será feito no diário de bordo.*
>
> *Art. 1.889. Quem estiver em viagem, a bordo de aeronave militar ou comercial, pode testar perante pessoa designada pelo comandante, observado o disposto no artigo antecedente.*
>
> *Art. 1.890. O testamento marítimo ou aeronáutico ficará sob a guarda do comandante, que o entregará às autoridades administrativas do primeiro porto ou aeroporto nacional, contra recibo averbado no diário de bordo.*
>
> *Art. 1.891. Caducará o testamento marítimo, ou aeronáutico, se o testador não morrer na viagem, nem nos noventa dias subseqüentes ao seu desembarque em terra, onde possa fazer, na forma ordinária, outro testamento.*
>
> *Art. 1.892. Não valerá o testamento marítimo, ainda que feito no curso de uma viagem, se, ao tempo em que se fez, o navio estava em porto onde o testador pudesse desembarcar e testar na forma ordinária.*

Sobre o testamento militar, estabelecem os artigos 1.893 a 1.896 do C.c.b.:

> *Art. 1.893. O testamento dos militares e demais pessoas a serviço das Forças Armadas em campanha, dentro do País ou fora dele, assim como em praça sitiada, ou que esteja de comunicações interrompidas, poderá fazer-se, não havendo tabelião ou seu substituto legal, ante duas, ou três testemunhas, se o testador não puder, ou não souber assinar, caso em que assinará por ele uma delas.*
>
> *§ 1º Se o testador pertencer a corpo ou seção de corpo destacado, o testamento será escrito pelo respectivo comandante, ainda que de graduação ou posto inferior.*
>
> *§ 2º Se o testador estiver em tratamento em hospital, o testamento será escrito pelo respectivo oficial de saúde, ou pelo diretor do estabelecimento.*

§ 3º Se o testador for o oficial mais graduado, o testamento será escrito por aquele que o substituir.

Art. 1.894. Se o testador souber escrever, poderá fazer o testamento de seu punho, contanto que o date e assine por extenso, e o apresente aberto ou cerrado, na presença de duas testemunhas ao auditor, ou ao oficial de patente, que lhe faça as vezes neste mister.

Parágrafo único. O auditor, ou o oficial a quem o testamento se apresente notará, em qualquer parte dele, lugar, dia, mês e ano, em que lhe for apresentado, nota esta que será assinada por ele e pelas testemunhas.

Art. 1.895. Caduca o testamento militar, desde que, depois dele, o testador esteja, noventa dias seguidos, em lugar onde possa testar na forma ordinária, salvo se esse testamento apresentar as solenidades prescritas no parágrafo único do artigo antecedente.

Sobre o testamento nuncupativo, estabelece o art. 1.896 do C.c.b.:

Art. 1.896. As pessoas designadas no art. 1.893, estando empenhadas em combate, ou feridas, podem testar oralmente, confiando a sua última vontade a duas testemunhas.

Parágrafo único. Não terá efeito o testamento se o testador não morrer na guerra ou convalescer do ferimento.

Nesse tipo de testamento a declaração não é feita por escrito, mas verbalmente, razão pela qual pode se tornar fonte de disputas, nulidades e litígios.

Sobre o codicilo (assunto de menor importância), estabelecem os artigos 1.881 a 1.885 do C.c.b.:

Art. 1.881. Toda pessoa capaz de testar poderá, mediante escrito particular seu, datado e assinado, fazer disposições especiais sobre o seu enterro, sobre esmolas de pouca monta a certas e determinadas pessoas, ou, indeterminadamente, aos pobres de certo lugar, assim como legar móveis, roupas ou jóias, de pouco valor, de seu uso pessoal.

Art. 1.882. Os atos a que se refere o artigo antecedente, salvo direito de terceiro, valerão como codicilos, deixe ou não testamento o autor.

Art. 1.883. Pelo modo estabelecido no art. 1.881, poder-se-ão nomear ou substituir testamenteiros.

Art. 1.884. Os atos previstos nos artigos antecedentes revogam-se por atos iguais, e consideram-se revogados, se, havendo testamento posterior, de qualquer natureza, este os não confirmar ou modificar.

Art. 1.885. Se estiver fechado o codicilo, abrir-se-á do mesmo modo que o testamento cerrado.

Por sua vez, estabelece o artigo 1.902 do C.c.b.: *A disposição geral em favor dos pobres, dos estabelecimentos particulares de caridade, ou dos de assistência pública, entender-se-á relativa aos pobres do lugar do domicílio do testador ao tempo de sua morte, ou dos estabelecimentos aí sitos, salvo se manifestamente constar que tinha em mente beneficiar os de outra localidade.* Parágrafo único. *Nos casos deste artigo, as instituições particulares preferirão sempre às públicas.*

Estes tipos de testamento ou o codicilo regulam-se pela mesma forma do testamento particular, pois não são lavrados por tabelião, como ocorre com o testamento público, ou a aprovação pelo tabelião, como se dá com o testamento cerrado. Daí porque se devem observar, para o seu cumprimento, as mesmas regras do testamento particular ou ológrafo, isto é, mediante a inquirição pelo juiz das testemunhas que presenciaram o ato de disposição de última vontade.

Preceitua o *§4º do art. 737* do atual C.P.C. que *se observará, no cumprimento do testamento, o disposto nos parágrafos do art. 735.*

No cumprimento do testamento particular, assim como dos testamentos especiais descritos no §3º, observar-se-ão as determinações previstas no art. 735.

Sobre o tema, eis os seguintes precedentes do S.T.J.:

> *I – Se, a despeito da oposição de embargos declaratórios, o tribunal de origem não se manifestou sobre a existência de revogação tácita ou caducidade do testamento, em razão do falecimento da maioria das testemunhas ter ocorrido antes da morte da testadora, incide a Súmula 211 desta Corte.*
>
> *II – Esbarra no óbice da Súmula 7 do Superior Tribunal de Justiça a revisão do acórdão recorrido, no aspecto em que afirmou estarem demonstradas a veracidade e autenticidade do testamento, bem como inexistirem vícios de consentimento.*
>
> *III – Não impugnados os fundamentos que levaram o tribunal a quo a confirmar o testamento, consistentes na autenticidade e veracidade do documento, e ainda considerada que as nulidades e anulabilidades seriam restritas àquelas dos artigos 145 e 147 do referido diploma, tem aplicação a Súmula 283 do Supremo Tribunal Federal.*
>
> *Recurso não conhecido.*
>
> (REsp 830.791/MG, Rel. Ministro CASTRO FILHO, TERCEIRA TURMA, julgado em 10/04/2007, DJ 07/05/2007, p. 320)

> *Civil. Testamento datilografado. Precedentes do tribunal no tema. Reconhecimento de validade pelo tribunal de origem. Recurso especial interposto por dois dos legatários não-parentes. Falta de interesse recursal. Recurso não-conhecido.*

– legatário que não e parente apto a herdar não tem interesse em discutir, em recurso especial, eventual nulidade do testamento, uma vez que seria prejudicado por seu próprio ato.

(REsp 74.023/SP, Rel. Ministro SÁLVIO DE FIGUEIREDO TEIXEIRA, QUARTA TURMA, julgado em 26/11/1997, DJ 02/03/1998, p. 93)

Direito civil – testamento particular (legitimidade).

i – hipótese em que escrito sob ditado do testador, não havendo dúvida de que subscrito pelo autor das declarações. Validade reconhecida, com afastamento da interpretação literal do art. 1.645 do cc.

ii – recurso conhecido e provido.

(REsp 89.995/RS, Rel. Ministro WALDEMAR ZVEITER, TERCEIRA TURMA, julgado em 01/04/1997, DJ 26/05/1997, p. 22530).

SEÇÃO VI – Da Herança Jacente

Art. 738

Nos casos em que a lei considere jacente a herança, o juiz em cuja comarca tiver domicílio o falecido procederá imediatamente à arrecadação dos respectivos bens.

Herança jacente

O Código Civil brasileiro define e regula o que seja *herança jacente*, nos seguintes termos:

Art. 1.819. Falecendo alguém sem deixar testamento nem herdeiro legítimo notoriamente conhecido, os bens da herança, depois de arrecadados, ficarão sob a guarda e administração de um curador, até a sua entrega ao sucessor devidamente habilitado ou à declaração de sua vacância.

Art. 1.820. Praticadas as diligências de arrecadação e ultimado o inventário, serão expedidos editais na forma da lei processual, e, decorrido um ano de sua primeira publicação, sem que haja herdeiro habilitado, ou penda habilitação, será a herança declarada vacante.

Art. 1.821. É assegurado aos credores o direito de pedir o pagamento das dívidas reconhecidas, nos limites das forças da herança.

Art. 1.822. A declaração de vacância da herança não prejudicará os herdeiros que legalmente se habilitarem; mas, decorridos cinco anos da abertura da sucessão, os bens arrecadados passarão ao domínio do Município ou do Distrito Federal, se localizados nas respectivas circunscrições, incorporando-se ao domínio da União quando situados em território federal.

Parágrafo único. Não se habilitando até a declaração de vacância, os colaterais ficarão excluídos da sucessão.

Art. 1.823. Quando todos os chamados a suceder renunciarem à herança, será esta desde logo declarada vacante.

Assim, haverá herança jacente: a) se o falecido não deixar testamento nem herdeiro legítimo notoriamente conhecido; b) quando todos chamados a suceder renunciarem à herança.

Em regra, a existência de bens e de herdeiros são indicados na certidão de óbito do falecido.

Contudo, pode haver um falecimento em que sejam conhecidos os bens, mas não os supostos herdeiros.

Assim, a herança jacente ocorre em relação aos bens de pessoa falecida, os quais ficam sem dono conhecido.

Em tal situação, a lei determina que esses bens sejam arrecadados para sua conservação e para se evitar que haja deterioração ou que se percam.

O procedimento de herança jacente tem natureza de cautelaridade em prol dos possíveis herdeiros que futuramente possam vir a ser conhecidos.

Na realidade, a constituição da herança jacente tem por objetivo aguardar que compareçam os legítimos herdeiros para dela tomar posse.

Prescreve o art. 738 do atual C.P.C. que *nos casos em que a lei considere jacente a herança, o juiz em cuja comarca tiver domicílio o falecido procederá imediatamente à arrecadação dos respectivos bens.*

A competência para a arrecadação da herança jacente é do último domicílio do falecido, o qual é também competente para o processo de inventário.

Evidentemente, não sendo possível verificar qual foi o último domicilio do morto, nada impede que a arrecadação da herança jacente seja feita no foro de situação dos bens.

O juiz poderá proceder de *ofício* ou mediante provocação de eventuais interessados, como, por exemplo, a Fazenda Pública, o Ministério Público, ou eventual credor da herança.

Sobre o tema, eis os seguintes precedentes:

(...).

II – O bem integrante de herança jacente só é devolvido ao Estado com a sentença de declaração da vacância, podendo, até ali, ser possuído ad usucapionem. Incidência da Súmula 83/STJ.

Agravo improvido.

(AgRg no Ag 1212745/RJ, Rel. Ministro SIDNEI BENETI, TERCEIRA TURMA, julgado em 19/10/2010, DJe 03/11/2010)

(...).

2. Não se aplica o princípio da saisine ao ente público para a sucessão do bem jacente, pois o momento da vacância não se confunde com o da abertura da sucessão ou da morte do de cujus.

3. O Município é o sucessor dos bens jacentes, pois a declaração judicial da vacância ocorreu após a vigência da Lei 8.049/90.

4. Agravo regimental improvido.

(AgRg no REsp 1099256/RJ, Rel. Ministro MASSAMI UYEDA, TERCEIRA TURMA, julgado em 17/03/2009, DJe 27/03/2009)

I – É entendimento consolidado neste Superior Tribunal de Justiça que os bens jacentes são transferidos ao ente público no momento da declaração da vacância, não se aplicando, desta forma, o princípio da saisine.

II – A agravante não trouxe qualquer argumento capaz de modificar a conclusão alvitrada, a qual se mantém por seus próprios fundamentos.

Agravo improvido.

(AgRg no Ag 851.228/RJ, Rel. Ministro SIDNEI BENETI, TERCEIRA TURMA, julgado em 23/09/2008, DJe 13/10/2008)

I – A mitigação do rigor formal em prol da finalidade é critério que se impõe na interpretação dos textos legais. Entretanto, no caso dos testamentos, deve-se redobrar o zelo na observância da forma, tanto por não viver o testador no momento de esclarecer suas intenções, quanto pela suscetibilidade de fraudes na elaboração do instrumento e, consequentemente, na deturpação da vontade de quem dispõe dos bens para após a morte.

II – A revogação parcial do testamento, para substituir a herdeira anteriormente nomeada e já falecida, deve dar-se pelo mesmo modo e forma do anterior (art. 1.746 do Código Civil), não tendo a procuração ad judicia por instrumento particular esse condão revogador.

III – A capacidade para adquirir por testamento pressupõe a existência do herdeiro, ou legatário, à época da morte do testador.

Tendo falecido antes o herdeiro, perde validade a cédula testamentária.

IV – Na lição de Pontes, "a nulidade dos atos jurídicos de intercâmbio ou inter vivos é, praticamente, reparável: fazem-se outros, com as formalidades legais, ou se intentam ações que compensem o prejuízo, como a ação de in rem verso. Não se dá o mesmo com as declarações de última vontade: nulas, por defeito de forma, ou por outro motivo, não podem ser renovadas, pois morreu quem as fez. Razão maior para se evitar, no zelo do respeito à forma, o sacrifício do fundo" (Tratado de Direito Privado, t. LVIII, 2a ed., Rio de Janeiro: Borsoi, 1969, § 5.849, p. 283).

V – Iniciado o inventário e, no seu curso, verificada a inexistência de herdeiro testamentário, é de considerar-se jacente a herança, nos termos do art. 1.592, II, CC, caso em que "o juiz, em cuja comarca tiver domicílio o falecido, procederá sem perda de tempo à arrecadação de todos os seus bens" (art. 1.142, CPC). A conversão do procedimento e a nomeação do curador dá cumprimento a essa norma e atende ao princípio da economia processual, nele expressamente assentado.

(REsp 147.959/SP, Rel. Ministro SÁLVIO DE FIGUEIREDO TEIXEIRA, QUARTA TURMA, julgado em 14/12/2000, DJ 19/03/2001, p. 111)

Art. 739

A herança jacente ficará sob a guarda, a conservação e a administração de um curador até a respectiva entrega ao sucessor legalmente habilitado ou até a declaração de vacância.

§ 1º Incumbe ao curador:

I – representar a herança em juízo ou fora dele, com intervenção do Ministério Público;

II – ter em boa guarda e conservação os bens arrecadados e promover a arrecadação de outros porventura existentes;

III – executar as medidas conservatórias dos direitos da herança;

IV – apresentar mensalmente ao juiz balancete da receita e da despesa;

V – prestar contas ao final de sua gestão.

§2º Aplica-se ao curador o disposto nos arts. 159 a 161.

Curador

Verificando a ocorrência da herança jacente, o juiz procederá imediatamente a arrecadação de todos os bens, nomeando um curador que ficará responsável pela guarda, conservação e administração dos bens, até que eles possam ser entregues ao sucessor legalmente habilitado ou até a declaração de vacância, caso em que os bens serão incorporados ao domínio do Município ou do Distrito Federal, se localizados nas respectivas circunscrições, incorporando-se ao domínio da União quando situados em território federal.

Em determinadas comarcas, a lei ou o regimento interno dos tribunais atribui a competência de curador de bens arrecadados a determinado servidor intitulado de curador de ausentes ou curador de resíduos.

É importante salientar que os bens arrecadados não passam de imediato ao domínio do Município, do Distrito Federal ou da União. Isso somente ocorre após a declaração de vacância dos bens, o que se ultima após cinco anos da abertura da sucessão. Até este momento, aguarda-se o surgimento dos herdeiros legalmente aptos a receber a herança jacente.

Assim, pode-se dizer que há quatro fases a serem observadas nesse procedimento: a) arrecadação da herança; b) publicação e procura dos herdeiros e legatários; c) declaração de vacância com a entrega dos bens aos entes públicos; d) transferência do domínio dos bens ao ente público após cinco anos da abertura da sucessão.

Portanto, não há incorporação dos bens ao domínio público com a simples declaração de vacância dos bens.

Estabelece o *§1º do art. 739* do atual C.P.C. que *incumbe ao curador: I – representar a herança em juízo ou fora dele, com intervenção do Ministério Público; II – ter em boa guarda e conservação os bens arrecadados e promover a arrecadação de outros porventura existentes; III – executar as medidas conservatórias dos direitos da herança; IV – apresentar mensalmente ao juiz um balancete da receita e das despesas; V – prestar contas ao final de sua gestão.*

Tendo em vista que o curador nomeado pelo juiz tem por atribuição administrar bens alheio, o §1º do art. 739 do atual C.P.C. estabelece quais seriam as suas atribuições.

As atribuições especificadas nos incisos I a V são meramente exemplificativas, podendo existir outras atribuições de natureza legal ou por determinação judicial.

Dentre essas atribuições encontra-se a *capacidade processual*, ou seja, a prerrogativa de representar a herança em juízo ou fora dele, com intervenção do Ministério Público.

Note-se que se trata de capacidade processual, uma vez que a herança jacente não tem personalidade jurídica.

A assistência do Ministério Público ocorrerá mediante sua intimação para oficiar nos autos de procedimento não contencioso ou de jurisdição voluntária.

Deverá o curador ter em boa guarda e conservação os bens arrecadados e promover a arrecadação de outros porventura existentes. Age o curador como gestor de negócio, ou seja, deve administrar os bens alheios segundo a vontade presumível de seu dono, no caso, eventuais herdeiros.

Deve, ao lado das medidas administrativas também executar as medidas conservatórias do direito da herança, as quais muitas vezes vão além da simples administração dos bens. Assim, se houver títulos em via de prescrição, deverá promover a sua interrupção; se há contrato de locação passível de renovação, e se vislumbra o interesse na continuação do negócio ou a possibilidade de vir esta a interessar a herdeiro ou legatário provável, haverá que promover a renovação.[52]

Como se trata de administração de negócio alheio, bem como em face de que o curador foi nomeado pelo juiz e a este deverá prestar contas, deve o curador apresentar mensalmente ao juiz um balancete da receita e das despesas, prestando contas de sua atividade no processo. Essa prestação de contas permite ao juiz, ao Ministério Público e a eventuais interessados avaliar se a gestão de negócio está sendo bem realizada.

Uma vez encerrada a atribuição do curador, deverá ele prestar contas ao final de sua gestão.

Estabelece o *§2º do art. 739* do atual C.P.C. *que se aplica ao curador o disposto nos arts. 159 a 161.*

Estabelecem os artigos 159 a 161 do atual C.P.C.:

> *Art. 159. A guarda e a conservação de bens penhorados, arrestados, sequestrados ou arrecadados serão confiadas a depositário ou a administrador, não dispondo a lei de outro modo.*
>
> *Art. 160. Por seu trabalho o depositário ou o administrador perceberá remuneração que o juiz fixará levando em conta a situação dos bens, ao tempo do serviço e às dificuldades de sua execução.*
>
> *Parágrafo único. O juiz poderá nomear um ou mais prepostos por indicação do depositário ou do administrador.*
>
> *Art. 161. O depositário ou o administrador responde pelos prejuízos que, por dolo ou culpa, causar à parte, perdendo a remuneração que lhe foi arbitrada, mas tem o direito a haver o que legitimamente despendeu no exercício do encargo.*
>
> *Parágrafo único. O depositário infiel responde civilmente pelos prejuízos causados, sem prejuízo de sua responsabilidade penal e da imposição de sanção por ato atentatório à dignidade da justiça.*

Art. 740

O juiz ordenará que o oficial de justiça, acompanhado do escrivão, ou do chefe de secretaria, e do curador, arrole os bens e descreva-os em auto circunstanciado.

[52] Castro Filho, José Olympio. *Comentários ao código de processo civil.* X Vol. (art. 1.103 a 1.220). Rio de Janeiro: Forense, 1988. p. 155.

§ 1º Não podendo comparecer ao local, o juiz requisitará à autoridade policial que proceda à arrecadação e ao arrolamento dos bens, com 2 (duas) testemunhas, que assistirão às diligências.

§ 2º Não estando ainda nomeado o curador, o juiz designará depositário e lhe entregará os bens, mediante simples termo nos autos, depois de compromissado.

§ 3º Durante a arrecadação, o juiz ou a autoridade policial inquirirá os moradores da casa e da vizinhança sobre a qualificação do falecido, o paradeiro de seus sucessores e a existência de outros bens, lavrando-se de tudo auto de inquirição e informação.

§ 4º O juiz examinará reservadamente os papéis, as cartas missivas e os livros domésticos e, verificando que não apresentam interesse, mandará empacotá-los e lacrá-los para serem assim entregues aos sucessores do falecido ou queimados quando os bens forem declarados vacantes.

§ 5º Se constar ao juiz a existência de bens em outra comarca, mandará expedir carta precatória a fim de serem arrecadados.

§ 6º Não se fará a arrecadação, ou esta será suspensa, quando, iniciada, apresentarem-se para reclamar os bens o cônjuge ou companheiro, o herdeiro ou o testamenteiro notoriamente reconhecido e não houver oposição motivada do curador, de qualquer interessado, do Ministério Público ou do representante da Fazenda Pública.

Arrolamento e arrecadação dos bens

Uma vez verificada a ocorrência de herança jacente, o juiz determinará que o oficial de justiça, acompanhado do escrivão e do curador nomeado, arrole os bens e descreva-os em auto circunstanciado.

A norma procura cercar esta medida de muita segurança, a fim de resguardar a seriedade, lisura e legitimidade do ato de arrolamento de bens dos eventuais herdeiros que até então são desconhecidos.

Assim, ao invés de autorizar que o arrolamento e depósito dos bens sejam feitos apenas pelo oficial de justiça, como ocorre na maioria das apreensões judiciais previstas no código de processo civil, a norma determina que o juiz compareça pessoalmente ao local em que se encontram os bens, juntamente com o oficial, o curador e o escrivão, devendo constar tudo de auto circunstanciado.

Normalmente, o auto de arrecadação deve indicar o dia, hora, local em que se realiza o ato, as pessoas presentes, devendo descrever os bens, indicando sua respectiva natureza e características.

Os bens arrecadados serão entregues ao curador nomeado pelo juiz.

Segundo estabelece o *§1º do art. 740* do atual C.P.C., *não podendo comparecer ao local, o juiz requisitará à autoridade policial que proceda à arrecadação e ao arrolamento dos bens, com 2 (duas) testemunhas, que assistirão às diligências.*

Poderá ocorrer que o juiz não possa comparecer pessoalmente ao local em que se encontram os bens. Nesse caso, o juiz requisitará à autoridade policial que proceda à arrecadação e ao arrolamento dos bens, com duas testemunhas que assistirão às diligências. Essa hipótese poderá ocorrer em locais de difícil acesso, ou, ainda, quando houver resistência dos possíveis detentores dos bens. A função da autoridade policial, em tais casos, não é exclusivamente de arrolamento dos bens, mas, sim, de realizar a apreensão dos bens, para entregá-los à autoridade judicial.

Encontrando-se os bens em Comarcas diversas, o juiz deverá valer-se do instituto da cooperação judicial ou da expedição de carta precatória, solicitando ao magistrado da Comarca em que se situam os bens que determine a realização de arrecadação dos bens, preferencialmente através de oficial de justiça.

Estabelece o *§2º do art. 740* do atual C.P.C. que *não estando ainda nomeado o curador, o juiz designará um depositário e lhe entregará os bens, mediante simples termo nos autos, depois de compromissado.*

Para o nosso ordenamento jurídico, não basta que os bens sejam apenas arrolados. É necessário também que esses bens sejam entregues de imediato a um depositário que se responsabilizará pela sua guarda e conservação. Em regra, esse depositário será o curador nomeado. Contudo, se ainda não houver curador nomeado, o juiz poderá designar um depositário, entregando-lhe os bens, mediante simples termo nos autos, depois de compromissado.

Conforme estabelece o *§3º do art. 740* do atual C.P.C., *durante a arrecadação o juiz ou a autoridade policial inquirirá os moradores da casa e da vizinhança sobre a qualificação do falecido, o paradeiro de seus sucessores e a existência de outros bens, lavrando-se de tudo um auto de inquirição e informação.*

O ato de arrecadação dos bens serve também para apurar a qualificação do falecido e, principalmente, localizar o paradeiro de seus sucessores, assim como a existência de outros bens. Para tanto, o juiz ou a autoridade policial inquirirá os moradores da casa e da vizinhança, lavrando-se tudo um auto de inquirição e informação.

Estabelece o *§4º do art. 740* do atual C.P.C. que *o juiz examinará reservadamente os papéis, as cartas missivas e os livros domésticos e, verificando que não apresentam interesse, mandará empacotá-los e lacrá-los para serem assim entregues aos sucessores do falecido ou queimados quando os bens forem declarados vacantes.*

Tendo em vista que as cartas missivas e os livros domésticos poderão trazer informações pessoais que possam macular a intimidade do falecido ou mesmo dos possíveis herdeiros, o juiz deverá examiná-los reservadamente.

Após o exame, o juiz mandará que essas cartas ou livros domésticos, assim como outros possíveis documentos de natureza íntima, sejam empacotados e lacrados para serem assim entregues aos sucessores do falecido ou queimados quando os bens forem declarados vacantes.

Estabelece o *§5º do art. 740* do atual C.P.C. que *se constar ao juiz a existência de bens em outra comarca, mandará expedir carta precatória a fim de serem arrecadados.*

Este dispositivo vem reforçar que a arrecadação dos bens não será feita pela autoridade policial, mas sob a supervisão do juiz, ainda que se trata de magistrado com competência em Comarca diversa daquela em que foi determinada a arrecadação dos bens da herança jacente.

Por sua vez, sendo possível, ao invés de expedir carta precatória, o juiz deverá valer-se do instituto da cooperação interna.

Preconiza o *§6º do art. 740* do atual C.P.C. que *não se fará a arrecadação ou essa será suspensa, quando, iniciada, apresentarem-se para reclamar os bens o cônjuge ou companheiro, o herdeiro ou o testamenteiro notoriamente reconhecido e não houver oposição motivada do curador, de qualquer interessado, do Ministério Público ou do representante da Fazenda Pública.*

Evidentemente, os bens deixados pelo *de cujo* pertencem aos herdeiros legítimos ou testamentários, bem como a possíveis legatários. Somente se não existirem tais sucessores é que esses bens poderão vir a ser incorporados a determinado ente público.

Existindo sucessores, a herança deixa de ser jacente.

Desta feita, se antes de se iniciar a arrecadação dos bens da herança jacente, ou uma vez ela já iniciada, apresentarem-se para reclamar os bens o cônjuge ou companheiro/a, o herdeiro ou o testamenteiro notoriamente reconhecido e não havendo oposição motivada do curador, de qualquer interessado, do Ministério Público ou do representante da Fazenda Pública, o juiz determinará que não se proceda a arrecadação ou que se suspenda a arrecadação eventualmente iniciada.

Para que se interrompa a arrecadação, devem ser ouvidos o Ministério Público, a Fazenda Pública, eventuais interessados, assim como o curador nomeado. Evidentemente, a suspensão da arrecadação da herança jacente também deverá ser suspensa havendo impugnação por parte dos interessados, pelo menos até que seja decidida a impugnação apresentada. Acolhendo-se a impugnação, prossegue-se com a arrecadação da herança jacente, caso contrário, procede-se à abertura do inventário.

Assim, se surgirem os possíveis sucessores e não houver impugnação motivada do Ministério Público, da Fazenda Pública, do Curador ou de possíveis interessados, os bens devem ser colocados imediatamente à disposição daqueles.

Art. 741

Ultimada a arrecadação, o juiz mandará expedir edital, que será publicado na rede mundial de computadores, no sítio do tribunal a que estiver vinculado o juízo e na plataforma de editais do Conselho Nacional de Justiça, onde permanecerá por 3 (três) meses, ou, não havendo sítio, no órgão oficial e na imprensa da comarca, por 3 (três) vezes com intervalos de 1 (um) mês, para que os sucessores do falecido venham a habilitar-se no prazo de 6 (seis) meses contado da primeira publicação.

§ 1º Verificada a existência de sucessor ou de testamenteiro em lugar certo, far-se-á a sua citação, sem prejuízo do edital.

§ 2º Quando o falecido for estrangeiro, será também comunicado o fato à autoridade consular.

§ 3º Julgada a habilitação do herdeiro, reconhecida a qualidade do testamenteiro ou provada a identidade do cônjuge ou companheiro, a arrecadação converter-se-á em inventário.

§ 4º Os credores da herança poderão habilitar-se como nos inventários ou propor a ação de cobrança.

Publicação de editais e habilitação dos interessados

A publicação dos editais, seja na rede mundial de computadores, no sítio do tribunal a que estiver vinculado o juízo ou na plataforma de editais do Conselho Nacional de Justiça, tem por finalidade dar ciência a possíveis sucessores ou mesmo interessados de que aqueles bens arrecadados estão sob a natureza de herança jacente.

É possível que muitos sucessores desconheçam a própria morte do titular da herança ou de que ele tivesse bens a inventariar. Assim, a publicação do edital é uma oportunidade às pessoas incertas para que venham em juízo habilitar-se.

Também o edital, mais precisamente o término dos prazos ali estabelecidos, irá marcar o prazo final para ser declarada a herança jacente e a sua reversão à Fazenda Pública.

Por isso o legislador determinou que o edital seja publicado no sítio do tribunal a que estiver vinculado o juízo e na plataforma de editais do Conselho

Nacional de Justiça, onde permanecerá na página da web por três meses, ou, não havendo, no órgão oficial e na imprensa da comarca, por três vezes com intervalos de um mês.

Há entendimento de que a expressão *'imprensa da comarca'* significa dizer que o edital não deve ser publicado em apenas um órgão de imprensa, se houver mais de um na comarca. Assim, a publicação deve ser realizada num conjunto de jornais em circulação na localidade. [53]

Se na Comarca não existir jornal, poderá ser feita a publicação em rádios ou rádios comunitários, ou ainda ser publicado em jornal da comarca vizinha.

Os sucessores ou eventuais interessados do falecido deverão habilitar-se no prazo de seis meses contado da primeira publicação

Preceitua o *§1º do art. 741* do atual C.P.C. que *verificada a existência de sucessor ou testamenteiro em lugar certo, far-se-á a sua citação, sem prejuízo do edital.*

Se o juiz, por meio da leitura dos papéis reservados, ou em razão da inquirição dos vizinhos ou outras pessoas, receber informação da localização específica de eventuais sucessores, ou de testamenteiro instituído pelo falecido, deverá determinar a sua citação, não por edital, mas pessoalmente por mandado, precatória ou rogatória.

Preceitua o *§2º do art. 741* do atual C.P.C. que *quando o falecido for estrangeiro, será também comunicado o fato à autoridade consular.*

Sendo o falecido estrangeiro, e podendo haver sucessores fora do país, o juiz deverá comunicar a herança jacente à autoridade consular, a fim de que esta autoridade verifique no país de origem do falecido a possível existência de sucessores.

Estabelece o *§3º do art. 741* que *julgada a habilitação do herdeiro, reconhecida a qualidade do testamenteiro ou provada a identidade do cônjuge ou companheiro, a arrecadação converter-se-á em inventário.*

Comparecendo o herdeiro para alegar sua qualidade de sucessor, ou o testamenteiro nomeado pelo *de cujus* ou provada a identidade do cônjuge ou companheiro, a arrecadação da herança converter-se-á em inventário, dando-se prosseguimento ao processo com base nesse novo procedimento.

Se julgada procedente a habilitação do herdeiro, ou uma vez comprovada a existência de testamenteiro, cônjuge ou companheira/o, o procedimento será transformado em inventário. No procedimento de inventário, antes da partilha dos bens, haverá de se realizar o pagamento das despesas feitas por ocasião da

[53] Castro Filho, J.O. idem, p. 153/164.

arrecadação dos bens, inclusive as contas do curador, pagando-lhe a remuneração devida.

Prescreve o *§4º do art. 741* do atual C.P.C. que *os credores da herança poderão habilitar-se como nos inventários ou propor a ação de cobrança.*

Mesmo que os bens do falecido sejam arrecadados como herança jacente, essa massa patrimonial continua responsável pelo pagamento das obrigações assumidas pelo falecido.

Nesse caso, o credor poderá habilitar-se no procedimento de arrecadação de herança, como se fosse no inventário, ou promover isoladamente a demanda de cobrança.

Sobre o tema, eis os seguintes precedentes do S.T.J.:

> *I – A habilitação de crédito nos autos de inventário do devedor não é uma obrigatoriedade da parte, mas sim consiste em uma faculdade a teor do disposto no artigo 1.017, caput, do Código de Processo Civil.*
>
> *II – Os herdeiros só receberão a herança depois de solucionadas as pendências com os credores. Assim, é perfeitamente possível que a execução tenha prosseguimento, inclusive com reserva de bens suficientes, se o débito não puder ser solucionado no inventário.*
>
> *III – Não há, de fato, que se falar em habilitação do crédito trabalhista no inventário. É possível, pois, ao credor, em especial aquele oriundo de crédito trabalhista, o prosseguimento da execução.*
>
> *IV – Não se justifica a suspensão da execução trabalhista, tendo em vista que esta busca a satisfação de créditos de natureza alimentícia.*
>
> *V – Conflito Positivo de Competência conhecido para reconhecer a competência da 3ª Vara do Trabalho de Rio Branco/AC.*
>
> (CC 96.042/AC, Rel. Ministro MASSAMI UYEDA, SEGUNDA SEÇÃO, julgado em 13/10/2010, DJe 21/10/2010)

> *I – As questões de fato e de direito atinentes à herança devem ser resolvidas pelo juízo do inventário, salvo as exceções previstas em lei, como as matérias de "alta indagação" referidas no art. 984, CPC, e as ações reais imobiliários ou as em que o espólio for autor.*
>
> *Com essas ressalvas, o foro sucessório assume caráter universal, tal como o juízo falimentar, devendo nele ser solucionadas as pendências entre os herdeiros.*
>
> *II – O ajuizamento de ação de rito ordinário, por um herdeiro contra o outro, cobrando o aluguel pelo tempo de ocupação de um dos bens deixados em testamento pelo falecido, contraria o princípio da universalidade do juízo do inventário, afirmada no art. 984 do Código de Processo Civil, uma vez não se tratar de questão a demandar "alta indagação" ou a depender de "outras provas", mas de matéria típica do inventário,*

que, como cediço, é o procedimento apropriado para proceder-se à relação, descrição e avaliação dos bens deixados pelo falecido.

III – Eventual crédito da herdeira pelo uso privativo da propriedade comum deve ser aventado nos autos do inventário, para compensar-se na posterior partilha do patrimônio líquido do espólio. O ajuizamento de ação autônoma para esse fim não tem necessidade para o autor, que se vê, assim, sem interesse de agir, uma das condições da ação, que se perfaz com a conjugação da utilidade e da necessidade.

IV – Sem prequestionamento, não se instaura a via do recurso especial.

(REsp 190.436/SP, Rel. Ministro SÁLVIO DE FIGUEIREDO TEIXEIRA, QUARTA TURMA, julgado em 21/06/2001, DJ 10/09/2001, p. 392)

Art. 742

O juiz poderá autorizar a alienação:

I – de bens móveis, se forem de conservação difícil ou dispendiosa;

II – de semoventes, quando não empregados na exploração de alguma indústria;

III – de títulos e papéis de crédito, havendo fundado receio de depreciação;

IV – de ações de sociedade quando, reclamada a integralização, não dispuser a herança de dinheiro para o pagamento;

V – de bens imóveis:

a) se ameaçarem ruína, não convindo a reparação;

b) se estiverem hipotecados e vencer-se a dívida, não havendo dinheiro para o pagamento.

§ 1º Não se procederá, entretanto, à venda se a Fazenda Pública ou o habilitando adiantar a importância para as despesas.

§ 2º Os bens com valor de afeição, como retratos, objetos de uso pessoal, livros e obras de arte, só serão alienados depois de declarada a vacância da herança.

Alienação de bens

A arrecadação dos bens na herança jacente tem por finalidade entregá-los em depósito para sua conservação a fim de que sejam entregues aos sucessores do falecido ou, uma vez declarada a vacância, passem para o patrimônio de determinados entes públicos.

Contudo, antes do repasse dos bens a quem de direito, é possível que a guarda ou conservação dos bens torne-se muito dispendiosa ou mesmo perigosa para a integridade física de terceiros.

Assim, o art. 742 prevê as hipóteses em que o juiz poderá autorizar a alienação dos bens arrecadados.

Em se tratando de bens móveis, se forem de conservação difícil ou dispendiosa. Essa regra também deve ser aplicada aos bens imóveis.

No caso de semoventes, quando não forem empregados na exploração de alguma atividade, a venda deve ser autorizada, uma vez que, geralmente, sua conservação importa em dificuldades e grandes gastos.

Evidentemente, o juiz deve avaliar com cuidado o pedido de venda dos bens pelo curador, pois o momento pode não ser adequado ou o valor dos semoventes estão em baixa no mercado.

Na hipótese de títulos e papéis de crédito, poderão ser alienados (cedidos) havendo fundado receio de sua depreciação. É certo que o 'fundado receio' de depreciação por vezes é de comprovação difícil. Nesse caso, o juiz deverá avaliar se há efetivamente *fundado receio* de depreciação dos títulos.

Também poderá ser autorizada a venda de ações de sociedade quando, reclamada a integralização, não dispuser a herança jacente de dinheiro para efetuar o pagamento.

Em relação aos bens imóveis, o Código permite também a sua alienação na hipótese em que ameaçarem ruína, não convindo a reparação ou demolição, ou se esses imóveis estiverem hipotecados e vencer-se a dívida, não havendo dinheiro para o pagamento.

Também outras hipóteses poderão justificar a venda dos bens, como para o pagamento de credores da herança jacente devidamente habilitados com processo judicial em andamento; pagamento das despesas da manutenção e conservação dos bens da herança, da remuneração do curador etc.

Em todas essas hipóteses, a alienação somente poderá ocorrer após autorizada pelo juiz, ouvido o Ministério Público.

Estabelece o *§1º do art. 742* do atual C.P.C. que *não se procederá, entretanto, à venda se a Fazenda Pública ou o habilitando adiantar a importância para as despesas.*

Havendo habilitação de herdeiros ou existindo cônjuge ou companheiro, não será autorizada a venda se eles adiantarem a importância para as despesas.

Assim, a alienação não poderá ser autorizada sem que sobre ela se manifestem os habilitados no procedimento de arrecadação de herança jacente.

Quando autorizada a venda, deverá ser observado o disposto no art. 730 do atual C.P.C, que assim dispõe: *Nos casos expressos em lei, não havendo acordo entre os interessados sobre o modo como se deve realizar a alienação do bem, o juiz, de ofício ou a requerimento dos interessados ou do depositário, mandará aliená-lo em leilão, observando-se o disposto na Seção I deste Capítulo e, no que couber, o disposto nos arts. 879 a 903.*

Preceitua o *§2º do art.* 742 do atual C.P.C. que *os bens com valor de afeição, como retratos, objetos de uso pessoal, livros e obras de arte, só serão alienados depois de declarada a vacância da herança.*

Assim, este parágrafo estabeleceu que em relação aos bens de afeição não poderão ser alienados, pelo menos não antes que seja declarada a vacância da herança.

Art. 743

Passado 1 (um) ano da primeira publicação do edital e não havendo herdeiro habilitado nem habilitação pendente, será a herança declarada vacante.

§ 1º Pendendo habilitação, a vacância será declarada pela mesma sentença que a julgar improcedente, aguardando-se, no caso de serem diversas as habilitações, o julgamento da última.

§ 2º Transitada em julgado a sentença que declarou a vacância, o cônjuge, o companheiro, os herdeiros e os credores só poderão reclamar o seu direito por ação direta.

Declaração de vacância da herança

A *vacância* corresponde ao estado da herança depois de transitar pela fase intermediária da jacência, sem que tenham aparecido herdeiros: declara-se *vaga.*

A vacância somente ocorrerá após a publicação de editais dando publicidade de que determinados bens foram arrecadados em relação a determinada pessoa falecida, cujos herdeiros são ignorados. Transcorrido o prazo de um ano da primeira publicação do edital e não havendo herdeiro habilitado nem habilitação pendente, será a herança declarada vacante.

Outrossim, se durante a publicação do edital ou durante o prazo de um ano da primeira publicação do edital aparecer sucessores do falecido, ou seu cônjuge ou companheiro/a, ou, ainda, legatário ou testamenteiro nomeado pelo testador, não se poderá mais declarar a vacância dos bens, salvo se o pedido de habilitação for julgado improcedente.

Ocorrendo a declaração de vacância, os bens deverão ser entregues pelo curador ao ente público legitimado a recebê-los, no caso, o Município ou Distrito Federal, se localizados nas respectivas circunscrições, incorporando-se ao domínio da União quando situados em território federal (art. 1.822 do C.c.b.).

É importante esclarecer que não se habilitando até a declaração de vacância, os colaterais ficarão excluídos da sucessão (art. 1.822, p.u., do C.C.b.).

Sobre o tema, eis os seguintes precedentes do S.T.J.:

(...).

2. "O bem integrante de herança jacente só é devolvido ao Estado com a sentença de declaração da vacância, podendo, até ali, ser possuído ad usucapionem. Incidência da Súmula 83/STJ". (AgRg no Ag 1212745/RJ, Rel. Ministro SIDNEI BENETI, TERCEIRA TURMA, julgado em 19/10/2010, DJe 03/11/2010) 3. Quanto aos honorários sucumbenciais, arbitrados no valor de R$ 8.000,00 (oito mil reais), a serem arcados pelos ora recorrentes, não se mostram exorbitantes, sendo certo que cuida-se de demanda iniciada no longíquo ano de 1986. Como é evidente que os honorários arbitrados não são exorbitantes, a Súmula 7/STJ impõe óbice intransponível à sua revisão.

4. Agravos regimentais não providos.

(AgRg no AREsp 126.047/RJ, Rel. Ministro LUIS FELIPE SALOMÃO, QUARTA TURMA, julgado em 26/11/2013, DJe 03/12/2013)

(...).

3. No caso, pretende-se a anulação de testamento por suposta fraude, sendo que, alegadamente, a herança tornar-se-ia jacente. Daí não decorre, todavia, nem mesmo em tese, uma lesão aos interesses diretos da Administração. Isso porque, ainda que se prosperasse a alegação de fraude na lavratura do testamento, não se teria, por si só, uma lesão ao patrimônio público, porquanto tal provimento apenas teria o condão de propiciar a arrecadação dos bens do falecido, com subsequente procedimento de publicações de editais.

4. A jacência, ao reverso do que pretende demonstrar o recorrente, pressupõe a incerteza de herdeiros, não percorrendo, necessariamente, o caminho rumo à vacância, tendo em vista que, após publicados os editais de convocação, podem eventuais herdeiros se apresentarem, dando-se início ao inventário, nos termos dos arts. 1.819 a 1.823 do Código Civil.

5. "Embargos de declaração manifestados com notório propósito de prequestionamento não têm caráter protelatório" (Súmula nº 98).

6. Recurso especial parcialmente conhecido e, na extensão, provido.

(REsp 445.653/RS, Rel. Ministro LUIS FELIPE SALOMÃO, QUARTA TURMA, julgado em 15/10/2009, DJe 26/10/2009)

(...).

2. Não se aplica o princípio da saisine ao ente público para a sucessão do bem jacente, pois o momento da vacância não se confunde com o da abertura da sucessão ou da morte do de cujus.

3. O Município é o sucessor dos bens jacentes, pois a declaração judicial da vacância ocorreu após a vigência da Lei 8.049/90.

4. Agravo regimental improvido.

(AgRg no REsp 1099256/RJ, Rel. Ministro MASSAMI UYEDA, TERCEIRA TURMA, julgado em 17/03/2009, DJe 27/03/2009)

I – É entendimento consolidado neste Superior Tribunal de Justiça que os bens jacentes são transferidos ao ente público no momento da declaração da vacância, não se aplicando, desta forma, o princípio da saisine.

(...).

(AgRg no Ag 851.228/RJ, Rel. Ministro SIDNEI BENETI, TERCEIRA TURMA, julgado em 23/09/2008, DJe 13/10/2008)

O Estado não adquire a propriedade dos bens que integram a herança jacente, até que seja declarada a vacância, de modo que, nesse interregno, estão sujeitos à usucapião. Recurso especial não conhecido.

(REsp 36.959/SP, Rel. Ministro ARI PARGENDLER, TERCEIRA TURMA, julgado em 24/04/2001, DJ 11/06/2001, p. 196)

Estabelece o *§1º do art. 743* do atual C.P.C. que *pendendo habilitação, a vacância será declarada pela mesma sentença que a julgar improcedente, aguardando-se, no caso de serem diversas as habilitações, o julgamento da última.*

Este dispositivo vem reforçar a ideia de que vacância somente se concretizará se não houver sucessores habilitados.

Desta feita, pendendo habilitação, a vacância será declarada pela mesma sentença que julgar improcedente o pedido de habilitação. Contudo, sendo diversas as habilitações, aguardar-se-á o julgamento da última para se declarar a vacância.

Por fim, estabelece *§2º do art. 743* do atual C.P.C. que *transitada em julgado a sentença que declarou a vacância, o cônjuge, o companheiro, os herdeiros e os credores só poderão reclamar o seu direito por ação direta.*

Uma vez proferida a sentença que declarar a vacância, cessa a competência do juízo da arrecadação da herança jacente.

Por outro lado, mesmo após proferida a sentença declaratória de vacância, poderão eventuais sucessores do falecido reclamar os bens. Nessa hipótese, a pretensão de reclamação dos bens deverá ser exercida em 'ação própria', ou seja, demanda comum de petição de herança.

A demanda de petição de herança deverá ser proposta perante o juiz estadual ou federal (em se tratando de incorporação dos bens em favor da União).

A demanda própria somente poderá ser proposta enquanto não ocorrer a *decadência* da demanda de petição de herança, ou seja, enquanto os bens não se incorporarem ao domínio dos entes públicos, nos termos do art. 1.822 do C.C.b., *in verbis:*

> *Art. 1.822. A declaração de vacância da herança não prejudicará os herdeiros que legalmente se habilitarem; mas, decorridos cinco anos da abertura da sucessão, os bens arrecadados passarão ao domínio do Município ou do Distrito Federal, se localizados nas respectivas circunscrições, incorporando-se ao domínio da União quando situados em território federal.*

SEÇÃO VII – Dos Bens dos Ausentes

Art. 744

Declarada a ausência nos casos previstos em lei, o juiz mandará arrecadar os bens do ausente e nomear-lhes-á curador na forma estabelecida na Seção VI, observando-se o disposto em lei.

Ausência e arrecadação de bens

O C.c.b. estabelece em seu art. 22 que desaparecendo uma pessoa do seu domicílio sem dela haver notícia, se não houver deixado representante ou procurador a quem caiba administrar-lhe os bens, o juiz, a requerimento de qualquer interessado ou do Ministério Público, declarará a ausência, e nomear-lhe-á curador.

Também se declarará a ausência, e se nomeará curador, quando o ausente deixar mandatário que não queira ou não possa exercer ou continuar o mandato, ou se os seus poderes forem insuficientes.

Observa-se que o C.c.b. reconhece que a ausência poderá ensejar danos à própria pessoa do ausente, assim como para a comunidade em geral, razão pela qual determina que o Estado passe a adotar providências no sentido de resguardar os possíveis bens da pessoa desaparecida.

O procedimento adotado para a arrecadação dos bens do ausente tem a mesma finalidade do procedimento para a arrecadação da herança jacente vista na seção anterior.

A diferença está que na arrecadação da herança jacente não há notícia de herdeiros de uma pessoa falecida, enquanto que na arrecadação dos bens do ausente existem herdeiros, sendo que o desaparecimento é do próprio titular dos bens. Tanto numa como em outra hipótese, os bens deverão ser arrecadados, conservados e administrados.

Na hipótese dos bens do ausente, estes serão entregues ao ausente se aparecer ou a um procurador habilitado, ou a seus sucessores quando decorrido tempo suficiente que seja razoável a presunção de que esteja morto.

O artigo 22 do C.c.b. estabelece que a declaração da ausência dependerá de requerimento do interessado ou provocação do Ministério Público.

Contudo, para José Olympio de Castro Filho, o juiz poderá declarar a ausência *ex officio*, entendimento este também manifestado por Lopes da Costa.[54]

Conforme já afirmava Pontes de Miranda, a ausência do domicílio deve ser entendida de forma abrangente, incluindo-se também a ausência da residência.

Já para José Olympio de Castro Filho a ausência será pelo desaparecimento do domicílio e não da residência.[55]

Verificando a ausência, o juiz mandará arrecadar os bens do ausente, nomeando-lhe curador na forma estabelecida na Seção VI deste Código. A Seção VI trata das normas sobre a arrecadação da herança jacente. Assim, se a arrecadação de bens do ausente tem a mesma finalidade da herança jacente, as normas da seção VI deverão regular as duas formas de arrecadação, com as alterações específicas desta Seção VII.

O juiz que nomear o curador fixar-lhe-á os poderes e obrigações, conforme as circunstâncias, observando, no que for aplicável, o disposto a respeito dos tutores e curadores (art. 24 do C.c.b.).

Contudo, a nomeação de curador não fica ao arbítrio do juiz, como ocorre com a arrecadação da herança jacente, mas deverá observar uma ordem legal. O cônjuge do ausente, sempre que não esteja separado judicialmente, ou de fato por mais de dois anos antes da declaração da ausência, será o legítimo curador (art. 25 do C.c.b.). Entendo que esta incumbência também poderá ser, por analogia, outorgada ao companheira/o.

Na falta do cônjuge ou companheiro/a, a curadoria dos bens do ausente incumbe aos pais ou aos descendentes, nesta ordem, desde que não haja impedimento que os iniba de exercer o cargo (§1º do art. 25 do C.c.b.). Entre os descendentes, os mais próximos precedem os mais remotos (§2º do art. 25 do C.c.b.). Na falta das pessoas mencionadas, compete ao juiz a escolha do curador (§3º do art. 25 do C.c.b.).

Sobre o tema, eis o seguinte precedente do S.T.J.:

[54] Castro Filho, José Olympio. *Comentários ao código de processo civil.* X Vol. (art. 1.103 a 1.220). Rio de Janeiro: 1988. p. 177.

[55] Castro Filho, J. O., idem, p. 178.

Direito civil e processual civil. Ausência. Curadoria dos bens do ausente. Comprovação de propriedade em nome do desaparecido.

Desnecessidade.

– A nova tônica emprestada pela CF/88 ao CC/02, no sentido de dar ênfase à proteção da pessoa, na acepção humana do termo, conjugada ao interesse social prevalente, deve conciliar, no procedimento especial de jurisdição voluntária de declaração de ausência, os interesses do ausente, dos seus herdeiros e do alcance dos fins sociais pretendidos pelo jurisdicionado que busca a utilização do instituto.

-Resguarda-se, em um primeiro momento, os interesses do ausente, que pode reaparecer e retomar sua vida, para, após as cautelas legalmente previstas, tutelar os direitos de seus herdeiros, porquanto menos remota a possibilidade de efetivamente ter ocorrido a morte do desaparecido.

– A preservação dos bens do ausente constitui interesse social relevante, que busca salvaguardar direitos e obrigações tanto do ausente quanto dos herdeiros que permaneceram à deriva, durante longo período de incertezas e sofrimentos causados pelo abrupto afastamento de um ente querido.

– Essa incerteza gerada pelo desaparecimento de uma pessoa, deve ser amparada pelo intérprete da lei como necessidade de adoção de medidas tendentes a proteger o ausente e sua família, quanto aos direitos e obrigações daí decorrentes.

– Se o ausente deixa interessados em condições de sucedê-lo, em direitos e obrigações, ainda que os bens por ele deixados sejam, a princípio, não arrecadáveis, há viabilidade de se utilizar o procedimento que objetiva a declaração de ausência.

– O entendimento salutar para a defesa dos interesses do ausente e de seus herdeiros deve perpassar pela afirmação de que a comprovação da propriedade não é condição sine qua non para a declaração de ausência nos moldes dos arts. 22 do CC/02 e 1.159 do CPC.

– Acaso certificada a veracidade dos fatos alegados na inicial, por todos os meios de prova admitidos pela lei processual civil, considerada não apenas a propriedade como também a posse na comprovação do acervo de bens, deve o juiz proceder à arrecadação dos bens do ausente, que serão entregues à administração do curador nomeado, fixados seus poderes e obrigações, conforme as circunstâncias e peculiaridades do processo.

Recurso especial provido.

(REsp 1016023/DF, Rel. Ministra NANCY ANDRIGHI, TERCEIRA TURMA, julgado em 27/05/2008, DJe 20/06/2008)

Art. 745

Feita a arrecadação, o juiz mandará publicar editais na rede mundial de computadores, no sítio do tribunal a que estiver vinculado e na plataforma de editais do Conselho Nacional de Justiça, onde permanecerá por 1 (um) ano, ou, não havendo sítio, no órgão oficial e na imprensa da comarca, durante 1 (um) ano, reproduzida de 2 (dois) em 2 (dois) meses, anunciando a arrecadação e chamando o ausente a entrar na posse de seus bens.

§ 1º Findo o prazo previsto no edital, poderão os interessados requerer a abertura da sucessão provisória, observando-se o disposto em lei.

§ 2º O interessado, ao requerer a abertura da sucessão provisória, pedirá a citação pessoal dos herdeiros presentes e do curador e, por editais, a dos ausentes para requererem habilitação, na forma dos arts. 689 a 692.

§ 3º Presentes os requisitos legais, poderá ser requerida a conversão da sucessão provisória em definitiva.

§ 4º Regressando o ausente ou algum dos seus descendentes ou ascendentes para requerer ao juiz a entrega de bens, serão citados para contestar o pedido os sucessores provisórios ou definitivos, o Ministério Público e o representante da Fazenda Pública, seguindo-se o procedimento comum.

Sucessão provisória e sucessão definitiva

Realizada a arrecadação dos bens do ausente pelo curador nomeado, o juiz mandará publicar editais para dar ciência desses fatos ao ausente ou a alguém que possa saber do paradeiro do ausente ou de algum procurador por ele nomeado.

Os editais serão publicados na rede mundial de computadores, no sítio do tribunal a que estiver vinculado e na plataforma de editais do Conselho Nacional de Justiça, onde permanecerá por um ano.

Não tendo o tribunal sítio na internet, a publicação se fará durante um ano no órgão oficial e na imprensa local (como ocorre com a arrecadação da herança jacente), reproduzida de dois em dois meses, anunciando a arrecadação e chamando o ausente a entrar na posse de seus bens.

Se se tem notícia que o ausente foi visto em um determinado lugar, que não o local de seu domicílio, dever-se-ia também fazer a publicação dos editais na imprensa deste local, inclusive por meio de radiodifusão.

Sobre o tema, eis o seguinte precedente do S.T.J.:

> *(...).*
>
> *2. Hipótese em que o recorrente suspendeu o pagamento do benefício até que o recorrido apresentasse "prova de vida", o que não caracteriza negativa expressa ao direito pleiteado.*

3. Nos termos dos arts. 5º, inc. IV, e 169, inc. I, ambos do Código Civil de 1.916, não corre a prescrição contra os incapazes, entre eles incluída a pessoa declarada ausente.

4. Inexistindo desistência expressa do benefício pelo recorrido, bem como a abertura da sucessão provisória do ausente, restam devidos a àquele os proventos pleiteados, que deverão ser pagos à curadora, legalmente instituída, uma vez que esta representa o interesse do curatelado.

5. Dissídio jurisprudencial não comprovado, por ausência de similitude fática entre o acórdão recorrido e os paradigmas, nos termos exigidos nos arts. 541, parágrafo único, e 255, §§ 1º e 2º do RISTJ.

6. Recurso especial conhecido e improvido.

(REsp 261.308/MG, Rel. Ministro ARNALDO ESTEVES LIMA, QUINTA TURMA, julgado em 14/03/2006, DJ 24/04/2006, p. 432)

Estabelece o *§1º do art. 745* do atual C.P.C. que *findo o prazo previsto no edital, poderão os interessados requerer a abertura da sucessão provisória, observando-se o disposto em lei.*

Na realidade, cessa a curadoria dos bens do ausente, ou melhor, a arrecadação dos bens vagos, pelo seu comparecimento, do seu procurador ou de quem o represente, pela certeza da morte do ausente, ou pela sucessão provisória.

Decorrido um ano da arrecadação dos bens do ausente, ou, se ele deixou representante ou procurador, em se passando três anos, poderão os interessados requerer que se declare a ausência e se abra *provisoriamente a sucessão* (art. 26 do C.c.b).

Note-se que o art. 745 do atual C.P.C. indica apenas o prazo de um ano, sem fazer distinção para a abertura da sucessão provisória, enquanto que o art. 26 do C.c.b. estabelece também o prazo de um ano, mas se o ausente deixou representante ou procurador, esse prazo passa a ser de três anos. Qual deles deverá prevalecer?

Para aqueles que entendem que o direito à abertura de sucessão provisória é de natureza substantiva, há de prevalecer os dois prazos indicados no art. 26 do C.c.b. Por sua vez, para aqueles que advogam que esse direito é de natureza processual, deve prevalecer apenas o prazo de um ano para qualquer hipótese.

O certo é que cada legislação não poderia invadir a esfera de competência da outra.

Contudo, penso que havendo lei posterior que regula inteiramente matéria de lei anterior, deve prevalecer para os efeitos legais a última, principalmente, tendo em vista que entre nós não existe hierarquia de normas de conteúdo material ou processual.

São considerados interessados (art. 27 do C.c.b.): I – o cônjuge (ou o companheiro/a) não separado judicialmente (ou seja, o cônjuge cujo casamento não tenha sido desfeito por sentença); II – os herdeiros presumidos, legítimos ou testamentários; III – os que tiverem sobre os bens do ausente direito dependente de sua morte (ou seja, o legatário universal ou particular, os donatários a quem foi feita a doação, reservando o doador o usufruto; os colegatários do ausente com direito de acrescer; o doador com direito de retorno em caso de morte do donatário; o fideicomissário dos bens de que o ausente é fiduciário); IV – os credores de obrigações vencidas e não pagas.

Sobre o tema, eis o seguinte precedente do S.T.J.:

> *1. O instituto da ausência e o procedimento para o seu reconhecimento revelam um iter que se inaugura com a declaração, perpassa pela abertura da sucessão provisória e se desenvolve até que o decênio contado da declaração da morte presumida se implemente.2. Transcorrido o interregno de um decênio, contado do trânsito em julgado da decisão que determinou a abertura da sucessão provisória, atinge sua plena eficácia a declaração de ausência, consubstanciada na morte presumida do ausente e na abertura da sua sucessão definitiva.*
>
> *3. A lei, fulcrada no que normalmente acontece, ou seja, no fato de que as pessoas, no trato diário de suas relações, não desaparecem intencionalmente sem deixar rastros, elegeu o tempo como elemento a solucionar o dilema, presumindo, em face do longo transcurso do tempo, a probabilidade da ocorrência da morte do ausente.*
>
> *4. Estabelecida pela a lei a presunção da morte natural da pessoa desaparecida, é o contrato de seguro de vida alcançado por esse reconhecimento, impondo-se apenas que se aguarde pelo momento da morte presumida e a abertura da sucessão definitiva.*
>
> (REsp 1298963/SP, Rel. Ministro PAULO DE TARSO SANSEVERINO, TERCEIRA TURMA, julgado em 26/11/2013, DJe 25/02/2014)

Preceitua o *§2º do art.* 745 do atual C.P.C. que *o interessado, ao requerer a abertura da sucessão provisória, pedirá a citação pessoal dos herdeiros presentes e do curador e, por editais, a dos ausentes para requererem habilitação, na forma dos arts. 689 a 692.* Este dispositivo faz uma distinção entre os herdeiros presentes e os ausentes. Os herdeiros presentes serão citados pessoalmente, assim como o curador.

Já os herdeiros ausentes serão citados por edital, a fim de que requeiram sua habilitação nos termos do art. 689 a 692, que assim dispõem:

> *Art. 689. Proceder-se-á à habilitação nos autos do processo principal, na instância em que estiver, suspendendo-se, a partir de então, o processo.*

Art. 690. Recebida a petição, o juiz ordenará a citação dos requeridos para se pronunciarem no prazo de 5 (cinco) dias.

Parágrafo único. A citação será pessoal, se a parte não tiver procurador constituído nos autos.

Art. 691. O juiz decidirá o pedido de habilitação imediatamente, salvo se este for impugnado e houver necessidade de dilação probatória diversa da documental, caso em que determinará que o pedido seja autuado em apartado e disporá sobre a instrução.

Art. 692. Transitada em julgado a sentença de habilitação, o processo principal retomará o seu curso, e cópia da sentença será juntada aos autos respectivos.

A sentença que determinar a abertura da *sucessão provisória* só produzirá efeito cento e oitenta dias depois de publicada pela imprensa; mas, logo que passe em julgado, proceder-se-á à abertura do testamento, se houver, e ao inventário e partilha dos bens, como se o ausente fosse falecido (art. 28 do C.c.b).

Findo o prazo legal, e não havendo interessados na sucessão provisória, cumpre ao Ministério Público requerê-la ao juízo competente (§1º do art. 28 do C.c.b.).

Não comparecendo herdeiro ou interessado para requerer o inventário até trinta dias depois de passar em julgado a sentença que mandar abrir a sucessão provisória, proceder-se-á à arrecadação dos bens do ausente pela forma estabelecida nos arts. 1.819 a 1.823 do C.c.b. (§2º do art. 28 do C.c.b.).

Antes da partilha, o juiz, quando julgar conveniente, ordenará a conversão dos bens móveis, sujeitos a deterioração ou a extravio, em imóveis ou em títulos garantidos pela União (art. 29 do C.c.b.).

Os herdeiros, para se imitirem na posse dos bens do ausente, darão garantias da restituição deles, mediante penhores ou hipotecas equivalentes aos quinhões respectivos (art. 30 do C.c.b.).

Aquele que tiver direito à posse provisória, mas não puder prestar a garantia exigida, será excluído, mantendo-se os bens que lhe deviam caber sob a administração do curador, ou de outro herdeiro designado pelo juiz, e que preste essa garantia (§1º do art. 30 do C.c.b.).

Os ascendentes, os descendentes e o cônjuge, uma vez provada a sua qualidade de herdeiros, poderão, independentemente de garantia, entrar na posse dos bens do ausente (§2º do art. 30 do C.c.b).

Os imóveis do ausente só se poderão alienar, não sendo por desapropriação, ou hipotecar, quando o ordene o juiz, para lhes evitar a ruína (art. 31 do C.c.b.).

Empossados nos bens, os sucessores provisórios ficarão representando ativa e passivamente o ausente, de modo que contra eles correrão as ações pendentes e as que de futuro àquele forem movidas (art. 32 do C.c.b.).

O descendente, ascendente ou cônjuge que for sucessor provisório do ausente, fará seus todos os frutos e rendimentos dos bens que a este couberem; os outros sucessores, porém, deverão capitalizar metade desses frutos e rendimentos, segundo o disposto no art. 29, de acordo com o representante do Ministério Público, e prestar anualmente contas ao juiz competente (art. 33 do C.c.b.).

Se o ausente aparecer, e ficar provado que a ausência foi voluntária e injustificada, perderá ele, em favor do sucessor, sua parte nos frutos e rendimentos (p.u. do art. 33 do C.c.b.).

O excluído, segundo o art. 30, da posse provisória poderá, justificando falta de meios, requerer lhe seja entregue metade dos rendimentos do quinhão que lhe tocaria (art. 34 do C.c.b.).

Se durante a posse provisória se provar a época exata do falecimento do ausente, considerar-se-á, nessa data, aberta a sucessão em favor dos herdeiros, que o eram àquele tempo (art. 35 do C.c.b.).

Se o ausente aparecer, ou se lhe provar a existência, depois de estabelecida a posse provisória, cessarão para logo as vantagens dos sucessores nela imitidos, ficando, todavia, obrigados a tomar as medidas assecuratórias precisas, até a entrega dos bens a seu dono (art. 36 do C.c.b.).

Preceitua o §3º do art. 745 do atual C.P.C., que presentes os requisitos legais, poderá ser requerida a conversão da sucessão provisória em definitiva.

Dez anos depois de passada em julgado a sentença que concede a abertura da sucessão provisória, poderão os interessados requerer a sucessão definitiva e o levantamento das cauções prestadas (art. 37 do C.c.b).

Pode-se requerer a sucessão definitiva, também, provando-se que o ausente conta com oitenta anos de idade, e que de cinco datam as últimas notícias dele (art. 38 do C.c.b.).

Tal transformação não se pode operar de pleno direito, necessitando de requerimento de algum interessado.

Por fim, estabelece o *§4º do art. 745* do atual C.P.C. que regressando o ausente ou algum dos seus descendentes ou ascendentes para requerer ao juiz a entrega de bens, serão citados para contestar o pedido os sucessores provisórios ou definitivos, o Ministério Público e o representante da Fazenda Pública, seguindo-se o procedimento comum.

Por sua vez, complementa o art. 39 do C.c.b., que regressando o ausente nos dez anos seguintes à abertura da sucessão definitiva, ou algum de seus descendentes ou ascendentes, aquele ou estes haverão só os bens existentes no estado em que se acharem, os sub-rogados em seu lugar, ou o preço que os herdeiros e demais interessados houverem recebido pelos bens alienados depois daquele tempo. Parágrafo único. Se, nos dez anos a que se refere este artigo, o ausente não regressar, e nenhum interessado promover a sucessão definitiva, os bens arrecadados passarão ao domínio do Município ou do Distrito Federal, se localizados nas respectivas circunscrições, incorporando-se ao domínio da União, quando situados em território federal.

Observa-se, portanto, que a sucessão definitiva prevista no §3º do art. 745 não é bem definitiva, pois regressando o ausente no prazo de dez anos, esta se desfaz, mesmo que em parte.

Regressando o ausente ou alguns de seus descentes ou ascendentes, poderá requerer ao juiz a entrega de bens, se bens ainda existirem.

Os frutos e rendimentos recebidos pelo sucessor provisório, até a data em que surgir o ausente, não precisarão ser entregues.

No procedimento aberto por aquele que apareceu, serão citados para contestar o pedido os sucessores provisórios ou definitivos, o Ministério Público e o representante da Fazenda Pública, seguindo-se o procedimento comum.

SEÇÃO VIII – Das Coisas Vagas

Art. 746

Recebendo do descobridor coisa alheia perdida, o juiz mandará lavrar o respectivo auto, do qual constará a descrição do bem e as declarações do descobridor.

§ 1º Recebida a coisa por autoridade policial, este a remeterá em seguida ao juízo competente.

§ 2º Depositada a coisa, o juiz mandará publicar edital na rede mundial de computadores, no sítio do tribunal a que estiver vinculado e na plataforma de editais do Conselho Nacional de Justiça ou, não havendo sítio, no órgão oficial e na imprensa da comarca, para que o dono ou o legítimo possuidor a reclame, salvo se se tratar de coisa de pequeno valor e não for possível a publicação no sítio do tribunal, caso em que o edital será apenas afixado no átrio do edifício do fórum.

§ 3º Observar-se-á, quanto ao mais, o disposto em lei.

Coisas vagas

O atual C.P.C., nesta seção, trata de instituto que é melhor regulado pelo Código Civil, especificamente na seção que regula a *descoberta.*

É bem verdade que o instituto da *descoberta*, anteriormente denominada pelo C.c.b. de 1916 como sendo *da invenção*, está mal localizado no capítulo da 'propriedade em geral'. Com bem esclareceu Clóvis Beviláqua, no nosso sistema jurídico, a invenção (achado de coisa perdida) não é modo de adquirir a coisa móvel encontrada, como já não o era no direito romano. O achado de coisa perdida cria, na verdade, uma relação jurídica da qual nascem obrigações e direitos para quem encontra a coisa alheia, direitos esses que não se confundem com o de aquisição de propriedade. Dentre as obrigações, encontram-se a de restituir o objeto achado; de diligenciar para encontrar o seu dono; de responder pelos danos causados à coisa, se age dolosamente. Há também o direito de exigir uma recompensa, e de ser indenizado pelas despesas que tiver feito com a coisa achada.

O descobridor responde pelos prejuízos causados ao proprietário ou possuidor legítimo, quando tiver procedido com dolo (art. 1.235 do C.c.b.).

Na realidade, quem quer que ache coisa alheia perdida há de restituí-la ao dono ou legítimo possuidor, conforme estabelece o art. 1.233 do C.c.b.

Não conhecendo o real proprietário do bem, o descobridor fará por encontrá-lo, e, se não o encontrar, deverá entregá-lo à autoridade competente (p.u. do art. 1.233 do C.c.b.).

Não conhecendo o descobridor o efetivo dono da coisa perdida, deverá o inventor entregar o bem à autoridade policial, ou ao juiz da Comarca em que se encontre ou em que foi encontrado o bem.

Conforme afirma a legislação civil, se o descobridor não encontrar o legítimo possuidor ou proprietário da coisa perdida, deverá entregá-la à autoridade competente, no caso, ao juiz da Comarca em que a coisa se encontre ou do lugar em que foi encontrada, pois nesta localidade é que será mais provável a localização daquele que perdeu a coisa móvel.

Recebendo do descobridor a coisa alheia perdida, o juiz mandará lavrar o respectivo auto, dele constando a descrição do bem e as declarações do descobridor. Trata-se de uma providência que visa a garantir e a resguardar não só o dono da coisa mas principalmente aquele que a encontrou.

Estabelece o *§1º do art. 746* do atual C.P.C. que *recebida a coisa por autoridade policial, este a remeterá em seguida ao juízo competente.*

Este dispositivo faculta ao descobridor a possibilidade de entregar a coisa perdida diretamente à autoridade policial situada no local em que o bem foi achado ou encontrado.

Por sua vez, a autoridade policial, recebendo a coisa, remeterá de imediato ao juízo competente.

Sobre o tema, eis o seguinte precedente do S.T.J.:

Hipótese em que um dos denunciados apropriou-se de coisa achada – envelope com o Emblema da Empresa Nacional de Correios e Telégrafos –, cujo conteúdo consistia em quatro talões de cheques provenientes do Banco Itaú, de titularidade de uma correntista. Os referidos talões teriam sido distribuídos aos demais denunciados, que, juntamente com o primeiro, fizeram uso fraudulento dos mesmos.

A Empresa Brasileira de Correios e Telégrafos, ao transportar os talonários, através do serviço de Sedex, agiu na qualidade de simples detentora da coisa. Assim, o verdadeiro possuidor da coisa perdida era a instituição bancária de onde provinham os talões, até porque os cheques ainda não haviam entrado na esfera de disponibilidade da correntista.

Não se evidencia lesão a serviços, bens ou interesses da União ou Entidades Federais.

Conflito conhecido para declarar a competência do Juízo de Direito de Caçador-SC, o Suscitado.

(CC 40.525/SC, Rel. Ministro GILSON DIPP, TERCEIRA SEÇÃO, julgado em 10/03/2004, DJ 05/04/2004, p. 201).

Preconiza o *§2º do art. 746* do atual C.P.C. que *depositada a coisa, o juiz mandará publicar edital na rede mundial de computadores, no sítio do tribunal a que estiver vinculado e na plataforma de editais do Conselho Nacional de Justiça ou, não havendo sítio, no órgão oficial e na imprensa da comarca, para que o dono ou o legítimo possuidor a reclame, salvo se se tratar de coisa de pequeno valor e não for possível a publicação no sítio do tribunal, o edital será apenas afixado no átrio do edifício do fórum.*

Regra similar encontra-se no art. 1.236 do C.c.b., no sentido de que a autoridade competente dará conhecimento da descoberta através da imprensa e outros meios de informação, somente exigindo expedição de editais se o seu valor os comportar.

Contudo, o atual C.P.C. estabelece que o juiz competente deverá mandar publicar edital na rede mundial de computadores, no sítio do tribunal a que estiver vinculado e na plataforma de editais do Conselho Nacional de Justiça ou, não havendo, no órgão oficial e na imprensa da comarca, para que o dono ou o legítimo possuidor a reclame.

Evidentemente, a publicação dos editais no sítio do tribunal ou no órgão oficial são de pouca ou quase nenhuma utilidade, pois dificilmente o verdadeiro possuidor ou proprietário do bem os lerá, pois somente os profissionais do direito é que efetivamente se interessam pela leitura dessas publicações.

O certo é que esses editais fossem publicados em jornais ou fossem divulgados pelo rádio ou publicados nas portas dos Correios e Telégrafos, local em que a população costuma dirigir-se para ver se ali não foi deixado o objeto perdido.

Do edital, para facilitar a localização do dono, deverá constar pormenorizadamente a descrição da coisa e as circunstâncias em que foi encontrada.

Por sua vez, em se tratando de coisa de pequeno valor, e não sendo possível a publicação no sítio do tribunal, o edital será afixado no átrio do fórum.

Estabelece o *§3º do art. 746* do atual C.P.C. que *observar-se-á, quanto ao mais, o disposto em lei.*

No caso, devem ser observados os dispostos no Código Civil brasileiro.

Decorridos sessenta dias da divulgação da notícia pela imprensa, ou do edital, não se apresentando quem comprove a propriedade sobre a coisa, será esta vendida em hasta pública e, deduzidas do preço as despesas, mais a recompensa do descobridor, pertencerá o remanescente ao Município em cuja circunscrição se deparou o objeto perdido (art. 1.237 do C.c.b.).

Não se apresentando quem comprove a propriedade da coisa no prazo de sessenta dias da publicação do edital, esta será vendida em hasta pública.

Para a venda, o juiz determinará que se proceda a avaliação da coisa.

Evidentemente, em se tratando de jurisdição voluntária, o juiz não estará adstrito ao critério da legalidade estrita, podendo optar pelo melhor critério tanto para a avaliação quanto para a forma de se dar conhecimento ao público sobre o fato.

Do valor da venda serão deduzidas as despesas com a conservação da coisa. Também será deduzido o valor da recompensa do descobridor.

Conforme preconiza o art. 1.234 do C.c.b., aquele que restituir a coisa achada, terá direito a uma recompensa não inferior a cinco por cento do seu valor, e à indenização pelas despesas que houver feito com a conservação e transporte da coisa, se o dono não preferir abandoná-la. Na determinação do montante da recompensa, considerar-se-á o esforço desenvolvido pelo descobridor para encontrar o dono, ou o legítimo possuidor, as possibilidades que teria este de encontrar a coisa e a situação econômica de ambos (p.u. do art. 1.234 do C.c.b.).

Após essas deduções, pertencerá o saldo ao Município em cuja circunscrição se deparou o objeto perdido.

Sendo de diminuto valor, poderá o Município abandonar a coisa em favor de quem a achou (p.u. do art. 1.237 do C.c.b.).

Se no prazo de sessenta dias comparecer o dono ou o legítimo possuidor, mediante prova de seu direito, o juiz mandará entregar a coisa, sem prejuízo do pagamento das despesas efetuadas com a conservação da coisa e do prêmio em favor do descobridor.

O C.P.C. revogado estabelecia, ainda, duas importantes normatizações neste capítulo, a saber:

Art. 1.175. O procedimento estabelecido neste Capítulo aplica-se aos objetos deixados nos hotéis, oficinas e outros estabelecimentos, não sendo reclamados dentro de 1 (um) mês.

Art. 1.176. Havendo fundada suspeita de que a coisa foi criminosamente subtraída, a autoridade policial converterá a arrecadação em inquérito; caso em que competirá ao juiz criminal mandar entregar a coisa a quem provar que é o dono ou legítimo possuidor.

Contudo, não se pode de plano considerar como coisa vaga o fato de o dono deixar nos hotéis, oficinas ou outro estabelecimento algum bem, não o reclamando dentro de 1 (um) mês.

Poderá ter ocorrido eventual perdimento do bem, mas também o abandono da posse e da propriedade, e como tal deverá ser tratado.

Quanto ao que estabelecia o art. 1.176 do Código revogado, não há nenhum impedimento que a autoridade policial, ou mesmo a autoridade judiciária realize tal conduta, ou seja, havendo fundada suspeita de que a coisa foi criminosamente subtraída, deverá ser aberto inquérito policial, mantendo-se a coisa apreendida até que seja entregue ao seu legítimo possuidor ou proprietário.

SEÇÃO IX – Da Interdição

Art. 747

A interdição pode ser promovida:

I – pelo cônjuge ou companheiro;

II – pelos parentes ou tutores;

III – pelo representante da entidade em que se encontra abrigado o interditando;

IV – pelo Ministério Público.

Parágrafo único. A legitimidade deverá ser comprovada por documentação que acompanhe a petição inicial.

Sumário:

1. Considerações gerais
2. Legitimidade para requerer a interdição

1. Considerações gerais

Muito embora Adolf Wach e Chiovenda tenham sustentado que o procedimento de interdição é de natureza contenciosa, uma vez que nele pode-se instaurar dissídio ou conflito de interesses bem definidos, ou pelo fato de que se trata de aplicar a lei ao caso concreto, o atual C.P.C., assim como já o fizera o Código revogado, entende que se trata de procedimento não contencioso ou de jurisdição voluntária, uma vez que a decisão do juiz não diz respeito a questões de interesse individual de duas partes, mas visa a um interesse único, sendo tal interesse do incapaz.

Para parte da doutrina, esse tipo de procedimento desdobra-se em duas perspectivas. Na primeira, há jurisdição voluntária, tendo em vista que o juiz busca informações sobre a veracidade da incapacidade do interditando; na segunda, após o interrogatório do interditando, instaura-se o contencioso.

O Código Civil brasileiro trata em seus artigos 3º e 4º das hipóteses em que se pode considerar determinada pessoa como absolutamente ou relativamente incapaz em razão de determinada circunstância fática que não seja a simples idade.

Segundo estabelece o art. 3º, incisos II e III, do C.c.b., são absolutamente incapazes de exercer pessoalmente os atos da vida civil: os que, por enfermidade ou deficiência mental, não tiverem o necessário discernimento para a prática desses atos; os que, mesmo por causa transitória, não puderem exprimir sua vontade.

Por sua vez, o art. 4º, inciso II a IV, do C.c.b., estabelece que são incapazes, relativamente a certos atos, ou à maneira de os exercer: os ébrios habituais, os viciados em tóxicos, e os que, por deficiência mental, tenham o discernimento reduzido; os excepcionais, sem desenvolvimento mental completo; os pródigos.

A capacidade do índio será regulada por legislação especial (p.u. do art. 4º do C.c.b.).

Os absolutamente incapazes ou os relativamente incapazes por fatores de enfermidade ou deficiência mental, ou por intoxicação química, não poderão permanecer livremente exercendo os atos da vida civil, sob pena de colocarem em risco sua integridade física e material, assim como a integridade de terceiros.

Daí porque a necessidade de se instaurar o procedimento especial não contencioso ou de jurisdição voluntária de interdição total ou parcial, a fim de que um determinado curador passe a gerir no todo ou em parte os atos da vida civil do interditando ou interditado.

É importante salientar que os artigos 1.768 a 1.773 do C.c.b. foram revogados pelo art. 1.072, inc. II, do novo C.P.C., a saber:

Art. 1.768. A interdição deve ser promovida:

I – pelos pais ou tutores;

II – pelo cônjuge, ou por qualquer parente;

III – pelo Ministério Público.

Art. 1.769. O Ministério Público só promoverá interdição:

I – em caso de doença mental grave;

II – se não existir ou não promover a interdição alguma das pessoas designadas nos incisos I e II do artigo antecedente;

III – se, existindo, forem incapazes as pessoas mencionadas no inciso antecedente.

Art. 1.770. Nos casos em que a interdição for promovida pelo Ministério Público, o juiz nomeará defensor ao suposto incapaz; nos demais casos o Ministério Público será o defensor.

Art. 1.771. Antes de pronunciar-se acerca da interdição, o juiz, assistido por especialistas, examinará pessoalmente o argüido de incapacidade.

Art. 1.772. Pronunciada a interdição das pessoas a que se referem os incisos III e IV do art. 1.767, o juiz assinará, segundo o estado ou o desenvolvimento mental do interdito, os limites da curatela, que poderão circunscrever-se às restrições constantes do art. 1.782.

Art. 1.773. A sentença que declara a interdição produz efeitos desde logo, embora sujeita a recurso.

Segundo estabelece o art. 1.767 do C.c.b., estão sujeitos a curatela:

I – aqueles que, por enfermidade ou deficiência mental, não tiverem o necessário discernimento para os atos da vida civil;

II – aqueles que, por outra causa duradoura, não puderem exprimir a sua vontade;

III – os deficientes mentais, os ébrios habituais e os viciados em tóxicos;

IV – os excepcionais sem completo desenvolvimento mental;

V – os pródigos.

Também o *nascituro* estará sujeito a curatela, se o pai falecer estando grávida a mulher, e não tendo o poder de família (art. 1.779 do C.c.b.).

Se a mulher estiver interdita, seu curador será o do nascituro (p.u. do art. 1.779 do C.c.b.).

2. Legitimidade para requerer a interdição

Preceitua o *art. 747* do atual C.P.C. que *a interdição pode ser promovida: I – pelo cônjuge ou companheiro; II – pelos parentes ou tutores; III – pelo representante da entidade em que se encontra abrigado o interditando; IV – pelo Ministério Público.*

Este dispositivo trata da legitimidade para promover a interdição, passando pelo cônjuge ou companheiro, pelos parentes consanguíneos ou afins, pelo tutor, pelo representante da entidade em que se encontra abrigado o interditando, e, finalmente, pelo Ministério Público.

Tendo em vista que o Ministério Público também tem legitimidade para promover a interdição, observa-se que o art. 747 do atual C.P.C. apresenta *numerus clausus* sobre a legitimidade para se requerer a interdição de alguém.

Na petição em que se requer a interdição, o requerente provará a sua legitimidade, especificará os fatos que revelam a anomalia psíquica, juntando laudo médico para fazer prova de suas alegações ou informando a impossibilidade de fazê-lo, e assinalará a incapacidade do interditando para reger a sua pessoa e administrar os seus bens.

Inicialmente, deve-se esclarecer que a *competência* para o processo de interdição é do juízo do domicílio do interditando ou incapaz.

Para que o juiz receba a petição inicial, e determine o processamento da pretensão formulada, é necessário que o requerente tenha legitimidade para formular o pedido de interdição.

É importante salientar que nao há uma ordem determinada de legitimidade para se promover a interdição, exceto para o Ministério Público (art. 747 do atual C.P.C.).

Em relação à legitimidade de *qualquer parente*, o Código Civil não distinguiu entre parente próximo ou remoto, muito menos entre parente consanguíneo ou afim. Se o legislador não distinguiu, não caberia ao intérprete distinguir, principalmente, por ser a interdição um procedimento tão importante para a segurança de eventual incapaz e para as consequências jurídicas que disso possam advir.

Segundo dispõe o art. 1.780 do C.c.b., *a requerimento do enfermo ou portador de deficiência física, ou, na impossibilidade de fazê-lo, de qualquer das pessoas a que se refere o art. 1.768, dar-se-lhe-á curador para cuidar de todos ou alguns de seus negócios ou bens.*

Na petição inicial, o legitimado deve demonstrar, em *status assertionis*, e mediante alegações consistentes e amparadas em laudo médico, salvo impossibilidade de fazê-lo, a causa de pedir, consistente na incapacidade do interditando para reger a sua pessoa e administrar os seus bens.

Se não for possível acompanhar a inicial o laudo médico, deve o legitimado demonstrar por meio de outras provas a conduta ou acontecimento que envolva a pessoa do interditando e que possa demonstrar a necessidade de sua interdição.

Por isso, o magistrado nesse tipo de procedimento deve ter muito cuidado e atenção para admitir a inicial, principalmente pelas graves consequências pessoais e jurídicas que dela podem advir.

Estabelece o *parágrafo único do art.* 747 do atual C.P.C. que o *a legitimidade deverá ser comprovada por documentação que acompanhe a petição inicial.*

Como os legitimados para o pedido de interdição são taxativos, a petição inicial deverá vir acompanhada da prova da legitimação.

Sobre o tema, eis o seguinte precedente do S.T.J.:

Em linha de princípio, somente pode ajuizar ação cautelar a parte legítima para a propositura da ação principal.

Há de se reputar legítima a sobrinha que, pelo interesse sucessório e moral revelado na espécie, postula a produção antecipada de prova destinada ao aparelhamento do pedido de interdição de sua tia.

Recurso especial não conhecido.

(REsp 532.864/RJ, Rel. Ministro CESAR ASFOR ROCHA, QUARTA TURMA, julgado em 11/10/2005, DJ 13/02/2006, p. 803)

Art. 748

O Ministério Público só promoverá interdição em caso de doença mental grave:

I – se as pessoas designadas nos incisos I, II e III do art. 747 não existirem ou não promoverem a interdição;

II – se, existindo, forem incapazes as pessoas mencionadas nos incisos I e II do art. 747.

Legitimidade do Ministério Público

O Ministério Público somente promoverá a interdição em caso de doença metal grave e: a) – se não existir ou não promover a interdição alguma das pessoas designadas nos incisos I, II e III do art. 745; b) – se, existindo, forem incapazes as pessoas mencionadas nos incisos I e II do art. 745.

Pelo C.P.C. de 1973, o Ministério Público poderia promover a interdição no caso de *anomalia psíquica* (art. 1.178, Inc. I). Assim, sendo a prodigalidade uma espécie de anomalia psíquica, uma vez que aquele que se encontra em seu juízo normal não dissipa seus bens, o Ministério Público poderia promover a interdição do pródigo.

Contudo, o Código Civil brasileiro de 2002 somente permite que o Ministério Público promova a interdição na hipótese de *doença mental grave*. Não sendo a prodigalidade uma *doença mental grave*, não terá mais o Ministério Público legitimidade para a interdição do pródigo.

Sobre o tema, eis os seguintes precedentes do S.T.J.:

I – O Ministério Público tem legitimidade ativa originária para propor ação de interdição fundamentada em anomalia psíquica, com base no artigo 1.178, I, do Código de Processo Civil.

II – Improsperável a alegação de inépcia da petição inicial se o pedido de interdição encontra-se devidamente fundamentado, inclusive com respaldo em laudos médicos, o que justifica o prosseguimento do feito, com vistas à aferição da saúde mental do interditando, o qual, cumpre ressaltar, tem não apenas interesse, mas também o direito de provar que pode gerir sua própria vida, administrar seus bens e exercer sua profissão.

III – O mandado de segurança, tendo em vista sua natureza excepcional, não comporta dilação probatória, fazendo-se necessário que a indigitada violação a direito líquido e certo reste evidenciada por prova pré-constituída, indene de dúvidas, a qual não se faz presente nos autos.

Recurso improvido.

(RMS 22.679/RS, Rel. Ministro SIDNEI BENETI, TERCEIRA TURMA, julgado em 25/03/2008, DJe 11/04/2008)

Processual civil. Interdição. Ministério público. Legitimidade. Anomalia psíquica. Doutrina. Recurso desacolhido.

– sendo o requerimento de interdição fundamentado em anomalia psíquica, detém o ministério público legitimidade para atuar como parte ativa da causa, como recomenda a boa doutrina, inocorrendo divergência nessa modalidade.

(REsp 39.497/SP, Rel. MIN. SALVIO DE FIGUEIREDO TEIXEIRA, QUARTA TURMA, julgado em 24/03/1997, DJ 05/05/1997, p. 17053)

Art. 749

Incumbe ao autor, na petição inicial, especificar os fatos que demonstram a incapacidade do interditando para administrar seus bens e, se for o caso, para praticar atos da vida civil, bem como o momento em que a incapacidade se revelou.

Parágrafo único. Justificada a urgência, o juiz pode nomear curador provisório ao interditando para a prática de determinados atos.

Requisitos da petição inicial

Na petição inicial, o legitimado especificará os fatos que revelam a incapacidade do interditando para administrar seus bens e, se for o caso, praticar atos da vida civil, bem como o momento em que a incapacidade se revelou.

No Projeto Originário do C.P.C. falava-se em *anomalia psíquica* ao invés de incapacidade do interditando.

Evidentemente, expressão *anomalia psíquica* não seria a mais correta, pois nem todos os casos de interdição têm fundamento nessa causa, como pode ocorrer com a interdição do surdo-mudo.

Deve, portanto, o legitimado demonstrar, em *status assertionis,* e mediante alegações consistentes amparadas em laudo médico, salvo impossibilidade de fazê-lo, a causa de pedir, que diz respeito à incapacidade do interditando para reger a sua pessoa e administrar os seus bens.

Se não for possível acompanhar a inicial o laudo médico, deve o legitimado demonstrar por meio de outras provas a conduta ou acontecimento que envolva a pessoa do interditando e que possa demonstrar a necessidade de sua interdição.

Por isso, o magistrado, neste tipo de procedimento, deve ter muito cuidado e atenção para deferir a inicial, principalmente pelas graves consequências pessoais e jurídicas que dele podem advir.

Também é importante a petição inicial indicar o momento em que a incapacidade se revelou, até para que se possa avaliar a licitude dos atos praticados pelo interditando. Sobre o tema, eis os seguintes precedentes do S.T.J.:

> *1. A sentença de interdição tem natureza constitutiva, pois não se limita a declarar uma incapacidade preexistente, mas também a constituir uma nova situação jurídica de sujeição do interdito à curatela, com efeitos ex nunc.*
>
> *2. Outorga de poderes aos advogados subscritores do recurso de apelação que permanece hígida, enquanto não for objeto de ação específica na qual fique cabalmente demonstrada sua nulidade pela incapacidade do mandante à época da realização do negócio jurídico de outorga do mandato.*
>
> *3. Interdição do mandante que acarreta automaticamente a extinção do mandato, inclusive o judicial, nos termos do art. 682, II, do CC.*
>
> *4. Inaplicabilidade do referido dispositivo legal ao mandato outorgado pelo interditando para atuação de seus advogados na ação de interdição, sob pena de cerceamento de seu direito de defesa no processo de interdição.*
>
> *5. A renúncia ao direito de recorrer configura ato processual que exige capacidade postulatória, devendo ser praticado por advogado.*
>
> *6. Nulidade do negócio jurídico realizado pelo interdito após a sentença de interdição.*
>
> *7. Preclusão da matéria relativa aos atos processuais realizados antes da negativa de seguimento ao recurso de apelação.*
>
> *8. Doutrina e jurisprudência acerca do tema.*

9. RECURSO ESPECIAL PARCIALMENTE PROVIDO.

(REsp 1251728/PE, Rel. Ministro PAULO DE TARSO SANSEVERINO, TERCEIRA TURMA, julgado em 14/05/2013, DJe 23/05/2013).

Nulidade de ato jurídico praticado por incapaz antes da sentença de interdição. Reconhecimento da incapacidade e da ausência de notoriedade. Proteção do adquirente de boa-fé. Precedentes da Corte.

1. A decretação da nulidade do ato jurídico praticado pelo incapaz não depende da sentença de interdição. Reconhecida pelas instâncias ordinárias a existência da incapacidade, impõe-se a decretação da nulidade, protegendo-se o adquirente de boa-fé com a retenção do imóvel até a devolução do preço pago, devidamente corrigido, e a indenização das benfeitorias, na forma de precedente da Corte.

2. Recurso especial conhecido e provido.

(REsp 296.895/PR, Rel. Ministro CARLOS ALBERTO MENEZES DIREITO, TERCEIRA TURMA, julgado em 06/05/2004, DJ 21/06/2004, p. 214)

Estabelece o *parágrafo único do art. 749* do atual C.P.C. que *justificada a urgência, o juiz pode nomear curador provisório ao interditando para a prática de determinados atos.*

Assim, se a incapacidade for de plena evidência e houver urgência, o juiz poderá nomear curador provisório ao interditando para a prática de determinados atos.

Art. 750

O requerente deverá juntar laudo médico para fazer prova de suas alegações ou informar a impossibilidade de fazê-lo.

Prova da incapacidade

Não há dúvida de que a prova mais eficaz para se comprovar a incapacidade de uma pessoa é justamente sua avaliação por um médico especializado.

Assim, salvo impossibilidade de fazê-lo, o requerente deverá juntar laudo médico no qual indique a incapacidade do interditando.

Se não for possível a juntada do laudo, deverá o requerente informar a impossibilidade de fazê-lo.

Art. 751

O interditando será citado para, em dia designado, comparecer perante o juiz, que o entrevistará minuciosamente acerca de sua vida, negócios, bens, vontades, preferências e laços familiares e afetivos e sobre o que mais lhe parecer necessário para convencimento quanto à sua capacidade para praticar atos da vida civil, devendo ser reduzidas a termo as perguntas e respostas.

§ 1º Não podendo o interditando deslocar-se, o juiz o ouvirá no local onde estiver.

§ 2º A entrevista poderá ser acompanhada por especialista.

§ 3º Durante a entrevista, é assegurado o emprego de recursos tecnológicos capazes de permitir ou auxiliar o interditando a expressar suas vontades e preferências e a responder às perguntas formuladas.

§ 4º A critério do juiz, poderá ser requisitada a oitiva de parentes e pessoas próximas.

Citação do interditando

No Código de Processo de 1939, autuada a petição inicial, o juiz deveria nomear dois peritos para o exame médico-legal, sendo que em audiência previamente designada, deveria ouvir o interditando, o defensor e as testemunhas, proferindo, após, a decisão sobre a interdição (art. 607).

O atual C.P.C., assim como já o fazia o C.P.C. de 1973, o interditando será pessoalmente (se assim for possível) citado, para em dia e hora designados, comparecer perante o juiz, que o entrevistará. Essa entrevista deverá ser realizada pelo magistrado na presença de médicos especialistas sobre a eventual causa da interdição. Durante o exame, o juiz deverá interrogar o interditando minuciosamente acerca de sua vida, seus negócios, seus bens e do que mais lhe parecer necessário para avaliar o estado mental do interditando. As perguntas e respostas deverão ser reduzidas a termo, assim como tudo o mais que se passar durante o exame do interditando.

Evidentemente, o juiz não tem capacidade técnica para avaliar se o interditando é ou não incapaz. Por isso, ele deverá valer-se dos conhecimentos de especialistas.

No interrogatório que será efetuado, o juiz poderá conjugar elementos para a decisão sobre a interdição.

Na verdade, diversos doutrinadores criticam essa fase do interrogatório, pois isso poderia muito bem ser suprido pela avaliação médica com especialistas no assunto, evitando-se impressões, desconfianças, suposições sobre o estado mental de determinada pessoa.

É importante salientar que nessa inspeção o juiz não precisa se ater às determinações legais, pois em se tratando de procedimento não contencioso ou de jurisdição voluntária, o magistrado terá amplo campo de discricionariedade.

Para audiência do interrogatório e inspeção, o juiz deverá intimar o Ministério Público ou eventual curador à lide que fora nomeado, quando o Ministério Público for o autor do pedido de interdição.

A audiência de interrogatório, evidentemente, deverá correr em segredo de justiça.

Sobre o tema, eis os seguintes precedentes do S.T.J.:

Processo civil. Recurso especial. Interdição. Supressão do prazo de impugnação previsto no art. 1.182 do CPC com fundamento no art. 1.109 do mesmo diploma legal. Inviabilidade.

– O art. 1.109 do CPC abre a possibilidade de não se obrigar o juiz, nos procedimentos de jurisdição voluntária, à observância do critério de legalidade estrita, abertura essa, contudo, limitada ao ato de decidir, por exemplo, com base na equidade e na adoção da solução mais conveniente e oportuna à situação concreta.

– Isso não quer dizer que a liberdade ofertada pela lei processual se aplique à prática de atos procedimentais, máxime quando se tratar daquele que representa o direito de defesa do interditando.

Recurso especial provido.

(REsp 623.047/RJ, Rel. Ministra NANCY ANDRIGHI, TERCEIRA TURMA, julgado em 14/12/2004, DJ 07/03/2005, p. 250)

1 – Constatado pelas instâncias ordinárias que o interditando, por absoluta incapacidade, não tem condições de gerir sua vida civil, com amparo em laudo pericial (extrajudicial) e demais elementos de prova, inclusive o interrogatório de que trata o art. 1181 do Código de Processo Civil, a falta de nova perícia em juízo não causa nulidade, porquanto, nesse caso, é formalidade dispensável (art. 244 do CPC).

2 – Recurso especial não conhecido.

(REsp 253.733/MG, Rel. Ministro FERNANDO GONÇALVES, QUARTA TURMA, julgado em 16/03/2004, DJ 05/04/2004, p. 266)

Estabelece o *§1º do art. 751* do atual C.P.C. que *não podendo o interditando deslocar-se, o juiz o ouvirá no local onde estiver.*

Em muitos casos o interditando não poderá se deslocar até a sede do juízo para que possa ser examinado. Nesse caso, o juiz deverá realizar a inspeção judicial, deslocando-se até o local em que se encontrar o interditando que poderá ser numa residência ou em um hospital.

Se não for possível realizar o interrogatório, o procedimento deverá seguir com seus ulteriores termos.

Prescreve o *§2º do art. 751* do atual C.P.C. que a *entrevista poderá ser acompanhada por especialista.*

Na realidade, o termo 'deverá' deve ser entendido como 'é obrigatório', pois o juiz, como se disse, não tem capacidade cognitiva especializada para avaliar se determinada pessoa é ou não incapaz.

Durante a entrevista, é assegurado o emprego de recursos tecnológicos capazes de permitir ou auxiliar o interditando a expressar sua vontade e preferências e a responder às perguntas formuladas (*§3º do art. 751* do atual C.P.C.).

Estabelece o *§ 4º do art.751* do atual C.P.C. que *a critério do juiz, poderá ser requisitada a oitiva de parentes e pessoas próximas.*

Esta providência que poderá ser adotada pelo juiz é muito salutar, pois a oitiva de parentes e pessoas próximas permitirá dar um panorama geral e mais próximo da realidade quanto ao comportamento e às atitudes do interditando, auxiliando a avaliação que deverá ser feita pelo médico especializado.

Art. 752

Dentro do prazo de 15 (quinze) dias contado da entrevista, o interditando poderá impugnar o pedido.

§ 1º O Ministério Público intervirá como fiscal da ordem jurídica.

§ 2º O interditando poderá constituir advogado, e, caso não o faça, deverá ser nomeado curador especial

§ 3º Caso o interditando não constitua advogado, o seu cônjuge, companheiro ou qualquer parente sucessível poderá intervir como assistente.

Impugnação ao pedido

Como se trata de um processo, cujo procedimento é não contencioso ou de jurisdição voluntária, deverá haver efetivamente o contraditório e a ampla defesa.

Assim, se o interditando não se achar incapaz, ou se houver indícios de que se trate de fraude, poderá ele impugnar o pedido no prazo de quinze dias.

O prazo de quinze dias para a impugnação corre da data da entrevista, tenha ou não o interditando comparecido.

Entendo que em se tratando de procedimento não contencioso ou de jurisdição voluntária, no qual o juiz não está obrigado a seguir estritamente as determinações legais, a defesa do interditando poderá ser feita pessoalmente, sem assistência de advogado, principalmente porque está em jogo sua capacidade para a vida civil.

O Ministério Público oficiará como fiscal da ordem jurídica, obrigatoriamente, salvo se ele for parte no procedimento (*§1º do art. 752 do atual C.P.C)*.

Sendo parte o Ministério Público, não haverá necessidade de outro membro do *parquet* atuar no procedimento.

O interditando poderá constituir advogado para intervir em seu favor no processo, e, caso não o faça, deverá ser nomeado curador (*§2 do art. 752 do atual C.P.C.*).

Muito embora o interditando possa impugnar pessoalmente a interdição, nada impede que ele constitua advogado para impugnar o pedido de interdição, ou peça que seja constituído caso necessite de gratuidade de justiça.

Se o interditando não indicar advogado, ser-lhe-á nomeado curador especial.

Haverá, portanto, defesa obrigatória por parte do curador nomeado.

Caso o interditando não constitua advogado para defendê-lo, o seu cônjuge, companheiro ou qualquer parente sucessível poderá intervir como assistente (*§3º do art. 752 do atual C.P.C.).*

A assistência, nesse caso, será simples e não litisconsorcial.

Art. 753

Decorrido o prazo previsto no art. 752, o juiz determinará a produção de prova pericial para avaliação da capacidade do interditando para praticar atos da vida civil.

§ 1º A perícia pode ser realizada por equipe composta por expertos com formação multidisciplinar.

§ 2º O laudo pericial indicará especificadamente, se for o caso, os atos para os quais haverá necessidade de curatela.

Produção de prova pericial.

Na audiência de entrevista prevista no art. 751 do atual C.P.C., o juiz fará a entrevista do interditando assistido por especialistas que observarão a postura e a maneira como o interditando formula as respostas do ato judicial.

O art. 753 do atual C.P.C. preconiza que decorrido o prazo de quinze dias a que se refere o art.752, o juiz nomeará perito para proceder ao exame do interditando. Os interessados, especialmente o interditando e o requerente, poderão nomear assistente técnico, pois o Código não proíbe essa possibilidade.

O juiz deverá marcar prazo para apresentação do laudo, sendo que a perícia poderá ser realizada de acordo com as normas do procedimento comum ordinário, no que for aplicável.

É importante salientar que muito embora o juiz não esteja vinculado às conclusões do laudo pericial, o certo é que em se tratando de interdição, o laudo pericial será de extrema importância, salvo se contiver erros, informações imprecisas, inexatidões etc., podendo, inclusive, ser determinada nova perícia.

Decorrido o prazo de quinze dias após a audiência de entrevista, e convencendo-se o juiz da necessidade de exame pericial no interditando, determinará a sua realização, nomeando perito médico na área respectiva para proceder ao exame.

O juiz também poderá designar nova audiência para a apresentação do resultado das provas periciais, para oitivas de testemunhas e dos interessados.

Poderá haver, portanto, duas audiências, o que de certa forma faz com que o procedimento de interdição torne-se lento e demorado, principalmente pelas escassas datas de pauta dos magistrados.

Estabelece o *§ 1º do art. 753* do atual C.P.C. que *a perícia pode ser realizada por equipe composta por expertos com formação multidisciplinar.*

Se houver necessidade de especialistas de mais uma área do conhecimento, o juiz poderá determinar a formação de uma equipe composta por expertos com formação multidisciplinar, ou seja, na área médica, sociológica etc.

Preconiza o *§ 2º do art. 753* do atual C.P.C. que *o laudo pericial indicará especificadamente, se for o caso, os atos para os quais haverá necessidade de curatela.*

Poderá ocorrer que a incapacidade do interditando seja meramente parcial, razão pela qual o laudo poderá indicar apenas os atos para os quais haverá necessidade de curatela.

Sobre o tema, eis os seguintes precedentes do S.T.J.:

> *1 – Constatado pelas instâncias ordinárias que o interditando, por absoluta incapacidade, não tem condições de gerir sua vida civil, com amparo em laudo pericial (extrajudicial) e demais elementos de prova, inclusive o interrogatório de que trata o art. 1181 do Código de Processo Civil, a falta de nova perícia em juízo não causa nulidade, porquanto, nesse caso, é formalidade dispensável (art. 244 do CPC).*
>
> *2 – Recurso especial não conhecido.*

(REsp 253.733/MG, Rel. Ministro FERNANDO GONÇALVES, QUARTA TURMA, julgado em 16/03/2004, DJ 05/04/2004, p. 266)

1. A internação compulsória deve ser evitada, quando possível, e somente adotada como última opção, em defesa do internado e, secundariamente, da própria sociedade. É claro, portanto, o seu caráter excepcional, exigindo-se, para sua imposição, laudo médico circunstanciado que comprove a necessidade de tal medida.

2. A interdição civil com internação compulsória, tal como determinada pelas instâncias inferiores, encontra fundamento jurídico tanto na Lei n. 10.216/2001 quanto no artigo 1.777 do Código Civil. No caso, foi cumprido o requisito legal para a imposição da medida de internação compulsória, tendo em vista que a internação do paciente está lastreada em laudos médicos.

3. Diante do quadro até então apresentado pelos laudos já apreciados pelas instâncias inferiores, entender de modo diverso, no caso concreto, seria pretender que o Poder Público se portasse como mero espectador, fazendo prevalecer o direito de ir e vir do paciente, em prejuízo de seu próprio direito à vida.

4. O art. 4º da Lei n. 10.216/2001 dispõe: "A internação, em qualquer de suas modalidades, só será iniciada quando os recursos extra-hospitalares se mostrarem insuficientes." Tal dispositivo contém ressalva em sua parte final, dispensando a aplicação dos recursos extra-hospitalares se houver demonstração efetiva da insuficiência de tais medidas. Essa é exatamente a situação dos autos, haja vista ser notória a insuficiência de medidas extra-hospitalares, conforme se extrai dos laudos invocados no acórdão impugnado.

5. É cediço não caber na augusta via do habeas corpus, em razão de seu rito célere e desprovido de dilação probatória, exame aprofundado de prova no intuito de reanalisar as razões e motivos pelos quais as instâncias inferiores formaram sua convicção.

6. O documento novo consistente em relatório do Subcomitê de Prevenção da Tortura e outros Tratamentos ou Penas Cruéis, Desumanos ou Degradantes- (SPT) da Organização das Nações Unidas (ONU) não pode ser apreciado por esta Corte sob pena de supressão de instância.

7. A internação compulsória em sede de ação de interdição, como é o caso dos autos, não tem caráter penal, não devendo ser comparada à medida de segurança ou à medida socioeducativa à que esteve submetido no passado o paciente em face do cometimento de atos infracionais análogos a homicídio e estupro. Não se ambiciona nos presentes autos aplicar sanção ao ora paciente, seja na espécie de pena, seja na forma de medida de segurança. Por meio da interdição civil com internação compulsória resguarda-se a vida do próprio interditando e, secundariamente, a segurança da sociedade.

8. Não foi apreciada pela Corte de origem suspeição ou impedimento em relação à perícia, questionamento a respeito da periodicidade das avaliações periciais, bem como o pedido de inserção do paciente no programa federal De Volta Para Casa. A jurisprudência do Superior Tribunal de Justiça consolidou o entendimento de que não se conhece de habeas corpus cuja matéria não foi objeto de decisão pela Corte de Justiça estadual, sob pena de indevida supressão de instância.

(HC 165.236/SP, Rel. Ministro MOURA RIBEIRO, QUINTA TURMA, julgado em 05/11/2013, DJe 11/11/2013; HC 228.848/SP, Rel. Ministra MARIA THEREZA DE ASSIS MOURA, SEXTA TURMA, julgado em 24/10/2013, DJe 04/11/2013) 9. Ordem denegada.

(HC 169.172/SP, Rel. Ministro LUIS FELIPE SALOMÃO, QUARTA TURMA, julgado em 10/12/2013, DJe 05/02/2014)

Art. 754

Apresentado o laudo, produzidas as demais provas e ouvidos os interessados, o juiz proferirá sentença.

Prolação da sentença

Apresentado o laudo, produzidas as demais provas e ouvidos os interessados, o juiz decidirá.

Assim, após o contraditório das partes sobre as provas colhidas, principalmente sobre o laudo pericial, o juiz está apto a proferir sua decisão.

Art. 755

Na sentença que decretar a interdição, o juiz:

I – nomeará curador, que poderá ser o requerente da interdição, e fixará os limites da curatela, segundo o estado e o desenvolvimento mental do interdito;

II – considerará as características pessoais do interdito, observando suas potencialidades, habilidades, vontades e preferências;

§ 1º A curatela deve ser atribuída a quem melhor possa atender aos interesses do curatelado.

§ 2º Havendo, ao tempo da interdição, pessoa incapaz sob a guarda e a responsabilidade do interdito, o juiz atribuirá a curatela a quem melhor puder atender aos interesses do interdito e do incapaz.

§ 3º A sentença de interdição será inscrita no registro de pessoas naturais e imediatamente publicada na rede mundial de computadores, no sítio do tribunal a que estiver vinculado o juízo e na plataforma de editais do Conselho Nacional de Justiça, onde permanecerá por 6 (seis) meses, na imprensa local, 1 (uma) vez, e no órgão oficial, por 3 (três) vezes, com intervalo de 10 (dez) dias, constando do edital os nomes do interdito e do curador, a causa da interdição, os limites da curatela e, não sendo total a interdição, os atos que o interdito poderá praticar autonomamente.

Conteúdo da sentença de interdição

Na sentença que decretar a interdição, o juiz:

a) nomeará curador, que poderá ser o requerente da interdição, e fixará os limites da curatela, segundo o estado e o desenvolvimento mental do interdito.

Convencendo-se o juiz da necessidade da interdição, ou da procedência do pedido, decretará a interdição e nomeará curador ao interdito.

Conforme preconiza o §1º do art. 755 do atual C.P.C., a curatela deve ser atribuída a quem melhor possa atender aos interesses do curatelado.

Estabelece, por sua vez, o §2º do art. 755 do atual C.P.C. que havendo, ao tempo da interdição, pessoa incapaz sob a guarda e a responsabilidade do interdito, o juiz atribuirá a curatela a quem melhor puder atender aos interesses do interdito e do incapaz.

Conforme estabelece o art. 1.774 do C.c.b., aplicam-se à curatela as disposições concernentes à tutela, salvo as modificações específicas do instituto.

Dentre essas modificações, encontra-se a ordem para se nomear curador ao interdito.

Segundo preceitua o art. 1.775 do C.c.b., o cônjuge ou companheiro, não separado judicialmente ou de fato, é, de direito, curador do outro, quando interdito.

Por sua vez, preconiza o art. 1.783 do C.c.b. que quando o curador for o cônjuge e o regime de bens do casamento for de comunhão universal, não será obrigado à prestação de contas, salvo determinação judicial.

Na falta do cônjuge ou companheiro, será curador legítimo o pai ou a mãe; na falta destes, o descendente que se demonstrar mais apto (§1º do art. 1.775 do C.c.b.).

Entre os descendentes, os mais próximos precedem aos mais remotos (§2º do art. 1.775 do C.c.b.).

Na falta das pessoas mencionadas acima, compete ao juiz a escolha do curador (§3º do art. 1.775 do C.c.b.).

A autoridade do curador estende-se à pessoa e aos bens dos filhos do curatelado, observado o art. 5º do C.c.b. (art. 1.778 do C.c.b.).

A jurisprudência tem admitido que a ordem prescrita pelo Código Civil não seja rigorosamente seguida, ou seja, que possa ser flexível, sendo permitido ao juiz efetuar a nomeação de curador em ordem diversa, havendo razões plausíveis e justificáveis para isso, observando-se sempre o melhor para o interesse do incapaz.

b) considerará as características pessoais do interdito, observando suas potencialidades, habilidades, vontades e preferências;

Essa observação será importante, inclusive para efeito de estabelecer os limites da própria interdição.

O novo C.P.C. não determina que o juiz da interdição especifique o momento inicial em que a incapacidade se operou.

Parece-me que o legislador deixou essa questão para as vias ordinárias.

Mas é importante ressaltar que muito embora a sentença de interdição tenha natureza constitutiva, o termo inicial da incapacidade poderá ser presumido em data anterior à prolação da sentença de interdição.

Sobre o tema, eis os seguintes precedentes do S.T.J.:

> *(...).*
>
> *2. O acórdão recorrido concluiu, com fundamento no laudo pericial e no parecer do Ministério Público Federal, que o agravado já se encontrava absolutamente incapaz antes da propositura desta ação e da sentença cível que declarou a sua interdição, razão por que fixou a data da reforma como termo inicial para o pagamento do auxílio-invalidez. A revisão desse entendimento em sede de recurso especial requer o reexame do contexto fático-probatório dos autos, o que encontra óbice na Súmula 7/STJ. Nesse sentido, confiram-se: AgRg no AREsp 55.020/RJ, Rel. Min. Napoleão Nunes Maia Filho, Primeira Turma, DJe 07/03/2012; AgRg no Ag 1337153/PR, Rel. Min. Cesar Asfor Rocha, Segunda Turma, DJe 01/08/2012; REsp 652.837/RJ, Rel. Min. Laurita Vaz, Quinta Turma, DJ 29/06/2007; REsp 246265/RJ, Rel. Min. Felix Fischer, Quinta Turma, DJ 09/09/2002.*
>
> *3. Agravo regimental não provido.*
>
> (AgRg no REsp 1207343/RS, Rel. Ministro BENEDITO GONÇALVES, PRIMEIRA TURMA, julgado em 13/11/2012, DJe 22/11/2012)

> *1. Na hipótese, o termo inicial do benefício assistencial não deve ser fixado a partir da juntada do laudo pericial em Juízo, tendo em vista encontrar-se a Autora interditada, desde 1995, ou seja, anteriormente à interposição da presente ação ordinária.*
>
> *2. Agravo regimental desprovido.*
>
> (AgRg no REsp 822.995/SP, Rel. Ministra LAURITA VAZ, QUINTA TURMA, julgado em 15/08/2006, DJ 18/09/2006, p. 361)

O S.T.J. há muito vinha entendo que a sentença de interdição não apresenta efeito *ex tunc*.

Sobre o tema, eis os seguintes precedentes:

1. É válida a cláusula que autoriza o desconto, na folha de pagamento do empregado ou servidor, da prestação do empréstimo contratado, a qual não pode ser suprimida por vontade unilateral do devedor, eis que da essência da avença celebrada em condições de juros e prazo vantajosos para o mutuário (REsp n. 728.6563/RS, Segunda Seção, Rel. Min. Aldir Passarinho Junior, DJU de 22.8.2005).

2. Segundo o entendimento desta Corte Superior, a sentença de interdição, salvo pronunciamento judicial expresso em sentido contrário, opera efeitos ex nunc. Precedentes.

3. No caso, como o contrato de mútuo objeto do presente processo foi celebrado muito antes da expedição da sentença de interdição, é certo que não foi alcançado pelos seus efeitos.

4. Agravo regimental não provido.

(AgRg no REsp 1152996/RS, Rel. Ministro LUIS FELIPE SALOMÃO, QUARTA TURMA, julgado em 08/04/2014, DJe 14/04/2014).

1. A sentença de interdição tem natureza constitutiva, pois não se limita a declarar uma incapacidade preexistente, mas também a constituir uma nova situação jurídica de sujeição do interdito à curatela, com efeitos ex nunc.

2. Outorga de poderes aos advogados subscritores do recurso de apelaçao que permanece hígida, enquanto não for objeto de ação específica na qual fique cabalmente demonstrada sua nulidade pela incapacidade do mandante à época da realização do negócio jurídico de outorga do mandato.

3. Interdição do mandante que acarreta automaticamente a extinção do mandato, inclusive o judicial, nos termos do art. 682, II, do CC.

4. Inaplicabilidade do referido dispositivo legal ao mandato outorgado pelo interditando para atuação de seus advogados na ação de interdição, sob pena de cerceamento de seu direito de defesa no processo de interdição.

5. A renúncia ao direito de recorrer configura ato processual que exige capacidade postulatória, devendo ser praticado por advogado.

6. Nulidade do negócio jurídico realizado pelo interdito após a sentença de interdição.

7. Preclusão da matéria relativa aos atos processuais realizados antes da negativa de seguimento ao recurso de apelação.

8. Doutrina e jurisprudência acerca do tema.

9. RECURSO ESPECIAL PARCIALMENTE PROVIDO.

(REsp 1251728/PE, Rel. Ministro PAULO DE TARSO SANSEVERINO, TERCEIRA TURMA, julgado em 14/05/2013, DJe 23/05/2013)

(...).

2. A invalidez exigida como requisito para a caracterização da dependência do ex--combatente, nos termos do artigo 5º, III, da Lei 8.059/92, é uma condição física do beneficiário que pode ser declarada a qualquer momento pela autoridade judiciária, e não se sujeita à prescrição. A sentença de interdição tem eficácia constitutiva – ex tunc – somente para os efeitos civis dos atos praticados pelo interditado, preservando direitos de terceiros de boa fé, e nunca para as conseqüências jurídicas da declaração de um estado de fato.

3. In casu, as instâncias ordinárias assentaram, com base nas provas dos autos, que o beneficiário era inválido, consequentemente beneficiário, ao tempo do óbito do instituidor da pensão de ex-combatente. Revisar esse entendimento encontra-se vedado em sede de recurso especial, a teor do Enunciado nº 7 do Superior Tribunal de Justiça.

(...).

(REsp 1141465/SC, Rel. Ministra ALDERITA RAMOS DE OLIVEIRA (DESEMBARGADORA CONVOCADA DO TJ/PE), SEXTA TURMA, julgado em 11/12/2012, DJe 06/02/2013).

Preceitua o *§3º do art.* 755 do atual C.P.C. que *a sentença de interdição será inscrita no registro de pessoas naturais e imediatamente publicada na rede mundial de computadores, no sítio do tribunal a que estiver vinculado o juízo e na plataforma de editais do Conselho Nacional de Justiça, onde permanecerá por 6 (seis) meses, na imprensa local, 1 (uma) vez, e no órgão oficial, por 3 (três) vezes, com intervalo de 10 (dez) dias, constando do edital os nomes do interdito e do curador, a causa da interdição, os limites da curatela e, não sendo total a interdição, os atos que o interdito poderá praticar autonomamente.* Este dispositivo determina que seja dada a maior publicidade possível à sentença de interdição, inclusive indicando os locais em que deve ser publicada, bem como os prazos de publicação.

Pronunciada a interdição das pessoas a que se referem os incisos III e IV do art. 1.767 do C.c.b., o juiz assinará, segundo o estado ou o desenvolvimento mental do interdito, os limites da curatela, que poderão circunscrever-se às restrições constantes do art. 1.782 do C.c.b.

A interdição do pródigo, segundo estabelece o art. 1.782 do C.c.b., só o privará de, sem curador, emprestar, transigir, dar quitação, alienar, hipotecar, demandar ou ser demandado, e praticar, em geral, os atos que não sejam de mera administração.

O art. 9º do C.c. b. estabelece em seu inc. III que será registrada em registro público a interdição por incapacidade absoluta ou relativa.

Por isso, decretada a interdição por sentença judicial, esta será inscrita no Registro de Pessoas Naturais, bem como publicada na rede mundial de computadores, no sítio do tribunal a que estiver vinculado o juízo e na plataforma de editais do Conselho Nacional de Justiça, onde permanecerá por seis meses, na imprensa local, uma vez, e no órgão oficial por três vezes, com intervalo de dez dias, constando do edital os nomes do interdito e do curador, a causa da interdição e os limites da curatela.

Essas exigências têm por finalidade dar publicidade a terceiros sobre a interdição e suas circunstâncias.

O C.P.C. de 1939 preconizava que a sentença produzia efeitos 'depois de publicada três vezes por edital, com o intervalo de dez dias, onde não houvesse registro especial'.

Na realidade, é no interesse do interditando que a lei manda decretar a interdição, de onde se pode concluir que desde o momento em que seja declarado interditado, o julgamento produz o efeito que a lei visa, ou seja, a proteção do incapaz deve prevalecer sobre todo e qualquer outro interesse.

Para que a sentença tenha efeito como ato processual, devem ser intimados os interessados que participaram da relação jurídica processual.

Por sua vez, se a sentença de interdição apresenta efeito desde logo, isso significa dizer que eventual apelação terá efeito meramente devolutivo.

A sentença de interdição, além de ser registrada no Registro Civil de Pessoas Naturais, deverá também ser averbada na Justiça Eleitoral. Esse registro somente ocorrerá quando implicarem suspensão dos direitos políticos do interdito.

Art. 756

Levantar-se-á a curatela quando cessar a causa que a determinou.

§ 1º O pedido de levantamento da curatela poderá ser feito pelo interdito, pelo curador ou pelo Ministério Público e será apensado aos autos da interdição.

§ 2º O juiz nomeará perito ou equipe multidisciplinar para proceder ao exame do interdito e designará audiência de instrução e julgamento após a apresentação do laudo.

§ 3º Acolhido o pedido, o juiz decretará o levantamento da interdição e determinará a publicação da sentença, após o trânsito em julgado, na forma do art. 755, § 3º, ou, não sendo possível, na imprensa local e no órgão oficial, por 3 (três) vezes, com intervalo de 10 (dez) dias, seguindo-se a averbação no registro de pessoas naturais.

§ 4º A interdição poderá ser levantada parcialmente quando demonstrada a capacidade do interdito para praticar alguns atos da vida civil.

Levantamento da curatela

Tendo em vista que a interdição é um instituto jurídico que visa a proteger o incapaz, não havendo mais incapacidade, perde sua razão de ser, sendo necessário o levantamento da interdição.

O pedido de levantamento poderá ser feito pelo interdito, pelo curador ou pelo Ministério Público e será apensado aos autos de interdição. O juiz nomeará perito ou equipe multidisciplinar para proceder ao exame do interdito e, após a apresentação do laudo, designará audiência de instrução e julgamento (§§1º 2º do art. 756 do atual C.P.C.).

Em relação à legitimidade do interditado em requerer o levantamento da interdição, ainda sob o código civil de 1916, havia vozes na doutrina negando tal possibilidade (Clóvis Beviláqua, Carvalho Mourão, Eduardo Espínola etc). Já Carvalho Santos reconhecia essa possibilidade.

Antes de o juiz decidir sobre o pedido de levantamento, deverá nomear perito para proceder ao exame de sanidade no interditado.

Apresentado o laudo pelo perito, designará o juiz audiência de instrução e julgamento.

Acolhido o pedido, o juiz decretará o levantamento da interdição e determinará a publicação da sentença, após o trânsito em julgado, na forma do art. 755, §3º, ou, não sendo possível, pela imprensa local e pelo órgão oficial, por três vezes, com intervalo de dez dias, seguindo-se a averbação no registro de pessoas naturais (*§3º do art. 756 do atual C.P.C.*).

Dependendo do resultado do laudo pericial, a interdição poderá ser levantada parcialmente quando demonstrada a capacidade do interdito para praticar alguns atos da vida civil (*§4º do art.* 756 do atual C.P.C.).

Art. 757

A autoridade do curador estende-se à pessoa e aos bens do incapaz que se encontrar sob a guarda e a responsabilidade do curatelado ao tempo da interdição, salvo se o juiz considerar outra solução como mais conveniente aos interesses do incapaz.

Autoridade do curador

Em regra, compete ao curador administrar a pessoa e os bens do incapaz que se encontravam na sua posse e responsabilidade ao tempo da interdição.

Porém, poderá o juiz, de acordo com a conveniência e interesse do incapaz, alterar essa forma de administração do incapaz e de seus bens, podendo nomear terceira pessoa para uma ou para outra obrigação.

Art. 758

O curador deverá buscar tratamento e apoio apropriados à conquista da autonomia pelo interdito

Tratamento e apoio ao interdito

O curador não somente deve administrar o incapaz e seus bens, mas, principalmente, procurar e buscar a todo tempo tratamento e apoio apropriados à conquista da autonomia do interdito, a fim de que com o tempo o interdito possa recuperar sua capacidade parcial ou totalmente.

SEÇÃO X – Disposições Comuns à Tutela e à Curatela

Art. 759

O tutor ou o curador será intimado a prestar compromisso no prazo de 5 (cinco) dias contados da:

I – nomeação feita em conformidade com a lei;

II – intimação do despacho que mandar cumprir o testamento ou o instrumento público que o houver instituído.

§ 1º O tutor ou o curador prestará o compromisso por termo em livro rubricado pelo juiz.

§ 2º Prestado o compromisso, o tutor ou o curador assume a administração dos bens do tutelado ou do interditado.

Compromisso do tutor e curador

Esta Seção X abrange tanto o instituto da curatela quanto da tutela.

Na verdade, o exercício da tutela e da curatela tem por finalidade assegurar a administração de bens de incapaz, seja por decorrência de anomalia ou doença mental, seja pelo falecimento dos pais, ou quando estes forem julgados ausentes, ou, ainda, quando os pais decaírem do poder familiar (art. 1.728, inc. I e II do C.c.b.).

Assim, tanto o tutor quanto o curador serão intimados a prestar compromisso para que possam ingressar na administração dos bens do tutelado ou do curatelado.

O compromisso deverá ser prestado no prazo de cinco dias contado da: a) nomeação feita na conformidade da lei; b) intimação do despacho que mandar cumprir o testamento ou o instrumento público que o houver instituído.

Segundo estabelece o art. 1.729 do C.c.b., o direito de nomear tutor compete aos pais, em conjunto. A nomeação deve constar de testamento ou de qualquer outro documento autêntico (p.u. do art. 1.729 do C.c.b.).

Prescreve o *§1º do art. 759* do atual C.P.C. que o *tutor ou o curador prestará o compromisso por termo no livro rubricado pelo juiz.*

O C.P.C. de 1973, em seu art. 1.188, além de determinar a prestação do compromisso por termo em livro próprio rubricado pelo juiz, também determinava que o tutor ou curador, antes de entrar em exercício, deveria requerer, no prazo de dez dias, a especialização em hipoteca legal de imóveis necessários para acautelar os bens que seriam confiados à sua administração. Incumbia ao Ministério Público promover a especialização de hipoteca legal, se o tutor ou curador não a tivesse requerido no prazo assinado pela lei (p.u. do art. 1.188 do C.P.C. de 1973).

Enquanto não fosse julgada a especialização, incumbiria ao órgão do Ministério Público reger a pessoa do incapaz e administrar-lhe os bens.

Pelo novo C.P.C., não há mais necessidade de o tutor ou curador promover a especialização de hipoteca legal de seu patrimônio para ingressar na administração da pessoa e dos bens do incapaz.

Isso não significa dizer que, em certas situações específicas, o juiz não possa determinar medidas cautelares em prol do incapaz, ou medidas de garantia da boa administração do tutor e do curador.

Aliás, prescreve o art. 1.745 do C.c.b. que os bens do menor serão entregues ao tutor mediante termo especificado deles e seus valores, ainda que os pais o tenham dispensado. Por outro lado, se o patrimônio do menor for de valor considerável, poderá o juiz condicionar o exercício da tutela à prestação de caução bastante, podendo dispensá-la se o tutor for de reconhecida idoneidade (p.u. do art. 1.745 do C.c.b.).

Preceitua o *§ 2º do art. 759* do atual C.P.C. que *prestado o compromisso, o tutor ou o curador assume a administração dos bens do tutelado ou do interditado.*

A assinatura do termo de compromisso é o termo inicial em que o tutor ou o curador passa à administração dos bens do tutelado ou interditado.

Art. 760

O tutor ou o curador poderá eximir-se do encargo apresentando escusa ao juiz no prazo de 5 (cinco) dias contado:

I – antes de aceitar o encargo, da intimação para prestar compromisso;

II – depois de entrar em exercício, do dia em que sobrevier o motivo da escusa.

§ 1º Não sendo requerida a escusa no prazo estabelecido neste artigo, considerar-se-á renunciado o direito de alegá-la.

§ 2º O juiz decidirá de plano o pedido de escusa, e, não o admitindo, exercerá o nomeado a tutela ou a curatela enquanto não for dispensado por sentença transitada em julgado.

Escusa do tutor e do curador

Os tutores e curadores devem ser nomeados preferencialmente entre os parentes dos tutelados e curatelados.

Em relação à tutela, assim prescreve o artigo 1.736 do C.c.b.:

> *Art. 1.736. Podem escusar-se da tutela:*
>
> *I – mulheres casadas;*
>
> *II – maiores de sessenta anos;*
>
> *III – aqueles que tiverem sob sua autoridade mais de três filhos;*
>
> *IV – os impossibilitados por enfermidade;*
>
> *V – aqueles que habitarem longe do lugar onde se haja de exercer a tutela;*
>
> *VI – aqueles que já exercerem tutela ou curatela;*
>
> *VII – militares em serviço.*

Quem não for parente do tutelado não poderá ser obrigado a aceitar a tutela, se houver no lugar parente idôneo, consanguíneo ou afim, em condições de exercê-la (art. 1.737 do C.c.b.).

O art. 1.738 do C.c.b. estabelecia que a escusa apresentar-se-ia nos dez dias subsequentes à designação, sob pena de entender-se renunciado o direito de alegá-la; se o motivo escusatório ocorrer depois de aceita a tutela, os dez dias contar-se-ão do dia em que ele sobrevier.

O novo C.P.C., no art. 760 do atual C.P.C., estabelece que o tutor ou o curador poderá eximir-se do encargo apresentando escusas ao juiz no prazo de cinco dias.

Contar-se-á o prazo: I – antes de aceitar o encargo, da intimação para prestar compromisso; II – depois de entrar em exercício, do dia em que sobreviver o motivo da escusa.

Segundo preceitua o *§1º do art. 760* do atual C.P.C., *não sendo requerida a escusa no prazo estabelecido neste artigo, considerar-se-á renunciado o direito de alegá-la.*

Assim, se o tutor ou o curador não recusar expressamente o múnus público no prazo do art. 758, entender-se-á que renunciou o direito de alegá-la, não podendo mais exercer essa faculdade legal.

Estabelece o *§2º do art. 760* do atual C.P.C. que *o juiz decidirá de plano o pedido de escusa, e, não o admitindo, exercerá o nomeado a tutela ou a curatela enquanto não for dispensado por sentença transitada em julgado.*

No mesmo sentido é o disposto no art. 1.739 do C.c.b.: *Se o juiz não admitir a escusa, exercerá o nomeado a tutela, enquanto o recurso interposto não tiver provimento, e responderá desde logo pelas perdas e danos que o menor venha a sofrer.*

Art. 761

Incumbe ao Ministério Público ou a quem tenha legítimo interesse requerer, nos casos previstos na lei, a remoção do tutor ou do curador.

Parágrafo único. O tutor ou o curador será citado para contestar a arguição no prazo de 5 (cinco) dias, findo o qual observar-se-á o procedimento comum.

Remoção do tutor e curador

Preceitua o art. 1.735 do C.c.b. que não podem ser tutores e serão exonerados da tutela, caso a exerçam:

I – aqueles que não tiverem a livre administração de seus bens;

II – aqueles que, no momento de lhes ser deferida a tutela, se acharem constituídos em obrigação para com o menor, ou tiverem que fazer valer direitos contra este, e aqueles cujos pais, filhos ou cônjuges tiverem demanda contra o menor;

III – os inimigos do menor, ou de seus pais, ou que tiverem sido por estes expressamente excluídos da tutela;

IV – os condenados por crime de furto, roubo, estelionato, falsidade, contra a família ou os costumes, tenham ou não cumprido pena;

V – as pessoas de mau procedimento, ou falhas em probidade, e as culpadas de abuso em tutorias anteriores;

VI – aqueles que exercerem função pública incompatível com a boa administração da tutela.

Além dessas hipóteses em que o tutor e também o curador não podem exercer a tutela ou a curatela, justificará também a remoção do tutor ou do curador quando agir com culpa, dolo ou fraude na administração dos bens do incapaz.

Sabe-se que incumbe ao tutor, quanto à pessoa do menor, I – dirigir-lhe a educação, defendê-lo e prestar-lhe alimentos, conforme os seus haveres e condição; II – reclamar do juiz que providencie, como houver por bem, quando o menor haja mister correção; III – adimplir os demais deveres que normalmente cabem aos pais, ouvida a opinião do menor, se este já contar doze anos de idade.

Por isso, não pode o tutor ou curador, sem autorização judicial:

> I – pagar as dívidas do menor;
> II – aceitar por ele heranças, legados ou doações, ainda que com encargos;
> III – transigir;
> IV – vender-lhe os bens móveis, cuja conservação não convier, e os imóveis nos casos em que for permitido;
> V – propor em juízo as ações, ou nelas assistir o menor, e promover todas as diligências a bem deste, assim como defendê-lo nos pleitos contra ele movidos.

Aliás, ainda com a autorização judicial, não pode o tutor, sob pena de nulidade:

> I – adquirir por si, ou por interposta pessoa, mediante contrato particular, bens móveis ou imóveis pertencentes ao menor;
> II – dispor dos bens do menor a título gratuito;
> III – constituir-se cessionário de crédito ou de direito, contra o menor.

Os imóveis pertencentes aos menores sob tutela somente podem ser vendidos quando houver manifesta vantagem, mediante prévia avaliação judicial e aprovação do juiz.

Portanto, incumbe ao tutor, sob inspeção do juiz, administrar os bens do tutelado, em proveito deste, cumprindo seus deveres com zelo e boa-fé (art. 1.741 do C.c.b.).

Aliás, se os bens e interesses administrados exigirem conhecimentos técnicos, forem complexos, ou realizados em lugares distantes do domicílio do tutor, poderá este, mediante aprovação judicial, delegar a outras pessoas físicas ou jurídicas o exercício parcial da tutela (art. 1.743 do C.c.b.).

Inclusive, para fiscalização dos atos do tutor, pode o juiz nomear um pro-tutor (art. 1.742 do C.c.b.).

Observa-se, portanto, a grande responsabilidade que tem o tutor e o curador, principalmente no cuidado com a pessoa do tutelado e curatelado e na administração dos bens, razão pela qual se agirem com dolo, culpa, fraude etc. deverão ser destituídos.

Aliás, o juiz terá responsabilidade subsidiária, quando não tiver exigido garantia legal do tutor, nem o removido, tanto que se tornou suspeito (art. 1.744, inc. II do C.c.b.).

Por sua vez, o art. 1.752 do C.c.b. preconiza que o tutor responde pelos prejuízos que, por culpa, ou dolo, causar ao tutelado; mas tem direito a ser pago pelo que realmente despender no exercício da tutela, salvo no caso do art. 1.734, e a perceber remuneração proporcional à importância dos bens administrados.

São solidariamente responsáveis pelos prejuízos as pessoas às quais competia fiscalizar a atividade do tutor, e as que concorreram para o dano (§2º do art. 1.752 do C.c.b.).

Por isso, incumbe ao Ministério Público ou a quem tenha legítimo interesse requerer, nos casos previstos em lei, a remoção do tutor ou do curador.

Prescreve o *parágrafo único do art. 761* do atual C.P.C. que *o tutor ou o curador será citado para contestar a arguição no prazo de 5 (cinco) dias, findo o qual observar-se-á o procedimento comum.*

Este dispositivo determinada que seja observado o devido contraditório, quando o interessado ou o Ministério Público requerer a remoção do tutor ou do curador.

Uma vez citado para se manifestar sobre arguição de remoção, se o tutor ou curador não contestar, presumir-se-ão aceitos pelo requerido como verdadeiros os fatos alegados pelo requerente.

Contestado o pedido, o processo seguirá o procedimento comum.

Art. 762

Em caso de extrema gravidade, o juiz poderá suspender o tutor ou o curador do exercício de suas funções, nomeando substituto interino.

Suspensão do exercício em caso de gravidade

Tendo em vista que a análise do pedido de remoção do tutor ou curador poderá prolongar-se no tempo, o Código autorizou o juiz a adotar medida preventiva em caso de urgência.

Trata-se de medida urgente satisfativa que pode aplicar o magistrado nos casos de extrema gravidade, quando o tutor ou curador será de imediato suspenso do exercício de suas funções.

A suspensão do exercício de tutela ou curatela dar-se-á inaudita altera pare, sem perder o seu caráter de urgência e de provisoriedade, razão pela qual a configuração de caso de extrema gravidade não pode decorrer de um juízo precipitado da conduta do tutor e do curador, pois não se pode aceitar uma decisão definitiva sem o devido contraditório.

Sobre o que significa caso de extrema gravidade, leciona José Olympio de Castro Filho: *"Mais acertado parece-nos, de modo geral, que o caso de extrema gravidade é aquele semelhante ao que existia no antigo direito lusitano, e que passou ao primitivo processo civil brasileiro, em que se concedia agravo de instrumento em caso de 'dano irreparável'; isto é, aquele dano que se não possa reparar por ter passado a oportunidade ou possibilidade de reparação. Ou, melhor ainda, para falar em linguagem mais moderna, a 'suspensão' é determinada como medida destinada à 'eficácia' de futura remoção, possível, mas ainda não decretada".*[56]

Demonstrado caso de situação grave, o juiz nomeará interinamente substituto.

Art. 763

Cessando as funções do tutor ou do curador pelo decurso do prazo em que era obrigado a servir, ser-lhe-á lícito requerer a exoneração do encargo.

§1º Caso o tutor ou o curador não requeira a exoneração do encargo dentro dos 10 (dez) dias seguintes à expiração do termo, entender-se-á reconduzido, salvo se o juiz o dispensar.

§2º Cessada a tutela ou a curatela, é indispensável a prestação de contas pelo tutor ou pelo curador, na forma da lei civil.

Cessação da tutela ou curatela

Segundo estabelece o art. 1.764, inc. I do C.c.b., cessam as funções do tutor: ao expirar o termo, em que era obrigado a servir.

Por sua vez, complementa o art. 1.765 do C.c.b. que o tutor é obrigado a servir por espaço de dois anos. Pode o tutor continuar no exercício da tutela, além do prazo previsto neste artigo, se o quiser e o juiz julgar conveniente ao menor (p.u. do art. 1.765 do C.c.b).

Estabelece o *§1º do art. 761* do atual C.P.C. que se o tutor ou curador não requerer a exoneração do encargo dentro de 10 (dez) dias seguintes à expiração do termo, entender-se-á reconduzido, salvo se o juiz o dispensar.

[56] Castro Filho, José Olympio. *Comentários ao código de processo civil.* X. Vol. (art. 1.103 a 1.220). Rio de Janeiro: Forense, 1988. p. 237.

A lei estabelece um prazo específico para que o tutor ou o curador peça a exoneração do encargo.

Na hipótese de silêncio do tutor ou curador, entender-se-á reconduzido, salvo deliberação em contrário do juiz.

Preceitua o *§2º do art. 761* do atual C.P.C. que *cessada a tutela ou curatela, é indispensável a prestação de contas pelo tutor ou pelo curador, na forma da lei civil.*

Tendo em vista que o curador e o tutor administram bens de terceiro, uma vez encerrada a tutela ou curatela, é indispensável a prestação de contas pelo tutor ou curador, na forma da lei civil.

SEÇÃO XI – Da Organização e da Fiscalização das Fundações

Art. 764

O juiz decidirá sobre a aprovação do estatuto das fundações e de suas alterações sempre que o requeira o interessado, quando:

I – ela for negada previamente pelo Ministério Público ou por este forem exigidas modificações com as quais o interessado não concorde;

II – o interessado discordar do estatuto elaborado pelo Ministério Público.

§ 1º O estatuto das fundações deve observar o disposto na Lei nº 10.406, de 10 de janeiro de 2002 (Código Civil).

§ 2º Antes de suprir a aprovação, o juiz poderá mandar fazer no estatuto modificações a fim de adaptá-lo ao objetivo do instituidor.

Aprovação de estatuto das fundações

O Código Civil brasileiro, em seu art. 62, estabelece que para se criar uma fundação, o seu instituidor fará, por escritura pública ou testamento, dotação especial de bens livres, especificando o fim a que se destina, e declarando, se quiser, a maneira de administrá-la.

A fundação somente poderá constituir-se para fins religiosos, morais, culturais ou de assistência (p.u. do art. 62 do C.c.b.).

A fundação, portanto, é uma das formas de associação de bens (patrimônio), tendo por finalidade específica questões religiosas, morais, culturais ou de assistência. Portanto, sua finalidade é de assistência social ou filantrópica.

A constituição da fundação, conforme estabelece o art. 62 do C.c.b., somente pode ocorrer por meio de escritura pública ou testamento.

Constituída a fundação por negócio jurídico entre vivos, o instituidor é obrigado a transferir-lhe a propriedade, ou outro direito real, sobre os bens dotados, e, se não o fizer, serão registrados, em nome dela, por mandado judicial (art. 64 do C.c.b.).

Aqueles a quem o instituidor cometer a aplicação do patrimônio, em tendo ciência do encargo, formularão logo, de acordo com as suas bases (art. 62), o estatuto da fundação projetada, submetendo-o, em seguida, à aprovação da autoridade competente, com recurso ao juiz (art. 65 do C.C.b.).

Muito embora a constituição da fundação deva ser por escritura pública ou testamento, o certo é que o seu estatuto ou atos solenes poderá ser por instrumento particular, desde que seja o ato encaminhado à aprovação da autoridade competente, no caso, o Ministério Público.

Se o estatuto não for elaborado no prazo assinado pelo instituidor, ou, não havendo prazo, em cento e oitenta dias, a incumbência caberá ao Ministério Público (p.u. do art. 65 do C.c.b.).

Estabelece o *art. 764* do atual C.P.C. que o juiz decidirá sobre a aprovação do estatuto das fundações e de suas alterações sempre que o requeira o interessado, quando negada previamente pelo Ministério Público, ou por este sejam exigidas modificações com as quais aquele não concorde, ou, ainda, discorde do estatuto elaborado pelo Ministério Público.

Conforme preconiza o art. 65 do C.c.b., aqueles a quem o instituidor cometer a aplicação do patrimônio da fundação, formularão desde logo, de acordo com os ditames do art. 62 do C.c.b., o estatuto da fundação projetada, submetendo-o, em seguida, à aprovação do Ministério Público, com recurso ao juiz.

Assim, a pessoa que for designada pelo instituidor para elaborar o estatuto da fundação, não tem plena liberdade para dispor acerca da administração da instituição, pois o referido estatuto deverá ser submetido à avaliação e aprovação do Ministério Público.

A participação efetiva do Ministério Público de certa forma justifica-se tendo em vista a finalidade social e filantrópica da fundação.

Se o Ministério Público negar a aprovação do estatuto da fundação ou exigir modificações com as quais o interessado não concorde, ou, ainda, se o Ministério Público elaborar estatuto substitutivo, deverá o juiz, mediante requerimento de quem de direito, decidir sobre a aprovação do estatuto das fundações e de eventuais alterações.

Na realidade, se não houver acordo entre os interessados e o Ministério Público, caberá ao juiz dar a última palavra sobre a aprovação do estatuto da fundação.

A participação específica do Ministério Público no âmbito das fundações decorre de seu poder fiscalizatório, avaliando se as cláusulas do estatuto observaram as bases da fundação e se os bens estão efetivamente destinados aos fins para os quais foram estatuídos pelo instituidor. Aliás, prescreve o art. 66 do C.c.b.:

Art. 66. Velará pelas fundações o Ministério Público do Estado onde situadas.

§ 1º Se funcionarem no Distrito Federal, ou em Território, caberá o encargo ao Ministério Público Federal. (Vide ADIN nº 2.794-8)

§ 2º Se estenderem a atividade por mais de um Estado, caberá o encargo, em cada um deles, ao respectivo Ministério Público.

Complementam, por sua vez, os arts. 67 e 68 do C.c.b.:

Art. 67. Para que se possa alterar o estatuto da fundação é mister que a reforma:

I – seja deliberada por dois terços dos competentes para gerir e representar a fundação;

II – não contrarie ou desvirtue o fim desta;

III – seja aprovada pelo órgão do Ministério Público, e, caso este a denegue, poderá o juiz supri-la, a requerimento do interessado.

Art. 68. Quando a alteração não houver sido aprovada por votação unânime, os administradores da fundação, ao submeterem o estatuto ao órgão do Ministério Público, requererão que se dê ciência à minoria vencida para impugná-la, se quiser, em dez dias.

Muito embora o Ministério Público possa avaliar se os estatutos estão de acordo com a finalidade pública e social da fundação, o certo é que ele não poderá impedir o funcionamento da fundação sob a alegação de que os bens não são suficientes para os seus propósitos.

Estabelece o *§1º do art. 764* do atual C.P.C. que *o estatuto das fundações deve observar o disposto na Lei n. 10.406, de 10 de janeiro de 2002 (Código civil).*

Assim, a elaboração do estatuto das fundações deverá observar o Código Civil brasileiro, especialmente os arts. 62 a 69.

Estabelece o *§2º do art. 764* do atual C.P.C. que *antes de suprir a aprovação, o juiz poderá mandar fazer no estatuto modificações a fim de adaptá-lo ao objetivo do instituidor.*

Tendo em vista que em última análise caberá ao juiz aprovar ou não o conteúdo do estatuto da fundação, poderá ele determinar as mudanças que se fizerem necessárias, com o fim de adaptar o estatuto aos objetivos do instituidor.

Deve-se registrar que a decisão a ser proferida pelo magistrado terá natureza *constitutiva*, pois resultará um novo estado jurídico à fundação.

Devidamente aprovado o estatuto, deverá ser levado a Registro de Pessoas Jurídicas.

Art. 765

Qualquer interessado ou o Ministério Público promoverá em juízo a extinção da fundação quando:

I – se tornar ilícito o seu objeto;

II – for impossível a sua manutenção;

III – vencer o prazo de sua existência.

Extinção das fundações

No mesmo sentido é o conteúdo normativo do art. 69 do C.c.b., *in verbis: Tornando-se ilícita, impossível ou inútil a finalidade a que visa a fundação, ou vencido o prazo de sua existência, o órgão do Ministério Público, ou qualquer interessado, lhe promoverá a extinção, incorporando-se o seu patrimônio, salvo disposição em contrário no ato constitutivo, ou no estatuto, em outra fundação, designada pelo juiz, que se proponha a fim igual ou semelhante.*

Evidentemente, o juiz deverá avaliar com muito cuidado as hipóteses que justificam a extinção da fundação, principalmente, pelo fato de que seu fim normalmente é de grande importância para as atividades filantrópicas e sociais.

Em qualquer caso, não será decretada a extinção da fundação sem que sejam ouvidos os seus dirigentes, principalmente, pelo fato de que nos procedimentos não contenciosos ou de jurisdição voluntária devem ser citados os interessados e intimidado o Ministério Público.

Isso significa dizer que também poderão ser citados outros interessados que não apenas os dirigentes, principalmente quando de alguma forma a extinção da fundação poderá afetá-los diretamente.

SEÇÃO XII – Da Ratificação dos Protestos Marítimos e dos Processos Testemunháveis Formados a Bordo

Art. 766

Todos os protestos e os processos testemunháveis formados a bordo e lançados no livro Diário da Navegação deverão ser apresentados pelo comandante ao juiz de direito do primeiro porto, nas primeiras 24 (vinte e quatro) horas de chegada da embarcação, para sua ratificação judicial.

Procedimento sobre protestos ou processos testemunháveis a bordo de embarcações

O protesto ou processo testemunhável formado a bordo era regulado nos arts. 725 a 729 do Código de Processo Civil brasileiro de 1939 (Decreto-lei n. 1.608 de 18.09.1939).

Todos os processos testemunháveis e protestos formados a bordo, visam a comprovar sinistros, avarias, ou quaisquer perdas ocorridas a bordo de embarcações.

Segundo estabelece o art. 504 do Código Comercial, no denominado Diário de Navegação, se assentarão diariamente, enquanto o navio se achar em algum porto, os trabalhos que tiverem lugar a bordo, e os consertos ou reparos do navio. No mesmo livro se assentará também toda derrota da viagem, notando-se diariamente as observações que os capitães e os pilotos são obrigados a fazer, todas as ocorrências interessantes à navegação, acontecimentos extraordinários que possam ter lugar a bordo, e com especialidade os temporais, e os danos ou avarias que o navio ou a carga possam sofrer, as deliberações que se tomarem por acordo dos oficiais da embarcação, e os competentes protestos.

Todos os processos testemunháveis e protestos formados a bordo, tendentes a comprovar sinistros, avarias, ou quaisquer perdas, devem ser ratificados com juramento do capitão perante a autoridade competente do primeiro lugar onde chegar, a qual deverá interrogar o capitão, oficiais, gente da equipagem e passageiros sobre a veracidade dos fatos e suas circunstâncias, tendo presente o Diário de Navegação, se houver sido salvo.

O art. 725 do C.P.C. de 1939, assim prescrevia: *O protesto ou processo testemunhável formado a bordo declarará os motivos da determinação do capitão, conterá relatório circunstanciado do sinistro e referirá, em resumo, a derrota até o ponto do mesmo sinistro, declarando a altura em que ocorreu.*

O protesto ou processo testemunhável será escrito pelo piloto, datado e assinado pelo capitão, pelos maiores da tripulação, imediato, chefe de máquina, médico, pilotos, mestres, e por igual número de passageiros com a indicação dos respectivos domicílios (art. 726 do C.P.c. de 1939).

Lavrar-se-á no Diário De Navegação ata, que precederá o protesto e conterá a determinação motivada do capitão.

Todos os protestos e os processos testemunháveis formados a bordo lançados no livro Diário da Navegação deverão ser apresentados pelo Comandante ao juiz de direito do primeiro porto, nas primeiras vinte e quatro horas da chegada da embarcação, para sua ratificação judicial.

Art. 767

A petição inicial conterá a transcrição dos termos lançados no livro Diário da Navegação e deverá ser instruída com cópias das páginas que contenham os termos que serão ratificados, dos documentos de identificação do comandante e das testemunhas arroladas, do rol de tripulantes, do documento de registro da embarcação e, quando for o caso, do manifesto das cargas sinistradas e a qualificação de seus consignatários, traduzidos, quando for o caso, de forma livre para o português.

Requisitos da petição inicial

Este dispositivo indica o conteúdo que a petição inicial deverá conter quando apresentada pelo autor ao juiz de direito do primeiro porto, visando a ratificação.

A petição inicial conterá a transcrição dos termos lançados no livro Diário da Navegação e deverá ser instruída com cópias das páginas que contenham os termos que serão ratificados, dos documentos de identificação do Comandante e das testemunhas arroladas, do rol de tripulantes, do documento de registro da embarcação e, quando for o caso, com cópia do manifesto das cargas sinistradas e a qualificação de seus consignatários, traduzidos, quando for o caso, de forma livre para o português.

Art. 768

A petição inicial deverá ser distribuída com urgência e encaminhada ao juiz, que ouvirá, sob compromisso a ser prestado no mesmo dia, o comandante e as testemunhas em número mínimo de 2 (duas) e máximo de 4 (quatro), que deverão comparecer ao ato independentemente de intimação.

§ 1º Tratando-se de estrangeiros que não dominem a língua portuguesa, o autor deverá fazer-se acompanhar por tradutor, que prestará compromisso em audiência.

§ 2º Caso o autor não se faça acompanhar por tradutor, o juiz deverá nomear outro que preste compromisso em audiência.

Oitiva do Comandante e testemunhas

A petição inicial deverá ser distribuída com urgência e encaminhada ao juiz, que ouvirá, sob compromisso a ser prestado no mesmo dia, o Comandante e as testemunhas em número mínimo de duas e máximo de quatro, que deverão comparecer ao ato independentemente de intimação.

Estabelece o art. 505 do Código Comercial brasileiro de 1850: *Todos os processos testemunháveis e protestos formados a bordo, tendentes a comprovar sinistros, avarias, ou quaisquer perdas, devem ser ratificados com juramento do capitão perante a autoridade competente do primeiro lugar onde chegar; a qual deverá interrogar o mesmo capitão, oficiais, gente da equipagem (artigo nº 545, nº 7) e passageiros sobre a veracidade dos fatos e suas circunstâncias, tendo presente o Diário da Navegação, se houver sido salvo.*

Compete ao juiz do primeiro porto em que atracar a embarcação, e após distribuída a petição inicial de ratificação, ouvir com urgência, mediante compromisso a ser prestado no mesmo dia, o Comandante e as testemunhas em número mínimo de duas e máximo de quatro.

Tratando-se de estrangeiros que não dominem a língua portuguesa, o autor deverá fazer-se acompanhar por tradutor, que prestará compromisso em audiência (*§1º do art. 768* do atual C.P.C.).

Caso o autor não se faça acompanhar por tradutor, o juiz deverá nomear outro que preste compromisso em audiência (*§2º do art. 768* do atual C.P.C.).

Art. 769

Aberta a audiência, o juiz mandará apregoar os consignatários das cargas indicados na petição inicial e outros eventuais interessados, nomeando para os ausentes um curador para o ato.

Procedimento na audiência

Aberta a audiência, o juiz mandará apregoar os consignatários das cargas indicados na petição inicial e outros eventuais interessados, nomeando para os ausentes um curador para o ato.

Preceituava o art. 728 do C.P.C. de 1939: *Feita a notificação dos interessados, o juiz, nomeando curador aos ausentes, procederá na forma do art. 685.*

Art. 770

Inquiridos o Comandante e as testemunhas, o juiz, convencido da veracidade dos termos lançados no Diário da Navegação, em audiência, ratificará por sentença o protesto ou o processo testemunhável lavrado a bordo, dispensado o relatório.

Parágrafo único. Independentemente do trânsito em julgado, o juiz determinará a entrega dos autos ao autor ou ao seu advogado, mediante a apresentação de traslado.

Ratificação por sentença do protesto ou do processo testemunhável lavrado a bordo

Segundo estabelece o art. 504 do Código Comercial, no livro terceiro, que será denominado de *Diário de Navegação,* se assentarão diariamente, enquanto o navio se achar em algum porto, os trabalhos que tiverem lugar a bordo, e os consertos ou reparos do navio. No mesmo livro se assentará também toda derrota da viagem, notando-se diariamente as observações que os capitães e os pilotos são obrigados a fazer, todas as ocorrências interessantes à navegação, acontecimentos extraordinários que possam ter lugar a bordo, e com especialidade os temporais, e os danos ou avarias que o navio ou a carga possam sofrer, as deliberações que se tomarem por acordo dos oficiais da embarcação, e os competentes protestos.

Todos os processos testemunháveis e protestos formados a bordo, tendentes a comprovar sinistros, avarias, ou quaisquer perdas, devem ser ratificados com juramento do capitão perante a autoridade competente do primeiro lugar onde chegar, a qual deverá interrogar o capitão, oficiais, gente da equipagem e passageiros sobre a veracidade dos fatos e suas circunstâncias, tendo presente o Diário de Navegação, se houver sido salvo.

Inquiridos o Comandante e as testemunhas, o juiz, convencido da veracidade dos termos lançados no Diário da Navegação, em audiência ratificará por sentença o protesto ou o processo testemunhável lavrado a bordo, dispensado o relatório. Independentemente do trânsito em julgado, determinará a entrega dos autos ao autor ou ao seu advogado, mediante a apresentação de traslado.

Preceituava o art. 729 do C.P.C. de 1939: *finda a inquirição e conclusos os autos, o juiz, por sentença, ratificará o protesto, mandando dar instrumento à parte.*

Se não ficar convencido dos termos lançados no Diário de Navegação, o juiz não ratificará o protesto ou o processo testemunhável.

Contra a sentença que ratificar ou não o protesto ou o processo testemunhável caberá apelação.

Por fim, estabelece o *parágrafo único do art. 770* do atual C.P.C. que *independentemente do trânsito em julgado, o juiz determinará a entrega dos autos ao autor ou aos seus advogados, mediante apresentação de traslado.*

LIVRO II – DO PROCESSO DE EXECUÇÃO

TÍTULO I – Da Execução em Geral

CAPÍTULO I – Disposições Gerais

Art. 771
Este Livro regula o procedimento da execução fundada em título extrajudicial, e suas disposições aplicam-se, também, no que couber, aos procedimentos especiais de execução, aos atos executivos realizados no procedimento de cumprimento de sentença, bem como aos efeitos de atos ou fatos processuais a que a lei atribuir força executiva.

Parágrafo único. Aplicam-se subsidiariamente à execução as disposições do Livro I da Parte Especial.

Sumário:

1. Disposições gerais

2. Execução fundada em título executivo extrajudicial

1. Disposições gerais
A etimologia da palavra 'executar' vem do verbo latim *exsèqui*. Provém de uma forma românica, *executare*, donde também saído do espanhol *ejecutar* e do francês *exécuter*. A raiz *seq* ou *séc*, que encerra a ideia de *seguir*, pertencendo à sua família, ainda, as palavras 'séquito', 'seguinte', 'sequaz', 'sequência', 'conseguir',

'consequência, 'perseguir', 'perseguição', 'prosseguir, 'exéquias', 'prossecução' 'consecução', 'execução'.[58]

Execução é o ato ou a demanda de *executar* a lei, o mandado, a ordem, a sentença.

É bem verdade que diante da importância do direito Romano na história do processo de execução, esse ato de prossecução, perseguição ou execução era, no início, realizado no âmbito da justiça de mão própria, pois a mentalidade primitiva romana era muito cruel e rude na defesa dos direitos dos credores lesados pelos devedores. O inadimplemento de uma obrigação, rompendo a palavra empenhada para o cumprimento do dever assumido, era motivo de medidas drásticas e violentas contra a própria pessoa do devedor e não sobre o seu patrimônio. Um importante meio privado de execução previsto no direito Romano (apesar de alguns doutrinadores visualizarem nele natureza de cautelaridade) seria o *manus injectio*. Esse interdito tem sua origem no primevo direito quiritário e em lei decenviral, que passou para a posteridade como a "Lei das XII Tábuas". Segundo esse interdito, após 30 dias de condenação por sentença, o devedor (*iudicatus*) podia ser levado pelo credor a juízo, até violentamente. Nesse período o credor, após uma exortação clássica, colocava sua mão em qualquer das partes do corpo do devedor, exteriorizando sua apreensão. Ou o devedor pagava a dívida ou conseguia terceiro (*vindex*) que a solvesse. Em caso negativo, o credor conduzia o devedor para prisão domiciliar, acorrentando-o (*addictus*); apregoava o valor do débito em três feiras seguidas, ensejando a liquidação por parentes ou por amigos do devedor. Não aparecendo ninguém, o credor podia matar o devedor ou vendê-lo, como escravo, além do Tibre (*trans Tiberim*), em terra dos etruscos (nenhum romano podia deixar de ser livre dentro dos limites de sua cidade). Se, porém, houvesse muitos credores, esses tinham o direito de esquartejar o corpo do devedor, repartindo entre eles os pedaços, sem necessidade de proporção entre as partes distribuídas e o valor do débito respectivo (*partes secanto*). A *Lex Poetelia*, no século V de Roma, porém, vedou a prisão; a colocação de cadeias; a morte e a venda do devedor. Havia, também, o *pignoris capio*, acolhido entre as cinco *legis actiones*. Tinha por finalidade tornar efetivo o pagamento de alguns créditos, segundo os costumes e leis especiais expressas. Não recaía sobre a pessoa do devedor e sim sobre seu patrimônio. Os bens eram apreendidos pelo credor, na presença de três testemunhas e sem necessidade do comparecimento do adversário e do magistrado. Como o credor, apossando-se do patrimônio do devedor, não podia dele dispor, a penhora (*pignoris*) exercia,

[58] LIMA, Alcides de Mendonça. *Comentários ao código de processo civil*. Vol. VI. Tomo I. 3ª ed. Rio de Janeiro: Forense, 1979. p. 1.

apenas, persuasão coativa na vontade do devedor relapso. Ao credor somente se permitia a destruição dos bens.[59]

O *período formulário*, por sua vez, substituiu o das *legis actionis*. Este período manteve as duas espécies de execução – *manus injectio* e *pignoris capio*, mas com menor intensidade. Surge a *actio iudicati*, como uma nova ação, necessária para a execução de sentença condenatória de pagamento em dinheiro. Normalmente encerrava-se com o reconhecimento da dívida pelo devedor, evitando, assim, a sua condenação em dobro, como penalidade, se sua defesa fosse julgada improcedente. Contudo, a execução deixava de recair apenas sobre os bens, cujo produto bastasse para solver a dívida, para incidir sobre a totalidade do patrimônio do devedor. Era uma situação parecida com o nosso concurso universal de credores civil e à da falência. Surge, também, a *bonorum venditio*, quando a execução procedia-se por meio da forma epigrafada, quando, então, o devedor anuía ao pedido do credor na *actio iudicati*. Todos os bens arrecadados do devedor eram administrados pelo *curator bonorum*, escolhido pelos credores; depois eram vendidos em hasta pública, por intermédio do *magister*, também indicado pelos credores precedido o ato da publicação de editais. O Comprador *(emptor)* passava a ser considerado sucessor universal do devedor, como se esse houvesse morrido, atribuindo-se a esse, então, a marca de '*infâmia*'. Durante o Império, surge o *distractio bonorum*, adotando uma variante da liquidação do patrimônio pelo *curator bonorum*. A grande e substancial diferença com a anterior forma é de que, nesta, somente se apreendiam e se vendiam os bens que bastassem ao montante do débito, desde que houvesse consentimento de todos os credores e fosse também nomeado o *curator bonorum* para administrá-los. Livravam-se, assim, os qualificados devedores da pecha da infâmia. Em seguida, surge o *bonorum cessio*, inovação estabelecida por uma lei Júlia, também nos primórdios do Império, a favor do devedor. Evitava a execução pessoal e a marca da infâmia, que tanto o diminuía e degradava sua honra no meio social, e que era aplicada ao cidadão arruinado e expropriado de seus bens. Nessa hipótese, o devedor, voluntariamente entregava seu patrimônio aos credores, embora lhe fosse permitido adquirir, depois do abandono espontâneo, bens necessários à sua subsistência (*beneficium competentiae*). Se a venda de seu patrimônio pelos credores não solvesse, contudo, integralmente, as dívidas, o devedor continuava responsável pelo saldo.[60]

No processo *extraordinário*, conhecido como fase 'pós-clássica', surgiu a execução com todas as características de verdadeira atividade jurisdicional, impedindo-se a interferência privada e pessoal dos credores. Para Alcides Mendonça

[59] LIMA, A. M., idem, p. 27.

[60] LIMA, A. M., idem, p. 29 e 30.

Lima, pode-se considerar esta fase como a origem atávica da moderna executoriedade por expropriação. A apreensão dos bens do devedor, a requerimento do credor, era feita por *apparitores* (que correspondiam aos nossos Oficiais de Justiça), até o limite de satisfação do débito. Havia desta maneira um penhor (*pignus*) sobre os bens. Esta garantia dava preferência ao credor que a intentasse em relação aos demais, que apenas podiam contar com o eventual saldo. Após dois meses da apreensão e persistindo a dívida, os bens eram vendidos em hasta pública e, com o produto, pago o credor. Esta forma de execução manteve-se no direito justinianeu, como um dos meios ordinários de execução das sentenças condenatórias.

Com os bárbaros, no direito medieval, a civilização humana sofre certo retrocesso, principalmente no campo jurídico processual. Havia nesta fase da história um contorno eminentemente individualista, resolvendo os litígios por meio de atividades privadas. Não compreendiam como deveriam dirigir-se a um terceiro, investido ou não de autoridade, para submeter a julgamento suas afirmações no tocante à falta de cumprimento de uma obrigação assumida. Instituiu-se, assim, a penhora privada, ato de força realizado pelo credor, sem a participação imediata do juiz. Não havia necessidade de prova da dívida, muito menos o reconhecimento por parte de uma autoridade estatal. Era suficiente a mera afirmação do credor quanto à sua existência. Somente após a instauração da execução é que se instaurava o juízo de conhecimento, desde que o executado se opusesse ao direito do exequente. Muito tempo depois é que a autoridade do juiz tornou-se indispensável, em que pese essa autoridade não se destinava a apreciar a validade das alegações, mas, sim, tornar formalmente regular o pedido do credor.[61]

Após o Século XII da era cristão, o direito romano ressurgiu, principalmente em Bolonha, que seria o centro principal e mais fértil com a sua célebre Universidade. Diante do conflito surgido entre o direito bárbaro e o direito romano, surge uma síntese, mediante um 'compromisso' entre as duas concepções, pelo trabalho dos juristas da idade média, quando começou a despontar o novo 'direito comum'. Surge nesta época situação inédita, pois a sentença diretamente executável, sem dependência, a rigor, de qualquer outra atividade. Era a *executio parata* (execução aparelhada). O credor deveria submeter sua pretensão ao exame judicial, em procedimento contraditório, sendo julgada procedente ou improcedente. Contudo, em face da falta de celeridade advinda da *actio iudicati*, surgem duas formas distintas de execução: a) a *sumária*, normal, por via da

[61] Lima, A. M., idem, p. 34.

imploratio officium iudicis; b) a *ordinária*, a excepcional, por via da *actio iudicati*. Surge, assim, a célebre expressão latina: *"sententia habet paratam executionem"*, isso é, a execução pelo juiz sem necessidade de novo processo de conhecimento posterior à prolação da sentença, indispensável à sua executoriedade. Apenas a sentença seria o único título que autorizava o processo executivo.[62]

No Estado Democrático de Direito, em última análise, tudo deriva da norma, que legitima a execução de mandado, ordem, sentença e decreto título ou obrigações. Por isso, quem já alcançou o reconhecimento de seu direito, em uma sentença condenatória, ou se acha munido de título equiparado àquele provimento judicial, o *segue* para *obtê-lo; persegue* com o intuito de *segurar* (simbolicamente) aquilo que é seu.[63]

O Estado, diante do exercício da pretensão executiva, faz passar ao patrimônio do exequente o bem ou o resultado jurídico/monetário do bem que até então se achava no patrimônio do executado. Procura-se, nessa espécie de pretensão, intercalar: não há alienação, ato de subtração do bem do devedor, nem há desapropriação, ato expropriativo do Estado; o Estado retira a propriedade do devedor, sem ser em virtude de seu poder de desapropriar, outorgado pela Constituição Federal de 1988, na esteira histórica do direito brasileiro; o devedor, que sofre a execução forçada, não 'alienou', mas praticou ato ou foi responsável por fato de que adveio o dever de prestar e a pretensão executiva do credor.[64]

A pretensão à execução, de que se trata, ou é a que se exerce com o objetivo de cumprir o conteúdo de uma sentença com carga suficiente (mediata) para a execução; ou que se exercer com base em efeitos de atos ou fatos processuais a que a lei atribui força executiva; ou, ainda, com base em título extrajudicial.

Não há mais dúvida de que a atividade exercida pelo juiz, seja no âmbito do cumprimento de sentença ou do processo de execução autônomo, é efetivamente uma atividade jurisdicional, uma vez que o escopo do processo, da tutela jurisdicional, é a concretização do comando abstrato, a atuação da lei, o 'dar, sendo possível, praticamente a quem tem um direito tudo aquilo e próprio aquilo que tem direito de conseguir, por força da lei substancial. Se assim é, isso significa dizer que um sistema de tutela jurisdicional deve definir não só quem tem ou não razão, mas também promover a satisfação concreta dos direitos.[65]

[62] Lima, A. M., idem, p.35

[63] Lima, A. M., idem, p. 2.

[64] Pontes de Miranda. *Comentário ao código de processo civil.* Tomo IV. Rio de Janeiro: Forense, 1959. p. 255.

[65] Pisani, Andrea Proto. *Lezioni di diritto processual civile.* Napoli: Casa Editrice Dott. Eugenio, 1999. p. 756.

É certo que para Celso Neves, na execução, não há atividade jurisdicional, uma vez que essa já teria sido cumprida no processo de conhecimento. Para o processualista, a atividade do juiz na execução é *jurissatisfativa*.[66]

2. Execução fundada em título executivo extrajudicial

Preceitua o *art. 771* do atual C.P.C.: *Este Livro regula o procedimento da execução fundada em título extrajudicial, e suas disposições aplicam-se, também, no que couber, aos procedimentos especiais de execução, aos atos executivos realizados no procedimento de cumprimento de sentença, bem como aos efeitos de atos ou fatos processuais a que a lei atribuir força executiva.*

O novo Código de Processo Civil brasileiro, em seu Livro II dedicado ao processo de execução, move-se segundo uma perspectiva tradicional e toma por base somente as situações substanciais individuadas como 'crédito' ou como 'direitos a prestações determinadas'. Tal livro é articulado em quatro títulos, a saber: Título I – da execução em geral; Título II – das diversas espécies de execução; Título III – dos embargos à execução; Título IV – Da suspensão e da extinção do processo de execução.

O Livro II do atual C.P.C. manteve a metodologia adotada pelo C.P.C. de 1973, principalmente quando da sua reforma introduzida pela Lei 11.232 de 2005, retirando do âmbito do Processo de Execução autônomo o cumprimento de sentença.

Segundo prescreve o art. 513 do atual C.P.C., o cumprimento da sentença será feito segundo regras próprias, observando-se, no que couber e conforme a natureza da obrigação, o disposto no Livro II da Parte Especial deste Código. Este dispositivo demonstra que o novo C.P.C., assim como o fez o C.P.C. de 1973, com a entrada em vigor da Lei 11.232/2005, estabeleceu duas formas de procedimento executivos, a saber: a) cumprimento de sentença caracterizada como título judicial; b) processo de execução de título extrajudicial.

Diante da nova era *sincrética* entre a cognição e a execução do título (denominada atualmente por cumprimento de sentença), não há falar mais em dois processos judiciais distintos, autônomos e independentes como era anteriormente à Lei 11.232/05. Após esta lei, o que foi mantido pelo novo C.P.C., num mesmo processo há a prolação da sentença condenatória mediante a atividade cognitiva e, logo a seguir, o cumprimento de sentença, seja ela condenatória de dar, pagar quantia certa, fazer ou não fazer.

[66] Neves, Celso. *Comentários ao código de processo civil.* Vol. VII. Rio de Janeiro: Forense, 1977. p. 11.

Nas sentenças declaratórias e nas sentenças constitutivas a tutela jurisdicional se exaure instantaneamente, enquanto que na sentença condenatória exaure-se somente uma fase daquela tutela.

Contudo, comentando o art. 475-N do C.P.C. de 1973, entendia Miguel Garcia Medina que a sentença declaratória também seria título executivo. Dizia ele: *"De acordo com o art. 475-N, I, do CPC, é título executivo judicial 'a sentença proferida no processo civil que reconheça a existência de obrigação de fazer, não fazer, entregar coisa ou pagar quantia'. Pensamos que, diante da letra da norma, não só as sentenças condenatórias, mas 'também as sentenças declaratórias podem constituir título executivo. Para tanto, contudo, 'a sentença deve conter todos os elementos da relação jurídico-obrigacional', identificando, precisamente, credor e devedor, natureza e objeto da obrigação etc. Não deverá ser considerada título executivo a sentença que reconheça, em tese, a existência da obrigação. Por exemplo, a sentença que julgar improcedente ação declaratória de inexistência de dívida, afirmando, genericamente, que o contrato realizado entre as partes não é nulo, não é, segundo nosso entendimento, título executivo. É interessante observar, a propósito, que, mesmo antes da alteração da Lei 11.232/2005, já havia, na jurisprudência do STJ, julgados no sentido de que a sentença declaratória que contém todos os elementos da obrigação (ou a 'definição integral da norma jurídica individualizada', como se afirma em um dos precedentes neste sentido) é título executivo (STJ, 1ª T., Resp 588.202/Pr., Rel. Min. Teori Albino Zavascki, j. 10.02.2004,DJ 25.02.2004, p. 123; EREsp 502.618/RS, rel. Min. João Otávio de Noronha, j. 08.06.2005. DJ 01.07.2005. p. 359)"*.[67]

Em regra, não se fala em cumprimento de sentença declaratória ou constitutiva, uma vez que a sua força eficacial, ou melhor, sua eficácia ocorre de plano nas esferas jurídicas sem qualquer necessidade de nova intervenção judicial. A eventual atuação do juiz nas sentenças declaratórias ou constitutivas ocorre apenas para garantir sua eficácia, e não como forma de cumprimento de sentença, ou para garantir sua força executiva. Nesse sentido, aliás, é o que estabelecem os artigos 521 e 522 da *Ley 1/2000 de Enjuiciamiento Civil* (Código de Processo Civil espanhol):

> *"Art. 521. Sentenças meramente declaratórias e sentenças constitutivas.*
>
> *1. Não se despachará execução das sentenças meramente declaratórias nem as constitutivas.*
>
> *2. Mediante sua certificação e, se for o caso, o mandamento judicial oportuno, as sentenças constitutivas firmes poderão permitir inscrições e modificações em Registros Públicos, sem necessidade de que se despache execução.*

[67] Medina, José Miguel Garcia. *Execução* – Processo civil moderno. N. 03. São Paulo: Editora Revista dos Tribunais, 2008. p. 223 e 224.

3. Quando uma sentença constitutiva contenha também pronunciamentos de condenação, estes se executarão do modo previsto para eles nesta Lei.

Art. 522. Acatamento e cumprimento das sentenças constitutivas. Solicitação de atuações judiciais necessárias.

1. Todas as pessoas e autoridades, especialmente as encarregadas dos Registros Públicos, devem acatar e cumprir o que se disponha nas sentenças constitutivas e atender ao estado ou situações jurídicas que delas surjam, salvo se existirem obstáculos derivados do próprio Registro conforme sua legislação específica.

2. Quem tenha sido parte no processo ou tenham interesse direito e legítimo poderão pedir ao tribunal as atuações precisas para a eficácia das sentenças constitutivas e para vencer eventuais resistência ao que disponha".

No que concerne às denominadas sentenças executivas *'lato sensu'* (denominação de Pontes de Miranda, ex: possessória e despejo), também não há falar em cumprimento de sentença (nos termos do art. 513 do atual C.P.C.), uma vez que nessas espécies de sentenças, a decisão do juiz, além de reconhecer a violação do direito, também determina a realização de atos práticos e concretos para sua efetivação.

Por sua vez, é importante salientar que além das sentenças condenatórias, o art. 515 do atual C.P.C. também estabelece a possibilidade da demanda de cumprimento de sentença para as hipóteses ali desenhadas.

É certo que para alguns autores, a expressão *'cumprimento de sentença'* não tem o condão de alterar a natureza da atividade jurisdicional desenvolvida pelo juiz, que nada mais é do que execução da sentença condenatória. O que muda, é que esses atos executivos não são mais realizados em um processo autônomo, mas num procedimento específico de cumprimento de sentença. Para essa doutrina, ainda sob a égide do C.P.C. de 1973, haveria necessidade de se distinguir o *cumprimento de sentença pelo réu*, que se realizava antes de iniciada a atividade executiva, quando se evitava a incidência da multa, e a *execução da sentença*, que se daria após a apresentação do requerimento pelo exequente.[68]

De acordo com a natureza da obrigação, objeto da decisão condenatória, o cumprimento da sentença ocorre mediante aplicação, no que couber e de forma subsidiária, das regras estabelecidas no Livro II deste Código, que trata especi-

[68] MEDINA, José Miguel Garcia. *Execução.* Processo civil moderno. N. 03. São Paulo: Editora Revista dos Tribunais, 2008. p. 214. No mesmo sentido, MOREIRA, José Carlos Barbosa. Cumprimento e execução de sentença: necessidade de esclarecimentos conceituais. *Temas de direito processual.* 9ª Série. São Paulo: Saraiva, 2007. p. 315 e ss.

ficamente do Processo de Execução (autônomo e direcionado aos títulos executivos extrajudiciais).

Assim, muito embora haja um capítulo específico para o procedimento de cumprimento de sentença, deve-se aplicar subsidiariamente os dispositivos que tratam do processo autônomo de execução de título extrajudicial, assim como os dispositivos reguladores do processo de conhecimento, naquilo que não sejam conflitantes.

A disposição do art. 771 do atual C.P.C, além de regular os atos executivos realizados no procedimento de cumprimento de sentença, no que couber, também se aplica aos *procedimentos especiais de execução e aos efeitos de atos ou fatos processuais a que a lei atribuir força executiva.*

Sabe-se que o processo civil italiano do século passado, amparado nas lições de Giuseppe Chiovenda, tinha por norma o princípio *nulla executio sine título.* Ou seja, não haveria execução sem título. E o título executivo judicial, por excelência, sentença condenatória, para sua perfectibilização, necessitava de certos elementos, em especial da declaração da existência do direito nele corporificado. Assim, somente haveria pretensão à execução quando o direito fosse devidamente reconhecido num processo de cognição mediante um amplo contraditório.

Um dos efeitos importantes do princípio *nulla executio sine título* era justamente impedir atos executivos com base na simples *verossimilhança*, sem a devida certeza jurídica.

Por isso, entendia a doutrina italiana que toda tutela jurisdicional prestada antes de uma sentença tinha natureza de *cautelaridade*, razão pela qual não se poderia falar em *executividade* dessas decisões antecipadas e urgentes.

Conforme defendia Chiovenda, a execução não poderia ocorrer antes do trânsito em julgada da decisão proferida no processo de conhecimento. Contudo, entendia Chiovenda que era possível a execução na pendência do recurso de cassação, justamente porque este recurso era recebido apenas no efeito devolutivo e não suspensivo. Dizia o mestre italiano que poderia ocorrer a hipótese de uma sentença não definitiva, mas executória. É justamente a hipótese de uma condenação confirmada ou proferida em grau de apelação. E isso ocorre uma vez que o recurso dessa decisão (recurso de cassação) não tem efeito suspensivo. Apesar disso, essa hipótese de execução é uma *figura anormal*, porque nos apresenta uma ação executória descoincidente, de fato, de certeza jurídica.[69]

[69] CHIOVENDA, Giuseppe. *Instituições de direito processual civil.* Trad. J. Guimarães Menegale. São Paulo: Edições Saraiva, 1965. *p. 234.*

Contudo, o princípio *nulla executio sine título* foi pouco a pouco sendo relativizado, até o ponto de se compreender que é possível a prática de atos executivos em face de atos ou fatos processuais (sem natureza de sentença) a que a lei atribui força executiva. Assim, nem todas as tutelas jurisdicionais exteriorizadas em decisões antes da sentença final podem ser caracterizadas como tutelas de natureza *cautelar*. Surgem, portanto, as tutelas provisórias de natureza *satisfativa*, as quais a lei confere força executiva, não obstante sejam outorgadas simplesmente com base no princípio da *verossimilhança* ou do *fumus boni iuris*.

Daí porque o art. 771 do atual C.P.C. estabelece que sua normatização também se aplica *aos efeitos de atos ou fatos processuais a que a lei atribuir força executiva*.

Dentre esses atos ou fatos processuais que o novo C.P.C. atribui força executiva, encontram-se as tutelas provisórias de urgências e tutelas de evidência de natureza satisfativa. Aliás, o art. 515 do novo C.P.C. caracteriza como título executivo judicial, as decisões proferidas no processo civil que reconheçam a exigibilidade de obrigação de pagar quantia, de fazer, de não fazer ou de entregar coisa.

O art. 771 do atual C.P.C., além de determinar a aplicação subsidiária de seu conteúdo normativo ao instituto do cumprimento de sentença ou aos atos ou fatos processuais a que a lei atribui força executiva, também se aplica aos procedimentos especiais de execução.

Por fim, o art. 771 do atual C.P.C. tem por finalidade precípua regular o *processo de execução de título executivo extrajudicial*.

Por necessidade e influência do comércio, surge na história do processo civil determinadas obrigações que passaram a ser confessadas perante os tabeliães, e os documentos que as corporificaram, os quais foram equiparados à sentença condenatória para o efeito de execução.

Os instrumentos lavrados perante o tabelião – *iudex chatularius* – (*instrumenta guarentigiata* ou *confessionadata*), equiparados à confissão do devedor e atribuindo-lhe os mesmos efeitos da confissão prestada em juízo, foram revestidos de proteção especial (tinham a mesma equivalência, por ficção, às sentenças proferidas pelos juízes), ensejando a execução.[70]

Assim, deu-se ao reconhecimento do devedor perante o tabelião o mesmo significado da declaração judicial da existência do direito, expressa na condenação. O sistema espalhou-se pela Europa, principalmente na Itália, Alemanha e na França.

[70] Lima, A., M., op. cit., p. 36.

No direito comum francês, apercebeu-se da necessidade de se dar eficácia executiva às chamadas *lettres obligatoires*. Para a aquisição de tal eficácia, as *lettres obligatoires* tinham que ser reconhecidas pelo devedor, que precisava ser chamado em juízo, ou então deveriam ser autenticadas pelos notários. Somente com o aparecimento dessa função de autenticar as obrigações escritas é que os atos particulares de reconhecimento da dívida passaram a constituir título executivo, à semelhança da sentença condenatória.[71]

Evidentemente, tal situação exigia um tratamento diferenciado em relação àquele dispensado às sentenças. A execução com base em sentença era simplificada, especialmente em razão da coisa julgada. Entendia-se que até a citação para a execução seria dispensada, restringindo as impugnações do executado a poucos fatos. A execução baseada nos títulos lavrados perante o tabelião, além de exigir a citação inicial, não limitava a defesa do executado. A primeira era como que complemento da ação em que fora proferida a sentença exequenda; a segunda, contudo, configurava verdadeira ação executiva, com seu trâmite completo.[72]

A execução de título extrajudicial aparece em nossa legislação com a denominada *ação de assinação de dez dias*, de origem lusitana, e expressamente prevista no Regulamento 737 de 25 de novembro de 1850, em seu art. 246: *"Consiste esta ação de assinação judicial de dez dias para o réu pagar, ou dentro deles alegar e provar em embargos que tiver"*. Esta ação era utilizada para a cobrança dos seguintes títulos: escrituras públicas e instrumentos às mesmas equiparados; contratos comerciais; letras de câmbio e similares pelo Código Comercial; conhecimentos de fretes; apólices ou letras de seguro; faturas e contas de gêneros vendidos em grosso (art. 247, §§1º e 7º). Havia, também, a *ação executiva* para determinados créditos, não assegurados pela ação de assinação de dez dias, a saber: fretes de navios; despesas com transporte por água e por terra; despesas e comissões de corretagem (art. 308 e §§1º a 3º)[73]

O C.P.C. de 1939, Decreto-lei n. 1.608, de 18 de setembro de 1939, com vigência a partir de 1º de março de 1940, acolheu o sistema do Código mineiro e do Rio de Janeiro, possivelmente pelo fato de que seu principal autor, Pedro Baptista Martins, era livre-docente da Faculdade de Direito de Minas Gerais. Este diploma legislativo dividiu o processo executivo em duas formas: a) *a ação executiva*; b) *a execução de sentença*. Extinguiu totalmente a denominada ação de assinação de 10 dias, ainda em vigor em alguns Códigos estaduais. A *ação execu-*

[71] MARINONI, Luiz Guilherme; ARENHART, Sérgio Cruz. *Execução*. Vol. 3. 4ª ed., São Paulo: Ed. R.T., p. 28.

[72] LIMA, A., M., op. cit., p. 36.

[73] LIMA, A., M., idem, p. 41 e 42.

tiva destinava-se à cobrança de crédito sem um denominador comum preciso, exceto sua presunção de validade, favorecendo sua exigibilidade, como instrumentos públicos; documentos particulares com duas testemunhas, títulos cambiários; custas, aluguéis; direitos reais de garantia etc. Iniciava-se com mandado para pagamento ou penhora, em 24 horas. Havendo penhora, o réu podia defender-se por contestação (não por embargos). Com ou sem contestação, a causa seguia os trâmites normais do procedimento ordinário, passando para a fase cognitiva. Era considerada um misto de processo declarativo e processo acautelatório. Julgada procedente a demanda, e como já havia ocorrido a penhora, a execução da sentença deveria processar-se, normalmente, com a avaliação ou, se já houvesse sido avaliado o bem, com a publicação de editais para a hasta pública. Já a *execução de sentença* tinha por fundamento a sentença transitada em julgado, embora em algumas situações era permitida a execução provisória quando o recurso era recebido apenas no efeito devolutivo. Aplicava-se à execução por quantia certa; para entrega de coisa certa ou em espécie; de obrigações de fazer ou não fazer. A defesa, em qualquer das espécies, era por meio de embargos. A execução da sentença era denominada por Pontes de Miranda com *actio iudicati*, embora não mantinha identificação com o interdito romano.[74]

Por fim, o C.P.C. de 1973, Lei 5.869, de 11 de janeiro de 1973, tendo como seu mentor principal o Prof. Alfredo Buzaid, catedrático de Direito Processual Civil da Faculdade Paulista de Direito, da Pontifícia Universidade Católica de São Paulo e da Faculdade de Direito da Universidade de São Paulo. O projeto foi apresentado ao Ministro Milton Campos, então titular da Pasta da Justiça e Negócios, em 1964. O anteprojeto foi debatido em Congresso realizado em Campos do Jordão, no qual compareceram processualistas de quase todas as Universidades de São Paulo e pelo Instituto Brasileiro de Direito Processual Civil. O C.P.C. de 1973 unificou o processo de execução, desaparecendo a antiga ação executiva, como categoria autônoma. Passou a adotar um só 'processo de execução', apesar da diversidade dos títulos executivos.[75]

Muito embora o C.P.C. de 1973 tenha unificado o processo de execução para títulos executivos judiciais e extrajudiciais, o certo é que manteve a autonomia de cada título segundo a forma de sua constituição, razão pela qual se o exequente dispusesse de um título executivo extrajudicial, não teria interesse em promover uma ação de conhecimento para a obtenção de um título executivo judicial. Contudo, ainda sob a égide do C.P.C. revogado, houve o entendimento de que o credor poderia optar em ingressar com a execução de título extrajudi-

[74] LIMA, A. M., idem, p. 57/61.
[75] LIMA, A. M., idem, p. 65.

cial ou optar por ingressar com ação de conhecimento a fim de obter uma das formas dos artigos 461, 461-A ou 475-J. (STJ-3T. Resp n. 717.276/PR: *"A parte que dispõe de título extrajudicial pode optar entre as formas de tutela, vale dizer: a tutela de conhecimento com pedido de antecipação ou a tutela executiva"*.)

É certo que, posteriormente, com as legislações esparsas, o C.P.C. de 1973 foi modificado no que tange à execução, instituindo-se o instituto de cumprimento de sentença ao lado do processo de execução para os títulos executivos extrajudiciais. O novo C.P.C. manteve essa metodologia de tratamento da via executiva. Portanto, temos um processo de execução autônomo para a execução fundada em título executivo *extrajudicial*, e um procedimento sincrético (conhecimento/execução) realizado por meio do procedimento de cumprimento de sentença.

O Livro II do atual C.P.C. regula especificamente a execução fundada em título extrajudicial, mas permite que suas disposições também sejam aplicadas, no que couber, aos atos executivos realizados no procedimento de cumprimento de sentença, bem como aos efeitos de atos ou fatos processuais a que a lei atribuir força executiva.

Preceitua o parágrafo único do art. 771 do atual C.P.C.: *Aplicam-se subsidiariamente à execução as disposições dos Livros I da Parte Especial.*

Desde que não contrariem as normas específicas do processo de execução ou do instituto do cumprimento de sentença, serão aplicadas subsidiariamente as regras do Livro I da Parte Especial, ou seja, as normas que tratam do processo de conhecimento e do cumprimento de sentença.

Art. 772

O juiz pode, em qualquer momento do processo:

I – ordenar o comparecimento das partes;

II – advertir o executado de que seu procedimento constitui ato atentatório à dignidade da justiça;

III – determinar que sujeitos indicados pelo exequente forneçam informações em geral relacionadas ao objeto da execução, tais como documentos e dados que tenham em seu poder, assinando-lhes prazo razoável.

Poderes do juiz na execução e dever de colaboração

Como pode parecer para alguns, o juiz no processo de execução não é um simples observador do jogo legal e executório a ser realizado entre credor e devedor. Ao contrário, a importância de uma interferência firme e consistente do magistrado durante o desenrolar da relação jurídica processual, no sentido de garantir ao mesmo tempo a efetividade da tutela executiva, sem se descurar da menor onerosidade possível do devedor, é a base da moderna atividade do juiz, seja no campo do cumprimento da sentença, seja no âmbito do processo executivo autônomo.

A possibilidade de o juiz ordenar o comparecimento das partes em qualquer fase do processo (inc. I do art. 772 do atual C.P.C.) já era prevista no art. 599, inc. I do C.P.C. de 1973, com a redação dada pela Lei 5.925, de 1º de outubro de 1973.

O dispositivo tem por objetivo evitar excessos do credor e medidas protelatórias do devedor.

Este preceito encontra-se em harmonia com o art. 139 do atual C.P.C. que assim dispõe:

> *Art. 139. O juiz dirigirá o processo conforme as disposições deste Código, incumbindo-lhe:*
>
> *(...)*
>
> *V – promover, a qualquer tempo, a autocomposição, preferencialmente com auxílio de conciliadores e mediadores judiciais;*
>
> *(...).*
>
> *VIII – determinar, a qualquer tempo, o comparecimento pessoal das partes, para inquiri-las sobre os fatos da causa, hipótese em que não incidirá a pena de confesso;*

Previsão similar há no art. 485 do C.P.C. italiano:

> *"Art. 485 (audiência dos interessados)*
>
> *Quando a lei determinar ou o juiz entende por necessário que as partes e eventualmente outros interessados sejam ouvidos, o próprio juiz fixa por meio de decreto a audiência na qual o credor 'pignorante', os credores intervenientes, o devedor e eventualmente os outros interessados devem comparecer diante dele.*
>
> *O decreto é comunicado pelo chanceler.*
>
> *Se se verifica ou parece provável que uma das partes possa comparecer por causa independente da sua vontade, o juiz da execução fixa uma nova audiência da qual o chanceler dará comunicação à parte que não compareceu".*

Evidentemente, o não comparecimento à audiência em nosso ordenamento jurídico não terá qualquer efeito de contumácia.

Trata-se de uma faculdade que o juiz dispõe, seja para tentar uma conciliação com as partes, mesmo na fase executiva, seja para verificar a melhor forma possível para a prática dos atos executivos, sempre tendo em vista os princípios da efetividade da tutela jurisdicional e a menor onerosidade possível em relação ao devedor.

O juiz pode, em qualquer momento do processo, advertir o executado de que o seu procedimento constitui ato atentatório à dignidade da justiça (inc. II do art. 772 do atual C.P.C.).

Muito embora prevaleça no processo civil moderno o princípio dispositivo, o juiz tem poderes para evitar que a parte pratique qualquer ato contra a dignidade da justiça. Essa regra é prevista, inclusive, no art. 139, inc. III do atual C.P.C., a saber:

> *Art. 139. O juiz dirigirá o processo conforme as disposições deste Código, incumbindo-lhe:*
>
> *(...).*
>
> *III – prevenir ou reprimir qualquer ato contrário à dignidade da justiça e indeferir postulações meramente protelatórias;*

O art. 774 do atual C.P.C., analisado na sequência, trata das hipóteses em que o ato é contrário à dignidade da justiça.

Contudo, penso que essa advertência deve ser feita não somente ao executado, mas também ao exequente, uma vez que o credor também poderá realizar procedimento atentatório à dignidade da justiça.

Também poderá o juiz determinar que sujeitos indicados pelo exequente, pessoas naturais ou jurídicas, forneçam informações em geral relacionadas ao objeto da execução, tais como documentos e dados que tenham em seu poder, assinando-lhes prazo razoável (inc. III do art. 772 do atual C.P.C.).

É possível que pessoas físicas ou jurídicas estejam de posse de informações, em geral, relacionadas ao objeto da execução (em relação ao direito de crédito representativo da execução), sendo que essas pessoas podem estar na posse de documentos e dados que interessem ao processo de execução ou mesmo ao cumprimento de sentença.

Trata-se de um dever de colaboração exigido daquele que não é parte do processo, nos mesmos moldes do que dispõem os artigos 378 e 380 do atual C.P.C., a saber:

> *"Art. 378. Ninguém se exime do dever de colaborar com o Poder Judiciário para o descobrimento da verdade".*
>
> *"Art. 380. Incumbe ao terceiro, em relação a qualquer causa:*
>
> *I – informar ao juiz os fatos e as circunstâncias de que tenha conhecimento;*
>
> *II – exibir coisa ou documento que esteja em seu poder".*

Também o dever de colaboração é expressamente previsto no art. 591 do Código de Processo Civil Espanhol, *in verbis:*

Art. 591. Dever de colaboração.

1. Todas as pessoas e entidades pública e privadas estão obrigadas a prestar sua colaboração nos atos de execução e a entregar ao Secretário judicial encarregado da execução ou ao procurador do exeqüente, quando assim o solicite seu representado e à suas custas, quantos documentos e dados tenham em seu poder, e cuja entrega haja sido acordada pelo Secretário judicial, sem mais limitações a não ser aqueles que são impostas para o respeito dos direitos fundamentais ou aos limites que, para casos determinados, expressamente imponham as leis. Quando ditas pessoas ou entidades alegarem razões legais ou de respeito aos direitos fundamentais para não realizar a entrega, deixando sem atender a colaboração que lhes houver sido requerida, o Secretário judicial dará conta ao Tribunal para que este provenha como lhe aprouver.

2. O Tribunal, mediante previa audiência dos interessados, poderá, em peça separada, acordar a imposição de multas coercitivas periódicas às pessoas e entidades que não prestem a colaboração que o Tribunal lhes tenha requerido com base no parágrafo anterior. Na aplicação destas sanções, o Tribunal levará em conta os critérios previstos no parágrafo terceiro do artigo 589.

3. As sanções impostas com amparo neste artigo se submetem ao regime de recursos previsto no Título V do Livro VII da Lei Orgânica do Poder Judiciário.

Evidentemente, esse dever de colaboração deverá ser concretizado dentro de um prazo razoável fixado pelo juiz de acordo com o seu prudente arbítrio e de acordo com a dificuldade material em se cumprir a terminação.

Sobre o tema, eis os seguintes precedentes do S.T.J.:

(...).

2. No caso, os precedentes juntados pela agravante não socorrem sua tese. As razões do REsp 4.835/SP asseveram que "as partes, e, com elas, os seus procuradores e advogados, tem o dever de colaborar com o magistrado e seus auxiliares na realização do direito positivo, finalidade do processo, na apuração da verdade e no andamento regular dos feitos" (REsp 4835/SP, Rel. Min. Waldemar Zveiter, Terceira Turma, julgado em 27.11.1990, DJ 17.12.1990, p. 15374).

3. Contudo, da leitura do acórdão recorrido, não se extrai conclusão no sentido de que a Fazenda Pública esteja obstando, dificultando ou mesmo negando colaborar com o "magistrado e seus auxiliares", menos ainda com a parte. Conclui-se o contrário, pois o acórdão assevera que não houve comprovação de recusa administrativa do Fisco em fornecer os documentos almejados, quando assentou: "Porém, não há notícia de negativa da Receita Federal em fornecer as informações que a agravante pretende obter, conforme observado pelo juiz (...)".

(...).

Conforme destacado, não houve sequer atuação do ente público em relação à parte, pois essa nada peticionou na Receita Federal.

Menos ainda se pode concluir que houve "recusa injustificada".

5. Ademais, observa-se que a conclusão firmada pelo acórdão recorrido, no sentido de que não houve negativa de fornecimento dos documentos pelo Fisco e de que a excepcionalidade para o juízo requerer estes dados depende de negativa do devedor em apresentá-los, não foi infirmado nas razões do recurso especial, o que atrai a incidência da Súmula 283 do STF: "É inadmissível o recurso extraordinário, quando a decisão recorrida assenta em mais de um fundamento suficiente e o recurso não abrange todos eles." Agravo regimental improvido.

(AgRg no REsp 1265174/PR, Rel. Ministro HUMBERTO MARTINS, SEGUNDA TURMA, julgado em 13/09/2011, DJe 21/09/2011)

1. Discute-se nos autos se é lícito ao juízo determinar a apresentação de cópias de autos de processo administrativo fiscal, a pedido do curador especial do devedor revel citado por edital, para fins de possibilitar o contraditório e a ampla defesa em autos de embargos à execução.

(...).

3. Esta Corte já se manifestou no sentido de que as cópias do processo administrativo fiscal não são imprescindíveis para a formação da certidão de dívida ativa e, consequentemente, para o ajuizamento da execução fiscal. Assim, o art. 41 da Lei n. 6.830/80 apenas possibilita, a requerimento da parte ou a requisição do juiz, a juntada aos autos de documentos ou certidões correspondentes ao processo administrativo, caso necessário para solução da controvérsia. Contudo, o ônus de tal juntada é da parte embargante, haja vista a presunção de certeza e liquidez de que goza a CDA, a qual somente pode ser ilidida por prova em contrário a cargo do sujeito passivo ou do terceiro a que aproveite, nos termos do art. 204 do CTN.

4. A despeito da possibilidade de o magistrado determinar a exibição de documentos em poder das partes, bem como a requisição de processos administrativos às repartições públicas, nos termos dos arts. 355 e 399, II, do CPC, não é possível instar a Fazenda Pública a fazer prova contra si mesma, eis que a hipótese dos autos trata de execução fiscal na qual há a presunção de certeza e liquidez da CDA a ser ilidida por prova a cargo do devedor. Por outro lado, o Fisco não se negou a exibir o processo administrativo fiscal para o devedor, ou seu curador especial, o qual poderá dirigir-se à repartição competente e dele extrair cópias, na forma do art. 41 da Lei n. 6.830/80.

5. Recurso especial não provido.

(REsp 1239257/PR, Rel. Ministro MAURO CAMPBELL MARQUES, SEGUNDA TURMA, julgado em 22/03/2011, DJe 31/03/2011).

Art. 773

O juiz poderá, de ofício ou a requerimento, determinar as medidas necessárias ao cumprimento da ordem de entrega de documentos e dados.

Parágrafo único. Quando, em decorrência do disposto neste artigo, o juízo receber dados sigilosos para os fins da execução, o juiz adotará as medidas necessárias para assegurar a confidencialidade.

Entrega de documentos e dados

Este dispositivo vem complementar o que estabelece o inc. III do art. 772 do atual C.P.C.

Assim, se o juiz pode determinar que pessoas naturais ou jurídicas indicadas pelo exequente forneçam informações, em geral, relacionadas ao objeto da execução, tais como documentos e dados que tenham em seu poder, assinando-lhes prazo razoável, isso significa dizer que o não cumprimento dessa determinação possibilitará ao juiz estabelecer, de ofício ou mediante requerimento do exequente, as medidas necessárias ao cumprimento da ordem de entrega dos documentos e dados.

Porém, não basta a previsão na norma de que terceiros deverão colaborar com a eficácia do processo executivo, sem que haja norma sancionatória em caso de descumprimento desse dever legal.

Dentre essas medidas de cumprimento encontram-se a imposição de multas ou outras medidas indutivas, coercitivas, mandamentais ou sub-rogatórias, nos termos do parágrafo único do art. 380 do atual C.P.C.

Preceitua o *parágrafo único* do art. 773 do atual C.P.C. que *quando, em decorrência do disposto neste artigo, o juízo receber dados sigilosos para os fins da execução, o juiz adotará as medidas necessárias para assegurar a confidencialidade.*

É possível que o terceiro que deva colaborar com o juízo da execução tenha em seu poder documentos e dados que ao mesmo tempo que interessam à execução contenham informações sigilosas ou dados alheios aos fins da tutela executiva jurisdicional.

Nesse caso, o juiz deverá adotar todas as medidas necessárias para resguardar o direito ao sigilo das informações.

Art. 774

Considera-se atentatória à dignidade da justiça a conduta comissiva ou omissiva do executado que:

I – frauda a execução;

II – se opõe maliciosamente à execução, empregando ardis e meios artificiosos;

III – dificulta ou embaraça a realização da penhora;

IV – resiste injustificadamente às ordens judiciais;

V – intimado, não indica ao juiz quais são e onde estão os bens sujeitos à penhora e os respectivos valores, nem exibe prova de sua propriedade e, se for o caso, certidão negativa de ônus.

Parágrafo único. Nos casos previstos neste artigo, o juiz fixará multa em montante não superior a vinte por cento do valor atualizado do débito em execução, a qual será revertida em proveito do exequente, exigível nos próprios autos do processo, sem prejuízo de outras sanções de natureza processual ou material.

Ato atentatório à dignidade da justiça

Segundo preceitua o inc. II do art. 772 do atual C.P.C., o juiz poderá, em qualquer momento do processo, advertir o executado de que o seu procedimento (comissivo ou omissivo) constitui ato atentatório à *dignidade da justiça*.

Contudo, o legislador deixou para os incisos do art. 774 do atual C.P.C. a indicação pormenorizada dos atos comissivos ou omissivos que possam ser considerados como *atentatórios à dignidade da justiça*.

A finalidade da indicação dos atos que contrariam a dignidade de justiça tem natureza eminentemente ética, pois tenta impedir que condutas omissivas ou comissivas afetem a *dignidade* da justiça, justiça aqui entendida de forma abrangente, não apenas no sentido restritivo da palavra.

O projeto do *Código de Procedimiento Civil* do Uruguai, elaborado por Eduardo J. Couture, em 1945, em cumprimento da Lei 10.418, de 11 de março de 1943, continha dispositivo similar nos seguintes termos: *"Princípio de Probidade – O juiz deverá tomar, de ofício ou por petição da parte, todas as medidas necessárias estabelecidas em lei, tendentes a prevenir ou sancionar qualquer ato contrário à dignidade da justiça, ao respeito que mutuamente se devem os litigantes e as faltas de lealdade e probidade nos debates"*.

Mas para que esse preceito possa efetivamente ter alguma aplicabilidade, devem-se observar as seguintes recomendações de Alcides de Mendonça Lima feitas há mais de trinta anos: *"neste assunto, a lei jurídica tende a tornar-se ineficaz, em muitas vezes, por maior que seja o empenho de seus aplicadores em obstar as manobras que atentem contra a decantada 'dignidade da Justiça'. Em cada caso; a respeito de cada parte (sem esquecer as condições ambientais; sua formação; suas determinantes e outros atributos que influem na personalidade individual); e, segundo a mentalidade de cada juiz, o preceito poderá incidir 'diferentemente', porque 'diferentes' se podem apresentar os elementos que compõem o quadro processual. Chega um momento em que terá de ser aferido um valor de difícil verificação concreta: 'desgraciadamente, este genero de cualidades no puedem estar 'dentro' del sistema de normas: solamente pueden hallarse en realidad del corazón humano, justamente allí donde ninguna norma puede alcanzar".*[76]

Evidentemente que não se pode deixar ao simples arbítrio subjetivo do juiz configurar aquilo que possa ser compreendido como ato atentatório à dignidade da justiça, razão pela qual o legislador preferiu descrever objetivamente as hipóteses específicas sobre esta conduta antiética.

É importante salientar que o art. 774 do atual C.P.C. não traz todas as hipóteses de ato atentatório à dignidade da justiça.

O art. 903, §6º, do atual C.P.C. que trata das hipóteses de nulidade da arrematação, também indica fato que pode ser considerado como atentatório à dignidade da justiça. Estabelece o referido §6º: *Considera-se ato atentatório à dignidade da justiça a suscitação infundada de vício com o objetivo de ensejar a desistência do arrematante (...).*

Especificamente em relação ao art. 774 do atual C.P.C., a primeira hipótese de ato atentatório à dignidade da justiça encontra-se prevista no inc. I e corresponde à prática de ato em fraude *à execução.*

Segundo afirma Alcides Mendonça Lima, seria o único dispositivo de caráter objetivo.

Fraudar significa frustrar, inutilizar, malograr, tornar sem efeito.

Os casos de fraude à execução, por sua vez, estão discriminados no art. 792 do atual C.P.C., a saber:

> *Art. 792. A alienação ou a oneração de bem é considerada fraude à execução:*
>
> *I – quando sobre o bem pender ação fundada em direito real ou com pretensão reipersecutória, desde que a pendência do processo tenha sido averbada no respectivo registro público, se houver;*
>
> *II – quando tiver sido averbada, no registro do bem, a pendência do processo de execução, na forma do art. 828;*
>
> *III – quando tiver sido averbado, no registro do bem, hipoteca judiciária ou outro ato de constrição judicial originário do processo onde foi arguida a fraude;*

[76] Lima, A. M., op. cit., p. 614.

IV – quando, ao tempo da alienação ou da oneração, tramitava contra o devedor ação capaz de reduzi-lo à insolvência;

V – nos demais casos expressos em lei.

§ 1º A alienação em fraude à execução é ineficaz em relação ao exequente.

§ 2º No caso de aquisição de bem não sujeito a registro, o terceiro adquirente tem o ônus de provar que adotou as cautelas necessárias para a aquisição, mediante a exibição das certidões pertinentes, obtidas no domicílio do vendedor e no local onde se encontra o bem.

§ 3º Nos casos de desconsideração da personalidade jurídica, a fraude à execução verifica-se a partir da citação da parte cuja personalidade se pretende desconsiderar.

§ 4º Antes de declarar a fraude à execução, o juiz deverá intimar o terceiro adquirente, que, se quiser, poderá opor embargos de terceiro, no prazo de 15 (quinze) dias.

Por sua vez, em matéria tributária, a fraude à execução é tratada de forma diversa, conforme estabelece o art. 185 do Código Tributário Nacional, *in verbis:*

"Art. 185. Presume-se fraudulenta a alienação ou oneração de bens ou rendas, ou seu começo, por sujeito passivo em débito para com a Fazenda Pública, por crédito tributário regularmente inscrito como dívida ativa".

A diferença entre a fraude à execução que tenha por objeto crédito tributário e as demais espécies de crédito, é que naquela a fraude se concretiza após a inscrição em dívida ativa, enquanto nas demais, em regra, deve já ter sido instaurada uma demanda contra o executado.

Assim, ocorrendo qualquer das hipóteses previstas no art. 774 do atual C.P.C., o executado praticará ato contra a dignidade da justiça.

Sobre o tema, eis os seguintes precedentes do S.T.J.:

1. Os bens presentes e futuros – à exceção daqueles impenhoráveis –, respondem pelo inadimplemento da obrigação, conforme disposto nos arts. 591 do Código de Processo Civil e 391 do Código Civil. Com efeito, como é o patrimônio do devedor que garante suas dívidas, caracteriza fraude à execução a disponibilidade de bens pelo demandado, após a citação, que resulte em sua insolvência, frustrando a atuação da Justiça, podendo ser pronunciada incidentalmente nos autos da execução, de ofício ou a requerimento do credor prejudicado, sem necessidade de ajuizamento de ação própria.

2. O art. 592, V, do Código de Processo Civil prevê a ineficácia (relativa) da alienação de bens em fraude de execução, nos limites do débito do devedor para com o autor da ação. Nesse passo, não se trata de invalidação da renúncia da herança, mas sim na sua ineficácia perante o credor – o que não implica deficiência do negócio jurídico –, atingindo apenas as consequências jurídicas exsurgidas do ato; por isso não há cogitar das alegadas supressão de competência do Juízo do inventário, anulação da sentença daquele Juízo, tampouco em violação à coisa julgada.

3. Assim, mesmo em se tratando de renúncia translativa da herança, e não propriamente abdicação, se extrai do conteúdo do art. 1.813, do Código Civil/02, combinado com o art. 593, III, do CPC que, se o herdeiro prejudicar seus credores, renunciando à herança, o ato será ineficaz perante aqueles que com quem litiga. Dessarte, muito embora não se possa presumir a má-fé do beneficiado pela renúncia, não há como permitir o enriquecimento daquele que recebeu gratuitamente os bens do quinhão hereditário do executado, em detrimento do lídimo interesse do credor e da atividade jurisdicional da execução.

4. "É o próprio sistema de direito civil que revela sua intolerância com o enriquecimento de terceiros, beneficiados por atos gratuitos do devedor, em detrimento de credores, e isso independentemente de suposições acerca da má-fé dos donatários (v.g. arts. 1.997, 1.813, 158 e 552 do Código Civil de 2002). (REsp 1163114/MG, Rel. Ministro LUIS FELIPE SALOMÃO, QUARTA TURMA, julgado em 16/06/2011, DJe 01/08/2011) 5. Recurso especial não provido.

(REsp 1252353/SP, Rel. Ministro LUIS FELIPE SALOMÃO, QUARTA TURMA, julgado em 21/05/2013, DJe 21/06/2013).

Direito processual civil. Execução de alimentos. Fraude de execução.

Requisitos. Citação válida do devedor. Prova da Insolvência. Ciência dos adquirentes a respeito da ação em curso. Embargos de declaração.

Reexame de provas vedado.

– Inviável o recurso especial quando o Tribunal Estadual decidiu fundamentadamente as questões necessárias ao deslinde da controvérsia, sem omissões, contradições, tampouco obscuridades no julgado, embora em sentido diverso do pretendido pela parte.

– Para caracterização da fraude de execução prevista no art. 593, inc. II, do CPC, ressalvadas as hipóteses de constrição legal, necessária a demonstração de dois requisitos: (i) que ao tempo da alienação/oneração esteja em curso uma ação, com citação válida; (ii) que a alienação/oneração no curso da demanda seja capaz de reduzir o devedor à insolvência. Precedentes.

– Dessa forma, se o Tribunal de origem entende que os requisitos da fraude de execução estão presentes, a modificação do julgado esbarra na proibição de se analisar fatos e provas em sede de recurso especial.

Recurso especial não conhecido.

(REsp 862.123/AL, Rel. Ministra NANCY ANDRIGHI, TERCEIRA TURMA, julgado em 07/05/2007, DJ 04/06/2007, p. 351)

A segunda hipótese de ato atentatório à dignidade da justiça prevista no inc. II do art. 774 é quando o devedor/executado *opõe-se maliciosamente à execução, empregando ardis e meios artificiosos.*

A simples oposição como meio de defesa ou de autodefesa é permitida, pois não se pode exigir do devedor que aceite pacientemente e resignado todo e qualquer a ato executivo contra seu patrimônio.

O que a regra veda, configurando como ato atentatório à dignidade da justiça, é justamente o *ato malicioso*, ou seja, a conduta maliciosa que visa a impedir o andamento da execução. Para tanto, o devedor emprega ardis ou outros meios artificiosos.

Aliás, o dever de lealdade das partes está expressamente consignado no art. 77, inc. I do atual C.P.C.: *"além de outros previstos neste Código, são deveres das partes, de seus procuradores e de todos aqueles que de qualquer forma participem do processo: I – expor os fatos em juízo conforme a verdade.*

Evidentemente, a malícia depende da comprovação de alguns elementos objetivos, pois não pode ser configurada apenas pelo simples arbítrio do julgador.

Por isso, alguns atos praticados pelo executado podem ser caracterizados como maliciosos, a saber: a) indica os bens em locais onde eles não se encontram; b) indica bens pertencente a terceiros como se fosse seu; c) sonega informação importante sobre a qualidade e quantidade dos bens para o oficial de justiça; d) esconde-se para não ser citado ou intimado de eventual penhora; e) impugna a avaliação sem motivo justo e razoável; f) ingressa com defesa totalmente infundada ou em relação a matéria que já fora definitivamente julgada.

Sobre o tema, eis os seguintes precedentes do S.T.J.:

1. Nos termos da atual redação do art. 600, II e III, do CPC (com redação dada pela Lei 11.382/2006), "considera-se atentatório à dignidade da Justiça o ato do executado que: (...) II – se opõe maliciosamente à execução, empregando ardis e meios artificiosos; III – resiste injustificadamente às ordens judiciais".

2. No entanto, o ajuizamento de embargos do devedor, com fundamento no art. 741, II e parágrafo único, do CPC, invocando precedentes do Supremo Tribunal Federal, nos quais foi supostamente acolhida a tese do embargante, não se subsume às hipóteses previstas no artigo referido. Por tal razão, no caso concreto, é descabida a imposição da multa com fulcro no art. 600, II e III, do CPC.

3. Embargos de declaração acolhidos, com a atribuição de efeitos infringentes. Recurso especial parcialmente provido.

(EDcl no REsp 999.040/SP, Rel. Ministra DENISE ARRUDA, PRIMEIRA TURMA, julgado em 25/03/2008, DJe 30/04/2008).

(...).

2. A eventual existência de recurso pendente de julgamento correlato a determinado certame licitatório é direito precípuo do licitante, sendo ele o legitimado para apontar alguma nulidade desta ordem, salvo em caso de prejuízo evidente ao devedor, o que, no caso, não restou demonstrado.

3. A execução de título extrajudicial inicia-se de forma definitiva, caráter que não sofre modificação quando os embargos são julgados improcedentes e há recurso interposto. Em assim sendo, pela executoriedade do título, julgados improcedentes os embargos, a execução prossegue como definitiva. Precedentes.

4. O fato de o embargante/recorrente ter-se utilizado de todos os meios processuais possíveis no intuito de obstacularizar a satisfação do direito vindicado, muitas vezes expendendo razões incipientes, o imperativo contido no art. 600, II, do CPC não comporta interpretação extensiva. Desta feita, após a valoração do quadro fático-probatório e do não-reconhecimento da aplicação de meios ardis ou artificiosos no ensejo de opor-se maliciosamente à execução, não restou comprovada a existência de ato atentatório à dignidade da justiça, devendo ser considerada improcedente a multa de 20% (vinte por cento) sobre o valor do débito em favor do credor.

(...).

(REsp 759.708/RS, Rel. Ministro JOSÉ DELGADO, PRIMEIRA TURMA, julgado em 23/08/2005, DJ 19/09/2005, p. 228)

A terceira hipótese de ato atentatório da dignidade da Justiça prevista no inc. III do art. 774 ocorre quando o devedor/executado dificulta ou embaraça a realização da penhora.

Previsão similar existe no art. 767º do Código de Processo Civil português:

Artigo 767º Obstáculos à realização da penhora

1 – Se o executado, ou quem o represente, se recusar a abrir quaisquer portas ou móveis, ou se a casa estiver deserta e as portas e móveis se encontrarem fechados, observa -se o disposto no artigo 757º.

2 – O executado ou a pessoa que ocultar alguma coisa com o fim de a subtrair à penhora fica sujeito às sanções correspondentes à litigância de má-fé, sem prejuízo da responsabilidade criminal em que possa incorrer.

3 – O agente de execução que, no ato da penhora, suspeite da sonegação, insta pela apresentação das coisas ocultadas e adverte a pessoa da responsabilidade em que incorre com o facto da ocultação.

Muito embora o devedor possa se opor à execução por meios legítimos, isso não lhe dá o direito de dificultar ou embaraçar a realização da penhora. Esses atos que possam dificultar ou embaraçar a penhora não necessitam ser maliciosos ou decorrentes de ardis. Podem decorrer de ato direto e ostensivo para caracterizar ato atentatório à dignidade da justiça. Exemplos desses atos: a) agressão, inclusive verbal, ou violência contra aquele que irá realizar a penhora; b) tentativa de retirar o bem já penhorado das mãos daquele que realizou a penhora ou de seu depositário; c) altera deliberadamente o local em que se encontram os bens para impedir a realização da penhora; d) insere diversos obstáculos para que a penhora possa ser realizada.

Ressalte-se que somente a oposição injustificada é que caracterizará ato atentatório à dignidade da justiça.

A quarta hipótese de ato atentatório à dignidade da justiça prevista no inc. IV do art. 774 do atual C.P.C. ocorre quando o devedor/executado resiste injustificadamente às ordens judiciais.

Este preceito vem complementar aquilo que dispõe o art. 77, inc. IV, do atual C.P.C., a saber:

Art. 77. Além de outros previstos neste Código, são deveres das partes, de seus procuradores e de todos aqueles que de qualquer forma participem do processo:

(...).

IV – cumprir com exatidão as decisões jurisdicionais, de natureza provisória ou final, e não criar embaraços à sua efetivação;

O preceito normativo previsto no inc. IV do art. 774 do atual C.P.C., não havia no art. 600 do C.P.C. de 1973. Trata-se de uma importante inovação do atual C.P.C.

O executado, como toda e qualquer parte que atue no processo, deverá cumprir sem resistência as ordens judiciais, ou seja, as decisões de caráter mandamental expedidas pelo juízo da execução.

A única hipótese em que o não atendimento à ordem judicial não caracterizará ato atentatório à dignidade da justiça ocorre quando a recusa for *justificada*, ou seja, *legitimada pelo ordenamento jurídico*, mesmo em se tratando de uma ordem judicial. E a legitimação ocorre quando a ordem judicial é ilegal ou fere os direitos e garantias fundamentais previstos na Constituição Federal.

A quinta hipótese de ato atentatório à dignidade da justiça prevista no inc. V do art. 774 do atual C.P.C. ocorre quando o devedor/executado, intimado, não indica ao juiz quais são e onde estão os bens sujeitos à penhora e os respectivos valores, nem exibe prova de sua propriedade e, se for o caso, certidão negativa de ônus.

Havia previsão similar no art. 600, inc.IV, do C.P.C. de 1973, *in verbis:*

> *IV – intimado, não indica ao juiz, em 5 (cinco) dias, quais são e onde se encontram os bens sujeitos à penhora e seus respectivos valores. (Redação dada pela Lei nº 11.382, de 2006).*

Há preceito similar também no art. 750º, 1, do Código de Processo Civil português, *in verbis:*

> *Artigo 750º Diligências subsequentes*
>
> *1 – Se não forem encontrados bens penhoráveis no prazo de três meses a contar da notificação prevista no nº 1 do artigo 748º, o agente de execução notifica o exequente para especificar quais os bens que pretende ver penhorados na execução; simultaneamente, é notificado o executado para indicar bens à penhora, com a cominação de que a omissão ou falsa declaração importa a sua sujeição a sanção pecuniária compulsória, no montante de 5 % da dívida ao mês, com o limite mínimo global de 10 UC, se ocorrer ulterior renovação da instância executiva e aí se apurar a existência de bens penhoráveis.*

Sobre o tema, assim tem se manifestado o Superior Tribunal de Justiça:

> *1. Cinge-se a controvérsia à aplicação do art. 652, § 3º, do CPC aos executivos fiscais.*
>
> *2. O indeferimento pelo julgador de primeira instância da intimação do executado para apresentar bens penhoráveis, com base no art. 652, § 3º, do CPC, teve como fundamento: (a) esgotamento das tentativas de localização de bens em nome do executado para constrição, inclusive pelo sistema Bacenjud, Detran e Cartório de Registro de Imóveis; (b) o ônus da prova é da Fazenda acaso o executado esteja ocultando algum bem.*
>
> *3. As inovações trazidas pela Lei n. 11.382/06 aplicam-se às execuções fiscais, desde que a intimação do devedor para a indicação de bens penhoráveis ocorra na vigência da referida lei. Nesse sentido: (AgRg no AG 1.263.656, rel. Min. Hamilton Carvalhido, DJ 15.4.2010; REsp 1.060.511/PR, Rel. Ministra Denise Arruda, Primeira Turma, julgado em 6.8.2009, DJe 26.8.2009).*
>
> *4. Antes da reforma do CPC, o executado, por mandado de citação, era pessoalmente citado para, em 24 horas, pagar ou nomear bens à penhora. Após a vigência da*

Lei 11.382/2006, a citação do executado é só para pagamento da dívida. A nomeação de bens a penhorar é, no dizer de NELSON NERY JÚNIOR, "ato do credor, que poderá fazê-lo já na petição inicial da execução.", (in Código de Processo Civil Comentado, RT, 10a ed., pág. 1.034).

5. Justifica-se a previsão de intimação específica para o executado indicar os bens penhoráveis, sob pena de, omitindo-se injustificadamente, ser punido por ato atentatório à dignidade da Justiça, com base nos arts. 600, IV e 601 do CPC.

6. A intimação para indicar bens à penhora advém do princípio da cooperação coadjuvado pelo princípio da boa-fé processual. Dessa forma o magistrado tem o dever de provocar as partes a noticiarem complementos indispensáveis à solução da lide, na busca da efetiva prestação da tutela jurisdicional.

Agravo regimental provido para dar provimento ao recurso especial.

(AgRg no REsp 1191653/MG, Rel. Ministro HUMBERTO MARTINS, SEGUNDA TURMA, julgado em 04/11/2010, DJe 12/11/2010)

1. De acordo com o inciso IV do art. 600 do Código de Processo Civil, com a nova redação dada pela Lei 11.382/2006, "considera-se atentatório à dignidade da Justiça o ato do executado que, intimado, não indica ao juiz, em 5 (cinco) dias, quais são e onde se encontram os bens sujeitos à penhora e seus respectivos valores". A consequência advinda do descumprimento da referida obrigação está prevista no art. 601 do mesmo diploma legal.

2. A jurisprudência desta Corte é uniforme quanto à possibilidade de aplicação da nova ordem de preferência prevista no art. 655 do CPC, também definida pela Lei 11.382/2006, para fins de penhora nas execuções fiscais, bem como quanto à possibilidade de o juiz, a requerimento do exequente, requisitar à autoridade supervisora do sistema bancário, preferencialmente por meio eletrônico, informações sobre a existência de ativos em nome do executado (art. 655-A).

3. Entende-se, desse modo, conquanto se trate de situação distinta, que inexiste óbice para a aplicação da inovação legislativa trazida pela Lei 11.382/2006, no que se refere à nova redação conferida ao art. 600, IV, do Código de Processo Civil, nas execuções fundadas na Lei 6.830/80, bastando, para tanto, que a intimação do devedor para a indicação de bens penhoráveis ocorra na vigência da Lei 11.382/2006.

4. "A mudança de paradigma na execução civil impõe ao aplicador do Direito a análise do executivo fiscal com novo enfoque, sob pena de viabilizar ao particular instrumento de cobrança mais poderoso que o conferido à Fazenda, subvertendo a lógica e a ratio da existência de uma lei específica para o credor público" (REsp 783.160/SP, 2ª Turma, Rel. Min. Herman Benjamin, DJe de 23.10.2008).

5. Caberá ao juízo da execução, no entanto, verificar, em cada caso, se a parte executada – desde que tenha sido intimada para indicar bens penhoráveis e assim não tenha procedido – agiu ou não de modo atentatório à dignidade da Justiça, para fins de aplicação de eventual penalidade.

6. Recurso especial provido.

(REsp 1060511/PR, Rel. Ministra DENISE ARRUDA, PRIMEIRA TURMA, julgado em 06/08/2009, DJe 26/08/2009)

Preceitua o parágrafo único do art. 774 do atual C.P.C. que nos casos previstos neste artigo, o juiz fixará multa ao executado em montante não superior a vinte por cento do valor atualizado do débito em execução, a qual será revertida em proveito do exequente, exigível nos próprios autos do processo, sem prejuízo de outras sanções de natureza processual ou material.

Evidentemente, não basta a simples indicação dos atos ou omissões que possam configurar ato atentatório à dignidade da justiça, ou seja, norma primária sem que ao mesmo tempo se estabeleça a norma secundária na qual esteja prevista uma sanção por este ato de má fé processual.

No caso, o parágrafo único do art. 774 do atual C.P.C. determina que o juiz, havendo comprovação de ato atentatório à dignidade da justiça, aplique uma multa ao executado em montante não superior a vinte por cento do valor atualizado do débito em execução, a qual será revertida em proveito do exequente. Essa multa será exigida na própria execução.

A incidência dessa sanção processual não impede a aplicação de outras de natureza processual ou material, como aquela que está prevista no art. 77, §§ 2º, 81, 84, etc todos do atual C.P.C., além de poder sofrer indenização por perdas e danos acarretados ao credor.

Contudo, entendo que não se poderá aplicar mais de uma sanção sobre o mesmo fato em favor da mesma pessoa física ou jurídica, sob pena de se incorrer na proibição do *bis in idem*.

O parágrafo único do art. 601 do C.P.C. de 1973 preceituava: o *juiz relevará a pena, se o devedor se comprometer a não mais praticar qualquer dos atos definidos no artigo antecedente e der fiador idôneo, que responda ao credor pela dívida principal, juros, despesas e honorários advocatícios. (Redação dada pela Lei nº 5.925, de 1º.10.1973)*

Essa faculdade concedida ao juiz de relevar a pena não é mais prevista pelo novo C.P.C.

Art. 775

O exequente tem o direito de desistir de toda a execução ou de apenas alguma medida executiva.

Parágrafo único. Na desistência da execução, observar-se-á o seguinte:

I – serão extintos a impugnação e os embargos que versarem apenas sobre questões processuais, pagando o exequente as custas processuais e os honorários advocatícios;

II – nos demais casos, a extinção dependerá da concordância do impugnante ou do embargante.

Desistência total ou parcial da execução

No direito processual civil português, assim disciplina-se a desistência da execução pelo exequente:

> *Artigo 848º Desistência do exequente*
>
> *1 – A desistência do exequente extingue a execução; mas, se já tiverem sido vendidos ou adjudicados bens sobre cujo produto hajam sido graduados outros credores, a estes é paga a parte que lhes couber nesse produto.*
>
> *2 – Se estiverem pendentes embargos de executado, a desistência da instância depende da aceitação do embargante.*

Em relação à desistência da ação (demanda) referente ao processo de conhecimento, estabelece o §4º do art. 485 do atual C.P.C.: *"Oferecida a contestação, o autor não poderá, sem o consentimento do réu, desistir da ação.*

O C.P.C. de 1973 preconizava em seu art. 267, §4º que *depois de decorrido o prazo para a resposta, o autor não poderia, sem consentimento do réu, desistir da ação.*

O novo modelo processual estabelece as seguintes regras em relação ao processo de conhecimento: a) desistir da ação (demanda) sem o consentimento do réu até o oferecimento da contestação; b) desistir da ação (demanda) com o consentimento do réu após o oferecimento da contestação.

É importante salientar que a desistência da ação (demanda) acarreta apenas efeitos restritivos processuais, não impedindo que o autor ingresse novamente com a demanda.

Se a intenção do autor é gerar efeito sobre o direito material propriamente dito, aí não basta a simples desistência. Haverá necessidade de renúncia ao direito sobre o qual se fundamenta a ação (demanda).

O art. 775 do atual C.P.C. trata da desistência da execução ou de algumas medidas executivas, não se confundindo com a renúncia ao direito de crédito objeto da execução.

Mas é importante salientar que nos temos do parágrafo único do art. 771 do atual C.P.C., aplicam-se subsidiariamente as disposições gerais do processo civil ao processo de execução ou ao cumprimento de sentença.

O credor, portanto, tem a *faculdade ou direito* de desistir da execução ou de alguns atos executivos. Considera-se, assim, o exercício de ação referente à demanda executiva um direito subjetivo, ou uma faculdade conferida pelo ordenamento jurídico ao credor.

Como se sabe, salvo na hipótese da legislação do trabalho, art. 878 da C.LT., o juiz não pode iniciar a execução com base no processo civil *ex officio*. Somente o credor tem a faculdade de promover a demanda executiva, pois no nosso processo civil incide o princípio *dispositivo*, especialmente, em se tratando de execução.

Se o ordenamento jurídico confere uma faculdade ao credor para promover a execução, isso significa que também ele terá a faculdade ou o direito para desistir da execução ou de algumas medidas executivas. A desistência, como se disse, gera efeitos restritivos processuais, não causando dano à pretensão de executar. Por isso, o credor, após a desistência, poderá renovar a execução enquanto não ocorrer a prescrição da pretensão executória do crédito. Pode-se dizer que nessa hipótese o credor renuncia aos atos do processo, mas não ao direito creditório em si.

O exequente, conforme lhe permite o art. 775 do atual C.P.C., poderá desistir de toda a execução.

Em se tratando de processo de execução fundado em título executivo extrajudicial, o processo é extinto sem resolução de mérito. Se se tratar de cumprimento de sentença, entendo que o processo conhecimento/execução deverá ser arquivado, podendo ser reaberto enquanto não ocorrer a prescrição. Na primeira hipótese, o devedor poderá obter certidão negativa do foro, pois o processo de execução por título extrajudicial foi extinto. Na segunda hipótese, a certidão será positiva em relação ao processo de conhecimento que foi arquivado. O devedor somente será exonerado da indicação positiva da certidão após operar-se a prescrição da pretensão do crédito.

O art. 775 do atual C.P.C. também permite que o credor desista, não do processo ou da ação/demanda executiva, mas, sim, de *algumas medidas executivas*.

Entende-se por *medidas executivas*, *"aquelas de que dispõem os órgãos jurisdicionais para assegurar ao credor o bem (em sentido amplo) que lhe cabe para satisfação de seu direito"*.[77]

São medidas executivas: a) execução direta (ou por sub-rogação) b) por desapropriação (execução por quantia certa); c) por desapossamento (execução para entrega de coisa); d) por transformação – execução de obrigação de fazer

[77] Lima, A. M., idem, p. 179.

– medidas coercitivas – cumprimento pelo próprio executado ou por terceiros, assim como a conversão em perdas e danos.

É possível que determinada execução gere medidas de coação ou de sub-rogação, sendo a coação muitas vezes aplicada mediante a incidência de multa diária. Nada impede que o credor desista dessa medida executiva coativa.

Em se tratando de dívida alimentar, o credor poderá abrir mão do pedido de prisão do devedor, conformando-se apenas com as medidas executivas expropriatórias de bens do devedor.

Como essas medidas executivas muitas vezes são outorgadas no interesse do credor, nada impede que ele requeira e, posteriormente, delas desista.

É importante salientar que, ao contrário do que possa ocorrer com a desistência de toda a execução, a desistência de algumas medidas executivas não depende de autorização do devedor, mesmo que já tenha ingressado com embargos do devedor. E isso ocorre tendo em vista que a desistência dessas medidas executivas somente vem beneficiar o devedor, razão pela qual lhe faltaria interesse em impugnar a faculdade outorgada pela lei ao credor.

A desistência da ação/demanda executiva somente produzirá efeito depois de homologada por sentença, nos termos do art. 198, p.u., do atual C.P.C.

Estabelece o parágrafo único do art. 775 do atual C.P.C. Na desistência da execução, observar-se-á o seguinte: I – serão extintos a impugnação e os embargos que versarem apenas sobre questões processuais, pagando o exequente as custas e os honorários advocatícios; II – nos demais casos, a extinção dependerá da concordância do impugnante ou embargante.

Os requisitos exigidos para a desistência da execução previstos no p.u. do art. 775 aplicam-se à execução fundada em título extrajudicial, como em relação à execução realizada por meio de cumprimento de sentença.

Desta feita, o credor poderá desistir da execução, mesmo que o devedor já tenha ingressado com embargos à execução ou com impugnação ao cumprimento de sentença, sem necessidade de consentimento do devedor, desde que essas peças de defesa digam respeito apenas a questões processuais (pressupostos processuais da execução), desde que ele exequente pague as custas e os honorários de advogado.

Contudo, nos demais casos de defesa (mérito ou condição da demanda), como, por exemplo, falta ou nulidade de citação no processo de conhecimento, inexigibilidade do título, pagamento, novação, prescrição etc., a extinção dependerá da concordância do embargante ou do impugnante.

Sobre o tema, eis os seguintes precedentes do S.T.J.:

Ação de execução. Desistência parcial. Extinção. Ação revisional ajuizada. Embargos à execução.

1. Não há como se admitir que os embargos à execução prossigam com âmbito maior do que a execução. Assim, a desistência de parte de execução implica o processamento dos embargos, descartada, entretanto, a parte objeto da referida desistência.

2. Ação revisional de cláusula contratual não sofre qualquer modificação diante da desistência de parte da execução, recomendando-se o sobrestamento dos embargos de devedor até o julgamento da mencionada ação ordinária, esta proposta antes daqueles.

3. Recurso especial conhecido e provido, em parte, por maioria.

(REsp 493.166/MT, Rel. Ministra NANCY ANDRIGHI, Rel. p/ Acórdão Ministro CARLOS ALBERTO MENEZES DIREITO, TERCEIRA TURMA, julgado em 02/06/2005, DJ 12/09/2005, p. 317)

Processual civil. Ação de execução. Quitação da dívida. Comprovação. Desistência. Possibilidade. Honorários advocatícios. CPC, art. 569. Aplicação.

I – A quitação de dívida não se presume, devendo ser comprovada.

II – O legislador assegurou a livre disponibilidade da execução.

Assim, pode o exeqüente desistir da ação de execução (CPC, art. 569), sem que isso importe em renúncia ao seu direito de crédito.

III – Se a desistência ocorre antes do oferecimento dos embargos, desnecessária é a anuência do devedor. Precedentes.

IV – Recurso especial conhecido e provido, vencido, em parte, o Relator quanto aos honorários.

(REsp 263.718/MA, Rel. Ministro ANTÔNIO DE PÁDUA RIBEIRO, TERCEIRA TURMA, julgado em 16/04/2002, DJ 20/05/2002, p. 135)

Art. 776

O exequente ressarcirá ao executado os danos que este sofreu, quando a sentença, transitada em julgado, declarar inexistente, no todo ou em parte, a obrigação que ensejou a execução.

Ressarcimento dos danos ao executado

Havendo a prolação de sentença na execução reconhecendo a inexistência, no todo ou em parte, da obrigação que ensejou a execução, tendo por fundamento a compensação, o pagamento, a novação etc., eventuais danos que possa ter sofrido o executado deverão ser ressarcidos, sejam danos materiais ou morais.

Pense-se na hipótese em que é penhorado e retirado da disposição do devedor o uso de um táxi, sendo que este veículo servia de sustento do executado. Nesse caso, o executado, tendo em seu favor uma sentença que reconheceu no todo ou em parte a inexistência da obrigação, poderá, nos próprios autos de execução, requerer a liquidação dos danos sofridos pela execução das medidas executivas.

Por outro lado, essa sentença que reconhece a inexistência de execução poderá ser proferida em impugnação de cumprimento de sentença, em embargos do devedor, ou, ainda, em exceção de pré-executividade.

Os danos serão apurados nos próprios autos que deram origem à execução extinta.

Art. 777

A cobrança de multa ou de indenizações decorrentes de litigância de má-fé ou de prática de ato atentatório à dignidade da justiça será promovida nos próprios autos do processo.

Da cobrança de multa e de indenização

Como se observou, aquele que exerce a litigância de má-fé ou pratica ato atentatório à dignidade da justiça está sujeito a uma sanção, correspondente a incidência de multa prevista no atual C.P.C.

Evidentemente, como se trata de sanção, entendo que não poderá haver dupla incidência de multa na hipótese de *bis in idem*, pois ninguém poderá ser sancionado duas vezes pelo mesmo fato e em relação ao mesmo beneficiário da sanção.

Este dispositivo vem amparar aquele que se encontra de boa-fé no âmbito da execução, pois não seria justo que assim agindo tivesse de promover nova demanda para a cobrança da multa imposta em face da outra parte por esta ter praticado atos que caracterizam litigância de má-fé ou ato atentatório à dignidade da justiça.

Assim, a cobrança de multa ou de indenização será promovida no próprio processo de execução.

Porém, se o processo de execução deve prosseguir normalmente, e para se evitar tumulto processual, nada impede que o juiz promova essa cobrança em autos apartados.

CAPÍTULO II – Das Partes

Art. 778

Pode promover a execução forçada o credor a quem a lei confere título executivo.

§ 1º Podem promover a execução forçada ou nela prosseguir, em sucessão ao exequente originário:

I – o Ministério Público, nos casos previstos em lei;

II – o espólio, os herdeiros ou os sucessores do credor, sempre que, por morte deste, lhes for transmitido o direito resultante do título executivo;

III – o cessionário, quando o direito resultante do título executivo lhe for transferido por ato entre vivos;

IV – o sub-rogado, nos casos de sub-rogação legal ou convencional.

§ 2º A sucessão prevista no § 1º independe de consentimento do executado.

Sujeito ativo na execução

Conforme ensinam Giovanni Verde e Bruno Capponi, *"nem o código civil, nem o código de processo civil utilizam mais o termo 'credor' para identificar o sujeito que tem direito à prestação em forma de execução específica"*.[78]

O presente dispositivo trata da *legitimatio 'ad causam'* como condição de análise do mérito da execução, indicando quem são os sujeitos ativos legitimados para promoverem a execução forçada.

A tutela jurisdicional dos direitos está sempre condicionada a uma iniciativa da parte legítima para assim proceder.

Essa legitimação compete ao credor, denominado processualmente como exequente.

É importante salientar que nem sempre aquele cujo nome consta no título será o exequente do processo de execução. Pense-se na hipótese de cessão de crédito ou de sucessão por morte.

O art. 778 do atual C.P.C. estabelece que pode promover a execução forçada o credor a quem a lei confere título executivo.

[78] VERDE, Giovanni; CAPPONI, Bruno. *Proffili del processo civile.* 3. Processo di esecuzione e procedimenti speciali. *Napoli: Jovene, 2006. p. 6.*

É possível que o credor tenha legitimidade *ad causam* para estar em juízo, mas não tenha legitimidade *ad processum*. É o caso da criança que pode ser credora (legitimatio ad causam), mas precisa ver suprida sua *legitimatio ad processum*, pelo seu representante legal.

Em regra, o credor/exequente está munido de um título judicial (transitado ou não em julgado), ou um título/ato/fato para o qual a lei confere força executiva.

O credor-exequente assume a mesma posição do autor do processo de conhecimento.

Nem todo credor pode promover a execução, mas somente aquele que possui um título/ato/fato com força executiva conferida pela lei. O credor de um documento particular não assinado por duas testemunhas não pode promover a execução forçada.

O credor que possui título/ato/fato executivo, e como parte ativa do processo de execução, deverá observar todos os pressupostos de validade e de existência da relação jurídica processual exigidos na parte geral deste Código. Assim, o credor/exequente deve ser capaz, ou estar representado ou assistido; ser representado por advogado se não possui capacidade postulatória. Esses pressupostos devem ser observados em qualquer espécie de execução, ou seja, de título executivo extrajudicial ou em cumprimento de sentença.

José Alberto dos Reis, reportando-se ao art. 55 do Código de Processo Civil português revogado, afirma que: *"o art. 55 foi redigido cautelosamente, de modo a evitar-se a confusão entre exeqüente legítimo e credor real, entre executado legítimo e verdadeiro devedor. Não se diz no art. que é parte legítima como exequente o credor; o que se diz é que a execução tem de ser promovida pela pessoa que, no título executivo, 'figurar' como credor, o que equivale a dizer que essa pessoa é parte legítima como exequente, e deve sê-lo contra a pessoa que, no mesmo título, 'tiver a posição' de devedor, o que significa que esta pessoa é parte legítima como executado. 'Figurar' no título como credor não é o mesmo que 'ser' credor; ter no título a 'posição' de devedor é coisa diversa de ser realmente devedor"*.[79]

Aliás, o art. 885 do C.P.C. de 1939 mencionava não o 'credor', mas, sim, 'o vencedor na ação'.

É bem verdade que para o aspecto processual, somente interessa a avaliação formal, sem que haja uma efetiva e definitiva correspondência com a avaliação material do crédito.

[79] Reis, José Alberto dos. *Código de Processo Civil portuguès: Anotado*, 3ª ed., Coimbra: Coimbra, 1948, p. 5, n. 3.

Assim, observa-se que a expressão credor foi inserida no Código apenas por uma questão formal de legitimação ativa na execução.

A legitimação do credor prevista no art. 778 *caput* do atual C.P.C. é primária ou ordinária, ao contrário do que dispõe o §1º inc. I do mesmo dispositivo, que trata da legitimação extraordinária do Ministério Público nos termos da lei, uma vez que sua posição no processo se encontra intimamente ligada com o crédito proveniente do direito material. É ordinária, uma vez que decorre diretamente da obrigação constituída no âmbito do direito material.

Há, ainda, a legitimação derivada, outorgada em favor do espólio e do sub-rogado.

Outro aspecto importante é que o Código somente confere legitimação ativa na execução para o credor e não para o devedor. Já no âmbito do processo cognitivo, a legitimação ativa pode também ser do devedor quando ele ingressa com uma demanda declaratória negativa do débito.

É bem verdade que o C.P.C. de 1973 apresentava a seguinte faculdade conferida ao devedor e prevista no art. 570: *o devedor pode requerer ao juiz que mande citar o credor a receber em juízo o que lhe cabe conforme o título executivo judicial; neste caso, o devedor assume, no processo, posição idêntica do exequente".*

Contudo, esse dispositivo foi revogado pela Lei 11.232, de 2005, não sendo repetido pelo atual C.P.C.

Conforme já teve oportunidade de advertir Alcides de Mendonça Lima, *"quando o Código legitima o credor para 'promover' a execução forçada, usando a palavra no singular, é evidente que não afasta a hipótese do litisconsórcio, em situação idêntica ao que possa ocorrer no processo de conhecimento. Realmente, a titularidade ativa, na execução, pode caber a mais de um indivíduo, ou seja, a mais de um 'credor', dependendo da origem da obrigação. Se A e B são credores de C, quer por título judicial, como por título extrajudicial, cada um deles ou os dois em conjunto poderão promover a execução; na primeira hipótese: a), o credor que executar apenas poderá exigir a parcela que lhe corresponda (que não precisa ser, obrigatoriamente, 50% do todo, mas conforme conste do título; na ausência de especificação, porém, é que se deve considerar a metade para cada um); na segunda hipótese b), os dois credores executarão a obrigação total, para depois, entre eles, a dividirem consoante a partilha que hajam estabelecido, sendo a solução indiferente para o devedor (ou devedores)".* [80]

É de se ressaltar que na execução não há litisconsórcio necessário, sendo que o litisconsórcio pode ser ativo ou passivo, inicial ou sucessivo. O litisconsórcio ativo sucessivo ocorre no concurso de credores.

[80] Lima, Alcides de Mendonça. *Comentários ao código de processo civil.* VI Vol. Tomo I. art. 566 a 585. Rio de Janeiro: Forense, 1979. p. 103 e 104.

Assim, o litisconsórcio na execução somente pode ser facultativo.

Ao conceito de credor também pode ser associado à figura do fiador, uma vez que quando o credor, sem justa causa, demorar a execução iniciada contra o devedor, poderá o fiador promover-lhe o andamento (art. 834 do C.c.b.). O fiador, nesse caso, agirá em nome próprio mas no interesse do credor, razão pela qual ele age como substituto processual. Nesse sentido é o ensinamento de Clóvis Beviláqua: *"Iniciada a execução contra o devedor...Para evitar que, em tal circunstância, o credor proceda, injustamente, retardando o processo iniciado, o Código confere ao fiador o direito de promover-lhe o andamento, substituindo-se ao autor desidioso ou de má fé"*.[81]

É evidente que o art. 834 do C.c.b. somente será invocável se o fiador não for também devedor solidário.

Diante dessas considerações, podem ocorrer a seguintes situações: *"a) ou o fiador já ingressara na ação de cognição (a terminar em sentença exequenda) ou nos embargos do devedor (de título judicial ou extrajudicial), como litisconsorte, e, aí, a sua posição já lhe permite mais facilmente provocar o andamento da causa, se o credor se omitir; b) ou o fiador não foi citado e nem, espontaneamente, interveio em qualquer daquelas ações, caso em que, mesmo assim, poderá ter interesse em que o feito ande, para que obrigação afiançada venha a ser solvida o mais rapidamente possível pelo devedor, requerendo, então, a efetivação de todos os atos que, normalmente, caberiam ao credor, se esse não se tornasse impassível, independentemente do motivo ´para assim comportar-se"*.[82]

O fiador, evidentemente, não é representante do credor, mas age como substituto processual. Está-se diante da aplicação da teoria carneluttiana, de parte em sentido formal e parte em sentido material. O fiador é parte em sentido formal, mas não é parte em sentido material.

O inc. I do §1º do art. 778 estabelece que também pode promover a execução, além do credor, o Ministério Público, nos casos previstos em lei.

Estabelecem os arts. 176, 177 e 178 do atual C.P.C. sobre a intervenção do Ministério Público:

Art. 176. O Ministério Público atuará na defesa da ordem jurídica, do regime democrático e dos interesses e direitos sociais e individuais indisponíveis.

Art. 177. O Ministério Público exercerá o direito de ação em conformidade com suas atribuições constitucionais.

[81] Beviláqua, Clóvis, *Código civil dos estados unidos do brasil.* Vol. V. Tomo 2. São Paulo: Livraria Francisco Alves, 1919. p. 250.

[82] Lima, A. M., op. cit., p. 109.

Art. 178. O Ministério Público será intimado para, no prazo de 30 (trinta) dias, intervir como fiscal da ordem jurídica nas hipóteses previstas em lei ou na Constituição Federal e nos processos que envolvam:

I – interesse público ou social;

II – interesse de incapaz;

III – litígios coletivos pela posse de terra rural ou urbana;

Parágrafo único. A participação da Fazenda Pública não configura, por si só, hipótese de intervenção do Ministério Público.

Nas causas em que o Ministério Público atua como parte processual ou como fiscal da ordem jurídica, poderá ele exercer, em todos os graus, o direito de ação em conformidade com suas atribuições constitucionais, especialmente o direito de promover o cumprimento de sentença ou de promover a execução de título executivo extrajudicial, principalmente naquelas demandas em que ele atuou, homologando acordo extrajudicial envolvendo interesse público ou social.

Na execução, o Ministério Público atua com a denominada *legitimatio extraordine*, ou seja, como *substituto processual*. Atua em nome próprio para proteção de interesses alheios.

É possível o Ministério Público promover o cumprimento de sentença em favor de incapaz ou de criança ou adolescente, mesmo que não tenha atuado como parte no processo principal. Assim, nessas demandas, mesmo que o Ministério Público somente atue como fiscal do ordenamento jurídico, o Ministério Público poderá atuar como substituto processual para fazer valer no âmbito concreto o conteúdo da decisão.

O art. 15 da Lei 7.347 de 1985 que trata da Ação Civil Pública, assim prescreve: *"Decorridos sessenta dias do trânsito em julgado da sentença condenatória, sem que a associação autora lhe promova a execução, deverá fazê-lo o Ministério Público, facultada igual iniciativa aos demais legitimados"*.

O Ministério Público também pode promover a execução nas ações coletivas (arts. 98 a 100 da Lei 8.078/90).

O Ministério Público pode promover, ainda, a execução de sentença que condena o réu ao pagamento de alimentos, quando o pedido é cumulado com o de investigação de paternidade, bem como a de reparação de danos quando a pessoa é pobre (art. 68 do C.P.P.).

O Ministério Público não tem legitimidade para a execução de sentença de multa criminal.

Há também no nosso ordenamento jurídico a figura do *assistente*.

A sua admissibilidade no processo de execução há muito vem trazendo muitos conflitos de entendimento na doutrina e na jurisprudência. E o Código atual também não trouxe uma solução expressa sobre esse que por lei pode intervir no processo de outrem para auxiliá-lo.

Para Ernani Fidélis dos Santos[83], Nelson Nery Júnior[84] e Celso Agrícola Barbi[85] é justificável a intervenção da assistência adesiva no processo de execução.

Já Humberto Theodoro Júnior[86], Alexandre Freitas Câmara[87], Athos Gusmão Carneiro[88] não admitem a assistência no processo de execução.

Na verdade, a assistência somente tem sentido no processo cognitivo, no qual será resolvida determinada questão ou litígio. A solidariedade do assistente cessa com a prolação da sentença, a qual gerará reflexo sobre as partes principais.

No caso de execução autônoma de título executivo extrajudicial, a assistência é incabível.

Sobre tal questão, eis os seguintes precedentes do S.T.J.:

I – Pedido de assistência em execução de título extrajudicial, movida contra garantidores da obrigação fixada no título, formulado por devedor principal em razão de discutir, em ação de conhecimento, a possibilidade de redução do 'quantum debeatur'.

II – Existência, 'in casu', de interesse meramente econômico a inviabilizar o ingresso em relação processual na qualidade de assistente. Precedentes.

III – Inviável a intervenção de terceiros sob a forma de assistência em processo de execução. Precedente da Sexta Turma.

(...).

(AgRg no REsp 911.557/MG, Rel. Ministro PAULO DE TARSO SANSEVERINO, TERCEIRA TURMA, julgado em 21/06/2011, DJe 29/06/2011)

"Não cabe assistência no processo de execução" (STJ – 6ª T, Resp n. 329.059-SP, rel. Min. Vicente Leal, j. 7.2.02).

Já nos embargos à execução ou na impugnação ao cumprimento de sentença, entendo que é permitido o instituto da assistência adesiva, tendo em vista que o

83 Santos, Ernani Fidélis. *Manual de direito processual civil.* 5ª ed. Vol. 1. São Paulo: Editora Saraiva, 1997, p.82.

84 Nery Júnior, Nelson. *Código de processo civil comentado e legislação processual civil extravagante em vigor.* 4ª ed., São Paulo: Ed. R.T., p. 479.

85 Barby, Celso Agrícola. *Comentários ao código de processo civil.* 10ª ed. Vol.1. Rio de Janeiro: Forense, p. 215

86 Theodoro Júnior, Humberto. *Curso de direito processual civil.* 32ª ed., Vol. I Rio de Janeiro: Forense, 2000. p. 67.

87 Câmara, Alexandre Freitas. *Lições de direito processual civil.* 6ª ed. Vol. 1. Rio de Janeiro: Ed. Lúmen Júris, 2001. p. 163.

88 Carneiro, Athos Gusmão. *Intervenção de terceiros.* 8ª ed. São Paulo: Saraiva, 1999. p. 221.

juiz deverá proferir uma sentença para solucionar eventuais questões que possam ser trazidas a este tipo de procedimento cognitivo. Nos embargos, a assistência poderá ser simples ou litisconsorcial.

Podem ainda promover a execução ou nela prosseguir, nos termos do §1º, incs. II, III e IV, do art. 778 do atual C.P.C.: II – o espólio, os herdeiros ou os sucessores do credor, sempre que, por morte deste, lhes for transmitido o direito resultante do título executivo; III – o cessionário, quando o direito resultante do título executivo lhe for transferido por ato entre vivos; IV – o sub-rogado, nos casos de sub-rogação legal ou convencional.

Encontra-se dispositivo similar no § 727 do Código de Processo Civil alemão:

> *"§727. Cópia executiva a favor ou contra um sucessor*
>
> *(1) Pode ser expedida uma cópia executiva a favor do sucessor do credor indicado na sentença ou contra o sucessor do devedor indicado na sentença e o possuidor da coisa objeto da controvérsia, contra os quais a sentença é eficaz nos termos do §325, porque a sucessão ou a posse seja notório ao tribunal ou venha provado por meio de documentos públicos ou autenticados publicamente.*
>
> *(2) Se a sucessão ou a posse é notório ao tribunal, isso deve ser mencionado na fórmula executiva.*

Em se tratando de direito *não personalíssimo*, o crédito poderá ser cedido por ato *inter vivos ou causa mortis*.

Além do credor e do Ministério Público, poderão promover a execução o espólio, os herdeiros ou os sucessores do credor, o cessionário e o sub-rogado.

Os incs. II, III e IV do §1º do art. 778 do atual C.P.C. tratam de uma situação derivada ou superveniente.

Os sucessores *inter vivos* ou *causa mortis*, ainda que não constem no título, podem prover o cumprimento de sentença ou o processo de execução autônomo de título executivo extrajudicial. Com a sucessão, qualquer deles torna-se credor.

Os sucessores também podem no cumprimento de sentença ou no processo de execução autônomo prosseguir, ou seja, continuar na demanda já iniciada pelo primitivo credor.

No processo de execução ou no cumprimento de sentença pode ocorrer a substituição ou sucessão do credor originário, alterando a sujeição subjetiva. A mudança pode ser *formal ou substancial*. Exemplos: no primeiro caso, quando o menor, como autor ou réu, torna-se maior, dispensando, daí por diante, a representação, em juízo, de seu pai, tutor etc; no segundo caso: cessionário, sub-rogatório, legatário ou herdeiro substituem qualquer das partes, ou, de modo amplo, quando houver sucessão na relação jurídica controvertida. Essa mudança subjetiva do credor ocorre tanto no cumprimento de sentença quanto na execução autônoma de título extrajudicial[89]

Espólio. A palavra espólio está empregada no inc. II do §1º do art. 778 atual C.P.C. como sinônimo de herança.

Muito embora o espólio não tenha personalidade jurídica, por ser um conjunto de bens, direitos e obrigações do falecido, o certo é que ele tem capacidade para estar em juízo, ou seja, possui *capacidade processual.*

Aliás, o art. 12º, letra 'a', do Código de Processo Civil português (extensão da personalidade judiciária) afirma: *têm ainda personalidade judiciária: I – a herança jacente e os patrimônios autônomos semelhantes cujo titular não estiver determinado.*

O espólio, por sua vez, é representado pelo administrador provisório enquanto não prestar compromisso o inventariante. Depois de prestado o compromisso, o espólio é representado em juízo pelo inventariante. (art. 75, inc. VII, do atual C.P.C.).

No caso de inventariante dativo, os sucessores do falecido serão intimados no processo no qual o espólio seja parte.

Em se tratando de herança jacente ou vacante, ela será representada em juízo pelo seu curador (art. 75, inc. VI, do atual C.P.C.).

A prova da qualidade de inventariante ocorre por certidão extraída do processo de arrolamento ou de inventário.

Se o credor originário faleceu antes de promover a execução ou o cumprimento de sentença quanto ao respectivo crédito, poderá fazê-lo o espólio.

Porém, se o credor faleceu antes da propositura da demanda, mas consta ele como exequente e sujeito ativo da execução, o juiz não fará a substituição pelo espólio, mas deverá promover a extinção da execução por ilegitimidade ativa 'ad causam', uma vez que a pessoa falecida não poderá figurar no polo ativo do procedimento executivo.

Assim, ou o espólio inicia a execução em razão da morte ou ingressa em substituição ao credor, quando o falecimento ocorre após a propositura da demanda.

Outrossim, uma vez encerrado o inventário com a partilha dos bens e dos créditos da herança, caberá ao herdeiro que recebeu o crédito em pagamento de seu direito sucessório promover a execução ou nela prosseguir.

Não se pode confundir a legitimidade do espólio com a legitimidade dos herdeiros.

[89] LIMA, A. M., op. cit., p. 126.

Na execução promovida pelo espólio, os herdeiros poderão intervir como litisconsortes.

Herdeiros. Entende-se por herdeiro: *"o que sucede ao morto por: a) direito próprio quer por si mesmo (filho) ou em representação do herdeiro pré-morto (neto, em nome do falecido pai, filho do morto); ou b) por força de testamento, em parte ideal da herança (v.g., a metade, um terço etc dos bens)".*[90]

É importante salientar que o legatário (nomeado em testamento), em que pese sucessor do falecido (para alguns, singular, para outros, universal), não é herdeiro, muito embora, nos termos do art. 1.923 do C.c.b., *desde a abertura da sucessão, pertence ao legatário a coisa certa, existente no acervo, salvo se o legado estiver sob condição suspensiva.*

São herdeiros necessários, nos termos do art. 1.845 do C.c.b., o descendente, o ascendente e o cônjuge.

O cônjuge poderá ou não ser herdeiro, conforme estabelece o art. 1.829 e incisos do C.C.b., a saber:

> *Art. 1.829. A sucessão legítima defere-se na ordem seguinte:*
> *I – aos descendentes, em concorrência com o cônjuge sobrevivente, salvo se casado este com o falecido no regime da comunhão universal, ou no da separação obrigatória de bens (art. 1.640, parágrafo único); ou se, no regime da comunhão parcial, o autor da herança não houver deixado bens particulares;*
> *II – aos ascendentes, em concorrência com o cônjuge;*
> *III – ao cônjuge sobrevivente;*
> *IV – aos colaterais.*

Os colaterais são herdeiros não necessários.

Os herdeiros necessários ou não necessários são legítimos, porque seus direitos são provenientes da lei.

Assim, na sucessão hereditária poderão concorrer: a) herdeiros legítimos necessários; b) herdeiros legítimos não necessários; b) herdeiros testamentários; d) legatários.

Alcides Mendonça Lima bem situou a situação do cônjuge-meeiro, que não for herdeiro, nos seguintes termos: *"O crédito, geralmente, é constituído em nome apenas de um dos cônjuges, ou seja, em regra, o marido. Se o regime matrimonial for o da comunhão de bens, cada um é 'meeiro' no crédito. Mas, nem por isso a mulher do credor (cujo nome conste com exclusividade no título) poderá executar a obrigação relativa à sua*

[90] Lima, A. M., idem, p. 132.

metade, durante a vida do casal; cabe ao marido executá-la integralmente. Falta à mulher, assim, legitimação para exercer a pretensão executiva. 'Mutatis mutandis', se a mulher figurar no título como credora.

Falecendo o credor, aí, então, é que se evidencia o direito à meação da mulher (ou do marido, se a mulher era a credora). Dependendo da partilha do patrimônio do 'de cujus', ela poderá receber a metade do crédito, consolidando-se, assim, a sua posição referente ao mesmo. É a própria credora que está agindo, porque o seu direito se desvinculou da preexistente comunhão com o cônjuge falecido. A mulher não precisa – e nem poderia- invocar sua situação de 'herdeira' ou de 'sucessora' do marido morto, porque, juridicamente, ela não se enquadra em nenhuma daquelas situações, se for apenas meeira. Ela, por conseguinte, será parte ativa da execução contra o devedor... Somente a partir é que poderá tornar efetivo seu direito à meação no crédito, pois, se na metade o mesmo não for incluído, porque se completou com outros bens, então o cônjuge supérstite deixou de ser credor, não se configurando a legitimação ativa para executar a obrigação. Embora seu nome não conste, expressamente, no título, mas sim o do morto, intrinsecamente o mesmo existe, servindo a certidão da partilha apenas para evidenciar de fato a situação jurídica".[91]

O Código de 1973, assim como o atual, não exige habilitação especial para o ingresso dos herdeiros do falecido com o processo de execução autônomo ou com o cumprimento de sentença; é suficiente a mera juntada da certidão de óbito do antecessor e certidão de que os herdeiros estão incluídos no respectivo inventário. É necessário, contudo, outorgar outra procuração, podendo ser o mesmo procurador do falecido ou diverso.

Se o processo de execução ou o cumprimento de sentença já se encontra iniciado quando do falecimento do credor, haverá necessidade de se realizar o procedimento especial de habilitação dos herdeiros, com base nos artigos 687 a 692 do atual C.P.C.

Sucessores do credor. Observa-se que o art. 778, §1º, inc. II, do atual C.P.C., diferencia o termo *herdeiro* de *sucessor do credor.*

Sem dúvida que o herdeiro é sucessor a título universal do credor.

Contudo, nem todo sucessor é herdeiro.

O legatário, por exemplo, para alguns não é considerado herdeiro do falecido, pois sua sucessão ocorre a título singular. Assim, o legatário é um sucessor do credor falecido, mas não é seu herdeiro.

[91] LIMA, A. M., idem, p. 136.

Da mesma forma, o sucessor *inter vivos* singular também não é herdeiro, apesar de ser sucessor do falecido. Note-se que nessa hipótese o Código também insere o sucessor singular no inc. III do §1º do art. 778 do atual C.P.C., uma vez que o *cessionário* não deixa de ser um sucessor singular do falecido.

Também o sub-rogado não deixa de ser um sucessor *inter vivos* a título singular, o qual também está previsto no inc. IV do §1º do art. 778 do atual C.P.C.

A melhor solução interpretativa para a questão é que a indicação de sucessor prevista no inc. II do §1º do art. 778 somente diz respeito ao *legatário*, uma vez que o dispositivo faz expressa menção *por morte deste* (credor), quando fala do sucessor.

Se o dispositivo trata de sucessor em decorrência de morte do credor, é porque a sucessão ali prevista somente pode dizer respeito ao *legatário*.

Em se tratando de sucessão *inter vivos*, a questão é remetida para os incisos III e IV do §1º do art. 778 do atual C.P.C.

Cessionário. O cessionário pode promover ou prosseguir na execução quando o direito resultante do título executivo lhe foi transferido por ato entre vivos.

Observa-se, portanto, que no caso de sucessão *causa mortis*, a legitimidade ativa é tratada no inc. II do §1º do art. 778 do atual C.P.C., já o cessionário, como sucesso singular *inter vivos* do credor, está inserido no inc. III do mesmo diploma legal.

O instituto da cessão de créditos é regulado no art. 286 a 298 do C.c.b., a saber:

Art. 286. O credor pode ceder o seu crédito, se a isso não se opuser a natureza da obrigação, a lei, ou a convenção com o devedor; a cláusula proibitiva da cessão não poderá ser oposta ao cessionário de boa-fé, se não constar do instrumento da obrigação.

Art. 287. Salvo disposição em contrário, na cessão de um crédito abrangem-se todos os seus acessórios.

Art. 288. É ineficaz, em relação a terceiros, a transmissão de um crédito, se não celebrar-se mediante instrumento público, ou instrumento particular revestido das solenidades do § 1º do art. 654.

Art. 289. O cessionário de crédito hipotecário tem o direito de fazer averbar a cessão no registro do imóvel.

Art. 290. A cessão do crédito não tem eficácia em relação ao devedor, senão quando a este notificada; mas por notificado se tem o devedor que, em escrito público ou particular, se declarou ciente da cessão feita.

Art. 291. Ocorrendo várias cessões do mesmo crédito, prevalece a que se completar com a tradição do título do crédito cedido.

Art. 292. Fica desobrigado o devedor que, antes de ter conhecimento da cessão, paga ao credor primitivo, ou que, no caso de mais de uma cessão notificada, paga ao cessionário que lhe apresenta, com o título de cessão, o da obrigação cedida; quando o crédito constar de escritura pública, prevalecerá a prioridade da notificação.

Art. 293. Independentemente do conhecimento da cessão pelo devedor, pode o cessionário exercer os atos conservatórios do direito cedido.

Art. 294. O devedor pode opor ao cessionário as exceções que lhe competirem, bem como as que, no momento em que veio a ter conhecimento da cessão, tinha contra o cedente.

Art. 295. Na cessão por título oneroso, o cedente, ainda que não se responsabilize, fica responsável ao cessionário pela existência do crédito ao tempo em que lhe cedeu; a mesma responsabilidade lhe cabe nas cessões por título gratuito, se tiver procedido de má-fé.

Art. 296. Salvo estipulação em contrário, o cedente não responde pela solvência do devedor.

Art. 297. O cedente, responsável ao cessionário pela solvência do devedor, não responde por mais do que daquele recebeu, com os respectivos juros; mas tem de ressarcir-lhe as despesas da cessão e as que o cessionário houver feito com a cobrança.

Art. 298. O crédito, uma vez penhorado, não pode mais ser transferido pelo credor que tiver conhecimento da penhora; mas o devedor que o pagar, não tendo notificação dela, fica exonerado, subsistindo somente contra o credor os direitos de terceiro.

A cessão convencional, para valer em relação a terceiros, nos termos do art. 288 do C.c.b., deve celebrar-se mediante instrumento público, ou instrumento particular revestido das solenidades do § 1º do art. 654.

Já a cessão realizada em virtude de lei ou de sentença tem eficácia imediata em relação a terceiros, independentemente de qualquer outra solenidade legal.

Nos termos do art. 290 do C.c.b., a cessão do crédito não tem eficácia em relação ao devedor, senão quando a este notificada; mas por notificado se tem o devedor que, em escrito público ou particular, declarou-se ciente da cessão feita. Consequentemente, se houver notificação ao devedor, eventual pagamento a outrem não legitimado não tem eficácia perante o cessionário.

Havendo sub-rogação convencional prevista no art. 347, inc. I do C.c.b., ou seja, quando o credor recebe o pagamento de terceiro e expressamente lhe transfere todos os seus direitos, regula-se esta sub-rogação de acordo com o disposto da cessão de crédito, conforme estabelece o art. 348 do C.c.b.

É importante salientar que nos termos do art. 108 do atual C.P.C., no curso do processo, somente é lícita a sucessão voluntária das partes nos casos expressos em lei.

No caso, o inc. III do §1º do art. 778 do atual C.P.C. expressamente permite que o cessionário prossiga na execução já iniciada.

Segundo ensina Alcides Mendonça Lima, *"não existe, aliás, obrigação de o cessionário tomar o lugar do credor cedente, mas sim mera faculdade. Se não o fizer, tanto a ação de cognição como a execução continuarão com o antigo credor, que passará a funcionar como 'substituto processual', isso é, defendo direito alheio, mas com legitimação 'ad processum' apenas. Se o cessionário desejar ingressar no feito, qualquer que haja sido o meio como se constituiu a transferência dos direitos do credor, deverá simplesmente habilitar-se, com a respectiva prova de sua condição, em paridade com o que acontece com o 'herdeiro' ou 'sucessor' ..."*.[92]

Sub-rogado. O sub-rogado pode promover ou prosseguir na execução nos casos de sub-rogação legal ou convencional.

As hipóteses de sub-rogação estão previstas nos artigos 346 a 351 do C.c.b., a saber:

> *Art. 346. A sub-rogação opera-se, de pleno direito, em favor:*
>
> *I – do credor que paga a dívida do devedor comum;*
>
> *II – do adquirente do imóvel hipotecado, que paga a credor hipotecário, bem como do terceiro que efetiva o pagamento para não ser privado de direito sobre imóvel;*
>
> *III – do terceiro interessado, que paga a dívida pela qual era ou podia ser obrigado, no todo ou em parte.*
>
> *Art. 347. A sub-rogação é convencional:*
>
> *I – quando o credor recebe o pagamento de terceiro e expressamente lhe transfere todos os seus direitos;*
>
> *II – quando terceira pessoa empresta ao devedor a quantia precisa para solver a dívida, sob a condição expressa de ficar o mutuante sub-rogado nos direitos do credor satisfeito.*
>
> *Art. 348. Na hipótese do inciso I do artigo antecedente, vigorará o disposto quanto à cessão do crédito.*
>
> *Art. 349. A sub-rogação transfere ao novo credor todos os direitos, ações, privilégios e garantias do primitivo, em relação à dívida, contra o devedor principal e os fiadores.*
>
> *Art. 350. Na sub-rogação legal o sub-rogado não poderá exercer os direitos e as ações do credor, senão até à soma que tiver desembolsado para desobrigar o devedor.*
>
> *Art. 351. O credor originário, só em parte reembolsado, terá preferência ao sub-rogado, na cobrança da dívida restante, se os bens do devedor não chegarem para saldar inteiramente o que a um e outro dever.*

[92] LIMA, A. M., idem, p. 146.

Por sua vez, o fiador que pagar integralmente a dívida fica sub-rogado nos direitos do credor; mas só poderá demandar a cada um dos outros fiadores pela respectiva quota (art. 831 do C.c.b.). A parte do fiador insolvente distribuir-se-á pelos outros (p.u. do art. 831 do C.c.b.).

Na sub-rogação, ao contrário da cessão de crédito, seus efeitos são imediatos, não exigindo formalidades especiais, muito menos notificação ao devedor.

A sub-rogação poderá ser de pleno direito/legal ou convencional.

A sub-rogação de pleno direito ou legal ocorre nas hipóteses do art. 346 do C.c.b., ou seja: a) quando o credor paga a dívida do devedor comum; b) quando o adquirente do imóvel hipotecado, paga o credor hipotecário, bem como quando o terceiro efetiva o pagamento para não ser privado de direito sobre o imóvel (ex. locatário, comodatário etc); c) quando o terceiro interessado paga a dívida pela qual era ou podia ser obrigado, no todo ou em parte.

Já a sub-rogação convencional ocorre quando terceira pessoa empresta ao devedor a quantia precisa para solver a dívida, sob a condição expressa de ficar o mutuante sub-rogado nos direitos do credor satisfeito (inc. II do art. 347 do C.c.b.).

A hipótese de sub-rogação convencional prevista no inc. I do art. 347 regula-se pelas normas de cessão de crédito.

Estabelece o *§2º do art. 778* do atual C.P.C. que *a sucessão prevista no §1º independe de consentimento do executado.*

Sobre o tema, eis os seguintes precedentes do S.T.J.:

1. No caso de falecimento do impetrante durante o processamento do mandado de segurança, a jurisprudência do Superior Tribunal de Justiça é firme no sentido de que não é cabível a sucessão de partes, ante o caráter mandamental e a natureza personalíssima da demanda. Precedentes: EDcl no MS 11.581/DF, Rel. Ministro OG FERNANDES, TERCEIRA SEÇÃO, julgado em 26/6/2013, DJe 1º/8/2013; MS 17.372/DF, Relator Ministro HERMAN BENJAMIN, PRIMEIRA SEÇÃO, julgado em 26/10/2011, DJe 8/11/2011.

2. Todavia, na hipótese de o mandado de segurança encontrar-se em fase de execução, é cabível a habilitação de herdeiros, conforme determinou a Corte de origem.

Agravo regimental improvido.

(AgRg no AgRg no REsp 1415781/PR, Rel. Ministro HUMBERTO MARTINS, *SEGUNDA TURMA, julgado em 22/05/2014, DJe 28/05/2014)*

1. A jurisprudência do STJ, reiterada em recurso repetitivo (art. 543-C do CPC), é pacífica no sentido de ser aplicável, na execução, o art. 567, inciso II, do CPC, que concede ao cessionário o direito de promovê-la, ou nela prosseguir, quando o direito resul-

tante do título executivo lhe foi transferido por ato entre vivos, não se exigindo o prévio consentimento da parte contrária, a que se refere o art. 42, § 1º, do mesmo código. REsp 1.091.443/SP, Rel. Min. Maria Thereza de Assis Moura, Corte Especial, julgado em 2/5/2012, DJe 29/5/2012.

2. Embora a homologação pelo juízo seja despicienda, a regularidade da cessão é imprescindível, de modo que a modificação da conclusão quanto à irregularidade demandaria reexame do acervo fático-probatório dos autos, inviável na via estreita do especial, ante o óbice da Súmula 7/STJ.

3. Ante a viabilidade de substituição processual sem a anuência da parte adversa, é legitimado ao agravante novo pedido de substituição após o saneamento da irregularidade.

Agravo regimental improvido.

(AgRg no REsp 1414986/SP, Rel. Ministro HUMBERTO MARTINS, SEGUNDA TURMA, julgado em 06/05/2014, DJe 13/05/2014)

1. Havendo regra específica aplicável ao processo de execução (art. 567, II, do CPC), que prevê expressamente a possibilidade de prosseguimento da execução pelo cessionário, não há falar em incidência, na execução, de regra que se aplica somente ao processo de conhecimento no sentido da necessidade de anuência do adversário para o ingresso do cessionário no processo (arts. 41 e 42 do CPC), inclusive no tocante aos créditos oriundos de precatórios.

Precedentes: REsps 1.091.443/SP e 1.102.473/RS, Rel. Ministra MARIA THEREZA DE ASSIS MOURA, CORTE ESPECIAL, julgados, respectivamente, em 02/05/2012, DJe 29/05/2012 e julgado em 16/05/2012, DJe 27/08/2012).

III. Agravo regimental não provido.

(AgRg no REsp 1107890/RS, Rel. Ministra REGINA HELENA COSTA, QUINTA TURMA, julgado em 08/10/2013, DJe 11/10/2013)

(...).

2. Nos termos do art. 131, III, do CTN, o falecimento do contribuinte não impede o Fisco de prosseguir na execução dos seus créditos, sendo certo que, na abertura da sucessão, o espólio é o responsável pelos tributos devidos pelo "de cujus".

3. Possibilidade de a ação originalmente proposta contra o devedor com citação válida seja redirecionada ao espólio, quando a morte ocorrer no curso do processo de execução, sem a necessidade de substituição da CDA. Precedente: REsp 1124685/RJ, Rel. Ministro Luiz Fux, Primeira Turma, DJe 03/11/2010.

(...).

(AgRg no AREsp 81.696/RJ, Rel. Ministro SÉRGIO KUKINA, PRIMEIRA TURMA, julgado em 16/05/2013, DJe 19/09/2013)

(...).

1. Havendo regra específica aplicável ao processo de execução (art. 567, II, do CPC), que prevê expressamente a possibilidade de prosseguimento da execução pelo cessionário, não há falar em incidência, na execução, de regra que se aplica somente ao processo de conhecimento no sentido da necessidade de anuência do adversário para o ingresso do cessionário no processo (arts. 41 e 42 do CPC) (REsp. 1.091.443/SP, Rel. Min. MARIA THEREZA DE ASSIS MOURA, CORTE ESPECIAL, DJe 29.05.2012).

(...).

(AgRg no REsp 1105003/RS, Rel. Ministro NAPOLEÃO NUNES MAIA FILHO).

(...).

2. "Deve ser rechaçada a tese de que há vedação à cessão de crédito alimentar pela Constituição Federal, interpretação que não se pode extrair do artigo 78 do ADCT, que estabeleceu uma ordem preferencial de pagamento dos créditos que possuem natureza alimentícia, bem como impossibilitou o fracionamento de verbas dessa natureza sem a concordância do credor, devendo o pagamento ser feito de uma só vez" (AgRgREsp 1.151.221/RS, Rel. Min. Ministra Thereza de Assis Moura, DJe 28/5/2012).

3. Agravo regimental não provido.

(AgRg no REsp 1214388/RS, Rel. Ministra ELIANA CALMON, SEGUNDA TURMA, julgado em 23/10/2012, DJe 30/10/2012)

Art. 779

A execução pode ser promovida contra:

I – o devedor, reconhecido como tal no título executivo;

II – o espólio, os herdeiros ou os sucessores do devedor;

III – o novo devedor que assumiu, com o consentimento do credor, a obrigação resultante do título executivo;

IV – o fiador do débito constante em título extrajudicial;

V – o responsável titular do bem vinculado por garantia real ao pagamento do débito;

VI – o responsável tributário, assim definido em lei.

Sujeito passivo na execução

Enquanto o art. 778 do atual C.P.C. trata das hipóteses de sujeição ativa do processo de execução ou do cumprimento de sentença, o art. 779 do atual C.P.C. apresenta as hipóteses de sujeição passiva.

No art. 778, o legislador diferenciou o credor propriamente dito dos sucessores *causa mortis* ou *inter vivos*.

Já o art. 779 trouxe a diferença entre o devedor propriamente dito originário e as demais hipóteses que não tratam do devedor originário, mas que são 'reconhecidos como tal'. Os demais são considerados como sucessores ou responsáveis pelo pagamento da dívida.

Assim, a execução poderá ser promovida ou ter prosseguimento em relação às pessoas citadas no art. 779 do atual C.P.C. Note-se que muitas das hipóteses ali discriminadas dizem respeito ao prosseguimento de execução e não de seu início.

Parece-me que a redação prevista no art. 568 do C.P.C. de 1973 era tecnicamente mais correta, pois apenas dizia: *são sujeitos passivos da execução*.

O inc. I do art. 779 estabelece que a execução pode ser promovida contra o *devedor, reconhecido como tal no título executivo*.

Dispositivo similar encontra-se no art. 53, n.1, do Código de Processo Civil português:

> *Artigo 53º Legitimidade do exequente e do executado*
>
> *1 – A execução tem de ser promovida pela pessoa que no título executivo figure como credor e deve ser instaurada contra a pessoa que no título tenha a posição de devedor.*

O Direito Alemão, no âmbito da teoria geral das obrigações, numa concepção nitidamente patrimonialista, faz uma diferenciação entre *debitum (Schuld)* e *obligatio (Haftung)*. Assim, *obrigação* exige ao mesmo tempo o débito (dever de prestar – *schuld)* e responsabilidade (sujeição patrimonial – *Haftung*).

Trata-se, portanto, de uma estrutura da obrigacional dualista (*débito e responsabilidade)*.

É bem verdade que José Alberto dos Reis e Liebman afirmam que não pode haver obrigação sem responsabilidade.

Contudo, por não se confundir *obrigação* com *responsabilidade* é possível antever hipótese em que há obrigação, mas não há responsabilidade. Basta observar a denominada *obrigação natural* (dívida de jogo, prescrição), em que se observa a existência de *débito* sem a correspondente pretensão de responsabilidade.

Contudo, não se pode dizer que o débito seja um *prius*, enquanto que a responsabilidade é um *posterius*. É que tanto o débito como a responsabilidade podem surgir ao mesmo tempo (no mesmo plano temporal) quando da formação da *obrigação*.

A tendência moderna não é confundir o devedor originário com o responsável, nada obstante seja possível confundir na mesma pessoa estas duas situações jurídicas.

Em regra, o devedor reconhecido como tal no título executivo trata-se daquele que é originário na relação jurídica de direito material.

Mas o título também pode trazer o nome do responsável tributário, que poderá ser pessoa diversa da do devedor originário. Nessa hipótese, *"ocorre, assim, aquela modalidade incomum de 'substituição processual' que Carnelutti classifica de 'substancial', pois o substituto não se limita a estar em juízo, na defesa de direito alheio, mas ele é atingido, no seu próprio patrimônio, pelos efeitos da execução. Isso não acontece com o normal substituto processual sobre o qual não incidem os efeitos da decisão da lide ou do inadimplemento de título extrajudicial, isto é, quanto ao direito material nas duas hipóteses. Se for o caso, apenas os encargos essencialmente processuais, como as custas, honorários de advogado etc".*[93]

Em se tratando de *obrigações solidárias*, a responsabilidade pelo pagamento poderá ser exigida pelo credor contra todos ou apenas contra um ou alguns dos responsáveis/devedores, conforme preconiza o art. 264 do C.c.b., *in verbis*: *"Há solidariedade, quando na mesma obrigação concorre mais de um credor, ou mais de um devedor, cada um com direito, ou obrigado, à dívida toda"*. Por sua vez, estabelece o art. 275 do C.c.b.: *"O credor tem direito a exigir e receber de um ou de alguns dos devedores, parcial ou totalmente, a dívida comum; se o pagamento tiver sido parcial, todos os demais devedores continuam obrigados solidariamente pelo resto"*.

Se apenas um dos devedores solidários for chamado para compor o polo passivo da execução, poderá ele se valer da intervenção de terceiro denominada de *chamamento ao processo*, prevista no art. 130, inc. III, do atual C.P.C.:

> *Art. 130. É admissível o chamamento ao processo, requerido pelo réu:*
> *I – do afiançado, na ação em que o fiador for réu;*
> *II – dos demais fiadores, na ação proposta contra um ou alguns deles;*
> *III – dos demais devedores solidários, quando o credor exigir de um ou de alguns o pagamento da dívida comum.*

O Superior Tribunal de Justiça, no REsp n. 70.547/SP., Relator Min. José Arnaldo da Fonseca, entendeu que não seria possível o chamamento ao processo no processo de execução:

[93] Lima, A. M., idem, p. 150.

– processo civil. Execução. Chamamento dos devedores solidários.

– inviável, no processo de execução, chamamento dos coobrigados por incompatibilidade com os institutos da fiança e da solidariedade.

– recurso não conhecido.

(REsp 70.547/SP, Rel. Ministro JOSÉ ARNALDO DA FONSECA, QUINTA TURMA, julgado em 05/11/1996, DJ 02/12/1996, p. 47700)

No voto do então Ministro José Arnaldo da Fonseca ficou assim consignado:

"Não há como deixar de reconhecer que têm se constituído em ponto de discordância as várias interpretações emprestadas ao chamamento ao processo dos coobrigados na execução, com fulcro no art. 77, da lei adjetiva civil.

O próprio Supremo Tribunal Federal, que considera descaber chamamento ao processo nas execuções cambiais (RTJ 90/1028, 93/327 e 93/923), vem se orientando no sentido de estender essa inadmissão aos cofiadores e ao afiançado. A tendência da jurisprudência, consoante assinalado na decisão de 1º grau e referendada em grau de agravo, é de repelir o chamamento. Nesta Corte, 3ª Turma no Resp n. 1.284, DJ 29.10.90, referido no voto vencedor do Agravo, afastou a admissibilidade. No campo doutrinário, extraem-se estas lições, transcritas no aresto recorrido (fl90):

'(...). ARNALDO MARMITT explicita esta exegese com argumentos como o seguinte: '...o chamamento ao processo à evidência não se compatibiliza com a execução. O que se analisa nos embargos é o relacionado nos artigos 741 e 745 da lei processual. O executado defende-se através de embargos que fixam desconstituir o título executivo, e em caso de êxito não haverá sentença condenatória, mas apenas se desconstituirá o título embasador da execução. O chamamento é instituto que objetiva fazer da sentença condenatória título executivo contra os demais devedores. Impossível a sentença condenatória, impossível também é o chamamento. Acresce a isso que, pelo artigo 988, do Código Civil, o fiador que paga o título e se subroga nos direitos do credor já dispõe de título executivo contra o afiançado e co-fiadores' (Fiança Civil e Comercial, Aide, 1º ed., 1989, p. 133).

No mesmo passo o insigne processualista LUIZ ANTÔNIO DE ANDRADE (fl. 91):

'(...) O autor pode ter razões respeitáveis para só querer acionar o fiador; ou um deles, ou um dos devedores solidários. Neste último caso, aliás, convém lembrar que é da essência da solidariedade passiva o poder de exigir-se de um só dos devedores a dívida toda. Desvirtuar-se-ia o instituto permitindo que contra a vontade do credor, se tragam ao processo os co-devedores. Tendo escolhido um único, segundo lhe faculta o direito material, ver-se-ia ele forçado, por ato do réu, a litigar contra todos. Além de outros óbvios inconvenientes, ressalte-se o da demora resultante da suspensão do processo para

citação dos co-devedores. E assim, analogamente, quanto às outras hipóteses do artigo '(Cf. 'Aspectos e Inovações do Código de Processo Civil – Processo de Conhecimento'. Livraria Francisco Alves Editora S.A., 1974, páginas 44/45, n. 55)".

A palavra *devedor* constante do inc. I do art. 779 do atual C.P.C. é mais técnica do que a expressão *vencido*, uma vez que em se tratando de título executivo extrajudicial não há vencido propriamente dito.

Em se tratando de cumprimento de sentença, o devedor nesta fase processual poderá ou não ser o réu na fase de conhecimento. Poderá ocorrer que o réu da fase de conhecimento seja credor no cumprimento de sentença enquanto que o autor torna-se devedor. Pense-se na hipótese de a demanda ter sido julgada improcedente, havendo condenação de honorários e custas judiciais por parte do autor. Nessa hipótese, o autor passa a ser devedor na fase de cumprimento de sentença.

O inc. II do art. 779 do atual C.P.C. estabelece que a execução pode ser promovida contra *o espólio, os herdeiros ou os sucessores do devedor*.

Pode acontecer que a execução forçada produza efeitos na esfera jurídica daquele que não é nominalmente indicado no título como credor e devedor: no confronto com um *terceiro*. São 'terceiros' nessa acepção, os sucessores do credor, os herdeiros do devedor etc.[94]

Havendo o falecimento do devedor originário, ou seja, aquele reconhecido no título, deve-se em primeiro lugar verificar se o falecimento ocorreu antes ou depois da execução ter sido iniciada.

Se o falecimento ocorreu antes do início da execução, esta somente poderá ser direcionada contra o espólio, herdeiros ou o legatário do devedor, dependendo das circunstâncias.

Se o falecimento do devedor originário ocorreu durante o transcurso da execução, há necessidade de se promover a *habilitação*, nos termos dos arts. 687 a 692 do atual C.P.C.

O *sucessor* referido neste dispositivo somente pode ser o legatário, pois o sucessor singular *inter vivos* já se encontra referido no inc. III do art. 779 do atual C.P.C.

O inc. III do art. 779 do atual C.P.C. estabelece que a execução pode ser promovida contra *o novo devedor que assumiu, com o consentimento do credor, a obrigação resultante do título executivo*.

[94] Luiso, Francisco Paolo. *L'execuzione 'ultra partes'*. Milano: Dott. A. Giuffrè Editore, 1984. p. 1.

Trata-se de um dispositivo que foi inserido em nosso ordenamento jurídico pelo C.P.C. de 1973.

O C.c.b. denomina o instituto em que o *novo devedor* assume, com o consentimento do credor, a obrigação resultante do título executivo, como sendo *assunção de dívida*, cuja regulamentação encontra-se nos arts. 299 a 303 do mesmo diploma legal, a saber:

> *Art. 299. É facultado a terceiro assumir a obrigação do devedor, com o consentimento expresso do credor, ficando exonerado o devedor primitivo, salvo se aquele, ao tempo da assunção, era insolvente e o credor o ignorava.*
>
> *Parágrafo único. Qualquer das partes pode assinar prazo ao credor para que consinta na assunção da dívida, interpretando-se o seu silêncio como recusa.*
>
> *Art. 300. Salvo assentimento expresso do devedor primitivo, consideram-se extintas, a partir da assunção da dívida, as garantias especiais por ele originariamente dadas ao credor.*
>
> *Art. 301. Se a substituição do devedor vier a ser anulada, restaura-se o débito, com todas as suas garantias, salvo as garantias prestadas por terceiros, exceto se este conhecia o vício que inquinava a obrigação.*
>
> *Art. 302. O novo devedor não pode opor ao credor as exceções pessoais que competiam ao devedor primitivo.*
>
> *Art. 303. O adquirente de imóvel hipotecado pode tomar a seu cargo o pagamento do crédito garantido; se o credor, notificado, não impugnar em trinta dias a transferência do débito, entender-se-á dado o assentimento.*

A assunção de dívida ocorre por ato contratual entre o devedor originário e o novo devedor, ou, ainda, mediante ato unilateral daquele que pretende assumir a dívida. Contudo, em qualquer das duas hipóteses haverá necessidade de expressa concordância do credor.

A assunção de dívida pode ocorrer em qualquer espécie de execução, seja em cumprimento de sentença, seja em execução de título extrajudicial, podendo abranger obrigação de entrega de coisa certa ou incerta, obrigação de fazer ou não fazer, obrigação por quantia certa.

O inc. IV do art. 779 do atual C.P.C. estabelece que a execução pode ser promovida contra o *fiador do débito constante em título extrajudicial*.

A fiança pode ser contratual, legal ou judicial.

O inc. IV do art. 568 do C.P.C. de 1973 fazia referência apenas ao fiador judicial, remontando ao Código de 1939 e ao sistema das Ordenações portuguesas, enquanto que o atual C.P.C. fala do fiador do débito constante em título extrajudicial, excluindo, assim, a fiança judicial.

O fiador não está entre os devedores reconhecidos como tais no título e referido no inc. I do art. 779 do atual C.P.C., uma vez que ele não é considerado devedor em relação ao débito originário.

Na figura do fiador verifica-se perfeitamente a diferença existente entre *debitum (Schuld)* e *obligatio (Haftung)*.

O fiador, no caso, não participa do vínculo obrigacional entre o credor e o devedor (Schuld), mas assume a obrigação de pagar a dívida (Haftung).

A fiança é uma espécie de contrato de garantia denominado de 'caução', podendo esta caução ser real ou fidejussória. A garantia real pode ser hipoteca, penhor ou anticrese; já a fidejussória é a fiança ou outra garantia pessoal, como é o caso do aval.

Pelo contrato de fiança, uma pessoa garante satisfazer ao credor uma obrigação assumida pelo devedor, caso este não a cumpra (art. 818 do C.c.b.).

A execução somente poderá ser promovida contra o fiador na hipótese de ele constar em título extrajudicial. Se não constar em título executivo extrajudicial, não poderá ser contra ele dirigida a execução.

Por isso, a fiança dar-se por escrito (art. 819 do C.c.b.).

É bem verdade que o art. 821 do C.c.b. preconiza que as dívidas futuras poderão ser objeto de fiança; mas o fiador, nesse caso, não será demandado senão depois que se fizer certa e líquida a obrigação do principal devedor.

É importante salientar que em se tratando de título judicial e eventual cumprimento de sentença, a execução somente poderá ser promovida contra o fiador se ele também fez parte do processo cognitivo, conforme bem pondera a seguinte decisão do S.T.J.:

> *1. Se é vetado executar fiador com base no título judicial oriundo da ação de despejo, da qual não participou, não se pode admitir que os efeitos desta ação de despejo, no caso, interrupção da prescrição, possam atingir o direito de suscitá-la. Precedentes.*
>
> *2. Agravo regimental a que se nega provimento.*
>
> *(AgRg no REsp 1211351/SP, Rel. Ministra MARIA ISABEL GALLOTTI, QUARTA TURMA, julgado em 07/08/2012, DJe 14/08/2012).*

O cumprimento de sentença poderá atingir o fiador; porém, a sua participação na execução dependerá de sua efetiva participação no processo de cognição, devendo também ter sido condenado. Aliás, nesse sentido estabelece o § 5o do art. 513 do atual C.P.C.: O cumprimento da sentença não poderá ser promovido em face do fiador, do coobrigado ou do corresponsável que não tiver participado da fase de conhecimento.

A fiança pode ser de valor inferior ao da obrigação principal e contraída em condições menos onerosas, e, quando exceder o valor da dívida, ou for mais onerosa que ela, não valerá senão até ao limite da obrigação afiançada (art. 823 do C.c.b.).

Se o fiador se tornar insolvente ou incapaz, poderá o credor exigir que seja substituído (art. 826 do C.c.b.).

O fiador demandado pelo pagamento da dívida tem direito a exigir, até a contestação da lide, que sejam primeiro executados os bens do devedor art. 827 do C.c.b.). O fiador que alegar o benefício de ordem, a que se refere este artigo, deve nomear bens do devedor, sitos no mesmo município, livres e desembargados, quantos bastem para solver o débito (p.u. do art. 827 do C.c.b.).

Não aproveita o benefício de ordem em favor do fiador: I – se ele o renunciou expressamente; II – se se obrigou como principal pagador, ou devedor solidário; III – se o devedor for insolvente, ou falido.

A fiança conjuntamente prestada a um só débito por mais de uma pessoa importa o compromisso de solidariedade entre elas, se declaradamente não se reservarem o benefício de divisão (art. 829 do C.c.b.). Estipulado este benefício, cada fiador responde unicamente pela parte que, em proporção, lhe couber no pagamento (p.u. do art. 829 do C.c.b).

Cada fiador pode fixar no contrato a parte da dívida que toma sob sua responsabilidade, caso em que não será por mais obrigado (art. 830 do C.c.b.).

O fiador que pagar integralmente a dívida fica sub-rogado nos direitos do credor; mas só poderá demandar a cada um dos outros fiadores pela respectiva quota (art. 831 do C.c.b.). A parte do fiador insolvente distribuir-se-á pelos outros (p.u. do art. 831 do C.c.b.).

Quando o credor, sem justa causa, demorar a execução iniciada contra o devedor, poderá o fiador promover-lhe o andamento (art. 834 do C.c.b.).

O fiador poderá exonerar-se da fiança que tiver assinado sem limitação de tempo, sempre que lhe convier, ficando obrigado por todos os efeitos da fiança, durante sessenta dias após a notificação do credor (art. 835 do C.c.b.).

Sobre o tema, assim vem decidindo o S.T.J.:

– Extingue-se a obrigação do fiador após findado o lapso original se não houver sua anuência expressa para a continuidade da condição de garante, afastando-se eventual cláusula que preveja a prorrogação automática da fiança para além do prazo original de vigência do contrato principal. Precedentes.

– Agravo não provido.

(AgRg no REsp 1225198/MG, Rel. Ministra NANCY ANDRIGHI, TERCEIRA TURMA, julgado em 16/08/2012, DJe 22/08/2012)

Processo civil. Agravo em recurso especial. Ação de cobrança.

Contrato de locação por tempo determinado. Fiança. Responsabilidade dos fiadores até a efetiva entrega das chaves do imóvel. Matéria pacificada. Decisão agravada mantida, ainda que por outros fundamentos.

Agravo regimental a que se nega provimento.

(AgRg no AREsp 189.347/SP, Rel. Ministro TEORI ALBINO ZAVASCKI, PRIMEIRA TURMA, julgado em 14/08/2012, DJe 21/08/2012)

No voto do Ministro Teori Albino Zavascki, encontra-se a seguinte advertência:

"Contudo, ainda assim, a pretensão não merece prosperar. Isso porque, a jurisprudência do STJ é firme no sentido de que 'havendo, como no caso vertente, cláusula expressa no contrato de aluguel de que a responsabilidade dos fiadores perdurará até a efetiva entrega das chaves do imóvel objeto da locação, não há falar em desobrigação por parte destes em razão do término do prazo originalmente pactuado' (EREsp 791.077/SP, 3ª Seção, Min. Arnaldo Esteves de Lima, DJ de 28.05.2007). A matéria já foi apreciada, inclusive, nas seguintes decisões monocráticas da Corte Especial: EREsp 977.950/sp, Min. Castro Meira, DJ de 21.10.2008; EREsp 824.344/RS, Min. Gilson Dipp, DJ de 21.09.2007; e EREsp 720.809/SP, Min. César Asfor Rocha, DJ de 07.06.2006".

A obrigação do fiador passa aos herdeiros; mas a responsabilidade da fiança se limita ao tempo decorrido até a morte do fiador, e não pode ultrapassar as forças da herança (art. 836 do C.c.b.).

Sobre a extinção da fiança, preconiza o art. 838 do C.c.b.:

Art. 838. O fiador, ainda que solidário, ficará desobrigado:

I – se, sem consentimento seu, o credor conceder moratória ao devedor;

II – se, por fato do credor, for impossível a sub-rogação nos seus direitos e preferências;

III – se o credor, em pagamento da dívida, aceitar amigavelmente do devedor objeto diverso do que este era obrigado a lhe dar, ainda que depois venha a perdê-lo por evicção.

Sobre a concessão de moratória ao devedor pelo credor, assim já se pronunciou o S.T.J.:

1. A transação e a moratória, conquanto sejam institutos jurídicos diversos, têm um efeito em comum quanto à exoneração do fiador que não anuiu com o acordo firmado entre o credor e o devedor (arts. 1.031, § 1º e 1.503, I, do CC de 1916). Assim, mesmo existindo cláusula prevendo a permanência da garantia fidejussória, esta é considerada extinta, porquanto o contrato de fiança deve ser interpretado restritivamente, nos termos do art. 1.483 do CC de 1916, ou seja, a responsabilidade dos fiadores restringe-se aos termos do pactuado na avença original, com a qual expressamente consentiram. Inteligência da Súmula 214 do STJ.

2. No caso concreto, o Tribunal a quo consignou a realização de transação entre credor e devedor, sem anuência do fiador, com dilação de prazo para pagamento da dívida. Extinguiu-se, portanto, a obrigação do garante pela ocorrência simultânea da transação e da moratória.

3. Recurso especial provido.

(REsp 1013436/RS, Rel. Ministro LUIS FELIPE SALOMÃO, QUARTA TURMA, julgado em 11/09/2012, DJe 28/09/2012)

Por fim, estabelece o art. 839 do C.c.b. que se for invocado o benefício da excussão e o devedor, retardando-se a execução, cair em insolvência, ficará exonerado o fiador que o invocou, se provar que os bens por ele indicados eram, ao tempo da penhora, suficientes para a solução da dívida afiançada.

O inc. V do art. 779 do atual C.P.C. estabelece que a execução pode ser promovida contra *o responsável, titular do bem vinculado por garantia real, ao pagamento do débito.*

Este dispositivo deixa igualmente nítido a diferença entre devedor e responsável, sendo que o responsável no presente caso é aquele que é titular do bem vinculado por garantida real ao pagamento do débito.

A caução pode ser real ou fidejussória.

A hipótese da caução fidejussória, no caso a fiança, está devidamente tratada no inc. IV do art. 779 do atual C.P.C.

O inc. V do art. 779 do atual C.P.C., ora em exame, trata da caução de natureza *real*.

São espécies de garantia real: a hipoteca, a anticrese e o penhor.

Nas dívidas garantidas por penhor, anticrese ou hipoteca, o bem dado em garantia fica sujeito, por vínculo real, ao cumprimento da obrigação (art. 1.419 do C.c.b.).

Só aquele que pode alienar poderá empenhar, hipotecar ou dar em anticrese; só os bens que se podem alienar poderão ser dados em penhor, anticrese ou hipoteca.

A propriedade superveniente torna eficaz, desde o registro, as garantias reais estabelecidas por quem não era dono (§1º do art. 1.420 do C.c.b.).

A coisa comum a dois ou mais proprietários não pode ser dada em garantia real, na sua totalidade, sem o consentimento de todos; mas cada um pode individualmente dar em garantia real a parte que tiver (§2º do art. 1.420 do C.b.).

O pagamento de uma ou mais prestações da dívida não importa exoneração correspondente da garantia, ainda que esta compreenda vários bens, salvo disposição expressa no título ou na quitação (§2º do art. 1.421 do C.c.b.).

O credor hipotecário e o pignoratício têm o direito de excutir a coisa hipotecada ou empenhada, e preferir, no pagamento, a outros credores, observada, quanto à hipoteca, a prioridade de registro (art. 1.422 do C.c.b.). Excetuam-se da regra estabelecida neste artigo as dívidas que, em virtude de outras leis, devam ser pagas precipuamente a quaisquer outros créditos (p.u. do art. 1.422 do C.c.b.).

O credor anticrético tem direito a reter em seu poder o bem, enquanto a dívida não for paga; extingue-se esse direito quinze anos da data de sua constituição (art. 1.423 do C.c.b.).

Os contratos de penhor, anticrese ou hipoteca declararão, sob pena de não terem eficácia (art. 1.424 do C.c.b.): a) o valor do crédito, sua estimação, ou o valor máximo; b) o prazo fixado para pagamento; c) a taxa dos juros, se houver; d) o bem dado em garantia com as suas especificações.

A dívida considera-se vencida (art. 1.425 do C.c.b.): a) deteriorando-se, ou depreciando-se o bem dado em segurança, desfalcar a garantia, e o devedor, intimado, não a reforçar ou substituir; b) se o devedor cair em insolvência ou falir; c) se as prestações não forem pontualmente pagas, toda vez que deste modo se achar estipulado o pagamento. Nesse caso, o recebimento posterior da prestação atrasada importa renúncia do credor ao seu direito de execução imediata; d) se perecer o bem dado em garantia, e não for substituído; e) se se desapropriar o bem dado em garantia, hipótese na qual se depositará a parte do preço que for necessária para o pagamento integral do credor.

Nos casos de perecimento da coisa dada em garantia, esta se sub-rogará na indenização do seguro, ou no ressarcimento do dano, em benefício do credor, a quem assistirá sobre ela preferência até seu completo reembolso (§1º do art. 1.425 do C.c.b.).

Nos casos dos incisos IV e V do art. 1.425 do C.c.b., só se vencerá a hipoteca antes do prazo estipulado, se o perecimento, ou a desapropriação recair sobre o bem dado em garantia, e esta não abranger outras; subsistindo, no caso contrário, a dívida reduzida, com a respectiva garantia sobre os demais bens, não desapropriados ou destruídos (§2º do art. 1.425 do C.c.b.).

Nas hipóteses do artigo anterior, de vencimento antecipado da dívida, não se compreendem os juros correspondentes ao tempo ainda não decorrido (art. 1.426 do C.c.b.).

Salvo cláusula expressa, o terceiro que presta garantia real por dívida alheia não fica obrigado a substituí-la, ou reforçá-la, quando, sem culpa sua, se perca, deteriore, ou desvalorize (art. 1.427 do C.c.b.).

É nula a cláusula que autoriza o credor pignoratício, anticrético ou hipotecário a ficar com o objeto da garantia, se a dívida não for paga no vencimento (art. 1.428 do C.c.b). Após o vencimento, poderá o devedor dar a coisa em pagamento da dívida (p.u. do art. 1.428 do C.c.b).

Quando, excutido o penhor, ou executada a hipoteca, o produto não bastar para pagamento da dívida e despesas judiciais, continuará o devedor obrigado pessoalmente pelo restante (art. 1.430 do C.c.b.).

O inc. VI do art. 779 do atual C.P.C. estabelece que a execução pode ser promovida contra o *responsável tributário, assim definido em lei.*

A responsabilidade tributária, no nosso ordenamento jurídico, está descrita no Capítulo V do Código Tributário Nacional, arts. 128 a 135.

A obrigação tributária não se confunde com o crédito tributário, pois, conforme estabelece o art. 139 do C.T.N.: *O crédito tributário decorre da obrigação principal e tem a mesma natureza desta.*

Se a obrigação principal advém antes da constituição do crédito tributário, pois o crédito tributário decorre da obrigação principal, isso significa dizer que o responsável tributário não é sujeito passivo da *obrigação principal*, mas, sim, sujeito passivo para efeitos de pagamento do crédito tributário. E isso está expressamente consignado no art. 135, *caput*, do C.T.N., quando diz que os diretores, gerentes ou representante são pessoalmente responsáveis pelos créditos correspondentes a obrigações tributárias resultantes de atos praticados com excesso de poderes ou infração de lei, contrato social ou estatutos. Note-se que o dispositivo fala em responsabilidade pelos *créditos* e não pela *obrigação tributária.*

A obrigação tributária vem antes do lançamento que é a constituição do crédito tributário.

O responsável tributário obriga-se por um critério legal e não pela realização do lançamento, uma vez que não é parte desse procedimento administrativo fiscal, pois não realizou o fato gerador.

Já o sucessor obriga-se pelo pagamento do tributo por um critério de *adesão ao objeto da imposição*, ou seja, fá-lo em decorrência de um *ato negocial* (aquisição de estabelecimento ou do imóvel, fusão, transformação, incorporação societária) ou *mandamental ou legal* (sucessão falimentar e *mortis causa*).

Portanto, o *responsável* obriga-se pela lei, trata-se de um caso de sub-rogação ou imputação legal. O *sucessor* em decorrência de relação negocial.

O art. 135 do C.T.N. é o que mais problema hermenêutico tem apresentado no âmbito dos tribunais, principalmente em face do que se possa entender como *atos praticados com excesso de poderes ou infração de lei, contrato social ou estatutos.*

Inicialmente, o Superior Tribunal de Justiça entendia que o simples inadimplemento do crédito tributário era ato infracional à lei, justificando o redirecionamento da execução fiscal contra o sócio gerente ou contra o administrador da empresa.

Num segundo momento, o S.T.J. não mais considerou o simples inadimplemento como causa de redirecionamento da execução fiscal contra os responsáveis, exigindo a prova de que a conduta do sócio gerente ou do administrador da empresa caracteriza excesso de poderes ou infração à lei, contrato social ou estatuto.

Dentre as hipóteses de infração à lei, encontra-se a *dissolução irregular da sociedade.*

O S.T.J. vem entendendo que basta a inserção do nome do responsável tributário na certidão de dívida ativa para que se possa redirecionar a execução fiscal contra o responsável tributário. A presunção de legitimidade assegurada na CDA impõe ao executado que figure no título executivo o ônus de comprovar a inexistência de sua responsabilidade tributária, demonstração essa que, por demandar prova, deve ser promovida no âmbito dos embargos à execução.

Nesse sentido, eis os seguintes precedentes:

> *(...).*
>
> *2. Conforme assentado em precedentes da Seção, inclusive sob o regime do art. 543-C do CPC (REsp 1.104.900, Min. Denise Arruda, sessão de 25.3.2009), é inadmissível Exceção de Pré-Executividade em Execução Fiscal promovida contra sócio que figura como responsável na Certidão de Dívida Ativa – CDA.*
>
> *3. A presunção de legitimidade assegurada à CDA impõe ao executado que figura no título executivo o ônus de comprovar a inexistência de sua responsabilidade tributária, demonstração essa que, por demandar prova, deve ser promovida no âmbito dos Embargos à Execução.*
>
> *4. Orientação reafirmada pela Primeira Seção do STJ no julgamento do Recurso Especial 1.110.925/SP.*
>
> *5. Agravo Regimental não provido.*
>
> (AgRg no REsp 1298999/RJ, Rel. Ministro HERMAN BENJAMIN, SEGUNDA TURMA, julgado em 26/06/2012, DJe 01/08/2012)
>
> *1. No julgamento dos EREsp 702.232/RS, de relatoria do Min. Castro Meira, a Primeira Seção firmou entendimento de que o ônus da prova quanto à ocorrência das irregularidades previstas no art. 135 do CTN – "excesso de poder", "infração da lei" ou "infração do contrato social ou estatutos" – incumbirá à Fazenda ou ao contribuinte, a depender do título executivo (CDA).*
>
> *2. Se o nome do sócio não consta da CDA e a execução fiscal foi proposta somente contra a pessoa jurídica, ônus da prova caberá ao Fisco.*

3. Caso o nome do sócio conste da CDA como corresponsável tributário, caberá a ele demonstrar a inexistência dos requisitos do art. 135 do CTN, tanto no caso de execução fiscal proposta apenas em relação à sociedade empresária e posteriormente redirecionada para o sócio-gerente, quanto no caso de execução proposta contra ambos.

4. A Primeira Seção do STJ, no julgamento do REsp 1.104.900/ES, relatoria da Ministra Denise Arruda, submetido ao regime dos recursos repetitivos (art. 543-C do CPC), reiterou o entendimento de que a presunção de liquidez e certeza do título executivo faz com que, nos casos em que o nome do sócio conte da CDA, o ônus da prova seja transferido ao gestor da sociedade.

5. No caso, o acórdão recorrido parte de premissa equivocada, de que o EXEQUENTE deve fazer a prova de ter o EXECUTADO agido com excesso de poderes ou infração à lei, contrato ou estatuto, limitando-se a rechaçar a alegação de dissolução irregular da empresa. No caso em apreço, a execução fiscal foi proposta contra a empresa e os sócios, competindo a estes, portanto, a prova da inexistência dos elementos fáticos do artigo 135 do CTN.

6. Com efeito, firmado o acórdão em premissa destoante da jurisprudência do STJ, determina-se o retorno dos autos à Corte de origem para promover novo julgamento da apelação, levando em conta se o executado, por meio dos embargos à execução, fez prova inequívoca apta a afastar a liquidez e certeza da CDA.

(...)

Agravo regimental improvido.

(AgRg no AREsp 8.282/RS, Rel. Ministro HUMBERTO MARTINS, SEGUNDA TURMA, julgado em 07/02/2012, DJe 13/02/2012).

Outrossim, conforme precedente do S.T.F., não é indispensável, para a citação do responsável tributário, que o seu nome conste expressamente na C.D.A.:

Execução fiscal. Não e indispensável, para a citação, que conste, da inscrição da dívida, o nome do sócio que responda solidariamente pelo débito da sociedade, nos termos do art. 134, vii, do código tributário nacional. Precedentes do supremo tribunal. Recurso de que se conhece pela letra 'd' do permissivo constitucional para dar-se-lhe provimento. (RE 111765, Relator(a): Min. OCTAVIO GALLOTTI, Primeira Turma, julgado em 28/11/1986, DJ 06-02-1987 PP-01029 EMENT VOL-01447-02 PP-00312)

É do conhecimento de todos que a jurisprudência pátria entende que a falência (auto falência ou requerida) não caracteriza dissolução irregular da sociedade para efeito de redirecionamento da execução contra o responsável tributário.

Penso que essa simplista afirmação já demanda uma nova avaliação, tendo em vista que esse posicionamento poderá ensejar grandes injustiças. Explico.

É comum que uma pequena empresa (oficina mecânica, padaria, locadora, pequeno restaurante, etc.) venha a ser dissolvida irregularmente, ou seja, simplesmente feche suas portas por falta de capital social. É comum, também, verificar que o sócio gerente que fechou irregularmente a referida empresa ingressou nessa pequena sociedade posteriormente, não tendo qualquer relação com o débito da empresa. Na realidade, os débitos da empresa foram constituídos por outro sócio gerente que já saiu da empresa.

É comum, também, que o sócio gerente atual tenha pago todos os fornecedores e todos os débitos trabalhistas. Contudo, remanesceu um débito tributário de R$21.000,00. Tendo em vista que o sócio gerente atual dissolveu irregularmente a empresa, permite a jurisprudência pátria o redirecionamento da execução fiscal contra o último sócio gerente.

É comum, também, verificar-se que um grande complexo empresarial, com uma dívida com fornecedores de R$1.000.000,00, dívidas trabalhistas de R$5.000.000,00, e uma dívida tributária de R$3.000.000,00, tenha sua falência decretada a pedido de algum dos fornecedores ou da própria Fazenda Pública. Essa empresa falida não possui mais qualquer patrimônio quando da decretação da falência. Contudo, não havendo prova de que o sócio gerente dessa empresa tenha praticado crime falimentar, não poderá a execução fiscal ser contra ele redirecionada.

Diante desse quadro, penso que se deve reavaliar o que se possa entender por DISSOLUÇÃO IRREGULAR da sociedade para fins de redirecionamento da execução fiscal contra o sócio gerente ou contra o respectivo diretor.

Num primeiro momento, tenho para mim que não se pode identificar DISSOLUÇÃO REGULAR com DISSOLUÇÃO POR DETERMINAÇÃO LEGAL da empresa.

A falência é, sim, uma espécie de dissolução *POR DETERMINAÇÃO LEGAL* da empresa, contudo, muitas vezes, o momento em que se decreta a falência, a DISSOLUÇÃO DA EMPRESA É FEITA DE FORMA IRREGULAR.

Na realidade, a falência é uma *causa legal de dissolução*, mas não uma *dissolução regular* da empresa.

Outra questão referente à *dissolução irregular* da empresa diz respeito ao fato de o oficial de justiça, quando da citação, não encontrar a empresa instalada no seu antigo endereço.

Prevalece no S.T.J. o entendimento de que a certidão do oficial de justiça, atestando que a empresa não mais se encontra no endereço constante da junta comercial, configura indícios de dissolução irregular da sociedade. Nesse sentido, são os seguintes precedentes:

> *1. "A certidão emitida pelo Oficial de Justiça, atestando que a empresa devedora não mais funciona no endereço constante dos assentamentos da junta comercial, é indício de dissolução irregular, apto a ensejar o redirecionamento da execução para o sócio-gerente, de acordo com a Súmula 435/STJ" (AgRg no REsp 1.289.471/PE, Rel. Ministro Herman Benjamin, Segunda Turma, DJe 12/4/2012).*
>
> *2. Na via especial, não há como se revisar premissa fática segundo a qual o endereço indicado na execução fiscal não corresponde ao da empresa. Inteligência da Súmula 7/STJ.*
>
> *3. Agravo regimental a que se nega provimento.*
>
> (AgRg no AREsp 536.615/SP, Rel. Ministro OG FERNANDES, SEGUNDA TURMA, julgado em 02/10/2014, DJe 09/10/2014).

> *1. A Primeira Seção do STJ, no julgamento do REsp 1.101.728/SP, sob o rito dos recursos repetitivos, consolidou o entendimento segundo o qual o redirecionamento da execução fiscal para o sócio-gerente da empresa é cabível apenas quando demonstrado que este agiu com excesso de poderes, infração à lei ou ao estatuto, ou no caso de dissolução irregular da empresa.*
>
> *2. A Corte a quo, após análise do contexto fático-probatório chegou à conclusão de que o sócio detinha poderes de gerência ao tempo da dissolução irregular, e a alteração destas conclusões é providência vedada em recurso especial, em razão do óbice da Súmula 7/STJ.*
>
> *3. "Presume-se dissolvida irregularmente a empresa que deixar de funcionar no seu domicílio fiscal, sem comunicação aos órgãos competentes, legitimando o redirecionamento da execução fiscal para o sócio-gerente." Agravo regimental improvido, com aplicação de multa.*
>
> (AgRg no REsp 1469702/PR, Rel. Ministro HUMBERTO MARTINS, SEGUNDA TURMA, julgado em 02/10/2014, DJe 13/10/2014)

Nesse sentido é o teor da Súmula 435 do S.T.J.: *Presume-se dissolvida irregularmente a empresa que deixar de funcionar no seu domicílio fiscal, sem comunicação aos órgãos competentes, legitimando o redirecionamento da execução fiscal para o sócio-gerente.* (Súmula 435, PRIMEIRA SEÇÃO, julgado em 14/04/2010, DJe 13/05/2010)

Art. 780

O exequente pode cumular várias execuções, ainda que fundadas em títulos diferentes, quando o executado for o mesmo e desde que para todas elas seja competente o mesmo juízo e idêntico o procedimento.

Cumulação de execuções

Assim como no âmbito do processo de conhecimento é possível ao autor cumular vários pedidos contra o réu, desde que opte pelo procedimento comum também no âmbito do processo de execução é possível ao exequente cumular várias execuções, ainda que fundadas em títulos diferentes, quando o executado for o mesmo e desde que para todas elas seja competente o mesmo juízo e idêntico o procedimento.

Como o dispositivo exige para a cumulação de execução o mesmo procedimento, isso, de certa forma, restringe essa faculdade executiva. Não será possível cumular o cumprimento de sentença com a execução de título extrajudicial.

Por sua vez, somente será possível cumular execução de título extrajudicial se o procedimento for idêntico para todas as execuções. Desta forma, não será possível a cumulação entre execução de pagar quantia certa e execução para entrega de coisa, ou entre estas e a execução de obrigação de fazer ou não fazer.

É importante salientar que a cumulação somente poderá ocorrer se o juízo for competente para todas as execuções.

Porém, em se tratando de competência relativa e não absoluta, mesmo que o juízo não seja competente, a cumulação poderá ocorrer se não houver impugnação por parte do executado, prorrogando-se a competência do juízo para todas as execuções.

CAPÍTULO III – Da Competência

Art. 781

A execução fundada em título extrajudicial será processada perante o juízo competente, observando-se o seguinte:

I – a execução poderá ser proposta no foro de domicílio do executado, de eleição constante do título ou, ainda, de situação dos bens a ela sujeitos;

II – tendo mais de um domicílio, o executado poderá ser demandado no foro de qualquer deles;

III – sendo incerto ou desconhecido o domicílio do executado, a execução poderá ser proposta no lugar onde for encontrado ou no foro de domicílio do exequente;

IV – havendo mais de um devedor, com diferentes domicílios, a execução será proposta no foro de qualquer deles, à escolha do exequente;

V – a execução poderá ser proposta no foro do lugar em que se praticou o ato ou ocorreu o fato que deu origem ao título, mesmo que nele não mais resida o executado.

Juízo competente para execução

Pelo atual sistema do Código, as regras de competência são específicas para os casos de cumprimento de sentença e de execução por título executivo extrajudicial.

Observa-se, portanto, que há certa impossibilidade de unificação total entre a execução de título judicial e extrajudicial.

A execução fundada em título executivo judicial (assim denominada de cumprimento de sentença) encontra-se regulada no art. 516 do atual C.P.C., que assim dispõe: *o cumprimento da sentença efetuar-se-á perante: I – os tribunais, nas causas de sua competência originária; II – o juízo que decidiu a causa no primeiro grau de jurisdição; III – o juízo cível competente, quando se tratar de sentença penal condenatória, de sentença arbitral, de sentença estrangeira ou de acórdão proferido pelo Tribunal Marítimo. Em relação ao Tribunal Marítimo, é importante salientar que a Presidente da República vetou o inc. X do art. 515 do atual C.P.C., o qual considerava como título executivo judicial o acórdão proferido por Tribunal Marítimo, quando do julgamento de acidentes e fatos de navegação.*

Quando se tratar de competência originária dos tribunais, o cumprimento da sentença dar-se-á no próprio tribunal, inclusive para efeito de cumprimento de sentença em que há condenação de honorários de advogado.

Não sendo o caso de competência originária, o cumprimento da sentença ocorrerá no juízo cível que processou a causa no primeiro grau de jurisdição.

Em se tratando de sentença penal condenatória, de sentença arbitral ou de sentença estrangeira, o seu cumprimento dar-se-á no juízo civil competente, ressaltando-se que na última hipótese, o juízo competente é o da Justiça Federal de primeiro grau, nos termos do art. 109, inc. X da C.F.

O parágrafo único do art. 516 do atual C.P.C. estabelece que *nas hipóteses dos incisos II e III, o exequente poderá optar pelo juízo do atual domicílio do executado, pelo juízo do local onde se encontram os bens sujeitos à execução ou pelo juízo do local onde deva ser executada a obrigação de fazer ou de não fazer, casos em que a remessa dos autos do processo será solicitada ao juízo de origem.*

Sob a égide do C.P.C. de 1973, o S.T.J. entendia que a competência estabelecida no art. 575, inc. II, do C.P.C. de 1973 (atual art. 513, II) tinha natureza absoluta. Nesse sentido: *"É absoluta a competência funcional estabelecida no art. 575, II* (atual 530, inc. II) *devendo a execução ser processada no juízo em que decidida a causa no primeiro grau de jurisdição"* (S.T.J., 4ª T., Resp 538.227-MT, rel. Min. Fernando Gonçalves, j. 20.4.04).

Agora, faculta-se ao demandante escolher o juízo competente para o cumprimento de sentença, inclusive para realizar a sua liquidação; essa escolha dar-se-á no juízo do atual domicílio do executado, no juízo do local onde se encontram os bens sujeitos à execução ou onde deve ser executada a obrigação de fazer ou de não fazer. Nesses casos, o requerente poderá solicitar a remessa dos autos do processo ao juízo de origem.

Sobre o tema, anota José Miguel Garcia Medina ao comentar o parágrafo único do art. 475-P do C.P.C. de 1973 que tinha a mesma redação do atual parágrafo único do art. 516: *"O parágrafo único do art. 475-P do CPC faculta ao exequente requerer a execução em juízo distinto daquele que tenha processado 'a causa no primeiro grau de jurisdição (CPC, art. 475-P, II), podendo optar pelo juízo do local onde se encontrem bens sujeitos à expropriação ou pelo do atual domicílio do executado. Os princípios que regulam a competência absoluta, assim, são mitigados pelo art. 475-P, parágrafo único do CPC, já que este preceito estabelece competência concorrente entre os três juízos referidos".*[95]

Contudo, não obstante a opinião do processualista maringaense, o certo é que o C.P.C., por ser lei ordinária, não poderá alterar as regras de competência absoluta instituídas pela Constituição Federal, mas somente aquelas estabelecidas em lei ordinária. Assim, somente haverá a alteração da competência absoluta prevista na Constituição Federal para efeitos de cumprimento de sentença se respeitada a regra de competência prevista no texto da Constituição, ou seja, se competente para o cumprimento de sentença no processo originário for a justiça federal, o deslocamento do cumprimento de sentença somente poderá ocorrer também para a justiça federal e não para a justiça estadual.

Preceitua o *art. 781* do atual C.P.C. que *a execução fundada em título extrajudicial será processada perante o juízo competente, observando-se o seguinte:*

I – a execução poderá ser proposta no foro de domicílio do executado, de eleição constante do título ou, ainda, de situação dos bens a ela sujeitos;

II – tendo mais de um domicílio, o executado poderá ser demandado no foro de qualquer deles;

III – sendo incerto ou desconhecido o domicílio do executado, a execução poderá ser proposta no lugar onde for encontrado ou no foro de domicílio do exequente;

IV – havendo mais de um devedor, com diferentes domicílios, a execução será proposta no foro de qualquer deles, à escolha do exequente;

[95] Medina, J. M. G., op. cit., p. 247.

V – a execução poderá ser proposta no foro do lugar em que se praticou o ato ou em que ocorreu o fato que deu origem ao título, mesmo que nele não mais resida o executado.

A jurisdição é genérica, enquanto que a competência é a medida certa do exercício dessa jurisdição por parte de um órgão jurisdicional. A competência é a possibilidade de se exercer a jurisdição num caso específico, segundo a atribuição conferida pela lei ao órgão judiciário, obedecidos determinados critérios. Por isso, pode-se dizer que todo juiz tem jurisdição, contudo, nem todo juiz é competente para conhecer de determinada causa. Por conseguinte, o juiz competente é juiz com jurisdição; e juiz incompetente é juiz também com jurisdição, mas sem competência. Daí porque Eduardo J. Couture sintetizava o problema: *"A jurisdição é o todo; a competência é a parte: um fragmento da jurisdição"*.[96]

Enquanto o art. 516 do atual C.P.C. trata da competência do juízo para o *cumprimento de sentença*, o art. 781 do atual C.P.C. estabelece o critério de competência de juízo para o processamento da execução fundada em título executivo extrajudicial.

Os títulos executivos extrajudiciais estão descritos no art. 784 do atual C.P.C.

O C.P.C. de 1973, em seu art. 576, estabelecia que a execução fundada em título extrajudicial seria processada perante o juízo competente de acordo com as regras da competência interna e internacional previstas no Livro I – do processo de conhecimento.

O novo C.P.C., em seu art. 781 e incisos, optou por discriminar as hipóteses concernentes ao juízo competente para apreciar a execução de título executivo extrajudicial.

A competência para execução de título executivo extrajudicial prevista no novo C.P.C. não difere substancialmente das regras de competência do processo de conhecimento. Na realidade, a noção da competência no processo executivo tem a mesma razão de ser e o mesmo conteúdo que no processo de conhecimento.

Segundo estabelece o inc. I do art. 781 do atual C.P.C. a execução fundada em título extrajudicial será processada perante o juízo competente, observando-se o seguinte:

a) *a execução poderá ser proposta no foro do domicílio do executado, de eleição constante do título ou, ainda, de situação dos bens a ela sujeitos.*

A competência territorial tem por finalidade repartir as causas cíveis entre os diversos órgãos jurisdicionais igualmente competentes para análise da matéria

[96] LIMA, Alcidez de Mendonça. *Comentários ao código de processo civil.* VI Vol. Tomo I. Arts. 566 a 585. Rio de Janeiro: Forense, 1979. p. 232.

posta em juízo. Segundo Giuseppe Tarzia, dois são os critérios fundamentais que o legislador teve presente ao ditar as regras de competência territorial: em primeiro lugar, a necessidade de se facilitar a defesa das partes, em particular modo aquela do réu, que se encontra exposto à iniciativa judiciária do autor que escolhe o juízo diante do qual a demanda será proposta; em segundo lugar, a necessidade de que em alguns casos venha indicado como competente aquele juízo que, pela sua colocação territorial, aparece como o mais idôneo a decidir a controvérsia.[97]

A competência territorial simples, que se determina pela garantia do direito de defesa, centra-se, em regra geral, no foro do domicílio do réu.

Em regra, a demanda fundada em direito pessoal (obrigação contratual, família, responsabilidade civil etc), bem como as demandas que tenham por objeto direito real sobre bens móveis, o foro competente será o do domicílio do réu.

A competência territorial com base no domicílio do réu é *relativa* e não *absoluta*.

Domicílio, segundo o Código Civil brasileiro, é o lugar em que a pessoa tem sua residência com o ânimo definitivo (art. 70).

Quando o réu não tiver domicílio nem residência no Brasil, a demanda será proposta no foro do domicílio do autor. Se este também residir fora do Brasil, a demanda será proposta em qualquer foro.

Há, evidentemente, competências especiais territoriais, como, por exemplo, nas relações de consumo, o foro competente é o do domicílio do consumidor (que não é regra de competência absoluta) (art. 101, inc. I do C.D.C.); competência absoluta do domicílio do idoso, segundo o Estatuto do Idoso, para as questões que envolvem direitos difusos, coletivos e individuais homogêneos, sendo que se a questão diz respeito a direitos individuais, a competência também será a do domicílio do idoso, mas neste caso a competência será relativa; competência absoluta (S.T.J. – Resp.608.983/MF) ou relativa (S.T.J. CC n. 19.849/PR) para ações oriundas do contrato de representação comercial, art. 39 da Lei n. 4.886/65.

É de se ressaltar que nos termos do art. 48 do atual C.P.C., o foro do domicílio do autor da herança, no Brasil, será competente para o inventário, a partilha, a arrecadação, o cumprimento de disposições de última vontade, a impugnação ou anulação de partilha extrajudicial e para todas as ações em que o espólio for réu, ainda que o óbito tenha ocorrido no estrangeiro.

[97] Tarzia, G., op. Cit., p. 48.

Se o autor da herança, porém, não possuir domicílio certo, será competente: a) o foro da situação dos bens imóveis; b) havendo bens imóveis em foros diferentes será competente qualquer deles; c) não havendo bens imóveis, será competente o foro do local de qualquer dos bens do espólio (p.u. do art. 48 do atual C.P.C.).

As demandas em que o ausente for executado correm no foro de seu último domicílio, também competente para a arrecadação, o inventário, a partilha e o cumprimento de disposições testamentárias (art. 49 do atual C.P.C.).

A demanda em que o incapaz for executado, processar-se-á no foro do domicílio de seu representante ou assistente (art. 50 do atual C.P.C.).

As causas em que a União for autora/exequente serão propostas no domicílio do réu/executado; sendo executada a União, poderá a demanda ser promovida no domicílio do exequente, onde ocorreu o ato ou o fato que deu origem à demanda, onde esteja situada a coisa ou no Distrito Federal (art. 51 do atual C.P.C.).

A execução de título executivo extrajudicial também deve observar a competência internacional fixada pelo atual C.P.C.

É importante salientar que não dependem de homologação para serem executados os títulos executivos extrajudiciais oriundos de país estrangeiro (§2º do art. 784 do atual C.P.C.).

O título estrangeiro só terá eficácia executiva quando satisfeitos os requisitos de formação exigidos pela lei do lugar de sua celebração e o Brasil for indicado como o lugar de cumprimento da obrigação (§3º do art. 784 do atual C.P.C.).

Cabe à autoridade judiciária brasileira processar e julgar as ações em que (art. 21 do atual C.P.C.): a) o réu, qualquer que seja sua nacionalidade, estiver domiciliado no Brasil; b) no Brasil tiver de ser cumprida a obrigação; c) o fundamento seja fato ocorrido ou ato praticado no Brasil.

Para fins de competência brasileira, considerar-se-á domiciliada no Brasil a pessoa jurídica que aqui tiver agência, filial ou sucursal.

Também caberá à autoridade judiciária brasileira processar e julgar as ações de alimentos quando o credor tiver seu domicílio ou sua residência no Brasil ou o réu mantiver vínculos no Brasil, tais como posse ou propriedade de bens, recebimento de renda ou obtenção de benefícios econômicos (art. 22 do atual C.P.C.).

Também será competente a autoridade judiciária brasileira para as ações decorrentes de relações de consumo, quando o consumidor tiver domicílio ou residência no Brasil ou quando as partes, expressa ou tacitamente, se submeterem à jurisdição nacional.

Cabe à autoridade judiciária brasileira, com exclusão de qualquer outra, conhecer de ações relativas a imóveis situados no Brasil.

Segundo estabelece o art. 24 do atual C.P.C., a demanda proposta perante tribunal estrangeiro não induz litispendência e não obsta a que a autoridade judiciária conheça da mesma causa e das que lhe são conexas, ressalvadas as disposições em contrário de tratados internacionais e acordos bilaterais em vigor no Brasil. A pendência de causa perante a jurisdição brasileira não impede a homologação de sentença judicial estrangeira quando exigida para produzir efeitos no Brasil (p.u. do art. 24 do atual C.P.C.).

Por sua vez, prescreve o art. 62 do atual C.P.C. que a competência determinada em razão da matéria, da pessoa e da função é inderrogável por convenção das partes; mas estas podem modificar a competência em razão do valor e do território, *elegendo foro onde serão propostas as ações oriundas de direitos e obrigações* (art. 63 do atual C.P.C.).

Ressalte-se que se deve aplicar subsidiariamente à execução de título extrajudicial os preceitos normativos previstos nos arts. 62 e 63 do atual C.P.C.

O acordo de eleição, porém, só produz efeito quando constar de instrumento escrito e aludir expressamente a determinado negócio (§1º do art. 63 do atual C.P.C.).

O foro contratual obriga os herdeiros e sucessores das partes (§2º do art. 63 do atual C.P.C.).

Antes da citação, a cláusula de eleição de foro, se abusiva, pode ser reputada ineficaz de ofício pelo juiz, que determinará a remessa dos autos ao juízo do foro de domicílio do réu (§3º do art. 63 do atual C.P.C.).

É bem verdade que de acordo com a Súmula 33 do S.T.J., o magistrado não pode reconhecer de ofício a sua incompetência relativa. Contudo, em razão da nulidade absoluta (ineficácia) da cláusula de eleição de foro, a jurisprudência admite o reconhecimento de ofício da competência territorial do juízo que a reconheceu. Nesse sentido é a decisão proferida pelo STJ, 2ºS., CC 21,433-RN, Rel. Min. Sálvio de Figueiredo Teixeira, j. em 11.11.1998. Por sua vez, preconiza o art. 63, §3º, do atual C.P.C. que antes da citação, a cláusula de eleição de foro, se abusiva, pode ser reputada ineficaz de ofício pelo juiz, que determinará a remessa dos autos ao juízo do foro de domicílio do réu. Citado, incumbe ao réu alegar a abusividade da cláusula de eleição de foro.

A execução poderá ser proposta no foro de situação dos bens a ela sujeitos.

É possível que o título tenha origem em bens imóveis ou móveis.

São exemplos dessas espécies de título: a hipoteca, o penhor rural, comercial ou industrial, o compromisso de compra e venda; a instituição de servidão; a execução para manifestação de vontade concernente à alienação de bens imóveis etc.

Nesse caso, como o título teve por origem a garantia específica destes bens, a execução poderá ser proposta no foro de sua situação.

Em sentido similar, prescreve o art. 47 do atual C.P.C.: *"Nas ações fundadas em direito real sobre imóveis é competente o foro da situação da coisa.*

Por sua vez, prescreve o §1º do art. 47 do atual C.P.C., que entendo ser aplicável subsidiariamente na execução de título extrajudicial: *O autor pode optar pelo foro de domicílio do réu ou pelo foro de eleição se o litígio não recair sobre direito de propriedade, vizinhança, servidão, divisão e demarcação de terras e de nunciação de obra nova.*

b) *tendo mais de um domicílio, o executado poderá ser demandado no foro de qualquer deles;*

O § 1º do artigo 46 do atual C.P.C. afirma que tendo mais de um domicílio, o réu será demandado no foro de qualquer deles.

O conteúdo normativo deste dispositivo é o mesmo do artigo 71 do Código Civil brasileiro: *"Se, porém, a pessoa natural tiver diversas residências, onde, alternadamente, viva, considerar-se-á domicílio seu qualquer delas".*

c) *sendo incerto ou desconhecido o domicílio do executado, a execução poderá ser proposta no lugar onde for encontrado ou no domicílio do exequente;*

O §2º do art. 46 do atual C.P.C. afirma que sendo incerto ou desconhecido o domicílio do réu, ele poderá ser demandado onde for encontrado ou no foro do domicílio do autor.

Regra similar encontramos no art. 73 do C.c.b.: *"Ter-se-á por domicílio da pessoa natural, que não tenha residência habitual, o lugar onde for encontrada".*

d) havendo mais de um devedor, com diferentes domicílios, a execução será proposta em qualquer deles, à escolha do exequente.

O §4º do art. 46 do atual C.P.C. afirma que havendo dois ou mais réus com diferentes domicílios, serão demandados no foro de qualquer deles, à escolha do autor.

Havendo dois ou mais executados (litisconsórcio) com diferentes domicílios, serão demandados no foro de qualquer deles, à escolha do exequente.

e) *a execução poderá ser proposta no foro do lugar em que se praticou o ato ou em que ocorreu o fato que deu origem ao título, embora nele não mais resida o executado;*

Estabelece o art. 53, inc. III, letra 'd':

> *Art. 53. É competente o foro:*
> *(...).*
> *III – do lugar*
> *(...).*
> *d – onde a obrigação deve ser satisfeita, para a ação em que se lhe exigir o cumprimento.*

Estabelece, em complementação, o art. 72 do C.C.b. que: "*É também domicílio da pessoa natural, quanto às relações concernentes à profissão, o lugar onde esta é exercida.* Parágrafo único. *Se a pessoa exercitar profissão em lugares diversos, cada um deles constituirá domicílio para as relações que lhe corresponderem*".

Assim, muito embora o executado tenha alterado seu domicílio, poderá o exequente promover a execução no foro do lugar em que se praticou o ato ou ocorreu o fato que deu origem ao título.

Busca-se, portanto, o lugar da causa originária do título para estabelecer a competência do juízo da execução.

Nessa hipótese, o exequente poderá escolher entre o foro do domicílio do executado ou do lugar em que se praticou o ato ou ocorreu o fato que deu origem ao título.

Art. 782

Não dispondo a lei de modo diverso, o juiz determinará os atos executivos, e o oficial de justiça os cumprirá.

§ 1º O oficial de justiça poderá cumprir os atos executivos determinados pelo juiz também nas comarcas contíguas, de fácil comunicação, e nas que se situem na mesma região metropolitana.

§ 2º Sempre que, para efetivar a execução, for necessário o emprego da força policial, o juiz a requisitará.

§ 3º A requerimento da parte, o juiz pode determinar a inclusão do nome do executado em cadastros de inadimplentes.

§ 4º A inscrição será cancelada imediatamente se for efetuado o pagamento, se for garantida a execução ou se a execução for extinta por qualquer outro motivo.

§ 5º O disposto nos § 3º e 4º aplica-se à execução definitiva de título judicial.

Cumprimento de atos executivos determinados pelo juiz

No processo executivo, o cumprimento dos atos executivos, em regra, será realizado pelo oficial de justiça, principalmente, o arresto e a penhora de bens.

A obrigação de o oficial de justiça cumprir os atos determinados pelo juiz está também regulada no art. 154 do atual C.P.C., que assim dispõe:

> *Art. 154. Incumbe ao oficial de justiça:*
>
> *I – fazer pessoalmente citações, prisões, penhoras, arrestos e demais diligências próprias do seu ofício, sempre que possível na presença de 2 (duas) testemunhas, certificando no mandado o ocorrido, com menção ao lugar, ao dia e à hora;*

II – executar as ordens do juiz a que estiver subordinado;

III – entregar o mandado em cartório após seu cumprimento;

IV – auxiliar o juiz na manutenção da ordem;

V – efetuar avaliações, quando for o caso;

VI – certificar, em mandado, proposta de autocomposição apresentada por qualquer das partes, na ocasião de realização de ato de comunicação que lhe couber.

Parágrafo único. Certificada a proposta de autocomposição prevista no inciso VI, o juiz ordenará a intimação da parte contrária para manifestar-se, no prazo de 5 (cinco) dias, sem prejuízo do andamento regular do processo, entendendo-se o silêncio como recusa.

Por sua vez, o art. 155, inc. I, do atual C.P.C., prescreve que o oficial de justiça será civil e regressivamente responsabilizado, quando, sem justo motivo, se recusar a cumprir no prazo os atos impostos pela lei ou pelo juiz a que está subordinado.

Evidentemente, em razão dos meios informatizados e eletrônicos atualmente disponíveis aos órgãos do Poder Judiciário, muitos atos executivos são cumpridos diretamente pelo juiz, como é o caso do BACENJUD, RENAJUD e o INFOJUD.

Não sendo possível ao juiz o cumprimento pessoal dos atos executivos, ou por meio de seus auxiliares de cartório, o oficial de justiça apresenta-se como órgão auxiliar do juízo apto a promover os atos executivos determinados na execução.

Atos executivos, segundo Liebman, seriam as várias operações jurídicas e práticas previstas por lei para a realização da execução.[98]

Evidentemente, a espécie ou a modalidade de atos executivos depende do tipo de execução a ser realizada.

Diferentemente do que ocorre em outros ordenamentos jurídicos, o credor não poderá realizar os atos executivos sem que haja a determinação do juiz da execução. Cabe ao credor requerer e ao juiz deferir ou não a sua realização.

Contudo, como o juiz atualmente tem uma participação muito mais efetiva para a concretização material da tutela jurisdicional, também poderá determinar de ofício a realização de alguns atos executivos, sem que isso implique mácula ao princípio *nemo procedat iudex ex officio.*

Estabelece o *§1º do art. 782* do atual C.P.C. que *o oficial de justiça poderá cumprir os atos executivos determinados pelo juiz também nas comarcas contíguas, de fácil comunicação, e nas que se situem na mesma região metropolitana.*

[98] Liebman, Enrico Túllio. *Processo de execução.* 5ª ed. São Paulo: Saraiva, 1986. n. 12. p. 28.

Este dispositivo vem ao encontro do princípio da celeridade processual, evitando a expedição de carta precatória ou outra forma de cooperação nacional entre juízes quando houver, no âmbito da Justiça Estadual, a existência de comarcas contíguas, de fácil comunicação, e nas que se situem na mesma região metropolitana.

Há preceito normativo idêntico previsto no art. 255 do atual C.P.C., a saber: *nas comarcas contíguas de fácil comunicação e nas que se situem na mesma região metropolitana, o oficial de justiça poderá efetuar, em qualquer delas, citações, intimações, notificações, penhoras e quaisquer outros atos executivos.*

Em se tratando da Justiça Federal não se fala em comarca, mas, sim, em subseção judiciária, cuja extensão territorial é maior.

Contudo, o oficial de justiça, servidor público federal, deverá cumprir o mandado em toda a Subseção Judiciária, pois suas atribuições não estão restritas à sede da Justiça Federal.

É importante salientar que a noção de *contiguidade* é geográfica, enquanto que a noção *fácil comunicação* é apreciável caso a caso.

Atualmente, há constituição legal de regiões metropolitanas. Nesse caso, o oficial deverá cumprir o mandado nas comarcas pertencentes à mesma região metropolitana.

Sobre o tema, eis os seguintes precedentes do S.T.J.:

> *1. Não é nula a penhora efetuada por oficial de justiça em Comarca contígua, independentemente da expedição de carta precatória. Observância no caso dos princípios da celeridade processual e de que "o juiz considerará válido o ato se, realizado de outro modo, lhe alcançar a finalidade" (art. 244 do CPC).*
>
> *Precedente da Terceira Turma.*
>
> *2. A falta de citação de um dos executados, sendo facultativo o litisconsórcio, não impede o prosseguimento da execução contra aquele que foi citado e teve os seus bens penhorados. Precedentes.*
>
> *3. Autenticidade não negada do contrato de mútuo, o qual, além do mais, foi registrado no Cartório de Registro de Títulos e Documentos.*
>
> *Recurso especial não conhecido.*
>
> (REsp 141.562/PA, Rel. Ministro BARROS MONTEIRO, QUARTA TURMA, julgado em 24/06/1998, DJ 21/09/1998, p. 181)

> *Embargos à execução. Nulidade da penhora arguida na apelação.*
>
> *Constrição efetuada por oficial de justiça em comarca contigua.*
>
> *Ausência de expedição de carta. Aplica-se a sum. 283/stf: 1. "e inadmissível o recurso extraordinário, quando a decisão recorrida assentada em mais de um funda-*

mento suficiente e o recurso não abrange todos eles" 2. Não e absolutamente nula a penhora realizada por oficial de justiça, ao invés de carta precatória, em comarca contigua, devendo-se aplicar o princípio de que "o juiz considerara valido o ato se, realizado de outro modo, lhe alcançar a finalidade" (art. 244 do cpc).

(REsp 68.264/RS, Rel. Ministro CARLOS ALBERTO MENEZES DIREITO, TERCEIRA TURMA, julgado em 12/05/1997, DJ 30/06/1997, p. 31022)

1. Segundo o princípio pas de nullité sans grief, contido no art. 563 do CPP, a declaração de nulidade só deve ocorrer quando efetivamente restar demonstrado o prejuízo.

2. "A lei processual penal admitirá interpretação extensiva e aplicação analógica, bem como o suplemento dos princípios gerais de direito" (art. 3º do CPP).

3. "Nas comarcas contíguas, de fácil comunicação, e nas que se situem na mesma região metropolitana, o oficial de justiça poderá efetuar citações ou intimações em qualquer delas" (art. 230 do CPC).

4. A regra estabelecida no art. 230 do CPC tem como escopo a efetivação do chamado do réu a compor a lide, de forma mais célere e menos onerosa ao Estado para o efetivo desenvolvimento do processo.

5. Na hipótese dos autos, é passível de aplicação o art. 230 do CPC, sem que isso traga prejuízo ao réu, uma vez que, devidamente representado por advogado e efetivamente citado, negando-se, entretanto, a receber a contrafé, restou ciente da ação penal contra ele movida.

6. Nos termos do art. 571 do Código de Processo Penal, eventuais nulidades ocorridas na fase instrutória deverão ser argüidas em sede de alegações finais, sob pena de preclusão da matéria.

7. Ordem denegada.

(HC 48.228/PB, Rel. Ministro ARNALDO ESTEVES LIMA, QUINTA TURMA, julgado em 02/09/2008, DJe 20/10/2008)

Essa responsabilidade do Oficial de Justiça também se estende às UAA (Unidades Avançadas Autônomas) da Justiça Federal.

Prescreve o *§2º do art. 782* do atual C.P.C.: *sempre que, para efetivar a execução, for necessário o emprego de força policial, o juiz a requisitará.*

Em regra, o cumprimento dos atos executivos pelo oficial de justiça ocorre de forma pacífica e mediante a adesão voluntária do executado.

Contudo, constatando o oficial de justiça que para efetivar o ato executivo possa haver riso à sua integridade, à integridade de terceiros ou mesmo do próprio executado, poderá o órgão auxiliar solicitar ao juiz o auxílio e o emprego de força policial.

Salvo em caso de flagrante delito, não poderá o oficial de justiça requisitar pessoalmente a força policial, sem que haja efetiva intervenção do juízo da execução.

A autorização ou não da força policial deverá ser avaliada pelo juiz com base no princípio da prudência e razoabilidade, mediante verificação de cada caso concreto.

Estabelece o *§ 3º do art. 782* do atual C.P.C. que a requerimento da parte, *o juiz pode determinar a inclusão do nome do executado em cadastros de inadimplentes.*

Se o exequente requerer, o juiz poderá determinar a inclusão do nome do devedor nos cadastros de inadimplentes, como, por exemplo SPC, SERASA etc.

A inscrição será cancelada imediatamente se for efetuado o pagamento, garantida a execução ou se a execução for extinta por qualquer outro motivo(*§4º do art. 782* do C.P.C.).

Por fim, estabelece *o § 5º do art. 782* do atual C.P.C. que *o disposto nos §§ 3º e 4º aplica-se à execução definitiva de título judicial.*

O juiz poderá determinar a inscrição do nome do executado em cadastros de inadimplentes, também na hipótese de cumprimento definitivo de título judicial.

A inscrição, portanto, ocorre tanto em relação ao título executivo extrajudicial quanto em relação a título executivo judicial.

A inscrição será cancelada imediatamente se for efetuado o pagamento, garantida a execução ou se a execução for extinta por qualquer outro motivo.

CAPÍTULO IV – Dos Requisitos Necessários para Realizar Qualquer Execução

SEÇÃO I – Do Título Executivo

Art. 783

A execução para cobrança de crédito fundar-se-á sempre em título de obrigação certa, líquida e exigível.

Obrigação líquida, certa e exigível

O Capítulo IV trata especificamente dos requisitos necessários para realização de execução de título executivo extrajudicial.

Para que um ato/fato jurídico possa fundamentar o processo de execução, é indispensável que na sua formação tenham sido observados os requisitos de forma exigidos para sua regularidade. Por isso, pode-se dizer que há requisitos *formais*, que dizem respeito ao ato em si, e *substanciais*, referentes ao conteúdo do ato. O único requisito *formal* comum a todos os títulos executivos é *a forma escrita*. Quando se fala em forma escrita, significa dizer que os documentos instrumentalizadores do título devem ser escritos no vernáculo. Já o conteúdo *substancial* diz respeito à precisa individualização do direito a que o ato se refere.[99]

Segundo prescreve Eduardo Couture, são pressupostos de uma execução: a) um título executivo; b) uma ação executiva; c) um patrimônio executável.[100]

O primeiro requisito exigido pelo Código é a existência de *título executivo*. Trata-se de um requisito *objetivo*. De certa forma, é uma manifestação importante do preceito *nulla executio sine título*, não obstante esse princípio tenha sido relativizado em nosso ordenamento jurídico.

A execução, portanto, pode basear-se em documentos distintos dos títulos judiciais, uma vez que o legislador pode conceder eficácia executiva a certos tipos de documentos, ensejando a imediata propositura do processo de execução, sem necessidade prévia de se ingressar com o processo cognitivo.

Para que um documento seja caracterizado como título executivo apto à procedência da pretensão executiva deve consubstanciar-se na existência material de um crédito. Assim, os títulos executivos extrajudiciais nada mais são do que atos ou documentos que invocam 'certa probabilidade da existência do direito'.[101]

Os títulos executivos extrajudiciais são assim configurados pelo legislador de acordo com as necessidades sociais, econômicas e culturais de determinada sociedade.

Contudo, não obstante essa diversidade de base interdisciplinar para a escolha de determinado documento como título executivo extrajudicial, o certo é que esses títulos somente podem ser assim considerados por força de lei.

Daí porque o rol de títulos executivos extrajudiciais previsto no atual C.P.C. é *taxativo*, ou seja, no sentido de que somente a lei poderá criar títulos executivos extrajudiciais e não as partes por meio de simples manifestação de vontade. Aplica-se, portanto, o princípio *nullus titulus sine lege* ou da *tipicidade dos títulos executivos*.

Para Cândido Rangel Dinamarco, a exigência de título executivo previsto em lei, sem a qual não se admite execução, é consequência do reconhecimento de que a esfera jurídica do indivíduo não deve ser invadida, senão quando existir

[99] Dinamarco. Cândido Rangel. *Execução civil*. 3ª ed. São Paulo: Malheiros, 1993. p. 480 e 482.
[100] Couture, Eduardo J. *Fundamentos del derecho procesal civil*. Buenos Aires: Editoral IbdeF, 4ª ed., 2009. p.365.
[101] Marinoni, Luiz Guilherme; Arenhart, Sérgio Cruz. *Execução*. 4ª ed. São Paulo: Editora Revista dos Tribunais, 2012. p. 435.

uma situação de tão elevado grau de *probabilidade* de existência de um preceito jurídico material descumprido, ou de tamanha preponderância de outro interesse sobre o seu. Essa seria a razão ética pela qual a generalidade dos ordenamentos jurídicos institui e exige o título executivo. Permitir a execução sem título, como o fez a lei suíça, constituiria um perigo muito grande, seja no plano político, seja no econômico.[102]

A *função* do título executivo é *"legitimar a ação executiva como ação 'abstrata', desvinculada tanto da dedução quanto da prova da ocorrência fática e jurídica que há conduzido à formação do ato"*.[103]

Por isso, enquanto quem age em sede de cognição afirma-se titular de um direito, projeta uma situação de fato e a sua recondução a uma determinada *fattispécie* jurídica em grau de justificar, uma vez produzida a prova dos elementos relevantes e controvertidos, uma pronunciação de acolhimento do pedido, e com esse a afirmação de uma determinada tutela; quem age em sede executiva em razão da posse de um título executivo não tem o ônus de deduzir o acontecimento que determinou a formação do título, nem o ônus de provar a existência do direito/obrigação (certo, líquido e exigível) que do mesmo documento resulta: toda possível atividade nesse sentido é absorvida pelo próprio título executivo, cuja função, por definição, é dinâmica, voltada à prática e concreta realização do direito, e não se exaure na sua representação estática.[104]

Uma vez que os títulos executivos extrajudiciais não apresentam as mesmas características e as mesmas garantias dos títulos executivos judiciais, a forma de processá-los em juízo é diversa, não seguindo o mesmo procedimento das sentenças judiciais. Daí porque haverá necessidade de um processo autônomo para os títulos executivos extrajudiciais, o que não ocorre em relação aos títulos executivos judiciais. E isso assim acontece pelo fato de que a execução fundada em título executivo judicial advém de uma prévia discussão em procedimento cognitivo próprio e regular, sobre a existência ou não do crédito, enquanto que no âmbito dos títulos executivos extrajudiciais, é a lei que atribui aptidão para que o credor possa de plano ingressar com o processo executivo independentemente de prévia avaliação judicial. Esse é o motivo pelo qual o não pagamento voluntário do crédito, no prazo fixado no art. 523, *caput,* do atual C.P.C., dá ensejo à multa prevista no §1º do mesmo dispositivo, o que não corre com o não adimplemento no prazo legal dos títulos executivos extrajudiciais.

[102] Dinamarco, Cândido Rangel. *Execução civil.* 3ª Ed., São Paulo: Malheiros, 1993. p. 455.

[103] Verde, Giovani; Capponi, Bruno. *Profili del processo civile.* Napoli: Jovene Editore, 2066. p. 37 e 38.

[104] Verde, G., Capponi, B., idem, p. 38.

Por outro lado, como não houve qualquer apreciação judicial quanto à formação prévia dos títulos executivos extrajudiciais, abre-se ao executado a possibilidade de impugnar esta espécie de título por meio de uma demanda incidental de conhecimento (embargos à execução), na qual podem ser alegadas todas as matérias necessárias e não restritas em lei, ao contrário do que acontece no procedimento de impugnação da sentença.

Até que o executado desconstitua o título executivo extrajudicial por meio de uma demanda de conhecimento (incidental ou autônoma), a lei confere ao exequente imediato acesso à execução.

Preceitua o *art. 783* do atual C.P.C. que *a execução para cobrança de crédito fundar-se-á sempre em título de obrigação certa, líquida e exigível.*

Este dispositivo estabelece o que se entende por título executivo, ou seja, a base ou fundamento de uma execução.

Em sua acepção comum, o vocábulo *execução* alude à ação e efeito de executar. Executar é, *"realizar, cumprir, satisfazer, fazer efetivo e dar realidade a um fato"*.[105]

O art. 783 do atual C.P.C. fala em execução para cobrança de crédito.

A primeira indagação que pode surgir é se essa expressão *crédito* está delimitada apenas à obrigação de pagar quantia certa.

No caso, como o dispositivo não faz qualquer distinção, o título executivo extrajudicial poderá abranger qualquer espécie de obrigação, seja ela de dar, fazer ou não fazer.

A execução terá por objeto um título executivo, o qual, por sua vez, terá por fundamento uma *obrigação certa, líquida e exigível.*

Em regra, fala-se em execução das obrigações quando o devedor, mediante determinada ação ou omissão, cumpre uma obrigação assumida. Trata-se de forma voluntária de cumprimento das obrigações.

Contudo, quando não há esse cumprimento voluntário por parte do devedor, o vocábulo execução passa a ter um novo significado jurídico, para ser denominado como *execução forçada.*

A diferença entre uma e outra é que na execução forçada, em face da negativa por parte do devedor para que o cumprimento da obrigação ocorresse de forma voluntária, o credor deverá socorrer-se dos órgãos jurisdicionais.[106]

[105] COUTURE, Eduardo J. *Fundamentos del derecho procesal civil.* Buenos Aires: Editoral IbdeF, 4ª ed., 2009. p. 357.

[106] *"Se diz, para justificar o caráter não jurisdicional da execução, que esta não constitui um direito de petição perante a autoridade, senão 'uma manifestação pública do direito de propriedade'. Porém, que quer dizer manifestação pública do direito de propriedade? Toda propriedade do devedor constitui uma garantia comum de todos seus credores e essa garantia somente se pode fazer efetiva mercê à atividade jurisdicio-*

Mas para que o credor possa valer-se da *execução forçada*, ou execução jurisdicional para cobrança de crédito, esta execução deverá fundar-se em título.

É bem verdade que a palavra *título* tem vários significados, sendo por vezes considerado no seu aspecto *substancial*, isto é, sua qualidade, atributo referente a um direito (por exemplo, título universal, quanto ao sucessor, justo título, quanto à aquisição de propriedade etc), ou por vezes em relação ao seu aspecto *instrumental*, ou seja, a expressão material, como um documento, um papel ou outra manifestação escrita (título cambial, título de propriedade, escritura pública, título de dívida particular etc.).[107]

Entre os escritos italianos, para alguns o título executivo é um elemento constitutivo da execução (Liebman); para outros é uma condição requerida para o exercício da ação (Zanzucchi); para outros é um pressuposto de procedibilidade (Furno); para outros, ainda, é a prova documental do crédito (Carnelutti).

Tudo se resume em perquirir sobre a *natureza* do título executivo: a) como 'documento', servindo como 'prova legal' (Carnelutti); ou b) como 'ato jurídico' (Liebman). O primeiro considera que o título apresenta eficácia *probatória*; e o segundo, eficácia *constitutiva*.

Para Alcides Mendonça Lima, as duas teses não se repelem, mas, ao contrário, se complementam. A mistura de ambas cria teoria mais racional, se for afastado o absolutismo de conceitos de cada uma daquelas correntes.[108]

Para Azolina, todas essas interpretações pecam por omissão ao não dar ao conceito de título executivo sua necessária amplitude, uma vez que não levaram em conta seus antecedentes romanos e germânicos.[109]

Na perspectiva de Cândido Rangel Dinamarco, a *concepção documental* parte de uma confusão entre *prova* e *forma* do ato ou negócio jurídico. Existem atos

nal. Não subsistem, dizíamos, salvo exceções muita escassas de significação, formas de execução privada. Por outro lado, toda propriedade (do crédito) de um credor afeta os bens do devedor; porém, somente os afeta materialmente, por meio da jurisdição. A manifestação pública quer dizer, pois, manifestação por meio da jurisdição. A atividade executiva é atividade jurisdicional. Os órgãos de jurisdição não perdem em nenhum momento, dentro dela, a atividade cognitiva; e se bem a atividade dos auxiliares seja mais visível que a atividade do magistrado, não é menos certo que somente atuam dentro de nosso direito, por delegação destes. Não existem, tampouco, normalmente, no direito hispanoamericano, procedimentos de execução cumpridos diretamente pelos órgãos auxiliares da jurisdição sem necessidade dos juízes.... A doutrina francesa, a alemã mais recentemente e a angloamericana incluem a execução na jurisdição. (Couture, E., idem, p. 361 e 362.

107 Couture, E., idem.,p. 366.

108 Lima, Alcides Mendonça. *Comentários ao código de processo civil.* VI Vol. Tomo I, art. 566 a 585. Rio de Janeiro: Editora Forense, 1979. p. 299 e 300.

109 Couture, E., op. cit., p. 367.

que a lei somente confere eficácia, inclusive executiva, se revestirem a forma escrita, o que não significa dizer que os efeitos jurídicos advenham do documento escrito e não do ato em si. A compra e venda é exemplo significativo dessa diferenciação. Além do mais, no Código de Processo Civil de 1939 eram considerados títulos executivos extrajudiciais certos acontecimentos que não se consumavam mediante escrita em um papel, como o contrato de locação verbal ou as relações de parentesco, fonte de direito a alimentos (art. 298, incs. IX e XI). Estes títulos não subsistem mais entre nós, mas a sua lembrança serve para demonstrar que o documento escrito não pode ser considerado, *sub specie aeternitatis,* elemento essencial integrante do conceito do título executivo.[110]

Cândido Rangel Dinamarco põe em xeque a teoria documental do título executivo, fazendo referência à cópia do título. Para ele, se prevalecesse a simples teoria documental, cada cópia do título poderia ensejar uma execução autônoma.[111]

Na realidade, não se pode afirmar que o título sirva peremptoriamente de 'prova legal', como defendia Carnelutti, pois se isso se confirmasse a execução deixaria de ter caráter *abstrato*, somente tendo direito à sua instauração quem já pudesse provar que era, realmente, credor. Haveria como um prejulgamento da pretensão.[112]

Para a outra teoria, denominada de *ato ou negócio jurídico*, defendida por Liebman, o título executivo seria um ato ao qual a lei liga a eficácia de aplicar a vontade sancionatória.

[110] Dinamarco, C.R., op. cit. p. 470 e 471.

[111] "*A jurisprudência brasileira sempre foi muito cautelosa quanto à cópia do instrumento dos títulos executivos, especialmente no que diz respeito às cambiais. A tendência tradicional é no sentido de negar eficácia executiva ao títulos instrumentalizado em cópia. Essa orientação tem sua razão de ser, porque seria extremamente perigoso deixar o credor à vontade para possivelmente promover mais de uma execução com base no mesmo título, bastando extrair cópias: haveria também o risco de fazer circular o título de crédito e promover-lhe a execução pela cópia. Ao princípio da literalidade dos títulos de crédito repugna realmente que a cópia valha pela cártula.Mas algumas atenuações racionais têm surgido: 'a jurisprudência vai admitindo a propositura de execução contra os avalistas mediante exibição de fotocópia autenticada do título executivo, apesar de habilitado o mesmo crédito na falência do emitente e estando comprovadamente nos autos originais. Obviamente, fora do campo dos títulos de crédito as cautelas são menores porque inexiste o instituto do endosso e nenhuma insegurança traz para a parte a propositura da execução com base em cópia do documento original.* (Dinamarco, C. R., idem, p. 473.).

[112] Lima, A. M., op. cit., p. 300 e 301.

Dinamarco, adotando a teoria do ato ou fato jurídico, conceitua o título executivo (judicial ou extrajudicial) como o *ato ou fato jurídico do qual resulta a aplicação da sanção executiva.*[113]

Contudo, também não se pode aceitar a ideia de Liebman de que o título seja apenas um 'ato jurídico', pois, na realidade, o documento, que é o próprio título executivo, serve de continente do ato jurídico ou do negócio jurídico, que é o conteúdo. Por isso, o título, como documento, não vincula a permissibilidade de poder ser iniciado o processo executivo ao resultado do julgamento da pretensão do credor. É situação semelhante à que ocorre com o autor da demanda de conhecimento, em que o cumprimento dos pressupostos processuais e nem mesmo a ocorrência das condições da ação induzem, obrigatoriamente, à procedência do pedido, acolhendo a pretensão. Somente pela possibilidade de iniciar o processo executivo, que é em torno de uma pretensão insatisfeita, e não apenas contestada, o credor se acha em posição mais fortalecida do que o autor ao ajuizar o processo de conhecimento. O credor, com o título, tem forte dose de presuntividade que emerge deste. Contudo, essa presuntividade relativa é meramente formal, pois o título admite e justifica o processo executivo, sem que interfira com a existência ou não do direito substancial que emana do ato. Se, porém, o sujeito ativo da execução se intitula credor, sem que realmente o seja, e se o devedor consegue provar tal situação nos embargos que apresentar, caracteriza-se uma execução indevida, pois não existe direito algum a favor do credor. Contudo, o devedor não impediu a execução, exatamente porque o credor podia intentá-la, legitimado processualmente pelo título. Apenas por via de embargos é que o devedor conseguiu provar a ausência do direito material que formava o ato (Liebman) contido no documento (Carnelutti).[114]

Por outro lado, se o título desaparece, nem por isso o ato ou negócio jurídico, que no mesmo se contém, deixa de surtir efeito. Poderá a obrigação ser provada por qualquer outro modo, mas não exigida em processo executivo e sim pleiteada em processo cognitivo. E, se o ato ou negócio jurídico nunca existiu ou não mais existe, seja em razão da extinção da obrigação por um dos modos previstos em direito, isso não impede o exercício da execução, se bem que possa ser frustrada pela ação incidente dos embargos do executado. Na primeira hipótese, desapareceu o documento, mas ficou o ato ou negócio jurídico; na segunda hipótese, ficou o documento, mas desapareceu o ato ou negócio jurídico.[115]

113 Dinamarco, C. R., op. cit., p. 477.

114 Lima, A. M., op. cit., p. 300, 301, 304 e 305.

115 Lima, A. M., idem, p. 307.

Por isso, pode-se afirmar que o título participa das duas naturezas, ou seja, é em determinadas situações documento e ato ou negócio jurídico, e, em outras, somente documento ou somente ato ou negócio jurídico.

Sendo documento, é *pressuposto processual* da execução. Sendo ato ou negócio jurídico, é *pressuposto substancial* da execução.[116]

Além do mais, conforme já defendeu Couture, o vocábulo título quer dizer em primeiro lugar, *qualidade* (título de dono, título de herdeiro). Tem-se essa qualidade quando se está habilitado juridicamente a fazer uma coisa. Porém, também se tem título quando se tem em mãos o documento que confere essa qualidade. O equívoco radica na possibilidade de haver qualidade sem documento e documento sem qualidade. O credor que extraviou o *pagaré* tem um crédito e não tem um documento; aquele que detém um *pagaré* oportunamente pago porém não retirado pelo devedor, detém um documento e não uma qualidade de credor.[117]

Os direitos sem título podem ser provados por qualquer meio de prova permitido em lei, já os direitos com títulos (documentado), já possuem sua prova pelo ato ou negócio jurídico instrumental.

A execução, no Brasil, deve pautar-se num *título*, como documento.

Segundo afirma Alcides de Mendonça Lima, *título executivo* é o documento necessário e suficiente para a instauração do processo executivo, sendo, portanto, um *pressuposto processual*. Mas, nem por ser um 'título', precisa ser obrigatoriamente um documento, como ato escrito do devedor, podendo o credor não apresentar nenhum instrumento, fundando-se apenas em ato, sem a manifestação expressa ou direta do devedor, como no caso de créditos de serventuários e da dívida ativa fiscal.[118]

Regra similar a do artigo 783 do atual C.P.C. há no art. 474 do Código de Processo Civil italiano, quando afirma que qualquer espécie de execução forçada 'não poderá ter lugar a não ser em virtude de um título executivo de um direito certo, líquido e exigível'.

É bem verdade que quando o artigo 783 do atual C.P.C. fala não em direito mas em obrigação certa, líquida e exigível, numa interpretação invertida pode-se chegar ao resultado normativo do art. 474 do C.P.C. italiano, pois de um direito pode ensejar uma determinada obrigação exigível por execução fundada em título executivo extrajudicial.

[116] Lima, A. M., idem, ibidem.

[117] Couture, E., op. cit., loc. Cit.

[118] Lima, Alcides Mendonça. *Comentários ao código de processo civil.* VI Vol. Tomo I, art. 566 a 585. Rio de Janeiro: Editora Forense, 1979. p. 298.

Por isso, para se colocar em movimento um processo de execução forçada não é suficiente, como nos processos de cognição plena, a afirmação da existência de um direito, mas é necessária a existência de um título executivo que tenha por objeto uma obrigação certa, líquida e exigível. Daí porque a noção de título executivo é uma noção central para a compreensão da estrutura do processo de execução forçada.[119]

O art. 783 do atual C.P.C. individua no título executivo a existência de uma obrigação certa, líquida e exigível.

A individualização dos requisitos da *liquidez e exigibilidade* não apresenta maiores problemas: um crédito é líquido quando é determinado na sua quantidade e é exigível quando não está sujeito a determinada condição suspensiva, ou o prazo se encerrou ou a condição foi realizada.[120]

O crédito pode corresponder a uma obrigação de dar, fazer ou não fazer.

Problemática é a individualização do requisito *certeza*, pois em razão da diversidade existente de títulos executivos, o grau de certeza também varia de acordo com o título específico.

Segundo anota Cândido Rangel Dinamarco, o maior grau de probabilidade da efetiva existência do crédito no momento da execução é aquele trazido pela sentença condenatória civil passada em julgado ou pelos demais títulos executivos judiciais. Por isso é que a doutrina qualifica estes títulos, de título executivo por excelência. Já em relação aos títulos extrajudiciais, e, principalmente, em relação àqueles que não incluem declaração de reconhecimento de débito, essa probabilidade é menor.[121]

Vai-se da sentença de condenação passada em julgado, à sentença de condenação de primeiro grau sem trânsito em julgado, aos provimentos de urgência antecipados ou de evidência, até chegar-se à escritura privada assinada por duas testemunhas. Sobre o plano da certeza, o único dado comum aos títulos executivos pode ser individualizado na certeza de que esses oferecem quanto à existência dos fatos constitutivos do crédito: embora isso possa ser considerado muito redutora. Para Proto Pisani, seria inútil procurar individualizar sob o plano da 'natureza' algo que possa unificar os vários títulos executivos. É inútil tendo em vista que à base da atribuição da qualidade do título executivo a um provimento, ato ou documento, é sempre uma escolha política altamente discricionária do legislador, ainda que tal escolha leve quase sempre a especifici-

[119] Pisani, Andrea Proto. *Lezioni di diritto processuale civile.* Terza Edizione. Napoli: Casa Editrice Dott. Eugenio Jovene, 1999. p. 759.

[120] Pisani, A. P., idem, ibidem.

[121] Dinamarco, C.R., op. cit., p. 460.

dade da situação substancial, e exigência de economia processual do sistema de meio de impugnação acolhido. Por isso, em relação ao requisito 'certeza' não se pode dizer muita coisa, a não ser que os provimentos, atos ou documentos oferecem uma 'certa qualidade de certeza', de grau notavelmente diverso, no que concerne à existência dos fatos constitutivos dos créditos líquido e exigíveis por esses representados.[122]

O requisito *certeza* da obrigação, afirmam Jaime Guasp e Pedro Aragoneses, impõe a total determinação da quantidade que se reclama, que não poderá ser um conceito mais ou menos vago, senão totalmente preciso, pois todas as prescrições da lei neste ponto revelam que a exatidão da reclamação é requisito necessário da pretensão executiva.[123]

É bem verdade que esse requisito de certeza deve ser relativizado, pois nas obrigações de dar coisa incerta e nas obrigações alternativas descaracteriza-se em parte a exigência imposta pela lei do processo, sem que se possa dizer, de modo absoluto, que se trate de obrigações incertas. É mais adequado considerar uma incerteza meramente relativa, que o sistema processual tolera e oferece meios para eliminar.[124]

Já o requisito *liquidez* estabelece que a determinação da quantidade, na qual consiste a certeza, venha expressa mediante uma cifra numérica que assinale o importe ou quantia da reclamação que se formula.[125]

Como terceiro requisito, a norma fala em *exigibilidade* da obrigação.

Portanto, para que um documento possa ser considerado título executivo é necessário que a obrigação nele inserida seja exigível, ou seja, que o prazo nele estipulado ou a condição nele prevista já tenha ocorrido sem o seu efetivo adimplemento.

Ocorre que, para Cândido Rangel Dinamarco, a *exigibilidade* é estranha ao conceito de configuração do título executivo, pois a exigibilidade do bem devido em nada concorre para identificar o direito que vai à execução, nem, de forma alguma, para estabelecer contornos do processo executivo; ela diz apenas que é chegado o momento da satisfação da vontade concreta da lei, sem que haja mais qualquer impedimento legal.[126]

[122] Pisani, A. P., op. cit. loc. cit.

[123] Guasp, Jaime; Aragoneses, Pedro. *Derecho procesal civil.* Tomo II. Parte especial – procesos declarativos y de ejecución. Navarra: Thomson Civitas, 2006. p. 716.

[124] Dinamarco, C. R., *Execução civil.* 3ª ed. São Paulo: Malheiros, 1993, p. 488.

[125] Guasp, J.; Aragonesses, P., op. cit., p. 716.

[126] Dinamarco, C. R. op. cit. p. 483.

Na verdade, para Dinamarco a exigibilidade da obrigação é caracterizadora do *interesse-necessidade*. Portanto, só assim se explica a existência de títulos que se constituem antes da exigibilidade do direito, como sucede na hipótese de condenação para o futuro e como é corriqueiro entre os títulos extrajudiciais. No tocante à exigibilidade, deve o título apenas propiciar ao juiz a apreciação de sua ocorrência no momento da execução, isto é, indicar as *condições de exigibilidade*, de modo que à primeira vista se saiba se o débito está ou não vencido, há ou não condições.[127]

É certo que Chiovenda acreditava que o título precisava ser definitivo, completo e *incondicionado*, residindo neste último adjetivo o requisito de que ele fosse exigível. Essa opinião era compartilhada por José Frederico Marques.[128]

Sintetizando esses requisitos, anota Crisanto Mandrioli: *"A execução forçada não pode ter lugar a não ser em virtude de um título executivo, enuncia a norma em discurso, sendo que de imediato precisa: por um direito certo, líquido e exigível. Liquido significa expressão do crédito em dinheiro (ou em outra coisa fungível) em uma medida determinada, assim permanecendo excluído todo crédito expresso de modo genérico; exigibilidade significa que a eventual condição deve ter sido já realizada e eventual termo já encerrado. Ambos requisitos devem não somente existir, mas resultar do título, com a finalidade de estabelecer a sua função de individuar (documentar) o direito exequível pelo órgão executivo, o qual deve somente levá-lo à execução sem necessidade de valoração jurídica. O requisito certeza, ao invés, mais que resultar do título, é uma consequência da existência do próprio título. Mais precisamente, em relação ao fato que o título contém, como ele decorre de um ato de declaração, se poderá dizer que o direito resulta 'certo' naquela concreta medida que o ordenamento há determinado e indicado como suficiente, no momento em que disciplinam os singulares atos que constituem título executivo, atribui àqueles atos a qualidade de título executivo. Não evidentemente a certeza absoluta, nem mesmo aquele grau de certeza que se reveste a coisa julgada, mas uma certeza que o ordenamento jurídico entende por suficiente para fundamentar uma execução forçada, no momento em que enuncia que determinado ato constitui título executivo."*.[129]

Art. 784

São títulos executivos extrajudiciais:

I – a letra de câmbio, a nota promissória, a duplicata, a debênture e o cheque;

[127] Dinamarco, C.R., idem, ibidem.
[128] Dinamarco, C.R., idem, ibidem.
[129] Mandrioli, Crisanto. *Corso di diritto processuale civile.* Vol. III, Quinta edizione. Torino: G. Giappichelli Editore, 2006. p. 31 e 32.

II – a escritura pública ou outro documento público assinado pelo devedor;

III – o documento particular assinado pelo devedor e por 2 (duas) testemunhas;

IV – o instrumento de transação referendado pelo Ministério Público, pela Defensoria Pública, pela Advocacia Pública, pelos advogados dos transatores ou por conciliador ou mediador credenciado pelo tribunal;

V – o contrato garantido por hipoteca, penhor, anticrese ou outro direito real de garantia e aquele garantido por caução;

VI – o contrato de seguro de vida em caso de morte;

VII – o crédito decorrente de foro e laudêmio;

VIII – o crédito, documentalmente comprovado, decorrente de aluguel de imóvel, bem como de encargos acessórios, tais como taxas e despesas de condomínio;

IX – a certidão de dívida ativa da Fazenda Pública da União, dos Estados, do Distrito Federal e dos Municípios, correspondente aos créditos inscritos na forma da lei;

X – o crédito referente às contribuições ordinárias ou extraordinárias de condomínio edilício, previstas na respectiva convenção ou aprovadas em assembleia Geral, desde que documentalmente comprovadas;

XI – a certidão expedida por serventia notarial ou de registro relativa a valores de emolumentos e demais despesas devidas pelos atos por ela praticados, fixados nas tabelas estabelecidas em lei;

XII – todos os demais títulos aos quais, por disposição expressa, a lei atribuir força executiva.

§ 1º A propositura de qualquer ação relativa ao débito constante do título executivo não inibe o credor de promover-lhe a execução.

§ 2º Os títulos executivos extrajudiciais oriundos de país estrangeiro não dependem de homologação para serem executados.

§ 3º O título estrangeiro só terá eficácia executiva quando satisfeitos os requisitos de formação exigidos pela lei do lugar de sua celebração e quando o Brasil for indicado como o lugar de cumprimento da obrigação.

Espécies de títulos executivos extrajudiciais

Muito embora a sentença seja ainda o título executivo por excelência, o certo é que desde a idade média houve a necessidade de se outorgar força executiva a determinados documentos.

Tendo em vista o progresso das instituições processuais e a força vinculante do princípio da *nulla executio sine titulu* e do *nullo titulus sine lege*, o legislador teve a necessidade de descrever quais seriam os títulos executivos extrajudiciais que poderiam fundamentar o processo executivo autônomo.

Não seria prudente que o legislador outorgasse força executiva a títulos que não proviessem do Estado ou de outra entidade idônea, preparados por procedimento satisfatório (a legitimação pelo procedimento), ou que não decorressem do reconhecimento da obrigação ou responsabilidade pelo próprio sujeito legitimado a suportar a execução.[130]

O atual C.P.C. apresenta um importante rol de títulos executivos, sem precedentes em nenhum outro ordenamento jurídico. Contudo, elenco maior de títulos observava-se no C.P.C. de 1939, que foi de certa forma reduzido pelo C.P.C. de 1973.

É bem verdade que o elenco dos títulos executivos extrajudiciais previsto no atual art. 784 do C.P.C., apesar de seguir o princípio *nullo titulus sine lege*, está longe de ser exaustivo, principalmente pela existência de inúmeras leis especiais que preveem outros títulos executivos extrajudiciais.

Segundo a síntese formulada por Alcides de Mendonça Lima, das lições de Chiovenda, Sérgio Costa e de José Alberto dos Reis, os títulos executivos extrajudiciais classificam-se em: a) *particulares*; b) *públicos*, sendo que esses últimos podem ser subdivididos em b.1.) *autoritários* e b.2) *administrativos ou fiscais*. Os autoritários são aqueles em que se nota a participação, mesmo que indireta, do poder público: intervenção do oficial público; e os administrativos, porque provêm diretamente do poder público, mediante a certidão de dívida ativa fiscal.[131]

É importante salientar que não é a natureza de uma obrigação que qualifica um título executivo ou não executivo, mas sim a sua inclusão no rol previsto em lei.

Tendo em vista que somente pode ser considerado como título executivo extrajudicial aqueles previstos em lei, a inicial do processo de execução deve vir acompanhada com o original do título executivo, salvo exceções legais. Não supre esse pressuposto processual da execução a juntada de fotocópia.

Em caso de obstáculos judiciais, como na hipótese do original do título encontrar-se em outro processo judicial, poderá ser juntada uma certidão ou uma cópia devidamente autenticada.

Havendo pagamento parcial do título, isso não impede a sua execução pelo saldo devedor.

[130] Dinamarco, C. R., op. cit., p. 458.

[131] Lima, A. M., op. cit., p. 362.

A execução poderá ser promovida pelo portador em relação aos responsáveis principais: a) o aceitante na letra de câmbio; b) o emitente da nota promissória e do cheque; c) comprador/recebedor de serviço-sacado na duplicata; d) avalistas. Trata-se de ação direta, que independe de protesto.

Em relação ao cheque, a execução contra possíveis endossantes e avalistas depende de protesto ou declaração que comprove a recusa de pagamento pelo sacado.

Estabelece o art. 47 da Lei 7.357/85 sobre a execução do cheque:

> *"Art. 47. Pode o portador promover a execução do cheque:*
> *I – contra o emitente e seu avalista;*
> *II – contra os endossantes e seus avalistas, se o cheque apresentado em tempo hábil e a recusa de pagamento é comprovada pelo protesto ou por declaração do sacado, escrita e datada sobre o cheque, com indicação do dia de apresentação, ou, ainda, por declaração escrita e datada por câmara de compensação".*

A doutrina não é dissonante desse entendimento. Leciona Fran Martins:

> *"Assim, adota a nova lei regra idêntica à que existia na Lei Uniforme (art. 40); no regime dessa lei, entretanto, o Brasil fez uma reserva pela qual entre nós somente o protesto atestava o não pagamento. Com a nova lei, contudo, passamos a contar com três modalidades de comprovação do não pagamento do cheque: o protesto, uma declaração do sacado aposta no mesmo e uma declaração de Câmara de Compensação explicitando as razões pelas quais o cheque não foi pago. Segundo a lei, "qualquer das declarações previstas neste artigo dispensa o protesto e produz efeitos deste".*[132]

Por sua vez, estabelece a Súmula 600 do S.T.F.: *"cabe ação executiva contra o emitente e seus avalistas ainda que não apresentado o cheque ao sacado no prazo legal, desde que não prescrita a ação cambiária".*

Cabe também a execução contra os responsáveis subsidiários, no caso: a) sacador na letra de câmbio; b) endossadores anteriores e seus avalistas em qualquer dos títulos em que cabe a ação regressiva. Mas esta providência depende do respectivo protesto.

Em relação ao cheque, a execução é sempre contra o emitente e não contra o sacado, salvo se este marcou o cheque.

Sobre o tema, eis os seguintes precedentes do S.T.J.:

[132] MARTINS, Fran. *O cheque segundo a nova lei.* Rio de Janeiro: Forense, 1986. p. 137.

Pedido de falência. Cheque. Protesto especial. O protesto especial do cheque e necessário no pedido de falência (lei de falências, arts. 10 e 11). O art. 47, ii, par. 1., da lei n. 7357/85, não se aplica a falência, mas as execuções por falta de pagamento do cheque, ajuizadas contra endossantes e avalistas. Recurso conhecido e provido.

(REsp 1.283/GO, Rel. Ministro GUEIROS LEITE, TERCEIRA TURMA, julgado em 20/02/1990, DJ 26/03/1990, p. 2173)

(...).

2. Com a decisão contida no REsp. 1.068.513-DF, relatado pela Ministra Nancy Andrighi, ficou pacificado na jurisprudência desta Corte a ineficácia, no que tange ao direito cambiário, da pactuação extracartular da pós-datação do cheque, pois descaracteriza referido título de crédito como ordem de pagamento à vista e viola o art.

192 do CC/2002 e os princípios cambiários da abstração e da literalidade.

3. Em se tratando de título de crédito, o terceiro de boa-fé exercita um direito próprio, em vista que a firma do emissor expressa sua vontade unilateral de obrigar-se a essa manifestação, não sendo admissível que venha a defraudar as esperanças que desperta em sua circulação. Ademais, a inoponibilidade das exceções fundadas em direito pessoal do devedor contra o credor constitui a mais importante afirmação do direito moderno em favor da segurança da circulação e negociabilidade dos títulos de crédito.

4. O protesto do cheque é facultativo e, como o título tem por característica intrínseca a inafastável relação entre o emitente e a instituição financeira sacada, é indispensável a prévia apresentação da cártula, não só para que se possa proceder à execução do título, mas também para cogitar do protesto (art. 47 da Lei do Cheque).

Evidentemente, é também vedado o apontamento de cheques quando tiverem sido devolvidos pelo banco sacado por motivo de furto, roubo ou extravio das folhas ou talonários – contanto que não tenham circulado por meio de endosso, nem estejam garantidos por aval, pois nessas hipóteses far-se-á o protesto sem fazer constar os dados do emitente da cártula.

5. Tomadas essas cautelas, caracterizando o cheque levado a protesto título executivo extrajudicial, dotado de inequívoca certeza e exigibilidade, não se concebe possam os credores de boa-fé verem-se tolhidos quanto ao seu lídimo direito de resguardarem-se quanto à prescrição, tanto no que tange ao devedor principal quanto a coobrigados; visto que, conforme disposto no art. 202, III, do Código Civil de 2002, o protesto cambial interrompe o prazo prescricional para ajuizamento de ação cambial de execução, ficando, com a vigência do novel Diploma, superada a Súmula 153/STF.

6. Como o cheque levado a protesto ainda possuía executividade, a medida é bem menos severa ao emitente se comparada à execução do título de crédito, pois não envolve atos de agressão ao patrimônio do executado, sendo certo que os órgãos de proteção ao crédito também fazem uso de dados de caráter público da distribuição do Judiciário, referentes a ações executivas, para "negativação" do nome dos executados. Dessarte, como o art. 1º da Lei 9.492/1997, em cláusula aberta, admite o protesto de outros "documentos de dívida" (entenda-se: prova escrita a demonstrar a existência de obrigação pecuniária, líquida, certa e exigível), não há razoabilidade em entender que o protesto, instituto desde a sua origem concebido para protesto cambial, seja imprestável para o protesto facultativo de título de crédito.

7. Recurso especial não provido.

(REsp 1124709/TO, Rel. Ministro LUIS FELIPE SALOMÃO, QUARTA TURMA, julgado em 18/06/2013, DJe 01/07/2013)

(...).

3 – O v. acórdão do Tribunal de Justiça deixou claro que a execução em questão é promovida contra o emitente do cheque e sua avalista e quando ainda não decorrido o prazo prescricional da ação cambiária.

Portanto, a hipótese se enquadra no inciso I do art. 47 da Lei 7.357/85, que não prevê a necessidade do prévio protesto do título para comprovação da recusa do pagamento.

4 – Embargos de declaração parcialmente acolhidos.

(EDcl no AgRg no REsp 487.250/SP, Rel. Ministro RAUL ARAÚJO, QUARTA TURMA, julgado em 04/04/2013, DJe 23/04/2013)

São espécies de título executivo extrajudicial:

I – a letra de câmbio, a nota promissória, a duplicata, a debênture e o cheque.

Este dispositivo faz referência expressa aos denominados títulos de crédito ou títulos cambiários, ou, ainda, cambialiformes na expressão de Pontes de Miranda.

Esses títulos, salvo a duplicata que é criação brasileira, aparecem em vários ordenamentos estrangeiros com a mesma força executiva, como na hipótese do art. 474, n. 2, do C.P.C. italiano.

A certeza, liquidez e exigibilidade devem surgir *prima facie* nestes documentos representativos de obrigação cambial.

Essa previsão já havia no inc. I do art. 585 do C.P.C. de 1973.

A definição de *letra de câmbio* está prevista no art. 1º do Decreto n. 2044 de 31 de dezembro de 1908, sendo que o Decreto n. 57.663, de 24.1.1966 promulgou a Convenção de Genebra para a adoção de uma lei uniforme em matéria de letras de câmbio e notas promissórias:

Art. 1º A letra de câmbio é uma ordem de pagamento e deve conter requisitos, lançados, por extenso, no contexto:

I. A denominação "letra de câmbio" ou a denominação equivalente na língua em que for emitida.

II. A soma de dinheiro a pagar e a espécie de moeda.

III. O nome da pessoa que deve pagá-la. Esta indicação pode ser inserida abaixo do contexto.

IV. O nome da pessoa a quem deve ser paga. A letra pode ser ao portador e também pode ser emitida por ordem e conta de terceiro. O sacador pode designar-se como tomador.

V. A assinatura do próprio punho do sacador ou do mandatário especial. A assinatura deve ser firmada abaixo do contexto.

Art. 2º Não será letra de câmbio o escrito a que faltar qualquer dos requisitos acima enumerados.

Art. 3º Esses requisitos são considerados lançados ao tempo da emissão da letra. A prova em contrário será admitida no caso de má-fé do portador.

É importante salientar que a Lei n. 8.021/90 extinguiu as operações ao portador.

A exigibilidade decorre do vencimento e do inadimplemento da letra de câmbio.

O vencimento da letra de câmbio é tratado nos arts. 17 a 19 do Decreto 2.044 de 1908:

Art. 17. A letra à vista vence-se no ato da apresentação ao sacado.

A letra, a dia certo, vence-se nesse dia. A letra, a dias da data ou da vista, vence-se no último dia do prazo; não se conta, para a primeira, o dia do saque, e, para a segunda, o dia do aceite.

A letra a semanas, meses ou anos da data ou da vista vence no dia da semana, mês ou ano do pagamento, correspondente ao dia do saque ou ao dia do aceite. Na falta do dia correspondente, vence-se no último dia do mês do pagamento.

Art. 18. Sacada a letra em País onde vigorar outro calendário, sem a declaração do adotado, verifica-se o termo do vencimento contando-se do dia do calendário gregoriano, correspondente ao da emissão da letra pelo outro calendário.

Art. 19. A letra é considerada vencida, quando protestada:

I. pela falta ou recusa do aceite;

II. pela falência do aceitante.

O pagamento, nestes casos, continua diferido até ao dia do vencimento ordinário da letra, ocorrendo o aceite de outro sacado nomeado ou, na falta, a aquiescência do portador, expressa no ato do protesto, ao aceite na letra, pelo interveniente voluntário.

A definição de *nota promissória* está prevista no art. 54 do Decreto n. 2044 de 1908:

Art. 54. A nota promissória é uma promessa de pagamento e deve conter estes requisitos essenciais, lançados, por extenso no contexto:

I. a denominação de "Nota Promissória" ou termo correspondente, na língua em que for emitida;

II. a soma de dinheiro a pagar;

III. o nome da pessoa a quem deve ser paga;

IV. a assinatura do próprio punho da emitente ou do mandatário especial.

§ 1º Presume-se ter o portador o mandato para inserir a data e lugar da emissão da nota promissória, que não contiver estes requisitos.

§ 2º Será pagável à vista a nota promissória que não indicar a época do vencimento. Será pagável no domicílio do emitente a nota promissória que não indicar o lugar do pagamento.

É facultada a indicação alternativa de lugar de pagamento, tendo o portador direito de opção.

§ 3º Diversificando as indicações da soma do dinheiro, será considerada verdadeira a que se achar lançada por extenso no contexto.

Diversificando no contexto as indicações da soma de dinheiro, o título não será nota promissória.

§ 4º Não será nota promissória o escrito ao qual faltar qualquer dos requisitos acima enumerados. Os requisitos essenciais são considerados lançados ao tempo da emissão da nota promissória. No caso de má-fé do portador, será admitida prova em contrário.

O vencimento da nota promissória é tratado no art. 55 do Decreto n. 2044 de 1908:

Art. 55. A nota promissória pode ser passada:

I. à vista;

II. a dia certo;

III. a tempo certo da data.

A nota promissória rural está prevista nos arts. 42 a 45 do Decreto-lei n. 167, de 14.2.1967.

A definição de *duplicata* encontra-se nos arts. 1º, 2º e 3º da Lei 5.474 de 18 de julho de 1968.

As empresas, individuais ou coletivas, fundações ou sociedades civis, que se dediquem à prestação de serviços, poderão, também, na forma da lei das duplicatas, emitir fatura e duplicata (art. 20 da Lei 5.474/68).

Aplicam-se à fatura e à duplicata ou triplicata de prestação de serviços, com as adaptações cabíveis, as disposições referentes à fatura e à duplicata ou triplicata de venda mercantil, constituindo documento hábil, para transcrição do instrumento de protesto, qualquer documento que comprove a efetiva prestação dos serviços e o vínculo contratual que o autorizou (§3º do art. 20 da Lei 5.474/68).

Equiparam-se às entidades constantes no art. 20 da lei das duplicatas os profissionais liberais e os que prestam serviço de natureza eventual desde que o valor do serviço ultrapasse a NCr$100,00 (cem cruzeiros novos), os quais devem ser corrigidos pelos índices oficiais de inflação.

Aplicam-se à duplicata e à triplicata, no que couber, os dispositivos da legislação sobre emissão, circulação e pagamento das letras de câmbio (art. 25 da lei 5.474/68).

Pode-se dizer que em relação às *debêntures*, a sua normatização teve início ainda no Século XIX, com as Leis nº 3.150 de 1882, que disciplinou as sociedades por ações, e nº 8.821, do mesmo ano, na qual foi mencionada pela primeira vez a expressão debênture como sinônimo de obrigação ao portador.

Debênture, expressão inglesa, significa valores mobiliários emitidos pelas sociedades anônimas, representativas de empréstimos contraídos pela própria sociedade, sendo que cada título confere ao debenturista idênticos direitos de crédito contra a sociedade que emitiu os títulos.

O Decreto nº 177-A de 1893 diz respeito à base legal para emissões de debêntures até o ano de 1976.

Surge a Lei nº 6.404/76, que regulamentou as sociedades anônimas, com as alterações preconizadas pelas Leis nºs 9.457/97 e 10.303/01.

Segundo estabelece o art. 52 da Lei 6.404/76, *"A companhia poderá emitir debêntures que conferirão aos seus titulares direito de crédito contra ela, nas condições constantes da escritura de emissão e, se houver, do certificado"*.

Por sua vez, o art. 54 da Lei 6.404/76 complementa:

> *Art. 54. A debênture terá valor nominal expresso em moeda nacional, salvo nos casos de obrigação que, nos termos da legislação em vigor, possa ter o pagamento estipulado em moeda estrangeira.*
>
> *§ 1º A debênture poderá conter cláusula de correção monetária, com base nos coeficientes fixados para correção de títulos da dívida pública, na variação da taxa cambial*

ou em outros referenciais não expressamente vedados em lei. (Redação dada pela Lei nº 10.303, de 2001)

§ 2º A escritura de debênture poderá assegurar ao debenturista a opção de escolher receber o pagamento do principal e acessórios, quando do vencimento, amortização ou resgate, em moeda ou em bens avaliados nos termos do art. 8º. (Incluído pela Lei nº 10.303, de 2001)

Em relação ao vencimento, amortização e resgate das debêntures, estabelece o art. 55 da Lei 6.404/76:

Art. 55. A época do vencimento da debênture deverá constar da escritura de emissão e do certificado, podendo a companhia estipular amortizações parciais de cada série, criar fundos de amortização e reservar-se o direito de resgate antecipado, parcial ou total, dos títulos da mesma série.

§ 1º A amortização de debêntures da mesma série deve ser feita mediante rateio. (Redação dada pela Lei nº 12.431, de 2011).

§ 2º O resgate parcial de debêntures da mesma série deve ser feito: (Redação dada pela Lei nº 12.431, de 2011).

I – mediante sorteio; ou (Incluído pela Lei nº 12.431, de 2011).

II – se as debêntures estiverem cotadas por preço inferior ao valor nominal, por compra no mercado organizado de valores mobiliários, observadas as regras expedidas pela Comissão de Valores Mobiliários. (Incluído pela Lei nº 12.431, de 2011).

§ 3º É facultado à companhia adquirir debêntures de sua emissão: (Redação dada pela Lei nº 12.431, de 2011).

I – por valor igual ou inferior ao nominal, devendo o fato constar do relatório da administração e das demonstrações financeiras; ou (Incluído pela Lei nº 12.431, de 2011).

II – por valor superior ao nominal, desde que observe as regras expedidas pela Comissão de Valores Mobiliários. (Incluído pela Lei nº 12.431, de 2011).

§ 4º A companhia poderá emitir debêntures cujo vencimento somente ocorra nos casos de inadimplência da obrigação de pagar juros e dissolução da companhia, ou de outras condições previstas no título. (Incluído pela Lei nº 12.431, de 2011).

Sobre a formatação do *cheque*, estabelece o art. 1º da Lei 7.357, de 2 de setembro de 1985:

Art . 1º Os cheques contêm:

I – a denominação " cheque" inscrita no contexto do título e expressa na língua em que este é redigido;

II – a ordem incondicional de pagar quantia determinada;

III – o nome do banco ou da instituição financeira que deve pagar (sacado);

IV – a indicação do lugar de pagamento;

V – a indicação da data e do lugar de emissão;

VI – a assinatura do emitente (sacador), ou de seu mandatário com poderes especiais.

Parágrafo único – A assinatura do emitente ou a de seu mandatário com poderes especiais pode ser constituída, na forma de legislação específica, por chancela mecânica ou processo equivalente.

O título, a que falte qualquer dos requisitos enumerados no art. 1º da Lei 7.357/85, não vale como cheque.

Contudo, na falta de indicação especial, é considerado lugar de pagamento o lugar designado junto ao nome do sacado; se designados vários lugares, o cheque é pagável no primeiro deles; não existindo qualquer indicação, o cheque é pagável no lugar de sua emissão. Não indicado o lugar de emissão, considera-se emitido o cheque no lugar indicado junto ao nome do emitente.

O cheque é emitido contra o banco ou instituição financeira que lhe seja equiparada, sob pena de não valer como cheque (art. 3º da Lei 7.357/85).

O portador do cheque, segundo estabelece o art. 47, incisos I e II, pode promover a execução contra:

Art. 47 Pode o portador promover a execução do cheque:

I – contra o emitente e seu avalista;

II – contra os endossantes e seus avalistas, se o cheque apresentado em tempo hábil e a recusa de pagamento é comprovada pelo protesto ou por declaração do sacado, escrita e datada sobre o cheque, com indicação do dia de apresentação, ou, ainda, por declaração escrita e datada por câmara de compensação.

§1º Qualquer das declarações previstas neste artigo dispensa o protesto e produz os efeitos deste.

§2º Os signatários respondem pelos danos causados por declarações inexatas.

§3º O portador que não apresentar o cheque em tempo hábil, ou não comprovar a recusa de pagamento pela forma neste artigo, perde o direito de execução contra o emitente, se este tinha fundos disponíveis durante o prazo de apresentação e os deixou de ter, em razão de fato que não lhe seja imputável.

§4º A execução independe do protesto e das declarações previstas neste artigo, se a apresentação ou o pagamento do cheque são obstados pelo fato de o sacado ter sido submetido a intervenção, liquidação extrajudicial ou falência.

Sobre o tema, eis os seguintes precedentes do S.T.J.:

1. "Nos termos da jurisprudência do STJ: (I) os títulos ao portador emitidos pela Eletrobrás com base na Lei 4.162/62 não têm natureza jurídica de debêntures, faltando-lhes, assim, a liquidez necessária para garantia do executivo fiscal; e (II) a Fazenda Pública não é obrigada a aceitar referidos títulos em desacordo com a ordem legal de preferência para garantia da execução, inobstante o princípio da menor onerosidade ao devedor, uma vez que a execução é feita no interesse do credor" (AgRg no AREsp 349.884/SC, Rel. Ministro Sérgio Kukina, Primeira Turma, julgado em 5/9/2013, DJe 12/9/2013).

2. Agravo regimental a que se nega provimento.

(AgRg no AREsp 436.970/RS, Rel. Ministro OG FERNANDES, SEGUNDA TURMA, julgado em 10/12/2013, DJe 18/12/2013).

(...).

2. O cheque tem como característica intrínseca e inafastável a relação fundamental entre o sacador e a instituição bancária ou financeira que lhe seja equiparada, com a qual o emitente mantém contrato que a autorize a dispor de fundos existentes em conta-corrente.

3. Ainda que constando cláusula que dispensa o protesto, tal concessão ao portador não o dispensa de proceder à apresentação do cheque ao banco sacado para pagamento (§ 1º, do art. 50 da Lei 7.357/1985), mesmo porque a verificação da existência de fundos disponíveis, e, pois, também da ausência ou insuficiência de provisão, para todos os efeitos jurídicos, confina-se ao ato-momento da apresentação do cheque ao banco sacado para pagamento (art. 4º, § 1º) ou à câmara de compensação (art. 34).

4. O beneficiário de cheque que não apresenta o título para pagamento, via de regra, vê-se impossibilitado de promover a execução, haja vista a ausência de requisito essencial aos títulos executivos – a exigibilidade –, que somente exsurge com a comprovação da falta de pagamento imotivada, a qual pode ocorrer pelo protesto, por declaração do banco sacado ou da câmara de compensação.

5. Não obstante, no caso concreto, a instância ordinária consignou a existência de provas irrefutáveis acerca da sustação do cheque – entre as quais a declaração de funcionário do banco sacado –, o que impeliu o tomador a ajuizar a execução em virtude da inocuidade da prévia apresentação do título. Incidência da Súmula 7 do STJ.

6. Recurso especial não provido.

(REsp 1315080/GO, Rel. Ministro LUIS FELIPE SALOMÃO, QUARTA TURMA, julgado em 07/03/2013, DJe 14/03/2013)

1. No caso, o recorrente sustentou que a execução está embasada em Letras de Câmbio vinculadas a Cédula de Crédito Rural e que a própria Cédula forneceria os elementos necessários à fixação das datas de emissão das Letras.

2. Deveras, havendo mais de um título a embasar a demanda, a ausência da data de emissão das cártulas não obsta o prosseguimento da ação com base na cédula de crédito, se esta possuir os requisitos da certeza, liquidez e exigibilidade aptos a qualificá-la como título executivo. Precedentes. Omisso o acórdão recorrido quanto ao ponto, é de se reconhecer como violado o art. 535, II, do CPC.

3. Agravo regimental a que se nega provimento.

(AgRg no REsp 1105996/MG, Rel. Ministro LUIS FELIPE SALOMÃO, QUARTA TURMA, julgado em 07/02/2013, DJe 14/02/2013)

(...).

II – Não é necessário o protesto para se promover a execução contra o aceitante da letra de câmbio ou contra o emitente da nota promissória, bem como contra seus respectivos avalistas. Isso porque, nesses casos, tem-se uma ação direta, e não de regresso.

Agravo Regimental improvido.

(AgRg no Ag 1214858/MG, Rel. Ministro SIDNEI BENETI, TERCEIRA TURMA, julgado em 27/04/2010, DJe 12/05/2010)

– embargos a execução. Contrato de mútuo. Letra de cambio emitida em decorrência dc clausula-mandato.

– nos termos da sumula n. 60 do stj, e nula a obrigação cambial assumida por procurador do mutuário vinculado ao mutuante, no exclusivo interesse deste.

(REsp 45.775/RS, Rel. MIN. ANTÔNIO TORREÃO BRAZ, QUARTA TURMA, julgado em 21/06/1994, DJ 22/08/1994, p. 21268)

1. No caso, as características de autonomia e abstração da nota promissória perderam a força em virtude de o título ter sido emitido com vistas a garantir o pagamento de dívida estampada em avença entabulada entre as partes, estando o entendimento em consonância com a jurisprudência desta Corte sobre a matéria.

2. Ademais, a convicção a que chegou o Tribunal de origem acerca da questão controvertida, relacionada à existência de condição suspensiva não implementada, decorreu da análise do conjunto fático-probatório, razão pela qual o acolhimento da pretensão recursal demandaria o reexame do mencionado suporte, o que não se admite em âmbito de Recurso Especial, ante o óbice da Súmula 7 deste Tribunal.

3. Agravo Regimental improvido.

(AgRg no AREsp 162.723/DF, Rel. Ministro SIDNEI BENETI, TERCEIRA TURMA, julgado em 17/10/2013, DJe 30/10/2013)

(...).

2. Discute-se a exequibilidade de nota promissória emitida em garantia de pagamento por serviços médicos, prestados em regime de emergência a paciente acometido de infarto do miocárdio, diante da alegação de vício de consentimento.

3. A autonomia e abstração dos títulos de crédito manifestam-se nas relações cambiais com terceiros de boa-fé, portadores dos títulos.

4. Perante o credor originário da nota promissória, o devedor se obriga por meio de uma relação estritamente contratual, a qual se aplica à integralidade o Código Civil.

5. O desequilíbrio latente na relação constituída em momento de grave angústia e fragilidade da parte devedora, em que se busca pronto-atendimento de emergência, caracteriza o elemento subjetivo exigido pelo art. 156 do CC, devendo-se verificar a existência de excessiva onerosidade, a fim de configurar o estado de necessidade.

6. Imprescindível se oportunizar a dilação probatória às partes, a fim de demonstrar ou afastar o equilíbrio entre os valores executados e os serviços efetivamente prestados e, por conseguinte, reconhecer ou afastar o vício de consentimento alegado.

7. Recurso especial provido.

(REsp 1361937/SP, Rel. Ministra NANCY ANDRIGHI, TERCEIRA TURMA, julgado em 15/10/2013, DJe 18/10/2013)

1. O acórdão recorrido acompanha a jurisprudência desta Corte no sentido de que contrato de confissão de dívida, ainda que oriundo de outros instrumentos contratuais, constitui, por si só, título hábil para autorizar a cobrança pela via executiva. Precedentes.

2. Não é necessário que o contrato de confissão de dívida esteja acompanhado de nota promissória para que seja caracterizado como título executivo. Precedente.

(...).

(AgRg no Ag 1334633/SP, Rel. Ministro RAUL ARAÚJO, QUARTA TURMA, julgado em 02/05/2013, DJe 17/06/2013)

1. Emerge no tráfego comercial, como espécie de contrato de abertura de crédito, o chamado crédito documentado, ou crédito documentário, consistente no ajuste, geralmente, entre o comprador de mercadoria e instituição financeira, para que esta libere o crédito ao vendedor da mercadoria, mediante apresentação dos documentos exigidos. Contrato caracterizado pela triangularização de transações entre comprador, vendedor e instituição financeira, com liberação do crédito condicionada à apresentação da documentação da venda, comumente chamado de vendedor.

2. Aplica-se, no caso, a Súmula n. 233/STJ: "O contrato de abertura de crédito, ainda que acompanhado de extrato da conta-corrente, não é título executivo".

3. A juntada de nota promissória garantidora não torna líquida a dívida cobrada, uma vez que "[a] nota promissória vinculada a contrato de abertura de crédito não goza de autonomia em razão da iliquidez do título que a originou" (Súmula n. 258/STJ).

4. No caso, a escritura de hipoteca também não confere liquidez à execução. Não se concebe como um contrato de abertura de crédito no valor máximo de R$ 285.643,00, acompanhado de nota promissória no mesmo valor e de escritura de hipoteca sem valor certo garantido, possa conferir liquidez e certeza a execução de R$ 434.042,36.

5. Incabível a execução de hipoteca garantidora de dívidas futuras, como no caso concreto, em que a garantia não estava limitada e nem vinculada a um contrato específico, mas a quaisquer débitos, "sem qualquer limitação, provenientes ou não de financiamentos diversos e/ou vendas financiadas". A previsão legal de hipoteca de dívida futura é novidade legislativa trazida somente pelo Código Civil de 2002, que passou a prever no seu art. 1.487 que a "hipoteca pode ser constituída para garantia de dívida futura ou condicionada, desde que determinado o valor máximo do crédito a ser garantido".

6. Inaplicabilidade da Súmula n. 300/STJ, à míngua de prequestionamento e por necessidade de reexame fático.

7. Recurso especial não provido.

(REsp 1022034/SP, Rel. Ministro LUIS FELIPE SALOMÃO, QUARTA TURMA, julgado em 12/03/2013, DJe 18/04/2013)

1. A Primeira Seção deste Tribunal pacificou o entendimento de que, apesar de ser possível a nomcação à penhora das debêntures da CVRD, em razão de sua baixa liquidez e difícil alienação, é válida a recusa da parte exequente, diante da ordem de preferência estabelecida no art. 11 da Lei 6.830/80, o que não importa violação do princípio da menor onerosidade (art. 620 do CPC), uma vez que a execução se dá também no interesse da satisfação do credor.

2. Precedentes: AgRg no REsp 1.219.024/PR, Rel. Ministro Napoleão Nunes Maia Filho, Primeira Turma, DJe 29/06/2012; AgRg no REsp 1188401/PR, Rel. Ministro Benedito Gonçalves, Primeira Turma, DJe 26/10/2010; AgRg no AREsp 304.865/SP, Rel. Ministro Humberto Martins, Segunda Turma, DJe 14/06/2013; REsp 1241063/RJ, Rel. Ministro Mauro Campbell Marques, Segunda Turma, DJe 13/12/2011.

3. Agravo regimental a que se nega provimento.

(AgRg no REsp 1407408/PR, Rel. Ministro SÉRGIO KUKINA, PRIMEIRA TURMA, julgado em 12/11/2013, DJe 21/11/2013)

II – a escritura pública ou outro documento público assinado pelo devedor;

Também configura título executivo extrajudicial a escritura pública ou outro documento público assinado pelo devedor.

O dispositivo dá ênfase à escritura pública como título executivo extrajudicial.

Três características observam-se na lavratura de uma escritura pública: a) é confeccionada por ato de tabelião ou notário; b) desfruta da característica de fé pública; c) apresenta predicativo de se impor como prova plena, ou seja, apresenta presunção *iuris tantum*.

Já os documentos públicos extrajudiciais são aqueles confeccionados por tabelião ou oficial, a quem a lei confere fé pública. Poderão ser expedidos, ainda, por agentes públicos dos Poderes Executivos, Legislativos ou do próprio Judiciário.

Por vezes as expressões documentos públicos e escritura pública são utilizadas como sinônimos pela doutrina e pela jurisprudência.

Na realidade, o documento público é gênero, enquanto que a escritura pública é espécie.

Como já se afirmou, na escritura pública deve intervir obrigatoriamente o tabelião ou o notário, lavrando-a em livro próprio, enquanto que no documento público essa exigência não é a regra, uma vez que pode ser outro oficial ou outra autoridade que irá participar na elaboração do documento.

Assim, toda escritura pública é um documento público; mas nem todo documento público é uma escritura pública.

Na realidade, *"o 'documento público' vem merecendo o acolhimento do direito comparado como título executivo, sem que se cinja, apenas, à escritura pública. A extensão tem sido gradativamente dilatada, em benefício da eficácia da declaração de vontade das partes, desde que proclamada perante quem seja investido, em função do mesmo. Não é, evidentemente, qualquer funcionário público, mas quem, normalmente, seja considerado como 'autoridade'"*.[133]

É importante salientar que a redação originária do art. 585, inc. II, do C.P.C. de 1973, restringia a execução de escritura pública ou outro documento público somente às hipóteses de obrigação de pagar quantia determinada ou de entregar coisa fungível.

O novo C.P.C. permite que o título executivo (escritura pública ou outro documento público) abranja qualquer tipo de obrigação (de pagar quantia determinada, de entregar coisa certa ou incerta, de fazer ou de não fazer).

Assim, constitui título executivo extrajudicial a escritura pública ou outro documento público no qual o devedor se obriga a entregar, em determinada data, quantidade certa de gado, no peso mencionado, que recebeu para engor-

[133] Lima, A. M., op.cit. p. 384.

dar, em regime de pastoreio (STJ – 4ª T. Resp 90.307-PR, rel. Min. Ruy Rosado, j. 25.06.96. p. 31.087).

Para Alcides de Mendonça Lima, a cláusula contratual de reconhecimento de dívida líquida, certa e exigível inserida em *testamento público* pelo testador é título executivo extrajudicial e pode ser exigida pelo credor ainda em vida do devedor, como depois da morte, executando a herança. A declaração de dívida seria tanto título extrajudicial como qualquer outro documento.[134]

Já Pontes de Miranda nega a possibilidade de cobrança por ação executiva da dívida declarada em testamento público antes da morte do testador.[135]

Os doutrinadores portugueses aceitam a possibilidade de equiparação do testamento a uma escritura pública. Os italianos, por sua vez, negam a força executiva ao testamento.

Sobre o tema, eis o seguinte precedente do S.T.J.:

> *De acordo com o disposto no art. 585, II, do CPC, consideram-se títulos executivos extrajudiciais: "a escritura pública ou outro documento público assinado pelo devedor; o documento particular assinado pelo devedor e por duas testemunhas; o instrumento de transação referendado pelo Ministério Público, pela Defensoria Pública ou pelos advogados dos transatores".*
>
> *A melhor interpretação para a expressão documento público é no sentido de que tal documento é aquele produzido por autoridade, ou em sua presença, com a respectiva chancela, desde que tenha competência para tanto.*
>
> *Destarte, o contrato de prestação de serviço firmado com a administração pública é documento público, hábil a embasar a competente ação de execução.*
>
> *Se o contrato juntado aos autos da ação executiva revela o valor e a forma de pagamento do serviço, corroborado por notas fiscais demonstrando sua realização, perde subsistência o argumento de incerteza e iliquidez do título.*
>
> *Consoante precedentes jurisprudenciais desta Corte, a simples necessidade de realização de cálculos matemáticos para se chegar ao montante real da dívida não possui o condão de retirar a liquidez do título.*
>
> *Recurso Especial provido.*
>
> (REsp 487.913/MG, Rel. Ministro JOSÉ DELGADO, PRIMEIRA TURMA, julgado em 08/04/2003, DJ 09/06/2003, p. 188)

III – o documento particular assinado pelo devedor e por 2 (duas) testemunhas;

[134] LIMA, A. M., idem, p. 396 e 397.

[135] PONTES DE MIRANDA. *Comentários ao C.P.C. de 1973*. Vol. IX. Rio de Janeiro: Forense, s/d., p. 292, n. 12.

Também caracteriza título executivo extrajudicial, ao lado da escritura pública ou de outro documento público, o documento particular assinado pelo devedor e por duas testemunhas.

O documento particular assinado pelo devedor e por duas testemunhas será considerado título executivo extrajudicial, independentemente de reconhecimento de firma do devedor ou das testemunhas, uma vez que este dispositivo não insere essa condição para a validade jurídica do documento. Contudo, para se evitar dúvida ou alegação de fraude em relação ao documento, é pertinente o reconhecimento de firma, até para comprovar com maior segurança eventual data da realização do negócio jurídico.

Da mesma forma, a atual redação do Código português também não exige o reconhecimento de firma no documento particular para que sirva como título executivo extrajudicial. Diz o 703º, inc. I, 'c', do c.p.c. português:

> *Artigo 703º Espécies de títulos executivos*
> *1 – À execução apenas podem servir de base:*
> *(...).*
> *c) Os títulos de crédito, ainda que meros quirógrafos, desde que, neste caso, os factos constitutivos da relação subjacente constem do próprio documento ou sejam alegados no requerimento executivo;*

Por outro lado, o contrato não subscrito por duas testemunhas não é título executivo (STJ 4ª T, Resp n. 13.393, Rel. Min. Fontes de Alencar).

Como não há exigência que as testemunhas presenciem o ato, basta a sua assinatura no documento para caracterizar como título executivo extrajudicial (STJ, 3ª T., Resp 8.849-DF, rel. Min. Nilson Naves).

A falta de identificação das testemunhas que subscrevem o título executivo não o torna nulo, somente sendo relevante essa circunstância se o executado aponta falsidade do documento ou da declaração nele contida (STJ 4ª T., Resp n. 137.824, rel Min. Sálvio de Figueiredo).

Estabelece a Súmula 233 do STJ que: *"O contrato de abertura de crédito, anda que acompanhado de extrato da conta-corrente, não é título executivo"*.

No julgamento proferido pelo S.T.J. no Resp n. 331.558-SC-AgRg, rel. Min. Sálvio de Figueiredo, ficou esclarecido o seguinte: Segundo esta decisão, a Súmula 233 do STJ refere-se a contrato de abertura de crédito em conta-corrente, em que o mutuário passa a ter um crédito disponível, o que difere do contrato de abertura de crédito fixo, cujo valor é desde logo e integralmente creditado na conta-corrente do financiado, ou seja: *"O contrato de abertura de crédito fixo, que possui valor certo e determinado, liberado de uma só vez e reconhecido pelo devedor, é título executivo extrajudicial, não se confundindo com o contrato de abertura de crédito em conta-corrente, cujo valor depende da efetiva utilização do crédito posto à disposição do correntista, a ser apurado por lançamentos unilaterais do credor".*

No mesmo sentido é o seguinte precedente do S.T.J.:

1. A atribuição da qualidade de título executivo ao contrato de abertura de crédito fixo não impede a utilização, segundo a livre faculdade do credor, da ação monitória, procedimento que, comparado ao processo de execução, não traz maiores prejuízos ao réu.

2. AGRAVO REGIMENTAL DESPROVIDO.

(AgRg no REsp 1209717/SC, Rel. Ministro PAULO DE TARSO SANSEVERINO, TERCEIRA TURMA, julgado em 11/09/2012, DJe 17/09/2012)

Sobre o tema, eis ainda as seguintes decisões do S.T.J.:

I. O "documento particular assinado pelo devedor e por duas testemunhas" é título executivo extrajudicial, nos termos do artigo 585, II, do Código de Processo Civil.

II. No caso, a ausência de consignação pelo Tribunal a quo de que havia assinatura de testemunhas no contrato impede concluir-se pela sua exequibilidade, ante os óbices de que tratam os enunciados n. 7 da Súmula desta Corte e 282 e 356 do Pretório Excelso.

III. Divergência jurisprudencial não caracterizada, em face da ausência de rigorosa similitude entre as hipóteses fáticas confrontadas.

IV. Embargos de declaração recebidos como agravo regimental e improvido.

(AgRg no REsp 816.822/DF, Rel. Ministro ALDIR PASSARINHO JUNIOR, QUARTA TURMA, julgado em 05/04/2011, DJe 12/04/2011)

1 – Apenas é título executivo "o documento particular assinado pelo devedor e por duas testemunhas", conforme dispõe o art. 585, II, do CPC.

2 – Recurso especial ao qual se dá provimento.

(REsp 598.094/RS, Rel. Ministro PAULO FURTADO (DESEMBARGADOR CONVOCADO DO TJ/BA), TERCEIRA TURMA, julgado em 18/02/2010, DJe 03/03/2010).

(...).

2 – O fato das testemunhas do documento particular não estarem presentes ao ato de sua formação não retira a sua executoriedade, uma vez que as assinaturas podem ser feitas em momento posterior ao ato de criação do título executivo extrajudicial, sendo as testemunhas meramente instrumentárias (cf. REsp nºs 1.127/SP e 8.849/DF).

3 – É certo que, segundo o entendimento desta Corte, "malfere o art. 142, IV, do Código Civil, desqualificando o título executivo extrajudicial, na forma do art. 585, II, do Código de Processo Civil, a presença de testemunha interessada no negócio jurídico" (cf. REsp nº 34.571/SP). Contudo, nesta seara, impossível avaliar o interesse das testemunhas do documento particular objeto da execução em comento, à época da assinatura do instrumento, por encontrar óbice na Súmula nº 7 deste Tribunal Superior.

4 – Recurso não conhecido.

(REsp 541.267/RJ, Rel. Ministro JORGE SCARTEZZINI, QUARTA TURMA, julgado em 20/09/2005, DJ 17/10/2005, p. 298)

IV – o instrumento de transação referendado pelo Ministério Público, pela Defensoria Pública, pela Advocacia Pública, pelos advogados dos transatores ou por conciliador ou mediador credenciado pelo tribunal.

A transação tem por finalidade prevenir ou terminar o litígio mediante concessão mútua.

Esse instrumento de transação pode ser particular ou por instrumento público nos casos em que a lei a exige.

A transação é assim regulada pelo atual Código Civil brasileiro:

Art. 840. É lícito aos interessados prevenirem ou terminarem o litígio mediante concessões mútuas.

Art. 841. Só quanto a direitos patrimoniais de caráter privado se permite a transação.

Art. 842. A transação far-se-á por escritura pública, nas obrigações em que a lei o exige, ou por instrumento particular, nas em que ela o admite; se recair sobre direitos contestados em juízo, será feita por escritura pública, ou por termo nos autos, assinado pelos transigentes e homologado pelo juiz.

Art. 843. A transação interpreta-se restritivamente, e por ela não se transmitem, apenas se declaram ou reconhecem direitos.

Art. 844. A transação não aproveita, nem prejudica senão aos que nela intervierem, ainda que diga respeito a coisa indivisível.

§ 1º Se for concluída entre o credor e o devedor, desobrigará o fiador.

§ 2º Se entre um dos credores solidários e o devedor, extingue a obrigação deste para com os outros credores.

§ 3º Se entre um dos devedores solidários e seu credor, extingue a dívida em relação aos co-devedores.

Art. 845. Dada a evicção da coisa renunciada por um dos transigentes, ou por ele transferida à outra parte, não revive a obrigação extinta pela transação; mas ao evicto cabe o direito de reclamar perdas e danos.

Parágrafo único. Se um dos transigentes adquirir, depois da transação, novo direito sobre a coisa renunciada ou transferida, a transação feita não o inibirá de exercê-lo.

Art. 846. A transação concernente a obrigações resultantes de delito não extingue a ação penal pública.

Art. 847. É admissível, na transação, a pena convencional.

Art. 848. Sendo nula qualquer das cláusulas da transação, nula será esta.

Parágrafo único. Quando a transação versar sobre diversos direitos contestados, independentes entre si, o fato de não prevalecer em relação a um não prejudicará os demais.

Art. 849. A transação só se anula por dolo, coação, ou erro essencial quanto à pessoa ou coisa controversa.

Parágrafo único. A transação não se anula por erro de direito a respeito das questões que foram objeto de controvérsia entre as partes.

Art. 850. É nula a transação a respeito do litígio decidido por sentença passada em julgado, se dela não tinha ciência algum dos transatores, ou quando, por título ulteriormente descoberto, se verificar que nenhum deles tinha direito sobre o objeto da transação.

O instrumento de transação somente poderá ser considerado como título executivo extrajudicial se for referendado pelo Ministério Público, pela Defensoria Pública, pela Advocacia Pública, pelos advogados dos transatores ou por conciliadores ou mediadores credenciados pelo Tribunal.

Em relação ao Ministério Público, encontra-se disposição similar no art. 57 e seu parágrafo único da Lei 9.099/95, a saber:

"Art. 57. O acordo extrajudicial, de qualquer natureza ou valor, poderá ser homologado, nos juízos competente, independentemente de termo, valendo a sentença como título executivo judicial.

Parágrafo único. Valerá como título extrajudicial o acordo celebrado pelas partes, por instrumento escrito, referendado pelo órgão competente do Ministério Público.

Em relação à Defensoria Pública, estabelece o art. 4º, §4º, da Lei Complementar n. 80 de 12 de janeiro de 1994, que organiza a Defensoria Pública da União, do Distrito Federal e dos Territórios:

Art. 4º São funções institucionais da Defensoria Pública, entre outras:

(...).

§4º O instrumento de transação, mediação ou conciliação referendado pelo Defensor Público valerá como título executivo extrajudicial, inclusive quando celebrado com a pessoa jurídica de direito público.

Também valerá o instrumento de transação como título executivo extrajudicial quando for assinado pelos advogados dos transatores.

Inova o novo C.P.C. ao configurar como título executivo extrajudicial o instrumento de transação referendado por *conciliadores ou mediadores credenciados pelo tribunal*, sem necessidade de homologação judicial.

Sobre o tema, eis os seguintes precedentes do S.T.J.:

(...).

1. Execução de alimentos lastrada em título executivo extrajudicial, consubstanciado em acordo firmado perante órgão do Ministério Público (art. 585, II, do CPC), derivado de obrigação alimentar em sentido estrito – dever de sustento dos pais a bem dos filhos.

2. Documento hábil a permitir a cominação de prisão civil ao devedor inadimplente, mediante interpretação sistêmica dos arts. 19 da Lei n. 5.478/68 e Art. 733 do Estatuto Processual Civil.

A expressão "acordo" contida no art. 19 da Lei n. 5.478/68 compreende não só os acordos firmados perante a autoridade judicial, alcançando também aqueles estabelecidos nos moldes do art. 585, II, do Estatuto Processual Civil, conforme dispõe o art. 733 do Código de Processo Civil. Nesse sentido: REsp 1117639/MG, Rel. Ministro Massami Uyeda, Terceira Turma, julgado em 20/05/2010, DJe 21/02/2011.

(...).

(REsp 1285254/DF, Rel. Ministro MARCO BUZZI, QUARTA TURMA, julgado em 04/12/2012, DJe 01/08/2013)

(...).

1. Este Tribunal Superior consagrou o entendimento de que o acordo administrativo acerca do reajuste de 28,86% firmado entre o servidor público civil e a Administração Pública em data anterior à edição da MP nº 2.169/2001, para ser válido, deve sofrer prévia homologação judicial, se não houve a participação de advogado.

2. Todavia, se ao tempo da assinatura da transação extrajudicial não existir demanda entre as partes, prevalece o entendimento de ser desnecessária a homologação em juízo. Destarte, na espécie, deve ser reconhecido como válido e eficaz o acordo extrajudicial entabulado, porquanto a execução individual oriunda de ação coletiva somente foi proposta após a sua finalização.

3. Agravo regimental improvido.

(AgRg no REsp 1180240/RS, Rel. Ministro MARCO AURÉLIO BELLIZZE, QUINTA TURMA, julgado em 27/11/2012, DJe 04/12/2012)

(...).

2. O art. 57 da Lei 9.099/95 tem, em princípio, eficácia transcendente à Lei dos Juizados Especiais. Essa norma, contudo, teria o papel de regular provisoriamente a matéria, até que ela encontrasse regulação específica nos diplomas adequados, a saber, o Código de Processo Civil e o Código Civil.

3. O CPC, nas sucessivas reformas ocorridas desde meados dos anos 90, vem tendo alterada a redação de seu art. 584, III, de modo a contemplar, com maior ou menor extensão, a possibilidade de homologação de acordos extrajudiciais.

4. Na última alteração a que se sujeitou o código, contudo, incluiu-se o art. 475-N, que em lugar de atribuir eficácia de título executivo judicial à sentença que homologue acordo que verse sobre matéria não posta em juízo, passou a falar em transações que incluam matéria não posta em juízo.

5. Uma transação que inclua matéria não posta em juízo está claramente a exigir que a transação, para ser homologável, tem de se referir a uma lide previamente existente, ainda que tenha conteúdo mais amplo que o dessa lide posta. Assim, a transação para ser homologada teria de ser levada a efeito em uma ação já ajuizada.

6. É necessário romper com a ideia de que todas as lides devem passar pela chancela do Poder Judiciário, ainda que solucionadas extrajudicialmente. Deve-se valorizar a eficácia dos documentos produzidos pelas partes, fortalecendo-se a negociação, sem que seja necessário, sempre e para tudo, uma chancela judicial.

7. A evolução geral do direito, num panorama mundial, caminha nesse sentido. Tanto que há, hoje, na Europa, hipóteses em que ações judiciais somente podem ser ajuizadas depois de já terem as partes submetido sua pretensão a uma Câmara Extrajudicial de Mediação, como corre, por exemplo, na Itália, a partir da promulgação do Decreto Legislativo nº 28/2010.

8. Ao homologar acordos extrajudiciais, o Poder Judiciário promove meramente um juízo de delibação sobre a causa. Equiparar tal juízo, do ponto de vista substancial, a uma sentença judicial seria algo utópico e pouco conveniente. Atribuir eficácia de coisa julgada a tal atividade implicaria conferir um definitivo e real a um juízo meramente sumário, quando não, muitas vezes, ficto. Admitir que o judiciário seja utilizado para esse fim é diminuir-lhe a importância, é equipará-lo a um mero cartório, função para a qual ele não foi concebido.

9. Recurso especial não provido.

(REsp 1184151/MS, Rel. Ministro MASSAMI UYEDA, Rel. p/ Acórdão Ministra NANCY ANDRIGHI, TERCEIRA TURMA, julgado em 15/12/2011, DJe 09/02/2012)

1. A ausência de homologação judicial do instrumento de transação, por si só, não retira do documento o caráter de título executivo, embora lhe subtraia a possibilidade de execução como título judicial.

2. Em caso de descumprimento do acordo e prosseguimento da execução originária, o devedor solidário, que assumira essa condição na transação firmada extrajudicialmente e não homologada, é parte ilegítima.

3. Inexistem elementos nos autos que permitam afirmar que a transação celebrada preenche os requisitos necessários à configuração de título executivo extrajudicial.

4. Prejudicada a análise das alegações de prescrição intercorrente e impenhorabilidade do bem de família.

5. Recurso especial provido.

(REsp 1061233/SP, Rel. Ministra NANCY ANDRIGHI, TERCEIRA TURMA, julgado em 01/09/2011, DJe 14/09/2011)

Movida execução por advogados do exequente contra o executado, ante a extinção do processo de execução devido a transação realizada diretamente pelas partes, sem intervenção dos Advogados e sem disposição a respeito dos honorários destes, tem-se que reconhecer a inexistência de título executivo, devendo a matéria remeter-se às vias ordinárias.

Impossível a conclusão, nestes autos, de que os honorários advocatícios ficassem sob a responsabilidade cada qual de seus constituintes, porque assim não pactuado e porque assim não há bases conclusivas no caso, de modo que pretensões a honorários devem ser formuladas em ação própria, mediante petição inicial dirigida a partes entendidas adequadas e que contenha causa de pedir e pedido claros, de modo a ensejar instauração de contraditório válido e decisão final que avalie todas as circunstâncias do caso.

Recurso Especial provido. Processo de Execução extinto. Sucumbência a cargo dos exequentes.

(REsp 1075429/RS, Rel. Ministro SIDNEI BENETI, TERCEIRA TURMA, julgado em 02/12/2008, DJe 16/03/2009)

V – o contrato garantido por hipoteca, penhor, anticrese ou outro direito real de garantia e aquele garantido por caução;

São títulos executivos extrajudiciais os contratos garantidos por hipoteca, penhor, anticrese e caução.

Este dispositivo trata das cauções reais (hipoteca, penhor e anticrese) e das cauções pessoais (fiança e caução em dinheiro).

É importante salientar que nas dívidas garantidas por penhor, anticrese ou hipoteca, o bem dado em garantia fica sujeito, por vínculo real, ao cumprimento da obrigação (art. 1.419 do C.c.b.).

Os contratos de penhor, anticrese ou hipoteca declararão, sob pena de não terem eficácia: a) o valor do crédito, sua estimação, ou valor máximo; b) o prazo fixado para pagamento; c) a taxa de juros, se houver; d) o bem dado em garantia com as suas especificações.

Do Penhor: Constitui-se o penhor pela transferência efetiva da posse que, em garantia do débito ou a quem o represente, faz o devedor, ou alguém por ele, de uma coisa móvel, suscetível de alienação (art. 1.431 do C.c.b.).

Já no penhor rural, industrial, mercantil e de veículos, as coisas empenhadas continuam em poder do devedor, que as deve guardar e conservar (p.u. do art. 1.431 do C.c.b.).

O instrumento do penhor deverá ser levado a registro, por qualquer dos contratantes; o do penhor comum será registrado no Cartório de Títulos e Documentos (art. 1.432 do C.c.b.).

Se o instrumento não estiver registrado não poderá ser objeto de execução com base na hipótese em análise, mas poderá ser executado como confissão de dívida desde que preencha os requisitos de um documento público ou particular para efeitos de execução de título extrajudicial.

Dentre os direitos do credor pignoratício encontra-se a possibilidade de promover a execução judicial (art. 1.433, inc. IV do C.c.b.).

São espécie de penhor: a) penhor rural, que se subdivide em penhor agrícola e penhor pecuário; b) penhor industrial e mercantil; c) penhor de direitos e títulos de crédito; d) penhor de veículos; e) penhor legal.

O penhor rural pode ser constituído mediante instrumento público ou particular, registrado no Cartório de Registro de Imóveis da circunscrição em que estiverem situadas as coisas empenhadas (art. 1.438, p.u. do C.c.b.).

Prometendo pagar em dinheiro a dívida, que garante com penhor rural, o devedor poderá emitir, em favor do credor, cédula rural pignoratícia, na forma determinada pela lei especial (p.u. do art. 1.438 do C.c.b.).

O penhor industrial, ou mercantil, pode ser constituído mediante instrumento público ou particular, registrado no Cartório de Registro de Imóveis da circunscrição onde estiverem situadas as coisas empenhadas (art. 1.448 do C.c.b.).

Prometendo pagar em dinheiro a dívida, que garante com penhor industrial ou mercantil, o devedor poderá emitir, em favor do credor, cédula do respectivo crédito, na forma e para os fins que a lei específica determinar (p.u. do art. 1.448 do C.c.b.).

O penhor de direito e títulos de crédito pode ser constituído mediante instrumento público ou particular, registrado no Registro de Títulos e Documentos (art. 1.452 do C.c.b.).

Constitui-se o penhor de veículos mediante instrumento público ou particular, registrado no Cartório de Títulos e Documentos do domicílio do devedor, e anotado no certificado de propriedade (art. 1.462 do C.c.b.).

Prometendo pagar em dinheiro a dívida garantida com o penhor, poderá o devedor emitir cédula de crédito, na forma e para fins que a lei especial determinar (p.u. do art. 1.462 do C.c.b.).

Da hipoteca: O direito brasileiro não aceita a denominada hipoteca abstrata, ou seja, aquela que existe sobre si, independentemente de um crédito.

O contrato de hipoteca exige duas relações jurídicas bem definidas: a) a de direito pessoal, ou seja, a obrigação em si mesma; b) a de direito real, qual seja, a do próprio ônus hipotecário.

Normalmente, a relação jurídica principal diz respeito a um contrato de mútuo. Contudo, também pode ser objeto contrato que preveja obrigação de dar, fazer ou mesmo de não fazer.

A hipoteca pode ser: a) convencional; b) legal; d) judicial.

O Código, contudo, somente confere natureza de título executivo extrajudicial à hipoteca que garanta um *contrato.*

A hipoteca judicial não pode ser executada, pois o que será executada é a sentença que deu origem à hipoteca judicial como medida acautelatória.

Podem ser objeto de hipoteca: a) os imóveis e os acessórios dos imóveis conjuntamente com eles; b) o domínio direto; c) o domínio útil; d) as estradas de ferro; e) os recursos naturais a que se refere o art. 1.230 do C.c.b., independentemente do solo onde se acham; f) os navios; g) as aeronaves; h) o direito de uso especial para fins de moradia; i) o direito real de uso; j) a propriedade fiduciária.

A hipoteca de navio e aeronave reger-se-á por lei especial.

Podem o credor e o devedor, no ato constitutivo da hipoteca, autorizar a emissão de correspondente cédula hipotecária, na forma e para os fins previstos em lei especial (art. 1.486 do C.c.b.).

A hipoteca pode ser constituída para garantia de dívida futura ou condicionada, desde que determinado o valor máximo do crédito a ser garantido (art. 1.487 do C.c.b.). Nesse caso, a execução da hipoteca dependerá de prévia e expressa concordância do devedor quanto à verificação da condição, ou ao montante da dívida (§2º do art. 1.487 do C.c.b.).

A lei confere hipoteca legal, nos termos do art. 1.489 do C.c.b.:

> *I – às pessoas de direito público interno (art. 41) sobre os imóveis pertencentes aos encarregados da cobrança, guarda ou administração dos respectivos fundos e rendas;*
>
> *II – aos filhos, sobre os imóveis do pai ou da mãe que passar a outras núpcias, antes de fazer o inventário do casal anterior;*

III – ao ofendido, ou aos seus herdeiros, sobre os imóveis do delinquente, para satisfação do dano causado pelo delito e pagamento das despesas judiciais;

IV – ao co-herdeiro, para garantia do seu quinhão ou torna da partilha, sobre o imóvel adjudicado ao herdeiro reponente;

V – ao credor sobre o imóvel arrematado, para garantia do pagamento do restante do preço da arrematação.

As hipotecas serão registradas no cartório do lugar do imóvel, ou no de cada um deles, se o título se referir a mais de um (art. 1.492 do C.c.b.). A execução somente pode ser promovida se a hipoteca estiver registrada. Em caso contrário, o documento valerá como confissão de dívida, mas não como formador de direito real.

É possível, também, a hipoteca de vias férreas, nos termos dos arts. 1.502 a 1.505 do C.c.b.

Anticrese: Pode o devedor ou outrem por ele, com a entrega do imóvel ao credor, ceder-lhe o direito de perceber, em compensação da dívida, os frutos e rendimentos (art. 1.506 do C.c.b.).

Ocorre que a anticrese há muito tem sido considerada um instituto obsoleto sem qualquer aplicação prática em nosso sistema jurídico. Atualmente, encontra-se em completo desuso, sendo que o legislador do Código Civil brasileiro perdeu uma excelente oportunidade para retirá-la da codificação vigente.

A execução do contrato de anticrese não é fácil, uma vez que o instituto tem por finalidade exatamente a entrega do imóvel ao credor para que ele possa perceber, em compensação da dívida, os frutos e rendimentos. Assim, o recebimento dos rendimentos (aluguel do imóvel, por exemplo) cabe ao próprio credor, nada dependendo do devedor. Se, porventura, o imóvel ficar desocupado, poderá o credor executar a dívida, penhorando o próprio imóvel. Contudo, se executar os bens por falta de pagamento da dívida, ou permitir que outro credor o execute, sem opor o seu direito de retenção, não terá preferência sobre o preço (§1º do art. 1.509 do C.c.b.).

Havendo recusa do devedor em entregar o imóvel para que haja o pagamento da dívida, poderá o credor executar o respectivo contrato, podendo optar pela execução da dívida ou para entrega do bem dado em garantia. Na primeira hipótese haverá execução por quantia certa, sendo que na segunda execução para entrega de coisa certa.

Por sua vez, estabelece o art. 1.423 do C.c.b. que o credor anticrético tem o direito a deter em seu poder o bem, enquanto a dívida não for paga; extingue-se esse direito decorridos quinze anos da data de sua constituição.

Assim, os contratos garantidos pelos direitos reais em garantia, hipoteca, penhor e anticrese têm natureza de título executivo extrajudicial em face da garantia que lhe foi outorgada como acessórios ao contrato principal.

Caução: A palavra caução procede do vocábulo latino *cautio*, derivado do verbo *cavere*, cuja significação é tomar cuidado, prevenir-se, precaver-se. Em razão dessa acepção originária, o termo evoluiu para alcançar a significação de dar garantia e segurança a alguém, com a finalidade de resguardá-lo de algum dano ou prejuízo. Por isso, o conceito de caução está vinculado ao ato de garantia ou segurança dada.[136]

A caução pode ser real ou pessoal.

A caução real é o penhor, a hipoteca e a anticrese.

A caução *pessoal* ou *fidejussória*, é aquela em que uma pessoa torna-se garantidor do pagamento da prestação, devendo ser chamada de fiadora. Contudo, a caução é gênero, sendo a fiança uma das espécies de caução. Há também a caução monetária prestada em dinheiro.

A caução pode ser voluntária ou contratual, ou, ainda, legal.

Toda caução contratual ou voluntária pode ser objeto de execução, desde que formalizada em documento público ou particular. O mais comum, sem dúvida, continua sendo a fiança, principalmente para segurança de contratos como de locação, mútuo, abertura de crédito etc.

Em relação à caução legal, como por exemplo, *caução de dano iminente*, não se encontra entre as modalidades de título executivo extrajudicial, pois não decorre de um contrato.

Sobre o tema, eis os seguintes precedentes do S.T.J.:

> *1. Emerge no tráfego comercial, como espécie de contrato de abertura de crédito, o chamado crédito documentado, ou crédito documentário, consistente no ajuste, geralmente, entre o comprador de mercadoria e instituição financeira, para que esta libere o crédito ao vendedor da mercadoria, mediante apresentação dos documentos exigidos.*
>
> *Contrato caracterizado pela triangularização de transações entre comprador, vendedor e instituição financeira, com liberação do crédito condicionada à apresentação da documentação da venda, comumente chamado de vendedor.*
>
> *2. Aplica-se, no caso, a Súmula n. 233/STJ: "O contrato de abertura de crédito, ainda que acompanhado de extrato da conta-corrente, não é título executivo".*

[136] Lima, A. M., op. cit., p. 418.

3. A juntada de nota promissória garantidora não torna líquida a dívida cobrada, uma vez que "[a] nota promissória vinculada a contrato de abertura de crédito não goza de autonomia em razão da iliquidez do título que a originou" (Súmula n. 258/STJ).

4. No caso, a escritura de hipoteca também não confere liquidez à execução. Não se concebe como um contrato de abertura de crédito no valor máximo de R$ 285.643,00, acompanhado de nota promissória no mesmo valor e de escritura de hipoteca sem valor certo garantido, possa conferir liquidez e certeza a execução de R$ 434.042,36.

5. Incabível a execução de hipoteca garantidora de dívidas futuras, como no caso concreto, em que a garantia não estava limitada e nem vinculada a um contrato específico, mas a quaisquer débitos, "sem qualquer limitação, provenientes ou não de financiamentos diversos e/ou vendas financiadas". A previsão legal de hipoteca de dívida futura é novidade legislativa trazida somente pelo Código Civil de 2002, que passou a prever no seu art. 1.487 que a "hipoteca pode ser constituída para garantia de dívida futura ou condicionada, desde que determinado o valor máximo do crédito a ser garantido".

6. Inaplicabilidade da Súmula n. 300/STJ, à míngua de prequestionamento e por necessidade de reexame fático.

7. Recurso especial não provido.

(REsp 1022034/SP, Rel. Ministro LUIS FELIPE SALOMÃO, QUARTA TURMA, julgado em 12/03/2013, DJe 18/04/2013).

2. Hipótese em que, para alterar esse entendimento, seria necessário reinterpretar cláusulas contratuais livremente pactuadas e promover nova apreciação dos fatos da causa. Incidência das Súmulas n. 5 e 7 do STJ.

3. Ademais, a operação bancária denominada "vendor" materializa-se em contratos das mais variadas formas, sendo incorreto afirmar, a priori e indistintamente, que não ostentam estes a condição de títulos executivos. No caso, os contratos apresentam valores fixos e determinados e foram assinados pela própria devedora, não havendo dúvida quanto à executoriedade daqueles documentos.

4. O direito brasileiro admite a constituição de hipoteca para garantia de dívida futura ou condicional, própria ou de terceiros, bastando que seja determinado o valor máximo do crédito a ser garantido.

5. Recursos especiais a que se nega provimento.

(REsp 1190361/MT, Rel. Ministro LUIS FELIPE SALOMÃO, Rel. p/ Acórdão Ministro JOÃO OTÁVIO DE NORONHA, QUARTA TURMA, julgado em 07/04/2011, DJe 25/08/2011)

Processual civil. Execução. Escritura de escritura de confissão de dívida com garantia hipotecária ligada a contrato de consórcio de automóveis. Possibilidade. Súmula 300 do STJ.

– Os dispositivos tido por violados que não foram objeto de debate e julgamento pelas instâncias anteriores não estão prequestionados.

Súmula 282 do STF.

– Ainda que o contrato de consórcio não detenha os requisitos para execução, quais sejam, liquidez, certeza e exigibilidade, na espécie foi executada a confissão de dívida firmada pelos consorciados, que constitui, por si só, título executivo extrajudicial.

– "O instrumento de confissão de dívida, ainda que originário de contrato de abertura de crédito, constitui título executivo extrajudicial – Súmula 300/STJ.

Recurso especial parcialmente conhecido e, nesta parte, provido.

(REsp 793.975/SC, Rel. Ministra NANCY ANDRIGHI, TERCEIRA TURMA, julgado em 14/10/2008, DJe 03/11/2008)

Execução. Escritura de compra e venda de ferro gusa. Adiantamento. Garantia hipotecária. Título executivo. Prova emprestada. Cerceamento de defesa. Honorários de advogado. Multa do art. 535, parágrafo único, do Código de Processo Civil. Precedentes da Corte.

1. A escritura de compra e venda de ferro gusa com garantia hipotecária é título executivo hábil para instruir a execução.

(...).

(REsp 836.158/ES, Rel. Ministro CARLOS ALBERTO MENEZES DIREITO, TERCEIRA TURMA, julgado em 07/12/2006, DJ 20/08/2007, p. 274)

VI – o contrato de seguro de vida em caso de morte;

Segundo estabelece o art. 757 do C.c.b., pelo contrato de seguro, o segurador se obriga, mediante o pagamento do prêmio, a garantir interesse legítimo do segurado, relativo a pessoa ou a coisa, contra riscos determinados.

O contrato de seguro prova-se com a exibição da apólice ou do bilhete do seguro, e, na falta deles, por documento comprobatório do pagamento do respectivo prêmio (art. 758 do C.c.b.). Assim, se não chegou a ser expedida a apólice de seguro, é incabível a execução por título extrajudicial (RTJ 115/720).

Segundo precedente do S.T.F., a Lei 6.194, de 19.12.74, art. 10, determinou que fosse observado o procedimento sumaríssimo nas ações decorrentes de danos pessoais causados por veículo, retirando, desta maneira, a executividade ao seguro de acidentes pessoais (STF – RT 489/254).

Contudo, como o novo C.P.C. extinguiu o procedimento sumário (salvo a regra de transição), entendo que retorna a executividade dos contratos de seguro de vida, prevalecendo o disposto no novo C.P.C., o qual revoga o art.10

da Lei 6.194/74, com base no princípio de que lei posterior revoga lei anterior com ela incompatível.

Há entendimento de que são excluídos da executividade os contratos de seguro de acidentes pessoais de que resulta incapacidade, justamente pelo fato de que a incapacidade depende de prova, o que não se coaduna com o processo de execução de título extrajudicial.

A regulação do seguro de pessoa, especialmente o seguro de vida, encontra-se nos artigos 789 a 802 do C.c.b.

Muito embora o inc. VI do art. 784 do atual C.P.C. não mencione como título executivo extrajudicial o prêmio devido pelo segurado à seguradora, essa previsão de executividade encontra-se no art. 27 do Dec.-Lei n. 73/966, que assim estabelece: *"serão processadas pela forma executiva as ações de cobrança dos prêmios dos contratos de seguro"*. Sobre o tema, assim já decidiu o Superior Tribunal de Justiça:

> *1 – Esta Corte, em diversas ocasiões, afirmou que a cobrança de prêmios relativos a contrato de seguro é passível de processar-se pela forma executiva. Precedentes.*
>
> *2 – Recurso conhecido e provido para, afastando a extinção do processo, determinar o exame de mérito do recurso de apelação.*
>
> (REsp 831.952/SP, Rel. Ministro JORGE SCARTEZZINI, QUARTA TURMA, julgado em 17/10/2006, DJ 06/11/2006, p. 340)

Sobre o tema, eis ainda os seguintes precedentes:

> *Seguro. Título executivo. Precedentes da Corte.*
>
> *1. Já decidiu a Corte que, não havendo dúvida sobre a existência do contrato de seguro, "é de ser permitida a execução, e a matéria de defesa da seguradora deve ser examinada na ação de embargos".*
>
> *2. A prova de que houve seguro premeditado cabe à seguradora, como alinhado em precedente da Corte.*
>
> *3. Recurso especial não conhecido.*
>
> (REsp 242.329/PR, Rel. Ministro CARLOS ALBERTO MENEZES DIREITO, *TERCEIRA TURMA, julgado em 15/12/2000, DJ 05/03/2001, p. 157)*
>
> *Seguro de vida em grupo. Título executivo. Falta do certificado.*
>
> *A execução foi proposta pelo segurado sem a juntada do certificado, mas a falta foi suprida com a apresentação do contrato de seguro e de recibo elaborado pela seguradora, com remissão expressa à apólice e ao certificado expedido em favor do autor. Assim, por inexistir dúvida sobre a existência do contrato de seguro, é de ser permitida a execução, e a matéria de defesa da seguradora deve ser examinada na ação de embargos.*

Recurso conhecido e provido.

(REsp 229.256/MG, Rel. Ministro RUY ROSADO DE AGUIAR, QUARTA TURMA, julgado em 09/11/1999, DJ 17/12/1999, p. 381)

VII – o crédito decorrente de foro e laudêmio;

Também se considera título executivo extrajudicial o crédito decorrente de foro e laudêmio.

O foro e o laudêmio são institutos jurídicos provenientes do contrato de enfiteuse, previsto no Código Civil de 1916.

O atual Código Civil brasileiro extinguiu a enfiteuse por ser um instituto superado, retrógrado e, praticamente, sem existência atual nenhuma, a não ser, em regra, nos terrenos da marinha, como bens da União, que podem ser aforados.

O art. 2038 inserido nas disposições finais transitórias, do Livro Complementar do Código Civil brasileiro prescreve:

"Art. 2038. Fica proibida a constituição de enfiteuses e subenfiteuses, subordinando-se as existentes, até sua extinção, às disposições do Código Civil anterior, Lei n. 3.071, de 1º de janeiro de 1916, e leis posteriores.

§1º Nos aforamentos a que se refere este artigo é defeso:

I – cobrar laudêmio ou prestação análoga nas transmissões de bem aforado, sobre o valor das construções ou plantações;

II – constituir subenfiteuse.

§2º A enfiteuse dos terrenos da marinha e acrescidos regula-se por lei especial.

Em que pese o novo Código Civil tenha proibido a constituição de novas enfiteuses, o certo é que as existentes permanecem válida até a sua derradeira extinção.

Por isso, serão considerados títulos executivos extrajudiciais o crédito de foro ou laudêmio das enfiteuses ainda existentes.

Dá-se a enfiteuse, aforamento, ou emprazamento, quando por ato entre vivos, ou de última vontade, o proprietário atribui a outrem o domínio útil do imóvel, pagando a pessoa, que o adquire, e assim se constitui enfiteuta, ao senhor direto uma pensão, ou foro, anual, certo e invariável (art. 678 do C.c.b. de 1916).

O contrato de enfiteuse é perpétuo (art. 679 do C.c.b. de 1916).

Só podiam ser objeto de enfiteuse as terras não cultivadas ou terrenos que se destinem a edificação (art. 680 do C.c.b. de 1916).

Os bens enfitêuticos transmitem-se por herança (art. 681 do C.c.b. de 1916).

O enfiteuta ou foreiro não pode vender nem dar em pagamento o domínio útil, sem prévio aviso ao senhorio direto, para que este exerça o direito de opção;

e o senhorio direto tem trinta dias para declarar, por escrito, datado e assinado, que quer a preferência na alienação, pelo mesmo preço e nas mesmas condições (art. 683 do C.c.b. de 1916).

Compete igualmente ao foreiro o direito de preferência, no caso de querer o senhorio vender o domínio direto ou dá-lo em pagamento. Para este efeito, ficará o dito senhorio sujeito à mesma obrigação imposta, em semelhantes circunstâncias, ao foreiro.

O foro consiste na retribuição a ser paga pela enfiteuta (ou foreiro) ao proprietário (ou senhorio direto), a qual é também denominada de *canon*. Em razão desse liame entre o enfiteuta e o senhorio direto, o contrato de enfiteuse não pode ser verbal.

O laudêmio, por sua vez, é a compensação devida ao proprietário, se este não usar do direito de opção para adquirir o domínio útil que o enfiteuta pretenda alienar onerosamente (art. 686 do Código Civil de 1916).

A enfiteuse extingue-se (art. 692 do C.c.b. de 1916): a) pela natural deterioração do prédio aforado, quando chegue a não valer o capital correspondente ao foro e mais um quinto deste; b) pelo compromisso, deixando o foreiro de pagar as pensões devidas, por três anos consecutivos, caso em que o senhorio o indenizará das benfeitorias necessárias; c) falecendo o enfiteuta, sem herdeiros, salvo o direito dos credores.

Além do mais, todos os aforamentos, inclusive os constituídos anteriormente ao Código Civil de 1916, salvo acordo entre as partes, são resgatáveis dez anos depois de constituídos, mediante pagamento de um laudêmio, que será de dois e meio por cento sobre o valor atual da propriedade plena, e de dez pensões anuais pelo foreiro, que não poderá no seu contrato renunciar ao direito de resgate, nem contrariar as disposições imperativas do capítulo da enfiteuse (redação dada pela Lei 5.827, de 1972).

VIII – o crédito, documentalmente comprovado, decorrente de aluguel de imóvel, bem como de encargos acessórios, tais como taxas e despesas de condomínio.

São título executivos extrajudiciais o crédito, documentalmente comprovado, decorrente de aluguel de imóvel, bem como de encargos acessórios, tais como taxas e despesas de condomínio.

Somente o crédito de aluguéis sobre imóveis é que pode ser cobrado pela via executiva, e não os aluguéis decorrentes de bens móveis.

Os alugueres ou rendas de imóvel são frutos civis decorrentes do seu uso. É importante somente não confundir aluguéis ou rendas de imóveis com rendas sobre imóveis.

Tradicionalmente, a expressão aluguel é utilizada para as locações de imóveis urbanos, enquanto arrendamento é utilizado para locações de imóveis rurais. A questão que se coloca é se o arrendamento encontra-se ou não abrangido pelo termo aluguel previsto no inc. VIII do art. 784 do atual C.P.C. Segundo anota Alcides de Mendonça Lima, a disposição legal abrange qualquer espécie de locação, seja ela urbana ou rural. No mesmo sentido Pontes de Miranda e Humberto Theodoro Júnior.[137]

No direito antigo, luso-brasileiro, estabelecia-se a possibilidade de execução de crédito proveniente de contrato escrito ou *verbal* (art. 298, IX).

O atual C.P.C., assim como era no C.P.C. de 1973, preconiza que somente será objeto de execução o crédito de aluguel que estiver *documentalmente comprovado*. Torna-se requisito da execução a existência de contrato de locação realizado por *escrito*, ou, pelo menos, a existência de um documento que comprove o reconhecimento pelo locatário do crédito de aluguel em favor do locador.

Se o locador não tiver contrato escrito de locação, deverá preferir a propositura de ação de despejo, em face de falta de pagamento, forçando a purgação da mora.

O crédito decorrente de aluguel proveniente de sublocação, desde que comprovado por escrito, também poderá ser objeto de execução. Nesse caso, somente será sujeito ativo da demanda o sublocador e não o locador originário, pois este não tem qualquer relação jurídica de direito material em face do sublocatário.

Sobre o tema, eis os seguintes precedentes do S.T.J.:

> *1. Com efeito, tem-se que o contrato de locação foi caracterizado pela legislação como título executivo extrajudicial, transmutando-o com força executiva. Contudo, o protesto será devido sempre que a obrigação expressa no título for líquida, certa e exigível.*
>
> *2. Na hipótese dos autos, o contrato de locação de imóvel apresentado evidencia ser título com o atributo da certeza, em decorrência da determinação cogente da norma legal, bem como também demonstra possuir exigibilidade, por presunção de que houve o vencimento da dívida, sem revestir-se, no entanto, do atributo da liquidez, fato que inviabiliza o protesto do referido título.*
>
> *3. Recurso em Mandado de Segurança a que se nega provimento.*
>
> (RMS 17.400/SP, Rel. Ministra LAURITA VAZ, Rel. p/ Acórdão Ministro ADILSON VIEIRA MACABU (DESEMBARGADOR CONVOCADO DO TJ/RJ), QUINTA TURMA, julgado em 21/06/2011, DJe 03/11/2011)

[137] Lima, A. M., op. cit., p. 433 e 434.

2. O exame da liquidez do título executivo extrajudicial demandaria o revolvimento da matéria fático-probatória em que se fundou o acórdão recorrido, o que é vedado na via especial, por atrair o óbice da Súmula 7/STJ.

3. Com a alteração dos termos do contrato de locação após o julgamento da ação renovatória, o pacto locatício não reúne todos os elementos aptos a apurar o valor do crédito, de modo que a liquidez do título resta afastada.

4. A falta de cumprimento do disposto nos artigos 541, parágrafo único, do Código de Processo Civil e 255, § 2º, do RISTJ, que determinam a realização do cotejo analítico entre o acórdão recorrido e os paradigmas trazidos à colação, obsta o conhecimento do recurso pela alínea "c" do permissivo constitucional.

5. Agravo regimental improvido.

(AgRg no REsp 1049165/CE, Rel. Ministra MARIA THEREZA DE ASSIS MOURA, SEXTA TURMA, julgado em 14/04/2011, DJe 02/05/2011).

1. Alega a locatária/recorrente que, segundo o art. 585, § 1º, do CPC, o crédito documentalmente comprovado decorrente de aluguel de imóvel constitui título executivo extrajudicial e que: "a propositura de qualquer ação relativa ao débito constante do título executivo não inibe o credor de promover-lhe a execução".

2. Afirma, também, haver prequestionado a matéria ao Tribunal de origem, o qual, entretanto, não se pronunciou a respeito.

3. De fato, ao julgar os embargos declaratórios opostos pela parte interessada, a Corte de origem não examinou os argumentos subjacentes ao § 1º do art. 585 do CPC, mesmo instada a tanto, limitando-se a reafirmar a suspensividade do prazo prescricional relativo à ação executiva.

4. Desse modo, seguindo a esteira de posicionamentos deste Superior Tribunal de Justiça, entende-se que o recurso merece ser acolhido, no que se prende à tese de violação do art. 535, inc. II, do CPC, na medida em que o acórdão recorrido não apreciou as alegações tecidas pela recorrente, no tocante às disposições contidas no art. 585, § 1º, do CPC, as quais, registre-se, se firmam relevantes para o deslinde da controvérsia.

5. Recurso especial ao qual se dá provimento, para que os autos retornem à Instância de origem, a fim de que sejam apreciadas as razões sustentadas pelos embargos de declaração opostos pela empresa ora recorrente.

(REsp 1138970/PE, Rel. Ministro OG FERNANDES, SEXTA TURMA, julgado em 17/08/2010, DJe 06/09/2010).

(...).

2. O entendimento atual do Superior Tribunal de Justiça é no sentido de que a prorrogação por prazo indeterminado do contrato de locação não lhe retira a sua eficácia como título executivo extrajudicial.

Precedentes.

3. O acórdão recorrido reconheceu que não houve aditamento contratual, novação ou qualquer manifestação de vontade que pudesse caracterizar a extinção da responsabilidade dos fiadores.

4. Nesse contexto, ante a ausência de declaração expressa do fiador que o exonere da garantia anteriormente ofertada, permanece válida a fiança até que se ultime o contrato de locação. Cabe ao devedor provar o fato impeditivo, modificativo ou extintivo do direito do credor, o que, no caso dos autos, não foi demonstrado pelos ora Recorrentes. Precedentes.

5. Recurso especial desprovido.

(REsp 833.619/SP, Rel. Ministra LAURITA VAZ, QUINTA TURMA, julgado em 11/05/2010, DJe 31/05/2010).

Em relação ao fiador, a jurisprudência entende que ele não pode ser parte no processo de cumprimento de sentença proferido na ação de despejo, se ele não participou da relação jurídica processual e não foi atingido pela sentença condenatória. Nesse sentido é o seguinte precedente do S.T.J.:

1. Não tendo integrado a ação de conhecimento, a garante não pode responder pela execução do julgado, sob pena de ofensa aos princípios constitucionais do contraditório e da ampla defesa e de afronta à literal disposição do art. 472 do Código de Processo Civil, incidência da Súmula 268 desta Corte.

2. Sendo a fiança prestada pelos cônjuges, imprescindível é a citação de ambos para responder em juízo pelos débitos decorrentes da garantia prestada, sob pena de nulidade, por se tratar de litisconsórcio passivo necessário, a teor do que dispõe o art. 10, § 1º, inciso II, do Código de Processo Civil.

3. Estando o acórdão recorrido em sintonia com a jurisprudência pacificada desta Corte, incide, na espécie, o óbice da Súmula nº 83 do Superior Tribunal de Justiça.

4. Agravo regimental desprovido.

(AgRg no REsp 954.709/RS, Rel. Ministra LAURITA VAZ, QUINTA TURMA, julgado em 03/05/2011, DJe 18/05/2011)

Nesse sentido é o teor do art. 513, §5º, do novo C.P.C.: O cumprimento da sentença não poderá ser promovido em face do fiador, do coobrigado ou do corresponsável que não tiver participado da fase de conhecimento.

A questão que se coloca é se pode o fiador ser executado com base em título executivo extrajudicial, ou seja, com base em contrato de locação por escrito no qual ele figure como garantidor do pagamento do aluguel.

Entendo que se o fiador assina o contrato de locação, no qual é reconhecido crédito de aluguel, e assume a posição de garantidor, a execução de título executivo extrajudicial pode ser direcionada contra ele. Nesse sentido, são os seguintes precedentes do S.T.J.:

1 – O entendimento adotado pelo Tribunal de origem encontra-se em consonância com a jurisprudência desta Corte, no sentido de que, havendo no contrato de locação cláusula expressa prevendo a responsabilidade do fiador até a entrega definitiva das chaves ao locador, esse responde pelas obrigações contratuais decorrentes da prorrogação do contrato até a efetiva entrega das chaves do imóvel.

Precedentes.

2 – Os Agravantes não trouxeram nenhum argumento capaz de modificar a conclusão do julgado, a qual se mantém por seus próprios fundamentos.

Agravo Regimental improvido.

(AgRg no AREsp 12.396/SP, Rel. Ministro SIDNEI BENETI, TERCEIRA TURMA, julgado em 23/08/2011, DJe 09/09/2011)

1. É legítima a penhora sobre bem de família pertencente a fiador de contrato de locação. Precedentes.

2. Agravo regimental desprovido.

(AgRg no Ag 1181586/PR, Rel. Ministro JOÃO OTÁVIO DE NORONHA, QUARTA TURMA, julgado em 05/04/2011, DJe 12/04/2011)

É importante salientar que a responsabilidade do fiador vai até a entrega das chaves pelo locatário, mesmo nos casos em que haja a prorrogação verbal do contrato de locação. Nesse sentido, eis as seguintes decisões do S.T.J.:

1 – O entendimento adotado pelo Tribunal de origem encontra-se em consonância com a jurisprudência desta Corte, no sentido de que, havendo no contrato de locação cláusula expressa prevendo a responsabilidade do fiador até a entrega definitiva das chaves ao locador, esse responde pelas obrigações contratuais decorrentes da prorrogação do contrato até a efetiva entrega das chaves do imóvel.

Precedentes.

2 – Os Agravantes não trouxeram nenhum argumento capaz de modificar a conclusão do julgado, a qual se mantém por seus próprios fundamentos.

Agravo Regimental improvido.

(AgRg no AREsp 12.396/SP, Rel. Ministro SIDNEI BENETI, TERCEIRA TURMA, julgado em 23/08/2011, DJe 09/09/2011)

(...).

3. A Terceira Seção do Superior Tribunal de Justiça, no julgamento dos Embargos de Divergência no Recurso Especial nº 566.633/CE, firmou o entendimento de que, havendo, como no caso vertente, cláusula expressa no contrato de aluguel prevendo que a responsabilidade dos fiadores perdurará até a efetiva entrega das chaves do imóvel objeto da locação, não há falar em desobrigação destes, ainda que o contrato tenha se prorrogado por prazo indeterminado.

4. Nos termos do art. 585, V, do CPC, constitui título executivo judicial o contrato de locação escrito, devidamente assinado pelos contratantes, mormente quando, como na hipótese dos autos, acompanhado de planilha pormenorizada dos débitos cobrados. Precedentes do STJ.

5. Agravo Regimental a que se nega provimento.

(AgRg no Ag 1244459/PR, Rel. Ministro OG FERNANDES, SEXTA TURMA, julgado em 14/12/2010, DJe 09/03/2011)

Este inc. VIII também configura como título executivo extrajudicial o crédito, documentalmente comprovado, decorrente dos encargos acessórios do imóvel, no caso, taxas e despesas de condomínio.

Evidentemente, essas taxas e despesas são aquelas que, em virtude de contrato de locação, o inquilino assumiu o seu pagamento e tornou-se inadimplente.

Nesse caso, poderá o locador cobrar pela via executiva os acessórios e as despesas de condomínio assumidas pelo locatário no contrato de locação ou em outro documento firmado por escrito.

Quando a responsabilidade pelas despesas de condomínio é do próprio locador ou do condômino, a execução poderá ser proposta pelo condomínio, nos termos do inc. X deste artigo.

IX – a certidão de dívida ativa da Fazenda Pública da União, dos Estados, do Distrito Federal e dos Municípios, correspondente aos créditos inscritos na forma da lei.

Em regra, a certidão de dívida ativa é expedida em razão de créditos tributários, incluindo neste gênero as custas ou taxas judiciárias.

Contudo, havendo condenação da parte por sentença judicial às custas processuais, a exigência das custas poderá ser realizada por meio de cumprimento de sentença, sem necessidade de expedição de certidão de dívida ativa.

Sobre a dívida ativa tributária, aduzem os arts. 201 e 202 do C.T.N.:

Art. 201. Constitui dívida ativa tributária a proveniente de crédito dessa natureza, regularmente inscrita na repartição administrativa competente, depois de esgotado o prazo fixado, para pagamento, pela lei ou por decisão final proferida em processo regular.

Parágrafo único. A fluência de juros de mora não exclui, para os efeitos deste artigo, a liquidez do crédito.

Art. 202. O termo de inscrição da dívida ativa, autenticado pela autoridade competente, indicará obrigatoriamente:

I – o nome do devedor e, sendo caso, o dos co-responsáveis, bem como, sempre que possível, o domicílio ou a residência de um e de outros;

II – a quantia devida e a maneira de calcular os juros de mora acrescidos;

III – a origem e natureza do crédito, mencionada especificamente a disposição da lei em que seja fundado;

IV – a data em que foi inscrita;

V – sendo caso, o número do processo administrativo de que se originar o crédito.

Parágrafo único. A certidão conterá, além dos requisitos deste artigo, a indicação do livro e da folha da inscrição.

Por sua vez, preceituam os artigos 2º e 3º da Lei 6.830 de 22 de setembro de 1980, lei de execuções fiscais:

Art. 2º – Constitui Dívida Ativa da Fazenda Pública aquela definida como tributária ou não tributária na Lei nº 4.320, de 17 de março de 1964, com as alterações posteriores, que estatui normas gerais de direito financeiro para elaboração e controle dos orçamentos e balanços da União, dos Estados, dos Municípios e do Distrito Federal.

§ 1º – Qualquer valor, cuja cobrança seja atribuída por lei às entidades de que trata o artigo 1º, será considerado Dívida Ativa da Fazenda Pública.

§ 2º – A Dívida Ativa da Fazenda Pública, compreendendo a tributária e a não tributária, abrange atualização monetária, juros e multa de mora e demais encargos previstos em lei ou contrato.

§ 3º – A inscrição, que se constitui no ato de controle administrativo da legalidade, será feita pelo órgão competente para apurar a liquidez e certeza do crédito e suspenderá a prescrição, para todos os efeitos de direito, por 180 dias, ou até a distribuição da execução fiscal, se esta ocorrer antes de findo aquele prazo.

§ 4º – A Dívida Ativa da União será apurada e inscrita na Procuradoria da Fazenda Nacional.

§ 5º – O Termo de Inscrição de Dívida Ativa deverá conter:

I – o nome do devedor, dos co-responsáveis e, sempre que conhecido, o domicílio ou residência de um e de outros;

II – o valor originário da dívida, bem como o termo inicial e a forma de calcular os juros de mora e demais encargos previstos em lei ou contrato;

III – a origem, a natureza e o fundamento legal ou contratual da dívida;

IV – a indicação, se for o caso, de estar a dívida sujeita à atualização monetária, bem como o respectivo fundamento legal e o termo inicial para o cálculo;

V – a data e o número da inscrição, no Registro de Dívida Ativa; e

VI – o número do processo administrativo ou do auto de infração, se neles estiver apurado o valor da dívida.

§ 6º – A Certidão de Dívida Ativa conterá os mesmos elementos do Termo de Inscrição e será autenticada pela autoridade competente.

§ 7º – O Termo de Inscrição e a Certidão de Dívida Ativa poderão ser preparados e numerados por processo manual, mecânico ou eletrônico.

§ 8º – Até a decisão de primeira instância, a Certidão de Dívida Ativa poderá ser emendada ou substituída, assegurada ao executado a devolução do prazo para embargos.

§ 9º – O prazo para a cobrança das contribuições previdenciárias continua a ser o estabelecido no artigo 144 da Lei nº 3.807, de 26 de agosto de 1960.

Art. 3º – A Dívida Ativa regularmente inscrita goza da presunção de certeza e liquidez.

Parágrafo Único – A presunção a que se refere este artigo é relativa e pode ser ilidida por prova inequívoca, a cargo do executado ou de terceiro, a quem aproveite.

É importante salientar que a Dívida Ativa da Fazenda Pública compreende a tributária e a não tributária, abrangendo atualização monetária, juros e multa de mora e demais encargos previstos em lei ou contrato.

Por sua vez, estabelece o 39 da Lei 4.320 de 1964:

> *Art. 39. Os créditos da Fazenda Pública, de natureza tributária ou não tributária, serão escriturados como receita do exercício em que forem arrecadados, nas respectivas rubricas orçamentárias. (Redação dada pelo Decreto Lei nº 1.735, de 20.12.1979)*
>
> *§ 1º – Os créditos de que trata este artigo, exigíveis pelo transcurso do prazo para pagamento, serão inscritos, na forma da legislação própria, como Dívida Ativa, em registro próprio, após apurada a sua liquidez e certeza, e a respectiva receita será escriturada a esse título. (Incluído pelo Decreto Lei nº 1.735, de 20.12.1979)*
>
> *§ 2º – Dívida Ativa Tributária é o crédito da Fazenda Pública dessa natureza, proveniente de obrigação legal relativa a tributos e respectivos adicionais e multas, e Dívida Ativa não Tributária são os demais créditos da Fazenda Pública, tais como os provenientes de empréstimos compulsórios, contribuições estabelecidas em lei, multa de qualquer origem ou natureza, exceto as tributárias, foros, laudêmios, alugueis ou taxas de ocupação, custas processuais, preços de serviços prestados por estabelecimentos públicos, indenizações, reposições, restituições, alcances dos responsáveis definitivamente julgados, bem assim os créditos decorrentes de obrigações em moeda estrangeira,*

de subrogação de hipoteca, fiança, aval ou outra garantia, de contratos em geral ou de outras obrigações legais. (Incluído pelo Decreto Lei nº 1.735, de 20.12.1979)

§ 3º – O valor do crédito da Fazenda Nacional em moeda estrangeira será convertido ao correspondente valor na moeda nacional à taxa cambial oficial, para compra, na data da notificação ou intimação do devedor, pela autoridade administrativa, ou, à sua falta, na data da inscrição da Dívida Ativa, incidindo, a partir da conversão, a atualização monetária e os juros de mora, de acordo com preceitos legais pertinentes aos débitos tributários. (Incluído pelo Decreto Lei nº 1.735, de 20.12.1979)

§ 4º – A receita da Dívida Ativa abrange os créditos mencionados nos parágrafos anteriores, bem como os valores correspondentes à respectiva atualização monetária, à multa e juros de mora e ao encargo de que tratam o art. 1º do Decreto-lei nº 1.025, de 21 de outubro de 1969, e o art. 3º do Decreto-lei nº 1.645, de 11 de dezembro de 1978. (Incluído pelo Decreto Lei nº 1.735, de 20.12.1979)

§ 5º – A Dívida Ativa da União será apurada e inscrita na Procuradoria da Fazenda Nacional. (Incluído pelo Decreto Lei nº 1.735, de 20.12.1979)

X – o crédito referente às contribuições ordinárias ou extraordinárias de condomínio edilício, previstas na respectiva convenção ou aprovadas em assembleia geral, desde que documentalmente comprovadas;

Segundo estabelece o art. 1.315 do C.c.b., o condômino é obrigado, na proporção de sua parte, a concorrer para as despesas de conservação ou divisão da coisa, e a suportar o ônus a que estiver sujeita. No mesmo sentido prescreve o inc. I do art. 1.336 do C.c.b.: *"São deveres do condômino: contribuir para as despesas do condomínio na proporção das suas frações ideais, salvo disposição em contrário na convenção.*

Nos termos do art. 1.334, inc. I, do C.c.b., a convenção de condomínio determinará a quota proporcional e o modo de pagamento das contribuições dos condôminos para atender às despesas ordinárias e extraordinárias do condomínio.

A convenção que constitui o condomínio edilício deve ser subscrita pelos titulares de, no mínimo, dois terços das frações ideais e torna-se, desde logo, obrigatória para os titulares de direito sobre as unidades, ou para quantos sobre elas tenham posse ou detenção (art. 1.333 do C.c.b.).

Para ser oponível contra terceiros, a convenção do condomínio deverá ser registrada no Cartório de Registro de Imóveis (p.u. do art. 1.333 do C.c.b.).

Assim, o condômino deve arcar com a água, luz, coleta de lixo etc., uma vez que se trata de *obrigação propter rem.*

O encargo de condomínio compreende as despesas realizadas no imóvel na área comum, dentre elas as despesas de conservação e manutenção de escadas, corredores, piscinas, cozinha comunitária, jardins etc. incluindo as taxas. Na execução desses encargos incluem-se também eventual pagamento de multas ou juros de mora pelo atraso no pagamento.

É bem verdade que o crédito do encargo de condomínio, para que possa ser objeto de execução extrajudicial, deverá ser comprovado em documento escrito. Não é necessária a manifestação expressa do condômino em relação ao demonstrativo das despesas.

A expressão *documentalmente comprovado* diz respeito ao comunicado encaminhado mensalmente aos condôminos sobre o rateio das despesas ou boleto bancário, acompanhado da planilha de despesa do condomínio, tudo de acordo com o que foi estabelecido na convenção do condomínio.

Sobre o tema, eis os seguintes precedentes do S.T.J.:

– A regra que incumbe ao locador a obrigação pelo pagamento das despesas extraordinárias de condomínio tem natureza eminentemente cogente, que limita o poder de livre disposição das partes contratantes, por impor uma responsabilidade cujo ônus não pode ser invertido por estipulação contratual.

– Inteligência do artigo 22, inciso X, da Lei nº 8.245/91 – A execução para cobrança de aluguéis e encargos locatícios deve fundar-se em contrato escrito, que constitui título executivo extrajudicial. (CPC, artigo 585) – É pacífico o pensamento construído no âmbito desta Corte no sentido de que, ainda que vencido o prazo locatício e prorrogado por tempo indeterminado, presume-se subsistente o contrato escrito nos termos anteriormente ajustados, constituindo título executivo extrajudicial adequado a embasar a cobrança dos valores locatícios.

(...).

(REsp 215.148/SP, Rel. Ministro VICENTE LEAL, SEXTA TURMA, julgado em 16/05/2000, DJ 29/05/2000, p. 194)

Agravo regimental. Recurso especial não admitido. Despesas de condomínio. Execução.

1. Constituindo as atas de assembléias e as convenções condominiais títulos executivos extrajudiciais, cabível é a via executiva e não o ajuizamento de ação monitória.

2. Agravo regimental improvido.

(AgRg no Ag 216.816/DF, Rel. Ministro CARLOS ALBERTO MENEZES DIREITO, TERCEIRA TURMA, julgado em 20/04/1999, DJ 31/05/1999, p. 149).

XI – a certidão expedida por serventia notarial ou de registro relativa a valores de emolumentos e demais despesas devidas pelos atos por ela praticados, fixados nas tabelas estabelecidas em lei.

Os valores de emolumentos e demais despesas devidas pelos atos praticados pelos serventuários notariais ou de registros, desde que constantes de certidão expedida por estes serventuários, poderão ser objeto de execução de título executivo extrajudicial.

Sobre o tema, eis os seguintes precedentes do S.T.J.:

1. O valor relativo aos emolumentos e às demais despesas cartorárias referentes ao protesto do título de crédito pode ser incluído no montante a ser executado (art. 19 da Lei n. 9.492/1997). Precedentes desta Corte.

2. É inviável o agravo previsto no art. 545 do CPC que deixa de atacar especificamente os fundamentos da decisão agravada (Súmula n. 182/STJ).

3. A arguição de matéria referente a direito disponível deve ser realizada no momento oportuno, sendo incabível o exame de questão apenas ventilada em sede de recurso de apelação. Ausência de violação do art. 515 do CPC.

4. Agravo regimental a que se nega provimento.

(AgRg no REsp 1068133/DF, Rel. Ministro ANTONIO CARLOS FERREIRA, QUARTA TURMA, julgado em 27/08/2013, DJe 05/09/2013)

1. A duplicata sem aceite, desde que devidamente protestada e acompanhada do comprovante de entrega da mercadoria, é instrumento hábil a embasar a execução (art. 15, II, da Lei 5.494/68 combinados com arts. 583 e 585, I, do CPC).

2. É ônus da embargante a prova de fato constitutivo de seu direito, qual seja, o de que a mercadoria não lhe foi entregue adequadamente e que a assinatura constante do canhoto da duplicata pertence à pessoa estranha aos seus quadros, haja vista a presunção legal de legitimidade que emana do título executivo (arts. 333, I combinado com 334, IV, do CPC).

3. As despesas cartorárias encontram-se insertas no montante exequendo, nos termos do art. 19 da Lei do Protesto (Lei 9.294/97).

4. Recurso especial não provido.

(REsp 844.191/DF, Rel. Ministro LUIS FELIPE SALOMÃO, QUARTA TURMA, julgado em 02/06/2011, DJe 14/06/2011)

XII – todos os demais títulos a que, por disposição expressa, a lei atribuir força executiva.

São títulos executivos extrajudiciais todos os demais títulos a que, por disposição expressa, a lei atribuir força executiva. No caso, somente a lei e não a convenção das partes (STJ – 3ª Turma, Resp n. 23.424-8, Rel. Min. Dias Trindade).

Eis alguns títulos que por disposição expressa de lei são atribuídos força executiva: a) prometendo pagar em dinheiro a dívida, que garante com penhor rural, o devedor poderá emitir, em favor do credor, cédula rural pignoratícia, na forma determinada pela lei especial (p.u. do art. 1.438 do C.c.b.); b) prometendo pagar em dinheiro a dívida, que garante com penhor industrial ou mercantil, o devedor poderá emitir, em favor do credor, cédula do respectivo crédito, na forma e para os fins que a lei específica determinar (p.u. do art. 1.448 do C.c.b.); c) prometendo pagar em dinheiro a dívida garantida com o penhor, poderá o devedor emitir cédula de crédito, na forma e para fins que a lei especial determinar (p.u. do art. 1.462 do C.c.b.).; d) termo de conciliação derivado de acordo celebrado perante comissão de conciliação prévia (art. 625 –E da C.L.T.).; e) contrato escrito de honorários de advogado (art. 24 da Lei 8.906/94); f) saldo devedor previsto em contrato de alienação fiduciária em garantia (art. 5º do Decreto-lei n. 911/59); f) contrato de câmbio (art. 75 da Lei 4.728/65); g) adicional de frete para renovação da marinha mercante (art. 15, §§ 3º e 4º do Decreto-lei n. 1.801/80); g) multas impostas pelo Tribunal de Contas da União (art. 3º da Lei n. 6.822/90); h) boletim de subscrição de cotas de fundo imobiliário (art. 13, p.u. da Lei 8.668/93); h) decisões e julgado do CADE (art. 15, inc. III da Lei 12.529/2011) etc.

Estabelece o *§1º do art. 784* do atual C.P.C. que *a propositura de qualquer ação relativa ao débito constante do título executivo não inibe o credor de promover-lhe a execução.*

Geralmente, a defesa a ser apresentada diante de uma execução de título executivo extrajudicial dá-se por meio de embargos ao devedor, uma espécie de demanda incidental ao processo executivo.

É possível ao devedor valer-se também de qualquer outra demanda a fim de questionar o débito, a saber: demanda anulatória de débito, também conhecida como demanda declaratória negativa em que se pretende a inexistência de crédito em favor do credor; em se tratando de crédito fiscal, é possível também o ingresso de mandado de segurança contra o lançamento fiscal.

Contudo, a propositura de qualquer demanda comum que tenha por objetivo discutir o débito, não impede o credor de promover a respectiva execução do título.

E o fundamento para que o credor possa promover a execução do título executivo está justamente no princípio Constitucional do direito de ação, ou seja, no princípio de que a lei não poderá excluir do poder judiciário lesão ou ameaça de lesão a direitos.

Assim, como o devedor possui o direito de defesa para contestar a legitimidade do crédito, também o credor detém o direito fundamental de promover a demanda executiva.

Portanto, não é pelo fato de existir uma demanda declaratória negativa do débito que o credor estará impedido de promover a tutela jurisdicional que entender adequada para a cobrança do crédito.

A única hipótese em que o devedor poderá impedir o credor de promover a execução apresenta-se quando o devedor tenha sido beneficiado por uma antecipação de tutela que retire provisoriamente a exigibilidade, liquidez ou certeza da obrigação.

Sobre o tema, eis o seguinte precedente do S.T.J.:

> *Ação de revisão de contrato de financiamento de bem imóvel, cumulada com repetição de indébito. Antecipação de tutela. Suspensão da exigibilidade das prestações vincendas. Precedentes da Corte.*
>
> *1. O ajuizamento da ação de conhecimento para revisão de contrato de financiamento, na linha da jurisprudência da Corte, não impede o credor de ajuizar a execução.*
>
> *2. Diante da jurisprudência assim consolidada, não pode o Magistrado determinar a suspensão da exigibilidade das prestações vencidas, porque retira um dos elementos para que possa o credor, se assim entender, ajuizar a execução.*
>
> *3. Recurso especial conhecido e provido, em parte.*
>
> *(REsp 556.992/SC, Rel. Ministro CARLOS ALBERTO MENEZES DIREITO, TERCEIRA TURMA, julgado em 28/06/2004, DJ 27/09/2004, p. 356)*

Nem mesmo a propositura de demanda consignatória pelo devedor impede que o credor promova a execução de seu crédito:

> *Processo civil. Recurso especial. Execução hipotecária. Ajuizamento anterior de ação declaratória. Consignação em pagamento das prestações.*
>
> *– O ajuizamento pelo devedor de ação declaratória em que se pretende a redução da dívida, bem como a consignação em pagamento das prestações que entende devidas, não impede o credor de propor a execução.*
>
> *(REsp 493.565/PR, Rel. Ministra NANCY ANDRIGHI, TERCEIRA TURMA, julgado em 22/05/2003, DJ 23/06/2003, p. 369)*

Preceitua o *§2º do art. 784* do atual C.P.C. que *os títulos executivos extrajudiciais oriundos de país estrangeiro não dependem de homologação para serem executados.*

O atual C.P.C. reconhece total eficácia aos títulos executivos extrajudiciais oriundos de países estrangeiros, aos quais empresta força executiva. Mas para que isso ocorra, é necessário que o título seja traduzido para a língua portuguesa, convertendo-se o valor da moeda estrangeira em real no momento da propositura da demanda, uma vez que é nulo de pleno direito o título que estipule o pagamento em moeda estrangeira (RTJ 27313 e RT 668/181). Contudo, é possível ser sanada eventual falha de tradução, conforme o seguinte precedente do S.T.J.:

Processo Civil. Execução. Exceção de pré-executividade. Cártula em língua estrangeira. Falta de tradução juramentada. Saneamento. Abertura de prazo. C.P.C., art. 616.

I – Em vista da instrumentalidade das formas, cumpre ao juiz abrir prazo para sanar a falta de tradução juramentada que deveria acompanhar o título apresentado à execução. Ofensa ao art. 616 do C.P.C. caracterizada.

II – Recurso especial conhecido e provido.

(REsp 291.099/PR, Rel. Ministro CARLOS ALBERTO MENEZES DIREITO, Rel. p/ Acórdão Ministro ANTÔNIO DE PÁDUA RIBEIRO, TERCEIRA TURMA, julgado em 27/11/2001, DJ 25/02/2002, p. 377)

Diferentemente do que acontece com os títulos executivos judiciais, os quais dependem de homologação por parte do Superior Tribunal de Justiça, os títulos executivos extrajudiciais estrangeiros poderão ser executados no Brasil, independentemente de homologação.

Por fim, estabelece o *§3º do art. 784* do atual C.P.C. que *o título estrangeiro só terá eficácia executiva quando satisfeitos os requisitos de formação exigidos pela lei do lugar de sua celebração e quando o Brasil for indicado como o lugar de cumprimento da obrigação.*

Os títulos executivos extrajudiciais, como a nota promissória, oriundos de país estrangeiro, somente terão eficácia executiva, no Brasil, nos termos da lei processual brasileira, se o indicarem como lugar do cumprimento da obrigação (RTJ 111/782), e desde que preencham os requisitos de formação exigidos pela lei do lugar de sua celebração.

Art. 785

A existência de título executivo extrajudicial não impede a parte de optar pelo processo de conhecimento, a fim de obter título executivo judicial.

Opção pelo processo de conhecimento

Sob a égide do C.P.C. de 1973, a jurisprudência assim vinha se manifestando quanto ao interesse do credor em promover um processo de conhecimento, quando já detentor de um título executivo extrajudicial:

P1. Dispondo o INSS de título executivo extrajudicial (CPC, art. 585, IV), consubstanciado em certidões de dívida ativa, pode promover execução contra o devedor, não tendo, assim, interesse de agir em ação ordinária de cobrança. 2. "Se o Código prevê um tipo especial de procedimento, bem como uma tipologia instrumental de ritos, como de fato se observa na hipótese, o rito adequado deve ser utilizado sob pena de inadequação processual e falta de interesse de agir". (TRF-5ª R. – AC 443365/PE – 2ª T. – Rel. Des. Fed. Rogério Fialho Moreira – DJe 15.10.2008) 3. Remessa oficial improvida.

(TRF-5 – REOAC: 492404 CE 0007083-17.1995.4.05.8100, Relator: Desembargador Federal Francisco Barros Dias, Data de Julgamento: 06/04/2010, Segunda Turma, Data de Publicação: Fonte: Diário da Justiça Eletrônico – Data: 22/04/2010 – Página: 316 – Ano: 2010)

A existência de contrato de prestação de serviços, assinado pelas partes e por testemunhas, com eficácia de título executivo extrajudicial, com comprovação do cumprimento da obrigação, autoriza o ingresso pela via executiva para satisfação do crédito.

(TJ-SP – APL: 992090654713 SP, Relator: Adilson de Araújo, Data de Julgamento: 30/03/2010, 31ª Câmara de Direito Privado, Data de Publicaçao: 12/04/2010)

Agora, pelo novo C.P.C., a existência de título executivo extrajudicial não impede a parte de optar pelo processo de conhecimento, a fim de obter título executivo judicial.

E isso por vezes se justifica, tendo em vista que o juiz terá maior liberdade no uso de medidas executivas para dar efetividade material num procedimento executivo que tenha por objeto título executivo judicial do que em relação ao procedimento executivo de título executivo extrajudicial.

Sobre o tema, eis a seguinte decisão:

Credor portador de título extrajudicial que pode optar pelo ajuizamento de ação cognitiva, tendo em vista a ausência de qualquer prejuízo ao réu. A desocupação voluntária do imóvel no curso da demanda prejudica somente o despejo, mas não a ação de cobrança. Não obstante a existência de cláusula compromissória, a arbitragem não concorre com a Justiça Comum, em virtude da inexistência de poder coercitivo e executivo do juízo arbitral. Sublocação efetuada sem o consentimento expresso da locadora. Anuência que deve ser expressa, não podendo ser presumida (art. 13, caput e § 1º, da Lei 8.245/91). Rescisão da locação e multa contratual devida (art. 9º, inciso II, da Lei nº 8.245/91. Recurso desprovido.

(TJ-SP – APL: 00328518620108260602 SP 0032851-86.2010.8.26.0602, Relator: Gilberto Leme, Data de Julgamento: 18/03/2014, 27ª Câmara de Direito Privado, Data de Publicação: 20/03/2014).

SEÇÃO II – Da Exigibilidade da Obrigação

Art. 786

A execução pode ser instaurada caso o devedor não satisfaça a obrigação certa, líquida e exigível consubstanciada em título executivo.

Parágrafo único. A necessidade de simples operações aritméticas para apurar o crédito exequendo não retira a liquidez da obrigação constante do título.

Exigibilidade da obrigação

Continua na presente seção a análise dos requisitos necessários para se promover qualquer espécie de execução.

Já vimos que o primeiro requisito é a existência de um título executivo extrajudicial que contenha uma obrigação líquida e certa.

O segundo requisito é justamente a *exigibilidade da obrigação.*

O conceito de exigibilidade pertence exclusivamente ao direito material e não ao direito processual. Daí porque será no âmbito do direito substancial que se deverá verificar, em cada caso concreto, se já ocorreu a exigibilidade da obrigação. Assim, constituem problemas substanciais o do momento do vencimento da dívida, do local em que ela deva ser paga, ou da escolha do bem nas obrigações alternativas etc.[138]

Sobre o momento em que ocorre o *inadimplemento* da obrigação, e por consequência, a sua exigibilidade, estabelece o art. 397 do C.c.b.: *"O inadimplemento da obrigação, positiva e líquida, no seu termo, constitui de pleno direito em mora o devedor".*

Não havendo termo, a mora se constitui mediante interpelação judicial ou extrajudicial (p.u. do art. 397 do C.c.b.).

Por sua vez, segundo estabelece o art. 398 do C.c.b.: *"nas obrigações provenientes de ato ilícito, considera-se o devedor em mora, desde que o praticou".*

Preceitua o *art. 786* do atual C.P.C. que *a execução pode ser instaurada caso o devedor não satisfaça a obrigação certa, líquida e exigível consubstanciada em título executivo.*

A não satisfação de obrigação certa, líquida e exigível é pressuposto lógico necessário para configurar o interesse/necessidade do credor em promover a execução.

[138] Dinamarco, Cândido, *execução civil*, p. 408 e 409

O C.P.C. de 1973 não inseria a exigibilidade como requisito da execução, mas, sim, o inadimplemento. Esta opção feita pelo legislador do Código revogado não ficou à margem das críticas de Dinamarco, a saber: *"Ao incluir o inadimplemento entre os 'requisitos para realizar qualquer execução', cometeu o Código de Processo Civil ao menos uma impropriedade, ficando incoerente consigo mesmo e com o sistema que contém: se o inadimplemento fosse realmente condição da ação executiva, dele haveria o juiz de conhecer de-ofício e não somente mediante embargos do executado"*.[139]

O art. 786 do atual C.P.C. coerentemente distingue a *exigibilidade* da pretensão insatisfeita= *inadimplemento.*

O devedor deve satisfazer a obrigação líquida e certa no termo estabelecido ou após a implementação da condição que justifica a sua satisfação.

A execução pode ser instaurada caso o devedor não satisfaça a obrigação certa, líquida e exigível. Se faltar qualquer um desses requisitos, o juiz deverá julgar o exequente carecedor de ação.

Já o adimplemento é causa de extinção da obrigação e motivo de improcedência da demanda executiva e não de carência de ação.

Quem recebeu o que lhe era devido não possui mais pretensão de direito material que alega possuir, sendo isso matéria de análise do mérito da demanda executiva; assim, ocorrendo o adimplemento, quem era credor já não o é mais e a sua pretensão a receber pela segunda vez não merece ser satisfeita pela via executiva nem por qualquer outra.[140]

Preceitua o *parágrafo único* do *art. 786* do atual C.P.C. que *a necessidade de simples operações aritméticas para apurar o crédito exequendo não retira a liquidez da obrigação, constante do título.*

Por vezes o título executivo judicial ou extrajudicial depende apenas de cálculo aritmético para apurar o seu valor atualizado.

A necessidade de apuração do crédito por simples operações aritméticas não configura a iliquidez da obrigação. Nesse caso, basta que o credor, ao promover a execução do título executivo extrajudicial, apresente a memória de cálculo juntamente com o título.

Sobre o tema, eis o seguinte precedente do S.T.J.:

I – "A jurisprudência desta Corte Superior já se encontra pacificada no sentido de que não perde a liquidez a dívida cujo quantum debeatur dependa tão somente de cál-

[139] Dinamarco, C., idem, ibidem.
[140] Dinamarco, C., idem, ibidem.

culos aritméticos" (AgRg no Ag 688.202/BA, 6ª Turma, Rel. Min. Hélio Quaglia Barbosa, DJU de 26.06.2006).
(...).
(AgRg no REsp 970.912/PE, Rel. Ministro FELIX FISCHER, QUINTA TURMA, julgado em 17/03/2009, DJe 13/04/2009)

Art. 787

Se o devedor não for obrigado a satisfazer sua prestação senão mediante a contraprestação do credor, este deverá provar que a adimpliu ao requerer a execução, sob pena de extinção do processo.

Parágrafo único. O executado poderá eximir-se da obrigação, depositando em juízo a prestação ou a coisa, caso em que o juiz não permitirá que o credor a receba sem cumprir a contraprestação que lhe tocar.

Exceptio non adimpleti contractus

Pode ocorrer que a relação jurídica realizada entre credor e devedor subordine o adimplemento da prestação devida pelo devedor a uma contraprestação do credor.

Diante da existência dessa condicionante, o devedor não estará obrigado a satisfazer sua prestação se o credor não comprovar que adimpliu sua contraprestação. A falta de comprovação afeta a exigibilidade da obrigação.

Está-se diante da *exceptio non adimpleti contractus* prevista nos arts. 476 e 477 do C.c.b., *in verbis:*

> *"Art. 476. Nos contratos bilaterais, nenhum dos contratantes, antes de cumprida a sua obrigação, pode exigir o implemento da do outro".*
>
> *"Art. 477. Se, depois de concluído o contrato, sobrevier a uma das partes contratantes diminuição em seu patrimônio capaz de comprometer ou tornar duvidosa a prestação pela qual se obrigou, pode a outra recusar-se à prestação que lhe incumbe, até que aquela satisfaça a que lhe compete ou dê garantia bastante de satisfazê-la".*

Como o próprio nome diz, a *excepto non adimpleti contractus* constitui uma das modalidades das exceções substanciais. Faz parte das exceções dilatórias, pois se o exequente não provar que cumpriu com sua contraprestação, o juiz extinguirá o processo *sem julgamento de mérito* por falta de exigibilidade da obrigação. A exceção não tranca definitivamente a possibilidade de nova execução. De qualquer forma, a alegação da exceção paralisa a demanda do autor ante a alegação do executado de não ter recebido a contraprestação que lhe era devida.[141]

Não se discute o mérito propriamente dito do direito pretendido, pois o executado não nega a obrigação. O que se alega é a falta de *exigibilidade*, em razão de um fundamento inerente à própria relação jurídica de direito material.

Embora vencida a obrigação, não há exigibilidade pela falta de cumprimento da contraprestação.

Diante dessa característica da *exceptio non adimpleti contractus*, prestação *versus* contraprestação, pode-se afirmar que essa exceção somente poderá ser veiculada nas relações jurídicas sinalagmáticas.

Cabe, no caso, ao exequente comprovar logo com a inicial o cumprimento da sua obrigação, a fim de evitar que o executado argua a *exceptio*.

Certas diferenças medeiam a *exceptio non adimpleti contractus* e a *condição resolutória*. Enquanto esta última produz o rompimento do vínculo contratual, dissolvendo-o, para inserir credor e devedor em uma nova situação jurídica muito diversa da contratual, a *exceptio*, ao contrário, suspende pura e simplesmente a exigibilidade da prestação devida pelo devedor, até que ocorra o adimplemento da prestação inerente ao autor, não produzindo, como a resolutória, o rompimento do contrato.[142]

A *exceptio* tem por fundamento a equivalência das prestações devidas e a ideia de um enriquecimento ilícito.

Resulta claro que a *exceptio* pressupõe a presença de dois créditos contrapostos, interligados pelo sinalagma, de modo que a exigibilidade de qualquer deles pode ficar paralisada se o credor, a seu turno, não houver cumprido a prestação que lhe incumbia realizar.[143]

A *exceptio* não se aplica apenas às obrigações positivas, mas, também, às obrigações negativas.

A oposição da *exceptio*, exigindo a realização das prestações, depende da simultaneidade do adimplemento das respectivas obrigações, *toma lá, dá cá*. Se elas forem realizáveis sem essa sincronização temporal, já não há, de regra, base para a arguição da *exceptio*.[144]

[141] Serpa Lopes, Miguel Maria de. *Exceções substanciais: exceção de contrato não cumprido*. Rio de Janeiro: Livraria Freitas Bastos S.A., 1959. p. 135.

[142] Serpa Lopes, M. M., idem, p. 185.

[143] Serpa Lopes, M. M., idem, p. 263.

[144] Serpa Lopes, M.M., idem, p. 271.

Evidentemente, se o devedor encontrar-se em mora para receber a prestação que deve ser ofertada pelo credor, aquele não poderá alegar a *exceptio* quando promovida a execução por este último.

A *exceptio non adimpleti contractus* deve ser oposta pelo executado, salvo se o próprio título prever cláusula que condicione a promoção da demanda executiva a uma contraprestação do credor, quando então o juiz poderá conhecer de ofício tal questão. Aliás, o art. 796, inc. I, letra d), prescreve que cumpre ao credor, ao requerer a execução, instruir a petição inicial com a prova, se for o caso, de que adimpliu a contraprestação que lhe corresponde ou que lhe assegura o cumprimento, se o executado não for obrigado a satisfazer a sua prestação senão mediante a contraprestação do credor.

Se assim não for, segundo ensina Alcides Mendonça Lima, *"dificilmente o juiz, por ato de ofício, obstará a execução, mas aguardará que, por via de embargos, o devedor levante o problema"*.[145]

Preceitua o *parágrafo único do art. 787* do atual C.P.C. que *o executado poderá eximir-se da obrigação, depositando em juízo a prestação ou a coisa, caso em que o juiz não permitirá que o credor a receba sem cumprir a contraprestação que lhe tocar.*

Na hipótese de o juiz determinar o transcurso normal da execução, por não perceber ou não se apresentar visível a possibilidade de arguição da cláusula *exceptio non adimpleti contractus,* determinando a citação do executado, este, ao invés de simplesmente alegar a exceção dilatória, poderá requerer ao juiz o depósito judicial da prestação, que poderá ser uma coisa móvel ou imóvel. Nesse caso, o juiz não permitirá que o credor receba o bem sem que comprove o cumprimento de sua contraprestação.

A possibilidade do depósito da prestação gera os mesmos efeitos jurídicos de uma consignação em pagamento, liberando o devedor de sua obrigação.

Depositada a prestação, o juiz suspenderá a execução, intimando o credor para que comprove o cumprimento da sua contraprestação a fim de levantar o depósito.

O credor, evidentemente, poderá recusar o recebimento da prestação, podendo alegar que ela não é completa ou que foi realizada após o devedor encontrar-se em mora, ou, ainda, que não está de acordo com o que foi estabelecido no título executivo. O ônus da prova dessas situações compete ao credor. Acolhido o argumento, o devedor não será considerado liberado da sua obrigação, pois o credor não é obrigado a receber outra prestação que não aquela que lhe é devida.

[145] Lima, Alcides de Mendonça. *Comentários ao código de processo civil.* Vol. VI, Tomo I. Rio de Janeiro: Forense, 1979. p. 290.

Sobre o tema, eis os seguintes precedentes do S.T.J.:

(...).

2. Comprovada a regularidade do loteamento, com o competente registro imobiliário, desnecessária a apresentação, pelo loteador, do contrato de compromisso de compra e venda devidamente registrado, providência a cargo do promitente comprador e a seu benefício, para o aparelhamento da execução das prestações devidas pelo adquirente (Lei 6.766/79, de Parcelamento do Solo Urbano, arts. 26, § 1º, e 46).

3. Na hipótese em que não se pretende a rescisão contratual, mas apenas a cobrança ou execução de prestações em atraso, é dispensável a notificação prévia para a constituição do devedor em mora (Lei 6.766/79, art. 32). Incide a regra dies interpellat pro homine.

4. Se a falha na execução do contrato é de pequena monta, irrelevante, fica desautorizado o acolhimento da exceção do contrato não cumprido.

5. A configuração do dissídio jurisprudencial depende da demonstração da existência de similitude fática entre as situações confrontadas de modo a possibilitar a verificação da efetiva existência de soluções jurídicas díspares nos arestos confrontados, o que não ocorre no caso em análise.

6. Recurso especial conhecido em parte e não provido.

(REsp 648.780/RS, Rel. Ministro RAUL ARAÚJO, QUARTA TURMA, julgado em 20/03/2014, DJe 07/05/2014)

(...).

1. Nenhum dos sujeitos da relação jurídica, antes de cumprida sua obrigação, pode exigir o adimplemento da obrigação contraposta, eis a transposição para o processo da máxima civilista do exceptio non adimplenti contractus.

2. A alegada ausência de contraprestação do exequente – consistente no pagamento de indenização determinada no processo de conhecimento –, possui a virtualidade de atingir a própria exigibilidade do título, matéria absolutamente passível de ser alegada em sede de embargos à execução (art. 741, inciso II) ou de impugnação ao cumprimento de sentença (art. 475-L, inciso II), no momento da execução de sentença constitutiva de obrigação bilateral.

3. Recurso especial provido.

(REsp 826.781/RS, Rel. Ministro LUIS FELIPE SALOMÃO, QUARTA TURMA, julgado em 22/02/2011, DJe 25/02/2011)

Art. 788

O credor não poderá iniciar a execução ou nela prosseguir se o devedor cumprir a obrigação, mas poderá recusar o recebimento da prestação se ela não corresponder ao direito ou à obrigação estabelecidos no título executivo, caso em que poderá requerer a execução forçada, ressalvado ao devedor o direito de embargá-la.

Adimplemento da obrigação – requisitos

O cumprimento voluntário da obrigação impede a execução forçada do crédito, razão pela qual, somente se houver o inadimplemento da prestação no termo aprazado é que se poderá sujeitar o devedor à execução forçada, seja de título judicial ou extrajudicial. Por isso, transitando em julgado a sentença (sem se descartar a hipótese de execução provisória) ou realizadas todas as condições do título executivo extrajudicial, combinado com o inadimplemento do devedor, o credor poderá dar início à execução, para, mediante atos coativos, obter aquilo que lhe é de direito.

Não basta que o devedor se proponha a cumprir a obrigação para que se impeça o credor de promover ou prosseguir com a execução; é necessário que ele assim o faça quantitativa e qualitativamente.

O cumprimento voluntário da obrigação poderá ocorrer, inclusive, após iniciada a execução. Nesse caso, além de eventual juros e multa moratórios, também deverá arcar o devedor com as custas processuais e honorários de advogado do exequente. Assim, seja antes ou depois de iniciada a execução, o ressarcimento deverá ser completo.

Efetuado o pagamento, a execução deverá ser extinta, com resolução de mérito, uma vez que a pretensão, que até então era insatisfeita, passou a ser satisfeita.

O credor, por sua vez, conforme lhe permite o art. 788 do atual C.P.C., poderá recusar o recebimento da prestação, se ela não corresponder ao direito ou à obrigação contida no título executivo.

Aliás, é isso que expressamente prevê o art. 313 do C.c.b.: *"O credor não é obrigado a receber prestação diversa da que lhe é devida, ainda que mais valiosa"*.

Ainda que a obrigação tenha por objeto prestação divisível, não pode o credor ser obrigado a receber por partes, se assim não se ajustou (art. 314 do C.c.b.). Não se trata de valor, quantidade ou qualidade, mas de cumprimento exato daquilo que se convencionou.

Diante dessa regra, também o devedor não é obrigado a realizar prestação, ainda que menos valiosa do que a original.

Por isso, não basta que o devedor tenha a pretensão de cumprir a obrigação, mas é necessário que a prestação corresponda ao direito ou à obrigação assumida, solvendo-se integralmente, salvo se houver conciliação ou transação entre as partes.

CAPÍTULO V – Da Responsabilidade Patrimonial

Art. 789

O devedor responde com todos seus bens presentes e futuros para o cumprimento de suas obrigações, salvo as restrições estabelecidas em lei.

Responsabilidade patrimonial

A inserção do executado no procedimento de cumprimento de sentença ou na execução autônoma de título executivo extrajudicial gera um efeito importante e sancionatório consistente na responsabilidade patrimonial de seus bens para cumprimento da obrigação liquida, certa e exigível constante do título executivo.

Deve-se a Liebman a teoria da sanção (Processo de execução, n. 1). Trata-se, contudo, não de uma sanção material, mas, sim, de uma sanção de natureza processual, mediante a substituição voluntária dos atos do executado por atos de sub-rogação, desapropriação, desapossamento e transformação que, em geral, compõem a execução forçada.

A sanção processual não agrava, não substitui e não altera a obrigação material correspondente.

A pendência do processo executivo ou do cumprimento de sentença caracteriza um estado de sujeição do executado que leva à constrição de seu patrimônio para o fim de cumprir com a obrigação líquida, certa e exigível.

A responsabilidade patrimonial (ou executiva) corresponde a uma situação meramente potencial, caracterizada pela sujeitabilidade do patrimônio de alguém às medidas executivas destinadas à atuação da vontade concreta do direito material. Daí porque pode-se dizer que é princípio, em matéria de responsabilidade, que o *devedor responde por suas obrigações com os bens que se encontram em seu patrimônio no momento da execução* ou que possam vir a ser adquiridos futuramente.[146]

É bem verdade que nem sempre a responsabilidade recaiu sobre o patrimônio do devedor. Na Roma Clássica, por exemplo, a responsabilidade pelas obrigações incidia sobre a própria pessoa do devedor. Havia na Lei das XII tábuas

[146] DINAMARCO, Cândido Rangel. *Execução civil*. 3ª ed. São Paulo: Malheiros, 1993. p. 241 e 242.

a previsão de um interdito denominado *adicctus*, no qual o devedor comparecia perante o pretor romano e solicitava um *manus iniectio*, que permitia que o credor levasse o devedor para sua casa e lá o prendesse com correntes e pesos. Em seguida, o credor levava o devedor a três feiras em Roma, apregoando o valor da sua dívida e aguardando que surgisse alguém para efetuar o pagamento. Se ninguém se dispusesse a pagar, o credor poderia levar o devedor *trans Tiberim*, e lá vendê-lo como escravo ou mesmo matá-lo.

Com a *Lex Aquilia*, 286 a.c., a responsabilidade passa a ser patrimonial e não mais corporal.

A sujeição do executado ao processo executivo caracteriza também o seu dever em colaborar com as medidas executivas impostas pelo Poder Judiciário, sob pena de praticar ato atentatório à dignidade da justiça (art. 774, inc I a V do atual C.P.C.). Esse dever não impede que o executado promova as medidas que entender adequadas para que não haja excesso ou abuso na aplicação das medidas executivas. Por isso, o executado pode exercer medidas defensivas no próprio processo executivo ou por meio de embargos à execução.

Preceito similar ao conteúdo da presente normatização encontra-se no art. 2.740 do Código Civil italiano, que assim estabelece: *"o devedor responde pelo adimplemento das obrigações com todos os seus bens presentes e futuros"*.

O conjunto dos bens de uma pessoa forma o seu patrimônio, sendo que, para efeitos de responsabilidade pelo cumprimento da obrigação, somente os bens que tenham valor pecuniário é que poderão compor o objeto sobre o qual incide a responsabilidade do devedor.

Trata-se de uma responsabilidade material e processual, pela qual a obrigação que não foi satisfeita voluntariamente será cumprida coercitivamente através dos bens presentes e futuros do devedor. Assim, o princípio de que o devedor tem de solver sua obrigação assumida perante o credor é de direito material que se completa com os meios processuais de que se pode utilizar o credor para tornar efetiva a responsabilidade do devedor.[147]

Em tese, todo o patrimônio do devedor sujeita-se à execução.

Porém, na hipótese em que determinado bem garante o cumprimento da obrigação, como no caso da hipoteca, do penhor ou da anticrese, a execução ficará vinculada aos aludidos bens, salvo se eles não forem suficientes para a solvência total da prestação, quando então os demais bens do devedor ficarão vinculados ao cumprimento da obrigação.

[147] Lima, Alcides de Mendonça. *Comentários ao código de processo civil.* 3ª ed. Vol. VII. Tomo II (arts. 586 a 645). Rio de Janeiro: Forense, 1979. p. 522.

Há, contudo, hipótese em que o patrimônio é responsável pelo cumprimento da obrigação, sem que o sujeito passivo da execução seja considerado devedor. Trata-se da hipótese do fiador. Verifica-se tal situação também em relação aos direitos reais em garantia, quando os bens são oferecidos por terceiro. Diante dessas exceções, reforça-se a tese de que não se pode confundir *obrigação (Schuld)* com *responsabilidade executiva (Haftung)*.

Em relação aos bens futuros, anota Cândido Rangel Dinamarco: *"falar de bens posteriores à execução (futuros) e de sua inclusão na responsabilidade seria um ilogismo, porque responsabilidade é sujeitabilidade à execução e esta não pode, por isso, ser um dado passado com referência à responsabilidade; por isso, ficam excluídos da sujeitabilidade aos atos de execução forçada também alguns entre os bens posteriores (futuros) ao momento da constituição da obrigação – precisamente aqueles que forem posteriores também à execução. Por outro lado, sujeita à execução todos os bens que tinha o devedor ao momento da constituição da obrigação (bens presentes) conduziria ao total congelamento de seu patrimônio, o que não seria tolerável, nem mesmo materialmente possível em todos os casos. Os institutos de fraude contra credores e da fraude de execução, que aqui talvez pudessem ser invocados, não operam esse congelamento, mas somente em alguns casos excepcionais alteram a regra geral da responsabilidade, excluindo a eficácia do ato de disposição".*[148]

Quando o dispositivo menciona que os bens futuros também ficarão vinculados ao cumprimento da obrigação assumida no passado, isso significa dizer que, em caso de inadimplemento da obrigação, os bens eventualmente adquiridos pelo devedor, seja por ato *entre vivos* ou *causa mortis*, ficarão sujeitos à execução. Mesmo na hipótese em que o bem venha a ser adquirido após a execução, por exemplo, o bem do devedor é levado à arrematação, sendo que o próprio devedor, durante o procedimento licitatório, arremata o bem. Nesse caso, configurar-se-á no mesmo ato jurídico processual a perda e a aquisição originária da propriedade.

Assim, enquanto houver inadimplemento, o patrimônio do devedor responderá pelo cumprimento da obrigação, não importando o momento em que o bem fora adquirido pelo devedor.

Esse princípio aplica-se não só nas obrigações próprias de pagar quantia certa, mas também nas obrigações de fazer e não fazer, pois essas obrigações podem se converter em perdas e danos.

Deve-se, porém, fazer uma diferenciação entre a prestação devida e a responsabilidade patrimonial pelo cumprimento da obrigação.

A obrigação assumida não gera, por si só, diretamente, um direito para o credor sobre o total dos bens do devedor, uma vez que esse apenas se comprometeu

[148] Dinamarco, C.R., op. cit., p. 242.

a uma prestação (pagar, entregar, fazer ou não fazer), que é o objetivo do credor. Os bens são mero sucedâneo da prestação que não foi cumprida, quando houver necessidade de ser exigido o cumprimento em juízo. Somente se não cumprida a obrigação assumida é que surge para o credor o direito de exigir a efetivação da responsabilidade pelos meios processuais condizentes.[149]

Daí porque não haver impedimento de o devedor alienar seus bens, a não ser na hipótese que isso venha caracterizar fraude a credores ou fraude à execução.

Outro aspecto importante é que muito embora a responsabilidade do devedor incida sobre todos os seus bens, presentes ou futuros, isso não significa dizer que o credor terá direito sobre o próprio bem, uma vez que o seu direito incide sobre o valor obtido com a alienação do bem, salvo se o credor fizer opção pela adjudicação.

A responsabilidade patrimonial somente não será admitida se houver restrição legal.

Isso pode ocorrer quando normas de direito material refletem-se na situação de direito processual, como, por exemplo, se houver inserção de cláusula de inalienabilidade e impenhorabilidade do bem por ato de vontade estipulado em doação ou testamento.

O mesmo ocorre quando o bem for considerado *bem de família*, nos termos da Lei n. 8.009/90.

Também os bens que carecem de valor econômico não podem ser objeto da responsabilidade patrimonial pelo cumprimento das obrigações, como, por exemplo, os bens personalíssimos, os direitos autorais morais etc.

A C.P.C. também traz restrições a essa responsabilidade, quando indica os bens impenhoráveis previstos no art. 833 do atual C.P.C.

Contudo, o bem penhorado não é impenhorável, razão pela qual ele pode ser objeto de nova penhora.

Há também a hipótese em que existe a obrigação, mas não há mais a responsabilidade, como ocorre no caso da obrigação natural (dívida prescrita; dívida de jogo etc).

Sobre o tema, eis os seguintes precedentes do S.T.J.:

> *2. Discute-se a possibilidade de adjudicação, pelos credores de alimentos, dos direitos hereditários do devedor, penhorados no rosto dos autos de inventário, bem como qual o Juízo competente para fazê-lo.*

[149] LIMA, A. M., op. cit., p. 523.

3. Considerando-se que "o devedor responde, para o cumprimento de suas obrigações, com todos os seus bens presentes e futuros, salvo as restrições estabelecidas em lei" (art. 591 do CPC); que, desde a abertura da sucessão, a herança incorpora-se ao patrimônio do herdeiro, como bem imóvel indivisível; e que a adjudicação de bem imóvel é técnica legítima de pagamento, produzindo o mesmo resultado esperado com a entrega de certa quantia; exsurge, como corolário, a conclusão de que os direitos hereditários do recorrido podem ser adjudicados para a satisfação do crédito dos recorrentes.

4. Ante a natureza universal da herança, a adjudicação dos direitos hereditários não pode ser de um ou alguns bens determinados do acervo, senão da fração ideal que toca ao herdeiro devedor.

5. Na espécie, a adjudicação do quinhão hereditário do recorrido, até o quanto baste para o pagamento do débito, autoriza a participação dos recorrentes no processo de inventário, sub-rogando-se nos direitos do herdeiro, e se dá pro soluto até o valor do bem adjudicado.

6. Assim como o Juízo de Família determinou, por carta precatória, a penhora dos direitos hereditários no rosto dos autos do inventário, que tramita perante o Juízo de Órfãos e Sucessões, incumbe-lhe o prosseguimento da execução, com a prática dos demais atos necessários à satisfação do crédito, adjudicando aos credores, se o caso, a cota-parte do devedor de alimentos, limitado ao valor do débito.

7. Recurso especial conhecido e provido.

(REsp 1330165/RJ, Rel. Ministra NANCY ANDRIGHI, TERCEIRA TURMA, julgado em 13/05/2014, DJe 02/06/2014).

1. A penhora de cotas sociais, em geral, não é vedada por lei, ex vi da exegese dos arts. 591, 649, I, 655, X, e 685-A, § 4º, do CPC.

Precedentes.

2. É possível a penhora de cotas pertencentes a sócio de cooperativa, por dívida particular deste, pois responde o devedor, para o cumprimento de suas obrigações, com todos seus bens presentes e futuros (art. 591, CPC).

3. O óbice de transferência a terceiros imposto pelo art. 1.094, inc. IV, do CC/02 e pelo art. 4º, inc. IV, da Lei nº 5.764/71 não impede a penhora pretendida, devendo os efeitos desta serem aplicados em consonância com os princípios societários e características próprias da cooperativa.

4. Dada a restrição de ingresso do credor como sócio e em respeito à afecctio societatis, deve-se facultar à sociedade cooperativa, na qualidade de terceira interessada, remir a execução (art. 651, CPC), remir o bem (art. 685-A, § 2º, CPC) ou concedê-la e aos demais sócios a preferência na aquisição das cotas (art. 685-A, § 4º, CPC), a tanto por tanto, assegurando-se ao credor, não ocorrendo solução satisfatória, o direito de reque-

rer a dissolução parcial da sociedade, com a exclusão do sócio e consequente liquidação da respectiva cota.

5. Em respeito ao art. 1.094, inc. I e II, do CC/02, deve-se avaliar eventual dispensa de integralização de capital, a fim de garantir a liquidez da penhora e, ainda, a persistência do número mínimo de sócios na hipótese de exclusão do sócio-devedor, em quantitativo suficiente à composição da administração da sociedade.

6. Recurso improvido.

(REsp 1278715/PR, Rel. Ministra NANCY ANDRIGHI, TERCEIRA TURMA, julgado em 11/06/2013, DJe 18/06/2013).

(...).

2. A discriminação do patrimônio da empresa, mediante a criação de filiais, não afasta a unidade patrimonial da pessoa jurídica, que, na condição de devedora, deve responder com todo o ativo do patrimônio social por suas dívidas, à luz de regra de direito processual prevista no art. 591 do Código de Processo Civil, segundo a qual "o devedor responde, para o cumprimento de suas obrigações, com todos os seus bens presentes e futuros, salvo as restrições estabelecidas em lei".

3. O princípio tributário da autonomia dos estabelecimentos, cujo conteúdo normativo preceitua que estes devem ser considerados, na forma da legislação específica de cada tributo, unidades autônomas e independentes nas relações jurídico-tributárias travadas com a Administração Fiscal, é um instituto de direito material, ligado à questão do nascimento da obrigação tributária de cada imposto especificamente considerado e não tem relação com a responsabilidade patrimonial dos devedores prevista em um regramento de direito processual, ou com os limites da responsabilidade dos bens da empresa e dos sócios definidos no direito empresarial.

4. A obrigação de que cada estabelecimento se inscreva com número próprio no CNPJ tem especial relevância para a atividade fiscalizatória da administração tributária, não afastando a unidade patrimonial da empresa, cabendo ressaltar que a inscrição da filial no CNPJ é derivada do CNPJ da matriz.

5. Nessa toada, limitar a satisfação do crédito público, notadamente do crédito tributário, a somente o patrimônio do estabelecimento que participou da situação caracterizada como fato gerador é adotar interpretação absurda e odiosa. Absurda porque não se concilia, por exemplo, com a cobrança dos créditos em uma situação de falência, onde todos os bens da pessoa jurídica (todos os estabelecimentos) são arrecadados para pagamento de todos os credores, ou com a possibilidade de responsabilidade contratual subsidiária dos sócios pelas obrigações da sociedade como um todo (v.g. arts. 1.023, 1.024, 1.039, 1.045, 1.052, 1.088 do CC/2002), ou com a administração de todos os estabelecimentos da sociedade pelos mesmos órgãos de deliberação, direção, gerência e fiscalização. Odiosa porque, por princípio, o credor privado não pode ter mais privilégios que o credor público, salvo exceções legalmente expressas e justificáveis.

6. Recurso especial conhecido e provido. Acórdão submetido ao regime do art. 543-C do CPC e da Resolução STJ n. 8/08.

(REsp 1355812/RS, Rel. Ministro MAURO CAMPBELL MARQUES, PRIMEIRA SEÇÃO, julgado em 22/05/2013, DJe 31/05/2013).

(...).

2. Ao determinar o estatuto processual civil que "o devedor responde, para o cumprimento de suas obrigações, com todos os seus bens presentes e futuros", está, por óbvio, a impedir que eventual medida constritiva venha a recair sobre bens de terceiros, alheios à relação jurídica de direito material, que deu origem ao feito executivo (com exceção, é claro, daqueles bens incluídos no rol do artigo 592); daí ser imprescindível a comprovação da propriedade do bem indicado à penhora, o que não ocorreu na espécie.

3. Consignou o magistrado singular, também, que a ausência de indicação do valor do bem nomeado à penhora, a par de evidente o descumprimento do comando legal (art. 656, inc. VII, do CPC), não permitiu aferir suficiência para garantir a execução.

4. Teria o recorrente resolvido o incidente se, ao invés de percorrer todos os meandros recursais, como até o momento vem fazendo, houvesse demonstrado a propriedade do veículo, pela simples apresentação da documentação pertinente, indicando-lhe, outrossim, o valor de mercado, o que faria mediante simples consulta a qualquer jornal de circulação diária ou revista especializada.

5. Recurso especial não conhecido.

(REsp 286.582/SP, Rel. Ministro HÉLIO QUAGLIA BARBOSA, QUARTA TURMA, julgado em 27/11/2007, DJ 10/12/2007, p. 366)

Art. 790

São sujeitos à execução os bens:

I – do sucessor a título singular, tratando-se de execução fundada em direito real ou obrigação reipersecutória;

II – do sócio, nos termos da lei;

III – do devedor, ainda que em poder de terceiros;

IV – do cônjuge ou companheiro, nos casos em que seus bens próprios ou de sua meação respondem pela dívida;

V – alienados ou gravados com ônus real em fraude à execução;

VI – cuja alienação ou gravação com ônus real tenha sido anulada em razão do reconhecimento, em ação autônoma, de fraude contra credores;

VII – do responsável, nos casos de desconsideração da personalidade jurídica.

Outros bens sujeitos à execução

Este dispositivo é um complemento do princípio da responsabilidade patrimonial pelo cumprimento da obrigação.

a) Ficam sujeitos à execução os bens *do sucessor a título singular, tratando-se de execução fundada em direito real ou obrigação reipersecutória.*

De nada adiantaria estabelecer um princípio de que os bens do devedor são responsáveis pelo cumprimento da obrigação, se a lei não apresentasse meios de conservação desses bens, pelo menos em algumas hipóteses específicas de execução. Para essas específicas hipóteses de execução, eventual sucessão singular sobre o bem específico não rompe com a responsabilidade patrimonial em favor do credor. Tal norma não impede a alienação do bem, pois isso poderia congelar as transações comerciais e a dinâmica do mercado. Apenas mantém a responsabilidade patrimonial, mesmo que o bem esteja na posse de eventual sucessor singular.

Sabe-se que a sucessão pode decorre de *causa mortis* ou *inter vivos.*

A sucessão *causa mortis* é uma sucessão *universal*, salvo na hipótese do legatário, que é considerado sucessor a título singular.

O sucessor a título singular é aquele que recebe bens certos, a qualquer título.

A sucessão *inter vivos* dá-se sempre a título singular, que pode ser a título oneroso ou gratuito (doação).

A natureza da alienação do devedor a terceiro, *"apenas se refletirá na ação regressiva desse contra aquele, se perder o bem na execução do credor. Se onerosa, o devedor terá de devolver o que recebeu ou sofrer as perdas e danos; se gratuita, nada tem o devedor que restituir, salvo indenizar adquirente dos eventuais prejuízos, v.g., como o valor das benfeitorias que haja feito no bem; perda de negócio com o mesmo etc."*[150]

Havendo sucessão a título singular, os bens do sucessor ficam sujeitos à execução quando esta se *fundar em direito real ou obrigação reipersecutória.*

São espécies de direito real, nos termos do art. 1.225 do C.c.b.:

> *Art. 1.225. São direitos reais:*
>
> *I – a propriedade;*

[150] Lima, A. M., idem, p .538.

II – a superfície;

III – as servidões;

IV – o usufruto;

V – o uso;

VI – a habitação;

VII – o direito do promitente comprador do imóvel;

VIII – o penhor;

IX – a hipoteca;

X – a anticrese.

XI – a concessão de uso especial para fins de moradia; (Incluído pela Lei nº 11.481, de 2007)

XII – a concessão de direito real de uso. (Incluído pela Lei nº 11.481, de 2007)

Se o título executivo judicial ou extrajudicial tiver por objeto um direito real, como, por exemplo, compromisso de compra e venda, penhor, hipoteca, anticrese, usufruto, servidao, concessão de uso especial para fins de moradia etc, o bem que é objeto desse direito real estará sujeito às medidas executivas, respondendo, portanto, pelo cumprimento da obrigação que fora assumida e que ensejou a existência do direito real.

O mesmo ocorre em relação às obrigações reipersecutória, que muito se assemelham aos efeitos jurídicos dos direitos reais. Entre elas encontram-se as denominadas obrigações *propter rem* ou obrigações reipersecutórias, sem se esquecer do *ônus real*.

A diferença entre obrigações *propter rem* e o *ônus real*, é que no ônus real a responsabilidade pelo cumprimento da obrigação recai e exaure-se no próprio bem sobre o qual incide o ônus real (exemplo, imposto sobre propriedade rural ou urbana). Na obrigação *propter rem*, não sendo suficiente para o pagamento o valor apurado pela alienação do bem vinculado à obrigação (exemplo, dívida de condomínio), outros bens do devedor poderão sofrer medidas executivas.

As obrigações *propter rem*, ou deveres jurídicos de causa real, *"são posições jurídicas passivas que adstringem o titular de uma situação de direito das coisas a um comportamento em face de um credor, comportamento este sempre de conteúdo positivo. Nada mais são do que um tipo especial de dever jurídico obrigacional e patrimonial e, portanto, relativo a certa e determinada pessoa, nunca vinculado à generalidade dos sujeitos, nem portanto correspondente apenas e tão somente a uma relação com a coisa. Caracterizam-se por surgirem em virtude do 'vínculo' que o sujeito passivo da obrigação, antes de sua constituição, tem com a 'coisa' objeto de uma situação jurídica de direito das coisas. Assim, a titularidade da situação jurídica de direito das coisas é o fundamento da obrigação 'propter rem' e é a ela que esta adere, de modo a se transmitir com a transmissão desta titularidade.*

A contactação jurídica que o titular do direito real ou da posse tem com o bem 'induz' o nascimento das obrigações 'propter rem'".[151]

A obrigação *propter rem* decorre de um dever jurídico de causa real, sendo a causa remota desse tipo de obrigação, apenas e tão somente, a titularidade de uma situação jurídica de direito das coisas.[152]

Trata-se, portanto, de uma situação jurídica dotada de *inerência*, ou seja, de uma profunda vinculação com a coisa.

Por sua vez, *"há uma estreita vinculação entre a titularidade de situação real (propriedade ou posse), ou seja, entre o contato com a coisa e a obrigação desencadeada. Por isso, diz-se, corretamente, que a situação de direito real é causa eficiente próxima do surgimento da obrigação. Deste modo, transmitida a titularidade real, ainda sendo esta ativa, transmite-se, juntamente com ela, a totalidade das obrigações existentes que têm por causa a coisa objeto do direito real".*[153]

É importante salientar que as obrigações *propter rem* são taxativas, apesar de terem natureza obrigacional.

São exemplos de obrigações reipersecutórias, a taxa condominial, o pagamento de laudêmio pelo enfiteuta, recuperação dos danos ambientais causados ao solo e os impostos ou taxas incidentes sobre as coisas, sendo que para alguns estes últimos são espécies de *ônus real.*

Existem obrigações *propter rem* que se exaurem no simples ato de informar, como, por exemplo, nos casos de dar preferência ao locatário, na hipótese de alienação da coisa na constância da locação (Lei de Locação art. 27), ao condômino na hipótese de venda da parte ideal no condomínio indivisível.[154]

Em relação ao condomínio, o Superior Tribunal de Justiça já teve oportunidade de afirmar que o arrematante não é obrigado pelas despesas das taxas condominiais se essa obrigação não foi mencionada no edital de praça. Nesse sentido é o seguinte precedente:

> *– Por se tratar de obrigação proter rem, o crédito oriundo de despesas condominiais em atraso prefere ao crédito hipotecário no produto de eventual arrematação.*
>
> *– A responsabilidade pelo pagamento de débitos condominiais e tributários existentes sobre imóvel arrematado, mas que não foram mencionados no edital de praça, não pode ser atribuída ao arrematante.*

[151] Penteado, Luciano de Camargo. *Direito das coisas.* São Paulo: Editora Revista dos Tribunais, 2008. p. 115.

[152] Penteado, L. C., idem, p. 116.

[153] Penteado, L. C., idem, ibidem.

[154] Penteado, L. C., idem, p. 117.

– Se débito condominial não foi mencionado no edital de praça pode ser feita a reserva de parte do produto da arrematação para a quitação do mesmo.

Recurso especial não conhecido.

(REsp 540.025/RJ, Rel. Ministra NANCY ANDRIGHI, TERCEIRA TURMA, julgado em 14/03/2006, DJ 30/06/2006, p. 214)

O credor, no caso de direito real, deve mover a execução contra o devedor, penhorando o bem integrado no patrimônio do terceiro (sucessor a título singular), pois a sucessão não ocorre na obrigação, mas, sim, na responsabilidade patrimonial. A exceção ocorrerá se o credor autorizar a substituição do devedor originário pelo sucessor no âmbito da relação jurídica processual.

Já em se tratando de obrigações reipersecutórias, o credor deverá mover a demanda contra o atual possuidor do bem, uma vez que não se trata de simples transferência da responsabilidade patrimonial, mas da própria obrigação existente.

É importante salientar que o S.T.J. já decidiu que o adquirente de bem litigioso não poderá ingressar com embargos de terceiro. Nesse sentido é o teor do Resp n. 1227318:

A Terceira Turma do Superior Tribunal de Justiça (STJ) reafirmou o entendimento de que a pessoa que adquire bem litigioso não possui a qualidade de terceiro e, portanto, não tem legitimidade para opor embargos de terceiro, buscando defender tal bem em execução movida contra quem o alienou.

Para defender a posse de um imóvel, ameaçado pela insolvência decretada contra o alienante, o comprador opôs embargos de terceiro. O magistrado de primeiro grau extinguiu o processo, sem resolução de mérito, sob o fundamento de que o autor não teria legitimidade na causa.

O Tribunal de Justiça de Mato Grosso (TJMS) negou provimento à apelação, por considerar que "o embargante que adquiriu coisa já litigiosa está sujeito aos efeitos que a decisão guerreada produziu, não sendo mais considerado terceiro".

Ciência

O TJMS verificou que constava expressamente no contrato de compra e venda que o comprador tinha ciência dos ônus judiciais sobre o imóvel. Verificou, ainda, que a compra do imóvel ocorreu anos após a citação do vendedor e o trânsito em julgado da sentença que o declarou insolvente.

No recurso especial, o comprador alegou violação ao artigo 472 do Código Civil e às Súmulas 84 e 375 do STJ. Além disso, sustentou que a decisão do TJMS o impede de exercer o direito de defesa da posse, a qual, segundo ele, já dura mais de 12 anos.

Certidões

O ministro Sidnei Beneti, relator do recurso especial, afirmou que a Terceira Turma tem entendimento no sentido de que o adquirente de qualquer imóvel pode obter certidões que mostram a situação pessoal dos alienantes, bem como do próprio imóvel e, com isso, cientificar-se da existência de eventuais demandas e ônus sobre o objeto do contrato.

Ele citou precedente segundo o qual, "na alienação de imóveis litigiosos, ainda que não haja averbação dessa circunstância na matrícula, subsiste a presunção relativa de ciência do terceiro adquirente acerca da litispendência, pois é impossível ignorar a publicidade do processo, gerada pelo seu registro e pela distribuição da petição inicial" (RMS 27.358).

"A jurisprudência da Terceira e Quarta Turmas é unânime em não considerar como terceiro aquele que adquire a coisa litigiosa, não podendo, portanto, opor embargos, aplicando-se o disposto no artigo 42, parágrafo 3º, do Código de Processo Civil", concluiu Sidnei Beneti.

Diante disso, a Terceira Turma, em decisão unânime, negou provimento ao recurso especial.

b) Ficam sujeitos à execução os bens *do sócio, nos termos da lei.*

Esse dispositivo não trata, evidentemente, da hipótese em que o sócio se responsabiliza pelo pagamento da dívida da sociedade como fiador ou avalista.

O dispositivo em análise trata da hipótese em que a obrigação contraída foi somente pela sociedade.

Quando a relação jurídica material é realizada entre determinada pessoa e uma determinada empresa ou sociedade (pessoa jurídica de direito privado), a obrigação e a responsabilidade pelo cumprimento da obrigação são da própria empresa ou sociedade, sendo que o seu patrimônio é que se torna responsável pelo adimplemento da obrigação.

Contudo, pode ocorrer que a responsabilização pelas dívidas da sociedade seja direcionada contra o sócio gerente ou administrador da empresa ou sociedade, nas hipóteses previstas em lei.

O novo C.c.b. apresenta duas espécies de sociedade não personifica: a) sociedade em comum; b) sociedade em conta de participação.

Na sociedade em comum, decorrente da não inscrição dos atos constitutivos, todos os sócios respondem solidária e ilimitadamente pelas obrigações sociais, excluído do benefício de ordem, previsto no art. 1.024, aquele que contratou pela sociedade (art. 990 do C.c.b.).

No que concerne à sociedade em conta de participação, na qual a atividade constitutiva do objeto social é exercida unicamente pelo sócio ostensivo, em seu nome individual e exclusiva responsabilidade, a responsabilidade pelas dívidas sociais é do próprio sócio ostensivo.

A sociedade *simples*, personificada, constitui-se mediante contrato escrito, particular ou público, que, além de cláusulas estipuladas pelas partes, mencionará se os sócios respondem, ou não, subsidiariamente, pelas obrigações sociais (art. 997, inc. VIII do C.c.b.).

A distribuição de lucros ilícitos ou fictícios acarreta responsabilidade solidária dos administradores que a realizarem e dos sócios que os receberem conhecendo ou devendo conhecer-lhes a ilegitimidade (art. 1.009 do C.c.b.).

Se os bens da sociedade não lhe cobrirem as dívidas, respondem os sócios pelo saldo, na proporção em que participem das perdas sociais, salvo cláusula de responsabilidade solidária (art. 1.023 do C.c.b.).

Os bens particulares dos sócios não podem ser executados por dívidas da sociedade, senão depois de executados os bens sociais (art. 1.024 do C.c.b.).

Os sócios, admitidos em sociedade já constituída, não se eximem das dívidas sociais anteriores à admissão (art. 1.025 do C.c.b.).

Na sociedade *em nome coletivo*, todos os sócios respondem solidária e ilimitadamente pelas obrigações sociais (art. 1.039 do C.c.b.).

Na sociedade em *comandita simples*, os sócios comanditados, pessoas físicas, são responsáveis solidária e ilimitadamente pelas obrigações sociais (art. 1.045 do C.c.b.).

Na sociedade limitada, a responsabilidade de cada sócio é restrita ao valor de suas quotas, mas todos respondem solidariamente pela integralização do capital social (art. 1.052 do C.c.b.).

Já em relação aos sócios gerentes e administradores, o Decreto 3.708/19 (revogado **D-007.799-2012)**, que tratava das sociedade por quotas de responsabilidade limitada, previa em seu artigo 10: *"os sócios-gerentes ou que derem o nome à firma não respondem pessoalmente pelas obrigações contraídas em nome da sociedade, mas respondem para com esta e para com terceiros solidária e ilimitadamente pelo excesso de mandato e pelos atos praticados com violação do contrato ou da lei"*.

Atualmente, a responsabilidade do sócio é regulada pelo C.c.b. A Lei Civil, no capítulo que trata da **sociedade simples**, preconiza em seu art. 1.016: *"Os administradores respondem solidariamente perante a sociedade e os terceiros prejudicados, por culpa no desempenho de suas funções"*.

Por sua vez, o art. 1.053 do C.c.b. determina: *"A sociedade limitada rege-se, nas omissões deste Capítulo, pelas normas da sociedade simples"*.

Nesse contexto, resta evidenciado que o último preceito transcrito – artigo 1.053 –, autoriza a aplicação das normas relativas às sociedades simples àquelas por quotas de responsabilidade, quando houver omissão acerca de determinado aspecto no capítulo próprio destas últimas.

Consequentemente, o modo normal de dissolução da sociedade há de se perfectibilizar em atenção ao preceituado no referido artigo 1.033.

Assim, seja na sociedade simples como na sociedade por quotas de responsabilidade limitada, os bens do sócio respondem pelas dívidas da sociedade quando ele, na administração da empresa, agir com culpa no desempenho de suas funções.

Um dos fatores que enseja a responsabilização do sócio gerente ou administrador pelas dívidas da sociedade, decorre de sua dissolução irregular sem cumprimento das obrigações sociais. Nesse particular aspecto, insta relembrar ser a previsão do inciso V do artigo 1.033 do C.c.b. atinente à dissolução da sociedade em conformidade com a lei. Tal cautela pressupõe que antes de deixar de funcionar, a sociedade realize ativo e passivo, bem como ultime a baixa perante os órgãos competentes como, por exemplo, Junta Comercial, secretarias da Receita Federal do Brasil, de Fazenda do respectivo Estado e/ou, ainda, de Fazenda do município. Esse é o ônus que é imposto pelo artigo 1.087 do Código Civil.

Não sendo assim, a dissolução é dita irregular e, por afrontar tal comportamento culposo as regras dos artigos 1.016 e 1.033, inciso V, do Código Civil, afigura-se satisfeita a permissão legal para efeito de responsabilização dos bens do sócio pelas dívidas sociais.

O agir com culpa, nessa hipótese, provém da dissolução irregular, revelando hipótese de infração à lei. Note-se ser atribuição do sócio e/ou administrador gerir a empresa em conformidade com as disposições legais.

Já em relação à obrigação tributária, a responsabilidade do sócio é regulada pelo art. 135, inc. III do C.T.N., que diz *"são pessoalmente responsáveis pelos créditos correspondentes a obrigações tributárias resultantes de atos praticados com excesso de poderes ou infração da lei, contrato social ou estatutos – III – os diretores, gerentes ou representantes de pessoas jurídicas de direito privado.*

O art. 135, inc. III, do C.T.N. aplica-se a qualquer tipo de sociedade, responsabilizando o sócio gerente e não o sócio cotista.

A regra do art. 135, inc. III, do C.T.N. é repetida no art. 158, inc. II, da Lei 6.404/76 (S.A.)

Algumas hipóteses de infração à lei para efeito de se responsabilizar o sócio gerente em relação às dívidas tributárias da sociedade:

a) simples inadimplemento – STJ – RESP 203878/RJ;
b) simples inadimplemento não configura responsabilidade – nova interpretação do STJ;
c) dissolução irregular – STJ – AGRESP n. 384860 – é o último sócio gerente no contrato que responde;

d) falência – não configura dissolução irregular – STJ – AgRg no AREsp 509605/RS;

Com relação à dissolução irregular da sociedade, o S.T.J. apresenta os seguintes entendimentos:

1. O redirecionamento da execução fiscal está calcado na dissolução irregular, hipótese sim de violação à lei, contrato social ou estatutos, prevista no art. 135, do CTN, cuja desconstrução exige produção de provas inviável em sede de exceção de pré-executividade.

Precedentes: REsp. n. 1.374.744 – BA, Primeira Seção, Rel. Min.

Napoleão Nunes Maia Filho, Rel. p/acórdão Min. Mauro Campbell Marques, julgado em 14.08.2013; EREsp 716412 / PR, Primeira Seção.

Rel. Min. Herman Benjamin, julgado em 12.9.2007; AgRg nos EREsp nº 729.222/RS, Rel. Min. José Delgado, Primeira Seção, DJ de 10.12.2007, p. 281.

2. Súmula n. 435/STJ:"Presume-se dissolvida irregularmente a empresa que deixar de funcionar no seu domicílio fiscal, sem comunicação aos órgãos competentes, legitimando o redirecionamento da execução fiscal para o sócio-gerente".

3. Agravo regimental não provido.

(AgRg no AREsp 473.883/PE, Rel. Ministro MAURO CAMPBELL MARQUES, SEGUNDA TURMA, julgado em 20/05/2014, DJe 27/05/2014)

(....).

2. No tocante à presunção de liquidez e certeza da CDA, nesses casos, já tive a oportunidade de afirmar que deveria ser relativizada, competindo também ao Fisco o ônus da prova de que o sócio agiu com infração à lei ou ao contrato ou que houve a dissolução irregular da sociedade; isso porque, nessa hipótese, o sócio não participa da formação do título executivo. Se o nome do sócio sequer consta do título executivo e pretende-se o redirecionamento, a situação é mais grave ainda, pois está se admitindo que prossiga uma execução sem título contra o executado.

3. Todavia, a 1a. Seção dessa Corte, afirmou entendimento contrário em sede de Recurso Especial representativo de controvérsia, ao decidir que, se a execução foi ajuizada apenas contra a pessoa jurídica, mas o nome do sócio consta da CDA, a ele incumbe o ônus da prova de que não ficou caracterizada nenhuma das circunstâncias previstas no art. 135 do CTN (REsp. 1.104.900/ES, Rel. Min. DENISE ARRUDA, DJe 01.04.2009).

4. Agravo Regimental do contribuinte a que se nega provimento.

(AgRg no AREsp 471.517/DF, Rel. Ministro NAPOLEÃO NUNES MAIA FILHO, PRIMEIRA TURMA, julgado em 08/05/2014, DJe 20/05/2014)

(...).

3. O acórdão concluiu pela possibilidade de redirecionar a execução para o sócio embasado nos fundamentos de que o redirecionamento da execução é possível nos casos em que a empresa executada não foi encontrada no endereço do domicílio fiscal – aplicação da Súmula 435/STJ – e o nome do sócio constar da CDA, pressupostos preenchidos, na espécie em análise.

4. A CDA goza da presunção de legitimidade, o que implica transferir ao sócio, nela incluído, o ônus de demonstrar a ausência de responsabilidade tributária; mesma orientação adotada pelo aresto recorrido.

5. Entendimento firmado pelo STJ no julgamento do REsp 1.104.900/ES, Rel. Min. Denise Arruda, Primeira Seção, DJe 1//2009 e REsp 1.110.925/SP, Rel. Min. Teori Albino Zavascki, Primeira Seção, DJe 4/5/2009, ambos submetidos ao procedimento previsto no artigo 543-C do Código de Processo Civil e na Resolução STJ nº 8/2008.

6. Não encontrada a empresa no domicílio fiscal, gera presunção iuris tantum de dissolução irregular e a possibilidade de responsabilização do sócio-gerente a quem caberá o ônus de provar não ter agido com dolo, culpa, fraude ou excesso de poder, nos termos da Súmula 435/STJ: "Presume-se dissolvida irregularmente a empresa que deixar de funcionar no seu domicílio fiscal, sem comunicação aos órgãos competentes, legitimando o redirecionamento da execução fiscal para o sócio-gerente".

7. Aplica-se a taxa SELIC no cálculo dos débitos dos contribuintes para com as Fazendas Federal e Estadual. Precedente: REsp 1.111.189/SP, Rel. Ministro Teori Albino Zavascki, Primeira Seção, julgado em 13/5/2009, DJe 25/5/2009, submetido à sistemática dos recursos repetitivos.

8. A apuração do caráter confiscatório da multa tributária depende da interpretação da norma prevista no artigo 150, V, da Constituição Federal, o que refoge ao âmbito do recurso especial.

9. Agravo regimental não provido.

(AgRg no AREsp 189.594/MG, Rel. Ministro CASTRO MEIRA, SEGUNDA TURMA, julgado em 04/09/2012, DJe 11/09/2012)

1. A mera afirmação da Defensoria Pública da União – DPU de atuar em vários processos que tratam do mesmo tema versado no recurso representativo da controvérsia a ser julgado não é suficiente para caracterizar-lhe a condição de amicus curiae. Precedente: REsp. 1.333.977/MT, Segunda Seção, Rel. Min. Isabel Gallotti, julgado em 26.02.2014.

2. Consoante a Súmula n. 435/STJ: "Presume-se dissolvida irregularmente a empresa que deixar de funcionar no seu domicílio fiscal, sem comunicação aos órgãos competentes, legitimando o redirecionamento da execução fiscal para o sócio-gerente".

3. É obrigação dos gestores das empresas manter atualizados os respectivos cadastros, incluindo os atos relativos à mudança de endereço dos estabelecimentos e, especialmente, referentes à dissolução da sociedade. A regularidade desses registros é exigida para que se demonstre que a sociedade dissolveu-se de forma regular, em obediência aos ritos e formalidades previstas nos arts. 1.033 à 1.038 e arts. 1.102 a 1.112, todos do Código Civil de 2002 - onde é prevista a liquidação da sociedade com o pagamento dos credores em sua ordem de preferência - ou na forma da Lei n. 11.101/2005, no caso de falência. A desobediência a tais ritos caracteriza infração à lei.

4. Não há como compreender que o mesmo fato jurídico "dissolução irregular" seja considerado ilícito suficiente ao redirecionamento da execução fiscal de débito tributário e não o seja para a execução fiscal de débito não-tributário. "Ubi eadem ratio ibi eadem legis dispositio". O suporte dado pelo art. 135, III, do CTN, no âmbito tributário é dado pelo art. 10, do Decreto n. 3.078/19 e art. 158, da Lei n. 6.404/78 – LSA no âmbito não-tributário, não havendo, em nenhum dos casos, a exigência de dolo.

5. Precedentes: REsp. n. 697108/MG, Primeira Turma, Rel. Min. Teori Albino Zavascki, julgado em 28.04.2009; REsp. n. 657935/RS, Primeira Turma, Rel. Min. Teori Albino Zavascki, julgado em 12.09.2006; AgRg no AREsp 8.509/SC, Rel. Min. Humberto Martins, Segunda Turma, DJe 4.10.2011; REsp 1272021/RS, Segunda Turma, Rel. Min. Mauro Campbell Marques, julgado em 07.02.2012; REsp 1259066/SP, Terceira Turma, Rel. Min. Nancy Andrighi, DJe 28/06/2012; REsp.nº 1.348.449 – RS, Quarta Turma, Rel. Min. Luis Felipe Salomão, julgado em 11.04.2013; AgRg no AG nº 668.190 - SP, Terceira Turma, Rel. Min. Ricardo Villas Bôas Cueva, julgado em 13.09.2011; REsp. nº 586.222 - SP, Quarta Turma, Rel. Min. Luis Felipe Salomão, julgado em 23.11.2010; REsp 140564/SP, Quarta Turma, Rel. Min. Barros Monteiro, julgado em 21.10.2004.

6. Caso em que, conforme o certificado pelo oficial de justiça, a pessoa jurídica executada está desativada desde 2004, não restando bens a serem penhorados. Ou seja, além do encerramento irregular das atividades da pessoa jurídica, não houve a reserva de bens suficientes para o pagamento dos credores.

7. Recurso especial provido. Acórdão submetido ao regime do art. 543-C do CPC e da Resolução STJ 08/2008.

(REsp 1371128/RS, Rel. Ministro MAURO CAMPBELL MARQUES, PRIMEIRA SEÇÃO, julgado em 10/09/2014, DJe 17/09/2014)

Contudo, sobre a questão da prova da dissolução irregular, há, ainda o seguinte entendimento do S.T.J.:

(...).

2. "a certidão emitida pelo Oficial de Justiça, atestando que a empresa devedora não mais funciona no endereço constante dos assentamentos da junta comercial, é indício de dissolução irregular, apto a ensejar o redirecionamento da execução para o sócio-gerente, de acordo com a Súmula 435/STJ." (AgRg no REsp 1289471/PE, Rel. Ministro HERMAN BENJAMIN, SEGUNDA TURMA, julgado em 28/2/2012, DJe 12/4/2012.) 3. Inafastável ao caso o ônus probandi do sócio ora recorrente, pois como se extrai do acórdão recorrido, o seu nome consta da CDA, e é assente nesta Corte o entendimento segundo o qual, se a execução foi ajuizada apenas contra a pessoa jurídica, mas o nome do sócio consta da CDA, a ele incumbe o ônus da prova de que não ficou caracterizada nenhuma das circunstâncias previstas no art. 135 do CTN.

Embargos de declaração recebidos como agravo regimental, e improvido.

(EDcl no AREsp 383.802/PE, Rel. Ministro HUMBERTO MARTINS, SEGUNDA TURMA, julgado em 03/12/2013, DJe 10/12/2013)

1. A certidão emitida por oficial de justiça, quando atesta que a empresa devedora não funciona mais no endereço constante dos assentamentos da junta comercial, é indício de dissolução irregular, apto a ensejar o redirecionamento.

2. A análise do cabimento de redirecionar execução fiscal com base na certidão de oficial de justiça prescinde de exame de provas quando feita à luz das premissas fáticas firmadas na instância de origem. Não incidência da Súmula 7/STJ.

3. Agravo regimental não provido.

(AgRg no AREsp 224.162/BA, Rel. Ministra ELIANA CALMON, SEGUNDA TURMA, julgado em 17/10/2013, DJe 24/10/2013)

1. Nos termos da jurisprudência desta Corte, o redirecionamento da execução fiscal contra o sócio-gerente da empresa, com fundamento no art. 135 do CTN, somente é cabível quando ficar demonstrado que ele agiu com excesso de poderes, infração à lei ou contra o estatuto, ou, ainda, no caso de dissolução irregular da empresa.

2. Pacífico o entendimento no sentido de que "Presume-se dissolvida irregularmente a empresa que deixar de funcionar no seu domicílio fiscal, sem comunicação aos órgãos competentes, legitimando o redirecionamento da execução fiscal para o sócio-gerente." (Súmula 435/STJ).

3. A certidão emitida por oficial de justiça, atestando que a empresa devedora não funciona mais no endereço constante dos seus assentamentos na junta comercial, constitui indício suficiente de dissolução irregular e autoriza o redirecionamento da execução fiscal contra os sócios-gerentes.

4. Agravo regimental a que se nega provimento.

(AgRg no REsp 1339991/BA, Rel. Ministro SÉRGIO KUKINA, PRIMEIRA TURMA, julgado em 15/08/2013, DJe 12/09/2013)

1. A Súmula 435 do STJ diz que presume-se dissolvida irregularmente a empresa que deixar de funcionar no seu domicílio fiscal, sem comunicação aos órgãos competentes, legitimando o redirecionamento da execução fiscal para o sócio-gerente; todavia, a inteligência que se deve ter desse enunciado é de que a não localização da empresa no endereço fiscal é indício de sua dissolução irregular, mas, por si só e independente de qualquer outro elemento, é insuficiente para o pronto redirecionamento, que depende de prévia apuração das razões pelas quais tal fato ocorreu, bem como da comprovação do elemento subjetivo na conduta ilícita do sócio.

2.. Ao meu sentir, como a declaração de dissolução irregular importa no reconhecimento de uma infração, é inadmissível essa conclusão sem prévio procedimento. A prova do ato infracional compete a quem alega a sua ocorrência, no caso, ao credor (Fazenda Pública) que requer o redirecionamento. A inversão do ônus probandi a favor da parte menos favorecida só deve ser feita nos casos em que a lei a admite expressamente e, ainda assim, excepcionalmente.

3. Registre-se, ainda, que existem julgados da Primeira Seção afirmando que a mera devolução do Aviso de Recebimento (AR-Postal) sem cumprimento não basta à caracterização de dissolução irregular.

Esse entendimento pode ser estendido para outros tipos de certificação, inclusive aquela feita pelo Meirinho. Precedentes.

4. Agravo regimental FAZENDA NACIONAL desprovido.

(AgRg no REsp 1268993/DF, Rel. Ministro NAPOLEÃO NUNES MAIA FILHO, PRIMEIRA TURMA, julgado em 08/05/2012, DJe 11/05/2012)

1. "A mera demonstração de insolvência da pessoa jurídica ou de dissolução irregular da empresa sem a devida baixa na junta comercial, por si sós, não ensejam a desconsideração da personalidade jurídica" (AgRg no REsp 1173067/RS, Rel. Ministra NANCY ANDRIGHI, TERCEIRA TURMA, julgado em 12/06/2012, DJe 19/06/2012).

(...).

(AgRg no AREsp 478.914/MG, Rel. Ministro LUIS FELIPE SALOMÃO, QUARTA TURMA, julgado em 24/04/2014, DJe 29/04/2014)

(...).

2. "O pedido de redirecionamento da execução fiscal, quando fundado na dissolução irregular da sociedade executada, pressupõe a permanência de determinado sócio na administração da empresa no momento da ocorrência dessa dissolução, que é, afinal, o fato que desencadeia a responsabilidade pessoal do administrador. Ainda, embora seja necessário demonstrar quem ocupava o posto de gerente no momento da dissolução, é necessário, antes, que aquele responsável pela dissolução tenha sido também, simulta-

neamente, o detentor da gerência na oportunidade do vencimento do tributo. É que só se dirá responsável o sócio que, tendo poderes para tanto, não pagou o tributo (daí exigir-se seja demonstrada a detenção de gerência no momento do vencimento do débito) e que, ademais, conscientemente, optou pela irregular dissolução da sociedade (por isso, também exigível a prova da permanência no momento da dissolução irregular)" (EDcl nos EDcl no AgRg no REsp 1009997/SC, Rel. Ministra DENISE ARRUDA, PRIMEIRA TURMA, julgado em 2/4/2009, DJe 4/5/2009).

(...).

(AgRg no REsp 1418854/SP, Rel. Ministro HUMBERTO MARTINS, SEGUNDA TURMA, julgado em 17/12/2013, DJe 05/02/2014)

O artigo 13 da Lei 8.620/93, que alterou a Lei 8.212/91 e 8.213/91, estabeleceu – *"O titular da firma individual e os sócios (não só os gerentes) das empresas (não sociedade simples) por cotas de responsabilidade limitada respondem solidariamente, com seus bens pessoais, pelos débitos junto à Seguridade Social.*

Parágrafo único. Os acionistas, os administradores, os gerentes e os diretores respondem solidariamente e subsidiariamente com seus bens pessoais, quanto ao inadimplemento das obrigações para com a Seguridade Social, por dolo ou culpa" Esse dispositivo somente se aplicava aos débitos juntos à Seguridade Social.

Inicialmente, o S.T.J. entendia que este artigo 13 da Lei 8.620/93 tinha aplicação a todos os sócios da sociedade por quotas de responsabilidade limitada, independentemente da prática de infração à lei ou ao contrato, incluindo os sócios cotistas. Por sua vez, limitava a aplicação desse dispositivo apenas aos fatos geradores ocorridos após a sua entrada em vigor, não tendo efeito retroativo.

O Tribunal Regional Federal da 4ª Região, por sua vez, declarou a inconstitucionalidade do art. 13 da Lei 8.620/93, por contrariar e ampliar a responsabilidade do sócio prevista no artigo 135, inc. III do C.T.N, sob a alegação de que a lei ordinária não poderia ingressar no âmbito de competência da lei complementar (AI n. 1999.04.01.0196481-9/SC).

A Primeira Seção do S.T.J., no Agravo Regimental nos Embargos de Declaração n. 694941 – deu nova interpretação ao artigo 13, dizendo que deveria ser interpretado de acordo com o artigo 135, inc. III, do C.T.N, o qual é lei complementar. Além do mais, o novo Código Civil Brasileiro, que é posterior, revogou o artigo 13 da Lei n. 8.620/93, em face do que dispõem sobre a responsabilidade dos sócios os seus artigos 1053 e 1016, os quais passaram a exigir culpa do administrador.

O Supremo Tribunal Federal, em Repercussão Geral no Recurso Extraordinário, manifestou-se sobre a constitucionalidade do art. 13 da Lei 8.620/93. O julgamento da repercussão geral foi proferido no RE n. 562276:

(...).

6. O art. 13 da Lei 8.620/93 não se limitou a repetir ou detalhar a regra de responsabilidade constante do art. 135 do CTN, tampouco cuidou de uma nova hipótese específica e distinta. Ao vincular à simples condição de sócio a obrigação de responder solidariamente pelos débitos da sociedade limitada perante a Seguridade Social, tratou a mesma situação genérica regulada pelo art. 135, III, do CTN, mas de modo diverso, incorrendo em inconstitucionalidade por violação ao art. 146, III, da CF. 7. O art. 13 da Lei 8.620/93 também se reveste de inconstitucionalidade material, porquanto não é dado ao legislador estabelecer confusão entre os patrimônios das pessoas física e jurídica, o que, além de impor desconsideração ex lege e objetiva da personalidade jurídica, descaracterizando as sociedades limitadas, implica irrazoabilidade e inibe a iniciativa privada, afrontando os arts. 5º, XIII, e 170, parágrafo único, da Constituição. 8. Reconhecida a inconstitucionalidade do art. 13 da Lei 8.620/93 na parte em que determinou que os sócios das empresas por cotas de responsabilidade limitada responderiam solidariamente, com seus bens pessoais, pelos débitos junto à Seguridade Social. 9. Recurso extraordinário da União desprovido. 10. Aos recursos sobrestados, que aguardavam a análise da matéria por este STF, aplica-se o art. 543-B, § 3º, do CPC. (RE 562276, Relator(a): Min. ELLEN GRACIE, Tribunal Pleno, julgado em 03/11/2010, REPERCUSSÃO GERAL – MÉRITO DJe-027 DIVULG 09-02-2011 PUBLIC 10-02-2011 EMENT VOL-02461-02 PP-00419 RDDT n. 187, 2011, p. 186-193 RT v. 100, n. 907, 2011, p. 428-442).

Diante dessa decisão do S.T.F., o S.T.J. passou a decidir da seguinte maneira:

(...) 3. A solidariedade prevista no art. 124, 11, do CTN, é denominada de direito. Ela só tem validade e eficácia quando a lei que a estabelece for interpretada de acordo com os propósitos da Constituição Federal e do próprio Código Tributário Nacional.

4. Inteiramente desprovidas de validade são as disposições da Lei nº 8.620/93, ou de qualquer outra lei ordinária, que indevidamente pretenderam alargar a responsabilidade dos sócios e dirigentes das pessoas jurídicas. O art. 146, inciso III, b, da Constituição Federal, estabelece que as normas sobre responsabilidade tributária deverão se revestir obrigatoriamente de lei complementar.

5. O CTN, art. 135, III, estabelece que os sócios só respondem por dívidas tributárias quando exercerem gerência da sociedade ou qualquer outro ato de gestão vinculado ao fato gerador. O art. 13 da Lei nº 8.620/93, portanto, só pode ser aplicado quando presentes as condições do art. 135, III, do CTN, não podendo ser interpretado, exclusivamente, em combinação com o art. 124, II, do CTN.

6. O teor do art. 1.016 do Código Civil de 2002 é extensivo às Sociedades Limitadas por força do prescrito no art. 1.053, expressando hipótese em que os adminis-

tradores respondem solidariamente somente por culpa quando no desempenho de suas funções, o que reforça o consignado no art. 135, III, do CTN.

7. A Lei 8.620/93, art. 13, também não se aplica às Sociedades Limitadas por encontrar-se esse tipo societário regulado pelo novo Código Civil, lei posterior, de igual hierarquia, que estabelece direito oposto ao nela estabelecido.

(...).

(AgRg no REsp 946.509/RS, Rel. Ministro LUIZ FUX, PRIMEIRA TURMA, julgado em 20/09/2007, DJ 22/10/2007, p. 213)

Por fim, muito embora não se trate especificamente de sociedade, é necessário traçar alguns critérios sobre a matéria em relação à denominada empresa individual limitada, a qual encontra-se regulada no art. 980-A do C.c.b., *in verbis:*

Art. 980-A. A empresa individual de responsabilidade limitada será constituída por uma única pessoa titular da totalidade do capital social, devidamente integralizado, que não será inferior a 100 (cem) vezes o maior salário-mínimo vigente no País. (Incluído pela Lei nº 12.441, de 2011) (Vigência)

§ 1º O nome empresarial deverá ser formado pela inclusão da expressão «EIRELI» após a firma ou a denominação social da empresa individual de responsabilidade limitada. (Incluído pela Lei nº 12.441, de 2011) (Vigência)

§ 2º A pessoa natural que constituir empresa individual de responsabilidade limitada somente poderá figurar em uma única empresa dessa modalidade. (Incluído pela Lei nº 12.441, de 2011) (Vigência)

§ 3º A empresa individual de responsabilidade limitada também poderá resultar da concentração das quotas de outra modalidade societária num único sócio, independentemente das razões que motivaram tal concentração. (Incluído pela Lei nº 12.441, de 2011) (Vigência)

§ 4º (VETADO). (Incluído pela Lei nº 12.441, de 2011) (Vigência)

§ 5º Poderá ser atribuída à empresa individual de responsabilidade limitada constituída para a prestação de serviços de qualquer natureza a remuneração decorrente da cessão de direitos patrimoniais de autor ou de imagem, nome, marca ou voz de que seja detentor o titular da pessoa jurídica, vinculados à atividade profissional. (Incluído pela Lei nº 12.441, de 2011) (Vigência)

§ 6º Aplicam-se à empresa individual de responsabilidade limitada, no que couber, as regras previstas para as sociedades limitadas. (Incluído pela Lei nº 12.441, de 2011) (Vigência).

A empresa individual de responsabilidade limitada é composta apenas por um empresário, razão pela qual não pode ser considerada como uma sociedade, pois não há pluralidade de pessoas.

Na hipótese de empresa individual limitada, a responsabilidade do empresário individual pelas dívidas da empresa estará limitada à integralização do capital social, o qual não poderá ser inferior 100 (cem vezes) o maior salário mínimo vigente no Brasil.

Poderá, contudo, a responsabilidade tornar-se solidária se o empresário individual agir com excesso de poderes ou com culpa na administração da empresa/sociedade, assim como ocorre na sociedade simples e na sociedade empresária por quotas de responsabilidade limitada.

É certo que antes da introdução do art. 980-A no C.c.b., os tribunais entendiam que não haveria verdadeira distinção entre a personalidade jurídica da **firma** e a da pessoa natural de seu titular, havendo, portanto, confusão entre o patrimônio de um e de outro, configurando-se em um único conjunto de bens e direitos. A propósito, colaciono os seguintes julgados:

> *1. Não há verdadeira distinção entre a personalidade jurídica da* ***firma individual*** *e a da pessoa natural de seu titular, havendo, portanto, confusão entre o patrimônio de um e de outro, configurando-se em um único conjunto de bens e direitos.(...)*
> (TRF4, APELAÇÃO CÍVEL Nº 00034138520094047201, 2ª Turma, Juíza Federal VÂNIA HACK DE ALMEIDA, POR UNANIMIDADE, D.E. 14/10/2010)

> *1. Em se cuidando de* ***firma individual****, não existe a figura da limitação da responsabilidade do sócio, que deverá responder, portanto, com todo o seu patrimônio.*
> *2. Ajuizada a execução fiscal em desfavor de* ***firma individual****, revela-se possível, face à inexistência de limitação da responsabilidade por dívidas, a imediata constrição de bens titularizados pela pessoa física empreendedora. Neste caso, é certo, o patrimônio de ambos se confunde.*
> *3. Encerrada a falência por falta de bens, correta a sentença que extinguiu o feito.*
> (TRF4, APELAÇÃO CÍVEL Nº 2001.70.00.023379-7, 1ª Turma, Des. Federal JOEL ILAN PACIORNIK, POR UNANIMIDADE, D.E. 30/06/2010)

> *1. Em se tratando de* ***firma individual****, não há sentido em diferenciar a figura do comerciante da pessoa física, pois em verdade são uma só, sendo desnecessário o* ***redirecionamento*** *da execução. Ainda que a lei tributária a equipare à pessoa jurídica, essa equiparação diz respeito apenas às normas de tributação, não se estendendo ao plano da responsabilidade patrimonial.*
> *2. Incabível o* ***redirecionamento*** *nos termos do art. 135, III, do CTN, podendo, todavia, ser penhorados os bens do empresário pessoa física para responder pelas dívidas da empresa* ***individual****.*

3. Agravo provido, apenas para definir que o patrimônio de Mário Araújo dos Santos Júnior responde pelos débitos da empresa ***individual****.*

(TRF4, AGRAVO DE INSTRUMENTO Nº 2009.04.00.035155-9, 2ª Turma, Des. Federal OTÁVIO ROBERTO PAMPLONA, POR UNANIMIDADE, D.E. 08/04/2010)

c) Ficam sujeitos à execução os bens *do devedor, ainda que em poder de terceiros.*

Esta hipótese difere da do inc. I., pois nesse caso o bem foi transferido ao sucessor a título singular.

Nessa hipótese, o bem pertence ao devedor, mas se encontra em poder de terceiro de forma legitima ou ilegitimamente. O terceiro, nesse caso, é mero detentor ou possuidor do bem do devedor, como na hipótese de comodatário, locatário, depositário etc. As medidas executivas, nesses casos, somente incidem sobre o bem do devedor, não podendo alcançar bens próprios do terceiro.

Na hipótese do inc. I, os bens transferidos ao sucessor somente serão atingidos pelas medidas executivas quando a execução versar sobre direito real ou obrigação reipersecutória.

Nessa hipótese, não importa a natureza do direito ou da obrigação objeto do título executivo.

Como o terceiro não é atingido pela execução, pois a penhora não incide sobre bem de sua propriedade, ele não participa da relação jurídica processual. Poderá ser intimado para entregar o bem objeto de medidas executivas, ou mesmo permanecer como fiel depositário do bem penhorado.

d) Ficam sujeitos à execução os bens *do cônjuge ou companheiro, nos casos em que os seus bens próprios ou de sua meação respondem pela dívida.*

Em regra, os bens próprios ou a meação dos cônjuges não respondem pelas dívidas realizadas pelo outro.

Se o regime de bens é o da separação total, somente se obrigam os bens do cônjuge que contraiu a dívida ou os bens que respondem pela dívida; se é de comunhão parcial ou universal, apenas se obrigam os bens que pertencem à meação, se esses bens também responderem pela dívida.

Da mesma forma ocorre em relação à união estável, ou seja, os bens próprios ou a meação do companheiro/companheira não respondem pelas obrigações assumidas pelo outro, salvo se esses bens também se obrigarem pela dívida assumida.

Em relação à meação do companheiro/a, cumpre ressaltar que recentemente o S.T.J. passou a entender que na união estável, a partir da Lei n. 9.278/96, os bens adquiridos onerosamente pertencem a ambos os companheiros, independentemente de esforço conjunto para a sua aquisição. Nesse sentido, é o seguinte precedente:

1. Às uniões estáveis dissolvidas após a data de publicação da Lei nº 9.278/96, ocorrida em 13.5.1996, aplicam-se as suas disposições.

2. Os bens adquiridos a título oneroso na constância da união estável, individualmente ou em nome do casal, a partir da vigência da Lei nº 9.278/96, pertencem a ambos, dispensada a prova de que a sua aquisição decorreu do esforço comum dos companheiros, excepcionado o direito de disporem de modo diverso em contrato escrito, ou se a aquisição ocorrer com o produto de bens adquiridos em período anterior ao início da união (§ 1º).

3. A meação constitui-se em consectário do pedido de dissolução da união estável, não estando o julgador adstrito ao pedido de partilha dos bens discriminados na inicial da demanda.

4. Na hipótese dos autos, embora decretada a revelia, não logrou a demandante demonstrar qualquer uma das hipóteses do § 1º do art. 5º da Lei nº 9.278/96 para fins de afastar a presunção de condomínio sobre o patrimônio adquirido, ainda que exclusivamente em seu nome, a título oneroso durante a vigência da união estável.

5. Ademais, é certo que a Lei nº 9.278/96 não exige, como previa o regime anterior, a prova de que a aquisição dos bens decorreu do esforço comum de ambos companheiros para fins de partilha.

6. Recurso parcialmente conhecido e não provido.

(REsp 1021166/PE, Rel. Ministro RICARDO VILLAS BÔAS CUEVA, TERCEIRA TURMA, julgado em 02/10/2012, DJe 08/10/2012)

Contudo, quando a dívida contraída por um dos cônjuges ou um dos companheiros é em prol da unidade familiar, ambos os cônjuges (independentemente do regime de bens) e companheiros devem responder, solidariamente, pela obrigação assumida por apenas um deles, a fim de se evitar, inclusive, o enriquecimento ilícito. Aliás, nesse sentido estabelecem os art. 1.643 e 1.644 do C.c.b., os quais devem ser aplicados analogicamente à união estável:

Art. 1.643. Podem os cônjuges, independentemente de autorização um do outro:

I – comprar, ainda a crédito, as coisas necessárias à economia doméstica;

II – obter, por empréstimo, as quantias que a aquisição dessas coisas possa exigir.

Art. 1.644. As dívidas contraídas para os fins do artigo antecedente obrigam solidariamente ambos os cônjuges.

Ocorre que, se um dos cônjuges ou um dos companheiros é o emitente do título, e o outro quiser excluir seus bens próprios ou sua meação da responsabilidade, deverá fazer prova de que a dívida não se constituiu ou não se contraiu em 'benefício familiar'. A jurisprudência do S.T.F. era nesse sentido (RE n. 70.562; RTJ, 79/465; RE n. 85.085; RTJ 79/659; RTJ 82/247). Se, por exemplo, a mulher provasse que o título teria sido emitido para saldar dívida de jogo, ou para despesas com concubina do marido, os seus bens ficariam excluídos da responsabilidade.[155]

Alcides de Mendonça Lima traz uma questão interessante sobre o problema da meação que merece ser transcrita: *"Será a meação de todo o patrimônio do casal a) ou será a meação em cada bem b)? Na primeira solução a) haveria graves dificuldades, empecendo a solvência da dívida, em detrimento do credor, pois teria de ser procedido ao levantamento geral dos bens, para determinar se o valor da dívida estava ou não contido na meação; na segunda b), pode acontecer que a metade de um bem seja maior do que a metade do resto, lesando, assim o cônjuge não devedor. Além disso, nessa última hipótese, o simples fato de o outro cônjuge (não devedor) ficar com a metade do bem, isso não gera incomunicabilidade alguma sobre a mesma, de modo que não haverá nenhum efeito jurídico. Teoricamente, portanto, a solução certa seria a segunda b): em cada bem, a penhora apenas deveria recair sobre a metade, correspondente ao cônjuge devedor, se outro conseguir provar que, realmente, inexistiu benefício para a família"*.[156]

Como bem asseverou Alcides Mendonça Lima, teoricamente a solução será respeitar a meação do bem penhorado. Contudo, isso não significa dizer que o credor não possa alegar e provar que os cônjuges possuem outros bens, os quais superam e muito o valor do bem penhorado, resguardando a integralidade da meação do cônjuge que não assumiu a dívida. Nesse caso, penso que a solução correta seria a solução *a)*, pois a alienação integral do bem não afetaria a meação do cônjuge que não prestou a garantia.

Outro aspecto importante, quanto ao resguardo da meação, diz respeito à penhora de bens indivisíveis. Nesse caso, haveria grande inconveniente em se penhorar apenas a *metade* do bem, o que prejudicaria sua eventual arrematação, uma vez que ninguém deseja permanecer em condomínio com pessoa estranha. Nesse caso, a solução encontrada foi levar à praça ou leilão a totalidade do bem, resguardando a meação com base no percentual correspondente à metade do valor apurado na alienação. Nesse sentido é o teor do art. 843 do atual C.P.C.: *Tratando-se de penhora de bem indivisível, o equivalente à quota-parte do coproprietário ou do cônjuge alheio à execução recairá sobre o produto da alienação do bem.*

Sobre o tema, eis os seguintes precedentes do S.T.J.:

[155] LIMA, A.M. op. cit., p. 548.

[156] LIMA, A. M., idem, p. 550.

1. Na execução, os bens indivisíveis, de propriedade comum dos cônjuges casados no regime de comunhão de bens, podem ser levados à hasta pública, reservando-se ao cônjuge meeiro do executado a metade do preço obtido.

2. Agravo Regimental provido.

(AgRg no Ag 1302812/SP, Rel. Ministro HERMAN BENJAMIN, SEGUNDA TURMA, julgado em 24/08/2010, DJe 14/09/2010)

1. Firmado pelas instâncias ordinárias que o bem é de propriedade comum entre os cônjuges, não há como infirmar tal assertiva, sem reexaminar as provas dos autos. Aplicação da Súmula 7/STJ.

2. Pacificado neste Tribunal o entendimento de ser possível que os bens indivisíveis sejam levados à hasta pública por inteiro, reservando à mulher a metade do preço alcançado. Precedentes.

3. Não tendo o Tribunal a quo discutido a questão relativa à impenhorabilidade do bem de família, inviável a análise da matéria, em face do óbice da Súmula 282/STF.

4. Agravo regimental a que se nega provimento.

(AgRg no REsp 569.360/RJ, Rel. Ministro OG FERNANDES, SEXTA TURMA, julgado em 07/05/2009, DJe 22/06/2009)

Uma questão que se coloca em relação a esse entendimento jurisprudencial, de que a meação ficaria garantida apenas no preço apurado na arrematação ou alienação, é que tal critério, além de inconstitucional, gera graves injustiças. É que, por vezes, o bem era arrematado por cinquenta por cento do seu valor de avaliação de mercado. Assim, havendo a arrematação por valor inferior ao da avaliação, evidentemente que a meação do cônjuge, que não responde pela dívida, estaria sendo subavaliada.

Se o cônjuge não responde efetivamente pela dívida, não poderia ele ser prejudicado de forma alguma, sob pena de perder parte de seu patrimônio sem o devido processo legal e sem responder pela obrigação contida no título executivo judicial ou extrajudicial.

Por questão de *justiça,* o certo é que o valor da meação apurado em eventual arrematação deveria ser de cinquenta por cento do valor da avaliação do bem, e não do valor apurado na alienação, salvo se a alienação for realizada por preço superior ao da avaliação.

O novo C.P.C. corrige essa injustiça no §2º do art. 843 do atual C.P.C.

Agora, muito embora a quota parte do bem penhorado recaia sobre o produto da alienação, o valor dessa quota parte a ser repassado ao cônjuge ou coproprietário não poderá ser inferior ao valor da avaliação.

Assim, não será levada a efeito expropriação por preço inferior ao da avaliação na qual o valor auferido seja incapaz de garantir, ao coproprietário ou ao cônjuge alheio à execução, o correspondente à sua quota parte calculado sobre o *valor da avaliação*.

No que concerne à concessão de fiança ou aval, conforme estabelece o art. 1.647 do C.c.b., ressalvada a hipótese do art. 1.648 do mesmo diploma legal, nenhum cônjuge pode, sem autorização do outro, exceto no regime de separação absoluta, prestar fiança ou aval.

Assim, se for prestada a fiança ou aval sem a outorga uxória ou marital, esta garantia é nula em relação àquele que não autorizou a sua concessão, desvinculando-se assim seus bens próprios ou sua meação. Sobre o tema, eis o seguinte precedente do S.T.J.:

> *1. A outorga uxória é formalidade exigida expressamente pelo Código Civil, sua ausência invalida a fiança como um todo.*
>
> *2. O princípio da legalidade deve prevalecer ao princípio da boa-fé, sendo inviável dar-se validade a um ato jurídico que não está cercado de todos os seus requisitos.*
>
> *3. Recurso especial a que se dá provimento.*
>
> *(REsp 1165837/RJ, Rel. Ministra LAURITA VAZ, Rel. p/ Acórdão Ministro ADILSON VIEIRA MACABU (DESEMBARGADOR CONVOCADO DO TJ/RJ), QUINTA TURMA, julgado em 17/02/2011, DJe 15/06/2012)*

Porém, essa nulidade somente poderá ser arguida pelo cônjuge prejudicado:

> *(...).*
>
> *2. O direito obrigacional é pautado por princípios, entre outros, pela boa fé objetiva, razão pela qual o fiador que subscreve contrato de locação sem se declarar como casado não pode, posteriormente, alegar a nulidade da fiança com base na ausência de outorga uxória, sob pena de violação, igualmente, ao princípio do nemo auditur proprium turpitidium allegans.*
>
> *3. Dispõe o art. 239 do Código Civil de 1916 (atual art. 1650 CC/02): "A anulação dos atos do marido praticados sem outorga da mulher, ou sem suprimento do juiz, só poderá ser demandada por ela, ou seus herdeiros (artigos 178, § 9º, nº I, a e nº II)", razão pela qual carece de legitimidade processual ativa o varão para argüir a nulidade da fiança sem assinatura da esposa – Precedentes.*
>
> *4. Recurso especial conhecido e provido para julgar improcedente o pedido dos embargos à execução manejado pelo recorrido / fiador.*
>
> *(REsp 1128770/PR, Rel. Ministra LAURITA VAZ, Rel. p/ Acórdão Ministro HONILDO AMARAL DE MELLO CASTRO (DESEMBARGADOR CONVOCADO DO TJ/AP), QUINTA TURMA, julgado em 16/11/2010, DJe 06/12/2010)*

Quando a concessão do aval não dependia de outorga uxória ou marital, especialmente, sob a égide do Código Civil de 1916, o S.T.J. passou a entender que havia presunção relativa de que a concessão dessa garantia era em benefício da unidade familiar, transferindo o ônus da prova para o cônjuge prejudicado. Nesse sentido, são os seguintes precedentes:

> *(...).*
>
> *II. Compete à mulher do avalista executado provar que a dívida não foi contraída em benefício da família, para efeito de exclusão da meação da penhora. No caso dos autos, não houve tal comprovação.*
>
> *(...).*
>
> (AgRg no Ag 676.606/RS, Rel. Ministro SIDNEI BENETI, TERCEIRA TURMA, julgado em 26/08/2008, DJe 11/09/2008).
>
> *Agravo regimental. Recurso especial não admitido.*
>
> *1. O posicionamento da Corte firmou-se no sentido de que, no caso de ser o executado-avalista sócio da empresa executada, hipótese destes autos, compete ao cônjuge do executado, para exclusão da meação da penhora, provar que a dívida não foi contraída em benefício da família.*
>
> *2. Ultrapassar os fundamentos do acórdão e entender provado que a família do executado não se beneficiou da dívida contraída somente seria possível mediante o reexame de matéria fática, o que esbarra na Súmula nº 7/STJ.*
>
> *3. Agravo regimental desprovido.*
>
> (AgRg no Ag 578.699/RS, Rel. Ministro CARLOS ALBERTO MENEZES DIREITO, TERCEIRA TURMA, julgado em 26/10/2004, DJ 06/12/2004, p. 294)

Em relação à execução promovida apenas contra um dos cônjuges e que tenha por objeto a prática de ato ilícito, o S.T.J. vem entendendo que somente os bens do cônjuge responsável é que devem responder pela obrigação:

> *(...).*
>
> *– Apenas a título de complementação, convém registrar que a meação do cônjuge responde pelas obrigações do outro somente quando contraídas em benefício da família, conforme disposto no art. 592, inc. IV, do CPC, em interpretação conjugada com os arts. 1.643 e 1.644, do CC/02, configurada, nessas circunstâncias, a solidariedade passiva entre os cônjuges. Em tais situações, há presunção de comunicabilidade das dívidas assumidas por apenas um dos cônjuges, que deve ser elidida por aquele que pretende ver resguardada sua meação.*

– Tratando-se, porém, de dívida oriunda de ato ilícito praticado por apenas um dos cônjuges, ou seja, apresentando a obrigação que motivou o título executivo, natureza pessoal, demarcada pelas particularidades ínsitas à relação jurídica subjacente, a meação do outro só responde mediante a prova, cujo ônus é do credor, de que se beneficiou com o produto oriundo da infração, o que é notoriamente descartado na hipótese de ilícito decorrente de acidente de trânsito, do qual não se cogita em aproveitamento econômico àquele que o causou.

Recurso especial conhecido e provido.

(REsp 874.273/RS, Rel. Ministra NANCY ANDRIGHI, TERCEIRA TURMA, julgado em 03/12/2009, DJe 18/12/2009)

Em relação às dívidas objeto de execução fiscal, cabe ao credor exequente comprovar que a dívida foi realizada em proveito da unidade familiar, nos termos da Súmula n. 83 do mesmo tribunal. Nesse sentido, é o seguinte precedente do S.T.J.:

1. Avaliar a necessidade de produção de prova oral implica, necessariamente, o reexame do acervo fático-probatório dos autos, vedado na via especial, ante o óbice da Súmula 7/STJ: "A pretensão de simples reexame de prova não enseja recurso especial".

2. O recurso esbarra na Súmula 83/STJ, uma vez que a questão já está consolidada na Súmula 251/STJ: "A meação só responde pelo ato ilícito quando o credor, na execução fiscal, provar que o enriquecimento dele resultante aproveitou ao casal".

3. Agravo regimental não provido.

(AgRg nos EDcl no REsp 1275173/SP, Rel. Ministro CASTRO MEIRA, SEGUNDA TURMA, julgado em 12/06/2012, DJe 20/06/2012).

e) Ficam sujeitos à execução os bens *alienados ou gravados com ônus real em fraude à execução;*

Alienação ou gravame real imposto aos bens é decorrente, em regra, de atos negociais, cuja eficácia primária é a própria transferência do domínio ou constituição de ônus sobre o bem (penhor, anticrese ou hipoteca). Daí porque nas dívidas garantidas por penhor, anticrese ou hipoteca, o bem dado em garantia fica sujeito, por vínculo real, ao cumprimento da obrigação (art. 1.419 do c.c.b.).

O ônus real referido no item em questão diz respeito aos direitos reais em garantia, no caso, *penhor, hipoteca e anticrese.*

Somente aquele que pode alienar poderá empenhar, hipotecar ou dar em anticrese; só os bens que se podem alienar poderão ser dados em penhor, anticrese ou hipoteca (art. 1.420 do C.c.b.).

Ao lado dos efeitos primários do negócio jurídico, há, também, os efeitos secundários, os quais muitas vezes não decorrem da manifestação de vontade dos contratantes, mas são impostos pela lei, irradiando efeitos que muitas vezes não foram previstos ou não foram desejados pelas partes. Dentre os efeitos secundários dos negócios jurídicos de alienação ou oneração de bens, há o de excluir o bem alienado daquele acervo que constitui a garantia geral pelas obrigações do alienante. Esse efeito, em regra, passa a ser um efeito natural da alienação ou da oneração de bens, não havendo nada de irregular a sua manifestação nos negócios jurídicos. Contudo, a norma imposta pelo legislador, avaliando determinadas situações concretas e específicas, pode impedir que essa alienação ou oneração de bens gere o efeito secundário de afastar o bem da responsabilidade patrimonial do devedor alienante/constituinte de direito real em garantia. E no caso específico, o legislador procurou afastar o efeito secundário do negócio jurídico em questão, nas hipóteses de fraude à execução, impedindo desta forma que o devedor desfalque seu patrimônio justamente para afastar a garantia patrimonial existente em favor de seus credores. Assim, não terá qualquer eficácia a alienação ou a constituição de ônus real em favor de terceiro quando isso ocorrer em fraude à execução, caracterizando tal fato dano ao exequente.[157]

Por sua vez, o artigo 792 do atual C.P.C., que será analisado logo a seguir, estabelece as hipóteses em que ocorre a fraude à execução:

Art. 792. A alienação ou a oneração de bem é considerada fraude à execução:

I – quando sobre o bem pender ação fundada em direito real ou com pretensão reipersecutória, desde que a pendência do processo tenha sido averbada no respectivo registro público, se houver;

II – quando tiver sido averbada, no registro do bem, a pendência do processo de execução, na forma do art. 828;

157 *"A fraude não priva o negocio jurídico 'integralmente' de sua eficácia. A doutrina construiu com muita propriedade o conceito da 'eficácia parcial', ou 'infra-eficácia' e isso é que efetivamente torna útil toda a teoria da ineficácia e autoriza afastar a idéia da invalidade, em muitos casos. É como aqui. Se o negócio fraudulento fosse de total ineficácia, isso significaria não ter produzido efeito algum, nem mesmo o de transmitir o domínio, sendo portanto indiferente ao comércio jurídico. E isso é um atributo do ato nulo, 'nec-ullus', atingido pelo vício radical. A teoria da nulidade não permite considerar que alguns efeitos o negócio nulo possa produzir e especialmente o seu mais importante efeito programado, típico. Mas o negócio fraudulento produz o efeito de transmitir o domínio e razão alguma existe para que esse efeito lhe seja depois subtraído, quer se trata de fraude a credores ou de execução, ou mesmo de alienação de bem constrito. Em qualquer dessas hipóteses a ineficácia é apenas parcial. É preciso dar o devido valor ao fim do direito, o que conduz à interpretação teleológica de suas normas e institutos".* (DINAMARCO, C. R., op. cit., p. 254 e 255).

III – quando tiver sido averbado, no registro do bem, hipoteca judiciária ou outro ato de constrição judicial originário do processo onde foi arguida a fraude;

IV – quando, ao tempo da alienação ou da oneração, tramitava contra o devedor ação capaz de reduzi-lo à insolvência;

V – nos demais casos expressos em lei.

§ 1º A alienação em fraude à execução é ineficaz em relação ao exequente.

§ 2º No caso de aquisição de bem não sujeito a registro, o terceiro adquirente tem o ônus de provar que adotou as cautelas necessárias para a aquisição, mediante a exibição das certidões pertinentes, obtidas no domicílio do vendedor e no local onde se encontra o bem.

§ 3º Nos casos de desconsideração da personalidade jurídica, a fraude à execução verifica-se a partir da citação da parte cuja personalidade se pretende desconsiderar.

§ 4º Antes de declarar a fraude à execução, o juiz deverá intimar o terceiro adquirente, que, se quiser, poderá opor embargos de terceiro, no prazo de 15 (quinze) dias.

Evidentemente, somente poderá ser considerada fraude à execução na hipótese em análise, se estiver caracterizada a *insolvência* do devedor. A *insolvência* consiste no estado patrimonial em efetivo desequilíbrio econômico-financeiro, ou seja, dá-se a insolvência toda vez que o valor das dívidas superar o valor do patrimônio econômico do devedor. Assim, tanto a fraude contra credores quanto a fraude à execução têm por pressuposto a *insolvência* do devedor, pois se o devedor possui outros bens suficientes para o pagamento da dívida, nada impede que aliene ou grave com ônus real bens de seu patrimônio.

f) Ficam sujeitos à execução os bens *cuja alienação ou gravação com ônus real tenha sido anulada em razão do reconhecimento, em ação própria, de fraude contra credores.*

Já dissemos no tópico anterior o que significa gravação com ônus real.

Agora, neste dispositivo, o legislador apresenta um novo instituto, diverso da fraude à execução.

Trata-se do instituto jurídico denominado *fraude contra credores*.

Em relação à fraude contra credores, o C.c.b. assim prescreve, em seus arts. 158 a 165, *in verbis*:

Art. 158. Os negócios de transmissão gratuita de bens ou remissão de dívida, se os praticar o devedor já insolvente, ou por eles reduzido à insolvência, ainda quando o ignore, poderão ser anulados pelos credores quirografários, como lesivos dos seus direitos.

§ 1º Igual direito assiste aos credores cuja garantia se tornar insuficiente.

§ 2º Só os credores que já o eram ao tempo daqueles atos podem pleitear a anulação deles.

Art. 159. Serão igualmente anuláveis os contratos onerosos do devedor insolvente, quando a insolvência for notória, ou houver motivo para ser conhecida do outro contratante.

Art. 160. Se o adquirente dos bens do devedor insolvente ainda não tiver pago o preço e este for, aproximadamente, o corrente, desobrigar-se-á depositando-o em juízo, com a citação de todos os interessados.

Parágrafo único. Se inferior, o adquirente, para conservar os bens, poderá depositar o preço que lhes corresponda ao valor real.

Art. 161. A ação, nos casos dos arts. 158 e 159, poderá ser intentada contra o devedor insolvente, a pessoa que com ele celebrou a estipulação considerada fraudulenta, ou terceiros adquirentes que hajam procedido de má-fé.

Art. 162. O credor quirografário, que receber do devedor insolvente o pagamento da dívida ainda não vencida, ficará obrigado a repor, em proveito do acervo sobre que se tenha de efetuar o concurso de credores, aquilo que recebeu.

Art. 163. Presumem-se fraudatórias dos direitos dos outros credores as garantias de dívidas que o devedor insolvente tiver dado a algum credor.

Art. 164. Presumem-se, porém, de boa-fé e valem os negócios ordinários indispensáveis à manutenção de estabelecimento mercantil, rural, ou industrial, ou à subsistência do devedor e de sua família.

Art. 165. Anulados os negócios fraudulentos, a vantagem resultante reverterá em proveito do acervo sobre que se tenha de efetuar o concurso de credores.

Parágrafo único. Se esses negócios tinham por único objeto atribuir direitos preferenciais, mediante hipoteca, penhor ou anticrese, sua invalidade importará somente na anulação da preferência ajustada.

Havendo em nosso ordenamento jurídico dois institutos similares que têm por objetivo recompor o patrimônio do devedor, a fim de garantir as obrigações por ele assumidas, deve-se traçar as diferenças de cada um, para que não se confundam.

Ambos têm por pressuposto a *insolvência* devedor, pois, se não houver insolvência, não há falar, pelo menos nessa hipótese em análise, de fraude contra credores ou fraude à execução.

Cândido Rangel Dinamarco aduz que também o instituto de fraude contra credores gera a *ineficácia do negócio jurídico*, embora varie a configuração da ineficácia do ato em fraude pauliana ou em fraude de execução.[158]

[158] Dinamarco, C. R., idem, p. 259.

Contudo, o art. 158 do atual C.c.b. fala especificamente em anulabilidade do ato lesivo pelos credores quirografários.

Como argumento de que a fraude contra credores gera apenas a ineficácia do negócio jurídico, anota Cândido Rangel Dinamarco: "*A natureza constitutiva da ação pauliana costuma ser afirmada por aqueles que ainda falam em anulabilidade do negócio fraudulento, naturalmente porque essa invalidade não o priva de efeitos fraudulentos, naturalmente porque essa invalidade não o priva de efeitos 'ipso jure', sendo indispensável a sentença. Ela seria, portanto, constitutiva negativa, ou desconstitutiva do ato inválido, viciado. Os que sustentam que a 'fraus pauliana é causa de ineficácia e não anulabilidade optam pela natureza meramente declaratória da ação pauliana, mas eles o fazem por não considerarem a premissa estabelecida neste estudo, a saber, não adotam a ideia da ineficácia ulterior ou sucessiva. Trata-se de categoria jurídica pouco difundida e sua pertinência à configuração brasileira da fraude contra credores decorre da inadmissibilidade da penhora antes de proposta e acolhida a 'actio pauliana'. Se antes da sentença o bem não poderia ser penhorado e passa a sê-lo quando esta é pronunciada, isso significa que alguma situação nova a sentença criou – e nisso reside o caráter constitutivo. O que digo apóia-se igualmente na 'parcialidade' da ineficácia dos atos fraudulentos, no sentido de que a sentença não o reduz a um 'nada jurídico': ela mantém o seu efeito programado, como o de transferir o domínio, e retira-lhe somente a eficácia de suprimir a responsabilidade do bem pelas obrigações do devedor*".[159]

A questão que se coloca, diante desse conflito quanto à natureza da decisão proferida na demanda pauliana, é a seguinte: a) se a natureza é *constitutiva negativa*, não poderia retroagir, razão pela qual Dinamarco tem razão quando diz que a sentença tem natureza declaratória; b) se o efeito da sentença atinge apenas a eficácia do negócio jurídico, tal afirmação vai de encontro com o preceito normativo que fala em sua anulabilidade, dando a entender que atinge a própria validade do negócio; c) o § 2º do art. 158 do C.c.b. estabelece que só os credores que já o eram ao tempo daqueles atos podem pleitear a anulação deles. Contudo, se a sentença é declaratória, isso significa dizer que as obrigações assumidas após a alienação também serão garantidas pelo bem que retornou ao patrimônio do devedor, o que não acontece se a natureza da sentença for desconstitutiva negativa ou se os seus efeitos atingirem apenas a 'eficácia' do negócio jurídico.[160] Dinamarco conclui que os efeitos da demanda pauliana favorecem apenas

[159] Dinamarco, C.R., idem, p. 266.

[160] Sobre a *dimensão subjetiva da sentença que julga demanda revocatória*, anota Dinamarco: "*Diante do art. 113 do Código Civil (de 1916) e da linguagem do estatuto substancial apegada à falsa idéia de anulação do negócio fraudulento, poder-se-ia chegar à falsa conclusão de que, promovida embora a demanda por um credor apenas, ou vários daqueles que já o fossem quando da alienação, o resultado útil da inefi-*

àqueles que foram parte da demanda;[161] d) o art. 160 do C.c.b. prescreve que se o adquirente dos bens do devedor insolvente ainda não tiver pago o preço, e este valor for, aproximadamente, o corrente, desobrigar-se-á depositando-o em juízo, com a citação de todos os interessados, o que de certa forma favorece o ponto de vista de Dinamarco, pois nesse caso o negócio jurídico não seria nulo, mas apenas ineficaz, razão pela qual a convenção das partes seria válida, apenas aguardando o pagamento do preço; o art. 165 e seu parágrafo único do C.c.b. também favorece a perspectiva de Dinamarco, pois muito embora fale em anulação ou invalidação do ato, o efeito dessa anulação ou invalidação atinge apenas a sua eficácia em relação aos credores, pois o *caput* fala em *a vantagem resultante reverterá em proveito do acervo sobre que se tenha de efetuar o concurso de credores* sendo que, se esse negócio tinha por único objetivo atribuir preferências, mediante hipoteca, penhor ou anticrese, sua invalidade *importará somente na anulação da preferência ajustada*, ou seja, atingirá somente a eficácia do ato.

Para a doutrina alemã, vinculada ao direito positivo, somente estará legitimado o credor para a propositura da demanda pauliana se estiver munido de título executivo, assim, dotado de liquidez, certeza e exigibilidade. Tal entendimento, porém, não se mostra adequado à finalidade de referida demanda, pois, conforme observa Mazeaud, a pauliana não é mais do que uma medida conservatória do crédito, e não um meio processual de execução. Na realidade, mesmo o crédito ainda não reconhecido e, portanto, não dotado de certeza jurídica, ou mesmo o crédito não liquidado, já é um crédito existente, de modo a satisfazer o pressuposto da anterioridade do crédito que autoriza a demanda pauliana.[162]

cácia viesse a beneficiar a todos os credores. Isso seria a conseqüência natural da suposta anulação, pois quando o negócio se anula as partes e bens retornam à situação anterior (CC, de 1916, art. 158) e então o bem voltaria a pertencer ao 'fraudador', com todos os reflexos desse retorno. Já se demonstrou exaustivamente, porém, que não é esse o objetivo da ação pauliana. Nem teria sentido racional ou ético beneficiar os credores sucessivos à alienação, quando eles não foram vítimas de fraude alguma e, quanto a eles, o negócio fraudulento não frustrou qualquer expectativa, que legitimamente pudessem alimentar, de se satisfazerem à custa de bem alienado ou gravado.

Butera expõe três opiniões sobre a dimensão subjetiva dos efeitos da sentença que acolhe a demanda pauliana: a) a dos que estendem os efeitos da revogação a todos os credores anteriores e posteriores ao ato; b) a dos que limitam o benefício da revogação aos credores anteriores, sem distinguir entre os que participaram e os que não participaram do processo; c) a que circunscreve os efeitos da pauliana só aos credores anteriores e participantes do processo (cfr. Dell'azione pauliana o revocatória, n. 122, pp. 564 ss)". (DINAMARCO, C. R., idem, p. 270).

[161] DIMAMARCO, C. R., idem, p. 272.

[162] CAHALI, Yussef Said. *Fraudes conra credores.* 5ª ed. São Paulo: Revista dos Tribunais, 2013. p. 108 e 109.

A fraude à execução poderá ser alegada no próprio processo executivo ou em cumprimento de sentença, autorizando-se a penhora desde logo. Já o reconhecimento da fraude contra credores depende de demanda própria, denominada de ação pauliana, nos termos do art.161 do C.c.b.: *"A ação, nos casos dos arts. 158 e 159, poderá ser intentada contra o devedor insolvente, a pessoa que com ele celebrou a estipulação considerada fraudulenta, ou terceiros adquirentes que hajam procedido de má-fé"*.

Assim, observa-se que o negócio jurídico realizado em fraude contra credores é eficaz desde a sua constituição, somente perdendo essa eficácia quando for anulado por decisão judicial proferida na demanda pauliana. Aliás, essa eficácia pode se tornar definitiva, caso ocorra o prazo decadencial previsto no art. 178, inc. II do C.c.b.: *"É de quatro anos o prazo de decadência para pleitear-se a anulação do negócio jurídico, contado: no de erro, dolo, fraude contra credores, estado de perigo ou lesão, do dia em que se realizou o negócio jurídico"*; enquanto que o ato praticado em fraude à execução não gera qualquer eficácia jurídica perante o credor prejudicado. Outra diferença importante é que o credor poderá alegar em eventuais embargos de terceiro a fraude à execução e não a fraude contra credores, pois, nos termos da Súmula 195 do S.T.J., *em embargos de terceiros não se anula ato jurídico, por fraude contra credores.*

Outra diferença importante entre fraude contra credores e a fraude à execução, é que naquela, além da insolvência, exige-se também a presença do *consilium fraudis*, requisito este não exigido nesta. Contudo, o *consilium fraudis* somente é exigido na hipótese de alienação onerosa do bem e não na de alienação meramente gratuita como no caso de doação. Nesse sentido devem ser interpretados os artigos 158 e 159 do C.c.b.:

> *Art. 158. Os negócios de transmissão gratuita de bens ou remissão de dívida, se os praticar o devedor já insolvente, ou por eles reduzido à insolvência, ainda quando o ignore, poderão ser anulados pelos credores quirografários, como lesivos dos seus direitos.*
>
> *§ 1º Igual direito assiste aos credores cuja garantia se tornar insuficiente.*
>
> *§ 2º Só os credores que já o eram ao tempo daqueles atos podem pleitear a anulação deles.*
>
> *Art. 159. Serão igualmente anuláveis os contratos onerosos do devedor insolvente, quando a insolvência for notória, ou houver motivo para ser conhecida do outro contratante.*

A lei civil somente exige o conhecimento da insolvência (notória ou quando houver motivo para ser conhecida) do devedor por parte do outro contratante nos contratos onerosos e não nos contratos gratuitos. Por isso, cabe ao autor da demanda pauliana comprovar, além da insolvência do devedor, o fato notório dessa insolvência ou que havia motivos suficientes para o contratante conhecer dessa insolvência.

Concluindo, reconhecida a nulidade da alienação ou da concessão de direitos reais em garantia em razão do reconhecimento de que esta circunstância decorreu em fraude contra credores, os bens voltam para o patrimônio do devedor, a fim de responderem pelas dívidas até então existentes quando da alienação ou da oneração real.

g) Há, ainda, a previsão legal de responsabilização de eventuais bens do sócio pelas dívidas da sociedade quando ocorrer a hipótese da *desconsideração da pessoa jurídica*, nos termos do que dispõe o art. 50 do C.c.b., a saber: *"Em caso de abuso da personalidade jurídica, caracterizado pelo desvio de finalidade, ou pela confusão patrimonial, pode o juiz decidir, a requerimento da parte, ou do Ministério Público quando lhe couber intervir no processo, que os efeitos de certas e determinadas relações de obrigações sejam estendidos aos bens particulares dos administradores ou sócios da pessoa jurídica.*

Na hipótese do art. 50 do C.c.b., não somente os sócios administradores respondem pela dívida social, mas todos os demais sócios, inclusive os meramente quotistas.

Dessa forma, a infração à lei – regra geral – é o fator a autorizar o redirecionamento. O referido *abuso da personalidade jurídica* da sociedade há de ter por causa o *desvio de finalidade* ou, ainda, *a confusão patrimonial*.

Art. 791

Se a execução tiver por objeto obrigação de que seja sujeito passivo o proprietário de terreno submetido ao regime do direito de superfície, ou o superficiário, responderá pela dívida, exclusivamente, o direito real do qual é titular o executado, recaindo a penhora ou outros atos de constrição exclusivamente sobre o terreno, no primeiro caso, ou sobre a construção ou plantação, no segundo caso.

§ 1º Os atos de constrição a que se refere o caput serão averbados separadamente na matrícula do imóvel, com a identificação do executado, do valor do crédito e do objeto sobre o qual recai o gravame, devendo o oficial destacar o bem que responde pela dívida, se o terreno, a construção ou a plantação, de modo a assegurar a publicidade da responsabilidade patrimonial de cada um deles pelas dívidas e pelas obrigações que a eles estão vinculadas.

§ 2º Aplica-se, no que couber, o disposto neste artigo à enfiteuse, à concessão de uso especial para fins de moradia e à concessão de direito real de uso.

Penhora de direito de superfície
O direito real de superfície está regulado nos arts. 1.369 a 1.375 do C.c.b., a saber:

Art. 1.369. O proprietário pode conceder a outrem o direito de construir ou de plantar em seu terreno, por tempo determinado, mediante escritura pública devidamente registrada no Cartório de Registro de Imóveis.

Parágrafo único. O direito de superfície não autoriza obra no subsolo, salvo se for inerente ao objeto da concessão.

Art. 1.370. A concessão da superfície será gratuita ou onerosa; se onerosa, estipularão as partes se o pagamento será feito de uma só vez, ou parceladamente.

Art. 1.371. O superficiário responderá pelos encargos e tributos que incidirem sobre o imóvel.

Art. 1.372. O direito de superfície pode transferir-se a terceiros e, por morte do superficiário, aos seus herdeiros.

Parágrafo único. Não poderá ser estipulado pelo concedente, a nenhum título, qualquer pagamento pela transferência.

Art. 1.373. Em caso de alienação do imóvel ou do direito de superfície, o superficiário ou o proprietário tem direito de preferência, em igualdade de condições.

Art. 1.374. Antes do termo final, resolver-se-á a concessão se o superficiário der ao terreno destinação diversa daquela para que foi concedida.

Art. 1.375. Extinta a concessão, o proprietário passará a ter a propriedade plena sobre o terreno, construção ou plantação, independentemente de indenização, se as partes não houverem estipulado o contrário.

Art. 1.376. No caso de extinção do direito de superfície em consequência de desapropriação, a indenização cabe ao proprietário e ao superficiário, no valor correspondente ao direito real de cada um.

Art. 1.377. O direito de superfície, constituído por pessoa jurídica de direito público interno, rege-se por este Código, no que não for diversamente disciplinado em lei especial.

Se a execução tiver por objeto obrigação de que seja sujeito passivo o proprietário de terreno submetido ao regime do direito de superfície, ou o superficiário, responderá pela dívida, exclusivamente, o direito real do qual é titular o executado, recaindo a penhora ou outros atos de constrição exclusivamente sobre o terreno, no primeiro caso, ou sobre a construção ou plantação, no segundo caso.

Assim, se for sujeito passivo da execução o proprietário, a penhora recairá sobre a propriedade do terreno; se for sujeito passivo da execução o superficiário, a penhora recairá sobre o direito real de superfície.

Portanto, há um desmembramento do direito real propriedade/terreno/superfície para efeito de penhora, assim como para efeito de registro da constrição.

Os atos de constrição a que se refere o *caput* serão averbados separadamente na matrícula do imóvel, com a identificação do executado, do valor do crédito e do objeto sobre o qual recai o gravame, devendo o oficial destacar o bem que responde pela dívida, se o terreno, a construção ou a plantação, de modo a assegurar a publicidade da responsabilidade patrimonial de cada um deles pelas dívidas e obrigações que a eles estão vinculadas (*§1º do art. 791* do atual C.P.C.).

Aplica-se, no que couber, o disposto neste artigo à enfiteuse, à concessão de uso especial para fins de moradia e à concessão de direito real de uso (*§2º do art.791* do atual C.P.C.).

Art. 792

A alienação ou a oneração de bem é considerada fraude à execução:

I – quando sobre o bem pender ação fundada em direito real ou com pretensão reipersecutória, desde que a pendência do processo tenha sido averbada no respectivo registro público, se houver;

II – quando tiver sido averbada, no registro do bem, a pendência do processo de execução, na forma do art. 828;

III – quando tiver sido averbado, no registro do bem, hipoteca judiciária ou outro ato de constrição judicial originário do processo onde foi arguida a fraude;

IV – quando, ao tempo da alienação ou da oneração, tramitava contra o devedor ação capaz de reduzi-lo à insolvência;

V – nos demais casos expressos em lei.

§ 1º A alienação em fraude à execução é ineficaz em relação ao exequente.

§ 2º No caso de aquisição de bem não sujeito a registro, o terceiro adquirente tem o ônus de provar que adotou as cautelas necessárias para a aquisição, mediante a exibição das certidões pertinentes, obtidas no domicílio do vendedor e no local onde se encontra o bem.

§ 3º Nos casos de desconsideração da personalidade jurídica, a fraude à execução verifica-se a partir da citação da parte cuja personalidade se pretende desconsiderar.

§ 4º Antes de declarar a fraude à execução, o juiz deverá intimar o terceiro adquirente, que, se quiser, poderá opor embargos de terceiro, no prazo de 15 (quinze) dias.

Fraude à execução

No comentário ao art. 790 do atual C.P.C., vimos a diferenciação entre fraude contra credores e fraude à execução e sua consequência em relação aos efeitos processuais concernentes a medidas executivas.

A fraude contra credores, como se observou, apresenta um caráter nitidamente de âmbito privado, podendo ser arguida independente de qualquer processo instaurado pelo credor prejudicado.

Enquanto não existir uma demanda devidamente instaurada, poderá haver fraude contra credores, com os ônus impostos pela norma civil de comprovar (nas hipóteses de alienação onerosa o *consilium fraudis*, sendo que isso, em tese, não ocorre na fraude à execução.

Outro aspecto importante é que na 'fraude contra credores', compete ao credor comprovar, além da insolvência do devedor, também a existência de *consilium fraudis* quando se tratar de alienação onerosa (não se exigindo na alienação gratuita), enquanto que na fraude à execução, o elemento má fé não é pressuposto para a sua arguição, pelo menos no que concerne à norma prevista no C.P.C., pois a má fé é presumida (juris et de jure), desde que presentes os requisitos estabelecidos pelo atual C.P.C. É certo que a jurisprudência vem de certa forma dando ênfase à má fé também no âmbito da fraude à execução, conforme os seguintes precedentes do S.T.J.:

1. "O reconhecimento de fraude à execução depende do registro da penhora do bem alienado ou de prova de má-fé do terceiro adquirente" (Súmula 375/STJ).

3. Concluir-se, na hipótese dos autos, pela existência de boa-fé dos recorrentes importa, necessariamente, no reexame de fatos e provas soberanamente delineados pelas instâncias ordinárias. Incidência da Súmula 7/STJ.

4. Agravo regimental a que se nega provimento.

(AgRg no REsp 1205294/SP, Rel. Ministra MARIA ISABEL GALLOTTI, QUARTA TURMA, julgado em 14/08/2012, DJe 27/08/2012)

(...).

2. A teor da Súmula 375 desta Corte Superior: "O reconhecimento da fraude à execução depende do registro da penhora do bem alienado ou da prova de má-fé do terceiro adquirente".

3. Alterar a conclusão sobre a boa-fé do embargante e de que o contrato é anterior à propositura da ação executiva, demandaria reexame do conteúdo fático-probatório, o que se revela defeso, em sede recurso especial, ante o óbice da Súmula 7 deste Superior Tribunal de Justiça.

4. A incidência da Súmula 7/STJ inviabiliza também o exame do recurso especial pela alínea "c", do permissivo constitucional.

Precedentes.

5. O recurso revela-se manifestamente inadmissível e procrastinatório, devendo ser aplicada a multa prevista no art. 557, § 2º, do CPC.

6. Agravo regimental não provido, com aplicação de multa.

(AgRg no Ag 1346248/MG, Rel. Ministro LUIS FELIPE SALOMÃO, QUARTA TURMA, julgado em 15/05/2012, DJe 22/05/2012).

Aliás, nesse sentido é o teor da Súmula 375 do S.T.J: *"O reconhecimento da fraude à execução depende do registro da penhora do bem alienado ou da prova de má-fé do terceiro adquirente"*.

Essa exigência feita pela Corte Superior rompe com a sistemática estabelecida pelo legislador, no sentido de distinguir a fraude contra credores da fraude à execução, especialmente pelo fato de que na fraude à execução o interesse não é eminentemente privado, mas visa, principalmente, a garantir a própria integri dade e confiança social no exercício da atividade jurisdicional.

O art. 792 do atual C.P.C. trata especificamente do instituto denominado *fraude à execução,* o qual visa a realizar um balanceamento entre o direito de propriedade (usar, gozar e dispor) e a responsabilidade patrimonial dos bens (presentes e futuros) do devedor, que garantem o cumprimento das obrigações por ele assumidas.

Com base no direito de propriedade, o proprietário pode dispor de seus bens, ainda que esteja sujeito ao cumprimento de determinada obrigação (salvo se o fizer em fraude contra credores).

Porém, se a alienação ou oneração se der de acordo com algumas das hipóteses do art. 792 do atual C.P.C., deve prevalecer a responsabilidade patrimonial, tornando-se ineficaz este ato (considerado fraudulento) em relação ao credor de obrigação pendente de cumprimento.

A fraude à execução é um limite processualmente estabelecido ao direito de propriedade, ou melhor dizendo, uma forma de se evitar o *abuso do direito de propriedade*, em prejuízo dos credores. É também um instituto que visa a evitar o ato de rebeldia do devedor em relação às medidas executivas provenientes do Poder Judiciário (constitui, acima de tudo, um *contempt of court)*. Por isso, a lei na configuração da fraude à execução é mais severa nos requisitos do que na hipótese de fraude contra credores, não exigindo, por exemplo, a comprovação do *consilium fraudis*. No que concerne à insolvência, ambos os institutos a exige como pressuposto para a decretação da fraude; contudo, na fraude contra credores cabe ao autor da ação pauliana comprovar a insolvência do réu; já na fraude à execução, compete ao executado/devedor demonstrar que não se encontra insolvente.

O instituto da fraude à execução abrange tanto a *fraude* (com ou sem conhecimento do terceiro), como um ato prejudicial ao credor (*eventus damni*), por tornar o devedor insolvente, quanto a *simulação* (na qual obrigatoriamente há a participação e conhecimento do terceiro) que é uma declaração enganosa da vontade, visando a produzir efeito diverso do ostensivamente indicado. Na realidade, num sentido lato, a simulação não deixa de ser uma fraude.[163]

Havendo alienação ou concessão de direito real sobre bens do devedor em fraude à execução, essa transferência ou inserção de ônus real é *ineficaz* em relação ao credor, cuja obrigação foi constituída antes do ato considerado fraudulento.

Por sua vez, a alienação ou oneração, ainda que com o intuito de fraudar, por si só, não caracteriza fraude à execução se o devedor comprovar que não se tornou *insolvente*, razão pela qual deve-se conjugar a fraude com o dano ao credor. Isso não ocorre na hipótese de direito real ou nas obrigações reipersecutórias, uma vez que nesse caso, em princípio, somente o bem vinculado é que satisfaz o credor, salvo se ele renunciar à garantia real que lhe foi concedida.

a) Conforme estabelece o inc. I do art. 792 do atual C.P.C., considera-se fraude à execução a alienação ou a oneração de bem: *quando sobre ele pender ação fundada em direito real ou com pretensão reipersecutória, desde que a pendência do processo tenha sido averbada no respectivo registro público, se houver.*

São espécies de direito real, nos termos do art. 1.225 do C.c.b.:

> *Art. 1.225. São direitos reais:*
> *I – a propriedade;*
> *II – a superfície;*
> *III – as servidões;*
> *IV – o usufruto;*
> *V – o uso;*
> *VI – a habitação;*
> *VII – o direito do promitente comprador do imóvel;*
> *VIII – o penhor;*
> *IX – a hipoteca;*
> *X – a anticrese.*

[163] Lima, A. M., op. cit., p. 560.

> *XI – a concessão de uso especial para fins de moradia; (Incluído pela Lei nº 11.481, de 2007)*
>
> *XII – a concessão de direito real de uso. (Incluído pela Lei nº 11.481, de 2007)*

Na demanda fundada em direito real, o objeto é o próprio bem, como no caso da reivindicatória, do direito do promitente comprador do imóvel, da habitação, do usufruto etc., ou o objeto é a vinculação do bem como garantia real, por exemplo, penhor, hipoteca ou anticrese.

Se a demanda tiver por pretensão material um direito real, como, por exemplo, compromisso de compra e venda, penhor, hipoteca, anticrese, usufruto, servidão, concessão de uso especial para fins de moradia etc, e o devedor aliena ou onera o bem que é objeto desse direito real, esta alienação é *ineficaz* em relação ao credor (autor ou exequente da demanda).

O mesmo ocorre em relação às obrigações reipersecutórias que muito se assemelham aos efeitos jurídicos dos direitos reais. Entre elas se encontram as denominadas obrigações *propter rem*.

O C.P.C. de 1973, em seu art. 593, inc. I, somente mencionava a hipótese de ação fundada em direito real, nada mencionando sobre as obrigações reipersecutórias.

Já o C.P.C. de 1939 prescrevia em seu art. 895, inc. I:

> *Art. 895. A alienação de bens considerar-se-á em fraude de execução:*
>
> *I – quando sôbre êles fôr movida ação real ou reipersecutória.*[164]

O novo C.P.C. não fala em *ação reipersecutória*, mas, sim, em *pretensão reipersecutória*, encerrando a controvérsia existente sob égide do C.P.C. de 1939.

As obrigações *propter rem*, ou deveres jurídicos de causa real, *"são posições jurídicas passivas que adstringem o titular de uma situação de direito das coisas a um comportamento em face de um credor, comportamento este sempre de conteúdo positivo. Nada mais são do que um tipo especial de dever jurídico obrigacional e patrimonial e, portanto, relativo a certa e determinada pessoa, nunca vinculado à generalidade dos sujeitos, nem portanto correspondente apenas e tão somente a uma relação com a coisa. Caracterizam-se por surgirem em virtude do 'vínculo' que o sujeito passivo da obrigação, antes de sua cons-*

[164] A doutrina que comentava o código de processo civil de 1939 dizia que a expressão 'ação reipersecutória', de conceito controvertido, causava embaraço ao intérprete. (Conf. Pontes de Miranda, (1939), vol. XIII, p. 137, n. 2; idem, (1973), vol. IX, pág. 459; Amílcar de Castro, *Comentários* (1939), pág. 99, n. 84; Lopes da Costa, *Dir. Proc. Civ.* vol. III, pág. 55, n. 75.

tituição, tem com a 'coisa' objeto de uma situação jurídica de direito das coisas. Assim, a titularidade da situação jurídica de direito das coisas é o fundamento da obrigação 'propter rem' e é a ela que esta adere, de modo a se transmitir com a transmissão desta titularidade. A contactação jurídica que o titular do direito real ou da posse tem com o bem 'induz' o nascimento das obrigações 'propter rem'".[165]

A obrigação *propter rem* decorre de um dever jurídico de causa real, sendo a causa remota desse tipo de obrigação, apenas e tão somente, a titularidade de uma situação jurídica de direito das coisas.[166]

Trata-se, portanto, de uma situação jurídica dotada de *inerência*, ou seja, de uma profunda vinculação com a coisa.

Por sua vez, *"há uma estreita vinculação entre a titularidade de situação real (propriedade ou posse), ou seja, entre o contato com a coisa e a obrigação desencadeada. Por isso, diz-se, corretamente, que a situação de direito real é causa eficiente próxima do surgimento da obrigação. Deste modo, transmitida a titularidade real, ainda sendo esta ativa, transmite-se, juntamente com ela, a totalidade das obrigações existentes que têm por causa a coisa objeto do direito real"*.[167]

São exemplos de obrigações reipersecutórias, a taxa condominial, o pagamento de laudêmio pelo enfiteuta, recuperação dos danos ambientais causados ao solo e os impostos ou taxas incidentes sobre as coisas, sendo que para alguns estes últimos são espécies de *ônus real*.

Se aquele que constituiu a obrigação *propter rem* alienar ou constituir ônus real sobre o bem vinculado à obrigação, durante o trâmite de uma determinada demanda que visa ao cumprimento da obrigação, essa transferência também será caracterizada como fraude à execução.

O art. 593 do C.P.C. de 1973 pressuponha apenas uma demanda fundada em direito real para efeitos de caracterização de fraude à execução, independentemente de outro pressuposto, especialmente eventual registro público.

Mas para que se possa alegar fraude à execução, com base no art. 792, inc. I, do atual C.P.C., é necessário que o direito real que é objeto da pretensão inserida na demanda esteja devidamente registrado em cartório de registro público, se houver. Na verdade, isso é um requisito para que qualquer direito real possa ingressar no âmbito do direito das coisas, pois se não houver o registro, eventual relação jurídica de direito material que houver sobre o bem não ultrapassará os limites do direito pessoal, sem qualquer efeito perante terceiro que vier a

[165] Penteado, Luciano de Camargo. *Direito das coisas.* São Paulo: Editora Revista dos Tribunais, 2008. p. 115.
[166] Penteado, L. C., idem, p. 116.
[167] Penteado, L. C., idem, ibidem.

adquirir o bem ou receber o bem em garantia. Sem o registro, o bem poderá ser alienado ou onerado sem qualquer restrição, sendo que aquele que o adquirir ou o receber em garantia será considerado terceiro de boa-fé. Aliás, se não houver o registro do direito real, não haverá um dos principais efeitos desse direito, qual seja, o direito de sequela, que significa dizer que o titular do direito real poderá buscar o bem nas mãos de quem quer que injustamente o possua.

Alcides Mendonça Lima, quando comentava o art. 593, inc. I, do C.P.C. de 1973, entendia que não bastava a simples demanda em juízo, já proposta, com a citação do réu, para que a 'fraude à execução' pudesse ser caracterizada de modo absoluto, envolvendo o terceiro adquirente. Seria indispensável a formalidade da *inscrição* da citação do réu, em tais demandas, no Registro de Imóveis, referentes aos bens (art. 167, I, n. 21, e art. 169 da Lei 6.015/73). Para Arruda Alvim, a inscrição somente seria necessária no caso de penhora e de arresto, mas não para as citações naquelas demandas, cuja falta não gerava qualquer ineficácia quanto à fraude cometida.[168]

Na realidade, se o direito real já se encontra devidamente constituído, conforme estabelece as hipóteses do art. 167, inc. I, da Lei 6.015/73, não haverá necessidade da inscrição da citação, pois eventual adquirente não poderá alegar desconhecimento da existência de direito real ou de obrigação reipersecutória sobre o bem adquirido, justamente porque referido direito real ou essa obrigação *propter rem* encontra-se devidamente indicada nos registros públicos. Aliás, o art. 167, inc.I, da Lei 6.015/73 determina o registro dos seguintes direitos reais:

Art. 167 – No Registro de Imóveis, além da matrícula, serão feitos. (Renumerado do art. 168 com nova redação pela Lei nº 6.216, de 1975).

I – o registro: (Redação dada pela Lei nº 6.216, de 1975).

1) da instituição de bem de família;

2) das hipotecas legais, judiciais e convencionais;

3) dos contratos de locação de prédios, nos quais tenha sido consignada cláusula de vigência no caso de alienação da coisa locada;

4) do penhor de máquinas e de aparelhos utilizados na indústria, instalados e em funcionamento, com os respectivos pertences ou sem eles;

5) das penhoras, arrestos e seqüestros de imóveis;

6) das servidões em geral;

7) do usufruto e do uso sobre imóveis e da habitação, quando não resultarem do direito de família;

[168] Lima, A. M., op. cit., p. 567.

8) das rendas constituídas sobre imóveis ou a eles vinculadas por disposição de última vontade;

9) dos contratos de compromisso de compra e venda de cessão deste e de promessa de cessão, com ou sem cláusula de arrependimento, que tenham por objeto imóveis não loteados e cujo preço tenha sido pago no ato de sua celebração, ou deva sê-lo a prazo, de uma só vez ou em prestações;

10) da enfiteuse;

11) da anticrese;

12) das convenções antenupciais;

13) das cédulas de crédito rural;

14) das cédulas de crédito, industrial;

15) dos contratos de penhor rural;

16) dos empréstimos por obrigações ao portador ou debêntures, inclusive as conversíveis em ações;

17) das incorporações, instituições e convenções de condomínio;

18) dos contratos de promessa de venda, cessão ou promessa de cessão de unidades autônomas condominiais a que alude a Lei nº 4.591, de 16 de dezembro de 1964, quando a incorporação ou a instituição de condomínio se formalizar na vigência desta Lei;

19) dos loteamentos urbanos e rurais;

20) dos contratos de promessa de compra e venda de terrenos loteados em conformidade com o Decreto-lei nº 58, de 10 de dezembro de 1937, e respectiva cessão e promessa de cessão, quando o loteamento se formalizar na vigência desta Lei;

21) das citações de ações reais ou pessoais reipersecutórias, relativas a imóveis;

23) dos julgados e atos jurídicos entre vivos que dividirem imóveis ou os demarcarem inclusive nos casos de incorporação que resultarem em constituição de condomínio e atribuírem uma ou mais unidades aos incorporadores;

24) das sentenças que nos inventários, arrolamentos e partilhas, adjudicarem bens de raiz em pagamento das dívidas da herança;

25) dos atos de entrega de legados de imóveis, dos formais de partilha e das sentenças de adjudicação em inventário ou arrolamento quando não houver partilha;

26) da arrematação e da adjudicação em hasta pública;

27) do dote;

28) das sentenças declaratórias de usucapião; (Redação dada pela Medida Provisória nº 2.220, de 2001)

29) da compra e venda pura e da condicional;

30) da permuta;

31) da dação em pagamento;

32) da transferência, de imóvel a sociedade, quando integrar quota social;

33) da doação entre vivos;

34) da desapropriação amigável e das sentenças que, em processo de desapropriação, fixarem o valor da indenização;

35) da alienação fiduciária em garantia de coisa imóvel. (Incluído pela Lei nº 9.514, de 1997)

36). da imissão provisória na posse, quando concedida à União, aos Estados, ao Distrito Federal, aos Municípios ou às suas entidades delegadas, e respectiva cessão e promessa de cessão; (Redação dada pela Lei nº 12.424, de 2011)

37) dos termos administrativos ou das sentenças declaratórias da concessão de uso especial para fins de moradia; (Redação dada pela Medida Provisória nº 2.220, de 2001)

38) (VETADO) (Incluído pela Lei nº 10.257, de 2001)

39) da constituição do direito de superfície de imóvel urbano; (Incluído pela Lei nº 10.257, de 2001)

40) do contrato de concessão de direito real de uso de imóvel público. (Redação dada pela Medida Provisória nº 2.220, de 2001)

41) da legitimação de posse; (Incluído pela Lei nº 11.977, de 2009)

42) da conversão da legitimação de posse em propriedade, prevista no art. 60 da Lei nº 11.977, de 7 de julho de 2009; (Incluído pela Lei nº 12.424, de 2011)

Ora, se já há o devido registro da constituição do direito real ou da obrigação reipersecutória no registro de imóveis correspondente, conforme estabelece o art. 167, inc. I, da Lei 6.015 de 1973, não há necessidade de se registrar também a citação nas demandas que envolvem esses direitos e obrigações.

A problemática surge na hipótese em que se postula a nulidade de escritura pública nas demandas dominais ou reivindicatórias, quando o terceiro adquire *a non domini.*[169]

[169] Dinamarco dá um exemplo de um julgamento em que ele participou como Desembargador do Tribunal de Justiça de São Paulo (TJSP, 1ª C.Cvi. ap. n. 42.674-1, j. 22.5.84, rel. Rangel Dinamarco): *"Participei do julgamento de interessante ação reivindicatória movida por adquirentes de imóvel no curso de processo de usucapião relativo a ele. O autor o adquirira dos réus desse processo. Disse o acórdão: 'pendia sobre o imóvel essa ação fundada em direito real e essa venda foi típico ato de fraude de execução, ineficaz por força de lei (CPC, art. 593, inc. I). Com isso, simplesmente se desconsidera a venda feita e a sentença dada no usucapião é eficaz perante a adquirente, tanto quanto perante os réus que ali figuraram, estando todos sujeitos à autoridade da coisa julgada material que sobre seus efeitos se abateu. Poderia ter sido invocado, inclusive, o art. 43, caput e §3º do Código de Processo civil de 1973"* (Dinamarco, C. R., op. cit., p. 277).

Conforme estabelece o art. 1.245, §2º, do C.c.b., enquanto não se promover, por meio de demanda própria, a decretação de invalidade do registro, e o respectivo cancelamento, o adquirente continua a ser havido como dono do imóvel. Nessa hipótese, se o verdadeiro proprietário desejar garantir-se de eventual fraude à execução, deverá promover o registro da citação desta demanda real, nos termos do art. 167, inc. I, n. 21 da Lei 6.015/73. Sem o registro da citação, e havendo transferência do bem, não poderá suscitar fraude à execução.

Contudo, não obstante o proprietário não possa alegar fraude à execução, por faltar o registro da citação, o certo é que o Código Civil brasileiro permite que, uma vez cancelado o registro, poderá o proprietário reivindicar o imóvel, independentemente da boa-fé ou do título do terceiro adquirente.

Agora, não se tratando de nulidade de registro, mas de exigência de cumprimento de obrigação de fazer ou de outorga de escritura pública de imóvel, cujo compromisso de compra e venda não se encontra registrado, somente com o registro da citação na demanda real é que se poderá alegar fraude à execução, caso o bem seja alienado a terceiro de boa-fé durante o transcurso da demanda. Aliás, nesse sentido é o teor da Súmula 375 do S.T.J: *"O reconhecimento da fraude à execução depende do registro da penhora do bem alienado ou da prova de má-fé do terceiro adquirente"*. No caso, o registro da citação no cartório de registro de imóveis ou no registro de títulos e documentos evitará que o terceiro alegue e comprove sua boa-fé.

É importante salientar que embora o instituto seja denominado de fraude *à execução*, ele pode ser alegado em qualquer espécie de demanda, ou seja, na execução propriamente dita, no processo de conhecimento e mesmo no processo cautelar quando era considerado como um processo autônomo. Nesse sentido eis o seguinte precedente do S.T.J.:

> *1. Para configurar a fraude à execução, é necessário que a alienação do bem tenha se dado após ocorrida citação válida, não importando o tipo de ação proposta – se cautelar, cognitiva ou executória.*
>
> *2. Hipótese em que a insolvência do devedor já fora reconhecida no bojo do acórdão estadual recorrido, que afirma, textualmente, tratar-se de matéria incontroversa nos autos aquela relativa à inexistência de bens penhoráveis em nome do devedor.*
>
> *3. Agravo regimental provido para dar provimento ao recurso especial.*
>
> (AgRg nos EDcl no REsp 649.139/SP, Rel. Ministro JOÃO OTÁVIO DE NORONHA, QUARTA TURMA, julgado em 23/02/2010, DJe 08/03/2010).

A exigência de averbação no registro ou na matrícula do bem imóvel, para fins de *fraude à execução*, vai além das ações ou demandas fundadas em direito real ou com pretensão reipersecutória, tendo em vista o que dispõe o art. 54, inc. II a IV, da Lei 13.097 de 2015, *in verbis:*

> *Art. 54. Os negócios jurídicos que tenham por fim constituir, transferir ou modificar direitos reais sobre imóveis são eficazes em relação a atos jurídicos precedentes, nas hipóteses em que não tenham sido registradas ou averbadas na matrícula do imóvel as seguintes informações: (Vigência)*
>
> *I – registro de citação de ações reais ou pessoais reipersecutórias;*
>
> *II – averbação, por solicitação do interessado, de constrição judicial, do ajuizamento de ação de execução ou de fase de cumprimento de sentença, procedendo-se nos termos previstos do art. 615-A da Lei nº 5.869, de 11 de janeiro de 1973 – Código de Processo Civil;*
>
> *III – averbação de restrição administrativa ou convencional ao gozo de direitos registrados, de indisponibilidade ou de outros ônus quando previstos em lei; e*
>
> *IV – averbação, mediante decisão judicial, da existência de outro tipo de ação cujos resultados ou responsabilidade patrimonial possam reduzir seu proprietário à insolvência, nos termos do inciso II do art. 593 da Lei nº 5.869, de 11 de janeiro de 1973 – Código de Processo Civil.*
>
> *Parágrafo único. Não poderão ser opostas situações jurídicas não constantes da matrícula no Registro de Imóveis, inclusive para fins de evicção, ao terceiro de boa-fé que adquirir ou receber em garantia direitos reais sobre o imóvel, ressalvados o disposto nos arts. 129 e 130 da Lei nº 11.101, de 9 de fevereiro de 2005, e as hipóteses de aquisição e extinção da propriedade que independam de registro de título de imóvel.*

Assim, mesmo em se tratando de execução ou cumprimento de sentença referente a obrigação de natureza pessoal, se não houver a averbação da certidão expedida pelo cartório distribuidor no registro de imóveis de determinado bem que poderia ser objeto de penhora, não se poderá alegar fraude à execução em relação ao eventual adquirente do bem.

b) Conforme estabelece o inc. II do art. 792 do atual C.P.C., considera-se fraude à execução a alienação ou a oneração de bem: *quando tiver sido averbada, no registro do bem, a pendência do processo de execução, na forma do art. 828.*

Essa previsão normativa não havia no art. 593 do C.P.C. de 1973, mas foi incorporada como fraude à execução no C.P.C. revogado, com a introdução do art. 615-A, incluído pela Lei 11.382/06, *in verbis:*

> *Art. 615-A. O exequente poderá, no ato da distribuição, obter certidão comprobatória do ajuizamento da execução, com identificação das partes e valor da causa, para*

fins de averbação no registro de imóveis, registro de veículos ou registro de outros bens sujeitos à penhora ou arresto. (Incluído pela Lei nº 11.382, de 2006).

§ 1º O exequente deverá comunicar ao juízo as averbações efetivadas, no prazo de 10 (dez) dias de sua concretização. (Incluído pela Lei nº 11.382, de 2006).

§ 2º Formalizada penhora sobre bens suficientes para cobrir o valor da dívida, será determinado o cancelamento das averbações de que trata este artigo relativas àqueles que não tenham sido penhorados. (Incluído pela Lei nº 11.382, de 2006).

§ 3º Presume-se em fraude à execução a alienação ou oneração de bens efetuada após a averbação (art. 593). (Incluído pela Lei nº 11.382, de 2006).

§ 4º O exequente que promover averbação manifestamente indevida indenizará a parte contrária, nos termos do § 2º do art. 18 desta Lei, processando-se o incidente em autos apartados. (Incluído pela Lei nº 11.382, de 2006).

§ 5º Os tribunais poderão expedir instruções sobre o cumprimento deste artigo. (Incluído pela Lei nº 11.382, de 2006).

O atual C.P.C. estabelece que na execução por quantia certa, antes mesmo da citação do executado, poderá o exequente obter certidão da propositura da demanda, para fins de averbação no registro de imóveis, no registro de veículos ou no registro de outros bens sujeitos a penhora, arresto ou indisponibilidade, conforme preconiza o seu art. 828:

Art. 828. O exequente poderá obter certidão de que a execução foi admitida pelo juiz, com identificação das partes e do valor da causa, para fins de averbação no registro de imóveis, de veículos ou de outros bens sujeitos a penhora, arresto ou indisponibilidade.

§ 1º No prazo de 10 (dez) dias de sua concretização, o exequente deverá comunicar ao juízo as averbações efetivadas.

§ 2º Formalizada penhora sobre bens suficientes para cobrir o valor da dívida, o exequente providenciará, no prazo de 10 (dez) dias, o cancelamento das averbações relativas àqueles não penhorados.

§ 3º O juiz determinará o cancelamento das averbações, de ofício ou a requerimento, caso o exequente não o faça no prazo.

§ 4º Presume-se em fraude à execução a alienação ou a oneração de bens efetuada após a averbação.

§ 5º O exequente que promover averbação manifestamente indevida ou não cancelar as averbações nos termos do § 2º indenizará a parte contrária, processando-se o incidente em autos apartados.

Uma vez averbada nos registros públicos a existência de execução por quantia certa contra o devedor, eventual alienação de bens que o leve a insolvência será caracterizada como fraude à execução, independentemente da citação do executado, pois a inserção da propositura da demanda em registro público elimina qualquer alegação de boa-fé por parte do executado ou do terceiro adquirente do bem.

Mas para que se possa configurar a fraude à execução, não basta simplesmente a averbação da propositura da demanda, sendo também necessário que o exequente *comunique ao juízo as averbações efetivadas, no prazo de dez dias de sua concretização*, sob pena de perda da eficácia do conteúdo de publicidade do ato. Sobre o tema, assim tem se posicionado o S.T.J.:

1. O art. 615-A do CPC determina que "o exequente poderá, no ato da distribuição, obter certidão comprobatória do ajuizamento da execução, com identificação das partes e valor da causa, para fins de averbação no registro de imóveis, registro de veículos ou registro de outros bens sujeitos à penhora ou arresto." (Incluído pela Lei n. 11.382, de 2006).

2. O permissivo do art. 615-A do CPC não se aplica às execuções ajuizadas antes da entrada em vigor da Lei n. 11.382, de 2006, em razão do princípio do "tempus regit actum". Precedente: REsp 934.530/RJ, Rel. Min. Luiz Fux, Primeira Turma, julgado em 18.6.2009, DJe 6.8.2009.

3. In casu, a execução fiscal foi ajuizada em 21 de junho de 2004, antes da entrada em vigor do permissivo legal. Portanto, na ocasião em que ajuizada a execução fiscal vigorava a redação antiga do Código de Processo Civil, que não permitia a anotação da execução fiscal no registro do veículo, sem a efetivação da penhora ou arresto.

Agravo regimental improvido.

(AgRg no REsp 1216227/RJ, Rel. Ministro HUMBERTO MARTINS, SEGUNDA TURMA, julgado em 08/02/2011, DJe 04/03/2011)

1. O pedido de expedição de ofício ao Departamento Estadual de Trânsito, para fins de anotação da existência de execução fiscal contra o proprietário de veículo automotor, somente era cabível nos casos em que já havia penhora ou arresto do bem. Precedentes: REsp 541168/MG, Rel. Ministro LUIZ FUX, DJ 22/03/2004; REsp 511287/MG, Rel. Ministro TEORI ALBINO ZAVASCKI, DJ 14/06/2004; REsp 511625/MG, Rel. Ministro FRANCISCO FALCÃO, DJ 20/10/2003; REsp 541009/MG, Rel. Ministro FRANCISCO PEÇANHA MARTINS, DJ 26/09/2005.

2. A Lei n. 11.382/2006, que alterou o CPC, acrescentou o art. 615-A ao Código Adjetivo Civil, permitindo ao exequente averbar no registro de imóveis, veículos ou outros bens sujeitos à penhora, a existência de processo de execução contra o executado, verbis: Art. 615-A. O exequente poderá, no ato da distribuição, obter certidão comprobatória do ajuizamento da execução, com identificação das partes e valor da causa, para fins de averbação no registro de imóveis, registro de veículos ou registro de outros bens sujeitos à penhora ou arresto.

3. A medida tem por objetivo tutelar o processo executivo contra a fraude à execução – dando maior publicidade a terceiros acerca da execução contra o titular do bem a ser alienado – que torna presumida a fraude se a alienação for efetuada após a averbação, nos termos do § 3º, do mencionado dispositivo, verbis: § 3o Presume-se em fraude à execução a alienação ou oneração de bens efetuada após a averbação (art. 593).

4. O ato processual regula-se pela máxima tempus regit actum, segundo o que, à luz do direito intertemporal, implica a aplicação da lei nova imediatamente, inclusive aos processos em curso.

5. In casu, a execução iniciou-se no ano de 2000, muito antes da entrada em vigor da Lei nº 11.382/2006, de modo que não incidem os novos preceitos estabelecidos pela novel redação do art. 615-A, do CPC.

6. Recurso Especial desprovido.

(REsp 934.530/RJ, Rel. Ministro LUIZ FUX, PRIMEIRA TURMA, julgado em 18/06/2009, DJe 06/08/2009)

Em relação às duas últimas decisões proferidas pelo S.T.J. nos REsp. n.s. 1216227 e 934530, deve-se fazer as seguintes considerações. Muito embora o tribunal entendesse que não se aplicava o art. 615-A do C.P.C. revogado aos processos de execução iniciados antes da entrada em vigor da Lei n. 11.382/2006, adotando a máxima *tempus regit actum*, o certo é que se está diante de uma norma de direito processual e não de direito material, razão pela qual é de se adotar a máxima de que *as normas de direito processual aplicam-se aos processos em andamento*, no caso, pouco importando se a certidão solicitada pelo exequente foi expedida antes ou depois da citação do executado, ou mesmo antes ou depois da penhora (insuficiente) de determinado bem.

Portanto, a exigência de averbação no registro ou na matrícula do bem imóvel, para fins de *fraude à execução*, vai além das ações ou demandas fundadas em direito real ou com pretensão reipersecutória, tendo em vista o que dispõe o art. 54, inc. II a IV, da Lei 13.097 de 2015, *in verbis:*

Art. 54. Os negócios jurídicos que tenham por fim constituir, transferir ou modificar direitos reais sobre imóveis são eficazes em relação a atos jurídicos precedentes, nas hipóteses em que não tenham sido registradas ou averbadas na matrícula do imóvel as seguintes informações: (Vigência)

I – registro de citação de ações reais ou pessoais reipersecutórias;

II – averbação, por solicitação do interessado, de constrição judicial, do ajuizamento de ação de execução ou de fase de cumprimento de sentença, procedendo-se nos termos previstos do art. 615-A da Lei nº 5.869, de 11 de janeiro de 1973 – Código de Processo Civil;

III – averbação de restrição administrativa ou convencional ao gozo de direitos registrados, de indisponibilidade ou de outros ônus quando previstos em lei; e

IV – averbação, mediante decisão judicial, da existência de outro tipo de ação cujos resultados ou responsabilidade patrimonial possam reduzir seu proprietário à insolvência, nos termos do inciso II do art. 593 da Lei nº 5.869, de 11 de janeiro de 1973 – Código de Processo Civil.

Parágrafo único. Não poderão ser opostas situações jurídicas não constantes da matrícula no Registro de Imóveis, inclusive para fins de evicção, ao terceiro de boa-fé que adquirir ou receber em garantia direitos reais sobre o imóvel, ressalvados o disposto nos arts. 129 e 130 da Lei nº 11.101, de 9 de fevereiro de 2005, e as hipóteses de aquisição e extinção da propriedade que independam de registro de título de imóvel.

Assim, mesmo que em se tratando de execução ou cumprimento de sentença referente a obrigação de natureza pessoal, se não houver a averbação da certidão expedida pelo cartório distribuidor no registro de imóveis de determinado bem que poderia ser objeto de penhora, não se poderá alegar fraude à execução em relação ao eventual adquirente do bem.

c) Conforme estabelece o inc. III do art. 792 do atual C.P.C., considera-se fraude à execução a alienação ou oneração de bem *quando tiver sido averbado, no registro do bem, hipoteca judiciária ou outro ato de constrição judicial originário do processo onde foi arguida a fraude.*

Esta hipótese não havia no C.P.C. de 1973.

A hipoteca judiciária já era prevista nas Ordenações (Livro 3, Tít. 84, parág. Final): *"E o que tiver bens de raiz, que valham o conteúdo na condenação, não os poderá alienar durante a demanda, mas logo ficarão hipotecados por esse mesmo feito e por esta Ordenação"*. Nesse caso, surgia o denominado *vício litigiosi*, ou seja, o vício oriundo do litígio.[170]

A constituição de hipoteca judiciária está prevista no art. 495 do atual C.P.C. A decisão que condenar o réu ao pagamento de prestação consistente em dinheiro e a que determinar a conversão de prestação de fazer, de não-fazer ou de dar coisa em prestação pecuniária valerão como título constitutivo de hipoteca judiciária.

Por sua vez, o registro da hipoteca judiciária é determinado pelo art. 167, inc. I, n. 2) da Lei 6.015/73:

[170] Lima, A. M., idem. p. 567.

Art. 167 – No Registro de Imóveis, além da matrícula, serão feitos. (Renumerado do art. 168 com nova redação pela Lei nº 6.216, de 1975).

I – o registro: (Redação dada pela Lei nº 6.216, de 1975).

(...).

2) das hipotecas legais, judiciais e convencionais.

Sabe-se que a sentença proferida no processo de conhecimento poderá condenar o réu ao cumprimento de uma prestação, cujo objeto pode ser uma obrigação de dar, fazer, não fazer, ou de pagar quantia em dinheiro. Nesta última hipótese, a decisão proferida poderá fundamentar a constituição de uma garantia processual ao cumprimento da decisão, garantia esta denominada de *hipoteca judiciária.*

Sabe-se que ao lado dos efeitos principais da sentença, ou seja, efeitos declaratórios, condenatórios, constitutivos, mandamentais ou executivos *lato senso,* há também os denominados *efeitos secundários, acessórios ou de fato da sentença,* sendo que a constituição de *hipoteca judicial* enquadra-se nessa última hipótese.

Enquanto que os efeitos principais da sentença, em regra, decorrem de pedido expresso formulado na demanda judicial e, consequentemente, de pronunciamento expresso do juiz, os efeitos secundários, como no caso da hipoteca judicial, independem de pedido expresso e de pronunciamento do juiz, pois resultam simplesmente do *fato da existência da sentença que tenha por objeto prestação em dinheiro.*

Conforme anotam Comoglio, Ferri e Taruffo, *"a sentença condenatória é pois idônea a constituir o título para a inscrição de hipoteca judiciária nos termos do art. 2.818 (c.c.italiano); se nela há uma condenação ao pagamento de uma soma em dinheiro a hipoteca será inscrita pela aquela quantia determinada na sentença, ainda que o objeto da condenação tenha sido o adimplemento de outra obrigação, a hipoteca poderá inscrever-se pela soma estabelecida pelo credor na nota de inscrição (salvo a possibilidade do devedor de pedir-lhe a redução e salvo de todo modo o ressarcimento do dano para uma inscrição ilegítima)".*[171]

Assim, a hipoteca judicial é um efeito que se opera pela força legal, automaticamente.

A constituição de hipoteca judicial caracteriza-se como um *efeito secundário* da sentença condenatória de prestação em dinheiro, autorizando o autor a constituir a hipoteca sobre eventual bem do réu. Trata-se evidentemente de um

[171] COMOGLIO, Luigi Paolo; FERRI, Corrado; TARUFFO, Michele. *Lezioni sul processo civile.* I. Il processo ordinario di cognizione. Bologna: Il Mulino, 2006. p. 581.

instituto de garantia de cumprimento de sentença, que tem por objetivo evitar eventual *fraude à execução*.

Segundo estabelece o art. 1.473 do C.c. brasileiro, podem ser objeto de hipoteca: a) os imóveis e os acessórios dos imóveis conjuntamente com eles; b) o domínio direto; c) o domínio útil; d) as estradas de ferro; e) os recursos naturais a que se refere o art. 1.230, independentemente do solo onde se acham; f) os navios; g) as aeronaves; h) o direito de uso especial para fins de moradia; i) o direito real de uso; j) a propriedade superficiária.

A hipoteca abrange todas as acessões, melhoramentos ou construções do imóvel (art. 1.474 do C.c. brasileiro).

A hipoteca será registrada no cartório do lugar do bem imóvel, ou no de cada um deles, se o título for compatível com mais de um imóvel.

Compete aos interessados, exibindo o título judicial, requerer o registro da hipoteca judicial, inclusive para que ela valha perante terceiros.

A hipoteca judicial, que não deixa de ser legal, pode ser substituída por caução de títulos da dívida pública ou estadual, recebidos pelo valor de sua cotação mínima no ano corrente; ou por outra garantia, a critério do juiz, a requerimento do devedor (art. 1.491 do C.c.brasileiro).

É importante salientar que a hipoteca judicial, por ser um crédito real, prefere ao pessoal de qualquer espécie, nos termos do art. 961 do atual C.c.b. Assim, pelo Código Civil, a hipoteca judicial, além de atribuir o direito de *sequela*, também confere ao credor o direito de preferência na ordem legal.

Mesmo que o pedido formulado na demanda cognitiva seja genérico, e a sentença, por sua vez, também apresente uma condenação genérica, ou ilíquida, essa decisão produzirá o efeito secundário da hipoteca judiciária para todos os efeitos legais, devendo o credor requerer ao juiz que fixe por arbitramento eventual valor a ser estipulado para fins de inscrição e garantia da hipoteca judiciária.

É bem verdade que no direito italiano, no caso de sentença ilíquida, cabe ao exequente estabelecer ou arbitrar o valor para efeitos da hipoteca judiciária, arcando com a responsabilidade por eventual ilegitimidade da inscrição, conforme se observou pela lição de Comoglio, Ferri e Taruffo acima citada.

Também havendo pendência de arresto de bens do devedor, medida cautelar decorrente de eventual *periculum in mora* e *fumus boni iuris*, tal tutela de urgência não impede que o credor realize a inscrição da hipoteca judiciária. Uma vez que uma vez efetuado o arresto, deverá o credor optar pela garantia que pretenda manter eficaz, sob pena de *onerar demasiadamente o devedor*.

Note-se que a inscrição da hipoteca judiciária não exige a presença de *periculum in mora*.

Da mesma forma, não haverá impedimento para inscrição da hipoteca judiciária quando a determinação do objeto ou do valor da condenação depender de ato que deva ser praticado pelo réu.

Quanto ao objeto, conforme estabelece o próprio art. 495 do atual C.P.C., somente poderá ser uma prestação em dinheiro ou decorrente de conversão de fazer, não fazer ou dar coisa.

Porém, o valor da condenação na prestação em dinheiro poderá depender de algum ato que deva ser praticado pelo réu, como, por exemplo, demonstração que já efetuou o pagamento ou a compensação parcial do débito. Ainda que na pendência de o réu demonstrar esses fatos, o credor poderá promover o registro da hipoteca judicial.

Também não haverá impedimento à inscrição da hipoteca judiciária, ainda que o credor possa promover a execução provisória da sentença. Mesmo que o credor possa promover a execução provisória, tal fato não impede a inscrição da hipoteca judiciária como meio de garantir o cumprimento da decisão. Este dispositivo vem reforçar a afirmação de que a inscrição da hipoteca judiciária independe do trânsito em julgado da decisão.

Estabelece ainda o §2º do art. 495 do atual C.P.C. que a hipoteca judiciária poderá ser realizada mediante apresentação de cópia da sentença perante o cartório de registro imobiliário, independentemente de ordem judicial, de declaração expressa do juiz ou de demonstração de urgência.

Sob a égide do C.P.C. de 1973 e do C.c.brasileiro de 1916 havia necessidade, antes de se efetuar o registro da hipoteca judicial, de realização de sua especialização.

Com base na legislação revogada, para que a hipoteca judiciária fosse constituída como direito real em garantia, o que ocorria com sua inscrição no registro de imóveis, fazia-se necessário requerimento de expedição de mandado dirigido ao juiz, formulado pela parte vencedora, no qual, obrigatoriamente, constaria a descrição do bem específico a ser onerado, cujo valor deveria equivaler ao débito fixado na decisão judicial, ou, quando esta fosse genérica, ao montante aproximado da dívida. Esse pedido de especialização era o que bastava para que o juiz determinasse a expedição de mandado, promovendo a inscrição da hipoteca judiciária em favor do requerente.

Pelo novo C.P.C., não haverá mais necessidade de especialização da hipoteca judicial, bastando ao credor, mesmo que a sentença ainda não tenha transitado em julgado, apresentar uma cópia da decisão perante o cartório do registro imobiliário, independentemente de ordem judicial.

Ressalte-se, por fim, que este instituto da hipoteca judiciária era considerado por muitos doutrinadores como um instituto totalmente obsoleto.

Contudo, diante das diversas interpretações estabelecidas pelos nossos tribunais sobre a questão da fraude à execução, bem como da simplificação do instituto da hipoteca judicial, permitindo-se sua inscrição no registro competente mediante simples cópia da sentença condenatória em prestação em dinheiro, o instituto passa a ser um importante meio de prevenção contra a fraude.

Sobre o tema da hipoteca judiciária e da fraude à execução, assim já se manifestou o S.T.J.:

> *(...).*
>
> *2 – A inscrição da hipoteca judiciária de imóveis urbanos pertencentes à recorrida, visando assegurar o pagamento dos honorários a que esta foi condenada é desnecessária. Consoante assevera a Corte a quo, a condenação da sucumbência estabelecida na sentença foi recíproca, cabendo ônus menor à recorrida, que foi condenada a responder apenas por 1/3 da sucumbência, sendo suficiente para o pagamento da verba honorária o patrimônio que lhe tocará na partilha dos bens, o que torna injustificável o temor dos advogados, ainda protegidos pelas regras pertinentes à fraude à execução. Ademais, perquirir sobre tais fatos torna-se inviável nesta seara, nos termos da Súmula 07/STJ.*
>
> *3 – Precedente (AGA nº 264.726/SP).*
>
> *4 – Recurso conhecido e parcialmente provido para, reformando o v. acórdão recorrido quanto a este aspecto, reconhecer apenas a legitimidade ativa dos advogados-recorrentes.*
>
> (REsp 294.690/RS, Rel. Ministro JORGE SCARTEZZINI, QUARTA TURMA, julgado em 24/08/2004, DJ 04/10/2004, p. 303).

d) Considera-se em fraude à execução a alienação ou oneração de bem *quando, ao tempo da alienação ou da oneração, corria contra o devedor ação capaz de reduzi-lo à insolvência.*

O art. 593, inc. II, do C.P.C. revogado, trazia a mesma regra normativa. Contudo, este dispositivo falava não em *ação*, mas, sim, em *demanda* capaz de reduzir o devedor à insolvência. Penso que a redação do art. 593, inc. II, do Código revogado, era tecnicamente mais pertinente, pois o que pode levar à insolvência não é a *ação*, mas, sim, a *demanda* promovida pelo credor, uma vez que a ação é apenas um instituto de natureza constitucional/processual que desencadeia a *demanda* judicial que tem a possibilidade de reduzir alguém à insolvência. Na realidade, nem mesmo a ação ou a demanda é que reduzem o devedor à insolvência, mas a alienação ou oneração de bens que ocorram no curso da demanda.

O inc. IV do art. 792 do atual C.P.C. difere do inc. I do mesmo diploma legal. No inc. I, a demanda se funda em direito real ou em obrigação reipersecutória, e a fraude à execução abrange apenas o bem que é objeto da pretensão material. Já neste inc. IV, poderá ocorrer a fraude em relação a qualquer demanda.

Aliás, prescreve o art. 54, inc. IV, da Lei 13.097/2015:

> *Art. 54. Os negócios jurídicos que tenham por fim constituir, transferir ou modificar direitos reais sobre imóveis são eficazes em relação a atos jurídicos precedentes, nas hipóteses em que não tenham sido registradas ou averbadas na matrícula do imóvel as seguintes informações: (Vigência)*
>
> *(...).*
>
> *IV – averbação, mediante decisão judicial, da existência de outro tipo de ação cujos resultados ou responsabilidade patrimonial possam reduzir seu proprietário à insolvência, nos termos do inciso II do art. 593 da Lei nº 5.869, de 11 de janeiro de 1973 – Código de Processo Civil.*

Portanto, sem a averbação não se poderá falar em fraude à execução.

É importante salientar que a simples propositura da demanda, por si só, não gera a fraude, uma vez que é pressuposto da fraude a existência de *dano* ao credor, o que ocorre com a possibilidade de a demanda levar à insolvência o devedor, com a alienação ou oneração do bem. Na hipótese de o devedor, mesmo alienando ou onerando o bem, não ser considerado insolvente, a fraude à execução não será reconhecida.

Se o devedor, conforme leciona Almeida de Souza, *"quando acionado pela dívida, tinha bens superabundantes, mas os foi alienando por vezes ao mesmo terceiro, ou a diversos; quais deles deverão padecer a execução na forma da dita Ordenação? Resolutivamente, digo que só as últimas alienações até o equivalente da dívida; porque as primeiras alienações dos bens, aliás, superabundantes, foram lícitas; é só nos bens ultimamente alienados pelo devedor recaiu a proibição da lei, e com ela o vício da alienação"*.[172]

Se a alienação ou oneração ocorrer antes da propositura da demanda, não haverá fraude à execução, mas poderá ocorrer fraude contra credores. Assim, nem o protesto cambiário, nem o protesto judicial são pressupostos para a fraude à execução, muito embora possam surtir efeitos na fraude contra credores.

Outro aspecto importante é que se a demanda, na qual foi arguida a fraude à execução, for extinta sem resolução de mérito (extinção anormal), sendo reiterada essa demanda posteriormente, a decisão que declarou a fraude não se perpetua, razão pela qual a alienação ou oneração não será mais considerada como fraude à execução para a segunda demanda.[173]

[172] Apud Lima, A. M., op. cit., p. 572.
[173] Dinamarco, C.R., op. cit., p. 284.

A partir de que momento se pode considerar como marco divisório entre a fraude contra credores e a fraude à execução? Seria a simples propositura da demanda, com a distribuição da petição inicial? Esse entendimento não prevaleceu no âmbito dos tribunais.

Na hipótese em que a demanda que possa levar o devedor à insolvência seja de espécie diversa da demanda executiva, segundo a jurisprudência, o marco divisório entre a fraude contra credores e a fraude à execução seria a *citação válida*. Nesse sentido são os seguintes precedentes do S.T.J.:

1. Configura fraude à execução o ato de alienação ou oneração de bens do devedor quando o bem for litigioso ou quando, ao tempo da alienação, correr, contra o devedor, demanda capaz de reduzi-lo à insolvência (art. 593, I e II, CPC).

2. O STJ possui entendimento de que a fraude à execução dispensa a prova da existência do consilium fraudis, sendo, portanto, suficiente o ajuizamento da demanda e a citação válida do devedor em data anterior à alienação do bem. Precedente.

3. No âmbito desta egrégia Quinta Turma, prevalece a compreensão de que configura fraude à execução a disposição patrimonial após a citação válida em demanda em curso contra o devedor.

(...).

(REsp 1070503/PA, Rel. Ministro JORGE MUSSI, QUINTA TURMA, julgado em 18/08/2009, DJe 14/09/2009).

1. Para configurar a fraude à execução, é necessário que a alienação do bem tenha se dado após ocorrida citação válida, não importando o tipo de ação proposta – se cautelar, cognitiva ou executória.

2. Hipótese em que a insolvência do devedor já fora reconhecida no bojo do acórdão estadual recorrido, que afirma, textualmente, tratar-se de matéria incontroversa nos autos aquela relativa à inexistência de bens penhoráveis em nome do devedor.

3. Agravo regimental provido para dar provimento ao recurso especial.

(AgRg nos EDcl no REsp 649.139/SP, Rel. Ministro JOÃO OTÁVIO DE NORONHA, QUARTA TURMA, julgado em 23/02/2010, DJe 08/03/2010).

No voto proferido pelo Ministro João Otávio de Noronha no REsp. 649.139 encontra-se a seguinte fundamentação:

"(...) Dessume-se dos autos que a recorrente, Frorinda Cataldi Banzato, ajuizou ação de indenização em desfavor de São Francisco Modulados de Concreto Ltda. em razão de descumprimento de contrato de construção de unidade habitacional. A ação foi julgada definitivamente procedente e condenou o réu ao pagamento de R$38.017,23

Em fase executória, a recorrente buscou o reconhecimento de fraude à execução em relação a três imóveis. O juízo monocrático concluiu pela inexistência de fraude em razão dos contratos de compromisso de compra e venda terem ocorrido em data anterior à citação. Traz, ainda, o seguinte fundamento: 'Assim, descaracterizado o disposto no art. 593, II, do Código de Processo Civil, diante do tipo de ação em que a citação ocorreu (produção antecipada de provas) inviável reconhecer-se a fraude alegada, posto que nos autos principais (este sim processo de conhecimento) a citação operou-se bem depois da alienação (fls. 186/187).

O acórdão recorrido manteve a decisão monocrática.

Daí este recurso especial, cujas questões passe a analisar.

O STJ entende que, consoante a recente Súmula n. 375/STJ, 'o reconhecimento de fraude à execução depende do registro da penhora do bem alienado ou da prova de má-fé do terceiro adquirente', bem como que, para a caracterização de fraude contra credores, é necessário a presença concomitante dos seguintes elementos:

a) que a ação já tenha sido aforada;

b) que o adquirente saiba da existência da ação por já constar no cartório imobiliário algum registro (presunção 'juris et de jure' contra o adquirente), OU porque o exequente, por outros meios, provou que dela o adquirente já tinha ciência; e

c) que a alienação ou a oneração dos bens seja capaz de reduzir o devedor à insolvência, militando em favor do exequente a presunção 'juris tantum'.

Ademais, o entendimento desta Corte Superior é de que a fraude à execução se configura quando demonstrado que a alienação do bem ocorreu após a existência da demanda com citação válida, não importando o tipo de ação – se cautelar, de conhecimento ou executória: Confira-se:

"CIVIL – PROCESSO CIVIL – EMBARGOS DE DIVERÊNCIA EM RECURSO ESPECIAL – LOCAÇÃO – AÇÃO DE DESPEJO – CAUTELAR DE ARRESTO – FIADORES – DOAÇÃO DE IMÓVEL DADO EM GARANTIA – FRAUDE À EXECUÇAÕ – OCORRÊNCIA

1 – Surgida a obrigação, no caso concreto, com o Contrato de Locação, nasce em conjunto, a garantia da fiança outorgada pelos fiadores. Assim, remanesce aos credores a certeza da solidez dos ativos ofertados pelo contratante e seus garantidores, motivadores da aceitação dos termos pactuados no instrumento obrigacional.

2 – Destarte, não podendo o rigor instrumento processual interferir na persecução do direito, independe, para configuração da fraude, a citação dos réus no processo executório, bem como qual o tipo de ação que se está movendo para a satisfação da obrigação: se de natureza cognitiva, cautelar ou executiva. No caso concreto, os embargados, ao doar o único imóvel a seus filhos menores, tinham plena ciência da existência da Ação de Despejo e da Medida Cautelar de Arresto. Logo configurada restou a fraude já que os fiadores ficaram em situação de insolvência, não podendo cumprir com a garantia ofe-

recida. Inteligência dos arts. 593, do Código de Processo Civil c/c art. 106, do Código Civil.

3 – Precedente (Resp n.s. 173.142/SP e 243.070/SP).

4 – Embargos de Divergência conhecidos e acolhidos para, reformando o v. acórdão embargado, negar provimento ao Recurso Especial (EREsp n. 232.363/SP, relator Ministro Jorge Scartezzini, Terceira Seção, DJ de 1/7/2004.)

No presente caso, o Tribunal de origem considerou inexistir fraude à execução tão-somente pelo fato de que a citação válida anterior à alienação dos imóveis se deu em sede de ação cautelar de produção antecipada de provas.

Dessa forma, impõe-se a reforma do acórdão recorrido, cuja conclusão contraria a jurisprudência desta Corte. Retornem, portanto, à instância ordinária para que se dê prosseguimento à análise dos demais requisitos necessários à caracterização da fraude à execução (fls. 265/267).

Em suas razões, insurge-se a agravante contra a parte do 'decisum' que determinou o retorno dos autos a origem para análise dos demais requisitos necessários à configuração da fraude à execução, pontuando tratar-se de questão incontroversa nos autos a (in)existência de bens penhoráveis em nome do executado.

É o breve relatório.

Reexaminados os autos, verifico que, de fato, razão assiste à recorrente ao pugnar pela desnecessidade de retorno dos autos à origem com o propósito de aferir-se o preenchimento dos demais requisitos da fraude à execução, no caso, a possível condição de insolvência do devedor decorrente da alienação questionada nos autos.

De fato, a questão, como bem alertado pelo agravante, já fora reconhecido no bojo do acórdão estadual recorrido, que afirma, textualmente, tratar-se de matéria incontroversa nos autos aquela relativa à inexistência de bens penhoráveis em nome do devedor....

Ante o exposto, preenchidos os requisitos do art. 593, do CPC, reconsidero a decisão agravada, para, reconhecendo caracterizada a fraude à execução, dar provimento ao recurso especial".

Note-se que nesta decisão do S.T.J. foi reconhecida a fraude à execução pela simples citação válida do requerido em demanda cautelar de produção antecipada de provas, sem se exigir qualquer registro da citação no cartório de registro imobiliário. As únicas exigências foram: a) citação válida; b) insolvência do devedor.

Já no âmbito de demandas executivas, o S.T.J. apresenta uma perspectiva totalmente diversa, assim configurada na Súmula n. 375: *'o reconhecimento de fraude à execução depende do registro da penhora do bem alienado ou da prova de má-fé do terceiro adquirente'*. Portanto, no âmbito de uma demanda executiva não basta a simples citação válida, sendo necessário também o registro da penhora do bem alienado ou a prova de má-fé do terceiro. Nesse sentido, são os seguintes precedentes do Tribunal:

> *1. "O reconhecimento da fraude à execução depende do registro da penhora do bem alienado ou da prova de má-fé do terceiro adquirente" (Súmula n. 375/STJ).*
> *2. Inexistente o registro da penhora, o ônus da prova de que o terceiro agiu com má-fé recai sobre o credor-exequente. Precedentes.*
> *3. Agravo regimental não provido.*
> (AgRg no REsp 953.747/MS, Rel. Ministro LUIS FELIPE SALOMÃO, QUARTA TURMA, julgado em 21/08/2012, DJe 30/08/2012)

> *1. "O reconhecimento de fraude à execução depende do registro da penhora do bem alienado ou de prova de má-fé do terceiro adquirente" (Súmula 375/STJ).*
> *3. Concluir-se, na hipótese dos autos, pela existência de boa-fé dos recorrentes importa, necessariamente, no reexame de fatos e provas soberanamente delineados pelas instâncias ordinárias. Incidência da Súmula 7/STJ.*
> *4. Agravo regimental a que se nega provimento.*
> (AgRg no REsp 1205294/SP, Rel. Ministra MARIA ISABEL GALLOTTI, QUARTA TURMA, julgado em 14/08/2012, DJe 27/08/2012)

Observa-se, diante da confrontação desses julgados, a existência de contradição e de certa falta de sistematização no trato da fraude à execução por parte do S.T.J.

Ora, para uma simples cautelar de produção antecipada de prova (quando era cautelar), que serviria de subsídio para uma ação ordinária de indenização que ainda seria proposta, bastaria simplesmente a *citação valida* do devedor para o efeito de caracterizar a *fraude à execução*, sem que se exigisse qualquer registro dessa citação no âmbito do cartório de registro de imóveis. Já num processo de execução, no qual já existe a certeza, liquidez e exigibilidade da obrigação, consubstanciada num título executivo, o mesmo tribunal é muito mais rigoroso, exigindo, além da citação válida, também o registro da penhora. Não há, efetivamente, qualquer motivo justificável para que se faça essa discriminação de exigência de critérios para se concretizar a fraude à execução. Pode-se chegar a tal grau de contradição que, na hipótese de venda de um bem durante o transcurso da demanda cognitiva ordinária, a fraude à execução seja reconhecida pela simples citação válida do réu; por sua vez, uma vez proferida sentença condenatória transitada em julgado na mesma demanda, e iniciado o procedimento de *cumprimento de sentença*, a fraude à execução somente estará configurada se houver registro da penhora do mesmo bem.

O certo é que todo esse conflito de entendimento deverá ser sanado pelo conteúdo normativo do art. 54 da Lei 13.097/2015.

Por outro lado, o S.T.J., quando diante de transmissão gratuita de bens, não tem exigido o registro da penhora no âmbito de demanda executiva. Eis, nesse sentido o seguinte precedente:

1. No caso em que o imóvel penhorado, ainda que sem o registro do gravame, foi doado aos filhos menores dos executados, reduzindo os devedores a estado de insolvência, não cabe a aplicação do verbete contido na súmula 375, STJ. É que, nessa hipótese, não há como perquirir-se sobre a ocorrência de má-fé dos adquirentes ou se estes tinham ciência da penhora.

2. Nesse passo, reconhece-se objetivamente a fraude à execução, porquanto a má-fé do doador, que se desfez de forma graciosa de imóvel, em detrimento de credores, é o bastante para configurar o ardil previsto no art. 593, II, do CPC.

3. É o próprio sistema de direito civil que revela sua intolerância com o enriquecimento de terceiros, beneficiados por atos gratuitos do devedor, em detrimento de credores, e isso independentemente de suposições acerca da má-fé dos donatários (v.g. arts. 1.997, 1.813, 158 e 552 do Código Civil de 2002).

4. Recurso especial não provido.

(REsp 1163114/MG, Rel. Ministro LUIS FELIPE SALOMÃO, QUARTA TURMA, julgado em 16/06/2011, DJe 01/08/2011)

Na hipótese de *cumprimento de sentença,* há uma questão ainda em aberto. Que espécie de fraude será considerada pela jurisprudência na hipótese da alienação ou oneração de bem ocorrer após o trânsito em julgado de uma decisão condenatória proferida em demanda cognitiva, mas antes de iniciado o cumprimento de sentença? Dinamarco, quando ainda não havia o sincretismo entre o processo de conhecimento e de execução, afirmava que no interstício entre o encerramento do processo de conhecimento e o início do processo de execução, na verdade, não haveria fraude à execução, podendo ocorrer somente a fraude contra credores, não obstante havia doutrina que pregava a possibilidade de fungibilidade entre as duas fraudes.[174]

Parece-me, contudo, que em razão do atual sincretismo que existe entre cognição e execução, o processo somente se encerra com a efetiva entrega da tutela jurisdicional que ocorre com o exaurimento do cumprimento de sentença. Portanto, se a alienação ocorrer após a prolação de uma sentença transitada em

[174] Dinamarco, C. R., op. cit., p. 285.

julgado, mas antes de se iniciar o cumprimento da sentença, ocorrerá fraude à execução, pois se essa fraude pode ser reconhecida durante o transcurso de um processo que pode levar o devedor à insolvência, com muito mais razão quando a fase cognitiva já tiver sido encerrada, gerando em favor do credor um título executivo que contém uma obrigação líquida, certa e exigível.

Muito embora, pelo direito brasileiro, as alienações ou onerações de bem imóvel somente podem ocorrer mediante a transcrição no registro de imóveis, a jurisprudência, principalmente para efeito de acolher a pretensão formulada em embargos de terceiro, vem relativizando essa exigência de registro, para configurar a assinatura de escritura pública como suficiente para que o embargante defenda a posse ou sua eventual propriedade sobre o bem imóvel. Da mesma forma, a jurisprudência, para efeito de fraude à execução, considera não o registro da escritura como data da transferência, mas, sim, a data da lavratura da escritura pública. Sobre o tema, eis os seguintes precedentes do S.T.J.:

> *1. Concluindo o Tribunal a quo que os embargantes conheciam o estado de insolvência dos alienantes do imóvel e que havia execução distribuída contra eles quando da lavratura da escritura pública, para assim dar pela fraude, reexaminar a questão encontra o óbice de que trata o enunciado n. 7, da Súmula.*
>
> *2. Agravo regimental a que se nega provimento.*
>
> (AgRg no REsp 413.726/RJ, Rel. Ministra MARIA ISABEL GALLOTTI, QUARTA TURMA, julgado em 02/08/2012, DJe 09/08/2012)
>
> *(...).*
>
> *3. A aquisição da posse ocorre também pela cláusula constituti, inserida em escritura pública de compra e venda de imóvel, o que autoriza o manejo dos embargos de terceiro pelo adquirente, quando penhorado o imóvel no âmbito da execução.*
>
> *4. Não se configura fraude à execução a alienação de bens ocorrida antes da citação do devedor. Incidência da Súmula 375/STJ.*
>
> *5. Recurso especial parcialmente conhecido e, nessa parte, não provido.*
>
> (REsp 860.044/SC, Rel. Ministro LUIS FELIPE SALOMÃO, QUARTA TURMA, julgado em 14/06/2011, DJe 01/07/2011).

Penso que essa questão também deverá ser superada pelo teor normativo do art. 54 da Lei n. 13.097/2015.

É importante salientar que o nosso ordenamento jurídico não impede que haja a alienação de bem penhorado, sendo o negócio jurídico válido. Não será, contudo, *eficaz em relação ao credor*, razão pela qual o bem alienado continua a responder pelo pagamento da dívida. Por outro lado, a alienação de bem penhorado é de tal gravidade que nem há necessidade de se comprovar a insolvência do devedor para se arguir a fraude à execução.

Há outro ponto importante que deve ser ainda avaliado no âmbito do instituto da fraude à execução. Trata-se da questão dos débitos tributários.

O art. 185 do C.T.N., na sua redação originária, estabelecia: "*Presume-se fraudulenta a alienação ou oneração de bens ou rendas, ou seu começo, por sujeito passivo em débito para com a Fazenda Pública por crédito tributário regularmente inscrito como dívida ativa em fase de execução*".

Em razão da expressão contida neste dispositivo, *em fase de execução*, entendiam os tribunais que a fraude somente poderia ser caracterizada após a citação válida do devedor no executivo fiscal, bem como, após o registro da penhora nos registros públicos correspondentes.

Contudo, com a entrada em vigor da Lei Complementar n. 118, de 2005, o art. 185 do C.T.N. passou a ter nova redação, a saber: *Presume-se fraudulenta a alienação ou oneração de bens ou rendas, ou seu começo, por sujeito passivo em débito para com a Fazenda Pública, por crédito tributário regularmente inscrito como dívida ativa. (Redação dada pela Lcp nº 118, de 2005).*

Assim, a partir de 9 de junho de 2005, para se considerar fraude à execução em questão de natureza tributária, basta que o bem seja alienado ou onerado a partir da inscrição em dívida ativa do débito tributário. Não se exige mais, portanto, nem execução fiscal em andamento, muito menos citação válida ou registro de penhora; o único requisito exigido pela nova normatização é que o débito tributário esteja devidamente inscrito em dívida ativa para que a alienação ou oneração de bens que possa levar o devedor à insolvência seja considerada como fraude à execução. Portanto, nessa hipótese não se aplica a súmula 375 do S.T.J.

Porém, em questão de matéria tributária, há, ainda, que se fazer a seguinte indagação: se a alienação ou oneração do bem ocorreu antes ou depois de 9 de junho de 2005, qual a solução jurídica para a questão? Sobre o tema, eis os seguintes precedentes do S.T.J.:

> *1. Não se aplica na execução fiscal a Súmula 375/STJ: "O reconhecimento da fraude à execução depende do registro da penhora do bem alienado ou da prova de má-fé do terceiro adquirente", ante a existência de regramento específico no artigo 185 do CTN.*
>
> *2. A fraude à execução, quando a alienação do bem ocorreu antes da alteração do artigo 185 do CTN (operada Lei Complementar nº 118/2005), depende da citação do sujeito passivo, conforme ressaltado no REsp 1.141.990/PR, Rel. Min. Luiz Fux, Primeira Seção, DJe 19/11/2010, submetido ao procedimento previsto no artigo 543-C do Código de Processo Civil.*

3. No caso, a alienação ocorreu em 20.5.1999 e a citação do sócio, posteriormente incluído no polo passivo da execução, deu-se apenas em 6.8.2002, não se configurando a fraude à execução.

4. Recurso especial não provido.

(REsp 1117557/SP, Rel. Ministro CASTRO MEIRA, SEGUNDA TURMA, julgado em 16/12/2010, DJe 10/02/2011)

1. A lei especial prevalece sobre a lei geral (lex specialis derrogat lex generalis), por isso que a Súmula 375/STJ ("O reconhecimento da fraude à execução depende do registro da penhorado bem alienado ou da prova de má-fé do terceiro adquirente.") não se aplica às execuções fiscais (Precedente da Primeira Seção submetido ao rito do artigo 543-C, do CPC: REsp 1141990/PR, Rel. Ministro Luiz Fux, julgado em 10.11.2010, DJe 19.11.2010).

2. Com efeito, o artigo 185, do CTN, assentando a presunção de fraude à execução, na sua redação primitiva, dispunha que: "Art. 185. Presume-se fraudulenta a alienação ou oneração de bens ou rendas, ou seu começo, por sujeito passivo em débito para com a Fazenda Pública por crédito tributário regularmente inscrito como dívida ativa em fase de execução.

Parágrafo único. O disposto neste artigo não se aplica na hipótese de terem sido reservados pelo devedor bens ou rendas suficientes ao total pagamento da dívida em fase de execução." 3. A Lei Complementar 118, de 9 de fevereiro de 2005, alterou o artigo 185, do Codex Tributário, passou a ostentar o seguinte teor: "Art. 185. Presume-se fraudulenta a alienação ou oneração de bens ou rendas, ou seu começo, por sujeito passivo em débito para com a Fazenda Pública, por crédito tributário regularmente inscrito como dívida ativa.

Parágrafo único. O disposto neste artigo não se aplica na hipótese de terem sido reservados, pelo devedor, bens ou rendas suficientes ao total pagamento da dívida inscrita." 4. Consectariamente, antes da entrada em vigor da LC 118/2005 (09.06.2005), a alienação efetivada após a citação válida do devedor configurava presumida fraude à execução; ao passo que, a partir da vigência da LC 118/2005 (09.06.2005), presumem-se fraudulentas as alienações efetuadas pelo devedor fiscal após a inscrição do crédito tributário na dívida ativa.

5. A diferença de tratamento entre a fraude civil e a fraude fiscal justifica-se pelo fato de que, na primeira hipótese, afronta-se interesse privado, ao passo que, na segunda, interesse público, porquanto o recolhimento dos tributos serve à satisfação das necessidades coletivas.

6. É que, consoante a doutrina do tema, a fraude de execução, diversamente da fraude contra credores, opera-se in re ipsa, vale dizer, tem caráter absoluto, objetivo, dispensando o concilium fraudis. (Luiz Fux, in "O Novo Processo de Execução: O

Cumprimento da Sentença e A Execução Extrajudicial", 1ª ed., 2008, Ed. Forense, Rio de Janeiro, págs. 95/96; Cândido Rangel Dinamarco, in "Execução Civil", 7ª ed, 2000, Ed. Malheiros, São Paulo, págs. 278/282; Hugo de Brito Machado, in "Curso de Direito Tributário", 22ª ed., 2003, Ed. Malheiros, São Paulo, págs. 210/211; Luciano Amaro, in "Direito Tributário Brasileiro", 11ª ed., 2005, Ed. Saraiva, São Paulo, págs. 472/473; e Aliomar Baleeiro, in "Direito Tributário Brasileiro", 10ª ed., 1996, Ed. Forense, Rio de Janeiro, pág. 604).

7. Outrossim, a inaplicação do artigo 185, do CTN, implica em violação da cláusula de reserva de plenário e enseja reclamação por infringência da Súmula Vinculante 10/STF, segundo a qual: "Viola a cláusula de reserva de plenário (cf, artigo 97) a decisão de órgão fracionário de tribunal que, embora não declare expressamente a inconstitucionalidade de lei ou ato normativo do poder público, afasta sua incidência, no todo ou em parte." 8. Conclusivamente: (i) a natureza jurídica tributária do crédito conduz a que a simples alienação ou oneração de bens ou rendas, ou seu começo, pelo sujeito passivo por quantia inscrita em dívida ativa, sem a reserva de meios para quitação do débito, gere presunção absoluta (jure et de jure) de fraude à execuçao (lei especial que se sobrepõe ao regime do direito processual civil);

(ii) a alienação engendrada até 08.06.2005 exige que tenha havido prévia citação no processo judicial para caracterizar a fraude de execução; se o ato translativo foi praticado a partir de 09.06.2005, data de início da vigência da Lei Complementar 118/2005, basta a efetivação da inscrição em dívida ativa para a configuração da figura da fraude; (iii) a fraude de execução prevista no artigo 185, do CTN, encerra presunção jure et de jure, conquanto componente do elenco das "garantias do crédito tributário"; e (iv) a inaplicação do artigo 185, do CTN, dispositivo que não condiciona a ocorrência de fraude a qualquer registro público, importa violação da Cláusula Reserva de Plenário e afronta à Súmula Vinculante 10/STF.

9. In casu, cuida-se de alienação efetivada antes da entrada em vigor da LC 118/2005 (09.06.2005), razão pela qual se presume a fraude à execução fiscal, uma vez devidamente citada a devedora em 14.05.2002.

10. O agravo regimental manifestamente infundado ou inadmissível reclama a aplicação da multa entre 1% (um por cento) e 10% (dez por cento) do valor corrigido da causa, prevista no § 2º, do artigo 557, do CPC, ficando a interposição de qualquer outro recurso condicionada ao depósito do respectivo valor.

11. Deveras, "se no agravo regimental a parte insiste apenas na tese de mérito já consolidada no julgamento submetido à sistemática do art. 543-C do CPC, é certo que o recurso não lhe trará nenhum proveito do ponto de vista prático, pois, em tal hipótese, já se sabe previamente a solução que será dada ao caso pelo colegiado", revelando--se manifestamente infundado o agravo, passível da incidência da sanção prevista no artigo 557, § 2º, do CPC (Questão de Ordem no AgRg no REsp 1.025.220/RS, Rel. Ministra Eliana Calmon, Primeira Seção, julgada em 25.03.2009).

12. Agravo regimental desprovido, condenando-se a agravante ao pagamento de 1% (um por cento) a título de multa pela interposição de recurso manifestamente infundado (artigo 557, § 2º, do CPC).

(AgRg no REsp 1065799/RS, Rel. Ministro LUIZ FUX, PRIMEIRA TURMA, julgado em 15/02/2011, DJe 28/02/2011)

Apenas um reparo há de ser feito, a Súmula 375 do S.T.J. não se aplica somente nas execuções fiscais que tenham por objeto matéria de natureza tributária. Em se tratando de execuções fiscais não tributárias, a Súmula 375 do S.T.J. deverá ser observada.

e) Consideram em fraude à execução a alienação ou oneração de bem, *nos demais casos expressos em lei.*

Muito embora os casos de fraude à execução sejam *taxativos*, isso não significa dizer que estejam eles previstos apenas nos incisos I a IV do art. 792 do atual C.P.C.

Prescreve o §3º do art. 856 do atual C.P.C. que se o terceiro negar o débito em conluio com o executado, a quitação que este lhe der caracterizará fraude à execução.

O §3º do art. 856 do atual C.P.C. justamente prevê uma nova hipótese de fraude à execução, isto é, quando o terceiro negar o débito em conluio com o devedor, ao invés de confessar a existência da dívida.

Poderão ainda existir leis esparsas que apontem outras hipóteses de fraude à execução, como, por exemplo, art. 185 da Lei 5.172/1966.

Estabelece o *§1º do art. 792* que *a alienação em fraude à execução é ineficaz em relação ao exequente.*

Deve-se observar que a alienação ou a constituição de ônus real não anula ou torna anulável o negócio jurídico, mas apenas o torna *ineficaz* em relação ao exequente. Como anota Alfredo Buzaid: *"os interesses feridos pela fraude a credores são de direito privado, ao passo que o interesse ferido na fraude de execução é de direito público"*.[175]

Assim, enquanto diante de interesse privado o negócio jurídico torna-se nulo, o interesse público satisfaz-se com a simples ineficácia do negócio em favor do credor, permanecendo válido perante as partes contratantes.

Por isso, a *inoponibilidade* do ato ao credor significa, em relação à fraude em execução, somente a negação do efeito secundário, consistente em subtrair o

[175] Buzaid, Alfredo. *Do concurso de credores no processo de execução, n. 227, p. 274.*

bem à responsabilidade civil pela obrigação do alienante-devedor. O efeito programado, que é o de alienar ou gravar o bem, permanece e existe perante todos. E aquele efeito suprimido, nos seus próprios limites, simplesmente não existe para ninguém (ou seja, o efeito de subtrair o bem à responsabilidade por *aquela* determinada obrigação, perante *aquele* determinado credor).[176]

Estabelece o *§ 2º do art. 792* do atual C.P.C. que *no caso de aquisição de bem não sujeito a registro, o terceiro adquirente tem o ônus de provar que adotou as cautelas necessárias para a aquisição, mediante a exibição das certidões pertinentes, obtidas no domicílio do vendedor e no local em que se encontra o bem.*

No caso de aquisição de bem não sujeito a registro, o ônus da prova da boa-fé na aquisição do bem não é mais do exequente, mas, sim, do terceiro adquirente que tem o ônus de demonstrar que adotou as cautelas necessárias para a aquisição, mediante a exibição das certidões pertinentes, obtidas no domicílio do vendedor e do local onde se encontra o bem.

Nesse caso, refere-se às certidões negativas emitidas pela Justiça Federal (comum e trabalhista), e pela Justiça Estadual.

Este dispositivo, efetivamente, incorpora no âmbito do C.P.C. aquilo que já é muito comum no âmbito das relações econômicas negociais, principalmente de bens não sujeitos a registro, ou seja, que compete ao comprador exigir do vendedor todas as certidões negativas (constantes em registros públicos) sobre a sua atual situação jurídica.

Nisso reside uma outra mudança de paradigma. Assim, não haverá mais necessidade de se exigir a citação válida do devedor para que se caracterize a fraude à execução, pois as certidões da Justiça Federal e Estadual são provas da boa ou má fé do adquirente.

Preceitua o *§ 3º do art. 792* do novo C.P.C., *nos casos de desconsideração da personalidade jurídica, a fraude à execução verifica-se a partir da citação da parte cuja personalidade se pretende desconsiderar.*

Se for instaurado o incidente de desconsideração de personalidade jurídica, a fraude à execução ocorrerá a partir da citação da parte cuja personalidade se pretende desconsiderar.

Assim, a fraude à execução verificar-se-á a partir da citação da pessoa jurídica.

Evidentemente, isso não se aplica em relação aos débitos tributários, pois nesse caso, segundo as normas do C.T.N., a fraude ocorrerá com a simples inscrição do crédito tributário.

[176] Dinamarco, C. R., op. cit., p. 257.

Prescreve o *§ 4º do art. 792* do atual C.P.C., *antes de declarar a fraude à execução, o juiz deverá intimar o terceiro adquirente, que, se quiser, poderá opor embargos de terceiro, no prazo de 15 (quinze) dias.*

Essa determinação é de extrema importância, pois, segundo a Constituição Federal, ninguém poderá ser privado de seus bens sem o devido processo legal e o respectivo contraditório.

Assim, antes de declarar a fraude à execução, o órgão jurisdicional deverá intimar o terceiro adquirente, que, se quiser, poderá opor embargos de terceiro, no prazo de quinze dias.

A defesa do terceiro adquirente será realizada por meio de embargos de terceiro.

Questão que se coloca é se o terceiro, muito embora intimado, não ingressa com os embargos. Nesse caso, estará preclusa a possibilidade de se interpor embargos de terceiro?

Penso que não, pois o terceiro poderá se utilizar dessa faculdade dentro dos prazos estabelecidos no art. 675 do atual C.P.C.

Art. 793

O exequente que estiver, por direito de retenção, na posse de coisa pertencente ao devedor não poderá promover a execução sobre outros bens senão depois de excutida a coisa que se achar em seu poder.

Direito de retenção

O direito comum não conhecia o direito de retenção, o qual, como instituto geral, surgiu no *Allgemeines Landrecht* prussiano (I, 20, §536) e no Código Civil saxônico (§§767-769). O Código Civil alemão adotou-o em seus §§273 e 274.[177]

O *direito de retenção*, de uma maneira geral, significa o direito de conservar alguma coisa de outrem, e que se possui por título legítimo, até que este satisfaça alguma obrigação que assumiu em favor daquele que detém o bem.

Contudo, é pressuposto para se legitimar o *direito de retenção* que essa obrigação tenha vínculo com o bem possuído.

Para Pontes de Miranda, o *direito de retenção* seria uma espécie de *exceção*. Exerce-se contra pretensões e ações; não contra direitos (geradores, modificativos, ou extintivos). É preciso, no processo, que se alegue e se exerça. Não se

[177] Pontes de Miranda. *Tratado de direito privado.* Rio de Janeiro: Editor Borsoi, 1955. p. 37.

pode exercê-lo em demandas de protesto, intimação, ou outro procedimento em que o devedor não tenha de responder.[178]

No Código Civil brasileiro, o direito de retenção aparece em normas jurídicas especiais, como, por exemplo: a) Art. 578. Salvo disposição em contrário, o locatário goza do direito de retenção, no caso de benfeitorias necessárias, ou no de benfeitorias úteis, se estas houverem sido feitas com expresso consentimento do locador; b) art. 644. O depositário poderá reter o depósito até que se lhe pague a retribuição devida, o líquido valor das despesas, ou dos prejuízos a que se refere o artigo anterior, provando imediatamente esses prejuízos ou essas despesas; c) art. 1.219. O possuidor de boa-fé tem direito à indenização das benfeitorias necessárias e úteis, bem como, quanto às voluptuárias, se não lhe forem pagas, a levantá-las, quando o puder sem detrimento da coisa, e poderá exercer o direito de retenção pelo valor das benfeitorias necessárias e úteis; d) art. 1.423. O credor anticrético tem direito a reter em seu poder o bem, enquanto a dívida não for paga; extingue-se esse direito decorridos quinze anos da data de sua constituição; e) art. 1.433. O credor pignoratício tem direito: I – à posse da coisa empenhada; II – à retenção dela, até que o indenizem das despesas devidamente justificadas, que tiver feito, não sendo ocasionadas por culpa sua; f) art. 1.507. O credor anticrético pode administrar os bens dados em anticrese e fruir seus frutos e utilidades, mas deverá apresentar anualmente balanço, exato e fiel, de sua administração. §2º O credor anticrético pode, salvo pacto em sentido contrário, arrendar os bens dados em anticrese a terceiro, mantendo, até ser pago, direito de retenção do imóvel, embora o aluguel desse arrendamento não seja vinculativo para o devedor.

Observa-se, também, o direito de retenção no art. 35 da Lei 8.245/91: *Salvo expressa disposição contratual em contrário, as benfeitorias necessárias introduzidas pelo locatário, ainda que não autorizadas pelo locador, bem como as úteis, desde que autorizadas, serão indenizáveis e permitem o exercício do direito de retenção.*

Não se considera *direito de retenção* as hipóteses de penhor legal previstas no art. 1.467, inc. I e II do C.c.b., pois, nesse caso, a intenção daquele que se apodera dos bens não é exercer direito de retenção, mas, sim, constituir penhor sobre os bens.[179]

O art. 793 do atual C.P.C. disciplina a execução promovida por aquele que possui o direito de retenção, justamente para receber aquilo que lhe é devido pelo possuidor ou proprietário do bem, obrigação essa que está intimamente relacionada com o objeto retido.

[178] Pontes de Mirana, idem, p. 38.

[179] Pontes de Miranda. Idem, ibidem.

Normalmente, compete ao devedor a escolha do bem sobre o qual recairá a penhora. Se não utilizar dessa faculdade, a escolha compete ao credor. Porém, esse direito do credor sofre limitação justamente pela regra estabelecida no art. 793 do atual C.P.C.

Nesse caso, promovendo o exequente a execução, deverá inicialmente requerer a penhora justamente sobre a coisa que se achar em seu poder, levando-a a arrematação. Somente se o valor apurado pela avaliação ou na alienação da coisa não for suficiente para o pagamento da prestação, é que o exequente poderá direcionar as medidas executivas para outros bens do devedor. Também poderá direcionar as medidas executivas sobre outros bens se o bem retido for *impenhorável*.

Essa limitação ao direito do credor em indicar o bem encontra-se também no Código de Processo Civil alemão, especificamente em seu § 777: *"Se o credor tem a posse de um bem móvel do devedor, sobre o qual lhe é assegurado um direito de penhor ou de retenção para o seu crédito, o devedor pode opor-se à execução forçada em relação ao restante do seu patrimônio nos termos do § 766 no caso em que o crédito esteja coberto pelo valor do bem"*.

Trata-se de um benefício ético que visa a proteger o devedor, evitando que o credor, por simples ato de vingança ou prepotência, promova a penhora em outros bens que não aquele que se encontre em sua posse.

A limitação prevista no art. 793 do atual C.P.C. aplica-se a qualquer espécie de execução (título judicial ou extrajudicial) e a qualquer espécie de bens, imóveis, móveis ou semoventes. No C.P.C. de 1939, somente havia a previsão sobre coisa móvel (art. 894).

Questão que se coloca é se o devedor pode opor-se à penhora realizada no bem objeto da retenção. Penso que muito embora a lei determine que a penhora recaia obrigatoriamente sobre o bem objeto do direito de retenção, isso não significa dizer que o devedor não possa também usufruir de seu direito de requerer a substituição do bem penhorado, inclusive por caução em dinheiro. Nesse caso, como a execução também deve ser promovida de modo menos oneroso ao devedor, e sendo o dinheiro uma garantia mais eficaz para o credor, nada impede que haja a substituição da penhora.

Art. 794

O fiador, quando executado, tem o direito de exigir que primeiro sejam executados os bens do devedor situados na mesma comarca, livres e desembargados, indicando-os pormenorizadamente à penhora.

§ 1º Os bens do fiador ficarão sujeitos à execução se os do devedor, situados na mesma comarca que os seus, forem insuficientes à satisfação do direito do credor.

§ 2º O fiador que pagar a dívida poderá executar o afiançado nos autos do mesmo processo.

§ 3º O disposto no caput não se aplica se o fiador houver renunciado ao benefício de ordem.

Execução contra o fiador

O contrato de fiança é regulado pelos artigos 818 a 839 do C.c.b.

Pelo contrato de fiança, uma pessoa garante satisfazer ao credor uma obrigação assumida pelo devedor, caso este não a cumpra (art. 818 do C.c.b.).

No contrato de fiança apresentam-se questões *sui generis*, ou seja, existe uma dívida (do devedor principal) e duas responsabilidades (do devedor principal e do fiador). No caso, o fiador não é o devedor da obrigação, mas, sim, responsável pelo seu pagamento mediante vinculação de seu patrimônio. Essa garantia perfectibiliza-se no próprio instrumento constitutivo da obrigação principal ou em contrato escrito separado.

Dentre os efeitos da fiança encontra-se o denominado *benefício de ordem*, que significa que *o fiador demandado pelo pagamento da dívida tem direito a exigir, até a contestação da lide, que sejam primeiro executados os bens do devedor"* (art. 827 do C.c.b.).

A responsabilidade do fiador, contudo, é *secundária, subsidiária ou acessória*, no sentido de que seus bens somente responderão pela obrigação se o devedor principal não puder solvê-la com seus próprios bens. A posição do fiador, em regra, é de segundo plano em relação ao devedor; isso advém do princípio da *equidade*, pois não seria justo que os bens do fiador fossem levados à alienação judicial quando o devedor possui bens suficientes, livres e desembaraçados, na comarca em que corre a demanda contra o fiador. Enquanto o devedor puder suportar a execução, a penhora deverá recair sobre seus bens.[180]

Por sua vez, o fiador que alegar o benefício de ordem, a que se refere o art. 827 do C.c.b., deverá nomear bens do devedor, sitos no mesmo município, livres e desembaraçados (p.u. do art. 827). Esse limite à subsidiariedade também é imposto pelo art. 793 do atual C.P.C., no sentido de que o fiador deve indicar bens do devedor situados na mesma comarca, livres e desembaraçados, caso contrário a penhora recairá sobre seus bens. Note-se que somente se existirem bens livres e desembaraçados é que a alegação do benefício de ordem terá eficácia,

[180] Lima, A. M., op. cit., p. 582.

sendo que será ela refutada: a) quando se verificar que os bens não estão livres ou desembaraçados; b) não forem suficientes para pagar a dívida no momento da nomeação ou quando de sua avaliação; c) oposição de embargos de terceiro.[181]

A oportunidade para o fiador nomear bem de devedor normalmente ocorre no prazo fixado em lei para que o executado, uma vez citado, pague a dívida. Contudo, se o fiador não fizer a nomeação neste prazo, isso não significa dizer que ele renunciou ao benefício, uma vez que o Código Civil, em seu art. 828, inc. I, estabelece que essa renúncia deve ser expressa.

É certo que o art. 827 do Código Civil estabelece que o prazo que tem o fiador para nomear bens do devedor vai até *a contestação da lide*. No caso da execução, pode-se interpretar que esse marco delimitativo (contestação da lide) significa o prazo para apresentação de embargos do devedor (na hipótese de título executivo extrajudicial) ou da impugnação das medidas executivas em cumprimento de sentença (na hipótese de título executivo judicial). Assim, poderá o fiador nomear bens do devedor, mediante indicação nos embargos do devedor ou na impugnação ao cumprimento de sentença.

Não se tratando de execução, mas, sim, de demanda cognitiva, entende a doutrina que o fiador terá oportunidade de indicar bens do devedor até o término do prazo para *contestação da lide*, sob pena de não mais poder fazê-lo no âmbito executivo.[182]

Contudo, pode ocorrer que no momento da contestação da lide no processo cognitivo ou no momento da penhora de bens do fiador, o devedor não possuísse bens suficientes e desembaraçados na comarca em que tramitou a demanda para pagamento do credor, vindo a adquirir bens posteriormente. Nesse caso, evidentemente, não se poderia adotar de forma rigorosa o marco legal para que o fiador possa indicar bens do devedor, podendo ele indicá-los após ter conhecimento da aquisição destes bens, e antes, evidentemente, da realização do ato de alienação dos bens penhorados, pois uma vez arrematados os bens do fiador não poderá mais invocar o benefício de ordem.

Outra questão a ser avaliada decorre do fato de o credor promover a execução somente contra o fiador, deixando de fora o devedor principal. Nesse caso, havendo o fiador arguido o benefício de ordem, deverá o credor promover a execução também contra o devedor principal a fim de que a penhora recaia sobre seus bens. Assim, antes de o juiz determinar a penhora do devedor principal, deverá determinar a sua citação para cumprir a obrigação, sob pena de penhora.

[181] Lima, A. M., idem, p. 587.

[182] Carvalho Santos. J. J. de. *Código civil brasileiro interpretado.* Direto das Coisas. 7ª ed. Vol. XIX, São Paulo: Livraria Freitas Bastos, 1958. p. 462

De qualquer sorte, o benefício de ordem não poderá ser utilizado pelo fiador nas hipóteses elencadas no art. 828 do C.c.b., ou seja: a) se ele o renunciou expressamente; b) se se obrigou como principal pagador, ou devedor solidário; c) se o devedor for insolvente, ou falido.

O *caput* do art. 794 do atual C.P.C. fala no fiador *executado*, razão pela qual deve-se entender os limites e o alcance dessa expressão jurídica.

Se o fiador assumir sua responsabilidade por meio de um título executivo extrajudicial, o credor poderá promover a execução contra ele, de imediato.

Contudo, se a fiança não estiver vinculada a uma obrigação líquida, certa e exigível representada num título executivo extrajudicial, o instituto do cumprimento de sentença somente poderá ser direcionado contra o fiador se ele também fizer parte do processo de conhecimento e for condenado pela sentença ali proferida. Assim, se no processo de conhecimento apenas o devedor principal foi citado, o título judicial não abrange o fiador, razão pela qual o cumprimento de sentença não poderá contra ele ser direcionado. Nessa hipótese, se o cumprimento de sentença não surtir efeito contra o devedor originário, por falta de patrimônio, o credor deverá promover novo processo de cognição contra o fiador, a fim de que possa ser beneficiado por uma sentença condenatória sujeita a cumprimento executivo.

Nos termos do que ensina a doutrina, pode, pois, o credor optar por qualquer dessas soluções: a) demandar somente o devedor, sem fiador; b) demandar simultaneamente o devedor e o fiador, sem prejuízo da demanda de regresso deste contra aquele; c) demandar somente o fiador, sem prejuízo, por igual, do direito de regresso.[183]

Sobre o tema, eis os seguintes precedentes do S.T.J.:

> *(...).*
>
> *2. A jurisprudência desta Corte possui entendimento assente pela ilegitimidade da pessoa jurídica executada defender questão atinente aos sócios fiadores. Precedentes: REsp 793.772/RS, Rel. Ministro Teori Albino Zavascki, Primeira Turma, DJe 11.2.2009; AgRg no REsp 976.768/MG, Rel. Ministro Luiz Fux, Primeira Turma, DJe 7.5.2008;*
>
> *REsp 546.381/SP, 2ª Turma, Rel. Min. Castro Meira, DJ de 27.9.2004.*
>
> *3. Agravo regimental não provido.*
>
> (AgRg no REsp 1126585/RS, Rel. Ministro MAURO CAMPBELL MARQUES, SEGUNDA TURMA, julgado em 15/04/2010, DJe 05/05/2010).

[183] Carvalho Santos, J. J. de. idem, ibidem.

I – A execução não pode ser proposta contra quem não figurou no título executivo como devedor – inteligência do artigo 568, I, do Código de Processo Civil. Assim, o fiador que se obrigou por intermédio de instrumento autônomo não ostenta legitimidade processual passiva diretamente decorrente da triplicata em que se funda a execução contra a devedora executada.

II – No caso dos autos, porém, com fundamento na Súmula 456 do Supremo Tribunal Federal, é possível verificar que a petição inicial propõe a execução não apenas com base nas triplicatas emitidas contra a empresa afiançada, mas também com base no próprio contrato de fiança assinado pelos Recorridos, com desistência do benefício de ordem, contrato esse que também constitui título executivo.

Verifica-se, assim, verdadeira cumulação objetiva e subjetiva de execuções, processo de execução em litisconsórcio.

III – Essa orientação: a) vem em benefício de uma maior viabilidade dos contratos e dos títulos, de acordo com a vontade das partes; b) atende de forma mais satisfatória aos princípios da economia processual e da segurança jurídica; c) observa precedente desta Turma, ou seja, o julgado no AgRg no Ag 633.557/MG, Rel. Ministro CARLOS ALBERTO MENEZES DIREITO, Terceira Turma, DJ 28/05/2007; d) melhor se ajusta ao objetivo que anima as partes a contratarem uma garantia fidejussória.

Recurso especial a que se nega provimento.

(REsp 746.895/MG, Rel. Ministro SIDNEI BENETI, TERCEIRA TURMA, julgado em 10/11/2009, DJe 01/12/2009)

– A falência do devedor principal não extingue a execução contra seu fiador, nem desloca o processo para juízo da falência.

– Ao fiador não aproveita o benefício de ordem, se o afiançado for insolvente ou falido. (Arts. 1.491 e 1.492, do CC/1916).

– Só se configura litigância de má-fé quando a conduta é dolosa.

(REsp 794.055/SP, Rel. Ministro HUMBERTO GOMES DE BARROS, TERCEIRA TURMA, julgado em 14/12/2006, DJ 05/02/2007, p. 225)

Preceitua o *§1º do art. 794* do atual C.P.C. que *os bens do fiador ficarão sujeitos à execução se os do devedor, situados na mesma comarca que os seus, forem insuficientes à satisfação do direito do credor.*

O *caput* do art. 794 do atual C.P.C. não deixa dúvida de que o fiador somente poderá exercer o benefício de ordem se indicar bens livres e desembaraçados do devedor e que estejam situados na mesma comarca.

Porém, se os bens indicados pelo fiador não forem suficientes para o cumprimento da obrigação, o juiz poderá determinar a penhora ou outra medida de constrição contra bens do próprio fiador, pois, nesse caso, a indicação feita pelo fiador não foi suficiente para a garantia do credor.

Estabelece o *§2º do art. 794* do atual C.P.C.: *o fiador que pagar a dívida poderá executar o afiançado nos autos do mesmo processo.*

Como já se afirmou, a dívida não é do fiador, mas sim do devedor principal. O fiador é apenas responsável jurídico pelo cumprimento da obrigação.

Uma vez paga a dívida pelo fiador, ele fica sub-rogado nos direitos do credor, conforme estabelece o art. 831 do C.c.b.: *"O fiador que pagar integralmente a dívida fica sub-rogado nos direitos do credor, mas só poderá demandar a cada um dos outros fiadores pela respectiva quota"*. A parte do fiador insolvente distribuir-se-á pelos outros (p.u. do art. 831 do C.c.b.).

Aliás, estabelece o art. 349 do C.c.b. que a *sub-rogação* transfere ao novo credor todos os direitos, ações, privilégios e garantias do primitivo, em relação à dívida, contra o devedor principal e os fiadores.

O fiador tem direito aos juros do desembolso pela taxa estipulada na obrigação principal, e, não havendo taxa convencionada, aos juros legais de mora (art. 833 do C.c.b.).

O devedor responde também perante o fiador por todas as perdas e danos que este pagar, e pelos que sofrer em razão da fiança.

A sub-rogação na pessoa do fiador ocorre haja ou não o benefício de ordem. Assim, se o fiador pagar a dívida, poderá promover a execução do afiançado nos autos do mesmo processo.

Trata-se de um preceito normativo que privilegia o princípio da economia processual, evitando que o fiador, após o pagamento da dívida, seja obrigado a promover novo processo (executivo ou não) em relação ao devedor principal.

A execução promovida pelo fiador poderá ser de toda a dívida ou pela parte que ele haja sido responsabilizado, como no caso em que parte da penhora recaiu sobre bens do fiador e parte sobre os bens de devedor principal. Nesse caso, o fiador irá executar apenas o valor correspondente à garantia prestada pelos seus bens e não aquela que incidiu sobre os bens do próprio devedor.

É importante salientar que o fiador, quando demandado pelo pagamento da dívida, poderá ainda se utilizar do instituto *chamamento ao processo*.

Tendo em vista que o fiador tem direito de regresso contra o devedor principal, pode surgir dúvida se o fiador deve utilizar a denunciação da lide ou o instituto do chamamento ao processo.

Segundo anota Celso Agrícola Barbi, *"No sistema lusitano, onde se inspirou, em parte, o nosso legislador, Alberto dos Reis esclareceu a dúvida, ensinando que, nesse caso, apesar de existir direito de regresso do fiador contra o afiançado, cabe àquele usar o 'chamamento ao processo' e não a 'denunciação da lide'. Argumenta ele que a denunciação da lide, fundada no direito de regresso, não se destina a fazer condenar o denunciado a cumprir qualquer obrigação, mas apenas a sujeitá-lo à coisa julgada que surgir no processo onde se fizer a denunciação; enquanto isto, no chamamento ao processo, haverá condenação do chamado.*

A explicação dada pelo mestre português não serve, porém, para o nosso Código, porque este, abandonando em parte o seu modelo, faz da denunciação da lide um meio de obter a condenação do denunciado a pagar ao denunciante, como resulta do art. 76 (C.P.C. de 1973).

A contradição existente na lei deve ser resolvida no sentido de submeter o caso da demanda contra o fiador ao regime do chamamento ao processo, e não ao da denunciação da lide, pelos motivos que se seguem. Em primeiro lugar porque o item I, do art. 77 (C.P.C. de 1973) é regra especial, de modo que abre exceção à regra geral do item III do art. 70. Em segundo lugar porque, como a utilização de qualquer dos dois institutos – chamamento ao processo ou denunciação da lide – dará ao fiador o mesmo resultado nas suas relações com o afiançado, é natural que se lhe atribua o primeiro, que é facultativo, e, portanto, não lhe causa prejuízo se não for utilizado".[184]

Evidentemente, o chamamento é por parte do fiador em relação ao devedor principal e não o contrário.

Pode o fiador demandado, e sendo a fiança caracterizada como solidária, chamar ao processo os demais fiadores solidários para reaver a parte que lhe cabe em relação aos outros fiadores.

Aliás, segundo prescreve o art. 831 do C.c.b., o fiador que pagar integralmente a dívida fica sub-rogado nos direitos do credor; mas só poderá demandar a cada um dos outros fiadores pela respectiva quota.

É importante salientar que o S.T.J. já entendeu que não é possível a utilização do instituto do chamamento ao processo na execução. Nesse sentido, eis o seguinte precedente:

> *– processo civil. Execução. Chamamento dos devedores solidários.*
> *– inviável, no processo de execução, chamamento dos coobrigados por incompatibilidade com os institutos da fiança e da solidariedade.*
> *– recurso não conhecido.*
> (REsp 70.547/SP, Rel. Ministro JOSÉ ARNALDO DA FONSECA, QUINTA TURMA, julgado em 05/11/1996, DJ 02/12/1996, p. 47700).

No voto do então Ministro José Arnaldo da Fonseca ficou assim consignado:

> *"Não há como deixar de reconhecer que têm se constituído em ponto de discordância as várias interpretações emprestadas ao chamamento ao processo dos coobrigados na execução, com fulcro no art. 77, da lei adjetiva civil.*

[184] Barbi, C. A., op. cit., p. 359 e 360.

O próprio Supremo Tribunal Federal, que considera descaber chamamento ao processo nas execuções cambiais (RTJ 90/1028, 93/327 e 93/923), vem se orientando no sentido de estender essa inadmissão aos co-fiadores e ao afiançado. A tendência da jurisprudência, consoante assinalado na decisão de 1º grau e referendada em grau de agravo, é de repelir o chamamento. Nesta Corte, 3ª Turma no Resp n. 1.284, DJ 29.10.90, referido no voto vencedor do Agravo, afastou a admissibilidade. No campo doutrinário, extraem-se estas lições, transcritas no aresto recorrido (fl90):

'(...). ARNALDO MARMITT explicita esta exegese com argumentos como o seguinte: '...o chamamento ao processo à evidência não se compatibiliza com a execução. O que se analisa nos embargos é o relacionado nos artigos 741 e 745 da lei processual. O executado defende-se através de embargos que fixam desconstituir o título executivo, e em caso de êxito não haverá sentença condenatória, mas apenas se desconstituirá o título embasador da execução. O chamamento é instituto que objetiva fazer da sentença condenatória título executivo contra os demais devedores. Impossível a sentença condenatória, impossível também é o chamamento. Acresce a isso que, pelo artigo 988, do Código Civil, o fiador que paga o título e se subroga nos direitos do credor já dispõe de título executivo contra o afiançado e co-fiadores' (Fiança Civil e Comercial, Aide, 1º ed., 1989, p. 133)'.

No mesmo passo o insigne processualista LUIZ ANTÔNIO DE ANDRADE (fl. 91):

'(...) O autor pode ter razões respeitáveis para só querer acionar o fiador; ou um deles, ou um dos devedores solidários. Neste último caso, aliás, convém lembrar que é da essência da solidariedade passiva o poder de exigir-se de um só dos devedores a dívida toda. Desvirtuar-se-ia o instituto permitindo que contra a vontade do credor, se tragam ao processo os co-devedores. Tendo escolhido um único, segundo lhe faculta o direito material, ver-se-ia ele forçado, por ato do réu, a litigar contra todos. Além de outros óbvios inconvenientes, ressalte-se o da demora resultante da suspensão do processo para citação dos co-devedores. E assim, analogamente, quanto às outras hipóteses do artigo' (Cf. 'Aspectos e Inovações do Código de Processo Civil – Processo de Conhecimento'. Livraria Francisco Alves Editora S.A., 1974, páginas 44/45, n. 55)".

Se o credor, sem justa causa, demora na execução iniciada contra o devedor, poderá o fiador promover-lhe o andamento (art. 834 do C.c.b.). Esse dispositivo evita que a inércia do credor em dar movimentação à execução possa vir em prejuízo do fiador. Nesse caso, o fiador irá promover os atos necessários para que as medidas executivas incidam sobre o patrimônio do devedor, a fim de que o fiador livre-se do pagamento da dívida.

Preceitua o *§ 3º do art. 794* do atual C.P.C. que *o disposto no caput não se aplica se o fiador houver renunciado ao benefício de ordem.*

Dentre os efeitos da fiança encontra-se o denominado *benefício de ordem*, que significa que *o fiador demandado pelo pagamento da dívida tem direito a exigir, até a contestação da lide, que sejam primeiro executados os bens do devedor"* (art. 827 do C.c.b.).

Não aproveita o benefício de ordem ao fiador, nas hipóteses elencadas no art. 828 do C.c.b. ou seja: a) se ele o renunciou expressamente; b) se se obrigou como principal pagador, ou devedor solidário; c) se o devedor for insolvente, ou falido.

Sobre o tema, eis os seguintes precedentes do S.T.J.:

> *(...).*
> *4. A teor da pacífica e numerosa jurisprudência, para a abertura da via especial, requer-se o prequestionamento, ainda que implícito, da matéria infraconstitucional. Hipótese em que o Tribunal de origem não emitiu nenhum juízo de valor acerca da questão envolvendo a suposta nulidade da cláusula contratual que prevê a renúncia do benefício de ordem dos fiadores. Súmulas 282/STF e 211/STJ.*
> *5. Recurso especial não-conhecido.*
> (REsp 915.258/SP, Rel. Ministro ARNALDO ESTEVES LIMA, QUINTA TURMA, julgado em 05/02/2009, DJe 09/03/2009)

> *1. A orientação desta Corte Superior de que "É válida a cláusula contratual em que o fiador renuncia ao benefício de origem.*
> *Inteligência do art. 1.492, I, do Código Civil de 1916 [art. 828, I, do Código Civil atual]" (REsp 851.507/RS, Rel. Ministro ARNALDO ESTEVES LIMA, QUINTA TURMA, julgado em 8/11/2007, DJ de 7/2/2008).*
> *(...).*
> (AgRg no AgRg no AREsp 174.654/RS, Rel. Ministro RAUL ARAÚJO, QUARTA TURMA, julgado em 03/06/2014, DJe 20/06/2014)

> *I – Na vigência do contrato de locação, responde o fiador pela garantia dada à locadora, não havendo que falar em aplicação do disposto nos arts. 1500 do CC/16 ou 835 do CC/02, que disciplinam os contratos sem limitação de tempo.*
> *II – No âmbito da 3ª Seção desta Corte, está consolidado o entendimento segundo o qual os fiadores continuam responsáveis pelos débitos locatícios posteriores à prorrogação legal do contrato até a efetiva entrega das chaves, se anuíram expressamente a essa possibilidade e não se exoneraram na forma dos artigos 1.500 do Código Civil de 1916 ou 835 do Código Civil de 2002. Precedentes.*
> *III – A cláusula contratual na qual consta a renúncia do fiador ao benefício previsto no art. 1.500 do CC/16 – atual 835 do CC/02 – não subsiste após o decurso do prazo inicialmente previsto para a duração da locação, uma vez que o Direito não se*

compraz com relação jurídica eterna e permanente, especialmente no campo dos direitos pessoais, como é o caso da fiança.

IV – A partir da vigência do Código Civil de 2002, o pedido de exoneração de fiança, independentemente da data do contrato de locação, será analisado à luz de suas disposições. Precedentes.

V – Recurso Especial improvido.

(REsp 1426857/RJ, Rel. Ministra REGINA HELENA COSTA, QUINTA TURMA, julgado em 13/05/2014, DJe 19/05/2014)

Art. 795

Os bens particulares dos sócios não respondem pelas dívidas da sociedade, senão nos casos previstos em lei.

§ 1º O sócio réu, quando responsável pelo pagamento da dívida da sociedade, tem o direito de exigir que primeiro sejam excutidos os bens da sociedade.

§ 2º Incumbe ao sócio que alegar o benefício do §1º nomear quantos bens da sociedade situados na mesma comarca, livres e desembargados, bastem para pagar o débito.

§ 3º O sócio que pagar a dívida poderá executar a sociedade nos autos do mesmo processo.

§ 4º Para a desconsideração da personalidade jurídica é obrigatória a observância do incidente previsto neste Código.

Responsabilidade dos sócios

Preceito normativo similar cncontra-se no art. 1023 do C.c.b.: *"Se os bens da sociedade não lhe cobrirem as dívidas, respondem os sócios pelo saldo, na proporção em que participem das perdas sociais, salvo cláusula de responsabilidade solidária"*.

É princípio comezinho que não se pode confundir a pessoa jurídica (sociedade simples ou empresarial) com a pessoa física do sócio que compõe o quadro social da sociedade.

Por isso, as obrigações assumidas pela sociedade não são de responsabilidade dos sócios, nem mesmo do sócio gerente ou administrador, salvo nas hipóteses previstas em lei.

A lei ou o contrato é que define a corresponsabilidade dos sócios em face das dívidas da sociedade. Em regra, o contrato social pode estabelecer que os sócios sejam responsáveis, mas não devedores.

Assim, mesmo no caso de sociedade em nome coletivo, na qual todos os sócios são responsáveis solidariamente e ilimitadamente pelas dívidas da sociedade, isso não significa que o credor possa pedir, indiferentemente, o pagamento da dívida à sociedade ou a seus integrantes. A regra do art. 795 do atual C.P.C. tem de ser respeitada, ou seja, primeiramente excutir os bens da sociedade; na falta ou na insuficiência é que respondem os bens dos sócios; salvo na hipótese do art. 990 do C.c.b.[185]

É evidente que para se excutir bens do sócio é necessário que ele também participe do procedimento executivo, devendo ser citado para tal fim. Assim, se o sócio não foi citado desde o início juntamente com a pessoa jurídica, deverá ser citado posteriormente para integrar a relação jurídica processual.

Aliás, o mesmo critério normativo encontra-se no art. 790, inc. II, do atual C.P.C.

Pela importância do tema, trago novamente, como reforço de argumentação, os comentários que elaborei ao aludido art. 790, inc. II, do atual C.P.C., pela sua pertinência temática em relação conteúdo normativo do art. 795 do atual C.P.C.

Este dispositivo não trata, evidentemente, da hipótese em que o sócio se responsabiliza pelo pagamento da dívida da sociedade como fiador ou avalista.

O dispositivo em análise trata da hipótese em que a obrigação contraída foi somente pela sociedade.

Quando a relação jurídica material é realizada entre determinada pessoa e uma determinada sociedade (pessoa jurídica de direito privado) a obrigação e a responsabilidade pelo seu cumprimento são da própria sociedade, sendo que o seu patrimônio é que se torna responsável pelo adimplemento da obrigação.

Contudo, pode ocorrer que a responsabilização pelas dívidas da sociedade seja direcionada contra o sócio gerente ou administrador da sociedade, nas hipóteses previstas em lei.

O novo C.c.b. apresenta duas espécies de sociedade não personifica: a) sociedade em comum; b) sociedade em conta de participação.

Na sociedade em comum, decorrente da não inscrição dos atos constitutivos, todos os sócios respondem solidária e ilimitadamente pelas obrigações sociais, excluído do benefício de ordem, previsto no art. 1.024, aquele que contratou pela sociedade (art. 990 do C.c.b.).

No que concerne à sociedade em conta de participação, na qual a atividade constitutiva do objeto social é exercida unicamente pelo sócio ostensivo, em

[185] Lima, A. M., op. cit., p. 592.

seu nome individual, a responsabilidade pelas dívidas sociais é do próprio sócio ostensivo.

A sociedade *simples*, personificada, constitui-se mediante contrato escrito, particular ou público, que, além de cláusulas estipuladas pelas partes, mencionará se os sócios respondem, ou não, subsidiariamente, pelas obrigações sociais (art. 997, inc. VIII do C.c.b.).

A distribuição de lucros ilícitos ou fictícios acarreta responsabilidade solidária dos administradores que a realizarem e dos sócios que os receberem conhecendo ou devendo conhecer-lhes a ilegitimidade (art. 1.009 do C.c.b.).

Se os bens da sociedade não lhe cobrirem as dívidas, respondem os sócios pelo saldo, na proporção em que participem das perdas sociais, salvo cláusula de responsabilidade solidária (art. 1.023 do C.c.b.).

Os bens particulares dos sócios não podem ser executados por dívidas da sociedade, senão depois de executados os bens sociais (art. 1.024 do C.c.b.).

Os sócios admitidos em sociedade já constituída não se eximem das dívidas sociais anteriores à admissão (art. 1.025 do C.c.b.).

Na sociedade *em nome coletivo*, todos os sócios respondem solidária e ilimitadamente pelas obrigações sociais (art. 1.039 do C.c.b.).

Na sociedade em *comandita simples*, os sócios comanditados, pessoas físicas, são responsáveis solidária e ilimitadamente pelas obrigações sociais (art. 1.045 do C.c.b.).

Na sociedade limitada, a responsabilidade de cada sócio é restrita ao valor de suas quotas, mas todos respondem solidariamente pela integralização do capital social (art. 1.052 do C.c.b.).

Já em relação aos sócios gerentes e administradores, o Decreto 3.708/19 (revogado **D-007.799-2012)**, que tratava das sociedade por quotas de responsabilidade limitada, previa em seu artigo 10: *"os sócios-gerentes ou que derem o nome à firma não respondem pessoalmente pelas obrigações contraídas em nome da sociedade, mas respondem para com esta e para com terceiros solidária e ilimitadamente pelo excesso de mandato e pelos atos praticados com violação do contrato ou da lei"*.

Atualmente, a responsabilidade do sócio é regulada pelo Código Civil brasileiro. A Lei Civil, no capítulo que trata da **sociedade simples**, preconiza em seu art. 1.016: *"Os administradores respondem solidariamente perante a sociedade e os terceiros prejudicados, por culpa no desempenho de suas funções"*.

Por sua vez, o art. 1.053 do C.c.b. determina: *"A sociedade limitada rege-se, nas omissões deste Capítulo, pelas normas da sociedade simples"*.

Nesse contexto, resta evidenciado que o último preceito transcrito – artigo 1.053 –, autoriza a aplicação das normas relativas às sociedades simples àquelas por quotas de responsabilidade, quando houver omissão acerca de determinado aspecto no capítulo próprio destas últimas.

Desta feita, seja na sociedade simples como na sociedade por quotas de responsabilidade limitada os bens do sócio respondem pelas dívidas da sociedade quando ele, na administração da empresa, agir com culpa ou dolo no desempenho de suas funções.

Um dos fatores que enseja a responsabilização do sócio gerente ou administrador pelas dívidas da sociedade é a *dissolução irregular* da empresa sem cumprimento das obrigações empresariais. Nesse particular aspecto, insta relembrar ser a previsão do inciso V do artigo 1.033 do C.c.b. atinente à dissolução da sociedade em conformidade com a lei. Tal cautela pressupõe que antes de deixar de funcionar, a sociedade realize o ativo e passivo, bem como ultime a baixa perante os órgãos competentes como, por exemplo, Junta Comercial, secretarias da Receita Federal do Brasil, de Fazenda do respectivo estado e/ou, ainda, de Fazenda do município. Esse é o ônus que é imposto pelo artigo 1.087 do Código Civil.

Não sendo assim, a dissolução é dita irregular e, por afrontar tal comportamento culposo as regras dos artigos 1.016 e 1.033, inciso V, do Código Civil, afigura-se satisfeita a permissão legal para efeito de responsabilização dos bens do sócio pelas dívidas sociais.

O agir com culpa, nessa hipótese, está consubstanciado na dissolução irregular, revelando hipótese de infração à lei. Note-se ser atribuição do sócio e/ou administrador gerir a empresa em conformidade com as disposições legais.

Dessa forma, a infração à lei – regra geral – é o fator a autorizar o redirecionamento.

Já em relação à obrigação tributária, a responsabilidade do sócio é regulada pelo art. 135, inc. III do C.T.N., que diz *"são pessoalmente responsáveis pelos créditos correspondentes a obrigações tributárias resultantes de atos praticados com excesso de poderes ou infração da lei, contrato social ou estatutos – III – os diretores, gerentes ou representantes de pessoas jurídicas de direito privado.*

O art. 135, inc. III, do C.T.N., aplica-se a qualquer tipo de sociedade, responsabilizando o sócio gerente e não o sócio cotista.

A regra do art. 135, inc. III, do C.T.N., é repetida no art. 158, inc. II da Lei 6.404/76 (S.A.)

O que se entende por infração à lei para efeito de responsabilizar o sócio gerente em relação às dívidas tributárias da sociedade: a) simples inadimplemento – STJ – RESP 203878/RJ; b) simples inadimplemento não configura responsabilidade – nova interpretação do STJ; c) dissolução irregular – STJ – AGRESP n. 384860 – é o último sócio gerente no contrato que responde;

d) falência – não configura dissolução irregular – STJ – AgRg no AREsp 509605/RS;

Com relação à dissolução irregular da sociedade, o S.T.J. apresenta o seguinte entendimento:

(...).

3. O acórdão concluiu pela possibilidade de redirecionar a execução para o sócio embasado nos fundamentos de que o redirecionamento da execução é possível nos casos em que a empresa executada não foi encontrada no endereço do domicílio fiscal – aplicação da Súmula 435/STJ – e o nome do sócio constar da CDA, pressupostos preenchidos, na espécie em análise.

4. A CDA goza da presunção de legitimidade, o que implica transferir ao sócio, nela incluído, o ônus de demonstrar a ausência de responsabilidade tributária; mesma orientação adotada pelo aresto recorrido.

5. Entendimento firmado pelo STJ no julgamento do REsp 1.104.900/ES, Rel. Min. Denise Arruda, Primeira Seção, DJe 1//2009 e REsp 1.110.925/SP, Rel. Min. Teori Albino Zavascki, Primeira Seção, DJe 4/5/2009, ambos submetidos ao procedimento previsto no artigo 543-C do Código de Processo Civil e na Resolução STJ nº 8/2008.

6. Não encontrada a empresa no domicílio fiscal, gera presunção iuris tantum de dissolução irregular e a possibilidade de responsabilização do sócio-gerente a quem caberá o ônus de provar não ter agido com dolo, culpa, fraude ou excesso de poder, nos termos da Súmula 435/STJ: "Presume-se dissolvida irregularmente a empresa que deixar de funcionar no seu domicílio fiscal, sem comunicação aos órgãos competentes, legitimando o redirecionamento da execução fiscal para o sócio-gerente".

7. Aplica-se a taxa SELIC no cálculo dos débitos dos contribuintes para com as Fazendas Federal e Estadual. Precedente: REsp 1.111.189/SP, Rel. Ministro Teori Albino Zavascki, Primeira Seção, julgado em 13/5/2009, DJe 25/5/2009, submetido à sistemática dos recursos repetitivos.

8. A apuração do caráter confiscatório da multa tributária depende da interpretação da norma prevista no artigo 150, V, da Constituição Federal, o que refoge ao âmbito do recurso especial.

9. Agravo regimental não provido.

(AgRg no AREsp 189.594/MG, Rel. Ministro CASTRO MEIRA, SEGUNDA TURMA, julgado em 04/09/2012, DJe 11/09/2012)

Contudo, sobre a questão da prova da dissolução irregular, há, ainda o presente entendimento do S.T.J.:

1. A Súmula 435 do STJ diz que presume-se dissolvida irregularmente a empresa que deixar de funcionar no seu domicílio fiscal, sem comunicação aos órgãos competentes, legitimando o redirecionamento da execução fiscal para o sócio-gerente; todavia, a inteligência que se deve ter desse enunciado é de que a não localização da empresa no endereço fiscal é indício de sua dissolução irregular, mas, por si só e independente de qualquer outro elemento, é insuficiente para o pronto redirecionamento, que depende de prévia apuração das razões pelas quais tal fato ocorreu, bem como da comprovação do elemento subjetivo na conduta ilícita do sócio.

2.. Ao meu sentir, como a declaração de dissolução irregular importa no reconhecimento de uma infração, é inadmissível essa conclusão sem prévio procedimento. A prova do ato infracional compete a quem alega a sua ocorrência, no caso, ao credor (Fazenda Pública) que requer o redirecionamento. A inversão do ônus probandi a favor da parte menos favorecida só deve ser feita nos casos em que a lei a admite expressamente e, ainda assim, excepcionalmente.

3. Registre-se, ainda, que existem julgados da Primeira Seção afirmando que a mera devolução do Aviso de Recebimento (AR-Postal) sem cumprimento não basta à caracterização de dissolução irregular.

Esse entendimento pode ser estendido para outros tipos de certificação, inclusive aquela feita pelo Meirinho. Precedentes.

4. Agravo regimental FAZENDA NACIONAL desprovido.

(AgRg no REsp 1268993/DF, Rel. Ministro NAPOLEÃO NUNES MAIA FILHO, PRIMEIRA TURMA, julgado em 08/05/2012, DJe 11/05/2012)

O artigo 13 da Lei 8.620/93, que alterou a Lei 8.212/91 e 8.213/91, estabeleceu – *"O titular da firma individual e os sócios (não só os gerentes) das empresas (não sociedade simples) por cotas de responsabilidade limitada respondem solidariamente, com seus bens pessoais, pelos débitos junto à Seguridade Social.*
Parágrafo único. Os acionistas, os administradores, os gerentes e os diretores respondem solidariamente e subsidiariamente com seus bens pessoais, quanto ao inadimplemento das obrigações para com a Seguridade Social, por dolo ou culpa". Esse dispositivo somente se aplicava aos débitos juntos à Seguridade Social.

Inicialmente, o S.T.J. entendia que este artigo 13 da Lei 8.620/93 tinha aplicação a todos os sócios da sociedade por quotas de responsabilidade limitada, independentemente da prática de infração à lei ou ao contrato, incluindo os sócios cotistas. Por sua vez, limitava a aplicação desse dispositivo apenas aos fatos geradores ocorridos após a sua entrada em vigor, não tendo efeito retroativo.

O Tribunal Regional Federal da 4ª Região, por sua vez, declarou a inconstitucionalidade do art. 13 da Lei 8.620/93, por contrariar e ampliar a responsabilidade do sócio prevista no artigo 135, inc. III, do C.T.N, sob a alegação de que a lei ordinária não poderia ingressar no âmbito de competência da lei complementar (AI n. 1999.04.01.0196481-9/SC).

A Primeira Seção do S.T.J., no Agravo Regimental nos Embargos de Declaração n. 694941 – deu nova interpretação ao artigo 13, dizendo que deveria ser interpretado de acordo com o artigo 135, inc. III, do C.T.N, o qual é lei complementar. Além do mais, o novo Código Civil Brasileiro, que é posterior, revogou o artigo 13 da Lei n. 8.620/93, em face de que dispôs sobre a responsabilidade dos sócios nos artigos 1053 e 1016, os quais passaram a exigir culpa ou dolo do administrador.

O Supremo Tribunal Federal aceitou a repercussão geral no recurso extraordinário sobre a constitucionalidade do art. 13 da Lei 8.620/93. O julgamento da repercussão geral foi proferido no RE n. 562276:

> *(...).*
>
> *O art. 13 da Lei 8.620/93 não se limitou a repetir ou detalhar a regra de responsabilidade constante do art. 135 do CTN, tampouco cuidou de uma nova hipótese específica e distinta. Ao vincular à simples condição de sócio a obrigação de responder solidariamente pelos débitos da sociedade limitada perante a Seguridade Social, tratou a mesma situação genérica regulada pelo art. 135, III, do CTN, mas de modo diverso, incorrendo em inconstitucionalidade por violação ao art. 146, III, da CF. 7. O art. 13 da Lei 8.620/93 também se reveste de inconstitucionalidade material, porquanto não é dado ao legislador estabelecer confusão entre os patrimônios das pessoas física e jurídica, o que, além de impor desconsideração ex lege e objetiva da personalidade jurídica, descaracterizando as sociedades limitadas, implica irrazoabilidade e inibe a iniciativa privada, afrontando os arts. 5º, XIII, e 170, parágrafo único, da Constituição. 8. Reconhecida a inconstitucionalidade do art. 13 da Lei 8.620/93 na parte em que determinou que os sócios das empresas por cotas de responsabilidade limitada responderiam solidariamente, com seus bens pessoais, pelos débitos junto à Seguridade Social. 9. Recurso extraordinário da União desprovido. 10. Aos recursos sobrestados, que aguardavam a análise da matéria por este STF, aplica-se o art. 543-B, § 3º, do CPC.*
>
> *(RE 562276, Relator(a): Min. ELLEN GRACIE, Tribunal Pleno, julgado em 03/11/2010, REPERCUSSÃO GERAL – MÉRITO DJe-027 DIVULG 09-02-2011 PUBLIC 10-02-2011 EMENT VOL-02461-02 PP-00419 RDDT n. 187, 2011, p. 186-193 RT v. 100, n. 907, 2011, p. 428-442).*

Por fim, muito embora não se trate especificamente de sociedade, é necessário traçar alguns critérios sobre a matéria em relação à denominada empresa individual limitada, a qual encontra-se regulada no art. 980-A do C.c.b., *in verbis:*

Art. 980-A. A empresa individual de responsabilidade limitada será constituída por uma única pessoa titular da totalidade do capital social, devidamente integralizado, que não será inferior a 100 (cem) vezes o maior salário-mínimo vigente no País. (Incluído pela Lei nº 12.441, de 2011) (Vigência)

§ 1º O nome empresarial deverá ser formado pela inclusão da expressão «EIRELI» após a firma ou a denominação social da empresa individual de responsabilidade limitada. (Incluído pela Lei nº 12.441, de 2011) (Vigência)

§ 2º A pessoa natural que constituir empresa individual de responsabilidade limitada somente poderá figurar em uma única empresa dessa modalidade. (Incluído pela Lei nº 12.441, de 2011) (Vigência)

§ 3º A empresa individual de responsabilidade limitada também poderá resultar da concentração das quotas de outra modalidade societária num único sócio, independentemente das razões que motivaram tal concentração. (Incluído pela Lei nº 12.441, de 2011) (Vigência)

§ 4º (VETADO). (Incluído pela Lei nº 12.441, de 2011) (Vigência)

§ 5º Poderá ser atribuída à empresa individual de responsabilidade limitada constituída para a prestação de serviços de qualquer natureza a remuneração decorrente da cessão de direitos patrimoniais de autor ou de imagem, nome, marca ou voz de que seja detentor o titular da pessoa jurídica, vinculados à atividade profissional. (Incluído pela Lei nº 12.441, de 2011) (Vigência)

§ 6º Aplicam-se à empresa individual de responsabilidade limitada, no que couber, as regras previstas para as sociedades limitadas. (Incluído pela Lei nº 12.441, de 2011) (Vigência).

A empresa individual de responsabilidade é composta apenas por um empresário, razão pela qual não pode ser considerada como uma sociedade, pois não há pluralidade de pessoas.

Assim, no caso de empresa individual de responsabilidade limitada, a responsabilidade do empresário individual pelas dívidas da empresa estará limitada à integralização do capital social, o qual não poderá ser inferior 100 (cem vezes) o maior salário mínimo vigente no Brasil.

Poderá, contudo, a responsabilidade tornar-se solidária se o empresário individual agir com excesso de poderes ou com culpa na administração da empresa, assim como ocorre na sociedade simples e na sociedade empresária por quotas de responsabilidade limitada.

É certo que antes da introdução do art. 980-A no C.c.b., os tribunais entendiam que não haveria verdadeira distinção entre a personalidade jurídica da **firma** e a da pessoa natural de seu titular, havendo, portanto, confusão entre o patrimônio de um e de outro, configurando-se em um único conjunto de bens e direitos. A propósito, colaciono os seguintes julgados:

*1. Não há verdadeira distinção entre a personalidade jurídica da **firma individual** e a da pessoa natural de seu titular, havendo, portanto, confusão entre o patrimônio de um e de outro, configurando-se em um único conjunto de bens e direitos.(...)*

(TRF4, APELAÇÃO CÍVEL Nº 00034138520094047201, 2ª Turma, Juíza Federal VÂNIA HACK DE ALMEIDA, POR UNANIMIDADE, D.E. 14/10/2010)

*1. Em se cuidando de **firma individual**, não existe a figura da limitação da responsabilidade do sócio, que deverá responder, portanto, com todo o seu patrimônio. 2. Ajuizada a execução fiscal em desfavor de **firma individual**, revela-se possível, face à inexistência de limitação da responsabilidade por dívidas, a imediata constrição de bens titularizados pela pessoa física empreendedora. Neste caso, é certo, o patrimônio de ambos se confunde. 3.Encerrada a falência por falta de bens, correta a sentença que extinguiu o feito.*

(TRF4, APELAÇÃO CÍVEL Nº 2001.70.00.023379-7, 1ª Turma, Des. Federal JOEL ILAN PACIORNIK, POR UNANIMIDADE, D.E. 30/06/2010)

*1. Em se tratando de **firma individual**, não há sentido em diferenciar a figura do comerciante da pessoa física, pois em verdade são uma só, sendo desnecessário o **redirecionamento** da execução. Ainda que a lei tributária a equipare à pessoa jurídica, essa equiparação diz respeito apenas às normas de tributação, não se estendendo ao plano da responsabilidade patrimonial. 2. Incabível o **redirecionamento** nos termos do art. 135, III, do CTN, podendo, todavia, ser penhorados os bens do empresário pessoa física para responder pelas dívidas da empresa **individual**. 3. Agravo provido, apenas para definir que o patrimônio de Mário Araújo dos Santos Júnior responde pelos débitos da empresa **individual**.*

(TRF4, AGRAVO DE INSTRUMENTO Nº 2009.04.00.035155-9, 2ª Turma, Des. Federal OTÁVIO ROBERTO PAMPLONA, POR UNANIMIDADE, D.E. 08/04/2010)

Prescreve o *§1º do art. 795* do atual C.P.C. que *o sócio réu, quando responsável pelo pagamento da dívida da sociedade, tem o direito de exigir que primeiro sejam excutidos os bens da sociedade.*

Este dispositivo trata do mesmo *benefício de ordem* que se concede ao fiador.

Muito embora não haja norma expressa, penso que também se pode aplicar em relação ao sócio, por analogia, a regra do fiador que lhe permite renunciar a este benefício.

Preceito similar encontra-se no art. 1.024 do C.c.b.: *Os bens particulares dos sócios não podem ser executados por dívidas da sociedade, senão depois de executados os bens sociais*".

A responsabilidade do sócio é *secundária, subsidiária ou acessória*, no sentido de que seus bens somente responderão pela obrigação se o devedor principal (sociedade) não puder solvê-la com seus próprios bens. A posição do sócio, em regra, é de segundo plano em relação ao devedor; isso advém do princípio da *equidade*, pois não seria justo que os bens do sócio fossem levados à alienação judicial quando o devedor possui bens suficientes, livres e desembaraçados, na comarca em que corre a demanda contra o sócio. Enquanto o devedor puder suportar a execução, a penhora deverá recair sobre seus bens.

Prescreve o *§2º do art. 795* do atual C.P.C. que *incumbe ao sócio que alegar o benefício do §1º nomear quantos bens da sociedade situados na mesma comarca, livres e desembaraçados, bastem para pagar o débito.*

Trata-se da mesma obrigação imposta ao fiador quando se utiliza do *benefício de ordem*, ou seja, para que o sócio possa exigir que a constrição judicial recaia sobre bens da sociedade antes de se dirigir contra seus bens particulares, deve ele (sócio) nomear bens da sociedade situados na mesma comarca, livres e desembaraçados para pagar o débito.

Note-se que somente se existirem bens livres e desembaraçados é que a alegação do benefício de ordem terá eficácia, sendo que será ela refutada: a) quando se verificar que os bens não estão livres ou desembaraçados; b) não forem suficientes para pagar a dívida no momento da nomeação ou quando de sua avaliação; c) oposição de embargos de terceiro.

A oportunidade para o sócio nomear bem de devedor normalmente ocorre no prazo fixado em lei para que o executado, uma vez citado, pague a dívida. Contudo, se o sócio não fizer a nomeação neste prazo, isso não significa dizer que ele renunciou ao benefício, uma vez que o Código Civil, em seu art. 828, inc. I (que deve ser aplicado por analogia), estabelece que essa renúncia deve ser expressa.

Pode ocorrer que no momento da contestação da lide no processo cognitivo ou no momento da penhora de bens do sócio, a sociedade não possua bens suficientes e desembaraçados na comarca em que tramitou a demanda para pagamento do credor, vindo a adquiri-los posteriormente. Nesse caso, evidentemente, não se poderia adotar de forma rigorosa o marco legal para efeitos de o sócio indicar bens de devedor, podendo ele indicá-los após ter conhecimento da aquisição destes bens, e antes, evidentemente, da realização do ato de alienação dos bens penhorados, pois uma vez arrematados os bens do sócio não poderá mais invocar o benefício de ordem.

Preceitua o *§3º do art. 795* do atual C.P.C. que *o sócio que pagar a dívida poderá executar a sociedade nos autos do mesmo processo.*

Esse privilégio também é concedido ao fiador em relação ao afiançado.

Como já se afirmou, a dívida não é do sócio, mas, sim, do devedor principal, no caso, a sociedade. O sócio é apenas responsável jurídico pelo cumprimento da obrigação.

Uma vez paga a dívida pelo sócio, ele fica sub-rogado nos direitos do credor. Aliás, estabelece o art. 349 do C.c.b. que a *sub-rogação* transfere ao novo credor todos os direitos, ações, privilégios e garantias do primitivo, em relação à dívida, contra o devedor principal e os fiadores.

Se o sócio pagar a dívida, poderá promover a execução da sociedade nos autos do mesmo processo.

Trata-se de um preceito normativo que privilegia o princípio da economia processual, evitando que o sócio, após o pagamento da dívida, seja obrigado a promover novo processo (executivo ou não) em relação ao devedor principal.

A execução promovida pelo sócio poderá ser de toda a dívida ou da parte que ele haja sido responsabilizado, como no caso em que parte da penhora recaiu sobre bens do sócio e parte sobre os bens de devedor principal. Nesse caso, o sócio irá executar apenas o valor correspondente à garantia prestada pelos seus bens e não aquela que incidiu sobre os bens do próprio devedor.

É importante salientar que o sócio, quando demandado pelo pagamento da dívida, poderá ainda se utilizar do instituto *chamamento ao processo.*

Pode o sócio demandado, e sendo a sua responsabilidade caracterizada como solidária, chamar ao processo os demais sócios gerentes solidários para reaver a parte que lhe cabia em relação aos outros sócios gerentes.

Contudo, esse chamamento ao processo, segundo o S.T.J., somente poderá ocorrer em demandas cognitivas e não em processo de execução. *Mutatis mutandis,* é importante salientar que o S.T.J. já entendeu que não é possível a utilização do instituto do chamamento ao processo na execução. Nesse sentido, eis o seguinte precedente:

> *– processo civil. Execução. Chamamento dos devedores solidários.*
>
> *– inviável, no processo de execução, chamamento dos co-obrigados por incompatibilidade com os institutos da fiança e da solidariedade.*
>
> *– recurso não conhecido.*
>
> *(REsp 70.547/SP, Rel. Ministro JOSÉ ARNALDO DA FONSECA, QUINTA TURMA, julgado em 05/11/1996, DJ 02/12/1996, p. 47700).*

No voto do então Ministro José Arnaldo da Fonseca ficou assim consignado:

"Não há como deixar de reconhecer que têm se constituído em ponto de discordância as várias interpretações emprestadas ao chamamento ao processo dos co-obrigados na execução, com fulcro no art. 77, da lei adjetiva civil.

O próprio Supremo Tribunal Federal, que considera descaber chamamento ao processo nas execuções cambiais (RTJ 90/1028, 93/327 e 93/923), vem se orientando no sentido de estender essa inadmissão aos co-fiadores e ao afiançado. A tendência da jurisprudência, consoante assinalado na decisão de 1º grau e referendada em grau de agravo, é de repelir o chamamento. Nesta Corte, 3ª Turma no Resp n. 1.284, DJ 29.10.90, referido no voto vencedor do Agravo, afastou a admissibilidade. No campo doutrinário, extraem-se estas lições, transcritas no aresto recorrido (fl90):

'(...). ARNALDO MARMITT explicita esta exegese com argumentos como o seguinte: '...o chamamento ao processo à evidência não se compatibiliza com a execução. O que se analisa nos embargos é o relacionado nos artigos 741 e 745 da lei processual. O executado defende-se através de embargos que fixam desconstituir o título executivo, e em caso de êxito não haverá sentença condenatória, mas apenas se desconstituirá o título embasador da execução. O chamamento é instituto que objetiva fazer da sentença condenatória título executivo contra os demais devedores. Impossível a sentença condenatória, impossível também é o chamamento. Acresce a isso que, pelo artigo 988, do Código Civil, o fiador que paga o título e se subroga nos direitos do credor já dispõe de título executivo contra o afiançado e co-fiadores' (Fiança Civil e Comercial, Aide, 1º ed., 1989, p. 133).

No mesmo passo o insigne processualista LUIZ ANTÔNIO DE ANDRADE (fl. 91):

'(...) O autor pode ter razões respeitáveis para só querer acionar o fiador; ou um deles, ou um dos devedores solidários. Neste último caso, aliás, convém lembrar que é da essência da solidariedade passiva o poder de exigir-se de um só dos devedores a dívida toda. Desvirtuar-se-ia o instituto permitindo que contra a vontade do credor, se tragam ao processo os co-devedores. Tendo escolhido um único, segundo lhe faculta o direito material, ver-se-ia ele forçado, por ato do réu, a litigar contra todos. Além de outros óbvios inconvenientes, ressalte-se o da demora resultante da suspensão do processo para citação dos co-devedores. E assim, analogamente, quanto às outras hipóteses do artigo ' (Cf. 'Aspectos e Inovações do Código de Processo Civil – Processo de Conhecimento'. Livraria Francisco Alves Editora S.A., 1974, páginas 44/45, n. 55)".

Por fim, é importante salientar que quando o credor, sem justa causa, demorar a execução iniciada contra o devedor, poderá o sócio promover-lhe o andamento (aplica-se por analogia o art. 834 do C.c.b.). Esse dispositivo evita que a inércia do credor em dar movimentação à execução possa vir a prejudicar o sócio. Nesse caso, o sócio irá promover os atos necessários para que as medidas executivas incidam sobre o patrimônio do devedor, a fim de livrar-se do pagamento da dívida.

Preconiza o *§4º do art. 795* do atual C.P.C.: *Para a desconsideração da personalidade jurídica é obrigatória a observância do incidente previsto neste Código.*

Não se pode confundir a responsabilidade legal ou contratual do sócio pelo pagamento das dívidas da sociedade, com a hipótese legal de desconsideração da personalidade jurídica da sociedade.

O novo C.P.C. introduz no âmbito normativo do direito processual civil brasileiro um incidente importante de desconsideração da personalidade jurídica, que até então, como aspecto processual, somente era delineado nas decisões judiciais com base na teoria da *disregard of legal entity ou durchgriff der juristichen Personen.*

Segundo J. Lamartine Corrêa de Oliveira, *"os tribunais e juristas alemães vieram a criar sua própria fórmula, o equivalente germânico do 'disregard', o denominado 'Durchgriff', expressão aproximadamente traduzível por 'penetração' ou, se preferirmos fórmula literal, ato pelo qual se agarra alguma coisa fazendo a mão passar através de outra. A expressão 'Durchgriff' viria a ser utilizada por Serick como temos ocasião de mostrar, em sentido amplo, para designar todos os casos em que, com abandono, no caso concreto, do princípio da separação entre pessoa jurídica e pessoa membro, um problema jurídico é decido como se tal distinção e separação não existissem".*[186]

Em caso de abuso da personalidade jurídica, caracterizado na forma da lei, o juiz pode, em qualquer processo ou procedimento, decidir, a requerimento da parte ou do Ministério Público, quando lhe couber intervir no processo, que os efeitos de certas e determinadas obrigações sejam estendidos aos bens particulares dos administradores ou dos sócios da pessoa jurídica.

Com a previsão expressa no novo C.P.C. da teoria da disregard, a desconsideração da personalidade jurídica ocorrerá no próprio processo ou procedimento em que é arguida, sem necessidade de uma demanda autônoma.

O juiz poderá decretá-la em qualquer processo ou procedimento. O legislador distinguiu processo de procedimento para efeitos de desconsideração da personalidade jurídica.

Cândido Rangel Dinamarco assim diferencia processo de procedimento:

> *"As técnicas do processo aparecem de maneira muito sensível e eloqüente na discriminação das diversas espécies de tutelas jurisdicionais admissíveis conforme a situação trazida pelo demandante – e a serem dispensadas mediante as chamadas vias ordiná-*

[186] Oliveira, J. Lamartine Corrêa de. *A dupla crise da pessoa jurídica.* São Paulo: Saraiva, 1979. p. 141 e 282.

rias representadas pelos normais processos de conhecimento ou de execução, ou 'tutela diferenciadas' que se concedem mediante a realização de processos especialíssimos, como o monitório, o de mandado de segurança, o dos juizados especiais etc. Cada um desses processos rege-se por uma técnica própria e apresenta 'configuração própria para as relações entre seus sujeitos' – poderes, deveres, faculdades de cada um deles em relação aos demais, espécies de medidas a serem concedidas e efetivadas pelo juiz (provimentos) etc – tudo inserido em técnicas preordenadas ao resultado propostos...

É também muito importante o aspecto técnico residente na 'disciplina dos procedimentos' a serem adotados nos processos em geral e nos diversos graus de jurisdição. Toda disciplina procedimental envolve o elenco de atos a serem praticados, a'ordem' sequencial de sua realização e a 'forma' com que cada ato se realizará. Pelo aspecto da 'forma', disciplinam-se o modo, o lugar e o tempo da realização do ato. Além disso, a lei estabelece os casos em que cada 'modelo procedimental' deve ser adotado e exige a observância desses preceitos, seja no tocante à escolha do procedimento adequado, seja na realização de todos os atos exigidos, na ordem e pela forma adequada".[187]

A lei civil brasileira, adotando a teoria maior, caracteriza o abuso da personalidade jurídica especificamente no art. 50 do C.c.:

"Art. 50. Em caso de abuso da personalidade jurídica, caracterizado pelo desvio de finalidade, ou pela confusão patrimonial, pode o juiz decidir, a requerimento da parte, ou do Ministério Público quando lhe couber intervir no processo, que os efeitos de certas e determinadas relações de obrigações sejam estendidos aos bens particulares dos administradores ou sócios da pessoa jurídica.

Assim, o Código Civil considera abuso da personalidade jurídica *o desvio de finalidade, ou a confusão patrimonial da pessoa jurídica com a pessoa do sócio ou mesmo de terceiros.*

Se a pessoa jurídica foi constituída para uma determinada finalidade lícita, o desvio dessa finalidade com a intenção de práticas de atos ilícitos, prejuízos a terceiros ou mesmo abuso de direito, ensejará a instauração do incidente de desconsideração da personalidade jurídica.

Está-se diante do chamado princípio *"Ultra Vires'* do direito Inglês e sua hipotética adoção pelo Direito alemão. Sobre este princípio, anota J. Lamartine Corrêa de Oliveira:

[187] DINAMARCO. Cândido Rangel. *Instituições de direito processual civil.* Vol. I. São Paulo: Malheiros, 2001. p. 137-139.

"No Direito inglês, com a exceção de algumas poucas 'ordinary corporations', reconhecidas desde tempos imemoriais, entende-se que a capacidade das 'corporations' é 'especializada' através do fim determinado nos Estatutos sociais. Negócios jurídicos, que, ainda quando os referidos Estatutos sejam submetidos a interpretação ampliativa, não caibam, nem mediata nem imediatamente, no âmbito do objeto dos negócios da entidade, são considerados como 'ultra vires', e portanto 'void, even if agreed to by the members'. Daí decorreria que a pessoa jurídica só poderia ser considerada existente em uma determinada 'esfera de vida' (Lebensbereich). Rittner, aliás, afirma convictamente que, precisamente por não ser a pessoa jurídica dotada de fim em si mesma consistente (Selbstzweck) mas de finalidade que limita sua'soberania', e embora essa finalidade seja mutável, como sucede, por exemplo, no caso de alteração das finalidades estatutárias de uma associação, não resta a menor dúvida que a finalidade limita a pessoa jurídica, à qual só seria accessível uma determinada fatia, uma espécie de corte (Ausschnitt) da vida jurídica e cultural. Em seu entender, é esse o fundamento teórico da 'Ultra Vires', embora admita a prevalência do princípio teórico sem a necessária adoção da 'Ultra Vires'.

O princípio 'ultra vires' deve ser entendido como limitação à capacidade de direito de pessoas jurídicas".[188]

No que concerne ao *desvio de finalidade*, podemos aproveitar a definição dada pelos autores do Direito Administrativo, os quais muito contribuíram para a definição desse instituto no âmbito do Dircito Civil. Segundo Hely Lopes Mei relles, *"o desvio de finalidade* ou *de poder verifica-se quando a autoridade (ou sócio), embora atuando nos limites de sua competência, pratica o ato por motivos ou com fins diversos dos objetivados pela lei (ou pelo contrato social) ou exigidos pelo interesse público. O desvio de finalidade ou de poder é, assim, a violação ideológica da lei, ou, por outras palavras, a violação moral da lei, colimando o administrador (ou sócio) fins não queridos pelo legislador (ou pelo contrato social), ou utilizando motivos e meios imorais para a prática de um ato administrativo (ou empresarial) aparentemente legal".*[189]

Já a *confusão patrimonial*, como fundamento do abuso da personalidade jurídica, ocorre quando o patrimônio da empresa ou da pessoa jurídica confunde-se com o patrimônio dos sócios ou de terceiros.

É bem verdade que nem sempre a *confusão patrimonial* entre o sócio e a pessoa jurídica é ilícita ou causa de abuso da personalidade jurídica. Na hipótese de

[188] Oliveira, J. Lamartine Corrêa de. *A dupla crise da pessoa jurídica*. São Paulo: Saraiva, 1979. p. 141 e 142.

[189] Meirelles, Hely Lopes. *Direito administrativo brasileiro*. 29 ed. São Paulo: Malheiros, 2004. p. 110.

pessoa jurídica individual (conhecida até então como 'firma individual' e agora como 'empresa individual'), o patrimônio do sócio confunde-se com o da pessoa jurídica, sem que isso signifique abuso da personalidade jurídica.

Na verdade, a empresa, para efeitos de confusão patrimonial fraudulenta, é utilizada como fator de enriquecimento ilícito ou de abuso de poder econômico por parte dos sócios. É possível que determinados grupos econômicos utilizem-se de uma única sede para a indicação como domicílio de várias sociedades de responsabilidade limitada, com firmas e ramos de atuação assemelhados, somente para prejudicar o Fisco e credores privados, havendo então confusão patrimonial da sociedade com a pessoa dos sócios.

O C.D.C., que adota a *teoria menor* (mais fácil de se aplicar), em seu art. 28 prescreve:

> *"Art. 28. O juiz poderá desconsiderar a personalidade jurídica da sociedade quando, em detrimento do consumidor, houver abuso de direito, excesso de poder, infração da lei, fato ou ato ilícito ou violação dos estatutos ou contrato social. A desconsideração também será efetivada quando houver falência, estado de insolvência, encerramento ou inatividade da pessoa jurídica provocados por má administração".*
>
> *Assim, para o C.D.C a desconsideração da pessoa jurídica justifica-se nos casos de: a) abuso de direito; b) excesso de poder; c) infração da lei; d) fato ou ato ilícito; e) violação dos estatutos ou contrato social; f) falência; g) estado de insolvência; h) encerramento ou inatividade da pessoa jurídica provocados por má administração.*

Em relação ao excesso de poder, violação dos estatutos ou contrato social e infração à lei, temos previsão similar no art. 135 do C.T.N.:

> *"Art. 135. São pessoalmente responsáveis pelos créditos correspondentes a obrigações tributárias resultantes de atos praticados com excesso de poderes ou infração de lei, contrato social ou estatutos:*
>
> *I – as pessoas referidas no artigo anterior;*
>
> *II – os mandatários, prepostos e empregados;*
>
> *III – os diretores, gerentes ou representantes de pessoas jurídicas de direito privado".*

A diferença é que o art. 135 do C.T.N. não trata de desconsideração da personalidade jurídica (note-se que somente o sócio gerente é que responde pela dívida tributária e não os sócios quotistas), mas, sim, da responsabilidade de terceiros pelas dívidas tributárias. Segundo os Tribunais, a responsabilidade do art. 135 do C.T.N. não é solidária mas subsidiária. Ainda, segundo os Tribunais, a falência é considerada como sendo dissolução regular da sociedade, razão pela qual o sócio gerente ou os diretores não respondem pelas dívidas tributárias.

Já a dissolução irregular da sociedade justifica o redirecionamento da execução fiscal contra o sócio gerente ou diretores da sociedade.

Por sua vez, o artigo 4º da Lei 9.605/98 afirma: *"poderá ser desconsiderada a pessoa jurídica sempre que sua personalidade for obstáculo ao ressarcimento dos prejuízos causados à qualidade do meio ambiente"*. Trata-se de outra regra jurídica que permite a desconsideração da personalidade jurídica, em questão ambiental, quando a personalidade jurídica da pessoa jurídica for obstáculo ao ressarcimento dos prejuízos causados à qualidade do meio ambiente.

Observa-se que dentre as diversas hipóteses justificadoras da desconsideração da personalidade jurídica encontra-se o denominado *abuso de direito.*

O Código Civil brasileiro, em seu art. 187, define o que se deva entender por abuso de direito: *"Também comete ato ilícito o titular de um direito que, ao exercê-lo, excede manifestamente os limites impostos pelo seu fim econômico ou social, pela boa-fé ou pelos bons costumes"*.

Serick entende que o desconhecimento da forma da pessoa jurídica em casos de fraude à lei não passa de aplicação específica do princípio geral segundo o qual o abuso de um instituto jurídico não pode jamais ser tutelado pelo ordenamento jurídico. A noção de abuso de um instituto (no caso, a pessoa jurídica) *"é por Serick formulada a partir da noção de 'abuso de direito', restrita esta aos abusos de direitos subjetivos. Embora, porém, o autor invoque a noção de 'abuso de direito' em sua formulação objetivista (exercício de modo contrário à função ético-jurídica e social do direito), citados, dentre outros, SOERGEL-SIEBERT e Esser, a noção de abuso da pessoa jurídica que Serick termina por aplicar só é levada em conta como justificativa da desconsideração da pessoa jurídica de Direito Privado se acompanhada de elemento subjetivo (nos casos em exame, intenção de fraude à lei).Não provada tal intenção, não se justificaria a desconsideração.*[190]

Por outro lado, a posição de Rudolf Renhart, partidário da opção denominada 'institucionalista', caracteriza basicamente a *penetração* por dois aspectos: *"de um lado, separa-se da posição Muller-Freienfels pela circunstância de reconhecer valor próprio e institucional à pessoa jurídica, sem resvalar para o terreno da ficção; de outro lado, e ao contrário do subjetivismo de Serick, entende que o abuso do instituto 'pessoa jurídica' é configurável através de critérios objetivos, determináveis através da referência a princípios jurídicos superiores"*.[191]

Sobre a questão do abuso de direito, Pontes de Miranda, em sua magnífica obra denominada *Comentários ao Código de Processo Civil de 1939*, nos deixou um legado rico da essência desse instituto:

[190] Oliveira, J. L. C., op. Cit., p. 301.
[191] Oliveria, J. L. C., idem, ibidem, p. 368.

"Para a maioria dos homens, os direitos aparecem como o que eles podem fazer, cobrar, exigir. Têm das situações jurídicas em que se acham, ou em que se acha alguém, impressão de projeções do eu. O mundo é organizado de tal forma que esses direitos, bilhões de direitos numa só cidade, – a propriedade dos prédios, dos móveis, das jóias, as notas promissórias, as ações, o ordenado, a entrada dos teatros e cinemas,..., se lançam, se cruzam, sem que nunca se choquem, ou se firam. Dificilmente se compreende que haja embaraços ao exercício deles, entre si. Por que haviam de não coexistir, confortavelmente, sem se tocarem, o meu direito de autor e o direito dos outros às suas casas, ao seu quintal, à eletricidade que os serve?

Por aí se chega à concepção absolutista, atômica, dos direitos subjetivos. Nenhum depende do outro; nem ofende o outro. Movem-se, convivem, sem nunca se encontrarem. Ainda dos direitos dos condôminos, dos compossuidores, dos sócios, tem-se ideia pluralística, que não chega a ser, sequer, molecular. Linhas. Não mais do que linhas. E sem que uma atravesse a outra, ou a corte. O egoísmo humano encontra em tal noção da vida jurídica a imagem que mais lhe agrada. O indivíduo como que se libera nesse infinito de órbitas, de trajetórias coerentes e inflexíveis. Assim seria o mundo jurídico. Aqui, ali, uma ou outra 'limitação' dos direitos, mas feita pela lei. Os juristas logo a inserem nas definições, nos efeitos, nas modalidades. E os direitos como que se retraem, para que se não tenha a impressão da restrição, do corte.

Mas o mundo jurídico não é assim. Nunca foi. Os direitos topam uns nos outros. Cruzam-se. Molestam-se. Têm crises de lutas e de hostilidades. Exercendo meu direito, posso lesar o outro, ainda se não saio do meu direito, isto é, da linha imaginária que é o meu direito. A regra 'Nemo injuria facit qui iure suo utitur' traduziu bem o que pensam os que vêem nos direitos um absoluto.

Há limites aos direitos e há abusos sem traspassar limites. Não se confundam limitação aos direitos e reação ao abuso do direito. Quando o legislador percebe que o contorno de um direito é demasiado, ou que a força, ou intensidade, com que se exerce, é nociva, ou perigosa a extensão em que se lança, concebe as regras que o limitem, que lhe ponham menos avançados os marcos, que lhe tirem um pouco da violência ou do espaço que conquista. Não era sem certa razão que os juristas passavam a incorporar ao conceito, diga-se assim, a própria restrição. Se faço vir mais para trás acerca do meu quintal, ou construo muro aquém do que havia, o meu quintal é o que fica entre os outros lados e a nova cerca, ou o novo muro. Mas, em verdade, a concepção absolutista tomava atitude corretiva a fim de continuar com a mesma visão dos direitos: seres que vivem por si, sem peias, dentro dos seus próprios limites.

A limitação deformou o conceito primitivo. O historiador do direito vê bem o que se passa: a contractação morfológica, a plasticidade, o forçar-se a relação jurídica a esgueiramentos sinuosos. Não se trata de conformações, mas de deformações.

O mundo dos interesses é mais largo que o mundo dos direitos e deveres. O direito apenas cobre parte ínfima da vida. O resto ou pertence à liberdade, ou cai sob o domínio compressivo do arbitrário governamental. A civilização cresce fazendo maior o número de interesses protegidos sem opressão, deixando livre a ação e o pensamento humano e submetendo a princípios a própria discrição administrativa, pela adoção de pautas, planos e responsabilizações. Muitas vezes o exercício do direito de uma pessoa toca o direito ou exercício do direito de outra. Conhecem-se casos em que, convergindo na mesma pessoa dois direitos em sentido contrário, se dá a confusão; ou, se a contrariedade é inábil para produzi-la, ocorre a inutilidade do exercício (pedir A a falência da companhia em que tem grande número de ações).

O estudo do 'abuso do direito' é a pesquisa dos encontros, dos ferimentos, que os direitos se fazem. Se pudessem ser exercidos outros limites que os da lei escrita, com indiferença, senão desprezo, da missão social das relações jurídicas, os absolutistas teriam razão. Mas, a despeito da intransigência deles, fruto da crença a que se aludiu, a vida sempre obrigou a que os direitos se adaptassem entre si, no plano do exercício. Conceptualmente, os seus limites, os seus contornos, são os que a lei dá, como quem põe objeto na mesma maleta, no mesmo saco. Na realidade, quer dizer – quando se lançam na vida, quando se exercitam, tem de coexistir, conformar-se uns com os outros.

Quem quer que examine a evolução do direito romano, vê que essa se descreve no sentido de quebrar-se o absoluto dos direitos.

Alguns anotam o caminho que vem do direito estrito à equidade. Outros poderiam apontar certo tender à polícia dos direitos. Sociologicamente, o que se passa é o reconhecimento dos fatos da vida pelo jurista, depois pelo próprio legislador. Gaio não inovava; observava, discernia, quando proclamou: 'Male enim nostro iure uti non debemus'. Não devemos mal-usar do nosso direito. Mal-usar. Note-se o que há de qualitativo, de ético, nesse 'male'. Por aí chegou o jurista à justificação de se interditarem os pródigos e à proibição do maltrato dos escravos. Não havendo teoria geral, regra escrita sobre o abuso do direito, conquista recente, o entrechoque deu ensejo a que outras regras se dilatassem e outros direitos surgissem. Direito e moral andam parelhas. Celso define aquele em termos dessa: 'Ius est ars boni et aequi'; e Paulo explica que 'Non omne quod licet honestum est'".[192]

J. Lamartine Corrêa de Oliveira nos apresenta alguns exemplos interessantes da jurisprudência alemã sobre a despersonalização da pessoa jurídica:

[192] Pontes de Miranda. *Comentários ao código de processo civil.* Tomo I (arts. 1 – 79). 2. ed. São Paulo: Ed. Forense, 1958. pp. 130-134.

"Mas o início da década de 20 introduziria o 'Durchgriff' na jurisprudência do Tribunal do 'Reich', que viria a consagrar a nova tendência, inicialmente com três decisões, acentuaria o Tribunal que 'o juiz deve levar em conta as realidades da vida e o poder dos fatos mais do que as construções jurídicas', afirmando em outro julgado que, quando a participação facticamente imediata apenas se ocultasse por trás das vestes jurídico-negociais, 'a coisa deveria prevalecer sobre a forma'... De modo inicialmente restrito aos problemas ligados à desvalorização, foi negada ao sócio único de sociedade limitada a proteção assegurada pelo §892 do BGB ao terceiro adquirente que, confiando no Registro de Imóveis, tinha o seu nome como tal constante do Registro (princípio da fé pública, öffentlicher Glaube, do Registro). O sócio não seria considerado terceiro em relação à sua sociedade unipessoal. Em 1930, porém, indo além dos problemas de revalorização monetária, o "Reichsgericht' assim desenvolveria o princípio da responsabilidade por via de penetração (Durchgriffschaftung): 'A autonomia jurídica (da sociedade por quotas e de seu sócio único) não exclui que, em determinadas circunstâncias, a peculiaridade do caso possa conduzir a solução diversa quando as realidades da vida, as necessidades econômicas e o poder dos fatos imponham ao juiz o menosprezo da construção jurídica... Isso deve especialmente valer quando as relações jurídicas do terceiro com a sociedade exijam que a prestação devida àquele por esta seja assegurada, de acordo com o princípio da 'boa fé' (Treu und Glauben), levados em conta os costumes do tráfico jurídico (§242 BGB)...Varias decisões judiciais proferidas no II Reich concedem a 'penetração'. As mais antigas parecem fundamentar-se em considerações de natureza subjetiva, ligadas à intenção com que os fatos foram praticados. Um caso, decidido em 1937, dizia respeito a uma sociedade limitada unipessoal, fundada para exploração de indústria química e dotada de capital de 30.000 marcos. A sociedade faliu e o sócio único procurou fazer valer no juízo falimentar créditos contra a sociedade em virtude de empréstimos de dinheiro, contrato de gerência, aluguel do imóvel e fornecimento de mercadorias. O Tribunal julgou improcedente o pedido de habilitação invocando os já mencionados §§242 e 826 do BGB e considerando contrário aos bons costumes o comportamento do comerciante individual que funda sociedade limitada para a finalidade de limitar sua responsabilidade, celebrar negócios com a sociedade e, em caso de insucesso, poder salvar para si o máximo possível, às custas dos verdadeiros credores... Decisão mais claramente afirmativa da responsabilidade ilimitada do sócio em face dos credores da sociedade, com base no §826, seria tomada pelo Reixhesgericht em 1938, de modo ainda fiel à fundamentação subjetivista, ao afirmar tal responsabilidade quando a sociedade tenha sido fundada, entre outros motivos, para, desde o início, limitar o perigo de responsabilização dos fundadores ao montante de um capital inteiramente insuficiente. Ainda no mesmo ano, o Reichsgericht decidiu que age abusivamente o sócio que dota a sociedade com capital 'demasiado pequeno para o âmbito

desde logo previsto das atividades da empresa', fornecendo sob a forma de mútuo capital adicional necessário para 'em caso de insucesso assumir o papel do credor'...

Afirmou o BGH que a figura jurídica da pessoa jurídica só pode merecer consideração na medida em que sua utilização corresponde à finalidade da ordem jurídica, não se fazendo, portanto, necessário, para fins de penetração de modo a atingir 'as forças existentes atrás de pessoa jurídica' provar-se abuso intencional. No mesmo ano, o 'Bundesgerichtshof' no 23º volume de seu repertório cível, teve ocasião de fornecer excelente resumo do desenvolvimento histórico da jurisprudência alemã em matéria de responsabilidade por força de 'penetração' (Durchgriffschaftung)...

Assim resume a matéria o Tribunal: 'O 'Reichsgericht', já em seu julgamento de 22 de junho de 1920, deixou expresso que a pessoa jurídica e seu sócio único devem ser considerados uma unidade, quando as realidades da vida, as necessidades econômicas e o poder dos fatos imponham ao juiz a desconsideração da separação pessoal e patrimonial entre sociedade de quotas e seu sócio único. O sócio único é equiparado à sociedade sempre que a invocação da separação formal signifique infringência do princípio da boa-fé. Em especial, admite-se a responsabilidade do sócio por dívidas da sociedade por quotas unipessoal quando isso seja necessário para auxiliar um terceiro, que tenha estabelecido relações jurídicas com a sociedade, a obter a prestação que lhe é devida, segundo o princípio da boa-fé. Também a Doutrina defende o ponto de vista segundo o qual o sócio único da sociedade por quotas de responsabilidade limitada deve ser excepcionalmente considerado co-responsável pelas dívidas da sociedade quando isso seja exigido pelo tráfico jurídico honesto ou pelos princípios da boa fé. Tal exceção é admitida quando o sócio único faz nascer a aparência de responsabilidade pessoal, quando o sócio único mistura seu patrimônio privado com o da sociedade, ou quando o sócio utiliza a pessoa jurídica para obter e manter vantagens que, se obtidas por ele pessoalmente, deveriam ser transferidas a seu mandante (Auftraggeber), por força do §667 do BGB'...

A jurisprudência posterior de 1956 guarda, essencialmente, fidelidade a esses temas, embora existam alguns problemas que começam a ser objeto de decisões nessa jurisprudência mais recente...em 1973, em que o BGH, interpretando teleologicamente o já mencionado §47,4, da lei alemão das sociedades limitadas (GmbHg), considerou vedado o exercício do direito de voto do sócio em deliberação de sociedade limitada referente a contrato com sociedade em comandita da qual o sócio (cujo direito de voto se discutia) participava, embora não diretamente, mas sim através de outra sociedade limitada (por ele controlada) e que era sócia da sociedade em comandita. Em uma série de decisões de 1971, 1973 e 1974, ocupou-se o BGH de pretensão de supostos corretores a comissão por intermediação na celebração de contrato, entendendo que não se pode falar de corretagem quando o suposto intermediário (Mäkler) mantém vinculação (Verflechtung) organizatória qualificada com a pessoa jurídica com a qual o 'dominus' veio a celebrar o contrato em relação ao qual teria havido supostamente mediação: seja a vinculação direta ou através de outra organização.

De maneira expressa, o Tribunal recusou a fundamentação com base na teoria da 'penetração' e preferiu fundamentar a decisão em interpretação teleológica das normas jurídicas pertinentes. A simples circunstância do controle de uma pessoa jurídica não é, porém, por si só, suficiente para justificar o 'Durchgriff', como decidiu o BGH no caso de editora especializada que transformou seu departamento de livro de viagens em sociedade por quotas, cujo sócio principal era o mesmo sócio da editora. Vindo a nova sociedade a falir, a editora pagou algumas das dívidas, para satisfação de seus créditos. Outro motivo freqüentemente invocado como elemento justificativo da penetração através da pessoa jurídica é o da mistura de negócios ou de patrimônios. Assim, o BGH, em favor de representante comercial que era devedor, em virtude de mútuo, sendo credor o sócio controlador e gerente da sociedade que fora representada, reconheceu direito de retenção da soma mutuada, enquanto não pagasse a sociedade a quantia devida ao representante por despesas por ele feitas, Haveria mistura de negócios e relações jurídicas entre sócio e sociedade, e o mutuo estaria estreitamente relacionado ao vínculo existente entre representante e sociedade. No ano anterior (1957), porém em caso em que se discutiam efeitos da sucessão em patrimônio alheio, recusara o BGH a identificação entre o patrimônio de uma sociedade limitada e o de sua sócia única com o fundamento de não bastar a mistura patrimonial, sendo necessário também que se prove a existência no caso de conduta contrária ao princípio da boa-fé ou aos bons costumes. Sem tal prova não seria possível desconsiderar a separação entre sociedade e sócio. Houve, portanto, no caso, adoção da teoria subjetiva...".[193]

O art. 133 do novo C.P.C. afirma que qualquer das partes e o Ministério Público (nos casos em que deve intervir no processo ou no procedimento) poderá requerer ao juiz a desconsideração da personalidade jurídica, dando a entender que o juiz, de ofício, não poderá declarar a desconsideração.

Como a desconsideração da personalidade jurídica é realizada por um incidente processual, devem-se observar os princípios constitucionais de *devido processo legal, do contraditório e da ampla defesa*. Concretizando esses princípios, o art. 135 do novo C.P.C. estabelece que sendo a desconsideração requerida, o sócio ou a pessoa jurídica será citado para, no prazo de quinze dias, se manifestar e requerer provas cabíveis. No caso, todos os sócios, inclusive os quotistas devem ser citados. Já em relação às sociedades anônimas, a citação deve ser restrita aos

193 Oliveira, J. L. C., op. Cit., pp. 282 a 294.

componentes da diretoria, salvo se algum acionista estiver envolvido diretamente no *abuso de direito ou no instituto jurídico.*

Por fim, o art. 136 do atual C.P.C. preconiza que concluída a instrução, se necessário, o incidente será resolvido por decisão interlocutória impugnável por agravo de instrumento, e, se proferida pelo relator, por meio de agravo interno.

Este dispositivo dá a entender que o incidente deve ser processado no mesmo processo em que foi arguida a despersonalização da pessoa jurídica.

Contudo, o ideal seria que o *incidente fosse processado e julgado* em autos apartados, evitando-se, assim, tumulto processual, inclusive, se fosse o caso, com suspensão do processo principal.

É importante salientar que no âmbito do processo de execução comum ou de execução fiscal, abrir-se instrução probatória poderá desnaturar procedimentalmente o próprio processo de execução, razão pela qual, sendo o incidente processado em separado, tal tumultuo processual deixaria de existir.

A decisão que resolve o incidente tem natureza de *decisão interlocutória*, uma vez que não encerra uma fase do processo de conhecimento, sujeitando-se a recurso de *agravo de instrumento.*

Art. 796

O espólio responde pelas dívidas do falecido, mas, feita a partilha, cada herdeiro responde por elas dentro das forças da herança e na proporção da parte que lhe coube.

Responsabilidade dos herdeiros e do espólio

No mesmo sentido prescreve o art. 1.997 do C.c.b.: *"A herança responde pelo pagamento das dívidas do falecido; mas, feita a partilha, só respondem os herdeiros, cada qual em proporção da parte que na herança lhe coube.*

Pode ocorrer que a execução forçada produza efeitos na esfera jurídica daquele que não é nominalmente indicado no título como credor e devedor: no confronto com um *terceiro*. São 'terceiros', nessa acepção, os sucessores do credor, os herdeiros do devedor etc.[194]

Havendo o falecimento do devedor originário, ou seja, aquele reconhecido no título, deve-se em primeiro lugar verificar se o falecimento ocorreu antes ou depois da execução ter sido iniciada.

[194] Luiso, Francisco Paolo. *L'execuzione 'ultra partes'*. Milano: Dott. A. Giuffrè Editore, 1984. p. 1.

Se o falecimento ocorreu antes do início da execução, esta somente poderá ser direcionada contra o espólio (representado pelo inventariante), herdeiros ou o legatário do devedor, dependendo das circunstâncias.

Se o falecimento do devedor originário ocorreu durante o transcurso da execução, há necessidade de se promover a *habilitação* nos termos deste Código.

Em qualquer situação, a responsabilidade pelo pagamento das dívidas do falecido é do espólio, enquanto não realizada a partilha dos bens ou dos herdeiros, após a realização da partilha, o herdeiro responderá dentro das forças da herança e na proporção da parte que lhe couber, isto é, o herdeiro ou legatário somente responde pelos *bens que houver recebido do autor da herança.*[195]

Os herdeiros, após a partilha, não são executados solidariamente, mas a responsabilidade é de cada um sobre os bens que hajam recebidos do falecido.

Nesse sentido, aliás, é que prescreve o art. 744º, 1, do C.P.C. português.: *Na execução movida contra o herdeiro só podem penhorar-se os bens que ele tenha recebido do autor da herança.*

Se o herdeiro receber bens com cláusula de *inalienabilidade ou impenhorabilidade*, os efeitos dessa cláusula somente atingirão as dívidas pessoais dos herdeiros e não as dívidas do espólio.

Evidentemente, se o falecido não deixou bens, a dívida tornar-se-á definitivamente inadimplida, sem que isso caracterize qualquer responsabilidade dos herdeiros.

Sobre o tema, eis os seguintes precedentes do S.T.J.:

> *1. Os bens deixados em herança, ainda que gravados com cláusula de inalienabilidade ou de impenhorabilidade, respondem pelas dívidas do morto.*
>
> *2. Por força do Art. 1.676 do Código Civil de 1916, as dívidas dos herdeiros não serão pagas com os bens que lhes foram transmitidos em herança, quando gravados com cláusulas de inalienabilidade e impenhorabilidade, por disposição de última vontade. Tais bens respondem, entretanto, pelas dívidas contraídas pelo autor da herança.*
>
> *3. A cláusula testamentária de inalienabilidade não impede a penhora em execução contra o espólio.*
>
> (REsp 998.031/SP, Rel. Ministro HUMBERTO GOMES DE BARROS, TERCEIRA TURMA, julgado em 11/12/2007, DJ 19/12/2007, p. 1230)

[195] LIMA, A. M., op. cit., p. 597.

(...).

2. Conforme já decidido pelo Superior Tribunal de Justiça, no julgamento do REsp 293.609/RS, Rel. Min. Hélio Quaglia Barbosa, DJ 26/11/2007, não há irregularidades na penhora direta de bens do espólio quando consequente de dívidas contraídas pelo de cujus.

3. Recurso especial parcialmente conhecido e, nessa parte, não provido.

(REsp 1446893/SP, Rel. Ministro MAURO CAMPBELL MARQUES, SEGUNDA TURMA, julgado em 13/05/2014, DJe 19/05/2014)

(...).

2. Discute-se se o único imóvel do espólio – terreno alugado para empresa que nele explora serviço de estacionamento – pode ser considerado bem de família dos herdeiros, e, portanto, insuscetível de penhora para garantir o pagamento de dívidas do falecido.

3. Para que fique caracterizada a negativa de prestação jurisdicional, a omissão apontada deve ser relevante para o deslinde da controvérsia, do contrário não há falar em violação do art. 535 do CPC.

4. A interposição de recurso especial não é cabível por suposta violação de dispositivo constitucional ou de qualquer ato normativo que não se enquadre no conceito de lei federal, conforme disposto no art. 105, III, "a" da CF/88.

5. Os dispositivos indicados como violados não foram objeto de expresso prequestionamento pelo Tribunal de origem, o que importa na incidência do óbice da Súmula 282/STF.

6. O fato de se tratar de terreno não edificado é circunstância que, por si só, não obsta sua qualificação como bem de família, na medida em que tal qualificação pressupõe a análise, caso a caso, da finalidade realmente atribuída ao imóvel (interpretação teleológica das impenhorabilidades).

7. No particular, evidenciado que o recorrente se vale da alegada proteção ao bem de família apenas para tentar preservar o valioso imóvel do espólio, o reconhecimento da impenhorabilidade do bem constitui, numa ponderação de valores, verdadeira afronta ao direito fundamental do credor à tutela executiva e, em maior grau, ao acesso à ordem jurídica justa – célere, adequada e eficaz –, que tanto se busca, na moderna concepção do devido processo legal.

8. Recurso especial parcialmente conhecido e, nessa parte, desprovido.

(REsp 1417629/SP, Rel. Ministra NANCY ANDRIGHI, TERCEIRA TURMA, julgado em 10/12/2013, DJe 19/12/2013)

1. Nos termos do artigo 1.046, § 3º do CPC, o cônjuge tem interesse em propor ação de embargos de terceiro sempre que, não sendo parte no processo, sofrer turbação ou esbulho na posse de seus bens, por ato de apreensão judicial.

2. No caso, a viúva, que atuou como representante do Espólio, não foi parte no processo de execução, e portanto possui legitimidade, em nome próprio, para propor ação de embargos de terceiro.

3. Encerrado o inventário e proferida sentença homologando a adjudicação em prol da viúva, os bens passaram a ser de sua exclusiva propriedade, afigurando-se nula a penhora efetivada posteriormente à adjudicação.

4. Recurso especial não-provido.

(REsp 803.736/GO, Rel. Ministro LUIS FELIPE SALOMÃO, QUARTA TURMA, julgado em 16/09/2010, DJe 28/09/2010)

(...).

2. No campo processual, a morte do devedor sem deixar testamento conhecido, bens a inventariar e, portanto, herdeiros, enseja a extinção da execução dada à ausência de polo passivo e impossibilidade jurídica do pedido.

3. No campo material, a presença de sujeito passivo da obrigação é condição de existência dela mesma. Sem sujeito passivo, a obrigação padece de incerteza, tornando a inscrição em dívida ativa indevida.

Com a morte do devedor, deve a Fazenda Nacional corrigir a sujeição passiva da obrigação e verificar a existência de bens onde possa recair a execução. Para tal, é necessário realizar diligências no sentido de se apurar a existência de inventário ou partilha e, caso inexistentes, a sua propositura por parte da Fazenda Nacional na forma do art. 988, VI e IX do CPC. Em havendo espólio ou herdeiros, a execução deverá contra eles ser proposta nos termos do art. 4º, III e IV da Lei nº 6.830/80 e art. 131, II e III do CTN.

(...).

(REsp 718.023/RS, Rel. Ministro MAURO CAMPBELL MARQUES, SEGUNDA TURMA, julgado em 19/08/2008, DJe 16/09/2008)

(...).

2. Cabível seria a penhora no rosto dos autos do inventário, tomando-se em conta a espécie que ora se descortina, se ao menos um dos herdeiros estivesse na posição de executado, pois, nesse caso, eventual direito seu, reconhecido na futura partilha de bens, poderia ser atingido pela constrição; contudo, não é essa a circunstância da presente demanda, visto que a dívida é originária de obrigação do próprio de cujus.

3. Recurso parcialmente conhecido e, no ponto, provido.

(REsp 293.609/RS, Rel. Ministro HÉLIO QUAGLIA BARBOSA, QUARTA TURMA, julgado em 06/11/2007, DJ 26/11/2007, p. 194)

TÍTULO II – Das Diversas Espécies de Execução

CAPÍTULO I – Disposições Gerais

Art. 797

Ressalvado o caso de insolvência do devedor, em que tem lugar o concurso universal, realiza-se a execução no interesse do exequente que adquire, pela penhora, o direito de preferência sobre os bens penhorados.

Parágrafo único. Recaindo mais de uma penhora sobre o mesmo bem, cada exequente conservará o seu título de preferência.

Realização da execução no interesse do exequente

A penhora é considerada, no direito germânico, em posição idêntica à do penhor, favorecendo o credor que primeiro a promoveu.

Preceito similar encontra-se no art. 2.913 do Código Civil italiano que indica, claramente, que *'não possui efeito em prejuízo do credor que tenha realizado a penhora e dos credores que intervenham na execução os atos de alienação dos bens penhorados, salvo os efeitos decorrentes da posse de boa fé para os móveis não inscritos em registro público'* Comentando este dispositivo, afirmam Giovanni Verde e Bruno Capponi: *"Assim, os atos de disposição são perfeitamente válido e eficaz, fora do processo; no processo executivo, a ineficácia tem característica extremamente 'subjetiva', na medida em que somente são beneficiários de tal particular regime substancial os credores que realizaram a penhora e os que intervieram na execução, vale dizer, aqueles que resultam diretamente interessados na expropriação em curso; mas não há dúvida que a ineficácia-inoponibilidade interessa também aqueles atos de disposição, diversos da alienação, dos quais derivam uma substancial alteração da consistência econômica dos bens penhorados: por exemplo, a constituição de direitos reais de gozo e de garantia; a incorporação de bens à sociedade, à associação ou condomínio; o contrato estimatório; a transação, enquanto efetivamente prejudicial aos credores; a denominada desmobilização dos bens imobilizáveis; também o legado, se a abertura do testamento e portanto a transferência da propriedade advenha depois da penhora...*

A ineficácia do art. 2.913 do c.c.italiano não deve ser declarada em um juizo de cognição 'ad hoc'; simplesmente, para os efeitos da execução, o bem considera-se como jamais deixado o patrimônio do devedor." [196]

[196] Verde, Giovanni; Capponi, Bruno. *Profili del processo civile – processo di esecuzione e procedimenti speciali.* Napoli: Jovene Editore, 2006. p. 85.

O art. 2.913 do C.C. italiano ressalva os efeitos da posse de boa-fé para os bens móveis não inscritos em registro de imóveis. O legislador tem dado prevalência ao princípio da boa fé em relação às exigências do processo executivo. A boa-fé do adquirente deve subsistir no momento da transferência, pois a *mala fides superveniens non nocet.*

O art. 797 do atual C.P.C. preconiza que a execução deve ser realizada no *interesse do exequente.*

Deixa claro o dispositivo que quem promove a execução assume papel relevante e, de certa forma, privilegiado, pois as medidas executivas devem ser realizadas de acordo com o seu interesse em remover a insatisfação da pretensão mediante o cumprimento da obrigação representada por obrigação líquida, certa e exigível prevista em determinado título executivo.

Contudo, não se pode esquecer que o processo de execução ou mesmo o cumprimento de sentença é exercício genuíno da atividade jurisdicional, apesar de se desenvolver de forma diversa daquele realizado no processo comum. Sendo uma atividade jurisdicional, as fundamentais garantias do processo civil, previstas pelas normas constitucionais, encontram aplicação também no processo ou procedimento executivo, enquadrado no sistema unitário da tutela dos próprios direitos. Por isso, a exigência da celeridade e efetividade da tutela executiva não podem realizar-se em detrimento dos direitos irrenunciáveis do sujeito passivo da execução, o qual tem direito de sofrer uma execução não somente legítima, isto é, conforme as normas que regulam os singulares processos e procedimentos de execução forçada, mas também 'justa' e 'oportuna'. À luz de tais considerações, não se pode deixar de apreciar a orientação da Corte Europeia de Direitos do Homem, que para os fins da aplicação do art. 6º, par. 1º, da Convenção para a salvaguarda dos direitos do Homem e das liberdades fundamentais, tem por diversas vezes preconizado que o processo de execução, enquanto processo jurisdicional, não pode ser considerado diversamente daquele de cognição, pois ambos os processos, ao final, resultam da *realização efetiva dos direitos* (sentt. 26 de fevereiro de 1993, Billi; 23 de novembro de 1993, Scopelliti; 21 de maio de 1996, Ausiello; 26 de setembro de 1996, Di Pede e Zappia).[197]

Diante de tal consciência, tem-se colocado cada vez mais, em termos claros e rigorosos, a relação entre execução forçada e as disposições gerais do Código de Processo Civil. Ninguém mais duvida que também o processo de execução inspira-se pelas regras fundamentais do processo civil, especialmente as do contraditório. Por isso, também no processo ou no procedimento executivo aplicam-se

[197] VERDE, Giovanni; CAPPONI, Bruno., idem, p. 10.

as Normas Fundamentais previstas no Capítulo I do Livro I deste Código, como, por exemplo: a) o processo executivo deve ser ordenado e interpretado conforme os valores e princípios fundamentais estabelecidos na Constituição da República Federativa do Brasil; b) o processo ou procedimento executivo começa por iniciativa da parte; c) as partes têm direito de obter em prazo razoável a solução integral da lide, incluída a atividade satisfativa; d) as partes têm direito de participar ativamente do processo, cooperando com o juiz e fornecendo-lhe subsídios para que realize atos executivos; e) ao aplicar a lei, o juiz atenderá aos fins sociais a que ela se dirige e às exigências do bem comum, observando sempre os princípios da dignidade da pessoa humana, da razoabilidade, da legalidade, da impessoalidade, da moralidade, da publicidade e da eficiência; f) é assegurada às partes paridade de tratamento em relação ao exercício de direitos e faculdades processuais, aos meios de defesa, aos ônus, aos deveres e à aplicação de sanções processuais, competindo ao juiz velar pelo efetivo contraditório; g) não se proferirá decisão contra uma das partes sem que esta seja previamente ouvida, salvo se se tratar de medida de urgência ou concedida a fim de evitar perecimento de direito; h) o juiz não pode decidir, em grau algum de jurisdição, com base em fundamento a respeito do qual não se tenha dado às partes oportunidade de se manifestar, ainda que se trate de matéria sobre a qual tenha de decidir de ofício; i) todas as decisões dos órgãos do Poder Judiciário serão fundamentadas, sob pena de nulidade.

Assim, muito embora a execução deva ser realizada no *interesse do exequente*, tal afirmativa não pode confrontar com os princípios e garantias fundamentais que devem reger o processo civil, seja de qual espécie for.

Além do mais, apesar de a execução dever ser realizada no *interesse do exequente*, ela também deve ser realizada de maneira tal que onere o menos possível o devedor.

Haverá necessidade, portanto, de o juiz, diante das medidas executivas que deve promover no processo de execução ou no cumprimento de sentença, avaliar os princípios e as garantias fundamentais do processo civil, a fim de que ele promova uma execução *justa e équo*.

Um dos efeitos principais de ser a execução realizada no interesse do credor é que, salvo em se tratando de concurso de credores, ele *adquire, pela penhora, o direito de preferência sobre os bens penhorados*. É certo que a norma sobre essa matéria não poderia constar no capítulo das 'disposições gerais' e no Título 'Das Diversas Espécies de Execução', uma vez que a penhora é um instituto peculiar apenas da execução por quantia certa contra devedor solvente, sem qualquer vinculação com as outras espécies de execução. O certo seria constar essa regra no capítulo referente à penhora.

Em todo caso, trata-se de um critério que advém desde o direito português, a partir do Código de 1876, e do direito alemão, todos sob a égide da milenária romana regra: *prior tempore, portior iure*. O mesmo se vê nas Ordenações Afonsinas (Livro III, Títl. 97, ns. 5 e 6) e Manuelinas (Livro III, Títu. 74, n. 2).[198] Essa regra reserva-se apenas contra o devedor *solvente*, pois no caso de insolvência, o credor perdia a sua preferência na penhora, passando o concurso a ser não mais particular mas universal. Por isso, o art. 612 do C.P.C. de 1973 ressalvava a hipótese de devedor insolvente, quando teria lugar o concurso universal (falência ou insolvência). Também o art. 795 do atual C.P.C. traz essa exceção, pois uma vez instaurado o concurso universal contra devedor insolvente, a execução não se dá mais no interesse individual do exequente, mas, sim, no interesse coletivo dos credores, quando houver pluralidade de credores. (É importante salientar que nos termos do art. 1.049 deste Código, até a edição de lei específica, as execuções contra devedor insolvente, em curso ou que venham a ser propostas, permanecem reguladas pelo Livro II, Título IV, da Lei nº 5.869, de 11 de janeiro de 1973).

Por isso, geralmente a penhora confere ao credor prioridade na *execução por quantia certa*. Porém, quando se revela a insolvência do devedor, a execução, apesar de ser por quantia certa, modifica-se para beneficiar todos os demais credores por via do 'concurso universal'.

Não se tratando de devedor insolvente, a penhora, portanto, resulta para o credor/exequente no direito de preferência nos produtos dos bens penhorados, em relação a qualquer outro credor que não tenha garantia real. Essa preferência dá-se em relação às penhoras posteriores nos mesmos bens ou com arresto ou hipoteca judicial, legal ou contratual posteriores.

Para alguns doutrinadores, a prioridade da penhora confere ao credor um *direito real*, pois gera efeitos *erga omnes*, que é a característica fundamental desse tipo de direito.[199]

Esse direito de preferência decorre da *ordem da penhora*. Assim, quem realizou a primeira penhora receberá integralmente seu crédito, passando para o segundo, se houver sobra, e assim sucessivamente.

Esse critério de *prelação* não causa prejuízo a ninguém, pois se está diante de devedor *solvente*. Esse critério apenas favorece ao credor que foi diligente e antecipou-se na penhora do bem. Havendo insolvência do devedor, instaura-se o concurso de credores. (É importante salientar que nos termos do art. 1.052

[198] Lima, A. M., op. cit., p. 704.

[199] Lima, A. M. idem, p. 713. Contra: Pontes de Miranda, *Comentários (1973)*, vol. X, págs. 9 e 12 e Barbosa Moreira, *Novo Proc. Civ. Brás.*, vol. II, pág. 75.

deste Código, até a edição de lei específica, as execuções contra devedor insolvente, em curso ou que venham a ser propostas, permanecem reguladas pelo Livro II, Título IV, da Lei nº 5.869, de 11 de janeiro de 1973).

Um aspecto importante para gerar o direito de *prelação*, segundo entende Alcides de Mendonça Lima, é que a penhora deverá estar inscrita no registro público, pois somente dessa maneira ela poderá ser oposta contra terceiros. Por isso, se o credor A realizou a penhora em seu processo de execução, mas não fez a inscrição da penhora nos registros públicos e o credor B, apesar de ter realizado penhora posteriormente, fez em primeiro lugar a inscrição, este terá direito de preferência de penhora e de pagamento do crédito. Se os dois mandados de penhora forem levados a registro no mesmo dia, prevalecerá a ordem de prenotação nos registros públicos.[200]

Em se tratando de bens imóveis, a inscrição deverá ser realizada no cartório de registro de imóveis. No caso de bens móveis, a inscrição da penhora deverá ocorrer no cartório de registro de título e documentos. Em se tratando de veículo, o S.T.J. entende que o registro deve ser feito no departamento de trânsito, conforme o seguinte precedente:

> *– Tratando-se de veículos automotores dados em penhor cedular, para a eficácia da garantia em relação a terceiros, é necessário o seu registro no Cartório de Registro de Títulos e Documentos ou na repartição competente para expedir licença ou registrá-los. Recurso especial conhecido e provido.*
>
> (REsp 200.663/SP, Rel. Ministro BARROS MONTEIRO, QUARTA TURMA, julgado em 02/03/2004, DJ 17/05/2004, p. 228)

Apesar da posição de Alcides de Mendonça Lima, no REsp n. 2258, vencido o Ministro Athos Gusmão Carneiro, o S.T.J. entendeu que a preferência não se dá pelo registro, mas sim pela penhora efetivamente realizada anteriormente. No mesmo sentido, são os seguintes precedentes do S.T.J.:

> *1. Havendo pluralidade de credores com penhora sobre o mesmo imóvel, o direito de preferência se estabelece pela anterioridade da penhora, conforme os arts. 612, 613, 711 e 712 do CPC, que expressamente referem à penhora como o "título de preferência" do credor.*
>
> *2. A precedência da data da averbação da penhora no registro imobiliário, nos termos da regra do art. 659, § 4º, do CPC, tem relevância para efeito de dar publicidade*

[200] LIMA, A. M., idem, p. 715.

ao ato de constrição, gerando presunção absoluta de conhecimento por terceiros, prevenindo fraudes, mas não constitui marco temporal definidor do direito de prelação entre credores.

3. Nos termos do art. 664 do CPC, "considerar-se-á feita a penhora mediante a apreensão e o depósito dos bens, lavrando-se um só auto se as diligências forem concluídas no mesmo dia". Assim, o registro ou a averbação não são atos constitutivos da penhora, que se formaliza mediante a lavratura do respectivo auto ou termo no processo. Não há exigência de averbação imobiliária ou referência legal a tal registro da penhora como condição para definição do direito de preferência, o qual dispensa essas formalidades.

4. Recurso especial conhecido e provido.

(REsp 1209807/MS, Rel. Ministro RAUL ARAÚJO, QUARTA TURMA, julgado em 15/12/2011, DJe 15/02/2012).

(...).

2. No processo de execução, recaindo mais de uma penhora sobre o mesmo bem, terá preferência no recebimento do numerário apurado com a sua arrematação, o credor que em primeiro lugar houver realizado a penhora, salvo se incidente outro título legal de preferência.

Aplicação do brocardo prior tempore, potior iure.

3. Quando incidente sobre bens imóveis, deve-se proceder a averbação da penhora no Registro de Imóveis a fim de dar publicidade à constrição realizada e gerar presunção absoluta de seu conhecimento em relação a terceiros.

4. Tal providência não constitui requisito integrativo do ato de penhora e, portanto, não interfere na questão relativa à preferência temporal das penhoras realizadas que, para esse efeito, contam-se a partir da data da expedição do respectivo termo de penhora.

5. Agravo Regimental improvido.

(AgRg no REsp 1195540/RS, Rel. Ministro SIDNEI BENETI, TERCEIRA TURMA, julgado em 09/08/2011, DJe 22/08/2011)

Contudo, a importância do registro da penhora é de tal grandeza, que havendo duas penhoras registradas, e tendo o bem imóvel sido arrematado no processo no qual houve o registro da segunda penhora, sem a intimação do exequente que primeiro registrou a penhora, tal arrematação não terá eficácia em relação ao credor da primeira penhora, pois a averbação da penhora registrada com anterioridade não se cancela no caso de arrematação, cuja hasta pública tenha se realizado sem intimação do anterior credor-penhorante, conforme se pode observar do seguinte precedente do S.T.J.:

1. A averbação da penhora registrada com anterioridade não se cancela no caso de arrematação cuja hasta pública tenha se realizado sem intimação do anterior credor-penhorante;

2. Ineficácia da arrematação relativamente ao credor-penhorante com penhora anteriormente inscrita não intimado para a hasta pública em que adquirida a propriedade pelo arrematante.

3. Possibilidade de opção, pelo credor-penhorante não intimado, pela preferência no recebimento do crédito, em concurso de preferências, ou pelo novo praceamento do bem em hasta pública que providencie, conquanto transcrito o bem em nome do arrematante, dada a ineficácia da aquisição relativamente ao aludido credor-penhorante, com penhora anterior averbada no Registro de Imóveis.

4. Recurso Especial, que visou ao cancelamento da averbação da penhora, improvido.

(REsp 1122533/PR, Rel. Ministro SIDNEI BENETI, TERCEIRA TURMA, julgado em 15/05/2012, DJe 11/06/2012)

Outro aspecto que deve ser realçado é que a preferência de penhora somente ocorre entre credores quirografários. Se o credor hipotecário, pignoratício ou anticrético penhora o bem objeto da garantia, o privilégio se dá pela garantia instituída e não pela penhora. Nesse sentido é o seguinte precedente do S.T.J.:

O credor hipotecário, embora não tenha ajuizado execução, pode manifestar a sua preferência nos autos de execução proposta por terceiro. Não é possível sobrepor uma preferência processual a uma preferência de direito material. O processo existe para que o direito material se concretize. Recurso especial conhecido e provido.

(REsp 159.930/SP, Rel. Ministro ARI PARGENDLER, TERCEIRA TURMA, julgado em 06/03/2003, DJ 16/06/2003, p. 332)

Ainda que o devedor se torne insolvente, o privilégio permanece para efeito de pagamento preferencial, salvo se houver outros créditos preferenciais (trabalhista ou tributário).

O art. 830 do atual C.P.C. estabelece que se o oficial de justiça não encontrar o executado, arrestar-lhe-á tantos bens quantos bastem para garantir a execução. Posteriormente, após a citação do executado, o arresto converte-se em penhora. Indaga-se se o exequente promover a inscrição do arresto no registro de imóveis, essa inscrição gerará preferência em relação a eventual segunda penhora que possa ter sido inscrita no mesmo registro? Deve prevalecer a anterioridade do arresto, conforme preceitua o seguinte precedente do S.T.J.:

1 – Independente da natureza assumida, seja o arresto cautelar ou incidental (CPC, art. 813 e ss.), seja o arresto executivo, igualmente denominado "pré-penhora" (CPC, art. 653), aplicam-se, sem distinção, as disposições relativas à penhora, a teor do que prevê o art. 821 do CPC.

2 – Tal qual a penhora, o arresto tem por efeito tornar inalienável o bem constrito, não suscitando dúvida sobre o interesse do credor diligente que, pelo fruto da alienação judicial do imóvel, pretende ver seu crédito assegurado.

3 – Inexistindo título legal à preferência, a anterioridade do arresto há de conferir ao credor previdente, que primeiramente levou a efeito o ato de constrição do bem, primazia sobre a penhora posteriormente efetuada. Precedentes do STJ.

4 – No caso, além de a medida cautelar de arresto anteceder a penhora do imóvel, a recorrida promoveu-lhe o respectivo registro em data igualmente anterior à penhora, o que mantêm hígido o efeito erga omnes da medida.

5 – Agravo regimental a que se nega provimento.

(AgRg no REsp 902.536/RS, Rel. Ministra MARIA ISABEL GALLOTTI, QUARTA TURMA, julgado em 27/03/2012, DJe 11/04/2012).

Estabelece o *parágrafo único do art. 795* do atual C.P.C. que *recaindo mais de uma penhora sobre o mesmo bem, cada exequente conservará o seu título de preferência.*

Este dispositivo é um complemento do que estabelece o *caput* do art. 797, ou seja, se recaindo mais de uma penhora sobre os mesmos bens, cada credor quirografário conservará o seu título de preferência, no caso, a anterioridade da penhora, independentemente de registro, conforme entende o S.T.J.

Porém, se a penhora for realizada por um credor quirografário e, em segundo lugar, por um credor com garantia real, penhor hipoteca ou anticrese, a preferência será do credor com garantia real, pois nessa hipótese não haverá concurso de preferência.

Da mesma forma, se houver uma penhora realizada por um credor quirografário e outra, em segundo lugar, por um credor de crédito tributário realizada em execução fiscal, a preferência será do credor do crédito tributário, conforme preconiza o art. 186 do C.T.N., *in verbis*: *"O crédito tributário prefere a qualquer outro, seja qual for sua natureza ou o tempo de sua constituição, ressalvados os créditos decorrentes da legislação do trabalho ou do acidente de trabalho. (Redação dada pela Lcp nº 118, de 2005)"*. Essa preferência ocorre seja na hipótese de devedor solvente ou insolvente, conforme estabelece o seguinte precedente do S.T.J.:

1. O agravante sustenta a tese de que o valor penhorado já não pertencia à empresa executada, entendimento não compartilhado pelo Tribunal de origem, que expressa-

mente assentou que o depósito efetuado "não saiu propriamente da esfera patrimonial da executada Pioneiros".

2. Modificar a conclusão do Tribunal de origem a fim de acolher o argumento recursal da agravante demandaria reexame do acervo fático-probatório dos autos, inviável de análise em sede de recurso especial, sob pena de violar a Súmula 7/STJ.

3. A premissa fática traçada pela Corte de origem é clara em delinear a existência concomitante de duas execuções: uma, proposta pela agravante e que possui valores penhorados; e outra, proposta pela Fazenda Pública do Estado de São Paulo que, ao saber da constrição, requer o bloqueio dos valores para formalizar habilitação no concurso singular de credores – pretensão viável em decorrência do disposto no art. 711 do CPC.

4. "A preferência dos créditos trabalhistas sobre os créditos tributários, prevista no art. 186, do CTN, não se limita ao concurso universal de credores, em razão de insolvência civil ou falência, aplicando-se, da mesma forma, aos casos de execução contra devedor solvente." (...) "Raciocínio inverso conspiraria contra a ratio essendi do art. 186, do CTN, o qual visa resguardar a satisfação do crédito trabalhista, tendo em vista a natureza alimentar de referidas verbas, sendo irrelevante para a incidência do preceito, a natureza jurídica da relação que originou a execução fiscal, sobre se contra devedor solvente ou insolvente." (REsp 871.190/SP, Rel.

Min. Luiz Fux, Primeira Turma, julgado em 07/10/2008, DJe 03/11/2008.) Agravo regimental improvido.

(AgRg no AREsp 215.749/SP, Rel. Ministro HUMBERTO MARTINS, SEGUNDA TURMA, julgado em 16/10/2012, DJe 24/10/2012)

Da mesma forma, o crédito trabalhista e o decorrente de acidente de trabalho preferem ao crédito quirografário e ao crédito tributário.

Evidentemente, como não se trata de concurso de credores em decorrência de devedor insolvente, mas, solvente, essa preferência somente deveria ocorrer se a penhora do crédito trabalhista ou tributário ocorresse antes da arrematação do bem, apesar de a cobrança do crédito tributário não se sujeitar a concurso de credores ou habilitação em falência, recuperação judicial, inventário ou arrolamento. Agora, em se tratando de credor insolvente, abrir-se-á o concurso de credores no processo em que foi penhorado e arrematado o bem, independentemente de penhora ou mesmo de existência de processo ou procedimento executivo em apenso.

Com efeito, vários são os precedentes o S.T.J. que assentam a obrigatoriedade de que o credor privilegiado, com vistas a exercer a sua preferência legal, demonstre que promoveu a execução e que penhorou o mesmo bem objeto de outra constrição judicial. Nesse sentido, confiram-se:

Cabe ao credor trabalhista peticionar junto ao Juízo no qual se efetivou o primeiro ato constritivo (arresto convertido em penhora) e ali argüir a preferência.

Habilitação de crédito, por sinal, já promovida pelo interessado.

Conflito conhecido, declarado competente o Juízo da 1º Vara da comarca de Palmital/SP

(CC 41.133/SP, Rel. Ministro Barros Monteiro, Segunda Seção, julgado em 28.04.2004, DJ 21.06.2004. p. 159).

1. Havendo pluralidade de penhora sobre o mesmo bem, devem ser analisadas duas situações: em primeiro lugar, a existência de crédito privilegiado, em segundo lugar, a anterioridade da penhora. Na hipótese da existência de privilégio em virtude da natureza do crédito, deve o credor privilegiado, a fim de exercer a preferência legalmente prevista, demonstrar que promoveu a execução, e que penhorou o mesmo bem objeto de outra constrição judicial, conforme prevê o art. 711 do Código de Processo Civil.

(Resp 655233/PR, Rel. Ministra Denise Arruda, Primeira turma, julgado em 21.08.2007, DJ. 17.09.2007).

1. Impõe-se a existência de previa execução e penhora sobre o mesmo bem, faltando legitimidade para suscitar privilegio de credito a quem não demonstre tais pressupostos. Inadmissível a simples intervenção em processo de execução por que, sem integrar a relação processual, singelamente pedindo, pretenda receber crédito apontado como privilegiado.

2. Precedentes jurisprudenciais.

3. Recurso provido.

(Resp 88683/SP, Rel. Ministro Milton Luiz Pereira, Primeira Turma, julgado em 27.02.1997, DJ 24.03.1997. p. 8976)

Contudo, o S.T.J., no REsp n. 871.190/SP, de relatoria do Ministro Luiz Fux, assim se pronunciou:

1. A preferência dos créditos trabalhistas sobre os créditos tributários, prevista no art. 186, do CTN, não se limita ao concurso universal de credores, em razão de insolvência civil ou falência, aplicando-se, da mesma forma, aos casos de execução contra devedor solvente.

2. É que o art. 711, do CPC sobrepõe a preferência de direito material à de direito processual consagrada na máxima prior tempore potior in iure.

3. Deveras, o art. 186, do CTN, antes da alteração trazida pela LC nº 118/2005, dispunha que: "O crédito tributário prefere a qualquer outro, seja qual for a natureza ou o tempo da constituição deste, ressalvados os créditos decorrentes da legislação do trabalho." Consectariamente, o próprio CTN privilegiou o crédito trabalhista, in casu, objeto de execução aparelhada.

4. Raciocínio inverso conspiraria contra a ratio essendi do art. 186, do CTN, o qual visa resguardar a satisfação do crédito trabalhista, tendo em vista a natureza alimentar de referidas verbas, sendo irrelevante para a incidência do preceito, a natureza jurídica da relação que originou a execução fiscal, sobre se contra devedor solvente ou insolvente.

5. É pacífica a necessidade de pluralidade de penhoras sobre o mesmo bem para que seja instaurado o concurso de preferências, estendendo-se essa regra aos casos de arresto, para fins do art. 711 do CPC, considerando que essa providência constritiva traduz medida protetiva de resguardo de bens suficientes para a garantia da execução, passível de posterior conversão em penhora, sendo, inclusive a ela equiparado pelo artigo 11 da LEF. (Precedentes:REsp 636.290/SP, DJ 08.11.2004 ; REsp 655233/PR, DJ 17.09.2007)

6. Atendendo a esse requisito, dessume-se a possibilidade de instituição do concurso de preferências, consoante extrai-se do aresto dos embargos de declaração, in verbis: "(...) Inúmeras penhoras são apontadas, inclusive no rosto dos autos, quer pela decisão atacada, fls. 12/13 e 292/293, quer pela própria embargante, fl. 285."

7. Com efeito, vários precedentes deste Tribunal Superior assentam a obrigatoriedade de que o credor privilegiado, com vistas a exercer a preferência legalmente prevista, demonstre que promoveu a execução e que penhorou o mesmo bem objeto de outra constrição judicial, nos termos do art. 711 do CPC. (Precedentes: REsp 33902/SP, DJ 18.04.1994; REsp 655233/PR, DJ 17.09.2007; CC 41.133/SP, DJ 21.06.2004; REsp 88683/SP, DJ 24.03.1997)

8. Entrementes, a verificação de tais providências pelos detentores de créditos trabalhistas, à míngua de informação precisa nas decisões exaradas nos autos, implica o revolvimento do contexto fático-probatório, o que é insindicável na estreita via do recurso especial, consoante o enunciado da Súmula 07 do STJ.

9. Recurso especial parcialmente conhecido e nessa parte desprovido.

(REsp 871190/SP, Rel. Ministro LUIZ FUX, PRIMEIRA TURMA, julgado em 07/10/2008, DJe 03/11/2008)

Apesar de a ementa dar a impressão de que o Ministro Luiz Fux estaria permitindo a instauração de pedido de preferência ou de concurso de credores independentemente de execução ou de penhora do bem, uma leitura atenta do seu voto não diz isso, pois quando ele adentra nessa matéria alega que a questão é fática e o tribunal não pode avaliar esses argumentos.

Não obstante, outros precedentes adotaram a ementa do julgamento do REsp n. 871190 de maneira equivocada, a saber:

"O credor com título legal pode participar do concurso previsto no art. 711 do C.P.C. para resguardar o seu direito de preferência, mesmo que não tenha promovido a execução do seu crédito. Nessa hipótese, reconhecida a preferência do crédito, o levantamento do valor fica condicionado ao posterior ajuizamento de execução"

(Resp. 1219219/SP, Rel. Ministra Nancy Andrighi, Terceira Turma, julgado em 17/11/2011, Dje 25/11/2011).

(...).

1. O crédito trabalhista prefere a todos os demais, independentemente da existência de penhora na reclamação trabalhista.

2. Se em outra execução há alienação do bem penhorado, cede a preferência para atender ao credor trabalhista que goza da preferência das preferências.

3. A preferência de direito processual não tem a força para sobrepor-se à preferência de direito material. Precedentes.

4. Recurso especial conhecido, mas não provido.

(REsp 1180192/SC, Rel. Ministra ELIANA CALMON, SEGUNDA TURMA, julgado em 16/03/2010, DJe 24/03/2010)

(...).

1. Nos termos do art. 711 do CPC, "concorrendo vários credores, o dinheiro ser-lhes-á distribuído e entregue consoante a ordem das respectivas prelações; não havendo título legal à preferência, receberá em primeiro lugar o credor que promoveu a execução, cabendo aos demais concorrentes direito sobre a importância restante, observada a anterioridade de cada penhora", dispositivo que consagra a máxima jurídica segundo a qual o primeiro no tempo tem preferência no direito – prior in tempore, potior in iure. Ressalva foi feita, todavia, à existência de título legal à preferência, o que vale dizer que o produto da arrematação deve ser distribuído com observância da anterioridade das penhoras (título de preferência decorrente de direito processual) se inexistir preferência fundada em direito material (como, por exemplo, hipoteca ou o crédito trabalhista).

2. Por outro lado, o art. 186 do CTN proclama que o crédito de natureza fiscal não está sujeito a concurso de credores, razão por que os créditos de natureza trabalhista, que sobressaem em relação àqueles, por lógica, não estarão. Ressalte-se que nem o art. 711 do CPC nem o art. 186 do CTN restringem o exercício do direito de preferência de crédito trabalhista ao âmbito de processo falimentar ou de insolvência civil, motivo pelo qual a exegese mais acertada dos mencionados artigos é aquela que os aplica também às execuções individuais contra devedor solvente.

3. Não obstante, o credor cujo título egressa da legislação trabalhista, para receber tal crédito, não é dispensável o aparelhamento da respectiva execução. Não há razão, lógica ou jurídica, para ser dispensada a execução própria simplesmente pelo fato de já haver outra ajuizada por terceiros. Do ponto de vista do executado, tal solução conduz à redução dos meios de defesa que lhe são disponíveis se de execução autônoma se tratasse. Em face do exequente, poderá opor-lhe embargos à execução. Não poderá fazê-lo, no entanto, em relação ao credor que simplesmente habilita seu crédito na execução alheia, circunstância que testilha com a lógica do sistema processual.

Porém, exigir pluralidade de penhoras para o exercício do direito de preferência reduz, significativamente, a finalidade do instituto – que é garantir a solvência de créditos cuja relevância social sobeja aos demais –, assemelhando-se o credor com privilégio legal aos outros desprovidos de tal atributo.

Portanto, mostra-se imperiosa uma solução intermediária: garante-se o direito de preferência do credor apenas reservando-lhe o produto da penhora, ou parte deste, levada a efeito em execução de terceiros, condicionando o seu levantamento a execução futura aparelhada pelo próprio credor. Assim, ficam assegurados, por outro lado, todos os meios de defesa disponíveis ao executado.

4. Recurso especial conhecido e provido.

(REsp 280.871/SP, Rel. Ministro LUIS FELIPE SALOMÃO, QUARTA TURMA, julgado em 05/02/2009, DJe 23/03/2009)

I – Na linha da jurisprudência desta Corte não é possível sobrepor uma preferência de direito processual a uma de direito material.

Dessa forma, o credor trabalhista prefere aos demais, sobre o crédito obtido na alienação do bem penhorado, independentemente do momento em que ajuizada a sua execução ou mesmo da existência de dupla penhora sobre o mesmo bem a que faz referência ao artigo 711 do Código de Processo Civil.

II – Não se admite, contudo, que ele se aproprie do produto da penhora havida em outro processo sem que promova a sua própria execução, no bojo da qual seja dado ao devedor oportunidade de defesa.

Recurso especial a que se nega provimento.

(REsp 732.798/RS, Rel. Ministro SIDNEI BENETI, TERCEIRA TURMA, julgado em 04/08/2009, DJe 18/08/2009)

I – Na linha da jurisprudência desta Corte não é possível sobrepor uma preferência de direito processual a uma de direito material.

Dessa forma, o credor trabalhista prefere aos demais, sobre o crédito obtido na alienação do bem penhorado, independentemente do momento em que ajuizada a sua execução ou mesmo da existência de dupla penhora sobre o mesmo bem a que faz referência ao artigo 711 do Código de Processo Civil.

II – Não se admite, contudo, que ele se aproprie do produto da penhora havida em outro processo sem que promova a sua própria execução, no bojo da qual seja dado ao devedor oportunidade de defesa.

Recurso especial a que se nega provimento.

(REsp 732.798/RS, Rel. Ministro SIDNEI BENETI, TERCEIRA TURMA, julgado em 04/08/2009, DJe 18/08/2009)

Assim, apesar de o S.T.J. entender que o concurso de preferência pode ser instaurado independentemente do momento em que é promovida a execução ou mesmo a existência de dupla penhora sobre o bem, o certo é que o tribunal não admite que o credor privilegiado aproprie-se do produto da penhora havida em outro processo, sem que antes promova a sua própria execução, no bojo da qual seja dado ao devedor oportunidade de defesa.

Art. 798

Ao propor a execução, incumbe ao exequente:

I – instruir a petição inicial com:

a) o título executivo extrajudicial;

b) o demonstrativo do débito atualizado até a data de propositura da ação, quando se tratar de execução por quantia certa;

c) a prova de que se verificou a condição ou ocorreu o termo, se for o caso;

d) a prova, se for o caso, de que adimpliu a contraprestação que lhe corresponde ou que lhe assegura o cumprimento, se o executado não for obrigado a satisfazer a sua prestação senão mediante a contraprestação do exequente.

II – indicar:

a) a espécie de execução de sua preferência, quando por mais de um modo puder ser realizada;

b) os nomes completos do exequente e do executado e seus números de inscrição no Cadastro de Pessoas Físicas ou no Cadastro Nacional da Pessoa Jurídica;

c) os bens suscetíveis de penhora, sempre que possível;

Parágrafo único. O demonstrativo do débito deverá conter:

I – o índice de correção monetária adotado;

II – a taxa de juros aplicada;

III – os termos inicial e final de incidência do índice de correção monetária e da taxa de juros utilizados;

IV – a periodicidade da capitalização dos juros, se for o caso;

V – a especificação de desconto obrigatório realizado.

Requisitos da petição inicial

Como em toda demanda judicial, e em razão do princípio da inércia da jurisdição, sua propositura depende da iniciava da parte interessada, a qual se concretiza com a apresentação da *petição inicial.*

Por isso, em face de que o juiz não pode iniciar de ofício a execução (salvo trabalhista), cumpre ao exequente requerer a execução, inclusive no âmbito do cumprimento de sentença.

Esse requerimento ocorre mediante a apresentação da petição inicial.

Tendo em vista que o art. 771, parágrafo único, do atual C.P.C., estabelece que se aplicam subsidiariamente à execução as disposições dos Livros I, Parte Especial, deste Código, isso significa dizer que a petição inicial de um processo de execução de título executivo extrajudicial, além dos requisitos estabelecidos no art. 798 do atual C.P.C., deverá conter também os seguintes requisitos, no que couber, do art. 319 incisos I a VII do atual C.P.C.:

I – o juízo ou tribunal a que é dirigida, segundo a regra de competência estabelecida no art. 779 do atual C.P.C.

II – os nomes, os prenomes, o estado civil, a profissão, o número no cadastro de pessoas físicas ou do cadastro nacional de pessoas jurídicas, o endereço eletrônico, o domicílio e a residência do exequente e do executado.

III – o fato e os fundamentos jurídicos do pedido: no caso, o fato é o inadimplemento da obrigação, enquanto que o fundamento jurídico do pedido é a existência de uma obrigação liquida, certa e exigível consubstanciada num título executivo extrajudicial;

IV – o pedido com as suas especificações. É de se considerar aqui a sua acepção *mediata* e *imediata.* De maneira *mediata*, o exequente pleiteia o bem jurídico assegurado no título (*corpus, genus* e *facere*). Assim, se o credor pede comissão de permanência, ao invés de correção e juros, sucederá adstrição do juiz ao pedido da parte. Mas, para alcançar o objetivo visado, há o credor de pedir, *imediatamente*, a atuação de determinado meio executório (pedido imediato). Este pedido se distancia daquele formulado no processo de conhecimento porque, na execução, toda ela inclinada à realização prática de direitos, a providência jurisdicional reclamada não se esgota na abstração intelectual da sentença. Ela se amplia na efetivação de atos coercitivos.[201]

É de suma importância a indicação pelo exequente do meio executório que pretende ver utilizado. Há obrigações que admitem mais de um meio, como ocorre com a obrigação alimentar. Na execução de obrigação de fazer fungível, haja vista comportar tanto coerção patrimonial quanto transformação, e um meio executório excluir o outro, ao credor toca esclarecer qual deles utilizará, sob pena de inépcia da inicial.[202]

Em se tratando de pedido, é importante salientar que havendo prestações periódicas, consideram-se incluídas no pedido executivo, sem maiores formalidades;

V – o valor da causa, pois, *a toda causa será atribuído um valor certo, ainda que não tenha conteúdo econômico imediato.*

Em regra, o valor da quantia, do bem ou da obrigação de fazer ou não fazer pretendida; se a obrigação for de valor inestimável, poderá ser declarado o benefício econômico estimado no processo.

É importante que o juiz poderá corrigir de *ofício* e por arbitramento o valor da causa quando: I – verificar que o valor atribuído não corresponder ao conteúdo patrimonial em discussão ou ao proveito econômico perseguido pelo autor, caso em que se procederá ao recolhimento das custas correspondentes; II – a causa não tiver conteúdo econômico imediato.

VI – o requerimento para citação do executado.

Cumpre ao credor, ao requerer a execução, *pedir na petição inicial a citação do executado*, pois sem a citação não haverá contraditório que é a essência do processo judicial. E não havendo contraditório, o processo não existe para o requerido ou executado.

A citação será feita: a) pelo correio; b) por oficial de justiça; c) pelo escrivão ou chefe de secretaria, se o citando comparecer em cartório; d) por edital; e) por meio eletrônico, conforme regulado em lei.

O S.T.J. tem admitido a citação por *hora certa* em execução. Nesse sentido, eis o seguinte precedente:

> *(...).*
>
> *3. Em processo de execução, tem cabimento a citação por hora certa.*

[201] Assis, Araken. *Manual do processo de execução.* 8ª ed. São Paulo: Editora Revista dos Tribunais, 2002. p. 378.

[202] Assis, A. idem, p. 379.

4. Agravo regimental desprovido.

(AgRg nos EDcl no REsp 886.721/SP, Rel. Ministro JOÃO OTÁVIO DE NORONHA, QUARTA TURMA, julgado em 20/05/2010, DJe 27/05/2010)

Não haverá necessidade de se requerer as provas para demonstrar a verdade dos fatos alegados, uma vez que no processo de execução não há instrução probatória. Contudo, para Sérgio La China é possível deparar-se com situações que demandam comprovação no âmbito do processo executivo, como, por exemplo, comprovar que o executado detém o domínio dos bens que ele porventura indicar; ou que o imóvel não lhe serve de residência para efeitos de impenhorabilidade (art. 1º da Lei 8.009/90).[203]

O art. 320 do atual C.P.C. estabelece que a *petição inicial será instruída com os documentos indispensáveis à propositura da ação.*

No caso de petição inicial para instauração de processo de execução de título extrajudicial, o art. 798, inc. I, letras a), b), c) e d) preconiza quais seriam os documentos indispensáveis à propositura da demanda, dentre eles:

a) o título executivo extrajudicial, o qual está discriminado no art. 784 do atual C.P.C. Trata-se da aplicação do aforismo *nulla executio sine título.*

Uma das questões que se colocava em face de processo em papel, dizia respeito se o título extrajudicial a ser apresentado com a petição inicial seria o original ou poderia ser em cópia autenticada. Sobre o tema, assim se manifestou o S.T.J.:

Dispensa da apresentação do título executivo original, seja porque há impossibilidade física (está acostado aos autos de inquérito policial), seja porque não há risco da respectiva circulação, porque decorrido o prazo de seis meses para a respectiva cobrança. Recurso especial não conhecido.

(REsp 712.334/RJ, Rel. Ministro ARI PARGENDLER, TERCEIRA TURMA, julgado em 02/09/2008, DJe 05/11/2008)

(...).

2. O objeto da execução são triplicatas que garantem o contrato firmado entre as partes, e não a própria avença, já que o valor executado não é o previsto nela, mas o daquelas.

3. O fato de a inicial não estar instruída com as vias originais dos títulos executivos extrajudiciais, como exige o artigo 614, I, do CPC, mas somente com as cópias autenticadas, não retira deles a sua exigibilidade, liquidez e certeza. A exigência legal tem

[203] Assis, A., idem, p. 380.

como fim assegurar a impossibilidade de nova execução baseada na mesma cambial, ante sua possível circulação, que, entrementes, não ocorre no caso, tendo em vista que a recorrente, na peça vestibular, afirma que as cártulas poderão ser exibidas a qualquer tempo, por determinação do magistrado.

4. O alto valor das cambiais justifica a cautela tomada pela recorrente, estando, portanto, ausente má-fé em sua conduta.

5. Recurso especial conhecido e provido para restabelecer a sentença.

(REsp 595.768/PB, Rel. Ministro FERNANDO GONÇALVES, QUARTA TURMA, julgado em 09/08/2005, DJ 10/10/2005, p. 375)

1 – A despeito do que estabelece a Súmula 267/STF, a jurisprudência e a doutrina sempre aceitaram o uso do mandado de segurança contra decisão judicial, desde que esta fosse impugnada por recurso próprio, tempestivo e desprovido de efeito suspensivo e, ainda, fosse teratológica e afrontosa ao direito, suscetível de causar dano irreparável ou de difícil reparação. No caso sub judice, tendo a recorrente oposto correição parcial e, concomitantemente, o presente writ contra sentença que, in limine, extingui Ação de Execução contra Devedor Solvente, ao fundamento desta não estar instruída com o título executivo original e sim, com cópia xerox, torna-se perfeitamente aceitável a via eleita, porquanto a instrumentalidade do processo não pode se sobrepor ao direito (cf. RESP nº 163.187/RO e 185.075/CE e RMS 4.474/RJ).

2 – Cuidando-se, na espécie, de deficiência perfeitamente sanável, já que a recorrente juntou título executivo que não o original, porém, autenticado, ou seja, revestido de fé pública, aplicável o dispositivo processual do art. 616, do CPC, devendo-se facultar a empresa exequente, no prazo legal, a possibilidade de efetuar tal substituição. Tal entendimento vem sedimentar os princípios da instrumentalidade do processo, da celeridade, da economia e da efetividade na prestação jurisdicional.

3 – Precedentes (Ag. Reg. RESP nº 402.046/RS, Ag. Reg. no AG nº 298.203/GO e RESP nºs 440.719/SC, 329.846/MG e 264.807/MG).

4 – Recurso provido para, reformando o v. acórdão de origem, conceder a ordem, afastando a extinção da Ação Executiva e determinando que o magistrado a quo aplique, ao caso concreto, o disposto no art. 616, do CPC.

(RMS 11.962/SP, Rel. Ministro JORGE SCARTEZZINI, QUARTA TURMA, julgado em 26/10/2004, DJ 06/12/2004, p. 311)

I – A juntada da via original do título executivo extrajudicial é, em princípio, requisito essencial à formação válida do processo de execução, visando assegurar a autenticidade da cártula apresentada e afastar a hipótese de ter o título circulado, sendo, em regra, nula a execução fundada em cópias de cheques, ainda que autenticadas.

II – Devolvidos, no entanto, os originais dos cheques ao credor por decisão judicial, tendo em vista inexistência de cofre no cartório, e reapresentados em audiência, sem qualquer impugnação à autenticidade da cópia apresentada, não há falar em nulidade. Recurso não conhecido, com ressalvas quanto à terminologia.

(REsp 330.086/MG, Rel. Ministro CASTRO FILHO, TERCEIRA TURMA, julgado em 02/09/2003, DJ 22/09/2003, p. 315)

Contudo, em razão de que, atualmente, o processo judicial tornou-se eletrônico, o título não será apresentado mais no seu conteúdo original, mas escaneado, a não ser que seja um título constituído eletronicamente com a assinatura também eletrônica, podendo ser considerado como originalmente virtual.

Outro aspecto que deve ser mencionado em relação à necessidade de juntada do título executivo com a inicial, é que esse requisito não ocorre apenas no âmbito da execução por título extrajudicial, uma vez que haverá situação em que o exequente também deverá apresentar o título judicial para efeito de cumprimento de sentença. Isso ocorre em relação à sentença penal para cumprimento perante juízo cível ou em relação à sentença estrangeira homologada pelo Superior Tribunal de Justiça, bem como no caso de sentença arbitral.

b) *o demonstrativo do débito atualizado até a data da propositura da ação, quando se tratar de execução por quantia certa.*

Como não há mais o denominado *cálculo do contador*, quando a execução tiver por objeto quantia certa, o exequente deverá juntar com a inicial o *demonstrativo de débito* atualizado até a data da propositura da execução.

Essa nova forma de liquidação por cálculo efetuada pelo próprio exequente, ocorre sempre que a liquidez se obtenha por simples cálculo aritmético. Nesse caso, o exequente utiliza-se dos dados do próprio título para tornar a valor atualizado na data da propositura da demanda, mediante a inserção de correção monetária, juros de mora, multa etc.

É certo que o devedor somente irá se manifestar sobre o demonstrativo de débito após citado para pagar, ou mesmo, após a penhora de seus bens, quando ingressar com embargos à execução. Por isso, muitas vezes o cálculo pode não representar o valor correto, seja por erro ou mesmo má-fé do credor/exequente. Aliás, na teoria, a incongruência entre as diretrizes do título e a planilha de cálculo, gerando excesso de execução, representa pedido sem título, passível de controle, *ex officio*, do juiz.[204] Nesse caso, a jurisprudência tem permitido que

[204] Assis, Araken de. *Manual do processo de execução.* 8ª ed. São Paulo: Editora Revista dos Tribunais, 2002. p. 339.

o juiz, na hipótese de dúvida objetiva sobre o cálculo, possa remeter os autos ao contador judicial antes de determinar a citação do executado para pagar o débito, a fim de que o órgão auxiliar do juízo faça uma análise do demonstrativo de débito juntado com a inicial. Também admite-se o emprego do contador judicial quando o credor for hipossuficiente, tendo inúmeras dificuldades para contratar um perito ou mesmo um contador, a fim de confeccionar o demonstrativo de débito. Poderá, ainda, o juiz, determinar que o executado apresente o cálculo, quando este se encontre com os documentos ou informações necessárias para a apresentação do demonstrativo de débito, conforme acontece nas execuções de concessão ou revisão de benefícios previdenciários em que a totalidade de documentos e informações sobre o cálculo encontram-se com o INSS. Nesse sentido, eis os seguintes precedentes do S.T.J.:

Processual civil. Liquidação de sentença. Calculo do contador.

– assistido judiciário. Em se cuidando de credor sob patrocínio da assistência judiciaria gratuita, ainda que prestada por dever de oficio do ministério público, não ofende as disposições do art. 604 e seguintes a execução de valer-se o assistido dos serviços de contadoria do próprio juízo.

(REsp 131730/SP, Rel. Ministro JOSÉ DANTAS, QUINTA TURMA, julgado em 09/12/1997, DJ 19/12/1997, p. 67524)

1. O juiz dispõe de poder ex officio para determinar a remessa dos autos à Contadoria Judicial para certificar-se dos valores apresentados pelo credor, se assim entender necessário, independentemente de ser o exequente beneficiário da justiça gratuita (REsp 615.548/RS, Rel. Ministro João Otávio de Noronha, Segunda Turma, julgado em 27.02.2007, DJ 28.03.2007; REsp 884.916/PB, Rel. Ministro Paulo Medina, Sexta Turma, julgado em 28.11.2006, DJ 01.10.2007; REsp 719.792/RS, Rel. Ministro Francisco Peçanha Martins, Segunda Turma, julgado em 06.12.2005, DJ 13.02.2006; e REsp 755.644/RS, Rel. Ministro Castro Meira, Segunda Turma, julgado em 02.08.2005, DJ 05.09.2005).

2. É de sabença que a Lei 11.232, de 22 de dezembro de 2005, alterou o Codex Processual Civil, para estabelecer a fase de cumprimento das sentenças no processo de conhecimento e revogar dispositivos relativos à execução fundada em título judicial, entre eles o artigo 604, cujo § 2º, preceituava que: "Poderá o juiz, antes de determinar a citação, valer-se do contador do juízo quando a memória apresentada pelo credor aparentemente exceder os limites da decisão exeqüenda e, ainda, nos casos de assistência judiciária. Se o credor não concordar com esse demonstrativo, far-se-á a execução pelo valor originariamente pretendido, mas a penhora terá por base o valor encontrado pelo contador. (Incluído pela Lei nº 10.444, de 7.5.2002) (Revogado pela Lei nº 11.232, de 2005)".

3. Deveras, a medida judicial restou efetivada antes da entrada em vigor da novel legislação, que se deu em 24.06.2006, razão pela qual subjaz a análise da pretensão recursal à luz do aludido dispositivo legal revogado, em observância à máxima tempus regit actum.

4. Recurso especial da Fazenda Nacional desprovido.

(REsp 804.382/RS, Rel. Ministro LUIZ FUX, PRIMEIRA TURMA, julgado em 09/09/2008, DJe 01/10/2008)

É possível, ainda, aplicar por analogia o que dispõem os §§1º, 2º, 3º, 4º e 5º do art. 524 do atual C.P.C. que trata do cumprimento de sentença por quantia certa:

§ 1º Quando o valor apontado no demonstrativo aparentemente exceder os limites da condenação, a execução será iniciada pelo valor pretendido, mas a penhora terá por base a importância que o juiz entender adequada.

§ 2º Para a verificação dos cálculos, o juiz poderá valer-se de contabilista do juízo, que terá o prazo máximo de 30 (trinta) dias para efetuá-la, exceto se outro lhe for determinado.

§ 3º Quando a elaboração do demonstrativo depender de dados em poder de terceiros ou do executado, o juiz poderá requisitá-los, sob cominação do crime de desobediência.

§ 4º Quando a complementação do demonstrativo depender de dados adicionais em poder do executado, o juiz poderá, a requerimento do exequente, requisitá-los, fixando prazo de até 30 (trinta) dias para o cumprimento da diligência.

§ 5º Se os dados adicionais a que se refere o § 4º não forem apresentados pelo executado, sem justificativa, no prazo designado, reputar-se-ão corretos os cálculos apresentados pelo exequente apenas com base nos dados de que dispõe.

Uma vez utilizada a contadoria para a confecção ou conferência do cálculo, deverá o exequente ser intimado para se manifestar antes da citação do devedor, tendo em vista que a Constituição Federal lhe garante o contraditório. Se o exequente concordar com a revisão apresentada pela contadoria judicial, o juiz determinará a citação do requerido com base no cálculo da contadoria, caso contrário, havendo impugnação do credor, o juiz determinará a citação do requerido com base no cálculo apresentado pelo credor, mas a penhora terá por base a importância que o juiz entender adequada com as informações apresentadas pela contadoria judicial.

A controvérsia do valor deverá ser objeto de impugnação por meio de embargos, sendo que se o devedor silenciar, isso significa que aceitou o cálculo apresentado originariamente pelo exequente, cabendo ao magistrado determinar o reforço de penhora.

Estabelece o *parágrafo único do art. 798* do atual C.P.C. que o demonstrativo do débito deverá conter: I – o índice de correção monetária adotado; II – a taxa de juros aplicada; III – os termos inicial e final de incidência do índice de correção monetária e da taxa de juros utilizados; IV – a periodicidade da capitalização dos juros, se for o caso; V – a especificação de desconto obrigatório realizado.

Sobre o tema, eis os seguintes precedentes do S.T.J.:

> *1. É pacífica a jurisprudência deste tribunal no sentido de que a aferição da certeza e liquidez da Certidão da Dívida Ativa – CDA, bem como da presença dos requisitos essenciais à sua validade, conduz necessariamente ao reexame do conjunto fático-probatório dos autos, medida inexequível na via da instância especial.*
>
> *2. Não prospera o argumento traçado pela recorrente quanto a aplicação do disposto no artigo 614 do Código de Processo Civil, o qual exige, em seu inciso II, a apresentação de demonstrativo de débito atualizado, uma vez que a cobrança judicial da dívida ativa dos entes públicos possui lei específica, que estabelece, expressamente, que a petição inicial deverá ser acompanhada pela CDA. Trata-se, repita-se de requisito essencial para a propositura da ação executiva fiscal.*
>
> *Agravo regimental improvido.*
>
> (AgRg nos EDcl no AREsp 448.186/RS, Rel. Ministro HUMBERTO MARTINS, SEGUNDA TURMA, julgado em 25/03/2014, DJe 31/03/2014)

> *1. A desconstituição da premissa fática lançada pela Corte local no sentido de que o demonstrativo de débito da cédula de crédito bancário preenche os requisitos legais, aptos a conferir-lhe certeza, liquidez e exigibilidade, é vedada em recurso especial, nos termos da Súmula nº 7/STJ.*
>
> *2. Agravo regimental desprovido.*
>
> (AgRg no AREsp 171.144/DF, Rel. Ministro PAULO DE TARSO SANSEVERINO, TERCEIRA TURMA, julgado em 17/12/2013, DJe 24/02/2014)

> *(...).*
>
> *2. Para prevalecer a pretensão em sentido contrário à conclusão do tribunal de origem, que entendeu pela iliquidez do título executado, mister se faz a revisão do conjunto fático-probatório dos autos, o que, como já decidido, é inviabilizado, nesta instância superior, pela Súmula nº 7 desta Corte.*
>
> *3. Estando o acórdão recorrido em consonância com a jurisprudência pacífica desta Corte de que não tendo o exequente cumprido a determinação de exibição dos contratos renegociados e dos demonstrativos completos da evolução dos débitos repactuados, cor-*

reta a conclusão pela extinção da execução em virtude da ausência de liquidez, certeza e exigibilidade do título, tem incidência a Súmula nº 83/STJ, aplicável por ambas as alíneas autorizadoras.

4. Agravo regimental não provido.

(AgRg no Ag 941.524/SC, Rel. Ministro RICARDO VILLAS BÔAS CUEVA, TERCEIRA TURMA, julgado em 21/11/2013, DJe 29/11/2013)

1. A operação bancária denominada "vendor" materializa-se em contratos das mais variadas formas, sendo incorreto afirmar, a priori e indistintamente, que não ostentam estes a condição de títulos executivos. No caso, os contratos apresentam valores fixos e determinados e foram assinados pela própria devedora, não havendo dúvida quanto à executoriedade daqueles documentos.

2. É suficiente para instruir a inicial de execução o demonstrativo que permite a exata compreensão da evolução do débito e informa os índices utilizados na atualização da dívida cobrada.

3. Recurso especial provido.

(REsp 1309047/MT, Rel. Ministra NANCY ANDRIGHI, Rel. p/ Acórdão Ministro JOÃO OTÁVIO DE NORONHA, TERCEIRA TURMA, julgado em 27/08/2013, DJe 13/09/2013)

c) a prova de que se verificou a condição ou ocorreu o termo, se for o caso. Dispositivo similar encontra-se no art. 514 do atual C.P.C. que trata do cumprimento de sentença: *"Quando o juiz decidir relação jurídica sujeita a condição ou termo, o cumprimento da sentença dependerá de demonstração de que se realizou a condição ou de que ocorreu o termo.*

Da mesma forma acontece com a execução de título executivo extrajudicial. Para que o credor/exequente possa promover a execução, deverá comprovar que se verificou a condição ou ocorreu o termo, até para que se possa caracterizar o inadimplemento da obrigação, assim como sua exigibilidade. A obrigação pode ser líquida e certa, mas ainda não ser exigível, seja pelo fato de existência de condição suspensiva ou resolutiva, seja porque ainda não ocorreu o termo do seu vencimento.

O Código Civil brasileiro, em seus artigos 121 a 135, regula especificamente as modalidades do negócio jurídico denominadas de *condição* e *termo*. Prescrevem os referidos dispositivos:

Art. 121. Considera-se condição a cláusula que, derivando exclusivamente da vontade das partes, subordina o efeito do negócio jurídico a evento futuro e incerto.

Art. 122. São lícitas, em geral, todas as condições não contrárias à lei, à ordem pública ou aos bons costumes; entre as condições defesas se incluem as que privarem de todo efeito o negócio jurídico, ou o sujeitarem ao puro arbítrio de uma das partes.

Art. 123. Invalidam os negócios jurídicos que lhes são subordinados:

I – as condições física ou juridicamente impossíveis, quando suspensivas;

II – as condições ilícitas, ou de fazer coisa ilícita;

III – as condições incompreensíveis ou contraditórias.

Art. 124. Têm-se por inexistentes as condições impossíveis, quando resolutivas, e as de não fazer coisa impossível.

Art. 125. Subordinando-se a eficácia do negócio jurídico à condição suspensiva, enquanto esta se não verificar, não se terá adquirido o direito, a que ele visa.

Art. 126. Se alguém dispuser de uma coisa sob condição suspensiva, e, pendente esta, fizer quanto àquelas novas disposições, estas não terão valor, realizada a condição, se com ela forem incompatíveis.

Art. 127. Se for resolutiva a condição, enquanto esta se não realizar, vigorará o negócio jurídico, podendo exercer-se desde a conclusão deste o direito por ele estabelecido.

Art. 128. Sobrevindo a condição resolutiva, extingue-se, para todos os efeitos, o direito a que ela se opõe; mas, se aposta a um negócio de execução continuada ou periódica, a sua realização, salvo disposição em contrário, não tem eficácia quanto aos atos já praticados, desde que compatíveis com a natureza da condição pendente e conforme aos ditames de boa-fé.

Art. 129. Reputa-se verificada, quanto aos efeitos jurídicos, a condição cujo implemento for maliciosamente obstado pela parte a quem desfavorecer, considerando-se, ao contrário, não verificada a condição maliciosamente levada a efeito por aquele a quem aproveita o seu implemento.

Art. 130. Ao titular do direito eventual, nos casos de condição suspensiva ou resolutiva, é permitido praticar os atos destinados a conservá-lo.

Art. 131. O termo inicial suspende o exercício, mas não a aquisição do direito.

Art. 132. Salvo disposição legal ou convencional em contrário, computam-se os prazos, excluído o dia do começo, e incluído o do vencimento.

§ 1º Se o dia do vencimento cair em feriado, considerar-se-á prorrogado o prazo até o seguinte dia útil.

§ 2º Meado considera-se, em qualquer mês, o seu décimo quinto dia.

§ 3º Os prazos de meses e anos expiram no dia de igual número do de início, ou no imediato, se faltar exata correspondência.

§ 4º Os prazos fixados por hora contar-se-ão de minuto a minuto.

Art. 133. Nos testamentos, presume-se o prazo em favor do herdeiro, e, nos contratos, em proveito do devedor, salvo, quanto a esses, se do teor do instrumento, ou das circunstâncias, resultar que se estabeleceu a benefício do credor, ou de ambos os contratantes.

Art. 134. Os negócios jurídicos entre vivos, sem prazo, são exeqüíveis desde logo, salvo se a execução tiver de ser feita em lugar diverso ou depender de tempo.

Art. 135. Ao termo inicial e final aplicam-se, no que couber, as disposições relativas à condição suspensiva e resolutiva.

Conforme anota Inocêncio Galvão Teles, *"pode definir-se 'condição' a 'cláusula acessória pela qual as partes fazem depender a vigência do contrato (ou de outro negócio jurídico) da verificação ou não verificação de um facto futuro e objectivamente incerto'. A vigência do contrato está na dependência desse facto ulterior, da sua eventual ocorrência, ou porque antes dele os efeitos jurídicos não se produzem (ou produzem-se atenuadamente) ou porque depois dele cessam. Com isso fica esboçada a distinção fundamental entre 'condições suspensivas' e 'condições resolutivas'....a condição suspensiva, como se deixa a ver de sua designação, 'suspende' os efeitos até à ocorrência do evento previsto; a condição resolutiva 'resolve-os', isto é, elimina-os retroactivamente, como se eles não se tivessem dado... A incerteza do facto futuro determina um estado de 'pendência'. Os efeitos jurídicos 'pendentes', porque não se sabe se virão a produzir-se (ou a adquirir a sua intensidade normal) no caso de condição suspensiva ou se a condição resolutiva que os ameaça se tornará realidade, reduzindo-os a nada. Um facto 'secundário' e 'futuro', quando 'incerto', como o previsto na cláusula condicional, tem sempre esse resultado de tornar 'incertos' os efeitos jurídicos do 'facto principal', no que respeita à sua produção ou à sua subsistência. 'Estado de pendência' que perdura por todo o tempo em que é possível o preenchimento da condição e cessa logo que a condição se realiza, ou falta, ou se torna certo que já não pode realizar-se. Terminada a situação de pendência, o contrato, conforme os casos, assim adquire ou perde valor, ou não chega a alcançá-lo, ou mantém-no. A pendência reveste duas formas: 'suspensão' se a condição é suspensiva, 'resolubilidade' se é resolutiva"..*[205]

Por sua vez, diz-se *termo*: *"a cláusula acessória por virtude da qual os efeitos do contrato, ou de outro negócio jurídico, ficam dependentes de um facto 'futuro e certo'. O termo não envolve aquele 'estado de pendência' característico da 'condição'; não existe 'incerteza' sobre a produção dos efeitos ou sobre a sua permanência, porque antecipadamente se sabe que o evento previsto há-de verificar-se, como 'certo' que é; apenas se 'difere' ou 'limita no tempo' a atuação do contrato, que principiará ou cessará com aquele evento... O termo distingue-se em 'inicial' (dies a quo) e 'final' (dies ad quem), conforme se traduz numa 'dilação' ou numa 'limitação temporal' dos efeitos".*[206]

[205] TELLES. Inocêncio Galvão. *Manual dos contratos em geral*. Coimbra: Coimbra Editora, 2002. p. 258 e 259.

[206] TELLES, I. G., idem, p. 274 e 275.

Assim, *é nula a execução instaurada antes de se verificar ou de ter ocorrido o termo.*

Nesse sentido é o seguinte precedente do S.T.J.:

> *i – nula se apresenta a execução se instaurada antes de se verificar a condição ou de ocorrido o termo, como proclamam as normas dos arts. 572 e 618, iii do código de processo civil.*
>
> *– não ocorrida a condição acordada, indevida a multa pactuada.*
>
> *ii – o dissidio pretoriano, ensejador do recurso especial pela alínea c do inciso iii do art. 105 da constituição, deve ser induvidosamente demonstrado, inclusive através das circunstancias que identifiquem ou assemelhem os casos confrontados.*
>
> (REsp 1680/PR, Rel. Ministro SÁLVIO DE FIGUEIREDO TEIXEIRA, QUARTA TURMA, julgado em 06/03/1990, DJ 02/04/1990, p. 2458).

d) A petição inicial deve ser acompanhada, ainda, pela *prova, se for o caso, de que adimpliu a contraprestação que lhe corresponde ou que lhe assegura o cumprimento, se o executado não for obrigado a satisfazer a sua prestação senão mediante a contraprestação do exequente.*

Esta regra complementa o que dispõe o art. 787 do atual C.P.C.: *"Se o devedor não for obrigado a satisfazer sua prestação senão mediante a contraprestação do credor, este deverá provar que a adimpliu ao requerer a execução, sob pena de extinção do processo.*

Pode ocorrer que a relação jurídica realizada entre credor e devedor subordine o adimplemento da prestação devida pelo devedor a uma contraprestação do credor.

Assim, o devedor não será obrigado a satisfazer sua prestação se o credor não comprovar que adimpliu sua contraprestação ao requerer a execução, sob pena de extinção do processo sem resolução de mérito.

Está-se diante da *exceptio non adimpleti contractus* prevista nos arts. 476 e 477 do C.c.b., *in verbis:*

> *"Art. 476. Nos contratos bilaterais, nenhum dos contratantes, antes de cumprida a sua obrigação, pode exigir o implemento da do outro".*
>
> *"Art. 477. Se, depois de concluído o contrato, sobrevier a uma das partes contratantes diminuição em seu patrimônio capaz de comprometer ou tornar duvidosa a prestação pela qual se obrigou, pode a outra recusar-se à prestação que lhe incumbe, até que aquela satisfaça a que lhe compete ou dê garantia bastante de satisfazê-la".*

Como o próprio nome diz, a *excepto non adimpleti contractus* constitui uma das modalidades das exceções substanciais. Faz parte das exceções dilatórias, pois o próprio art. 787 do atual C.P.C. estabelece que se o exequente não comprovar que cumpriu com sua obrigação, o juiz extinguirá o processo de execução. Assim, a exceção não tranca definitivamente a possibilidade de nova demanda. De qualquer forma, a alegação da exceção paralisa a demanda do exequente ante a alegação do executado de não ter recebido a contraprestação que lhe era devida.[207]

Não se discute o mérito propriamente dito do direito pretendido, pois o executado não nega a obrigação. O que há é refutação da *exigibilidade*, em razão de um fundamento inerente à própria relação jurídica de direito material.

Embora vencida a obrigação, não há exigibilidade em razão da *exceptio non adimpleti contractus*.

Diante desta característica da *exceptio*, pode-se afirmar que somente poderá ser veiculada nas relações sinalagmáticas.

Cabe, no caso, ao exequente comprovar logo com a inicial o cumprimento da sua obrigação, a fim de evitar que o executado argua a *exceptio*.

Certas diferenças medeiam a *exceptio non adimpleti contractus* e a *condição resolutória*. Enquanto esta última produz o rompimento do vínculo contratual, dissolvendo-o, para atirar credor e devedor em uma nova situação jurídica muito diversa da contratual, a *exceptio*, ao contrário, suspende pura e simplesmente a execução da prestação devida pelo devedor, até o adimplemento da prestação inerente ao credor, não produzindo, como na resolutória, o rompimento do contrato.[208]

A *exceptio* tem por fundamento a equivalência das prestações devidas e a ideia de um enriquecimento ilícito.

Resulta claro que a *exceptio* pressupõe a presença de dois créditos contrapostos, interligados pelo sinalagma, de modo que a exigibilidade de qualquer deles pode ficar paralisada se o credor, a seu turno, não houver cumprido a prestação que lhe incumbia realizar.[209]

A *exceptio* não se aplica apenas às obrigações positivas, mas, também, às obrigações negativas.

A oposição da *exceptio*, exigindo a realização das prestações, depende da simultaneidade do adimplemento das respectivas obrigações, *toma lá, dá cá*. Se elas forem realizáveis sem essa sincronização temporal, já não há, de regra, base para a *exceptio*.[210]

[207] Serpa Lopes, Miguel Maria de. *Exceções substanciais: exceção de contrato não cumprido*. Rio de Janeiro: Livraria Freitas Bastos S.A., 1959. p. 135.

[208] Serpa Lopes, M. M., idem, p. 185.

[209] Serpa Lopes, M. M., idem, p. 263.

[210] Serpa Lopes, M.M., idem, p. 271.

Ainda é obrigação do exequente, ao requerer a execução, nos termos do inc. II do art. 798 do atual C.P.C. indicar: *a) a espécie de execução de sua preferência, quando por mais de um modo puder ser realizada; b) os nomes completos do exequente e do executado e seus números de inscrição no Cadastro de Pessoas Físicas ou no Cadastro Nacional da Pessoa jurídica; c) bens suscetíveis de penhora, sempre que possível.*

Deve o exequente indicar na petição inicial a espécie de execução que pretende promover.

Classificam-se as obrigações, de acordo com o seu conteúdo, em obrigações de dar, fazer e não fazer. Por sua vez, as obrigações de dar podem ter por objeto coisa certa em espécie (*species*), quantidade determinada de coisa (*genus*) que não seja dinheiro e enfim quantia certa de dinheiro.[211]

O atual C.P.C. admite as seguintes espécies de execução, a saber: a) Capítulo II – da execução para entrega de coisa certa – arts. 806 a 810; b) execução para entrega de coisa incerta – arts. 811 a 813; Capítulo III – da execução das obrigações de fazer e de não fazer – arts. 814 a 823; c) Capítulo IV – da execução por quantia certa – arts. 824 a 909.

A lei, por vezes, também admite procedimento especial para determinada obrigação, como ocorre com a Lei 6.830/80 (execução fiscal) e o crédito de mútuo hipotecário do Sistema Financeiro de Habitação, lei n. 5.471/71.

A espécie de execução mais frequente é ainda a de quantia certa.

A escolha da espécie de execução gera a escolha de determinadas medidas executivas que poderão ser mais ou menos complexas, gerando problemas jurídicos de excepcional dificuldade.

Evidentemente, a escolha do procedimento, geralmente, não é livre, tampouco há fungibilidade entre os ritos. Havendo equívoco do credor na indicação do rito apropriado, o juiz determinará a emenda da inicial.

Há, ainda, diferenças importantes entre as diversas espécies de execução, diferenças que se relacionam com a essência das atividades necessárias para realizá-las: *"é que a liquidação dos bens do executado consiste na desapropriação, isto é, na transferência forçada da propriedade desses bens; ao passo que a execução para entrega limita-se a transferir do executado para o exequente a posse dos bens. Neste caso, a tarefa do órgão exequente é só transferir a posse, embora seu ato possa ter às vezes como ulterior consequência a passagem da propriedade, de acordo com as relações de direito material existente entre as partes"*.[212]

211 LIEBMAN. Enrico Tullio. *Processo de execução.* 5ª ed. São Paulo: Editora Saraiva, 1986. p. 28.
212 LIEBMAN. E. T., idem, p. 31.

Por vezes, a obrigação constante do título executivo extrajudicial permite ao exequente optar pela espécie de execução mais adequada a atender aos seus interesses de satisfatividade de seu crédito.

A espécie de execução alude aos meios executórios indicados no pedido imediato.

Assim, o credor poderá optar por uma execução de fazer ou não fazer, ou, ainda, se a prestação não mais lhe interessar, por uma execução para pagamento de perdas e danos já fixadas de antemão no título executivo extrajudicial.

Da mesma forma, diante de uma execução alimentar, o exequente poderá optar pelos meios executórios mais eficazes, como, por exemplo, expropriação de bens ou requerimento de prisão do devedor.

Deverá o exequente, conforme já se afirmou acima, indicar na petição inicial *os nomes completos do exequente e do executado e seus números de inscrição no cadastro de pessoas físicas ou no cadastro nacional de pessoas jurídicas.*

Ainda deverá indicar na petição inicial, se assim desejar, os *bens suscetíveis de penhora, sempre que possível.*

Logo com a petição inicial, já poderá o credor/exequente *indicar, querendo, os bens a serem penhorados.*

Esta previsão não havia no art. 615 do C.P.C. de 1973, mas foi inserida no §2º do art. 652 do código revogado pela Lei 11.382, de 2006, *in verbis:*

> *Art. 652. O executado será citado para, no prazo de 3 (três) dias, efetuar o pagamento da dívida.*
>
> *(...).*
>
> *§2º O credor poderá, na inicial da execução, indicar bens a serem penhorados (art. 655).*

Por sua vez, a possibilidade de o credor indicar bens para serem penhorados logo com a inicial teve sua origem com a entrada em vigor do art. 53 da Lei 8.212/91 que assim estabelece: *"Na execução judicial da dívida ativa da União, suas autarquias e fundações públicas, será facultado ao exequente indicar bens à penhora, a qual será efetivada concomitantemente com a citação inicial do devedor".* Sobre a melhor interpretação desse art. 53 da Lei 8.212/91, assim se manifestou o S.T.J.:

> *1. Trata-se de Recurso Especial interposto pela Fazenda Nacional contra acórdão do Tribunal Regional Federal da 1ª Região que indeferiu a nomeação de bens feita na petição inicial da Execução Fiscal, com base no fundamento de que a penhora de dinheiro não se coaduna com a faculdade conferida pelo art. 53 da Lei 8.212/1991.*

2. Nos termos do art. 53 da Lei 8.212/1991: "Na execução judicial da dívida ativa da União, suas autarquias e fundações públicas, será facultado ao exequente indicar bens à penhora, a qual será efetivada concomitantemente com a citação inicial do devedor".

3. O Tribunal de origem, em síntese, indeferiu a constrição judicial com base no entendimento de que a regra citada deve conviver com outras, como as previstas na Lei 6.830/1980, que assegurariam prioridade ao executado, quanto ao oferecimento de bens à penhora.

4. O desfecho normal do processo executivo é a satisfação do credor, conforme, aliás, se encontra positivado no art. 646 do CPC. As mais recentes reformas processuais têm por finalidade o alcance da tutela específica do direito e a diminuição do tempo do processo, fator que agride injustamente o autor que tem razão e estimula, de forma geral, o inadimplemento das obrigações.

5. Com as alterações promovidas pelas Leis 11.232/2005 e 11.380/2006, restabeleceu-se o equilíbrio entre as partes do Processo de Execução. Em outras palavras, readquiriu força o princípio segundo o qual "a execução deve ser feita no interesse do credor". Isso não implica, porém, a revogação dos dispositivos da LEF ou do CPC.

6. A penhora de dinheiro encurta o longo caminho a ser percorrido numa Execução por expropriação e atende à finalidade de satisfazer o crédito da parte exequente (art. 646 do CPC).

7. A Primeira Seção do STJ, em julgamento de recurso repetitivo, ao concluir pela possibilidade de a Fazenda Pública recusar a substituição do bem penhorado por precatório, apresentou como fundamento decisório a necessidade de preservar a ordem legal estabelecida pelos arts. 11 da Lei 6.830/1980 e 655 do CPC, em que o dinheiro figura em primeiro lugar (REsp 1.090.898/SP, Rel. Ministro Castro Meira, DJe 31.8.2009).

8. Se o art. 53 da Lei 8.212/1991 admite, concomitantemente à citação, a realização de penhora de bem indicado na petição inicial, e no estágio atual do ordenamento jurídico a prioridade é que a constrição recaia sobre o dinheiro, não parece razoável afastar aquela faculdade concedida ao exequente utilizando como fundamento justamente a natureza desse bem.

9. O fator de discrimen utilizado para afastar a regra geral trazida pelo art. 53 da Lei 8.212/1991 – penhora de dinheiro como descabida intervenção direta no patrimônio financeiro do devedor – contraria o sistema processual criado pelo reformador do CPC.10. O STJ já afirmou que o princípio da menor onerosidade para o devedor não prepondera, em abstrato, sobre o da efetividade da tutela executiva. Exige-se, para a superação da ordem legal prevista no art. 655 do CPC, sólida argumentação baseada em elementos do caso concreto, o que não se verificou na hipótese dos autos.

11. É clássica a regra hermenêutica segundo a qual onde a lei não distingue, não pode o intérprete distinguir. O art. 53 da Lei 8.212/1991 faculta ao exequente indicar bens à penhora, a qual será efetivada concomitantemente com a citação inicial do devedor. Ao se referir ao gênero, o legislador não fez distinções quanto aos bens passíveis de constrição, não cabendo ao julgador, sem respaldo em elementos do caso concreto, criar exceções não previstas na lei.

12. Nos termos do art. 53 da Lei 8.212/1991, a penhora deve ser realizada concomitantemente à citação. Portanto, ao contrário do que compreendeu o Tribunal a quo, a norma não autoriza a efetivação da penhora antes da citação.

13. Essa orientação já foi acolhida por esta Segunda Turma no REsp 1.166.842/BA, de minha relatoria, DJe 8.4.2010.

14. Recurso Especial provido.

(REsp 1287915/BA, Rel. Ministro HERMAN BENJAMIN, SEGUNDA TURMA, julgado em 04/09/2012, DJe 11/09/2012).

Esta possibilidade de o credor indicar bens do executado, logo no início para serem penhorados, decorre dos princípios e das garantias fundamentais do processo civil.

Portanto, muito embora o executado possa indicar seus próprios bens para serem penhorados, essa faculdade normativa também é conferida ao credor/exequente que poderá exercê-la logo com a inicial ou com petição avulsa.

Se tanto o exequente quanto o executado indicam bens à penhora, o juiz deverá agir com ponderação, dando preferência, em regra, à ordem legal de penhora de bens, sem se descurar, evidentemente, de eventual interesse público, social ou econômico das partes, pois ao mesmo tempo em que a execução é realizada no interesse do credor, ela não poderá onerar além da medida justa o devedor.

Verificando o juiz que a petição inicial não preenche os requisitos impostos pela lei ou apresenta defeitos e irregularidades capazes de dificultar o julgamento de mérito, determinará que o exequente, no prazo de quinze dias, a emende ou a complete, indicando com precisão o que deva ser corrigido (art. 321 do atual C.P.C.).

Se o exequente não cumprir a diligência, o juiz indeferirá a petição inicial. (p.u. do art. 321 do atual C.P.C.).

Estabelece o *parágrafo único do art. 798* do atual C.P.C. *que o demonstrativo do débito deverá conter: I – o índice de correção monetária adotado; II – a taxa de juros aplicada; III – os termos inicial e final de incidência do índice de correção monetária e da taxa de juros utilizados; IV – a periodicidade da capitalização dos juros, se for o caso; V – especificação de desconto obrigatório realizado.*

Este dispositivo demonstra que a juntada de demonstrativo do débito previsto na letra 'b' do inc. I do presente artigo não se trata de algo simples e sem qualquer preocupação com a forma de sua apresentação.

Portanto, não se trata de um demonstrativo sumário, com a simples consignação do valor principal e dos juros.

Há necessidade da identificação completa do valor principal e dos juros.

Ao valor principal deve ser indicado o índice de correção monetária aplicado, o qual deverá corresponder ao especificado no título executivo extrajudicial ou, se não houver indicação, aos índices legais, a saber:

a) Indexadores:
- ORTN de 10/1964 a 02/1986
- OTN (6,17019) de 03/1986 a 01/1989
- IPC (STJ) de 01/1989 a 02/1989
- BTN de 03/1989 a 03/1990
- IPC (IBGE) de 03/1990 a 02/1991
- INPC de 03/1991 a 11/1991
- IPCA de 12/1991 a 12/1991
- UFIR de 01/1992 a 12/2000
- IPCA-E (2000) de 12/2000 a 12/2000
- IPCA-E de 01/2001 a 06/2009
- TR de 07/2009 a 09/2012

b) Moedas:
- De 01/10/1964 a 31/01/1967 – CRUZEIROS (Cr$)
- De 01/02/1967 a 31/05/1970 – CRUZEIROS NOVOS (NCr$)
- De 01/06/1970 a 28/02/1986 – CRUZEIROS (Cr$)
- De 01/03/1986 a 31/12/1988 – CRUZADOS (Cz$)
- De 01/01/1989 a 31/03/1990 – CRUZADOS NOVOS (NCz$)
- De 01/04/1990 a 31/07/1993 – CRUZEIROS (Cr$)
- De 01/08/1993 a 30/06/1994 – CRUZEIROS REAIS (CR$)
- De 01/07/1994 a 01/10/2012 – REAIS (R$)

O título executivo extrajudicial poderá ainda estabelecer que sua liquidação ocorre por valor dos gêneros, cotados em bolsa ou valor dos títulos da dívida pública ou ações cotadas em bolsa de valores.

Deve o demonstrativo também indicar a taxa de juros de mora aplicada. Em regra, a taxa de juros de mora será aquela prevista no título executivo extrajudicial. Na sua falta, deve-se observar o disposto no art. 406 do C.c.b.: *"Quando os juros moratórios não forem convencionados, ou o forem sem taxa estipulada, ou quando provierem de determinação da lei, serão fixados segundo a taxa que estiver em vigor para a mora do pagamento de impostos devidos à Fazenda Nacional".*

Por sua vez, a taxa de juros de mora para pagamento de impostos à Fazenda Nacional é regulada pelo art. 161, §1º do C.T.N.:

Art. 161. O crédito não integralmente pago no vencimento é acrescido de juros de mora, seja qual for o motivo determinante da falta, sem prejuízo da imposição das penalidades cabíveis e da aplicação de quaisquer medidas de garantia previstas nesta Lei ou em lei tributária.

§ 1º Se a lei não dispuser de modo diverso, os juros de mora são calculados à taxa de um por cento ao mês.

Contudo, lei posterior regulou a taxa de juros a ser aplicada aos débitos de tributos da Fazenda Nacional, no caso, a taxa SELIC, nos termos do §3º do art. 5º da Lei 9.430/96.

Assim, os juros legais, até a data de entrada em vigor do Código Civil brasileiro, 11 de janeiro de 2003, eram de 0,5% ao mês ou 6% ao ano, nos termos do art. 3º do Decreto n. 22.626/33. Se estipulado, poderia chegar ao dobro da taxa legal, no caso, 12% ao ano, conforme permissão prevista no art. 1ª do referido decreto.

A partir de 11 de janeiro de 2003 (data da entrada em vigor do novo C.c.b.), a taxa dos juros legais passou a ser delineada de acordo com a SELIC.

Por sua vez, sendo a SELIC um conjunto de juros de mora e correção monetária, não haverá possibilidade de aplicação de novo índice de correção monetária, sob pena de ocorrer *bis in idem*.

Já no que concerne aos contratos bancários regidos pela Lei do Sistema Financeiro Nacional, é livre a estipulação de juros (Súmula 596 do S.T.F.), conforme preconiza o art. 4º, IX, da Lei 4.595/64. Nesse sentido é a seguinte decisão do S.T.J.:

1. Possibilidade de capitalização de juros em periodicidade inferior à anual nos contratos celebrador posteriormente à edição da MP n. 1.963-17/2000, em vigor como MP n. 2.170-01, desde que expressamente pactuada.

2. A cobrança de comissão de permanência – cujo valor não pode ultrapassar a soma dos encargos remuneratórios e moratórios previstos no contrato – exclui a exigibilidade dos juros remuneratórios, moratórios e da multa contratual.

3. Inaplicabilidade do limite de juros em 12% ao ano aos contratos celebrados com instituições integrantes do Sistema Financeiro Nacional, conforme Enunciado n. 596/STF, salvo nas hipóteses previstas em legislação específica (REsp 407.097/RS).

> *4. Impossibilidade de aferir se preenchidos ou não os requisitos autorizadores à inscrição de nome em cadastro de proteção ao crédito, ante a incidência do Enunciado n. 7/STJ.*
>
> *5. AGRAVO REGIMENTAL DESPROVIDO.*
>
> (AgRg no REsp 784.942/RS, Rel. Ministro PAULO DE TARSO SANSEVERINO, TERCEIRA TURMA, julgado em 28/08/2012, DJe 05/09/2012)

Quanto à capitalização, deve-se consignar que sendo o contrato firmado anteriormente à Medida Provisória n. 1.963/17/00, que permitiu aos contratos bancários em geral a capitalização mensal dos juros, a capitalização somente poderia ser estipulada anualmente, conforme permitia o Decreto n. 22.626/33. Nesse sentido, eis o seguinte precedente do S.T.J.:

> *1. A Segunda Seção desta Corte firmou o entendimento de que o fato de as taxas de juros excederem o limite de 12% ao ano, por si, não implica abusividade; impondo-se sua redução, tão-somente, quando comprovado que discrepantes em relação à taxa de mercado após vencida a obrigação.*
>
> *2. A capitalização dos juros é admissível quando pactuada e desde que haja legislação específica que a autorize. Assim, permite-se sua cobrança na periodicidade mensal nas cédulas de crédito rural, comercial e industrial (Decreto-lei n. 167/67 e Decreto-lei n. 413/69), bem como nas demais operações realizadas pelas instituições financeiras integrantes do Sistema Financeiro Nacional, desde que celebradas a partir da publicação da Medida Provisória n. 1.963-17 (31.3.00).*
>
> *3. A Segunda Seção desta Corte firmou o entendimento de que a previsão, no contrato bancário, de taxa de juros anual superior ao duodécuplo da mensal é suficiente para permitir a cobrança da taxa efetiva anual contratada.*
>
> *4. Agravo Regimental improvido.*
>
> (AgRg no Resp 1250519/RS, Rel. Ministro SIDNEI BENETI, TERCEIRA TURMA, julgado em 20/09/2012, DJe 09/10/2012)

Em relação à capitalização de juros dos contratos do Sistema Financeiro de Habitação, assim já teve oportunidade de decidir o S.T.J.:

> *1. Interpretação do decidido pela 2ª Seção, no Recurso Especial Repetitivo 1.070.297, a propósito de capitalização de juros, no Sistema Financeiro da Habitação.*
>
> *2. Segundo o acórdão no Recurso Repetitivo 1.070.297, para os contratos celebrados no âmbito do Sistema Financeiro da Habitação até a entrada em vigor da Lei 11.977/2009 não havia regra especial a propósito da capitalização de juros, de modo que incidia a restrição da Lei de Usura (Decreto 22.626/33, art. 4º). Assim, para tais contratos, não é válida a capitalização de juros vencidos e não pagos em intervalo infe-*

rior a um ano, permitida a capitalização anual, regra geral que independe de pactuação expressa. Ressalva do ponto de vista da Relatora, no sentido da aplicabilidade, no SFH, do art. 5º da MP 2.170-36, permissivo da capitalização mensal, desde que expressamente pactuada.

3. No Sistema Financeiro da Habitação, os pagamentos mensais devem ser imputados primeiramente aos juros e depois ao principal, nos termos do disposto no art. 354 Código Civil em vigor (art. 993 Código de 1916). Entendimento consagrado no julgamento, pela Corte Especial, do Recurso Especial nº 1.194.402-RS (Relator Min. Teori Albino Zavascki), submetido ao rito do art. 543-C.

4. Se o pagamento mensal não for suficiente para a quitação sequer dos juros, a determinação de lançamento dos juros vencidos e não pagos em conta separada, sujeita apenas à correção monetária, com o fim exclusivo de evitar a prática de anatocismo, encontra apoio na jurisprudência atual do STJ. Precedentes.

5. Recurso especial provido.

(REsp 1095852/PR, Rel. Ministra MARIA ISABEL GALLOTTI, SEGUNDA SEÇÃO, julgado em 14/03/2012, DJe 19/03/2012).

Contudo, recentemente a Segunda Seção do S.T.J., no Resp n. 1134955, assim se manifestou sobre a capitalização de juros em relação às cédulas de créditos comerciais emitidas antes da M.P. n. 1.963-17/00:

A Segunda Seção do Superior Tribunal de Justiça (STJ) reformou decisão da Terceira Turma que havia declarado a impossibilidade de incidir capitalização mensal de juros em cédula de crédito comercial emitida antes da edição da Medida Provisória (MP) 1.963-17/00, mesmo que pactuada.

A Seção deu provimento aos embargos de divergência do Banco do Brasil, que pedia a reforma da decisão embargada para permitir a capitalização mensal de juros pactuada em cédulas de crédito rural, comercial e industrial, independentemente da data de emissão.

Os ministros, seguindo entendimento do relator, Raul Araújo, concluíram que há previsão legal específica autorizando a capitalização em periodicidade diversa da semestral nas cédulas de crédito comercial. Segundo o ministro Raul Araújo, no caso em julgamento havia pacto expresso a respeito da capitalização mensal de juros, conforme constatado pelo tribunal de segunda instância.

"Na lei especial que trata de cédula de crédito comercial, há permissão para o vencimento de juros calculados sobre os saldos devedores em 30 de junho e 31 de dezembro, ou também em outras datas convencionadas no título, sem que expressamente se limitem essas datas a períodos semestrais, mas sim a datas convencionadas pelas partes" acrescentou o relator.

Para o colegiado, a edição da MP 2.170-36/01 não interfere na definição do encargo nesses títulos, regulando apenas os contratos bancários que não são regidos por lei específica.

Decisão contestada

Anteriormente, a Terceira Turma do STJ, ao julgar o recurso especial interposto por uma empresa que comercializa material de construção, afastou a capitalização mensal de juros em cédula emitida pelo Banco do Brasil em agosto de 1998. A MP 1.963-17 foi publicada em 31 de março de 2000.

Para a Turma, as cédulas de crédito rural comercial emitidas antes da publicação da referida medida provisória estariam sujeitas à capitalização de juros semestral, conforme prevê o artigo 5º do Decreto-Lei 413/69. Naquele julgamento, a Turma declarou que a capitalização mensal só seria possível a partir da MP 1.963-17 e desde que pactuada.

Com base em precedentes da Quarta Turma, o Banco do Brasil apresentou embargos de divergência, alegando que a decisão anterior havia confundido cédulas de crédito rural, comercial e industrial, cuja natureza é cambial e que são regidas por leis específicas, com os contratos bancários em geral, regidos pelo Código Civil.

O relator observou que, de fato, o STJ tinha jurisprudência firme no sentido de permitir a capitalização mensal em cédulas comerciais, industriais e rurais quando pactuada, entendimento firmado até mesmo pela Segunda Seção, que reúne os ministros das duas Turmas especializadas em direito privado. No entanto, recentemente, alguns acórdãos adotaram interpretação divergente. Ao dar provimento aos embargos do Banco do Brasil, a Seção restabeleceu a jurisprudência dominante".

É importante salientar que a Súmula 176 do S.T.J. estabelece que *é nula a cláusula contratual que sujeita o devedor à taxa de juros divulgada pela ANBID/CETIP"*, devendo ela ser substituída pela taxa média de captação por Certificados de Depósitos Bancários, com prazo de 60 (sessenta) dias, apurada pelo Banco Central do Brasil e divulgada por entidade pelo mesmo credenciada (Resp. 181.824/RJ, Rel. Ministro Barros Monteiro, Quarta Turma, julgado em 28.06.2001, DJ 06.05.2002. p. 294), pois, nos termos das razões esposadas no Resp n. 46.746/SC, de Relatoria do Ministro Ruy Rosado de Aguiar, é privativa a competência do Banco Central do Brasil para estipular taxas variáveis de crédito e financiamento.

Deve o demonstrativo de cálculo também indicar *o termo inicial e o termo final dos juros e da correção monetária utilizados*, bem como eventual *especificação dos eventuais descontos obrigatórios realizados, assim como a aplicação da cláusula penal se houver.*

A memória de cálculo acompanhará o mandado, podendo o executado impugná-la por meio de embargos à execução.

Deve-se fazer uma reflexão sobre o termo inicial e final da incidência da correção monetária e dos juros de mora.

Em relação à correção monetária, a partir de julho de 1994, com o advento do Plano Real, iniciou-se um processo de ruptura com a cultura inflacionária existente no país, especialmente nos anos de 1980 e 1990, estabelecendo uma nova ordem econômica. Esta nova ordem surge com a edição da Lei 8.880/94 e, principalmente, com a Lei 9.069, de 29 de junho de 1995 que dispôs sobre o Plano Real, estabelecendo regras e condições para as obrigações contraídas na nova moeda, inclusive no que se refere à questão de reajustamento contratual.

No Capítulo IV – Da Correção Monetária – o art. 27 da Lei 9.069/95 estabelece:

Art. 27. A correção, em virtude de disposição legal ou estipulação de negócio jurídico, da expressão monetária de obrigação pecuniária contraída a partir de 1º de julho de 1994, inclusive, somente poderá dar-se pela variação acumulada do Índice de Preços ao Consumidor, Série r – IPC-r.

§ 1º O disposto neste artigo não se aplica:

I – às operações e contratos de que tratam o Decreto-lei nº 857, de 11 de setembro de 1969, e o art. 6º da Lei nº 8.880, de 27 de maio de 1994;

II – aos contratos pelos quais a empresa se obrigue a vender bens para entrega futura, prestar ou fornecer serviços a serem produzidos, cujo preço poderá ser reajustado em função do custo de produção ou da variação de índice que reflita a variação ponderada dos custos dos insumos utilizados;

III – às hipóteses tratadas em lei especial.

§ 2º Considerar-se-á de nenhum efeito a estipulação, a partir de 1º de julho de 1994, de correção monetária em desacordo com o estabelecido neste artigo.

§ 3º Nos contratos celebrados ou convertidos em URV, em que haja cláusula de correção monetária por índice de preços ou por índice que reflita a variação ponderada dos custos dos insumos utilizados, o cálculo desses índices, para efeitos de reajuste, deverá ser nesta moeda até a emissão do REAL e, daí em diante, em REAL, observado o art. 38 da Lei nº 8.880, de 27 de maio de 1994.

§ 4º A correção monetária dos contratos convertidos na forma do art. 21 desta Lei será apurada somente a partir do primeiro aniversário da obrigação, posterior à sua conversão em REAIS.

§ 5º A Taxa Referencial – TR somente poderá ser utilizada nas operações realizadas nos mercados financeiros, de valores mobiliários, de seguros, de previdência privada, de capitalização e de futuros.

§ 6º Continua aplicável aos débitos trabalhistas o disposto no art. 39 da Lei nº 8.177, de 1º de março de 1991.

Art. 28. Nos contratos celebrados ou convertidos em REAL com cláusula de correção monetária por índices de preço ou por índice que reflita a variação ponderada dos custos dos insumos utilizados, a periodicidade de aplicação dessas cláusulas será anual.

§ 1º É nula de pleno direito e não surtirá nenhum efeito cláusula de correção monetária cuja periodicidade seja inferior a um ano.

§ 2º O disposto neste artigo aplica-se às obrigações convertidas ou contratadas em URV até 27 de maio de 1994 e às convertidas em REAL.

§ 3º A periodicidade de que trata o caput deste artigo será contada a partir:

I – da conversão em REAL, no caso das obrigações ainda expressas em Cruzeiros Reais;

II – da conversão ou contratação em URV, no caso das obrigações expressas em URV contratadas até 27 de maio de 1994;

III – da contratação, no caso de obrigações contraídas após 1º de julho de 1994; e

IV – do último reajuste no caso de contratos de locação residencial.

§ 4º O disposto neste artigo não se aplica:

I – às operações realizadas no mercado financeiro e no Sistema Financeiro de Habitação – SFH, por instituições financeiras e demais entidades autorizadas a funcionar pelo Banco Central do Brasil, bem assim no Sistema Brasileiro de Poupança e Empréstimo – SBPE e aos financiamentos habitacionais de entidades de previdência privada;

II – às operações e contratos de que tratam o Decreto-lei nº 857, de 1969, e o art. 6º da Lei nº 8.880, de 27 de maio de 1994.

§ 5º O Poder Executivo poderá reduzir a periodicidade de que trata esse artigo.

§ 6º O devedor, nos contratos com prazo superior a um ano, poderá amortizar, total ou parcialmente, antecipadamente, o saldo devedor, desde que o faça com o seu valor atualizado pela variação acumulada do índice contratual ou do IPC-r até a data do pagamento.

§ 7º Nas obrigações em Cruzeiros Reais, contraídas antes de 15 de março de 1994 e não convertidas em URV, o credor poderá exigir, decorrido um ano da conversão para o REAL, ou no seu vencimento final, se anterior, sua atualização na forma contratada, observadas as disposições desta Lei, abatidos os pagamentos, também atualizados, eventualmente efetuados no período.

Observa-se, portanto, que pela nova sistemática de correção de contratos ou por imposição legal, a correção somente poderá se verificar após um ano da data base da constituição da obrigação, sendo *nula de pleno direito e não surtindo nenhum efeito cláusula de correção monetária cuja periodicidade seja inferior a um ano* (art. 28, §1º da Lei 9.069/95).

A questão que se coloca é se com a instituição do plano real continua a existir a correção monetária da dívida na hipótese de inadimplemento ou atraso injustificado.

Parece que se deve distinguir o regime de indexação relativo ao período anterior ao vencimento ou ao reajustamento normal do contrato com o período abrangido pela responsabilidade civil em razão do inadimplemento da obrigação, ou seja, a regra que proíbe reajustes para período inferior a doze meses não disciplina as consequências jurídicas do inadimplemento. Sobre a possibilidade de incidência de correção monetária em razão de inadimplemento, inclusive no âmbito do direito administrativo, eis a seguinte decisão do S.T.J.:

1. A correção monetária, com a implementação do "Plano Real", passou a ser calculada em períodos anuais, por força do inserto no art. 28 da Lei nº 9.069/95: "Art. 28. Nos contratos celebrados ou convertidos em REAL com cláusula de correção monetária por índices de preço ou por índice que reflita a variação ponderada dos custos dos insumos utilizados, a periodicidade de aplicação dessas cláusulas será anual." 2. O objetivo da norma foi postergar o cálculo da devida atualização para o fim do lapso temporal de um ano, minorando, assim, os efeitos negativos da antiga rotina brasileira de reajuste cotidiano dos preços, que impulsionava a combatida hiperinflação. Não há falar, assim, que a norma teve o condão de extirpar do ordenamento jurídico brasileiro, durante sua vigência, a incidência da correção monetária quando do adimplemento a destempo das obrigações contratuais assumidas, máxime porque assente na jurisprudência da Corte que evidentemente possível a atualização quando vencido o período anual. (Precedentes: REsp nº 160.504/RS, Quarta Turma, Rel. Min. Ruy Rosado de Aguiar, DJU de 16/08/1999; REsp nº 247.226/SP, Terceira Turma, Rel. Min. Humberto Gomes de Barros, DJU de 17/12/2004; REsp nº 815.385/SP, Quarta Turma, Rel. Min. Massami Uyeda, DJU 18/12/2006).

3. A MP nº 1.053/95, bem como sua reedição (MP nº 1.138/95), não tiveram o alcance de restabelecer a possibilidade de incidência de correção monetária sobre créditos, não honrados no respectivo prazo de vencimento, decorrentes de contrato, mesmo porque esta possibilidade nunca fora suprimida. Referidas normas tão-somente explicitaram que, a partir de então, restabelecida estava a possibilidade de se efetuar o cálculo da atualização monetária com base nos critérios antecedentes a Lei nº 9.069/95, especialmente no que se refere à periodicidade.

4. Ademais, a atualização monetária não se constitui em um plus, mas, tão-somente, na reposição do valor real da moeda.

5. Ação ordinária em que se discute a correção monetária incidente sobre créditos, não honrados no respectivo prazo de vencimento, decorrentes do Contrato Administrativo nº 2.327/93, celebrado entre as partes para a execução de serviços técnicos de enge-

nharia para fiscalização, controle e administração das obras e serviços de construção do lote I da Rodovia Régis Bittencourt (BR 116), trecho 3, localizado entre o Km 289,9 e o Km 313,9.

6. Recurso especial desprovido.

(REsp 770.675/SP, Rel. Ministro LUIZ FUX, PRIMEIRA TURMA, julgado em 20/11/2007, DJ 17/12/2007, p. 126)

E a partir de quando incidem a correção monetária e os juros de mora?

Conforme estabelece o art. 394 do C.c.b., considera-se em mora o devedor que não efetuar o pagamento e o credor não quiser recebê-lo no tempo, lugar e forma que a lei ou a convenção estabelece.

Por sua vez, conforme determina o art. 395 do C.c.b., *"responde o devedor pelos prejuízos a que sua mora der causa, mais juros, atualização dos valores monetários segundo índices oficiais regularmente estabelecidos, e honorários de advogado"*.

Assim, este dispositivo, além de permitir a incidência de correção monetária na hipótese de mora do devedor, também estabelece qual o termo inicial de sua incidência, no caso, a partir do momento em que o devedor é *constituído em mora.*

A constituição em mora do devedor ocorre no momento em que se dá o *inadimplemento da obrigação, positiva e líquida, no seu termo* (art. 397 do C.c.b.). Portanto, no vencimento da obrigação positiva e líquida, inicia-se a correção monetária e os juros moratórios caso o devedor não a cumpra.

Não havendo termo, a mora se constitui mediante a *interpelação judicial ou extrajudicial* (art. 397, p.u. do C.c.b.). Nesse caso, não há termo definido para o vencimento da obrigação positiva e líquida, razão pela qual o credor deverá interpelar judicialmente ou extrajudicialmente o devedor para que cumpra a obrigação representada pelo título.

O Código Civil brasileiro ressalva a hipótese dos atos ilícitos, declarando que nesse caso considera-se em mora o devedor desde o dia em que o praticou (art. 398 do C.c.b.). Sobre o tema, eis o teor da Súmula n. 43 do S.T.J.: *"Incide correção monetária sobre dívida por ato ilícito a partir do efetivo prejuízo"*.

Poderá o devedor, na hipótese de obrigação positiva ou líquida sem prazo definido, ser constituído em mora também pela citação válida, conforme estabelece o art. 238 do atual C.P.C.

Conforme assevera Orlando Gomes:[213]

[213] GOMES, Orlando. *Obrigações.* 17ª ed. Rio de Janeiro: Forense, 2007. p. 203.

Para se determinar o exato momento em que o devedor incorre em mora, é da maior importância saber quando ocorre o vencimento. Nas obrigações que devem ser cumpridas 'dies certus an certus quando', *não há dificuldade: o vencimento se verifica com a superveniência do termo. Naquelas, em que não é fixado mediante tal cláusula, exige-se aviso ao devedor pelo credor, denominado* interpelação – 'interpellatio'. *A rigor, a mora não se constitui pelo simples* vencimento. *Em princípio, ocorre no momento em que o credor manifesta o propósito de cobrar a dívida, seja ao se vencer, seja depois de vencida. Por isso, incluem alguns, entre os* pressupostos da *mora, esta certeza, por parte do devedor, de que o credor quer ser satisfeito prontamente. Subentende-se, no caso das obrigações com vencimento para dia certo, que a interpelação é dispensável, pois sabe o devedor, desde o momento em que as contraiu, que o credor tem interesse em que o pagamento se realize na data aprazada, mas até para essas obrigações, algumas legislações exigem a* interpelação".

É certo que no demonstrativo de débito devem ser inseridos o termo inicial e final da correção monetária e dos juros de mora, inclusive para que se possa, no momento da interposição da demanda executiva, configurar uma dívida líquida e certa.

Contudo, muito embora o exequente calcule a correção monetária e os juros de mora até a data do ingresso da demanda executiva, isso não significa que a partir do protocolo da petição inicial do processo executivo deixe a dívida de ser corrigida ou de que não haverá mais incidência de juros de mora.

Não há dúvida de que mesmo após a propositura da demanda executiva, a dívida continuará a ser corrigida e os juros de mora continuarão a incidir até o efetivo pagamento do débito.

Muito se discute se após a propositura da demanda executiva os juros de mora e os encargos previstos no contrato incidem até o protocolo da petição inicial ou até o efetivo pagamento.

Para alguns, após a propositura da demanda executiva, os encargos não serão mais os contratuais, mas somente os legais.

Apesar do conflito de entendimento, o S.T.J tem se inclinado pela aplicação dos encargos contratuais até o efetivo pagamento do débito. Nesse sentido, eis os seguintes precedentes:

1. Admite-se a comissão de permanência durante o período de inadimplemento contratual, à taxa média dos juros de mercado, limitada ao percentual fixado no contrato, desde que não cumulada com a correção monetária, com os juros remuneratórios e moratórios, nem com a multa contratual.

2. Havendo inadimplência, o termo final para a cobrança dos encargos contratados, entre os quais os juros remuneratórios, é o efetivo pagamento do débito.

2. A norma contida no art. 21 do CPC estabelece a divisão dos ônus de sucumbência de forma recíproca e proporcional entre vencido e vencedor, não significando, contudo, que essa divisão tenha de se ater exatamente ao percentual de sucumbência de cada parte.

3. Agravo regimental desprovido.

(AgRg no REsp 747.729/PR, Rel. Ministro PAULO DE TARSO SANSEVERINO, TERCEIRA TURMA, julgado em 19/10/2010, DJe 03/11/2010)

I. Não padece de nulidade acórdão que enfrenta a controvérsia fática, apenas que desfavoravelmente à pretensão do recorrente.

II. Ausência de vedação legal para utilização da TR como indexador de contrato de crédito bancário, desde que livremente pactuada, o que não ocorre no caso dos autos.

III. Inobstante a possibilidade da cobrança da comissão de permanência em contratos estabelecidos pelos bancos, a cédula de crédito industrial tem disciplina específica no Decreto-lei n. 413/69, art. 5º, parágrafo único, e art. 58, que prevê somente a cobrança de juros e multa no caso de inadimplemento.

IV. Havendo inadimplência, admite-se a cobrança dos encargos contratados até o efetivo pagamento, e não, limitadamente, ao ajuizamento da ação executiva. Precedentes.

V. Recurso especial conhecido em parte e, nessa parte, parcialmente provido.

(REsp 453.816/SP, Rel. Ministro ALDIR PASSARINHO JUNIOR, QUARTA TURMA, julgado em 24/09/2002, DJ 09/12/2002, p. 356)

Por fim, o S.T.J., com base na sua Súmula 294, estabeleceu que é entendimento firme da jurisprudência de que a comissão de permanência pode ser aplicada, desde que sem cumulação com juros remuneratórios e moratórios, multa e correção monetária. Eis, nesse sentido, os seguintes precedentes:

1. A jurisprudência do STJ firmou seu posicionamento no sentido de que em não havendo pacto de juros remuneratórios, prevalece a taxa média de mercado (SEGUNDA SEÇÃO, REsp 1112880/PR, Rel. Min. Nancy Andrighi, DJe 19.5.2010).

2. Nos termos das Súmulas 30, 294 e 296 do STJ, a comissão de permanência é inacumulável com os demais encargos da mora.

3. Agravo regimental parcialmente provido para permitir a cobrança dos juros remuneratórios à taxa média de mercado.

(AgRg no Ag 1095350/SE, Rel. Ministra MARIA ISABEL GALLOTTI, QUARTA TURMA, julgado em 06/10/2011, DJe 13/10/2011)

1 – A análise da legalidade da cobrança de comissão de permanência e de juros remuneratórios acima do patamar de 12% ao ano, não encontra óbice nas súmulas 7/ STJ, posto tratar-se de matéria de direito, já pacificada nos termos das Súmula 294 e 382 do STJ, respectivamente.

2 – Ausente o prequestionamento das matérias relativas à cumulação da comissão de permanência com encargos moratórios, bem como da ausência de vigência e de inconstitucionalidade da MP 1963-17/2000, porquanto não apreciadas pelo julgado recorrido, inviável o seu conhecimento. Incide, na espécie, as súmulas 282 e 356/STF.

3 – Face o disposto na Lei 4.595/64, inaplicável a limitação dos juros remuneratórios nos contratos celebrados com instituições integrantes do Sistema Financeiro Nacional, (súmula 596/STF), salvo nas hipóteses previstas em legislação específica.

4 – A comissão de permanência, limitada à taxa média dos juros de mercado, apurada pelo BACEN, e adstrita à taxa contratada para a normalidade, é devida para a inadimplência, desde que não cumulada com correção monetária, juros remuneratórios, moratórios e multa (súmulas 30, 294 e 296 /STJ).

5 – AGRAVO REGIMENTAL A QUE SE NEGA PROVIMENTO.

(AgRg no REsp 927.064/RS, Rel. Ministro PAULO DE TARSO SANSEVERINO, TERCEIRA TURMA, julgado em 28/06/2011, DJe 01/07/2011)

Art. 799

Incumbe ainda ao exequente:

I – requerer a intimação do credor pignoratício, hipotecário, anticrético ou fiduciário, quando a penhora recair sobre bens gravados por penhor, hipoteca, anticrese ou alienação fiduciária;

II – requerer a intimação do titular de usufruto, uso ou habitação, quando a penhora recair sobre bem gravado por usufruto, uso ou habitação;

III – requerer a intimação do promitente comprador, quando a penhora recair sobre bem em relação ao qual haja promessa de compra e venda registrada;

IV – requerer a intimação do promitente vendedor, quando a penhora recair sobre direito aquisitivo derivado de promessa de compra e venda registrada;

V – requerer a intimação do superficiário, enfiteuta ou concessionário, em caso de direito de superfície, enfiteuse, concessão de uso especial para fins de moradia ou concessão de direito real de uso, quando a penhora recair sobre imóvel submetido ao regime do direito de superfície, enfiteuse ou concessão;

VI – requerer a intimação do proprietário do terreno com regime de direito de superfície, enfiteuse, concessão de uso especial para fins de moradia ou concessão de direito real de uso, quando a penhora recair sobre direitos do superficiário, do enfiteuta ou do concessionário;

VII – requerer a intimação da sociedade, no caso de penhora de quota social ou de ação de sociedade anônima fechada, para o fim previsto no art. 876, § 7º;

VIII – pleitear, se for o caso, medidas urgentes;

IX – proceder à averbação em registro público do ato de propositura da execução e dos atos de constrição realizados, para conhecimento de terceiros.

Intimação de terceiros detentores de direitos reais

O credor/exequente, além de promover a execução mediante apresentação de uma petição inicial que preencha os requisitos do art. 798, deverá requerer a intimação de terceiros, caso a penhora recaia sobre bem objeto de direito real concedido a terceiro não envolvido no âmbito da execução.

Se o bem penhorado for gravado com penhor, hipoteca, anticrese ou alienação fiduciária, deverá ser requerida a intimação do credor pignoratício, hipotecário, anticrético ou fiduciário.

Deverá ser intimado, também, o titular de usufruto, uso ou habitação, quando a penhora recair sobre bem gravado por usufruto, uso ou habitação.

Já era entendimento de Pontes de Miranda que a intimação também deveria ser feita ao *usuário, ao titular de direito real de habitação e ao titular de direito de servidão"*.[214]

Já a intimação do usufrutuário, conforme ensina Alcides de Mendonça Lima, "*não tem o mesmo alcance das outras, porque esse titular é estranho ao domínio, mas, apenas, se vincula à renda. Ele poderá ter interesse, porém, em adquirir a nua propriedade, para nele consolidar-se o domínio; ou para saber quem será o novo nu-proprietário, para as devidas relações futuras. Outra vantagem parece não existir"*.[215]

O exequente deverá igualmente requerer a intimação do promitente comprador, quando a penhora recair sobre bem em relação ao qual haja promessa de compra e venda registrada, ou a intimação do promitente vendedor, quando a

[214] Pontes de Miranda. *Comentários ao C.P.C. de 1973. Vol. X.* Rio de Janeiro: Forense, s/d. p. 22.

[215] Lima, A. M., op. cit., p. 729.

penhora recair sobre direito aquisitivo derivado de promessa de compra e venda registrada.

Também deverá o exequente requerer a intimação do superficiário, enfiteuta ou concessionário, em caso de direito de superfície, enfiteuse, concessão de uso especial para fins de moradia ou concessão de direito real de uso, quando a penhora recair sobre imóvel submetido ao regime do direito de superfície, enfiteuse ou concessão, ou requerer a intimação do proprietário do terreno com regime de direito de superfície, enfiteuse, concessão de uso especial para fins de moradia ou concessão de direito real de uso, quando a penhora recair sobre direitos do superficiário, do enfiteuta ou do concessionário.

Trata-se de específica intimação de terceiro para lhe dar ciência sobre eventual penhora de bem que está sujeito a direito real.

Com a intimação dos detentores de direito real, poderá ser arguido eventual direito de preferência, pois, mesmo com a alienação do bem, o gravame não desaparece em face do direito de sequela, previsto no art. 1.419 do C.c.b.: "*nas dívidas garantidas por penhor, anticrese ou hipoteca, o bem dado em garantia fica sujeito, por vínculo real, ao cumprimento da obrigação*".

Além do mais, conforme estabelece o art. 1422 do C.c.b., o credor hipotecário e o pignoratício têm o direito de excutir a coisa hipotecada ou empenhada, e preferir, no pagamento, a outros credores, observada, quanto à hipoteca, a prioridade no registro.

Já o credor anticrético tem direito de reter em seu poder o bem, enquanto a dívida não for paga (art. 1.424 do C.c.b.).

É importante salientar que esse dispositivo determina a intimação do terceiro logo que efetuada a penhora do bem gravado com penhor, hipoteca, anticrese ou usufruto.

De qualquer sorte, se não houver a intimação dos detentores de direito real sobre o bem objeto da execução, eventual alienação do bem será nula, conforme já teve oportunidade de afirmar o S.T.J.:

> *I – Conforme entendimento firmado no âmbito desta Corte Superior, é necessária a intimação do credor hipotecário da realização da praça do bem imóvel dado em garantia, sob pena de nulidade da arrematação.*
>
> *Precedentes: REsp nº 739.197/DF, Rel. Min. LAURITA VAZ, DJe de 08/02/2010; e REsp nº 397.899/AL, Rel. Min. FRANCIULLI NETTO, DJ de 31/03/2003.*
>
> *II – Agravo regimental improvido.*
>
> (AgRg nos EDcl no AREsp 116.955/SP, Rel. Ministro FRANCISCO FALCÃO, PRIMEIRA TURMA, julgado em 28/08/2012, DJe 09/10/2012).

I – Conforme a regra geral (CPC, art. 711), o primeiro no tempo tem preferência no direito – prior in tempore, potior in iure -.

Ressalva foi feita, todavia, à existência de título legal à preferência, o que vale dizer que o produto da arrematação só deve ser distribuído com observância da anterioridade das penhoras (título de preferência decorrente de direito processual) se inexistir preferência fundada em direito material (como a decorrente de hipoteca ou crédito trabalhista).

II – Desse modo, o credor hipotecário, embora não tenha proposto ação de execução, pode exercer sua preferência nos autos de execução ajuizada por terceiro, uma vez que não é possível sobrepor uma preferência de direito processual a uma de direito material.

III – No caso em análise, a prevalência do direito de preferência do Banco Bandeirantes decorre da sua condição de credor hipotecário, independentemente da propositura de processo executivo, razão pela qual não faz sentido que, a despeito de ter assegurada a preferência de seu crédito, seja mantida a higidez da alienação promovida pelo Banco do Brasil, ora agravante, em relação ao devedor hipotecante e a terceiros, sendo acertada, pois, a conclusão do Acórdão recorrido que, ante a ausência de intimação pessoal do credor hipotecário, deliberou pela nulidade da arrematação.

IV – Agravo Regimental improvido.

(AgRg nos EDcl no REsp 775.723/SP, Rel. Ministro SIDNEI BENETI, TERCEIRA TURMA, julgado em 20/05/2010, DJe 09/06/2010)

Há outro entendimento dentro do próprio S.T.J. que não fala de nulidade da arrematação, mas de sua ineficácia perante os credores com direito ou garantia real. Nesse sentido, é o seguinte precedente:

1. A indisponibilidade de que trata o art. 53, § 1º, da Lei 8.212/91 refere-se à inviabilidade da alienação, pelo executado, do bem penhorado em execução movida pela Fazenda Pública, o que não impede recaia nova penhora sobre o mesmo bem, em outra execução.

Precedentes.

2. Não há impedimento algum a que sobre o mesmo bem recaia nova penhora, desde que garantido o crédito da Fazenda Nacional.

Precedentes.

3. A arrematação levada a efeito sem intimação do credor hipotecário é inoperante relativamente a este, não obstante eficaz entre executado e arrematante. Precedentes.

4. Decorrido considerável lapso temporal entre a avaliação e a hasta pública, a rigor deve-se proceder à reavaliação do bem penhorado.

Para tanto, porém, é imprescindível que a parte traga elementos capazes de demonstrar a efetiva necessidade dessa reavaliação.

Exegese do art. 683, II, do CPC.
5. Recurso especial provido.
(REsp 1269474/SP, Rel. Ministra NANCY ANDRIGHI, TERCEIRA TURMA, julgado em 06/12/2011, DJe 13/12/2011).

A intimação do senhorio direto, no caso de *enfiteuse* (ainda existente), do credor pignoratício, hipotecário, anticrético ou usufrutuário, quando *a penhora recair sobre bens gravados por penhor, hipoteca, anticrese ou usufruto*, deverá ocorrer logo que recaia a penhora sobre esses bens, ou de imediato quando o exequente, logo com a petição inicial, indique estes bens à penhora. Aliás, se há nos autos documento que já revele a existência dessa espécie de bens, o juiz deverá determinar a intimação dos credores de ofício.

Na concepção de Alcides Mendonça Lima, se a intimação já ocorrer no início da execução, inclusive do senhorio direto, será dispensada no momento da alienação.[216]

Penso que o código estabeleceu dois momentos específicos para a intimação dos credores com garantia real ou do senhorio direto. Uma quando da indicação ou penhora do bem gravado, outra cinco dias antes da alienação. Em regra, uma não supre outra. É certo que, se falta a intimação do credor com garantia real ou do senhorio direto na primeira hipótese, somente será declarada nula a execução ou a ineficácia da alienação caso haja efetivo prejuízo ao credor.

Já se faltar a intimação com antecedência mínima de cinco dias da alienação, em tese o prejuízo estará configurado, razão pela qual a alienação será ineficaz em relação ao senhorio direto e ao credor com garantia real.

Além do mais, é importante salientar que ao credor *quirografário* somente se mostra lícito penhorar o bem gravado em se verificando a inexistência de outros bens livres no patrimônio do devedor comum. Caso contrário, o credor com garantia real poderá defender o bem gravado por meio de embargos de terceiro para o fim de obstar a constrição.

O S.T.J. já teve oportunidade de se manifestar no sentido de que a falta de intimação do senhorio direto ou dos credores com garantia real, em casos especiais, como é o do crédito tributário exigido por meio de execução fiscal, somente ensejará ineficácia da alienação se houver demonstração de prejuízo. Nesse sentido, é o seguinte precedente do S.T.J.:

216 Lima, A. M., idem, p. 752.

1. A alienação de bem gravado com hipoteca sem intimação do titular do direito real importa, em princípio, a possibilidade a este de requerer o desfazimento da arrematação, ou, caso não a queira, a subsistência do ônus em face do credor hipotecário. Trata-se de mecanismo de preservação da preferência legal de que desfruta o credo titular de direito real de garantia frente ao credor quirografário.

2. O caso concreto, porém, apresenta relevante particularidade: a arrematação que o credor hipotecário pretende desfazer foi realizada em sede de execução fiscal. O credor com penhora, nessa hipótese, além de não ser quirografário, possui crédito que 'prefere a qualquer outro, seja qual for a natureza ou o tempo da constituição deste, ressalvados os créditos decorrentes de legislação do trabalho (CTN, art. 186).

Diante da preferência do crédito tributário sobre o crédito hipotecário, e uma vez certificada a inexistência de outros bens penhoráveis, e mesmo a insuficiência do valor do bem constrito para satisfazer o débito fiscal, conclui-se não haver qualquer sentido prático na decretação de nulidade da alienação. Trata-se de medida que nenhum proveito traria ao credor hipotecário, obrigado a realizar novo leilão, cujo produto, de qualquer sorte, teria de ser destinado à satisfação do crédito tributário".

(Resp. n. 440.111/RS, Relator Min. Teori Albino Zavascki).

Deverá ser intimado, também, nos termos do inc. VII do art. 799 do atual C.P.C., a sociedade, no caso de penhora de quota social ou de ação de sociedade anônima fechada, para os fins previstos no art. 876, § 7º.

No caso de penhora de quota social ou ação de sociedade anônima fechada, a própria sociedade será intimada, ficando responsável por informar aos sócios a ocorrência da penhora, assegurando-se a estes a preferência.

Conforme estabelece o inc. VIII do art. 799 do atual C.P.C., cumpre ainda ao credor requerer a tutela provisória de urgência antecipada ou cautelar, se for o caso.

É necessário diferenciar-se execução para segurança da segurança para a execução.

Trata-se de concessão no âmbito do processo de execução das medidas urgentes satisfativas ou cautelares.

Nesse caso, o juiz poderá determinar as medidas que considerar adequadas quando houver fundado receio de que uma parte, antes do julgamento da lide, cause ao direito de outra lesão grave e de difícil reparação.

A tutela de urgência, satisfativa ou cautelar, será concedida quando forem demonstrados elementos que evidenciem a plausibilidade do direito, bem com o risco de dano irreparável ou de difícil reparação na prestação da tutela jurisdicional.

Dentre as medidas de urgência cautelar que podem ser requeridas pelo credor logo no início da execução, podemos citar: a) busca e apreensão; b) indisponibilidade de bens (inserção no prontuário do veículo, impedimento de alienação); c) quebra de sigilo fiscal, bancário etc.

Para alguns, o próprio arresto feito pelo oficial de justiça ao não encontrar o devedor para citação caracteriza uma tutela de urgência cautelar. Também considera-se uma medida de urgência cautelar o sequestro inicial do bem que será objeto de execução para entrega de coisa.

É também possível a concessão de medidas de urgência satisfativa no âmbito do processo de execução, como, por exemplo, nas execuções de alimentos em que o juiz libera de plano algum valor do montante apreendido para que o credor possa manter a sua sobrevivência. Há, também, a alienação prévia de bens sujeitos a deterioração, ou para se aproveitar condições favoráveis de mercado.

Incumbe, ainda, ao exequente, nos termos do inc. IX do art. 799 do atual C.P.C., *proceder à averbação em registro público do ato de propositura da execução e dos atos de constrição realizados, para conhecimento de terceiros.*

Preceito idêntico encontra-se no art. 828 do atual C.P.C., especificamente em relação à execução por quantia certa:

> *Art. 828. O exequente poderá obter certidão de que a execução foi admitida pelo juiz, com identificação das partes e do valor da causa, para fins de averbação no registro de imóveis, de veículos ou de outros bens sujeitos a penhora, arresto ou indisponibilidade.*
>
> *§ 1º No prazo de 10 (dez) dias de sua concretização, o exequente deverá comunicar ao juízo as averbações efetivadas.*
>
> *§ 2º Formalizada penhora sobre bens suficientes para cobrir o valor da dívida, o exequente providenciará, no prazo de 10 (dez) dias, o cancelamento das averbações relativas àqueles não penhorados.*
>
> *§ 3º O juiz determinará o cancelamento das averbações, de ofício ou a requerimento, caso o exequente não o faça no prazo.*
>
> *§ 4º Presume-se em fraude à execução a alienação ou a oneração de bens efetuada após a averbação.*
>
> *§ 5º O exequente que promover averbação manifestamente indevida ou não cancelar as averbações nos termos do § 2º indenizará a parte contrária, processando-se o incidente em autos apartados.*

O registro da certidão expedida pelo cartório de distribuição torna-se ainda mais necessário em face do que dispõe o art. 54 da Lei 13.097/2015, a saber:

Art. 54. Os negócios jurídicos que tenham por fim constituir, transferir ou modificar direitos reais sobre imóveis são eficazes em relação a atos jurídicos precedentes, nas hipóteses em que não tenham sido registradas ou averbadas na matrícula do imóvel as seguintes informações: (Vigência)

I – registro de citação de ações reais ou pessoais reipersecutórias;

II – averbação, por solicitação do interessado, de constrição judicial, do ajuizamento de ação de execução ou de fase de cumprimento de sentença, procedendo-se nos termos previstos do art. 615-A da Lei nº 5.869, de 11 de janeiro de 1973 – Código de Processo Civil;

III – averbação de restrição administrativa ou convencional ao gozo de direitos registrados, de indisponibilidade ou de outros ônus quando previstos em lei; e

IV – averbação, mediante decisão judicial, da existência de outro tipo de ação cujos resultados ou responsabilidade patrimonial possam reduzir seu proprietário à insolvência, nos termos do inciso II do art. 593 da Lei nº 5.869, de 11 de janeiro de 1973 – Código de Processo Civil.

Parágrafo único. Não poderão ser opostas situações jurídicas não constantes da matrícula no Registro de Imóveis, inclusive para fins de evicção, ao terceiro de boa-fé que adquirir ou receber em garantia direitos reais sobre o imóvel, ressalvados o disposto nos arts. 129 e 130 da Lei nº 11.101, de 9 de fevereiro de 2005, e as hipóteses de aquisição e extinção da propriedade que independam de registro de título de imóvel.

Este dispositivo permite que o credor/exequente, mediante solicitação de uma certidão junto ao Cartório ou à Vara Federal respectiva, promova a averbação em registro público, para conhecimento de terceiros, do ato de ajuizamento da execução, assim como dos atos de constrição realizados.

A importância de o exequente/credor promover a averbação desse registro é justamente para se garantir de eventual *fraude à execução*, nos termos do art. 792, inc. II, do atual C.P.C., *in verbis*:

"Art. 792. A alienação ou a oneração de bem é considerada fraude à execução:

II – quando tiver sido averbada, no registro do bem, a pendência do processo de execução, na forma do art. 828.

Por isso, uma vez averbada a propositura da demanda ou eventual constrição judicial que possa ter incidido sobre o bem, qualquer alienação ou oneração do bem a *posteriori* caracteriza fraude à execução, sendo essa disponibilidade *ineficaz* em relação ao credor/exequente.

É certo que, em relação a bens que não disponham de registro, incumbe ao terceiro adquirente comprovar que adotou as cautelas necessárias para a aquisição, mediante a exibição das certidões pertinentes, obtidas no domicílio do vendedor.

Art. 800

Nas obrigações alternativas, quando a escolha couber ao devedor, esse será citado para exercer a opção e realizar a prestação dentro de 10 (dez) dias, se outro prazo não lhe foi determinado em lei ou em contrato.

§ 1º Devolver-se-á ao credor a opção, se o devedor não a exercer no prazo determinado.

§ 2º A escolha será indicada na petição inicial da execução quando couber ao credor exercê-la.

Obrigações alternativas – escolha da prestação

As *obrigações alternativas* são reguladas nos arts. 252 a 256 do C.c.b., a saber:

Art. 252. Nas obrigações alternativas, a escolha cabe ao devedor, se outra coisa não se estipulou.

§ 1º Não pode o devedor obrigar o credor a receber parte em uma prestação e parte em outra.

§ 2º Quando a obrigação for de prestações periódicas, a faculdade de opção poderá ser exercida em cada período.

§ 3º No caso de pluralidade de optantes, não havendo acordo unânime entre eles, decidirá o juiz, findo o prazo por este assinado para a deliberação.

§ 4º Se o título deferir a opção a terceiro, e este não quiser, ou não puder exercê-la, caberá ao juiz a escolha se não houver acordo entre as partes.

Art. 253. Se uma das duas prestações não puder ser objeto de obrigação ou se tornada inexeqüível, subsistirá o débito quanto à outra.

Art. 254. Se, por culpa do devedor, não se puder cumprir nenhuma das prestações, não competindo ao credor a escolha, ficará aquele obrigado a pagar o valor da que por último se impossibilitou, mais as perdas e danos que o caso determinar.

Art. 255. Quando a escolha couber ao credor e uma das prestações tornar-se impossível por culpa do devedor, o credor terá direito de exigir a prestação subsistente ou o valor da outra, com perdas e danos; se, por culpa do devedor, ambas as prestações se tornarem inexeqüíveis, poderá o credor reclamar o valor de qualquer das duas, além da indenização por perdas e danos.

Art. 256. Se todas as prestações se tornarem impossíveis sem culpa do devedor, extinguir-se-á a obrigação.

Toda obrigação poderá se tornar alternativa quando for da *vontade* do credor, ou da do devedor, ou da de terceiro, que decide qual das duas ou mais prestações deve ser cumprida. Ficam excluídos aqueles casos em que não há alternância das prestações decidíveis pela escolha, e sim pelo advento de alguma circunstância, por exemplo, quando um objeto deveria ser prestado e, se não o for, outro deve substituí-lo (perdas e danos, valor da coisa entregue ao reivindicante). Nessa hipótese, o art. 800 do atual C.P.C. não incide.[217]

Nas obrigações alternativas, a indeterminação diz respeito ao conteúdo (há mais de um objeto que a pode determinar) e não à obrigação em si, por isso não se trata de obrigação condicional. A prestação é como uma *cápsula* que um desses objetos vai preencher. Cada um dos objetos pode ser indicado individualmente (coisa certa) ou pelo gênero (quantia certa, em espécie).[218]

Não há alternatividade quando o contrato diz: *"entregar o animal 'a', se estiver vivo, ou se não desapareceu, ou o valor 'b', se morreu ou desapareceu', não há alternatividade das prestações, o que há é substituição"*.[219]

Percebe-se, pois, que é o direito material que indica a quem compete realizar a escolha de obrigações alternativas, enquanto que o art. 800 do atual C.P.C. estabelece a forma da execução.

Se compete ao devedor realizar a escolha do conteúdo da prestação, este será citado para em um único ato exercer a escolha e realizar a prestação no prazo de dez dias. Se o devedor faz a opção, mas não realiza a prestação, a execução prossegue com a execução, expedindo-se mandado de penhora, de imissão de posse, de busca apreensão, ou ainda de pagamento de multa ou perdas e danos.

Sobre o tema, anota Pontes de Miranda: *"O devedor é citado para optar (escolher) e prestar. Ou opta e presta, ou opta e não presta, ou nem opta nem presta. Se tivesse prestado, implicitamente teria optado. Se não optou, a opção passa ao credor, se optou e não prestou, está citado para prestar, e a ação executiva prossegue porque já se angularizou a relação jurídica"*.[220]

A escolha tem natureza de *ato unilateral de vontade*, sem necessidade de aceitação do credor. A opção pode ser realizada por escrito ou perante o escrivão ou chefe de secretaria, mediante lavratura de termo nos autos.

Com a escolha, a indeterminação e a alternatividade desaparecem.

[217] Pontes de Miranda. *Comentários ao código de processo civil* de 1973. Tomo IX (arts. 566-611). Rio de Janeiro: Forense, 1976. p. 119 e 120.

[218] Pontes de Miranda, idem, p. 120.

[219] Pontes de Miranda, idem, p. 128.

[220] Pontes de Miranda, idem, p. 122 e 126.

Se a lei ou o contrato estabelece outro prazo para que o devedor faça a escolha, deverá prevalecer o prazo legal ou contratual e não o prazo processual, conforme determina a parte final do art. 800 do atual C.P.C.

O fato de o devedor realizar a escolha do conteúdo da obrigação não caracteriza renúncia ao seu direito de defesa, podendo ele, após a escolha e o depósito do bem, ingressar com embargos à execução.[221]

Em relação à escolha por terceiro, estabelece o art. 252, §4º do C.c.b.: *Se o título deferir a opção a terceiro, e este não quiser, ou não puder exercê-la, caberá ao juiz a escolha se não houver acordo entre as partes.*

Havendo indicação no título ou na lei que a escolha compete a um terceiro, este deverá ser intimado pelo juiz para que exerça a opção, a fim de que o devedor, que será devidamente citado posteriormente, realize a prestação. Se não há prazo fixado pela lei ou pelo contrato para a opção do terceiro, este deverá realizá-la no prazo de dez dias conforme estabelece o *caput* do art. 800 do atual C.P.C.

Se o terceiro não quiser ou não puder realizar a escolha, caberá ao juiz fazê-la, se não houver acordo entre as partes.

Se a escolha couber a um ou a alguns dos devedores litisconsortes e não a terceiros, a escolha por um ou por alguns é eficaz para todos, bem assim a omissão no escolher. Se a escolha era de um ou de alguns, os outros não podem escolher. Na hipótese de a lei ou do contrato não ter previsto qual dos litisconsortes deveria realizar a opção, a solução é de se considerar necessária a declaração de todos. Se um escolheu e os outros permaneceram em silêncio, deve-se considerar como aceitação tácita. Se há divergência ou empate, a escolha passa ao credor.[222]

Estabelece o *§1º do art. 800* do atual C.P.C.: *Devolver-se-á ao credor a opção, se o devedor não a exercer no prazo determinado.*

Se o executado não fez a opção no prazo estabelecido no contrato ou na lei, ou nos dez dias estabelecidos no *caput* do art. 800, essa manifestação de vontade devolver-se-á ao credor. Nessa hipótese, o executado perdeu o direito de realizar a escolha do conteúdo da prestação, passando esse direito ao credor. Assim, não procede a afirmação do dispositivo que diz que a opção *devolve-se* ao credor, pois o credor não tinha originalmente essa faculdade contratual ou legal.

Prescreve o *§2º do art. 800* do atual C.P.C. que *a escolha será indicada na petição inicial da execução quando couber ao credor exercê-la.*

[221] Pontes de Miranda, idem, p. 123.

[222] Pontes de Miranda, idem, p. 124.

Pode o contrato ou a lei estabelecer que a escolha da obrigação alternativa compete ao credor. Nesse caso, o credor deverá realizá-la na petição inicial do processo de execução.

Não há prazo para o credor realizar a opção. Assim, se a obrigação é de coisa certa, ou de gênero, ou de outra natureza, a citação do devedor deverá ser realizada de acordo com cada espécie de execução.

Se a escolha cabia a um ou a alguns dos credores, e estes se recusam a escolher, ensina Pontes de Miranda, *"havemos de entender que, se o credor que tinha de escolher, ou os credores que tenha de escolher, se recusam, temos, por analogia, de considerar transferida ao devedor a escolha, se esse, ao ser citado, verifica que os credores não optaram"*.[223]

Quando a escolha couber ao credor e uma das prestações tornar-se impossível por culpa do devedor, o credor terá direito de exigir a prestação subsistente ou o valor da outra, com perdas e danos; se, por culpa do devedor, ambas as prestações se tornarem inexequíveis, poderá o credor reclamar o valor de qualquer das duas, além da indenização por perdas e danos (art. 255 do C.c.b.).

Se todas as prestações se tornarem impossíveis sem culpa do devedor, extinguir-se-á a obrigação (art. 256 do C.c.b.).

Sobre o tema, eis o seguinte precedente do S.T.J.:

> *1. Nas obrigações alternativas a escolha é a concentração da obrigação na prestação indicada, momento no qual torna-se simples, pelo que, apenas a escolhida poderá ser reclamada.*
>
> *2. Segundo dispõe o artigo 255 do Código Civil, se a escolha couber ao credor e uma das prestações houver perecido, pode escolher a outra ou optar pelo valor da perdida mais perdas e danos.*
>
> *3. Devedor de obrigação alternativa que grava com ônus reais imóvel que era objeto de possível escolha pelo credor, sem adverti-lo de tal hipótese, torna viciosa escolha, mormente quando não honrar a obrigação com credor hipotecário que, posteriormente, vem a executar a garantia.*
>
> *Assim, concentrada a obrigação em prestação inexigível por culpa do devedor, terá o credor o direito de exigir a prestação subsistente ou o valor da outra.*
>
> *4. Recurso especial conhecido e provido.*
>
> (REsp 1074323/SP, Rel. Ministro JOÃO OTÁVIO DE NORONHA, QUARTA TURMA, julgado em 22/06/2010, DJe 28/10/2010)

[223] Pontes de Miranda, idem, p. 125.

Art. 801

Verificando que a petição inicial está incompleta ou que não está acompanhada dos documentos indispensáveis à propositura da execução, o juiz determinará que o exequente a corrija, no prazo de 15 (quinze) dias, sob pena de indeferimento.

Emenda da petição inicial

Trata-se da mesma regra ditada no art. 321 do C.P.C. de 1973, que assim dispõe: *O juiz, ao verificar que a petição inicial não preenche os requisitos dos arts. 319 e 320 ou que apresenta defeitos e irregularidades capazes de dificultar o julgamento de mérito, determinará que o autor, no prazo de 15 (quinze) dias, a emende ou a complete, indicando com precisão o que deve ser corrigido ou completado.* O princípio norteador do art. 801 do atual C.P.C. é o da instrumentalidade das formas.

Conforme anota Alcides Mendonça Lima, *"somente por excesso de formalismo, a petição inicial (ou qualquer outro documento processual de comunicação das partes) pode ser indeferida por defeitos ou irregularidades, ou, por outro modo, quando os pressupostos processuais não se acham observado"*.[224] Assim, não se deve extinguir o processo executivo logo de início pela falta de completude da petição inicial apresentada. Este princípio recomenda que o juiz conceda um prazo para que o exequente emende a petição inicial ou a complete com os documentos indispensáveis para a propositura da demanda.

Muito embora o art. 801 do atual C.P.C. não o diga, deve o juiz também no procedimento executivo *indicar com precisão o que deve ser corrigido*, ou seja, o que falta na petição inicial (denominação completa das partes, valor da causa, pedido de citação do executado, indicar a espécie de execução que deseja aplicar etc.) ou qual documento necessário que não a acompanhou (o próprio título executivo, demonstrativo de débito, a prova de que a condição ou o termo se efetivou, a prova de que o credor adimpliu a contraprestação). A primeira hipótese diz respeito à situação interna da petição inicial, a segunda fala de sua situação externa.

Se o credor indicar uma espécie de execução diversa daquela permitida pela característica do título, nada impede que o juiz determine (respeitando o princípio da demanda)[225] a emenda da inicial para que haja a conversão do procedi-

[224] Lima, A. M., op. cit., p. 703.

[225] *"A tutela jurisdicional dos direitos está sempre condicionada a uma iniciativa da parte... A regra vale também para o processo de execução forçada"* (Verde, Giovanni; Capponi, Bruno. *Profili del processo civile* 3. Processo di esecuzione e procedimenti speciali . Napoli: Jovene Editore, 2006. p. 12.

mento, alterando-se as medidas executivas a serem empregadas. Isso pode ocorrer nas execuções de alimentos. Nesse sentido, é o seguinte precedente do S.T.J.:

> *Cédula de credito comercial. Execução. Procedimento adequado.*
>
> *Julgamento antecipado da lide. Pode o credor optar pelo processo comum de execução (art.585, n. vii, do cpc) ou pelo procedimento especial previsto no art. 41 do dec.-lei n. 413/69. Ausência, ademais, de prejuízo para o devedor em razão do rito adotado. Suficiente a prova documental, era permitido ao juiz decidir antecipadamente a causa.*
>
> *Recurso especial não conhecido.*
>
> (REsp 4911/MG, Rel. Ministro BARROS MONTEIRO, QUARTA TURMA, julgado em 09/04/1991, DJ 27/05/1991, p. 6967)

Contudo, conforme ensina Araken de Assis: *"diverso se afigura o caso de o credor necessitar alterar a própria função processual. Existem diferenças estruturais profundas no concernente à função. Elas impossibilitam a conversão. O próprio pedido mediato se transformaria radicalmente, acentua Calmon de Passos, recebendo aplauso de Theodoro Jr., o que veda a modificação. Assim, se o credor propõe demanda executória, na ilusão de que dispõe de título executivo, e o juiz entende que o documento oferecido não se enquadra no catálogo legal, a conversão do procedimento impróprio, atinente ao processo de execução, para o procedimento próprio, regulado no processo de conhecimento, é inadmissível. Toda vez, portanto, que a conversão implicar troca de estrutura o juiz poderá indeferir liminarmente a inicial..."*.[226]

Se o credor/exequente *não completar a petição inicial* (seus requisitos intrínsecos ou/e extrínsecos) no prazo de quinze dias, o juiz a indeferirá, nos termos da parte final do art. 801 do atual C.P.C. A mesma regra encontra-se no parágrafo único do art. 321 do atual C.P.C.: *"Se o autor não cumprir a diligência, o juiz indeferirá a petição inicial"*.

Aplica-se, também, subsidiariamente à execução o disposto no art. 330 do atual C.P.C., a saber:

> *Art. 330. A petição inicial será indeferida quando:*
>
> *I – for inepta;*
>
> *II – a parte for manifestamente ilegítima;*
>
> *III – o autor carecer de interesse processual;*
>
> *IV – não atendidas as prescrições dos arts. 106 e 321.*

[226] Assis, A. op. cit., p. 392.

Uma demanda não poderá vingar se não preencher os pressupostos de validade e de existência do desenvolvimento da relação jurídica processual (sejam positivos ou negativos=litispendência, perempção e coisa julgada), das condições para análise do mérito da demanda e do próprio elemento componente do mérito (pedido e causa de pedir). Faltando qualquer desses elementos, ao juiz cumpre indeferir a petição inicial, extinguindo o processo sem resolução de mérito.

Indeferida a petição inicial, o exequente poderá apelar, nos termos do art. 331 do atual C.P.C., facultado ao juiz, no prazo de cinco dias, retratar-se.

Se o juiz não se retratar, mandará citar o executado para responder ao recurso (§1º do art. 331 do atual C.P.C.).

Sendo a sentença reformada pelo Tribunal, o prazo para pagar ou exercer qualquer outra medida executória começará a correr a contar da intimação do retorno dos autos (§2º do art. 331 do atual C.P.C.).

Art. 802

Na execução, o despacho que ordena a citação, desde que realizada em observância ao disposto no §2º do art. 240, interrompe a prescrição, ainda que proferido por juízo incompetente.

Parágrafo único. A interrupção da prescrição retroagirá à data de propositura da ação.

Interrupção da prescrição

Aplica-se ao processo de execução o disposto no *art.* 240 do novo C.P.C. que assim dispõe:

A citação válida, ainda quando ordenada por juízo incompetente, induz litispendência, torna litigiosa a coisa e constitui em mora o devedor, ressalvado o disposto nos arts. 397 e 398 da Lei nº 10.406, de 10 de janeiro de 2002 (Código Civil).

O art. 240 (que se aplica à execução) regula os efeitos da citação válida que são de natureza processual (litispendência) e material (objeto litigioso e constituição em mora do devedor).

Estes efeitos somente ocorrem se a citação for válida, ou seja, realizada de acordo com as determinações legais.

Contudo, o código abre exceção em relação aos efeitos materiais, pois ainda que seja a citação ordenada por *juiz incompetente*, ela, citação, produz efeitos no sentido de *constituir em mora o devedor,* ressalvado o disposto no art. 397 do C.C.b. que assim dispõe:

Art. 397. O inadimplemento da obrigação, positiva e líquida, no seu termo, constitui de pleno direito em mora o devedor.

Parágrafo único. Não havendo termo, a mora se constitui mediante interpelação judicial ou extrajudicial.

É importante salientar que o Código não distingue entre juiz absolutamente ou relativamente incompetente, razão pela qual os efeitos materiais ocorrem em qualquer dessas situações.

A competência do juízo somente será importante para a concretização dos efeitos processuais da citação.

O C.P.C. de 1973 também inseria como efeito da citação válida a *prevenção*. Essa regra não foi repetida no art. 240 do novo C.P.C. Diante dessa alteração, a *prevenção* ocorre com a *distribuição da petição inicial* e não mais com a citação válida, conforme estabelece o art. 59 do novo C.P.C.: *"o registro ou a distribuição da petição inicial torna prevento o juízo.*

Uma vez proposta a demanda e citado validamente o demandado, forma-se a relação jurídica processual; a partir deste momento, impede-se a repetição da mesma demanda no mesmo ou em qualquer outro juízo, sob pena de ocorrer a *litispendência*.

Na realidade, *"se 'duas ações' forem idênticas, há, na realidade e no fundo, uma só, verdade esta muito bem percebida pelos romanos, que a cristalizaram no velhíssimo brocardo 'bis de eadem re ne sit actio'. Logo, se são duas não podem ser idênticas, se são idênticas não podem ser duas, trata-se de uma só"*.[227]

A exceção de litispendência (pressuposto processual negativo) pode ser arguida pelo interessado ou reconhecida de ofício pelo juiz.

Outro importante efeito da citação válida é a ocorrência da *litigiosidade da coisa*.

Coisa, no texto de lei, não significa o bem móvel ou imóvel sobre o qual verse o litígio. Na verdade, trata-se da relação jurídica objeto da demanda. Barbosa Moreira observa que se trata do *'direito deduzido pelo autor'*.[228]

O objeto litigioso é tema central do direito processual civil. Sua essência e alcance apresentam decisiva relevância para os problemas da acumulação de demanda, modificação da demanda, da litispendência e da coisa julgada material.

Sobre o *objeto litigioso* no processo civil, há um importante trabalho do Prof. alemão *Karl Heinz SCHWAB*.

[227] MONIZ DE ARAGÃO, E. D., *Comentários ao código de processo civil*. 6ª ed., Vol. II (arts. 154 a 269). Rio de Janeiro: Editora Forense, 1989. p. 254.
[228] MONIZ DE ARAGÃO, E.D., idem, p. 255.

Tem-se advertido que o objeto do litígio é um fenômeno de natureza processual, que não deve ser identificado com a pretensão de direito material. Esta distinção é considerada o passo decisivo para se compreender a essência do objeto *litigioso*. O debate circunscreve-se ao conteúdo e o alcance deste conceito processual.

Todo processo tem um objeto em torno do qual gira o interesse das partes e em todo procedimento processual este objeto é o fundamento de uma série de formas e fenômenos processuais que não podem compreender-se sem compreender esse objeto do procedimento.[229]

O objeto litigioso é justamente a *pretensão processual* expressa pelo autor em sua petição inicial.

Entre os processualistas mais importantes, três merecem destaques no estudo do objeto litigioso. Entre eles, Rosenberg, Lent e Nikisch.

Para Lent, o objeto litigioso seria a pretensão de direito material. Também ele o considera um conceito processual, pois para ele o nódulo do objeto litigioso não é o direito material como tal, senão a afirmação de um direito ou de uma relação jurídica. Contudo, a determinação do conteúdo se apoia no direito material.[230]

Ao contrário de Lent, Rosemberg determina o objeto litigioso quanto ao seu conteúdo, mas segundo critérios puramente processuais. Seu conceito não pode definir-se no âmbito do direito material.[231] Assim, para Rosemberg, o objeto litigioso deve definir-se como a petição dirigida a obter a declaração, suscetível de autoridade de coisa julgada, de uma consequência jurídica, e que é caracterizada pela solicitação apresentada, enquanto seja necessário, pelo estado de coisas expostos para fundamentá-la. Para o autor alemão, o objeto litigioso é determinado pelo estado de coisa em casos necessários e pela solicitação, ou também pela solicitação unicamente.[232]

Com relação à litispendência, Rosemberg afirma que ela pressupõe que em uma demanda nova se insira a mesma pretensão processual de uma demanda já pendente. Segundo ele, dois processos têm um mesmo objeto litigioso, quando se aciona pela declaração de um mesmo direito ou de uma mesma relação jurídica ou se apresenta a mesma solicitação sobe a base de um mesmo acontecimento.[233]

229 Schwab, Karl Heinz. *El objeto litigioso en el proceso civil*. Trad. Tomás A. Banzhaf. Buenos Aires: Ediciones Jurídicas Europa-América, 1968. p. 4.

230 Schwab, K. H., idem, p. 13.

231 Schwab, K. H., idem. p. 39.

232 Schwab, K. H., idem, p. 39 e 40.

233 Schwab, K. H., idem, p. 47.

Por isso: "*se um mesmo autor apresenta contra o mesmo demandado, com base em um mesmo estado de coisas (por ex., o acidente de trânsito), a mesma solicitação (por ex., indenização de dano e prejuízos), que em outro litígio todavia pendente, a execução de litispendência...estará fundada...*".[234]

O objeto litigioso, segundo a teoria de Nikisch, é a afirmação de um direito colocado pelo autor, sobre a qual peticiona uma resolução suscetível de coisa julgada. Porém não é, como sustenta Rosenberg, a petição mesma. Objeto litigioso não poderia ser outra coisa que a afirmação de um direito.[235]

O litígio gira, na verdade, ao redor do conteúdo da sentença solicitada pelo autor. A tutela jurídica pedida, sua forma, não deve separar-se do conteúdo. A autorização da tutela jurídica, dada a forma de uma sentença de prestação (condenação), declaração ou constituição, forma parte da resolução solicitada pelo autor.

O art. 802 do atual C.P.C., ao tratar da prescrição, preconiza que o *despacho* que ordena a citação interrompe a prescrição, ainda que proferido por juízo incompetente.

Portanto, o despacho que determina a citação, ainda que ordenada por juiz incompetente, *interrompe a prescrição*. É isso que diz especificamente o art. 802 do atual C.P.C.

O despacho da citação, portanto, interrompe a prescrição da pretensão executiva.

É importante salientar que a interrupção da prescrição somente ocorrerá desde que realizada a citação em observância do disposto no §2º do art. 240, que assim estabelece: *Incumbe ao autor adotar, no prazo de 10 (dez) dias, as providências necessárias para viabilizar a citação, sob pena de não se aplicar o disposto no §1º*.

No caso, se a parte deve pagar as despesas processuais, deve providenciar eventual pagamento de custas para expedição da carta precatória, ou deve também proceder à indicação correta do endereço para a citação, e não o faz, não há interrupção do prazo prescricional.

Contudo, se a demora for imputável exclusivamente ao serviço judiciário, a parte não será prejudicada (§3º do art. 240 do novo C.P.C.). Somente se a demora for imputável exclusivamente ao Poder Judiciário é que se aplica o §3º do art. 240. Se a parte contribuiu de alguma forma para essa demora, não haverá aplicação do aludido dispositivo. Sobre o tema ver a Súmula 106 e os seguintes precedentes do S.T.J.:

[234] Schwab, K. H., idem, p. 47.
[235] Schwab, K. H., idem, p. 59 e 60.

(...).

2. A citação válida (ou o despacho que simplesmente a ordena, se proferido na vigência das alterações da Lei Complementar 118/2005) interrompe a prescrição, com efeito retroativo à data da propositura da demanda, à exceção da hipótese de morosidade que não seja imputável ao Poder Judiciário.

3. Orientação ratificada no julgamento do RESP 1.120.295/SP, no rito do art. 543-C do CPC.

4. A revisão da premissa de que a demora para efetivar a citação não é imputável ao Poder Judiciário esbarra no óbice da Súmula 7/STJ.

5. Recurso Especial não conhecido.

(Resp 1340557/RJ, Rel. Ministro HERMAN BENJAMIN, SEGUNDA TURMA, julgado em 20/09/2012, DJe 10/10/2012)

(...)..

3. Reconhecido pelo Tribunal de origem que a prescrição efetivou-se por inércia exclusiva do exequente, e não em decorrência dos mecanismos do Poder Judiciário, sendo inaplicável o disposto na Súmula 106/STJ, a modificação da referida conclusão é inviável em sede de recurso especial, sob pena de violação da Súmula 7 desta Corte. REsp 1.102.431/RJ, Rel. Min. Luiz Fux, Primeira Seção, julgado em 09/12/2009, DJe 01/02/2010 – submetido ao regime dos recursos repetitivos (art. 543-C do CPC).

4. Aplica-se ao caso a multa do art. 557, § 2º, do CPC, por questionamento de matéria já decidida em recurso repetitivo: inviabilidade de análise da responsabilidade pela demora na prática dos atos processuais, ante o óbice da Súmula 7/STJ.

Agravo regimental improvido.

(AgRg no AREsp 148.235/PE, Rel. Ministro HUMBERTO MARTINS, SEGUNDA TURMA, julgado em 14/08/2012, DJe 20/08/2012)

Muito embora se trate de matéria de direito material, o prazo para o cumprimento de sentença (título executivo judicial) é o mesmo da pretensão cognitiva, conforme estabelece a Súmula 150 do S.T.F. *"Prescreve a execução no mesmo prazo de prescrição da ação"*.

Já a prescrição da pretensão executória dos títulos extrajudiciais ocorre de acordo com as normas previstas no Código Civil brasileiro arts. 206 e seguintes e em leis especiais como é o caso da prescrição da pretensão decorrente de títulos de crédito.

Assim, a prescrição da pretensão executiva que tenha por fundamento título executivo extrajudicial nasce no momento em que há violação do direito à percepção da prestação objeto da obrigação assumida pelo devedor, ou seja, deixa de ser satisfeita.

É certo que a prescrição poderá ser suspensa ou interrompida, inclusive pela citação válida na execução.

Uma vez interrompida, o prazo da prescrição poderá voltar a correr se o credor tornar-se inerte no âmbito da relação jurídica processual, podendo o juiz declarar a denominada *prescrição intercorrente*. Sobre o tema, eis o seguinte precedente do S.T.J.:

> *1. A prescrição intercorrente pressupõe desídia do credor que, intimado a diligenciar, se mantém inerte, hipótese, segundo as instâncias ordinárias, não verificada no caso dos autos.*
>
> *2. As circunstâncias fáticas que interferiram no cômputo do prazo prescricional, suficientes para obstar a prescrição intercorrente do título de crédito em execução, não podem ser reexaminadas nesta Corte, sob pena de infringência do obstáculo processual do enunciado 7 da Súmula do STJ.*
>
> *3. Agravo regimental a que se nega provimento.*
>
> (AgRg no AREsp 144.978/RJ, Rel. Ministra MARIA ISABEL GALLOTTI, QUARTA TURMA, julgado em 04/06/2013, DJe 19/06/2013)

É importante salientar que *a interrupção da prescrição retroagirá à data da propositura da ação (parágrafo único do art. 802* do novo C.P.C.). Com isso evita-se que eventual demora na concretização da citação por culpa do judiciário ou por dolo do próprio réu permita a consumação da prescrição.

É importante salientar que no âmbito de matéria tributária, a interrupção da prescrição se dava pela *citação válida*. Após a entrada em vigor da Lei Complementar n.118, de 2005, a interrupção da prescrição em matéria tributária ocorre pelo *simples despacho do juiz que ordenar a citação em execução fiscal* (art. 174, inc. I do C.T.N.), sendo que a data da interrupção retroage à propositura da demanda, conforme estabelece o seguinte precedente do S.T.J.:

> *(...).*
>
> *2. O despacho mais recente que ordenou a citação data de 07.10.2008, portanto em data posterior à vigência da Lei Complementar n. 118/2005, que se deu em 09.06.05.*
>
> *3. Sendo assim, é de se aplicar a nova redação dada pela referida lei ao art. 174, parágrafo único, I, do CTN, que entrega ao despacho do juiz que ordena a citação o efeito de interromper a prescrição com a retroação à data da propositura da ação, na forma do art. 219, §1º, do CPC.*
>
> *4. Aplicação conjugada dos recursos representativos da controvérsia: REsp. nº 999.901 – RS, Primeira Seção, Rel. Min. Luiz Fux, julgado em 13.05.2009; e REsp. nº 1.120.295 – SP, Primeira Seção, Rel. Min. Luiz Fux, julgado em 12.5.2010.*

5. Recurso especial parcialmente conhecido e, nessa parte, provido.

(REsp 1306064/RS, Rel. Ministro MAURO CAMPBELL MARQUES, SEGUNDA TURMA, julgado em 07/08/2012, DJe 14/08/2012).

Porém, se a execução fiscal não tiver por objeto matéria tributária, não se aplica o Código Tributário Nacional para efeitos de interrupção da prescrição, mas, sim, o art. 802 do atual C.P.C.

A interrupção da prescrição não se dá apenas pelo despacho do juiz (em execução fiscal de matéria tributária), pois se o devedor comparecer aos autos poderá vir a ser considerado citado, razão pela qual a interrupção da prescrição ocorre com o seu comparecimento no processo. Sobre o tema, eis o seguinte precedente do S.T.J.:

(...).

2. Em relação ao termo ad quem da prescrição para a cobrança de créditos tributários, a Primeira Seção do STJ, ao julgar como representativo da controvérsia o REsp 1.120.295/SP (Rel. Min. Luiz Fux, DJe de 21.5.2010), deixou consignado que se revela incoerente a interpretação segundo a qual o fluxo do prazo prescricional continua a escoar-se, desde a constituição definitiva do crédito tributário, até a data em que se der o despacho ordenador da citação do devedor (ou até a data em que se der a citação válida do devedor, consoante a anterior redação do inciso I do parágrafo único do artigo 174 do CTN). Consoante decidido pela Primeira Seção neste recurso repetitivo, o Código de Processo Civil, no § 1º de seu art. 219, estabelece que a interrupção da prescrição, pela citação, retroage à data da propositura da ação, o que significa dizer que, em execução fiscal para a cobrança de créditos tributários, o marco interruptivo da prescrição atinente à citação pessoal feita ao devedor (quando aplicável a redação original do inciso I do parágrafo único do art.

174 do CTN) ou ao despacho do juiz que ordena a citação (após a alteração do art. 174 do CTN pela Lei Complementar 118/2005) retroage à data do ajuizamento da execução, a qual deve ser proposta dentro do prazo prescricional.

3. Nestes autos eletrônicos, são incontroversos os seguintes fatos: a) a notificação para impugnação da exigência tributária ocorreu em 13.7.1999; b) a execução fiscal foi ajuizada em 3.8.2004; c) o juiz ordenou a citação da executada por despacho proferido em 21.2.2005; d) a executada, cujo comparecimento espontâneo nos autos supre a falta de citação (§ 1º do art. 214 do CPC), apresentou exceção de pré-executividade em 27.9.2007. Dadas as circunstâncias fáticas acima retratadas, e considerando-se o dia 13.8.1999 como sendo a data da constituição definitiva do crédito tributário (trinta dias após a notificação para impugnação da exigência na esfera administrativa), impõe-se o reconhecimento de que a propositura da execução fiscal (em 3.8.2004) ocorreu dentro do prazo prescricional quinquenal (o quinquênio se findaria em 13.8.2004). Consta da sentença, confirmada pelo Tribunal de origem, que quando acolheu a exceção de pré-executividade e extinguiu a execução fiscal por considerar consumada a prescrição, o juiz da causa deixou de aplicar a Súmula 106 do STJ pelo simples fato de a execução ter sido ajuizada apenas 10 (dez) dias antes do término do prazo prescricional quinquenal. No entanto, o fundamento adotado na sentença não justifica a inaplicabilidade da Súmula 106 do STJ.4. Recurso especial provido.

(REsp 1337571/PE, Rel. Ministro MAURO CAMPBELL MARQUES, SEGUNDA TURMA, julgado em 28/08/2012, DJe 03/09/2012)

Art. 803

É nula a execução se:

I – o título executivo extrajudicial não corresponder a obrigação certa, líquida e exigível;

II – o executado não for regularmente citado;

III – for instaurada antes de se verificar a condição ou de ocorrer o termo.

Parágrafo único. A nulidade de que cuida este artigo será pronunciada pelo juiz, de ofício ou a requerimento da parte, independentemente de embargos à execução.

Nulidade da execução

Este Livro não apresenta uma disciplina autônoma das nulidades, e, em geral, da invalidade dos atos do processo executivo, como se observa no Livro IV – Título III – Das nulidades.

Assim, muito embora o art. 803 do novo C.P.C. traga algumas hipóteses de nulidade da execução, não se deve perder de vista que também se aplica a este procedimento, no que for pertinente, as disciplinas sobre nulidades previstas nos arts. 276 a 283 do atual C.P.C. Tais normas são pressupostas pelo legislador, que individua às vezes as específicas hipóteses de nulidade dos atos executivos, como é o caso deste art. 803.[236]

Em relação ao capítulo das nulidades, o novo C.P.C., lamentavelmente, manteve praticamente a mesma estrutura e inspiração do C.P.C. de 1973, o qual, por sua vez, inspirou-se no C.P.C. de 1939.

Deveria o legislador avançar um pouco mais nesta questão, reformulando alguns princípios quanto às nulidades processuais.

[236] Verdi, G., Capponi, B., op. Cit., p. 28.

É importante salientar que, segundo o autor do projeto do C.P.C. de 1939, o arcabouço do Código de Processo Civil seguiu os preceitos do Código Civil de 1916, realizando a diferenciação entre atos nulos e anuláveis, apesar de jamais ter aplicado com propriedade a questão da *anulabilidade.*

Conforme ensina Moniz de Aragão, foi somente em 1953 que Galeno Lacerda desvendou os segredos do C.P.C. de 1939: *"refundiu-se a matéria com rara felicidade, dentro de princípios gerais e elásticos, em que predominam as ideias de finalidade, conversão, prejuízo e repressão ao dolo processual. Outorgaram-se ao juiz poderes inquisitórios e arvorou-se o suprimento como norma de conduta, tanto para casos de nulidade como de anulabilidade. Excetuaram-se, porém, os casos insanáveis, insupríveis por definição".*[237]

Já para Calmon de Passos, todo o capítulo das nulidades deve subordinar-se, teleologicamente, aos *fins da justiça do processo* – se atingidos, não há falar em nulidade, se não alcançados, então, sim, incidem-lhe as regras.[238]

De certa forma, observar-se que no capítulo das nulidades é possível agrupar os vícios decorrentes da não observância dos termos processuais, em três categorias: a) inexistência do ato; b) nulidade absoluta; c) anulabilidade ou nulidade relativa.

A percepção da diferença entre ato inexistente e ato nulo foi ventilada por Pontes de Miranda e por Batista Martins.

A inexistência, segundo Moniz de Aragão, *"pode assumir dois aspectos distintos: um meramente vocabular, que significa não-ato; outro, jurídico, que significa ato existente no mundo dos fatos, mas não existente no mundo do Direito. No primeiro caso, ter-se-ia o processo fingido, forjado perante um não-juiz, a fim de embair (quantos casamentos desse tipo – 'por contrato' – são feitos no interior?, ou as práticas meramente acadêmicas, de simulação de procedimentos com finalidade didática, de que os júris simulados, tão frequentes nas Faculdades de Direito, são exemplo corriqueiro). Com esses não-atos é que parecem mais preocupados os juristas quando eles, na verdade, não causam dificuldades... O que interessa são os outros, da segunda espécie de atos apontados acima. No segundo caso, porém, o ato tem toda a aparência de validade em face do Direito e, no entanto, mais do que apenas nulo, é juridicamente inexistente.".*[239]

O exemplo típico de ato inexistente é o praticado por uma pessoa que não é advogado ou o processo para o réu/executado que não foi citado.

Muito embora alguns doutrinadores não visualizem a existência de diferenciação entre os efeitos jurídicos dos atos nulos em relação aos atos inexistentes,

[237] Moniz de Aragão, E. D., Comentários *ao código de processo civil.* 6ª ed., vol. II (arts. 154 a 269). Rio de Janeiro: Ed. Forense, 1989. p. 359 e 360.

[238] Moniz de Aragão, E.D., idem, p. 360.

[239] Moniz de Aragão, E.D., idem, p. 361 e 362.

o certo é que essa diferença efetivamente ocorre. Se uma sentença absolutamente nula passar em julgado e não for proposta a demanda rescisória no prazo legal, a sentença nula torna-se válida e eficaz, inclusive será considerada título executivo judicial. Agora, se o réu não for citado para o processo e consequente não participar da dialética processual, a sentença eventualmente proferida neste processo jamais será convalidada, mesmo que a demanda rescisória não seja proposta no prazo legal. A falta de citação poderá ser alegada a todo momento e a todo instante, inclusive nos embargos ou na impugnação à execução. Nesse caso, a sentença será considerada como juridicamente inexistente. O vício de inexistência jamais se convalesce.

É bem verdade que não concordam com essa tese Pontes de Miranda, Barbosa Moreira, Celso Neves e outros, uma vez que para eles a sentença proferida sem a citação do réu é absolutamente nula e não inexistente.

Mas é possível conciliar os pensamentos jurídicos.

Na realidade, sob a ótica do processo, a sentença proferida sem a citação do réu é absolutamente nula. Já sob a ótica do réu que não participou da relação jurídica processual, a sentença é juridicamente inexistente.

Conforme aponta Araken de Assis, existem atos *inexistentes* no processo executivo. O rascunho do auto de arrematação, modelo ofertado ao serventuário para redigir o real, e por equívoco juntado ao processo, carece de elemento básico para existir e entrar no mundo jurídico, ainda que deficientemente.[240]

Barbosa Moreira distingue três tipos de vícios de que pode padecer a sentença: *"a) os que sucumbem à coisa julgada e se não tiverem sido alegados em recurso ficarão sanados; b) os que resistem à coisa julgada e podem ensejar ação rescisória ficando sanados se esta não for empregada; c) os que sobrevivem à coisa julgada e à própria extinção do direito de propor ação rescisória, podendo ser alegados a qualquer tempo em que se queira fazer cumprir a sentença, ensejando, para isso, embargos"*.[241]

Ato nulo é aquele que, muito embora não seja inexistente, contém vício extremamente grave, impedindo a propagação de alguns efeitos dele decorrentes.

É importante salientar que mesmo nulo, o ato processual produz alguns efeitos, até que a nulidade seja declarada pelo órgão jurisdicional competente. Contudo, uma vez expirado o prazo da demanda rescisória, o ato torna-se perfeito, válido e eficaz para todos os efeitos jurídicos.

Segundo parte da doutrina (Galeno Lacerda), sempre que a norma tutelar um interesse público, sobre o qual a parte não tem poder de disposição, eventual

[240] Assis, A., op. cit., p. 303.
[241] Moniz de Aragão, E.D., op. cit., p. 364.

vício do ato acarretará sua nulidade absoluta. É o que ocorre com a competência em razão da matéria e a funcional.

Pode-se afirmar ainda que haverá nulidade absoluta sempre que o ato processual macular direitos fundamentais previstos na Constituição. Daí porque a penhora de bem de família acarreta nulidade absoluta, podendo ser alegada a qualquer momento no processo de execução, pelo menos até à arrematação final do bem.

Há também a nulidade relativa, quando a norma visa a tutelar um interessa da parte, razão pela qual o vício pode ser sanado.

Galeno Lacerda faz uma diferenciação entre nulidade relativa e anulabilidade: *"O critério que as distinguirá repousa, ainda, na natureza da norma. Se ela for cogente, a violação produzirá nulidade relativa. Como exemplo podemos apontar a ilegitimidade processual provocada pela falta de representação, assistência ou autorização. Sendo imperativa a norma que ordena a integração da capacidade, não pode o juiz tolerar-lhe o desrespeito. Como ela visa a proteger o interesse da parte, a consequência é que o vício poderá ser sanado. Daí decorre a faculdade de o juiz proceder de ofício, ordenando o saneamento, pela repetição ou ratificação do ato ou pelo suprimento da omissão".*[242] Com base nessa lição de Galeno Lacerda, as nulidades absolutas e relativas têm em comum mácula à norma cogente, porém distinguem-se quanto à sanabilidade.

É importante salientar que na nulidade absoluta o vício não pode ser corrigido pelo juiz, que apenas deverá decretar a nulidade do ato.

Já a anulabilidade *"é o vício resultante da violação de norma dispositiva. Por este motivo, como o ato permanece na esfera de disposição da parte, a sua anulação só pode ocorrer mediante reação do interessado, vedada ao juiz qualquer provisão de ofício".*[243] Seria exemplo de anulabilidade a incompetência relativa, que não pode ser declarada de ofício pelo juiz, mas pode ser arguida pela parte.

Por fim, há *mera irregularidades* que não são incluídas em nenhuma das classificações acima expostas, pois não comprometem nem viciam os atos processuais em relação aos seus fins. Entre as irregularidades, podem-se citar as incorreções materiais ou erro de cálculo. Daí porque podem ser corrigidas por embargos de declaração ou a qualquer momento quando se tratar de mero erro material contido na decisão ou na sentença do juiz.

A inobservância de requisito útil implica simples irregularidade (vício não essencial). Assim: *"a confecção do edital de arrematação pelo leiloeiro (art. 686 do C.P.C. de 1973) rebelde à tarefa menor de publicá-lo (art. 705, I, do C.P.C. de 1973), mas dotado o documento de todos os requisitos legais, constitui simples irregularidade, prescin-*

[242] Moniz de Aragão, E.D., idem, p. 367.
[243] Moniz de Aragão, E.D., idem, p. 368.

dindo de invalidação e repetição por apego à forma. Por outro lado, o reconhecimento pelo juiz de que o ato processual praticado em desconformidade ao modelo legal desobedeceu a requisito necessário (vício essencial) acarretará sua invalidação. A invalidade, ensina Dall'Agnol Jr, 'não se identifica com o vício, mas é o estado conseqüente à decretação judicial. E rememore-se que atos viciados podem produzir efeitos".[244]

Existem nulidades que são cominadas e outras que não são cominadas.

As nulidades cominadas são aquelas explícitas, em que a norma estipula de plano sua consequência. Já as nulidades não cominadas são todos os vícios indicados pela norma, mas que não apresentam uma consequência expressa e determinada.

O art. 803 do atual C.P.C. trata de *nulidades cominadas*, pois expressamente reconhece a nulidade para determinados vícios do processo de execução. Este dispositivo aplica-se a qualquer espécie de execução.

Tendo em vista que se está diante de nulidade absoluta, ou de norma cogente, o juiz poderá decretá-la de ofício, sem necessidade de se aguardar o pronunciamento do executado.

Também Araken de Assis entende que as hipóteses de nulidade previstas no art. 803 do atual C.P.C. (que corresponde ao art. 618 do C.P.C. de 1973) podem ser conhecidas de ofício, mas somente a nulidade da citação tutela interesse público.[245]

A primeira causa importante de nulidade ocorre *se o título executivo extrajudicial não corresponder a obrigação certa, líquida e exigível.*

Inicialmente, observa-se que o legislador considera possível a existência de um título executivo extrajudicial, muito embora esse título não corresponda a uma obrigação líquida, certa e exigível. Está-se diante, do que bem afirmou Hugo Rocco, de *azioni esecutive invalide* e não de *azioni esecutive infondante*.[246]

Outrossim, não se pode confundir execução *nula* com execução *injusta*. A primeira é realizada contra a lei, infringindo normas cogentes de interesse público ou particular. Já a execução injusta fere os princípios éticos normativos de uma determinada situação histórica social. Por isso, conforme leciona Carnelutti, quando há uma execução *nula*, há uma 'ação executiva aparente', e quando há execução injusta, há um 'crédito aparente'.[247]

[244] Assis, A., op. cit., p. 304.
[245] Assis, A. idem, ibidem.
[246] Lima, A. M., op. cit., p. 746.
[247] Lima, A. M., idem, p.747.

É requisito necessário para realizar qualquer execução a existência de um título de obrigação certa, líquida e exigível. O título correspondente a uma obrigação liquida, certa e exigível é o fundamento de toda e qualquer execução.

Segundo prescreve Eduardo Couture, são pressupostos de uma execução: a) um título executivo; b) uma ação executiva; c) um patrimônio executável.[248]

De certa forma, é uma manifestação importante do preceito *nulla executio sine título*, não obstante esse princípio tenha sido relativizado em nosso ordenamento jurídico.

Trata-se de um pressuposto processual de validade da relação jurídica processual executiva, uma vez que o processo de execução deve observar os requisitos exigidos pelas normas cogentes.[249]

Assim, a execução deve amparar-se em título executivo que corresponda a uma obrigação líquida, certa e exigível. Tais atributos, conforme já afirmara Carnelutti, devem ser verificados no momento da inicial da execução forçada, não naquele que se formou o título.

A lição de Carnelutti aplica-se especialmente para os requisitos de liquidez e exigibilidade, uma vez que esses requisitos poderão ser definidos em etapa posterior à constituição do título, como no caso de termo fixado para o futuro, ou a própria liquidação da obrigação.

Como se disse, o juiz poderá reconhecer de ofício a nulidade, assim como o executado poderá argui-la em embargos à execução ou mesmo por exceção de pré-cxccutividade.

O juiz, nessa hipótese, declarará extinto o processo de execução sem resolução de mérito, podendo o credor promover nova execução quando estiver na posse de um título que preencha os requisitos estipulados pelas normas processuais

Outra hipótese de nulidade prevista no art. 803 do atual C.P.C. ocorre quando o *executado não for regularmente citado*.

A bilateralidade de partes na relação jurídica processual é mais do que um simples pressuposto processual para o seu desenvolvimento válido e regular, é, acima de tudo, uma manifestação do princípio constitucional do devido processo legal, nele incluído a essência do processo jurisdicional que é o contraditório. Se a parte não é citada para comparecer ao processo, processo não existe

[248] Couture, Eduardo J. *Fundamentos del derecho procesal civil.* Buenos Aires: Editoral IbdeF, 4ª ed., 2009. p.365.

[249] Já Alcides Mendonça Lima entende que o requisito título executivo configura *condição da execução*, em paridade com as condições da ação. A infringência desse requisito torna o credor parte ilegítima para mover a ação, porque ele não será titular da pretensão executiva. (Lima, A. M., op. cit., p. 744.).

para ela, pois não se formou a bilateralidade de parte, muito menos se concretizou o contraditório.

A citação do devedor no processo de execução caracteriza um pressuposto, ao mesmo tempo, de validade e de existência da relação jurídica.

Em relação ao exequente, a falta de citação acarreta nulidade da relação jurídica processual. Já em relação ao devedor, a falta de citação acarreta a inexistência do processo. Do ponto de vista processual, a parte não citada não é parte, mas, sim, terceiro em relação ao processo. Aliás, essa é a interpretação que se pode adotar da parte final do art. 312 do atual C.P.C., que assim dispõe: *Considera-se proposta a ação quando a petição inicial for protocolada, todavia, a propositura da ação só produz quanto ao réu os efeitos mencionados no art. 240 depois que for validamente citado.*

Pode-se afirmar que o protocolo da petição inicial equivale ao antigo conceito de *ajuizamento*, pois somente com a citação do réu é que a demanda considera-se verdadeiramente proposta contra o réu.[250]

A citação nula vicia todos os atos do processo que forem praticados após o vício. Pode-se dizer que é um elemento constitutivo de existência dos demais atos processuais, segundo Liebman.[251] Para Araken de Assis, a hipótese mais se afeiçoa à ineficácia.[252]

Evidentemente que comparecendo o devedor espontaneamente ao processo, especialmente para indicar bens a penhora ou apresentar exceção de pré-executividade, tal manifestação supre a nulidade ou a ausência de citação do devedor.

A terceira hipótese de nulidade prevista no art. 803 do atual C.P.C. ocorre quando a execução for *instaurada antes de se verificar a condição ou de ocorrer o termo.*

Parece-me que essa hipótese de certa forma já se encontra prevista no inc. I do art. 803 do atual C.P.C., pois enquanto não se realizar a condição *suspensiva* ou *resolutiva,* ou não ocorrido o *termo* (v.g., data do vencimento da obrigação), o título não é *exigível,* e, portanto, a execução é nula.

Aliás, cumpre ao exequente instruir a petição inicial com a prova, se for o caso, de que se verificou a condição ou ocorreu o termo.

É importante salientar que o momento para se apreciar a existência de pressupostos processuais ou as condições de análise do mérito da demanda não é somente por ocasião da propositura da demanda, mas, também, quando da prolação da sentença com ou sem resolução do mérito.

[250] Lima, A. M., op. cit., p. 735.

[251] Liebman, Enrico Tullio. *Manual de direito processual civil.* Trad. Cândido R. Dinamarco. Rio de Janeiro: Forense, 1984. p. 262.

[252] Assis, A., op. cit., p. 307.

Se no momento da propositura da demanda executiva não havia ainda ocorrido o termo (vencimento da obrigação), mas no momento da apreciação da alegação de nulidade, o termo se efetivou sem o devido adimplemento da prestação, o juiz deverá levar em conta este fato novo, para o fim de não decretar a nulidade da execução, pois o título preenche os requisitos necessários para a realização dos demais atos executivos.

Preceitua o *parágrafo único do art. 803* do atual C.P.C. que *a nulidade de que cuida este artigo será pronunciada pelo juiz, de ofício ou a requerimento da parte, independentemente de embargos à execução.*

Este dispositivo vem reforçar a ideia de que as hipóteses de vício estabelecidas no art. 801 geram a nulidade absoluta da execução, razão pela qual, além de poderem ser alegadas pela própria parte em petição juntada nos autos executivos (ou como exceção de pré-executividade), poderão também ser declaradas de ofício pelo juiz.

Em reforço à norma legal, aduz o S.T.J. nos seguintes precedentes:

> *Processual civil – agravo de instrumento – processo de execução – embargos do devedor – nulidade – vicio fundamental – arguição nos próprios autos da execução – cabimento – artigos 267, par. 3.; 585, ii; 586; 618, i, do cpc. i – não se revestindo o título de liquidez, certeza e exigibilidade, condições basilares exigidas no processo de execução, constitui-se em nulidade, como vicio fundamental; podendo a parte argui-la, independentemente, de embargos do devedor, assim como, pode e cumpre ao juiz declarar, de oficio, a inexistência desses pressupostos formais contemplados na lei processual civil.*
>
> *ii – recurso conhecido e provido.*
>
> (REsp 13960/SP, Rel. Ministro WALDEMAR ZVEITER, TERCEIRA TURMA, julgado em 26/11/1991, DJ 03/02/1992, p. 464)

> *(...).*
>
> *2. A inconstitucionalidade das exações que embasaram a execução fiscal macula a própria exigibilidade do título executivo razão pela qual tal matéria pode ser conhecida de ofício e também alegada em exceção de pré-executividade.*
>
> *3. É lícito ao executado arguir nulidades de natureza absoluta em exceção de pré--executividade (não alegadas anteriormente em embargos à execução) por configurarem matéria de ordem pública, não se operando sobre elas a preclusão. Precedente: AgRg no Ag 977.769/RJ, Rel. Min. Luiz Fux, Corte Especial, julgado em 03/02/2010, DJe 25/02/2010.*
>
> *Agravo regimental improvido.*
>
> (AgRg no REsp 1311658/PR, Rel. Ministro HUMBERTO MARTINS, SEGUNDA TURMA, julgado em 08/05/2012, DJe 15/05/2012)

1. A exceção de pré-executividade é servil à suscitação de questões que devam ser conhecidas de ofício pelo juiz, como as atinentes à liquidez do título executivo, os pressupostos processuais e as condições da ação executiva.

2. A esfera de abrangência da exceção tem sido flexibilizada pela jurisprudência mais recente a qual admite, v.g., a argüição de prescrição, de ilegitimidade passiva do executado, e demais matérias prima facie evidentes, posto não demandarem dilação probatória.

Precedentes: EREsp 614272/PR, 1ª SEÇÃO, Rel. Min. Castro Meira, DJ 06/06/2005; EREsp 388000/RS, CORTE ESPECIAL, Rel. para acórdão Min. José Delgado, DJ 28/11/2005).

3. A ausência de assinatura na petição nas instâncias ordinárias, ao contrário da instância especial, é um vício sanável, a teor do que reza o art. 13 do CPC, aplicável analogicamente à irregularidade da representação postulatória, de forma que se deve proceder à abertura de prazo razoável para sanar a irregularidade. Precedentes: REsp 905.819/PE, Rel. Ministro TEORI ALBINO ZAVASCKI, PRIMEIRA TURMA, julgado em 07.08.2008, DJe 20.08.2008, REsp 991.762/RS, Rel.

Ministra ELIANA CALMON, SEGUNDA TURMA, julgado em 24.06.2008, DJe 18.08.2008; REsp 985.139/PE, Rel. Ministro JOSÉ DELGADO, PRIMEIRA TURMA, julgado em 27.05.2008, DJe 23.06.2008.

4. Os embargos de declaração que enfrentam explicitamente a questão embargada não ensejam recurso especial pela violação do artigo 535, II, do CPC.

5. Ademais, o magistrado não está obrigado a rebater, um a um, os argumentos trazidos pela parte, desde que os fundamentos utilizados tenham sido suficientes para embasar a decisão.

6. Agravo regimental desprovido.

(AgRg no REsp 992.125/RS, Rel. Ministro LUIZ FUX, PRIMEIRA TURMA, julgado em 10/02/2009, DJe 25/03/2009).

Art. 804

A alienação de bem gravado por penhor, hipoteca ou anticrese será ineficaz em relação ao credor pignoratício, hipotecário ou anticrético não intimado.

§ 1º A alienação de bem objeto de promessa de compra e venda ou de cessão registrada será ineficaz em relação ao promitente comprador ou ao cessionário não intimado.

§ 2º A alienação de bem sobre o qual tenha sido instituído direito de superfície, seja do solo, da plantação ou da construção, será ineficaz em relação ao concedente ou ao concessionário não intimado.

§ 3º A alienação de direito aquisitivo de bem objeto de promessa de venda, de promessa de cessão ou de alienação fiduciária será ineficaz em relação ao promitente vendedor, ao promitente cedente ou ao proprietário fiduciário não intimado.

§ 4º A alienação de imóvel sobre o qual tenha sido instituída enfiteuse, concessão de uso especial para fins de moradia ou concessão de direito real de uso será ineficaz em relação ao enfiteuta ou ao concessionário não intimado.

§ 5º A alienação de direitos do enfiteuta, do concessionário de direito real de uso ou do concessionário de uso especial para fins de moradia será ineficaz em relação ao proprietário do respectivo imóvel não intimado.

§ 6º A alienação de bem sobre o qual tenha sido instituído usufruto, uso ou habitação será ineficaz em relação ao titular desses direitos reais não intimado.

Ineficácia da alienação em relação aos detentores de direitos reais

Este dispositivo contém a consequência lógica do não cumprimento pelo exequente do que estabelece o art. 799 do atual. C.P.C.

Portanto, se o exequente não promover a intimação do credor pignoratício, hipotecário, anticrético ou fiduciário, do titular de usufruto, uso ou habitação, do promissário comprador, quando a penhora recair sobre bem em relação ao qual haja promessa de compra e venda registrada, do promitente vendedor, quando a penhora recair sobre direito aquisitivo derivado de promessa de compra e venda registrada, do superficiário, enfiteuta ou concessionário, do proprietário do terreno com regime de direito de superfície, enfiteuse, concessão de uso especial para fins de moradia ou concessão de direito real de uso, quando a penhora recair sobre direitos do superficiário, do enfiteuta ou do concessionário, a consequência lógica é a ineficácia de eventual alienação do bem, conforme preconiza o art. 804 do atual C.P.C.

Um importante detalhe inserido no art. 804 do atual C.P.C. chama a atenção. É que este dispositivo não fala em nulidade da alienação por falta de intimação das pessoas nele indicadas, mas, sim, em *ineficácia da alienação.*

O S.T.J. apresenta decisões que ora caracteriza a nulidade da alienação do bem, ora caracteriza sua ineficácia, *in verbis:*

> *I – Conforme entendimento firmado no âmbito desta Corte Superior, é necessária a intimação do credor hipotecário da realização da praça do bem imóvel dado em garantia, sob pena de nulidade da arrematação.*

Precedentes: REsp nº 739.197/DF, Rel. Min. LAURITA VAZ, DJe de 08/02/2010; e REsp nº 397.899/AL, Rel. Min. FRANCIULLI NETTO, DJ de 31/03/2003.

II – Agravo regimental improvido.

(*AgRg nos EDcl no AREsp* 116.955/SP, Rel. Ministro FRANCISCO FALCÃO, PRIMEIRA TURMA, julgado em 28/08/2012, DJe 09/10/2012).

I – Conforme a regra geral (CPC, art. 711), o primeiro no tempo tem preferência no direito – prior in tempore, potior in iure -.

Ressalva foi feita, todavia, à existência de título legal à preferência, o que vale dizer que o produto da arrematação só deve ser distribuído com observância da anterioridade das penhoras (título de preferência decorrente de direito processual) se inexistir preferência fundada em direito material (como a decorrente de hipoteca ou crédito trabalhista).

II – Desse modo, o credor hipotecário, embora não tenha proposto ação de execução, pode exercer sua preferência nos autos de execução ajuizada por terceiro, uma vez que não é possível sobrepor uma preferência de direito processual a uma de direito material.

III – No caso em análise, a prevalência do direito de preferência do Banco Bandeirantes decorre da sua condição de credor hipotecário, independentemente da propositura de processo executivo, razão pela qual não faz sentido que, a despeito de ter assegurada a preferência de seu crédito, seja mantida a higidez da alienação promovida pelo Banco do Brasil, ora agravante, em relação ao devedor hipotecante e a terceiros, sendo acertada, pois, a conclusão do Acórdão recorrido que, ante a ausência de intimação pessoal do credor hipotecário, deliberou pela nulidade da arrematação.

IV – Agravo Regimental improvido.

(AgRg nos EDcl no REsp 775.723/SP, Rel. Ministro SIDNEI BENETI, TERCEIRA TURMA, julgado em 20/05/2010, DJe 09/06/2010)

Há outro entendimento dentro do próprio S.T.J. que não fala de nulidade da arrematação mas de *sua ineficácia* perante os credores com direito ou garantia real. Nesse sentido, é o seguinte precedente:

(...).

3. A arrematação levada a efeito sem intimação do credor hipotecário é inoperante relativamente a este, não obstante eficaz entre executado e arrematante. Precedentes.

4. Decorrido considerável lapso temporal entre a avaliação e a hasta pública, a rigor deve-se proceder à reavaliação do bem penhorado.

Para tanto, porém, é imprescindível que a parte traga elementos capazes de demonstrar a efetiva necessidade dessa reavaliação.

Exegese do art. 683, II, do CPC.

5. Recurso especial provido.

(REsp 1269474/SP, Rel. Ministra NANCY ANDRIGHI, TERCEIRA TURMA, julgado em 06/12/2011, DJe 13/12/2011).

Assim, se houver a nulidade da arrematação, o arrematante não poderá pagar o valor da dívida às pessoas indicadas no art. 804 do atual C.P.C., pois a alienação foi declarada nula em face da falta de intimação.

Por sua vez, se se entender que em razão de falta de intimação a alienação é meramente *ineficaz* em relação a este tipo de credor, a alienação considerar-se-á perfeita, mas *ineficaz*, podendo as pessoas indicadas no art. 804 do atual C.P.C. manter seu título de preferência (como é o caso do senhorio direto que tem prelação sobre o domínio útil do enfiteuta) exercendo sua preferência na aquisição do bem ou levar novamente o bem à alienação em outro processo de execução.

A intimação das pessoas indicadas no art. 804 do atual C.P.C. deverá ocorrer logo que recaia a penhora sobre o bem gravado, ou na hipótese em que o exequente indique este bem de imediato com a petição inicial para que possa ser penhorado. Aliás, se há nos autos documento que já revele a existência dessa espécie de credor, o juiz poderá determinar a intimação deles de ofício.

Na concepção de Alcides Mendonça Lima, se a intimação já ocorrer no início da execução, inclusive do senhorio direto, será dispensada no momento da alienação.[253]

Penso que o código estabeleceu dois momentos específicos para a intimação dos credores com garantia ou direito real. Um quando da indicação ou penhora do bem gravado, outro cinco dias antes da alienação. Em regra, um não supre o outro.

É certo que, se falta a intimação do credor com garantia ou direito real na primeira hipótese, somente será declarada a ineficácia da alienação caso haja efetivo prejuízo ao credor.

Além do mais, é importante salientar que ao credor *quirografário* somente se mostra lícito penhorar o bem gravado na hipótese de inexistência de outros bens do devedor comum; caso contrário, o credor com garantia real poderá defender o bem gravado por meio de embargos de terceiro para o fim de obstar a constrição.

O S.T.J. vem entendendo que a falta de intimação do detentor de direito real sobre o bem constrito somente ensejará ineficácia da alienação, se houver demonstração de prejuízo. Nesse sentido, é o seguinte precedente do S.T.J.:

> *1. A alienação de bem gravado com hipoteca sem intimação do titular do direito real importa, em princípio, a possibilidade a este de requerer o desfazimento da arremata-*

[253] Lima, A. M., op. cit., p. 752.

ção, ou, caso não a queira, a subsistência do ônus em face do credor hipotecário. Trata-se de mecanismo de preservação da preferência legal de que desfruta o credo titular de direito real de garantia frente ao credor quirografário.

2. O caso concreto, porém, apresenta relevante particularidade: a arrematação que o credor hipotecário pretende desfazer foi realizada em sede de execução fiscal. O credor com penhora, nessa hipótese, além de não ser quirografário, possui crédito que 'prefere a qualquer outro, seja qual for a natureza ou o tempo da constituição deste, ressalvados os créditos decorrentes de legislação do trabalho (CTN, art. 186).

Diante da preferência do crédito tributário sobre o crédito hipotecário, e uma vez certificada a inexistência de outros bens penhoráveis, e mesmo a insuficiência do valor do bem constrito para satisfazer o débito fiscal, conclui-se não haver qualquer sentido prático na decretação de nulidade da alienação. Trata-se de medida que nenhum proveito traria ao credor hipotecário, obrigado a realizar novo leilão, cujo produto, de qualquer sorte, teria de ser destinado à satisfação do crédito tributário".

(Resp. n. 440.111/RS, Relator Min. Teori Albino Zavascki).

O art. 804 do atual C.P.C., contudo, não faz referência ao inc. VII do art. 799 do atual C.P.C. que assim dispõe:

Art. 799. Incumbe ainda ao exequente:

(...).

VII – requerer a intimação da sociedade, no caso de penhora de quota social ou de ação de sociedade anônima fechada, para o fim previsto no art. 876, § 7º.

Assim, muito embora o art. 799, inc. VII do atual C.P.C. determine a intimação da sociedade, no caso de penhora de quota social ou de ação de sociedade anônima fechada, para fim de adjudicação, o art. 804 não diz que a falta de intimação caracterizará a *ineficácia de eventual alienação.*

Portanto, se a sociedade não for intimada, nos termos do art. 799, inc. VII do atual C.P.C., isso significa que qualquer sócio poderá requerer a adjudicação, desde que ainda não tenham sido alienadas as quotas sociais.

Art. 805

Quando por vários meios o exequente puder promover a execução, o juiz mandará que se faça pelo modo menos gravoso para o executado.

Parágrafo único. Ao executado que alegar ser a medida executiva mais gravosa incumbe indicar outros meios mais eficazes e menos onerosos, sob pena de manutenção dos atos executivos já determinados.

Medidas executivas menos gravosas ao executado

O art. 805 do atual C.P.C. estabelece uma linha limítrofe para o exercício da tutela jurisdicional executiva, ao preconizar que, em havendo mais de um modo de se realizar a execução, o juiz deverá optar por aquele menos gravoso ao executado.

Muito embora a execução deve ser realizada no *interesse do credor*, o art. 805 relativiza essa atuação ao estabelecer que quando por vários meios o exequente puder promover a execução, o juiz mandará que se faça pelo modo menos gravoso para o executado.

Trata-se de um limite ético estabelecido pelo legislador ao resguardar o executado contra medidas executivas mais gravosas.

Como bem ensina Cândido Rangel Dinamarco: *"Nem o zelo pela integral realização da missão jurisdicional pacificadora, nem o interesse pela observância de seus preceitos substanciais, poderiam levar o Estado à inflexível imposição dos rigores da execução forçada, sem limites e sem medir sacrifícios. Isso não seria tolerável e, em muitos casos, sequer possível seria"*.[254]

Dentre os limites possíveis, encontra-se a necessidade de avaliação do bem a ser alienado pelo valor de mercado; a impossibilidade de alienação pelo preço vil; ao invés de se levar a praça o imóvel sede da empresa, dar-se-á preferência, sempre que possível, pela penhora sobre parte do faturamento; na possibilidade de se realizar a penhora sobre diversos bens, que se dê preferência àqueles que não representem maiores prejuízos ao executado ou à sua família.

É bem verdade que na espécie de execução em que a própria liberdade do devedor pode sofrer a sanção executiva, o juiz não poderá optar por um modo de execução menos oneroso. É o caso da demanda de alimentos, em que o credor poderá requerer a prisão do devedor pelo pagamento dos três últimos débitos, muito embora pudesse o credor de alimentos optar pela execução por quantia certa, mediante expropriação de bens.

O S.T.J. assim se manifesta sobre a aplicação do princípio da menor onerosidade ao devedor:

> *(...).*
>
> *5. A jurisprudência vem se orientando no sentido de que a penhora sobre bens fungíveis se aperfeiçoa independentemente da tradição dos bens, sendo que, na hipótese de recair sobre produção agrícola, não deve impedir a respectiva comercialização, transferindo-se sempre à produção futura, que deverá ser apresentada no momento oportuno.*

[254] Dinamarco, C. R., *execução civil*, op. cit., p. 291.

6. Embora tenha sido alterada a regra geral no tocante à nomeação do depositário de bens constritos para a garantia da execução (art. 666, §1º), sendo tal encargo, após a Lei 11.382/2006, preferencialmente atribuído a outrem que não o próprio devedor, essa nova regra, de fato, não é absoluta, devendo ser cotejada com as demais regras e princípios do processo de execução, notadamente, o da menor onerosidade, prevista no art. 620 do CPC.

7. Além das hipóteses de concordância do credor e de dificuldade de remoção do bem constrito (art. 666, §1º do CPC), o devedor poderá permanecer na sua posse, exercendo o encargo de depositário, quando a remoção do bem puder lhe causar evidentes prejuízos.

8. Se a recorrente tem disponibilidade sobre o açúcar arrestado, em razão da sua fungibilidade, podendo comercializá-lo, isso não a exime da obrigação de manter consigo quantidade suficiente para entregá-lo quando do momento de alienação judicial para satisfação do crédito.

9. Se efetivamente ocorreu, a eventual redução da garantia decorrente da comercialização do açúcar poderá ser compensada por outras medidas de constrição, sem que seja necessária a remoção do produto, em claro prejuízo à atividade da recorrente.

10. Recurso especial provido.

(REsp 1304196/SP, Rel. Ministra NANCY ANDRIGHI, TERCEIRA TURMA, julgado em 10/06/2014, DJe 18/06/2014)

1. As debêntures da Companhia Vale do Rio Doce são passíveis de penhora em sede de execução fiscal. Todavia, a possibilidade de penhora das debêntures não se confunde com a possibilidade de sua recusa pela Fazenda Pública credora, diante da ofensa à ordem legal (art. 655 do CPC e art. 11 da Lei n. 6.830/80).

2. Nos termos da jurisprudência do STJ, é legítima a recusa de bem nomeado à penhora, por ofensa à gradação legal.

3. Ausência de violação do art. 620 do CPC, pois a recusa do credor não importa violação do princípio da menor onerosidade, visto que a execução se dá também no interesse da satisfação do credor.

(...).

(AgRg no AREsp 512.730/RS, Rel. Ministro HUMBERTO MARTINS, SEGUNDA TURMA, julgado em 05/06/2014, DJe 13/06/2014)

1. Discute-se nos autos se é possível a substituição de penhora no rosto dos autos (consubstanciada na penhora do depósito em dinheiro realizado pela ora recorrente para fins de suspensão da exigibilidade de crédito tributário) por fiança bancária, na forma do art. 15 da Lei n. 6.830/80.

2. Da leitura do art. 674 do CPC, verifica-se que a penhora no rosto dos autos consubstancia penhora sobre direitos e ações, a qual, nos termos do art. 11, inciso VIII, da Lei n. 6.830/80, situa-se no último lugar da ordem preferencial de bens penhoráveis. Por outro lado, o inciso I do art. 15 da Lei n. 6.830/80 permite que o juiz defira ao executado a substituição da penhora por depósito em dinheiro ou fiança bancária, não havendo no referido dispositivo legal qualquer referência à necessidade prévia aquiescência da exequente, eis que o dinheiro encontra-se em primeiro lugar na lista e a fiança bancária, em face da supracitada norma, foi a ele equiparada. Nesse sentido: REsp 1.148.493/SP, Rel. Ministro Castro Meira, Segunda Turma, DJe 29/04/2010, AgRg no Ag 1.054.871/SP, Rel. Ministro Benedito Gonçalves, Primeira Turma, DJe 19/08/2009, AgRg no REsp 1.095.407/RS, Rel. Ministro Humberto Martins, Segunda Turma, DJe 14/04/2009.

3. É cediço que, nos termos da jurisprudência desta Corte e do teor do art. 656 do CPC, a Fazenda Pública exequente pode se opor à penhora ou substituição de penhora que desobedecer à ordem preferencial de bens prevista nos arts. 655 do CPC e 11 da Lei n.6.830/80. No caso dos autos, contudo, tal ordem não restou desrespeitada.

4. O presente caso retrata de forma cristalina a aplicação do disposto no art. 620 do CPC, eis que a execução pode ser realizada da forma menos onerosa ao devedor e, ainda assim, satisfazer perfeitamente o direito do credor.

5. Recurso especial provido.

(REsp 1223540/RS, Rel. Ministro MAURO CAMPBELL MARQUES, SEGUNDA TURMA, julgado em 07/04/2011, DJe 15/04/2011)

1. A gradação prevista no artigo 11 da Lei nº 6.830/80 não é rígida, podendo ser alterada a depender da situação fática, de modo que a execução satisfaça o crédito e se desenvolva da forma menos onerosa ao devedor. Precedentes.

2. Tendo o Tribunal de origem concluído, com base na prova dos autos, que as apólices da dívida pública não possuem liquidez e certeza e são de difícil comercialização, infirmar essa decisão implica o revolvimento de matéria fático-probatória, o que é defeso em sede de recurso especial, em face do óbice erigido pela Súmula 07/STJ.

3. Agravo regimental não provido.

(AgRg no Ag 1279715/SC, Rel. Ministro CASTRO MEIRA, SEGUNDA TURMA, julgado em 20/04/2010, DJe 29/04/2010).

Preceitua o *parágrafo único do art. 805* do atual C.P.C. que ao *executado que alegar ser a medida executiva mais gravosa incumbe indicar outros meios mais eficazes e menos onerosos, sob pena de manutenção dos atos executivos já determinados.*

CAPÍTULO II – Da Execução para a Entrega de Coisa

SEÇÃO I – Da Entrega de Coisa Certa

Art. 806

O devedor de obrigação de entrega de coisa certa, constante de título executivo extrajudicial, será citado para, em 15 (quinze) dias, satisfazer a obrigação.

§ 1º Ao despachar a inicial, o juiz poderá fixar multa por dia de atraso no cumprimento da obrigação, ficando o respectivo valor sujeito a alteração, caso se revele insuficiente ou excessivo.

§ 2º Do mandado de citação constará ordem para imissão na posse ou busca e apreensão, conforme se tratar de bem imóvel ou móvel, cujo cumprimento se dará de imediato, se o executado não satisfizer a obrigação no prazo que lhe foi designado.

Citação para entrega de coisa

A execução para entrega de coisa era desconhecida do direito romano clássico, pois, em que pese a pessoa do devedor pudesse ser vendida e, até, retaliada, o patrimônio dele era respeitado, no sentido de não ser incorporado ao do credor, ainda que pudesse ser vendido para obtenção do numerário necessário à solvência da dívida. Essa espécie de execução surgiu, porém, no período justinianeu.[255]

Dentre as execuções existentes, segundo Liebman, a de entrega de coisa é das mais simples. Tanto é que os códigos de processo civil sempre reservaram poucos dispositivos para sua regulamentação, sendo o atual que mais tratou sobre esta espécie de obrigação.[256]

O vínculo obrigacional pode ter por objeto uma prestação, que pode consistir ou num *dare* (que romanamente significa transmissão de propriedade), ou num *facere*, que compreendendo também o *non facere* abraça qualquer espécie de fato, ato ou omissão, ou num *praestare*, no qual se englobam prestações parti-

[255] LIMA, Alcides de Mendonça. *Comentários ao código de processo civil*. Rio de Janeiro: Forense, 1979. p. 759.

[256] LIEBMAN. E.T., *Processo execução.*, op. cit. n. 13, págs. 28 a 32.

culares que não entram nas duas categorias e geralmente são responsabilidade vulgarmente acessória de outras obrigações principais.[257]

Nos limites em que as normas do ordenamento jurídico consentem que uma pessoa se obrigue para com outra a dar, a fazer ou não fazer alguma coisa, qualquer forma da atividade humana pode constituir objeto de obrigação. Porém, esta obrigação não tem por objeto, como muitos dizem às vezes, inclusive o próprio legislador, a coisa a que a prestação se refere, mas a própria *prestação*, isto é: *"um ato positivo ou negativo do devedor, que, como dar ou fazer, pode ter por seu turno como objeto próprio uma coisa. Resulta, pois, dos citados limites e ao mesmo tempo da natureza intrínseca do vínculo obrigatório e da 'necessitas' que lhe é inerente, que a prestação deve revestir determinados caracteres, indispensáveis para a existência jurídica da obrigação"*.[258] E dentre seus caracteres encontra-se a perspectiva de ser *positiva ou negativa*, conforme consista num *dar* ou num *fazer*, ou em um *não fazer*.

Uma vez assumida essa espécie de obrigação, o que torna *específica* a execução para entrega de coisa certa é justamente a especificidade do objeto do direito a satisfazer. Os meios executivos aplicam-se direta e especificamente sobre o objeto do direito exequendo, isto é, especificamente sobre a coisa devida. Deve-se oferecer ao credor especificamente a coisa devida, pois a conversão em pecúnia deve ser excepcional.[259]

Estabelece *o art. 806* do atual C.P.C. que *o devedor de obrigação de entrega de coisa certa, constante de título executivo extrajudicial, será citado para, em 15 (quinze) dias, satisfazer a obrigação.*

O art. 806 do atual C.P.C. trata da hipótese em que o devedor se obrigou por meio de um título executivo extrajudicial a entregar determinada coisa certa, mas que não cumpre com o que fora estabelecido.

Conforme anota Alcides de Mendonça Lima, *"a finalidade desta 'execução' ou variantes se pode revelar em três atos diferentes, que seriam espécies distintas da 'entrega': dar, prestar e restituir. Na ideia de 'dar', não se trata, evidentemente, de transferir o domínio, sendo o termo usado, evidentemente, no sentido amplo. O bem, pela obrigação assumida pelo devedor ou pela condenação imposta, já passou a ser do credor ou já foi reconhecido o direito que esse sobre o mesmo tinha. Ao devedor deverá apenas entregar o que não é seu, embora sempre com ele estivesse. 'Prestar' tem o sentido de ser feita uma coisa para, ao concluí-la, entregar ao credor. E, finalmente, 'restituir' corresponde a devolver o que já é*

[257] Ruggiero, Roberto. *Instituições de direito civil*. Trad. Paolo Capitanio. Vol. 3. Campinas: Bookseller, 1999. p. 36.

[258] Ruggiero, R., idem, p. 62.

[259] Dinamarco, C. R., op. cit., (execução civil), p. 316.

do credor, mas que cedeu a posse ao devedor, sem que esse se resolva a entregar a coisa a seu dono".[260]

É importante salientar que o art. 538 do atual C.P.C. também trata de execução para entrega de coisa. Contudo, este dispositivo trata de execução decorrente de título executivo judicial, no qual o devedor foi condenado a entregar determinada coisa. A execução dá-se mediante o *cumprimento de sentença.*

Assim, enquanto que o art. 538 trata de cumprimento de sentença (título executivo judicial), o art. 806 do atual C.P.C. trata do processo autônomo de execução de obrigação para entrega de coisa certa, constante em título executivo extrajudicial.

A execução prevista no art. 806 do atual C.P.C. abrange qualquer espécie de coisa, móvel, imóvel ou semovente, excepcionando apenas a entrega de coisa em dinheiro, tendo em vista que nessa hipótese o exequente deve utilizar-se do processo de execução para pagamento de quantia certa.[261] Na execução por quantia certa, haverá, em regra, expropriação do bem para pagamento da obrigação constante no título, enquanto na execução para entrega de coisa a transferência será apenas da posse, pois a propriedade ou outro direito real incidente sobre o bem já se encontra com o credor.

A execução para entrega de coisa certa, assim como a de obrigação de fazer ou não fazer, pertence à espécie de execução 'direta' ou 'específica', pois somente se satisfazem com o cumprimento da própria prestação estabelecida no título executivo extrajudicial. Se não for possível o cumprimento da obrigação contratada, o máximo que o credor poderá requerer é a sua conversão em perdas e danos.

A coisa certa a ser entregue pode já existir quando da realização da relação jurídica de direito material ou ser coisa futura.

A coisa prevista no art. 806 deve ser certa.

Segundo estabelece Pontes de Miranda, *"coisa certa é a coisa individuada. As características apontadas só as tem a coisa que se há de prestar. Noutros termos: os sinais distintivos bastam para a 'identificação'. Não há outro que os tenha a todos. Pelo menos um há de faltar às outras coisas do mesmo gênero. Se a coisa que se há de prestar foi indicada*

[260] Lima, A. M., op. Cit., p. 762.

[261] Em se tratando de *pessoa*, a execução não será de entrega de coisa, mas, sim, de cumprimento de obrigação de *fazer*, não obstante na Alemanha, Kisch, Goldschmidt e Rosenberg; e, no Brasil, Lopes da Costa, Amílcar de Castro e Gabriel Resende estendiam a execução de dar às pessoas. (Lima, A. M., idem, p. 763).

com características que, em sua totalidade, outras coisas têm, é uma dentro do gênero; não é coisa certa".[262]

A coisa certa é a coisa infungível, seja ele móvel, imóvel ou semovente; já a coisa incerta é fungível, ou seja, pode ser substituída por outra da mesma espécie, qualidade ou quantidade.

O atual C.P.C. trata a execução para entrega de coisa incerta nos arts. 811 a 813.

O devedor de obrigação de entrega de coisa certa, constante de título executivo extrajudicial, *será citado para, em quinze dias, satisfazer a obrigação.*

A citação é o ato pelo qual são convocados o réu, o executado ou o interessado para integrar a relação jurídica processual.

O comparecimento espontâneo do executado supre a falta ou nulidade de citação.

O devedor é citado para cumprir a obrigação no prazo de *quinze dias,* ao contrário do que estabelece o art. 538 (cumprimento de sentença condenatório de obrigação para entrega de coisa) em que o prazo para o devedor cumprir a obrigação é aquele estabelecido na sentença.

Em se tratando de título executivo extrajudicial, o devedor é citado para cumprir a obrigação dentro do prazo de quinze dias. Evidentemente que o prazo será de quinze dias, se o devedor já se encontra em mora para a entrega da coisa, isto é, se já expirou o prazo pactuado e previsto expressamente no título executivo extrajudicial.

O art. 621 do C.P.C. de 1973, com a redação dada pela Lei 10.444, de 7.5.2002, estabelecia que o devedor seria citado para, dentro de *10 (dez) dias,* satisfazer a obrigação, ou, segundo o juízo (art. 737, II do C.P.C. de 1973), apresentar embargos.

Como se pode observar, o art. 806 do atual C.P.C. não traz a oportunidade de o devedor, ao invés de simplesmente entregar a coisa ao credor, requerer o seu depósito para fins de apresentar embargos do devedor. E isso tem sua razão de ser.

É que pelo atual C.P.C., a apresentação dos embargos à execução ocorre independentemente da entrega do bem, conforme estabelece o art. 914: *"O executado, independentemente de penhora, depósito ou caução, poderá se opor à execução por meio de embargos".* E complementa o art. 915 do atual C.P.C.: *"Os embargos serão oferecidos no prazo de 15 (quinze) dias, contados, conforme o caso, na forma do art. 231.*

[262] Pontes de Miranda. *Comentário ao C.P.C. de 1973.* Vol. X. Rio de Janeiro: Forense, s/d., p. 48.

Assim, o prazo para apresentação dos embargos se dá de acordo com o art. 231 do atual C.P.C., independentemente da entrega do bem objeto da execução para entrega de coisa certa.

Além do mais, em regra, a interposição dos embargos do devedor *não tem efeito suspensivo* (art. 919 do atual C.P.C.), razão pela qual o credor pode requerer o levantamento da coisa certa, salvo se presentes os requisitos para a concessão de tutela provisória de urgência ou de evidência, e desde que depositada a coisa objeto da execução. Sob a égide do C.P.C. de 1973, como os embargos sempre eram recebidos com efeito suspensivo, o credor não poderia levantar a coisa.

Desta feita, entregue a coisa voluntariamente ou mediante coerção, o exequente poderá requerer a sua liberação, salvo se for concedido efeito suspensivo à execução.

Portanto, o depósito do bem, ao contrário do que previa o C.P.C. de 1973, não é pressuposto para a interposição dos embargos, mas, sim, e se for o caso, para a concessão de efeito suspensivo à execução.

Uma vez concedido efeito suspensivo aos embargos, o credor poderá concordar que o devedor permaneça como depositário do bem, mas com todos os ônus e responsabilidade de qualquer depositário judicial. Caso contrário, o bem será entregue a um depositário judicial ou ao próprio credor dependendo das circunstâncias.

A citação do executado pode ocorrer por qualquer meio permitido pelo C.P.C., ou seja, por mandado, por carta, por edital e por hora certa.

Estabelece o *§1º do art. 806* do atual C.P.C. que *ao despachar a inicial, o juiz poderá fixar multa por dia de atraso no cumprimento da obrigação, ficando o respectivo valor sujeito a alteração, caso se revele insuficiente ou excessivo.*

A requerimento do credor ou de ofício, e para a efetivação da tutela específica que consiste na obrigação de entrega de coisa certa, o juiz poderá conceder as medidas necessárias para satisfação da prestação, podendo determinar, entre outras medidas, a imposição de multa por dia de atraso no cumprimento da obrigação.

Este dispositivo estabelece medida coercitiva prática e eficaz que o juiz, no procedimento de execução de título executivo extrajudicial que tenha por objeto obrigação de entrega de coisa certa, deve aplicar a fim de alcançar a efetivação da tutela específica.

A função das *astreintes* é vencer a obstinação do devedor ao cumprimento da obrigação e incide a partir da ciência do obrigado e da sua recalcitrância.

O §1º do art. 806 do atual C.P.C. permite ao juiz fixar, inclusive de ofício, independentemente de pedido do credor, multa periódica imposta ao devedor.

Essa imposição de astreintes poderá se dar na execução, desde que seja suficiente e compatível com a obrigação de dar coisa certa.

É importante salientar que a multa somente começará a incidir após ultrapassado o prazo legal para o cumprimento da obrigação de entrega de coisa certa.

A multa coercitiva somente deve ser imposta se for compatível com a obrigação de dar coisa certa. Se não houver mais utilidade da prestação para o credor, não será mais o caso de imposição de multa, mas, sim, de conversão imediata da obrigação em perdas e danos.

A multa somente deverá ser aplicada, portanto, se houver alguma utilidade jurídica ou material da prestação de dar coisa certa ao credor exequente.

Se a multa for fixada em decisão ainda não preclusa ou transitada em julgado, o exequente poderá solicitar o seu cumprimento provisório, inclusive com prática de atos expropriatórios do devedor.[263]

O valor da multa, neste caso, deverá ser depositado em juízo, sendo que, em se tratando de procedimento provisório, o seu levantamento somente ocorrerá após o trânsito em julgado ou na pendência de agravo de admissão contra decisão denegatória de recurso especial ou extraordinário.

O requerimento de execução da multa abrange as parcelas vencidas e aquelas que se vencerem ao longo do processo, enquanto não cumprida pelo réu a decisão que a cominou.

Observa-se que a execução da multa cominada é diversa da execução de título executivo extrajudicial de cumprimento de obrigação de dar coisa certa, razão pela qual, para se evitar eventual tumulto processual, poderá o juiz deferir que seu cumprimento ocorra mediante extração de carta de sentença ou decisão.

Note-se que a execução da multa deverá seguir o procedimento de cumprimento de decisão ou sentença condenatória de quantia certa.

A parte final do §1º do art. 806 do atual C.P.C. estabelece que o valor da multa aplicado pelo juiz poderá estar sujeito a alteração, caso se revele ele *insuficiente ou excessivo*.

A aplicação da multa coercitiva deverá observar o princípio da razoabilidade e proporcionalidade, ou seja, não poderá ter um valor elevado demais, que se torne impossível ao devedor pagar, e, consequentemente, deixe de gerar nele a finalidade coercitiva ditada pela norma, nem mesmo um valor reduzido demais, de tal forma que não gere qualquer estímulo no devedor para o cumprimento da

[263] Essa já era a lição de José Carlos Barbosa Moreira, Teori Albino Zavascki, Alberto Camiña Moreira, Sérgio Shimura, José Miguel Garcia Medina, dentre outros. Em sentido contrário, Luiz Guilherme Marinoni.

obrigação de dar coisa certa. Isso não significa dizer, contudo, que seja possível ao juiz aplicar qualquer valor.

Para a fixação da multa, o juiz deverá seguir alguns critérios, a saber: a) princípio da menor onerosidade possível ao devedor, razão pela qual não poderá fixar valor que seja inviável ao devedor pagar ou que seja capaz de reduzi-lo a insolvência; b) princípio da máxima efetividade, que impede ao juiz fixar valor irrisório, que seja incapaz de atingir a finalidade da multa; c) o valor da multa não é limitado ao valor da obrigação principal.

Como se disse, a *astreintes* somente terá eficácia se for suficiente para provocar certo efeito psicológico no devedor, a fim de que ele cumpra a obrigação de entregar coisa certa.

O juiz poderá, inclusive de ofício, modificar o valor ou a periodicidade da multa vincenda caso verifique: a) que essa multa se tornou insuficiente ou excessiva. Isso significa dizer que a multa deve ser ajustada aos limites necessários para gerar no psíquico do devedor a real possibilidade de cumprimento da obrigação assumida; b) se o obrigado demonstrou cumprimento parcial superveniente da obrigação ou justa causa para o não cumprimento. Havendo justa causa (caso fortuito ou força maior) para o não cumprimento da obrigação, o juiz deverá, além de revogar a multa imposta, também cancelar a já aplicada. Por outro lado, se o executado cumprir parcialmente a obrigação (entrega de inúmeras coisas certas), o juiz poderá reduzir a multa aplicada, levando-se em conta a utilidade desse cumprimento.

Em relação à multa, o S.T.J., no Resp n.1019455, permitiu que sua aplicação seja discutida em exceção de pré-executividade:

> *A Terceira Turma do Superior Tribunal de Justiça (STJ) considerou possível o manejo de exceção de pré-executividade com objetivo de discutir matéria relativa ao valor da multa diária executada (astreinte). No caso analisado, o juízo de primeiro grau havia imposto multa diária de R$ 50 mil em favor do comprador de um imóvel, por suposto descumprimento de acordo pelo vendedor.*
>
> *"Sendo possível ao magistrado a discricionariedade quanto à aplicação da astreinte, com maior razão poderá fazê-lo quando provocado pelas partes, ainda que em sede de exceção de pré-executividade", afirmou o ministro Massami Uyeda.*
>
> *O relator ainda lembrou a jurisprudência pacífica do STJ segundo a qual a decisão que arbitra a astreinte não faz coisa julgada material. Ele esclareceu que é facultado ao magistrado impor a multa, de ofício ou a requerimento da parte, cabendo a ele, da mesma forma, a sua revogação nos casos em que se tornar desnecessária.*
>
> *Inconformado com o alto valor da astreinte, o vendedor do imóvel havia recorrido ao Tribunal de Justiça do Mato Grosso (TJMT), discutindo também a execução pro-*

visória da sentença, já que estava pendente de julgamento apelação interposta por terceiros. Por sua vez, o TJMT excluiu a multa, por considerar seu valor abusivo e por não constar dos autos da execução a prova da mora do executado.

"Se a multa fixada como astreinte pelo juízo singular é absurdamente exagerada e corresponde a um verdadeiro prêmio de loteria, o tribunal deve expurgar a penalidade, notadamente porque o processo é instrumento ético de garantias constitucionais, não podendo ser utilizado para o alcance de abusos ou para promover o enriquecimento ilícito", disse a decisão do TJMT.

A exceção de pré-executividade é um meio disponível à defesa do executado, cabível nas hipóteses de flagrante inexistência ou nulidade do título executivo, e nas hipóteses referentes à flagrante falta de pressupostos processuais ou condições da ação. Já a astreinte só tem cabimento quando houver deliberado descumprimento de ordem judicial.

O S.T.J. tem se negado analisar recurso especial, com base na Súmula 07, quando o objeto do recurso for o valor fixado a título de multa coercitiva, salvo se esse valor for irrisório ou excessivo. Nesse sentido, eis os seguintes precedentes:

(...).

3. Conforme o disposto no artigo 461, § 4º, do Código de Processo Civil pode o juiz impor multa diária ao réu por descumprimento de obrigação de fazer ou não fazer.

4. No que se refere ao valor da multa diária por descumprimento de ordem judicial, à ofensa ao artigo 461, §§ 4º e 6º do Código de Processo Civil, esta Corte já se manifestou no sentido de que incide o óbice da Súmula 7 desta Corte (REsp n. 638.806/RS, Rel. Min. LUIZ FUX, DJ 17.12.04; AgRg no AG n. 510.177/RJ, Rel. Min. CASTRO FILHO, DJ 20.06.05), sendo lícita a sua revisão, nesta instância, apenas nos casos em que o valor fosse irrisório ou exagerado ou, ainda, em que fosse flagrante a impossibilidade de cumprimento da medida, o que não ocorre no caso.

5. Agravo Regimental improvido.

(AgRg no AREsp 56.294/SP, Rel. Ministro SIDNEI BENETI, TERCEIRA TURMA, julgado em 22/11/2011, DJe 07/12/2011)

(...).

5. É possível a revisão de multa cominatória por decisão fundamentada, inclusive pelo STJ, em situações excepcionais e quando ela se tornar insuficiente, excessiva ou desnecessária, à luz do art. 461, §6º, do CPC. Precedentes do STJ.

6. As astreintes não podem ser fixadas em valor irrisório, estimulando a procrastinação e os litigantes de má-fé, que são renitentes em cumprir determinações judiciais e agem em desrespeito às partes e ao próprio Poder Judiciário. Porém, há que realizar juízo de proporcionalidade e adequação sobre a pretensão, a medida deferida e o resultado obtido.

7. No caso dos autos, existem elementos que incutem sérias dúvidas sobre legitimidade da forma pela qual são estabelecidas as astreintes: a) o critério da multa originária tendia à excessividade; b) a fórmula proposta inicialmente conduzia a bis in idem; c) há profundos sinais de desproporcionalidade entre o valor das astreintes e a demora no adimplemento da obrigação d) dado que o atraso foi de aproximadamente três meses, não se verifica sinal de desídia da União nem prejuízo ao recebimento da parcela pecuniária pelo agravante, e e) inatribuível a responsabilidade à União pela demora na outorga da tutela jurisdicional no caso concreto.

8. Mantida a condenação da União ao pagamento de R$ 10 mil, em valores fixos, a título de multa. Ratifica-se a decisão que deu provimento parcial ao Recurso Especial da União.

9. Agravo Regimental não provido.

(AgRg no AgRg no REsp 1234990/RJ, Rel. Ministro HERMAN BENJAMIN, SEGUNDA TURMA, julgado em 07/06/2011, DJe 12/09/2011)

A multa periódica terá aplicabilidade enquanto não for cumprida a decisão que a tiver cominado.

Se o objetivo da multa fixada for persuadir o executado ao cumprimento da obrigação prevista em título executivo extrajudicial de entrega de coisa certa, isso significa dizer que a periodicidade da multa incidirá enquanto não for cumprida integralmente a prestação cominada no título e enquanto for útil a prestação ao credor, ou, ainda, enquanto o credor não requerer a conversão da obrigação em perdas e danos.

Conforme afirmam José Calos Barbosa Moreira (*Temas de direito processual*, 2ª Série, p. 40), Amílcar de Castro (*Comentários ao código de processo civil*, vol. VIII, n. 250-251, p. 186-187), Thereza Alvim (A tutela específica no art. 461 do Código de Processo Civil, *RePro* 80, p. 109), a multa aplicada não está limitada ao valor da obrigação principal.

Preceitua o *§2º do art. 806* do atual C.P.C. que *do mandado de citação constará a ordem para imissão na posse ou busca e apreensão, conforme se tratar de imóvel ou de móvel, cujo cumprimento se dará de imediato, se o executado não satisfazer a prestação no prazo que lhe foi designado.*

Segundo estabelecido no *caput* do art. 806, o executado será citado para no prazo de quinze dias entregar a coisa certa.

Do mandado de citação constará a ordem para a *imissão na posse ou busca e apreensão*, conforme se tratar de bem *imóvel* ou de bem *móvel*, cujo cumprimento ocorrerá de imediato, após a expiração do prazo de quinze dias para o cumprimento voluntário da obrigação.

Se o executado não cumprir a obrigação no prazo de quinze dias, ou seja, não entregar ou liberar, respectivamente, o bem móvel ou imóvel, o oficial imitirá o credor na posse do imóvel, ou promoverá a busca e apreensão do bem móvel.

Diante do não cumprimento voluntário da prestação, realizam-se medidas constritivas para satisfazer a obrigação prevista no título executivo extrajudicial.

Uma vez entregue a coisa móvel ao exequente, ou sendo ele imitido na posse do bem imóvel, encerra-se a execução, salvo se o devedor interpôs embargos à execução no prazo de quinze dias, contado da juntada do mandado de citação aos autos.

Em se tratando de citação por edital, o mandado de imissão de posse ou de busca e apreensão será expedido após transcorrido o prazo de citação estabelecido no edital.

Comparecendo o oficial no dia e hora designados no mandado (com aplicação analógica do art. 603 do C.P.C. italiano), fará a imissão da posse do imóvel com entrega das chaves e dos documentos. Se não houver chaves, o oficial levará consigo um chaveiro que arrombará as portas e providenciará a modificação da fechadura, recebendo o credor as novas chaves.

O oficial, mediante autorização da autoridade competente executiva, poderá valer-se da força policial para cumprir a ordem de imissão de posse ou de busca e apreensão da coisa móvel.

Art. 807

Se o executado entregar a coisa, será lavrado o termo respectivo e considerada satisfeita a obrigação, prosseguindo-se a execução para o pagamento de frutos ou o ressarcimento de prejuízos, se houver.

Satisfação da obrigação

Uma vez entregue voluntariamente a coisa pelo executado, lavrar-se-á o respectivo termo, dando-se por finda a execução.

A execução também dar-se-á por finda quando a entrega ou liberação do bem ocorrer pelo cumprimento do mandado de busca e apreensão do bem móvel ou quando houver a imissão de posse do bem imóvel.

O art. 807 do atual C.P.C., porém, disse menos do que deveria dizer, pois aduz que a execução somente não estaria finda se ela tiver que prosseguir para pagamento de frutos ou para ressarcimento de prejuízos.

Ocorre que, também não estará finda a execução se o devedor interpuser *embargos à execução*.

Art. 808

Alienada a coisa quando já litigiosa, será expedido mandado contra o terceiro adquirente, que somente será ouvido após depositá-la.

Alienação da coisa

A coisa torna-se litigiosa com a citação válida, ainda que ordenada por juiz incompetente.

Como a pretensão processual é a entrega da coisa móvel, imóvel ou semovente, sua alienação a terceiro, após a citação válida do executado, não impede que o exequente a recupere.

O exequente somente poderá requerer que o mandado de busca e apreensão ou de imissão de possa seja expedido contra o terceiro adquirente, quando a coisa certa tenha sido alienada após sua configuração como 'coisa litigiosa', ou seja, quando já tiver ocorrido a citação válida do executado.

Segundo entende Alcides de Mendonça Lima, e em se tratando de bem imóvel, a citação deverá ter sido inscrita no Registro de Imóveis, para a devida publicidade e ciência do terceiro.[264]

É evidente que muitas vezes a execução para entrega da coisa imóvel decorre justamente pelo fato de ser o exequente/credor o verdadeiro proprietário do bem. Nesse caso, o terceiro já está ciente de que o devedor não é mais o proprietário do bem, pois a propriedade decorre da transcrição no registro de imóveis.

Poderá ocorrer que hajam sucessivos adquirentes após a coisa se tornar litigiosa. Nesse caso, o mandado de busca e apreensão (coisa móvel) ou de imissão de posse (coisa imóvel) deverá ser expedido contra o último adquirente na cadeia de sucessão.

E importante salientar que a alienação da coisa, quando sobre ela pender demanda fundada em direito real ou obrigação reipersecutória, desde que haja o devido registro, caracteriza fraude à execução.

[264] Lima, A. M., op. cit., p. 792.

Na hipótese de fraude à execução, a alienação da coisa litigiosa torna-se ineficaz em relação ao credor, razão pela qual o mandado de imissão de posse ou de busca e apreensão será expedido inclusive contra o terceiro adquirente.

Tenha-se em mente que o direito brasileiro adota o princípio da imodificabilidade das partes ou da *perpetuatio legitimationis*, e o adotou justamente com vistas à alienação da coisa litigiosa, aspecto mais relevante que pode conduzir à modificação das partes.[265]

Se a coisa for daquelas em que não há registro, o terceiro adquirente tem o ônus de provar que adotou as cautelas necessárias para a aquisição, mediante a exibição das certidões pertinentes, obtidas no domicílio do devedor.

O adquirente que porventura perder a coisa, poderá voltar-se com base em direito regressivo contra o alienante.

Se ocorrer a alienação antes de se tornar litigiosa a coisa, não se deve expedir mandado diretamente contra o terceiro, devendo o credor, nessa hipótese, promover demanda própria contra o terceiro adquirente, especialmente a ação pauliana ou de reintegração ou imissão de posse.

A parte final do art. 808 do atual C.P.C. afirma que o terceiro adquirente somente será ouvido após depositar a coisa.

Tenho dúvidas sobre a constitucionalidade deste dispositivo, uma vez que não se pode utilizar o contraditório, que é a essência do processo jurisdicional, como moeda de troca ou como mecanismo de pressão para que o terceiro entregue o bem que porventura tenha adquirido.

O dispositivo estaria de acordo com a Constituição Federal se se permitisse a prévia oitiva do terceiro, sem prejuízo da expedição de mandado de busca e apreensão ou de imissão de posse em favor do credor, justamente pelo fato de que a alienação do bem ocorreu após ter a coisa se tornado litigiosa.

O depósito da coisa dependerá da concordância do credor, pois este poderá pedir a conversão da execução de 'entregue de coisa certa' para 'pagamento de quantia certa', com base no valor da coisa e das perdas e danos, conforme lhe autoriza o art. 809 do atual C.P.C. Assim, o credor terá a faculdade de não reclamar a coisa em poder do terceiro adquirente.

Se a coisa não mais existe em poder do terceiro, "cessa qualquer responsabilidade dele, cabendo ao credor apenas agir contra o devedor ainda consoante o citado art. 627 do C.P.C. de 1973".[266]

[265] Alvim, Arruda. O terceiro adquirente de bem imóvel do réu, pendente ação reivindicatória não inscrita no registro de imóveis, e a eficácia da sentença em relação a esse terceiro, no direito brasileiro. *In:* Repro n. 31, ano 8, julho-setembro, 1983. p. 192.

[266] Lima, A. M., op. cit., p. 793.

Sobre o tema, eis o seguinte precedente do S.T.J.:

1. "O objetivo específico da execução para entrega da coisa é a obtenção do bem que se encontra no patrimônio do devedor (ou de terceiro). Caso não mais seja encontrado o bem, ou no caso de destruição ou alienação, poderá o credor optar pela entrega de quantia em dinheiro equivalente ao valor da coisa e postular a transformação da execução de coisa certa em execução por quantia certa, na linha do art. 627, CPC" (REsp 327650/MS, relator Ministro Sálvio de Figueiredo Teixeira, DJ de 6.10.2003).

2. Agravo regimental a que se nega provimento.

(AgRg no Ag 569.716/SP, Rel. Ministro CARLOS FERNANDO MATHIAS (JUIZ FEDERAL CONVOCADO DO TRF 1ª REGIÃO), QUARTA TURMA, julgado em 24/06/2008, DJe 04/08/2008)

Art. 809

O exequente tem direito a receber, além de perdas e danos, o valor da coisa, quando essa se deteriorar, não lhe for entregue, não for encontrada ou não for reclamada do poder de terceiro adquirente.

§ 1º Não constando do título o valor da coisa e sendo impossível sua avaliação, o exequente apresentará estimativa, sujeitando-a ao arbitramento judicial.

§ 2º Serão apurados em liquidação o valor da coisa e os prejuízos.

Conversão da execução

Nos termos do art. 313 do C.c.b., o credor não é obrigado a receber prestação diversa da que lhe é devida, ainda que mais valiosa.

Nas execuções específicas, o exequente somente será satisfeito na sua pretensão originária quando o devedor entregar a coisa certa, objeto da prestação assumida e inserida em título executivo extrajudicial.

Conforme anota Cândido Rangel Dinamarco: *"é corriqueira na literatura italiana a distinção entre a execução (por quantia determinada em dinheiro) e específica (que compreende as demais)... Essa distinção sugere um desdobramento muito fecundo, que extrapola o interesse meramente técnico-processual pelas diversas espécies de processos executivos e seu cabimento segundo a lei, para por em questão a própria 'efetividade do processo executivo' como instituição, com a sua desejável aptidão a 'dar a quem tem um direito, na medida do que for possível na prática tudo aquilo e precisamente aquilo que ele tem o direito a obter.... A força dessa tendência metodológica aponta para a excepcionalidade da solução pecuniária, sempre que seja possível a execução específica das obrigações de dar...".*[267]

O art. 809 do atual C.P.C. trata justamente dessa *excepcionalidade*, isto é, da conversão da execução propriamente dita em perdas e danos, incluindo nessas perdas e danos o valor da coisa que não foi entregue. Ocorrendo algumas das hipóteses do referido artigo, isto é, deterioração da coisa, podendo abranger a impossibilidade física ou jurídica para a entrega da coisa (aquele que assumiu a obrigação da entrega da coisa não era seu proprietário ou não poderia transmitir a posse ou a propriedade); a coisa não foi encontrada; o credor não quis reclamar a coisa que se encontra em poder de terceiro adquirente, poderá o credor requerer a *conversão do meio executório*, para o efeito de alterar a execução de entrega de coisa para pagamento de quantia certa que abrangerá além das perdas e danos (lucro cessantes e danos emergentes) também o valor da coisa.

Nesse sentido é o teor do art. 867º do C.P.C. português:

> *1 – Quando não seja encontrada a coisa que o exequente devia receber, este pode, no mesmo processo, fazer liquidar o seu valor e o prejuízo resultante da falta da entrega, observando -se o disposto nos artigos 358º, 360º e 716º, com as necessárias adaptações.*
>
> *2 – Feita a liquidação, procede -se à penhora dos bens necessários para o pagamento da quantia apurada, seguindo--se os demais termos do processo de execução para pagamento de quantia certa.*

Evidentemente que o credor não poderá desde logo requerer a *conversão da execução,* sem que haja efetiva demonstração da *deterioração*, falta de localização da coisa ou de que ela tenha sido alienada a terceiro. Somente após a constatação desses pressupostos é que o credor poderá requerer a execução por quantia certa, abrangendo perdas e danos e o valor da coisa certa.

Se a coisa tiver sido desapropriada, o crédito do exequente sub-rogar-se-á no preço da indenização. Assim também ocorrerá se a coisa for objeto de sinistro, sem culpa do devedor, e houver cobertura de seguro.

O art. 809 do atual C.P.C. deve observar evidentemente as normas relativas de direito material sobre a questão da impossibilidade de cumprimento *in natura* da obrigação de dar coisa certa.

Se a coisa perecer, sem culpa do devedor, antes da tradição, ou pendente a condição suspensiva, fica resolvida a obrigação para ambas as partes; se a perda

[267] Dimarco, C. R., *execução civil*, op. cit., p. 314.

resultar de culpa do devedor, responderá pelo equivalente e mais perdas e danos (art. 234 do atual C.c.b.).

Se a obrigação for de restituir coisa certa, e esta, sem culpa do devedor, se perder antes da tradição, sofrerá o credor a perda, e a obrigação se resolverá, ressalvados os seus direitos até o dia da perda (art. 238 do C.c.b.). Se a coisa se perder por culpa do devedor, responderá este pelo equivalente, mais perdas e danos (art. 239 do C.c.b.).

Deteriorada a coisa, não sendo o devedor culpado, poderá o credor resolver a obrigação, ou aceitar a coisa, abatido de seu preço o valor que perdeu (art. 235 do C.c.b.). Sendo culpado o devedor, poderá o credor exigir o equivalente, ou aceitar a coisa no estado em que se acha, com direito a reclamar, em um ou em outro caso, indenização por perdas e danos (art. 236 do C.c.b.).

Se a coisa restituível deteriorar-se sem culpa do devedor, recebê-la-á o credor, tal qual se ache, sem direito a indenização; se por culpa do devedor, observar-se-á o disposto no art. 239 do C.c.b. (art. 240 do C.c.b.).

Estabelece o *§1º do art. 809* do atual que não *constando do título o valor da coisa e sendo impossível sua avaliação, o exequente apresentará a estimativa, sujeitando-a ao arbitramento judicial.*

Daí a importância de se inserir no título executivo extrajudicial o valor da coisa para efeitos de transformação dos meios executivos.

Constando do título o valor da coisa, a execução por quantia certa deverá prosseguir pelo valor atribuído, devidamente corrigido, encaminhando-se para a liquidação pelo procedimento comum ou arbitramento apenas a apuração das perdas e danos.

Não constando o valor, *e sendo impossível a sua avaliação,* a execução por quantia certa deverá ter por base a *estimativa* apresentada pelo exequente quando do pedido da conversão, sujeitando-se ao arbitramento judicial se o juiz apurar que a estimativa do credor for excessiva e desproporcional ao valor real da coisa.

Como o valor da execução deve corresponder ao valor do bem (trata-se, portanto, da correspondência entre o valor do título e a execução), poderá o juiz promover a *estimativa* de ofício ou mediante requerimento do devedor.

Estabelece o *§2º do art. 809* do atual C.P.C. que *serão apurados em liquidação o valor da coisa e os prejuízos.*

Sendo possível a avaliação, não será caso de o credor apresentar sua *estimativa*, pois o valor da coisa e dos prejuízos será apurado por liquidação.

No caso, a liquidação será pelo procedimento comum, quando depender de provas específicas, ou por arbitramento, podendo o juiz valer-se de um *expert* para arbitrar o valor da coisa certa.

Em relação às perdas e danos, estabelecem os arts. 402 a 405 do C.c.b.:

Art. 402. Salvo as exceções expressamente previstas em lei, as perdas e danos devidas ao credor abrangem, além do que ele efetivamente perdeu, o que razoavelmente deixou de lucrar.

Art. 403. Ainda que a inexecução resulte de dolo do devedor, as perdas e danos só incluem os prejuízos efetivos e os lucros cessantes por efeito dela direto e imediato, sem prejuízo do disposto na lei processual.

Art. 404. As perdas e danos, nas obrigações de pagamento em dinheiro, serão pagas com atualização monetária segundo índices oficiais regularmente estabelecidos, abrangendo juros, custas e honorários de advogado, sem prejuízo da pena convencional.

Parágrafo único. Provado que os juros da mora não cobrem o prejuízo, e não havendo pena convencional, pode o juiz conceder ao credor indenização suplementar.

Art. 405. Contam-se os juros de mora desde a citação inicial

Uma vez liquidado ou estimado o valor da coisa, acrescido das perdas e danos, o credor promoverá a execução mediante o cumprimento de decisão para pagamento de quantia certa.

Art. 810

Havendo benfeitorias indenizáveis feitas na coisa pelo executado ou por terceiros de cujo poder ela houver sido tirada, a liquidação prévia é obrigatória.

Parágrafo único. Havendo saldo:

I – em favor do executado ou de terceiros, o exequente o depositará ao requerer a entrega da coisa;

II – em favor do exequente, este poderá cobrá-lo nos autos do mesmo processo.

Indenização de benfeitorias

Não obstante o credor tenha o direito de receber a coisa objeto da obrigação de dar, isso não significa dizer que possa se locupletar injustamente às custas do próprio devedor ou de terceiro que porventura venha a adquirir a coisa certa, principalmente, recebendo o bem com eventuais benfeitorias que possam ter sido realizas, de boa-fé, pelo possuidor da coisa.

Assim, dependendo das circunstâncias, o devedor ou o terceiro adquirente terá direito à indenização das benfeitorias que realizou na coisa.

Segundo prescreve o art. 96 do C.c.b., as *benfeitorias* podem ser *voluptuárias, úteis ou necessárias.*

São voluptuárias as de mero deleite ou recreio, que não aumentam o uso habitual do bem, ainda que o tornem mais agradável ou sejam de elevado valor (§1º do art. 96 do C.c.b.).

São *úteis* as que aumentam ou facilitam o uso do bem (§2º do art. 96 do C.c.b.).

São *necessárias* as que têm por fim conservar ou evitar que se deteriore (§3º do art. 96 do C.c.b.).

Não se consideram *benfeitorias* os melhoramentos ou acréscimos sobrevindos ao bem sem a intervenção do proprietário, possuidor ou detentor (art. 97 do C.c.b.). Por sua vez, se para o melhoramento, ou aumento, empregou o devedor trabalho ou dispêndio, o caso se regulará pelas normas do Código Civil atinentes às benfeitorias realizadas pelo possuidor de boa-fé ou de má-fé (art. 242 do C.c.b.).

Há benfeitorias que *são indenizáveis* e outras que não.

O possuidor de *boa-fé* tem direito à indenização das *benfeitorias necessárias e úteis* (art. 1.219 do C.c.b.). Portanto, se o devedor ou o terceiro adquirente, agindo de boa-fé, realizou na coisa *benfeitorias necessárias ou úteis,* terá direito à indenização do que despendeu com as benfeitorias. Em se tratando de benfeitoria *voluptuária,* o devedor ou o terceiro de boa-fé terá direito a levantá-las, se não lhe forem pagas, quando puder sem detrimento da coisa (art. 1.219 do C.c.b.).

Ao possuidor de má-fé serão ressarcidas *somente as benfeitorias necessárias* (art. 1.220), não podendo levantar as *voluptuárias.*

Concluindo, somente serão indenizáveis ao devedor ou ao terceiro que houver perdido a coisa as benfeitorias necessárias, pouco importando se o possuidor encontrava-se ou não de boa-fé ou de má-fé; as benfeitorias úteis, se o possuidor estiver de boa-fé; as voluptuárias, podendo o devedor de boa-fé levantá-las se não forem indenizáveis, desde que sem detrimento da coisa.

Na indenização deferida ao possuidor de má-fé pelas benfeitorias necessárias, o exequente terá o direito de optar pelo seu valor atual e o de seu custo. Já em relação ao possuidor de boa-fé, a indenização será de acordo com o valor atual da benfeitoria (art. 1.222 do C.c.b.).

Mas não só terá direito o devedor ou o terceiro adquirente à indenização das benfeitorias necessárias ou úteis que realizar de boa-fé, como poderá igualmente exercer seu *direito de retenção* pelo valor das referidas benfeitorias. Igual prerrogativa não é admitida ao possuidor de *má fé* em relação às benfeitorias necessárias (art. 1.220 do C.c.b.).

Aliás, nos termos do art. 917, inc. IV, do atual C.P.C., nos embargos à execução, o executado poderá alegar *retenção por benfeitorias necessárias ou úteis, nos casos de execução para entrega de coisa certa.*

Nos embargos de retenção por benfeitorias, o exequente poderá requerer a compensação de seu valor com o dos frutos ou dos danos considerados devidos pelo executado, cumprindo ao juiz, para a apuração dos respectivos valores, nomear perito, observando-se, então, o art. 464.

O exequente poderá a qualquer tempo ser imitido na posse da coisa, prestando caução ou depositando o valor devido pelas benfeitorias ou resultante da compensação (§6º do art. 917 do atual C.P.C.).

Mas para que o interessado oponha tais embargos, a coisa não poderá ainda ter sido entregue ao credor, sendo apenas permitido enquanto ela estiver em depósito, pois, conforme já teve oportunidade de afirmar Pontes de Miranda: *"o depósito não destrói o 'jus retentionis', uma vez que se não deu a entrega; essa, sim, de fato o destruiria. Porque a retenção desaparecia"*.[268]

Uma questão importante ainda deve ser analisada.

O art. 810 do atual C.P.C. faz referência apenas às benfeitorias indenizáveis.

Contudo, poderá o devedor ou o terceiro adquirente que perdeu o bem ter realizado na coisa, não benfeitorias, mas *acessões naturais.*

Não se deve confundir *benfeitoria* com *acessão.*

A *acessão* pode ocorrer, nos termos do art. 1.248 do C.c.b., por: a) formação de ilhas; b) aluvião; c) avulsão; d) por abandono de álveo; e) por construções ou plantações.

Assim, construção e plantação não são consideradas como benfeitorias, mas como acessão artificial, por ação do ser humano.

Aquele que semeia, planta ou edifica em terreno alheio perde, em proveito do proprietário, as sementes, plantas e construções se agiu de má-fé. Se procedeu de boa-fé, terá direito à indenização (art. 1.255 do C.c.b.).

Por sua vez, se a construção ou a plantação exceder consideravelmente o valor do terreno, aquele que, de boa-fé, plantou ou edificou, adquirirá a propriedade do solo, mediante pagamento de indenização fixada judicialmente, se não houver acordo.

[268] Pontes de Miranda, *Comentários ao código de 1939*, vol.XIV, pág., 20, n. 5. Idem, 1973, vol.X, pág. 74.

Portanto, o art. 810 do atual C.P.C. disse menos do que deveria dizer, razão pela qual merece uma interpretação extensiva, para ali também constar como indenizáveis as acessões, construção ou plantação, quando realizadas pelo devedor ou por terceiro adquirente de *boa-fé*.

Havendo benfeitorias ou acessões indenizáveis, a *liquidação prévia* torna-se obrigatória, a fim de apurar o seu respectivo valor.

O código não indica a espécie de liquidação prévia que deverá ser realizada, o que, por dedução, somente pode ser por *arbitramento* ou *pelo procedimento comum.*

Prescreve o *parágrafo único do art. 810* do atual C.P.C. que *havendo saldo em favor do executado ou de terceiros, o exequente o depositará ao requerer a entrega da coisa; em favor do exequente, este poderá cobrá-lo nos autos do mesmo processo.*

Se o devedor ou terceiro exerceu seu direito de retenção a tempo, e, após a *liquidação prévia*, apurar-se saldo em favor do devedor ou de terceiro, o credor o depositará ao requerer a entrega da coisa.

O exequente poderá, ao invés de depositar a diferença, requerer a compensação do saldo credor em favor do devedor ou de terceiro com o dos frutos ou dos danos considerados devidos pelo executado ou pelo terceiro, nos termos do §5º do art. 917 do atual C.P.C.

Não se pode esquecer que na indenização deferida ao possuidor de má-fé pelas benfeitorias necessárias, o exequente terá o direito de optar pelo seu valor atual ou de seu custo. Já em relação ao possuidor de boa-fé, a indenização será de acordo com o valor atual da benfeitoria (art. 1.222 do C.c.b.).

Por fim, se houver saldo em favor do credor, este poderá cobrá-lo no mesmo processo, prosseguindo com o cumprimento de sentença ou decisão por quantia certa.

SEÇÃO II – Da Entrega de Coisa Incerta

Art. 811

Quando a execução recair sobre coisa determinada pelo gênero e pela quantidade, o executado será citado para entregá-la individualizada, se lhe couber a escolha.

Parágrafo único. Se a escolha couber ao exequente, esse deverá indicá-la na petição inicial.

Entrega de coisa incerta

O legislador atual manteve a distinção das duas espécies de execução para entrega de coisa.

Na Seção I do Capítulo II, tratou da entrega de coisa certa; nesta Seção II do Capítulo II regula a entrega de coisa incerta.

Segundo anota Pontes de Miranda, o adjetivo incerto está empregado como sinônimo de indeterminado, ou melhor, ainda não determinado.[269]

No caso, a prestação da obrigação tem por objeto *coisa indeterminada*.

Em regra, a obrigação de dar refere-se a coisa certa e determinada. Contudo, pode o título ou o contrato estabelecer a entrega de coisa incerta ou indeterminada.

A coisa incerta abrange tanto as chamadas obrigações genéricas, quanto também as obrigações alternativas quando o aludido ato de vontade deve consistir na opção entre coisas diversas, cada uma delas perfeitamente caracterizada.[270]

O elemento comum entre ambas as obrigações é que a escolha e determinação da obrigação genérica ou alternativa ficará para um momento futuro da constituição da obrigação.

Conforme anota Adroaldo F. Fabrício: *"nenhuma possibilidade de incidência tem o artigo quando, mesmo ocorrendo alternatividade ou indeterminação, inexista escolha a ser feita, como nos casos em que a concretização ou concentração só depende de fatos objetivos, independentes da vontade do interessado: o fazendeiro deve entregar todos os animais nascidos em determinado período, ou todos os nascidos com determinada pelagem (como ocorreu no pacto entre Labão e Jacó, Gênesis, 30:32); também não há escolha a fazer-se quando convencionado que um dos bens será objeto da entrega se não existir o outro ao tempo do pagamento"*.[271]

Conforme preconiza o art. 243 do C.c.b.: *"A coisa incerta será indicada, ao menos, pelo gênero e pela quantidade"*. Pelo gênero (espécie de cavalo), quantidade (um, dois, três etc).

A coisa incerta ou indeterminada pode incidir sobre coisa infungível, como, por exemplo, a escolha de um veículo da marca 'tal'.

Por sua vez, nas coisas determinadas pelo gênero e pela quantidade, a escolha pertence ao devedor, se o contrário não resultar do título da obrigação (art. 244 do C.c.b.). Antes da escolha, não poderá o devedor alegar perda ou deterioração da coisa, ainda que por força maior ou caso fortuito (art. 246 do C.c.b.).

Assim, tendo o título estabelecido que compete ao credor a escolha de coisa incerta ou indeterminada, este deverá realizar a escolha no prazo estabelecido

[269] Pontes de Miranda, *Comentários ao Código de Processo Civil de 1973*. Vol. VIII. n. 228, Rio de Janeiro: Forense, s/d., *pág. 166*.

[270] Couto e Silva, Clóvis. *Comentários ao código de processo civil*. Tomo I, Vol. XI. São Paulo: Editora Revista dos Tribunais, 1977. p. 37.

[271] Fabrício, A. F., op. cit., p. 110.

no título ou no contrato firmado entre as partes. Poderá, ainda, exercer a escolha no âmbito da petição inicial que instaurar a execução para entrega de coisa incerta.

Na execução para entrega de coisa certa, o executado é citado para em quinze dias satisfazer a obrigação; na execução para entrega de coisa incerta, o executado é citado para também satisfazer a obrigação, mediante a entrega individualizada da coisa, se lhe couber a escolha, ou, se a escolha couber ao credor, este de plano a indicará na petição inicial.

Muito embora o art. 811 não diga expressamente qual é o prazo para o executado entregar a coisa individualizada, o certo é que se aplica aquele estabelecido no art. 806 do atual C.P.C., ou seja, quinze dias para satisfazer a obrigação.

Se o executado não indicar a coisa no prazo de quinze dias após a citação, a escolha retorna ao credor, sendo que, uma vez feita a escolha, o juiz expedirá mandado de busca e apreensão se se tratar de bem móvel ou de imissão de posse em se tratando de bem imóvel. É de bom tom constar no mandado de citação esta advertência. Se a escolha coube ao credor, e este já indicou a coisa com a inicial, do mandado de citação do devedor para entrega da coisa indicada no prazo de quinze dias constará a ordem para imissão na posse ou busca e apreensão, conforme se tratar de imóvel ou de móvel, cujo cumprimento se dará de imediato, se o devedor não realizar a prestação no prazo que lhe foi assinalado.

Contudo, se o devedor já exerceu seu direito de escolha da coisa, comunicando expressamente ao credor, penso que sua futura alienação ou oneração permitirá ao credor, desde que presentes os pressupostos legais, buscar a coisa no patrimônio de terceiro.

Se o credor não exercita a escolha que lhe foi outorgada no prazo estabelecido, comunicando expressamente ao devedor, este não poderá adimplir a obrigação, razão pela qual presume-se com esse ato a recusa ou omissão do credor em escolher, gerando ao devedor a pretensão de consignar a coisa em juízo. A falta de escolha caracteriza a mora accipiendi.

Sobre o tema, eis os seguintes precedentes do S.T.J.:

> *Processual civil. Recurso especial. Execução de obrigação de entregar coisa incerta. Escolha do devedor. Citação para entrega da coisa individualizada.*
>
> *– Na execução de obrigação de entregar coisa incerta, cabendo a escolha ao devedor, este deverá ser citado para entregá-la individualizada.*
>
> *Recurso especial conhecido e provido.*
>
> (REsp 701.150/SC, Rel. Ministra NANCY ANDRIGHI, TERCEIRA TURMA, julgado em 15/12/2005, DJ 01/02/2006, p. 545)

1. Nos termos do acórdão, "o contrato somente previa a entrega de gado ou equivalente em arroba, não prevendo valor pré fixado em dinheiro, e que opção do credor foi o recebimento de semoventes, o valor da arroba do boi a ser apurado deve ser aquele verificado na data da perícia e partir daí passam a incidir juros e correção monetária".

2. Rever esse entendimento em sede de recurso especial, é defeso a este Superior Tribunal de Justiça nos termos do óbice constante na Súmula 5/STJ.

3. Agravo regimental não-provido.

(AgRg no REsp 1059686/MS, Rel. Ministro LUIS FELIPE SALOMÃO, QUARTA TURMA, julgado em 07/06/2011, DJe 13/06/2011)

Art. 812

Qualquer das partes poderá, no prazo de 15 (quinze) dias, impugnar a escolha feita pela outra, e o juiz decidirá de plano ou, se necessário, ouvindo perito de sua nomeação.

Impugnação da escolha

Este dispositivo vem demonstrar que há efetivo contraditório no âmbito do processo de execução.

Aliás, essa necessidade de contraditório encontra-se expressamente consignada na Constituição Federal e nas normas estruturantes do processo civil brasileiro.

Uma vez feita a escolha da coisa incerta ou indeterminada, seja pelo exequente ou pelo executado, a outra parte poderá, no prazo de quinze dias contado a partir de sua intimação (o C.P.C. de 1973 falava em 48 horas – art. 630), impugnar a escolha realizada, ou concordar expressa ou tacitamente (a parte não se manifesta após a intimação).

Se impugnada escolha, esta impugnação necessita ser fundamentada, especialmente se a escolha não ocorreu de acordo com o estabelecido em lei ou no contrato. O credor não é obrigado a receber coisa pior ou melhor, mas simplesmente aquela que foi indicada na relação jurídica de direito material. Também o devedor não está obrigado a entregar a coisa melhor ou pior.

Se a questão da impugnação não demandar especial conhecimento, o juiz poderá decidir de plano. Caso contrário, nomeará perito de sua confiança para que este órgão auxiliar do juízo apresente parecer técnico. É evidente que as partes poderão se manifestar sobre o parecer técnico apresentado pelo perito, valendo-se, se necessário, de assistentes técnicos.

Poderá o juiz, ainda, valer-se da inspeção judicial se necessário.

Não será possível a realização de prova testemunhal, pois na execução não cabe este tipo de prova.[272]

Não existindo mais nenhuma coisa para que se possa realizar a escolha, seja pelo devedor ou pelo credor, e havendo culpa daquele no perecimento ou no desaparecimento do bem, poderá o credor converter a execução em quantia certa pelo valor respectivo do bem acrescido das perdas e danos.

Sobre o tema, eis o seguinte precedente do S.T.J.:

I – A execução para entrega de coisa incerta, após a escolha do bem, segue o rito previsto para a execução de coisa certa (arts. 621 e segs.).

II – O objetivo específico da execução para entrega da coisa é a obtenção do bem que se encontra no patrimônio do devedor (ou de terceiro). Caso não mais seja encontrado o bem, ou no caso de destruição ou alienação, poderá o credor optar pela entrega de quantia em dinheiro equivalente ao valor da coisa e postular a transformação da execução de coisa certa em execução por quantia certa, na linha do art. 627, CPC.

III – Indispensável, nessa hipótese, contudo, a prévia apuração do quantum, por estimativa do credor ou por arbitramento. Sem essa liquidação, fica inviável a conversão automática da execução para entrega da coisa em execução por quantia certa, mormente pelo fato que a execução carecerá de pressuposto específico, a saber, a liquidez.

(REsp 327.650/MS, Rel. Ministro SÁLVIO DE FIGUEIREDO TEIXEIRA, QUARTA TURMA, julgado em 26/08/2003, DJ 06/10/2003, p. 273)

Art. 813

Aplicar-se-ão à execução para entrega de coisa incerta, no que couber, as disposições da Seção I deste Capítulo.

Aplicação subsidiária dos dispositivos da execução de entrega de coisa certa

Este dispositivo determina a aplicação dos dispositivos que regulam a execução para entrega de coisa certa (arts. 806 a 810 do atual C.P.C.), naquilo que couber.

Dentre as regras aplicáveis encontram -se: a) o art. 806, por exemplo, aplica-se nesta seção para estabelecer o prazo que possui o executado, após a citação, para realizar a escolha da coisa incerta e promover sua entrega ou depósito; b) ao despachar a inicial, o juiz poderá fixar multa por dia de atraso no cumpri-

[272] Lima, A. M., op. cit., p. 806.

mento da obrigação, ficando o respectivo valor sujeito a alteração, caso se revele insuficiente ou excessivo (§1º do art. 806); c) se o devedor não indicar a coisa no prazo de quinze dias após a citação, a escolha retorna ao credor, sendo que, uma vez feita a escolha, o juiz expedirá mandado de busca e apreensão se se tratar de bem móvel ou de imissão de posse em se tratando de bem imóvel. Se a escolha coube ao exequente, e este já indicou a coisa com a inicial, do mandado de citação do devedor para entrega da coisa, no prazo de quinze dias, constará a ordem para imissão na posse ou busca e apreensão, conforme se tratar de imóvel ou de móvel, cujo cumprimento se dará de imediato, se o devedor não realizar a prestação no prazo que lhe foi designado (§2º do art. 806); d) se o executado entregar a coisa, será lavrado o respectivo termo e dar-se-á por finda a execução, salvo se esta tiver de prosseguir para o pagamento de frutos ou o ressarcimento de prejuízos (art. 807); e) alienada a coisa quando já litigiosa, será expedido mandado contra o terceiro adquirente, que somente será ouvido após depositá-la (art. 808); f) o exequente tem direito a receber, além de perdas e danos, o valor da coisa quando esta se deteriorar, não lhe for entregue, não for encontrada ou não for reclamada do poder de terceiro adquirente (art. 809). §1º Não constando do título o valor da coisa ou sendo impossível a sua avaliação, o exequente far-lhe-á a estimativa, sujeitando-se ao arbitramento judicial. §2º Serão apurados em liquidação o valor da coisa e os prejuízos; g) havendo benfeitorias indenizáveis feitas na coisa pelo devedor ou por terceiros de cujo poder ela houver sido tirada, a liquidação prévia é obrigatória (art. 810). Parágrafo único. Se houver saldo em favor do devedor ou de terceiros, o credor o depositará ao requerer a entrega da coisa; se houver saldo em favor do credor, este poderá cobrá-lo nos autos do mesmo processo.

CAPÍTULO III – Da Execução das Obrigações de Fazer ou de Não Fazer

SEÇÃO I – Disposições Comuns

Art. 814

Na execução de obrigação de fazer ou de não fazer fundada em título extrajudicial, ao despachar a inicial, o juiz fixará multa por período de atraso no cumprimento da obrigação e a data a partir da qual será devida.

Parágrafo único. Se o valor da multa estiver previsto no título e for excessivo, o juiz poderá reduzi-lo.

Astreintes

A concepção ideológica do processo civil contemporâneo exige que na obrigação de fazer e não fazer o seu cumprimento ocorra mediante a concessão de tutela específica, ou seja, que a obrigação seja cumprida na sua originalidade, e não mediante atividades substitutivas.

Para que a tutela jurisdicional seja efetiva, isto é, para que a obrigação seja cumprida de acordo com aquilo que fora estipulado pela lei ou pelo negócio jurídico, poderá o juiz, ao despachar a inicial de uma demanda executiva de obrigação de fazer ou não fazer fundada em título executivo extrajudicial, fixar multa por período de atraso no cumprimento da obrigação e a data a partir da qual será devida.

É importante salientar que a multa coercitiva somente deve ser imposta se for compatível com a obrigação ou dever de fazer ou não fazer. Se não houver mais possibilidade de qualquer utilidade da obrigação de fazer ou de não fazer em favor do credor, não será mais o caso de imposição de multa, mas, sim, de conversão imediata da obrigação em perdas e danos.

A multa somente deverá ser aplicada, portanto, se houver alguma utilidade jurídica ou material da obrigação de fazer ou não fazer em favor do credor exequente.

Em regra, o prazo para cumprimento da obrigação, e, por consequência, do início da incidência da multa aplicada, ocorre a partir da citação do executado para cumprir a obrigação de fazer ou não fazer. Nesse sentido, é o seguinte precedente do S.T.J.:

> *1. Tratando-se de multa em obrigação de fazer, a incidência da multa diária tem início com a intimação pessoal do devedor para cumprimento da obrigação.*
>
> *2. O prazo para oferecimento de impugnação do cumprimento de sentença, nos termos do § 1º do art. 475-J do CPC, incluído pela Lei 11.232/2005, inicia-se quando realizados a penhora ou o depósito judicial para a garantia do juízo.*
>
> *3. Agravo regimental a que se nega provimento.*
>
> (AgRg no Ag 1312084/ES, Rel. Ministro RAUL ARAÚJO, QUARTA TURMA, julgado em 17/12/2013, DJe 03/02/2014)

Portanto, aplicam-se as *astreintes* também no âmbito do cumprimento de obrigação de fazer ou não fazer que tenha por fundamento um título executivo extrajudicial.

A multa a ser fixada deverá ser de tal força coercitiva que o executado sinta-se efetivamente coagido para cumprir *in natura* a obrigação por ele assumida ou imposta por lei.

Sobre o tema, eis os seguintes precedentes do S.T.J.:

1. Esta Corte entende que, uma vez descumprida a obrigação de fazer, a execução das astreintes determinadas em antecipação de tutela não afronta ao art. 475-N do CPC. Precedentes.

2. As instâncias ordinárias são soberanas no exame do conjunto fático-probatório dos autos, motivo pelo qual se mostra vedado a esta Corte rever o entendimento a quo sobre matéria de prova, ante o óbice do enunciado da Súmula 7/STJ.

3. É inviável a análise de teses alegadas somente em agravo regimental que, ainda que versem sobre matéria de ordem pública, caracterizem inovação recursal.

Agravo regimental improvido.

(AgRg no REsp 1422691/BA, Rel. Ministro HUMBERTO MARTINS, SEGUNDA TURMA, julgado em 18/02/2014, DJe 24/02/2014)

Agravo regimental no agravo em recurso especial. Civil e processo civil. Alegação violação aos arts. 461, e 475-j, do cpc, 412 e 884 do cc. falta de prequestionamento. Incidência da súmula 282 do stf. Obrigação de fazer. Execução provisória. Astreintes. Possibilidade. Acórdão recorrido em consonância com jurisprudência do stj. Súmula 83/stj. Agravo regimental desprovido.

(AgRg no AREsp 200.758/PR, Rel. Ministro PAULO DE TARSO SANSEVERINO, TERCEIRA TURMA, julgado em 11/02/2014, DJe 19/02/2014)

Estabelece o *parágrafo único* do art. 814 do atual C.P.C. que *se o valor da multa estiver previsto no título e for excessivo, o juiz poderá reduzi-lo.*

Isso significa dizer que a incidência da multa coercitiva deve ser na medida exata para compelir o executado a cumprir a obrigação, nem mais, nem menos. Assim, se o valor da multa já constar do próprio título executivo extrajudicial, mas sua incidência for demasiada ou excessiva, poderá o juiz reduzi-la a um patamar mais razoável.

Sobre o tema, eis o seguinte precedente do S.T.J.:

1. O legislador concedeu ao juiz a prerrogativa de impor multa diária ao réu com vista a assegurar o adimplemento da obrigação de fazer (art. 461, caput, do CPC), bem como permitiu que o magistrado afaste ou altere, de ofício ou a requerimento da parte, o seu valor quando se tornar insuficiente ou excessiva, mesmo depois de transitada em julgado a sentença, não se observando a preclusão ou a coisa julgada, de modo a preservar a essência do instituto e a própria lógica da efetividade processual (art. 461, § 6º, do CPC).

2. Do acórdão recorrido (fl. 554, e-STJ) verifica-se que a recorrente já depositou R$ 30.800,00 (trinta mil e oitocentos reais) a título de astreintes, restando o saldo devedor de R$ 110.241,00 (cento e dez mil duzentos e quarenta e um reais), quantia que se distancia dos princípios da razoabilidade e da proporcionalidade.

Nesses termos, diante da excessividade do valor da multa diária agora executado, impõe-se a sua limitação ao valor já depositado, por se mostrar suficiente e adequado para os fins que lhe presta, sob pena de enriquecimento ilícito.

3. Certo é que o valor estabelecido a título de astreintes não pode gerar um enriquecimento sem causa da acionante, agora exequente, razão pela qual impositiva era a sua redução, tarefa que pode perfeitamente ser realizada durante a fase de execução das astreintes, com base no disposto no art. 461, §6º, do CPC, consoante entendimento consolidado nesta Corte Superior.

4. Agravo regimental desprovido.

(AgRg no REsp 1098061/RJ, Rel. Ministro MARCO BUZZI, QUARTA TURMA, julgado em 28/05/2013, DJe 11/06/2013).

SEÇÃO II – Da Obrigação de Fazer

Art. 815

Quando o objeto da execução for obrigação de fazer, o executado será citado para satisfazê-la no prazo que o juiz lhe designar, se outro não estiver determinado no título executivo.

Citação para cumprimento da obrigação de fazer

Dentre os tipos de tutela que visam a inibir o ilícito, até mesmo para que não haja o dano ou pelo menos para que se reduza o dano até então produzido, encontra-se a concessão de *tutela específica executiva de obrigação de fazer e de não fazer* constante em título executivo extrajudicial.

A execução específica é definida como aquela que conceda ao exequente a restauração de idêntica situação jurídica violada por meio de uma direta restituição.

Assim, se a obrigação é de fazer ou prestar um fato, somente haverá o cumprimento específico da obrigação, mediante a realização do *facere.*

É importante reforçar que o ilícito não se confunde com o dano. É necessário, em muitos casos, evitar ou remover o ato ilícito (compreendido como simples ato contrário ao direito), seja porque em alguns casos ele não tem uma identidade cronológica com o dano, seja porque o ilícito, em outros casos, ao consolidar-se, deve ser extirpado independentemente dos danos que já provocou ou possa ainda provocar. Por isso o dano é algo absolutamente acidental na vida do ilícito; é ele uma consequência meramente eventual do ato contrário ao direito. O ato ilícito, em outras palavras, pode ou não provocar um dano.[273]

Esse tipo de *tutela executiva específica de obrigação de fazer* tem por objetivo romper com a postura dogmática do art. 1.142 do Código Napoleão, segundo o qual toda obrigação de fazer e não fazer resolve-se em perdas e danos, em caso de inadimplemento do devedor, dando preferência à relevância jurídica a situações de interesse socialmente caracterizadas.

Na realidade, a desnecessidade de tutela diferenciada, que reflete um ordenamento jurídico neutro em relação às diversas posições sociais, tem como consequência a universalização da tutela ressarcitória.[274]

Contudo, é necessário construir-se tutelas que garantam às pessoas um sistema processual que permita a fruição efetiva e real dos bens, principalmente aqueles que são considerados vitais para uma organização social que se preocupa em ser mais justa. O direito do credor é receber do devedor o que se lhe deve (prestação de fato ou não fazer). A conversão em perdas e danos somente ocorre na falta do próprio bem.

Para que isso ocorra, é necessário romper com a dogmática de origem romana, segundo a qual a tutela de reparação de danos é a única forma de tutela contra o ilícito, ocorrendo nesta época uma efetiva unificação entre as categorias da ilicitude e da responsabilidade civil. Essa perspectiva tem por fundamento também os princípios da liberdade e da defesa da personalidade, próprios do jusnaturalismo e do racionalismo iluminista, pois num Estado liberal, marcado por uma rígida delimitação dos seus poderes de intervenção sobre a esfera jurídica dos particulares, não podia conceber um juiz que detivesse o poder de ordenar a alguém a fazer algo ou não fazer algo sob pena de coerção. Note-se que a tutela ressarcitória pelo equivalente permite apenas o sacrifício de um valor em dinheiro e não de valores concretos, como o do bem prometido ao credor.[275]

Conforme ensina Alcides de Mendonça Lima, *"por influência do art. 1.142 do Código Civil francês consentâneo com as fontes romanas, e, mormente, pela concepção de Pothier, por muito tempo foi sustentada a inexequibilidade específica das obrigações de fazer, resolvendo-se sempre 'em dommages et intérêts"*.[276]

[273] Marinoni, Luiz Guilherme. *Tutela específica – arts. 461, CPC e 84, CDC.* 2ª ed. São Paulo: Editora R.T., 2001. p. 23 e 25.
[274] Marinoni, L. G., idem, p. 19.
[275] Marinoni, L. G., idem, p. 20 e 21.
[276] Lima, A. M., op. cit., p. 813.

Porém, a história tem demonstrado que o processo não pode ser compreendido à distância do direito material, razão pela qual a percepção de que o processo não estava correspondendo à necessidade de tutela do direito material obrigou a doutrina a pensar em termos de 'efetividade do processo', consciente de que a 'efetividade' seria o encontro do resultado devido ao autor, em consonância com as normas de direito substancial, no menor espaço de tempo e com o mínimo de esforço possível.[277]

Por isso, a simples recusa do devedor em cumprir a obrigação assumida no contrato ou imposta na sentença deixa de ser obstáculo invencível quanto à inadimplência, pois desde que seja *fungível,* o ato poderá ser executado por terceiro.[278]

Daí porque ao lado do procedimento executivo de título extrajudicial que tenha por objeto obrigação de pagamento de quantia certa, regula este capítulo o procedimento executório de título executivo extrajudicial que tenha por objeto obrigação líquida, certa e exigível de obrigação de fazer.

É certo que por vezes a execução de obrigação de fazer converte-se em execução por quantia certa. Conforme bem assinalam Jaime Guasp e Pedro Argoneses, ao tratar do processo de execução: *"O processo de execução por dação, em que se persegue a entrega de uma quantidade em dinheiro não é um processo de execução qualquer, senão que é o que pode chamar-se de forma geral das execuções processuais. Com efeito, não somente nestas dações, em que se persegue a entrega de quantidade de dinheiro, atua-se a imensa maioria das pretensões de execuções que a realidade oferece, senão que, ademais, as restantes podem converter-se nela quando não for possível o desenvolvimento das medidas que são peculiares a cada uma das mesmas".*[279]

Por isso, ao lado da execução expropriativa, como figura ordinária dos procedimentos executivos, os demais tipos de execução de título extrajudicial aparecem como execuções peculiares, isto é, separadas do modelo anterior, apesar de não serem consideradas como medidas executivas especiais, tendo em vista que foram pensadas com mais amplitude que as simples hipóteses particulares e concretas. Portanto, tanto a execução expropriativa, como as satisfativas e transformativas são execuções singulares. Ao seu lado existe a execução geral que abarca a execução distributiva, isto é, de repartição de um patrimônio entre

[277] Maninoni, L. G., op. cit., p. 33.

[278] *"Quando porém, se trata de prestação infungível – natural ou jurídica –, para o credor não haverá outro remédio senão conformar-se com as perdas e danos, se o devedor obstinar-se em não cumprir a obrigação"* (Lima, A. M., op.cit., p. 814).

[279] Guasp, Jaime; Aragoneses, Pedro. *Derecho procesal civil.* Tomo II – Parte Especial: procesos declarativos y de ejecución. 7ª ed. Navarra: Editorial Aranzia, 2006. p. 587.

vários sujeitos que dá lugar aos processos concursais, constituindo um suposto de execução extraordinária que se aparta das outras formas de cumprimento de sentença.[280]

Para se saber o tipo de procedimento executivo extrajudicial que se deverá utilizar, deve-se observar, em primeiro lugar, a base da consideração do próprio título executivo a que o procedimento executivo deve utilizar, ou seja, qual dos tipos de medidas executivas ordinárias é aplicável.

Em princípio, a reclamação em que consista a pretensão de medidas executivas e que está fundada num título executivo extrajudicial correspondente, decidirá sobre a índole das medidas executivas que deva seguir-se. Assim, se a pretensão apoia-se em um título que autoriza a exigir a entrega de uma *quantidade de dinheiro*, deve-se acudir da execução expropriativa; se o título permite reclamação de *entrega de uma coisa* se acudirá da execução para entrega de coisa certa ou incerta; se o fundamento da pretensão autoriza a obter do juiz a realização de um *fazer* ou *um não fazer forçoso*, acudir-se-á da *execução transformativa*.[281]

O Capítulo III trata especificamente da pretensão contida em título executivo extrajudicial, cujo objeto é uma obrigação de fazer ou não fazer.

Estabelece o *art. 815* do atual C.P.C. que *quando o objeto da execução for obrigação de fazer, o executado será citado para satisfazê-la no prazo que o juiz lhe designar, se outro não estiver determinado no título executivo.*

O vínculo obrigacional pode ter por objeto uma prestação, que pode consistir ou num *dare* (que romanamente significa transmissão de propriedade), ou num *facere*, que compreendendo também o *non facere* abraça qualquer espécie de fato, ato ou omissão, ou num *praestare*, no qual se englobam prestações particulares que não entram nas duas categorias e geralmente são responsabilidade vulgarmente acessória de outras obrigações principais.[282]

Nos limites em que as normas do ordenamento jurídico consentem que uma pessoa se obrigue para com outra a dar, a fazer ou não fazer alguma coisa, qualquer forma da atividade humana pode constituir objeto de obrigação. Esta não tem, porém, por objeto, como muitos dizem às vezes, inclusive o próprio legislador, a coisa a que a prestação se refere, mas a própria *prestação*, isto é: *"um ato positivo ou negativo do devedor, que, como dar ou fazer, pode ter por seu turno como objeto próprio uma coisa. Resulta, pois, dos citados limites e ao mesmo tempo da natureza intrínseca do vínculo obrigatório e da 'necessitas' que lhe é inerente, que a prestação deve*

[280] Guasp, J.; Aragoneses, P., idem, p. 588.

[281] Guasp, J.; Aragoneses, P., idem, p. 590.

[282] Ruggiero, Roberto. *Instituições de direito civil.* Trad. Paolo Capitanio. Vol. 3. Campinas: Bookseller, 1999. p. 36.

revestir determinados caracteres, indispensáveis para a existência jurídica da obrigação".[283] E dentre esses caracteres encontra-se a perspectiva *positiva ou negativa*, conforme consista num *dar* ou num *fazer*, ou em um *não fazer*.

Consiste a obrigação de *fazer "na prática de uma ou mais ações determinada se lícitas, na prestação de serviços ou trabalhos da mais variada natureza, e distinguem-se as que têm caráter estritamente pessoal, que não podem ser prestadas senão pela própria pessoa do devedor (quer pelas suas qualidades intrínsecas e pessoais, quer pela razão da relação em que só ela se encontra), das outras que não têm tal caráter de modo que, com igual vantagem econômica, podem ser prestadas pelo devedor ou por outra pessoa..."*.[284]

Consiste a obrigação de não fazer *"em omitir, para vantagem do credor, qualquer coisa que, se não fosse ela, o obrigado tinha a faculdade de fazer, ou em sofrer uma ação de outro. A 'solutio', que nas duas espécies se dá mediante a prestação ou execução do fato prometido, exerce-se aqui mediante uma abstenção mais ou menos prolongada, que mantém imutável o estado de fato desejado, de onde se segue que nem todas as regras da 'solutio' ordinária lhe são aplicáveis, nem a falta de cumprimento (que se verifica com a prática da ação proibida) dá lugar às formas ordinárias de coação"*.[285]

O objeto da obrigação de fazer pode consistir num 'ato', 'serviço' ou 'obra', entre outras situações fáticas.

Sobre a normatização brasileira em relação às obrigações de *fazer e não fazer* prescrevem os artigos 247 a 251 do C.c.brasileiro:

> *Art. 247. Incorre na obrigação de indenizar perdas e danos o devedor que recusar a prestação a ele só imposta, ou só por ele exeqüível.*
>
> *Art. 248. Se a prestação do fato tornar-se impossível sem culpa do devedor, resolver-se-á a obrigação; se por culpa dele, responderá por perdas e danos.*
>
> *Art. 249. Se o fato puder ser executado por terceiro, será livre ao credor mandá-lo executar à custa do devedor, havendo recusa ou mora deste, sem prejuízo da indenização cabível.*
>
> *Parágrafo único. Em caso de urgência, pode o credor, independentemente de autorização judicial, executar ou mandar executar o fato, sendo depois ressarcido.*
>
> *Art. 250. Extingue-se a obrigação de não fazer, desde que, sem culpa do devedor, se lhe torne impossível abster-se do ato, que se obrigou a não praticar.*
>
> *Art. 251. Praticado pelo devedor o ato, a cuja abstenção se obrigara, o credor pode exigir dele que o desfaça, sob pena de se desfazer à sua custa, ressarcindo o culpado perdas e danos.*

[283] RUGGIERO, R., idem, p. 62.
[284] RUGGIERO, R., idem, p. 65.
[285] RUGGIERO, R., idem, p. 65 e 66.

Parágrafo único. Em caso de urgência, poderá o credor desfazer ou mandar desfazer, independentemente de autorização judicial, sem prejuízo do ressarcimento devido.

Na execução de título executivo extrajudicial consubstanciada numa obrigação que tenha por objeto uma prestação de fazer, o executado será citado para satisfazê-la no prazo que o juiz lhe assinar, se outro não estiver determinado no título.

Havendo prazo estabelecido no título executivo, no mandado de citação deverá constar o prazo voluntariamente firmado pelas partes. Caso contrário, não havendo prazo estabelecido, o juiz marcará um prazo para que o devedor cumpra a obrigação, prazo esse que deverá levar em conta a especificidade, complexidade e duração da obrigação de fazer a ser realizada. Em se tratando de construção de uma casa, por exemplo, o prazo para o cumprimento da obrigação não poderá ser exíguo. Já para fazer um muro ou uma calça ou uma camisa, o prazo será bem reduzido. O prazo fixado pelo juiz não será imutável, podendo ser ampliado de acordo com as circunstâncias fáticas (pense-se na hipótese de uma construção em que há um período prolongado de chuvas).

A fixação do prazo, segundo a complexidade da causa, vem expressamente consignada no art. 218, §1º, do atual C.P.C., *in verbis*:

Art. 218. Os atos processuais serão realizados nos prazos prescritos em lei.

§1º. Quando a lei for omissa, o juiz determinará os prazos em consideração à complexidade do ato.

Tendo em vista que o art. 771, parágrafo único, do atual C.P.C., expressamente determina a aplicação subsidiária à execução das disposições do Livro I, Da Parte Especial, deste Código, isso significa dizer que o juiz, ao despachar a petição inicial de um título executivo extrajudicial que tenha por objeto uma obrigação de fazer, poderá valer-se das medidas coercitivas existentes para o cumprimento de sentença condenatória de prestação de fazer e de não fazer, previstas no art. 536 do atual C.P.C.*in verbis: No cumprimento de sentença que reconheça a exigibilidade de obrigação de fazer ou de não fazer, o juiz poderá, de ofício ou a requerimento, para a efetivação da tutela específica ou a obtenção de tutela pelo resultado prático equivalente, determinar as medidas necessárias à satisfação do exequente.*

Na demanda que tenha por objeto o cumprimento de sentença de obrigação de fazer ou de não fazer, o juiz, ao despachar a inicial, concederá a tutela específica da obrigação ou determinará providências que assegurem o resultado prático equivalente ao do adimplemento, ou, ainda, determinará as medidas necessárias à satisfação do exequente.

O art. 536 do atual C.P.C. estabelece a forma pela qual se dá o cumprimento da obrigação da sentença condenatória de prestação de fazer ou não fazer. Aliás, este dispositivo permite a interpretação de que no cumprimento de sentença que tenha por objeto o cumprimento de obrigação de fazer ou não fazer, o juiz atuará no sentido de propiciar ao exequente, nesta ordem: a) tutela específica; b) resultado prático equivalente; c) medidas necessárias à satisfação do exequente; c) indenização por perdas e danos. Quanto à indenização por perdas e danos, prescreve o art. 499 do atual C.C.b. que *a obrigação somente será convertida em perdas e danos se o autor o requerer ou se impossível a tutela específica ou a obtenção de tutela pelo resultado prático equivalente.*

Portanto, quando se fala em *tutela específica*, significa dizer entregar ao exequente a própria tutela estabelecida no título executivo extrajudicial ou na sentença condenatória de fazer ou não fazer. Por sua vez, quando se fala em *resultado prático equivalente,* é a concessão de outro objeto (que não seja indenização em dinheiro), mas que seja equivalente à tutela executiva a ser prestada de acordo com o título extrajudicial, inclusive podendo ser realizada por terceiro (o mesmo ou outro objeto), mas não só por terceiro, pois o próprio executado poderá sugerir a realização de medidas que gerem um resultado prático equivalente.

Assim, não sendo o caso de se tentar a obtenção de tutela específica, deve o órgão jurisdicional atuar no sentido de obter o *resultado prático equivalente.* Esse resultado prático não encontra maiores dificuldades quando se trata de obrigação de fazer *fungível.*

Em relação à *infugibilidade,* também se deve distinguir, para efeito de se perseguir o resultado prático equivalente, qual tipo de infungibilidade está em evidência.

Assim, na hipótese de obrigação para se concluir um contrato, ou seja, mediante o dever de seprestar declaração de vontade, haverá infungibilidade apenas prática e não jurídica, pois a norma permite que o mesmo efeito jurídico seja obtido por meio de outra declaração, no caso, a declaração do próprio juiz que valerá para todos efeitos como sendo a própria declaração do devedor. Assim, a sentença proferida pelo magistrado substitui o ato devido pelo executado por ato próprio do juiz. Exemplo clássico dessa hipótese é o direito real do compromissário comprador.

É importante salientar-se ainda que a aplicação de medidas executivas de obrigação de fazer e de não fazer pode ocorrer nos seguintes âmbitos jurídicos: a) execução ou cumprimento de sentença condenatória de fazer ou não fazer, ou seja, com base num título executivo judicial; b) em processo de execução que tenha por objeto um título executivo extrajudicial.

Por outro lado, quando a pretensão de medidas executivas a serem realizadas tenha por objeto obter-se do órgão jurisdicional uma *conduta distinta da de fazer ou não fazer,* fala-se de *medidas executivas transformativas.*

A *transformação* processual pode ser concebida como um fazer físico a cargo do órgão jurisdicional. O conceito de fazer se define positiva e negativamente: "*como um fazer positivo ou como um fazer negativo, isto é, como um desfazer, pois o conceito puro do não fazer não pode ser reclamado, logicamente, do órgão jurisdicional. A execução transformativa configura-se assim como um fazer ou desfazer forçoso, a cargo de um juiz ou tribunal, para satisfazer uma pretensão processual de medidas executivas*".[286]

Quanto ao objeto da execução transformativa, tem de concorrer nele a possibilidade, idoneidade e causas comuns. O fazer físico que se exige do juiz tem que ser possível físico e moralmente.

Deve-se ficar atento à distinção entre um fazer *personalíssimo* e *não personalíssimo*.

No que concerne aos requisitos da *atividade*, aplicam-se aqui as regras gerais sobre *lugar, tempo e forma*. Lugar será, em regra, o do órgão jurisdicional; tempo, o que resulte de ter em conta as normas sobre dias e horas hábeis e sobre termos e prazos; e forma, correspondente à essência dos atos que na execução hão que ser realizados, tendo em conta que as manifestações de vontade que essencialmente os integram não estão definidas juridicamente por lei, senão que se remetem às regras da experiência comum que determinam o que há de entender-se por cada espécie de conduta física que o órgão jurisdicional exija.[287]

Os efeitos das medidas executivas transformativas operam no âmbito jurídico-material. É certo que uma inovação direta das situações jurídico-materiais não se produz neste procedimento, pois, por definição, as situações de direito preexistem à própria execução e nela se trata somente de adequar as circunstâncias de fato ao que as outras reclamam.

É importante salientar que nos termos do art. 536 do atual C.P.C., o juiz, de ofício ou mediante requerimento do exequente, poderá determinar as medidas necessárias para a efetivação de tutela específica ou para obtenção de resultado prático equivalente.

Observe-se que somente após expirado o prazo fixado pelo juiz para a realização da obrigação de fazer ou não fazer é que os atos coercitivos e executivos previstos no §1º do art. 536 do atual C.P.C. serão aplicados.

Estabelece o §1º do art. 536 do atual C.P.C. que *para atender ao disposto no caput, o juiz poderá determinar, entre outras medidas, a imposição de multa, a busca e apreensão, a remoção de pessoas e coisas, o desfazimento de obras e o impedimento de atividade nociva, podendo, caso necessário, requisitar o auxílio de força policial.*

[286] Guasp, J.; Aragoneses, P., op. cit., p. 694.

[287] Guasp, J.; Aragoneses, P., idem, p. 695.

Assim, a requerimento do credor, ou de ofício, e para a efetivação da tutela específica ou a obtenção do resultado prático equivalente, o juiz poderá determinar as medidas necessárias para satisfação da prestação, podendo o juiz aplicar, entre outras medidas, a imposição de multa por período de atraso, a busca e apreensão, a remoção de pessoas e coisas, o desfazimento de obras, a intervenção judicial em atividade empresarial ou similar e o impedimento de atividade nociva, podendo, caso necessário, requisitar o auxílio de força policial (§1º do art. 536 do atual C.P.C.).

Este dispositivo, meramente exemplificativo, estabelece algumas medidas práticas e eficazes que o juiz no procedimento de cumprimento de sentença de fazer ou não fazer, aplicável à execução de título extrajudicial, poderá adotar para alcançar a efetivação da tutela específica ou o resultado prático equivalente.

Contudo, não poderá o juiz se valer da prisão civil como meio coercitivo para o cumprimento de dever ou obrigação de fazer ou não fazer, por força do art. 5º, inc. LXVII da C.F.. Assim, o nosso ordenamento jurídico não adotou o *Contempt of Court* do direito anglo-saxão, no qual o desrespeito à ordem judicial permite a prisão civil até que ela seja cumprida integralmente.

A prisão civil em nosso ordenamento jurídico está prevista apenas para os casos de não cumprimento de *pensão alimentícia*, não se aplicando mais nem ao *depositário infiel* em face do *Pacto de São José da Costa Rica*, ou seja, do Tratado Interamericano de Direitos Humanos que revogou a Constituição Federal brasileira na parte em que esta permitia a prisão civil do depositário infiel.

São, portanto, abundantes as medidas executivas que podem ser operadas pelo juiz, com base no §1º do art. 536 do atual C.P.C. Este dispositivo abrange medidas coercitivas que recaem sobre o patrimônio ou sobre a pessoa do executado, como a multa e a expedição de ordem judicial para remoção de pessoa.

Poderá, também, ser o executado processado por crime de desobediência.

Há, também, medidas sub-rogatórias, como, por exemplo, desfazimento de obras.

Para que o cumprimento de obrigação de fazer ou não fazer tenha efetiva eficácia para a remoção do ilícito, no caso de omissão ilícita, de atividade ilícita e de ato ilícito de eficácia continuativa, como, por exemplo, de um fábrica que exerce atividade ilícita, é possível designar-se um administrador provisório para que a atividade cesse; também é possível determinar a interdição da empresa. Tanto a nomeação de administrador provisório, quanto a interdição, constituindo meios de coerção direta, são suficientes para a eliminação da situação da ilicitude.[288]

[288] Marinoni, L. G., op. Cit., p. 144.

Na hipótese de ato ilícito de eficácia continuada, sendo possível a repristinação do estado anterior mediante um fazer, é possível requerer ao juiz a designação de pessoa habilitada a prestar o fazer permitindo-se assim a remoção do ilícito. Tratando-se de omissão ilegal, ou de não-observância de norma que impõe um fazer, é possível determinar-se que um terceiro faça aquilo que deveria ter sido feito pelo réu, estabelecendo-se a situação que deveria estar vigorando caso a norma houvesse sido observada desde logo.[289]

Evidentemente, o juiz, ao adotar as medidas necessárias para a realização da tutela específica, deverá observar o princípio de que a tutela do direito deve dar-se de modo menos gravoso para o executado, ou seja, não pode causar gravame desproporcional ou não razoável, maior que o necessário para a incidência do resultado prático pretendido.

Quanto à multa coercitiva em face da Fazenda Pública, a jurisprudência mais recente pacificou-se nesse sentido, *in verbis*:

> *1. Ação Ordinária c/c pedido de tutela antecipada ajuizada em face do Estado do Rio Grande Sul, objetivando o fornecimento de medicamento de uso contínuo e urgente a paciente sem condição de adquiri-lo.*
>
> *2. A função das astreintes é vencer a obstinação do devedor ao cumprimento da obrigação e incide a partir da ciência do obrigado e da sua recalcitrância.*
>
> *3. In casu, consoante se infere dos autos, trata-se obrigação de fazer, consubstanciada no fornecimento de medicamento a pessoa necessitada, cuja imposição das astreintes objetiva assegurar o cumprimento da decisão judicial e consequentemente resguardar o direito à saúde.*
>
> *4. "Consoante entendimento consolidado neste Tribunal, em se tratando de obrigação de fazer, é permitido ao juízo da execução, de ofício ou a requerimento da parte, a imposição de multa cominatória ao devedor, mesmo que seja contra a Fazenda Pública." (AGRGRESP 189.108/SP, Relator Ministro Gilson Dipp, DJ de 02.04.2001).*
>
> *5. Precedentes jurisprudenciais do STJ: RESP 490228/RS, DJ de 31.05.2004; AGRGRESP 440686/RS, DJ de 16.12.2002; AGRESP 554776/SP, DJ de 06.10.2003; AgRgREsp 189.108/SP, DJ 02.04.2001 e AgRgAg 334.301/SP, DJ 05.02.2001.*
>
> *6. Depreende-se do art. 461, §5º do CPC, que o legislador, ao possibilitar ao juiz, de ofício ou a requerimento, determinar as medidas assecuratórias como a "imposição de multa por tempo de atraso, busca e apreensão, remoção de pessoas e coisas, desfazimento de obras e impedimento de atividade nociva, se necessário com requisição de*

[289] Marinoni, L. G., idem, ibidem.

força policial", não o fez de forma taxativa, mas sim exemplificativa, pelo que, in casu, o seqüestro ou bloqueio da verba necessária à aquisição de medicamento objeto da tutela indeferida, providência excepcional adotada em face da urgência e imprescindibilidade da prestação dos mesmos, revela-se medida legítima, válida e razoável.

7. Deveras, é lícito ao julgador, à vista das circunstâncias do caso concreto, aferir o modo mais adequado para tornar efetiva a tutela, tendo em vista o fim da norma e a impossibilidade de previsão legal de todas as hipóteses fáticas. Máxime diante de situação fática, na qual a desídia do ente estatal, frente ao comando judicial emitido, pode resultar em grave lesão à saúde ou mesmo por em risco a vida do demandante.

(...).

11. In casu, a decisão ora hostilizada pelo recorrente importa na negativa de fixação das astreintes ou bloqueio de valor suficiente à aquisição dos medicamentos necessários à sobrevivência de pessoa carente, revela-se indispensável à proteção da saúde do autor da demanda que originou a presente controvérsia, mercê de consistir em medida de apoio da decisão judicial em caráter de sub-rogação.

12. Por fim, sob o ângulo analógico, as quantias de pequeno valor podem ser pagas independentemente de precatório e a fortiori serem, também, entregues, por ato de império do Poder Judiciário.

13. Recurso especial provido.

(REsp 836913/RS, Rel. Ministro LUIZ FUX, PRIMEIRA TURMA, julgado em 08/05/2007, DJ 31/05/2007, p. 371)

1. As matérias insertas nos arts. 138 e 140, do Decreto 41.019/57, 2º, II, 3º, 25, 29, I, II e IV, 31, IV, e 32 da Lei 8.987/95 não foram devidamente discutidas e decididas no acórdão recorrido e nos embargos de declaração. Assim, deveria a recorrente, ao interpor o recurso especial, alegar violação do art. 535 do CPC, a fim de obter êxito nesta instância recursal. Na falta dessa alegação, incide a Súmula 211/STJ: "Inadmissível recurso especial quanto à questão que, a despeito da oposição de embargos declaratórios, não foi apreciada pelo Tribunal a quo." 2. A jurisprudência do Superior Tribunal de Justiça firmou orientação no sentido da possibilidade de aplicação da multa pecuniária do art. 461 do CPC, em caso de descumprimento de decisão judicial que impõe obrigação de fazer ou não fazer.

3. Agravo regimental desprovido.

(AgRg no Ag 1071833/RS, Rel. Ministra DENISE ARRUDA, PRIMEIRA TURMA, julgado em 03/03/2009, DJe 01/04/2009).

Ora, não teria sentido dizer-se que contra a Fazenda Pública aplica-se somente a multa coercitiva na hipótese de cumprimento de sentença condenatória/ /título executivo extrajudicial de obrigação de fazer ou não fazer.

Como a Constituição Federal estabelece que a lei não poderá excluir da apreciação do Poder Judiciário lesão ou ameaça de lesão a direito, isso significa dizer também que a tutela jurisdicional a ser prestada pelo Estado-Juiz deve ser célere e eficaz, razão pela qual outras medidas coercitivas ou práticas executivas também poderão ser concedidas contra o Estado-Administração.

A única exceção que a própria Constituição Federal abre em favor da Fazenda Pública é no caso de cumprimento de sentença condenatória de pagamento de quantia certa ou de cumprimento de título executivo extrajudicial de pagamento de quantia certa, quando neste caso o pagamento deverá ser feito pelo sistema de precatório ou requisição de pequeno valor e não por outra forma de medidas executivas.

Assim, se necessário for, poderá o juiz conceder medidas coercitivas e sub-rogatórias, como, por exemplo, *busca e apreensão, a remoção de pessoas e coisas, o desfazimento de obras, caso necessário requisitar o auxílio de força policial.*

Somente não poderá o juiz valer-se destas medidas de caráter sub-rogatórias, caso o fazer ou não fazer seja de caráter *personalíssimo* a ser realizado pela Fazenda Pública, como, por exemplo, *expedição de certidão negativa de débito tributário.*

Admitem a possibilidade de medidas sub-rogatórias contra a Administração Pública a fim de que se dê ensejo ao cumprimento de uma decisão judicial ou de um título executivo extrajudicial, José Miguel Garcia Medina, Eduardo Talamini, entre outros.

O art. 537, assim como o art. 814, ambos do atual C.P.C., permite ao juiz fixar, inclusive de ofício, independentemente de pedido do credor, multa periódica imposta ao executado. Essa imposição de astreintes poderá efetivar-se por medida liminar, na sentença ou no despacho da execução, desde que seja suficiente e compatível com a obrigação, e que se determine prazo razoável para o cumprimento do preceito.

É importante salientar que a multa somente começará a incidir após citado o executado para cumprir a obrigação de fazer imposta no título executivo extrajudicial.

Assim, o juiz poderá, como medida coercitiva para realização da tutela executiva específica de fazer ou não fazer, impor *multa, astreintes,* por período de atraso. Essa aplicação da multa coercitiva deverá observar o princípio da razoabilidade e proporcionalidade, ou seja, não poderá ter um valor elevado demais, que se torne impossível ao devedor pagar, e, consequentemente, deixe de gerar nele a finalidade coercitiva ditada pela norma, nem mesmo baixo demais, de tal forma que não gere qualquer estímulo no devedor para o cumprimento da sentença.

Em relação à multa, o S.T.J. no Resp n.1019455 permitiu que sua aplicação seja discutida em exceção de pré-executividade:

> *A Terceira Turma do Superior Tribunal de Justiça (STJ) considerou possível o manejo de exceção de pré-executividade com objetivo de discutir matéria relativa ao valor da multa diária executada (astreinte). No caso analisado, o juízo de primeiro grau havia imposto multa diária de R$ 50 mil em favor do comprador de um imóvel, por suposto descumprimento de acordo pelo vendedor.*
>
> *"Sendo possível ao magistrado a discricionariedade quanto à aplicação da astreinte, com maior razão poderá fazê-lo quando provocado pelas partes, ainda que em sede de exceção de pré-executividade", afirmou o ministro Massami Uyeda.*
>
> *O relator ainda lembrou a jurisprudência pacífica do STJ segundo a qual a decisão que arbitra a astreinte não faz coisa julgada material. Ele esclareceu que é facultado ao magistrado impor a multa, de ofício ou a requerimento da parte, cabendo a ele, da mesma forma, a sua revogação nos casos em que se tornar desnecessária.*
>
> *Inconformado com o alto valor da astreinte, o vendedor do imóvel havia recorrido ao Tribunal de Justiça do Mato Grosso (TJMT), discutindo também a execução provisória da sentença, já que estava pendente de julgamento apelação interposta por terceiros. Por sua vez, o TJMT excluiu a multa, por considerar seu valor abusivo e por não constar dos autos da execução a prova da mora do executado.*
>
> *"Se a multa fixada como astreinte pelo juízo singular é absurdamente exagerada e corresponde a um verdadeiro prêmio de loteria, o tribunal deve expurgar a penalidade, notadamente porque o processo é instrumento ético de garantias constitucionais, não podendo ser utilizado para o alcance de abusos ou para promover o enriquecimento ilícito", disse a decisão do TJMT.*
>
> *A exceção de pré-executividade é um meio disponível à defesa do executado, cabível nas hipóteses de flagrante inexistência ou nulidade do título executivo, e nas hipóteses referentes à flagrante falta de pressupostos processuais ou condições da ação. Já a astreinte só tem cabimento quando houver deliberado descumprimento de ordem judicial.*

O S.T.J. não tem admitido Recurso Especial (Súmula 07) que tenha por objeto o valor fixado a título de multa coercitiva, salvo se o valor fixado for irrisório ou excessivo. Nesse sentido, eis os seguintes precedentes:

> *(...).*
>
> *3. Conforme o disposto no artigo 461, § 4º, do Código de Processo Civil pode o juiz impor multa diária ao réu por descumprimento de obrigação de fazer ou não fazer.*

4. No que se refere ao valor da multa diária por descumprimento de ordem judicial, à ofensa ao artigo 461, §§ 4º e 6º do Código de Processo Civil, esta Corte já se manifestou no sentido de que incide o óbice da Súmula 7 desta Corte (REsp n. 638.806/RS, Rel. Min. LUIZ FUX, DJ 17.12.04; AgRg no AG n. 510.177/RJ, Rel. Min. CASTRO FILHO, DJ 20.06.05), sendo lícita a sua revisão, nesta instância, apenas nos casos em que o valor fosse irrisório ou exagerado ou, ainda, em que fosse flagrante a impossibilidade de cumprimento da medida, o que não ocorre no caso.

5. – Agravo Regimental improvido.

(AgRg no AREsp 56.294/SP, Rel. Ministro SIDNEI BENETI, TERCEIRA TURMA, julgado em 22/11/2011, DJe 07/12/2011)

(...).

5. É possível a revisão de multa cominatória por decisão fundamentada, inclusive pelo STJ, em situações excepcionais e quando ela se tornar insuficiente, excessiva ou desnecessária, à luz do art. 461, §6º, do CPC. Precedentes do STJ.

6. As astreintes não podem ser fixadas em valor irrisório, estimulando a procrastinação e os litigantes de má-fé, que são renitentes em cumprir determinações judiciais e agem em desrespeito às partes e ao próprio Poder Judiciário. Porém, há que realizar juízo de proporcionalidade e adequação sobre a pretensão, a medida deferida e o resultado obtido.

7. No caso dos autos, existem elementos que incutem sérias dúvidas sobre legitimidade da forma pela qual são estabelecidas as astreintes: a) o critério da multa originária tendia à excessividade; b) a fórmula proposta inicialmente conduzia a bis in idem; c) há profundos sinais de desproporcionalidade entre o valor das astreintes e a demora no adimplemento da obrigação d) dado que o atraso foi de aproximadamente três meses, não se verifica sinal de desídia da União nem prejuízo ao recebimento da parcela pecuniária pelo agravante, e e) inatribuível a responsabilidade à União pela demora na outorga da tutela jurisdicional no caso concreto.

8. Mantida a condenação da União ao pagamento de R$ 10 mil, em valores fixos, a título de multa. Ratifica-se a decisão que deu provimento parcial ao Recurso Especial da União.

9. Agravo Regimental não provido.

(AgRg no AgRg no REsp 1234990/RJ, Rel. Ministro HERMAN BENJAMIN, SEGUNDA TURMA, julgado em 07/06/2011, DJe 12/09/2011)

Art. 816

Se o executado não satisfizer a obrigação no prazo designado, é lícito ao exequente, nos próprios autos do processo, requerer a satisfação da obrigação à custa do executado ou perdas e danos, hipótese em que se converterá em indenização.

Parágrafo único. O valor das perdas e danos será apurado em liquidação, seguindo-se a execução para cobrança de quantia certa.

Cumprimento da obrigação por terceiro ou conversão em perdas e danos
Além da fixação da multa pelo atraso no cumprimento da obrigação de fazer constante do título executivo extrajudicial, poderá o exequente, em se tratando de obrigação *fungível*, requerer, nos próprios autos do processo, que ela seja executada à custa do executado ou haver perdas e danos, caso em que ela se converterá em indenização.

Preceito similar encontra-se no art. 868º, 1, do Código lusitano:

> *Artigo 868º Citação do executado*
>
> *1 – Se alguém estiver obrigado a prestar um facto em prazo certo e não cumprir, o credor pode requerer a prestação por outrem, se o facto for fungível, bem como a indemnização moratória a que tenha direito, ou a indemnização do dano sofrido com a não realização da prestação; pode também o credor requerer o pagamento da quantia devida a título de sanção pecuniária compulsória, em que o devedor tenha sido já condenado ou cuja fixação o credor pretenda obter no processo executivo.*

Após a citação, poderá o devedor/executado realizar as seguintes atitudes: a) cumprir a prestação dentro do prazo hábil do título executivo extrajudicial; b) não cumprir a prestação e não apresentar embargos; c) não cumprir a prestação e apresentar embargos, os quais poderão ou não ser recebidos no efeito suspensivo.

Após a recusa do executado para cumprir a obrigação de fazer, surge as seguintes alternativas ao exequente: a) requerer que a obrigação fungível seja realizada por terceiro, à custa do devedor, ou; b) requerer a conversão da execução em perdas e danos, caso em que o juiz fixará uma indenização em seu favor, convertendo-se o procedimento em cumprimento de sentença ou decisão de quantia certa.

Qualquer que seja a forma escolhida pelo credor/exequente, realização do fato por terceiro ou perdas e danos, tudo será apurado no mesmo processo de execução, não havendo necessidade de se promover nova demanda.

É importante salientar que se o credor optar pela hipótese de realização do fato por terceiro, nova relação jurídica material surgirá na execução, ou seja, o negócio jurídico entre o credor e o terceiro que se dispôs a concluir o fato objeto da obrigação de fazer constante no título executivo extrajudicial.

Na espécie, portanto, origina-se nova relação jurídica entre o exequente e o terceiro contratante, razão pela qual o executado não será mais responsável pela conclusão do fato ou pelo fiel cumprimento do fato em relação ao que dispõe o título executivo extrajudicial, uma vez que ele, executado, não participa da nova relação jurídica de direito material. Forma-se outro incidente, ao qual o devedor é pessoa estranha.

Se o terceiro contratante não cumprir com sua obrigação, seja por não estar de acordo com o cronograma ou com o prazo estipulado, pode surgir nova lide entre o credor e o terceiro, da qual não participará o devedor.

Estabelece o *parágrafo único do art. 816* do atual C.P.C. que *o valor das perdas e danos será apurado em liquidação, seguindo-se a execução para cobrança de quantia certa.*

Não havendo interesse do exequente de que a obrigação seja cumprida por terceiro, poderá requerer a sua conversão em perdas e danos, quando então o juiz fixará a indenização mediante liquidação a ser realizada pela forma do procedimento comum ou por arbitramento.

Poderá ocorrer, contudo, que no título executivo extrajudicial já estejam fixadas as perdas e danos, por meio de uma multa contratual, razão pela qual não poderá haver *bis in idem*. Nesse caso, a liquidação será dispensada. Nesse sentido, eis os seguintes precedentes do S.T.J.:

> *Direito civil. Obrigações. Ação anulatória de contrato de cessão de obras literárias por encomenda (elaboração de duas telenovelas).*
>
> *Reconvenção. Indenização por perdas e danos. Descumprimento integral do contrato. Redução da multa contratual. Cláusula penal. Função compensatória.*
>
> *– Inviável a revisão do julgado, por força das Súmulas 5 e 7 do STJ, se o Tribunal de origem, ao analisar o processo, atento ao teor do contrato objeto da controvérsia e ao acervo probatório juntado pelas partes, concluiu pela inexistência de qualquer ato omissivo ou comissivo passível de macular o negócio jurídico.*
>
> *– A redução da multa compensatória, de acordo com o Código Civil, somente pode ser concedida nas hipóteses de cumprimento parcial da prestação ou, ainda, quando o valor da multa exceder o valor da obrigação principal.*
>
> *– Considerando-se que estipulada a cláusula penal em valor não excedente ao da obrigação e que foi total o inadimplemento contratual, não cabe a redução do seu montante, que deve servir como compensação pela impossibilidade de obtenção da execução específica da prestação contratada, na hipótese, a elaboração de duas telenovelas.*
>
> *Recurso especial não conhecido.*

(REsp 687.285/SP, Rel. Ministra NANCY ANDRIGHI, TERCEIRA TURMA, julgado em 25/09/2006, DJ 09/10/2006, p. 287)

Civil. Contrato de promessa de compra e venda. Clausula de arrependimento. Revogação. Recibo. Meio inidôneo. Multa penitencial e perdas e danos. Inacumulabilidade. Irregularidade formal do recurso especial. i- recibo de pagamento não se apresenta como meio próprio a revogação de clausula contratual, seja porque o distrato deve observar a mesma forma que o contrato, seja porque a inserção de alteração da substancia do vínculo obrigacional, em documento que essencialmente se presta apenas a atestar quitação, pode induzir a erro o credor e, assim, viciar o ato.

ii – a clausula penal predetermina o valor das perdas e danos, do que resulta a inacumulabilidade de ambas.

(REsp 24.053/GO, Rel. Ministro SÁLVIO DE FIGUEIREDO TEIXEIRA, QUARTA TURMA, julgado em 10/11/1992, DJ 07/12/1992, p. 23320).

Art. 817

Se a obrigação puder ser satisfeita por terceiro, é lícito ao juiz autorizar, a requerimento do exequente, que aquele a satisfaça à custa do executado.

Parágrafo único. O exequente adiantará as quantias previstas na proposta que, ouvidas as partes, o juiz houver aprovado.

Cumprimento da obrigação por terceiro à custa do executado

O mesmo preceito normativo encontra-se no art. 249 e parágrafo único do C.c.b.:

"Art. 249. Se o fato puder ser executado por terceiro, será livre ao credor mandá-lo executar à custa do devedor, havendo recusa ou mora deste, sem prejuízo da indenização cabível.

Parágrafo único. Em caso de urgência, pode o credor, independentemente de autorização judicial, executar ou mandar executar o fato, sendo depois ressarcido".

É bem verdade que Carvalho Santos criticara a possibilidade de o credor, independentemente de autorização judicial, promover a execução ou mandar executar o fato. Dizia ele: *"A razão, a nosso ver, está com Clóvis Beviláqua, porque não seria possível admitir que pudesse o credor ficar com a liberdade, fazer justiça com as próprias mãos, tanto mais quanto o seu direito fica a depender da existência de uma recusa ou de mora por parte do devedor. Ora, se assim é, admitir que o credor possa mandar executar a obra, por 'motu proprio', sem necessidade de autorização judicial, equivale a emprestar ao próprio credor a qualidade de juiz, para decidir se, de fato, o devedor se recusa a fazer a obra ou se está em mora. Estas questões somente pela autoridade judiciária podem ser decididas e, dessa forma, a sanção respectiva somente por ela pode ser autorizada. Mesmo nos casos de urgência e perigo, não é licito fazer justiça com as próprias mãos..."*.[290]

A norma prevê a hipótese de obrigação *fungível*, ou seja, aquela que possa ser realizada por terceiro.

Aliás, em se tratando de obrigação infungível, não poderá ela ser realizada por terceiro, convertendo-se, desde logo, em perdas e danos, conforme preconiza o art. 247 do C.c.b.: *"Incorre na obrigação de indenizar perdas e danos o devedor que recusar a prestação a ele só imposta, ou só por ele exeqüível"*.

Evidentemente que a execução da obrigação de fazer às custas do executado somente terá validade se a obrigação não se realizou por *culpa* do devedor. Havendo culpa, o devedor arcará com as despesas da realização da prestação por terceiro, podendo, inclusive, gastar mais do que gastaria se tivesse realizado a obrigação por si próprio. Se não houver culpa do devedor, em razão de caso fortuito ou força maior, o devedor não poderá ser responsabilizado pelo pagamento ao terceiro.

Por sua vez, estabelece o art. 248 do C.c.b.: *"Se a prestação do fato tornar-se impossível sem culpa do devedor, resolver-se-á a obrigação; se por culpa dele, responderá por perdas e danos"*.

A redação original do art. 634 do C.P.C. de 1973 estabelecia que o juiz nomearia um perito que avaliaria o custo da prestação do fato, mandando em seguida expedir edital de concorrência pública, com o prazo máximo de 30 dias. As propostas seriam encaminhadas mediante prova do depósito da importância, que o juiz estabeleceria a título de caução. No dia, lugar e hora designados, seriam abertas as propostas, escolhendo o juiz a mais vantajosa.

Atualmente não há mais concorrência pública.

Pelo atual sistema, deverá o credor apresentar um orçamento e um plano de execução ao juiz, de modo que não haja abuso de seu direito e nem onere demasiadamente a posição do devedor recalcitrante, salvo na hipótese de urgência, quando poderá valer-se do disposto no parágrafo único do art. 249 do C.c.b.

Apresentada a proposta por terceiro, deverá ser ouvido o executado sobre o seu conteúdo, outorgando-lhe oportunidade para avaliar ou impugnar a proposta apresentada.

[290] CARVALHO SANTOS, J. M. *Código civil brasileiro interpretado*. Parte Geral. Vol. XI. 7ª Ed., Rio de Janeiro: Freitas Bastos, 1956. p. 93

O juiz poderá ou não aprovar o orçamento e a proposta de realização da obrigação pelo terceiro, podendo valer-se ainda de *expert* para avaliar a proposta.

Aprovada a proposta apresentada pelo exequente, o juiz determinará a realização do fato.

O custo apurado para a realização da prestação fungível pelo terceiro será cobrado do devedor por meio de procedimento de cumprimento de sentença ou decisão de quantia certa.

Estabelece o *parágrafo único* do *art. 817* do atual C.P.C. que *o exequente adiantará as quantias previstas na proposta que, ouvidas as partes, o juiz houver aprovado.*

Uma vez apresentada a proposta pelo exequente, e ouvido o executado, o juiz proferirá decisão aprovando o orçamento e determinando a realização do fato pelo terceiro.

Caberá ao exequente adiantar as quantias previstas na proposta, prosseguindo-se a execução pelo procedimento de cumprimento de decisão contra o executado para reaver o valor que houver adiantado para cumprimento da obrigação.

O adiantamento das quantias previstas na proposta pelo exequente é de rigor, pois a relação jurídica material com o contratante, terceiro, ocorre com o credor e não com o devedor.

O direito alemão permite que o credor requeira que o devedor seja condenado ao pagamento antecipado das despesas. Nesse sentido é o §887 do C.P.C. alemão:

"§887. (Atos fungíveis)

1) Se o devedor não adimplir à obrigação de cumprir um ato, cuja execução pode decorrer de obra de um terceiro, o credor, mediante requerimento, deve ser autorizado pelo tribunal da causa de primeiro grau a realizar a execução do ato às custas do devedor.

2) O credor pode contemporaneamente demandar que o devedor seja condenado ao pagamento antecipado das despesas, que surjam da execução do ato, sem prejuízo do direito a um posterior pedido, em razão de a execução do ato comportar custos mais elevados".[291]

Já o art. 870º do Código de Processo Civil português preconiza que se o exequente optar pela prestação do fato por outrem, requererá a nomeação de perito que avalie o custo da prestação. Em seguida, concluída a avaliação, procede-se à

[291] Patti, Salvatore. *Códice di procedura civile tedesco* (Zivilprozessordnung). Milano: Giuffrè Editore, 2010. p. 609.

penhora dos bens necessários para o pagamento da quantia apurada, seguindo-se os demais termos do processo de execução para pagamento de quantia certa.

Sem dúvida, a proposta legislativa de Portugal é muito mais eficaz e justa, pois poderá ocorrer que o exequente já tenha adiantado o pagamento ao executado para o cumprimento da obrigação de fazer, não tendo mais condição financeira para pagar o trabalho a ser desenvolvido por terceiro, o que de certa forma acarretará grave dano ao exequente.

Art. 818

Realizada a prestação, o juiz ouvirá as partes no prazo de 10 (dez) dias e, não havendo impugnação, considerará satisfeita a obrigação.

Parágrafo único. Caso haja impugnação, o juiz a decidirá.

Oitiva das partes sobre a realização da prestação

Muito embora tenha sido a intenção do legislador direcionar o presente dispositivo apenas à prestação do fato realizado pelo terceiro, ele também se aplica, por analogia, à hipótese em que o executado, citado, realiza pessoalmente a obrigação que assumiu no âmbito da relação jurídica de direito material.

A execução deve ser realizada no interesse do credor, satisfazendo-o de acordo com o que estabelece o título executivo, sem, evidentemente, onerar além do necessário o devedor.

A satisfação do credor, em regra geral, dar-se-á, no caso de obrigação de fazer, por ato próprio do devedor ou por ato de terceiro, no caso de obrigação fungível.

O fato a ser prestado altera-se de acordo com a natureza da obrigação, razão pela qual a avaliação de sua efetiva correspondência com o título executivo extrajudicial pode demandar formas diversas de verificação.

Prestado o fato pelo devedor nas obrigações fungíveis ou infungíveis, ou pelo terceiro nas obrigações fungíveis, este deverá corresponder à expectativa do credor.

A circunstância de ter sido prestado o fato, não garante o adimplemento da obrigação ou que a prestação tenha correspondência com aquilo que estabelece o título executivo extrajudicial.

Por isso, prestado o fato, o juiz ouvirá tanto o executado quanto o exequente no prazo de dez dias, a fim de que eles se manifestem sobre a correspondência do fato com aquilo que estabelece o título executivo extrajudicial.

O exequente, no prazo de dez dias, poderá impugnar o fato prestado pelo próprio executado ou por terceiro, aduzindo que a sua conclusão não observou aquilo que estava previsto no título executivo extrajudicial.

O devedor, por sua vez, poderá contradizer o credor, afirmando que o fato foi efetivamente prestado de acordo com o título.

O devedor também terá direito de se manifestar no processo de execução sobre a correspondência do fato realizado por terceiro com o título executivo extrajudicial. É que muitas vezes o fato realizado pelo terceiro pode gerar efeitos no aumento do custo da obra, especialmente se o terceiro argumentar que havia impedimentos materiais ou orçamentários para a conclusão do fato nos termos em que fora determinado. Esse aumento de custo poderá, por sua vez, ensejar o aumento da responsabilidade do valor da obra a ser suportado pelo devedor, ou o aumento de sua responsabilidade pelas perdas e danos eventualmente requeridas.

Assim, muito embora, na generalidade dos casos, o executado não tenha qualquer interesse jurídico em se manifestar sobre a correspondência do fato prestado pelo terceiro, poderá surgir hipóteses em que ele tenha efetivo interesse em sustentar que o terceiro cumpriu devidamente com a sua obrigação, razão pela qual a obrigação de fazer encontra-se devidamente extinta.

Alcides Mendonça Lima, em relação a fato realizado por terceiro, já teve oportunidade de afirmar que *"se a prestação está, ou não, bem executada, cabe somente ao credor reclamar do contratante, sem qualquer interferência do devedor, que nem terá de suprir os defeitos ou ser responsável por qualquer dano para o credor. Daí porque Pontes de Miranda acentuava que 'o executado (a fortiori, o devedor) não é parte. Ou tenha havido depósito do custo total, ou apenas caução, o executado é pessoa estranha à relação jurídica entre o Estado e o terceiro. Com a escolha da melhor proposta, passam a existir duas relações diferentes: a) a do credor contra o devedor, para cobrar-lhe o custo da prestação, de ordem puramente financeira, desaparecendo a obrigação originária; b) a do credor com o contratante, não só quanto ao pagamento (receba, ou não, do devedor), como quanto à perfeição do trabalho a ser executado. Na primeira a), o terceiro-contratante é estranho; na segunda b), o devedor é estranho. Apenas o credor é elemento comum das partes: na primeira, continua credor do devedor, mas por obrigação diferente da originária (de fazer se transmudou em por quantia certa); na segunda, o credor é credor do contratante pela prestação, mas seu devedor pelo pagamento do custo do trabalho"*.[292]

Impugnado pelo credor a correspondência do fato realizado pelo terceiro ou pelo próprio devedor em relação ao que estabelece o título executivo extrajudi-

[292] LIMA, A. M., op. cit., p. 834 e 835.

cial, o juiz, após ouvir as partes e o terceiro interessado, deverá decidir, podendo valer-se de assistência de *expert* ou mesmo da vistoria judicial.

O juiz, entendendo que a prestação foi devidamente cumprida, julgará extinta a execução, declarando cumprida a obrigação. A parte que não se conformar com a decisão poderá interpor recurso de apelação.

Se, porventura, considerar que a prestação não foi cumprida a contento, tanto o interessado quanto o devedor poderão interpor recurso de agravo de instrumento contra a decisão que determinar o prosseguimento da execução.

Art. 819

Se o terceiro contratado não realizar a prestação no prazo ou se o fizer de modo incompleto ou defeituoso, poderá o exequente requerer ao juiz, no prazo de 15 (quinze) dias, que o autorize a concluí-la ou a repará-la à custa do contratante.

Parágrafo único. Ouvido o contratante no prazo de 15 (quinze) dias, o juiz mandará avaliar o custo das despesas necessárias e o condenará a pagá-lo.

Inadimplemento do terceiro contratante

Como já se afirmou no comentário ao art. 816 do atual C.P.C., se o exequente optar pela hipótese de realização do fato por terceiro, nova relação jurídica material surgirá na execução, ou seja, negócio jurídico entre o exequente e o terceiro que se dispôs a concluir o fato objeto da obrigação de fazer.

A espécie, portanto, origina nova relação jurídica entre o exequente e o terceiro contratante, razão pela qual o executado não será mais responsável pela conclusão do fato ou pelo seu fiel cumprimento em relação ao que dispõe o título executivo extrajudicial, uma vez que ele, devedor, não participa da nova relação jurídica de direito material. Forma-se outro incidente, ao qual o devedor é pessoa estranha.

Se o terceiro contratante não cumprir com sua obrigação, seja por não estar de acordo com o cronograma ou com o prazo estipulado, pode surgir novo conflito entre o exequente e o terceiro, do qual não participará o devedor originário.

A prestação poderá deixar de ser realizada dentro do cronograma apresentado e aprovado pelo juiz, ou o fato pode não ter sido iniciado, ou se iniciado, não foi concluído no prazo estipulado. Nessas hipóteses, segundo estabelece o art. 819 do atual C.P.C., poderá o exequente requerer ao juiz, no prazo de quinze dias contado da mora do terceiro contratante, que o autorize a concluir ou reparar o fato por conta do contratante. Poderá também o exequente autorizar que o contratante conclua a obra, fazendo-se desconto da caução realizada pelo credor na execução. Em ambas as hipóteses, por haver um negócio jurídico entre as partes, o contratante poderá vir a ser responsabilizado pelas perdas e danos que causar ao credor, que serão arbitrados pelo juiz no mesmo processo, podendo ser descontado da caução feita pelo credor, ou serem cobradas do terceiro contratante mediante cumprimento de sentença de quantia certa. Na hipótese de o exequente optar por concluir ou continuar a obra por si próprio, o juiz determinará que o custo disso seja por conta do terceiro contratante.

Se o contratante não reconhecer o inadimplemento parcial ou total da obrigação, o juiz terá que decidir a questão, podendo valer-se de expert ou de vistoria judicial.

Uma questão importante pode ainda ser ventilada. E se o exequente não requerer, no prazo de quinze dias, que o juiz o autorize a reparar a obra ou concluí-la por conta do contratante?

Nessa hipótese, e se devidamente intimado o exequente para se manifestar sobre o andamento da obra ou sobre sua conclusão final, nada disser, o seu silêncio levará à conclusão de que a obrigação assumida pelo contratante foi devidamente cumprida, homologando o juiz a conclusão da obra, restando apenas o prosseguimento da execução por quantia certa contra o executado inadimplente.

Estabelece o *parágrafo único do art. 819* do atual C.P.C. que *ouvido o contratante no prazo de 15 (quinze) dias, o juiz mandará avaliar o custo das despesas necessárias e o condenará a pagá-lo.*

Arguindo o exequente que a prestação realizada pelo terceiro contratante é incompleta ou defeituosa, o juiz determinará a sua intimação para se manifestar, decidindo a questão.

Uma vez reconhecido o inadimplemento contratual do terceiro contratante, o juiz mandará avaliar, por meio de perícia, o custo das despesas necessárias para o prosseguimento da obra ou para a sua correção, dando oportunidade às partes (credor e contratante) para se manifestar sobre o valor apurado, a fim de que exerçam o contraditório.

Havendo ou não impugnação sobre o valor, deverá o juiz decidir, condenando o terceiro contratante ao valor apurado ou fixado na decisão. Contra essa decisão as partes poderão interpor recurso de agravo de instrumento.

Art. 820

Se o exequente quiser executar ou mandar executar, sob sua direção e vigilância, as obras e os trabalhos necessários à realização da prestação, terá preferência, em igualdade de condições de oferta, em relação ao terceiro.

Parágrafo único. O direito de preferência deverá ser exercido no prazo de 5 (cinco) dias, após aprovada a proposta do terceiro.

Direito de preferência do exequente para execução da obra

Este dispositivo reforça a ideia de que o exequente deverá apresentar ao juiz um cronograma de projeto e despesas para a execução dos trabalhos necessários à prestação do fato (obras ou outro trabalho equivalente – abrangendo as várias modalidades da obrigação de fazer) que não fora realizado pelo devedor originário. Não haverá mais necessidade de o juiz realizar um concurso público para escolher a melhor oferta entre os terceiros, bastando que a proposta apresentada pelo exequente seja suficiente para atender aos seus interesses e ao mesmo tempo vantajosa para o executado que não sofrerá maior onerosidade.

Em regra, a realização do fato será de incumbência de um terceiro que tenha aptidão para desempenhar tal mister.

Contudo, assim como ocorre com a adjudicação do bem na execução por quantia certa, o exequente terá preferência para realizar o fato, sob sua direção e vigilância, em condições de igualdade de oferta com o terceiro. Esta preferência lhe permite realizar pessoalmente o fato.

Evidentemente que o exequente somente poderá fazer pessoalmente o fato se tiver capacidade técnica e intelectual para tanto, pois, do contrário, estará abrindo mão de reclamar futuramente do devedor a correspondência da prestação realizada com o título executivo extrajudicial.

O direito de preferência conferido ao exequente não poderá onerar o executado, razão pela qual, apesar de exercer o seu direito de preferência em relação ao projeto e ao custo da obra, isso não o desonera de prestar contas de seu trabalho no processo de execução, a fim de que o juiz possa avaliar se o trabalho corresponde efetivamente ao custo orçado.

A preferência concedida ao exequente será em todos os sentidos, não apenas em relação ao custo mas também em relação ao prazo de conclusão da obra, uma vez que a prorrogação indefinida do trabalho prejudica de certa forma o executado, pois sendo ele o responsável pelo pagamento do custo e despesas da obra, o atraso poderá onerar o orçamento originário.

Assim, o exequente, apesar da preferência em relação ao terceiro, não terá nenhuma regalia, a não ser o de tomar o lugar do terceiro.[293]

[293] Lima, A. M., idem, p. 841.

Encontra-se o mesmo preceito normativo no art. 871º do C.P.C. português:

Artigo 871º Prestação pelo exequente

1 – Mesmo antes de terminada a avaliação ou a execução regulada no artigo anterior, pode o exequente fazer, ou mandar fazer sob a sua orientação e vigilância, as obras e trabalhos necessários para a prestação do facto, com a obrigação de prestar contas ao juiz do processo.

2 – A liquidação da indemnização moratória devida, quando pedida, tem lugar juntamente com a prestação de contas.

3 – Na contestação das contas é lícito ao executado alegar que houve excesso na prestação do facto, bem como, no caso previsto na última parte do número anterior, impugnar a liquidação da indemnização moratória.

Estabelece o *parágrafo único do art. 820* do atual C.P.C. que *o direito de preferência deverá ser exercido no prazo de 5 (cinco) dias, após aprovada a proposta do terceiro.*

Assim como na adjudicação do bem há um prazo determinado para exercê-la, também o exequente que quiser realizar pessoalmente o fato na obrigação de fazer deverá manifestar seu interesse no prazo de cinco dias, contado da aprovação da proposta do terceiro. Evidentemente que o exequente deverá ser intimado da aprovação da proposta para que o prazo de cinco dias comece a correr.

Ultrapassado o prazo de cinco dias, preclusa estará a oportunidade de o exequente realizar o fato pessoalmente, consolidando-se o direito subjetivo do terceiro em realizar a prestação.

Art. 821

Na obrigação de fazer, quando se convencionar que o executado a satisfaça pessoalmente, o exequente poderá requerer ao juiz que lhe assine prazo para cumpri-la.

Parágrafo único. Havendo recusa ou mora do executado, sua obrigação pessoal será convertida em perdas e danos, caso em que se observará o procedimento de execução por quantia certa.

Obrigação infungível

Este dispositivo processual vem complementar o que já fora dito pelo art. 247 do C.c.b., in verbis: "Incorre na obrigação de indenizar perdas e danos o devedor que recusar a prestação a ele só imposta, ou só por ele exeqüível".

Cogita-se de obrigação de fazer, que somente ao devedor compete realizar, seja pela sua capacidade especial, sua habilidade profissional etc. Visa-se a pessoa, o que caracteriza a obrigação como sendo *intuitu personae*. São exemplos citados pela doutrina: encomendar um quadro a um pinto célebre; realização de uma operação por um cirurgião notável.[294] Há também alguns exemplos em que se leva em conta as circunstâncias especiais: a) entrega de incapaz que o obrigado oculta; b) fornecimento de luz, água e gás, que só a empresa concessionária pode prestar; c) exibição de documento; d) informações que o mandatário deve ao mandante sobre os negócios por ele realizados.[295]

Diante do princípio da dignidade da pessoa humana e do respeito aos seus direitos de personalidade, dentre os quais, a plena liberdade de agir ou não agir, não se pode impor medidas coercitivas pessoais ao devedor. A liberdade sem coerção física é uma garantia Constitucional do sistema jurídico brasileiro.

Também não se pode pensar na realização do fato por terceiro, justamente, em razão de que se está diante de obrigação pessoal infungível.

Contudo, muito embora não se possa constranger o executado ao cumprimento da obrigação assumida, também o exequente não poderá ficar desguarnecido pelo inadimplemento contratual. Nesse caso, a obrigação de fazer resolver-se-á em perdas e danos.

Porém, apesar de ser possível a conversão em perdas e danos, isso não significa dizer que o exequente não possa de plano promover a execução de título executivo extrajudicial de obrigação de fazer infungível, buscando uma execução específica do fato.

Conforme ensina Clóvis Beviláqua: *"Não quer isso dizer que a obrigação 'faciendi' (vel non faciendi) seja alternativa, nem que o devedor possa impedir o prosseguimento da ação do credor, oferecendo pagar perdas e danos. Estes resultam da condenação do réu ou da vontade do credor. Da condenação porque o Juiz imporá ao devedor a execução do prometido ou pagamento de perdas e danos. Da vontade do credor, porque este poderá propor a opção entre o cumprimento da obrigação ou perdas e danos. Como observa Teixeira de Freitas, nota ao art. 952 do Esboço: o pagamento de perdas e interesses não é o cumprimento da obrigação, é o único remédio possível contra a falta do devedor"*[296]

Por isso, o credor, diante do inadimplemento de uma obrigação de fazer infungível, deverá promover a execução específica da obrigação e não de plano o requerimento de perdas e danos.

[294] CARVALHO SANTOS, J. M.. *Código civil interpretado*. Parte Geral. Volume XI. 7ª ed., Rio de Janeiro: Livraria Freitas Bastos S.A., 1956. p. 88.

[295] LIMA, A. M., op. cit., p. 843.

[296] CARVALHO SANTOS, J.M., op. cit., p. 89.

Esse tipo de tutela executiva específica de obrigação de fazer tem por objetivo romper com a postura dogmática do art. 1.142 do Código Napoleão, segundo o qual toda obrigação de fazer e não fazer, diante de eventual inadimplemento, resolver-se-ia em perdas e danos.

Na realidade, a desnecessidade de tutela diferenciada, que reflete um ordenamento jurídico neutro em relação às diversas posições sociais, tem como consequência a universalização da tutela ressarcitória.[297]

Contudo, é necessário construir-se tutelas que garantam às pessoas um sistema processual que permita a fruição efetiva e real dos bens, principalmente aqueles que são considerados vitais para uma organização social que se preocupa em ser mais justa. O direito do credor é receber do devedor o que se lhe deve (prestação de fato ou não fazer). A conversão em perdas e danos somente ocorre na falta do próprio bem.

Para que isso ocorra, é necessário romper com a dogmática de origem romana, segundo a qual a tutela de reparação de danos é a única forma de tutela contra o ilícito, ocorrendo nesta época uma efetiva unificação entre as categorias da ilicitude e da responsabilidade civil. Essa perspectiva tem por fundamento também os princípios da liberdade e da defesa da personalidade, próprios do jusnaturalismo e do racionalismo iluminista, pois num Estado liberal, marcado por uma rígida delimitação dos seus poderes de intervenção sobre a esfera jurídica dos particulares, não podia conceber um juiz que detivesse o poder de ordenar a alguém a fazer algo ou não fazer algo sob pena de coerção. Note-se que a tutela ressarcitória pelo equivalente permite apenas o sacrifício de um valor em dinheiro e não de valores concretos, como o do bem prometido ao exequente.[298]

Por isso, o art. 821 do atual C.P.C. confere ao exequente a oportunidade de pleitear uma tutela específica, requerendo ao juiz que assine prazo a fim de que o executado cumpra a obrigação infungível, e assim promova sua conclusão pessoalmente.

E para que haja maior possibilidade de êxito nessa tentativa de persuadir o executado a cumprir pessoalmente a obrigação, poderá o exequente requerer algumas das medidas coercitivas, dentre elas, a aplicação de multa por período de atraso.

Porém, não poderá o juiz se valer da prisão civil como meio coercitivo para promover o cumprimento da obrigação de fazer ou não fazer infungível, por força

[297] Marinoni, L. G., op. Cit., p. 19.
[298] Marinoni, L. G., idem, p. 20 e 21.

do disposto no art. 5º, inc. LXVII da C.F. Assim, o nosso ordenamento jurídico não adotou o *Contempt of Court* do direito anglo-saxão, no qual o desrespeito à ordem judicial permite a prisão civil, até que ela seja cumprida integralmente.

A prisão civil em nosso ordenamento jurídico está prevista apenas para os casos de não cumprimento de pensão alimentícia.

Evidentemente que o juiz, ao adotar as medidas necessárias para a realização da tutela específica, deverá observar o princípio de que a tutela do direito deve dar-se do modo menos gravoso para o réu, ou seja, não pode causar gravame desproporcional ou não razoável, maior que necessário para a incidência do resultado prático pretendido.

No caso, a medida coercitiva mais eficaz será a imposição de multa diária pelo descumprimento da obrigação de fazer infungível.

Assim, o juiz poderá, como medida coercitiva para realização da tutela executiva específica de fazer ou não fazer, impor multa, *astreintes*, por período de atraso.

A aplicação da multa coercitiva deverá observar o princípio da razoabilidade e proporcionalidade, ou seja, não poderá ter um valor elevado demais, que se torne impossível ao executado pagar, e, consequentemente, deixe de gerar nele a finalidade coercitiva ditada pela norma, nem mesmo baixo demais, de tal forma que não traga qualquer estímulo no executado para cumprimento da obrigação.

É importante salientar que a multa coercitiva somente deve ser imposta se for compatível com a obrigação de fazer ou não fazer.

Não havendo mais possibilidade de qualquer utilidade da obrigação de fazer ou de não fazer em favor do exequente, não será mais o caso de imposição de multa, mas, sim, de conversão imediata da obrigação em perdas e danos.

A multa somente deverá ser aplicada, portanto, se houver alguma utilidade jurídica ou material da prestação decorrente da obrigação de fazer ou não fazer ao credor exequente.

Como se disse, a *astreinte* somente terá eficácia se for suficiente para provocar certo efeito psicológico no devedor, a fim de que ele cumpra a obrigação de fazer ou não fazer.

O juiz poderá, inclusive de ofício, modificar o valor ou a periodicidade da multa vincenda caso verifique: a) que essa multa se tornou insuficiente ou excessiva. Isso significa dizer que a multa deve ser ajustada aos limites necessários para gerar no psíquico do devedor a necessidade de cumprimento da obrigação objeto do título executivo extrajudicial; b) se o obrigado demonstrou cumprimento parcial superveniente da obrigação ou justa causa para o descumprimento. Evidentemente, se o executado demonstrou justa causa (caso fortuito ou força maior) para o não cumprimento da obrigação, o juiz deverá, além de revogar a multa imposta, também cancelar a já incidida, se a incidência ocorreu durante a justa causa. Por outro lado, se o executado cumprir parcialmente a obrigação, o juiz poderá reduzir a multa aplicada, levando-se em conta a utilidade desse cumprimento.

Em relação à multa, o S.T.J., no Resp n.1019455, permitiu que sua aplicação seja avaliada em exceção de pré-executividade:

> *A Terceira Turma do Superior Tribunal de Justiça (STJ) considerou possível o manejo de exceção de pré-executividade com objetivo de discutir matéria relativa ao valor da multa diária executada (astreinte). No caso analisado, o juízo de primeiro grau havia imposto multa diária de R$ 50 mil em favor do comprador de um imóvel, por suposto descumprimento de acordo pelo vendedor.*
>
> *"Sendo possível ao magistrado a discricionariedade quanto à aplicação da astreinte, com maior razão poderá fazê-lo quando provocado pelas partes, ainda que em sede de exceção de pré-executividade", afirmou o ministro Massami Uyeda.*
>
> *O relator ainda lembrou a jurisprudência pacífica do STJ segundo a qual a decisão que arbitra a astreinte não faz coisa julgada material. Ele esclareceu que é facultado ao magistrado impor a multa, de ofício ou a requerimento da parte, cabendo a ele, da mesma forma, a sua revogação nos casos em que se tornar desnecessária.*
>
> *Inconformado com o alto valor da astreinte, o vendedor do imóvel havia recorrido ao Tribunal de Justiça do Mato Grosso (TJMT), discutindo também a execução provisória da sentença, já que estava pendente de julgamento apelação interposta por terceiros. Por sua vez, o TJMT excluiu a multa, por considerar seu valor abusivo e por não constar dos autos da execução a prova da mora do executado.*
>
> *"Se a multa fixada como astreinte pelo juízo singular é absurdamente exagerada e corresponde a um verdadeiro prêmio de loteria, o tribunal deve expurgar a penalidade, notadamente porque o processo é instrumento ético de garantias constitucionais, não podendo ser utilizado para o alcance de abusos ou para promover o enriquecimento ilícito", disse a decisão do TJMT.*
>
> *A exceção de pré-executividade é um meio disponível à defesa do executado, cabível nas hipóteses de flagrante inexistência ou nulidade do título executivo, e nas hipóteses referentes à flagrante falta de pressupostos processuais ou condições da ação. Já a astreinte só tem cabimento quando houver deliberado descumprimento de ordem judicial.*

Porém, O S.T.J. não tem admitido Recurso Especial, com base na Súmula 07, que tenha por objeto a discussão sobre o valor fixado a título de multa coercitiva, salvo se o valor fixado for irrisório ou excessivo. Nesse sentido, eis os seguintes precedentes:

2 – Incabível o recurso especial pelo fundamento da alínea "a" do permissivo constitucional, se o recorrente não demonstra de que forma teria sido violada a norma apontada (Súmula 284 do STF).

3 – Conforme o disposto no artigo 461, § 4º, do Código de Processo Civil pode o juiz impor multa diária ao réu por descumprimento de obrigação de fazer ou não fazer.

4 – No que se refere ao valor da multa diária por descumprimento de ordem judicial, à ofensa ao artigo 461, §§ 4º e 6º do Código de Processo Civil, esta Corte já se manifestou no sentido de que incide o óbice da Súmula 7 desta Corte (REsp n. 638.806/RS, Rel. Min. LUIZ FUX, DJ 17.12.04; AgRg no AG n. 510.177/RJ, Rel. Min. CASTRO FILHO, DJ 20.06.05), sendo lícita a sua revisão, nesta instância, apenas nos casos em que o valor fosse irrisório ou exagerado ou, ainda, em que fosse flagrante a impossibilidade de cumprimento da medida, o que não ocorre no caso.

5. – Agravo Regimental improvido.

(AgRg no AREsp 56.294/SP, Rel. Ministro SIDNEI BENETI, TERCEIRA TURMA, julgado em 22/11/2011, DJe 07/12/2011)

(...).

5. É possível a revisão de multa cominatória por decisão fundamentada, inclusive pelo STJ, em situações excepcionais e quando ela se tornar insuficiente, excessiva ou desnecessária, à luz do art. 461, §6º, do CPC. Precedentes do STJ.

6. As astreintes não podem ser fixadas em valor irrisório, estimulando a procrastinação e os litigantes de má-fé, que são renitentes em cumprir determinações judiciais e agem em desrespeito às partes e ao próprio Poder Judiciário. Porém, há que realizar juízo de proporcionalidade e adequação sobre a pretensão, a medida deferida e o resultado obtido.

7. No caso dos autos, existem elementos que incutem sérias dúvidas sobre legitimidade da forma pela qual são estabelecidas as astreintes: a) o critério da multa originária tendia à excessividade; b) a fórmula proposta inicialmente conduzia a bis in idem; c) há profundos sinais de desproporcionalidade entre o valor das astreintes e a demora no adimplemento da obrigação d) dado que o atraso foi de aproximadamente três meses, não se verifica sinal de desídia da União nem prejuízo ao recebimento da parcela pecuniária pelo agravante, e e) inatribuível a responsabilidade à União pela demora na outorga da tutela jurisdicional no caso concreto.

8. Mantida a condenação da União ao pagamento de R$ 10 mil, em valores fixos, a título de multa. Ratifica-se a decisão que deu provimento parcial ao Recurso Especial da União.

9. Agravo Regimental não provido.

(REsp 1234990/RJ, Rel. Ministro HERMAN BENJAMIN, SEGUNDA TURMA, julgado em 07/06/2011, DJe 12/09/2011).

A multa periódica incidirá enquanto não for cumprida a decisão que a tiver cominado.

Se o objetivo da multa fixada é persuadir o executado ao cumprimento da obrigação de fazer ou não fazer objeto do título executivo extrajudicial, isso significa dizer que a periodicidade da multa incidirá enquanto não for cumprida a obrigação, ou, enquanto for útil a prestação ao exequente, ou, ainda, enquanto o credor não requerer a conversão da obrigação em perdas e danos.

Conforme estabelece o art. 821 do atual C.P.C., o executado será citado para satisfazer pessoalmente a obrigação no prazo assinado pelo juiz. O prazo assinado pelo juiz será de acordo com a complexidade do fato a ser realizado.

Devidamente juntado aos autos o mandado de citação para cumprir a obrigação, e independentemente de caução, poderá o executado opor embargos à execução. Uma das alegações que o executado poderá apresentar nos embargos é justamente que a obrigação não é infungível, e, portanto, não tem ele o dever de realizar o fato pessoalmente.

Estabelece o *parágrafo único do art. 821* do atual C.P.C. que *havendo recusa ou mora do executado, sua obrigação será convertida em perdas e danos, caso em que se observará o procedimento de execução por quantia certa.*

Se o executado se recusar ao cumprimento pessoal da obrigação, ou permanecer indefinidamente em mora, apesar das medidas coercitivas aplicadas (astreintes), o exequente poderá requer a conversão em perdas e danos, dando sequência à execução com base no procedimento de cumprimento de sentença por quantia certa.

As perdas e danos serão apuradas pela via da liquidação por procedimento comum ou por arbitramento, salvo se já tiverem sido pré-fixadas, como quando ocorre com a cláusula penal.

O valor das perdas e danos podem superar o valor da própria prestação.

SEÇÃO III – Da Obrigação de Não Fazer

Art. 822

Se o executado praticou ato a cuja abstenção estava obrigado por lei ou por contrato, o exequente requererá ao juiz que assine prazo ao executado para desfazê-lo.

Obrigação de não fazer prevista em lei ou em contrato

A responsabilidade do devedor pela realização de fato que não deveria realizar em razão de determinação legal ou contratual encontra-se prevista no art. 251 do C.C.b.:

> *"Art. 251. Praticado pelo devedor o ato, a cuja abstenção se obrigara, o credor pode exigir dele que o desfaça, sob pena de se desfazer à sua custa, ressarcindo o culpado perdas e danos.*

Consiste a obrigação de não fazer *"em omitir, para vantagem do credor, qualquer coisa que, se não fosse ela, o obrigado tinha a faculdade de fazer, ou em sofrer uma ação de outro. A 'solutio', que nas duas espécies se dá mediante a prestação ou execução do fato prometido, exerce-se aqui mediante uma abstenção mais ou menos prolongada, que mantém imutável o estado de fato desejado, de onde se segue que nem todas as regras da 'solutio' ordinária lhe são aplicáveis, nem a falta de cumprimento (que se verifica com a prática da ação proibida) dá lugar às formas ordinárias de coação".*[299]

Pressupõe-se nessa hipótese uma obrigação negativa, por meio da qual o devedor, por determinação legal ou contratual, encontra-se impedido de realizar o fato/ato proibitivo. São exemplos desse tipo de obrigação, a) o não impedimento do trânsito do vizinho pelo caminho que mais facilmente conduz à estrada de ferro, a não construção de obra que impeça a servidão de luz ou de paisagem devidamente contratada, b) a não construção de acessão em terreno alheio, conforme determina as normas de direito de vizinhança, c) proibição do locatário modificar a forma externa do imóvel sem o consentimento prévio e por escrito do locador, d) proibição do locatário sub-locar o imóvel sem autorização prévia e escrita do locador; e) obrigação de receber as águas que correm naturalmente do prédio superior etc.

Conforme ensina Monteleone, quando haja violação de uma obrigação de não fazer, *"nasce para o autor do ilícito a obrigação de remover a situação anti-jurídica: se esta foi concretizada em obras que impedem o gozo do direito (por exemplo, a construção de um edifício em violação de uma servidão de passagem, ou em violação a uma distância legal), esse deve ser eliminado..."*.[300]

Para Monteleone, neste tipo de obrigação não se perquire se se trata de questão de fungibilidade ou infungibilidade da prestação devida, pois esta, enten-

[299] Ruggiero, R., op. cit., p. 65 e 66.

[300] Monteleone, Girolamo. *Manuale di diritto processuale civile.* Vol. II. Quarta edizione. Padova: CEDAM, 2007. p. 246.

dida como dever pessoal de conduta imposta à singular pessoa obrigada, será sempre por definição infungível.[301]

Evidentemente que o ato praticado pelo devedor contra as determinações legais ou contratuais deve ter sido realizado voluntariamente e culposamente, pois, caso contrário, ele não se constitui em mora, conforme preconiza o art. 396 do C.c.b.: *"Não havendo fato ou omissão imputável ao devedor, não incorre este em mora.* Além do mais, estabelece o art. 250 do atual C.c.b.: *"Extingue-se a obrigação de não fazer, desde que, sem culpa do devedor, se lhe torne impossível abster-se do ato, que se obrigou a não praticar"*.

Conforme leciona Tito Fulgêncio, *"a culpa é elemento conceitual da mora, termos em que, não havendo fato ou omissão imputável ao devedor, não incorre este em mora...."*.[302]

Por sua vez, desde o momento em que o devedor praticou o fato (que não deveria praticar), constitui-se em mora e deverá responder pelos efeitos deste instituto jurídico.

De acordo com o art. 822 do atual C.P.C., se o executado praticou ato a cuja abstenção estava obrigado pela lei ou pelo contrato, o exequente requererá ao juiz que assine prazo ao devedor para desfazê-lo.

Verifica-se, novamente, que a postura do legislador, diante do ilícito praticado pelo executado, não é simplesmente converter a obrigação de não fazer em perdas e danos, ou seja, numa mera obrigação ressarcitória.

O ordenamento jurídico dá ênfase à necessidade de se promover a tutela jurisdicional de acordo com aquilo que foi definido no direito material, ou seja, promover uma execução específica da obrigação, deixando para um segundo momento a conversão em perdas e danos.

Às vezes, o ato se realiza e se torna irreversível, não podendo nem ser destruído, de modo que apenas caberá ao exequente pleitear o pagamento de perdas e danos (por exemplo, não passar em determinado local; não fazer barulho etc.)[303]

Não sendo o caso de fato irreversível, e mediante requerimento do exequente, o juiz citará o executado para que no prazo fixado no mandado judicial, ele, executado, promova o desfazimento do fato realizado.

Para tanto, é imprescindível que o ato se concretize, não sendo necessário que se consume, como, por exemplo, dê início a um muro que possa impedir

[301] Monteleone, G., idem, p. 247.

[302] Carvalho Santos, J. M. *Código civil brasileiro interpretado.* Parte Geral. Volume XI. 7ª ed. Rio de Janeiro, 1956. p. 100.

[303] Lima, A. M., op. cit., p. 858 e 859.

a servidão de paisagem contratada, ou que possa impedir a servidão de luz já adquirida com base no direito de vizinhança.

Pode ocorrer que os simples atos preparatórios não caracterizem a violação da obrigação de não fazer, como, por exemplo, compra de materiais de construção sem que se dê início aos atos executórios propriamente dito.

O prazo a ser fixado pelo juiz deverá observar a complexidade do desfazimento do fato, especialmente se se tratar de uma obra de grande volume e extensão.

Como mecanismo de estímulo para que o executado cumpra o que fora determinado no mandado de citação, ou seja, o desfazimento do fato realizado, poderá o magistrado valer-se do disposto no art. 814 do atual C.P.C. que assim dispõe: *na execução de obrigação de fazer ou de não fazer fundada em título extrajudicial, ao despachar a inicial, o juiz fixará multa por período de atraso no cumprimento da obrigação e a data a partir da qual será devida.*

O §890 do C.P.C. alemão, assim regulamenta a indução coativa a comportamento de omissão e de tolerância do devedor:

> *"1) Se o devedor viola a obrigação de omitir um ato ou de tolerar que um tal ato seja executado, ele deve ser condenado pela contravenção a pedido do credor, pelo tribunal da causa de primeiro grau ao pagamento de uma sanção pecuniária e no caso de que esta não possa ser cobrada, a uma sanção detentiva, ou a uma sanção detentiva de até seis meses. A singular sanção pecuniária não deve superar o montante de 250.000 Euro, a sanção detentiva no total de dois anos.*
>
> *2) A condenação deve ser precedida de uma intimação que, mediante pedido, é pronunciada pelo Tribunal da causa de primeiro grau, se não estiver contida na sentença que estatuiu a obrigação.*
>
> *3) O devedor, mediante requerimento do credor, pode também ser condenado, por um tempo determinado, a prestar uma garantia pelo dano causado por ulteriores contravenções".*

Em situação de emergência, conforme estabelece o parágrafo único do art. 251 do C.c.b.: *"poderá o credor desfazer ou mandar desfazer, independentemente de autorização judicial, sem prejuízo do ressarcimento devido".*

Evidentemente que essa tutela jurídica de desfazimento de obra sem autorização judicial, não significa que o credor possa exercer, de forma arbitrária, suas próprias razões, isto é, não significa que possa ingressar em propriedade alheia, mediante invasão ou turbação da posse, para o fim de desfazer eventual construção.

Essa possibilidade de tutela jurídica imediata ocorre em caso de urgência, ou seja, estado de necessidade evidenciado, como, por exemplo, desfazimento de obra ou muro que possam acarretar a inundação da casa do exequente.

Art. 823
Havendo recusa ou mora do executado, o exequente requererá ao juiz que mande desfazer o ato à custa daquele, que responderá por perdas e danos.

Parágrafo único. Não sendo possível desfazer-se o ato, a obrigação resolve-se em perdas e danos, caso em que, após a liquidação, se observará o procedimento de execução por quantia certa.

Desfazimento à custa do executado e perdas e danos
Expirado o prazo previsto no art. 822 do atual C.P.C. para que o executado desfaça o fato realizado, o exequente requererá ao juiz que mande desfazer o ato à custa do devedor, que responderá por perdas e danos.

Em situação de emergência, conforme estabelece o parágrafo único do art. 251 do C.c.b.: *"poderá o credor desfazer ou mandar desfazer, independentemente de autorização judicial, sem prejuízo do ressarcimento devido"*.

É importante salientar que a *mora* do devedor existe desde o momento em que ele promoveu a consecução do fato proibido por lei ou pelo contrato.

Assim, se mesmo as *astreintes* não forem suficientes para persuadir o executado a desfazer o ato/fato, não resta outra alternativa ao exequente do que requerer ao juiz autorização para desfazê-lo, à custa do executado, o qual, além de arcar com as despesas do desfazimento também irá responsabilizar-se por eventuais perdas e danos.

No caso, assim como ocorre na obrigação de fazer, o executado será intimado para se manifestar sobre o projeto e orçamento apresentado pelo exequente para o desfazimento do fato. Havendo impugnação, o juiz deverá decidir, podendo valer-se de auxílio de peritos.

O exequente, tendo conhecimento técnico para tanto e em igualdade de condições com terceiros, terá preferência para realizar o desfazimento do fato, prestando conta ao juízo da execução, aplicando-se por analogia o disposto no art. 820 do atual C.P.C. O direito de preferência deverá ser exercido no prazo de cinco dias, após aprovada a proposta do terceiro (p.u. do art. 820 do atual C.P.C.).

Se o terceiro contratado não prestar o fato no prazo ou se o praticar de modo incompleto ou defeituoso, poderá o exequente requerer ao juiz, no prazo de quinze dias, que o autorize a concluí-lo ou a repará-lo por conta do contratante (por analogia art. 819 do atual C.P.C.).

Ouvido o contratante no prazo de quinze dias, o juiz mandará avaliar o custo das despesas necessárias e condenará o contratante a pagá-lo (por analogia ao parágrafo único do art. 819 do atual C.P.C.).

A cobrança das despesas do desfazimento, assim como as perdas e danos, seguirá o procedimento de cumprimento de decisão por quantia certa.

As perdas e danos serão avaliadas por meio de liquidação pelo procedimento comum ou arbitramento.

Estabelece *o parágrafo único do art. 823* do atual C.P.C. que *não sendo possível desfazer-se o ato, a obrigação resolve-se em perdas e danos, caso em que, após a liquidação, se observará o procedimento de execução por quantia certa.*

Poderá ocorrer que uma vez praticado o ilícito, o dano dele decorrente não poderá mais ser desfeito. Hipótese disso é a realização de barulho, ou a passagem em determinado caminho proibido por lei ou pelo contrato. Outros exemplos encontram-se nos artigos 1.258 e 1.259 do C.c.b., ao tratar de construção em solo alheio, in verbis:

> *Art. 1.258. Se a construção, feita parcialmente em solo próprio, invade solo alheio em proporção não superior à vigésima parte deste, adquire o construtor de boa-fé a propriedade da parte do solo invadido, se o valor da construção exceder o dessa parte, e responde por indenização que represente, também, o valor da área perdida e a desvalorização da área remanescente.*
>
> *Parágrafo único. Pagando em décuplo as perdas e danos previstos neste artigo, o construtor de má-fé adquire a propriedade da parte do solo que invadiu, se em proporção à vigésima parte deste e o valor da construção exceder consideravelmente o dessa parte e não se puder demolir a porção invasora sem grave prejuízo para a construção.*
>
> *Art. 1.259. Se o construtor estiver de boa-fé, e a invasão do solo alheio exceder a vigésima parte deste, adquire a propriedade da parte do solo invadido, e responde por perdas e danos que abranjam o valor que a invasão acrescer à construção, mais o da área perdida e o da desvalorização da área remanescente; se de má-fé, é obrigado a demolir o que nele construiu, pagando as perdas e danos apurados, que serão devidos em dobro.*

Assim, nos casos em que não se poderá exigir, por impossibilidade jurídica ou fática, o desfazimento do fato, ao exequente restará apenas requerer a conversão em perdas e danos.

CAPÍTULO IV – Da Execução por Quantia Certa

SEÇÃO I – Disposições Gerais

Art. 824

A execução por quantia certa realiza-se pela expropriação de bens do executado, ressalvadas as execuções especiais.

Forma da execução por quantia certa

Para Celso Neves, ao se analisar as antigas formas de execução do sistema romano de processo civil, não se pode negar que a *execução por quantia certa* é a mais remota das espécies de procedimento executório.[304]

O objeto das obrigações pecuniárias (de pagar quantia certa) consiste na prestação a moeda, um algarismo, cuja função instrumental é a medida de valores. Por isso, o objeto da prestação, na obrigação de pagar quantia certa, distingue-se pela máxima *fungibilidade,* em face de sua função universal que é de servir de escala de valores para todos os bens economicamente ou não economicamente apreciáveis monetariamente. O papel moeda é em si coisa certa, uma vez que é numerado, e, por isso, se identifica concomitante e cumulativamente com o universo de bens disponíveis ao atendimento das necessidades humanas.[305]

Por isso, a quantificação de eventual crédito pode ocorrer em todas as espécies de obrigação, inclusive nas obrigações de fazer ou não fazer e de dar, uma vez que, seja pela aplicação das *astreintes* ou da conversão em perdas e danos, haverá possibilidade de que essas obrigações sejam cumpridas mediante o pagamento de quantia certa.

Pode-se dizer que, em sede de primeira aproximação sobre o tema, o processo executivo por antonomásia é aquele por *expropriação forçada,* que tem aplicação de fato geral, sendo esse voltado à satisfação dos direitos de crédito mediante a agressão e liquidação em dinheiro dos bens particulares do devedor. Enquanto que os processos executivos de obrigação de dar coisa certa ou incerta ou de fazer ou não fazer encontram aplicação em situações específicas, nos quais se visa dar prática satisfação ao direito a uma prestação que se justifica ou em relação a um bem determinado (a coisa móvel a entregar, o bem imóvel

[304] Neves, Celso. *Comentários ao código de processo civil.* 2ª ed. Vol. VII. Rio de Janeiro: Forense, 1977. p. 1.

[305] Assis, Araken. *Manual do processo de execução.* 8ª ed. São Paulo: Editora Revista dos Tribunais, 2002. p. 557.

a liberar). Por esta razão, fala-se, comumente, em relação a esses dois últimos processos, de execução *de forma específica*.[306]

Muito embora se possa afirmar que a expropriação de bens do executado é a técnica executiva por excelência, isso não significa dizer que haja um monopólio da expropriação no contexto da execução. O que se pretende afirmar é que de longe a execução por expropriação é a que mais se encontra nos tribunais brasileiros.

O nosso ordenamento jurídico conhece diversas formas expropriativas que se diferenciam, por vezes, sensivelmente do modelo geral.

Pode-se dizer que as execuções previstas em legislação especial podem ser consideradas como de expropriação forçada especial, na qual a 'especialidade' das formas processuais vale para identificar a sua diversidade da expropriação forçada ordinária, não obstante as normas dessa expropriação possam ser aplicadas subsidiariamente à expropriação especial. Trata-se, na verdade, de modelos expropriativos nascidos em épocas diversas e geralmente anteriores à entrada em vigor do vigente código. Sem pretensão de completude sobre as execuções expropriativas especiais, pode-se citar: a) a execução de certidão de dívida ativa que é regulada pela Lei 6.830/82; b) a execução de crédito hipotecário, vinculado ao Sistema Financeiro de Habitação, regulada pela Lei 5.741/71; c) execução de crédito proveniente de alienação fiduciária em garantia, regulada pelo Decreto-lei n. 911/69 etc.

Há, ainda, no próprio código atual, espécie de execução por quantia certa diversa da expropriatória, como é o caso da execução de alimentos mediante pena de prisão e a execução contra a Fazenda Pública.

Conforme estabelece o art. 824 do atual C.P.C., a execução por quantia certa realiza-se pela expropriação de bens do executado.

Portanto, quando o art. 824 do atual C.P.C. faz menção à *quantia certa,* ele, na realidade, quis dizer *obrigação certa,* o que em última análise corresponde à quantia certa em dinheiro.

A obrigação certa considerada no título executivo é certa na medida em que a lei considera tal certeza como suficiente para possibilitar o exercício de uma demanda executiva. O requisito da certeza da obrigação refere-se à correta identificação da prestação devida, do sujeito obrigado a cumpri-la e daquele que tem direito de recebê-la.

O requisito deve ser entendido diversamente em relação aos singulares processos de execução: na entrega ou liberação de bens móveis ou imóveis, serão

[306] Verde, Giovanni; Capponi, Bruno. *Profili del processo civile.* Napoli: Jovene Editore, 2006. p. 5.

identificados o bem e os sujeitos da prestação (a entrega ou a liberação, em si considerada, é pois atividade típica, que resulta diretamente descrita no código). Na execução de obrigação de fazer ou não fazer, o título deverá indicar o resultado final da execução (exemplo, a destruição da obra abusivamente edificada), mas as modalidades práticas da execução serão determinadas pelo juiz mediante requerimento do credor.[307]

Na expropriação forçada, a obrigação certa corresponde ao pagamento de um crédito em dinheiro ou que possa ser convertido em dinheiro, bem como a identificação do credor e do devedor. Há nessa afirmação um sentido de quantia *certa*, isto é, *certa e líquida*, conforme aduz Pontes de Miranda.[308]

Na execução por quantia certa, o pagamento deverá ser realizado em moeda corrente.

Segundo estabelece o art. 315 do C.c.b., *"as dívidas em dinheiro deverão ser pagas no vencimento, em moeda corrente e pelo valor nominal..."*.

Assim, *"são nulas as convenções de pagamento em ouro ou em moeda estrangeira, bem como para compensar a diferença entre o valor desta e da moeda nacional, executados os casos previstos em legislação especial"* (art. 318 do C.c.b.).

Eventuais prestações em moeda estrangeira, exequíveis no Brasil, como é o caso do título executivo extrajudicial, converter-se-á em moeda nacional, pois *"é válida a cláusula que utiliza a moeda estrangeira para definir a obrigação a ser paga no exterior, sendo pedido, na ação de cobrança, o pagamento em moeda nacional"*.[309]

Nesse sentido, é o seguinte precedente do S.T.J.:

> *(...).*
>
> *– O fato de a sentença estrangeira conter condenação em dólares norte-americanos não fere o art. 318 do Código Civil ou o Decreto-Lei n. 857, de 11.9.1969, e não impede a homologação, mesmo porque não se poderia exigir que a sentença proferida no exterior, decorrente de obrigação financeira lá assumida, imponha condenação na moeda brasileira. Ao interessado caberá, no momento próprio, durante a execução da sentença estrangeira no Brasil, postular o que for de direito a respeito da conversão do dólar norte-americano em reais.*

[307] VERDE, G.; CAPPONI, B., idem, p. 45 e seguintes.

[308] PONTES DE MIRANDA. *Comentários ao código de processo civil.* Tomo X. Rio de Janeiro: Forense, 1976, p. 157.

[309] ASSIS, Araken. *Manual do processo de execução.* 8ª ed. São Paulo: Editora Revista dos Tribunais, 2002. p. 560.

– Diante do que dispõe o art. 90 do Código de Processo Civil, que afasta a litispendência, e considerando a jurisprudência desta Corte, o trâmite de processo semelhante na Justiça brasileira não inviabiliza a homologação da sentença estrangeira.

– É irrelevante para o caso em debate a alegação das requeridas de "que todas as etapas de emissão, aquisição e pagamento (execução da obrigação) do título integrante do programa 'Euro Medium Term Notes Program' se operam no exterior". É que o objeto da homologação nesta Corte é a sentença estrangeira, não o contrato celebrado no exterior. Além disso, a sentença homologanda é expressa em impor às rés, apenas, o pagamento diretamente ao autor de importância certa, não havendo dúvida de que a obrigação, agora judicial, pode, sim, ser satisfeita no Brasil mediante os procedimentos próprios.

– A verba honorária sucumbencial, considerando que não se cuida, aqui, de demanda condenatória, mas meramente homologatória, deve ser arbitrada de forma justa, com base no art. 20, § 4º c/c o § 3º, alíneas "a", "b" e "c", do Código de Processo Civil. Com isso, a base de cálculo adotada para a fixação dos honorários é irrelevante, sendo essencial, apenas, que se arbitre importância ou percentual adequado para o caso.

Pedido de homologação de sentença estrangeira deferido.

(SEC 6.069/EX, Rel. Ministro CESAR ASFOR ROCHA, CORTE ESPECIAL, julgado em 24/11/2011, DJe 16/12/2011).

Não fere a liquidez e certeza da obrigação objeto de execução por quantia certa, o fato de a dívida ser corrigida monetariamente após o seu vencimento, uma vez que até o vencimento a responsabilidade pela desvalorização da moeda é do credor, sendo que após o vencimento, e em razão da mora, a responsabilidade passa a ser do devedor.

O art. 1º da lei 6.899, de 8.4.81, preconiza que os títulos de dívida líquida e certa sofrerão correção monetária a partir do vencimento. Nenhuma obrigação pecuniária escapa a esta regra. Várias súmulas do STJ consagram esse princípio (8, 14, 16, 29, 35, 43).[310]

Diante dessas considerações, o objeto da pretensão a executar (não o objeto sobre o qual recaia a execução) pode ser quantia em dinheiro, coisa certa, ou em gênero, ou ato (negativo ou positivo), inclusive declaração de vontade.[311]

O art. 824 do atual C.P.C., ao fazer referência à execução *por quantia certa*, o que ele pretende afirmar que é tanto a *obrigação deve ser certa*, ou seja, obrigação de pagar quantia em dinheiro, como a própria *quantia deverá ser determinada*, no sentido de que deverá ser numericamente identificada. A certeza, nesse caso,

[310] Assis, A., idem, p. 561.

[311] Pontes de Miranda, op. cit., p. 158.

confunde-se com a própria liquidez do valor a ser previsto no título executivo extrajudicial, ou seja, no cheque, na nota promissória, na duplicata, na escritura pública ou particular, na debênture etc.

A obrigação, além de ser certa e líquida, há também de ser exigível para que possa ser iniciada a demanda executiva de quantia certa. Se ainda não houve o vencimento do termo ou da condição, o crédito não se tornou exigível, razão pela qual o credor não tem interesse em promover a execução.

O Capítulo IV, do Título II, do Livro II, do C.P.C. de 1973, era intitulado como, *Da execução por quantia certa contra devedor solvente*, pois a execução por quantia certa *contra devedor insolvente* era regulada nos artigos 748 a 776, em que havia um rito próprio para a insolvência.

Pelo código revogado, a declaração de insolvência deveria ser requerida pelo credor em processo autônomo, ou pelo próprio devedor ou seu espólio (art. 759 do C.P.C. de 1973), instruindo o pedido com título executivo judicial ou extrajudicial (art. 586). O devedor seria citado para, no prazo de 10 (dez) dias, opor embargos; se não os oferecesse, o juiz proferiria, em 10 (dez) dias, a sentença (art. 755 do C.P.C. de 1973). Não havendo provas a produzir, o juiz proferiria sentença em 10 (dez) dias; havendo-as, designaria audiência de instrução.

Já o Capítulo IV do atual C.P.C., ora em análise, fala apenas *em execução por quantia certa*, não fazendo qualquer referência ao *devedor solvente*.

Não há dúvida de que a execução singular poderá ser proposta contra devedor *solvente ou insolvente*, e poderá ser levada a termo por um dos credores, mesmo que o patrimônio não baste para pagamento de todos os credores.

Porém, o concurso universal continua previsto pelo novo C.P.C., conforme estabelece o art. 797 do atual C.P.C., *in verbis*: *"Ressalvado o caso de insolvência do devedor, em que tem lugar o concurso universal, realiza-se a execução no interesse do exequente que adquire, pela penhora, o direito de preferência sobre os bens penhorados"*.

O problema é que o art. 797 não regulamentou a execução coletiva contra devedor insolvente, deixando um hiato quanto à forma e ao procedimento de se promover esse tipo de execução.

Em razão desse hiato, o art. 970 do Projeto originário n. 166/2010 prescrevia em seu art. 970, das Disposições Transitórias:

> *"Até que se edite lei para regular a insolvência do devedor civil, permanecerão em vigor as disposições do Título IV do Livro II do Código revogado, observado o disposto neste artigo.*
>
> *§1º Serão considerados devedores civis:*
>
> *I – pessoa física que nunca exerceu atividade empresarial em nome individual;*
>
> *II – pessoa física que já encerrou a atividade empresarial há mais de dois anos;*

III – espólio de devedor não empresário;

IV – associação, fundação e sociedade não empresária;

V _ sociedade de natureza civil, irregular ou de fato.

§2º Não se consideram devedores civis o empresário e a sociedade empresária.

§3º Aprovado o quadro de credores, com estes poderá acordar o devedor insolvente, propondo-lhes a forma de pagamento; não havendo posição da maioria, o juiz aprovará a proposta por sentença.

§4º Para o fim do disposto no §3º, o juiz poderá promover, a requerimento do devedor, uma assembléia geral dos credores habilitados, para ser apreciada e deliberada proposta de solução negociada para os créditos em concurso, que crie condições viáveis de preservação, no todo ou em parte, do patrimônio do insolvente e que permita a continuidade dos seus negócios.

§5º Os poderes de aprovação e veto de assembléia geral de credores reger-se-ão, no que couber, pela Lei n. 11.101, de 9 de fevereiro de 2005, cujas disposições aplicam-se subsidiariamente à execução por quantia certa contra devedor insolvente".

Contudo, o art. 1.052 do Livro Complementar das Disposições Transitórias do atual C.P.C. não adotou a redação originária, passando a regular a questão da execução contra devedor insolvente da seguinte forma: *Até a edição de lei específica, as execuções contra devedor insolvente, em curso ou que venham a ser propostas, permanecem reguladas pelo Livro II, Título IV, da Lei nº 5.869, de 11 de janeiro de 1973.*

Art. 825

A expropriação consiste em:

I – adjudicação;

II – alienação;

III – apropriação de frutos e rendimentos de empresa ou de estabelecimentos e de outros bens.

Formas de expropriação

Como a execução tem por escopo a remoção (execução forçada) dos obstáculos que não permitem ao titular do direito o gozo do bem ou da utilidade assegurada pela lei substancial, o titular desse bem ou dessa utilidade pode fazer jus à *execução forçada*, a qual, mediante uma atividade sub-rogatória que incide sobre o direito de propriedade do devedor ou do responsável, geralmente sem sua cooperação, por meio de atos de ofício judiciário diretos a limitar, inicialmente por meio da penhora, e a extinguir depois, por meio da expropriação final, o direito de propriedade do obrigado sobre bens do próprio patrimônio.

Expropriar significa individualizar os bens do patrimônio do executado, para em seguida, na hipótese de apreensão de bens diversos do dinheiro, dar-lhes justo preço e convertê-los em moeda na alienação coativa; incidentalmente, na contingência do interesse do credor, este poderá adjudicar o bem, ou permitir que a satisfação do crédito se faça por meio de penhora em rendas dos bens do devedor.[312]

É certo que também no processo executivo vige o princípio da demanda e do contraditório, mas as partes encontram-se, de certa forma, em uma posição de profunda desigualdade, em decorrência do título executivo que permite ao credor promover os atos de constrição ou de expropriação sobre bens do devedor.

Sobre o objeto da expropriação, anota o art. 2.912 do Código Civil italiano:

> *"O credor, para conseguir aquilo que lhe é devido, pode expropriar os bens do devedor, segundo as regras estabelecidas no Código de processo civil italiano.*
>
> *Podem ser expropriados os bens de um terceiro quando estão vinculados à garantia do crédito ou quando são objeto de um ato que foi revogado porque realizado em prejuízo do credor".*

A expropriação pode ser subjetiva ou objetiva conforme a solvência ou não do obrigado. Verificando-se que o patrimônio do executado é deficitário, a expropriação torna-se coletiva, ou seja, abrange a um só tempo todos os credores e todo o patrimônio, regulando-se sua distribuição com base no princípio *par conditio creditorum*. Mas sendo solvente o executado, a expropriação se refere ao bem penhorado e aos credores penhorantes

Pelo que dispõe o art. 825 do atual C.P.C., são formas de expropriação:

a) Adjudicação: *É lícito ao exequente, oferecendo preço não inferior ao da avaliação, requerer lhe sejam adjudicados os bens penhorados (art. 876 do atual C.P.C.).*
b) Alienação: *que poderá ser realizada por iniciativa particular ou por meio de leilão judicial eletrônico ou presencial (art. 879, incs. I e II do atual C.P.C.).*
c) Apropriação de frutos e rendimentos da empresa ou estabelecimentos e de outros bens: *o juiz pode ordenar a penhora de frutos e rendimentos de coisa móvel ou imóvel quando a considerar mais eficiente para o recebimento do crédito e menos gravosa ao executado (art. 867 do atual C.P.C.).*

[312] Assis, A., op. cit., p. 563.

Segundo Salvatore Pugliatti, a técnica de expropriação é realizada em três fases: momento inicial, culminante e final, isto é, ato de penhora, alienação, adjudicação ou percepção de renda e pagamento.[313]

Art. 826

Antes de adjudicados ou alienados os bens, o executado pode, a todo tempo, remir a execução, pagando ou consignando a importância atualizada da dívida, acrescida de juros, custas e honorários advocatícios.

Remição da execução

Muito embora a expropriação seja um importante instrumento da execução forçada, é certo que a sua conclusão é a *ultima ratio,* uma vez que o executado é citado para pagar a dívida e não para ver seus bens penhorados de plano.

Por isso, antes que se complete a expropriação pela adjudicação dos bens pelo exequente ou pela alienação dos bens pela venda particular ou em leilão público, poderá o executado, a todo tempo, remir a execução, pagando ou consignando a importância atualizada da dívida, mais juros, custas e honorários advocatícios.

Não se deve confundir *remissão* com *remição.* Remir a execução, nos termos do art. 826 do atual C.P.C., significa cumprir, voluntariamente, a obrigação acrescida dos consectários legais, ou seja, mais juros, custas e honorários de advogado.

O limite temporal para que o executado possa utilizar-se do benefício estabelecido no art. 826 é a concretização da adjudicação ou alienação, ou seja, a assinatura do auto de adjudicação ou de arrematação.

É bem verdade que o código de 1973, em seus artigos 787 a 790, permitia a remição dos bens arrematados ou adjudicados pelo cônjuge, descendente ou pelo ascendente, desde que eles depositassem o preço pelo qual teriam sido alienados ou adjudicados, no prazo de 24 horas que mediasse entre a arrematação dos bens em praça ou leilão e a assinatura do auto ou entre o pedido de adjudicação e a assinatura do auto, havendo um só pretendente; ou entre o pedido de adjudicação e a publicação da sentença, havendo vários pretendentes. Ocorre que estes dispositivos foram revogados pela Lei 11.382, de 2006, e não foram repetidos pelo novo C.P.C.

[313] Publiatti, Salvatore. *Esecuzione forzata e diritto sostanziale.* N. 32, Milano: Giuffrè, 1935. p. 145.

Muito embora o art. 826 do atual C.P.C. apenas diga que pode *o executado* remir a execução, isso não significa dizer que outros devedores ou mesmo terceiros interessados estejam alijados da possibilidade de também remir a execução. Aliás, essa crítica já tinha sido formulada por Amílcar de Castro, ao comentar o art. 952 do C.P.C. de 1939: *"De dizer o art. 952 que é lícito 'ao executado' remir a execução, não se deve tirar a conclusão de que 'só ao executado' seja lícito remir a execução. É princípio de direito que o pagamento tanto pode ser efetuado pelo próprio devedor como por qualquer 'terceiro', interessado, ou não. O credor não pode recusar o pagamento, qualquer que seja a pessoa que se proponha a pagar a dívida (arts. 930 e segs., 973, I e 975, III, do Código Civil de 1916), pelo que, sendo a condenação líquida, em qualquer ponto do processo da execução, antes de arrematados ou adjudicados os bens penhorados, por consangüinidade ou afinidade, podem fazer o pagamento integral da dívida exeqüenda e custas da execução, haja, ou não, direito real de garantia, sem que o exequente possa recusar o pagamento.*[314]

Assim, seja o débito pago pelo próprio executado, por terceiro interessado ou não, é caso de extinção da execução e não de seu prosseguimento para a expropriação de bens do sujeito passivo da demanda.

O art. 916 do atual C.P.C. estabelece que, no prazo para embargos (quinze dias), reconhecendo o crédito do exequente e comprovando o depósito de trinta por cento do valor em execução, inclusive custas e honorários de advogado, faculta-se ao executado requerer o pagamento do restante em até seis parcelas mensais, acrescidas de correção monetária e juros de um por cento ao mês. Muito embora esse dispositivo preveja um limite para se formular requerimento de pagamento parcelado do débito, o certo é que em razão do princípio de que a execução seja promovida de forma menos onerosa ao devedor, é de ser deferido esse benefício mesmo após o transcurso do prazo para embargos, visando, justamente, a evitar a expropriação do bem. Além do mais, o executado deverá de plano depositar 30% do valor do débito em favor do credor, o que já permite reconhecer que essa medida também é do interesse do exequente.

Assim, nada impede que o juiz defira o pedido de parcelamento, mesmo após o transcurso do prazo de embargos.

Sobre o tema, eis os seguintes precedentes do S.T.J.:

> *1 – O direito de remição da execução só pode ser exercido até a assinatura do auto de arrematação, momento em que a aquisição se torna perfeita, acabada e irretratável (CPC, art 694), não havendo que se falar, portanto, na observância do prazo de 24*

[314] Castro, Amílcar. *Comentários ao código de processo civil.* Vol. X., Rio de Janeiro: Forense, p. 240.

horas para que o interessado possa se manifestar, tendo em vista a revogação expressa do art. 788 do CPC pela Lei n. 11.382/06.

2. – Agravo Regimental improvido.

(AgRg no REsp 1199090/SP, Rel. Ministro SIDNEI BENETI, TERCEIRA TURMA, julgado em 25/06/2013, DJe 01/08/2013)

1. Trata-se de Recursos Especiais interpostos contra acórdão que julgou procedente a pretensão da executada de remir o bem penhorado.

(...).

5. Consoante os arts. 651 e 694 do CPC, o executado tem direito de remir a Execução, devendo, contudo, obedecer aos seguintes requisitos: a) pagar ou consignar a importância atualizada da dívida, mais juros, custas e honorários advocatícios (art. 651); b) realizar o pagamento ou a consignação do montante devido, antes que a arrematação possa ser considerada perfeita, acabada e irretratável, isto é, em momento anterior à assinatura do auto pelo juiz, pelo arrematante e pelo serventuário da justiça ou leiloeiro (art. 694).

6. In casu, alegou-se oportunamente o não cabimento da remição, sob o argumento de que "o auto de arrematação já havia sido assinado pelo Juiz, situação descrita na decisão agravada e facilmente verificável na cópia de fl. 206" (fl. 366). Esse elemento fático de natureza temporal, fundamental para o deslinde da controvérsia, haja vista o que preceitua o art. 694 do CPC, não consta no acórdão recorrido.

7. Diante da alegação de que a cópia de fl. 206 dá conta de que o auto de arrematação já havia sido assinado pelo magistrado, era dever do Tribunal a quo apreciar a matéria de forma exauriente, cotejando os fatos à luz do art. 694 do CPC.

8. A Segunda Turma do STJ já afirmou ser impossível investigar, em Recurso Especial, os elementos fáticos que circundam a remição, sob pena de afrontar a Súmula 7/STJ (REsp 565.414/SP, Rel. Ministro Castro Meira, Segunda Turma, DJ 14.11.2005).

(REsp 1268097/SC, Rel. Ministro HERMAN BENJAMIN, SEGUNDA TURMA, julgado em 02/10/2012, DJe 08/03/2013)

I – Não incide, na espécie, o Enunciado n. 267/STF, tendo em vista a ausência de intimação da recorrente/arrematante da decisão que deferiu o pedido de remição formulado pela executada e extinguiu a execução, impossibilitando-lhe, por conseguinte, o manejo dos recursos cabíveis;

II – O artigo 651 do Código de Processo Civil limita o direito de remição da execução à arrematação do bem constrito, formalidade esta que somente se opera, entretanto, à luz do artigo 694 do mesmo diploma processual, por ocasião da assinatura do auto de arrematação pelo juiz, pelo arrematante e pelo serventuário da justiça ou leiloeiro, ato que torna a arrematação perfeita, acabada e irretratável;

III – Portanto, conclui-se que o direito de remição da execução pode ser exercido até a assinatura do auto de arrematação;

IV – Ausência de direito líquido e certo da recorrente, tendo em vista que, quando da remição do imóvel, ainda não havia sido assinado o respectivo auto de arrematação;

V – Recurso improvido.

(RMS 31.914/RS, Rel. Ministro MASSAMI UYEDA, TERCEIRA TURMA, julgado em 21/10/2010, DJe 10/11/2010).

Em relação ao sistema financeiro de habitação, o S.T.J. tem entendido que o prazo para a purgação da mora ou da remição da dívida se dá até o momento da arrematação do bem objeto do financiamento. Nesse sentido, eis o seguinte precedente:

Habitacional. Sistema financeiro imobiliário. Purgação da mora. Data limite. Assinatura do auto de arrematação. Dispositivos legais analisados: arts. 26, § 1º, e 39, ii, da lei nº 9.514/97; 34 do dl nº 70/66; e 620 do cpc.

1. ação ajuizada em 01.06.2011. Recurso especial concluso ao gabinete da relatora em 07.02.2014.

2. recurso especial em que se discute até que momento o mutuário pode efetuar a purgação da mora nos financiamentos vinculados ao sistema financeiro imobiliário.

3. constitui regra basilar de hermenêutica jurídica que, onde o legislador não distingue, não cabe ao intérprete fazê-lo, sobretudo quando resultar em exegese que limita o exercício de direitos, se postando contrariamente ao espírito da própria norma interpretada.

4. havendo previsão legal de aplicação do art. 34 do dl nº 70/99 à lei nº 9.514/97 e não dispondo esta sobre a data limite para purgação da mora do mutuário, conclui-se pela incidência irrestrita daquele dispositivo legal aos contratos celebrados com base na lei nº 9.514/97, admitindo-se a purgação da mora até a assinatura do auto de arrematação.

5. como a lei nº 9.514/97 promove o financiamento imobiliário, ou seja, objetiva a consecução do direito social e constitucional à moradia, a interpretação que melhor reflete o espírito da norma é aquela que, sem impor prejuízo à satisfação do crédito do agente financeiro, maximiza as chances de o imóvel permanecer com o mutuário, em respeito, inclusive, ao princípio da menor onerosidade contido no art. 620 do cpc, que assegura seja a execução realizada pelo modo menos gravoso ao devedor.

6. considerando que a purgação pressupõe o pagamento integral do débito, inclusive dos encargos legais e contratuais, nos termos do art. 26, § 1º, da lei nº 9.514/97, sua concretização antes da assinatura do auto de arrematação não induz nenhum prejuízo ao credor. Em contrapartida, assegura ao mutuário, enquanto não perfectibilizada a arrematação, o direito de recuperar o imóvel financiado, cumprindo, assim, com os desígnios e anseios não apenas da lei nº 9.514/97, mas do nosso ordenamento jurídico como um todo, em especial da constituição federal.

7. recurso especial provido.

(REsp 1433031/DF, Rel. Ministra NANCY ANDRIGHI, TERCEIRA TURMA, julgado em 03/06/2014, DJe 18/06/2014)

SEÇÃO II – Da Citação do Devedor e do Arresto

Art. 827

Ao despachar a inicial, o juiz fixará, de plano, os honorários advocatícios de dez por cento, a serem pagos pelo executado.

§ 1º No caso de integral pagamento no prazo de 3 (três) dias, o valor dos honorários advocatícios será reduzido pela metade.

§ 2º O valor dos honorários poderá ser elevado até vinte por cento, quando rejeitados os embargos à execução, podendo a majoração, caso não opostos os embargos, ocorrer ao final do procedimento executivo, levando-se em conta o trabalho realizado pelo advogado do exequente.

Despacho da execução – requisitos

O juiz somente despachará a execução quando a demanda estiver composta pelos requisitos necessários, isto é, estiverem preenchidos os pressupostos processuais, as condições para análise do mérito e estiverem evidenciadas a causa de pedir e o pedido.

Por isso, deverá o exequente, ao promover a execução, observar *ipsi literis* o que dispõe o arts. 798 do atual C.P.C., a saber:

Art. 798. Ao propor a execução, incumbe ao exequente:

I – instruir a petição inicial com:

a) o título executivo extrajudicial;

b) o demonstrativo do débito atualizado até a data de propositura da ação, quando se tratar de execução por quantia certa;

c) a prova de que se verificou a condição ou ocorreu o termo, se for o caso;

d) a prova, se for o caso, de que adimpliu a contraprestação que lhe corresponde ou que lhe assegura o cumprimento, se o executado não for obrigado a satisfazer a sua prestação senão mediante a contraprestação do exequente;

II – indicar:

a) a espécie de execução de sua preferência, quando por mais de um modo puder ser realizada;

b) os nomes completos do exequente e do executado e seus números de inscrição no Cadastro de Pessoas Físicas ou no Cadastro Nacional da Pessoa Jurídica;

c) os bens suscetíveis de penhora, sempre que possível.

Parágrafo único. O demonstrativo do débito deverá conter:

I – o índice de correção monetária adotado;

II – a taxa de juros aplicada;

III – os termos inicial e final de incidência do índice de correção monetária e da taxa de juros utilizados;

IV – a periodicidade da capitalização dos juros, se for o caso;

V – a especificação de desconto obrigatório realizado.

Verificando que a petição inicial está incompleta ou que não está acompanhada dos documentos indispensáveis à propositura da execução, o juiz determinará que o exequente a corrija, no prazo de quinze dias, sob pena de ser indeferida (art. 801 do atual C.P.C.).

Preenchidos os requisitos necessários, o juiz despachará a execução, fixando, de plano, os honorários advocatícios de dez por cento, a serem pagos pelo executado.

O dispositivo, ao contrário do que estabelece o art. 85, §2º do atual C.P.C., já estabelece o percentual fixo de honorários para efeito de execução, no caso, dez por cento incidente sobre o valor da causa que corresponde ao valor da quantia certa, objeto do título executivo.

Por sua vez, nas causas em que a Fazenda Pública for parte, estabelece o art. 1º-D da Lei n. 9.494/1997, com a redação dada pela MP n. 2.180-35/2001: *"Não serão devidos honorários advocatícios pela Fazenda Pública nas execuções não embargadas. (Incluído pela Medida provisória nº 2.180-35, de 2001)"*.

Por sua vez, consoante já decidiu a Sexta Turma do STJ, ao julgar o AgRg no REsp 970.078/RS (Rel. Min. Og Fernandes, DJe de 27.8.2012), *"o disposto no art. 1º-D da Lei nº 9.494/1997, com a redação dada pela MP nº 2.180-35/2001, que veda a fixação de honorários advocatícios em sede de execução contra a Fazenda Pública, incide somente nas execução não embargadas. Tal óbice é afastado quando a Fazenda opõe embargos do devedor, podendo, nessa hipótese, haver cumulação de honorários advocatícios em ambos os processos"*.

No caso, deve-se aplicar nas execuções contra a Fazenda Pública o disposto na Lei 9.494/1.997 que é norma especial em relação ao C.P.C., salvo em se tratando de execução em que haja a *expedição de requisição de pequeno valor*, conforme estabelece o seguinte precedente do S.T.F.:

EMENTA: 1. Fazenda Pública: execução não embargada: honorários de advogado: MPr 2.180/2001: constitucionalidade declarada pelo STF, com interpretação conforme ao art. 1º-D da L. 9.494/97, na redação que lhe foi dada pela MPr 2.180-35/2001, de modo a reduzir-lhe a aplicação à hipótese de execução por quantia certa contra a Fazenda Pública (C. Pr. Civil, art. 730), excluídos os casos de pagamento de obrigações definidos em lei como de pequeno valor (CF/88, art. 100, § 3º) (RE 420.816, Plenário, 29.9.2004, red. p/acórdão Pertence, DJ 06.10.2004).

(...).

6 AgR, Relator(a): Min. SEPÚLVEDA PERTENCE, Primeira Turma, julgado em 07/06/2005, DJ 24-06-2005 PP-00041 EMENT VOL-02197-7 PP-01370)

Contudo, a Lei 9.494/97 somente deverá ser aplicada na hipótese de cumprimento de sentença e não quando se está diante de execução por título executivo extrajudicial. Explico: é que no caso de cumprimento de sentença, os honorários de advogado já foram fixados quando da prolação da sentença, o que não justificaria a duplicidade de fixação de honorários na hipótese de a Fazenda Pública não embargar a execução.

Contudo, em se tratando de execução de título executivo extrajudicial contra a Fazenda Pública, o trabalho do advogado ainda não foi devidamente remunerado, razão pela qual deve-se fixar os honorários no despacho inicial da execução.

Estabelece o *§1º do art. 827* do atual C.P.C. que *no caso de integral pagamento no prazo de 3 (três) dias, o valor dos honorários advocatícios será reduzido pela metade.*

Conforme estabelece o art. 827 do atual C.P.C., o devedor será citado para no prazo de três dias, contado da citação, pagar a dívida.

Pago integralmente o débito no prazo de 3 (três) dias, o juiz reduzirá pela metade o valor dos honorários.

Prescreve o *§2º do art. 827* do atual C.P.C. que *o valor dos honorários poderá ser elevado até vinte por cento, quando rejeitados os embargos à execução, podendo a majoração, caso não opostos os embargos, ocorrer ao final do procedimento executivo, levando-se em conta o trabalho realizado pelo advogado do exequente.*

Pelo atual C.P.C., o executado, independentemente de penhora, depósito ou caução, poderá opor-se à execução por meio de embargos (art. 914 do atual C.P.C.). Os embargos serão oferecidos no prazo de quinze dias, contado, conforme o caso, na forma do art. 231 (art. 915 do atual C.P.C.).

Se o executado não interpuser os embargos do devedor, ou se os embargos forem rejeitados liminarmente, por serem intempestivos ou meramente protelatórios, ou, ainda, se o pedido formulado nos embargos for julgado improcedente, o juiz poderá, ao final do procedimento executivo, aumentar o valor dos honorários até o percentual de vinte por cento, em atenção ao trabalho realizado pelo profissional supervenientemente à citação.

Também poderá ser aumentado o percentual do valor dos honorários de advogado, mesmo que não opostos os embargos à execução, em atenção ao trabalho realizado pelo advogado após a citação.

O S.T.J., sob a égide do C.P.C. de 1973, firmou entendimento de que haveria necessidade de se fixar a verba honorária tanto na execução quanto nos embargos do devedor (desde que não ultrapassado o limite de vinte por cento), justamente pelo fato de que os embargos seriam praticamente um processo autônomo em relação ao processo de execução. Nesse sentido, é o seguinte precedente:

> *1. Segundo entendimento do Superior Tribunal de Justiça, "os embargos do devedor constituem-se em verdadeira ação de conhecimento, autônomos à ação de execução, motivo pelo qual é cabível a fixação de honorários advocatícios nas duas ações, desde que a soma das condenações não ultrapasse o limite máximo de 20% estabelecido pelo art. 20, § 3º, do CPC" (EREsp 659.228/RS, Rel. Min. FRANCISCO FALCÃO, Corte Especial, DJe 29/8/11).*
>
> *2. Agravo regimental não provido.*
>
> (AgRg no AREsp 170.817/PR, Rel. Ministro ARNALDO ESTEVES LIMA, PRIMEIRA TURMA, julgado em 16/10/2012, DJe 25/10/2012)

O S.T.J. também firmou o entendimento de que o juiz poderia estipular expressamente que os honorários fixados nos embargos abrangeriam tanto este processo quanto o de execução. Nesse sentido, é o seguinte precedente:

> *(...).*
>
> *2. A Corte Especial do STJ, no julgamento dos EREsp 81.755/SC (Rel. Min. Waldemar Zveiter, DJ de 2.4.2001, p. 247), firmou o entendimento de que, mais do que mero incidente processual, os embargos do devedor constituem verdadeira ação de conhecimento, de modo que é viável a cumulação dos honorários advocatícios fixados na execução com aqueles arbitrados nos respectivos embargos do devedor.*
>
> *3. Conforme esta Turma deixou consignado no julgamento do AgRg no REsp 1.265.456/PR (Rel. Min. Humberto Gomes de Barros, DJe de 19.4.2012), é possível a fixação única dos honorários no julgamento dos embargos, desde que se estipule que o valor fixado atenda à execução e aos embargos.*

4. No caso concreto, não consta da sentença de improcedência dos embargos, já transitada em julgado, qualquer estipulação no sentido de que o valor fixado a título de honorários atende à execução e aos embargos. Logo, deve ser confirmado o acórdão do Tribunal de origem, que, por considerar viável a cumulação dos honorários advocatícios relativos aos embargos de devedor com os honorários relativos à execução, deu provimento ao agravo de instrumento manifestado pela parte exequente, ora recorrida, para determinar que o juiz da primeira instância fixe os honorários advocatícios relativos à execução, observadas as peculiaridades do caso.

(...).

(REsp 1342168/RS, Rel. Ministro MAURO CAMPBELL MARQUES, SEGUNDA TURMA, julgado em 25/09/2012, DJe 28/09/2012)

Entendo que os embargos à execução, a partir do momento que podem ser interpostos independentemente de penhora, caução ou depósito, passam a ter uma característica muito próxima da mera impugnação à execução, razão pela qual não se justifica mais a duplicidade de incidência de verba honorária na execução e nos embargos.

Assim, a verba honorária será única, podendo o juiz aumentar o percentual dos honorários fixados ao despachar a inicial da execução, dependendo do trabalho realizado pelo advogado, inclusive no âmbito dos embargos do devedor. Nesse sentido já teve oportunidade de se manifestar o S.T.J.:

Processual civil. Execução fiscal. Embargos à execução. Dúplice condenação em honorários.

1. os embargos do devedor, como ação incidente do executado, não se confundem com o processo de execução (liebman). Todavia, "lato sensu", configuram a conexão instrumental, a final, confortando única sucumbência, impossibilitando a duplicidade de verbas honorarias. Rejeitados os embargos, o título executivo continua integro, respondendo o devedor pelo principal e consectários legais e, consequente a sucumbência, pagando os honorários advocatícios. Acolhidos, a parte sucumbente pagará os honorários. Nesta ou naquela hipótese, afastados os honorários provisoriamente fixados na inicial do processo de execução fiscal, somente devidos quando não são interpostos os embargos.

2. jurisprudência ainda não harmonizada.

3. recurso provido.

(REsp 78.837/SP, Rel. Ministro MILTON LUIZ PEREIRA, PRIMEIRA TURMA, julgado em 27/08/1996, DJ 30/09/1996, p. 36594)

Art. 828

O exequente poderá obter certidão de que a execução foi admitida pelo juiz, com identificação das partes e do valor da causa, para fins de averbação no registro de imóveis, de veículos ou de outros bens sujeitos a penhora, arresto ou indisponibilidade.

§ 1º No prazo de 10 (dez) dias de sua concretização, o exequente deverá comunicar ao juízo as averbações efetivadas.

§ 2º Formalizada penhora sobre bens suficientes para cobrir o valor da dívida, o exequente providenciará, no prazo de 10 (dez) dias, o cancelamento das averbações relativas àqueles não penhorados.

§3º O juiz determinará o cancelamento das averbações, de ofício ou a requerimento, caso o exequente não o faça no prazo.

§ 4º Presume-se em fraude à execução a alienação ou a oneração de bens efetuada após a averbação.

§ 5º O exequente que promover averbação manifestamente indevida ou não cancelar as averbações nos termos do § 2º indenizará a parte contrária, processando-se o incidente em autos apartados.

Certidão da execução admitida pelo juiz – consequência jurídica

O atual C.P.C. estabelece que na execução por quantia certa, antes mesmo da citação do executado, poderá o exequente obter certidão da *admissão, pelo juiz,* da demanda executiva, para fins de averbação no registro de imóveis, no registro de veículos ou no registro de outros bens sujeitos a penhora, arresto ou indisponibilidade.

Assim, para que o exequente possa obter a respectiva certidão, é necessário a *admissão* da execução pelo juiz, isto é, que pelo menos o juiz tenha proferido despacho de 'cite-se', no qual haja expressa ou implicitamente a indicação de que a demanda proposta preenche seus elementos subjetivos ou objetivos.

O art. 615-A do C.P.C. de 1973 não exigia a *admissibilidade da execução pelo juiz,* pois o exequente poderia, já no ato da distribuição, obter certidão comprobatória do simples ajuizamento da execução.

A expedição e averbação da certidão prevista no art. 828 do novo C.P.C. permitem considerar em fraude à execução a alienação ou oneração de bens após a averbação no registro de imóveis, no registro de veículos ou no registro de outros bens sujeitos a penhora, da certidão expedida em favor do exequente, na qual conste a propositura da demanda executiva, o nome das partes e o valor da causa.

Essa exigência de averbação da certidão no registro de imóveis para o efeito de caracterizar a má-fé do adquirente encontra-se expressamente consignada no art. 54 da Lei 13.097/2015, que assim dispõe:

Art. 54. Os negócios jurídicos que tenham por fim constituir, transferir ou modificar direitos reais sobre imóveis são eficazes em relação a atos jurídicos precedentes, nas hipóteses em que não tenham sido registradas ou averbadas na matrícula do imóvel as seguintes informações: (Vigência)

I – registro de citação de ações reais ou pessoais reipersecutórias;

II – averbação, por solicitação do interessado, de constrição judicial, do ajuizamento de ação de execução ou de fase de cumprimento de sentença, procedendo-se nos termos previstos do art. 615-A da Lei nº 5.869, de 11 de janeiro de 1973 – Código de Processo Civil;

III – averbação de restrição administrativa ou convencional ao gozo de direitos registrados, de indisponibilidade ou de outros ônus quando previstos em lei; e

IV – averbação, mediante decisão judicial, da existência de outro tipo de ação cujos resultados ou responsabilidade patrimonial possam reduzir seu proprietário à insolvência, nos termos do inciso II do art. 593 da Lei nº 5.869, de 11 de janeiro de 1973 – Código de Processo Civil.

Parágrafo único. Não poderão ser opostas situações jurídicas não constantes da matrícula no Registro de Imóveis, inclusive para fins de evicção, ao terceiro de boa-fé que adquirir ou receber em garantia direitos reais sobre o imóvel, ressalvados o disposto nos arts. 129 e 130 da Lei nº 11.101, de 9 de fevereiro de 2005, e as hipóteses de aquisição e extinção da propriedade que independam de registro de título de imóvel.

Contudo, é importante salientar que não sendo possível o registro da propositura da demanda executiva, o terceiro adquirente tem o ônus de provar que adotou as cautelas necessárias para a aquisição do bem, mediante a exibição das certidões pertinentes (dentre elas a dos cartórios de distribuição), obtidas no domicílio do vendedor.

Se houver o registro da certidão, o terceiro não terá a faculdade de promover essa prova, pois nesse caso o registro gera em relação à aquisição do bem presunção de má-fé – *iuri et de iuri*.

Assim, a averbação dessa certidão perante os registros públicos competentes impede que terceiros venham alegar boa-fé ou desconhecimento da existência de execução contra o executado/proprietário do bem.

Estabelece o *§1º do art. 828* do atual C.P.C. que *no prazo de 10 (dez) dias de sua concretização, o exequente deverá comunicar ao juízo as averbações efetivadas.*

Uma vez averbada nos registros públicos a existência de execução por quantia certa contra o devedor, eventual alienação de bens que o leve à insolvência será caracterizada como fraude à execução.

Mas para que se possa configurar fraude à execução, não basta simplesmente a averbação da propositura da demanda, sendo também necessário que o exequente *comunique ao juízo as averbações efetivadas, no prazo de dez dias de sua concretização*, sob pena de perda da eficácia do conteúdo de publicidade do ato.

Segundo o princípio *tempus regit actum*, este dispositivo somente se aplica nas execuções propostas após a mudança legislativa, que caracterizou o registro da certidão de existência de demanda como fraude à execução. Sobre o tema, assim tem se posicionado o S.T.J.:

> *1. O art. 615-A do CPC determina que "o exequente poderá, no ato da distribuição, obter certidão comprobatória do ajuizamento da execução, com identificação das partes e valor da causa, para fins de averbação no registro de imóveis, registro de veículos ou registro de outros bens sujeitos à penhora ou arresto." (Incluído pela Lei n. 11.382, de 2006).*
>
> *2. O permissivo do art. 615-A do CPC não se aplica às execuções ajuizadas antes da entrada em vigor da Lei n. 11.382, de 2006, em razão do princípio do "tempus regit actum". Precedente: REsp 934.530/RJ, Rel. Min. Luiz Fux, Primeira Turma, julgado em 18.6.2009, DJe 6.8.2009.*
>
> *3. In casu, a execução fiscal foi ajuizada em 21 de junho de 2004, antes da entrada em vigor do permissivo legal. Portanto, na ocasião em que ajuizada a execução fiscal vigorava a redação antiga do Código de Processo Civil, que não permitia a anotação da execução fiscal no registro do veículo, sem a efetivação da penhora ou arresto.*
>
> *Agravo regimental improvido.*
>
> (AgRg no REsp 1216227/RJ, Rel. Ministro HUMBERTO MARTINS, SEGUNDA TURMA, julgado em 08/02/2011, DJe 04/03/2011)
>
> *(...).*
>
> *2. A Lei n. 11.382/2006, que alterou o CPC, acrescentou o art. 615-A ao Código Adjetivo Civil, permitindo ao exequente averbar no registro de imóveis, veículos ou outros bens sujeitos à penhora, a existência de processo de execução contra o executado, verbis: Art. 615-A. O exequente poderá, no ato da distribuição, obter certidão comprobatória do ajuizamento da execução, com identificação das partes e valor da causa, para fins de averbação no registro de imóveis, registro de veículos ou registro de outros bens sujeitos à penhora ou arresto.*
>
> *3. A medida tem por objetivo tutelar o processo executivo contra a fraude à execução – dando maior publicidade a terceiros acerca da execução contra o titular do bem a ser*

alienado – que torna presumida a fraude se a alienação for efetuada após a averbação, nos termos do § 3º, do mencionado dispositivo, verbis: § 3o Presume-se em fraude à execução a alienação ou oneração de bens efetuada após a averbação (art. 593).

4. O ato processual regula-se pela máxima tempus regit actum, segundo o que, à luz do direito intertemporal, implica a aplicação da lei nova imediatamente, inclusive aos processos em curso.

5. In casu, a execução iniciou-se no ano de 2000, muito antes da entrada em vigor da Lei nº 11.382/2006, de modo que não incidem os novos preceitos estabelecidos pela novel redação do art. 615-A, do CPC.

6. Recurso Especial desprovido.

(REsp 934.530/RJ, Rel. Ministro LUIZ FUX, PRIMEIRA TURMA, julgado em 18/06/2009, DJe 06/08/2009)

Em relação às duas últimas decisões proferidas pelo S.T.J. nos Resp. n.s. 1216227 e 934530, deve-se fazer as seguintes considerações. Muito embora o Tribunal entendesse que não se aplicava o art. 615-A do C.P.C. de 1973 aos processos de execução iniciados antes da entrada em vigor da Lei n. 11.382/2006, adotando a máxima *tempus regit actum*, o certo é que estamos diante de uma norma de direito processual e não de direito material, razão pela qual é de se adotar a máxima de que *as normas de direito processual aplicam-se aos processos em andamento*, no caso, pouco importando se a certidão solicitada pelo exequente foi expedida antes ou depois da citação do executado, ou mesmo antes ou depois da penhora (insuficiente) de determinado bem, o certo é que se ela foi levada a registro após a propositura da demanda, tal registro impede a alegação de boa-fé do terceiro adquirente.

Prescreve o *§2º do art. 828* do atual C.P.C. que *formalizada penhora sobre bens suficientes para cobrir o valor da dívida, o exequente providenciará, no prazo de 10 (dez) dias, o cancelamento das averbações relativas àqueles não penhorados.*

Tendo em vista que o registro da certidão em que conste a propositura da demanda executiva tem por finalidade evitar a *fraude à execução*, ou seja, a alienação ou oneração dos bens do devedor de forma que o possa conduzir à insolvência, isso significa dizer que uma vez garantida a execução com bens suficientes para o pagamento da dívida, não tem mais razão de ser o registro em relação aos demais bens do patrimônio do executado.

Portanto, formalizada a penhora sobre bens suficientes do patrimônio do executado para efeito de garantir o valor da dívida, a garantia introduzida pelo *caput* do art. 828 do atual C.P.C. perde sua finalidade, devendo o exequente providenciar, no prazo de dez dias, o cancelamento das averbações relativas aos bens não penhorados.

Se o exequente não providenciar o cancelamento da averbação, conforme estabelece o §2º do art. 828, o juiz determinará o cancelamento das averbações, de ofício ou a requerimento do executado (*§3º do art. 828* do atual C.P.C.).

Preceitua o *§4º do art. 828* do atual C.P.C. que *se presume em fraude à execução a alienação ou a oneração de bens efetuada após a averbação.*

Evidentemente que de nada valeria a possibilidade legal estabelecida no *caput* do art. 828 do atual C.P.C. em favor do exequente, se não houvesse nenhuma sanção a ser aplicada ao devedor ou ao terceiro que recebeu o bem.

Por isso, conforme estabelece este parágrafo, presume-se em fraude à execução a alienação ou oneração de bens efetuada após a averbação da certidão expedida em favor do exequente. Esta presunção é *iuri et de iuri*, ou seja, não cabe prova em contrária por parte do devedor e do terceiro adquirente.

Contudo, a alienação ou oneração de bens não será considerada nula, mas meramente ineficaz em relação ao exequente.

Preceitua o *§5º do art. 828* do atual C.P.C. que *o exequente que promover averbação manifestamente indevida ou não cancelar as averbações nos termos do §2º indenizará a parte contrária, processando-se o incidente em autos apartados.*

O disposto no *caput* do art. 828 do atual C.P.C. não é um "cheque em branco" outorgado em favor do exequente, muito menos lhe permite agir com abuso de direito ou de forma imprudente ou leviana.

Por isso, se o exequente promover averbação de certidão de propositura da demanda executiva de maneira manifestamente indevida, ou não cancelar as averbações conforme determina o §2º do art. 828 do atual C.P.C., estará sujeito a indenizar a parte contrária pelas perdas e danos que possa vir a sofrer, processando-se o incidente em autos apartados.

No incidente em apartado, basta ao devedor comprovar o nexo causal entre a averbação e os danos sofridos, independentemente de comprovação de culpa do credor. Provado o nexo causal, passa-se de imediato à liquidação do valor dos danos, podendo ser utilizada a liquidação pelo procedimento comum ou por arbitramento.

Dependendo do caso, ainda será possível a condenação por danos morais, como ocorre na hipótese de averbação manifestamente indevida.

Art. 829

O executado será citado para pagar a dívida no prazo de 3 (três) dias, contado da citação.

§ 1º Do mandado de citação constarão, também, a ordem de penhora e a avaliação a serem cumpridas pelo oficial de justiça tão logo verificado o não pagamento no prazo assinalado, de tudo lavrando-se auto, com intimação do executado.

§ 2º A penhora recairá sobre os bens indicados pelo exequente, salvo se outros forem indicados pelo executado e aceitos pelo juiz, mediante demonstração de que a constrição proposta lhe será menos onerosa e não trará prejuízo ao exequente.

Citação do executado para pagar a dívida

O art. 829 do atual C.P.C. preconiza que o executado será citado para pagar a dívida no prazo de três dias, contado da citação.

Por sua vez, o art. 786 do Projeto Originário n. 2.046/10 estabelecia que o prazo de três dias seria contado *da juntada do mandado de citação.*

Assim, pelo novo C.P.C., o prazo para pagamento é da data da citação e não mais da juntada do mandado.

A citação é o ato pelo qual são convocados o réu, o executado ou o interessado para integrar a relação jurídica processual.

O artigo 10 da Declaração Universal dos Direitos Humanos, de 10 de dezembro de 1948, aprovada pelo Brasil, estabelece que: *"Toda pessoa tem o direito, em condições de plena igualdade,* ***de ser ouvida publicamente*** *e com justiça por um tribunal independente e imparcial (...)"*.

Da mesma forma o artigo 14 do Pacto Internacional de Direitos Civis e Políticos, de 19 de dezembro de 1966, ratificado pelo Brasil, afirma: *"Todas as pessoas são iguais perante os Tribunais e as Cortes de Justiça.* ***Toda pessoa terá o direito de ser ouvida*** *publicamente e com as devidas garantias por um Tribunal competente, independente e imparcial (...)"*.

Aliás, conforme já teve oportunidade de afirmar Elio Fazzalari, *"la regola del contraddittorio è il fulcro del 'processo'.*[315]

Daí porque podemos definir o processo como: *"um instrumento do poder, concretizado por um procedimento animado por meio de uma relação jurídica em contraditório".*[316]

O direito fundamental à existência de um processo público com todas as garantias (devido processo legal), e a possibilidade real da realização do contraditório, é o fundamento Constitucional do ato processual denominado *citação.*

[315] Fazzalari, Elio. *Lezioni di diritto processuale: processo ordinário di cognizione.* Padova: Cedam, 1985. p. 10.

[316] Souza, Artur César. *Contraditório e revelia – perspectiva crítica dos efeitos da revelia em face da natureza dialética do processo.* São Paulo: Editora Revista dos Tribunais, 2003. p. 263;

O C.P.C. revogado definia a *citação* como o ato pelo qual se chama a juízo o réu ou o interessado *a fim de se defender.*

Evidentemente que a definição da *citação* no código revogado não era tecnicamente correta, uma vez que nem sempre o demandado era citado para se defender, como ocorre, por exemplo, com o executado, que é citado para pagar a obrigação inserida no título executivo extrajudicial.

Por sua vez, no processo de conhecimento o réu não é citado exclusivamente para se defender (uma vez que ele pode reconhecer a procedência do pedido), mas para comparecer ao processo e ter ciência de que contra ele há uma demanda judicial.

O novo C.P.C. apresenta-se tecnicamente mais correto na definição do instituto da *citação,* ao afirmar em seu art. 238 que: *Citação é o ato pelo qual são convocados o réu, o executado ou o interessado para integrar a relação processual.*

Cita-se não para se defender, mas para que se dê conhecimento ao réu, ao executado ou ao interessado de que há uma demanda e de que sua participação é necessária como garantia do Estado Democrático de Direito e como prevalência do princípio Constitucional do contraditório e da ampla defesa.

Com essa nova definição de *citação*, elimina-se a crítica doutrinária de que a citação somente seria feita ao réu, e não ao executado ou ao interessado.

A citação, portanto, é ato essencial do processo executório. Ela não é em si um ato executivo, mas já é um ato do processo executivo.

Ressalvadas as hipóteses de improcedência liminar do pedido, para a validade do processo é indispensável a citação do réu ou do executado (art. 239 do atual C.P.C.).

Por outro lado, o comparecimento espontâneo do réu ou do executado supre a falta ou nulidade da citação, fluindo-se a partir de então o prazo para a contestação ou para embargos à execução (§1º do art. 239 do atual C.P.C.).

Observa-se que o legislador estabeleceu prazo distinto para cumprimento da obrigação.

Note-se que em caso de cumprimento de sentença, há prazo especial para que o devedor cumpra a obrigação. Assim, na hipótese de cumprimento de sentença penal condenatória transitada em julgado, sentença arbitral e sentença estrangeira homologada pelo Superior Tribunal de Justiça, o devedor será citado no juízo cível para cumprimento da sentença no prazo de quinze dias.

Por sua vez, estabelece ao art. 523 do atual C.P.C. que na hipótese de condenação em quantia certa, ou já fixada em liquidação, e no caso de decisão sobre parcela incontroversa, o cumprimento definitivo da sentença far-se-á a requerimento do exequente, sendo o executado intimado para pagar o débito, no prazo de *quinze dias*, acrescido de custas, se houver.

Já no âmbito do processo de execução de título executivo extrajudicial, o devedor será citado para pagar a dívida no prazo de três dias, contado da citação.

O art. 652 do C.P.C. de 1973, na sua redação originária, estabelecia que o devedor seria citado para, no prazo e vinte e quatro (24) horas, pagar ou nomear bens à penhora.

O atual C.P.C. prevê um prazo de três dias para o executado pagar a dívida, sendo que esse prazo tem início a partir da data da citação no processo.

O código revogado, na sua redação originária, facultava ao executado citado pagar ou nomear bens à penhora.

Agora, como o executado pode ingressar com embargos do devedor independentemente de garantido o juízo com a penhora, a citação é apenas para pagar.

Assim, a execução por quantia certa, pelo menos em relação ao devedor, passa a ter início a partir de sua citação.

Na execução, o despacho que ordenar a citação, desde que realizada em observância ao disposto no §2º do art. 240, interrompe a prescrição, ainda que proferido por juiz incompetente (art. 802 do atual C.P.C.). Por sua vez, a interrupção da prescrição retroagirá à data da propositura da ação (p.u. do art. 802 do atual C.P.C.).

Já a citação válida faz litigiosa a coisa, induz litispendência e, ainda que ordenada por juiz incompetente, constitui em mora o devedor.

Incumbe à parte adotar as providências necessárias para a citação do executado nos dez dias subsequentes ao despacho que a ordenar, sob pena de não se considerar interrompida a prescrição (§2º do art. 240 do atual C.P.C.). A parte não será prejudicada pela demora imputável exclusivamente ao serviço judiciário (§3º do art. 240 do atual C.P.C.).

A citação do executado será feita pessoalmente, ou ao seu representante legal ou procurador legalmente autorizado (art. 242 do atual C.P.C.).

Estando o executado ausente, a citação será feita na pessoa de seu mandatário, administrador, preposto ou gerente, quando a demanda se originar de atos por eles praticados (§1º do art. 242 do atual C.P.C.).

Se houverem vários devedores, o prazo de três dias para pagar conta-se da data da citação ou do ato processual específico de citação de cada um deles isoladamente, salvo se o mandado for expedido para a citação conjunta de todos os devedores, hipótese em que o prazo de três dias será idêntico, contado a partir da última citação.

A exceção contida no §1º do art. 915 do atual C.P.C. em relação ao cônjuge ou companheiro é somente para a interposição dos embargos e não para a realização do pagamento.

A citação poderá ser feita em qualquer lugar em que se encontre o executado (art. 243 do atual C.P.C.).

O militar em serviço ativo será citado na unidade em que estiver servindo, se não for conhecida a sua residência ou nela não for encontrado (p.u. do art. 243 do atual C.P.C.).

Não se fará a citação, salvo para se evitar perecimento de direito, a quem estiver participando de ato de culto religioso; ao cônjuge, companheiro ou a qualquer parente do morto, consanguíneo ou afim, em linha reta ou na linha colateral em segundo grau, no dia do falecimento e nos sete dias seguintes; aos noivos, nos três primeiros dias seguintes ao casamento; aos doentes, enquanto grave o seu estado (art. 244 do atual C.P.C.).

Também não se fará a citação quando se verificar que o executado é mentalmente incapaz ou está impossibilitado de recebê-la (art. 245 do atual C.P.C.).

Uma vez efetuada a citação e ocorrendo o pagamento, a relação jurídica processual extingue-se. Não pagando, poderá o devedor ainda assim interpor embargos à execução no prazo de quinze dias contado da data da juntada do mandado de citação ou de outra forma de realização deste ato no processo de execução.

Preceitua o *§1º do art. 829* do atual C.P.C. que *do mandado de citação constarão, também, a ordem de penhora e avaliação a ser cumprida pelo oficial de justiça tão logo verificado o não pagamento no prazo assinalado, de tudo lavrando-se auto, com intimação do executado.*

Conforme estabelece esse preceito normativo, do mandado de citação, além do prazo de três dias para pagar a dívida, constarão também a ordem de penhora dos bens do executado e a avaliação, assim como a entrega dos bens a depósito previamente indicado no mandado.

Se o oficial de justiça verificar que o executado não efetuou o pagamento do débito no prazo de três dias contado da citação, promoverá a penhora e avaliação de bens, dando-se continuidade ao mandado judicial, de tudo lavrando-se auto, com intimação do executado.

O exequente poderá, logo com a inicial, indicar bens a serem penhorados, os quais poderão constar do mandado de penhora.

A possibilidade de o exequente colaborar com a execução, mediante indicação prévia dos bens a serem penhorados, não impede que o juiz determine a intimação do executado para que ele indique quais são e onde estão os bens sujeitos à penhora e seus respectivos valores, sob pena de lhe ser aplicada a sanção decorrente de ato atentatório à dignidade da justiça.

Lavrado o auto de penhora e nomeado depositário, o oficial de justiça providenciará a intimação do executado.

É importante salientar que o prazo de embargos não corre mais da intimação da penhora, mas, sim, da juntada do mandado de citação do executado devidamente cumprido, pois a interposição dos embargos não está mais condicionada à penhora de bens.

Por fim, ressalte-se que antes de expirado o prazo de três dias, não se poderá realizar a penhora, salvo em se tratando de medidas urgentes.

Preceitua o *§2º do art. 829* do atual C.P.C. que *a penhora recairá sobre os bens indicados pelo exequente, salvo se outros forem indicados pelo executado e aceitos pelo juiz, mediante demonstração de que a constrição proposta lhe será menos onerosa e não trará prejuízo ao exequente.*

Observa-se pelo conteúdo deste dispositivo que a nomeação de bens à penhora não representa mais uma prerrogativa do executado, conforme se verificava pela redação originária do art. 652 do C.P.C. de 1973, a qual determinava a citação do devedor para, no prazo de 24 horas pagar ou *nomear bens à penhora.*

Atualmente, a indicação de bens à penhora poderá ser feita inclusive pelo exequente, logo com a petição inicial do procedimento executivo.

Conforme se afirmou no item anterior, o exequente poderá logo com a inicial indicar bens a serem penhorados, os quais poderão constar do mandado de penhora. Essa prerrogativa do exequente encontra amparo também nos princípios fundamentais do processo civil, especialmente aquele previsto no art. 6º do atual C.P.C.: *"Todos os sujeitos do processo devem cooperar entre si para que se obtenha, em tempo razoável, decisão de mérito justa e efetiva.*

Por sua vez, a possibilidade de o exequente colaborar com a execução mediante indicação prévia dos bens a serem penhorados, não impede que o juiz determine a intimação do executado para que ele indique quais são e onde estão os bens sujeitos à penhora e seus respectivos valores, sob pena de lhe ser aplicada a sanção decorrente de ato atentatório à dignidade da justiça.

A penhora recairá, preferencialmente, sobre os bens indicados pelo exequente, salvo se outros forem indicados pelo executado e aceitos pelo juiz, mediante demonstração de que a constrição proposta lhe será menos onerosa e não trará prejuízo ao exequente. Assim, no conflito entre princípios = execução no interesse do exequente – execução de forma menos onerosa para o devedor, deverá prevalecer o último, desde que a incidência da penhora sobre o bem indicado pelo executado não traga prejuízo ao exequente e se demonstre menos onerosa ao devedor do que a penhora a ser realizada em bens indicados pelo exequente. O juiz da execução deverá realizar uma ponderação de princípios segundo as máximas da razoabilidade e da proporcionalidade do ato constritivo executivo. Assim, entre um imóvel indicado pelo exequente no próprio município da execução e outro indicado pelo executado em município distante, deverá ser dado preferência à indicação do bem feita pelo exequente. Entre a indicação de um veículo pelo executado e um imóvel em que há a instalação das atividades empresariais do devedor indicado pelo exequente, deverá prevalecer a indicação feita pelo executado.

Art. 830

Se o oficial de justiça não encontrar o executado, arrestar-lhe-á tantos bens quantos bastem para garantir a execução.

§ 1º Nos 10 (dez) dias seguintes à efetivação do arresto, o oficial de justiça procurará o executado 2 (duas) vezes em dias distintos e, havendo suspeita de ocultação, realizará a citação com hora certa, certificando pormenorizadamente o ocorrido.

§ 2º Incumbe ao exequente requerer a citação por edital, uma vez frustradas a pessoal e a com hora certa.

§ 3º Aperfeiçoada a citação e transcorrido o prazo de pagamento, o arresto converter-se-á em penhora, independentemente de termo.

Arresto de bens

Alguns doutrinadores afirmam que esse dispositivo trata de uma medida cautelar incidental[317], pois o arresto de bens visa a garantia da eficácia do processo de execução. Outros, por sua vez, aduzem que o arresto previsto no art. 830 do atual C.P.C. nada mais significa do que uma antecipação da própria penhora, pois ao final o arresto será convertido em penhora.

Segundo aduzia Ovídio B. da Silva, o referido arresto não era medida cautelar, mas uma penhora antecipada. Tratava-se de um exemplo típico de execução urgente; e que o próprio CALAMDREI nunca duvidou de que se tratasse de penhora imediata (*pignoramento immediato*) e não de arresto. Conforme ensina Celso Neves: *"o essencial, no entendimento do texto – insista-se – é o caráter 'executório'*

[317] *"Fala-se de arresto, porque se deu ao ato processual o caráter de medida cautelar, uma vez que não foi possível localizar o devedor...Há cautelaridade da medida, que se insere nos arts. 813-821 do C.P.C. de 1973, mas é apenas incidental, e não se diga que é 'executório'. Trata-se apenas de medida cautelar, que tanto não é ato executivo, que, após as diligências dos arts. 653, parágrafo único, e 654 do C.P.C. de 1973, se 'converte' em penhora. Não se converte o que é no que já é."*. (PONTES DE MIRANDA. *Comentários ao código de processo civil.* Tomo X. Rio de Janeiro: Forense, 1976. p. 219 e 220).

do arresto, destinado à conversão em penhora que o Código de 1939 não tinha e o Código paulista de 1930 denominava, impropriamente, 'sequestro' e só se efetuava, no procedimento da citação do executado, mediante requerimento do exequente".[318]

Seja como medida cautelar ou como antecipação da penhora, não há dúvida de que se trata de uma tutela preventiva concedida no âmbito do processo de execução, visando justamente a garantir a execução, especialmente pelo fato de que o oficial de justiça não encontra o executado para promover a sua citação.

Assim, não encontrando o executado, o oficial de justiça arrestará tantos bens quantos bastem para garantir a execução.

Mas uma coisa é evidente, o arresto estabelecido no art. 830 do atual C.P.C. não tem natureza de tutela de urgência satisfativa, mas, sim, natureza de cautelaridade, pois, na verdade, visa a garantir a eficácia da tutela jurisdicional a ser prestada no processo de execução.

Denomina-se arresto, *"a apreensão judicial de bens para garantia de pagamento da dívida líquida e certa"*.[319]

O arresto efetuado pelo oficial de justiça deverá ater-se a todos os critérios e requisitos estabelecidos para penhora, podendo, inclusive, arrestar bens que foram indicados pelo exequente na petição que instaurou a demanda executiva.

Diante dessa necessidade de o arresto ser efetuado de acordo com os requisitos exigidos para a penhora de bens, pode-se afirmar que: a) não se pode arrestar bens considerados impenhoráveis ou bem de família; b) em se tratando de arresto de bens pertencentes aos cônjuges, há necessidade de intimação do cônjuge que não compõe a relação jurídica processual; c) deve-se observar o princípio de correspondência dos bens arrestados com o valor da execução, para que não haja excesso de arresto; etc.

No respectivo auto, o oficial de justiça deverá descrever pormenorizadamente os bens arrestados, até para que o executado possa ter ciência do ato processual e dos bens que se tornaram garantia da execução.

Sobre o tema, eis os seguintes precedentes do S.T.J.:

> *1. As hipóteses contempladas no art. 813 CPC não são exaustivas, mas exemplificativas, bastando, para a concessão do arresto, o risco de dano e o perigo da demora. Precedentes.*
>
> *2. Admite-se a medida cautelar de arresto de dinheiro, via Bacenjud, nos próprios autos da execução, se preenchidos os requisitos legais previstos no art. 653 (a existência*

[318] Neves, Celso. *Comentários ao código de processo civil.* 2ª ed. Vol. VII. Rio de Janeiro: Forense, 1977. p. 49.

[319] Neves, C., op. cit., p. 48

de bens e não localização do devedor) ou no art. 813 (a demonstração de perigo de lesão grave ou de difícil reparação), ambos do CPC.

3. In casu, inexistem atos tendentes a localizar o devedor para citação, seja por carta, seja por mandado, o que afasta a aplicação do art. 653 do CPC.

4. Quanto aos requisitos para o deferimento da medida cautelar com base no art. 813 do CPC, o Tribunal de origem decidiu que a recorrente não logrou êxito em apresentar qualquer indício concreto da necessidade da medida. Rever essa afirmação, no entanto, implica adentrar em matéria fática, vedada pela Súmula 7 do STJ.

5. Recurso especial não provido.

(REsp 1407723/RS, Rel. Ministra ELIANA CALMON, SEGUNDA TURMA, julgado em 21/11/2013, DJe 29/11/2013)

1 – "1. O arresto executivo, também designado arresto prévio ou pré-penhora, de que trata o art. 653 do CPC, objetiva assegurar a efetivação de futura penhora na execução por título extrajudicial, na hipótese de o executado não ser encontrado para citação. 2.

Frustrada a tentativa de localização do executado, é admissível o arresto de seus bens na modalidade on-line (CPC, art. 655-A, aplicado por analogia). (...)." (REsp 1.370.687/MG, Rel. Ministro ANTONIO CARLOS FERREIRA, DJe 15/08/2013).

2 – Recurso Especial provido, para permitir o arresto on line, a ser efetivado na origem.

(REsp 1338032/SP, Rel. Ministro SIDNEI BENETI, TERCEIRA TURMA, julgado em 05/11/2013, DJe 29/11/2013)

1. O arresto executivo, também designado arresto prévio ou pré-penhora, de que trata o art. 653 do CPC, objetiva assegurar a efetivação de futura penhora na execução por título extrajudicial, na hipótese de o executado não ser encontrado para citação.

2. Frustrada a tentativa de localização do executado, é admissível o arresto de seus bens na modalidade on-line (CPC, art. 655-A, aplicado por analogia).

3. Com a citação, qualquer que seja sua modalidade, se não houver o pagamento da quantia exequenda, o arresto será convertido em penhora (CPC, art. 654).

4. Recurso especial provido, para permitir o arresto on-line, a ser efetivado na origem.

(REsp 1370687/MG, Rel. Ministro ANTONIO CARLOS FERREIRA, QUARTA TURMA, julgado em 04/04/2013, DJe 15/08/2013)

Preceitua o *§1º do art. 830* do atual C.P.C. que *nos 10 (dez) dias seguintes à efetivação do arresto, o oficial de justiça procurará o executado 2 (duas) vezes em dias distintos* *e, havendo suspeita de ocultação, realizará a citação com hora certa, certificando pormenorizadamente o ocorrido.*

Assim, no decêndio seguinte ao arresto, o oficial de justiça deverá procurar o executado por duas vezes em dias distintos.

O parágrafo único do art. 653 do C.P.C. de 1973 prescrevia: *"nos 10 (dez) dias seguintes à efetivação do arresto, o oficial de justiça procurará o devedor três vezes em dias distintos; não o encontrando, certificará o ocorrido".*

A diferença fundamental entre o §1º do art. 830 do atual C.P.C. e o p.u. do art. 653 do C.P.C. de 1973, é que na nova sistemática processual, o oficial de justiça poderá realizar a citação *por hora certa* do executado, desde que haja suspeita de sua ocultação. Essa suspeita de ocultação deverá ser pormenorizadamente certificada, assim como a citação por hora certa. Sob a égide do C.P.C. de 1973, se o oficial não encontrasse o executado, deveria certificar essa ocorrência, devolvendo o mandado ao cartório.

A citação por hora certa deverá seguir os ditames dos arts. 252 a 254 do atual C.P.C., *in verbis:*

> *Art. 252. Quando, por 2 (duas) vezes, o oficial de justiça houver procurado o citando em seu domicílio ou residência sem o encontrar, deverá, havendo suspeita de ocultação, intimar qualquer pessoa da família ou, em sua falta, qualquer vizinho de que, no dia útil imediato, voltará a fim de efetuar a citação, na hora que designar.*
>
> *Parágrafo único. Nos condomínios edilícios ou nos loteamentos com controle de acesso, será válida a intimação a que se refere o caput feita a funcionário da portaria responsável pelo recebimento de correspondência.*
>
> *Art. 253. No dia e na hora designados, o oficial de justiça, independentemente de novo despacho, comparecerá ao domicílio ou à residência do citando a fim de realizar a diligência.*
>
> *§ 1º Se o citando não estiver presente, o oficial de justiça procurará informar-se das razões da ausência, dando por feita a citação, ainda que o citando se tenha ocultado em outra comarca, seção ou subseção judiciárias.*
>
> *§ 2º A citação com hora certa será efetivada mesmo que a pessoa da família ou o vizinho que houver sido intimado esteja ausente, ou se, embora presente, a pessoa da família ou o vizinho se recusar a receber o mandado.*
>
> *§ 3º Da certidão da ocorrência, o oficial de justiça deixará contrafé com qualquer pessoa da família ou vizinho, conforme o caso, declarando-lhe o nome.*
>
> *§ 4º O oficial de justiça fará constar do mandado a advertência de que será nomeado curador especial se houver revelia.*
>
> *Art. 254. Feita a citação com hora certa, o escrivão ou chefe de secretaria enviará ao réu, executado ou interessado, no prazo de 10 (dez) dias, contado da data da juntada*

do mandado aos autos, carta, telegrama ou correspondência eletrônica, dando-lhe de tudo ciência.

Estabelece o *§2º do art. 830* do atual C.P.C. que *incumbe ao exequente requerer a citação por edital, uma vez frustrada a pessoal e a com hora certa.*

Se após o arresto, o oficial de justiça, nos dez dias seguintes, não encontrar o executado nas duas vezes em dias distintos que o procurou, e não sendo o caso de citação por hora certa, tal circunstância será certificada no auto transcrito pelo oficial. Devidamente intimado sobre essa circunstância relatada pelo oficial de justiça, o exequente deverá requerer a citação por edital, a fim de que o executado seja citado e tome ciência do arresto ocorrido. Se o exequente não requerer a citação por edital, o arresto ficará sem efeito, podendo o juiz extinguir o processo por falta de pressuposto processual de validade da relação jurídica processual.

Preceitua o *§3º do art. 830* do atual C.P.C. que se *aperfeiçoada a citação e transcorrido o prazo de pagamento, o arresto converter-se-á em penhora, independentemente de termo.*

Aperfeiçoada a citação pessoal, por hora certa ou por edital, e transcorrido o prazo de três dias sem o pagamento da dívida, o arresto se converterá em penhora, independentemente de termo, ou seja, de forma automática. A conversão do arresto em penhora somente ocorrerá após o transcurso do prazo para pagamento indicado na citação do executado.

Haverá necessidade de nova intimação do executado sobre a conversão do arresto em penhora, ou seja, de que a penhora foi realizada?

Sob a égide do C.P.C. de 1973, essa dúvida tinha certa razão de ser, pois o prazo para interposição dos embargos iniciava-se com a intimação do devedor da penhora realizada.

Contudo, como pelo atual C.P.C. o prazo para a interposição dos embargos é de quinze dias após a juntada do mandado de citação ou da expiração do prazo do edital, não haverá necessidade de nova intimação do executado, pois ele poderá ingressar com os embargos independentemente da penhora ou da conversão do arresto em penhora.

E se o executado, ao invés de pagar, requerer a nomeação de bens para penhora. O que será do arresto?

No caso de o devedor nomear o mesmo bem, converte-se em penhora o arresto. Se nomear outro bem, inclusive para efeito de substituição daquele indicado pelo exequente na petição inicial, o juiz deverá converter o arresto em penhora, ou deverá determinar a penhora sobre o bem indicado pelo executado, extinguindo-se o arresto.

Contra a decisão proferida pelo juiz da causa caberá, se for o caso, agravo de instrumento.

Se a citação consumou-se, e o devedor não efetuou o pagamento da dívida, o oficial não realizará o arresto, mas, sim, a própria penhora de bens.

Se o credor nomeou bens, o oficial deverá penhorá-los. Se o credor assim não proceder, compete ao oficial de justiça procurar bens para serem penhorados.

Indaga-se se com o arresto o credor já adquire preferência sobre o bem, ou há necessidade de sua conversão em penhora. Para Pontes de Miranda, *"somente quando se dá a conversão do arresto em penhora é que o credor adquire o direito de preferência sobre os bens penhorados"*.[320] Contudo, o S.T.J. afirma que desde o arresto já se garante o direito de preferência:

> *1. A extensão da preferência que ostenta o detentor do crédito com garantia real está limitada à extensão da própria garantia outorgada.*
>
> *2. Se o bem constrito não for suficiente para o pagamento integral do débito, o credor poderá executar o devedor pelo restante da dívida, mas como quirografário.*
>
> *3. O arresto é uma "pré-penhora" e seus efeitos, para fins de prelação, vigoram desde a sua implementação.*
>
> *4. Recurso especial conhecido e provido.*
>
> (REsp 293.287/SP, Rel. Ministro FERNANDO GONÇALVES, QUARTA TURMA, julgado em 04/02/2010, DJe 08/03/2010)

> *1 – Independente da natureza assumida, seja o arresto cautelar ou incidental (CPC, art. 813 e ss.), seja o arresto executivo, igualmente denominado "pré-penhora" (CPC, art. 653), aplicam-se, sem distinção, as disposições relativas à penhora, a teor do que prevê o art. 821 do CPC.*
>
> *2 – Tal qual a penhora, o arresto tem por efeito tornar inalienável o bem constrito, não suscitando dúvida sobre o interesse do credor diligente que, pelo fruto da alienação judicial do imóvel, pretende ver seu crédito assegurado.*
>
> *3 – Inexistindo título legal à preferência, a anterioridade do arresto há de conferir ao credor previdente, que primeiramente levou a efeito o ato de constrição do bem, primazia sobre a penhora posteriormente efetuada. Precedentes do STJ.*
>
> *4 – No caso, além de a medida cautelar de arresto anteceder a penhora do imóvel, a recorrida promoveu-lhe o respectivo registro em data igualmente anterior à penhora, o que mantêm hígido o efeito erga omnes da medida.*
>
> *5 – Agravo regimental a que se nega provimento.*

[320] PONTES DE MIRANDA, op.cit. p. 224.

(AgRg no REsp 902.536/RS, Rel. Ministra MARIA ISABEL GALLOTTI, QUARTA TURMA, julgado em 27/03/2012, DJe 11/04/2012)

I – O arresto, incidental ou executivo, deve ser equiparado à penhora para fins de preferência em concurso de credores.

II – O crédito relativo a cotas condominiais constitui um ônus relativo ao próprio bem, assim, por tratar-se de obrigação propter rem, prefere ao crédito quirografário anteriormente garantido por arresto.

Recurso improvido.

(RMS 23.822/RJ, Rel. Ministro SIDNEI BENETI, TERCEIRA TURMA, julgado em 03/04/2008, DJe 15/04/2008).

SEÇÃO III – Da Penhora, do Depósito e da Avaliação

SUBSEÇÃO I – Do Objeto da Penhora

Art. 831

A penhora deverá recair sobre tantos bens quantos bastem para o pagamento do principal atualizado, dos juros, das custas e dos honorários advocatícios.

Penhora de bens

O art. 2.910 do Código Civil italiano dispõe que o credor, para conseguir tudo aquilo que lhe é devido, pode expropriar os bens do devedor segundo as regras estabelecidas no código de processo civil.

O procedimento de *expropriação* consiste em uma complexa série de atos, mas que numa extrema síntese pode-se agrupá-los em fase ou procedimentos. Pode-se identificar como primeira fase desse procedimento o complexo de atos visando em diversas modalidades a subtrair os bens da disponibilidade jurídica do devedor por meio da penhora.[321]

Assim, a execução forçada tem início com a *penhora*.

A penhora, conforme anotam Comoglio, Ferri e Taruffo: *"pode ser entendida seja como ato processual seja como complexo de efeitos processuais e substanciais que deri-*

[321] Comoglio, Luigi Paolo; Ferri, Corrado; Taruffo, Michele. *Lezioni sul processo civile.* II. Procedimenti speciali, cautelari ed esecutivi. Bologna: Il Mulino, 2011. p. 361.

vam do próprio ato. Com o cumprimento do ato se individualizam e se determinam os bens sobre os quais advém a execução, transformando assim a genérica sujeição enunciada pela norma geral do art. 2740 do C.c.italiano, em uma específica individualização e sujeição dos bens".[322]

Para Giovanni Verde e Bruno Capponi, *"a penhora é o ato com o qual tem início a expropriação forçada (art. 491 c.p.c. italiano) e consiste, do ponto de vista estrutural, em um complexo de atividades processuais, diversamente concebida segundo a natureza do bem que lhe é objeto, em cujo centro o código coloca a formal injunção ao devedor executado; do ponto de vista funcional, isso determina um vínculo de destinação sobre um ou mais bens particulares do devedor, para que esses satisfaçam, mediante a sua liquidação em dinheiro, as razões do credor precedente e dos outros credores que eventualmente intervenham na execução".*[323]

Entende-se por penhora, segundo anota Celso Neves, o ato jurídico processual complexo, próprio do processo executório, de apreensão de bens, tantos quantos bastem para satisfazer o crédito do exequente.[324]

A penhora, portanto, é ato executivo que não se confunde com o penhor ou com o arresto.

É importante salientar que a penhora não se realiza pela simples injunção por parte do oficial de justiça, mas especialmente pelo cumprimento de uma série de atos e de atividades que diversas normas estabelecem.[325]

Para que haja a completude da penhora, há necessidade não somente da *injunção* (apreensão) do bem pelo oficial de justiça, mas, também, a nomeação de depositário, conforme bem estabelece o art. 839 do atual C.P.C.: *"Considerar-se-á feita a penhora mediante a apreensão e o depósito dos bens, lavrando-se um só auto se as diligências forem concluídas no mesmo dia".*

O depósito implica o desapossamento ou a alteração da natureza da posse exercida pelo executado. Havendo a reorganização da posse, a penhora impõe limites ao uso e gozo da coisa penhorada, razão pela qual o depositário não poderá utilizar, remover, dar em uso ou gozo o bem, sem autorização judicial. Se a penhora recair sobre crédito, o devedor não está mais autorizado a recebê-lo. É bem verdade que essa restrição de uso e gozo é relativa, pois se o bem tem

[322] COMOGLIO, L.P.; FERRI, C.; TARUFFO, M., idem, p. 367.

[323] VERDE, Giovanni; CAPPONI, Bruno. *Profili del processo civile.* 3. Processo di esecuzione e procedimenti speciali. Napoli: Jovene Editore, 2006. p. 60.

[324] NEVES, Celso. *Comentários ao código de processo civil.* 2ª ed. Vol. VII. Rio de Janeiro: Forense, 1977. p. 58.

[325] COMOGLIO, L.P.; FERRI, C.; TARUFFO, M., op. cit. p. 368.

natureza geral de atividade produtiva, em outras palavras, utilidade econômica, essa atividade deverá permanecer incólume.[326]

Segundo Araken de Assis, há ainda a questão da extensão da penhora, ou seja, a penhora de imóvel abrange também as acessões, os frutos e os produtos? Não há dispositivo que regule tal matéria. Contudo, conforme princípio civilista, o acessório segue o principal. Além do mais, a primeira parte do art. 1.474 do C.c.b. estabelece, em relação à hipoteca, que esse direito real em garantia abrange todas as acessões, melhoramentos ou construções do imóvel. Já em relação às *pertenças*, preceitua o art. 94 do C.c.b.: *"Os negócios jurídicos que dizem respeito ao bem principal não abrangem as pertenças, salvo se o contrário resultar da lei, da manifestação da vontade, ou das circunstâncias do caso"*. Por sua vez, estabelece o art. 93 do C.c.b. que são pertenças os bens que, não constituindo partes integrantes, se destinam, de modo duradouro, ao uso, ao serviço ou a aformoseamento de outro. Assim, é razoável *"compreender-se na penhora do solo (e imóvel por força de lei), conforme o caso: os frutos naturais, ou seja aqueles 'produzidos naturalmente, com ou sem a intervenção do trabalho humano, como as frutas, as próprias árvores ou as crias dos animais', os frutos civis, isto é, 'os rendimentos tirados da utilização da coisa por outrem, que não o proprietário, como os juros e aluguéis', e os produtos, ou seja, 'as utilidades que, uma vez aproveitadas, não se produzem mais, como as pedras duma pedreira'. Nesta ordem de ideia, os frutos aí mencionados são os pendentes (frutos estantes penhoram-se separadamente); os rendimentos, aqueles percepiendos; e os produtos, aqueles que não foram extraídos. Por outro lado, a penhora do solo abrange as acessões, pouco importando, é claro, constem elas do álbum imobiliário"*.[327]

Diante disso, detendo a posse direta por determinação judicial, o devedor, o terceiro ou o depositário público, eventual arrematante não necessitará ingressar com demanda própria para obter a posse direta do bem, bastando requerer a expedição de mandado de imissão ou de reintegração da posse do bem, nos próprios autos de execução. Se a posse direta do bem por terceiro decorre de outro fator, como um contrato, por exemplo, deverá o arrematante valer-se de demanda própria, como, por exemplo, demanda de despejo nos termos do art. 8º da Lei 8.245/91. Sobre o tema, eis os seguintes precedentes do S.T.J.:

> *Recurso em mandado de segurança. Arrematação. Invasão do imóvel. Imissão na posse.*
>
> *1. Estando em curso ação judicial, na qual houve arrematação e, posteriormente, invasão do imóvel, o titular tem o direito de pedir ao Juiz a imissão na posse.*

[326] Assis, A., op. cit., p. 608.
[327] Assis, A., idem, p. 611 e 612.

2. Recurso ordinário provido, por maioria.
(RMS 18.233/RJ, Rel. Ministro HUMBERTO GOMES DE BARROS, Rel. p/ Acórdão Ministro CARLOS ALBERTO MENEZES DIREITO, TERCEIRA TURMA, julgado em 20/06/2006, DJe 24/11/2008)

1. o arrematante pode obter do juízo mandado de imissão na posse do imóvel arrematado, independentemente de outras providencias.
2. a circunstância de estar sendo a posse exercida pro-diviso ou pro-indiviso, assim como não impediu a penhora e o deposito, não e causa suficiente para obstar a ordem judicial para que o depositário transfira aos arrematantes a posse que exerce.
Recurso conhecido e provido.
(REsp 116.798/GO, Rel. Ministro RUY ROSADO DE AGUIAR, QUARTA TURMA, julgado em 15/04/1997, DJ 12/05/1997, p. 18825)

Se a execução for regida pela Lei 5.471/77, entende o S.T.J. que a imissão de posse será realizada nos próprios autos da execução, inclusive contra terceiro, no caso, locatário do executado. Nesse sentido, eis o seguinte precedente:

I – Tratando-se de em execução regida pela lei 5.471/71, a imissão na posse do imóvel, em poder de terceiro locatário do devedor executado, dá-se nos próprios autos do processo de execução, não sendo necessária a propositura de ação de imissão na posse autônoma pelo credor arrematante.
II – Da análise, contata-se que o Agravante não trouxe nenhum argumento novo a justificar a reversão da decisão anterior.
Incidência da Súmula 83/STJ.
Agravo Regimental improvido.
(AgRg no Ag 1338101/MG, Rel. Ministro SIDNEI BENETI, TERCEIRA TURMA, julgado em 19/10/2010, DJe 05/11/2010)

Portanto, somente com a nomeação de depositário e a respectiva assinatura do auto é que a penhora se tornará perfeita, válida e eficaz. Nesse sentido, eis o seguinte precedente do S.T.J.:

1. É cediço que o aperfeiçoamento formal da penhora depende da efetivação de depósito, de sorte que sem a nomeação de depositário e sua assinatura no auto, a penhora não resta formalizada à luz do art. 665 do CPC.
(...).
3. "In casu", o executado indicou imóvel à penhora, mas se recusou a assumir a condição de depositário, por não ser possuidor do bem "há mais de 23 anos".

4. Asseverou-se, na decisão agravada, ser o depósito condição para o aperfeiçoamento da penhora, independentemente de a condição de depositário restar atribuída à própria parte executada ou a outrem, "ex vi" dos artigos 664 e 665 do Código de Processo Civil.

5. Desacordo com a Súmula 319/STJ ("o encargo de depositário de bens penhorados pode ser expressamente recusado") não configurado.

6. Agravo regimental desprovido.

(AgRg no REsp 1189997/RS, Rel. Ministro LUIZ FUX, PRIMEIRA TURMA, julgado em 03/08/2010, DJe 17/08/2010)

Em decorrência de ser a penhora um ato jurídico complexo, eventual alteração da legislação sobre o processo de execução ocorrida entre a data de apreensão do bem e a nomeação de depositário, fará com que a nova regulamentação jurídica processual tenha aplicação imediata, uma vez que a penhora ainda não se consumou, justamente pela falta de nomeação de depositário.

Contudo, o S.T.J. também tem entendido que a falta de assinatura do depositário no auto, não obstante sua efetiva nomeação, configura irregularidade sanável, aplicando-se ao caso o princípio da instrumentalidade das formas. Nesse sentido é o seguinte precedente:

(...).

3. É firme o entendimento no âmbito desta Corte Superior que a ausência de assinatura do depositário no auto de penhora constitui irregularidade formal sanável, revestindo-se a nulidade de excessivo rigor que não se coaduna com o princípio da instrumentalidade das formas.

(...).

(REsp 796.812/SP, Rel. Ministra LAURITA VAZ, QUINTA TURMA, julgado em 13/08/2009, DJe 08/09/2009).

A penhora, portanto, produz efeitos no plano subjacente ao processo, preparando o desenvolvimento e a ultimação da técnica expropriativa, normalmente destinada à transferência forçada do bem a terceiro. O êxito dessa finalidade decorre desta atividade sub-rogatória, mediante um efetivo controle judiciário sobre a *res pignorata*, sem o qual o adquirente dificilmente obteria o domínio e a posse do bem.[328]

[328] Assis, A., op. cit., p. 605.

Em relação ao fenômeno da penhora, fala-se, respectivamente, em efeitos processuais e efeitos substanciais. Entre os efeitos substanciais está a questão do crédito penhorado (art. 298 do C.C.b.); devedor que paga crédito penhorado (art. 312 do C.c.b.); penhora de coisa consignada (art. 536 do C.c.b.); direito do credor cobrar a dívida em razão de penhora do bem (art. 333, inc. II do C.c.b.); crédito penhorado e compensação (art. 380 do C.c.b.) etc. O Código Civil regula os efeitos da penhora sob o ponto de vista substancial, enquanto que o Código de Processo Civil regula esses efeitos sob o aspecto processual. É necessário, contudo, deixar claro que essa relação é interligada e complementar, sendo que um não teria qualquer sentido sem o outro.

O ato de penhora faz surgir também um efeito de indisponibilidade jurídica por parte do devedor sobre seus bens, criando um vínculo do bem com a execução. A penhora, portanto, é um ato que constitui este efeito, ato mediante o qual singulares bens do devedor (ou do terceiro responsável) estão sujeitos à execução. Assim, a principal função da penhora é de fato aquela de isolar o bem, e de assegurá-lo ao procedimento executivo mediante um dispositivo que torne irrelevante as suas sucessivas e eventuais transferências, tanto material quanto jurídica.[329]

O novo código processual civil, ao contrário do Código de Processo Civil de 1973 na sua versão original, permite ao exequente a possibilidade, logo com a inicial, individuar os bens do devedor a serem penhorados, sem necessidade de qualquer colaboração do órgão público ou do próprio executado.

Porém, muito embora a penhora consista em um complexo de atividades, os seus efeitos, funcionalmente, determinam vínculos de destinação sobre um ou mais bens particulares do devedor (ou do terceiro) aos escopos da execução forçada. O bem não é subtraído do patrimônio do devedor senão ao final da venda forçada ou da liberação, sendo que o devedor executado conserva o direito de propriedade ou o poder de dispor materialmente do bem. Todavia, ele não pode de qualquer modo paralisar o poder do credor de proceder executivamente, subtraindo-lhe o bem: *"os atos de alienação do bem penhorado, alienação entendida em um significado assai amplo, são, portanto, ineficazes e não oponíveis ao credor...Os atos de disposição constituídos pelo devedor sobre o bem penhorado são em si válidos e produtivos de efeito entre as partes, mas ineficazes em relação aos credores concorrentes que participam da execução"*.[330]

329 Verde, G.; Capponi, B., op. Cit., p. 61.

330 Comoglio, L.p.; Ferri, C.; Taruffo, M., idem, p. 369.

Mas é importante aduzir que essa ineficácia da alienação de bens pelo executado pode ocorrer bem antes de eventual penhora, pois se houver a citação do devedor em demanda cognitiva, a fraude à execução poderá ser arguida.

Contudo, esse ato de não poder dispor do bem penhorado, não impede que o mesmo bem seja também penhorado em outras execuções propostas pelo mesmo ou por outro credor.

A doutrina apresenta divergência quanto aos efeitos da penhora. Para Alfredo Rocco, a penhora realiza o direito geral de penhor que os credores têm sobre o patrimônio do devedor. Para Emílio Betti, a penhora constitui, pela indisponibilidade que a ela se atribui, direito real de disposição em favor do credor exequente. Allorio alude a um direito de garantia específico. Carnelutti aponta o enfraquecimento do direito do devedor pela limitação de sua faculdade de dispor, decorrente da penhora. Para Liebman, a penhora é meramente processual, e consiste em imprimir a responsabilidade na coisa apreendida de forma tal que continua sujeita à execução, quaisquer que sejam os atos do executado a seu respeito.[331]

Em que pese essa divergência doutrinária, é certo que o art. 612 do C.P.C. de 1973, assim como o art. 797 do atual C.P.C., ao estabelecer que o exequente adquire pela penhora o direito de *prelação* ou *preferência*, não quis dar ao credor o direito de penhor sobre os bens penhorados. Além do mais, preferência resultante da penhora igualmente se localiza nos ordenamentos que rejeitam a menor alusão a 'penhor judicial' na penhora.[332]

Como todos os bens presentes e futuros do devedor devem responder pelas suas dívidas, a penhora deverá incidir em tantos bens quantos bastem para o pagamento do principal atualizado, dos juros, das custas e dos honorários advocatícios.

Assim, a penhora deverá abranger a totalidade da dívida, incluídos o principal e seus acessórios, podendo, inclusive, ser reforçada no caso de haver futuramente diferença entre a dívida e os bens penhorados.

Todos os bens disponíveis e economicamente negociáveis podem ser objeto de penhora, inclusive os direitos autorais não morais, assim como as patentes industriais. Conforme anota Pontes de Miranda: *"O direito autoral de exploração, por exibição, ou por multiplicação ou representação, é penhorável e, em geral, constringível, mas é de exigir-se, está claro, que tal exploração seja possível. Se A escreveu as suas memórias e proibiu que se publicassem antes de passarem dez anos, não se pode dizer que ainda*

[331] Neves, C., op. cit., p. 59.

[332] Assis, Araken, op. cit., p. 601.

não nasceu o direito autoral de exploração, mas sim que depende de termo o exercício. Já é penhorável.".[333]

É importante preconizar que, muito embora a penhora possa ser realizada de ofício pelo juiz, o reforço da penhora não poderá ser de ofício, conforme precedente do S.T.J. abaixo:

> *1. O reforço da penhora não pode ser deferido ex officio, a teor dos artigos 15, II, da LEF e 685 do CPC.*
>
> *(Precedentes: REsp 958.383/PR, Rel. Ministro LUIZ FUX, PRIMEIRA TURMA, julgado em 18/11/2008, DJe 17/12/2008; REsp 413.274/SC, Rel. Ministro JOÃO OTÁVIO DE NORONHA, SEGUNDA TURMA, julgado em 01.06.2006, DJ 03.08.2006; REsp 394.523/SC, Rel. Ministro JOÃO OTÁVIO DE NORONHA, SEGUNDA TURMA, julgado em 06.04.2006, DJ 25.05.2006; REsp 475.693/RS, Rel. Ministro LUIZ FUX, PRIMEIRA TURMA, julgado em 25.02.2003, DJ 24.03.2003; REsp nº 396.292/SC, Rel. Ministro GARCIA VIEIRA, DJ de 03.06.2002; REsp nº 53.652/SP, Rel. Ministro CESAR ASFOR ROCHA, DJ de 06.02.1995; REsp nº 53.844/SP, Rel. Ministro HÉLIO MOSIMANN, DJ de 12.12.1994)*
>
> *(...).*
>
> (REsp 1127815/SP, Rel. Ministro LUIZ FUX, PRIMEIRA SEÇÃO, julgado em 24/11/2010, DJe 14/12/2010).

Art. 832

Não estão sujeitos à execução os bens que a lei considera impenhoráveis ou inalienáveis.

Bens não sujeitos à execução

Os bens inalienáveis não podem ser objeto de penhora, pois os proprietários desses bens não podem deles dispor.

A inalienabilidade ou impenhorabilidade resulta de lei, pois essas circunstâncias jurídicas surgem por força de lei ou quando a lei autoriza que se incorpore ao negócio jurídico uma cláusula de inalienabilidade ou impenhorabilidade.

A inalienabilidade ou impenhorabilidade, seja decorrente de lei, seja proveniente de declaração unilateral ou plurilateral de vontade, caracteriza-se como poder de dispor.[334]

[333] Pontes de Miranda, op. cit., p. 179.

[334] Pontes de Miranda, op. cit., p. 180.

Os bens inalienáveis são também impenhoráveis, justamente porque a penhora seria o início da alienação. Quem não tem o poder de dispor, absolutamente não tem o de dispor eficazmente. Os bens impenhoráveis, mesmo que o dono possa deles dispor, são os bens de que se retirou ao Estado o poder de execução forçada, isto é, o poder de constringir a eficácia do poder de disposição, se o há.[335]

A cláusula de inalienabilidade implica na proibição de alienação, ou seja, proibição de qualquer forma de transferência da propriedade como venda, permuta, doação, sub-rogação, atos constitutivos de servidões, usufruto, hipoteca etc. Esta cláusula somente não tem o poder de evitar eventual usucapião em prol de terceiros.

A possibilidade de usucapião de imóvel registrado com cláusula de inalienabilidade gerou dúvidas na doutrina e na jurisprudência, especialmente na vigência do art. 1.676 do Código Civil brasileiro de 1916, que assim dispunha: *"A cláusula de inalienabilidade temporária, ou vitalícia, imposta aos bens pelos testadores ou doadores, não poderá, em caso algum, salvo os de expropriação por necessidade ou utilidade pública, e de execução por dívidas provenientes de impostos relativos aos respectivos imóveis, ser invalidada ou dispensada por atos judiciais de qualquer espécie, sob pena de nulidade"*

Clóvis Beviláqua, ao comentar o art. 1.676 do C.c.b. de 1916, dizia: *"estabelecida a inalienabilidade temporária ou vitalícia, enquanto ela perdura, o bem está isento de usucapião ordinário (de dez ou vinte anos, sendo imóvel) e de penhora, porque o bem inalienável não pode ser transferido a outrem nem por outrem adquirido".*[336]

Essa lição do mais renomado civilista brasileiro foi referendada pelo Supremo Tribunal Federal, no Recurso Extraordinário n. 97.707, in verbis:

> *"1. Embargos Declaratórios. Prazo para interposição de Recurso Extraordinário. Na contagem do prazo, que sobejar, não se computa o dia da publicação do acórdão proferido nos Embargos de Declaração.*
>
> *2. Civil. Imóvel gravado com cláusula de inalienabilidade, de que cogita o art. 1.676 do código civil. A proibição abrange os atos voluntários. O proprietário só perde o bem inalienável por desapropriação ou execução fiscal. Não o perde, porém, por usucapião.*
>
> *3. Recurso extraordinário não conhecido*
>
> (STF, 1ª Turma, Rel. Min. Alfredo Buzaid, DJ 08.04.1983).

[335] Pontes de Miranda, idem, p. 181.

[336] Bevilaqua, Clovis. *Código civil dos estados unidos commentado.* Vol. VI. São Paulo: Livraria Francisco Alves, 1919. p. 128.

Contudo, como a usucapião passou a ser considerada uma forma originária de adquirir a propriedade (Maria Helena Diniz, Curso de Direito Civil brasileiro, v. 4, 19ed. p. 155), independentemente de qualquer ato de vontade do anterior proprietário, não há mais porque dizer que o imóvel gravado com cláusula de inalienabilidade não possa ser objeto de usucapião. Tendo em vista que a aquisição pela usucapião não depende de um negócio jurídico, mas da posse e do transcurso do tempo, a cláusula de inalienabilidade não impede que a propriedade ou outro direito real (servidão por exemplo) seja adquirida por outrem.

A atual jurisprudência do S.T.J. permite a usucapião de bem onerado com cláusula de inalienabilidade. Nesse sentido, eis os seguintes precedentes:

> *Bem com cláusula de inalienabilidade. Testamento. Art. 1676 do CCivil.*
> *O bem objeto de legado com cláusula de inalienabilidade pode ser usucapido. Peculiaridade do caso.*
> *Recurso não conhecido.*
> (REsp 418.945/SP, Rel. Ministro RUY ROSADO DE AGUIAR, QUARTA TURMA, julgado em 15/08/2002, DJ 30/09/2002, p. 268)

> *– Na linha dos precedentes desta Corte, a existência de cláusula de inalienabilidade não obsta o reconhecimento da usucapião, uma vez tratar-se de modalidade de aquisição originária do domínio.*
> (REsp 207.167/RJ, Rel. Ministro SÁLVIO DE FIGUEIREDO TEIXEIRA, QUARTA TURMA, julgado em 21/06/2001, DJ 03/09/2001, p. 226)

Dentre os efeitos da inalienabilidade, encontra-se também a proibição de penhora do bem.

O Regulamento 737 de 25 de novembro de 1850 já prescrevia no seu art. 529, §1º: *"não podem ser absolutamente penhorados os seguintes bens: os inalienáveis"*.

Entre os bens inalienáveis estão os bens públicos de uso comum do povo e os de uso especial, enquanto conservarem a sua qualificação, na forma que a lei determinar (art. 100 do C.c.b.).

Também os bens pertencentes às autarquias são impenhoráveis.

Já em relação às concessionárias de serviço público, somente não serão penhorados os bens que estiverem afetados à consecução da atividade-fim, ou, se ainda que não afetados, a penhora comprometer o desempenho dessa atividade. Nesse sentido são os seguintes precedentes do S.T.J.:

> *1. A aplicação dos arts. 10, 11 e 15 da Lei n. 6.830/80 e 656 do CPC deve ser feita com razoabilidade, especialmente quando está em jogo a consecução do interesse público primário (transporte), incidindo na espécie o art. 678 do CPC.*

2. Por isso, esta Corte Superior vem admitindo a penhora de bens de empresas públicas (em sentido lato) prestadoras de serviço público apenas se estes não estiverem afetados à consecução da atividade-fim (serviço público) ou se, ainda que afetados, a penhora não comprometer o desempenho da atividade. Essa lógica se aplica às empresas privadas que sejam concessionárias ou permissionárias de serviços públicos (como ocorre no caso). Precedentes.

3. O Tribunal de origem, soberano para avaliar o conjunto fático-probatório, considerou que eventual restrição sobre os bens indicados pela agravante comprometeria a prestação do serviço público, o que é suficiente para desautorizar sua penhora.

4. Agravo regimental não-provido.

(AgRg no REsp 1070735/RS, Rel. Ministro MAURO CAMPBELL MARQUES, SEGUNDA TURMA, julgado em 18/11/2008, DJe 15/12/2008)

Processo Civil. Bilheteria de empresa concessionária de serviço público – transporte público coletivo. Companhia do Metropolitano de São Paulo – METRÔ. Penhora. Sociedade de economia mista estadual.

Possibilidade.

A receita das bilheterias que não inviabilizam o funcionamento da devedora sociedade de economia mista estadual pode ser objeto de penhora, na falta de vedação legal, e desde que não alcance os próprios bens destinados especificamente ao serviço público prestado, hipótese que é diversa daquela da ECT – Empresa Brasileira de Correios e Telégrafos, amparada pelo Decreto-lei n. 509/69.

(REsp 343.968/SP, Rel. Ministra NANCY ANDRIGHI, TERCEIRA TURMA, julgado em 05/02/2002, DJ 04/03/2002, p. 255)

Os bens pertencentes ao Estado estrangeiro, destinados às embaixadas e legações estrangeiras, são também impenhoráveis.

A cláusula de inalienabilidade imposta aos bens por ato de liberalidade, implica impenhorabilidade e incomunicabilidade (art. 1.911 do C.c.b.).

Portanto, da inalienabilidade resulta a impenhorabilidade, não sendo verdadeira a recíproca, tendo em vista que esta última concerne ao menos que não afeta o mais. Em outros termos: *"bens impenhoráveis podem ser, voluntariamente, alienados com ou sem a permanência da impenhorabilidade, segundo as circunstâncias em que tenha sido imposta. Da inalienabilidade dos bens não resulta, 'ipso facto', a impenhorabilidade de seus rendimentos, a menos que tenham sido declarados impenhoráveis"*.[337]

[337] NEVES, C., op.cit. p. 18.

O Código Civil brasileiro também permite que se institua *bem de família* sobre parte do patrimônio líquido, o qual será caracterizado pela sua *impenhorabilidade*. A instituição do *bem de família* encontra-se regulamentada nos arts. 1.711 a 1.722 do C.c.b.

A lei 8.009 de 1990 também institui a impenhorabilidade do bem de família nos seguintes termos:

Art. 1º O imóvel residencial próprio do casal, ou da entidade familiar, é impenhorável e não responderá por qualquer tipo de dívida civil, comercial, fiscal, previdenciária ou de outra natureza, contraída pelos cônjuges ou pelos pais ou filhos que sejam seus proprietários e nele residam, salvo nas hipóteses previstas nesta lei.

Parágrafo único. A impenhorabilidade compreende o imóvel sobre o qual se assentam a construção, as plantações, as benfeitorias de qualquer natureza e todos os equipamentos, inclusive os de uso profissional, ou móveis que guarnecem a casa, desde que quitados.

Art. 2º Excluem-se da impenhorabilidade os veículos de transporte, obras de arte e adornos suntuosos.

Parágrafo único. No caso de imóvel locado, a impenhorabilidade aplica-se aos bens móveis quitados que guarneçam a residência e que sejam de propriedade do locatário, observado o disposto neste artigo.

Art. 3º A impenhorabilidade é oponível em qualquer processo de execução civil, fiscal, previdenciária, trabalhista ou de outra natureza, salvo se movido:

I – em razão dos créditos de trabalhadores da própria residência e das respectivas contribuições previdenciárias;

II – pelo titular do crédito decorrente do financiamento destinado à construção ou à aquisição do imóvel, no limite dos créditos e acréscimos constituídos em função do respectivo contrato;

III – pelo credor de pensão alimentícia;

IV – para cobrança de impostos, predial ou territorial, taxas e contribuições devidas em função do imóvel familiar;

V – para execução de hipoteca sobre o imóvel oferecido como garantia real pelo casal ou pela entidade familiar;

VI – por ter sido adquirido com produto de crime ou para execução de sentença penal condenatória a ressarcimento, indenização ou perdimento de bens.

VII – por obrigação decorrente de fiança concedida em contrato de locação. (Incluído pela Lei nº 8.245, de 1991)

Art. 4º Não se beneficiará do disposto nesta lei aquele que, sabendo-se insolvente, adquire de má-fé imóvel mais valioso para transferir a residência familiar, desfazendo--se ou não da moradia antiga.

§ 1º Neste caso, poderá o juiz, na respectiva ação do credor, transferir a impenhorabilidade para a moradia familiar anterior, ou anular-lhe a venda, liberando a mais valiosa para execução ou concurso, conforme a hipótese.

§ 2º Quando a residência familiar constituir-se em imóvel rural, a impenhorabilidade restringir-se-á à sede de moradia, com os respectivos bens móveis, e, nos casos do art. 5º, inciso XXVI, da Constituição, à área limitada como pequena propriedade rural.

Art. 5º Para os efeitos de impenhorabilidade, de que trata esta lei, considera-se residência um único imóvel utilizado pelo casal ou pela entidade familiar para moradia permanente.

Parágrafo único. Na hipótese de o casal, ou entidade familiar, ser possuidor de vários imóveis utilizados como residência, a impenhorabilidade recairá sobre o de menor valor, salvo se outro tiver sido registrado, para esse fim, no Registro de Imóveis e na forma do art. 70 do Código Civil.

Art. 6º São canceladas as execuções suspensas pela Medida Provisória nº 143, de 8 de março de 1990, que deu origem a esta lei.

Art. 7º Esta lei entra em vigor na data de sua publicação.

Art. 8º Revogam-se as disposições em contrário.

Em se tratando de bem de família regulado pela Lei 8.009/90, é possível a penhora sobre o resultado de seu desmembramento, sem descaracterizá-lo. Sobre o tema, eis os seguintes precedentes do S.T.J.:

(...).

3. A jurisprudência do STJ firmou-se no sentido de que o imóvel pode ser penhorado se for produto de desmembramento de unidades autônomas, não se enquadrando na hipótese prevista no art. 1º da Lei 8.009/90.

4. Agravo Regimental não provido.

(AgRg nos EDcl no REsp 1173906/SC, Rel. Ministro HERMAN BENJAMIN, SEGUNDA TURMA, julgado em 11/05/2010, DJe 21/06/2010)

(...).

3. Tendo o Tribunal a quo consignado a possibilidade de fracionamento do imóvel, a revisão dessa circunstância é vedada em sede de recurso especial, ante o óbice da súmula 7 desta Corte.

4. "Admite-se, no entanto, a penhora de parte do imóvel quando possível o seu desmembramento sem descaracterizá-lo, levando em consideração, com razoabilidade, as circunstâncias e peculiaridades do caso" (REsp 326.171/GO, Rel. Min. Sálvio de Figueiredo Teixeira, 4ª Turma, DJ 22/10/2001).

5. Agravo regimental desprovido.

(AgRg no Ag 1130780/RS, Rel. Ministro FERNANDO GONÇALVES, QUARTA TURMA, julgado em 23/03/2010, DJe 12/04/2010)

No mesmo sentido, Resp n. 326.171, Relator Min. Sálvio de Figueiredo Teixeira; Resp. n. 139.010, Relator Min. César Asfor Rocha.

Outrossim, se o imóvel for indivisível e não se admite o seu desmembramento, a impenhorabilidade de eventual fração ideal contamina a totalidade do imóvel, inviabilizando a hasta pública. Se fosse adotada outra solução, haveria mácula à finalidade estatuída pela Lei 8.009/90.

A impenhorabilidade do bem de família estende-se, inclusive, para a hipótese em que o imóvel encontra-se locado. Nesse sentido são os seguintes precedentes:

I. A orientação predominante nesta Corte é no sentido de que a impenhorabilidade prevista na Lei n. 8.009/90 se estende ao único imóvel do devedor, ainda que este se ache locado a terceiros, por gerar frutos que possibilitam à família constituir moradia em outro bem alugado ou utilizar o valor obtido com a locação desse bem como complemento da renda familiar.

II. Recurso especial conhecido e provido.

(REsp 714.515/SP, Rel. Ministro ALDIR PASSARINHO JUNIOR, QUARTA TURMA, julgado em 10/11/2009, DJe 07/12/2009)

I. Pode ser objeto de penhora o único bem imóvel do devedor não destinado à sua residência e nem locado com a finalidade de complementar a renda familiar.

II. Ausente a similitude fática entre os arestos paradigmáticos, tem-se por não comprovada a divergência jurisprudencial.

III. Recurso não conhecido.

(REsp 1035248/GO, Rel. Ministro ALDIR PASSARINHO JUNIOR, QUARTA TURMA, julgado em 16/04/2009, DJe 18/05/2009)

A penhora de bem de família, por se tratar de nulidade absoluta, pode ser alegada a qualquer momento.

A Súmula 205 do S.T.J. preconiza: *"A Lei n. 8.009/90 aplica-se à penhora realizada antes de sua vigência"*.

Porém, a alegação de bem de família não poderá mais ser realizada após a concretização da arrematação ou da adjudicação. Sobre o tema, eis os seguintes precedentes do S.T.J.:

1. Antes da arrematação, a alegação de impenhorabilidade do bem de família pode ser feita a qualquer tempo e não sofre os efeitos da preclusão.

2. A interposição de agravo regimental manifestamente infundado e protelatório impõe a aplicação da multa prevista no Art. 557, § 2º, do CPC.

(AgRg no REsp 292907/RS, Rel. Ministro HUMBERTO GOMES DE BARROS, TERCEIRA TURMA, julgado em 18/08/2005, DJ 12/09/2005, p. 314)

I. Nos termos da jurisprudência do STJ, não há que se falar em preclusão da invocação de bem de família se realizada antes mesmo das praças designadas para a alienação do bem. Precedentes.

II. A exceção à impenhorabilidade prevista no art. 3º, inciso V, da Lei n. 8.009/90, não se aplica à hipótese em que a hipoteca foi dada para garantia de empréstimo contraído pela empresa, da qual é sócio o titular do bem. Precedentes.

III. Atribuição, contudo, aos executados, das despesas e custas já realizadas atinentes à praça, excluída a comissão.

IV. Recurso especial provido para afastar a constrição.

(REsp 1035636/PR, Rel. Ministro ALDIR PASSARINHO JUNIOR, QUARTA TURMA, julgado em 22/03/2011, DJe 28/03/2011)

Em relação ao fiador, o S.T.F., ao analisar o inc. VII do art. 3º da Lei 8.009/90, reconheceu a sua constitucionalidade. Nesse sentido é o seguinte precedente do S.T.J.:

1. Pacífico o entendimento deste Superior Tribunal de ser penhorável o imóvel familiar dado em garantia de contrato locativo, em face da exceção introduzida no inciso VII do artigo 3º da Lei n. 8.009, de 1990 pela Lei do Inquilinato.

2. O Supremo Tribunal Federal já decidiu que essa compreensão não ofende o direito de moradia previsto no artigo 6º da Carta Magna.

3. Agravo regimental improvido.

(AgRg nos EDcl no Ag 1023858/RJ, Rel. Ministro JORGE MUSSI, QUINTA TURMA, julgado em 28/08/2008, DJe 28/10/2008)

Dentro de uma concepção dogmática, a decisão do S.T.F. é inquestionável. Contudo, dentro de uma análise principiológica da Constituição Federal e dos critérios de Justiça, o reconhecimento de constitucionalidade da norma que permite a penhora do bem de família do fiador deixa muito a desejar.

Note-se a seguinte hipótese de *injustiça* que essa interpretação apresenta. Suponha-se que o locatário deixe de pagar o aluguel, e possua um único imóvel caracterizado como bem de família. Nessa hipótese, a penhora não poderá incidir sobre o bem do locatário, apesar de ele ser o devedor do aluguel. Por sua vez, o bem de família do fiador poderá ser penhorado e vendido, por uma dívida que não é sua. Qual a razão disso?

A impenhorabilidade absoluta do bem pode ser objeto de renúncia por parte do executado, podendo o bem ser nomeado voluntariamente à penhora, salvo em se tratando de bem de família instituído pela Lei 8.009/90, cuja impenhorabilidade é irrenunciável. Nesse sentido são os seguintes precedentes:

1. Conforme se retira da petição de fls. 12/13 dos autos, os bens objeto de constrição foram livremente ofertados pelos agravantes em garantia da execução.

2. Esta Corte Superior de Justiça firmou posicionamento no sentido de que o devedor que nomeia bens à penhora ou deixa de alegar a impenhorabilidade na primeira oportunidade que tem para se manifestar nos autos, ainda que tais bens sejam absolutamente impenhoráveis, à exceção do bem de família, perde o direito à benesse prevista no artigo 649 do Código de Processo Civil (REsp 470935 / RS, Segunda Seção, Relatora Ministra Nancy Andrighi, DJ de 1º/3/2004 e REsp 351.932/SP, Terceira Turma, Rel.p/ acórdão Min. Castro Filho, DJ de 9/12/2003) 3. Agravo improvido.

(AgRg nos EDcl no REsp 787.707/RS, Rel. Ministro HÉLIO QUAGLIA BARBOSA, QUARTA TURMA, julgado em 14/11/2006, DJ 04/12/2006, p. 330)

1. A jurisprudência desta Corte firmou-se no sentido de que o bem de família é absolutamente impenhorável. A Lei 8.009/90 é norma de ordem pública, tendo como escopo dar segurança à família, e não o direito à propriedade. Por isso, não é possível haver renúncia pelo proprietário.

2. Recurso especial não provido.

(REsp 828.375/RS, Rel. Ministra ELIANA CALMON, SEGUNDA TURMA, julgado em 16/12/2008, DJe 17/02/2009)

I – Esta Corte possui entendimento firmado no sentido de que A proteção legal conferida ao bem de família pela Lei n. 8.009/90 não pode ser afastada por renúncia ao privilégio pelo devedor, constituindo princípio de ordem pública, prevalente sobre a vontade manifestada, que se tem por viciada ex vi legis (REsp 805.713/DF, Rel. Ministro ALDIR PASSARINHO JUNIOR, QUARTA TURMA, julgado em 15/03/2007, DJ 16/04/2007 p. 210).

Agravo Regimental improvido.

(AgRg no Ag 1114259/RS, Rel. Ministro SIDNEI BENETI, TERCEIRA TURMA, julgado em 26/05/2009, DJe 08/06/2009).

Porém, se o devedor age de má-fé, a penhora sobre o bem de família pode ser efetivada, pois o abuso de direito não é protegido pelo ordenamento jurídico. Nesse sentido é o seguinte precedente do S.T.J.:

1. Resume-se a controvérsia em definir se o bem de família, ofertado como garantia para ingresso no REFIS, pode ser penhorado quando o contribuinte é excluído do parcelamento fiscal por inadimplência.

2. A jurisprudência desta Corte reconhece que a proteção legal conferida ao bem de família pela Lei 8.009/90 não pode ser afastada por renúncia do devedor ao privilégio, pois é princípio de ordem pública, prevalente sobre a vontade manifestada.

3. Trata-se, todavia, de situação peculiar, que não se amolda à jurisprudência pacificada. Os proprietários do bem de família, de maneira fraudulenta e com abuso do direito de propriedade e manifesta violação da boa-fé objetiva, obtiveram autorização para ingresso no REFIS ao ofertar, em garantia, bem sabidamente impenhorável, conduta agravada pelo fato de serem reincidentes, pois o bem, em momento anterior, já havia sido dado em hipoteca como garantia de empréstimo bancário.

4. A regra de impenhorabilidade aplica-se às situações de uso regular do direito. O abuso do direito de propriedade, a fraude e a má-fé do proprietário conduzem à ineficácia da norma protetiva, que não pode conviver, tolerar e premiar a atuação do agente em desconformidade com o ordenamento jurídico.

5. A boa-fé do devedor é determinante para que se possa socorrer da regra protetiva do art. 1º da Lei 8.009/90, devendo ser reprimidos quaisquer atos praticados no intuito de fraudar credores, de obter benefício indevido ou de retardar o trâmite do processo de cobrança.

6. Recurso especial não provido.

(REsp 1200112/RJ, Rel. Ministro CASTRO MEIRA, SEGUNDA TURMA, julgado em 07/08/2012, DJe 21/08/2012).

Contudo, o S.T.J. também já decidiu sobre a impossibilidade de renúncia de bens absolutamente impenhoráveis, conforme se verifica pelo seguinte precedente:

(...).

2 – Pacífica a jurisprudência desta Corte no sentido de que os bens úteis e/ou necessários às atividades desenvolvidas por pequenas empresas, onde os sócios atuam pessoalmente, são impenhoráveis, na forma do disposto no art. 649, VI, do CPC. Na hipótese, cuida-se de empresa individual cujo único bem é um caminhão utilizado para fazer fretes, indicado à penhora pelo próprio devedor/proprietário.

3. Inobstante a indicação do bem pelo próprio devedor, não há que se falar em renúncia ao benefício de impenhorabilidade absoluta, constante do artigo 649 do CPC. A ratio essendi do artigo 649 do CPC decorre da necessidade de proteção a certos valores universais considerados de maior importância, quais sejam o Direito à vida, ao trabalho, à sobrevivência, à proteção à família. Trata-se de defesa de direito fundamental da pessoa humana, insculpida em norma infraconstitucional.

4. Há que ser reconhecida nulidade absoluta da penhora quando esta recai sobre bens absolutamente impenhoráveis. Cuida-se de matéria de ordem pública, cabendo ao magistrado, de ofício, resguardar o comando insculpido no artigo 649 do CPC. Tratando-se de norma cogente que contém princípio de ordem pública, sua inobservância gera nulidade absoluta consoante a jurisprudência assente neste STJ.

5. Do exposto, conheço parcialmente do recurso e nessa parte dou-lhe provimento.

(REsp 864.962/RS, Rel. Ministro MAURO CAMPBELL MARQUES, SEGUNDA TURMA, julgado em 04/02/2010, DJe 18/02/2010)

É importante salientar que em relação aos créditos tributários a cláusula de inalienabilidade ou impenhorabilidade não tem aplicação, conforme estabelece o art. 184 do C.T.N., *in verbis: Sem prejuízo dos privilégios especiais sobre determinados bens, que sejam previstos em lei, responde pelo pagamento do crédito tributário a totalidade dos bens e das rendas, de qualquer origem ou natureza, do sujeito passivo, seu espólio ou sua massa falida, inclusive os gravados por ônus real ou cláusula de inalienabilidade ou impenhorabilidade, seja qual for a data da constituição do ônus ou da cláusula, excetuados unicamente os bens e rendas que a lei declare absolutamente impenhoráveis.*

Assim, mesmo que o bem esteja gravado com cláusula de inalienabilidade ou impenhorabilidade, poderá ser objeto de penhora em execução fiscal.

Não poderá ser objeto de penhora em execução fiscal os bens que a lei declare absolutamente impenhoráveis, como é o caso do bem de família previsto na Lei 8.009/90.

O art. 1.333, § 1º, do Código Civil, com a redação dada pela Lei nº 12.607/2012, prescreve:

Art. 1.331. Pode haver, em edificações, partes que são propriedade exclusiva, e partes que são propriedade comum dos condôminos.

§ 1º As partes suscetíveis de utilização independente, tais como apartamentos, escritórios, salas, lojas e sobrelojas, com as respectivas frações ideais no solo e nas outras partes comuns, sujeitam-se a propriedade exclusiva, podendo ser alienadas e gravadas livremente por seus proprietários, exceto os abrigos para veículos, que não poderão ser alienados ou alugados a pessoas estranhas ao condomínio, salvo autorização expressa na convenção de condomínio.

Indaga-se se é possível a penhora de garagem, especialmente pelo fato de ser ela inalienável a terceiros que não os próprios condôminos, salvo se expressamente autorizada pela convenção do condomínio.

Registre-se, de saída, que referida disposição é uma norma *interna corporis* do condomínio, sendo obrigatória apenas para os titulares de direito sobre as unidades condominiais. Tanto é que a parte final do dispositivo permite que a convenção (lei interna do condomínio) preveja a alienação da **garagem** a estranhos.

A interpretação que deve ser dada ao referido dispositivo é a de que o condômino não pode, por sua livre disposição, alienar a terceiros estranhos ao condomínio a vaga de **garagem.**

Contudo, sendo a alienação decorrente de determinação judicial, à revelia da vontade do condômino, por ato de império do Estado, que não pode ficar sujeito à liberalidade de uma convenção condominial, não há impedimento para que a garagem seja objeto de penhora. Ademais, seria ilógico e irrazoável que a legislação e a jurisprudência permitissem a **penhora** da vaga de **garagem,** mas não a sua alienação judicial.

Na realidade, a inalienabilidade não pode ser colocada como obstáculo para a alienação de uma propriedade exclusiva, constituída por uma vaga de **garagem,** com matrícula própria, para o pagamento de débitos contraídos pelo condômino.

Essa exegese encontra guarida no art. 184, do CTN:

> *Art. 184. Sem prejuízo dos privilégios especiais sobre determinados bens, que sejam previstos em lei, responde pelo pagamento do crédito tributário a totalidade dos bens e das rendas, de qualquer origem ou natureza, do sujeito passivo, seu espólio ou sua massa falida, inclusive os gravados por ônus real ou cláusula de inalienabilidade ou* ***impenhorabilidade,*** *seja qual for a data da constituição do ônus ou da cláusula, excetuados unicamente os bens e rendas que a lei declare absolutamente impenhoráveis. – grifei*

Em caso análogo, assim entendeu o Superior Tribunal de Justiça:

> *1. Os bens deixados em herança, ainda que gravados com cláusula de inalienabilidade ou de* ***impenhorabilidade,*** *respondem pelas dívidas do morto.*
>
> *2. Por força do Art. 1.676 do Código Civil de 1916, as dívidas dos herdeiros não serão pagas com os bens que lhes foram transmitidos em herança, quando gravados com cláusulas de inalienabilidade e* ***impenhorabilidade,*** *por disposição de última vontade. Tais bens respondem, entretanto, pelas dívidas contraídas pelo autor da herança.*
>
> *3. A cláusula testamentária de inalienabilidade não impede a* ***penhora*** *em execução contra o espólio.*

(REsp 998031 – Relator(a) Ministro HUMBERTO GOMES DE BARROS – T3 – Julgamento 11/12/2007 – DJ 19/12/2007 p. 1230).

Aliás, não é pelo fato de que a cláusula de impenhorabilidade decorra de lei que não se aplica o disposto no art. 184 do C.T.N., pois mesmo estabelecendo o art. 69 do Decreto-Lei n. 167/67 que os bens objeto de hipoteca constituída por cédula de crédito rural são impenhoráveis, o S.T.J. tem dito que essa impenhorabilidade é meramente relativa. Nesse sentido, eis os seguintes precedentes:

1. Em consonância com o art. 69 do Decreto-Lei n. 167/67, segundo o qual os bens objeto de hipoteca constituída por cédula de crédito rural não serão penhorados, a jurisprudência desta Corte firmou-se no sentido da impenhorabilidade relativa dos bens vinculados a cédula de crédito rural e da possibilidade de penhora de tais bens nos casos de créditos de natureza alimentar ou trabalhista (REsp 509.490/MS e REsp 236.553/SP), de créditos sujeitos a cobrança via execução fiscal (REsp 617.820/RS), de créditos do mesmo credor (REsp 532.946/PR), de fim da vigência do contrato de financiamento (REsp 539.977/PR) e de anuência do credor hipotecário (AgRg no Ag 1.006.775/SE).

2. No caso concreto, em que é fato incontroverso que se trata de execução de decisão condenatória do Tribunal de Contas da União, não se aplica a Lei 6.830/80, conforme a orientação jurisprudencial desta Corte (REsp 1.059.393/RN, REsp 1.112.617/PR, REsp 1.149.390/DF). Portanto, ao contrário do quc ficou consignado no acórdão recorrido, é inaplicável ao caso o art. 30 da Lei de Execuções Fiscais, da mesma forma como são inaplicáveis os arts. 184 e 186 do Código Tributário Nacional.

3. Recurso especial provido.

(REsp 1259704/SE, Rel. Ministro MAURO CAMPBELL MARQUES, SEGUNDA TURMA, julgado em 04/08/2011, DJe 15/08/2011)

1. A jurisprudência desta Corte Superior tem assegurado que a impenhorabilidade prevista no art. 69 do Decreto-lei n. 167/67, não é absoluta, porquanto cede a eventuais circunstâncias, tais quais: a) em face de execução fiscal, em razão da preferência dos créditos tributários; b) após a vigência do contrato de financiamento; e c) quando houver anuência do credor.

2. O Pretório Excelso, analisando a questão, já se posicionou no sentido de relativizar a aplicabilidade do art. 69 do Decreto-lei n. 167/67, porquanto o instituto não pode exceder as suas finalidades.

3. Inexistência de risco ao crédito cedular garantido por hipoteca.

Despicienda a proteção inserta no art. 69 do Decreto-lei n. 167/67, pois a impenhorabilidade visa a garantir recursos suficientes para a satisfação do crédito agrícola, situação que, pelo contexto dos autos, não requer tal providência, uma vez que o crédito objeto da penhora, tão-somente, irá ser satisfeito, se sobejarem recursos quando do adimplemento do valor dado em garantia.

4. Recurso a que se nega provimento.

(REsp 220.179/MG, Rel. Ministro VASCO DELLA GIUSTINA (DESEMBARGADOR CONVOCADO DO TJ/RS), TERCEIRA TURMA, julgado em 06/04/2010, DJe 14/04/2010).

Há outras hipóteses em que a lei estabelece a impenhorabilidade:

a) Art. 2, §2º da Lei 8.036/90 que dispõem sobre o Fundo de Garantia por Tempo de Serviço: *"As contas vinculadas em nome dos trabalhadores são absolutamente impenhoráveis"*;

b) Art. 85 do Dec.Lei n. 73/66: *"Os bens garantidores das reservas técnicas, fundos e previsões serão registrados na SUSEP e não poderão ser alienados, prometidos alienar ou de qualquer forma gravados, sendo nulas, de pleno direito, as alienações realizadas ou os gravames constituídos com violação deste artigo"*;

c) Art. 18 da Lei 8.929/94: *"os bens vinculados à Cédula de Produto Rural não serão penhorados ou sequestrados por outras dívidas do emitente ou do terceiro prestador da garantia real, cumprindo a qualquer deles denunciar a existência da cédula às autoridades incumbidas da diligência, ou a quem a determinou, sob pena de responderem pelos prejuízos resultantes de sua omissão"*;

d) Art. 68 da Lei 9.069/95: *"Os depósitos das instituições financeiras bancárias mantidos no Banco Central do Brasil e contabilizados na conta Reservas Bancárias são impenhoráveis e não responderão por qualquer tipo de dívida civil, comercial, fiscal, previdenciária, trabalhista ou de outra natureza, contraída por essas instituições ou quaisquer outras a elas ligadas"*;

e) Art. 76 da Lei 9.610/98: *"É impenhorável a parte do produto dos espetáculos reservada ao autor e aos artistas"*.

Art. 833

São impenhoráveis:

I – os bens inalienáveis e os declarados, por ato voluntário, não sujeitos à execução;

II – os móveis, os pertences e as utilidades domésticas que guarnecem a residência do executado, salvo os de elevado valor ou os que ultrapassem as necessidades comuns correspondentes a um médio padrão de vida;

III – os vestuários, bem como os pertences de uso pessoal do executado, salvo se de elevado valor;

IV – os vencimentos, os subsídios, os soldos, os salários, as remunerações, os proventos de aposentadoria, as pensões, os pecúlios e os montepios, bem como as quantias recebidas por liberalidade de terceiro e destinadas ao sustento do devedor e de sua família, os ganhos de trabalhador autônomo e os honorários de profissional liberal, ressalvado o § 2º;

V – os livros, as máquinas, as ferramentas, os utensílios, os instrumentos ou outros bens móveis necessários ou úteis ao exercício da profissão do executado;

VI – o seguro de vida;

VII – os materiais necessários para obras em andamento, salvo se essas forem penhoradas;

VIII – a pequena propriedade rural, assim definida em lei, desde que trabalhada pela família;

IX – os recursos públicos recebidos por instituições privadas para aplicação compulsória em educação, saúde ou assistência social;

X – a quantia depositada em caderneta de poupança, até o limite de 40 (quarenta) salários- mínimos;

XI – os recursos públicos do fundo partidário recebidos por partido político, nos termos da lei;

XII – os créditos oriundos de alienação de unidades imobiliárias, sob regime de incorporação imobiliária, vinculados à execução da obra.

§ 1º A impenhorabilidade não é oponível à execução de dívida relativa ao próprio bem, inclusive àquela contraída para sua aquisição.

§ 2º O disposto nos incisos IV e X do caput não se aplica à hipótese de penhora para pagamento de prestação alimentícia, independentemente de sua origem, bem como às importâncias excedentes a 50 (cinquenta) salários-mínimos mensais, devendo a constrição observar o disposto no art. 528, § 8º, e no art. 529, § 3º.

§ 3º Incluem-se na impenhorabilidade prevista no inciso V do caput os equipamentos, os implementos e as máquinas agrícolas pertencentes a pessoa física ou a empresa individual produtora rural, exceto quando tais bens tenham sido objeto de financiamento e estejam vinculados em garantia a negócio jurídico ou quando respondam por dívida de natureza alimentar, trabalhista ou previdenciária.

Bens impenhoráveis

O Código de Processo Civil, assim como numerosas leis especiais, individua particulares categorias de bens que não podem ser objeto de expropriação forçada, inserindo no ordenamento jurídico uma limitação legal ao princípio de que todos os bens do devedor, presentes e futuros, respondem pelas suas dívidas.

Observa-se, portanto, que a evolução do sistema de execução, desde o direito romano, assinala num sentido de resguardar, de excessos, o devedor, valorizando-se o princípio da menor onerosidade possível do executado.

Além da impenhorabilidade de bens corpóreos, também há a impenhorabilidade de bens incorpóreos, como a própria liberdade do devedor.

Pelo atual sistema processual, e especialmente constitucional, não há mais espaço para a prisão do devedor a fim de que cumpra a obrigação, nem mesmo a prisão do depositário infiel. Restou, ainda, a execução sobre a liberdade do devedor para efeitos de pagamento de prestação alimentícia.

Além do mais, todos os direitos, pretensões e demandas que pertençam ao devedor, porém que não tenham valor patrimonial, não poderão ser atingidos pela execução forçada. São exemplos os direitos cívicos, os de família, os direitos do autor *antes* de publicação da obra (salvo se o autor consente, isto é, põe em comércio esse direito) e as licenças ou concessões vinculadas à pessoa.[338]

Dentre as categorias particulares que não podem ser objeto de penhora, encontram-se os bens *impenhoráveis.*

A lei prevê bens *absolutamente impenhoráveis,* assim como os bens *relativamente impenhoráveis.*

A impenhorabilidade absoluta *"justifica-se por razões humanitária (o anel nupcial, o leito, a mesa do refeitório etc) ou de oportunidade político-administrativa (as coisas sacras, os instrumentos para o exercício da profissão). Uma parte minoritária da doutrina sustenta que a impenhorabilidade absoluta decorre por razões de interesse público, e que portanto resulte declarada igualmente de ofício pelo juiz; mas a opinião prevalecente é no sentido que a impenhorabilidade, seja absoluta ou relativa, é estabelecida no exclusivo interesse do devedor, e, portanto, a esse cabe exclusivamente deduzi-la por meio de oposição à execução".*[339]

A impenhorabilidade relativa "*esta, ao invés, conexa a meras razões de oportunidade, que deverá ser avaliada pelo juiz da execução"*.[340]

São exemplos de impenhorabilidade *relativa*:

[338] Pontes de Miranda, op. cit., p. 173.

[339] Verde, G. ; Capponi, B., op. Cit., p. 64.

[340] Verde, G.; Capponi, B., idem, ibidem.

a) podem ser penhorados, à falta de outros bens, os frutos e os rendimentos dos bens inalienáveis (art. 834 do atual C.P.C.); b) não se levará a efeito a penhora quando evidente que o produto da execução dos bens encontrados será totalmente absorvido pelo pagamento das custas da execução (art. 836 do atual C.P.C.).

O art. 833 do atual C.P.C. trata da impenhorabilidade absoluta, trazendo hipóteses consagradas no âmbito do direito material (inc. I) ou no próprio direito processual (incs. II a XII).

Para Araken de Assis, a impenhorabilidade, seja qual for o seu caráter, absoluto ou relativo, apresenta dois princípios fundamentais: a tipicidade e a disponibilidade.[341]

O princípio da tipicidade está previsto na parte final do art. 789 do atual C.P.C. quando diz que o devedor responde com todos os seus bens presentes e futuros para cumprimento de suas obrigações, salvo as restrições estabelecidas em lei. Assim, as hipóteses de impenhorabilidade são restritas ou de *numerus clausus*.

A regra é a penhorabilidade, enquanto que a impenhorabilidade é a exceção. Diante dessa constatação, o S.T.J. tem entendido como penhoráveis os seguintes bens:

Execução – bens impenhoráveis. O devedor responde, para a satisfação de suas dívidas, com todos os seus bens, salvo as restrições da lei. Os bens moveis e imóveis de uma empresa são penhoráveis. A penhora de maquinas industriais não priva a empresa de continuar suas atividades. O benefício ao profissional não serve para florescer o império dos maus pegadores. Recurso improvido.

(REsp 60039/SP, Rel. Ministro GARCIA VIEIRA, PRIMEIRA TURMA, julgado em 29/03/1995, DJ 08/05/1995, p. 12327)

1. A penhora de imóvel no qual se localiza o estabelecimento da empresa é, excepcionalmente, permitida, quando inexistentes outros bens passíveis de penhora e desde que não seja servil à residência da família.

2. O artigo 649, V, do CPC, com a redação dada pela Lei 11.382/2006, dispõe que são absolutamente impenhoráveis os livros, as máquinas, as ferramentas, os utensílios, os instrumentos ou outros bens móveis necessários ou úteis ao exercício de qualquer profissão.

(...).

[341] Assis, A., op. cit., p. 416.

6. A Lei 6.830/80, em seu artigo 11, § 1º, determina que, excepcionalmente, a penhora poderá recair sobre o estabelecimento comercial, industrial ou agrícola, regra especial aplicável à execução fiscal, cuja presunção de constitucionalidade, até o momento, não restou ilidida.

7. Destarte, revela-se admissível a penhora de imóvel que constitui parcela do estabelecimento industrial, desde que inexistentes outros bens passíveis de serem penhorados [Precedentes do STJ: AgRg nos EDcl no Ag 746.461/RS, Rel. Ministro Paulo Furtado (Desembargador Convocado do TJ/BA), Terceira Turma, julgado em 19.05.2009, DJe 04.06.2009; REsp 857.327/PR, Rel. Ministra Nancy Andrighi, Terceira Turma, julgado em 21.08.2008, DJe 05.09.2008; REsp 994.218/PR, Rel.

Ministro Francisco Falcão, Primeira Turma, julgado em 04.12.2007, DJe 05.03.2008; AgRg no Ag 723.984/PR, Rel. Ministro José Delgado, Primeira Turma, julgado em 04.05.2006, DJ 29.05.2006; e REsp 354.622/SP, Rel. Ministro Garcia Vieira, Primeira Turma, julgado em 05.02.2002, DJ 18.03.2002].

(...).

(REsp 1114767/RS, Rel. Ministro LUIZ FUX, CORTE ESPECIAL, julgado em 02/12/2009, DJe 04/02/2010)

(...).

2. A penhora de mercadorias do estoque não se confunde com a penhora sobre estabelecimento comercial. A constrição sobre bens móveis que constituem o estoque da empresa executada não inviabiliza, a princípio, a atividade da recorrente, visto que os bens penhorados, quando fungíveis, podem ser substituídos por outros da mesma espécie, qualidade e quantidade.

3. Recurso especial conhecido em parte e improvido.

(REsp 683.916/RS, Rel. Ministro CASTRO MEIRA, SEGUNDA TURMA, julgado em 07/12/2004, DJ 21/03/2005, p. 344)

Diante da aplicação do princípio da parcialidade positiva, o juiz poderá deixar de penhorar bens que poderão afetar sobremaneira a situação social, econômica, cultural de determinada população. Pense-se na penhora de um único hospital de determinada região do país, que atende milhares de pessoas, sendo que noventa por cento dos atendimentos são feitos pelo Sistema Único de Saúde. No caso, seria uma irresponsabilidade social simplesmente determinar o fechamento do hospital, sem se buscar soluções alternativas que de certa forma garantissem o crédito do exequente, bem como o princípio Constitucional de que todos têm direito à saúde.

O princípio da disponibilidade do bem dito impenhorável (excluem-se, evidentemente, os bens sobre os quais o devedor perdeu o poder de dispor, a exemplo, os inalienáveis), permite que o devedor afete à execução, por ato de livre vontade e soberana de nomeação do executado, o bem impenhorável.[342]

Na lição de Pontes de Miranda: "sempre que o devedor poderia mudar, a seu talante, a qualidade do bem, é possível anuir ao ato de nomeação, que é, 'como' se fosse execução voluntária (sem o ser, porque se trata de ato processual de início de execução forçada)".[343]

Adotando o princípio da disponibilidade, assim já se manifestou o S.T.J.:

1. Conforme se retira da petição de fls. 12/13 dos autos, os bens objeto de constrição foram livremente ofertados pelos agravantes em garantia da execução.

2. Esta Corte Superior de Justiça firmou posicionamento no sentido de que o devedor que nomeia bens à penhora ou deixa de alegar a impenhorabilidade na primeira oportunidade que tem para se manifestar nos autos, ainda que tais bens sejam absolutamente impenhoráveis, à exceção do bem de família, perde o direito à benesse prevista no artigo 649 do Código de Processo Civil (REsp 470935 / RS, Segunda Seção, Relatora Ministra Nancy Andrighi, DJ de 1º/3/2004 e REsp 351.932/SP, Terceira Turma, Rel.p/ acórdão Min.

Castro Filho, DJ de 9/12/2003) 3. Agravo improvido.

(AgRg nos EDcl no REsp 787.707/RS, Rel. Ministro HÉLIO QUAGLIA BARBOSA, QUARTA TURMA, julgado em 14/11/2006, DJ 04/12/2006, p. 330)

Contudo, o S.T.J. também já decidiu sobre a impossibilidade de renúncia de bens absolutamente impenhoráveis, conforme se verifica pelo seguinte precedente:

(...).

2. Pacífica a jurisprudência desta Corte no sentido de que os bens úteis e/ou necessários às atividades desenvolvidas por pequenas empresas, onde os sócios atuam pessoalmente, são impenhoráveis, na forma do disposto no art. 649, VI, do CPC. Na hipótese, cuida-se de empresa individual cujo único bem é um caminhão utilizado para fazer fretes, indicado à penhora pelo próprio devedor/proprietário.

3. Inobstante a indicação do bem pelo próprio devedor, não há que se falar em renúncia ao benefício de impenhorabilidade absoluta, constante do artigo 649 do CPC. A ratio essendi do artigo 649 do CPC decorre da necessidade de proteção a certos

[342] Assis, A., idem, p. 417.

[343] Pontes de Miranda, *Comentários ao código de processo civil de 1973.* Vol. V. Rio de Janeiro: Forense, s/d. p. 175.

valores universais considerados de maior importância, quais sejam o Direito à vida, ao trabalho, à sobrevivência, à proteção à família. Trata-se de defesa de direito fundamental da pessoa humana, insculpida em norma infraconstitucional.

4. Há que ser reconhecida nulidade absoluta da penhora quando esta recai sobre bens absolutamente impenhoráveis. Cuida-se de matéria de ordem pública, cabendo ao magistrado, de ofício, resguardar o comando insculpido no artigo 649 do CPC. Tratando-se de norma cogente que contém princípio de ordem pública, sua inobservância gera nulidade absoluta consoante a jurisprudência assente neste STJ.

5. Do exposto, conheço parcialmente do recurso e nessa parte dou-lhe provimento.

(REsp 864.962/RS, Rel. Ministro MAURO CAMPBELL MARQUES, SEGUNDA TURMA, julgado em 04/02/2010, DJe 18/02/2010)

Segundo o art. 833 do atual C.P.C., são absolutamente impenhoráveis:

I – os bens inalienáveis e os declarados, por ato voluntário, não sujeitos à execução;

Muito embora o legislador tenha considerado os bens inalienáveis e os declarados, por ato voluntário, não sujeitos à execução, como de impenhorabilidade absoluta, o certo é que essa hipótese caracteriza uma impenhorabilidade relativa, pois esses bens poderão ser penhorados para pagamento de dívida tributária, trabalhista ou alimentícia.

II – os móveis, os pertences e as utilidades domésticas que guarnecem a residência do executado, salvo os de elevado valor ou os que ultrapassem as necessidades comuns correspondentes a um médio padrão de vida.

A impenhorabilidade dos móveis que guarnecem a casa, desde que quitados, encontra-se também prevista no art. 1º da Lei 8.009/90. Contudo, o art. 3º deste mesmo diploma legal traz as seguintes exceções:

Art. 3º A impenhorabilidade é oponível em qualquer processo de execução civil, fiscal, previdenciária, trabalhista ou de outra natureza, salvo se movido:

I – em razão dos créditos de trabalhadores da própria residência e das respectivas contribuições previdenciárias;

II – pelo titular do crédito decorrente do financiamento destinado à construção ou à aquisição do imóvel, no limite dos créditos e acréscimos constituídos em função do respectivo contrato;

III – pelo credor de pensão alimentícia;

IV – para cobrança de impostos, predial ou territorial, taxas e contribuições devidas em função do imóvel familiar;

V – para execução de hipoteca sobre o imóvel oferecido como garantia real pelo casal ou pela entidade familiar;

VI – por ter sido adquirido com produto de crime ou para execução de sentença penal condenatória a ressarcimento, indenização ou perdimento de bens.

VII – por obrigação decorrente de fiança concedida em contrato de locação. (Incluído pela Lei nº 8.245, de 1991).

Assim, são impenhoráveis:

a) os móveis (sofá, cama, armário, cadeira, mesa etc);

b) Pertenças (Art. 93 do C.c.b.: São pertenças os bens que, não constituindo partes integrantes, se destinam, de modo duradouro, ao uso, ao serviço ou ao aformoseamento de outro, ex: quadros, banco de jardim, plantas ornamentais, mangueiras, motor de piscina etc).

c) Utilidades (micro-ondas, televisão, refrigerador, freezer, computador, rádio, utensílios domésticos etc).

Os móveis, pertenças, e as utilidades domésticas somente serão impenhoráveis se estiverem presentes os seguintes requisitos, cumulativamente:

a) guarnecerem a residência do executado, incluído aí o seu domicílio. Evidentemente, se tem mais de uma residência ou domicílio, o executado deverá optar sobre o qual recairá a impenhorabilidade. Não se aplica ao local de trabalho ou à empresa;

b) ser de baixo valor. A análise do *baixo valor* deverá ser realizada por critérios *objetivos* e não *subjetivos*.

Assim, para uma pessoa com muitas posses, uma televisão que custa R$50.000,00 é de baixo valor, pois, subjetivamente, para ela o preço não representa praticamente nada. Porém, diante de um critério objetivo de análise do valor de uma televisão, o custo de R$50.000,00 representa um grande valor, razão pela qual o bem pode ser objeto de penhora.

É muito difícil entender o que se entende por baixo valor, pois essa expressão é vaga e abstrata.

De qualquer sorte, a questão de baixo valor deverá ser analisada não de forma global mas de acordo com o valor de cada item e segundo sua avaliação de mercado.

Deve-se ter em mente que poderá haver determinado bem que tenha um valor significativo, mas que em razão das circunstâncias concretas não poderá ser objeto de penhora. Pense-se na hipótese de uma criança com grave problema visual e que permanece boa parte de seu tempo em casa. Nesse caso, por recomendação médica, houve necessidade de se comprar uma televisão com muitas polegadas, ou até mesmo importada, e de muito valor;

c) não pode ultrapassar as necessidades comuns correspondentes a um médio padrão de vida. Trata-se também de um requisito de difícil avaliação, principalmente em razão da atual conjuntura econômica vivenciada pelo Brasil. Sabe-se que já se fala em Classes A, B, C e D.

É possível adotar-se como critério objetivo para se definir o *padrão médio*, os índices divulgados pelo IBGE.

A melhor opção para se definir o que seja *padrão médio de vida* é mediante a utilização da metodologia da *exclusão*, ou seja, padrão médio não é nem a subsistência mínima ou o mínimo existencial, nem a suntuosidade ou ostentação. Deve-se utilizar uma avaliação com base nos critérios da proporcionalidade e razoabilidade.

Para se ter uma ideia, na década de 70 ou 80, possuir mais de uma televisão na residência seria considerado um alto padrão de vida.

Atualmente, tendo em vista que as pessoas estão cada vez mais isoladas e enclausuradas em seu mundo individual, é quase que normal dentro de um padrão médio que os pais e os filhos possuam cada qual uma televisão em seu quarto.

Da mesma forma em relação ao *freezer.*

Antigamente, quem possuía, além de um refrigerador, também um freezer, era considerado como detentor de um alto padrão de vida. Atualmente, qualquer padrão médio conjuga a posse de ambos os utensílios domésticos.

Evidentemente que nada justifica o devedor possuir uma obra de arte extremamente 'valiosa' e, ao mesmo tempo, deixar de honrar com suas obrigações.

Sobre a penhora de telefone, assim já decidiu o S.T.J.:

> *Processual civil – penhora – imóvel residencial – bem de família – telefone – contabilista autônomo – lei 8.009/1990 e art. 649, vi, cpc.*
>
> *i – consolidado na jurisprudência desta corte o entendimento no sentido de que tem incidência imediata, desconstituindo até penhora já efetivada, texto legal que afasta da execução imóvel residencial próprio do casal, ou da entidade familiar (bem de família); assim como os equipamentos que o guarnecem. Inteligência das normas da lei 8.009/1990.*
>
> *ii – para qualquer profissão autônoma (advogado, medico, vendedor, contabilista, como e o caso dos autos) o terminal telefônico não e apenas útil, mas também imprescindível ao regular desempenho profissional. Incidência do disposto no art. 649, vi, do cpc.*
>
> *iii – recurso conhecido e provido.*
>
> (REsp 109.273/PR, Rel. Ministro WALDEMAR ZVEITER, TERCEIRA TURMA, julgado em 22/09/1997, DJ 03/11/1997, p. 56277)

É importante salientar que o at. 2º da Lei 8.009/90 expressamente exclui da impenhorabilidade os veículos de transporte, obras de arte e adornos suntuosos.

Sobre o tema, assim tem decidido o S.T.J.:

> *(...).*
> *2. O aparelho de televisão e outros utilitários da vida moderna atual, em regra, são impenhoráveis quando guarnecem a residência do devedor, exegese que se faz do art. 1º, § 1º, da Lei n. 8.009/90.*
> (...).
> (REsp 875.687/RS, Rel. Ministro LUIS FELIPE SALOMÃO, QUARTA TURMA, julgado em 09/08/2011, DJe 22/08/2011)

> *I. Os aparelhos de televisão, videocassete e som, utilitários da vida moderna atual, são impenhoráveis quando guarnecem a residência dos devedores, na exegese que se faz do art. 1o, parágrafo 1º, da Lei n. 8.009/90.*
> *II. Duplicidade, no caso, de televisores, o que, entretanto, dado ao ínfimo valor encontrado na avaliação, e o montante da dívida atual, não recomenda a incidência da penhora sobre o segundo aparelho, consoante a fundamentação do aresto a quo, na apreciação dos fatos da causa, que não têm como ser revistos em sede especial.*
> *III. Recurso especial não conhecido.*
> (REsp 584.188/DF, Rel. Ministro ALDIR PASSARINHO JUNIOR, QUARTA TURMA, julgado em 04/08/2005, DJ 05/09/2005, p. 416)

> *(...).*
> *2. O aparelho de ar condicionado, conquanto seja bem útil, não é indispensável para uma digna manutenção do modus vivendi da família.*
> *3. Impenhorabilidade do condicionador de ar afastada.*
> *4. Recurso especial parcialmente conhecido e, nessa parte, provido.*
> (REsp 173.810/RS, Rel. Ministra LAURITA VAZ, SEGUNDA TURMA, julgado em 10/09/2002, DJ 07/10/2002, p. 207)

III – os vestuários, bem como os pertences de uso pessoal do executado, salvo se de elevado valor;

No âmbito do direito da personalidade, encontra-se a prerrogativa de se usar peças de vestuários e pertences de uso pessoal, segundo critérios desejados por cada pessoa.

Assim, a impenhorabilidade relativa dos vestuários ou dos pertences pessoais (óculos, relógio, aliança, pulseira, brinco etc) não decorre apenas de uma norma de direito processual, mas tem por fundamento a garantia Constitucional de proteção aos direitos da personalidade.

Note-se que a impenhorabilidade dos bens indispensáveis ao vestuário do executado e da sua família já era prevista no art. 942, XV, do C.P.C. de 1939, assim como no Livro III, Título 86, §23, das Ordenações Filipinas.

Mas é possível efetivar-se a penhora sobre o vestuário ou sobre bens de uso pessoal quando essa utilização deixa de ser uma característica da personalidade, para se transformar em adorno ou ostentação de elevado valor.

Assim, se o executado possui uma roupa de grife famosa, de elevado valor, ou, ainda, relógio de ouro (rolex), pulseira e brincos de elevado valor, a penhorabilidade desses objetos é de rigor e devidamente autorizada por lei.

Sob a égide do C.P.C. de 1939, art. 942, in IV, observam-se três hipóteses interessantes de impenhorabilidade, a saber: a) *uma vaca* de leite; b) animais domésticos necessários à alimentação do devedor e *família*, à escolha *dele;* c) animais domésticos necessários às atividades do devedor, à escolha dele. Caberia ao juiz fixar o número de animais, nos casos b) e c), atendendo às circunstâncias.

Observa-se que o critério adotado pelo C.P.C. de 1939 é no sentido da mantença e da sobrevivência do devedor e de sua família. Esse critério é de ser observado nos dias de hoje, no sentido de que não podem ser penhorados bens que possam servir para o exercício da atividade do executado ou para sua própria sobrevivência e de sua família. Nesse caso, compete ao executado comprovar a necessidade do bem penhorado para sua manutenção, conforme o seguinte precedente do S.T.J.:

> *1. Em se tratando da penhora prevista no art. 655-A do CPC, como bem decidiu esta Turma, ao julgar o AgRg no REsp 1.103.760/CE (Rel. Min.*
>
> *Herman Benjamin, DJe 19.5.2009), "a tese de violação do princípio da menor onerosidade não pode ser defendida de modo genérico ou simplesmente retórico, cabendo à parte executada a comprovação, inequívoca, dos prejuízos a serem efetivamente suportados, bem como da possibilidade, sem comprometimento dos objetivos do processo de execução, de satisfação da pretensão creditória por outros meios".*
>
> *2. O ônus de comprovar a indispensabilidade dos valores depositados em instituições financeiras é do executado, nos termos do art. 333, II, do CPC e dos §§ 1º e 2º do art. 655-A do CPC (REsp 1.185.373/RJ, 1ª Turma, Rel. Min. Benedito Gonçalves, DJe 20.5.2010).*
>
> *3. Recurso especial provido.*
>
> (REsp 1182820/RJ, Rel. Ministro MAURO CAMPBELL MARQUES, SEGUNDA TURMA, julgado em 22/02/2011, DJe 04/03/2011)

Tenho para mim que também não podem ser penhorados os animais domésticos, por mais valiosos que sejam, quando inseridos no campo sentimental dos membros da família do executado.

Da mesma forma não poderão ser penhorados imagens e os objetos do culto religioso, pois se a Constituição Federal estabelece que é livre a manifestação religiosa, também deve garantir as imagens ou objetos que representam essa manifestação, salvo se a finalidade desses objetos e imagens não é especificamente em relação ao culto mas ao acervo de eventuais colecionadores.

Porém, o S.T.J. já permitiu a penhora sobre os valores pagos pelos fiéis aos templos. Nesse sentido é o seguinte precedente:

As doações dos seguidores e simpatizantes do culto religioso constituem em receita da pessoa jurídica e esta deve suportar as suas obrigações, dentre elas o crédito da agravante. Ante a ausência de bens que garantam a execução, excepcionalmente, lícito é que a sua receita diária seja penhorada, em percentual que não a inviabilize, até a satisfação do crédito da exequente, procedendo-se na forma prevista no art. 678, parágrafo único, do CPC, nomeando-se administrador para a sua efetivação, observado o disposto no art. 728 do CPC." Recurso não conhecido.

(REsp 692.972/SP, Rel. Ministro JOSÉ ARNALDO DA FONSECA, QUINTA TURMA, julgado em 16/12/2004, DJ 21/02/2005, p. 227)

IV – os vencimentos, os subsídios, os soldos, os salários, as remunerações, os proventos de aposentadoria, as pensões, os pecúlios e os montepios, bem como as quantias recebidas por liberalidade de terceiro e destinadas ao sustento do devedor e de sua família, os ganhos de trabalhador autônomo e os honorários de profissional liberal, ressalvado o §2º.

Como reflexo do princípio da dignidade da pessoa humana, não se pode impedir que toda pessoa tenha acesso aos valores ou rendimentos que lhe são devidos para fins de sua mantença, assim como a de sua família, pois todos têm direito a um salário mínimo que lhe garanta a moradia, saúde, educação, lazer etc.

Por família deve-se entender *entidade familiar*, ou seja, a reunião de parentes, quaisquer que vivam em companhia do devedor, tutelados, curatelados, relação homoafetivas, casamento, união estável etc.

Deve-se observar que o S.T.J., conforme precedentes abaixo, entende que os valores caracterizados como verbas alimentares somente manterão esta condição enquanto se prestarem ao atendimento das necessidades básicas do devedor e seus dependentes:

(...).

2. *Valores caracterizados como verbas alimentares somente manterão essa condição enquanto destinadas ao sustento do devedor e sua família, ou seja, enquanto se presta-*

rem ao atendimento das necessidades básicas do devedor e seus dependentes. Na hipótese do provento de índole salarial se mostrar, ao final do período – isto é, até o recebimento de novo provento de igual natureza – superior ao custo necessário ao sustento do titular e seus familiares, essa sobra perde o caráter alimentício e passa a ser uma reserva ou economia, tornando-se, em princípio, penhorável.

3. Valores até o limite de 40 salários mínimos, aplicados em caderneta de poupança, são impenhoráveis, nos termos do art. 649, X, do CPC, que cria uma espécie de ficção legal, fazendo presumir que o montante assume função de segurança alimentícia pessoal e familiar.

O benefício recai exclusivamente sobre a caderneta de poupança, de baixo risco e retorno, visando à proteção do pequeno investimento, voltada à garantia do titular e sua família contra imprevistos, como desemprego ou doença.

4. O art. 649, X, do CPC, não admite interpretação extensiva, de modo a abarcar outras modalidades de aplicação financeira, de maior risco e rentabilidade, que não detêm o caráter alimentício da caderneta de poupança, sendo voltados para valores mais expressivos e/ou menos comprometidos, destacados daqueles vinculados à subsistência mensal do titular e sua família. Essas aplicações visam necessidades e interesses de menor preeminência (ainda que de elevada importância), como aquisição de bens duráveis, inclusive imóveis, ou uma previdência informal (não oficial) de longo prazo. Mesmo aplicações em poupança em valor mais elevado perdem o caráter alimentício, tanto que o benefício da impenhorabilidade foi limitado a 40 salários mínimos e o próprio Fundo Garantidor de Crédito assegura proteção apenas até o limite de R$70.000,00 por pessoa.

5. Essa sistemática legal não ignora a existência de pessoas cuja remuneração possui periodicidade e valor incertos, como é o caso de autônomos e comissionados. Esses podem ter que sobreviver por vários meses com uma verba, de natureza alimentar, recebida de uma única vez, sendo justo e razoável que apliquem o dinheiro para resguardarem-se das perdas inflacionárias. Todavia, a proteção legal conferida às verbas de natureza alimentar impõe que, para manterem essa natureza, sejam aplicadas em caderneta de poupança, até o limite de 40 salários mínimos, o que permite ao titular e sua família uma subsistência digna por um prazo razoável de tempo.

6. Valores mais expressivos, superiores aos 40 salários mínimos, não foram contemplados pela impenhorabilidade fixada pelo legislador, até para que possam, efetivamente, vir a ser objeto de constrição, impedindo que o devedor abuse do benefício legal, escudando-se na proteção conferida às verbas de natureza alimentar para se esquivar do cumprimento de suas obrigações, a despeito de possuir condição financeira para tanto. O que se quis assegurar com a impenhorabilidade de verbas alimentares foi a sobrevivência digna do devedor e não a manutenção de um padrão de vida acima das suas condições, às custas do devedor.

7. Recurso especial a que se nega provimento.

(REsp 1330567/RS, Rel. Ministra NANCY ANDRIGHI, TERCEIRA TURMA, julgado em 16/05/2013, DJe 27/05/2013)

1. A regra de impenhorabilidade absoluta, prevista no art. 649, inciso IV, do CPC, visa por a salvo de quaisquer constrições os valores percebidos a título de "vencimentos, subsídios, soldos, salários, remunerações, proventos de aposentadoria, pensões, pecúlios e montepios; as quantias recebidas por liberalidade de terceiro e destinadas ao sustento do devedor e sua família, os ganhos de trabalhador autônomo e os honorários de profissional liberal, (...)" em virtude da natureza alimentar de referidas verbas.

2. Por outro lado, nos termos do inciso X do mesmo dispositivo legal, com a redação dada pela Lei nº 11.382, de 2006, o saldo de poupança somente não será objeto de penhora até o limite de 40 (quarenta) salários mínimos.

3. Assim é que, ainda que percebidos a título remuneratório, ao serem depositados em aplicações financeiras como a poupança, referidos valores perdem a natureza alimentar, afastando a regra da impenhorabilidade. Precedentes.

4. Na hipótese dos autos, foi mantida a decisão que deu parcial provimento ao agravo de instrumento para desconstituir a penhora em relação ao valor correspondente a 40 (quarenta) salários mínimos depositados em conta de poupança.

5. Consectariamente, tendo em vista que as instâncias ordinárias, com ampla cognição fático-probatória, entenderam por aplicar o disposto no art. 649, inciso X, do CPC para resguardar apenas a impenhorabilidade do valor correspondente a 40 (quarenta) salários mínimos, rever tal posicionamento para se concluir acerca da natureza alimentar da importância excedente a referido limite encontra-se obstada pela incidência da Súmula nº 7/STJ.

6. Agravo regimental não provido.

(AgRg no REsp 1154989/MS, Rel. Ministro RICARDO VILLAS BÔAS CUEVA, TERCEIRA TURMA, julgado em 04/10/2012, DJe 09/10/2012)

O inc. IV do art. 833 do atual C.P.C. impede a penhora sobre:

a) vencimentos: esta expressão é utilizada para a remuneração dos servidores públicos da União, Estados, Distrito Federal, Municípios e respectivas autarquias e fundações públicas. Estabelece o inc. X do art. 37 da C.F. que *a remuneração dos servidores públicos e o subsídio de que trata o §4º do art. 34 somente poderão ser fixados ou alterados por lei específica, observada a iniciativa privativa em cada caso, assegurada revisão geral anual, sempre na mesma data e sem distinção de índices.*

Este dispositivo deve ser interpretado extensivamente; assim, quando fala em vencimento, a impenhorabilidade abrange a parte fixa, bem como a verba de representação e as funções gratificadas.

b) subsídios: é a remuneração paga aos agentes políticos de uma maneira geral, como os magistrados, membros do Ministério Público, parlamentares, Presidente da República, governador de estado e prefeitos municipais. Há também algumas carreiras do funcionalismo público que percebem subsídios, como, por exemplo, advocacia geral da união, procuradores da fazenda etc.

Sobre os subsídios, estabelecem os arts. 37, inc. XI, e 27, §2º, da C.F.:

> *Art. 37, inc. XII: a remuneração e o subsídio dos ocupantes de cargos, funções e empregos públicos da administração direta, autárquica e fundacional, dos membros de qualquer dos Poderes da União, dos Estados, do Distrito Federal e dos Municípios, dos detentores de mandato eletivo e dos demais agentes políticos e os proventos, pensões ou outra espécie remuneratória, percebidos cumulativamente ou não, incluídas as vantagens pessoais ou de qualquer outra natureza, não poderão exceder o subsídio mensal, em espécie, dos Ministros do Supremo Tribunal Federal, aplicando-se como li-mite, nos Municípios, o subsídio do Prefeito, e nos Estados e no Distrito Federal, o subsídio mensal do Governador no âmbito do Poder Executivo, o subsídio dos Deputados Estaduais e Distritais no âmbito do Poder Legislativo e o subsídio dos Desembargadores do Tribunal de Justiça, limitado a noventa inteiros e vinte e cinco centésimos por cento do subsídio mensal, em espécie, dos Ministros do Supremo Tribunal Federal, no âmbito do Poder Judiciário, aplicável este limite aos membros do Ministério Público, aos Procuradores e aos Defensores Públicos; (Redação dada pela Emenda Constitucional nº 41, 19.12.2003). Art. 27, §2º: O subsídio dos Deputados Estaduais será fixado por lei de iniciativa da Assembleia Legislativa, na razão de, no máximo, setenta e cinco por cento daquele estabelecido, em espécie, para os Deputados Federais, observado o que dispõem os arts. 39, § 4º, 57, § 7º, 150, II, 153, III, e 153, § 2º, I.(Redação dada pela Emenda Constitucional nº 19, de 1998).* Art. 28, §2º da C.F.: *Os subsídios do Governador, do Vice-Governador e dos Secretários de Estado serão fixados por lei de iniciativa da Assembleia Legislativa, observado o que dispõem os arts. 37, XI, 39, § 4º, 150, II, 153, III, e 153, § 2º, I.(Incluído pela Emenda Constitucional nº 19, de 1998).*Art. 39, § 4º, da C.F.: *O membro de Poder, o detentor de mandato eletivo, os Ministros de Estado e os Secretários Estaduais e Municipais serão remunerados exclusivamente por subsídio fixado em parcela única, vedado o acréscimo de qualquer gratificação, adicional, abono, prêmio, verba de representação ou outra espécie remuneratória, obedecido, em qualquer caso, o disposto no art. 37, X e XI. (Incluído pela Emenda Constitucional nº 19, de 1998).*

c) *soldos:* são os rendimentos pagos aos militares das forças armadas e das polícias militares;

d) remunerações: além de abranger os vencimentos, subsídios e soldos, também incorpora outras verbas percebidas pelo trabalhador de uma maneira geral. Dentre essas verbas encontram-se os juros decorrentes das remunerações pagas.

e) salários: são os rendimentos pagos aos trabalhadores regidos pela C.L.T. de uma maneira geral;

f) proventos de aposentadoria: correspondem ao pagamento dos valores decorrentes de aposentadoria, seja no serviço público ou no serviço privado;

g) pensões: são pagamentos de valores decorrentes de morte, seja na previdência privada como previdência pública. Sobre o tema, assim já decidiu o S.T.J.:

1. A Primeira Seção, ao julgar o REsp 1.184.765/PA, sob a relatoria do Ministro Luiz Fux e de acordo com o regime dos recursos repetitivos, cujo acórdão veio a ser publicado no DJe de 3.12.2010, deixou consignado que o bloqueio de ativos financeiros em nome do executado, por meio do Sistema BacenJud, não deve descuidar do disposto no art. 649, IV, do CPC, com a redação dada pela Lei n. 11.382/2006, segundo o qual são absolutamente impenhoráveis "os vencimentos, subsídios, soldos, salários, remunerações, proventos de aposentadoria, pensões, pecúlios e montepios; as quantias recebidas por liberalidade de terceiro e destinadas ao sustento do devedor e sua família, os ganhos de trabalhador autônomo e os honorários de profissional liberal".

2. Sobre a interpretação a ser conferida ao art. 649, IV, do CPC, extraem-se dos vários precedentes jurisprudenciais desta Corte os seguintes enunciados: "É possível a penhora 'on line' em conta corrente do devedor, contanto que ressalvados valores oriundos de depósitos com manifesto caráter alimentar." (REsp 904.774/DF, 4ª Turma, Rel. Min. Luis Felipe Salomão, DJe de 16.11.2011); "São impenhoráveis os valores depositados em conta destinada ao recebimento de proventos de aposentadoria do devedor." (AgRg no Ag 1.331.945/MG, 4ª Turma, Rel. Min. Maria Isabel Gallotti, DJe de 25.8.2011); "Indevida a penhora sobre percentual da remuneração depositado em conta-corrente, pena de violação do artigo 649, inciso IV, do Código de Processo Civil." (AgRg no REsp 1.147.528/RO, 1ª Turma, Rel. Min. Hamilton Carvalhido, DJe de 10.12.2010); "Indevida penhora de percentual de depósitos em conta-corrente, onde depositados os proventos da aposentadoria de servidor público federal. A impenhorabilidade de vencimentos e aposentadorias é uma das garantias asseguradas pelo art. 649, IV, do CPC." (AgRg no REsp 969.549/DF, 4ª Turma, Rel. Min. Aldir Passarinho Júnior, DJ de 19.11.2007, p. 243); "É inadmissível a penhora parcial de valores depositados em conta-corrente destinada ao recebimento de salário ou aposentadoria por parte do devedor." (AgRg no REsp 1.023.015/DF, 3ª Turma, Rel. Min. Massami Uyeda, DJe de 5.8.2008).

3. No caso concreto, não deve ser seguido o entendimento adotado pela Terceira Turma desta Corte no julgamento do RMS 25.397/DF (Rel. Min. Nancy Andrighi,

DJe de 3.11.2008), pois, diversamente do caso dos presentes autos, no referido precedente, como bem salientado pelo juiz do primeiro grau de jurisdição, o próprio executado reconhecera que mantinha a quantia bloqueada como uma espécie de "reserva disponível".

4. Recurso especial não provido.

(REsp 1313787/RS, Rel. Ministro MAURO CAMPBELL MARQUES, SEGUNDA TURMA, julgado em 07/08/2012, DJe 14/08/2012);

g) pecúlio e montepios: O Pecúlio, em sentido estrito, é qualquer soma de dinheiro acumulada a título de reserva. Por extensão, a palavra passou a designar o patrimônio deixado pelo contratante ao seu beneficiário.

A definição de Pecúlio encontra-se no art. 22, § 1º, do decreto nº 81.402/78, regulador da Lei 6435/77: *Pecúlio é o capital a ser pago de uma só vez ao beneficiário, quando ocorrer a morte do subscritor, na forma estipulada no plano subscrito.*

Já o montepio é uma pensão por morte recebida de um segurado da previdência privada.

h) *ganhos de trabalhador autônomo e os honorários de profissional liberal*: remuneração percebida por profissionais autônomos, como, por exemplo, representante comercial, assim como profissionais liberais, como advogados, médicos, dentistas, corretores de imóveis etc. Nesse sentido é o seguinte precedente do S.T.J.:

Execução. Penhora de créditos decorrentes da prestação de serviços profissionais. Art. 649, IV, do Código de Processo Civil.

1. Os rendimentos do trabalho profissional como médico estão alcançados pela regra do art. 649, IV, do Código de Processo Civil, sendo, portanto, impenhoráveis.

2. Recurso especial conhecido e provido.

(REsp 599.602/PR, Rel. Ministro CARLOS ALBERTO MENEZES DIREITO, TERCEIRA TURMA, julgado em 07/12/2004, DJ 18/04/2005, p. 314)

Há dúvida se o *pro labore* retirado pelo sócio pode ser incluído como valor impenhorável. O S.T.J já entendeu que se trata de parcela impenhorável:

Compensação – impenhorabilidade – c. civil art. 1.015, iii na expressão "salários", empregada pelo artigo 649, iv do c. p. c., ha de compreender-se a remuneração percebida por diretores de sociedades anônimas, não se justificando exegese restritiva que não se compadece com a razão de ser da norma.

Impenhorável aquela remuneração, não se verifica a compensação.

(REsp 20247/SP, Rel. Ministro EDUARDO RIBEIRO, TERCEIRA TURMA, julgado em 09/02/1993, DJ 08/03/1993, p. 3113)

Contudo, há decisão do próprio S.T.J. não se insurgindo contra a penhora sobre esta verba:

Agravo regimental – agravo de instrumento – ausência de citação do nome e endereço de advogado – procuração – suprimento – possibilidade – penhora efetuada sobre o pro labore – legalidade – inexistência de outro meio legal de garantir a execução – ausência de prequestionamento – aplicação da súmula nº 211/stj – agravo regimental improvido.

(...).

(AgRg no Ag 577.330/PR, Rel. Ministro MASSAMI UYEDA, QUARTA TURMA, julgado em 15/03/2007, DJ 02/04/2007, p. 274)

Todas essas espécies de remunerações são consideradas como relativamente impenhoráveis. Isso porque, em se tratando de crédito alimentar, essas remunerações poderão ser penhoradas para garantir o alimentado.

Aliás, a parte final do inc. IV do art. 833 do atual C.P.C., ao estabelecer a impenhorabilidade das verbas ali mencionadas, ressalva expressamente a hipótese do §2º do mesmo dispositivo, que assim dispõe: "*§ 2º O disposto nos incisos IV e X do caput não se aplica à hipótese de penhora para pagamento de prestação alimentícia, independentemente de sua origem, bem como às importâncias excedentes a 50 (cinquenta) salários- mínimos mensais, devendo a constrição observar o disposto no art. 528, § 8º, e no art. 529, § 3º.*

Assim, estão excluídos da impenhorabilidade os créditos alimentares, independentemente de sua origem, assim como as importâncias excedentes a cinquenta salários mínimos mensais.

i) *quantias recebidas por liberalidade de terceiro e destinadas ao sustento do devedor e de sua família.* Pode o executado perceber uma renda decorrente de constituição de renda (art. 803 do C.c.b.), feita por terceiro, e destinada ao sustento do devedor ou de sua família.

Portanto, se o executado é beneficiado por quantias recebidas por liberalidade (doação ou testamento) de terceiro, e sendo essa verba destinada ao seu sustento e de sua família, não poderá incidir a penhora sobre os referidos valores.

A grande questão que se coloca é se haverá algum limite monetário para que se possa considerar as verbas indicadas no inc. IV do art. 833 do atual C.P.C. como impenhoráveis.

O direito português estabelece um limite monetário para que as verbas similares às indicadas no inc. IV do art. 833 do atual C.P.C. brasileiro possam ser caracterizadas como impenhoráveis. Esse limite é de dois terços, conforme preconiza o art. 738 do Código de Processo Civil português:

Artigo 738º Bens parcialmente penhoráveis

1 – São impenhoráveis dois terços da parte líquida dos vencimentos, salários, prestações periódicas pagas a título de aposentação ou de qualquer outra regalia social, seguro, indemnização por acidente, renda vitalícia, ou prestações de qualquer natureza que assegurem a subsistência do executado.

2 – Para efeitos de apuramento da parte líquida das prestações referidas no número anterior, apenas são considerados os descontos legalmente obrigatórios.

3 – A impenhorabilidade prescrita no nº 1 tem como limite máximo o montante equivalente a três salários mínimos nacionais à data de cada apreensão e como limite mínimo, quando o executado não tenha outro rendimento, o montante equivalente a um salário mínimo nacional.

4 – O disposto nos números anteriores não se aplica quando o crédito exequendo for de alimentos, caso em que é impenhorável a quantia equivalente à totalidade da pensão social do regime não contributivo.

5 – Na penhora de dinheiro ou de saldo bancário, é impenhorável o valor global correspondente ao salário mínimo nacional ou, tratando -se de obrigação de alimentos, o previsto no número anterior.

6 – Ponderados o montante e a natureza do crédito exequendo, bem como as necessidades do executado e do seu agregado familiar, pode o juiz, excepcionalmente e a requerimento do executado, reduzir, por período que considere razoável, a parte penhorável dos rendimentos e mesmo, por período não superior a um ano, isentá -los de penhora.

7 – Não são cumuláveis as impenhorabilidades previstas nos nºs 1 e 5.

A imposição desse limite está de acordo com os critérios de justiça e equidade, pois não seria justo que um devedor, percebendo uma remuneração mensal de aproximadamente R$100.000,00 (cem mil reais) mensais, não efetuasse o pagamento de um débito no valor de R$5.000,00 (cinco mil reais), e, ainda por cima pudesse alegar a impenhorabilidade de sua remuneração.

Por isso, agiu bem o legislador português em fixar o limite máximo de impenhorabilidade para as verbas de natureza remuneratórias.

Inicialmente, o legislador do novo C.P.C. não estipulou um limite monetário para a impenhorabilidade das verbas mencionadas no inc. IV do art. 833 do C.P.C.

Porém, sobre essa falta de limite de impenhorabilidade da verba trabalhista, trago à colação a seguinte passagem contida no voto da Ministra Maria Isabel Gallotti proferido no REsp n. 1230060/PR:

(...). Intenso tem sido o debate e a crítica doutrinária a propósito da amplitude da regra da impenhorabilidade do salário no direito brasileiro.

Controverte-se, também, acerca da interpretação que se deva dar à impenhorabilidade sobre depósitos de poupança.

Leonardo Greco aponta o exagero do legislador pátrio ao estabelecer a impenhorabilidade dos salários e vencimentos dos empregados e funcionários, salvo para o pagamento de pensão alimentícia, defendendo seja a regra mitigada pela jurisprudência, antes mesmo da reforma legislativa que entende necessária:

"A impenhorabilidade instrumental não resulta da natureza inalienável do bem ou direito, nem da vontade humana, mas da necessidade de preservar a sobrevivência condigna do devedor, não só quanto às suas necessidades materiais, mas também afetivas e espirituais e, assim, proteger os interesses e os valores inerentes à coesão e ao bem estar das pessoas que compõem um determinado núcleo familiar.

Instituída em benefício do devedor, pode ser por este renunciada, estando regulada nos incisos II a X do artigo 649 do Código de Processo Civil e em leis especiais.

(...)

Na impenhorabilidade dos salários e vencimentos dos empregados e funcionários, salvo para o pagamento de pensão alimentícia, há evidente exagero do legislador brasileiro.

Esse exagero já havia sido apontado por JOSÉ ALBERTO DOS REIS que, referindo-se ao Código brasileiro de 1939, assim se pronunciou:

"O sistema brasileiro parece-se inaceitável. Não se compreende que fiquem inteiramente isentos os vencimentos e saldos, por mais elevados que sejam. Há aqui um desequilíbrio manifesto entre o interesse do credor e o do devedor; permite-se a este que continue a manter o seu teor de vida, que não sofra restrições algumas no seu conforto e nas suas comodidades, apesar de não pagar aos credores as dívidas que contraiu."

Na Alemanha, a impenhorabilidade dos vencimentos é limitada no tempo até o próximo pagamento, e na quantidade porque alcança apenas uma parte da remuneração, não a totalidade.

Na França, a impenhorabilidade dos salários é parcial (Código de Trabalho, art. 145-2).

Na Espanha, a remuneração está excluída da penhora apenas até o limite do salário mínimo profissional (Lei de Enjuiciamiento Civil de 1881, art. 1449; Lei de Enjuiciamiento de Civil 2000, art. 607).

Em Portugal, somente 2/3 dos salários, aposentadorias ou pensões são impenhoráveis (CPC, art. 824º)

Nos Estados Unidos pode ser penhorada parte de salários (wage garnishment). A corte discricionariamente define a parte deles que é impenhorável. Há uma lei federal que limita esse desconto, determinando que o devedor permaneça com 75% de seu salário líquido ou 30 vezes o salário mínimo horário, o que for maior.

Essas informações sobre o tratamento dado à impenhorabilidade da remuneração em outros países são suficientes para demonstrar a necessidade de aprimoramento do inciso IV do art. 649, cuja redação atual excede exageradamente a proteção legítima do mínimo de sobrevivência condigna do devedor, em detrimento dos seus credores.

Antes mesmo dessa reforma, parece-me indispensável recorrer à já citada teoria da integração de lacunas ocultas, em especial por redução teleológica, para sujeitar essa norma pelo menos a um limite temporal, sem o qual ela constituirá instrumento abusivo de iníquo privilégio em favor do devedor, para considerar que a impenhorabilidade de toda a remuneração, somente perdura no mês da percepção. Tal como a lei estabelece o limite de um mês para os alimentos e combustíveis (inciso II), aqui também esse limite se impõe. Até a percepção da remuneração do mês seguinte, toda a remuneração mensal é impenhorável e pode ser consumida pelo devedor, para manter padrão de vida compatível com o produto do seu trabalho.

Mas a parte da remuneração que não for utilizada em cada mês, por exceder as necessidades de sustento suas e de sua família, será penhorável como qualquer outro bem do seu patrimônio.

("O Processo de Execução", Renovar, Rio de Janeiro, 2001, Volume II, p. 18-21, grifo não constante do original).

Crítica contundente é também feita por Demócrito Reinaldo Filho:

"Em suma, o objetivo do presente trabalho consiste na demonstração de ser inaceitável o entendimento de que verbas de origem salarial fiquem isentas inteiramente de execução patrimonial, por mais elevadas que sejam. A grande maioria da população brasileira é formada de assalariados, incluídos os empregados dos setores público e privado, que em geral só têm os rendimentos do trabalho assalariado como única fonte de renda. Outra boa parte da população é formada de trabalhadores autônomos e profissionais liberais, que também tem no fruto do trabalho a sua origem patrimonial. Impedir que as contas e depósitos bancários dessas pessoas sejam passíveis de penhora equivale a, na prática, tornar ineficaz contra elas processo de execução para o pagamento de dívidas. Com efeito, se não se puder penhorar os rendimentos dessa categoria de pessoas físicas, certamente não sobra quase nenhum outro bem de valor que integre o seu conjunto patrimonial, sabendo-se que a impenhorabilidade prevista no próprio art. 649 do CPC e em outras leis processuais é muito mais abrangente e alcança muitos outros bens, tais como móveis que guarnecem a residência do executado (inciso II), máquinas e utensílios destinados ao exercício da profissão (inciso V), materiais para obras em andamento (inciso VII), a pequena propriedade rural e o imóvel destinado à residência familiar (Lei nº 8.009/90).

É preciso, portanto buscar um justo equilíbrio entre a regra da impenhorabilidade salarial e remuneratória (prevista no inciso IV do art. 649 do CPC) e a necessidade de se garantir a satisfação do direito de crédito do exequente. Não é admissível que o deve-

dor assalariado continue a preservar suas aplicações e depósitos bancários, sem sofrer as dívidas que contraiu. A interpretação que eleva a um patamar máximo a imunidade executória de verbas de origem salarial, além de ser injusta para o credor, produz efeitos sociais extremamente maléficos, na medida em que, criando uma demasiada proteção processual ao devedor, gera um sentimento de ineficiência da máquina judiciária e estimula o calote de dívidas («Penhora: Possibilidade Sobre Saldos de Contas Bancárias de ORIGEM Salarial – Interpretação do Inciso IV do Artigo 649 do CPC em Face da Alteração Promovida pela Lei nº 11.382, de 06.12.06» Revista Magister de Direito Civil e Processual Civil – Ano IV – Número 24,).

A necessidade de interpretar a regra do art. 649, IV, do CPC, em consonância com os fundamentos que levam a lei a estabelecer impenhorabilidades, é sustentada por Cândido Rangel Dinamarco:

"São de alguma frequência as dúvidas sobre a penhorabilidade de aplicações ou depósitos bancários oriundos de vencimentos, soldos ou salários, as quais devem ser resolvidas segundo um critério de razoabilidade e levando em conta os fundamentos que levam a lei a

estabelecer impenhorabilidades (supra, NN. 1.539-1.541). Enquanto esses valores forem de monta apenas suficiente para prover ao sustento durante um tempo razoável, eles são impenhoráveis, porque privar deles o trabalhador seria privá-lo do próprio sustento; mas quando os valores se avultam a ponto de se converterem em verdadeiro patrimônio, é natural que se submetam à penhora e execução, tanto quanto o patrimônio mobiliário ou imobiliário adquirido com o fruto do trabalho (cada caso comportará um exame segundo as circunstancias e as necessidades do devedor e de sua família). Cândido Rangel Dinamarco – Instituições de Direito Processual Civil, 2ª Edição, 2004, Editora Malheiros Editores, Volume IV, p. 351, grifo não constante do original).

Em sintonia com acima referida doutrina, a jurisprudência deste Tribunal vem se orientando no sentido de mitigar a regra da impenhorabilidade de verbas de natureza salarial, em hipóteses em que seu valor elevado evidencie que excede o necessário para os gastos de manutenção digna da família de seu titular.

Nesse sentido:

(...).

1. É firme nesta Corte Superior o entendimento que reconhece a natureza alimentar dos honorários advocatícios e a impossibilidade de penhora sobre verba alimentar, em face do disposto no art. 649, IV, do CPC.

2. Contudo, a garantia de impenhorabilidade assegurada na regra processual referida não deve ser interpretada de forma gramatical e abstrata, podendo ter aplicação mitigada em certas circunstâncias, como sucede com crédito de natureza alimentar de elevada soma, que permite antever-se que o próprio titular da verba pecuniária desti-

nará parte dela para o atendimento de gastos supérfluos, e não, exclusivamente, para o suporte de necessidades fundamentais.

3. Não viola a garantia assegurada ao titular de verba de natureza alimentar a afetação de parcela menor de montante maior, desde que o percentual afetado se mostre insuscetível de comprometer o sustento do favorecido e de sua família e que a afetação vise à satisfação de legítimo crédito de terceiro, representado por título executivo.

4. Sopesando criteriosamente as circunstâncias de cada caso concreto, poderá o julgador admitir, excepcionalmente, a penhora de parte menor da verba alimentar maior sem agredir a garantia desta em seu núcleo essencial.

5. Com isso, se poderá evitar que o devedor contumaz siga frustrando injustamente o legítimo anseio de seu credor, valendo-se de argumento meramente formal, desprovido de mínima racionalidade prática.

6. Caso se entenda que o caráter alimentar da verba pecuniária recebe garantia legal absoluta e intransponível, os titulares desses valores, num primeiro momento, poderão experimentar uma sensação vantajosa e até auspiciosa para seus interesses. Porém, é fácil prever que não se terá de aguardar muito tempo para perceber os reveses que tal irrazoabilidade irá produzir nas relações jurídicas dos supostos beneficiados, pois perderão crédito no mercado, passando a ser tratados como pessoas inidôneas para os negócios jurídicos, na medida em que seus ganhos constituirão coisa fora do comércio, que não garante, minimamente, os credores.

7. Recurso especial a que se nega provimento.

(REsp 1.356.404-DF. Rel. Min RAUL ARAÚJO, Quarta Turma, pub. DJe 23/8/2013).

Indo mais além, acórdãos da 3ª Turma estabelecem a limitação temporal do último salário recebido, preconizada pela doutrina:

(...).

1. Admite-se a revisão de contratos, inclusive aquele objeto de confissão de dívida, em sede de embargos à execução.

Precedentes.

2. Valores caracterizados como verbas alimentares somente manterão essa condição enquanto destinados ao sustento do devedor e sua família, ou seja, enquanto se prestarem ao atendimento das necessidades básicas do devedor e seus dependentes. Na hipótese do provento de índole salarial se mostrar, ao final do período – isto é, até o recebimento de novo provento de igual natureza – superior ao custo necessário ao sustento do titular e seus familiares, essa sobra perde o caráter alimentício e passa a ser uma reserva ou economia, tornando-se, em princípio, penhorável.

3. Valores até o limite de 40 salários mínimos, aplicados em caderneta de poupança, são impenhoráveis, nos termos do art. 649, X, do CPC, que cria uma espécie de ficção legal, fazendo presumir que o montante assume função de segurança alimentícia pessoal e familiar. O benefício recai exclusivamente sobre a caderneta de poupança, de baixo risco e retorno, visando à proteção do pequeno investimento, voltada à garantia do titular e sua família contra imprevistos, como desemprego ou doença.

4. O art. 649, X, do CPC, não admite interpretação extensiva, de modo a abarcar outras modalidades de aplicação financeira, de maior risco e rentabilidade, que não detêm o caráter alimentício da caderneta de poupança, sendo voltados para valores mais expressivos e/ou menos comprometidos, destacados daqueles vinculados à subsistência mensal do titular e sua família. Essas aplicações visam necessidades e interesses de menor preeminência (ainda que de elevada importância), como aquisição de bens duráveis, inclusive imóveis, ou uma previdência informal (não oficial) de longo prazo. Mesmo aplicações em poupança em valor mais elevado perdem o caráter alimentício, tanto que o benefício da impenhorabilidade foi limitado a 40 salários mínimos e o próprio Fundo Garantidor de Crédito assegura proteção apenas até o limite de R$70.000,00 por pessoa.

5. Essa sistemática legal não ignora a existência de pessoas cuja remuneração possui periodicidade e valor incertos, como é o caso de autônomos e comissionados. Esses podem ter que sobreviver por vários meses com uma verba, de natureza alimentar, recebida de uma única vez, sendo justo e razoável que apliquem o dinheiro para resguardarem-se das perdas inflacionárias. Todavia, a proteção legal conferida às verbas de natureza alimentar impõe que, para manterem essa natureza, sejam aplicadas em caderneta de poupança, até o limite de 40 salários mínimos, o que permite ao titular e sua família uma subsistência digna por um prazo razoável de tempo.

6. Valores mais expressivos, superiores aos 40 salários mínimos, não foram contemplados pela impenhorabilidade fixada pelo legislador, até para que possam, efetivamente, vir a ser objeto de constrição, impedindo que o devedor abuse do benefício legal, escudando-se na proteção conferida às verbas de natureza alimentar para se esquivar do cumprimento de suas obrigações, a despeito de possuir condição financeira para tanto. O que se quis assegurar com a impenhorabilidade de verbas alimentares foi a sobrevivência digna do devedor e não a manutenção de um padrão de vida acima das suas condições, às custas do devedor.

7. Recurso especial a que se nega provimento.

(REsp 1330567/RS, Rel. Ministra NANCY ANDRIGHI, TERCEIRA TURMA, julgado em 16/05/2013, DJe 27/05/2013)

(...).

– Como, a rigor, não se admite a ação mandamental como sucedâneo de recurso, tendo o recorrente perdido o prazo para insurgir-se pela via adequada, não há como conhecer do presente recurso, dada a ofensa à Súmula nº 267 do STF.

– Ainda que a regra comporte temperamento, permanece a vedação se não demonstrada qualquer eiva de teratologia e abuso ou desvio de poder do ato judicial, como ocorre na espécie.

– Em princípio é inadmissível a penhora de valores depositados em conta-corrente destinada ao recebimento de salário ou aposentadoria por parte do devedor. Entretanto, tendo o valor entrado na esfera de disponibilidade do recorrente sem que tenha sido consumido integralmente para o suprimento de necessidades básicas, vindo a compor uma reserva de capital, a verba perde seu caráter alimentar, tornando-se penhorável.

Recurso ordinário em mandado de segurança a que se nega provimento.

(RMS 25.397/DF, Rel. Min. NANCY ANDRIGHI, Terceira Turma, pub. DJe 3.11.2008).

Retornando o projeto do novo C.P.C. ao Senado, foi dado nova redação ao §2º do art. 833 do atual C.P.C., estabelecendo que a impenhorabilidade das verbas indicadas no inc. IV do art. 833 do atual C.P.C. encontra-se limitada à importância que não exceder a 50 (cinquenta) salários-mínimos mensais.

V – os livros, as máquinas, as ferramentas, os utensílios, os instrumentos ou outros bens móveis necessários ou úteis ao exercício da profissão do executado.

Preceitua o art. 5º, inc. XIII, da C.F.: *é livre o exercício de qualquer trabalho, ofício ou profissão, atendidas as qualificações profissionais que a lei estabelecer.*

Para que se resguarde a liberdade do exercício de qualquer profissão, deve-se garantir os instrumentos necessários e úteis para tal criatividade da personalidade humana.

O dispositivo apresenta uma perspectiva abrangente, inserindo no seu âmbito de proteção qualquer trabalho, ofício ou profissão.

Trabalho, *no sentido jurídico*, significa a produção de tudo aquilo que seja útil socialmente.

O trabalho pode ser representado por uma atividade que não exige um nível intelectual aprimorado, como é o caso do vendedor ambulante. O ofício, por sua vez, é uma espécie de trabalho regulamentado exercido por aquele que detém um certo conhecimento técnico, exigindo um nível maior intelectual que o necessário para uma atividade. São exemplos de ofício, motorista, cabeleireiros, manicure etc. A profissão, pressupõe formação acadêmica e alto nível intelectual.

Como bem ensina Pontes de Miranda, *"o critério é a profissão – tudo quanto seja necessária a ela. O supérfluo faz penhorável o bem, porque falta o pressuposto da necessariedade ou da utilidade".*[344]

[344] Pontes de Miranda. *Comentário ao código de processo civil.* Tomo X. Rio de Janeiro: Forense, 1976. p. 185 e 186.

Segundo Araken de Assis, *"a impenhorabilidade de máquinas, livros, utensílios e instrumentos, por exemplo, o telefone, não se vincula ao porte ou ao valor e, tampouco, ao critério da indispensabilidade ao exercício profissional. É irrelevante, outrossim, a importância da profissão ou sua regulamentação legal, bem como a circunstância de se localizar na residência do devedor (art. 1º da Lei 8.009/90)".*[345]

Os livros podem pertencer a médicos, advogados, membros do Poder Judiciário, do Ministério Público, professores etc. Portanto, os livros servem como instrumento para o exercício da profissão, aprimoramento e permitindo a recepção de conhecimentos.

As máquinas podem ser consideradas como um torno de um trabalhador autônomo que exerce de seu ofício, máquina de costura, forno industrial de uma pequena padaria, a máquina de cortar grama de um jardineiro etc.

As ferramentas, como, as ferramentas de um encanador, de um mecânico, de um trabalhador autônomo que arruma máquinas de lavar, costurar, refrigerador, televisão etc.

Os utensílios, por sua vez, podem ser qualquer material que dê maior capacidade de realização de qualquer trabalho ofício ou profissão, como é o caso de utensílios utilizados para fazer produtos a serem vendidos ao consumidor. As panelas de um cozinheiro que faz comida nas residências dos consumidores são utensílios. O molde utilizado por um torneiro mecânico em seu trabalho autônomo é considerado utensílio.

Instrumento ou outros bens móveis necessários ou úteis ao exercício da profissão do executado.

O legislador quis ampliar os objetos que devem ser considerados impenhoráveis, para abranger qualquer outro instrumento ou bens móveis necessários ou úteis ao exercício da profissão do executado.

Para o legislador, basta que os objetos sejam meramente úteis, sem que sejam necessários, para que a impenhorabilidade prevaleça.

Segundo anota Pontes de Miranda: *"No art. 649, os incisos II e VIII (necessários), e VI (necessários ou úteis) aludem a conceitos de 'necessidade', que é igual a 'indispensabilidade', e de 'utilidade'. A 'necessariedade' ou 'indispensabilidade', e de 'utilidade'. A 'necessariedade' ou 'indispensabilidade' há de existir ao tempo da penhora. A 'utilidade' dilata a impenhorabilidade..."*.[346]

O telefone para um advogado ou para um médico pode não ser necessário, mas é de extrema utilidade.

[345] Assis, A. op. cit., p.. 426.

[346] Pontes de Miranda, op. cit., p. 178.

O objeto, portanto, não precisa ser indispensável para o exercício da profissão, conforme já teve oportunidade de afirmar o S.T.J., nos seguintes precedentes:

1. O acórdão regional reconheceu que o veículo penhorado era utilizado como meio de transporte ao trabalho da recorrente. Além disso, a sentença foi taxativa no sentido de que tal veículo era usado pela embargante (ora recorrente) para se locomover por várias cidades do Estado do Paraná, a fim de exercer suas atividades de Coordenadora Pedagógica.

2. Assim, consoante já decidiu este Superior Tribunal de Justiça, para que seja impenhorável, a lei não exige que o bem seja imprescindível ao exercício da profissão, bastando que confira ao devedor certa utilidade (REsp 472888/SP, rel. Min. Carlos Alberto Menezes Direito; REsp 39.853/GO, rel. Min. Eduardo Ribeiro).

3. O veículo objeto de discussão era, de fato, útil ao exercício da profissão da recorrente, daí por que não poderia ter sido penhorado, nos termos do art. 649, VI, do CPC.

4. Recurso especial provido.

(REsp 780.870/PR, Rel. Ministro MAURO CAMPBELL MARQUES, SEGUNDA TURMA, julgado em 06/11/2008, DJe 01/12/2008).

1. O elenco de bens que não podem sofrer a incidência da penhora, inserto no inciso VI do art. 649 do CPC, vem sendo ampliado pela jurisprudência.

2. O entendimento majoritário desta Corte, expresso em diversos e reiterados julgados, é no sentido de considerar impenhorável veículo automotor que serve de instrumento de trabalho a representante comercial.

3. Recurso especial conhecido pela alínea "c", mas improvido.

(REsp 572.759/PR, Rel. Ministra ELIANA CALMON, SEGUNDA TURMA, julgado em 07/04/2005, DJ 23/05/2005, p. 198)

Execução. Penhora de bem útil ao exercício da profissão do executado. Art. 649, VI, do Código de Processo Civil. Precedentes da Corte.

1. Já decidiu a Corte, em diversas oportunidades, que a lei não exige "que o bem seja indispensável ao exercício da profissão do devedor. Basta que lhe seja útil" (REsp nº 39.853/GO, Relator o Senhor Ministro Eduardo Ribeiro, DJ de 07/02/94).

2. Recurso especial conhecido e provido.

(REsp 472.888/SP, Rel. Ministro CARLOS ALBERTO MENEZES DIREITO, TERCEIRA TURMA, julgado em 17/06/2003, DJ 01/09/2003, p. 283)

Evidentemente, a necessidade ou utilidade dos objetos deverá ser avaliada caso-a-caso e de acordo com sua utilização presente e não passada. Em relação a esse aspecto, é importante observar as seguintes ponderações de Araken de Assis:

"uso total – a utilização da máquina, livro, utensílio ou instrumento deve ocorrer no presente, no dia-a-dia da labuta profissional. Por isso, nada exclui a penhora da balança antiga e valiosa em desuso no estabelecimento do magafere; quantidade razoável – estoque de instrumentos no consultório odontológico além de qualquer necessidade atual e momentânea, retira o obstáculo da impenhorabilidade por força do art. 649, VI. Em contra-partida, não tem sentido penhorar um dos equipamentos do cirurgião-dentista quando ele, trabalhando no subúrbio e na cadeia, necessidade de ambos. De nenhuma importância o tamanho da biblioteca médica ou a especialidade dos tratados, pois toda ela é impenhorável; utilidade ou necessidade – o livro, o utensílio, o instrumento e a máquina hão de ser úteis ou necessários aos misteres do obrigado, dentro do melhor padrão profissional, o que inclui o telefone; trabalho pessoal – o livro, o utensílio, a máquina ou o instrumento impenhorável é o que se relaciona a certa profissão, por óbvio não limitadas àquelas reguladas em lei. Por exemplo, o trator...".[347]

O Superior Tribunal de Justiça tem entendido que os bens úteis e necessários para a atividade de empresa individual, na qual os sócios atuam pessoalmente, são impenhoráveis. Nesse sentido são os seguintes precedentes:

(...).

2 – Pacífica a jurisprudência desta Corte no sentido de que os bens úteis e/ou necessários às atividades desenvolvidas por pequenas empresas, onde os sócios atuam pessoalmente, são impenhoráveis, na forma do disposto no art. 649, VI, do CPC. Na hipótese, cuida-se de empresa individual cujo único bem é um caminhão utilizado para fazer fretes, indicado à penhora pelo próprio devedor/proprietário.

3. Inobstante a indicação do bem pelo próprio devedor, não há que se falar em renúncia ao benefício de impenhorabilidade absoluta, constante do artigo 649 do CPC. A ratio essendi do artigo 649 do CPC decorre da necessidade de proteção a certos valores universais considerados de maior importância, quais sejam o Direito à vida, ao trabalho, à sobrevivência, à proteção à família. Trata-se de defesa de direito fundamental da pessoa humana, insculpida em norma infraconstitucional.

4. Há que ser reconhecida nulidade absoluta da penhora quando esta recai sobre bens absolutamente impenhoráveis. Cuida-se de matéria de ordem pública, cabendo ao magistrado, de ofício, resguardar o comando insculpido no artigo 649 do CPC. Tra-

[347] Assis, A., op. cit., p. 427.

tando-se de norma cogente que contém princípio de ordem pública, sua inobservância gera nulidade absoluta consoante a jurisprudência assente neste STJ.

5. Do exposto, conheço parcialmente do recurso e nessa parte dou-lhe provimento.

(REsp 864.962/RS, Rel. Ministro MAURO CAMPBELL MARQUES, SEGUNDA TURMA, julgado em 04/02/2010, DJe 18/02/2010)

1. A regra geral é no sentido de restringir-se a aplicação da impenhorabilidade dos bens indicados no inciso VI do art. 649 do CPC às pessoas físicas.

2. Jurisprudência divergente no STJ, com tendência no sentido de estender-se a regra às pequenas e às microempresas, quando forem elas administradas pessoalmente pelos sócios (precedentes).

3. Situação fática constante do acórdão que justifica a aplicação da exceção.

4. Recurso especial não provido.

(REsp 898.219/RS, Rel. Ministra ELIANA CALMON, SEGUNDA TURMA, julgado em 17/04/2008, DJe 06/05/2008)

(...).

2. "Aferida à saciedade que a família reside no imóvel sede de pequena empresa familiar, impõe-se exegese humanizada, à luz do fundamento da república voltado à proteção da dignidade da pessoa humana, por isso que, expropriar em execução por quantia certa esse imóvel, significa o mesmo que alienar bem de família, posto que, muitas vezes, lex dixit minus quam voluit." (REsp 621.399/RS, Rel. Ministro LUIZ FUX, PRIMEIRA TURMA, julgado em 19/4/2005, DJ 20/2/2006, p. 207).

3. Agravo regimental a que se nega provimento.

(AgRg no AREsp 432.989/MG, Rel. Ministro LUIS FELIPE SALOMÃO, QUARTA TURMA, julgado em 10/12/2013, DJe 17/12/2013)

VI – o seguro de vida.

É impenhorável o seguro de vida.

O Seguro de vida é regulado pelos artigos 789 a 802 do C.c.b.

O beneficiário de seguro de vida tem garantido o direito de não ver incidir penhora sobre esse valor, pois o seguro de vida nada mais é do que uma indenização pela morte do segurado, não integrando o patrimônio do beneficiário para efeito de garantir suas dívidas.

Entende Pontes de Miranda que *"depois de devida a soma, é parte do patrimônio do segurado, insere-se na sua esfera jurídica, – não é mais o seguro; e somente estaria imune à penhora se fosse separada do resto, em virtude da cláusula de inalienabilidade ou de impenhorabilidade (distinção qualitativa do patrimônio). Então o caso pertenceria à regra jurídica do art. 649, I, ou à regra tautológica 'não são suscetíveis de penhora os bens impenhoráveis. O art. 649, IX, tem, pois, o alcance de imunizar o direito expectativo, 'com quem quer que ele se ache'. Não só o valor já recebido escapa ao art. 649, IX; o que a empresa ou órgão estatal de seguro já 'deve' e, pois, há a pretensão e a ação, pode ser penhorado. Na data em que se há de pagar o seguro, pois que já ocorreu o que fez devido o que se prometera sob condição ou a termo. Já o direito a receber está no patrimônio do beneficiário. O direito expectativo securitário é que não é penhorável".*[348]

Assim, para Pontes, de Miranda, somente a expectativa de recebimento de seguro de vida é que está garantida pela impenhorabilidade. Se já houve o recebimento do seguro, este passou a integrar o patrimônio do devedor, sendo que as dívidas que se seguirem estarão garantidas pelo seu valor, tornando-se ele penhorável.

VII – os materiais, necessários para obras em andamento, salvo se essas forem penhoradas;

Note-se que esse dispositivo somente caracteriza a impenhorabilidade dos materiais necessários para *obra em andamento*.

Tratando-se de obra já concluída ou de obra nova, quando da propositura da execução, os materiais não serão beneficiados pela impenhorabilidade.

Importa verificar, também, se há destinação do material para a obra, ou se se trata de material separado, provisoriamente, do prédio, e que não são mais necessários. Somente o material necessário para obra em andamento é que não poderá ser objeto de penhora.

Se a penhora recai sobre a própria obra, essa penhora abrange o material, tendo em vista que se trata de uma penhora global.

É possível que o executado tenha adquirido material necessário para obra que se encontra já em andamento, antes da propositura da execução. Nesse caso, a sorte do acessório segue a sorte do principal. Assim, se a construção não pode ser objeto de penhora (bem de família), o material adquirido para a sua conclusão também não poderá ser objeto de penhora.

Por outro lado, se o principal, construção, pode ser penhorado, o material adquirido para sua conclusão também poderá sê-lo.

Conforme estabelece o art. 3º, inc.s. II e V, da Lei 8.009/90:

> *Art. 3º A impenhorabilidade é oponível em qualquer processo de execução civil, fiscal, previdenciária, trabalhista ou de outra natureza, salvo se movido:*
>
> *(...).*

[348] Pontes de Miranda, *Comentários ao código de processo civil.* Tomo X. Rio de Janeiro: Forense, 1976. p. 189 e 190.

II – pelo titular do crédito decorrente do financiamento destinado à construção ou à aquisição do imóvel, no limite dos créditos e acréscimos constituídos em função do respectivo contrato;

(...)

V – para execução de hipoteca sobre o imóvel oferecido como garantia real pelo casal ou pela entidade familiar.

Portanto, se o material adquirido for para ser incorporado à construção ou à aquisição de imóvel, cujo financiamento encontra-se em execução, este material estará sujeito à penhora.

Também estará sujeito à penhora o material empregado em imóvel oferecido a hipoteca como garantia real pelo casal ou pela entidade familiar.

Tendo em vista que o fiador não poderá beneficiar-se com as garantias da impenhorabilidade do bem de família, o material que adquirir para empregar em seu único imóvel poderá ser penhorado juntamente com o imóvel.

VIII – a pequena propriedade rural, assim definida em lei, desde que trabalhada pela família;

A impenhorabilidade *absoluta* da pequena propriedade rural tem por fundamento não o atual C.P.C., mas, sim, a própria Constituição Federal que em seu art. 5º, inc. XXVI preceitua: *a pequena propriedade rural, assim definida em lei, desde que trabalhada pela família, não será objeto de penhora para pagamento de débitos decorrentes de sua atividade produtiva, dispondo a lei sobre os meios de financiar o seu desenvolvimento.*

O S.T.F. já manifestou entendimento de que a impenhorabilidade prevista no art. 5º, inc. XXVI tem aplicação imediata e eficácia plena. Nesse sentido foi o voto proferido pelo Eminente Ministro Carlos Veloso no Agravo Regimental em Agravo de Instrumento n. 184.198-2.

Há entendimento de que pequena propriedade rural é aquela que não ultrapassa um módulo rural de cada região do país. A medida do módulo rural varia, em cada região.

Também tem se admitido como critério definidor de pequena propriedade rural aquele estabelecido no Estatuto da Terra, conforme preconiza o seguinte precedente do S.T.J.:

(...).

2. À míngua de expressa disposição legal definindo o que seja pequena propriedade rural, no que tange à impenhorabilidade do bem de família, prevista no artigo

5º, XXVI, da Constituição Federal, é adequado se valer do conceito de "propriedade familiar" extraído do Estatuto da Terra. Precedente do STF.

3. O módulo fiscal, por contemplar o conceito de "propriedade familiar" estabelecido pelo Estatuto da Terra como aquele suficiente à absorção de toda a força de trabalho do agricultor e de sua família, garantindo-lhes a subsistência e o progresso social e econômico, atende também ao preceito da impenhorabilidade da pequena propriedade rural, previsto no artigo 649, VIII, do Código de Processo Civil. Precedentes do STJ.

4. Recurso especial parcialmente provido, apenas para resguardar da penhora a sede de moradia da família.

(REsp 1018635/ES, Rel. Ministro LUIS FELIPE SALOMÃO, QUARTA TURMA, julgado em 22/11/2011, DJe 01/02/2012)

O art. 4º, inc. II e III, da Lei 4.504/64 (Estatuto da Terra) assim define a 'propriedade familiar' e o 'módulo rural':

"Art.4º. Para os efeitos desta Lei, definem-se:

(...).

II – 'Propriedade Familiar', o imóvel rural que, direta e pessoalmente explorado pelo agricultor e sua família, lhes absorva toda a força de trabalho, garantido-lhe a subsistência e o progresso social e econômico, com área máxima fixada para cada região e tipo de exploração, e eventualmente trabalho com a ajuda de terceiros;

III "Módulo Rural', a área fixada nos termos do inciso anterior".

Por sua vez, o art. 5º e seu parágrafo único do Estatuto da Terra preconizam:

"Art. 5º. A dimensão da área dos módulos de propriedade rural será fixada para cada zona de características econômicas e ecológicas homogêneas, distintamente, por tipos de exploração rural que nela possam ocorrer.

Parágrafo único. No caso de exploração mista, o módulo será fixado pela média ponderada das partes do imóvel destinada a cada um dos tipos de exploração considerados".

A lei n. 8009/90, em seu art. 4º, §2º, também garante a impenhorabilidade da pequena propriedade rural familiar, *in verbis:*

Art. 4º (...).

§ 2º Quando a residência familiar constituir-se em imóvel rural, a impenhorabilidade restringir-se-á à sede de moradia, com os respectivos bens móveis, e, nos casos do art. 5º, inciso XXVI, da Constituição, à área limitada como pequena propriedade rural.

Portanto, se a área rural não for considerada como pequena propriedade rural, a impenhorabilidade do bem de família incide sobre a sede da moradia. Mas se se tratar de pequena propriedade rural, nos termos do art. 5º, inc. XXVI, da C.F., a impenhorabilidade incide sobre a totalidade do imóvel rural.

Sobre o tema, eis o seguinte precedente do S.T.J.:

(...).

2. O art. 4º, § 2º, da Lei nº 8.009/90 não restringe a declaração de impenhorabilidade do imóvel rural à "sede da moradia", mas nos casos do art. 5º, inciso XXVI, da Constituição, como na hipótese dos autos, à área limitada como pequena propriedade rural.3. As circunstâncias fáticas que levaram a Corte de origem a considerar o imóvel impenhorável, definindo-o como pequena propriedade rural, impossibilitam o seu reexame no âmbito do recurso especial (Súmula 7/STJ).

4. Segundo orientação pacífica deste Superior Tribunal, a impenhorabilidade do bem de família pode ser suscitada até o final da fase de execução. Precedente do STJ.

5. Diversamente dos paradigmas apresentados pela agravante, o acórdão recorrido teve por fundamento a superveniente alteração legislativa do art. 649, inciso VIII, do CPC – com a redação conferida pela Lei nº 11.382/06 –, que deixou de tomar o módulo rural como parâmetro de impenhorabilidade dos imóveis rurais. Donde se conclui inexistir similitude entre os acórdãos confrontados.

6. Agravo regimental a que se nega provimento.

(AgRg no REsp 1076317/PR, Rel. Ministra MARIA ISABEL GALLOTTI, QUARTA TURMA, julgado em 05/04/2011, DJe 11/04/2011)

Há entendimento do S.T.J. que se o imóvel rural é superior ao módulo rural, mas o trabalhador rural exerce sua atividade sozinho ou com sua família, a impenhorabilidade deverá ser restringida à unidade de um módulo rural. Nesse sentido é o seguinte precedente:

1. A circunstância de o imóvel rural que constitui residência da família e por esta seja trabalhado ultrapassar as dimensões definidas para a pequena propriedade não lhe retira o atributo da impenhorabilidade. Restringe-se este atributo, todavia, à dimensão da área regionalmente definida como módulo rural.

2. Recurso especial parcialmente provido.

(REsp 230.363/PB, Rel. Ministro JOÃO OTÁVIO DE NORONHA, SEGUNDA TURMA, julgado em 12/04/2005, DJ 05/09/2005, p. 333)

IX – os recursos públicos recebidos por instituições privadas para aplicação compulsória em educação, saúde ou assistência social.

Os recursos públicos, por pertencerem ao patrimônio público, são impenhoráveis.

O inc. IX do art. 833 do atual C.P.C. mantém esta impenhorabilidade ainda quando esses recursos públicos forem transferidos a instituições privadas para aplicação compulsória em educação, saúde ou assistência social. São exemplos desses recursos públicos para aplicação compulsória: o Programa de Universidade para Todos com isenção tributária para universidades particulares. O PROUNI possui também ações conjuntas de incentivo à permanência dos estudantes nas instituições, como a Bolsa Permanência, o convênio de estágio MEC/CAIXA e a Federação Brasileira de Bancos (Febraban) e o FIES – Fundo de Financiamento ao Estudante do Ensino Superior, que possibilita ao bolsista parcial financiar a parcela da mensalidade não coberta pela bolsa do programa.

No âmbito da saúde, verifica-se que os hospitais privados recebem valores do Sistema Único de Saúde, sendo que esses valores são também impenhoráveis.

Há também recursos públicos recebidos por entidades de assistência social – os quais atenderão crianças e adolescentes, pessoas carentes e idosos.

Assim, a verba pública repassada às creches, asilos, casa de apoios não poderá ser penhorada, desde que esse recurso seja obrigatoriamente aplicado na assistência social.

Sobre o tema, eis a seguinte decisão do S.T.J.:

> *1. Esta Corte admite a expedição de ofício ao Bacen para se obter informações sobre a existência de ativos financeiros do devedor, desde que o exequente comprove ter exaurido todos os meios de levantamento de dados na via extrajudicial.*
>
> *2. No caso concreto, a decisão indeferitória da medida executiva requerida ocorreu depois do advento da Lei 11.382/06, a qual alterou o Código de Processo Civil para: a) incluir os depósitos e aplicações em instituições financeiras como bens preferenciais na ordem de penhora, equiparando-os a dinheiro em espécie (art. 655, I) e; b) permitir a realização da constrição por meio eletrônico (art. 655-A). Aplicação do novel artigo 655 do CPC. Precedentes de ambas as Turmas da Primeira Seção.*
>
> *3. Existe, assim, a necessidade de observância da relação dos bens absolutamente impenhoráveis, previstos no art. 649 do CPC, especialmente, "os recursos públicos recebidos por instituições privadas para aplicação compulsória em educação, saúde ou assistência social" (inciso VIII), bem como a quantia depositada em caderneta de poupança até o limite de quarenta (40) salários mínimos (X).*
>
> *4. Agravo regimental provido.*
>
> (AgRg no REsp 1077240/BA, Rel. Ministro CASTRO MEIRA, SEGUNDA TURMA, julgado em 19/02/2009, DJe 27/03/2009)

X – a quantia depositada em caderneta de poupança, até o limite de 40 (quarenta) salários mínimos;

O art. 649, inc. X, do C.P.C. de 1973 estabelecia a impenhorabilidade de depósitos em caderneta de poupança até o limite de *40 (quarenta) salários mínimos, (Redação dada pela Lei nº 11.382, de 2006)*

O Projeto Originário do novo C.P.C., n. 2.046/10, reduziu para trinta salários mínimos.

O atual C.P.C. restabeleceu o limite para depósito em poupança até o limite de *40 (quarenta) salários mínimos.*

É importante salientar que a legislação somente garante a impenhorabilidade aos depósitos em caderneta de poupança, não abrangendo os depósitos em conta corrente, em aplicações financeiras, em aplicação em Conta do Tesouro Nacional etc. Sobre o tema, eis o seguinte precedente do S.T.J.:

> *(...).*
>
> *2. Valores caracterizados como verbas alimentares somente manterão essa condição enquanto destinadas ao sustento do devedor e sua família, ou seja, enquanto se prestarem ao atendimento das necessidades básicas do devedor e seus dependentes. Na hipótese do provento de índole salarial se mostrar, ao final do período – isto é, até o recebimento de novo provento de igual natureza – superior ao custo necessário ao sustento do titular e seus familiares, essa sobra perde o caráter alimentício e passa a ser uma reserva ou economia, tornando-se, em princípio, penhorável.*
>
> *3. Valores até o limite de 40 salários mínimos, aplicados em caderneta de poupança, são impenhoráveis, nos termos do art. 649, X, do CPC, que cria uma espécie de ficção legal, fazendo presumir que o montante assume função de segurança alimentícia pessoal e familiar.*
>
> *O benefício recai exclusivamente sobre a caderneta de poupança, de baixo risco e retorno, visando à proteção do pequeno investimento, voltada à garantia do titular e sua família contra imprevistos, como desemprego ou doença.*
>
> *4. O art. 649, X, do CPC, não admite interpretação extensiva, de modo a abarcar outras modalidades de aplicação financeira, de maior risco e rentabilidade, que não detêm o caráter alimentício da caderneta de poupança, sendo voltados para valores mais expressivos e/ou menos comprometidos, destacados daqueles vinculados à subsistência mensal do titular e sua família. Essas aplicações visam necessidades e interesses de menor preeminência (ainda que de elevada importância), como aquisição de bens duráveis, inclusive imóveis, ou uma previdência informal (não oficial) de longo prazo. Mesmo aplicações em poupança em valor mais elevado perdem o caráter alimentício, tanto que o benefício da impenhorabilidade foi limitado a 40 salários míni-*

mos e o próprio Fundo Garantidor de Crédito assegura proteção apenas até o limite de R$70.000,00 por pessoa.

5. Essa sistemática legal não ignora a existência de pessoas cuja remuneração possui periodicidade e valor incertos, como é o caso de autônomos e comissionados. Esses podem ter que sobreviver por vários meses com uma verba, de natureza alimentar, recebida de uma única vez, sendo justo e razoável que apliquem o dinheiro para resguardarem-se das perdas inflacionárias. Todavia, a proteção legal conferida às verbas de natureza alimentar impõe que, para manterem essa natureza, sejam aplicadas em caderneta de poupança, até o limite de 40 salários mínimos, o que permite ao titular e sua família uma subsistência digna por um prazo razoável de tempo.

6. Valores mais expressivos, superiores aos 40 salários mínimos, não foram contemplados pela impenhorabilidade fixada pelo legislador, até para que possam, efetivamente, vir a ser objeto de constrição, impedindo que o devedor abuse do benefício legal, escudando-se na proteção conferida às verbas de natureza alimentar para se esquivar do cumprimento de suas obrigações, a despeito de possuir condição financeira para tanto. O que se quis assegurar com a impenhorabilidade de verbas alimentares foi a sobrevivência digna do devedor e não a manutenção de um padrão de vida acima das suas condições, às custas do devedor.

7. Recurso especial a que se nega provimento.

(REsp 1330567/RS, Rel. Ministra NANCY ANDRIGHI, TERCEIRA TURMA, julgado em 16/05/2013, DJe 27/05/2013)

A legislação não se importa com a origem do valor depositado em caderneta de poupança, pois o que interessa é o depósito em si.

Sobre o tema, assim tem decidido o S.T.J.:

1. Nos termos do art. 649, X, do CPC (redação dada pela Lei 11.382/2006), são absolutamente impenhoráveis, até o limite de quarenta salários mínimos, a quantia depositada em caderneta de poupança. Nesse contexto, mostra-se ilegal a penhora que recaia sobre a totalidade dos valores depositados em caderneta de poupança, sem se observar a regra de impenhorabilidade prevista no preceito legal referido.

2. Precedentes: AgRg no AgRg no REsp 1.096.337/SP, 2ª Turma, Rel. Min. Humberto Martins, DJe de 31.8.2009; e AgRg no REsp 1.077.240/BA, 2ª Turma, Rel. Min. Castro Meira, DJe de 27.3.2009.

(...).

(AgRg no REsp 1291807/RS, Rel. Ministro MAURO CAMPBELL MARQUES, SEGUNDA TURMA, julgado em 07/08/2012, DJe 14/08/2012).

1. A remuneração a que se refere o inciso IV do art. 649 do CPC é a última percebida, no limite do teto constitucional de remuneração (CF, art. 37, XI e XII), perdendo esta natureza a sobra respectiva, após o recebimento do salário ou vencimento seguinte. Precedente.

2. O valor obtido a título de indenização trabalhista, após longo período depositado em fundo de investimento, perde a característica de verba salarial impenhorável (inciso IV do art. 649). Reveste-se, todavia, de impenhorabilidade a quantia de até quarenta salários mínimos poupada, seja ela mantida em papel-moeda; em conta-corrente;

aplicada em caderneta de poupança propriamente dita ou em fundo de investimentos, e ressalvado eventual abuso, má-fé, ou fraude, a ser verificado caso a caso, de acordo com as circunstâncias da situação concreta em julgamento (inciso X do art. 649).

3. Recurso especial parcialmente provido.

(REsp 1230060/PR, Rel. Ministra MARIA ISABEL GALLOTTI, SEGUNDA SEÇÃO, julgado em 13/08/2014, DJe 29/08/2014)

É bem verdade que o devedor, com o intuito de burlar a lei, poderá, por exemplo, dividir o valor de R$1.000.000,00 (um milhão de reais) em diversos depósitos em caderneta de poupança de tal forma que cada depósito não ultrapasse a quantia de quarenta salários mínimos. Efetivamente, o devedor praticará com tal conduta *abuso de direito.*

A impenhorabilidade de valores depositados em caderneta de poupança não poderá ser arguida quando a execução disser respeito a verba alimentar. Nesse sentido, eis os seguintes precedentes do S.T.J.:

1. A concessão da medida cautelar, para conferir efeito suspensivo a recurso sequer admitido, pressupõe a aferição da existência de decisão teratológica ou manifestamente contrária à jurisprudência deste Superior Tribunal de Justiça, somada à demonstração dos requisitos da plausibilidade do direito invocado, e do perigo da demora.

2. A plausibilidade do direito, ao menos em uma análise preliminar, não queda evidenciada, haja vista que o art. 649, § 2º, do CPC permite a penhora de vencimentos do devedor de alimentos, sendo que tal regra deve ser interpretada de forma ampliativa, a fim de se permitir a penhora de valores constantes em conta poupança do alimentante, nos casos em que frustrar o pagamento dos alimentos devidos aos filhos.

(...).

(AgRg na MC 19.964/SP, Rel. Ministro MARCO BUZZI, QUARTA TURMA, julgado em 19/08/2014, DJe 01/09/2014).

1. Para pagamento de prestação alimentícia, podem ser penhorados valores depositados em caderneta de poupança, mesmo que o saldo nela existente seja inferior a 40 salários mínimos.

2. A mitigação da regra estatuída no art. 659, X, do CPC cede aos princípios constitucionais que asseguram a subsistência da pessoa humana na concepção de "vida digna".

3. Recurso especial desprovido.

(REsp 1218118/SP, Rel. Ministro JOÃO OTÁVIO DE NORONHA, TERCEIRA TURMA, julgado em 12/08/2014, DJe 25/08/2014)

XI – os recursos públicos do fundo partidário recebidos por partido político, nos termos da lei.

A Lei 11.694 acrescentou o inciso XI, no artigo 649, do Código de Processo Civil de 1973, para considerar como bens absolutamente impenhoráveis os recursos recebidos pelos partidos políticos do fundo partidário, previstos no parágrafo 3º do artigo 17 da Constituição Federal, e regulamentado pela Lei 9.096, de 19 de setembro de 1995.

A lei põe à margem da penhora os recursos públicos do fundo partidário recebidos, *nos termos da lei.* A lei, no caso, é a Lei 9.096/95, que dispõe sobre os partidos políticos, e que, no Capítulo II, disciplina o fundo partidário. Este, por sua vez, é uma garantia constitucional, prevista no parágrafo 3º, do artigo 17, da CF, que assim determina: *"Os partidos políticos têm direito a recursos do fundo partidário e acesso gratuito ao rádio e à televisão, nos termos da lei".*

A impenhorabilidade prevista dos recursos do fundo partidário teve por fundamento evitar que os diretórios nacionais de partidos políticos possam vir a ser responsabilizados por atos praticados pelos diretórios estaduais e municipais. Isso porque, nos termos do artigo 41, da Lei 9.096/95, a distribuição dos recursos para o fundo partidário é feita pelo TSE, diretamente aos Diretórios Nacionais dos partidos políticos.

É importante salientar que os recursos do fundo partidário são públicos. Apesar de se incorporarem ao patrimônio do partido político, que tem personalidade de direito privado, há necessidade de um controle no repasse dessas verbas, bem como na utilização das mesmas.

Os recursos do fundo partidário destinam-se exclusivamente às hipóteses contidas no artigo 44, da Lei 9.096/95, que são as seguintes:

> *"I. manutenção das sedes e serviços do partido, permitido o pagamento de pessoal, a qualquer título, este último até o limite máximo de 20% (vinte por cento) do total recebido;*
>
> *II. propaganda doutrinária e política;*
>
> *III. alistamento e campanha eleitorais;*
>
> *IV. criação e manutenção de instituto ou fundação de pesquisa e de doutrinação política, sendo esta aplicação de, no mínimo, 20% (vinte por cento) do total recebido".*

XII – *os créditos oriundos de alienação de unidades imobiliárias, sob regime de incorporação imobiliária, vinculados à execução da obra.*

A incorporação imobiliária é regida pela Lei n. 4.591/64 e, nos termos do art. 28, parágrafo único, consiste na atividade exercida com o intuito de promover e realizar a construção, para alienação total ou parcial, de edificações ou conjunto de edificações compostas de unidades autônomas.

É importante salientar que a Lei 10.931/04 dispõe sobre o patrimônio de afetação de incorporações imobiliárias, permitindo a opção pelo regime especial de tributação. Estabelece o art. 3º e parágrafo único da Lei 10.931/04:

> *Art. 3º O terreno e as acessões objeto da incorporação imobiliária sujeitas ao regime especial de tributação, bem como os demais bens e direitos a ela vinculados, não responderão por dívidas tributárias da incorporadora relativas ao Imposto de Renda das Pessoas Jurídicas – IRPJ, à Contribuição Social sobre o Lucro Líquido – CSLL, à Contribuição para o Financiamento da Seguridade Social – COFINS e à Contribuição para os Programas de Integração Social e de Formação do Patrimônio do Servidor Público – PIS/PASEP, exceto aquelas calculadas na forma do art. 4º sobre as receitas auferidas no âmbito da respectiva incorporação.*
>
> *Parágrafo único. O patrimônio da incorporadora responderá pelas dívidas tributárias da incorporação afetada.*

O legislador do novo C.P.C., visando a resguardar os consumidores adquirentes de imóveis sob regime de incorporação imobiliária, especialmente em face de inadimplemento de dívidas da incorporadora, estendeu a impenhorabilidade dos créditos oriundos de alienação de unidades imobiliárias também para outras dívidas da incorporadora, não só as tributárias, desde que esses créditos estejam vinculados à execução da obra.

Preceitua *o §1º do art. 833* do atual C.P.C. que *a impenhorabilidade não é oponível à execução de dívida relativa ao próprio bem, inclusive àquela contraída para sua aquisição*

O imóvel caracterizado como bem de família é impenhorável. Contudo, não se pode opor a impenhorabilidade do imóvel para cobrança do crédito concedido para a aquisição do próprio bem de família, como é o caso quando o devedor adquire o credito bancário para compra da casa própria e concede o próprio bem como hipoteca em garantia da dívida.

Da mesma forma, o veículo do representante comercial pode ser considerado impenhorável, mas essa impenhorabilidade não terá efeito perante o crédito concedido para a aquisição do veículo. Esse raciocínio aplica-se também em relação ao crédito concedido para a aquisição de instrumentos, máquinas, utensílios.

Aplica-se, igualmente, ao crédito concedido para a aquisição da propriedade rural.

Estabelece o *§2º do art. 833* do atual C.P.C. que *o disposto no inciso IV e X do caput não se aplica à hipótese de penhora para pagamento de prestação alimentícia, independentemente de sua origem, bem como às importâncias excedentes a 50 (cinquenta) salários-mínimos mensais, devendo a constrição observar o disposto no art. 528, §8º, e no art. 529, §3º.*

O inc. IV do art. 833 do atual C.P.C. estabelece que são impenhoráveis os vencimentos, os subsídios, os soldos, os salários, as remunerações, os proventos de aposentadoria, as pensões, os pecúlios e os montepios, bem como as quantias recebidas por liberalidade de terceiro e destinadas ao sustento do devedor e de sua família, os ganhos de trabalhador autônomo e os honorários de profissional liberal.

O inc. X do art. 833 do atual C.P.C. estabelece que é impenhorável a quantia depositada em caderneta de poupança, até o limite de quarenta salários mínimos.

Contudo, a impenhorabilidade desses dispositivos (inc. IV e X) é meramente relativa, pois o legislador estabeleceu limitações para a sua aplicação.

A primeira limitação, é que a impenhorabilidade não se aplica em caso de pagamento de prestação alimentícia. Assim, é possível a penhora de vencimentos, subsídios, soldos, salários, remunerações, proventos de aposentadoria, pensões, pecúlios, montepios, quantias recebidas por liberalidade de terceiro, ganhos de trabalhador autônomo ou honorários de profissional liberal para pagamento de pensão alimentícia. Da mesma forma é possível a penhora dos depósitos em caderneta de poupança, ainda que inferior a quarenta salários mínimos, desde que destinada ao pagamento de prestação alimentícia, independentemente de sua origem.

Sobre o tema, eis os seguintes precedentes do S.T.J.:

1. A concessão da medida cautelar, para conferir efeito suspensivo a recurso sequer admitido, pressupõe a aferição da existência de decisão teratológica ou manifestamente contrária à jurisprudência deste Superior Tribunal de Justiça, somada à demonstração dos requisitos da plausibilidade do direito invocado, e do perigo da demora.

2. A plausibilidade do direito, ao menos em uma análise preliminar, não queda evidenciada, haja vista que o art. 649, § 2º, do CPC permite a penhora de vencimentos do devedor de alimentos, sendo que tal regra deve ser interpretada de forma ampliativa, a fim de se permitir a penhora de valores constantes em conta poupança do alimentante, nos casos em que frustrar o pagamento dos alimentos devidos aos filhos.

3. Ante a ausência de demonstração objetiva da existência de ato judicial expropriatório (periculum in mora), apto a justificar nesse momento processual, a intervenção excepcional desta eg. Corte Superior, o indeferimento da presente medida cautelar se impõe.

4. Agravo regimental desprovido.

(AgRg na MC 19.964/SP, Rel. Ministro MARCO BUZZI, QUARTA TURMA, julgado em 19/08/2014, DJe 01/09/2014).

1. Para pagamento de prestação alimentícia, podem ser penhorados valores depositados em caderneta de poupança, mesmo que o saldo nela existente seja inferior a 40 salários mínimos.

2. A mitigação da regra estatuída no art. 659, X, do CPC cede aos princípios constitucionais que asseguram a subsistência da pessoa humana na concepção de "vida digna".

3. Recurso especial desprovido.

(REsp 1218118/SP, Rel. Ministro JOÃO OTÁVIO DE NORONHA, TERCEIRA TURMA, julgado em 12/08/2014, DJe 25/08/2014)

Essa constrição deverá observar o disposto no §8º do art. 528 que assim dispõe:

O exequente pode optar por promover o cumprimento da sentença ou decisão desde logo, nos termos do disposto neste Livro, Título II, Capítulo III, caso em que não será admissível a prisão do executado e, recaindo a penhora em dinheiro, a concessão de efeito suspensivo à impugnação não obsta a que o exequente levante mensalmente a importância da prestação.

A constrição também deverá observar o disposto no §3º do art. 529 que assim preconiza:

Sem prejuízo do pagamento dos alimentos vincendos, o débito objeto de execução pode ser descontado dos rendimentos ou rendas do executado, de forma parcelada, nos termos do caput deste artigo, contanto que, somado à parcela devida, não ultrapasse cinquenta por cento de seus ganhos líquidos.

Sobre o tema, eis o seguinte precedente do S.T.J.:

É possível, pelas peculiaridades da espécie, o desconto em folha de pensão alimentícia compensatória.

Recurso especial não conhecido.

(REsp 757.045/RN, Rel. Ministro CESAR ASFOR ROCHA, QUARTA TURMA, julgado em 08/11/2005, DJ 06/03/2006, p. 410).

O desconto do salário decorre tanto de pensão alimentícia em decorrência de divórcio ou de relação de parentesco, assim como em razão de prática de ato ilícito. Nesse sentido é o seguinte precedente:

Responsabilidade civil. Lesões corporais seguida de morte.

Indenização por ato ilícito. Danos morais. Cabimento. Pensão de natureza alimentar. Pagamento através de desconto em folha.

Admissibilidade. Inteligência do art. 1.537, II, do antigo Código Civil.

I – A indenização, no caso de obrigação resultante de homicídio, compreende a "prestação de alimentos às pessoas a quem o defunto os devia". Inteligência do inciso II, do art. 1537, do antigo Código Civil.

II – Não constitui penhora de salários o desconto em folha de pagamento da empregadora do réu, referente à indenização por morte do esposo e pai dos autores, a quem cabia o sustento de sua família, em razão do nítido caráter alimentar da prestação.

III – Recurso especial não conhecido.

(REsp 194581/MG, Rel. Ministro ANTÔNIO DE PÁDUA RIBEIRO, TERCEIRA TURMA, julgado em 19/05/2005, DJ 13/06/2005, p. 287)

Porém, se já ocorre o desconto da pensão alimentícia na folha de salário, não é possível novo desconto a título de pensão alimentícia em decorrência de ato ilícito. Nesse sentido é o seguinte precedente do S.T.J.:

Ação de indenização. Execução. Penhora do salário. Precedentes da Corte.

1. Não é possível autorizar a penhora do salário em execução de valor resultante de indenização decorrente de ato ilícito, já estando sendo feito o desconto do débito relativo à pensão mensal.

2. Recurso especial não conhecido.

(REsp 656.944/RJ, Rel. Ministro CARLOS ALBERTO MENEZES DIREITO, TERCEIRA TURMA, julgado em 21/02/2006, DJ 12/06/2006, p. 475)

Evidentemente, a penhora para pagamento de pensão alimentícia não pode ser integral, sob pena de causar danos à sobrevivência do próprio devedor. Por isso, o S.T.J. estabelece um limite para essa penhora. Nesse sentido é o seguinte precedente:

– Os proventos líquidos de aposentadoria podem ser penhorados para pagamento de execução de pensão alimentícia, não obstante o inc. VII, do art. 649, do CPC silencie a esse respeito.

– Para pagamento de prestação alimentícia, não pode ser penhorada a integralidade dos proventos líquidos de aposentadoria, mas apenas um percentual que permita o indispensável à subsistência do executado-alimentante; que, na espécie, é fixado em 66% dos proventos líquidos da aposentadoria mensal do recorrente.

Recurso especial provido apenas para adequação do percentual da penhora.

(REsp 770.797/RS, Rel. Ministra NANCY ANDRIGHI, TERCEIRA TURMA, julgado em 29/11/2006, DJ 18/12/2006, p. 377).

A segunda exceção apresentada pelo dispositivo diz respeito à possibilidade de penhora das verbas indicadas no inc. IV do art. 833 do atual C.P.C., quando essas verbas excederem à importância de cinquenta salários mínimos mensais.

Assim, os rendimentos do executado somente não poderão ser penhorados se o valor total corresponder à importância igual ou inferior a cinquenta salários mínimos mensais; acima disso, poderá o rendimento ser penhorado.

Prescreve o *§3º do art. 833* do atual C.P.C. que *se incluem na impenhorabilidade prevista no inciso V do caput os equipamentos, os implementos e as máquinas agrícolas pertencentes a pessoa física ou a empresa individual produtora rural, exceto quando tais bens tenham sido objeto de financiamento e estejam vinculados em garantia a negócio jurídico ou quando respondam por dívida de natureza alimentar, trabalhista ou previdenciária.*

O inc.V do art. 833 do atual C.P.C. estabelece que são impenhoráveis os livros, as máquinas, as ferramentas, os utensílios, os instrumentos ou outros bens móveis necessários ou úteis ao exercício da profissão do executado.

Agora o §3º do art. 833 do atual C.P.C. incorpora nessa impenhorabilidade os equipamentos, implementos e máquinas agrícolas desde que pertencentes a pessoa física ou a empresa individual produtora rural.

As máquinas agrícolas são instrumentos necessários para que o produtor rural, pessoa física ou a empresa individual produtora rural possa realizar sua atividade de produção da área agrícola.

O dispositivo excepciona dessa impenhorabilidade os equipamentos, implementos e máquinas agrícolas, nos casos em que esses bens tenham sido objeto de financiamento e estejam vinculados em garantia a negócio jurídico ou respondam por dívida de natureza alimentar, trabalhista ou previdenciária.

Assim, eventual trabalhador da área rural poderá penhorar os equipamentos, implementos ou máquinas agrícolas pelos valores que lhe são devidos pelo proprietário rural em razão de trabalho realizado na propriedade rural.

Finalmente, é importante realçar que alguns bens geram certa dúvida sobre sua penhorabilidade ou não.

Há certa indagação se os bens hipotecados, empenhados ou dados em anticrese podem ser penhorados por outro credor que não o beneficiário da garantia real.

Sobre a possibilidade de penhora de bens hipotecados, eis os seguintes precedentes do S.T.J.:

1. A entrega da quantia remanescente da arrematação extrajudicial de imóvel hipotecado ao devedor mutuário, prevista no art. 32 do DL 70/66, tem lugar em situação normal, onde inexistam outras execuções contra o devedor.

2. Na hipótese, havia, em ação de execução, constrição judicial sobre o mesmo imóvel hipotecado, pelo que não poderiam o credor hipotecário ou o arrematante, e muito menos o juízo da execução, simplesmente ignorar a penhora e entregar o saldo remanescente da arrematação diretamente ao mutuário, pois este estava sendo executado também judicialmente e o arrematante certamente iria requerer, como requereu, o cancelamento da penhora.

3. Em tal contexto, o saldo remanescente da arrematação extrajudicial do bem hipotecado, e que estava também penhorado judicialmente, deve ser destinado ao pagamento do credor quirografário exequente.

4. Uma vez realizada a penhora judicial de bem anteriormente hipotecado, o produto da arrecadação decorrente da arrematação extrajudicial estará também comprometido com a satisfação do credor quirografário exequente, após quitada a hipoteca.

5. Registre-se que a destinação do saldo à satisfação de outros débitos do mutuário não significa que esse valor não lhe pertença, pois é justamente essa a razão pela qual, sendo direito de crédito do executado, poderá ser utilizado em proveito do mutuário para quitação de outras dívidas com outros credores.

6. O entendimento acima não inviabiliza que o devedor na ação de execução possa, por via de embargos ou outra medida judicial cabível, defender seus interesses, pois a execução judicial oferece essas oportunidades, inclusive, sendo o caso, para o executado alegar a impenhorabilidade daquele saldo proveniente da arrematação, quando for o bem alienado tutelado pela Lei 8.009/90. A matéria de defesa do executado será devidamente analisada pelo juízo da execução.

7. Recurso conhecido e provido.

(REsp 362.385/PR, Rel. Ministro RAUL ARAÚJO, QUARTA TURMA, julgado em 10/04/2012, DJe 08/06/2012)

Processual Civil. Processo de execução por quantia certa contra devedor solvente. Embargos de Terceiros. Penhora de imóvel gravado com hipoteca pelo credor quirogra-

fário. Ausência de intimação do credor hipotecário. Prazo para oposição dos embargos de terceiro.

Arts. 1047 e 1048 do CPC. Preclusão. Ineficácia da alienação judicial de imóvel hipotecado sem intimação do credor hipotecário.

Direito de SEQÜELA. Persistência do gravame hipotecário que persegue a coisa dada em garantia com quem quer que esteja, enquanto não cumprida a obrigação assegurada pela sujeição do imóvel ao vínculo real.

– Mesmo não tendo o credor hipotecário sido intimado da penhora e da realização da praça, o prazo para oposição dos embargos de terceiro é de até cinco dias depois da arrematação, adjudicação ou remição, mas sempre antes da assinatura da respectiva carta.- Devem ser conjugados o art. 1047, II e o art. 1048, ambos do CPC, porque os embargos de terceiro, na qualidade de credor com garantia real, se destinam a "obstar a alienação judicial do objeto da hipoteca, penhor ou anticrese", e se essa alienação está perfeita e acabada com a assinatura do auto de arrematação, o credor com garantia real não pode mais se insurgir contra a imissão de posse do arrematante, porque tem o direito de sequela, permanecendo a coisa gravada com hipoteca. A arrematação que extingue a hipoteca é aquela promovida pelo credor hipotecário; bem como na hipótese de sua anuência, ou pela inércia no exercício de prelação, quando intimado da realização da praça ou leilão.

– Pelo fato da coisa dada em garantia estar sujeita por vínculo real, para o cumprimento da obrigação (art. 755, CC), e do credor hipotecário não exercer parcela do direito de propriedade, com animus domini, nem detenção fática sobre ela, não se justifica que, precluso o prazo previsto no art. 1048 do CPC, seja-lhe autorizado o manejo da ação de embargos de terceiro para obstar a imissão de posse do arrematante.

Recurso Especial conhecido e provido.

(REsp 303.325/SP, Rel. Ministra NANCY ANDRIGHI, TERCEIRA TURMA, julgado em 26/10/2004, DJ 06/12/2004, p. 283)

O credor hipotecário, embora não tenha ajuizado execução, pode manifestar a sua preferência nos autos de execução proposta por terceiro. Não é possível sobrepor uma preferência processual a uma preferência de direito material. O processo existe para que o direito material se concretize. Recurso especial conhecido e provido.

(REsp 159.930/SP, Rel. Ministro ARI PARGENDLER, TERCEIRA TURMA, julgado em 06/03/2003, DJ 16/06/2003, p. 332)

Processual Civil. Recurso Especial. Embargos de terceiro à execução.

Cédula de crédito rural. Vencimento. Terceiro. Penhora de bem hipotecado. Legalidade.

– O escopo da regra que prevê a impenhorabilidade de bem oferecido em garantia de empréstimo rural é o de resguardar a garantia ofertada ao credor durante a execução do contrato.

– Após o vencimento da cédula de crédito, faculta-se a outro credor obter a penhora do bem, pelo que não será ferido o direito de prelação do credor rural hipotecário, o qual receberá prioritariamente o seu crédito, outorgando-se ao credor quirografário o saldo porventura existente.

– Recurso especial a que não se conhece.

(REsp 303.689/SP, Rel. Ministra NANCY ANDRIGHI, TERCEIRA TURMA, julgado em 26/08/2002, DJ 14/10/2002, p. 225)

Discutiu-se muito na doutrina sobre a penhorabilidade das *quotas sociais*. Na vigência do C.P.C. de 1939, as quotas sociais não podiam ser penhoradas, em virtude de norma expressa. Essa norma proibitiva não foi repetida pelo C.P.C. de 1973, razão pela qual, em face do princípio da *tipicidade* das causas de impenhorabilidade dos bens, a doutrina propugnava pela possibilidade de penhora das quotas sociais (Theodoro Jr.; Ovídio A. B. Silva, Carlos Henrique Abrão).[349]

O atual código civil brasileiro permite a penhora de quotas ou do seu valor representativo, conforme estabelece o art. 1.026 do referido diploma legal:

"O credor particular de sócio pode, na insuficiência de outros bens do devedor, fazer recair a execução sobre o que a este couber nos lucros da sociedade, ou na parte que lhe tocar em liquidação.

Parágrafo único. Se a sociedade não estiver dissolvida, pode o credor requerer a liquidação da quota do devedor, cujo valor, apurado na forma do art. 1.031, será depositado em dinheiro, no juízo da execução, até noventa dias após aquela liquidação".

A jurisprudência do S.T.J. também vem admitindo a penhora de quotas sociais:

As quotas sociais podem ser penhoradas, sem que isso implique a admissão do arrematante como sócio; a sociedade pode valer-se do disposto nos artigos 1.117 e seguintes do Código de Processo Civil. Agravo regimental não provido.

(AgRg no Ag 347.829/SP, Rel. Ministro ARI PARGENDLER, TERCEIRA TURMA, julgado em 27/08/2001, DJ 01/10/2001, p. 214)

349 Assis, A., op. cit., p. 420.

I – É possível a penhora de cotas pertencentes a sócio de sociedade de responsabilidade limitada, por dívida particular deste, em razão de inexistir vedação legal. Tal possibilidade encontra sustentação, inclusive, no art. 591, CPC, segundo o qual "o devedor responde, para o cumprimento de suas obrigações, com todos os seus bens presentes e futuros, salvo as restrições estabelecidas em lei".

II – Os efeitos da penhora incidente sobre as cotas sociais devem ser determinados em levando em consideração os princípios societários. Destarte, havendo restrição ao ingresso do credor como sócio, deve-se facultar à sociedade, na qualidade de terceira interessada, remir a execução, remir o bem ou concedê-la e aos demais sócios a preferência na aquisição das cotas, a tanto por tanto (CPC, arts. 1117, 1118 e 1119), assegurando-se ao credor, não ocorrendo solução satisfatória, o direito de requerer a dissolução total ou parcial da sociedade.

(REsp 221.625/SP, Rel. Ministra NANCY ANDRIGHI, TERCEIRA TURMA, julgado em 07/12/2000, DJ 07/05/2001, p. 138)

(...).

2. Entendimento do TRF da 4ª Região de que inexiste óbice à penhorabilidade de cotas sociais em virtude de dívida particular não concernente à empresa encontra respaldo na jurisprudência deste STJ: "As cotas sociais podem ser penhoradas, pouco importando a restrição contratual, considerando que não há vedação legal para tanto e que o contrato não pode impor vedação que a lei não criou" (REsp 234.391/MG, DJ de 12/02/2001).

3. De igual modo: REsp 712.747/DF, Rel. Min. Castro Filho, DJ de 10/04/2006, AgRg no Ag 475.591/RS, Rel. Min. Carlos Alberto Menezes Direito, DJ de 23/06/2003, AgRg no Ag 347.829/SP, Rel. Min. Ari Pargendler, DJ de 01/10/2001.

4. A alegação de que a execução não se processou em obediência ao que dispõe o art. 620 do CPC (menor onerosidade), porquanto existentes outros bens passíveis de penhora enseja a análise de questões fáticas. Incidência da Súmula n. 7/STJ.

5. Ausência de violação do art. 535 II, do CPC, já que o Tribunal de origem, posto que com fundamento diverso do pretendido pela recorrente, analisou de forma efetiva a matéria posta em debate na lide.

6. Agravo regimental não-provido.

(AgRg no Ag 894.161/SC, Rel. Ministro JOSÉ DELGADO, PRIMEIRA TURMA, julgado em 11/09/2007, DJ 08/10/2007, p. 224)

Contudo, se a dívida é da sociedade, não se admite a penhora de quotas dos sócios, salvo se houver previsão legal que autorize o redirecionamento da execução contra ele. Nesse sentido é o seguinte precedente do S.T.J.:

> – *Salvo em hipóteses taxativamente previstas em lei, o patrimônio dos sócios não responde por dívidas da sociedade. Por isso, não é lícita a penhora das quotas sociais em execução movida contra a pessoa jurídica.*
>
> (REsp 757.865/SP, Rel. Ministro HUMBERTO GOMES DE BARROS, TERCEIRA TURMA, julgado em 20/04/2006, DJ 12/06/2006, p. 482).

Art. 834

Podem ser penhorados, à falta de outros bens, os frutos e os rendimentos dos bens inalienáveis.

Penhora de frutos e rendimentos dos bens inalienáveis

Conforme atesta Pontes de Miranda, *"os frutos e rendimentos não podem ser clausulados de inalienabilidade, mas podem ser tidos por impenhoráveis, por expressa cláusula do testamento, ou do negócio jurídico gratuito entre vivos. Supremo Tribunal Federal, 3 de novembro de 1950".*[350]

Como se sabe, os bens inalienáveis não podem ser penhorados, uma vez que toda penhora implica tomada de eficácia do poder de dispor. Se não há poder de dispor, também não poderá esse bem ser alienado em razão de execução forçada.

Conforme máxima de direito civil, o acessório segue a sorte do principal. Porém, o art. 834 do atual C.P.C. excepciona essa regra ao permitir a penhora de frutos ou rendimentos de bens inalienáveis.

Isso fica muito evidente no instituto do usufruto. Embora o direito do usufrutuário não possa ser alienado para terceiro, isso não impede que os frutos ou rendimentos desse direito possam ser penhorados, conforme o seguinte precedente do S.T.J.:

> *Agravo regimental – agravo de instrumento – ação de cobrança – execução – despesas condominiais – bem imóvel – penhora do direito real de usufruto – constrição afastada pelo tribunal de origem – possibilidade de penhora apenas dos frutos e rendimentos decorrentes do direito de usufruto – recurso improvido.*
>
> (AgRg no Ag 1237665/SP, Rel. Ministro MASSAMI UYEDA, TERCEIRA TURMA, julgado em 23/11/2010, DJe 07/12/2010)

Evidentemente que não serão penhoráveis os frutos e rendimentos que tiverem por finalidade o pagamento de alimentos de incapazes, ou que servem

[350] Pontes de Miranda, op. cit., p. 189.

para a sobrevivência de determinada pessoa, ou que fora objeto de cláusula de inalienabilidade.

Segundo já decidiu o S.T.F., *"a cláusula de impenhorabilidade dos frutos e rendimentos, provinda de negócio jurídico a causa morte, ou entre vivos, não ofende os credores (2ª Turma do Supremo Tribunal Federal, 27 de janeiro de 1950, R.F., 140, 149), se os bens são, no momento, adquiridos a título gratuito. Supõe-se que não se prejudiquem os credores da herança, ou os credores do outorgante em vida"*.[351]

Os frutos e rendimentos dos bens inalienáveis somente poderão ser penhorados na hipótese de não existirem outros bens para a constrição. Havendo outros bens, não poderão ser penhorados os frutos e rendimentos.

Art. 835

A penhora observará, preferencialmente, a seguinte ordem:

I – dinheiro, em espécie ou em depósito ou aplicação em instituição financeira;

II – títulos da dívida pública da União, dos Estados e do Distrito Federal com cotação em mercado;

III – títulos e valores mobiliários com cotação em mercado;

IV – veículos de via terrestre;

V – bens imóveis;

VI – bens móveis em geral;

VII – semoventes;

VIII – navios e aeronaves;

IX – ações e quotas de sociedades simples e empresárias;

X – percentual do faturamento de empresa devedora;

XI – pedras e metais preciosos;

XII – direitos aquisitivos derivados de promessa de compra e venda e de alienação fiduciária em garantia;

XIII – outros direitos.

§ 1º É prioritária a penhora em dinheiro, podendo o juiz, nas demais hipóteses, alterar a ordem prevista no caput de acordo com as circunstâncias do caso concreto.

§ 2º Para fins de substituição da penhora, equiparam-se a dinheiro a fiança bancária e o seguro garantia judicial, desde que em valor não inferior ao do débito constante da inicial, acrescido de trinta por cento.

[351] Pontes de Miranda, op. cit., p. 192.

§ 3º Na execução de crédito com garantia real, a penhora recairá sobre a coisa dada em garantia, e, se a coisa pertencer a terceiro garantidor, este também será intimado da penhora.

Ordem preferencial da penhora

No C.P.C. de 1939, não valeria a nomeação da penhora feita pelo devedor se não observasse a gradação de preferência estabelecida pela norma para a realização da penhora.

No atual C.P.C., além de o devedor poder nomear bens à penhora, também o credor, com base no princípio da *colaboração* para a prestação da tutela jurisdicional, poderá logo na inicial indicar bens para a penhora.

Muito embora o art. 835 do atual C.P.C. estabeleça que a penhora observará, *preferencialmente*, a ordem ali estabelecida, essa ordem de classificação não apresenta caráter absoluto, pois poderá haver a inversão da ordem dependendo das circunstâncias do caso concreto e da efetividade da tutela jurisdicional executiva. A prioridade da penhora diz respeito apenas ao dinheiro, conforme preconiza o §1º do art. 835 do atual C.P.C.

Se a penhora não respeitar a ordem estabelecida no art. 835 do atual C.P.C., ela não será inválida.

Em regra, o legislador estabeleceu esse critério para realização da penhora em ordem decrescente, levando-se em conta aspecto mais favorável à satisfação do credor.

A ordem estabelecida no art. 835 é a seguinte:

I – dinheiro, em espécie ou em depósito ou aplicação em instituição financeira

A redação originária do art. 655, inc. I, do C.P.C. de 1973 era a seguinte:

"Art. 655. Incumbe ao devedor, ao fazer a nomeação dos bens, observar a seguinte ordem:
I – dinheiro.".

Os Tribunais, muito embora aceitassem que o dinheiro fosse o primeiro item classificatório na ordem de penhora, não admitiam a quebra de sigilo bancário via BACENJUD, sem que antes fossem esgotados todos os meios necessários para se encontrar outros bens penhoráveis do executado. Afirmavam que o direito constitucional ao sigilo bancário resguardava o executado contra a imediata quebra do sigilo bancário.

Posteriormente, com a entrada em vigor da Lei 11.382, de 2006, o art. 655 do C.P.C. de 1973 passou a ter a seguinte redação:

Art. 655. A penhora observará, preferencialmente, a seguinte ordem: (Redação dada pela Lei nº 11.382, de 2006).

I – dinheiro, em espécie ou em depósito ou aplicação em instituição financeira; (Redação dada pela Lei nº 11.382, de 2006).

A partir do momento em que a ordem de preferência passou a ser o dinheiro, em espécie *ou em depósito ou aplicação em instituição financeira*, a jurisprudência alterou sua diretriz para admitir, de plano, a quebra do sigilo bancário pelo sistema BACENDUD, especialmente pelo fato de que o dinheiro depositado em instituições financeiras seria o bem preferencialmente a ser penhorado. Nesse sentido são os seguintes precedentes do S.T.J.:

(...).

2. Em interpretação sistemática do ordenamento jurídico, na busca de uma maior eficácia material do provimento jurisdicional, deve-se conjugar o art. 185-A do CTN com o art. 11 da Lei n. 6.830/80 e artigos 655 e 655-A, do CPC, para possibilitar a penhora de dinheiro em depósito ou aplicação financeira, independentemente do esgotamento de diligências para encontrar outros bens penhoráveis.

Em suma, para as decisões proferidas a partir de 20.1.2007 (data da entrada em vigor da Lei n. 11.382/2006), em execução fiscal por crédito tributário ou não, aplica-se o disposto no art. 655-A do Código de Processo Civil, posto que compatível com o art. 185-A do CTN.

3. O tema foi submetido a julgamento pelo rito no art. 543-C, do CPC, tanto pela Corte Especial (REsp 1.112.943-MA, Rel. Min. Nancy Andrighi, DJE 23.11.2010), quanto pela Primeira Seção desta Corte (REsp 1.184.765-PA, Rel. Min. Luiz Fux, julgado no dia 24.11.2010), ocasiões em que restou assentado entendimento no sentido de que a penhora online, antes da entrada em vigor da Lei n. 11.382/2006, configura medida excepcional cuja efetivação está condicionada à comprovação de que o credor tenha realizado todas as diligências no sentido de localizar bens livres e desembaraçados de titularidade do devedor. Contudo, após o advento da referida lei, o juiz, ao decidir sobre a realização da penhora online, não pode mais exigir do credor prova de exaurimento das vias extrajudiciais na busca de bens a serem penhorados.

4. Compulsando os autos, verifico que, na primeira instância, a Fazenda Nacional requerera a penhora on line em 2008, portanto, posteriormente ao início da vigência da Lei n. 11.382/2006 (20.1.2007).

5. Recurso especial provido.

(REsp 1269156/MG, Rel. Ministro MAURO CAMPBELL MARQUES, SEGUNDA TURMA, julgado em 01/12/2011, DJe 09/12/2011)

1. Em se tratando da penhora prevista no art. 655-A do CPC, como bem decidiu esta Turma, ao julgar o AgRg no REsp 1.103.760/CE (Rel. Min. Herman Benjamin, DJe 19.5.2009), "a tese de violação do princípio da menor onerosidade não pode ser defendida de modo genérico ou simplesmente retórico, cabendo à parte executada a comprovação, inequívoca, dos prejuízos a serem efetivamente suportados, bem como da possibilidade, sem comprometimento dos objetivos do processo de execução, de satisfação da pretensão creditória por outros meios".

(...).

(REsp 1194000/SP, Rel. Ministro MAURO CAMPBELL MARQUES, SEGUNDA TURMA, julgado em 15/03/2011, DJe 22/03/2011)

1. A partir da Lei 11.382, de 06.12.2006, os arts. 655 e 655-A, do CPC passaram a estabelecer a inquestionável preferência do dinheiro na ordem de constrição, inclusive por meio da penhora on-line de ativos financeiros, confirmando que a execução se dá em favor do exequente, e não do devedor.

2. No caso, existindo numerário depositado em conta bancária, não pode ser recusada a sua penhora ao argumento de que o executado nomeou crédito em precatório, já que a ordem da Lei 6.830/80 deve ser observada, sobretudo após a edição da Lei 11.382/06.

3. Ademais, a Corte Especial, no julgamento do REsp 1.112.943-MA, Rel. Min. Nancy Andrighi, ocorrido em 15/09/2010, pela sistemática do artigo 543-C do CPC, decidiu que, após o advento da Lei nº 11.382/06, o juiz não pode exigir do credor o exaurimento das diligências, na busca de outros bens, para a decretação da penhora on line.

4. Ausência de condenação da agravante por litigância de má-fé, já que o agravo é anterior à manifestação da Corte Especial no julgamento do citado recurso especial repetitivo.

5. Agravo regimental não provido.

(AgRg no REsp 1174751/PR, Rel. Ministro CASTRO MEIRA, SEGUNDA TURMA, julgado em 07/10/2010, DJe 21/10/2010).

(...).

1. A utilização do Sistema BACEN-JUD, no período posterior à vacatio legis da Lei 11.382/2006 (21.01.2007), prescinde do exaurimento de diligências extrajudiciais, por parte do exequente, a fim de se autorizar o bloqueio eletrônico de depósitos ou aplicações financeiras (Precedente da Primeira Seção: EREsp 1.052.081/RS, Rel. Ministro Hamilton Carvalhido, Primeira Seção, julgado em 12.05.2010, DJe 26.05.2010. Precedentes das Turmas de Direito Público: REsp 1.194.067/PR, Rel. Ministra Eliana Calmon, Segunda Turma, julgado em 22.06.2010, DJe 01.07.2010;

AgRg no REsp 1.143.806/SP, Rel.Ministro Humberto Martins, Segunda Turma, julgado em 08.06.2010, DJe 21.06.2010; REsp 1.101.288/RS, Rel. Ministro Benedito Gonçalves, Primeira Turma, julgado em 02.04.2009, DJe 20.04.2009; e REsp 1.074.228/MG, Rel. Ministro Mauro Campbell Marques, Segunda Turma, julgado em 07.10.2008, DJe 05.11.2008. Precedente da Corte Especial que adotou a mesma exegese para a execução civil: REsp 1.112.943/MA, Rel. Ministra Nancy Andrighi, julgado em 15.09.2010).

(...).

(AgRg no REsp 1196537/MG, Rel. Ministro LUIZ FUX, PRIMEIRA TURMA, julgado em 03/02/2011, DJe 22/02/2011)

Contudo, o S.T.J., em se tratando de execução fiscal, já entendeu que a penhora de bens pode ser flexibilizada, sendo que a recusa dos bens pela Fazenda Pública deve ser motivada:

1. Conquanto o STJ tenha definido que a penhora de dinheiro por meio eletrônico (sistema Bacen Jud) seja o meio preferencial para fins de penhora, permanece igualmente válida a orientação de que a ordem do art. 11 da Lei 6.830/1980 pode ser flexibilizada, bem como a recusa à nomeação de bens deve ser motivada.

2. Hipótese em que a Fazenda Pública limitou-se a defender genericamente a tese de que a constrição de dinheiro sempre é preferencial, sem impugnar as razões do acórdão hostilizado.

3. Ademais, o apelo nobre é deficientemente fundamentado, pois não delimita as circunstâncias específicas dos autos para demonstrar que a solução conferida pela Corte local efetivamente representa infringência à legislação federal.

4. Aplicação das Súmulas 283e 284/STF.

5. Agravo Regimental não provido.

(AgRg no AREsp 104.342/SP, Rel. Ministro HERMAN BENJAMIN, SEGUNDA TURMA, julgado em 19/04/2012, DJe 22/05/2012)

Nesse precedente, a Fazenda do Estado de São Paulo afirmou: *mesmo existindo no patrimônio do devedor outros 'bens rentáveis para a realização da penhora e de hasta pública', o dinheiro deve ser penhorado preferencialmente. Essa alegação é, por si só, justificativa suficiente para a recusa desses bens".*

Porém, no voto do Ministro Herman Benjamin (Relator) ficou consignado: *"Com efeito, este juízo possui inúmeros precedentes que atestam a preferência da penhora de dinheiro sobre outros bens. Da mesma forma, pesquisa jurisprudencial ao sítio eletrônico do STJ demonstrará que esta Relatoria foi uma das pioneiras em consignar que, após as modificações introduzidas pela Lei 11.382/2006, a penhora eletrônica de dinheiro (sistema Bacen Jud) independe do esgotamento das diligências administrativas.*

Sucede que a pretensão da Fazenda Pública, no caso concreto, esbarra na impossibilidade de transformar o processo em instrumento de consulta acadêmica. A demanda judicial tem por finalidade a composição de um litígio em concreto entre as partes. No caso dos autos, o Tribunal 'a quo' se valeu da orientação do STJ, também vigente, de que o fato de a penhora em dinheiro representar o meio preferencial para a satisfação da pretensão creditória não impede a flexibilização da ordem listada no art. 11 da LEF, dada a necessidade de preservação de harmonia das normas jurídicas do CPC e da Lei 6.830/1980. Por essa razão, consignei que o ente fazendário deveria particularizar as circunstâncias da lei, provocando a Corte local a valorar os pontos fáticos e jurídicos relevantes para a definição da melhor interpretação a ser dada à legislação federal. Nesse sentido, reitero que a singela afirmação de que o dinheiro 'sempre' (com o acréscimo de que o negrito foi utilizado pela própria agravante à fl. 222, e-STJ) deve ser penhorado preferencialmente, além de contrastar com o entendimento, é genérico e inviabiliza a solução para o caso concreto...".

Se houver a nomeação de dinheiro para penhora, o ato de nomeação exclui o pagamento que implicaria entrega *pro soluto*, incompatível com o objetivo da penhora.[352]

É importante salientar que em se tratando de execução provisória de decisão proferida em tutela de urgência, o projeto originário do novo C.P.C. não admitia a penhora em dinheiro depositado em instituição financeira, em face do que dispunha o p.u. do art. 298 do projeto originário:

> *Art. 298. O juiz poderá determinar as medidas que considerar adequadas para efetivação da tutela antecipada.*
>
> *Parágrafo único. A efetivação da tutela antecipada observará as normas referentes ao cumprimento provisório da sentença, no que couber, vedados o bloqueio e a penhora de dinheiro, de aplicação financeira ou de outros ativos financeiros.*

Porém, felizmente, o p.u. do art. 298 não foi repetido pelo novo C.P.C.

II – títulos de dívida pública da União, dos Estados e do Distrito Federal com cotação em mercado.

Títulos de dívida pública são papéis com perspectiva de resgate futuro, acrescidos de juros, mediante o qual o governo financia seus gastos públicos, tais como educação, saúde e infraestrutura.

[352] Neves, C., op. cit. p. 52.

Os títulos de dívida pública são opção de investimento para a sociedade e representam a dívida mobiliária da União, Estados e Distrito Federal.

O dispositivo não trata dos títulos de dívida pública municipal (se juridicamente possível sua emissão), razão pela qual esses títulos, se existirem, estarão inseridos no inc. XIII do art. 835 do atual C.P.C., ou seja, dentro os *outros direitos*.

Anteriormente, as pessoas adquiririam títulos de dívida pública, de forma indireta, mediante a aquisição de quotas de fundos de investimento. Atualmente, é possível adquirir títulos de dívida pública diretamente no mercado, no chamado investimento no tesouro direto, no qual o governo garante diversas formas de rendimento e correção monetária.

Os títulos públicos são resgatados em data predeterminada por um valor específico, atualizado ou não por indicadores de mercado. Há também a possibilidade de venda antecipada ao Tesouro Direto nas recompras semanais, pelo preço de mercado vigente. A venda de títulos públicos no Brasil pode ser realizada por meio de três modalidades: a) oferta pública com a realização de leilão; b) oferta pública sem a realização de leilão; c) emissões diretas para atender a necessidades específicas determinadas em lei.

Somente os títulos de dívida pública *com cotação no mercado* é que fazem parte deste inciso. Nesse sentido é o seguinte precedente do S.T.J.:

> *O título da dívida pública, sem cotação na bolsa, não é aceitável para a penhora. Precedentes.*
>
> *Recurso conhecido e provido.*
>
> (REsp 435142/MT, Rel. Ministro RUY ROSADO DE AGUIAR, QUARTA TURMA, julgado em 01/10/2002, DJ 25/11/2002, p. 242)

Justamente por dependerem os títulos de dívida pública de cotação na bolsa, é que a sua nomeação para penhora torna a garantia do juízo muito volátil, razão pela qual o exequente poderá recusar a sua nomeação para indicar outros bens que melhor garantam ao crédito executado. Nesse sentido já decidiu o S.T.J.:

> *1. Conforme remansosa jurisprudência desta Corte, é legítima a recusa à penhora de título de baixa liquidez, de difícil alienação.*
>
> *2. Em execução por quantia certa de valor que não se mostra exorbitante para a instituição financeira, é de rigor que a penhora, em observância à gradação legal, recaia sobre dinheiro, respeitadas apenas as reservas bancárias mantidas pelo Banco Central.*
>
> *3. A moldura fática apurada pela Corte local aponta que a executada dispõe de numerário suficiente à garantia do Juízo, por isso a penhora das "Notas do Tesouro Nacional" mostra-se inconveniente, visto que acarretará maior dispêndio de tempo e de*

atos processuais para o Judiciário, afrontando, por não haver razoabilidade na adoção da medida, os princípios da efetividade, economia e celeridade processual.

4. Recurso especial não provido.

(REsp 918.677/RS, Rel. Ministro LUIS FELIPE SALOMÃO, QUARTA TURMA, julgado em 01/09/2011, DJe 13/09/2011)

– Classificando-se o depósito de dinheiro em banco como contrato de depósito irregular, que ao mútuo se equipara, e por ele a instituição financeira recebendo a propriedade do bem, não há ilegalidade na penhora do numerário em caixa, desde que não recaia sobre as "Reservas Bancárias" a que alude o art. 68 da Lei n. 9.069, de 29.6.1995 (REsps n. 98.623-MG; 208.114-SP e 234.239-SP).

Recurso especial não conhecido.

(REsp 586.308/SC, Rel. Ministro BARROS MONTEIRO, QUARTA TURMA, julgado em 20/10/2005, DJ 19/12/2005, p. 416)

Há também os títulos de dívida pública emitidos em *contos de réis* ou *outra moeda*, os quais tornam sua liquidez muito difícil e às vezes pouco provável, razão pela qual os tribunais não têm admitido a nomeação desses títulos para efeito de penhora. Nesse sentido são os seguintes precedentes do S.T.J.:

(...).

2 – Em face da dificuldade de liquidação da Apólice da Dívida Pública Federal no valor nominal de um conto de réis, a qual não tem atrativo no mercado e nem cotação na Bolsa de Valores e da existência de dúvidas quanto à possibilidade de sua circulação e ocorrência de prescrição, é legítima a recusa de sua penhora por parte do credor, ainda mais quando os devedores dispõem de bem de melhor liquidez (imóvel), capaz de solver a dívida.

3 – Precedentes (REsp nºs 401.373/MT, 435.142/MT, 262.158/RJ, 326.113/MT).

4 – Recurso conhecido, nos termos acima expostos e, neste aspecto, provido para, reformando o v. acórdão de origem, restabelecer a r. decisão monocrática agravada.

(REsp 249.875/MS, Rel. Ministro JORGE SCARTEZZINI, QUARTA TURMA, julgado em 19/08/2004, DJ 27/09/2004, p. 360)

(...).

3. De uma breve leitura do acórdão paradigma é possível constatar a ausência de semelhança fática das hipóteses; com efeito, no caso do aresto embargado, os títulos de créditos oferecidos à penhora referem-se a Título da Dívida Externa Brasileira em libras esterlinas, emitidos em 1913, cuja liquidez não foi demonstrada e por isso foram recusados. No acórdão paradigma, a aceitação se deu por se cuidar de debênture – título executivo extrajudicial, nos termos do art. 585, I do CPC –, sendo, por sua natureza, apto a ser negociado em Bolsa de Valores ou no mercado de balcão, conforme estabelece o art. 2o. da Lei 6.385/76, ou seja, de fácil liquidez.

4. É legítima a recusa pela exequente de nomeação à penhora de bem de difícil alienação, como são as apólices da dívida pública, sem cotação na Bolsa de Valores. Precedentes: AgRg no Ag 1.292.440/DF, Rel. Min. HERMAN BENJAMIN, DJe 01/07/2010; AgRg no Ag 1.166.392/SC, Rel. Min. CASTRO MEIRA, DJe 25/09/2009; AgRg no REsp. 960.450/RS, Rel. Min. HUMBERTO MARTINS, DJe 30/09/2009; AgRg no Ag 972.303/SP, Rel. Min. BENEDITO GONÇALVES, DJe 19/08/2009; AgRg nos EAg 1.148.740/SC, Rel. Min. LUIZ FUX, DJe 03/12/2010 e AgRg nos EAg 1.248.486/SC, Rel. Ministro ARNALDO ESTEVES LIMA, DJe 06/05/2011.

(...).

(AgRg nos EAg 1219920/SC, Rel. Ministro NAPOLEÃO NUNES MAIA FILHO, PRIMEIRA SEÇÃO, julgado em 09/11/2011, DJe 30/11/2011)

III – títulos e valores mobiliários com cotação em mercado.

A Lei n. 6.385/76 dispõe sobre mercado de valores mobiliários e cria a Comissão de Valores Mobiliários.

Segundo estabelece o art. 2º da Lei 6.385/76, são valores mobiliários sujeitos ao regime da referida legislação: a) as ações, debêntures e bônus de subscrição; b) os cupons, direitos, recibos de subscrição e certificados de desdobramento relativos aos valores mobiliários referidos na letra a); c) os certificados de depósito de valores mobiliários; d) as cédulas de debêntures; e) as cotas de fundos de investimento em valores mobiliários ou de clubes de investimento em quaisquer ativos; f) as notas comerciais; g) os contratos futuros, de opções derivativos, cujos ativos subjacentes sejam valores mobiliários; h)outros contratos derivativos, independentemente dos ativos subjacentes; e i) quando ofertados publicamente, quaisquer outros títulos ou contratos de investimento coletivo, que gerem direito de participação, de parceria ou de remuneração inclusive resultante de prestações de serviços, cujos rendimentos advêm do esforço do empreendedor ou de terceiros.

Excluem-se do regime da Lei 6.385/76: a) os títulos de dívida pública federal, estadual ou municipal; b) os títulos cambiais de responsabilidade de instituição financeira, exceto as debêntures.

O S.T.J. tem entendimento de que as debêntures da Companhia Vale do Rio Doce podem ser nomeadas à penhora, desde que não haja outros bens preferenciais para garantir a execução, dentre eles, o próprio dinheiro depositado em instituições financeiras. Sobre o tema eis os seguintes precedentes do S.T.J.:

1. A jurisprudência da Primeira Seção firmou-se no sentido de que a Fazenda Pública não é obrigada a aceitar bens nomeados à penhora fora da ordem legal de preferência dos bens penhoráveis, uma vez que, não obstante o princípio da menor onerosidade ao devedor, a execução é feita no interesse do credor. Nesse sentido são os seguintes precedentes: AgRg nos EREsp 1.052.347/RS, Rel. Min. Hamilton Carvalhido, DJe 1º.10.2009; EREsp 1.116.070/ES, Rel. Min. Humberto Martins, DJe 16.11.2010.

2. Consoante decidiu a Primeira Turma, por ocasião do julgamento do AgRg no REsp 1.176.785/RS (Rel. Min. Hamilton Carvalhido, DJe 12.4.2010), as debêntures da Companhia Vale do Rio Doce são passíveis de penhora em sede de execução fiscal. A possibilidade de penhora das debêntures da Companhia Vale do Rio Doce em execução fiscal não se confunde, contudo, com a faculdade da sua recusa, como garantia, pelo magistrado ou pela Fazenda Pública credora.

3. As debêntures podem ser penhoradas, desde que se tenha tentado penhorar o dinheiro (BACENJUD – art. 655, I, CPC) e os demais bens que precedem os títulos e valores mobiliários com cotação em mercado (art. 655, X, CPC) e não se tenha conseguido. Com efeito, após a entrada em vigor da Lei n. 11.382/2006, a norma aplicável às execuções fiscais não é mais o art. 11 da Lei n. 6.830/80, e sim o art. 655 do CPC, com a redação dada pela nova lei, em atenção ao que a doutrina chama de "diálogo das fontes". Consoante decidiu esta Turma, ao julgar o REsp 1.024.128/PR (Rel. Min. Herman Benjamin, DJe 19.12.2008), a novel legislação é mais uma etapa da denominada "reforma do CPC", conjunto de medidas que vêm modernizando o ordenamento jurídico para tornar mais célere e eficaz o processo como técnica de composição de lides. Trata-se de nova concepção aplicada à teoria geral do processo de execução, que, por essa ratio, reflete-se na legislação processual esparsa que disciplina microssistemas de execução, desde que as normas do CPC possam ser subsidiariamente utilizadas para o preenchimento de lacunas.

Aplicação, no âmbito processual, da teoria do "diálogo das fontes".

Esse entendimento, aliás, veio a ser consolidado pela Primeira Seção, em sede de recurso especial repetitivo (REsp 1.184.765/PA, Rel. Min. Luiz Fux, DJe 3.12.2010).

4. Recurso especial provido para restabelecer a decisão que, no processo de execução fiscal, ante a recusa justificada da exequente, intimou a executada para que ofereça outros bens à penhora, no prazo de cinco dias, sob pena de lhe serem penhorados tantos bens quantos bastem para a garantia da execução.

(REsp 1241063/RJ, Rel. Ministro MAURO CAMPBELL MARQUES, SEGUNDA TURMA, julgado em 06/12/2011, DJe 13/12/2011).

(...).

2. A Primeira Seção deste STJ pacificou o entendimento de que, não obstante a possibilidade de as debêntures da VALE serem nomeadas à penhora, em razão de sua baixa liquidez e difícil alienação, é válida a recusa do exequente, diante da ordem de preferência estipulada no art. 11 da Lei 6.830/80.

3. Agravo Regimental do GRAM – Grupo de Apoio Mútuo S/S Ltda. desprovido.

(AgRg no REsp 1219024/PR, Rel. Ministro NAPOLEÃO NUNES MAIA FILHO, PRIMEIRA TURMA, julgado em 19/06/2012, DJe 29/06/2012)

Por sua vez, o S.T.J., em sistema de recursos repetitivos, reconheceu que as obrigações ao portador emitidas pela Eletrobrás, em razão do empréstimo compulsório instituído pela Lei 4.156/62, não são debêntures. Nesse sentido é o seguinte precedente:

1. A Primeira Seção do STJ, ao julgar o REsp 1.050.199/RJ (Rel. Min. Eliana Calmon, DJe 9.2.2009), de acordo com o procedimento de que trata o art. 543-C do CPC, deixou consignado que as obrigações ao portador emitidas pela Eletrobrás em razão do empréstimo compulsório instituído pela Lei 4.156/62 não se confundem com as debêntures. O STJ também firmou sua jurisprudência no sentido de que as obrigações ao portador emitidas pela Eletrobrás não possuem liquidez capaz de garantir o juízo em execução fiscal. Por outro lado, a jurisprudência da Primeira Seção firmou-se no sentido de que a Fazenda Pública não é obrigada a aceitar bens nomeados à penhora fora da ordem legal de preferência dos bens penhoráveis, uma vez que, não obstante o princípio da menor onerosidade ao devedor, a execução é feita no interesse do credor. Nesse sentido são os seguintes precedentes: AgRg nos EREsp 1.052.347/RS, Rel. Min. Hamilton Carvalhido, DJe 1º.10.2009; EREsp 1.116.070/ES, Rel. Min. Humberto Martins, DJe 16.11.2010.

2. Recurso especial não provido.

(REsp 1334633/SP, Rel. Ministro MAURO CAMPBELL MARQUES, SEGUNDA TURMA, julgado em 14/08/2012, DJe 22/08/2012)

IV – veículos de via terrestre.

Em quarto lugar vem a possibilidade de penhora dos veículos de via terrestre.

Atualmente, veículos são qualquer meio de locomoção ou de transporte.

O Código de Trânsito Nacional (Lei 9.503/97) assim classifica os veículos em seu art. 96:

Art. 96. Os veículos classificam-se em:

I – quanto à tração:

a) automotor;
b) elétrico;
c) de propulsão humana;
d) de tração animal;
e) reboque ou semi-reboque;
II – quanto à espécie:
a) de passageiros:
1 – bicicleta;
2 – ciclomotor;
3 – motoneta;
4 – motocicleta;
5 – triciclo;
6 – quadriciclo;
7 – automóvel;
8 – microônibus;
9 – ônibus;
10 – bonde;
11 – reboque ou semi-reboque;
12 – charrete;
b) de carga:
1 – motoneta;
2 – motocicleta;
3 – triciclo;
4 – quadriciclo;
5 – caminhonete;
6 – caminhão;
7 – reboque ou semi-reboque;
8 – carroça;
9 – carro-de-mão;
c) misto:
1 – camioneta;
2 – utilitário;
3 – outros;
d) de competição;
e) de tração:
1 – caminhão-trator;
2 – trator de rodas;
3 – trator de esteiras;
4 – trator misto;

f) especial;
g) de coleção;
III – quanto à categoria:
a) oficial;
b) de representação diplomática, de repartições consulares de carreira ou organismos internacionais acreditados junto ao Governo brasileiro;
c) particular;
d) de aluguel;

Por sua vez, a Lei 8.132/90, estabelece em seu art. 1º

Art. 1º A Lei nº 6.729, de 28 de novembro de 1979, passa a vigorar com as seguintes alterações:
"Art. 2º Consideram-se:
(...).
III – veículo automotor, de via terrestre, o automóvel, caminhão, ônibus, trator, motocicleta e similares;

Muito embora os veículos de via terrestre sejam bens móveis, a lei deu-lhes preferência para a penhora dentre os bens móveis indicados no inc. VI do art. 835 do atual C.P.C.

Como o inc. IV do art. 835 do atual C.P.C. discriminou apenas os veículos de via terrestre, isso significa dizer que veículos fluviais, lacustres e marítimos, (barcos, exceção navios, jet-ski etc.) são bens móveis incluídos no inc.VI do art. 835 do atual C.P.C.

V – bens imóveis.

Os bens imóveis estão inseridos no quinto lugar como ordem preferencial de penhora.

O C.c.b. define e regula os bens imóveis em seus arts. 79 a 81, a saber:

Art. 79. São bens imóveis o solo e tudo quanto se lhe incorporar natural ou artificialmente.
Art. 80. Consideram-se imóveis para os efeitos legais:
I – os direitos reais sobre imóveis e as ações que os asseguram;
II – o direito à sucessão aberta.
Art. 81. Não perdem o caráter de imóveis:
I – as edificações que, separadas do solo, mas conservando a sua unidade, forem removidas para outro local;
II – os materiais provisoriamente separados de um prédio, para nele se reempregarem.

Segundo afirma Pontes de Miranda, *"não estão incluídos no inciso os direitos reais sobre imóveis, nem o direito à sucessão aberta, nem o penhor agrícola"*.[353]

Para Pontes de Miranda, pertencem ao gênero imóveis, e não dos móveis, a semente lançada à terra, todas as construções que não possam ser retiradas sem destruição, modificação, fratura, ou dano (casas, maquinaria, instalações elétricas) e tudo quanto se incorporou permanentemente ao solo. Também se inclui neste gênero tudo quanto no imóvel o proprietário mantém 'intencionalmente' empregado em sua exploração industrial, aformoseamento, ou comodidade. Portanto, os cavalos, bois e arados do serviço da fazenda, o centro de mesa pertencente ao serviço de prata de um salão de banquetes.[354]

VI – bens móveis em geral.

Excluídos os bens móveis já discriminados nos diversos incisos do art. 835 do atual C.P.C., como, por exemplo, veículos de via terrestres, navio e aeronaves, dinheiro, pedras e metais preciosos etc, o inc. VI do art. 835 do atual C.P.C. insere como sexta opção de penhora os bens móveis em geral.

O C.c.b. define e regula os bens móveis em seus artigos 82 a 84, a saber:

> *Art. 82. São móveis os bens suscetíveis de movimento próprio, ou de remoção por força alheia, sem alteração da substância ou da destinação econômico-social.*
>
> *Art. 83. Consideram-se móveis para os efeitos legais:*
>
> *I – as energias que tenham valor econômico;*
>
> *II – os direitos reais sobre objetos móveis e as ações correspondentes;*
>
> *III – os direitos pessoais de caráter patrimonial e respectivas ações.*
>
> *Art. 84. Os materiais destinados a alguma construção, enquanto não forem empregados, conservam sua qualidade de móveis; readquirem essa qualidade os provenientes da demolição de algum prédio.*

VII – semoventes;

Dentre os bens móveis em geral, inclui-se os semoventes.

Entende-se juridicamente por semoventes os animais de rebanho (bovinos, ovinos, suínos, caprinos, equinos etc) que constituem patrimônio.

O legislador resolveu inserir os semoventes numa ordem específica, vindo após os bens móveis em geral, ou seja, na sétima colocação na ordem de preferência de penhora.

353 Pontes de Miranda, op. cit., p. 233.
354 Pontes de Mirnada, idem, p. 234.

VIII – navios e aeronaves.

Os navios e aeronaves são bens móveis *sui generis* ou especiais.

Em diversas situações jurídicas, os navios e aeronaves são tratados como se imóveis fossem, necessitam de registros e podem ser objeto de hipoteca, garantia real típica dos bens imóveis.

Contudo, para efeito de penhora, o navio e a aeronave são tratados como bens *móveis* especiais.

A penhora de navio ou aeronave não impede que esses veículos continuem em operação.

Segundo estabelece o art. 74, inc. II, letra 'c', do Código Brasileiro de Aeronáutica (Lei n. 7.565/86):

> *"Art. 74. No Registro Aeronáutico serão feitas:*
> *II – a inscrição:*
> *'c' – de atos ou contratos de exploração ou utilização, assim como de arresto, sequestro, penhora e apreensão de aeronave".*

Por sua vez, estabelece o art. 155 do Código Brasileiro de Aeronáutica:

> *Art. 155. Toda vez que, sobre aeronave ou seus motores, recair penhora ou apreensão, esta deverá ser averbada no Registro Aeronáutico Brasileiro.*
>
> *§ 1º Em caso de penhora ou apreensão judicial ou administrativa de aeronaves, ou seus motores, destinados ao serviço público de transporte aéreo regular, a autoridade judicial ou administrativa determinará a medida, sem que se interrompa o serviço.*
>
> *§ 2º A guarda ou depósito de aeronave penhorada ou de qualquer modo apreendida judicialmente far-se-á de conformidade com o disposto nos artigos 312 a 315 deste Código.*

O termo navio e embarcação se confundem.

O certo é que um navio é uma embarcação, mas que nem toda embarcação é um navio.

Por isso pode-se dizer que a embarcação é gênero da qual o navio é espécie.

A lei n. 9.966/2000, em seu art. 2º, inc. V, considera navio: *"embarcação de qualquer tipo que opere no ambiente aquático, inclusive hidrofólios, veículos a colchão de ar, submersíveis e outros engenhos flutuantes".*

Contudo, essa classificação diz respeito a questões de prevenção, controle e fiscalização da poluição causada por lançamento de óleo e outras substâncias nocivas ou perigosas em águas sob jurisdição nacional.

O registro de penhora de navio será feito na Capitania dos Portos.

É importante salientar que um pequeno barco, um jet-ski, uma lancha etc. não pode ser considerado como navio, razão pela qual entra na classificação de bens móveis para efeito de penhora.

IX – ações e quotas de sociedades simples e empresárias.

O art. 655, inc. VI, do C.P.C. de 1973, com a redação dada pela Lei n. 11.382/2006 permitia a penhora das *ações e quotas de sociedades empresárias.*

O legislador do novo C.P.C houve por bem permitir a penhora de ações e quotas, não somente da sociedade empresarial, mas, também, da sociedade simples.

Inicialmente, deve-se distinguir o que se entende por sociedade *simples* e por sociedade *empresarial.*

Conforme estabelece o art. 983 do C.c.b.: *"A sociedade empresária deve constituir-se segundo um dos tipos regulados nos arts. 1.039 a 1.092; a sociedade simples pode constituir-se de conformidade com um desses tipos, e, não o fazendo, subordina-se às normas que lhe são próprias".*

A sociedade simples, nos termos do art. 998 do C.c.b., é registrada no Registro Civil de Pessoas Jurídicas, enquanto que a sociedade empresária é registrada na Junta Comercial.

Assim, este dispositivo diz respeito tanto às ações de sociedades empresárias, das Sociedade Anônimas, por exemplo, como em relação às quotas das sociedades simples ou empresariais limitadas.

Discutiu–se muito na doutrina sobre a penhorabilidade das *quotas sociais.*

Na vigência do C.P.C. de 1939, as quotas sociais não podiam ser penhoradas, em virtude de norma expressa. Essa norma proibitiva não foi repetida pelo C.P.C. de 1973, razão pela qual, em face do princípio da *tipicidade* das causas de impenhorabilidade dos bens, a doutrina propugnava pela possibilidade de penhora das quotas sociais (Theodoro Jr.; Ovídio A. B. Silva, Carlos Henrique Abrão).[355]

O atual código civil brasileiro permite a penhora de quotas ou do seu valor representativo, conforme estabelece o art. 1.026 do referido diploma legal:

> *"O credor particular de sócio pode, na insuficiência de outros bens do devedor, fazer recair a execução sobre oi que a este couber nos lucros da sociedade, ou na parte que lhe tocar em liquidação.*

[355] Assis, A., op. cit., p. 420.

Parágrafo único. Se a sociedade não estiver dissolvida, pode o credor requerer a liquidação da quota do devedor, cujo valor, apurado na forma do art. 1.031, será depositado em dinheiro, no juízo da execução, até noventa dias após aquela liquidação".

A jurisprudência do S.T.J. também vem admitindo a penhora de quotas sociais:

PROCESSO CIVIL. PENHORA DE QUOTAS SOCIAIS. As quotas sociais podem ser penhoradas, sem que isso implique a admissão do arrematante como sócio; a sociedade pode valer-se do disposto nos artigos 1.117 e seguintes do Código de Processo Civil. Agravo regimental não provido.

(AgRg no Ag 347.829/SP, Rel. Ministro ARI PARGENDLER, TERCEIRA TURMA, julgado em 27/08/2001, DJ 01/10/2001, p. 214)

I – É possível a penhora de cotas pertencentes a sócio de sociedade de responsabilidade limitada, por dívida particular deste, em razão de inexistir vedação legal. Tal possibilidade encontra sustentação, inclusive, no art. 591, CPC, segundo o qual "o devedor responde, para o cumprimento de suas obrigações, com todos os seus bens presentes e futuros, salvo as restrições estabelecidas em lei".

II – Os efeitos da penhora incidente sobre as cotas sociais devem ser determinados em levando em consideração os princípios societários. Destarte, havendo restrição ao ingresso do credor como sócio, deve-se facultar à sociedade, na qualidade de terceira interessada, remir a execução, remir o bem ou concedê-la e aos demais sócios a preferência na aquisição das cotas, a tanto por tanto (CPC, arts. 1117, 1118 e 1119), assegurando-se ao credor, não ocorrendo solução satisfatória, o direito de requerer a dissolução total ou parcial da sociedade.

(REsp 221.625/SP, Rel. Ministra NANCY ANDRIGHI, TERCEIRA TURMA, julgado em 07/12/2000, DJ 07/05/2001, p. 138)

Contudo, se a dívida é da sociedade, não se admite a penhora de quotas dos sócios, salvo se houver previsão legal que autorize o redirecionamento da execução contra ele. Nesse sentido é o seguinte precedente do S.T.J.:

– Salvo em hipóteses taxativamente previstas em lei, o patrimônio dos sócios não responde por dívidas da sociedade. Por isso, não é lícita a penhora das quotas sociais em execução movida contra a pessoa jurídica.

(REsp 757.865/SP, Rel. Ministro HUMBERTO GOMES DE BARROS, TERCEIRA TURMA, julgado em 20/04/2006, DJ 12/06/2006, p. 482)

X – percentual do faturamento de empresa devedora.

Não se pode confundir faturamento da empresa com a penhora da própria empresa.

A sede da empresa ou o seu estabelecimento pode ser objeto de penhora nos termos do art. 862 do atual C.P.C.

Por sua vez, o faturamento da empresa também pode ser objeto de penhora.

O faturamento é a renda obtida da alienação dos serviços ou das mercadorias da empresa.

Em 2005, no julgamento dos recursos extraordinário n. 346.084, Rel. p/ acórdão Ministro Marco Aurélio, 357.950, 358.273 e 390.840, o S.T.F. assim se posicionou sobre o conceito de faturamento:

> *A jurisprudência do Supremo, ante a redação do art. 195 da Carta Federal anterior à Emenda Constitucional n. 20, consolidou-se no sentido de tomar as expressões 'receita bruta' e 'faturamento' como sinônimas, jungindo-as à 'venda de mercadorias ou de mercadorias e serviços...'.*

O inciso em análise permite a penhora de um *percentual* do faturamento da empresa.

O entendimento atual do S.T.J. sobre a penhora de faturamento é de que se trata de uma penhora de caráter excepcional e que o percentual de penhora não pode inviabilizar a própria atividade da empresa. Nesse sentido, eis os seguintes precedentes:

> *1. Nos termos da jurisprudência pacífica desta Corte, é possível a penhora recair, em caráter excepcional, sobre o faturamento da empresa desde que observadas, cumulativamente, as condições previstas na legislação processual (art. 655-A, § 3º, do CPC), e desde que o percentual fixado não torne inviável o exercício da atividade empresarial, sem que isso configure violação do princípio exposto no art. 620 do CPC segundo o qual, "quando por vários meios o credor puder promover a execução, o juiz mandará que se faça pelo modo menos gravoso para o devedor".*
>
> *2. No caso dos autos, o Tribunal de origem expressamente consignou o caráter excepcional da penhora sobre o faturamento da recorrente, tendo em vista que os bens passíveis de nomeação são de difícil alienação, para a garantia da execução fiscal, tendo ainda registrado que o percentual fixado não atentaria contra o regular exercício da atividade empresarial (5%).*
>
> *3. Esta Corte pacificou o entendimento no sentido de que a verificação da não observância ao art. 620 do Código de Processo Civil demanda o revolvimento de circunstâncias fático-probatórias presentes nos autos, encontrando óbice na Súmula 7/STJ.*

Agravo regimental improvido.

(AgRg no AREsp 183.587/RJ, Rel. Ministro HUMBERTO MARTINS, SEGUNDA TURMA, julgado em 02/10/2012, DJe 10/10/2012)

1. É possível, em caráter excepcional, que a penhora recaia sobre o faturamento da empresa, desde que o percentual fixado não torne inviável o exercício da atividade empresarial, sem que isso configure violação do princípio da menor onerosidade para o devedor, posto no art. 620 do CPC. Precedentes.

2. O Tribunal de origem consignou que o percentual fixado em 5% sobre o faturamento bruto da empresa não atentaria contra o regular exercício da atividade empresarial. Para afastar tal premissa, seria necessário o reexame do conteúdo fático-probatório dos autos, o que é vedado na presente instância recursal. Inteligência da Súmula 7/STJ.

3. Agravo regimental não provido.

(AgRg no REsp 1320996/RS, Rel. Ministro CASTRO MEIRA, SEGUNDA TURMA, julgado em 04/09/2012, DJe 11/09/2012)

1. A constrição sobre o faturamento da empresa, qualquer que seja o seu percentual, somente se mostraria ajustado às garantias da parte executada, se fosse demonstrada, previamente, a taxa de lucro (%) do empreendimento econômico e das suas operações, de sorte que a medida incidisse sobre essa parcela; sendo desconhecido esse elemento, a providência judicial parece trabalhar com a suposição (irrealística) de que o faturamento é igual ao lucro, quando para a sua obtenção há vários custos fixos e agregados; sem a análise da planilha de custos, não é possível asseverar a margem de lucratividade.

2. Contudo, tendo a penhora recaído sobre percentual do faturamento da empresa (art. 655, VII do CPC) e o Tribunal a quo, levando em consideração as outras penhoras, reduzido o percentual deferido pelo MM. Juiz para 2%, a revisão desse fundamento dependeria do reexame de provas, inviável na via eleita, ante o disposto na Súmula 7/STJ.

(...).

(AgRg no AgRg no Ag 1405460/RS, Rel. Ministro NAPOLEÃO NUNES MAIA FILHO, PRIMEIRA TURMA, julgado em 03/05/2012, DJe 09/05/2012)

O faturamento da empresa pode decorrer, ainda, do crédito existente em favor da empresa em cartões de crédito, especialmente pelo fato de que a maioria das transações, modernamente, são realizadas por meio dessa modalidade de pagamento. Sobre a penhora do crédito de cartões de crédito, assim tem se manifestado o Tribunal Regional Federal da 4ª Região:

Os artigos 11 da Lei nº 6.830/80 e 655, incisos I e VII, e 655-A, 'caput' e parágrafo 2º, do Código de Processo Civil apenas estabelecem a ordem dos bens penhoráveis ou permitem a denominada "penhora on-line", valendo ressaltar que foi reconhecida a legitimidade da penhora sobre os recebíveis de cartões de crédito, além de que a redução do percentual fixado pelo juízo 'a quo' (de 20% para 5%) não afronta tais dispositivos. (TRF4, EDAG 5000958-29.2012.404.0000, Primeira Turma, Relatora p/Acórdão Maria de Fátima Freitas Labarrère, D.E. 16/11/2012)

A penhora sobre créditos futuros, no caso, decorrentes de vendas realizadas pelo cartão de crédito junto à empresa executada, equivale, em termos de liquidez, a dinheiro que será recebido no futuro, enquadrando-se no inciso I do art. 655 do CPC, figurando em primeiro lugar na ordem preferencial estabelecida no dispositivo. (TRF4, AG 5010179-36.2012.404.0000, Quarta Turma, Relator p/ Acórdão Luís Alberto D'azevedo Aurvalle, D.E. 16/11/2012).

É legítima a penhora de ativos financeiros resultantes de vendas mediante cartão de crédito, processualmente equiparável à penhora de dinheiro em depósito em instituição financeira (Código de Processo Civil, art. 655, I). (TRF4, AG 0008964-13.2012.404.0000, Segunda Turma, Relator Rômulo Pizzolatti, D.E. 14/11/2012)

Ainda sobre o tema, assim decidiu o S.T.J.:

1. Esta Corte possui o entendimento que a penhora de créditos da parte executada, junto às administradoras de cartões de crédito, reclama a demonstração efetiva de que foram esgotados todos os meios disponíveis para a localização de outros bens penhoráveis.

Precedentes: AgRg no AREsp 385.525/MG, Rel. Min. ASSUSETE MAGALHÃES, DJe 26.3.2015; AgRg no AREsp 450.575/MG, Rel. Min. HERMAN BENJAMIN, DJe de 18.6.2014.

2. Ademais, os recebíveis de operadoras de cartão de crédito equiparam-se ao faturamento da empresa e, por isso, devem ser restringidos de forma a viabilizar o regular desempenho da atividade empresarial (REsp. 1.408.367/SC, Rel. Min. HERMAN BENJAMIN, 2T, DJe 16.12.2014).

3. Agravo Regimental da FAZENDA NACIONAL a que se nega provimento.

(AgRg no AREsp 692.696/SP, Rel. Ministro NAPOLEÃO NUNES MAIA FILHO, PRIMEIRA TURMA, julgado em 25/08/2015, DJe 03/09/2015)

1. A fumaça do bom direito encontra-se presente, uma vez que a penhora sobre o faturamento da empresa sobre futuro crédito decorrente das administradoras de cartão de crédito, só pode ocorrer em casos excepcionais. O periculum in mora também está evidenciado, pois a constrição prejudicará a própria sobrevivência da empresa.

2. Consoante a orientação firmada no STJ a penhora de créditos da parte executada, junto às administradoras de cartões de crédito, reclama a demonstração efetiva de que foram esgotados todos os meios disponíveis para a localização de outros bens penhoráveis (AgRg no AREsp 385.525/MG, Rel. Min. ASSUSETE MAGALHÃES, DJe 26.3.2015; AgRg no AREsp 450.575/MG, Rel. Min. HERMAN BENJAMIN, DJe de 18.6.2014).

3. Os recebíveis de operadoras de cartão de crédito possuem natureza jurídica de direito de crédito, listado no art. 11, VIII, da Lei 6.830/1980, sendo, portanto, o último item na ordem de preferência, e o imóvel figura a quarta posição da lista. Por essa razão, em exame perfunctório, não se verifica qualquer motivo para a recusa da substituição, o que, em última análise, só colabora com a tese da requerente.

4. Medida Cautelar julgada procedente, apenas para conferir efeito suspensivo ao Recurso Especial dirigido a esta Corte.

(MC 23.968/SP, Rel. Ministro NAPOLEÃO NUNES MAIA FILHO, PRIMEIRA TURMA, julgado em 20/08/2015, DJe 31/08/2015)

Por sua vez, não se deve confundir a penhora do crédito existente em favor do comerciante pela venda de mercadoria ou serviço, com a penhora do crédito decorrente de pagamento de fatura do próprio cartão, ou, mesmo do crédito colocado em favor do favorecido pela administradora do cartão. Nesse caso, o valor do crédito pertence à administradora do cartão e não ao devedor; este somente receberá o crédito quando efetuar o pagamento do cartão ou quando realizar a despesa, sendo que o crédito é no valor exato do pagamento, sem sobras. Assim, não se pode penhorar bens que pertencem a terceiro. Nesse sentido é o seguinte precedente do S.T.J.:

1. Havendo comprovadamente bem penhorável no foro da execução, assiste ao credor direito de recusar a nomeação à penhora de bem situado em outra comarca.

2. A fatura de cartão de crédito pressupõe a possibilidade de um débito e não de um crédito do devedor, não estando prevista no rol do artigo 11 da Lei 6.830/80.

3. Deveras, a penhora dos créditos das administradoras de cartão implicaria carrear para as mesmas, responsabilidade patrimonial secundária não prevista em Lei.

4. Recurso especial desprovido.

(REsp 439.231/BA, Rel. Ministro LUIZ FUX, PRIMEIRA TURMA, julgado em 10/12/2002, DJ 03/02/2003, p. 284)

XI – pedras e metais preciosos.

Somente as pedras e metais preciosos é que entram nessa hipótese de nomeação de bens para a penhora.

Quando da entrada em vigor do C.P.C. de 1973, na redação originária do seu art. 655, na ordem de nomeação de bens à penhora, as pedras e metais preciosos vinham em segundo lugar, logo atrás do dinheiro.

Evidentemente, a aceitação da nomeação de pedras preciosas demanda um grande cuidado, seja pela dificuldade de sua alienação, seja pelo grande número de contrabando que existe no mercado brasileiro e internacional em relação a estes bens. Por isso, o S.T.J. tem ratificado a recusa do credor em relação à nomeação de pedras preciosas à penhora. Nesse sentido são os seguintes precedentes:

1. Cuida-se de recurso especial interposto pelo INSS em face de acórdão proferido pelo TRF da 1ª Região que, por unanimidade, deu provimento ao agravo de instrumento da empresa recorrida para afastar a penhora sobre os bens úteis e necessários ao desempenho de suas atividades (máquinas) e ordenar que incida sobre as pedras preciosas oferecidas em garantia. O INSS aponta violação dos artigos 649 IV, do CPC e 15, II, da LEF. Sustenta, em síntese, que: a) o entendimento deste STJ é firme no sentido de que o credor pode se opor à nomeação de bens, no caso, pedras preciosas quando há fundado receio acerca da sua autenticidade; b) o art. 649 do CPC não faz qualquer objeção à penhora de bens de empresa, razão pela qual deve ser autorizada a constrição dos maquinários da recorrida.

2. É entendimento pacífico no âmbito das duas Turmas que compõem a Primeira Seção deste Tribunal que é plenamente possível a recusa por parte do credor de bens indicados à penhora quando de difícil alienação externada, na espécie, por dúvida acerca da sua autenticidade (pedras preciosas – esmeraldas). Precedentes: REsp 662.349/RJ, DJ de 15/08/2005; REsp 644.486/MG, DJ de 03/05/2007; REsp 912.887/SP, DJ de 02/08/2007; REsp 573.638/RS, DJ de 07/02/2007.

3. Por sua vez: "A regra geral é a da penhorabilidade dos bens das pessoas jurídicas, impondo-se, todavia, a aplicação excepcional do artigo 649, inciso VI, do CPC, nos casos em que os bens alvo da penhora revelem-se indispensáveis à continuidade das atividades de micro-empresa ou de empresa de pequeno porte" (REsp 755.977/RS, Rel. Min. Luiz Fux, DJ de 02/04/2007).

4. De igual modo: AgRg no REsp 903.666/SC, Rel. Min. Francisco Falcão, DJ de 12/04/2007; REsp 686.581/RS, Rel. Min. Franciulli Netto, DJ de 25/04/2005; REsp 749.081/RS, Rel. Min. Teori Albino Zavascki, DJ de 05/09/2005.

5. Recurso especial parcialmente provido apenas para o fim de admitir a recusa do INSS à penhora de pedras preciosas ofertadas pela empresa recorrente para a garantia do juízo.

(REsp 953.977/DF, Rel. Ministro JOSÉ DELGADO, PRIMEIRA TURMA, julgado em 23/10/2007, DJ 19/11/2007, p. 208)

I – A jurisprudência desta Corte tem considerado legítima a recusa do credor quando os bens nomeados à penhora se revelam de difícil alienação, in casu, pedras preciosas, em que há fundado receio sobre sua autenticidade.

II – Precedentes: REsp nº 573.638/RS, Rel. Min. JOÃO OTÁVIO DE NORONHA, DJ de 07/02/07; REsp nº 511.799/MG, Rel. Min. FRANCISCO PEÇANHA MARTINS, DJ de 27/09/04; AgRg no REsp nº 511.367/MG, Rel. Min. JOSÉ DELGADO, DJ de 01/12/03 e REsp nº 246.772/SP, Rel. Min. GARCIA VIEIRA, DJ de 08/05/00.

III – Recurso especial provido.

(REsp 912.887/SP, Rel. Ministro FRANCISCO FALCÃO, PRIMEIRA TURMA, julgado em 19/06/2007, DJ 02/08/2007, p. 412)

XII – direitos aquisitivos derivados de promessa de compra e venda e de alienação fiduciária em garantia.

Na décima segunda ordem de preferência de penhora encontram-se os direitos aquisitivos derivados de promessa de compra e venda e de alienação fiduciária em garantia.

Tanto a promessa de compra e venda, quanto a alienação fiduciária em garantia, desde que preenchidos os requisitos legais, são direitos reais.

Os direitos reais derivados da promessa de compra e venda e de alienação fiduciária em garantia podem ser objeto de penhora, uma vez que o próprio bem não poderá ser penhorado por não integrar, ainda, o patrimônio do devedor.

Sobre o tema, eis os seguintes precedentes do S.T.J.:

1. "O bem alienado fiduciariamente, por não integrar o patrimônio do devedor, não pode ser objeto de penhora. Nada impede, contudo, que os direitos do devedor fiduciante oriundos do contrato sejam constritos." (REsp 679821/DF, Rel. Min. Felix Fisher, Quinta Turma, unânime, DJ 17/12/2004 p. 594) 2. Recurso especial conhecido e provido.

(REsp 1171341/DF, Rel. Ministra MARIA ISABEL GALLOTTI, QUARTA TURMA, julgado em 06/12/2011, DJe 14/12/2011).

Processual civil. tributário. Execução fiscal. Recurso especial.

Ofensa a súmula. Incidência da súmula 284/stf. Embargos de terceiro. Penhora. Direitos sobre bem alienado fiduciariamente. Possibilidade. Recurso especial parcialmente conhecido e, nesta parte, desprovido.

(REsp 834.582/RS, Rel. Ministro TEORI ALBINO ZAVASCKI, PRIMEIRA TURMA, julgado em 17/02/2009, DJe 30/03/2009).

1. Não é viável a penhora sobre bens garantidos por alienação fiduciária, já que não pertencem ao devedor-executado, que é apenas possuidor, com responsabilidade de depositário, mas à instituição financeira que realizou a operação de financiamento. Entretanto é possível recair a constrição executiva sobre os direitos detidos pelo executado no respectivo contrato. Precedentes.

2. O devedor fiduciante possui expectativa do direito à futura reversão do bem alienado, em caso de pagamento da totalidade da dívida, ou à parte do valor já quitado, em caso de mora e excussão por parte do credor, que é passível de penhora, nos termos do art. 11, VIII, da Lei das Execuções Fiscais (Lei nº 6.830/80), que permite a constrição de "direitos e ações". (REsp 795.635/PB, de minha relatoria, DJU de 07.08.06).

3. Recurso especial provido.

(REsp 910.207/MG, Rel. Ministro CASTRO MEIRA, SEGUNDA TURMA, julgado em 09/10/2007, DJ 25/10/2007, p. 159)

1. A ausência de registro de domínio não impede a realização de penhora dos direitos decorrentes do compromisso de compra e venda de imóvel (art. 655, XI, do CPC – penhora de outros direitos). Partindo dessa premissa, não há como considerar impossível a impenhorabilidade desses direitos, por falta de registro de domínio.

2. Afastado tal óbice, torna-se necessário o retorno dos autos à Corte estadual para que prossiga no exame dos requisitos necessários à configuração do bem de família.

3. Agravo regimental provido.

(AgRg no REsp 512.011/SP, Rel. Ministro LUIS FELIPE SALOMÃO, QUARTA TURMA, julgado em 17/03/2011, DJe 23/03/2011)

(...).

3. Precedentes das duas Turmas que integram a Segunda Seção deste Tribunal, admitem a penhora de imóvel financiado pelo Sistema Financeiro de Habitação para pagamento de taxas condominiais, não obstando o fato de ser considerado bem de família, a teor do art. 3º, IV, da Lei nº 8.009/90.

4. Hipótese em que o ato constritivo não recaiu sobre o imóvel em si, mas sobre os direitos que exerce o compromissário-comprador.

5 Ausências de interesse da entidade integrante do SFH para arguir a impenhorabilidade prevista na Lei nº 8.009/90.

6. Sendo a ação principal uma demanda de cobrança de despesas condominiais (obrigação "propter rem"), não se pode afirmar que o interesse da promitente-vendedora seja predominante em relação ao do Condomínio. Precedente da 3ª Turma.

7. No tocante ao dissídio interpretativo, a recorrente não cuidou de cumprir o disposto no art. 541, parágrafo único, do CPC e 255, § 2º, do RISTJ, mencionando as circunstâncias que identifiquem ou assemelhem as hipóteses confrontadas.

Recurso não conhecido.

(REsp 187.493/SP, Rel. Ministro LUIS FELIPE SALOMÃO, QUARTA TURMA, julgado em 16/10/2008, DJe 28/10/2008)

XII – outros direitos.

Não se enquadrando os bens na ordem estabelecida nos incisos I a XII do art. 835 do C.P.C., qualquer outro direito, seja pessoal ou real, será considerado na ordem de preferência de nomeação à penhora em último lugar.

São exemplos de outros direitos: a) direitos à sucessão hereditária; b) direito de crédito decorrente de títulos de dívida pública municipal; c) direito de crédito de títulos de natureza pessoal ou real etc.; d) penhora de crédito no rosto dos autos; e) nomeação de crédito em precatório.

Embora o S.T.J. tenha admitido a nomeação à penhora de crédito decorrente de precatório, também tem referendado a recusa do credor. Nesse sentido são os seguintes precedentes:

2. Embora reconheça a penhorabilidade dos precatórios judiciais, a jurisprudência do STJ é no sentido de que os referidos bens não correspondem a dinheiro, mas são equiparáveis aos "direitos e ações" listados no art. 11, VIII, da LEF e no art. 655 do CPC, sendo lícita a recusa pelo credor, quando a nomeação não observa a ordem legal.

3. Aplicação, por analogia, da orientação estabelecida pela Primeira Seção, no julgamento do REsp. 1.090.898/SP, submetido ao rito do art. 543-C do CPC, e na edição da Súmula 406/STJ.

4. A análise de possível afronta ao princípio da menor onerosidade da execução (art. 620 do CPC) exige, em regra, reexame de matéria fático-probatória, inadmissível na via estreita do Recurso Especial, ante o óbice da Súmula 7/STJ.

5. É evidente que o Regimental interposto contra a decisão que adotou o entendimento firmado na sistemática do art. 543-C é manifestamente infundado e, portanto, a multa foi corretamente imposta.

(...).

(EDcl nos EDcl no AgRg no AREsp 108.562/RS, Rel. Ministro HERMAN BENJAMIN, SEGUNDA TURMA, julgado em 04/10/2012, DJe 10/10/2012)

(...).

3. A jurisprudência do Superior Tribunal de Justiça admite a penhora de crédito relativo a precatório judicial. Todavia, não se equiparando o precatório a dinheiro ou a fiança bancária, mas a direito de crédito, a Fazenda Pública pode recusar a nomeação ou a substituição do bem por quaisquer das causas previstas no art. 656 do CPC, ou nos arts. 11 e 15 da LEF.

4. A satisfação do direito de crédito perpassa pela possibilidade de recusa ou substituição do bem dado em penhora. Logo, a Súmula 417 do STJ não inviabiliza a possibilidade de recusa do credor, desde que justificada por uma das causas descritas no art. 656 do CPC.

Embargos de declaração rejeitados, com aplicação de multa.

(EDcl no AgRg nos EDcl no AREsp 176.058/SP, Rel. Ministro HUMBERTO MARTINS, SEGUNDA TURMA, julgado em 18/09/2012, DJe 25/09/2012).

Preceitua o *§1º do art. 835* do atual C.P.C. que *é prioritária a penhora em dinheiro, podendo o juiz, nas demais hipóteses, alterar a ordem prevista no caput de acordo com as circunstâncias do caso concreto.*

Este dispositivo vem eliminar de uma vez por todas a dúvida existente se a ordem estabelecida nos incisos I a XIII do art. 835 do atual C.P.C. é absoluta ou relativa.

Assim, somente em relação ao *dinheiro*, que será sempre prioritário, a ordem referida nos incisos II a XIII do *caput* deste artigo não tem caráter absoluto, podendo o juiz alterá-la de acordo com as circunstâncias do caso concreto.

Aliás, a preferência da penhora em dinheiro já vinha sendo reconhecida pelo S.T.J., após a entrada em vigor da Lei n. 11.382/06, que introduziu no C.P.C. de 1973 o art. 655-A. Nesse sentido é o seguinte precedente:

1. Em se tratando da penhora prevista no art. 655-A do CPC, como bem decidiu esta Turma, ao julgar o AgRg no REsp 1.103.760/CE (Rel. Min. Herman Benjamin, DJe 19.5.2009), "a tese de violação do princípio da menor onerosidade não pode ser defendida de modo genérico ou simplesmente retórico, cabendo à parte executada a comprovação, inequívoca, dos prejuízos a serem efetivamente suportados, bem como da possibilidade, sem comprometimento dos objetivos do processo de execução, de satisfação da pretensão creditória por outros meios".

2. O tema foi submetido a julgamento pelo rito no art. 543-C, do CPC, tanto pela Corte Especial (REsp 1.112.943-MA, Rel. Min. Nancy Andrighi, DJE 23.11.2010), quanto pela Primeira Seção desta Corte (REsp 1.184.765-PA, Rel. Min. Luiz Fux, julgado no dia 24.11.2010), ocasiões em que restou assentado entendimento no sentido de que a penhora online, antes da entrada em vigor da Lei n. 11.382/2006, configura medida excepcional cuja efetivação está condicionada à comprovação de que o credor tenha realizado todas as diligências no sentido de localizar bens livres e desembaraçados de titularidade do devedor. Contudo, após o advento da referida lei, o juiz, ao decidir sobre a realização da penhora online, não pode mais exigir do credor prova de exaurimento das vias extrajudiciais na busca de bens a serem penhorados.

3. Compulsando os autos, verifica-se que a decisão que apreciou o bloqueio de ativos financeiros foi lavrada quando já vigorava o art. 655-A do CPC, introduzido pela Lei n. 11.382/006.

4. Recurso especial conhecido e não provido.

(REsp 1194000/SP, Rel. Ministro MAURO CAMPBELL MARQUES, SEGUNDA TURMA, julgado em 15/03/2011, DJe 22/03/2011)

Diante dessa nova perspectiva estabelecida pelo §1º do art. 835 do atual C.P.C., de que o *dinheiro* apresenta preferência em relação a qualquer outro bem, na ordem de penhora, isso significa dizer que se o executado nãocumprir com a sua obrigação no prazo estipulado em lei, o juiz poderá determinar de plano a quebra de sigilo bancário, via BACENJUD, a fim de promover, preferencialmente, a penhora de dinheiro depositado em instituições financeiras.

Evidentemente, a parte poderá impugnar a penhora sobre valores depositados em instituição financeira, alegando, inclusive, que o valor ali depositado deverá ser aplicado na sua própria manutenção e sobrevivência. Contudo, essa alegação somente poderá ser acolhida se o executado comprovar tal afirmação. Nesse sentido é o seguinte precedente do S.T.J.:

1. Em se tratando da penhora prevista no art. 655-A do CPC, como bem decidiu esta Turma, ao julgar o AgRg no REsp 1.103.760/CE (Rel. Min. Herman Benjamin, DJe 19.5.2009), "a tese de violação do princípio da menor onerosidade não pode ser defendida de modo genérico ou simplesmente retórico, cabendo à parte executada a comprovação, inequívoca, dos prejuízos a serem efetivamente suportados, bem como da possibilidade, sem comprometimento dos objetivos do processo de execução, de satisfação da pretensão creditória por outros meios".

2. O ônus de comprovar a indispensabilidade dos valores depositados em instituições financeiras é do executado, nos termos do art. 333, II, do CPC e dos §§ 1º e 2º do art. 655-A do CPC (REsp 1.185.373/RJ, 1ª Turma, Rel. Min. Benedito Gonçalves, DJe 20.5.2010).

3. Recurso especial provido.

(REsp 1182820/RJ, Rel. Ministro MAURO CAMPBELL MARQUES, SEGUNDA TURMA, julgado em 22/02/2011, DJe 04/03/2011)

Desta forma, salvo em relação ao dinheiro, quando indicado o bem para penhora pelo próprio exequente, o juiz poderá avaliar a pertinência dessa indicação, levando-se em conta os princípios da efetividade da tutela jurisdicional em favor do exequente e o da menor onerosidade possível ao executado. Deverá o juiz, também, avaliar as consequências sociais, econômicas e culturais dessa penhora, utilizando-se, se necessário, do *princípio da parcialidade positiva do juiz.*

Estabelece *o § 2º do art.* 835 do atual C.P.C. que *para fins de substituição da penhora, equiparam-se a dinheiro a fiança bancária e o seguro garantia judicial, desde que em valor não inferior ao do débito constante da inicial, acrescido trinta por cento.*

Sob a égide do C.P.C. de 1973, o S.T.J, muito embora admitisse a possibilidade de substituição da penhora de dinheiro por fiança bancária ofertada pelo executado, tal substituição somente poderia ocorrer mediante concordância do exequente ou, ainda, se ficasse demonstrado a menor onerosidade ao devedor. Nesse sentido eis os seguintes precedentes:

1. Conforme consignado na análise monocrática, a Primeira Seção do STJ, no julgamento do EREsp 1.077.039/RJ, decidiu sobre a possibilidade de substituição da penhora de dinheiro, feita por intermédio do BACEN JUD, por fiança bancária ofertada pelo executado. Em tal julgado, firmou-se o entendimento de que a substituição de penhora de dinheiro por fiança bancária, em regra, somente pode ocorrer à vista da anuência da Fazenda Pública.

Excepcionalmente, porém, pode ocorrer "a substituição de um (dinheiro) por outro (fiança bancária), mas somente quando estiver comprovada de forma irrefutável, perante a autoridade judicial, a necessidade de aplicação do princípio da menor onerosidade (art. 620 do CPC)".

2. Contudo, no caso dos autos, a Corte regional nada aduziu sobre a necessidade de aplicação do princípio da onerosidade. Em outras palavras não ficou demonstrado o comprometimento das atividades da recorrente, caso a substituição não seja feita.

(...).

(AgRg no AREsp 504.390/SP, Rel. Ministro HUMBERTO MARTINS, SEGUNDA TURMA, julgado em 27/05/2014, DJe 02/06/2014).

1. "O fato de o art. 15, I, da LEF prever a possibilidade de substituição da penhora por depósito ou fiança bancária significa apenas que o bem constrito é passível de substituição por um ou por outro. Não se pode, a partir da redação do mencionado dispositivo legal, afirmar genericamente que o dinheiro e a fiança bancária apresentam o mesmo status. [...] regra geral, quando o juízo estiver garantido por meio de depósito em dinheiro, ou ocorrer penhora sobre ele, inexiste direito subjetivo de obter, sem anuência da Fazenda Pública, a sua substituição por fiança bancária" (EREsp 1077039/RJ, Primeira Seção, Rel. Min. Mauro Campbell Marques, Rel. p/acórdão Min. Herman Benjamin, julgado em 09.02.2011).

2. A fiança bancária prevalecerá sobre o dinheiro apenas em caráter excepcional, ou seja, quando estiver comprovada, de forma irrefutável, perante a autoridade judicial, a necessidade de aplicação do princípio da menor onerosidade (art. 620 do CPC), o que não ocorreu.

(...).

(AgRg no AREsp 415.120/PR, Rel. Ministro HUMBERTO MARTINS, SEGUNDA TURMA, julgado em 22/04/2014, DJe 29/04/2014)

Porém, o novo C.P.C. passou a equiparar o dinheiro à fiança bancária e ao seguro garantia judicial, desde que não inferior ao débito constante da inicial, mais trinta por cento. Esse acréscimo decorre do fato de que poderão haver incidências de consectários legais ou contratuais ao débito constante da inicial, como, por exemplo, custas processuais e honorários de advogado.

Portanto, se o legislador equiparou ao dinheiro a fiança bancária e o seguro garantia, a substituição dar-se-á mesmo que sem a anuência do credor ou mesmo que o devedor não demonstre a menor onerosidade.

Prescreve o *§3º do art. 835* do atual C.P.C. que *na execução de crédito com garantia real, a penhora recairá sobre a coisa dada em garantia, e, se a coisa pertencer a terceiro garantidor, este também será intimado da penhora.*

Trata-se de pressuposto lógico decorrente do próprio efeito *erga omnes* e do direito de *sequela* que possuem os créditos com garantia real hipotecária, pignoratícia ou anticrética.

Assim, no caso de inadimplemento desses créditos, a penhora deverá ocorrer, *preferencialmente*, sobre a coisa dada em garantia, mesmo que o devedor possua outros bens.

Somente poderão ser excutidos outros bens do devedor, se o valor apurado com o bem dado em garantia não for suficiente para o pagamento da dívida com garantia real.

Pode-se afirmar que as garantias reais geram o que se pode denominar no Direito Processual de *penhora natural*. Nesse sentido já decidiu o S.T.J.:

I – Quando já tiver encontrado motivos suficientes para fundar a decisão, o magistrado não se encontra obrigado a responder todas as alegações das partes, nem a ater-se aos fundamentos indicados por elas ou a responder um a um a todos os seus argumentos, não havendo que se falar em violação ao inciso II do artigo 535 do Código de Processo Civil.

II – "Inadmissível o recurso especial quanto à questão que, a despeito da oposição de embargos declaratórios, não foi apreciada pelo tribunal a quo." Súmula 211/STJ.

III – As garantias reais geram o que se pode denominar, em Direito Processual, de penhora natural. Assim, na ação de execução fundada em título extrajudicial garan-

tido por penhor cedular, inexistindo acordo em sentido contrário, a penhora deve recair necessariamente sobre o bem objeto da garantia, independentemente de nomeação. Por conseguinte, não há falar-se em aceitação tácita do credor ao oferecimento de outros bens à penhora pelo devedor, eis que tal nomeação é ineficaz.

Recurso especial não conhecido.

(REsp 142.522/DF, Rel. Ministro CASTRO FILHO, TERCEIRA TURMA, julgado em 22/05/2003, DJ 16/06/2003, p. 332)

Por sua vez, se o bem dado em garantia real (penhor, anticrese ou hipoteca) pertencer a terceiro, este também deverá ser intimado da penhora para que possa exercer, se assim desejar, seus direitos substanciais e processuais.

Art. 836

Não se levará a efeito a penhora quando ficar evidente que o produto da execução dos bens encontrados será totalmente absorvido pelo pagamento das custas da execução.

§ 1º Quando não encontrar bens penhoráveis, independentemente de determinação judicial expressa, o oficial de justiça descreverá na certidão os bens que guarnecem a residência ou o estabelecimento do executado, quando este for pessoa jurídica.

§ 2º Elaborada a lista, o executado ou seu representante legal será nomeado depositário provisório de tais bens até ulterior determinação do juiz.

Hipótese em que não se leva a efeito a penhora

Nesse sentido já prescrevia o art. 659, §2º, do C.P.C. de 1973: "Não se levará a efeito a penhora, quando evidente que o produto da execução dos bens encontrados será totalmente absorvido pelo pagamento das custas da execução.

Se a execução deve ser realizada no interesse do exequente, evidentemente, esse requisito não será atendido se o bem penhorado não garantir, em boa parte, o valor do crédito executado, ou se este valor for totalmente absorvido pelo pagamento das custas da execução.

Assim, seja a penhora em dinheiro realizada via BACENJUD ou tenha ela por objeto outro bem, cujo valor seja totalmente absorvido pelas custas judiciais, deverá o juiz determinar o levantamento da penhora.

Geralmente, se o valor do bem corresponder ao percentual aproximado de 1% (um por cento) do valor da execução, isso significa dizer que provavelmente este valor será absorvido totalmente pelas custas judiciais, o que justifica a liberação da penhora de ofício pelo juiz.

Estabelece o *§1º do art. 836* do atual C.P.C. que *quando não encontrar bens penhoráveis, independentemente de determinação judicial expressa, o oficial de justiça descreverá na certidão os bens que guarnecem a residência ou o estabelecimento do executado, quando este for pessoa jurídica.*

A descrição dos bens deverá ser feita pelo oficial de justiça na residência ou no estabelecimento do executado, quando este for pessoa jurídica.

O direito italiano fala em *casa* do devedor e nos outros lugares que a ele pertencerem.

Segundo anotam Comoglio, Ferri e Taruffo; *"por 'casa' deve entender-se qualquer lugar não somente no qual o devedor de forma estável exercite seu direito de propriedade ou um direito de gozo, mas também aquele com o qual o devedor tenha uma estável relação de fato, com o fim de prover à exigência de habitação própria e de sua família"*.[356]

As disposições da Lei 8.009/90, que tratam da impenhorabilidade dos bens de família, não impedem o cumprimento pelo oficial de justiça do art. 834, §1º, do atual C.P.C. Nesse sentido já decidiu o S.T.J.:

> *i – as disposições da lei 8.009 não impede o cumprimento do disposto no par. 3. do art. 659 do cpc.*
>
> *ii – tal norma objetiva evitar a constrição patrimonial ilegítima possibilitando, ainda, o controle da deliberação do oficial de não realizar a penhora.*
>
> *iii – recurso conhecido e provido.*
>
> (REsp 163.603/PA, Rel. Ministro WALDEMAR ZVEITER, TERCEIRA TURMA, julgado em 12/05/1998, DJ 29/06/1998, p. 178)

No voto do Ministro Waldemar Zveiter encontra-se a seguinte afirmação:

> *"O só fato da Lei 8.009/90 afirmar impenhoráveis os bens móveis que guarnecem a residência, não derrogou ou revogou os termos expressos do §3º do art. 659 do CPC.*

[356] Comoglio, Luigi Paolo; Ferri, Corrado; Taruffo, Michele. *Lezioni sul processo civil.* Vol. II. Procedimenti speciali, cautelari ed executivi. Bologna: Il Mulino. 2011. p. 391.

De seu comando não se extrai inocuidade vista pelo acórdão embargado e nem mesmo se choca com a determinação do art. 1º da Lei 8.009.

Ao contrário. Harmoniza-se com o preceito nela estabelecido pelo art. 2º a dizer que exclui-se da impenhorabilidade os bens de arte e os adornos suntuosos.

Assim, cumprindo-se o que dispõe o mencionado §3º do art. 659 está o juiz aparelhado para aferir a exceção imposta na lei, a vista de certidão que deve lavrar o oficial de justiça, descrevendo os bens que guarnecem a residência do devedor.

Demais disso o tema de direito que envolve a questão, em verdade nada tem a ver com a lei que veio a instituir o bem de família.

A norma do §3º do artigo sobre o qual se versa, objetiva evitar se realize a constrição patrimonial ilegítima, possibilitando, no dizer de Humberto Theodoro Júnior, ao juiz e ao credor, condições de apreciar e controlar a deliberação do oficial de não realizar a penhora".

Com a descrição dos bens que guarnecem a residência ou o estabelecimento do executado, poderá o juiz e o exequente avaliar se esses bens enquadram-se ou não na definição de bens de família.

O Oficial de Justiça poderá ingressar na residência ou no estabelecimento do executado independentemente de autorização judicial.

Se o executado não autorizar a entrada do Oficial, este poderá requerer ao juiz reforço policial para cumprimento de seu dever funcional. Nessa hipótese, aplica-se por analogia o disposto no art. 846 do atual C.P.C.

Sobre o tema, eis o seguinte precedente do S.T.J.:

1. De acordo com a orientação jurisprudencial do extinto Tribunal Federal de Recursos, não tendo sido encontrados quaisquer bens penhoráveis, deverá o oficial de justiça descrever na certidão os que guarnecem a residência ou o estabelecimento do devedor, providencia que não foi tomada, no caso.

2. Recurso especial provido.

(REsp 1394835/PR, Rel. Ministro MAURO CAMPBELL MARQUES, SEGUNDA TURMA, julgado em 05/09/2013, DJe 11/09/2013).

Preceitua o *§2º do art.836* do atual C.P.C. que *elaborada a lista, o executado ou seu representante legal será nomeado depositário provisório de tais bens até ulterior determinação do juiz.*

SUBSEÇÃO II – Da Documentação da Penhora, de seu Registro e do Depósito

Art. 837

Obedecidas as normas de segurança instituídas sob critérios uniformes pelo Conselho Nacional de Justiça, a penhora de dinheiro e as averbações de penhoras de bens imóveis e móveis podem ser realizadas por meio eletrônico.

Penhora por meios eletrônicos

Atualmente a penhora em dinheiro é feita, preferencialmente, pelo sistema de consulta previsto no Regulamento BACENJUD 2.0 do Banco Central Judicial, de 24.07.2009, no qual o juiz, mediante a utilização de uma senha de ingresso no sistema, faz a consulta de possíveis depósitos existentes em nome do executado em qualquer instituição financeira do país, depósitos que podem estar consignados em conta corrente, conta poupança ou em qualquer outra aplicação financeira.

Havendo depósito, o sistema automaticamente bloqueia as contas até o valor máximo estabelecido na requisição de bloqueio.

O Conselho Nacional de Justiça determinou que todos os juízes do país se cadastrem no sistema de penhora *online* – o BacenJud. Contra essa determinação, o juiz federal da 1ª Vara da Seção Judiciária de Pernambuco ingressou com mandado de segurança no Supremo Tribunal Federal. Para ele, a obrigação de cadastramento imposta pelo C.N.J macula a independência dos juízes. Ele argumenta que o CNJ não poderia mudar a regra do artigo 655-A, do Código de Processo Civil, de facultativa para obrigatória. O artigo diz que a autoridade supervisora do sistema bancário executará a penhora, preferencialmente por meio eletrônico. O Supremo Tribunal Federal, por sua vez, assim decidiu o *mandamus:*

> *EMENTA: I – O art. 103-B da Constituição da República, introduzido pela Emenda Constitucional n. 45/2004, dispõe que o Conselho Nacional de Justiça é órgão com atribuições exclusivamente administrativas e correcionais, ainda que, estruturalmente, integre o Poder Judiciário. II – No exercício de suas atribuições administrativas, encontra-se o poder de "expedir atos regulamentares". Esses, por sua vez, são atos de comando abstrato que dirigem aos seus destinatários comandos e obrigações, desde que inseridos na esfera de competência do órgão. III – O Conselho Nacional de Justiça pode, no lídimo exercício de suas funções, regulamentar condutas e impor a toda magistratura nacional o cumprimento de obrigações de essência puramente administrativa. IV – A determinação aos magistrados de inscrição em cadastros ou sítios eletrônicos,*

com finalidades estatística, fiscalizatória ou, então, de viabilizar a materialização de ato processual insere-se perfeitamente nessa competência regulamentar. V – Inexistência de violação à convicção dos magistrados, que remanescem absolutamente livres para determinar ou não a penhora de bens, decidir se essa penhora recairá sobre este ou aquele bem e, até mesmo, deliberar se a penhora de numerário se dará ou não por meio da ferramenta denominada "BACEN JUD". VI – A necessidade de prévio cadastramento é medida puramente administrativa que tem, justamente, o intuito de permitir ao Poder Judiciário as necessárias agilidade e efetividade na prática de ato processual, evitando, com isso, possível frustração dos objetivos pretendidos, dado que o tempo, no processo executivo, corre em desfavor do credor. VII – A "penhora on line" é instituto jurídico, enquanto "BACEN JUD" é mera ferramenta tendente a operacionalizá-la ou materializá-la, através da determinação de constrição incidente sobre dinheiro existente em conta-corrente bancária ou aplicação financeira em nome do devedor, tendente à satisfação da obrigação. VIII Ato administrativo que não exorbita, mas, ao contrário, insere-se nas funções que constitucionalmente foram atribuídas ao CNJ. IX – Segurança denegada.

(MS 27621, Relator(a): Min. CÁRMEN LÚCIA, Relator(a) p/ Acórdão: Min. RICARDO LEWANDOWSKI, Tribunal Pleno, julgado em 07/12/2011, ACÓRDÃO ELETRÔNICO DJe-092 DIVULG 10-05-2012 PUBLIC 11-05-2012)

O Conselho Nacional de Justiça também baixou regulamentação sobre a penhora via BACENJUD, permitindo que pessoas físicas e jurídicas mantenham uma conta específica para efeito de penhora eletrônica. Essa regulamentação encontra-se prevista na Resolução n. 61, de 07 de outubro de 2008.

O §6º do art. 13 da Resolução BACENJUD 2.0 estabelece que o sistema BACENJUD 2.0 alerta o usuário sobre a existência de conta única para bloqueio cadastrada conforme Resolução n. 61 do Conselho Nacional de justiça, de 7.10.2008, a ser utilizada para evitar múltiplos bloqueios.

É bem verdade que esse sistema de conta única do BACENJUD não deve ter dado muito certo, pois, salvo engano, não houve muita adesão.

Outrossim, o art. 837 do atual C.P.C. também permite a averbação de penhora de bens móveis e imóveis que possuam registro público. Para que isso seja possível no Brasil é necessário que todos os cartórios de registros públicos de bens móveis ou imóveis estejam devidamente informatizados e interligados na rede pública de computadores, o que na atualidade não ocorre. Aliás, atualmente nem os foros judiciais estão todos interligados pela rede virtual, havendo comarcas no interior do Brasil em que o computador é mero substitutivo da velha máquina de escrever.

Numa tentativa de implementar a comunicação eletrônica entre os Cartórios extrajudiciais e o Poder Judiciário, a Corregedoria Nacional do C.N.J. baixou o Provimento n. 25/2012, com as seguintes determinações:

O CORREGEDOR NACIONAL DE JUSTIÇA, no uso de suas atribuições legais e regimentais,

CONSIDERANDO o disposto no art. 8º, X do Regimento Interno do Conselho Nacional de Justiça;

CONSIDERANDO o disposto na Resolução CNJ nº 100 de 24/11/2009 que trata da comunicação oficial, por meio eletrônico no âmbito do Poder Judiciário;

CONSIDERANDO o disposto no art. 7º da Lei 11.419/2006, prevendo que as comunicações entre os órgãos do Poder Judiciário serão feitas, preferencialmente, por meio eletrônico, medida que pode ser estendida aos serviços extrajudiciais e;

CONSIDERANDO a economia, celeridade e eficiência alcançadas com a utilização do Sistema Hermes – Malote Digital por diversos Tribunais;

RESOLVE:

Art. 1º As comunicações entre as serventias extrajudiciais de notas e de registro e entre estas e os órgãos do Poder Judiciário, serão realizadas com a utilização do Sistema Hermes – Malote Digital, nos termos deste Provimento e da regulamentação constante do seu Anexo.

Parágrafo único. O disposto no caput não se aplica nas hipóteses em que for necessária a remessa de documentos físicos e não substitui outros sistemas para remessa de documentos eletrônicos.

Art. 2º Os Tribunais de Justiça dos Estados providenciarão, no prazo de 90 (noventa) dias, o cadastramento de uma Unidade Organizacional – UO para cada uma das serventias existentes, além dos usuários responsáveis por cada uma delas, o que deverá obedecer ao padrão constante na "árvore/Unidade Organizacional" conforme constante no anexo deste Provimento.

Parágrafo primeiro. Tais "UOs" deverão ser mantidas atualizadas (incluídas ou excluídas) de acordo com a relação geral de serventias extrajudiciais prevista no Sistema Justiça Aberta sob o código Cadastro Nacional de Serventias – CNS, e as senhas dos usuários deverão ser atualizadas sempre que houver alteração na titularidade da serventia.

Parágrafo segundo. Não serão mantidos "UOs" autônomos para serventias com acervos recolhidos.

Art. 3º Os Tribunais poderão, no âmbito de suas competências, expedir normas complementares de utilização do sistema, não conflitantes com o presente Provimento.

Art. 4º Deverão os Tribunais manter pública no sítio na internet a relação das serventias que estiverem em situação de ausência de comunicação com a rede mundial de computadores ou de falta de estrutura de equipamento de acesso, recomendando-se, tanto quanto possível, que envidem esforços para que venham a utilizar o sistema.

Art. 5º Este Provimento entrará em vigor na data da sua publicação.

Sobre a questão da penhora via BACENJUD, assim tem se posicionado o S.T.J.:

1. A Corte Especial, ao julgar o Resp 1.112.943/MA, Rel. Ministra Nancy Andrighi, e a Primeira Seção, ao julgar o REsp 1.184.765/PA, Rel. Min. Luiz Fux, sob o rito dos recursos repetitivos (art. 543-C), consolidaram o entendimento de que a penhora on-line, antes da entrada em vigor da Lei 11.382/2006, configura medida excepcional cuja efetivação está condicionada à comprovação de que o credor tenha realizado todas as diligências no sentido de localizar bens livres e desembaraçados de titularidade do devedor. Contudo, após o advento da referida lei, o juiz, ao decidir sobre a realização da penhora on-line, não pode mais exigir do credor prova de exaurimento das vias extrajudiciais na busca de bens a serem penhorados.

2.O indeferimento da medida executiva pelo tribunal a quo ocorreu após o advento da Lei 11.382/2006.

3. Recurso especial provido.

(Resp 1343002/RS, Rel. Ministro HERMAN BENJAMIN, SEGUNDA TURMA, julgado em 02/10/2012, DJe 10/10/2012)

1. Caso em que o Tribunal de origem, nos autos de execução fiscal, tornou ineficaz a nomeação à penhora realizada pela executada (créditos oriundos de precatórios, dos quais é devedor o Estado do Paraná), por ter sido feita fora do prazo estabelecido no art. 8º da Lei 6.830/80, (cinco dias a partir da citação), e determinando a realização de penhora on line das contas da empresa.

2. "Os depósitos e as aplicações em instituições financeiras são considerados bens preferenciais na ordem da penhora, equiparando-se a dinheiro em espécie nos termos do art. 655, I, do CPC" (gRg no REsp 1202794/PR, Rel. Ministro Arnaldo Esteves Lima, Primeira Turma, julgado em 19/05/2011, DJe 27/05/2011).

3. Agravo regimental não provido.

(AgRg no AREsp 41.979/PR, Rel. Ministro BENEDITO GONÇALVES, PRIMEIRA TURMA, julgado em 07/02/2012, DJe 10/02/2012)

1. A Primeira Seção, ao julgar o REsp 1.184.765/PA, sob a relatoria do Ministro Luiz Fux e de acordo com o regime dos recursos repetitivos, cujo acórdão veio a ser publicado no DJe de 3.12.2010, deixou consignado que o bloqueio de ativos financeiros em nome do executado, por meio do Sistema BacenJud, não deve descuidar do disposto no art. 649, IV, do CPC, com a redação dada pela Lei n. 11.382/2006, segundo o qual são absolutamente impenhoráveis "os vencimentos, subsídios, soldos, salários, remunerações, proventos de aposentadoria, pensões, pecúlios e montepios; as quantias recebidas por liberalidade de terceiro e destinadas ao sustento do devedor e sua família, os ganhos de trabalhador autônomo e os honorários de profissional liberal".

2. Sobre a interpretação a ser conferida ao art. 649, IV, do CPC, extraem-se dos vários precedentes jurisprudenciais desta Corte os seguintes enunciados: "É possível a penhora 'on line' em conta corrente do devedor, contanto que ressalvados valores oriundos de depósitos com manifesto caráter alimentar." (REsp 904.774/DF, 4ª Turma, Rel. Min. Luis Felipe Salomão, DJe de 16.11.2011); "São impenhoráveis os valores depositados em conta destinada ao recebimento de proventos de aposentadoria do devedor." (AgRg no Ag 1.331.945/MG, 4ª Turma, Rel. Min. Maria Isabel Gallotti, DJe de 25.8.2011); "Indevida a penhora sobre percentual da remuneração depositado em conta-corrente, pena de violação do artigo 649, inciso IV, do Código de Processo Civil." (AgRg no REsp 1.147.528/RO, 1ª Turma, Rel. Min. Hamilton Carvalhido, DJe de 10.12.2010); "Indevida penhora de percentual de depósitos em conta-corrente, onde depositados os proventos da aposentadoria de servidor público federal. A impenhorabilidade de vencimentos e aposentadorias é uma das garantias asseguradas pelo art. 649, IV, do CPC." (AgRg no REsp 969.549/DF, 4ª Turma, Rel. Min. Aldir Passarinho Júnior, DJ de 19.11.2007, p. 243); "É inadmissível a penhora parcial de valores depositados em conta-corrente destinada ao recebimento de salário ou aposentadoria por parte do devedor." (AgRg no REsp 1.023.015/DF, 3ª Turma, Rel. Min. Massami Uyeda, DJe de 5.8.2008).

3. No caso concreto, não deve ser seguido o entendimento adotado pela Terceira Turma desta Corte no julgamento do RMS 25.397/DF (Rel.Min. Nancy Andrighi, DJe de 3.11.2008), pois, diversamente do caso dos presentes autos, no referido precedente, como bem salientado pelo juiz do primeiro grau de jurisdição, o próprio executado reconhecera que mantinha a quantia bloqueada como uma espécie de "reserva disponível".

4. Recurso especial não provido.

(REsp 1313787/RS, Rel. Ministro MAURO CAMPBELL MARQUES, SEGUNDA TURMA, julgado em 07/08/2012, DJe 14/08/2012)

O juiz ao analisar a penhora via BACENJUD deverá ter em mente:

a) não haverá necessidade de se esgotar todas as vias para localização de bens, tendo em vista que o dinheiro é preferencial na ordem cronológica da penhora;
b) liberar as quantias irrisórias que serão na totalidade abrangidas pelo pagamento das custas processuais;

b) liberar os depósitos de poupança de até quarenta salários mínimos;

c) liberar os valores que são usados pelo executado para sua manutenção e sobrevivência, desde que ele comprove essas circunstâncias;

Há certa indagação se uma vez feita a consulta no sistema BACENJUD, e sendo o resultado negativo, poderá haver novas consultas sem qualquer fato novo que assim as justifiquem. Sobre essa questão, o S.T.J. assim tem se posicionado:

1. O acórdão recorrido analisou todas as questões necessárias ao desate da controvérsia, só que de forma contrária aos interesses da parte. Logo, não padece de vícios de omissão, contradição ou obscuridade, a justificar sua anulação por esta Corte. Tese de violação do art. 535 do CPC repelida.

2. Discute-se nos autos sobre a possibilidade de reiteração do pedido de bloqueio de ativos na forma do art. 185-A, do CTN, considerando a existência de anteriores tentativas de bloqueio infrutíferas.

3. Esta Corte já se pronunciou no sentido da possibilidade de reiteração do pedido de penhora via sistema Bacenjud, desde que observado o princípio da razoabilidade a ser analisado caso a caso.

Precedentes: REsp. n. 1.199.967/MG, Rel. Min. Herman Benjamin, Segunda Turma, DJe de 4.2.2011; REsp. n. 1.267.374 – PR, Segunda Turma, Rel. Min. Mauro Campbell Marques, julgado em 7.2.2012. A mesma lógica é aplicável ao bloqueio de ativos na forma do art. 185-A, do CTN.

4. Na espécie, o Tribunal de origem negou o pedido da Fazenda de reiteração do bloqueio de ativos, por entender que houve tentativa anterior infrutífera, sendo improvável o êxito da segunda.

5. A simples existência de pedido anterior não é motivo para impedir a reiteração do pedido de constrição de ativos na forma do art. 185-A, do CTN, por tal providência não caracterizar abuso ou excesso.

6. Recurso especial parcialmente provido.

(REsp 1323032/RJ, Rel. Ministro MAURO CAMPBELL MARQUES, SEGUNDA TURMA, julgado em 07/08/2012, DJe 14/08/2012)

1. Esta Turma, ao julgar o REsp 1.199.967/MG, sob a relatoria do Ministro Herman Benjamin (DJe de 4.2.2011), decidiu pela admissibilidade da reiteração do pedido de penhora eletrônica de dinheiro através do Sistema BacenJud. No ordenamento jurídico pátrio, não há nenhuma exigência ou condicionante para se tentar novamente a mesma medida já deferida há mais de ano; muito pelo contrário, o atual Regulamento do BacenJud, em seu art. 13, § 2º, prevê a possibilidade de nova ordem de bloqueio de valor para o mesmo executado, no mesmo processo.

2. Recurso especial provido.

(REsp 1273341/MG, Rel. Ministro MAURO CAMPBELL MARQUES, SEGUNDA TURMA, julgado em 01/12/2011, DJe 09/12/2011)

1. Controverte-se a respeito da decisão colegiada do Tribunal de origem, que afirmou que a pesquisa eletrônica da existência de dinheiro, por meio do sistema Bacen Jud, somente pode ser feita uma única vez, mesmo que o resultado tenha sido infrutífero, sob o argumento de que o Poder Judiciário não pode fazer papel de diligenciador da Fazenda Pública credora.

2. Conforme decidido pela Corte Especial (REsp 1.112.943/MA, julgado sob o rito dos recursos repetitivos), com a vigência da Lei 11.382/2006, não mais se exige a comprovação de exaurimento das diligências administrativas para penhora por meio do Bacen Jud.

3. A lei (art. 655-A do CPC) não limitou o uso do Bacen Jud a uma única vez. Por se tratar de instrumento destinado a promover a satisfação da pretensão creditória, ele pode servir também para qualquer outra diligência (e.g., expedição de ofício ao Detran ou aos Cartórios de Imóveis), isto é, tantas vezes quanto necessário.

4. Aplicação, por analogia, do art. 15, II, da Lei 6.830/1980, segundo o qual a viabilização da penhora (mediante substituição ou reforço) pode ser feita a qualquer tempo.

5. No atual estágio da legislação processual e material, o emprego do aludido programa informatizado é privativo do Poder Judiciário, pois os representantes judiciais da Fazenda Pública não possuem autorização legal para, a um só tempo, acessar informações relativas ao patrimônio dos devedores e, ex officio, determinar a respectiva constrição.

6. Desse modo, sendo a referida atribuição privativa de um determinado órgão (na espécie, o jurisdicional), é de manifesta improcedência a afirmação de que o pleito fazendário representa uma tentativa de transformar a autoridade judiciária em mero agente diligenciador da parte processual.

7. A utilização do Bacen Jud, em termos de reiteração da diligência, deve obedecer ao critério da razoabilidade. Não é o Poder Judiciário obrigado a, diariamente, consultar o referido programa informatizado. Contudo, inexiste abuso ou excesso na reiteração da medida quando decorrido, por exemplo, o prazo de um ano, sem que tenha havido alteração no processo.

8. Naturalmente, isso não impede que, antes da renovação da pesquisa via Bacen Jud, a Fazenda Pública credora promova as diligências ao seu alcance, para localização de outros bens. Porém, conduta dessa natureza (comprovação do exaurimento de outras diligências) não pode ser exigida como requisito para fins de exame judicial do pedido iterativo da tentativa de penhora por meio do Bacen Jud, pois isso seria equiparável a, de maneira oblíqua, fazer retornar orientação jurisprudencial ultrapassada.

9. Recurso Especial provido.

(REsp 1199967/MG, Rel. Ministro HERMAN BENJAMIN, SEGUNDA TURMA, julgado em 16/11/2010, DJe 04/02/2011)

Art. 838

A penhora será realizada mediante auto ou termo, que conterá:

I – a indicação do dia, do mês, do ano e do lugar em que foi feita;

II – os nomes do exequente e do executado;

III – a descrição dos bens penhorados, com as suas características;

IV – a nomeação do depositário dos bens.

Requisitos do auto ou termo de penhora

Este dispositivo estabelece quais são os requisitos mínimos que deve contar o auto ou o termo de penhora.

O auto de penhora é o ato processual confeccionado pelo oficial de justiça quando da realização da penhora.

Em regra, a penhora realiza-se por ato do oficial de justiça, sendo que o atual C.P.C. se satisfaz com a presença de apenas um oficial, enquanto que o art. 928 do C.P.C. de 1939 exigia a presença de dois oficiais de justiça.

O oficial de justiça atua sob o impulso direto ou mediato do exequente, o qual será responsabilizado pelo exercício injusto ou indevido da execução, conforme estabelece o art. 776 do atual C.P.C.

Já o termo de penhora é o ato processual realizado pelo Escrivão ou pelo Diretor de Secretaria, que será lavrado nos próprios autos, geralmente quando o executado comparece em juízo e oferece determinado bem à penhora, especialmente dinheiro. Conforme já teve oportunidade de afirmar Liebman *"a nomeação de bens, reduzida a termo, é, pois, um dos modos de fazer a penhora e, propriamente, o mais rápido e simples e o menos dispendioso"*.[357]

Segundo ensina Araken de Assis, *"(...) como o termo constitui ato do escrivão, a regra dispensa a assinatura do executado. A nomeação eficaz elimina a necessidade de o devedor comparecer pessoalmente em cartório e, de quebra, apaga a controvérsia sobre a ausência da firma do executado ou sua recusa em assinar o termo. Os requisitos que impor-*

[357] Liebman, E. T. *Processo de execução...*, op. cit., *n. 60, p. 131.*

tam às funções da penhora já constam da nomeação válida. Entretanto, os comentadores do novo diploma repetem, descuidadamente, a ocorrência da assinatura (Theodoro Jr.; Amaral Santos; Frederico Marques), que, à evidência, complica e tumultua".[358]

O S.T.J., em decisão singular, já entendeu que o executado deveria assinar o termo de penhora quando comparecesse pessoalmente ao cartório para nomear bens à penhora. Nesse sentido já se manifestou o S.T.J.:

> *1. o executado que nomeia bens à penhora, quando não comparece espontaneamente ou após chamamento pela imprensa, deve ser intimado pessoalmente para assinar o termo da nomeação e, no mesmo ato, do prazo para a interposição dos embargos à execução.*
>
> *2. dispensa-se a intimação por oficial de justiça, prevista no art. 669 do cpc, quando o executado comparece e assina o termo, momento em que poderá ser cientificado do prazo fatal dos embargos.*
>
> *3. recurso especial não conhecido.*
>
> (REsp 53777/SP, Rel. Ministro CARLOS ALBERTO MENEZES DIREITO, TERCEIRA TURMA, julgado em 09/09/1996, DJ 14/10/1996, p. 39002).

Apenas uma ressalva deve ser feita; a de que o prazo para interposição dos embargos não transcorre mais da intimação da penhora, mas, sim, da juntada do mandado de citação aos autos.

Contudo, o S.T.J. altera sua jurisprudência para afirmar que o prazo para embargos ou impugnação à execução, na hipótese de depósito em dinheiro, corre da data do depósito, independentemente da lavratura de termo de penhora. Nesse sentido são os seguintes precedentes:

> *1. A Segunda Seção deste Superior Tribunal pacificou o entendimento de que o prazo inicial para oposição dos embargos do devedor conta-se da data em que efetuado o depósito judicial da quantia executada, independentemente da lavratura de termo de nomeação (AgRg nos EREsp nº 853.749/RJ, Rel. Ministro Luis Felipe Salomão, Segunda Seção, julgado em 13/4/2011, DJe 28/4/2011).*
>
> *2. Agravo regimental não provido.*
>
> (AgRg no Ag 953.127/MS, Rel. Ministro RICARDO VILLAS BÔAS CUEVA, TERCEIRA TURMA, julgado em 01/03/2012, DJe 07/03/2012)

358 Assis, Araken. *Manual do processo de execução.* 8ª ed. São Paulo: Revista dos Tribunais, 2002. p. 613.

(...)

2. Efetuado o depósito judicial da quantia objeto do cumprimento de sentença, conta-se a partir daí o prazo para apresentar Impugnação (cf. EREsp 846.737/RJ, Rel. Ministro HUMBERTO GOMES DE BARROS, SEGUNDA SEÇÃO, DJe 21.11.08).

3. O agravante não trouxe nenhum argumento capaz de modificar a conclusão do julgado, a qual se mantém por seus próprios fundamentos.

4. Agravo Regimental improvido.

(AgRg no AREsp 22.587/SP, Rel. Ministro SIDNEI BENETI, TERCEIRA TURMA, julgado em 28/02/2012, DJe 12/03/2012)

Evidentemente, essas decisões do S.T.J. devem ser aplicadas somente à execução fiscal, uma vez que neste procedimento o prazo para apresentação dos embargos continua a ser contado da data da intimação da penhora.

Já em relação à execução regulada pelo novo C.P.C., o prazo para interposição de embargos, desde a Lei 11.382/06, deixou de correr a partir da intimação da penhora, passando a ser da data da juntada aos autos do mandado de citação devidamente cumprido, nos termos do art. 738 do C.P.C. de 1973.

Sem a enunciação dos requisitos estabelecidos no art. 838 do atual C.P.C., não ocorrerá a individualização da penhora e a sua função de especificar e conservar bens em que se deve realizar a responsabilidade do executado.[359]

Com a inserção da data da penhora estabelece-se a ordem preferencial da penhora, especialmente se existirem outras penhoras.

Pela indicação do lugar da penhora, estabelece-se a competência para a promoção dos demais atos executivos expropriatórios, pois somente os bens situados no juízo da execução é que serão penhorados pelo próprio juízo, salvo em relação à penhora de imóveis ou veículos que tenham matrícula ou registro.

A indicação do exequente e executado é importante para estabelecer a pertinência subjetiva da execução, evitando, assim, que seja penhorado bens de terceiros alheios ao processo executivo.

A descrição do bem penhorável apresenta diversas finalidades, entre elas: a) identificar o bem penhorado; b) identificar o seu estado de conservação; c) identificar o seu proprietário; d) evitar confusão com bens de terceiro.

A nomeação de depositário é uma consequência lógica, pois sem depositário não haverá penhora.

[359] NEVES, Celso. *Comentário ao código de processo civil.* Vol. VII. Rio de Janeiro: Forense, 1979. p. 72.

O auto ou o termo de penhora é elemento essencial que dá efetiva existência à penhora no processo judicial. Antes da realização desses atos processuais não há penhora realizada no processo.

Contudo, é importante salientar que a falta de algum dos requisitos indicados no art. 836 do atual C.P.C. somente ensejará a nulidade da penhora se essa irregularidade não puder ser suprida e se houver efetivo prejuízo às partes. Nesse sentido já se manifestou o S.T.J.:

> *2. No caso dos autos, não houve indicação de qualquer dispositivo de lei federal que teria sido malferido ou cuja vigência tenha sido negada, atraindo, portanto, a incidência do enunciado nº 284 da Súmula do Supremo Tribunal Federal.*
>
> *3. É firme o entendimento no âmbito desta Corte Superior que a ausência de assinatura do depositário no auto de penhora constitui irregularidade formal sanável, revestindo-se a nulidade de excessivo rigor que não se coaduna com o princípio da instrumentalidade das formas.*
>
> (...).
>
> (REsp 796.812/SP, Rel. Ministra LAURITA VAZ, QUINTA TURMA, julgado em 13/08/2009, DJe 08/09/2009)

Art. 839

Considerar-se-á feita a penhora mediante a apreensão e o depósito dos bens, lavrando-se um só auto se as diligências forem concluídas no mesmo dia.

Parágrafo único. Havendo mais de uma penhora, serão lavrados autos individuais.

Momento em que é concluída a penhora

Não se concebe nos dias atuais que a penhora seja considerada como um *pignus iudiciale* do direito romano, muito menos como um instituto similar ao penhor.

A penhora não é penhor, nem arresto e nem medida de natureza cautelar.

A penhora é um ato processual que visa a garantir o pagamento de um crédito representado por um título executivo judicial ou extrajudicial.

Com a penhora, há restrição da eficácia do poder de dispor do bem penhorado. Essa restrição de eficácia limita-se ao âmbito processual e não ao âmbito material, pois não há impedimento de que o devedor aliene o bem dado em penhora. Contudo, essa alienação não terá eficácia em relação ao exequente do processo de execução.

Assim, o ato de penhora é um ato processual executivo que se perfaz com a *apreensão* do bem, conjugada com o seu *depósito*. Há casos especiais como a penhora de crédito e no rosto dos autos.

O primeiro requisito para que se perfectibilize a penhora é a *apreensão* da coisa, seja ela móvel ou imóvel.

Conforme anotam Comoglio, Ferri e Taruffo, *"o oficial de justiça não é um mandatário do credor, mas um órgão público que tem o dever de verificar se subsistem os pressupostos estabelecidos em lei para a penhora"*.[360]

O oficial de justiça deve verificar a efetiva existência do bem para diante do próprio bem formalizar sua apreensão.

Para os fins de apreender a coisa, poderá o oficial de justiça procurá-la, inclusive no domicílio ou na residência do devedor, pois a penhora exige a efetiva apreensão do bem. Pela apreensão é que o oficial poderá individuar o bem com todas as suas características, bem como realizar a sua avaliação real mediante a constatação fática de sua natureza. Se possível, deve o oficial juntar com o auto de penhora fotografia do bem para demonstrar o seu estado atual, a fim de que o depositário possa fazer valer seus direitos em caso de eventual deterioração do bem.

Essa necessidade de individualização do bem ocorre tanto para bens móveis quanto para bens imóveis, principalmente pelo fato de que a penhora do imóvel compreende os acessórios, frutos, benfeitorias, acessões etc.

Diante da necessidade de apreensão do bem, não poderá o oficial de justiça realizar a penhora de um bem móvel se não souber em que lugar específico se encontra o referido bem. Da mesma forma, não poderá o oficial de justiça penhorar um bem imóvel se não consegue definir sua real localização, muito embora conste o imóvel de uma matrícula no registro imobiliário.

Portanto, sem que o oficial esteja diante do bem a ser penhorado, não poderá ele concretizar a penhora, uma vez que não realizará sua *apreensão*.

Por sua vez, não basta para a perfectibilização da penhora apenas a *apreensão*. É necessário também a *nomeação de depositário*.

Assim, como é ato executivo por excelência, *"a penhora se materializa pelo desapossamento da 'res pignorata', vale dizer, 'mediante a apreensão e o depósito dos bens (art. 664, caput do C.P.C. de 1973), e a sumária destituição do executado da posse.*[361]

Contudo, se o executado continua com o bem, isso não significa dizer que ele tenha perdido a posse direta da coisa, mas, sim, que a natureza dessa posse

[360] Comoglio, Luigi Paolo; Ferri, Corrado; Taruffo, Michele. *Lezioni sul processo civil*. Vol. II. Procedimenti speciali, cautelari ed executivi. Bologna: Il Mulino. 2011. p. 391.

[361] Assis, A., op. cit., p. 629.

foi alterada pela penhora, isto é, não será mais uma posse em decorrência do *ius possidendi*, mas, sim, uma posse proveniente do *ius possessionis* natural do depósito judicial.

O desapossamento ou a alternância da natureza da posse importa no depósito da coisa penhorada.

Assim, o depósito representa elemento estrutural e essencial da penhora. Nesse sentido é o seguinte precedente do S.T.J.:

> *1. É cediço que o aperfeiçoamento formal da penhora depende da efetivação de depósito, de sorte que sem a nomeação de depositário e sua assinatura no auto, a penhora não resta formalizada à luz do art. 665 do CPC.*
>
> *2. Os embargos do devedor pressupõem penhora regular, que só se dispensa em sede de exceção de pré-executividade, limitada a questões relativas aos pressupostos processuais e às condições da ação.*
>
> *3. "In casu", o executado indicou imóvel à penhora, mas se recusou a assumir a condição de depositário, por não ser possuidor do bem "há mais de 23 anos".*
>
> *4. Asseverou-se, na decisão agravada, ser o depósito condição para o aperfeiçoamento da penhora, independentemente de a condição de depositário restar atribuída à própria parte executada ou a outrem, "ex vi" dos artigos 664 e 665 do Código de Processo Civil.*
>
> *5. Desacordo com a Súmula 319/STJ ("o encargo de depositário de bens penhorados pode ser expressamente recusado") não configurado.*
>
> *6. Agravo regimental desprovido.*
>
> (AgRg no REsp 1189997/RS, Rel. Ministro LUIZ FUX, PRIMEIRA TURMA, julgado em 03/08/2010, DJe 17/08/2010).

Quando o executado assume o encargo de depositário, ele passa a exercer ao mesmo tempo a função de parte da relação jurídica processual e auxiliar do juízo como depositário.

O depositário, em razão de seu *munus* público com o Estado, encontra-se autorizado a ingressar com as ações possessórias para a proteção do bem depositado, assim como exercer os poderes de conservação do bem.

Se não fosse assim, não estaria o depositário sujeito à responsabilidade estabelecida no art. 161 do atual C.P.C. que assim dispõe: *O depositário ou o administrador responde pelos prejuízos que, por dolo ou culpa, causar à parte, perdendo a remuneração que lhe foi arbitrada, mas tem o direito a haver o que legitimamente despendeu no exercício do encargo.* Em complemento, prescreve o p.u. do art. 161 do atual C.P.C.: *"O depositário infiel responde civilmente pelos prejuízos causados, sem prejuízo de sua responsabilidade penal e da imposição de sanção por ato atentatório à dignidade da justiça.*

O objeto do depósito pode ser um bem móvel, imóvel, desde que corpóreo.

É importante salientar que o depositário não tem disponibilidade jurídica sobre o bem dado em depósito, pois a sua função é apenas de guardar e conservar a coisa. Por isso, em se tratando de veículo, o depositário não poderá utilizá-lo, salvo mediante autorização do juízo.

O depositário poderá perceber os frutos naturais, civis ou industriais que a coisa produz, mas deverá de imediato ofertá-lo ao juízo da execução, tendo em vista que esses frutos compõem o valor integral da coisa depositada. Mas é importante salientar que a locação do bem imóvel deve ser previamente autorizada pelo juízo da execução.

Além de conservar a coisa penhorada, o depositário por vezes também deverá fazer com que o bem gere frutos e dividendos. Está-se diante do denominado *deposito/administração*. Exemplos dessa espécie de depósito encontram-se na administração de estabelecimento agrícola, comercial ou industrial, nas plantações e até no cuidado de semoventes que reclamam atenção periódica e demandam comercialização em determinada época do ano. Nessas contingências, os poderes do depositário serão mais elásticos, ultrapassando a simples guarda e conservação, implicando também o de gestão do bem penhorado.[362]

É importante salientar que o depositário poderá ser responsabilizado por atos que o caracterizem como *infiel depositário*. Contudo, atualmente não há mais prisão do depositário infiel, em face do entendimento manifestado pelo S.T.F. que está de acordo com o art. 7º, §7º do *Pacto de São José da Costa Rica*. Contudo, o depositário continuará a ser responsabilizado nas formas das sanções civis e processuais pelos seus atos.

O depositário poderá ser removido pelo juízo, de ofício, ou a requerimento das partes se não cumprir com as obrigações de depositário fiel, ou seja, se não agir de tal maneira que guarde e conserve a coisa que lhe foi confiada.

Havendo recusa de o depositário devolver a coisa, não há necessidade de se promover a demanda autônoma de depósito, conforme estabelece a Súmula 619 do S.T.F.: *prescinde-se do ajuizamento da demanda de depósito quando o depositário é nomeado pelo juízo nos autos de execução.*

O novo C.P.C., para que haja a conclusão da penhora, não determina a intimação do executado, mas se satisfaz com a simples *apreensão e depósito* do bem.

Também a penhora do bem imóvel perfectibiliza-se com a *apreensão* e *depósito*, independentemente de sua averbação no registro de imóveis. A averbação prevista no art. 844 do atual C.P.C. tem por finalidade gerar presunção absoluta

[362] Assis, A., op. cit., p. 634.

de conhecimento da penhora por terceiros e não para dar eficácia ao ato processual de penhora. Nesse sentido é o seguinte precedente do S.T.J.:

> *(...).*
>
> *3 – Quando incidente sobre bens imóveis, deve-se proceder a averbação da penhora no Registro de Imóveis a fim de dar publicidade à constrição realizada e gerar presunção absoluta de seu conhecimento em relação a terceiros.*
>
> *4 – Tal providência não constitui requisito integrativo do ato de penhora e, portanto, não interfere na questão relativa à preferência temporal das penhoras realizadas que, para esse efeito, contam-se a partir da data da expedição do respectivo termo de penhora.*
>
> *5 – Agravo Regimental improvido.*
>
> (AgRg no REsp 1195540/RS, Rel. Ministro SIDNEI BENETI, TERCEIRA TURMA, julgado em 09/08/2011, DJe 22/08/2011)

Estabelece o *parágrafo único do art. 839* do atual C.P.C. que *havendo mais de uma penhora, serão lavrados autos individuais.*

Poderá ocorrer que apenas a lavratura de um auto de penhora não seja suficiente para garantir o crédito executado, razão pela qual o oficial deverá efetuar mais de uma penhora de bens do executado, podendo, se for o caso, lavrar para cada penhora um auto de penhora respectivo.

Também poderá ocorrer que alguns bens estejam localizados no local da Comarca ou da Subseção/Seção Judiciária em que tramita a execução, e outros em local diverso. Em razão dessa diversidade de localização de bens, haverá necessidade de se lavrar mais de um auto de penhora.

Pode ocorrer, ainda, a necessidade de que sejam lavrados mais de um termo de penhora, quando o devedor comparece em juízo para indicar mais de um bem a ser penhorado em hora ou dia distintos.

Art. 840

Serão preferencialmente depositados:

I – as quantias em dinheiro, os papéis de crédito e as pedras e os metais preciosos, no Banco do Brasil, na Caixa Econômica Federal ou em banco do qual o Estado ou o Distrito Federal possua mais da metade do capital social integralizado, ou, na falta desses estabelecimentos, em qualquer instituição de crédito designada pelo juiz;

II – os móveis, os semoventes, os imóveis urbanos e os direitos aquisitivos sobre imóveis urbanos, em poder do depositário judicial;

III – os imóveis rurais, os direitos aquisitivos sobre imóveis rurais, as máquinas, os utensílios e os instrumentos necessários ou úteis à atividade agrícola, mediante caução idônea, em poder do executado.

§ 1º No caso do inciso II do caput, se não houver depositário judicial, os bens ficarão em poder do exequente.

§ 2º Os bens poderão ser depositados em poder do executado nos casos de difícil remoção ou quando anuir o exequente.

§ 3º As joias, as pedras e os objetos preciosos deverão ser depositados com registro do valor estimado de resgate.

Local de depósito dos bens penhorados

Este dispositivo estabelece os locais preferenciais em que serão depositados os bens penhorados.

Serão preferencialmente depositadas as quantias em dinheiro, as pedras e os metais preciosos, bem como os papéis de crédito, no Banco do Brasil, na Caixa Econômica Federal ou em um banco de que o Estado ou o Distrito Federal possua mais de metade do capital integralizado, ou, em falta desses estabelecimentos no lugar, em qualquer instituição de crédito designada pelo juiz.

Os estabelecimentos estatais ou paraestatais (em que o Estado ou o Distrito Federal possua mais de metade do capital integralizado) são obrigados a receber os depósitos judiciais.

Não havendo na localidade instituição financeira Estatal ou paraestatal, os depósitos serão realizados em instituição de crédito designada pelo juiz.

Em relação aos depósitos judiciais efetuados na Caixa Econômica Federal, estabelece o art. 11º da Lei 9.289/96:

> *Art. 11. Os depósitos de pedras e metais preciosos e de quantias em dinheiro e a amortização ou liquidação de dívida ativa serão recolhidos, sob responsabilidade da parte, diretamente na Caixa Econômica Federal, ou, na sua inexistência no local, em outro banco oficial, os quais manterão guias próprias para tal finalidade.*
>
> *§ 1º Os depósitos efetuados em dinheiro observarão as mesmas regras das cadernetas de poupança, no que se refere à remuneração básica e ao prazo.*
>
> *§ 2º O levantamento dos depósitos a que se refere este artigo dependerá de alvará ou de ofício do Juiz.*

Sobre o depósito judicial e extrajudicial de tributos e contribuições federais, estabelece a Lei 9.703, de 17 de novembro de 1998.

Art. 1º Os depósitos judiciais e extrajudiciais, em dinheiro, de valores referentes a tributos e contribuições federais, inclusive seus acessórios, administrados pela Secretaria da Receita Federal do Ministério da Fazenda, serão efetuados na Caixa Econômica Federal, mediante Documento de Arrecadação de Receitas Federais – DARF, específico para essa finalidade.

§ 1º O disposto neste artigo aplica-se, inclusive, aos débitos provenientes de tributos e contribuições inscritos em Dívida Ativa da União.

§ 2º Os depósitos serão repassados pela Caixa Econômica Federal para a Conta Única do Tesouro Nacional, independentemente de qualquer formalidade, no mesmo prazo fixado para recolhimento dos tributos e das contribuições federais.

§ 3º Mediante ordem da autoridade judicial ou, no caso de depósito extrajudicial, da autoridade administrativa competente, o valor do depósito, após o encerramento da lide ou do processo litigioso, será:

I – devolvido ao depositante pela Caixa Econômica Federal, no prazo máximo de vinte e quatro horas, quando a sentença lhe for favorável ou na proporção em que o for, acrescido de juros, na forma estabelecida pelo § 4º do art. 39 da Lei nº 9.250, de 26 de dezembro de 1995, e alterações posteriores; ou

II – transformado em pagamento definitivo, proporcionalmente à exigência do correspondente tributo ou contribuição, inclusive seus acessórios, quando se tratar de sentença ou decisão favorável à Fazenda Nacional.

§ 4º Os valores devolvidos pela Caixa Econômica Federal serão debitados à Conta Única do Tesouro Nacional, em subconta de restituição.

§ 5º A Caixa Econômica Federal manterá controle dos valores depositados ou devolvidos.

Art. 2º Observada a legislação própria, o disposto nesta Lei aplica-se aos depósitos judiciais e extrajudiciais referentes às contribuições administradas pelo Instituto Nacional do Seguro Social.

Art. 2º-A. Aos depósitos efetuados antes de 1º de dezembro de 1998 será aplicada a sistemática prevista nesta Lei de acordo com um cronograma fixado por ato do Ministério da Fazenda, sendo obrigatória a sua transferência à conta única do Tesouro Nacional. (Incluído pela Lei nº 12.058, de 2009) (Vide Lei nº 12.099, de 2009, vigência)

§ 1º Os juros dos depósitos referidos no caput serão calculados à taxa originalmente devida até a data da transferência à conta única do Tesouro Nacional. (Incluído pela Lei nº 12.099, de 2009)

§ 2º Após a transferência à conta única do Tesouro Nacional, os juros dos depósitos referidos no caput serão calculados na forma estabelecida pelo § 4º do art. 39 da Lei nº 9.250, de 26 de dezembro de 1995. (Incluído pela Lei nº 12.099, de 2009)

§ 3º A inobservância da transferência obrigatória de que trata o caput sujeita os recursos depositados à remuneração na forma estabelecida pelo § 4º do art. 39 da Lei nº 9.250, de 26 de dezembro de 1995, desde a inobservância, e os administradores das instituições financeiras às penalidades previstas na Lei nº 4.595, de 31 de dezembro de 1964. (Renumerado do parágrafo único pela Lei nº 12.099, de 2009)

§ 4º (VETADO) (Incluído pela Lei nº 12.099, de 2009)

Art. 3º Os procedimentos para execução desta Lei serão disciplinados em regulamento.

Art. 4º Esta Lei entra em vigor na data de sua publicação, aplicando-se aos depósitos efetuados a partir de 1º de dezembro de 1998.

Já o depósito dos bens móveis, dos semoventes, dos imóveis urbanos e dos direitos aquisitivos sobre imóveis urbanos, será realizado em poder do depositário judicial.

O depositário judicial poderá ser público ou particular, incluindo-se, ainda, o exequente e o executado.

Na realidade, em face do princípio da menor onerosidade em relação ao executado, os bens móveis deverão ser depositados nas mãos do executado, salvo justificativa plausível para assim não se proceder.

Evidentemente, o juiz poderá determinar que os bens móveis fiquem depositados em poder do executado, especialmente quando o executado se utiliza destes bens para aumentar sua renda ou faturamento mensal, ou quando o custo da remoção do bem seja alto.

No caso de execução fiscal, a Fazenda Pública Nacional tem indicado o próprio leiloeiro para a realização do depósito de bens móveis.

Os imóveis rurais, os direitos aquisitivos sobre imóveis rurais, as máquinas, os utensílios e os instrumentos necessários ou úteis à atividade agrícola, mediante caução idônea, serão depositados em poder do executado.

Aplica-se, nessa hipótese, o princípio da menor onerosidade, especialmente pelo fato de que o produtor rural depende de seu imóvel rural e das máquinas e utensílios para garantir sua produção e, consequentemente, o sustento de sua família.

Conforme ensina Araken de Assis, *"Tolera-se, outrossim, a manutenção da posse imediata do imóvel, não porque haja 'comodismo e sentimentalismo' e, sim, pela necessidade de respeitar a posse de terceiro (v.g. locatário) e mitigar gravosidade do despejo ime-*

diato do executado, intercalando-se, nessas contingências, a posse mediata do depositário. Por tal motivo, tratando-se de imóvel, o depósito se realiza nas mãos do executado".[363]

Porém, o legislador exigiu do executado a prestação de caução para que possa permanecer como depositário da propriedade rural.

Poderão, ainda, os imóveis serem depositados em poder do exequente ou outro depositário nomeado pelo juiz caso o executado, justificadamente, demonstre a impossibilidade de permanecer como depositário ou não seja digno dessa função, podendo causar sérios danos ao bem penhorado.

O §5º do art. 659 do C.P.C. de 1973, em relação à penhora de imóveis, assim preconizava:

> *"Nos casos do § 4º, quando apresentada certidão da respectiva matrícula, a penhora de imóveis, independentemente de onde se localizem, será realizada por termo nos autos, do qual será intimado o executado, pessoalmente ou na pessoa de seu advogado, e por este ato constituído depositário. (Incluído pela Lei nº 10.444, de 7.5.2002).*

A doutrina, interpretando este dispositivo, afirmava que a penhora do imóvel, quando realizada pela apresentação de certidão de respectiva matrícula, ocorria por termo nos autos, sendo o executado pessoalmente ou na pessoa de seu advogado intimado da penhora, bem como, por este ato de intimação de plano constituído depositário do bem. Assim, diante dessa forma de penhora, o executado ficaria privado de recusar o encargo de depositário.

Contudo, muito embora o §1º do art. 845 do atual C.P.C. continue a permitir a penhora do imóvel mediante a apresentação da respectiva certidão de matrícula, por termos dos autos, não repetiu a parte final do que dispunha §5º do art. 659 do C.P.C. de 1973, ou seja, não mais indicou o executado como depositário automático da penhora. Diante dessa consideração, o executado poderá, justificadamente, recusar o ônus de permanecer como depositário. Se a recusa não for justificada, o executado poderá sofrer as sanções decorrentes do ato atentatório à dignidade da justiça; contudo, não poderá o executado ser obrigado a aceitar o encargo de depositário. Nesse sentido já se manifestou o S.T.J.:

> *(...).*
>
> *2 – Esta Corte preconiza que o devedor executado não está obrigado a assumir a condição de depositário dos bens penhorados, já que inexistente disposição normativa nesse sentido. Precedentes.*

[363] Assis, A. op. cit., p. 630.

3 – Recurso especial conhecido em parte e provido.

(REsp 263.910/SP, Rel. Ministro CASTRO MEIRA, SEGUNDA TURMA, julgado em 05/10/2004, DJ 16/11/2004, p. 221).

Preceitua o *§1º do art. 840* do atual C.P.C. que *no caso do inciso II do 'caput', se não houver depositário judicial, os bens ficarão em poder do exequente.*

Se o juiz não puder nomear o executado, depositário público ou mesmo terceiro como depositário particular para permanecer como depositário dos móveis, dos semoventes, dos imóveis urbanos e dos direitos aquisitivos sobre imóveis urbanos, os bens ficarão em poder do exequente.

A exceção prevista neste dispositivo diz respeito aos bens móveis, uma vez que o depósito de bens imóveis será feito preferencialmente em mãos do executado.

Prescreve o *§2º do art. 840* do atual C.P.C. que *os bens poderão ser depositados em poder do executado nos casos de difícil remoção ou quando anuir o exequente.*

Os bens móveis poderão permanecer em depósito com o executado se forem de difícil remoção, como, por exemplo, uma máquina industrial, uma caldeira industrial, etc. Também poderá ser o executado nomeado como depositário se houver concordância do exequente.

Contudo, em se tratando de bens que possam ser utilizados pelo executado, o credor somente poderá discordar da permanência do executado como depositário quando apresentar motivo justificável que demonstre evidente prejuízo para seus interesses no processo executivo. Caso contrário, o bem deverá permanecer com o executado, em face do princípio de que a execução deve ser realizada de forma menos onerosa para o executado. *Mutatis mutantis*, assim já se manifestou o S.T.J.:

1. Tratando-se de penhora de bem imóvel, o executado, ex vi legis, recebe o encargo de depositário (art. 659, § 5º, do CPC). "Entre os bens que normalmente se conservam com o executado, destacam-se os imóveis, que não correm risco algum de desvio e, de ordinário, não reclamam guarda por terceiro, tornando a medida desnecessariamente onerosa para o devedor. A constituição de um terceiro como depositário, sem maior utilidade para o processo, aumentaria seu custo, contrariando o princípio de que, sempre que possível, a execução deve realizar-se pela forma menos gravosa para o devedor (art. 620)" (Humberto Theodoro Júnior).

2. É certo que, havendo justo motivo, pode o exequente não aceitar que o devedor fique como depositário do bem, invocando a regra prevista no art. 666, II, do CPC, segundo o qual "os bens penhorados serão preferencialmente depositados (...) em poder do depositário judicial", quando se tratar de móveis e imóveis urbanos. Como bem observado por Cândido Rangel Dinamarco, essa regra não é absoluta, de modo que "os juízes ou tribunais decidem a seu propósito de modo mais flexível, outorgando o depósito a quem lhes parecer suficientemente idôneo". Ressalte-se que a regra em comento não é imperativa, mesmo porque o art. 666, § 1º, do CPC, admite que, nos casos de difícil remoção (hipótese que abrange a penhora de bem imóvel), os bens poderão ser depositados em poder do executado.

3. Por fim, não é demais lembrar que, em sede de execução fiscal, "é entendimento deste Tribunal de que a dicção do artigo 11, § 3º, da Lei 6.830/80 deve ser aplicada obtemperadamente, ou seja, o credor possui a faculdade de requerer a remoção de bens penhorados, desde que fundamente o seu pedido, ao Juiz cabendo a sua avaliação" (REsp 581.238/RS, 2ª Turma, Rel. Min. Castro Meira, DJ de 8.3.2004).

4. Recurso especial desprovido.

(REsp 801.926/SP, Rel. Ministra DENISE ARRUDA, PRIMEIRA TURMA, julgado em 08/04/2008, DJe 28/04/2008)

Estabelece o §*3º do art.840* do atual C.P.C. que as *joias, as pedras e os objetos preciosos deverão ser depositados com registro do valor estimado de resgate.*

Assim como o dinheiro, as joias, as pedras e os objetos preciosos deverão ser depositados em instituição bancária pública ou, se não houver, em outra indicada pelo juiz. É importante salientar que quando da realização do depósito destes bens se faça constar do auto de penhora ou do respectivo laudo o valor de sua avaliação, tanto para facilitar a exigência de eventual reparação de danos pela má conservação dos bens, quanto para que possa o executado promover o seu resgate, mediante depósito em dinheiro do valor estimado dos objetos.

Art. 841

Formalizada a penhora por qualquer dos meios legais, dela será imediatamente intimado o executado.

§ 1º A intimação da penhora será feita ao advogado do executado ou à sociedade de advogados a que aquele pertença.

§ 2º Se não houver constituído advogado nos autos, o executado será intimado pessoalmente, de preferência por via postal.

§ 3º O disposto no § 1º não se aplica aos casos de penhora realizada na presença do executado, que se reputa intimado.

§ 4º Considera-se realizada a intimação a que se refere o § 2º quando o executado houver mudado de endereço sem prévia comunicação ao juízo, observado o disposto no parágrafo único do art. 274.

Intimação do executado da penhora

Este dispositivo vem concretizar o princípio do *contraditório* estabelecido na Constituição Federal.

Sem dúvida, havendo penhora sobre bens do executado ou mesmo de terceiro (caso do cônjuge casado em regime de comunhão ou parcial de bens), haverá necessidade de que seja ele intimado da penhora.

Anteriormente, essa intimação tinha por finalidade dar início ao prazo para a propositura dos embargos à execução.

Contudo, atualmente os embargos à execução poderão ser interpostos independentemente da penhora, sendo que o seu prazo começa a correr da juntada aos autos do mandado ou da carta de citação devidamente cumprido.

Tendo sido penhorado bem que também pertence ao cônjuge, ele também terá legitimidade para interpor, tanto embargos do devedor, quanto embargos de terceiro. Nesse sentido já se manifestou o S.T.J.:

> *Embargos do devedor. Oferecimento por mulher casada na execução movida contra o marido. Legitimidade. Pretendendo a mulher casada discutir o próprio debito exequendo, admissíveis são os embargos do devedor por ela opostos. Inocorrência de afronta ao art. 1.046 e parágrafo 3. do cpc. recurso especial não conhecido.*
>
> (REsp 11.169/SP, Rel. Ministro BARROS MONTEIRO, QUARTA TURMA, julgado em 18/05/1992, DJ 22/06/1992, p. 9762)

Assim, o prazo para a interposição dos embargos do devedor pelo cônjuge que não for parte da execução conta-se da juntada do mandado de intimação da penhora e não da juntada do mandado de citação cumprido. É a única solução mais plausível para a questão.

Porém, continua sendo necessária a intimação do executado sobre a realização da penhora, a fim de que ele possa se manifestar sobre esse ato executivo, podendo alegar o que lhe for de direito, dentro do próprio processo de execução, como, por exemplo: a) excesso de penhora; b) incidência da penhora sobre bens impenhoráveis; c) que o bem não pertence ao executado mas a terceiro etc.

Assim, as questões concernentes à penhora poderão ser arguidas nos próprios autos da execução, independentemente dos embargos.

Estabelece o *§1º do art. 841* do atual C.P.C. que *a intimação da penhora será feita ao advogado do executado ou à sociedade de advogados a que aquele pertença.*

A intimação da penhora, como se disse, deverá ser feita na pessoa do executado.

Porém, se o executado tiver advogado nomeado nos autos, a intimação da penhora será feita na pessoa do seu advogado ou da sociedade de advogados a que este pertença.

Nessa hipótese, a intimação dar-se-á pelo Diário Eletrônico ou pelo sistema de comunicação na hipótese de processo eletrônico, correndo a partir desses atos o prazo para a interposição de embargos à execução.

Prescreve o *§ 2º do art. 841* do atual C.P.C. que *se não houver constituído advogado nos autos, o executado será intimado pessoalmente, de preferência por via postal.*

A preferência para a intimação da penhora, quando o executado não houver constituído advogado nos autos, será pelo correio. Salvo se por algum motivo a carta não puder chegar ao destinatário, a intimação deverá ser feita por mandado judicial.

Preceitua o *§ 3º do art. 841* do atual C.P.C. que *o disposto no § 1º não se aplica aos casos de penhora realizada na presença do executado, que se reputa intimado.*

Não será necessária a intimação do advogado ou do escritório de advocacia se a penhora tiver sido realizada na presença do executado, o qual será considerado, no mesmo ato, intimado da constrição judicial.

Segundo prescreve o *§ 4º do art. 841* do atual C.P.C., *considera-se realizada a intimação a que se refere o § 2º quando o executado houver mudado de endereço sem prévia comunicação ao juízo, observado o disposto no parágrafo único do art. 274.*

Não tendo o executado constituído advogado nos autos, sua intimação da penhora será feita pessoalmente, preferencialmente por via postal.

Porém, se o executado houver mudado de endereço sem prévia comunicação ao juiz, considerar-se-á intimado da penhora pelo simples encaminhamento da correspondência no endereço anterior, observado o disposto no p.u. do art. 274, que assim dispõe: *Presumem-se válidas as intimações dirigidas ao endereço constante dos autos, ainda que não recebidas pessoalmente pelo interessado, se a modificação temporária ou definitiva não tiver sido devidamente comunicada ao juízo, fluindo os prazos a partir da juntada aos autos do comprovante de entrega da correspondência no primitivo endereço.*

Se não houver no processo qualquer endereço do executado, como, por exemplo, por ele se encontrar em lugar incerto ou não sabido, a sua intimação da penhora deverá ser realizada por edital.

Art. 842

Recaindo a penhora sobre bem imóvel ou direito real sobre imóvel, será intimado também o cônjuge do executado, salvo se forem casados em regime de separação absoluta de bens.

Intimação do cônjuge do executado

Em regra, os bens próprios ou meação dos cônjuges não respondem pelas dívidas realizadas pelo outro.

Se o regime de bens é o da separação total, somente se obrigam os bens do cônjuge que contraiu a dívida; se é de comunhão parcial ou universal, apenas se obrigam os bens que entram na comunhão, sendo que nessa hipótese a responsabilidade é apenas do cônjuge que assumiu a obrigação, salvo se em benefício da família.

Por isso, recaindo a penhora em bens imóveis ou qualquer direito real sobre imóvel (usufruto, uso, habitação, servidão etc), será intimado o cônjuge do executado, desde que seja casado em regime de comunhão universal ou parcial de bens.

Se o casamento for de separação total, não haverá necessidade de se intimar o cônjuge do devedor, pois não existirá comunhão de bens.

Muito embora o dispositivo não tenha dito, o certo é que se demonstrada a existência de união estável, também deverá ser intimado o companheiro ou companheira sobre a penhora realizada na execução.

Os bens próprios ou a meação do companheiro/companheira não respondem pelas obrigações assumidas pelo outro.

Em relação à meação do companheiro/a cumpre ressaltar que recentemente o S.T.J. passou a entender que na união estável, a partir da Lei n. 9.278/96, os bens adquiridos onerosamente pertencem a ambos os companheiros, independentemente de esforço conjunto para a sua aquisição. Nesse sentido é o seguinte precedente:

1. Às uniões estáveis dissolvidas após a data de publicação da Lei nº 9.278/96, ocorrida em 13.5.1996, aplicam-se as suas disposições.

2. Os bens adquiridos a título oneroso na constância da união estável, individualmente ou em nome do casal, a partir da vigência da Lei nº 9.278/96, pertencem a ambos, dispensada a prova de que a sua aquisição decorreu do esforço comum dos companheiros, excepcionado o direito de disporem de modo diverso em contrato escrito, ou se a aquisição ocorrer com o produto de bens adquiridos em período anterior ao início da união (§ 1º).

3. A meação constitui-se em consectário do pedido de dissolução da união estável, não estando o julgador adstrito ao pedido de partilha dos bens discriminados na inicial da demanda.

4. Na hipótese dos autos, embora decretada a revelia, não logrou a demandante demonstrar qualquer uma das hipóteses do § 1º do art. 5º da Lei nº 9.278/96 para fins de afastar a presunção de condomínio sobre o patrimônio adquirido, ainda que exclusivamente em seu nome, a título oneroso durante a vigência da união estável.

5. Ademais, é certo que a Lei nº 9.278/96 não exige, como previa o regime anterior, a prova de que a aquisição dos bens decorreu do esforço comum de ambos companheiros para fins de partilha.

6. Recurso parcialmente conhecido e não provido.

(REsp 1021166/PE, Rel. Ministro RICARDO VILLAS BÔAS CUEVA, TERCEIRA TURMA, julgado em 02/10/2012, DJe 08/10/2012.

O cônjuge ou companheiro/a que pretender excluir a sua meação poderá fazê-lo por meio de embargos de terceiro, se não for parte na demanda em que foi proferida a sentença condenatória, em caso de cumprimento de sentença, ou se não participou do ato constitutivo do título executivo extrajudicial.

Por sua vez, se o cônjuge ou companheiro/a foi intimado da penhora, poderá ingressar tanto com embargos à execução/impugnação ao cumprimento de sentença, a fim de discutir a própria dívida, quanto com os embargos de terceiro para resguardar sua meação. Nesse sentido é o seguinte precedente do S.T.J.:

Embargos do devedor. Oferecimento por mulher casada na execução movida contra o marido. Legitimidade. Pretendendo a mulher casada discutir o próprio debito exequendo, admissiveis são os embargos do devedor por ela opostos. Inocorrência de afronta ao art. 1.046 e parágrafo 3. do cpc. Recurso especial não conhecido.

(REsp 11.169/SP, Rel. Ministro BARROS MONTEIRO, QUARTA TURMA, julgado em 18/05/1992, DJ 22/06/1992, p. 9762)

O S.T.J., sob a égide do C.P.C. de 1973, entendia que o prazo para a interposição dos embargos do devedor era contado a partir da última intimação da penhora, quando esta se concretizava em bens imóveis. Nesse sentido é o seguinte precedente:

Agravo no agravo em recurso especial. Processual. Penhora de bem imóvel. Intimação de ambos os cônjuges. Litisconsórcio passivo necessário. Embargos à execução fiscal. Prazo contado a partir do registro da última intimação. Precedentes do stj. Fundamentos do decisum agravado não infirmados. Teses do especial. Repetição.

Agravo regimental improvido.

(AgRg no AREsp 47.083/MG, Rel. Ministro CESAR ASFOR ROCHA, SEGUNDA TURMA, julgado em 29/05/2012, DJe 06/06/2012)

Contudo, atualmente os embargos à execução poderão ser interpostos independentemente da penhora, sendo que o seu prazo começa a correr da juntada aos autos do mandado ou da carta de citação devidamente cumprido.

Se o cônjuge ou companheiro/a for parte, deverá ser citado; não sendo parte, não será citado para participar da relação jurídica processual. Não sendo citado, não se inicia o prazo para interposição de embargos.

Assim, o prazo para a interposição dos embargos do devedor pelo cônjuge ou companheiro/a que não for parte da execução conta-se da juntada do mandado ou da carta de intimação da penhora, e não da juntada do mandado de citação cumprido. É a única solução mais plausível para a questão.

A falta de intimação do cônjuge ou do companheiro/a quando a penhora recaia sobre bem que também lhe pertence gera nulidade dos atos processuais na execução, conforme estabelece o seguinte precedente do S.T.J.:

> *1. Afirmada a consonância da tese levantada desde o oferecimento dos embargos à execução com a jurisprudência desta Corte, deve ser afastada a multa por litigância de má-fé fundada em suposto manejo de incidente infundado.*
>
> *2. Consoante asseverado nas razões do EREsp 218452/SP, Rel. Min. HÉLIO QUAGLIA BARBOSA, SEGUNDA SEÇÃO, julgado em 22/11/2006, DJ 28/06/2007 p. 870, o entendimento desta Corte firmou-se no sentido de que a ausência de intimação do cônjuge na penhora sobre bem imóvel do casal gera nulidade não só da penhora, mas de todos os atos processuais posteriores.*
>
> *3. Agravo regimental provido.*
>
> (AgRg no REsp 293.512/SP, Rel. Ministro PAULO DE TARSO SANSEVERINO, TERCEIRA TURMA, julgado em 28/09/2010, DJe 06/10/2010).

Art. 843

Tratando-se de penhora de bem indivisível, o equivalente à quota-parte do coproprietário ou do cônjuge alheio à execução recairá sobre o produto da alienação do bem.

§ 1º É reservada, ao coproprietário ou ao cônjuge não executado a preferência na arrematação do bem em igualdade de condições.

§ 2º Não será levada a efeito expropriação por preço inferior ao da avaliação na qual o valor auferido seja incapaz de garantir, ao coproprietário ou ao cônjuge alheio à execução, o correspondente à sua quota-parte calculado sobre o valor da avaliação.

Bem indivisível e quota parte

Recaindo a penhora sobre bem indivisível, a meação do cônjuge ou de eventual coproprietário (inclui-se o companheiro/a) será resguardada no valor correspondente a 50% do produto da alienação do bem.

Alcides de Mendonça Lima traz uma questão importante sobre o problema da meação, que merece ser transcrita: *"Será a meação de todo o patrimônio do casal a) ou será a meação em cada bem b)? Na primeira solução a) haveria graves dificuldades, empecendo a solvência da dívida, em detrimento do credor, pois teria de ser procedido ao levantamento geral dos bens, para determinar se o valor da dívida estava ou não contido na meação; na segunda b), pode acontecer que a metade de um bem seja maior do que a metade do resto, lesando, assim o cônjuge não devedor. Além disso, nessa última hipótese, o simples fato de o outro cônjuge (não devedor) ficar com a metade do bem, isso não gera incomunicabilidade alguma sobre a mesma, de modo que não haverá nenhum efeito jurídico. Teoricamente, portanto, a solução certa seria a segunda b): em cada bem, a penhora apenas deveria recair sobre a metade, correspondente ao cônjuge devedor, se outro conseguir provar que, realmente, inexistiu benefício para a família"*.[364]

Como bem colocou Alcides Mendonça Lima, teoricamente a solução será respeitar a meação do cônjuge sobre o bem penhorado. Contudo, isso não significa dizer que o exequente não possa alegar e provar que os cônjuges possuem outros bens, os quais superam e muito o valor do bem penhorado, resguardando a integralidade da meação do cônjuge que não assumiu a dívida. Nesse caso, penso que a solução correta seria a solução *a)*, pois a alienação integral do bem não afetaria a meação do cônjuge que não prestou a garantia.

Segundo estabelece o *§ 1º do art. 843* do atual C.P.C., *é reservada, ao coproprietário ou ao cônjuge não executado a preferência na arrematação do bem em igualdade de condições.*

É o mínimo que se poderia esperar.

Permite-se que o cônjuge ou coproprietário, que nada tem a ver com a dívida objeto da execução, exerça o direito de preferência na arrematação do bem em igualdade de condições com terceiro, até para que o bem fique no seu patrimônio.

Preceitua o *§ 2º do art. 843* do atual C.P.C. que *não será levada a efeito expropriação por preço inferior ao da avaliação na qual o valor auferido seja incapaz de garantir, ao coproprietário ou ao cônjuge alheio à execução, o correspondente à sua quota-parte calculado sobre o valor da avaliação.*

Outro aspecto importante quanto ao resguardo da meação, diz respeito ao valor da meação que deverá ser garantido ao cônjuge ou coproprietário.

O *caput* do art. 843 do atual C.P.C. preconiza que o equivalente à quota parte recairá sobre o produto da alienação do bem.

[364] Lima, A. M., idem, p. 550.

Já este §2º determina que a quota parte será calculada sobre o valor da avaliação.

A solução encontrada pelos nossos Tribunais, sob a égide da C.P.C. de 1973, foi levar à praça ou leilão a totalidade do bem, resguardando a meação do cônjuge apenas na metade do valor apurado na alienação, e não na do valor apurado na avaliação. Sobre o tema, eis os seguintes precedentes do S.T.J.:

> *1. Na execução, os bens indivisíveis, de propriedade comum dos cônjuges casados no regime de comunhão de bens, podem ser levados à hasta pública, reservando-se ao cônjuge meeiro do executado a metade do preço obtido.*
>
> *2. Agravo Regimental provido.*
>
> (AgRg no Ag 1302812/SP, Rel. Ministro HERMAN BENJAMIN, SEGUNDA TURMA, julgado em 24/08/2010, DJe 14/09/2010)

> *(...).*
>
> *2. Pacificado neste Tribunal o entendimento de ser possível que os bens indivisíveis sejam levados à hasta pública por inteiro, reservando à mulher a metade do preço alcançado. Precedentes.*
>
> *3. Não tendo o Tribunal a quo discutido a questão relativa à impenhorabilidade do bem de família, inviável a análise da matéria, em face do óbice da Súmula 282/STF.*
>
> *4. Agravo regimental a que se nega provimento.*
>
> *(AgRg no REsp 569.360/RJ, Rel. Ministro OG FERNANDES, SEXTA TURMA, julgado em 07/05/2009, DJe 22/06/2009)*

Uma questão que se coloca em relação a esse entendimento jurisprudencial, de que a meação ficaria garantida apenas no preço apurado na arrematação ou alienação, é que tal critério, além de inconstitucional, gera graves injustiças. É que por vezes o bem era arrematado por cinquenta por cento do seu valor de avaliação de mercado. Assim, havendo a arrematação por valor inferior ao da avaliação, evidentemente que a meação do cônjuge, que não responde pela dívida, estaria sendo sub-avaliada.

Se o cônjuge não responde efetivamente pela dívida, não poderia ele ser prejudicado de forma alguma, sob pena de perder parte de seu patrimônio sem o devido processo legal e sem responder pela obrigação contida no título executivo judicial ou extrajudicial.

Por questão de *justiça*, o certo é que o valor da meação apurado em eventual arrematação deveria ser de cinquenta por cento do valor da avaliação do bem, e não do valor apurado na alienação, salvo se a alienação for realizada por preço superior ao da avaliação.

O novo C.P.C. corrige essa injustiça.

Agora, muito embora a quota parte do bem penhorado recaia sobre o produto da alienação, o valor dessa quota parte a ser repassado ao cônjuge ou coproprietário não poderá ser inferior ao valor da avaliação.

Assim, não será levada a efeito expropriação por preço inferior ao da avaliação na qual o valor auferido seja incapaz de garantir, ao coproprietário ou ao cônjuge alheio à execução, o correspondente à sua quota parte calculado sobre o *valor da avaliação.*

Art. 844

Para presunção absoluta de conhecimento por terceiros, cabe ao exequente providenciar a averbação do arresto ou da penhora no registro competente, mediante apresentação de cópia do auto ou do termo, independentemente de mandado judicial.

Averbação do arresto ou da penhora no registro competente – presunção absoluta

O atual C.P.C., art. 828, estabelece que na execução por quantia certa, antes mesmo da citação do executado, poderá o exequente obter certidão de que a execução foi admitida pelo juiz, com identificação das partes e do valor da causa, para fins de averbação no Registro de imóveis, de veículos ou de outros bens sujeitos à penhora, arresto ou indisponibilidade.

Muito embora por muito tempo a legislação apenas considerasse fraude à execução a alienação de bens após o registro da penhora, o certo é que o novo C.P.C., assim como já admitia o C.P.C. de 1973, permite também uma nova espécie de fraude à execução, ou seja, a alienação ou oneração de bens após a averbação no registro de imóveis, no registro de veículos ou no registro de outros bens sujeitos à penhora, da certidão expedida em favor do exequente na qual conste a admissão da demanda executiva, com identificação da partes e do valor da causa.

O art. 844 do atual C.P.C. oferece ao exequente uma segunda oportunidade de levar ao conhecimento de terceiros a existência de procedimento executivo contra o devedor. Desta vez, poderá o exequente providenciar, para presunção absoluta de conhecimento por terceiros, a averbação da penhora ou do arresto, quando se tratar de bens sujeitos a registro competente. Essa averbação dar-se-á mediante a apresentação de cópia do auto ou termo, independentemente de mandado judicial.

O atual C.P.C., portanto, concede ao exequente duas oportunidades de averbação em registros públicos da existência da execução ou de seus atos executivos, a fim de que gere presunção absoluta contra terceiro.

Em ambos os casos, a alienação do bem após o registro caracterizará *fraude à execução.*

Contudo, é importante salientar que em relação aos bens que não dispõem de registro, o terceiro adquirente tem o ônus de provar que adotou as cautelas necessárias para a aquisição, mediante a exibição das certidões pertinentes (dentre elas a dos cartórios de distribuição), obtidas no domicílio do vendedor.

Se houver o registro da certidão, o terceiro não terá a faculdade de promover essa prova, pois nesse caso o registro tem presunção de má-fé – *iuri et de iuri.*

A averbação de certidão referente à propositura da demanda ou da penhora/arresto, em face da fé pública que detém, impede eventual alegação de boa-fé por parte de terceiro, ou de desconhecimento da existência de execução contra o executado/proprietário do bem.

SUBSEÇÃO III – Do Lugar de Realização da Penhora

Art. 845

Efetuar-se-á a penhora onde se encontrem os bens, ainda que sob a posse, a detenção ou a guarda de terceiros.

§ 1º A penhora de imóveis, independentemente de onde se localizem, quando apresentada certidão da respectiva matrícula, e a penhora de veículos automotores, quando apresentada certidão que ateste a sua existência, serão realizadas por termo nos autos.

§ 2º Se o executado não tiver bens no foro do processo, não sendo possível a realização da penhora nos termos do § 1º, a execução será feita por carta, penhorando-se, avaliando-se e alienando-se os bens no foro da situação.

Lugar de realização da penhora

O ato de penhora é um ato processual executivo que se perfaz com a *apreensão* do bem, conjugada com o seu *depósito.*

Há casos especiais como a penhora de crédito e no rosto dos autos.

O primeiro requisito para que se perfectibilize a penhora é a *apreensão* da coisa, seja ela móvel ou imóvel.

Deverá ser relativizada essa apreensão no caso das coisas incorpóreas, como, por exemplo, penhora de direitos ou de eventuais créditos não materializados ou tangíveis.

A *apreensão,* como requisito da penhora, ocorrerá *onde quer que se encontrem os bens,* ainda que sob a posse, a detenção ou a guarda de terceiros.

Mesmo que os bens do executado encontrem-se em repartição pública, poderão ser penhorados, mediante aviso ao chefe imediato da repartição.

Conforme anotam Comoglio, Ferri e Taruffo, *"o oficial de justiça não é um mandatário do credor, mas um órgão público que tem o dever de verificar se subsistem os pressupostos estabelecidos em lei para a penhora".*[365]

O oficial de justiça deve verificar a efetiva existência do bem para diante do próprio bem formalizar sua apreensão. Por isso, em tese, a localização do bem penhorável compete ao oficial de justiça.

É bem verdade que se considera ato atentatória à dignidade da justiça a conduta omissiva do executado que intimado não indica ao juiz quais são e onde estão os bens sujeitos à penhora e seus respectivos valores, não exibe prova de sua propriedade e, se for o caso, certidão negativa de ônus.

Assim, se o exequente ou o oficial de justiça demonstrarem dificuldades em localizar bens do devedor, o órgão judicial deverá intimá-lo para que indique onde se encontram os bens passíveis de penhora, sob pena de, se assim não o fizer, ser caracterizado ato atentatório à dignidade da justiça.

Para os fins de apreender a coisa, poderá o oficial de justiça procurá-la, inclusive no domicílio ou na residência do devedor ou de terceiros, pois a penhora exige a efetiva apreensão do bem. Pela apreensão é que o oficial poderá individualizar o bem com todas as suas características, bem como realizar a sua avaliação real mediante a constatação fática de sua natureza. Se possível, deve o oficial juntar com o auto de penhora fotografia do bem para demonstrar o seu estado atual, a fim de que o depositário possa fazer valer seus direitos em caso de eventual deterioração do bem.

Essa necessidade de individualização do bem ocorre tanto para bens móveis quanto para bens imóveis, principalmente pelo fato de que a penhora do imóvel compreende acessórios, frutos, benfeitorias, acessões etc.

Diante da necessidade de apreensão do bem, não poderá o oficial de justiça realizar a penhora se não souber em que lugar específico se encontra o bem móvel, e se realmente existe. Da mesma forma, não poderá o oficial de justiça

[365] COMOGLIO, Luigi Paolo; FERRI, Corrado; TARUFFO, Michele. *Lezioni sul processo civil.* Vol. II. Procedimenti speciali, cautelari ed executivi. Bologna: Il Mulino. 2011. p. 391.

penhorar um bem imóvel se não consegue definir sua real localização, muito embora conste o imóvel de uma matrícula em registro imobiliário.

Portanto, sem que o oficial esteja diante do bem a ser penhorado, não poderá ele concretizar a penhora, pois não será possível a *apreensão do bem.*

Diante dessa necessidade de se apreender o bem, efetuar-se-á a penhora onde quer que ele se encontre.

Evidentemente que se deverá observar a competência do juízo para se efetuar a penhora, pois se o bem se encontra em jurisdição diversa daquela onde corre a execução, a penhora deverá ser feita por carta, salvo em relação aos bens indicados no §1º deste artigo.

Conforme anota Pontes de Miranda: *"A permissão de executar bens do devedor, ainda que se achem em repartição pública, já supõe o Estado de direito, o Estado que se submete à sua Justiça... Onde quer que se achem; portanto, nas vestes do próprio devedor; não, porém, no que está no seu corpo, ou dentro do seu corpo. Se não se poderia pensar em fraude 'real' à execução, seria absurdo penhorar-se: nada permite que se serre pulseira que o devedor usou desde muitos anos, e não se despregaria sem ser quebrada. O devedor, em tal caso, como que separou do seu patrimônio o bem. O credor não podia contar com esse objeto, que o devedor 'destinou' à sua personalidade e que é como os livros, as máquinas, os utensílios e os instrumentos necessários ao exercício de qualquer profissão (art. 649, VI do C.P.C. de 1973), ou 'como o anel nupcial (art. 649, inc. III do C.P.C. de 1973), porém 'mais' do que esses todos para o devedor"*.[366]

A busca pessoal insere-se num terreno sensível e conhece adversários de peso. José Alberto dos Reis censura a *inspectio corporis*, porque infringiria a intangibilidade física do executado, aduzindo que '*o respeito pela pessoa humana ficará à mercê do funcionário, que poderia sempre desculpar-se, alegando que se enganou ao supor que o executado ou algum seu familiar havia ocultado objetos suscetíveis de penhora*".[367]

Evidentemente que não pode o oficial de justiça, sem mandado judicial, proceder à revista do executado para efeitos de realizar a penhora de dinheiro ou outro bem que porventura traga nas suas vestes. Assim como também não poderá o oficial de justiça ingressar no domicílio do devedor para efetuar a penhora sem a devida autorização judicial.

A penhora poderá ser realizada, ainda que o bem se encontra sob a posse, detenção ou guarda de terceiros.

[366] PONTES DE MIRANDA. *Comentários ao código de processo civil.* Tomo X. Rio de Janeiro: Forense, 1976. p. 261.

[367] Apud. ASSIS, A., op. cit., p.624.

O código civil brasileiro faz nítida distinção entre *posse* e *mera detenção*, em seus arts. 1.196 e 1.198, a saber:

"Art. 1.196. Considera-se possuidor todo aquele que tem de fato o exercício, pleno ou não, de algum dos poderes inerentes à propriedade.

Art. 1.198. Considera-se detentor aquele que, achando-se em relação de dependência com outro, conserva a posse em nome deste e em cumprimento de ordens ou instruções suas.

Parágrafo único. Aquele que começou a comportar-se do modo como prescreve este artigo, em relação ao bem e à outra pessoa, presume-se detentor, até que prove o contrário".

Assim, o oficial de justiça está legalmente autorizado a penhorar bens, cuja posse ou mera detenção esteja com terceiro.

Se o terceiro se recusar a entregar o bem que possui ou detém, o oficial de justiça deverá requerer autorização judicial para proceder a busca e apreensão do bem.

Estabelece o *§1º do art. 845* do atual C.P.C. que *a penhora de imóveis, independentemente de onde se localizem, quando apresentada certidão da respectiva matrícula, e a penhora de veículos automotores, quando apresentada certidão que ateste a sua existência, serão realizadas por termo nos autos.*

Este dispositivo excepciona o *caput* do art. 845 que determina que a penhora deva ser realizada no lugar em que se encontre o bem, ainda que na posse ou detenção de terceiro.

Contudo, em se tratando de bens imóveis, independentemente de onde se localizem, a penhora será realizada *por termo nos autos*, bastando apenas a apresentação da certidão da respectiva matrícula.

A apresentação da certidão da respectiva matrícula poderá ser feita pelo exequente, quando da indicação do bem a ser penhorado, ou pelo próprio executado que oferece o bem a penhora.

Da mesma forma, a penhora de veículos automotores, quando apresentada em juízo certidão que ateste a sua existência (do DETRAN, por exemplo), será realizada também *por termo nos autos*.

É importante salientar que a penhora do bem imóvel ou do veículo automotor, quando apresentada certidão do registro de imóveis ou comprovante de existência do veículo (certidão ou certificado do DETRAN), dar-se-á independentemente do lugar em que se encontre o bem, podendo, inclusive, estar localizado em jurisdição diversa daquela em que tramita a execução.

O termo de penhora é o ato processual realizado pelo Escrivão ou pelo Diretor de Secretaria, sendo lavrado nos próprios autos. Conforme já teve oportunidade de afirmar Liebman *"a nomeação de bens, reduzida a termo, é, pois, um dos modos de fazer a penhora e, propriamente, o mais rápido e simples e o menos dispendioso"*.[368]

Segundo ensina Araken de Assis, *"(...) como o termo constitui ato do escrivão, a regra dispensa a assinatura do executado. A nomeação eficaz elimina a necessidade de o devedor comparecer pessoalmente em cartório e, de quebra, apaga a controvérsia sobre a ausência da firma do executado ou sua recusa em assinar o termo. Os requisitos que importam às funções da penhora já constam da nomeação válida. Entretanto, os comentadores do novo diploma repetem, descuidadamente, a ocorrência da assinatura (Theodoro Jr.; Amaral Santos; Frederico Marques), que, à evidência, complica e tumultua"*.[369]

O S.T.J., em decisão singular, já entendeu que o executado deveria assinar o termo de penhora quando comparecesse pessoalmente ao cartório para nomear o bem à penhora. Nesse sentido já se manifestou o S.T.J.:

> *1. o executado que nomeia bens à penhora, quando não comparece espontaneamente ou após chamamento pela imprensa, deve ser intimado pessoalmente para assinar o termo da nomeação e, no mesmo ato, do prazo para a interposição dos embargos à execução.*
>
> *2. dispensa-se a intimação por oficial de justiça, prevista no art. 669 do cpc, quando o executado comparece e assina o termo, momento em que poderá ser cientificado do prazo fatal dos embargos.*
>
> *3. recurso especial não conhecido.*
>
> (REsp 53777/SP, Rel. Ministro CARLOS ALBERTO MENEZES DIREITO, TERCEIRA TURMA, julgado em 09/09/1996, DJ 14/10/1996, p. 39002).

O S.T.J. também afirma que o prazo para a interposição de embargos ou impugnação à execução, na hipótese de depósito em dinheiro, corre da data do depósito, independentemente da lavratura de termo de penhora. Nesse sentido são os seguintes precedentes:

> *1. A Segunda Seção deste Superior Tribunal pacificou o entendimento de que o prazo inicial para oposição dos embargos do devedor conta-se da data em que efetuado o depósito judicial da quantia executada, independentemente da lavratura de termo*

[368] Liebman, E. T. *Processo de execução..., op. cit., n. 60, p. 131.*

[369] Assis, Araken. *Manual do processo de execução.* 8ª ed. São Paulo: Revista dos Tribunais, 2002. p. 613.

de nomeação (AgRg nos EREsp nº 853.749/RJ, Rel. Ministro Luis Felipe Salomão, Segunda Seção, julgado em 13/4/2011, DJe 28/4/2011).

2. Agravo regimental não provido.

(AgRg no Ag 953.127/MS, Rel. Ministro RICARDO VILLAS BÔAS CUEVA, TERCEIRA TURMA, julgado em 01/03/2012, DJe 07/03/2012)

1. O conteúdo dos artigos 655 e 668 do Código de Processo Civil e 10, I, da Lei 4.595/64 não foi objeto de debate no v. Acórdão recorrido, carecendo, portanto, do necessário prequestionamento viabilizador do recurso Especial. Incidem, na espécie, as Súmulas 282 e 356 do Supremo Tribunal Federal.

2. Efetuado o depósito judicial da quantia objeto do cumprimento de sentença, conta-se a partir daí o prazo para apresentar Impugnação (cf. EREsp 846.737/RJ, Rel. Ministro HUMBERTO GOMES DE BARROS, SEGUNDA SEÇÃO, DJe 21.11.08).

3. O agravante não trouxe nenhum argumento capaz de modificar a conclusão do julgado, a qual se mantém por seus próprios fundamentos.

4. Agravo Regimental improvido.

(AgRg no AREsp 22.587/SP, Rel. Ministro SIDNEI BENETI, TERCEIRA TURMA, julgado em 28/02/2012, DJe 12/03/2012)

Assim, na hipótese do §1º do art. 845 do atual C.P.C., a penhora dar-se-á por termo nos autos, independentemente da assinatura do executado, sendo que a sua conclusão definitiva ocorrerá com a nomeação do depositário do bem imóvel ou do veículo automotor.

Após a lavratura do termo e do depósito do bem, o executado será intimado da penhora, salvo se foi o próprio executado que compareceu em cartório para oferecer o bem, quando será também, por termo nos autos, intimado da penhora.

O §5º do art. 659 do C.P.C. de 1973, em relação à penhora de imóveis, assim preconizava:

"Nos casos do § 4º, quando apresentada certidão da respectiva matrícula, a penhora de imóveis, independentemente de onde se localizem, será realizada por termo nos autos, do qual será intimado o executado, pessoalmente ou na pessoa de seu advogado, e por este ato constituído depositário. (Incluído pela Lei nº 10.444, de 7.5.2002).

A doutrina, interpretando este dispositivo, afirmava que a penhora do imóvel quando realizada pela apresentação de certidão de respectiva matrícula ocorria por termo nos autos, sendo o executado, pessoalmente ou na pessoa de seu advogado, intimado da penhora, bem como, por este ato de intimação de plano constituído depositário do bem. Assim, diante dessa forma de penhora, o executado ficava privado de recusar o encargo de depositário.

Contudo, muito embora o §1º do art. 845 do atual C.P.C. continue a permitir a penhora do imóvel mediante a apresentação da respectiva matrícula, por termo nos autos, não repetiu a parte final do que dispunha §5º do art. 659 do C.P.C. de 1973, ou seja, não mais indicou o executado como depositário automático da penhora. Portanto, pelo atual C.P.C., o executado poderá, justificadamente, recusar o ônus de permanecer como depositário. Se a recusa não for justificada, o executado poderá sofrer as sanções decorrentes do ato atentatório à dignidade da justiça. Contudo, não poderá o executado ser obrigado a aceitar o encargo de depositário. Nesse sentido já se manifestou o S.T.J.:

> *1 – As matérias insertas nos arts. 620, 656, I, e 657 do CPC não foram prequestionadas. Também não foram opostos embargos de declaração para sanar eventual omissão, o que atrai as Súmulas 282 e 356 do Supremo Tribunal Federal.*
>
> *2 – Esta Corte preconiza que o devedor executado não está obrigado a assumir a condição de depositário dos bens penhorados, já que inexistente disposição normativa nesse sentido. Precedentes.*
>
> *3 – Recurso especial conhecido em parte e provido.*
>
> (REsp 263.910/SP, Rel. Ministro CASTRO MEIRA, SEGUNDA TURMA, julgado em 05/10/2004, DJ 16/11/2004, p. 221).

Aliás, estabelece a Súmula 319 do S.T.J. que: "*O encargo de depositário de bens penhorados pode ser expressamente recusado.*".

Estabelece o *§2º do art. 845* do atual C.P.C. que *se o executado não tiver bens no foro do processo, não sendo possível a realização da penhora nos termos do §1º, a execução será feita por carta, penhorando-se, avaliando-se e alienando-se os bens no foro da situação.*

Este dispositivo demonstra que o legislador estabeleceu que devem ser penhorados preferencialmente os bens situados na jurisdição territorial do juiz da execução.

Não havendo bens no foro da jurisdição territorial do juiz da execução, ou se esses bens forem insuficientes, ou, ainda, não for possível realizar a penhora nos termos do §1º do art. 843 por falta de certidão do imóvel ou de comprovação da existência do veículo automotor, e se encontrando os bens em localidade diversa do foro da causa, a execução será feita por carta precatória ou de ordem executiva, penhorando-se, avaliando-se e alienando-se os bens no foro da situação.

Muito embora este parágrafo fale apenas em execução por carta, o certo é que o juiz da execução poderá utilizar de qualquer dos atos de *cooperação nacional* previstos no art. 69 do atual C.P.C., a saber:

"Art. 69. O pedido de cooperação jurisdicional deve ser prontamente atendido, prescinde de forma específica e pode ser executado como:

I – auxílio direto;

II – reunião ou apensamento de processos;

III – prestação de informações;

IV – atos concertados entre os juízes cooperantes.".

Observa-se que nessa hipótese, apenas os atos expropriatórios específicos é que serão deprecados ao juízo diverso da execução, no caso, a penhora, avaliação e alienação do bem.

Outrossim, atos de investigação que podem ser realizados diretamente pelo juízo da execução não deverão ser promovidos pelo juízo deprecado. É o caso, por exemplo, da hipótese de não existirem bens no juízo deprecado e o exequente requerer, perante esse juízo, a quebra de sigilo via BACENJUD. Nesse caso, o pedido deverá ser formulado diretamente no juízo deprecante e não no juízo deprecado, não obstante o sistema BACENJUD seja uma forma de investigação de existência de bens do executado.

Se a carta não for expressa, entende-se que a competência do juízo deprecado estende-se inclusive para a expedição da carta de arrematação.

Porém, na execução por carta, podem surgir questões complexas e interessantes, como, por exemplo: quem deverá julgar os embargos do devedor? Quem julgará eventual impugnação do bem penhorado? Quem julgará eventuais embargos de terceiro?

O art. 914, §2º, do atual C.P.C. assim dispõe:

"Art. 914. O executado, independentemente de penhora, depósito ou caução, poderá se opor à execução por meio de embargos.

(...).

§2º Na execução por carta, os embargos serão oferecidos no juízo deprecante ou no juízo deprecado, mas a competência para julgá-los é do juízo deprecante, salvo se versarem unicamente sobre vícios ou defeitos da penhora, avaliação ou alienação dos bens efetuadas no juízo deprecado.

Como o oferecimento dos embargos ocorre independentemente de penhora, depósito ou caução, cujo prazo para interposição corre a partir da juntada da carta ou do mandado de citação, isso significa dizer que a questão concernente à penhora e avaliação do bem não deve mais ser objeto de embargos, pois poderá inclusive ocorrer que esse ato de constrição venha a ser efetivado após a interposição dos embargos.

Assim, qualquer questão concernente à penhora e avaliação dos bens poderá ser articulada ou no juízo da execução (deprecante) ou no juízo deprecado, independentemente de embargos.

Questão interessante ocorre quando a penhora realizada pelo juízo deprecado ocorre por indicação expressa do bem pelo juízo deprecante. Nesse caso, o voto vencido proferido pelo Ministro Castro Filho, no Conflito de Competência n. 36044, entendeu que a competência seria do juízo deprecante, uma vez que os embargos atacavam ato judicial específico do juízo deprecante. Contudo, neste conflito ficou vencedor o voto do Ministro Barros Monteiro. Entendeu o S.T.J. que *"em nada releva a circunstância de haver o Juízo deprecante indicado ou individualizado os bens a serem objeto da constrição no Juízo deprecado. Não se cuida aqui de embargos de terceiro, caso em que, aí sim, teria pertinência a Súmula 33 do ex. TFR. Aqui, como se disse, a espécie é de embargos à penhora, em que se alegaram vícios ou defeitos do ato constritivo que se concretizou no Juízo deprecado. Logo, incide a regra acima referida do art. 747 do Código de Processo Civil de 1973, na linha do qual esta Casa editou o verbete sumular n. 46, in verbis: 'Na execução por carta, os embargos do devedor serão decididos no juízo deprecante, salvo se versarem unicamente vícios ou defeitos da penhora, avaliação ou alienação de bens'...Daí por que, com a devida vênia do Sr. Ministro Relator, penso que a competência para processar e julgar os 'embargo à penhora' é do Juízo Deprecado, na esteira, por sinal, do que já deixou assentado esta Seção em mais de uma oportunidade: 'Compete ao juízo deprecado analisar as questões relativas à impenhorabilidade do bem de família e à redução da penhora, arguidas pelo devedor sem qualquer irresignação contra a dívida' (CC n. 35.346-SP. Relatora Ministra Nancy Andrighi).*

Nesse sentido, aliás, é a Súmula 46 do S.T.J.: *"na execução por carta, os embargos do devedor serão decididos no juízo deprecante, salvo se versarem unicamente vícios ou defeitos da penhora, avaliação ou alienação dos bens".*

Já no que concerne à competência para conhecer dos *embargos de terceiro*, o ato judicial de indicação do bem a ser constrito ou penhorado será fundamental para a definição da competência do juízo, pois nesse caso terá inteira aplicação a Súmula 33 do extinto TFR. Nesse sentido são os seguintes precedentes do S.T.J.:

> *1. Em princípio, o juízo que determinou a prática de um ato executivo é o competente para conhecer dos inconformismos daí decorrentes, tal como ocorre nos embargos à execução por carta (art. 747 do CPC) e nos embargos de terceiro (art. 1.049 do CPC). De fato, em tese, seria descabido atribuir tal competência para outro juízo, que não ergueu os fundamentos jurídicos do ato executivo impugnado.*
>
> *2. Ao juízo deprecante compete apreciar os embargos de terceiro opostos contra penhora de imóvel por ele indicado (Súmula n. 33 do extinto Tribunal Federal de Recursos – TFR).*

3. In casu, desinfluente é o fato de que a penhora fora inicialmente determinada pelo juízo deprecado de Bagé/RS, pois ela só se tornou realmente efetiva com a decisão do juízo deprecante de Ararangua/SC, que reconheceu a ocorrência de fraude à execução.

4. Recurso especial não-conhecido.

(REsp 1033333/RS, Rel. Ministro MASSAMI UYEDA, TERCEIRA TURMA, julgado em 19/08/2008, DJe 05/09/2008).

1. "Em execução por carta precatória compete ao Juízo deprecado decidir quanto ao pedido de desconstituição de penhora, questão que não guarda relação com o valor da execução em si. Essa é a hipótese destes autos, que cuidam de pedido de cancelamento de penhora, feito por meio de embargos de terceiro, face a alegação de que 'desde 12.05.1989, referido imóvel fora objeto de escritura pública de promessa de compra e venda celebrada entre as mesmas partes'". A penhora não decorreu de indicação do bem pelo Juízo deprecante, fixada a competência do Juízo deprecado para o julgamento dos embargos de terceiro.

2. A alegação de fraude à execução não tem o poder de afastar a competência do Juízo deprecado ante as circunstâncias acima verificadas. A competência é fixada no momento do ajuizamento da ação, no caso, os embargos de terceiro foram opostos perante o Juízo deprecado, que indicou o bem a ser penhorado, vindo a alegação de fraude à execução com a apresentação da impugnação aos embargos. A competência já determinada em concordância com a jurisprudência da Corte acima mencionada não pode ser modificada em virtude das alegações da parte feitas em sua contestação.

3. Agravo regimental desprovido.

(AgRg nos EDcl no CC 51.389/RJ, Rel. Ministro CARLOS ALBERTO MENEZES DIREITO, SEGUNDA SEÇÃO, julgado em 14/12/2005, DJ 15/03/2006, p. 210).

Em relação aos embargos à arrematação, antes de sua extinção pelo atual C.P.C., a competência sempre seria do juízo deprecado, pouco importando que o bem tivesse sido indicado pelo juízo deprecante. Nesse sentido eram os seguintes precedentes do S.T.J.:

Agravo regimental – recurso especial – embargos à arrematação – negativa de prestação jurisdicional – inexistência – execução por carta – competência do juízo deprecado – precedente – divergência jurisprudencial não demonstrada – recurso improvido.

(AgRg no REsp 1165197/SP, Rel. Ministro MASSAMI UYEDA, TERCEIRA TURMA, julgado em 19/04/2012, DJe 27/04/2012).

Por sua vez, se o motivo da nulidade da arrematação fosse eventual fraude à execução, entendeu a Primeira Seção do S.T.J., em voto da lavra do eminente Ministro Luiz Fux (atual Ministro do S.T.F.), que a competência seria sempre do juízo deprecante. Nesse sentido é a seguinte decisão:

1. A competência para declarar a ineficácia de arrematação dos bens que garantem o juízo por fraude à execução é do juízo deprecante.

2. É que a competência do juízo deprecante é sempre prevalente, ressalvada as hipóteses legais na forma do art. 747, do CPC, verbis: Na execução por carta, os embargos serão oferecidos no juízo deprecante ou no juízo deprecado, mas a competência para julgá-los é do juízo deprecante, salvo se versarem unicamente vícios ou defeitos da penhora, avaliação ou alienação dos bens.

3. A teor da Súmula 46, do E. STJ, verbis: Na execução por carta, os embargos do devedor serão decididos no juízo deprecante, salvo se versarem unicamente vícios ou defeitos da penhora, avaliação ou alienação dos bens.

4. Conflito de competência conhecido, para declarar competente o juízo deprecante o juízo deprecante da 5ª Vara e Anexo Fiscal da Comarca de Barueri/SP.

(CC 82.436/SP, Rel. Ministro LUIZ FUX, PRIMEIRA SEÇÃO, julgado em 24/06/2009, DJe 03/08/2009).

Porém, tratando-se de competência absoluta prevista na Constituição Federal, deverá prevalecer sempre a competência da Justiça que em razão da matéria for competente. É o que ocorre, por exemplo, quando o juízo deprecado estadual indica o bem a ser penhorado, mas é interposto embargos de terceiro por um ente federal. Nesse caso, a competência para julgar os embargos de terceiro será da Justiça Federal. O mesmo ocorria em relação aos denominados embargos à arrematação (extintos pelo atual C.P.C.).

Já se o juízo estadual deprecado estiver no exercício de função delegada federal, não se deslocará a competência para outro juízo federal, conforme estabelece o seguinte precedente do S.T.J.:

(...).

2. O juiz estadual que, nos termos do art. 1.213 do CPC, atua como deprecado em ação de execução fiscal movida por autarquia federal, o faz investido de jurisdição federal delegada, nos termos do art. 109, § 3º da Constituição, condição que mantém no processo e julgamento de ações acessórias, em que a autarquia figura como parte passiva, visando a desconstituir ato executivo praticado no cumprimento da carta precatória.

3. Assim, compete ao juízo estadual que, no exercício da competência federal delegada, promoveu a arrematação do bem, processar e julgar a ação anulatória desse ato executivo, ainda que nela figure como parte passiva a autarquia federal exequente.

4. Conflito conhecido e declarada a competência do Juízo de Direito de Comarca de Canela (RS), o suscitado.

(CC 40.102/RS, Rel. Ministro TEORI ALBINO ZAVASCKI, PRIMEIRA SEÇÃO, julgado em 24/03/2004, DJ 19/04/2004, p. 148)

Competência. Execução por carta. Embargos a arrematação em que figura no polo passivo empresa pública federal. Competência do juiz federal deprecante. Não exercendo o juiz estadual deprecado parcela delegada da jurisdição federal, toca-lhe tão--somente cumprir a precatória, cabendo a solução dos embargos ao juízo federal deprecante (art. 109, inc. i, da cf).

Conflito conhecido, declarado competente o suscitante.

(CC 18.636/PI, Rel. Ministro BARROS MONTEIRO, SEGUNDA SEÇÃO, julgado em 24/09/1997, DJ 17/11/1997, p. 59399).

Art. 846

Se o executado fechar as portas da casa a fim de obstar a penhora dos bens, o oficial de justiça comunicará o fato ao juiz, solicitando-lhe ordem de arrombamento.

§ 1º Deferido o pedido, 2 (dois) oficiais de justiça cumprirão o mandado, arrombando cômodos e móveis em que se presuma estarem os bens, e lavrarão de tudo auto circunstanciado, que será assinado por 2 (duas) testemunhas presentes à diligência.

§ 2º Sempre que necessário, o juiz requisitará força policial, a fim de auxiliar os oficiais de justiça na penhora dos bens.

§ 3º Os oficiais de justiça lavrarão em duplicata o auto da ocorrência, entregando uma via ao escrivão ou ao chefe de secretaria, para ser juntada aos autos, e a outra à autoridade policial a quem couber a apuração criminal dos eventuais delitos de desobediência ou resistência.

§ 4º Do auto da ocorrência constará o rol de testemunhas, com a respectiva qualificação.

Arrombamento e reforço policial

Deve-se ressaltar que o executado tem o dever de colaboração com o resultado positivo do exercício da tutela jurisdicional executiva, de tal forma que deve evitar qualquer ato que possa por em risco a concretização dos atos executivo.

Conforme estabelece o art. 774, inc. III e IV do atual C.P.C., considera-se atentatória à dignidade da justiça a conduta comissiva ou omissiva do executado que dificulta ou embaraça a realização da penhora, ou, ainda, resiste injustificadamente às ordens judiciais.

Assim, se o executado *fechar as portas* da casa a fim de obstar a penhora dos bens, além de incidir em ato atentatório à dignidade da justiça, autorizará que o oficial de justiça comunique tal fato ao juiz, solicitando-lhe ordem de arrombamento.

É importante salientar que a expressão *fechar as portas* deve ser interpretada num sentido amplo, ou seja, deve dizer respeito a qualquer atitude do devedor que possa induzir ou caracterizar resistência ao cumprimento do mandado de penhora, podendo esse comportamento ser material ou mesmo por intimidação moral.

A ordem para arrombamento deve ser especial, ou ser deferida como aditamento do mandado de penhora. Pode já ter sido concedida previamente pelo juiz quando da expedição do mandado de penhora.

O arrombamento poderá ser de portas, gavetas, armários, cofres, podendo os oficiais requisitarem o comparecimento de um chaveiro, se necessário.

Somente o juiz da execução poderá conceder a *ordem de arrombamento*, uma vez que o domicílio encontra-se protegido pela Constituição Federal contra a sua inviolabilidade. Conforme estabelece o art. 5º, inc. XI da C.F.: *"a casa é asilo inviolável do indivíduo, ninguém nela podendo penetrar sem consentimento do morador, salvo em caso de flagrante delito ou desastre, ou para prestar socorro, ou, durante o dia, por determinação judicial".* O termo casa aqui indicado deve ser albergado em sentido extensivo, abrangendo uma pensão, hotel, albergue, escritório ou qualquer outro lugar em que haja vestígio de habitação.

A ordem de arrombamento, quando autorizada pelo juiz, deverá ser cumprida durante o dia.

Para Araken de Assis, o 'dia' aqui contemplado não respeita à hora do início e do fim da claridade solar, mas aquele interregno propício à realização dos atos no processo, aplicável à penhora.[370] Em sentido contrário, José Celso de Mello Filho e José Afonso da Silva.[371]

O arrombamento poderá ser da casa, de gavetas, escrivaninha, cofre ou outro móvel que se encontre na residência, domicílio ou outro lugar de posse ou propriedade do executado.

É importante salientar que não há qualquer abusividade na concessão pelo juiz da ordem de arrombamento, conforme já teve oportunidade de afirmar o S.T.J.:

[370] Assis, A., op. cit., p. 621.

[371] Mello Filho. *Constituição Federal anotada, p. 442;* Silva, José Afonso. *Curso.* P. 382.

Mandado de segurança contra ato judicial. Penhora. Resistência. Ordem de arrombamento com auxílio de força policial. Inexistência de ato abusivo ou ilegal.

– São insuscetíveis de apreciação, na via augusta do mandado de segurança, fatos complexos e controvertidos, dependentes de prova.

– Direito líquido e certo inexistente.

Recurso ordinário a que se nega provimento.

(RMS 14.354/SP, Rel. Ministro BARROS MONTEIRO, QUARTA TURMA, julgado em 18/06/2002, DJ 23/09/2002, p. 366).

Prescreve o §1º do art. 846 do atual C.P.C. que *deferido o pedido, 2 (dois) oficiais de justiça cumprirão o mandado, arrombando cômodos e móveis em que se presuma estarem os bens, e lavrarão de tudo auto circunstanciado, que será assinado por 2 (duas) testemunhas presentes à diligência.*

De ordinário, a penhora é realizada por apenas um oficial de justiça.

Porém, quando há autorização judicial para arrombamento, o legislador achou por bem, inclusive para dar mais segurança ao executado e ao próprio auxiliar de justiça, que essa ordem seja cumprida por meio de dois oficiais de justiça que cumprirão o mandado, arrombando cômodos e móveis onde se presuma estarem os bens.

Tudo deve ser feito de forma prudente e de maneira a causar o menor prejuízo possível ao executado, não obstante ser sua atitude incompatível com a lisura do processo.

A formalidade de cumprimento da ordem por dois oficiais de justiça é essencial, sendo que na sua falta a penhora será declarada nula.

É bem verdade que para Ernane Fidélis, *"o ato de arrombamento, realizado apenas pelo oficial de justiça, não acarreta nenhuma nulidade, quando os bens, efetivamente, são apreendidos e depositados, já que o ato atinge seus fins"*.[372]

Os oficiais lavrarão de tudo auto de arrombamento circunstanciado, informando como agiram, o que encontraram e qual foi a postura dos presentes no cumprimento da ordem.

O auto, que será lavrado pelos oficiais de justiça, deverá também conter a assinatura de duas testemunhas presentes à diligência, preferencialmente os vizinhos do executado. Segundo Ernane Fidelis dos Santos, a falta de testemunha não impede a realização do arrombamento, muito menos invalida o ato de penhora. A nulidade ficara à mercê da existência de prejuízo ao executado e da obtenção da finalidade do ato.[373]

[372] SANTOS, Ernane Fidélis. *Manual, v. 3/156, n. 1.201.*

[373] SANTOS, E.F., idem, ibidem.

Preceitua o *§2º do art. 846* do atual C.P.C. que *sempre que necessário, o juiz requisitará força policial, a fim de auxiliar os oficiais de justiça na penhora dos bens.*

A necessidade do reforço policial deverá ser avaliada pelo oficial de justiça incumbido de realizar a penhora, sem prejuízo de o juiz da execução também avaliar a necessidade ou não do reforço policial.

Dependendo das circunstâncias que ensejaram a resistência do devedor, é prudente que os oficiais de justiça compareçam acompanhados da força policial, a fim de resguardar tanto a sua integridade física, quanto a integridade física do executado ou de terceiras pessoas.

Assim, o emprego da força guardará estrita proporção com a resistência efetiva ou virtual.[374]

Prescreve o *§3º do art. 846* do atual C.P.C. que *os oficiais de justiça lavrarão em duplicata o auto da ocorrência, entregando uma via ao escrivão ou ao chefe de secretaria, para ser juntada aos autos, e a outra à autoridade policial a quem couber a apuração criminal dos eventuais delitos de desobediência ou resistência.*

Não se deve confundir o auto de penhora com o auto de arrombamento e, finalmente, com o auto de ocorrência de eventual prática de crime de desobediência ou de resistência.

Havendo resistência para a realização do arrombamento por parte do executado ou de terceiro, os oficiais de justiça lavrarão em duplicata o auto de ocorrência, entregando uma via ao escrivão ou chefe de secretaria, para ser juntada aos autos, e a outra à autoridade policial.

Evidentemente, a resistência a uma ordem judicial caracteriza a prática em flagrante do delito previsto no art. 329 do C.P., razão pela qual a autoridade policial competente (Polícia Judiciária) poderá tomar as providências cabíveis para o caso. Também poderão os oficiais de justiça adotar as medidas legais em decorrência da infração penal de resistência e desobediência.

Os oficiais lavrarão em duplicata o auto de ocorrência, sendo uma via juntada ao procedimento executivo e a outra apresentada como peça inaugural do procedimento penal para apuração da prática do art. 329 do C.P.

O §3º do art. 802 do Projeto originário do C.P.C., n. 2.046/10, estabelecia que uma via do auto de resistência seria apresentada à autoridade policial a quem couber a prisão.

Ocorre que sendo a pena máxima do crime de resistência, art. 329 do C.P., de dois anos, esse delito apresenta natureza de infração penal de *menor potencial ofensivo*, conforme prescreve o art. 61 da Lei n. 9.099/95.

374 Assis, A. op. cit., p. 625.

Assim, conforme estabelece o art. 69 da Lei 9.099/95, a autoridade policial que tomar conhecimento da ocorrência lavrará termo circunstanciado e o encaminhará imediatamente ao Juizado, com o autor do fato e a vítima.

É importante salientar que se o autor do fato, após a lavratura do termo, for imediatamente encaminhado ao juizado ou assumir o compromisso de a ele comparecer, não se imporá prisão em flagrante, nem se exigirá fiança (p.u. do art. 69 da Lei 9.099/95).

Preceitua o *§4º do art. 846* do atual C.P.C. que *do auto de ocorrência constará o rol de testemunhas, com sua qualificação.*

O rol de testemunha constante do auto de ocorrência é justamente para subsidiar o Ministério Público sobre a prática da infração penal, nada impedindo que nesse rol estejam os policiais que porventura assistiram o ato e verificaram a resistência e a desobediência praticada pelo executado ou por terceiro.

SUBSEÇÃO IV – Das Modificações da Penhora

Art. 847

O executado pode, no prazo de 10 (dez) dias contado da intimação da penhora, requerer a substituição do bem penhorado, desde que comprove que lhe será menos onerosa e não trará prejuízo ao exequente.

§ 1º O juiz só autorizará a substituição se o executado:

I – comprovar as respectivas matrículas e os registros por certidão do correspondente ofício, quanto aos bens imóveis;

II – descrever os bens móveis, com todas as suas propriedades e características, bem como o estado deles e o lugar onde se encontram;

III – descrever os semoventes, com indicação de espécie, de número, de marca ou sinal e do local onde se encontram;

IV – identificar os créditos, indicando quem seja o devedor, qual a origem da dívida, o título que a representa e a data do vencimento; e

V – atribuir, em qualquer caso, valor aos bens indicados à penhora, além de especificar os ônus e os encargos a que estejam sujeitos.

§ 2º Requerida a substituição do bem penhorado, o executado deve indicar onde se encontram os bens sujeitos à execução, exibir a prova de sua propriedade e a certidão negativa ou positiva de ônus, bem como abster-se de qualquer atitude que dificulte ou embarace a realização da penhora.

§ 3º O executado somente poderá oferecer bem imóvel em substituição caso o requeira com a expressa anuência do cônjuge, salvo se o regime for o de separação absoluta de bens.

§ 4º O juiz intimará o exequente para manifestar-se sobre o requerimento de substituição do bem penhorado.

Substituição da penhora

Antes da entrada em vigor da Lei 11.382, de 2006, que deu nova redação ao art. 652 do C.P.C. de 1973, o executado, na execução por quantia certa, era citado para, no prazo de 24 (vinte e quatro) horas, pagar ou *nomear bens à penhora*. Assim, a indicação de bens à penhora era uma alternativa legal do executado, desde que não efetuasse o pagamento da dívida no prazo de 24 horas.

Com a entrada em vigor da Lei 11.382, de 2006, dando nova redação ao art. 652 do C.P.C. de 1973, o executado passou a ser citado para, no prazo de 3 (três) dias, efetuar o pagamento da dívida, não lhe sendo mais outorgada a alternatividade anterior.

Com a nova redação, o executado deixou de ter, expressamente, a alternatividade legal, passando essa prerrogativa, em tese, ao próprio credor, conforme estabelecia o §2º do art. 652 do C.P.C., *in verbis*: *"o credor poderá, na inicial da execução, indicar bens a serem penhorados"*.

O novo C.P.C. também manteve a prerrogativa de o credor, logo com a inicial da demanda executiva, indicar bens a serem penhorados, conforme estabelece o art. 798, inc. II, letra 'c', do atual C.P.C., *in verbis:*

> *Art. 798. Ao propor a execução, incumbe ao exequente:*
> *(...).*
> *II – indicar:*
> *(...)*
> *c) bens suscetíveis de penhora, sempre que possível;*

Em que pese a prerrogativa do exequente indicar bens à penhora, isso não retira a obrigação de o executado, quando assim instado a fazer, também indicar bens possíveis de constrição, sob pena de ato atentatório à dignidade da justiça.

Pela nova sistemática executiva, a penhora incide sobre bens indicados logo com a inicial pelo exequente ou pelo oficial de justiça ao localizar bens a serem penhorados.

Uma vez penhorado o bem e intimado o executado da penhora, este poderá, no prazo de 10 (dez) dias contados da intimação da penhora, requerer ao juízo a substituição do bem penhorado *desde que comprove que lhe será menos onerosa e não trará prejuízo ao exequente.*

Muito embora este dispositivo estabeleça que o momento oportuno para o executado requerer a substituição da penhora seja no prazo dos dez dias após a sua intimação da penhora, isso não significa dizer que em razão de circunstâncias especiais essa substituição não possa ser requerida após o transcurso do aludido prazo.

Pense-se na hipótese de uma penhora incidente sobre uma carreta de uma empresa de transporte de carga, que deverá ser permutada por outra mais nova, a fim de que a frota mantenha-se sempre atualizada e renovada. Como no caso a permuta irá favorecer ao credor, não há porque indeferir o pedido do devedor, mesmo que realizado após o prazo de dez dia previsto na norma. Contudo, esse pedido, apesar de ser formulado após o transcurso do prazo de dez dias, deverá ser realizado em momento oportuno, pois se já foram expedidos editais de alienação do bem, não poderá mais o pedido ser deferido. Porém, se o pedido de substituição do bem for por dinheiro, essa substituição poderá ser deferida a qualquer momento, desde que antes da adjudicação ou arrematação do bem, tendo em vista que a penhora sobre o dinheiro sempre será preferencial e será muito mais vantajosa aos interesses do credor.

Por sua vez, o pedido de substituição da penhora do bem por dinheiro poderá ser formulado pelo devedor, pelo responsável, e, ainda, por qualquer terceiro interessado na extinção da dívida. Até mesmo o terceiro não interessado poderá assim proceder, desde que o faça em nome e por conta do executado.

O S.T.J. já teve oportunidade de afirmar que na hipótese de pedido de substituição de penhora por dinheiro não haverá necessidade de o juiz ouvir previamente o credor para deferir o pedido. Nesse sentido é o seguinte precedente:

> *1. A substituição da penhora somente pode ser realizada sem anuência da parte exequente quando oferecido em substituição dinheiro ou fiança bancária, segundo o disposto no art. 15, I, da Lei 6.830/80.*
>
> *Oferecido bem imóvel pela parte executada, a substituição da penhora depende de anuência da Fazenda Pública, não obtida no caso.*
>
> *2. Agravo regimental não provido.*
>
> (AgRg no AREsp 12.394/RS, Rel. Ministro ARNALDO ESTEVES LIMA, PRIMEIRA TURMA, julgado em 04/10/2012, DJe 15/10/2012)

Por outro lado, a prioridade que possui o dinheiro não se desloca aos demais bens que possam vir a ser penhorados.

Portanto, o executado não terá direito à substituição da penhora pela simples inobservância da ordem legal de preferência de penhora, devendo, acima de tudo, fundamentar o seu pedido em outras circunstâncias preponderantes e relevantes.

É certo, contudo, que o S.T.J. já se manifestou no sentido de que é possível a substituição do bem penhorado se não se observou a ordem de preferência estabelecida pela norma processual. Mas esse entendimento foi firmado em prol do exequente, que buscava a substituição da penhora de bem pela penhora em dinheiro mediante o sistema eletrônico BACENJUD:

1. A Primeira Seção desta Corte, ao julgar o REsp n. 1.184.765/PA, mediante o procedimento descrito no art. 543-C do CPC (recursos repetitivos) entendeu não ser mais necessário o prévio esgotamento de diligências para utilização da penhora eletrônica, segundo interpretação conjunta dos arts. 185-A do CTN, 11 da Lei n. 6.830/80 e 655 do CPC, desde que a decisão tenha sido proferida após a vigência da Lei n. 11.382/2006.

2. A jurisprudência desta Corte, ao aplicar o art. 656, do CPC às execuções fiscais, também chegou à conclusão de que a mera alegação de que o bem penhorado não obedece à ordem legal é suficiente à substituição da penhora. Precedente recurso representativo da controvérsia REsp. n. 1.090.898-SP, Primeira Seção, Rel. Min. Castro Meira, julgado em 12.08.2009.

3. Temas já julgados pelo regime instituído no art. 543 – C, do CPC no REsp 1.184.765/PA, Rel. Min. Luiz Fux, Primeira Seção, DJe de 3.12.2010; e no REsp. n. 1.090.898-SP, Primeira Seção, Rel. Min. Castro Meira, julgado em 12.08.2009.

4. Agravo regimental não provido com aplicação de multa, na forma do art. 557, §2º, do CPC.

(AgRg no REsp 1330332/MG, Rel. Ministro MAURO CAMPBELL MARQUES, SEGUNDA TURMA, julgado em 25/09/2012, DJe 28/09/2012)

O S.T.J. também entende que, muito embora seja possível a penhora de crédito de precatórios, o credor pode recusar a substituição de bens penhorados por crédito desta natureza. Nesse sentido é o seguinte precedente:

1. De acordo com o entendimento do Superior Tribunal de Justiça, é possível a penhora de crédito relativo a precatório judicial.

Todavia, equiparando-se o precatório a direito de crédito, a Fazenda Pública pode recusar a indicação ou substituição do bem por quaisquer das causas previstas no art. 656 do CPC, ou nos arts. 11 e 15 da LEF.

2. "A Fazenda Pública pode recusar a substituição do bem penhorado por precatório" (Súmula 406/STJ).

3. A verificação do princípio da menor onerosidade enseja o revolvimento da matéria fático-probatória, o que é vedado pela Súmula 7/STJ.

4. Agravo regimental não provido.

(AgRg no AREsp 66.122/PR, Rel. Ministro ARNALDO ESTEVES LIMA, PRIMEIRA TURMA, julgado em 04/10/2012, DJe 15/10/2012)

Uma vez formulado o pedido de substituição do bem penhorado, e sopesando-se os princípios de que a execução deve ser realizada no interesse do credor, de forma célere e eficaz, conjuntamente com o princípio de que os atos executivos devem ser praticados de forma menos onerosa ao executado, o juiz poderá, após ouvido o exequente, autorizar a substituição do bem penhorado.

Conforme estabelece o *§1º do art. 847* do atual C.P.C., *o juiz só autorizará a substituição se o executado: I – comprovar as respectivas matrículas e os registros por certidão do correspondente ofício, quanto aos bens imóveis; II – descrever os bens móveis, com todas as suas propriedades e características, bem como o estado deles e o lugar onde se encontram; III – descrever os semoventes, com indicação de espécie, de número, de marca ou sinal e do local onde se encontram; IV – identificar os créditos, indicando quem seja o devedor, qual a origem da dívida, o título que a representa e a data do vencimento; e V – atribuir, em qualquer caso, valor aos bens indicados à penhora, além de especificar os ônus e os encargos a que estejam sujeitos.*

Além dos requisitos circunstanciais para o deferimento da substituição da penhora, quais sejam, a conjugação do interesse do exequente com a menor onerosidade dos atos executivos em relação ao executado, também deverá o executado comprovar os requisitos exigidos no §1º do art. 847 do atual C.P.C., em relação às circunstâncias que envolvam o próprio bem sujeito à substituição.

Em se tratando de bens imóveis, o executado deverá juntar e demonstrar com a petição de substituição da penhora os seguintes requisitos: a) comprovar as respectivas matrículas e registros, por certidão do correspondente ofício; b) atribuir valor ao bem indicado à penhora, além de especificar os ônus e os encargos que esteja sujeito, como, por exemplo, hipoteca ou anticrese. Em se tratando de bens móveis: a) descrever os bens móveis, com todas as suas propriedades e características, bem como seu estado e o lugar onde se encontram; b) atribuir valor ao bem indicado à penhora, além de especificar os ônus e os encargos que esteja sujeito, como, por exemplo, penhor. Em se tratando de semoventes: a) descrever os semoventes, com indicação de espécie, número, marca ou sinal e local onde se encontram; b) atribuir valor ao bem indicado à penhora, além de especificar os ônus e os encargos que esteja sujeito, como, por exemplo, penhor pecuário. Em se tratando de créditos: a) identificar os créditos, indicando quem seja o devedor, qual a origem da dívida, o título que a representa e a data do vencimento; b) especificar os ônus e os encargos a que estejam sujeitos.

Trata-se de precaução legal, pois não se deve permitir a substituição de um bem penhorado por outro de caráter ou natureza duvidosa.

Preceitua o *§2º do art. 847* do atual C.P.C. que *requerida a substituição do bem penhorado, o executado deve indicar onde se encontram os bens sujeitos à execução, exibir a prova de sua propriedade e a certidão negativa ou positiva do ônus, bem como abster-se de qualquer atitude que dificulte ou embarace a realização da penhora.*

Os requisitos estabelecidos neste §2º já estão, em regra geral, especificados no §1º.

Por isso, o executado, ao requerer a substituição do bem penhorado, deverá agir com lealdade e boa-fé, colaborando ao máximo para indicar onde se encontram os bens sujeitos à execução, até para que o oficial de justiça possa verificar sua existência, procedência, característica e valor. Deverá ainda exibir a prova de sua propriedade em se tratando de bens imóveis, pois em se tratando de bens móveis presume-se a propriedade pela posse decorrente da tradição. Deverá ofertar, ainda, certidão negativa ou positiva de ônus, bem como abster-se de qualquer atitude que dificulte ou embarace a realização da penhora, ou melhor, a substituição da penhora.

Estabelece o § 3º do art. 847 do atual C.P.C. que *o executado somente poderá oferecer bem imóvel em substituição caso o requeira com a expressa anuência do cônjuge, salvo se o regime for o de separação absoluta de bens.*

Este dispositivo não deveria restringir a intimação apenas à hipótese em que haja casamento, pois tal exigência também deve ser observada em relação ao companheiro/a na hipótese de união estável.

Tendo em vista que havendo casamento por comunhão universal de bens o patrimônio adquirido antes ou depois do casamento é de propriedade dos cônjuges, assim como os bens adquiridos após o casamento realizado em comunhão parcial também o é, a oferta de bem imóvel para substituição da penhora demanda anuência expressa do cônjuge.

Assim, para que o executado possa requerer a substituição de um bem por outro bem imóvel deverá trazer a anuência expressa do cônjuge, coproprietário do bem.

Sendo concedida a anuência expressa, sem qualquer ressalva, o cônjuge não poderá requerer posteriormente a reserva de sua meação, pois entende-se que ofertou sua parte para pagamento da dívida, salvo se se demonstrar que a sua anuência foi obtida por erro, dolo, simulação ou fraude.

Porém, se o executado for casado pelo regimento de separação total de bens, o imóvel em seu nome será de sua exclusiva propriedade, razão pela qual não haverá necessidade da anuência do cônjuge para que o bem seja ofertado em substituição da penhora.

Penso que na hipótese de União Estável devidamente comprovada nos autos, também haverá necessidade de o executado trazer a anuência expressa do companheiro, especialmente se o bem foi obtido após a existência da união estável.

Também na hipótese em que o bem imóvel encontre-se em condomínio com outros condôminos, a substituição da penhora também pressupõe a anuência expressa dos demais coproprietário do bem, se a oferta for de sua integralidade.

Aduz o *§ 4º do art. 847* do atual C.P.C. que *o juiz intimará o exequente para manifestar-se sobre o requerimento de substituição do bem penhorado.*

Trata-se da observância do princípio do contraditório na questão da substituição do bem penhorado.

Não haverá necessidade de intimar o exequente em se tratando de substituição de bem por dinheiro.

Intimado o exequente, esse poderá concordar com a substituição ou recusá-la, desde que essa recusa seja fundamentada.

Sobre o tema, eis os seguintes precedentes do S.T.J.:

> *1. A orientação que se firmou na Primeira Seção deste STJ é a de que conquanto seja possível a penhora ou eventual substituição de bens penhorados por precatórios judiciais, a Fazenda Pública pode recusar essa nomeação quando fundada na inobservância da ordem legal (REsp. 1.090.898/SP, 1a. Seção, Rel. Min. CASTRO MEIRA, DJe de 31.8.2009, e REsp. 1.337.790/PR, Rel. Min. HERMAN BENJAMIN, DJe 07.10.2013, ambos submetidos à sistemática prevista no art. 543-C do CPC e Res. 8/STJ.).*
>
> *2. Ressalva do ponto de vista do Relator de que a só inobservância da ordem de preferência dos arts. 655 do CPC e 11 da Lei 6.830/80 não é bastante para a recusa, tendo em vista que o devedor é citado para pagar a dívida ou oferecer bens à penhora (art. 8o. da Lei 6.830/80).*
>
> *3. Agravo Regimental desprovido.*
>
> (AgRg no AREsp 413.996/RS, Rel. Ministro NAPOLEÃO NUNES MAIA FILHO, PRIMEIRA TURMA, julgado em 25/02/2014, DJe 17/03/2014)

> *1. O precatório judicial equivale à penhora de crédito prevista no art. 11, VIII, da Lei de Execução Fiscal, e art. 655, XI, do Código de Processo Civil, e não à penhora de dinheiro. Por essa razão, é imprescindível a anuência do credor com a penhora do precatório judicial, sem distinção se decorrente de primeira penhora ou de substitui-*

ção, podendo a recusa ser justificada por quaisquer das causas previstas no art. 656 do Código de Processo Civil (na espécie, por desobediência à ordem legal).

2. A jurisprudência do STJ firmou-se no sentido de que é legítima a recusa da Fazenda Pública de bem oferecido à penhora quando não observada a ordem prevista no art. 656 do CPC e 11 da Lei n.

6.830/80, inclusive em sede de recurso repetitivo (art. 543-C do CPC), no julgamento do REsp 1.090.898/SP, Rel. Min. Castro Meira.

Agravo regimental improvido.

(AgRg no AREsp 408.943/RS, Rel. Ministro HUMBERTO MARTINS, SEGUNDA Turma.

2. Mérito da pretensão recursal 2.1 Conquanto não seja absoluta a gradação legal da penhora (súmula 417/STJ), afigura-se lícito ao credor recusar bens oferecidos à penhora que se revelarem de difícil alienação, isto porque a execução é feita no seu interesse, e não no do devedor. Precedentes.

2.2 Interpretação equivocada do comando legal estampado no artigo 655 do CPC. Tribunal de origem que assenta entendimento no sentido de que na ordem estabelecida na lei os bens imóveis antecedem os móveis, preterindo a penhora de gado livre e desembaraçado, de fácil adjudicação/arrematação em hasta pública. Utilização de simples conjecturas para fundamentar a suficiência do bem ofertado para garantia da execução.

2.3 Descumprimento, pelo executado, do comando legal do artigo 668 do CPC e ausência de demonstração cabal de que a substituição da penhora não traria prejuízos ao exequente. A penhora de 1/3 do imóvel rural gravado com seis hipotecas prejudica o direito do credor, pois os credores hipotecários possuem direito preferencial sobre o bem e, para a eventual satisfação da dívida, mostra-se imprescindível intentar procedimento de desmembramento.

3. Agravo regimental não provido.

(AgRg no REsp 1193714/MS, Rel. Ministro MARCO BUZZI, QUARTA TURMA, julgado em 08/10/2013, DJe 17/10/2013) URMA, julgado em 03/12/2013, DJe 10/12/2013).

Art. 848

As partes poderão requerer a substituição da penhora se:

I – ela não obedecer à ordem legal;

II – ela não incidir sobre os bens designados em lei, contrato ou ato judicial para o pagamento;

III – havendo bens no foro da execução, outros tiverem sido penhorados;

IV – havendo bens livres, ela tiver recaído sobre bens já penhorados ou objeto de gravame;

V – ela incidir sobre bens de baixa liquidez;

VI – fracassar a tentativa de alienação judicial do bem; ou

VII – o executado não indicar o valor dos bens ou omitir qualquer das indicações previstas em lei.

Parágrafo único. A penhora pode ser substituída por fiança bancária ou por seguro garantia judicial, em valor não inferior ao do débito constante da inicial, acrescido de trinta por cento.

Justificativas para substituição da penhora

O art. 847 do atual C.P.C., que também diz respeito à substituição da penhora, faz referência apenas ao executado.

Porém, o art. 848 do atual C.P.C. permite que o pedido de substituição da penhora possa ser formulado pelas partes, ou seja, pelo exequente e pelo executado.

O art. 656 do C.P.C. de 1973, na sua redação original, não falava em *substituição da penhora*, mas, sim, em *ineficácia da nomeação*. E isso se dava em face de que a prerrogativa de nomeação do bem à penhora era do executado.

Contudo, com a entrada em vigor da Lei 11.382, de 2006, nova redação foi dada ao art. 656 do C.P.C., desta vez para permitir a substituição do bem penhorado e não mais para declarar a ineficácia de sua nomeação.

Contudo, o juiz poderá declarar a ineficácia da nomeação, caso ela tenha sido feita pelo executado e tenha sido impugnada pelo exequente, ou, ainda, permitir a substituição de penhora já realizada se não observar os critérios estabelecidos no art. 848 do atual C.P.C.

São fundamentos ou justificativas para o pedido de substituição da penhora pelas partes:

I – Não obedecer à ordem legal.

A primeira circunstância que fundamenta o pedido de substituição da penhora é a não observância da ordem legal de penhora.

A ordem legal de penhora está prevista no art. 835 do atual C.P.C., que assim dispõe:

> *Art. 835. A penhora observará, preferencialmente, a seguinte ordem:*
> *I – dinheiro, em espécie ou em depósito ou aplicação em instituição financeira;*

II – títulos da dívida pública da União, dos Estados e do Distrito Federal com cotação em mercado;

III – títulos e valores mobiliários com cotação em mercado;

IV – veículos de via terrestre;

V – bens imóveis;

VI – bens móveis em geral;

VII – semoventes;

VIII – navios e aeronaves;

IX – ações e quotas de sociedades simples e empresárias;

X – percentual do faturamento de empresa devedora;

XI – pedras e metais preciosos;

XII – direitos aquisitivos derivados de promessa de compra e venda e de alienação fiduciária em garantia;

XIII – outros direitos.

Contudo, a ordem preferencial será sempre do dinheiro ou dos valores disponibilizados em aplicação em instituição financeira.

Se a penhora recair sobre quaisquer bens indicados nos incisos II a XIII, poderá o exequente requerer a sua substituição por dinheiro ou por eventuais valores existentes em aplicação financeira.

Aliás, sob a égide do C.P.C. de 1973, o S.T.J. já havia manifestado entendimento de que o pedido de substituição do bem penhorado poderia fundamentar-se tão-só na não observância da ordem legal de penhora. Nesse sentido são os seguintes precedentes:

1. A Primeira Seção desta Corte, ao julgar o REsp n. 1.184.765/PA, mediante o procedimento descrito no art. 543-C do CPC (recursos repetitivos) entendeu não ser mais necessário o prévio esgotamento de diligências para utilização da penhora eletrônica, segundo interpretação conjunta dos arts. 185-A do CTN, 11 da Lei n. 6.830/80 e 655 do CPC, desde que a decisão tenha sido proferida após a vigência da Lei n. 11.382/2006.

2. A jurisprudência desta Corte, ao aplicar o art. 656, do CPC às execuções fiscais, também chegou à conclusão de que a mera alegação de que o bem penhorado não obedece à ordem legal é suficiente à substituição da penhora. Precedente recurso representativo da controvérsia REsp. n. 1.090.898-SP, Primeira Seção, Rel. Min. Castro Meira, julgado em 12.08.2009.

3. Temas já julgados pelo regime instituído no art. 543 – C, do CPC no REsp 1.184.765/PA, Rel. Min. Luiz Fux, Primeira Seção, DJe de 3.12.2010; e no REsp. n. 1.090.898-SP, Primeira Seção, Rel. Min. Castro Meira, julgado em 12.08.2009.

4. Agravo regimental não provido com aplicação de multa, na forma do art. 557, §2º, do CPC.

(AgRg no REsp 1330332/MG, Rel. Ministro MAURO CAMPBELL MARQUES, SEGUNDA TURMA, julgado em 25/09/2012, DJe 28/09/2012)

1. "Indicado bem imóvel pelo devedor, mas detectada a existência de numerário em conta-corrente, preferencial na ordem legal de gradação, é possível ao juízo, nas peculiaridades da espécie, penhorar a importância em dinheiro, nos termos dos arts. 656, I, e 657 do CPC' (REsp nº 537.667/SP, Quarta Turma, Relator o Ministro Cesar Asfor Rocha, DJ de 09/02/2004) 2. Recurso especial a que se nega provimento.

(REsp 809.086/SP, Rel. Ministro TEORI ALBINO ZAVASCKI, PRIMEIRA TURMA, julgado em 21/03/2006, DJ 03/04/2006, p. 302)

1. O acórdão contém amplos e suficientes fundamentos no sentido de que o "posicionamento do Tribunal a quo guarda perfeita harmonia com o desta Corte, no sentido de que 'indicado bem imóvel pelo devedor, mas detectada a existência de numerário em conta-corrente, preferencial na ordem legal de gradação, é possível ao juízo, nas peculiaridades da espécie, penhorar a importância em dinheiro, nos termos dos arts. 656, I, e 657 do CPC' (REsp nº 537.667/SP, Quarta Turma, Relator o Ministro Cesar Asfor Rocha, DJ de 09/2/04). Ainda nesse sentido: REsp nº 509.762/SP, Quarta Turma, Relator o Ministro Aldir Passarinho Junior, DJ de 06/10/03 (...)". Os presentes embargos revelam mero caráter infringente, não estando presentes quaisquer das hipóteses do artigo 535 do Código de Processo Civil.

2. Embargos declaratórios rejeitados.

(EDcl no AgRg no Ag 556366/RJ, Rel. Ministro CARLOS ALBERTO MENEZES DIREITO, TERCEIRA TURMA, julgado em 13/09/2005, DJ 21/11/2005, p. 225).

Contudo, salvo em relação ao dinheiro e aos depósitos em aplicação financeira, a ordem legal de penhora estabelecida no art. 835 do atual C.P.C. não é absoluta, podendo ser alterada pelo juiz de acordo com as circunstâncias do caso concreto, conforme bem esclarece o §1º do art. 835 do atual C.P.C., a saber: *É prioritária a penhora em dinheiro, podendo o juiz, nas demais hipóteses, alterar a ordem prevista no caput de acordo com as circunstâncias do caso concreto.*

Muito embora a penhora possa não ter obedecido a ordem estabelecida nos incisos II a XIII do art. 835 do C.P.C., a substituição do bem penhorado somente será deferida pelo juiz se as circunstâncias do caso concreto assim recomendarem. Caso contrário, o pedido de substituição não será deferido. Nesse sentido já teve oportunidade de se manifestar o S.T.J.:

1. O credor, após aceitar a oferta do bem dado em garantia, poderá vir a recusá-lo, pedindo a sua substituição ou o reforço de penhora.

2. A ordem de nomeação, constante do art. 655, I, CPC embora seja taxativa, dispensa por parte do intérprete maior flexibilidade para se adaptar às circunstâncias fáticas.

3. Recurso especial parcialmente conhecido e, nessa parte, improvido.

(REsp 602382/MG, Rel. Ministra ELIANA CALMON, SEGUNDA TURMA, julgado em 22/03/2005, DJ 09/05/2005, p. 339)

II – não incidir sobre os bens designados em lei, contrato ou ato judicial para o pagamento.

Pode ocorrer que o bem já esteja designado por lei, contrato ou ato judicial para pagamento. Nessa hipótese, deverá a penhora incidir sobre o respectivo bem, pois sua designação é justamente para garantir o credor do adimplemento da obrigação.

A penhora deve recair, preferencialmente, sobre a coisa dada em garantia, conforme preconiza o *§ 3º do art. 835* do atual C.P.C.: *Na execução de crédito com garantia real, a penhora recairá sobre a coisa dada em garantia, e, se a coisa pertencer a terceiro garantidor, este também será intimado da penhora.*

Nesse sentido é o seguinte precedente do S.T.J.:

Penhora. Havendo bens gravados, para garantia do debito, sobre ele haverá de recair a penhora.

(MC .674/SP, Rel. Ministro EDUARDO RIBEIRO, TERCEIRA TURMA, julgado em 04/03/1997, DJ 14/04/1997, p. 12734)

O mesmo ocorre em relação à designação por ato judicial, como é o caso da denominada *hipoteca judicial*.

Assim, se a penhora não recair especificamente sobre o respectivo bem que garante o adimplemento da obrigação, poderão as partes requerer a sua substituição.

III – havendo bens no foro da execução, outros tiverem sido penhorados.

Outro fundamento importante para o deferimento de substituição da penhora mediante requerimento das partes é a existência de bens no foro da execução.

Sendo penhorado determinado bem que se encontra em outra localidade, cujos atos executivos deverão ser realizados por carta, a lei determina que se dê preferência aos bens que estão localizados no foro da execução, pela própria facilidade do trâmite dos atos executivos e pela possibilidade de o exequente poder melhor acompanhar o desenvolvimento da execução, com base no seu interesse.

Evidentemente, o juiz poderá avaliar se é justificável ou não a substituição, só pelo fato de existirem outros bens no foro da execução, pois pode ocorrer que a penhora de bens no foro da execução não atenda os interesses do exequente ou seja demasiadamente onerosa para o executado.

IV – havendo bens livres, tiver recaído sobre bens já penhorados ou objeto de gravame.

A penhora deverá recair preferencialmente sobre bens livres e desembaraçados e, especialmente, localizados no foro da execução.

Contudo, se a penhora incidir sobre bem já penhorado ou que contiver algum ônus, como, por exemplo, hipoteca, penhor ou anticrese, poderão as partes, especialmente o exequente, requerer a substituição da penhora, para que ela incida sobre bens livres e desembaraçados.

V – incidir sobre bens de baixa liquidez.

Por vezes a penhora poderá incidir sobre bens, especialmente bens móveis, que são de baixa liquidez, isto é, de difícil alienação, não despertando interesse para participação do certame de alienação.

Realizada a praça ou o leilão, não comparecendo licitantes, isso pode significar que o bem penhorado é de baixa liquidez. Nesse sentido já se manifestou o S.T.J.:

> *1. A Primeira Seção deste STJ pacificou o entendimento de que, não obstante a possibilidade de as debêntures da VALE serem nomeadas à penhora, em razão de sua baixa liquidez e difícil alienação, é válida a recusa do exequente.*
>
> *2. A decisão impugnada não afirmou a impossibilidade de penhora das debêntures emitidas pela Companhia Vale do Rio Doce ou que outros bens não possam ser ofertados pelo devedor, apenas que é justificada a recusa caso constatada a ausência de liquidez, a flagrante insuficiência face ao débito cobrado ou a existência de outros bens de mais fácil alienação.*
>
> *3. Agravo Regimental do executado desprovido.*
>
> (AgRg no Ag 1141435/SP, Rel. Ministro NAPOLEÃO NUNES MAIA FILHO, PRIMEIRA TURMA, julgado em 08/05/2012, DJe 11/05/2012)

> *1. Em que pese a possibilidade, em tese, de as debêntures da Eletrobrás serem nomeadas à penhora, a jurisprudência desta Corte entende que, em razão de sua baixa liquidez e difícil alienação, é válida a recusa do exequente, diante da ordem de preferência estipulada no art. 11 da Lei 6.830/80.*

2. Precedentes: AgRg no Ag 1.146.608/RS, Rel. Min. HAMILTON CARVALHIDO, DJe 17/9/2009; e EDcl no AgRg no REsp. 1.041.794/RS, Rel. Min. ELIANA CALMON, DJe 14/4/2009; AgRg no AREsp. 8.411/RS, REL. MIN. CESAR ASFOR ROCHA, DJE 16/11/2011; AgRg no Ag 1.361.974/RS, REL. MIN. BENEDITO GONÇALVES, DJE 11/02/2011, AgRg no REsp. 1.199.413/MG, Rel. Min. HUMBERTO MARTINS, DJe 25/10/2010.

3. Agravo Regimental da executada desprovido.

(AgRg no REsp 1281900/BA, Rel. Ministro NAPOLEÃO NUNES MAIA FILHO, PRIMEIRA TURMA, julgado em 14/02/2012, DJe 01/03/2012)

VI – fracassar a tentativa de alienação judicial do bem.

Normalmente fracassa-se a tentativa de alienação judicial do bem pela sua baixa *liquidez.*

Assim, se realizada praça ou leilão, mediante ampla divulgação do certame, sem participação efetiva de qualquer licitante, será legítimo às partes, especialmente ao exequente, requerer a substituição da penhora por outro bem que tenha maior liquidez e que desperte o interesse de possíveis licitantes.

Além do mais, a reiteração de alienação do bem que desperta pouco interesse somente agrava e onera ainda mais o executado, especialmente pela renovação de atos processuais que ensejam pagamento de novas despesas processuais, além de macular os princípios da celeridade e efetividade da tutela executiva.

VII – o executado não indicar o valor dos bens ou omitir qualquer das indicações previstas em lei.

É possível que o executado, ao ofertar determinado bem à penhora, deixe de indicar o seu valor, ou, ainda, omita qualquer das circunstâncias que deve indicar por determinação legal, como aquelas previstas no art. 847, §1º, a saber: I – comprovar as respectivas matrículas e os registros por certidão do correspondente ofício, quanto aos bens imóveis; II – descrever os bens móveis, com todas as suas propriedades e características, bem como o estado deles e o lugar onde se encontram; III – descrever os semoventes, com indicação de espécie, de número, de marca ou sinal e do local onde se encontram; IV – identificar os créditos, indicando quem seja o devedor, qual a origem da dívida, o título que a representa e a data do vencimento; e V – atribuir, em qualquer caso, valor aos bens indicados à penhora, além de especificar os ônus e os encargos a que estejam sujeitos.

Estabelece o *parágrafo único do art. 848* do atual C.P.C. que *a penhora pode ser substituída por fiança bancária ou seguro garantia judicial, em valor não inferior ao do débito constante da inicial, mais trinta por cento.*

O legislador dá uma especial atenção à fiança bancária e ao seguro garantia judicial, equiparando-os ao dinheiro.

Assim, se o executado pretender substituir o bem penhorado (salvo o dinheiro) pela fiança bancária ou pelo seguro garantia judicial, dificilmente o juiz irá se opor a essa substituição, principalmente por se tratar de garantia que irá atender aos efetivos interesses do exequente.

O S.T.J., pelo menos no âmbito da execução fiscal, tem admitido a substituição da penhora por fiança bancária, independentemente de manifestação prévia do exequente. Nesse sentido são os seguintes precedentes:

> *1. A substituição da penhora somente pode ser realizada sem anuência da parte exequente quando oferecido em substituição dinheiro ou fiança bancária, segundo o disposto no art. 15, I, da Lei 6.830/80.*
>
> *Oferecido bem imóvel pela parte executada, a substituição da penhora depende de anuência da Fazenda Pública, não obtida no caso.*
>
> *2. Agravo regimental não provido.*
>
> (AgRg no AREsp 12.394/RS, Rel. Ministro ARNALDO ESTEVES LIMA, PRIMEIRA TURMA, julgado em 04/10/2012, DJe 15/10/2012)

> *1. A substituição de penhora por outro bem que não dinheiro ou fiança bancária – no caso dos autos, imóvel – somente poderá ser feita com a anuência da Fazenda Pública, o que não ocorreu na espécie. Inteligência do art. 15, I, da Lei 6.830/1980.*
>
> *2. Orientação reafirmada pela Primeira Seção, no julgamento do REsp. 1.090.898/SP, submetido ao rito do art. 543-C do CPC, e na edição da Súmula 406/STJ.*
>
> *3. Os aclaratórios não constituem instrumento adequado para a rediscussão da matéria de mérito.*
>
> *4. Sob pena de invasão da competência do STF, descabe analisar questão constitucional em Recurso Especial, ainda que para viabilizar a interposição de Recurso Extraordinário.*
>
> *5. Embargos de Declaração rejeitados.*
>
> (EDcl no AgRg no AREsp 71.978/PI, Rel. Ministro HERMAN BENJAMIN, SEGUNDA TURMA, julgado em 04/10/2012, DJe 10/10/2012).

Poderá ainda o executado oferecer, em substituição ao bem penhorado, apólice de *seguro de garantia judicial*, obtida em seguradoras credenciadas pela SUSEP. Nessa hipótese, a seguradora responsabilizar-se-á integralmente pelo valor do débito, até o limite da apólice.

Sobre o seguro garantia judicial, eis o seguinte acórdão lavrado pela 1ª Câmara de Direito Privado do Tribunal de Justiça do Estado de São Paulo no Agravo de Instrumento n. 0021704-89.2011.8.26.0000, em 14.06.2011:

Rejeição de oferta de seguro garantia judicial. Penhora online sobre ativos financeiros da executada Inteligência do art. 656, § 2º do Código de Processo Civil. Princípio da menor onerosidade ao devedor. Existência de numerário disponível em conta corrente para penhora não induz à rejeição do oferecimento do seguro garantia. Paralisação de capital no montante de 14 milhões de reais causa severos prejuízos à atividade empresarial. Ausência de comprovado prejuízo ao credor. Decisão reformada Recurso provido.

Contudo, é importante salientar que o S.T.J., sob a égide do C.P.C. de 1973, entendia que o seguro garantia judicial não se equiparava à penhora em dinheiro, razão pela qual a preferência seria pela penhora via BACENJUD. Nesse sentido já se manifestou o S.T.J.:

1. O STJ possui entendimento no sentido de que o seguro garantia judicial, assim como a fiança bancária, não é equiparável ao depósito em dinheiro para fins de suspensão da exigibilidade do crédito tributário, nos termos do art. 151 do CTN.

2. A utilização do sistema Bacen Jud antes de entrar em vigor a Lei 11.382/2006 somente é admitida quando esgotados os meios necessários à localização de bens passíveis de penhora.

3. Se a decisão de 1º grau for posterior à vigência daquele regramento, mostra-se plenamente possível o bloqueio de ativos financeiros, sem estar condicionado à existência de outros bens passívcis dc constrição judicial.

4. Orientação reafirmada pela Corte Especial do STJ no julgamento do REsp. 1.112.943/MA, em 15.9.2010, sob o rito do art. 543-C do CPC.

5. Embargos de Declaração acolhidos sem efeito modificativo.

(EDcl no AgRg no REsp 1274750/SP, Rel. Ministro HERMAN BENJAMIN, SEGUNDA TURMA, julgado em 05/06/2012, DJe 26/06/2012)

1. A Primeira Seção, ao julgar o REsp 945.037/AM, decidiu pela impossibilidade de movimentação dos depósitos judiciais de tributos antes do trânsito em julgado do processo a que se encontram vinculados (DJe de 3.8.2009).

2. O seguro garantia judicial, assim como a fiança bancária, não é equiparável ao depósito em dinheiro para fins de suspensão da exigibilidade do crédito tributário, ante a taxatividade do art. 151 do CTN e o teor da Súmula 112/STJ. Nesse sentido: REsp 1.156.668/DF, 1ª Seção, Rel. Min. Luiz Fux, DJe de 10.12.2010, submetido ao regime do art. 543-C do CPC.

3. Como bem observou o juiz da primeira instância, revela-se inaplicável, in casu (para suspender a própria exigibilidade do crédito tributário), o disposto no § 2º do art. 656 do CPC, invocado para arrimar a pretensão de substituição do depósito em dinheiro por seguro garantia judicial, porquanto não se trata de simples requerimento de substituição de penhora nos autos de lide executiva, mas sim de pedido formulado em ação anulatória de débito fiscal.

Pelo mesmo motivo de não se tratar de processo de execução, é inaplicável ao caso o art. 620 do CPC.

4. Recurso especial não provido.

(REsp 1260192/ES, Rel. Ministro MAURO CAMPBELL MARQUES, SEGUNDA TURMA, julgado em 01/12/2011, DJe 09/12/2011)

É importante salientar que para o deferimento da substituição de penhora do bem pela fiança bancária ou pelo seguro de garantia judiciária, haverá necessidade que o valor a ser garantido corresponda ao total do crédito constante na inicial, acrescido de trinta por cento (30%) para garantir também a evolução temporal da dívida.

Art. 849

Sempre que ocorrer a substituição dos bens inicialmente penhorados, será lavrado novo termo.

Lavratura de novo termo de penhora

A redação inserida neste art.849 peca pela sua falta de sistematização.

Inicialmente, pode ocorrer que a penhora tenha sido realizada por auto de penhora lavrado por oficial de justiça e não por termo nos autos. Assim, se houver o deferimento de substituição de penhora, não haverá novo termo de penhora, mas, sim, a lavratura do primeiro termo de penhora.

Poderá ocorrer, também, que a substituição da penhora não se dê por termo nos autos, mas dependa a sua realização de ato a ser praticado pelo oficial de justiça. Pense-se na hipótese em que o credor indique, em substituição à penhora a ser realizada, uma grande máquina pesada que se encontra num determinado barracão do executado. Nessa hipótese, o juiz, ao deferir a substituição da penhora, determinará que o oficial de justiça realize a penhora mediante a lavratura do auto de penhora para que se indique a natureza, estado e valor do bem, a fim de que se possa resguardar futuro depositário do bem.

Art. 850

Será admitida a redução ou a ampliação da penhora, bem como sua transferência para outros bens, se, no curso do processo, o valor de mercado dos bens penhorados sofrer alteração significativa.

Redução ou ampliação de penhora

Se os bens penhorados forem manifestamente insuficientes para assegurar a execução, como, por exemplo, os juros, as custas e os honorários de advogado, pode o exequente requerer o reforço de penhora.

A insuficiência será demonstrada pela avaliação do bem.

Por outro lado, quando a penhora incidir sobre mais bens do que o necessário para assegurar a execução, haverá necessidade de sua redução.

Pode ocorrer, ainda, que no momento da realização da penhora o valor do bem penhorado fosse suficiente para o pagamento do principal, juros, custas e honorários de advogado. Porém, seja pelo prolongado tempo de tramitação do procedimento executivo, seja pelas conjunturas anormais de mercado, o valor do bem penhorado sofra alteração significativa, seja para mais ou para menos. Nessa hipótese, será admitida a redução ou ampliação da penhora, bem como sua transferência para outros bens.

É importante salientar que legislador não se satisfaz com qualquer alteração do valor do bem penhorado, o que de certa forma é normal durante o transcurso do processo, mas exige uma alteração *significativa* deste valor.

Assim, havendo uma alteração *significativa* do valor do bem, seja para mais ou para menos, permite-se ao exequente ou ao executado requerer a redução ou ampliação da penhora, se isso for possível em decorrência da existência de outros bens.

Se não houver outros bens, infelizmente a execução deverá prosseguir com o bem penhorado, independentemente da variação de seu valor no mercado.

Art. 851

Não se procede à segunda penhora, salvo se:

I – a primeira for anulada;

II – executados os bens, o produto da alienação não bastar para o pagamento do exequente;

III – o exequente desistir da primeira penhora, por serem litigiosos os bens ou por estarem submetidos a constrição judicial.

Realização da segunda penhora

Enquanto o art. 850 do atual C.P.C. trata do denominado reforço de penhora quando o valor do bem penhorado for significativamente modificado em razão das circunstâncias do mercado, este art. 851 do atual C.P.C. menciona a realização de uma segunda penhora em razão das circunstâncias nele enumeradas.

Trata-se da pluralidade sucessiva de penhoras.

De uma maneira geral, a penhora é única, pois há uma unidade material, sem embargo da pluralidade formal de autos de penhora, porque atinente ao cumprimento de ordem judicial única.[375]

Sendo concretizada a penhora em determinado processo, nele não será realizada segunda penhora, salvo nas hipóteses elencadas no art. 851 do atual C.P.C., a saber:

a) anulação da primeira penhora. Se a primeira penhora for anulada em razão da falta dos requisitos indispensáveis previstos em lei, ou porque o bem penhorado não poderia ser objeto de constrição, poderá ser realizada uma segunda penhora a fim de garantir o juízo. Se a anulação da primeira penhora deu-se por falta de algum requisito legal, nada impede que a segunda penhora incida sobre o próprio bem da primeira penhora.

b) executados os bens, o produto da alienação não bastar para o pagamento do exequente.

Se se verificar que a penhora de um bem não é suficiente para garantir o pagamento do crédito objeto da execução, poderá ser realizado de imediato o reforço da penhora até então existente. Essa insuficiência pode decorrer de qualquer causa, ou seja, pela penhora realizada de forma incompleta, por perecimento dos bens, ou pela perda, inclusive furto.

Por outro lado, se levado o bem penhorado à alienação e seu produto não bastar para o pagamento do credor, não será caso de reforço de penhora, mas, sim, de realização de segunda penhora sobre os bens do devedor. E essa possibilidade tem por finalidade atender ao princípio de que a execução deve realizar-se no interesse do exequente, não se exaurindo a tutela jurisdicional executiva enquanto o credor não ficar totalmente satisfeito de sua pretensão executiva.

Sobre o tema, eis os seguintes precedentes do S.T.J.:

> *1. Controverte-se a respeito de acórdão que deu provimento ao Agravo de Instrumento para reformar a decisão do juízo de primeiro grau, que determinava o reforço da penhora, para incluir, na carta de fiança bancária, os valores relativos aos honorários advocatícios fixados no despacho que recebeu a petição inicial da Execução Fiscal.*
>
> *2. Em redação literal, os arts. 8º e 9º da Lei 6.830/1980 prevêem que a garantia deve abranger o principal, a multa e os juros de mora e os demais encargos da CDA.*
>
> *3. Nas hipóteses em que o encargo legal envolve os honorários advocatícios (e.g., Decreto-Lei 1.025/1969) não haveria dúvida. No caso concreto, porém, a Execução*

[375] NEVES, Celso. *Comentários ao código de processo civil.* Rio de Janeiro: Forense, 1979. p. 74.

Fiscal foi ajuizada originalmente pelo INSS, circunstância em que os honorários não constam da CDA, dependendo do arbitramento judicial.

4. O Código de Processo Civil é aplicável subsidiariamente à Lei 6.830/1980 (conforme reconhecido em seu art. 1º).

5. Mediante interpretação sistemática e histórica, aliada ao propósito de assegurar maior agilidade na tramitação das Execuções Fiscais, é legítimo concluir que o disposto no art. 659 do CPC (segundo o qual a penhora deve compreender o principal atualizado, os juros, as custas e os honorários advocatícios), deve ser aplicado no âmbito das Execuções processadas no rito da LEF, de modo que a garantia judicial nelas prestada deve abranger os honorários advocatícios.

6. Recurso Especial provido.

(REsp 1409688/SP, Rel. Ministro HERMAN BENJAMIN, SEGUNDA TURMA, julgado em 11/02/2014, DJe 19/03/2014)

1. Este Superior Tribunal de Justiça possui entendimento no sentido de que não se pode extinguir os embargos à execução, face à insubsistência da garantia do juízo, sem antes intimar o embargante para que possa substituir o bem recusado por outro, ou para reforço de penhora insuficiente. (AgRg no REsp 477.452/MT, Rel. Ministro Luiz Fux, Primeira Turma,DJ 19/05/2003) 2. Agravo regimental a que se nega provimento.

(AgRg no REsp 1109989/SP, Rel. Ministro SÉRGIO KUKINA, PRIMEIRA TURMA, julgado em 26/11/2013, DJe 03/12/2013)

1. A Primeira Seção do Superior Tribunal de Justiça, no julgamento do REsp 1.184.765/PA, submetido ao rito dos recursos repetitivos (art. 543-C do CPC), ratificou a necessidade de interpretação sistemática dos artigos 655-A do CPC e 185-A do CTN, de modo a autorizar a penhora eletrônica de depósitos e aplicações financeiras, independentemente do exaurimento de diligências extrajudiciais, pelo exequente, após o advento da Lei 11.382/06.

2. Na espécie, a decisão foi proferida após o advento da Lei 11.382/2006, o que torna plenamente possível o bloqueio de ativos financeiros sem estar condicionado à existência de outros bens passíveis de constrição judicial.

3. Nos termos da jurisprudência do STJ, "o exequente tem direito ao reforço ou à substituição da penhora em qualquer fase do processo (art. 15, da LEF) para fazê-la obedecer à ordem legal estabelecida no art. 11, da LEF ou artigos 655 e 656 do CPC, irrelevante se foi anteriormente aceita, pois se trata de hipótese de substituição legalmente estabelecida" (REsp 1.302.228/BA, Rel. Ministro Mauro Campbell Marques, Segunda Turma, DJe 22.8.2012).

4. Assim, é possível a conversão da penhora em caução, possibilitando-se à Fazenda Pública recusar a indicação, substituição ou conversão do bem, com fundamento nos art. 655 do CPC e 11 da LEF.

5. Agravo Regimental não provido.

(AgRg no REsp 1379900/RS, Rel. Ministro HERMAN BENJAMIN, SEGUNDA TURMA, julgado em 08/10/2013, DJe 06/12/2013)

1. Não há falar em violação do art. 535, II, do Código de Processo Civil, pois o tribunal de origem dirimiu as questões pertinentes ao litígio, afigurando-se dispensável que venha examinar uma a uma as alegações e fundamentos expendidos pelas partes.

2. "Recaindo a discussão acerca do reforço da penhora e da sua alegada excessiva onerosidade no campo da prova, o reexame de tais controvérsias encontra o óbice da Súmula n. 7 do STJ, a impedir a sua apreciação na via especial." (REsp 264.186/SP, Rel. Ministro ALDIR PASSARINHO JUNIOR, QUARTA TURMA, julgado em 03/09/2002, DJ 17/03/2003) 3. Agravo regimental a que se nega provimento com aplicação de multa.

(AgRg no AREsp 42.220/PR, Rel. Ministro LUIS FELIPE SALOMÃO, QUARTA TURMA, julgado em 03/09/2013, DJe 09/09/2013).

c) exequente desistir da primeira penhora, por serem litigiosos os bens ou por estarem submetidos à constrição judicial.

Verificando o exequente que o bem penhorado é objeto de outro litígio, no qual se discute a propriedade do bem, como é a hipótese dos embargos de terceiro ou demanda reivindicatória, ou, ainda, que o bem penhorado é objeto de outra penhora, arresto, ou sequestro ou busca e apreensão judicial, poderá requerer a desistência da penhora.

Segundo Pontes de Miranda, *"se o exequente conhecia a litigiosidade, ou a constrição, e havia outros bens, não pode invocar o art. 667, III, do C.P.C. de 1973, embora, se for o caso, fundar o seu requerimento no art. 667, I ou II do C.P.C. de 1973"*.[376]

Se deferido o pedido do exequente, a penhora será declarada *ineficaz*, podendo ser realizada segunda penhora sobre bens livres e desembaraçados.

Art. 852

O juiz determinará a alienação antecipada dos bens penhorados quando:

[376] PONTES DE MIRANDA. *Comentários ao código de processo civil*. Tomo X. Rio de Janeiro: Forense, 1976. p. 283.

I – se tratar de veículos automotores, de pedras e metais preciosos e de outros bens móveis sujeitos à depreciação ou à deterioração;

II – houver manifesta vantagem.

Alienação antecipada dos bens penhorados

Geralmente os bens penhorados serão alienados na fase processual executiva oportuna.

Porém, podem surgir circunstâncias que justifiquem a alienação antecipada dos bens penhorados. Essas circunstâncias estão discriminadas no art. 852 do atual C.P.C.

Desta feita, em se tratando de veículos automotores, pedras e metais preciosos e de outros bens móveis sujeitos à depreciação ou deterioração, o juiz poderá determinar a alienação antecipada desses bens.

Evidentemente, a venda antecipada dos bens descritos no inc. I do art. 852 do atual C.P.C. somente terá justificativa na hipótese de eventual desvalorização dos bens ali indicados, seja pela conjuntura econômica, seja pelo seu desgaste natural no tempo.

Em relação às pedras e metais preciosos, não se justifica a venda antecipada se a conjuntura econômica demonstrar uma permanente valorização dos bens.

Da mesma forma, o juiz poderá determinar a alienação antecipada se houver manifesta vantagem na venda (inc. II do art. 852 do atual C.P.C.).

A vantagem manifesta na antecipação de venda deve ser verificada diante da posição do exequente e do executado. O exemplo típico dessa vantagem é a alienação das *comodities* e dos semoventes. Às vezes, o mercado internacional permite que esses produtos estejam muito valorizados, mas que a tendência é a sua desvalorização. Nessa hipótese, a alienação antecipada é de grande vantagem para o exequente e para o executado.

Assim, para o deferimento da alienação antecipada é preciso que um dos pressupostos do art. 852, I e II, do atual C.P.C. ocorra de forma bem concreta e definida.

O dispositivo permite que a alienação possa ser requerida pelas partes, mediante o devido contraditório, pelo depositário, ou ainda ser determinada de ofício pelo juiz. Se o juiz entender que há vantagem na venda antecipada do bem penhorado, deverá, antes de decidir a questão, ouvir o exequente e o executado.

A alienação antecipada poderá ser por licitação, se houver tempo para o leilão, ou, preferencialmente, por iniciativa particular.

No caso de *comodities*, a alienação poderá ser feita diretamente na Bolsa de Mercadoria e Futuros.

Art. 853

Quando uma das partes requerer alguma das medidas previstas nesta Subseção, o juiz ouvirá sempre a outra, no prazo de 3 (três) dias, antes de decidir.

Parágrafo único. O juiz decidirá de plano qualquer questão suscitada.

Do contraditório

Este dispositivo vem consagrar o princípio do contraditório e da bilateralidade da audiência.

Além do mais, conforme estabelece o art. 9º do atual C.P.C., não será proferida qualquer decisão contra uma das partes sem que esta seja previamente ouvida, salvo se se tratar de tutela provisória de urgência, tutela de evidência prevista no art. 311, incs. II e III ou concedida a fim de evitar o perecimento de direito.

Assim, se o juiz tiver que decidir qualquer requerimento sobre questão referente a esta subseção, deverá primeiramente ouvir a parte contrária no prazo de três dias, zelando pelo efetivo contraditório.

Por fim, preceitua o *parágrafo único do art. 853* do atual C.P.C. que o *juiz decidirá de plano qualquer questão suscitada*.

Esta determinação legal pode ser interpretada sob dois aspectos:

Em primeiro lugar, o juiz deverá decidir as questões suscitadas sobre a penhora logo após a manifestação das partes, ou seja, de imediato, especialmente nas hipóteses de requerimento de alienação antecipada de bens, pois o tempo é inimigo da efetividade da tutela jurisdicional.

Em segundo lugar, como a decisão deve ser de 'plano', não haverá possibilidade para instrução processual nos autos de execução, salvo a juntada de documentos.

SUBSEÇÃO V – Da Penhora de Dinheiro em Depósito ou em Aplicação Financeira

Art. 854

Para possibilitar a penhora de dinheiro em depósito ou em aplicação financeira, o juiz, a requerimento do exequente, sem dar ciência prévia do ato ao executado, determinará às instituições financeiras, por meio de sistema eletrônico gerido pela autoridade supervisora do sistema financeiro nacional, que torne indisponíveis ativos financeiros existentes em nome do executado, limitando-se a indisponibilidade ao valor indicado na execução.

§ 1º No prazo de 24 (vinte e quatro) horas a contar da resposta, de ofício, o juiz determinará o cancelamento de eventual indisponibilidade excessiva, o que deverá ser cumprido pela instituição financeira em igual prazo.

§ 2º Tornados indisponíveis os ativos financeiros do executado, este será intimado na pessoa de seu advogado ou, não o tendo, pessoalmente.

§ 3º Incumbe ao executado, no prazo de 5 (cinco) dias, comprovar que:

I – as quantias tornadas indisponíveis são impenhoráveis;

II – ainda remanesce indisponibilidade excessiva de ativos financeiros.

§ 4º Acolhida qualquer das arguições dos incisos I e II do § 3º, o juiz determinará o cancelamento de eventual indisponibilidade irregular ou excessiva, a ser cumprido pela instituição financeira em 24 (vinte e quatro) horas.

§ 5º Rejeitada ou não apresentada a manifestação do executado, converter-se-á a indisponibilidade em penhora, sem necessidade de lavratura de termo, devendo o juiz da execução determinar à instituição financeira depositária que, no prazo de 24 (vinte e quatro) horas, transfira o montante indisponível para conta vinculada ao juízo da execução.

§ 6º Realizado o pagamento da dívida por outro meio, o juiz determinará, imediatamente, por sistema eletrônico gerido pela autoridade supervisora do sistema financeiro nacional, a notificação da instituição financeira para que, em até 24 (vinte e quatro) horas, cancele a indisponibilidade.

§ 7º As transmissões das ordens de indisponibilidade, de seu cancelamento e de determinação de penhora previstas neste artigo far-se-ão por meio de sistema eletrônico gerido pela autoridade supervisora do sistema financeiro nacional.

§ 8º A instituição financeira será responsável pelos prejuízos causados ao executado em decorrência da indisponibilidade de ativos financeiros em valor superior ao indicado na execução ou pelo juiz, bem como na hipótese de não cancelamento da indisponibilidade no prazo de 24 (vinte e quatro) horas, quando assim determinar o juiz.

§ 9º Quando se tratar de execução contra partido político, o juiz, a requerimento do exequente, determinará às instituições financeiras, por meio de sistema eletrônico gerido por autoridade supervisora do sistema bancário, que tornem indisponíveis ativos financeiros somente em nome do órgão partidário que tenha contraído a dívida executada ou que tenha dado causa à violação de direito ou ao dano, ao qual cabe exclusivamente a responsabilidade pelos atos praticados, na forma da lei.

Penhora em dinheiro, depósito e aplicação financeira – procedimento e requisitos

A primeira questão que se observa neste dispositivo é que a penhora que demande quebra de sigilo bancário do executado não poderá ser decretada de ofício, mas, sim, somente mediante requerimento do exequente, sem dar ciência prévia do ato ao executado.

Atualmente a penhora em dinheiro depositado em instituições financeiras é feita, preferencialmente, pelo sistema de consulta conhecido como BACENJUD 2.0 – regulamentado pelo Banco Central do Brasil – no qual o juiz, mediante a utilização de uma senha de ingresso no sistema, faz a consulta de possíveis depósitos existentes em nome do executado em qualquer instituição financeira do país, depósitos esses que podem estar consignados em conta corrente, conta poupança ou em qualquer outra aplicação financeira.

Havendo depósito, o sistema automaticamente bloqueia as contas até o valor máximo estabelecido na requisição de bloqueio.

As ordens judiciais de bloqueio de valor têm como objetivo bloquear até o limite das importâncias especificadas e são cumpridas com observância dos saldos existentes em contas de depósitos à vista (contas correntes), de investimento e de poupança, depósitos a prazo, aplicações financeiras e demais ativos sob a administração e/ou custódia da instituição participante (art. 13 do Regulamento 2.0.). Essas ordens judiciais atingem o saldo credor inicial, livre e disponível, apurado no dia útil seguinte ao que o arquivo de remessa for disponibilizado às instituições responsáveis, sem considerar créditos posteriores ao cumprimento da ordem e, nos depósitos à vista, quaisquer limites de crédito (cheque especial, crédito rotativo, conta garantia etc. (§1º do art. 13 do Regulamento 2.0).

O Conselho Nacional de Justiça também baixou regulamentação sobre a penhora via BACENJUD, permitindo que pessoas físicas e jurídicas mantenham uma conta específica para efeito de penhora eletrônica. Essa regulamentação encontra-se prevista na Resolução n. 61, de 07 de outubro de 2008.

O §6º do art. 13 da Resolução BACENJUD 2.0 estabelece que o sistema BACENJUD 2.0 alerta o usuário sobre a existência de conta única para bloqueio cadastrada conforme Resolução n. 61 do Conselho Nacional de Justiça, de 7.10.2008, a ser utilizada para evitar múltiplos bloqueios.

Outro aspecto importante, é que a indisponibilidade realizada pelo sistema BACENJUD somente atinge os depósitos existente até a data em que for inserido no sistema o pedido de bloqueio, não abrangendo os demais depósitos realizados posteriormente. Nesse sentido estabelece o §1º do art. 13 da Resolução BACENJUD 2.0: *"Essas ordens judiciais atingem o saldo credor inicial, livre e disponível, apurado no dia útil seguinte ao que o arquivo de remessa for disponibilizado às instituições responsáveis, sem considerar créditos posteriores ao cumprimento da ordem e, nos depósitos à vista, quaisquer limites de crédito (cheque especial, crédito rotativo, conta garantia etc).* Daí porque a possibilidade de se renovar o pedido de indisponibilidade de valores, conforme estabelece o §2º do art. 13 do mesmo Regulamento: *"Cumprida a ordem judicial na forma do §1º e não atingido o limite da ordem de bloqueio inicial, caso necessário complementar o valor, o magistrado deverá expedir nova ordem de bloqueio".*

As instituições financeiras ficam dispensadas de efetivar o bloqueio quando o saldo consolidado for igual ou inferior a R$10,00 (dez reais).

Sobre o tema, eis o seguinte precedente do S.T.J.:

> *1. Após a edição da lei 11.382/2006, revela-se consolidado o entendimento jurisprudencial sobre a possibilidade de penhora de dinheiro em espécie ou em depósito e aplicação financeira mantida em instituição bancária, sem que isso implique em violação do princípio da menor onerosidade para o executado, previsto no art. 620 do CPC. Precedentes.*
>
> *2. A Corte Especial, no julgamento do REsp 1.112.943/MA, submetido ao regime do art. 543-C do CPC, confirmou o entendimento de que, após a vigência da Lei 11.382/2006, não se faz necessário o esgotamento das vias extrajudiciais dirigidas à localização de bens do devedor para o deferimento da penhora on line.*
>
> *3. Agravo regimental a que se nega provimento.*
>
> (AgRg no AREsp 315.017/SP, Rel. Ministro LUIS FELIPE SALOMÃO, QUARTA TURMA, julgado em 24/04/2014, DJe 30/04/2014).

Estabelece o *§1º do art. 854* do atual C.P.C. que *no prazo de 24 (vinte e quatro) horas a contar da resposta, de ofício, o juiz determinará o cancelamento de eventual indisponibilidade excessiva, o que deverá ser cumprido pela instituição financeira em igual prazo.*

O sistema eletrônico BACENJUD 2.0, ao ser ativado, poderá bloquear valores de diversas instituições financeiras ao mesmo tempo, até o limite do valor inserido na execução. Assim, pode acontecer que vários depósitos em instituições financeiras diversas possam ser realizados, ocorrendo excesso de penhora.

Por isso, o §6º do art. 13 da Resolução BACENJUD 2.0 estabelece que o sistema BACENJUD 2.0 deve alertar o usuário sobre a existência de conta única para bloqueio, cadastrada conforme Resolução n. 61 do Conselho Nacional de justiça, de 7.10.2008, a fim de se evitar múltiplos bloqueios. Daí a importância da pessoa física ou jurídica cadastrar uma conta única no sistema para efeito de bloqueio.

Não havendo a conta única cadastrada, e ocorrendo a penhora em diversas contas do executado, cuja soma possa ser superior ao valor da execução, deverá o juiz, no prazo de vinte e quatro horas a contar da resposta das instituições financeiras, determinar o cancelamento de eventual indisponibilidade excessiva, o que deverá ser cumprido pela instituição financeira em igual prazo.

Estabelece o *§2º do art. 854* do atual C.P.C. que *tornados indisponíveis os ativos financeiros do executado, este será intimado na pessoa de seu advogado ou, não o tendo, pessoalmente.*

Uma vez cumprida a ordem de indisponibilidade dos ativos financeiros do executado, este será intimado na pessoa de seu advogado ou, não o tendo, pessoalmente, para se manifestar sobre a indisponibilidade. Deve-se ressaltar que o prazo para a interposição dos embargos não corre a partir desta intimação, mas, sim, da citação do executado. Além do mais, os embargos podem ser interpostos independentemente de penhora ou da indisponibilidade do bem.

Também é importante ressaltar que enquanto os valores estiverem indisponíveis na instituição financeira, ainda não se efetivou a penhora desses valores, mas somente o bloqueio e sua indisponibilidade.

A penhora será concretizada com a transferência desses valores para depósito em conta judicial vinculada ao juízo da execução.

Preceitua o *§3º do art. 854* do atual C.P.C. que *incumbe ao executado, no prazo de 5 (cinco) dias, comprovar que: I – as quantias tornadas indisponíveis são impenhoráveis; II – ainda remanesce indisponibilidades excessiva de ativos financeiros.*

Uma vez intimado o executado sobre a indisponibilidade dos valores pelo sistema BACENJUD, poderá ele, no prazo de cinco dias, requerer o cancelamento da indisponibilidade, comprovando que os valores tornados indisponíveis são impenhoráveis ou, ainda, que houve excesso de indisponibilidade em ativos financeiros.

Um dos casos de indisponibilidade mais corriqueiro nessas operações é a incidência de indisponibilidade em depósito de caderneta de poupança igual ou inferior a quarenta salários mínimos ou em conta salário.

Prescreve o *§4º do art. 854* do C.P.C. que *acolhida qualquer das arguições dos incisos I e II do §3º, o juiz determinará o cancelamento de eventual indisponibilidade irregular ou excessiva, a ser cumprido pela instituição financeira em 24 (vinte e quatro) horas.*

Muito embora o executado deva responder com todos os seus bens para o cumprimento da obrigação, isso não significa que se possa penhorar bens além daqueles necessários para o pagamento do que é devido ao exequente, ou bens que sejam por lei impenhoráveis.

Por isso, se for acolhida a alegação do executado de que as quantias indisponibilizadas são impenhoráveis ou ainda que remanesce indisponibilidade excessiva de ativos financeiros, deve o juiz determinar o imediato cancelamento da indisponibilidade do valor, devendo essa ordem judicial ser cumprida pela instituição financeira no prazo de vinte e quatro horas, sob pena de a instituição responder por eventuais danos que essa indisponibilidade possa causar ao executado.

Estabelece o *§5º do art. 854* do atual C.P.C. que *rejeitada ou não apresentada a manifestação do executado, converter-se-á a indisponibilidade em penhora, sem necessidade de lavratura de termo, devendo o juiz da execução determinar à instituição financeira depositária que, no prazo de 24 (vinte e quatro) horas, transfira o montante indisponível para conta vinculada ao juízo da execução.*

Como já se teve oportunidade de afirmar, a indisponibilidade eletrônica de depósitos existentes em instituição financeira via BACENJUD não tem natureza de penhora.

A penhora em dinheiro somente se concretizará quando da conversão da indisponibilidade dos ativos financeiros em depósito judicial em conta vinculada ao juízo da execução.

Por isso, rejeitada ou não apresentada a manifestação do executado sobre a indisponibilidade ocorrida via BACENJUD, converter-se-á a indisponibilidade em penhora, independentemente de lavratura de termo nos autos.

O juiz da execução determinará à instituição financeira depositária que, no prazo de vinte e quatro horas, transfira o montante indisponível para conta vinculada ao juízo da execução.

A penhora se concretizará com o depósito dos valores em conta judicial vinculada ao processo.

Preceitua o *§6º do art. 854* do atual C.P.C. que *realizado o pagamento da dívida por outro meio, o juiz determinará, imediatamente, por sistema eletrônico gerido pela autoridade supervisora do sistema financeiro nacional, a notificação da instituição financeira para que, em 24 (vinte e quatro) horas, cancele a indisponibilidade.*

O objetivo primordial do procedimento executivo não é a penhora em si, mas o pagamento da obrigação representada em título executivo judicial ou extrajudicial.

Se o executado adiantar-se, cumprindo a obrigação, o juiz deverá de imediato determinar à autoridade supervisora do BACENJUD, via sistema eletrônico, que notifique a instituição financeira para que cancele a indisponibilidade, no prazo máximo de vinte e quatro horas.

É importante não confundir pagamento com o parcelamento da dívida, especialmente quando se tratar de crédito tributário.

Segundo o S.T.J., se o parcelamento, meio de suspensão do crédito tributário, ocorreu antes da decretação da indisponibilidade dos ativos financeiros, deverá ser levantada a indisponibilidade dos depósitos. Contudo, se o parcelamento ocorreu após a decretação de indisponibilidade, esta deverá permanecer até a quitação integral do crédito tributário. Nesse sentido é o seguinte precedente do S.T.J.:

> *(...).*
>
> *2. Esta Corte possui entendimento pacífico no sentido de que o parcelamento tributário possui o condão de suspender a exigibilidade do crédito, porém não tem o condão de desconstituir a garantia dada em juízo. Precedentes: AgRg no REsp 1249210/MG, Rel. Min. Humberto Martins, Segunda Turma, DJe de 24.6.2011; AgRg no REsp 1208264/MG, Rel. Min. Hamilton Carvalhido, Primeira Turma, DJe de 10.12.2010.*
>
> *3. Na espécie, o Tribunal de origem, apesar de reconhecer que o parcelamento tributário possui o condão de suspender o curso da execução, com a respectiva manutenção das garantias do crédito fiscal, concluiu pela impossibilidade da manutenção do bloqueio de valores do devedor por meio do Bacenjud, sob o fundamento de que "a onerosidade imposta ao executado revela-se intensa, pois, de modo diverso da penhora sobre bens corpóreos tais como imóveis e veículos, em que o devedor fica como depositário e continua com a posse do objeto corpóreo, os valores bloqueados tornam-se de imediato indisponíveis, privando-se o titular, na prática, de todos os direitos atinentes ao domínio" (e-STJ fl.. 177).*
>
> *4. Ocorre que "o art. 11, I, da Lei 11.941/2009 não prevê que a manutenção da garantia encontra-se vinculada a espécie de bem que representa a garantia prestada em Execução Fiscal. Dito de outro modo, seja qual for a modalidade de garantia, ela deverá ficar atrelada à Execução Fiscal, dependendo do resultado a ser obtido no parcelamento: em caso de quitação integral, haverá a posterior liberação; na hipótese de rescisão por inadimplência, a demanda retoma o seu curso, aproveitando-se a garantia prestada para fins de satisfação da pretensão da parte credora" (REsp 1.229.025/PR, Rel. Min. Herman Benjamin, Segunda Turma, julgado em 22.2.2011, DJe 16.3.2011).*
>
> *5. Recurso especial parcialmente provido.*
>
> (REsp 1229028/PR, Rel. Ministro MAURO CAMPBELL MARQUES, SEGUNDA TURMA, julgado em 11/10/2011, DJe 18/10/2011).

Estabelece o *§7º do art.* 854 do atual C.P.C. que *as transmissões das ordens de indisponibilidade, de seu cancelamento e de determinação de penhora previstas neste artigo far-se-ão por meio de sistema eletrônico gerido pela autoridade supervisora do sistema financeiro nacional.*

O Conselho Nacional de Justiça determinou que todos os juízes do país se cadastrem no sistema de penhora online – o BacenJud. Contra essa determinação, o juiz federal da 1ª Vara da Seção Judiciária de Pernambuco ingressou com mandado de segurança no Supremo Tribunal Federal. Para ele, a imposição do C.N.J macula a independência dos juízes. Ele argumenta que o CNJ não poderia alterar a regra do artigo 655-A, do Código de Processo Civil, de facultativa para obrigatória. O artigo diz que a autoridade supervisora do sistema bancário executará a penhora, preferencialmente por meio eletrônico. O Supremo Tribunal Federal, por sua vez, assim decidiu o *mandamus:*

> *I – O art. 103-B da Constituição da República, introduzido pela Emenda Constitucional n. 45/2004, dispõe que o Conselho Nacional de Justiça é órgão com atribuições exclusivamente administrativas e correcionais, ainda que, estruturalmente, integre o Poder Judiciário. II – No exercício de suas atribuições administrativas, encontra-se o poder de "expedir atos regulamentares". Esses, por sua vez, são atos de comando abstrato que dirigem aos seus destinatários comandos e obrigações, desde que inseridos na esfera de competência do órgão. III – O Conselho Nacional de Justiça pode, no lídimo exercício de suas funções, regulamentar condutas e impor a toda magistratura nacional o cumprimento de obrigações de essência puramente administrativa. IV – A determinação aos magistrados de inscrição em cadastros ou sítios eletrônicos, com finalidades estatística, fiscalizatória ou, então, de viabilizar a materialização de ato processual insere-se perfeitamente nessa competência regulamentar. V – Inexistência de violação à convicção dos magistrados, que remanescem absolutamente livres para determinar ou não a penhora de bens, decidir se essa penhora recairá sobre este ou aquele bem e, até mesmo, deliberar se a penhora de numerário se dará ou não por meio da ferramenta denominada "BACEN JUD". VI – A necessidade de prévio cadastramento é medida puramente administrativa que tem, justamente, o intuito de permitir ao Poder Judiciário as necessárias agilidade e efetividade na prática de ato processual, evitando, com isso, possível frustração dos objetivos pretendidos, dado que o tempo, no processo executivo, corre em desfavor do credor. VII – A "penhora on line" é instituto jurídico, enquanto "BACEN JUD" é mera ferramenta tendente a operacionalizá-la ou materializá-la, através da determinação de constrição incidente sobre dinheiro existente em conta-corrente bancária ou aplicação financeira em nome do devedor, tendente à satisfação da obrigação. VIII Ato administrativo que não exorbita, mas, ao contrário, insere-se nas funções que constitucionalmente foram atribuídas ao CNJ. IX – Segurança denegada.*

(MS 27621, Relator(a): Min. CÁRMEN LÚCIA, Relator(a) p/ Acórdão: Min. RICARDO LEWANDOWSKI, Tribunal Pleno, julgado em 07/12/2011, ACÓRDÃO ELETRÔNICO DJe-092 DIVULG 10-05-2012 PUBLIC 11-05-2012).

Prescreve o *§8º do art. 854* do atual C.P.C. que *a instituição financeira será responsável pelos prejuízos causados ao executado em decorrência da indisponibilidade de ativos financeiros em valor superior ao indicado na execução ou pelo juiz, bem como na hipótese de não cancelamento da indisponibilidade no prazo de 24 (vinte e quatro) horas, quando assim determinar o juiz.*

Este dispositivo estabelece as hipóteses em que a instituição financeira passa a responder por eventuais perdas e danos que possa causar ao executado, a saber: a) quando a instituição financeira bloquear valores acima ao indicado na execução ou pelo juiz; b) quando não efetuar o cancelamento da indisponibilidade no prazo de vinte e quatro horas, quando assim determinar o juiz.

No âmbito das perdas e danos incluem-se os danos morais.

Trata-se de uma responsabilidade objetiva, que independe de culpa da instituição financeira.

A responsabilidade da instituição financeira deverá ser apurada em autos apartados, justamente para não prejudicar o andamento do procedimento executivo.

Por fim, preconiza o *§9º do art. 854* do atual C.P.C. que *quando se tratar de execução contra partido político, o juiz, a requerimento do exequente, determinará às instituições financeiras, por meio de sistema eletrônico gerido por autoridade supervisora do sistema bancário, que torne indisponíveis ativos financeiros somente em nome do órgão partidário que tenha contraído a dívida executada ou que tenha dado causa à violação de direito ou ao dano, ao qual cabe exclusivamente a responsabilidade pelos atos praticados, na forma da lei.*

Segundo estabelece o art. 17 da Constituição Federal de 1988, é livre a criação, fusão, incorporação e extinção de partidos políticos, resguardados a soberania nacional, o regime democrático, o pluralismo, os direitos fundamentais da pessoa humana.

Os partidos políticos, após adquirirem personalidade jurídica, na forma da lei civil, registrarão seus estatutos no Tribunal Superior Eleitoral (§2º do art. 17 da C.F.).

O partido político é uma pessoa jurídica de direito privado, conforme estabelece o art. 1º da Lei n. 9.096/95.

Assim, sendo livre a criação de partidos políticos, estes órgãos poderão também realizar negócios jurídicos assim como assumir responsabilidades por atos ilícitos que possam vir a praticar.

Havendo o inadimplemento das obrigações assumidas pelos partidos políticos, ou, sendo cometido algum ato ilícito pela sua composição diretiva, poderá o partido ser sujeito passivo de um procedimento executivo decorrente de título executivo judicial ou extrajudicial.

Por isso, o §9º do art. 854 do C.P.C. permite, mediante requerimento do exequente, que eventuais depósitos em nome de órgão de partido político possam ser indisponibilizados e depois convertidos em penhora, mediante a utilização do sistema BACENJUD.

Contudo, a instituição financeira somente poderá bloquear os ativos financeiros em nome do órgão partidário que tenha contraída a dívida executada ou que tenha dado causa à violação de direito ou ao dano, pois somente a este órgão caberá exclusivamente a responsabilidade pelos atos praticados, na forma da lei.

Se o ato foi praticado por um diretório do partido político municipal, não poderão ser bloqueados valores do diretório estadual ou nacional. A mesma regra se encontra no art. 15-A da Lei 9.096/95, com a redação dada pela Lei 12.034, de 2009, a saber: *"A responsabilidade, inclusive civil e trabalhista, cabe exclusivamente ao órgão partidário municipal, estadual ou nacional que tiver dado causa ao não cumprimento da obrigação, à violação de direito, a dano a outrem ou a qualquer ato ilícito, excluída a solidariedade de outros órgãos de direção partidária"*.

Por outro lado, não é qualquer depósito em dinheiro em nome do partido político que poderá ser penhorado. Deve-se observar que o fundo partidário repassado ao partido político é *impenhorável*, conforme estabelece o art. 833, inc. XI, do atual C.P.C., *in verbis*:

> *Art. 831. São impenhoráveis:*
>
> *(...).*
>
> *XI – os recursos públicos do fundo partidário recebidos por partido político, nos termos da lei.*

Na verdade, a verba partidária repassada pela dotação orçamentária da União aos partidos políticos deve ser utilizada de acordo com o que dispõem as Leis n.s. 9.096/95 e 11.459/2007, a fim de promover a garantia Constitucional prevista no art. 17, §3º da C.F. de 1988.

SUBSEÇÃO VI – Da Penhora de Créditos

Art. 855

Quando recair em crédito do executado, enquanto não ocorrer a hipótese prevista no art. 856, considerar-se-á feita a penhora pela intimação:

I – ao terceiro devedor para que não pague ao executado, seu credor;

II – ao executado, credor do terceiro, para que não pratique ato de disposição do crédito.

Penhora de crédito do executado

Tendo em vista que todo o patrimônio do devedor responde pelas suas dívidas, nesse conceito de patrimônio abrange-se também todo complexo de direitos e ações presentes e futuros que pertençam ao devedor.

Esses direitos e ações, débito e crédito, podem ser objeto de penhora disciplinada de forma específica justamente pela sua particularidade.

Tratando-se de penhora de crédito pertencente ao executado, sua concretização será realizada, em regra, por oficial de justiça.

A penhora sobre crédito existe desde a época do direito Romano. Para se ter uma ideia, em Roma a penhora do crédito somente se perfectibilizava se houvesse a confissão do terceiro sobre a existência do crédito, o que não se exige mais no nosso ordenamento jurídico, pois, conforme estabelece o *caput* do art. 855 do atual C.P.C., mesmo que não haja confissão, a penhora será concretizada com a *intimação* do terceiro e do executado.

No direito italiano, em se tratando de penhora de crédito previsto nos incisos 3 e 4 do art. 545 do C.P.C. italiano (ou seja, créditos de relações de trabalho), o devedor e o terceiro são convocados para uma audiência, na qual este último compete reconhecer ou não sua dívida, ocorrendo a penhora somente após o término da audiência. Nesse sentido estabelece o art. 547 do Código de Processo Civil italiano: *"Com a declaração prestada em audiência, ou, nos casos previstos em lei, por meio de recomendação enviada ao credor precedente, o terceiro, pessoalmente ou por meio de procurador com poderes especiais, ou de defensor munido de procuração com poderes especiais, deve especificar quais coisas ou de quais somas é devedor ou que se encontra em sua posse, bem como, quando deve cumprir com o pagamento ou com a consignação do bem"*.

Complementa o art. 548 do Código de Processo Civil italiano: *"Se o terceiro não comparece à audiência designada, ou, comparecendo, recusa fazer a declaração, ou, se em torno a essa surge contestações, o juiz, a pedido da parte, procede à instrução da causa, nos termos do livro segundo. Se o terceiro não faz a declaração, nem mesmo no curso do juízo de primeiro grau, pode ser aplicada em relação a ele as disposições do art. 232, inc. I".*

No processo civil brasileiro, o juiz somente marcará audiência na hipótese do §4º do art. 856 do atual C.P.C.

Deve-se diferenciar a penhora de crédito de eventual penhora de dinheiro que se encontre depositado ou sob a guarda de terceiro. Assim, se o devedor entrega ao banco determinada quantia em dinheiro para que seja depositada num cofre, a penhora não será de crédito, mas poderá ser realizada sobre o próprio dinheiro.

Deve-se ressaltar que a penhora junto ao terceiro submete-se aos mesmos critérios e requisitos que a penhora realizada perante o executado.

Também se deve ressaltar que o terceiro, ainda que se envolvendo em procedimento executivo alheio, não deixa de ser terceiro, tendo em vista que a sua relação jurídica material dá-se apenas com uma das partes do procedimento executivo, qual seja, o executado. Mas a sua participação na relação jurídica processual decorre, especialmente, do dever de colaboraçao que todos devem demonstrar perante o órgão judiciário.

Conforme afirma Comoglio, Ferri e Taruffo, *"é necessário todavia esclarecer que a expropriação do crédito não se realiza 'contra' o terceiro, mas em relação ao devedor executado, direto responsável; ao terceiro é solicitado para cooperar e colaborar no acertamento da existência do bem ou do crédito, no patrimônio do próprio executado..."*.[377]

Na maioria das vezes, a penhora que se realiza perante terceiro diz respeito a eventual crédito que o executado possua com este, não sendo, porém, possível a apreensão do bem, pela imaterialidade do direito.[378] Daí porque a necessidade de uma forma adequada e específica à penhora de bens imateriais.

Por isso a penhora de crédito que o executado possua perante terceiro, em comparação com os outros procedimentos de penhora, apresenta exigências particulares: há necessidade de se impedir que o terceiro realize atos que, em outra circunstância, seriam legítimos e devidos, como os atos praticados diretamente em favor do devedor/executado. Há necessidade, em outras palavras, de incidir diretamente sobre a situação jurídica do terceiro, impedindo-o e ao mesmo tempo legitimando-o a abster-se de praticar o comportamento devido.[379]

[377] Comoglio, Luigi Paolo.; Ferri, Corrado; Taruffo, Michele. *Lezioni sul processo civile.* Vol. II. Procedimenti speciali, cautelari ed esecutivi. Bologna: Il Mulino, 2011. p. 406.

[378] Pontes de Miranda. *Comentário ao código de processo civil.* Tomo X. Rio de Janeiro: Forense, 1976. p. 298 e 299.

[379] Comoglio, L. P.; Ferri, C.; Taruffo, M., op. cit., p. 406.

A penhora no âmbito de relação jurídica de terceiro apresenta-se pois como um ato complexo, do qual são destinatários tanto o executado/credor quanto o terceiro/devedor.

Não é, todavia, qualquer crédito que possa ser objeto de penhora. Há créditos, como o crédito alimentício, que são impenhoráveis, salvo se a execução disser respeito também a crédito alimentar.

Observa-se que o art. 855 do atual C.P.C. faz referência expressa ao art. 856 do atual C.P.C., o que significa dizer que a penhora de crédito representado por letra de câmbio, nota promissória, duplicata, cheque ou outro título equivalente far-se-á pela intimação do terceiro/devedor, quando não houver a apreensão efetiva do documento, esteja ou não este em poder do executado. Assim, a penhora será considerada realizada pela intimação: a) do terceiro/devedor para que não pague ao seu credor/executado, ou seja, será notificada ao devedor do executado, ou; b) do credor do terceiro (executado) para que não pratique ato de disposição do crédito.

Portanto, tratando-se de crédito do devedor/executado, basta, para a concretização da penhora, a intimação do executado para que não disponha do seu crédito e do devedor do executado para que não pague o valor da dívida ao seu credor. Realizadas essas intimações, automaticamente o devedor do executado estará vinculado à oportuna exibição, em juízo, do valor da dívida que, ocorrendo, opera a substituição objetiva da penhora, aperfeiçoada pelo depósito da respectiva importância, sobre o qual passará a correr a execução.[380]

Contudo, enquanto não houver a intimação, o executado poderá dispor do crédito, assim como poderá o devedor pagar ao seu credor sem sofrer outras consequências jurídicas.

O crédito, uma vez penhorado, não pode mais ser transferido pelo credor que tiver conhecimento da penhora; mas o devedor que o pagar, não tendo sido notificado da penhora, fica exonerado, subsistindo somente contra o credor os direitos de terceiro, conforme estabelece o art. 298 do C.c.b.

Mesmo no direito italiano, em que há, em relação a alguns créditos, a necessidade de audiência para formulação de declaração por parte do terceiro, a opinião prevalente da doutrina e unânime da jurisprudência é de que a notificação do credor serra o momento determinante para verificar-se os efeitos do ato de penhora, e isso ainda que a fattispécie não seja completa. Além do mais, *"todo fato extintivo do crédito penhorado (pagamento, remissão, novação, compensação volun-*

[380] Neves, Celso. *Comentários ao código de processo civil.* Rio de Janeiro: Forense, 1979. p. 83.

tária ou legal etc) será inoperante em prejuízo dos credores quando seja posterior à notificação do ato ao terceiro".[381]

A principal consequência das aludidas intimações é que tanto o ato de pagamento do terceiro/devedor, quanto o ato de disposição do executado/credor serão totalmente ineficazes em relação ao exequente, considerando-se o pagamento e eventual quitação como incursos na *fraude à execução*. Isso significa que a penhora do crédito não o torna indisponível, no plano material, mas torna ineficaz, no plano processual, eventual disposição indevida.

Portanto, *"o devedor do executado que, depois de intimado, a ele paga sua dívida, não se exonera da responsabilidade processual que lhe decorre da intimação recebida, continuando vinculado ao dever de exibir, no vencimento, o respectivo montante em Juízo. Mas fica exonerado da dívida e da sua responsabilidade processual, se o seu credor-executado paga ao exequente o crédito executoriamente demandado, pondo termo final ao processo executório em que ocorreu a penhora"*.[382]

Art. 856

A penhora de crédito representado por letra de câmbio, nota promissória, duplicata, cheque ou outros títulos far-se-á pela apreensão do documento, esteja ou não este em poder do executado.

§ 1º Se o título não for apreendido, mas o terceiro confessar a dívida, será este tido como depositário da importância.

§ 2º O terceiro só se exonerará da obrigação depositando em juízo a importância da dívida.

§ 3º Se o terceiro negar o débito em conluio com o executado, a quitação que este lhe der caracterizará fraude à execução.

§ 4º A requerimento do exequente, o juiz determinará o comparecimento, em audiência especialmente designada, do executado e do terceiro, a fim de lhes tomar os depoimentos.

Penhora de crédito representado por título de crédito

O crédito, em si, é um bem imaterial, mas que em determinada circunstância pode ser materializado num documento, especialmente em títulos de crédito como a letra de câmbio, a nota promissória, a duplicata, o cheque ou outros títu-

[381] Comoglio, L. P.; Ferri, C.; Taruffo, M., op. cit., p. 409.
[382] Neves, C., op. cit., p. 84.

los legais, como, por exemplo, cédula de crédito comercial, rural ou industrial, debênture etc.

Os créditos representados por esses títulos poderão ser penhorados com a apreensão do próprio título, esteja ele onde estiver, com o devedor ou com terceiro. Nessa hipótese, de nada valerá a negativa do terceiro quanto à existência do crédito.

Muito embora a penhora de crédito representado por um título seja concretizada com a apreensão do próprio título, o certo é que o legislador, antes mesmo da apreensão, permitiu que a penhora se realizasse através das intimações previstas no art. 855 do atual C.P.C., a saber: I – do terceiro/devedor para que não pague ao seu credor/executado; II – ao executado/credor para que não pratique ato de disposição do crédito.

Apreendido o título, poderá ficar depositado na secretária do juízo ou com outro depositário a ser nomeado pelo juízo da execução.

Ainda sobre a questão da penhora de crédito, há a denominada penhora *de mão própria*. Essa hipótese ocorre quando o executado detém um crédito contra o próprio exequente. Exemplo: 'A' executa 'B' e pede que seja penhorado o crédito de 'B' contra ele, 'A'. Segundo Pontes de Miranda, há três atitudes na doutrina quanto à penhora de *mão própria*: *"a) A atitude negativa (tese) exagerou a função da compensação que seria o instituto adequado, enquanto a penhora ou o arresto poderia incidir, nulamente, em créditos compensados 'ope legis'; b) a atitude positiva (antítese) não viu inconvenientes, ainda nos casos de compensação 'ope legis', e a letra da lei permite a penhora (art. 673 do C.P.C. de 1973) e, pois, o arresto de dívidas ativas do devedor executado. Ora, a dívida do credor exequente é dívida ativa (crédito) do devedor executado; c) se o crédito se compensou, o juiz não pode repelir, desde logo, o pedido de penhora ou de arresto, porque o pedido é a favor do executado, que assim se livra de ter outros bens penhorados ou arrestados".*[383]

Estabelece o *§1º do art. 854* do atual C.P.C. que *se o título não for apreendido, mas o terceiro confessar a dívida, será este tido como depositário da importância.*

Os §§ 1º a 4º do art. 856 do atual C.P.C. regulam, em razão das contingências que possam advir, o incidente de declaração da existência do crédito, seja daqueles representados por títulos não apreendidos, seja daqueles incorpóreos e, nada obstante, penhoráveis na forma do art. 855, enquanto não ocorrida a hipótese do art. 856, isto é, enquanto não realizada a declaração incidental.[384]

É possível que se saiba da existência de crédito do executado em relação a terceiro, contudo não é possível localizar o título correspondente, especial-

[383] Pontes de Miranda, op. cit., p. 306 e 307.
[384] Assis, A., op. cit., p. 652.

mente pelo fato de que normalmente esta espécie de título fica na posse do executado/credor. Em razão dessa contingência, ou seja, de o título não poder ser apreendido, valerá, para efeitos de penhora, a confissão expressa da existência da dívida pelo terceiro/devedor. Essa confissão deverá ser por escrito, podendo constar do auto de penhora a ser lavrado pelo oficial de justiça, devendo este auto também ser assinado pelo terceiro que confessou a dívida.

A confissão do terceiro, na hipótese de ser nomeado como depositário, *é comunicação de conhecimento* de parte, e não comunicação de vontade, nem, ainda, declaração de vontade.[385]

Indaga-se se o terceiro, após realizada a confissão expressa, poderá se retratar. Pode ser invalidada, desde que o terceiro, mediante demanda própria, comprove que a fez por erro, dolo, coação, estado de perigo e de lesão, no prazo de quatro anos, conforme estabelece o art. 178 do C.c.b.

O terceiro também deverá comunicar ao juízo da execução se o seu crédito já foi anteriormente penhorado ou por qualquer forma já foi declarado extinto.

Estabelece o *§2º do art. 856* do atual C.P.C. que *o terceiro só se exonerará da obrigação depositando em juízo a importância da dívida.*

Uma vez confessada a dívida, o terceiro será declarado *depositário* da importância devida, nos termos do *§1º do art. 856* do atual C.P.C.

Evidentemente, o fato de o terceiro ser havido como depositário da dívida não significa que houve alteração da natureza da relação jurídica de direito material que estabeleceu com o seu credor. Por isso, o terceiro somente estará obrigado a quitar o crédito mediante a apresentação do próprio título, especialmente quando este título, por ser ao portador, possa ser transmitido a outrem. Por outro lado, uma vez apresentado o título ao terceiro devedor, este deverá imediatamente depositar o valor em conta judicial vinculada ao juízo executivo, sob pena de sofrer as sanções processuais e civis de *depositário infiel.*

Se após a nomeação do terceiro devedor como depositário fiel, este ainda assim efetuar o pagamento do débito ao credor/executado, referido pagamento será realizado em fraude à execução.

Apresentado o título para pagamento, ou sendo possível quitar o débito mediante outra forma de pagamento, o terceiro somente se exonerará da obrigação depositando em juízo a importância da dívida.

O terceiro também poderá consignar a prestação no juízo da execução, requerendo, contudo, o não repasse do valor a quem de direito, uma vez que irá

[385] Pontes de Miranda, op. cit., p. 302.

ingressar com demanda própria para anular o débito originário ou para arguir exceções em face do seu credor.

Assim, conforme ensina Pontes de Miranda: *"Se o terceiro negar que deve o dinheiro, ou (a) o faz porque tem provas, ou (b) porque 'pagou' e lhe falta a prova, ou (c) nega sem ser verdade, sem ou em conluio com o executado. No caso (a), ao que alega contra o terceiro incumbe o ônus da prova; feita ela, ao terceiro, – o de provar a sua afirmação. No caso (b), só a sentença declaratória pode ir em seu auxílio, se o que alegou a existência de dinheiro fez prova; ou a sentença, na ação que se houver contra ele. No primeiro caso (c), executado e exequente são litisconsortes na ação contra o terceiro (o exequente é litisconsorte voluntário). No segundo caso (c), a situação do terceiro e a do executado podem ser a de réus em fraude contra credor. A quitação e qualquer ato entre os dois não podem, então, ser opostos 'ao exequente"*.[386]

Prescreve o *§3º do art. 856* do atual C.P.C. que *se o terceiro negar o débito em conluio com o executado, a quitação que este lhe der caracterizará fraude à execução.*

Conforme estabelece o art. 792, inc. V, do atual C.P.C., considera-se em fraude à execução outras hipóteses especificadas em lei.

E o §3º do art. 856 do atual C.P.C. prevê uma nova hipótese de fraude à execução, isto é, quando o terceiro negar o débito em conluio com o executado, ao invés de confessar a existência da dívida.

Por isso, havendo fraude, eventual quitação que o terceiro receber do executado/credor não terá eficácia perante o exequente, pois foi realizada *em fraude à execução*, o que significa dizer que o crédito continua em aberto, ou seja, sem pagamento.

Este dispositivo é a representação normativa da máxima: *"quem paga mal, paga duas vezes"*.

Prescreve o *§4º do art. 856* do atual C.P.C. que a *requerimento do exequente, o juiz determinará o comparecimento, em audiência especialmente designada, do executado e do terceiro, a fim de lhes tomar os depoimentos.*

Para Araken de Assis, não só o exequente poderá requerer a designação da audiência prevista no §4º do art. 856 do atual C.P.C., mas também o *debitor debitoris* (terceiro), uma vez que se encontrando legitimado inclusive para ingressar com embargos de terceiro, também lhe assiste igual direito à instauração do incidente.[387]

Se a dúvida sobre a existência ou não do crédito do executado para com o terceiro devedor persistir, ou sobre o próprio objeto do crédito, poderá o juiz, a qualquer momento do procedimento executivo, mediante requerimento do

[386] Pontes de Miranda, idem, p. 304.

[387] Assis, A., op. cit., p. 659.

exequente ou do terceiro, determinar o comparecimento em audiência especialmente designada do devedor e do terceiro, a fim de lhes tomar os depoimentos, sempre no intuito de esclarecer sobre a existência ou não do crédito.

Na audiência designada, os sujeitos processuais terão ampla oportunidade de defesa e contraditório para demonstrar a existência ou não do crédito alegado nos autos de execução.

De início, como não houve confissão do terceiro/devedor, nem a apreensão do título, competirá ao exequente comprovar a existência do crédito.

Assim, se o devedor/terceiro comparecer à audiência negando a existência do crédito, deverá o órgão *"aquilatar a verossimilhança das alegações do terceiro"*. Diante dessa análise, o juiz manterá ou não a penhora já iniciada com a intimação do terceiro.[388]

No ordenamento jurídico italiano, se o terceiro comparece a audiência, mas se abstém de prestar declaração, ou se sobre a declaração prestada surge contestação, a solicitação de cooperação a ele formulada não tem êxito positivo, verificando-se, portanto, as seguintes hipóteses: a) se o terceiro faz uma declaração negativa sem contestações, a execução se conclui negativamente porque fica sem objeto; b) se, ao invés, a declaração é positiva e não surgem contestações, determina-se o bem e torna-se individuado o objeto da execução forçada e se perfectibilizam os efeitos da penhora; c) se surgem contestações, se abre a possibilidade de um *accertamento giudiziale* para verificar a existência ou não da "obrigação" do terceiro: é um verdadeiro e próprio juízo de cognição que se insere como incidental no procedimento executivo. É, na realidade, o que dispõe o art. 548 do C.P.C. italiano, quando no caso de falta ou quando da existência de contestação da declaração do terceiro, o 'juiz, mediante pedido da parte, provê a instrução da causa com base no Livro II'.[389]

Para o C.P.C. português, art. 775º, se o devedor contestar a existência do crédito, serão notificados o exequente e o executado para se pronunciarem, no prazo de 10 dias, devendo o exequente declarar se mantém a penhora ou desiste dela. Se o exequente mantiver a penhora, o crédito passa a ser considerado litigioso e como tal será adjudicado ou transmitido.

[388] Baptista da Silva, Ovídio A. *Doutrina e prática do arresto ou embargo.* Rio de Janeiro: Forense, 1976. §21, p. 101.
[389] Comoglio, L. P.; Ferri, C.; Taruffo, M., op.cit. p. 408.

Art. 857

Feita a penhora em direito e ação do executado, e não tendo ele oferecido embargos ou sendo estes rejeitados, o exequente ficará sub-rogado nos direitos do executado até a concorrência do seu crédito.

§ 1º O exequente pode preferir, em vez da sub-rogação, a alienação judicial do direito penhorado, caso em que declarará sua vontade no prazo de 10 (dez) dias contado da realização da penhora.

§ 2º A sub-rogação não impede o sub-rogado, se não receber o crédito do executado, de prosseguir na execução, nos mesmos autos, penhorando outros bens.

Sub-rogação do direito de crédito pelo exequente

Este dispositivo trata da penhora sobre direitos e ações ou pretensões de direito material e processual do executado.

A fonte dessa regra advém do Decreto n. 3.084, de 5 de novembro de 1898, Parte III, art. 537: *"É permitido ao credor exequente requerer que lhe fique salvo o direito de executar diretamente os devedores do executado por meio das ações competentes, nas quais ficará sub-rogado, ou que os direitos e as ações do mesmo executado, que forem penhorados, sejam avaliados e arrematados para pagamento da execução"*.

Pense-se na hipótese de penhora de título de crédito (nota promissória, duplica, cheque etc) do executado.

Na hipótese de se vencer o título de crédito e o terceiro não efetuar o pagamento, poderá o exequente sub-rogar-se nesse direito de crédito e nas demandas dele decorrentes, até a concorrência de seu crédito.

O exequente poderá, portanto, promover a execução de título executivo extrajudicial para haver o crédito/direito que lhe fora sub-rogado.

A sub-rogação estabelecida no art. 857 do atual C.P.C. é automática em prol do exequente, isto é, se feita a penhora em direito e ação do executado, e não tendo este oferecido embargos ou sendo estes rejeitados, o exequente ficará *sub-rogado* nos direitos do devedor até a concorrência do seu crédito. Se o exequente não desejar a sub-rogação do direito ou das ações, deverá demonstrar essa manifestação de vontade ao juízo da execução.

Assim, com a sub-rogação, *"transfere-se ao novo credor todos os direitos, ações, privilégios e garantias do primitivo, em relação à dívida, contra o devedor principal e fiadores"*. (Art. 349 do C.c.b.).

Aceitando o exequente a sub-rogação do direito ou das ações, também poderá ser responsabilizado se por culpa ou dolo, ação ou omissão, deixar de receber ou cobrar o valor representativo do direito ou da pretensão.

Pontes de Miranda, comentando o art. 673 do C.P.C. de 1973, o qual apresentava a mesma redação do art. 857 do atual C.P.C., assim se manifestou sobre a questão da sub-rogação: *"A verdadeira construção é a seguinte: quando o credor o requerer ou entender de cobrar a dívida ainda não cobrada, pode cobrá-la, tendo-se, então, como sub-rogado, e prestando contas oportunamente, inclusive respondendo pelo bom desempenho da sua procura processual (não mandato!); se não quer cobrar, responde pelo que possa ocorrer, se se opõe a que o executado a cobre; se já foi 'avaliada', a sub-rogação é pelo valor que se atribuiu à pretensão ou ação. Se ao exequente foi adjudicada toda ou parte da dívida, deu-se a substituição por força da adjudicação e, pois, a sub-rogação, sem mais responsabilidade. O valor do art. 673, como o do art. 12 do Decreto n. 9.549, é o de pré-equiparar a essa adjudicação a sub-rogação requerida, ou exercida, 'depois da avaliação'. Antes da avaliação, a sub-rogação requerida é completa, pelo que está no título de dívida, ou exercida, é com a responsabilidade do credor exequente. Tal como previam algumas leis processuais locais: 'prestando oportunamente contas'"*.[390]

Se, porém, a demanda executiva já tiver sido proposta contra o terceiro devedor inadimplente, a penhora deverá ser realizada *no rosto dos autos*, não se estabelecendo a sucessão subjetiva em razão da sub-rogação. Segundo Pontes de Miranda, essa sucessão poderá ocorrer, *"salvo se, 'avaliada', o credor requerer, ou se apresentar no juízo da ação como sucessor (sub-rogado). 'Alieter', se se satisfaz com o litisconsórcio ou a intervenção litisconsorcial. Dentro dos princípios, é assim que se há de entender o art. 673 do C.P.C. de 1973"*.[391]

Há na doutrina uma discussão sobre a natureza jurídica dessa sub-rogação. Seria ela uma arrematação de *real a real*, uma *adjudicação, uma novação?*

Para Celso Neves, a hipótese é de *adjudicação* ao exequente, *pro solvendo*, do direito e ação do executado que não embargou a penhora, até a ocorrência do crédito executado. Trata-se de uma substituição subjetiva coacta que concede ao exequente adjudicatário, sub-rogado, diz o Código, as vias de cobrança adequadas à efetivação do direito e ação em que se vê investido.[392]

De plano Pontes de Miranda descarta a adjudicação de *real a real*, ou seja, imputação de pagamento do que for sendo cobrado, pois nunca houve adjudicação de *real a real*. Houve, sim, arrematação, com a particularidade de, com essa arrematação, se entregar o ramo, sem se dar 'remate' ao feito executivo.[393]

Não se observa, também, nessa sub-rogação qualquer modalidade de novação, pois não se trata de uma substituição subjetiva advinda de direito material,

[390] Pontes de Miranda, op. cit., *p. 311.*

[391] Pontes de Miranda, idem, p. 311.

[392] Neves, C., op. cit., p. 88.

[393] Pontes de Miranda, op. cit., p. 313.

mas, sim, de substituição subjetiva do direito ou ação decorrente de norma de direito processual.

Na verdade, como a sub-rogação somente se opera após transcorrido o prazo de embargos ou para impugnação da penhora do crédito, isso se dá no momento processual do pagamento do crédito. Contudo, esse pagamento está sujeito a uma cláusula suspensiva, ou seja, o pagamento está suspenso até que exequente efetivamente receba aquilo que é objeto do direito ou da pretensão até então pertencente ao executado.

Se o exequente, sub-rogado, não conseguir receber o objeto da sub-rogação, seja porque houve a decadência do direito ou a prescrição da pretensão, seja porque o terceiro devedor não possui bens para satisfazer a obrigação, poderá o exequente requerer o prosseguimento da execução, requerendo a penhora em outros bens do executado. Não se diga que houve adjudicação, pois somente houve sub-rogação processual condicional.

Assim, se o exequente executa o credor do seu devedor, esse fato ressalta: *"o exequente é titular de relação jurídica processual, e não é o titular de relação de direito material, 'salvo se a sucessão se deu no terreno do direito material. Não nos esqueça que o art. 673 tem como fim político a execução do devedor, cujo crédito se penhorou, e não a execução do devedor do executado"*.[394]

Estabelece o *§1º do art. 857* do atual C.P.C. que *o exequente pode preferir, em vez da sub-rogação, a alienação judicial do direito penhorado, caso em que declarará sua vontade no prazo de 10 (dez) dias contados da realização da penhora.*

O exequente, ao invés de ser considerado como sub-rogado na penhora de direitos ou ações do executado, poderá preferir, em vez da sub-rogação, a alienação judicial do direito penhorado, caso em que declarará sua vontade no prazo de dez dias contado da realização da penhora.

Trata-se de uma preferência ou opção do próprio exequente. Nesse sentido já se manifestou o S.T.J.:

> *(...).*
>
> *2. A orientação da Primeira Seção desta Corte firmou-se no sentido de que o crédito representado por precatório é bem penhorável.*
>
> *Contudo, trata-se de penhora de crédito, e não de dinheiro. Assim, o reconhecimento da penhorabilidade não implica o reconhecimento do direito à compensação do crédito. Além disso, penhorado o crédito, "o credor pode preferir, em vez da sub-rogação, a alienação judicial do direito penhorado, caso em que declarará a sua vontade no prazo*

[394] PONTES DE MIRANDA, idem, p. 317.

de 10 (dez) dias contados da realização da penhora", conforme previsto no art. 673, § 1º, do CPC, ou seja, a sub-rogação no crédito é faculdade, e não obrigação do credor. Não é possível a invocação desse dispositivo para obrigar o credor a sub-rogar-se no crédito penhorado, em sede de execução fiscal de dívida tributária, sob pena de se consagrar a compensabilidade do precatório e se esvaziar, inclusive, a regra contida no art. 170 do CTN.

3. Agravo regimental não provido.

(AgRg nos EDcl no AREsp 98.877/PR, Rel. Ministro MAURO CAMPBELL MARQUES, SEGUNDA TURMA, julgado em 03/05/2012, DJe 08/05/2012)

1. A decisão agravada aplicou-se a Súmula 83/STJ no sentido de que a execução fiscal realiza-se no interesse do credor/exequente, cabendo-lhe, por conseguinte, escolher pela sub-rogação ou alienação judicial do direito penhorado, conforme estabelecido no art. 673, § 1º, do CPC.

2. É condição básica de qualquer recurso que a parte autora apresente os fundamentos jurídicos para a reforma da decisão atacada. No caso do agravo previsto no art. 544 do CPC, deve-se impugnar, especificamente, todos os fundamentos da decisão agravada, o que não ocorreu no caso dos autos. Incide, na espécie, a Súmula 182/STJ.

3. Agravo regimental não conhecido.

(AgRg no AREsp 114.940/PR, Rel. Ministro BENEDITO GONÇALVES, PRIMEIRA TURMA, julgado em 06/03/2012, DJe 09/03/2012)

Por opção exclusiva do exequente, o direito ou as ações pertencentes ao executado serão objeto de alienação, a qual pode ser promovida por meio de: a) adjudicação; b) alienação particular; c) leilão judicial. Nessa hipótese, o exequente manifesta pretensão de que seja realizada apenas a penhora do crédito e nada mais.

Há entendimento jurisprudencial do S.T.J. que o exequente poderá requerer a alienação de determinado direito de crédito, inclusive antecipadamente. Nesse sentido é o seguinte precedente:

1. Recurso especial pelo qual se discute se a Fazenda Pública exequente pode, nos termos do art. 673, § 1º, do CPC, manifestar sua preferência pela alienação judicial de precatório oferecido à penhora antes de efetivada a constrição. No caso concreto, a Fazenda credora, ao ser intimada da decisão que deferiu a caução em penhora de precatório, registrou, desde logo, que não tinha interesse pela sub-rogação desse direito de crédito.

2. Constatado que a Corte a quo empregou fundamentação suficiente para dirimir a controvérsia, é de se afastar a suscitada violação do art. 535 do CPC.

3. Não é possível conhecer da alegação de que a venda judicial de precatório atentaria contra os princípios constitucionais da moralidade, da coisa julgada e do direito de propriedade, haja vista que o recurso especial não se presta para analisar fundamentação de índole constitucional.

4. A disciplina processual contida no art. 673, caput e parágrafo único, do CPC privilegia a satisfação do exequente, porquanto faculta-lhe a forma de liquidação de direito de crédito que mais aprouver no caso concreto.

5. Não há razão para tolher o exequente de manifestar sua preferência pela alienação judicial do precatório oferecido à penhora antes de realizada a constrição, uma vez que efetivação da garantia não configura condição de eficácia dessa declaração de vontade do credor.

6. Recurso especial parcialmente conhecido e, nessa extensão, não provido.

(REsp 1304923/RS, Rel. Ministro BENEDITO GONÇALVES, PRIMEIRA TURMA, julgado em 22/05/2012, DJe 28/05/2012).

Estabelece o *§2º do art. 857* do atual C.P.C. que *a sub-rogação não impede o sub-rogado, se não receber o crédito do executado, de prosseguir na execução, nos mesmos autos, penhorando outros bens.*

Este dispositivo vem confirmar que a sub-rogação do art. 857 do atual C.P.C. somente se opera no plano processual e não no plano do direito material. Se se operasse no plano de direito material, haveria liberação do executado em face do pagamento *pro soluto* e não *pro solvendo*.

Por isso, não é a *sub-rogação* do art. 857 do atual C.P.C. que irá liberar o executado de sua obrigação, mas, sim, a implementação da condição resolutiva, ou seja, o recebimento pelo exequente do crédito decorrente do direito ou da pretensão em que se sub-rogou.

Não sendo a sub-rogação do art. 857 do atual C.P.C. de natureza de direito material, mas meramente processual, poderá o sub-rogado, se não receber o crédito do devedor, prosseguir na execução, nos mesmos autos, penhorando-se outros bens do executado.

E para que o devedor possa assim agir, não necessita esgotar todos os mecanismos jurídicos ou processuais para receber o crédito. Basta o simples inadimplemento do devedor quando de sua notificação para efetuar o pagamento, para que a penhora possa ser direcionada a outros bens do executado.

Art. 858

Quando a penhora recair sobre dívidas de dinheiro a juros, de direito a rendas ou de prestações periódicas, o exequente poderá levantar os juros, os rendimentos ou as prestações à medida que forem sendo depositados, abatendo-se do crédito as importâncias recebidas, conforme as regras de imputação do pagamento.

Penhora de juros, de direito a rendas ou de prestações periódicas

A penhora poderá incidir ainda sobre dívidas de dinheiro a juros, sobre rendas provenientes de bens móveis ou imóveis, ou, ainda, em prestações periódicas.

Nesse caso, havendo penhora, o devedor dos juros (exemplo mútuo), das rendas (exemplo aluguel) ou prestações periódicas (exemplo pagamento periódico de prestação de aquisição de bens) deverá efetuar periodicamente o pagamento da prestação em conta judicial vinculada ao juízo da execução. Daí porque a importância da intimação do devedor para que nao pague ao seu credor, assim como a intimação do credor para que não disponha do crédito decorrente da prestação periódica. O devedor exonerar-se-á da obrigação depositando a prestação em juízo.

Não tendo sido dado efeito suspensivo a eventuais embargos interpostos, ou se dado, esses foram julgados incabíveis ou improcedentes por sentença transitada em julgado, ou, ainda, quando aguardarem apenas a definição de recursos especiais ou extraordinários, o exequente poderá levantar os juros, os rendimentos ou as prestações à medida que forem sendo depositados, abatendo-se do crédito as importâncias recebidas, conforme as regras de imputação em pagamento, nos termos dos arts. 352 a 355 do C.c.b.: a saber:

> *Art. 352. A pessoa obrigada por dois ou mais débitos da mesma natureza, a um só credor, tem o direito de indicar a qual deles oferece pagamento, se todos forem líquidos e vencidos.*
>
> *Art. 353. Não tendo o devedor declarado em qual das dívidas líquidas e vencidas quer imputar o pagamento, se aceitar a quitação de uma delas, não terá direito a reclamar contra a imputação feita pelo credor, salvo provando haver ele cometido violência ou dolo.*
>
> *Art. 354. Havendo capital e juros, o pagamento imputar-se-á primeiro nos juros vencidos, e depois no capital, salvo estipulação em contrário, ou se o credor passar a quitação por conta do capital.*
>
> *Art. 355. Se o devedor não fizer a indicação do art. 352, e a quitação for omissa quanto à imputação, esta se fará nas dívidas líquidas e vencidas em primeiro lugar. Se*

as dívidas forem todas líquidas e vencidas ao mesmo tempo, a imputação far-se-á na mais onerosa.

Os depósitos que vão sendo feitos podem ser levantados pelo exequente, abatendo-se do valor da dívida executada.

Indagava-se, sob a égide do C.P.C. de 1973, qual seria a natureza desse levantamento feito pelo credor. Seria caso de *adjudicação de valores,* cabendo a interposição de *embargos à adjudicação?* Segundo Pontes de Miranda, *"rigorosamente, nada se adjudicou, em sentido estrito, e sim se 'solveu' a dívida, antecipadamente. O que se há de perguntar é qual a medida adequada se o levantamento não obedeceu à lei, ou se adveio pagamento, transação, ou prescrição (o que seria difícil acontecer). Adveio, dissemos, porque só interessa o que concerne ao levantamento. Não seria de pensar-se em agravo de instrumento, mas, como se trata de solução parcial ou total da dívida, extinguindo-se em parte ou no todo a execução, o pedido – que se assemelha ao de embargos à adjudicação, posto que não o seja, conduz à decisão em sentença (cp. Art. 794, I e II do C.P.C. de 1973. Contra ela é interponível a apelação (por analogia, art. 795 do C.P.C.)".*[395]

Não obstante a lição do inesquecível Pontes de Miranda, o certo é que para §1º do art. 203 do novo C.P.C. que assim dispõe: *"Ressalvadas as disposições expressas dos procedimentos especiais, sentença é o pronunciamento por meio do qual o juiz, com fundamento nos arts. 485 e 487, põe fim à fase cognitiva do procedimento comum, bem como extingue a execução.*

Assim, somente quando a decisão extingue integralmente a execução é que se poderá denominar essa decisão como sendo uma sentença, suscetível ao recurso de apelação.

A decisão do juiz que determina o levantamento parcial da penhora realizada em prestações periódicas não põe fim ao procedimento executivo, razão pela qual se está diante de uma decisão de natureza interlocutória, sendo cabível contra ela o recurso de *agravo de instrumento.*

Art. 859

Recaindo a penhora sobre direito a prestação ou a restituição de coisa determinada, o executado será intimado para, no vencimento, depositá-la, correndo sobre ela a execução.

[395] PONTES DE MIRANDA, idem, p. 326.

Penhora sobre direito a prestação ou restituição de coisa determinada

Este dispositivo trata de obrigação que tenha por objeto direito a prestação ou restituição de coisa determinada.

É possível que a penhora recaia sobre direito a prestação ou restituição de coisa determinada em favor do executado. Isso ocorre, por exemplo, diante de um contrato de compra e venda em que o comprador obrigou-se a realizar o pagamento da aquisição do bem em prestações. Também é o exemplo do comodato firmado entre o executado e terceiro, devendo a coisa ser restituída em determinado prazo ou mesmo em prazo indeterminado mediante notificação.

A penhora considera-se efetivada desde o momento em que o devedor/terceiro é intimado para depositar o pagamento parcial do respectivo direito ou a coisa determinada em juízo.

Assim, incidindo a penhora sobre o direito à percepção, ou sobre o direito à restituição da coisa determinada, o devedor/terceiro será intimado para, no vencimento, depositá-la, correndo sobre ela a execução.

Havendo o depósito antes ou depois do vencimento, a penhora sub-roga-se no bem depositado.

Se o devedor/terceiro, após devidamente intimado da penhora, não depositar a prestação ou a coisa em juízo, mas entregá-la diretamente ao seu credor/executado, tal fato será ineficaz perante o exequente, respondendo o devedor/terceiro pelo depósito de novo bem em juízo ou pelo seu equivalente em dinheiro.

Note-se que a penhora do direito ocorreu desde a intimação do devedor/terceiro para depositar a coisa em juízo.

Se o terceiro somente for intimado após a entrega da prestação ou da coisa determinada ao seu credor, não terá qualquer responsabilidade no âmbito do procedimento executivo.

Art. 860

Quando o direito estiver sendo pleiteado em juízo, a penhora que recair sobre ele será averbada, com destaque, nos autos pertinentes ao direito e na ação correspondente à penhora, a fim de que esta seja efetivada nos bens que forem adjudicados ou que vierem a caber ao executado.

Penhora averbada nos autos

É possível que o direito ou a pretensão que lhe corresponder já seja objeto de uma demanda judicial, devidamente instaurada. A penhora, nessa hipótese, deverá ser averbada nos autos, a fim de se efetivar futuramente nos bens que forem adjudicados ou vierem a caber ao executado.

Isso é muito comum, por exemplo, em relação a crédito de herança, devendo a penhora ser realizada mediante averbação nos autos do inventário, salvo se o inventariante indicar um bem específico para a penhora.

O mesmo ocorre quando o executado já promoveu demanda de cobrança ou de execução para receber o que lhe é devido. Nesse caso, o exequente procederá a penhora no rosto dos autos do processo em andamento.

Sobre o tema, eis os seguintes precedentes do S.T.J.:

> *(...).*
>
> *2. A reforma do acórdão recorrido para afastar a penhora no rosto dos autos do inventário somente se faz possível com reexame minudente dos elementos fático-probatórios dos autos, notadamente quanto à efetiva garantia do débito exequendo, o que é vedado nesta sede, nos termos do enunciado nº 7 da Súmula do STJ.*
>
> *3. Agravo regimental a que se nega provimento.*
>
> (AgRg no Resp 526.911/RS, Rel. Ministra MARIA ISABEL GALLOTTI, QUARTA TURMA, julgado em 02/10/2012, DJe 23/10/2012)

> *(...).*
>
> *1. Discute-se nos autos se é possível a substituição de penhora no rosto dos autos (consubstanciada na penhora do depósito em dinheiro realizado pela ora recorrente para fins de suspensão da exigibilidade de crédito tributário) por fiança bancária, na forma do art. 15 da Lei n. 6.830/80.*
>
> *2. Da leitura do art. 674 do CPC, verifica-se que a penhora no rosto dos autos consubstancia penhora sobre direitos e ações, a qual, nos termos do art. 11, inciso VIII, da Lei n. 6.830/80, situa-se no último lugar da ordem preferencial de bens penhoráveis. Por outro lado, o inciso I do art. 15 da Lei n. 6.830/80 permite que o juiz defira ao executado a substituição da penhora por depósito em dinheiro ou fiança bancária, não havendo no referido dispositivo legal qualquer referência à necessidade prévia aquiescência da exequente, eis que o dinheiro encontra-se em primeiro lugar na lista e a fiança bancária, em face da supracitada norma, foi a ele equiparada. Nesse sentido: REsp 1.148.493/SP, Rel. Ministro Castro Meira, Segunda Turma, DJe 29/04/2010, AgRg no Ag 1.054.871/SP, Rel. Ministro Benedito Gonçalves, Primeira Turma, DJe 19/08/2009, AgRg no REsp 1.095.407/RS, Rel. Ministro Humberto Martins, Segunda Turma, DJe 14/04/2009.*

3. É cediço que, nos termos da jurisprudência desta Corte e do teor do art. 656 do CPC, a Fazenda Pública exequente pode se opor à penhora ou substituição de penhora que desobedecer à ordem preferencial de bens prevista nos arts. 655 do CPC e 11 da Lei n. 6.830/80. No caso dos autos, contudo, tal ordem não restou desrespeitada.

4. O presente caso retrata de forma cristalina a aplicação do disposto no art. 620 do CPC, eis que a execução pode ser realizada da forma menos onerosa ao devedor e, ainda assim, satisfazer perfeitamente o direito do credor.

5. Recurso especial provido.

(REsp 1223540/RS, Rel. Ministro MAURO CAMPBELL MARQUES, SEGUNDA TURMA, julgado em 07/04/2011, DJe 15/04/2011).

(...)

2. A penhora no rosto dos autos, prevista no art. 674 do CPC, é causa de ameaça de turbação da propriedade, acarretando à parte os mesmos ônus de uma efetiva penhora direta sobre seu patrimônio e legitimando a utilização das defesas processuais disponíveis.

3. O fato da constrição ter recaído sobre a totalidade da herança não impede a proteção de um bem específico, parte do todo.

4. Há interesse de agir na oposição de embargos de terceiro pela viúva meeira, ainda que sua meação esteja resguardada.

5. Recurso especial conhecido e provido.

(REsp 1092798/DF, Rel. Ministra NANCY ANDRIGHI, TERCEIRA TURMA, julgado em 28/09/2010, DJe 08/10/2010)

1. A opção do julgador pelo deferimento da penhora no rosto dos autos, por ser medida mais eficaz à satisfação do crédito, não extrapola os limites da lide. Ademais, vale frisar que a pretensão do requerente não se prende unicamente a determinado capítulo da peça processual apresentada ou a dedução formulada sob a rubrica dos pedidos, merecendo atenção do julgador tudo o que se pode extrair mediante interpretação lógico-sistemática das razões apresentadas.

2. Agravo Regimental desprovido.

(AgRg no AgRg no Ag 1136475/DF, Rel. Ministro NAPOLEÃO NUNES MAIA FILHO, QUINTA TURMA, julgado em 14/09/2010, DJe 11/10/2010)

SUBSEÇÃO VII – Da Penhora das Quotas ou das Ações de Sociedades Personificadas

Art. 861

Penhoradas as quotas ou as ações de sócio em sociedade simples ou empresária, o juiz assinará prazo razoável, não superior a 3 (três) meses, para que a sociedade:

I – apresente balanço especial, na forma da lei;

II – ofereça as quotas ou as ações aos demais sócios, observado o direito de preferência legal ou contratual;

III – não havendo interesse dos sócios na aquisição das ações, proceda à liquidação das quotas ou das ações, depositando em juízo o valor apurado, em dinheiro.

§ 1º Para evitar a liquidação das quotas ou das ações, a sociedade poderá adquiri-las sem redução do capital social e com utilização de reservas, para manutenção em tesouraria.

§ 2º O disposto no caput e no § 1º não se aplica à sociedade anônima de capital aberto, cujas ações serão adjudicadas ao exequente ou alienadas em bolsa de valores, conforme o caso.

§ 3º Para os fins da liquidação de que trata o inciso III do caput, o juiz poderá, a requerimento do exequente ou da sociedade, nomear administrador, que deverá submeter à aprovação judicial a forma de liquidação.

§ 4º O prazo previsto no caput poderá ser ampliado pelo juiz, se o pagamento das quotas ou das ações liquidadas:

I – superar o valor do saldo de lucros ou reservas, exceto a legal, e sem diminuição do capital social, ou por doação; ou

II – colocar em risco a estabilidade financeira da sociedade simples ou empresária.

§ 5º Caso não haja interesse dos demais sócios no exercício de direito de preferência, não ocorra a aquisição das quotas ou das ações pela sociedade e a liquidação do inciso III do caput seja excessivamente onerosa para a sociedade, o juiz poderá determinar o leilão judicial das quotas ou das ações.

Penhora de quotas ou ações de sociedades

O Art. 655, parágrafo único, inc. VI, do C.P.C. de 1973, com a redação dada pela Lei n. 11.382/2006, permitia a penhora das *ações e quotas de sociedades empresárias.*

Em que pese o art. 655, p.u., inc. VI, do C.P.C. de 1973 permitisse a penhora de ações ou quotas de sociedades empresariais, o código revogado não trazia nenhuma outra disposição sobre como se efetuar a liquidação e apuração de valores em relação às quotas ou ações penhoradas.

O legislador do novo C.P.C. houve por bem manter a penhora de ações e quotas, não somente da sociedade empresarial, mas, também, da sociedade simples. Deve-se, por isso, distinguir a sociedade *simples* da sociedade *empresarial*.

Salvo as exceções expressas, considera-se empresária a sociedade que tem por objeto de atividade própria de empresário sujeito a registro (art. 967 do C.C.b); e, simples, as demais (art. 982 do C.c.b.).

Endente-se por empresário, quem exerce profissionalmente atividade econômica organizada para a produção ou circulação de bens ou de serviços (art. 966 do C.c.b.). Não se considera empresário quem exerce profissão intelectual, de natureza científica, literária ou artística, ainda com o concurso de auxiliares ou colaboradores, salvo se o exercício da profissão constituir elemento de empresa (p.u. do art. 967 do C.c.b.).

Independentemente de seu objeto, considera-se empresária a sociedade por ações; e, simples, a cooperativa (p.u. do art. 982 do C.c.b.).

A sociedade empresária deve constituir-se segundo os tipos regulados nos arts. 1.039 a 1.092 do C.c.b., ou seja: a) sociedade em nome coletivo; b) sociedade em comandita simples; c) sociedade limitada; d) sociedade anônima; e) sociedade comandita por ações.

Já a sociedade simples pode ter a natureza de qualquer tipo descrito para a sociedade empresária. Se não apresentar qualquer um desses tipos, subordina-se às regras que lhe são próprias, no caso, as normas dos artigos 997 a 1038 do C.c.b. Ressalvam-se, contudo, as disposições concernentes à sociedade em conta de participação e à cooperativa, bem como as constantes de leis especiais que, para o exercício de certas atividades, imponham a constituição da sociedade segundo determinado tipo (p.u. do art. 983 do C.c.b.).

A sociedade simples, nos termos do art. 998 do C.c.b., é registrada no Registro Civil de Pessoas Jurídicas, enquanto que a sociedade empresária é registrada na Junta Comercial.

A Subseção VII do C.P.C. atual trata justamente da penhora das quotas ou ações de sociedade *personificadas*, bem como da sistemática de apuração dos valores correspondentes a esses bens.

O código civil brasileiro considera como sociedades *personificadas*, a sociedade simples, a sociedade em nome coletivo, a sociedade em comandita simples, a sociedade limitada, a sociedade anônima, a sociedade em comandita por ações e a sociedade cooperativa.

Discutiu-se muito na doutrina sobre a penhorabilidade das *quotas sociais.*

Na vigência do C.P.C. de 1939, as quotas sociais não podiam ser penhoradas, em virtude de norma expressa. Essa norma proibitiva não foi repetida pelo C.P.C. de 1973, razão pela qual, em face do princípio da *tipicidade* das causas de impenhorabilidade dos bens, a doutrina propugnava pela possibilidade de penhora das quotas sociais (Theodoro Jr.; Ovídio A. B. Silva, Carlos Henrique Abrão).[396]

O atual C.c.b. permite a penhora de quotas ou do seu valor representativo, conforme estabelece o art. 1.026 do referido diploma legal:

> *"O credor particular de sócio pode, na insuficiência de outros bens do devedor, fazer recair a execução sobre o que a este couber nos lucros da sociedade, ou na parte que lhe tocar em liquidação.*
>
> *Parágrafo único. Se a sociedade não estiver dissolvida, pode o credor requerer a liquidação da quota do devedor, cujo valor, apurado na forma do art. 1.031, será depositado em dinheiro, no juízo da execução, até noventa dias após aquela liquidação".*

A jurisprudência do S.T.J. também vem admitindo a penhora de quotas sociais:

> *As quotas sociais podem ser penhoradas, sem que isso implique a admissão do arrematante como sócio; a sociedade pode valer-se do disposto nos artigos 1.117 e seguintes do Código de Processo Civil. Agravo regimental não provido.*
>
> (AgRg no Ag 347.829/SP, Rel. Ministro ARI PARGENDLER, TERCEIRA TURMA, julgado em 27/08/2001, DJ 01/10/2001, p. 214)
>
> *I – É possível a penhora de cotas pertencentes a sócio de sociedade de responsabilidade limitada, por dívida particular deste, em razão de inexistir vedação legal. Tal possibilidade encontra sustentação, inclusive, no art. 591, CPC, segundo o qual "o devedor responde, para o cumprimento de suas obrigações, com todos os seus bens presentes e futuros, salvo as restrições estabelecidas em lei".*
>
> *II – Os efeitos da penhora incidente sobre as cotas sociais devem ser determinados em levando em consideração os princípios societários. Destarte, havendo restrição ao ingresso do credor como sócio, deve-se facultar à sociedade, na qualidade de terceira interessada, remir a execução, remir o bem ou concedê-la e aos demais sócios a preferência na aquisição das cotas, a tanto por tanto (CPC, arts. 1117, 1118 e 1119), assegu-*

[396] Assis, A., op. cit., p. 420.

rando-se ao credor, não ocorrendo solução satisfatória, o direito de requerer a dissolução total ou parcial da sociedade.

(REsp 221.625/SP, Rel. Ministra NANCY ANDRIGHI, TERCEIRA TURMA, julgado em 07/12/2000, DJ 07/05/2001, p. 138)

1. Cuida-se de agravo regimental interposto por Indústria e Comércio Arno Gartner Ltda. contra decisão com o seguinte entendimento: a) não consta o vício da omissão a ensejar a anulação do julgado por violação do art. 535, II, do CPC; b) possibilidade de penhora de cotas de responsabilidade limitada encontra-se em sintonia com o entendimento deste STJ; c) questões de ordem fática não podem ser revistas na via especial em face da vedação sumular n. 7/STJ.

2. Entendimento do TRF da 4ª Região de que inexiste óbice à penhorabilidade de cotas sociais em virtude de dívida particular não concernente à empresa encontra respaldo na jurisprudência deste STJ: "As cotas sociais podem ser penhoradas, pouco importando a restrição contratual, considerando que não há vedação legal para tanto e que o contrato não pode impor vedação que a lei não criou" (REsp 234.391/MG, DJ de 12/02/2001).

3. De igual modo: REsp 712.747/DF, Rel. Min. Castro Filho, DJ de 10/04/2006, AgRg no Ag 475.591/RS, Rel. Min. Carlos Alberto Menezes Direito, DJ de 23/06/2003, AgRg no Ag 347.829/SP, Rel. Min. Ari Pargendler, DJ de 01/10/2001.

4. A alegação de que a execução não se processou em obediência ao que dispõe o art. 620 do CPC (menor onerosidade), porquanto existentes outros bens passíveis de penhora enseja a análise de questões fáticas. Incidência da Súmula n. 7/STJ.

5. Ausência de violação do art. 535 II, do CPC, já que o Tribunal de origem, posto que com fundamento diverso do pretendido pela recorrente, analisou de forma efetiva a matéria posta em debate na lide.

6. Agravo regimental não-provido.

(AgRg no Ag 894.161/SC, Rel. Ministro JOSÉ DELGADO, PRIMEIRA TURMA, julgado em 11/09/2007, DJ 08/10/2007, p. 224)

Contudo, se a dívida é da sociedade, não se admite a penhora de quotas dos sócios, salvo se houver previsão legal que autorize o redirecionamento da execução contra ele. Nesse sentido é o seguinte precedente do S.T.J.:

– Salvo em hipóteses taxativamente previstas em lei, o patrimônio dos sócios não responde por dívidas da sociedade. Por isso, não é lícita a penhora das quotas sociais em execução movida contra a pessoa jurídica.

(REsp 757.865/SP, Rel. Ministro HUMBERTO GOMES DE BARROS, TERCEIRA TURMA, julgado em 20/04/2006, DJ 12/06/2006, p. 482)

Havendo permissão para a penhora de quotas ou ações de sociedade simples ou empresária, a maneira de transformar esses bens em dinheiro é ditada pelo *caput* do art. 861 do atual C.P.C.

Assim, não sendo interpostos embargos do devedor à execução, ou se não for atribuído efeito suspensivo aos que forem promovidos, o juiz assinará prazo razoável, não superior a três meses, para que a sociedade: I – apresente balanço especial, na forma da lei; II – ofereça as quotas ou as ações aos demais sócios, observado direito de preferência legal ou contratual; III – não havendo interesse dos sócios na aquisição das ações, proceda à liquidação das quotas ou das ações, depositando em juízo o valor apurado, em dinheiro.

No mesmo sentido é o disposto no art. 1.031 do C.c.b., in verbis: *"Nos casos em que a sociedade se resolver em relação a um sócio, o valor de sua quota, considerada pelo montante efetivamente realizado, liquidar-se-á, salvo disposição contratual em contrário, com base na situação patrimonial da sociedade, à data da resolução, verificada em balanço especial levantado"*.

A quota ou ações liquidadas ou adquiridas pelos demais sócios serão pagas em dinheiro, mediante depósito em conta judicial, no prazo máximo de três meses, contado a partir da intimação da sociedade para que realize a escolha estabelecida em lei.

Lamentavelmente, o legislador não determinou com clareza a consequência jurídica no caso de a sociedade não cumprir a determinação judicial para que promova a apuração dos haveres do sócio executado.

Em caso de não apuração dos haveres do sócio no prazo fixado pelo juiz da execução, poderá incidir multa punitiva processual pelo descumprimento de ordem judicial.

Permanecendo a mora da sociedade em cumprir a determinação judicial, o juiz não poderá determinar que a apuração dos haveres ocorra diretamente no processo de execução, especialmente pelo fato de que a sociedade é terceira na relação jurídica processual. Contudo, poderá juiz da execução, a pedido do exequente, promover a adjudicação das quotas ou das ações, a fim de que o exequente possa, como sucessor do executado, ingressar com a demanda de procedimento especial de dissolução parcial de sociedade, nos termos dos arts. 599 a 609 do atual C.P.C.

Poderá, por fim, ocorrer o leilão judicial das quotas ou ações da sociedade, nos termos do §5º do art. 861 do atual C.P.C.

Estabelece o *§1º do art. 861* do atual C.P.C. que para *evitar a liquidação das quotas ou das ações, a sociedade poderá adquiri-las sem redução do capital social e com utilização de reservas, para manutenção em tesouraria.*

Se nenhum sócio quiser adquirir as quotas ou as ações, e se a sociedade não quiser liquidar essas quotas ou ações, poderá a própria sociedade adquiri-las sem redução do capital social e com utilização de reservas, para manutenção em tesouraria.

Prescreve o *§2º do art. 861* do atual C.P.C. que *o disposto no caput e no §1º não se aplica à sociedade anônima de capital aberto, cujos ações serão adjudicadas ao exequente ou alienadas em bolsa de valores, conforme o caso.*

O *caput* do art. 861 do atual C.P.C. somente se aplica, às ações, de sociedade anônima de capital fechado, excluindo-se a de capital aberto.

Sociedade anônima de *capital fechado* é aquela em que o seu capital social está representado por ações divididas, em regra, entre poucos acionistas. Por ser de capital fechado, a pessoa física que quiser comprar essas ações terá de convencer um dos atuais acionistas a vendê-las e irá precisar fazer uma escrituração da transferência da propriedade das ações no livro de transferência de ações nominativas da companhia. Essas ações, ao contrário de uma empresa de capital aberto , não são comercializadas em bolsa de valores ou no mercado de balcão. Uma empresa de capital fechado pode somente emitir e vender suas ações de modo particular – distribuição privada – vedada a veiculação de anúncios, prospectos e outros, para sua colocação pública.

A companhia de capital fechado não possui o registro perante a Comissão de Valores Mobiliários – CVM. A colocação de ações junto ao público depende de autorização da CVM para que seja feita e nesse caso a emissora passaria a ser uma empresa aberta. Não possuindo registro perante a CVM, empresas de capital fechado não precisam revelar seus balanços contábeis embora algumas o façam mesmo assim para criar uma imagem de transparência.

Em se tratando de penhora de ações de uma sociedade anônima de capital aberto, a alienação das ações será feita por intermédio da bolsa de valores, ou adjudicadas ao exequente, se assim ele se manifestar.

Preceitua o *§3º do art. 861* do atual C.P.C. que *para fins da liquidação de que trata o inciso III do caput, o juiz poderá, a requerimento do exequente ou da sociedade, nomear administrador, que deverá submeter à aprovação judicial a forma de liquidação.*

Dependendo da sociedade e da sua complexidade, tanto o exequente quanto a própria sociedade poderão requerer a nomeação de um administrador provisório, que poderá ser um perito contador ou especialista da área de contábeis ou de outra área técnica especializada, a fim de que esse administrador provisório realize a liquidação e a apuração dos haveres do sócio devedor, no prazo máximo de três meses, submetendo a forma de liquidação dos haveres à aprovação judicial.

O juiz somente poderá deliberar sobre a aprovação dos haveres apurados após ouvir as partes da relação jurídica processual.

Preconiza o *§4º do art.861* do atual C.P.C. que *o prazo previsto no caput poderá ser ampliado pelo juiz, se o pagamento das quotas ou das ações liquidadas: I – superar o valor do saldo de lucros ou reservas, exceto a legal, e sem diminuição do capital social, ou por doação; ou II – colocar em risco a estabilidade financeira da sociedade simples ou empresária.*

Muito embora as medidas executivas sejam realizadas no interesse do credor, não se pode esquecer que no caso de penhora de quotas ou ações de sociedade simples ou empresarial, a sociedade é terceira na relação jurídica processual executiva.

Assim, diante das consequências que possam advir para a sociedade, o juiz poderá ampliar o prazo de três meses indicado no *caput* do art. 861 do atual C.P.C., desde que o pagamento das quotas ou das ações liquidadas possa superar o valor do saldo de lucros ou reservas, exceto a legal, e sem diminuição do capital social, ou por doação, ou, ainda, colocar em risco a estabilidade financeira da sociedade simples ou empresarial.

Isso não significa dizer que não haverá a liquidação das quotas ou das ações, mas somente que o juiz deverá outorgar um prazo maior à sociedade para que assim proceda nas hipóteses dos incs. I e II do §4º do art.861 do atual C.P.C.

Por fim estabelece o *§5º do art. 861* do atual C.P.C. que *caso não haja interesse dos demais sócios no exercício de direito de preferência, não ocorra a aquisição das quotas ou das ações pela sociedade e a liquidação do inciso III do caput seja excessivamente onerosa para a sociedade, o juiz poderá determinar o leilão judicial das quotas ou das ações.*

A intenção primeira é que as quotas ou ações permaneçam com os sócios ou com a própria sociedade.

Se isso não for possível, o juiz determinará o leilão judicial das quotas ou ações, devendo os sócios e a sociedade serem intimados da data do leilão para que possam exercer seu direito de preferência.

SUBSEÇÃO VIII – Da Penhora de Empresa, de Outros Estabelecimentos e de Semoventes

Art. 862

Quando a penhora recair em estabelecimento comercial, industrial ou agrícola, bem como em semoventes, plantações ou edifícios em construção, o juiz nomeará administrador-depositário, determinando-lhe que apresente em 10 (dez) dias o plano de administração.

§ 1º Ouvidas as partes, o juiz decidirá.

§ 2º É lícito às partes ajustar a forma de administração e escolher o depositário, hipótese em que o juiz homologará por despacho a indicação.

§ 3º Em relação aos edifícios em construção sob regime de incorporação imobiliária, a penhora somente poderá recair sobre as unidades imobiliárias ainda não comercializadas pelo incorporador.

§ 4º Sendo necessário afastar o incorporador da administração da incorporação, será ela exercida pela comissão de representantes dos adquirentes ou, se se tratar de construção financiada, por empresa ou profissional indicado pela instituição fornecedora dos recursos para a obra, devendo ser ouvida, neste último caso, a comissão de representantes dos adquirentes.

Penhora de empresa, de outros estabelecimentos e de semoventes

Há muito os nossos tribunais vêm permitindo a penhora, além do faturamento, do próprio estabelecimento empresarial.

Nesse sentido, aliás, é o teor da Súmula n. 451 do S.T.J: *é legítima a penhora da sede do estabelecimento comercial".*

Sobre o tema, eis ainda os seguintes precedentes do S.T.J.:

(...).

2. A jurisprudência desta Corte já decidiu que "é legítima a penhora da sede do estabelecimento comercial" (Súmula 451/STJ).

3. Agravo Regimental improvido.

(AgRg no AREsp 370.531/PE, Rel. Ministro SIDNEI BENETI, TERCEIRA TURMA, julgado em 25/02/2014, DJe 14/03/2014).

(...)

1. A Corte Especial, ao julgar o REsp 1.114.767/RS, sob a relatoria do Ministro Luiz Fux e de acordo com o regime do art. 543-C do CPC, deixou consignado que a penhora de imóvel no qual se localiza o estabelecimento da empresa é permitida, excepcionalmente, quando inexistentes outros bens passíveis de penhora. No referido julgamento ficou assentado, ainda, que a Lei 6.830/80, no § 1º de seu artigo 11, determina que, excepcionalmente, a penhora poderá recair sobre o estabelecimento comercial, industrial ou agrícola, regra especial aplicável à execução fiscal, cuja presunção de constitucionalidade, até o momento, não restou ilidida. No mesmo sentido, enuncia a Súmula 451 do STJ: "É legítima a penhora da sede do estabelecimento comercial." 2.

Em se tratando de pedido de substituição da penhora, o § 1º do art. 656 do CPC estabelece que é dever do executado (art. 600) indicar onde se encontram os bens sujeitos à execução, exibir a prova de sua propriedade e, se for o caso, certidão negativa de ônus. De acordo, ainda, com o art. 668 do CPC, o executado pode, no prazo de 10 (dez) dias após intimado da penhora, requerer a substituição do bem penhorado, desde que comprove cabalmente que a substituição não trará prejuízo algum ao exequente. Na hipótese prevista neste artigo, ao executado incumbe, quanto aos bens imóveis, indicar as respectivas matrículas e registros, situá-los e mencionar as divisas e confrontações.

3. No caso, ao manter o indeferimento do pedido de substituição da penhora da sede do estabelecimento comercial da empresa executada pela penhora de imóvel situado em outra unidade da federação, o Tribunal de origem, que é soberano no exame de matéria fática, o fez por considerar que não há nos autos elementos de convicção que atestem a liquidez do bem indicado, pois seu valor foi estimado pela parte interessada unilateralmente, sem apoio em qualquer prova material, inclusive quanto ao estado de conservação do imóvel, além do que a certidão negativa de ônus juntada aos autos não retrata a atual situação do imóvel. Assim, o questionamento que ora se faz, relativo à validade da recusa do bem oferecido à penhora, implica reexame do conjunto fático-probatório dos autos, o que é vedado ao STJ, em sede de recurso especial, consoante enuncia a Súmula 7/STJ.

4. Agravo regimental não provido.

(AgRg no REsp 1341001/PR, Rel. Ministro MAURO CAMPBELL MARQUES, SEGUNDA TURMA, julgado em 19/02/2013, DJe 26/02/2013).

(AgRg no Ag 1143287/SP, Rel. Ministro ARNALDO ESTEVES LIMA, PRIMEIRA TURMA, julgado em 08/02/2011, DJe 17/02/2011)

Porém, é importante não confundir a dívida do sócio/empresário com a dívida da sociedade simples ou empresarial.

Segundo estabelece o art. 966, caput, do C.c.b, entende-se por empresário, *"quem exerce profissionalmente atividade econômica organizada para produção ou a circulação de bens e de serviços".*

Conforme já teve oportunidade de afirmar Pontes de Miranda, *"Algumas vezes, a palavra empresa aparece como a indicar a pessoa física ou jurídica, que empreende a realização do fim. Por isso mesmo, se, por um lado, a expressão é útil, por outro se presta a ambiguidades. O que mais importa é que, no interpretá-la, só se apanhe alusão a organização para se obter a realização de fim econômico, abstraindo-se de ter, ou não, personalidade".*[397]

[397] PONTES DE MIRANDA, *Comentários ao código de processo civil.* Tomo X. Forense: Rio de Janeiro, 1976. p. 333.

Se a dívida for do sócio, a penhora não poderá recair sobre o estabelecimento da sociedade de que faz parte, mas apenas sobre a quota ou ações que lhe pertence.

Já se a dívida é da sociedade, da empresa ou de um empresário individual, a penhora poderá recair sobre o estabelecimento.

A penhora, portanto, pode recair sobre o estabelecimento comercial, industrial ou agrícola, podendo o estabelecimento ter uma natureza civil ou comercial.

Considera-se estabelecimento todo complexo de bens organizado para exercício da empresa, por empresário, ou por sociedade empresária (art. 1.142 do C.c.b.).

Pode o estabelecimento ser objeto unitário de direitos e de negócios jurídicos, translativos ou constitutivos, que sejam compatíveis com a sua natureza (art. 1.143 do C.c.b.).

Como complexo de bens e atividade organizada, civil ou comercial, quando a empresa for objeto de penhora, mais que um simples depósito dos bens corpóreos ou incorpóreos, exige-se um plano de administração para que o estabelecimento empresarial possa manter sua finalidade e de certa forma liquidar o débito executivo.

A mantença em funcionamento da atividade empresarial, além de ser benéfica ao exequente e ao executado (que não é despojado de seus bens), também tem uma forte conotação social e econômica, pois além de manter a atividade econômica em movimento, também mantém o emprego das pessoas que trabalham no estabelecimento empresarial.

Por isso o art. 862 do atual C.P.C. preconiza que no caso de penhora de estabelecimento comercial, industrial ou agrícola, bem como em somoventes, plantações ou edifícios em construção, deverá ser nomeado um administrador-depositário, o qual, mais que um depositário, será um administrador de empresa, ou melhor, de estabelecimento empresarial.

Com a nomeação de um administrador, o executado poderá perder a administração do estabelecimento empresarial que lhe pertence.

Com a nomeação de um depositário administrador, há um aumento da complexidade de suas atividades, pois mais do que um simples depositário, também será considerado administrador do estabelecimento, devendo gerenciar com maestria, capacidade e competência o bem penhorado, cuidando de semoventes, de plantação e de construção.

Por isso, administrar é algo mais complexo que simplesmente guardar em depósito ou conservar. Daí porque ao administrador é outorgado poderes de administração e ato de gestão da empresa, por óbvio dentro dos limites estabelecidos no plano de gestão aprovado pelo juiz.

O ideal é que exequente e executado possam chegar a um acordo sobre a administração do estabelecimento, inclusive indicando o administrador-depositário.

Poderá o administrador-depositário ser alguns dos administradores do estabelecimento, desde que seja pessoa ilibada e de notória capacidade técnica e com experiência em administração no ramo de negócio da empresa.

O administrador terá por objetivo prosseguir com as atividades empresariais, buscando manter o faturamento, e, com isso, abater a dívida objeto da execução.

O mesmo ocorre em se tratando de penhora de semoventes (animais de criação ou de engorda, tratamento de couro, cardume, curtume), plantações e edifícios em construção. Todas essas atividades demandam continuidade para que haja algum benefício futuro, especialmente a percepção de lucro e o pagamento do exequente.

Para tanto, o administrador-depositário deverá apresentar um plano de administração no prazo de dez dias. Nesse plano de administração, o administrador-depositário deverá indicar o momento atual do mercado, o estado financeiro e econômico em que se encontra a empresa, as diretrizes a serem traçadas, e a forma de se buscar faturamento suficiente a fim de manter a empresa em atividade e ao mesmo tempo reduzir a dívida executada. Vê-se, portanto, que não se trata de uma tarefa fácil.

Estabelece o *§1º do art. 862* do atual C.P.C. que *ouvidas as partes, o juiz decidirá.*

Não poderia ser diferente, pois as partes devem participar ativamente da realização de todos os atos executivos, conforme preconiza o art. 9º do atual C.P.C.: *Não se proferirá decisão contra uma das partes sem que esta seja previamente ouvida.*

Se as partes não acordarem sobre a forma da administração ou quanto à pessoa do administrador nomeado, deverá o juiz decidir como será realizada a administração e quem será o seu administrador. Contra essa decisão as partes poderão interpor agravo de instrumento.

Estabelece o *§2º do art. 862* do atual C.P.C. que *é lícito às partes ajustar a forma de administração e escolher o depositário, hipótese em que o juiz homologará por despacho a indicação.*

Essa é efetivamente a melhor solução, ou seja, que haja efetiva conciliação entre partes, no sentido de escolherem o depositário e a forma de administração, caso em que o juiz a homologará por despacho.

Preceitua o *§ 3º do art. 862* do atual C.P.C. que em *relação aos edifícios em construção sob regime de incorporação imobiliária, a penhora somente poderá recair sobre as unidades imobiliárias ainda não comercializadas pelo incorporador.*

Esse preceito normativo vem proteger os adquirentes de unidades autônomas de edifício ainda em construção sob o regime de incorporação imobiliária, reconhecendo que as unidades que já foram comercializadas pelo incorporador, inclusive por meio de compromisso de compra e venda, devem ser caracterizadas como não mais pertencentes ao patrimônio da incorporadora.

Nesse caso, a penhora somente poderá recair sobre as unidades imobiliárias que ainda não foram comercializadas. Note-se que o termo *comercializada* é abrangente, incluindo compra e venda, permuta ou dação em pagamento.

Sobre o tema, eis os seguintes precedentes do S.T.J.:

> *Pacificou-se na Segunda Seção não prevalecer, em relação aos compradores, a hipoteca instituída pela construtora ou incorporadora de imóvel junto ao agente financeiro, no âmbito do Sistema Financeiro da Habitação. Destarte, o adquirente da unidade habitacional responde, tão-somente, pelo pagamento do seu débito.*
>
> *Embargos de divergência rejeitados.*
>
> (EREsp 415.667/SP, Rel. Ministro CASTRO FILHO, SEGUNDA SEÇÃO, julgado em 26/05/2004, DJ 21/06/2004, p. 159).

> *1. Como ficou consignado no decisum ora agravado a Corte a quo não analisou, ainda que implicitamente, o art. 1.245 do CC. Incidência das Súmulas 282 e 356/STF.*
>
> *2. "É assente na jurisprudência desta Corte de Justiça que a celebração de compromisso de compra e venda, ainda que não tenha sido levado a registro no Cartório de Registro de Imóveis, constitui meio hábil a impossibilitar a constrição do bem imóvel, discutido em execução fiscal, e impede a caracterização de fraude à execução, aplicando-se o disposto no enunciado da Súmula 84/STJ: "É admissível a oposição de embargos de terceiro fundados em alegação de posse advinda do compromisso de compra e venda de imóvel, ainda que desprovido do registro." (REsp 974062/RS, Rel. Ministra DENISE ARRUDA, PRIMEIRA TURMA, julgado em 20/9/2007, DJ 5/11/2007, p. 244) 3. "A jurisprudência desta Corte, consolidada com a edição da Súmula 375/STJ, orienta que sem o registro da penhora sobre o imóvel ou prova da má-fé do adquirente, não há que se falar em fraude à execução." (AgRg no AREsp 48.147/RN, Rel. Ministro SIDNEI BENETI, TERCEIRA TURMA, julgado em 7/2/2012, DJe 24/2/2012) Agravo regimental improvido.*
>
> (AgRg no AREsp 449.622/RS, Rel. Ministro HUMBERTO MARTINS, SEGUNDA TURMA, julgado em 11/03/2014, DJe 18/03/2014)

Preceitua o *§ 4º do art.* 862 do atual C.P.C. que *sendo necessário afastar o incorporador da administração da incorporação, será ela exercida pela comissão de representantes dos adquirentes ou, se se tratar de construção financiada, por empresa ou profissional indicado pela instituição fornecedora dos recursos para a obra, devendo ser ouvida, neste último caso, a comissão de representantes dos adquirentes.*

Por vezes, incidindo a penhora sobre as unidades que ainda não foram comercializadas pela administradora da incorporação imobiliária, é necessário também o afastamento do incorporador do empreendimento.

Nesse caso, afastado o incorporador, a administração deverá ser exercida por uma comissão de representantes dos adquirentes de unidades imobiliárias, que são, além do exequente, os mais interessados na conclusão da obra.

Se se tratar de construção financiada, a administração do empreendimento será exercida por empresa ou profissional indicado pela instituição fornecedora dos recursos para a obra. Nessa hipótese, a comissão de representantes dos adquirentes deve ser ouvida sobre a indicação.

Art. 863

A penhora de empresa que funcione mediante concessão ou autorização far-se-á, conforme o valor do crédito, sobre a renda, sobre determinados bens ou sobre todo o patrimônio, e o juiz nomeará como depositário, de preferência, um dos seus diretores.

§ 1º Quando a penhora recair sobre a renda ou sobre determinados bens, o administrador-depositário apresentará a forma de administração e o esquema de pagamento, observando-se, quanto ao mais, o disposto em relação ao regime de penhora de frutos e rendimentos de coisa móvel e imóvel.

§ 2º Recaindo a penhora sobre todo o patrimônio, prosseguirá a execução em seus ulteriores termos, ouvindo-se, antes da arrematação ou da adjudicação, o ente público que houver outorgado a concessão.

Penhora de empresa que funcione mediante concessão ou autorização

Os bens públicos não podem ser objeto de penhora, muito menos os estabelecimentos de propriedade pública em que funcione os entes estatais, inclusive suas autarquias e fundações públicas.

Contudo, os serviços públicos podem ser realizados mediante autorização ou concessão do poder público, conforme estabelece o art. 175 da C.F.:

> *Art. 175. Incumbe ao Poder Público, na forma da lei, diretamente ou sob regime de concessão ou permissão, sempre através de licitação, a prestação de serviços públicos.*
>
> *Parágrafo único. A lei disporá sobre:*

I – o regime das empresas concessionárias e permissionárias de serviços públicos, o caráter especial de seu contrato e de sua prorrogação, bem como as condições de caducidade, fiscalização e rescisão da concessão ou permissão;
II – os direitos dos usuários;
III – política tarifária;
IV – a obrigação de manter serviço adequado.

Serviço concedido, segundo ensina Hely Lopes Meirelles, *"são todos aqueles que o particular executa em seu nome, por sua conta e risco, remunerados por tarifa, na forma regulamentar, mediante delegação contratual ou legal do Poder Público concedente. Serviço concedido é serviço do Poder Público, apenas executado por particular em razão da concessão"*.[398]

Concessão, por sua vez, *'é a delegação contratual da 'execução do serviço', na forma autorizada e regulamentada pelo Executivo. O contrato de concessão é ajuste de Direito Administrativo, bilateral, oneroso, comutativo e realizado 'intuitu personae'. Com isso se afirma que é um acordo administrativo (e não um ato unilateral da Administração), com vantagens e encargos recíprocos, no qual se fixam as condições de prestação do serviço, levando-se em consideração o interesse coletivo na sua obtenção e as condições pessoais de quem se propõe a executá-lo por delegação do poder concedente. Sendo um contrato administrativo, como é, fica sujeito a todas as imposições da Administração necessárias à formalização do ajuste, dentre as quais a autorização governamental, a regulamentação e a licitação"*.[399]

São exemplos de concessão: serviço de telefonia, fornecimento de luz, água, exploração de pedágio etc.

Realizada a concessão, o poder concedente não promove qualquer transferência de propriedade ao concessionário. O que se delega é apenas a *execução do serviço*, nos limites e condições legais ou contratuais, sempre sujeita a regulamentação e fiscalização do concedente.[400]

A atividade exercida pelo concessionário é atividade privada, seja no tocante à prestação de serviço, seja no tocante ao seu pessoal.

Findo o prazo da concessão, serão revertidos ao poder concedente os direitos e bens vinculados à prestação do serviço, nas condições estabelecidas em contrato.

[398] MEIRELLES, Hely Lopes. *Direito administrativo brasileiro*. 29ª ed. São Paulo: Malheiros, 2004. p. 367.
[399] MEIRELLES, H. L. idem, p. 386.
[400] MEIRELLES, H. L., idem, p. 368.

Além dos *serviços concedidos,* há também os denominados *serviços permitidos* e os *serviços autorizados*. Todos são modalidades de serviços delegados.

A concessão é delegação contratual e depende, modernamente, de permissão legal. Já a permissão e autorização são realizadas mediante ato unilateral da Administração, com mais simplicidade e precariedade na execução.[401]

Serviços permitidos são, *"todos aqueles em que a Administração estabelece os requisitos para a sua prestação ao público e, por ato unilateral (termo de permissão), comete a execução aos particulares que demonstrarem capacidade para seu desempenho"*.[402]

Serviços autorizados são, *"aqueles que o Poder Público, por ato unilateral, precário e discricionário, consente na sua execução por particular para atender a interesses coletivos instáveis ou emergência transitória"*.[403] Fora desses casos, e para não fraudar o princípio constitucional da licitação, a delegação deve ser feita mediante permissão ou concessão.

Como as empresas que realizam serviços públicos mediante concessão, autorização ou permissão possuem natureza privada, determinados bens de sua propriedade podem ser objeto de penhora. No caso, somente não serão penhorados os bens que estiverem destinados à consecução da atividade-fim, ou, se ainda que afetados, a penhora comprometer o desempenho dessa atividade. Nesse sentido são os seguintes precedentes do S.T.J.:

> *(...).*
>
> *2. Por isso, esta Corte Superior vem admitindo a penhora de bens de empresas públicas (em sentido lato) prestadoras de serviço público apenas se estes não estiverem afetados à consecução da atividade-fim (serviço público) ou se, ainda que afetados, a penhora não comprometer o desempenho da atividade. Essa lógica se aplica às empresas privadas que sejam concessionárias ou permissionárias de serviços públicos (como ocorre no caso). Precedentes.*
>
> *3. O Tribunal de origem, soberano para avaliar o conjunto fático-probatório, considerou que eventual restrição sobre os bens indicados pela agravante comprometeria a prestação do serviço público, o que é suficiente para desautorizar sua penhora.*
>
> *4. Agravo regimental não-provido.*
>
> (AgRg no REsp 1070735/RS, Rel. Ministro MAURO CAMPBELL MARQUES, SEGUNDA TURMA, julgado em 18/11/2008, DJe 15/12/2008)

[401] MEIRELLES, H. L.; idem, p. 382.

[402] MEIRELLES, H. L, idem, p. 383.

[403] MEIRELLES, H. L., idem, ibidem.

Processo Civil. Bilheteria de empresa concessionária de serviço público – transporte público coletivo. Companhia do Metropolitano de São Paulo – METRÔ. Penhora. Sociedade de economia mista estadual.

Possibilidade.

A receita das bilheterias que não inviabilizam o funcionamento da devedora sociedade de economia mista estadual pode ser objeto de penhora, na falta de vedação legal, e desde que não alcance os próprios bens destinados especificamente ao serviço público prestado, hipótese que é diversa daquela da ECT – Empresa Brasileira de Correios e Telégrafos, amparada pelo Decreto-lei n. 509/69.

(REsp 343.968/SP, Rel. Ministra NANCY ANDRIGHI, TERCEIRA TURMA, julgado em 05/02/2002, DJ 04/03/2002, p. 255)

Além dos bens que não estão afetados ao serviço público, a penhora também poderá recair sobre a própria empresa que funcione mediante concessão ou autorização, nos termos do art. 863 do atual C.P.C.

Quando o dispositivo fala em empresa, está tratando do complexo profissional de atividade econômica, abrangendo o estabelecimento, o fundo de comércio, os bens corpóreos e incorpóreos. Nesse caso, a penhora será realizada, conforme o valor do crédito, sobre a renda, sobre determinados bens ou sobre todo o patrimônio, nomeando o juiz como depositário, de preferência, um dos seus diretores.

Evidentemente que este dispositivo deverá ser interpretado de acordo com os preceitos Constitucionais e com o princípio de que não poderá haver interrupção ou suspensão do serviço público.

Assim, não obstante se possa penhorar a própria concessionária de serviço público, como empresa, evidentemente que essa penhora não poderá ensejar a paralisação do serviço, muito menos a alienação dos bens afetados a estes serviços, especialmente pelo fato de que ao final do contrato de concessão haverá reversão dos aludidos bens ao patrimônio público.

Assim, somente poderá ser penhorado bens do patrimônio ou a renda que não afetarem a continuidade do serviço público.

Estabelece o *§1º do art. 863* do atual C.P.C. que *quando a penhora recair sobre a renda ou sobre determinados bens, o administrador-depositário apresentará a forma de administração e o esquema de pagamento, observando-se, quanto ao mais, o disposto em relação ao regime de penhora de frutos e rendimentos de coisa móvel e imóvel.*

A penhora poderá recair sobre a renda, desde que não afete a continuidade do serviço público, bem como sobre determinados bens que não estejam afetados ao serviço público. Nesse caso, será nomeado um *administrador-depositário* que apresentará a forma de administração e o esquema de pagamento.

Se toda a renda ou todo o patrimônio estiverem afetados ao serviço público, o juiz então deverá igualmente nomear um *administrador-depositário*, o qual, por sua vez, deverá observar o regime de penhora de frutos e rendimentos de coisas móvel e imóvel que está regulado nos arts. 867 a 869 do atual C.P.C.

Nessa hipótese, *o administrador-depositário* será investido de todos os poderes que concernem à administração da empresa e à fruição de seus frutos e utilidades, perdendo o executado o direito de gozo do bem, até que o exequente seja pagado do principal, dos juros, das custas e dos honorários advocatícios.

Também, nessa hipótese, o *administrador-depositário* deverá conjugar a manutenção do serviço público com os interesses do exequente. Nesse sentido são os seguintes precedentes do S.T.J.:

> *1. Sendo a executada empresa concessionária de serviço público, a penhora de seu rendimento deverá observar as formalidades do art. 678, parágrafo único, do Código de Processo Civil, cuja razão de ser diz com a necessidade de se garantir que a constrição não acarrete solução de continuidade nos serviços ali desenvolvidos.*
>
> *2. A elaboração de um plano de administração constitui verdadeiro pressuposto legal da penhora sobre o faturamento, de modo que somente depois de aprovado dito plano pelo juiz é que tem lugar a implementação da medida constritiva.*
>
> *3. Habeas corpus concedido.*
>
> (HC 34.138/SP, Rel. Ministro JOÃO OTÁVIO DE NORONHA, SEGUNDA TURMA, julgado em 25/05/2004, DJ 09/08/2004, p. 197)
>
> *(...).*
>
> *4. A penhora de renda não se confunde com a penhora de estabelecimento, posto equipara-se à constrição em dinheiro, a primeira na ordem dos bens penhoráveis como a que conspira em favor dos objetivos precípuos da execução por quantia certa contra devedor solvente.*
>
> *5. Em ocorrendo penhora de empresa concessionário há submissão ao regime do usufruto de imóvel ou de empresa, porquanto o bem, em regra, pertence ao poder concedente, razão pela qual prioriza-se penhora de renda. Dessa forma, a constrição obedece ao princípio da maior eficiência insculpido no art. 716 do CPC. Nessas hipóteses, o juiz da execução pode conceder ao credor a penhora que reputar menos gravosa ao devedor e eficiente para o recebimento da dívida.*
>
> *Situação fática ocorrente há mais de 2 anos comprovando a eficiência do meio de constrição.*
>
> *6. A eventual análise do que seria mais compensador esbarra na Súmula 07, do E. STJ que interdita a análise de questões fáticas.*

7. Cumpre destacar, que a empresa é concessionária de serviço de pedágio. Nessas hipóteses, posto o patrimônio pertencer à concedente, a prioridade é a penhora de renda, à qual aplicam-se os princípios do usufruto de empresa. Nesse sentido, di-lo o art. 678 do CPC: "A penhora de empresa, que funcione mediante concessão ou autorização, far-se-á, conforme o valor do crédito, sobre a renda, sobre determinados bens, ou sobre todo o patrimônio, nomeando o juiz como depositário, de preferência, um dos seus diretores.

Parágrafo único. Quando a penhora recair sobre a renda, ou sobre determinados bens, o depositário apresentará a forma de administração e o esquema de pagamento observando-se, quanto ao mais, o disposto nos arts. 716 a 720; recaindo, porém, sobre todo o patrimônio, prosseguirá a execução os seus ulteriores termos, ouvindo-se, antes da arrematação ou da adjudicação, o poder público, que houver outorgado a concessão." 8. O Art. 716, por seu turno, estabelece: "O juiz da execução pode conceder ao credor o usufruto de imóvel ou de empresa, quando o reputar menos gravoso ao devedor e eficiente para o recebimento da dívida." Ora, se assim o é, a situação dos autos vem retratando, exatamente o que esperou o legislador ao instituir essa modalidade de constrição.

Em primeiro lugar não houve qualquer interferência na estrutura orgânica da entidade. Em segundo, o Judiciário reputou suficiente a penhora e eu diria mais, eficiente, porquanto há 2 anos ela vem sendo cumprida.

9. Recurso Especial não conhecido.

(REsp 419.151/SP, Rel. Ministro LUIZ FUX, PRIMEIRA TURMA, julgado em 05/11/2002, DJ 10/03/2003, p. 97).

Preceitua o *§2º do art. 863* do atual C.P.C. que *recaindo a penhora sobre todo o patrimônio, prosseguirá a execução nos seus ulteriores termos, ouvindo-se, antes da arrematação ou da adjudicação, o ente público que houver outorgado a concessão.*

Se não houver possibilidade da permanência da prestação do serviço público, seja pela ineficiência da empresa concessionária, seja pela precariedade de seus bens móveis e imóveis, poderá a penhora recair sobre a totalidade do patrimônio da empresa, prosseguindo-se a execução.

Contudo, deve-se sempre ter em mente que ao final do contrato de concessão haverá reversão do patrimônio da concessionária ao ente público, razão pela qual, antes da arrematação ou da adjudicação dos bens, há necessidade de se ouvir o ente público que houver outorgado a concessão.

Se o ente público disser que não tem interesse no patrimônio da concessionária, a alienação ou adjudicação será ultimada.

Havendo interesse do ente público na reversão patrimonial, não poderá haver a arrematação ou adjudicação dos bens. Contudo, nessa hipótese a responsabilidade subsidiária do ente público torna-se bem evidenciada, podendo o exequente promover a execução contra o poder concedente, em razão da responsabilidade subsidiária. *Mutatis mutantis*, eis os seguintes precedentes do S.T.J.:

1. Há responsabilidade subsidiária do Poder Concedente, em situações em que o concessionário não possuir meios de arcar com a indenização pelos prejuízos a que deu causa. Precedentes.

2. No que tange à alegada ofensa ao art. 1º, do Decreto 20.910/32, mostra-se improcedente a tese de contagem da prescrição desde o evento danoso, vez que os autos revelam que a demanda foi originalmente intentada em face da empresa concessionária do serviço público, no tempo e no modo devidos, sendo que a pretensão de responsabilidade subsidiária do Estado somente surgira no momento em que a referida empresa tornou-se insolvente para a recomposição do dano.

3. Em apreço ao princípio da actio nata que informa o regime jurídico da prescrição (art. 189, do CC), há de se reconhecer que o termo a quo do lapso prescricional somente teve início no momento em que se configurou o fato gerador da responsabilidade subsidiária do Poder Concedente, in casu, a falência da empresa concessionária, sob pena de esvaziamento da garantia de responsabilidade civil do Estado nos casos de incapacidade econômica das empresas delegatórias de serviço público.

4. Recurso especial não provido.

(REsp 1135927/MG, Rel. Ministro CASTRO MEIRA, SEGUNDA TURMA, julgado em 10/08/2010, DJe 19/08/2010)

I – O Município de Itapetininga é responsável, solidariamente, com o concessionário de serviço público municipal, com quem firmou "convênio" para realização do serviço de coleta de esgoto urbano, pela poluição causada no Ribeirão Carrito, ou Ribeirão Taboãozinho.

II – Nas ações coletivas de proteção a direitos metaindividuais, como o direito ao meio ambiente ecologicamente equilibrado, a responsabilidade do poder concedente não é subsidiária, na forma da novel lei das concessões (Lei nº 8.987 de 13.02.95), mas objetiva e, portanto, solidária com o concessionário de serviço público, contra quem possui direito de regresso, com espeque no art. 14, § 1º da Lei nº 6.938/81. Não se discute, portanto, a liceidade das atividades exercidas pelo concessionário, ou a legalidade do contrato administrativo que concedeu a exploração de serviço público; o que importa é a potencialidade do dano ambiental e sua pronta reparação.

(REsp 28.222/SP, Rel. Ministra ELIANA CALMON, Rel. p/ Acórdão Ministra NANCY ANDRIGHI, SEGUNDA TURMA, julgado em 15/02/2000, DJ 15/10/2001, p. 253)

Art. 864

A penhora de navio ou de aeronave não obsta que continuem navegando ou operando até a alienação, mas o juiz, ao conceder a autorização para tanto, não permitirá que saiam do porto ou do aeroporto antes que o executado faça o seguro usual contra riscos.

Penhora de navio e aeronave

Os navios e aeronaves são bens móveis *sui generis* ou especiais.

Em diversas situações jurídicas, os navios e aeronaves são tratados como se imóveis fossem, necessitando de registros e podendo ser objeto de hipoteca, garantia real típica dos bens imóveis.

Contudo, para efeito de penhora, o navio e a aeronave são tratados como bens *móveis* especiais.

A penhora de navio ou aeronave não impede que esses veículos continuem em operação.

Segundo estabelece o art. 74, inc. II, letra 'c', do Código Brasileiro de Aeronáutica (Lei n. 7.565/86):

> *"Art. 74. No Registro Aeronáutico serão feitas:*
>
> *II – a inscrição:*
>
> *'c' – de atos ou contratos de exploraçao ou utilizaçao, assim como de arresto, sequestro, penhora e apreensão de aeronave".*

Por sua vez, estabelece o art. 155 do Código Brasileiro de Aeronáutica:

> *Art. 155. Toda vez que, sobre aeronave ou seus motores, recair penhora ou apreensão, esta deverá ser averbada no Registro Aeronáutico Brasileiro.*
>
> *§ 1º Em caso de penhora ou apreensão judicial ou administrativa de aeronaves, ou seus motores, destinados ao serviço público de transporte aéreo regular, a autoridade judicial ou administrativa determinará a medida, sem que se interrompa o serviço.*
>
> *§ 2º A guarda ou depósito de aeronave penhorada ou de qualquer modo apreendida judicialmente far-se-á de conformidade com o disposto nos artigos 312 a 315 deste Código.*

O termo navio e embarcação se confundem.

O certo é que um navio é uma embarcação, mas que nem toda embarcação é um navio.

Por isso pode-se dizer que a embarcação é gênero da qual o navio é espécie.

A lei n. 9.966/2000, em seu art. 2º, inc. V, considera navio: *"embarcação de qualquer tipo que opere no ambiente aquático, inclusive hidrofólios, veículos a colchão de ar, submersíveis e outros engenhos flutuantes".*

Contudo, essa classificação diz respeito a questões de prevenção, controle e fiscalização da poluição causada por lançamento de óleo e outras substâncias nocivas ou perigosas em águas sob jurisdição nacional.

O registro de penhora de navio será feito na Capitania dos Portos.

É importante salientar que um pequeno barco, um *jet-ski*, uma lancha etc. não pode ser considerado como navio, razão pela qual entram na classificação de bens móveis para efeito de penhora.

Diante da importância que é o navio e a aeronave para o transporte de carga e de passageiro nacional e internacional, não se justifica que eventual penhora sobre estes bens represente a interrupção de sua atividade fim, especialmente porque sua paralisação pode causar enormes prejuízos econômicos e financeiros, além de afetar o interesse público e social.

Por isso, a penhora de navio e aeronave não obsta que, respectivamente, continuem navegando ou operando até a alienação. Mas para que isso possa ocorrer, o juiz, ao conceder a autorização para tanto, não permitirá que saia do porto ou do aeroporto antes que o executado faça o seguro usual contra riscos.

A hipótese do texto legal é de navio e aeronave já em operação, o que pressupõe o seu registro ou matrícula.

Contudo, é possível a penhora de navio e aeronave em construção.

Art. 865

A penhora de que trata esta Subseção somente será determinada se não houver outro meio eficaz para a efetivação do crédito.

Penhora subsidiária desta Subseção

Pela complexidade, gravidade, reflexos sociais e econômicos que podem decorrer da penhora indicada nesta Subseção, bem agiu o legislador em determinar que a penhora de estabelecimento comercial, industrial ou agrícola, de semoventes, plantações ou edifícios em construção, de navio e aeronave, somente se efetive se não houver outro meio eficaz para o pagamento do crédito executado.

Compete ao juiz, diante da penhora dos bens indicados nesta Subseção, realizar uma ponderação de valores entre os princípios da efetividade da execução e o da menor onerosidade possível ao executado, bem como em relação aos interesses públicos e sociais envolvidos.

SUBSEÇÃO IX – Da Penhora de Percentual de Faturamento de Empresa

Art. 866

Se o executado não tiver outros bens penhoráveis ou se, tendo-os, esses forem de difícil alienação ou insuficientes para saldar o crédito executado, o juiz poderá ordenar a penhora de percentual de faturamento de empresa.

§ 1º O juiz fixará percentual que propicie a satisfação do crédito exequendo em tempo razoável, mas que não torne inviável o exercício da atividade empresarial.

§ 2º O juiz nomeará administrador-depositário, o qual submeterá à aprovação judicial a forma de sua atuação e prestará contas mensalmente, entregando em juízo as quantias recebidas, com os respectivos balancetes mensais, a fim de serem imputadas no pagamento da dívida.

§ 3º Na penhora de percentual de faturamento de empresa, observar-se-á, no que couber, o disposto quanto ao regime de penhora de frutos e rendimentos de coisa móvel e imóvel.

Penhora sobre o faturamento da empresa

O dispositivo permite a penhora sobre o faturamento da empresa, desde que não haja outros bens penhoráveis ou, se existindo, estes forem de difícil alienação ou insuficientes para saldar o crédito do executado.

Pode-se pensar ainda na penhora sobre o faturamento da empresa, na hipótese em que somente haja para penhorar bens essenciais para o funcionamento da própria empresa, cuja venda poderá inclusive paralisar a atividade empreendedora. Nessa hipótese, seria menos oneroso ao executado e ao interesse público e social a penhora sobre o faturamento do que sobre o bem essencial para o funcionamento da empresa. Pense-se na hipótese da penhora e alienação de uma máquina importada de transformação de celulose em papel de uma companhia cuja atividade é a industrialização do papel.

É importante não se confundir faturamento da empresa com a própria empresa ou o seu estabelecimento comercial.

A sede da empresa ou o seu estabelecimento pode ser penhorado, conforme estabelece o art. 862 do atual C.P.C., mas isso não significa que houve penhora sobre o faturamento da empresa.

O faturamento da empresa também pode ser objeto de penhora.

O faturamento é a renda obtida da alienação dos serviços ou das mercadorias da empresa.

Em 2005, no julgamento dos recursos extraordinários ns. 346.084, Rel p/ acórdão Ministro Marco Aurélio, 357.950, 358.273 e 390.840, o S.T.F. assim se posicionou sobre o conceito de faturamento:

> *A jurisprudência do Supremo, ante a redação do art. 195 da Carta Federal anterior à Emenda Constitucional n. 20, consolidou-se no sentido de tomar as expressões 'receita bruta' e 'faturamento' como sinônimas, jungindo-as à 'venda de mercadorias ou de mercadorias e serviços...'.*

O art. 866 do atual C.P.C. permite a penhora de um *percentual* sobre o faturamento da empresa.

Estabelece o *§1º do art. 866* do atual C.P.C. que *o juiz fixará percentual que propicie a satisfação do crédito exequendo em tempo razoável, mas que não torne inviável o exercício da atividade empresarial.*

O magistrado, diante da penhora sobre o faturamento da empresa, deverá agir com muita prudência e bom senso, pois deverá equacionar a satisfação do crédito do exequente em tempo razoável, com a penhora em um percentual que não inviabilize o exercício da atividade empresarial.

O entendimento atual do S.T.J. sobre a penhora de faturamento é de que se trata de uma penhora de *caráter excepcional e que o percentual de penhora não pode inviabilizar a própria atividade da empresa.* Para o S.T.J., o percentual de 5% ou 10% é o ideal para não se inviabilizar a atividade empresarial. Nesse sentido, eis os seguintes precedentes:

> *1. Nos termos da jurisprudência pacífica desta Corte, é possível a penhora recair, em caráter excepcional, sobre o faturamento da empresa desde que observadas, cumulativamente, as condições previstas na legislação processual (art. 655-A, § 3º, do CPC), e desde que o percentual fixado não torne inviável o exercício da atividade empresarial, sem que isso configure violação do princípio exposto no art. 620 do CPC segundo o qual, "quando por vários meios o credor puder promover a execução, o juiz mandará que se faça pelo modo menos gravoso para o devedor".*
>
> *2. No caso dos autos, o Tribunal de origem expressamente consignou o caráter excepcional da penhora sobre o faturamento da recorrente, tendo em vista que os bens passíveis de nomeação são de difícil alienação, para a garantia da execução fiscal, tendo ainda registrado que o percentual fixado não atentaria contra o regular exercício da atividade empresarial (5%).*

3. Esta Corte pacificou o entendimento no sentido de que a verificação da não observância ao art. 620 do Código de Processo Civil demanda o revolvimento de circunstâncias fático-probatórias presentes nos autos, encontrando óbice na Súmula 7/STJ.

Agravo regimental improvido.

(AgRg no AREsp 183.587/RJ, Rel. Ministro HUMBERTO MARTINS, SEGUNDA TURMA, julgado em 02/10/2012, DJe 10/10/2012)

(...).

2. O Tribunal de origem consignou que o percentual fixado em 5% sobre o faturamento bruto da empresa não atentaria contra o regular exercício da atividade empresarial. Para afastar tal premissa, seria necessário o reexame do conteúdo fático-probatório dos autos, o que é vedado na presente instância recursal. Inteligência da Súmula 7/STJ.

3. Agravo regimental não provido.

(AgRg no REsp 1320996/RS, Rel. Ministro CASTRO MEIRA, SEGUNDA TURMA, julgado em 04/09/2012, DJe 11/09/2012)

1. A constrição sobre o faturamento da empresa, qualquer que seja o seu percentual, somente se mostraria ajustado às garantias da parte executada, se fosse demonstrada, previamente, a taxa de lucro (%) do empreendimento econômico e das suas operações, de sorte que a medida incidisse sobre essa parcela; sendo desconhecido esse elemento, a providência judicial parece trabalhar com a suposição (irrealística) de que o faturamento é igual ao lucro, quando para a sua obtenção há vários custos fixos e agregados; sem a análise da planilha de custos, não é possível asseverar a margem de lucratividade.

2. Contudo, tendo a penhora recaído sobre percentual do faturamento da empresa (art. 655, VII do CPC) e o Tribunal a quo, levando em consideração as outras penhoras, reduzido o percentual deferido pelo MM. Juiz para 2%, a revisão desse fundamento dependeria do reexame de provas, inviável na via eleita, ante o disposto na Súmula 7/STJ.

3. Agravo Regimental de FASOLO ARTEFATOS DE COURO LTDA desprovido.

(AgRg no AgRg no Ag 1405460/RS, Rel. Ministro NAPOLEÃO NUNES MAIA FILHO, PRIMEIRA TURMA, julgado em 03/05/2012, DJe 09/05/2012)

É importante salientar que mesmo havendo diversas execuções em relação à mesma empresa, o que ocorre normalmente com as execuções fiscais, deve-se observar o limite de no máximo 5% ou 10% para garantir todas as execuções, sob pena de se inviabilizar o exercício da atividade empresarial

O faturamento da empresa pode decorrer, ainda, do crédito existente em favor da empresa em cartões de crédito, especialmente pelo fato de que a maioria das transações modernamente são realizadas por meio desta modalidade de pagamento. Sobre a penhora do crédito de cartões de crédito, assim tem se manifestado o Tribunal Regional Federal da 4ª Região.

Os artigos 11 da Lei nº 6.830/80 e 655, incisos I e VII, e 655-A, 'caput' e parágrafo 2º, do Código de Processo Civil apenas estabelecem a ordem dos bens penhoráveis ou permitem a denominada "penhora on-line", valendo ressaltar que foi reconhecida a legitimidade da penhora sobre os recebíveis de cartões de crédito, além de que a redução do percentual fixado pelo juízo 'a quo' (de 20% para 5%) não afronta tais dispositivos. (TRF4, EDAG 5000958-29.2012.404.0000, Primeira Turma, Relatora p/ Acórdão Maria de Fátima Freitas Labarrère, D.E. 16/11/2012)

A penhora sobre créditos futuros, no caso, decorrentes de vendas realizadas pelo cartão de crédito junto à empresa executada, equivale, em termos de liquidez, a dinheiro que será recebido no futuro, enquadrando-se no inciso I do art. 655 do CPC, figurando em primeiro lugar na ordem preferencial estabelecida no dispositivo. (TRF4, AG 5010179-36.2012.404.0000, Quarta Turma, Relator p/ Acórdão Luís Alberto D'azevedo Aurvalle, D.E. 16/11/2012).

É legítima a penhora de ativos financeiros resultantes de vendas mediante cartão de crédito, processualmente equiparável à penhora de dinheiro em depósito em instituição financeira (Código de Processo Civil, art. 655, I). (TRF4, AG 0008964-13.2012.404.0000, Segunda Turma, Relator Rômulo Pizzolatti, D.E. 14/11/2012)

Ainda sobre o tema, assim decidiu o S.T.J.:

1. Esta Corte possui o entendimento que a penhora de créditos da parte executada, junto às administradoras de cartões de crédito, reclama a demonstração efetiva de que foram esgotados todos os meios disponíveis para a localização de outros bens penhoráveis.

Precedentes: AgRg no AREsp 385.525/MG, Rel. Min. ASSUSETE MAGALHÃES, DJe 26.3.2015; AgRg no AREsp 450.575/MG, Rel. Min. HERMAN BENJAMIN, DJe de 18.6.2014.

2. Ademais, os recebíveis de operadoras de cartão de crédito equiparam-se ao faturamento da empresa e, por isso, devem ser restringidos de forma a viabilizar o regular desempenho da atividade empresarial (REsp. 1.408.367/SC, Rel. Min. HERMAN BENJAMIN, 2T, DJe 16.12.2014).

3. Agravo Regimental da FAZENDA NACIONAL a que se nega provimento.

(AgRg no AREsp 692.696/SP, Rel. Ministro NAPOLEÃO NUNES MAIA FILHO, PRIMEIRA TURMA, julgado em 25/08/2015, DJe 03/09/2015)

1. A fumaça do bom direito encontra-se presente, uma vez que a penhora sobre o faturamento da empresa sobre futuro crédito decorrente das administradoras de cartão de crédito, só pode ocorrer em casos excepcionais. O periculum in mora também está evidenciado, pois a constrição prejudicará a própria sobrevivência da empresa.

2. Consoante a orientação firmada no STJ a penhora de créditos da parte executada, junto às administradoras de cartões de crédito, reclama a demonstração efetiva de que foram esgotados todos os meios disponíveis para a localização de outros bens penhoráveis (AgRg no AREsp 385.525/MG, Rel. Min. ASSUSETE MAGALHÃES, DJe 26.3.2015; AgRg no AREsp 450.575/MG, Rel. Min. HERMAN BENJAMIN, DJe de 18.6.2014).

3. Os recebíveis de operadoras de cartão de crédito possuem natureza jurídica de direito de crédito, listado no art. 11, VIII, da Lei 6.830/1980, sendo, portanto, o último item na ordem de preferência, e o imóvel figura a quarta posição da lista. Por essa razão, em exame perfunctório, não se verifica qualquer motivo para a recusa da substituição, o que, em última análise, só colabora com a tese da requerente.

4. Medida Cautelar julgada procedente, apenas para conferir efeito suspensivo ao Recurso Especial dirigido a esta Corte.

(MC 23.968/SP, Rel. Ministro NAPOLEÃO NUNES MAIA FILHO, PRIMEIRA TURMA, julgado em 20/08/2015, DJe 31/08/2015)

Por sua vez, não se deve confundir a penhora do crédito existente em favor do comerciante pela venda de mercadoria ou serviço, com a penhora do crédito decorrente de pagamento de fatura do próprio cartão, ou, mesmo do crédito colocado em favor do favorecido pela administradora do cartão. Nesse caso, o valor do crédito pertence à administradora do cartão e não ao devedor; este somente receberá o crédito quando efetuar o pagamento do cartão ou quando realizar a despesa, sendo que o crédito é no valor exato do pagamento, sem sobras. Assim, não se pode penhorar bens que pertencem a terceiro. Nesse sentido é o seguinte precedente do S.T.J.:

1. Havendo comprovadamente bem penhorável no foro da execução, assiste ao credor direito de recusar a nomeação à penhora de bem situado em outra comarca.

2. A fatura de cartão de crédito pressupõe a possibilidade de um débito e não de um crédito do devedor, não estando prevista no rol do artigo 11 da Lei 6.830/80.

3. Deveras, a penhora dos créditos das administradoras de cartão implicaria carrear para as mesmas, responsabilidade patrimonial secundária não prevista em Lei.

4. Recurso especial desprovido.

(REsp 439.231/BA, Rel. Ministro LUIZ FUX, PRIMEIRA TURMA, julgado em 10/12/2002, DJ 03/02/2003, p. 284)

Prescreve o *§2º do art. 866* do atual C.P.C. que *o juiz nomeará administrador-depositário, o qual submeterá à aprovação judicial a forma de sua atuação e prestará contas mensalmente, entregando em juízo as quantias recebidas, com os respectivos balancetes mensais, a fim de serem imputadas no pagamento da dívida.*

Assim como ocorre na penhora de estabelecimento comercial, industrial ou agrícola, bem como de semoventes, plantações ou edifícios em construção (art. 862 do atual C.P.C.), o juiz nomeará um administrador-depositário para dar efetividade à penhora sobre o faturamento da empresa, determinando-lhe que apresente em dez dias o plano de administração.

O administrador-depositário deverá prestar contas, mensalmente, entregando em juízo as quantias recebidas, com os respectivos balanços mensais, a fim de serem imputadas no pagamento da dívida.

As partes terão oportunidade de se manifestar sobre a prestação de contas efetuada pelo administrador provisório.

Tendo em vista que o §3º deste dispositivo determina que seja aplicada à penhora sobre o faturamento, no que couber, as regras do regime de penhora de frutos e rendimentos da coisa móvel e imóvel, isso significa dizer que o juiz poderá nomear administrador-depositário o exequente ou executado, ouvida a parte contrária; não havendo acordo, o juiz nomeará profissional qualificado para o desempenho da função (art. 869 do atual C.P.C.).

O Administrador submeterá à aprovação judicial a forma de administração, bem como a de prestar contas periodicamente (§1º do art. 869 do atual C.P.C.).

Havendo discordância entre as partes ou entre estas e o administrador, o juiz decidirá a melhor forma de administração do bem (§2º do art. 869 do atual C.P.C.).

Apresentado o plano de administração para aprovação, e ouvidas as partes sobre a forma de sua atuação e prestação de contas mensal, e não havendo discordância, o juiz decidirá se homologa.

O plano de administração deverá indicar a forma de captação do percentual que deverá incidir sobre o faturamento, bem como que será depositado em juízo mensalmente o valor apurado, com os respectivos balanços.

O valor depositado será imputado no pagamento da dívida, também mensalmente, salvo se razões jurídicas impedirem a imputação de imediato.

Sobre o tema, eis a seguinte decisão do S.T.J.:

1. Nas causas em que figurar, como parte, em um dos polos da relação processual, Estado Estrangeiro ou Organismo Internacional, é possível a interposição de agravo de instrumento contra decisões interlocutórias diretamente ao Superior Tribunal de Justiça (arts. 105, II, "c" da CF, 539, parágrafo único, do CPC e 13, III, do RI/STJ) . Precedentes.

2. A penhora sobre faturamento de empresa pode ser deferida pelo juízo se cumpridos três requisitos: (i) que o devedor não possua bens ou, se os tiver, sejam esses de difícil execução ou insuficientes a saldar o crédito demandado; (ii) seja promovida a nomeação de administrador e que apresente plano de pagamento; (iii) o percentual fixado sobre o faturamento não torne inviável o exercício da atividade empresarial. Precedentes.

3. A existência de mais de uma ordem de penhora sobre faturamento, proveniente de juízos diferentes, não inviabiliza a medida. Na sua execução, o administrador deverá observar a ordem de preferência para os pagamentos.

4. A deliberação, constante de assembleia geral de companhia, para que seja pago determinado montante a título de remuneração global aos sócios administradores, não pode ser caracterizada fraude à execução, porquanto não representa uma hipótese de alienação de bens, como determinado pelo art. 593 do CPC. Se a deliberação não observa os ditames do art. 152 da Lei das S.A., ou se há intento de fraudar credores na decisão tomada, trata-se de matéria que deve ser abordada em ação própria, com abertura de amplo contraditório e possibilidade de dilação probatória. Nos autos da execução, há outros mecanismos à disposição dos credores para atingir patrimônio eventualmente desviado pela empresa executada.

5. Perda do objeto do Agravo de Instrumento 1.354.655. Negado provimento aos Agravos de Instrumento 1.379.709/SC e 1.380.194/SC.

(Ag 1380194/SC, Rel. Ministra NANCY ANDRIGHI, TERCEIRA TURMA, julgado em 06/12/2011, DJe 16/12/2011)

Há jurisprudência do S.T.J. entendendo que somente haverá a penhora sobre o faturamento após o administrador-depositário apresentar o plano gestor da penhora, sendo que antes da realização desse ônus processual não haverá penhora sobre o faturamento:

– A denominada "penhora sobre faturamento" de empresa somente torna-se eficaz após apresentação do plano de pagamento, pelo depositário-administrador. Antes de tal plano é impossível estabelecer o valor a ser gravado com penhora (CPC, Arts. 677 e 678).

– A omissão do depositário-administrador em apresentar o plano justifica destituição sumária – jamais sua prisão.

(RHC 22.166/RS, Rel. Ministro HUMBERTO GOMES DE BARROS, TERCEIRA TURMA, julgado em 13/11/2007, DJ 28/11/2007, p. 213)

– Indispensável à constrição judicial sobre o faturamento de empresa, segundo a jurisprudência do Superior Tribunal de Justiça, a nomeação de administrador e a apresentação por ele de plano de administração. Pressupostos não preenchidos na espécie. Recurso especial conhecido, em parte, e provido.

(REsp 552.609/SP, Rel. Ministro BARROS MONTEIRO, QUARTA TURMA, julgado em 06/09/2005, DJ 24/10/2005, p. 329)

É importante salientar que se deve observar na penhora de faturamento e em relação ao administrador judicial, o mesmo entendimento já sufragado na Súmula 319 do S.T.J., segundo o qual *"o encargo de depositário de bens penhorados pode ser expressamente recusado"* (Resp. n. 689.432/SP). Nesse sentido são os seguintes precedentes do S.T.J.:

1. A falta de prequestionamento da matéria federal impede o conhecimento do recurso especial (Súmulas 282 e 356 do STF).

2. Na penhora de faturamento, em relação ao administrador judicial, aplica-se o entendimento firmado na Súmula 319 do STJ, segundo o qual "o encargo de depositário de bens penhorados pode ser expressamente recusado".

3. Recurso especial parcialmente conhecido e, nessa parte, improvido.

(REsp 689432/SP, Rel. Ministro TEORI ALBINO ZAVASCKI, PRIMEIRA TURMA, julgado em 04/12/2007, DJ 19/12/2007, p. 1141)

1. Se a Corte de origem pronuncia-se expressamente sobre a obrigatoriedade de assunção de encargo de administrador, pelo sócio-gerente, cumpre o requisito do prequestionamento.

2. O encargo de administrador pode ser recusado pelo representante legal da empresa quando deferida a penhora sobre o faturamento.

Precedentes: REsp 689.432/SP, Rel. Min. Teori Albino Zavascki, Primeira Turma, julgado em 4.12.2007, DJ 19.12.2007, p. 1141; HC 62.129/RJ, Rel. Min. João Otávio de Noronha, Segunda Turma, julgado em 15.5.2007, DJ 4.6.2007, p. 325.

Embargos de declaração acolhidos, com efeitos infringentes.

(EDcl no AgRg nos EDcl no REsp 1213661/RS, Rel. Ministro HUMBERTO MARTINS, SEGUNDA TURMA, julgado em 26/04/2011, DJe 03/05/2011)

Prescreve o *§ 3º do art. 866* do atual C.P.C. que na *penhora de percentual de faturamento de empresa, observar-se-á, no que couber, o disposto quanto ao regime de penhora de frutos e rendimentos de coisa móvel e imóvel.*

Assim, devem ser aplicados, no que couber, os artigos 867 a 869 do atual C.P.C.

Segundo prescreve o art. 867 do atual C.P.C., o juiz pode ordenar a penhora de frutos e rendimentos de coisa móvel ou imóvel a considerar mais eficiente para o recebimento do crédito e menos gravosa ao executado.

No caso, a penhora sobre o faturamento, em linhas gerais, não deixa de ser uma forma de penhora sobre os rendimentos produzidos pela empresa.

Se o administrador da empresa não aceitar o encargo de administrador-depositário, o juiz poderá nomear outro administrador-depositário, que será investido de todos os poderes que concernem à administração da empresa e à fruição do faturamento, perdendo o executado o direito de gozo do bem, até que o exequente seja pago do principal, dos juros, das custas e dos honorários advocatícios.

A medida terá eficácia em relação a terceiros a partir da publicação da decisão que a conceda ou de sua averbação no ofício imobiliário, em se tratando de imóveis (§1º do art. 868 do atual C.P.C.). No caso, terá mais eficácia perante terceiro a averbação no Registro de Pessoa Jurídica ou na Junta Comercial.

O exequente providenciará a averbação no registro competente, independentemente de mandado judicial, apresentando apenas certidão do inteiro teor do ato (§2º do art. 868 do atual C.P.C.).

SUBSEÇÃO X – Da Penhora de Frutos e Rendimentos de Coisa Móvel ou Imóvel

Art. 867

O juiz pode ordenar a penhora de frutos e rendimentos de coisa móvel ou imóvel quando a considerar mais eficiente para o recebimento do crédito e menos gravosa ao executado.

Penhora de frutos e rendimentos

Em regra, a penhora sobre determinado bem móvel ou imóvel tem por finalidade a sua expropriação com o pagamento do exequente por meio do valor aferido com a alienação. Semelhante procedimento pode revelar-se extremamente gravoso para o executado, cujo patrimônio se vê desfalcado de modo permanente. Porém, se por um lado é função do processo executivo proporcionar ao exequente, em toda a medida de possibilidade prática, a utilidade de que gozaria se o seu direito fosse espontaneamente satisfeito, não é menos certo, por outro lado, que se impõe buscar esse fim com o mínimo possível de perda patrimonial do executado.[404]

Diante deste dilema, o legislador, voltado ao princípio da menor onerosidade ao executado, autorizou ao juiz ordenar a penhora de *frutos e rendimentos*, ao invés de levar o bem à alienação judicial, pois, em se tratando de bem móvel ou imóvel que possa produzir frutos, não haveria justificativa para sua alienação de imediato sem que houvesse a possibilidade de se quitar o crédito executivo com os frutos por ele produzidos.

A lei brasileira, ao contrário da possível fonte normativa estrangeira deste instituto, art. 564, §1º do Código de Processo Civil do Vaticano[405], não faz menção expressa à necessidade de requerimento do credor. Contudo, entende Barbosa Moreira que a omissão foi suprida pelos arts. 721, quanto ao imóvel, e 726, no que concerne a empresa, ambos do C.P.C. de 1973 revogado. Assim, para o mestre Barbosa Moreira, e à vista dessas disposições, também em nosso ordenamento jurídico não poderia o juiz determinar a penhora de frutos *ex officio*.[406]

Contudo, pela redação do art. 867 do atual C.P.C., e pela conjugação de princípios *interesse do exequente* x *menor onerosidade do executado*, não há impedimento para que o juiz, sopesando as circunstâncias fáticas e jurídicas da questão, possa, de ofício, determinar a penhora sobre frutos e utilidades dos bens móveis e imóveis pertencentes ao executado, desde que esses frutos sejam de natureza civil.

Com a redação originária do art. 722 do C.P.C. de 1973, havia necessidade de concordância do executado para a realização da penhora de usufruto de bem imóvel ou de sua empresa. Por sua vez, como se trata de uma penhora (ou seja, de uma constrição judicial), bem como pelo fato de que não foi repetido o disposto no art. 722 do C.P.C. de 1973, na sua redação original, não há mais necessidade de anuência do executado para que se realize a penhora sobre frutos e utilidades de bens móveis e imóveis.

[404] Barbosa Moreira, José Carlos. Aspectos do 'usufruto de imóvel ou de empresa' no processo de execução. *In REPRO*, São Paulo, R.T., n. 26, ano 7, abr-jun/82. p. 9.

[405] Art. 564, §1º *"Il giudice dell'esecuzione, su istanza del creditore procedente e priva l'autorizzazione del Governatore da ottenersi a norma degli artt. 2 e 7 della legge sull'ordinamento econômico, commerciale e professionale del 7 giugno 1929 n.V e delle altre disposizioni legislative e regolamentare, può accordare l'usufruto forzato di una cosa immobile, o di un'azienda commerciale, quando ritenga tale mezzo di esecuzione il meno dannoso per il debitore, o quello che più sicuramente può garantire l'esazione del credito".*

[406] Barbosa Moreira, J. C., op. cit., p. 13.

Com a instituição da penhora sobre os *frutos*, o direito de propriedade continua a pertencer ao executado, havendo, contudo, certa restrição quanto ao uso e gozo do bem.

O usufruto judicial já era previsto no §24 da Lei de 20 de junho de 1774, bem como, no Título CIII das Ordenações Filipinas do Livro III.[407]

O Regulamento 737, de 25.11.1850, assim prescreveu em seu art. 564: "*Se os bens são indivisos e o seu valor excede o dobro da dívida, não se arremata ou adjudica a propriedade deles, mas adjudicar-se-ão ao credor sem abatimento algum os seus rendimentos por tantos anos quantos bastem para o pagamento da dívida*". Dessa norma eram excetuados os casos de ter o executado outras dívidas acumuladas, superiores à metade do valor dos bens penhorados; de haver nomeado à penhora esses bens, apesar de ter outros de menor valor; e de não produzirem os bens penhorados rendimento algum.[408]

O C.P.C. de 1939 trazia também essa possibilidade de adjudicação de rendimentos em seu art. 982: "*Se o executado concordar, o exequente poderá requerer que, ao invés da arrematação dos bens penhorados, se lhe adjudiquem os respectivos rendimentos, procedendo-se, nesse caso, à sua avaliação e ao cálculo do tempo necessário para solver-se a dívida*".

Na verdade, o então conhecido 'usufruto judicial' assemelha-se em muito com a garantia real da anticrese,[409] prevista no art. 1.506 do C.c.b.: "*Pode o devedor ou outrem por ele, com a entrega do imóvel ao credor, ceder-lhe o direito de perceber, em compensação da dívida, os frutos e rendimentos*". O credor anticrético pode administrar os bens dados em anticrese e fruir seus frutos e utilidades, mas deverá

[407] "*(...). A denominação de 'usufruto', aplicada à figura de que se cuida, não pertence à tradição luso-brasileira. Nem consta que qualquer estudioso do assunto, ao traçar o perfil dogmático do instituto, se haja lembrado de propor a assimilação. No afã de esclarecer a natureza jurídica dessa modalidade de pagamento ao credor, falavam os escritores antigos ora de 'consignação judicial', ora de 'assinalação judicial', ora ainda de 'locação judicial'. O Código de 1939 sugeriu uma equiparação à anticrese, estabelecendo, no art. 982, §2º, que o adjudicatário dos rendimentos seria 'considerado anticresista para todos os efeitos provenientes da posse dos bens' e ficaria 'sujeito, nessa qualidade, às regras do direito civil'. De 'usufruto', entre nós, só se veio a falar, neste contexto, quando se iniciaram, com o Anteprojeto Buzaid (que versava a matéria nos arts. 763 a 776), os trabalhos de reforma do Processo Civil brasileiro*". (Barbosa Moreira, J. C., idem, 11.).

[408] Barbosa Moreira, J. C., idem, p. 10.

[409] "*Ao nosso ver, o instituto em foco mais se aproxima da anticrese, com a qual tem em comum o pressupor a existência de dívida e o atribuir à percepção dos frutos a função precípua de meio para a respectiva solução. Não se quer dizer com isso que coincidam em tudo os perfis de ambas as figuras: é óbvio que existem diferenças. O que em todo caso parece inegável é que, a buscar-se no direito civil um padrão de analogia, com facilidade poderemos encontrá-lo na anticrese do que no usufruto*". (Barbosa Moreira, J. C., idem, p. 12.

apresentar anualmente balanço, extra e fiel, de sua administração (art. 1.507 do C.c.b.).

Ambos os institutos, penhora de frutos e a anticrese têm por objetivo o pagamento de uma dívida mediante percepção dos frutos que possam produzir a coisa, sem que haja transferência da propriedade do bem.

A diferença primordial entre a penhora judicial e a anticrese é que naquela os frutos podem advir tanto de coisa móvel quanto de bem imóvel, enquanto que nesta a garantia real incide apenas sobre bens imóveis.

O certo é que a redação originária do art. 716 do C.P.C. de 1973, antes da entrada em vigor da Lei 11.382 de 2006, estabelecia que o usufruto dava-se apenas em bens imóveis ou em empresas. A partir da nova redação do referido dispositivo, o usufruto passou a incidir especificamente sobre bens móveis e imóveis, retirando da regulamentação o usufruto de empresas.

O novo C.P.C., por sua vez, regulou a penhora da empresa em seus arts. 862 a 865 do atual C.P.C.

A penhora de frutos pode ocorrer inclusive sobre bens consideráveis inalienáveis ou impenhoráveis, conforme estabelece o art. 834 do atual C.P.C.: *"Podem ser penhorados, à falta de outros bens, os frutos e os rendimentos dos bens inalienáveis"*.

É importante ressaltar que há um equívoco redacional no art. 834 do atual C.P.C., ao falar em *frutos e rendimentos,* pois rendimentos nada mais são do que uma espécie de frutos.

São as seguintes as espécies de frutos: a) frutos naturais, como, por exemplo, a colheita; b) frutos industriais, como a produção de uma fábrica; c) frutos civis, que são os juros e os rendimentos produzidos pela coisa.

Portanto, rendimentos nada mais são do que espécies de frutos civis.

Os frutos que podem ser apropriados pelo exequente podem advir tanto do uso e gozo de uma coisa móvel ou imóvel, podendo esses frutos ser de natureza natural, industrial ou civil.

O exemplo mais comum da apropriação de frutos para pagamento da dívida executada é a percepção de alugueres de bens imóveis.

A percepção desses valores, em regra, opera-se *pro solvendo*, isto é, se o exequente não puder auferir rendimentos suficientes com os frutos produzidos pela coisa, poderá prosseguir com a execução, inclusive requerendo a alienação do bem.

Art. 868

Ordenada a penhora de frutos e rendimentos, o juiz nomeará administrador-depositário, que será investido de todos os poderes que concernem à administração do bem e à fruição de seus frutos e utilidades, perdendo o executado o direito de gozo do bem, até que o exequente seja pago do principal, dos juros, das custas e dos honorários advocatícios.

§ 1º A medida terá eficácia em relação a terceiros a partir da publicação da decisão que a conceda ou de sua averbação no ofício imobiliário, em caso de imóveis.

§ 2º O exequente providenciará a averbação no ofício imobiliário mediante a apresentação de certidão de inteiro teor do ato, independentemente de mandado judicial.

Nomeação de administrador-depositário e eficácia da penhora contra terceiros

Um dos efeitos principais da penhora sobre frutos de coisa móvel ou imóvel é a destituição do executado do gozo do bem, até que o exequente seja pago do principal, dos juros, das custas e dos honorários advocatícios.

Tendo em vista a perda do uso e fruição da coisa pelo executado, deverá o juiz nomear um *administrador-depositário*, que será investido de todos os poderes que concernem à administração do bem.

Salvo acordo entre as partes, o juiz deverá nomear o administrador-depositário. Normalmente o juiz poderá nomear como administrador-depositário o próprio exequente, pois é ele que terá o direito ao uso e gozo do bem, salvo se ele não tiver competência ou reputação ilibada e capacidade técnica para administrar o bem.

Quando o juiz nomeia o exequente para esse *múnus*, haverá coincidência entre o titular do direito ao usufruto do bem e o seu administrador-depositário.

Muito embora o executado perca o uso e o gozo do bem em razão do direito de propriedade, nada impede que ele também seja nomeado pelo juiz como *administrador-depositário*, transmudando-se, assim, a natureza da posse ou da detenção do bem.

Sendo o exequente ou outra pessoa o administrador-depositário, haverá necessidade da devida prestação de contas periódica e final sobre a administração e percepção dos frutos, podendo o administrador ser responsabilizado pelos danos causados por culpa ou dolo.

O art. 720 do C.P.C. de 1973, com a redação dada pela Lei n. 11.382, de 2006, prescrevia que q*uando o usufruto recaísse sobre o quinhão do condômino na copropriedade, o administrador exercerá os direitos que cabiam ao executado*. Muito embora esse dispositivo não tenha sido repetido pelo atual C.P.C., eventual usufruto sobre quinhão do devedor em copropriedade será exercido pelo administrador--depositário de acordo com os mesmos direitos que competiam ao executado/coproprietário.

Preceitua o *§1º do art. 868* do atual C.P.C. que *a medida terá eficácia em relação a terceiros a partir da publicação da decisão que a conceda ou de sua averbação no ofício imobiliário, em caso de imóveis.*

O usufruto judicial é constituído pela decisão judicial, a qual confere o uso e o gozo do bem ao exequente com efeito 'erga omnes', ou seja, perante terceiros, a partir da publicação da decisão que o conceder, em se tratando de bem móvel, ou a partir de sua averbação no ofício imobiliário, em se tratando de bens imóveis.

Estabelece o *§2º do art. 868* do atual C.P.C. que *o exequente providenciará a averbação no ofício imobiliário mediante a apresentação de certidão de inteiro teor do ato, independentemente de mandado judicial.*

Como o usufruto judicial sobre bens imóveis somente terá eficácia perante terceiro, isto é, efeito *erga omnes*, após a averbação da decisão no registro imobiliário, compete ao exequente, mediante apresentação de certidão de inteiro teor do ato, independentemente de mandado judicial, a realização dessa averbação. Enquanto isso não se efetivar, o efeito da decisão será apenas entre as partes do processo.

Art. 869

O juiz poderá nomear administrador- depositário o exequente ou o executado, ouvida a parte contrária, e, não havendo acordo, nomeará profissional qualificado para o desempenho da função.

§ 1º O administrador submeterá à aprovação judicial a forma de administração e a de prestar contas periodicamente.

§ 2º Havendo discordância entre as partes ou entre essas e o administrador, o juiz decidirá a melhor forma de administração do bem.

§ 3º Se o imóvel estiver arrendado, o inquilino pagará o aluguel diretamente ao exequente, salvo se houver administrador.

§ 4º O exequente ou o administrador poderá celebrar locação do móvel ou do imóvel, ouvido o executado.

§ 5º As quantias recebidas pelo administrador serão entregues ao exequente, a fim de serem imputadas ao pagamento da dívida.

§ 6º O exequente dará ao executado, por termo nos autos, quitação das quantias recebidas.

Nomeação do administrador-depositário

Tendo em vista a perda do uso e fruição da coisa pelo executado, deverá o juiz nomear um *administrador-depositário*, que será investido de todos os poderes concernentes à administração do bem.

Normalmente o juiz poderá nomear como administrador-depositário o próprio exequente, pois é ele que terá o direito ao uso e gozo do bem, salvo se ele não tiver competência ou reputação ilibada e capacidade técnica para administrar o bem.

Quando o juiz nomeia o exequente para exercer esse *múnus*, haverá coincidência entre o titular do direito ao usufruto do bem e o seu administrador-depositário.

Muito embora o executado perca o uso e o gozo do bem em razão do direito de propriedade, nada impede que ele também seja nomeado pelo juiz como *administrador-depositário*, transmudando-se, assim, a natureza da posse ou da detenção do bem.

Se o juiz optar por nomear o exequente ou executado como administrador-depositário, deverá ouvir a outra parte, antes de decidir.

Se não houver acordo entre devedor e credor, o juiz nomeará profissional qualificado para o desempenho da função.

Preceitua o *§1º do art. 869* do atual C.P.C. que *o administrador submeterá à aprovação judicial a forma de administração e a de prestar contas periodicamente.*

Tendo em vista que o administrador-depositário está subordinado diretamente ao juiz da execução, deverá ele, antes de assumir o encargo, apresentar à aprovação judicial a forma de administração do bem, especialmente quanto à maneira de produção de frutos e utilidades da coisa, e a forma de repasse desses frutos para quitação *pro solvendo* do crédito do exequente.

Além de apresentar a forma ou o plano de administração do bem móvel ou imóvel, também deverá o administrador-depositário prestar contas periódicas no processo de execução, devendo, ao final, prestar contas definitivas sobre sua atividade de administração.

Preceitua o *§2º do art. 869* do atual C.P.C. que *havendo discordância entre as partes ou entre essas e o administrador, o juiz decidirá a melhor forma de administração do bem.*

As questões que possam surgir em decorrência da administração do bem, especialmente as discordâncias entre as partes ou entre estas e o administrador, serão avaliadas e decidas pelo juiz, sempre objetivando a melhor forma de administração do bem.

Serão indeferidas ou não acolhidas as discordâncias sem fundamentação.

Nas questões mais complexas, poderá o juiz valer-se de perícia técnica para melhor avaliar a administração do bem.

Estabelece o *§3º do art. 869* do atual C.P.C. que *se o imóvel estiver arrendado, o inquilino pagará o aluguel diretamente ao exequente, salvo se houver administrador.*

Em se tratando de bem imóvel que já estiver arrendado (imóvel rural) ou locado (imóvel urbano), o inquilino, após devidamente intimado pelo juiz, deverá efetuar o pagamento do aluguel diretamente ao exequente, mediante recibo, salvo se houver administrador nomeado pelo juízo da execução.

Note-se que em se tratando de bem já arrendado ou locado, não haverá necessidade de se nomear administrador-depositário de plano, até para se evitar excesso de formalismo ou garantismo no processo, pois com a existência do contrato de arrendamento ou locação em andamento, a percepção de frutos torna-se muito mais fácil.

Evidentemente, se não houver a nomeação de administrador, o executado não perderá a possibilidade de administrar o bem, inclusive para verificar se o locatário está cumprindo devidamente com suas obrigações contratuais.

Estabelece o *§4º do art. 869* do atual C.P.C. que *o exequente ou o administrador poderá celebrar locação do móvel ou do imóvel, ouvido o executado.*

Este dispositivo apresenta uma outra situação fática em relação ao imóvel.

No caso, o imóvel encontra-se desocupado.

Tendo em vista que uma das melhores formas de se obter rendimento de determinado bem imóvel é por meio do contrato de arrendamento ou locação, poderá o administrador-depositário ou o exequente, quando nomeado administrador-depositário, celebrar contrato de locação/arrendamento do bem, ouvido previamente o executado. Se o executado não concordar com a locação/arrendamento, deverá o juiz decidir a melhor forma de administração.

Prescreve o *§5º do art. 869* do atual C.P.C. que *as quantias recebidas pelo administrador serão entregues ao exequente, a fim de serem imputadas ao pagamento da dívida.*

Sendo o exequente o próprio administrador-depositário do imóvel, ele recebe as quantias do arrendamento ou da locação de plano, imputando-as de imediato no pagamento da dívida. Caso contrário, se o administrador for terceiro ou o próprio executado, este deverá transferir as quantias recebidas diretamente ao exequente, o qual, por sua vez, também deverá imputá-las no pagamento da dívida.

O administrador-depositário deverá repassar ao exequente o saldo líquido dos frutos percebidos, descontando, se for o caso, as despesas de produção.

Por fim, estabelece o *§6º do art. 869* do atual C.P.C. que *o exequente dará ao executado, por termo nos autos, quitação das quantias recebidas.*

Uma vez percebidos os frutos, o exequente deverá dar quitação do pagamento por termo nos autos.

Essa quitação é *pro solvendo*, até que seja paga a última parcela da dívida, quando a quitação será em definitivo ou *pro soluto*.

É bem verdade que tanto o Projeto Carnelutti (art. 570, 2ª alínea), quanto o Código de Processo Civil do Vaticano (art. 570, §2º), estabeleceram uma duração máxima de três anos para a permanência da penhora sobre frutos.

O nosso código, tanto o de 1973, quanto o atual, não estabeleceu termo final, mas, sim, uma condição resolutiva para a extinção da penhora sobre frutos, isto é, até que seja pago o principal, juros, custas e honorários de advogado, portanto, até que seja extinto o crédito do exequente.

Contudo, poderá o exequente demonstrar ao juiz que o crédito não será pago pelo referido sistema de penhora sobre os frutos ou levará muito tempo para a sua efetiva liquidação. Nesse caso, o juiz poderá deferir a alteração da penhora, a fim de autorizar a alienação judicial do bem.

SUBSEÇÃO XI – Da Avaliação

Art. 870

A avaliação será feita pelo oficial de justiça.

Parágrafo único. Se forem necessários conhecimentos especializados e o valor da execução o comportar, o juiz nomeará avaliador, fixando-lhe prazo não superior a 10 (dez) dias para entrega do laudo.

Avaliação do bem penhorado

Sendo a fase culminante de uma execução forçada a alienação do bem, essa derradeira fase processual executiva somente poderá ser realizada se o bem a ser alienado tem um valor previamente definido para a arrematação ou adjudicação.

O ato processual executivo que visa a fixar o valor monetário do bem penhorado denomina-se de *avaliação*.

Avaliação, segundo ensina Pontes de Miranda, *"é a comunicação de conhecimento sobre o valor que algum bem pode obter sendo alienado"*.[410]

[410] Pontes de Miranda. *Comentários ao código de processo civil*. Tomo X. Rio de Janeiro: Forense, 1976. p. 327.

Pela avaliação, além de se buscar o preço justo para a venda do bem, evita-se que o bem seja transferido por um preço vil.

A avaliação será realizada, em regra, conjuntamente com o ato de apreensão do bem, pelo oficial de justiça avaliador.

O juiz determinará a realização da avaliação por impulso oficial, independentemente de requerimento do exequente.

A avaliação será realizada no local em que se encontra o bem. Se o local for diverso do juízo da execução, a avaliação poderá ser realizada por precatória, rogatória ou pelo sistema de cooperação judicial.

O oficial de justiça, para realizar a avaliação, normalmente deverá se valer de informações de terceiros, especialmente corretores de imóveis, publicações em jornais locais etc, devendo instruir documentalmente o auto de avaliação com essas informações. Para melhor demonstrar o critério de sua avaliação, o oficial também deverá instruir seu auto com fotografia do bem.

Preceitua o parágrafo único do art. 870 do atual C.P.C. que se forem necessários conhecimentos especializados e o valor da execução o comportar, o juiz nomeará avaliador, fixando-lhe prazo não superior a 10 (dez) dias para entrega do laudo.

Se o oficial de justiça avaliador não dispuser de conhecimento necessário, ou a avaliação do bem demandar um trabalho complexo e específico de determinados profissionais, o juiz poderá nomear um avaliador.

Em face do custo processual que significa a nomeação de um avaliador, esse será nomeado se o valor da execução comportar, assim como se o valor do bem puder absorver esse custo.

A redação originária do art. 684, inc. III, do C.P.C. de 1973, antes de sua revogação pela Lei 11.382, de 2006, estabelecia que não seria realizada a avaliação dos bens que fossem de pequeno valor.

Penso que esta hipótese pode estar contida no parágrafo único do art. 870 do atual C.P.C., pois não se justificaria a nomeação de perito avaliador se os bens forem de pequeno valor.

As partes deverão, evidentemente, manifestar-se sobre a nomeação do perito avaliador, podendo inclusive arguir a sua suspeição ou impedimento. Em outras palavras, o avaliador pode ser impugnado pelas partes. A parte alegará eventual impedimento ou suspeição do perito avaliador no prazo de quinze dias contado da ciência da nomeação, nos termos do art. 146 do atual C.P.C. O incidente deverá processar-se em autos apartados, determinando o juiz a suspensão da execução para o seu julgamento.

Quanto à possibilidade de nomeação de assistente técnico avaliador pelas partes, a doutrina não é unânime. Theodoro Jr, Sérgio Bermudes, por exemplo, entendem que não é possível a nomeação. Já Celso Neves, Amílcar de Castro e Araken de Assis, dentre outros, admitem essa possibilidade. Este último ainda argumenta que não se afiguraria admissível, num primeiro momento, vedar este direito às partes, especialmente quando o juiz nomeia avaliador perito, seja pela natureza da avaliação, seja pela aplicação subsidiária dos artigos que regulamentam a perícia.[411]

O juiz fixará um prazo não superior a dez dias para que o perito avaliador entregue o laudo, devendo as partes manifestar-se sobre o valor apurado.

O laudo de avaliação deverá, entre outras circunstâncias, descrever os bens, com os seus característicos, bem como a indicação do estado em que se encontram; descrever e demonstrar os critérios técnicos utilizados para se avaliar os bens; o valor dos bens.

Evidentemente, poderá surgir hipótese em que a avaliação do bem seja de alta complexidade, como é caso, por exemplo, da avaliação de um complexo industrial ou de uma empresa de grande porte agropecuária. Nesses casos especiais, o juiz poderá prorrogar o prazo para a conclusão do laudo de avaliação.

Entende o S.T.J. que havendo necessidade de se nomear avaliador judicial para se apurar o valor de bem imóvel, a escolha do avaliador não está restrita apenas e engenheiros ou arquitetos, podendo ser nomeado outro profissional da área. Nesse sentido é o seguinte precedente:

I – Ao nomear o perito, deve o juiz atentar para a natureza dos fatos a provar e agir cum grano salis, aferindo se a perícia reclama conhecimentos específicos de profissionais qualificados e habilitados em lei, dando à norma interpretação teleológica e valorativa.

II – A determinação do valor de um imóvel depende principalmente do conhecimento do mercado imobiliário local e das características do bem, matéria que não se restringe às áreas de conhecimento de engenheiro, arquiteto ou agrônomo, podendo ser aferida por outros profissionais.

III – A verificação da qualificação profissional do perito nomeado para avaliar imóvel em execução e a existência ou não de avaliadores oficiais na comarca (art. 680, CPC) exigem a reapreciação de fatos da causa, vedada à instância especial, a teor do enunciado nº 7 da súmula/STJ.

(REsp 130790/RS, Rel. Ministro SÁLVIO DE FIGUEIREDO TEIXEIRA, QUARTA TURMA, julgado em 05/08/1999, DJ 13/09/1999, p. 67)

[411] Assis, Araken. *Manual do processo de execução.* 8ª ed. São Paulo: Editora Revista dos Tribunais, 2002. p. 228 e 229.

Os honorários de remuneração do perito avaliador serão fixados de acordo com as tabelas do Conselho da Justiça Federal ou de outro órgão competente para a sua fixação.

Art. 871

Não se procederá à avaliação quando:

I – uma das partes aceitar a estimativa feita pela outra;

II – se tratar de títulos ou de mercadorias que tenham cotação em bolsa, comprovada por certidão ou publicação no órgão oficial;

III – se tratar de títulos da dívida pública, de ações de sociedades e de títulos de crédito negociáveis em bolsa, cujo valor será o da cotação oficial do dia, comprovada por certidão ou publicação no órgão oficial;

IV – se tratar de veículos automotores ou de outros bens cujo preço médio de mercado possa ser conhecido por meio de pesquisas realizadas por órgãos oficiais ou de anúncios de venda divulgados em meios de comunicação, caso em que caberá a quem fizer a nomeação o encargo de comprovar a cotação do mercado.

Parágrafo único. Ocorrendo a hipótese do inciso I deste artigo, a avaliação poderá ser realizada quando houver fundada dúvida do juiz quanto ao real valor do bem.

Hipóteses em que não se procede à avaliação

Muito embora o conhecimento do valor do bem seja imprescindível à sua alienação ou adjudicação, é certo que em determinadas hipóteses a avaliação poderá ser dispensada, pois o valor do bem será fixado por critérios já definidos pelo legislador.

Por isso, não se procederá à avaliação, segundo o inc. I, *se uma das partes aceitar a estimava feita pela outra*. Pode ocorrer que o exequente, ao indicar o bem a ser penhorado, já forneça também o seu valor. Da mesma forma, quando o executado nomeia bem à penhora, seja diretamente ao oficial de justiça, seja através de termo nos autos, deverá indicar também o valor do bem. Nessas hipóteses, não se realizará a avaliação se houver concordância do exequente e do executado quanto ao valor indicado.

Há também a hipótese do art. 1.484 do C.c.b. que estabelece: *"É lícito aos interessados fazer constar das escrituras o valor entre si ajustado dos imóveis hipotecados, o qual, devidamente atualizado, será a base para as arrematações, adjudicações e remições, dispensada a avaliação"*. É claro que essa regra somente terá aplicação plena se não houver indícios de que ocorreu grande oscilação do valor do bem. Nessa hipótese, em face da cláusula *rebus sic stantibus* decorrente de todos os contratos sinalagmáticos, poderá ser determinada nova avaliação do bem hipotecado antes de sua alienação.

Também não se procederá à avaliação, segundo o inc. II, se *se tratar de títulos ou de mercadorias que tenham cotação em bolsa, comprovada por certidão ou publicação no órgão oficial.*

Nessa hipótese, a avaliação seria inócua, pois o avaliador obrigatoriamente teria de buscar subsídios na bolsa de mercadorias e futuros.

Este inciso II trata de mercadorias negociáveis em bolsa ou de títulos representativos dessas mercadorias, como é o caso do *warrant* que é um título de crédito emitido por armazéns gerais.

Portanto, em se tratando de títulos (por exemplo, *warrant)* ou da própria mercadoria (soja, café, milho, minério de ferro etc), que tenham avaliação diária por cotação oficial em bolsa, é nesse órgão que se deverá buscar o valor desses bens, valor esse comprovado mediante certidão ou publicação do órgão oficial.

Poderão as partes ou o próprio juiz requisitar a exibição desses documentos publicados em órgão oficial.

No caso, entende Araken de Assis que o valor da cotação em bolsa deverá ser transformado em real quando da expedição do edital do leilão.[412]

Contudo, a melhor opção é que esses bens sejam vendidos pela cotação do dia da alienação, ou seja, diretamente na bolsa de mercadoria e futuros, se possível, ou mediante o preço de sua cotação fixado um dia antes da arrematação.

Também não se procederá à avaliação, segundo estabelece o inc. III, se *se tratar de títulos de dívida pública, de ações de sociedades e de títulos de crédito negociáveis em bolsa, cujo valor será o da cotação oficial do dia, comprovada por certidão ou publicação no órgão oficial.*

Enquanto o inc. II deste artigo trata das mercadorias ou títulos representativos de mercadorias, este inc. III diz respeito a título de dívida pública (papeis de resgate futuro pelo Governo com aplicação de juros, exemplo Tesouro Direto), de ações de sociedades e de títulos de crédito negociáveis em bolsa (debêntures).

O valor desses títulos de dívida pública, das ações de sociedades anônimas, e dos títulos de crédito negociáveis em bolsa, será o valor da cotação oficial do dia provada por certidão ou publicação do órgão oficial.

[412] Araken, A., idem, p. 724.

O valor a ser fixado para a alienação será o valor estabelecido em cotação na bolsa de valores.

É importante salientar que em se tratando de penhora de precatórios, ambas as turmas do S.T.J. já entenderam que há necessidade de avaliação. Nesse sentido é o seguinte precedente:

> *Processual civil. Execução fiscal. Penhora de precatório. Alienação judicial. Avaliação. Necessidade. Precedentes de ambas as turmas da 1ª seção.*
> (AgRg no Ag 1371535/RS, Rel. Ministro TEORI ALBINO ZAVASCKI, PRIMEIRA TURMA, julgado em 16/08/2012, DJe 24/08/2012).

No voto do Eminente MinistroTeori Albino Zavascki, atualmente compondo o Supremo Tribunal Federal, ficou assim consignado:

> *"A penhora de crédito transforma-se em pagamento por dois modos: ou pela sub-rogação, ou pela alienação em hasta pública (CPC de 1973, art. 673 e §§). É para esta segunda finalidade que se faz indispensável a avaliação. Realmente, não se pode imaginar – até porque seria rematado absurdo – que a alienação de qualquer crédito se desse pelo seu valor nominal. O deságio é, nesses casos, da natureza da operação. Isso se mostra mais evidente em se tratando de precatório. Não se pode imaginar que alguém se proponha a adquirir, em hasta pública, um crédito de precatório por seu valor nominal em troca de futuro recebimento, em data incerta, da mesma quantia".*

Também não se procederá à avaliação, nos termos do inc. IV, se *se tratar de veículos automotores ou de outros bens cujo preço médio de mercado possa ser conhecido por meio de pesquisas realizadas por órgãos oficiais ou de anúncios de venda divulgados em meios de comunicação, caso em que caberá a quem fizer a nomeação o encargo de comprovar a cotação do mercado.*

Esta hipótese não havia no art. 684 do C.P.C. de 1973.

Na realidade, esse dispositivo deve ser aplicado com *grano salis.*

Nos dias atuais, o valor médio de veículos automotores ou de outros bens duráveis pode ser conhecido por meio de pesquisas realizadas por órgãos oficiais ou de anúncios de venda divulgados pelos meios de comunicação em massa.

Contudo, esse valor médio oscila razoavelmente para mais ou para menos dependendo do estado de conservação desses bens, quilometragem de uso, avarias em razão de acidentes etc., o que por vezes somente poderá ser observado mediante específica avaliação do bem.

Para que se possa implementar o valor estabelecido neste inciso, deverá o nomeante do bem comprovar documentalmente o valor médio constante da pesquisa ou da publicação midiática.

Preceitua o *parágrafo único do art. 871* do atual C.P.C. que *ocorrendo a hipótese do inciso I deste artigo, a avaliação poderá ser realizada quando houver fundada dúvida do juiz quanto ao real valor do bem.*

Ainda que as partes acordem quanto ao valor do bem penhorado, o juiz poderá determinar sua avaliação quando houver fundada dúvida quanto ao real valor do bem.

Art. 872

A avaliação realizada pelo oficial de justiça constará de vistoria e de laudo anexados ao auto de penhora ou, em caso de perícia realizada por avaliador, de laudo apresentado no prazo fixado pelo juiz, devendo-se, em qualquer hipótese, especificar:

I – os bens, com as suas características, e o estado em que se encontram;

II – o valor dos bens.

§ 1º Quando o imóvel for suscetível de cômoda divisão, a avaliação, tendo em conta o crédito reclamado, será realizada em partes, sugerindo-se, com a apresentação de memorial descritivo, os possíveis desmembramentos para alienação.

§ 2º Realizada a avaliação e, sendo o caso, apresentada a proposta de desmembramento, as partes serão ouvidas no prazo de 5 (cinco) dias.

Requisitos da avaliação

A avaliação será realizada por meio de vistoria e de laudo de avaliação que é um documento escrito no qual constará os bens com as suas características, o estado em que se encontram e o seu valor.

Sendo a avaliação realizada pelo próprio oficial de justiça, o laudo de avaliação por ele elaborado deverá ser anexado ao auto de penhora.

Agiu com acerto o legislador ao retirar do conteúdo do auto de penhora a avaliação, pois, na realidade, a avaliação é um ato jurídico distinto da penhora, devendo constar de um laudo autônomo e avulso.

Tendo em vista que a avaliação não faz parte do auto de penhora, sua eventual falta não caracterizará nulidade da penhora. Nesse sentido, eis o seguinte precedente do S.T.J.:

> *I – O Tribunal a quo decidiu que o representante legal da empresa foi devidamente intimado do auto de penhora e, assim, para se chegar a conclusão diversa, seria necessário o reexame do contexto fático-probatório dos autos, vedado em sede de recurso especial.*
>
> *Incidência, na espécie, da Súmula 07/STJ.*
>
> *II – "A ausência da avaliação do bem nomeado não acarreta, por si só, a nulidade do termo de penhora, posto que constitui simples irregularidade formal, podendo ser sanada a qualquer tempo" (REsp nº 337.004/RS, Rel. Min. GARCIA VIEIRA, DJ de 25/02/2002).*
>
> *III – Não há se falar em nulidade do auto de penhora em face da inexistência de registro, eis que o agravante é o proprietário do imóvel, tendo pleno conhecimento da existência de penhora sobre o bem.*
>
> *IV – Agravo regimental improvido.*
>
> (AgRg no REsp 708.102/RS, Rel. Ministro FRANCISCO FALCÃO, PRIMEIRA TURMA, julgado em 16/08/2005, DJ 17/10/2005, p. 199)

Em se tratando de avaliação realizada por perito avaliador nomeado pelo órgão jurisdicional, o laudo de avaliação deverá ser apresentado no prazo fixado pelo juiz, devendo o aludido documento especificar, no mínimo: a) os bens, com as suas características; b) o estado em que se encontram. É importante a descrição pormenorizada do estado em que se encontra o bem, seja para facilitar futuras reavaliações, quanto para garantir a responsabilidade do depositário do bem e os direitos de futuros arrematantes. Além do mais, no edital de leilão, como garantia dos direitos dos futuros licitantes, deve constar a descrição correta do estado de conservação do bem, sob pena de nulidade da arrematação; c) o valor dos bens. O perito deverá indicar o método e os critérios técnicos utilizados para se chegar ao valor dos bens, a fim de que as partes possam avaliar a correção do valor apurado.

Preceitua o *§1º do art.* 872 do atual C.P.C. que *quando o imóvel for suscetível de cômoda divisão, a avaliação, tendo em conta o crédito reclamado, será realizada em partes, sugerindo-se, com a apresentação de memorial descritivo, os possíveis desmembramentos para alienação.*

Deparando-se o perito avaliador com um bem imóvel *pro diviso*, apesar de juridicamente ainda se encontrar não dividido, poderá sugerir no laudo de avaliação, em face do valor do crédito reclamado, a divisão cômoda do imóvel para fins de eventual alienação parcial do bem.

Para tanto, o perito deverá apresentar um memorial descritivo no qual conste as possibilidades práticas e jurídicas de desmembramento para eventual alienação parcial do bem.

Nesse caso, se o perito não tiver qualificação técnica, deverá o juiz nomear um engenheiro para fazer a planta definitiva dessa divisão, ou permitir que o devedor assim o faça, especialmente pelo fato de que a divisão do imóvel enseja diversas questões jurídicas, de ordem urbanística e de traçado viário.[413]

Prescreve o *§2º do art.* 872 do atual C.P.C. que *realizada a avaliação e, sendo o caso, apresentada a proposta de desmembramento, as partes serão ouvidas no prazo de 5 (cinco) dias.*

Em qualquer hipótese, tanto executado quanto exequente serão intimados para se manifestar sobre a avaliação ou eventual proposta de desmembramento do bem para alienação em hasta pública.

Trata-se de concretização jurídica processual do princípio Constitucional do contraditório.

As partes poderão concordar com a avaliação ou impugná-la. Contudo, o juiz somente irá acolher a impugnação ou mesmo determinar nova avaliação se a parte trouxer com a impugnação argumentos devidamente fundamentados, com base em prova pertinente, que possam por em dúvida a avaliação realizada pelo perito nomeado pelo juiz.

As partes deverão ser intimadas para se manifestar no prazo de cinco dias; esse prazo será sucessivo e não em conjunto. Nesse sentido já se manifestou o S.T.J.:

> *– sem embargo da inexistência de norma expressa a respeito, impõe-se sejam as partes intimadas do laudo de avaliação após a sua juntada aos autos, como, aliás, recomenda a boa doutrina.*
>
> (REsp 17805/GO, Rel. Ministro SÁLVIO DE FIGUEIREDO TEIXEIRA, QUARTA TURMA, julgado em 09/06/1992, DJ 03/08/1992, p. 11327).
>
> *(...).*
>
> *2. Em obediência ao contraditório, as partes devem ser instadas a se pronunciarem, no prazo de cinco dias, sobre o laudo de avaliação do bem penhorado. Precedentes da Corte: AGRESP 370.870/RS, 1ª T., Rel. Min. Francisco Falcão, Dj 21/10/2002; REsp 17.805/GO, 4ª T., Rel. Min. Sálvio de Figueiredo Teixeira, DJ 03/08/1992.*
>
> *3. É assente na Corte que: "- Apesar de não haver norma expressa a respeito, em razão das consequências jurídicas que decorrem da avaliação e consequente fixação do preço dos bens penhorados, impõe-se sejam as partes intimadas do laudo de avaliação.*

413 Ver sobre o tema o art. 2º, §2º, da Lei 6.766, de 19.12.79.

– "Não se trata de procedimento que importa comprometimento da celeridade do processo de execução. Pelo contrário, visa a fixar lapso de tempo dentro no qual deverão as partes se manifestar sobre as conclusões do avaliador; escoado in albis, terá incidência a preclusão, não podendo mais a questão ser objeto de discussão em outro momento processual. Evita-se dessa forma que a alegação de erro na avaliação surja, como no caso dos autos, após a arrematação, causando sem dúvida maior instabilidade e tumulto" (REsp nº 17.805/GO, Rel. Ministro Sálvio de Figueiredo Teixeira, DJ de 03.08.1992)." (AGRESP 370.870/RS, Rel. Min. Francisco Falcão, Dj 21/10/2002)

4. Tratando-se de hipótese em que o executado, não intimado a se manifestar sobre a avaliação do bem penhorado, antes da realização do leilão, veio a juízo, impugnando a referida avaliação, não há que se aduzir à preclusão da matéria (Precedente: REsp 465.482/RS, 2ª T., Rel. Min. Franciulli Netto, DJ 08/09/2003).

5. Recurso especial a que se nega provimento.

(REsp 626.791/RS, Rel. Ministro LUIZ FUX, PRIMEIRA TURMA, julgado em 15/02/2005, DJ 21/03/2005, p. 251)

É importante salientar que as partes deverão se manifestar impreterivelmente no prazo de cinco dias, sob pena de precluir a possibilidade de impugnar o laudo. Sobre o tema eis o seguinte precedente:

1. O Tribunal de origem firmou entendimento no sentido de que a avaliação feita pelo oficial de justiça não possuía qualquer nulidade. Aduziu que o laudo elaborado unilateralmente por engenheiro contratado pelos recorrentes não pode sobrepor-se a avaliação conduzida por técnico imparcial. Sustentou que o pedido de nova perícia, nos termos do art. 13, § 1º, da Lei n. 6.830/80, estava precluso ante a inércia do executado em impugnar a avaliação realizada, e que a impugnação requerida nos termos do art. 683 do CPC enseja a demonstração concreta de invalidação da avaliação realizada.

2. O art. 13, § 1º, da Lei n. 6.830/80 dispõe que a impugnação deve ocorrer "antes de publicado o edital de leilão", o que não ocorreu no caso, pois o acórdão deixa bastante delineado a inércia da parte em contestar a avaliação no momento oportuno, de modo que ficou configurada a preclusão.

3. A dicção das razões do recurso especial não se mostra aptas a modificar o entendimento firmado, especialmente porque o fundamento do acórdão recorrido referente à preclusão não foi objeto de impugnação, limitando-se os requerentes a argumentar a necessidade de nova avaliação do bem penhorado por técnico habilitado, de modo a evitar que a alienação ocorra por preço vil. Incidência da Súmula 283/STF.

4. Outrossim, ao tratar da nova avaliação, o Tribunal de origem também consignou que "é de ressaltar, a apresentação de impugnação, principalmente quando o feito executivo se encontra em fase de expropriação forçada de bens, hipótese destes autos, necessita estar amparada em situação concreta a invalidar a avaliação realizada por oficial de justiça Avaliador, nomeado pelo Juízo, inocorrente na espécie como antes referido".

5. A modificação do entendimento firmado de modo a acolher a tese dos recorrentes demandaria o reexame do acervo fático probatório dos autos, inviável em sede de recurso especial, sob pena de violação da Súmula 7/STJ, verbis: "A pretensão de simples reexame de prova não enseja recurso especial." Recurso especial não conhecido.

(REsp 1259854/RS, Rel. Ministro HUMBERTO MARTINS, SEGUNDA TURMA, julgado em 23/08/2011, DJe 01/09/2011)

Apesar de a parte não ter sido intimada para se manifestar sobre a avaliação, se ela, antes da realização do leilão, comparece aos autos manifestando-se sobre a execução, já entendeu o S.T.J. que fica sanada eventual nulidade pela falta de intimação. Nesse sentido é o seguinte precedente:

I – O entendimento firmado pelo Tribunal a quo no sentido de que a manifestação das partes nos autos supre a eventual ausência de notificação, está em sintonia com a jurisprudência deste Superior Tribunal de Justiça. Aplicável, portanto, à espécie, o óbice da Súmula 83 desta Corte.

II – A agravante não trouxe nenhum argumento capaz de modificar a conclusão do julgado, a qual se mantém por seus próprios fundamentos.

Agravo Improvido.

(AgRg no Ag 1066876/MS, Rel. Ministro SIDNEI BENETI, TERCEIRA TURMA, julgado em 19/05/2009, DJe 10/06/2009).

Art. 873

É admitida nova avaliação quando:

I – qualquer das partes arguir, fundamentadamente, a ocorrência de erro na avaliação ou dolo do avaliador;

II – se verificar, posteriormente à avaliação, que houve majoração ou diminuição no valor do bem;

III – o juiz tiver fundada dúvida sobre o valor atribuído ao bem na primeira avaliação.

Parágrafo único. Aplica-se o art. 480 à nova avaliação prevista no inciso III do caput deste artigo.

Nova avaliação

Em regra, uma vez realizada a avaliação, não se repetirá este ato processual, exceto nas hipóteses elencadas nos incisos I, II e III do art. 873 do atual C.P.C.

A primeira hipótese que justifica a realização de nova avaliação ocorre quando qualquer das partes, exequente ou executado, fundamentadamente, arguir a ocorrência de erro na avaliação ou dolo do avaliador.

Em que pese não se possa considerar a avaliação realizada no processo de execução como sendo um negócio jurídico *stricto sensu*, não se nega que se está diante de um *ato jurídico* processual unilateral. Por isso, pode-se aplicar em relação ao erro e ao dolo as estipulações normativas previstas nos artigos 138 a 144 e 145 a 150 do C.c.b., no que couber.

Assim, é anulável a avaliação quando a declaração de conhecimento realizada pelo perito judicial provier de *erro substancial*.

Entende-se por *erro substancial*, aquele erro que interessa à natureza do ato jurídico processual de avaliação, ao objeto principal dessa manifestação de conhecimento, ou alguma das qualidades essenciais do objeto de valoração.

Contudo, se for apenas um erro de cálculo, não se fará uma nova avaliação, mas apenas será realizada a retificação da própria avaliação.

A avaliação poderá ser anulada quando realizada com dolo, sendo este a causa principal da apuração do valor do bem penhorado.

Pode ser ainda anulada a avaliação por dolo de terceiro, se o perito utilizou-se dessas informações como elemento essencial para valoração do bem.

Penso, contudo, que se deve dar uma interpretação extensiva ao inc. I do art. 873 do atual C.P.C., podendo também ser realizada nova avaliação se o perito sofrer qualquer coação física ou moral para a realização da perícia, ou praticar simulação com qualquer das partes do processo.

Também será realizada nova avaliação quando se verificar, posteriormente à avaliação, que houve majoração ou diminuição no valor do bem.

Em face da sobrecarga processual em que convive o judiciário brasileiro, é possível que em determinados foros haja uma tramitação lenta dos processos, o que poderá ensejar uma distância excessiva entre a realização de um ato processual e outro que venha a seguir.

Por isso, é possível que entre a data da avaliação e a realização da hasta pública decorra tempo suficiente que acarrete, em razão das circunstâncias econômicas vivenciadas no país, majoração ou diminuição no valor do bem. Assim, constatando essa defasagem de valor da avaliação, será legítimo ao juiz ordenar nova avaliação, uma vez que o bem somente poderá ir à hasta pública pelo seu valor real, visando, com isso, a resguardar o interesse do exequente, assim como proteger o patrimônio do executado. Nesse sentido são os seguintes precedentes do S.T.J.:

(...).

3. A jurisprudência do STJ consolidou-se no sentido de considerar possível, podendo, inclusive, ser determinada de ofício a realização de nova avaliação do bem objeto de penhora, quando, entre a primeira avaliação e a data marcada para a alienação judicial, houver considerável lapso temporal, a fim de evitar a caracterização de preço vil.

4. Agravo regimental a que se nega provimento.

(EDcl no Ag 1365203/RJ, Rel. Ministro RAUL ARAÚJO, QUARTA TURMA, julgado em 21/06/2012, DJe 02/08/2012).

1. A indisponibilidade de que trata o art. 53, § 1º, da Lei 8.212/91 refere-se à inviabilidade da alienação, pelo executado, do bem penhorado em execução movida pela Fazenda Pública, o que não impede recaia nova penhora sobre o mesmo bem, em outra execução.

Precedentes.

2. Não há impedimento algum a que sobre o mesmo bem recaia nova penhora, desde que garantido o crédito da Fazenda Nacional.

Precedentes.

3. A arrematação levada a efeito sem intimação do credor hipotecário é inoperante relativamente a este, não obstante eficaz entre executado e arrematante. Precedentes.

4. Decorrido considerável lapso temporal entre a avaliação e a hasta pública, a rigor deve-se proceder à reavaliação do bem penhorado.

Para tanto, porém, é imprescindível que a parte traga elementos capazes de demonstrar a efetiva necessidade dessa reavaliação.

Exegese do art. 683, II, do CPC.

5. Recurso especial provido.

(REsp 1269474/SP, Rel. Ministra NANCY ANDRIGHI, TERCEIRA TURMA, julgado em 06/12/2011, DJe 13/12/2011)

Poderá também ser realizada nova avaliação do bem se houver fundada dúvida sobre o valor que lhe foi atribuído por uma das partes.

Note-se, somente poderá ensejar nova avaliação quando ocorrer *fundada dúvida*, e não qualquer dúvida.

Pode ocorrer que as partes, ao oferecerem determinado bem à penhora, indiquem também o valor do bem para efeito de alienação. Manifestando-se a parte contrária sobre esse valor, poderá ela suscitar pertinentes e objetivas dúvidas sobre o valor atribuído, o que ensejará a realização de uma nova avaliação.

É certo que essa dúvida deve ser objetiva, não podendo ser restrita ao âmbito subjetivo da parte impugnante, nem ser fundada em razões ou conjecturas gerais.

Além do mais, poderá essa dúvida surgir mesmo após a manifestação das partes, em razão de prova documental satisfatória.

Ocorre muito essa hipótese quando o bem é avaliado em dois processos de execução, e muitas vezes por oficiais de justiça diversos. Cada qual, por vezes, atribui valor diferente ao bem, ensejando dúvida fundada sobre o real valor. Nessa hipótese, a dúvida superveniente devidamente justificada também poderá ensejar nova avaliação.

Estabelece o parágrafo único do art. 873 do atual C.P.C. que se aplica o art. 480 à nova avaliação prevista no inciso III do 'caput' deste artigo.

Estabelece o art. 480 do atual C.P.C.:

Art. 480. O juiz determinará, de ofício ou a requerimento da parte, a realização de nova perícia quando a matéria não estiver suficientemente esclarecida.

§ 1º A segunda perícia tem por objeto os mesmos fatos sobre os quais recaiu a primeira e destina-se a corrigir eventual omissão ou inexatidão dos resultados a que esta conduziu.

§ 2º A segunda perícia rege-se pelas disposições estabelecidas para a primeira.

§ 3º A segunda perícia não substitui a primeira, cabendo ao juiz apreciar o valor de uma e de outra.

Art. 874

Após a avaliação, o juiz poderá, a requerimento do interessado e ouvida a parte contrária, mandar:

I – reduzir a penhora aos bens suficientes ou transferi-la para outros, se o valor dos bens penhorados for consideravelmente superior ao crédito do exequente e dos acessórios;

II – ampliar a penhora ou transferi-la para outros bens mais valiosos, se o valor dos bens penhorados for inferior ao crédito do exequente.

Diligências após a avaliação

A importância da verificação do valor real do bem penhorado não é somente para efeito de hasta pública, mas também para se verificar se há *excesso de execução* ou se há necessidade de *reforço de penhora*.

Por isso, após a avaliação, mediante requerimento do interessado, e ouvida a parte contrária, o juiz poderá determinar a redução da penhora aos bens suficientes, ou transferi-la para outros, se o valor dos bens penhorados for consideravelmente superior ao crédito do exequente.

O juiz também poderá determinar a ampliação da penhora ou transferi-la para outros bens mais valiosos, se o valor dos bens penhorados for inferior ao crédito do exequente.

Art. 875

Realizada a penhora e a avaliação, o juiz dará início aos atos de expropriação do bem.

Início da fase de expropriação do bem

Este dispositivo terá aplicação se não houver outras questões a serem dirimidas no procedimento executivo.

É possível que o juiz não possa dar início aos atos de expropriação do bem, tendo em vista a interposição pelo executado dos embargos à execução, os quais poderão ser recebidos com efeito suspensivo. Nesse caso, os atos expropriatórios deverão aguardar o momento oportuno.

Mas, em regra geral, após a avaliação, o juiz poderá dar início aos atos expropriatórios.

SEÇÃO IV – Da Expropriação de Bens

SUBSEÇÃO I – Da Adjudicação

Art. 876

É lícito ao exequente, oferecendo preço não inferior ao da avaliação, requerer que lhe sejam adjudicados os bens penhorados.

§ 1º Requerida a adjudicação, o executado será intimado do pedido:

I – pelo Diário da Justiça, na pessoa de seu advogado constituído nos autos;

II – por carta com aviso de recebimento, quando representado pela Defensoria Pública ou quando não tiver procurador constituído nos autos;

III – por meio eletrônico, quando, sendo o caso do § 1º do art. 246, não tiver procurador constituído nos autos.

§ 2º Considera-se realizada a intimação quando o executado houver mudado de endereço sem prévia comunicação ao juízo, observado o disposto no art. 274, parágrafo único.

§ 3º Se o executado, citado por edital, não tiver procurador constituído nos autos, é dispensável a intimação prevista no § 1º.

§ 4º Se o valor do crédito for:

I – inferior ao dos bens, o requerente da adjudicação depositará de imediato a diferença, que ficará à disposição do executado;

II – superior ao dos bens, a execução prosseguirá pelo saldo remanescente.

§ 5º Idêntico direito pode ser exercido por aqueles indicados no art. 889, incisos II a VIII, pelos credores concorrentes que hajam penhorado o mesmo bem, pelo cônjuge, pelo companheiro, pelos descendentes ou pelos ascendentes do executado.

§ 6º Se houver mais de um pretendente, proceder-se-á a licitação entre eles, tendo preferência, em caso de igualdade de oferta, o cônjuge, o companheiro, o descendente ou o ascendente, nessa ordem.

§ 7º No caso de penhora de quota social ou de ação de sociedade anônima fechada realizada em favor de exequente alheio à sociedade, esta será intimada, ficando responsável por informar aos sócios a ocorrência da penhora, assegurando-se a estes a preferência.

Da adjudicação

A adjudicação aparece no sistema processual romano, ao tempo do procedimento formular, em três ações ou demandas de natureza divisória, fazendo parte de uma fórmula que autorizava ao juiz por fim a um estado de indivisão, adjudicando a cada litigante parte da coisa comum que lhe correspondia. O juiz romano poderia atribuir a propriedade exclusiva da coisa sobre partes certas decorrentes da divisão das coisas comuns, consequentes às demandas divisórias, entre as quais os romanos incluíam a demarcatória.[414] Daí porque a sentença que contenha uma *adjudicatio* tem força constitutiva para dar existência a um novo título de propriedade.

A *adjudicação* como figura típica do procedimento executivo não difere quanto à essência da *adjudicatio* do direito romano e peculiar às demandas divisórias.[415]

[414] Neves, Celso. *Comentário ao código de processo civil.* Vol. VII. Rio de Janeiro: Forense, 1979. p. 164 e 165.

[415] Neves, C., idem, p. 165.

Na perspectiva do direito italiano, conforme ensinam Comoglio, Ferri e Taruffo, a 'adjudicação' apresenta ao menos duas naturezas diversas. Em primeiro lugar, vem disciplinada a adjudicação, assim denominada 'satisfativa', mediante requerimento do credor, por meio da transferência da propriedade do bem penhorado. Nesta espécie de adjudicação, além do efeito translativo da propriedade, verifica-se também o efeito extintivo do crédito executado. Há também a adjudicação na qual o credor para poder ser considerado adjudicatário e para que se verifique o efeito translativo, desembolsa uma soma em dinheiro. O credor torna-se proprietário do bem, o procedimento expropriatório termina com o provimento da adjudicação, e a soma depositada será distribuída segundo as normas legais. [416]

A adjudicação processual reclama a existência de um processo judicial, podendo ter lugar tanto nos procedimentos executivos, quanto no processo de inventário, de divisão e demarcação.

Mas na execução há uma particularidade que é a expropriação compulsória, em razão do exercício do *ius imperii* do Estado juiz e sem participação do executado na transferência do bem ao exequente.

Conforme anota Pontes de Miranda, a *adjudicação na execução* é assinação de bem penhorado, ou dos bens penhorados, ao exequente, ou ao credor hipotecário, ou ao credor concorrente, pelo juiz, que tem consigo o poder de converter.[417]

A adjudicação, vista pelo lado do juiz, é a expropriação do bem ou dos rendimentos, como a arrematação, cujos princípios gerais a ela se submete. Por isso, a decisão de adjudicação na execução é mais expropriação do que qualquer outro negócio jurídico.[418]

Para Pontes de Miranda, a adjudicação na execução, se houvesse dois ou mais pretendentes, seria julgada por sentença, a qual possuiria natureza constitutiva integrativa. Somente se houvesse apenas um pretendente, a adjudicação com a assinatura do auto independeria de sentença.[419]

Contudo, a lição proferida por Pontes de Miranda dava-se com base no art. 715, *caput*, §2º do C.P.C. de 1973, antes da entrada em vigor a Lei 11.382/05, o qual dizia que a licitação entre os vários credores seria resolvida por ato do juiz, que decidiria por meio de sentença. Houve muita discussão sobre o conteúdo

[416] COMOGLIO, Paolo Luigi; FERRI, Corrado; TARUFFO, Michele. *Lezioni sul processo civile*. II. procedimenti speciali, cautelari ed esecutivi. Bologna: Il Mulino, 2011. p. 387 e 388.

[417] PONTES DE MIRANDA. *Comentários ao código de processo civil. Tomo* X. Rio de Janeiro: Forense, 1976. p. 427.

[418] PONTES DE MIRANDA, idem, ibidem.

[419] PONTES DE MIRANDA, idem, p. 433.

desta decisão, assim como qual seria o recurso contra ela cabível. Parte da doutrina entendia que não se tratava de sentença, mas, sim, de decisão interlocutória, razão pela qual o recurso cabível seria o agravo de instrumento.

O novo C.P.C., ao tratar da decisão do juiz sobre a licitação entre os legitimados para requerer a adjudicação, não fala mais em *sentença*, razão pela qual a decisão que sobre tal questão proferir terá natureza de *interlocutória*, sendo contra ela manejado o recurso de agravo de instrumento.

A *adjudicação,* portanto, *"é ato de expropriação executiva, em que o bem penhorado se transfere 'in natura' para o credor ou é adquirido por determinadas pessoas que têm vínculo familiar ou matrimonial com o devedor"*.[420]

Conforme estabelece o art. 876 do atual C.P.C., é lícito ao exequente, oferecendo preço não inferior ao da avaliação, requerer lhe sejam adjudicados os bens penhorados.

O momento de se realizar a adjudicação, quando da entrada em vigor do C.P.C. de 1973 dava-se após à realização da praça ou do leilão, sem que houvesse lançador, conforme estabelecia o art. 714 do código revogado na sua redação originária. Este dispositivo foi revogado pela Lei 11.382 de 2006, a qual também introduziu no revogado C.P.C. o art. 685-A, modificando sobremaneira o momento oportuno para se requerer a adjudicação. A partir da Lei 11.382 de 2006, a adjudicação passou a ser permitida antes da realização da hasta pública, como a primeira possibilidade de expropriação do bem penhorado.

O critério estabelecido pela Lei 11.382 de 2006 também foi mantido pelo atual C.P.C. em seu art. 876. Por isso, antes de realizada a hasta pública, ou a qualquer tempo após a avaliação do bem, o exequente, oferecendo preço não inferior ao da avaliação, poderá requerer lhe sejam adjudicados os bens penhorados.

Entendo que mesmo após a publicação do edital de leilão é possível o credor se manifestar pela adjudicação do bem, desde que seja responsabilizado pelas despesas de publicação dos editais de leilão.

É importante salientar que o art. 878 do atual C.P.C. também permite uma nova possibilidade de adjudicação do bem, na hipótese de serem frustradas as tentativas de sua alienação em hasta pública, reabrindo-se oportunidade para requerimento de adjudicação, caso em que também se poderá pleitear a realização de nova avaliação.

Estabelece o *§1º do art. 876* do atual C.P.C. que *requerida a adjudicação, o executado será intimado do pedido: I – pelo Diário da Justiça, na pessoa do seu advogado constituído nos autos; II – por carta com aviso de recebimento, quando representado pela*

[420] Wambier, Luiz Rodrigues (Coord). *Curso avançado de processo civil.* 9º e. Vol. 2. Execução. São Paulo: Editora Revista dos Tribunais, 2007. p. 248.

Defensoria Pública ou não tiver procurador constituído nos autos; III – por meio eletrônico, quando, sendo caso do § 1º do art. 246, não tiver procurador constituído nos autos.

Muito embora seja um ato de *imperii* do Estado juiz a transferência do bem do executado por meio da adjudicação, é direito do executado acompanhar a lisura e o respeito às normas legais para que se ultime este ato processual.

A intimação do executado para se manifestar sobre o requerimento da adjudicação será feita, em regra, pelo Diário da Justiça, na pessoa do seu advogado constituído nos autos. Porém, em se tratando de processo eletrônico, nada impede que essa intimação seja feita pelo sistema eletrônico de comunicação.

Não tendo o executado advogado constituído nos autos, ou sendo representado pela Defensoria Pública, a sua intimação dar-se-á por carta com aviso de recebimento.

Sendo o executado empresa pública ou privada (exceto microempresas ou empresas de pequeno porte), e não tendo advogado constituído nos autos, a sua intimação dar-se-á preferencialmente por meio eletrônico no endereço indicado junto ao cadastro do sistema de processo eletrônico, nos termos do art. 246, §1º, do C.P.C.

Sendo revel o executado, a sua intimação dar-se-á nos termos do §3º deste artigo.

O executado poderá impugnar, por exemplo, o preço oferecido, assim como a legitimidade daquele que pretende a adjudicação do bem.

Como a lei não estabeleceu prazo, o executado deverá se manifestar no prazo de cinco dias, salvo se outro for estabelecido pelo juiz.

Estabelece o §2º do art. 874 do atual C.P.C. que se considera realizada a intimação quando o executado houver mudado de endereço sem prévia comunicação ao juízo, observado o disposto no art. 274, parágrafo único.

Tendo em vista que o endereço do executado consta expressamente na petição inicial, eventual mudança deverá ser obrigatoriamente comunicada ao juízo, sob pena de ser considerada realizada a sua intimação do pedido de adjudicação mediante encaminhamento de carta com aviso de recebimento para o endereço indicado, nos termos do art. 274, parágrafo único, do atual C.P.C., que assim dispõe: *Presumem-se válidas as Intimações dirigidas ao endereço constante dos autos, ainda que não recebidas pessoalmente pelo interessado, se a modificação temporária ou definitiva não tiver sido devidamente comunicada ao juízo, fluindo os prazos a partir da juntada aos autos do comprovante de entrega da correspondência no primitivo endereço.*

Estabelece o §3º *do art.* 876 do atual C.P.C. que se o executado, citado por edital, não tiver procurador constituído nos autos, é dispensável a intimação prevista no § 1º.

Não tendo sido encontrado o executado, e tendo ele sido citado por edital, será dispensada a intimação prevista no §1º do art. 876, se ele não tiver procurador constituído nos autos.

Tratando-se de executado revel, sem procurador constituído nos autos, será também dispensada a sua intimação para se manifestar sobre o pedido de adjudicação do bem penhorado.

Preceitua o *§4º do art. 876* do atual C.P.C. que *se o valor do crédito for inferior ao dos bens, o requerente da adjudicação depositará de imediato a diferença, que ficará à disposição do executado; se superior ao dos bens, a execução prosseguirá pelo saldo remanescente.*

Verifica-se pelo que dispõe este dispositivo que a adjudicação, salvo na hipótese em que o valor do bem seja o mesmo valor do crédito da execução, não se dá *pro soluto*, mas, sim, *pro solvendo.*

Diante desse aspecto, se o valor do crédito da execução for inferior ao dos bens adjudicados, deverá a parte adjudicante depositar em juízo a diferença imediatamente, ficando este depósito à disposição do executado, salvo se existirem outros credores que efetuaram a penhora sobre os mesmos bens, ou se houver penhora no rosto dos autos da execução sobre o crédito da diferença. Se, por outro lado, o valor do bem adjudicado é inferior ao crédito executado, a execução prosseguirá pelo saldo remanescente, devendo ser penhorados outros bens do executado para o pagamento do saldo credor. Nessa hipótese, o credor adjudicante não efetuará depósito do valor, mas o abaterá da dívida do executado para com ele.

Se o adjudicante (exequente) for evicto, ou seja, se alguém lhe reivindicar o bem adjudicado, mantém a pretensão de execução da dívida? Sim, pois com a perda do bem, a adjudicação torna-se ineficaz, assim como o pagamento do crédito, restaurando-se a pretensão de sua cobrança via executiva.

Poderá ocorrer a adjudicação de um crédito, também chamada de real a real. Nesse caso, a imputação do pagamento opera-se paulatinamente. Quando se chega ao fim dos pagamentos e se tem por solvida a dívida, então a adjudicação encontrar-se-á definitivamente concluída.

É importante salientar que a adjudicação do bem em execução não extingue a garantia constituída anteriormente à penhora, que outro credor titulariza sobre o bem. Assim, se o credor com garantia real não foi intimado do pedido de adjudicação formulado por outro legitimado (e, em consequência, não pode participar da adjudicação), poderá escolher entre requerer a anulação da adjudicação ou manter seu direito real de garantia do bem, mesmo após adjudicado. Se foi intimado (e não se interessou por adjudicar ou não venceu o concurso entre interessados em adjudicar), de duas, uma: ou o adjudicante, mesmo que seja credor do executado, deposita todo o valor pelo qual ele realiza a adjudicação, e, nesse caso, a garantia recairá sobre o dinheiro depositado; ou, sendo o adjudicante credor do executado, caso opte por abater o seu crédito do preço da adjudicação, a hipoteca continuará incidindo sobre o bem, apesar de adjudicado.[421]

Sobre o tema, *mutatis mutantis*, assim tem decidido o S.T.J.:

> *1. Trata-se de recurso especial interposto por Fazenda estadual pelo qual pretende-se reformar acórdão da origem que entendeu pela impossibilidade de adjudicação de bem penhorado em execução fiscal contra determinada empresa, mesmo que o feito executivo tenha se iniciado antes da decretação da falência.*
>
> *2. De acordo com a Súmula n. 44 do extinto Tribunal Federal de Recursos, "[a] juizada a execução fiscal anteriormente à falência, com penhora realizada antes desta, não ficam os bens penhorados sujeitos à arrecadação no juízo falimentar; proposta a execução fiscal contra massa falida, a penhora far-se-á no rosto dos autos do processo da quebra, citando-se o síndico".*
>
> *3. Contudo, ante à preferência dos créditos trabalhistas face os créditos tributários, o produto da arrematação realizada na execução fiscal deve ser colocado à disposição do juízo falimentar para garantir a quitação dos créditos trabalhistas. Trata-se de interpretação sistemática dos arts. 29 da Lei n. 6.830/80 e 186 e 187, estes do Código Tributário Nacional – CTN. Precedentes.*
>
> *4. No caso concreto, entretanto, a Fazenda não busca o leilão do bem – com a consequente arrematação – mas sim adjudicá-lo. Nota-se que a satisfação do crédito tributário se dará com a própria incorporação do bem ao patrimônio público, não havendo, portanto, o que oferecer para adimplir os créditos trabalhistas.*
>
> *5. Nessa situação, por óbvio, não caberá a adjudicação pela Fazenda no feito executivo, mas tão-só a venda do bem na esfera do juízo falimentar, garantindo-se, assim, a ordem de preferência legal dos créditos.*
>
> *6. Recurso especial não-provido.*
>
> (REsp 695.167/MS, Rel. Ministro MAURO CAMPBELL MARQUES, SEGUNDA TURMA, julgado em 07/10/2008, DJe 05/11/2008).

> *1 – Demonstrado na instância ordinária a ausência de outras penhoras sobre os bens arrematados, descabido se apresenta obrigar o único credor e arrematante dos bens constritos a exibir o preço, depositando vultosa quantia em juízo, à guisa de pedidos de preferências do INSS e da Fazenda Pública sobre o crédito, em momento posterior à adjudicação, sob pena de violação aos arts. 690, §2º (com redação dada pela Lei nº 10.444/2002) e 709, I, do Código de Processo Civil.*

[421] Wambier, L. R., idem, p. 251.

2 – Recurso especial conhecido.

(REsp 866.452/SP, Rel. Ministro FERNANDO GONÇALVES, QUARTA TURMA, julgado em 09/12/2008, DJe 09/02/2009).

Estabelece o *§5º do art. 876* do atual C.P.C. que *idêntico direito pode ser exercido por aqueles indicados no art. 889, incisos II a VIII, pelos credores concorrentes que hajam penhorado o mesmo bem, pelo cônjuge, pelo companheiro, pelos descendentes ou pelos ascendentes do executado.*

A redação originária do art. 714 do C.P.C. de 1973 apenas legitimava o credor, o credor hipotecário ou os credores concorrentes para requerer a adjudicação. O novo C.P.C., assim como já o fizera a Lei 11.382 de 2006, ampliou essa legitimação para incluir aqueles indicados no art. 889, incisos II e VIII, a saber:

> *Art. 889. Serão cientificados da alienação judicial, com pelo menos 5 (cinco) dias de antecedência:*
>
> *(...).*
>
> *II – o coproprietário de bem indivisível do qual tenha sido penhorada fração ideal;*
>
> *III – o titular de usufruto, uso, habitação, enfiteuse, direito de superfície, concessão de uso especial para fins de moradia ou concessão de direito real de uso, quando a penhora recair sobre bem gravado com tais direitos reais;*
>
> *IV – o proprietário do terreno submetido ao regime de direito de superfície, enfiteuse, concessão de uso especial para fins de moradia ou concessão de direito real de uso, quando a penhora recair sobre tais direitos reais;*
>
> *V – o credor pignoratício, hipotecário, anticrético, fiduciário ou com penhora anteriormente averbada, quando a penhora recair sobre bens com tais gravames, caso não seja o credor, de qualquer modo, parte na execução;*
>
> *VI – o promitente comprador, quando a penhora recair sobre bem em relação ao qual haja promessa de compra e venda registrada;*
>
> *VII – o promitente vendedor, quando a penhora recair sobre direito aquisitivo derivado de promessa de compra e venda registrada;*
>
> *VIII – a União, o Estado e o Município, no caso de alienação de bem tombado.*

Também poderão requerer a adjudicação o cônjuge, o companheiro, os descendentes e ascendentes do executado.

Anteriormente, o cônjuge, os ascendentes ou os descendentes poderiam remir os bens penhorados, isto é, poderiam adquirir o bem penhorado que houvesse sido arrematado ou adjudicado, pelo mesmo valor que o da arrematação ou adjudicação. A remição foi extinta pela Lei 11.382 de 2006.

Preceitua o *§6º do art. 876* do atual C.P.C. que *se houver mais de um pretendente, proceder-se-á a licitação entre eles, tendo preferência, em caso de igualdade de oferta, o cônjuge, o companheiro, o descendente ou o ascendente, nessa ordem.*

Pode ocorrer que mais de um legitimado pretenda adjudicar o bem penhorado. Nessa hipótese, o juiz determinará que haja uma licitação entre os pretendentes, prevalecendo a melhor oferta.

Se houver lances iguais, ou não houver oferta de lance pelos licitantes, a preferência será do cônjuge, companheiro, descendente ou ascendente, nessa ordem.

Mas se houver mais de um descendente ou mais de um ascendente (se forem separados, por exemplo), de quem será a preferência? O legislador não nos deu a solução. A lógica nos diz que deverá haver uma nova licitação apenas entre os legitimados que detém preferência, Se houver empate, a adjudicação deverá ser deferida, entre os descendentes, assim como entre os ascendentes, dando-se preferência aos de grau mais próximo em relação aos de grau mais remoto, conforme princípio geral de direito de família. Se mesmo assim houver empate, a adjudicação deverá ser deferida por sorteio

A mesma situação poderá ocorrer entre os credores com igualdade de condições. Também deverá ser realizada uma nova licitação entre eles, prevalecendo a melhor oferta. Se a oferta for igual, penso que deverá ser definida a adjudicação segundo a natureza do crédito para efeito de concurso de credores. Se houver igualdade de natureza do crédito, poder-se-á verificar quem promoveu em primeiro lugar a penhora sobre o bem, dando-se preferência a este credor para a adjudicação do bem.

E se houver uma igualdade de oferta entre o credor quirografário que penhorou o bem em primeiro lugar e o credor com garantia real. Penso que nesse caso, em razão dos princípios que regem a garantia real, a preferência será do credor que detém a garantia real.

Para Pontes de Miranda, a adjudicação na execução, se houvesse dois ou mais pretendentes, seria julgada por sentença, a qual possuiria natureza constitutiva integrativa. Somente se houvesse apenas um pretendente, a adjudicação com a assinatura do auto independeria de sentença.[422]

Contudo, a lição proferida por Pontes de Miranda dava-se com base no art. 715, *caput*, §2º do C.P.C. de 1973, antes da entrada em vigor a Lei 11.382/05, o qual dizia que a licitação entre os vários credores seria resolvida por ato do juiz, que decidiria por meio de sentença. Houve muita discussão sobre o conteúdo

[422] Pontes de Miranda, op cit., p. 433.

dessa decisão, assim, como qual seria o recurso contra ela cabível. Parte da doutrina entendia que não se tratava de sentença, mas, sim, de decisão interlocutória, razão pela qual o recurso cabível seria o agravo de instrumento.

O novo C.P.C., ao tratar da decisão do juiz sobre a licitação entre os legitimados para requerer a adjudicação não fala em *sentença*, razão pela qual a decisão que sobre tal questão proferir terá natureza *interlocutória*, sendo contra ela manejado o recurso de agravo de instrumento.

Assim, havendo um único interessado na adjudicação, ou após a resolução de questões envolvendo mais de um interessado, a adjudicação será deferida por decisão do juiz, sendo de plano lavrado o auto de adjudicação, com o qual se aperfeiçoa este ato processual expropriatório. Lavrado o auto e sendo ele devidamente assinado, a adjudicação será considerada perfeita e acabada, não sendo mais possível sua retratação.

O art. 746 do C.P.C. de 1973 estabelecia que seria lícito ao executado, no prazo de 5 (cinco) dias, contado da adjudicação, alienação ou arrematação, oferecer embargos fundados em nulidade da execução, ou em causa extintiva da obrigação, desde que superveniente à penhora.

O atual C.P.C. não prevê mais a possibilidade de o executado ingressar com *embargos à adjudicação*, razão pela qual o questionamento deste ato processual somente poderá ser realizado por demanda autônoma. Sobre a possibilidade do exercício de demanda autônoma para anular a adjudicação, eis a seguinte decisão do S.T.J.:

> *(...).*
>
> *2. O síndico tem legitimidade e interesse jurídico para postular o ativo que fora indevidamente adjudicado em desfavor dos interesses da massa. Inteligência dos arts. 63, inciso XVII, e 64 da Lei DL 7.661/45.*
>
> *3. A jurisprudência do STJ é firme no sentido de que, não obstante a arrecadação dos bens penhorados em execução fiscal iniciada anteriormente à quebra não se sujeita ao juízo falimentar, o fruto da aludida arrecadação deve ser remetido ao juízo da falência, para o fim de garantir o pagamento preferencial dos créditos trabalhistas. Precedentes: AgRg no REsp 914.712/PR, Rel. Ministro Luiz Fux, Primeira Turma, DJe 24/11/2010; AgRg no REsp 783.318/SP, Rel. Ministro Humberto Martins, Segunda Turma, DJe 14/04/2009.*
>
> *4. Considerando que a administração do fruto da arrecadação é de responsabilidade do juízo falimentar, não é possível ao juízo da execução promover a adjudicação do bem à Fazenda credora, pois em assim procedendo estaria obstando os credores trabalhistas habilitados junto à massa do concurso sobre esse ativo. No mesmo sentido:*

REsp 695.167/MS, Rel. Ministro Mauro Campbell Marques, Segunda Turma, DJe 05/11/2008.

5. Agravo regimental não provido.

(AgRg no REsp 1238682/SC, Rel. Ministro BENEDITO GONÇALVES, PRIMEIRA TURMA, julgado em 20/03/2012, DJe 23/03/2012).

Muito embora não haja mais possibilidade de se ingressar com embargos à adjudicação, tenho para mim que se deve aplicar à adjudicação, *por analogia*, o disposto no art. 903 do atual C.P.C., que assim dispõe:

Art. 903. Qualquer que seja a modalidade de leilão, assinado o auto pelo juiz, pelo arrematante e pelo leiloeiro, a arrematação será considerada perfeita, acabada e irretratável, ainda que venham a ser julgados procedentes os embargos do executado ou a ação autônoma de que trata o§ 4º deste artigo, assegurada a possibilidade de reparação pelos prejuízos sofridos.

A adjudicação poderá ser, nos termos do §1º do art. 903 do atual C.P.C.: *a) invalidada, quando realizada por preço vil ou com outro vício; II – considerada ineficaz, se não observado o disposto no art. 804; III – resolvida, se não for pago o preço ou se não for prestada a caução.*

Estabelece o *§7º do art. 876* do atual C.P.C. que *no caso de penhora de quota social ou ação de sociedade anônima fechada realizada em favor de exequente alheio à sociedade, esta será intimada, ficando responsável por informar aos sócios a ocorrência da penhora, assegurando-se a estes a preferência.*

É possível que a penhora seja realizada em quotas social ou ação de sociedade anônima fechada.

Em regra, havendo este tipo de penhora, a sociedade será intimada para promover a liquidação das quotas, mediante depósito de seu valor em dinheiro, conforme estabelecem os artigos 1.026 e 1.031 do C.c.b.

Contudo, não sendo requerida a liquidação das quotas, poderá ser promovida a alienação do bem, sendo que nesse caso poderá o credor requerer a adjudicação das quotas.

Havendo requerimento do exequente para adjudicar as quotas sociais, além da intimação pessoal do executado (sócio proprietário das quotas sociais), será intimada também a sociedade, sendo que esta ficará responsável para informar aos demais sócios sobre a ocorrência da penhora e do pedido de adjudicação, assegurando-se aos sócios a preferência em relação ao exequente alheio à sociedade.

Havendo mais de um sócio interessado na adjudicação das quotas sociais, deverá haver uma licitação entre eles. Não havendo vencedor, a adjudicação deverá, por analogia, observa o 1.322 do C.c.b, a saber:

Art. 1.322. Quando a coisa for indivisível, e os consortes não quiserem adjudicá-la a um só, indenizando os outros, será vendida e repartido o apurado, preferindo-se, na venda, em condições iguais de oferta, o condômino ao estranho, e entre os condôminos aquele que tiver na coisa benfeitorias mais valiosas, e, não as havendo, o de quinhão maior.

Se mesmo assim permanecer a igualdade, a adjudicação deverá ser por sorteio.

Art. 877

Transcorrido o prazo de 5 (cinco) dias, contado da última intimação, e decididas eventuais questões, o juiz ordenará a lavratura do auto de adjudicação.

§ 1º Considera-se perfeita e acabada a adjudicação com a lavratura e a assinatura do auto pelo juiz, pelo adjudicatário, pelo escrivão ou chefe de secretaria, e, se estiver presente, pelo executado, expedindo-se:

I – a carta de adjudicação e o mandado de imissão na posse, quando se tratar de bem imóvel;

II – a ordem de entrega ao adjudicatário, quando se tratar de bem móvel.

§ 2º A carta de adjudicação conterá a descrição do imóvel, com remissão à sua matrícula e aos seus registros, a cópia do auto de adjudicação e a prova de quitação do imposto de transmissão.

§ 3º No caso de penhora de bem hipotecado, o executado poderá remi-lo até a assinatura do auto de adjudicação, oferecendo preço igual ao da avaliação, se não tiver havido licitantes, ou ao do maior lance oferecido.

§ 4º Na hipótese de falência ou de insolvência do devedor hipotecário, o direito de remição previsto no § 3º será deferido à massa ou aos credores em concurso, não podendo o exequente recusar o preço da avaliação do imóvel.

Lavratura de auto de adjudicação

Intimados os interessados sobre o pedido de adjudicação formulado, dentre os legitimados, pelo executado, na pessoa de seu advogado, se houver, pelos eventuais credores preferenciais, pela sociedade na hipótese de adjudicação de quotas sociais, e decididas eventuais questões que possam surgir em torno do requerimento de adjudicação, o juiz mandará lavrar o auto de adjudicação, desde que transcorrido o prazo de cinco dias contado da última intimação.

No auto de adjudicação deverá constar basicamente os mesmos elementos exigidos em relação ao auto de arrematação, ou seja, em se tratando de imóveis, a sua descrição, indicação de sua matrícula e registro, identificação do exequente e do executado, valor da adjudicação.

Após a lavratura, deverá o auto de adjudicação ser devidamente assinado pelo juiz, pelo adjudicatário, pelo escrivão ou chefe de secretaria, e, se estiver presente, pelo executado.

Sobre o tema, eis os seguintes precedentes do S.T.J.:

(...)

4. Uma vez expedida a carta de arrematação e transferida a propriedade com o registro no cartório imobiliário, não é possível a desconstituição do ato nos próprios autos da execução, sendo necessário o ajuizamento da ação anulatória (art. 486 do CPC).

5. Conquanto o art. 698 do CPC determine a prévia intimação do credor hipotecário para a adjudicação ou alienação do bem gravado, não traz cominação de nulidade para o caso de sua inobservância. Tal circunstância atrai a regra do art. 244 do CPC, que, aliada à ausência de prejuízo, induz à aplicação do princípio do aproveitamento racional dos atos processuais, evitando a declaração de nulidade da arrematação.

6. A ausência de intimação do credor hipotecário para a hasta pública não contamina a validade da expropriação judicial, mas acarreta a ineficácia da arrematação em relação ao titular da garantia. Interpretação do art. 698 do CPC que melhor se coaduna com os arts. 619 do CPC e 826 do CC/16 (equivalente ao art. 1.501 do CC/2002). Fica assegurado o direito de regresso do arrematante contra o devedor.

7. Recursos especiais parcialmente providos.

(REsp 1219329/RJ, Rel. Ministro JOÃO OTÁVIO DE NORONHA, TERCEIRA TURMA, julgado em 11/03/2014, DJe 29/04/2014).

(...).

4. O patrono da parte não possui direito subjetivo a intimação pessoal (v.g., por carta com aviso de recebimento), quando há a publicação dos atos processuais por órgão oficial (art. 237, caput, CPC).

5. O direito à adjudicação conferido aos terceiros interessados, por força do art. 685-A, § 2º, do CPC, não alberga a exigência de prévia intimação destes para o seu exercício.

6. Recurso especial conhecido em parte e, nesta parte, negado provimento.

(REsp 1376173/RJ, Rel. Ministra NANCY ANDRIGHI, TERCEIRA TURMA, julgado em 05/11/2013, DJe 13/11/2013).

(...).

2. A procedência da Ação Revisional, apontando a ilegalidade de cláusulas do contrato que embasa a execução, não torna ilíquido o crédito, ensejando, apenas o ajustamento do valor da execução ao montante apurado na ação revisional.

3. No caso dos autos, contudo, foi reconhecida, em sede Revisional ainda não transitada em julgado, a própria extinção da dívida. Essa peculiaridade recomenda a abstenção da assinatura da carta de arrematação, adjudicação ou remissão decorrente do praceamento, até que se comprove o trânsito em julgado da decisão de procedência havida na ação revisional.

4. Recurso Especial provido em parte.

(REsp 1306390/SP, Rel. Ministro SIDNEI BENETI, TERCEIRA TURMA, julgado em 17/10/2013, DJe 24/02/2014).

1. Discute-se a competência para lavrar auto e expedir carta de adjudicação referente a imóvel penhorado pelo juízo deprecado.

2. À míngua da necessidade da prática de qualquer ato processual pelo juízo deprecado ou por auxiliar da Justiça, a competência é do deprecante.

3. Conflito conhecido para estabelecer a competência do juízo suscitante.

(CC 110.040/MG, Rel. Ministra NANCY ANDRIGHI, SEGUNDA SEÇÃO, julgado em 12/06/2013, DJe 19/06/2013)

(...)

2. A jurisprudência desta egrégia Corte é firme no sentido de que, se a adjudicação ocorrer antes da declaração da falência, esta não deve ser anulada. Por outro lado, caso a adjudicação se dê depois do decreto falimentar, o ato deve ser desfeito, com a integração do bem à massa falida objetiva.

3. Em hipóteses em que já houve o registro da carta de adjudicação ou da carta de arrematação, há jurisprudência desta Corte, da qual é exemplo o CC 112.390/PA, da relatoria do eminente Ministro SIDNEI BENETI, invocado pelo embargante, no sentido de que a anulação do ato somente poderá ser postulada mediante ação própria, na forma do art. 486 do Código de Processo Civil.

4. Ocorre que a jurisprudência citada, da qual não se diverge, é aplicável normalmente, quando do registro imobiliário se extrai o valor e a segurança jurídica que dele se espera, decorrentes da devida observância das regras e princípios de registro imobiliário que, na hipótese dos autos, foram completamente desprezados.

(...).

(EDcl nos EDcl nos EDcl no AgRg no CC 109.541/PE, Rel. Ministro PAULO DE TARSO SANSEVERINO, Rel. p/ Acórdão Ministro RAUL ARAÚJO, SEGUNDA SEÇÃO, julgado em 26/09/2012, DJe 23/04/2013)

1. Após a adjudicação do bem, com o consequente registro da carta de arrematação no Cartório de Registro de Imóveis, a relação obrigacional decorrente do contrato de mútuo habitacional extingue-se com a transferência do imóvel.

2. Ausência de interesse em propor ação de revisão de cláusulas contratuais do negócio jurídico extinto.

3. Precedentes específicos desta Corte.

4. Decisão agravada mantida pelos seus próprios fundamentos.

(AgRg no Ag 1356222/RJ, Rel. Ministro PAULO DE TARSO SANSEVERINO, TERCEIRA TURMA, julgado em 06/03/2012, DJe 15/03/2012).

1. Expedida a carta de arrematação e transcrita no registro imobiliário, o pedido de desfazimento da alienação somente poderia ser acolhido, se o caso, em ação autônoma anulatória, nos termos do artigo 486 do CPC. Precedentes do STJ.

2. Agravo regimental não provido.

(AgRg no REsp 1137761/CE, Rel. Ministro LUIS FELIPE SALOMÃO, QUARTA TURMA, julgado em 01/12/2011, DJe 07/12/2011)

Estabelece o *§1º do art. 877* do atual C.P.C. que se considera perfeita e acabada a adjudicação com a lavratura e a assinatura do auto pelo juiz, pelo adjudicatário, pelo escrivão ou chefe de secretaria, e, se estiver presente, pelo executado, expedindo-se: I – a carta de adjudicação e o mandado de imissão na posse, quando se tratar de bem imóvel; II – a ordem de entrega ao adjudicatário, quando se tratar de bem móvel.

O auto de adjudicação, uma vez lavrado pelo escrivão ou pelo diretor de secretaria, será assinado pelo juiz, pelo adjudicatário, pelo escrivão/diretor de secretaria e, se estiver presente, pelo executado.

Faltando qualquer dessas assinaturas, exceto a do executado, o auto não poderá ser considerado assinado, especialmente se não foi ele assinado pelo juiz.

A adjudicação somente será considerada perfeita e acabada, sem possibilidade de desistência ou retratação, com a efetiva assinatura do auto que fora previamente lavrado.

Após a assinatura do auto de adjudicação, e em se tratando de bem imóvel, será expedida a carta de adjudicação, documento equivalente a um formal de partilha, o qual será levado a registro para a transferência do bem em nome do adjudicatário. Juntamente com a carta de adjudicação, o juiz também expedirá um mandado de imissão de posse, a fim de que o adjudicatário seja definitivamente emitido na posse do bem imóvel.

Segundo ensina Pontes de Miranda:

> *"A carta de adjudicação não transfere o domínio; exigem-se a 'tradição' dos móveis e a 'transcrição' para os imóveis... A carta é o documento para a transcrição. Em todo caso, cumpre distinguir-se quanto aos frutos e rendimentos: a) na adjudicação dos bens (art. 714 do C.P.C. de 1973), o auto de adjudicação é que decide a quem pertencem os frutos pendentes, pois a posse está com o juízo, pelo órgão depositário, e esse não percebe frutos, de modo que à resolução judicial é que cabe decidir a quem pertencem; b) na adjudicação dos rendimentos (arts. 721 e 722 do C.P.C. de 1973), os frutos pertencem aos adjudicatários, conforme a sentença de adjudicação, que implícita ou explicitamente aprovou a avaliação e o cálculo do art. 722 do C.P.C. de 1973. Os comentadores do Código costumam recorrer ao Código Civil sobre frutos e posse, porém esquece-lhes que...a posse mediata está 'até certo ponto', com o juiz, a imediata com o depositário, e o executado, se está com a posse imediata, essa é a de depositário".*[423]

Em se tratando de bem móvel, não será expedida carta de adjudicação, por economia formal dos instrumentos processuais, bem como pelo fato de que a propriedade do bem móvel não se transfere pelo registro, mas, sim, pela tradição. Por isso, em se tratando de bem móvel, e uma vez assinado o auto de adjudicação, o juiz expedirá ordem de entrega do bem ao adjudicatário, bem como oficiará ao órgão competente de registro do bem móvel adjudicado.

Estabelece o *§2º do art. 877* do atual C.P.C. que *a carta de adjudicação conterá a descrição do imóvel, com remissão à sua matrícula e aos seus registros, a cópia do auto de adjudicação e a prova de quitação do imposto de transmissão.*

Sendo a carta de adjudicação o documento indispensável para registro e transferência do bem imóvel no Cartório de Registro de Imóveis, é necessário que ela preencha os requisitos estabelecidos neste inciso.

Assim, a carta de adjudicação conterá: a) a descrição minuciosa do bem imóvel; b) indicação de sua matrícula e eventuais registros; c) a cópia do auto de adjudicação; d) a prova de quitação do imposto de transmissão.

Sem que a carta de adjudicação preencha os requisitos mínimos, o oficial do registro imobiliário não poderá realizar o seu registro.

[423] Pontes de Miranda, op. cit., p. 442.

Prescreve o *§ 3º do art. 877* do atual C.P.C. que *no caso de penhora de bem hipotecado, o executado poderá remi-lo até a assinatura do auto de adjudicação, oferecendo preço igual ao da avaliação, se não tiver havido licitantes, ou ao do maior lance oferecido.*

Estabelecia o art. 1.482 do C.C.b. que *realizada a praça, o executado poderá, até a assinatura do auto de arrematação ou até que seja publicada a sentença de adjudicação, remir o imóvel hipotecado, oferecendo preço igual ao da avaliação, se não tiver havido licitantes, ou ao do maior lance oferecido. Igual direito caberá ao cônjuge, aos descendentes ou ascendentes do executado.*

É importante salientar que o art. 1.482 do C.c.b. foi revogado pelo art. 1.072, inc. II, do novo C.P.C.

O legislador, no caso de imóvel hipotecado, permitiu ao executado remir (pagar) o bem até a assinatura do auto de adjudicação, oferecendo preço igual ao da avaliação, se não tiver havido licitantes, ou ao do maior lance oferecido.

Note-se que o legislador fala em remição e não em adjudicação.

Outrossim, quando o artigo fala na falta de licitantes, está fazendo referência ao §6º do art. 877 do atual C.P.C., ou seja, à licitação que se realiza entre possíveis legitimados à adjudicação do bem.

Preceitua *o § 4º do art. 877* do atual C.P.C. que *na hipótese de falência ou de insolvência do devedor hipotecário, o direito de remição previsto no § 3º será deferido à massa ou aos credores em concurso, não podendo o exequente recusar o preço da avaliação do imóvel.*

Estabelecia o art. 1.483 do C.c.b. que n*o caso de falência, ou insolvência, do devedor hipotecário, o direito de remição defere-se à massa, ou aos credores em concurso, não podendo o credor recusar o preço da avaliação do imóvel.*

Parágrafo único. Pode o credor hipotecário, para pagamento de seu crédito, requerer a adjudicação do imóvel avaliado em quantia inferior àquele, desde que dê quitação pela sua totalidade.

O art. 1.483 do C.C.b. foi revogado pelo art. 1.072, inc. II, do novo C.P.C.

Se houver a falência ou a insolvência do executado (devedor hipotecário), o direito de remir o bem penhorado, previsto no §3º, será deferido, não mais ao executado que perdeu a disponibilidade de seus bens, mas à massa ou aos credores em concurso, não podendo o exequente recusar o preço da avaliação do imóvel.

Se houver mais de um interessado, dever-se-á promover a licitação entre eles.

Art. 878

Frustradas as tentativas de alienação do bem, será reaberta oportunidade para requerimento de adjudicação, caso em que também se poderá pleitear a realização de nova avaliação.

Nova oportunidade para adjudicação

Dentre as hipóteses de expropriação do bem encontram-se a *adjudicação, a alienação particular e a alienação por hasta pública.*

Frustradas todas essas possibilidades de expropriação do bem, especialmente após a tentativa de alienação por hasta pública, será reaberta a oportunidade para requerimento de adjudicação, caso em que também se poderá requerer a realização de nova avaliação, se houver transcorrido tempo suficiente que possibilitou eventual defasagem do valor do bem.

A adjudicação poderá ser requerida por todos aqueles que são legitimados a fazê-lo.

Os legitimados à adjudicação deverão oferecer o mesmo valor da avaliação do bem, não lhes sendo permitido oferecer valor inferior ao preço da avaliação. É bem verdade que tanto o exequente quanto os demais legitimados à adjudicação poderão oferecer preço mínimo fixado pelo juiz ou valor não inferior a cinquenta por cento da avaliação no dia da hasta pública ou leilão. Contudo, se perderem essa oportunidade, a adjudicação prevista no art. 878 do atual C.P.C. deverá ser pelo valor da avaliação. Nesse sentido é o seguinte precedente do S.T.J.:

> *A adjudicação somente pode ser deferida se o exequente oferece preço não inferior ao da avaliação constante do edital (art. 714 do CPC).*
>
> *Recurso não conhecido.*
>
> (REsp 162257/SP, Rel. Ministro RUY ROSADO DE AGUIAR, QUARTA TURMA, julgado em 03/09/1998, DJ 13/10/1998, p. 124)

SUBSEÇÃO II – Da Alienação

Art. 879

A alienação far-se-á:

I – por iniciativa particular;

II – em leilão judicial eletrônico ou presencial.

Sumário:

1. Natureza jurídica da arrematação ou alienação **2.** Espécies de alienação

1. Natureza jurídica da arrematação ou alienação

Talvez um dos mais complexos e tormentosos temas do processo seja definir o que é *arrematação* em suas diversas modalidades.

Alguns assimilavam-na à noção de venda e compra, enquanto *venda judicial* pelos antigos tratadistas.[424]

Contudo, muito embora tenham pontos em comum, não é possível confundir a arrematação, como alienação do bem penhorado, com a venda prevista no direito privado.

Foi Paula Batista *(Teoria e Prática,* 3ª ed., 204 e 205) quem mais forte se insurgiu contra a teoria da compra e venda, que ele considerou *'ficção fútil e pueril'*.[425]

Assemelham-se os dois institutos no que concerne à *venda,* pois em ambos há alienação ou transferência de propriedade.

Contudo, a compra e venda é um negócio jurídico, enquanto que a arrematação ou alienação judicial como ato executivo é uma desapropriação forçada do bem. Além do mais, a arrematação está inserida no campo do direito público, enquanto que a compra e venda no âmbito do direito privado. Na arrematação não há aspectos de contratualismo, especialmente porque não há manifestação voluntária de vontade por parte do executado.

Também não vingou a teoria que atribui um *ius vendenti* ao exequente, teoria defendida por Salvatore Satta. Segundo esta teoria, o credor seria portador do poder executivo e, exercendo-o, promoveria a execução, realizando por meio da arrematação, a venda dos bens do devedor. Contudo, essa teoria também apresenta uma concepção nitidamente privatista.[426]

Carnelutti via na arrematação um ofício executivo como de administração legal do devedor. Fez referência à representação, à semelhança dos loucos e dos menores, aduzindo que havia uma verdadeira incapacidade que sofre o devedor com a penhora. A perspectiva Carneluttiana foi refutada por Salvatore Pugliatti e outros autores italianos, como, por exemplo, seu discípulo, Enrico Tullio Liebman. Segundo Liebman: *"Não é grande, porém, o auxílio que deram estas observações de Carnelutti à opinião mencionada. Com efeito, nos casos de representação legal, em que terceiro pode eficazmente querer em lugar do representado (menor, incapaz etc), o terceiro age sempre em proveito do representado, não contra seu interesse e para satisfazer interesse*

[424] Neves, Celso. *Comentários ao código de processo civil.* 2ª ed. Vol. VIII. Rio de Janeiro: Forense, 1977. p. 106.

[425] Pontes de Miranda. *Comentários ao código de processo civil.* Tomo X. Rio de Janeiro: Forense, 1976. p. 347.

[426] Neves, C., op. cit., p. 108.

público no exercício da função jurisdicional, como no ato de desapropriação, de modo que não subsiste qualquer espécie de analogia".[427]

Segundo Chiovenda, na arrematação há um órgão jurisdicional executivo por força do qual a propriedade dos bens do devedor passa para um terceiro. Essa alienação não é realizada pelo devedor proprietário, muito menos pelo credor que por si, certamente, não pode dispor da coisa alheia, e a quem, de outra parte, a lei não confere outra faculdade que não a de requerer a expropriação. Na verdade, diz Chiovenda, *"é que mesmo no processo de execução se realiza tão-só, não a obrigação, mas aquela vontade concreta da lei pela qual, em consequência da obrigação contraída, o credor deve conseguir, independentemente mesmo da prestação do devedor, determinado bem. Vende, portanto, o Estado, personificado no órgão executivo. Mas, em virtude de que direito? Não como proprietário; porquanto o Estado (diversamente do que sucede no confisco, ato jurídico com o qual se efetiva um direito de propriedade garantido pela lei por motivos especiais) não converte em seus os bens do devedor, mas vende-os diretamente ao adjudicatário, sem, por outra parte, realizar com isso nenhum 'direito de propriedade' que ao adjudicatário se possa fazer atribuível. Não como poder; porquanto o Estado não tem, com efeito, por sua natureza e por sua função, a faculdade de vender os bens dos indivíduos, cuja inviolável propriedade, ao revés, a Constituição lhe assegura. O Estado não pode, por consequência, 'adquirir' o poder de vender os bens alheios, a não ser em cada caso, em virtude de exigências especiais de sua função, e por meio de um ato realizado na conformidade legal, que a lei qualifica de expropriação e que exatamente cuidamos de explicar"*.[428]

Verifica-se com essa lição do mestre italiano que ele critica a teoria da representação do executado pelo Estado.

Contudo, Chiovenda retorna ao conceito de arrematação como contrato de venda e compra, celebrado entre o Estado e o arrematante, quando aduz que ao vender, a autoridade não 'quer' em lugar do devedor, nem em representação dele, mas 'quer' por sua própria conta, em virtude da faculdade de alienar que lhe foi conferida para os fins de sua função.[429]

Segundo Celso Neves, uma das melhores teorias sobre o tema da definição da arrematação provém de Pugliatti, a saber: *"De tudo quanto procede possamos recolher os elementos para a definição da natureza jurídica da venda forçada. Um primeiro elemento negativo mas característico, é este: o proprietário expropriado, isto é o devedor, não manifesta a sua vontade no sentido de transferir o direito sobre coisa a outrem, como*

[427] LIEBMAN. Enrico Tullio. *Processo de execução.* 5ª ed. São Paulo: Editora Saraiva, 1986. p. 144.
[428] CHIOVENDA. Giuseppe. *Instituição de direito processual civil.* Trad. Guimarães Menegale. São Paulo, 1942, vol. I. págs. 408-410).
[429] NEVES, C., op. cit., p. 113.

ocorre na venda voluntária; e toda vontade implícita dele falta completamente, devendo-se reter a existência de sua vontade numa arbitrária função...A transferência da propriedade não é um fim em si mesmo, mas somente o meio idôneo para conseguir disso o seu escopo. Isso explica a eficácia do poder estranho à vontade do devedor, como 'causa transmissível' dos direitos a ele pertencentes. Assim, à ideia de uma execução forçada, como idôneo instrumento, o conceito de transferência coativa".[430]

Assim, efetivamente, não é possível considerar que a expropriação na modalidade de arrematação ou alienação do bem penhorado seja um negócio jurídico privado, muito menos um negócio jurídico público de representação, pois não há nesse tipo de transmissão de propriedade qualquer ato de vontade ou de caráter negocial. O que há é um provimento judicial que determina a transferência do bem, sem qualquer característica jusprivatista. É um ato com característica exclusivamente publicista, jurisdicional, o qual somente tem, igualmente como tantos outros atos jurisdicionais, efeitos privados. Por isso, o terceiro que faz uma oferta na alienação, intervém no pendente processo judicial de execução, e, intervindo, propõe uma demanda judicial, a demanda que lhe seja adjudicada a coisa em expropriação pelo preço por ele oferecido e que ele promete de pagar. Por isso, para Zanzuchi, o licitante intervém no processo por meio de uma espécie de demanda incidental.[431]

Para Pontes de Miranda, a verdadeira teoria é a que atende à relação de direito público entre o juiz (Estado) e o arrematante, aliás, entre o juiz e os lançadores e entre o juiz e o lançador-arrematante, como ato processual no processo de execução. Contudo, diz Pontes que o fato de não ser a arrematação uma compra e venda, isso não significa dizer que seja ato unilateral do órgão judicial: *"seriam bem difícil conceber-se ato de transferência, ainda em execução, que fosse unilateral; ou se variou de definição de ato unilateral"*.[432] Segundo Pontes de Miranda, quem exerce o poder de dispor, nas arrematações e adjudicações, é o Estado, e não o exequente ou o síndico da massa concursal. Há o ato jurisdicional, que cobre o negócio jurídico bilateral em que são figurantes o Estado e o arrematante ou o adjudicatário. Poder dispor não é direito de propriedade, razão por que o dinheiro que se apurou na praça, ou no leilão, ou, até, na venda por iniciativa particular, é de propriedade do devedor, e não do Estado, nem do credor ou dos credores.[433]

[430] PUGLIATTI, Salvatore. *Esecuzione forzata e diritto sostanziale*, Milão, 1935, pág. 301; NEVES, C., idem, p. 113.

[431] ZANZUCCHI. Marco Túlio. *Diritto processuale civile*, Milão, 1946, Tomo III, págs. 81 a 86.

[432] PONTES DE MIRANDA, op. cit., p. 353.

[433] PONTES DE MIRANDA, idem, p. 354

Essa divergência quanto à natureza jurídica da arrematação, já levou o S.T.J. a afirmar que o arrematante não tem qualquer demanda de garantia por vícios redibitórios ou por evicção:

> *(...).*
>
> *4. A natureza da arrematação, assentada pela doutrina e pela jurisprudência, afasta a natureza negocial da compra e venda, por isso que o adquirente de bem em hasta pública não tem a garantia dos vícios redibitórios nem da evicção.*
>
> *5. O arrematante lesado pode desfazer a arrematação, investir contra o devedor que liberou-se com alienação juridicamente interditada ou voltar-se mesmo contra o credor que se pagou de modo indevido, mas jamais sub-rogar-se em crédito do processo de expropriação cuja própria execução ultimou-se com o pagamento do precatório.*
>
> *6. Ao arrematante reserva-se o acesso à justiça amplo ao evitar o locupletamento sem causa, podendo constringir o crédito do expropriado, em medida acautelatória que lhe garanta o pagamento a posteriori. Deveras, outra alternativa não se lhe reserva, por isso que o tribunal a quo bem decidiu ao assentar: "DESAPROPRIAÇÃO – Indireta – Agravo de Instrumento – Levantamento – Não se adquire por meio de arrematação em hasta pública, realizada em execução contra o antigo proprietário, bem já entregue ao uso público, realizada em execução contra o antigo proprietário, bem já entregue ao uso público, nem há sub-rogação apenas no crédito, depois de já exercido o direito à indenização e reconhecido por acórdão transitado em julgado, além de já satisfeito com o depósito, em cumprimento de precatório destinado ao autor da demanda – Negado provimento ao recurso, cancelado o efeito suspensivo." 7. Recurso especial a que se nega provimento.*
>
> (REsp 625322/SP, Rel. Ministro LUIZ FUX, PRIMEIRA TURMA, julgado em 11/05/2004, DJ 14/06/2004, p. 184).

Nessa hipótese de área menor arrematada por terceiro, na França, o Grande Planiol, fundado no locupletamento sem causa, assentava a responsabilidade subsidiária do exequente (*Traité elementaire, Vol. II, §1497).* Na Alemanha, parecem excluídas todas as garantias, inclusive a de evicção, em caso de venda judicial, salvo dolo (*ENNecerus – Obrigações, trad. espanh. Vol. 2 §109, n. 04, pgs. 59),* até porque o terceiro de boa-fé pode adquirir a *non domino.* Já Carnelutti, em 1931, nas suas *Lezioni,* aprecia a questão da evicção restrita, naturalmente, aos bens imóveis. Limita, contudo, a responsabilidade ao devedor, excluindo o credor. Para Chiovenda, em face da sub-rogação do Estado em relação à vontade do devedor, não há a garantia da evicção em favor do arrematante. Para o mestre italiano, a responsabilidade pela hipótese de o arrematante perder a coisa para terceiro seria do credor. Refutando a simples assimilação da arrematação à compra e venda, Liebman entendia que não se tratava de ação de garantia, subsistindo, contudo, o enriquecimento ilícito do executado, que pagou o débito com bem pertencente a terceiro. Na hipótese de insolvência do devedor, o arrematante poderia repetir dos credores o que receberam, porque, embora tivessem direito ao pagamento, não o tinham a ser pagos pela alienação do bem de terceiro.[434]

Atualmente, estabelece o art. 2.921 do Código Civil italiano: *"o adquirente da coisa expropriada, se ocorre a evicção, pode repetir o preço não ainda distribuído, deduzida as despesas, e, se a distribuição já ocorreu, pode repetir o preço de qualquer credor a parte que lhe coube e do devedor eventual resíduo, salvo a responsabilidade do credor precedente pelos danos e pelas despesas.*

Se a evicção for somente parcial, o adquirente tem direito de repetir um aparte proporcional do preço. A repetição tem lugar também se o adjudicatário, para evitar a evicção, há pago uma soma em dinheiro.

Em todo caso, o adquirente não pode repetir o preço em face dos credores privilegiados ou hipotecários em relação aos quais a causa da evicção não era oponível.

Na lição de Araken de Assis, ao arrematante não assiste direito tanto à redibição da coisa arrematada, quanto ao abatimento do preço. Em relação à evicção, ensina o renomado processualista gaúcho: *"Mas antes de anuir com a tese de Liebman, necessário ponderar a natureza da arrematação (retro, 229) e recordar que, nos termos do art. 457 do CC de 2002, descabe a repetição do preço, caso litigiosa a coisa. Tratando marginalmente das alienações coativas, Carlos Alberto A. de Oliveira observa que o arrematante se vincula à sentença proferida entre as partes originárias, se a arrematação ocorreu na pendência da reivindicatória, e apoia Liebman, alvitrando ao adquirente 'buscar a reparação de seu prejuízo junto ao executado, baseando-se, analogicamente, no instituto da evicção', ou do credor, na insolvência do devedor. Decerto a natureza negocial da arrematação escora o enunciado daquele dispositivo do CC de 2002. E o adquirente na hasta pública é evicto? Aqui é preciso considerar a unidade do poder jurisdicional. Ao sub-rogar a vontade do executado, a instâncias do exequente, ou veicular a ação deste na esfera jurídica do obrigado, conforme o ângulo da análise, e, a um só tempo, decidir o domínio a favor de terceiro, o Estado assume o risco de entregar com uma mão o que, em seguida, retirará com a outra. Daí resulta o dever estatal de indenizar o evicto. Ademais, a inserção do Estado no negócio de arrematação autoriza imputar-lhe responsabilidade pelo dano porventura causado a terceiro. Deste modo, o Estado responderá solidariamente com as partes da relação processual pela evicção do arrematante. Tem razão Wilard de Castro Villar, censurando na tese de Liebman o 'enfoque da arrematação no campo privado'. Por isso,*

[434] LIEBMAN. *Processo de execução..., op. cit. n. 73. p. 164.*

o art. 447, segunda parte, do CC de 2002, que repetiu, no art. 457, a regra respeitante à litigiosidade da coisa, põe termo a quaisquer dúvidas, rezando: 'subsiste esta garantia ainda que a aquisição se tenha realizado em hasta pública'".[435]

Percebe-se, portanto, quanto complexa é a questão.

É possível, ainda, que haja contrato de locação em relação ao bem arrematado. Nesse caso, qual seria o efeito jurídico da arrematação em relação à locação? Se a locação ocorreu após a penhora do bem, isso poderá caracterizar fraude à execução, salvo se a locação foi autorizada pelo juízo da execução. Contudo, já entendeu o S.T.J. que a prorrogação de contrato de locação não caracteriza fraude à execução, conforme o seguinte precedente:

> *(...).*
>
> *2. A mera renovação do contrato de locação celebrado por um dos coproprietários do imóvel, anteriormente à aquisição de parte do imóvel pelo outro coproprietário, não importa em fraude à execução, mormente por não se tratar de alienação ou oneração do bem. Ademais, o próprio recorrente reconheceu que a prorrogação contratual não o tolheu de receber os aluguéis mensais.*
>
> *3. O exame acerca da verossimilhança da alegação de que a renegociação do contrato de locação firmada pelos recorridos teria importado em prejuízo demandaria a incursão na seara fático-probatória, o que é inviável em sede especial, a teor do disposto na Súmula 7/STJ.*
>
> *4. Dissídio jurisprudencial não-comprovado.*
>
> *5. Recurso especial conhecido e improvido.*
>
> (REsp 926.555/RS, Rel. Ministro ARNALDO ESTEVES LIMA, QUINTA TURMA, julgado em 25/11/2008, DJe 19/12/2008)

Em relação às locações realizadas antes da penhora, poderá o arrematante ter que respeitá-las. Em relação às coisas móveis, deve-se atentar ao que dispõe o art. 576, *caput,* do C.c. de 2002, segundo o qual, alienada a coisa durante a locação, o adquirente não fica obrigado a respeitar o contrato, se nele não foi consignada a cláusula de sua vigência no caso de alienação, a constar de registro público. Na locação de imóvel, seja qual for sua destinação, deve-se observar o que dispõe a Lei 8.245/91. Nesse caso, a alienação do imóvel torna-se denunciável o vínculo (art. 8º, *caput,* primeira parte). Abrange o conceito de alienação a adjudicação e a arrematação. Tem o arrematante o prazo de noventa dias, a contar do registro, para denunciar o contrato, sob pena de recondução tácita do

[435] Assis, Araken. Op. cit., p. 742.

contrato. Feita no prazo da denúncia, a demanda de despejo poderá ser ajuizada a qualquer tempo, segundo o S.T.J.[436]

Sobre o tema assim tem se posicionado o S.T.J.:

1. Nos termos da redação do art. 694 do Codex Processual, vigente à época da realização do ato processual, "Assinado o auto pelo juiz, pelo escrivão, pelo arrematante e pelo porteiro ou pelo leiloeiro, a arrematação considerar-se-á perfeita, acabada e irretratável." 2. Aperfeiçoada a arrematação, com a lavratura do auto, resta materializada causa de transferência da propriedade com todos os direitos que lhe são inerentes, ressalvados aqueles que dependem, por lei, de forma especial para aquisição.

3. Transferência ao Arrematante dos direitos de uso e/ou fruição do imóvel locado, que prescindem de forma especial translatícia, bem como do direito de obter a transferência do domínio, a qual condiciona-se ao registro de título.

4. Aperfeiçoada a arrematação, nos termos o art. 694 do CPC, após a lavratura do respectivo auto, carece de legitimidade ativa ad causam para propositura de ação de despejo o Locador, ex-proprietário do imóvel arrematado, na medida em que configurada a sub-rogação ao Arrematante dos direitos decorrentes do pacto locatício relativo ao imóvel adquirido.

5. Recurso especial provido.

(REsp 833.036/SP, Rel. Ministra LAURITA VAZ, QUINTA TURMA, julgado em 18/11/2010, DJe 28/03/2011).

I – Para que o pacto locatício com cláusula de vigência impeça a denúncia do contrato pelo adquirente faz-se mister que o contrato esteja averbado no registro de imóveis antes da alienação.

II – Hipótese em que o registro do contrato de locação ocorreu após a arrematação do imóvel.

III – A expressão "adquirente" contida no art. 8º da Lei 8.245/91 não coincide com o conceito de adquirente extraído do art. 530, I, do Código Civil (que dispõe que a propriedade imóvel se adquire com a "transcrição do título de transferência no registro do imóvel").

Sendo assim, para que o "adquirente" possa denunciar a locação com base no art. 8º da Lei do Inquilinato não é necessária a transcrição do título de aquisição no Registro de Imóveis, sendo até prescindível que tenha adquirido a propriedade plena do imóvel.

Recurso não-conhecido.

(REsp 605.521/SP, Rel. Ministro FELIX FISCHER, QUINTA TURMA, julgado em 28/04/2004, DJ 14/06/2004, p. 274)

[436] Assis, A. idem, p. 742 e 743.

Porém, nos termos do art. 8º, *caput*, 2ª parte da Lei 8.245/91, deverá ser mantida a locação, não podendo o arrematante denunciá-la, se o contrato por prazo determinado contiver 'cláusula de vigência em caso de alienação e estiver averbado junto à matrícula do imóvel.

Seja em qualquer hipótese, com ou sem cláusula de vigência da locação em caso de alienação do imóvel, o meio processual adequado para o arrematante recuperar o bem locado é por meio de demanda de despejo.

Em relação à percepção dos alugueres, assim decidiu o S.T.J.:

> *1. Considera-se improcedente a arguição de ofensa aos arts. 165, 458, II, e 535, II, do CPC quando o Tribunal a quo se pronuncia, de forma motivada e suficiente, sobre os pontos relevantes e necessários ao deslinde da controvérsia.*
>
> *2. É inviável ao Superior Tribunal de Justiça intervir em matéria da competência da Suprema Corte, sob pena de contrariedade às rígidas atribuições recursais previstas na Carta Magna.*
>
> *3. Aplica-se o óbice previsto na Súmula 284/STF na hipótese em que a deficiência da fundamentação do recurso não permite a exata compreensão da controvérsia.*
>
> *4. O arrematante de imóvel tem o direito de receber os valores relativos ao aluguel a partir da lavratura do auto de arrematação, não sendo preciso esperar o registro no cartório do registro de imóveis.*
>
> *5. Recurso especial parcialmente provido.*
>
> (REsp 1232559/PR, Rel. Ministro JOÃO OTÁVIO DE NORONHA, TERCEIRA TURMA, julgado em 11/02/2014, DJe 17/02/2014)

Na hipótese de imóvel rural, objeto de contrato agrário (arrendamento ou parceria), eis o que dispõe o art. 92, §5º, da Lei 4.504, de 1964 (Estatuto da Terra): *A alienação ou a imposição de ônus real ao imóvel não interrompe a vigência dos contratos de arrendamento ou de parceria ficando o adquirente sub-rogado nos direitos e obrigações do alienante.*

Na hipótese de o imóvel arrematado ter sido dado em comodato, poderá o arrematante denunciar o contrato, desde que seja por prazo indeterminado. Sendo por prazo determinado, e tendo o contrato sido registrado no Registro Público, deverá o arrematante aguardar a sua conclusão, conforme estabelece o art. 580 do C.c.b.[437]

Segundo acentua Pontes de Miranda, *"arrematação, em sentido de movimento processual, é a submissão do bem penhorado ao procedimento da alienação ao público; em*

[437] Assis, A., idem, p. 745.

sentido de estática processual, é a assinação do bem, que foi posto em hasta pública, ao lançador que ofereceu o maior lanço, que arrematou, que pôs remate à hasta pública".[438]

A arrematação é um ato meio que leva à consecução da busca final do procedimento executivo, ou seja, o pagamento do exequente. Pela arrematação não há ainda pagamento ao exequente, mas, sim, mera transformação do bem em pecúnia.

Arrematar, portanto, é por a remate, o termo, o ponto final. Na hasta pública, arrematar é conferir o último ato ao lanço que se fez.[439]

Em relação à forma de transmissão de propriedade – *originária ou derivada*, há divergência na doutrina.

Adquire-se a propriedade pelo *modo originário* quando não há relação jurídica material entre o proprietário precedente e o atual adquirente. O atual proprietário adquire a propriedade independentemente da vontade do antigo proprietário.

Já no *modo derivado*, há relação jurídica de direito material entre o atual e o antigo proprietário.

Liebman afirma que a aquisição da propriedade, via alienação judicial, é uma forma *originária* de aquisição da propriedade, tendo em vista que para ele a arrematação é ato unilateral do Estado que efetua a transferência coativa do direito de propriedade a outrem.

Para Araken de Assis, a arrematação implica aquisição *derivada*. Por isso, terceiro, cujo direito o Estado transferiu em hasta pública, dispõe de demanda reivindicatória contra o arrematante (C.c.b., art. 1.228). Diz Araken de Assis: *"Inexiste, nesta solução, igualmente adotada em outros ordenamentos, contradição alguma com a essência dos meios sub-rogatórios. Ao sub-rogar o executado, o Estado não altera a substância do seu direito, de início penhorado e, em seguida, alienado. Tangente às coisas móveis, que possuídas de boa-fé pelo arrematante poderiam ocasionar dificuldades quanto ao reconhecimento da propriedade, o art. 662 do CC de 1916 rejeita o princípio 'possession vaut titre'. Diversamente, o art. 1.268, 'caput', do CC de 2002 estabelece uma exceção, consistente na oferta da coisa móvel 'ao público, em leilão ou estabelecimento comercial', sob tais circunstâncias que 'ao adquirente de boa-fé, como a qualquer pessoa, o alienante se afigurar dono'. Na arrematação, portanto, é boa a transmissão da coisa, excluída sua ulterior reivindicação, a arrematante do boa-fé. 'Leilão' corresponde, no texto, a alienação coativa'".*[440]

[438] Pontes de Miranda, idem, p. 345.
[439] Pontes de Miranda, idem, p. 355.
[440] Assis, A., op.cit. p. 737.

A jurisprudência do S.T.J., por sua vez, firmou entendimento de que a arrematação seria uma forma *originária* de aquisição da propriedade. Nesse sentido eis os atuais precedentes:

1. Ainda que o preço alcançado na arrematação do bem seja insuficiente para a quitação do débito tributário, o arrematante não poderá ser responsabilizado por dívidas contraídas por outrem, conforme a literalidade do parágrafo único do art. 130 do CTN.

Precedentes: AgRg no Ag 1246665/SP, Rel. Ministro LUIZ FUX, Primeira turma, DJe 22/04/2010; REsp 954.176/SC, Rel. Ministra ELIANA CALMON, Segunda turma, DJe 23/06/2009.

2. Agravo regimental não provido.

(AgRg no AREsp 132.083/SP, Rel. Ministro BENEDITO GONÇALVES, PRIMEIRA TURMA, julgado em 28/08/2012, DJe 05/09/2012)

1. A arrematação de bem móvel ou imóvel em hasta pública é considerada como aquisição originária, inexistindo relação jurídica entre o arrematante e o anterior proprietário do bem, de maneira que os débitos tributários anteriores à arrematação sub-rogam-se no preço da hasta.

2. Agravo regimental não provido.

(AgRg no Ag 1225813/SP, Rel. Ministra ELIANA CALMON, SEGUNDA TURMA, julgado em 23/03/2010, DJe 08/04/2010)

1. Cinge-se a controvérsia à responsabilidade do arrematante pelo pagamento do IPTU quando o imóvel sobre o qual incidiu a exação foi objeto de aquisição em hasta pública.

2. A jurisprudência desta Corte ratificou o entendimento segundo o qual "a arrematação em hasta pública tem o efeito de expurgar qualquer ônus obrigacional sobre o imóvel para o arrematante, transferindo-o livremente de qualquer encargo ou responsabilidade tributária." (REsp 1059102/RS, Rel. Min. Luiz Fux, Primeira Turma, julgado em 3.9.2009, DJe 7.10.2009 – grifo nosso).

Agravo regimental improvido.

(AgRg no Ag 1200816/RJ, Rel. Ministro HUMBERTO MARTINS, SEGUNDA TURMA, julgado em 03/12/2009, DJe 16/12/2009)

1. Discute-se nos autos se o credor-exequente (adjudicante) está dispensado do pagamento dos tributos que recaem sobre o imóvel anteriores à adjudicação.

2. Arrematação e adjudicação são situações distintas, não podendo a analogia ser aplicada na forma pretendida pelo acórdão recorrido, pois a adjudicação pelo credor com dispensa de depósito do preço não pode ser comparada a arremate por terceiro.

3. A arrematação em hasta pública extingue o ônus do imóvel arrematado, que passa ao arrematante livre e desembaraçado de tributo ou responsabilidade, sendo, portanto, considerada aquisição originária, de modo que os débitos tributários anteriores à arrematação sub-rogam-se no preço da hasta. Precedentes: REsp 1.188.655/RS, Rel. Min. Luiz Fux, Primeira Turma, DJe 8.6.2010; AgRg no Ag 1.225.813/SP, Rel. Min. Eliana Calmon, Segunda Turma, DJe 8.4.2010; REsp 909.254/DF, Rel. Min. Mauro Campbell Marques, Segunda Turma DJe 21.11.2008.

4. O adquirente só deixa de ter responsabilidade pelo pagamento dos débitos anteriores que recaiam sobre o Bem, se ocorreu, efetivamente, depósito do preço, que se tornará a garantia dos demais credores. De molde que o crédito fiscal perquirido pelo fisco é abatido do pagamento, quando da praça, por isso que, encerrada a arrematação, não se pode imputar ao adquirente qualquer encargo ou responsabilidade.

5. Por sua vez, havendo a adjudicação do imóvel, cabe ao adquirente (credor) o pagamento dos tributos incidentes sobre o Bem adjudicado, eis que, ao contrário da arrematação em hasta pública, não possui o efeito de expurgar os ônus obrigacionais que recaem sobre o Bem.

6. Na adjudicação, a mutação do sujeito passivo não afasta a responsabilidade pelo pagamento dos tributos do imóvel adjudicado, uma vez que a obrigação tributária propter rem (no caso dos autos, IPTU e taxas de serviço) acompanha o Bem, mesmo que os fatos imponíveis sejam anteriores à alteração da titularidade do imóvel (arts. 130 e 131, I, do CTN).

7. À luz do decidido no REsp 1.073.846/SP, Rel. Min. Luiz Fux, Primeira Seção, DJe 18.12.2009, "os impostos incidentes sobre o patrimônio (Imposto sobre a Propriedade Territorial Rural – ITR e Imposto sobre a Propriedade Predial e Territorial Urbana – IPTU) decorrem de relação jurídica tributária instaurada com a ocorrência de fato imponível encartado, exclusivamente, na titularidade de direito real, razão pela qual consubstanciam obrigações propter rem, impondo-se sua assunção a todos aqueles que sucederem ao titular do imóvel." Recurso especial provido.

(REsp 1179056/MG, Rel. Ministro HUMBERTO MARTINS, SEGUNDA TURMA, julgado em 07/10/2010, DJe 21/10/2010).

A primeira importante questão sobre ser originário ou derivado o modo de aquisição da propriedade pela arrematação, diz respeito aos direitos reais em garantia (credor pignoratício, anticrético, hipotecário e usufrutuário) que podem gravar o bem penhorado.

Tendo sido penhorado um bem gravado com direito real em garantia, o titular desse direito deve obrigatoriamente ser intimado para participar da relação jurídica executiva, nos termos do art. 799, inc. I a VI do atual C.P.C.

Uma vez intimado, o credor com garantia real não necessita ingressar com qualquer demanda autônoma, pois sua participação ocorrerá no próprio procedimento executivo em face da penhora sobre o bem gravado.

Sem a intimação do titular do direito real em garantia, a alienação do bem gravado será ineficaz em face ao titular do direito real.

Havendo a intimação, o direito real sub-roga-se no preço alcançado, isto é, a hipoteca, penhor, anticrese ou usufruto é extinto, justamente pela natureza originária de aquisição da propriedade por meio da arrematação. A arrematação transfere a coisa livre e desembaraçada ao adquirente que ofereceu o melhor preço. Nesse sentido são os seguintes precedentes do S.T.J.:

> *(...).*
>
> *– Mesmo não tendo o credor hipotecário sido intimado da penhora e da realização da praça, o prazo para oposição dos embargos de terceiro é de até cinco dias depois da arrematação, adjudicação ou remição, mas sempre antes da assinatura da respectiva carta. – Devem ser conjugados o art. 1047, II e o art. 1048, ambos do CPC, porque os embargos de terceiro, na qualidade de credor com garantia real, se destinam a "obstar a alienação judicial do objeto da hipoteca, penhor ou anticrese", e se essa alienação está perfeita e acabada com a assinatura do auto de arrematação, o credor com garantia real não pode mais se insurgir contra a imissão de posse do arrematante, porque tem o direito de sequela, permanecendo a coisa gravada com hipoteca. A arrematação que extingue a hipoteca é aquela promovida pelo credor hipotecário; bem como na hipótese de sua anuência, ou pela inércia no exercício de prelação, quando intimado da realização da praça ou leilão.*
>
> *– Pelo fato da coisa dada em garantia estar sujeita por vínculo real, para o cumprimento da obrigação (art. 755, CC), e do credor hipotecário não exercer parcela do direito de propriedade, com animus domini, nem detenção fática sobre ela, não se justifica que, precluso o prazo previsto no art. 1048 do CPC, seja-lhe autorizado o manejo da ação de embargos de terceiro para obstar a imissão de posse do arrematante.*
>
> *Recurso Especial conhecido e provido.*
>
> (REsp 303.325/SP, Rel. Ministra NANCY ANDRIGHI, TERCEIRA TURMA, julgado em 26/10/2004, DJ 06/12/2004, p. 283)
>
> *– Sendo válida e eficaz a arrematação, com a intimação prévia do credor hipotecário, que, contra esse ato não se insurgiu oportunamente, é de considerar-se extinta a hipoteca nos termos do disposto no art. 849, VII, do Código Civil.*
>
> *Recurso especial não conhecido.*
>
> (REsp 110.093/MG, Rel. Ministro BARROS MONTEIRO, QUARTA TURMA, julgado em 04/02/2003, DJ 07/04/2003, p. 288)

Hipoteca. Extinção. Arrematação. Precedentes da Corte.

1. Na linha de precedentes da Corte, pela arrematação extingue-se a hipoteca, nos termos do art. 849, VII, do Código Civil, não havendo nenhuma impugnação quanto à realização da mesma, com o que admite-se tenha sido o credor hipotecário, intimado da realização da praça.

2. Recurso especial conhecido e provido.

(REsp 139.101/RS, Rel. Ministro CARLOS ALBERTO MENEZES DIREITO, TERCEIRA TURMA, julgado em 24/11/1998, DJ 22/02/1999, p. 104)

É importante salientar que se o direito real em garantia for constituído após a penhora, poderá ser caracterizado como fraude à execução, sem qualquer eficácia perante o credor que penhorou o bem.

Em relação às dívidas condominiais existentes sobre o bem arrematado, entende Araken de Assis, com base no art. 1.345 do C.c.b., que o adquirente de unidade responde pelos débitos do alienante, em relação ao condomínio, inclusive multas e juros moratórios. Tal responsabilidade *propter rem* se estende ao arrematante, desde que o ônus conste do edital.[441] Manteve-se fiel, o processualista gaúcho, à sua concepção de que a arrematação é uma forma de aquisição derivada de propriedade.

Porém, muito embora o S.T.J. entenda que a arrematação é *forma originária* de aquisição de propriedade, em relação às despesas de condomínio, assim tem entendido a 2ª Seção do referido tribunal:

1. A jurisprudência da 2ª Seção apresenta precedentes no sentido da responsabilidade do adquirente pelos débitos de condomínio que oneram o imóvel adquirido. Esse entendimento tem sido estendido às arrematações em juízo.

2. Na hipótese de omissão do edital quanto à existência de débitos, há precedentes na 3ª Turma que, tanto admitem, como não admitem a transferência ao adquirente dos débitos condominiais.

3. Se o condomínio, ciente de que a aquisição do imóvel em juízo fora promovida com a ressalva expressa da não transferência do débito condominial, não se insurge tempestivamente, deixando decair seu direito à anulação do negócio jurídico, não pode, depois, reclamar do adquirente o pagamento de seu suposto crédito.

4. Não se pode onerar a parte que confiou na declaração do Poder Judiciário de não transferência dos débitos, apresentando-lhe, anos depois da compra, uma conta de des-

[441] Assis, A., idem, p. 744.

pesas condominiais em valor equivalente ao que pagou pelo bem, notadamente quando já teria precluído seu direito de invalidar o negócio jurídico, que teve a não transferência dos débitos como uma das causas determinantes.

5. A jurisprudência que entende pela transferência aos arrematantes de débitos condominiais pode, muitas vezes, inviabilizar a garantia.

Na hipótese em que tais débitos se acumulem a ponto de equivaler ao valor do imóvel, nenhum licitante terá interesse em arrematar o bem, criando-se uma espiral infinita de crescimento do débito. Melhor solução seria a de admitir a venda desonerada do imóvel e a utilização do produto para abatimento do débito, entregando-se o imóvel a um novo proprietário que não perpetuará a inadimplência.

6. Recurso especial conhecido e provido.

(REsp 1299081/SP, Rel. Ministra NANCY ANDRIGHI, TERCEIRA TURMA, julgado em 18/09/2012, DJe 27/09/2012)

I – A jurisprudência desta Corte é firme no sentido de que o arrematante de imóvel em condomínio é responsável pelo pagamento das despesas condominiais vencidas, ainda que estas sejam anteriores à arrematação II – Recurso Especial provido.

(REsp 1044890/RS, Rel. Ministro SIDNEI BENETI, TERCEIRA TURMA, julgado em 20/05/2010, DJe 18/06/2010).

Condomínio. Cobrança de taxas condominiais. Execução extrajudicial. Arrematação posterior. Precedentes da Corte.

1. A nossa jurisprudência está orientada no sentido de que a "responsabilidade pelas despesas de condomínio pode recair tanto sobre o promitente vendedor quanto sobre o promissário comprador, dependendo das circunstâncias de cada caso concreto" (EREsp nº 138.389/MG, Segunda Seção, Relator o Ministro Sálvio de Figueiredo Teixeira, DJ de 13/9/99).

2. No caso concreto, ajuizada a ação antes da execução extrajudicial, deve seguir-se precedente da Corte no sentido de que é responsabilidade da proprietária as "despesas condominiais desde a data da aquisição até quando o imóvel foi arrematado pela CEF" (REsp nº 479.782/DF, Quarta Turma, Relator o Ministro Ruy Rosado de Aguiar, DJ de 4/8/03).

3. Recurso especial conhecido e provido.

(REsp 651.060/SP, Rel. Ministro CARLOS ALBERTO MENEZES DIREITO, TERCEIRA TURMA, julgado em 14/12/2006, DJ 23/04/2007, p. 255)

Não se pode esquecer que se houver penhora anteriormente averbada no registro de imóveis, eventual arrematação levada a efeito em execução posterior não terá eficácia em relação ao exequente que realizou a penhora anterior, se este não foi devidamente intimado da hasta pública. Nesse sentido é o seguinte precedente do S.T.J.:

1. A averbação da penhora registrada com anterioridade não se cancela no caso de arrematação cuja hasta pública tenha se realizado sem intimação do anterior credor-penhorante;

2. Ineficácia da arrematação relativamente ao credor-penhorante com penhora anteriormente inscrita não intimado para a hasta pública em que adquirida a propriedade pelo arrematante.

3. Possibilidade de opção, pelo credor-penhorante não intimado, pela preferência no recebimento do crédito, em concurso de preferências, ou pelo novo praceamento do bem em hasta pública que providencie, conquanto transcrito o bem em nome do arrematante, dada a ineficácia da aquisição relativamente ao aludido credor-penhorante, com penhora anterior averbada no Registro de Imóveis.

4. Recurso Especial, que visou ao cancelamento da averbação da penhora, improvido.

(REsp 1122533/PR, Rel. Ministro SIDNEI BENETI, TERCEIRA TURMA, julgado em 15/05/2012, DJe 11/06/2012).

Seja originária ou derivada a aquisição da propriedade pela arrematação, o certo é que eventuais servidões, uso, habitação, usufruto que incidam sobre o imóvel permanecerão vinculando o bem apesar da arrematação.

2. Espécies de alienação

Preceitua o *art. 879* do atual C.P.C. que *a alienação far-se-á: I – por iniciativa particular; II – em leilão judicial eletrônico ou presencial.*

O dispositivo trata das hipóteses de alienação judicial do bem penhorado.

No C.P.C. de 1973, em sua redação original, este capítulo era intitulado como *Da arrematação*, o que de certa forma restringia a forma de alienação.

O C.P.C. de 1973 também diferenciava leilão de praça; o leilão seria realizado para alienação de bens móveis, enquanto que a praça seria realizada para alienação de bens imóveis.

O novo C.P.C. unificou a expressão, fazendo referência ao leilão judicial eletrônico ou presencial tanto para bens móveis quanto para bens imóveis.

A alienação poderá ser feita tanto por iniciativa particular, como por meio de leilão judicial eletrônico ou presencial.

Na realidade, a expropriação pode ocorrer por diversas técnicas, sendo que em algumas, como no caso da alienação por iniciativa particular ou por meio do leilão judicial, prescinde-se totalmente da participação do executado, alcançando seu objetivo independentemente de sua participação. Tais técnicas são denominadas de *sub-rogatórias* (execução direta), na qual se encontra a alienação coativa.[442]

Conforme bem asseverou Barbosa Moreira, ao tratar da arrematação, que *"o juiz não está investido na presença (convencional ou legal) do proprietário, nem há por que recorrer ao inútil ou descabido expediente dogmático de considerar 'fictamente' manifestada a vontade do devedor"*.[443]

O que se visa tanto com a alienação particular quanto pelo leilão judicial é a transmissão de domínio do bem penhorado pelo Estado mediante o devido pagamento em dinheiro pelo terceiro que ofereceu o melhor lanço. Distingue-se da outra espécie de expropriação, a adjudicação, uma vez que neste instituto o bem não é transferido a terceiro mas ao próprio exequente em pagamento da dívida.

Note-se que o legislador deu preferência ao leilão judicial eletrônico, até mesmo para se aproveitar todo o potencial da tecnologia moderna, mantendo o leilão judicial presencial para as hipóteses em que o leilão eletrônico seja impossível ou de pouca praticidade.

Art. 880

Não efetivada a adjudicação, o exequente poderá requerer a alienação por sua própria iniciativa ou por intermédio de corretor ou leiloeiro público credenciado perante o órgão judiciário.

§ 1º O juiz fixará o prazo em que a alienação deve ser efetivada, a forma de publicidade, o preço mínimo, as condições de pagamento, as garantias e, se for o caso, a comissão de corretagem.

§ 2º A alienação será formalizada por termo nos autos, com a assinatura do juiz, do exequente, do adquirente e, se estiver presente, do executado, expedindo-se:

I – a carta de alienação e o mandado de imissão na posse, quando se tratar de bem imóvel;

II – a ordem de entrega ao adquirente, quando se tratar de bem móvel.

[442] Assis, Araken. *Manual do processo de execução.* 8ª ed. São Paulo: Ed. Revista dos Tribunais, 2002. p. 731.

[443] Barbosa Moreira, José Carlos. *O novo processo civil brasileiro.* 6ª ed. Rio de Janeiro: Forense, 1984. p. 336.

§ 3º Os tribunais poderão editar disposições complementares sobre o procedimento da alienação prevista neste artigo, admitindo, quando for o caso, o concurso de meios eletrônicos, e dispor sobre o credenciamento dos corretores e leiloeiros públicos, os quais deverão estar em exercício profissional por não menos que 3 (três) anos.

§ 4º Nas localidades em que não houver corretor ou leiloeiro público credenciado nos termos do § 3º, a indicação será de livre escolha do exequente.

Alienação particular

A primeira hipótese de expropriação do bem penhorado é pela *adjudicação* do bem em favor do exequente ou outro legitimado, se assim ele o desejar.

Por outro lado, se não for efetivada a adjudicação do bem pelo exequente ou por outro legitimado, o próprio exequente poderá requerer a alienação *por sua própria iniciativa ou por intermédio de corretor ou leiloeiro público credenciado perante o órgão judiciário.*

É importante salientar que a alienação particular ou direta não afeta a natureza pública do ato, pois haverá apenas uma delegação do juízo ao exequente para promover a alienação do bem penhorado, sem se descurar das condições judiciais impostas, especialmente o valor mínimo a ser observado.

Assim, mediante requerimento do exequente, a alienação do bem penhorado poderá ser feita por *iniciativa particular*, ou seja, pelo próprio exequente, que poderá promover pessoalmente a alienação do bem ou valer-se de corretor (de imóveis ou de valores mobiliário por exemplo) ou leiloeiro público. Verifica-se que não é qualquer corretor ou qualquer leiloeiro público que poderá auxiliar o exequente na alienação, mas somente aqueles profissionais que estejam devidamente registrados em seus órgãos de registro e fiscalização e também estejam devidamente credenciados perante a autoridade judiciária, desde que estejam no exercício da profissão há mais de *três anos.* O §3º do art. 685-C do C.P.C. de 1973 exigia que o corretor estivesse no exercício da profissão há mais de *cinco anos.*

A profissão de Leiloeiro é exercida mediante matrícula concedida pelas Juntas Comerciais, de acordo com as disposições do Decreto Federal n. 21.981, de 19 de outubro de 1932, pela Lei 4.021, de 10.12.61 e pela Instrução Normativa n. 113, de 28 de abril de 2012 do DNRC – Departamento de Registro do Comércio.

A Lei 8.034/94, que dispõe dos registros públicos de empresas mercantis e atividades afins estabelece em seu art. 31, inc. I:

Art. 32. O registro compreende:

I – a matrícula e seu cancelamento: dos leiloeiros, tradutores públicos e intérpretes comerciais, trapicheiros e administradores de armazéns-gerais.

A escolha do corretor ou do leiloeiro público poderá ser feita pelo exequente, dentre aqueles credenciados no juízo.

Poderá também ser o leiloeiro designado pelo juiz.

O exequente não necessita obrigatoriamente de se valer de corretor ou leiloeiro, podendo realizar a venda diretamente à pessoa interessada, desde que observado o preço mínimo estabelecido pelo juiz da execução.

É importante salientar que a alienação particular não poderá ser realizada de ofício pelo juiz, muito menos imposta ao exequente. Trata-se de uma iniciava exclusiva do exequente, que deverá avaliar as condições de mercados a fim de optar pela venda por iniciativa privada.

Preceitua o *§1º do art. 880* do atual C.P.C. que *o juiz fixará o prazo em que a alienação deve ser efetivada, a forma de publicidade, o preço mínimo, as condições de pagamento, as garantias e, se for o caso, a comissão de corretagem.*

Muito embora possa o exequente levar o bem penhorado à alienação por iniciativa privada, isso não significa que terá total liberdade para assim proceder, sem qualquer preocupação com a metodologia a ser aplicada.

Por isso, a alienação por iniciativa privada do exequente deverá obedecer aos critérios estabelecidos pelo juiz da execução, dentre os quais podem-se indicar: a) prazo em que a alienação deva ser efetivada. O exequente deverá, portanto, observar o prazo fixado pelo juiz para a conclusão da alienação, podendo, se for o caso, requerer prorrogação mediante justo motivo. No direito italiano, segundo estabelece o art. 569, inc. III do C.P.C. italiano, o juiz da execução deve estabelecer o *preço base* e deve fixar o prazo não inferior a 90 dias e não superior a 120 dias, dentro do qual podem ser oferecidas propostas para aquisição do bem; b) forma de publicidade. Deverá o exequente adotar a forma de publicidade estabelecida pelo juiz, ou seja, mediante publicação em jornal, em página eletrônica especializada em leilões, rádio, televisão etc. A forma de publicidade deverá levar em conta o valor do crédito e especialmente o valor do bem penhorado; c) preço mínimo. O juiz fixará o preço mínimo para a alienação do bem penhorado.

Note-se que pelo C.P.C. de 1973, o preço mínimo não poderia ser inferior ao da avaliação.

Porém, pelo novo C.P.C., o 'preço mínimo' não quer dizer o valor da avaliação do bem, podendo, inclusive, ser inferior a este valor. O juiz deverá fixar o preço mínimo de acordo com as conjunturas do mercado e o interesse das pessoas na aquisição do bem; d) condições de pagamento. O juiz fixará também as condições de pagamento do bem arrematado. Poderá ser somente mediante pagamento à vista ou também parcelado. O juiz também poderá determinar a forma de garantia do pagamento do valor da alienação, especialmente quando o pagamento for parcelado. Essa garantia poderá ser mediante hipoteca ou penhor do próprio bem, ou, ainda, caução em dinheiro, ou, ainda, fiança bancária etc.; e) o juiz, na hipótese de o credor valer-se de corretor ou leiloeiro público, poderá fixar o valor da remuneração do corretor ou do leiloeiro, normalmente mediante um percentual do pagamento efetuado. É importante salientar que se a venda for anulada por qualquer causa, o corretor e o leiloeiro não terão direito à remuneração fixada pelo juiz, mas poderão reaver eventuais despesas que realizaram para a efetivação do ato da venda. Agora, se houver desistência por qualquer motivo do comprador, após a realização da venda, esses profissionais terão direito à remuneração fixada pelo juiz.

Preceitua o *§2º do art. 880* do atual C.P.C. que a *alienação será formalizada por termo nos autos, com a assinatura do juiz, do exequente, do adquirente e, se estiver presente, do executado, expedindo-se: I – a carta de alienaçao e o mandado de imissão na posse, quando se tratar de bem imóvel; II- a ordem de entrega ao adquirente, quando se tratar de bem móvel.*

A formalização da alienação privada não será por meio de auto de arrematação, mas, sim, por *termo nos autos*, termo esse que deverá ser assinado pelo juiz, pelo exequente, pelo adquirente e, se estiver presente, pelo próprio executado.

Tendo sido assinado o termo pelo adquirente do bem, a alienação torna-se perfeita e acabada, não podendo ser retratada unilateralmente.

O art. 746 do C.P.C. de 1973 estabelecia que seria lícito ao executado, no prazo de 5 (cinco) dias, contado da adjudicação, alienação ou arrematação, oferecer embargos fundados em nulidade da execução, ou em causa extintiva da obrigação, desde que superveniente à penhora.

O atual C.P.C. não prevê mais a possibilidade de o executado ingressar com *embargos à arrematação*, razão pela qual o questionamento deste ato processual somente poderá ser realizado por demanda autônoma.

Nesse sentido, estabelece o art. 903 do atual C.P.C.:

> *Art. 903. Qualquer que seja a modalidade de leilão, assinado o auto pelo juiz, pelo arrematante e pelo leiloeiro, a arrematação será considerada perfeita, acabada e irretratável, ainda que venham a ser julgados procedentes os embargos do executado ou a ação autônoma de que trata o § 4º deste artigo, assegurada a possibilidade de reparação pelos prejuízos sofridos.*

Contudo, a alienação poderá tornar-se sem efeito, nos termos do §1º do art. 903 do atual C.P.C.: *Ressalvadas outras situações previstas neste Código, a arrematação poderá, no entanto, ser: I – invalidada, quando realizada por preço vil ou com outro vício; II – considerada ineficaz, se não observado o disposto no art. 804; III – resolvida, se não for pago o preço ou se não for prestada a caução.*

O juiz decidirá nos próprios autos da execução acerca dos vícios acima indicados, enquanto não for expedida a carta de alienação ou a ordem de entrega.

Uma vez assinado o *termo de alienação particular*, o juiz determinará a expedição de carta de alienação e de mandado de imissão de posse, em se tratando de bem imóvel, ou ordem de entrega ao adquirente na hipótese de alienação de bem móvel.

Gerando a alienação direito imediato ao adquirente, nenhum problema haverá para que o juiz expeça o mandado de imissão de posse, em caso de imóveis, ou mandado de entrega do bem adquirente, na hipótese de bem móvel. Esse mandado é direcionado ao depositário do bem. Se o depositário não cumprir a ordem emanada pelo juiz, poderá sofrer as sanções processuais, civis e penais (desobediência). Nessa hipótese, o juiz determinará que seja cumprido o mandado de imissão ou de entrega do bem pelo oficial de justiça, nos próprios autos de execução, não necessitando o arrematante de promover demanda autônoma. Nesse sentido são os seguintes precedentes do S.T.J.:

1. O arrematante, em hasta pública, de bem que se encontra em poder do executado, será imitido na posse mediante simples mandado, nos próprios autos da execução, sendo desnecessária a propositura de outra ação.

2. É competente o Juízo da execução para expedir mandado de imissão provisória de posse. Precedentes do STJ e STF.

3. Competência do Juízo Federal da 1ª Vara da Seção Judiciária de Marília – SJ/SP.

(CC 118.185/SP, Rel. Ministro LUIS FELIPE SALOMÃO, SEGUNDA SEÇÃO, julgado em 28/09/2011, DJe 03/10/2011)

(...).

2. "Ao adquirente do imóvel arrematado em execução não se exige a propositura de nova ação para imitir-se na posse do bem, podendo fazê-lo nos autos do processo executivo por meio de mandado judicial. Precedentes. II. Recurso especial conhecido e provido." (REsp 742303/MG, Rel. Ministro ALDIR PASSARINHO JUNIOR, QUARTA TURMA, julgado em 30/05/2006, DJ 26/06/2006 p. 160) 3. Precedentes: REsp 192139/SP, Rel. Ministro ARI PARGENDLER, TERCEIRA TURMA, julgado em 27/08/2002, DJ 02/12/2002 p. 304; REsp 578849/SC, Rel. Minis-

tro BARROS MONTEIRO, QUARTA TURMA, julgado em 12/12/2005, DJ 27/03/2006 p. 278; 3ª Turma, ROMS n. 1.636-AL, Rel. Min. Nilson Naves, unânime, DJU de 24.08.92; 3ª Turma, REsp n. 61.002-GO, Rel. Min. Eduardo Ribeiro, unânime, DJU de 22.05.95.

4. Agravo regimental a que se nega provimento.

(AgRg no REsp 328.441/PB, Rel. Ministro VASCO DELLA GIUSTINA (DESEMBARGADOR CONVOCADO DO TJ/RS), TERCEIRA TURMA, julgado em 11/05/2010, DJe 25/05/2010)

1. Estando em curso ação judicial, na qual houve arrematação e, posteriormente, invasão do imóvel, o titular tem o direito de pedir ao Juiz a imissão na posse.

2. Recurso ordinário provido, por maioria.

(RMS 18.233/RJ, Rel. Ministro HUMBERTO GOMES DE BARROS, Rel. p/ Acórdão Ministro CARLOS ALBERTO MENEZES DIREITO, TERCEIRA TURMA, julgado em 20/06/2006, DJe 24/11/2008)

Contudo, poderá ocorrer que o depositário não possa por si só cumprir a ordem judicial, como acontece quando o bem é objeto de locação ou de comodato, ou seja, quando o terceiro está na posse do bem de forma legítima e documentalmente. Ocorrendo tais hipóteses, caberá ao arrematante tomar as medidas judiciais cabíveis (reintegração de posse/imissão de posse ou despejo, conforme o caso).

Estabelece o *§3º do art. 880* do atual C.P.C. que *os tribunais poderão editar disposições complementares sobre o procedimento da alienação prevista neste artigo, admitindo, quando for o caso, o concurso de meios eletrônicos, e dispor sobre o credenciamento dos corretores e leiloeiros públicos, os quais deverão estar em exercício profissional por não menos que 3 (três) anos.*

Muito embora este dispositivo estabeleça que compete aos Tribunais regular o procedimento de alienação particular, admitindo inclusive o concurso de meios eletrônicos, o ideal seria que o Conselho Nacional de Justiça baixasse regulamentação uniforme para os órgãos da justiça brasileira, evitando-se a multiplicidade de legislações e a diversidade de atos para o exercício da venda direta.

Também deveria o C.N.J. regulamentar de forma uniforme o credenciamento dos corretores e leiloeiros públicos, os quais deverão estar em exercício profissional por não menos que três anos.

O art. 358 do Provimento n. 02/2005 da Corregedoria Geral do TRF4ª Região assim estabelece:

> *"Art. 358. A venda dos bens penhorados a particular é admissível quando resultarem negativos a praça ou o leilão, condicionada ao consentimento expresso ou tácito do exequente e do executado, ressalvado o disposto no art. 670 do CPC".*

Evidentemente que a norma contida no art. 358 do Provimento n. 02/05 não está de acordo com o que dispunha o art. 685-C do C.P.C. de 1973, muito menos com o que estabelece o art. 880 do atual C.P.C. Em primeiro lugar, não há que condicionar a alienação particular ao resultado negativo de praça ou leilão, uma vez que a norma processual estabelece que será facultado ao exequente a alienação particular, se não houver requerimento de adjudicação do bem, e antes da realização do leilão em hasta pública. Outrossim, a norma processual não condiciona a alienação particular ao consentimento prévio do executado, mas, sim, ao preço mínimo estabelecido pelo juiz.

Sobre a melhor forma de interpretação do art. 358 do Provimento n. 02/05 da Corregedoria do TRF4ª Região, eis a seguinte decisão do Tribunal Regional Federal da 4ª Região:

> *1. Na forma do artigo 685-C do CPC, a alienação por iniciativa particular, também chamada de venda direta, constitui modalidade de expropriação cabível tão logo se verifique o desinteresse do credor na adjudicação dos bens penhorados. 2. A venda direta, em princípio, deve respeitar o preço mínimo da avaliação efetuada pelo oficial de justiça (CPC, artigo 680). No entanto, esta ilação serve para a hipótese em que a alienação por iniciativa particular é realizada conforme o procedimento previsto no Código, ou seja, com precedência à hasta pública, modalidade que ostenta irrestrita publicidade sobre as condições de venda. 3. Tendo em vista que, na presente hipótese, as hastas públicas já tinham sido efetuadas, e mesmo a praça que permitiu a aquisição dos bens por valor equivalente a 60% (sessenta por cento) do seu preço restou infrutífera, nada justifica não se permita a viabilização das mesmas condições na modalidade de alienação por iniciativa particular. Com efeito, com o insucesso das hastas, ficou demonstrado que nenhum prejuízo injusto adveio ao devedor pela venda direta dos bens pelo equivalente a 60% (sessenta por cento) da avaliação, porquanto esse montante não foi ofertado nem naquele procedimento que, em tese, possui aptidão para angariar o maior preço possível. Dessa forma, tendo sido a venda direta precedida de ampla divulgação através da realização de hastas públicas, nada justifica esteja a aquisição dos bens adstrita ao preço da avaliação, podendo o juízo, nessas circunstâncias, viabilizar idênticas condições de preço e forma de pagamento, tal como previamente deferido aos eventuais licitantes da hasta. 4. Diante da aplicação da regra específica (Lei nº 8.212/91, artigo 98) que permite o parcelamento no leilão judicial dos bens penhorados, nas condições ali estipuladas, não há cogitar da aplicação do dispositivo geral*

(CPC, artigo 690, §1º). Outrossim, desde a arrematação – ou, no caso, a venda direta – já ocorre a liberação do devedor quanto ao produto amealhado, ficando unicamente o adquirente responsável pelo adimplemento do parcelamento firmado. Sendo assim, eventual desrespeito às cláusulas do parcelamento no que diz respeito aos pagamentos efetuados pelo adquirente é questão a ser resolvida entre ele e o exequente, não ostentando o devedor, desde então, qualquer interesse jurídico na resolução da controvérsia, porquanto não mais lhe afeta. 5. Quanto à necessidade de consentimento do executado sobre a realização da venda direta, o Código de Processo Civil é omisso, não se encontrando dentro dos requisitos estipulados pelo artigo 685-C qualquer disposição a respeito, sendo que o §3º desse dispositivo permite aos Tribunais a regulamentação dos procedimentos relativos a esta modalidade de expropriação, de modo que sequer existe delegação legislativa para a estipulação de requisitos outros que não os constantes da legislação ordinária. O artigo 358 do Provimento nº 02/2005 da Corregedoria-Geral desta Corte não pode ser encarado como regulamentador do artigo 685-C, uma vez que a ele é anterior. Em verdade, o referido dispositivo infralegal intentava regulamentar o artigo 700 então vigente do Código, que dispunha sobre modalidade excepcional de expropriação dos bens, dependendo do consentimento de ambas as partes, e que foi revogado pela Lei nº 11.382/06. Não bastassem tais circunstâncias, foi o embargante pessoalmente intimado de que, "não havendo discordância manifesta das partes no prazo de 05 (cinco) dias contados da realização do 2º leilão, será procedida a venda direta dos bens leiloados", de modo que não há falar na ausência de prévia ciência acerca da realização da alienação por iniciativa particular e de concordância tácita com o procedimento. 6. Quanto à litigância de má-fé, o escopo dos artigos 17 e 18 do CPC é coibir o abuso das partes com relação à ampla liberdade de manifestação que lhes possa conferir o ordenamento processual. No caso, ainda que a petição e os documentos tenham se mostrado impertinentes e intempestivos para os fins do processo, a atitude não chega a configurar tentativa de tumulto processual, mormente diante da ausência de quaisquer incidentes processuais decorrentes daquela manifestação. Dessa forma, deve ser afastada a multa aplicada por litigância de má-fé, merecendo provimento o apelo no ponto. 7. Não tendo um dos embargados apresentou qualquer resistência ao pedido, limitando-se a pedir prazo para desistência da arrematação, informando, depois, que não desistiria, as manifestações tiveram cunho meramente informativo, sem representar verdadeira oposição ao pedido formulado pelo embargante. Dessa forma, ainda que tenha havido manifestação nos autos, não houve o desempenho de atividade de defesa a justificar a remuneração do advogado, descabendo cogitar-se, portanto, da incidência do artigo 20 do CPC.

(TRF4, AC 0000656-28.2008.404.7016, Primeira Turma, Relator Joel Ilan Paciornik, D.E. 20/07/2011).

Prescreve o *§4º do art. 880* do atual C.P.C. que n*as localidades em que não houver corretor ou leiloeiro público credenciado nos termos do §3º, a indicação será de livre escolha do exequente.*

Como o Brasil é de amplitude continental, não se pode esperar que em todas as comarcas de norte a sul do país haja estrutura uniforme, especialmente a existência de corretores e leiloeiros públicos devidamente credenciados. Em face dessa particular circunstância, ou seja, falta de estrutura profissional em determinadas comarcas, poderá o juiz escolher livremente corretor ou leiloeiro para auxiliar o credor na venda direta.

Art. 881

A alienação far-se-á em leilão judicial se não efetivada a adjudicação ou a alienação por iniciativa particular.

§ 1º O leilão do bem penhorado será realizado por leiloeiro público.

§ 2º Ressalvados os casos de alienação a cargo de corretores de bolsa de valores, todos os demais bens serão alienados em leilão público.

Leilão judicial

O art. 881 do atual C.P.C. trata especificamente do instituto da arrematação realizada em hasta pública. Este dispositivo estabelece uma ordem sequencial para tentativa de alienação do bem penhorado. Em primeiro lugar, há a possibilidade de expropriação do bem pela *adjudicação*. Em segundo lugar, a alienação do bem penhorado poderá ocorrer pela alienação *por iniciativa particular*. Em terceiro lugar, a *alienação judicial* ou arrematação em hasta pública.

A alienação judicial, conforme preconiza o art. 879, inc. II, do atual C.P.C. dar-se-á por meio de *leilão judicial eletrônico ou presencial.*

Note-se que o leilão judicial eletrônico ou presencial dá-se tanto para bens móveis quanto para bens imóveis, não havendo mais a distinção até então usual entre *praça* para bens imóveis e *leilão* para bens móveis.

Estabelece o *§1º do art. 881* do atual C.P.C. que o leilão *do bem penhorado será realizado por leiloeiro público.*

Este dispositivo estabelece que o leilão do bem penhorado será realizado por leiloeiro público.

O leilão poderá ser presencial ou eletrônico, nos termos do art. 879 do atual C.P.C.

O leilão judicial presencial será realizado por leiloeiro público ou pelo oficial de justiça que cumula também esta função para fazer o pregão da hasta pública.

A profissão de leiloeiro público, conforme já se afirmou, está regulada em lei (Dec. 21.981/32, Lei 4.012/61, dentre outras), sendo que o leiloeiro público deverá estar credenciado no juízo da execução ou no Tribunal a que pertença o juízo da execução.

O leiloeiro público poderá ser designado pelo juiz, que poderá ser indicado pelo exequente dentre os leiloeiros credenciados no juízo. Se o exequente não indicar, o juiz poderá designá-lo.

Muito embora não haja determinação legal, o juiz deverá oportunizar ao executado que se manifeste sobre a escolha do leiloeiro, com base no princípio do contraditório, o qual poderá alegar suspeição ou impedimento do leiloeiro indicado pelo exequente.

Preceitua o *§2º do art. 881* do atual C.P.C. que *ressalvados os casos de alienação a cargo de corretores de bolsa de valores, todos os demais bens serão alienados em leilão público.*

Em se tratando de bens penhorados que tenham cotação em bolsa de valores, como as ações e títulos de dívida pública, caso em que a alienação ficará a cargo de corretores da bolsa de valores, todos os demais bens serão alienados em leilão público, ou seja, em hasta pública pelo procedimento da arrematação.

Todos os negócios realizados com ações na BOVESPA estão sujeitos ao disposto na Instrução CVM nº 168, de 23/12/1991. Esta Instrução estabelece, entre outros pontos, parâmetros de quantidade e preço que, se ultrapassados, obrigam os negócios realizados a serem submetidos a leilão, com duração definida. Dependendo das características das operações realizadas pelos clientes, elas podem ser submetidas a este procedimento especial antes do seu registro no sistema.

Penso que também se houver tentativa infrutífera dos corretores da bolsa de valores em promover a alienação dos bens, nada impede que o juiz determine que essa alienação ocorra também por leilão público.

Art. 882

Não sendo possível a sua realização por meio eletrônico, o leilão será presencial.

§ 1º A alienação judicial por meio eletrônico será realizada, observando-se as garantias processuais das partes, de acordo com regulamentação específica do Conselho Nacional de Justiça.

§ 2º A alienação judicial por meio eletrônico deverá atender aos requisitos de ampla publicidade, autenticidade e segurança, com observância das regras estabelecidas na legislação sobre certificação digital.

§ 3º O leilão presencial será realizado no local designado pelo juiz.

Leilão presencial e eletrônico

A regra geral é de que o leilão seja realizado de forma eletrônica, salvo se não for possível, quando será presencial.

De preferência, a realização do leilão judicial deve ser por meios eletrônicos, especialmente pela sua amplitude e dinâmica.

O C.N.J. também poderia regulamentar de forma uniforme o leilão eletrônico, tendo como parâmetro os leilões eletrônicos realizados pela Secretaria da Receita Federal do Brasil para alienação de mercadorias apreendidas ou abandonadas. A sociedade em geral pode acompanhar os editais dos leilões eletrônicos, por meio da internet, na opção *Acompanhe e Consulte Editais de Leilão Eletrônico*. Os interessados em participar do Leilão Eletrônico deverão acessar o sítio da RFB, Portal (e-CAC), mediante a utilização de Certificado Digital válido, e escolher a opção do serviço "Sistema de Leilão Eletrônico". Os Procedimentos adotados para leilão de mercadorias, na forma eletrônica, são regulados pela Portaria MF n. 548/2009 e Portaria RFB n. 2.206/2010. Em termo gerais, diz a Portaria n. 548/2009 do M.F.:

> ***MINISTRO DE ESTADO DA FAZENDA**, no uso de suas atribuições e tendo em vista o disposto na legislação tributária, em especial nos artigos 28 a 30 do Decreto-Lei nº 1.455, de 7 de abril de 1976, na Portaria MF nº 100, de 22 de abril de 2002, e no art. 115 da Lei nº 8.666, de 21 de junho de 1993*
>
> *CONSIDERANDO que a venda de bens e produtos legalmente apreendidos utilizando os recursos de tecnologia da informação propicia maior segurança, transparência, eficácia, eficiência e simplificação dos procedimentos, ampliando a competitividade e reduzindo os custos da licitação;*
>
> *CONSIDERANDO a necessidade de se adotar medidas para evitar conluio entre os licitantes ou outras práticas prejudiciais à Fazenda Nacional;*
>
> *CONSIDERANDO que a utilização de certificação digital na licitação garante confiabilidade, privacidade, integridade e inviolabilidade das propostas; resolve:*
>
> ***Art. 1º** Aprovar a implantação do Sistema de Leilão Eletrônico – SLE com vistas a ampliar a competitividade e simplificar os procedimentos de alienação de mercadorias apreendidas por meio de recursos de tecnologia da informação.*

***Art. 2º** Os leilões de mercadorias apreendidas de que trata o artigo 2º, inciso I e II, da Portaria MF 100, de 22 de abril de 2002, poderão ser realizados por meio do SLE.*

***Art. 3º** O SLE destina-se a receber os lances à distância, em sessão pública, por meio de sistema que promova a comunicação pela Internet, utilizando-se de recursos de criptografia e de autenticação que viabilizem condições adequadas de segurança em suas etapas.*

***Art. 4º** Os arquivos e registros digitais, relativos ao processo licitatório, deverão permanecer à disposição das auditorias internas e externas.*

***Art. 5º** Os leilões realizados por meio do SLE deverão observar, no que couber, as disposições da Lei nº 8.666, de 21 de junho de 1993, e demais normas pertinentes à matéria.*

***Art. 6º** A Secretaria da Receita Federal do Brasil emitirá instruções complementares necessárias à execução do disposto nesta Portaria.*

***Art. 7º** Esta Portaria entra em vigor na data de sua publicação.*

O Tribunal de Justiça do Mato Grosso do Sul implementou o Leilão Eletrônico em 2009, conforme notícia divulgada no sítio http://www.cnj.jus.br/noticias/7601-tribunal-de-justica-do-ms-ira-implantar-leilao-eletronico, a saber:

Está publicado no Diário da Justiça (DJ) da última sexta-feira (25/09) o Provimento nº 184, de 24 de setembro de 2009, do Conselho Superior da Magistratura, que disciplina o leilão eletrônico determinado pelo art. 689-A do Código de Processo Civil.

A alienação por meio da internet, além de imprimir maior eficácia à realização de leilões, permite fácil acesso aos interessados, baratear o processo licitatório, agilizar as execuções, potencializar as arrematações, dentre outras vantagens.

Durante a realização do leilão, os bens com descrição detalhada e imagens, e os lances poderão ser visualizados, em tempo real, no site, por todos os participantes e também disponíveis nos locais indicados no site, para a visitação dos interessados nos dias e horários determinados.

De acordo com o juiz auxiliar da Corregedoria-Geral de Justiça, Fábio Possik Salamene, o TJMS está sendo um dos pioneiros na adoção dessa medida e afirma que ampliando o número de compradores, a possibilidade de vender o bem é muito maior. Outra vantagem apontada pelo magistrado é que serão eliminadas várias rotinas cartorárias. "Mediante contatos com colegas do Judiciário de SP, onde sistema semelhante já foi implantado, e solicitei à Secretaria de Tecnologia da Informação (STI) apoio para amadurecer e implantar a ideia, inclusive atendendo a uma das orientações contidas no banco de boas práticas do Conselho Nacional de Justiça (CNJ)", destacou o juiz.

Conforme o magistrado, os métodos tradicionais de leilão limitavam a publicidade por contemplar divulgação apenas nos murais dos fóruns e no DJ. "A intenção é ampliar a concorrência e promover a dilação do prazo e a divulgação poderá ser feita em todos os meios disponíveis como sites, rádio, tv's, sem prejuízo da publicação no DJ".

A STI desenvolverá o sistema para que o procedimento de arrematação seja completamente eletrônico.

Habilitação e compra – Estarão habilitadas a participar do pregão as entidades públicas ou privadas, que se credenciarem, sendo dispensada a habilitação no caso da existência de convênio entre a entidade e o Tribunal. Os interessados deverão realizar o cadastro prévio no site em que ocorrerá a alienação judicial eletrônica, sendo o cadastramento gratuito e requisito indispensável para participação.

As máquinas utilizadas pelos usuários deverão ser previamente cadastradas, mediante utilização de softwares de segurança.

A venda ocorrerá no estado de conservação em que o bem se encontra, sem garantia, e fica sob responsabilidade do interessado na aquisição, verificar a condição em que se encontra antes das datas de realização do pregão eletrônico.

Quem arrematar o lote terá prazo de 24 horas para efetuar o pagamento. Correrão por conta do arrematante as despesas e os custos relativos à desmontagem, remoção, transporte e transferência patrimonial dos bens adquiridos.

Corregedoria e CNJ – Dr. Salamene considera muito positiva a atuação do CNJ na orientação, difusão, incentivo das boas práticas e cumprimento das metas, com o objetivo de uniformizar procedimentos e rotinas nos Estados. "Com o advento dessas medidas o Judiciário em todo o Brasil despertou para a necessidade de se estabelecer amplo planejamento de suas atividades, com consequente cumprimento de metas. Embora tenhamos sugestões de aprimoramentos a fazer perante o CNJ, louvamos várias iniciativas, algumas das quais no sentido da eficiência, da impessoalidade e da moralidade. O Conselho Nacional de Justiça é um órgão recente e, como toda instituição, experimentará a fixação de seus limites e seu aperfeiçoamento, ou seja, sua perfeita adequação, moldados no curso da história".

Para o magistrado, o órgão está sendo muito eficiente no compartilhamento das experiências do Judiciário em âmbito nacional.

Estabelece o *§1º do art.* 882 do atual C.P.C., que a *alienação judicial por meio eletrônico será realizada, observando-se as garantias processuais das partes, de acordo com regulamentação específica do Conselho Nacional de Justiça.*

Na realidade, seja qualquer for a regulamentação que o Conselho Nacional de Justiça deva baixar sobre a metodologia do leilão eletrônico, o certo é que essa regulamentação deverá observar *as garantias processuais das partes*, dentre elas, *o contraditório*, o impedimento de alienação por *preço vil*, que a arrematação se dê de forma *menos onerosa ao devedor*; que se respeite o *preço mínimo* fixado pelo juiz, sendo que no caso de bem de incapaz esse preço mínimo não poder ser inferior a 80% do valor da avaliação etc.

Preceitua o *§2º do art. 882* do atual C.P.C. que *a alienação judicial por meio eletrônico deverá atender aos requisitos de ampla publicidade, autenticidade e segurança, com observância das regras estabelecidas na legislação sobre certificação digital.*

Este dispositivo vem reforçar o que já disse o §1º deste artigo, ou seja, que o leilão eletrônico deverá observar todas as garantias processuais às partes, como é o caso de ampla publicidade do leilão.

A principal questão que surge em relação à utilização do sistema eletrônico via *internet* diz respeito especialmente à segurança e autenticidade dos atos praticados virtualmente. Daí porque a exigência do legislador de que a alienação judicial por meio eletrônico atenda aos requisitos da ampla publicidade, autenticidade e segurança, especialmente mediante a observância das regras estabelecidas na legislação sobre certificação digital, como no caso da Lei 11.419/06. A certificação digital é regulamentada no Brasil pela Infraestrutura de Chaves Pública Brasileira (ICP – Brasil), criada pela Medida Provisória n. 2.200-2, de 24 de agosto de 2001, que tem como órgão fiscalizador o Instituto Nacional de Tecnologia de Informática (ITI).

Aduz o *§ 3º do art. 882* do atual C.P.C. que *o leilão presencial será realizado no local designado pelo juiz.*

A regra é que o leilão judicial ocorra mediante o procedimento eletrônico, sendo o leilão presencial exceção.

Porém, não sendo possível a realização do leilão eletrônico, o juiz deverá realizar o ato processual de forma presencial, devendo o edital indicar especificamente o local, o dia e a hora da realização do leilão.

Em se tratando de realização de leilão presencial, deverá o juiz designar o local em que será realizado.

Poderá haver transferência do dia ou do local de realização do leilão, mediante comunicado geral ao público, preferencialmente pelos mesmos meios de comunicação do edital de leilão, se houver motivo justo, como caso fortuito ou força maior.

Se o fato impeditivo ocorrer no momento da realização do leilão, entende Araken de Assis que licitação adiada é fato futuro, cuja ciência interessa apenas a quem se movimentou até o local da hasta, não a quem se manteve indiferente ao primitivo chamamento.[444]

[444] Assis, A. op. cit., p. 781.

Geralmente o leilão deverá ser realizado no átrio do fórum ou da justiça federal ou no local em que se encontram os bens.

Seja em que local o leilão deva ser realizado, é essencial a presença do juiz no dia do leilão, justamente para decidir de plano eventuais questões que possam ocorrer durante o trâmite do certame e que não possam ser resolvidas pelo leiloeiro em face de sua incompetência funcional.

Art. 883

Caberá ao juiz a designação do leiloeiro público, que poderá ser indicado pelo exequente.

Designação de leiloeiro público

O art. 706 do C.P.C. de 1973 estabelecia que o leiloeiro seria indicado pelo exequente (Redação dada pela Lei n. 11.382/06). Assim, sob a égide do código revogado, se o exequente não indicasse o leiloeiro, caberia ao juiz a sua intimação pessoal sob pena de extinção do processo executivo.

Pelo art. 883 do atual C.P.C., caberá ao juiz a designação do leiloeiro público, o qual poderá ser indicado também pelo exequente.

Desta feita, ou o juiz designa o leiloeiro dentre aqueles cadastrados no juízo, ou transfere essa incumbência ao exequente. Se o exequente não o fizer, poderá o juiz fazê-lo, prosseguindo-se com os atos executivos.

Art. 884

Incumbe ao leiloeiro público:

I – publicar o edital, anunciando a alienação;

II – realizar o leilão onde se encontrem os bens ou no lugar designado pelo juiz;

III – expor aos pretendentes os bens ou as amostras das mercadorias;

IV – receber e depositar, dentro de 1 (um) dia, à ordem do juiz, o produto da alienação;

V – prestar contas nos 2 (dois) dias subsequentes ao depósito.

Parágrafo único. O leiloeiro tem o direito de receber do arrematante a comissão estabelecida em lei ou arbitrada pelo juiz.

Responsabilidade do leiloeiro

Muito embora o leiloeiro público possa ser indicado pelo exequente, ele não perde a sua natureza de auxiliar do órgão judicial, ficando vinculado ao juízo da execução quanto aos atos que praticar para a realização do leilão.

Por isso, cabe ao leiloeiro publicar o edital, anunciando a alienação. Deverá, portanto, se for o caso, publicar o edital em jornal de grande circulação.

Se se tratar de edital eletrônico, penso que a própria vara ou cartório da justiça poderá encaminhar o edital para publicação, via sistema eletrônico. Aliás, estabelece o art. 4º da Lei 11.419 de 2006: *"Os tribunais poderão criar Diário da Justiça eletrônico, disponibilizado em sítio da rede mundial de computadores, para publicação de atos judiciais e administrativos próprios e dos órgãos a eles subordinados, bem como comunicação em geral"*.

Deverá o leiloeiro, igualmente, dar maior publicidade possível ao leilão, podendo, inclusive, valer-se de panfletos e mídia eletrônica.

Deverá o leiloeiro, ainda, atender aos possíveis pretendentes a oferecer lanço sobre o bem, exibindo os bens ou amostras das mercadorias. Essa descrição dos bens e o estado em que se encontram deverá ser ainda feita pelo leiloeiro quando do pregão.

Caberá ainda ao leiloeiro realizar o leilão no local designado pelo juiz, que, em regra, poderá ser no átrio do edifício do fórum ou da justiça federal, ou no local em que se encontram os bens. Se o leilão for realizado no átrio do fórum ou da justiça, e sendo isso possível, deverão os bens permanecerem no local do leilão, para que os eventuais licitantes possam avaliar o estado do bem.

Tendo em vista que o trabalho realizado pelo leiloeiro público deve ser remunerado, a lei ou juiz fixará a comissão devida pelo arrematante ao leiloeiro.

Questão interessante ocorre se houver a decretação de nulidade do leilão. Teria direito o leiloeiro público em perceber a remuneração?

Em regra não há direito do leiloeiro perceber a sua remuneração, salvo o pagamento de eventuais despesas que realizou, como, por exemplo, a publicação e a divulgação do edital de leilão. Nesse sentido são os seguintes precedentes do S.T.J.:

> *1. O leiloeiro oficial exerce um mandato, recebendo comissão pelo seu serviço, conforme arbitrado ou previsto em contrato.*
>
> *2. A comissão só é devida, efetivamente, quando finda a hasta ou leilão sem pendência alguma.*
>
> *3. O desfazimento da alienação por fato da Justiça, sem culpa do arrematante, não gera para o leiloeiro direito à comissão (precedentes desta Turma).*

4. Legítima e legal a punição do leiloeiro que recebeu antecipadamente comissão de leilão, recusando-se a devolvê-la quando foi desfeita a hasta pelo Tribunal.

5. Recurso improvido.

(RMS 13.130/SP, Rel. Ministra ELIANA CALMON, SEGUNDA TURMA, julgado em 24/09/2002, DJ 21/10/2002, p. 327)

Processo civil. Leilão. Anulação sem culpa do arrematante.

Comissão do leiloeiro. O artigo 23, parágrafo 2., da lei num. 6.830, de 1980, supõe ou que a arrematação tenha se consumado ou que, pelo menos, tenha se frustrado por culpa do arrematante.

Hipótese em que, tendo o leilão sido anulado, a requerimento da fazenda pública, em razão do superveniente cancelamento do credito tributário, o pagamento da comissão do leiloeiro não pode ser exigido do arrematante. Recurso especial não conhecido.

(Resp 86506/RJ, Rel. Ministro ARI PARGENDLER, SEGUNDA TURMA, julgado em 24/03/1998, DJ 13/04/1998, p. 97)

Também já se decidiu que a comissão do leiloeiro poderia ser paga por aquele que deu causa à ineficácia ou nulidade do leilão, conforme o seguinte precedente:

1. Recurso especial pelo qual o município recorrente busca eximir-se do pagamento da comissão ao leiloeiro e, para tanto, assevera que o processo está eivado de nulidades processuais concernentes à intimação do exequente e do executado para a realização da hasta pública, bem como que não é devida a aludida comissão nos casos em que a arrematação é posteriormente anulada.

(...).

4. Quanto ao cabimento da comissão do leiloeiro e a quem cabe o pagamento de tal ônus, extrai-se dos autos que a Fazenda municipal requereu a realização da hasta pública da qual resultou efetivamente arrematado o bem penhorado. Todavia, o próprio ente público, ao perceber que o débito exequendo já se encontrava sob parcelamento, solicitou que a arrematação fosse tornada sem efeito e que a execução ficasse suspensa; em consequência disso, o arrematante também abriu mão do bem.

5. Tem-se, portanto, que, na espécie, a arrematação, embora realizada, não surtiu os efeitos almejados em decorrência de ato alheio à vontade do arrematante; circunstância essa que diferencia o caso em apreço da hipótese de subsunção ao art. 23, § 2º, da LEF.

Isso porque não é razoável imputar ao arrematante o pagamento de despesas relativos a um ato processual que acabou sendo desfeito por iniciativa de outrem. Nesse mesmo sentido: REsp 86.506/RJ, Rel. Ministro Ari Pargendler, Segunda Turma, DJ 13/04/1998.

6. Não sendo o caso de aplicação da norma especial, deve-se observar a regra geral estabelecida no Código de Processo Civil, que, em seu art. 20, dispõe que o pagamento das despesas processuais, dentre as quais se encontra a comissão do leiloeiro, decorre da aplicação do princípio da causalidade (art. 20 do CPC). No caso concreto, o Tribunal de origem consignou que a Fazenda Pública permitiu a realização de arrematação desnecessária, na medida em que a exequente já tinha ciência de que o débito exequendo estava sendo adimplido de outra forma (parcelamento). Assim, detentora de informação prejudicial à realização do leilão, cabia à credora impedir a sua realização, motivo pelo qual ela deve, em face de sua comprovada culpa, devidamente apurada pela instância de origem, responder pelas despesas derivadas do ato processual que veio a ser desfeito.

7. Recurso especial parcialmente conhecido e, nessa extensão, não provido.

(REsp 1179848/MG, Rel. Ministro BENEDITO GONÇALVES, PRIMEIRA TURMA, julgado em 23/08/2011, DJe 26/08/2011)

Compete ainda ao leiloeiro receber e depositar, dentro de um dia, à ordem do juiz, o produto da alienação.

Uma vez realizada a arrematação e recebido o valor do lanço nas condições estabelecidas no edital ou no próprio dia do leilão, deverá o leiloeiro depositar, dentro de um dia, e à ordem do juízo da execução, o produto da alienação, sob pena de, além das sanções civis e processuais cabíveis, ser responsabilizado criminalmente por peculato. Em regra, o depósito deverá ser feito até o final do expediente bancário do dia seguinte ao do leilão. Se o dia seguinte for um sábado, domingo ou feriado, o depósito poderá ser realizado no primeiro dia útil.

Por fim, como qualquer auxiliar de justiça que administra bens alheios, o leiloeiro deverá prestar contas ao juízo da execução nos dois dias subsequentes ao depósito.

Prescreve o *parágrafo único* do art. 884 do atual C.P.C. que *o leiloeiro tem o direito de receber do arrematante a comissão estabelecida em lei ou arbitrada pelo juiz.*

Como em todo trabalho, o leiloeiro tem direito à percepção de comissão pelo trabalho realizado, ficando sob responsabilidade do arrematante o pagamento da comissão estabelecida em lei ou arbitrada pelo juiz.

Sobre o prazo prescricional da pretensão de cobrança da comissão do leiloeiro, também já teve oportunidade de decidir o S.T.J., nos seguintes termos:

Processual civil. Recurso especial. Leiloeiro. Obrigação estipulada em seu favor. Prescrição do direito de ação.

– Porquanto o leiloeiro público não se qualifica como auxiliar permanente da justiça nos termos do art. 139 do CPC, mas como mero auxiliar eventual, o exercício do direito de ação para a exigência de obrigações fixadas em seu favor não se sujeita ao prazo prescricional previsto no art. 178, §6º, VIII, do CC16, mas ao prazo vintenário previsto no art. 177 do mesmo diploma legal.

Recurso especial não conhecido.

(REsp 525.549/RJ, Rel. Ministra NANCY ANDRIGHI, TERCEIRA TURMA, julgado em 16/11/2004, DJ 17/12/2004, p. 520).

Art. 885

O juiz da execução estabelecerá o preço mínimo, as condições de pagamento e as garantias que poderão ser prestadas pelo arrematante.

Preço mínimo, condições de pagamento e garantias

É importante salientar que pelo atual C.P.C., logo na primeira hasta pública os licitantes poderão ofertar lanço com base no preço mínimo fixado pelo juiz, ou se não foi fixado, pelo valor que não seja inferior a 50% do valor da avaliação.

A partir de agora, não haverá mais duas hastas públicas, como havia no C.P.C. de 1973, sendo que na primeira o lanço não poderia ser inferior ao valor da avaliação.

No edital de leilão, o juiz poderá estabelecer de plano o preço mínimo para que o bem possa vir a ser arrematado, considerando-se *preço vil* qualquer lanço inferior a esse preço mínimo.

Deverá ainda o magistrado fixar no edital as condições de pagamento, ou seja, se é à vista, a prazo, em quantas parcelas, qual o índice de correção etc., assim como as garantias (caução, fiança, garantia real) do pagamento, especialmente se o pagamento for a prazo ou se for concedido prazo para pagamento à vista.

Como a questão dos critérios de arrematação é de ordem processual e não de direito material, a nova lei processual, entrando em vigor, alcançará os leilões que ainda não foram realizados, devendo, se for o caso, ser expedidos novos editais com os requisitos estabelecidos pelo atual C.P.C.

Se já houve a realização do primeiro leilão, com base na regra antiga, o segundo leilão, se ainda não realizado, deverá seguir as novas diretrizes processuais.

Mutatis mutantis, sobre o tema do conflito intertemporal, eis as seguintes decisões do S.T.J.:

1. Se, em execução de título extrajudicial, a Lei nº 11.382/06 passou a vigorar depois da citação, mas antes de concluído o procedimento de penhora, o termo para oferecimento dos embargos deve ser contado a partir da intimação da penhora, mas já se computando o prazo da lei nova, de 15 (quinze) dias. Nessa circunstância, porém, os embargos já devem ser recebidos com base na nova sistemática de execução, portanto, sem efeito suspensivo.

2. Nas execuções por carta precatória – de acordo com o modelo anterior às reformas implementadas pela Lei 11.382/06 –, o termo inicial do prazo dos embargos era a juntada aos autos da carta precatória de intimação da penhora, devidamente cumprida.

3. Recurso especial parcialmente provido.

(REsp 1185729/PR, Rel. Ministra NANCY ANDRIGHI, TERCEIRA TURMA, julgado em 07/04/2011, DJe 15/04/2011)

1. A Lei n. 11.382/2006 alterou o CPC e incluiu os depósitos e aplicações em instituições financeiras como bens preferenciais na ordem de penhora, equiparando-os ao dinheiro em espécie (artigo 655, I) e admitindo a constrição por meio eletrônico (artigo 655-A).

2. Consoante jurisprudência anterior à referida norma, esta Corte firmava o entendimento no sentido de que o juiz da execução fiscal só deveria deferir pedido de expedição de ofício ao BACEN após o exequente comprovar não ter logrado êxito em suas tentativas de obter as informações sobre o executado e seus bens. Precedentes: REsp 802897/RS, DJ 30.03.2006 p. 203; RESP 282.717/SP, DJ de 11/12/2000; RESP 206.963/ES, DJ de 28/06/1999; RESP 204.329/MG, DJ de 19/06/2000 e RESP 251.121/SP, DJ de 26.03.2001.

3. A penhora, como ato processual, regula-se pela máxima tempus regit actum, segundo o que, consectariamente, à luz do direito intertemporal, implica a aplicação da lei nova imediatamente, inclusive aos processos em curso. Precedentes: AgRg no REsp 1012401/MG, DJ. 27.08.2008; AgRg no Ag 1041585/BA, DJ. 18.08.2008;

REsp 1056246/RS, DJ. 23.06.2008).

4. Após o advento da Lei nº 11.382/2006, o juiz, ao decidir acerca do pedido de penhora on line de ativos financeiros do executado, não pode mais exigir a prova de que o credor esgotou as vias extrajudiciais na busca de bens a serem penhorados. Nesse sentido, julgados sob o regime do art. 543-C, do CPC, os seguintes precedentes: REsp 1.184.765/PA, Rel. Ministro LUIZ FUX, PRIMEIRA SEÇÃO, julgado em 24/11/2010, DJe de 03/12/2010 e REsp 1.112.943/MA, Rel. Ministra NANCY ANDRIGHI, CORTE ESPECIAL, julgado em 15/09/2010, DJe de 23/11/2010.

5.In casu, proferida a decisão que indeferiu a medida constritiva em 27.11.2007 (fls. 112), ou seja, após o advento da Lei n. 11.382/06, incidem os novos preceitos estabelecidos pela novel redação do art. 655, I c.c o art. 655-A, do CPC.

6. Agravo Regimental desprovido.

(AgRg no Ag 1211671/SC, Rel. Ministro LUIZ FUX, PRIMEIRA TURMA, julgado em 15/02/2011, DJe 28/02/2011)

1. Controverte-se a respeito do parâmetro que deve nortear a aplicação da Lei 11.382/2006 em relação à penhora de dinheiro por meio do sistema Bacen Jud. Hipótese em que o requerimento se formalizou antes de sua entrada em vigor, e a decisão judicial foi proferida depois dela.

2. A norma do art. 655-A do CPC possui natureza processual e, por essa razão, aplica-se aos processos em curso. Precedentes do STJ.

3. Conforme decidido pela Corte Especial (REsp 1.112.943/MA, julgado no rito dos recursos repetitivos), com a vigência da Lei 11.382/2006, não mais se exige a comprovação de exaurimento das diligências administrativas para penhora por meio do Bacen Jud.

4. A aplicação do novo regime deverá levar em consideração a legislação vigente à data da decisão judicial, e não à do requerimento, pois o ato processual (penhora) será concretizado sob o império da lei nova (tempus regit actum). Precedente do STJ: ERESP 1.052.081/RS, Dje 26.5.2010.

5. Agravo Regimental não provido.

(AgRg no Ag 1148745/SP, Rel. Ministro HERMAN BENJAMIN, SEGUNDA TURMA, julgado em 04/11/2010, DJe 02/02/2011)

Art. 886

O leilão será precedido de publicação de edital, que conterá:

I – a descrição do bem penhorado, com suas características, e, tratando-se de imóvel, sua situação e suas divisas, com remissão à matrícula e aos registros;

II – o valor pelo qual o bem foi avaliado, o preço mínimo pelo qual poderá ser alienado, as condições de pagamento e, se for o caso, a comissão do leiloeiro designado;

III – o lugar onde estiverem os móveis, os veículos e os semoventes e, tratando-se de créditos ou direitos, a identificação dos autos do processo em que foram penhorados;

IV – o sítio, na rede mundial de computadores, e o período em que se realizará o leilão, salvo se este se der de modo presencial, hipótese em que serão indicados o local, o dia e a hora de sua realização;

V – a indicação de local, dia e hora de segundo leilão presencial, para a hipótese de não haver interessado no primeiro;

VI – menção da existência de ônus, recurso ou processo pendente sobre os bens a serem leiloados.

Parágrafo único. No caso de títulos da dívida pública e de títulos negociados em bolsa, constará do edital o valor da última cotação.

Edital de leilão – requisitos

Para que a comunidade tenha plena ciência da pretensão de alienação judicial dos bens penhorados, com todas as características que eles possuam, é necessário que o edital de leilão judicial (arrematação) seja devidamente publicado, nos termos do que dispõe o art. 886 do atual C.P.C.

O anúncio do leilão se dá pela publicação do edital.

O edital é do juízo e não das partes.

O Edital tem por finalidade e função anunciar a realização do leilão, sendo que as normas indicadas no edital caracterizam seu regimento interno.

O edital deve conter os requisitos exigidos pelo art. 886 do atual C.P.C., sob pena de nulidade e, consequentemente, desfazimento da hasta pública.

É certo que a falta de qualquer dos requisitos previstos no art. 886 do atual C.P.C. é causa de nulidade, mas nulidade *não cominada*, ou seja, mesmo que faltando algum requisito, se o ato chegou a atingir sua finalidade, não será declarada a nulidade, nos termos do princípio da instrumentalidade das formas. Nesse sentido é a seguinte decisão do S.T.J.:

2. Arrematação. Praça. Intimação por edital requerida pelo causídico da parte executada. Art. 678, § 5º, do Estatuto Processual Civil.

Intimação realizada, primeiramente, na pessoa do advogado.

Inexistência de procurador nos autos: opera-se o ato na pessoa do executado. Comunicação processual atendida adequadamente.

3. Declaração de nulidade. Finalidade pretendida pela ora recorrente: remição do bem penhorado. Impossibilidade de ser atingida. Circunstâncias fáticas dos autos, expressamente afirmadas pelo acórdão objurgado. Ausência de condições financeiras suficientes para realizar o desiderato.

4. Princípio da instrumentalidade das formas. As formalidades processuais devem ceder quando a prática do ato processual atinge a sua finalidade.

5. Arrematação. Intimação daqueles que detêm interesse jurídico em remir o bem praceado. Comunicação dispensável para a realização do ato. Precedentes: REsp n. 981669/TO, Rel. Ministra NANCY ANDRIGHI; REsp n. 965741/SP, Rel. Ministra ELIANA CALMON.

6. Recurso especial improvido.

(REsp 513.593/RS, Rel. Ministro VASCO DELLA GIUSTINA (DESEMBARGADOR CONVOCADO DO TJ/RS), TERCEIRA TURMA, julgado em 26/10/2010, DJe 10/11/2010).

Por outro lado, o juiz não poderá anular o leilão quando já tiver expedido a carta de arrematação. Nesse sentido já decidiu o S.T.J.:

– Após expedição de carta de arrematação, a anulação do ato deve ser objeto de ação autônoma contra o arrematante com as garantias do devido processo legal, contraditório e ampla defesa. Não é lícito ao juiz declarar ex-officio a nulidade de tal arrematação.

(RMS 22286/PR, Rel. Ministro HUMBERTO GOMES DE BARROS, TERCEIRA TURMA, julgado em 22/05/2007, DJ 04/06/2007, p. 338)

O edital deverá conter, no mínimo, os seguintes requisitos essenciais: a) a descrição do bem penhorado, com suas características, e, tratando-se de imóvel, sua situação e suas divisas, com remissão à matrícula e aos registros. Para que se possa despertar o interesse de possíveis licitantes, é necessário descrever o bem penhorado, com suas características, situação, estado de conservação etc., e, em se tratando de bem imóvel, sua situação e suas divisas, indicando o número de sua matrícula e eventuais registros; b) o valor pelo qual o bem foi avaliado, o preço mínimo pelo qual poderá ser alienado, as condições de pagamento e, se for o caso, a comissão do leiloeiro designado. No edital de leilão deverá constar o valor da avaliação do bem e o valor do preço mínimo pelo qual será alienado. Isso significa dizer que a alienação do bem no leilão poderá ocorrer por valor inferior ao da avaliação, desde que respeitado o preço mínimo fixado pelo juiz. Somente não poderá ser autorizada a venda por preço inferior a 50% do valor da avaliação, salvo se foi fixado pelo juiz determinado preço mínimo. No revogado C.P.C. de 1973, a arrematação na primeira hasta pública não poderia ser inferior ao valor da avaliação. Deverá constar do edital também as condições de pagamento, à vista ou a prazo, e, se for o caso, a comissão do leiloeiro designado, fixada por lei ou pelo juiz. Na Justiça Federal, se o leilão for realizado por oficial de justiça, não haverá fixação de comissão pelo trabalho realizado; c) o lugar onde estiverem os móveis, os veículos e os semoventes e, tratando-se de créditos ou direitos, a identificação dos autos do processo em que foram penhorados. É importante a designação do lugar em que se encontram os bens móveis, os veículos e semoventes, justamente para que possíveis licitantes possam observar *in loco* o bem que será levado à alienação, bem como o seu estado de conservação. Da mesma forma em relação ao bem imóvel, deverá ser indicada no edital a sua perfeita localização. Se os bens móveis estiverem localizados em local diverso da sede do juízo, a arrematação deverá ser feita por carta precatória ou por outro sistema de cooperação entre os juízos. Em se tratando de crédito ou direito (geralmente a penhora ocorre no *rosto dos autos* que tenha por objeto o direito ou o crédito), o edital deverá indicar o juízo e o número dos autos do processo em que houve a penhora; d) o sítio eletrônico (rede mundial de computadores) e o período em que se realizará o leilão, salvo se este se der de modo presencial, hipótese em que se indicarão o local, o dia e a hora de sua realização. A grande vantagem do leilão eletrônico é que a possibilidade de oferta de lance para a aquisição do bem prolonga-se por determinado período de dias, conforme regulamentação a ser expedida sobre o leilão eletrônico. Daí a necessidade de se constar no edital o endereço do sítio eletrônico em que será realizado o leilão eletrônico, especialmente o período no qual se poderá ofertar lanço. Por sua vez, se o leilão ocorrer de forma presencial, deverá constar no edital o local, dia e a hora de sua realização. Normalmente o leilão presencial ocorre na sede do foro ou da justiça; e) menção da existência de ônus, recurso ou processo pendente sobre os bens a serem leiloados. Tendo em vista que o arrematante não poderá ser surpreendido com questões jurídicas complexas e inusitadas, tendo o direito de ser cientificado sobre todas as circunstâncias fáticas ou jurídicas que envolvam o bem penhorado, deverá o edital especificar os ônus (existência de direito real em garantia, uso, habitação, usufruto, enfiteuse, servidões, condômino atrasados, impostos atrasados etc), assim como eventuais causas, recursos (em embargos de terceiro, por exemplo) ou demandas autônomas sobre o bem, a fim de que ele possa avaliar as vantagens e desvantagens para a eventual aquisição do bem. Se não constarem essas circunstanciais fáticas e jurídicas no edital, e havendo prejuízo evidenciado ao arrematante, a arrematação poderá ser declarada nula por irregularidade do edital. Deve-se ressaltar que eventual falta de indicação no edital da existência de direitos reais em garantia, em tese nenhum prejuízo acarretará ao arrematante, desde que os credores tenham sido devidamente intimados da execução. O mesmo ocorre, em tese, se houver múltiplas penhoras sobre o bem, pois nesse caso haverá rateio entre os credores do valor apurado com a alienação.

Esses são os requisitos essenciais que devem constar do edital, sob pena de nulidade da arrematação.

Poderá ainda no edital constar outros dados importantes, como, por exemplo, a intimação do devedor revel sobre a data do leilão.

Estabelece o *parágrafo único do art. 886* do atual C.P.C. que *no caso de títulos da dívida pública e de títulos negociados em bolsa, constará do edital o valor da última cotação.*

Em se tratando de títulos de dívida pública e títulos com cotação em bolsa, a avaliação deverá ocorrer com base nas cotações oficiais das bolsas de valores ou de mercadorias e futuros.

Normalmente o valor da cotação em bolsa será o do último dia antes da publicação do edital, o que não me parece justo, pois o valor da cotação deveria ser o do dia do leilão, ou, na pior das hipóteses, o do dia anterior.

Art. 887

O leiloeiro público designado adotará providências para a ampla divulgação da alienação.

§ 1º A publicação do edital deverá ocorrer pelo menos 5 (cinco) dias antes da data marcada para o leilão.

§ 2º O edital será publicado na rede mundial de computadores, em sítio designado pelo juízo da execução, e conterá descrição detalhada e, sempre que possível, ilustrada dos bens, informando expressamente se o leilão se realizará de forma eletrônica ou presencial.

§ 3º Não sendo possível a publicação na rede mundial de computadores ou considerando o juiz, em atenção às condições da sede do juízo, que esse modo de divulgação é insuficiente ou inadequado, o edital será afixado em local de costume e publicado, em resumo, pelo menos uma vez em jornal de ampla circulação local.

§ 4º Atendendo ao valor dos bens e às condições da sede do juízo, o juiz poderá alterar a forma e a frequência da publicidade na imprensa, mandar publicar o edital em local de ampla circulação de pessoas e divulgar avisos em emissora de rádio ou televisão local, bem como em sítios distintos do indicado no § 2º.

§ 5º Os editais de leilão de imóveis e de veículos automotores serão publicados pela imprensa ou por outros meios de divulgação, preferencialmente na seção ou no local reservados à publicidade dos respectivos negócios.

§ 6º O juiz poderá determinar a reunião de publicações em listas referentes a mais de uma execução.

Publicação dos editais do leilão

O leiloeiro oficial será designado entre os profissionais que estiverem cadastrados no juízo. Se não houver profissionais cadastrados em face da particularidade do juízo, o juiz poderá nomear outro leiloeiro para realizar o leilão.

Caberá ao leiloeiro designado adotar providências para ampla divulgação da alienação, devendo dar ciência do leilão, especialmente pela rede mundial de computadores ou, se for o caso, pelos meios de comunicação em massa, rádio, televisão, jornal etc.

Daí a importância de se designar um leiloeiro oficial e profissional na área de leilão, ao invés do oficial de justiça, uma vez que a estrutura profissional dos leiloeiros oficiais é muito mais dinâmica para levar ao conhecimento do público em geral a divulgação da alienação.

Preceitua o *§1º do art. 887* do atual C.P.C. que **a** *publicação do edital deverá ocorrer pelo menos 5 (cinco) dias antes da data marcada para o leilão.*

A publicação do edital nos meios de comunicação pública deverá ocorrer com antecedência mínima de cinco dias antes da data marcada para o leilão.

O legislador entendeu que a publicação do edital de leilão em prazo inferior ao estabelecido neste parágrafo não atenderá à sua essencial publicidade, devendo o leilão ser adiado.

Estabelece o *§2º do art. 887* do atual C.P.C. que *o edital será publicado na rede mundial de computadores, em sítio designado pelo juízo da execução, e conterá descrição detalhada e, sempre que possível, ilustrada dos bens, informando expressamente se o leilão se realizará de forma eletrônica ou presencial.*

A publicação do edital será preferencialmente realizada na rede mundial de computadores, podendo o leiloeiro utilizar-se também das redes sociais, ou do *sítio eletrônico* designado pelo juízo da execução, que poderá ser no diário oficial eletrônico e no sítio do tribunal a que pertence.

O edital deverá conter os requisitos mínimos exigidos pelo art. 886 do atual C.P.C., podendo, ainda, ser complementado com foto ilustrativa dos bens. Deverá, ainda, fazer referência se o leilão será eletrônico ou presencial, sendo que em ambos os casos deverá ser indicado o endereço, local, dia e hora (se for o caso) da realização do leilão.

Prescreve o *§3º do art. 887* do atual C.P.C. que *não sendo possível a publicação na rede mundial de computadores ou considerando o juiz, em atenção às condições da sede do juízo, que esse modo de divulgação é insuficiente ou inadequado, o edital será afixado em local de costume e publicado, em resumo, pelo menos uma vez em jornal de ampla circulação local.*

Como o Brasil tem dimensões continentais, com especificidades culturais, econômicas ou sociais, é possível que a publicação do edital apenas no diário eletrônico ou no sítio do tribunal a que pertença o juízo não atinja de forma suficiente e adequada a sua finalidade, que é dar publicidade ao leilão. Por isso, o juiz, considerando as condições da sede do juízo e a insuficiência ou inadequação da simples publicação eletrônica, poderá determinar que o edital seja afixado em local de costume e publicado, em resumo, pelo menos uma vez em jornal de ampla *circulação local.*

O local de costume é geralmente um quadro fixado no átrio do edifício do fórum ou da Justiça Federal.

O jornal deve ter ampla circulação na localidade onde será realizado o leilão e não em outra localidade. Poderá ocorrer que a sede do jornal esteja situada em outro local que não aquele em que será realizado o leilão, porém, a sua tiragem tem ampla circulação na sede do juízo, razão pela qual poderá ser considerado um jornal de ampla *circulação local.*

É importante salientar que o S.T.J. já entendeu que o diário da justiça não é considerado como jornal de *ampla circulação local.* Nesse sentido eis o seguinte precedente:

> *Arrematação. Edital. Diário do judiciário.*
>
> *O diário não e o jornal de ampla circulação local a que se refere o caput do artigo 687 do cpc. Caracterizado o prejuízo, com a venda do bem por preço abaixo da avaliação, a arrematação deve ser renovada.*
>
> (REsp 57.094/MG, Rel. Ministro RUY ROSADO DE AGUIAR, QUARTA TURMA, julgado em 09/05/1995, DJ 18/03/1996, p. 7570).

Caberá ao exequente comprovar a publicação do edital, pelo menos uma vez em jornal de ampla circulação local, mediante juntada nos autos de cópia ou do original da publicação.

Haverá determinadas localidades na região norte do país, ou mesmo no interior da região sul, sudeste, centroeste, nordeste etc em que a publicação do edital via rádio comunitária ou rádio local será muito mais eficaz e eficiente do que o sítio do diário eletrônico ou a página principal do tribunal a que pertença o juízo da execução.

Sendo o credor beneficiário da gratuidade de justiça, a publicação do edital dar-se-á sem custo no diário oficial eletrônico.

Estabelece o *§4º do art. 887* do atual C.P.C. que atendendo *ao valor dos bens e às condições da sede do juízo, o juiz poderá alterar a forma e a frequência da publicidade na imprensa, mandar publicar o edital em local de ampla circulação de pessoas e divulgar avisos em emissora de rádio ou televisão local, bem como em sítios distintos do indicado no § 2º.*

Este dispositivo vem reforçar a ideia de que não se pode tratar as dimensões continentais do Brasil de modo uniforme.

Haverá determinadas localidades na região norte do país, ou mesmo no interior da região sul, sudeste, centroeste, nordeste etc em que a publicação do edital via rádio comunitária ou rádio local será muito mais eficaz e eficiente do que o sítio do diário eletrônico ou a página principal do tribunal a que pertence o juízo da execução.

Por isso, atendendo ao valor dos bens e às condições da sede do juízo, o juiz terá mais liberdade para promover de modo eficaz a publicização do edital de leilão, podendo alterar a forma e a frequência da publicação na imprensa (note-se que a lei somente exige uma publicação, razão pela qual não pode ser reduzida), podendo escolher o rádio, a televisão ou os jornais, o número de vezes em que essa publicidade deverá ser veiculada; poderá, ainda, determinar a publicação do edital em local de ampla circulação de pessoas, como, por exemplo, terminal de ônibus, terminal aeroviário, Shopping Center, estação de metro etc, divulgar avisos em emissora de rádio local ou televisão local, bem como determinar a publicação em sítios eletrônicos distintos dos indicados no §2º deste artigo.

Evidentemente que todas essas circunstâncias deverão ser avaliadas de acordo com o valor dos bens, principalmente se esse valor comportará o pagamento de eventuais despesas de publicidade do edital.

As partes deverão ser ouvidas sobre essa mudança de posição do magistrado.

O magistrado deverá ter o bom senso de não esgotar o valor dos bens com eventuais despesas de publicação do edital do leilão.

Prescreve o *§5º do art. 887* do atual C.P.C. que *os editais de leilão de imóveis e de veículos automotores serão publicados pela imprensa ou por outros meios de divulgação preferencialmente na seção ou no local reservados à publicidade dos respectivos negócios.*

Por uma questão de bom senso e logicidade, deve-se publicar os editais de leilão de imóveis e de veículos automotores nos jornais e periódicos, preferencialmente na seção ou local reservados à publicidade dos respectivos negócios, pois os leitores interessados em adquirir veículos ou imóveis geralmente procuram essas seções para obterem informação.

Estabelece *o §6º do art. 887* do atual C.P.C. *que o juiz poderá determinar a reunião de publicações em listas referentes a mais de uma execução.*

No âmbito da execução fiscal, por exemplo, geralmente é expedido apenas um edital de leilão, quando há reunião de executivos fiscais contra o mesmo devedor, indicando-se no edital o número da c.d.a., assim como o valor correspondente da dívida.

Quando houver mais de um processo contra o mesmo devedor, e sendo expedido um único edital de leilão para cada processo, poderá o juiz determinar a reunião de publicações em lista referente a cada uma das execuções propostas.

Art. 888

Não se realizando o leilão por qualquer motivo, o juiz mandará publicar a transferência, observando-se o disposto no art. 887.

Parágrafo único. O escrivão, o chefe de secretaria ou o leiloeiro que culposamente der causa à transferência responde pelas despesas da nova publicação, podendo o juiz aplicar-lhe a pena de suspensão por 5 (cinco) dias a 3 (três) meses, em procedimento administrativo regular.

Nova designação de leilão

Se por qualquer motivo o leilão não puder se realizar, o juiz deverá dar a mesma publicidade ao adiamento do ato processual, a fim de que a comunidade tenha ciência da transferência, bem como sobre a possibilidade de indicação de nova data de designação do leilão.

Portanto, não é suficiente que o juiz proferira um despacho adiando o leilão, é necessário que o seu despacho seja também divulgado ao público, pelos meios estabelecidos no art. 887 do atual C.P.C. Essa divulgação é importante, pois poderá haver licitantes que por qualquer motivo não puderam comparecer ao leilão, mas que em outra data gostariam de formular lanço para aquisição do bem. Se não houver a divulgação do adiamento do leilão, referido licitante poderá não ter mais interesse no certame, mediante a falsa impressão de que o bem teria sido arrematado.

Estabelece o *parágrafo único do art. 887* do atual C.P.C. que *o escrivão, o chefe de secretaria ou o leiloeiro que culposamente der causa à transferência responde pelas despesas da nova publicação, podendo o juiz aplicar-lhe a pena de suspensão por 5 (cinco) dias a 3 (três) meses, em procedimento administrativo regular.*

Pode acontecer que o leilão deva ser adiado ou deixe de se realizar por culpa ou dolo do escrivão/diretor de secretário ou do leiloeiro, que por negligência, imprudência ou imperícia praticou algum ato ou omitiu algum fato essencial para a realização da hasta pública.

Evidentemente que em razão da transferência do leilão poderá haver necessidade de novas despesas, seja para a publicação do edital de leilão, seja inclusive para a remoção do bem penhorado. Nesse caso, havendo culpa ou dolo do servidor público, será dele a responsabilidade pelo pagamento dessas despesas, sem prejuízo de eventual sanção administrativa, cuja pena poderá ser de suspensão de suas atividades por cinco dias a três meses (sem percepção de salário). Evidentemente, essa sanção somente poderá ser aplicada após o transcurso de um processo administrativo disciplinar, em que se garantam ao servidor o contraditório e a ampla defesa.

Art. 889

Serão cientificados da alienação judicial, com pelo menos 5 (cinco) dias de antecedência:

I – o executado, por meio de seu advogado ou, se não tiver procurador constituído nos autos, por carta registrada, mandado, edital ou outro meio idôneo;

II – o coproprietário de bem indivisível do qual tenha sido penhorada fração ideal;

III – o titular de usufruto, uso, habitação, enfiteuse, direito de superfície, concessão de uso especial para fins de moradia ou concessão de direito real de uso, quando a penhora recair sobre bem gravado com tais direitos reais;

IV – o proprietário do terreno submetido ao regime de direito de superfície, enfiteuse, concessão de uso especial para fins de moradia ou concessão de direito real de uso, quando a penhora recair sobre tais direitos reais;

V – o credor pignoratício, hipotecário, anticrético, fiduciário ou com penhora anteriormente averbada, quando a penhora recair sobre bens com tais gravames, caso não seja o credor, de qualquer modo, parte na execução;

VI – o promitente comprador, quando a penhora recair sobre bem em relação ao qual haja promessa de compra e venda registrada;

VII – o promitente vendedor, quando a penhora recair sobre direito aquisitivo derivado de promessa de compra e venda registrada;

VIII – a União, o Estado e o Município, no caso de alienação de bem tombado.

Parágrafo único. Se o executado for revel e não tiver advogado constituído, não constando dos autos seu endereço atual ou, ainda, não sendo ele encontrado no endereço constante do processo, a intimação considerar-se-á feita por meio do próprio edital de leilão.

Pessoas que devem ser intimadas para o leilão

Além da publicidade que o edital por si só acarreta, haverá necessidade de que certas pessoas sejam intimadas por outros métodos da realização do leilão.

A necessidade dessas intimações não será suprida pela publicação do edital.

São as seguintes as intimações que deverão ser realizadas com antecedência mínima de cinco dias antes da data da realização do leilão:

a) O executado deverá ser intimado da data do leilão por meio de seu advogado. Essa intimação poderá ser via diário oficial eletrônico.

Se o executado não tiver advogado nomeado nos autos do procedimento executivo, a sua intimação dar-se-á por carta registrada (se houver endereço indicado nos autos) ou por mandado, bem como por edital ou outro meio idôneo, inclusive por intimação eletrônica se for o executado cadastrado no sítio oficial do tribunal respectivo.

Tratando-se de executado pessoa jurídica, a intimação para o leilão será também feita na pessoa de seu advogado. Se não houver advogado, a pessoa jurídica será intimada na pessoa de seu representante legal, inclusive aplicando-se a teoria da aparência se for o caso. Nesse sentido já decidiu o S.T.J.:

> *i – tratando-se de devedora pessoa juridica, a intimação da designação do leilão deve ser feita na pessoa do seu representante legal, não sendo valida aquela realizada em quem não detem aquela qualidade.*
>
> *ii – ofensa aos artigos 12, vi, e 687, parágrafo 3., do c.p.c. caracterizada. Precedentes do stj.*
>
> *iii – recurso especial conhecido e provido.*
>
> (REsp 14875/SP, Rel. Ministro ANTÔNIO DE PÁDUA RIBEIRO, SEGUNDA TURMA, julgado em 20/09/1993, DJ 04/10/1993, p. 20540)

Quando a norma fala em intimação do *executado* da realização do leilão, não quer fazer referência apenas ao devedor, abrangendo também eventuais responsáveis pelo pagamento da dívida, inclusive eventual terceiro que tenha autorizado a penhora sobre seu bem em favor do devedor. Nesse sentido é o seguinte precedente do S.T.J.

1. A expressão devedor inscrita no art. 687, § 5º, do CPC, assim como na Súmula n. 121/STJ, abrange não apenas o executado propriamente dito, mas também aqueles que tenham responsabilidade subsidiária, solidária e de terceiro e que, em razão disso, tenham seus bens constritos para o pagamento de dívidas.

2. Uma vez consignado no acórdão proferido pela Corte a quo que, no caso, não houve intimação do coproprietário de imóvel para a realização de leilão, não há como, na via do recurso especial, alterar o contexto fático em que transcorreu a controvérsia ao argumento de houve expedição de edital para a realização do ato judicial de execução.

3. Agravo regimental improvido.

(AgRg no REsp 640.909/PR, Rel. Ministro JOÃO OTÁVIO DE NORONHA, SEGUNDA TURMA, julgado em 11/09/2007, DJ 23/10/2007, p. 227)

A falta de intimação do executado, nos termos do art. 889, inc. I, do atual C.P.C., acarreta nulidade não cominada, razão pela qual, se o executado tomar ciência da data do leilão por outros meios, a nulidade será sanada. Nesse sentido é o seguinte precedente do S.T.F.:

Leilão. Nulidade. A nulidade ou inexistência das intimações não implicava necessariamente a nulidade do leilão, uma vez que a ele compareceram os agravantes, com o que foi suprido o vício da intimação. Inexistência de dissidio de jurisprudência.

(AI 69670 AgR, Relator(a): Min. MOREIRA ALVES, SEGUNDA TURMA, julgado em 04/03/1977, DJ 01-04-1977 PP-*****)

Sobre o tema da nulidade do leilão, assim já se manifestou o S.T.J.:

– A publicação do edital de leilão (CPC, art. 687, caput) e a intimação de empregados sem poderes de representação não suprem a intimação pessoal, pois não garantem a efetiva ciência da executada do dia, hora e local da alienação judicial.

– "Embargos de declaração manifestados com notório propósito de prequestionamento não tem caráter protelatório."

(REsp 944.455/SP, Rel. Ministro HUMBERTO GOMES DE BARROS, TERCEIRA TURMA, julgado em 17/03/2008, DJe 13/05/2008).

1. Mesmo na execução fiscal, o devedor deve ser intimado da data, hora e local aprazados para a praça ou leilão. Aplicação subsidiária do artigo 687, § 5º, do CPC. Enaltecimento do Princípio da Igualdade das Partes.

2. O leilão/praça é severo ato de afetação patrimonial, sendo imprescindível a ciência adequada do devedor para que possa prevenir-se.

3. A Súmula 121/STJ foi aprovada pela 1ª Seção em data de 29/11/94 e publicada no DJ de 06/12/94. O § 5º do art. 687 do CPC, por sua vez, foi acrescentado pela Lei 8.953, de 13/12/94 (DOU 14/12/94), posteriormente à edição do referido verbete sumular. Nesse diapasão, é de se levar em consideração a impossibilidade de se emprestar exegese restritiva ao enunciado sumular, já que o § 5º concebeu "outro meio idôneo" para o exercício da intimação do devedor.

4. Não é descartada a possibilidade da realização da intimação por edital. Contudo, é necessário que a circunstância que impediu a ciência pessoal do executado seja razoável, o que se denota dos autos. O que se exige é a comprovação, em face dos fatos, de que o executado, realmente, tomou conhecimento da data da realização da praça/leilão.

5. Situação em que a empresa executada, tendo como sócios pai e filho, foi intimada por edital e na pessoa da viúva do sócio-pai falecido.

6. Recurso especial improvido.

(REsp 590.678/MS, Rel. Ministro JOSÉ DELGADO, PRIMEIRA TURMA, julgado em 19/02/2004, DJ 19/04/2004, p. 166)

Note-se que o cônjuge do executado não tem a prerrogativa de ser intimado pessoalmente, se não for parte passiva da execução, salvo na hipótese de copropriedade prevista no inc. II deste artigo. Nesse sentido são os seguintes precedentes do S.T.J.:

I. A figura do devedor não se confunde com a do seu cônjuge, de sorte que bastante a intimação deste sobre a penhora, não exigindo a lei processual, no art. 687, parágrafo 5º, seja a esposa do executado pessoalmente cientificada sobre a realização da praça.

II. Recurso especial conhecido e provido.

(REsp 222658/SP, Rel. Ministro ALDIR PASSARINHO JUNIOR, QUARTA TURMA, julgado em 11/06/2002, DJ 26/08/2002, p. 224)

(...).

2. É firme neste Tribunal Superior o entendimento de que o § 5º do art. 687 do CPC exige a intimação pessoal da realização da hasta publica apenas em relação ao devedor-executado, e não ao seu cônjuge, sendo suficiente a intimação desse sobre a penhora.

3. Recurso especial conhecido em parte e improvido.

(REsp 723.176/RS, Rel. Ministro CASTRO MEIRA, SEGUNDA TURMA, julgado em 06/09/2005, DJ 03/10/2005, p. 216)

Também não há necessidade de intimação pessoal do advogado do executado sobre a data da realização do leilão, pois o art. 889, inc. I, somente fala em intimação do executado, podendo essa intimação ser realizada na pessoa de seu advogado. *Mutatis mutantis*, eis a seguinte decisão do S.T.J.:

> *I – "A intimação do advogado da realização da penhora é providência que não se compreende, quer na disciplina geral da ação de execução, inscrita no art. 738 do CPC (com a redação dada pela Lei 8.953, de 13.12.1994), quer na disposição especial da Lei de Execuções Fiscais (art. 12), determinando ambas, apenas, a intimação do executado" (REsp nº 515.016/PR, Rel. Min. TEORI ALBINO ZAVASCKI, DJ de 22.08.2005). Precedentes: REsp nº 208.986/SP, Rel. Min MILTON LUIZ PEREIRA, DJ de 11.03.2002; REsp nº 121776/SP, Rel. Ministro HUMBERTO GOMES DE BARROS, DJ de 31.08.1998.*
>
> *II – O aresto a quo afastou a exiguidade do preço obtido na arrematação considerando as peculiaridades do caso concreto, tais como ser este o quarto leilão e as mercadorias serem obsoletas, de modo que sua revisão, em autos de recurso especial, é obstada pela súmula 7/STJ, por demandar o revolvimento fático-probatório.*
>
> *Precedentes: REsp nº 839.856/SC, Rel. Min. JORGE SCARTEZZINI, DJ de 16.10.2006; REsp nº 451.021/SP, Rel. Min. CASTRO FILHO, DJ de 14.03.2005; REsp nº 114.695/SP, Rel. Min. MILTON LUIZ PEREIRA, DJ de 22.02.1999.*
>
> *III – Agravo regimental improvido.*
>
> (AgRg no REsp 952.858/SP, Rcl. Ministro FRANCISCO FALCÃO, PRIMEIRA TURMA, julgado em 23/10/2007, DJ 19/12/2007, p. 1172).

b) Também deverá ser intimado pessoalmente da realização do leilão, o coproprietário de bem indivisível do qual tenha sido penhorada fração ideal.

Esta hipótese abrange o condomínio de bem indivisível, por exemplo, penhora de um carro, de um boi reprodutor etc.

Em regra, o cônjuge do executado não será intimado pessoalmente do leilão, salvo se ele for coproprietário de bem indivisível do qual tenha sido penhorada fração ideal do bem.

É comum a penhora de bens de pessoas casadas sob o regimento de comunhão parcial ou total de bens, em que haja comunhão de domínio sobre aludido bem, sendo a penhora apenas de uma fração ideal. O mesmo poderá ocorrer na hipótese de união estável. Nesse caso, tanto o cônjuge quanto o companheiro/a deverão ser intimados pessoalmente do leilão.

É certo que se o cônjuge se furtar a receber a intimação, fato esse devidamente certificado pelo oficial de justiça, a intimação do executado poderá suprir sua intimação, conforme já teve oportunidade de decidir o S.T.J.:

1. É recomendável a distribuição e autuação em apenso dos embargos à arrematação. Contudo, no exame do caso concreto, esteja convencido o magistrado, por decisão devidamente fundamentada, que a nulidade processual arguida é infundada, procrastinatória, nada obsta a sua rejeição incontinente nos próprios autos da execução. Os fundamentos alegados, de uma forma ou outra, foram apreciados, sem macular o processo. Prestigia-se, com isso, o princípio da instrumentalidade das formas, embora seja recomendada e prudente a observância do procedimento adequado previsto no Código de Processo Civil. Precedentes.

2. Evidenciada, por certidão de Oficial de Justiça, a manobra procrastinatória da esposa executada para se esquivar da intimação da data de realização de Praça ou Leilão e, valendo-se dessas circunstâncias fáticas, o Tribunal de origem rejeita a tese de nulidade por ausência de intimação pessoal no caso concreto, não é nulo o ato que se aperfeiçoa na pessoa de seu esposo, vez que este também figura como executado, residem no mesmo endereço, e são patrocinados pelo mesmo advogado. Infirmar as circunstâncias fáticas encontra óbice na Súmula 07/STJ.

3. Recurso Especial conhecido, mas que se nega provimento.

(REsp 994.207/RJ, Rel. Ministro HONILDO AMARAL DE MELLO CASTRO (DESEMBARGADOR CONVOCADO DO TJ/AP), QUARTA TURMA, julgado em 11/05/2010, DJe 24/05/2010)

c) Deverão ser intimados o titular de usufruto, uso, habitação, enfiteuse, direito de superfície, concessão de uso especial para fins de moradia ou concessão de direito real de uso, quando a penhora recair sobre bem gravado com tais direitos reais; o proprietário do terreno submetido ao regime de direito de superfície, enfiteuse, concessão de uso especial para fins de moradia ou concessão de direito real de uso, quando a penhora recair sobre tais direitos reais.

Isso significa que deverão ser intimados os titulares de direito real sobre o bem penhorado.

d) Deverá ser intimado o credor pignoratício, hipotecário, anticrético, fiduciário ou com penhora anteriormente averbada, quando a penhora houver recaído sobre bens com tais gravames, caso não seja o credor, de qualquer modo, parte na execução.

São espécies de direitos reais em garantia: penhor, anticrese, hipoteca, credor fiduciário.

Nessas hipóteses, esses tipos de credores (pignoratício, hipotecário, anticrético, fiduciário) deverão ser intimados pessoalmente sobre a realização do leilão.

A intimação desses credores é justamente para que possam ter ciência do gravame judicial que incidiu sobre o bem que lhes foi dado em garantia, assim como para que possam presenciar a alienação do bem, pois eventual direito real que possuam poderá sub-rogar-se no valor da arrematação. Se esses credores não forem intimados do leilão do bem gravado com garantia real, não será caso de nulidade de arrematação, mas, sim, de sua ineficácia em face desses credores. Nesse sentido é o seguinte precedente do S.T.J.:

Processual Civil. Processo de execução por quantia certa contra devedor solvente. Embargos de Terceiros. Penhora de imóvel gravado com hipoteca pelo credor quirografário. Ausência de intimação do credor hipotecário. Prazo para oposição dos embargos de terceiro. Arts. 1047 e 1048 do CPC. Preclusão. Ineficácia da alienação judicial de imóvel hipotecado sem intimação do credor hipotecário. Direito de SEQÜELA. Persistência do gravame hipotecário que persegue a coisa dada em garantia com quem quer que esteja, enquanto não cumprida a obrigação assegurada pela sujeição do imóvel ao vínculo real.

– Mesmo não tendo o credor hipotecário sido intimado da penhora e da realização da praça, o prazo para oposição dos embargos de terceiro é de até cinco dias depois da arrematação, adjudicação ou remição, mas sempre antes da assinatura da respectiva carta.- Devem ser conjugados o art. 1047, II e o art. 1048, ambos do CPC, porque os embargos de terceiro, na qualidade de credor com garantia real, se destinam a "obstar a alienação judicial do objeto da hipoteca, penhor ou anticrese", e se essa alienação está perfeita e acabada com a assinatura do auto de arrematação, o credor com garantia real não pode mais se insurgir contra a imissão de posse do arrematante, porque tem o direito de sequela, permanecendo a coisa gravada com hipotcca. A arrematação que extingue a hipoteca é aquela promovida pelo credor hipotecário; bem como na hipótese de sua anuência, ou pela inércia no exercício de prelação, quando intimado da realização da praça ou leilão.

– Pelo fato da coisa dada em garantia estar sujeita por vínculo real, para o cumprimento da obrigação (art. 755, CC), e do credor hipotecário não exercer parcela do direito de propriedade, com animus domini, nem detenção fática sobre ela, não se justifica que, precluso o prazo previsto no art. 1048 do CPC, seja-lhe autorizado o manejo da ação de embargos de terceiro para obstar a imissão de posse do arrematante.

Recurso Especial conhecido e provido.

(REsp 303.325/SP, Rel. Ministra NANCY ANDRIGHI, TERCEIRA TURMA, julgado em 26/10/2004, DJ 06/12/2004, p. 283)

É certo que o S.T.J. também já decidiu que em se tratando de execução fiscal na qual o crédito tributário tem preferência em relação ao crédito com garantia real, a falta de intimação do credor hipotecário não acarreta nem a nulidade nem a ineficácia da arrematação, salvo se demonstrado efetivo prejuízo ao credor hipotecário. Nesse sentido é o seguinte precedente:

1. O acórdão do TRF da 4ª Região segundo o qual: "O art. 186 do CTN determina que o crédito tributário prefere a todos os demais, com exceção dos resultantes das relações trabalhistas, respondendo pelo seu pagamento a totalidade de bens e rendas, de qualquer origem ou natureza, do sujeito passivo, inclusive os gravados com ônus real, como no caso, imóvel hipotecado à agravante. Ainda as praças sejam realizadas sem a prévia intimação da credora hipotecária, e constatado, assim, a existência de error in procedendo, a nulidade não poderia ser decretada, ante a ausência de prejuízo do ora recorrente."

2. A linha de pensar adotada pelo aresto recorrido não diverge da orientação jurisprudencial do STJ, conforme expresso no julgamento do REsp 723.297/SC, Rel. Min. Luiz Fux, DJ de 6/3/2006, REsp 681.402/RS, Rel. Min. Denise Arruda, DJ de 17/9/2007.

3. No particular, o entendimento assentado pela Primeira Turma, por ocasião do julgamento do REsp 440.811/RS, Rel. Min. Teori Albino Zavascki: "Diante da preferência do crédito tributário sobre o crédito hipotecário, e uma vez certificada a inexistência de outros bens penhoráveis, e mesmo a insuficiência do valor do bem constrito para satisfazer o débito fiscal, conclui-se não haver qualquer sentido prático na decretação da nulidade da alienação. Trata-se de medida que nenhum proveito traria ao credor hipotecário, obrigado a realizar novo leilão, cujo produto, de qualquer sorte, teria de ser destinado à satisfação do débito tributário."

4. Agravo regimental não provido.

(AgRg no REsp 1117667/RS, Rel. Ministro BENEDITO GONÇALVES, PRIMEIRA TURMA, julgado em 02/08/2011, DJe 05/08/2011).

O credor com penhora anteriormente averbada que não seja de qualquer modo parte na execução também deverá ser intimado da data do leilão.

Se o bem que for levado a leilão tiver sido objeto de penhora anteriormente averbada, deverão os credores com penhora antecedente ser intimados pessoalmente do leilão, para que possam exercer seu direito de eventual preferência em decorrência da ordem de preferência de penhora no concurso de credores.

Será dispensada a intimação pessoal desses credores, se eles, por qualquer motivo, já integrarem a relação jurídica processual executiva em que será levado a leilão o bem penhorado.

Se não houver a intimação desses credores, eventual arrematação que possa ser concretizada será ineficaz em relação ao credor com penhora averbada anteriormente.

e) Deverão ser intimados o promitente comprador, quando a penhora recair sobre bem em relação ao qual haja promessa de compra e venda registrada; o promitente vendedor, quando a penhora recair sobre direito aquisitivo derivado de promessa de compra e venda registrada.

Tendo em vista que a promessa de compra e venda devidamente registrada configura direito real, nos termos do art. 1.225, inc. VII, do C.c.b., haverá necessidade de intimação da data do leilão do promissário comprador ou do promitente vendedor, conforme o caso.

f) por fim, deverão ser intimados a União, o Estado e o Município, no caso de alienação de bem tombado.

Há necessidade de intimação da União, do Estado ou do Município quando a penhora recair sobre bem tombado, justamente pelo fato de que, nos termos do art. 1º do Dec-lei n. 25/37, constitui o patrimônio histórico e artístico nacional o conjunto dos bens móveis e imóveis existente no país e cuja conservação seja de interesse público, quer por sua vinculação a fatos memoráveis da história do Brasil, quer por seu excepcional valor arqueológico ou etnográfico, bibliográfico ou artístico. Esses bens só serão considerados parte integrante do patrimônio histórico ou artístico nacional, depois de inscritos separada ou agrupadamente num dos quatro Livros do Tombo.

Prescreve o art. 22 do Decreto-lei n. 25/37:

> *Art. 22. Em face da alienação onerosa de bens tombados, pertencentes a pessôas naturais ou a pessôas jurídicas de direito privado, a União, os Estados e os municípios terão, nesta ordem, o dircito dc prcferência.*
>
> *§ 1º Tal alienação não será permitida, sem que prèviamente sejam os bens oferecidos, pelo mesmo preço, à União, bem como ao Estado e ao município em que se encontrarem. O proprietário deverá notificar os titulares do direito de preferência a usá-lo, dentro de trinta dias, sob pena de perdê-lo.*
>
> *§ 2º É nula alienação realizada com violação do disposto no parágrafo anterior, ficando qualquer dos titulares do direito de preferência habilitado a sequestrar a coisa e a impor a multa de vinte por cento do seu valor ao transmitente e ao adquirente, que serão por ela solidariamente responsáveis. A nulidade será pronunciada, na forma da lei, pelo juiz que conceder o sequestro, o qual só será levantado depois de paga a multa e se qualquer dos titulares do direito de preferência não tiver adquirido a coisa no prazo de trinta dias.*
>
> *§ 3º O direito de preferência não inibe o proprietário de gravar livremente a coisa tombada, de penhor, anticrese ou hipoteca.*
>
> *§ 4º Nenhuma venda judicial de bens tombados se poderá realizar sem que, prèviamente, os titulares do direito de preferência sejam disso notificados judicialmente, não podendo os editais de praça ser expedidos, sob pena de nulidade, antes de feita a notificação.*

§ 5º Aos titulares do direito de preferência assistirá o direito de remissão, se dela não lançarem mão, até a assinatura do auto de arrematação ou até a sentença de adjudicação, as pessôas que, na forma da lei, tiverem a faculdade de remir.

§ 6º O direito de remissão por parte da União, bem como do Estado e do município em que os bens se encontrarem, poderá ser exercido, dentro de cinco dias a partir da assinatura do auto da arrematação ou da sentença de adjudicação, não se podendo extraír a carta, enquanto não se esgotar êste prazo, salvo se o arrematante ou o adjudicante for qualquer dos titulares do direito de preferência.

Prescreve o *parágrafo único do art. 889* do atual C.P.C. que se *o executado for revel e não tiver advogado constituído, não constando dos autos seu endereço atual ou, ainda, não sendo ele encontrado no endereço constante do processo, a intimação considerar-se-á feita por meio do próprio edital de leilão.*

Evidenciada a revelia e seus efeitos, e não tendo sido localizado nos autos o endereço do executado, ou não tendo sido ele encontrado no endereço ali constatado, a sua intimação considerar-se-á realizada por meio da publicação do próprio edital do leilão.

Art. 890

Pode oferecer lance quem estiver na livre administração de seus bens, com exceção:

I – dos tutores, dos curadores, dos testamenteiros, dos administradores ou dos liquidantes, quanto aos bens confiados à sua guarda e à sua responsabilidade;

II – dos mandatários, quanto aos bens de cuja administração ou alienação estejam encarregados;

III – do juiz, do membro do Ministério Público e da Defensoria Pública, do escrivão, do chefe de secretaria e dos demais servidores e auxiliares da justiça, em relação aos bens e direitos objeto de alienação na localidade onde servirem ou a que se estender a sua autoridade;

IV – dos servidores públicos em geral, quanto aos bens ou aos direitos da pessoa jurídica a que servirem ou que estejam sob sua administração direta ou indireta;

V – dos leiloeiros e seus prepostos, quanto aos bens de cuja venda estejam encarregados;

VI – dos advogados de qualquer das partes.

Pessoas legitimadas a oferecer lanço

O presente dispositivo trata da legitimidade para poder participar do leilão judicial, oferecendo lanço.

A capacidade estabelecida no art. 890 do atual C.P.C. deve ser avaliada segundo as regras de direito material.

Assim, todo aquele que, em regra, estiver na livre administração de seus bens poderá participar do leilão judicial e oferecer lanço para aquisição do bem penhorado. Nessa regra não se encontram os incapazes, o insolvente e o falido, pois perderam a capacidade para administrar pessoalmente os seus bens.

Araken de Assis considera razoável admitir no certame incapaz devidamente assistido ou representado.[445]

É possível o licitante participar do certame por meio de mandatário com poderes especiais.

Pode lançar o credor/exequente, bem como seus parentes. Nessa hipótese, o exequente não está sujeito a realizar o pagamento à vista, nem dar caução ou fiança, salvo se o valor do bem arrematado exceder o seu crédito, quando então deverá depositar a diferença, ou prestar caução de seu pagamento.

Também o executado poderá participar da arrematação, pois no caso não se está diante de uma aquisição derivada da propriedade, com a participação obrigatória do proprietário do bem, mas, sim, de uma aquisição originária que se dá independentemente do vínculo jurídico com o antigo proprietário. Nesse sentido é a lição de Fadel.[446]

Entende, porém, Araken de Assis que o devedor não poderá participar do leilão, pois ninguém poderá adquirir o próprio bem, fazendo negócio consigo mesmo.[447] Este pensamento está de acordo com aqueles que entendem que a arrematação é uma forma derivada de aquisição da propriedade.

O art. 890 do atual C.P.C. excepciona algumas pessoas, que apesar de estarem na livre administração de seus bens, por questão ética/jurídica não poderão participar da licitação e oferecer lanço. Dentre essas pessoas encontram-se:

a) os tutores, curadores, testamenteiros, administradores ou liquidantes, quanto aos bens confiados à sua guarda e à sua responsabilidade.

Encontra-se parte dessa regra também no art. 497, inc. I do C.c.b. de 2002:

[445] Assis, A. op. cit., p. 753.

[446] Fadel, Sérgio Sahione. *Código de processo civil comentado.* Vol. 2. 4ª ed. Rio de Janeiro: Forense, 1981. p.483

[447] Assis, A. op. cit., p. 753 e 754

Art. 497. Sob pena de nulidade, não podem ser comprados, ainda que em hasta pública:

I – pelos tutores, curadores, testamenteiros e administradores, os bens confiados à sua guarda ou administração;

(...).;

Tendo em vista que compete a essas pessoas administrar os bens que lhes foram confiados, não seria ético/jurídico permitir que elas pudessem participar de leilão desses bens.

Quando o dispositivo fala em *administradores*, essa expressão abrange toda e qualquer relação jurídica que tenha por objeto a administração de bens alheios, incluído nesse conceito o gestor de negócio, gerente, diretor de empresas etc.

Na expressão *liquidante* deve ser incluído o síndico da falência ou o administrador na recuperação judicial de empresa.

b) Os mandatários, quanto aos bens de cuja administração ou alienação estejam encarregados.

Na realidade, o mandatário já estaria abrangido na expressão *administradores*, indicada no inciso anterior.

Contudo, o legislador resolveu reforçar o impedimento do mandatário lançar em leilão de bem cuja administração ou alienação estaria ele encarregado de fazer.

Também esse impedimento dura enquanto houver o contrato de mandato. Cessado o contrato, nada impede que o mandatário participe do certame para aquisição do bem.

c) O juiz, o membro do Ministério Público, a Defensoria Pública, o escrivão, o chefe de secretaria e os demais servidores e auxiliares da justiça, em relação aos bens e direitos objeto de alienação na localidade onde servirem ou a que se estender a sua autoridade.

Esse impedimento diz respeito aos sujeitos processuais que participam da relação jurídica processual em que está sendo realizado o leilão, justamente para que essas pessoas não tenham qualquer interesse na condução do resultado do leilão.

Também não poderá lançar os eventuais substitutos destes sujeitos processuais.

Ao contrário dos incisos anteriores, o impedimento permanece mesmo que tenha encerrado a participação desses sujeitos processuais no processo em que esses bens serão levados a leilão.

Para Pontes de Miranda, a restrição vinculava-se apenas aos servidores que participaram da relação jurídica processual: *"Também não podem lançar o juiz da causa, o escrivão, o depositário, o avaliador e o oficial de justiça, que funcionam, ou que funcionaram no processo. Havemos de esclarecer que o juiz substituto não pode lançar; nem o escrivão substituto".*[448]

Contudo, o art. 497, inc. III, do C.c.b. de 2002 foi mais abrangente em relação a este impedimento, *in verbis:*

> *Art. 497. Sob pena de nulidade, não podem ser comprados, ainda que em hasta pública:*
>
> *(...);*
>
> *III – pelos juízes, secretários de tribunais, arbitradores, peritos e outros serventuários ou auxiliares da justiça, os bens ou direitos sobre que se litigar em tribunal, juízo ou conselho, no lugar onde servirem, ou a que se estender a sua autoridade;*
>
> *(...).*

Desta feita, os juízes, secretários de tribunais, arbitradores, peritos ou outros serventuários ou auxiliares da justiça não poderão comprar em hasta pública, sob pena de nulidade cominada, os bens ou direito sobre que se litigar em tribunal, juízo ou conselho, no lugar onde servirem, ou a que se estende a sua autoridade.

Portanto, o juiz e demais servidores da justiça estão impedidos de participar em leilão, não somente nos processos em que atuam, mas, também, em qualquer processo que esteja tramitando em tribunal, juízo ou conselho, no lugar onde servirem, ou a que se estende a sua autoridade.

Assim, o servidor federal não poderá participar de leilão na justiça estadual e vice-versa do local em que servirem.

Com base nessa interpretação extensiva, assim decidiu o S.T.J.:

> *1. Da análise sistemática da legislação adjetiva e material, extrai-se que o impedimento à aquisição de bens em hasta pública atinge quaisquer serventuários da justiça que se encontrarem lotados no local em que for realizada a arrematação. Tais restrições objetivam resguardar a ética e a moralidade públicas, impedindo as pessoas que se encontrem vinculadas ao juízo, possam tirar vantagens nas compras e vendas realizadas sob sua autoridade e fiscalização.*
>
> *2. O art. 497 do Código Civil de 2002, confirmou o entendimento sufragado na doutrina e jurisprudência acerca da interpretação do art. 490 do CPC, pois consignou, expressamente, que a vedação à aquisição de bens ou direitos em hasta pública*

448 Pontes de Miranda, op. cit., p. 376 e 377.

açambarca todos os funcionários que se encontrarem lotados na circunscrição em que se realizará a alienação.

3. Recurso especial provido.

(REsp 774.161/SC, Rel. Ministro CASTRO MEIRA, SEGUNDA TURMA, julgado em 06/12/2005, DJ 19/12/2005, p. 377).

Também o cônjuge do juiz, do Ministério Público ou de qualquer serventuário da justiça, pouco importa o regime de bens, não poderá adquirir em leilão em que o servidor participar como sujeito da relação jurídica processual.

Outrossim, também o cônjuge não poderá adquirir bens em leilão perante o juízo, tribunal ou conselho do lugar onde o outro servir ou que estiver sob essa autoridade, quando casados sob o regime de comunhão parcial ou total de bens.

d) Os servidores públicos em geral, quanto aos bens ou aos direitos da pessoa jurídica a que servirem ou que estejam sob sua administração direta ou indireta.

Encontra-se a mesma regra no art.497, inc. II do C.c.b.:

Art. 497. Sob pena de nulidade, não podem ser comprados, ainda que em hasta pública:

(...).

II – pelos servidores públicos, em geral, os bens ou direitos da pessoa jurídica a que servirem, ou que estejam sob sua administração direta ou indireta;

Esta hipótese vai além dos servidores que participam da relação jurídica processual ou que sejam substitutos daquele que ali atuam.

O legislador visou a proteger a pessoa jurídica da administração pública direta ou indireta para quem o servidor presta serviço, pouco importando o local em que o serviço está sendo prestado, pois o impedimento é abrangente.

Evidentemente, dificilmente poderemos encontrar essa situação no âmbito do processo jurisdicional, especialmente pelo fato de que os bens públicos são impenhoráveis e inalienáveis.

e) Os leiloeiros e seus prepostos, quanto aos bens de cuja venda estejam encarregados.

Encontra-se essa regra no art. 497, inc. IV do C.c.b.:

Art. 497. Sob pena de nulidade, não podem ser comprados, ainda que em hasta pública:

(...).

IV – pelos leiloeiros e seus prepostos, os bens de cuja venda estejam encarregados.

Parágrafo único. As proibições deste artigo estendem-se à cessão de crédito.

Tendo o leiloeiro e seus prepostos participados de qualquer forma na alienação ou tentativa de alienação do bem penhorado, estarão impedidos de oferecer lanço no leilão, mesmo que tenham sido destituídos ou tenham posteriormente renunciado ao cargo.

E se no mesmo processo houver mais de um leiloeiro, cada qual incumbido de realizar o leilão em bem específico. Poderá o leiloeiro participar do leilão de bem sob responsabilidade de outro leiloeiro? A resposta é negativa, pois o impedimento terá por fundamento o dispostos no inc. III do art. 890 do atual C.P.C.

f) Os advogados de qualquer das partes.

Por uma questão ética/jurídica profissional, os advogados que participarem da relação jurídica processual em favor de qualquer das partes não poderão participar do leilão.

Também o advogado que representar o assistente não poderá participar, apesar de não representar a parte, pois, diante do fim da norma, é possível realizar uma interpretação extensiva do presente preceito legal.

Se a parte for representada por sociedade de advogados, os advogados que compõem referida sociedade estão impedidos de participar do leilão, muito embora a representação da parte seja realizada pela sociedade e não pela pessoa física do advogado.

A ética é uma conduta que deve ter conteúdo abrangente, a fim de que se evite dúvida sobre a lisura da hasta pública.

Se algumas dessas pessoas arrematou o bem, nulo será o leilão por ilegitimidade para se formular lanço.

Também haverá nulidade se a aquisição deu-se por interposta pessoa, mediante simulação. Sobre o tema, assim já decidiu o S.T.F.:

> *Arrematação de bem levado a praça em consequência da execução. 1) Arguição de que a arrematante, ao arrematar esse bem, agiu como prestadora de nome, para que o adquirisse o advogado do exequente, com quem vivia more uxore. 2) Razoável a interpretação de que o artigo 1.133, II, do C.C., incide em relação ao patrono da parte que tem o bem arrematado, não ao advogado do exequente. 3) Razoável, por igual, a exegese do art. 87, IV, da Lei 4.215, de 1963, de que a infração do que nele se dispõe sujeita o advogado a penalidades administrativas impostas pelo seu órgão de classe, sem, no entanto, que a nulidade da compra possa ser decretada em juízo. 4) Se assim não fora, cabe, ainda, realçar, que o aresto se fundou, também, no argumento de que a aquisição do bem questionado não foi feita pelo agravado, mas pela agravada, a respeito de quem não se comprovou manter sociedade de fato com o agravado. 5) Dissídio jurisprudencial não configurado. 6) Agravo regimental a que se nega provimento.*

(AI 67743 AgR, Relator(a): Min. LEITÃO DE ABREU, Segunda Turma, julgado em 19/05/1978, DJ 11-08-1978 PP-05732 EMENT VOL-01102-01 PP-00260 RTJ VOL-00088-03 PP-00493)

Art. 891

Não será aceito lance que ofereça preço vil.

Parágrafo único. Considera-se vil o preço inferior ao mínimo estipulado pelo juiz e constante do edital, e, não tendo sido fixado preço mínimo, considera-se vil o preço inferior a cinquenta por cento do valor da avaliação.

Preço vil

Muito embora a execução deva realizar-se de acordo com os interesses do exequente, não se pode esquecer que haverá necessidade também de se resguardar o patrimônio do executado, a fim de que os atos processuais sejam realizados de forma menos onerosa ao executado.

Na sistemática do C.P.C. de 1973, art. 686, inc. VI, havia duas hastas públicas de praça ou de leilão. Na primeira, a alienação não poderia ser realizada por preço inferior ao da avaliação. Na segunda, a alienação poderia consumar-se por preço inferior ao da avaliação.

O novo C.P.C. adotou sistemática diversa, isto é, permitiu que logo na primeira hasta pública a arrematação possa ser consumada pelo preço mínimo fixado pelo juiz, o qual poderá ser inferior ou superior ao da avaliação, ou, ainda, por preço inferior ao da avaliação, desde que respeitado o limite de 50% do valor da avaliação.

Não tendo sido fixado preço mínimo pelo juiz, o lanço não poderá ser inferior a 50% do valor da avaliação.

O art. 692 do C.P.C. de 1973, com a redação dada pela Lei n. 8.953/94, impedia que a alienação em segunda hasta pública pudesse ser realizada com base em *preço vil*.

Porém, o C.P.C. de 1973 não definiu o que se deveria entender por *preço vil*, acarretando com isso diversas interpretações doutrinárias e jurisprudenciais.

A inexistência de definição na lei do que se poderia entender por *preço vil*, obrigou a jurisprudência a estabelecer um limite valorativo razoável para se concretizar a alienação do bem penhorado. Sobre o tema, eis os seguintes precedentes do S.T.J.:

1. O STJ entende que está caracterizado o preço vil quando o valor da arrematação for inferior a 50% da avaliação do bem, o que não ocorre nos autos do processo, em que o valor mínimo fixado pelas instâncias ordinárias é superior a esse percentual.

2. Agravo regimental a que se nega provimento.

(AgRg no AREsp 98.664/RS, Rel. Ministra MARIA ISABEL GALLOTTI, QUARTA TURMA, julgado em 06/09/2012, DJe 17/09/2012)

(...).

2. O Superior Tribunal de Justiça firmou o entendimento de que se caracteriza preço vil quando a arrematação não alcançar, ao menos, a metade do valor da avaliação.

3. In casu, como informam os próprios agravantes, o bem imóvel foi arrematado em valor equivalente a 60% do valor da última avaliação, afastando-se, assim, a configuração da arrematação por preço vil.

Agravo regimental improvido.

(AgRg no REsp 1308619/RS, Rel. Ministro HUMBERTO MARTINS, SEGUNDA TURMA, julgado em 15/05/2012, DJe 21/05/2012)

(...).

2. O STJ entende que está caracterizado o preço vil quando o valor da arrematação for inferior a 50% da avaliação do bem.

3. Hipótese em que os bens foram arrematados por quantum correspondente a 60% do montante avaliado.

4. Agravo Regimental não provido.

(RCDESP no AREsp 100.820/SP, Rel. Ministro HERMAN BENJAMIN, SEGUNDA TURMA, julgado em 20/03/2012, DJe 12/04/2012).

Portanto, a jurisprudência entendia que a alienação por preço não inferior a 50% da avaliação não se caracterizava como preço vil.

Agora, o novo C.P.C. expressamente estabeleceu o que se deve entender por preço vil.

Preceitua o *parágrafo único do art. 891* do atual C.P.C. que se *considera vil o preço inferior ao mínimo estipulado pelo juiz e constante do edital, e, não tendo sido fixado preço mínimo, considera-se vil o preço inferior a cinquenta por cento do valor da avaliação.*

Este dispositivo consagrou a jurisprudência do S.T.J. acima citada, passando a considerar como *preço vil* valor inferior a 50% da avaliação do bem.

Contudo, este parágrafo único também estabeleceu que poderá ser considerado *preço vil* a alienação do bem abaixo do preço mínimo fixado pelo juiz. Por exemplo, se o juiz fixa no edital o preço mínimo para alienação do bem em

70% do valor da avaliação, qualquer lanço inferior a este limite será considerado *preço vil*.

Em se tratando de imóvel de incapaz, poder-se-á considerar preço vil no âmbito da primeira hasta pública, o preço inferior a 80% do valor da avaliação, conforme estabelece o art. 896 do atual C.P.C. Nessa hipótese, o juiz não poderá fixar como preço mínimo valor inferior a 80% da avaliação.

A nulidade do lanço por valor inferior ao preço mínimo ou, não havendo preço mínimo, por valor inferior a 50% do valor da avaliação, poderá ser reconhecida de ofício pelo juiz, bem como poderá ser alegada por qualquer das partes ou por qualquer interessado.

Art. 892

Salvo pronunciamento judicial em sentido diverso, o pagamento deverá ser realizado de imediato pelo arrematante, por depósito judicial ou por meio eletrônico.

§ 1º Se o exequente arrematar os bens e for o único credor, não estará obrigado a exibir o preço, mas, se o valor dos bens exceder ao seu crédito, depositará, dentro de 3 (três) dias, a diferença, sob pena de tornar-se sem efeito a arrematação, e, nesse caso, realizar-se-á novo leilão, à custa do exequente.

§ 2º Se houver mais de um pretendente, proceder-se-á entre eles à licitação, e, no caso de igualdade de oferta, terá preferência o cônjuge, o companheiro, o descendente ou o ascendente do executado, nessa ordem.

§ 3º No caso de leilão de bem tombado, a União, os Estados e os Municípios terão, nessa ordem, o direito de preferência na arrematação, em igualdade de oferta.

Forma do pagamento do preço da arrematação

Para se evitar eventual quebra de isonomia entre os licitantes, deverá o juiz indicar no edital de leilão a possibilidade de o bem ser arrematado à vista ou mediante parcelas.

No dia do leilão, apresentado lance que preveja pagamento a prazo ou em parcelas, o leiloeiro submeterá a questão ao juiz dirigente da hasta pública, que dará o bem por arrematado pelo apresentante do melhor lance ou da proposta mais conveniente.

Pode ocorrer que mais de um licitante ofereça parcelas para pagamento do preço, podendo ser em diversos meses em ordem sequencial e com o mesmo valor; poderá surgir lance parcelado, em meses alternados, mas com diferença de valores entre as parcelas. Nesse caso, o juiz deverá decidir qual foi o melhor lanço e qual seria a proposta mais conveniente ao exequente para pagamento de seu crédito.

Uma vez efetuado o lanço pelo arrematante, e sendo ele o vencedor, o preço da arrematação deverá ser efetivado de imediato, em dinheiro, à vista, no dia do leilão, salvo se o juiz, mediante decisão, permitir que esse valor possa ser depositado em outro dia ou ser pago mediante cheque (pagamento *pro solvendo*).

Não se admitirá pagamento em moeda estrangeira, uma vez que não tem curso no país.

O depósito deverá ser realizado em instituição financeira oficial e à disposição do juízo da execução.

Poderá o depósito ser efetuado eletronicamente, mediante TED (transferência eletrônica de depósito) ou outra forma de transferência eletrônica.

A possibilidade de pagamento via internet também é prevista no art. 530 do C.P.C. italiano, que assim dispõe: *"O juiz da execução pode estabelecer que o pagamento da caução, a apresentação das ofertas, o desenvolvimento da competitividade entre os licitantes no leilão, nos termos dos artigos 532, 534 e 534-bis, e também o pagamento do preço, sejam efetuados pela modalidade telemática"*.

O juiz poderá exigir do arrematante, na hipótese de pagamento em dia diverso, caução idônea, como fiança ou garantia real.

Essas questões deverão ser decididas de plano pelo juiz no dia do leilão, daí a razão da imprescindível presença do magistrado no local de realização da hasta pública.

Mas é importante que todas essas questões estejam preferencialmente já consignadas no edital de leilão, justamente para que não haja quebra de isonomia entre os possíveis licitantes, ou, preferência entre licitantes.

Estabelece o *§1º do art. 892* do atual C.P.C. que *se o exequente arrematar os bens e for o único credor, não estará obrigado a exibir o preço, mas, se o valor dos bens exceder ao seu crédito, depositará, dentro de 3 (três) dias, a diferença, sob pena de tornar-se sem efeito a arrematação, e, nesse caso, realizar-se-á novo leilão, à custa do exequente.*

O exequente está legitimado a oferecer lanço no dia do leilão, podendo, se for o vencedor, arrematar o bem.

Sendo o exequente/arrematante o único credor, e sendo o valor do lanço pela aquisição do bem idêntico ou inferior a seu crédito, não estará ele obrigado a exibir o preço.

Essa obrigação de depositar o preço abrange também o credor hipotecário, especialmente quando haja outra hipoteca registrada em primeiro lugar. Nesse sentido é o seguinte precedente do S.T.J.:

O credor hipotecário, embora não tenha ajuizado execução, pode manifestar a sua preferência nos autos de execução proposta por terceiro. Não é possível sobrepor uma preferência processual a uma preferência de direito material. O processo existe para que o direito material se concretize. Recurso especial conhecido e provido.

(REsp 159.930/SP, Rel. Ministro ARI PARGENDLER, TERCEIRA TURMA, julgado em 06/03/2003, DJ 16/06/2003, p. 332)

Por sua vez, se o valor do lanço de aquisição dos bens penhorados exceder ao seu crédito, depositará o exequente/arrematante, dentro de três dias, a diferença. Se não for feito o depósito estabelecido pelo juiz, tornar-se-á sem efeito a arrematação, e, nesse caso, os bens serão levados a novo leilão, à custa do exequente.

Estabelece o *§2º do art. 892* do atual C.P.C. que *se houver mais de um pretendente, proceder-se-á entre eles à licitação, e, no caso de igualdade de oferta, terá preferência o cônjuge, o companheiro, o descendente ou o ascendente do executado, nesta ordem.*

Havendo mais de um pretendente à aquisição do bem, proceder-se-á entre eles a licitação.

Ocorrendo a igualdade de oferta de lances sobre o bem, terá preferência na arrematação, nesta ordem, o cônjuge, o companheiro, o descendente ou o ascendente do executado.

Preceitua o *§ 3º do art. 892* do atual C.P.C. que *no caso de leilão de bem tombado, a União, os Estados e os Municípios terão, nessa ordem, o direito de preferência na arrematação, em igualdade de oferta.*

Art. 893

Se o leilão for de diversos bens e houver mais de um lançador, terá preferência aquele que se propuser a arrematá-los todos, em conjunto, oferecendo, para os bens que não tiverem lance, preço igual ao da avaliação e, para os demais, preço igual ao do maior lance que, na tentativa de arrematação individualizada, tenha sido oferecido para eles.

Arrematação global dos bens

A razão de ser desse dispositivo é justamente a economia processual e o da unidade patrimonial.[449]

[449] Pontes de Miranda, op. cit., p. 381.

Poderá ocorrer que o leilão tenha por objeto diversos bens pertencentes ao devedor/executado.

Poderá ocorrer, ainda, que haja diversos lances de licitantes diversos para aquisição dos bens de forma individual.

Porém, se houver algum lançador que se ofereça a arrematar todos os bens conjuntamente, englobadamente, terá preferência sobre os lançadores de bens individuais. Para que essa preferência possa se concretizar, o arrematante dos bens em conjunto deverá oferecer o preço igual ao da avaliação, para os bens que não tiverem lance e, para os demais, preço igual ao do maior lance que, na tentativa de arrematação individualizada, tenha sido oferecido para eles.

Na verdade, deveria o legislador permitir que o arrematante dos bens englobadamente pudesse oferecer o preço mínimo fixado pelo juiz para os bens que não obtiveram lance, justamente pelo fato de que não obtiveram lance, não se justificando a exigência legal de que o valor seja o da avaliação.

Essa preferência somente poderá ser exercitada após o pregão de todos os bens, pois antes que tenham sido todos apregoados, não se sabe ainda qual o valor do maior lance para que o arrematante que pretende arrematar englobadamente possa superá-lo.

No que diz respeito à ordem da arrematação, Pontes de Miranda assinala que: *"havendo mais de um bem, a 'ordem' das arrematações é a em que foram 'nomeados' os bens pelo executado ou pelo exequente, ou penhorados pelo oficial, se não houve nomeação prévia. É velha a lição de que o juiz pode alterar a ordem das arrematações, c.g., se lhe parecer que alguns bastam (Manuel de Almeida e Souza, 'Tratado sobre as Execuções', 266); porém esse arbítrio só se há de entender antes da publicação, porque a publicação da ordem dos bens guia o público, evitando-lhe perder o seu tempo em assistir a todos os apregoamentos. Se o juiz altera a ordem das arrematações, após a publicação, há nulidade não-cominada".*[450]

Por sua vez, Celso Neves afirma que é possível lanço para o último bem da lista, se tal inversão trouxer vantagem ao executado e não causar prejuízos aos interesses do exequente.[451]

Parece-me que em razão dos princípios que norteiam a execução, *interesse do exequente* e *menor onerosidade possível ao executado*, deve-se possibilitar ao juiz a inversão da ordem de arrematação, mesmo que realizada após a publicação do edital do leilão, desde que isso permita o mínimo de alienação de bens do executado com o máximo de arrecadação de valores em prol do exequente, jus-

[450] Pontes de Miranda, idem, p. 381.
[451] Neves, Celso, op. cit., p. 104.

tamente pelo fato de que, uma vez apurado o valor para pagamento do crédito do exequente, o leilão deverá ser suspenso.

Somente será oportunizada a preferência pela arrematação global se logo com a arrematação de poucos bens penhorados já se perceber que o valor arrecadado não será suficiente para quitar o crédito do exequente. Não teria sentido permitir-se a arrematação em conjunto se o valor da arrematação global ultrapassasse em muito o valor da dívida, caracterizando, assim, excesso de execução.

Por isso, a fim de se evitar excesso de execução, a ordem de arrematação poderá ser alterada pelo juiz durante a hasta pública.

Art. 894

Quando o imóvel admitir cômoda divisão, o juiz, a requerimento do executado, ordenará a alienação judicial de parte dele, desde que suficiente para o pagamento do exequente e para a satisfação das despesas da execução.

§ 1º Não havendo lançador, far-se-á a alienação do imóvel em sua integridade.

§ 2º A alienação por partes deverá ser requerida a tempo de permitir a avaliação das glebas destacadas e sua inclusão no edital, e, nesse caso, caberá ao executado instruir o requerimento com planta e memorial descritivo subscritos por profissional habilitado.

Arrematação de imóvel divisível

Quando o imóvel for suscetível de cômoda divisão, a avaliação, tendo em conta o crédito reclamado, será realizada em partes, sugerindo-se, com a apresentação de memorial descritivo, os possíveis desmembramentos para alienação.

Assim, deparando-se o perito avaliador ou o oficial de justiça avaliador com um bem imóvel *pro diviso*, apesar de juridicamente ainda se encontrar não dividido, poderá sugerir no laudo de avaliação, em face do valor do crédito reclamado, a divisão cômoda do imóvel para fins de levá-lo em partes à alienação.

Para tanto, o perito, o oficial ou, ainda, o executado poderá apresentar um memorial descritivo no qual conste as possibilidades de desmembramento para alienação.

Divisão cômoda de um bem é a divisão material e jurídica, pois não basta que o bem seja materialmente divisível, sem que também o seja no âmbito jurídico (exemplo, dividir um imóvel rural com metragem inferior a um módulo), como também não basta que juridicamente possa ser dividido o bem, mas materialmente haja enorme complexidade para se concretizar essa divisão.

Verificada a possibilidade da divisão cômoda do imóvel, especialmente quando se tratar de grandes áreas e não existir qualquer impedimento na lei de postura municipal, o juiz, a requerimento do executado, ordenará a alienação judicial de parte dele, desde que suficiente para o pagamento do exequente.

Prescreve o *§1º do art. 894* do atual C.P.C. que *não havendo lançador, far-se-á a alienação do imóvel em sua integridade.*

Muito embora a alienação do bem do executado possa ocorrer por partes, até mesmo para lhe garantir a menor onerosidade da execução, essa possibilidade somente se concretizará se houver licitantes interessados em adquirir parte do imóvel.

Se não houver licitantes interessados em adquirir o imóvel de forma desmembrada, a sua alienação far-se-á integralmente.

Preconiza o *§2º do art. 894* do atual C.P.C. que *a alienação por partes deverá ser requerida a tempo de permitir a avaliação das glebas destacadas e sua inclusão no edital, e, nesse caso, caberá ao executado instruir o requerimento com planta e memorial descritivo subscritos por profissional habilitado.*

Sendo o edital a lei interna da hasta pública, a alienação por partes deverá ser requerida pelo executado a tempo de permitir a avaliação das glebas destacadas da área maior, bem como a inclusão dessa área no edital.

Para que se possa realizar a avaliação, deverá o executado instruir o requerimento com planta e memorial descritivo subscrito por profissional habilitado.

No edital também constará a indicação de que se não houver licitante para as áreas desmembradas, a alienação será de acordo com o preço mínimo fixado para a integralidade do imóvel.

Art. 895

O interessado em adquirir o bem penhorado em prestações poderá apresentar, por escrito:

I – até o início do primeiro leilão, proposta de aquisição do bem por valor não inferior ao da avaliação;

II – até o início do segundo leilão, proposta de aquisição do bem por valor que não seja considerado vil.

§ 1º A proposta conterá, em qualquer hipótese, oferta de pagamento de pelo menos vinte e cinco por cento do valor do lance à vista e o restante parcelado em até 30 (trinta) meses, garantido por caução idônea, quando se tratar de móveis, e por hipoteca do próprio bem, quando se tratar de imóveis.

§ 2º As propostas para aquisição em prestações indicarão o prazo, a modalidade, o indexador de correção monetária e as condições de pagamento do saldo.

§ 3º As prestações, que poderão ser pagas por meio eletrônico, serão corrigidas mensalmente pelo índice oficial de atualização financeira, a ser informado, se for o caso, para a operadora do cartão de crédito. (VETADO)

Razões do veto

"O dispositivo institui correção monetária mensal por um índice oficial de preços, o que caracteriza indexação. Sua introdução potencializaria a memória inflacionária, culminando em uma indesejada inflação inercial."

§ 4º No caso de atraso no pagamento de qualquer das prestações, incidirá multa de dez por cento sobre a soma da parcela inadimplida com as parcelas vincendas.

§ 5º O inadimplemento autoriza o exequente a pedir a resolução da arrematação ou promover, em face do arrematante, a execução do valor devido, devendo ambos os pedidos ser formulados nos autos da execução em que se deu a arrematação.

§ 6º A apresentação da proposta prevista neste artigo não suspende o leilão.

§ 7º A proposta de pagamento do lance à vista sempre prevalecerá sobre as propostas de pagamento parcelado.

§ 8º Havendo mais de uma proposta de pagamento parcelado:

I – em diferentes condições, o juiz decidirá pela mais vantajosa, assim compreendida, sempre, a de maior valor;

II – em iguais condições, o juiz decidirá pela formulada em primeiro lugar.

§ 9º No caso de arrematação a prazo, os pagamentos feitos pelo arrematante pertencerão ao exequente até o limite de seu crédito, e os subsequentes, ao executado.

Aquisição do bem em parcelas

Havendo interessado em adquirir o bem penhorado em prestações ou parceladamente, poderá apresentar, por escrito: a) até o início do primeiro leilão, proposta de aquisição do bem por valor não inferior ao da avaliação; b) até o início do segundo leilão, proposta de aquisição do bem por valor que não seja considerado vil.

Essa possibilidade jurídica já era prevista no art. 967 do CPC de 1939.

É importante salientar que não se trata de hipótese de venda direta realizada pelo exequente, mas, sim, de proposta apresentada por interessado nos autos de execução após a publicação do edital de leilão, desde que antes do início do primeiro ou do segundo leilão.

Poderá o leilão ter por objeto bem móvel ou imóvel de valor elevado, o que sugere pelo valor do bem que serão poucos os pretendentes a adquiri-lo, justamente pela necessidade de grande poder aquisitivo do interessado. Nesse caso, a legislação processual permite que quem estiver interessado em adquirir o bem, objeto do leilão, poderá apresentar proposta por escrito, antes do início da hasta pública, com valor nunca inferior ao da avaliação (primeiro leilão) ou valor que não seja preço vil (segundo leilão), com oferta de pelo menos vinte e cinco por cento à vista, sendo o restante a ser pago no prazo máximo de trinta meses, garantido por caução idônea (real ou fidejussória), em se tratando de bem móvel, ou hipoteca sobre o próprio bem, quando se tratar de bem imóvel.

Trata-se evidentemente de uma exceção legal introduzida *lege lata* em relação ao momento apropriado para se ofertar lance para a aquisição de bem objeto de leilão público.

Observa-se, porém, que não se justifica a diferenciação entre o primeiro e o segundo leilão indicada no presente artigo.

É que pelo novo C.P.C. haverá, em tese, apenas um único leilão, no qual o bem poderá ser arrematado por preço não inferior ao preço mínimo fixado pelo juiz, ou, não havendo preço mínimo, por preço não inferior a 50% da avaliação do bem penhorado.

Portanto, não se justifica exigir do proponente a oferta em primeiro leilão, ainda que parcelada, de valor igual ao da avaliação, pois o interessado poderá, logo no primeiro leilão, oferecer lance não inferior ao preço mínimo fixado pelo juiz ou não inferior a 50% do valor da avaliação quando não houver preço mínimo fixado.

No âmbito da execução fiscal, o parcelamento há muito já existe. Sobre o tema, eis os seguintes precedentes do S.T.J.:

> *1. Nas execuções fiscais da dívida ativa do INSS e dívida ativa da União vige o regramento especial estabelecido na Lei n. 8.212/91 e Lei n. 6.830/80 (LEF), sendo que a aplicação do CPC é subsidiária, ou seja, fica reservada para as situações em que as referidas leis são silentes e no que com elas compatível. Precedentes: recurso represen-*

tativo da controvérsia REsp. n. 1.272.827 – PE, Primeira Seção, Rel. Min. Mauro Campbell Marques, julgado em 22.05.2013 e REsp. n. 1.070.369/SP, Segunda Turma, Rel. Min. Eliana Calmon, Rel. p/acórdão Min. Castro Meira, julgado em 14.10.2008.

2. No caso concreto, por se tratar de parcelamento do pagamento do valor da arrematação em execução fiscal da dívida ativa originalmente do INSS e agora da União, vige o art. 98, da Lei n. 8.212/91, por especialidade, que permite a alienação do bem no segundo leilão, por qualquer valor, excetuado o vil, e inclusive mediante pagamento parcelado do valor da arrematação, na forma prevista para os parcelamentos administrativos de débitos previdenciários (hodiernamente, art. 10 et seq. da Lei n. 10.522/2002).

3. Consoante o art. 98, §2º, da Lei n. 8.212/91, todas as condições do parcelamento da arrematação deverão constar do edital de leilão, sob pena de nulidade na forma do art. 244, do CPC (situações em que a lei prescreve determinada forma, sem cominação de nulidade).

4. Adotadas essas condições expressamente no edital de leilão, exclui-se a incidência do art. 690, §1º, do CPC, por evidente incompatibilidade, pois faz as exigências de alienação por valor nunca inferior à avaliação e oferta de 30% (trinta por cento) do valor à vista, requisitos que contrariam o disposto no art. 98, da Lei n. 8.212/91: a) no que diz respeito à alienação do bem no segundo leilão por qualquer valor, excetuado o vil;

b) no que se refere à exigência de pagamento no ato apenas do valor da primeira parcela (não se exige a entrada de 30%); e c) à adoção das regras dos parcelamentos administrativos já praticados no âmbito da Dívida Ativa da União e do INSS (art. 10 et seq. da Lei n. 10.522/2002 incompatível com a adoção da "proposta mais conveniente").

5. Situação em que a arrematação ocorreu de forma parcelada sem que as condições do parcelamento da arrematação tivessem constado do edital de leilão, impedindo que outros licitantes pudessem acorrer à hasta pública em iguais condições ao que efetivamente arrematou, sendo flagrante o prejuízo ao executado que viu seu bem ser alienado por valor inferior ao que poderia atingir se houvesse outros concorrentes.

6. Recurso especial provido.

(REsp 1431155/PB, Rel. Ministro MAURO CAMPBELL MARQUES, SEGUNDA TURMA, julgado em 27/05/2014, DJe 02/06/2014)

Preceitua o *§1º do art.* 895 do atual C.P.C. que *a proposta conterá, em qualquer hipótese, oferta de pagamento de pelo menos vinte e cinco por cento do valor do lance à vista e o restante parcelado em até 30 (trinta) meses, garantido por caução idônea, quando se tratar de móveis, e por hipoteca do próprio bem, quando se tratar de imóveis.*

Se alguém tiver interesse em ofertar proposta, deverá fazê-lo, em qualquer hipótese, mediante a oferta de pelo menos vinte e cinco por cento do valor do lance à vista. O restante será parcelado em até trinta meses, mediante garantia de caução idônea, quando se tratar de móveis, e por hipoteca do bem, quando se tratar de imóveis.

Antes de decidir, o juiz ouvirá o exequente e o executado sobre a proposta.

Não havendo concordância do exequente ou do executado, o juiz deverá resolver a questão, decidindo pela homologação ou não da proposta ofertada.

Preceitua o *§ 2º do art. 895* do C.P.C. do atual C.P.C., *as propostas para aquisição em prestações indicarão o prazo, a modalidade, o indexador de correção monetária e as condições de pagamento do saldo.*

A proposta, conforme estabelece o §1º do art. 895 do atual C.P.C., deverá conter pagamento inicial de vinte e cinco por cento e o restante em trinta meses, devendo ser indicada a modalidade do pagamento restante, bem como o indexador de correção monetária e as condições do pagamento do saldo.

O *§ 3º do art. 895* do atual C.P.C. que as prestações, *que poderão ser pagas por meio eletrônico, serão corrigidas mensalmente pelo índice oficial de atualização financeira, a ser informado, se for o caso, para a operadora do cartão de crédito.*

O pagamento das parcelas posteriores poderá ocorrer por meio eletrônico, mediante TED (transferência eletrônica de depósito), corrigidas mensalmente pelo índice oficial de atualização financeira

O pagamento das parcelas também poderá ocorrer por meio de cartão de crédito, razão pela qual deverá ser informado o índice oficial de correção monetária ao operador do cartão de crédito.

Aduz o *§ 4º do art. 895* do atual C.P.C. que *no caso de atraso no pagamento de qualquer das prestações, incidirá multa de dez por cento sobre a soma da parcela inadimplida com as parcelas vincendas.*

Se o arrematante atrasar o pagamento de qualquer das prestações ofertadas para a compra do bem, estando, portanto, em mora, haverá incidência de multa de dez por cento sobre a soma da parcela inadimplida com as parcelas vincendas.

Já em relação ao parcelamento de débito previdenciário exigido por meio de execução fiscal, se o arrematante não pagar, no vencimento, qualquer das parcelas mensais, o saldo devedor remanescente vencerá antecipadamente, que será acrescido em cinquenta por cento de seu valor a título de multa, e, imediatamente inscrito em dívida ativa e executado (§6º do 98 da Lei 8.212/91). Sobre o tema, eis o seguinte precedente do S.T.J.:

> *1. A pretensão recursal reside na reforma do acórdão regional que afastou a aplicação, de ofício, do artigo 98, § 6º, da Lei n. 8.212/91, que prevê a aplicação de multa sobre o saldo devedor, na hipótese de o arrematante deixar de pagar qualquer das parcelas do parcelamento.*

2. O Tribunal de origem firmou entendimento de que o aludido dispositivo não tem aplicação no caso dos autos, porquanto, além de não caber ao juízo da execução sua aplicação ex officio, sob pena de imiscuir-se indevidamente na atividade administrativa, não houve falta de pagamento do preço da arrematação, mas, sim e apenas, diferenças de valores decorrentes da aplicação da taxa SELIC sobre as parcelas.

3. Com efeito, a própria decisão que determinou a comprovação do depósito do valor remanescente já com a incidência da multa de 50% de que trata 98, § 6º, da Lei n. 8.212/91 reconhece que todas as 60 parcelas mensais foram adimplidas pela recorrida e que o saldo devedor apurado pela Contadoria Judicial refere-se, na realidade, à diferença decorrente da errônea atualização monetária das parcelas, o que poderia configurar pagamento extemporâneo, mas não inadimplemento.

4. Não merece reforma, portanto, o entendimento firmado pelo Tribunal de origem quando afirma a impossibilidade de subsunção do caso às normas que ora se entende por afrontadas, as quais prevêem a incidência de multa de 50% do valor das parcelas não adimplidas no vencimento (art. 98, § 6º, da Lei n. 8.212/91) e a possibilidade de tornar sem efeito a arrematação caso não haja pagamento do preço (art. 694, § 1º, do CPC), situações que não se configuraram, in casu.

Recurso especial improvido.

(REsp 1413727/SC, Rel. Ministro HUMBERTO MARTINS, SEGUNDA TURMA, julgado em 22/04/2014, DJe 05/05/2014)

Prescreve o *§ 5º do art. 895* do atual C.P.C. que *o inadimplemento autoriza o exequente a pedir a resolução da arrematação ou promover, em face do arrematante, a execução do valor devido, devendo ambos os pedidos ser formulados nos autos da execução em que se deu a arrematação.*

A mora do arrematando permite ao exequente optar por uma das seguintes possibilidades: a) resolução da arrematação.

O artigo não diz se com a resolução da arrematação terá direito o arrematante à devolução das prestações já pagas.

Tenho para mim que a resposta dependerá das circunstâncias.

Uma vez resolvida a arrematação, o bem será novamente levado a leilão. Vendido o bem, deverá ser pago primeiramente o exequente, descontados os valores que já tenha recebido quando da arrematação resolvida. Havendo sobra de valores em decorrência da segunda arrematação, poderá ser devolvido o valor pago pelo arrematante, após descontada a multa pelo inadimplemento e eventuais despesas para a realização da segunda arrematação.

b) promover, em face do arrematante, a execução do valor devido.

A segunda opção outorgada ao exequente, ao invés de resolver a arrematação, é justamente cobrar o valor devido ou inadimplido mediante execução.

Tanto a resolução da arrematação quanto a execução do valor devido ocorrerão nos próprios autos de execução em que se deu a arrematação.

Em se tratando de execução fiscal para cobrança de crédito previdenciário, a única opção outorgada pela Lei 8.212/91, em seu art. 98, §6º, será: *Se o arrematante não pagar, no vencimento, qualquer das parcelas mensais, o saldo devedor remanescente vencerá antecipadamente, que será acrescido em cinquenta por cento de seu valor a título de multa, e, imediatamente inscrito em dívida ativa e executado.*

Assim, como se trata de legislação especial, não será possível requerer a resolução da arrematação.

Estabelece o *§ 6º do art. 895* do atual C.P.C. que *a apresentação da proposta prevista neste artigo não suspende o leilão.*

Muito embora seja lícito postular-se a aquisição do bem penhorado mediante parcelamento, tal pedido não terá efeito de suspender o leilão já designado, evitando-se, desta forma, manobras de fraude a fim de retardar a hasta pública.

Outrossim, pelo que dispõe o parágrafo seguinte, observa-se que mesmo havendo proposta de parcelamento para aquisição do bem, o leilão deverá ser realizado a fim de que seja possível a obtenção de uma proposta de pagamento à vista.

Portanto, somente se não houver uma proposta de pagamento à vista é que o juiz deverá analisar a proposta de pagamento parcelado.

Preceitua o *§ 7º do art. 895* do atual C.P.C. que *a proposta de pagamento do lance à vista sempre prevalecerá sobre as propostas de pagamento parcelado.*

Conforme se afirmou, o juiz poderá deferir ou não a proposta de pagamento parcelado, somente após realizado o leilão, e na medida em que não haja proposta de pagamento à vista.

Porém, este §7º deve ser interpretado mediante a aplicação dos princípios da *menor onerosidade possível ao executado* conjugado com *a efetivação da tutela do exequente.*

Ora, nem sempre a proposta de pagamento à vista será melhor que a proposta de pagamento parcelado.

Suponha-se que a proposta de pagamento à vista ofereça 50% do valor da avaliação. Já a proposta de parcelamento ofereça 100% do valor da avaliação, nas seguintes condições: 25% à vista e duas parcelas restantes corrigidas monetariamente.

Sem dúvida, nessa hipótese deverá o juiz optar pela proposta de pagamento parcelado em face dos princípios da menor onerosidade possível ao executado e da maior efetividade da tutela jurisdicional em prol do exequente.

Preceitua o *§ 8º do art. 895* do atual C.P.C. que *havendo mais de uma proposta de pagamento parcelado: I – em diferentes condições, o juiz decidirá pela mais vantajosa,* *assim compreendida, sempre, a de maior valor; II – em iguais condições, o juiz decidirá pela formulada em primeiro lugar.*

Apresentando-se mais de uma proposta para pagamento parcelado, o juiz deverá concluir a arrematação com aquela que seja mais vantajosa para o exequente e para o executado, que, em regra, poderá ser a de maior valor.

Mas é importante salientar que nem sempre a proposta de maior valor poderá ser a mais vantajosa.

Assim, por exemplo, se uma proposta oferece R$29.000,00 (vinte e nove mil reais) para pagamento parcelado, sendo 25% à vista e mais uma parcela restante. A outra proposta oferece R$30.000,00 (trinta mil reais) para pagamento parcelado, sendo 25% à vista e as demais em 30 vezes. Evidentemente, nesse caso a primeira proposta será mais vantajosa, apesar da pequena diferença a menor do preço.

Porém, se ambas as propostas forem iguais, prevalecerá a proposta que foi ofertada em primeiro lugar.

Por fim, estabelece o *§ 9º do art. 895* do atual C.P.C. que *no caso de arrematação a prazo, os pagamentos feitos pelo arrematante pertencerão ao exequente até o limite de seu crédito, e os subsequentes, ao executado.*

Por questão óbvia, tanto na arrematação a prazo quanto na arrematação à vista, o exequente somente terá direito de receber do valor apurado aquele que corresponde ao pagamento de seu crédito, e nada mais.

Na hipótese de proposta de pagamento parcelado, o valor da parcela pertencerá ao exequente até o limite de seu crédito, sendo que as subsequentes deverão ser pagas diretamente ao executado.

Art. 896

Quando o imóvel de incapaz não alcançar em leilão pelo menos oitenta por cento do valor da avaliação, o juiz o confiará à guarda e à administração de depositário idôneo, adiando a alienação por prazo não superior a 1 (um) ano.

§ 1º Se, durante o adiamento, algum pretendente assegurar, mediante caução idônea, o preço da avaliação, o juiz ordenará a alienação em leilão.

§ 2º Se o pretendente à arrematação se arrepender, o juiz impor-lhe-á multa de vinte por cento sobre o valor da avaliação, em benefício do incapaz, valendo a decisão como título executivo.

§ 3º Sem prejuízo do disposto nos §§ 1º e 2º, o juiz poderá autorizar a locação do imóvel no prazo do adiamento.

§ 4º Findo o prazo do adiamento, o imóvel será submetido a novo leilão.

Imóvel de incapaz

A incapacidade é um instituto jurídico regulado pelo direito material, especialmente pelo código civil.

A incapacidade prevista neste artigo abrange tanto a incapacidade absoluta quanto a incapacidade relativa.

Assim, tratando-se de bem imóvel pertencente a incapaz, e o lance efetuado pelos licitantes não alcançar pelo menos oitenta por cento do valor da avaliação, a arrematação não se consumará.

O legislador estabeleceu um valor mínimo para a arrematação de imóvel de incapaz, sendo que se houver lance inferior a esse valor, será considerado *preço vil.*

Na hipótese de não se alcançar o valor que corresponda a 80% da avaliação do bem imóvel, o juiz deverá nomear depositário idôneo para a guarda e administração do imóvel do incapaz, adiando a alienação pelo prazo não superior a um ano. Poderá o adiamento ser por prazo menor, dependendo da conjuntura econômica e da expectativa de melhores lances em tempo mais próximo.

Trata-se de medida assecuratória aos interesses dos incapazes, os quais devem, num primeiro momento, prevalecer em relação aos interesses do credor exequente.

É importante salientar que durante o prazo de adiamento não haverá impedimento que o exequente requeira a *adjudicação* do bem, desde que ofereça no mínimo o preço da avaliação do bem imóvel.

Também durante o prazo de adiamento não haverá congelamento da dívida, incidindo sobre ela os acessórios legais ou contratuais.

Estabelece o *§1º do art. 896* do atual C.P.C. que *se, durante o adiamento, algum pretendente assegurar, mediante caução idônea, o preço da avaliação, o juiz ordenará a alienação em leilão.*

No período de adiamento da alienação do bem imóvel de incapaz, que será no máximo de um ano, poderá ocorrer que algum pretendente ao bem requeira a realização de novo leilão. Para que o juiz possa deferir tal pretensão, deverá o pretendente prestar caução idônea que corresponda no mínimo 20% do preço da avaliação, que é o valor da multa que poderá o juiz aplicar no caso de arrependimento do ofertante. A referida caução deverá ser prestada antes que o juiz determine a publicação dos editais de leilão.

É importante, até para assegurar os direitos do incapaz, que o juiz determine a sua oitiva por meio de seu representante legal, assim como a do Ministério

Público, pois se o executado é um incapaz deverá obrigatoriamente o Ministério Público intervir no processo.

No leilão marcado, o bem não poderá ser arrematado por preço inferior ao da avaliação, isto é, ao da proposta feita pelo ofertante.

Preceitua o *§2º do art. 896* do atual C.P.C. que *se o pretendente à arrematação se arrepender, o juiz impor-lhe-á multa de vinte por cento sobre o valor da avaliação, em benefício do incapaz, valendo a decisão como título executivo.*

O arrependimento é ato unilateral que poderá ser realizado pelo pretendente até a data da assinatura do auto de arrematação. Se assim proceder, o juiz impor-lhe-á multa de vinte por cento sobre o valor da avaliação, multa essa que reverterá em favor do incapaz e não do exequente. A decisão que fixar a multa valerá como título executivo judicial, podendo ser cobrada nos próprios autos executivos, devendo a penhora recair sobre a caução prestada pelo pretendente à arrematação.

Evidentemente, não poderá ser considerado como arrependimento eventual lanço de outro licitante, por ocasião do leilão, que ultrapasse a proposta feita pelo pretendente à arrematação.

Estabelece o *§3º do art. 895* do atual C.P.C. que *sem prejuízo do disposto nos §§1º e 2º, o juiz poderá autorizar a locação do imóvel no prazo do adiamento.*

Em que pese o art. 895 *caput* do atual C.P.C. determine o adiamento da arrematação, isso não significa dizer que o bem não poderá produzir frutos, especialmente rendimentos decorrentes de locação do imóvel.

Eventuais frutos produzidos pelo imóvel durante o adiamento serão direcionados ao exequente, os quais serão abatidos no valor da dívida executada.

Caberá ao depositário administrar o contrato de locação.

O prazo máximo de locação do imóvel será até o prazo final do adiamento.

Poderá, ainda, o juiz avaliar se não é caso de modificar a penhora; ao invés de penhora sobre o imóvel, poder-se-á pensar na penhora dos frutos e rendimentos do imóvel a favor do exequente, se houver efetiva possibilidade de amortização da dívida com a produção dos frutos.

Preceitua o *§4º do art. 895* do atual C.P.C. que *findo o prazo do adiamento, o imóvel será submetido a novo leilão.*

O adiamento concedido pelo juiz com base no *caput* deste dispositivo não significa imunidade concedida ao imóvel em relação à sua alienação.

Por isso, transcorrido o prazo do adiamento fixado pelo juiz, que é de até um ano a contar do leilão frustrado, o juiz designará novo leilão para arrematação do imóvel.

Muito embora o legislador não tenha dito, nesse novo leilão não haverá necessidade de se respeitar o percentual de 80% do valor da avaliação, devendo o juiz, contudo, fixar o valor mínimo para a arrematação do imóvel.

Art. 897

Se o arrematante ou seu fiador não pagar o preço no prazo estabelecido, o juiz impor-lhe-á, em favor do exequente, a perda da caução, voltando os bens a novo leilão, do qual não serão admitidos a participar o arrematante e o fiador remissos.

Não pagamento do preço da arrematação

Este dispositivo demonstra que o valor da caução a ser fixada pelo juiz não é da integralidade do lance, pois se assim o fosse, o fiador deveria pagar integralmente o valor do bem, o que de certa forma poderia extinguir o crédito do exequente.

Por isso, o juiz deverá fixar uma caução que corresponda ao pagamento de eventual *multa* pelo descumprimento do pagamento do lance oferecido pelo arrematante.

No caso de bem imóvel de incapaz, essa multa é de 20% do valor da avaliação. Assim, se o arrematante ou seu fiador não pagar o valor do lance no prazo estabelecido, o juiz impor lhe-á em favor do exequente a perda da caução, a qual garante, em tese, o valor da multa aplicada pelo juiz pelo descumprimento do pagamento do lance, voltando os bens a novo leilão, do qual não serão admitidos a participar o arrematante e o fiador remissos.

Sendo a caução em dinheiro, será ela revertida em favor do exequente. Se a caução for fiança, o exequente poderá acionador o fiador por meio executivo para pagamento da sanção imposta pelo juiz.

Há de se observar, porém, que não são em todos os casos que a caução será revertida em favor do exequente.

Na hipótese do §2º do art. 896 do atual C.P.C., a multa será revertida em favor do incapaz.

Art. 898

O fiador do arrematante que pagar o valor do lance e a multa poderá requerer que a arrematação lhe seja transferida.

Aquisição pelo fiador do bem arrematado

Há hipóteses, no âmbito da alienação judicial, em que é possível a concessão de fiança como caução/garantia do pagamento do valor do lance em hasta pública. Dentre essas hipóteses encontram-se: a) pagamento parcelado do valor da arrematação; b) garantia de proposta efetuada por escrito, quando o valor do bem móvel ou imóvel for elevado.

Tendo o arrematante oferecido fiador como garantia do pagamento do valor do lanço, e tornando-se o arrematante inadimplente em relação à sua proposta, poderá o fiador honrar esse pagamento, bem como eventual multa aplicada, especialmente no caso de venda de imóvel de incapaz, requerendo que a arrematação lhe seja transferida.

Se o fiador não quiser ficar com o bem arrematado, será responsabilizado pelo inadimplemento do arrematante, podendo cobrar dele, via procedimento executivo, o que desembolsar. *Mutatis mutantis*, e com possibilidade de se aplicar por analogia, estabelece o art. 794, §2º do atual C.P.C.: *"O fiador que pagar a dívida poderá executar o afiançado nos autos do mesmo processo"*.

Art. 899

Será suspensa a arrematação logo que o produto da alienação dos bens for suficiente para o pagamento do credor e satisfação das despesas da execução.

Suspensão da arrematação

Este dispositivo demonstra que a arrematação não tem por finalidade simplesmente a alienação dos bens, mas, sim, atender ao pagamento do crédito do exequente, principal, juros, custas, despesas processuais, honorários de advogado.

Por isso, penso que é possível ao juiz inverter a ordem da arrematação dos bens, se isso for importante para que se efetue a arrecadação necessária para atender o interesse do credor, sem causar maior dano patrimonial ao devedor.

Logo que o produto da alienação dos bens for suficiente para o pagamento do credor e satisfação das despesas da execução, a arrematação será suspensa.

Art. 900

O leilão prosseguirá no dia útil imediato, à mesma hora em que teve início, independentemente de novo edital, se for ultrapassado o horário de expediente forense.

Prosseguimento do leilão

O leilão não deixa de ser um ato processual, devendo ser realizado durante o horário de expediente forense que se dá nos dias úteis das 6 (seis) às 20 (vinte) horas, conforme estabelece o art. 212 do atual C.P.C.

Ultrapassado o horário do expediente forense, ou seja, vinte horas, o leilão prosseguirá no dia útil seguinte, na mesma hora, independente de novo edital.

É certo que, conforme estabelece o §1º do art. 212 do atual C.P.C., deverão, todavia, ser concluídos depois das 20 (vinte) horas os atos iniciados antes, quando o adiamento prejudicar a diligência ou causar grave dano.

Por sua vez, em se tratando de leilão eletrônico, poderá o edital estabelecer que os lances poderão ser efetuados num determinado período a qualquer horário. Aliás, nesse sentido estabelece o art. 213 do atual C.P.C.: *"A prática eletrônica de ato processual pode ocorrer em qualquer horário até as 24 (vinte e quatro) horas do último dia do prazo"*.

Evidentemente, não se pode desperdiçar todo o potencial do sistema eletrônico, especialmente a sua característica de ficar à disposição do usuário vinte e quatro horas por dia.

Art. 901

A arrematação constará de auto que será lavrado de imediato e poderá abranger bens penhorados em mais de uma execução, nele mencionadas as condições nas quais foi alienado o bem.

§ 1º A ordem de entrega do bem móvel ou a carta de arrematação do bem imóvel, com o respectivo mandado de imissão na posse, será expedida depois de efetuado o depósito ou prestadas as garantias pelo arrematante, bem como realizado o pagamento da comissão do leiloeiro e das demais despesas da execução.

§ 2º A carta de arrematação conterá a descrição do imóvel, com remissão à sua matrícula ou individuação e aos seus registros, a cópia do auto de arrematação e a prova de pagamento do imposto de transmissão, além da indicação da existência de eventual ônus real ou gravame.

Auto de arrematação e ordem de entrega de bens

Uma vez encerrado o leilão pelo acolhimento do melhor lanço efetuado, lavrar-se-á, *de imediato*, o auto de arrematação, o qual representa a forma e a ultimação do ato processual executivo do leilão que é a arrematação.

Se o valor do bem arrematado não for suficiente para o pagamento do exequente, a execução prosseguirá com o leilão de outros bens ou com reforço de penhora sobre o patrimônio do executado.

Encerrado o leilão pela comunicação verbal do leiloeiro, este ato processual de cientificação realizado na hasta pública será comprovado por escrito mediante a lavratura do auto de arrematação (positivo ou negativo). Por isso, se não for lavrado o auto de arrematação, este ato processual não teve existência jurídica.

A redação original do art. 693 do C.P.C. de 1973 preconizava que o auto de arrematação seria lavrado vinte e quatro (24) horas depois de realizada a praça o leilão. Este artigo foi modificado pela Lei 11.382/06, quando passou a ser determinado que o auto de arrematação fosse lavrado *imediatamente* ao encerramento da hasta pública e não mais no prazo de vinte e quatro horas.

O auto de arrematação é a comprovação e a expressão documental da realização positiva ou negativa do leilão e da arrematação. Havendo arrematação do bem, o auto será positivo, caso contrário será lavrado o auto negativo de arrematação.

Incumbe ao leiloeiro elaborar o auto de arrematação, o qual consistirá num só documento, contendo todos os bens que foram arrematados de forma individual, por um ou mais arrematante, ou de forma global por um só arrematante.

O auto de arrematação será assinado pelo juiz, pelo arrematante, pelo leiloeiro e pelo escrivão ou diretor de secretaria.

Uma vez assinado o auto de arrematação, a arrematação será irretratável pelo arrematante.

Se o bem ou os bens levados a leilão tiverem sido penhorados em mais de uma execução, o auto de arrematação poderá fazer referência a essa circunstância, abrangendo, portanto, as diversas execuções.

Na execução fiscal, por exemplo, quando o bem for objeto de penhora em diversas execuções, é muito comum o juiz determinar o prosseguimento da arrematação na execução em que houve a primeira penhora, suspendendo-se as demais, uma vez que o leilão abrangerá todas as outras.

Estabelece o *§1º do art. 901* do atual C.P.C. que a *ordem de entrega do bem móvel ou a carta de arrematação do bem imóvel, com o respectivo mandado de imissão na posse, será expedida depois de efetuado o depósito ou prestadas as garantias pelo arrematante, bem como realizado o pagamento da comissão do leiloeiro e das demais despesas da execução.*

Preconiza o *§ 2º do art. 901* do atual C.P.C. que *a carta de arrematação conterá a descrição do imóvel, com remissão à sua matrícula ou individuação e aos seus registros, a cópia do auto de arrematação e a prova de pagamento do imposto de transmissão, além da indicação da existência de eventual ônus real ou gravame.*

Este dispositivo estabelece quais são os requisitos de validade da carta de arrematação.

Evidentemente, somente será declarada nula a carta de arrematação se a nulidade for absoluta e não houver outro meio para se corrigirem eventuais equívocos.

Art. 902

No caso de leilão de bem hipotecado, o executado poderá remi-lo até a assinatura do auto de arrematação, oferecendo preço igual ao do maior lance oferecido.

Parágrafo único. No caso de falência ou insolvência do devedor hipotecário, o direito de remição previsto no caput defere-se à massa ou aos credores em concurso, não podendo o exequente recusar o preço da avaliação do imóvel.

Remição do bem hipotecado

A mesma prerrogativa outorgada pelo legislador no caso de penhora de bem hipotecado foi também conferida na adjudicação do bem, conforme art. 877, §§ 3º e 4º do atual C.P.C.

O legislador, no caso de imóvel hipotecado, permitiu ao executado remir (pagar) o bem até a assinatura do auto de arrematação, oferecendo preço igual ao do maior lanço oferecido, se tiver havido licitantes, ou, se não houver licitantes, o preço da avaliação.

Note-se que o legislador fala em remição e não em adjudicação.

Preceitua *o parágrafo único do art. 902* do atual C.P.C. que *no caso de falência ou insolvência do devedor hipotecário, o direito de remição previsto no 'caput' defere-se à massa ou aos credores em concurso, não podendo o exequente recusar o preço da avaliação do imóvel.*

Se houver a falência ou a insolvência do executado (devedor hipotecário), o direito de remir o bem penhorado, previsto no 'caput', será deferido, não mais ao executado que perdeu a disponibilidade de seus bens, mas à massa ou aos credores em concurso, não podendo o exequente recusar o preço da avaliação do imóvel.

Se houver mais de um interessado, dever-se-á promover a licitação entre eles.

Art. 903

Qualquer que seja a modalidade de leilão, assinado o auto pelo juiz, pelo arrematante e pelo leiloeiro, a arrematação será considerada perfeita, acabada e irretratável, ainda que venham a ser julgados procedentes os embargos do executado ou a ação autônoma de que trata o § 4º deste artigo, assegurada a possibilidade de reparação pelos prejuízos sofridos.

§ 1º Ressalvadas outras situações previstas neste Código, a arrematação poderá, no entanto, ser:

I – invalidada, quando realizada por preço vil ou com outro vício;

II – considerada ineficaz, se não observado o disposto no art. 804;

III – resolvida, se não for pago o preço ou se não for prestada a caução.

§ 2º O juiz decidirá acerca das situações referidas no § 1º, se for provocado em até 10 (dez) dias após o aperfeiçoamento da arrematação.

§ 3º Passado o prazo previsto no § 2º sem que tenha havido alegação de qualquer das situações previstas no § 1º, será expedida a carta de arrematação e, conforme o caso, a ordem de entrega ou mandado de imissão na posse.

§ 4º Após a expedição da carta de arrematação ou da ordem de entrega, a invalidação da arrematação poderá ser pleiteada por ação autônoma, em cujo processo o arrematante figurará como litisconsorte necessário.

§ 5º O arrematante poderá desistir da arrematação, sendo-lhe imediatamente devolvido o depósito que tiver feito:

I – se provar, nos 10 (dez) dias seguintes, a existência de ônus real ou gravame não mencionado no edital;

II – se, antes de expedida a carta de arrematação ou a ordem de entrega, o executado alegar alguma das situações previstas no § 1º;

III – uma vez citado para responder a ação autônoma de que trata o § 4º deste artigo, desde que apresente a desistência no prazo de que dispõe para responder a essa ação.

§ 6º Considera-se ato atentatório à dignidade da justiça a suscitação infundada de vício com o objetivo de ensejar a desistência do arrematante, devendo o suscitante ser condenado, sem prejuízo da responsabilidade por perdas e danos, ao pagamento de multa, a ser fixada pelo juiz e devida ao exequente, em montante não superior a vinte por cento do valor atualizado do bem.

Arrematação – perfeita, acabada e irretratável

Seja qual for a modalidade de leilão, eletrônico ou presencial, uma vez assinado o auto pelo juiz, pelo arrematante e pelo leiloeiro, a arrematação será considerada *perfeita, acabada e irretratável* ainda que venham a ser julgados procedentes os embargos do executado ou a ação autônoma de que trata o §4º deste artigo, ressalvada a possibilidade de reparação dos danos pelos prejuízos sofridos pelo executado.

Segundo ensina Araken de Assis, *"raramente a lei, infensa a palavras repetitivas, emprega tantas qualificações para determinado ato processual. Diz-se 'perfeita' a arrematação, porque obtido consenso quanto aos termos do negócio, tendo o juiz aceito o lanço; 'acabada', porque ultimado o procedimento licitatório, antes disto sujeito a desestabilizações e a reviravoltas; e, finalmente 'irretratável', porque o arrematante não pode mais eficazmente arrepender-se"*.[452]

Portanto, uma vez assinado o auto de arrematação pelas pessoas indicadas neste artigo, não poderá mais o arrematante arrepender-se de ter efetuado o lance, nem a outro será possível oferecer maior lanço.

Porém, antes da assinatura do auto poderá o arrematante retratar-se, retirando a proposta oferecida, desde que haja motivo justo para isso, senão ficará obrigado a indenizar o exequente pela retirada da proposta.

A falta de assinatura do auto nada mais significa do que arrematação sem auto, ou seja, arrematação que não se perfez nem acabou. Trata-se de ato inexistente. Conforme aduz Pontes de Miranda, *"(...) na hipótese que examinamos, não houve auto de arrematação. A arrematação não se completou: o auto não existiu. Não se pode sanar, nem há pensar-se em supri-lo. Fundado em Francisco de Caldas, Silvestre Gomes de Morais (Tractatus de Executionibus, VI, 378) frisou que, faltando o auto, a arrematação 'in fieri'... Por onde se vê quão importante é distinguir-se da nulidade a inexistência"*.[453]

Assim, a falta de assinatura no auto de arrematação caracteriza mais que sua nulidade, ou seja, a sua inexistência jurídica.

É certo que o S.T.J. já entendeu que a falta de assinatura no auto de arrematação caracteriza sua nulidade. Nesse sentido eis os seguintes precedentes:

> *1. Versam os autos sobre embargos à arrematação apresentados por MOTOPEL – MOTOR PEÇAS PELOTAS S/A contra o ESTADO DO RIO GRANDE DO SUL e OUTROS em que se postula a declaração de nulidade de vários autos de arrematação por conterem nulidade insanável. Sentença julgou procedente o pedido. Em*

[452] Assis, A., op. cit., p. 783.

[453] Pontes de Miranda, op. cit., p. 385.

face da sucumbência exclusiva do Estado, este foi condenado ao pagamento das custas processuais e dos honorários advocatícios, arbitrados em 1% sobre o valor da causa.

Ambas as partes apelaram e o TJRS deu provimento parcial ao recurso do Estado e julgou o da embargante prejudicado. Devido à sucumbência recíproca, condenou o embargante ao pagamento de 1/3 das custas e dos honorários, arbitrados em 2% sobre o valor da arrematação do imóvel de matrícula nº 5.776; e o Estado foi responsabilizado pelo pagamento de 2/3 das custas e de verba honorária arbitrada em 2% sobre o valor dos demais imóveis arrematados (matrículas nºs 2.736 e 89.179), admitida a compensação, prejudicado o recurso do embargante. Recurso especial do Estado apontando violação dos arts. 694 e 267, VI, do CPC, sustentando que, não tendo sido a arrematação perfectibilizada, perfeita e acabada, não haveria como anulá-la, não tendo o embargante interesse para isso.

2. A nulidade do auto de arrematação não exclui o interesse do embargante de impugná-lo. Ofensa ao art. 267, VI, do CPC repelida.

3. A alegação de infringência ao art. 694 do CPC não encontra guarida, posto não haver coerência no desenvolvimento de razões pelo recorrente que ratificam o conteúdo do aresto recorrido. Tanto o recorrente quanto o aresto reconhecem que a falta de assinatura do auto de arrematação conduz à sua nulidade.

4. Recurso especial não-provido.

(REsp 782.285/RS, Rel. Ministro JOSÉ DELGADO, PRIMEIRA TURMA, julgado em 21/03/2006, DJ 03/04/2006, p. 273)

– É possível declarar nulos, antes de ser assinado o auto de avaliação, atos preparatórios de arrematação em que o bem penhorado seria vendido por preço vil. É exatamente a falta de assinatura que facilita a declaração de ofício, eis que o ato ainda não está "perfeito, acabado e irretratável".

(REsp 250.433/AL, Rel. Ministro HUMBERTO GOMES DE BARROS, PRIMEIRA TURMA, julgado em 12/12/2000, DJ 26/03/2001, p. 376)

É importante salientar que uma vez devidamente assinado o auto de arrematação, este ato torna-se prefeito, válido e eficaz, razão pela qual o bem não poderá ser penhorado em outra execução, mesmo que a carta de arrematação ainda não tenha sido levada a registro. Nesse sentido é o seguinte precedente do S.T.J.:

1. Nos termos do art. 694 do CPC, "assinado o auto pelo juiz, pelo arrematante e pelo serventuário da justiça ou leiloeiro, a arrematação considerar-se-á perfeita, acabada e irretratável, ainda que venham a ser julgados procedentes os embargos do execu-

tado", somente podendo ser tornada sem efeito em situações excepcionais, como as do § 1º do mencionado artigo.

2. Assinado o auto de arrematação de bem imóvel, não pode ele ser objeto de posterior penhora em execução fiscal movida contra o proprietário anterior, mesmo que ainda não efetivado o registro da respectiva carta no registro imobiliário. Precedentes do STJ.

3. Recurso especial a que se dá provimento.

(REsp 866.191/SC, Rel. Ministro TEORI ALBINO ZAVASCKI, PRIMEIRA TURMA, julgado em 22/02/2011, DJe 28/02/2011)

Aliás, nem mesmo o pagamento da dívida após a assinatura do auto de arrematação terá o efeito de remir a execução. Sobre o tema eis o seguinte precedente do S.T.J.:

1. O pagamento da dívida após a assinatura do auto de arrematação não tem o condão de remir a execução, consoante dispõe o art. 651 do Código de Processo Civil.

2. As conclusões da Corte a quo, acerca do mérito da demanda, decorreram da análise do conjunto fático-probatório carreado aos autos. O eventual conhecimento do especial requer o reexame fático-probatório da questão, labor vedado pela Súmula 7/STJ.

3. Agravo regimental que se NEGA PROVIMENTO.

(AgRg no Ag 1116932/RJ, Rel. Ministro VASCO DELLA GIUSTINA (DESEMBARGADOR CONVOCADO DO TJ/RS), TERCEIRA TURMA, julgado em 08/02/2011, DJe 14/02/2011)

Uma vez assinado o auto pelo juiz, pelo arrematante e pelo leiloeiro, a arrematação será considerada perfeita, acabada e irretratável, ainda que venham a ser julgados procedentes os embargos do executado ou eventual demanda autônoma proposta, assegurada a possibilidade de reparação pelos prejuízos sofridos.

Evidentemente, somente se poderá levar o bem à arrematação se o juiz não conferir efeito suspensivo à execução em face da interposição dos embargos à execução ou da demanda autônoma proposta.

A regra atual é que a interposição dos embargos à execução, independentemente de penhora, não suspende a execução, salvo nas hipóteses legais admitidas.

Porém, se for concedido efeito suspensivo à execução, não poderá o bem ser levado à hasta pública.

Outrossim, se não houve efeito suspensivo à execução, o bem poderá ser arrematado.

Sendo a arrematação concluída antes que sejam julgados procedentes os embargos do executado ou a demanda autônoma, a alienação considerar-se-á perfeita e acabado, restando ao executado pedir perdas e danos em relação ao exequente.

Preceitua o *§1º do art. 903* do atual C.P.C. que *ressalvadas outras situações previstas neste Código, a arrematação poderá, no entanto, ser: I – invalidada, quando realizada por preço vil ou com outro vício; II – considerada ineficaz, se não observado o disposto no art. 804; III – resolvida, se não for pago o preço ou se não for prestada a caução.*

Salvo a hipótese de falta de assinatura do auto de arrematação, que o torna inexistente, os demais vícios que possam ocorrer neste ato processual poderá torná-lo sem efeito. Se tais vícios podem tornar o auto sem efeito, isso significa que até a declaração do vício com efeito *ex tunc*, o auto será considerado perfeito, válido e eficaz.

Evidentemente, somente será declarada a nulidade da arrematação por vícios constatáveis, se por outra forma o ato não puder ter alcançado a sua finalidade, pois tem-se que no direito processual civil vige como princípio vetor, quando se trata de invalidades, o aforismo segundo o qual elas não podem ser declaradas sem que tenham originado algum prejuízo (pas de nullités sans grief). Sobre o tema, eis as seguintes decisões do S.T.J.:

> *(...).*
>
> *3. O Código de Processo Civil (artigos 243 e 244) privilegia ao máximo a validade dos atos processuais, desde que os fins de justiça do processo e a finalidade do ato sejam alcançados (princípio da instrumentalidade das formas). Além disso, a declaração da nulidade dos atos processuais depende da demonstração da existência de prejuízo à parte interessada (pas de nullité sans grief).*
>
> *4. Apenas o mandante tem legitimidade para a ação de nulidade do ato praticado pelo mandatário sem poderes suficientes.*
>
> *5. Em qualquer das hipóteses previstas nos incisos do artigo 683 do Diploma Adjetivo Civil, o pedido de reavaliação do bem penhorado deverá se dar antes da sua adjudicação ou alienação. Tendo, in casu, o pleito sido requerido quando já ultimado o ato expropriatório (após a arrematação) não há como afastar a sua preclusão.*
>
> *6. Não se caracteriza vil o lance que alcançar, ao menos, a metade do valor da avaliação.*
>
> *7. Reconhecer que o edital do leilão deixou consignar a pendência de causa ou recurso sobre o bem a ser expropriado necessita do reexame do conjunto fático-probatório, inviável na via eleita, nos termos da Súmula 7/STJ.*

8. O executado deve ser intimado da data do leilão com antecedência mínima de 24h. (vinte e quatro horas).

9. Não há nulidade na intimação da esposa do devedor para o leilão do bem penhorado, pois apenas o executado deve ser cientificado desse ato processual. Ademais, admite-se a referida comunicação por qualquer meio idôneo, desde que comprovado que a parte esteja se esquivando do ato expropriatório.

10. Desdizer o acórdão recorrido quanto à efetiva intimação da Fazenda Nacional enseja o revolvimento do conjunto fático-probatório, inviável na via eleita, nos termos da Súmula 7/STJ.

11. O exequente-arrematante está desobrigado de depositar o preço da arrematação na hipótese de a execução promovida ser do seu exclusivo interesse.

12. A questão relativa à litigância de má-fé do embargado, ora recorrido, não foi objeto de debate ou deliberação pelo Tribunal de origem, restando ausente, assim, o requisito indispensável do prequestionamento da matéria, incidindo, dessa forma, o teor da Súmula n. 211 do STJ.

13. Recurso a que se nega provimento.

(REsp 1014705/MS, Rel. Ministro MASSAMI UYEDA, TERCEIRA TURMA, julgado em 24/08/2010, DJe 14/09/2010)

I – O valor da avaliação do bem não pode estar defasado ao tempo da arrematação a fim de que se impeça a alienação por preço vil.

No caso dos autos, porém, segundo destaca o acórdão recorrido, o valor atualizado da avaliação foi dado em 12/02/09 e arrematação ocorreu em 27/02/09, não havendo que se falar em defasagem de valores.

II – No que tange à nulidade da arrematação por desatendimento ao procedimento expresso no artigo 690 do Código de Processo Civil, tem-se que no direito processual civil vige como princípio vetor, quando se trata de invalidades, o aforisma segundo o qual elas não podem ser declaradas sem que tenham originado algum prejuízo (pas de nullités sans grief).

Agravo Regimental a que se nega provimento.

(AgRg no Ag 1349889/MG, Rel. Ministro SIDNEI BENETI, TERCEIRA TURMA, julgado em 12/04/2011, DJe 26/04/2011)

As hipóteses em que a arrematação poderá ser declarada nula, ineficaz ou resolvida são:

a) por preço *vil* ou *outro vício de nulidade*.

Justamente pelo fato de a nulidade comprometer a validade do ato e sua eficácia, é que essa nulidade poderá ser formal ou substancial do próprio ato.

Será substancial quando o arrematante não tem capacidade para formular o lance ou quando há dolo entre os participantes. Será formal quando o vício é de natureza processual, quando falta, por exemplo, a intimação do executado para participar do leilão.

Segundo ensina Celso Neves, *"vício de nulidade, aí, não é, apenas o da arrematação, mas o de qualquer ato, processual ou do processo, a ela antecedente e do qual dependa... Se a arrematação se deu em processo nulo por falta ou ineficácia da citação, nula será, consequentemente, a arrematação. Se o edital padece de falha que afeta a sua própria função, no procedimento da arrematação, reconhecida a sua invalidade cai, com ele, a arrematação. Mas não é, apenas, a nulidade de caráter processual que enseja o desfazimento da arrematação. Se o executado foi vencido em demanda sobre a propriedade dos bens penhorados, mesmo que subsequente à penhora, a arrematação é nula, por versar sobre bem não sujeito à execução...A tal propósito, observa Amílcar de Castro que não podendo a arrematação transferir ao arrematante mais direito do que o executado tem na coisa arrematada, é possível que, não sendo esta de propriedade do executado, venha a ser evicta judicialmente por seu legítimo dono; e, nesse caso, não seria justo que o arrematante ficasse privado do preço e das despesas da arrematação. Tem-se entendido que o direito lhe concede ação de evicção contra o executado, e subsidiariamente ação 'in rem verso' contra o exequente, se aquele se tornar insolvável (Comentários, Revista Forense, 1ª ed., vol. X, pág. 309)".*[454]

Há também vício de formalidade essencial na arrematação quando há erro de fato de descrição do bem arrematado; quando há depreciação importante do bem não indicada no edital de leilão, nem houve oportunidade do arrematante verificar pessoalmente o bem; quando o executado não for intimado pessoalmente da data do leilão; quando o edital não foi publicado; existência de direito real (como servidão) não indicado no edital etc.

Sobre o tema da nulidade da arrematação, assim tem decidido o S.T.J.:

> *(...).*
>
> *– "Na execução fiscal o devedor deverá ser intimado, pessoalmente, do dia e hora da realização do leilão" (Enunciado n. 121 da Súmula do STJ).*
>
> *– Ausente a intimação pessoal do devedor, como registrado pela instância a quo, mantém-se a declaração de nulidade da arrematação e o retorno das partes ao estado anterior.*
>
> *Recurso especial improvido.*
>
> (REsp 1241520/PR, Rel. Ministro CESAR ASFOR ROCHA, SEGUNDA TURMA, julgado em 17/04/2012, DJe 25/04/2012)

[454] NEVES, C., op. cit., p. 135.

A arrematação por preço vil também será caso de invalidade da arrematação.

Considera-se vil o preço inferior ao mínimo estipulado pelo juiz e constante do edital. Não tendo sido fixado preço mínimo, considera-se vil o preço inferior a cinquenta por cento do valor da avaliação (art. 891, p.u., do atual C.P.C.).

Em se tratando de bem imóvel de incapaz, se o valor da arrematação na primeira hasta pública alcançar preço inferior a 80% (oitenta por cento) do valor da avaliação, também será considerado preço vil.

Assim, arrematado o bem por *preço vil*, o juiz poderá declarar sem efeito a arrematação, pois tal oferta não atendeu ao princípio de que a execução deverá ser realizada de forma que acarrete menos onerosidade possível ao patrimônio do executado.

Sobre a nulidade da arrematação, por ter sido efetuada mediante *preço vil*, assim já se manifestou o S.T.J.:

> *(...).*
>
> *3. A jurisprudência do STJ tem entendido como nula a hasta pública que aliena bem a preço vil, nos termos dos arts. 620 e 692 do CPC.*
>
> *4. Agravo Regimental não provido.*
>
> (AgRg no REsp 1211413/PR, Rel. Ministro HERMAN BENJAMIN, SEGUNDA TURMA, julgado em 14/12/2010, DJe 04/02/2011)

b) considera-se ineficaz se *não observado o disposto no art. 804.*

Preceitua o art. 804 do atual C.P.C.:

> *Art. 804. A alienação de bem gravado por penhor, hipoteca ou anticrese será ineficaz em relação ao credor pignoratício, hipotecário ou anticrético não intimado.*
>
> *§ 1º A alienação de bem objeto de promessa de compra e venda ou de cessão registrada será ineficaz em relação ao promitente comprador ou ao cessionário não intimado.*
>
> *§ 2º A alienação de bem sobre o qual tenha sido instituído direito de superfície, seja do solo, da plantação ou da construção, será ineficaz em relação ao concedente ou ao concessionário não intimado.*
>
> *§ 3º A alienação de direito aquisitivo de bem objeto de promessa de venda, de promessa de cessão ou de alienação fiduciária será ineficaz em relação ao promitente vendedor, ao promitente cedente ou ao proprietário fiduciário não intimado.*
>
> *§ 4º A alienação de imóvel sobre o qual tenha sido instituída enfiteuse, concessão de uso especial para fins de moradia ou concessão de direito real de uso será ineficaz em relação ao enfiteuta ou ao concessionário não intimado.*
>
> *§ 5º A alienação de direitos do enfiteuta, do concessionário de direito real de uso ou do concessionário de uso especial para fins de moradia será ineficaz em relação ao proprietário do respectivo imóvel não intimado.*

§ 6º A alienação de bem sobre o qual tenha sido instituído usufruto, uso ou habitação será ineficaz em relação ao titular desses direitos reais não intimado.

Assim, se faltar a intimação de qualquer das pessoas indicadas no art. 804 do atual C.P.C., a arrematação será considerada ineficaz.

Note-se que o dispositivo não fala em nulidade da arrematação, mas sim na sua ineficácia em relação aos credores indicados no art. 804 do atual C.P.C., desde que não tenham sido intimados da alienação do bem.

c) a arrematação será resolvida se *não for pago o preço ou se não for prestada a caução.* Evidentemente que o preço oferecido pelo pagamento da arrematação é elemento essencial para a sua validade. Sem o depósito do preço ofertado, nula será a arrematação.

Também será nula a arrematação se o arrematante não prestar a garantia exigida pelo juízo, especialmente quando o preço da arrematação for pago em prestação.

Tendo a lei cominado expressamente nulidade de determinado ato processual que possa atingir a própria arrematação, esta também perderá seu efeito. Pense-se na hipótese de falta citação do executado para o processo de execução, correndo o processo a sua revelia. A nulidade da citação acarretará, por conseguinte, a nulidade de todos os demais atos processuais, inclusive a da arrematação.

Estabelece o *§2º do art. 903* do atual C.P.C. que *o juiz decidirá acerca das situações referidas no §1º, se for provocado em até 10 (dez) dias após o aperfeiçoamento da arrematação.*

Este dispositivo permite que o juiz, nos próprios autos de execução, conheça dos vícios da arrematação mencionados no §1º do art. 903 do atual C.P.C., desde que tenha sido provocado em até dez dias após o aperfeiçoamento da arrematação.

Assim, o legislador estabeleceu um termo final para que o juiz possa conhecer da alegação de vício na arrematação na própria execução, ou seja, até dez dias após o aperfeiçoamento da arrematação que se dá com a assinatura do auto de arrematação. A partir deste momento processual, o juiz não mais poderá conhecer de eventual vício de arrematação (penso que está excepcionada a falta de citação do executado na execução).

Uma vez expirado o prazo de dez dias, após a assinatura do auto de arrematação, eventuais vícios que possam ter ocorrido no aludido ato processual deverá ser objeto de demanda anulatória própria e não de demanda rescisória, pois a arrematação não se caracteriza por decisão de mérito transitada em julgado.

O juízo competente para conhecer da ação de nulidade da arrematação, será o juízo da execução, por prevenção. Sobre a competência do juízo, assim já se manifestou o S.T.J.:

1. Compete com exclusividade à Justiça do Trabalho o julgamento de ação anulatória de registro de imóvel decorrente de arrematação levada a efeito no juízo trabalhista, pois o apontado vício, se reconhecido, terá ocorrido perante a justiça especializada.

2. Eventual desconstituição da decisão que homologou a arrematação e determinou o registro da carta só pode ser obtida mediante processo próprio, perante aquela Justiça Especializada. Precedentes.

3. Conflito conhecido, para declarar competente a Justiça Especializada.

(CC 86.065/MG, Rel. Ministro LUIS FELIPE SALOMÃO, SEGUNDA SEÇÃO, julgado em 13/12/2010, DJe 16/12/2010)

Sobre a exigência de ação autônoma para a declaração de nulidade da arrematação, eis as seguintes decisões do S.T.J.:

(...).

2. Conforme jurisprudência sedimentada no STJ, é cabível ação anulatória para atacar arrematação realizada em feito executivo. Precedentes: REsp. n. 66.596/RS, Terceira Turma, Rel. Min. Waldemar Zveiter, julgado em 28.11.1995; REsp. n. 11.535/RS, Quarta Turma, Rel Min. Athos Carneiro, julgado em 10.12.1991; REsp. n. 150.115/DF, Terceira Turma, Rel. Min. Carlos Alberto Menezes Direito, julgado em 3.12.1998; REsp. n. 442.238/PR, Terceira Turma, Rel. Min. Carlos Alberto Menezes Direito, julgado em 27.05.2003; AgRg no Ag n. 638.146/GO, Quarta Turma, Rel. Min. Barros Monteiro, julgado em 21.06.2005; REsp. n. 859.614/RS, Primeira Turma, Rel. Min. Luiz Fux, julgado em 04.12.2008; REsp. n. 130.588/SP, Quarta Turma, Rel. Min. Fernando Gonçalves, julgado em 16.08.2005.

3. O prazo decadencial para o ajuizamento entre particulares da ação anulatória de arrematação em execução judicial rege-se pelo art. 178, § 9º, V, "b", do CC/16 e pelo art. 178, II, do CC/2002, sendo de 4 (quatro) anos a contar da data da assinatura do auto de arrematação (art. 694, CPC). Já o prazo decadencial para o ajuizamento da mesma ação contra a Fazenda Pública rege-se pelo art. 1º do Decreto n. 20.910/32, sendo de 5 (cinco) anos, com o mesmo termo inicial.

4. Tendo a arrematação ocorrido em julho de 2000 e a ação anulatória contra a Fazenda Pública sido promovida em dezembro de 2005, ocorreu a decadência.

5. Recurso especial de MÁRCIO LUIZ BEZERRA LOPES e da FAZENDA NACIONAL parcialmente conhecidos e, nessa parte, providos.

(REsp 1254590/RN, Rel. Ministro MAURO CAMPBELL MARQUES, SEGUNDA TURMA, julgado em 07/08/2012, DJe 14/08/2012).

– Tendo sido expedida a carta de arrematação e efetuado o respectivo registro, não remanesce ao juízo da execução fiscal quaisquer atividades relativas à desconstituição do referido ato, nos termos do art. 694 do CPC.

– Qualquer nulidade da arrematação, quando já houver sido expedida a carta de arrematação, bem como quando já transferida a propriedade do bem, só pode ser arguida mediante ação desconstitutiva autônoma, nos termos do art. 486 do CPC.

Agravo regimental improvido.

(AgRg no CC 116.338/SE, Rel. Ministro CESAR ASFOR ROCHA, PRIMEIRA SEÇÃO, julgado em 08/02/2012, DJe 15/02/2012)

É importante ressaltar que o prazo decadencial para o ajuizamento entre particulares da ação anulatória de arrematação em execução judicial rege-se pelo art. 178, § 9º, V, «b», do CC/16 e pelo art. 178, II, do CC/2002, sendo de 4 (quatro) anos a contar da data da assinatura do auto de arrematação. Já o prazo decadencial para o ajuizamento da mesma ação contra a Fazenda Pública rege-se pelo art. 1º do Decreto n. 20.910/32, sendo de 5 (cinco) anos, com o mesmo termo inicial.

O arrematante deverá ser citado como litisconsórcio necessário para figurar no polo passivo da ação que visa a nulidade da arrematação, salvo se for o arrematante quem promoveu a demanda anulatória da arrematação, alegando, por exemplo, não indicação no edital de ônus real sobre o bem.

Se o arrematante já alienou o bem, deverão ser citados para a demanda como litisconsortes necessários os eventuais adquirentes.

Também terá legitimidade para propor a demanda de nulidade de arrematação o terceiro de boa-fé que adquiriu o bem arrematado, conforme estabelece o seguinte precedente do S.T.J.:

1. O terceiro adquirente de boa-fé pode promover ação de anulação da arrematação como consectário de que a todo direito corresponde uma ação que a assegura, sendo certo que para propô-la basta demonstrar interesse e legitimidade (art. 3º do CPC).

2. O terceiro juridicamente interessado na rescisão do ato judicial de arrematação tem legitimidade para propor a ação anulatória do mesmo, independentemente do fato de ser ele o proprietário do imóvel ou o possuidor do mesmo em decorrência de compromisso de compra e venda, ainda que desprovido de registro. Esta é, inclusive, a ratio do enunciado sumular nº 84/STJ, verbis: "É admissível a oposição de embargos de terceiro fundados em alegação de posse advinda de compromisso de compra e venda de imóvel, ainda que desprovido de registro".

(...).

(REsp 810.355/RS, Rel. Ministro LUIZ FUX, PRIMEIRA TURMA, julgado em 08/04/2008, DJe 14/05/2008).

Estabelece o *§ 3º do art. 903* do atual C.P.C. que *passado o prazo previsto no § 2º sem que tenha havido alegação de qualquer das situações previstas no § 1º, será expedida a carta de arrematação e, conforme o caso, a ordem de entrega ou mandado de imissão na posse.*

Assim, passado o prazo de dez dias após a assinatura do auto de arrematação sem que tenha havido alegação de qualquer das situações previstas no §1º deste artigo, será expedida a carta de arrematação e, conforme o caso, a ordem de entrega ou mandado de imissão de posse.

Preceitua o *§ 4º do art. 903* do atual C.P.C. que *após a expedição da carta de arrematação ou da ordem de entrega, a invalidação da arrematação poderá ser pleiteada por ação autônoma, em cujo processo o arrematante figurará como litisconsorte necessário.*

Na realidade, após o transcurso do prazo decadencial de dez dias posterior à assinatura do auto de arrematação, a invalidação da arrematação somente poderá ser pleiteada por ação autônoma, em cujo processo o arrematante figurará como litisconsorte necessário.

Ingressando a parte com a ação autônoma, poderá o juiz da execução suspender a expedição da carta de arrematação ou da ordem de entrega, se o argumento for muito importante para a nulidade da arrematação.

Uma vez acolhida a alegação de nulidade da arrematação, as partes deverão ser restituídas ao estado anterior, tendo a decisão declaratória de nulidade efeito *ex tunc*. Assim, o arrematante deverá devolver o bem, tendo o direito de pleitear a restituição do valor pago, e, se for o caso, perdas e danos. Nesse sentido, aliás, é o teor do art. 182 do C.c.b.: *Art. 182. Anulado o negócio jurídico, restituir-se-ão as partes ao estado em que antes dele se achavam, e, não sendo possível restituí-las, serão indenizadas com o equivalente.*

Desfeita a arrematação, o arrematante deverá devolver o bem, tendo direito à restituição do preço que pagou e às demais despesas, devidamente corrigido o valor.

Segundo Ernane Fidelis dos Santos, no caso de o dinheiro ter sido levantado pelo credor, o arrematante poderá demandar o devedor, que teve sua dívida paga, e o próprio credor que se beneficiou do ato de alienação.[455]

[455] SANTOS, Ernane Fidélis. *Manual....* v. 3/204, p. 1.242.

Contudo, penso que o arrematante, se for ele parte passiva da demanda anulatória, poderá na própria contestação formular pedido contraposto para o caso de ter que devolver o bem, requerendo que o exequente ou o executado seja condenado à restituição do preço, decisão essa que valerá como título executivo judicial.

Sendo insolventes exequente e executado, o arrematante poderá demandar o Estado.

Se o arrematante deu causa ao desfazimento da arrematação (*v.g.*, quando não deposita o preço), poderá ser responsabilizado por perdas e danos em favor do exequente e do executado, dependendo da situação. Aplica-se por analogia o art. 475 do C.c.b.

O bem retornará à sua posição original, ou seja, continuará penhorado e, se for o caso, será levado novamente a leilão.

Se o bem já tiver sido vendido a terceiro, este deverá participar da relação jurídica processual como litisconsorte, devendo entregar o bem na hipótese de a demanda de nulidade de arrematação for julgada procedente. Em relação aos bens imóveis, estabelece o art. 1.247 e parágrafo único do C.c.b.:

> *"Art. 1.247. Se o teor do registro não exprimir a verdade, poderá o interessado reclamar que se retifique ou anule.*
> *Parágrafo único. Cancelado o registro, poderá o proprietário reivindicar o imóvel, independentemente da boa-fé ou do título do terceiro adquirente".*

Se o bem móvel pereceu, o arrematante não responde pela perda ou deterioração da coisa, a que não deu causa, desde que seja possuidor de boa-fé, nos termos do art. 1.217 do C.c.b. Agora, se a coisa pereceu nas mãos de terceiro, o arrematante deverá repor à execução o valor que recebeu em face da alienação, com base no princípio do não *enriquecimento ilícito*, devendo ser feita a devida compensação com aquilo que lhe é devido a título de restituição do preço e das despesas da arrematação. Além do mais, terá direito o arrematante à indenização das benfeitorias necessárias e úteis, bem como, quanto às voluptuárias, se não lhe forem pagas, a levantá-las, quando o puder sem detrimento da coisa, e poderá exercer o direito de retenção pelo valor das benfeitorias necessárias e úteis.

Em se tratando de bem móvel, deverá o arrematante repor no mesmo gênero, qualidade e quantidade, quando o bem tiver natureza fungível.

Porém, se o arrematante já alienou o bem a terceiro de boa-fé, tenho para mim que o terceiro de boa-fé não precisará devolver o bem adquirido onerosamente, justamente pela sua boa-fé na aquisição. Nesse caso, o arrematante deverá repor à execução o valor percebido pela alienação, com base no princípio do não enriquecimento ilícito, mediante compensação daquilo que lhe é devido pelo pagamento do preço e das despesas efetuadas com a arrematação.

Estabelece o *§5º do art. 903* do atual C.P.C. que *o arrematante poderá desistir da arrematação, sendo-lhe imediatamente devolvido o depósito que tiver feito: I – se provar, nos 10 (dez) dias seguintes, a existência de ônus real ou gravame não mencionado no edital; II – se, antes de expedida a carta de arrematação ou a ordem de entrega, o executado alegar alguma das situações previstas no § 1º; III – uma vez citado para responder a ação autônoma de que trata o § 4º deste artigo, desde que apresente a desistência no prazo de que dispõe para responder a essa ação.*

Uma vez assinado o auto, a arrematação torna-se válida, eficaz e irretratável.

Entre a oferta do lanço e a assinatura do auto de arrematação, o arrematante poderá retratar-se da oferta, mas, nesse caso, se a retratação não tiver motivo justificado, o arrematante poderá ser obrigado a reparar o dano em face do credor e do devedor.

Após a assinatura do auto, o arrematante não poderá mais desistir da arrematação, salvo se houver alguns dos motivos justificáveis, a saber: a) se provar, nos dez dias seguintes à assinatura do auto, a existência de ônus real ou gravame não mencionado no edital; b) se, antes de expedida a carta de arrematação ou a ordem de entrega, o executado suscitar algum dos vícios indicados no §1º; c) uma vez citado para responder a ação autônoma de que trata o § 4º deste artigo, desde que apresente a desistência no prazo de que dispõe para responder a essa ação.

Não poderá o arrematante alegar a nulidade da arrematação por falta de pagamento do preço ou mesmo por ter sido a arrematação realizada por preço vil, uma vez que ninguém poderá arguir em seu favor a própria torpeza.

Preceitua o *§ 6º do art. 903* do atual C.P.C. que *se considera ato atentatório à dignidade da justiça a suscitação infundada de vício com o objetivo de ensejar a desistência do arrematante, devendo o suscitante ser condenado, sem prejuízo da responsabilidade por perdas e danos, ao pagamento de multa, a ser fixada pelo juiz e devida ao exequente, em montante não superior a vinte por cento do valor atualizado do bem.*

Este dispositivo é direcionado às partes ou a qualquer terceiro que intervenha no processo.

Uma vez efetuado o lance pelo arrematante, se o executado ou um terceiro alegar qualquer vício da arrematação, com o único objetivo de que o arrematante desista da arrematação, tal ato será considerado *ato atentatório à dignidade da justiça*.

A mesma pena processual poderá ser aplicada ao arrematante, se requerer a desistência da arrematação com fundamento em causa fraudulenta ou simulada.

Uma vez concretizada a desistência da arrematação por causa infundada de vício, o sujeito que assim proceder será condenado, sem prejuízo das responsabilidades por perdas e danos, ao pagamento de multa a ser fixada pelo juiz e devida ao exequente, em montante não superior a vinte por cento do valor atualizado do bem.

SEÇÃO V – Da Satisfação do Crédito

Art. 904.

A satisfação do crédito exequendo far-se-á:

I – pela entrega do dinheiro;

II – pela adjudicação dos bens penhorados.

Satisfação do crédito

O fim último da atividade jurisdicional executiva é a satisfação do crédito do exequente.

Uma vez satisfeito o crédito, o exequente teve a sua tutela jurisdicional satisfeita.

Se não houver o pagamento do crédito, inexistiu prestação de tutela jurisdicional em favor do credor, muito embora o juízo da execução tenha exercido sua atividade jurisdicional.

A satisfação do crédito executado, quando o executado não cumpre voluntariamente a obrigação, após a sua citação, ocorre, em regra, mediante a retirada e alienação ou adjudicação de bens inseridos no patrimônio do devedor. Daí porque o devedor responde com o seu patrimônio presente e futuro para pagamento do crédito executivo.

A penhora poderá incidir tanto sobre o dinheiro (primeiro na linha de preferência), quanto em qualquer outro bem penhorável, imóveis, móveis, inclusive semoventes.

Feita a avaliação, os bens penhorados ou serão objeto de adjudicação por parte do credor ou serão alienados, convertendo-se o valor recebido em dinheiro em razão da alienação particular ou em leilão dos bens em prol do pagamento do credor.

Evidentemente, se a penhora incidiu de imediato sobre dinheiro, haverá apenas a entrega do respectivo valor ao credor para a satisfação de seu crédito.

O art. 904 do atual C.P.C. apresenta duas hipóteses pelas quais se realiza a satisfação do crédito exequendo: a) pela entrega do dinheiro, seja quando a penhora tenha recaído sobre a própria moeda corrente, seja quando o bem penhorado tenha sido alienado, convertendo-se também em dinheiro; b) pela adjudicação dos bens penhorados em favor do credor, desde que o valor dos bens adjudicados corresponda ao principal, juros, custas/despesas processuais e honorários de advogado.

O art. 708 do C.P.C. de 1973 mencionava uma terceira forma de se realizar a satisfação do crédito do exequente, ou seja, pelo *usufruto de bem imóvel ou da empresa*.

O art. 904 do atual C.P.C. não incorporou essa terceira hipótese no atual C.P.C.

Contudo, não se pode deixar de reconhecer que a penhora de frutos, não só os de natureza civil (aluguel e juros), mas igualmente os de natureza natural e industrial, também é uma forma de satisfação do crédito do exequente.

O novo C.P.C. admitiu a penhora de frutos e rendimentos de coisa móvel ou imóvel.

Penso que é possível inserir a penhora de frutos de coisa móvel e imóvel como forma de adjudicação desses bens ao credor, inserindo esse tipo de satisfação de crédito no inc. II do art. 904 do atual C.P.C.

Há também a possibilidade de o credor receber em pagamento de seu crédito um percentual do faturamento da empresa devedora. Contudo, como o percentual do faturamento é pago em dinheiro, essa hipótese está inserida no inc. I do art. 904 do atual C.P.C.

Comentando o art. 509 do C.P.C. italiano, Comoglio, Ferri e Taruffo anotam que este dispositivo individualiza a soma arrecadada ou a ser distribuída na execução. Essa é constituída pelo resultado dos seguintes fatores: a) o preço das coisas vendidas; b) pelo equilíbrio das coisas adjudicadas (este constituído pela parte do valor do bem que excede o crédito da adjudicação); c) a renda proveniente das coisas penhoradas, ou seja, os frutos civis dos bens penhorados e, eventualmente, multa e ressarcimento do dano por parte do adjudicatário inadimplente. Em algumas hipóteses é também constituída pela soma da caução não restituída, em parte, ao oponente e a caução inteiramente perdida no caso de deserção da arrematação.[456]

[456] Comoglio, Luigi Paolo; Ferri, Corrado; Taruffo, Michele. *Lezioni sul processo civile.* Vol. II. Procedimenti speciali, cautelari ed esecutivi. Bologna: Il Mulino, 2011. p. 388 a 389.

Art. 905

O juiz autorizará que o exequente levante, até a satisfação integral de seu crédito, o dinheiro depositado para segurar o juízo ou o produto dos bens alienados, bem como do faturamento de empresa ou de outros frutos e rendimentos de coisas ou empresas penhoradas, quando:

I – a execução for movida só a benefício do exequente singular, a quem, por força da penhora, cabe o direito de preferência sobre os bens penhorados e alienados;

II – não houver sobre os bens alienados outros privilégios ou preferências instituídos anteriormente à penhora.

Parágrafo único. Durante o plantão judiciário, veda-se a concessão de pedidos de levantamento de importância em dinheiro ou valores ou de liberação de bens apreendidos.

Levantamento da importância depositada

Qualquer pagamento ou satisfação do crédito do exequente em via executiva somente poderá ser realizado mediante autorização do juízo da execução, não sendo permitido, por exemplo, que o leiloeiro entregue diretamente ao credor o produto da arrematação.

Porém, o juiz somente autorizará o credor a levantar, até a satisfação integral de seu crédito (incluído principal, juros, custas, despesas processuais e honorários de advogado), o dinheiro depositado pelo executado para garantir a execução ou o produto dos bens penhorados, bem como o resultado do faturamento da empresa ou de outros frutos e rendimentos de coisas ou empresas penhoradas, quando:

a) a execução for movida só a benefício do exequente singular, a quem, por força da penhora, cabe o direito de preferência sobre os bens penhorados e alienados.

Havendo um só crédito e dois ou mais credores, eles poderão requerer o levantamento. Contudo, se houver mais de uma penhora sobre o bem, pertencendo cada qual a credor diverso, o juiz, antes de autorizar o pagamento, deverá averiguar se o credor beneficiário pela arrematação tem preferência na ordem de penhora sobre o bem, como, por exemplo, se se trata de penhora anterior às demais penhoras realizadas sobre o bem.

É importante salientar que se houver outras penhoras preferenciais sobre o bem, não poderá o credor realizar a adjudicação do bem, pois se assim o fizer, sem o depósito do valor do bem, estará burlando o direito dos demais credores preferenciais.

b) não houver sobre os bens alienados outros privilégios ou preferências instituídos anteriormente à penhora.

Nesse caso, o juiz não poderá autorizar o pagamento ao credor, seja por qual modalidade for, antes de autorizar o pagamento dos credores que tenham direito a créditos privilegiados ou preferenciais instituídos anteriormente à penhora. Tal situação se verifica em relação aos credores com garantia real sobre o bem penhorado.

Preenchidos os pressupostos, o levantamento do dinheiro será feito de imediato.

Estabelece o *parágrafo único do art. 905* do atual C.P.C., que *durante o plantão judiciário, veda-se a concessão de pedidos de levantamento de importância em dinheiro ou valores ou de liberação de bens apreendidos.*

Em regra geral, não será autorizado o levantamento de importância em dinheiro ou valores ou liberação de bens apreendidos, durante o plantão judiciário.

Porém, se estiver em jogo algum direito fundamental protegido pela Constituição Federal, o juiz de plantão, dependendo do caso concreto, poderá promover a liberação de valores ou de bens apreendidos.

Outrossim, esse dispositivo somente se aplica ao pedido inserido na execução e não em outros procedimentos em que haja apreensão de dinheiro ou de bens.

Art. 906

Ao receber o mandado de levantamento, o exequente dará ao executado, por termo nos autos, quitação da quantia paga.

Parágrafo único. A expedição de mandado de levantamento poderá ser substituída pela transferência eletrônica do valor depositado em conta vinculada ao juízo para outra indicada pelo exequente.

Quitação por termo nos autos

Quando o credor receber o alvará de levantamento do valor depositado, em seu próprio nome ou por meio de advogado com poderes especiais para receber e dar quitação, o exequente deverá ao mesmo tempo dar quitação em favor do executado da quantia recebida.

Se a quantia recebida equivale à totalidade do crédito executado (principal, juros, custas/despesas e honorários), a quitação será integral, ou seja, legitimará a extinção da execução pelo pagamento.

Se o exequente levantar o depósito sem dar quitação do crédito, isso poderá prejudicar o devedor? É lógico que não, mesmo que o exequente não dê quitação formal, o fato de retirar o alvará de levantamento sem ressalvar o valor recebido caracteriza o efetivo recebimento do valor pelo credor, não podendo ele reclamar mais nada, pelo menos até o limite do valor recebido.

Outrossim, se a quantia recebida não equivale a integralidade do crédito, a quitação será parcial, correspondente apenas ao valor recebido, devendo a execução prosseguir pela diferença.

Preceitua o *parágrafo único do art. 906* do atual C.P.C. que a *expedição de mandado de levantamento poderá ser substituída pela transferência eletrônica do valor depositado em conta vinculada ao juízo para outra indicada pelo exequente.*

Há uma perspectiva de que pagamentos de RPV e precatórios pelo Poder Público seja feito diretamente na conta corrente indicada pelo exequente, evitando-se assim formalidades burocráticas de expedição de alvará.

O mesmo poderá ocorrer com os créditos de natureza privada, bastando que o credor indique a conta bancária em que deve ser encaminhado o valor depositado na conta judicial. Esse encaminhamento do valor será realizado por transferência eletrônica (TED), que é muito mais simples, rápido e econômico do que a expedição de alvará de levantamento.

Trata-se de uma inovação importante de *desburocratização* dos atos processuais.

Como a transferência eletrônica por si só já significa pagamento e comprovação de quitação de pagamento, tenho para mim que se o procurador requerer a indicação de conta bancária para o crédito do valor depositado em conta corrente, deverá ter poderes especiais para receber e dar quitação.

Art. 907

Pago ao exequente o principal, os juros, as custas e os honorários, a importância que sobrar será restituída ao executado.

Restituição de sobras ao executado

Efetivado o pagamento total do principal, juros, custas e honorários de advogado, a tutela jurisdicional executiva foi devidamente prestada pelo juízo da execução em favor do exequente, devendo a execução ser declarada extinta pelo pagamento do crédito.

Havendo sobras, essas serão restituídas ao executado.

Art. 908

Havendo pluralidade de credores ou exequentes, o dinheiro lhes será distribuído e entregue consoante a ordem das respectivas preferências.

§ 1º No caso de adjudicação ou alienação, os créditos que recaem sobre o bem, inclusive os de natureza propter rem, sub-rogam-se sobre o respectivo preço, observada a ordem de preferência.

§ 2º Não havendo título legal à preferência, o dinheiro será distribuído entre os concorrentes, observando-se a anterioridade de cada penhora.

Pluralidade de credores

Não sendo o caso de a execução estar sendo promovida em benefício somente de um credor, mas, sim, de vários credores, cada qual com sua respectiva preferência, o juiz deverá promover o rateio dos valores arrecadados e depositados na execução de acordo com as respectivas preferências.

Há créditos preferenciais de natureza material, como os decorrentes dos direitos reais em garantia (penhor, hipoteca e anticrese), assim como as obrigações *propter rem,* que se sub-rogam no preço da alienação, independentemente da existência de penhora sobre o mesmo bem que foi levado à alienação.

Daí porque a necessidade de se intimarem os credores com garantia real para serem cientificados da penhora que incidiu sobre o bem objeto da garantia real, justamente para que possam alegar seu direito de preferência.

Havendo credores preferenciais, receberão primeiramente os credores com garantia real (penhor e hipoteca), depois o credor quirografário que promoveu a execução, se houver sobra de valores, evidentemente.

O mesmo ocorrerá com os credores favorecidos por obrigações *propter rem,* como é o caso das despesas condominiais.

Há, também, créditos preferenciais de natureza processual, como a ordem de realização das penhoras sobre o mesmo bem, decorrente da multiplicidade de penhora. Nesse caso, será pago o credor que realizou a primeira penhora sobre o bem, se sobrar saldo o da segunda penhora, e assim por diante.

O art. 711 do C.P.C. de 1973, em se tratando de multiplicidade de penhora sobre o mesmo bem, estabelecia que *"concorrendo vários credores, o dinheiro ser-lhes-á distribuído e entregue consoante a ordem das respectivas prelações; não havendo título legal à preferência, receberá em primeiro lugar o credor que promoveu a execução, cabendo aos demais concorrentes direito sobre importância restante, observada a anterioridade de cada penhora".* Assim, conforme estabelecia o art. 711, a preferência para receber o pagamento seria em primeiro lugar do credor que promoveu a execução, recebendo os demais de acordo com a prioridade da penhora. Comentando esse dispositivo, ensinava Pontes de Miranda: *"(...). Mesmo se não há qualquer privilégio e preferência, quem exerceu, em primeiro lugar, a ação executiva, seja de sentença ou seja de título extrajudicial, é quem primeiro recebe. A data de cada penhora é que importa para as outras pessoas. Note-se que a data do despacho da petição da primeira ação de execução é que importa. No tocante às posteriores, o art. 711, 'in fine', pôs em relevo a continuidade de cada penhora. Se alguém teve despacho admissivo da primeira ação proposta, não importa se outra pessoa, que, só após levou ao juízo a sua petição, consegue a penhora antes do credor que obtivera a admissão, em primeiro lugar"*.[457]

Já para Araken de Assis, *"o art. 711 do C.P.C. de 1973 não excepciona a preferência da penhora insculpida no art. 612. O credor quirografário que penhorou primeiro receberá antes daquele que, eventualmente, tenha 'promovido' os atos expropriatórios, mesmo ante uma inércia sem justificativa. Este aproveitamento, à sorrelfa, dos atos processuais alheios, provocando forte sabor de injustiça, encontrou defesa brilhante em José Alberto dos Reis"*.[458]

O novo C.P.C. não repetiu a prioridade de quem promoveu a execução, estabelecendo somente a ordem preferencial de acordo com a prioridade da penhora realizada, nos termos do §2º do art. 908 do atual C.P.C.

Por outro lado, há também credores preferenciais materiais, cuja preferência somente ocorrerá se houver incidência de multiplicidade de penhoras, ou seja, se o credor preferencial também realizou penhora sobre o bem. Nesses casos, não basta ser portador do crédito preferencial, é necessário também que se tenha realizado a pluralidade de penhora sobre o mesmo bem, ainda que a penhora do crédito preferencial tenha sido a segunda ou terceira na ordem de realização. É o caso, por exemplo, da multiplicidade de penhora sobre o mesmo bem, umas decorrentes de crédito quirografário, outras de crédito tributário, outras de crédito trabalhista e assim por diante. A preferência de pagamento, no caso, será do crédito trabalhista, depois do crédito tributário e somente ao final, se houver sobras, do crédito quirografário. Sobre o tema, eis as seguintes decisões do S.T.J.:

> *1. É cediço que a instauração do concurso de credores pressupõe pluralidade de penhoras sobre o mesmo bem. Assim, discute-se a preferência quando há execução fiscal e recaia a penhora sobre o mesmo bem, excutido em outra demanda executiva.*
>
> *2. Isto porque é assente na Corte que "O direito de preferência não concede à entidade autárquica federal a prerrogativa de intervir em execução movida pela Fazenda do Estado, a que é estranha, para reivindicar a satisfação preferencial de seu crédito, sem*

[457] PONTES DE MIRANDA, op. cit., p. 425.
[458] ASSIS, A. op. cit., p. 826.

obedecer às formalidades processuais atinentes à espécie. Para instauração do "concursus fiscalis" impõe-se a pluralidade de penhoras sobre o mesmo bem, devendo, portanto, a autarquia federal, provar haver proposto ação de execução, e que nela tenha restado penhorado o bem anteriormente excutido na ação movida pelo Fisco Estadual.

Inteligência dos artigos 612 e 711 do CPC."(REsp nº 36.862-6/SP, Rel. Min. DEMÓCRITO REINALDO, DJ de 19.12.1994).

3. Assentando o Tribunal a quo que a execução fiscal movida pela Fazenda do Estado está garantida com o mesmo bem que restou penhorado na execução movida pelo fisco municipal, não há como afastar o direito de preferência do Estado sobre o produto da arrematação, ex vi do art. 187 do CTN e 29 da LEF, ressalvados eventuais créditos trabalhistas, conforme preceituam os arts. 184 e 186 do CTN.

4. A regra do art. 187 do CTN é especial em relação à regra geral do art. 130 do mesmo diploma. Este último dispositivo assegura apenas a sub-rogação na praça, sem disciplinar a hipótese de pluralidade de sistemas e o concurso de credores preferenciais.

5. Em caso da venda ser efetuada em autos onde se cobra crédito público de outra entidade federativa, no caso, o Estado, ao efetuar-se a alienação, o arrematante fica liberado de quaisquer outros encargos e o valor depositado é distribuído na ordem legal pelo art. 187 do CTN. Nesse caso, liberado o imóvel ao adquirente, receberá o que detém título melhor de preferência. E sobre o valor depositado, aplicando-se a ordem disposta no art. 187 do CTN, bem como no art. 29 da Lei 6.830/80, segunda a qual recebe em primeiro lugar a União, e, posteriormente Estados, após, Municípios.

6. Precedentes jurisprudenciais do STJ (EREsp 167.381/SP, Rel. Min. Francisco Falcão, DJU de 16.09.02; Resp 131.564, Rel. Min. Castro Meira, DJ de 14/09/2004; REsp 74153, Rel. Min. Milton Luiz Pereira, DJ de 07/10/96; REsp nº 36.862-6/SP, Rel. Min. DEMÓCRITO REINALDO, DJ de 19.12.1994) 7. Recurso especial provido.

(REsp 654.779/RS, Rel. Ministro LUIZ FUX, PRIMEIRA TURMA, julgado em 08/03/2005, DJ 28/03/2005, p. 213)

1. A jurisprudência do STJ entende que, no concurso de credores, os créditos trabalhistas sobrepõem-se aos créditos tributários, e nestes, o concurso de preferência se verifica na seguinte ordem: os da Fazenda Federal, Estadual e Municipal. Incidência da Súmula 83/STJ.

2. É inviável o agravo que deixa de atacar os fundamentos da decisão agravada. Incidência da Súmula 182 do STJ.

3. Não conhecido o recurso especial pela aplicação da Súmula 83/STJ, incumbiria ao agravante demonstrar, no agravo regimental, que a orientação jurisprudencial não foi pacificada no mesmo sentido do acórdão recorrido, ou então comprovar que o precedente indicado, por constituir situação diversa, não teria aplicação ao caso dos autos.

Agravo regimental improvido.

(AgRg no REsp 1254077/SP, Rel. Ministro HUMBERTO MARTINS, SEGUNDA TURMA, julgado em 03/11/2011, DJe 11/11/2011)

Por sua vez, em relação aos créditos trabalhistas sem penhora sobre o bem levado à execução, o S.T.J. já prescreveu uma solução intermediária, a saber:

1. Nos termos do art. 711 do CPC, "concorrendo vários credores, o dinheiro ser-lhes-á distribuído e entregue consoante a ordem das respectivas prelações; não havendo título legal à preferência, receberá em primeiro lugar o credor que promoveu a execução, cabendo aos demais concorrentes direito sobre a importância restante, observada a anterioridade de cada penhora", dispositivo que consagra a máxima jurídica segundo a qual o primeiro no tempo tem preferência no direito – prior in tempore, potior in iure. Ressalva foi feita, todavia, à existência de título legal à preferência, o que vale dizer que o produto da arrematação deve ser distribuído com observância da anterioridade das penhoras (título de preferência decorrente de direito processual) se inexistir preferência fundada em direito material (como, por exemplo, hipoteca ou o crédito trabalhista).

2. Por outro lado, o art. 186 do CTN proclama que o crédito de natureza fiscal não está sujeito a concurso de credores, razão por que os créditos de natureza trabalhista, que sobressaem em relação àqueles, por lógica, não estarão. Ressalte-se que nem o art. 711 do CPC nem o art. 186 do CTN restringem o exercício do direito de preferência de crédito trabalhista ao âmbito de processo falimentar ou de insolvência civil, motivo pelo qual a exegese mais acertada dos mencionados artigos é aquela que os aplica também às execuções individuais contra devedor solvente.

3. Não obstante, o credor cujo título egressa da legislação trabalhista, para receber tal crédito, não é dispensável o aparelhamento da respectiva execução. Não há razão, lógica ou jurídica, para ser dispensada a execução própria simplesmente pelo fato de já haver outra ajuizada por terceiros. Do ponto de vista do executado, tal solução conduz à redução dos meios de defesa que lhe são disponíveis se de execução autônoma se tratasse. Em face do exequente, poderá opor-lhe embargos à execução. Não poderá fazê-lo, no entanto, em relação ao credor que simplesmente habilita seu crédito na execução alheia, circunstância que testilha com a lógica do sistema processual.

Porém, exigir pluralidade de penhoras para o exercício do direito de preferência reduz, significativamente, a finalidade do instituto – que é garantir a solvência de créditos cuja relevância social sobeja aos demais –, assemelhando-se o credor com privilégio legal aos outros desprovidos de tal atributo.

Portanto, mostra-se imperiosa uma solução intermediária: garante-se o direito de preferência do credor apenas reservando-lhe o produto da penhora, ou parte deste, levada a efeito em execução de terceiros, condicionando o seu levantamento a execução futura aparelhada pelo próprio credor. Assim, ficam assegurados, por outro lado, todos os meios de defesa disponíveis ao executado.

4. Recurso especial conhecido e provido.

(REsp 280.871/SP, Rel. Ministro LUIS FELIPE SALOMÃO, QUARTA TURMA, julgado em 05/02/2009, DJe 23/03/2009)

É importante salientar que se o próprio exequente arrematar o bem, em tese não haveria necessidade de apresentar o preço da arrematação. Contudo, se houver crédito preferencial ao seu crédito, obrigatoriamente deverá depositar o preço, a fim de que o juiz promova o concurso entre os credores. Nesse sentido é o seguinte precedente do S.T.J.:

1. O regime de liquidação extrajudicial da instituição financeira não lhe confere a preferência sobre todo e qualquer produto de arrematação, especialmente quando há outro credor com preferência ao recebimento do crédito, com essa decisão transitada em julgado, sendo incabível a tese de remeter o credor preferencial à habilitação junto à liquidação.

2. A regra do art. 690, § 2º, do CPC, segundo a qual o credor que arrematar não está obrigado a exibir o preço, não possui aplicação se houver concorrência de penhoras sobre o mesmo bem, com preferência de outro credor no produto da arrematação.

3. Recurso especial improvido.

(REsp 669.406/SP, Rel. Ministro LUIS FELIPE SALOMÃO, QUARTA TURMA, julgado em 26/10/2010, DJe 05/11/2010).

Em relação à adjudicação do bem pelo próprio exequente, tenho para mim que há impedimento para tal concretização jurídica na hipótese de haver crédito preferencial em favor de outros credores. Mesmo que o exequente manifestasse a intenção de efetuar o depósito do valor pelo preço da avaliação, entendo que os demais credores preferenciais têm o direito de levar o bem à alienação, uma vez que poderá o bem receber preço superior ao da avaliação.

Sobre o tema, eis os seguintes precedentes do S.T.J., inclusive no que concerne à competência do juízo para realizar o rateio da importância arrecadada quando diante de executado falido:

1. Agravo regimental contra decisão que deu provimento ao recurso especial para anular adjudicação pela Fazenda Pública de bem penhorado em execução fiscal e que já havia sido arrecadado pela massa falida.

2. O síndico tem legitimidade e interesse jurídico para postular o ativo que fora indevidamente adjudicado em desfavor dos interesses da massa. Inteligência dos arts. 63, inciso XVII, e 64 da Lei DL 7.661/45.

3. A jurisprudência do STJ é firme no sentido de que, não obstante a arrecadação dos bens penhorados em execução fiscal iniciada anteriormente à quebra não se sujeita ao juízo falimentar, o fruto da aludida arrecadação deve ser remetido ao juízo da falência, para o fim de garantir o pagamento preferencial dos créditos trabalhistas. Precedentes: AgRg no REsp 914.712/PR, Rel. Ministro Luiz Fux, Primeira Turma, DJe 24/11/2010; AgRg no REsp 783.318/SP, Rel. Ministro Humberto Martins, Segunda Turma, DJe 14/04/2009.

4. Considerando que a administração do fruto da arrecadação é de responsabilidade do juízo falimentar, não é possível ao juízo da execução promover a adjudicação do bem à Fazenda credora, pois em assim procedendo estaria obstando os credores trabalhistas habilitados junto à massa do concurso sobre esse ativo. No mesmo sentido: REsp 695.167/MS, Rel. Ministro Mauro Campbell Marques, Segunda Turma, DJe 05/11/2008.

5. Agravo regimental não provido.

(AgRg no REsp 1238682/SC, Rel. Ministro BENEDITO GONÇALVES, PRIMEIRA TURMA, julgado em 20/03/2012, DJe 23/03/2012)

Tributario. Adjudicação. Ordem preferencial.

– não se dá adjudicação quando entre os credores figuram créditos de natureza trabalhista, que preferem aos tributários (art. 186, ctn).

(Resp 35.536/SP, Rel. Ministro AMÉRICO LUZ, SEGUNDA TURMA, julgado em 20/03/1995, DJ 08/05/1995, p. 12363).

Segundo estabelece o art. 958 do C.c.b.: *"Os títulos legais de preferência são os privilégios e os direitos reais.*

Para se definir a ordem de preferência, o crédito real prefere ao pessoal de qualquer espécie; o crédito pessoal privilegiado, ao simples; e o privilegiado especial, ao geral (art. 963 do c.c.b.). Contudo, o crédito trabalhista e o crédito tributário preferem a todos os créditos estabelecidos no art. 963 do C.c.b.

Por sua vez, quando concorrem aos mesmos bens, e por título igual, dois ou mais credores da mesma classe especialmente privilegiados, haverá entre eles rateio proporcional ao valor dos respectivos créditos, se o produto não bastar para o pagamento integral de todos (art. 962 do C.c.b).

Além do mais, o privilégio especial só compreende os bens sujeitos, por expressa disposição de lei, ao pagamento do crédito que ele favorece; e o geral, todos os bens não sujeitos a crédito real nem a privilégio especial.

Segundo preceitua o art. 964 do C.c.b., possui privilégio especial:

I – sobre a coisa arrecadada e liquidada, o credor de custas e despesas judiciais feitas com a arrecadação e liquidação;

II – sobre a coisa salvada, o credor por despesas de salvamento;

III – sobre a coisa beneficiada, o credor por benfeitorias necessárias ou úteis;

IV – sobre os prédios rústicos ou urbanos, fábricas, oficinas, ou quaisquer outras construções, o credor de materiais, dinheiro, ou serviços para a sua edificação, reconstrução, ou melhoramento;

V – sobre os frutos agrícolas, o credor por sementes, instrumentos e serviços à cultura, ou à colheita;

VI – sobre as alfaias e utensílios de uso doméstico, nos prédios rústicos ou urbanos, o credor de aluguéis, quanto às prestações do ano corrente e do anterior;

VII – sobre os exemplares da obra existente na massa do editor, o autor dela, ou seus legítimos representantes, pelo crédito fundado contra aquele no contrato da edição;

VIII – sobre o produto da colheita, para a qual houver concorrido com o seu trabalho, e precipuamente a quaisquer outros créditos, ainda que reais, o trabalhador agrícola, quanto à dívida dos seus salários.

Nos termos do art. 965 do C.c.b., goza de privilégio geral, na ordem seguinte, sobre os bens do devedor:

I – o crédito por despesa de seu funeral, feito segundo a condição do morto e o costume do lugar;

II – o crédito por custas judiciais, ou por despesas com a arrecadação e liquidação da massa;

III – o crédito por despesas com o luto do cônjuge sobrevivo e dos filhos do devedor falecido, se foram moderadas;

IV – o crédito por despesas com a doença de que faleceu o devedor, no semestre anterior à sua morte;

V – o crédito pelos gastos necessários à mantença do devedor falecido e sua família, no trimestre anterior ao falecimento;

VI – o crédito pelos impostos devidos à Fazenda Pública, no ano corrente e no anterior;

VII – o crédito pelos salários dos empregados do serviço doméstico do devedor, nos seus derradeiros seis meses de vida;

VIII – os demais créditos de privilégio geral.

É importante salientar que o inc. VI do art. 965 do C.c.b., ao estabelecer que tem privilégio geral o crédito pelos impostos devidos à Fazenda Pública, no ano corrente e no anterior, é inconstitucional, uma vez que invadiu competência exclusiva de lei complementar, pois, conforme estabelece o art. 146, inc. III. Letra 'b' da C.F., compete à lei complementar estabelecer normas gerais sobre o *crédito tributário*, inclusive no que concerne suas garantias e privilégios. E, no caso, o art. 186 do C.T.N. estabelece:

"Art. 186. O crédito tributário prefere a qualquer outro, seja qual for sua natureza ou o tempo de sua constituição, ressalvados os créditos decorrentes de legislação do trabalho ou do acidente do trabalho".

É certo que em se tratando de devedor falido, o parágrafo único do art. 186 do C.T.N., com a redação dada pela Lei Complementar n. 118, de 2005, assim estabelece:

Art. 186. (...).

Parágrafo único. Na falência:

I – o crédito tributário não prefere aos créditos extraconcursais ou às importâncias passíveis de restituição, nos termos da lei falimentar, nem aos créditos com garantia real, no limite do valor do bem gravado;

II – a lei poderá estabelecer limites e condições para a preferência dos créditos decorrentes do trabalho; e

III – a multa tributária prefere apenas aos créditos subordinados".

Preceitua o *§1º do art. 908* do atual C.P.C. que *no caso de adjudicação ou alienação, os créditos que recaem sobre o bem, inclusive os de natureza propter rem, sub-rogam-se sobre o respectivo preço, observada a ordem de preferência.*

Conforme preconiza este dispositivo, no caso de adjudicação ou alienação do bem penhorado, os créditos que recaem sobre o bem, como, por exemplo, penhor, hipoteca, inclusive os de natureza *propter rem*, como é o caso de despesas condominiais, sub-rogam-se sobre o respectivo preço, observada a ordem de preferência.

Há nesse dispositivo uma questão importante a ser avaliada, no que concerne ao instituto da *adjudicação.*

Na realidade, quando o credor *adjudica* o bem penhorado, não precisa depositar o valor do bem, quando o valor é equivalente ao crédito, o que dificulta, sobremaneira, a sub-rogação dos créditos preferenciais.

Portanto, no caso de adjudicação, o exequente não poderá adjudicar o bem penhorado se houverem créditos preferenciais. Sobre o tema já decidiu o S.T.J.:

Tributário. Adjudicação. Ordem preferencial.
– não se dá adjudicação quando entre os credores figuram créditos de natureza trabalhista, que preferem aos tributários (art. 186, ctn).
(Resp 35.536/SP, Rel. Ministro AMÉRICO LUZ, SEGUNDA TURMA, julgado em 20/03/1995, DJ 08/05/1995, p. 12363).

Já no que concerne à alienação particular ou por leilão, o valor dos créditos preferenciais deve sub-rogar-se no preço da arrematação depositado em juízo. Nesse sentido é a seguinte decisão do S.T.J.:

(...).
3. O objetivo da notificação, de que trata o art. 1.501 do Código Civil, é levar ao conhecimento do credor hipotecário o fato de que o bem gravado foi penhorado e será levado à praça de modo que este possa vir a juízo em defesa de seus direitos, adotando as providências que entender mais convenientes, dependendo do caso concreto.
4. Realizada a intimação do credor hipotecário, nos moldes da legislação de regência (artigos 619 e 698 do Código de Processo Civil), a arrematação extingue a hipoteca, operando-se a sub-rogação do direito real no preço e transferindo-se o bem ao adquirente livre e desembaraçado de tais ônus por força do efeito purgativo do gravame.
5. Extinta a hipoteca pela arrematação, eventual saldo remanescente em favor do credor hipotecário poderá ser buscado contra o devedor originário, que responderá pessoalmente pelo restante do débito (art. 1.430 do Código Civil).
6. Sem notícia nos autos de efetiva impugnação da avaliação do bem ou da arrematação em virtude de preço vil, não é possível concluir pela manutenção do gravame simplesmente porque o valor foi insuficiente para quitar a integralidade do crédito hipotecário.
7. Recurso especial conhecido em parte e, nessa parte, provido.
(REsp 1201108/DF, Rel. Ministro RICARDO VILLAS BÔAS CUEVA, TERCEIRA TURMA, julgado em 17/05/2012, DJe 23/05/2012)

Em relação às obrigações *propter rem*, como é o caso das despesas de condomínio, entendia o S.T.J., sob a égide do código revogado, que essa obrigação transmitia-se ao arrematante quando da aquisição do imóvel, salvo se não constasse esse ônus do edital de arrematação. Nesse sentido são os seguintes precedentes:

I – A jurisprudência desta Corte é firme no sentido de que o arrematante de imóvel em condomínio é responsável pelo pagamento das despesas condominiais vencidas, ainda que estas sejam anteriores à arrematação II – Recurso Especial provido.
(REsp 1044890/RS, Rel. Ministro SIDNEI BENETI, TERCEIRA TURMA, julgado em 20/05/2010, DJe 18/06/2010)

1. As dívidas condominiais anteriores à alienação judicial – não havendo ressalvas no edital de praça – serão quitadas com o valor obtido com a alienação judicial do imóvel, podendo o arrematante pedir a reserva de parte desse valor para o pagamento das referidas dívidas.

2. Recurso especial provido.

(REsp 1092605/SP, Rel. Ministra NANCY ANDRIGHI, TERCEIRA TURMA, julgado em 28/06/2011, DJe 01/08/2011)

Pelo atual C.P.C., as obrigações *propter rem* também deverão ser sub-rogadas no respetivo valor, mas o seu pagamento estará condicionado à ordem de preferencial legal. Aliás, assim também entende o S.T.J.:

Recurso especial. Cotas condominiais. Natureza da obrigação de pagamento. Falência. Encargos da Massa. Créditos privilegiados. Pagamento por sub-rogação com o produto da arrematação. Impossibilidade. Rateio preferencial de outros créditos. Decreto-Lei n.º 7.661/45 (antiga Lei de Falências).

– As cotas condominiais não constituem dívidas do proprietário-condômino, mas, sim, encargos da própria coisa havida em copropriedade, pois a sua natureza obrigacional é propter rem, pelo que acompanham a coisa, seja quem for o seu dono. Precedentes.

– Os débitos condominiais não são da pessoa do falido, mas sim relativos ao imóvel de propriedade do falido, constituindo-se em encargos da massa, nos termos do inciso III, do § 1.º, do art. 124, do Decreto-Lei n.º 7.661/45 (antiga Lei de Falências).

– Apesar de as cotas condominiais classificarem-se como encargos da massa e, por isso, devam ser pagas de imediato; o produto da arrematação do imóvel que originou o débito condominial não pode reverter automaticamente, isto é, por sub-rogação, para o seu pagamento, pois antes dos encargos da massa devem ser pagos os créditos acidentários, trabalhistas e fiscais.

Recurso especial provido.

(REsp 709.497/SP, Rel. Ministra NANCY ANDRIGHI, TERCEIRA TURMA, julgado em 25/09/2006, DJ 09/10/2006, p. 287).

Estabelece o *§2º do art. 908* do atual C.P.C. que *não havendo título legal à preferência, o dinheiro será distribuído entre os concorrentes, observando-se a anterioridade de cada penhora.*

Com base nesse preceito normativo, não havendo título legal à preferência, como penhor, hipoteca, obrigações *propter rem*, o dinheiro será distribuído entre os concorrentes, observando-se a anterioridade de cada penhora.

O título legal que permite ao credor passar à frente da preferência da penhora é aquele outorgado ao credor com garantia real. Assim, credor com hipoteca ou penhor ou anticrese sempre receberá seu crédito preferencialmente ao primeiro credor penhorante. Isso decorre do direito de sequela que grava o bem dado em garantia. O mesmo ocorre em relação às obrigações *propter rem*. É importante salientar que a garantia do credor com garantia real ou decorrente de obrigação *propter rem* independe de penhora.

Também haverá privilégios que serão adimplidos antes do credor com garantia real, ou em razão de obrigação *propter rem*, ou, ainda, antes daquele que penhorou em primeiro lugar. É o que ocorre com o crédito trabalhista e tributário, nos termos do art. 186 do C.T.N. Contudo, pelo menos em tese, para que o crédito tributário e trabalhista possam ter o privilégio, é necessário que já haja execução promovida contra o devedor e penhora sobre o bem que está sendo levado a leilão.

Assim, pode-se estabelecer um quadro sintético da seguinte ordem de créditos preferenciais: a) crédito trabalhista, incluindo acidente de trabalho; b) crédito tributário – primeiro os da União; segundo, os do Estado e do Distrito Federal, conjuntamente e *pro rata*; terceiro, os Municípios, conjuntamente e *pro rata;* c) titular de direito real em garantia; d) titular de crédito dotado de privilégio especial; d) titular de crédito dotado de privilégio geral; e) credor quirografário com base na ordem de penhora realizada.

O novo C.P.C. não repetiu a preferência do credor que primeiro promoveu a execução, conforme estabelecia o art. 711 do C.P.C. 1973, razão pela qual a preferência será única e exclusiva pela anterioridade da penhora.

Art. 909

Os exequentes formularão as suas pretensões, que versarão unicamente sobre o direito de preferência e a anterioridade da penhora, e, apresentadas as razões, o juiz decidirá.

Formulação de pretensões pelos exequentes e do recurso legítimo

O art. 712 do C.P.C. de 1973, além de permitir que os credores formulassem as suas pretensões exclusivamente sobre o direito de preferência e a anterioridade da penhora, também permitia que fosse requerida as provas que iriam ser produzidas em audiência.

O novo C.P.C. não diz que os exequentes poderão requerer a produção de provas para demonstrar a sua preferência ou a ordem da penhora, razão pela qual, se a comprovação do direito de preferência e da anterioridade de penhora não depender apenas de prova documental, mas, também, de prova testemunhal ou pericial, o juiz deverá suspender o pagamento do crédito até que seja decidida essa questão em demanda autônoma.

Contra a decisão que decidir no procedimento executivo a ordem legal de preferencial, caberá recurso de agravo de instrumento, nos termos do p.u. do art. 1.015 do atual C.P.C.

Já em relação à sentença que for proferida em demanda autônoma caberá recurso de apelação.

CAPÍTULO V – Da Execução Contra a Fazenda Pública

Art. 910

Na execução fundada em título extrajudicial, a Fazenda Pública será citada para opor embargos em 30 (trinta) dias.

§ 1º Não opostos embargos ou transitada em julgado a decisão que os rejeitar, expedir-se-á precatório ou requisição de pequeno valor em favor do exequente, observando-se o disposto no art. 100 da Constituição Federal.

§ 2º Nos embargos, a Fazenda Pública poderá alegar qualquer matéria que lhe seria lícito deduzir como defesa no processo de conhecimento.

§ 3º Aplica-se a este Capítulo, no que couber, o disposto nos artigos 534 e 535.

Sumário:

1. Execução contra a Fazenda Pública – título judicial e extrajudicial
2. Definição de Fazenda Pública
3. Representação jurídica da Fazenda Pública
4. Não oposição de embargos ou sua rejeição – expedição de precatório ou requisição de pequeno valor – art. 100 da C.F.

1. Execução contra a Fazenda Pública – título judicial e extrajudicial

A Fazenda Pública pode ser devedora de um crédito proveniente de um título extrajudicial ou de título executivo judicial (sentença condenatória de quantia certa, por exemplo).

Portanto, a execução contra a Fazenda Pública pode ter por fundamento não somente um título judicial, mas também um título executivo extrajudicial, conforme estabelece a Súmula 279 do S.T.J.: *É cabível execução por título extrajudicial contra a Fazenda Pública.*

O cumprimento de obrigação de pagar quantia certa pela Fazenda Pública em decorrência de decisão judicial, encontra-se regulado pelos arts. 534 a 535 do atual C.P.C.

Já este Capítulo V trata de execução contra a Fazenda Pública de título executivo extrajudicial.

2. Definição de Fazenda Pública

A expressão *Fazenda Pública* é usada para indicar, de modo genérico, tanto a Fazenda Nacional como a Estadual e a Municipal, bem como seus respectivos interesses financeiros e patrimoniais.[459]

A *Fazenda Pública* tem origem na antiga doutrina do fisco, onde o Estado era definido pelo regime de polícia e não era possível este ser submetido à justiça nem mesmo para cobrar seus créditos. Daí aparece um órgão do Estado, mas não o próprio Estado especificamente. Aparece outra pessoa moral ao lado do próprio Estado, ou, conforme afirma Castro Nunes, surge *"como criação espontânea e que se desenvolveu, a ficção de se considerar existente, ao lado do Estado, uma outra pessoa moral, submetida ao Príncipe, que, por intermédio dela, agiria ativa e passivamente, isso consistindo a famosa doutrina do Fisco"*.[460]

No âmbito da definição de *Fazenda Pública*, pode-se abranger, a União Federal, os Estados, os Municípios, o Distrito Federal, os Territórios (se houver), suas respectivas autarquias e as fundações instituídas e mantidas pelo Poder Público. Não estão incluídas nessa definição as empresas públicas e as sociedades de economia mista, nem também os chamados Conselhos de Fiscalização Profissionais.

Não se pode esquecer que o S.T.F., no que concerne à OAB, entende que tal órgão não se compreende no conceito de autarquia. Nesse sentido é o seguinte precedente da Suprema Corte:

> *1. A Lei n. 8.906, artigo 79, § 1º, possibilitou aos "servidores" da OAB, cujo regime outrora era estatutário, a opção pelo regime celetista. Compensação pela escolha: indenização a ser paga à época da aposentadoria. 2. Não procede a alegação de que a OAB sujeita-se aos ditames impostos à Administração Pública Direta e Indireta. 3. A OAB não é uma entidade da Administração Indireta da União. A Ordem é um serviço público independente, categoria ímpar no elenco das personalidades jurídicas existentes no direito brasileiro. 4. A OAB não está incluída na categoria na qual se inserem essas*

[459] SOUZA, Ernani Vieira, *Enciclopédia Saraiva de Direito.* São Paulo: Saraiva, 1977, v. 36, p. 393.

[460] NUNES, Castro. *Da fazenda pública em juízo.* Rio de Janeiro: Freitas Bastos, 1950. p. 284.

que se tem referido como "autarquias especiais" para pretender-se afirmar equivocada independência das hoje chamadas "agências". 5. Por não consubstanciar uma entidade da Administração Indireta, a OAB não está sujeita a controle da Administração, nem a qualquer das suas partes está vinculada. Essa não-vinculação é formal e materialmente necessária. 6. A OAB ocupa-se de atividades atinentes aos advogados, que exercem função constitucionalmente privilegiada, na medida em que são indispensáveis à administração da Justiça [artigo 133 da CB/88]. É entidade cuja finalidade é afeita a atribuições, interesses e seleção de advogados. Não há ordem de relação ou dependência entre a OAB e qualquer órgão público. 7. A Ordem dos Advogados do Brasil, cujas características são autonomia e independência, não pode ser tida como congênere dos demais órgãos de fiscalização profissional. A OAB não está voltada exclusivamente a finalidades corporativas. Possui finalidade institucional. 8. Embora decorra de determinação legal, o regime estatutário imposto aos empregados da OAB não é compatível com a entidade, que é autônoma e independente. 9. Improcede o pedido do requerente no sentido de que se dê interpretação conforme o artigo 37, inciso II, da Constituição do Brasil ao caput do artigo 79 da Lei n. 8.906, que determina a aplicação do regime trabalhista aos servidores da OAB. 10. Incabível a exigência de concurso público para admissão dos contratados sob o regime trabalhista pela OAB. 11. Princípio da moralidade. Ética da legalidade e moralidade. Confinamento do princípio da moralidade ao âmbito da ética da legalidade, que não pode ser ultrapassada, sob pena de dissolução do próprio sistema. Desvio de poder ou de finalidade. 12. Julgo improcedente o pedido.

(ADI 3026, Relator(a): Min. EROS GRAU, Tribunal Pleno, julgado em 08/06/2006, DJ 29-09-2006 PP-00031 EMENT VOL-02249-03 PP-00478 RTJ VOL-00201-01 PP-00093)

O termo Fazenda Pública também não abrange as sociedades de economia mista e as empresas públicas que realizam atividades sujeitas ao regime de concorrência com o setor privado.

3. Representação jurídica da Fazenda Pública

O art. 910 do atual C.P.C. vem reforçar a ideia de que a Fazenda Pública, mesmo que assim desejasse, não poderia efetuar o pagamento de imediato ao exequente, como se fosse um particular, pois a sua citação não é para pagar, mas para apresentar embargos no prazo de trinta dias.

A citação da Fazenda Pública, nos termos do art. 75, inc. I, II e III e IV do atual C.P.C., deverá ocorrer, ativa e passivamente, perante seu representante em juízo, no caso da União, a Advocacia-Geral da União, diretamente ou mediante órgão vinculado; no caso dos Estados e do Distrito Federal, os seus procuradores; no caso do Município, o seu prefeito ou procurador; no caso da autarquia e da fundação de direito público, em quem a lei do ente federado designar.

Por sua vez, estabelece o art. 182 do atual C.P.C. que incumbe à Advocacia Pública, na forma da lei, defender e promover os interesses públicos da União, dos Estados, do Distrito Federal e dos Municípios, por meio da representação judicial, em todos os âmbitos federativos, das pessoas jurídicas de direito público que integram a administração direta e indireta.

A União, os Estados, o Distrito Federal, os Municípios e suas respectivas autarquias e fundações de direito público, nos termos do art. 183 do atual C.P.C., gozarão *de prazo em dobro para todas as suas manifestações processuais, cuja contagem terá início a partir da vista pessoal dos autos.*

É importante salientar que no caso do art. 910 do atual C.P.C., a Fazenda Pública não terá o prazo em dobro para apresentar embargos, uma vez que o prazo de 30 (trinta) dias previsto nesse dispositivo é prazo próprio e específico para o representante da Fazenda Pública.

Sobre o prazo em dobro para a apresentação de embargos pela Fazenda Pública na égide do C.P.C. de 1973, assim já vinha se manifestando o S.T.J.:

> *(...).*
>
> *2. Incabível o prazo em dobro ou quádruplo, nos termos do art. 188 do CPC, para oposição de embargos à execução pela Fazenda Pública, porquanto não se trata de recurso ou contestação, mas de ação autônoma. Aplicação do prazo de 10 (dez) dias previsto no art. 730 do CPC.*
>
> *3. Recurso especial conhecido e improvido.*
>
> *(REsp 768.120/AL, Rel. Ministro ARNALDO ESTEVES LIMA, QUINTA TURMA, julgado em 06/09/2007, DJ 22/10/2007, p. 352)*

Outro aspecto importante é que a falta de apresentação de embargos pela Fazenda Pública não gera os efeitos da revelia, razão pela qual, havendo dúvida objetiva e razoável sobre o valor executado, poderá o juiz da execução valer-se da contadoria judicial para conferir o cálculo apresentado pelo exequente, antes mesmo de determinar a expedição do precatório ou da requisição de pequeno valor. Nesse sentido é o seguinte precedente do S.T.J.:

> *1. Os efeitos da revelia não se operam integralmente em face da Fazenda Pública, posto indisponíveis os interesses em jogo, na forma do art. 320, II, do CPC. Precedentes do S.T.J: REsp 635.996/SP, DJ 17.12.2007 e REsp 541.239/DF, DJ 05.06.2006.*
>
> *2. (...).*
>
> (EDcl no REsp 724.111/RJ, Rel. Ministro LUIZ FUX, PRIMEIRA TURMA, julgado em 17/12/2009, DJe 12/02/2010)

É bem verdade que o S.T.J. nem sempre respalda a Fazenda Pública quando ela deixa de apresentar embargos à execução, *in verbis*:

(...).

2. A Fazenda Pública municipal deixou de impugnar a alegação dos contribuintes de que não havia sido prestado o serviço de coleta de lixo e que essa seria feita por eles próprios.

3. O juiz de primeiro grau, diante da falta de impugnação da entidade pública quanto à não-prestação do serviço e das razões apresentadas pelos autores, considerou que o lixo tinha sua destinação dada pelos contribuintes da taxa de coleta, conforme alegado na exordial da ação.

4. O Tribunal a quo, ao julgar a apelação, manteve a sentença, considerando indevida a taxa de coleta de lixo, já que quem realizava o suposto serviço eram os próprios contribuintes.

5. O recorrente entende que assim não poderia ter ocorrido, uma vez que se estaria a aplicar os efeitos da revelia à Fazenda Pública e que o Tribunal, em sede de reexame necessário, deveria ter declarado a nulidade da sentença por não ter sido determinada a produção de provas.

6. A não-aplicação dos efeitos da revelia à Fazenda Pública não pode servir como um escudo para que os entes públicos deixem de impugnar os argumentos da parte contrária, não produzam as provas necessárias na fase de instrução do feito e, apesar disso, busquem reverter as decisões em sede recursal. Precedentes: REsp 541.239/DF, Rel. Min.Luiz Fux, DJ 05.06.2006; REsp 624.922/SC, Rel. Min. Carlos Alberto Menezes Direito, DJU de 07.11.05.

7. Ainda que pretendesse fazer a prova desconstitutiva do fato alegado pelos autores em momento posterior, o município recorrente, quando da apresentação da contestação, em face do princípio da eventualidade, deveria ter realizado todas as impugnações que entendesse devidas, de modo especificado, nos termos do art. 302 do CPC.

8. Apenas quando da interposição da apelação, a municipalidade se insurgiu quanto a esse ponto, aduzindo que os serviços existiriam e seriam prestados. Se não se incumbiu de demonstrar o alegado na instrução do feito não poderia pretender que o Tribunal acolhesse tal pedido em sede de apelação.

9. A contrariedade ao art. 320, II, do CPC nem mesmo foi suscitada pelo município na apelação, sendo aventada apenas nos embargos de declaração opostos contra o acórdão recorrido, quando, então, veio o dispositivo a ser analisado pelo Tribunal a quo.

10. Não é de se conceder tamanha largueza ao instituto do reexame necessário, a ponto de se ter de reconhecer nulidade – se esta existisse – decorrente da não-produção de provas não requeridas pela Fazenda Pública, já que esta não se insurgiu quanto ao ponto. Não se reconhece a nulidade na decisão que deixou de determinar a produção de provas sobre matéria que não foi impugnada pela entidade pública.

Ademais, as instâncias ordinárias para chegarem à conclusão de que não houve a prestação do serviço e de que eram os próprios contribuintes que o realizavam, valeram-se não apenas da falta de impugnação por parte do Município, mas também das razões apresentadas pelos contribuintes, de forma que o juízo alcançado não decorreu exclusivamente da inércia da Fazenda.

11. Recurso especial conhecido em parte e não provido.

(REsp 635.996/SP, Rel. Ministro CASTRO MEIRA, SEGUNDA TURMA, julgado em 06/12/2007, DJ 17/12/2007, p. 159).

4. Não oposição de embargos ou sua rejeição – expedição de precatório ou requisição de pequeno valor – art. 100 da C.F.

Prescreve o *§1º do art. 910* do atual C.P.C. que *não opostos embargos ou transitada em julgado a decisão que os rejeitar, expedir-se-á precatório ou requisição de pequeno valor em favor do exequente, observando-se o disposto no art. 100 da Constituição Federal.*

Uma vez não apresentados embargos pela Fazenda Pública, ou, embora apresentados, tenham sido rejeitados por decisão transitada em julgado, caberá ao juiz, por intermédio do presidente do tribunal respectivo, expedir precatório ou requisição de pequeno valor em favor do exequente, observando o disposto no art. 100 da Constituição da República.

Sobre o regramento Constitucional de expedição de precatório ou de requisição de pequeno valor – RPV, estabelece o art. 100 da C.F.:

Art. 100. Os pagamentos devidos pelas Fazendas Públicas Federal, Estaduais, Distrital e Municipais, em virtude de sentença judiciária, far-se-ão exclusivamente na ordem cronológica de apresentação dos precatórios e à conta dos créditos respectivos, proibida a designação de casos ou de pessoas nas dotações orçamentárias e nos créditos adicionais abertos para este fim. (Redação dada pela Emenda Constitucional nº 62, de 2009).

Muito embora o art. 100 da Constituição Federal faça referência a pagamentos devidos pela Fazenda Pública em virtude de sentença judiciária, a interpretação feita pela jurisprudência abrange também o pagamento decorrente de título executivo extrajudicial, conforme estabelece a Súmula 279 do S.T.J.

Segundo prescreve o art. 100 da C.F., o pagamento devido pela Fazenda Pública deve obedecer exclusivamente a ordem cronológica de pagamento de apresentação de precatórios e à conta dos créditos respectivos, proibida designação de casos ou de pessoas nas dotações orçamentárias e nos créditos adicionais abertos para este fim. Em razão desse preceito constitucional, fica a dúvida de constitucionalidade dos pagamentos efetuados fora da ordem cronológica de precatórios em razão de conciliação ou transação, pois a Constituição não abre essa exceção.

Assim, é proibida a designação de casos ou pessoas para fins de quebra da ordem cronológica de precatórios, mesmo na hipótese de créditos adicionais para esse fim.

Abre-se exceção ao disposto no *caput* do art. 100 para os débitos de natureza alimentícia e os créditos em favor de titulares que tenham mais de 60 (sessenta) anos de idade ou sejam portadores de doença grave.

A ordem cronológica deverá ser observada inclusive pela autoridade judiciária, que não poderá inverter esta ordem por meio de decisão judicial. Nesse sentido é a seguinte decisão do S.T.F.:

> *Determinação de pagamento imediato. Inadmissibilidade. Grave dano à ordem e economia públicas. Ordem cronológica. Observância obrigatória. Suspensão de segurança deferida. Agravo regimental improvido. Há risco de grave lesão à ordem e à economia públicas na decisão judicial que determina imediato pagamento de precatórios de valores elevados, sem obediência à ordem cronológica.*
>
> *(SS 4090 AgR, Relator(a): Min. CEZAR PELUSO (Presidente), Tribunal Pleno, julgado em 17/02/2011, DJe-047 DIVULG 11-03-2011 PUBLIC 14-03-2011 EMENT VOL-02480-01 PP-00103)*

É importante salientar que não caracteriza quebra da ordem de pagamento de precatórios se o pedido de pagamento é feito para pessoas jurídicas diversas, ainda que pertencentes ao mesmo ente federado. Eis nesse sentido o seguinte precedente do S.T.F.:

> *Fazenda Pública. Precatório judicial. Ordem cronológica. Quebra ou preterição. Não ocorrência. Precatórios judiciais cujo pagamento incumbe a pessoas jurídicas distintas, embora pertencentes ao mesmo ente federado. Ordens diversas. Bloqueio e sequestro de verba. Inadmissibilidade. Devolução de quantias eventualmente retidas. Liminar concedida para esses fins, em reclamação. Agravo improvido. Inteligência do art. 100, § 2º, da CF. Precedentes. Não se caracteriza quebra de precedência na ordem cronológica, quando se trate de precatórios judiciais cujo pagamento incumbe a pessoas jurídicas distintas, embora pertencentes ao mesmo ente federado.*
>
> *(Rcl 3219 AgR, Relator(a): Min. CEZAR PELUSO, Tribunal Pleno, julgado em 29/10/2007, DJe-147 DIVULG 22-11-2007 PUBLIC 23-11-2007 DJ 23-11-2007 PP-00021 EMENT VOL-02300-01 PP-00188 RTJ VOL-00203-01 PP-00127)*

Os débitos de natureza alimentar em geral serão pagos com preferência em relação a todos os demais débitos, sem que isso fira a ordem cronológica de precatórios.

A Constituição Federal estabeleceu que se compreendem como débito de natureza alimentar os *salários, vencimentos, proventos, pensões e suas complementações, benefícios previdenciários e indenizações por morte ou por invalidez, fundadas em responsabilidade civil*. Parece-me que essa classificação dada pela Constituição é meramente exemplificativa, pois outros casos de alimentos têm sido inseridos pelo S.T.F. nessa classificação, conforme se constata pelo seguinte precedente:

> *1. Os honorários advocatícios incluídos na condenação pertencem ao advogado e possuem natureza alimentícia. A satisfação pela Fazenda Pública se dá por precatório, observada ordem especial restrita aos créditos de igual natureza. Precedentes: AIs 623.145, sob a relatoria do ministro Dias Toffoli; 691.824, sob a relatoria do ministro Marco Aurélio; 732.358-AgR, sob a relatoria do ministro Ricardo Lewandowski; e 758.435, sob a relatoria do ministro Cezar Peluso; REs 470.407, sob a relatoria do ministro Marco Aurélio; 538.810, sob a relatoria do ministro Eros Grau; e 568.215, sob a relatoria da ministra Cármen Lúcia; bem como SL 158-AgR. 2. Agravo regimental desprovido.*
>
> *(RE 415950 AgR, Relator(a): Min. AYRES BRITTO, Segunda Turma, julgado em 26/04/2011, DJe-162 DIVULG 23-08-2011 PUBLIC 24-08-2011 EMENT VOL-02572-02 PP-00282).*

Essa modificação da ordem cronológica do precatório, por ser imposta pela própria Constituição, é válida e legítima, conforme se depreende do seguinte precedente do S.T.F.:

> *Natureza alimentar. Preterição em relação a precatório não alimentar. Regimes constitucionais distintos. Inexistência de desrespeito à ordem cronológica. Suspensão de segurança deferida. Pedido de extensão. Deferimento. Agravo regimental na extensão. Deficiência na fundamentação. Caracterização de grave dano à ordem e à economia públicas. Efeito multiplicador. Agravo regimental improvido. O chamado efeito multiplicador, que provoca lesão à economia pública, é fundamento suficiente para deferimento de pedido de suspensão.*
>
> *(SS 4010 Extn-AgR, Relator(a): Min. CEZAR PELUSO (Presidente), Tribunal Pleno, julgado em 01/06/2011, DJe-122 DIVULG 27-06-2011 PUBLIC 28-06-2011 EMENT VOL-02552-01 PP-00046)*

Mas dentro dos próprios débitos de natureza alimentar também haverá uma ordem de preferência, ou seja, serão pagos preferencialmente os créditos em favor dos titulares que tenham 60 (sessenta) anos de idade ou mais, ou, ainda, que sejam portadores de doença grave, definidos na forma da lei. Nesse sentido estabelece o §2º do art. 100 da C.F.:

> *§ 2º Os débitos de natureza alimentícia cujos titulares tenham 60 (sessenta) anos de idade ou mais na data de expedição do precatório, ou sejam portadores de doença grave, definidos na forma da lei, serão pagos com preferência sobre todos os demais débitos, até o valor equivalente ao triplo do fixado em lei para os fins do disposto no § 3º deste artigo, admitido o fracionamento para essa finalidade, sendo que o restante será pago na ordem cronológica de apresentação do precatório. (Redação dada pela Emenda Constitucional nº 62, de 2009).*

Este dispositivo garante a preferência no pagamento dos precatórios de débito alimentar para aquelas pessoas que tenham 60 (sessenta) anos de idade ou mais na data da expedição do precatório. Essa regra constitucional está prevista ainda no Estatuto do Idoso, Lei 10.741 de 1º de outubro de 2003, especialmente em seu art. 71 que assim dispõe: *"É assegurada prioridade na tramitação dos processos e procedimentos e na execução dos atos e diligências em que figure como parte ou interveniente pessoa com idade igual ou superior a 60 (sessenta) anos, em qualquer instância"*.

Também terão prioridade no pagamento de débitos alimentares as pessoas portadoras de doença grave, definida na forma da lei.

A Lei 12.008 de 29 de julho de 2009, alterando o C.P.C. de 1973, passou a estabelecer o que seriam as doenças graves para efeito de celeridade processual. Eis o teor dessa legislação.

> ***O PRESIDENTE DA REPÚBLICA*** *Faço saber que o Congresso Nacional decreta e eu sanciono a seguinte Lei:*
>
> *Art. 1º O art. 1.211-A da Lei nº 5.869, de 11 de janeiro de 1973 – Código de Processo Civil, passa a vigorar com a seguinte redação:*
>
> *"Art. 1.211-A. Os procedimentos judiciais em que figure como parte ou interessado pessoa com idade igual ou superior a 60 (sessenta) anos, ou portadora de doença grave, terão prioridade de tramitação em todas as instâncias.*
>
> *Parágrafo único. (VETADO)" (NR)*
>
> *Art. 2º O art. 1.211-B da Lei nº 5.869, de 1973 – Código de Processo Civil, passa a vigorar com a seguinte redação:*
>
> *"Art. 1.211-B. A pessoa interessada na obtenção do benefício, juntando prova de sua condição, deverá requerê-lo à autoridade judiciária competente para decidir o feito, que determinará ao cartório do juízo as providências a serem cumpridas.*

§ 1º Deferida a prioridade, os autos receberão identificação própria que evidencie o regime de tramitação prioritária.

§ 2º (VETADO)

§ 3º (VETADO)" (NR)

Art. 3º O art. 1.211-C da Lei nº 5.869, de 1973 – Código de Processo Civil, passa a vigorar com a seguinte redação:

"Art. 1.211-C. Concedida a prioridade, essa não cessará com a morte do beneficiado, estendendo-se em favor do cônjuge supérstite, companheiro ou companheira, em união estável." (NR)

Art. 4º A Lei nº 9.784, de 29 de janeiro de 1999, passa a vigorar acrescida do seguinte art. 69-A:

"Art. 69-A. Terão prioridade na tramitação, em qualquer órgão ou instância, os procedimentos administrativos em que figure como parte ou interessado:

I – pessoa com idade igual ou superior a 60 (sessenta) anos;

II – pessoa portadora de deficiência, física ou mental;

III – (VETADO)

IV – pessoa portadora de tuberculose ativa, esclerose múltipla, neoplasia maligna, hanseníase, paralisia irreversível e incapacitante, cardiopatia grave, doença de Parkinson, espondiloartrose anquilosante, nefropatia grave, hepatopatia grave, estados avançados da doença de Paget (osteíte deformante), contaminação por radiação, síndrome de imunodeficiência adquirida, ou outra doença grave, com base em conclusão da medicina especializada, mesmo que a doença tenha sido contraída após o início do processo.

§ 1º A pessoa interessada na obtenção do benefício, juntando prova de sua condição, deverá requerê-lo à autoridade administrativa competente, que determinará as providências a serem cumpridas.

§ 2º Deferida a prioridade, os autos receberão identificação própria que evidencie o regime de tramitação prioritária.

§ 3º (VETADO)

§ 4º (VETADO)

Art. 5º Esta Lei entra em vigor na data de sua publicação.

As doenças graves indicadas no inc. II e IV do art. 69-A da Lei 9.784/99 são meramente exemplificativas, uma vez que a autoridade judiciária, valendo-se de informação de médicos especialistas, poderá, por analogia, outorgar o benefício a outro tipo de doença existente ou por existir, mas que para todos os efeitos seja considerada pela medicina como doença grave.

Aliás, antes mesmo da nova redação do §2º do art. 100 da C.F., dada pela Emenda Constitucional n. 61, de 2009, o Supremo Tribunal Federal, aplicando o princípio que tenho denominado de *parcialidade positiva do juiz*,[461] já vinha dando um tratamento diferenciado à pessoa portadora de doença grave, fazendo uma nítida distinção entre as partes que compõem a relação jurídica processual, no caso, uma distinção segundo o estado de saúde da parte. Nesse sentido, eis o seguinte precedente:

> *1. Não cabe reclamação contra ato futuro indeterminado. A reclamação pressupõe a prática de ato específico para que possa ser conhecida. 2. Por ocasião do julgamento da ADI 1.662 (rel. min. Maurício Corrêa), a Corte decidiu que a ausência de previsão orçamentária ou o pagamento irregular de crédito que devesse ser solvido por precatório não se equiparam à quebra de ordem cronológica ou à preterição do direito do credor (art. 100, § 2º, da Constituição). 3. Naquela assentada, a Corte não ponderou acerca da influência do direito fundamental à saúde e à vida na formação das normas que regem a sistemática de pagamentos de precatório. Portanto, ordem de bloqueio de verbas públicas, para pagamento de precatório, fundada no quadro de saúde do interessado, não viola a autoridade do acórdão prolatado durante o julgamento da ADI 1.662. 4. Ressalva do ministro-relator, quanto à possibilidade do exame da ponderação, cálculo ou hierarquização entre o direito fundamental à saúde e a sistemática que rege os precatórios em outra oportunidade. 5. Reclamação conhecida parcialmente e, na parte conhecida, julgada improcedente.*
>
> *(Rcl 3982, Relator(a): Min. JOAQUIM BARBOSA, Tribunal Pleno, julgado em 19/11/2007, DJe-162 DIVULG 13-12-2007 PUBLIC 14-12-2007 DJ 14-12-2007 PP-00049 EMENT VOL-02303-01 PP-00064 RTJ VOL-00204-01 PP-00238)*

O § 3º do art. 100 da C.F., com a redação dada pela Emenda Constitucional n. 62 de 2009, estabelece que a expedição de precatórios não se aplica aos pagamentos de obrigações definidas em lei como de pequeno valor que as Fazendas referidas devam fazer em virtude de sentença judicial transitada em julgado. Tal regra também se aplica a títulos executivos extrajudiciais.

Em se tratando de pagamento de obrigações definidas em lei como de pequeno valor, não haverá expedição de precatório, pois nesse caso a quitação do débito pela entidade pública ocorrerá mediante Requisição de Pequeno Valor – RPV.

A Resolução n. 168 de 05 de dezembro de 2011 do Conselho da Justiça Federal regulamenta, no âmbito da Justiça Federal de primeiro e segundo graus, os

[461] SOUZA, Artur César. *A parcialidade positiva do juiz*. São Paulo: Editora Revista dos Tribunais, 2010.

procedimentos relativos à expedição de ofícios requisitórios, ao cumprimento da ordem cronológica dos pagamentos e compensações e ao saque e levantamento dos depósitos.

Para os fins de expedição de RPV, poderão ser fixados, por leis próprias, valores distintos às entidades de direito público, segundo as diferentes capacidades econômicas, sendo o mínimo igual ao valor do maior benefício do regime geral de previdência social. (Art. 100, § 4º da C.F., com a redação dada pela Emenda Constitucional nº 62, de 2009).

Segundo preceitua o art. 3º da Resolução n. 168 de 05 de dezembro de 2011 do Conselho da Justiça Federal:

> *"Art. 3º Considera-se Requisição de Pequeno Valor – RPV aquela relativa a crédito cujo valor atualização, por beneficiário, seja igual ou inferior a:*
>
> *I – sessenta salários mínimos, se a devedora for a Fazenda federal (art. 17, §1º, da Lei n. 10.259, de 12 de julho de 2001);*
>
> *II – quarenta salários mínimos ou o valor estipulado pela legislação local, se a devedor for a Fazenda estadual ou a Fazenda distrital, não podendo a lei fixar valor inferior ao do maior benefício do regime geral de previdência social;*
>
> *III – trinta salários mínimos ou o valor estipulado pela legislação local, se a devedora for a Fazenda municipal, não podendo a lei fixar valor inferior ao do maior benefício do regime geral de previdência social.*

É obrigatória a inclusão, no orçamento das entidades de direito público, de verba necessária ao pagamento de seus débitos, oriundos de sentenças transitadas em julgado, constantes de precatórios judiciários apresentados até 1º de julho, fazendo-se o pagamento até o final do exercício seguinte, quando terão seus valores atualizados monetariamente. (Art. 100, §5º da C.F., com a redação dada pela Emenda Constitucional nº 62, de 2009).

Muito embora este dispositivo estabeleça que é obrigatória a inclusão, no orçamento da entidades de direito público, de verba necessária ao pagamento de seus débitos, oriundos de sentenças transitadas em julgado, constante de precatórios judiciários apresentados até 1º de julho, fazendo-se o pagamento até o final do exercício seguinte (dezembro do ano seguinte), quando terão seus valores atualizados monetariamente, o certo é que o S.T.F., na ADI n. 1.662, entendeu que a não inclusão no orçamento não caracteriza quebra da ordem cronológica de pagamento. Porém, o próprio S.T.F., conforme se verifica pela decisão proferida na Rcl 18900/MA, vem entendendo que é possível o sequestro quando não haja inclusão no orçamento da verba necessária para pagamento do precatório. Há, por sua vez, uma exceção prevista na Constituição Federal em que a não dotação orçamentária para o pagamento do precatório justifica e legitima o sequestro de valores da entidade de direito público. É a hipótese prevista §4º do art. 78 dos ADCT, que assim preceitua: *§ 4º O Presidente do Tribunal competente deverá, vencido o prazo ou em caso de omissão no orçamento, ou preterição ao direito de precedência, a requerimento do credor, requisitar ou determinar o sequestro de recursos financeiros da entidade executada, suficientes à satisfação da prestação. (Incluído pela Emenda Constitucional nº 30, de 2000)*

O S.T.F., no ARE 665.707RG, aceitou repercussão geral, e irá decidir sobre a legitimidade de sequestro de verbas orçamentárias para pagamento de crédito em favor de pessoas com doença grave.

Por outro lado, existem normas Constitucionais previstas nos Atos de Disposições Constitucionais Transitórios que ultrapassam, e muito, o prazo de pagamento previsto no §5º do art. 100 da C.F.

O art. 33 do ADCT estabelece: *"Ressalvados os créditos de natureza alimentar, o valor dos precatórios judiciais pendentes de pagamento na data da promulgação da Constituição, incluído o remanescente de juros e correção monetária, poderá ser pago em moeda corrente, com atualização, em prestações anuais, iguais ou sucessivas, no prazo máximo de oito anos, a partir de 1º de julho de 1989, por decisão editada pelo Poder Executivo até cento e oitenta dias da promulgação da Constituição.*

Parágrafo único. Poderão as entidades devedoras, para o cumprimento do disposto neste artigo, emitir, em cada ano, no exato montante do dispêndio, títulos de dívida pública não computáveis para efeito do limite global de endividamento.

Como este dispositivo excepcionou os créditos de natureza alimentar, assim se pronunciou o S.T.F.:

> *I – Os honorários advocatícios e periciais têm natureza alimentar. Por isso, excluem-se da forma de pagamento preconizada no art. 33, ADCT. II. – R.E. não conhecido.*
>
> *(RE 146318, Relator(a): Min. CARLOS VELLOSO, Segunda Turma, julgado em 13/12/1996, DJ 04-04-1997 PP-10537 EMENT VOL-01863-03 PP-00617)*

Entendeu o S.T.F. que uma vez calculado o valor do precatório para os fins do art. 33 do ADCT, não incidem mais juros moratórios, *in verbis*:

> *I – Apenas incidem juros moratórios, no caso de pagamento de precatório nos termos do art. 33 do ADCT, na hipótese de atraso na quitação das prestações mencionadas naquele dispositivo. II – Não incidem juros compensatórios no pagamento de precatórios efetuado na forma prevista no art. 33 do ADCT. III – Agravo regimental desprovido.*

(RE 533133 AgR, Relator(a): Min. RICARDO LEWANDOWSKI, Segunda Turma, julgado em 23/08/2011, DJe-171 DIVULG 05-09-2011 PUBLIC 06-09-2011 EMENT VOL-02581-01 PP-00120)

Também não incidem juros compensatórios, *in verbis:*

1. Não incidem juros compensatórios sobre o parcelamento previsto no art. 33 do ADCT referentes às parcelas pagas com atraso. 2. A questão relativa aos juros compensatórios em desapropriação já está pacificada por esta Corte. Precedentes. 3. Inexistência de omissão, contradição ou obscuridade a suprir. 4. Embargos de declaração rejeitados.

(RE 477377 AgR-ED, Relator(a): Min. ELLEN GRACIE, Segunda Turma, julgado em 31/05/2011, DJe-121 DIVULG 24-06-2011 PUBLIC 27-06-2011 EMENT VOL-02551-01 PP-00095)

O art. 78 dos ADCT estabelece:

Art. 78. Ressalvados os créditos definidos em lei como de pequeno valor, os de natureza alimentícia, os de que trata o art. 33 deste Ato das Disposições Constitucionais Transitórias e suas complementações e os que já tiverem os seus respectivos recursos liberados ou depositados em juízo, os precatórios pendentes na data de promulgação desta Emenda e os que decorram de ações iniciais ajuizadas até 31 de dezembro de 1999 serão liquidados pelo seu valor real, em moeda corrente, acrescido de juros legais, em prestações anuais, iguais e sucessivas, no prazo máximo de dez anos, permitida a cessão dos créditos. (Incluído pela Emenda Constitucional nº 30, de 2000)

§ 1º É permitida a decomposição de parcelas, a critério do credor. (Incluído pela Emenda Constitucional nº 30, de 2000)

§ 2º As prestações anuais a que se refere o caput deste artigo terão, se não liquidadas até o final do exercício a que se referem, poder liberatório do pagamento de tributos da entidade devedora. (Incluído pela Emenda Constitucional nº 30, de 2000)

§ 3º O prazo referido no caput deste artigo fica reduzido para dois anos, nos casos de precatórios judiciais originários de desapropriação de imóvel residencial do credor, desde que comprovadamente único à época da imissão na posse. (Incluído pela Emenda Constitucional nº 30, de 2000)

§4º O Presidente do Tribunal competente deverá, vencido o prazo ou em caso de omissão no orçamento, ou preterição ao direito de precedência, a requerimento do credor, requisitar ou determinar o sequestro de recursos financeiros da entidade executada, suficientes à satisfação da prestação. (Incluído pela Emenda Constitucional nº 30, de 2000)

É importante salientar que em relação ao § 2º do art. 78 do ADCT (*As prestações anuais a que se refere o caput deste artigo terão, se não liquidadas até o final do exercício a que se referem, poder liberatório do pagamento de tributos da entidade devedora. (Incluído pela Emenda Constitucional nº 30, de 2000)*) há no Supremo Tribunal Federal um procedimento de Repercussão Geral, *in verbis:*

> *O Supremo Tribunal Federal reconheceu a repercussão geral da controvérsia objeto dos presentes autos – aplicabilidade imediata do artigo 78, § 2º, do Ato das Disposições Constitucionais Transitórias – ADCT e a possibilidade de se compensar precatórios de natureza alimentar com débitos tributários – que será submetida à apreciação do Pleno desta Corte, nos autos do RE n. 566.349, Relatora a Ministra Cármen Lúcia. Destarte, aplicando a decisão Plenária no RE n. 579.431, secundada, a posteriori pelo AI n. 503.064-AgR-AgR, Rel. Min. CELSO DE MELLO; AI n. 811.626-AgR--AgR, Rel. Min. RICARDO LEWANDOWSKI, e RE n. 513.473-ED, Rel. Min. CEZAR PELUSO, determino a devolução dos autos ao Tribunal de origem (art. 328, parágrafo único, do RISTF c.c. artigo 543-B e seus parágrafos do Código de Processo Civil). Publique-se. Brasília, 30 de novembro de 2011. Ministro Luiz Fux Relator Documento assinado digitalmente.*
>
> *(RE 577251, Relator(a): Min. LUIZ FUX, julgado em 30/11/2011, publicado em DJe-231 DIVULG 05/12/2011 PUBLIC 06/12/2011)*

Este dispositivo, na sua parte final, também estabelece que o Presidente do Tribunal, a requerimento do credor e exclusivamente para os casos de preterimento de seu direito de precedência ou de não alocação orçamentária do valor necessário à satisfação do seu débito, poderá determinar o sequestro da quantia respectiva. (Redação dada pela Emenda Constitucional nº 62, de 2009).

O §4º do art. 78 do ADCT menciona que o sequestro é legítimo tanto para a hipótese de preterimento da ordem cronológica de pagamento, quanto para a hipótese de não alocação orçamentária do valor necessário à satisfação do débito.

O referido parágrafo aduz que o sequestro é legitimo tanto para a hipótese de preterimento da ordem cronológica de pagamento, quanto para o caso de não alocação orçamentária do valor necessário à satisfação do debito.

O S.T.F. tem admitido o sequestro de verba para a hipótese de preterimento da ordem cronológica de pagamento. Nesse sentido eis o seguinte precedente:

> *A jurisprudência do Supremo Tribunal Federal firmou entendimento de que a única hipótese autorizadora de sequestro de bens públicos é a da ocorrência de quebra da ordem cronológica no pagamento de precatórios.*

(AI 598790 AgR, Relator(a): Min. CÁRMEN LÚCIA, Primeira Turma, julgado em 09/11/2010, DJe-226 DIVULG 24-11-2010 PUBLIC 25-11-2010 EMENT VOL-02438-02 PP-00380)

O S.T.F., na ADI n. 1.662, não considerou como quebra da ordem cronológica de precatórios para fins de sequestro da importância devida, a falta de recurso ou a falta de dotação orçamentária para pagamento de precatórios, *in verbis*:

> *1. Item III: a equiparação da não inclusão no orçamento das verbas relativas a precatórios, ao preterimento do direito de precedência, cria, na verdade, nova modalidade de sequestro, além da única prevista na Constituição (parte final do § 2º do art. 100); além disto, não se concebe no direito constitucional brasileiro a efetivação de sequestro ouvindo-se exclusivamente o Ministério Público, sem observância do contraditório. Na ocorrência da hipótese, a Constituição prevê intervenção federal no Estado (art. 34, VI). 2. O mesmo ocorre com a equiparação que o item XII denomina de pagamento inidôneo (a menor, sem a devida atualização ou fora do prazo legal). 3. O Item VIII, alínea "b", ao estabelecer que ao Presidente do Tribunal Regional compete: ... b) determinar, de ofício a requerimento das partes, a correção de inexatidões materiais ou a retificação de erros de cálculo, alcança, apenas, a correção das diferenças resultantes de erros materiais ou aritméticos ou de inexatidões dos cálculos dos valores dos precatórios, não podendo alcançar o critério adotado para a elaboração dos cálculos nem a adoção de índices de atualização monetária diversos do que foram utilizados na primeira instância, tal como decidido por este Tribunal ao examinar o art. 337, III, VI e VII, do Regimento Interno do Tribunal de Justiça paulista (ADI nº 1.098, j. em 11.09.96). 4. Não é considerada discriminatória a exigência de cumprimento da obrigação prevista na Constituição paulista (art. 57, § 3º), no sentido de que os créditos de natureza alimentícia serão pagos de uma só vez, devidamente atualizados até a data do efetivo pagamento. Precedentes do Plenário (ADInMC nº 446-SP e RE nº 189.942-SP) e das Turmas. 5. Medida cautelar deferida, em parte, para suspender a eficácia dos itens III e XII, e para dar interpretação conforme à alínea b do item VIII, todos da Instrução Normativa nº 11/97, do Tribunal Superior do Trabalho, com efeito ex nunc, até o julgamento final da ação.*
>
> *(ADI 1662 MC, Relator(a): Min. MAURÍCIO CORRÊA, Tribunal Pleno, julgado em 11/09/1997, DJ 20-03-1998 PP-00004 EMENT VOL-01903-01 PP-00147)*

Atualmente o S.T.F. tem admitido o sequestro, pois, diversamente do que preconizava o § 2o do art. 100 inserido pela EC 30/2000 – há muito declarada inconstitucional pelo Supremo Tribunal Federal –, o regramento em vigor autoriza expressamente, desde que requerido pelo credor, a utilização da medida constritiva não apenas nos casos de preterição, mas também na hipótese de 'não alocação orçamentária do valor necessário à satisfação de seu débito'. Nesse sentido Rcl 18900 e Agravo Regimental a Reclamação n. 2.253/RS.

Para o S.T.J., a não inclusão de valores em dotação orçamentária para pagamento de precatório também não configura *ato atentatório à dignidade da justiça*:

> *1. Esta Corte já se manifestou no sentido de que o não pagamento do precatório no prazo não configura, por si só, resistência injustificada à ordem judicial, tampouco ato atentatório à dignidade da jurisdição. Precedentes: REsp 980.134/RS, Rel. Min. Luiz Fux, Primeira Turma, DJe de 21.9.2009; AgRg no AgRg no REsp 951.662/RS, Rel. Min. Nilson Naves, Sexta Turma, DJe de 24.5.2010; REsp 1.103.417/RS, Rel. Min. Eliana Calmon, Segunda Turma, DJe de 4.8.2009.*
>
> *2. Registre-se, ademais, que há outros meios coercitivos previstos constitucionalmente a serem adotados pelo Judiciário em caso de atraso injustificado no pagamento dos precatórios.*
>
> *3. Recurso especial provido.*
>
> *(REsp 1225772/SP, Rel. Ministro MAURO CAMPBELL MARQUES, SEGUNDA TURMA, julgado em 12/04/2011, DJe 27/04/2011)*

Estabelece o § 7º do art. 100 da C.F. (incluído pela Emenda Constitucional n. 62, de 2009) que o Presidente do Tribunal competente que, por ato comissivo ou omissivo, retardar ou tentar frustrar a liquidação regular de precatórios, incorrerá em crime de responsabilidade e responderá, também, perante o Conselho Nacional de Justiça.

Muito embora não haja uma concreta sanção em relação aos Chefes do executivo quanto à tentativa de se retardar ou se tentar frustrar a liquidação regular de precatórios, ou se há, não tem sido aplicada como devia pelos nossos Tribunais, o certo é que se o Presidente do Tribunal competente (autoridade administrativa encarregada de solicitar o valor do precatório e efetuar o seu pagamento) retardar ou tentar frustrar a liquidação regular do precatório incorrerá em crime de responsabilidade e responderá, também, perante o Conselho Nacional de Justiça.

É vedada a expedição de precatórios complementares ou suplementares de valor pago, bem como o fracionamento, repartição ou quebra do valor da execução para fins de enquadramento de parcela do total ao que dispõe o § 3º deste artigo. (§8º do art. 100 da C.F., Incluído pela Emenda Constitucional nº 62, de 2009).

Este dispositivo apresenta duas proibições de expedição de precatório: a) precatório complementar ou suplementar de valor pago; b) fracionamento, repartição ou quebra do valor da execução para fins de enquadramento de parcela do total ao que dispõe o §3º do art. 100 da C.F.

Sobre a questão de expedição de precatório complementar, o S.T.F., na ADI 2.925, dando interpretação *conforme* o Regimento Interno do Tribunal de Justiça de São Paulo, estabeleceu que somente há possibilidade de expedição desse tipo de precatório em caso de erro material e inexatidão aritmética, contidos no precatório original:

1. Na ADI 2.925, esta Corte deu interpretação conforme o art. 336, V do RITJ/SP, sem redução de texto, para o fim de ficar assentado que "pagamentos complementares", referidos no citado preceito regimental, são somente aqueles decorrentes de erro material e inexatidão aritmética, contidos no precatório original, bem assim da substituição, por força de lei, do índice aplicado. Respeito à regra da estrita legalidade orçamentária. 2. Não obstante, a regra da estrita legalidade orçamentária não pode ser manipulada para postergar, indefinidamente, o pagamento dos valores devidos pelo Estado por força de sentenças transitadas em julgado. O pagamento parcial de valor previsto na lei orçamentária é fato grave, que deve ser apurado a tempo e modo próprios. 3. Hipótese em que presente litígio sobre a aplicação de índices (BTN vs. IPC). Agravo regimental ao qual se nega provimento.

(RE 172000 AgR, Relator(a): Min. JOAQUIM BARBOSA, Segunda Turma, julgado em 14/09/2010, DJe-190 DIVULG 07-10-2010 PUBLIC 08-10-2010 EMENT VOL-02418-06 PP-01144)

Também não se tem admitido o fracionamento, repartição ou quebra do valor da execução para fins de enquadramento de parcela do total, nos termos do §3º do art. 100 da C.F. Prescreve o §3º do art. 100 da C.F. que o disposto no caput deste artigo relativamente à expedição de precatórios não se aplica aos pagamentos de obrigações definidas em lei como de pequeno valor que as Fazendas referidas devam fazer em virtude de sentença judicial transitada em julgado. (Redação dada pela Emenda Constitucional nº 62, de 2009).

Portanto, não é possível ao exequente fracionar o precatório, seja para inserir as frações no âmbito da RPV, seja para inserir parte desse fracionamento nesse tipo de pagamento.

Sobre o tema assim decidiu o S.T.F.:

Recurso Extraordinário. 2. Alegação de ofensa ao art. 87 do ADCT e ao § 4º do art. 100 da Constituição Federal. Ocorrência. 3. Fracionamento do valor de precatório em execução de sentença, com o objetivo de efetuar o pagamento das custas processuais por meio de requisição de pequeno valor (RPV). Impossibilidade. 4. Recurso extraordinário provido.

(RE 592619, Relator(a): Min. GILMAR MENDES, Tribunal Pleno, julgado em 08/09/2010, DJe-218 DIVULG 12-11-2010 PUBLIC 16-11-2010 EMENT VOL-02431-01 PP-00179 RSJADV dez., 2010, p. 41-43 RJTJRS v. 46, n. 280, 2011, p. 29-34)

(...).

1. Execução contra a Fazenda Pública: recurso extraordinário: descabimento: controvérsia relativa às exigências para a inclusão do precatório no orçamento, de natureza infraconstitucional, de exame inviável no RE. 2. Execução contra a Fazenda Pública: fracionamento do valor da execução em parcelas controversa e incontroversa, sem que isso implique em alteração de regime de pagamento, que é definido pelo valor global da obrigação: ausência, no caso, de violação do art. 100, §§ 1º e 4º, da Constituição Federal." (RE 484.770, rel. min. Sepúlveda Pertence, DJ de 01.09.2006) Por isso, esta Corte entende que não viola a Constituição a expedição de requisição de pequeno valor complementar, quando o somatório das requisições não ultrapassar o limite constitucionalmente previsto. Nesse sentido: RE 526.608, rel. min. Ricardo Lewandowski, DJ de 17/02/2010. Do exposto, conheço do recurso extraordinário e dou-lhe provimento. Publique-se. Brasília, 5 de dezembro de 2011. Ministro JOAQUIM BARBOSA Relator

(RE 595978, Relator(a): Min. JOAQUIM BARBOSA, julgado em 05/12/2011, publicado em DJe-238 DIVULG 15/12/2011 PUBLIC 16/12/2011)

Há, contudo, uma exceção em que o fracionamento é permitido. Trata-se da hipótese prevista no §2º do art. 100 da C.F.: *Os débitos de natureza alimentícia cujos titulares tenham 60 (sessenta) anos de idade ou mais na data de expedição do precatório, ou sejam portadores de doença grave, definidos na forma da lei, serão pagos com preferência sobre todos os demais débitos, até o valor equivalente ao triplo do fixado em lei para os fins do disposto no § 3º deste artigo, admitido o fracionamento para essa finalidade, sendo que o restante será pago na ordem cronológica de apresentação do precatório. (Redação dada pela Emenda Constitucional nº 62, de 2009).*

Estabelece o § 9º do art. 100 da C.F., incluído pela Emenda Constitucional n. 62, de 2009, que no momento da expedição dos precatórios, independentemente de regulamentação, deles deverá ser abatido, a título de compensação, valor correspondente aos débitos líquidos e certos, inscritos ou não em dívida ativa e constituídos contra o credor original pela Fazenda Pública devedora, incluídas parcelas vincendas de parcelamentos, ressalvados aqueles cuja execução esteja suspensa em virtude de contestação administrativa ou judicial. Complementando este parágrafo, prescreve o § 10 do art. 100 da C.F. (incluído pela Emenda Constitucional n. 62, de 2009) que antes da expedição dos precatórios, o Tribunal solicitará à Fazenda Pública devedora, para resposta em até 30 (trinta) dias, sob pena de perda do direito de abatimento, informação sobre os débitos que preencham as condições estabelecidas no § 9º, para os fins nele previstos.

Estes dispositivos introduziram a possibilidade de a Fazenda Pública proceder, no momento da expedição dos precatórios, independentemente de regulamentação, o abatimento do valor a título de compensação, valor correspondente aos débitos líquidos e certos, inscritos ou não em dívida ativa e constituídos contra o credor originário pela Fazenda Pública devedora, incluídas parcelas vincendas de parcelamentos, ressalvadas aquelas cuja execução esteja suspensa em virtude de contestação administrativa ou judicial.

Assim, antes da expedição dos precatórios, o Tribunal solicitará à Fazenda Pública devedora, para resposta em até 30 (trinta) dias, sob pena de perda do direito de abatimento, informação sobre os débitos que preencham as condições estabelecidas no §9º do art. 100 da C.F.

O Tribunal Regional Federal da 4ª Região, por meio de sua Corte Especial, em Sessão realizada na data de 27 de outubro de 2011, ao apreciar o incidente de arguição de inconstitucionalidade n. 0036865-24.2010.404.0000/SC, acolheu, à unanimidade, a inconstitucionalidade dos parágrafos 9º e 10 do art. 100 da Constituição Federal, introduzidos pela emenda constitucional n. 62/2009. Confira-se a íntegra do acórdão, *in verbis*:

> *1. Os créditos consubstanciados em precatório judicial são créditos que resultam de decisões judiciais transitadas em julgado. Portanto, sujeitos à preclusão máxima. A coisa julgada está revestida de imutabilidade. É decorrência do princípio da segurança jurídica. Não está sujeita, portanto, a modificações. Diversamente, o crédito que a norma impugnada admite compensar resulta, como regra, de decisão administrativa, já que a fazenda tem o poder de constituir o seu crédito e expedir o respectivo título executivo extrajudicial (CDA) administrativamente, porém sujeito ao controle jurisdicional. Isto é, não é definitivo e imutável, diversamente do que ocorre com o crédito decorrente de condenação judicial transitada em julgada. Ou seja, a norma impugnada permite a compensação de créditos que têm natureza completamente distintas. Daí a ofensa ao instituto da coisa julgada. 2. Afora isso, institui verdadeira execução fiscal administrativa, sem direito a embargos, já que, como é evidente, não caberá nos próprios autos do precatório a discussão da natureza do crédito oposto pela fazenda, que, como é óbvio, não é definitivo e pode ser contestado judicialmente. Há aí, sem dúvida,*

ofensa ao princípio do devido processo legal. 3. Ao determinar ao Judiciário que compense crédito de natureza administrativa com crédito de natureza jurisdicional, sem o devido processo legal, usurpa a competência do Poder Judiciário, resultando daí ofensa ao princípio federativo da separação dos poderes, conforme assinalado, em caso similar, pelo STF na ADI 3453, que pontuou: "o princípio da separação dos poderes estaria agravado pelo preceito infraconstitucional, que restringe o vigor e a eficácia das decisões judiciais ou da satisfação a elas devidas na formulação constitucional prevalecente no ordenamento jurídico". 4. Ainda, dispondo a Fazenda do poder de constituir administrativamente o seu título executivo, tendo em seu favor inúmeros privilégios, materiais e processuais, garantidos por lei ao seu crédito (ressalvado os trabalhistas, preferência em relação a outros débitos; processo de execução específico; medida cautelar fiscal; arrolamento de bens, entre outros), ofende o princípio da razoabilidade/proporcionalidade a compensação imposta nos dispositivos impugnados. 5. Em conclusão: os §§ 9º e 10 do art. 100 da CF, introduzidos pela EC n. 62, de 2009, ofendem, a um só tempo, os seguintes dispositivos e princípios constitucionais: a) art. 2º da CF/88 (princípio federativo que garante a harmonia e independência dos poderes); b) art. 5º, inciso XXXVI, da CF/88 (garantia da coisa julgada/segurança jurídica); c) art. 5º, inciso LV, da CF/88 (princípio do devido processo legal); d) princípio da razoabilidade/proporcionalidade. 6. Acolhido o incidente de arguição de inconstitucionalidade para declarar a inconstitucionalidade dos §§ 9º e 10 do art. 100 da CF, introduzidos pela EC n. 62, de 2009. (Arguição de inconstitucionalidade nº 0036865-24.2010.404.0000, Rel. acórdão Des. Federal Otávio Roberto Pamplona, DJ 09/11/2011).

É importante salientar que o Supremo Tribunal Federal já analisou a questão da constitucionalidade dos §§9º e 10º nas ADI 4357/DF, rel. Min. Ayres Britto, 6.10.2011. (ADI-4357) ; ADI 4372/DF, rel. Min. Ayres Britto, 6.10.2011. (ADI-4372); ADI 4400/DF, rel. Min. Ayres Britto, 6.10.2011. (ADI-4400); ADI 4425/DF, rel. Min. Ayres Britto, 6.10.2011. (ADI-4425), conforme se constata do Boletim Informativo n. 643 do S.T.F, *in verbis*:

Precatório: regime especial e EC 62/2009 – 2

O Plenário retomou julgamento conjunto de ações diretas, propostas pelo Conselho Federal da Ordem dos Advogados do Brasil, pela Associação dos Magistrados Estaduais – Anamages, pela Associação Nacional dos Magistrados da Justiça do Trabalho – Anamatra e pela Confederação Nacional das Indústrias – CNI, em que se questiona a constitucionalidade da Emenda Constitucional 62/2009, que alterou o art. 100 da CF e acrescentou o art. 97 ao ADCT, "instituindo regime especial de pagamento de precatórios pelos Estados, Distrito Federal e Municípios" – v. Informativo 631. O Min. Ayres Britto, relator, julgou parcialmente procedente a ação para o fim de declarar a inconstitucionalidade: a) da expressão "na data de expedição do precatório", contida no § 2º do art. 100 da CF; b) dos §§ 9º e 10 do art. 100 da CF; c) da expressão "índice oficial de remuneração básica da caderneta de poupança", constante do § 12 do art. 100 da CF, do inciso II do § 1º e do § 16, ambos do art. 97 do ADCT; d) do fraseado "independentemente de sua natureza", inserido no § 12 do art. 100 da CF, para que aos precatórios de natureza tributária se apliquem os mesmos juros de mora incidentes sobre o crédito tributário; e) por arrastamento (itens "c" e "d" acima), do art. 5º da Lei 11.960/2009; f) do § 15 do art. 100 da CF e de todo o art. 97 do ADCT (especificamente o caput e os §§ 1º, 2º, 4º, 6º, 8º, 9º, 14 e 15, sendo os demais por arrastamento ou reverberação normativa).

(....).

Muito embora já tenha ocorrido o julgamento, o S.T.F. ainda está analisando a questão da modulação dos efeitos.

§ 11. É facultada ao credor, conforme estabelecido em lei da entidade federativa devedora, a entrega de créditos em precatórios para compra de imóveis públicos do respectivo ente federado. (Incluído pela Emenda Constitucional nº 62, de 2009).

Desta feita, havendo lei de cada ente federado devedor (União, Estados, Distrito Federal e Município) estabelecendo os critérios e forma de sua concretização, poderão ser entregues créditos em precatório para compra de imóveis públicos do respectivo ente federado.

A Câmara Municipal do Rio de Janeiro apresentou o Projeto de Lei n.671/2010, com o seguinte teor:

A CÂMARA MUNICIPAL DO RIO DE JANEIRO

D E C R E T A:

***Art. 1º** – Esta Lei estabelece normas gerais sobre a utilização de créditos representados por precatórios vencidos pendentes de pagamento e extraídos contra o Município do Rio de Janeiro, suas autarquias e fundações, para fins de sua utilização, quitação e amortização em compra de imóveis públicos desta municipalidade, desde que observado o procedimento desta Lei, da Lei Geral de Licitações e Contratos da Administração Pública e das normas municipais aplicáveis.*

***Art. 2º** – Serão utilizáveis, para os fins de que trata o artigo anterior, os créditos que se façam representados por precatórios pendentes de pagamento ou que venham a ser expedidos em decorrência de ações judiciais.*

***Art. 3º** – A proposta da compra do imóvel público deverá ser correspondente ao do titular do crédito decorrente do precatório, seja por crédito de titularidade, primitiva ou derivada.*

***Art. 4º** – Para os fins desta Lei, considera-se:*

I – titularidade primitiva – quando o crédito decorrer de relações diretamente estabelecidas entre o contribuinte e o Município do Rio de Janeiro, ou entre aquele e qualquer entidade da Administração Indireta Municipal.

II – crédito derivado – aquele cuja titularidade adquirir o contribuinte e o devedor tributário em face de cessão a ele procedida por terceiro, cujo instrumento será submetido ao Município do Rio de Janeiro, que certificará, desde que preenchidos todos os requisitos legais pertinentes, o reconhecimento da operação e dos seus conseqüentes efeitos sub-rogatórios.

***Art. 5º** – É pré-condição da utilização dos créditos de que trata esta Lei, e para os fins nela estabelecidos, o expresso reconhecimento, pelo credor primitivo ou derivado, conforme o caso, da definitividade do valor consignado no instrumento em que é fundada a obrigação.*

***Art. 6º** – Serão atualizados, até a data do deferimento do pedido, mediante a aplicação do índice legal pertinente, o valor do débito a ser liquidado, compreendendo principal e acessórios, e o valor expresso no instrumento em que representa a obrigação.*

***Art. 7º** – Poderão ainda ser utilizados, para os fins e na forma que prescreve esta Lei, créditos oriundos de sentenças judiciais transitadas em julgado e de natureza contratual ou alimentar.*

***Art. 8º** – Esta lei será regulamentada pelo Poder Executivo, estabelecendo o procedimento administrativo a ser utilizado para a sua aplicação.*

***Art. 9º** – Esta Lei entrará em vigor na data de sua publicação.*

§ 12. A partir da promulgação desta Emenda Constitucional, a atualização de valores de requisitórios, após sua expedição, até o efetivo pagamento, independentemente de sua natureza, será feita pelo índice oficial de remuneração básica da caderneta de poupança, e, para fins de compensação da mora, incidirão juros simples no mesmo percentual de juros incidentes sobre a caderneta de poupança, ficando excluída a incidência de juros compensatórios. (Incluído pela Emenda Constitucional nº 62, de 2009).

É importante salientar que na **ADI 4425/DF, rel. Min. Ayres Britto, 6.10.2011. (ADI-4425),** o relator já apresentou seu voto, conforme ficou assim consignado no Boletim Informativo do S.T.F. n. 643, *in verbis*:

O relator declarou, ainda, a inconstitucionalidade parcial do § 12 do art. 100 da CF ("A partir da promulgação desta Emenda Constitucional, a atualização de valores requisitórios, após sua expedição, até o efetivo pagamento, independentemente de sua natureza, será feita pelo índice oficial de remuneração básica da caderneta de poupança, e para fins de compensação da mora, incidirão juros simples no mesmo percentual de juros incidentes sobre a caderneta de poupança, ficando excluída a incidência de juros compensatórios"), no que diz respeito à expressão "índice oficial de remuneração básica da caderneta de poupança", bem como do inciso II do § 1º e do § 16, ambos do art. 97 do ADCT. Realçou que essa atualização monetária dos débitos inscritos em precatório deveria corresponder ao índice de desvalorização da moeda, no fim de certo período, e que esta Corte já consagrara não estar refletida, no índice estabelecido na emenda questionada, a perda de poder aquisitivo da moeda. Dessa maneira, afirmou a afronta à garantia da coisa julgada e, reflexamente, ao postulado da separação dos Poderes. Na sequência, considerou inconstitucional, de igual modo, o fraseado "independentemente de sua natureza", previsto no mesmo § 12 em apreço. Aludiu que, para os precatórios de natureza tributária, deveriam ser aplicados os mesmos juros de mora incidentes sobre todo e qualquer crédito tributário.

§ 13. O credor poderá ceder, total ou parcialmente, seus créditos em precatórios a terceiros, independentemente da concordância do devedor, não se aplicando ao cessionário o disposto nos §§ 2º e 3º. (Incluído pela Emenda Constitucional nº 62, de 2009).

§ 14. A cessão de precatórios somente produzirá efeitos após comunicação, por meio de petição protocolizada, ao tribunal de origem e à entidade devedora. (Incluído pela Emenda Constitucional nº 62, de 2009).

A Constituição Federal vem legitimar a cessão de crédito de precatórios, total ou parcialmente, independentemente da concordância do devedor (no caso o ente federado), não se aplicando ao cessionário o disposto nos §§2º e 3º do art. 100 da C.F.

Assim, mesmo que o cessionário seja maior de 60 (sessenta) anos ou esteja acometido de doença grave, não poderá requerer prioridade no pagamento do seu crédito, muito menos será admitido fracionamento para tal finalidade.

Também o cessionário, mesmo que o crédito seja definido em lei como de pequeno valor, não poderá requerer que seja pago por RPV, mas apenas por precatório, salvo, evidentemente, se a cessão for posterior à expedição do RPV.

A cessão de precatórios somente produzirá efeitos após comunicação, por meio de petição protocolizada, ao tribunal de origem e à entidade devedora.

Muito embora não haja necessidade de autorização da entidade devedora para a cessão do crédito de precatório, essa cessão somente produzirá efeito após a comunicação, por meio de petição protocolizada, ao tribunal de origem e à entidade devedora de sua ocorrência. Se não houver tal comunicação, o Tribunal, assim como a entidade devedora, poderá efetuar o pagamento do precatório ao credor originário para todos os efeitos legais.

§ 15. Sem prejuízo do disposto neste artigo, lei complementar a esta Constituição Federal poderá estabelecer regime especial para pagamento de crédito de precatórios de Estados,

Distrito Federal e Municípios, dispondo sobre vinculações à receita corrente líquida e forma e prazo de liquidação. (Incluído pela Emenda Constitucional nº 62, de 2009).

É importante salientar que na **ADI 4425/DF, rel. Min. Ayres Britto, 6.10.2011. (ADI-4425),** o relator já apresentou seu voto, conforme ficou assim consignado no Boletim Informativo do S.T.F. n. 643, *in verbis:*

Em passo seguinte, apreciou o § 15 do art. 100 da CF ("Sem prejuízo do disposto neste artigo, lei complementar a esta Constituição Federal poderá estabelecer regime especial para pagamento de crédito de precatórios de Estados, Distrito Federal e Municípios, dispondo sobre vinculações à receita corrente líquida e forma e prazo de liquidação") e o art. 97 do ADCT ("Até que seja editada a lei complementar de que trata o § 15 do art. 100 da Constituição Federal, os Estados, o Distrito Federal e os Municípios que, na data de publicação desta Emenda Constitucional, estejam em mora na quitação de precatórios vencidos, relativos às suas administrações direta e indireta, inclusive os emitidos durante o período de vigência do regime especial instituído por este artigo, farão esses pagamentos de acordo com as normas a seguir estabelecidas, sendo inaplicável o disposto no art. 100 desta Constituição Federal, exceto em seus §§ 2º, 3º, 9º, 10, 11, 12, 13 e 14, e sem prejuízo dos acordos de juízos conciliatórios já formalizados na data de promulgação desta Emenda Constitucional"). Salientou que a Constituição possibilitara à lei complementar estabelecer regime especial para pagamento de precatórios pelas unidades federativas e que, ante a falta daquela espécie legislativa, o tema fora instituído pelo art. 97 do ADCT. Após breve explicação sobre os 2 modelos de regime especial de pagamento de precatório, registrou que os preceitos impugnados subverteriam os valores do Estado de Direito, do devido processo legal, do livre e eficaz acesso ao Poder Judiciário e da razoável duração do processo. Frisou que esses artigos ampliariam, por mais 15 anos, o cumprimento de sentenças judiciais com trânsito em julgado e desfavoráveis ao Poder Público, cujo prazo já teria sido, outrora, prorrogado por 10 anos pela Emenda Constitucional30/2000.

O relator entendeu adequada a referência à EC 62/2009 como a "emenda do calote". Mencionou que esse calote feriria o princípio da moralidade administrativa, haja vista o não-adimplemento, por parte do Estado, de suas próprias dívidas. Além disso, sublinhou que o Estado: a) reconheceria o não-cumprimento, durante anos, de ordens judiciais de pagamento em desfavor do erário; b) propor-se-ia a adimpli-las, mas limitado a percentual pequeno de sua receita; c) forçaria, com esse comportamento, que os titulares de crédito assim inscritos os levassem a leilão.

§ 16. A seu critério exclusivo e na forma de lei, a União poderá assumir débitos, oriundos de precatórios, de Estados, Distrito Federal e Municípios, refinanciando-os diretamente. (Incluído pela Emenda Constitucional nº 62, de 2009).

Este dispositivo permite que a União, desde que observadas as regras atinentes ao pagamento de precatórios previstas no art. 100 e parágrafos da C.F., assuma débitos oriundos de precatórios de Estado, do Distrito Federal e dos Municípios, refinanciando-os diretamente.

Essa medida poderá ser tomada pela União quando verificar total insolvência do Estado, do Distrito Federal ou do Município.

Note-se que a Constituição Federal não permitiu o mesmo procedimento a ser adotado pelos Estados em relação os débitos de precatórios dos Municípios.

Não estão compreendidas no âmbito do regime de precatório as sociedades de economia mista e as empresas públicas. Nesse sentido é o seguinte precedente do S.T.J.:

Ementa: Os privilégios da Fazenda Pública são inextensíveis às sociedades de economia mista que executam atividades em regime de concorrência ou que tenham como objetivo distribuir lucros aos seus acionistas. Portanto, a empresa Centrais Elétricas do Norte do Brasil S.A. – Eletronorte não pode se beneficiar do sistema de pagamento por precatório de dívidas decorrentes de decisões judiciais (art. 100 da Constituição). Recurso extraordinário ao qual se nega provimento.

(RE 599628, Relator(a): Min. AYRES BRITTO, Relator(a) p/ Acórdão: Min. JOAQUIM BARBOSA, Tribunal Pleno, julgado em 25/05/2011, REPERCUSSÃO GERAL – MÉRITO DJe-199 DIVULG 14-10-2011 PUBLIC 17-10-2011 EMENT VOL-02608-01 PP-00156)

Preceitua o *§2º do art. 910* do atual C.P.C. que *nos embargos, a Fazenda Pública poderá alegar qualquer matéria que lhe seria lícito deduzir como defesa no processo de conhecimento.*

O art. 535, inc. I a VI, do atual C.P.C., ao tratar do cumprimento de decisão por quantia certa contra a Fazenda Pública, restringiu as matérias que podem ser alegadas na impugnação apresentada pela própria Fazenda Pública, justamente pelo fato de que já houve um processo de conhecimento anteriormente instaurado, mediante o devido contraditório, no qual foi proferida a decisão. Nesse processo antecedente, a Fazenda Pública já teve oportunidade de realizar amplo e irrestrito contraditório, razão pela qual não se justificaria a repetição de defesa daquilo que já foi analisado e afastado pelo juízo quando da prolação da decisão executiva.

Já em relação à execução de título executivo extrajudicial, não houve oportunidade anterior para que a Fazenda Pública pudesse exercer sua ampla defesa e contraditório, razão pela qual não há limite de cognição sobre as matérias que possam ser alegadas por ocasião da interposição dos embargos, justamente por ser a primeira vez que a Fazenda Pública irá se manifestar em juízo sobre o crédito que lhe é cobrado.

Dentre as matérias que a Fazenda Pública poderá arguir encontram-se:

a) a inexigibilidade do título.

A impugnação poderá ter por conteúdo a alegação de inexigibilidade do título executivo extrajudicial.

Para que um ato tenha eficácia para tornar adequado o procedimento executivo, é indispensável que em sua formação tenham sido observados os requisitos exigidos de forma para a sua regularidade. Em outras palavras, há requisitos formais além dos requisitos substanciais, referentes ao *conteúdo do ato*.

Entre os requisitos formais está a existência de um título executivo extrajudicial, consubstanciado na forma escrita. Esse ato jurídico, que é título, subordina-se a certos requisitos particulares, antes mesmo de se pensar na sua eficácia executiva, a qual somente ocorrerá se o ato estiver perfeito. A eficácia executiva, por sua vez, decorre da lei de natureza processual.[462]

Já o conteúdo substancial decorre da precisa individualização do direito a que se refere. Para que seja considerado título executivo, todavia, ele precisa individualizar o bem devido, e, tratando-se de bem fungível, indicar o número de unidades. É que a execução se caracteriza por ser um procedimento visando a uma determinada finalidade prática e objetiva, dispondo de meios para a realização do direito e não para o acertamento de sua natureza ou existência, ou da individualidade do bem devido, ou, ainda, a quantidade de bens.[463]

Ao estudar os requisitos substanciais do título executivo, a doutrina costuma falar muito e frequentemente sobre os predicados de *liquidez, certeza e exigibilidade.*

A *exigibilidade*, contudo, é estranha ao conceito e configuração do título executivo. A *exigibilidade* diz respeito apenas que é chegado o momento da satisfação da vontade concreta da lei, sem que haja mais qualquer impedimento legal.[464]

Em resumo: *"enquanto o título executivo pertence à disciplina da adequação da tutela executiva como requisito para que concorra o legítimo interesse de agir, a exigibilidade do direito é caracterizadora do interesse-necessidade. Só assim se explica a existência de títulos que se constituem antes da exigibilidade do direito, como sucede na hipótese de condenação para o futuro e como é corriqueiro entre os títulos extrajudiciais. No tocante à exigibilidade, deve o título apenas propiciar ao juiz a apreciação de sua ocorrência no momento da execu-*

[462] Dinamarco, Cândido Rangel. *Execução civil.* 3ª ed. São Paulo: Malheiros, 1993, p. 481.
[463] Dinamarco, C. R., idem, p.482.
[464] Dinamarco, C. R., idem, p. 483.

ção, isto é, indicar as 'condições de exigibilidade', de modo que à primeira vista se saiba se o débito está ou não vencido, se há ou não condições".[465]

Por isso, a qualidade de liquidez, certeza e exigibilidade não diz respeito ao título em sentido formal, ou seja, ao ato jurídico dotado de eficácia executiva, mas, sim, ao seu *conteúdo*, ou seja, *ao direito subjetivo atestado*. Na realidade, o conceito de exigibilidade pertence exclusivamente ao direito substancial e ali deve ser desenvolvido e esclarecido. É, segundo os critérios deste, portanto, que se deve verificar, em cada caso concreto, se já chegou o momento do recurso aos órgãos da jurisdição ou se ainda é preciso esperar pela satisfação voluntária.[466]

No caso de execução de título executivo extrajudicial, a exigibilidade decorre, em regra, do vencimento do prazo para pagamento da obrigação. Portanto, não há exigibilidade enquanto o prazo para cumprimento da obrigação não se encontrar vencido.

Também a exigibilidade pode estar condicionada ao implemento da *condição ou termo* prevista no art. 514 do atual C.P.C., aplicável também à execução de título extrajudicial: "*Quando o juiz decidir relação jurídica sujeita a condição ou termo, o cumprimento da sentença dependerá de demonstração de que se realizou a condição ou de que ocorreu o termo*".

Na realidade, os pressupostos da relação processual executiva são aqueles elementos, requisitos e fatores de admissibilidade do processo regular, cuja presença enseja a emanação de pronunciamento válido e eficaz sobre o mérito, isto é, a satisfação do exequente, que é propriamente a execução.[467]

Pela grande influência que Liebman exerceu, o C.P.C. de 1973, assim como o atual C.P.C., além dos pressupostos comuns de existência, aos requisitos de admissibilidade e às condições de ação, estabelece também requisitos necessários para a realização da execução de título executivo extrajudicial, no caso, o *inadimplemento*. Desta feita, a disposição atinente ao inadimplemento da obrigação é herança de Liebman, para quem o inadimplemento é a 'razão de ser' da execução (ou cumprimento de sentença), ou seu pressuposto de fato.[468]

[465] DINAMARCO, C. R., idem, ibidem.
[466] DINAMARCO, C., R., idem, p. 408.
[467] ASSIS, Araken. *Manual da execução*. 11ª ed. São Paulo: Revista dos Tribunais, 2008. p. 338.
[468] LIEBMAN, Enrico Tullio. *Manual de direito processual civil*. Trad. e notas de Cândido Rangel Dinamarco. 3. ed. São Paulo, Malheiros, 2005. Vol. 1, p. 264.

Por influência de Liebman, parte da doutrina classifica o *inadimplemento* como condição da ação de execução relacionada ao interesse de agir. Nesse sentido é a lição de José Frederico Marques.[469]

Por sua vez, para Pontes de Miranda, Cândido Rangel Dinamarco, Marcelo Lima Guerra, Willis S. Guerra e outros, é imprópria a inclusão do inadimplemento como requisito da execução.[470]

Para Dinamarco, o inadimplemento é um elemento integrante da causa de pedir executiva. Contudo, isso não significa dizer que este requisito configure condição da ação ou esteja inserido no interesse de agir. Ensina o processualista: *"Ao incluir o inadimplemento entre os 'requisitos para realizar qualquer execução', cometeu o Código de Processo Civil ao menos uma impropriedade, ficando incoerente consigo mesmo e com o sistema que contém; se o inadimplemento fosse realmente condição da ação executiva, dele haveria o juiz de conhecer de-ofício e não somente mediante os eventuais embargos do executado"*.[471]

Teori Albino Zavascki entende que o inadimplemento *"é tema relacionado com a própria existência do direito, ou seja, é questão de mérito, e não de processo... Inadimplemento não é condição da ação de execução, mas condição para realizar legitimamente os atos executivos, ou, em outras palavras, condição para uma ação executiva 'procedente'"*.[472]

Já Didier Fridie diferencia a *afirmação* do inadimplemento, que é um requisito específico de admissibilidade do procedimento executivo, e a *efetiva demonstração* do inadimplemento, que é uma questão de mérito.[473]

Pois bem, seja o inadimplemento uma condição ou um pressuposto para o desencadeamento do procedimento executivo, o certo é que sua avaliação, logo com o pedido de promoção da demanda executiva, deve ocorrer com base na Teoria da Asserção ou *prospettazione*, segundo a qual as condições de análise do mérito (do pedido) ou condições de ação devem ser aferidas de acordo com as afirmações do autor, no caso, o exequente.

Kazuo Watanabe assinala: *"As condições da ação' são aferidas no plano 'lógico' e da mera asserção do direito, e a 'cognição' a que o juiz procede consiste em simplesmente confrontar a afirmativa do autor com o esquema abstrato da lei. Não se procede, ainda, ao*

469 Marques, José Frederico. *Manual de direito processual civil.* 2ª ed. Campinas: Millennium, 2000, vol. 4., p. 27.

470 Zavascki, Teori Albino. *Comentários ao código de processo civil.* São Paulo: Revista dos Tribunais, 2000, vol. 8. p. 160.

471 Dinamarco, C., R., op. cit., 411.

472 Zavascki, T. A. , op. Cit., p. 160.

473 Didier Júnior, Fredie, *et al. Curso de direito processual civil*: teoria geral do processo e processo de conhecimento. 10ª ed., Salvador: Juspodivm, 2008. v. 1,, p. 95.

acertamento do direito afirmado".[474] Da mesma forma leciona Flávio Luiz Yarshell: *"a aferição das chamadas 'condições da ação' nada mais é do que um exame apriorístico e superficial, da própria relação material ou de dados relevantes colhidos no plano substancial. Trata-se de um juízo formulado com base em cognição não exauriente da controvérsia que, desde logo, pode antecipar o insucesso do pleito deduzido pelo demandante"*.[475]

Assim, com base na Teoria da Asserção ou *prospettazione*, apresentando o exequente o título executivo extrajudicial e alegando o seu inadimplemento, deverá o juiz de imediato admitir a execução.

Por outro lado, se o juiz verificar de plano que não houve o pressuposto executivo (seja ele processual ou material), no caso, o inadimplemento, poderá indeferir o pedido de instauração do procedimento executivo pela falta de *inadimplemento*.

Mas poderá ocorrer que no momento do pedido de instauração do processo de execução, a parte requerente não alegue, nem o juiz perceba que não houve o inadimplemento, ou seja, não ocorreu a exigibilidade do título, e determine a instauração do processo. Apenas após diversos atos executivos é que se apercebe desta falha processual, quando, por sua vez, se concretizara a exigibilidade por outros fatores. Nessa hipótese, parece-me que não será mais o caso de extinguir o processo executivo, pois fato novo ou superveniente surgiu no transcurso dos atos executivos.

É importante salientar que, em face do princípio da instrumentalidade do processo, deve-se aplicar o disposto no art. 493 do atual C.P.C. também no processo de execução de título extrajudicial. Preceitua este dispositivo, que *se, depois da propositura da ação, algum fato constitutivo, modificativo ou extintivo do direito influir no julgamento do mérito, caberá ao juiz tomá-lo em consideração, de ofício ou a requerimento da parte, no momento de proferir a decisão.*

Portanto, *'a sentença deve refletir o estado de fato da lide no momento da entrega da prestação jurisdicional, devendo o juiz levar em consideração o 'fato superveniente'* (RSTJ 140, p. 386, 42, p. 352, 103, p. 263).

Nesse sentido também os seguintes precedentes:

> *(...).*
>
> *2. Cabe ao juiz solucionar a demanda levando em consideração as questões supervenientes que influenciam na lide, conforme o disposto no art. 462 do CPC. Com efeito, quando do pronunciamento judicial, a questão administrativa já havia se exaurido*

474 Watanabe, Kazuo. *Da cognição no processo civil*. São Paulo: Revista dos Tribunais, 1987. p. 69.
475 Yarshell, Flávio Luiz. *Tutela jurisdicional*. São Paulo: Atlas, 1998. n. 17. p. 103.

por definitivo, tornando o título executivo definitivamente constituído, líquido, certo e exigível.

Agravo regimental improvido.

(AgRg no REsp 1270467/PR, Rel. Ministro HUMBERTO MARTINS, SEGUNDA TURMA, julgado em 06/12/2011, DJe 14/12/2011)

1. Insurgência especial fulcrada, preliminarmente, na aduzida ofensa ao artigo 462, do CPC, por não ter o acórdão regional atentado para o fato superveniente capaz de influir no julgamento, qual seja, a celebração de novo acordo de parcelamento, em 31.12.2002, causa suspensiva da exigibilidade do crédito tributário prevista no artigo 151, do CTN, e, por consequência, ensejadora da suspensão da execução fiscal em tela, ajuizada em 01.07.1998.

(...).

6. Desta sorte, a superveniente celebração de acordo de parcelamento constitui fato que deve ser considerado pelo magistrado a quando da prolação de decisão em sede do executivo fiscal, ex vi do artigo 462, do CPC, uma vez que suspensão do processo é consectário lógico da causa suspensiva da exigibilidade do crédito tributário.

7. Recurso especial parcialmente conhecido e, nesta parte, desprovido, sendo certo que não há imputação de honorários ao recorrido.

(REsp 784.943/ES, Rel. Ministro LUIZ FUX, PRIMEIRA TURMA, julgado em 07/08/2007, DJ 20/09/2007, p. 228)

b) *O excesso de execução.*

Os embargos também poderão ter por fundamento a alegação de *excesso de execução.*

A Fazenda Nacional poderá afirmar que o pedido formulado no procedimento executivo de título extrajudicial, o qual corresponde ao valor a ser pago, poderá estar em total dissonância com o conteúdo valorativo do título, no caso, com o título apto a gerar atos de execução forçada.

Assim, o pedido formulado no âmbito da demanda executiva deve ater-se *ipsi literis* ao conteúdo previsto no título executivo.

Por isso, convém afirmar que o título deve exprimir ou permitir a possibilidade de exprimir um direito certo, líquido e exigível.

Por certeza, entende-se uma precisa individualização do próprio direito, seja na imputação, ou direção subjetiva, ou no seu conteúdo. A liquidez, por sua vez, estabelece a sua expressão monetária.

Se a Fazenda Pública alegar nos embargos o excesso de execução, ou seja, que o exequente pleiteia quantia superior ao resultante do título executivo extrajudicial, deverá declarar de imediato o valor que entenda correto, sob pena de rejeição liminar da aludida alegação (nesse sentido é o §3º do art. 917 do atual C.P.C.).

Comentando o §5º do art. 739-A do CPC de 1973, afirmara José Miguel Garcia Medina: "*De acordo com o §5º do art. 739-A do CPC, se os embargos se fundarem em excesso de execução, a petição deverá declarar o valor que o executado entende devido, 'sob pena de rejeição liminar dos embargos ou de não conhecimento desse fundamento'. Com esta regra, passa-se a observar, também nos embargos do executado, o princípio segundo o qual 'não pode o devedor escusar-se de cumprir a parte incontroversa da obrigação', o que consistiria em abuso do direito de defesa. Tendo em vista que, no caso, os embargos veiculam ação de execução, pensamos que, antes de indeferi-los liminarmente, deverá o juiz intimar o embargante para que este proceda a emenda da petição inicial de embargos. Caso o excesso de execução seja o único fundamento dos embargos, não havendo emenda, deverão os embargos ser indeferidos; caso, diversamente haja outros fundamentos nos embargos, aquele referente ao excesso de execução. A rejeição dos embargos 'ex vi' do §5º do art. 739-A se dará por decisão que não julga o mérito, já que, consoante estabelece a referida regra, o fundamento deduzido não será conhecido. No caso não ocorre coisa julgada, portanto, nada impedindo o ajuizamento de outra ação de conhecimento pelo executado com base no mesmo fundamento*".[476]

Discorda-se apenas do ilustre processualista maringaense quanto ao dever de o juiz oportunizar ao devedor a possibilidade de emendar a inicial a fim de que estabeleça qual o valor que entenda correto para o cumprimento da obrigação.

Na realidade, o §3º do art. 917 do atual C.P.C. é muito claro, ou seja, se o embargante, ao alegar o excesso de execução, não indicar de plano o valor que endenta correto, o juiz deverá rejeita liminarmente essa pretensão, sem oportunizar a emenda da inicial. Nesse sentido, aliás, é o seguinte precedente do S.T.J.:

> *(...).*
>
> *3. A Segunda Turma desta Corte perfilha entendimento no sentido de que, após a vigência do art. 739-A, do CPC, a priori, não mais seria possível a emenda da petição inicial dos embargos fundados em excesso de execução se ela não trouxer a memória discriminada dos cálculos tidos por corretos, bem como os documentos comprobatórios do direito alegado, na forma do art. 475-L, § 2º, da legislação adjetiva, sob pena de subverter a sistemática da Lei n. 11.382/2006 que, ao inserir referido dispositivo legal no CPC, buscou reduzir condutas que se reputam temerárias e procrastinatórias tanto por parte do particular como do poder público, em caso de execução contra a Fazenda Pública, com ocorre na hipótese em tela.*

[476] Medina, J. M. G., op. cit., p. 128 e 129.

4. Ressalte-se que a inépcia da inicial dos embargos à execução não retira a faculdade do juiz de, havendo dúvida acerca dos cálculos apresentados pelo exequente, remeter os autos à contadoria judicial, independentemente de requerimento das partes nesse sentido.

5. Recurso especial provido.

(REsp 1248453/SC, Rel. Ministro MAURO CAMPBELL MARQUES, SEGUNDA TURMA, julgado em 24/05/2011, DJe 31/05/2011)

c) cumulação indevida de execução.

É lícito ao credor, sendo o mesmo devedor (Fazenda Pública), cumular as obrigações decorrentes em quantia certa contida em diversos títulos executivos extrajudiciais, podendo exigir o cumprimento de todas as obrigações no mesmo procedimento.

Sob a égide do C.P.C. de 1973, admitia-se a cumulação de execução, uma por título judicial e outra por título extrajudicial (RP 40/198).

Aliás, a Súmula 27 do S.T.J. preconiza que "*pode a execução fundar-se em mais de um título extrajudicial relativos ao mesmo negócio*".

Contudo, o executado também poderá inserir como fundamento dos embargos à execução a *indevida cumulação de execução.*

Poderão os títulos executivos extrajudiciais, por exemplo, ter por conteúdo o cumprimento de obrigação de pagar quantia certa, obrigação de fazer ou não fazer e de dar coisa. Evidentemente que, cada uma dessas obrigações demanda um procedimento específico de execução, razão pela qual não poderão ser cumuladas sob pena de ocorrer tumultuo processual, principalmente porque a execução de título executivo extrajudicial regulada neste capítulo em relação à Fazenda Pública é somente para títulos que tenha por objeto obrigação de pagar quantia certa.

d) qualquer causa impeditiva, modificativa ou extintiva da obrigação, como pagamento, novação, compensação, transação ou prescrição.

Observa-se que os embargos à execução de título extrajudicial podem resultar em oposição por defeito processual e, como é o caso, oposição por motivo de fundo.

A oposição de fundo refere-se, naturalmente, às causas de cumprimento ou extinção da obrigação.

A Fazenda Pública poderá demonstrar que já houve pagamento ou que houve transação sobre o objeto da execução.

Por sua vez, essas causas impeditivas, modificativas ou extintivas da obrigação constantes do título executivo poderão advir após o prazo dos embargos, razão pela qual elas poderão ser comunicadas ao juízo por petição escrita, em razão da própria superveniência desses fatos. Ex: o pagamento, a transação, ou mesmo a prescrição intercorrente poderá ocorrer após o prazo de trinta dias para a interposição dos embargos.

e) *qualquer outra matéria de defesa.*

A Fazenda Pública poderá alegar nos embargos qualquer matéria referente aos pressupostos processuais, condição de análise do mérito do pedido, ou mesmo qualquer matéria concernente à causa de pedir e ao pedido formulado na execução de título extrajudicial.

Por fim, estabelece o *§ 3º do art. 910* do atual C.P.C. que *se aplica a este Capítulo, no que couber, o disposto nos artigos 534 e 535.*

Os artigos 534 e 535 do atual C.P.C. tratam do cumprimento de decisão por quantia certa contra a Fazenda Pública.

Assim, no que couber e se não houver conflito, os regramentos normativos estabelecidos nos referidos dispositivos poderão ser aplicados na execução de título executivo extrajudicial contra a Fazenda Pública.

CAPÍTULO VI – Da Execução de Alimentos

Art. 911

Na execução fundada em título executivo extrajudicial que contenha obrigação alimentar, o juiz mandará citar o executado para, em 3 (três) dias, efetuar o pagamento das parcelas anteriores ao início da execução e das que se vencerem no seu curso, provar que o fez ou justificar a impossibilidade de fazê-lo.

Parágrafo único. Aplicam-se, no que couber, os §§2º a 7º do art. 528.

Sumário:

1. Considerações gerais

A responsabilidade pelo pagamento de alimentos pode decorrer de uma decisão judicial que deverá ser cumprida ou de uma obrigação objeto de um título executivo extrajudicial.

É possível assumir-se a obrigação alimentícia através dos seguintes títulos executivos extrajudiciais: a) divórcio (separação) extrajudicial, realizado por escritura pública; b) transação extrajudicial referendada pelo Ministério Público, pela Defensoria Pública ou pelos advogados dos transatores; c) reconhecimento de obrigação alimentar por meio de documento particular assinado pelo devedor e por duas testemunhas etc.

Alimentos, em direito, denomina-se a prestação fornecida a uma pessoa, em dinheiro ou espécie, para que possa atender às necessidades da vida. Esse termo tem conotação muito mais ampla do que na linguagem vulgar, em que significa o necessário para o sustento. Aqui se trata não só do sustento, como também de vestuário, habitação, assistência médica em caso de doença, enfim, de todo o necessário para atender às necessidades da vida; e, em se tratando de criança, abrange o que for preciso para sua instrução.[477]

Quando se fala em alimentos, fala-se em pretensão à sua exigência e a obrigação correspondente de prestá-los, principalmente quando essa pretensão está consubstanciada num título executivo extrajudicial.

Dada a importância que a questão de alimentos representa para o ordenamento jurídico, as regras que a disciplinam são de ordem pública e, por conseguinte, inderrogáveis por convenção das partes.[478]

A lei confere ao credor meios coativos de grande eficácia, todos destinados a facilitar-lhe o pronto recebimento da prestação alimentícia. Por isso *"a prestação alimentícia visa socorrer o alimentário, ela não se compensa com dívida que este último, porventura, tenha para com o alimentante (art. 1.707 do C.c.b). Por essa mesma razão os créditos de alimentos são impenhoráveis (art. 1.707 do C.c.b)"*.[479]

A prestação de alimentos pode nascer entre estranhos, por virtude de convenção ou de disposição testamentária ou por efeito de um delito, ou por virtude da lei entre pessoas ligadas por um determinado vínculo de parentesco ou de afinidade.[480] Rara são as hipóteses de alimentos convencionados pelas partes, sendo um de seus exemplos o pagamento de alimentos convencionados no divórcio amigável entre os cônjuges.

Questão interessante sobre o divórcio amigável é a possibilidade de o cônjuge renunciar aos alimentos.

[477] RODRIGUES, Silvio. *Direito civil.* Direito de família. 27ª ed. Vol. 6. São Paulo: Ed. Saraiva, 2002. p. 418.

[478] RODRIGUES, S., idem, p. 419.

[479] RODRIGUES, S., idem, p. 420.

[480] RUGGIERO, Roberto de. *Instituições de direito civil.* Vol. 2. Campinas: Bookseller Editora e Distribuidora, 1999. p. 73.

A Súmula 379 do S.T.F., ainda sob a égide do desquite, prescrevia: *"No acordo de desquite não se admite renúncia aos alimentos que poderão ser pleiteados ulteriormente, verificados os pressupostos legais"*.

É importante salientar que com a Emenda Constitucional n. 66, de 13 de julho de 2010, deu-se nova redação ao §6º do art. 226 da Constituição Federal, dispondo: *"O casamento civil pode ser dissolvido pelo divórcio"*, suprimindo-se, para alguns, assim a separação judicial prévia do casal, que persistia em muitas eventualidades. Há, outrossim, entendimento diverso.

Sobre o tema da renúncia dos alimentos, ensina Yussef Said Cahali: *"Decorre da própria lei processual que a estipulação de alimentos não representa cláusula necessária na petição comum, sem a qual o acordo de separação judicial não possa ser homologado; pois a necessidade da estipulação está condicionada ao fato de não possuir a mulher bem suficientes para a sua manutenção; possuindo-os suficientemente, é legítima a dispensa, sem óbice à homologação do acordo. Ainda que a 'dispensa' venha mascarada sob a expressão formal de 'renúncia' aos alimentos, o juiz (mesmo com a discordância do representante do Ministério Público), não pode deixar de homologar a separação convencionada, ainda que o faça com a ressalva à mulher do direito de reclamá-los oportunamente (ressalva, de resto, sem significação jurídica, porquanto não cria nem modifica direitos: a renúncia, ainda que homologada por sentença, é ou não eficaz, é ou não válida, conforme o entendimento que se adotar a respeito. É certo que, atualmente, tais afirmações não podem mais ser levadas a extremos diante da inovação do art. 34, §2º, da Lei do Divórcio; mas, neste caso, apenas se 'comprovado' (como diz o citado artigo), ou se o juiz 'apurar' (conforme melhor se expressa o parágrafo único do art. 1.574 do Novo Código Civil) que a dispensa ou a renúncia ou mesmo a forma de estipulação da pensão alimentícia mostra-se particularmente prejudicial ao cônjuge desistente, ou renunciante ou anuente, convencido o juiz (na audiência pessoal dos cônjuges) da inveracidade do pressuposto legal condicionante (posse de bens suficientes para seu sustento), ou de que a dispensa (ou renúncia ou anuência quanto à forma de pagamento) foi obtida em razão de constrangimento, poderá ser recusada a homologação do acordo 'nessa parte'; prevalece, também aqui, 'o princípio da cindibilidade do acordo', que não era desconhecido do direito anterior, de modo a não se excluir 'a priori' a eventual homologação da separação consensual"*.[481]

Mas é importante fazer uma distinção entre a *cláusula de dispensa dos alimentos* e a *cláusula de renúncia dos alimentos*. Cezar Peluso, quando ainda Desembargador do Tribunal de Justiça do Estado de São Paulo, apresentava a seguinte distinção: o caso não é de renúncia; diz, com efeito, a convenção: 'A desquitanda vive de seu trabalho, assim como os dois filhos mais velhos trabalham. Contribuirá o

[481] Cahali, Yussef Said. *Dos alimentos.* 4ª ed. São Paulo: Editora Revista dos Tribunais, 2002. p. 321 e 322.

pai com a pensão mensal para os filhos"; tal cláusula, à evidência, não hospeda nenhum ato jurídico de *renúncia*, que é coisa que se não infere nem presume ao só comportamento passivo do titular de um direito; com silenciar acerca deste, embora justificasse o silêncio por declaração de que vivia de seu trabalho, não estava a mulher *renunciando*, pois renúncia é ato declaratório explícito de abdicação do direito, mas apenas *dispensando*, de modo tácito, a percepção dos alimentos.[482]

Sobre o tema da renúncia ou dispensa dos alimentos, eis os seguintes precedentes do S.T.J.:

> *1. Consoante disposto na Súmula 336/STJ: a mulher que renunciou aos alimentos na separação judicial tem direito à pensão previdenciária por morte do ex-marido, comprovada a necessidade econômica superveniente.*
>
> *2. O só fato de a recorrente ter-se divorciado do falecido e, à época, dispensado os alimentos, não a proíbe de requerer a pensão por morte, uma vez devidamente comprovada a necessidade (REsp. 472.742/RJ, Rel. Min. JOSÉ ARNALDO DA FONSECA, DJU 31.03.2003).*
>
> *3. Agravo Regimental desprovido.*
>
> (AgRg no REsp 1015252/RS, Rel. Ministro NAPOLEÃO NUNES MAIA FILHO, QUINTA TURMA, julgado em 12/04/2011, DJe 25/04/2011)
>
> *(...).*
>
> *3. Consoante entendimento pacificado desta Corte, após a homologação do divórcio, não pode o ex-cônjuge pleitear alimentos se deles desistiu expressamente por ocasião do acordo de separação consensual. Precedentes da 2ª Seção.*
>
> *4. Agravo regimental a que se nega provimento.*
>
> (AgRg no Ag 1044922/SP, Rel. Ministro RAUL ARAÚJO, QUARTA TURMA, julgado em 22/06/2010, DJe 02/08/2010)
>
> *(...).*
>
> *2. A renúncia aos alimentos decorrentes do matrimônio é válida e eficaz, não sendo permitido que o ex-cônjuge volte a pleitear o encargo, uma vez que a prestação alimentícia assenta-se na obrigação de mútua assistência, encerrada com a separação ou o divórcio.*

[482] Cahali, Y., idem, p.323 e 324.

3. A fixação de prestação alimentícia não serve para coibir eventual possibilidade de procrastinação da entrega de bens, devendo a parte pleitear, pelos meios adequados, a participação na renda auferida com a exploração de seu patrimônio.

4. Embargos de declaração recebidos como agravo regimental, a que se nega provimento.

(EDcl no REsp 832.902/RS, Rel. Ministro JOÃO OTÁVIO DE NORONHA, QUARTA TURMA, julgado em 06/10/2009, DJe 19/10/2009)

Em virtude de legado, constante de testamento, pode o testador impor a um herdeiro o mister de fornecer alimentos a um legatário.

A prestação de alimentos pode advir também de ato ilícito, ficando o causador do dano obrigado a pagar alimentos à vítima. Preceitua, por exemplo, o art. 948, inc. II do C.c.b.:

"Art. 948. No caso de homicídio, a indenização consiste, sem excluir outras reparações:

(...).

II – na prestação de alimentos às pessoas a quem o morto os devia, levando-se em conta a duração provável da vítima".

A prestação de alimentos também pode emanar da lei, conforme estabelecem os artigos 1694 a 1710 do C.c.b, a saber:

Art. 1.694. Podem os parentes, os cônjuges ou companheiros pedir uns aos outros os alimentos de que necessitem para viver de modo compatível com a sua condição social, inclusive para atender às necessidades de sua educação.

§ 1º Os alimentos devem ser fixados na proporção das necessidades do reclamante e dos recursos da pessoa obrigada.

§ 2º Os alimentos serão apenas os indispensáveis à subsistência, quando a situação de necessidade resultar de culpa de quem os pleiteia.

Art. 1.695. São devidos os alimentos quando quem os pretende não tem bens suficientes, nem pode prover, pelo seu trabalho, à própria mantença, e aquele, de quem se reclamam, pode fornecê-los, sem desfalque do necessário ao seu sustento.

Art. 1.696. O direito à prestação de alimentos é recíproco entre pais e filhos, e extensivo a todos os ascendentes, recaindo a obrigação nos mais próximos em grau, uns em falta de outros.

Art. 1.697. Na falta dos ascendentes cabe a obrigação aos descendentes, guardada a ordem de sucessão e, faltando estes, aos irmãos, assim germanos como unilaterais.

Art. 1.698. Se o parente, que deve alimentos em primeiro lugar, não estiver em condições de suportar totalmente o encargo, serão chamados a concorrer os de grau imediato; sendo várias as pessoas obrigadas a prestar alimentos, todas devem concorrer na proporção dos respectivos recursos, e, intentada ação contra uma delas, poderão as demais ser chamadas a integrar a lide.

Art. 1.699. Se, fixados os alimentos, sobrevier mudança na situação financeira de quem os supre, ou na de quem os recebe, poderá o interessado reclamar ao juiz, conforme as circunstâncias, exoneração, redução ou majoração do encargo.

Art. 1.700. A obrigação de prestar alimentos transmite-se aos herdeiros do devedor, na forma do art. 1.694.

Art. 1.701. A pessoa obrigada a suprir alimentos poderá pensionar o alimentando, ou dar-lhe hospedagem e sustento, sem prejuízo do dever de prestar o necessário à sua educação, quando menor.

Parágrafo único. Compete ao juiz, se as circunstâncias o exigirem, fixar a forma do cumprimento da prestação.

Art. 1.702. Na separação judicial litigiosa, sendo um dos cônjuges inocente e desprovido de recursos, prestar-lhe-á o outro a pensão alimentícia que o juiz fixar, obedecidos os critérios estabelecidos no art. 1.694.

Art. 1.703. Para a manutenção dos filhos, os cônjuges separados judicialmente contribuirão na proporção de seus recursos.

Art. 1.704. Se um dos cônjuges separados judicialmente vier a necessitar de alimentos, será o outro obrigado a prestá-los mediante pensão a ser fixada pelo juiz, caso não tenha sido declarado culpado na ação de separação judicial.

Parágrafo único. Se o cônjuge declarado culpado vier a necessitar de alimentos, e não tiver parentes em condições de prestá-los, nem aptidão para o trabalho, o outro cônjuge será obrigado a assegurá-los, fixando o juiz o valor indispensável à sobrevivência.

Art. 1.705. Para obter alimentos, o filho havido fora do casamento pode acionar o genitor, sendo facultado ao juiz determinar, a pedido de qualquer das partes, que a ação se processe em segredo de justiça.

Art. 1.706. Os alimentos provisionais serão fixados pelo juiz, nos termos da lei processual.

Art. 1.707. Pode o credor não exercer, porém lhe é vedado renunciar o direito a alimentos, sendo o respectivo crédito insuscetível de cessão, compensação ou penhora.

Art. 1.708. Com o casamento, a união estável ou o concubinato do credor, cessa o dever de prestar alimentos.

Parágrafo único. Com relação ao credor cessa, também, o direito a alimentos, se tiver procedimento indigno em relação ao devedor.

Art. 1.709. O novo casamento do cônjuge devedor não extingue a obrigação constante da sentença de divórcio.

> *Art. 1.710. As prestações alimentícias, de qualquer natureza, serão atualizadas segundo índice oficial regularmente estabelecido.*

Vejamos então os meios executórios que são colocados à disposição do credor de alimentos pelo novo C.P.C.

2. Execução de obrigação alimentar

Preceitua o *art. 911* do atual C.P.C. que *a execução fundada em título executivo extrajudicial que contenha obrigação alimentar, o juiz mandará citar o executado para, em 3 (três) dias, efetuar o pagamento das parcelas anteriores ao início da execução e das que se vencerem no seu curso, provar que o fez ou justificar a impossibilidade de efetuá-lo.*

No projeto originário do novo C.P.C., o prazo para pagamento era de dez dias.

O legislador, ao lado do procedimento geral de cumprimento definitivo de sentença condenatória em quantia certa de natureza alimentar (arts. 528 a 533), estabeleceu para as obrigações alimentares objeto de título executivo extrajudicial um procedimento especial previsto nos arts. 911 a 913 do atual C.P.C.

Na execução de título executivo extrajudicial que contenha obrigação de pagamento de prestação alimentícia, o juiz mandará citar o executado para, em três dias, efetuar o pagamento das parcelas anteriores ao início da execução e das que se vencerem no curso, provar que o fez ou justificar a impossibilidade de efetuá-lo.

A primeira opção do executado é efetuar o pagamento da dívida, no caso o principal, juros, multa, custas processuais e honorários de advogado.

É importante salientar que eventual ameaça de prisão somente poderá conter efetivamente as verbas de natureza alimentar constantes do título, excetuadas as custas e os honorários de advogado. Nesse sentido já decidiu o S.T.J. RHC 7.148-MG, Rel. Min. Cid Fláquer.

Poderá o executado alegar, além das questões de ordem pública que podem ser conhecidas de ofício pelo juiz, que já efetuou o pagamento da obrigação alimentícia, comprovando tal circunstância documentalmente, inclusive com cópia de depósito bancário em favor do alimentando.

Poderá, também, apresentar justificação da impossibilidade de realizar o pagamento dos alimentos. A impossibilidade de prestar alimentos pode decorrer de diversas questões fáticas, como, por exemplo: a) o devedor foi demitido do emprego; b) o devedor, profissional liberal remunerado com comissão, encontra-se enfermo e acamado ou hospitalizado; d) redução do salário percebido em razão de ter arranjado novo emprego etc.

Deve-se ter o cuidado de se demonstrar perfeitamente essas condições perante o juízo de primeiro grau e no máximo perante os Tribunais de apelação, pois o S.T.J. não costuma analisar questão de matéria fática, a não ser para a valoração da prova. Por isso, no sitio http://www.stj.gov.br/portal_stj/publicacao/engine.wsp?tmp.area=398&tmp.texto=104787, encontra-se elementos para se diferenciar o reexame da re-valoração da prova:

Súmula 7: como o STJ distingue reexame e revaloração da prova

Cerca de um ano após sua instalação, em junho de 1990, os ministros do Superior Tribunal de Justiça (STJ) já percebiam que a Corte não poderia se tornar uma terceira instância. O recurso especial, uma de suas principais atribuições, tem regras rígidas e, em respeito a elas, o Tribunal logo editou a Súmula 7: "A pretensão de simples reexame de prova não enseja recurso especial." O enunciado passou a ser largamente aplicado pelos ministros na análise de variadas causas, impossibilitando o conhecimento do recurso – isto é, o julgamento do mérito da questão.

No entanto, os magistrados observaram que há casos em que a revaloração da prova ou de dados explicitamente admitidos e delineados na decisão da qual se recorre não implica o reexame de fatos e provas, proibido pela súmula. São diversos os recursos em que as partes conseguiram demonstrar a desnecessidade de reanálise de fatos e provas e, com isso, afastando a aplicação da Súmula 7.

Em precedente recente, julgado em dezembro do ano passado, a Quarta Turma confirmou decisão individual do ministro Marco Buzzi que debateu a revaloração da prova. No recurso, uma transportadora de São Paulo conseguiu o reconhecimento da impossibilidade de uma seguradora acioná-la regressivamente para o ressarcimento de prejuízos em decorrência de roubo da carga (REsp 1.036.178).

A seguradora protestou contra a decisão, levando o caso à Turma. Disse que haveria desobedecido a Súmula 7, porque o ministro teria reexaminado a prova produzida nos autos. Entretanto, o ministro Buzzi explicou que a decisão "apenas deu definição jurídica diversa aos fatos expressamente mencionados no acórdão" do Tribunal de Justiça de São Paulo.

O ministro esclareceu que o reexame de prova é uma "reincursão no acervo fático probatório mediante a análise detalhada de documentos, testemunhos, contratos, perícias, dentre outros". Nestes casos, o relator não pode examinar mera questão de fato ou alegação de error facti in judicando *(julgamento errôneo da prova).*

Porém, o ministro acrescentou que o error in judicando *(inclusive o proveniente de equívoco na valoração das provas) e o* error in procedendo *(erro no proceder, cometido pelo juiz) podem ser objeto de recurso especial. "A revaloração da prova constitui em atribuir o devido valor jurídico a fato incontroverso sobejamente reconhecido nas instâncias ordinárias, prática francamente aceita em sede de recurso especial", ressaltou o ministro Buzzi.*

Dados admitidos

Em 2005, a Quinta Turma reconheceu que a "revaloração da prova ou de dados explicitamente admitidos e delineados no decisório recorrido não implica o vedado reexame do material de conhecimento". Porém, ao julgar o recurso, os ministros decidiram aplicar a Súmula 7 ao caso. O ministro Felix Fischer, atual vice-presidente do STJ, foi o relator (REsp 683.702).

Naquela hipótese, as instâncias ordinárias condenaram um administrador por ter deixado de recolher contribuições previdenciárias de uma empresa. Ele recorreu, pedindo a absolvição por presunção de inocência, já que entendia não haver prova suficiente de que estaria à frente da empresa à época do delito.

A Quinta Turma não conheceu do recurso, aplicando a Súmula 7. O ministro Fischer constatou que o tribunal de segunda instância reconheceu de forma cabal, por documentos e testemunhos, da mesma forma que o juiz de primeiro grau, que o administrador efetivamente, à época dos fatos descritos na denúncia, figurava como sócio-gerente da empresa.

Na ocasião, o ministro Fischer teceu algumas considerações acerca da diferença entre reexame e revaloração de prova. Ele explicou que a revaloração de elementos aceitos pelo acórdão do tribunal de origem é questão jurídica e que não se pode negar às instâncias superiores a faculdade de examinar se o direito à prova foi malferido ou se os juízes negaram o direito que as partes têm de produzi-la. Isto é, "não é só em consequência do erro de direito que pode haver má valoração da prova. Ela pode decorrer também do arbítrio do magistrado ao negar-se a admiti-la".

Livre convencimento

Um dos precedentes que inauguraram a tese de revaloração da prova no STJ é de 1998. A Quinta Turma, em recurso especial interposto pelo assistente de acusação, restabeleceu a sentença que condenou um motorista por homicídio culposo ao volante (REsp 184.156).

Testemunhas foram uníssonas ao afirmar que o veículo era conduzido em alta velocidade. Porém, como duas perícias de universidades renomadas foram divergentes quanto à velocidade, os desembargadores, por maioria, adotaram a presunção de inocência para absolver o motorista no julgamento de apelação.

O relator do recurso no STJ, ministro Felix Fischer, baseou-se no amplo debate ocorrido na segunda instância, para concluir que não se poderia negar a prova testemunhal (admitida e especificada em segundo grau) em "proveito de especulações teóricas" para chegar a uma suposta dúvida fundada, a ponto de absolver o réu.

O relator destacou em seu voto que o princípio do livre convencimento, que exige fundamentação concreta vinculada à prova dos autos, não se confunde com o princípio da convicção íntima. De acordo com o ministro Fischer, a convicção pessoal, subjetiva, do magistrado, alicerçada em outros aspectos que não a prova dos autos, não se presta para basear uma decisão.

O princípio do livre convencimento, asseverou, não afastou o magistrado do dever de decidir segundo os ditames do bom senso, da lógica e da experiência. A apreciação da prova não pode ser "imotivável e incontrolável", do contrário seria arbitrária, explicou o ministro. E sempre que tais limites se mostrem violados, a matéria é suscetível de recurso ao STJ.

Prova já delineada

A Primeira Turma também já considerou possível a revaloração da prova delineada nos autos. Num dos recursos que discutiu a tese, em 2006, o então ministro do STJ Luiz Fux, atualmente no Supremo Tribunal Federal (STF), baseou-se em passagens do voto-condutor do julgamento no Tribunal de Justiça de São Paulo para atender a recurso interposto por uma contribuinte (REsp 734.541).

O debate foi sobre a prescindibilidade ou não da existência de sintomas de câncer para que uma servidora pública aposentada, que sofreu extirpação da mama esquerda em decorrência da doença, em 1984, continuasse isenta do Imposto de Renda.

O ministro Fux considerou possível revalorar a prova e restabelecer a sentença, em que o perito afirma, sem possibilidade de qualquer dúvida, que a autora é portadora da doença. Na decisão, a própria assistente técnica do município de São Paulo (réu na ação) afirma que "existem chances de cura, após o período preconizado de acompanhamento e tratamento, caso não surjam recidivas e metástase, isto é, o paciente pode ser considerado curado, desde que a doença não volte".

De acordo com o ministro, a revaloração da prova delineada na decisão recorrida, suficiente para a solução do caso, é, ao contrário do reexame, permitida no recurso especial. No caso, o próprio acórdão do TJSP, em algumas passagens, reconheceu que "a cura, em doenças com alto grau de retorno, nunca é total", e mais: "O que se pode dizer é que, no momento, em face, de seu histórico pessoal, não apresenta ela sintomas da doença."

Valor de indenização

Em 2009, ao julgar um recurso, o então desembargador convocado Paulo Furtado afirmou, na Terceira Turma, que o STJ havia alguns anos começava a afastar o rigor da técnica do recurso especial para controlar o montante arbitrado pela instância ordinária a título de dano moral (REsp 785.777).

O objetivo era impedir o estabelecimento de uma "indústria do dano moral" Assim, destacava o magistrado, o STJ, em situações especialíssimas, como a de arbitramento de valores por dano moral ínfimos ou exorbitantes, se pronuncia nos casos concretos para aferir a razoabilidade do valor destinado à amenização do abalo moral.

"Não se tem dúvida de que esta Corte, ao reexaminar o montante arbitrado pelo tribunal a quo *nesta situação, mergulha nas particularidades soberanamente delineadas pela instância ordinária para aferir a justiça da indenização (se ínfima, equitativa ou exorbitante), afastando-se do rigor da técnica do recurso especial, consubstanciada, na hipótese em tela, pela Súmula7/STJ", observou o desembargador convocado.*

Posição semelhante adotou a Quarta Turma, em julgamento que tratou de ação de reconhecimento de tempo de serviço ajuizadas contra o INSS. Os ministros entenderam que não ofende o princípio da Súmula 7 emprestar, no julgamento do recurso especial, significado diverso aos fatos estabelecidos pelo acórdão da segunda instância (REsp 461.539).

O relator, ministro Hélio Quaglia Barbosa, esclareceu: "Inviável é ter como ocorridos fatos cuja existência o acórdão negou ou negar fatos que se tiveram como verificados." De acordo com o ministro, o voto proferido em recurso especial em momento algum negou os elementos fáticos reconhecidos no acórdão do Tribunal Regional Federal da 5ª Região (TRF5), apenas, com base neles, chegou a entendimento diverso, restabelecendo decisão de primeiro grau.

O juízo competente para conhecer da execução de alimentos de título executivo extrajudicial é o do domicilio ou da residência do alimentando, nos termos do art. 53, inc. II do C.P.C.

Estabelece o *parágrafo único do art. 911* do atual C.P.C. que se *aplicam, no que couber, os §§ 2º a 7º do art. 528.*

Este dispositivo determina que seja aplicada, no que couber, a regulamentação da execução de título judicial de obrigação alimentar.

Os §§2º a 7º do art. 528 do atual C.P.C., assim estabelecem:

Art. 528. No cumprimento de sentença que condene ao pagamento de prestação alimentícia ou de decisão interlocutória que fixe alimentos, o juiz, a requerimento do exequente, mandará intimar o executado pessoalmente para, em 3 (três) dias, pagar o débito, provar que o fez ou justificar a impossibilidade de efetuá-lo.

(...).

§ 2º Somente a comprovação de fato que gere a impossibilidade absoluta de pagar justificará o inadimplemento.

§ 3º Se o executado não pagar ou se a justificativa apresentada não for aceita, o juiz, além de mandar protestar o pronunciamento judicial na forma do § 1º, decretar-lhe-á a prisão pelo prazo de 1 (um) a 3 (três) meses.

§ 4º A prisão será cumprida em regime fechado, devendo o preso ficar separado dos presos comuns.

§ 5º O cumprimento da pena não exime o executado do pagamento das prestações vencidas e vincendas.

§ 6º Paga a prestação alimentícia, o juiz suspenderá o cumprimento da ordem de prisão.

§ 7º O débito alimentar que autoriza a prisão civil do alimentante é o que compreende até as 3 (três) prestações anteriores ao ajuizamento da execução e as que se vencerem no curso do processo.

Conforme já ensinara Chiovenda, os meios tendentes à execução forçada tanto podem decorrer de coação ou por meio de sub-rogação. No primeiro, o órgão jurisdicional busca o cumprimento da obrigação com a participação voluntária do devedor, enquanto que no segundo busca obter o cumprimento da obrigação independentemente da participação ou da vontade do obrigado.

Conforme leciona Amílcar de Castro, a execução tem por finalidade, na maioria das hipóteses, um caráter nitidamente patrimonial, razão pela qual a coação possível por parte do Estado visa, na maioria das vezes, a um resultado econômico, inclusive quando se decreta a prisão civil daquele que é obrigado a pagar dívida alimentícia. Prende-se executá-lo não para puni-lo mas para coagi-lo indiretamente ou diretamente para pagar o débito ao credor dos alimentos.[483]

José Carlos Barbosa Moreira, ao analisar o art. 733 e seus parágrafos do C.P.C. de 1973, afirmava que este dispositivo não contemplava uma particular modalidade de procedimento executório, mas um meio de coerção, tendente a conseguir o adimplemento por obra do próprio devedor: a prisão civil, autorizada pelo texto Constitucional é totalmente despojada de caráter punitivo, a despeito do uso impróprio da palavra 'pena.[484]

Segundo estabelece o art. 5º, inc. LXVII da C.F.: *"não haverá prisão por dívida, salvo a do responsável pelo inadimplemento voluntário e inescusável de obrigação alimentícia e a do depositário fiel"*.

[483] Castro, Amílcar Augusto. *Comentários ao código de processo civil.* Vol. VIII. Rio de Janeiro: Forense, 1973. p. 376.

[484] Moreira, José Carlos Barbosa. *O novo processo civil brasileiro.* 6ª ed. Rio de Janeiro: Forense, 1984. p. 363.

Ocorre que, no julgamento conjunto dos **RE nº 466.343** (Rel. **Min. CEZAR PELUSO**), **RE nº 349.703** (Rel. Min. **CARLOS BRITTO**), **HCs nº 87.585** e **nº 92.566** (Rel. Min. **MARCO AURÉLIO**), em sessão realizada em 03.12.2008, o Plenário do Supremo Tribunal Federal assentou que é *ilícita a prisão civil de depositário infiel*, qualquer que seja a modalidade do depósito, consoante interpretação do art. 5º, inc. LXVII e §§ 1º, 2º e 3º, da CF, à luz do art. 7º, § 7, da Convenção Americana de Direitos Humanos (Pacto de San José da Costa Rica). E, reafirmando essa e outras teses, no julgamento dos **HCs nº 91.676, nº 92.578, nº 92.691** e **nº 92.933** (Rel. Min. **RICARDO LEWANDOWSKI**) e do **RHC nº 93.172** (Rel. Min. **CÁRMEN LÚCIA**), em 12.02.2009, resolveu Questão-de--Ordem no sentido de autorizar os Ministros Relatores a decidirem monocraticamente, quando se tratar desses temas.

Percebe-se, portanto, que em nosso ordenamento jurídico somente permanece válida a prisão civil pelo descumprimento de obrigação alimentícia.

Desta feita, se o executado, devidamente citado pessoalmente para no prazo de três dias pagar obrigação alimentar ou justificar porque não o fez, deixar de fazê-lo voluntariamente e sem escusa legítima, deverá o juiz decretar-lhe a prisão pelo prazo de um a três meses, sem prejuízo de determinar o protesto do título.

Tendo em vista que esta espécie de coerção incide sobre um dos direitos fundamentais do devedor, no caso, sua liberdade, a jurisprudência vem condenando com veemência esse tipo de procedimento, preconizando a sua excepcionalidade e a devida prudência do magistrado para decretá-la.

Por isso, tenha-se em mente que a prisão do alimentante relapso não é pena, mas meio e modo de constrangê-lo ao adimplemento da obrigação reclamada. Se não houver possibilidade fática para o cumprimento da obrigação, não se deve decretar a prisão, sob pena de transmutar a medida coercitiva em pena punitiva de caráter pessoal, restabelecendo-se a triste reminiscência dos tempos em que o devedor respondia corporalmente pelas obrigações inatendidas, o que, no Direito Romano, cessou com o advento da Lei *Paetelia Papíria*. Nessa perspectiva: *"tendo caráter apenas 'compulsivo' a prisão, 'não pode ser transmudada em 'corretiva', a pretexto de advertência para não se repetirem impontualidades ou como sanção de impontualidades passadas', aliás, não sendo 'pena', não se sujeita aos prazos prescricionais do Código Penal, se não cumprido o mandado respectivo"*.[485]

[485] Cahali, Y. S., op. cit. p. 1005.

Sustenta Yussef Said Cahali que exatamente por ser a prisão civil por dívida de caráter alimentar, meio coercitivo, é cabível apenas no caso dos alimentos previstos nos arts. 1.566, III e 1.694 do Código Civil brasileiro, a saber:

"Art. 1.566. São deveres de ambos os cônjuges:
(...).
III – mútua assistência.
Art. 1.694. Podem os parentes, os cônjuges ou companheiros pedir uns aos outros os alimentos de que necessitem para viver de modo compatível com a sua condição social, inclusive para atender às necessidades de sua educação".

Sendo assim, seria incabível a prisão civil por falta de pagamento de prestação alimentícia decorrente responsabilidade *ex delicto*.[486]

Esse entendimento, contudo, não é pacífico.

Luiz Guilherme Marinoni, por exemplo, entende que não se deve limitar o uso da prisão civil apenas para os alimentos legítimos, embora seja essa a orientação prevalecente em nossos tribunais. Para o autor, a necessidade dos alimentos é a mesma, tanto para aquele que deve receber os alimentos por uma relação parental ou conjugal, quanto para aquele que tem seu direito em decorrência de ato ilícito. Deve-se ressaltar que a incapacidade do alimentando em decorrência de ato ilícito é, por vezes, muita mais drástica para a sua própria sobrevivência do que aquele que depende de alimentos em razão de relação parental ou conjugal. Sendo assim, não seria justo que somente o credor de alimentos legítimos pudesse utilizar-se de um meio executório tão importante e eficaz como é a prisão civil.[487]

Havia também entendimento de que se os alimentos legítimos fossem constituídos em título extrajudicial, não se poderia utilizar a coerção pessoal para o adimplemento do crédito. Nesse sentido eis os seguintes precedentes do S.T.J.:

1 – "Excluídas da competência do Juizado Especial as causas de natureza alimentar, o acordo celebrado pelas partes, ainda que homologado por aquele Juízo, não tem eficácia para a compulsão executória da prisão civil do devedor, à míngua do devido processo legal".(HC 9.363/BA, Rel. Min. BARROS MONTEIRO, DJ de 17.12.1999)
2 – Recurso não conhecido.

[486] Cahali, Y. S., idem, 1005 e 1006.

[487] Marinoni, Luiz Guilherme; Arenhart, Sérgio Cruz. *Curso de Processo Civil – Execução.* Volume 3. São Paulo, Editora Revista dos Tribunais, 2007. p. 375.

(REsp 769334/SC, Rel. Ministro JORGE SCARTEZZINI, QUARTA TURMA, julgado em 07/12/2006, DJ 05/02/2007, p. 246).

Habeas corpus. Título executivo extrajudicial. Escritura pública. Alimentos. Art. 733 do Código de Processo Civil. Prisão civil.

1. O descumprimento de escritura pública celebrada entre os interessados, sem a intervenção do Poder Judiciário, fixando alimentos, não pode ensejar a prisão civil do devedor com base no art. 733 do Código de Processo Civil, restrito à "execução de sentença ou de decisão, que fixa os alimentos provisionais".

2. Habeas corpus concedido.

(HC 22.401/SP, Rel. Ministro CARLOS ALBERTO MENEZES DIREITO, TERCEIRA TURMA, julgado em 20/08/2002, DJ 30/09/2002, p. 253)

Contudo, conforme afirmara Maria Berenice Dias, ainda sob a égide do C.P.C. de 1973, a lei não estabelece que somente para os títulos executivos judiciais é que será possível a aplicação da prisão civil como forma coercitiva de pagamento. Não havendo tal distinção, essa coerção deve ser aplicada também para os títulos executivos extrajudiciais, principalmente se os acordos forem firmados e referendados pelo Ministério Público, Defensoria Pública ou pelos advogados das partes.[488]

Em relação ao acordo firmado pela defensoria pública, ainda que não homologado judicialmente, eis a seguinte decisão do S.T.J.:

1. Diante da essencialidade do crédito alimentar, a lei processual civil acresce ao procedimento comum algumas peculiaridades tendentes a facilitar o pagamento do débito, dentre as quais destaca-se a possibilidade de a autoridade judicial determinar a prisão do devedor.

2. O acordo referendado pela Defensoria Pública estadual, além de se configurar como título executivo, pode ser executado sob pena de prisão civil.

3. A tensão que se estabelece entre a tutela do credor alimentar versus o direito de liberdade do devedor dos alimentos resolve-se, em um juízo de ponderação de valores, em favor do suprimento de alimentos a quem deles necessita.

4. Recurso especial provido.

(REsp 1117639/MG, Rel. Ministro MASSAMI UYEDA, TERCEIRA TURMA, julgado em 20/05/2010, DJe 21/02/2011)

[488] Dias, Maria Berenice. *Manual de Direito das Famílias.* 4º ed. São Paulo, Editora Revista dos Tribunais, 2007. p. 500.

Ressalte-se que inovações legislativas, atentas à necessidade de se facilitar a composição amigável dos litígios, reconhecem executividade dos acordos que versem sobre alimentos e que são celebrados perante o Ministério Público, a Defensoria Pública e, até mesmo, no cartório. A propósito da questão, confira-se o art. 13 do Estatuto do Idoso: *"As transações relativas a alimentos poderão ser celebradas perante o Promotor de Justiça ou Defensor Público, que as referendará, e passarão a ter efeito de título executivo extrajudicial nos termos da lei processual civil"*.

Atualmente, em face do que dispõe novo C.P.C., não há mais dúvida de que a prisão civil poderá ser aplicada nas execuções que tenham por objeto obrigações alimentícias contidas em título executivo extrajudicial.

Juízo competente para determinar a prisão é o juízo da causa em que os alimentos foram estipulados ou estão sendo exigidos.

Sustentam Yussef Said Cahali e Araken de Assis que é proibido ao juízo deprecado expedir ordem de prisão civil do devedor, pelo não pagamento dos alimentos, uma vez que não se encontra entre os poderes transferidos pelo juiz deprecante ao deprecado a possibilidade de realização de tal medida coercitiva, especialmente quando a precatória foi expedida apenas para a citação, penhora e alienação de bens.[489]

Entende Barbosa Moreira e Pontes de Miranda que o juiz poderá decretar a ordem de prisão *de ofício*, ou seja, sem necessidade de requerimento da parte interessada.[490]

Já para Amílcar de Castro, a prisão civil não pode ser decretada de ofício, pois depende de requerimento do exequente, tendo em vista que este estará sempre em melhores condições que o juiz para avaliar sua eficácia e oportunidade. Deixa-se ao credor a oportunidade ou não em requerer a prisão civil.[491]

Araken de Assis, por sua vez, aduz que *"Nenhum paralelo efetivo há entre o pedido formulado na expropriação – determinado pelo preceito, que deita raízes no longínquo direito comum, e materializado no requerimento de citação do devedor para que, no prazo de vinte e quatro horas, solva a dívida ou instaure o incidente de nomeação (art. 652 do CPC de 1973) –, e o adequado à coação pessoal. No rito deste último meio, acentuando a diversidade ritual congênita das ações executivas, o credor há de requerer a citação do devedor para, no prazo de três dias, efetuar o pagamento, prova que o fez tempestiva e satisfatoriamente ou justificar a impossibilidade – temporária – de o fazer, sob pena de prisão. Logo, a afetação de bens se mostra inteiramente estranha à coação pessoal. Enfatiza-se a pressão psicológica decorrente de eventual prisão...Assim, ajuizada a execução sob forma*

[489] Cahali, Y. S., op. cit., 1007.
[490] Moreira, J. C. B., op. cit., p. 363.
[491] Castro, A. A., op. cit., p. 376.

expropriativa, por opção do credor, o decreto de prisão configura abuso de poder; a iniciativa da parte não é relevada pela incoação do agente do Ministério Público; e, tampouco, a simples inexistência de bens penhoráveis enseja a sanção extrema da prisão".[492]

Esse requerimento, por sua vez, não precisa ser formal e expresso, bastando que se possa averiguar da petição inicial executiva a efetiva intenção de se requerer a prisão.

Alguns entendem que o próprio exequente pode formular o pedido de prisão, mesmo que desassistido por advogado.

Também, no meu entender, o Ministério Público, seja agindo como parte (*legitimatio extraordinem*) ou como fiscal da ordem jurídica justa e democrática poderá requerer a prisão civil do devedor de alimentos.

Sobre o tema, eis os seguintes precedentes do S.T.J., a favor e contra a esse posicionamento:

> *1 – Em execução de alimentos, onde indeferida a prisão civil do alimentante e inerte a parte interessada (menor impúbere representado pela mãe), tem o Ministério Público, como fiscal da lei, legitimidade para recorrer. Aplicação da súmula 99/STJ. Precedente.*
>
> *2 – Recurso especial conhecido e provido para determinar ao Tribunal de origem o julgamento do agravo de instrumento conforme entender de direito.*
>
> (REsp 493.708/SP, Rel. Ministro FERNANDO GONÇALVES, QUARTA TURMA, julgado em 15/03/2005, DJ 04/04/2005, p. 315)

> *– "O Ministério Público tem legitimidade para recorrer no processo em que oficiou como fiscal da lei, ainda que não haja recurso da parte." (Súmula nº 99-STJ).*
>
> *Recurso especial conhecido, em parte, e provido.*
>
> (REsp 211.061/MG, Rel. Ministro BARROS MONTEIRO, QUARTA TURMA, julgado em 04/12/2003, DJ 29/03/2004, p. 244)

> *1. Proposta a ação de alimentos diretamente pelo menor, devidamente representado por sua mãe e por advogado regularmente constituído, depois substituído por defensor público, não tem o Ministério Público legitimidade para ingressar, como substituto processual, com a execução da respectiva sentença.*
>
> *2. Ordem concedida para vedar a prisão civil do paciente na execução de alimentos proposta pelo Ministério Público.*

[492] Assis, A. op. cit., p. 1.127.

(HC 33.783/BA, Rel. Ministro CARLOS ALBERTO MENEZES DIREITO, TERCEIRA TURMA, julgado em 29/06/2004, DJ 27/09/2004, p. 354).

A prisão do devedor recalcitrante somente será deflagrada após o seu contraditório, não obstante já caracterizar coação ilegal a advertência constante do mandado judicial de que se não pagar ou justificar a falta de pagamento poderá ser decretada a sua prisão.

Contra a decisão que decreta a prisão cabe, ou agravo de instrumento, ou interposição de Habeas Corpus.

É importante salientar que a prisão por dívida civil atinge apenas o devedor direto da obrigação alimentícia, e não terceiros que possam com ele estar envolvidos indiretamente, como é o caso do fiador.

Muito embora o responsável possa não ser compelido com a prisão civil, poderá ele incidir no crime contra a administração da justiça, se praticar qualquer dos atos previstos no art. 22 e seu parágrafo único da Lei 5.478/68:

> *Art. 22. Constitui crime contra a administração da Justiça deixar o empregador ou funcionário público de prestar ao juízo competente as informações necessárias à instrução de processo ou execução de sentença ou acordo que fixe pensão alimentícia:*
>
> *Pena – Detenção de 6 (seis) meses a 1 (um) ano, sem prejuízo da pena acessória de suspensão do emprego de 30 (trinta) a 90 (noventa) dias.*
>
> *Parágrafo único. Nas mesmas penas incide quem, de qualquer modo, ajuda o devedor a eximir-se ao pagamento de pensão alimentícia judicialmente acordada, fixada ou majorada, ou se recusa, ou procrastina a executar ordem de descontos em folhas de pagamento, expedida pelo juiz competente.*

Este preceito normativo não trata de prisão por dívida civil, mas, sim, de tipicidade penal, ou seja, crime contra a administração da justiça, cuja competência para sua apuração não é a do juízo civil, mas do juízo criminal competente.

O cumprimento da pena não exime o devedor do pagamento das prestações vencidas e vincendas.

A prisão civil não é uma sanção retributiva pelo não pagamento do débito, razão pela qual não se exonera da dívida o devedor que cumpre integralmente a prisão imposta pelo juiz.

Ao contrário, tratando-se a prisão civil apenas de um critério de coerção para o pagamento, ou seja, coerção em razão da mora, o cumprimento da pena não exime o devedor do pagamento das prestações vencidas e vincendas.

Sobre o tema, eis os seguintes precedentes do S.T.J.:

(...).

3. Não se aplicam à prisão civil do devedor de alimentos as regras de extinção da pretensão punitiva pela prescrição, previstas na legislação penal, porquanto a prisão civil não se reveste dos atributos peculiares da sanção de caráter penal. A prisão civil é um meio de coerção do devedor inadimplente, não lhe sendo aplicáveis os prazos do Código Penal.

4. Nos termos da Súmula 309/STJ, "o débito alimentar que autoriza a prisão civil do alimentante é o que compreende as três prestações anteriores ao ajuizamento da execução e as que se vencerem no curso do processo".

5. Faz-se necessária a quitação integral das três últimas parcelas anteriores ao ajuizamento da execução, acrescidas das vincendas, para que seja afastada a aplicação do disposto no art. 733, § 1º, do CPC, o que, no entanto, não ocorreu na hipótese dos autos.

6. Recurso ordinário a que se nega provimento.

(RHC 30.024/SP, Rel. Ministro RAUL ARAÚJO, QUARTA TURMA, julgado em 06/09/2011, DJe 27/09/2011)

Sobre a possibilidade de expedição de decretos sucessivos de prisão contra o devedor de alimentos, eis os seguintes precedentes do S.T.J.:

– É admissível a prisão civil do devedor de alimentos quando se trata de dívida atual, correspondente às três últimas prestações anteriores ao ajuizamento da execução, acrescidas das que se vencerem no curso do processo – Súmula nº 309/STJ.

– O "nosso ordenamento jurídico não veda a possibilidade de o juiz, renovar, no mesmo processo de execução de alimentos, o decreto prisional, após analisar a conveniência e oportunidade e, principalmente, após levar em conta a finalidade coercitiva da prisão civil do alimentante." (HC 39902/MG, Rel. Ministra Nancy Andrighi, Terceira Turma, DJ 29/05/2006 p. 226), especialmente porque, somando-se as duas, não excedem ao prazo máximo estabelecido na lei (art. 733, § 1º, do CPC) – Ordem denegada.

(HC 159550/RS, Rel. Ministro LUIS FELIPE SALOMÃO, QUARTA TURMA, julgado em 17/08/2010, DJe 26/08/2010)

1. É possível a renovação do decreto de prisão do devedor de pensão alimentícia que, tendo quitado parte do débito alimentar, volta a descumprir as prestações subsequentes.

2. Ante a recalcitrância do alimentante, mostra-se possível a renovação do decreto prisional, desde que não ultrapassado o limite de três meses estabelecido no §1º do art. 733 do CPC.

3. É assente na jurisprudência desta eg. Corte que não é o habeas corpus a via adequada para se discutir questões de fato relacionadas à capacidade financeira do executado.

4. Ordem denegada.

(HC 213.646/RJ, Rel. Ministro RAUL ARAÚJO, QUARTA TURMA, julgado em 20/09/2011, DJe 03/10/2011)

– Em execução de alimentos proposta pelo procedimento descrito no art. 733 do CPC, o decreto prisional expedido contra o devedor abrange todas as prestações alimentícias que se vencerem, no curso do processo, até o cumprimento do prazo de prisão estabelecido no decreto.

– Propostas sucessivas execuções de alimentos, todas pelo procedimento do art. 733 do CPC, mostra-se inviável o cumprimento cumulativo dos decretos prisionais, expedidos em cada um dos processos, pois, nesta hipótese, estaria configurado bis in idem, considerando que as prestações que se vencerem no curso da primeira execução e, portanto, abrangidas pelo primeiro decreto prisional serão, justamente, o objeto das execuções posteriores.

– O cumprimento cumulativo dos decretos prisionais expedidos em processos distintos frustra a finalidade da prisão que deve ser decretada, excepcionalmente, apenas como meio de coagir o devedor a adimplir o débito alimentar e não como mecanismo de punição pelo não pagamento.

– No entanto, nosso ordenamento jurídico não veda a possibilidade de o juiz, renovar, no mesmo processo de execução de alimentos, o decreto prisional, após analisar a conveniência e oportunidade e, principalmente, após levar em conta a finalidade coercitiva da prisão civil do alimentante.

(HC 39902/MG, Rel. Ministra NANCY ANDRIGHI, TERCEIRA TURMA, julgado em 18/04/2006, DJ 29/05/2006, p. 226

Paga a prestação alimentícia, o juiz suspenderá o cumprimento da ordem de prisão.

Mais uma vez este dispositivo vem reforçar que a prisão civil não tem caráter de pena retributiva pelo não pagamento da obrigação alimentar, mas apenas coercitiva em razão da mora. Por isso, paga a prestação alimentícia, na sua integralidade, o juiz suspenderá o cumprimento da ordem de prisão.

Note-se que o pagamento parcial não gera direito à suspensão da ordem de prisão, pois o inadimplemento, ainda que parcial, permanece, justificando a manutenção da prisão até o término do prazo fixado pelo juiz.

Art. 912

Quando o executado for funcionário público, militar, diretor ou gerente de empresa, bem como empregado sujeito à legislação do trabalho, o exequente poderá requerer o desconto em folha de pagamento de pessoal da importância da prestação alimentícia.

§ 1º Ao despachar a inicial, o juiz oficiará à autoridade, à empresa ou ao empregador, determinando, sob pena de crime de desobediência, o desconto a partir da primeira remuneração posterior do executado, a contar do protocolo do ofício.

§ 2º O ofício conterá os nomes e o número de inscrição no Cadastro de Pessoas Físicas do exequente e do executado, a importância a ser descontada mensalmente, a conta na qual deva ser feito o depósito e, se for o caso, o tempo de sua duração.

Desconto em folha de pagamento

Tendo em vista que a finalidade da atividade jurisdicional é dar efetividade ao cumprimento da obrigação alimentar, a maneira mais rápida e eficaz para se concretizar a tutela jurisdicional é justamente promover-se o desconto na folha de pagamento ou nos vencimentos do devedor, principalmente se este for funcionário público, militar, diretor ou gerente de empresa, bem como empregado sujeito à legislação do trabalho.

Deve-se ter em mente que o juiz deverá, se for o caso, determinar de ofício esse desconto, evitando-se, assim, mal necessário maior como é o caso da decretação da prisão do devedor.

Na verdade, sendo eficaz e possível o desconto em folha de pagamento da importância alimentícia, e sendo o devedor funcionário público, militar, diretor ou gerente de empresa, bem como empregado sujeito à legislação do trabalho, o juiz, antes de decretar a prisão, deverá optar por este método de pagamento, pois além de ser mais efetivo, é menos oneroso ao devedor. Sobre o tema eis as seguintes decisões do S.T.J.:

> *1. Os alimentos decorrem da solidariedade que deve haver entre os membros da família ou parentes, visando garantir a subsistência do alimentando, observadas sua necessidade e a possibilidade do alimentante. Desse modo, a obrigação alimentar tem a finalidade de preservar a vida humana, provendo-a dos meios materiais necessários à sua digna manutenção, ressaindo nítido o evidente interesse público no seu regular adimplemento.*

2. Por um lado, a Súmula 309/STJ, ao orientar que "o débito alimentar que autoriza a prisão civil do alimentante é o que compreende as três prestações anteriores ao ajuizamento da execução e as que se vencerem no curso do processo", deixa límpido que os alimentos vencidos no curso da ação de alimentos ostentam também a natureza de crédito alimentar.

3. Por outro lado, os artigos 16 da Lei 5.478/1968 e 734 do Código de Processo Civil prevêem, preferencialmente, o desconto em folha para satisfação do crédito alimentar. Destarte, não havendo ressalva quanto ao tempo em que perdura o débito para a efetivação da medida, não é razoável restringir-se o alcance dos comandos normativos para conferir proteção ao devedor de alimentos.

Precedente do STJ.

4. É possível, portanto, o desconto em folha de pagamento do devedor de alimentos, inclusive quanto a débito pretérito, contanto que o seja em montante razoável e que não impeça sua própria subsistência.

5. Recurso especial parcialmente provido.

(REsp 997.515/RJ, Rel. Ministro LUIS FELIPE SALOMÃO, QUARTA TURMA, julgado em 18/10/2011, DJe 26/10/2011)

I – O reconhecimento posterior da incompetência do Juízo não tem, por si só, o condão de tornar nulos os atos processuais presididos pelo Juízo relativamente incompetente. Ao contrário, a fixação da obrigação alimentar (no caso, os alimentos provisórios) por Juízo relativamente incompetente constitui título executivo judicial hábil a lastrear a correspondente execução de alimentos, remanescendo válidos os correlatos atos coercitivos praticados, quando ratificados pelo Juízo competente;

II – Em razão de a definição do foro do alimentando, como o competente para as ações em que se pleiteia alimentos, cuidar de critério de competência relativa (comportando, inclusive, renúncia daquele que detém tal prerrogativa, ut HC 71.986/MG, deste Relator), remanescem válidos a decisão que fixou a obrigação alimentar, bem como os atos até então praticados sob a presidência de Juízo incompetente, a serem ratificados pelo Juízo competente.

III – Insubsistente a alegação consistente na necessidade de se observar, na espécie, a coerção executiva por meio dos descontos em folha de pagamento, ao invés da prisão civil do executado. No ponto, é de se constatar que tal argumentação, pelos elementos constantes dos autos, em momento algum foi ventilada, revelando-se, no mínimo, descabida sua menção, somente nesta via processual. Ad argumentandum, ainda que se admitisse tal alegação, esta não teria o condão de infirmar o decreto prisional, já que o simples desconto mensal em folha de pagamento, desde que devidamente reconhecido pelas instâncias ordinárias como sendo apto a satisfazer as prestações do débito alimen-

tar (situação não ocorrente na hipótese dos autos), referir-se-ia às parcelas vincendas, de forma a remanescer inadimplidas as vencidas;

IV – Ordem denegada.

(HC 212.996/SP, Rel. Ministro MASSAMI UYEDA, TERCEIRA TURMA, julgado em 01/12/2011, DJe 13/12/2011).

(...).

2. Mostrando-se infrutífera a busca por bens a serem penhorados e dada a natureza de prestação alimentícia do crédito do exequente, de rigor admitir o desconto em folha de pagamento do devedor, solução que, ademais, observa a gradação do art. 655 do CPC, sem impedimento da impenhorabilidade constatada do art. 649, IV, do CPC.

3. Recurso Especial provido.

(REsp 948.492/ES, Rel. Ministro SIDNEI BENETI, TERCEIRA TURMA, julgado em 01/12/2011, DJe 12/12/2011)

I – A execução de sentença condenatória de prestação alimentícia, em princípio, rege-se pelo procedimento da execução por quantia certa, ressaltando-se, contudo, que, a considerar o relevo das prestações de natureza alimentar, que possuem nobres e urgentes desideratos, a lei adjetiva civil confere ao exequente a possibilidade de requerer a adoção de mecanismos que propiciam a célere satisfação do débito alimentar, seja pelo meio coercitivo da prisão civil do devedor, seja pelo desconto em folha de pagamento da importância devida;

II – Não se concebe, contudo, que a exequente da verba alimentar, maior interessada na satisfação de seu crédito e que detém efetivamente legitimidade para propor os meios executivos que entenda conveniente, seja compelida a adotar procedimento mais gravoso para com o executado, do qual não se utilizou voluntariamente, muitas vezes para não arrefecer ainda mais os laços de afetividade, já comprometidos com a necessária intervenção do Poder Judiciário, ou por qualquer outra razão que assim repute relevante.

III – Ordem concedida.

(HC 128.229/SP, Rel. Ministro MASSAMI UYEDA, TERCEIRA TURMA, julgado em 23/04/2009, DJe 06/05/2009)

A grande dificuldade existe quando o devedor não recebe salário, proventos ou vencimentos, ou seja, quando é trabalhador autônomo. Nesse caso, não será possível o desconto em folha, dificultando por vezes o efetivo cumprimento da obrigação alimentar, o que justifica ainda mais a coerção por meio do decreto de prisão civil.

Preceitua o *§1º do art. 912* do atual C.P.C. que *ao despachar a inicial, o juiz oficiará à autoridade, à empresa ou ao empregador, determinando, sob pena de crime de desobediência, o desconto a partir da primeira remuneração posterior do executado, a contar do protocolo do ofício.*

Este dispositivo demonstra que o empregador ou a autoridade pública não pode deixar de cumprir a ordem determinada pelo juízo da execução, no sentido de não proceder ao desconto do salário, remuneração, subsídios ou proventos dos alimentos devidos.

Muito embora o responsável possa não ser compelido com a prisão civil, poderá ele incidir no crime contra a administração da justiça, se praticar qualquer dos atos previstos no art. 22 e seu parágrafo único da Lei 5.478/68:

> *Art. 22. Constitui crime contra a administração da Justiça deixar o empregador ou funcionário público de prestar ao juízo competente as informações necessárias à instrução de processo ou execução de sentença ou acordo que fixe pensão alimentícia:*
>
> *Pena – Detenção de 6 (seis) meses a 1 (um) ano, sem prejuízo da pena acessória de suspensão do emprego de 30 (trinta) a 90 (noventa) dias.*
>
> *Parágrafo único. Nas mesmas penas incide quem, de qualquer modo, ajuda o devedor a eximir-se ao pagamento de pensão alimentícia judicialmente acordada, fixada ou majorada, ou se recusa, ou procrastina a executar ordem de descontos em folhas de pagamento, expedida pelo juiz competente.*

O terceiro ainda estará sujeita à incidência da multa prevista no 77, inc IV, §§1º e 2º do atual C.P.C.

O ofício conterá os nomes e o número de inscrição no Cadastro de Pessoas Físicas do exequente e do executado, a importância a ser descontada mensalmente, a conta na qual deva ser feito o depósito e, se for o caso, o tempo de sua duração (*§2º do art. 912 do atual C.P.C.*)

A indicação do número de inscrição no cadastro de pessoas físicas do exequente e do executado é importante para efeitos fiscais, inclusive para a declaração de imposto de renda.

Art. 913

Não requerida a execução nos termos deste Capítulo, observar-se-á o disposto no art. 824 e seguintes, com a ressalva de que, recaindo a penhora em dinheiro, a concessão de efeito suspensivo aos embargos à execução não obsta a que o exequente levante mensalmente a importância da prestação.

Outra modalidade de execução de obrigação alimentar

Compete ao exequente optar entre o procedimento executivo de título executivo extrajudicial de obrigação alimentar, com a incidência de prisão civil do devedor recalcitrante, ou promover a execução de quantia certa, nos termos do art. 824 e seguintes do atual C.P.C., em que não há coercibilidade por meio de prisão, e, sim, a incidência de atos executivos como a penhora e a alienação de bens.

Sob a égide do C.P.C. de 1973, especialmente pela prolixidade e pela falta de simetria das normas concernentes à execução dos alimentos, com prisão do devedor inadimplente, apresentava-se ampla digressão doutrinária e jurisprudencial quanto ao emprego da coerção pessoal, principalmente no sentido de que haveria necessidade de se exaurir os meios tendentes à execução por expropriação, para então se poder requerer a prisão do devedor.

A Lei 5. 478/68, adaptada ao então C.P.C. de 1973, permitia que o credor de alimentos executasse a sentença ou o acordo por várias maneiras, entre as quais as formas previstas nos artigos 732, 733 e 735 do C.P.C. de 1973 (art. 18 da Lei 5.478/68). Assim, se o executado não cumpria a obrigação alimentícia, o credor de alimentos teria a alternativa: ou satisfazer-se com a penhora, ou requerer a citação do devedor com a cláusula de prisão, alegando e provando ter havido inadimplemento; do §2º do art. 733 do C.P.C. de 1973 inferia-se que a exigência da pensão sob ameaça de prisão poderia ser feita antes da tentativa de penhora, mesmo que o devedor possuísse bens suficientes, pois, de outro modo, estar-se-ia tornando a execução morosa, procrastinando ou desvirtuando o caráter de urgência, próprio da prestação alimentícia; caberia ao credor a opção entre requerer a citação com a cominação de prisão (art. 733 do C.P.C. de 1973), ou apenas a penhora (arts. 732 e 735 do C.P.C. de 1973); a escolha da primeira modalidade não vedava a posterior execução por quantia certa sob o rito comum das obrigações desta modalidade (§2º do art. 733 do C.P.C. de 1973), caso persistisse o inadimplemento.[493]

O novo C.P.C. manteve a faculdade de o credor promover a execução de título extrajudicial com base em coerção prisional, arts. 911 do atual C.P.C., ou observando o disposto nos arts. 824 e seguintes do atual C.P.C. (cumprimento definitivo de sentença condenatória por quantia certa), com a ressalva de que, recaindo a penhora em dinheiro, a concessão de efeito suspensivo aos embargos não obsta que o exequente levante mensalmente a importância da prestação.

[493] CAHALI, Y. S., op. cit. P. 1016 e 1017.

Assim, poderá o credor de alimentos optar por uma ou outra forma de atos executivos.

Também não haverá impedimento de que o credor mude a forma de promover a execução, se verificar que a escolhida não tem sido eficaz para o cumprimento da obrigação assumida pelo devedor.

Desta forma, diante do princípio da celeridade processual, da efetividade das atividades satisfativas, assim como da eficiência, a parte poderá optar pelo procedimento que melhor maximize esses princípios, inclusive mudando o rumo dos atos executivos. Portanto, se o devedor optou pela execução do título extrajudicial com base nos arts. 824 e seguintes do atual C.P.C. (sem pedido de prisão), e não tendo o devedor pago a dívida nem sido encontrados bens, nada impede que o credor altere o procedimento para o disposto no art. 911 do atual C.P.C. Do mesmo modo, se o credor iniciou a execução com base no art. 911 do atual C.P.C. (com pedido de prisão), mas esta não está surtindo o efeito desejado, nada impede que ele requeira a penhora de bens para o cumprimento da obrigação.

É bem verdade que sob a égide do C.P.C. de 1973, havia vozes discordantes.

Para Álvaro Villaça Azevedo, *"devem ser exauridos todos os meios compulsivos, antes do decreto de prisão"*.[494]

Para Amílcar de Castro, por exemplo, *"a prisão civil só será decretada se não houver possibilidade de desconto em folha de vencimentos, ou de arresto de bens ou rendimento do devedor; trata-se de remédio heróico, só aplicável em casos extremos, por violento e vexatório..."*.[495]

Sempre com os olhos voltados para a efetividade e celeridade no cumprimento da obrigação alimentar, pode-se delinear o procedimento de atos executivos com base no novo C.P.C. da seguinte forma: a) compete ao exequente a escolha do procedimento de atos executivos por dívida alimentícia a ser adotado; b) cabe ao exequente requerer a execução com a possibilidade de prisão ou sem a possibilidade de prisão, nada impedindo de que, durante o transcurso do procedimento e em razão da ineficácia do método adotado, promova a alteração de procedimento. Nesse sentido são os seguintes precedentes do S.T.J., ainda sob a égide do C.P.C. de 1973:

> *I – Cabe ao credor a opção pela via executiva da cobrança de alimentos. Assim, pode optar pela cobrança com penhora de bens ou ajuizar desde logo a execução pelo procedimento previsto no art. 733, CPC, desde que se trate de dívida atual.*

494 Azevedo, Álvaro Villaça. *Prisão civil por dívida*. São Paulo: 1992. p. 144.

495 Castro, A. A., op. cit., p. 377.

II – Optando os credores pela execução com penhora (art. 732, CPC), que não prevê a restrição da liberdade, inadmissível a decretação da prisão prevista no art. 733, CPC.

(RHC 12.622/RS, Rel. Ministro SÁLVIO DE FIGUEIREDO TEIXEIRA, QUARTA TURMA, julgado em 21/05/2002, DJ 12/08/2002, p. 210)

I – A norma contida no art. 733 do Código de Processo Civil se aplica tanto aos alimentos definitivos como aos provisionais.

II – Cabe ao credor a opção pela via executiva da cobrança de alimentos. Assim, pode optar pela cobrança com penhora de bens ou ajuizar desde logo a execução pelo procedimento previsto no art. 733, CPC, desde que se trate de dívida atual.

III – A jurisprudência desta Corte está consolidada no sentido de que o paciente, para livrar-se da prisão civil, está obrigado a pagar as três últimas parcelas vencidas na data do mandado de citação e as vincendas no curso do processo.

(REsp 345.627/SP, Rel. Ministro SÁLVIO DE FIGUEIREDO TEIXEIRA, QUARTA TURMA, julgado em 02/05/2002, DJ 02/09/2002, p. 194)

– Cabe à credora a escolha do rito processual a ser seguido para a execução de alimentos. Nada obsta que primeiramente tente a penhora de bens do executado, como na espécie e, uma vez frustrada a execução pelo rito comum, valha-se a exeqüente da ameaça do decreto prisional.

– Na execução de alimentos, prevista pelo artigo 733 da lei processual civil, ilegítima se afigura a prisão civil do devedor fundada no inadimplemento de prestações pretéritas, assim consideradas as anteriores às três últimas prestações vencidas antes do ajuizamento da execução.

– Recurso parcialmente conhecido e, nessa extensão, provido.

(REsp 216.560/SP, Rel. Ministro CESAR ASFOR ROCHA, QUARTA TURMA, julgado em 28/11/2000, DJ 05/03/2001, p. 169);

c) optando o exequente pela execução com base nos artigos 824 e seguintes do atual C.P.C., e realizada a penhora dos bens, não há mais como requerer a coerção do pagamento por meio de prisão civil, a não ser que a penhora não seja suficiente para saldar a dívida. Note-se que a coerção somente tem sentido como forma de o executado cumprir forçosamente a obrigação. Se já houve penhora, não há mais risco do seu não cumprimento.

Tratando-se de prestação pretérita de alimentos, a doutrina afirmara que a execução dos alimentos referentes a período extenso, com valor demasiadamente alto, impossibilitaria o devedor de obter de pronto esse montante em tempo reduzido, razão pela qual seria conveniente que a execução se processasse sem a coerção prisional.[496]

Diante dessa constatação doutrinária, o S.T.J. editou a Súmula 319, estabelecendo: *"O débito alimentar que autoriza a prisão civil do alimentante é o que compreende as três prestações anteriores ao ajuizamento da execução e as que vencerem no curso do processo"*.

A Segunda Seção do Superior Tribunal de Justiça alterou a redação inicial da Súmula 319. A alteração do enunciado da súmula se deu por iniciativa da Ministra Nancy Andrighi, que observou ser possível dar mais efetividade ao cumprimento da prisão do devedor caso se considerasse a data do ajuizamento e não da citação.

E o adimplemento deve ser total, se for parcial permanece hígido o decreto prisional, conforme o precedente abaixo do S.T.J.:

> *1. "O débito alimentar que autoriza a prisão civil do alimentante é que compreende as três prestações anteriores ao ajuizamento da execução e as que se vencerem no curso do processo." (Súmula 309 do STJ).*
>
> *2. O adimplemento parcial do débito não é capaz de elidir a prisão civil do devedor de alimentos.*
>
> *3. Inviabilidade de investigação probatória na estreita via do remédio heróico.*
>
> *4. ORDEM DENEGADA.*
>
> *(HC 209.137/SP, Rel. Ministro PAULO DE TARSO SANSEVERINO, TERCEIRA TURMA, julgado em 06/09/2011, DJe 13/09/2011)*

Ainda sobre o conteúdo do débito pretérito, eis o seguinte precedente do S.T.J.:

> *Habeas corpus. Execução de alimentos. Prisão civil. Art. 733 do Código de Processo Civil. Precedentes da Corte.*
>
> *1. A jurisprudência da 2ª Seção firmou-se no sentido de que o devedor de alimentos, para se livrar da prisão civil, deve pagar as três últimas prestações vencidas à data do mandado de citação e as vincendas durante o processo. No caso concreto, a dívida relativa à matrícula e ao material escolar dos menores está sendo cobrada em ação proposta em março do respectivo ano letivo, não estando caracterizado débito pretérito.*
>
> *2. O habeas corpus, nos termos da jurisprudência da Corte, não é via adequada para o exame aprofundado de provas e a verificação das justificativas, fáticas, apresen-*

[496] Cahali, Y. S., op. cit., p. 1022.

tadas em relação à inadimplência do devedor dos alimentos, da situação financeira da genitora dos menores e da necessidade destes.

3. A propositura de ação revisional não obsta a execução de alimentos com base no art. 733 do Código de Processo Civil, admitindo-se a prisão civil do devedor.

4. Optando os credores dos alimentos pelo rito do art. 733 do Código de Processo Civil, ao invés do previsto no art. 732 do mesmo diploma processual, a eventual indicação de bens pelo devedor não obsta a prisão civil.

5. Habeas corpus indeferido.

(HC 22.876/SP, Rel. Ministro CARLOS ALBERTO MENEZES DIREITO, TERCEIRA TURMA, julgado em 30/08/2002, DJ 02/12/2002, p. 302).

TÍTULO III – Dos Embargos à Execução

Art. 914

O executado, independentemente de penhora, depósito ou caução, poderá se opor à execução por meio de embargos.

§ 1º Os embargos à execução serão distribuídos por dependência, autuados em apartado e instruídos com cópias das peças processuais relevantes, que poderão ser declaradas autênticas pelo próprio advogado, sob sua responsabilidade pessoal.

§ 2º Na execução por carta, os embargos serão oferecidos no juízo deprecante ou no juízo deprecado, mas a competência para julgá-los é do juízo deprecante, salvo se versarem unicamente sobre vícios ou defeitos da penhora, da avaliação ou da alienação dos bens efetuadas no juízo deprecado.

Sumário:

1. Considerações gerais

2. Dos embargos à execução

1. Considerações gerais

Muitos afirmavam que não existia contraditório no processo de execução, diferindo-se esse elemento essencial do processo para os embargos à execução.

Porém, conforme já acentuou Alberto Camiña Moreira, não há contraditório diferido de um processo para outro processo, pois não se pode afastar o contraditório de qualquer processo jurisdicional, especialmente pelo fato de que este elemento se trata de uma garantia constitucional.[497]

Efetivamente, não é verdade que não existe contraditório no processo de execução, especialmente pelo fato de que o contraditório é a essência do processo jurisdicional moderno.

Sem contraditório não há processo na sua concepção moderna e democrática.

Evidentemente, o contraditório a ser exercido no âmbito do próprio processo de execução é rarefeito e condicionado ao conteúdo de determinadas matérias ou questões jurídicas.

Dentre as diversas formas de se exercer o contraditório no processo de execução há a exceção de pré-executividade ou objeção de pré-executividade, como sendo a maior prova de que existe contraditório no processo de execução, conforme já teve oportunidade de afirmar Nelson Nery Junior.[498]

É claro que o contraditório a ser exercido no âmbito da execução está limitado a determinadas questões, especialmente de ordem pública, ou que não haja controvérsia fática em relação ao alegado pelo executado em sua exceção, como, por exemplo, apresentação de documento que comprova o efetivo cumprimento da obrigação.

Havendo questões fáticas controvertidas, que demandam instrução probatória para a sua resolução, evidentemente, não poderão ser objeto de análise no âmbito do contraditório a ser exercido no próprio processo de execução, dependendo de instauração de demanda própria na qual o executado deverá opor-se à execução, podendo ampliar o rol de questões que poderá alegar contra a pretensão executiva.

No direito italiano, conforme lecionam Comoglio, Ferri e Taruffo, distinguem-se três tipos de oposições, que compreensivelmente, de modo descritivo, podem ser denominadas de 'executivas' e que constituem procedimentos cognitivos, com diversos objetos e efeitos, os quais se inserem no âmbito do processo de execução ou por vezes o precedem. Por meio da *oposição à execução*, o devedor ou o sujeito que de todo modo dela deva participar no polo passivo contesta 'o direito do credor em promover a execução forçada' (art. 615 do C.P.C. italiano); com a *oposição aos atos executivos*, o interessado pode contestar a não regularidade do título executivo, do preceito ou de qualquer outro ato do processo executivo;

[497] MOREIRA, Alberto Camiña. *Defesa sem embargo do executado.* São Paulo: Editora Saraiva, 2000. p. 9.

[498] NERY JUNIOR. Nelson. *Princípios do processo civil na Constituição Federal.* 5ª ed. São Paulo: Ed. Revista dos Tribunais, 1999. *p. 136-7*

com a *oposição de terceiro* se faz valer um erro ou um vício do processo executivo que prejudica o direito de um terceiro estranho à execução.[499]

No direito brasileiro, verificam-se também esses três tipos de oposição do devedor em face da execução.

Uma oposição que poderá ser interposta antes mesmo da instauração do processo executivo, ocorre quando o devedor ingressa com demanda autônoma de processo de conhecimento tendo por objeto o título executivo extrajudicial; há a oposição que denominamos de embargos à execução, cuja demanda tem por objeto os atos executivos já praticados em face da instauração do procedimento executivo; há, também, a oposição de terceiro, que em nosso ordenamento jurídico é denominada de embargos de terceiro.

Havia previsão no art. 746 do C.P.C. de 1973, ainda, de outras espécies de oposição do devedor aos atos executivos, como os denominados *embargos à adjudicação e os embargos à arrematação.* Contudo, o novo código de processo civil permitiu a interposição desses embargos como incidente à execução, sem impedir, contudo, que a nulidade da arrematação ou adjudicação fosse alegada em demanda autônoma.

O C.P.C. de 1973, na sua redação originária, estabelecia como forma uniforme de impugnação dos atos processuais de processo de execução de título extrajudicial ou judicial apenas os embargos à execução. Assim, tanto para a execução de título judicial como para a execução de título extrajudicial, havendo interesse do executado em se opor aos atos executivos, poderia fazê-lo por meio dos embargos à execução. Contudo essa sistemática foi substancialmente alterada a partir da Lei 11.232, de 22 de dezembro de 2005, que deu nova redação ao C.P.C. de 1973.

Em face da edição da Lei 11.232, de 22 de dezembro de 2005, a sentença judicial passou a ser simplesmente *cumprida,* sem reclamar demanda e processo de execução judicial autônomo e independente do processo de cognição. É o sincretismo entre cognição e execução que passou a imperar no direito processual civil brasileiro.

Como não há mais processo de execução de título judicial autônomo, também não há mais previsão da propositura de *embargos à execução* como forma autônoma de impugnação da execução por título executivo judicial.

Os embargos do executado, no procedimento incidental de cumprimento de sentença, foram substituídos pela *impugnação* a ser realizada nos próprios autos.

[499] Comoglio, Luigi Paolo; Ferri, Corrado; Michele, Taruffo. *"Lezioni sul processo civile.* II. Procedimenti speciali, cautelari ed esecutivi. Bologna: Il Mulino, 2011. p. 318.

Conforme anota Misael Montenegro Filho, *"essa nova defesa, repita-se, apresentada nos autos da própria demanda, com a natureza jurídica de mero incidente processual, permite a discussão de questões formais e de mérito, confirmando a prevalência do princípio do contraditório e da ampla defesa no ambiente da jurisdição executiva, encartada na realidade da jurisdição de conhecimento, qualificando-se como prolongamento dessa".*[500]

Essa modificação sistemática que introduziu no nosso ordenamento jurídico o cumprimento de sentença foi mantida pelo art. 518 do atual C.P.C., que estabelece que todas as questões relativas à validade do procedimento de cumprimento da sentença e dos atos executivos subsequentes poderão ser arguidas pelo executado nos próprios autos e nestes serão decidas pelo juiz, não havendo mais possibilidade de o executado ingressar com embargos à execução para se opor ao cumprimento de sentença, isto é, à execução de título judicial.

Os embargos à execução, consequentemente, passaram a ser um instituto jurídico exclusivo do executado para se opor à execução de título executivo extrajudicial

Neste capítulo, vamos analisar especificamente a oposição do executado denominada de *embargos à execução* de título executivo.

A função processual que historicamente os embargos exercem é decorrente de sua criação do direito lusitano, especialmente das Ordenações Afonsinas, do Liv. III, Tít. 105 – desconhecido no direito romano, no germânico e no canônico – ora assumindo a feição de *recurso*, ora de *ação*, ora de simples aperfeiçoamento formal ou material das sentenças, com a qualificação de *declaratórios.*[501]

Em relação aos embargos à execução, uma das questões que a doutrina sempre se debruçou foi em torno de sua *natureza jurídica*.

Apesar de o executado nos embargos encontrar-se em nítida posição de defesa, muito similar à matéria da contestação no processo de conhecimento, cabe a ele tomar a iniciativa da instauração dessa demanda autônoma em relação ao processo de execução. Cabe ao executado instaurar o processo incidental de cognição em que o juiz pode tomar conhecimento de suas alegações.

Diante disso, Liebman considerava os embargos à execução como sendo uma ação *(demanda) autônoma*, em que o executado é autor e o exequente é réu; mais precisamente, *"a ação incidente do executado visando anular ou reduzir a execução ou tirar ao título sua eficácia executória"*.[502]

[500] Montenegro Filho, Misael. *Curso de direito processual civil.* Teoria Geral dos Recursos. Recursos em Espécie. Processo de Execução. 5ª ed. São Paulo: Editora Atlas,2009. p. 231.
[501] Neves, Celso. *Comentário ao código de processo civil.* Vol. VII. Rio de Janeiro: Forense, 1977. p. 223.
[502] Liebman, Enrico Tullio. *Processo de execução.* 5ª ed. São Paulo: Editora Saraiva, 1986. p. 216.

No mesmo sentido é a lição de José Carlos Barbosa Moreira: *"o oferecimento dos embargos dá ensejo à formação de novo processo, que não se confunde com o executivo, e tem a natureza de um processo de cognição"*.[503]

É bem verdade que há autores que preconizam que os embargos não formam outra relação jurídica processual, não formam outro processo, pois, se apresentam caráter incidental passam a fazer parte daquilo que já existe, isto é, passam a fazer parte do próprio processo executivo, que assim tem sua cognição dilatada e ampliada. Utiliza-se em prol dessa argumentação os exemplos da denunciação da lide ou em garantia e da reconvenção, as quais também não seriam um processo autônomo, apesar de serem incidentais.

Não há dúvida de que os embargos, muito embora incidentais ao processo de execução de título extrajudicial, são, efetivamente, uma demanda autônoma, com relação jurídica processual própria, que deve ser preenchida com todos os seus elementos, a saber: a) partes, b) pedido, c) causa de pedir. Deve também observar seus pressupostos processuais e condições de análise do mérito do pedido.

A jurisprudência também tem considerado os embargos à execução como sendo uma demanda cognitiva autônoma, inclusive para efeito de fixação de honorários de advogado. Sobre o tema eis o seguinte precedente do S.T.J.:

1. A jurisprudência do STJ assentou que, constituindo os Embargos do Devedor verdadeira ação de conhecimento que não se confunde com Ação de Execução, os honorários advocatícios devem ser arbitrados de forma autônoma e independente em cada uma das referidas ações, sendo descabido o condicionamento da verba honorária na Execução a eventual propositura dos Embargos à Execução.

2. O estabelecimento de honorários no início da Execução é provisório, pois a sucumbência final será determinada, definitivamente, apenas no julgamento dos Embargos à Execução.

3. Contudo, embora cabíveis honorários em Execução e em Embargos à Execução autonomamente, nada impede que o magistrado arbitre valor único para as duas condenações, no julgamento dos Embargos, devendo-se observar o limite máximo de 20% (art. 20, § 3º, do CPC) na soma das duas verbas.

4. Agravo Regimental não provido.

(AgRg nos EDcl no REsp 1213658/RS, Rel. Ministro HERMAN BENJAMIN, SEGUNDA TURMA, julgado em 26/06/2012, DJe 01/08/2012)

[503] Barbosa Moreira, J. C., op. cit., p. 400.

Note-se que normalmente os embargos à execução têm por pretensão justamente a prolação de uma sentença de natureza declaratória, seja do título, seja do próprio procedimento executivo, o que vai além de uma simples defesa, caracterizando efetivamente uma demanda judicial com pedido autônomo de acordo com as pretensões material e processual apresentadas.

2. Dos embargos à execução

Preceitua o *art. 914* do atual C.P.C. que *o executado, independentemente de penhora, depósito ou caução, poderá opor à execução por meio de embargos.*

Este dispositivo inicia sua regulação jurídica pela legitimidade para propor embargos à execução.

A análise da legitimidade nos embargos demanda uma análise da legitimidade para figurar na relação jurídica processual no processo executivo.

São legitimados para figurar na relação jurídica processual executiva todos aqueles sujeitos, designados ou não no título executivo, que reclamam a tutela jurídica do Estado, e, ainda, aqueles perante os quais se pleiteia tal tutela, desde que autorizados pela lei material. Deste universo apenas estarão excluídos os sujeitos cujo patrimônio refoge ao alcance da eficácia do título executivo, e não configurando no processo, são caracterizados como terceiros.[504]

Assim, considerados os legitimados no âmbito executivo, pode-se aduzir que na esfera dos embargos são legitimados para figurar na relação jurídica o exequente (como embargado) e o executado (como embargante). Há, portanto, uma inversão dos polos ativo e passivo.

Essa legitimidade não é exclusiva do devedor, podendo ser de qualquer executado, mesmo que não seja o devedor, mas possa ser o responsável pelo pagamento, como ocorre com aquele que oferece bem próprio a ser penhorado ou mesmo o fiador. Poderá ser também outro que não seja nem devedor ou responsável, mas que figurou na execução como executado. Assim, todo aquele que for colocado numa situação jurídica análoga à do executado está legitimado ativamente para ingressar com embargos à execução.

Evidentemente, o termo executado é muito mais elástico do que o termo devedor, razão pela qual todos aqueles que participam da relação jurídica processual e de certa forma sejam atingidos pela execução forçada (exceto o exequente) poderá ingressar com embargos à execução.

[504] Assis, A., op. cit., p. 1.239.

Figurando o cônjuge como devedor ou responsável no título executivo extrajudicial, terá ele legitimidade para embargar como qualquer outro executado.

Ocorre que, poderá acontecer que o cônjuge não figure no título como devedor ou responsável, mas, sendo executado o outro cônjuge, incida a penhora sobre bem imóvel pertencente a ambos. Nesse caso, o cônjuge do executado que teve bem de sua propriedade penhorado, terá legitimidade para ingressar tanto com embargos de terceiro quanto com embargos à execução. Por isso a legitimidade da exigência legal de intimação do cônjuge do devedor se a penhora recair em bem imóvel pertencente a ambos. Nesse sentido são as seguintes decisões do S.T.J.:

> *1. Em consonância com os precedentes da Corte, o cônjuge que, intimado da penhora, opõe embargos do devedor, não fica impedido de oferecer embargos de terceiro para defesa de sua meação.*
>
> *(...).*
>
> (AgRg nos EDcl no REsp 306.465/ES, Rel. Ministra NANCY ANDRIGHI, Rel. p/ Acórdão Ministro CASTRO FILHO, TERCEIRA TURMA, julgado em 14/10/2003, DJ 25/02/2004, p. 168)

> *1. A intimação do cônjuge é imprescindível, tratando-se de constrição que recaia sobre bem pertencente ao casal, constituindo sua ausência causa de nulidade dos atos posteriores à penhora.*
>
> *2. É cediço nesta Corte que: A intimação do cônjuge enseja-lhe a via dos embargos à execução, nos quais poderá discutir a própria causa debendi e defender o patrimônio como um todo, na qualidade de litisconsorte passivo do(a) executado(a) e a via dos embargos de terceiro, com vista à defesa da meação a que entende fazer jus.(REsp 252854 / RJ, Ministro SÁLVIO DE FIGUEIREDO TEIXEIRA, DJ 11.09.2000).*
>
> *3. Falecendo o cônjuge, a intimação deve operar-se na pessoa do representante do espólio da mesma, porquanto a constrição influi no regime jurídico do bem do acervo. Deveras, por força dos arts. 12 da Lei nº 6.830/80 e 669 do CPC, o cônjuge e a fortiori o seu espólio, são partes legitimadas para oferecerem embargos à execução e, nessa qualidade deveriam ter sido intimados.*
>
> *(...)..*
>
> (REsp 740.331/RS, Rel. Ministro LUIZ FUX, PRIMEIRA TURMA, julgado em 14/11/2006, DJ 18/12/2006, p. 318).

Também terá legitimidade para promover os embargos o curador especial, conforme estabelece a Súmula 196 do S.T.J.: *Ao executado que, citado por edital ou por hora certa, permanecer revel, será nomeado curador especial, com legitimidade para apresentação de embargos.* Sobre o tema eis o seguinte precedente do S.T.J.:

(...).

2. "Ao executado que, citado por edital ou por hora certa, permanecer revel, será nomeado curador especial, com legitimidade para apresentação de embargos" (Súmula nº 196 do STJ).

3. É dispensado o curador especial de oferecer garantia ao Juízo para opor embargos à execução. Com efeito, seria um contra-senso admitir a legitimidade do curador especial para a oposição de embargos, mas exigir que, por iniciativa própria, garantisse o juízo em nome do réu revel, mormente em se tratando de defensoria pública, na medida em que consubstanciaria desproporcional embaraço ao exercício do que se constitui um munus público, com nítido propósito de se garantir o direito ao contraditório e à ampla defesa.

4. Recurso especial provido. Observância do disposto no art. 543-C, § 7º, do Código de Processo Civil, c.c. os arts. 5º, inciso II, e 6º, da Resolução 08/2008.

(REsp 1110548/PB, Rel. Ministra LAURITA VAZ, CORTE ESPECIAL, julgado em 25/02/2010, DJe 26/04/2010)

No que concerne à sujeição passiva dos embargos à execução, é parte legítima para participar da relação jurídica dos embargos o exequente, sujeito ativo no processo executivo. Não importa a natureza dessa legitimidade.[505]

Se houver litisconsórcio ativo necessário no polo ativo da execução, nos embargos também haverá a necessidade da manutenção desse litisconsórcio.

Os embargos do executado poderão ser interpostos *independentemente da penhora*, ao contrário do que estabelecia o art. 737, inc. I e II do C.P.C. de 1973, em sua redação originária. Antes de ser revogado este dispositivo pela Lei n. 11.382, de 2006, era pressuposto de admissibilidade dos embargos à execução a garantia do juízo pela penhora.[506]

A partir da Lei 11.382, de 2006, não mais se exige a penhora do bem como garantia de juízo para efeito de o executado poder ingressar com embargos à execução.

[505] Assis, A. op. cit., pt. 1.245.

[506] Doutrina que entendia que a penhora era pressuposto ou condição de admissibilidade: Theodoro Jr, Humberto; *Curso de direito processual civil.* 3ª ed. Vol. II. Rio de Janeiro: Forense, 1991. p. 1011; Fadel, Sérgio Sahione *Código de processo civil comentado.* Tomo IV. Rio de Janeiro: J. Kofino, 1974. p. 121; Borges, Marcos Afonso. *Comentários ao código de processo civil.* Vol. III. São Paulo: 1976. p. 188; Fidélis, Ernane. *Manual de processo civil.* Vol. 3. São Paulo: Saraiva, 1987. n. 1.083; SILVA, Ovídio Baptista. *Curso de direito processual civil.* Vol. II, Porto Alegre: Fabris, 1990, §61.

Também não se exige que o executado faça depósito ou preste caução para que o juiz possa receber os embargos do executado à execução.

Aliás, a exigência de penhora como pressuposto para o recebimento dos embargos há muito vinha sendo alvo de crítica por parte da doutrina, pois muitas vezes essa exigência mostrava-se injusta ou tornava impossível o exercício de defesa, como, por exemplo, quando o devedor não possuía bens para garantia da execução. Há vozes que entende ser inconstitucional a exigência de penhora para ajuizamento dos embargos à execução. Para Marcelo Lima Guerra, a inconstitucionalidade mostra-se evidente, especialmente quando o devedor não possui mais nenhum bem em seu patrimônio.[507]

Contudo, não obstante o entendimento doutrinário, em relação ao processo de execução fiscal regulado pela Lei 6.830/82, o executado somente poderá ingressar com os embargos após garantido o juízo pela penhora, conforme estabelece o art. 16 da LEF. Nessa hipótese, não se aplica a determinação do novo C.P.C., tendo em vista que há norma específica regulando a execução fiscal que é lei especial em relação ao código de processo civil.

Obviamente que em situações excepcionais deverá o juiz sensibilizar-se com a ausência de bens do executado, fato impeditivo do exercício constitucional do amplo contraditório e da ampla defesa, optando por aplicar a regra do atual C.P.C. ao invés da lei de execução fiscal.

Com muita sensibilidade jurídica, e aplicando aquilo que denomino de *parcialidade positiva do juiz*, o Ministro Athos Gusmão Carneiro proferiu o seguinte voto no Resp n. 7.410-MT: *"Eminentes Colegas, o voto do Eminente Ministro-Relator sublinha haver casos nos quais não é exigível a prévia segurança do Juízo. Tenho para mim, realmente, que a segurança do juízo não pode ser imposta naqueles casos em que o título em execução não se reveste das características de título executivo, porque, destarte, a própria execução estaria sendo ajuizada com abuso de direito por parte do credor, utilizando uma via processual que a lei, em tese, lhe não concede. Outra hipótese, em que creio não ser caso de se exigir a segurança do juízo, é aquele caso em que o executado, pobre, não dispõe de bens para oferecer à penhora. Não é possível, dentro do sistema jurídico constitucional brasileiro, em que se assegura o pleno contraditório, limitá-lo, desta maneira, contra pessoas economicamente carentes. Dir-se-ia que, em não havendo bens a penhorar, não haverá a execução propriamente dita. Não é bem assim. A execução ficará suspensa na falta de bens penhoráveis, mas o nome do executado permaneceria nos registros forenses como uma verdadeira mancha a enodoar-lhe o crédito, sem que possa ele apresentar a defesa de que, talvez, até já tenha pago o título ou de que realmente nada deva..."*.

[507] GUERRA, Marcelo Lima. *Execução forçada:* controle de admissibilidade. São Paulo: Ed. Revista dos Tribunais, 1995. p. 71 e 72.

Prescreve o *§1º do art. 914* do atual C.P.C. que *os embargos à execução serão distribuídos por dependência, autuados em apartado e instruídos com cópias das peças processuais relevantes, que poderão ser declaradas autênticas pelo próprio advogado, sob sua responsabilidade pessoal.*

Não obstante se possa considerar os embargos à execução como um processo autônomo, isso não significa que não seja dependente do processo de execução. E isso não gera qualquer contradição, pois na época do C.P.C. de 1973 as medidas cautelares eram processos autônomos, mas dependiam da sorte do processo principal.

A autonomia dos embargos à execução recomenda que a petição inicial seja distribuída por prevenção ao juízo da execução (salvo nas hipóteses em que os embargos são apresentados no juízo deprecado e seja de sua competência analisá-los), mas que seja atuada em apartado, devendo ser instruída com cópias das peças processuais relevantes, sendo que dentre essas não se encontra a cópia do auto de penhora, pois não se exige mais a penhora de bens para efeito de interposição dos embargos, salvo em relação ao processo de execução fiscal.

Parece-me que as cópias relevantes seriam cópia do título executivo, cópia de despacho de citação em caso de alegação de prescrição etc.

É importante que os embargos sejam bem instruídos, especialmente pelo fato de que poderá haver recurso da decisão proferida neste procedimento, sem que os autos de execução subam para o Tribunal, especialmente quando não for concedido efeito suspensivo à execução.

As cópias das peças processuais poderão ser autenticadas pelo próprio advogado da parte, sob sua responsabilidade pessoal, desburocratizando a autenticação dos documentos que irão compor a relação jurídica processual.

Evidentemente que este §1º do art. 914 do atual C.P.C. tem ainda como destino principal os autos físicos e não eletrônicos.

Em se tratando de processo de execução eletrônico, não haverá mais apensamento dos autos, pois o sistema informatizado não permite tal situação. Haverá, sim, possibilidade de se inserir no sistema eletrônico a informação de que existem incidentes concernentes àquele processo, como é o caso de embargos à execução.

Outrossim, não haverá necessidade de se juntar cópia de peças que já compõem o processo eletrônico de execução, principalmente porque em qualquer instância a execução poderá ser acessada, inclusive nos Tribunais.

A petição inicial dos embargos deverá observar os requisitos para a petição inicial do processo de conhecimento, naquilo que lhe for aplicável.

Para Pontes de Miranda, pode ocorrer nos embargos: *"litisconsórcio, inclusive unitário, assistência, oposição de terceiro, denunciação da lide e chamamento ao processo"*.[508]

Em relação à assistência simples ou litisconsorcial, não há impedimento legal para sua concretização nos embargos à execução. No caso, por exemplo, é possível que o fiador, não sendo parte na execução, ingresse como assistente litisconsorcial nos embargos à execução interpostos pelo executado devedor.

Já em relação à denunciação da lide, como nos embargos não haverá formulação de pretensão condenatória contra o embargado, não há lugar também para instauração de outra lide de natureza ressarcitória. Nesse sentido já se manifestou o S.T.J.:

> *1. É lição de Celso Agrícola Barbi sobre a pertinência da denunciação da lide nos embargos à execução: "Examinando as características do procedimento de execução dessa natureza, verifica-se que nele não há lugar para a denunciação da lide. Esta pressupõe prazo de contestação, que não existe no processo de execução, onde a defesa é eventual e por embargos".*
>
> *2. "Nos embargos à execução não são admitidos o chamamento ao processo, a denunciação da lide e a declaratória incidental" (VI ENTA, cl. 10).*
>
> *3. Verba honorária estimada em 10% sobre o valor da causa. A via especial é inadequada para rever o valor fixado a título de honorários advocatícios, à exceção das hipóteses em que se mostre irrisório ou excessivo, porquanto demandaria o reexame do material cognitivo dos autos, cuja análise é própria e soberana das instâncias ordinárias. Incidência da Súmula 7/STJ.*
>
> *4. Recurso especial não provido.*
>
> (REsp 691.235/SC, Rel. Ministro CASTRO MEIRA, SEGUNDA TURMA, julgado em 19/06/2007, DJ 01/08/2007, p. 435)

Da mesma forma, como os embargos são desprovidos de pretensão condenatória, não haverá lugar para nesse procedimento permitir-se o instituto do *chamamento ao processo*, pois o chamamento ao processo constitui uma forma de o réu, no mesmo processo, ampliar o polo passivo, nele incluindo os coobrigados que se encontram, perante a parte adversa, na mesma situação do 'chamante', e, nada obstante, não foram demandados.

[508] PONTES DE MIRANDA. *Comentários ao código de processo civil.* Tomo XI (arts. 736 – 795). Rio de Janeiro: Forense, 1976. p. 166.

Para Arruda Alvim, nem todas as demandas comportam o chamamento ao processo, somente as condenatórias. [509]

Para José de Albuquerque Rocha, como nos embargos não se discute, em caráter principal, posse ou domínio, não há possibilidade de se utilizar do instituto da nomeação à autoria.[510]

Estabelece o *§2º do art. 914* do atual C.P.C. que *na execução por carta, os embargos serão oferecidos no juízo deprecante ou no juízo deprecado, mas a competência para julgá-los é do juízo deprecante, salvo se versarem unicamente sobre vícios ou defeitos de penhora, avaliação ou alienação dos bens efetuadas no juízo deprecado.*

Em regra, os atos executórios serão realizados no juízo em que tramita o processo de execução.

Porém, se os bens estiverem localizados em comarca ou seção judiciária diversa, os atos executórios, como, por exemplo, penhora, avaliação e alienação poderão ser realizados por meio de carta de ordem ou carta precatória.

Estabelece o §2º do art. 845 do atual C.P.C. que se o executado não tiver bens no foro do processo, não sendo possível a realização da penhora nos termos do §1º do art. 845 do atual C.P.C., a execução será feita por carta, penhorando-se, avaliando-se e alienando-se os bens no foro da situação. Este dispositivo demonstra que o legislador estabeleceu que devem ser penhorados preferencialmente os bens situados na jurisdição territorial do juiz da execução.

Contudo, se não houver bens no foro da jurisdição territorial do juiz da execução, ou se esses bens forem insuficientes, ou, ainda, se não for possível realizar a penhora nos termos do §1º do art. 845 do atual C.P.C. por falta de certidão do imóvel ou de comprovação da existência do veículo automotor, e se encontrando os bens em localidade diversa da do foro da causa, a execução será feita por carta precatória ou de ordem executiva, penhorando-se, avaliando-se e alienando-se os bens no foro da situação.

Ocorrendo a execução por carta, os eventuais embargos à execução poderão ser oferecidos tanto no juízo deprecante quanto no juízo deprecado, mas, de qualquer sorte, a competência para julgá-los será do juízo deprecante, exceto se esses embargos versarem unicamente sobre vícios ou defeitos de penhora, avaliação ou alienação de bens.

É importante ressaltar que como o oferecimento dos embargos ocorre independentemente de penhora, depósito ou caução, cujo prazo para interposição corre a partir da juntada do mandado de citação, isso significa dizer que a questão concernente à penhora e à avaliação do bem não deve mais ser apenas objeto

[509] Alvim, Arruda. *Código de Processo Civil comentado, v. 5/ 377.*

[510] Rocha, José de Albuquerque. *Nomeação à autoria.* n. 8. p. 65. *in* ASSIS, A op. cit.. p. 1281.

de embargos, pois poderá inclusive ocorrer que esse ato de constrição venha a ser efetivado após a interposição dos embargos ou após expirado o prazo de sua interposição.

Assim, qualquer questão concernente à penhora e à avaliação dos bens poderá ser articulada ou no juízo da execução (deprecante) ou no juízo deprecado, independentemente de embargos à execução.

Contudo, havendo a interposição de embargos à execução seja perante o juízo deprecante ou perante o juízo deprecado, a competência para julgá-los será, em regra, do juízo deprecante, salvo se a matéria versar sobre vícios ou defeitos de penhora, avaliação ou alienação dos bens. Aliás, nesse sentido há muito vem se posicionando o S.T.J.:

> *(...).*
>
> *2. Competência do juízo deprecado para solucionar controvérsias acerca de vícios ou defeitos da penhora, avaliação ou alienação de bens quando por ele tiver sido o bem localizado (Enunciado n. 46/STJ).*
>
> *3. Ausente o prequestionamento da matéria, porquanto não apreciada pelo acórdão recorrido, é inviável a análise do recurso (Enunciado n. 282/STF).*
>
> *4. AGRAVO REGIMENTAL DESPROVIDO.*
>
> (AgRg no Ag 1340386/PR, Rel. Ministro PAULO DE TARSO SANSEVERINO, TERCEIRA TURMA, julgado em 28/02/2012, DJe 07/03/2012)

> *(...).*
>
> *I – A matéria em discussão possui entendimento pacificado nesta Corte, por meio da Súmula nº 46/STJ, no sentido de que cabe ao juízo deprecante, na execução de carta precatória, decidir sobre as questões relativas aos embargos à execução, com exceção dos tópicos relativos à penhora do bem, que serão apreciados pelo juízo deprecado, a teor do art. 747 do CPC.*
>
> (...).
>
> (REsp 549.923/SE, Rel. Ministro FRANCISCO FALCÃO, PRIMEIRA TURMA, julgado em 16/08/2005, DJ 17/10/2005, p. 178).

Questão interessante ocorre quando a penhora realizada pelo juízo deprecado ocorre por indicação expressa do bem pelo juízo deprecante. Nesse caso, o voto vencido proferido pelo Ministro Castro Filho no Conflito de Competência n. 36044 entendeu que a competência seria do juízo deprecante, uma vez que os embargos atacavam ato judicial específico do juízo deprecante. Contudo, neste conflito ficou vencedor o voto do Ministro Barros Monteiro. Entendeu o S.T.J. que *"em nada releva a circunstância de haver o Juízo deprecante indicado ou indi-*

vidualizado os bens a serem objeto da constrição no Juízo deprecado. Não se cuida aqui de embargos de terceiro, caso em que, aí sim, teria pertinência a Súmula 33 do ex. TFR. Aqui, como se disse, a espécie é de embargos à penhora, em que se alegaram vícios ou defeitos do ato constritivo que se concretizou no Juízo deprecado. Logo, incide a regra acima referida do art. 747 do Código de Processo Civil de 1973, na linha do qual esta Casa editou o verbete sumular n. 46, in verbis: 'Na execução por carta, os embargos do devedor serão decididos no juízo deprecante, salvo se versarem unicamente vícios ou defeitos da penhora, avaliação ou alienação de bens'...Daí por que, com a devida vênia do Sr. Ministro Relator, penso que a competência para processar e julgar os 'embargo à penhora' é do Juízo Deprecado, na esteira, por sinal, do que já deixou assentado esta Seção em mais de uma oportunidade: 'Compete ao juízo deprecado analisar as questões relativas à impenhorabilidade do bem de família e à redução da penhora, arguidas pelo devedor sem qualquer irresignação contra a dívida' (CC n. 35.346-SP. Relatora Ministra Nancy Andrighi).

Nesse sentido, aliás, é a Súmula 46 do S.T.J.: *"na execução por carta, os embargos do devedor serão decididos no juízo deprecante, salvo se versarem unicamente vícios ou defeitos da penhora, avaliação ou alienação dos bens"*.

No que concerne à competência para conhecer dos *embargos de terceiro*, o ato de indicação do bem a ser constrito ou penhorado será fundamental para a definição da competência do juízo, pois nesse caso terá inteira aplicação a Súmula 33 do extinto TFR. Nesse sentido são os seguintes precedentes do S.T.J.:

> *1. Em princípio, o juízo que determinou a prática de um ato executivo é o competente para conhecer dos inconformismos daí decorrentes, tal como ocorre nos embargos à execução por carta (art. 747 do CPC) e nos embargos de terceiro (art. 1.049 do CPC). De fato, em tese, seria descabido atribuir tal competência para outro juízo, que não ergueu os fundamentos jurídicos do ato executivo impugnado.*
>
> *2. Ao juízo deprecante compete apreciar os embargos de terceiro opostos contra penhora de imóvel por ele indicado (Súmula n. 33 do extinto Tribunal Federal de Recursos – TFR).*
>
> *3. In casu, desinfluente é o fato de que a penhora fora inicialmente determinada pelo juízo deprecado de Bagé/RS, pois ela só se tornou realmente efetiva com a decisão do juízo deprecante de Araranguá/SC, que reconheceu a ocorrência de fraude à execução.*
>
> 4. Recurso especial não-conhecido.
>
> (REsp 1033333/RS, Rel. Ministro MASSAMI UYEDA, TERCEIRA TURMA, julgado em 19/08/2008, DJe 05/09/2008).
>
> *Agravo regimental. Conflito de competência. Execução. Embargos de terceiro. Juízos deprecante e deprecado.*

1. "Em execução por carta precatória compete ao Juízo deprecado decidir quanto ao pedido de desconstituição de penhora, questão que não guarda relação com o valor da execução em si. Essa é a hipótese destes autos, que cuidam de pedido de cancelamento de penhora, feito por meio de embargos de terceiro, face a alegação de que 'desde 12.05.1989, referido imóvel fora objeto de escritura pública de promessa de compra e venda celebrada entre as mesmas partes'". A penhora não decorreu de indicação do bem pelo Juízo deprecante, fixada a competência do Juízo deprecado para o julgamento dos embargos de terceiro.

2. A alegação de fraude à execução não tem o poder de afastar a competência do Juízo deprecado ante as circunstâncias acima verificadas. A competência é fixada no momento do ajuizamento da ação, no caso, os embargos de terceiro foram opostos perante o Juízo deprecado, que indicou o bem a ser penhorado, vindo a alegação de fraude à execução com a apresentação da impugnação aos embargos. A competência já determinada em concordância com a jurisprudência da Corte acima mencionada não pode ser modificada em virtude das alegações da parte feitas em sua contestação.

3. Agravo regimental desprovido.

(AgRg nos EDcl no CC 51.389/RJ, Rel. Ministro CARLOS ALBERTO MENEZES DIREITO, SEGUNDA SEÇÃO, julgado em 14/12/2005, DJ 15/03/2006, p. 210).

Em relação aos embargos à arrematação, antes de sua extinção pelo atual C.P.C., a competência sempre seria do juízo deprecado, pouco importando que o bem tivesse sido indicado pelo juízo deprecante. Nesse sentido é o seguinte precedente do S.T.J.:

Agravo regimental – recurso especial – embargos à arrematação – negativa de prestação jurisdicional – inexistência – execução por carta – competência do juízo deprecado – precedente – divergência jurisprudencial não demonstrada – recurso improvido.

(AgRg no REsp 1165197/SP, Rel. Ministro MASSAMI UYEDA, TERCEIRA TURMA, julgado em 19/04/2012, DJe 27/04/2012).

Por sua vez, se o motivo da nulidade da arrematação é eventual fraude à execução, entendeu a Primeira Seção do S.T.J., em voto da lavra do eminente Ministro Luiz Fux (atual Ministro do S.T.F.), que a competência será sempre do juízo deprecante. Nesse sentido é a seguinte decisão:

1. A competência para declarar a ineficácia de arrematação dos bens que garantem o juízo por fraude à execução é do juízo deprecante.

2. É que a competência do juízo deprecante é sempre prevalente, ressalvada as hipóteses legais na forma do art. 747, do CPC, verbis: Na execução por carta, os embargos serão oferecidos no juízo deprecante ou no juízo deprecado, mas a competência para julgá-los é do juízo deprecante, salvo se versarem unicamente vícios ou defeitos da penhora, avaliação ou alienação dos bens.

3. A teor da Súmula 46, do E. STJ, verbis: Na execução por carta, os embargos do devedor serão decididos no juízo deprecante, salvo se versarem unicamente vícios ou defeitos da penhora, avaliação ou alienação dos bens.

4. Conflito de competência conhecido, para declarar competente o juízo deprecante o juízo deprecante da 5ª Vara e Anexo Fiscal da Comarca de Barueri/SP.

(CC 82.436/SP, Rel. Ministro LUIZ FUX, PRIMEIRA SEÇÃO, julgado em 24/06/2009, DJe 03/08/2009).

Porém, se se tratar de competência absoluta prevista na Constituição Federal, deverá prevalecer sempre a competência da Justiça que em razão da matéria for competente. É o que ocorre, por exemplo, quando o juízo deprecado estadual indica o bem a ser penhorado, mas são interpostos embargos de terceiro cujo requerente é um ente federal. Nesse caso, a competência para julgar os embargos de terceiro será da Justiça Federal. O mesmo ocorria em relação aos denominados embargos à arrematação (extintos pelo atual C.P.C.). Nesse sentido são os seguintes precedentes do S.T.J.:

Competencia. Execução por carta. Embargos a arrematação em que figura no polo passivo empresa pública federal. Competência do juiz federal deprecante. Não exercendo o juiz estadual deprecado parcela delegada da jurisdição federal, toca-lhe tão-somente cumprir a precatória, cabendo a solução dos embargos ao juízo federal deprecante (art. 109, inc. i, da cf) . Conflito conhecido, declarado competente o suscitante.

(CC 18.636/PI, Rel. Ministro BARROS MONTEIRO, SEGUNDA SEÇÃO, julgado em 24/09/1997, DJ 17/11/1997, p. 59399)

– Segundo precedentes da Segunda Seção deste Tribunal, tendo os embargos à arrematação natureza de ação, o interesse da Caixa Econômica Federal, empresa pública, que figura como ré neste feito, determina a competência ratione personae da Justiça Federal, que detém caráter absoluto e inderrogável, nos termos do art. 109, I da Constituição.

(CC 35.198/MG, Rel. Ministro SÁLVIO DE FIGUEIREDO TEIXEIRA, SEGUNDA SEÇÃO, julgado em 14/05/2003, DJ 01/09/2003, p. 215)

Já se o juízo estadual deprecado estiver no exercício de função delegada federal, não se deslocará a competência para outro juízo federal, conforme estabelecem os seguintes precedentes do S.T.J.:

1. De nosso sistema processual civil retira-se o princípio segundo o qual compete ao juízo em que se praticou o ato executivo processar e julgar as causas tendentes a desconstituí-lo. Assim o é para os embargos à execução por carta (CPC, art. 747) e para os embargos de terceiro (CPC, art. 1.049), devendo-se adotar o mesmo princípio quando o ato executivo é atacado por ação autônoma, cuja natureza e finalidade são idênticas às dos referidos embargos. Precedentes do STJ e do STF.

2. O juiz estadual que, nos termos do art. 1.213 do CPC, atua como deprecado em ação de execução fiscal movida por autarquia federal, o faz investido de jurisdição federal delegada, nos termos do art. 109, § 3º da Constituição, condição que mantém no processo e julgamento de ações acessórias, em que a autarquia figura como parte passiva, visando a desconstituir ato executivo praticado no cumprimento da carta precatória.

3. Assim, compete ao juízo estadual que, no exercício da competência federal delegada, promoveu a arrematação do bem, processar e julgar a ação anulatória desse ato executivo, ainda que nela figure como parte passiva a autarquia federal exequente.

4. Conflito conhecido e declarada a competência do Juízo de Direito de Comarca de Canela (RS), o suscitado.

(CC 40.102/RS, Rel. Ministro TEORI ALBINO ZAVASCKI, PRIMEIRA SEÇÃO, julgado em 24/03/2004, DJ 19/04/2004, p. 148)

Competência. Execução por carta. Embargos a arrematação em que figura no polo passivo empresa pública federal. Competência do juiz federal deprecante.

Não exercendo o juiz estadual deprecado parcela delegada da jurisdição federal, toca-lhe tão-somente cumprir a precatória, cabendo a solução dos embargos ao juízo federal deprecante (art. 109, inc. i, da cf).

(CC 18.636/PI, Rel. Ministro BARROS MONTEIRO, SEGUNDA SEÇÃO, julgado em 24/09/1997, DJ 17/11/1997, p. 59399)

Art. 915

Os embargos serão oferecidos no prazo de 15 (quinze) dias, contado, conforme o caso, na forma do art. 231.

§ 1º Quando houver mais de um executado, o prazo para cada um deles embargar conta-se a partir da juntada do respectivo comprovante da citação, salvo no caso de cônjuges ou de companheiros, quando será contado a partir da juntada do último.

§ 2º Nas execuções por carta, o prazo para embargos será contado:

I – da juntada, na carta, da certificação da citação, quando versarem unicamente sobre vícios ou defeitos da penhora, da avaliação ou da alienação dos bens;

II – da juntada, nos autos de origem, do comunicado de que trata o § 4º deste artigo ou, não havendo este, da juntada da carta devidamente cumprida, quando versarem sobre questões diversas da prevista no inciso I deste parágrafo.

§ 3º Em relação ao prazo para oferecimento dos embargos à execução, não se aplica o disposto no art. 229.

§ 4º Nos atos de comunicação por carta precatória, rogatória ou de ordem, a realização da citação será imediatamente informada, por meio eletrônico, pelo juiz deprecado ao juiz deprecante.

Prazo para interposição dos embargos

Nos primórdios do C.P.C. de 1973, quando da redação original de seu art. 738, os embargos à execução poderiam ser oferecidos no prazo de dez dias contados: a) da intimação da penhora; b) do termo de depósito; c) da juntada aos autos do mandado de imissão de posse, ou de busca e apreensão, na execução para entrega de coisa; d) da juntada aos autos do mandado de citação, na execução das obrigações de fazer ou de não-fazer.

Com a entrada em vigor da Lei n. 11.382, de 2006, os embargos à execução poderiam ser oferecidos no prazo de 15 (quinze) dias, contados da data da juntada aos autos do mandado de citação.

Porém, o art. 915 do novo C.P.C. estabelece que o prazo para interposição dos embargos será contado, conforme o caso, na forma do art. 231 do atual C.P.C. que assim dispõe:

> *Art. 231. Salvo disposição em sentido diverso, considera-se dia do começo do prazo:*
>
> *I – a data de juntada aos autos do aviso de recebimento, quando a citação ou a intimação for pelo correio;*
>
> *II – a data de juntada aos autos do mandado cumprido, quando a citação ou a intimação for por oficial de justiça;*
>
> *III – a data de ocorrência da citação ou da intimação, quando ela se der por ato do escrivão ou do chefe de secretaria;*
>
> *IV – o dia útil seguinte ao fim da dilação assinada pelo juiz, quando a citação ou a intimação for por edital;*
>
> *V – o dia útil seguinte à consulta ao teor da citação ou da intimação ou ao término do prazo para que a consulta se dê, quando a citação ou a intimação for eletrônica;*
>
> *VI – a data de juntada do comunicado de que trata o art. 232 ou, não havendo esse, a data de juntada da carta aos autos de origem devidamente cumprida, quando a citação ou a intimação se realizar em cumprimento de carta;*

VII – a data de publicação, quando a intimação se der pelo Diário da Justiça impresso ou eletrônico;

VIII – o dia da carga, quando a intimação se der por meio da retirada dos autos, em carga, do cartório ou da secretaria.

Observa-se, também, que a interposição dos embargos à execução não está mais condicionada à segurança do juízo, especialmente pela penhora de bens em execução de quantia certa, sendo que o prazo para a sua interposição se dá, no que couber, nos termos do art. 231 do atual C.P.C.

Note-se, também, que a penhora de bens poderá inclusive ser realizada após o transcurso do prazo para os embargos à execução. Nesse caso, muito embora expirado o prazo dos embargos, eventuais vícios ou defeitos da penhora, avaliação etc poderão ser articuladas no próprio processo de execução.

Deve-se observar que não só da juntada aos autos do mandado de citação é que corre o prazo dos embargos. Poderá, também, correr da juntada aos autos da carta de citação, da expiração do prazo de edital de citação, do transcurso do prazo de citação eletrônica, ou, ainda, pela juntada do termo de citação realizado pelo escrivão ou chefe de secretaria, se o citando comparecer em cartório.

Em relação à execução fiscal, além do prazo para interposição dos embargos ser de trinta dias, a contagem do prazo para sua interposição continua sendo regulamentada pela lei especial n. 6.830/82, que assim estabelece em seu art. 16, inc. I, II e III:

Art. 16 – O executado oferecerá embargos, no prazo de 30 (trinta) dias, contados:
I – do depósito;
II – da juntada da prova da fiança bancária;
III – da intimação da penhora.

Sobre o tema assim já se manifestou o S.T.J.:

1. A orientação das Turmas que integram a Primeira Seção/STJ firmou-se no sentido de que o mandado de intimação da penhora, em sede de execução fiscal, deve informar, expressamente, o prazo para a apresentação dos embargos e indicar que o termo inicial é a data da efetiva intimação, sob pena de nulidade.

2. Recurso especial não provido.

(REsp 1269075/CE, Rel. Ministro MAURO CAMPBELL MARQUES, SEGUNDA TURMA, julgado em 01/09/2011, DJe 08/09/2011)

1. Não obstante o art. 16, I, da Lei 6.830/80 disponha que o executado oferecerá embargos no prazo de 30 (trinta) dias, contados do depósito, a Corte Especial, ao jul-

gar os EREsp 1.062.537/RJ (Rel. Min. Eliana Calmon, DJe de 4.5.2009), entendeu que, efetivado o depósito em garantia pelo devedor, é aconselhável seja ele formalizado, reduzindo-se a termo, para dele tomar conhecimento o juiz e o exequente, iniciando-se o prazo para oposição de embargos a contar da data da intimação do termo, quando passa o devedor a ter segurança quanto à aceitação do depósito e a sua formalização.

2. Semelhantemente, em se tratando de garantia da execução mediante oferecimento de fiança bancária, a Quarta Turma, ao julgar o REsp 621.855/PB, sob a relatoria do Ministro Fernando Gonçalves, deixou consignado que o oferecimento de fiança bancária no valor da execução não tem o condão de alterar o marco inicial do prazo para os embargos do devedor, porquanto, ainda assim, há de ser formalizado o termo de penhora, do qual o executado deverá ser intimado, e, partir de então, fluirá o lapso temporal para a defesa (DJ de 31.5.2004, p. 324).

3. Esta Turma, ao julgar o REsp 851.476/MG (Rel. Min. Humberto Martins, DJ de 24.11.2006, p. 280), depois de observar que o art. 16 da Lei n. 6.830/80, em seu inciso II, refere-se à juntada da prova da fiança bancária como termo inicial para a oposição de embargos à execução, decidiu que, nada obstante, tal inciso deve ser interpretado de maneira conjugada com o III do mesmo artigo, requestando a lavratura do termo de penhora, da qual o executado deve ser intimado para que flua o prazo para apresentação de embargos à execução.

4. É certo que a Lei n. 6.830/80 não se refere à necessidade de intimação da Fazenda Pública a propiciar a aceitação ou recusa da garantia da execução fiscal por meio de fiança bancária. Mas, consoante decidido pela Primeira Turma, no julgamento do REsp 461.354/PE (Rel. Min. Luiz Fux, DJ de 17.11.2003, p. 206), quando o juiz da execução intima o exequente para referida finalidade, instaura-se um incidente processual, motivo pelo qual, em face do princípio do devido processo legal, a parte executada deve ser intimada do ato ensejador de sua defesa. Trata-se de situação processual que não possui expressa previsão legal, implicando a integração legislativa mediante a aplicação da regra geral dos prazos processuais, segundo a qual o termo a quo se perfaz no primeiro dia útil seguinte após a intimação (art. 184, § 2º, do CPC). Instaurado um incidente processual para propiciar a aceitação ou recusa da fiança bancária oferecida como garantia da execução fiscal, somente a partir da intimação da parte executada inicia-se a contagem do prazo de 30 (trinta) dias para a oposição dos embargos, haja vista que referido incidente posterga a efetiva garantia do juízo à aceitação da exequente.

5. Recurso especial provido.

(REsp 1254554/SC, Rel. Ministro MAURO CAMPBELL MARQUES, SEGUNDA TURMA, julgado em 18/08/2011, DJe 25/08/2011)

É bem verdade que o art. 12 da Lei 6.830/80 estabelece que *na execução fiscal, far-se-á a intimação da penhora ao executado, mediante publicação, no órgão oficial, do ato de juntada do termo ou do auto de penhora.*

Contudo, o S.T.J., interpretando este dispositivo, afirma que se o executado foi intimado pessoalmente da penhora não haverá necessidade de nova intimação pelo diário oficial. Nesse sentido são os seguintes precedentes:

> *Execução fiscal – intimação – penhora.*
> *Tendo o representante legal da devedora sido intimado pessoalmente por ocasião da penhora, o prazo para embargos começou a correr desta data e não de posterior publicação no diário de justiça.*
> *Recurso provido.*
> (REsp 11324/RJ, Rel. Ministro GARCIA VIEIRA, PRIMEIRA TURMA, julgado em 16/10/1991, DJ 25/11/1991, p. 17043)

> *1. Esta Corte posicionou-se no sentido de que a intimação pessoal da penhora dispensa a publicação no Diário oficial do termo de penhora, exigida conforme o art. 12 da Lei n. 6.830/80 – Lei de Execuções Fiscais.*
> (...).
> (AgRg no REsp 708.989/RS, Rel. Ministro HUMBERTO MARTINS, SEGUNDA TURMA, julgado em 28/10/2008, DJe 12/11/2008)

Segundo estabelece o art. 41, 4º, do Decreto-lei 413 de 1969, o prazo para apresentar impugnação à execução de cédula de crédito industrial é de 48 horas. Contudo, o S.T.J. firmou entendimento de que este dispositivo restou derrogado pela disciplina geral sobre embargos à execução constante no C.P.C. de 1973. Nesse sentido é o seguinte precedente:

> *Processual civil. Execução. Cédula de credito industrial. Embargos à execução. Obediência ao cpc. Embargos a arrematação. Preclusão. Arts. 245, 473 e 746 do cpc. Preço vil. Reexame de prova.*
> *– o prazo para opor embargos à execução fundada em cédula de credito industrial e de dez dias, conforme previsto no cpc, que revogou os parágrafos 4. e 5. do art. 41 do decreto-lei n. 413/69.*
> *– os embargos a arrematação só podem veicular argumentos que sejam supervenientes a penhora, a teor da regra contida no art. 746 do código de processo civil.*
> *– anula-se a arrematação realizada por preço vil.*
> *– "a pretensão de simples reexame de prova não enseja recurso especial". (Sumula n. 7/stj).*

– recurso parcialmente conhecido e provido.

(REsp 76165/MA, Rel. Ministro CESAR ASFOR ROCHA, QUARTA TURMA, julgado em 21/05/1996, DJ 24/06/1996, p. 22768)

A contagem do prazo de quinze dias previsto no art. 915 do atual C.P.C. exclui o dia da juntada do mandado ou de outro documento processual devidamente cumprido, incluindo-se o dia final.

O prazo de quinze dias para interposição dos embargos é peremptório e preclusivo não podendo ser prorrogado, salvo caso fortuito ou força maior, ou na hipótese de as partes acordarem mudança no procedimento, nos termos do art. 190 do novo C.P.C. Além do mais, as partes poderão, de comum acordo, reduzir os prazos peremptórios, nos termos do art. 222, §1º, do novo C.P.C. Sendo a preclusão a perda de uma faculdade ou de direito subjetivo processual, não se admite a rediscussão de matéria sepultada em decorrência da reconhecida intempestividade dos embargos do executado.

Porém, muito embora o executado não tenha exercido a faculdade processual de ingressar com os embargos, gerando com isso a preclusão, isso não significa que não poderá mais promover medidas de defesa contra os atos executivos. Ainda poderá o executado ingressar com exceção ou objeção de pré-executividade quanto à matéria de ordem pública e que não dependam de instrução probatória, assim como demanda autônoma.

Aliás, o S.T.J. vem entendendo que a demanda autônoma de declaração de inexigibilidade de título executivo ou de relação jurídica obrigacional equipara-se para todos os efeitos aos próprios embargos à execução, especialmente quando ela é proposta antecedentemente aos embargos. Nesse sentido é o seguinte precedente:

(...).

II – As ações autônomas de declaração de inexistência da relação obrigacional possuem natureza jurídica idêntica à dos embargos do devedor, podendo, inclusive, substituí-los na hipótese de ajuizamento anterior, já que, repetir os mesmos fundamentos e causa de pedir nos embargos, implicaria litispendência;

III – Na espécie, há estrito liame de conexão entre a ação de execução das notas promissórias e a ação declaratória de inexistência de relação obrigacional, a determinar, em nome da segurança jurídica e da economia processual, a reunião dos processos (art. 103 do Código de Processo Civil), prorrogando-se a competência do juiz que despachou em primeiro lugar (art. 106 do Código de Processo Civil);

IV – Cumpre ao Juízo de Direito, que teve a sua competência prorrogada, se for o caso, conferir à ação declaratória de inexistência de relação obrigacional o tratamento que daria à ação de embargos com idêntica causa de pedir e pedido, determinando, inclusive, presentes os requisitos legais, a suspensão da execução;

V – O óbice da ausência de similitude fática impede a apreciação da divergência jurisprudencial suscitada pela recorrente;

VI – Recurso especial improvido.

(REsp 1169422/AL, Rel. Ministro MASSAMI UYEDA, TERCEIRA TURMA, julgado em 16/08/2011, DJe 22/06/2012)

Por outro lado, se a demanda autônoma for proposta posteriormente à propositura dos embargos à execução, tendo por objeto as mesmas partes, a mesma causa de pedir e o mesmo pedido, haverá, nesse caso, litispendência entre as duas demandas autônomas. Sobre o tema eis as seguintes decisões do S.T.J.:

Processual civil. Ofensa ao art. 535 do cpc. Inocorrência. Execução fiscal de multa administrativa. Ação anulatória autônoma. Embargos do devedor. Tríplice identidade. Litispendência. Aplicação da súmula n. 7 desta corte superior.

1. Os órgãos julgadores não estão obrigados a examinar todas as teses levantadas pelo jurisdicionado durante um processo judicial, bastando que as decisões proferidas estejam devida e coerentemente fundamentadas, em obediência ao que determina o art. 93, inc. IX, da Constituição da República vigente. Isto não caracteriza ofensa ao art. 535 do CPC. Precedentes.

2. É pacífico nesta Corte Superior entendimento segundo o qual, presente a tríplice identidade, existe litispendência entre ação anulatória e embargos de devedor ajuizados em face da mesma dívida.

Precedentes.

3. A origem, em análise do conjunto fático-probatório, concluiu que, na espécie, está configurada a tríplice identidade entre as mencionadas ações. Acolher a tese recursal, esbarra na incidência da Súmula n. 7 desta Corte Superior.

4. Recurso especial parcialmente conhecido e, nesta parte, não provido.

(REsp 1235476/SC, Rel. Ministro MAURO CAMPBELL MARQUES, SEGUNDA TURMA, julgado em 17/03/2011, DJe 29/03/2011)

1. É pacífico nas Turmas que integram a Primeira Seção desta Corte o entendimento no sentido de que deve ser reconhecida a litispendência entre os embargos à execução e a ação anulatória ou declaratória de inexistência do débito proposta anteriormente ao ajuizamento da execução fiscal, se identificadas as mesmas partes, causa de pedir e pedido, ou seja, a tríplice identidade a que se refere o art. 301, § 2º, do CPC.

Nesse sentido: AgRg no Ag 1.157.808/RJ, 2ª Turma, Rel. Min. Mauro Campbell Marques, DJe de 24.8.2010; REsp 1.040.781/PR, 2ª Turma, Rel. Min. Eliana

Calmon, DJe de 17.3.2009; REsp 719.907/RS, 1ª Turma, Rel. Min. Teori Albino Zavascki, DJe de 5.12.2005.

2. Recurso especial não provido.

(REsp 1156545/RJ, Rel. Ministro MAURO CAMPBELL MARQUES, SEGUNDA TURMA, julgado em 14/04/2011, DJe 28/04/2011)

1. A iterativa jurisprudência desta Corte tem firmado o entendimento de que deve ser reconhecida a litispendência entre os embargos à execução e a ação anulatória ou declaratória de inexistência do débito proposta anteriormente ao ajuizamento da execução fiscal, se identificadas as mesmas partes, causa de pedir e pedido, ou seja, a tríplice identidade a que se refere o art. 301, § 2º, do CPC.

Precedentes.

2. Extintos os embargos à execução, sem resolução do mérito, não há que se falar em condenação da exequente ao ressarcimento das custas processuais e ao pagamento dos honorários advocatícios, em razão da necessidade do executado contratar advogado para se defender, pois, ausente qualquer causa suspensiva da exigibilidade, a Fazenda Pública tinha o dever de ajuizar a execução fiscal, sob pena de o crédito tributário restar atingido pela prescrição.

3. Recurso especial não provido.

(REsp 1040781/PR, Rel. Ministra ELIANA CALMON, SEGUNDA TURMA, julgado em 18/12/2008, DJe 17/03/2009)

Há também precedente que entende que não há interesse processual para a utilização de ação declaratória incidental em processo de execução, sendo, inclusive, inidôneo o meio processual utilizado. Nesse sentido já se manifestou o S.T.J.:

1. A propositura de ação declaratória incidental à execução fiscal já embargada denota o descabimento da impugnação autônoma por ausência de interesse de agir; mercê do descabimento da mesma em processo satisfativo onde não haverá definição de direitos.

2. O interesse jurídico-processual, uma das condições do exercício do direito de ação, deflui do binômio necessidade-utilidade da prestação jurisdicional, sendo certo que: "Encarta-se no aspecto da utilidade a escolha correta do procedimento adequado à pretensão deduzida. Assim, se a parte pede em juízo uma providência de cunho petitório e utiliza o processo possessório, da narrativa de sua petição já se observa a inadequação do remédio escolhido para a proteção que pretende; por isso, é inútil aos seus desígnios, por consequência, ao autor, faltará o interesse de agir. Exemplo típico da falta de interesse de agir é o que se verifica em ação meramente declaratória na qual se observa da prescrição da ação condenatória respectiva à pretensão declarada.

Nesse seguimento, se a parte dispõe de título executivo para iniciar o processo satisfativo de execução e demanda determinada obrigação através do processo de conhecimento, há manifesta inutilidade da via eleita, porquanto a duplicação de processos com a prévia cognição e posterior execução revela-se desnecessária diante do documento que o exequente possui, ressalvada a possibilidade de utilização do documento para fins de antecipação de tutela.

Expressiva hipótese de interesse de agir prevista em lei é a do art. 4º, do CPC, e seu parágrafo único, no qual o legislador permite a propositura de ação declaratória ainda que a parte possa promover, de imediato, a ação condenatória. É que em toda condenação está embutida uma declaração, como de resto, em qualquer pronunciamento judicial.

Entretanto, a lei permite que a parte 'pare no meio do caminho', postulando tão-somente a declaração, o 'acertamento da responsabilidade', para após, segundo a sua conveniência, promover ou não o pedido de condenação, com a premissa da responsabilidade previamente definida. Observe-se que, não fosse o dispositivo legal expresso, a parte que intentasse a ação declaratória podendo mover a condenatória incidiria em falta de interesse de agir." (Luiz Fux, in "Curso de Direito Processual Civil", Vol. I, 4ª Ed., Rio de Janeiro, 2008, págs. 178/179).

(...).

(REsp 940.314/RS, Rel. Ministro LUIZ FUX, PRIMEIRA TURMA, julgado em 24/03/2009, REPDJe 25/05/2009, DJe 27/04/2009).

É importante salientar que se o executado já manejou a exceção de pré-executividade previamente, não poderá mais trazer para os embargos a matéria já decidida na exceção, justamente pelo fato da existência de preclusão. Nesse sentido é o seguinte precedente do

1. Revela-se possível a delimitação da matéria aduzida nos embargos à execução, por força da preclusão, tão somente em relação às questões efetivamente apreciadas e julgadas em sede de exceção de pré-executividade, sob pena de violação ao disposto no art. 16, § 2º, da Lei 6.830/80, in verbis: "No prazo dos embargos, o executado deverá alegar toda matéria útil à defesa, requerer provas e juntar aos autos os documentos e rol de testemunhas, até três, ou, a critério do juiz, até o dobro desse limite".

2. No caso concreto, não enfrentadas as questões em sede de exceção de pré-executividade, impõe-se afastar o efeito preclusivo reconhecido pelo Tribunal de origem.

3. Agravo regimental não provido.

(AgRg no AgRg no Resp 1339597/DF, Rel. Ministro MAURO CAMPBELL MARQUES, SEGUNDA TURMA, julgado em 20/11/2012, DJe 26/11/2012)

Os embargos à execução não se processam durante as férias coletivas dos Tribunais superiores, nem durante o recesso. Contudo, poderão ser praticados atos de urgência.

Estabelece o *§1º do art. 915* do atual C.P.C. que *quando houver mais de um executado, o prazo para cada um deles embargar conta-se a partir da juntada do respectivo comprovante de citação, salvo no caso de cônjuges ou de companheiros, quando será contado a partir da juntada do último.*

A execução poderá ser dirigida a mais de um executado. Nesse caso, o prazo para cada executado ingressar com embargos à execução corre da data da juntada do respectivo comprovante de citação. Portanto, o prazo não se conta da citação em si, mas data da juntada do documento no processo respectivo. Por isso, efetivada a citação do coexecutado e juntado o documento de sua citação no processo, cabe-lhe opor os embargos, independentemente da citação dos demais executados.

Mesmo à época em que o prazo para a interposição dos embargos contava-se da intimação da penhora, o S.T.J. já entendia que o prazo para oferecer embargos do executado era autônomo, contando-se a partir de cada uma das intimações da penhora. Nesse sentido eram os seguintes precedentes: Resp 163852; Resp 151774; 159794.

O §1º do art. 915 do atual C.P.C. excepciona, contudo, da regra geral o cônjuge ou companheiro.

Em se tratando de cônjuge ou companheiro, o prazo para os embargos somente começa a correr a partir da juntada do último comprovante de citação no processo.

Se, por exemplo, o mandado de citação dos cônjuges ou companheiros é único, o prazo para os embargos começa da sua juntada no processo.

Caso contrário, se for expedido um mandado para cada cônjuge ou companheiro, o prazo para os embargos somente começará a correr a partir da juntada do último documento processual devidamente cumprido.

Tal posição já era adotada pelo S.T.J. quando a penhora recaía sobre bem imóvel do casal executado. Segundo o S.T.J., em se tratando de penhora que incidia sobre bem imóvel, o prazo para oferecer embargos do executado começava a correr a partir da juntada aos autos da última intimação feita a um dos cônjuges. Nesse sentido Resp 156678; Resp 328635.

Preceitua o *§2º do art. 915* do atual C.P.C. que nas execuções por carta, o prazo para embargos será contado: I – da juntada, na carta, da certificação da citação, quando versarem unicamente sobre vícios ou defeitos da penhora, avaliação ou alienação dos bens; II – da juntada, nos autos de origem, do comunicado de que trata o § 4º deste artigo ou, não havendo este, da juntada da carta devidamente cumprida, quando versarem sobre questões diversas da prevista no inciso I deste parágrafo.

Este dispositivo estabelece duas situações para desencadear o prazo dos embargos à execução, quando a citação for promovida por carta precatória ou carta de ordem.

A primeira situação estabelece que o prazo para embargos será contado da juntada, na carta precatória ou de ordem, da certificação da citação, quando os embargos versarem unicamente sobre vícios ou defeitos da penhora, avaliação ou alienação dos bens.

Se, porventura, os embargos versarem sobre questões diversas da primeira situação, o prazo para sua interposição começará a correr a partir da juntada, nos autos de origem, do comunicado de que trata o §4º deste artigo, ou não havendo este, da juntada da carta precatória ou de ordem devidamente cumprida.

Evidentemente, em se tratando de processo eletrônico em que haja interligação comunicativa entre os juízos, a própria juntada da carta precatória passará a ser automática e imediata, dispensando outra forma de comunicação.

Preceitua o *§3º do art. 915* do atual C.P.C. que *em relação ao prazo para oferecimento dos embargos à execução, não se aplica o disposto no art. 229.*

Nos embargos à execução não se aplica a regra especial de contagem dos prazos prevista para os litisconsortes.

Deve-se ressaltar que não se aplica aos embargos à execução o prazo em dobro conferido aos litisconsortes com diferentes procuradores de escritórios distintos, nos termos do art. 229 do atual C.P.C., justamente pelo fato de que essa demanda, muito embora autônoma, não deixa de ser um incidente ao processo de execução. Nesse sentido já se manifestou o S.T.J.:

> *1. "O prazo para embargar é de dez (10) dias, ainda em que os executados tenham constituído advogados diferentes, pois os embargos do devedor constituem uma ação, processo incidental de conhecimento, visando atacar a eficácia do título ou a regularidade da própria execução, assumindo o devedor, nos embargos, a posição de autor, e o credor a de réu, sendo inaplicável a regra do art. 191 do CPC." (AgRg no Ag 1386175/MG, Rel. Ministro ALDIR PASSARINHO JUNIOR, QUARTA TURMA, julgado em 12/04/2011, DJe 15/04/2011) 2. Agravo regimental a que se nega provimento, com aplicação de multa.*
>
> (AgRg no AREsp 185.415/SC, Rel. Ministro LUIS FELIPE SALOMÃO, QUARTA TURMA, julgado em 16/08/2012, DJe 27/08/2012)

> *I. O prazo para embargar é de dez (10) dias, ainda em que os executados tenham constituído advogados diferentes, pois os embargos do devedor constituem uma ação,*

processo incidental de conhecimento, visando atacar a eficácia do título ou a regularidade da própria execução, assumindo o devedor, nos embargos, a posição de autor, e o credor a de réu, sendo inaplicável a regra do art. 191 do CPC.

II. Agravo improvido.

(AgRg no Ag 1386175/MG, Rel. Ministro ALDIR PASSARINHO JUNIOR, QUARTA TURMA, julgado em 12/04/2011, DJe 15/04/2011)

Estabelece o *§ 4º do art. 915* do atual C.P.C. que *nos atos de comunicação por carta precatória, rogatória ou de ordem, a realização da citação será imediatamente informada, por meio eletrônico, pelo juiz deprecado ao juiz deprecante.*

Uma vez realizada a citação por meio de carta precatória ou de ordem, a realização da citação será imediatamente informada, por meio eletrônico, pelo juiz deprecado ao juiz deprecante, sendo que a partir da juntada dessa comunicação começará a correr o prazo para os embargos à execução, conforme estabelece o inc. II do §2º deste artigo.

Art. 916

No prazo para embargos, reconhecendo o crédito do exequente e comprovando o depósito de trinta por cento do valor em execução, acrescido de custas e de honorários de advogado, o executado poderá requerer que lhe seja permitido pagar o restante em até 6 (seis) parcelas mensais, acrescidas de correção monetária e de juros de um por cento ao mês.

§ 1º O exequente será intimado para manifestar-se sobre o preenchimento dos pressupostos do caput, e o juiz decidirá o requerimento em 5 (cinco) dias.

§ 2º Enquanto não apreciado o requerimento, o executado terá de depositar as parcelas vincendas, facultado ao exequente seu levantamento.

§ 3º Deferida a proposta, o exequente levantará a quantia depositada, e serão suspensos os atos executivos.

§ 4º Indeferida a proposta, seguir-se-ão os atos executivos, mantido o depósito, que será convertido em penhora.

§ 5º O não pagamento de qualquer das prestações acarretará cumulativamente:

I – o vencimento das prestações subsequentes e o prosseguimento do processo, com o imediato reinício dos atos executivos;

II – a imposição ao executado de multa de dez por cento sobre o valor das prestações não pagas.

§ 6º A opção pelo parcelamento de que trata este artigo importa renúncia ao direito de opor embargos.

§ 7º O disposto neste artigo não se aplica ao cumprimento da sentença.

Do parcelamento do débito

Na execução de título executivo extrajudicial, conforme estabelece o art. 829 do atual C.P.C., o executado é citado para pagar a dívida no prazo de 3 (três) dias, contado da citação.

Ocorre que, o art. 916 do atual C.P.C., assim como o fazia o art.745-A do C.P.C. de 1973, introduzido pela Lei n. 11.382/06, concedeu uma espécie de parcelamento para o pagamento da dívida, ainda que expirado o prazo de três dias para pagamento após a citação.

O pedido de parcelamento poderá ser efetuado durante o transcurso do prazo para embargos à execução que é de quinze a contar da data da juntada do comprovante de citação do executado no processo.

Assim, no prazo de quinze dias para oposição de embargos, o executado poderá, de forma motivada, requerer o parcelamento do débito.

A concessão desse parcelamento legal será deferida pelo juiz, após oitiva do exequente, desde que as razões expostas pelo executado sejam convincentes da necessidade do parcelamento.

Tem-se admitido essa forma de parcelamento ainda que requerida após expirado o prazo para embargos, desde que demonstrada situação especial, como, por exemplo, inexistência de bens a penhorar.

São pressupostos normativos para que o juiz conceda o parcelamento legal: a) o reconhecimento pelo executado do crédito do exequente, ou seja, reconhecer e confessar a existência do crédito em favor do credor; b) comprovação do depósito imediato de trinta por cento do valor em execução, inclusive custas e honorários de advogado. Não há impedimento para que o executado faça depósito em percentual maior. O que não poderá fazer é depósito em percentual menor do que trinta por cento.

Demonstrados os pressupostos de admissibilidade do parcelamento, o executado poderá requerer ao juiz da execução que seja admitido a pagar o restante do saldo devedor em até seis parcelas mensais, acrescidas de correção monetária segundo os índices oficiais e juros de um por cento ao mês.

A incidência de correção monetária será de acordo com os índices oficiais de inflação, assim como os juros serão de 1% ao mês, mesmo que o título executivo estabeleça índice diverso.

Não haverá incidência de multa moratória.

Estabelece o *§1º do art. 916* do atual C.P.C. que o exequente será intimado para manifestar-se sobre o preenchimento dos pressupostos do caput, e o juiz decidirá o requerimento em 5 (cinco) dias.

Sob a égide do C.P.C. de 1973, a concessão do parcelamento dava-se sem qualquer motivação por parte do executado e independente de concordância do exequente, o que ficou mantido pelo novo C.P.C.

Agora, pelo novo C.P.C., o exequente deverá ser intimado para se manifestar sobre o preenchimento dos pressupostos do 'caput'.

Percebe-se, portanto, que muito embora o exequente possa impugnar o pedido de parcelamento, essa impugnação não poderá ser genérica e sem fundamento.

Realizado o devido contraditório, o juiz decidirá em cinco dias.

Preceitua o *§2º do art. 916* do atual C.P.C. que enquanto não apreciado o requerimento, o executado terá de depositar as parcelas vincendas, facultado ao exequente seu levantamento.

Pode ocorrer que haja certa demora no trâmite processual até que o juiz aprecie o pedido de parcelamento formulado pelo executado; porém, não obstante a demora, o executado terá a obrigação de depositar as parcelas vincendas, facultando-se ao exequente o levantamento dos valores depositados.

Este dispositivo está, de certa forma, em contradição com o §4º do art. 915 do atual C.P.C.

Note-se que no §4º, se indeferido o parcelamento, eventuais depósitos serão convertidos em penhora, não se autorizando o levantamento pelo exequente.

O mesmo deveria ocorrer enquanto não analisado o pedido de parcelamento, impedindo-se o exequente de levantar o valor depositado, pois é direito do executado, em caso de indeferimento do pedido, ver seus depósitos convertidos em penhora.

Porém, é possível interpretar-se o disposto no §4º do art. 916, no sentido de que somente serão convertidos em penhora os valores que ainda restarem em depósito quando do inadimplemento.

Prescreve o *§3º do art. 916* do atual C.P.C. que deferida a proposta, o exequente levantará a quantia depositada, e serão suspensos os atos executivos.

Preenchidos os pressupostos normativos, o juiz deverá deferir o pagamento parcelado requerido pelo executado, determinando que o exequente levante a quantia depositada em juízo.

De imediato, o juiz suspenderá os atos executivos a serem praticados após o deferimento da proposta de parcelamento.

Aduz o *§4º do art. 916* do atual C.P.C. que indeferida a proposta, seguir-se-ão os atos executivos, mantido o depósito, que será convertido em penhora.

Na hipótese de ser indeferido o pedido de parcelamento, o processo de execução terá sequência com a realização dos atos executivos supervenientes; o depósito efetuado pelo executado permanecerá à disposição do juízo, convertendo-se em penhora.

Preceitua o *§5º do art. 916* do atual C.P.C. que o não pagamento de qualquer das prestações acarretará cumulativamente: I – o vencimento das prestações subsequentes e o prosseguimento do processo, com o imediato reinício dos atos executivos; II – a imposição ao executado de multa de dez por cento sobre o valor das prestações não pagas.

Muito embora esse dispositivo de certa forma estabeleça uma espécie de novação da dívida, o certo é que sem o consentimento expresso do exequente não poderá haver novação.

A norma processual estabelece em favor do executado uma espécie de parcelamento legal, cujos consectários estabelecidos no art. 916 somente poderão incidir se houver o cumprimento de todos os requisitos previstos no preceito legal.

Havendo inadimplemento de qualquer prestação assumida pelo executado, diz o §5º do art. 916 do atual C.P.C., haverá vencimento antecipado de todas as demais prestações subsequentes, com o imediato início dos atos executivos, cumulado com a incidência de multa de dez por cento sobre o valor das prestações não pagas.

Ocorre que, como o parcelamento não configura novação da dívida, os consectários que deverão incidir sobre as prestações vencidas e não pagas serão aqueles previstos no título executivo extrajudicial, salvo em relação à multa que será de dez por cento.

Em que pese o executado possa ser beneficiado pelo parcelamento legal, isso não significa que o exequente deva ser prejudicado na incidência dos consectários acessórios sobre o principal, especialmente quando o executado não cumpre com o parcelamento.

Preceitua o *§6º do art. 916* do atual C.P.C. que a opção pelo parcelamento de que trata este artigo importa renúncia ao direito de opor embargos.

Assim, havendo ou não deferimento do parcelamento, o seu pedido, por si só, caracteriza renúncia ao direito de opor embargos.

Não teria sentido lógico, evidentemente, que o executado reconhecesse e confessasse expressamente judicialmente a existência do crédito em favor do exequente, e logo a seguir ingressasse contestando a legitimidade do título executivo. Haveria, sem dúvida, uma preclusão lógica.

Como se está diante de uma decisão interlocutória, contra a decisão que acolher ou rejeitar o parcelamento caberá agravo de instrumento ao Tribunal competente.

Por fim, preceitua o *§7º do art. 916* do atual C.P.C. que *o* disposto neste artigo não se aplica ao cumprimento da sentença.

Penso que essa exclusão do parcelamento em relação ao cumprimento de sentença não tem razão de ser, e de certa forma fere o princípio da isonomia.

Na verdade, poderá ocorrer que o executado não tenha outra forma de cumprir a decisão judicial, comprovando expressamente essa dificuldade, sem que lhe seja ofertado o parcelamento do débito.

Assim, penso que não agiu com acerto o legislador em proibir essa faculdade no âmbito do cumprimento de sentença, especialmente quando o parcelamento poderá representar menor onerosidade ao devedor e maior efetividade da tutela em relação ao credor.

Art. 917

Nos embargos à execução, o executado poderá alegar:

I – inexequibilidade do título ou inexigibilidade da obrigação;

II – penhora incorreta ou avaliação errônea;

III – excesso de execução ou cumulação indevida de execuções;

IV – retenção por benfeitorias necessárias ou úteis, nos casos de execução para entrega de coisa certa;

V – incompetência absoluta ou relativa do juízo da execução;

VI – qualquer matéria que lhe seria lícito deduzir como defesa em processo de conhecimento.

§ 1º A incorreção da penhora ou da avaliação poderá ser impugnada por simples petição, no prazo de 15 (quinze) dias, contado da ciência do ato.

§ 2º Há excesso de execução quando:

I – o exequente pleiteia quantia superior à do título;

II – ela recai sobre coisa diversa daquela declarada no título;

III – ela se processa de modo diferente do que foi determinado no título;

IV – o exequente, sem cumprir a prestação que lhe corresponde, exige o adimplemento da prestação do executado;

V – o exequente não prova que a condição se realizou.

§ 3º Quando alegar que o exequente, em excesso de execução, pleiteia quantia superior à do título, o embargante declarará na petição inicial o valor que entende correto, apresentando demonstrativo discriminado e atualizado de seu cálculo.

§ 4º Não apontado o valor correto ou não apresentado o demonstrativo, os embargos à execução:

I – serão liminarmente rejeitados, sem resolução de mérito, se o excesso de execução for o seu único fundamento;

II – serão processados, se houver outro fundamento, mas o juiz não examinará a alegação de excesso de execução.

§ 5º Nos embargos de retenção por benfeitorias, o exequente poderá requerer a compensação de seu valor com o dos frutos ou dos danos considerados devidos pelo executado, cumprindo ao juiz, para a apuração dos respectivos valores, nomear perito, observando-se, então, o art. 464.

§ 6º O exequente poderá a qualquer tempo ser imitido na posse da coisa, prestando caução ou depositando o valor devido pelas benfeitorias ou resultante da compensação.

§ 7º A arguição de impedimento e suspeição observará o disposto nos arts. 146 e 148.

Matérias que podem ser alegadas nos embargos à execução

Conforme anotam Comoglio, Ferri e Taruffo, quem assume em concreto a execução na posição de devedor (seja que tal veste resulte ou não do título executivo), está legitimado a contestar o direito do credor à execução, instaurando um autônomo processo de cognição denominado 'oposição à execução'.[511]

Nesta oposição à execução, o executado poderá suscitar um conjunto de questões relativas à efetiva existência atual do crédito. Por isso, consente-se ao devedor fazer valer, em sede que não seja aquela do procedimento executivo (salvo no caso de cumprimento de sentença), eventuais motivos de ilegitimidade e de ineficácia do título executivo, originária ou superveniente, ou, ainda, fatos que implicam uma realidade substancial diversa daquela consagrada no título.[512]

[511] Comoglio. Luigi Paolo; Ferri, Corrado; Taruffo, Michele. *Lezioni sul processo civile.* II – Procedimenti speciali, cautelari ed esecutivi. Bologna: Il Mulino, 2011. p. 319.

[512] Comoglio, L. P.; Ferri, C.; Taruffo, M., idem, p. 320.

O art. 917 do atual C.P.C. permite que o executado alegue esses motivos e esses fatos por meio de uma demanda autônoma de cognição, denominada de embargos à execução.

Por outro lado, o art. 917 do atual C.P.C. trata das matérias que podem ser arguidas nos embargos à execução.

Verifica-se que a cognição a ser exercida pelo juiz nos embargos à execução de título extrajudicial é horizontal plenária, não havendo qualquer limitação ao conhecimento das questões postas pelo juiz.

Já o art. 525, §1º, do atual C.P.C., que trata da impugnação que o executado poderá formular contra o cumprimento de sentença (título executivo judicial), prevê uma cognição a ser exercida pelo juiz de natureza *horizontal limitada*, pois somente as questões a seguir podem ser suscitadas e conhecidas pelo juízo da execução: I – falta ou nulidade da citação se, na fase de conhecimento, o processo correu à revelia; II – ilegitimidade de parte; III – inexequibilidade do título ou inexigibilidade da obrigação; IV – penhora incorreta ou avaliação errônea; V – excesso de execução ou cumulação indevida de execuções; VI – incompetência absoluta ou relativa do juízo da execução; VII – qualquer causa modificativa ou extintiva da obrigação, como pagamento, novação, compensação, transação ou prescrição, desde que supervenientes ao trânsito em julgado da sentença.

Nos embargos à execução, poderão ser arguidas ou formuladas algumas questões ou causa de pedir, a saber:

I – inexequibilidade do título ou inexigibilidade da obrigação.

Antes de tudo, o título executivo extrajudicial está configurado por uma eficácia comumente denominada de qualificada, como 'incondicionada', no sentido de que esteja apto a fundamentar o desenvolvimento do processo executivo, mediante a atuação coativa do direito, sem possibilidade de paralisação, interrupção ou suspensão dessa atividade. A condição para o desenvolvimento do processo executivo é portanto consistente na existência de um título no qual a lei configure como executivo. O título é caracterizado por sua abstração, entendida como a autonomia do título diante da relação jurídica substancial que o fundamenta. Pode-se dizer então que o credor que tenha o direito processual de realizar a tutela coativa do seu crédito, assim como consagrado no título, não depende ou não necessita, para os fins da validade dos atos executivos, que o título corresponda efetivamente ao direito. A abstração exprime, assim, uma exigência intrínseca do processo executivo.[513]

[513] Comoglio, L. P.; Ferri, C.; Taruffo, M., idem, p. 319.

O rol de títulos executivos extrajudiciais está configurado no art. 784 do atual C.P.C., a saber:

Art. 784. São títulos executivos extrajudiciais:
I – a letra de câmbio, a nota promissória, a duplicata, a debênture e o cheque;
II – a escritura pública ou outro documento público assinado pelo devedor;
III – o documento particular assinado pelo devedor e por 2 (duas) testemunhas;
IV – o instrumento de transação referendado pelo Ministério Público, pela Defensoria Pública, pela Advocacia Pública, pelos advogados dos transatores ou por conciliador ou mediador credenciado por tribunal;
V – o contrato garantido por hipoteca, penhor, anticrese ou outro direito real de garantia e aquele garantido por caução;
VI – o contrato de seguro de vida em caso de morte;
VII – o crédito decorrente de foro e laudêmio;
VIII – o crédito, documentalmente comprovado, decorrente de aluguel de imóvel, bem como de encargos acessórios, tais como taxas e despesas de condomínio;
IX – a certidão de dívida ativa da Fazenda Pública da União, dos Estados, do Distrito Federal e dos Municípios, correspondente aos créditos inscritos na forma da lei;
X – o crédito referente às contribuições ordinárias ou extraordinárias de condomínio edilício, previstas na respectiva convenção ou aprovadas em assembleia geral, desde que documentalmente comprovadas;
XI – a certidão expedida por serventia notarial ou de registro relativa a valores de emolumentos e demais despesas devidas pelos atos por ela praticados, fixados nas tabelas estabelecidas em lei;
XII – todos os demais títulos aos quais, por disposição expressa, a lei atribuir força executiva.

Todavia, é perfeitamente possível que sobrevenham fatos a fundamentar causa de ilegitimidade do próprio título ou talvez de não corresponder à realidade substancial, como, por exemplo, o devedor pagou o crédito depois da formação do título extrajudicial. É possível, ainda, que subsistam vícios substanciais precedentes à formação do título, como, por exemplo, a validade da cambial, irregularmente formada ou ainda se pode alegar a ineficácia do documento público elaborado pelo notário.

É de se observar o princípio *nulla executio sine titulo.*

O devedor poderá negar não somente a idoneidade objetiva do título executivo que fundamenta uma certa execução (por exemplo, a utilização de um procedimento executivo diverso daquele estabelecido pelo título), como também poderá negar a sua idoneidade subjetiva (por exemplo, não é indicado claramente a qualidade de herdeiro do devedor ou há dúvida quanto à certeza acerca da identificação dos coobrigados).[514]

A inexequibilidade do título pode decorrer, em regra, por dois aspectos. A nulidade formal, por não ter o título natureza executiva, por não estar inserido no rol dos títulos descritos no art. 784 do atual C.P.C. A nulidade material, tendo em vista que o título apresentado encontra-se no rol do art. 784 do atual C.P.C., mas que falta algum requisito material conteudístico, como, por exemplo, certeza, liquidez e exigibilidade.

A *exigibilidade*, por sua vez, é estranha ao conceito e configuração do título executivo.

A *exigibilidade* diz respeito apenas que é chegado o momento da satisfação da vontade concreta da lei, sem que haja mais qualquer impedimento legal.[515]

Em resumo: *"enquanto o título executivo pertence à disciplina da adequação da tutela executiva como requisito para que concorra o legítimo interesse de agir, a exigibilidade do direito é caracterizadora do interesse-necessidade. Só assim se explica a existência de títulos que se constituem antes da exigibilidade do direito, como sucede na hipótese de condenação para o futuro e como é corriqueiro entre os títulos extrajudiciais. No tocante à exigibilidade, deve o título apenas propiciar ao juiz a apreciação de sua ocorrência no momento da execução, isto é, indicar as 'condições de exigibilidade', de modo que à primeira vista se saiba se o débito está ou não vencido, se há ou não condições"*.[516]

Por isso, a qualidade de liquidez, certeza e exigibilidade não diz respeito ao título em sentido formal, ou seja, ao ato jurídico dotado de eficácia executiva, mas, sim, ao seu *conteúdo*, ou seja, *ao direito subjetivo atestado*. Na realidade, o conceito de exigibilidade pertence exclusivamente ao direito substancial e ali deve ser desenvolvido e esclarecido. É, segundo os critérios deste, portanto, que se deve verificar, em cada caso concreto, se já chegou o momento do recurso aos órgãos da jurisdição ou se ainda é preciso esperar pela satisfação voluntária.[517]

II – penhora incorreta ou avaliação errônea.

Se a penhora do bem ocorrer antes da propositura dos embargos à execução, poderá o executado alegar a sua incorreção por meio deste procedimento autônomo.

[514] Comoglio, L. P.; Ferri, C.; Taruffo, M., idem, p. 321.
[515] Dinamarco, C. R., op. cit., p. 483.
[516] Dinamarco, C. R., idem, ibidem.
[517] Dinamarco, C., R., idem, p. 408.

Porém, se a penhora ocorrer após o transcurso do prazo para os embargos, a incorreção do bem poderá ser alegada por petição nos próprios autos de execução. Aliás, estabelece o §1º do art. 917 do atual C.P.C. que a incorreção da penhora ou da avaliação poderá ser impugnada por simples petição, no prazo de 15 (quinze) dias, contado da ciência do ato.

São exemplos de incorreção da penhora: a) erro material no bem penhorado; b) penhora em bens de terceiros; c) penhora de bem de terceiro sem o seu consentimento; d) impenhorabilidade absoluta ou relativa do bem etc.

Também a avaliação errônea do bem poderá ser objeto dos embargos, desde que sua realização tenha sido anterior à propositura deste procedimento autônomo, ou poderá ser arguida nos próprios autos executivos, se a avaliação acontecer após expirado o prazo para a interposição dos embargos à execução.

III – excesso de execução ou cumulação indevida de execuções.

Os embargos também poderão ter por fundamento a alegação de *excesso de execução.*

O executado poderá afirmar que o pedido formulado no procedimento executivo, que corresponde ao valor a ser pago, poderá estar em total dissonância com o conteúdo do próprio título executivo extrajudicial.

O pedido formulado no âmbito da execução deve ater-se *ipsi literis* ao conteúdo previsto no título executivo extrajudicial e aos limites normativos nele estabelecido.

O excesso de execução pode ocorrer em relação ao valor principal e acessórios (juros moratórios, compensatórios, correção monetária, comissão de permanência). Segundo estabelece a Súmula 30 do S.T.J., a comissão de permanência e a correção monetária são inacumuláveis. Aliás, a comissão de permanência também não poderá ser cumulada com juros moratórios, remuneratórios (Súmula 296 do S.T.J.), e multa contratual. Nesse sentido são os seguintes precedentes do S.T.J.:

> *(...).*
>
> *2. Admite-se a comissão de permanência durante o período de inadimplemento contratual, à taxa média dos juros de mercado, limitada ao percentual fixado no contrato (Súmula nº 294/STJ), desde que não cumulada com a correção monetária (Súmula nº 30/STJ), com os juros remuneratórios (Súmula nº 296/STJ) e moratórios, nem com a multa contratual. Na espécie, o aresto estadual consignou que não houve a cumulação da cobrança da comissão de permanência com a correção monetária.*
>
> *3. O aresto estadual consignou que seria possível a cobrança da capitalização dos juros, diante da expressa autorização legal. Desse modo, rever o fundamento do aresto*

estadual no sentido de que não estaria pactuada a cobrança do referido encargo, demandaria a análise dos termos do contrato, vedada nesta esfera recursal extraordinária, em virtude do óbice contido nos Enunciados 5 e 7 da Súmula do Superior Tribunal de Justiça.

4. Agravo regimental a que se nega provimento, com aplicação de multa.

(AgRg no REsp 1193443/RS, Rel. Ministro LUIS FELIPE SALOMÃO, QUARTA TURMA, julgado em 02/10/2012, DJe 10/10/2012).

(...).

– Os juros remuneratórios incidem à taxa média de mercado em operações da espécie, apurados pelo Banco Central do Brasil, quando verificada pelo Tribunal de origem a abusividade do percentual contratado ou a ausência de contratação expressa.

– É admitida a incidência da comissão de permanência desde que pactuada e não cumulada com juros remuneratórios, juros moratórios, correção monetária e/ou multa contratual.

– Agravo não provido.

(AgRg no AREsp 140.283/MS, Rel. Ministra NANCY ANDRIGHI, TERCEIRA TURMA, julgado em 26/06/2012, DJe 29/06/2012)

É importante salientar que há determinadas verbas acessórias que são consideradas como pedido implícito na inicial e que não configuram excesso de execução. Isso acontece, por exemplo, com os juros de mora. Nesse sentido é a seguinte decisão do S.T.J.:

Agravo regimental no agravo de instrumento – preliminar de mérito – art. 535, i e ii, do cpc – negativa de prestação jurisdicional – não ocorrência – execução de título extrajudicial – contrato de honorários advocatícios – discussão acerca da validade do título executivo analisada em sede de embargos à execução, sendo incabível sua rediscussão na via extraordinária – art. 293 do cpc – juros moratórios implícitos no pedido principal – ausência de excesso de execução – recurso improvido.

(AgRg no Ag 1245010/RS, Rel. Ministro MASSAMI UYEDA, TERCEIRA TURMA, julgado em 05/08/2010, DJe 17/08/2010)

O acolhimento da alegação de excesso de execução por inserção indevida de verbas acessórias ou cumulação indevida dessas verbas não acarreta, por si só, a extinção do processo de execução, especialmente se a exclusão dessas verbas se dá por simples cálculo aritmético. Nesse sentido já decidiu o S.T.J.:

Execução. Mutuo rural. substituição da tr. alegação de iliquidez do debito. Improcedência.

A dívida não deixa de ser liquida, se precisa, para saber em quanto importa, de simples operação aritmética. Pretensão de substituir a tr pelo inpc, o que já fora admitido pelo tribunal de origem. Falta de interesse de recorrer.

Recurso especial não conhecido.

(REsp 102153/SC, Rel. Ministro BARROS MONTEIRO, QUARTA TURMA, julgado em 28/04/1997, DJ 02/06/1997, p. 23796)

Por isso, convém afirmar que o título executivo extrajudicial deve exprimir ou permitir a possibilidade de exprimir uma obrigação certa, líquida e exigível.

Por certeza entende-se uma precisa individualização do próprio direito, seja na imputação, ou direção subjetiva, ou no seu conteúdo.

A liquidez, por sua vez, estabelece a sua expressão monetária.

Preceitua o §2º do art. 917 do atual C.P.C. que há excesso de execução quando: I – o exequente pleiteia quantia superior à do título; II – ela recai sobre coisa diversa daquela declarada no título; III – ela se processa de modo diferente do que foi determinado no título; IV – o exequente, sem cumprir a prestação que lhe corresponde, exige o adimplemento da prestação do executado; V – o exequente não prova que a condição se realizou.

Se o executado alegar nos embargos que o exequente, em excesso de execução, pleiteia quantia superior à do título executivo extrajudicial, deverá declarar de imediato, na petição inicial, o valor que entende correto, apresentando demonstrativo discriminado e atualizado de seu cálculo. Não apontado o valor correto ou não apresentado o demonstrativo, os embargos à execução serão liminarmente rejeitados, sem resolução de mérito, se o excesso de execução for o seu único fundamento; se houver outro fundamento, os embargos à execução serão processados, mas o juiz não examinará a alegação de excesso de execução (*§4º do art. 915* do atual C.P.c.).

É lícito ao exequente, sendo o mesmo executado, cumular as obrigações decorrentes em quantia líquida, certa e exigível contidas em títulos executivos extrajudiciais, podendo exigir o cumprimento das aludidas obrigações num mesmo procedimento executivo. Dá-se o nome a essa faculdade de *cumulação objetiva de execuções.*

Também é possível ao credor promover a execução de título executivo extrajudicial contra o devedor originário e contra os coobrigados e fiadores. A essa espécie de cumulação dá-se o nome de *cumulação subjetiva de execuções.*

A Súmula 27 do S.T.J. preconiza que *"pode a execução fundar-se em mais de um título extrajudicial relativos ao mesmo negócio"*.

Contudo, o executado também poderá inserir como fundamento dos embargos à execução de título extrajudicial a *indevida cumulação de execução*.

Pense-se na hipótese em que o exequente acumulou a execução de um título executivo judicial e um extrajudicial, ferindo a regra de competência absoluta.

Poderá, por exemplo, haver mais de um título executivo extrajudicial em face de um mesmo devedor, tendo por conteúdo cada título a obrigação de pagar quantia certa, a obrigação de fazer ou não fazer e a obrigação de dar coisa certa ou incerta. Evidentemente, em cada uma dessas obrigações demanda-se um procedimento específico de execução, razão pela qual não poderão ser cumuladas sob pena de ocorrer tumultuo processual.

Portanto, pelo atual C.P.C., não poderá haver cumulação de execução contra o mesmo devedor, uma fundada em título executivo judicial (sentença condenatória) e outra amparada em título executivo extrajudicial.[518] Isso decorre pelo fato de que uma terá caráter procedimental num único processo (sincretismo cognição e execução), enquanto a outra será instrumentalizada num verdadeiro processo autônomo decorrente de uma ação desencadeadora de uma demanda executiva.

Conforme afirma Araken de Assis, na hipótese de cumulação objetiva de execuções, a alegação dessa cumulação indevida nos embargos pode acarretar uma série de questão. Dentre elas há a indagação sobre o efeito prático de eventual acolhimento deste pedido. Em princípio, a doutrina inclina-se para a extinção de todo o processo executivo (Frederico Marques e Amaral Santos). Porém, o reconhecimento do pedido e a consequente admissão dos ônus da sucumbência parcial teriam o efeito de permitir o prosseguimento da execução em relação apenas um título, extinguindo-se, por consequência, parcialmente, o processo executivo (Vicente Greco Filho). Para Araken de Assis, a primeira solução deve imperar.[519]

IV – retenção por benfeitorias necessárias ou úteis, nos casos de execução para entrega de coisa certa

Em regra, na execução que tenha por obrigação a transferência de direito real ou entrega de coisa, ou, ainda, direito pessoal sobre a coisa, é permitida a alegação de realização de benfeitorias e a necessidade de sua indenização.

Não obstante o credor tenha o direito de receber a coisa, que se obrigara entregar o devedor, isso não significa dizer que possa se locupletar injustamente

[518] Sob a égide do C.P.C. de 1973, admitia-se a cumulação de execução, uma por título judicial e outra por título extrajudicial (RP 40/198).
[519] Assis, Araken, op. cit., p. 1.197.

às custas do próprio devedor ou de terceiro que porventura venha a adquirir a coisa certa, por eventuais benfeitorias que tenham sido realizadas no bem.

Assim, o executado ou terceiro poderá reter o bem até que seja indenizado das benfeitorias realizadas. Sobre o tema, anota Pontes de Miranda: *"Se a obrigação é de quantia certa e a penhora recai em bem em que houve benfeitorias que tenham a ser pagas a terceiro, os embargos são de terceiro. Se têm de ser pagas ao próprio executado, por se tratar de inversão com elementos de patrimônio especial, ou separado, imune à execução, como se foram feitas pelo marido com dinheiro da mulher do que ele não poderia retirar do patrimônio da mulher, os embargos são de terceiro, se opostos pela titular do patrimônio atingido, ou do devedor, se o titular é o próprio executado, ou se ele tem legitimação processual".*[520]

Assim, dependendo das circunstâncias, o executado ou o terceiro terá direito à indenização das benfeitorias que realizou na coisa.

É importante salientar que, para efeito do exercício do direito de retenção, a natureza das benfeitorias é questão preponderante.

Segundo estabelece o art. 96 do C.c.b., as *benfeitorias* podem ser *voluptuárias, úteis ou necessárias.*

São voluptuárias as de mero deleite ou recreio, que não aumentam o uso habitual do bem, ainda que o tornem mais agradável ou sejam de elevado valor (§1º do art. 96 do C.c.b.).

São *úteis* as que aumentam ou facilitam o uso do bem (§2º do art. 96 do C.c.b.).

São *necessárias* as que têm por fim conservar ou evitar que se deteriore (§3º do art. 96 do C.c.b.).

Não se consideram *benfeitorias* os melhoramentos ou acréscimos sobrevindos ao bem sem a intervenção do proprietário, possuidor ou detentor (art. 97 do C.c.b.).

Por sua vez, se para o melhoramento, ou aumento, empregou o devedor trabalho ou dispêndio, o caso se regulará pelas normas do código civil atinentes às benfeitorias realizadas pelo possuidor de boa-fé ou de má-fé (art. 242 do C.c.b.).

Há, portanto, benfeitorias que *são indenizáveis* e outras que não.

O possuidor de *boa-fé* tem direito à indenização das *benfeitorias necessárias e úteis* (art. 1.219 do C.c.b.). Portanto, se o devedor ou o terceiro adquirente, agindo de boa-fé, realizou na coisa *benfeitorias necessárias ou úteis*, haverá direito à indenização do que despendeu com as benfeitorias. Em se tratando de benfeito-

[520] Pontes de Miranda, op. cit., p.160.

ria *voluptuária*, o devedor ou o terceiro de boa-fé terá direito a levantá-las, se não lhe forem pagas, quando puder sem detrimento da coisa (art. 1.219 do C.c.b.).

Ao possuidor de má-fé serão ressarcidas *somente as benfeitorias necessárias* (art. 1.220 do C.c.b.), não podendo levantar as *voluptuárias*.

Concluindo, somente serão indenizáveis ao devedor ou ao terceiro que houver perdido a coisa as benfeitorias necessárias, pouco importando se o possuidor encontrava-se ou não de boa-fé; as benfeitorias úteis, se o possuidor estiver de boa-fé; as voluptuárias, que poderão ser levantadas se não forem indenizáveis, desde que sem detrimento da coisa.

Na indenização deferida ao possuidor de má-fé, pelas benfeitorias necessárias, o exequente terá o direito de optar pelo seu valor atual ou de seu custo. Já em relação ao possuidor de boa-fé, a indenização será de acordo com o valor atual da benfeitoria (art. 1.222 do C.c.b.).

O devedor ou o terceiro adquirente, a fim de garantir que o exequente lhe indenize as benfeitorias necessárias ou úteis, poderá exercer seu *direito de retenção* pelo valor de referidas benfeitorias. Igual prerrogativa não é outorgada ao possuidor de *má fé*, em relação às benfeitorias necessárias (art. 1.220 do C.c.b.).

Por isso, nos termos do art. 917, inc. IV, do atual C.P.C., nos embargos à execução, o executado poderá alegar a *retenção por benfeitorias necessárias ou úteis, nos casos de execução para entrega de coisa certa*.

Suscitada, nos embargos, a retenção por benfeitoria, o exequente poderá requerer a compensação de seu valor com o dos frutos ou dos danos considerados devidos pelo executado, cumprindo ao juiz, para a apuração dos respectivos valores, nomear perito, observando-se, então, o disposto no art. 464 do atual C.P.C. (*§5º do art. 917* do atual C.P.C.).

O exequente poderá, ainda, a qualquer tempo ser imitido na posse da coisa, prestando caução ou depositando o valor devido pelas benfeitorias ou resultante da compensação (*§6º do art. 917* do atual C.P.C.).

Mas para que o executado possa opor embargos de retenção por benfeitorias, a coisa não poderá ainda ter sido entregue ao credor, sendo apenas permitido enquanto ela estiver em depósito, pois, conforme já teve oportunidade de afirmar Pontes de Miranda: *"o depósito não destrói o 'jus retentionis', uma vez que se não deu a entrega; essa, sim, de fato o destruiria. Porque a retenção desaparecia"*.[521]

Uma questão importante ainda deve ser analisada.

O art. 810 do atual C.P.C. faz referência apenas às benfeitorias indenizáveis.

[521] Pontes de Miranda, *Comentários ao código de 1939*, vol. XIV, pág., 20, n. 5. Idem, 1973, vol. X, pág. 74.

Contudo, poderá o devedor ou o terceiro adquirente ter realizado na coisa, não benfeitorias, mas *acessões naturais*.

Não se deve confundir *benfeitoria* com *acessão*.

A *acessão* pode ocorrer, nos termos do art. 1.248 do C.c.b., por: a) formação de ilhas; b) aluvião; c) avulsão; d) por abandono de álveo; e) por plantações ou construções.

Assim, construção e plantação não são consideradas como benfeitorias, mas como acessão artificial por ação do ser humano.

Aquele que semeia, planta ou edifica em terreno alheio perde, em proveito do proprietário, as sementes, plantas e construções se agiu de má-fé. Se procedeu de boa-fé, terá direito a indenização (art. 1.255 do C.c.b.).

Por sua vez, se a construção ou a plantação exceder consideravelmente o valor do terreno, aquele que, de boa-fé, plantou ou edificou, adquirirá a propriedade do solo, mediante pagamento de indenização fixada judicialmente, se não houver acordo.

Portanto, o art. 810 do atual C.P.C. disse menos do que deveria dizer, razão pela qual merece uma interpretação extensiva, para ali também constar como indenizáveis as acessões, construção ou plantação, quando realizadas pelo devedor ou por terceiro adquirente de *boa-fé*. Nesse sentido já se manifestou o S.T.J.:

> *Embargos de retenção por benfeitorias. Questão da garantia do juizo pelo deposito. Ação possessória. Eficácia executiva 'lato sensu'. As edificações, conquanto acessões industriais, equiparam-se as benfeitorias uteis, admitida a pretensão a retenção. Indispensável, todavia, na ação de execução de sentença para entrega de coisa, a segurança do juizo pelo deposito, como pressuposto a admissibilidade dos embargos de retenção. Nas ações possessórias, a sentença de procedência tem eficácia executiva 'lato sensu', com execução mediante simples expedição e cumprimento de um mandado. Inocorrência, nas possessórias, da dicotomia ação de cognição e ação de execução. Com maior razão, se admitidos embargos em execução possessória de reintegração, o deposito da coisa será indispensável. Recurso especial conhecido pela alínea "c", mas ao qual se nega provimento. Sentença elogiada.*
>
> (REsp 739/RJ, Rel. Ministro ATHOS CARNEIRO, QUARTA TURMA, julgado em 21/08/1990, DJ 10/09/1990, p. 9129)

Assim, havendo benfeitorias ou acessões indenizáveis, a *liquidação prévia* torna-se obrigatória, a fim de apurar o seu respectivo valor.

O código não indica a espécie de liquidação prévia que deverá ser realizada, o que, por dedução, somente pode ser por *arbitramento* ou pelo procedimento comum.

Prescreve o parágrafo único do art. 810 do atual C.P.C. que se houver saldo em favor do executado ou de terceiros, o exequente o depositará ao requerer a entrega da coisa; havendo em favor do exequente, esse poderá cobrá-lo nos autos do mesmo processo.

Se o devedor ou terceiro exerceu seu direito de retenção a tempo, e, após a *liquidação prévia*, apurar-se saldo em favor do devedor ou de terceiro, o exequente o depositará ao requerer a entrega da coisa.

O exequente poderá, ao invés de depositar a diferença, requerer a compensação do saldo credor em favor devedor ou de terceiro com o dos frutos ou dos danos considerados devidos pelo executado ou pelo terceiro, nos termos do §5º do art. 917 do atual C.P.C.

Não se pode esquecer que na indenização deferida ao possuidor de má-fé pelas benfeitorias necessárias, o exequente terá o direito de optar pelo seu valor atual ou o de seu custo. Já em relação ao possuidor de boa-fé, a indenização será de acordo com o valor atual da benfeitoria (art. 1.222 do C.c.b.).

Por fim, se houver saldo em favor do exequente, este poderá cobrá-lo no mesmo processo, prosseguindo-se com o cumprimento de sentença ou decisão por quantia certa.

V – incompetência absoluta ou relativa do juízo da execução.

A incompetência absoluta ou relativo do juízo da execução deverá ser alegada como preliminar na petição inicial dos embargos à execução, sem necessidade de se postular por meio de uma exceção à parte.

O mesmo não ocorre em relação à suspeição e o impedimento, que deverá ser arguida em petição avulsa, aliás conforme determina o art. 146 do atual C.P.C.

Sobre o tema, eis os seguintes precedentes do S.T.J.:

(...).

IV. No caso, depreende-se do acórdão embargado que o art. 16 da Lei 6.830/80, que fixa o prazo de 30 dias para o oferecimento dos Embargos à Execução Fiscal, ao determinar, em seu § 3º, que "(...) as exceções, salvo as de suspeição, incompetência e impedimentos, serão arguidas como matéria preliminar e serão processadas e julgados com os embargos", quer apenas delimitar o procedimento de oferecimento das exceções, que serão arguidas como preliminar, nos Embargos à Execução, a não ser que tratem de suspeição, incompetência e impedimento, hipóteses em que deverão ser manejadas de forma apartada, não se podendo concluir, do dispositivo em destaque, que o prazo para seu oferecimento, no âmbito da Execução Fiscal, deverá ser o previsto no Código de Processo Civil.

V. "A Lei de Execução Fiscal é norma especial em relação ao Código de Processo Civil – o qual será aplicado subsidiariamente em relação àquela consoante o art. 1º da LEF. Com efeito, o art. 16 da Lei n. 6.830/80 estabelece que o executado oferecerá embargos no prazo máximo de 30 (trinta) dias, nos quais – consoante o parágrafo 2º do referido dispositivo – o embargante deverá alegar toda a matéria de defesa, inclusive as exceções. O prazo para a alegação das exceções é, portanto, de 30 (trinta) dias. Não afasta essa conclusão o fato de o referido diploma normativo prever no § 3º do seu art. 16, que as exceções, salvo as de suspeição, incompetência e impedimentos, serão arguidas como matéria preliminar e processadas e julgadas com os embargos. É que a ressalva tem como escopo unicamente chamar a aplicação da sistemática estabelecida no Código de Processo Civil, já que a própria Lei de Execução Fiscal é silente a respeito, no sentido de que a exceção de incompetência absoluta é arguida preliminarmente na defesa (art. 301, II, do CPC) e a incompetência relativa é arguida em autos apartados (arts. 112 e 307, do CPC)" (STJ, REsp 640.871/PE, Rel. Ministro MAURO CAMPBELL MARQUES, SEGUNDA TURMA, DJe de 24/03/2009).

VI. Embargos de Declaração rejeitados, à mingua de vícios no acórdão embargado.

(EDcl no REsp 1418124/PE, Rel. Ministra ASSUSETE MAGALHÃES, SEGUNDA TURMA, julgado em 20/05/2014, DJe 28/05/2014)

(...).

2. A competência absoluta, como é a do juízo falimentar, deve ser alegada em preliminar de contestação ou de embargos à execução.

3. Agravo regimental a que se nega provimento.

(AgRg no AREsp 148.547/SP, Rel. Ministra MARIA ISABEL GALLOTTI, QUARTA TURMA, julgado em 16/04/2013, DJe 23/04/2013)

1. O art. 16, § 3º, da Lei 6.830/80 trata da regulação dos embargos do devedor na execução fiscal, dispondo que "não será admitida reconvenção nem compensação, e as exceções, salvo as de suspeição, incompetência e impedimentos serão arguidas como matéria preliminar e serão processadas e julgadas com os embargos." O fundamento dessa proibição é, unicamente, de natureza processual, a fim de não impor dificuldades para o curso da execução fiscal, haja vista que ela tem como base certidão de dívida líquida e certa. Precedente: REsp 438396/RS, Rel. Ministro José Delgado, DJ 09/12/2002.

2. Consectariamente, os embargos à execução não são servis à cobrança judicial de eventual crédito que o embargante tenha em face do exequente.

3. É que os embargos à execução não ostentam natureza condenatória, por isso, caso o embargante entenda ser credor do exequente, deverá cobrar o débito noutra demanda, ou ainda, alegar, em sede dos embargos, a compensação, a fim de extinção da obrigação, conforme entendimento exarado na Primeira Seção. Precedente: EREsp 438396/RS, Rel. Ministro Humberto Martins, DJ 28/08/2006.

4. In casu, o embargante, em sua inicial, pretendeu a desconstituição do título executivo, bem como a condenação da fazenda pública a restituir em dobro o valor do depósito administrativo, em razão de ter exigido dívida já paga, nos termos do disposto no artigo 940 do Código Civil.

5. Os embargos objetivam desconstituir o título executivo, por isso sua natureza constitutiva. Precedentes: REsp 279064/SC, Rel. Ministro SÁLVIO DE FIGUEIREDO TEIXEIRA, DJ 05/03/2001; REsp 330295/CE, Rel. Ministro ANTÔNIO DE PÁDUA RIBEIRO, DJ 22/11/2004; AgRg no REsp 482471/MS, Rel. Ministro JORGE SCARTEZZINI, DJ 22/08/2005.

6. O acórdão proferido em embargos de declaração que enfrenta explicitamente a questão embargada não ensejam recurso especial pela violação do artigo 535, II, do CPC.

7. Ademais, o magistrado não está obrigado a rebater, um a um, os argumentos trazidos pela parte, desde que os fundamentos utilizados tenham sido suficientes para embasar a decisão.

8. Recurso especial a que se nega provimento.

(REsp 1085689/RJ, Rel. Ministro LUIZ FUX, PRIMEIRA TURMA, julgado em 13/10/2009, DJe 04/11/2009)

VI – qualquer matéria que lhe seria lícito deduzir como defesa em processo de conhecimento.

Este dispositivo diferencia especificamente a matéria que poderá ser alegada na impugnação ao cumprimento de sentença ou decisão judicial e nos embargos à execução de título extrajudicial.

Em relação ao cumprimento de decisão judicial, salvo no que concerne à falta ou nulidade de citação, que poderá ser arguida a qualquer momento, o executado não poderá alegar as matérias que poderia ou deveria referir antes da prolação da sentença de primeiro grau, justamente porque, em relação a elas, operou-se a preclusão consumativa. Por isso, a impugnação somente poderá tratar das matérias supervenientes à sentença.

Já em relação aos embargos à execução de título extrajudicial, o executado poderá alegar toda e qualquer matéria de defesa que poderia suscitar no âmbito do processo de conhecimento, justamente pelo fato de que o título executivo extrajudicial não provém de um processo prévio cognitivo.

Assim, o executado poderá alegar nos embargos, por exemplo, qualquer matéria de mérito em relação ao título executivo ou à relação jurídica material que lhe deu suporte. Poderá alegar causas extintivas da obrigação, como, por exemplo, novação, remissão, pagamento, transação, compensação.

Sobre a questão da arguição de compensação em embargos à execução fiscal, assim já se manifestou o S.T.J.:

> *1 – O art. 16, § 3º, da Lei 6.830/80 trata da regulação dos embargos do devedor na execução fiscal, dispondo que "não será admitida reconvenção nem compensação, e as exceções, salvo as de suspeição, incompetência e impedimentos serão arguidas como matéria preliminar e serão processadas e julgadas com os embargos." O fundamento dessa proibição é, unicamente, de natureza processual, a fim de não impor dificuldades para o curso da execução fiscal, haja vista que ela tem como base certidão de dívida líquida e certa.*
>
> (...).
>
> (REsp 438.396/RS, Rel. Ministro JOSÉ DELGADO, PRIMEIRA TURMA, julgado em 07/11/2002, DJ 09/12/2002, p. 300)

Em se tratando de título executivo judicial, essas exceções impeditivas, modificativas ou extintivas da obrigação devem ser supervenientes à sentença, o que não ocorre em relação aos títulos executivos extrajudiciais, justamente por não existir sentença antecedente.

Poderão ser ainda arguidos vícios de vontade, como erro, dolo, simulação, fraude, dentre outros.

Também poderão ser arguidos os pressupostos processuais negativos como litispendência ou coisa julgada.

O executado poderá alegar fatos extintivos ou impeditivos, antes ou depois da formação do título, pois na execução de títulos extrajudiciais não há óbices oriundos de ter havido sentença.

O executado, porém, não poderá mais alegar em embargos as matérias que já foram articuladas em exceção ou objeção de pré-executividade, pois sobre elas se operou a preclusão consumativa.

Haverá também a possibilidade de o embargante alegar a ilegitimidade passiva para figurar no polo passivo da execução. Note-se que essa alegação é matéria de mérito dos embargos, em que pese seja uma das condições de análise do mérito da demanda executiva.

Em tese, o executado é parte legítima para figurar na relação jurídica executiva, se seu nome consta no título executivo extrajudicial.

Na execução fiscal, por exemplo, o S.T.J. entende que basta figurar o nome do diretor ou sócio gerente da empresa devedora na certidão de dívida ativa para que se configure a legitimidade passiva do responsável tributário na relação jurídica executiva. Nesse sentido eis o seguinte precedente:

(...).

2. Conforme assentado em precedentes da Seção, inclusive sob o regime do art. 543-C do CPC (REsp 1.104.900, Min. Denise Arruda, sessão de 25.3.2009), é inadmissível Exceção de Pré-Executividade em Execução Fiscal promovida contra sócio que figura como responsável na Certidão de Dívida Ativa – CDA.

3. A presunção de legitimidade assegurada à CDA impõe ao executado que figura no título executivo o ônus de comprovar a inexistência de sua responsabilidade tributária, demonstração essa que, por demandar prova, deve ser promovida no âmbito dos Embargos à Execução.

4. Orientação reafirmada pela Primeira Seção do STJ no julgamento do Recurso Especial 1.110.925/SP.

5. Agravo Regimental não provido.

(AgRg no REsp 1298999/RJ, Rel. Ministro HERMAN BENJAMIN, SEGUNDA TURMA, julgado em 26/06/2012, DJe 01/08/2012)

Estabelece o §2º do art. 917 do atual C.P.C. que há excesso de execução quando: I – o exequente pleiteia quantia superior à do título; II – ela recai sobre coisa diversa daquela declarada no título; III – ela se processa de modo diferente do que foi determinado no título; IV – o exequente, sem cumprir a prestação que lhe corresponde, exige o adimplemento da prestação do executado; V –o exequente não prova que a condição se realizou.

Os embargos também poderão ter por fundamento a alegação de *excesso de execução*, conforme preconiza o art. 917, inc. III, do atual C.P.C.

As hipóteses de excesso de execução estão discriminadas no §2º do art. 917 do atual C.P.C., a saber:

I – o exequente pleiteia quantia superior à do título.

O executado poderá afirmar que o pedido formulado no procedimento executivo, que corresponde ao valor a ser pago, poderá estar em total dissonância com o conteúdo do próprio título executivo extrajudicial

Assim, o pedido formulado no âmbito da execução deve ater-se *ipsi literis* ao conteúdo previsto no título executivo extrajudicial e aos limites normativos nele estabelecido.

Por isso, convém afirmar que o título executivo extrajudicial deve exprimir ou permitir a possibilidade de exprimir uma obrigação certa, líquida e exigível. Por certeza entende-se uma precisa individualização do próprio direito, seja na imputação, ou direção subjetiva, ou no seu conteúdo. A liquidez, por sua vez, estabelece a sua expressão monetária.

Diante da liquidez e certeza do título, o credor somente poderá pleitear aquilo que está previsto no título e não quantia superior.

Assim, não poderá o exequente pretender penhora de valor superior àquele estabelecido no título executivo extrajudicial.

II – recai sobre coisa diversa daquela declarada no título.

Também a execução para entrega de coisa certa ou de determinado gênero pode ser excessiva se se pede coisa diversa daquela estabelecida na obrigação constante do título; se se pede mais em quantidade de gênero e espécie prevista no título; se se pede coisa determinada pelo gênero, mas o gênero é diverso daquele previsto no título; se se pede as pertenças da coisa, sendo que o título não prevê essa entrega.

Por vezes, poderá ocorrer que a coisa pedida possa ser menos valiosa monetariamente do que a coisa prevista na obrigação declarada no título. Contudo, isso não afasta o excesso de execução, principalmente pelo fato de que o credor somente terá direito a receber aquilo e somente aquilo previsto no título executivo judicial ou extrajudicial.

III – esta se processa de modo diferente do que foi determinado no título.

A forma da prestação da obrigação líquida, certa e exigível constante do título é que vai ditar o tipo de procedimento que deverá escolher o credor para a execução do título executivo extrajudicial.

Haverá procedimentos executivos específicos para a execução por quantia certa, para cumprimento de obrigação de fazer ou não fazer, para entrega de coisa, e, ainda, procedimentos executivos especiais para pagamento de obrigações alimentícias e contra a Fazenda Pública.

Se o exequente promove um procedimento executivo diverso daquele estabelecido no título, haverá, segundo afirma o legislador, *excesso de execução*.

Haverá também excesso de execução se o título executivo, ao estabelecer de maneira pormenorizada a forma como se dará a execução, essa não segue as diretrizes traçadas naquele. A execução, portanto, afasta-se do conteúdo do título executivo.

IV – o exequente, sem cumprir a prestação que lhe corresponde, exige o adimplemento da prestação do executado.

Pode ocorrer que a relação jurídica realizada entre credor e devedor subordine o adimplemento da prestação devida pelo devedor a uma contraprestação do credor.

Diante dessa condição, o devedor não será obrigado a satisfazer sua prestação se o credor não comprovar que adimpliu sua contraprestação ao requerer a execução, sob pena de extinção do processo sem resolução de mérito.

Está-se diante da *exceptio non adimpleti contractus* prevista nos arts. 476 e 477 do C.c.b., *in verbis:*

> *"Art. 476. Nos contratos bilaterais, nenhum dos contratantes, antes de cumprida a sua obrigação, pode exigir o implemento da do outro".*
>
> *"Art. 477. Se, depois de concluído o contrato, sobrevier a uma das partes contratantes diminuição em seu patrimônio capaz de comprometer ou tornar duvidosa a prestação pela qual se obrigou, pode a outra recusar-se à prestação que lhe incumbe, até que aquela satisfaça a que lhe compete ou dê garantia bastante de satisfazê-la".*

Como o próprio nome diz, a *excepto non adimpleti contractus* constitui uma das modalidades das exceções substanciais. Faz parte das exceções dilatórias, pois o próprio art. 787 do atual C.P.C. estabelece que se o exequente não provar que cumpriu com sua obrigação, o juiz extinguirá o processo. Assim, a exceção não tranca definitivamente a possibilidade de nova demanda. De qualquer forma, a alegação da exceção paralisa a demanda do autor ante a alegação do executado de não ter recebido a contraprestação que lhe era devida.[522]

Não se discute o mérito propriamente dito do direito pretendido, pois o executado não nega a obrigação. O que há é refutação da *exigibilidade*, em razão de um fundamento inerente à própria relação de direito material.

Embora vencida a obrigação, não há exigibilidade em razão da *exceptio non adimpleti contractus.*

Diante dessa característica da *exceptio,* pode-se afirmar que somente poderá ser veiculada nas relações sinalagmáticas.

Cabe, no caso, ao exequente comprovar logo com a inicial o cumprimento da sua contraprestação, a fim de evitar que o executado argua a *exceptio.*

Certas diferenças medeiam entre a *exceptio non adimpleti contractus* e a *condição resolutória.* Enquanto esta última produz o rompimento do vínculo contratual, dissolvendo-o, para atirar credor e devedor em uma nova situação jurídica muito diversa da contratual, a *exceptio,* ao contrário, suspende pura e simplesmente a execução da prestação devida pelo devedor, até o adimplemento da presta-

[522] Serpa Lopes, Miguel Maria de. *Exceções substanciais: exceção de contrato não cumprido.* Rio de Janeiro: Livraria Freitas Bastos S.A., 1959. p. 135.

ção inerente ao credor, não produzindo, como a resolutória, o rompimento do contrato.[523]

A *exceptio* tem por fundamento a equivalência das prestações devidas e a ideia de um enriquecimento ilícito.

Resulta claro que a *exceptio* pressupõe a presença de dois créditos contrapostos, interligados pelo sinalagma, de modo que a exigibilidade de qualquer deles possa ficar paralisada se o credor, a seu turno, não houver cumprido a prestação que lhe incumbia realizar.[524]

A *exceptio* não se aplica apenas às obrigações positivas, mas, também, às obrigações negativas.

A oposição da *exceptio,* exigindo a realização das prestações, depende da simultaneidade do adimplemento das respectivas obrigações, *toma lá, dá cá.* Se elas forem realizáveis sem essa sincronização temporal, já não há, de regra, base para aquela *excpetio.*[525]

Evidentemente, se o devedor encontrar-se em mora para receber a prestação que deve ser ofertada pelo credor, aquele não poderá alegar a *exceptio* quando promovida a execução por este último.

A *exceptio non adimpleti contractus* deve ser oposta pelo executado, salvo se o próprio título trouxer cláusula que condicione a promoção da demanda executiva à comprovação pelo credor do adimplemento da contraprestação.

Segundo ensina Alcides Mendonça Lima, *"dificilmente o juiz, por ato de ofício, obstará a execução, mas aguardará que, por via de embargos, o devedor levante o problema".*[526]

V – o exequente não prova que a condição se realizou.

Conforme estabelece o art. 798, inc. I, letra 'c' do atual C.P.C., cumpre ao exequente, ao requerer a execução, instruir a petição inicial com a prova, se for o caso, de que se verificou a condição ou ocorreu o termo.

Dispositivo similar encontra-se também no art. 514 do atual C.P.C. que trata do cumprimento de sentença: *"Quando o juiz decidir relação jurídica sujeita a condição ou termo, o cumprimento da sentença dependerá de demonstração de que se realizou a condição ou de que ocorreu o termo.*

[523] Serpa Lopes, M. M., idem, p. 185.

[524] Serpa Lopes, M. M., idem, p. 263.

[525] Serpa Lopes, M.M., idem, p. 271.

[526] Lima, Alcides de Mendonça. *Comentários ao código de processo civil.* Vol. VI, Tomo I. Rio de Janeiro: Forense, 1979. p. 290.

Da mesma forma acontece com a execução de título executivo extrajudicial, isto é, para que o credor/exequente possa promover a execução, deverá comprovar que se verificou a condição ou o termo até para que se possa caracterizar o inadimplemento da obrigação, assim como sua exigibilidade.

A obrigação pode ser líquida e certa, mas ainda não ser exigível, seja pelo fato da ausência da condição resolutiva ou pela realização do termo.

Muito embora este inciso não mencione o termo, é evidente que dependendo do termo haverá necessidade da prova do fato de sua realização, como é o caso, por exemplo, a morte.

A pendência tanto se dá na condição suspensiva como na resolutiva. Naquela pende o ser; nessa, o não-ser. Não é o negócio jurídico que pende. Porque o negócio jurídico já se perfez. Tudo somente concerne à eficácia do negócio jurídico. Exatamente a condição é que determina o que se suspende, ou o que pode ser atingido pelo implemento dela.[527]

A realização da condição positiva dá-se com o evento previsto.

Já a condição negativa, quando o fato negativo ocorrer ou quando se tornar impossível a sua ocorrência.

O efeito da condição é fazer produzir ou fazer cessar a eficácia do negócio jurídico.

A eficácia ao implementar-se a condição, é *ipso iure*, nascendo de imediato o crédito, a pretensão, ou a ação.

O Código Civil brasileiro, em seus artigos 121 a 135, regula especificamente as modalidades do negócio jurídico denominadas de *condição* e *termo*. Prescrevem os referidos dispositivos:

> *Art. 121. Considera-se condição a cláusula que, derivando exclusivamente da vontade das partes, subordina o efeito do negócio jurídico a evento futuro e incerto.*
>
> *Art. 122. São lícitas, em geral, todas as condições não contrárias à lei, à ordem pública ou aos bons costumes; entre as condições defesas se incluem as que privarem de todo efeito o negócio jurídico, ou o sujeitarem ao puro arbítrio de uma das partes.*
>
> *Art. 123. Invalidam os negócios jurídicos que lhes são subordinados:*
>
> *I – as condições física ou juridicamente impossíveis, quando suspensivas;*
>
> *II – as condições ilícitas, ou de fazer coisa ilícita;*
>
> *III – as condições incompreensíveis ou contraditórias.*
>
> *Art. 124. Têm-se por inexistentes as condições impossíveis, quando resolutivas, e as de não fazer coisa impossível.*

[527] Pontes de Miranda, op. cit., p. 151.

Art. 125. Subordinando-se a eficácia do negócio jurídico à condição suspensiva, enquanto esta se não verificar, não se terá adquirido o direito, a que ele visa.

Art. 126. Se alguém dispuser de uma coisa sob condição suspensiva, e, pendente esta, fizer quanto àquelas novas disposições, estas não terão valor, realizada a condição, se com ela forem incompatíveis.

Art. 127. Se for resolutiva a condição, enquanto esta se não realizar, vigorará o negócio jurídico, podendo exercer-se desde a conclusão deste o direito por ele estabelecido.

Art. 128. Sobrevindo a condição resolutiva, extingue-se, para todos os efeitos, o direito a que ela se opõe; mas, se aposta a um negócio de execução continuada ou periódica, a sua realização, salvo disposição em contrário, não tem eficácia quanto aos atos já praticados, desde que compatíveis com a natureza da condição pendente e conforme aos ditames de boa-fé.

Art. 129. Reputa-se verificada, quanto aos efeitos jurídicos, a condição cujo implemento for maliciosamente obstado pela parte a quem desfavorecer, considerando-se, ao contrário, não verificada a condição maliciosamente levada a efeito por aquele a quem aproveita o seu implemento.

Art. 130. Ao titular do direito eventual, nos casos de condição suspensiva ou resolutiva, é permitido praticar os atos destinados a conservá-lo.

Art. 131. O termo inicial suspende o exercício, mas não a aquisição do direito.

Art. 132. Salvo disposição legal ou convencional em contrário, computam-se os prazos, excluído o dia do começo, e incluído o do vencimento.

§ 1º Se o dia do vencimento cair em feriado, considerar-se-á prorrogado o prazo até o seguinte dia útil.

§ 2º Meado considera-se, em qualquer mês, o seu décimo quinto dia.

§ 3º Os prazos de meses e anos expiram no dia de igual número do de início, ou no imediato, se faltar exata correspondência.

§ 4º Os prazos fixados por hora contar-se-ão de minuto a minuto.

Art. 133. Nos testamentos, presume-se o prazo em favor do herdeiro, e, nos contratos, em proveito do devedor, salvo, quanto a esses, se do teor do instrumento, ou das circunstâncias, resultar que se estabeleceu a benefício do credor, ou de ambos os contratantes.

Art. 134. Os negócios jurídicos entre vivos, sem prazo, são exequíveis desde logo, salvo se a execução tiver de ser feita em lugar diverso ou depender de tempo.

Art. 135. Ao termo inicial e final aplicam-se, no que couber, as disposições relativas à condição suspensiva e resolutiva.

Conforme ensina Inocêncio Galvão Teles, *"pode definir-se 'condição' a 'cláusula acessória pela qual as partes fazem depender a vigência do contrato (ou de outro negócio jurídico) da verificação ou não verificação de um facto futuro e objectivamente incerto'. A vigência do contrato está na dependência desse facto ulterior, da sua eventual ocorrência, ou porque antes dele os efeitos jurídicos não se produzem (ou produzem-se atenuadamente) ou porque depois dele cessam. Com isso fica esboçada a distinção fundamental entre 'condições suspensivas' e 'condições resolutivas'....a condição suspensiva, como se deixa a ver de sua designação, 'suspende' os efeitos até à ocorrência do evento previsto; a condição resolutiva 'resolve-os', isto é, elimina-os retroactivamente, como se eles não se tivessem dado... A incerteza do facto futuro determina um estado de 'pendência'. Os efeitos jurídicos 'pendentes', porque não se sabe se virão a produzir-se (ou a adquirir a sua intensidade normal) no caso de condição suspensiva ou se a condição resolutiva que os ameaça se tornará realidade, reduzindo-os a nada. Um facto 'secundário' e 'futuro', quando 'incerto', como o previsto na cláusula condicional, tem sempre esse resultado de tornar 'incertos' os efeitos jurídicos do 'facto principal', no que respeita à sua produção ou à sua subsistência. 'Estado de pendência' que perdura por todo o tempo em que é possível o preenchimento da condição e cessa logo que a condição se realiza, ou falta, ou se torna certo que já não pode realizar-se. Terminada a situação de pendência, o contrato, conforme os casos, assim adquire ou perde valor, ou não chega a alcançá-lo, ou mantém-no. A pendência reveste duas formas: 'suspensão' se a condição é suspensiva, 'resolubilidade' se é resolutiva".*[528]

Por sua vez, entende-se por *termo*: "*a cláusula acessória por virtude da qual os efeitos do contrato, ou de outro negócio jurídico, ficam dependentes de um facto 'futuro e certo'. O termo não envolve aquele 'estado de pendência' característico da 'condição'; não existe 'incerteza' sobre a produção dos efeitos ou sobre a sua permanência, porque antecipadamente se sabe que o evento previsto há-de verificar-se, como 'certo' que é; apenas se 'difere' ou 'limita no tempo' a atuação do contrato, que principiará ou cessará com aquele evento... O termo distingue-se em 'inicial' (dies a quo) e 'final' (dies ad quem), conforme se traduz numa 'dilação' ou numa 'limitação temporal' dos efeitos*".[529]

O atual C.P.C. preconiza em seu art. 803, inc. III, que é nula a execução instaurada antes de se verificar a condição ou de ter ocorrido o termo. Nesse sentido é o seguinte precedente do S.T.J.:

> *i – nula se apresenta a execução se instaurada antes de se verificar a condição ou de ocorrido o termo, como proclamam as normas dos arts. 572 e 618, iii do código de processo civil.*
>
> *– não ocorrida a condição acordada, indevida a multa pactuada.*
>
> (...).

[528] Telles. Inocêncio Galvão. *Manual dos contratos em geral.* Coimbra: Coimbra Editora, 2002. p. 258 e 259.

[529] Telles, I. G., idem, p. 274 e 275.

(REsp 1680/PR, Rel. Ministro SÁLVIO DE FIGUEIREDO TEIXEIRA, QUARTA TURMA, julgado em 06/03/1990, DJ 02/04/1990, p. 2458).

Assim, caberá ao exequente demonstrar que ocorreu a condição ou o termo, sob pena, de não o fazendo, acarretar *excesso de execução.*

Prescreve o *§5º do art. 917* do atual C.P.C. que *nos embargos de retenção por benfeitorias, o exequente poderá requerer a compensação de seu valor com o dos frutos ou dos danos considerados devidos pelo executado, cumprindo ao juiz, para a apuração dos respectivos valores, nomear perito, observando-se, então, o art. 464.*

Contendo a execução de título executivo extrajudicial obrigação de entregar coisa certa, poderá o executado ou o terceiro, como motivo dos embargos à execução, arguir a retenção por benfeitorias necessárias ou úteis.

Assim, dependendo das circunstâncias, o executado ou o terceiro adquirente terá direito à indenização das benfeitorias que realizou na coisa.

A retenção por benfeitorias realizadas não é uma prerrogativa somente do executado, mas também de terceiro que tenha a posse sobre o bem. Conforme afirma Pontes de Miranda, *"o direito de retenção não só é exercível pelo devedor. Pode ocorrer que o tenha algum terceiro, que, diante do ato constitutivo, pode opor os embargos de terceiro. O titular pode mesmo não ser possuidor. ...Tanto retém quem tem posse, como quem não a tem".*[530]

Diante de um possuidor de boa-fé, aduz o art. 1.219 do C.c.b.: possuidor de boa-fé tem direito à indenização das benfeitorias necessárias e úteis, bem como, quanto às voluptuárias, se não lhe forem pagas, a levantá-las, que o puder sem detrimento da coisa, e poderá exercer o direito de retenção pelo valor das benfeitorias necessárias e úteis.

Já em relação ao possuidor de má-fé, prescreve o art. 1.220 do C.c.b.: "Ao possuidor de má-fé serão ressarcidas somente as benfeitorias necessárias; não lhe assiste o direito de retenção pela importância destas, nem o de levantar as voluptuárias".

Nos embargos de retenção por benfeitorias, o exequente poderá requerer a compensação do valor da indenização das benfeitorias com o valor dos frutos ou dos danos considerados devidos pelo executado, cumprindo ao juiz, para a apuração dos respectivos valores, nomear perito, observando-se, então, o art. 464. (§5º do art. 917 do atual C.P.C.).

[530] Pontes de Miranda, op. cit., p. 161.

As benfeitorias, portanto, compensam-se com os danos, mas somente serão indenizadas se existirem ao tempo da evicção ou da perda do bem (art. 1.221 do C.c.b.).

A compensação ocorrerá entre os frutos não repassados ao exequente ou eventuais danos que possam ter ocorridos no bem com as benfeitorias necessárias ou úteis realizadas pelo executado ou possuidor de boa-fé.

Requerida a compensação, cumpre ao juiz, para a apuração dos respectivos valores, nomear perito, fixando-lhe breve prazo para entrega do laudo.

O Código não indica a espécie de liquidação prévia que deverá ser realizada, o que, por dedução, somente poderá ser por *arbitramento* ou pelo procedimento comum.

Outrossim, como a retenção por benfeitorias somente é deferida ao possuidor de boa-fé, a apuração dos valores para efeito de compensação dar-se-á com base no valor atual das benfeitorias necessárias ou úteis, conforme estabelece o art. 1.222 do C.c.b..: "*O reivindicante, obrigado a indenizar as benfeitorias ao possuidor de má-fé, tem o direito de optar entre o seu valor atual e o seu custo; ao possuidor de boa-fé indenizará pelo valor atual*".

Prescreve o *§6º do art. 917* do atual C.P.C. que *o exequente poderá a qualquer tempo ser imitido na posse da coisa, prestando caução ou depositando o valor devido pelas benfeitorias ou resultante da compensação.*

Para se dar maior efetividade à tutela jurisdicional executiva, evitando-se aguardar delongas processuais para efeito de pagamento ou compensação de benfeitorias, o legislador permitiu ao exequente, para afastar o direito de *retenção* em favor do executado ou de terceiro de boa-fé, prestar caução (real ou fidejussórias ou depósito do valor devido pelas benfeitorias ou resultante da compensação.

Uma vez prestada a caução ou depósito do valor, o juiz expedirá mandado de imissão de posse em favor do exequente.

Preceitua o *§1º do art. 917* do atual C.P.C. que *a incorreção da penhora ou da avaliação poderá ser impugnada por simples petição, no prazo de 15 (quinze) dias, contados da ciência do ato.*

O *caput* do art. 917 do atual C.P.C. estabelece que nos embargos à execução, o executado poderá alegar: penhora incorreta ou avaliação errônea. Essa matéria poderá ser alegada nesse incidente autônomo, se a penhora e sua avaliação ocorreram antes de expirado o prazo para a interposição dos embargos à execução.

Porém, se a penhora ou sua avaliação somente se efetivaram após o transcurso do prazo dos embargos, o executado poderá alegar sua incorreção por meio de simples petição apresentada no processo executivo, no prazo de quinze dias, contado da ciência do ato.

Além do mais, mesmo que ainda não tenha transcorrido o prazo para os embargos, nada impede que o executado alegue a incorreção da penhora ou da avaliação por simples petição nos autos executivos. A opção é sua.

Prescreve o *§3º do art. 917* do atual C.P.C. que quando *alegar que o exequente, em excesso de execução, pleiteia quantia superior à do título, o embargante declarará na petição inicial o valor que entende correto, apresentando demonstrativo discriminado e atualizado de seu cálculo.*

Complementa o *§4º do art. 917* do atual C.P.C. que *não apontando o valor correto ou não apresentado o demonstrativo, os embargos à execução: I – serão liminarmente rejeitados, sem resolução de mérito, se o excesso de execução for o seu único fundamento; II – serão processados, se houver outro fundamento, mas o juiz não examinará a alegação de excesso de execução.*

Uma das hipóteses legais considerada como excesso à execução ocorre quando o exequente pleiteia quantia superior à do título.

Porém, se o executado alegar o excesso de execução nos embargos à execução, não poderá fazê-lo de forma genérica e abstrata. Deverá pontualizar em que consistiu o excesso, devendo para tanto apresentar memória de cálculo em que se indique expressamente o valor correto da execução, sob pena de rejeição liminar dos embargos ou de não conhecimento desse fundamento.

Assim, o executado deverá alegar e comprovar o excesso, apresentando novo cálculo por memória, no qual indicará o valor correto, com as incidências acessórias.

Portanto, mesmo com a exclusão de eventual excesso de valores, o título poderá ainda fundamentar a execução judicial para o recebimento da quantia correta.

É por isso que os Tribunais têm entendido que a exclusão de determinada parcela do título executivo, mediante simples cálculo aritmético, não caracteriza a sua nulidade ou ineficácia. Nesse sentido são os seguintes precedentes do S.T.J.:

> (...).
>
> *1. É firme a orientação da Primeira Seção desta Corte, quanto à possibilidade de redução do valor constante da CDA para exclusão de eventual quantia cobrada a maior, quando esta puder ser feita por meros cálculos aritméticos, como na hipótese, conforme afirmado pelo Tribunal Estadual.*
>
> *2. O acórdão recorrido limitou-se a afastar o excesso de execução referente à cobrança do IR sobre o lucro inflacionário, não havendo indicativo de que seja necessário qualquer procedimento complexo para se chegar ao quantum efetivamente devido e tal circunstância sequer é alegada pela recorrente, que, na inicial dos embargos à exe-*

cução, por meio de planilhas, demonstrou qual o valor relativo ao lucro inflacionário incluído indevidamente na base de cálculo do imposto.

3. Agravo Regimental da executada desprovido.

(AgRg no REsp 941.809/PE, Rel. Ministro NAPOLEÃO NUNES MAIA FILHO, PRIMEIRA TURMA, julgado em 04/10/2012, DJe 15/10/2012)

(...).

2. A orientação das Turmas que integram a Primeira Seção desta Corte é firme no sentido de ser possível a redução do valor constante da CDA para exclusão de eventual quantia cobrada a maior, desde que os valores possam ser revistos mediante a realização de simples cálculos aritméticos.

3. Agravo regimental não provido.

(AgRg no Ag 1361957/SC, Rel. Ministro MAURO CAMPBELL MARQUES, SEGUNDA TURMA, julgado em 15/09/2011, DJe 21/09/2011).

Por fim, estabelece o §7º do art. 917 do atual C.P.C. que a *arguição de impedimento e suspeição observará o disposto nos arts. 146 e 148.*

Isso significa dizer que a alegação de impedimento ou suspeição do juiz não poderá ser arguida como preliminar dos embargos, mas, sim, através de petição avulsa, nos termos do art. 146 e 148 do atual C.P.C.

Art. 918

O juiz rejeitará liminarmente os embargos:

I – quando intempestivos;

II – nos casos de indeferimento da petição inicial e de improcedência liminar do pedido;

III – manifestamente protelatórios.

Parágrafo único. Considera-se conduta atentatória à dignidade da justiça o oferecimento de embargos manifestamente protelatórios.

Rejeição liminar dos embargos

Preenchendo os embargos à execução todos os pressupostos processuais que lhe são próprios e as condições de análise do mérito do pedido, enfim, trazendo todos os elementos da demanda, o juiz deverá recebê-los dando prosseguimento até sua resolução final.

Se faltar alguns dos requisitos necessários para a interposição dos embargos, o juiz, dependendo do caso, poderá rejeitá-los liminarmente.

O C.P.C., de 1939 não continha regra que permitisse a rejeição liminar dos embargos opostos depois de seguro o juízo.

Já o C.P.C.de 1973, art. 739, assim como o atual código, art. 918, permitia a rejeição liminar dos embargos, havendo ou não penhora realizada.

São as seguintes hipóteses em que o juiz poderá *rejeitar liminarmente* os embargos:

I – intempestividade.

Por intempestividade entende-se a realização de um determinado ato processual quando já expirado o prazo peremptório estabelecido em lei.

Conforme estabelece o art. 915 do atual C.P.C., os embargos serão oferecidos no prazo de quinze dias, contado, conforme o caso, nos termos do art. 231 do atual C.P.C.

Sendo os embargos à execução interpostos no prazo de quinze dias (descontado o dia da juntada e contado o último dia do prazo), os embargos serão considerados *tempestivos*, devendo o juiz recebê-los e processá-los.

Porém, se forem os embargos à execução interpostos a partir do décimo sexto dia, o juiz deverá rejeitá-los, em face de sua *intempestividade*, ou seja, pelo fato de que foram apresentados fora do prazo legal.

II – nos casos de indeferimento da petição inicial e de improcedência liminar do pedido.

Os embargos também poderão ser rejeitados liminarmente se a sua petição inicial não preencher os requisitos legais e, em regra, for considerada *inepta*.

Não se pode esquecer que os embargos do devedor são uma demanda incidental autônoma, que deve ser instaurada e exteriorizada por meio de uma *petição inicial*.

Conforme já teve oportunidade de ensinar Barbosa Moreira, a petição inicial nada mais é do que o instrumento da demanda.[531]

O art. 330 do atual C.P.C. estabelece as hipóteses em que a petição inicial será indeferida, a saber: I – for inepta; II – a parte for manifestamente ilegítima; III – o autor carecer de interesse processual; IV – não atendidas as prescrições dos arts. 106 e 321.

Por sua vez, considera-se inepta a petição inicial, nos termos do §1º do art. 330 do atual C.P.C., quando: I – lhe faltar pedido ou causa de pedir; II – o pedido for indeterminado, ressalvadas as hipóteses legais em que se permite o pedido genérico; III –da narração dos fatos não decorrer logicamente a conclusão; IV – contiver pedidos incompatíveis entre si.

[531] Barbosa Moreira, J. C., op. cit. *p. 10.*

A petição inicial dos embargos à execução, além de preencher os pressupostos processuais e condições de análise do mérito, também deve especificar o pedido (nulidade da execução, redução do valor da execução etc) e a causa de pedir, que em regra, são uma daquelas especificadas no art. 915 do atual C.P.C.

A causa de pedir nos embargos consiste no fato ou no conjunto de fatos a que o embargante atribui a produção do efeito jurídico por ele afirmado.[532]

Na lição de Liebman, a causa de pedir nos embargos seria a inexistência do crédito (causa de pedir remota), sendo que a causa de pedir próxima seria o motivo concreto desta inexistência, como, por exemplo, pagamento, ilegitimidade de parte, compensação etc.[533]

Evidentemente, nem sempre a causa de pedir nos embargos será a inexistência do crédito, pois poderá o embargante alegar a existência do crédito, mas que o valor do crédito é superior àquele que efetivamente ele deve. Poderá ocorrer, ainda, que o crédito existe, mas o título que o representa não é executivo. Poderão ainda os embargos ter por causa de pedir a nulidade da penhora, o que nada tem a ver com a inexistência do crédito.

O pedido a ser formulado nos embargos, em face da particularidade desse procedimento no âmbito do ordenamento jurídico brasileiro, poderá variar de acordo com a especificidade da causa de pedir. Assim, poderá haver um pedido declaratório de inexistência do crédito ou de excesso de execução. Poderá haver um pedido desconstitutivo de penhora.

Poderá haver ainda nos embargos pedidos sucessivos e alternativos.

Se o juiz proferir decisão em desacordo com o pedido ou a causa de pedir, sua decisão será nula. Nesse sentido são os seguintes precedentes do S.T.J.:

> *I. É nula a decisão que julga procedente o pedido com base em fatos diversos do que foram alegados pelo autor como fundamento de seu direito.*
>
> *II. Recurso especial conhecido e provido.*
>
> (REsp 154.919/SP, Rel. Ministro BARROS MONTEIRO, QUARTA TURMA, julgado em 20/09/2005, DJ 07/11/2005, p. 287)

> *Embargos – causa de pedir – vinculação do julgador.*
>
> *Viola o artigo 128 do código de processo civil o acordão que tem em conta, para dar pela procedência dos embargos, fatos que, não apenas se distanciam da causa de pedir, como são com ela incompatíveis.*

[532] Barbosa Moreira, idem, p. 15.

[533] Liebman, Enrico Tullio. *Embargos do executado.* Campinas: Bookseller, 2003. págs. 228 e 229.

(REsp 6193/SP, Rel. Ministro NILSON NAVES, Rel. p/ Acórdão Ministro EDUARDO RIBEIRO, TERCEIRA TURMA, julgado em 26/08/1991, DJ 28/10/1991, p. 15252)

A petição inicial deverá ainda indicar o valor da causa, que, em regra, será o valor do crédito executado, quando o pedido for a extinção do crédito. Poderá, também, ser o valor do excesso de execução alegado ou, ainda, o valor do bem penhorado quando o pedido é a desconstituição da penhora.

O embargante deverá, ainda, na petição inicial indicar as provas que pretende produzir, sob pena de preclusão.

Há norma específica em relação à produção de provas nos embargos à execução fiscal, conforme estabelece o art. 16, §2º da Lei 6.830/80, a saber: "No prazo dos embargos, o executado deverá alegar toda matéria útil a defesa, requerer provas e juntar aos autos os documentos e rol de testemunhas, até três, ou, a critério do juiz, até o dobro desse limite".

Na petição inicial dos embargos deverá constar requerimento de intimação do embargado para impugnar os embargos.

A petição inicial deverá ser instruída com os documentos indispensáveis à propositura da demanda.

Faltando alguns dos requisitos exigidos em lei, a petição inicial dos embargos poderá ser indeferida liminarmente.

Haverá também a rejeição se da narração dos fatos não decorrer logicamente a conclusão. Como em qualquer regra de argumentação, ao se narrar determinados fatos visando a determinada consequência jurídica deve haver uma interligação lógica entre os argumentos e a conclusão.

Também haverá rejeição liminar dos embargos se contiver pedidos incompatíveis entre si.

Evidentemente, o juiz, antes de indeferir a petição inicial dos embargos, deverá aplicar o disposto no art. 321 do atual C.P.C., que assim estabelece:

Art. 321. O juiz, ao verificar que a petição inicial não preenche os requisitos dos arts. 319 e 320 ou que apresenta defeitos e irregularidades capazes de dificultar o julgamento de mérito, determinará que o autor, no prazo de 15 (quinze) dias, a emende ou a complete, indicando com precisão o que deve ser corrigido ou completado.

Parágrafo único. Se o autor não cumprir a diligência, o juiz indeferirá a petição inicial.

Sobre a necessidade de se intimar o embargante para emendar a inicial, especialmente para juntada de memória de cálculo, eis os seguintes precedentes do S.T.J.:

(...).

5. A jurisprudência desta eg. Corte Superior, nos termos do art. 598 do CPC, tem reconhecido a aplicabilidade do art. 284 do mesmo diploma processual aos embargos do devedor, autorizando que, em caso de alegação de excesso de execução, determine o magistrado a intimação da parte embargante para, emendando a petição, apresentar a memória de cálculo relativa ao quantum debeatur que considera devido. Assim, deve ser oportunizada ao embargante a possibilidade de emendar a petição de embargos à execução, em virtude da existência de defeitos ou irregularidades. Somente em caso de descumprimento da diligência, no prazo de 10 (dez) dias, é que seria possível ao juiz indeferir a petição.

6. Portanto, se a jurisprudência do eg. Superior Tribunal de Justiça delineia a necessidade de intimação da parte embargante para emendar a petição de embargos à execução, apresentando memória de cálculo – afastando, por conseguinte, a possibilidade de indeferimento liminar dos mencionados embargos com base neste fundamento, sem que antes seja providenciada a diligência acima –, torna-se ainda mais plausível o direito da ora recorrente, tendo em vista que ela providenciou a referida emenda, antes mesmo da intimação do exequente ou da análise pelo magistrado do recebimento, ou não, dos embargos. Assim, não parece razoável que sequer seja admitida a emenda.

7. O recurso especial merece ser conhecido e, parcialmente, provido, decretando-se a nulidade do processo a partir da decisão de fls.576/577, com a baixa dos autos à Vara de origem.

(REsp 1224215/PR, Rel. Ministro RAUL ARAÚJO, QUARTA TURMA, julgado em 01/09/2011, DJe 22/09/2011)

1. Consoante já decidiu a Terceira Turma, ao julgar o REsp 138.425/MG (Rel. Min. Carlos Alberto Menezes Direito, DJ 30.11.1998, p. 152), "tratando-se de embargos de devedor, a ausência do valor da causa não macula a inicial a ponto de provocar o indeferimento, à medida que a jurisprudência já assentou que em tais casos o valor é o mesmo da ação principal". No mesmo sentido: REsp 910.226/SP (4ª Turma, Rel. Min. João Otávio de Noronha, DJe 15.9.2010).

2. Se não há inépcia da petição inicial dos embargos à execução, mesmo quando falta a indicação do valor da causa, igualmente não há inépcia da inicial dos embargos quando é atribuído à causa um determinado valor, ainda que este não corresponda ao verdadeiro conteúdo econômico da demanda. Nesse sentido é que a Terceira Seção, ao julgar a Pet 6.673/DF (Rel. Min. Maria Thereza de Assis Moura, DJe 18.6.2010), assentou que "a atribuição de valor da causa que não representa o conteúdo econômico da lide não é causa suficiente para se determinar a inépcia da petição inicial (art. 295, par. único, do CPC), cabendo ao magistrado determinar, de ofício ou no julgamento de eventual impugnação, a sua adequação".

3. De acordo com a jurisprudência dominante desta Corte, admite-se a modificação ex officio do valor da causa em casos excepcionais.

Todavia, em recurso especial, é vedado o reexame das circunstâncias fáticas que levaram o Tribunal a quo a reconhecer a hipótese de excepcionalidade necessária para a alteração de ofício do valor da causa, em face da vedação contida na Súmula 7/STJ.

4. Recurso especial não conhecido.

(REsp 1171080/RJ, Rel. Ministro MAURO CAMPBELL MARQUES, SEGUNDA TURMA, julgado em 17/02/2011, DJe 10/03/2011)

I – Segundo a jurisprudência desta Corte, "o indeferimento da petição inicial, quer por força do não preenchimento dos requisitos exigidos nos artigos 282 e 283, do CPC, quer pela verificação de defeitos e irregularidades capazes de dificultar o julgamento de mérito, reclama a concessão de prévia oportunidade de emenda pelo autor e o transcurso in albis do prazo para cumprimento da diligência determinada, ex vi do disposto no artigo 284, do CPC." (REsp 812.323/MG, Rel. Min. LUIZ FUX, DJ 2.10.08).

II – É possível a penhora de parte do bem que não se caracteriza como bem de família quando, levando-se em conta as peculiaridades do caso, não houver prejuízo para a área residencial do imóvel também utilizado para o exercício de comércio.

III – Hipótese em que o andar inferior do imóvel é ocupado por duas lojas, ficando restrita a moradia dos recorridos ao andar superior.

Recurso Especial provido.

(REsp 1018102/MG, Rel. Ministro SIDNEI BENETI, TERCEIRA TURMA, julgado em 12/08/2010, DJe 23/08/2010)

O juiz também rejeitará liminarmente os embargos quando presentes as hipóteses de improcedência liminar do pedido, previstas no art. 332 do atual C.P.C., a saber:

Art. 332. Nas causas que dispensem a fase instrutória, o juiz, independentemente da citação do réu, julgará liminarmente improcedente o pedido que contrariar:

I – enunciado de súmula do Supremo Tribunal Federal ou do Superior Tribunal de Justiça;

II – acórdão proferido pelo Supremo Tribunal Federal ou pelo Superior Tribunal de Justiça em julgamento de recursos repetitivos;

III – entendimento firmado em incidente de resolução de demandas repetitivas ou de assunção de competência;

IV – enunciado de súmula de tribunal de justiça sobre direito local.

§ 1º O juiz também poderá julgar liminarmente improcedente o pedido se verificar, desde logo, a ocorrência de decadência ou de prescrição.

§ 2º Não interposta a apelação, o réu será intimado do trânsito em julgado da sentença, nos termos do art. 241.

§ 3º Interposta a apelação, o juiz poderá retratar-se em 5 (cinco) dias.

§ 4º Se houver retratação, o juiz determinará o prosseguimento do processo, com a citação do réu, e, se não houver retratação, determinará a citação do réu para apresentar contrarrazões, no prazo de 15 (quinze) dias.

III – manifestamente protelatórios.

Também será motivo para que o juiz rejeite liminarmente os embargos, desta feita sem possibilidade de emenda à inicial, quando se verificar que são *manifestamente protelatórios.*

Embargos manifestação protelatórios são aqueles que não apresentam qualquer motivação ou fundamentação razoável, ou cuja fundamentação já foi refutada no âmbito do próprio processo executivo, tendo ocorrido a preclusão.

Embargos manifestamente protelatórios apenas servem para procrastinar a tutela jurisdicional a ser prestada no processo executivo, postergando-se indevidamente no tempo o exercício da atividade jurisdicional em prol do exequente.

Deve-se combater com veemência atitudes antiéticas no processo, que visam apenas a postergar o exercício definitivo da atividade jurisdicional.

É importante salientar que a decisão que rejeita liminarmente os embargos tem natureza de sentença, com força declaratória negativa, cabendo contra ela recurso de apelação.

Por fim, estabelece o *parágrafo único do art. 918* do atual C.P.C. que *se considera conduta atentatória à dignidade da justiça o oferecimento de embargos manifestamente protelatórios.*

Como o processo jurisdicional não pode ser instrumento de medidas que visam somente a postergar indevidamente o exercício da atividade jurisdicional, prolongando no tempo a efetividade da tutela executiva, este dispositivo, com muito acerto, considera conduta atentatória à dignidade da justiça o oferecimento de embargos manifestamente protelatórios.

Aliás, preceitua o art. 77, incs. I, II e III do atual C.P.C.:

Art. 77. Além de outros previstos neste Código, são deveres das partes, de seus procuradores e de todos aqueles que de qualquer forma participem do processo:

I – expor os fatos em juízo conforme a verdade;

II – não formular pretensão ou de apresentar defesa quando cientes de que são destituídas de fundamento;

III – não produzir provas e não praticar atos inúteis ou desnecessários à declaração ou à defesa do direito;

(...).

Por sua vez, estabelece o art. 774, inc. II do atual C.P.C.:

"Art. 774. Considera-se atentatório à dignidade da justiça a conduta comissiva ou omissiva do executado que:

(...).

II – se opõe maliciosamente à execução, empregando ardis e meios artificiosos".

Sendo considerados os embargos meramente protelatórios, o juiz aplicará ao embargante a sanção prevista no parágrafo único do art. 774 do atual C.P.C.

Art. 919

Os embargos à execução não terão efeito suspensivo.

§ 1º O juiz poderá, a requerimento do embargante, atribuir efeito suspensivo aos embargos quando verificados os requisitos para a concessão da tutela provisória e desde que a execução já esteja garantida por penhora, depósito ou caução suficientes.

§ 2º Cessando as circunstâncias que a motivaram, a decisão relativa aos efeitos dos embargos poderá, a requerimento da parte, ser modificada ou revogada a qualquer tempo, em decisão fundamentada.

§ 3º Quando o efeito suspensivo atribuído aos embargos disser respeito apenas a parte do objeto da execução, esta prosseguirá quanto à parte restante.

§ 4º A concessão de efeito suspensivo aos embargos oferecidos por um dos executados não suspenderá a execução contra os que não embargaram quando o respectivo fundamento disser respeito exclusivamente ao embargante.

§ 5º A concessão de efeito suspensivo não impedirá a efetivação dos atos de substituição, de reforço ou de redução da penhora e de avaliação dos bens.

Efeitos em que são recebidos os embargos à execução

O Código de Processo Civil de 1939, art. 1.010, apenas admitia a suspensão dos embargos do executado quando fundados nas seguintes hipóteses: *I – falta, ou nulidade, da citação inicial, se a ação houver corrido à revelia do embargante; II – pagamento, novação, compensação com execução aparelhada, concordata judicial, transação e prescrição superveniente à sentença exequenda; III – excesso de execução, ou sua nulidade até a penhora.*

O C.P.C. de 1973, em seu artigo 741 (redação original), previa as seguintes hipóteses legitimadoras da suspensão dos embargos à execução:

> *"Art. 741. quando a execução se fundar em sentença, os embargos serão recebidos com efeito suspensivo se o devedor alegar: I – falta ou nulidade de citação no processo de conhecimento, se a ação lhe correu à revelia; II – inexigibilidade do título; III – ilegitimidade das partes; IV – cumulação indevida de execuções; V – excesso da execução, ou nulidade desta até a penhora; VI – qualquer causa impeditiva, modificativa ou extintiva da obrigação, como pagamento, novação, compensação com execução aparelhada, transação ou prescrição, desde que superveniente à sentença; VII – incompetência do juízo da execução bem como suspeição ou impedimento do juiz.*

Com a entrada em vigor da Lei 8.953/94, foi incluído o §2º do art. 739 do C.P.C. de 1973, que assim dispunha: *"Os embargos serão sempre recebidos com efeito suspensivo"*.

Assim, os embargos à execução de título judicial ou extrajudicial, em qualquer hipótese, passaram a ser recebidos sempre no efeito suspensivo.

A lei 8.953/94 também deu nova redação ao art. 791, inc. I, do C.P.C. de 1973, *in verbis:*

> *"Art. 791. Suspende-se a execução:*
> *I – no todo ou em parte, quando recebidos os embargos do devedor (art. 739, §2º)".*

Ocorre que o §2º do art. 739 do C.P.C. de 1973 foi revogado pela Lei 11.382, de 2006. Esta lei incluiu ainda no C.P.C. de 1973 o art. 739-A com o seguinte teor: *"Os embargos do executado não terão efeito suspensivo"*.

Portanto, a partir da Lei 11.382, de 2006, os embargos à execução, em regra geral, passaram a não mais possuir efeito suspensivo, o que significa dizer que sua interposição não impediria o prosseguimento dos atos executivos.

O novo C.P.C., em seu art. 919, manteve como regra geral o caráter não suspensivo dos embargos à execução, razão pela qual, salvo em casos excepcionais, a interposição dos embargos não acarretará a suspensão do processo de execução, o qual prosseguirá independentemente de caução a ser prestada pelo exequente, podendo, inclusive, culminar com a alienação do bem penhorado e o pagamento do credor.

Preceitua o *§1º do art. 919* do atual C.P.C. que *o juiz poderá, a requerimento do embargante, atribuir efeito suspensivo aos embargos quando verificados os requisitos para a concessão da tutela provisória e desde que a execução já esteja garantida por penhora, depósito ou caução suficientes.*

Em que pese a interposição dos embargos, em regra geral, não tenha efeito suspensivo dos atos executivos, o §1º do art. 919 do atual C.P.C. estabelece a hipótese legal em que o juiz, mediante requerimento do embargante, poderá atribuir efeito suspensivo aos embargos, ou seja, suspender o prosseguimento dos atos executivo do processo de execução.

O dispositivo afirma que o efeito suspensivo aos embargos somente poderá ser concedido mediante requerimento do embargante, não podendo o juiz concedê-lo de ofício. Nesse sentido, aliás, é o seguinte precedente:

O art. 739-A do CPC, com a nova redação que lhe deu a Lei n. 11.382/2006, tornou excepcional a concessão de efeito suspensivo aos embargos, revogando a antiga sistemática que a deferia automaticamente.

Além da necessidade de prévia garantia do juízo, relevância da fundamentação e perigo de dano irreversível ante o prosseguimento das medidas executivas, dispõe o novo texto legal, de modo expresso e claro, que a carga suspensiva somente poderá ser concedida mediante requerimento do devedor.

Logo, sob pena de vulneração direta ao art. 739-A, §1º, do CPC, bem como à mens legis vetorizada à época da modificação legislativa, atenta à efetividade da prestação jurisdicional, não cabe ao magistrado conceder efeito suspensivo aos embargos ex officio.

O poder geral de cautela não pode ser invocado para justificar a atuação da autoridade, de ofício, quando há disposição legal específica reclamando iniciativa da parte.

Recurso especial conhecido e provido.

(REsp 1108549/MS, Rel. Ministro MARCO BUZZI, QUARTA TURMA, julgado em 20/09/2012, DJe 08/10/2012).

Os requisitos exigidos por este parágrafo para que o juiz conceda efeito suspensivo aos embargos são de duas ordens, cumulativamente: a) presentes os requisitos para a concessão de tutela provisória: urgência (cautelar ou satisfativa) e de evidência; b) que esteja a execução garantida por penhora, depósito ou caução suficientes.

Faltando algum desses requisitos, o juiz não poderá outorgar efeito suspensivo aos embargos.

Já o art. 739-A , §1º, do C.P.C. de 1973 exigia os seguintes requisitos para a concessão de efeito suspensivo aos embargos: a) relevantes fundamentos; b) o prosseguimento de execução que manifestamente possa causar ao executado grave dano de difícil ou incerta reparação; c) garantia da execução por penhora, depósito ou caução suficiente.

Enquanto que o C.P.C. de 1973 exigia a apresentação de relevantes fundamentos, o atual C.P.C. exige a presença dos requisitos para a concessão de tuttela provisória.

A tutela provisória antecipada poderá ser de urgência, cautelar ou satisfativa, e será concedida quando forem demonstrados elementos que evidenciem a probabilidade do direito, bem como o perigo de dano ou o risco ao resultado últil do processo.

Assim, demonstrando o embargante a existência de *fumus boni iuris* e o *periculum in mora*, poderá o juiz conceder efeito suspensivo aos embargos, desde que garantida a execução.

O *fumus boni iuris* caracteriza a *plausibilidade do direito*, a probabilidade de que os argumentos suscitados pelo embargante tenham a possibilidade plausível de serem acolhidos.

O *periculum in mora* é a demonstração de que se a execução prosseguir com a realização de seus atos executivos subsequentes, isso poderá acarretar ao executado risco de dano irreparável ou de difícil reparação.

Poderá ocorrer, também, que o embargante solicite a suspensão dos embargos com base na tutela de evidência.

Segundo estabelece o art. 311 do atual C.P.C., a tutela de evidência será concedida, independentemente da demonstração de risco de dano ou de difícil reparação, ou seja, independentemente do periculum in mora, se: I – ficar caracterizado o abuso do direito de defesa ou o manifesto propósito protelatório da parte; II – as alegações de fato puderem ser comprovadas apenas documentalmente e houver tese firmada em julgamento de casos repetitivos ou em súmula vinculante; III – se tratar de pedido reipersecutório fundado em prova documental adequada do contrato de depósito, caso em que será decretada a ordem de entrega do objeto custodiado, sob cominação de multa; IV – a petição inicial for instruída com prova documental suficiente dos fatos constitutivos do direito do autor, a que o réu não oponha prova capaz de gerar dúvida razoável.

Assim, se o embargante formular seu pedido de suspensividade com fundamento nas hipóteses acima elencadas, salvo a dos incs. I e III, que não se aplicam aos embargos, o juiz poderá conceder de imediato efeito suspensivo aos embargos, independentemente de qualquer alegação de *periculum in mora*, ou seja, de que o prosseguimento da execução poderá acarretar danos ao executado.

O legislador também exige para a concessão de efeito suspensivo aos embargos que esteja a execução garantida por penhora, depósito ou caução suficiente.

Se a penhora for parcial, não poderá o juiz conceder efeito suspensivo, pois falta um dos requisitos para a concessão desse efeito.

Sobre a concessão de efeito suspensivo aos embargos, assim tem decidido o S.T.J.:

(...).

3. É facultado ao magistrado, nos termos do artigo 739-A, § 1º, do Código de Processo Civil, atribuir efeito suspensivo aos Embargos quando, sendo relevantes seus fundamentos, o prosseguimento da execução possa causar ao executado grave dano de difícil ou incerta reparação, exigindo-se, ainda, que a execução já esteja garantida por penhora, depósito ou caução.

4. A comprovação do alegado periculum in mora, necessário à concessão de efeito suspensivo, demandaria incursão na seara fática.

Incide a Súmula 7 desta Corte. Precedentes.

5. Agravo Regimental improvido.

(AgRg no AREsp 241.088/SP, Rel. Ministro SIDNEI BENETI, TERCEIRA TURMA, julgado em 20/11/2012, DJe 04/12/2012).

É importante salientar que o art. 919, §1º, do atual C.P.C., assim como já ocorria com o art. 739-A do C.P.C. de 1973, também se aplica às execuções fiscais regidas pela Lei 6.830/80, conforme os seguintes precedentes do S.T.J.:

(...).

2. Nos termos do art. 1º da Lei n. 6.830/80, aplica-se, subsidiariamente, o Código de Processo Civil às execuções fiscais.

Os embargos à execução só serão recebidos no efeito suspensivo se preenchidos todos os requisitos determinados no art. 739-A do CPC.

3. Concluiu o TRF da 4ª Região que não foi constatado o perigo de dano de difícil ou incerta reparação (periculum in mora) capaz de justificar a concessão da suspensão postulada; a modificação do referido entendimento demandaria o reexame do acervo fático-probatório dos autos, o que é inviável em sede de recurso especial, pelo óbice da Súmula 7/STJ.

Agravo regimental improvido.

(AgRg no REsp 1317256/PR, Rel. Ministro HUMBERTO MARTINS, SEGUNDA TURMA, julgado em 19/06/2012, DJe 22/06/2012)

1. Os embargos do devedor poderão ser recebidos com efeito suspensivo se houver requerimento do embargante e, cumulativamente, estiverem preenchidos os seguintes requisitos: a) relevância da argumentação; b) grave dano de difícil ou incerta reparação; e c) garantia integral do juízo.

> *2. O Tribunal de origem, com base na acurada análise das provas e dos fatos, concluiu pela relevância dos fundamentos apresentados pela agravada e que estão presentes os requisitos necessários à concessão do efeito suspensivo aos embargos à execução previstos no artigo 739-A do CPC.*
>
> *3. É vedado, em recurso especial, o exame da presença dos pressupostos para a atribuição de efeito suspensivo aos embargos à execução previstos no art. 739-A, § 1º, do Código de Processo Civil, porquanto tal providência demandaria a incursão nos elementos fático-probatórios dos autos, atraindo a incidência da Súmula nº 7 do STJ.*
>
> *4. Agravo regimental não provido.*
>
> (AgRg no AREsp 140.510/AL, Rel. Ministro CASTRO MEIRA, SEGUNDA TURMA, julgado em 05/06/2012, DJe 14/06/2012)

> *1. Após a entrada em vigor da Lei 11.382/2006, que incluiu no CPC o art. 739-A, os Embargos do Devedor poderão ser recebidos com efeito suspensivo somente se houver requerimento do embargante e, cumulativamente, estiverem preenchidos os seguintes requisitos: a) relevância da argumentação; b) grave dano de difícil ou incerta reparação; e c) garantia integral do juízo.*
>
> *2. A atribuição de efeito suspensivo aos Embargos do Devedor deixou de ser decorrência automática de seu simples ajuizamento.*
>
> *3. In casu, o Tribunal a quo consignou que a ora agravante não preencheu as condições previstas no art. 739-A do CPC para a concessão do efeito suspensivo. A revisão do entendimento firmado no acórdão recorrido implica reexame do conteúdo fático-probatório dos autos, obstado pelo teor da Súmula 7/STJ.*
>
> *4. Agravo Regimental não provido.*
>
> (AgRg no AREsp 121.809/PR, Rel. Ministro HERMAN BENJAMIN, SEGUNDA TURMA, julgado em 03/05/2012, DJe 22/05/2012)

Porém, é importante salientar que a 1ª Turma do S.T.J. tem entendido que o art. 739-A do C.P.C. de 1973, com a última reforma processual, não se aplica aos processos de execução fiscal, razão pela qual todos os embargos em execução fiscal deverão ser recebidos com efeitos suspensivo. Nesse sentido é o seguinte precedente do S.T.J.:

> *(....).*
>
> *2. A Primeira Turma do Superior Tribunal de Justiça tem entendido que o art. 739-A do Código de Processo Civil – CPC não se aplica ao rito das execuções fiscais, por força do princípio da especialidade.*
>
> *Os embargos do devedor opostos contra execução fiscal, garantido o juízo da execução, possuem efeito suspensivo automático. Nesse sentido: REsp 1291923/PR, Rel.*

Ministro Benedito Gonçalves, Primeira Turma, DJe 07/12/2011; REsp 1178883/ MG, Rel. Ministro Teori Albino Zavascki, Primeira Turma, DJe 25/10/2011.

3. Agravo regimental não provido.

(AgRg no AREsp 126.300/PR, Rel. Ministro BENEDITO GONÇALVES, PRIMEIRA TURMA, julgado em 19/04/2012, DJe 25/04/2012).

Preceitua *o §2º do art. 919* do atual C.P.C. que *cessando as circunstâncias que a motivaram, a decisão relativa aos efeitos dos embargos poderá, a requerimento da parte, ser modificada ou revogada a qualquer tempo, em decisão fundamentada.*

Este dispositivo demonstra que a concessão de efeito suspensivo aos embargos está subordinada à clausula *rebus sic stantibus*, ou seja, esse efeito suspensivo deverá permanecer enquanto permanecerem as circunstâncias que ensejaram a sua concessão.

Havendo modificação fática (quanto ao periculum in mora) ou jurídica (quanto ao fumus boni iuris), o juiz poderá reavaliar o efeito suspensivo concedido, sendo que se constatar que essas circunstâncias não se encontram mais presentes, poderá revogar o efeito suspensivo aos embargos anteriormente concedido.

Essa revogação somente ocorrerá mediante requerimento da parte, e poderá ocorrer a qualquer tempo e em qualquer grau de jurisdição.

Preceitua o *§3º do art. 919* do atual C.P.C. que *quando o efeito suspensivo atribuído aos embargos disser respeito apenas a parte do objeto da execução, esta prosseguirá quanto à parte restante.*

Evidencia-se que o juiz não precisará conceder efeito suspensivo em relação à totalidade da execução, podendo esse efeito ser parcial de acordo com o que for articulado nos embargos e de acordo com o objeto da execução.

Se o juiz reconhecer a existência dos requisitos da tutela de urgência ou de evidencia apenas sobre parte dos argumentos formulados nos embargos, por exemplo, sobre eventual excesso de execução, poderá determinar que a execução prossiga sobre o valor incontroverso, pois não teria sentido impedir a efetividade da tutela jurisdicional executiva em relação ao objeto incontroverso da execução.

O mesmo poderá acontecer quando houver cumulatividade objetiva ou subjetiva da execução.

Assim, deverá o juiz ser muito cauteloso ao analisar o pedido de efeito suspensivo dos embargos, especialmente quando houver mais de uma causa de pedir e mais de um pedido formulado na demanda.

Estabelece o *§4º do art. 919* do atual C.P.C. que *a concessão de efeito suspensivo aos embargos oferecidos por um dos executados não suspenderá a execução contra os* *que não embargaram quando o respectivo fundamento disser respeito exclusivamente ao embargante.*

Como já se observou, a cumulatividade de execuções poderá ocorrer tanto na esfera subjetiva quanto na esfera objetiva.

Havendo cumulação subjetiva, ou seja, quando há mais de um executado no pólo passivo da execução, isso significa que cada executado poderá também promover seus respectivos embargos à execução.

Se somente um ou alguns dos executados interpuserem embargos à execução, e o fundamento da demanda abranger a todos os demais executados, eventual efeito suspensivo concedido pelo juiz terá eficácia sobre todos os demais, suspendendo-se o processo de execução *in totum*

Porém, se o respectivo fundamento disser respeito exclusivamente ao embargante, ou seja, não for abrangente objetivamente, a suspensão do processo executivo somente terá eficácia em relação ao embargante e não em relação aos demais executados. Um exemplo claro de suspensão parcial ocorre quando o embargante alega a sua ilegitimidade para figurar no pólo passivo da execução, seja como devedor ou como responsável.

Estabelece o *§5º do art. 919* do atual C.P.C. que *a concessão de efeito suspensivo não impedirá a efetivação dos atos de substituição, de reforço ou de redução da penhora e de avaliação dos bens.*

Em regra, a concessão de efeito suspensivo aos embargos impede a prática de atos executivos, salvo os atos executivos indicados neste parágrafo, como o de reforço ou redução da penhora e de avaliação dos bens.

Evidentemente, este parágrafo, ao se referir em reforço de penhora, faz referência a eventual avaliação efetuada após a interposição dos embargos, uma vez que para a concessão de efeito suspensivo é necessário que a penhora dos bens seja suficiente para a garantia da execução.

Poderá também, mesmo diante do efeito suspensivo dos embargos, ocorrer a substituição ou a redução da penhora, assim como a avaliação ou reavaliação do bem penhorado.

Penso que também não poderá ser impedida a realização de eventuais atos processuais que devam ser praticados em razão da urgência ou de perecimento de direito. É possível, inclusive, a alienação prévia dos bens penhorados que possam vir a sofrer perecimento ou importante desvalorização.

Sob a égide do C.P.C. de 1973, nem mesmo a substituição ou reforço de penhora era permitido, salvo se houvesse risco de dano irreparável.

Contra a decisão sobre concessão, modificação ou revogação do efeito suspensivo cabe agravo de instrumento, nos termos do art. 1.015, p.u., do atual C.P.C.

Art. 920

Recebidos os embargos:

I – o exequente será ouvido no prazo de 15 (quinze) dias;

II – a seguir, o juiz julgará imediatamente o pedido ou designará audiência;

III – encerrada a instrução, o juiz proferirá sentença.

Oitiva do exequente e julgamento dos embargos

Pelo atual C.P.C., uma vez recebida a petição incial no processo de conhecimento, o réu será citado, não para contestar, mas, sim, para comparecer à audiência de conciliação ou mediação. Somente após a realização da audiência, ou quando não houver interesse em realizá-la, é que começará a correr o prazo para contestação.

Já em relação aos embargos à execução, uma vez recebidos, o exequente será ouvido no prazo de quinze dias, não havendo, portanto, indicação de audiência de conciliação ou mediação preliminar.

Como a essência de todo processo jurisdicional é a existência do contraditório, não poderia ser diferente em relação aos embargos à execução.

Por isso, recebido os embargos, o exequente será ouvido no prazo de quinze dias.

Uma vez intimado, o exequente poderá apresentar impugnação aos embargos, uma espécie de resposta à pretensão formulada na demanda incidental. Essa resposta equivale a uma contestação do processo de conhecimento.

A falta de intimação do exequente acarretará a nulidade dos atos processuais posteriores.

Na execução fiscal, o prazo para a impugnação aos embargos será de trinta dias, nos termos do art. 17, caput, da Lei n. 6.830/80.

Poderá o embargado alegar falta de pressupostos processuais, condições para análise do mérito, e refutar o mérito dos embargos propriamente dito.

Aplica-se à impugnação aos embargos o princípio da eventualidade, cabendo ao embargado alegar toda matéria de defesa, bem como especificar as provas.

Tendo em vista a natureza da decisão a ser proferida nos embargos, que está intimamente ligada ao processo de execução, tenho para mim que não cabe neste procedimento a reconvenção. Como nos embargos não há uma pretensão processual condenatória contra o embargado, também este não poderá apresentar um pedido contraposto com esta pretensão em relação ao embargante.

Aliás, o art. 16, §3º, da Lei 6.830/80 traz proibição expressa de se interpor reconvenção juntamente com os embargos à execução fiscal.

Sobre o tema, eis o seguinte precedente do S.T.J.:

1. O art. 16, § 3º, da Lei 6.830/80 trata da regulação dos embargos do devedor na execução fiscal, dispondo que "não será admitida reconvenção nem compensação, e as exceções, salvo as de suspeição, incompetência e impedimentos serão arguidas como matéria preliminar e serão processadas e julgadas com os embargos." O fundamento dessa proibição é, unicamente, de natureza processual, a fim de não impor dificuldades para o curso da execução fiscal, haja vista que ela tem como base certidão de dívida líquida e certa. Precedente: REsp 438396/RS, Rel. Ministro José Delgado, DJ 09/12/2002.

2. Consectariamente, os embargos à execução não são servis à cobrança judicial de eventual crédito que o embargante tenha em face do exequente.

3. É que os embargos à execução não ostentam natureza condenatória, por isso, caso o embargante entenda ser credor do exequente, deverá cobrar o débito noutra demanda, ou ainda, alegar, em sede dos embargos, a compensação, a fim de extinção da obrigação, conforme entendimento exarado na Primeira Seção. Precedente: EREsp 438396/RS, Rel. Ministro Humberto Martins, DJ 28/08/2006.

4. In casu, o embargante, em sua inicial, pretendeu a desconstituição do título executivo, bem como a condenação da fazenda pública a restituir em dobro o valor do depósito administrativo, em razão de ter exigido dívida já paga, nos termos do disposto no artigo 940 do Código Civil.

5. Os embargos objetivam desconstituir o título executivo, por isso sua natureza constitutiva. Precedentes: REsp 279064/SC, Rel. Ministro SÁLVIO DE FIGUEIREDO TEIXEIRA, DJ 05/03/2001; REsp 330295/CE, Rel. Ministro ANTÔNIO DE PÁDUA RIBEIRO, DJ 22/11/2004; AgRg no REsp 482471/MS, Rel. Ministro JORGE SCARTEZZINI, DJ 22/08/2005.

6. O acórdão proferido em embargos de declaração que enfrenta explicitamente a questão embargada não ensejam recurso especial pela violação do artigo 535, II, do CPC.

7. Ademais, o magistrado não está obrigado a rebater, um a um, os argumentos trazidos pela parte, desde que os fundamentos utilizados tenham sido suficientes para embasar a decisão.

8. Recurso especial a que se nega provimento.

(REsp 1085689/RJ, Rel. Ministro LUIZ FUX, PRIMEIRA TURMA, julgado em 13/10/2009, DJe 04/11/2009)

Se o embargado, reconhecendo o fato em que se fundou os embargos, outro lhe opuser como impeditivo, modificativo ou extintivo ao direito do embargante, este será ouvido.

Se o exequente, devidamente intimado para impugnar os embargos, deixar transcorrer *in albis* o prazo, será ele considerado revel?

Estabelece o art. 344 do atual C.P.C. que se o réu não contestar a ação, será considerado revel e presumir-se-ão verdadeiras as alegações de fato formuladas pelo autor

Na demanda executória, propriamente dita, não há revelia, pois o executado não é citado para responder à execução, mas, sim, para pagar (cumprir a obrigação prevista no título executivo extrajudicial) no prazo fixado em lei.[534]

Em relação à falta de impugnação aos embargos, a matéria é controvertida na doutrina, vejamos: *"Pela negativa orientam-se José Frederico Marques, Alexandre de Paula, José Afonso Beltrame, entre outros, sob o argumento de que o processo de execução possui regras próprias que impedem a aplicação das disposições que regem a revelia no processo de conhecimento. Na mesma perspectiva, assim se manifesta Humberto Theodoro Júnior: '(...) na verdade, porém, não se pode falar tecnicamente, em efeito da revelia no procedimento dos embargos, pelo menos nos moldes do art. 391. Primeiro, porque o credor não recebe uma citação tal como se dá no processo de conhecimento, em que lhe é feita convocação para se defender, sob a expressa cominação de se presumirem verdadeiros os fatos articulados pelo autor, caso não seja contestada a ação (arts. 185 e 225, II). Segundo, porque a posição do credor na execução é especialíssima, pois, para fazer valer o seu direito nada tem que provar, já que o título executivo de que dispõe é prova cabal de seu crédito e razão suficiente para levar a execução forçada até as últimas consequências. Para pretender desconstituí-lo, diante da presunção legal de legitimidade que o ampara, toca ao devedor embargante todo o ônus da prova (Comentário, v. 4/595, Forense, 1ª ed.)'.*

A jurisprudência inclina-se a acolher essa posição doutrinária: 'Nos embargos à execução, não se verificam os efeitos da revelia (VI ENTA- concl. 15, aprovada por unanimidade).

Rita Gianesini, por sua vez, amparada em José Joaquim Calmon de Passos, entende que há revelia nos embargos à execução: '(...)porque será inserida uma ação que comporta processo de conhecimento, e deverá haver uma sentença julgando esses embargos(...)'.

Na mesma esteira de pensamento é a posição de Alcides Mendonça Lima: 'Ora, se assim o é, pela finalidade da ação dos embargos do devedor e pelo rito de seu procedimento, a ausência de impugnação ('rectius' – contestação, item n. 10 supra) pelo embargado credor gera os efeitos da revelia(...)'".[535]

O S.T.J., sobre o tema da revelia nos embargos à execução, firmou o seguinte posicionamento:

[534] Souza, Artur César. *Contraditório e revelia.* Perspectiva crítica dos efeitos da revelia em face da natureza dialética do processo. São Paulo: Editora Revista dos Tribunais, 2003. p. 219.

[535] Souza, A. C., idem, p. 221.

1. Não há falar em revelia em processo de execução ante a ausência de impugnação dos embargos à execução pelo credor.

2. Precedentes: AgRg no REsp 1.001.239/RN, Rel. Min. Castro Meira, Segunda Turma, DJe 2.10.2008; REsp 885.043/RJ, Rel. Min. Arnaldo Esteves Lima, Quinta Turma, DJ 7.2.2008, p. 1; REsp 671.515/RJ, Rel. Min. João Otávio de Noronha, Segunda Turma, DJ 23.10.2006, p. 289.

Agravo regimental improvido.

(AgRg no REsp 1162868/SP, Rel. Ministro HUMBERTO MARTINS, SEGUNDA TURMA, julgado em 02/02/2010, DJe 19/02/2010)

1. Não há por que falar em revelia em processo de execução, em face da não impugnação dos embargos à execução pelo credor.

2. Agravo regimental não provido.

(AgRg no REsp 1001239/RN, Rel. Ministro CASTRO MEIRA, SEGUNDA TURMA, julgado em 02/09/2008, DJe 02/10/2008).

Intimado o embargado, tendo este apresentado ou não impugnação, o juiz julgará imediatamente o pedido ou designará audiência, proferindo sentença.

Para Liebman, a sentença de procedência proferida nos embargos à execução teria natureza desconstitutiva do título executivo, pois corta a eficácia do título.[536]

Ocorre que, mesmo na Itália, onde inicialmente Liebman expôs sua tese, a natureza declaratória prepondera.

Na verdade, a natureza da sentença a ser proferida nos embargos à execução dependerá do pedido e da causa de pedir neles formulados, podendo, inclusive, ter força mandamental quando determinar o levantamento da penhora.[537]

Tendo a sentença proferida nos embargos à execução eficácia declaratória, isso significa dizer que a sentença de resolução de mérito proferida nos embargos fará coisa julgada material. Cumpre ressaltar, contudo, que a imutabilidade da sentença limita-se ao objeto litigioso dos embargos, circunscrevendo-se aos limites da causa de pedir.

Sobre o tema assim tem se posicionado o S.T.J.:

1. A sentença que extingue a execução tem conteúdo declaratório (art. 795 do CPC), nela ficando reconhecida a ocorrência do fato jurídico que deu causa ao encerramento da execução.

[536] Liebman, E. T. *Embargos...*, op. cit., p. 228..

[537] Assis, A. op. cit., p. 1.288.

2. No caso dos autos, a execução foi extinta pelo pagamento (art.794, I, do CPC), sendo que o crédito cuja extinção se declarou por sentença é aquele relativo à reparação por danos morais, no valor de quarenta salários-mínimos. Sobre esse fato jurídico recai a qualidade de coisa julgada material, sendo vedado ao credor, como não poderia deixar de ser, ingressar com nova execução para exigir o adimplemento dessa mesma obrigação.

3. No que respeita ao pedido remanescente, relativo à multa diária, imposta na ação de obrigação de fazer ou não fazer com base no art.461 do CPC, não houve, porém, expressa manifestação do juízo exequendo acerca de seu adimplemento, não havendo como se reconhecer ter a sentença extintiva da execução, nessa parte, produzido coisa julgada material.

4. Ademais, a decisão que impõe ao réu a multa diária prevista no art. 461, § 4º, do CPC, por sua própria natureza, não produz coisa julgada material, podendo ser modificada a qualquer tempo, caso se revele insuficiente ou excessiva, conforme dispõe o art. 461, § 6º, do mesmo Código, até mesmo em exceção de pré-executividade ou em embargos do devedor. Precedentes.

(...).

(REsp 691.785/RJ, Rel. Ministro RAUL ARAÚJO, QUARTA TURMA, julgado em 07/10/2010, DJe 20/10/2010)

1. É firme a jurisprudência desta Corte no sentido de que, "se a decisão atacar o tributo em seu aspecto material da hipótese de incidência, não há como exigir o seu pagamento sem ofender a coisa julgada, ainda que para exercícios posteriores e com fundamento em lei diversa que tenha alterado somente aspectos quantitativos da hipótese de incidência." (AgRgREsp nº 839.049/MG, Relator Ministro Mauro Campbell Marques, in DJe 27/5/2009).

2. Agravo regimental improvido.

(AgRg no REsp 1185360/MG, Rel. Ministro HAMILTON CARVALHIDO, PRIMEIRA TURMA, julgado em 07/10/2010, DJe 02/12/2010)

1. A análise acerca da pertinência ou não da fixação em honorários de advogado no âmbito de embargos à execução fiscal, com trânsito em julgado, não tem espaço no âmbito de embargos à execução por título judicial relativo a esses honorários, porquanto matéria acobertada pela coisa julgada. (Precedentes: AgRg no AgRg no REsp 963.441/SC, DJe 01/07/2009 AgRg no REsp 972.010/SC, DJ 19.11.2007; REsp nº 673288/PR, DJ de 28.02.2005; REsp nº 605518/SC, DJ de 31.05.2004; EDcl no AgRg no AG nº 55.629/RS, DJ de 25/10/2004) 2. "Se a adesão da empresa ao REFIS foi comunicada nos autos dos embargos à execução fiscal apenas quando já transitada em julgado a sentença que arbitrou honorários advocatícios em 15% sobre o valor do débito, não é possível aplicar as regras das Leis 9.964/2000 e 10.189/2001, e modi-

ficar o percentual para 1%, eis que a questão se encontra acobertada pela coisa julgada material." (REsp 828.942/RS, Rel. Ministra ELIANA CALMON, SEGUNDA TURMA, julgado em 24/03/2009, DJe 23/04/2009) 3. In casu, a questão atinente à condenação em honorários advocatícios foi debatida no processo de conhecimento, por decisão já transitada em julgado, restando superada, como bem assentou a Corte de origem, in verbis: "(...) Pretende a embargante modificar, em fase de execução de sentença, decisão que, em ação declaratória, a condenou ao pagamento de honorários advocatícios. Ocorre que este não é o momento oportuno para tal insurgência. Afinal, se a ora recorrida não concordava com tal condenação, deveria ter impugnado tempestivamente o acórdão objurgado. Não pode querer modificá-lo agora, em fase de execução de sentença, quando já precluiu o seu direito.

Logo, ajuizar os presentes embargos à execução de sentença, para rediscutir o valor arbitrado no título executivo judicial (percentual de condenação em honorários) é medida que afronta o instituto da coisa julgada." 4. Agravo regimental desprovido.

(AgRg no REsp 1115727/SC, Rel. Ministro LUIZ FUX, PRIMEIRA TURMA, julgado em 15/06/2010, DJe 29/06/2010)

O juiz conhecerá de imediato do pedido, proferindo sentença com resolução de mérito, quando a questão de mérito for unicamente de direito ou, sendo de direito e de fato não houver necessidade de produzir prova em audiência.

Não ocorrendo qualquer das hipóteses do julgamento antecipado da lide, o juiz, em saneamento, decidirá as questões processuais pendentes e delimitará os pontos controvertidos sobre os quais incidirá a prova, especificando os meios admitidos de sua produção e, se necessário, designará audiência de instrução e julgamento.

O ônus da prova, nos embargos, compete ao embargante quanto aos fatos constitutivos, modificativos ou extintivos dos direitos do embargado/exequente. Esse ônus permanece ainda que o embargado não impugne a pretensão formulada nos embargos. O juiz poderá distribuir, de forma diversa, o ônus da prova.

Havendo questão de fato controvertida, deverá o juiz permitir a produção de prova em instrução processual, podendo designar audiência para oitiva de testemunhas ou interrogatório das partes.

A sentença a ser proferida nos embargos poderá ser com ou sem resolução de mérito, conforme ocorre com o processo de conhecimento.

É bem verdade que a sentença sem resolução de mérito não obsta que a parte proponha novamente a demanda.

Contudo, em se tratando de embargos há certa particularidade.

Na realidade, a sentença que julgar os embargos sem resolução de mérito, em regra geral, obsta que o embargante promova novamente a demanda, em face do prazo preclusivo para se ingressar com os embargos. Penso que somente poderá ser oportunizado a interposição de novos embargos no caso de o juiz acolher a alegação de ilegitimidade de parte.

Porém, tendo o juiz proferido nos embargos decisão sem resolução do mérito, e dependendo da hipótese, poderá a parte promover demanda autônoma para discutir o título e a obrigação que ele representa.

Na sentença o juiz deverá fixar as verbas de sucumbência.

Se o embargado/exequente for sucumbente, não haverá maior dificuldade em se fixar os honorários em favor do embargante.

A questão que se coloca é se o embargante/executado for sucumbente.

Como o juiz já fixou honorários de advogado no processo de execução em favor do exequente, haverá necessidade de se fixar novos honorários nos embargos à execução?

O S.T.J. tem entendido que é possível a cumulação de honorários fixados na execução com os honorários fixados nos embargos, desde que se respeite o percentual máximo de 20% previsto no art. 85, §2º do atual C.P.C. Sobre o tema eis as seguintes decisões do S.T.J.:

1. Nas execuções individuais procedentes de sentença genérica prolatada em ação coletiva promovida por sindicato ou entidade de classe, é cabível a condenação da Fazenda Pública ao pagamento de honorários advocatícios, ainda que não embargada a execução.

Incidência da Súmula 345 do STJ.

2. É cabível a cumulação dos honorários advocatícios fixados na ação de execução com aqueles arbitrados nos embargos, haja vista a natureza autônoma destes. Contudo, essa autonomia não é absoluta, pois "o sucesso dos embargos do devedor importa a desconstituição do título exequendo e, consequentemente, interfere na respectiva verba honorária. Isso significa que, apesar de a condenação ao pagamento de honorários na execução não estar condicionada à oposição dos embargos, a sorte desses influencia no resultado daqueles, de modo que a fixação inicial dessa quantia tem caráter provisório" (AgRg no AgRg no REsp 1216219/RS, Rel. Min. Castro Meira, Segunda Turma, julgado em 14/8/2012, DJe 24/8/2012).

1. "São devidos honorários advocatícios pela Fazenda Pública nas execuções individuais de sentença proferida em ações coletivas, ainda que não embargadas" (Súmula nº 345 do STJ).

2. Este Tribunal Superior possui jurisprudência pacífica no sentido de ser possível a cumulação dos honorários advocatícios fixados tanto na execução quanto nos respectivos embargos do devedor, desde que a soma das duas verbas não ultrapasse o teto máximo de 20% (vinte por cento), previsto no art. 20, § 3º, do Código de Processo Civil.

3. Agravo regimental a que se nega provimento.

(AgRg no Resp 1148944/PR, Rel. Ministro MARCO AURÉLIO BELLIZZE, QUINTA TURMA, julgado em 20/11/2012, DJe 26/11/2012)

1. Segundo entendimento do Superior Tribunal de Justiça, "os embargos do devedor constituem-se em verdadeira ação de conhecimento, autônomos à ação de execução, motivo pelo qual é cabível a fixação de honorários advocatícios nas duas ações, desde que a soma das condenações não ultrapasse o limite máximo de 20% estabelecido pelo art. 20, § 3º, do CPC" (EREsp 659.228/RS, Rel. Min. FRANCISCO FALCÃO, Corte Especial, DJe 29/8/11).

2. Agravo regimental não provido.

(AgRg no AREsp 170.817/PR, Rel. Ministro ARNALDO ESTEVES LIMA, PRIMEIRA TURMA, julgado em 16/10/2012, DJe 25/10/2012)

Porém, se se tratar de execução fiscal em que a Fazenda Pública já esteja sendo beneficiada pelo encargo legal de 20% previsto no Decreto-lei n. 1.025/69, não haverá fixação de honorários de advogado em favor do exequente. Nesse sentido são os seguintes precedentes do S.T.J., inclusive em recurso repetitivo:

1. O Superior Tribunal de Justiça tem o entendimento firmado, em recurso repetitivo, *submetido ao rito do art. 543-C do CPC, de que, havendo desistência da ação pelo executado, em embargos à execução, não há falar em pagamento de honorários advocatícios, visto que já estão inclusos no encargo legal de 20% previsto no Decreto-Lei 1.025/69 (REsp 1.143.320/RS, Rel. Min. LUIZ FUX, Primeira Seção, DJe 21/5/10).*

2. A desistência dos embargos à execução para aderir ao parcelamento instituído pela Lei 11.941/09 somente acarreta condenação ao pagamento de honorários advocatícios na hipótese em que a execução fiscal for ajuizada pelo INSS, o que não é o caso em exame (AgRg no AgRg no Ag 1.223.449/SC, Rel. Min. CASTRO MEIRA, Segunda Turma, DJe 4/4/11).

(...).

(AgRg no REsp 1241370/SC, Rel. Ministro ARNALDO ESTEVES LIMA, PRIMEIRA TURMA, julgado em 04/10/2012, DJe 11/10/2012)

TÍTULO IV – Da Suspensão e da Extinção do Processo de Execução

CAPÍTULO I – Da Suspensão do Processo de Execução

Art. 921

Suspende-se a execução:

I – nas hipóteses dos arts. 313 e 315, no que couber;

II – no todo ou em parte, quando recebidos com efeito suspensivo os embargos à execução;

III – quando o executado não possuir bens penhoráveis;

IV – se a alienação dos bens penhorados não se realizar por falta de licitantes e o exequente, em 15 (quinze) dias, não requerer a adjudicação nem indicar outros bens penhoráveis;

V – quando concedido o parcelamento de que trata o art. 916.

§ 1º Na hipótese do inciso III, o juiz suspenderá a execução pelo prazo de 1 (um) ano, durante o qual se suspenderá a prescrição.

§ 2º Decorrido o prazo máximo de 1 (um) ano sem que seja localizado o executado ou que sejam encontrados bens penhoráveis, o juiz ordenará o arquivamento dos autos.

§ 3º Os autos serão desarquivados para prosseguimento da execução se a qualquer tempo forem encontrados bens penhoráveis.

§ 4º Decorrido o prazo de que trata o § 1º sem manifestação do exequente, começa a correr o prazo de prescrição intercorrente.

§ 5º O juiz, depois de ouvidas as partes, no prazo de 15 (quinze) dias, poderá, de ofício, reconhecer a prescrição de que trata o § 4º e extinguir o processo.

Causas de suspensão da execução

O curso do processo executivo poderá ser invadido por eventos que lhe impedem o desenvolvimento regular ou que produzem alterações na ordem dos atos processuais. A esses eventos Carnelutti denominou de 'crise' do processo. Nessa ordem de ideia, a crise implicará a paralisação, temporária ou definitiva, do procedimento.[538]

[538] Apud Assis, A, op. cit. p. 1.156.

Segundo Araken de Assis, classificam-se os eventos suspensivos do processo consoante o efeito que produzem perante o órgão judiciário. Há os que vinculam o juiz, e há os que, ao revés, passando pelo crivo judicial, comportam indeferimento. O primeiro se dá com a morte da parte ou do procurador. Já no segundo encontra-se a paralisação voluntária, que poderá ser indeferida pelo juiz se verificar alguma ilegalidade.[539]

O art. 921 do atual C.P.C. prevê as hipóteses em que o processo de execução pode ser suspenso.

Dentre as causas de suspensão do processo executivo encontram-se aquelas previstas para a suspensão do processo de conhecimento, as quais estão disciplinadas nos arts. 313 e 315 do atual C.P.C., a saber:

> *Art. 313. Suspende-se o processo:*
>
> *I – pela morte ou pela perda da capacidade processual de qualquer das partes, de seu representante legal ou de seu procurador;*
>
> *II – pela convenção das partes;*
>
> *III – pela arguição de impedimento ou de suspeição;*
>
> *IV– pela admissão de incidente de resolução de demandas repetitivas;*
>
> *V – quando a sentença de mérito:*
>
> *a) depender do julgamento de outra causa ou da declaração de existência ou de inexistência de relação jurídica que constitua o objeto principal de outro processo pendente;*
>
> *b) tiver de ser proferida somente após a verificação de determinado fato ou a produção de certa prova, requisitada a outro juízo;*
>
> *VI – por motivo de força maior;*
>
> *VII – quando se discutir em juízo questão decorrente de acidentes e fatos da navegação de competência do Tribunal Marítimo;*
>
> *VIII – nos demais casos que este Código regula.*
>
> *§ 1º Na hipótese do inciso I, o juiz suspenderá o processo, nos termos do art. 689.*
>
> *§ 2º Não ajuizada ação de habilitação, ao tomar conhecimento da morte, o juiz determinará a suspensão do processo e observará o seguinte:*
>
> *I – falecido o réu, ordenará a intimação do autor para que promova a citação do respectivo espólio, de quem for o sucessor ou, se for o caso, dos herdeiros, no prazo que designar, de no mínimo 2 (dois) e no máximo 6 (seis) meses;*
>
> *II – falecido o autor e sendo transmissível o direito em litígio, determinará a intimação de seu espólio, de quem for o sucessor ou, se for o caso, dos herdeiros, pelos meios de divulgação que reputar mais adequados, para que manifestem interesse na sucessão*

[539] Assis, A. idem. p. 1160.

processual e promovam a respectiva habilitação no prazo designado, sob pena de extinção do processo sem resolução de mérito.

§ 3º No caso de morte do procurador de qualquer das partes, ainda que iniciada a audiência de instrução e julgamento, o juiz determinará que a parte constitua novo mandatário, no prazo de 15 (quinze) dias, ao final do qual extinguirá o processo sem resolução de mérito, se o autor não nomear novo mandatário, ou ordenará o prosseguimento do processo à revelia do réu, se falecido o procurador deste.

§ 4º O prazo de suspensão do processo nunca poderá exceder 1 (um) ano nas hipóteses do inciso V e 6 (seis) meses naquela prevista no inciso II.

§ 5º O juiz determinará o prosseguimento do processo assim que esgotados os prazos previstos no § 4º.

Art. 315. Se o conhecimento do mérito depender de verificação da existência de fato delituoso, o juiz pode determinar a suspensão do processo até que se pronuncie a justiça criminal.

§ 1º Se a ação penal não for proposta no prazo de 3 (três) meses, contado da intimação do ato de suspensão, cessará o efeito desse, incumbindo ao juiz cível examinar incidentemente a questão prévia.

§ 2º Proposta a ação penal, o processo ficará suspenso pelo prazo máximo de 1 (um) ano, ao final do qual aplicar-se-á o disposto na parte final do § 1º.

Evidentemente que somente serão aplicadas ao processo de execução as causas de suspensão do processo de conhecimento previstas no art. 313 do atual C.P.C., no que couber.

Haverá hipótese que pouca aplicação terá no processo de execução, como, por exemplo, a da letra 'b' do inc. V do art. 313, pois na execução não haverá possibilidade de se promover a instrução processual.

A morte encerra a personalidade civil e processual, razão pela qual haverá suspensão do processo para que haja a devida habilitação dos sucessores. Poderá ocorrer, contudo, que não haja possibilidade de sucessão. Isso ocorre quando se tratar de obrigação personalíssima e intransmissível. Nesse caso, haverá extinção da execução.

O mesmo se dá pela perda da capacidade da parte.

Também haverá a suspensão do processo pela morte ou perda da capacidade do representante da parte. No caso, contudo, não se trata de habilitação dos sucessores, mas, sim, da substituição do representante ou, se for o caso, de nomeação de curador.

Se houver morte ou perda de capacidade do advogado da parte, também não será caso de habilitação, mas, sim, de recomposição da capacidade postulatória, suspendendo-se o processo para que a parte indique novo advogado para representá-la em juízo.

Assim, em se tratando de execução, se o exequente não recompõe a sua capacidade postulatória, o juiz extinguirá o processo. Se a falta for do executado, o processo prosseguirá como se revel fosse.

É importante salientar que se a execução foi proposta contra pessoa já falecida, não será caso de suspensão do processo, mas de sua extinção por falta de legitimidade 'ad causam' e 'ad processum'.

Deve-se registrar que eventual morte ou perda de capacidade do presentante da pessoa jurídica não acarretará a extinção desta, devendo o presentante falecido ser substituído pelo que indicar o contrato ou estatuto social, não acarretando nenhuma influência no curso do processo. O mandato porventura outorgado ao advogado permanece válido e eficaz.[540]

Haverá também suspensão do processo se a parte alegar suspeição ou impedimento do juiz.

Suspende-se o processo de execução, no todo ou em parte, quando recebidos com efeito suspensivo os embargos à execução.

Nos termos do §1º do art. 919 do atual C.P.C., o juiz poderá, a requerimento do embargante, atribuir efeito suspensivo aos embargos quando verificados os requisitos para a concessão da tutela provisória e desde que a execução já esteja garantida por penhora, depósito ou caução suficientes.

Assim, a execução permanecerá suspensa enquanto perdurar o efeito suspensivo concedido, no todo ou em parte, aos embargos de execução, pois, conforme preconiza o §2º do art. 919 do atual C.P.C., a decisão relativa aos efeitos dos embargos poderá, a requerimento da parte, ser modificada ou revogada a qualquer tempo, em decisão fundamentada, cessando as circunstâncias que a motivaram.

Os Tribunais têm dado os mesmos efeitos suspensivos dos embargos quando o executado se vale da demanda declaratória autônoma de nulidade do título. Nesse sentido é o seguinte precedente do S.T.J.:

> *– Admite-se, porém, que a ação revisional do contrato tenha o mesmo efeito suspensivo dos de embargos à execução, se houver garantia do juízo pela penhora.*
>
> *– Agravo no recurso especial não provido.*
>
> (AgRg no REsp 1192328/MG, Rel. Ministra NANCY ANDRIGHI, TERCEIRA TURMA, julgado em 18/09/2012, DJe 26/09/2012).

540 Assis, A. op. cit., p. 1.167.

Evidentemente, para que a demanda declaratória tenha o mesmo efeito suspensivo dos embargos, além da garantia integral do juízo, há necessidade de que o juiz, em razão da existência da probabilidade do direito e do perigo de dano ou de risco ao resultado útil do processo, conceda a tutela de urgência satisfativa ou cautelar. Não basta, portanto, a simples garantia do juízo. Há necessidade também da presença dos requisitos necessários para a concessão da tutela de urgência. Sobre o tema eis a seguinte decisão do S.T.J.:

– A ação de conhecimento ajuizada para rever cláusulas de contrato não impede a propositura e o prosseguimento da execução fundada nesse título, notadamente se a estas faltam a garantia do juízo e a oposição de embargos de devedor.

(REsp 373.742/TO, Rel. Ministro SÁLVIO DE FIGUEIREDO TEIXEIRA, QUARTA TURMA, julgado em 06/06/2002, DJ 12/08/2002, p. 218)

Porém, se o ajuizamento da demanda executiva ocorreu antes da entrada em vigor da Lei n. 11.382/06, que, modificando o CPC de 1973, revogou o artigo 739, §1º, o qual determinava o recebimento dos embargos sempre no efeito suspensivo, bastaria apenas a garantia do juízo, mediante penhora do bem, para que a demanda autônoma declaratória negativa tivesse o efeito imediato de suspender a execução. Nesse sentido é o seguinte precedente do S.T.J.:

Processual civil. Execução fiscal e ação anulatória do débito.

Conexão. Suspensão da ação executiva. Existência de garantia do juízo. Possibilidade. Ação executiva ajuizada antes da vigência da lei nº 11.382/06. Aplicação, ao caso, da jurisprudência anterior.

Recurso especial provido.

(REsp 968.921/MG, Rel. Ministro TEORI ALBINO ZAVASCKI, PRIMEIRA TURMA, julgado em 25/08/2009, DJe 09/09/2009)

Em matéria tributária, especialmente em relação aos depósitos com o fim de suspender a exigibilidade do crédito tributário, assim tem se pronunciado o S.T.J.:

I – Conforme diversos julgados desta Corte, apenas o depósito integral anterior à propositura da execução tem o condão de extingui-la, uma vez que falta à CDA um dos elementos de título executivo, qual seja, exigibilidade. No caso concreto, a execução fiscal foi proposta em 13.08.2002 e a suspensão da exigibilidade do crédito se deu em 21.08.2002 com seu depósito integral. Assim, como o depósito integral foi feito após a propositura do processo executivo, de rigor que este seja apenas suspenso, ao invés de extinto. Precedentes: REsp nº 255.701/SP, Rel. Min. FRANCIULLI NETTO, DJ de 09.08.2004; REsp nº 789.920/MA, Rel. Min. FRANCISCO FALCÃO, DJ de 06.03.2006.

II – Outrossim, é temerário permitir-se que se extinga o executivo fiscal, desconstituindo, assim, penhoras ou arrestos porventura existentes, antes que ocorra a conversão do depósito em renda, pois não se sabe o deslinde que irá tomar a ação anulatória devidamente garantida pelo depósito integral.

III – Há situações em que é possível se propor a ação anulatória, depositar o valor integral do débito e este poder ser levantado pelo autor, sem julgamento do mérito da ação. Em casos assim, caso seja extinta a execução, restaria partida a pretensão executória da recorrente. Precedentes: REsp nº 502.627/PR, Rel. Min. FRANCISCO FALCÃO, DJ de 22.03.2004; REsp nº 825.884/DF, Rel. Min. TEORI ALBINO ZAVASCKI, DJ de 15.05.2006; REsp nº 543.442/PI, Rel. Min. ELIANA CALMON, DJ de 21.06.2004.

IV – Agravo regimental improvido.

(AgRg no REsp 1057717/RS, Rel. Ministro FRANCISCO FALCÃO, PRIMEIRA TURMA, julgado em 18/09/2008, DJe 06/10/2008)

Também ocorre a suspensão de medidas executivas, no todo ou em parte, quando o juiz concede efeito suspensivo aos *embargos de terceiro*, conforme estabelece o art. 678 do atual C.P.C. Será parcial, se os embargos de terceiro atingirem apenas parte dos bens penhorados, prosseguindo-se a execução em relação aos demais.

Versando os embargos de terceiro sobre todos os bens penhorados, haverá suspensão integral das medidas executivas.

O efeito suspensivo somente ocorrerá se o juiz conceder a liminar pleiteada na inicial dos embargos de terceiro, caso contrário não haverá suspensão das medidas executivas.

Haverá suspensão do processo de execução quando o executado não possuir bens penhoráveis

Não havendo bens a ser penhorados em nome do executado, não haverá outra solução a não ser suspender-se a execução até que possam surgir notícias sobre bens que garantam a execução.

Essa suspensão perdurará por prazo indeterminado, pelo menos até que ocorra a prescrição intercorrente da pretensão processual executiva.

Em relação às execuções fiscais, anota o art. 40 da Lei 6.830/80:

"Art. 40. O juiz suspenderá o curso da execução, enquanto não for localizado o devedor ou encontrados bens sobre os quais possa recair a penhora, e, nesses casos, não correrá o prazo de prescrição.

§1º Suspenso o curso da execução, será aberta vista dos autos ao representante judicial da Fazenda Pública.

§2º Decorrido o prazo máximo de 1 (um) ano, sem que seja localizado o devedor ou encontrados bens penhoráveis, o Juiz ordenará o arquivamento dos autos.

§ 3º – Encontrados que sejam, a qualquer tempo, o devedor ou os bens, serão desarquivados os autos para prosseguimento da execução.

§ 4º Se da decisão que ordenar o arquivamento tiver decorrido o prazo prescricional, o juiz, depois de ouvida a Fazenda Pública, poderá, de ofício, reconhecer a prescrição intercorrente e decretá-la de imediato. (Incluído pela Lei nº 11.051, de 2004)

§ 5º A manifestação prévia da Fazenda Pública prevista no § 4º deste artigo será dispensada no caso de cobranças judiciais cujo valor seja inferior ao mínimo fixado por ato do Ministro de Estado da Fazenda. (Incluído pela Lei nº 11.960, de 2009)

Sobre o tema da suspensão da execução fiscal e a prescrição intercorrente, eis as seguintes decisões do S.T.J.:

1. Conforme posicionamento consolidado no STJ, há prescrição intercorrente quando, proposta a Execução Fiscal e decorrido o prazo de suspensão (um ano), o feito permanecer paralisado por mais de cinco anos, contados da data do arquivamento, por culpa da exequente, podendo, ainda, ser decretada ex officio pelo magistrado, desde que previamente ouvida a Fazenda Pública, conforme previsão do art. 40, § 4º, da Lei n. 6.830/80, acrescentado pela Lei 11.051/2004.

2. Na hipótese dos autos, houve sucessivos pedidos de concessão de prazo de suspensão do processo requeridos pela parte exequente. O Tribunal a quo entendeu que "todas as paralisações do feito executivo ocorreram com autorização judicial, ou seja, não houve inércia da parte exequente que pudesse, neste momento, ser punida com a aplicação do instituto da prescrição intercorrente, já que todos os pedidos foram fundamentos no sentido de buscar meios para prosseguimento do executivo fiscal".

3. In casu, tendo em vista inexistência de decisão judicial que determine o arquivamento dos autos e ausência de inércia da Fazenda Pública, não transcorreu o prazo que configuraria a prescrição intercorrente.

4. Agravo Regimental não provido.

(AgRg no AREsp 232.917/RS, Rel. Ministro HERMAN BENJAMIN, SEGUNDA TURMA, julgado em 23/10/2012, DJe 31/10/2012)

(...).

3. Nos termos da Súmula 314/STJ, somente a suspensão da execução fiscal pela inexistência de citação ou de localização de bens penhoráveis com o posterior arquiva-

mento provisório do feito implica no curso do prazo de prescrição intercorrente previsto no art. 40 da LEF.

4. Recurso especial provido com inversão da sucumbência, nos termos da Súmula 168/TFR.

(REsp 1320505/MG, Rel. Ministra ELIANA CALMON, SEGUNDA TURMA, julgado em 18/10/2012, DJe 29/10/2012)

Também haverá suspensão do processo executivo se a alienação dos bens penhorados não se realizar por falta de licitantes e o exequente, em quinze dias, não requerer a adjudicação nem indicar outros bens penhoráveis.

Por vezes, os bens penhorados não despertam o interesse de licitantes, muito menos do exequente em realizar a sua adjudicação. Nessa hipótese, poderá o juiz determinar a suspensão da execução.

Porém, ante de determinar a suspensão da execução, e justamente pelo fato de que os bens não despertam o interesse para alienação ou adjudicação, deverá o juiz, após ouvir as partes, determinar o levantamento da penhora, justamente para que os bens não permaneçam indefinidamente indisponíveis durante o período de suspensão da execução.

Suspensa a execução, o processo permanecerá paralisado até que se encontrem outros bens para serem penhorados ou até que ocorra a prescrição intercorrente.

É importante salientar que outras hipóteses de suspensão da execução existem, como ocorre no leilão de imóvel de incapaz, que não alcançando o valor de 80% da avaliação, deverá o juiz determinar a suspensão do ato processual de alienação pelo período máximo de um ano

Por fim, será caso de suspensão da execução quando concedido o parcelamento de que trata o art. 916 do atual C.P.C.

Preceitua o *§ 1º do art. 921* do atual C.P.C. que *na hipótese do inciso III, o juiz suspenderá a execução pelo prazo de 1 (um) ano, durante o qual se suspenderá a prescrição.*

Segundo estabelece o inc. III deste artigo, haverá suspensão da execução quando o executado não possuir bens. Essa suspensão da execução por inexistência de bens a serem penhorados será pelo prazo de um ano, sendo que durante esse período haverá suspensão do prazo de prescrição.

Note-se, porém, que o prazo de suspensão da prescrição dar-se-á somente durante o período de um ano enquanto a execução estiver suspensa nos termos do inc. III deste dispositivo.

Por sua vez, preconiza o *§ 2º do art. 921* do atual C.P.C. que *decorrido o prazo máximo de 1 (um) ano, sem que seja localizado o executado ou que sejam encontrados bens penhoráveis, o juiz ordenará o arquivamento dos autos.*

Este dispositivo apresenta a mesma concepção normativa que já havia no âmbito da Lei de Execução Fiscal, Lei n. 6830/80, cujo artigo 40 assim dispõe:

Art. 40 – O Juiz suspenderá o curso da execução, enquanto não for localizado o devedor ou encontrados bens sobre os quais possa recair a penhora, e, nesses casos, não correrá o prazo de prescrição.

§ 1º – Suspenso o curso da execução, será aberta vista dos autos ao representante judicial da Fazenda Pública.

§ 2º – Decorrido o prazo máximo de 1 (um) ano, sem que seja localizado o devedor ou encontrados bens penhoráveis, o Juiz ordenará o arquivamento dos autos.

§ 3º – Encontrados que sejam, a qualquer tempo, o devedor ou os bens, serão desarquivados os autos para prosseguimento da execução.

Na realidade, quando o juiz profere despacho de suspensão do processo por inexistência de bens a serem penhorados, este despacho interrompe o curso de eventual prescrição intercorrente que poderia estar em andamento.

Durante a suspensão do prazo (um ano), não correrá o prazo de prescrição intercorrente.

Trata-se da mesma concepção normativa prevista no art. 40 da Lei 6.830/80.

Sobre o tema, eis os seguintes precedentes do S.T.J.:

1. É certo que, nos termos da Súmula 106/STJ, "proposta a ação no prazo fixado para o seu exercício, a demora na citação, por motivos inerentes ao mecanismo da justiça, não justifica o acolhimento da arguição de prescrição ou decadência". Contudo, no caso, depreende-se dos autos que não há nenhum elemento que comprove a inércia do Poder Judiciário, no que se refere à ausência de citação.

Ressalte-se que a via eleita não admite a dilação probatória.

2. Nos termos da Súmula 314/STJ, "em execução fiscal, não localizados bens penhoráveis, suspende-se o processo por um ano, findo o qual se inicia o prazo da prescrição quinquenal intercorrente". A orientação das Turmas que integram a Primeira Seção desta Corte firmou-se no sentido de que o prazo da prescrição intercorrente se inicia após um ano da suspensão da execução fiscal quando não localizados bens penhoráveis do devedor, conforme dispõe a Súmula 314/STJ, de modo que o arquivamento do feito se opera de forma automática após o transcurso de um ano.

3. Agravo regimental não provido.

(AgRg nos EDcl no RMS 44.372/SP, Rel. Ministro MAURO CAMPBELL MARQUES, SEGUNDA TURMA, julgado em 13/05/2014, DJe 19/05/2014)

1. Conforme posicionamento consolidado no STJ, há prescrição intercorrente quando, proposta a Execução Fiscal e decorrido o prazo de suspensão (um ano), o feito permanecer paralisado por mais de cinco anos, contados da data do arquivamento, por culpa da exequente, podendo, ainda, ser decretada ex officio pelo magistrado, desde que previamente ouvida a Fazenda Pública, conforme previsão do art. 40, § 4º, da Lei n. 6.830/80, acrescentado pela Lei 11.051/2004.

2. Na hipótese dos autos, houve sucessivos pedidos de concessão de prazo de suspensão do processo requeridos pela parte exequente. O Tribunal a quo entendeu que "todas as paralisações do feito executivo ocorreram com autorização judicial, ou seja, não houve inércia da parte exequente que pudesse, neste momento, ser punida com a aplicação do instituto da prescrição intercorrente, já que todos os pedidos foram fundamentos no sentido de buscar meios para prosseguimento do executivo fiscal".

3. In casu, tendo em vista inexistência de decisão judicial que determine o arquivamento dos autos e ausência de inércia da Fazenda Pública, não transcorreu o prazo que configuraria a prescrição intercorrente.

4. Agravo Regimental não provido.

(AgRg no AREsp 232.917/RS, Rel. Ministro HERMAN BENJAMIN, SEGUNDA TURMA, julgado em 23/10/2012, DJe 31/10/2012)

Transcorrido o prazo de um ano de suspensão da execução, nos termos do §1º do art. 921 do atual C.P.C., sem que seja localizado o executado ou que sejam encontrados bens penhoráveis, *o juiz ordenará o arquivamento dos autos.*

A partir do arquivamento dos autos, após o prazo de 1 (um) ano de suspensão, volta a correr o prazo prescricional da prescrição intercorrente.

O Superior Tribunal de Justiça, interpretando o art. 40 da Lei 6.830/80 (Lei de Execução Fiscal), tem entendido que o prazo da prescrição intercorrente volta a correr, automaticamente, logo após o transcurso de um ano do prazo de suspensão, sem necessidade de um ato formal do juiz para o arquivamento do processo. Nesse sentido é o seguinte precedente:

(...).

2. Em execução fiscal, é desnecessário o ato formal de arquivamento, o qual decorre do transcurso do prazo de um ano de suspensão, prescindindo de despacho que o efetive. Súmula 314/STJ.

Outrossim, os requerimentos para realização de diligências que se mostraram infrutíferas em localizar o devedor ou seus bens não tem o condão de suspender ou interromper a prescrição intercorrente.

Nesse sentido: REsp. 1.305.755/MG, Rel. Min. CASTRO MEIRA, DJe 10.05.2012;

AgRg no REsp. 1.251.038/PR, Rel. Min. CESAR ASFOR ROCHA, DJe 17.04.2012, REsp. 1.245.730/MG, Rel. Min. CASTRO MEIRA, DJe 23.04.2012, AgRg no REsp. 1.208.833/MG, Rel. Min. CASTRO MEIRA, DJe 03.08.2012 e EDcl nos EDcl no AgRg no REsp. 1.122.356/MG, Rel. Min. HUMBERTO MARTINS, DJe 18.03.2014.

3. Pretende-se, assim, evitar a prática, não rara, de pedidos de desarquivamento dos autos, próximos ao lustro fatal, para a realização de diligências que frequentemente são infrutíferas e seguem acompanhadas de novo pleito de suspensão do curso da execução, tudo com o intuito de afastar a contumácia do ente fazendário. Outrossim, não há como deixar de pronunciar a prescrição intercorrente, nos casos em que não encontrados bens penhoráveis para a satisfação do crédito após o decurso do prazo quinquenal contado do arquivamento. Ademais, o exame acerca da responsabilidade pela demora na execução fiscal não se mostra possível em sede especial, tendo em vista a necessidade do reexame de fatos e provas Súmula 7/STJ. Nesse sentido: AgRg no AREsp 366.914/GO, Rel. Min. HERMAN BENJAMIN, DJe 06.03.2014.

4. Agravo Regimental desprovido.

(AgRg no Ag 1372530/RS, Rel. Ministro NAPOLEÃO NUNES MAIA FILHO, PRIMEIRA TURMA, julgado em 06/05/2014, DJe 19/05/2014)

Penso que por uma questão sistêmica e isonômica, essa interpretação deverá prevalecer também em relação ao art. 921, §§1º e 2º do atual C.P.C.

É importante salientar que não impedirá o transcurso da prescrição intercorrente eventuais pedidos de diligências formulados pelo exequente para encontrar bens, se esses pedidos não apresentarem qualquer objetividade e somente tiverem por finalidade interromper o prazo da prescrição intercorrente. Nesse sentido são os seguintes precedentes do S.T.J.:

1. A jurisprudência é firme no sentido de que "Os requerimentos para realização de diligências que se mostraram infrutíferas em localizar o devedor ou seus bens não têm o condão de suspender ou interromper o prazo de prescrição intercorrente" (AgRg no REsp 1.208.833/MG, Rel. Min. CASTRO MEIRA, Segunda Turma, DJe 3/8/12)." (AgRg no AREsp 383.507/GO, Rel. Ministro Arnaldo Esteves Lima, Primeira Turma, julgado em 22/10/2013, DJe 07/11/2013).

2. No caso dos autos, conforme consta do acórdão recorrido, a primeira suspensão do feito ocorreu em novembro de 1995. Assim, a prescrição intercorrente – contado o prazo de um – se consumou em novembro de 2001.

3. É desnecessário o ato de arquivamento, o qual decorre do transcurso do prazo de um ano de suspensão, prescindindo de despacho formal que o efetive. (AgRg no AREsp

241.170/RS, Rel. Ministro Napoleão Nunes Maia Filho, Primeira Turma, julgado em 01/10/2013, DJe 24/10/2013).

Embargos de declaração acolhidos, sem efeitos infringentes.

(EDcl nos EDcl no AgRg no REsp 1122356/MG, Rel. Ministro HUMBERTO MARTINS, SEGUNDA TURMA, julgado em 11/03/2014, DJe 18/03/2014)

(...).

2. Em execução fiscal, é desnecessário o ato formal de arquivamento, o qual decorre do transcurso do prazo de um ano de suspensão, prescindindo de despacho que o efetive. Súmula 314/STJ.

Outrossim, os requerimentos para realização de diligências que se mostraram infrutíferas em localizar o devedor ou seus bens não tem o condão de suspender ou interromper a prescrição intercorrente.

Nesse sentido: REsp. 1.305.755/MG, Rel. Min. CASTRO MEIRA, DJe 10.05.2012; AgRg no REsp. 1.251.038/PR, Rel. Min. CESAR ASFOR ROCHA, DJe 17.04.2012, REsp. 1.245.730/MG, Rel. Min. CASTRO MEIRA, DJe 23.04.2012, AgRg no REsp. 1.208.833/MG, Rel. Min. CASTRO MEIRA, DJe 03.08.2012 e EDcl nos EDcl no AgRg no REsp. 1.122.356/MG, Rel. Min. HUMBERTO MARTINS, DJe 18.03.2014.

3. Pretende-se, assim, evitar a prática, não rara, de pedidos de desarquivamento dos autos, próximos ao lustro fatal, para a realização de diligências que frequentemente são infrutíferas e seguem acompanhadas de novo pleito de suspensão do curso da execução, tudo com o intuito de afastar a contumácia do ente fazendário. Outrossim, não há como deixar de pronunciar a prescrição intercorrente, nos casos em que não encontrados bens penhoráveis para a satisfação do crédito após o decurso do prazo quinquenal contado do arquivamento. Ademais, o exame acerca da responsabilidade pela demora na execução fiscal não se mostra possível em sede especial, tendo em vista a necessidade do reexame de fatos e provas Súmula 7/STJ. Nesse sentido: AgRg no AREsp 366.914/GO, Rel. Min. HERMAN BENJAMIN, DJe 06.03.2014.

4. Agravo Regimental desprovido.

(AgRg no Ag 1372530/RS, Rel. Ministro NAPOLEÃO NUNES MAIA FILHO, PRIMEIRA TURMA, julgado em 06/05/2014, DJe 19/05/2014)

Por fim, destaco a recente notícia no *sitio* do S.T.J. sobre a contagem do prazo da prescrição intercorrente na execução (Resp. 1.340.553):

Pedido de vista interrompe julgamento de recurso repetitivo sobre execução fiscal

O julgamento do recurso repetitivo que definirá a correta aplicação do artigo 40 e parágrafos da Lei de Execução Fiscal – LEF (Lei 6.830/80) e a sistemática para a contagem da prescrição intercorrente (prescrição após a propositura da ação) foi suspenso na última quarta-feira (26) por pedido de vista do ministro Herman Benjamin. O recurso está sendo julgado pela Primeira Seção do Superior Tribunal de Justiça (STJ).

O relator, ministro Mauro Campbell Marques, votou pelo não provimento do recurso ajuizado pela Fazenda Nacional e submeteu ao colegiado quatro teses que, se aprovadas, orientarão nas demais instâncias o tratamento das execuções fiscais propostas por municípios, estados e pela União:

– O prazo de um ano de suspensão previsto no artigo 40, parágrafos 1º e 2º, da Lei 6.830 tem início automaticamente na data da ciência da Fazenda Pública a respeito da não localização do devedor ou da inexistência de bens penhoráveis no endereço fornecido;

– Havendo ou não petição da Fazenda Pública e havendo ou não decisão judicial nesse sentido, findo o prazo de um ano, inicia-se automaticamente o prazo prescricional de cinco anos durante o qual o processo deveria estar arquivado sem baixa na distribuição, na forma do artigo 40, parágrafos 2º, 3º e 4º, da Lei 6.830, findo o qual estará prescrita a execução fiscal;

– A efetiva penhora é apta a afastar o curso da prescrição intercorrente, mas não basta para tal o mero peticionamento em juízo requerendo a feitura da penhora sobre ativos financeiros ou sobre outros bens;

– A Fazenda Pública, em sua primeira oportunidade de falar nos autos (artigo 245 do Código de Processo Civil), ao alegar a nulidade pela falta de qualquer intimação dentro do procedimento do artigo 40 da LEF, deverá demonstrar o prejuízo que sofreu (por exemplo, deverá demonstrar a ocorrência de qualquer causa interruptiva ou suspensiva da prescrição).

Em seu voto, Mauro Campbell Marques ressaltou que o espírito do artigo 40 da LEF é o de que nenhuma execução fiscal já ajuizada poderá permanecer eternamente nos escaninhos do Poder Judiciário ou da procuradoria fazendária encarregada da execução das respectivas dívidas fiscais.

Ele enfatizou que, não havendo a citação de qualquer devedor (marco interruptivo da prescrição) ou não sendo encontrados bens sobre os quais possa recair a penhora, inicia-se automaticamente o procedimento previsto no artigo 40 e o respectivo prazo, ao fim do qual estará prescrito o crédito fiscal.

"Em execução fiscal, não localizados bens penhoráveis, suspende-se o processo por um ano, findo o qual se inicia o prazo da prescrição quinquenal intercorrente. Esse é o teor da Súmula 314 do STJ", afirmou o relator.

Para o ministro, somente a lei, e não o juiz nem a procuradoria da Fazenda Pública, é a senhora do termo inicial do prazo de um ano de suspensão previsto no caput do artigo 40 da LEF. "Não cabe ao juiz ou à procuradoria a escolha do melhor momento para o seu início. Constatada a não localização do devedor ou a ausência de bens pelo oficial de Justiça e intimada a Fazenda Pública, inicia-se automaticamente o prazo", consignou em seu voto.

No caso julgado, o ministro entendeu ser indiferente o fato de a Fazenda Pública ter peticionado requerendo a suspensão do feito por 30, 60, 90 ou 120 dias a fim de realizar diligências, sem pedir a suspensão do feito pelo artigo 40 da LEF. "O que importa para a aplicação da lei é que a Fazenda Pública tenha tomado ciência da inexistência de bens penhoráveis no endereço fornecido", disse o relator, concluindo que isso é o suficiente para inaugurar o prazo, de acordo com a lei.

Logo após o voto do relator, o ministro Herman Benjamin pediu vista para analisar as questões postas no recurso repetitivo. O julgamento deverá ser retomado na sessão do dia 10 de dezembro, conforme anunciou o ministro Benjamin.

No processo destacado pelo relator, a Fazenda Nacional recorreu contra decisão do Tribunal Regional Federal da 4ª Região (TRF4) que reconheceu de ofício a prescrição intercorrente e extinguiu a execução fiscal com base no artigo 40, parágrafo 4º, da LEF.

O TRF4 sustentou que a falta de intimação da Fazenda quanto ao despacho que determina suspensão da execução fiscal (parágrafo 1º), ou arquivamento (parágrafo 2º), bem como a falta de intimação para sua manifestação antes da decisão que decreta a prescrição intercorrente (parágrafo 4º) não acarreta nenhum prejuízo à exequente, tendo em vista que ela pode alegar possíveis causas suspensivas ou interruptivas do prazo prescricional a qualquer tempo.

No recurso, a Fazenda Nacional alega que houve violação desse artigo, uma vez que não transcorreu o prazo de cinco anos exigido para a configuração da prescrição intercorrente, já que toda e qualquer manifestação da exequente nos autos compromete a caracterização da inércia, e que o TRF4 considerou como data para início da prescrição o primeiro momento em que foi determinada a suspensão do processo por 90 dias, sendo que houve manifestação fazendária posterior.

Notícia na íntegra: http://www.stj.jus.br/sites/STJ/default/pt_BR/sala_de_noticias/noticias/Destaques/Pedido-de-vista-interrompe-julgamento-de-recurso-repetitivo-sobre-execução-fiscal

Preceitua o *§ 3º do art. 921* do atual C.P.C. que *os autos serão desarquivados para prosseguimento da execução se a qualquer tempo forem encontrados bens penhoráveis.*

Se o processo de execução foi suspenso ou arquivado por falta de bens, evidentemente, uma vez localizados bens para serem penhorados, o processo deverá sair da suspensão ou do arquivamento.

Preceitua o *§ 4º do art. 921* do atual C.P.C. que *decorrido o prazo de que trata o § 1º sem manifestação do exequente, começa a correr o prazo de prescrição intercorrente.*

Expirado o prazo de um ano da suspensão, automaticamente e sem necessidade de um ato formal do juiz, começará a correr o prazo de prescrição intercorrente, prazo esse que será o mesmo da prescrição do título executivo extrajudicial.

O reconhecimento da prescrição poderá decorrer de provocação da parte ou de ofício pelo juiz.

Estabelece o *§5º do art. 921* do atual C.P.C., que o *juiz, depois de ouvidas as partes, no prazo de 15 (quinze) dias, poderá, de ofício, reconhecer a prescrição de que trata o §4º e extinguir o processo.*

O juiz, antes de decretar a prescrição, deverá ouvir as partes, no prazo de quinze dias, sobre a possibilidade de reconhecimento da prescrição intercorrente. Somente após a oitiva ou oportunidade de oitiva é que decidirá em definitivo sobre a prescrição.

Art. 922

Convindo as partes, o juiz declarará suspensa a execução durante o prazo concedido pelo exequente para que o executado cumpra voluntariamente a obrigação.

Parágrafo único. Findo o prazo sem cumprimento da obrigação, o processo retomará o seu curso.

Moratória como causa de suspensão da execução

O art. 313, inc. II, do atual C.P.C. também apresenta hipótese em que a execução poderá ser suspensa por convenção entre as partes, sendo que essa espécie de suspensão do processo de execução não poderá exceder a seis meses.

Numa interpretação sistemática, o pedido de suspensão da execução por acordo entre exequente e executado não precisará ser justificado, sendo que o prazo máximo de suspensão não poderá exceder a seis meses.

Já a suspensão de que trata o art. 922 do atual C.P.C., que tem por motivação a concessão de prazo pelo exequente ao executado para o cumprimento voluntário da obrigação (moratória), poderá ser deferida por prazo superior a seis meses.

O certo é que em ambas as suspensões por mútuo acordo das partes, o juiz não poderá indeferi-las, salvo se verificar que as partes estão agindo com dolo ou fraude processual.

Estabelece o *parágrafo único do art. 922* do atual C.P.C. que *findo o prazo sem cumprimento da obrigação, o processo retomará o seu curso.*

Se o executado não cumprir a obrigação no prazo acordado com o exequente, o processo de execução retomará o seu curso, salvo se as partes, de comum acordo, solicitarem prorrogação do prazo para o cumprimento da obrigação.

É importante salientar que o prosseguimento da execução se dá com base no título executivo extrajudicial, como se não houvesse ocorrido a concessão de prazo para o cumprimento da obrigação, salvo eventuais abatimentos de pagamentos que foram efetuados. Nesse sentido já se manifestou o S.T.J.:

1. Não cumprido acordo firmado nos autos da execução, esta prossegue, sem que se possa falar em novação. Inteligência do art. 792 do Código de Processo Civil.

(...).

(REsp 1112143/RJ, Rel. Ministro FERNANDO GONÇALVES, QUARTA TURMA, julgado em 20/10/2009, DJe 09/11/2009)

Art. 923

Suspensa a execução, não serão praticados atos processuais, podendo o juiz, entretanto, salvo no caso de arguição de impedimento ou de suspeição, ordenar providências urgentes.

Medidas urgentes durante o prazo de suspensão do processo de execução

Suspensa a execução, não serão praticados atos processuais.

Regra similar encontra-se no art. 626 do C.P.C. italiano, *in verbis: "Quando o processo for suspenso, nenhum ato executivo pode ser praticado, salvo diversa disposição do juiz da execução".*

Deferida a suspensão da execução, não poderão ser praticados atos executivos, salvo eventuais providências de urgência.

São exemplos de medidas de urgência: a) alienação de bens penhorados e que possam se deteriorar ou perder seu valor monetário; b) concessão de medidas cautelares, como arresto, desde que presentes o *fumus boni iuris* e o *periculum in mora* etc.

É importante ressaltar que se a suspensão da execução decorrer de efeito suspensivo concedido aos embargos (art. 919, §1º, do atual C.P.C.), haverá de se observar o que dispõem os §§3º, 4º e 5º do art. 919 que assim dispõem:

(...).

§ 3º Quando o efeito suspensivo atribuído aos embargos disser respeito apenas a parte do objeto da execução, esta prosseguirá quanto à parte restante.

§ 4º A concessão de efeito suspensivo aos embargos oferecidos por um dos executados não suspenderá a execução contra os que não embargaram quando o respectivo fundamento disser respeito exclusivamente ao embargante.

§ 5º A concessão de efeito suspensivo não impedirá a efetivação dos atos de substituição, de reforço ou de redução da penhora e de avaliação dos bens.

Sob a égide do C.P.C. de 1973, nem mesmo a substituição ou reforço de penhora era permitido durante a suspensão do processo de execução, salvo se houvesse risco de dano irreparável. Nesse sentido é o seguinte precedente do S.T.J.:

(...).

2. Suspenso o crédito tributário pelo parcelamento, é de se reconhecer a suspensão do processo de execução fiscal a impedir a substituição ou reforço da penhora, salvo perigo de dano irreparável. Aplicação do art. 266, do CPC que se impõe ao art. 15 da Lei n. 6.830/80.

3. Agravo regimental não provido.

(AgRg no AREsp 231.371/PE, Rel. Ministro MAURO CAMPBELL MARQUES, SEGUNDA TURMA, julgado em 20/11/2012, DJe 26/11/2012)

Em se tratando de suspensão da execução após a realização da penhora, entende o S.T.J. que não poderá ser liberado o bem penhorado, mantendo-se a garantia. Nesse sentido é o seguinte precedente:

1. O Superior Tribunal de Justiça tem entendido que, embora o parcelamento suspenda a exigibilidade do crédito tributário, conforme preconiza o art. 151, VI, do CTN, não tem o poder de afastar a garantia oferecida em juízo.

(...).

(AgRg no REsp 1246234/SP, Rel. Ministro ARNALDO ESTEVES LIMA, PRIMEIRA TURMA, julgado em 11/09/2012, DJe 03/10/2012).

CAPÍTULO II – Da Extinção do Processo de Execução

Art. 924

Extingue-se a execução quando:

I – a petição inicial for indeferida;

II – a obrigação for satisfeita;

III – o executado obtiver, por qualquer outro meio, a extinção total da dívida;

IV – o exequente renunciar ao crédito;

V – ocorrer a prescrição intercorrente.

Causas de extinção da execução

Chega-se ao momento derradeiro em que ocorre a extinção normal ou anormal do processo executivo, extinguindo-se em definitivo a relação jurídica processual executória, seja pelo fato de que a execução perdeu a sua finalidade em decorrência da satisfação do crédito, seja por ter ocorrido transação ou perdão da dívida, seja em razão de renúncia ao direito ao crédito pelo credor etc.

Dentre as causas que motivam a extinção da execução encontram-se:

I – a petição inicial for indeferida.

A petição inicial da demanda executiva deve observar os requisitos legais estabelecidos neste Código.

Verificando o juiz que a petição inicial não preenche os requisitos legais ou que apresenta defeitos e irregularidades que possam prejudicar o andamento do processo, determinará que o exequente, no prazo de quinze dias, a emende ou a complete, indicando com precisão o que deve ser corrigido.

Se o exequente não cumprir a diligência, o juiz indeferirá a petição inicial.

Assim, faltando alguns dos requisitos indispensáveis para o prosseguimento da relação jurídica processual, a petição inicial poderá ser rechaçada de plano.

Conforme ensina J. J. Calmon de Passos: *"Quando o ato processual se desvia do modelo legalmente prefixado, dizemos que ele é atípico, por conseguinte, defeituoso. Mas, com vistas à natureza instrumental do processo, que não tem um fim em si mesmo, mas serve à aplicação autoritativa do direito, nem sempre o defeito do ato conduz à sua ineficácia. Donde se poder distinguir uma atipicidade (defeito) relevante e uma atipicidade (defeito) irrelevante. A atipicidade relevante acarreta a ineficácia do ato. Ele cessa de produzir efeitos. E essa improdutividade de efeitos ora se reveste da forma de nulidade, invalidade que alcança efeitos já produzidos, ora assume outras formas, como a do indeferimento, que é sanção à atipicidade relevante do ato que ainda não produziu efeitos, para que eles não venham a ocorrer. O indeferimento é, portanto, uma forma obstativa da eficácia. Enquanto a nulidade faz cessar efeitos que já se produziram, o indeferimento sanciona o ato com a ineficácia, mesmo que os efeitos por ele perseguidos se tenham produzido.*

A petição inicial, ato processual típico, pode, conseqüentemente, ser defeituosa. E se o defeito que apresenta é relevante, isto é, capaz de obstar o fim específico a que o ato se propõe ou de dificultar ou impedir o alcance dos fins de justiça a que o próprio processo, como fenômeno global, se lança, deve o defeito da petição inicial acarretar o seu indeferimento, vale dizer, a sanção de invalidade do ato, chamada de indeferimento, por seu caráter obstativo".[541]

II – a obrigação for satisfeita.

Essa deve ser a forma normal de extinção da execução, ou seja, quando o executado satisfaz a obrigação, seja pagando voluntariamente o que é devido ao exequente, seja mediante coerção forçada com a penhora e adjudicação ou alienação de seus bens.

Extinto o crédito pelo cumprimento da obrigação, não se justifica mais o prosseguimento da execução.

III – o executado obtiver, por qualquer outro meio, a extinção total da dívida;

Outra causa de extinção da execução se dá quando o executado obtiver, por qualquer meio, a extinção total da dívida.

Dentre esses meios encontram-se a remissão, a transação, a compensação, a dação em pagamento, a novação etc.

É importante salientar que nem toda transação extingue a execução; algumas apenas a suspendem. Nesse sentido são os seguintes precedentes do S.T.J.:

> *I. Presente, na execução, acordo entre as partes para pagamento parcelado da dívida, bem como para suspensão do processo, nos termos do art. 791, II, combinado com o art. 265, II, do CPC, com atos jurisdicionais que corroboram tal transação, inadmissível a extinção do feito por abandono de causa anos após, ainda que existente pedido da parte contrária.*
>
> *II. Agravo desprovido.*
>
> (AgRg no REsp 1052960/MG, Rel. Ministro ALDIR PASSARINHO JUNIOR, QUARTA TURMA, julgado em 23/06/2009, DJe 24/08/2009).

> *I – No caso específico dos autos, tem-se que a transação, realizada entre locador e locatário, no curso da execução, propiciou, tão somente, a suspensão do processo, sendo fixado pelos transatores que o inadimplemento do que foi ajustado implicaria o prosse-*

[541] Calmon de Passos, José Joaquim. *Comentários ao código de processo civil.* 6ª ed., Vol. III (arts. 270 a 331). Rio de Janeiro: Forense, 1989. p. 255 e 256.

guimento da execução correspondente ao título executivo originário, o qual abrangia a pessoa do fiador.

(...).

(AgRg no REsp 325.864/PR, Rel. Ministro OG FERNANDES, SEXTA TURMA, julgado em 14/04/2009, DJe 04/05/2009).

1. Recurso especial contra acórdão segundo o qual "o REFIS – Programa de Recuperação Fiscal – é um parcelamento e, como tal, tem o condão de suspender a exigibilidade do crédito tributário e, por conseguinte, a execução fiscal. Exegese do artigo 151, inciso VI, do CTN".

(...).

– "Esta Corte tem entendimento pacífico de que a opção do executado pelo Programa de Recuperação Fiscal – REFIS acarreta a suspensão da execução durante o prazo concedido pelo credor. Impossibilidade de extinção da execução" (REsp nº 430585/RS, 2ª Turma, Rel. Min. Castro Meira, DJ de 20/09/04);

(...).

– "Segundo consta do artigo 4º, § 4º, inciso II, do Decreto 3.431, de 24 de abril de 2000, a adesão ao REFIS acarreta, tão-somente, a suspensão da execução fiscal, estando o optante sujeito ao cumprimento das exigências do Programa" (REsp nº 354511/SC, 2ª Turma, Rel. Min. Franciulli Netto, DJ de 31/03/03);

– "O REFIS, espécie de transação, só autoriza a suspensão da execução quando homologado" (REsp nº 427358/RS, 2ª Turma, Relª Minª Eliana Calmon, DJ de 16/09/02).

4. Recurso não-provido.

(REsp 913.978/RS, Rel. Ministro JOSÉ DELGADO, PRIMEIRA TURMA, julgado em 10/04/2007, DJ 10/05/2007, p. 361).

Porém, poderá haver transação em que efetivamente ocorre a extinção da execução, pois é lícito aos interessados prevenirem ou terminarem o litígio mediante concessões mútuas (art. 822 do C.c.b.). Nesse caso, as partes devem expressamente consignar que com a transação efetuada estão dando por extinta a obrigação objeto da execução, requerendo a extinção e não simplesmente a suspensão da execução. Tudo dependerá do que for acordado pelas partes.

Apenas em relação aos direitos patrimoniais de caráter privado é que se permite a transação (art. 841 do C.c.b.).

A transação não aproveita, nem prejudica senão aos que nela intervierem, ainda que diga respeito a coisa indivisível (art. 844 do C.c.b.).

Se houver transação entre um dos credores solidários e o devedor, extingue a obrigação deste para com os outros credores (§2º do art. 844 do C.c.b.).

Se a transação for concluída entre o credor e o devedor, desobrigará o fiador (§1º do art. 844 do C.c.b.).

Havendo as partes concluída a transação, cabe ao credor, uma vez descumprido o acordado, pleitear judicialmente o adimplemento, se inexiste ajuste no sentido de que, isso ocorrendo, deva ter-se por desfeita a transação (STJ – Resp n. 8.118-RS).

A remissão com dois 's' significa perdão da dívida e não pagamento (remição).

Em não se tratando de solidariedade ativa, se um dos credores remitir a dívida, a obrigação não ficará extinta para com os outros; mas estes só poderão exigir a prestação, desde que descontada a quota do credor remitente (art. 262 do C.c.b.). O mesmo critério se observará no caso de transação, novação, compensação ou confusão (p.u. do art. 262 do C.c.b.).

A remissão da dívida, aceita pelo devedor, extingue a obrigação, mas sem prejuízo de terceiro (art. 385 do C.c.b.).

A devolução voluntária do título da obrigação, quando por escrito particular, prova desoneração do devedor e seus coobrigados, se o credor for capaz de alienar, e o devedor capaz de adquirir (art. 386 do C.c.b.).

A restituição voluntária do objeto empenhorado prova a renúncia do credor à garantia real, não a extinção da dívida (art. 387 do C.c.b.).

A remissão concedida a um dos codevedores extingue a dívida na parte a ele correspondente; de modo que, ainda reservando o credor a solidariedade contra os outros, já lhes não pode cobrar o débito sem dedução da parte remitida (art. 388 do C.c.b.).

Em relação aos créditos tributários, é comum lei federal e estadual estabelecer a remissão da dívida, o que enseja a extinção da execução. Sobre o tema, eis as seguintes decisões do S.T.J., inclusive no que concerne ao pagamento de honorários:

1. A Primeira Turma do STJ, por ocasião do julgamento do AgRg no REsp 1.132.363/SC, Rel. Min. Teori Albino Zavascki, DJ de 1/7/2010, por unanimidade, firmou entendimento de que a remissão de débito tributário concedido pela Lei 10.736/2003, por ser posterior ao ajuizamento do feito executivo fiscal, acarreta o não pagamento de honorários advocatícios a ambas as partes.

2. No mesmo sentido: REsp 726.748/SP, Rel. Min. Luiz Fux, DJ de 20/3/2006 e AgRg no REsp 856.530/MG, Rel. Min. Mauro Campbell Marques, DJ de 30/3/2010.

3. Agravo regimental não provido.

(AgRg no REsp 1139726/SC, Rel. Ministro BENEDITO GONÇALVES, PRIMEIRA TURMA, julgado em 02/08/2011, DJe 05/08/2011).

IV – o exequente renunciar ao crédito.

Não se deve confundir a *desistência da demanda executiva* com a *renúncia ao crédito*. A primeira gera efeitos eminentemente processuais, enquanto que a segunda gera efeitos também materiais.

Note-se que a desistência também é uma causa de extinção de execução.

Este código bem separa a desistência da renúncia. Enquanto esta implica em se por fim ao litígio, em caráter definitivo, compondo a lide (art. 487, inc. III, letra 'c', do atual C.P.C.), aquela implica em encerramento do processo sem composição do mérito, sendo possível nova propositura da demanda executiva.

Assim como o réu pode reconhecer a procedência do pedido, o autor também pode *renunciar* ao direito sobre o que se funda a demanda, no caso, o crédito objeto da execução.

Conforme anota E. D. Moniz de Aragão: *"Embora não se contraponham, a renúncia há de ser tratada e entendida de modo próprio, conforme se manifeste no âmbito do Direito Processual ou do Direito Material. Em Direito Material, fala-se de renúncia abdicativa, que seria a renúncia propriamente dita, e renúncia translativa, que corresponderia a uma alienação. No processo, a única renúncia cabível é a abdicativa, excluído o cabimento da alienativa, pois esta significaria transferência do direito litigioso a outrem... Admitida embora no direito Material, será incabível no plano processual a renúncia condicional, ou a termo. A renúncia ao direito em que se funda a ação há de ser, sempre, pura"*.[542]

São requisitos para a validade da renúncia: a) que o direito seja renunciável, pois alguns poucos não o são; b) havendo litisconsórcio, seja qual for, a renúncia, na medida em que cabível, afetará apenas ao renunciante, de modo algum aos colitigantes; c) o exequente poderá renunciar no todo ou em parte, sendo que se for parcial, o processo continuará em relação à parte não-renunciada; d) há necessidade de que a parte tenha capacidade para renunciar, aproximando-se da capacidade para o reconhecimento do pedido e para a transação.[543]

A renúncia é ato unilateral, que independe da anuência da parte adversa e pode ser requerida a qualquer tempo e grau de jurisdição, cumprindo apenas ao magistrado averiguar se o advogado signatário da renúncia goza de poderes para tanto (STJ, Resp 422.739-GO, Rel. Min. Teoria Zavascki).

Muito embora a renúncia possa ser tácita ou expressa, o S.T.J. entende que para ocorrer a renúncia no âmbito da relação jurídica processual, essa deve ser formulada expressamente. Nesse sentido são os seguintes precedentes:

[542] Moniz de Aragão, E. D., op. Cit., p. 604.

[543] Moniz de Aragão, E. D., idem, ibidem.

(...).

4. Na esfera judicial, a renúncia sobre os direitos em que se funda a ação que discute débitos incluídos em parcelamento especial deve ser expressa, porquanto o preenchimento dos pressupostos para a inclusão da empresa no referido programa é matéria que deve ser verificada pela autoridade administrativa, fora do âmbito judicial.

Precedentes: (REsp. 1.086.990/SP, Rel. Min. TEORI ALBINO ZAVASCKI, DJe 17/08/2009, REsp. 963.420/RS, Rel. Min. ELIANA CALMON, DJe 25/11/2008; AgRg no REsp. 878.140/RS, Rel. Min. LUIZ FUX, DJe 18/06/2008; REsp. 720.888/RS, Rel. Min. DENISE ARRUDA, DJe 06/11/2008; REsp. 1.042.129/RS, Rel. Min. CASTRO MEIRA, DJe 16/06/2008; REsp. 1.037.486/RS, Rel. Min. JOSÉ DELGADO, DJe 24/04/2008).

5. Partindo-se dessas premissas e analisando o caso concreto, a manifestação da executada, concordando com o pedido da Fazenda Pública de extinção do processo com julgamento de mérito, mas fazendo ressalva quanto ao pedido de condenação em honorários, após a sua adesão ao PAES, não se equipara à renúncia expressa sobre o direito em que se funda a ação, mas sem prejudicar que o processo seja extinto, sem exame de mérito (art. 267, V do CPC).

6. Nega-se provimento ao Recurso Especial da Fazenda Pública.

Acórdão submetido ao regime do art. 543-C do CPC e da Resolução 08/2008 do STJ.

(REsp 1124420/MG, Rel. Ministro NAPOLEÃO NUNES MAIA FILHO, PRIMEIRA SEÇÃO, julgado em 29/02/2012, DJe 14/03/2012)

(...).

2. A existência de pedido expresso de renúncia do direito discutido nos autos, é conditio iuris para a extinção do processo com julgamento do mérito por provocação do próprio autor, residindo o ato em sua esfera de disponibilidade e interesse, não se podendo admiti-la tácita ou presumidamente, nos termos do art. 269, V, do CPC. (Precedentes: AgRg no Ag 458817/RS, DJ 04.05.2006; EDcl nos EDcl nos EDcl no REsp 681110/RJ, DJ 18.04.2006; REsp 645456/RS, DJ 14.11.2005; REsp 625387/SC; DJ 03.10.2005; REsp 639526/RS, DJ de 03/08/2004, REsp 576357/RS; DJ de 18/08/2003; REsp 440289/PR, DJ de 06/10/2003, REsp 717429/SC, DJ 13.06.2005; EREsp 611135/SC, DJ 06.06.2005).

3. Deveras, ausente a manifestação expressa da pessoa jurídica interessada em aderir ao PAES quanto à confissão da dívida e à desistência da ação com renúncia ao direito, é incabível a extinção do processo com julgamento de mérito, porquanto "o preenchimento dos pressupostos para a inclusão da empresa no referido programa é matéria que deve ser verificada pela autoridade administrativa, fora do âmbito judicial." Precedentes: (REsp 963.420/RS, Rel. Ministra ELIANA CALMON, SEGUNDA TURMA, julgado em 04/11/2008, DJe 25/11/2008; AgRg no REsp 878.140/RS, Rel. Ministro LUIZ FUX, PRIMEIRA TURMA, julgado em 03/06/2008, DJe 18/06/2008; REsp 720.888/RS, Rel. Ministra DENISE ARRUDA, PRIMEIRA TURMA, julgado em 16/10/2008, DJe 06/11/2008; REsp 1042129/RS, Rel. Ministro CASTRO MEIRA, SEGUNDA TURMA, julgado em 03/06/2008, DJe 16/06/2008; Resp. 1037486/RS, Rel. Ministro JOSÉ DELGADO, PRIMEIRA TURMA, julgado em 08/04/2008, DJe 24/04/2008).

(...).

(REsp 1124420/MG, Rel. Ministro LUIZ FUX, PRIMEIRA SEÇÃO, julgado em 25/11/2009, DJe 18/12/2009)

V – ocorrer a prescrição intercorrente.

Extingue-se a execução quando ocorrer a prescrição intercorrente. Esse instituto jurídico não deve ser confundido com a prescrição da pretensão ao crédito, ou seja, a prescrição que poderia vir a ser interrompida pelo despacho do juiz no âmbito do processo executivo, ou mesmo pelo protesto judicial.

A prescrição intercorrente é uma prescrição que atinge a própria pretensão processual à tutela jurisdicional satisfativa executiva, justamente por fato imputado ao credor, que por inércia, deixa transparecer que praticamente não tem mais interesse na pretensão ao crédito.

O prazo da prescrição intercorrente será o mesmo prazo da pretensão de cobrança do crédito na via executiva, conforme estabelece a Súmula n. 150 do S.T.F.

Assim, tratando-se de cumprimento de sentença, a prescrição intercorrente ocorre no mesmo prazo da prescrição da demanda cognitiva.

Na hipótese de título executivo extrajudicial, o prazo de prescrição intercorrente dar-se-á no mesmo prazo estabelecido pela lei material para a prescrição da pretensão de cobrança do crédito pela via executiva.

Sobre o tema, eis a seguinte decisão do S.T.J.:

(...).

2. A jurisprudência desta Corte e a do Supremo Tribunal Federal são uníssonas em afirmar que o prazo da execução é o mesmo da ação de conhecimento, nos termos da Súmula 150/STF.

3. O mero transcurso de prazo não é causa bastante para que seja reconhecida a prescrição intercorrente; se a culpa pela paralisação do processo executivo não pode ser imputada ao credor exequente.

4. O Tribunal a quo reconheceu que o Estado Apelado tentou obstaculizar o direito dos apelantes em obter as informações necessárias para que pudessem proceder a execução do julgado.

5. Da análise das razões do acórdão recorrido, observa-se que este delineou a controvérsia dentro do universo fático-comprobatório.

Caso em que não há como aferir eventual violação dos dispositivos infraconstitucionais alegados sem que se abram provas ao reexame. A pretensão de simples análise de provas, além de escapar da função constitucional deste Tribunal, esbarra no óbice da Súmula 7 do STJ, cuja incidência é induvidosa no caso sob exame.

Agravo regimental improvido.

(AgRg no AREsp 230.253/RN, Rel. Ministro HUMBERTO MARTINS, SEGUNDA TURMA, julgado em 23/10/2012, DJe 30/10/2012)

A prescrição intercorrente tem por objetivo evitar a eternização dos processos executivos, por mais que a execução forçada seja uma tutela muitas vezes eminentemente patrimonialista.

O juiz poderá decretar de ofício a prescrição intercorrente, desde que ouvido previamente o exequente e o executado.

A primeira previsão normativa inserida em nosso ordenamento jurídico sobre a prescrição intercorrente surge na execução fiscal, com a inserção do §4º do art. 40 da Lei 6.830/80, introduzido pela Lei 11.051, de 2004. Assim, se a execução fiscal permanecer arquivada por prazo prescricional suficiente, o juiz, depois de ouvido a Fazenda Pública, poderá, de ofício, reconhecer a prescrição intercorrente e decretá-la de imediato.

Sobre a questão da prescrição intercorrente no âmbito do executivo fiscal, assim tem se manifestado o S.T.J.:

1. Conforme posicionamento consolidado no STJ, há prescrição intercorrente quando, proposta a Execução Fiscal e decorrido o prazo de suspensão (um ano), o feito permanecer paralisado por mais de cinco anos, contados da data do arquivamento, por culpa da exequente, podendo, ainda, ser decretada ex officio pelo magistrado, desde que previamente ouvida a Fazenda Pública, conforme previsão do art. 40, § 4º, da Lei n. 6.830/80, acrescentado pela Lei 11.051/2004.

2. Na hipótese dos autos, houve sucessivos pedidos de concessão de prazo de suspensão do processo requeridos pela parte exequente. O Tribunal a quo entendeu que "todas as paralisações do feito executivo ocorreram com autorização judicial, ou seja, não houve inércia da parte exequente que pudesse, neste momento, ser punida com a aplicação do instituto da prescrição intercorrente, já que todos os pedidos foram fundamentos no sentido de buscar meios para prosseguimento do executivo fiscal".

3. In casu, tendo em vista inexistência de decisão judicial que determine o arquivamento dos autos e ausência de inércia da Fazenda Pública, não transcorreu o prazo que configuraria a prescrição intercorrente.

4. Agravo Regimental não provido.

(AgRg no AREsp 232.917/RS, Rel. Ministro HERMAN BENJAMIN, SEGUNDA TURMA, julgado em 23/10/2012, DJe 31/10/2012)

(...).

3. Nos termos da Súmula 314/STJ, somente a suspensão da execução fiscal pela inexistência de citação ou de localização de bens penhoráveis com o posterior arquivamento provisório do feito implica no curso do prazo de prescrição intercorrente previsto no art. 40 da LEF.

4. Recurso especial provido com inversão da sucumbência, nos termos da Súmula 168/TFR.

(REsp 1320505/MG, Rel. Ministra ELIANA CALMON, SEGUNDA TURMA, julgado em 18/10/2012, DJe 29/10/2012)

1. "Em execução fiscal, não localizados bens penhoráveis, suspende-se o processo por um ano, findo o qual se inicia o prazo da prescrição quinquenal intercorrente" (Súmula 314/STJ).

2. "Ainda que tenha sido reconhecida a prescrição sem a prévia intimação da Fazenda Pública, como ocorreu na hipótese dos autos, só se justificaria a anulação da sentença se a exequente demonstrasse efetivo prejuízo decorrente do ato judicial impugnado" (AgRg no REsp 1.190.845/MG, Rel. Min. BENEDITO GONÇALVES, Primeira Turma, DJe 31/8/10).

3. Agravo regimental não provido.

(AgRg no AREsp 170.253/RJ, Rel. Ministro ARNALDO ESTEVES LIMA, PRIMEIRA TURMA, julgado em 09/10/2012, DJe 16/10/2012)

O S.T.J. também vem adotando a prescrição intercorrente em relação ao pedido de redirecionamento da execução fiscal contra o sócio gerente ou diretor, quando o devedor principal, que é a empresa, não possuir bens suficientes para o pagamento do crédito do exequente. Assim, uma vez ultrapassado o prazo prescricional entre a data do despacho que determinou a citação da empresa (primeiro fato interruptivo da prescrição) e a data do despacho que determinou a citação do sócio ou diretor, por negligência do exequente, deve-se declarar a prescrição intercorrente para a responsabilização do sócio ou diretor. Sobre o tema eis o seguinte precedente do S.T.J.:

(...)

4. O redirecionamento da execução contra o sócio deve dar-se no prazo de cinco anos da citação da pessoa jurídica, sendo inaplicável o disposto no art. 40 da Lei nº

6.830/80 que, além de referir-se ao devedor, e não ao responsável tributário, deve harmonizar-se com as hipóteses previstas no art. 174 do CTN, de modo a não tornar imprescritível a dívida fiscal. Precedentes: REsp 205887, Rel. DJ 01.08.2005; REsp 736030, DJ 20.06.2005; AgRg no REsp 445658, DJ 16.05.2005; AgRg no Ag 541255, DJ 11.04.2005.

5. Desta sorte, não obstante a citação válida da pessoa jurídica interrompa a prescrição em relação aos responsáveis solidários, decorridos mais de 05 (cinco) anos após a citação da empresa, ocorre a prescrição intercorrente inclusive para os sócios.

6. In casu, verifica-se que a empresa foi citada em 22.12.2002, o pedido de redirecionamento foi feito em 30.07.2007, o despacho que ordenou a citação do sócio ocorreu em 08.08.2007, tendo a citação pessoal do sócio ocorrido em 12.06.2008 (quando a parte compareceu espontaneamente aos autos).

7. A Primeira Seção, no julgamento do AgRg nos EREsp 761488/SC, Rel. Ministro HAMILTON CARVALHIDO, pacificou o referido entendimento: "por suas duas Turmas de Direito Público, consolidou o entendimento de que, não obstante a citação válida da pessoa jurídica interrompa a prescrição em relação aos responsáveis solidários, no caso de redirecionamento da execução fiscal, há prescrição intercorrente se decorridos mais de cinco anos entre a citação da empresa e a citação pessoal dos sócios, de modo a não tornar imprescritível a dívida fiscal. (AgRg nos EREsp 761488/SC, Rel. Ministro HAMILTON CARVALHIDO, PRIMEIRA SEÇÃO, julgado em 25/11/2009, DJe 07/12/2009) 8. Ocorre que a prescrição, posto referir-se à ação, quando alterada por novel legislação, tem aplicação imediata, conforme cediço na jurisprudência do Egrégio STJ.

9. Originariamente, prevalecia o entendimento de que o artigo 40 da Lei nº 6.830/80 não podia se sobrepor ao CTN, por ser norma de hierarquia inferior, e sua aplicação sofria os limites impostos pelo artigo 174 do referido Código.

10. Nesse diapasão, a mera prolação do despacho ordinatório da citação do executado não produzia, por si só, o efeito de interromper a prescrição, impondo-se a interpretação sistemática do art. 8º, § 2º, da Lei nº 6.830/80, em combinação com o art. 219, § 4º, do CPC e com o art. 174 e seu parágrafo único do CTN.

11. A Lei Complementar 118, de 9 de fevereiro de 2005 (vigência a partir de 09.06.2005), alterou o artigo 174 do CTN para atribuir ao despacho do juiz que ordenar a citação o efeito interruptivo da prescrição. (Precedentes: REsp 860128/RS, DJ de 782.867/SP, DJ 20.10.2006; REsp 708.186/SP, DJ 03.04.2006).

12. Destarte, consubstanciando norma processual, a referida Lei Complementar é aplicada imediatamente aos processos em curso, o que tem como consectário lógico que a data da propositura da ação pode ser anterior à sua vigência. Todavia, a data do despacho que ordenar a citação deve ser posterior à sua entrada em vigor, sob pena de retroação da novel legislação. Precedentes: REsp 1156250/RS, Rel. Ministra ELIANA

CALMON, SEGUNDA TURMA, julgado em 23/02/2010, DJe 04/03/2010; AgRg no REsp 702.985/MT, Rel. Ministro MAURO CAMPBELL MARQUES, SEGUNDA TURMA, julgado em 17/12/2009, DJe 04/02/2010; REsp 1116092/ES, Rel. Ministro BENEDITO GONÇALVES, PRIMEIRA TURMA, julgado em 15/09/2009, DJe 23/09/2009 13. Como visto, entre os marcos temporais citação da empresa e o despacho que ordenou, no redirecionamento da execução, a citação do sócio, já sob a égide da LC 118/05, não transcorreu o prazo prescricional qüinqüenal e, consectariamente, ressoa inequívoca a não ocorrência da prescrição.

14. Agravo regimental desprovido.

(AgRg no REsp 1202195/PR, Rel. Ministro LUIZ FUX, PRIMEIRA TURMA, julgado em 03/02/2011, DJe 22/02/2011).

Contudo, é importante salientar que o prazo da prescrição intercorrente em relação ao sócio ou diretor somente deve ter início a partir do conhecimento pelo exequente do fato que comprovadamente possibilita o redirecionamento, ou seja, quando efetivamente evidenciado que o sócio ou diretor agiu mediante infração à lei ou com excesso de poderes de *presentação* da empresa devedora. Assim, somente com a *actio in nata* é que se inicia o prazo da prescrição intercorrente para redirecionamento da execução contra o sócio ou diretor. Nesse sentido é o seguinte precedente do S.T.J.:

1. O Tribunal de origem reconheceu, in casu, que a Fazenda Pública sempre promoveu regularmente o andamento do feito e que somente após seis anos da citação da empresa se consolidou a pretensão do redirecionamento, daí reiniciando o prazo prescricional.

2. A prescrição é medida que pune a negligência ou inércia do titular de pretensão não exercida, quando o poderia ser.

3. A citação do sócio-gerente foi realizada após o transcurso de prazo superior a cinco anos, contados da citação da empresa. Não houve prescrição, contudo, porque se trata de responsabilidade subsidiária, de modo que o redirecionamento só se tornou possível a partir do momento em que o juízo de origem se convenceu da inexistência de patrimônio da pessoa jurídica. Aplicação do princípio da actio nata.

4. Agravo Regimental provido.

(AgRg no REsp 1062571/RS, Rel. Ministro HERMAN BENJAMIN, SEGUNDA TURMA, julgado em 20/11/2008, DJe 24/03/2009).

Ocorre que o próprio S.T.J., ao mesmo tempo em que aceita a aplicação da *actio in nata*, também afirma que essa teoria não será aplicada se transcorrido o prazo de prescrição entre a data da citação (ou despacho de citação) da empresa e o pedido de redirecionamento ao sócio ou diretor. Nesse sentido é o seguinte precedente do S.T.J.:

Embargos declaratórios. Ausência. Omissão. Acolhimento para esclarecimento. Execução. Fiscal. Redirecionamento para sócios. Prescrição. Ausência. Caracterização. Inércia. Pedido. Redirecionamento posterior ao quinquídio. Prescrição intercorrente configurada. Incidência. art. 174 do ctn. Inaplicabilidade. Teoria da "actio nata." (...).

4. O redirecionamento da execução contra o sócio deve dar-se no prazo de cinco anos da citação da pessoa jurídica, sendo inaplicável o disposto no art. 40 da Lei nº 6.830/80 que, além de referir-se ao devedor, e não ao responsável tributário, deve harmonizar-se com as hipóteses previstas no art. 174 do CTN, de modo a não tornar imprescritível a dívida fiscal (Precedentes: REsp nº 205.887, DJU de 01/08/2005; REsp nº 736.030, DJU de 20/06/2005; AgRg no REsp nº 445.658, DJU de 16.05.2005; AgRg no Ag nº 541.255, DJU de 11/04/2005).

4. Desta sorte, não obstante a citação válida da pessoa jurídica interrompa a prescrição em relação aos responsáveis solidários, decorridos mais de 05 (cinco) anos após a citação da empresa, ocorre a prescrição intercorrente inclusive para os sócios.

5. In casu, verifica-se que a empresa executada foi citada em 07/07/1999. O pedido de redirecionamento do feito foi formulado em 12/03/2008. Evidencia-se, portanto, a ocorrência da prescrição.

6. A aplicação da Teoria da Actio Nata requer que o pedido do redirecionamento seja feito dentro do período de 5 anos que sucedem a citação da pessoa jurídica, ainda que não tenha sido caracterizada a inércia da autarquia fazendária. (REsp 975.691/RS, Rel. Ministro CASTRO MEIRA, SEGUNDA TURMA, julgado em 09/10/2007, DJ 26/10/2007 p. 355) 7. Embargos declaratórios acolhidos somente para fins de esclarecimento mantendo o teor da decisão agravada.

(EDcl no AgRg no Ag 1272349/SP, Rel. Ministro LUIZ FUX, PRIMEIRA TURMA, julgado em 02/12/2010, DJe 14/12/2010).

No voto do Eminente Ministro Luiz Fux encontra-se a seguinte advertência:

"Assim sendo, resta inaplicável a Teoria da Actio Nata haja vista que o pedido do redirecionamento foi realizado após decorrido o período de 5 anos que sucede a citação da pessoa jurídica. Nessa esteira o precedente:

(...).

4. O redirecionamento da execução contra o sócio deve dar-se no prazo de cinco anos da citação da pessoa jurídica, o que não ocorreu no caso dos autos. Precedentes: REsp 751.508/RS, Rel. Min. Francisco Peçanha Martins, DJ 13.02.2006, REsp 769.152/

RS, Rel. Min. João Otávio de Noronha, DJ 04.12.2006 e REsp 625.061/RS, Rel. Min. Denise Arruda, DJ 18.06.2007.

5. Não houve pronunciamento da Corte local a respeito da fundamentação para a fixação dos honorários advocatícios. Ainda que opostos embargos de declaração para questionar a aplicação da verba em percentual equivalente a 59,98% do crédito exequendo, permaneceu omisso em relação a uma manifestação sobre essa proporcionalidade.

Infringência aos arts. 458, II, e 535, II, do CPC. Retorno dos autos a origem para se manifestar sobre o ponto.

6. Recurso especial provido em parte.

(REsp 975691/RS, Rel. Ministro CASTRO MEIRA, SEGUNDA TURMA, julgado em 09/10/2007, DJ 26/10/2007, p. 355)'.

Assim a aplicação do Princípio da 'Actio Nata' não afasta a necessidade, ainda que não demonstrada a inércia da autarquia fazendária, que o pedido de redirecionamento da execução para os sócios se dê no prazo de cinco anos a contar da citação da pessoa jurídica...".

Observa-se, porém, que esta decisão do S.T.J., da lavra do Eminente Ministro Luiz Fux, apresenta certa contradição.

Inicialmente, deve-se registrar que esta decisão trata de crédito tributário, razão pela qual estabelece que o redirecionamento da execução fiscal contra o sócio gerente deve ocorrer no prazo de cinco anos a contar da data da citação da empresa.

Contudo, a partir do momento em que o S.T.J. exige que a Teoria da *Actio in Nata* somente terá aplicação se o pedido de redirecionamento do sócio ocorrer no prazo de cinco anos a contar da data de citação da empresa, praticamente este Tribunal desnaturou a própria essência da prescrição.

Como se sabe, a prescrição atinge a *pretensão.*

Somente quando há *pretensão* é que se pode falar em prescrição.

Em relação ao crédito tributário, o S.T.J. tem afirmado que o sócio gerente somente poderá ser responsabilizado, pelas dívidas da sociedade, nas hipóteses do art. 135 do C.T.N., ou seja, quando ficar demonstrado que agiu com excesso de poder ou infração à lei.

Dentre as hipóteses de infração à lei, o S.T.J entende que a *dissolução irregular da empresa* pelo sócio gerente caracteriza ato infracional.

Suponhamos que a Fazenda Pública tenha ingressado com um executivo fiscal contra uma determinada empresa, sociedade por quotas de responsabilidade, no ano de 2006. Devidamente citada, a empresa, em maio de 2006, ofereceu bens à penhora, pois estava em plena atividade. Levados os bens a leilão em

2011, o valor apurado não foi suficiente para o pagamento da dívida, especialmente pelo fato de que a arrematação se concretizou no percentual de 60% do valor da avaliação.

Encerrado o leilão, a Fazenda Pública, em janeiro de 2012, requer reforço de penhora.

O Oficial de Justiça, ao tentar buscar novos bens, verifica que a empresa/executada encerrou irregularmente suas atividades em dezembro de 2012, portanto, há mais de cinco anos da data do despacho da citação da empresa, que ocorrera em janeiro de 2006.

Neste exemplo, pode-se verificar que a Fazenda Pública, durante todo o transcurso dos cinco anos, a contar da data do despacho de citação da empresa, não poderia exercer sua pretensão de execução contra o sócio gerente, pois não havia qualquer elemento constante nos autos que demonstrasse excesso de poder ou infração à lei por parte do sócio gerente.

A *actio in nata* que gerou a pretensão da Fazenda Pública para o redirecionamento da execução contra o sócio gerente surge somente após os cinco anos, ou seja, com a *dissolução irregular da sociedade*, no ano de 2012.

Assim, verifica-se que não tem fundamento a exigência do S.T.J. de que a Teoria da *Actio in Nata* somente possa ser aplicada no redirecionamento, se esse pedido for formulado no prazo de cinco anos, contado da citação ou do despacho de citação da empresa devedora.

Na verdade, sem que haja a *actio nata* (ou seja, o nascimento da pretensão), não se pode contar o prazo prescricional, muito menos o prazo prescricional intercorrente. Não se trata de simples inércia do exequente, no caso da Fazenda Pública, mas de total inexistência de fato gerador da pretensão do exequente contra o sócio gerente.

Em relação ao direito intertemporal, estabelece o art. 1.056 do atual C.P.C. que se considerará como termo inicial do prazo da prescrição prevista no art. 924, inciso V, inclusive para as execuções em curso, a data de vigência deste Código.

Ocorre que o legislador não percebeu que a prescrição intercorrente já vinha há muito sendo aplicada pelos nossos tribunais nos processos em curso.

Assim, este dispositivo poderá dobrar o prazo da prescrição intercorrente ao determinar que o início do prazo em relação aos processos em curso se dê a partir da vigência deste Código.

Art. 925

A extinção só produz efeito quando declarada por sentença.

Declaração por sentença da extinção da execução

Sendo a relação jurídica processual executiva desenvolvida num processo jurisdicional, a sua extinção, com ou sem resolução de mérito, somente ocorre com a prolação de uma sentença, pois a sentença é a forma pela qual o juiz extingue a execução.

Por isso, a extinção da execução somente produzirá efeito quando for declarada por sentença.

Assim, o juiz extingue o processo executivo, com o sem resolução de mérito, mediante uma sentença que terá, em qualquer situação, natureza *declaratória*, satisfazendo ou não a *pretensão* formulada pelo exequente.

Conforme já teve oportunidade de afirma Dinamarco, *"a pretensão ao bem da vida preexiste ao processo e consiste na aspiração a obter um dado bem material ou imaterial, uma coisa móvel ou imóvel etc. Pretensão não é uma situação jurídica, mas um fato que ocorre na vida das pessoas; não é um direito, mas uma exigência (exigência subordinada de um interesse alheio ao interesse próprio: Carnelutti). Pretender é querer, desejar, aspirar. Por isso, pretensão é desejo, aspiração, vontade de obter. É a insatisfação dessa aspiração que dá motivo à instauração do processo para o exercício da função jurisdicional em casos concretos. Trazida a juízo a pretensão, a resposta final do juiz consistirá na eliminação da crise jurídica e oferta de uma solução que por sua vez se projetará na vida do demandante. O processo alimenta um resultado consistente em sua eliminação"*.[544]

Na vida do processo tudo gira em torno de seu objeto, dessa pretensão processual formulada pelo exequente. E a parte autora quando leva ao conhecimento do Poder Judiciário sua pretensão, espera que ela seja resolvida por meio de uma decisão que contenha a resolução do mérito.

O art. 487 do atual C.P.C. trata da sentença que é proferida com resolução de mérito.

O mérito corresponde ao objeto do processo ou ao objeto litigioso, o qual, por sua vez, é o pedido formulado na demanda, ou melhor, a pretensão resistida ou insatisfeita trazida com o pedido de sentença que a reconheça, a resolva e a acolha.

Não se deve, contudo, confundir o mérito com as "*questões de mérito*, pois estas são *"antecedente lógico da conclusão por acolher ou rejeitar a pretensão do autor, ou seja, antecedente lógico da decisão de mérito, mas não são o 'mérito'. O juiz lhes dá solução quando compõe a motivação da sentença, enquanto que a procedência ou improcedência da demanda reside no 'decisum'"*.[545]

[544] DINAMARCO. Cândido Rangel. *Instituições de direito processual civil*. Vol. II. São Paulo: Malheiros, 2001. p. 181.

[545] DINAMARCO, C. R., idem, p. 186.

A resolução do mérito estabelecido no art. 487 do atual C.P.C. ocorre por meio de julgamento proferido pelo Estado-juiz ou por meio de composição realizada pelos próprios interessados por ato próprio. No caso de as partes transigirem haverá sem dúvida uma sentença, contudo esta sentença será meramente homologatória e não decorrerá de um julgamento judicial. Daí por que não se fala mais em julgamento do mérito mas sim de resolução do mérito.

É importante aduzir que a sentença que declara extinta a execução, nas hipóteses do art. 924, incs. II a V, apresenta natureza resolutiva de mérito, fazendo coisa julgada material, razão pela qual somente poderá ser desconstituída mediante ação rescisória. Sobre o tema eis os seguintes precedentes do S.T.J.:

1. Transitada em julgado a decisão de extinção do processo de execução, com fulcro no artigo 794, I, do CPC, é defeso reabri-lo sob o fundamento de ter havido erro de cálculo. Recurso especial repetitivo julgado pela Corte Especial do STJ, mediante o rito descrito no art. 543-C do CPC: Processo civil. Recurso especial representativo de controvérsia. Artigo 543-c, do cpc. Execução de sentença. Extinção do processo. Inércia do exequente. Presunção de quitação da dívida. Artigo 794, i, do cpc. Erro no cálculo do valor executado (exclusão de parcela constante da sentença exequenda). Coisa julgada. Ocorrência. Artigo 463, i, do cpc. Renúncia tácita ao saldo remanescente que não foi objeto da execução. Configuração.

1. A renúncia ao crédito exequendo remanescente, com a consequente extinção do processo satisfativo, reclama prévia intimação, vedada a presunção de renúncia tácita.

2. A extinção da execução, ainda que por vício in judicando e uma vez transitada em julgado a respectiva decisão, não legitima a sua abertura superveniente sob a alegação de erro de cálculo, porquanto a isso corresponderia transformar simples petitio em ação rescisória imune ao prazo decadencial.

3. Deveras, transitada em julgado a decisão de extinção do processo de execução, com fulcro no artigo 794, I, do CPC, é defeso reabrí-lo sob o fundamento de ter havido erro de cálculo.

(...).

(REsp 1259254/RJ, Rel. Ministro MAURO CAMPBELL MARQUES, SEGUNDA TURMA, julgado em 01/09/2011, DJe 08/09/2011)

1. A ação rescisória somente é cabível para rescindir sentença de mérito, ou seja, aquela que efetivamente acolheu ou deixou de acolher, em face do direito material, a pretensão das partes. É cediço que a ação rescisória é "uma ação que visa a desconstituir a coisa julgada material. Tendo em conta que a coisa julgada concretiza no processo o valor segurança jurídica – substrato indelével do Estado Constitucional – a sua propositura só é admitida em hipóteses excepcionais, devidamente arroladas de maneira taxativa pela legislação (art. 485, CPC)". (MARINONI, Luiz Guilherme; MITIDIERO, Daniel. Código de Processo Civil Comentado artigo por artigo. 2ª ed. revista, atualizada e ampliada, São Paulo: Editora Revista dos Tribunais, 2010, p. 493/494).

2. A execução fiscal foi extinta sem julgamento de mérito, eis que o crédito fora remetido ao juízo falimentar. Contrario sensu, haveria julgamento com mérito caso a execução fosse extinta em razão da ocorrência da prescrição, satisfação do crédito, transação, remissão da dívida, renúncia ao crédito e demais hipóteses legais, tais quais aquelas previstas nos art. 794 do CPC. Assim, não havendo sentença de mérito, não há que se falar em cabimento da ação rescisória, sobretudo fundada no art. 485, V, do CPC, a qual pressupõe que a normas legais tidas por ofendidas tenham sido violadas de tal modo aberrante que afete a literalidade dos dispositivos, o que não é passível de análise se a sentença rescindenda não adentrou o mérito da causa.

3. Recurso especial não provido.

(REsp 1246515/RS, Rel. Ministro MAURO CAMPBELL MARQUES, SEGUNDA TURMA, julgado em 10/05/2011, DJe 16/05/2011)

1. A sentença que extingue a execução tem conteúdo declaratório (art. 795 do CPC), nela ficando reconhecida a ocorrência do fato jurídico que deu causa ao encerramento da execução.

2. No caso dos autos, a execução foi extinta pelo pagamento (art. 794, I, do CPC), sendo que o crédito cuja extinção se declarou por sentença é aquele relativo à reparação por danos morais, no valor de quarenta salários-mínimos. Sobre esse fato jurídico recai a qualidade de coisa julgada material, sendo vedado ao credor, como não poderia deixar de ser, ingressar com nova execução para exigir o adimplemento dessa mesma obrigação.

3. No que respeita ao pedido remanescente, relativo à multa diária, imposta na ação de obrigação de fazer ou não fazer com base no art. 461 do CPC, não houve, porém, expressa manifestação do juízo exeqüendo acerca de seu adimplemento, não havendo como se reconhecer ter a sentença extintiva da execução, nessa parte, produzido coisa julgada material.

4. Ademais, a decisão que impõe ao réu a multa diária prevista no art. 461, § 4º, do CPC, por sua própria natureza, não produz coisa julgada material, podendo ser modificada a qualquer tempo, caso se revele insuficiente ou excessiva, conforme dispõe o art. 461, § 6º, do mesmo Código, até mesmo em exceção de pré-executividade ou em embargos do devedor. Precedentes.

5. Em tais condições, o recorrido ainda detém título judicial a amparar o manejo de nova execução, relativa ao recebimento da multa diária imposta ao réu, não sendo necessária a propositura de ação rescisória contra a sentença extintiva da anterior execução.

6. Nos termos do art. 52 da Lei 9.099/95, o Juizado Especial é competente para a execução de seus próprios julgados, não importando que o valor exigido extrapole o limite de quarenta salários mínimos estabelecido no art. 53 do mesmo diploma legal, faixa a ser observada somente no que se refere ao valor da causa fixado originariamente e aos títulos executivos extrajudiciais.

7. Recurso especial conhecido e parcialmente provido.

(REsp 691.785/RJ, Rel. Ministro RAUL ARAÚJO, QUARTA TURMA, julgado em 07/10/2010, DJe 20/10/2010)

Havendo extinção normal do processo executivo, o que se dá pela satisfação do crédito do exequente, a sentença judicial terá efeito declaratório do cumprimento da obrigação.

Porém, havendo extinção anormal do processo executivo, quando, por exemplo, o juiz indefere a petição inicial, reconhece a perempção, verifica a ausência de pressupostos processuais válido e regular do processo, quando o exequente desistir da demanda executiva; a sentença nesses casos também terá natureza declaratória de extinção da execução, sem, contudo, resolver o mérito e fazer coisa julgada material.

LIVRO III – DOS PROCESSOS NOS TRIBUNAIS E DOS MEIOS DE IMPUGNAÇÃO DAS DECISÕES JUDICIAIS

TÍTULO I – Da Ordem dos Processos e dos Processos de Competência Originária dos Tribunais

CAPÍTULO I – Disposições Gerais

Art. 926

Os tribunais devem uniformizar sua jurisprudência e mantê-la estável, íntegra e coerente.

§ 1º Na forma estabelecida e segundo os pressupostos fixados no regimento interno, os tribunais editarão enunciados de súmula correspondentes a sua jurisprudência dominante.

§ 2º Ao editar enunciados de súmula, os tribunais devem ater-se às circunstâncias fáticas dos precedentes que motivaram sua criação.

Uniformização de jurisprudência

O Livro III do atual C.P.C. trata especificamente dos processos nos tribunais e dos meios de impugnação das decisões judiciais.

Visa, portanto, a regular as ações originárias que poderão ser propostas diretamente nos tribunais, assim como os recursos ou medidas judiciais que poderão ser propostos contra as decisões judiciais.

Regula, também, a uniformização e estabilização da jurisprudência, seja por meio de decisões repetitivas ou súmulas vinculantes ou não e determinados enunciados constitucionais.

O C.P.C. de 1939 dedicava o Livro VI à disciplina dos processos de competência originária dos Tribunais.

Já no C.P.C. de 1973 este assunto foi dedicado no Título IX do Livro I, ou seja, consagrado no próprio livro do processo de conhecimento.

O Livro III do atual C.P.C. está assim divido:

Capítulo I – disposições gerais; Capítulo II – Da ordem dos Processos no Tribunal; Capítulo III – Do incidente de assunção de competência; Capítulo IV – Do incidente de arguição de inconstitucionalidade; Capítulo V – Do conflito de competência; Capítulo VI – Da homologação de decisão estrangeira e da concessão do *exequatur* à carta rogatória; Capítulo VII – Da ação rescisória; Capítulo VIII – Do incidente de resolução de demandas repetitivas; h) Capítulo IX – Da reclamação.

Título II – Dos Recursos: a) Capítulo I – Disposições Gerais; b) Capítulo II – Da Apelação; c) Capítulo III – Do Agravo de Instrumento; d) Capítulo IV – Do Agravo Interno; e) Capítulo V – Dos Embargos de Declaração; f) Capítulo VI – Dos Recursos para o Supremo Tribunal Federal e para o Superior Tribunal de Justiça.

Os juízes brasileiros têm por função exercer a atividade jurisdicional, ou seja, realizar a concretização do ordenamento jurídico mediante a interpretação das normas jurídicas a serem aplicadas aos fenômenos jurídicos apresentados por via do processo jurisdicional. Por meio da interpretação, os juízes brasileiros estabelecem a determinação, o sentido e o alcance da norma jurídica. Assim, *"se fixam as 'teses' jurídicas, a cuja luz há de apreciar-se as hipóteses variadíssimas que a vida oferece à consideração dos julgadores"*.[546] Na realidade, a fixação de uma tese jurídica leva em consideração diversas circunstâncias, mutáveis de acordo com a realidade social.[547]

Ocorre que, diante das diversas cabeças pensantes (cada juiz uma sentença), a variedade de teses jurídicas aflora nas decisões e sentenças de nossas Cortes de julgamento. Nasce daí, *"a possibilidade de que, num mesmo instante histórico – sem variação das condições culturais, políticas, sociais, econômicas, que possa justificar a discrepância – a mesma regra de direito seja diferentemente entendida, a espécies semelhantes se apliquem teses jurídicas divergentes ou até opostas. Assim, se compromete a unidade do direito – que não seria posta em xeque, muito ao contrário, pela evolução homogênea da*

[546] Barbosa Moreira, J. C. *Comentários ao código de processo civil.* Vol. V. Rio de Janeiro: Forense, 1976. p. 15.

[547] Barbosa Moreira, J. C., idem, ibidem.

jurisprudência dos tribunais- e não raro se semeiam, entre os membros da comunidade, o descrédito e o cepticismo quanto à efetividade da garantia jurisprudencial".[548]

Ao mesmo tempo que esta ebulição de soluções jurídicas permite a não estagnação da interpretação das normas jurídicas a um determinado contexto histórico, dando oportunidade à evolução da jurisprudência ou, melhor dizendo, à sua readaptação aos fenômenos históricos que estão por vir, também pode gerar certo desconforto e insegurança jurídica, pois duas situações jurídicas idênticas poderão ser solucionadas de maneira totalmente diversa em face da compreensão e interpretação dada por cada juiz.

Já se observou, por exemplo, em nosso ordenamento jurídico, pessoas que foram beneficiadas pela URP na correção de seus vencimentos e outras, na mesma situação, que não conseguiram essa correção salarial. Há pessoas que conseguiram a restituição de valores de índice de poupança num determinado período e outras não.

Essa desigualdade de tratamento gera, de certa maneira, um conflito entre a segurança jurídica mediante a sedimentação da jurisprudência e a modificação da própria jurisprudência, mediante sua constante modificação e adaptação às novas exigências sociais, econômicas, culturais de uma determinada sociedade.

Contudo, o certo é que não se poderá reconhecer como salutar ao senso de justiça o tratamento diferenciado entre as pessoas que se socorrem do Poder Judiciário num mesmo contexto histórico, sem qualquer transformação social, econômica ou cultural importante.

O princípio da *uniformização* e da *estabilidade da jurisprudência* não deve ser de modo algum um empecilho para a adaptação da jurisprudência à nova realidade social e econômica, mas, sim, um critério de aplicação uniforme e equânime dos postulados da Justiça.

Enquanto uma determinada ordem social mantém seu paradigma, é de suma importância que os órgãos do Poder Judiciário prescrevam a mesma solução para as situações que são semelhantes, a fim de que não haja insatisfação social pela quebra do princípio da isonomia ou a sensação de que o judiciário favorece determinadas pessoas em detrimento de outras.

Por isso a importância da *uniformização* e da *estabilidade da jurisprudência*, enquanto perdurar um determinado paradigma.

Somente nesse aspecto e nesses limites é que se compreende a *uniformização e estabilidade* da jurisprudência, ou seja, no sentido do senso de justiça, sem que isso signifique a estagnação do pensamento jurídico ou a inserção de uma

[548] Barbosa Moreira, J. C., idem, p. 14.

camisa-de-forças no livre convencimento dos magistrados, tolhendo-lhes a liberdade de movimento em direção a novas maneiras de compreender e interpretar as normas jurídicas.[549]

A estabilidade ou uniformização da jurisprudência, como critério de isonomia, vem reforçada pelo Código Modelo de Ética Judicial, quando assim estabelece em seus artigos 36 e 37:

> *Art. 36. A exigência de equidade provém da necessidade de moderar, com critérios de justiça, as consequências pessoais, familiares ou sociais desfavoráveis surgidas pela inevitável abstração e generalidade das leis.*
>
> *Art. 37. O juiz equitativo é aquele que, sem transgredir o Direito vigente, leva em consideração as peculiaridades do caso e resolve-o baseado em critérios coerentes com os valores do ordenamento e que possam estender-se a todos os casos substancialmente idênticos.*

Conforme ensina Barbosa Moreira, dois tipos de expedientes podem e costumam usar as leis para uniformizar, no sentido exposto, a jurisprudência: um destinado a *prevenir*, outro a *corrigir* a desarmonia entre teses jurídicas. Com o primeiro tipo, busca-se a fixação prévia da tese, em ordem de pré-excluir o risco de que o julgamento que se vai seguir venha a configurar-se o dissídio jurisprudencial. Pode-se visualizar essa função de *prevenir* no atual instituto denominado de *incidente de resolução de demandas repetitivas.* Com o segundo, ante a verificação do dissídio já configurado, abre-se uma via para a revisão do julgamento, na perspectiva que interessa aqui, a saber, a da solução da *questio iuris.* Pode-se observar essa função de *corrigir*, no âmbito do julgamento de *recurso repetitivos.*[550]

A Súmula ao mesmo tempo que tem por finalidade aglutinar o pensamento jurídico decorrente dos julgamentos também tem a função de *prevenir* novos litígios, especialmente as denominadas súmulas vinculantes.

Mas para que a uniformização *ou estabilidade* da jurisprudência possa ensejar a segurança jurídica que se pretende obter, é necessário que os Tribunais, especialmente os Tribunais Superiores, tenham o maior cuidado em formar sua jurisprudência, agindo com prudência, ponderação dos conteúdos interpretativos, pois de nada adiantará sedimentar ou uniformizar jurisprudência totalmente desarrazoadas ou sem qualquer harmonia com o sistema jurídico, social e econômico. Para isso, os magistrados que irão compor as Cortes ou Tribunais devem se dedicar ao estudo e à constante capacitação, não só da dogmática jurí-

[549] Barbosa Moreira, J. C., idem, ibidem.

[550] Barbosa Moreira, J. C., idem, p. 14.

dica, mas de todos as outras ciências afins, como a filosofia, sociologia etc, para que possam proferir votos e decisões que sejam respeitadas e compreendidas pelos demais órgãos judiciais.

Diante dessas considerações, o art. 926 do atual C.P.C. estabelece que os tribunais devem uniformizar sua jurisprudência e mantê-la estável, íntegra e coerente.

Uma das formas de os Tribunais manter estável, íntegra e coerente a sua jurisprudência é por meio de emissão de enunciados de súmulas.

Assim, conforme preceitua o *§1º do art. 926* do atual C.P.C., *na forma estabelecida e segundo os pressupostos fixados no regimento interno, os tribunais editarão enunciados de súmula correspondentes a sua jurisprudência dominante.*

A tese vencedora no âmbito dos Tribunais poderá ser consagrada, de acordo com o que estabelece o regimento interno de cada tribunal, em *súmula* que conterá o enunciado que prevalece na uniformização de jurisprudência.

O Supremo Tribunal Federal instituiu a *súmula da jurisprudência dominante* por emenda de 28.8.1963 ao seu Regimento Interno, muito embora esse instituto jurídico deita raízes entre nós nos assentos da Casa de Suplicação.

O art. 479 do C.P.C. de 1973 trazia alguns pressupostos para a emissão de súmulas, *in verbis*: *"O julgamento, tomado pelo voto da maioria absoluta dos membros que integram o tribunal, será objeto de súmula e constituirá precedente na uniformização da jurisprudência"*.

Atualmente, compete apenas ao regimento interno de cada tribunal estabelecer os requisitos para a expedição de súmula.

Por exemplo, o art. 102 do Regimento Interno do Supremo Tribunal Federal assim preceitua sobre a elaboração de súmula do tribunal:

> *Art. 102. A jurisprudência assentada pelo Tribunal será compendiada na 'Súmula' do Supremo Tribunal Federal.*
>
> *§1º A inclusão de enunciados na 'Súmula', bem como a sua alteração ou cancelamento, serão deliberados em Plenário, por maioria absoluta.*
>
> *§2º Os verbetes cancelados ou alterados guardarão a respectiva numeração com a nota correspondente, tomando novos números os que forem modificados.*
>
> *§3º Os adendos e emendas à Súmula, datados e numerados em séries separadas e sucessiva, serão publicados três vezes consecutivas no Diário da Justiça.*
>
> *§4º A citação da 'Súmula', pelo número correspondente, dispensará, perante o Tribunal, a referência a outros julgados no mesmo sentido.*

As proposições que o tribunal assente, segundo lição de Barbosa Moreira, não se convertem automaticamente com a expedição da *súmula* em norma legal obrigatória a ser seguida pelos demais juízes e tribunais, mas, sim, em critério de consolidação de entendimento sobre determinada questão posta no âmbito do Poder Judiciário. Por isso, não se poderá equiparar à lei a força de qualquer enunciado jurisprudencial inserto em *Súmula*.[551]

Contudo, muito embora os juízes de primeiro grau não estejam vinculados à súmula dos tribunais (exceto à súmula vinculante do S.T.F.), atualmente, de certa forma, a súmula apresenta caráter geral e abstrato, com certa e importante força normativa, especialmente em face do que estabelece o art. 927, inc. IV do atual C.P.C.

Está-se vivenciando aquilo que Kelsen já afirmava, ou seja, a função criadora do direito por parte dos tribunais, outorgando-se competência aos tribunais para produzirem normas de caráter geral e abstrata a fim de solucionar questões concretas no âmbito do Poder Judiciário.[552]

Conforme aduzem Gilmar Mendes e Paulo Gustavo G. Branco:

> *"Os países que pertencem à tradição do 'common law' construíram a prática do precedente judicial vinculativo, que se caracteriza pelo fato de a 'ratio decidendi' de um alto tribunal ser, em princípio, obrigatória para os tribunais inferiores. A criação predominantemente judicial do direito concorreu positivamente para o estabelecimento dessa racionalidade. Isso, no entanto, não impede de se ver o precedente vinculante também em países de tradição romana, embora aí sejam mais formalizados...".*[553]

Por sua vez, já tinha tido oportunidade de advertir Victor Nunes Leal: *"A jurisprudência da Súmula, embora não obrigatória para os outros Tribunais e Juízes, é indiretamente obrigatória para as partes, porque o interessado poderá fazê-la observar através do mecanismo dos recursos, enquanto não alterada pelo próprio Supremo Tribunal..."*.[554]

Ao lado das súmulas sem efeito vinculante, a serem expedidas pela maioria absoluta dos membros do S.T.F., conforme estabelece o art. 102 do Regimento Interno do referido tribunal, há atualmente em nosso ordenamento jurídico constitucional previsão expressa de *súmula vinculante* em relação a todo o Poder Judiciário e à administração pública direta e indireta, nas esfera federal, estadual e municipal, mediante decisão de dois terços dos membros do S.T.F., conforme estabelece o art. 103-A da C.F. introduzido pela Emenda Constitucional n. 45/2004, *in verbis:*

[551] Barbosa Moreira, J. C., idem, p. 38.

[552] Kelsen, Hans. *Teoria pura do direito.* 2ª ed. Coimbra: Armênio Amado: 1962, vol. 2, p. 115.

[553] Mendes, Gilmar Ferreira; Branco, Paulo Gustavo G. *Curso de direito constitucional.* 7ª ed. São Paulo: Editora Saraiva, 2012. p. 1039

[554] Apud. Mendes, G. F.; Branco, P. G. G., idem, p. 1.3039.

Art. 103-A. O Supremo Tribunal Federal poderá, de ofício ou por provocação, mediante decisão de dois terços dos seus membros, após reiteradas decisões sobre matéria constitucional, aprovar súmula que, a partir de sua publicação na imprensa oficial, terá efeito vinculante em relação aos demais órgãos do Poder Judiciário e à administração pública direta e indireta, nas esferas federal, estadual e municipal, bem como proceder à sua revisão ou cancelamento, na forma estabelecida em lei. (Incluído pela Emenda Constitucional nº 45, de 2004) (Vide Lei nº 11.417, de 2006).

§ 1º A súmula terá por objetivo a validade, a interpretação e a eficácia de normas determinadas, acerca das quais haja controvérsia atual entre órgãos judiciários ou entre esses e a administração pública que acarrete grave insegurança jurídica e relevante multiplicação de processos sobre questão idêntica. (Incluído pela Emenda Constitucional nº 45, de 2004)

§ 2º Sem prejuízo do que vier a ser estabelecido em lei, a aprovação, revisão ou cancelamento de súmula poderá ser provocada por aqueles que podem propor a ação direta de inconstitucionalidade.(Incluído pela Emenda Constitucional nº 45, de 2004)

§ 3º Do ato administrativo ou decisão judicial que contrariar a súmula aplicável ou que indevidamente a aplicar, caberá reclamação ao Supremo Tribunal Federal que, julgando-a procedente, anulará o ato administrativo ou cassará a decisão judicial reclamada, e determinará que outra seja proferida com ou sem a aplicação da súmula, conforme o caso. (Incluído pela Emenda Constitucional nº 45, de 2004)

A norma constitucional estabelece que a *súmula vinculante* tem por objetivo superar controvérsia atual sobre a validade, a interpretação e a eficácia de normas determinadas capaz de gerar insegurança jurídica e relevante multiplicidade de processos. Diz respeito a questão de interpretação de normas constitucionais ou destas em relação às normas infraconstitucionais.

A diferença entre a súmula comum ou clássica e a súmula vinculante prevista no art. 103-A da C.F. dá-se nos seguintes termos: a) a súmula clássica decorre de decisão da maioria absoluta (6 votos) dos membros do tribunal; a súmula vinculante necessita de dois terços (8 votos) dos membros do tribunal; b) a súmula clássica ou comum serve de orientação para os órgãos do poder judiciário; a súmula vinculante abrange a administração pública direta e indireta, nas esferas federal, estadual e municipal; c) a súmula clássica ou comum não depende de legitimação especial para ser aprovada ou revista; a súmula vinculante somente poderá ser aprovada, revista ou cancelada mediante provocação daqueles que podem propor a ação direta de inconstitucionalidade, no caso, o Presidente da República, a Mesa do Senado Federal; A Mesa da Câmara dos Deputados; a Mesa da Assembleia Legislativa ou da Câmara Legislativa do Distrito Federal; o Governador de Estado ou do Distrito Federal; e) o Procurador Geral da República; o Conselho Federal da Ordem dos Advogados do Brasil; partido político com representação no Congresso Nacional; confederação sindical ou entidade de classe de âmbito nacional ; d) a súmula clássica ou comum diz respeito a qualquer matéria; a súmula vinculante diz respeito à questão constitucional; e) a súmula clássica ou comum não demanda a existência de preexistência de reiteradas decisões sobre matéria constitucional; a súmula vinculante, por sua vez, exige que a matéria tenha sido objeto de debate e discussão no S.T.F.;

Efetivamente, a instituição da *súmula vinculante* pelo S.T.F., nos termos da Constituição Federal, deu nova eficácia às decisões da Corte Constitucional, eficácia vinculante e *erga omnes*, especialmente aos órgãos do poder judiciário e da administração pública. Surge ao lado da sentença clássica individual, a sentença normativa com efeitos concretos e vinculantes.

O efeito vinculante da *súmula vinculante* permite que qualquer interessado faça valer o conteúdo normativo da súmula por meio de simples reclamação por descumprimento de decisão judicial (§3º do art. 103-A da C.F.).

A Lei n. 11.417, de 19 de dezembro de 2006, regulamentou o art. 103-A da Constituição Federal, disciplinando a edição, a revisão e o cancelamento de enunciado de súmula vinculante pelo Supremo Tribunal Federal.

O processamento de proposta de Súmula Vinculante será feito de acordo com os artigos 354-A a 354-G do Regimento Interno do Supremo Tribunal Federal, a saber:

"Art. 354-A – Recebendo proposta de edição, revisão ou cancelamento de súmula vinculante, a Secretaria Judiciária a autuará e registrará ao Presidente, para apreciação, no prazo de cinco dias, quanto à adequação formal da proposta.

Art. 354-B. Verificado o atendimento dos requisitos formais, a Secretaria Judiciária publicará edital no sítio do Tribunal e no Diário da Justiça Eletrônico, para ciência e manifestação de interessados no prazo de cinco dias, encaminhado a seguir os autos ao Procurador Geral da República.

Art. 354-C. Devolvidos os autos com a manifestação do Procurador-Geral da República, o Presidente submeterá as manifestações e a proposta de edição, revisão ou cancelamento de súmula aos Ministros da Comissão de Jurisprudência, em meio eletrônico, para que se manifestem no prazo comum de quinze dias; decorrido o prazo, a proposta, com ou sem manifestação, será submetida, também por meio eletrônico, aos demais Ministros, pelo mesmo prazo comum.

Art. 354-D. Decorrido o prazo do art. 354-C, o Presidente submeterá a proposta à deliberação do Tribunal Pleno, mediante inclusão em pauta.

Art. 354-E. A proposta de edição, revisão ou cancelamento de súmula vinculante poderá versar sobre questão com repercussão geral reconhecida, caso em que poderá ser apresentada por qualquer Ministro logo após o julgamento de mérito do processo, para deliberação imediata do Tribunal Pleno na mesma sessão.

Art. 354-F. O teor da proposta de súmula aprovada, que deve constar do acórdão, conterá cópia dos debates que lhe deram origem, integrando-o, e constarão das publicações dos julgamentos no Diário da Justiça Eletrônico.

Art. 354-G. A proposta de edição, revisão ou cancelamento de súmula tramitará sob a forma eletrônica, e as informações correspondentes ficarão disponíveis aos interessados no sítio do STF.

Atualmente temos as seguintes *súmulas vinculantes* editadas pelo S.T.F.:

SÚMULA VINCULANTE Nº 1

OFENDE A GARANTIA CONSTITUCIONAL DO ATO JURÍDICO PERFEITO A DECISÃO QUE, SEM PONDERAR AS CIRCUNSTÂNCIAS DO CASO CONCRETO, DESCONSIDERA A VALIDEZ E A EFICÁCIA DE ACORDO CONSTANTE DE TERMO DE ADESÃO INSTITUÍDO PELA LEI COMPLEMENTAR Nº 110/2001.

SÚMULA VINCULANTE Nº 2

É INCONSTITUCIONAL A LEI OU ATO NORMATIVO ESTADUAL OU DISTRITAL QUE DISPONHA SOBRE SISTEMAS DE CONSÓRCIOS E SORTEIOS, INCLUSIVE BINGOS E LOTERIAS.

SÚMULA VINCULANTE Nº 3

NOS PROCESSOS PERANTE O TRIBUNAL DE CONTAS DA UNIÃO ASSEGURAM-SE O CONTRADITÓRIO E A AMPLA DEFESA QUANDO DA DECISÃO PUDER RESULTAR ANULAÇÃO OU REVOGAÇÃO DE ATO ADMINISTRATIVO QUE BENEFICIE O INTERESSADO, EXCETUADA A APRECIAÇÃO DA LEGALIDADE DO ATO DE CONCESSÃO INICIAL DE APOSENTADORIA, REFORMA E PENSÃO.

SÚMULA VINCULANTE Nº 4

SALVO NOS CASOS PREVISTOS NA CONSTITUIÇÃO, O SALÁRIO MÍNIMO NÃO PODE SER USADO COMO INDEXADOR DE BASE DE CÁLCULO DE VANTAGEM DE SERVIDOR PÚBLICO OU DE EMPREGADO, NEM SER SUBSTITUÍDO POR DECISÃO JUDICIAL.

SÚMULA VINCULANTE Nº 5

A FALTA DE DEFESA TÉCNICA POR ADVOGADO NO PROCESSO ADMINISTRATIVO DISCIPLINAR NÃO OFENDE A CONSTITUIÇÃO.

SÚMULA VINCULANTE Nº 6

NÃO VIOLA A CONSTITUIÇÃO O ESTABELECIMENTO DE REMUNERAÇÃO INFERIOR AO SALÁRIO MÍNIMO PARA AS PRAÇAS PRESTADORAS DE SERVIÇO MILITAR INICIAL.

SÚMULA VINCULANTE Nº 7

A NORMA DO §3º DO ARTIGO 192 DA CONSTITUIÇÃO, REVOGADA PELA EMENDA CONSTITUCIONAL Nº 40/2003, QUE LIMITAVA A TAXA DE JUROS REAIS A 12% AO ANO, TINHA SUA APLICAÇÃO CONDICIONADA À EDIÇÃO DE LEI COMPLEMENTAR.

SÚMULA VINCULANTE Nº 8

SÃO INCONSTITUCIONAIS O PARÁGRAFO ÚNICO DO ARTIGO 5º DO DECRETO-LEI Nº 1.569/1977 E OS ARTIGOS 45 E 46 DA LEI Nº 8.212/1991, QUE TRATAM DE PRESCRIÇÃO E DECADÊNCIA DE CRÉDITO TRIBUTÁRIO.

SÚMULA VINCULANTE Nº 9

O DISPOSTO NO ARTIGO 127 DA LEI Nº 7.210/1984 (LEI DE EXECUÇÃO PENAL) FOI RECEBIDO PELA ORDEM CONSTITUCIONAL VIGENTE, E NÃO SE LHE APLICA O LIMITE TEMPORAL PREVISTO NO CAPUT DO ARTIGO 58.

SÚMULA VINCULANTE Nº 10

VIOLA A CLÁUSULA DE RESERVA DE PLENÁRIO (CF, ARTIGO 97) A DECISÃO DE ÓRGÃO FRACIONÁRIO DE TRIBUNAL QUE, EMBORA NÃO DECLARE EXPRESSAMENTE A INCONSTITUCIONALIDADE DE LEI OU ATO NORMATIVO DO PODER PÚBLICO, AFASTA SUA INCIDÊNCIA, NO TODO OU EM PARTE.

SÚMULA VINCULANTE Nº 11

SÓ É LÍCITO O USO DE ALGEMAS EM CASOS DE RESISTÊNCIA E DE FUNDADO RECEIO DE FUGA OU DE PERIGO À INTEGRIDADE FÍSICA PRÓPRIA OU ALHEIA, POR PARTE DO PRESO OU DE TERCEIROS, JUSTIFICADA A EXCEPCIONALIDADE POR ESCRITO, SOB PENA DE RESPONSABILIDADE DISCIPLINAR, CIVIL E PENAL DO AGENTE OU DA AUTORIDADE E DE NULIDADE DA PRISÃO OU DO ATO PROCESSUAL A QUE SE REFERE, SEM PREJUÍZO DA RESPONSABILIDADE CIVIL DO ESTADO.

SÚMULA VINCULANTE Nº 12

A COBRANÇA DE TAXA DE MATRÍCULA NAS UNIVERSIDADES PÚBLICAS VIOLA O DISPOSTO NO ART. 206, IV, DA CONSTITUIÇÃO FEDERAL.

SÚMULA VINCULANTE Nº 13

A NOMEAÇÃO DE CÔNJUGE, COMPANHEIRO OU PARENTE EM LINHA RETA, COLATERAL OU POR AFINIDADE, ATÉ O TERCEIRO GRAU, INCLUSIVE, DA AUTORIDADE NOMEANTE OU DE SERVIDOR DA MESMA PESSOA JURÍDICA INVESTIDO EM CARGO DE DIREÇÃO, CHEFIA OU ASSESSORAMENTO, PARA O EXERCÍCIO DE CARGO EM COMISSÃO OU DE CONFIANÇA OU, AINDA, DE FUNÇÃO GRATIFICADA NA ADMINISTRAÇÃO PÚBLICA DIRETA E INDIRETA EM QUALQUER DOS PODERES DA UNIÃO, DOS ESTADOS, DO DISTRITO FEDERAL E DOS MUNICÍPIOS, COMPREENDIDO O AJUSTE MEDIANTE DESIGNAÇÕES RECÍPROCAS, VIOLA A CONSTITUIÇÃO FEDERAL.

SÚMULA VINCULANTE Nº 14

É DIREITO DO DEFENSOR, NO INTERESSE DO REPRESENTADO, TER ACESSO AMPLO AOS ELEMENTOS DE PROVA QUE, JÁ DOCUMENTADOS EM PROCEDIMENTO INVESTIGATÓRIO REALIZADO POR ÓRGÃO COM COMPETÊNCIA DE POLÍCIA JUDICIÁRIA, DIGAM RESPEITO AO EXERCÍCIO DO DIREITO DE DEFESA.

SÚMULA VINCULANTE Nº 15

O CÁLCULO DE GRATIFICAÇÕES E OUTRAS VANTAGENS DO SERVIDOR PÚBLICO NÃO INCIDE SOBRE O ABONO UTILIZADO PARA SE ATINGIR O SALÁRIO MÍNIMO.

SÚMULA VINCULANTE Nº 16

OS ARTIGOS 7º, IV, E 39, § 3º (REDAÇÃO DA EC 19/98), DA CONSTITUIÇÃO, REFEREM-SE AO TOTAL DA REMUNERAÇÃO PERCEBIDA PELO SERVIDOR PÚBLICO.

SÚMULA VINCULANTE Nº 17

DURANTE O PERÍODO PREVISTO NO PARÁGRAFO 1º DO ARTIGO 100 DA CONSTITUIÇÃO, NÃO INCIDEM JUROS DE MORA SOBRE OS PRECATÓRIOS QUE NELE SEJAM PAGOS.

SÚMULA VINCULANTE Nº 18

A DISSOLUÇÃO DA SOCIEDADE OU DO VÍNCULO CONJUGAL, NO CURSO DO MANDATO, NÃO AFASTA A INELEGIBILIDADE PREVISTA NO § 7º DO ARTIGO 14 DA CONSTITUIÇÃO FEDERAL.

SÚMULA VINCULANTE Nº 19

A TAXA COBRADA EXCLUSIVAMENTE EM RAZÃO DOS SERVIÇOS PÚBLICOS DE COLETA, REMOÇÃO E TRATAMENTO OU DESTINAÇÃO DE LIXO OU RESÍDUOS PROVENIENTES DE IMÓVEIS, NÃO VIOLA O ARTIGO 145, II, DA CONSTITUIÇÃO FEDERAL.

SÚMULA VINCULANTE Nº 20

A GRATIFICAÇÃO DE DESEMPENHO DE ATIVIDADE TÉCNICO-ADMINISTRATIVA – GDATA, INSTITUÍDA PELA LEI Nº 10.404/2002, DEVE SER DEFERIDA AOS INATIVOS NOS VALORES CORRESPONDENTES A 37,5 (TRINTA E SETE VÍRGULA CINCO) PONTOS NO PERÍODO DE FEVEREIRO A MAIO DE 2002 E, NOS TERMOS DO ARTIGO 5º, PARÁGRAFO ÚNICO, DA LEI Nº 10.404/2002, NO PERÍODO DE JUNHO DE 2002 ATÉ A CONCLUSÃO DOS EFEITOS DO ÚLTIMO CICLO DE AVALIAÇÃO A QUE SE REFERE O ARTIGO 1º DA MEDIDA PROVISÓRIA NO 198/2004, A PARTIR DA QUAL PASSA A SER DE 60 (SESSENTA) PONTOS.

SÚMULA VINCULANTE Nº 21

É INCONSTITUCIONAL A EXIGÊNCIA DE DEPÓSITO OU ARROLAMENTO PRÉVIOS DE DINHEIRO OU BENS PARA ADMISSIBILIDADE DE RECURSO ADMINISTRATIVO.

SÚMULA VINCULANTE Nº 22

A JUSTIÇA DO TRABALHO É COMPETENTE PARA PROCESSAR E JULGAR AS AÇÕES DE INDENIZAÇÃO POR DANOS MORAIS E PATRIMONIAIS DECORRENTES DE ACIDENTE DE TRABALHO PROPOSTAS POR EMPREGADO CONTRA EMPREGADOR, INCLUSIVE AQUELAS QUE AINDA NÃO POSSUÍAM SENTENÇA DE MÉRITO EM PRIMEIRO GRAU QUANDO DA PROMULGAÇÃO DA EMENDA CONSTITUCIONAL Nº 45/04.

SÚMULA VINCULANTE Nº 23

A JUSTIÇA DO TRABALHO É COMPETENTE PARA PROCESSAR E JULGAR AÇÃO POSSESSÓRIA AJUIZADA EM DECORRÊNCIA DO EXERCÍCIO DO DIREITO DE GREVE PELOS TRABALHADORES DA INICIATIVA PRIVADA.

SÚMULA VINCULANTE Nº 24

NÃO SE TIPIFICA CRIME MATERIAL CONTRA A ORDEM TRIBUTÁRIA, PREVISTO NO ART. 1º, INCISOS I A IV, DA LEI Nº 8.137/90, ANTES DO LANÇAMENTO DEFINITIVO DO TRIBUTO.

SÚMULA VINCULANTE Nº 25

É ILÍCITA A PRISÃO CIVIL DE DEPOSITÁRIO INFIEL, QUALQUER QUE SEJA A MODALIDADE DO DEPÓSITO.

SÚMULA VINCULANTE Nº 26

PARA EFEITO DE PROGRESSÃO DE REGIME NO CUMPRIMENTO DE PENA POR CRIME HEDIONDO, OU EQUIPARADO, O JUÍZO DA EXECUÇÃO OBSERVARÁ A INCONSTITUCIONALIDADE DO ART. 2º DA LEI N. 8.072, DE 25 DE JULHO DE 1990, SEM PREJUÍZO DE AVALIAR SE O CONDENADO PREENCHE, OU NÃO, OS REQUISITOS OBJETIVOS E SUBJETIVOS DO BENEFÍCIO, PODENDO DETERMINAR, PARA TAL FIM, DE MODO FUNDAMENTADO, A REALIZAÇÃO DE EXAME CRIMINOLÓGICO.

SÚMULA VINCULANTE Nº 27

COMPETE À JUSTIÇA ESTADUAL JULGAR CAUSAS ENTRE CONSUMIDOR E CONCESSIONÁRIA DE SERVIÇO PÚBLICO DE TELEFONIA, QUANDO A ANATEL NÃO SEJA LITISCONSORTE PASSIVA NECESSÁRIA, ASSISTENTE, NEM OPOENTE.

SÚMULA VINCULANTE Nº 28

É INCONSTITUCIONAL A EXIGÊNCIA DE DEPÓSITO PRÉVIO COMO REQUISITO DE ADMISSIBILIDADE DE AÇÃO JUDICIAL NA QUAL SE PRETENDA DISCUTIR A EXIGIBILIDADE DE CRÉDITO TRIBUTÁRIO.

SÚMULA VINCULANTE Nº 29

É CONSTITUCIONAL A ADOÇÃO, NO CÁLCULO DO VALOR DE TAXA, DE UM OU MAIS ELEMENTOS DA BASE DE CÁLCULO PRÓPRIA DE DETERMINADO IMPOSTO, DESDE QUE NÃO HAJA INTEGRAL IDENTIDADE ENTRE UMA BASE E OUTRA.

SÚMULA VINCULANTE Nº 31

É INCONSTITUCIONAL A INCIDÊNCIA DO IMPOSTO SOBRE SERVIÇOS DE QUALQUER NATUREZA – ISS SOBRE OPERAÇÕES DE LOCAÇÃO DE BENS MÓVEIS.

SÚMULA VINCULANTE Nº 32

O ICMS NÃO INCIDE SOBRE ALIENAÇÃO DE SALVADOS DE SINISTRO PELAS SEGURADORAS.

SÚMULA VINCULANTE 33

APLICAM-SE AO SERVIDOR PÚBLICO, NO QUE COUBER, AS REGRAS DO REGIME GERAL DA PREVIDÊNCIA SOCIAL SOBRE APOSENTADORIA ESPECIAL DE QUE TRATA O ARTIGO 40, § 4º, INCISO III DA CONSTITUIÇÃO FEDERAL, ATÉ A EDIÇÃO DE LEI COMPLEMENTAR ESPECÍFICA.

SÚMULA VINCULANTE 34

A GRATIFICAÇÃO DE DESEMPENHO DE ATIVIDADE DE SEGURIDADE SOCIAL E DO TRABALHO – GDASST, INSTITUÍDA PELA LEI 10.483/2002, DEVE SER ESTENDIDA AOS INATIVOS NO VALOR CORRESPONDENTE A 60 (SESSENTA) PONTOS, DESDE O ADVENTO DA MEDIDA PROVISÓRIA 198/2004, CONVERTIDA NA LEI 10.971/2004, QUANDO TAIS INATIVOS FAÇAM JUS À PARIDADE CONSTITUCIONAL (EC 20/1998, 41/2003 E 47/2005).

SÚMULA VINCULANTE 35

A HOMOLOGAÇÃO DA TRANSAÇÃO PENAL PREVISTA NO ARTIGO 76 DA LEI 9.099/1995 NÃO FAZ COISA JULGADA MATERIAL E, DESCUMPRIDAS SUAS CLÁUSULAS, RETOMA-SE A SITUAÇÃO ANTERIOR, POSSIBILITANDO-SE AO MINISTÉRIO PÚBLICO A CONTINUIDADE DA PERSECUÇÃO PENAL MEDIANTE OFERECIMENTO DE DENÚNCIA OU REQUISIÇÃO DE INQUÉRITO POLICIAL.

SÚMULA VINCULANTE 36

COMPETE À JUSTIÇA FEDERAL COMUM PROCESSAR E JULGAR CIVIL DENUNCIADO PELOS CRIMES DE FALSIFICAÇÃO E DE USO DE DOCUMENTO FALSO QUANDO SE TRATAR DE FALSIFICAÇÃO DA CADERNETA DE INSCRIÇÃO E REGISTRO (CIR) OU DE CARTEIRA DE HABILITAÇÃO DE AMADOR (CHA), AINDA QUE EXPEDIDAS PELA MARINHA DO BRASIL.

SÚMULA VINCULANTE 37

NÃO CABE AO PODER JUDICIÁRIO, QUE NÃO TEM FUNÇÃO LEGISLATIVA, AUMENTAR VENCIMENTOS DE SERVIDORES PÚBLICOS SOB O FUNDAMENTO DE ISONOMIA.

SÚMULA VINCULANTE 38

É COMPETENTE O MUNICÍPIO PARA FIXAR O HORÁRIO DE FUNCIONAMENTO DE ESTABELECIMENTO COMERCIAL.

SÚMULA VINCULANTE 39

COMPETE PRIVATIVAMENTE À UNIÃO LEGISLAR SOBRE VENCIMENTOS DOS MEMBROS DAS POLÍCIAS CIVIL E MILITAR E DO CORPO DE BOMBEIROS MILITAR DO DISTRITO FEDERAL.

SÚMULA VINCULANTE 40

A CONTRIBUIÇÃO CONFEDERATIVA DE QUE TRATA O ART. 8º, IV, DA CONSTITUIÇÃO FEDERAL, SÓ É EXIGÍVEL DOS FILIADOS AO SINDICATO RESPECTIVO.

SÚMULA VINCULANTE 41

O SERVIÇO DE ILUMINAÇÃO PÚBLICA NÃO PODE SER REMUNERADO MEDIANTE TAXA.

SÚMULA VINCULANTE 42

É INCONSTITUCIONAL A VINCULAÇÃO DO REAJUSTE DE VENCIMENTOS DE SERVIDORES ESTADUAIS OU MUNICIPAIS A ÍNDICES FEDERAIS DE CORREÇÃO MONETÁRIA.

É importante avaliar no conteúdo da súmula o seu *limite objetivo*, o qual é dado pelo enunciado que resulta de sua formulação. Esse enunciado poderá ser melhor compreendido mediante a leitura dos precedentes que geraram a base da decisão sumulada. Não raras vezes haverá necessidade de se recorrer às referências da súmula para dirimir eventual dúvida sobre o seu exato significado. Tais referências são importantes também no que diz respeito à eventual distinção ou *distinguishing* que se tenha de realizar quando da aplicação da súmula.[555]

Preceitua o *§2º do art.* 926 do atual C.P.C. que *ao editar enunciados de súmula, os tribunais devem ater-se às circunstâncias fáticas dos precedentes que motivaram sua criação.*

Isso significa dizer que a edição de enunciados de súmula não deve ficar restrito somente à questão jurídica a ser definida, mas especialmente às circunstâncias fáticas que deram origem aos precedentes que motivaram a criação da súmula.

E o que se entende por precedente: Pela leitura que se possa fazer do novo C.P.C., o precedente diz respeito ao julgamento do tribunal que de certa forma comporá a jurisprudência dominante do tribunal, a qual, por sua vez, legitimará a formulação de enunciados de súmula.

Se não houver essa efetiva preocupação por parte do Tribunal, ao expedir o enunciado de Súmula, poderá ocorrer que a súmula não represente as circunstâncias fáticas dos precedentes que motivaram sua criação, gerando mais insegurança jurídica.

[555] Mendes, G. F.; Branco, P. G. G., idem, p. 1044

Art. 927

Os juízes e os tribunais observarão:

I – as decisões do Supremo Tribunal Federal em controle concentrado de constitucionalidade;

II – os enunciados de súmula vinculante;

III – os acórdãos em incidente de assunção de competência ou de resolução de demandas repetitivas e em julgamento de recursos extraordinário e especial repetitivos;

IV – os enunciados das súmulas do Supremo Tribunal Federal em matéria constitucional e do Superior Tribunal de Justiça em matéria infraconstitucional;

V – a orientação do plenário ou do órgão especial aos quais estiverem vinculados.

§ 1º Os juízes e os tribunais observarão o disposto no art. 10 e no art. 489, § 1º, quando decidirem com fundamento neste artigo.

§ 2º A alteração de tese jurídica adotada em enunciado de súmula ou em julgamento de casos repetitivos poderá ser precedida de audiências públicas e da participação de pessoas, órgãos ou entidades que possam contribuir para a rediscussão da tese.

§ 3º Na hipótese de alteração de jurisprudência dominante do Supremo Tribunal Federal e dos tribunais superiores ou daquela oriunda de julgamento de casos repetitivos, pode haver modulação dos efeitos da alteração no interesse social e no da segurança jurídica.

§ 4º A modificação de enunciado de súmula, de jurisprudência pacificada ou de tese adotada em julgamento de casos repetitivos observará a necessidade de fundamentação adequada e específica, considerando os princípios da segurança jurídica, da proteção da confiança e da isonomia.

§ 5º Os tribunais darão publicidade a seus precedentes, organizando-os por questão jurídica decidida e divulgando-os, preferencialmente, na rede mundial de computadores.

Observação das decisões dos tribunais e dos enunciados de súmulas

Os juízes e os tribunais deverão observar as decisões do Supremo Tribunal Federal em controle concentrado de inconstitucionalidade, assim como os enunciados de súmula vinculante.

Pela leitura do art. 927, inc. I, do atual C.P.C., não haverá efeito vinculante em relação às decisões proferidas pelo S.T.F. em controle difuso de constitucionalidade.

Porém, os juízes e tribunais deverão observar os enunciados das súmulas do Supremo Tribunal Federal em matéria constitucional e do Superior Tribunal de Justiça em matéria infraconstitucional.

Diante dessa necessidade de estabilidade jurídica e igualdade de tratamento nas resoluções de casos encaminhados ao Poder Judiciário, é primordial que as decisões do S.T.F. proferidas no controle concentrado de inconstitucionalidade, assim como os enunciados de súmula vinculante, sejam critérios de orientação vinculativa das decisões de todos os órgãos jurisdicionais a ele vinculados.

Muito embora o juiz não seja obrigado a seguir a orientação do tribunal a que esteja vinculado, o mesmo não ocorre em relação às decisões do S.T.F. proferidas em controle concentrado de inconstitucionalidade e em enunciados de súmula vinculante.

Aliás, conforme estabelece o art. 102 da C.F., compete ao Supremo Tribunal Federal, precipuamente, a guarda da Constituição.

Essa necessidade de os tribunais e juízes singulares do país seguirem a jurisprudência do Supremo Tribunal Federal visa a concretizar plenamente os princípios da legalidade e da isonomia.

Os juízes e tribunais também deverão observar os acórdãos proferidos em incidente de assunção de competência ou de resolução de demandas repetitivas e em julgamento de recursos extraordinário e especial repetitivos.

Muito embora as hipóteses acima indicadas não tenham efeito vinculante, assim como ocorre com as decisões do S.T.F. em controle concentrado de constitucionalidade ou em enunciados de súmula vinculante, é importante que os juízes e tribunais observem as decisões proferidas nos institutos que visam a definir tese jurídica que deverá ser aplicada em processos similares ou de massa. Aliás, essa é a finalidade das decisões a serem proferidas em incidente de resolução de demandas repetitivas e em julgamento de recursos extraordinário e especial repetitivos, e, de certa forma, na assunção de competência.

Não teria sentido o legislador criar determinados institutos processuais para resguardar a isonomia na aplicação e interpretação da norma, se os juízes e tribunais não seguirem essa orientação.

Os juízes e tribunais também deverão observar a orientação do plenário ou do órgão especial aos quais estiverem vinculados.

De nada adiantaria a previsão numa norma processual de que deverá haver a uniformização e estabilidade da jurisprudência sem que os órgãos fracionários, turmas ou câmaras de julgamento não seguirem a própria jurisprudência consolidada em uniformização de jurisprudência ou em súmula do próprio Tribunal.

A ordem hierárquica de estabilização ou uniformização de jurisprudência se dá na seguinte forma: a) plenário; b) órgão especial; c) órgão fracionários superiores (Turma ou Câmara reunidas).

Assim, se compete ao plenário do tribunal uniformizar a jurisprudência do tribunal, os órgãos fracionários deverão seguir essa orientação, seja por meio de súmula, seja por meio de incidente de inconstitucionalidade.

O art. 11, inc. XVI, do Regimento Interno do Tribunal Regional Federal da 4ª Região, estabelece que compete ao Plenário processar e julgar os incidentes de inconstitucionalidades de lei ou de ato normativo suscitados nos processos de sua competência. Por sua vez, o art. 97 da C.F., que trata do princípio da *reserva do plenário*, prescreve que somente pelo voto da maioria absoluta de seus membros ou dos membros do respectivo órgão especial poderão os tribunais declarar a inconstitucionalidade de lei ou ato normativo do Poder Público.

A Constituição Federal, em seu art. 93, inc. XI, preceitua que nos tribunais com número superior a vinte e cinco julgadores, poderá ser constituído órgão especial, com o mínimo de onze e o máximo de vinte e cinco membros, para o exercício das atribuições administrativas e jurisdicionais delegadas da competência do tribunal pleno, provendo-se metade das vagas por antiguidade e a outra metade por eleição pelo tribunal pleno

O art. 12, inc. IV e V, do Regimento Interno do Tribunal Regional Federal da 4ª Região, preceitua que compete à Corte Especial Judicial processar e julgar os incidentes de arguição de inconstitucionalidade de lei ou de ato normativo, suscitados nos processos submetidos a julgamento originário ou recursal do Tribunal, hipótese em que o Relator, mesmo não sendo integrante da Corte Especial, dela participará no julgamento do incidente, excluindo-se o Desembargador mais moderno, respeitada a garantia do quinto constitucional, assim como os incidentes de uniformização de jurisprudência, quando ocorrer divergência na interpretação do direito entre as Seções ou quando a matéria for comum a mais de uma Seção, aprovando a respectiva Súmula. Compete ainda à Corte Especial Judicial sumular a jurisprudência uniforme comum às Seções e deliberar sobre a alteração e o cancelamento de suas Súmulas.

É importante salientar que essa força vinculante da orientação do plenário ou do órgão especial somente se aplica aos órgãos fracionários do próprio tribunal, e não aos juízes a ele vinculado.

Porém, como a atual filosofia é no sentido de se uniformizar decisões a fim de se evitar a quebra da isonomia entre aqueles que procuram o Poder Judiciário, é importante que os juízes, na medida do possível, também sigam a jurisprudência de seus tribunais.

Preceitua o *§1º do art. 927* do atual C.P.C. que *os juízes e os tribunais observarão o dispostos no art. 10 e no art. 489, §1º, quando decidirem com fundamento neste artigo.*

Assim, quando os juízes e tribunais decidirem determinada causa, observando os enunciados e as decisões indicadas nos incisos I a V do art. 927 do atual C.P.C., antes deverão oportunizar às partes a possibilidade de se manifestarem sobre essa perspectiva, inclusive para que possam verificar se a causa em julgamento corresponde ao enunciado de súmula ou às decisões indicadas nos incisos I a V do art. 927 do atual C.P.C. (art. 10 do atual C.P.C.).

Outrossim, deverá também o juiz e o tribunal observar o que dispõe o art. 489, §1º, do atual C.P.C., que assim dispõe:

> *Art. 489. (...).*
>
> *§ 1º Não se considera fundamentada qualquer decisão judicial, seja ela interlocutória, sentença ou acórdão, que:*
>
> *I – se limitar à indicação, à reprodução ou à paráfrase de ato normativo, sem explicar sua relação com a causa ou a questão decidida;*
>
> *II – empregar conceitos jurídicos indeterminados, sem explicar o motivo concreto de sua incidência no caso;*
>
> *III – invocar motivos que se prestariam a justificar qualquer outra decisão;*
>
> *IV – não enfrentar todos os argumentos deduzidos no processo capazes de, em tese, infirmar a conclusão adotada pelo julgador;*
>
> *V – se limitar a invocar precedente ou enunciado de súmula, sem identificar seus fundamentos determinantes nem demonstrar que o caso sob julgamento se ajusta àqueles fundamentos;*
>
> *VI – deixar de seguir enunciado de súmula, jurisprudência ou precedente invocado pela parte, sem demonstrar a existência de distinção no caso em julgamento ou a superação do entendimento.*

Sobre o tema, eis o o que dispõe o Enunciado n. 11 da ENFAM: Os precedentes a que se referem os incisos V e VI do § 1º do art. 489 do CPC/2015 são apenas os mencionados no art. 927 e no inciso IV do art. 332.

Preceitua o *§2º do art. 927* do atual C.P.C. que *a alteração da tese jurídica adotada em enunciado de súmula ou em julgamento de casos repetitivos poderá ser precedida de audiências públicas e da participação de pessoas, órgãos ou entidades que possam contribuir para a rediscussão da tese.*

Conforme se afirmou, o princípio da *uniformização* e da *estabilidade da jurisprudência* não deve ser de modo algum um empecilho para a adaptação da jurisprudência à nova realidade social e econômica, mas, sim, um critério de aplicação uniforme e equânime dos postulados da Justiça.

Enquanto uma determinada ordem social mantém seu paradigma, é de suma importância que os órgãos do poder judiciário prescrevam a mesma solução para as situações que são semelhantes, a fim de que não haja insatisfação social pela quebra do princípio da isonomia ou a sensação de que o judiciário favorece determinadas pessoas em detrimento de outras.

Por isso a importância da *uniformização* e da *estabilidade da jurisprudência*, enquanto perdurar um determinado paradigma.

Somente nesse aspecto e nesses limites é que se compreende a *uniformização e estabilidade* da jurisprudência, ou seja, no sentido do senso de justiça, sem que isso signifique a estagnação do pensamento jurídico ou a inserção de uma camisa-de-forças no livre convencimento dos magistrados, tolhendo-lhes a liberdade de movimento em direção a novas maneiras de compreender e interpretar as normas jurídicas.[556]

Porém, havendo mudança de paradigma, especialmente pela alteração das conjunturas sociais, econômicas ou culturais da sociedade brasileira, não se justifica a sedimentação de precedentes ou enunciado de súmula que não estejam mais de acordo com essa nova ordem social.

Assim, se houver necessidade de alteração de tese jurídica adotada em jurisprudência dominante do Supremo Tribunal Federal e dos tribunais superiores ou daquela oriunda de julgamento de casos repetitivos, poderá ser essa alteração precedida de audiências públicas e da participação de pessoas, órgãos ou entidades que possam contribuir para a rediscussão da tese.

É evidente que essa alteração de tese jurídica muitas vezes poderá exigir certa transição entre o passado e o presente, entre a garantia da adaptação da jurisprudência em face do novo paradigma e a segurança jurídica dos casos já decididos ou resolvidos.

Assim, nos termos do *§3º do art. 927* do atual C.P.C., *na hipótese de alteração de jurisprudência dominante do Supremo Tribunal Federal e dos tribunais superiores ou daquela oriunda de julgamento de casos repetitivos, pode haver modulação dos efeitos da alteração no interesse social e no da segurança jurídica.*

Como se tem afirmado, o princípio da uniformização ou estabilização da jurisprudência não acarreta o seu *congelamento* ou a sua estagnação diante das mudanças sociais, econômica, culturais, políticas que possam advir no futuro.

[556] BARBOSA MOREIRA, J. C., idem, ibidem.

Haverá sempre a possibilidade de alteração da jurisprudência dominante do Supremo Tribunal Federal e dos tribunais superiores ou daquela oriunda de julgamento de casos repetitivos. Contudo, essa alteração poderá ensejar consequências de ordem pragmática que podem afetar questões jurídicas ou ir muito além dos limites da ciência jurídica, atingindo também questões econômicas e sociais importantes.

Assim, diante dessas consequências pragmáticas, poderá o tribunal competente, ao rever sua jurisprudência, modular os efeitos da alteração, estabelecendo, por exemplo, se os efeitos dessa decisão terão eficácia apenas para os processos já propostos ou somente em relação aos processos em andamento.

A modulação dos efeitos visa justamente a garantir a segurança jurídica, para que efeitos já concretizados não sejam modificados ou eliminados pelo fato da alteração da jurisprudência, assim como garantir eventuais interesses sociais.

Aliás, a segurança jurídica é tão importante quando em confronto com a modificação de entendimento jurisprudencial consolidado, que o S.T.F. não tem admitido demanda rescisória, por decisão contrária à lei, quando isso decorre de alteração de jurisprudência dos tribunais.

Essa questão da modulação dos efeitos tem sido muito aplicada no âmbito das ações de controle concentrado de constitucionalidade, como ocorre com a ADIN e com a ADC.

Agora a modulação de efeitos também poderá ser consolidada no âmbito de decisões não provenientes de controle concentrado.

É importante salientar que a modificação de enunciado de súmula, de jurisprudência pacificada ou da tese adotada em julgamento de casos repetitivos observará a necessidade de fundamentação adequada e específica, considerando os princípios da segurança jurídica, da proteção da confiança e da isonomia (*§4º do art. 927* do atual C.P.C.).

Os tribunais, em princípio, velarão pela uniformização e pela estabilidade da jurisprudência.

Porém, a possibilidade de revisão ou a mudança de entendimento sedimentado, ainda que proveniente de súmulas vinculantes, é de extrema relevância quando se tem em vista que é da natureza da própria sociedade e do Direito estar em constante transformação.

Porém, assim como a sedimentação ou estabilidade da jurisprudência não decorre da noite para o dia, a alteração do entendimento consolidado também requer muito cuidado.

Por isso, se o tribunal for alterar o seu entendimento sedimentado deverá fazê-lo de forma fundamentada, adequada e específica, indicando precisamente no que consiste a nova avaliação social, econômica, cultural, política ou jurídica que demanda a alteração do entendimento até então consolidado.

Na alteração da jurisprudência, também deverá o tribunal velar pelo imperativo da estabilidade das relações jurídicas, podendo, inclusive, modular os efeitos que dessa mudança poderão decorrer.

Os tribunais darão publicidade a seus precedentes, organizando-os por questão jurídica decidida e divulgando-os, preferencialmente, na rede mundial de computadores (*§5º do art. 927* do atual C.P.C.). Penso que o termo precedente, aqui utilizado, não se restringe apenas à jurisprudência dominante do tribunal que pode ensejar a elaboração de súmulas, mas, inclusive a toda e qualquer jurisprudência, ainda que não dominante.

Art. 928

Para os fins deste Código, considera-se julgamento de casos repetitivos a decisão proferida em:

I – incidente de resolução de demandas repetitivas;

II – recursos especial e extraordinário repetitivos.

Parágrafo único. O julgamento de casos repetitivos tem por objeto questão de direito material ou processual.

Espécies de julgamento de casos repetitivos

O art. 928 do atual C.P.C. define o que seja o julgamento de casos repetitivos, ao preconizar que se considera julgamento de casos repetitivos: a) o incidente de resolução de demanda repetitivas; b) o julgamento de recurso especial e extraordinário repetitivos.

O incidente de resolução de demanda repetitivas, instituto introduzido pelo novo C.P.C. está regulado nos artigos 976 a 987 do atual C.P.C. e tem por finalidade principal evitar a multiplicação de processos fundados em idêntica questão de direito e de causar grave insegurança jurídica, decorrente do risco de coexistência de decisões conflitantes.

Vamos analisar esse incidente no seu capítulo respectivo.

Já o recurso especial e extraordinário repetitivos tem por finalidade resolver de uma vez por todas uma determinada questão jurídica que se encontra já inserida em diversos processos e seus respectivos recursos em trâmite perante o judiciário. Esse incidente recursal está previsto nos arts. 1.036 a 1.041 do atual C.P.C.

No novo C.P.C., a possibilidade de efeito repetitivo do recurso também abrange o recurso extraordinário de competência do Supremo Tribunal Federal e o recurso especial de competência do Superior Tribunal de Justiça.

Sobre o julgamento de recursos extraordinário e especial repetitivos, estabelece o art. 1.033 do atual C.P.C.: *Sempre que houver multiplicidade de recursos extraordinários ou especiais com fundamento em idêntica questão de direito, haverá afetação para julgamento de acordo com as disposições desta Subseção, observado o disposto no Regimento Interno do Supremo Tribunal Federal e no do Superior Tribunal de Justiça.*

Preconiza o parágrafo único do art. 928 do novo C.P.C. que o julgamento de casos repetitivos tem por objeto questão de direito material ou processual.

Assim, tando o I.R.D.R. quanto o recurso repetitivo poderá ter por objeto somente questão de direito material ou processual, ou, ainda, ambas.

Assim, há uma amplitude para análise das questões repetitivas.

CAPÍTULO II – Da Ordem dos Processos no Tribunal

Art. 929

Os autos serão registrados no protocolo do tribunal no dia de sua entrada, cabendo à secretaria ordená-los, com imediata distribuição.

Parágrafo único. A critério do tribunal, os serviços de protocolo poderão ser descentralizados, mediante delegação a ofícios de justiça de primeiro grau.

Ordem dos processos no Tribunal

Os preceitos normativos deste capítulo são de natureza nitidamente procedimental e visam a regular a atividade jurisdicional no âmbito dos tribunais.

Essas normas não se limitam apenas ao protocolo de peça recursal, abrangendo igualmente os processos de competência originária do respectivo tribunal, inclusive a demanda rescisória.

O art. 929 do atual C.P.C. traz o primeiro ato procedimental a ser seguido no trâmite dos processos no tribunal, qual seja, o registro no protocolo do tribunal do dia e hora em que os autos ou petição ali dão entrada, sejam eles físicos ou eletrônicos.

Uma vez protocolizada a peça processual que poderá ser um recurso ou uma demanda autônoma originária, caberá à secretaria de protocolo ordená-los com imediata distribuição ao órgão competente para sua apreciação e análise.

A função principal do protocolo é a de registrar e autenticar a data e a hora da entrada dos autos ou da petição.

Qualquer interessado poderá requerer certidão sobre a movimentação do protocolo judicial.

Evidentemente, este preceito normativo ainda está muito ligado aos autos em papel, pois em se tratando de processo eletrônico, todos esses atos são realizados pela própria parte e pelo próprio sistema eletrônico, automaticamente.

Aliás, há tribunais que estão praticamente desativando o setor de secretaria e de distribuição, uma vez que a parte realiza todos os atos de protocolo no próprio sistema informatizado.

Outrossim, pelos sistemas de processo eletrônico até o momento apresentados não há como numerar páginas pois os documentos são ordenados por *eventos*, o que de certa forma torna a leitura e visualização dos documentos muito desconfortáveis.

Assim, com o processo eletrônico, os autos serão registrados e protocolizados pela *internet* no sistema virtual do processo eletrônico, sem qualquer participação da secretaria do tribunal, sendo que os registros de data e hora ficarão inseridos no sistema eletrônico.

Não havendo qualquer vício na protocolização do processo eletrônico, o sistema estará apto a realizar no momento oportuno a distribuição dos autos virtuais.

Prescreve o *parágrafo único do art. 929* do atual C.P.C. que *a critério do tribunal, os serviços de protocolo poderão ser descentralizados, mediante delegação a ofícios de justiça de primeiro grau.*

Em relação ao processo físico, há praticamente em todos os tribunais do país serviços de protocolo descentralizado, podendo a parte protocolizar recursos ou demandas autônomas originárias de competência dos tribunais, sem precisar deslocar-se até a sede do tribunal.

Não há, contudo, esse serviço em relação ao protocolo do Supremo Tribunal Federal e do Superior Tribunal de Justiça.

Já em relação ao processo virtual, a descentralização é a maior virtude dessa espécie de processo, pois o protocolo encontra-se ao alcance de todos em qualquer lugar do mundo, bastando ali existir um computador que faça a interligação via *internet* com o respectivo tribunal, inclusive o S.T.F. e o S.T.J.

Portanto, com o processo eletrônico, pode-se dizer que o sistema de protocolo do tribunal está no escritório ou no *laptop* do advogado.

Art. 930

Far-se-á a distribuição de acordo com o regimento interno do tribunal, observando-se a alternatividade, o sorteio eletrônico e a publicidade.

Parágrafo único. O primeiro recurso protocolado no tribunal tornará prevento o relator para eventual recurso subsequente interposto no mesmo processo ou em processo conexo.

Distribuição e prevenção

Este preceito normativo estabelece que compete ao regimento interno do tribunal regular a forma e o momento de se realizar a distribuição das peças processuais protocolizadas no sistema informatizado no tribunal.

A distribuição poderá ser automática, na medida em que for sendo inseridos peças processuais no sistema, ou mediante programação do sistema informatizado para que faça a distribuição em determinado horário do dia.

O importante é que a distribuição seja feita diariamente e que observe a alternatividade, o sorteio eletrônico e, principalmente, que permita um controle público decorrente de sua *publicidade*.

É certo que em se tratando de sistema informatizado, a publicidade torna-se mais complexa e relativizada, pois é o próprio sistema que realiza este ato processual. Daí porque a necessidade de se ter um sistema informatizado seguro e eficiente para que não haja burla na alternatividade da distribuição, ou seja, para que não se fira o princípio do juízo competente e natural.

Esses princípios devem abranger tanto a distribuição entre órgãos como a distribuição entre os membros de cada órgão.

O Regimento Interno do Tribunal Regional Federal da 4ª Região estabelece as seguintes diretrizes para registro e distribuição de processo de sua competência:

"Art. 77. O tribunal adotará o meio eletrônico na tramitação de processos judiciais e administrativos, comunicação de atos e transmissão de peças processuais registrando os eventos no ato da ocorrência.

§1º No meio físico, as petições e os autos enviados ao Tribunal, entregues em sua sede, nas Seções ou Subseções Judiciárias da Região, serão registrados, por ordem de chegada, no respectivo protocolo integrado.

§2º O Presidente do Tribunal disciplinará o Sistema Processual Eletrônico e o Sistema de Protocolo de petições.

Art. 78. Deverão constar, no sistema eletrônico de autuação, os dados inseridos pelo primeiro grau, sem prejuízo da atualização e revisão quando cabíveis: I – nomes das partes e dos seus procuradores; II – nome do Relator e Órgão Julgador; III – preferências legais ou administrativas; IV – número do processo; V – data da distribuição no 1º e 2º graus; VI – classe de origem e atual; VII – assuntos; VII – concessão de assistência judiciária gratuita; IX – existência de réu preso; X – incapacidade de parte; XI – segredo de justiça; XII – quantidade de volumes apensados; XIII – outras informações processuais que possam auxiliar os gabinetes na tiragem do processo.

Parágrafo único. Far-se-á anotação na capa dos autos ou destaque nos processos eletrônicos quando ocorrerem as seguintes circunstâncias: I – agravo, em qualquer de suas formas; II – réu preso; III – segredo de justiça; IV – embargos de declaração; V – embargos infringentes; VI – recurso especial; VII – recurso extraordinário; VII – impedimento ou suspeição dos Desembargadores; X – penhora no rosto dos autos.

Art. 79. Os feitos serão autuados segundo a Tabela de Classes aprovada pelo Conselho Nacional de Justiça.

Art. 80. A distribuição, de responsabilidade do Presidente ou de seu substituto legal, far-se-á diariamente, por sistema informatizado, sendo os dados acessíveis aos interessados, na forma estabelecida em Instrução Normativa.

§1º Os processos da competência do Tribunal serão distribuídos segundo a ordem que forem apresentados.

§2º Serão adotadas as regras de numeração instituídas pelo Conselho Nacional de Justiça, podendo ser a que tomou o feito na instância inferior.

§3º A listagem dos "Processos Distribuídos e/ou Redistribuídos" estará disponível no 'site' do Tribunal.

Art. 81. A distribuição será eqüitativa entre todos os gabinetes da mesma competência, fazendo-se as devidas compensações quando ocorrer hipótese de prevenção, impedimento ou suspeição.

Art. 82. A distribuição do mandado de segurança, habeas corpus, medida cautelar e recurso cível ou criminal torna preventa a competência do Relator e do órgão julgador para todos os recursos ou incidentes posteriores, tanto na ação quanto na execução, referentes ao mesmo processo e aos feitos reunidos no primeiro grau.

§1º A distribuição realizada por equívoco não firma nem modifica prevenção.

§2º Firma prevenção, inclusive, a decisão que deixar de conhecer do feito, ou simplesmente declarar prejudicado o pedido.

§3º Ocorrendo a reunião de feitos no primeiro grau posteriormente à distribuição de recursos a diferentes Relatores, a prevenção para nova distribuição será do Relator que recebeu o primeiro recurso, sendo-lhe dada ciência da existência dos demais.

§4º Se o Relator deixar o Tribunal, transferir-se de Seção, for empossado Presidente, Vice-Presidente, ou Corregedor-Geral, a prevenção será do seu sucessor no respectivo órgão julgador, não sendo retomada pelo Relator em face de ulterior retorno ao mesmo colegiado, ressalvada a hipótese de reassumir seu antigo Gabinete.

§5º Quando da sucessão de Relator, para fins de prevenção, devem ser atribuídos ao novo Relator todos os feitos julgados pelo Gabinete e os pendentes de julgamento.

§6º Os processos que se encontram sobrestados em face de repercussão geral ou multiplicidade de recursos perante o STF/STJ, quando devolvidos ao órgão julgador para novo exame, serão mantidos com o Relator originário se ocupante do mesmo gabinete ou atribuídos ao seu sucessor.

§7º Concluindo-se ser o julgamento da competência da Seção ou da Corte Especial, de processo que tramitou na Turma ou Seção, ressalvadas as hipóteses previstas neste Regimento Interno, não haverá prevenção de Relatoria, devendo o feito ser redistribuído livremente.

§8º O Juiz Federal convocado em função de auxílio ao Tribunal, que concorre à distribuição, está prevento em relação aos processos que lhe forem distribuídos ou atribuídos, tão somente enquanto perdurar a respectiva convocação.

§9º Havendo convocação de Juiz Federal, em função de auxílio ao Tribunal, que não concorre à distribuição, a prevenção será do Relator titular.

§10º A prevenção, se não for reconhecida de ofício, poderá ser argüida por qualquer das partes ou pelo Ministério Público Federal até o início do julgamento, após o que se terá como modificada a competência tão somente para o feito julgado.

§11. Ocorrendo a extinção do órgão julgador, os processos remanescentes serão redistribuídos livremente aos órgãos julgadores competentes para a matéria.

§12. A referência aos feitos reunidos no primeiro grau não abrange as execuções de sentença interpostas por beneficiados em ações coletivas movidas por substituto processual.

§13. A ausência de regra expressa sobre prevenção autoriza a livre distribuição.

Art. 83. Salvo determinação superior, não haverá distribuição nos casos de afastamento temporário de Desembargador, exceto quanto aos processos considerados de natureza urgente, devendo os autos voltar ao gabinete de origem quando retornar o titular ou for convocado substituto.

Parágrafo único. O substituto receberá os processos que forem distribuídos ao gabinete bem como os do substituído; nesta última hipótese, ratifica-se, se for o caso, eventual pedido de dia para o julgamento e o relatório.

Parágrafo único. O substituto receberá os processos que forem distribuídos ao gabinete bem como os do substituído; nesta última hipótese, ratifica-se, se for o caso, eventual pedido de dia para o julgamento e o relatório.

Art. 84. No caso de embargos infringentes, quando admitidos, será feito o sorteio de novo Relator.

§1º Se a decisão embargada for de uma Turma, far-se-á distribuição dos embargos dentre os Desembargadores da outra.

§2º Se todos os Desembargadores competentes para a apreciação dos Embargos Infringentes houverem participado do julgamento anterior, o Relator do acórdão embargado não concorrerá ao sorteio.

§3º O mesmo critério deverá ser observado na distribuição de ação rescisória e de revisão criminal.

Art. 85. A distribuição de mandado de segurança contra ato do próprio Tribunal, far-se-á de preferência a Desembargador que não haja participado da guerreada decisão.

Art. 86. O prolator da decisão impugnada será o Relator do agravo regimental, com direito a voto.

Art. 87. Na arguição de suspeição a Desembargador, observar-se-á o disposto no art. 316 e seu parágrafo único.

Art. 88. Os Desembargadores empossados Presidente, Vice-Presidente, Corregedor e os que mudarem de Seção, continuam vinculados aos processos de que são Relatores se já encaminhados à revisão ou remetidos à Secretaria com pedido de dia, bem como os processos dos quais pediram vista.

É importante salientar que o ato de distribuição é um ato administrativo que poderá ser impugnado pelos interessados, desde que haja erro, dolo, simulação ou fraude, especialmente quando houver a quebra dos princípios da publicidade, alternatividade e sorteio.

Estabelece o *parágrafo único do art. 930* do atual C.P.C. que *o primeiro recurso protocolado no tribunal tornará prevento o relator para eventual recurso subsequente interposto no mesmo processo ou em processo conexo.*

É possível que contra uma determinada decisão interlocutória proferida no processo seja interposto o recurso de agravo de instrumento, o qual será distribuído a um determinado relator, que, por sua vez, tornar-se-á prevento para eventual recurso subsequente interposto no mesmo processo ou em processo conexo, como é o caso, por exemplo, do recurso de apelação da sentença final proferida nos mesmos autos ou em autos conexos.

Evidentemente, em se tratando de análise de pedido de urgência no período de plantão do tribunal, não haverá a referida prevenção, devendo o processo ser distribuído aleatoriamente.

É possível, ainda, que numa determina relação jurídica haja litisconsórcio ativo, passivo ou misto, podendo ainda ser unitário (necessário ou facultativo) ou facultativo.

Havendo relação jurídica em que haja litisconsortes, o recurso interposto por um dos litisconsortes, podendo inclusive ser um agravo de instrumento, tornará prevento o relator para os recursos interpostos pelos demais litisconsortes, na forma do regimento interno do tribunal e do que dispõe o parágrafo único do art. 930 do atual C.P.C.

Essa prevenção é importante, pois evitará que haja diversos relatores em relação às mesmas partes de uma mesma relação jurídica processual, evitando-se assim votos divergentes de relatores distintos, ocasionando por vezes quebra do princípio do tratamento isonômico sobre a mesma questão em relação aos mesmos fatos.

Outro aspecto procedimental importante, para se evitar decisões contraditórias, é que esses recursos interpostos pelos litisconsortes deverão ser julgados conjuntamente quando se tratar da mesma questão de fato ou de direito.

Em relação ao litisconsórcio, é importante salientar o que dispõe o art. 117 do atual C.P.C., in verbis: Os litisconsortes serão considerados, em suas relações com a parte adversa, como litigantes distintos, exceto no litisconsórcio unitário, caso em que os atos e as omissões de um não prejudicarão os outros, mas os poderão beneficiar.

Sobre o tema referente à extensão dos julgamentos aos litisconsortes unitários, eis os seguintes precedentes do S.T.J.:

– O julgado que se pretende estender aos demais litisconsortes ativos se refere à fase de execução do julgado. Dessa forma, não há como se entender que se trata de litisconsórcio simples, pois, no caso dos autos, a relação jurídica que une as partes é marcada pela indivisibilidade, porquanto já definida a situação de cada servidor na ação de conhecimento. Apenas tentam os ora embargados, de forma unitária, se fazerem valer dos efeitos da decisão tomada na fase executiva.

– A jurisprudência desta Corte está firmada no sentido de que a formação de litisconsórcio unitário conduz à aplicação da regra prevista no art. 509 do CPC.

Embargos declaratórios recebidos como agravo regimental, ao qual se nega provimento.

(EDcl nos EDcl no REsp 519.340/SP, Rel. Ministra MARILZA MAYNARD (DESEMBARGADORA CONVOCADA DO TJ/SE), SEXTA TURMA, julgado em 10/06/2014, DJe 27/06/2014)

1. Condenação de duas empresas a pagar, solidariamente, indenização por danos morais, em face da demora no fornecimento de peças para o conserto de veículo importado.

2. Provimento da apelação interposta por apenas um dos litisconsortes, cujo litisconsórcio passivo não é unitário.

3. Extensão dos efeitos da apelação ao litisconsorte que não apelou, em decorrência da eficácia expansiva subjetiva do recurso.

4. Aplicação da regra do parágrafo único do art. 509 do CPC, incidente nas hipóteses de solidariedade passiva, embora facultativo o litisconsórcio.

5. Doutrina e jurisprudência sobre o tema.

6. RECURSO ESPECIAL PROVIDO.

(REsp 1366676/RS, Rel. Ministro PAULO DE TARSO SANSEVERINO, TERCEIRA TURMA, julgado em 11/02/2014, DJe 24/02/2014).

(..).

9. O aproveitamento de um recurso interposto por um dos litisconsortes não produz efeitos para os demais, exceto em caso de litisconsórcio unitário, o que não é o caso desta ação civil coletiva, que não trata de uma relação jurídica indivisível, mas de várias relações que podem ser consideradas individualmente quanto a cada réu e sua respectiva clientela, como se várias ações tivessem sido propostas conjuntamente, de forma independente.

(...).

(REsp 609.329/PR, Rel. Ministro RAUL ARAÚJO, QUARTA TURMA, julgado em 18/12/2012, DJe 07/02/2013).

1. O recurso interposto por um dos litisconsortes não produz efeitos para os demais, salvo nas hipóteses de litisconsórcio unitário.

Precedentes: AgRg no REsp 770.326/BA, 6ª Turma, Rel. Min. Celso Limongi (Desembargador Convocado do TJ/SP), DJe 27.9.2010; EDcl no RMS 19.635/MT, 6ª Turma, Rel. Min. Maria Thereza de Assis Moura, DJe 16.6.2008; REsp 827.935/DF, 1ª Turma, Rel. Min. Teori Albino Zavascki, DJe 27.8.2008; REsp 209.336/SP, 6ª Turma, Rel. Min. Maria Thereza de Assis Moura, DJ 26.3.2007.

2. Hipótese em que o Tribunal a quo asseverou que o litisconsórcio entre os entes públicos é simples, já que os interesses defendidos nos autos principais são distintos e opostos, de modo que podem ser decididos de maneira diferente.

(...)

(REsp 1225174/RS, Rel. Ministro MAURO CAMPBELL MARQUES, SEGUNDA TURMA, julgado em 22/03/2011, DJe 31/03/2011)

Art. 931

Distribuídos, os autos serão imediatamente conclusos ao relator, que, em 30 (trinta) dias, depois de elaborar o voto, restituí-los-á, com relatório, à secretaria.

Encaminhamento dos autos ao Relator para o voto

Havendo no tribunal apenas um órgão competente para apreciar a demanda autônoma ou o recurso, será feita a distribuição dentre os membros componentes do referido órgão.

Se houver mais de um órgão, primeiramente a distribuição será feita entre os órgãos para depois ocorrer a distribuição entre os seus membros.

As atribuições do relator alteram-se conforme se trata de demanda autônoma ou de recurso.

No caso específico de demanda rescisória, o relator tem certas atribuições, como deferir ou indeferir a petição inicial. Poderá, ainda, determinar a citação do réu, assinando-lhe prazo nunca inferior a quinze dias e nem superior a trinta, para, querendo, apresentar resposta (art. 970 do atual C.P.C.). Poderá deferir a realização de provas, delegando competência ao órgão que proferiu a decisão rescindenda (art. 972 do atual C.P.C.).

Havendo a distribuição, inclusive no caso de demanda rescisória, os autos serão remetidos imediatamente à apreciação do relator. Isso é feito automaticamente pelo sistema virtualizado em se tratando de processo eletrônico.

O relator, após a elaboração de seu voto, terá o prazo de trinta dias para restituir o processo à Secretaria, com o respectivo relatório.

No projeto originário do novo C.P.C., n. 2.046/10, o relator deveria restituir os autos à secretaria, com seu 'visto', cabendo-lhe fazer exposição dos pontos controvertidos sobre os quais versasse a causa.

Essa regra jurídica, muito embora existisse no art. 549 e parágrafo único do C.P.C. de 1973, de certa forma nunca foi aplicada, especialmente quanto à determinação de que o relator fizesse uma exposição dos pontos controvertidos sobre o conteúdo do recurso.

No Brasil, em que a grande maioria dos Tribunais estão assoberbados de processo, essa regra seria mais um critério de burocratização do processo, pois se o relator tivesse que assim proceder em todos os processos que lhe são distribuídos, não teria tempo para estudar os processos que efetivamente estão prontos para julgamento.

Agora, pelo novo C.P.C., o relator apenas devolverá os autos à Secretaria, com o seu relatório, sem expor quais são os pontos controvertidos sobre os quais versa a causa.

Art. 932

Incumbe ao relator:

I – dirigir e ordenar o processo no tribunal, inclusive em relação à produção de prova, bem como, quando for o caso, homologar autocomposição das partes;

II – apreciar o pedido de tutela provisória nos recursos e nos processos de competência originária do tribunal;

III – não conhecer de recurso inadmissível, prejudicado ou que não tenha impugnado especificamente os fundamentos da decisão recorrida;

IV – negar provimento a recurso que for contrário a:

a) súmula do Supremo Tribunal Federal, do Superior Tribunal de Justiça ou do próprio tribunal;

b) acórdão proferido pelo Supremo Tribunal Federal ou pelo Superior Tribunal de Justiça em julgamento de recursos repetitivos;

c) entendimento firmado em incidente de resolução de demandas repetitivas ou de assunção de competência;

V – depois de facultada a apresentação de contrarrazões, dar provimento ao recurso se a decisão recorrida for contrária a:

a) súmula do Supremo Tribunal Federal, do Superior Tribunal de Justiça ou do próprio tribunal;

b) acórdão proferido pelo Supremo Tribunal Federal ou pelo Superior Tribunal de Justiça em julgamento de recursos repetitivos;

c) entendimento firmado em incidente de resolução de demandas repetitivas ou de assunção de competência;

VI – decidir o incidente de desconsideração da personalidade jurídica, quando este for instaurado originariamente perante o tribunal;

VII – determinar a intimação do Ministério Público, quando for o caso;

VIII – exercer outras atribuições estabelecidas no regimento interno do tribunal.

Parágrafo único. Antes de considerar inadmissível o recurso, o relator concederá o prazo de 5 (cinco) dias ao recorrente para que seja sanado vício ou complementada a documentação exigível.

Incumbências do relator

Há, no Brasil, uma tradição constitucional de que os julgamentos a ser proferidos nos tribunais sejam realizados por meio de órgãos colegiados.

Essa tradição decorre justamente pela própria estrutura conferida pela Constituição Federal aos nossos tribunais, os quais são compostos de órgãos com mais de um magistrado.

Essa perspectiva Constitucional decorre de uma concepção sociológica e psicológica de que a avaliação de uma situação jurídica por diversas pessoas é mais confiável do que a realizada por apenas uma.

Contudo, não obstante a estrutura colegiada dos Tribunais, isso não impede que a lei outorgue/delegue, com base nos princípios da celeridade e da economia processual, determinadas prerrogativas ao próprio relator do processo, para que, monocraticamente, possa proferir determinadas decisões isoladamente. Há no Brasil, nos últimos anos, uma nítida tendência de ampliação dos poderes do relator para que monocraticamente possa adotar algumas decisões. Isso se pode observar pelas reformas processuais ocorridas no C.P.C. de 1973, como é o caso das Leis 8.038/90, 9.139/95, 9.756/98, 10.352/2001 etc.

O art. 932 do atual C.P.C. pretende delinear o máximo possível as atribuições do Relator, seja no âmbito das demandas autônomas, seja no âmbito das atribuições recursais.

Assim, incumbe ao relator:

I – dirigir e ordenar o processo no tribunal, inclusive em relação à produção de prova, bem como, quando for o caso, homologar autocomposição das partes.

Essa atribuição também é conferida ao juízo de primeiro grau no art. 139 do atual C.P.C.

Na direção do processo no tribunal, aplica-se ao relator as atribuições estabelecidas ao juiz de primeiro grau, no que couber, previstas no art. 139 do atual C.P.C., a saber:

> *I – assegurar às partes igualdade de tratamento;*
>
> *II – velar pela duração razoável do processo;*
>
> *III – prevenir ou reprimir qualquer ato contrário à dignidade da justiça e indeferir postulações meramente protelatórias;*
>
> *IV – determinar todas as medidas indutivas, coercitivas, mandamentais ou sub-rogatórias necessárias para assegurar o cumprimento de ordem judicial, inclusive nas ações que tenham por objeto prestação pecuniária;*
>
> *V – promover, a qualquer tempo, a autocomposição, preferencialmente com auxílio de conciliadores e mediadores judiciais;*
>
> *VI – dilatar os prazos processuais e alterar a ordem de produção dos meios de prova, adequando-os às necessidades do conflito de modo a conferir maior efetividade à tutela do direito;*
>
> *VII – exercer o poder de polícia, requisitando, quando necessário, força policial, além da segurança interna dos fóruns e tribunais;*

VIII – determinar, a qualquer tempo, o comparecimento pessoal das partes, para inquiri-las sobre os fatos da causa, hipótese em que não incidirá a pena de confesso;

IX – determinar o suprimento de pressupostos processuais e o saneamento de outros vícios processuais;

X – quando se deparar com diversas demandas individuais repetitivas, oficiar o Ministério Público, a Defensoria Pública e, na medida do possível, outros legitimados a que se referem o art. 5º da Lei nº 7.347, de 24 de julho de 1985, e o art. 82 da Lei nº 8.078, de 11 de setembro de 1990, para, se for o caso, promover a propositura da ação coletiva respectiva.

Segundo prescreve o inc. I do art. 932 do atual C.P.C., incumbe ainda ao relator dirigir a produção de prova, bem como, quando for o caso, homologar autocomposição das partes

II – apreciar o pedido de tutela provisória nos recursos e nos processos de competência originária do tribunal.

Caberá também ao Relator analisar eventual pedido de tutela provisória de urgência (cautelar ou satisfativa) ou de evidência nas demandas originárias do tribunal, como é o caso das demandas rescisórias, mandado de segurança etc.

É importante salientar que o pedido de suspensão dos efeitos da sentença transitada em julgado, que tem natureza satisfativa, deve ser formulado, no âmbito da demanda rescisória, como tutela de urgência satisfativa e não como tutela cautelar.

O relator, para análise do pedido de tutela provisória de urgência ou de tutela de evidencia postulada pela parte no processo de competência originária, deverá observar o que dispõem os arts. 294 a 311 do atual C.P.C.

Note-se que a tutela provisória de urgência ou de evidência também poderá ser requerida como preliminar de recurso de apelação ou em petição avulsa, quando o processo já se encontrar no Tribunal.

III – não conhecer de recurso inadmissível, prejudicado ou que não tenha impugnado especificamente os fundamentos da decisão recorrida.

Como todo ato de postulação processual, o recurso deve apresentar e preencher as condições impostas pela lei processual para seu conhecimento assim como deve trazer nas razões recursais os fundamentos da impugnação.

Quando da entrada em vigor do C.P.C. de 1973, o seu art. 557, na sua redação originária, apenas permitia a prerrogativa de o relator negar seguimento ao agravo de instrumento manifestamente improcedente, por meio de despacho. Muito embora o dispositivo fizesse menção a despacho, na realidade tratava-se de verdadeira decisão interlocutória.

O poder de indeferir (rectius: de negar seguimento ao agravo) foi outorgado ao relator em razão de emenda aprovada pelo Senado Federal, emenda essa que se inspirou em dispositivo análogo do Regimento Interno do Supremo Tribunal Federal.[557]

Com a entrada em vigor da Lei. 9.756, de 17.12.1998, o art. 557 do C.P.C. de 1973 passou a ter maior abrangência, *in verbis*:

> *Art. 557. O relator negará seguimento a recurso manifestamente inadmissível, improcedente, prejudicado ou em confronto com súmula ou com jurisprudência dominante do respectivo tribunal, do Supremo Tribunal Federal, ou de Tribunal Superior. (Redação dada pela Lei nº 9.756, de 17.12.1998)*
>
> *§ 1º-A Se a decisão recorrida estiver em manifesto confronto com súmula ou com jurisprudência dominante do Supremo Tribunal Federal, ou de Tribunal Superior, o relator poderá dar provimento ao recurso. (Incluído pela Lei nº 9.756, de 17.12.1998)*
>
> *§ 1º Da decisão caberá agravo, no prazo de cinco dias, ao órgão competente para o julgamento do recurso, e, se não houver retratação, o relator apresentará o processo em mesa, proferindo voto; provido o agravo, o recurso terá seguimento. (Incluído pela Lei nº 9.756, de 17.12.1998)*
>
> *§ 2º Quando manifestamente inadmissível ou infundado o agravo, o tribunal condenará o agravante a pagar ao agravado multa entre um e dez por cento do valor corrigido da causa, ficando a interposição de qualquer outro recurso condicionada ao depósito do respectivo valor. (Incluído pela Lei nº 9.756, de 17.12.1998)*

O inc. III do art. 932 do atual C.P.C. permite ao relator, por meio de decisão monocrática, não conhecer de recurso inadmissível, prejudicado ou que não tenha impugnado especificamente os fundamentos da decisão recorrida.

O juízo de admissibilidade se dá no plano da validade do ato processual, daí porque ele deve ser avaliado sobre a validade de todo o procedimento, devendo ser aplicado a ele todo o sistema das invalidades dos atos processuais.[558]

A movimentação do exercício da atividade jurisdicional ocorre mediante atos postulatórios, em regra de iniciativa das partes, mas também de terceiros, como acontece com o recurso interposto por terceiro.

Sendo o ato postulatório o ato que dá início a um determinado procedimento, este ato deve preencher alguns requisitos de validade, sob pena de tor-

557 Barbosa Moreira, José Carlos. *Comentário ao código de processo civil.* 2ª ed. Vol. V. Rio de Janeiro: Forense: 1976. p. 609 e 610.

558 Didier JR, Fredie; Carneiro da Cunha. Leonardo José. *Curso de direito processual civil* – meios de impugnação às decisões judiciais e processo nos tribunais. Vol. 3. Salvador: Edições PODIVM, 2007. p. 40.

nar inválido o próprio procedimento. Essas considerações valem para qualquer procedimento (principal ou incidental, de primeiro grau ou recursal, de conhecimento ou executivo etc) ou ato postulatório inicial ou incidental (petição inicial, contestação, recurso, pedido de produção de prova, denunciação da lide etc). Juízo de admissibilidade é categoria que pertence à teoria geral do processo e se aplica ao procedimento.[559]

Somente após o magistrado avaliar a validade da postulação, em face do preenchimento dos requisitos exigidos por lei, é que se poderá passar para uma segunda fase do procedimento, qual seja, a análise da própria pretensão formulada na postulação. Embora a segunda fase se revista, numa perspectiva global, de maior importância, constituindo o alvo normal a que tende a atividade do órgão, a primeira é logicamente anterior, pois tal atividade só se há de desenvolver plenamente se concorrerem os requisitos indispensáveis para tornar legítimo o seu exercício.[560]

Chama-se "'juízo de admissibilidade' recursal *àquele em que se declara a presença ou a ausência de semelhantes requisitos; 'juízo de mérito' àquele em que se apura a existência ou inexistência de fundamento para o que se postula, tirando-se daí as consequências cabíveis, isto é, acolhendo-se ou rejeitando-se a postulação. No primeiro, julga-se 'admissível' ou 'inadmissível'; no segundo, 'procedente' ou 'improcedente'"*.[561]

Somente se passará para o juízo de mérito se o de admissibilidade resultou positivo, pois de uma postulação inadmissível não há como nem porque investigar o fundamento. O juízo de admissibilidade, seja positivo ou negativo, é meramente *declaratório*, pois o órgão judicial, ao proferi-lo, apenas reconhece a falta ou a observância dos requisitos exigidos por lei.[562]

A questão relativa à admissibilidade será sempre preliminar à questão de mérito.

Os requisitos de admissibilidade dos recursos podem ser de dois grupos: a) *intrínsecos*: o cabimento, a legitimidade para recorrer, o interesse em recorrer e a inexistência de fato impeditivo ou extintivo do poder de recorrer; b) *extrínsecos:* a tempestividade, a regularidade formal e o preparo.

Esses requisitos são *genéricos*. Para alguns recursos podem não ser exigidos. Não dependem de preparo, por exemplo, os recursos de qualquer natureza

[559] DIDIER JR, F.; CARNEIRO DA CUNHA, L. J., idem, p. 41.

[560] BARBOSA MOREIRA, José Carlos. *Comentários ao código de processo civil.* 2ª ed. Vol. V. Rio de Janeiro: Forense, 1976. p. 241.

[561] BARBOSA MOREIRA, J. C., idem, p. 241.

[562] BARBOSA MOREIRA, J. C., idem, p. 245.

interpostos pelo Ministério Público, pela Fazenda Nacional, pela Defensoria Pública.

No juízo de admissibilidade deve-se verificar se o ato impugnado é suscetível de recurso (previsão legal). Sendo suscetível de recurso, qual o recurso cabível (adequação). Interpondo-se o recurso cabível contra a decisão, preenche-se o requisito intrínseco de admissibilidade.

Ainda no âmbito do juízo de admissibilidade, há os seguintes princípios a serem observados: a) *fungibilidade*. Havendo equívoco da parte na interposição do recurso, e não ocorrendo erro grosseiro (há dúvida objetiva sobre o recurso cabível), e sendo o recurso interposto no prazo do recurso correto, o juiz poderá receber o recurso interposto de forma equivocada. O princípio da *fungibilidade* era previsto expressamente no art. 80 do C.P.C. de 1939: *"Salvo a hipótese de má-fé ou erro grosseiro, a parte não será prejudicada pela interposição de um recurso por outro, devendo os autos ser enviados à Câmara, ou Turma, a que competir o julgamento"*; b) *unicidade ou unirrecorribilidade*. Não será possível a interposição simultânea de dois ou mais recursos contra a mesma decisão, pois para cada decisão recorrível haverá somente um recurso adequado, salvo a hipótese da necessidade de se interpor o recurso especial e extraordinário contra a mesma decisão recorrida; c) *taxatividade*. Os recursos a serem interpostos contra decisão recorrível são *taxativos*, ou seja, o rol de recursos está inserido em *numerus clausus*. Assim, a parte não poderá interpor recurso que não esteja previsto em lei.

Além das hipóteses recursais previstas no atual C.P.C., há, ainda, os seguintes recursos: a) recurso inominado nos Juizados Especiais; b) embargos infringentes de alçada em execução fiscal; c) agravos internos previstos para o incidente de suspensão de segurança (Lei n. 4.34864; Lei Federal n. 8.347/92).[563]

Dentre os requisitos do juízo de admissibilidade, havia também a existência de peças essenciais para interposição do agravo de instrumento. Se faltasse alguma peça essencial no agravo de instrumento, o tribunal não conheceria do recurso. Nesse sentido são os seguintes precedentes:

> *Impossível verificar se apenas Rosa Maria é representante legal da empresa agravada, para se apurar se as importâncias depositadas são de sua exclusiva propriedade uma vez que o Agravante não trouxe ao processo cópia do contrato social da referida empresa. Os extratos bancários juntados aos autos não comprovam que a única que movimentava a conta bloqueada era Rosa Maria. A referida documentação ausente se trata de peça indispensável, devendo a parte recorrente instruir o agravo com as peças essenciais ao*

[563] Didier Jr. F.; Carneiro da Cunha, L. J., op. cit., p. 46.

conhecimento da matéria pelo Tribunal ad quem, além das obrigatórias arroladas no inciso I, artigo 525, do CPC. (TRF4, AG 0004600-95.2012.404.0000, Segunda Turma, Relatora Luciane Amaral Corrêa Münch, D.E. 29/08/2012).

1. É dever do recorrente instruir o agravo de instrumento com os documentos obrigatórios e indispensáveis à análise da lide, sob pena de não conhecimento do recurso, a teor do artigo 525 do CPC. 2. A ausência de peça obrigatória ou essencial à formação do agravo de instrumento inviabiliza o seu prosseguimento. 3. Precedentes. (TRF4, AG 0002162-96.2012.404.0000, Quarta Turma, Relator Jorge Antonio Maurique, D.E. 13/06/2012)

É certo que havia alguns precedentes isolados que admitia o recurso de agravo, ainda que deficiente de peças, aplicando o princípio da *instrumentalidade das formas*. Nesse sentido eis o seguinte precedente do S.T.J.:

1. As regras processuais têm sido interpretadas com observância aos princípios da instrumentalidade das formas e do prejuízo, os quais têm sido desprezados pelo STJ no trato do agravo de instrumento para fazer subir o recurso especial.

2. Independentemente da razão lógica que orienta esta Corte, no sentido de diminuir o número de recursos e viabilizar a racionalização do seu funcionamento, considero desigual o tratamento pretoriano que tem sido dado ao agravo de instrumento.

3. Apesar da irregularidade na juntada de peças em cópias sem assinatura, inexiste prejuízo se determinada a subida do especial, uma vez que o juízo de admissibilidade poderá ser revisto, deixando de ser conhecido o especial se a petição original não contiver assinatura do advogado.

4. Nessa mesma linha de raciocínio decidiu a Segunda Turma no julgamento do Agravo Regimental no AG 680.480/SP.

5. Agravo regimental provido para dar provimento ao agravo de instrumento.

(AgRg no Ag 688689/SP, Rel. Ministra ELIANA CALMON, SEGUNDA TURMA, julgado em 27/06/2006, DJ 01/08/2006, p. 406).

No novo C.P.C., em relação ao agravo de instrumento,incorporou-se definitivamente o princípio da *instrumentalidade das formas*, conforme estabelece o art. 1.017, §3º, que assim dispõe: *Na falta da cópia de qualquer peça ou no caso de algum outro vício que comprometa a admissibilidade do agravo de instrumento, deve o relator aplicar o disposto no art. 932, parágrafo único.*

Quando a admissibilidade é negada pelo órgão *ad quem*, diz-se que ele *não conhece* do recurso; caso contrário, que *conhece* do recurso, e aí duas hipóteses podem surgir: se o órgão *ad quem* entender que o recurso, além de admissível, é *fundado, dá-lhe provimento;* se entender que, apesar de admissível, é *infundado, nega-lhe provimento.*[564]

Poderá também ser negado seguimento a recurso *prejudicado.*

Perderá o objeto, ou será considerado prejudicado o recurso, por exemplo, quando interposto agravo de instrumento contra decisão que concedeu tutela de urgência cautelar ou satisfativa, for proferida sentença nos autos principais. Nesse caso, o recurso de agravo, dependendo do conteúdo impugnativo, será considerado prejudicado.

Poderá ainda o relator negar seguimento ao recurso na hipótese em que o recorrente, *nas suas razões recursais, não tenha impugnado especificamente os fundamentos da decisão ou sentença recorrida.*

Assim como na petição inicial deve existir correspondência lógica entre a causa de pedir e o pedido, também no âmbito recursal há necessidade de que haja uma correspondência lógica entre as razões recursais e o pedido de reforma da decisão.

A pretensão recursal também apresenta uma causa de pedir e um pedido, devendo existir uma correspondência lógica entre esses dois elementos da pretensão recursal. A causa de pedir é composta pelas questões de fato ou de direito que fundamentam o pedido de reforma, de complementação ou mesmo de esclarecimento da decisão recorrida.

Não há no âmbito do processo civil a simples interposição de determinado recurso, sem qualquer fundamentação jurídica, assim como se observava, no âmbito do processo penal, com o protesto por novo júri.

O recorrente, ao recorrer, deve fundamentar suas razões recursais com argumentos que confrontem e justifiquem a alteração da decisão, sob pena de o relator, ao analisar a peça recursal, negar seguimento ao recurso.

Evidentemente, o relator, nessas hipóteses, não entra no mérito do recurso, mantendo-se nos limites dos pressupostos processuais.

Poderá o relator, nos termos do *inc. IV do art. 932 do* atual C.P.C., *negar provimento* a recurso que contrariar*: a) súmula do Supremo Tribunal Federal, do Superior Tribunal de Justiça ou do próprio tribunal; b) acórdão proferido pelo Supremo Tribunal Federal ou pelo Superior Tribunal de Justiça em julgamento de recursos repetitivos; c) entendimento firmado em incidente de resolução de demandas repetitivas ou de assunção de competência.*

Enquanto o inciso III do art. 932 do atual C.P.C. trata das hipóteses em que o relator *nega seguimento* ao recurso, ou seja, não adentra no mérito da pretensão

[564] Barbosa Moreira, J. C., op. cit., p. 242.

recursal, o inciso IV do mesmo preceito normativo trata das hipóteses em que o relator *nega provimento* ao recurso, isto é, monocraticamente adentra na pretensão de mérito recursal.

O objeto do juízo de mérito recursal é o próprio conteúdo da impugnação à decisão recorrida, ou seja, quando a decisão, por *error in judicando* ou *error in procedente,* resultante de má apreciação da questão de direito ou da questão de fato, merece uma nova apreciação pelo tribunal *ad quem,* seja para invalidar, modificar, integrar ou esclarecer a decisão de primeiro grau.

Denomina-se *error in judicando,* o equívoco do juízo, ou seja, quando há uma má apreciação da questão de direito, ou da questão de fato, ou de ambas. Há *error in procedendo,* quando se denuncia vício de atividade, e por isso se pleiteia a invalidação da decisão averbada de ilegal.

Ao apreciar o mérito do recurso, o tribunal deverá avaliar se a impugnação é ou não fundada.

Quando o tribunal *nega provimento ao recurso,* isso significa dizer que o órgão *ad quem* entendeu infundada a impugnação; se, ao contrário, *dá provimento à pretensão recursal,* isso significa que a pretensão recursal tem razão de ser. Nessa última hipótese, ou o órgão *ad quem* reforma a decisão recorrida em razão de *error in judicando,* ou simplesmente a anula no caso de *error in procedendo.*

O *mérito* do recurso pode às vezes não coincidir com o mérito da causa principal. Por exemplo, o agravo contra a decisão que não recebe recurso extraordinário ou especial tem por objeto o juízo de admissibilidade do recurso e não o mérito propriamente dito da causa principal.

O relator poderá negar provimento ao recurso que contrariar súmula do Supremo Tribunal Federal, do Superior Tribunal de Justiça ou do próprio tribunal. O conteúdo da súmula pode ser vinculante ou não. Se houver conflito entre súmula do S.T.F. ou do S.T.J. e do próprio tribunal, deverá prevalecer o entendimento da súmula dos tribunais superiores.

Este dispositivo, além de priorizar o princípio da economia processual, evitando-se prosseguimento de recurso que já de antemão se sabe o seu resultado final, também vela pelos princípios da *uniformização e da estabilidade da jurisprudência.*

O art. 557, *caput,* do C.P.C. de 1973, também fazia menção a confronto com jurisprudência dominante do respectivo tribunal, do S.T.F. ou do S.T.J. O novo C.P.C. não traz mais essa hipótese, talvez pelo fato de que é muito inconsistente o entendimento de *jurisprudência dominante.*[565] Assim, se o tribunal deseja a uni-

[565] *"Aliás, o problema é ainda maior, porque essa expressão – 'jurisprudência dominante' – é absolutamente fluída, indeterminada, sendo difícil para a parte recorrente quantificar a jurisprudência a ponto de*

formização de sua jurisprudência dominante, deverá fazê-lo mediante a elaboração do enunciado de súmula de jurisprudência.

Também o relator poderá negar provimento ao recurso que contrariar acórdão proferido pelo Supremo Tribunal ou pelo Superior Tribunal de Justiça em *julgamento de recursos repetitivos.*

O julgamento de recursos que tenham por objeto casos repetitivos podem ocorrer no âmbito do S.T.J. e do S.T.F.

Sempre que houver multiplicidade de recursos extraordinários ou especiais com fundamento em idêntica questão de direito, o recurso extraordinário ou o recurso especial será processado nos termos do art. 1.036 do atual C.P.C., observado o disposto no regimento interno do S.T.F. e do S.T.J.

Caberá ao presidente ou vice-presidente do tribunal de justiça ou do tribunal regional federal selecionar dois ou mais recursos representativos da controvérsia, os quais serão encaminhados ao Supremo Tribunal Federal ou ao Superior Tribunal de Justiça para fim de afetação, determinando-se a suspensão do processamento de todos os processos pendentes, individuais ou coletivos, que tramitem no estado ou na região, conforme o caso.

Decididos os recursos afetados, os órgãos colegiados declararão prejudicados os demais recursos versando sobre idêntica controvérsia ou os decidirão aplicando a tese (art. 1.039 do atual C.P.C.).

O relator poderá negar provimento ao recurso interposto quando suas razões contrariar *entendimento firmado em incidente de resolução de demandas repetitivas*

O instituto de incidente de resolução de *demandas repetitivas* foi instituído pelo novo C.P.C. nos artigos 976 a 987 do atual C.P.C.

É cabível a instauração do incidente de resolução de demandas repetitivas quando houver, simultaneamente: I – efetiva repetição de processos que contenham controvérsia sobre a mesma questão unicamente de direito; II – risco de ofensa à isonomia e à segurança jurídica.

saber, com desejável grau de probabilidade de acerto, se se trata ou não de 'dominante'. Observa Priscila Kei Sato: 'Interessante notar que a doutrina e a jurisprudência se utilizam dos termos 'predominante, dominante e pacífica' para adjetivar a jurisprudência uniforme, iterativa. É possível argumentar que, quando se diz 'pacífica', quer se demonstrar a inexistência de julgados em sentido contrário; diferentemente, quando se diz 'predominante' ou 'dominante', assinala-se a existência de uma grande quantidade de julgados em um determinado sentido, mas em menor número do que se se considerasse a jurisprudência 'pacífica'. Contudo, verifica-se que os termos são utilizados indiscriminadamente para designar jurisprudência uniforme e reiterada". (Wambier, Teresa Arruda Alvim. *Os agravos no CPC brasileiro.* 4ª ed. São Paulo: Editora Revista dos Tribunais, 2005. p. 562 e 563).

Julgado o incidente, a tese jurídica será aplicada a todos os processos individuais ou coletivos que versem sobre idêntica questão de direito e que tramitem na área de jurisdição do respectivo tribunal, inclusive àqueles que tramitem nos juizados especiais do respectivo Estado ou região; aos casos futuros que versem idêntica questão de direito e que venham a tramitar no território de competência do tribunal, salvo revisão na forma do art. 986. (art. 985 do atual C.P.C.).

O relator poderá também negar provimento ao recurso interposto quando suas razões contrariar *entendimento firmado em incidente de assunção de competência.*

É admissível a assunção de competência quando o julgamento de recurso, da remessa necessária ou de causa de competência originária envolver relevante questão de direito, com grande repercussão social, sem repetição em diversos processos (art. 947 do atual C.P.C).

Ocorrendo a hipótese de assunção de competência, o relator proporá, de ofício ou a requerimento da parte, do Ministério Público ou da Defensoria Pública, seja o recurso, a remessa necessária ou a causa de competência originária julgado pelo órgão colegiado que o regimento indicar (art. 947, §1º, do atual C.P.C.).

O acórdão proferido em assunção de competência vinculará todos os juízes e órgãos fracionários, exceto se houver revisão de tese.

Sobre a assunção de competência, estabelece o art.16 do Tribunal Regional Federal da 4ª Região:

> *"Art. 16. As Turmas remeterão os feitos de sua competência à Seção das quais são integrantes: I – quando algum Desembargador propuser revisão da jurisprudência assentada em Súmula pela Seção; II – quando convier pronunciamento da Seção, em razão da relevância da questão jurídica, e para prevenir divergência entre as Turmas da mesma Seção; III – nos incidentes de uniformização de jurisprudência".*

Poderá o relator, nos termos do inc. V do art. 932 do atual C.P.C., depois de facultada a apresentação de contrarrazões, dar provimento ao recurso se a decisão recorrida for contrária: a) súmula do Supremo Tribunal Federal, do Superior Tribunal de Justiça ou do próprio tribunal; b) acórdão proferido pelo Supremo Tribunal Federal ou pelo Superior Tribunal de Justiça em julgamento de recursos repetitivos; c) entendimento firmado em incidente de resolução de demandas repetitivas ou de assunção de competência.

Enquanto o inc. IV do art. 932 do atual C.P.C. nega provimento ao recurso, cujas razões recursais contrariam as hipóteses ali tratadas, o inc. V do mesmo dispositivo *dá provimento ao recurso* se a decisão recorrida contrariar súmula do S.T.F ou do S.T.J. ou do próprio Tribunal; acórdão proferido pelo S.T.F., ou pelo

S.T.J., em julgamento de recursos repetitivos; entendimento firmado em incidente de resolução de demandas repetitivas ou de assunção de competência.

Incumbe ao relator, nos termos do inc. VI do art. 932 do atual C.P.C., *decidir o incidente de desconsideração da personalidade jurídica, quando este for instaurado originariamente perante o tribunal.*

O procedimento processual para a instauração do incidente de desconsideração da personalidade jurídica encontra-se previsto nos arts. 133 a 137 do atual C.P.C.

Esse incidente poderá ser instaurado tanto perante o juízo de primeiro grau quanto perante o tribunal superior.

Uma vez requerida a instauração do incidente de desconsideração da personalidade jurídica perante o tribunal, a decisão sobre referido incidente caberá, monocraticamente, ao relator.

Incumbe ao relator, nos termos do inc. VII do art. 932 do atual C.P.C. *determinar a intimação do Ministério Público, quando for o caso,* o que deverá ocorrer antes de o processo ser pautado para julgamento.

Incumbe ao relator, nos termos do inc. VIII do art. 932 do atual C.P.C., *exercer outras atribuições estabelecidas no regimento interno do tribunal.*

O art. 37 do Regimento Interno do Tribunal Regional Federal da 4ª Região, por exemplo, estabelece as seguintes atribuições ao relator, a saber: I – ordenar e dirigir o processo; II – determinar às autoridades judiciárias de primeira instância, sujeitas à sua jurisdição, e às administrativas, providências para o bom andamento e a instrução do processo, bem como a execução de suas decisões; III – submeter ao Plenário, à Corte Especial, à Seção, à Turma, ou aos respectivos Presidentes, conforme a competência, questões de ordem para melhor trâmite dos processos; IV – submeter ao Plenário, à Corte Especial, à Seção ou à Turma, nos processos da competência destes, as medidas necessárias à proteção de direito suscetível de grave dano e de incerta reparação, ou aquelas destinadas a garantir a eficácia de ulterior decisão da causa, nos casos em que lhe caiba agir de ofício; V – determinar, em feito que requer urgência, as medidas do inciso anterior, 'ad referendum' do Plenário, da Corte Especial, da Seção ou da Turma; VI – assinar carta de ordem, precatória ou rogatória; VII – assinar ofícios executórios e quaisquer comunicações referentes aos processos julgados; VII – requisitar autos originais, quando necessário; IX – homologar desistências, ainda que o feito se ache em pauta ou em mesa para julgamento; X – pedir dia para julgamento dos processos que lhe forem distribuídos, ou passá-los ao Revisor, com o relatório, se for o caso; XI – dispensar a revisão nas hipóteses legais; XII – julgar prejudicado pedido ou recurso que haja perdido objeto; XIII – propor à Seção ou à Turma seja o processo submetido ao Plenário ou à Corte

Especial, conforme o caso; XIV – apresentar em mesa para julgamento os feitos que independem de pauta; XV – redigir o acórdão, quando seu voto for o vencedor no julgamento; XVI – decidir sobre os pedidos de assistência judiciária gratuita; XVII – determinar o arquivamento de inquérito, ou peças informativas, quando o requerer o Ministério Público, ou submeter o requerimento à decisão do órgão competente do Tribunal; XVIII – determinar, nas ações rescisórias, o depósito determinado por lei. O relator poderá ainda delegar atribuições a autoridades judiciárias de instância inferior, nos casos previstos em lei ou no regimento do tribunal. Caberá, ainda, ao Relator: I – suspender o cumprimento da decisão recorrida, nas hipóteses previstas no art. 973, inc. I, do C.P.C., até o pronunciamento definitivo do Colegiado; II – negar seguimento a pedido ou recurso manifestamente intempestivo, inadmissível, improcedente, prejudicado ou em confronto com Súmula ou com jurisprudência dominante do Tribunal, do Supremo Tribunal Federal ou do Superior Tribunal de Justiça. Se a decisão estiver em manifesto confronto com Súmula ou com jurisprudência dominante do STF/STJ, poderá dar provimento ao recurso; III – extinguir a execução nos feitos de competência originária; IV – julgar a habilitação incidente, quando depender de decisão; V – julgar os incidentes de impugnação ao valor da causa; VI – negar seguimento ao agravo de instrumento a que falte algum dos requisitos legais.

Preceitua o *parágrafo único do art. 932* do atual C.P.C. que antes de considerar inadmissível o recurso, o relator concederá o prazo de 5 (cinco) dias ao recorrente para que seja sanado vício ou complementada a documentação exigível.

Diante de circunstâncias que possam ensejar o juízo de inadmissibilidade recursal, o relator deverá conceder o prazo de cinco dias ao recorrente para que o vício seja sanado, ou para que a documentação exigida pela lei seja complementada.

Atualmente, não haverá mais espaço para os precedentes jurisprudenciais que não conheciam do agravo de instrumento pelo fato de que o agravante não fez juntar aos autos as peças obrigatórias exigidas pela norma processual.

Se houver falta de documento, deverá o relator intimar o recorrente para que no prazo de cinco dias complemente a documentação faltante.

Art. 933

Se o relator constatar a ocorrência de fato superveniente à decisão recorrida ou a existência de questão apreciável de ofício ainda não examinada que devam ser considerados no julgamento do recurso, intimará as partes para que se manifestem no prazo de 5 (cinco) dias.

§ 1º Se a constatação ocorrer durante a sessão de julgamento, esse será imediatamente suspenso a fim de que as partes se manifestem especificamente.

§ 2º Se a constatação se der em vista dos autos, deverá o juiz que a solicitou encaminhá-los ao relator, que tomará as providências previstas no caput e, em seguida, solicitará a inclusão do feito em pauta para prosseguimento do julgamento, com submissão integral da nova questão aos julgadores.

Fato superveniente e questão apreciável de ofício

Pode ocorrer que o relator, quando da análise do processo, constate a ocorrência de fato superveniente à decisão recorrida, ou a existência de questão apreciável de ofício que não fora examinada pelo juízo de primeiro grau, mas que deva ser considerada no julgamento.

Na hipótese de o relator constatar a existência de tais questões, antes de pautar o processo para julgamento, deverá intimar as partes para que se manifestem no prazo de cinco dias.

Este dispositivo vem reforçar o princípio previsto no art. 10 do atual C.P.C. que assim estabelece: *O juiz não pode decidir, em grau algum de jurisdição, com base em fundamento a respeito do qual não se tenha dado às partes oportunidade de se manifestar, ainda que se trate de matéria sobre a qual deva decidir de ofício.*

Assim, se o relator, por exemplo, constatar a ocorrência da prescrição ou decadência da pretensão formulada pela parte, sendo que tal questão não foi apreciada pelo juízo de primeiro grau, deverá, antes de promover o julgamento do recurso, intimar as partes para que no prazo de cinco dias se manifestem sobre a prescrição ou decadência.

Essa prerrogativa legal evita a prolação das denominadas 'decisões surpresas', sem que se concretize o devido contraditório com todos os agentes da relação jurídica processual.

Preconiza o *§ 1º do art. 933* do atual C.P.C. que *se a constatação ocorrer durante a sessão de julgamento, esse será imediatamente suspenso a fim de que as partes se manifestem especificamente.*

É possível que o próprio relator, ou mesmo outro membro do órgão julgador, quando na sessão de julgamento, levante a questão de fato superveniente à decisão recorrida, ou a existência de questão apreciável de ofício. Ocorrendo tal hipótese, o julgamento será imediatamente suspenso, a fim de que as partes se manifestem especificamente.

Por fim, estabelece o *§ 2º do art. 933* do atual C.P.C que *se a constatação se der em vista dos autos, deverá o juiz que a solicitou encaminhá-los ao relator, que tomará as providências previstas no caput e, em seguida, solicitará a inclusão do feito em pauta para prosseguimento do julgamento, com submissão integral da nova questão aos julgadores.*

É possível que um dos juízes que compõem a sessão de julgamento requeira vista dos autos para melhor analisar a questão.

Se o juiz que solicitou vista dos autos observar a existência de fato superveniente ou questão que possa ser apreciada de ofício, deverá encaminhar os autos ao relator.

O relator tomará as providências previstas no 'caput' e, em seguida, solicitará a inclusão do feito em pauta para prosseguimento do julgamento, com submissão integral da nova questão aos julgadores.

Art. 934

Em seguida, os autos serão apresentados ao presidente, que designará dia para julgamento, ordenando, em todas as hipóteses previstas neste Livro, a publicação da pauta no órgão oficial.

Designação de dia para julgamento

Restituídos os autos pelo Relator, eles serão encaminhados ao Presidente do órgão colegiado, o qual designará dia para julgamento.

A pauta de julgamento será publicada no órgão oficial, no caso, no diário eletrônico no sitio do tribunal competente.

Todos os casos tratados neste Livro deverão ser publicados em pauta.

Diante deste dispositivo, põem-se em dúvida os regimentos internos de tribunais que dizem não ser necessário pautar-se embargos de declaração, uma vez que são levados em mesa para julgamento.

Art. 935

Entre a data de publicação da pauta e a da sessão de julgamento decorrerá, pelo menos, o prazo de 5 (cinco) dias, incluindo-se em nova pauta os processos que não tenham sido julgados, salvo aqueles cujo julgamento tiver sido expressamente adiado para a primeira sessão seguinte.

§ 1º Às partes será permitida vista dos autos em cartório após a publicação da pauta de julgamento.

§ 2º Afixar-se-á a pauta na entrada da sala em que se realizar a sessão de julgamento.

Procedimentos para pautar o julgamento
Para que não haja surpresa, assim como para que o advogado possa se preparar para fazer sustentação oral durante o julgamento, se for o caso, deverá mediar entre a publicação da pauta do diário eletrônico e a data da sessão de julgamento o prazo mínimo de *cinco dias.*

O art. 552, §1º, do C.P.C. de 1973 mencionava o prazo de 48 (horas).

O projeto originário do atual C.P.C., n. 2.046/10, falava em *três dias.*

Em que pese a lei não estabeleça cominação expressa, a não observância do prazo mínimo de *cinco dias* acarretará a nulidade do julgamento, uma vez que há presunção de prejuízo ao princípio do *contraditório* e da *ampla defesa.*

Também haverá nulidade se a pauta de julgamento foi publicada com observância do prazo estabelecido neste parágrafo, mas omitiu algum processo para seu julgamento. Nesse caso, o processo omitido não poderá ser levado a julgamento, salvo se houver nova publicação, observado o prazo limite de *cinco dias.*

Estabelece a Súmula 117 do S.T.J.: *"A inobservância do prazo de 48 horas, entre a publicação de pauta e o julgamento sem a presença das partes, acarreta nulidade"*.

Sobre o tema, eis os seguintes precedentes do S.T.J.:

> *(...).*
>
> *3. A exigência de intimação pessoal do Defensor Público, notadamente em tema de persecução penal, atende a imposição que deriva do próprio texto da Constituição Federal, no ponto em que estabelece, em favor de qualquer acusado, o direito à plenitude de defesa em procedimento estatal que respeite as prerrogativas decorrentes da cláusula constitucional do devido processo legal. Além disso, o art. 552, § 1º, do Código de Processo Civil – aplicável ao processo penal, nos termos do art. 3º do Código de Processo Penal –, estabelece que "entre a data da publicação da pauta e a sessão de julgamento mediará, pelo menos, o espaço de 48 (quarenta e oito) horas". Precedentes.*
>
> *4. Na espécie, verificando-se que da pauta em que foi incluído o Processo nº 2008.3002208-0, no qual figurava como recorrente o ora paciente, fora intimada a Defensoria Pública no dia 10 de maio de 2010 (fl. 172), sendo que o julgamento respectivo realizou-se em 11 de maio de 2010 (fl. 160), outra solução não há para o caso do que anular o acórdão impugnado.*
>
> (...).

(HC 176.359/PA, Rel. Ministro MARCO AURÉLIO BELLIZZE, QUINTA TURMA, julgado em 07/08/2012, DJe 22/08/2012)

1. Nos termos do enunciado da Súmula n. 117 desta Corte Superior de Justiça, "a inobservância do prazo de 48 horas, entre a publicação de pauta e o julgamento sem a presença das partes, acarreta nulidade".

2. Constatada a inobservância de tal lapso temporal entre a data da comunicação requerida pelo impetrante e a sessão na qual o writ foi levado a julgamento pela Quinta Turma, reconhece-se a alegada irregularidade.

3. Embargos acolhidos para anular o julgamento realizado aos 3.9.2009, para que outro se realize com prévia cientificação do impetrante pelo meio anteriormente deferido.

(EDcl no HC 99.798/CE, Rel. Ministro JORGE MUSSI, QUINTA TURMA, julgado em 18/05/2010, DJe 31/05/2010)

Mandado de segurança. Nulidade. art. 552, parágrafo 1., do cpc. Sumula 117/stj.

– prazo de 48 horas entre a publicação da pauta e a sessão de julgamento não respeitado. Nulidade do acordão.

– sumula 117/stj.

– recurso provido.

(RMS 4.623/PB, Rel. Ministro FELIX FISCHER, QUINTA TURMA, julgado em 17/03/1998, DJ 11/05/1998, p. 132).

Deverão ser incluídas em nova pauta as causas que não tenham sido julgadas no dia da sessão, salvo aquelas cujo julgamento tiver sido expressamente adiado para a primeira sessão seguinte.

Estabelece o *§ 1º do art. 935* do atual C.P.C. que *às partes será permitida vista dos autos em cartório após a publicação da pauta de julgamento.*

Uma vez publicada a pauta de julgamento do processo, este deverá permanecer em cartório para as providências necessárias, bem como para a consulta dos membros do órgão julgador.

Porém, não obstante essa parcial indisponibilidade dos autos, isso não impede que as partes tenham vista do processo em cartório.

É bem verdade que esse dispositivo somente tem sentido para os autos físicos, em papel, uma vez que em se tratando de autos eletrônicos, o processo sempre estará disponível para a parte, a qualquer momento.

Prescreve o *§ 2º do art. 935* do atual C.P.C. que *será fixada a pauta na entrada da sala em que se realizar a sessão de julgamento.*

Além da pauta de julgamento ser publicada no diário eletrônico oficial, deverá também ser afixada na entrada da sala em que se realizar a sessão de julgamento. Essa afixação poderá ocorrer um pouco antes do horário inicial da sessão de julgamento.

Art. 936

Ressalvadas as preferências legais e regimentais, os recursos, a remessa necessária e os processos de competência originária serão julgados na seguinte ordem:

I – aqueles nos quais houver sustentação oral, observada a ordem dos requerimentos;

II – os requerimentos de preferência apresentados até o início da sessão de julgamento;

III – aqueles cujo julgamento tenha iniciado em sessão anterior; e,

IV – os demais casos.

Ordem de preferência para julgamento

Na sessão designada haverá uma ordem legal para se proferir o julgamento dos processos.

Essa regra de preferência aplica-se aos recursos, à remessa necessária e às causas de competência originária.

Aberta a sessão de julgamento, deverão ser julgados, em primeiro lugar, os processos nos quais for realizada a sustentação oral, observada a precedência do requerimento formulado. Há tribunais em que o pedido de sustentação oral poderá ser formulado no máximo 24 ou 48 horas antes da sessão, de acordo com o regimento interno; outros em que o requerimento de sustentação oral poderá ser feito até o momento do início da sessão. Após serão julgados os pedidos de preferência, os quais deverão ser apresentados até o início da sessão julgamento. Por último, os demais processos.

O art. 562 do C.P.C. de 1973 estabelecia que preferiria aos demais recursos aquele cujo julgamento tenha sido iniciado.

Prescreve o art. 1.048 do atual C.P.C. que terão prioridade de tramitação, em qualquer juízo ou tribunal, os procedimentos judiciais: I – em que figure como parte ou interessado pessoa com idade igual ou superior a 60 (sessenta) anos ou portadora de doença grave, assim compreendida qualquer das enumeradas no art. 6º, inciso XIV, da Lei nº 7.713, de 22 de dezembro de 1988; II – regulados pela Lei nº 8.069, de 13 de julho de 1990 (Estatuto da Criança e do Adolescente).

Art. 937

Na sessão de julgamento, depois da exposição da causa pelo relator, o presidente dará a palavra, sucessivamente, ao recorrente, ao recorrido e, nos casos de sua intervenção, ao membro do Ministério Público, pelo prazo improrrogável de 15 (quinze) minutos para cada um, a fim de sustentarem suas razões, nas seguintes hipóteses, nos termos da parte final do caput do art. 1.021:

I – no recurso de apelação;

II – no recurso ordinário;

III – no recurso especial;

IV – no recurso extraordinário;

V – nos embargos de divergência;

VI – na ação rescisória, no mandado de segurança e na reclamação;

VII – no agravo interno originário de recurso de apelação, de recurso ordinário, de recurso especial ou de recurso extraordinário; (VETADO)

Razões do veto

"A previsão de sustentação oral para todos os casos de agravo interno resultaria em perda de celeridade processual, princípio norteador do novo Código, provocando ainda sobrecarga nos Tribunais."

VIII – no agravo de instrumento interposto contra decisões interlocutórias que versem sobre tutelas provisórias de urgência ou da evidência;

IX – em outras hipóteses previstas em lei ou no regimento interno do tribunal.

§ 1º A sustentação oral no incidente de resolução de demandas repetitivas observará o disposto no art. 984, no que couber.

§ 2º O procurador que desejar proferir sustentação oral poderá requerer, até o início da sessão, que o processo seja julgado em primeiro lugar, sem prejuízo das preferências legais.

§ 3º Nos processos de competência originária previstos no inciso VI, caberá sustentação oral no agravo interno interposto contra decisão de relator que o extinga.

§ 4º É permitido ao advogado com domicílio profissional em cidade diversa daquela onde está sediado o tribunal realizar sustentação oral por meio de videoconferência ou outro recurso tecnológico de transmissão de sons e imagens em tempo real, desde que o requeira até o dia anterior ao da sessão.

Procedimentos na sessão de julgamento no Tribunal

Este dispositivo estabelece o procedimento para o julgamento em que há pedido de sustentação oral.

Nessa hipótese, o Presidente do órgão dará a palavra ao Relator do processo para que apresente o seu relatório ou a exposição da causa.

O relator não fica restrito ao relatório do voto, podendo acrescentar pormenores, proceder a retificações ou suprimir omissões.

Uma exposição incompleta ou prolixa pode ser pouco fiel à realidade, levando o colegiado a cometer graves injustiças.

A exposição é puramente objetiva, ou seja, deve o relator descrever os fatos que deram origem ao pleito, e mais os que, verificados no curso do processo, se revistam de interesse para o julgamento.

O relator, quando da exposição do relatório, não deve antecipar sua opinião, nem adotar tom de crítica ou aprovação a qualquer ato ou pronunciamento das partes ou, sendo o caso, de outro órgão judicial que antes haja funcionado no processo. Qualquer dos juízes participantes do julgamento pode solicitar esclarecimentos sobre algum ponto da exposição.[566]

É certo que é costume em alguns Tribunais, quando o voto a ser proferido pelo relator, sem qualquer destaque dos outros membros do colegiado, for em favor daquele que irá fazer a sustentação oral, o Presidente solicita ao advogado da parte beneficiada a possibilidade de dispensa da sustentação oral. É claro que isso somente será possível se os juízes permitirem a consulta de seus votos, antecipadamente, pelos demais julgadores.

Feita a leitura ou a exposição sucinta do relatório, o presidente dará a palavra, sucessivamente, ao recorrente e ao recorrido, bem como ao Ministério Público, nas causas em que deva intervir, pelo prazo improrrogável de quinze minutos para cada um, a fim de sustentarem as suas razões recursais. Se houver interrupção indevida, o presidente do órgão poderá acrescentar o tempo necessário à interrupção.

Terá direito à palavra, inclusive a parte que não tenha apresentado suas razões recursais no momento oportuno. Nesse sentido é a opinião de Seabra

[566] Barbosa Moreira, J. C., op. cit., p. 596.

Fagundes e Barbosa Moreira. Já para Pontes de Miranda, Batista Martins, Moniz de Aragão, Sérgio Bermudes, não haverá essa possibilidade.[567]

Havendo pluralidade de partes, entende Barbosa Moreira que se deva aplicar a regra processual que trata do litisconsorte, ou seja, se nem todos os litisconsortes tiverem o mesmo procurador do mesmo escritório de advocacia, o prazo deve ser concedido em dobro, isto é, o prazo será de 30 minutos.[568]

É importante o advogado, durante a sustentação oral, chamar a atenção dos pontos de fato ou de direito que mais interessam e fundamentam a sua pretensão, especialmente porque poderão o relator ou mesmo os demais membros do órgão colegiado não ter verificado com propriedade este ponto.

Também poderá o advogado arguir durante a sustentação oral questão de ordem pública, ou seja, questão que pode ser conhecida de ofício pelo órgão julgador, como é o caso da prescrição ou decadência. Nessa hipótese, o julgamento será suspenso para que a outra parte possa se manifestar.

A sustentação oral será deferida: *I – no recurso de apelação; II – no recurso ordinário; III – no recurso especial; IV – no recurso extraordinário; V – nos embargos de divergência; VI – na ação rescisória, no mandado de segurança e na reclamação; VII – no agravo de instrumento interposto de decisões interlocutórias que versem sobre tutelas provisórias de urgência ou da evidência; VIII – em outras hipóteses previstas em lei ou no regimento interno do tribunal.*

Feita a sustentação oral, será dada a palavra ao Relator para a conclusão de seu voto, seguindo-se o julgamento com a apresentação dos votos dos demais julgadores na ordem regimental.

Se algum juiz não se sentir em condições de proferir o seu voto, especialmente pelos argumentos ou questões apresentadas na sustentação oral, poderá pedir vista do processo. Também o relator poderá pedir o adiamento do processo para melhor analisar a questão.

Nesse momento do julgamento colegiado, observa-se o grande desnível que existe entre a parte economicamente resguardada e a parte pobre. Enquanto o rico contrata bons advogados, os quais, normalmente, comparecem para a sustentação oral nos Tribunais, aumentando as chances de sucesso no processo, o pobre, ao contrário, justamente por falta de condições financeiras, não tem a mesma chance, ficando à mercê dos argumentos contidos em suas razões recursais.

Há, evidentemente, uma grande diferença entre o rico e o pobre no transcurso do processo jurisdicional.

[567] Barbosa Moreira, J. C., idem, p. 597.

[568] Barbosa Moreira, J. C., idem, 597

Estabelece o *§1º do art. 937* do atual C.P.C. que *a sustentação oral no incidente de resolução de demandas repetitivas observará o disposto no §1º do art. 984, no que couber.*

É cabível a instauração do incidente de resolução de demandas repetitivas quando houver, simultaneamente: I – efetiva repetição de processos que contenham controvérsia sobre a mesma questão unicamente de direito; II – risco de ofensa à isonomia e à segurança jurídica.

O dispositivo faz referência ao §1º do art. 984 que assim dispõe: *considerando o número de inscritos, o prazo poderá ser ampliado.*

Preceitua o *§2º do art. 937* do atual C.P.C. que o *procurador que desejar proferir sustentação oral poderá requerer, até o início da sessão, que o processo seja julgado em primeiro lugar, sem prejuízo das preferências legais.*

Este dispositivo concede preferência legal aos processos nos quais haja sustentação oral.

Assim, poderá o procurador, que desejar fazer sustentação oral, requerer, até o início da sessão, que seja o feito julgado em primeiro lugar, sem prejuízo das preferências legais. Entendo que dentre as preferências legais estão os processos das pessoas maiores de sessenta anos de idade.

Se o procurador não se utilizar da prerrogativa prevista neste parágrafo, o processo será julgado na ordem legal prevista neste código.

Se houver mais de um pedido de sustentação oral, a preferência de julgamento será determinada pela ordem do requerimento formulado.

Preceitua o *§ 3º do art. 937* do atual C.P.C., *nos processos de competência originária previstos no inciso VI, caberá sustentação oral no agravo interno interposto contra decisão de relator que o extinga.*

Quando o relator, monocraticamente, nas competências originárias do tribunal, extinguir a demanda rescisória, o mandado de segurança e a reclamação, poderá a parte ingressar com agravo interno para o órgão colegiado.

Haverá, na hipótese dessa espécie de agravo interno, a possibilidade de sustentação oral.

Prescreve o *§ 4º do art. 937* do atual C.P.C. que *é permitido ao advogado com domicílio profissional em cidade diversa daquela onde está sediado o tribunal realizar sustentação oral por meio de videoconferência ou outro recurso tecnológico de transmissão de sons e imagens em tempo real, desde que o requeira até o dia anterior ao da sessão.*

Os Tribunais já vêm adotando essa prática, que facilita muito a defesa de pessoas carentes de recurso, reduzindo o custo do processo com o deslocamento do advogado da causa até a sede do tribunal ou a possível contratação de outro advogado para a sustentação oral.

Assim, poderá o advogado requerente, até o dia anterior ao da sessão, que sua sustentação oral seja realizada por meio de vídeo conferência ou outro recurso tecnológico, como, por exemplo, *skype*.

Diante dessa prerrogativa legal, os Tribunais deverão providenciar os sistemas tecnológicos necessários para a realização da sustentação oral, salvo se a região em que se encontra o órgão jurisdicional não permitir tal instalação.

Art. 938

A questão preliminar suscitada no julgamento será decidida antes do mérito, deste não se conhecendo caso seja incompatível com a decisão.

§ 1º Constatada a ocorrência de vício sanável, inclusive aquele que possa ser conhecido de ofício, o relator determinará a realização ou a renovação do ato processual, no próprio tribunal ou em primeiro grau de jurisdição, intimadas as partes.

§ 2º Cumprida a diligência de que trata o § 1º, o relator, sempre que possível, prosseguirá no julgamento do recurso.

§ 3º Reconhecida a necessidade de produção de prova, o relator converterá o julgamento em diligência, que se realizará no tribunal ou em primeiro grau de jurisdição, decidindo-se o recurso após a conclusão da instrução.

§ 4º Quando não determinadas pelo relator, as providências indicadas nos §§ 1º e 3º poderão ser determinadas pelo órgão competente para julgamento do recurso.

Questão preliminar e vício sanável

O conceito de preliminar envolve relação entre duas questões, de tal maneira que a solução de uma, conforme o sentido em que se pronuncie o órgão judicial, cria ou remove obstáculo à apreciação da outra.[569]

Não se confundem com as preliminares as questões prejudiciais, de cuja solução depende não a possibilidade, nem a forma do pronunciamento sobre outras questões, mas o teor mesmo desse pronunciamento.[570]

É importante distinguir, ainda, as preliminares do recurso e as preliminares da causa.

As preliminares do recurso podem ou não ser incompatíveis com a análise do mérito recursal, como, por exemplo, tempestividade, interesse recursal, com-

[569] Barbosa Moreira, J. C., idem, p. 620.
[570] Barbosa Moreira, J. C., idem, p. 621.

petência recursal, suspeição e impedimento etc. O acolhimento da preliminar de recurso pode conduzir à remessa dos autos a outro órgão, se reconhecida a incompetência daquele a que o recurso foi endereçado, ou ao não conhecimento do recurso, se verificada a falta de um (ou de alguns) dos seus requisitos de admissibilidade. O acolhimento de preliminar ao julgamento de mérito da causa conduz à extinção do processo sem exame de tal mérito; contudo, se o tribunal está apreciando a matéria em grau de recurso – por exemplo, ao julgar apelação contra a sentença que declarou o autor carecedor da ação, o resultado já não será o não conhecimento, mas o desprovimento dele, porque, no procedimento recursal, a questão se inscreve no plano do mérito. O acolhimento da preliminar de prescrição sempre se traduz em julgamento de mérito, assim da causa como do recurso. As preliminares da causa podem ser inclusive o objeto do mérito do recurso. Por exemplo, pode o juiz de primeiro grau reconhecer por sentença a ilegitimidade de parte. O recurso, por sua vez, tem por fundamento de mérito a legitimidade da parte.[571]

As questões preliminares, especialmente as condições de análise do mérito ou de admissibilidade do recurso, os pressupostos processuais, prescrição e decadência etc., se suscitadas nas razões recursais ou mesmo durante a sustentação oral, deverão ser analisadas antes da análise do mérito recursal.

Assim, o relator exporá seu voto sobre a questão preliminar, seguindo os demais membros do órgão colegiado na ordem de votação.

As diversas preliminares têm de ser postas em votação separadamente, sob pena de falsear-se o resultado. Conforme aduz Barbosa Moreira: *"suponhamos, v.g., que se pretenda ser inadmissível o recurso por intempestividade, por falta de legitimação do recorrente e por existência de aceitação tácita da sentença. Sendo três os julgadores, se cada qual acolhe apenas uma das preliminares e rejeita as demais, seria grave equívoco dizer que o recurso foi declarado inadmissível: estar-se-iam somando quantidade heterogêneas. Na verdade, cada uma das preliminares foi rejeitada por dois votos contra um, o que significa que todas foram rejeitadas: o recurso é admissível".*[572]

Acolhida a questão preliminar, e sendo ela incompatível, não se conhecerá do mérito recursal.

Rejeitada a questão preliminar, ou não sendo ela incompatível, passará em seguida ao julgamento do mérito recursal.

É possível a existência de preliminar, seja qual for a decisão que sobre ela seja tomada, que não impede que o órgão judicial prossiga na análise do mérito recursal (ex: se dois ou mais recursos devem ser julgados conjuntamente, se há

[571] Barbosa Moreira, J. C., idem, p.622.
[572] Barbosa Moreira, J. C., idem, p. 624.

ou não suspeição ou impedimento de determinado membro do órgão colegiado etc).

Estabelece o *§1º do art. 938* do atual C.P.C. que *constatada a ocorrência de vício sanável, inclusive aquele que possa ser conhecido de ofício, o relator determinará a realização ou a renovação do ato processual, no próprio tribunal ou em primeiro grau de jurisdição, intimadas as partes.*

Se arguido algum vício sanável como matéria preliminar, ou sendo esse vício constatado de ofício, o relator deverá determinar a realização ou a renovação do ato processual, desde que os demais membros do colegiado votem no mesmo sentido.

Poderá o ato ser sanado no próprio tribunal, mediante vista às partes, ou determinar-se que a renovação do ato seja feita no juízo de primeiro grau de jurisdição, mediante a intimação das partes. Durante a regularização do ato processual, o julgamento do processo permanecerá suspenso.

Preceitua o *§2º do art. 938* do atual C.P.C. que cumprida a diligência determinada pelo relator, prosseguirá o julgamento do recurso, sempre que possível.

Preceitua o *§3º do art. 938* do atual C.P.C. que *reconhecida a necessidade de produção de prova, o relator converterá o julgamento em diligência, que se realizará no tribunal ou em primeiro grau de jurisdição, decidindo-se o recurso após a conclusão da instrução.*

Este dispositivo vem reforçar o princípio de que o processo jurisdicional é mero instrumento de realização do direito material, razão pela qual, havendo necessidade de realização de produção probatória, o relator, ao invés de anular a sentença, deverá converter o julgamento em diligência para a instrução, que se realizará na instância inferior.

O Tribunal Regional Federal da 4ª Região há muito vinha assim procedendo, baixando o processo para a colheita de prova testemunhal, especialmente quando a questão de prova dissesse respeito à comprovação de tempo de serviço para fins previdenciários. Nesse sentido, eis o seguinte precedente:

> *1. Em relação à remessa oficial, o Colendo Superior Tribunal de Justiça, por sua Corte Especial (EREsp 934.642/PR, Rel. Min. Ari Pargendler, julgado em 30-06-2009; EREsp 701.306/RS, Rel. Min. Fernando Gonçalves, julgado em 07-04-2010), prestigiou a corrente jurisprudencial que sustenta ser inaplicável a exceção contida no § 2º, primeira parte, do art. 475 do CPC aos recursos dirigidos contra sentenças (a) ilíquidas, (b) relativas a relações litigiosas sem natureza econômica, (c) declaratórias e (d) constitutivas/desconstitutivas insuscetíveis de produzir condenação certa ou de definir objeto litigioso de valor certo (v.g., REsp. 651.929/RS), de forma que, em matéria previdenciária, as sentenças proferidas contra o Instituto Nacional do Seguro Social só não estarão sujeitas ao duplo grau obrigatório se a condenação for de*

valor certo (líquido) inferior a sessenta salários mínimos. 2. Hipótese na qual a extinta Turma Suplementar desta Corte não conheceu da remessa oficial porque a sentença fixou a renda mensal inicial do benefício em valor equivalente a um salário-mínimo, o que se constatou, mais tarde, tratar-se de erro material, que foi corrigido, de ofício, pelo magistrado a quo. Dessa forma, considerando-se a correção do indigitado equívoco e, ainda, o posicionamento do Superior Tribunal de Justiça, conforme o qual a sentença proferida contra o INSS não estará sujeita ao reexame necessário apenas se a condenação for de valor certo inferior a sessenta salários-mínimos, cabível a anulação do acórdão proferido pela extinta Turma Suplementar desta Corte e o conhecimento da remessa oficial. 3. Determinada a baixa dos autos em diligência, para produção de prova testemunhal relativa ao tempo de serviço rural controvertido.

(TRF4, REOAC 2008.72.99.000630-4, Sexta Turma, Relator Celso Kipper, D.E. 22/11/2010).

Cumprida a diligência, o tribunal decidira.

Preceitua o *§3º do art. 938 do* atual C.P.C. que quando não determinadas pelo relator, as providências indicadas nos §§ 1º e 3º poderão ser determinadas pelo órgão competente para julgamento do recurso.

Se o relator não determinar as diligências necessárias, inclusive para sanar eventuais vícios, essas providências poderão ser realizadas pelo órgão competente para julgamento do recurso.

Art. 939

Se a preliminar for rejeitada ou se a apreciação do mérito for com ela compatível, seguir-se-ão a discussão e o julgamento da matéria principal, sobre a qual deverão se pronunciar os juízes vencidos na preliminar.

Rejeição da preliminar

Se a preliminar arguida no julgamento colegiado for rejeitada, ou seu acolhimento não impedir o prosseguimento da análise do mérito, o julgamento terá sequência para análise da matéria principal, devendo os juízes vencidos na preliminar pronunciarem-se sobre a matéria de mérito.

Assim, embora vencidos nas preliminares que impediriam a análise do mérito, deverão os julgadores continuar no julgamento em relação ao objeto principal do recurso.

Art. 940

O relator ou outro juiz que não se considerar habilitado a proferir imediatamente seu voto poderá solicitar vista pelo prazo máximo de 10 (dez) dias, após o qual o recurso será reincluído em pauta para julgamento na sessão seguinte à data da devolução.

§ 1º Se os autos não forem devolvidos tempestivamente ou se não for solicitada pelo juiz prorrogação de prazo de no máximo mais 10 (dez) dias, o presidente do órgão fracionário os requisitará para julgamento do recurso na sessão ordinária subsequente, com publicação da pauta em que for incluído.

§ 2º Quando requisitar os autos na forma do § 1º, se aquele que fez o pedido de vista ainda não se sentir habilitado a votar, o presidente convocará substituto para proferir voto, na forma estabelecida no regimento interno do tribunal.

Vista dos autos por não se sentir o juiz habilitado a julgar

Se qualquer dos membros do órgão colegiado julgador não se sentir devidamente habilitado para o julgamento, seja pelo fato de não ter estado presente quando da leitura do relatório, seja em razão de alguma dúvida de fato ou de direito surgida durante o julgamento da causa (debate oral, manifestação dos demais julgadores durante o julgamento etc), e, havendo necessidade de examinar mais detalhadamente os autos, poderá *pedir vista* dos autos.

A faculdade pode ser exercida por qualquer juiz que componha o órgão colegiado, inclusive pelo próprio relator ou pelo revisor, se houver, do processo.

O pedido de *vista* deve ser deferido, mesmo após o magistrado ter proferido seu voto, ou seja, durante o prazo em que lhe seja lícito alterar o seu voto.

Estabelece o parágrafo único do art. 173 do Regimento Interno do Tribunal Regional Federal da 4ª Região: *Em qualquer fase do julgamento, posterior ao relatório ou à sustentação oral, poderão os Desembargadores pedir esclarecimentos ao Relator, ao Revisor e aos advogados dos litigantes, quando presentes, sobre fatos e circunstâncias pertinentes à matéria em debate, ou, ainda, pedir vista dos autos, caso em que o julgamento será suspenso. Surgindo questão nova, o próprio Relator poderá pedir a suspensão do julgamento".*

Em que pese este dispositivo só mencione o pedido de vista em *recurso*, é certo que essa prerrogativa concedida pela norma processual ao julgador do colegiado também se aplica aos processos de competência originária do Tribunal.

O pedido de vista formulado pelo magistrado julgador não pode ser indeferido pelo presidente do órgão julgador, razão pela qual, este suspenderá o julgamento pelo prazo de dez dias, quando, após o transcurso deste prazo, o processo será reincluído em pauta para julgamento na data seguinte à data da devolução dos autos.

O legislador agiu com acerto em fixar o limite de dez dias para a vista do processo, evitando-se, desta maneira, a procrastinação do julgamento.

O prazo de dez dias mediara a sessão em que se pediu vista e a próxima sessão em que será levado novamente em julgamento o processo.

O juiz que pediu vista dos autos, mesmo que já tenha proferido seu voto, poderá modificá-lo, quando trouxer novamente o processo para julgamento. O mesmo poderá ocorrer em relação aos juízes que já proferiram o seu voto, após analisar as ponderações do voto daquele que pediu vista do processo. Como ensina Barbosa Moreira: *"Seria absurdo proibir-se em termos absolutos a modificação do pronunciamento emitido, pois assim se eliminaria precisamente a grande vantagem do julgamento colegiado, que reside em propiciar a influência dos raciocínios expostos pelos diversos votantes sobre a formação do convencimento dos seus pares. Por outro lado, é intuitivo que a possibilidade de modificar o voto proferido não há de prolongar-se indefinidamente, sob pena de comprometer, de modo intolerável, a estabilidade dos julgamentos e a segurança das partes"*.[573]

Não obstante o pedido de vista, nada impede que os demais julgadores adiantem seus votos na própria sessão de julgamento, sem aguardar o retorno dos autos.

Preceitua o art. 174 do Regimento Interno do Tribunal Regional Federal da 4ª Região: *"Nos julgamentos, o pedido de vista não impede o voto dos demais Desembargadores que se tenham por habilitados a fazê-lo, e o Desembargador que o formular, restituíra os autos ao Presidente dentro de dez dias, no máximo, contados da data em que recebê-los (art. 555, §2º, do C.P.C. de 1973) devendo prosseguir o julgamento do feito na primeira sessão subsequente a esse prazo.*

O julgamento que tiver sido iniciado prosseguirá, computando-se os votos já proferidos pelos Desembargadores, mesmo que não compareçam ou hajam deixado o exercício do cargo, ainda que o Desembargador afastado seja o Relator (§1º do art. 174 do Regimento Interno do Tribunal Regional Federal da 4ª Região).

Encerrado o período estabelecido para a vista, segundo estabelece o art. 100, inc. II do Regimento Interno do Tribunal Regional Federal da 4ª Região, o processo será posto em julgamento independentemente de pauta.

[573] Barbosa Moreira, J. C., idem, p. 603.

Estabelece o *§1º do art. 940* do atual C.P.C., *se os autos não forem devolvidos tempestivamente ou se não for solicitada pelo juiz prorrogação de prazo de no máximo mais 10 (dez) dias, o presidente do órgão fracionário os requisitará para julgamento do recurso na sessão ordinária subsequente, com publicação da pauta em que for incluído.*

O pedido de vista pode ser prorrogado a pedido do juiz que o solicitou, em tese, pelo mesmo prazo de dez dias ou outro estabelecido em Regimento Interno.

Porém, se os autos não forem devolvidos tempestivamente no prazo máximo de dez dias, a partir do pedido de vista, ou não for solicitada prorrogação do prazo pelo juiz solicitante, o presidente do órgão fracionário o requisitará para julgamento do recurso na sessão ordinária subsequente, com publicação em pauta.

Se o juiz não devolver o processo, poderá o juiz presidente determinar a sua busca e apreensão, no caso de processo físico, assim como comunicar o fato aos órgãos correcionais competentes, como à Corregedoria Nacional da Justiça Federal ou à Corregedoria Nacional do Conselho Nacional de Justiça para as providências cabíveis.

Havendo requisição do processo em face da extrapolação do prazo de pedido de vista ou pela não solicitação de prorrogação do prazo pelo juiz, o juiz presidente deverá intimar as partes mediante publicação de pauta no diário oficial.

Estabelece o *§ 2º do art. 940* do atual C.P.C. que *quando requisitar os autos na forma do § 1º, se aquele que fez o pedido de vista ainda não se sentir habilitado a votar, o presidente convocará substituto para proferir voto, na forma estabelecida no regimento interno do tribunal.*

Se o juiz presidente requisitar os autos na forma do §1º deste artigo, e não estando ainda habilitado para votar o juiz que pediu vista do processo, o presidente convocará substituto para proferir voto, na forma estabelecida no regimento interno do tribunal.

Art. 941

Proferidos os votos, o presidente anunciará o resultado do julgamento, designando para redigir o acórdão o relator ou, se vencido este, o autor do primeiro voto vencedor.

§ 1º O voto poderá ser alterado até o momento da proclamação do resultado pelo presidente, salvo aquele já proferido por juiz afastado ou substituído.

§ 2º No julgamento de apelação ou de agravo de instrumento, a decisão será tomada, no órgão colegiado, pelo voto de 3 (três) juízes.

§ 3º O voto vencido será necessariamente declarado e considerado parte integrante do acórdão para todos os fins legais, inclusive de pré-questionamento.

Resultado do julgamento – procedimento

Proferidos todos os votos definitivos pelos juízes presentes na sessão de julgamento, o juiz presidente pronunciará o resultado do julgamento, que poderá ser unânime ou por maioria.

Recebe a denominação de acórdão o julgamento proferido pelos tribunais, assim como recebe o nome de sentença o julgamento proferido pelos juízos de primeiro grau.

O ato decisório, acórdão, é manifestado na conjugação verbal da terceira pessoa do presente do indicativo do verbo acordar, estar de acordo: *ACORDAM os juízes.....* Trata-se de uma construção do pensamento coletivo.

O acórdão deverá apresentar a mesma estrutura ou elementos que se encontram na sentença de primeiro grau, ou seja, deverá ter um relatório, um fundamento e uma decisão ou conclusão final. É importante salientar que a fundamentação há de indicar os motivos efetivamente adotados pela maioria, que podem não coincidir, no todo ou em parte, com os apontados no voto do relator do acórdão. Nada impede, porém, que este, em declaração pessoal, faça referência às razões específicas do seu próprio convencimento.[574]

Conforme ensina Barbosa Moreira:

> *"Tem grande relevância prática a distinção entre fundamentos do 'acórdão' e fundamentos do 'voto': assim, v.g., quando se haja de examinar, à luz do enunciado n. 283 da Súmula da Jurisprudência Predominante do Supremo Tribunal Federal, a admissibilidade do recurso extraordinário, cumprirá verificar com toda a precisão o(s) fundamento(s) acaso não abrangido(s) na impugnação realmente integra(m) 'a decisão recorrida', ou apenas algum (ou alguns) dos votos vencedores".*[575]

É importante que o presidente do órgão anuncie com fidedignidade o resultado, especialmente se foi por unanimidade ou maioria, pois recursos outros poderão ser interpostos com base nesta circunstância do julgamento.

Após proclamado o resultado do julgamento, não será mais possível a modificação do voto pelos membros do órgão julgador.

[574] Barbosa Moreira, J. C., idem, p. 607.
[575] Barbosa Moreira, J. C., idem, p. 607.

Se houver equívoco ou erro na proclamação do resultado, qualquer dos juízes ou dos procuradores das partes poderá pedir a palavra, pela ordem, para alertar sobre o equívoco. Porém, quando se tratar de erro material ou de fato do julgamento, poderá tal equívoco ser suscitado de ofício pelos julgadores, *a posteriori*, ou pelos advogados das partes. Poderá ser objeto de correção, ainda, por meio de embargos de declaração.

É certo que o S.T.F. já decidiu que se a correção de erro da ata alterar substancialmente o julgamento, é necessário dar vista dos autos à parte contrária, a fim de possibilitar o devido contraditório. Nesse sentido é o seguinte precedente:

> *1. A sessão de julgamento para o fim de correção de eventual erro ou inexatidão material contido na ata, que resultar modificação substancial do resultado do julgamento contra o réu, demanda prévia intimação, evitando-se a surpresa que imprime o prejuízo do due process of law. 2. In casu, a retificação da ata do julgamento do recurso especial, realizada ex officio, modificou substancialmente o resultado parcial do julgamento, transmudando o empate da votação e consequente convocação do Ministro do Superior Tribunal de Justiça para proferir voto de desempate em não conhecimento do recurso, por maioria, incorrendo em reformatio in pejus. 3. Ordem de habeas corpus concedida, para declarar a nulidade da retificação da ata de julgamento do Recurso Especial nº 1.102.118, determinando-se ao Superior Tribunal de Justiça a retomada do referido julgamento, procedendo-se à intimação de um Ministro da 6ª Turma daquela Corte para compor o quorum e proferir voto de desempate.*
>
> (HC 108739, Relator(a): Min. ROSA WEBER, Relator(a) p/ Acórdão: Min. LUIZ FUX, Primeira Turma, julgado em 14/08/2012, PROCESSO ELETRÔNICO DJe-187 DIVULG 21-09-2012 PUBLIC 24-09-2012)

Em regra, será designado o relator para redigir o acórdão segundo o resultado anunciado, salvo se o relator for vencido, quando o voto será redigido pelo primeiro magistrado que abriu a divergência e que se tornou vencedor, podendo ou não ser o revisor.

Falecendo, posto em disponibilidade ou sendo transferido para outro Tribunal o relator, caberá ao Regimento Interno dos Tribunais estabelecer solução para o caso.

Evidentemente, quando o relator tornar-se vencido parcialmente em questões que não digam respeito ao objeto principal de julgamento, não será o caso de modificar a relatoria do acórdão.[576]

[576] Pontes de Miranda, *Comentário ao CPC DE 1973.* Tomo VIII. Rio de Janeiro: Forense, s/d. *pág. 243.*

Prescreve o *§1º do art. 941* do atual C.P.C. que *o voto poderá ser alterado até o momento da proclamação do resultado pelo presidente, salvo aquele já proferido por juiz afastado ou substituído.*

Este dispositivo estabelece o limite temporal para a modificação dos votos já proferidos pelos membros do colegiado.

Assim, enquanto não proclamado o resultado do julgamento pelo presidente do órgão, poderá qualquer dos juízes modificar o seu voto.

O impedimento para mudança ou alteração do voto ocorrerá quando o voto já foi proferido por um juiz que posteriormente, antes do término do julgamento, foi afastado ou substituído.

Preceitua o *§2º do art. 941* do atual C.P.C. que *no julgamento de apelação ou de agravo de instrumento, a decisão será tomada, no órgão colegiado, pelo voto de 3(três) juízes.*

No julgamento da apelação ou do agravo de instrumento, a decisão será tomada pelo voto mínimo de três juízes, ou seja, o órgão não poderá ser composto por menos de três juízes, nada impedindo que no órgão fracionário haja a participação de mais de três juízes, desde que essa participação se dê em números ímpar.

Existem diferentes sistemas para se apurar a maioria e qual o voto vencedor no caso de divergências.

O primeiro sistema é o da *continência*, consagrado na Alemanha pelo §196, 2ª alínea, da *Gerichtsverfassungsgesetz* (Lei da Organização Judiciária), ou seja, consiste em verificar qual das quantidades fixadas nos diferentes votos se acha contida no menor número de pronunciamentos suficientes para compor a maioria. Dispõem-se os votos em ordem de grandeza decrescente, de acordo com o *quantum* indicado em cada qual. Parte-se daquele que indicou a maior quantidade e vai-se descendo na escala até encontrar-se um número de votos da maioria. Prevalecerá o *quantum* estabelecido no último dos votos necessários para atingir-se esse número: o terceiro, *v.g.*, se forem cinco os votantes. Exemplo: 'A" condenou o réu em 80, 'B' em 50, 'C' em 30, 'D' em 20 e 'E' em 10. A condenação em 30 está contida em três votos (os de A, B, e C), bastantes para formar a maioria; assim o pronunciamento do colegiado será no sentido de condenar o réu em 30. O segundo sistema da *média aritmética*, segundo o qual deve-se somar as várias quantidades e dividir o total pelo número de votantes. No exemplo acima, o resultado seria: 80 + 50 = 30 + 20 + 10 divido por 5 = 38; o problema desse sistema é quando ocorre divergência qualitativa. Nessa hipótese, entre os vários critérios existente, deve-se mencionar os seguintes: a) o que, na hipótese de a dispersão persistir mesmo depois da segunda votação, obriga os juízes adeptos das soluções menos sufragadas a aderir a uma das duas correntes mais numerosas, a fim de que haja o julgamento majoritário (na França, os arts. 117 e 468 do *Code de procédure civile* esposava este critério. Esses dispositivos foram revogados pelo Dec. N. 72.684, de 1972); b) há o critério que determina a convocação de outros juízes para participarem do julgamento (era a solução prevista nos arts. 118 e 467 do Código francês, também revogados pelo Dec. N. 72.684 de 1972); c) o que manda proceder a nova votação entre duas das soluções conflitantes, excluindo-se a que for vencida, e depois a uma terceira votação, entre a solução vencedora e qualquer das outras, repetindo-se o procedimento sucessivamente, até que só restem duas soluções, das quais será adotada, como pronunciamento do órgão, a que reunir maior número de sufrágios. Nesse sentido é o art. 276, alínea 4 do Código de Processo Civil Italiano, a saber: *"Se em torno a uma questão se apresentam mais de uma solução e não se forma a maioria na primeira votação, o presidente coloca em votação duas das soluções para excluir uma delas, em seguida, coloca em votação a não excluída e aquela eventualmente restante, e assim sucessivamente até que as soluções sejam reduzidas a duas, sobre as quais advém a votação definitiva"*.[577]

No sistema português, se não for possível chegar à maioria, compete ao presidente o voto de Minerva (art. 709, §5º).

O atual código de processo, lamentavelmente, não se posicionou expressamente sobre a forma de compor a maioria no julgamento colegiado, especialmente quando há divergência entre os votos proferidos, razão pela qual a solução ficará a cargo dos Regimentos Internos dos Tribunais.

Deveria o legislador processual estabelecer um único critério de julgamento no caso de divergência, para que a *justiça do julgamento* não seja diferente em cada tribunal do país.

Um critério geral adotado é em primeiro lugar decompor os votos, para se apurar nos votos proferidos aquilo que não foi objeto de divergência, estabelecendo-se uma certa ordem em capítulos do julgamento.

Em relação aos pontos divergentes, em que não houve uma maioria firmada, há uma tendência de nossos tribunais adotar o critério do *voto médio*.

O Regimento Interno do Tribunal de Justiça da Bahia, por sua vez, em seu art. 41, §1º, adota o voto médio combinado com a solução preconizada pelo código de processo civil italiano, *in verbis*:

> *"§1º. Nos julgamentos cíveis, sempre que a divergência das soluções adotadas nos votos dos desembargadores impedir a formação da maioria absoluta, necessária à decisão, prevalecerá o voto médio a ser apurado, submetendo-se à votação obrigatória de*

[577] Barbosa Moreira, J. C., op. cit., p. 599 a 601.

todos que tomarem parte no julgamento de quaisquer das soluções divergentes. A que ficar em minoria será eliminada, sendo a outra posta a votos, pela mesma forma, com qualquer das restantes, e, assim, sucessivamente, até que fiquem, afinal, reduzidas a duas, das quais a mais votada constituirá o voto médio, ficando vencidos os votos dos que optarem pela outra solução".

Estabelece o art. 110, 195 do Regimento Interno do Tribunal Regional Federal da 4ª Região:

"Art. 110. Subscreverá o acórdão o Relator. Se este for vencido, o Desembargador autor do primeiro voto vencedor ou, ainda, o autor do voto médio.

Art. 195. A decisão da Turma será tomada pelo voto da maioria de seus membros ou pelo voto médio.

Sobre a possibilidade de utilização do *voto médio* em julgamento colegiado, assim tem se manifestado o S.T.F.:

Perda de mandato. Processo de cassação. Quebra de decoro parlamentar. Inversão da ordem das provas. Reinquirição de testemunha de acusação ouvida após as da defesa. Indeferimento pelo Conselho de Ética. Inadmissibilidade. Prejuízo presumido. Nulidade consequente. Inobservância do contraditório e da ampla defesa. Vulneração do justo processo da lei (due process of law). Ofensa aos arts. 5º, incs. LIV e LV, e 55, § 2º, da CF. Liminar concedida em parte, pelo voto intermediário, para suprimir, do Relatório da Comissão, o inteiro teor do depoimento e das referências que lhe faça. Votos vencidos. Em processo parlamentar de perda de mandato, não se admite aproveitamento de prova acusatória produzida após as provas de defesa, sem oportunidade de contradição real.

(MS 25647 MC, Relator(a): Min. CARLOS BRITTO, Relator(a) p/ Acórdão: Min. CEZAR PELUSO, Tribunal Pleno, julgado em 30/11/2005, DJ 15-12-2006 PP-00082 EMENT VOL-02260-02 PP-00227)

– Apelação de sentença do júri. Tendo o relator provido o recurso do réu para absolve-lo e o revisor para submissão a novo julgamento, e havendo o desembargador-presidente negado provimento ao apelo, correta foi a proclamação do resultado, pelo voto médio, para a prevalência da conclusão do revisor. Não havendo como cogitar de empate cuja ocorrência pudesse favorecer o paciente, nega-se a ordem de habeas corpus.

(HC 63353, Relator(a): Min. OCTAVIO GALLOTTI, Primeira Turma, julgado em 12/11/1985, DJ 29-11-1985 PP-21918 EMENT VOL-01402-01 PP-00143)

Prescreve *§3º do art. 941* do atual C.P.C. que *o voto vencido será necessariamente declarado e considerado parte integrante do acórdão para todos os fins legais, inclusive de pré-questionamento.*

Este dispositivo demonstra a importância da declaração no acórdão do voto vencido, especialmente pelo fato de ser ele considerado parte integrante do acórdão.

Daí porque se não for declarado o voto vencido no acórdão, deverá ser interposto embargos de declaração contra o julgamento, pois o voto vencido tem que ser declarado a fim de demonstrar no que consistiu a divergência apontada.

Assim, havendo julgamento não unânime, é indispensável a declaração do voto vencido.

Se o voto vencido não integrar o acórdão, existindo somente simples referência ao voto vencido, é necessário a interposição de embargos de declaração, a fim de que o fundamento do voto vencido passe a integrar o acórdão.

À época em que o voto vencido era pressuposto necessário para o cabimento dos embargos infringentes, a sua omissão acarretava a negativa de prestação jurisdicional além de prejudicar o amplo exercício do direito de defesa. Nesse sentido já se pronunciou o S.T.F.:

> *Embargos infringentes. Se, no acórdão embargado, há voto vencido parcialmente, sem que seja possível determinar em que parte o foi, por ser o acórdão absolutamente omisso a esse respeito, e indispensável que essa omissão seja suprida por meio de embargos declaratórios. Se tais embargos declaratórios não tiverem sido interpostos, não há como conhecer-se dos embargos infringentes, por impossibilidade de se determinar o âmbito da divergência parcial, o que e indispensável para a observância da segunda parte do artigo 530 do c.p.c. recurso extraordinário não conhecido.*
>
> (RE 95861, Relator(a): Min. MOREIRA ALVES, Segunda Turma, julgado em 02/02/1982, DJ 07-05-1982 PP-04270 EMENT VOL-01253-02 PP-00347 RTJ VOL-00104-02 PP-00796).

No mesmo sentido já se pronunciou o S.T.J.:

> *In casu, o argumento de que existente erro material está a denotar o simples descontentamento da parte com o julgado, o que não tem o condão de tornar cabíveis os embargos de declaração, pois estes servem ao aprimoramento da decisão judicial, mas não à sua modificação que, muito excepcionalmente, é admitida.*
>
> *É omisso o acórdão no qual deixem de constar as declarações de voto vencido, porquanto estas devem integrar o julgado.*

Embargos de declaração parcialmente acolhidos, para determinar passe a constar do v. aresto embargado, as declarações de voto vencido.

(EDcl no REsp 195644/RS, Rel. Ministro FRANCISCO FALCÃO, PRIMEIRA TURMA, julgado em 26/09/2000, DJ 11/12/2000, p. 173)

Em relação ao pré-questionamento, entendia o S.T.J., por meio da Súmula 320, que a questão somente ventilada no voto vencido não atendia ao requisito do pré-questionamento.

Agora, pelo teor do §3º do art. 941 do atual C.P.C., se houver pré-questionamento do dispositivo violado apenas no voto vencido, isso permite a interposição de recurso especial ou extraordinário sem necessidade de interposição de embargos de declaração para efeito de pré-questionamento do dispositivo violado também em relação aos votos vencedores.

Por isso, o voto vencido será parte integrante do acórdão para todos os fins jurídicos.

Art. 942

Quando o resultado da apelação for não unânime, o julgamento terá prosseguimento em sessão a ser designada com a presença de outros julgadores, que serão convocados nos termos previamente definidos no regimento interno, em número suficiente para garantir a possibilidade de inversão do resultado inicial, assegurado às partes e a eventuais terceiros o direito de sustentar oralmente suas razões perante os novos julgadores.

§ 1º Sendo possível, o prosseguimento do julgamento dar-se-á na mesma sessão, colhendo-se os votos de outros julgadores que porventura componham o órgão colegiado.

§ 2º Os julgadores que já tiverem votado poderão rever seus votos por ocasião do prosseguimento do julgamento.

§ 3º A técnica de julgamento prevista neste artigo aplica-se, igualmente, ao julgamento não unânime proferido em:

I – ação rescisória, quando o resultado for a rescisão da sentença, devendo, nesse caso, seu prosseguimento ocorrer em órgão de maior composição previsto no regimento interno;

II – agravo de instrumento, quando houver reforma da decisão que julgar parcialmente o mérito.

§ 4º Não se aplica o disposto neste artigo ao julgamento:

I – do incidente de assunção de competência e ao de resolução de demandas repetitivas;

II – da remessa necessária;

III – não unânime proferido, nos tribunais, pelo plenário ou pela corte especial.

Julgamento não unânime

O C.P.C. de 1973 previa um recurso específico contra julgamento *não unânime* proferido pelo Tribunal. Esse recurso era denominado de *embargos infringentes*, o qual deveria ser interposto no prazo de quinze dias.

Caberiam os embargos infringentes quando o acórdão não unânime houvesse reformado, em grau de apelação, a sentença de mérito, ou houvesse julgado procedente ação rescisória. Se o desacordo fosse parcial, os embargos seriam restritos à matéria objeto da divergência (art. 530 do C.P.C. de 1973).

O atual C.P.C., em seu 942, manteve, com outra roupagem, o antigo embargos infringentes, ao estabelecer que quando o resultado da apelação for não unânime, o julgamento terá prosseguimento em sessão a ser designada com a presença de outros julgadores, que serão convocados nos termos previamente definidos no regimento interno, em número suficiente para garantir a possibilidade de inversão do resultado inicial, assegurado às partes e a eventuais terceiros o direito de sustentar oralmente suas razões perante os novos julgadores.

Assim, com essa nova roupagem, não haverá novo recurso contra a decisão não unânime, mas, sim, simples prosseguimento do julgamento em sessão a ser designada com a presença de outros julgadores, no caso, perante as turmas ou câmaras reunidas, a serem convocados nos termos previamente definidos no regimento interno, em número suficiente para garantir a possibilidade de inversão do resultado inicial, assegurando-se às partes e eventuais terceiros o direito de sustentar oralmente suas razões perante os novos julgadores.

Não terá aplicação esse dispositivo nas hipóteses de *remessa necessária*.

Se a Turma ou Câmara é composta de 3 (três) julgadores, haverá necessidade de se convocar outras 4 (quatro) julgadores, a fim de que haja possibilidade de se modificar o julgamento anterior.

Outrossim, enquanto que no C.P.C. de 1973 os embargos infringentes eram cabíveis em relação a acórdão não unânime que houvesse reformado, em grau de apelação, a sentença de mérito, pelo que dispõe o art. 942 do atual C.P.C., o prosseguimento do julgamento de decisão não unânime ocorrerá pouco importando se houve ou não reforma da sentença de mérito por ocasião do julgamento do recurso de apelação.

Estabelece o *§ 1º do art. 942* do atual C.P.C. que *sendo possível, o prosseguimento do julgamento dar-se-á na mesma sessão, colhendo-se os votos de outros julgadores que porventura componham o órgão colegiado.*

Se na sessão de julgamento da apelação também se encontrarem presentes os demais julgadores que compõem as turmas ou câmaras reunidas, o prosseguimento dar-se-á na mesma sessão, colhendo-se os votos dos outros julgadores.

Porém, essa possibilidade será mínima, uma vez que quando do julgamento do recurso de apelação, a Turma ou Câmara estará quase sempre na sua composição originária, de aproximadamente 3 (três) julgadores.

Preceitua o *§ 2º do art. 942* do atual C.P.C. que *os julgadores que já tiverem votado poderão rever seus votos por ocasião do prosseguimento do julgamento.*

Este dispositivo, além de indicar que os juízes que compuseram o julgamento da apelação na Turma ou na Câmara devam permanecer no prosseguimento do julgamento, também permite que, na sequência do julgamento, os julgadores que já tiverem proferido votos possam rever seus votos, enquanto não proclamado o resultado.

Estabelece o *§ 3º do art. 942* do atual C.P.C. que *a técnica de julgamento prevista neste artigo aplica-se, igualmente, ao julgamento não unânime proferido em: I – ação rescisória, quando o resultado for a rescisão da sentença, devendo, nesse caso, seu prosseguimento ocorrer em órgão de maior composição previsto no regimento interno; II – agravo de instrumento, quando houver reforma da decisão que julgar parcialmente o mérito.*

O prosseguimento do julgamento de acórdão não unânime não se dá apenas em relação ao recurso de apelação, mas, também, no julgamento não unânime proferido em demanda rescisória, quando o resultado for a rescisão da sentença e não quando a sentença for mantida; nesse caso, deve o prosseguimento do julgamento ocorrer perante o órgão de maior composição previsto no regimento interno, que poderá ser o Órgão Especial ou o Plenário do Tribunal. Tal possibilidade também havia no C.P.C. de 1973.

Também poderá ocorrer o prosseguimento de julgamento não unânime na hipótese de agravo de instrumento, quando houver reforma da decisão que julgar parcialmente o mérito.

Sabe-se que atualmente o agravo de instrumento poderá ter por objeto matéria que versa sobre o *mérito* da causa, conforme preconiza o art. 1.015, inc. II, do atual C.P.C.

O juiz julgará *parcialmente o mérito*, nos termos do art. 356 do atual C.P.C., quando um ou mais dos pedidos formulados ou parcela deles, mostrar-se incontroverso, ou estiver em condições de imediato julgamento nos termos do art. 355 do atual C.P.C.

Assim, se o tribunal, em agravo de instrumento, reformar de forma não unânime a decisão que julgou parcialmente o mérito, o julgamento deverá prosseguir com os demais membros das câmaras ou turmas reunidas. Note-se que essa hipótese somente ocorre se a decisão, por maioria, reformar a decisão e não na hipótese de ter sido mantida pelo tribunal.

Não se aplica o disposto neste artigo ao julgamento de incidente de assunção de competência, ao de resolução de demandas repetitivas, na remessa necessária e nas decisões não unânimes proferidas, nos tribunais, pelo plenário ou pela corte especial (*§4º do art. 942* do atual C.P.C.).

Art. 943

Os votos, os acórdãos e os demais atos processuais podem ser registrados em documento eletrônico inviolável e assinados eletronicamente, na forma da lei, devendo ser impressos para juntada aos autos do processo, quando este não for eletrônico.

§ 1º Todo acórdão conterá ementa.

§ 2º Lavrado o acórdão, sua ementa será publicada no órgão oficial no prazo de 10 (dez) dias.

Lavratura e publicação de documentos do julgamento

Tendo em vista que o PJe (Processo Judicial Eletrônico) elaborado pelo Conselho Nacional de Justiça passou a ser obrigatório em todos os tribunais do país, salvo raras exceções não haverá mais espaço para o trâmite processual em papel.

Por isso, os votos, acórdãos e todos os demais atos processuais serão praticados eletronicamente, devendo também os atos processuais que dependam de assinatura dos sujeitos do processo ser assinados eletronicamente, na forma da lei.

A assinatura será eletrônica, ainda que se trate de processo físico ou em papel. No caso, após a assinatura eletrônica, o ato será impresso para ser juntado aos autos físicos.

Estabelece o *§1º do art. 943* do atual C.P.C. *que todo acórdão conterá ementa.*

A palavra ementa tem origem latina, *emeniscor*, que significa apontamento, ideia, lembrança.[578]

Não se deve confundir o acórdão com a ementa do acórdão.

O acórdão é a decisão proferida pelo órgão colegiado. O ato decisório, acórdão, é manifestado na conjugação verbal da terceira pessoa do presente do indi-

[578] CAMPESTRINI, H. *Como redigir ementas.* São Paulo: Saraiva, 1994. p. 1.

cativo do verbo acordar, estar de acordo: *ACORDAM os juízes.....* Trata-se de uma construção do pensamento coletivo.

A ementa é uma descrição discursiva que sintetiza o conteúdo daquilo que fora decidido no julgamento. Conforme leciona Lakatos: *"O resumo constitui na apresentação concisa e frequentemente seletiva do texto, destacando-se os elementos de maior interesse e importância, isto é, as principais ideias do autor da obra, permitindo a quem o ler resolver sobre a conveniência ou não de consultar o texto completo".*[579]

A ementa deve refletir com fidedignidade o que fora decido no acórdão, devendo ser redigida de forma clara, compreensível e transparente do resultado do julgamento.

A ementa, conforme já afirmou Atienza, *"deve facilitar o trabalho de pesquisa quando da procura ou busca da informação, possibilitando, também o conhecimento do assunto que está sendo objeto de pronunciamento judicial, dando uma ideia geral do que o documento contém".*[580]

Pode-se descrever algumas características importantes da ementa: a) síntese ou concisão do julgamento; b) seletividade das principais ideias do julgamento; c) clareza que facilite a imediatidade na compreensão do conteúdo do julgamento; d) completude, no sentido de que a leitura da ementa possa apanhar o núcleo principal do julgamento sem necessidade de se socorrer da leitura do acórdão. A ementa, portanto, deve ser um resumo não apenas indicativo mas também informativo do julgamento.

Pode-se sintetizar as características gerais da ementa também da seguinte forma:

a) frases curtas, em ordem direta, mas que apresentem completude;
b) frases coerentes e bem estruturadas;
c) deve formar frases na terceira pessoa do singular, presente do indicativo, voz ativa;
d) evitar frases prolixas, ambiguidade e repetição de ideias, ou seja, redundância;
e) evitar utilização de sinônimos e não repetir exemplos do texto;
f) todas as informações inseridas devem fazer parte do acórdão;
g) deve-se observar as normas linguísticas em vigor, mediante uma boa formação gramatical.

[579] LAKATOS, E., MARCONI, M. A.. *Fundamentos de metodologia científica.* São Paulo: Atlas, 1986. p. 67.

[580] ATIENZA, C. A. *Técnicas de indexação de pronunciamentos judiciais.* São Paulo: s.n.), 1981. p. 31

O art. 110 do Regimento Interno do Tribunal Regional Federal da 4ª Região estabelece que se o julgamento for unânime, mas os fundamentos dos votos da maioria forem divergentes do voto do Relator, este fará constar na ementa o entendimento predominante.

Serão publicadas no Diário Eletrônico as ementas de todos os julgamentos realizados pelo Tribunal (art. 139 do Regimento Interno do Tribunal Regional Federal da 4ª Região).

Muito embora todo acórdão deve conter uma ementa, essa determinação normativa tem por finalidade facilitar um procedimento de pesquisa do julgamento realizado, sem qualquer força de modificação ou alteração do conteúdo do próprio acórdão.

Por isso, não cabem embargos de declaração contra erro material constante na ementa, conforme há muito já afirmou o S.T.F. Nesse sentido é a ementa do Acórdão 3.730 de 1963, relativo aos Embargos de Declaração no acórdão 3.681 do Mandado de Segurança n. 277: *"São improcedentes os embargos, uma vez que a ementa não integra o julgado"*

Prescreve o *§2º do art. 943* do atual C.P.C. que *lavrado o acórdão, sua ementa será publicada no órgão oficial no prazo de 10 (dez) dias.*

O juiz designado lavrará o acórdão, assim como sua ementa.

Após a conferência e assinatura do acórdão e ementa, esta será publicada no órgão oficial dentro do prazo de dez dias.

Deve o juiz observar rigorosamente este prazo, salvo havendo motivo justificado para não fazê-lo.

A ultrapassagem do prazo enseja representação aos órgãos correcionais, especialmente porque o atraso fere o princípio da celeridade processual.

Nos processos que tramitam no meio eletrônico, as citações, intimações e notificações serão realizadas diretamente no Sistema Processual Eletrônico, dispensada a publicação em diário oficial ou a expedição de mandado, executadas as citações de feitos que envolvam os Direitos Processuais Criminal e infracional (art. 6º da Lei 11.419/06) ou quando determinado pelo magistrado da causa (art. 111 do Regimento Interno do Tribunal Regional Federal da 4ª Região).

A intimação do acórdão, por suas conclusões ou ementa, far-se-á, no prazo de dez dias após a sessão de julgamento (§2º do art. 111 do Regimento Interno do Tribunal Regional Federal da 4ª Região).

As partes serão intimadas das decisões em que se tiver dispensado o acórdão pela intimação do extrato da ata da sessão de julgamento (art. 111, §3º do Regimento Interno do Tribunal Regional Federal da 4ª Região).

Esgotado *in albis* o prazo para a interposição dos recursos, o secretário do tribunal deverá providenciar a baixa dos autos ao juízo de origem no prazo legal.

Art. 944

Não publicado o acórdão no prazo de 30 (trinta) dias, contado da data da sessão de julgamento, as notas taquigráficas o substituirão, para todos os fins legais, independentemente de revisão

Parágrafo único. No caso do caput, o presidente do tribunal lavrará, de imediato, as conclusões e a ementa e mandará publicar o acórdão.

Lavratura do acórdão pelo presidente do tribunal

O juiz designado deverá lavrar o acórdão a fim de ser publicado.

Este dispositivo estabelece o prazo máximo para a publicação do acórdão, ou seja, o acórdão deverá ser publicado no prazo de trinta dias, contado da data da sessão de julgamento.

Se o acórdão não for publicado no prazo de trinta dias, contado da data da sessão de julgamento, o presidente do órgão colegiado deverá determinar a publicação das notas taquigráficas, as quais substituirão o acórdão. Nesse caso, o presidente do tribunal lavrará, de imediato, as conclusões e a ementa, e mandará publicá-lo.

A publicação das notas, nessa hipótese, substituirá, para todos os fins legais, independentemente de revisão, a publicação do acórdão.

Art. 945

A critério do órgão julgador, o julgamento dos recursos e dos processos de competência originária que não admitem sustentação oral poderá realizar-se por meio eletrônico.

§ 1º O relator cientificará as partes, pelo Diário da Justiça, de que o julgamento se fará por meio eletrônico.

§ 2º Qualquer das partes poderá, no prazo de 5 (cinco) dias, apresentar memoriais ou discordância do julgamento por meio eletrônico.

§ 3º A discordância não necessita de motivação, sendo apta a determinar o julgamento em sessão presencial.

§ 4º Caso surja alguma divergência entre os integrantes do órgão julgador durante o julgamento eletrônico, este ficará imediatamente suspenso, devendo a causa ser apreciada em sessão presencial.

Julgamento por meio eletrônico

Nos recursos (por exemplo, agravo de instrumento, salvo se disser respeito ao mérito, embargos de declaração etc.) e nas causas originárias de competência do tribunal (por exemplo, mandado de segurança originário) que não admitem sustentação oral, o julgador (relator), a seu critério, poderá realizar o julgamento por meio eletrônico (por exemplo, internet/skype/sistema de JAD (julgamento a distância).

Essa celeridade e menos formalidade para o julgamento justifica-se especialmente pelo fato de que não haverá possibilidade de sustentação oral por parte dos advogados na sessão de julgamento.

Conforme prescreve o *§1º do art. 945* do atual C.P.C., *o relator cientificará as partes, pelo Diário da Justiça, de que o julgamento se fará por meio eletrônico.*

O julgamento eletrônico somente será realizado se não houver oposição de qualquer das partes.

Por isso, o relator deverá cientificar as partes, pelo Diário da Justiça eletrônico, de que o julgamento far-se-á por meio eletrônico.

Preceitua o *§2º do art. 945* do atual C.P.C. que *qualquer das partes poderá, no prazo de 5 (cinco) dias, apresentar memoriais ou discordância do julgamento por meio eletrônico.*

No prazo de cinco dias, após a intimação, qualquer das partes poderá apresentar memoriais ou oposição ao julgamento por meio eletrônico.

Aduz o *§3º do art. 945* do atual C.P.C. que a *discordância não necessita de motivação, sendo apta a determinar o julgamento em sessão presencial.*

A oposição ao julgamento por meio eletrônico não necessita ser motivada, sendo apta a determinar que o julgamento se proceda em sessão presencial que será futuramente designada.

O silêncio da parte implicará na aceitação do julgamento eletrônico.

Preceitua o *§ 4º do art. 945* do atual C.P.C. que *caso surja alguma divergência entre os integrantes do órgão julgador durante o julgamento eletrônico, este ficará imediatamente suspenso, devendo a causa ser apreciada em sessão presencial.*

Esse dispositivo limitou a eficácia do julgamento eletrônico apenas para as hipóteses em que não haja qualquer divergência entre os integrantes do órgão julgador durante o julgamento.

Havendo divergência entre os julgadores, o presidente deverá imediatamente promover a suspensão do julgamento, devendo a causa ser apreciada em sessão presencial a ser futuramente designada.

Art. 946

O agravo de instrumento será julgado antes da apelação interposta no mesmo processo.

Parágrafo único. Se ambos os recursos de que trata o caput houverem de ser julgados na mesma sessão, terá precedência o agravo de instrumento.

Ordem de julgamento dos recursos

A ordem cronológica de julgamento dos recursos deve pautar-se pela chegada do recurso no tribunal.

Dentro dessa lógica, o recurso de agravo de instrumento contra decisão interlocutória proferida no mesmo processo deverá ser julgado em primeiro lugar, antes do recurso de apelação em relação à sentença proferida.

Se a apelação fosse julgada em primeiro lugar, haveria inversão em relação à ordem de julgamento nos tribunais.

Para se assegurar essa prioridade, é importante que o recurso de apelação não seja incluído em pauta antes do agravo de instrumento.

O destinatário da regra é o presidente do órgão colegiado, o qual incumbe organizar a pauta de julgamento. Se por equívoco houver a inclusão da apelação antes do agravo, poderá tal irregularidade ser alegada de ofício ou por provocação de qualquer das partes ou de outro membro do órgão colegiado.

Prescreve o *parágrafo único do art. 946* do atual C.P.C. que *se ambos os recursos de que trata o 'caput' houverem de ser julgados na mesma sessão, terá precedência o agravo de instrumento.*

Pode ocorrer, contudo, que a sentença proferida tornará prejudicado o agravo de instrumento interposto contra a tutela de urgência satisfativa concedida anteriormente, pois nesse caso a tutela de urgência terá por fundamento não mais a liminar, mas, sim, a própria sentença que fora proferida posteriormente. Diante dessa circunstância, se o agravo de instrumento ainda não tiver sido julgado, ficará prejudicado em face da sentença proferida.

O mesmo ocorre em relação à liminar e a sentença proferida em mandado de segurança.

O que o legislador visou com essa norma foi evitar a inversão ilógica do julgamento entre o agravo de instrumento e a apelação.

Não há impedimento, porém, de que ambos os recursos sejam julgados na mesma sessão de julgamento, desde que, evidentemente, o recurso de agravo de instrumento seja julgado antes que o recurso de apelação.

CAPÍTULO III – Do Incidente de Assunção de Competência

Art. 947

É admissível a assunção de competência quando o julgamento de recurso, de remessa necessária ou de processo de competência originária envolver relevante questão de direito, com grande repercussão social, sem repetição em múltiplos processos.

§ 1º Ocorrendo a hipótese de assunção de competência, o relator proporá, de ofício ou a requerimento da parte, do Ministério Público ou da Defensoria Pública, que seja o recurso, a remessa necessária ou o processo de competência originária julgado pelo órgão colegiado que o regimento indicar.

§ 2º O órgão colegiado julgará o recurso, a remessa necessária ou o processo de competência originária se reconhecer interesse público na assunção de competência.

§ 3º O acórdão proferido em assunção de competência vinculará todos os juízes e órgãos fracionários, exceto se houver revisão de tese.

§ 4º Aplica-se o disposto neste artigo quando ocorrer relevante questão de direito a respeito da qual seja conveniente a prevenção ou a composição de divergência entre câmaras ou turmas do tribunal.

Assunção de competência

Este dispositivo trata do denominado incidente de assunção de competência, que pode ser instaurado quando o julgamento do recurso, de remessa necessária ou de causa de competência originária envolver relevante questão de direito, com grande repercussão social, sem repetição em diversos processos.

Diante de relevante questão de direito, com grande repercussão social, poderá ser instaurado o incidente de assunção de competência, a fim de que um órgão de grau superior resolva a questão.

Note-se que o incidente de assunção de competência não tem por finalidade solucionar um grande número de demandas repetitivas; ao contrário, embora a questão tenha repercussão social, não haverá repetição da questão em outros processos.

Essa técnica já era prevista no Regimento Interno do Superior Tribunal de Justiça, o qual permitia à Turma submeter à Seção ou à Corte Especial, e à Seção, submeter à Corte Especial, feitos da respectiva competência, 'quando convier pronunciamento (...) em razão da relevância da questão, e para prevenir divergência entre as Turmas da mesma Seção (art. 14, II) ou 'entre as Seções' (art. 16, IV).

Então, a assunção de competência, ferramenta mais ágil que o incidente de uniformização, tende ao combate à morosidade processual. Na dicção do Ministro Sidnei Benetti, do STJ, talvez mais nociva que a morosidade e a perda da qualidade jurisdicional, contudo, seja a dispersão jurisprudencial decorrente do julgamento individualístico (...). Essa dispersão gera perplexidades dos participantes dos negócios e incompreensão pública das coisas da Justiça... (RP 171/12).

A importância do incidente de assunção de competência decorre da relevância da questão de direito e sua grande repercussão geral, circunstâncias essas que justificam o deslocamento do julgamento da causa para um órgão competente segundo as diretrizes do Regimento Interno do tribunal.

É bem verdade que o incidente de assunção de competência foi um instituto pouco usado pelos tribunais, em que pese já era previsto no art. 555, §1º, do C.P.C. de 1973.

Espera-se que no atual C.P.C. haja maior utilização desse incidente que tem por objetivo, não só uniformizar a jurisprudência, mas, sim, garantir a segurança da justiça do julgamento.

Preceitua o §1º do art. 947 do atual C.P.C. que ocorrendo a hipótese de assunção de competência, o relator proporá, de ofício ou a requerimento da parte, do Ministério Público ou da Defensoria Pública, seja o recurso, a remessa necessária ou o processo de competência originária julgado pelo órgão colegiado que o regimento indicar.

O incidente de assunção de competência pode ser instaurado de ofício pelo relator ou a requerimento das partes, do Ministério Público ou da Defensoria pública.

Preceitua o § 2º do art. 947 do atual C.P.C. que o órgão colegiado julgará o recurso, a remessa necessária ou o processo de competência originária se reconhecer interesse público na assunção de competência.

Caberá ao órgão colegiado competente previsto no Regimento Interno do Tribunal reconhecer se há ou não interesse público na assunção de competência.

Reconhecendo o interesse público, o incidente deverá ser novamente distribuído entre os magistrados do órgão competente para analisar a assunção de competência.

Sobre a assunção de competência, estabelece o art. 16 do Regimento Interno do Tribunal Regional Federal da 4ª Região:

"Art. 16. As Turmas remeterão os feitos de sua competência à Seção das quais são integrantes: I – quando algum Desembargador propuser revisão da jurisprudência

assentada em Súmula pela Seção; II – quando convier pronunciamento da Seção, em razão da relevância da questão jurídica, e para prevenir divergência entre as Turmas da mesma Seção; III – nos incidentes de uniformização de jurisprudência".

No mesmo sentido é o teor do art. 18 do Regimento Interno do Tribunal Regional Federal da 4ª Região:

"Art. 18. As Seções e as Turmas remeterão os feitos de sua competência à Corte Especial quando:

I – acolherem arguição de inconstitucionalidade, desde que a matéria não tenha sido decidida anteriormente pelo Tribunal ou pelo Supremo Tribunal Federal;

II – algum Desembargador propuser revisão da jurisprudência assentada em Súmula pela Corte Especial;

III – suscitarem incidentes de uniformização de jurisprudência;

IV – convier pronunciamento da Corte Especial em razão da relevância da questão jurídica ou da necessidade de prevenir divergência entre as Seções".

Estabelece o *§ 3º do art. 947* do atual C.P.C. que *o acórdão proferido em assunção de competência vinculará todos os juízes e órgãos fracionários, exceto se houver revisão de tese.*

Como a assunção de competência é um instituto que tramita perante um determinado Tribunal, visando também à uniformização da jurisprudência, a decisão que nela for proferida com base neste artigo *vinculará* os órgãos *fracionários.*

A vinculação somente poderá ser interna ao Tribunal, não abrangendo os juízes de primeiro grau a ele vinculados, pois somente as súmulas vinculantes e as decisões proferidas nas ações diretas de constitucionalidade ou inconstitucionalidade proferidas pelo S.T.F. é que constitucionalmente vinculam também os juízes de primeiro grau.

A vinculação somente cessará quando houver revisão da tese.

Preceitua o *§ 4º do art. 947* do atual C.P.C., *aplica-se o disposto neste artigo quando ocorrer relevante questão de direito a respeito da qual seja conveniente a prevenção ou a composição de divergência entre câmaras ou turmas do tribunal.*

Observa-se que o objeto principal do incidente de assunção de competência é justamente prevenir ou compor eventual divergência que possam surgir entre câmaras ou turmas do tribunal.

CAPÍTULO IV – Do Incidente de Arguição de Inconstitucionalidade

Art. 948

Arguida, em controle difuso, a inconstitucionalidade de lei ou de ato normativo do poder público, o relator, após ouvir o Ministério Público e as partes, submeterá a questão à turma ou à câmara à qual competir o conhecimento do processo.

Sumário:

1. Considerações gerais

O Reconhecimento da supremacia da Constituição e de sua força vinculante em relação aos Poderes Públicos reclama a existência de formas de defesa da Constituição, mediante o denominado *controle de constitucionalidade* dos atos dos Poderes Públicos.

O sistema de controle de constitucionalidade varia de país para país, sendo que cada qual adota um ou mais modos de controle de constitucionalidade.

A doutrina, em regra, classifica o controle de constitucionalidade da seguinte maneira (Gilmar Ferreira Mendes e Paulo Gustvao Gonet Branco, in: Curso de Direito Constitucional, São Paulo, Saraiva, 7ª ed. pp. 1.097 e ss):

a) Quanto ao órgão – *quem controla*, pode ser: a) controle político; b) controle jurisdicional; c) controle misto. O controle político é realizado por órgão político e não jurisdicional, como no sistema francês. Exemplos: casas legislativas, comissões de constituição e justiça etc. O *veto* oposto pelo Executivo a projeto de lei, com fundamento em inconstitucionalidade (art. 66, §1º da C.F.), é também uma forma de controle político de constitucionalidade da norma.

b) Quanto ao modo ou forma de controle: a) incidental, ou b) principal. No incidental, a inconstitucionalidade é arguida num processo judicial, a questão configura um incidente, ou seja, uma questão prejudicial que deve ser decidida pelo Judiciário. Denomina-se controle incidental ou *difuso*. Já o controle principal possibilita que a questão constitucional seja suscitada autonomamente em um processo ou ação principal, cujo objeto é a própria inconstitucionalidade da lei. Esse tipo de controle ocorre nas ações diretas de inconstitucionalidade das leis, *in abstrato*.

c) Quanto ao momento: a) preventivo; e b) repressivo ou sucessivo. O controle preventivo ocorre de forma antecedente ao aperfeiçoamento do ato normativo. É o realizado pelo Conselho Constitucional francês. No nosso ordenamento, exemplo de controle preventivo é o realizado pelas Comissões de Constituição e Justiça das Casas do Congresso (art. 66, §1º da C.F.). Já o controle repressivo ou sucessivo ocorre perante o poder judiciário mediante o controle difuso ou concentrado.

Neste capítulo do atual C.P.C. interessa especificamente a *forma ou modo de controle*, no caso, o denominado *controle difuso ou incidental* (americano) de constitucionalidade da lei, pois o controle concentrado ou *abstrato* (austríaco) é realizado pelo Supremo Tribunal Federal.

O controle difuso ou americano permite que qualquer órgão judicial possa exercer a prerrogativa de afastar a aplicação da lei que for declarada incompatível com a ordem constitucional. Esse modelo é denominado americano, justamente pelo fato de que a sua primeira aplicação deu-se a partir da discussão ocorrida na Suprema Corte americana, no caso *Marbury v. Madison*, de 1803. Em 1800, Thomas Jefferson derrotou John Adams nas eleições presidenciais americanas. Após a derrota, John Adams nomeou diversos juízes em cargos estratégicos, para manter certo controle sobre o Estado. Entre os juízes nomeados havia William Marbury. Porém, em razão do curto espaço de tempo, não foi possível a diplomação da nomeação de Marbury a juiz de paz. Assumindo o poder como presidente, Thomas Jefferson, por meio de seu secretário de justiça, James Madison, negou-se a nomear Marbury ao cargo de juiz. Marbury, então, ingressou com um *writ of mandamus* (Mandado de Segurança) perante a Suprema corte Norte-Americana requerendo a nomeação. O processo foi relatado pelo Presidente da Corte, Juiz John Marshall, em 1803. O relator entendeu que a lei federal que dava competência para a Corte analisar o mandado de segurança era inconstitucional, pois não cabia à Suprema Corte decidir do pedido de mandado de segurança. Assim, a Suprema Corte Norte Americana, pela primeira vez, reconheceu a inconstitucionalidade de uma norma proveniente do poder legislativo. Essa inconstitucionalidade deu-se por meio do controle *difuso* ou *concreto ou incidental*.

No Brasil, com a entrada em vigor da *Constituição provisória Republicana* de 1890, adotou-se um novo paradigma de controle de constitucionalidade das normas, especialmente pela influência que exerceu o modelo norte americano, na pessoa de Rui Barbosa, passando-se a admitir o controle judicial difuso ou incidental.

O controle difuso de declaração de inconstitucionalidade torna-se uma realidade definitiva com a entrada em vigor do Decreto n. 848, de 11-10-1890.

Esse controle outorga aos juízes e tribunais o poder de refutar a aplicação da lei *in concreto* (CF de 1988, art. 97, 102, III, a, a d, e 105, II, a e b).

Assim, passou o nosso ordenamento jurídico a admitir o controle difuso ou incidental de constitucionalidade por qualquer órgão do poder judiciário, seja ele monocrático ou colegiado.

Na verdade, o Brasil passou a adotar o controle misto de constitucionalidade, pois além do controle difuso, também permite o controle concentrado, assim como o faz a Itália e a Alemanha.

No controle concreto ou incidental a questão da inconstitucionalidade configura antecedente lógico e necessário à declaração judicial sobre a existência ou inexistência de relação jurídica (Alfredo Buzaid).

Porém, a *Constituição de 1934* estabeleceu que a declaração de inconstitucionalidade feita pelos tribunais dependeria da maioria da totalidade de membros dos Tribunais, inserindo no nosso sistema jurídico a *cláusula de reserva do plenário* para que um órgão colegiado pudesse declarar a inconstitucionalidade da norma.

A exigência da *cláusula de reserva do plenário* foi mantida pelo art. 97 da Constituição de 1988.

Assim, na hipótese de o tribunal optar pela não aplicação de uma dada norma jurídica ou pela não adoção de determinada interpretação que possa por em dúvida a expressão literal (declaração de inconstitucionalidade sem redução de texto), deve-se preservar a competência do plenário para assim proceder. Por isso, o S.T.F. editou a Súmula Vinculante n. 10 que assim dispõe: *"Viola a cláusula de reserva de plenário (CF, artigo 97), a decisão de órgão fracionário de tribunal que, embora não declare expressamente a inconstitucionalidade de lei ou ato normativo do poder público, afasta sua incidência, no todo ou em parte"*.

O S.T.F. considera declaratório de inconstitucionalidade o acórdão que – embora sem o explicitar – afasta a incidência da norma ordinária pertinente à lide para decidi-la sob critérios diversos alegadamente extraídos da Constituição (v.g. RE 240.096, Sepúlveda Pertence, 1ª T. DJ 21. 5. 99).

Para que se possa exercer o *controle difuso* de constitucionalidade, alguns requisitos são imprescindíveis, a saber (Gilmar Ferreira Mendes e Paulo Gustavo G. Branco, in: Curso de Direito Constitucional, São Paulo, Saraiva, 7ª ed. pp. 1.171 e ss):

Requisitos subjetivos: a) a inconstitucionalidade pode ser arguida por qualquer das partes, pelo Ministério Público ou pelo magistrado, *ex officio;* b) é competente para analisar a inconstitucionalidade da lei qualquer órgão do poder judiciário, sendo que no caso do Tribunal deve-se respeitar a cláusula de reserva, ou seja, o voto da maioria absoluta dos membros do plenário ou do órgão especial.

Requisitos objetivos: a) somente pode ser arguida a inconstitucionalidade do ato normativo que tem íntima ligação com o objeto da causa processual; b) somente ato normativo oriundo do Poder Público é que pode ser objeto da arguição de inconstitucionalidade; c) a arguição não terá seguimento se a maioria do órgão fracionário do tribunal não acolher a alegação de mácula da norma à Constituição Federal; c) não haverá necessidade de se provocar novamente o plenário ou o órgão especial se a questão ali já foi decidida pela constitucionalidade ou inconstitucionalidade da norma; nesse caso, é suficiente fazer referência ao processo em que foi decidida a arguição de inconstitucionalidade; d) poderá ser objeto de controle de constitucionalidade difuso a inconstitucionalidade de norma anterior à Constituição atual, diversamente do que acontece no controle concentrado, pois o S.T.F. considera que a aferição da norma deve ser somente com base na Constituição vigente; e) Havendo conflito entre o direito pré-constitucional e a nova Constituição deve tal conflito ser dirimido segundo os princípios de direito intertemporal, pois *lex posterior derogat priori*. Nesse caso, portanto, não haverá exame de constitucionalidade e nem aplicação da cláusula de *reserva de plenário* (art. 97 da C.F.); f) não haverá necessidade de se utilizar do controle de constitucionalidade nos termos do art. 97 da C.F. de 1988, se já houver manifestação do S.T.F. sobre a inconstitucionalidade da norma. Nesse sentido são os seguintes precedentes do S.T.F.:

(...).

III. Controle de constitucionalidade: reserva de plenário (CF, art. 97): inaplicabilidade, no caso, da exceção prevista no art. 481, parágrafo único, do C.Pr.Civil (red. da L. 9.756/98). 1. O artigo 481, parágrafo único, introduzido no Código de Processo Civil pela L. 9.756/98 – que dispensa a submissão ao plenário, ou ao órgão especial, da arguição de inconstitucionalidade, quando já houver pronunciamento destes ou do plenário do Supremo Tribunal Federal sobre a questão – alinhou-se à construção jurisprudencial já então consolidada no Supremo Tribunal, que se fundara explicitamente na função outorgada à Corte de árbitro definitivo da constitucionalidade das leis. 2. A regra, por isso mesmo, só incide quando a decisão do órgão fracionário de outro tribunal se ajusta à decisão anterior do plenário do Supremo Tribunal. 3. Manifesta é a sua impertinência a hipóteses, como a do caso, em que a Turma da Corte de segundo grau vai de encontro ao julgado do STF, para declarar inconstitucional o dispositivo de lei que aqui se julgara válido perante a Constituição.

(RE 433806 AgR, Relator(a): Min. SEPÚLVEDA PERTENCE, Primeira Turma, julgado em 08/03/2005, DJ 01-04-2005 PP-00033 EMENT VOL-02185-05 PP-00968)

Versando a controvérsia sobre ato normativo já declarado inconstitucional pelo guardião maior da Carta Política da Republica – o Supremo Tribunal Federal – descabe o deslocamento previsto no artigo 97 do referido Diploma maior. O julgamento de plano pelo órgão fracionado homenageia não só a racionalidade, como também implica interpretação teleológica do artigo 97 em comento, evitando a burocratização dos atos judiciais no que nefasta ao princípio da economia e da celeridade. A razão de ser do preceito esta na necessidade de evitar-se que órgãos fracionados apreciem, pela vez primeira, a pecha de inconstitucionalidade arguida em relação a um certo ato normativo.

(AI 168149 AgR, Relator(a): Min. MARCO AURÉLIO, Segunda Turma, julgado em 26/06/1995, DJ 04-08-1995 PP-22520 EMENT VOL-01794-19 PP-03994).

O Supremo Tribunal Federal estabeleceu que o art. 97 da Constituição Federal não se aplica às Turmas Recursais dos Juizados Especiais. Porém, se alguma das Turmas Recursais reconhecer a inconstitucionalidade de alguma norma, é possível a interposição de recurso extraordinário, com fundamento no art. 102, inc. III, letra 'b' da Constituição Federal. Mas para que o S.T.F. conheça do recurso extraordinário é necessário a juntada de cópia da decisão da Turma Recursal. Nesse sentido são os seguintes precedentes do S.T.F.:

Extraordinário. Inadmissibilidade. Interposição com base na alínea "b" do inc. III do art. 102 da Constituição Federal. Enunciado nº 32 dos Juizados Federais do Rio de Janeiro. Declaração inconstitucionalidade do art. 1º-F da Lei 9.494/97. Juntada de cópia da decisão que o declarou. Falta. Peça essencial à compreensão e ao desate do recurso. Seguimento negado. Agravo regimental improvido. Não se admite recurso extraordinário, fundado no art. 102, III, b, da Constituição da República, sem cópia da decisão de Juizado Especial que, tendo declarado inconstitucionalidade de norma e aprovado o enunciado respectivo, serviu de fundamento à decisão recorrida

(RE 453744 AgR, Relator(a): Min. CEZAR PELUSO, Primeira Turma, julgado em 13/06/2006, DJ 25-08-2006 PP-00024 EMENT VOL-02244-05 PP-00934)

1. O princípio da reserva de plenário não se aplica no âmbito dos juizados de pequenas causas (art. 24, X, da Constituição Federal) e dos juizados especiais em geral (art. 98, I, da CF/88), que, pela configuração atribuída pelo legislador, não funcionam, na esfera recursal, sob o regime de plenário ou de órgão especial.

(...).

(ARE 868457 RG, Relator(a): Min. TEORI ZAVASCKI, julgado em 16/04/2015, PROCESSO ELETRÔNICO DJe-077 DIVULG 24-04-2015 PUBLIC 27-04-2015)

1. Como é da própria essência e natureza dos Juizados Especiais Cíveis Estaduais previstos na Lei 9.099/95, as causas de sua competência decorrem de controvérsias fundadas em relações de direito privado, revestidas de simplicidade fática e jurídica, ensejando pronta solução na instância ordinária. Apenas excepcionalmente essas causas são resolvidas mediante aplicação direta de preceitos normativos constitucionais. E mesmo quando isso ocorre, são incomuns e improváveis as situações em que a questão constitucional debatida contenha o requisito da repercussão geral de que tratam o art. 102, § 3º, da Constituição, os arts. 543-A e 543-B do Código de Processo Civil e o art. 322 e seguinte do Regimento Interno do STF. 2. Por isso mesmo, os recursos extraordinários interpostos em causas processadas perante os Juizados Especiais Cíveis da Lei 9.099/95 somente podem ser admitidos quando (a) for demonstrado o prequestionamento de matéria constitucional envolvida diretamente na demanda e (b) o requisito da repercussão geral estiver justificado com indicação detalhada das circunstâncias concretas e dos dados objetivos que evidenciem, no caso examinado, a relevância econômica, política, social ou jurídica. 3. À falta dessa adequada justificação, aplicam-se ao recurso extraordinário interposto nas causas de Juizados Especiais Estaduais Cíveis da Lei 9.099/95 os efeitos da ausência de repercussão geral, nos termos do art. 543-A do CPC.

(ARE 836819 RG, Relator(a): Min. TEORI ZAVASCKI, julgado em 19/03/2015, ACÓRDÃO ELETRÔNICO DJe-058 DIVULG 24-03-2015 PUBLIC 25-03-2015)

2. Arguição de inconstitucionalidade

Estabelece o *art. 948* do atual C.P.C. que *arguida, em controle difuso, a inconstitucionalidade de lei ou de ato normativo do poder público, o relator, após ouvir o Ministério Público e as partes, submeterá a questão à turma ou à câmara à qual competir o conhecimento do processo.*

Essa regra normativa de controle *difuso* de constitucionalidade é aplicável na hipótese de a arguição de inconstitucionalidade de lei ou ato normativo do poder público ter sido somente aventada no próprio Tribunal, em uma de suas turmas ou câmaras, ou, ainda, em turmas ou câmaras reunidas. Aplica-se, também, ao grupo de câmaras ou à seção das turmas reunidas.

Se a questão for aventada no próprio plenário do tribunal, em processo de sua competência, não haverá de ser observada a norma do art. 948 do atual C.P.C., pois nesse caso o plenário poderá apreciar de plano a questão incidental de inconstitucionalidade.

Se o juiz de primeiro grau, em sua sentença, já houver declarado a inconstitucionalidade da lei ou do ato normativo do poder público, a turma ou câmara não precisará suscitar a arguição de inconstitucionalidade, mas, somente, manter ou afastar a inconstitucionalidade já declarada em primeiro grau.

A arguição de inconstitucionalidade de lei ou de ato normativo do poder público é realizada no curso de processo relativo ao caso concreto, como questão prejudicial, que deve ser solucionada para assentar uma das premissas lógicas da decisão final. Portanto, a arguição de inconstitucionalidade, nessa hipótese, não constitui objeto autônomo e exclusivo da atividade cognitiva, mas é meramente incidental, razão pela qual não terá efeito *erga omnes*, nem natureza vinculante aos demais órgãos do poder judiciário.

Poderá ser arguida a inconstitucionalidade de lei ou de ato normativo do poder público, por qualquer das partes, pelo Ministério Público (como parte ou como fiscal do ordenamento jurídico), pelo Relator, ou, ainda, por qualquer dos julgadores que participarem do julgamento. Também o assistente simples ou litisconsorcial poderá suscitar a arguição de inconstitucionalidade.

A parte poderá arguir a inconstitucionalidade na inicial, na contestação, nas razões recursais, em petição avulsa e, inclusive, na sustentação oral que o advogado possa realizar quando do julgamento.

Tendo em vista que se trata de matéria de ordem pública, não haverá preclusão temporal.

A arguição de ofício poderá ser feita pelo Relator ou por qualquer dos outros membros do órgão fracionário, durante a sessão de julgamento, e antes do anúncio pelo Presidente do resultado do julgamento do respectivo processo.

O objeto da arguição de inconstitucionalidade será a lei, o ato formal proveniente do Poder Legislativo (lei ordinária, lei complementar, emenda à constituição etc) ou ato normativo do poder público, seja ele Federal, Estadual ou Municipal. Note-se que no controle concentrado (ADIN ou ADC) não poderá ser objeto o ato normativo municipal.

Os atos normativos editados por pessoas jurídicas de direito público criadas pela União, Estado, Distrito Federal, Município assim como os regimentos internos dos Tribunais e Assembleias Legislativas.

Outros atos do Poder Executivo com força normativa, como os pareceres da Consultoria-Geral da República, devidamente aprovados pelo Presidente da República. Resoluções dos Tribunais.

O ato do poder público deve ser normativo, ou seja, deve conter conteúdo genérico e abstrato, podendo, inclusive, ser eventuais decretos do Poder executivo, desde que tenham caráter normativo.

Os atos que não tenham conteúdo normativo, por não serem genéricos ou abstratos, não precisam ser submetidos ao procedimento ora analisado, sendo que nesse caso estão à margem da cláusula de reserva do plenário, podendo a turma ou a câmara avaliar a sua constitucionalidade ou não.

A cláusula de reserva de plenário abrange tanto a arguição de inconstitucionalidade, com base na Constituição Federal, quanto em relação à Constituição Estadual.

Não importa, se se trata de inconstitucionalidade material ou formal.

O rito procedimental aqui previsto aplica-se a qualquer recurso que o órgão fracionário deva julgar, assim como as causas de competência originária.

Se o Relator ou algum dos julgadores da turma ou da câmara suscitar a inconstitucionalidade da lei, o relator, após ouvido o Ministério Público, submeterá a questão à turma ou à câmara, a quem tocar o conhecimento do processo.

Se for o próprio Ministério Público que atua no Tribunal quem suscitou a arguição de inconstitucionalidade, não haverá necessidade de abrir nova vista sobre a questão; mas se a arguição foi suscitada pelo Ministério Público que atua em primeiro grau, o processo será encaminhado para análise ao Ministério Público de segundo grau. Se a arguição for feita na sessão de julgamento, conceder-se-á prazo para o Ministério Público se pronunciar, suspendendo-se o julgamento.

Art. 949

Se a arguição for:

I – rejeitada, prosseguirá o julgamento;

II – acolhida, a questão será submetida ao plenário do tribunal ou ao seu órgão especial, onde houver.

Parágrafo único. Os órgãos fracionários dos tribunais não submeterão ao plenário ou ao órgão especial a arguição de inconstitucionalidade quando já houver pronunciamento destes ou do plenário do Supremo Tribunal Federal sobre a questão.

Reserva de plenário

Suscitada a arguição de inconstitucionalidade pela parte, pelo Ministério Público ou por qualquer dos magistrados que compõem o órgão fracionário, deverá ser suspenso o julgamento para que a própria turma ou câmara ou grupo de turma/câmara delibere sobre a arguição.

O trâmite da arguição dar-se-á segundo as normas do Regimento Interno do Tribunal.

Se a turma ou a câmara, pelo voto da maioria, entender que não está evidenciada a inconstitucionalidade da lei ou do ato normativo do poder público, por ser ela inadmissível ou improcedente, a arguição não será submetida ao plenário, devendo o julgamento do processo seguir o seu curso normal. Nessa hipótese, o relator, como preliminar, apresentará seus argumentos para rejeitar a arguição de inconstitucionalidade na sessão de julgamento. Note-se que a Constituição Federal somente exige a reserva do plenário para a declaração de inconstitucionalidade e não para a hipótese de sua rejeição.

Caso contrário, sendo a arguição de inconstitucionalidade acolhida pela turma ou pela câmara, ela será submetida ao plenário do tribunal ou ao órgão especial, onde houver, conforme estabelece o art. 97 da Constituição Federal, *in verbis: Somente pelo voto da maioria absoluta de seus membros ou dos membros do respectivo órgão especial poderão os tribunais declarar a inconstitucionalidade de lei ou ato normativo do Poder Público.*

Acolhida a arguição, será lavrado o acórdão a fim de ser submetida a arguição ao órgão competente, suspendendo-se o recurso ou a causa principal até o julgamento da questão prejudicial.

O acolhimento da arguição pelo órgão fracionário, total ou parcialmente, não significa que a lei ou o ato normativo do poder público seja inconstitucional, mas que tal decisão deverá ser proferida pelo plenário ou pelo órgão especial do tribunal.

O acolhimento ou a rejeição da arguição de inconstitucionalidade pelo órgão fracionário é *irrecorrível.*

Observa-se, portanto, que há dois órgãos do Poder Judiciário que, em regra, irão participar do trâmite processual da arguição de inconstitucionalidade: o primeiro, órgão fracionário, que irá julgar o recurso interposto e que irá acolher ou não a arguição; o segundo, o plenário ou o órgão especial do tribunal, que irá julgar única e exclusivamente a arguição de inconstitucionalidade da norma. A decisão final será o resultado dessa integração, que é exemplo típico de decisão *subjetivamente complexa.*[581]

Estabelece *o parágrafo único do art. 949* do atual C.P.C. que *os órgãos fracionários dos tribunais não submeterão ao plenário ou ao órgão especial a arguição de inconstitucionalidade quando já houver pronunciamento destes ou do plenário do Supremo Tribunal Federal sobre a questão.*

[581] Calamandrei, *La sentenza soggettivamente complessa, in Opera giuridiche.* Vol. I, págs. 106 e segtes. Também Barbosa Moreira, J. C., *Comentário ao código de processo civil.* 2ª ed. Vol. V. Rio de Janeiro: Forense, 1976. p. 47.

Este preceito normativo foi introduzido no nosso ordenamento jurídico pela Lei 9.756/98, alinhando-se à construção jurisprudencial consolidada no Supremo Tribunal Federal, v.g., RE 190728, 1ª T., 27.6.95, Ilmar Galvão, 30.5.97; RE 191896, 1ª T, 27.5.97, Sepúlveda Pertence, 29,8.97; AI 169149-AgR, 2ª T., 26.6.95, Marco Aurélio, RTJ 162/175; AI 170284, 2ª T., 30.5.95, Carlos Velloso, RTJ 162/767).

A cláusula de reserva de plenário somente será utilizada pelo órgão fracionário se não houver ainda pronunciamento do próprio tribunal ou do plenário do Supremo Tribunal Federal sobre a questão.

Se a questão da constitucionalidade já foi julgada pelo plenário ou pelo órgão especial do próprio tribunal, essa decisão é vinculante para os demais recursos que devam ser conhecidos pelos órgãos fracionários do tribunal, razão pela qual basta a indicação do processo em que foi decidida a arguição de inconstitucionalidade pelo plenário ou pelo órgão especial. Não há necessidade de se provocar novamente o plenário ou órgão especial, em relação a outros processos, se ele já decidiu pela constitucionalidade ou inconstitucionalidade do ato normativo. Basta fazer referência ao julgado.

É certo, porém, que para Barbosa Moreira, nenhuma regra legal existe que a torne obrigatória 'ad futurum'. Assim, se a inconstitucionalidade for declarada, o órgão fracionário não pode aplicar à espécie a lei ou o ato normativo; mas, ressuscitada que seja a questão a propósito de outro recurso ou de outra causa de sua competência originária, fica o órgão fracionário, à luz do Código, livre de entender constitucional a mesma lei ou o mesmo ato e, sendo o caso, aplicar esta ou aquela à nova espécie. Se não se declarou a inconstitucionalidade, nenhum dispositivo do Código obsta a que, noutro feito, volte a arguição a ser suscitada, pelo próprio tribunal pleno. A eficácia do pronunciamento é só *intraprocessual*.[582]

Também não há necessidade de se utilizar o procedimento do art. 97 da C.F. na hipótese de existir pronunciamento do plenário da Suprema Corte que afirme a inconstitucionalidade ou constitucionalidade da lei ou do ato normativo. Esse pronunciamento do plenário poderá decorrer de controle de constitucionalidade concentrado (ADI, ADC, ADPF) ou em controle difuso decorrente de recurso extraordinário. Sobre o tema, eis os seguintes precedentes do S.T.F.:

[582] Barbosa Moreira, idem, p. 59.

(...)

III. Controle de constitucionalidade: reserva de plenário (CF, art. 97): inaplicabilidade, no caso, da exceção prevista no art. 481, parágrafo único, do C.Pr.Civil (red. da L. 9.756/98). 1. O artigo 481, parágrafo único, introduzido no Código de Processo Civil pela L. 9.756/98 – que dispensa a submissão ao plenário, ou ao órgão especial, da arguição de inconstitucionalidade, quando já houver pronunciamento destes ou do plenário do Supremo Tribunal Federal sobre a questão – alinhou-se à construção jurisprudencial já então consolidada no Supremo Tribunal, que se fundara explicitamente na função outorgada à Corte de árbitro definitivo da constitucionalidade das leis. 2. A regra, por isso mesmo, só incide quando a decisão do órgão fracionário de outro tribunal se ajusta à decisão anterior do plenário do Supremo Tribunal. 3. Manifesta é a sua impertinência a hipóteses, como a do caso, em que a Turma da Corte de segundo grau vai de encontro ao julgado do STF, para declarar inconstitucional o dispositivo de lei que aqui se julgara válido perante a Constituição.

(RE 433806 AgR, Relator(a): Min. SEPÚLVEDA PERTENCE, Primeira Turma, julgado em 08/03/2005, DJ 01-04-2005 PP-00033 EMENT VOL-02185-05 PP-00968)

Versando a controvérsia sobre ato normativo já declarado inconstitucional pelo guardião maior da Carta Política da Republica – o Supremo Tribunal Federal – descabe o deslocamento previsto no artigo 97 do referido Diploma maior. O julgamento de plano pelo órgão fracionado homenageia não só a racionalidade, como também implica interpretação teleológica do artigo 97 em comento, evitando a burocratização dos atos judiciais no que nefasta ao princípio da economia e da celeridade. A razão de ser do preceito esta na necessidade de evitar-se que órgãos fracionados apreciem, pela vez primeira, a pecha de inconstitucionalidade arguida em relação a um certo ato normativo.

(AI 168149 AgR, Relator(a): Min. MARCO AURÉLIO, Segunda Turma, julgado em 26/06/1995, DJ 04-08-1995 PP-22520 EMENT VOL-01794-19 PP-03994)

A regra, por isso mesmo, só incide quando a decisão do órgão fracionário de outro tribunal se ajusta à decisão anterior do plenário do Supremo Tribunal Federal.

Art. 950

Remetida cópia do acórdão a todos os juízes, o presidente do tribunal designará a sessão de julgamento.

§ 1º As pessoas jurídicas de direito público responsáveis pela edição do ato questionado poderão manifestar-se no incidente de inconstitucionalidade se assim o requererem, observados os prazos e as condições previstos no regimento interno do tribunal.

§ 2º A parte legitimada à propositura das ações previstas no art. 103 da Constituição Federal poderá manifestar-se, por escrito, sobre a questão constitucional objeto de apreciação, no prazo previsto pelo regimento interno, sendo-lhe assegurado o direito de apresentar memoriais ou de requerer a juntada de documentos.

§ 3º Considerando a relevância da matéria e a representatividade dos postulantes, o relator poderá admitir, por despacho irrecorrível, a manifestação de outros órgãos ou entidades.

Procedimento da sessão de julgamento

O procedimento para o trâmite do incidente de arguição de inconstitucionalidade normalmente é regulado pelo Regimento Interno dos Tribunais.

O Tribunal Regional Federal da 4ª Região apresenta o seguinte procedimento:

Art. 209. Se, por ocasião do julgamento perante o Plenário ou a Corte Especial, for arguida inconstitucionalidade de lei ou ato normativo do poder público, suspender-se-á o julgamento, a fim de ser tomado o Parecer do Ministério Público, no prazo de quinze dias.

§1º Devolvidos os autos e lançado o relatório, serão eles encaminhados ao Presidente do Plenário ou da Corte Especial para designar a sessão de julgamento.

§2º Proclamar-se-á a inconstitucionalidade ou a constitucionalidade do preceito ou do ato impugnado, se num ou noutro sentido se tiver manifestado a maior absoluta dos membros do respectivo Colegiado.

§3º Se não foi alcançada a maioria absoluta necessária à declaração de inconstitucionalidade, estando ausentes Desembargadores em número que possa influir no julgamento, este será suspenso, a fim de aguardar-se o comparecimento dos Desembargadores ausentes, até que se atinja o 'quorum'.

§4º Cópia do acórdão será, no prazo para sua publicação, remetida à Comissão de Jurisprudência que, após registrá-lo, ordenará a sua publicação na Revista do Tribunal.

Art. 210. A Seção ou a Turma remeterá o feito ao julgamento da Corte especial quando a maioria acolher arguição de inconstitucionalidade ainda não decidida por ela ou pelo Supremo Tribunal Federal.

§1º Acolhida a arguição, será publicado o acórdão, ouvido, em seguida, o representante do Ministério Público, em quinze dias.

§2º. Devolvidos os autos, observar-se-á o disposto nos §§1º, 2º e 3º do artigo anterior.

§3º O Relator, ainda que não integre a Corte Especial, dela participará no julgamento do incidente, excluindo-se o Desembargador mais moderno.

Nos termos do art. 950 do atual C.P.C., uma vez acolhido o incidente de arguição de inconstitucionalidade pelo órgão fracionário, o Presidente, após remeter cópia do acórdão do órgão fracionário a todos os componentes do Plenário ou do Órgão Especial, designará data para o julgamento do incidente.

Evidentemente que em se tratando de Pje (Processo Judicial Eletrônico), o acórdão já estará disponível no próprio sistema para todos os julgadores.

Na sessão de julgamento, a matéria será relatada por quem o Regimento Interno do tribunal designar, podendo, inclusive, ser o mesmo juiz que redigiu o acórdão do órgão fracionário, salvo se ele não compuser o órgão especial do Tribunal.

Deverão ser observados os prazos deste código em relação à inclusão do feito em pauta, respectiva publicação e o prazo que deve mediar entre a publicação e a sessão de julgamento.

Cabe ao Tribunal Pleno ou ao Órgão Especial declarar ou não a inconstitucionalidade da norma, como questão prejudicial, sem avançar sobre as demais questões recursais ou da causa originária, pois essa matéria é de competência do próprio órgão fracionário.

Nos limites da questão prejudicial acolhida pelo órgão fracionário, o Plenário ou o Órgão Especial terá total competência para apreciar a questão, inclusive para reavaliar a questão da própria admissibilidade da arguição, que não fica preclusa. O Plenário ou o Órgão Especial terá plena liberdade para avaliar a arguição, sem qualquer vinculação ao que fora estabelecido pelo órgão fracionário. Assim, *"a arguição pode ter-se fundada na alegada incompatibilidade entre a lei ou o ato normativo e a regra 'x', e o tribunal declarar inconstitucional uma ou outro por incompatível com a regra 'y'"*.[583] Portanto, não há cogitar de vinculação do Tribunal à *causa petendi*, mesmo porque a arguição não constitui 'pedido' em sentido técnico, e as questões de direito são livremente apreciáveis, *ex officio*, pelos órgãos judiciais.[584]

583 Barbosa Moreira, José Carlos. *Comentários ao código de processo civil.* Rio de Janeiro: Forense, 1976. p. 57.

584 Barbosa Moreira, J. C., idem, p. 57.

O Plenário ou o Órgão Especial somente declarará a inconstitucionalidade da norma pelo voto da maioria de seus membros, no que tange a um mesmo ou vários fundamentos.

Não há necessidade, para se alcançar o *quorum* do art. 97 da C.F., que todos os membros do Plenário ou do Órgão Especial estejam presentes, bastando que a maioria absoluta dos membros que o compõem votem nesse sentido. Não há, portanto, um quorum mínimo para se iniciar o julgamento. A maioria absoluta se dá com a metade dos votos + um.

Se não for atingindo o *quorum* constitucional, a norma não será declarada inconstitucional.

Para Barbosa Moreira, não há que se cogitar, quanto ao pronunciamento do plenário, de *auctoritas rei iudicatae*, pois o Código expressamente limita a extinção objetiva da coisa julgada ao julgamento da lide, e não à questão prejudicial decidida como causa de pedir.[585]

Publicado o julgamento da arguição de inconstitucionalidade, restituem-se os autos ao órgão fracionário para que prossiga com o julgamento da causa principal ou do recurso. O órgão fracionário terá plena liberdade para decidir a causa da maneira que lhe aprouver, salvo no tocante à constitucionalidade ou inconstitucionalidade da norma que fora objeto da arguição de inconstitucionalidade. É importante salientar que a eventual declaração de inconstitucionalidade não significa, por si só, que a decisão do órgão fracionário será proferida em benefício daquele que arguiu a inconstitucionalidade e vice-versa.

Estabelece o *§1º do art. 950* do atual C.P.C. que *as pessoas jurídicas de direito público responsáveis pela edição do ato questionado poderão manifestar-se no incidente de inconstitucionalidade se assim o requerem, observados os prazos e as condições previstos no regimento interno do tribunal.*

As pessoas jurídicas de direito público responsáveis pela edição do ato questionado, no caso, a União, os Estados, os Municípios, as autarquias poderão ingressar no procedimento, a fim de que se manifestem no incidente de inconstitucionalidade, especialmente para defender o ato impugnado.

Prescreve o *§2º do art. 950* do atual C.P.C. *que a parte legitimada à propositura das ações previstas no art. 103 da Constituição da República poderá manifestar-se, por escrito, sobre a questão constitucional objeto de apreciação, no prazo previsto pelo regimento interno, sendo-lhe assegurado o direito de apresentar memoriais ou de requerer a juntada de documentos.*

[585] Barbosa Moreira, J. C., idem., p. 59.

Da mesma forma, poderão ingressar no controle difuso de inconstitucionalidade as pessoas legitimadas a instaurar o controle concentrado de inconstitucionalidade perante o S.T.F., as quais estão descritas no art. 103 da Constituição Federal, a saber:

> *Art. 103. Podem propor a ação direta de inconstitucionalidade e a ação declaratória de constitucionalidade: (Redação dada pela Emenda Constitucional nº 45, de 2004)*
>
> *I – o Presidente da República;*
>
> *II – a Mesa do Senado Federal;*
>
> *III – a Mesa da Câmara dos Deputados;*
>
> *IV – a Mesa de Assembleia Legislativa ou da Câmara Legislativa do Distrito Federal; (Redação dada pela Emenda Constitucional nº 45, de 2004)*
>
> *V – o Governador de Estado ou do Distrito Federal; (Redação dada pela Emenda Constitucional nº 45, de 2004)*
>
> *VI – o Procurador-Geral da República;*
>
> *VII – o Conselho Federal da Ordem dos Advogados do Brasil;*
>
> *VIII – partido político com representação no Congresso Nacional;*
>
> *IX – confederação sindical ou entidade de classe de âmbito nacional.*

Essas pessoas deverão manifestar-se, por escrito, sobre a questão constitucional objeto da arguição, no prazo fixado pelo regimento interno, sendo-lhes assegurado o direito de apresentar memoriais ou de pedir a juntada de documentos.

Evidentemente, a manifestação das pessoas indicadas neste dispositivo somente poderá ocorrer se houver *pertinência temática* da arguição com suas funções institucionais. Assim, em regra, não haverá *pertinência temática* a arguição de inconstitucionalidade de uma lei municipal por parte do Presidente da República, ou a arguição de inconstitucionalidade de uma lei tributária do ICMs e a Associação dos Juízes Federal (AJUFE).

Prescreve o *§3º do art. 950* do atual C.P.C. que *considerando a relevância da matéria e a representatividade dos postulantes, o relator poderá admitir, por despacho irrecorrível, a manifestação de outros órgãos ou entidades.*

Por vezes a matéria trazida no âmbito do incidente de arguição de inconstitucionalidade apresenta relevante interesse social, econômico, cultural etc., havendo necessidade, inclusive, de se ouvir determinado órgão ou entidade que atue nessa área ou que tenha interesse direto nessa matéria.

Assim, o relator, por despacho irrecorrível, poderá admitir a participação de *amicus curiae* no incidente de arguição de inconstitucionalidade, permitindo-se amplo debate sobre a questão de inconstitucionalidade, com a participação de especialistas na área.

É possível, inclusive, que o relator possa marcar uma *audiência pública* para ouvir essas entidades e para dar maior amplitude sobre a discussão da constitucionalidade ou inconstitucionalidade da norma impugnada, assim como tem feito o S.T.F. no controle concentrado de inconstitucionalidade.

CAPÍTULO V – Do Conflito de Competência

Art. 951

O conflito de competência pode ser suscitado por qualquer das partes, pelo Ministério Público ou pelo juiz.

Parágrafo único. O Ministério Público somente será ouvido nos conflitos de competência relativos aos processos previstos no art. 178, mas terá qualidade de parte nos conflitos que suscitar.

Sumário:

1. Considerações gerais
2. Conflito de competência

1. Considerações gerais.

Com base no princípio do juiz natural, toda pessoa tem a garantia Constitucional de ser julgada por um juiz previamente estabelecido em lei.

Poderá ocorrer que, num mesmo processo, possam ser chamados a funcionar diversos órgãos sucessivamente; não, porém, simultaneamente. Contudo, entre os órgãos que pretendam funcionar simultaneamente, a competência de um para determinada causa exclui a competência de outro.[586]

Na hipótese de o juiz ser absolutamente ou relativamente incompetente para conhecer da causa, o réu poderá, nos termos do art. 64 do atual C.P.C., alegar a incompetência do juízo como preliminar de contestação, não havendo mais no atual C.P.C. espaço para a *exceção de incompetência.*

Contudo, além da alegação de incompetência do juízo que poderá ser suscitada por qualquer das partes, é possível ocorrer a instauração de um *conflito de*

[586] Barbi, Celso Agrícola. *Comentários ao código de processo civil.* 5ª ed. I Vol. Rio de Janeiro: Forense, 1988. p. 491.

competência entre dois ou mais juízes que se pretendam competentes ou incompetentes para a mesma causa.

O artigo 66 do novo C.P.C. trata do conflito *negativo e positivo* de jurisdição. Assim, há conflito de competência quando: I – dois ou mais juízes se declaram competentes; II – dois ou mais juízes se consideram incompetentes, atribuindo um ao outro a competência;

III – entre dois ou mais juízes surge controvérsia acerca da reunião ou separação de processos.

Assim, quando dois ou mais juízes entenderem-se competentes para o processamento e julgamento da causa, surge o que se denomina de *conflito positivo de jurisdição.* No conflito positivo não é necessário que os magistrados tenham proferido decisão expressamente quanto à sua competência, bastando a prática de atos processuais por dois ou mais juízes em relação à mesma questão de fato e de direito. Exemplo de conflito positivo de jurisdição ocorre quando são abertos dois ou mais inventários perante juízes diversos, todos assumindo a competência do processamento do inventário.

Por sua vez, quando dois ou mais juízes não aceitam a sua competência para processamento e julgamento da causa, surge então o denominado *conflito negativo de jurisdição.*

O art. 66, inc. II, do novo C.P.C., ao tratar do conflito negativo de jurisdição, afirma na parte final que os juízes, ao se considerarem incompetentes, deverão obrigatoriamente atribuir um ao outro a competência. Se um dos juízes atribui a competência a um terceiro órgão jurisdicional, não se trata de conflito negativo, mas, sim, no caso de competência absoluta, de remessa dos autos ao terceiro juízo. Aliás, isso é o que determina o p.u. do art. 66 do novo C.P.C. Se o terceiro juiz entender que a competência é daquele que remeteu os autos, aí sim será o caso de se suscitar o conflito negativo de jurisdição.

Da mesma forma, poderá haver conflito de competência em relação a questões de reunião ou separação de processos. Isso pode ocorrer no caso de conexão ou continência, ou mesmo no caso de desmembramento de relação jurídica processual. Nesses casos, o conflito ocorrerá quando o juiz de uma causa se opuser à reunião dos processos. De toda forma, somente após a manifestação de ambos os juízos, no caso de continência ou conexão de causas, é que se poderá falar efetivamente de conflito de jurisdição.

O conflito de competência pode surgir entre juízes com a mesma jurisdição e subordinados ao mesmo tribunal, assim como entre juízes subordinados a tribunais diversos. Na primeira hipótese, a competência para dirimir o conflito de competência será do tribunal a que os juízes em conflito estão subordinados. Nesse sentido é o art. 108, inc. I, letra 'e', art. 114, inc. V, da C.F. Nesse sentido, aliás, é o que dispõe o art. 199 do Regimento Interno do Tribunal Regional Federal da 4ª Região: *"O conflito de competência poderá ocorrer entre as autoridades judiciárias vinculadas ao Tribunal"*. Na segunda hipótese, a competência será do Superior Tribunal de Justiça, conforme determina o art. 105, inc. I, letra 'd' da C.F.

Por sua vez, compete ao Supremo Tribunal Federal processar e julgar os conflitos de competência entre o Superior Tribunal de Justiça e quaisquer tribunais, entre Tribunais Superiores, ou entre estes e qualquer outro tribunal (art. 102, inc. I, letra 'o' da C.F.).

Em se tratando de conflito de competência entre juiz federal e juiz estadual em função delegada federal, a competência será do Tribunal Regional Federal. Sobre o tema, eis o seguinte precedente do S.T.J.:

> *Conflito de competência entre tribunal regional federal e tribunal de justiça. Se o juiz estadual está investido na função delegada da justiça federal, os seus atos estão sujeitos ao controle jurisprudencial do tribunal regional federal.*
>
> *Conflito não conhecido.*
>
> (CC 2.237/SC, Rel. Ministro JOSE DE JESUS FILHO, PRIMEIRA SEÇÃO, julgado em 24/03/1992, DJ 20/04/1992, p. 5186)

O conflito de competência tem por finalidade resolver questão sobre pressuposto processual subjetivo, pois somente o juiz competente poderá processar e julgar determinada causa, nos termos do princípio do juiz natural.

É importante salientar que se um dos juízes já julgou a causa, não há mais espaço para suscitar o conflito de competência, pois o magistrado já exauriu sua prestação jurisdicional.

2. Conflito de competência

Apresenta legitimidade para suscitar o conflito de competência qualquer das partes, o Ministério Público e o juiz.

Também poderá ser suscitado o conflito pelo assistente simples e pelo assistente litisconsorcial.

O Ministério Público poderá suscitar o conflito de competência, seja nas hipóteses em que atua como substituto processual (parte) ou como fiscal do ordenamento jurídico, especialmente quando intervém no processo em decorrência das hipóteses previstas no art. 178 do atual C.P.C.

Preceitua o *parágrafo único do art. 951* do atual C.P.C. que *o Ministério Público somente será ouvido nos conflitos de competência relativos às causas previstas no art. 178, mas terá qualidade de parte naqueles que suscitar.*

Este dispositivo delimita a atuação do Ministério Público no conflito de competência.

Assim, o Ministério Público somente será ouvido nas causas previstas no art. 178, a saber:

> *I – nas causas que envolvam interesse público ou social; II – nas causas que envolvam interesse de incapaz; III – nas causas que envolvam litígios coletivos pela posse de terra rural ou urbana.*

A audiência referida neste parágrafo único é em relação ao Ministério Público que atua no respectivo tribunal competente para dirimir o conflito.

Nos conflitos suscitados pelo próprio Ministério Público, ele terá qualidade de parte.

Art. 952

Não pode suscitar conflito a parte que, no processo, arguiu incompetência relativa.

Parágrafo único. O conflito de competência não obsta, porém, a que a parte que não o arguiu suscite a incompetência.

Impedimento legal para suscitação do conflito de competência

A norma processual prevê duas formas para se resolver a questão da competência do juízo.

A primeira decorre da alegação pelo réu, em preliminar de contestação (art. 64 do atual C.P.C.), da incompetência absoluta ou relativa do juízo. Não há mais o incidente autônomo denominado de exceção de incompetência do juízo. Compete ao próprio juiz de primeiro grau avaliar se há ou não a incompetência do juízo.

A segunda hipótese é justamente a arguição do conflito *negativo* ou *positivo* de competência perante o Tribunal competente. Pressupõe a existência de conflito entre dois ou mais juízes.

Na primeira hipótese, basta a manifestação de apenas um juiz, assumindo ou não sua competência para processar e julgar a causa.

Na segunda hipótese, é imprescindível a manifestação de pelo menos dois juízes, assumindo ou refutando a competência para o processamento e julgamento da causa.

Ocorre que, conforme estabelece o art. 952 do atual C.P.C., se o réu, por exemplo, alegar como preliminar de contestação a incompetência do juízo, e o magistrado de primeiro grau refutar tal alegação, caberá ao réu recorrer dessa decisão, como preliminar de apelação.

No projeto originário do novo C.P.C., contra a decisão do juízo de primeiro grau que apreciasse a sua competência caberia recurso de agravo de instrumento (art. 1.028, inc. X, do atual C.P.C.). Se a parte não interpusesse o recurso, estaria preclusa a questão da competência do juízo, bem como a possibilidade de posteriormente suscitar o conflito positivo ou negativo de competência perante o respectivo Tribunal.

Se se aplicar literalmente o art. 952 do atual C.P.C., o réu não poderá suscitar o conflito perante o Tribunal, o que será uma extravagância que não é lícito atribuir à lei.[587] Este dispositivo reproduz o art. 804 do C.P.C. de 1939. Conforme preconiza Celso Agrícola Barbi, a regra nele contida tem sido há tempos objeto de crítica, em que pese tenha ela por finalidade evitar a chicana, pois muitos litigantes usam o conflito simplesmente para suspender o andamento do processo. Imagine-se o caso de um inventário, em que um dos interessados alegue inutilmente a incompetência do juízo; mais tarde, o mesmo inventário é requerido em outro juízo, no qual aquele interessado, também, infrutiferamente, alegue a incompetência. A rigor, então, seguirão os dois processos iguais até seu final, se outra pessoa não suscitar o conflito, porque aquele vigilante interessado não mais o poderá fazer![588]

Para Celso Agrícola Barbi, o que esse dispositivo visa a fazer é impedir que a pessoa alegue a incompetência do juízo e, enquanto pende o incidente, pretenda suscitar também o conflito. Isto poderia acontecer, *v. g.*, se um herdeiro alegasse a incompetência do juízo do inventário e, no curso do incidente, fosse requerido o mesmo inventário em juízo que ele considerasse também competente.[589]

Se acolhida a arguição de incompetência suscitada pelo réu, em preliminar de contestação, o juiz remeterá os autos ao juízo competente. Caso este aceite a competência, o assunto estará resolvido, porque não há conflito. Se a recusar, surge o conflito, que deve ser levado ao Tribunal competente.

Estabelece o *parágrafo único* do *art. 952* do atual C.P.C. que *o conflito de competência não obsta, porém, a que a parte que não o arguiu suscite a incompetência.*

[587] Barbi, C. A. op. cit., p. 499.
[588] Barbi, C. A., idem. p. 498.
[589] Barbi, C. A. idem, p. 499.

É possível que numa determinada demanda, antes de citado o réu, o juiz a que foi distribuído o processo entenda ser incompetente para o processamento e julgamento da causa, remetendo o processo a outro órgão jurisdicional. Este, por sua vez, também entende que é incompetente para o processamento da causa. Diante da recusa de ambos os juízos, é suscitado o conflito de competência negativa pelo autor, conflito esse que é decidido pelo tribunal.

Ocorre que, uma vez citado o réu, este não estará impedido de suscitar a incompetência do juízo como preliminar de contestação, conforme expressamente lhe autoriza o parágrafo único do art. 952 do atual C.P.C. O impedimento de duplicidade – arguição de incompetência e conflito de competência – somente se aplica àquele que arguiu a incompetência do juízo.

Por outro lado, se foi o próprio réu quem suscitou o conflito de competência, não poderá mais arguir em preliminar de contestação a incompetência do juízo. Trata-se, portanto, de preclusão consumativa e lógica, sendo inútil duas medidas que tenham por fim a mesma finalidade, ou seja, declarar a competência ou a incompetência do juízo. Sobre o tema, eis a seguinte decisão do S.T.J.:

> *1. Segundo dispõe o artigo 117 do Código de Processo Civil, "não pode suscitar conflito a parte que, no processo, ofereceu exceção de incompetência." Precedentes.*
>
> *2. Agravo Regimental provido, para não conhecer do Conflito de Competência.*
>
> (AgRg nos EDcl no CC 106.934/PR, Rel. Ministro SIDNEI BENETI, SEGUNDA SEÇÃO, julgado em 26/10/2011, DJe 04/11/2011)

É bem verdade que a 2ª Seção do S.T.J. já proferiu entendimento de que não se aplica o art. 117 do C.P.C. de 1973, atual art. 952 do novo C.P.C., quando não houver por parte do suscitante do conflito propósito protelatório. Nesse sentido é o seguinte precedente:

> *I. Deve ser afastada a vedação contida no art. 117, caput, do CPC, na peculiar situação dos autos, em que ambas as partes opuseram exceções de incompetência, cuja rejeição foi confirmada em sede de agravo de instrumento, não constatado ainda o propósito de paralisar o andamento do processo.*
>
> *II. A jurisprudência desta Corte entende que cuida-se de competência absoluta e que preserva os interesses da menor o foro do local onde exercida regularmente a guarda para dirimir os litígios dela decorrentes (Lei n. 8.069/90, art. 147, I). Precedentes.*
>
> *III. Conflito conhecido, para declarar competente o Juízo da 5ª Vara de Família da Circunscrição Judiciária Especial de Brasília, DF.*
>
> (CC 94897/DF, Rel. Ministro ALDIR PASSARINHO JUNIOR, SEGUNDA SEÇÃO, julgado em 10/12/2008, DJe 02/02/2009)

Art. 953

O conflito será suscitado ao tribunal:

I – pelo juiz, por ofício;

II – pela parte e pelo Ministério Público, por petição.

Parágrafo único. O ofício e a petição serão instruídos com os documentos necessários à prova do conflito.

Pedido de resolução do conflito

Estabelece o art. 201 do Regimento Interno do Tribunal Regional Federal da 4ª Região, que: *"O conflito poderá ser suscitado pela parte interessada, pelo Ministério Público, ou por qualquer das autoridades conflitantes"*.

A arguição de incompetência do juízo pelo réu será realizada em preliminar de contestação e perante o próprio juízo.

Já o conflito *positivo* ou *negativo* será arguido pelo juiz, por ofício, ou pela parte e pelo Ministério Público, por meio de petição dirigida ao Tribunal respectivo.

Enquanto o Tribunal competente decide sobre o conflito, os autos permanecerão no juízo de origem, sendo desnecessária sua remessa ao órgão 'ad quem'.

É bem verdade que em se tratando de Pje (Processo Judicial Eletrônico), essa dificuldade estará superada, pois o Tribunal competente terá acesso ao processo original pelo sistema informatizado.

Preceitua o *parágrafo único do art. 953* do atual C.P.C. que *o ofício e a petição serão instruídos com os documentos necessários à prova do conflito.*

Não sendo o caso de Pje (Processo Judicial Eletrônico), o ofício do juiz ou a petição das partes ou do Ministério Público será instruída com os documentos necessários à prova do conflito, podendo ainda ser juntados novos documentos que possam contribuir para dirimir a questão jurídica.

Art. 954

Após a distribuição, o relator determinará a oitiva dos juízes em conflito ou, se um deles for suscitante, apenas do suscitado.

Parágrafo único. No prazo designado pelo relator, incumbirá ao juiz ou aos juízes prestar as informações.

Prestação de informações pelos juízes em conflito

Distribuído o conflito de competência perante o relator competente, este mandará ouvir os juízes envolvidos no conflito positivo ou negativo de jurisdição, sendo que, se um deles for suscitante, apenas o suscitado será ouvido. Efetivamente, se o conflito for suscitado por um dos magistrados, não teria sentido ouvi-lo novamente, pois todos os argumentos que poderia alegar já o fez no ofício encaminhado ao tribunal.

Preceitua o *parágrafo único do art. 954* do atual C.P.C. que *no prazo designado pelo relator, incumbirá ao juiz ou aos juízes prestar as informações.*

O relator fixará prazo para que os juízes prestem as informações que entenderem necessárias sobre o conflito instaurado.

O art. 203 do Regimento Interno do Tribunal Regional Federal da 4ª Região fixa esse prazo em 10 (dez) dias.

Os juízes poderão instruir a resposta ao relator com os documentos que entenderem pertinentes para a solução do conflito.

Se o juiz não prestar informações, isso não acarretará preclusão ou revelia, mas mera inércia procedimental..

Art. 955

O relator poderá, de ofício ou a requerimento de qualquer das partes, determinar, quando o conflito for positivo, o sobrestamento do processo e, nesse caso, bem como no de conflito negativo, designará um dos juízes para resolver, em caráter provisório, as medidas urgentes.

Parágrafo único. O relator poderá julgar de plano o conflito de competência quando sua decisão se fundar em:

I – súmula do Supremo Tribunal Federal, do Superior Tribunal de Justiça ou do próprio tribunal;

II – tese firmada em julgamento de casos repetitivos ou em incidente de assunção de competência.

Procedimentos do relator ao receber o conflito

Estabelece o art. 202 do Regimento Interno do Tribunal Regional Federal da 4ª Região, que: *"Poderá o Relator, de ofício, ou a requerimento de qualquer das partes, determinar, quando o conflito for positivo, seja sobrestado o processo, e, nesse caso, bem assim no conflito negativo, designar um dos órgãos para resolver, em caráter provisório, as medidas urgentes".*

Pode ocorrer que dois processos de inventário estejam tramitando em comarca diversa, entendo ambos os juízes como competentes para o processamento da causa. A tendência é que ambos os juízes prossigam com o processo, gerando duplicidade indevida de atos processuais e despesas inúteis.

Daí porque um dos efeitos importantes da arguição do conflito de competência é a possibilidade de o Relator, de ofício, ou a requerimento de qualquer das partes, determinar a suspensão do processo, especialmente para que não haja a prática de atos decisórios por juízes que possam ser declarados incompetentes para o processamento da causa, assim como duplicidade indevida de atos processuais.

Na concepção de Celso Agrícola Barbi, muito embora o dispositivo fale em *poder* do Relator para determinar a suspensão do processo, na realidade trata-se de um *dever* e não de mera faculdade.[590]

No conflito negativo de jurisdição não há maior preocupação quanto ao andamento do processo, justamente pelo fato de que os juízes entendem que não são competentes para dar prosseguimento à causa.

É certo que uma vez determinada a suspensão do processo no caso de conflito *positivo* de competência, ou a paralisação da causa em face de que os juízes não admitem a sua competência para o seu processamento, isso pode acarretar prejuízo às partes, especialmente quando houver necessidade de realização de atos processuais urgentes que possam causar perecimento de direito. Com o fim de se evitar justamente esse prejuízo, é que o art. 955 do atual C.P.C. determina que o Relator designe um dos órgãos jurisdicionais para resolver, em caráter provisório, as medidas urgentes.

Tendo em vista que a designação do juiz de primeiro grau para analisar medidas de urgência é decorrente de disposição legal, legitimando-se a atuação do juiz, não se poderá alegar, em outra oportunidade, a nulidade dos atos praticados pelo referido magistrado, mesmo que o Tribunal posteriormente entenda que a competência é do outro juízo.

Estabelece o *parágrafo único* do *art. 955* do atual C.P.C. que *o relator poderá julgar de plano o conflito de competência quando sua decisão se fundar em: I – súmula do Supremo Tribunal Federal, do Superior Tribunal de Justiça ou do próprio tribunal; II – tese firmada em julgamento de casos repetitivos ou em incidente de assunção de competência.*

Dispositivo similar encontra-se no parágrafo único do art. 202 do Regimento Interno do Tribunal Regional Federal da 4ª Região, *in verbis*: *"Havendo jurisprudência dominante do Tribunal sobre a questão suscitada, o Relator poderá decidir de plano o conflito de competência cabendo agravo regimental ao órgão recursal competente".*

[590] Barbis, C.A. idem, p. 504.

Este dispositivo tem por finalidade aplicar o princípio da *economia* e da *celeridade* processual, pois não se justifica realizar todo o procedimento formal do conflito de competência exigido pelo novo C.P.C. ou pelo Regimento Interno do Tribunal, se já há sobre a questão súmula do próprio Tribunal, do S.T.J. ou do S.T.F., ou, ainda, tese firmada em julgamento de casos repetitivos ou incidente de assunção de competência.

Da decisão monocrática proferida pelo Relator, nas hipóteses acima indicadas, caberá *agravo interno* ao órgão recursal competente, nos termos do art. 1.021 do atual C.P.C.

Art. 956

Decorrido o prazo designado pelo relator, será ouvido o Ministério Público, no prazo de 5 (cinco) dias, ainda que as informações não tenham sido prestadas, e, em seguida, o conflito irá a julgamento.

Procedimento para julgamento do conflito

Decorrido o prazo para que os magistrados prestem informações, que no caso do art. 203 do Regimento Interno do Tribunal Regional Federal da 4ª Região é de dez dias, será aberto vista do processo ao Ministério Público para sua manifestação, pelo prazo de cinco dias.

O Regimento Interno do Tribunal Regional Federal da 4ª Região estabelece um prazo de quinze dias para manifestação do Ministério Público (art. 204).

Em relação ao Ministério Público, deve-se observar o que dispõe o parágrafo único do art. 951 do atual C.P.C.: *O Ministério Público somente será ouvido nos conflitos de competência relativos aos processos previstos no art. 178, mas terá qualidade de parte nos conflitos que suscitar.*

É importante salientar que mesmo tendo sido suscitado o conflito pelo órgão do Ministério Público de primeiro grau, o órgão do Ministério Público de segundo grau não fica vinculado aos argumentos do seu antecessor, podendo, inclusive, divergir do seu posicionamento.

Ouvido o órgão do Ministério Público, o relator apresentará o conflito em sessão de julgamento.

O processamento do conflito dar-se-á de acordo com o Regimento Interno dos Tribunais.

Diz o art. 204 do Regimento Interno do Tribunal Regional Federal da 4ª Região:

"Art. 204. Prestadas ou não as informações, o Relator dará vista do processo ao Ministério Público, pelo prazo de quinze dias, e, após, apresentá-lo-á, em mesa para julgamento.

§1º Da decisão será dada ciência, antes mesmo da lavratura do acórdão, por via eletrônica, aos órgãos envolvidos no conflito.

Art. 957

Ao decidir o conflito, o tribunal declarará qual o juízo competente, pronunciando-se também sobre a validade dos atos do juízo incompetente.

Parágrafo único. Os autos do processo em que se manifestou o conflito serão remetidos ao juiz declarado competente.

Efeitos da decisão do conflito

Tendo em vista que o objetivo principal do conflito de competência é justamente definir qual será o juízo competente para o processamento da causa, a decisão a ser proferida no conflito indicará expressamente qual é o juízo competente.

A decisão proferida pelo Tribunal no conflito, porém, irá além da simples natureza declaratória sobre qual será o juízo competente para o processamento da causa, pois esta decisão deverá decidir, também, sobre e validade dos atos processuais porventura praticados no processo pelo juízo declarado *incompetente*. Isso poderá ocorrer tanto no caso de conflito positivo, o que é mais comum, como no caso do conflito negativo, quando ambos os juízes já tiverem praticados atos processuais no processo.

O art. 113, §2º, do C.P.C. de 1973, expressamente declarava a *nulidade* dos *atos decisórios* proferidos pelo juízo incompetente.

Já o §4º do art. 64 do atual C.P.C. estabelece: *"Salvo decisão judicial em sentido contrário, conservar-se-ão os efeitos de decisão proferida pelo juízo incompetente até que outra seja proferida, se for o caso, pelo juízo competente.*

Assim, o Tribunal ao proferir sua decisão no conflito de competência poderá: a) anular todas as decisões proferidas pelo juízo incompetente: b) manter as decisões proferidas pelo juízo incompetente, até que outra seja proferida, se for o caso, pelo juízo declarado competente.

De qualquer sorte, a decisão do Tribunal sobre essa matéria deverá levar em conta o capítulo das nulidades processuais, especialmente se houve ou não prejuízo às partes.

Estabelece o *parágrafo único do art. 957* do atual C.P.C. que *os autos do processo em que se manifestou o conflito serão remetidos ao juiz declarado competente.*

Preclusa a decisão proferida no conflito de competência, os autos deverão ser remetidos ao juízo declarado competente, sendo que em se tratando de Pje, deverá apenas ser modificado o sistema para que o juízo competente tenha acesso ao processo.

Se o juízo competente ainda não tiver processo eletrônico, o juízo incompetente deverá determinar a impressão em papel do processo, remetendo o processo físico ao juízo competente.

Prescreve o §1º do art. 204 do Regimento Interno do Tribunal Regional Federal que *"da decisão será dada ciência, antes mesmo da lavratura do acórdão, por via eletrônica, aos órgãos envolvidos no conflito"*. Isso, evidentemente, se todos os órgãos envolvidos estão sob a égide do Pje.

Art. 958

No conflito que envolva órgãos fracionários dos tribunais, desembargadores e juízes em exercício no tribunal, observar-se-á o que dispuser o regimento interno do tribunal.

Conflito interno no próprio Tribunal

O Regimento Interno do Tribunal Regional Federal da 4ª Região, em seu art. 204, §2º, assim preceitua sobre o conflito de competência interno no próprio Tribunal:

> *"No caso de conflito entre Relatores ou Turmas integrantes de Seções diversas, ou entre estas, feita a distribuição, proceder-se-á, no que couber, na forma estabelecida no presente capítulo".*

Ou seja, o procedimento será o mesmo do conflito de competência instaurado entre juízos de primeiro grau, no que couber.

Art. 959

O regimento interno do tribunal regulará o processo e o julgamento do conflito de atribuições entre autoridade judiciária e autoridade administrativa.

Conflito de atribuições

A Constituição Federal separa nitidamente as funções dos poderes legislativo, executivo e judiciário, estabelecendo de certa forma um *chek and balance* entre esses poderes.

Ocorre que, em face de dúvidas sobre eventuais atribuições de cada poder ou de cada órgão administrativo, poderá ocorrer certo conflito entre um órgão administrativo e um órgão do poder judiciário, conflito esse que deverá ser dirimido pelo Tribunal competente.

Assim poderá acontecer que tanto o Poder Judiciário quanto um órgão administrativo entendam-se competentes ou incompetentes para praticar determinado ato ou decidir determinada questão, gerando assim um conflito positivo ou negativo de atribuições. Nessas hipóteses estará configurado o conflito negativo ou positivo de atribuições.

Mesmo na hipótese de conflito de atribuições, caberá ao Poder Judiciário dirimir este conflito, de acordo com a competência outorgada pelo própria Constituição Federal, pois é de incumbência do Poder Judiciário a interpretação final das leis e da própria Constituição Federal.

A Constituição Federal traz norma expressa sobre a competência do S.T.J. para dirimir conflito de atribuições entre autoridades administrativas e judiciárias da União, ou entre autoridades judiciárias de um Estado e administrativa de outro ou do Distrito Federal, ou entre as destes e da União (art. 105, inc. I, letra 'g' da C.F.). Note-se que o dispositivo não fala em conflito de competência, o que ensejaria a existência de processo judicial, mas, sim, conflito de atribuições, o que indica que havendo conflito de decisões entre autoridade administrativa da União e a autoridade judiciária da União a competência para dirimir esse conflito de atribuições de decisões seria do S.T.J.

Contudo, se o conflito de atribuições envolver o Tribunal de Contas da União, a competência não será do S.T.J., mas, sim, do Supremo Tribunal Federal.

O Supremo Tribunal Federal, no CONFLITO DE ATRIBUIÇÕES entre o Tribunal de Contas da União e o Tribunal Regional do Trabalho N. 40-7, Pleno do Tribunal, Relator Ministro Marco Aurélio, entendeu que a competência para dirimir esse conflito seria do Supremo Tribunal Federal, justamente por ser um dos órgãos envolvidos o Tribunal de Contas da União. Eis o teor da decisão:

O envolvimento do Tribunal de Contas da União afasta a pertinência da alínea 'g' do inciso I do art. 105 da Constituição Federal. Define-se a competência do Supremo Tribunal Federal tendo-se em vista os preceitos das alíneas 'd' e 'g' do inc. I do art. 102 da C.F.".

Assim, eventual conflito de atribuição entre o Conselho Nacional de Justiça (que é órgão administrativo do Poder Judiciário) e o Tribunal de Contas da União, a competência para dirimir o conflito será do S.T.F. e não do S.T.J.

Estabelece o art. 163 do Regimento Interno do Supremo Tribunal Federal: *"O conflito de jurisdição ou competência poderá ocorrer entre autoridades judiciárias; o de atribuições, entre autoridades judiciárias e administrativas".*

CAPÍTULO VI – Da Homologação de Decisão Estrangeira e da Concessão do *Exequatur* à Carta Rogatória

Art. 960

A homologação de decisão estrangeira será requerida por ação de homologação de decisão estrangeira, salvo disposição especial em sentido contrário prevista em tratado.

§ 1º A decisão interlocutória estrangeira poderá ser executada no Brasil por meio de carta rogatória.

§ 2º A homologação obedecerá ao que dispuserem os tratados em vigor no Brasil e o Regimento Interno do Superior Tribunal de Justiça.

§ 3º A homologação de decisão arbitral estrangeira obedecerá ao disposto em tratado e em lei, aplicando-se, subsidiariamente, as disposições deste Capítulo.

Homologação de decisão estrangeira

Diante da globalização do mundo moderno, as relações jurídicas, sejam de direito material ou processual, ultrapassam os limites territoriais dos países.

Especialmente em relação ao exercício da atividade jurisdicional, pode ocorrer a necessidade de uma cooperação internacional mútua para que se dê eficácia plena ao exercício da tutela jurisdicional.

Por vezes uma decisão proferida por um determinado juízo estrangeiro deverá ser cumprida ou executada no território nacional e vice-versa.

Diante dessa circunstância, há necessidade de que cada Estado estabeleça a forma, o procedimento e os limites que decisões estrangeiras poderão ser cumpridas ou executadas em seu território.

O paradigma adotado pelo novo C.P.C. é justamente facilitar esse intercâmbio de cumprimento de decisões proferidas por tribunais estrangeiros, visando a uma mútua colaboração no exercício da atividade jurisdicional.

A cooperação jurídica internacional poderá ser *ativa*, quando a requisição de cooperação é feita pelo Estado brasileiro, ou *passiva*, quando o pedido advém do Estado estrangeiro.

A cooperação jurídica internacional será regida por tratado do qual a República Federativa do Brasil seja parte, sendo que, na ausência de tratado, a cooperação jurídica internacional poderá realizar-se com base em reciprocidade, manifestada por via diplomática (art. 26 e 27 do atual C.P.C.).

O pedido de cooperação jurídica internacional poderá ter por objeto medidas de urgência, tais como decretação de indisponibilidade de bens, sequestro, arresto, busca e apreensão de bens, documentos, direitos e valores; perdimento de bens, direitos e valores; reconhecimento e execução de outras espécies de decisões estrangeiras; prestação de qualquer outra forma de cooperação jurídica internacional não proibida pela lei brasileira.

Quando a cooperação não decorrer de cumprimento de decisão de autoridade estrangeira e puder ser integralmente submetida à autoridade judiciária brasileira, o pedido seguirá o procedimento do denominado *auxílio direto* (art. 28 do atual C.P.C.).

Porém, se a cooperação internacional tiver por objeto o cumprimento de sentença ou de decisão interlocutória ou de qualquer outra decisão de caráter jurisdicional, a sua execução em território nacional dependerá de homologação pelo tribunal competente.

O capítulo ora em estudo trata da homologação de *decisões* estrangeiras

O *objeto da homologação*, segundo o novo C.P.C., pode ser tanto uma sentença quanto uma decisão interlocutória provisória de caráter de urgência, seja essa tutela de urgência satisfativa ou cautelar.

Por isso, tanto sentença quanto decisões interlocutórias poderão ser objeto de cumprimento em território nacional.

Por sentença deve-se entender o ato processual que à luz do direito brasileiro apresente o conteúdo e os efeitos típicos de sentença, não importante a forma de que ele se revista no ordenamento estrangeiro, assim como a denominação que lhe seja atribuída. Daí porque tem-se admitido a homologação de decisões judiciais estrangeiras proferidas por órgãos estranhos ao Poder Judiciário, mas no exercício de função judicante. A jurisprudência do S.T.F. apresenta várias hipóteses em que se homologou decisão de órgão executivo, desde que dotada de eficácia típica de sentença, como, por exemplo, o divórcio decretado pelo Rei da Dinamarca, por autoridade administrativa norueguesa, ou registrado perante prefeito, no Japão (Respectivamente: Sent. Estr. n. 912, Ac. De 30.1.l933, *in Arq. Jud.*, vol. 29, pág. 248 (*vide*, a respeito, Haroldo Valadão, parecer sobre *Homologação de decreto real de divórcio, in Est. De Dir. Int. Priva, págs. 499 e segs); Sent. Estr. n. 1.282, Ac. De 30.5.1952, in D.J. de 19.7.1954, pág. 2.191; Sent Estr. n. 1.312, Ac. De 22.5.1953, in D.J. de 26.3.1956, pág. 488).*

Para Pontes de Miranda, no sistema de homologação de sentença estrangeira, *"incluem-se as decisões arbitrais e as de autoridades administrativa, se têm eficácia cível"*.[591]

[591] PONTE DE MIRANDA, *Comentátio ao c.p.c de 173*. Tomo VI. Rio de Janeiro: Forense, s/d. *p. 90.*

Entre as sentenças indicadas neste artigo, há, ainda, as sentenças estrangeiras de natureza penal para efeitos de reparação de dano, conforme estabelece o art.790 do C.P.P.: *O interessado na execução de sentença penal estrangeira, para a reparação do dano, restituição e outros efeitos civis, poderá requerer ao Supremo Tribunal Federal a sua homologação, observando-se o que a respeito prescreve o Código de Processo Civil*". Só uma correção deve ser feita nesse dispositivo: A competência para homologação atualmente é do Superior Tribunal de Justiça e não mais do Supremo Tribunal Federal.

É irrelevante, portanto, o objeto da decisão, condicionando-se, apenas, que ela deva surtir efeito em território brasileiro.

Homologa-se a sentença de *mérito,* de primeiro ou segundo grau, seja ela declaratória, constitutiva, condenatória ou mandamental, deste que deva ter eficácia em território Brasileiro.

Essa eficácia não precisa ser necessariamente obtida por meio de cumprimento de sentença, pois o termo eficácia tem natureza genérica, para incluir outros órgãos públicos.

Pode, ainda, ser homologada sentença que não aprecie o mérito, pois pode algum capítulo da sentença ser cumprido no Brasil, como é o caso da condenação de custas ou honorários de advogado.

Não obstante a divergência doutrinária sobre a natureza jurisdicional dos *procedimentos não contencioso,* até então denominados de *jurisdição voluntária,* o certo é que o S.T.F. firmou o entendimento da necessidade de homologação das decisões proferidas nesse tipo de procedimento, apesar de existir doutrina que entenda a desnecessidade de tal homologação.

É importante salientar que *como documento,* utilizável para fins probatórios, a sentença estrangeira é apta a surtir efeitos no território nacional independentemente de homologação, como quando há necessidade, em um processo instaurado perante a Justiça brasileira, provar *o próprio fato* da prolação de uma sentença pela Justiça estrangeira, sobre determinada matéria, como, por exemplo, se este evento foi previsto como condição suspensiva ou resolutiva em certo negócio jurídico, e o juiz nacional tem de verificar se ocorreu o implemento da condição; em tal hipótese, não se exige a homologação para que seja exibido em juízo, como prova do fato, o documento em que se corporifica a sentença estrangeira.[592]

[592] Barbosa Moreira, José Carlos. *Comentários ao código de processo civil.* Vol. V. Rio Janeiro: Forense, 1976, p. 85.

Porém, a regra geral é que a decisão estrangeira para surtir efeito em território nacional deverá ser devidamente homologada pelo Superior Tribunal de Justiça.

Para que a decisão estrangeira possa ter eficácia em território nacional precisa passar, no sistema pátrio, pelo procedimento homologatório. Com a homologação, essa decisão passa a surtir os mesmos efeitos que uma sentença brasileira. Contudo, não é necessário que o conteúdo da sentença estrangeira seja o mesmo do conteúdo que pudesse conter a sentença brasileira, pois a homologação é no aspecto *abstrato* e não concreto do conteúdo contido na decisão.

Homologar *"é tornar o ato, que se examina, semelhante, adequado, ao ato que deveria ser"*.[593]

Os requisitos *abstratos* condicionais para que uma decisão estrangeira tenha eficácia no território nacional, encontram-se previstos nos artigos 15 e 17 da Lei de Introdução ao Código Civil, *in verbis*:

> *Art. 15. Será executada no Brasil a sentença proferida no estrangeiro, que reúna os seguintes requisitos: a) haver sido proferida por juiz competente; b) terem sido as partes citadas ou haver-se legalmente verificado à revelia; c) ter passado em julgado e estar revestida das formalidades necessárias para a execução no lugar em que, foi proferida; d) estar traduzida por intérprete autorizado; e) ter sido homologada pelo Superior Tribunal de Justiça.*
>
> *Art. 17. As leis, atos e sentenças de outro país, bem como quaisquer declarações de vontade, não terão eficácia no Brasil, quando ofenderem a soberania nacional, a ordem pública e os bons costumes.*

Da mesma forma estabelece o art. 39 do atual C.P.C.: *"O pedido passivo de cooperação jurídica internacional será recusado se configurar manifesta ofensa à ordem pública"*.

Preenchidos os requisitos legais, a sentença estrangeira poderá ser homologada no Brasil, sendo que após a sua homologação, conforme preconiza o artigo 515, inc. VIII, do novo Código de Processo Civil, considerar-se-á título executivo judicial legitimado para demanda de cumprimento a sentença estrangeira homologada pelo Superior Tribunal de Justiça.

Conforme estabelece o art. 960 do atual C.P.C., a homologação de decisão estrangeira será requerida por 'ação' de homologação de decisão estrangeira, salvo disposição especial em sentido contrário prevista em tratado.

[593] Pontes de Miranda, *Comentário ao c.p.c. de 1973.* Tomo VI. Rio de Janeiro: Forense, s/d. p. 344.

No mesmo sentido é o disposto no art. 40 do mesmo estatuto processual, *in verbis*: *"A cooperação jurídica internacional para execução de decisão estrangeira dar-se-á por meio de carta rogatória ou ação de homologação de sentença estrangeira, de acordo com o art. 960".*

Aquele que requer a homologação de decisão estrangeira, perante o S.T.J., o faz por meio de uma ação (demanda) que não se confunde com a demanda proposta no Estado estrangeiro.

A homologação de decisão estrangeira será requerida pela parte interessada, devendo a petição inicial conter as indicações constantes da lei processual, e ser instruída com a certidão ou cópia autêntica do texto integral da sentença estrangeira e com outros documentos indispensáveis, devidamente traduzidos e autenticados. Sendo diversos os interessados, podem agir em conjunto ou separadamente. Havendo litisconsórcio ativo unitário, o S.T.J. poderá homologar a decisão, mesmo que somente um dos interessados a requeira. Contudo, essa decisão homologatória terá eficácia para os litisconsórcios ativos unitários, salvo se houver capítulo de sentenças específicos para cada litisconsorte.[594]

É possível, também, a intervenção de assistente simples ou litisconsorcial no procedimento de homologação de decisão estrangeira, conforme já teve oportunidade de afirmar o S.T.J.:

> *1. A homologação de sentença estrangeira submete-se a procedimento passível de admitir a intervenção voluntária do assistente, o qual, no plano fático, será o destinatário dos efeitos jurídicos da decisão, posto sub-rogado processual. Precedente: AgRg na SEC 1035 /EX Relatora Ministra ELIANA CALMON, DJ 07.08.2006.*
>
> *2. O assistente litisconsorcial não é interveniente secundário e acessório, uma vez que a relação discutida entre o assistido e o seu adversário também lhe pertence. O seu tratamento é igual àquele deferida ao assistido, isto é, atua com a mesma intensidade processual. Não vigoram, nessa modalidade, as regras que impõem ao assistente uma posição subsidiária, como as dos art.s 53 e 55 do diploma processual. (...) Por essa razão, a atuação do assistente qualificado é bem mais ampla do que a do assistente simples. No que concerne aos atos benéficos e atos prejudiciais praticados pelo assistido, aplica-se o regime do litisconsórcio unitário; por isso, a priori, não se admite que o assistente litisconsorcial seja prejudicado por uma total liberalidade daquele." (Luiz Fux, in, Curso de Direito Processual Civil, Editora Forense, 3ª Edição, pág.281/282). (...).*
>
> (SEC .646/US, Rel. Ministro LUIZ FUX, CORTE ESPECIAL, julgado em 05/11/2008, DJe 11/12/2008

594 Barbosa Moreira, J.C., op. cit., p. 95.

É de atribuição do Presidente do S.T.J. homologar as decisões estrangeiras.

O S.T.J. não reexamina o mérito, mas apenas se estão presentes os requisitos legais para a homologação da decisão.

O Supremo Tribunal Federal já assentou que "o objetivo do pedido de homologação não é conferir eficácia ao contrato em que se baseou a justiça de origem para decidir, mas à sentença dela emanada", nos termos da Sec 4948/ EU, de relatoria do Min. Nelson Jobim, julgada pelo Pleno, e publicada no DJ 26-11-1999. Precedentes: SEC 894/UY, Rel. Ministra NANCY ANDRIGHI, CORTE ESPECIAL, julgado em 20/08/2008, DJe 09/10/2008; SEC 1.397/US, Rel. Ministro FRANCISCO PEÇANHA MARTINS, CORTE ESPECIAL, DJ 03.09.2007.

Assim, preenchidas as condições e os pressupostos processuais para a propositura da demanda de homologação de decisão estrangeira, caberá ao S.T.J. julgar o mérito dessa *nova demanda*.

Quando presentes os requisitos, o Presidente do S.T.J. acolhe o pedido, caso contrário rejeitará a pretensão de homologação da decisão.

A decisão que acolhe o pedido de homologação de decisão estrangeira, seja qual for a natureza desta, é *constitutiva* (Pontes de Miranda, Lopes da Costa, José Frederico Marques, Amaral Santos, Arruda Alvim), pois cria nova situação jurídica, caracterizada pelo fato de passar a sentença homologada a produzir efeitos parciais ou totais em território brasileiro. Já a decisão que rejeita o pedido de homologação, por falta de algum dos requisitos exigidos por lei, é naturalmente de natureza *declaratória negativa*. Em ambas as hipóteses está-se diante de uma sentença de *mérito*, proferida em processo de natureza jurisdicional. Essa decisão, portanto, estará revestida de *coisa julgada material*.[595]

Do procedimento a ser seguido no S.T.J.:

Uma vez requerida pela parte interessa a homologação de decisão estrangeira, a parte contrária será citada para, no prazo de 15 (quinze) dias, contestar o pedido de homologação de decisão estrangeira.

Na demanda de homologação de decisão estrangeira, a defesa somente poderá versar sobre a autenticidade dos documentos, inteligência da decisão e a observância dos requisitos estabelecidos na Resolução do S.T.J.

Não havendo contestação, e preenchidos os requisitos, o Presidente do S.T.J. homologará a decisão estrangeira.

Havendo contestação à homologação da decisão estrangeira, o processo será distribuído para julgamento pela Corte Especial, cabendo ao Relator os demais atos relativos ao andamento e à instrução do processo.

[595] Barbosa Moreira, J. C., op. cit., p. 98 e 99.

Revel ou incapaz o requerido, dar-se-lhe-á curador especial, que será pessoalmente notificado.

O Ministério Público terá vista dos autos de homologação de decisão estrangeira, pelo prazo de dez dias, podendo impugná-la.

Das decisões do Presidente na homologação de decisão estrangeira cabe agravo regimental.

Estabelece o *§1º do art. 960* do atual C.P.C. que *a decisão interlocutória estrangeira poderá ser executada no Brasil por meio de carta rogatória.*

Enquanto que o *caput* do art. 960 do atual C.P.C. trata de decisões definitivas estrangeiras, este §1º faz referência à execução de decisão interlocutória estrangeira, a qual poderá ser executada no Brasil por meio de *carta rogatória.*

No sitio do Ministério da Justiça *http://portal.mj.gov.br/data/Pages/MJE1AEA228ITEMIDB07566BFEED64A018FE908345CB79EC0PTBRIE.htm,* há a seguinte informação sobre a carta rogatória:

> ***Carta rogatória***
>
> ***Objeto***
>
> *A carta rogatória carrega em seu bojo atos não-decisórios e atos decisórios não definitivos. Por meio da carta rogatória, a autoridade judicial, e somente ela, solicita ao Estado requerido que execute ato jurisdicional já proferido, de modo que não cabe àquele outro Estado exercer qualquer cognição de mérito sobre a questão processual.*
>
> *São exemplos mais comuns de uso da carta rogatória os pedidos de comunicação de atos processuais (citações, intimações e notificações) e de obtenção de provas no exterior. Em certas hipóteses, a obtenção de medidas cautelares no estrangeiro também é possível por meio deste instrumento, assim como o cumprimento de decisões de tutela antecipada. Pode o legislador, ademais, permitir que a carta rogatória sirva de veículo também para executar sentenças estrangeiras. É o que já ocorre, por exemplo, na cooperação levada a cabo dentre os Estados membros do Mercosul: "O pedido de reconhecimento e execução de sentenças e de laudos arbitrais por parte das autoridades jurisdicionais será transmitido por via de cartas rogatórias e por intermédio da Autoridade Central" (Decreto nº 2.067/1996. Artigo 19. Protocolo de Cooperação e Assistência Jurisdicional em Matéria Civil, Comercial, Trabalhista e Administrativa)*
>
> ***Procedimento***
>
> *A carta rogatória se concretiza em documento oficial que serve de veículo para um pedido de cooperação. Esse veículo é aproveitado em todas as instâncias responsáveis por sua execução, sejam estrangeiras ou nacionais. Na prática, o mesmo documento assinado pelo juiz rogante é aquele que chegará, após análise e seguimento pelas diversas autoridades competentes, ao juízo rogado.*

A competência para proferir exequatur *às cartas rogatórias no Brasil é do Superior Tribunal de Justiça, nos termos do artigo 105, I, i, da CF. Concedido o* exequatur, *inicia-se na carta rogatória a segunda fase de seu procedimento. Passa-se à execução do ato jurisdicional estrangeiro por meio do juízo federal do local da execução.*

O Ministério da Justiça fornece o modelo e os requisitos necessários para a expedição de acordos internacionais no sitio, a saber: http://portal.mj.gov.br/data/Pages/MJ4824E353ITEMIDDFB3504D37E543139E8E30CEB80CC8F5PTBRIE.htm

Modelos

Modelos de Pedidos de Cooperação Jurídica Internacional Carta Rogatória e Formulários definidos em Acordos Internacionais

A confecção do pedido de cooperação jurídica internacional é uma etapa que gera algumas dúvidas, principalmente quanto às informações necessárias que devem constar do pedido.

O primeiro passo é verificar a existência de acordo internacional entre o Brasil e o país destinatário, pois os normativos internacionais trazem os requisitos necessários para o envio do pedido.

*Alguns acordos trazem inclusive **formulários** obrigatórios como, por exemplo, o 'Protocolo Adicional à Convenção Interamericana sobre Cartas Rogatórias'. O texto dos acordos internacionais esclarece: se os formulários substituem o modelo tradicional de Carta Rogatória, solicitando a assinatura do juízo rogante ao final do documento; ou, se os formulários indicam os pontos principais da Carta Rogatória (não necessitando de assinatura), utilizados em situações especiais, para facilitar a compreensão pelo juízo rogado da documentação enviada.*

No caso dos Formulários substitutos, considera-se que eles operam como um modelo específico de carta rogatória para determinado acordo, quando assim especificado no normativo internacional.

Na ausência de exigência de formulários específicos no normativo internacional e quando não há Acordo regulando a relação entre o Brasil e o país destinatário, utiliza-se o modelo tradicional de Carta Rogatória, cujos requisitos constam do artigo 202 do Código de Processo Civil Brasileiro (CPC).

*Em resumo, podemos listar os seguintes **requisitos da Carta Rogatória**: indicação do juízo rogante (de origem) e do juízo rogado (de destino); endereço do juízo rogante; identificação da ação e das partes; descrição detalhada da medida solicitada (ou finalidade da Carta); nome e endereço completos da pessoa a ser citada, notificada, intimada ou inquirida na jurisdição do juízo rogado; indicação, no país de destino, do nome e do endereço completos da pessoa responsável pelo pagamento de eventuais despesas pro-*

cessuais decorrentes do cumprimento da Carta Rogatória, ou que seja informado se o requerente da supracitada ação goza dos benefícios da justiça gratuita;

Quando houver a necessidade de comparecimento de pessoa residente no estrangeiro em audiência no Brasil, a designação da data da audiência deve considerar um prazo mínimo de 180 dias, ou um prazo recomendável de 240 dias, a contar da remessa da Carta Rogatória à Autoridade Central; qualquer outra informação que possa ser de utilidade ao juízo rogado para os efeitos de facilitar o cumprimento da carta rogatória; e, encerramento com a assinatura do juiz.

Referente à ***documentação que acompanha a Carta Rogatória****, ressalta-se a necessidade de:*

petição inicial;

despacho judicial que ordene sua expedição;

procuração;

para oitiva de testemunha ou depoimento pessoal, deverá acompanhar a carta os quesitos (perguntas) a serem feitos à pessoa designada pelo juízo estrangeiro;

outras peças consideradas indispensáveis pelo juízo rogante, conforme a natureza da ação; e,

tradução de todos os documentos enviados.

Toda a documentação deverá ser enviada em duas vias. Tal requisito considera a necessidade da entrega de um conjunto da documentação ao destinatário ("contra-fé").

Considerando o conhecimento adquirido na qualidade de Autoridade Central, procurou-se confeccionar um ***modelo simplificado de Carta Rogatória como sugestão****. Constam desse Modelo os requisitos apresentados acima, ou seja, os dados comumente verificados pelos países estrangeiros quando do recebimento dos pedidos de cooperação jurídica internacional.*

Por fim, ressalta-se que essas orientações de caráter geral devem ser complementadas com eventuais requisitos específicos do país destinatário, que podem ser consultados no item 'Orientações por País' do Menu.

Abaixo, segue quadro-resumo das orientações repassadas, além dos Formulários estabelecidos nos Acordos Internacionais.

Confecção do Pedido de Cooperação Jurídica Internacional		
Normativo Internacional exige formulário?		
Sim e substitui a Carta Rogatória	Sim, nas não substitui a Carta Rogatória	Não
Utilizar Formulários	Utilizar Formulário + Carta Rogatória	Utilizar Carta Rogatória

Formulários Obrigatórios (Exigidos em Acordos Internacionais)					
Diligência	Acordo	Substituem a Carta Rogatória?	Países	Formulários definidos em Acordos Internacionais	Exemplo de Preenchimento dos Formulários
Comunicação de Atos Processuais (Citação, Intimação, Notificação)	Protocolo Adicional à Convenção Interamericana sobre Cartas Rogatórias	Sim	Colômbia, El Salvador, Equador, EUA, Guatemala, México, Panamá, Peru, e Venezuela	**Formulários A e B do Protocolo Adicional**	**Exemplo de Formulários A e B do Protocolo Adicional**
	Acordo Bilateral Brasil – Espanha. (Artigo 4 do Acordo Bilateral)	Não	Espanha	**Formulário Bilíngüe Brasil-Espanha**	**Exemplo de Formulário Bilíngüe Brasil-Espanha**

*Referente à **Carta Rogatória**, segue abaixo um quadro com o **modelo simplificado** e alguns **modelos específicos**, com requisitos adicionais, a depender da diligência (medida) solicitada. Todos os modelos são acompanhados de exemplos de preenchimento. Após o quadro, segue breve explanação dos requisitos adicionais para algumas das diligências solicitadas.*

Modelos para a confecção de Pedido de Cooperação Jurídica Internacional Sugestões (não obrigatório)		
Diligência	Modelo de Pedido de Cooperação	Exemplo de preenchimento do modelo
Diligência 1: Comunicação de Atos Processuais (Citação, Intimação, Notificação)	**Modelo Simplificado de Carta Rogatória**	**Exemplo de Carta Rogatória**
Diligência 2: Obtenção de Provas (Oitiva de Testemunha, Depoimento Pessoal, Obtenção de Informação, Obtenção de Cópia de Documento)		**Exemplo de Carta Rogatória**
Diligência 3: Obtenção de Provas (Prova Pericial)		
Diligência 4: Obtenção de Informações Bancárias	**Modelo de Pedido de Cooperação em Matéria Cível para Obtenção de Informações Bancárias**	Exemplo de Pedido de Cooperação em Matéria Cível para Obtenção de Informações Bancárias

Modelos para a confecção de Pedido de Cooperação Jurídica Internacional Sugestões (não obrigatório)		
Diligência 8: Reconhecimento e Execução de Sentença	Modelo de Pedido de Cooperação para Solicitação de Reconhecimento e Execução de Sentença – com base no Protocolo de Las Leñas (Mercosul) ou no Acordo Mercosul-Bolívia-Chile	Exemplo de Pedido de Cooperação para Solicitação de Reconhecimento e Execução de Sentença – com base no Protocolo de Las Leñas (Mercosul) ou no Acordo Mercosul-Bolívia-Chile
Diligência 9: Localização de Pessoa (Provável Endereço Residencial)	**Modelo de Pedido de Cooperação para Localização de Pessoa** (de Provável Endereço Residencial)	Exemplo de Pedido de Cooperação para Localização de Pessoa (Provável Endereço Residencial)

Pedido de Cooperação para a Obtenção de Dados Bancários

Noticiamos serem necessários, para a aludida cooperação: a) a especificação do objeto do pedido com indicação do país em que se encontram (ou suspeita encontrarem-se) os bens mantidos no exterior pelas pessoas físicas e jurídicas indicadas; b) as instituições financeiras que as abrigam, com endereço e número da conta bancária onde os recursos estão supostamente depositados; c c) a demonstração de nexo de causalidade entre as partes envolvidas, o pedido de cooperação formulado e a causa de pedir, ou seja, a importância da cooperação solicitada para o processo.

Pedido de Cooperação para o Reconhecimento e a Execução de Sentença com base no Protocolo de Las Leñas ou no Acordo Mercosul-Bolívia-Chile

Será preciso observar os requisitos do Capítulo V do 'Protocolo de Las Leñas' ou do 'Acordo Mercosul-Bolívia-Chile', em especial os artigos 20 e 21, com atenção para a necessidade de: a) demonstrar que a parte contra a qual se pretende executar a decisão tenha sido devidamente citada e tenha garantido o exercício de seu direito de defesa; b) declarar que a decisão tenha força de coisa julgada e/ou executória no Estado em que foi ditada; e, c) conter a transcrição da sentença proferida.

A carta rogatória passiva somente poderá ser cumprida em território brasileiro após o Superior Tribunal de Justiça conceder *o exequatur*.

A decisão interlocutória estrangeira, após a concessão do *exequatur* à carta rogatória pelo Superior Tribunal de Justiça, torna-se título executivo extrajudicial, nos termos do art. 515, inc. IX, do atual C.P.C., cuja competência para promover a execução é da Justiça Federal.

O presidente do Superior Tribunal de Justiça, observado o disposto no Regimento Interno, concederá *exequatur* às cartas rogatórias provenientes do exterior, salvo se lhes faltar autenticidade ou se a medida solicitada, quanto à sua natureza, atentar contra a ordem pública nacional.

Com o fim de garantir a segurança jurídica, antecipando-se em suas novas responsabilidades, a Presidência do STJ editou a Resolução n. 22, que sujeitou tais feitos, transitoriamente, aos ritos previstos nos artigos 215 a 224 do Regimento Interno do Supremo Tribunal Federal – RISTF.

Por meio de seu art. 1º, parágrafo único, a Resolução n. 22/2004 conferiu à Corte Especial do STJ as competências atribuídas anteriormente ao Plenário do STF, enumeradas nos artigos 219, parágrafo único, 223 e 228, parágrafo único do RISTF.

Foi expedido pelo Presidente do STJ, Ministro Edson Vidigal, o Ato n. 15, de 16 de fevereiro de 2005, delegando ao Vice-Presidente do Tribunal, então Ministro Sálvio de Figueiredo, a competência para *o exequatur.*

Estes dois dispositivos, todavia, foram expressamente revogados pelo art. 15 da Resolução n. 9, de 4 de maio de 2005, que dispôs, ainda em caráter transitório, até que se estabeleça um regimento interno próprio para tal finalidade, sobre a competência acrescida ao STJ pela EC n. 45/2004.

Estabelece o *§ 2º do art. 960* do atual C.P.C. que *a homologação obedecerá ao que dispuserem os tratados em vigor no Brasil e o Regimento Interno do Superior Tribunal de Justiça.*

A competência para a homologação de sentença estrangeira é do S.T.J, conforme preconiza o artigo 105, inc. I, letra 'i': *"homologação de sentenças estrangeiras e a concessão de exequatur às cartas rogatórias".*

Até a entrada em vigor da Emenda Constitucional n. 45/2004, a competência para a homologação de sentença estrangeira era do Supremo Tribunal Federal.

A Resolução n. 9, de 4 de maio de 2005 do S.T.J. dispõe, em caráter transitório, sobre a competência acrescida ao Superior Tribunal de Justiça pela Emenda Constitucional n. 45/2004, *in verbis:*

> *Art. 1º Ficam criadas as classes processuais de Homologação de Sentença Estrangeira e de Cartas Rogatórias no rol dos feitos submetidos ao Superior Tribunal de Justiça, as quais observarão o disposto nesta Resolução, em caráter excepcional, até que o Plenário da Corte aprove disposições regimentais próprias.*
>
> *Parágrafo único. Fica sobrestado o pagamento de custas dos processos tratados nesta Resolução que entrarem neste Tribunal após a publicação da mencionada Emenda Constitucional, até a deliberação referida no caput deste artigo.*
>
> *Art. 2º É atribuição do Presidente homologar sentenças estrangeiras e conceder exequatur a cartas rogatórias, ressalvado o disposto no artigo 9º desta Resolução.*
>
> *Art. 3º A homologação de sentença estrangeira será requerida pela parte interessada, devendo a petição inicial conter as indicações constantes da lei processual, e ser instruída com a certidão ou cópia autêntica do texto integral da sentença estrangeira e com outros documentos indispensáveis, devidamente traduzidos e autenticados.*

Art. 4º A sentença estrangeira não terá eficácia no Brasil sem a prévia homologação pelo Superior Tribunal de Justiça ou por seu Presidente.

§1º Serão homologados os provimentos não-judiciais que, pela lei brasileira, teriam natureza de sentença.

§2º As decisões estrangeiras podem ser homologadas parcialmente.

§3º Admite-se tutela de urgência nos procedimentos de homologação de sentenças estrangeiras.

Art. 5º Constituem requisitos indispensáveis à homologação de sentença estrangeira:

I – haver sido proferida por autoridade competente;

II – terem sido as partes citadas ou haver-se legalmente verificado a revelia;

III – ter transitado em julgado; e

IV – estar autenticada pelo cônsul brasileiro e acompanhada de tradução por tradutor oficial ou juramentado no Brasil.

Art. 6º Não será homologada sentença estrangeira ou concedido exequatur a carta rogatória que ofendam a soberania ou a ordem pública.

Art. 7º As cartas rogatórias podem ter por objeto atos decisórios ou não decisórios.

Parágrafo único. Os pedidos de cooperação jurídica internacional que tiverem por objeto atos que não ensejem juízo de delibação pelo Superior Tribunal de Justiça, ainda que denominados como carta rogatória, serão encaminhados ou devolvidos ao Ministério da Justiça para as providências necessárias ao cumprimento por auxílio direto.

Art. 8º A parte interessada será citada para, no prazo de 15 (quinze) dias, contestar o pedido de homologação de sentença estrangeira ou intimada para impugnar a carta rogatória.

Parágrafo único. A medida solicitada por carta rogatória poderá ser realizada sem ouvir a parte interessada quando sua intimação prévia puder resultar na ineficácia da cooperação internacional.

Art. 9º Na homologação de sentença estrangeira e na carta rogatória, a defesa somente poderá versar sobre autenticidade dos documentos, inteligência da decisão e observância dos requisitos desta Resolução.

§ 1º Havendo contestação à homologação de sentença estrangeira, o processo será distribuído para julgamento pela Corte Especial, cabendo ao Relator os demais atos relativos ao andamento e à instrução do processo.

§ 2º Havendo impugnação às cartas rogatórias decisórias, o processo poderá, por determinação do Presidente, ser distribuído para julgamento pela Corte Especial.

§ 3º Revel ou incapaz o requerido, dar-se-lhe-á curador especial que será pessoalmente notificado.

Art. 10 O Ministério Público terá vista dos autos nas cartas rogatórias e homologações de sentenças estrangeiras, pelo prazo de dez dias, podendo impugná-las.

Art. 11 Das decisões do Presidente na homologação de sentença estrangeira e nas cartas rogatórias cabe agravo regimental.

Art. 12 A sentença estrangeira homologada será executada por carta de sentença, no Juízo Federal competente.

Art. 13 A carta rogatória, depois de concedido o exequatur, será remetida para cumprimento pelo Juízo Federal competente.

§1º No cumprimento da carta rogatória pelo Juízo Federal competente cabem embargos relativos a quaisquer atos que lhe sejam referentes, opostos no prazo de 10 (dez) dias, por qualquer interessado ou pelo Ministério Público, julgando-os o Presidente.

§2º Da decisão que julgar os embargos, cabe agravo regimental.

§3º Quando cabível, o Presidente ou o Relator do Agravo Regimental poderá ordenar diretamente o atendimento à medida solicitada.

Art. 14 Cumprida a carta rogatória, será devolvida ao Presidente do STJ, no prazo de 10 (dez) dias, e por este remetida, em igual prazo, por meio do Ministério da Justiça ou do Ministério das Relações Exteriores, à autoridade judiciária de origem.

Art. 15 Esta Resolução entra em vigor na data de sua publicação, revogados a Resolução nº 22, de 31/12/2004 e o Ato nº 15, de 16/02/2005.

Evidentemente, o Regimento Interno do S.T.J. não poderá contrariar ou exigir requisitos outros que não aqueles estabelecidos pelo art. 963 do atual C.P.C. É importante salientar que a competência para processar a execução de sentença estrangeira homologada é da Justiça Federal, nos termos do artigo 109, inc. X, da C.F.

Estabelece o *§ 3º do art. 960* do atual C.P.c. que *a homologação de decisão arbitral estrangeira obedecerá ao disposto em tratado e na lei, aplicando-se, subsidiariamente, as disposições deste Capítulo.*

Dentre as decisões que não são proferidas por órgãos do Poder Judiciário encontra-se a sentença arbitral.

É bem verdade que é antiga a discussão doutrinária em relação à natureza jurídica do instituto da arbitragem.

Para a teoria contratualista ou privatista, a arbitragem apresenta um caráter meramente contratual, típico de uma transação. A decisão proferida pelo árbitro é decorrente desse acordo, não tendo caráter jurisdicional. Essa é a opinião defendida por Chiovenda, Carnelutti e Fazzalari

Já para a teoria publicista, a decisão proferida na arbitragem é decorrente de um procedimento processual, equiparável à jurisdição, especialmente porque a sentença arbitral não depende mais de homologação pelo Poder Judiciário.

Pode-se dizer que antes da entrada em vigor da Lei 9.307/96 (Lei da Arbitragem), havia uma tendência maior de se considerar a sentença arbitral decorrente de mero acordo contratual, sem natureza jurisdicional, principalmente pelo fato de que dependia o laudo arbitral de homologação judicial para que tivesse força de sentença.

Após a entrada em vigor da Lei n. 9.307/96, a sentença arbitral passou a gerar efeitos, inclusive de coisa julgada, independentemente de homologação por parte do Poder Judiciário. A partir deste momento, pode-se dizer que a decisão arbitral é proferida por um árbitro não pertencente ao Poder Judiciário, mas com natureza jurisdicional. Nesse sentido, aliás, é o disposto no art. 31 da Lei 9.307/96, *in verbis*: "*a sentença arbitral produz, entre as partes e seus sucessores, os mesmos efeitos da sentença proferida pelos órgãos do Poder Judiciário e, sendo condenatória, constitui título executivo*".

Em que pese as sentenças proferidas pelos juízos arbitrais brasileiros não dependam mais de homologação por parte do Poder Judiciário, o certo é que em relação às decisões provenientes de juízos arbitrais estrangeiros, para que possam ser cumpridas ou executadas no território nacional, haverá necessidade de homologação pelo S.T.J. Essa tese há muito vem sendo adotada pelo S.T.F., que admite a homologação de laudo arbitral estrangeiro (*Sent. Estr. n. 1.982, Ac. De 3.6.1970, in Ver. Trim de Jur., vol. 54, pág. 714; Sent. Estr. n. 2.006, Ac. De 18.11.1971, in Rev Trim. Jur., vol. 60, pág. 28.*

Mas para que a sentença arbitral possa ser homologada no Brasil, há necessidade que preencha os requisitos estabelecidos no local em que foi proferida. Assim, muito embora no Brasil não se exija mais a homologação do Poder Judiciário para que a sentença arbitral tenha natureza jurisdicional, se no país em que ela for proferida se exige esse requisito, a homologação do S.T.J. dependerá da homologação do Poder Judiciário estrangeiro em que a decisão arbitral foi emitida.

A competência do S.T.J. estende-se tanto às sentenças jurisdicionais estrangeiras quanto às sentenças advinda dos juízos arbitrais estrangeiros, uma vez que o inciso I, letra 'i', do artigo 105 da C.F., não faz qualquer distinção, razão pela qual a sentença arbitral também deve passar pelo crivo da homologação do S.T.J.

Aliás, o artigo 22, item 1º, da Ley Orgânica del Poder Judicial espanhol também traz essa mesma regra quando, em relação à competência do juízo espanhol, diz que em matéria civil os tribunais espanhóis são competentes '*en matéria de reconocimiento y ejecución en território español de resoluciones judiciales y decisiones arbitrales dictadas en el extranjero*'.

Art. 961

A decisão estrangeira somente terá eficácia no Brasil após a homologação de sentença estrangeira ou a concessão do exequatur às cartas rogatórias, salvo disposição em sentido contrário de lei ou tratado.

§ 1º É passível de homologação a decisão judicial definitiva, bem como a decisão não judicial que, pela lei brasileira, teria natureza jurisdicional.

§ 2º A decisão estrangeira poderá ser homologada parcialmente.

§ 3º A autoridade judiciária brasileira poderá deferir pedidos de urgência e realizar atos de execução provisória no processo de homologação de decisão estrangeira.

§ 4º Haverá homologação de decisão estrangeira para fins de execução fiscal quando prevista em tratado ou em promessa de reciprocidade apresentada à autoridade brasileira.

§ 5º A sentença estrangeira de divórcio consensual produz efeitos no Brasil, independentemente de homologação pelo Superior Tribunal de Justiça.

§ 6º Na hipótese do § 5º, competirá a qualquer juiz examinar a validade da decisão, em caráter principal ou incidental, quando essa questão for suscitada em processo de sua competência.

Eficácia da decisão estrangeira no Brasil

O Brasil adotou uma espécie de sistema de eficácia de decisão estrangeira em que se reconhece a eficácia propriamente *decisional* ao julgamento estrangeiro, subordinando-lhe contudo a produção de efeitos, em rega, a um ato praticado por um órgão do Poder Judiciário nacional.

Isso significa dizer que as decisões estrangeiras, sejam sentenças ou decisões interlocutórias, são válidas, mas somente terão eficácia e poderão ser cumpridas no território brasileiro após serem homologadas ou expedido o *exequatur* pelo Superior Tribunal de Justiça.

O S.T.J., segundo o art. 5º da Resolução n. 9/05, deve verificar se a sentença ou a decisão proferida pelo órgão jurisdicional estrangeiro apresenta os seguintes requisitos, extrínsecos ou intrínsecos:

> *Art. 5º Constituem requisitos indispensáveis à homologação de sentença estrangeira:*
> *I – haver sido proferida por autoridade competente;*
> *II – terem sido as partes citadas ou haver-se legalmente verificado a revelia;*
> *III – ter transitado em julgado; e*

IV – estar autenticada pelo cônsul brasileiro e acompanhada de tradução por tradutor oficial ou juramentado no Brasil.

Preceitua o *§1º do art. 961* do atual C.P.C. que *é passível de homologação a decisão judicial definitiva, bem como a decisão não judicial que, pela lei brasileira, teria natureza jurisdicional.*

No *giudizio di delibazione* formulado pelo S.T.J. na homologação de decisões estrangeiras encontram-se tanto as sentenças definitivas quanto as decisões interlocutórias, especialmente aquelas que concedem tutela de urgência satisfativa ou cautelar.

São também passíveis de homologação todas as decisões *não judiciais* que, pela lei brasileira, teriam *natureza jurisdicional.*

Daí porque tem-se admitido a homologação de decisões judiciais estrangeiras proferidas por órgãos estranhos ao Poder Judiciário, mas no exercício de função judicante. A jurisprudência do S.T.F. apresenta várias hipóteses em que se homologou decisão de órgão executivo, desde que dotada dc cficácia sentença, como, por exemplo, o divórcio decretado pelo Rei da Dinamarca, por autoridade administrativa norueguesa, ou registrado perante prefeito, no Japão (Respectivamente: Sent. Estr. n. 912, Ac. De 30.1.1933, *in Arq. Jud.*, vol. 29, pág. 248 (*vide*, a respeito, Haroldo Valadão, parecer sobre *Homologação de decreto real de divórcio, in Est. De Dir. Int. Priva, págs. 499 e segs); Sent. Estr. n. 1.282, Ac. De 30.5.1952, in D.J. de 19.7.1954, pág. 2.191; Sent. Estr. n. 1.312, Ac. De 22.5.1953, in D.J. de 26.3.1956, pág. 488).*

Para Pontes de Miranda, no sistema de homologação de sentença estrangeira, *"incluem-se as decisões arbitrais e as de autoridades administrativa, se têm eficácia cível"*.[596]

Este dispositivo incorporou aquilo que já dispunha o *Anteprojeto de Lei Geral de Aplicação das Normas Jurídicas*, de autoria de Aroldo Valadão, que assim dispunha em seu art. 71: *"As sentenças e decisões estrangeiras, de tribunais ou de autoridades administrativas que as possam proferir..."* (Haroldo Valadão, *Homologação..., in Est. De Dir. Int. Priva. Pág. 511.*

Preceitua o *§2º do art. 961* do atual C.P.C. que *a decisão estrangeira poderá ser homologada parcialmente.*

Conforme anota Pontes de Miranda: *"A homologação pode importar a irradiação da sentença com todas as suas cargas de eficácia, ou somente importar algumas, ou algumas*

[596] Ponte de Miranda, *Comentário ao c.p.c de 1973.* Tomo VI. Rio de Janeiro: Forense, s/d., p. 90.

delas. De jeito que a seleção negativa se pode fazer, reduzindo-se a eficácia importada a menos do que era – e é, no Estado da produção – a eficácia da sentença".[597]

Esta regra encontra-se também prevista na Resolução n. 9/2005 do S.T.J. Estabelece o art. 4º, §2º da aludida Resolução:

> *Art. 4º A sentença estrangeira não terá eficácia no Brasil sem a prévia homologação pelo Superior Tribunal de Justiça ou por seu Presidente.*
>
> *(...).*
>
> *§2º As decisões estrangeiras podem ser homologadas parcialmente.*
>
> (...).

O dispositivo permite que o S.T.J. homologue parcialmente as decisões estrangeiras, sendo que em se tratando de sentença, poderá homologar algum ou alguns capítulos da sentença, desde que preencham os requisitos legais para a homologação.

Sendo possível a cisão do conteúdo inserido nas decisões estrangeiras, e se constatando que parte da decisão preenche os requisitos para a homologação e outra parte não preenche, é possível ao S.T.J. homologar apenas parte da decisão.

Estabelece o *§3º do art. 961* do atual C.P.C. que *a autoridade judiciária brasileira poderá deferir pedidos de urgência e realizar atos de execução provisória no processo de homologação de decisão estrangeira.*

Estabelece o art. 4º, §3º da Resolução n. 9/2005 do S.T.J.:

> *Art. 4º A sentença estrangeira não terá eficácia no Brasil sem a prévia homologação pelo Superior Tribunal de Justiça ou por seu Presidente.*
>
> *(...).*
>
> *§3º Admite-se tutela de urgência nos procedimentos de homologação de sentenças estrangeiras.*
>
> *(...).*

A competência para homologar as decisões estrangeiras é do Presidente do S.T.J.

No caso de urgência, decorrente de *fumus boni iuris* ou de *periculum in mora*, a atividade do Presidente do S.T.J. poderá ir além de simples homologação, para também conceder, mediante requerimento da parte interessada, tutelas de urgência, assim como determinar a realização de atos de execução provisória.

[597] Pontes de Miranda, idem, ibidem. p. 175 e 483.

Evidentemente, competirá ao requerente do procedimento de homologação de decisão estrangeira comprovar, no procedimento, a existência do *fumus boni iuris* e do *periculum in mora*, para que o Presidente do S.T.J. possa conceder a tutela de urgência, seja de natureza satisfativa ou cautelar, ou mesmo determinar a realização de atos de execução provisória.

Prescreve o *§4º do art. 961* do atual C.P.C. que *haverá homologação de decisão estrangeira para fins de execução fiscal quando prevista em tratado ou em promessa de reciprocidade apresentada à autoridade brasileira.*

Em nosso sistema jurídico, a execução fiscal não tem por fundamento uma sentença, ou seja, não decorre de um título executivo judicial, cuja execução se dá pelo instituto de cumprimento de sentença. A execução fiscal tem por fundamento um título executivo extrajudicial, consubstanciado numa certidão de dívida ativa.

Contudo, durante o transcurso da execução fiscal haverá a necessidade de realização de atos processuais, especialmente a expropriação do patrimônio do executado, a fim de se garantir o pagamento forçado do crédito fiscal fazendário.

Pelo que dispõe o §4º do art. 961 do atual C.P.C., o S.T.J. poderá homologar, especialmente por meio de carta rogatória, decisões estrangeiras para fins de execução fiscal, ou seja, poderá homologar decisão estrangeira que determinar a penhora e alienação de bens do devedor em território nacional, quebra de sigilo para busca de bens etc.

A condição estabelecida para este tipo de homologação de decisão estrangeira, especificamente para execução fiscal, é que isso esteja previsto em tratados ou convenções internacionais aprovados e promulgados pelo Brasil.

Em nosso regime Constitucional, a competência da União para "manter relações com estados estrangeiros" (art. 21, I) é, em regra, exercida pelo Presidente da República (CF, art. 84, VII), "auxiliado pelos Ministros de Estado" (CF, art. 76). A intervenção dos outros Poderes só é exigida em situações especiais e restritas.

Não havendo tratado, poderá ser homologada a decisão estrangeira em matéria de execução fiscal desde que haja promessa de reciprocidade entre os países.

Este dispositivo permite a homologação de decisões estrangeiras, independentemente de tratado ou convenção internacional, desde que haja promessa de *reciprocidade* apresentada à autoridade brasileira pelo país estrangeiro.

Há ordenamentos jurídicos que se negam à homologação de sentença estrangeira se não houver reciprocidade, como é o caso do sistema processual alemão.

Até 1878, o reconhecimento de sentença estrangeira no Brasil subordinava-se à existência de tratado, sendo que o art. 1º, §1º, do Dec. N. 6.982 de 1878, exigia como requisito para a execução, 'cumpra-se', a reciprocidade.

Advindo a República, eliminou-se o requisito da reciprocidade, especialmente com a Lei n. 221 de 1894 que criou o sistema de homologação perante o S.T.F.

O Estado brasileiro, com base no novo C.P.C, e no caso das decisões estrangeiras para fins de execução fiscal, procederá à homologação desde que o Estado estrangeiro requerente adote igual tratamento em relação às decisões proferidas pelos tribunais brasileiros no âmbito do executivo fiscal.

A reciprocidade poderá ser *legislativa*, quando decorre de lei.

O Código de Processo Civil alemão, em seu §328, expressamente prevê a reciprocidade como condição jurídica para o reconhecimento da sentença estrangeira, *in verbis*:

"Art. 328 (Reconhecimento de sentença estrangeira)

(1) O reconhecimento da sentença pronunciada por um tribunal estrangeiro é excluído:

1. *quando segundo a lei tedesca a competência jurisdicional não tenha sido atribuída aos tribunais do Estado ao qual pertence o tribunal estrangeiro;*
2. *quando o recurso introdutivo ao juízo não tenha sido notificado de modo regular ou em tempo útil ao réu de modo a consentir-lhe realizar a defesa e o réu não tenha sido constituído no procedimento e tenha alegado a irregularidade ou a intempestividade da notificação;*
3. *quando a sentença resulte incompatível com uma sentença pronunciada na Alemanha ou com uma sentença precedentemente pronunciada no exterior que deve ser reconhecida ou quando o procedimento posto na base da sentença seja incompatível com um procedimento cuja litispendência se foi verificada ante na Alemanha;*
4. *quando o reconhecimento da sentença leve a um resultado frequentemente contrastado com princípios essenciais do direito tedesco, em particular quando o reconhecimento seja incompatível com os direitos fundamentais;*
5. *quando não seja garantida a reciprocidade.*

É bem verdade que o número (2) do §328 do C.P.C. alemão estabelece que não haverá necessidade de se exigir a reciprocidade para o reconhecimento da sentença estrangeira, quando a sentença tenha por objeto uma pretensão não patrimonial, e segundo as leis germânicas a competência jurisdicional não tenha sido determinada na Alemanha.

A reciprocidade ainda poderá resultar de tratados, bem como *de fato*, quando decorre somente da prática constante dos tribunais.[598]

Prescreve o *§ 5º do art. 961* do atual C.P.C. que *a sentença estrangeira de divórcio consensual produz efeitos no Brasil, independentemente de homologação pelo Superior Tribunal de Justiça.*

O Brasil, recentemente, tem facilitado, e muito, o denominado divórcio consensual, permitindo inclusive sua realização por meio de tabelião.

Diante dessa nova postura do ordenamento jurídico brasileiro em relação ao divórcio consensual, a sentença estrangeira de divórcio amigável produz efeitos no Brasil, independentemente de homologação pelo Superior Tribunal de Justiça.

O problema é que o art. 105, inc. I, letra 'i', da Constituição Federal, não indica qualquer exceção para a homologação de sentença estrangeira, nem mesmo para a sentença estrangeira de divórcio consensual.

Assim, é de questionável constitucionalidade o §5º do art. 961 do atual C.P.C.

Complementa o *§ 6º do art. 961* do atual C.P.C. que *na hipótese do § 5º, competirá a qualquer juiz examinar a validade da decisão, em caráter principal ou incidental, quando essa questão for suscitada em processo de sua competência.*

Como o §5º estabelece que não haverá necessidade de homologação da sentença estrangeira de divórcio por parte do S.T.J. (de duvidosa constitucionalidade), este §6º permite que qualquer órgão jurisdicional brasileiro possa examinar a validade da decisão, em caráter principal ou incidental, quando essa questão for suscitada em processo de sua competência.

Art. 962

É passível de execução a decisão estrangeira concessiva de medida de urgência.

§ 1º A execução no Brasil de decisão interlocutória estrangeira concessiva de medida de urgência dar-se-á por carta rogatória.

§ 2º A medida de urgência concedida sem audiência do réu poderá ser executada, desde que garantido o contraditório em momento posterior.

§ 3º O juízo sobre a urgência da medida compete exclusivamente à autoridade jurisdicional prolatora da decisão estrangeira.

598 Barbosa Moreira, José Carlos. *Comentário ao código de processo civil.* Rio de Janeiro: Forense, 1976. p. 68.

§ 4º Quando dispensada a homologação para que a sentença estrangeira produza efeitos no Brasil, a decisão concessiva de medida de urgência dependerá, para produzir efeitos, de ter sua validade expressamente reconhecida pelo juiz competente para dar-lhe cumprimento, dispensada a homologação pelo Superior Tribunal de Justiça.

Execução de decisão estrangeira concessiva de medida de urgência

As medidas de urgência concedidas pelos Tribunais estrangeiros podem ser satisfativas ou cautelares, ainda que provisórias.

A medida de urgência também poderá ter caráter de decisão final.

Assim, não só sentença final, mas também decisões interlocutórias de caráter de urgência poderão ser cumpridas ou executadas no Brasil, mediante expedição de carta rogatória

É importante salientar que o art. 4º, §3º, da Resolução n. 09 de 2005 do S.T.J. assim estabelece:

> *Art. 4º A sentença estrangeira não terá eficácia no Brasil sem a prévia homologação pelo Superior Tribunal de Justiça ou por seu Presidente.*
>
> *(...).*
>
> *§3º Admite-se tutela de urgência nos procedimentos de homologação de sentenças estrangeiras.*
>
> *(...).*

Não se pode confundir a permissão legal para execução de decisões estrangeiras concessivas de medidas de urgência e de caráter interlocutório, com a possibilidade de o Presidente do S.T.J. conceder no procedimento de homologação de decisões estrangeiras tutela de urgência. No primeiro caso, foi o Tribunal estrangeiro quem concedeu a medida de urgência, enquanto que no segundo caso, é o Presidente do S.T.J., no procedimento homologatório, quem poderá conceder a tutela de urgência em face do *fumus boni iuris* e do *periculum in mora.*

A execução de decisão estrangeira, concessiva de medida de urgência, dar-se-á após o S.T.J. conferir o seu *exequatur* em território nacional.

Estabelece o *§ 1º do art. 962* do atual C.P.C. que *a execução no Brasil de decisão interlocutória estrangeira concessiva de medida de urgência dar-se-á por carta rogatória.*

Não se tratando de decisão estrangeira de caráter definitivo, cuja execução somente ocorre pela demanda de homologação de decisão estrangeira, a decisão interlocutória estrangeira, concessiva de medida de urgência, dar-se-á por carta rogatória passiva, devendo-se observar os procedimentos legais para a tramitação da carta rogatória em nosso país.

Prescreve o *§ 2º do art. 962* do atual C.P.c. que *a medida de urgência concedida sem audiência do réu poderá ser executada, desde que garantido o contraditório em momento posterior.*

Por vezes, a concessão da medida de urgência pelo tribunal estrangeiro deve ocorrer *inaldita altera parte*, a fim de garantir sua efetiva eficácia.

Assim, mesmo que não haja o contraditório prévio, a medida de urgência poderá ser executada no território nacional, desde que o contraditório seja garantido em momento oportuno.

O que não se admite é a eliminação do contraditório, mas, não, sua postergação para momento oportuno posterior.

Preceitua o *§3º do art. 962* do atual C.P.C. que *o juízo sobre a urgência da medida compete exclusivamente à autoridade jurisdicional prolatora da decisão estrangeira.*

Esse dispositivo vem reforçar a ideia de que a medida de urgência é o objeto do pedido de execução em território nacional, tendo sido concedida pelo Tribunal estrangeiro.

Na realidade, em se tratando de decisão estrangeira, é inadmissível no âmbito de seu cumprimento em território nacional novo pronunciamento sobre a questão já decidida por tribunal de outro Estado estrangeiro.

Na realidade, não cabe ao juízo brasileiro rever aquilo que fora decidido pelo Estado estrangeiro, tenha ou não havido coisa julgada.

Assim, o juízo sobre a urgência ou não da medida compete exclusivamente à autoridade jurisdicional estrangeira que a concedeu, não havendo possibilidade de o Presidente do S.T.J. ou a Corte Especial rever os pressupostos para a concessão da medida de urgência.

Aliás, desde a primeira vez que fora disciplinado, entre nós, o reconhecimento da eficácia de sentença estrangeira, manteve-se o sistema brasileiro invariavelmente infenso à revisão *de meritis*.[599]

Na realidade, seja ao conferir o *exequatur* à carta rogatória, seja ao homologar a decisão estrangeira, sempre procurou o sistema brasileiro manter-se à margem de verificação, por parte do órgão jurisdicional nacional, da justiça ou injustiça da decisão. Limita-se a prescrever o controle de alguns requisitos estabelecidos em lei, correspondentes ao mínimo de garantias que se entende compatível com a colaboração do Brasil, especialmente para impedir que surtam efeitos em território brasileiro decisões estrangeiras que firam a soberania nacional, a ordem

[599] BARBOSA MOREIRA, J. C., idem, p. 72.

pública e os bons costumes. Pode-se afirmar que o sistema jurídico brasileiro, sobre a matéria, abraça a simples *delibação.*[600]

É certo, porém, que há ordenamentos jurídicos que permitem a avaliação do próprio mérito da decisão objeto de homologação, conforme se pode verificar pelo que dispõe o art. 798 do Código de Processo Civil italiano, a saber:

> Art. 798. (reexame do mérito).
> *Mediante pedido do réu, a Corte de apelo procederá ao reexame do mérito da causa, quando a sentença for pronunciada em contumácia, ou quando ocorrer algum dos casos indicados nos números 1,2,3,4 e t do artigo 395.*
> *Nestes casos a corte, segundo os resultados da instrução e da discussão, decide sobre o mérito, ou declara a ineficácia da sentença estrangeira.*

Também o art. 706º do Código de Processo Civil português permite a revisão de sentença estrangeira para que possa ter eficácia em território português, a saber:

> *Artigo 706º Exequibilidade das sentenças e dos títulos exarados em país estrangeiro*
> *1 – Sem prejuízo do que se ache estabelecido em tratados, convenções, regulamentos comunitários e leis especiais, as sentenças proferidas por tribunais ou por árbitros em país estrangeiro só podem servir de base à execução depois de revistas e confirmadas pelo tribunal português competente.*
> *2 – Não carecem, porém, de revisão para ser exequíveis os títulos exarados em país estrangeiro.*

Por sua vez, estabelece o art. 978º do C.P.C. português:

> *Artigo 978º Necessidade da revisão*
> *1 – Sem prejuízo do que se ache estabelecido em tratados, convenções, regulamentos da União Europeia e leis especiais, nenhuma decisão sobre direitos privados, proferida por tribunal estrangeiro, tem eficácia em Portugal, seja qual for a nacionalidade das partes, sem estar revista e confirmada.*
> *2 – Não é necessária a revisão quando a decisão seja invocada em processo pendente nos tribunais portugueses, como simples meio de prova sujeito à apreciação de quem haja de julgar a causa.*

[600] Barbosa Moreira, J. C., idem, p. 73.

Preceitua o § 4º *do art.* 962 do atual C.P.C. que *quando dispensada a homologação para que a sentença estrangeira produza efeitos no Brasil, a decisão concessiva de medida de urgência dependerá, para produzir efeitos, de ter sua validade expressamente reconhecida pelo juiz competente para dar-lhe cumprimento, dispensada a homologação pelo Superior Tribunal de Justiça.*

Como se afirmou, é de duvidosa constitucionalidade a dispensa de homologação de sentença estrangeira, ainda que contenha natureza de tutela de urgência, uma vez que o art. 105, inc. I, letra 'i', da Constituição Federal não apresenta qualquer exceção.

Porém, segundo este §4º, quando por tratado ou por lei for dispensada a homologação pelo S.T.J. de sentença estrangeira, que contenha tutela jurisdicional de urgência, essa decisão dependerá, para que produza efeito em território nacional, de ter sua validade expressamente reconhecida pelo órgão jurisdicional competente para lhe dar cumprimento.

A questão é, como não há a homologação por parte do S.T.J., permaneceria ou não competente a Justiça Federal para o seu cumprimento? Penso que sim.

Art. 963

Constituem requisitos indispensáveis à homologação da decisão:

I – ser proferida por autoridade competente;

II – ser precedida de citação regular, ainda que verificada a revelia;

III – ser eficaz no país em que foi proferida;

IV – não ofender a coisa julgada brasileira;

V – estar acompanhada de tradução oficial, salvo disposição que a dispense prevista em tratado;

VI – não conter manifesta ofensa à ordem pública.

Parágrafo único. Para a concessão do exequatur às cartas rogatórias, observar-se-ão os pressupostos previstos no caput deste artigo e no art. 962, § 2º.

Requisitos indispensáveis para homologação da decisão

Conforme se afirmou, o Tribunal brasileiro não poderá ingressar no mérito ou na justiça da decisão proferida pelo Tribunal estrangeiro.

Contudo, para que a decisão possa ser homologada pelo S.T.J., é necessário que estejam presentes alguns requisitos indispensáveis, ou seja:

a) ser proferida por autoridade competente, podendo ser decorrente de um órgão do Poder Judiciário ou de uma autoridade administrativa, desde que a decisão tenha natureza e os elementos necessários para ser considerada como jurisdicional;

b) ser precedida de citação regular, ainda que verificada a revelia.

Sendo o princípio do contraditório em nosso ordenamento jurídico a essência do processo jurisdicional, isso significa dizer que se não houver a citação válida do réu no processo, não existirá processo em relação ao não citado, razão pela qual essa falta de citação poderá ser reconhecida pelo Tribunal brasileiro, ainda que tal fato tenha ocorrido perante Tribunal estrangeiro. Será válido, contudo, o processo, se esse correu à revelia do réu, pois nesse caso houve citação válida.

Sobre a questão da revelia na homologação de sentença estrangeira, assim já se pronunciou o S.T.F.:

1. Há dolo na conduta daquele que, em pedido de homologação de sentença estrangeira, indica para citação do réu endereço no Brasil, tendo conhecimento inequívoco da residência deste no exterior. Hipótese que determina a rescisão do julgado, nos termos do disposto no art. 485, III do CPC. 2. A autora da rescisória comprovou que não residia no Brasil no período em que julgado o pedido de homologação [1980-1982]. 3. As provas juntadas aos autos demonstraram que o ora réu tinha conhecimento inequívoco de que a autora residia nos Estados Unidos da América desde 1977. Não obstante, ao requerer homologação de sentença estrangeira a este Tribunal afirmou que a autora residia em São Paulo, silenciando sobre a existência de endereço dela nos Estados Unidos da América. 4. Ação rescisória julgada procedente para rescindir a homologação da sentença estrangeira.

(AR 1169, Relator(a): Min. EROS GRAU, Tribunal Pleno, julgado em 03/08/2009, DJe-186 DIVULG 01-10-2009 PUBLIC 02-10-2009 EMENT VOL-02376-01 PP-00116 LEXSTF v. 31, n. 370, 2009, p. 98-105).

Sentença estrangeira: divórcio: ausência da prova da citação do réu, requerido, no processo em que proferida a decisão exequenda (RISTF, art. 217, II): domiciliado o réu no Brasil, a citação há de fazer-se mediante carta rogatória: jurisprudência do Supremo Tribunal: homologação indeferida: condenação do requerente em honorários de advogado.

(SEC 6684, Relator(a): Min. SEPÚLVEDA PERTENCE, Tribunal Pleno, julgado em 19/08/2004, DJ 08-10-2004 PP-00003 EMENT VOL-02167-01 PP-00075).

c) ser eficaz no país em que foi proferida.

Se a decisão estrangeira não for eficaz no país em que foi proferida, seja por estar sujeita a condição suspensiva ou a termo, não poderá ser homologada pelo Tribunal brasileiro, justamente por falta de eficácia.

O art. 15, letra 'c', da Lei de Introdução ao Código Civil brasileiro, também exigia o trânsito em julgado da decisão.

O novo C.P.C., por sua vez, não exige mais o trânsito em julgado da decisão, bastando que a decisão estrangeira tenha eficácia no país em que fora proferida, mesmo que essa eficácia seja meramente provisória.

d) estar acompanhada de tradução oficial, salvo disposição que a dispense prevista em tratado.

Como se trata de um documento elaborado no exterior e escrito em língua estrangeira, há necessidade de que esteja acompanhada por tradução oficial, ou seja, por tradutor oficial juramentado, salvo disposição que a dispense prevista em tratado.

e) que a decisão estrangeira não tenha sido proferida em manifesta ofensa à ordem pública brasileira.

Essa questão de ofensa à ordem pública deve estar intimamente ligada à questão dos direitos e garantias fundamentais previstos na Constituição Federal do Brasil, ou seja, que a decisão não macule esses direitos e garantias fundamentais.

O art. 17 da Lei de Introdução ao Código Civil brasileiro também exigia que a sentença estrangeira não ofendesse a soberania nacional, a ordem pública e os bons costumes. Pode-se incluir ainda no âmbito da ordem pública a questão da soberania nacional, especialmente as normas da ordem jurídica que tratam desta matéria. Já em relação aos bons costumes, isso não pode ser mais observado, a não ser que a decisão, como se disse, fira alguns dos preceitos de natureza Constitucional ou dos Tratados de Direitos Humanos adotados pelo Brasil. No mais, a questão de bons costumes é meramente moral e não jurídica, o que significa dizer que a simples questão moral não poderá impedir a homologação de decisão estrangeira, exceto se ferir os direitos e garantias fundamentais da Constituição. Sobre o tema assim se pronunciou o S.T.F.:

É inegável a competência exclusiva do juiz brasileiro para decidir sobre a guarda da menor, que se encontra em companhia de sua mãe, residindo no Brasil.

(SEC 7420, Relator(a): Min. NELSON JOBIM, Tribunal Pleno, julgado em 19/08/2004, DJ 16-12-2005 PP-00060 EMENT VOL-02218-02 PP-00339 LEXSTF v. 28, n. 326, 2006, p. 332-341).

1. O deferimento do pedido formulado representaria a prevalência de uma sentença alienígena sobre a decisão de um juiz brasileiro que, embora proferida em sede liminar, seria modificada, importando numa clara ofensa aos princípios da soberania nacional. Precedentes: SEC 6.971, Rel. Min. Maurício Corrêa, DJ 14.02.2003 e SEC 7.218, Rel. Min. Nelson Jobim, DJ 06.02.2004. 2. A Jurisprudência do Supremo Tribunal Federal firmou-se pela homologabilidade de divórcio consensual processado, segundo o sistema jurídico alienígena, perante autoridade administrativa independentemente de manifestação judicial. Precedentes: SE 1.943-Dinamarca, Rel. Min. Adaucto Cardoso, SE 2.251-Japão, Rel. Min. Moreira Alves, SE 2.703-Dinamarca, Rel. Min. Antônio Neder, SE 3.832-Dinamarca, Rel. Min. Rafael Mayer e SEC 6.399-Japão, Rel. Min. Marco Aurélio. 3. Todavia, tal circunstância somente exonera o requerente da apresentação de sentença judicial, não afastando a necessidade da instrução do pedido – para o cumprimento dos requisitos formais constantes dos arts. 218 e 219 do RISTF – com a cópia autenticada ou certidão do texto integral do ato de autoridade regional administrativa que se quer homologar. Precedente: SEC 4.269, DJ 13.09.91, Rel. Min. Octavio Gallotti. 4. Pedido de homologação indeferido.

(SEC 5526, Relator(a): Min. ELLEN GRACIE, Tribunal Pleno, julgado em 22/04/2004, DJ 28-05-2004 PP-00007 EMENT VOL-02153-04 PP-00662)

Estabelece o *parágrafo único do art. 960* do atual C.P.C. que *para a concessão do exequatur às cartas rogatórias, observar-se-ão os pressupostos previstos no 'caput' deste artigo e no art. 962, §2º.*

Para a concessão do *exequatur* às cartas rogatórias, deverão ser observados os requisitos previstos nos incis. I a VI do art. 963 do atual C.P.C., assim como nas medidas de urgência concedidas sem audiência do réu, deverá ser garantido o contraditório em momento posterior.

Art. 964

Não será homologada a decisão estrangeira na hipótese de competência exclusiva da autoridade judiciária brasileira.

Parágrafo único. O dispositivo também se aplica à concessão do exequatur à carta rogatória.

Competência exclusiva de autoridade judiciária brasileira

Este dispositivo vem ao encontro do que estabelece o art. 17 da Lei de Introdução às Normas Jurídicas brasileiras, isto é, que não poderão ser homologadas decisões proferidas por Tribunais estrangeiros se essas decisões ferirem a *soberania nacional*, especialmente a competência exclusiva dos Tribunais brasileiros sobre a matéria.

Segundo estabelece o art. 23 do atual C.P.C., compete à autoridade judiciária brasileira, com exclusão de qualquer outra: I – conhecer de ações relativas a imóveis situados no Brasil; II – em matéria de sucessão hereditária, proceder à confirmação de testamento particular e ao inventário e à partilha de bens situados no Brasil, ainda que o autor da herança seja de nacionalidade estrangeira ou tenha domicílio fora do território nacional; III – em divórcio, separação judicial ou dissolução de união estável, proceder à partilha de bens situados no Brasil, ainda que o titular seja de nacionalidade estrangeira ou tenha domicílio fora do território nacional.

Portanto, sempre que houver competência exclusiva da autoridade judiciária brasileira, com exclusão de qualquer outra, não poderá ser homologada no Brasil decisão que tenha por objeto matéria dessa competência exclusiva.

Por outro lado, não sendo o caso de competência estrangeira, mas, sim, de competência concorrente entre o Tribunal brasileiro e o Tribunal estrangeiro, a demanda proposta perante tribunal estrangeiro não induz litispendência e não obsta que a autoridade judiciária brasileira conheça da mesma causa e das que lhe são conexas, ressalvadas as disposições em contrário de tratados internacionais e acordos bilaterais (art. 24 do novo C.P.C.). Sobre o tema já decidiu o S.T.F.:

A competência de que trata o art. 88 do Código de Processo Civil é concorrente, e não exclusiva. – Supre a citação o comparecimento da parte ao juízo estrangeiro. – Cumprimento dos demais requisitos. – Pedido de homologação de sentença estrangeira deferido.

(SEC 6697, Relator(a): Min. JOAQUIM BARBOSA, Tribunal Pleno, julgado em 23/06/2004, DJ 27-08-2004 PP-00053 EMENT VOL-02161-01 PP-00137 RJADCOAS v. 62, 2005, p. 45-48)

Não se tratando da hipótese prevista no art. 89 do CPC, a firme jurisprudência do Supremo Tribunal Federal tem admitido a competência concorrente dos Juízos brasileiro e estrangeiro para julgamento de causa em que é parte a pessoa domiciliada no Brasil (art. 217, inciso I, do RI/STF). – Descabida a alegação de nulidade da citação, quando a requerida, embora citada em solo estadunidense por autoridade alienígena, compareceu voluntariamente a Juízo, apresentando defesa e opondo reconvenção. – O requisito previsto no art. 217, inciso II, do RI/STF restringe-se à citação, não se referindo à comprovação das intimações. – Sentença estrangeira inofensiva à soberania nacional, à ordem pública e aos bons costumes. Preenchimento, também, das exigências legais previstas no art. 217, incisos III e IV, do RI/STF. – Homologação deferida.

(SEC 7178, Relator(a): Min. CARLOS BRITTO, Tribunal Pleno, julgado em 09/06/2004, DJ 06-08-2004 PP-00022 EMENT VOL-02158-02 PP-00226 RTJ VOL-00193-02 PP-00547)

A pendência da causa perante a jurisdição brasileira não impedirá a homologação de sentença judicial estrangeira quando exigida para produzir efeitos no Brasil (p.u. do art. 24 do atual C.P.C.).

Na realidade, são manifestamente diversas, ao menos no pedido e na *causa de pedir,* a demanda em que se pleiteia a homologação de sentença estrangeira sobre determinada lide e a demanda em que se pretenda ver julgada a mesma lide por órgão nacional.

Por isso, conforme estabelece o art. 24, *caput,* do atual C.P.C., a pendência de processo de homologação não obsta o exercício, perante a Justiça brasileira, de demanda que tenha por objeto o direito declarado na sentença estrangeira homologanda.

Por outro lado, se ao ajuizar-se a pretensão homologatória perante o S.T.J., igual demanda já tenha sido proposta perante o Poder Judiciário brasileiro, não haverá litispendência, podendo prosseguir-se com o processo homologatório, nos termos do p.u. do art. 24 do atual C.P.C. Isso, evidentemente, não se aplica à hipótese de competência exclusiva dos Tribunais brasileiros.

O Anteprojeto Buzaid, por sua vez, estabelecia que nessa hipótese haveria causa específica de inadmissibilidade, criada por expressa regra legal no anteprojeto, pois não se admitia a homologação se pendesse, perante juiz brasileiro, demanda idêntica proposta antes de passar em julgado a sentença estrangeira. Esse dispositivo foi, contudo, suprimido do anteprojeto e não constava no C.P.C. de 1973.[601]

Por outro lado, entende Barbosa Moreira que uma vez transitada em julgado a sentença homologatória da decisão estrangeira, seja qual for o seu conteúdo, coincidente ou não com o da decisão brasileira, importaria mácula à coisa julgada a prolação de nova decisão pelo tribunal brasileiro. O mesmo acontece se a decisão brasileira já transitou em julgado antes da decisão homologatória do S.T.J. Eventual homologação importaria ofensa a *res iudicata* da sentença nacional. Já a decisão que *nega* homologação à sentença estrangeira não geraria obs-

[601] Barbosa Moreira, J. C., idem, p. 101.

táculo algum a que a Justiça brasileira decida livremente a lide em processo que perante ela se instaure.[602]

Sobre o tema, assim já se pronunciou o S.T.F.:

O fato de ter-se, no Brasil, o curso de processo concernente a conflito de interesses dirimido em sentença estrangeira transitada em julgado não é óbice à homologação desta última. Bens imóveis situados no brasil – divisão – sentença estrangeira – homologação. A exclusividade de jurisdição relativamente a bens imóveis situados no Brasil – artigo 89, inciso I, do Código de Processo Civil – afasta a homologação de sentença estrangeira a versar a divisão.

(SEC 7209, Relator(a): Min. ELLEN GRACIE, Relator(a) p/ Acórdão: Min. MARCO AURÉLIO, Tribunal Pleno, julgado em 30/09/2004, DJ 29-09-2006 PP-00036 EMENT VOL-02249-04 PP-00659 LEXSTF v. 28, n. 336, 2006, p. 265-282)

Estabelece o *parágrafo único do art. 964* do atual C.P.C. que *o dispositivo também se aplica à concessão do exequatur à carta rogatória.*

Art. 965

O cumprimento de decisão estrangeira far-se-á perante o juízo federal competente, a requerimento da parte, conforme as normas estabelecidas para o cumprimento de decisão nacional.

Parágrafo único. O pedido de execução deverá ser instruído com cópia autenticada da decisão homologatória ou do exequatur, conforme o caso.

Competência da Justiça Federal para cumprimento da decisão estrangeira

Homologada a decisão estrangeira ou autorizado o *exequatur* de decisão interlocutória, passa ela a produzir efeitos no território nacional.

Um dos principais efeitos da homologação ou do *exequatur* é justamente configurar a decisão estrangeira como título executivo judicial, nos termos do art. 515, inc. VIII e IX do atual C.P.C.

A execução definitiva ou provisória da decisão estrangeira deverá observar as regras procedimentais previstas neste Código para o cumprimento de sentença condenatória de obrigação de fazer, não fazer, dar coisa certa ou incerta, ou, ainda, pagamento de quantia determinada.

[602] Barbosa Moreira, J. C., idem, p. 102.

Em se tratando de sentença meramente declaratória ou constitutiva para fins de registro, ou qualquer outra decisão, o seu cumprimento dar-se-á de acordo com as sentenças nacionais dessa natureza.

O art. 484 do C.P.C. de 1973, assim como o art. 12 da Resolução n.09/05, determinava que o cumprimento da sentença homologada dava-se mediante extração de carta de sentença.

Já o *parágrafo único do art. 965* do atual C.P.C. estabelece que *o pedido de execução deverá ser instruído com cópia autenticada da decisão homologatória ou do exequatur conforme o caso.*

O cumprimento da sentença estrangeira devidamente homologada ou da decisão interlocutória após o *exequatur* será feito perante a justiça federal competente, juntando-se cópia autenticada da decisão homologatória ou do *exequatur.*

No cumprimento da carta rogatória pelo juízo federal competente cabem embargos relativos a quaisquer atos que lhe sejam referentes, opostos no prazo de 10 (dez) dias, por qualquer interessado ou pelo Ministério Público, julgando-os o Presidente do S.T.J. (§1º do art. 13 da Resolução n. 9/05 do S.T.J.). Da decisão que julgar os embargos, cabe agravo regimental ou legal (§2º do art. 13 da Resolução n. 9/05 do S.T.J.).

Quando cabível, o Presidente ou o Relator do Agravo Regimental poderá ordenar diretamente o atendimento à medida solicitada (§3º do art. 13 da Resolução n. 9/05 do S.T.J.).

Cumprida a carta rogatória, será devolvida ao Presidente do S.T.J., no prazo de 10 (dez) dias, e por este remetida, em igual prazo, por meio do Ministério da Justiça ou do Ministério das Relações Exteriores, à autoridade judiciária de origem (art. 14 da Resolução n. 9/05 do S.T.J.

CAPÍTULO VII – Da Ação Rescisória

Art. 966

A decisão de mérito, transitada em julgado, pode ser rescindida quando:

I – se verificar que foi proferida por força de prevaricação, concussão ou corrupção do juiz;

II – for proferida por juiz impedido ou por juízo absolutamente incompetente;

III – resultar de dolo ou coação da parte vencedora em detrimento da parte vencida ou, ainda, de simulação ou colusão entre as partes, a fim de fraudar a lei;

IV – ofender a coisa julgada;

V – violar manifestamente norma jurídica;

VI – for fundada em prova cuja falsidade tenha sido apurada em processo criminal ou venha a ser demonstrada na própria ação rescisória;

VII – obtiver o autor, posteriormente ao trânsito em julgado, prova nova cuja existência ignorava ou de que não pôde fazer uso, capaz, por si só, de lhe assegurar pronunciamento favorável;

VIII – for fundada em erro de fato verificável do exame dos autos.

§ 1º Há erro de fato quando a decisão rescindenda admitir fato inexistente ou quando considerar inexistente fato efetivamente ocorrido, sendo indispensável, em ambos os casos, que o fato não represente ponto controvertido sobre o qual o juiz deveria ter se pronunciado.

§ 2º Nas hipóteses previstas nos incisos do caput, será rescindível a decisão transitada em julgado que, embora não seja de mérito, impeça:

I – nova propositura da demanda; ou

II – admissibilidade do recurso correspondente.

§ 3º A ação rescisória pode ter por objeto apenas 1 (um) capítulo da decisão.

§ 4º Os atos de disposição de direitos, praticados pelas partes ou por outros participantes do processo e homologados pelo juízo, bem como os atos homologatórios praticados no curso da execução, estão sujeitos à anulação, nos termos da lei.

Sumário:

1. Considerações gerais

Na demanda (ação) rescisória há julgamento de julgamento; é um processo sobre outro processo; nela e por ela não se examina o direito material ou formal de alguém, mas a 'decisão passada em julgado', a prestação jurisdicional, não apenas 'apresentada', mas já 'entregue'. O seu objeto é a própria decisão rescindenda – a coisa julgada.[603]

[603] Pontes de Miranda. *A acção rescisória*. Rio de Janeiro: Livraria Jacintho, 1934. p. VII

A demanda rescisória somente pode ser proposta contra decisão civil, ou seja, proferida no processo civil. Não se aplica a demanda rescisória às decisões criminais (as quais estão sujeitas à revisão criminal), assim como aos atos supostamente 'jurisdicionais' praticados pelo Poder Executivo ou pelo Poder Legislativo.

O exercido do direito fundamental à prestação da tutela jurisdicional culminará, em regra, com a prolação de uma decisão final de mérito.

Pela sentença (sentença em sentido *lato sensu)* extingue-se a relação jurídica processual que fora constituída no processo jurisdicional.

Com a sentença, *"fica um estado de coisas, a que corresponde nova relação jurídica de actuação no direito 'invocado', confirmando-o, modificando-o ou negando-o, e de actuação no direito público subjetivo de que usou o proponente ou a que foi chamado o réu"*.[604]

Assim, a sentença, ao criar outra relação jurídica, permite a formulação das seguintes questões: a) quais sentenças têm o efeito de extinguir a relação jurídica processual e, portanto, criar a nova relação, com as consequências referidas; b) quando e desde quando se extingue aquela relação e nasce a nova; c) qual a extensão subjetiva e objetiva dos efeitos e consequências da nova relação. Observa-se, portanto, que da relação jurídica processual derivam-se efeitos processuais e direito materiais.[605]

Muito embora possam ser controvertidas as respostas a essas questões, o certo é que não há controvérsia quanto ao fato de que com o trânsito em julgado a relação jurídica criada pela sentença torna-se *definitiva* e *imutável* entre as partes que compuseram a relação jurídica de direito material, incluindo-se aí o assistente (terceiro) que não poderá mais discutir a *justiça da decisão*. Se não houver trânsito em julgado, não há espaço para a demanda rescisória. É reformável, revogável ou retratável a decisão. Assim, não há rescisão de sentença que ainda pode ser revogada ou reformada, tendo em vista que ainda não transitou em julgado.

Portanto, definitiva é a sentença que não mais caiba recurso ou de que já não cabe recurso.

As sentenças, sejam elas definitivas ou não, estão sujeitas a ataques, a saber: a) os recursos estendem a relação jurídica processual. No recuso nada se rescinde, pois a análise pelo Tribunal da pretensão processual formulada pelo recorrente está dentro da unidade da atividade jurisdicional, razão pela qual o acórdão

[604] Pontes de Miranda, idem, p. 33.

[605] Pontes de Miranda, idem, p. 34.

substitui a sentença de primeiro grau; b) há contra a sentença *inexistente*[606] ou de nulidade *ipso iure*, ou, ainda, contra atos de disposição das partes devidamente homologados pelo juiz, a possibilidade de se propor a denominada *ação declaratória de nulidade*,[607] ou a oposição a qualquer ato de execução mediante impugnação de cumprimento de sentença ou embargos do executado ou, ainda, exceção de pré-executividade. A sentença inexistente é a sentença que não *é*, nem nunca *foi*. Se a sentença é inexistente, pode ela ser objeto de demanda declaratória, ou de embargos do executado, ou alegação em qualquer outro processo, em que a sentença haveria de gerar efeitos, podendo o juiz, inclusive, alegar de *ofício* a inexistência do ato processual. Na realidade, se a sentença transitou em julgado, há sentença, que *existe*, *vale* e é *eficaz*, sendo que não há demanda rescisória de sentença que *não existe*. São exemplos de sentença inexistente: a proferida por quem não é juiz, ou não o é no momento, como é o caso de o juiz substituir o desembargador contrariando as hipóteses e os requisitos legais; o mesmo ocorre quando o juiz prolata a sentença quando não mais a era. Não se deve confundir essas hipóteses com a do juiz incompetente; c) contra a sentença transitada em julgada há demanda *rescisória*.[608]

Pontes de Miranda faz nítida diferenciação entre sentenças *inexistentes*, *nulas e rescindíveis*. Para ele, a sentença *inexistente* não é sentença: não cabe rescindir, seria cindir o nada. A sentença nula, por sua vez, existe, porém não vale: se não vale, segundo ele, de pleno direito, não se precisa de 'ação' contra ela. Ao ser invocada, opõe-se que é nula *ipso iure*. Se alguém quer alegá-lo, poderá fazê-lo quando entenda, sem esperar a citação da ação *iudicati*. Pontes dá o exemplo da sentença que se profere contra ou a favor de processualmente incapaz. Tal

[606] O direito canônico muito contribuiu para essa natureza "inexistência" da sentença com a distinção entre casamento inexistente, nulo *ipso iure* e o casamento anulável.

[607] "O problema da sentença que condena a fazer algo de impossível, física ou gnosiologicamente, passou por diferentes tratamentos. O direito romano tinha-a por inexistente; era a 'incerta sententia', a que faltava o requisito de resolver a controvérsia. Depois, o direito moderno fez tal sentença, não inexistente, mais eivada de nulidade. Para a ciência contemporânea, o 'praeceptum impossibile' é ineficaz; não é inexistente, nem é nulo. Se também se compôs algum pressuposto para a rescisão (art. 485, V) é outra questão". (Pontes de Miranda. *Tratado da ação rescisória*. Rio de Janeiro: Forense, 1976. p. 25.

[608] É importante salientar que na história do direito processual nem sempre houve a possibilidade de se rescindir uma sentença firme. Por isso, *"segundo o princípio da 'força formal da sentença', que dominava o processo germânico, antes de se proferir a sentença havia de ser deduzido contra ela tudo que pudesse ser impugnação; de modo que a sentença prolatada era sentença inatacável"*. (Pontes de Miranda, idem, p. 26.).

decisão, ainda que em tudo mais tenha observado a lei, não precisa, sequer, de interposição de recursos, nem de proposição de ação rescisória.[609]

Ocorre que, ao se observar as hipóteses que justificam a rescisão da sentença previstas no art. 966 do atual C.P.C., verifica-se que muitas delas caracterizam a nulidade da sentença, como é o caso de sentença proferida por juiz impedido ou absolutamente incompetente.

Assim, muito embora se discuta a possibilidade de ajuizamento de demanda rescisória contra *sentença nula*, deve-se compreender que o sistema não é de todo perfeito, razão pela qual deve-se aplicar o princípio da *fungibilidade ou da característica instrumental do processo*, ou seja, que mesmo que a sentença seja nula, poderá ser objeto de ação rescisória. Aliás, o próprio Pontes afirma que se a parte usar do remédio jurídico processual rescisório contra uma sentença inexistência ou nula *ipso iure*, deverá o Tribunal, como preliminar de conhecimento dizer que o autor não tem demanda rescisória, porque tende à rescisão das sentenças, e a sentença que pretende rescindir é inexistente ou nula *ipse iure*. Porém, na mesma decisão ele poderá declarar a inexistência da sentença, tendo a sua decisão natureza de sentença em demanda declaratória, ou *decretar a nulidade de pleno direito da sentença, tendo eficácia constitutiva negativa*. Segundo Pontes, no pedido mais forte está incluído o menos forte. Há, igualmente, o *princípio da subsidiariedade da demanda rescisória: se inexiste, ou se é nula a sentença, não se decreta a rescisão, mas declara-se a inexistência, ou decreta a nulidade*".[610]

A única hipótese em que o S.T.J. não tem admitido a demanda rescisória diante de uma sentença nula, ocorre quando este ato processual é praticado em processo no qual não houve a citação do réu, especialmente pelo fato de que não se pode falar em trânsito em julgado da sentença em relação àquele que não participou na relação jurídica processual. Nesse sentido são os seguintes precedentes:

> *(...).*
>
> *6. O art. 485 em comento não cogita, expressamente, da admissão da ação rescisória para declaração de nulidade por ausência de citação, pois não há que se falar em coisa julgada na sentença proferida em processo em que não se formou a relação jurídica apta ao seu desenvolvimento. É que nessa hipótese estamos diante de uma sentença juridicamente inexistente, que nunca adquire a autoridade da coisa julgada. Falta-lhe, portanto, elemento essencial ao cabimento da rescisória, qual seja, a decisão de mérito acobertada pelo manto da coisa julgada. Dessa forma, as sentenças tidas como nulas*

[609] PONTES DE MIRANDA, *Tratado...*, p. 194 e 195.

[610] PONTES DE MIRANDA, idem, p. 196.

de pleno direito e ainda as consideradas inexistentes, a exemplo do que ocorre quando proferidas sem assinatura ou sem dispositivo, ou ainda quando prolatadas em processo em que ausente citação válida ou quando o litisconsorte necessário não integrou o polo passivo, não se enquadram nas hipóteses de admissão da ação rescisória, face a inexistência jurídica da própria sentença porque inquinada de vício insanável.

(...).

(AR. 569/PE, Rel. Ministro MAURO CAMPBELL MARQUES, PRIMEIRA SEÇÃO, julgado em 22/09/2010, DJe 18/02/2011).

1. A Segunda Seção deste Tribunal Superior firmou entendimento no sentido do "Descabimento da rescisória calcada em nulidade (...) por vício na citação, à míngua de sentença de mérito a habilitar esta via em substituição à própria, qual seja, a de querella nulitatis." (AR 771/PA, SEGUNDA SEÇÃO, Rel. Ministro ALDIR PASSARINHO JUNIOR, DJ de 26/02/2007).

2. Agravo Regimental desprovido.

(AgRg no REsp 470.522/MG, Rel. Ministro PAULO FURTADO (DESEMBARGADOR CONVOCADO DO TJ/BA), TERCEIRA TURMA, julgado em 03/08/2010, DJe 20/08/2010).

É importante salientar que a sentença nula *ipso iuris*, em regra, existe e gera efeitos, devendo ser desconstituída para interromper os efeitos produzidos no mundo jurídico. Por isso, para a demanda rescisória não importa se a sentença já está a produzir a sua eficácia, ou não, se já a produziu, ou já se iniciou outra ação que seja dela.

Assim, havendo de certa forma *erro no julgamento*, abre-se a pretensão à demanda rescisória.

É certo que o *error in procedendo* produzia no direito romano a *inexistência* do julgado, constituindo-se em motivo para se declarar a *nullitas*, mas não para se decretar a *desconstituição*. A impugnação da sentença para sua desconstituição surge no Século XII, levando mais de dois séculos para se aperfeiçoar. A ação rescisória não teve início neste momento, uma vez que ela surge no Século VII.[611]

É possível, ainda, que haja sentença *ineficaz*, uma vez que ela é atingida por alguma impossibilidade *cognitiva* (sentença incompreensível, ilegível ou indeterminável), *lógica* (sentença invencivelmente contraditória), *inconstitucional* (sentença incompatível com os preceitos fundamentais, como aquela que ordena e escravidão ou a morte de uma pessoa), *material* (a que determinar uma viagem

[611] Pontes de Miranda, idem, p. 63.

a marte); *científica* (aquela que não permite a ebulição da água aos cem graus centígrados).

A origem histórica da nossa ação rescisória encontra-se na *Lex Visigothorum* (ano de 654), na qual continha a querela por denegação de justiça (II, 1, 20), o processo contra o juiz suspeito (II, 1, 24) e a *ação contra a sentença injusta* (II, 1, 21), no caso de corrupção e no caso de erro. A sentença que, para o direito romano, 'não seria', e seria de força formal, para o direito germânico, aparece como sentença que 'é', mas, por sua injustiça, *in nihilo redeat.* Daí vem a nossa ação rescisória.[612]

Assim, como afirma Pontes de Miranda, *"A 'querella nullitatis' não nos deu a ação rescisória. A ação rescisória é oriunda da concepção romana da sentença mais a concepção de 'sententis nulla', perante o juiz privado, recomposta pelos Glosadores e Canonistas do século XIII, mais a correção produzida pelo princípio germânico da força formal".*[613]

A ação rescisória, de certa forma, é instituto próprio do ordenamento jurídico brasileiro.

Chama-se *rescisória, "à ação por meio da qual se pede a desconstituição de sentença transitada em julgado, com eventual rejulgamento, a seguir, da matéria nela julgada.*[614]

A ação rescisória de sentença não é recurso, mas demanda autônoma, razão pela qual se já transitada em julgada a demanda rescisória, *rescindiu* a relação jurídica até então existente e a decisão que fora até então verdadeira sentença; a coisa julgada deixou de existir em razão da rescisão.

Percebe-se, portanto, que a rescisória tem por objeto uma sentença *transitada em julgado.* Assim, a *firmeza* da sentença é um pressuposto necessário para o exercício da ação rescisória.

Contudo, como bem leciona Pontes de Miranda, *"A existência de elemento declarativo em todas as sentenças, estabelecendo-se doses diferentes entre elas, ainda entre as executivas e as constitutivas, afasta a possibilidade de se poder enunciar, 'a priori', que tal ou tal sentença, por ser constitutiva, ou executiva, não faz coisa julgada material. A distinção das classes de sentenças que produzem coisa julgada material e classes de sentenças que a não produzem é lenda de juristas. A eficácia depende da relevância da declaratividade na sentença, 'em virtude do pedido'. O que há são classes que sempre têm esse efeito e classes que o têm em menor probabilidade.*[615]

[612] Pontes de Miranda, idem, p. 27.

[613] Pontes de Miranda, idem, p. 32.

[614] Barbosa Moreira. J. C., *Comentários ao código de processo civil.* Vol. V., arts. 476 a 565. Rio de Janeiro: Forense, 1976. p. 105.

[615] Pontes de Miranda, op. cit., p. 53.

Assim, não é possível ingressar-se com a demanda rescisória na pendência da lide.

A demanda rescisória reclama a existência de sentença que passou em julgado, isto é, de que não caiba mais recurso.

As sentenças que não passam em julgado não necessitam de tal demanda.

A demanda rescisória não se instaura no processo em que foi proferida a sentença rescindenda. Abre-se um novo processo e uma nova relação jurídica processual, cujo o objeto principal é a análise da sentença rescindenda.

Na realidade, a demanda rescisória é para se rescindir, e não para se revogar ou reformar sentença, muito menos para declará-la inexistente.

Interposta a demanda rescisória, o juiz rescindente foca no processo em que foi proferida a decisão, instaurando o *iudicium rescissorium*, o que significa dizer que haverá nova cognição do mérito. É possível, contudo, que a demanda rescisória não tenha que se manifestar sobre o mérito. A duplicidade de juízo não é uma condição necessária na rescisória, pois a abertura na relação jurídica processual do *iudicium rescissorium* pode não conduzir à análise do mérito da pretensão de direito material. Por vezes, limita-se ao julgamento de algum recurso sobre a *questio iuris*; outras, destruidora de toda relação jurídica processual; outras, concernente à decisão que negou recurso (e então a relação jurídica processual é aberta, para que se recorra); outras, apenas atinge o julgamento no recurso, ou para não o admitir (preclusão), ou para que se julgue o recurso sobre *questio iuris*. [616]

Rescindindo-se, a sentença passa a *não ser* no mundo jurídico, após o trânsito em julgado da decisão proferida na rescisória. A desconstitutividade da sentença rescindente é enorme, pois o que era no momento 'a' deixa de ser no momento 'b', e *ex tunc*.[617]

Entende Pontes de Miranda que a sentença rescindente é preponderantemente *constitutiva negativa*, com efeito *ex tunc*, pois as partes retornam à mesma posição de antes da prolação da sentença rescindida. Assim, por exemplo, se a causa de pedir da rescisão foi o impedimento do juiz prolator da sentença, e não os outros atos, a decisão rescisória somente atingirá a sentença, preservando os demais atos processuais da relação jurídica processual originária.

Tendo a sentença a ser proferida na demanda rescisória natureza constitutiva negativa, isso significa que essa decisão tende à eliminação da sentença que passou em julgado; trata-se de demanda que visa a destruir, cindindo a coisa julgada formal das sentenças proferidas. Não se fala de destruição da coisa jul-

[616] Pontes de Miranda, idem, p. 67.

[617] Pontes de Miranda, idem, p. 75.

gada material, uma vez que existem sentenças que não têm força, nem efeito, de coisa julgada material, como era o caso, por exemplo, da sentença proferida em processo cautelar autônomo.[618]

Porém, a sentença a ser proferida no juízo rescisório e não rescindente poderá apresentar qualquer natureza das sentenças em geral, ou seja, poderá ser constitutiva, condenatória, declaratória, mandamental ou mesmo executiva *lato sensu*. E isso ocorre pelo fato de que o juízo rescindente e o juízo rescisório são distintos.

Competência do juízo rescindente.

Há ordenamentos jurídicos que afirmam a competência do próprio juiz que proferiu a decisão rescindenda para o julgamento da demanda rescisória. É o que ocorre no disposto do art. 398 do C.P.C. italiano:

> *Art. 398 (Proposição da demanda)*
> *A revogação se propõe com a citação diante ao próprio juiz que pronunciou a sentença impugnada.*

Assim, salvo previsão expressa na Constituição de cada país, não há um princípio *a priori* que estabeleça a competência de um órgão jurisdicional superior ou do mesmo juiz para conhecer da ação rescisória. Nem mesmo o princípio do *duplo grau de jurisdição*, direcionado especificamente a alguns recursos, tem o condão de alterar essa afirmação.

No Brasil, a Constituição Federal estabeleceu a competência, ora do próprio órgão que proferiu a decisão, ora do órgão superior para conhecer da demanda rescisória.

O art. 102, inc. I, letra 'j', estabelece a competência do próprio S.T.F. para conhecer a ação rescisória dos seus julgados. No mesmo sentido em relação ao S.T.J. (art. 105, inc. I, letra 'e').

Já em relação aos Tribunais Regionais Federais, a Constituição estabelece que são competentes para a demanda rescisória das decisões proferidas pelos juízes federais, como em relação aos seus próprios julgados (art. 108, letra 'b').

A atribuição de competência a juízo superior, por sua vez, não caracteriza a demanda rescisória como *recurso*, pois se assim fosse concebido, isso significaria que ainda não houvera a coisa julgada formal.

Na realidade, a demanda rescisória tem por objetivo a correção do julgado quando já há irrecorribilidade.

[618] Pontes de Miranda, idem, p. 137.

Já no plano supra-estatal e no plano interestatal, qualquer desconstituição de sentença de um determinado Estado somente poderá ser feita pelo próprio Estado. É o Estado que diz se se trata de caso de nulidade, de revogação ou de rescisão da sentença. A importação da eficácia da sentença de um Estado para outro não lhe confere a possibilidade de revogação da decisão. O que o Estado receptor pode fazer é dizer que a sentença não existe ou que não tem eficácia no seu Estado. Não se trata de qualquer espécie de desconstituição, mas, sim, de declaração.[619] A sentença do Estado estrangeiro deixa-se de se cumprir, não havendo sua homologação, mas não se rescinde. Por isso, a sentença estrangeira, que somente pode ser rescindida no Estado estrangeiro em que foi proferida, os pressupostos objetivos são os da lei estrangeira.

"Iudicium rescindens' e *'iudicium rescissorium'*.

O novo C.P.C., assim como já o fizera o C.P.C. de 1973, manteve no âmbito da demanda rescisória a dupla perspectiva do *iudicium rescindens* e o *iudicium rescissorium*.

O *iudicium rescindens* é um pressuposto necessário para se chegar ao *iudicium rescissorium*, sendo que o inverso não é verdadeiro.

A *restitutio in integrum* caracteriza esse duplo juízo, o rescindente e o rescisório. A rescisão do julgado pode bastar por si só; se não basta, haverá de se provocar outro julgamento.

Assim, *"se a rescisão apanha o processo (não só a sentença) e do rescindido dependeu a sentença, todo o rescindido se há de completar, ou, tratando-se de defeito inicial, não há mais processo, ou relação jurídica processual, 'reservato iure apte agendi'. Daí baixar o feito, para que, recomposto o rescindido, o juiz dê a sentença e haja os recursos"*.[620] Essa afirmação está de acordo com o princípio segundo o qual não poderá haver *supressão de instância*. Nesse sentido há o seguinte precedente do S.T.J.:

> *I. Pedido de desbloqueio de valor depositado em ação rescisória deve, primeiramente, ser apreciado nas instâncias ordinárias, sob pena de supressão de instância, devendo a irresignação vir ao conhecimento desta Corte por intermédio das vias recursais cabíveis.*
>
> *II. Agravo regimental a que se nega provimento.*
>
> (AgRg no Ag 1069459/DF, Rel. Ministro ALDIR PASSARINHO JUNIOR, QUARTA TURMA, julgado em 04/08/2009, DJe 02/09/2009)

[619] Pontes de Miranda, idem, p. 109.
[620] Pontes de Miranda, idem, p. 79.

Portanto, na demanda rescisória pode-se acumular o pedido rescindente com o pedido rescisório.

Há, assim, dois pedidos, o de rescindir a sentença e o de rejulgar.

Se a rescisão não exaure a relação jurídica processual, tem-se de julgar o próprio processo em que se proferiu a sentença rescindenda.

Agora, se somente a rescisão atinge a sentença, nada obsta que o próprio Tribunal que proferiu o juízo rescindente também continue no julgamento para a prolação do juízo rescisório. Se a decisão se constituiu apenas na instância superior, será na instância superior a recomposição do processo atingido pelo juízo rescindente. Observe-se que o juízo rescisório aproveita o que fora salvo pelo juízo rescindente.

Exercida a pretensão rescisória e rescindida a decisão, conclui-se o juízo rescindente.

O julgamento da pretensão rescisória não se confunde com o julgamento da pretensão rescindente.

Há de se indagar se é possível cumular pedidos estranhos ao *rescissorium.* Não será possível, pois a competência para julgamento da demanda rescisória não poderia ferir o princípio que veda a supressão de instância. O juízo rescisório deverá ater-se à causa de pedir e ao pedido da demanda originária, salvo, evidentemente, se o processo baixar para o juízo originário, permitindo-se a fase da nova relação jurídica processual a alteração do pedido e da causa de pedir.

Muito embora não se possa utilizar da pretensão rescisória em contestação ao pedido rescisório, nada impede que o réu promova reconvenção na demanda rescisória, desde que esse pedido tenha por finalidade a rescisão do julgamento em relação a outros capítulos da sentença, que não aqueles inseridos na própria demanda rescisória. Sobre o tema, eis os seguintes precedentes do S.T.J.:

> *1. Ação rescisória e reconvenção em que as partes postulam a rescisão de acórdão que, em ação de indenização por desapropriação indireta, manteve o trânsito em julgado da sentença como o termo inicial da incidência dos juros de mora, nos termos da Súmula 70/STJ.*
>
> *(...).*
>
> *7. Ação rescisória e reconvenção julgadas improcedentes.*
>
> (AR 4.772/MG, Rel. Ministro ARNALDO ESTEVES LIMA, PRIMEIRA SEÇÃO, julgado em 12/06/2013, DJe 01/07/2013)

> *Ação rescisória. Recurso especial.*
>
> *Acordão rescindendo que rejeitou a reconvenção, determinando, entretanto, a reposição das partes no estado anterior, por efeito da resolução do contrato. Impossibilidade*

de cogitar-se de pretensa violação do art. 286 do cpc, com base em que formulado inadmissível pedido genérico.

(REsp 94.566/RS, Rel. Ministro EDUARDO RIBEIRO, TERCEIRA TURMA, julgado em 17/12/1996, DJ 22/04/1997, p. 14424)

Em relação ao *direito intertemporal*, aplica-se a lei em vigor na data do trânsito em julgado, pois é nesta data que nasce a *pretensão à rescisão*, a qual encontra-se vinculada ao fundamento expressamente previsto na lei. Porém, se a sentença transita em julgado sem que exista um determinado fundamento, o qual somente passa a existir em lei posterior, não haverá espaço para a rescisória.

2. Hipóteses que justificam a rescisão da decisão de mérito

O art. 485 do C.P.C. de 1973, ao tratar da demanda rescisória, fazia referência, para efeitos de rescisão, à *sentença de mérito* transitada em julgado.

A doutrina, por sua vez, preconizava que a expressão 'sentença' contida no art. 485 do código revogado deveria ser lida no sentido amplo (sentença e acórdão), pois desde que algum juízo coletivo tivesse conhecido a rescindibilidade, isso se dava em relação à sua própria decisão. Se dele não conheceu, o que pode ser rescindido é a sentença ou o acórdão de que se recorreu.

O projeto originário do novo C.P.C., n. 2.046/10, aproveitando a crítica formulada pela doutrina, expressamente consignou que a rescisória seria proposta contra *sentença* ou contra *acórdão de mérito*.

Já o art. 966 do atual C.P.C. preconiza que a demanda rescisória tem por objeto *decisão de mérito* transitada em julgado.

Dentre as *decisões de mérito* há, sem dúvida, as sentenças e os acórdãos.

Ressalvadas as disposições expressas dos procedimentos especiais, sentença é o pronunciamento por meio do qual o juiz, com fundamento nos arts. 485 e 487, põe fim à fase cognitiva do procedimento comum ou extingue à execução.

Recebe a denominação de acórdão o julgamento colegiado proferido pelos tribunais.

A rescisão de acórdão pode decorrer de análise recursal ou de análise de causa originária perante os tribunais.

Em se tratando de recurso, são rescindíveis os acórdãos que julgarem o mérito da causa, desde que se tenha conhecido do recurso. Se não se conheceu do recurso, não se apreciou o mérito (nem do recurso, nem da causa), logo o acórdão não poderá ser objeto de demanda rescisória.

Algumas vezes, o recurso que fora interposto não versava sobre o *ponto* cujo julgamento se quer rescindir. Nesse caso, é a rescisão da sentença ou do acórdão anterior que se pretende em juízo, caracterizando-se o objeto da demanda rescisória e, conforme a legislação vigente, a competência para dela conhecer. Assim, se há causa para a rescisão, deve-se verificar, antes de tudo, qual o momento em que o *ponto* da decisão, em que a causa se deu, passou formalmente em julgado.

Assim, haverá tantas demandas rescisórias quantas forem as decisões transitadas em julgado em diferentes juízes. Pode-se ocorrer, inclusive, que os prazos decadenciais não sejam os mesmos.

Em regra, o acórdão proferido em agravo de instrumento não está sujeito à rescisória, salvo se o agravo de instrumento analisa o mérito da causa (julgamento antecipado parcial de mérito), conforme permissão estabelecida no art. 1.015, inc. II, do atual C.P.C.

É certo, porém, que o novo C.P.C permite a interposição de demanda rescisória contra decisão que não julgue o mérito da pretensão, conforme se pode observar pelo teor do §2º do art. 966 do atual C.P.C.: Nas hipóteses previstas nos incisos do caput, será rescindível a decisão transitada em julgado que, embora não seja de mérito, impeça: I - nova propositura da demanda; ou II - admissibilidade do recurso correspondente.

Segundo Cândido Rangel Dinamarco, existem quatro espécies de sentenças no processo civil brasileiro: *"a) as que, examinando a causa, concluem pela procedência, improcedência ou procedência parcial da demanda, sendo 'autênticas sentenças de mérito'...; b) as que se pronunciam sobre a 'decadência', que o Código quis colocar como tema de mérito (para os que entendem ser a decadência causa de extinção do direito e não da ação, seria uma falsa sentença de mérito a que pronuncia a prescrição); c) as que se limitam a 'homologar' o reconhecimento do pedido, a transação ou a renúncia ao direito; d) as 'terminativas', que extinguem o processo sem julgar-lhe o mérito. As três primeiras hipóteses são reunidas pelo Código de Processo Civil em uma categoria só (sentenças de mérito)"*.[621]

O S.T.J. há muito vinha entendendo a possibilidade de demanda rescisória em relação às falsas decisões interlocutórias, a saber:

> *1. A jurisprudência desta Corte admite a Ação Rescisória no caso de falsa decisão interlocutória, isto é, de sentenças substancialmente de mérito, entendido como o núcleo da pretensão deduzida em Juízo, o que se evidencia em situações como a de rejeição de pedidos cumulados ou julgamento incidental de reconvenção (REsp 628.464/GO, Rel. Min. NANCY ANDRIGHI).*

[621] DINAMARCO, Cândido Rangel. *Instituições de direito processual civil.* Vol. III. São Paulo: Malheiros, 2001. p. 653.

2. A decisão que fixa termo inicial de correção monetária, entretanto, não julga mérito, configurando, pois, decisão propriamente interlocutória e não de mérito travestida de interlocutória.

3. Recurso Especial não conhecido.

(REsp 685.738/PR, Rel. Ministro SIDNEI BENETI, TERCEIRA TURMA, julgado em 24/11/2009, DJe 03/12/2009)

O art. 966 do atual C.P.C., assim como já o fizera o art. 485 do C.P.C., restringiu a possibilidade de demanda rescisória apenas às decisões que resolvam o mérito.

É certo que a doutrina diverge sobre a definição de *mérito*. Em tese, há três posições específicas sobre o que significa o *mérito*: *"a) os que o conceituam no plano das 'questões', ou complexo de questões referentes à demanda; b) os que se valem da 'demanda' ou de situações externas ao processo, trazidas a ele através da demanda; c) especificamente, a assertiva de que o mérito é a 'lide', 'tout court' (exposição de motivos)"*.[622]

Adotam a concepção de que o mérito se confunde com *as questões de mérito*, Liebman, Carnelutti, entre outros.

Segundo Liebman: *"o conhecimento do juiz é conduzido com o objetivo de decidir se o pedido formulado no processo é procedente ou improcedente e, em consequência, se deve ser acolhido ou rejeitado. Todas as questões cuja resolução possa direta ou indiretamente influir em tal decisão formam, em seu complexo, o mérito da causa"*.[623]

Para Carnelutti, mérito significa o mérito da lide, isto é, o complexo das questões materiais que a lide apresenta.

Para Cândido Rangel Dinamarco, fica difícil aceitar a concepção de mérito formulada por Liebman e Carnelutti, uma vez que o próprio conceito de *questão* refuta essa vinculação, pois para Liebman questão é "a dúvida quanto a uma razão". A questão, portanto, não é a *lide*, pois essa se apresenta como *conflito de interesses*. Questão, na realidade, seria o *ponto duvidoso*. Ocorre que, dúvidas podem surgir sobre fatos ou sobre questão jurídica, assim como podem surgir também com referência a situações do processo mesmo e à demanda e suas condições. Daí porque a distinção entre *questões substanciais* e *questões processuais*. Assim, o fato de uma questão ter pertinência à relação material *in judicium deducta*, caracterizando-se como questão de mérito, não significa que ela própria (a questão, ou grupo de questões) *seja* o mérito. Na realidade, para decidir o

[622] Dinamarco, Cândido Rangel. *Fundamentos do processo civil moderno*. São Paulo: Editora Revista dos Tribunais, 1986. p. 188.

[623] Liebman, *Manual de direito processual civil*. Trad. Cândido Rangel Dinamarco. Vol. I. Rio de Janeiro: Forense, 1984. p. 170-171.

mérito o juiz no transcurso do processo vai resolvendo *questões*, a fim de que elas se tornem apenas pontos incontroversos. Por isso, é vital não confundir as questões com o próprio mérito.[624]

Doutrinadores como Redenti, Fazzalari e outros entendem que o mérito do processo, ou o objeto do processo, seria uma situação externa ao próprio processo, no caso a *relação jurídica substancial controvertida pelas partes*. Contudo, como bem leciona Dinamarco, não se pode afirmar que o processo seja constituído pela relação jurídica controvertida, "porque é o processo que deve averiguar se esta relação existe ou não: ela pode não existir; onde então o objeto do processo?" (Liebman). Além do mais, o processo de execução se realiza sem que necessariamente haja controvérsia em torno da relação jurídica afirmada pelo demandante.[625]

Para Alfredo Buzaid, autor do anteprojeto do C.P.C. de 1973, a lide seria o objeto fundamental do processo, pois nela se exprimem as aspirações em conflito de ambos os litigantes.[626] Essa afirmação de Buzaid tem vínculo com as aspirações de Carnelutti. Para Dinamarco, salvo engano, a identificação entre lide e mérito jamais foi feita assim, em termos tão claro e radicais. Dinamarco cada vez mais se convence da inadequação da colocação da lide como polo metodológico, na teoria do processo, principalmente pelo fato de que a aceitação dessa concepção deixaria sem explicação a questão da revelia e do reconhecimento do pedido pelo réu.

Há também aqueles doutrinadores, como Chiovenda, que associam o mérito à *demanda inicial* proposta em juízo, no sentido que se trata de sentença de mérito aquela que sobre a demanda se manifesta.

Para Cândido Rangel Dinamarco, a demanda não é o mérito da causa. Ele vê nela apenas o veículo de algo externo ao processo e anterior a ele, algo que é trazido ao juiz em busca do remédio que o demandante quer. A demanda seria fato estritamente processual, ato formal do processo. Seria ela o veículo de pretensão do demandante, que é sua aspiração a determinada situação ou a determinado bem.

O nosso ordenamento jurídico, por sua vez, em relação à resolução de mérito, assim preconiza em seu art. 484, inc. I, do atual C.P.C.:

"Art. 487. Haverá resolução de mérito quando o juiz:
I – acolher ou rejeitar o pedido formulado na ação ou na reconvenção".

[624] Dinamarco, C. R., 1986., op. cit., p. 189 e 190.
[625] Dinamarco, C. R., idem, p. 196.
[626] Buzaid, A. Do agravo de petição no sistema do código de processo civil. n. 48. p. 104.

Portanto, mérito=pretensão.

Meritum causa é justamente aquilo que alguém vem a juízo pedir, postular, exigir. Assim, a pretensão que a pessoa vem expor ao juiz, sendo uma *exigência*, é o que configura o conceito de mérito.[627]

Como se sabe, o ato de demandar é o responsável pela colocação da *pretensão* diante do juiz, a fim de que sobre ela haja uma manifestação jurisdicional – julgando-a no processo de cognição propriamente dito e satisfazendo-a na execução. É sobre esse material que se desenvolverão as atividades de todos os sujeitos do processo e é sobre ele que atuarão os resultados da jurisdição. A tutela jurisdicional conferida ao demandante refere-se sempre a uma pretensão, por ele trazida. A pretensão, na verdade, não é uma situação jurídica, mas um fato que ocorre na vida das pessoas; não é um direito, mas uma exigência. Pretender é querer, desejar, aspirar. Daí dizer-se que a pretensão constitui o *objeto do processo* ou o *mérito*. O *mérito* é o objeto do processo e reside no *petitum* contido na demanda, razão pela qual quando o juiz profere uma decisão com resolução de mérito, ele está acolhendo a pretensão ao provimento, tanto que o emite, e, ao mesmo tempo, estará acolhendo ou rejeitando a pretensão processual ao bem de vida, conforme o juiz julgue a demanda procedente ou improcedente.[628]

Entendia o S.T.J. que a sentença proferida em processo cautelar não estaria sujeita à rescisória, uma vez que nela não havia análise de mérito, salvo se se tratasse de cautelar satisfativa. Nesse sentido é o seguinte precedente do S.T.J.:

> *Processo civil. Ação rescisória. Sentença que, embora proferida em ação denominada cautelar, fez juízo de caráter definitivo sobre a relação jurídica litigiosa. Cabimento. Recurso improvido.*
>
> (REsp 880.495/SP, Rel. Ministro TEORI ALBINO ZAVASCKI, PRIMEIRA TURMA, julgado em 02/03/2010, DJe 10/03/2010)

Contudo, não se deve confundir *mérito* do processo com a resolução definitiva do conflito envolvendo o direito material, pois essa seria, de certa forma, a concepção de Liebman.

Não há dúvida de que no processo cautelar autônomo, existente sob a égide do C.P.C. de 1973, havia *mérito*, pois o *mérito* nada mais significa do que a pretensão de segurança exigida pelo requerente. O que não havia na sentença cautelar era o atributo de coisa julgada material, uma vez que, em face da modificação de seus efeitos, não se consolidava a resolução definitiva do direito material.

627 Dinamarco, C. R., op. cit., 1986, p. 202.

628 Dinamarco, C. R., idem, ibidem.

Note-se que tanto o artigo 485 do C.P.C. de 1973, quanto o art. 966 do atual C.P.C., não restringe a possibilidade de se ingressar com demanda rescisória apenas em relação às sentenças proferidas nos processos de conhecimento. Se não há restrição, isso significa que a rescisória abrange também as pretensões de segurança formuladas nos processos autônomos cautelares (existência sob a égide do código revogado), quanto às pretensões executivas existentes nos processos autônomos de execução de título extrajudicial.

Para o art. 966 do atual C.P.C., somente a decisão de mérito, transitada em julgado, pode ser rescindida, salvo a hipótese do §2º do mesmo diploma legal.

O que significa trânsito em julgado?

Segundo estabelece o art. 502 do atual C.P.C., denomina-se coisa julgada material a autoridade que torna imutável e indiscutível a decisão de mérito não mais sujeita a recurso.

A decisão transitada em julgado é definitiva, isto é, não está mais sujeita a recurso. Há, nesse sentido, duas hipóteses: a) sentença que é *originariamente irrecorrível;* b) sentença que é *recorrível*. Nessa última hipótese, o trânsito em julgado acontece no momento em que expirado o prazo recursal ou quando houver o exaurimento do recurso interposto.

Se a parte vencida na demanda originária não recorrer ou renunciar ou desistir do recurso, não ficará privada da pretensão à demanda rescisória. Nesse sentido, aliás, é o teor da Súmula 514 do S.T.F.: *"Admite-se a ação rescisória contra sentença transitada em julgado, ainda que contra ela não se tenham esgotados todos os recursos"*.

Outro aspecto importante a ser ponderado, é que a demanda rescisória não é proposta contra os *efeitos* da sentença, mas sim contra a própria sentença e o seu conteúdo. Daí porque não impede a interposição da rescisória a sentença que ainda não gerou seus efeitos, como é a hipótese da sentença condicional para o futuro ou a sentença que já tenha exaurido seus efeitos. A única condição exigida é que a decisão tenha transitado em julgado.

O art. 966 do atual C.P.C. estabelece que a decisão de mérito transitada em julgado pode ser *rescindida*.

Decisão *rescindida* não se confunde com decisão *nula* nem, a princípio, com decisão *inexistente*.

O art. 966 do atual C.P.C., assim como já o fizera o art. 485 do C.P.C. de 1973, apresenta um sensível progresso técnico em relação ao art. 798 do C.P.C. de 1939, no qual era manifestamente impróprio o uso do adjetivo 'nula' aplicado à decisão já transitada em julgado.[629]

[629] Barbosa Moreria, J. C., op. cit., p. 112.

Conforme ensina Barbosa Moreira, *"Os vícios da sentença podem gerar consequências diversas, em gradação que depende da respectiva gravidade. A sentença desprovida de elemento essencial, como o dispositivo, ou proferida em 'processo' a que falte pressuposto de existência, como seria o instaurado perante órgão não investido de jurisdição, é sentença 'inexistente', e será declarada tal por qualquer juiz, sempre que alguém a invoque, sem necessidade (e até sem possibilidade) de providência tendente a desconstituí-la: não se desconstitui o que não existe. Mas a sentença pode existir e ser 'nula', v.g., se julgou 'ultra petita'. Em regra, após o trânsito em julgado, a nulidade converte-se em simples 'rescindibilidade'. O defeito arguível em recurso como motivo de nulidade, caso subsista, não impede que a decisão, uma vez preclusa as vias recursais, surta efeitos até que seja desconstituída, mediante rescisão"*.[630]

Por isso, a decisão nula, até ser rescindida, produz os efeitos que normalmente produziria, como se nenhum vício contivesse.

Segundo Barbosa Moreira, uma única hipótese sobrevive ao trânsito em julgado, com a mesma intensidade, a consequência do vício de sentença inexistente: na hipótese de ter sido ela proferida em processo realizado sem a citação inicial ou com citação nula. Nessa hipótese, é lícito ao executado arguir este defeito em impugnação ao cumprimento de sentença, nos termos do art. 525, §1º, inc. I, do atual C.P.C., impugnando desta forma a produção do efeito executivo. O mesmo não ocorre com as demais hipóteses do art. 966 do atual C.P.C.: *"nenhum dos fatos aí arrolados é invocável como fundamento da impugnação ao cumprimento de sentença. A sentença rescindível nem por isso deixa de ser exequível"*.[631]

É importante salientar que sob a égide do C.P.C. de 1939, era possível rescindir decisões não definitivas, quer dizer, que não julgassem o *'meritu causae'*.[632]

O novo C.P.C., em seu art. 966, de certa forma restabeleceu, em parte, o que dispunha o C.P.C. de 1939, uma vez que não restringiu a demanda rescisória apenas à sentença ou ao acórdão.

A *decisão de mérito*, expressão contida no art. 966 do atual C.P.C., não se restringe apenas às sentenças ou aos acórdãos.

Há também *decisão de mérito parcial*, conforme estabelece o art. 356 do atual C.P.C., que assim dispõe:

> *Art. 356. O juiz decidirá parcialmente o mérito quando um ou mais dos pedidos formulados ou parcela deles:*
>
> *I – mostrar-se incontroverso;*

[630] Barbosa Moreira, J. C., idem, p. 111.

[631] Barbosa Moreira, J. C., idem, p. 113.

[632] Barbosa Moreira, J. C., idem. p. 114.

II – estiver em condições de imediato julgamento, nos termos do art. 355.

§ 1º A decisão que julgar parcialmente o mérito poderá reconhecer a existência de obrigação líquida ou ilíquida.

§ 2º A parte poderá liquidar ou executar, desde logo, a obrigação reconhecida na decisão que julgar parcialmente o mérito, independentemente de caução, ainda que haja recurso contra essa interposto.

§ 3º Na hipótese do § 2º, se houver trânsito em julgado da decisão, a execução será definitiva.

§ 4º A liquidação e o cumprimento da decisão que julgar parcialmente o mérito poderão ser processados em autos suplementares, a requerimento da parte ou a critério do juiz.

§ 5º A decisão proferida com base neste artigo é impugnável por agravo de instrumento.

Portanto, a decisão de mérito tornou-se mais abrangente para efeito de demanda rescisória, não se restringindo apenas às sentenças ou aos acórdãos. Aliás, também as denominadas decisões interlocutórias *falsas* estão sujeitas à demanda rescisória. Nesse sentido é o seguinte precedente do S.T.J.:

1. A jurisprudência desta Corte admite a Ação Rescisória no caso de falsa decisão interlocutória, isto é, de sentenças substancialmente de mérito, entendido como o núcleo da pretensão deduzida em Juízo, o que se evidencia em situações como a de rejeição de pedidos cumulados ou julgamento incidental de reconvenção (REsp 628.464/GO, Rel. Min. NANCY ANDRIGHI).

2. A decisão que fixa termo inicial de correção monetária, entretanto, não julga mérito, configurando, pois, decisão propriamente interlocutória e não de mérito travestida de interlocutória.

3. Recurso Especial não conhecido.

(REsp 685.738/PR, Rel. Ministro SIDNEI BENETI, TERCEIRA TURMA, julgado em 24/11/2009, DJe 03/12/2009)

Passa-se, agora, à análise das causas de pedir ou dos fundamentos da demanda rescisória.

É importante ressaltar que cada um dos fundamentos da rescisória previstos nos incs. I a VIII do art. 966 do atual C.P.C. é auto suficiente para a procedência do pedido. Não há necessidade de conjugá-los entre si. A invocação de uma causa de pedir da rescisória não exclui a de qualquer das restantes. Pode-se pedir rescisão por dois ou mais fundamentos arrolados no art. 966 do atual C.P.C. Nessa hipótese haverá cumulações de demandas, conexas pelas partes e pelo *petitum*. Para procedência do pedido, basta que um dos fundamentos seja acolhido. Assim, se a demanda foi proposta apenas por um fundamento, ou por mais de um, julgado improcedente o pedido no *iudicium rescindens*, a coisa julgada não obsta a que, entre as mesmas partes, se volte a pedir a rescisão da sentença, por outro fundamento, isso porque a *causa petendi* seria diversa.[633]

A decisão de mérito, transitada em julgado, pode ser rescindida quando:

a) *se verificar que foi proferida por força de prevaricação, concussão ou corrupção do juiz.*

O C.P.C. de 1939 não considerava a *suspeição* como causa de demanda rescisória, salvo no que concerne ao art. 798, n. I, letra 'a', do mesmo diploma que preconizava que seria 'nula' a sentença proferida por juiz 'peitado'.

Assim, a *peita*, tida como caso de particular interesse, estava sujeita à demanda rescisória.

A peita, atualmente designada como *corrupção, concussão ou prevaricação*, vicia a sentença judicial.

A terminologia do C.P.C. de 1973, assim como a utilizada pelo atual C.P.C., está vinculada àquela existente no atual código penal brasileiro, prevista no título dos Crimes Contra a Administração Pública.

Segundo estabelece o art. 316 do C.P., entende-se por *concussão*, *"exigir, para si ou para outrem, direta ou indiretamente, ainda que fora da função ou antes de assumi-la, mas em razão dela, vantagem indevida"*.

Entende-se por *corrupção passiva*, segundo estabelece o art. 317 do C.P.: *"Solicitar ou receber, para si ou para outrem, direta ou indiretamente, ainda que fora da função ou antes de assumi-la, mas em razão dela, vantagem indevida, ou aceitar promessa de tal vantagem"*.

Por sua vez, entende-se por *prevaricação*, nos termos do art. 319 do C.P.: *"Retardar ou deixar de praticar, indevidamente, ato de ofício, ou praticá-lo contra disposição expressa de lei, para satisfazer interesse ou sentimento pessoal"*.

Evidentemente que os casos de concussão, corrupção ou prevaricação que justificarão a rescisão da decisão de mérito civil não exigem a existência de uma *tipicidade cerrada* como se necessita para a prolação de uma sentença penal. Não se pode esquecer da autonomia do processo civil em relação ao processo penal.

O código penal, na verdade, servirá como referência normativa apenas para indicar eventuais critérios para se considerar se uma decisão foi proferida com base em *corrupção, concussão ou prevaricação*. Contudo, outras circunstâncias fáticas poderão engendrar a *peita* do magistrado. Por isso, o intérprete do inc. I do

[633] Barbosa Moreira, J. C., idem, p. 151.

art. 966 do atual C.P.C. não pode apenas restringir-se aos conceitos do código penal.

E se o juiz foi absolvido por sentença penal transitada em julgado em relação à *corrupção, concussão ou prevaricação.* Tal absolvição vinculará a decisão a ser proferida na demanda rescisória?

Se a decisão penal disser respeito ao fundamento da sentença rescindenda, sim. Contudo, essa vinculação dependerá de cada situação jurídica em concreto.

Nos termos do art. 66 do Código de Processo Penal: *"Não obstante a sentença absolutória no juízo criminal, a ação civil poderá ser proposta quando não tiver sido, categoricamente, reconhecida a inexistência do fato.*

Não impedirão igualmente a propositura da ação civil, nos termos do art. 67 do Código de Processo Penal: I – o despacho de arquivamento do inquérito ou das peças de informação; II – a decisão que julgar extinta a punibilidade; III – a sentença absolutória que decidir que o fato imputado não constitui crime.

Por outro lado, não será mais discutido na esfera civil a autoria e materialidade do crime de concussão, prevaricação ou corrupção, se essas circunstâncias forem reconhecidas por sentença penal condenatória.

Havendo demonstração de *peita* do juiz, não há que se indagar se a decisão foi justa ou injusta; se a parte que serviu o juiz foi autor ou réu, ou litisconsorte, ou assistente ou outro terceiro; também não há que se exigir condenação penal, sequer se a ação penal foi ou não iniciada.

Se a decisão for de tribunal ou de corpo de dois ou mais membros basta a corrupção de um, se o voto entrou na maioria vencedora, sem o qual não se comporia a maioria, ou no julgado unânime, se exigida a unanimidade, ou se o número de juízes corruptos não levaria à maioria exigida. Não será caso de rescisória, se o voto do corrupto constou da minoria, salvo se essa minoria puder levar a recurso ou a uma outra demanda que possa inverter o resultado alcançado.

b) *proferida por juiz impedido ou por juízo absolutamente incompetente.*

Na democracia, a confiança no concreto exercício da atividade jurisdicional, 'no bem fazer dos magistrados', é pressuposto indispensável para se alcançar o adequado e necessário clima de pacificação social e convivência harmônica entre seus concidadãos. Uma sociedade que coloque em dúvida a *"ecuanimidad, objetividad o rectitud de juicio de las personas encargadas de administrar justicia esta destinada, irremediablemente, a sufrir continuas y graves tensiones que pueden incluso, en última instancia, poner en peligro la propia existencia democrática del Estado".*[634]

[634] Picò i Junoy, Joan. *La imparcialidad judicial y sus garantías: la abstención y la recusación.* Barcelona: Bosch, 1998. p. 17.

Por isso, a garantia de que o processo será conduzido por um juiz *imparcial*, ou a necessidade de que o julgador se situe como terceiro que irá valorar interesses alheios, é da *essência da atividade jurisdicional* do Estado contemporâneo.[635]

Gian Domenico Pisapia, após tecer considerações sobre as diversas teorias que pretendem explicar a natureza da jurisdição, reconhece que há um acordo generalizado entre os doutrinadores no sentido de identificar entre suas características fundamentais a *independenze e la imparzialità*.[636]

Assim, a *imparcialidade* passou a ser uma das noções garantistas mais difundidas na modernidade.

A garantia de um juiz imparcial encontra-se justamente na descrição feita pelas legislações infraconstitucionais das causas de impedimento e suspeição que possam por em dúvida a sua imparcialidade. Essas causas estão descritas no novo C.P.C., nos arts. 144 e 145, a saber:

> *Art. 144. Há impedimento do juiz, sendo-lhe vedado exercer suas funções no processo:*
>
> *I – em que interveio como mandatário da parte, oficiou como perito, funcionou como membro do Ministério Público ou prestou depoimento como testemunha;*
>
> *II – de que conheceu em outro grau de jurisdição, tendo proferido decisão;*
>
> *III – quando nele estiver postulando, como defensor público, advogado ou membro do Ministério Público, seu cônjuge ou companheiro, ou qualquer parente, consanguíneo ou afim, em linha reta ou colateral, até o terceiro grau, inclusive;*
>
> *IV – quando for parte no processo ele próprio, seu cônjuge ou companheiro, ou parente, consanguíneo ou afim, em linha reta ou colateral, até o terceiro grau, inclusive;*
>
> *V – quando for sócio ou membro de direção ou de administração de pessoa jurídica parte no processo;*
>
> *VI – quando for herdeiro presuntivo, donatário ou empregador de qualquer das partes;*
>
> *VII – em que figure como parte instituição de ensino com a qual tenha relação de emprego ou decorrente de contrato de prestação de serviços;*
>
> *VIII – em que figure como parte cliente do escritório de advocacia de seu cônjuge, companheiro ou parente, consanguíneo ou afim, em linha reta ou colateral, até o terceiro grau, inclusive, mesmo que patrocinado por advogado de outro escritório;*
>
> *IX – quando promover ação contra a parte ou seu advogado.*

[635] Souza, Artur César. *A parcialidade positiva do juiz.* São Paulo: Editora Revista dos Tribunais, 2008. p. 19.

[636] Pisapi, Gian Domenico. *Copendio di procedura penal.* Padova: Cedam, 1975. p. 6.

§ 1º Na hipótese do inciso III, o impedimento só se verifica quando o defensor público, o advogado ou o membro do Ministério Público já integrava o processo antes do início da atividade judicante do juiz.

§ 2º É vedada a criação de fato superveniente a fim de caracterizar impedimento do juiz.

§ 3º O impedimento previsto no inciso III também se verifica no caso de mandato conferido a membro de escritório de advocacia que tenha em seus quadros advogado que individualmente ostente a condição nele prevista, mesmo que não intervenha diretamente no processo.

Art. 145. Há suspeição do juiz:

I – amigo íntimo ou inimigo de qualquer das partes ou de seus advogados;

II – que receber presentes de pessoas que tiverem interesse na causa antes ou depois de iniciado o processo, que aconselhar alguma das partes acerca do objeto da causa ou que subministrar meios para atender às despesas do litígio;

III – quando qualquer das partes for sua credora ou devedora, de seu cônjuge ou companheiro ou de parentes destes, em linha reta até o terceiro grau, inclusive;

IV – interessado no julgamento do processo em favor de qualquer das partes.

§ 1º Poderá o juiz declarar-se suspeito por motivo de foro íntimo, sem necessidade de declarar suas razões.

§ 2º Será ilegítima a alegação de suspeição quando:

I – houver sido provocada por quem a alega;

II – a parte que a alega houver praticado ato que signifique manifesta aceitação do arguido.

É possível que o juiz tenha participado anteriormente no processo e volte a participar novamente no âmbito do Tribunal. A simples duplicidade de participação não significa que ele tenha ferido a imparcialidade subjetiva. Contudo, o Tribunal Europeu de Direitos Humanos, no caso PIERSACK, julgado em 1.10.1982, entendeu que não basta que o juiz seja subjetivamente imparcial, mas ele também deve ser objetivamente imparcial. Por isso, não basta que o juiz seja imparcial, é necessário também que ele *pareça perante a sociedade que é imparcial.*

O novo C.P.C., assim como já o fizera o C.P.C. de 1973, somente considerou como causa de rescisória o *impedimento do juiz* e não a sua *suspeição.*

Se a suspeição não for arguida no momento oportuno, segundo o S.T.J., haverá preclusão. Nesse sentido é o seguinte precedente:

1. Se o Tribunal rejeita o pedido de reconhecimento de suspeição do perito com fundamento em que a parte não a arguiu no momento processual oportuno, a saber, a primeira oportunidade de falar nos autos (art. 138, §1º, do CPC), o recurso especial deve ser interposto mediante a impugnação dessa norma específica, sob pena de não conhecimento.

2. O fato de o juízo que presidiu a instrução do processo ter se declarado suspeito antes de proferir sentença não gera, de modo automático, a nulidade de todos os atos de instrução. Se o juiz que posteriormente assumiu a condução do processo não verifica a necessidade de repetição das provas, é possível corroborar os atos praticados por seu antecessor. O CPC traça uma diferença fundamental entre as hipóteses de impedimento e suspeição do juiz. As hipóteses de impedimento geram nulidade de pleno direito do ato praticado, possibilitando até mesmo o ajuizamento de ação rescisória para impugnação do ato judicial. As hipóteses de suspeição, contudo, não dão lugar a ação rescisória, de modo que, para serem reconhecidas, devem ser arguidas na forma do art. 304 do CPC, sob pena de preclusão.

(...).

(REsp 1330289/PR, Rel. Ministra NANCY ANDRIGHI, TERCEIRA TURMA, julgado em 14/08/2012, DJe 30/08/2012)

Também é causa justificadora de rescisão da decisão de mérito, ter ela sido proferida por juiz absolutamente incompetente.

No C.P.C de 1939, art. 798, n. I, letra 'a', o legislador fazia referência ao juiz 'incompetente *ratio materiae*", sendo que em sede doutrinária estendia-se tal expressão a todos os casos de incompetência absoluta.

A competência absoluta tem por pressuposto a função exercida e a matéria. Já a competência relativa diz respeito ao valor e ao território.

Não é abrangida pelo inc. II do art. 966 do atual C.P.C. a incompetência relativa. E a explicação plausível para isso é porque se a incompetência relativa não for arguida no prazo legal, haverá prorrogação de competência, desaparecendo o vício.

A rescisória, com base na incompetência absoluta em razão da matéria ou funcional, decorre do fato de que há juízo, mas não há 'competência'.

Por sua vez, não é caso de rescisória a hipótese daquele que não é juiz, ou deixara de sê-lo, ou, ainda, foi indevidamente investido na função. Nesse caso, a sentença é caracterizada *como inexistente*, não produzindo qualquer efeito. Também não é sentença aquela publicada em livro, jornais e periódicos, não tendo sido juntada ao processo respectivo. Também a sentença sem assinatura do juiz, que veio posteriormente a falecer, não é sentença. Não precisam ser rescindidas, justamente pelo fato de que não existem.

Já a sentença ou acórdão proferido por um juiz incompetente, é sentença, devendo ser rescindida para que não gere mais efeitos, apesar de sua nulidade absoluta.

Sobre o tema, eis os seguintes precedentes do S.T.J.:

> *(...).*
> *5. É cabível ação rescisória quando a sentença de mérito for proferida por juiz impedido ou absolutamente incompetente, nos termos do art. 485, inciso II, do CPC. Precedentes.*
> *6. O deslinde da controvérsia quanto ao cabimento da ação rescisória e seu prazo decadencial estão em consonância com a jurisprudência do STJ, atraindo, à espécie, o enunciado da Súmula 83/STJ, que obsta a análise recursal pela alínea "c"; ficando prejudicado o dissídio jurisprudencial.*
> *Embargos declaratórios conhecidos como agravo regimental, mas improvido.*
> (EDcl no AREsp 269.971/SP, Rel. Ministro HUMBERTO MARTINS, SEGUNDA TURMA, julgado em 16/04/2013, DJe 25/04/2013)

> *Não é admissível ação rescisória contra decisão que se limitou a decidir sobre competência, salvo se proferida por juiz impedido ou absolutamente incompetente, o que não é o caso dos autos.*
> *Recurso não conhecido.*
> (REsp 173.884/SP, Rel. Ministro CESAR ASFOR ROCHA, QUARTA TURMA, julgado em 17/09/2002, DJ 18/11/2002, p. 218)

c) *resultar de dolo ou coação da parte vencedora em detrimento da parte vencida ou, ainda, de simulação ou colusão entre as partes, a fim de fraudar a lei.*

O código civil brasileiro, em seu art. 145, estabelece que os negócios jurídicos em geral são anuláveis por *dolo, quando este for a sua causa.* Por isso, se não houver relação causal entre o ato ou a omissão dolosa e a desfavorabilidade da decisão, não há espaço para a rescisória. O que deve ser considerado, é que se não houvesse o dolo, o resultado da decisão seria outro.

Ocorre o dolo, *"quando a parte vencedora, seja qual for, faltando ao dever de lealdade e boa-fé, haja impedido ou dificultado a atuação processual do adversário, ou influenciado o juízo do magistrado, em ordem a afastá-lo da verdade".*[637]

Para Pontes de Miranda, o dolo está previsto como causa de rescisória, no sentido de ato ou omissão em que não há apenas culpa; há direção da vontade para contrariar o direito.[638]

[637] Barbosa Moreira, *Comentários ao código de processo civil.* Vol. V. Rio de Janeiro: Forense, 1976. p. 121.

[638] Pontes de Miranda, *op. cit.*, p. 233.

O dolo da parte vencedora é causa de rescisão da decisão de mérito tendo em vista que com seu ato ou com sua omissão infringiu o dever processual de lealdade e boa-fé.

Aliás, conforme bem esclarece o art. 147 do C.c.b., o silêncio intencional de uma das partes a respeito de fato ou qualidade que a outra parte haja ignorado, constitui omissão dolosa, provando-se que sem ela o negócio não se teria celebrado.

Assim, se a parte vencedora, por meio de ação ou omissão, impediu que a parte vencida praticasse ato processual ou mesmo extraprocessual, para que não produzisse determinada prova, houve-se com dolo.[639] São exemplos, ainda, o que impediu o réu de tomar conhecimento da demanda, ou quando a parte subtrair ou furta documentos dos autos.

Não é suficiente para a ocorrência do dolo a simples afirmação de fato inverídico, sem má-fé, nem o silêncio acerca de fato desfavorável relevante, nem a abstenção de produzir prova capaz de beneficiar a parte contrária.[640]

O dolo pode ser da parte vencedora ou de terceiro. Aliás, nesse sentido é o conteúdo normativo da art. 148 do C.C.b.: *"Pode também ser anulado o negócio jurídico por dolo de terceiro, se a parte a quem aproveite dele tivesse ou devesse ter conhecimento"*.

O dolo pode ser da parte vencedora, ou de seu procurador, ou advogado, e, em se tratando de pessoa jurídica, de órgão ou de representante, ou de advogado. O que importa é que tenha havido poderes de presentação ou de representação, outorgados pela parte vencedora.[641]

É certo que o dispositivo somente faz alusão ao dolo da *parte* vencedora e não de terceiro. Contudo, como o instituto visa à *justiça e boa-fé da* decisão, é possível dar-se uma interpretação extensiva para que também se insira, como causa de rescisão, o dolo de terceiro que venha a favorecer a parte vencedora. Conforme aduz Pontes, *"seria de repelir-se que a rescisão somente pudesse ser pedida se o dolo foi do autor, que venceu, ou do réu, que venceu, e nunca se partiu do procurador ou do advogado. Bem assim, a colusão para fazer rescindível a sentença tivesse de ser entre autor e réu, e não entre procuradores ou advogados"*.[642]

[639] Pontes de Miranda, idem, p. 234.

[640] Giudiceandrea, *Le impugnazioni civili*, vol. II, p. 407; Attardi, *La revoc.*, p.143; De Stefano, *La revogazione*, p. 123/4. In Barbosa Moreira, op. cit., p. 121.

[641] Pontes de Miranda, *Tratado*...op. cit., p. 234.

[642] Pontes de Miranda, idem, p. 234 e 235.

Na realidade, o fim da norma é proteger a parte vencida, é proteger a lisura da prestação jurisdicional, é proteger a confiança do cidadão nas decisões judiciais, evitar que o dolo fraude a lei.

É importante salientar que o dolo referido no inc. III do art. 966 diz respeito ao dolo *unilateral* da parte vencedora e não *bilateral de ambas as partes*. Aliás, segundo prescreve o art. 150 do C.C.b., *se ambas as partes procederem com dolo, nenhuma poderá alegá-lo para anular o negócio, ou reclamar indenização*. Aplica-se, no caso, o princípio de que *ninguém pode alegar a própria torpeza*.

Conforme atesta Pontes de Miranda, a discussão sobre ser possível a *revocazione* da sentença, mesmo se o dolo fosse bilateral, há muito ocorreu na doutrina italiana. Posicionaram-se pela afirmativa: F.G.Lipari, *Il dolo processuale, 36 s.;* Appunti sul dolo processuale bilaterale, *Rivista di diritto processuale civile*, 2ª ed, 85; Gargiulo, *Il códice di procedura civile*, 2ª ed., III, 360 s.; La Rosa, *La revocazione della sentenza civile*, 86.[643]

É certo que se as partes se unem, em colusão, para fraudar a lei e prejudicar terceiro, a rescisória poderá ter por causa este motivo, legitimando-se o terceiro juridicamente interessado ou o próprio Ministério Público como fiscal do ordenamento jurídico a ingressar com a demanda rescisória. Aliás, nos termos do art. 967, inc. III, letra ‹b›, do atual C.P.C., o Ministério Público tem legitimidade para ingressar com demanda rescisória *quando a decisão rescindenda é o efeito de simulação ou de colusão das partes, a fim de fraudar a lei*.

O dolo praticado no processo deve ser em *detrimento da parte vencida*. Se for em detrimento de terceiro, que não a parte vencida, não enseja a rescisão da sentença. Contudo, como o terceiro não participou da relação jurídica processual, a decisão em relação a ele não é imutável, podendo alegar o dolo em qualquer demanda quando se tentar fazer valer a sentença contra ele.

Conforme ensina Pontes de Miranda: *"Dolo é a direção da vontade, aí vontade do vencedor, para contrariar o direito. Pode ser que se trate de ato imoral, sem que a parte vencedora o haja querido para detrimento da outra parte, o que raramente acontece se foi causa da vitória, total ou parcial, no litígio. Não se pode invocar o art. 485, III, se o vencedor ignorava a ligação entre o seu ato, ou a sua omissão, e a favorabilidade da sentença (cf. Richard Weyl, System der Verschuldensbegriffe, 400). É da máxima importância atender-se a que a contrariedade a direito, elemento do suporte fáctico, quer a pessoa ignore, quer não, a regra jurídica, que há de incidir ou incidiu, porque a incidência das regras jurídicas se opera em determinação absoluta; portanto, infalível. Falível é a aplicação"*.[644]

[643] Pontes de Miranda, *idem, p. 236.*

[644] Pontes de Miranda, idem, p. 237.

Se a decisão foi favorável em parte ao vencedor, somente em relação a essa parte poderá ser interposta a demanda rescisória.

O outro motivo inserido no presente inciso é a *coação*.

A coação poderá ser moral ou física.

Assim, se a parte vencedora exercer coação moral ou física em relação à parte vencida, poderá a decisão ser rescindida.

A coação, para viciar a declaração de vontade, há de ser tal que incuta ao paciente fundado temor de dano iminente e considerável à sua pessoa, à sua família, ou aos seus bens (art. 151 do C.c.b.).

Se disser respeito a pessoa não pertencente à família do paciente, o juiz, com base nas circunstâncias, decidirá se houve coação (p.u. do art. 151 do C.c.b.).

Não se considera coação a ameaça do exercício normal de um direito, nem o simples dizer de que se irá promover demandas perante o Poder Judiciário.

O outro motivo ensejador da rescisória previsto neste inciso diz respeito à *simulação* ou *colusão* entre as partes, a fim de fraudar a lei.

Colusão ou simulação entre as partes, com o fim de fraudar a lei, *"é o acordo, ou concordância, entre as partes, para que, com o processo, se consiga o que a lei não lhe permitiria, ou não permitia, o que tem por base simulação, ou outro ato que fraude a lei"*.[645]

Estabelece o art. 142 do atual C.P.C. *"Convencendo-se, pelas circunstâncias, de que autor e réu se serviram do processo para praticar ato simulado ou conseguir fim vedado por lei, o juiz proferirá decisão que impeça os objetivos das partes, aplicando, de ofício, as penalidades da litigância de má fé.*

Tal dispositivo reproduz o que dispunha o art. 115 do C.P.C. de 1939, o qual tinha sua origem no art. 665 do estatuto processual português do mesmo ano.[646]

A decisão que o juiz deverá proferir para afastar os objetivos das partes, quer se trate de simulação ou fraude à lei, é a de *anulação do processo*. Contudo, se o juiz não perceber essa *artimanha processual* e a decisão passar em julgado, somente a demanda rescisória poderá impedir a eficácia da decisão em razão da *colusão das partes*.

O exemplo clássico de *colusão entre as partes* é a demanda de nulidade de casamento, proposta por um dos cônjuges em prévio concerto com o outro, mediante a invocação de fatos inverídicos e de produção de provas falsas. É possível também ocorrer a colusão entre as partes com o reconhecimento do pedido, feito pelo réu, com a finalidade de propiciar a rápida formação de título executivo para prejudicar terceiros: é necessário que se atue *in fraudem legis*. Com essa restrição, a própria revelia voluntária, ou a simples omissão do réu em

[645] Pontes de Miranda, idem, p. 239.
[646] Barbosa Moreira, op. cit., p. 123.

contestar fato alegado pelo autor, sabidamente inverídico, pode talvez configurar a colusão.[647]

A *colusão* entre as partes pode atender ao interesse de ambas as partes ou apenas de uma delas com o conluio da outra.

Se houver conluio ou simulação entre as partes, com o fim de fraudar a lei, a legitimidade para a rescisória passa a ser do Ministério Público, nos termos do art. 967, inc. III, letra 'b' do atual C.P.C.

Havendo mais de duas partes, sendo que somente duas agiram em conluio, a legitimidade para a rescisória também é da parte que não compôs o conluio ou a simulação.

Também o terceiro juridicamente interessado é parte legítima para a demanda rescisória.

Muito embora o dispositivo faça referência ao conluio ou simulação entre as partes, para Pontes de Miranda há necessidade de se dar uma interpretação extensiva ao referido dispositivo. Pergunta Pontes: *"se o procurador, ou advogado da parte A entra em acordo com a parte adversária B, com prejuízo para a parte representada, pode ser proposta por ela, com fundamento no art. 485, III do C.P.C. de 1973 a ação rescisória?"*. E ele responde: *"No direito estrangeiro houve opinião que não, como Ulpiano (L. 145, D, de diversis regulis iuris antiqui, 50, 17: Nemo videtur fraudare eos, qui sciunt et consentiunt), para dizer que, ao contrário, a colusão supõe acordo recíproco para fraudar terceiros estranho ao juízo, ou, se parte não haja participado do dolo... Outra opinião sustentou que, se uma das partes foi vítima da colusão, haveria fundamento. Mas tudo isso, a despeito da herança recente do que se estabelece no art. 485, III, 1º parte do C.P.C. de 1973, é o que ocorreu em detrimento da parte vencida. A colusão, que é assunto no art. 485, III, 2ª parte, é com ofensa à lei, ao Direito, e pois, ao Estado. Não importa se a parte não conhecia o que estava fazendo o seu procurador com ou sem poderes especiais, ou seu advogado, com tais poderes. O que a parte pode alegar, 'na falta de poderes', é ofensa à lei (art. 485, V do C.P.C. de 1973). Portanto, não nos interessa o que se passou no direito romano. ..."*.[648]

Assiste razão a Pontes de Miranda, pois como o fim da norma é justamente a proteção ao ordenamento jurídico, tanto é que concede legitimidade ao Ministério Público para promover a demanda rescisória na hipótese de colusão ou simulação entre as partes, é de se dar interpretação extensiva ao dispositivo em análise para ali abranger também os representantes ou procuradores das partes.

Sobre o tema, eis os seguintes precedentes do S.T.J.:

[647] Barbosa Moreira, idem, p. 125.
[648] Pontes de Miranda, op. cit., p. 239.

1. A dicção do inciso VII do art. 485 do CPC induz a que o documento novo apto a aparelhar a ação rescisória há de ser preexistente à decisão rescindenda, mas ignorado pelo interessado ou impossível de obtenção para utilização no processo e capaz, por si só, de assegurar-lhe pronunciamento favorável.

2. Configura o dolo processual previsto no inciso III do art. 485 do CPC a violação voluntária pela parte vencedora do dever de veracidade previsto no art. 17, II, CPC, que induza o julgador a proferir decisão reconhecendo-lhe um falso direito.

3. A presunção de fraude estabelecida pelo inciso II do art. 593 do CPC beneficia o autor ou exequente, transferindo à parte contrária o ônus da prova da não ocorrência dos pressupostos caracterizadores da fraude de execução. Precedente da Segunda Seção: AR n. 3.307/SP.

4. Tendo as instâncias ordinárias reconhecido a ausência de prova de solvência do executado que alienou bem imóvel após sua citação válida em processo executivo, correto o reconhecimento da fraude à execução.

5. Ação rescisória julgada procedente.

(AR 3.785/RJ, Rel. Ministro JOÃO OTÁVIO DE NORONHA, SEGUNDA SEÇÃO, julgado em 12/02/2014, DJe 10/03/2014)

1. Somente se autoriza a rescisão do julgado por violação legal quando contrariada a norma em sua literalidade, não se justificando a desconstituição por injustiça ou má interpretação da prova.

2. O erro de fato ensejador da rescisória decorre do desconhecimento da prova, exigindo-se a inexistência de pronunciamento judicial a respeito, de modo que o equívoco na apreciação daquela não ampara o pedido.

3. Afasta-se o dolo ou a falsidade da prova se não houve impedimento ou dificuldade concreta para atuação da parte, sobretudo quando os elementos dos autos, em seu conjunto, denotam o acerto do julgado rescindendo.

4. Admite-se a rescisão por documento novo quando o autor, ao tempo do processo primitivo, desconhecia-o ou era-lhe impossível juntá-lo aos autos.

5. Ação rescisória improcedente.

(AR 1.370/SP, Rel. Ministro SEBASTIÃO REIS JÚNIOR, TERCEIRA SEÇÃO, julgado em 11/12/2013, DJe 19/12/2013)

(...).

4. O dolo a que alude o artigo 485, III, do CPC pressupõe a atuação processual ardilosa e maliciosa do vencedor em detrimento do vencido, o que não ocorreu no processo de execução, no qual o credor se limitou a dar-lhe andamento.

5. Ação rescisória julgada improcedente.

(AR 4.099/PR, Rel. Ministra MARIA ISABEL GALLOTTI, SEGUNDA SEÇÃO, julgado em 13/11/2013, DJe 08/04/2014)

1. A análise da pretensão recursal, a fim de verificar a ocorrência de dolo da parte agravada, bem como de erro de fato para determinar a procedência do pedido deduzido na Ação Rescisória, modificando o entendimento exposto pelo Tribunal de origem, exigiria o reexame de matéria fático-probatória, o que esbarra no óbice da Súmula 7/STJ.

2. Agravo regimental desprovido.

(AgRg no AREsp 178.143/PR, Rel. Ministro NAPOLEÃO NUNES MAIA FILHO, PRIMEIRA TURMA, julgado em 23/04/2013, DJe 03/05/2013)

d) *ofender a coisa julgada*

Outro motivo ensejador da demanda rescisória ocorre quando a decisão ofender a coisa julgada.

Estabelece o *art. 502* do atual C.P.C.: *Denomina-se coisa julgada material a autoridade que torna imutável e indiscutível a decisão de mérito não mais sujeita a recurso.*

A regra jurídica que impede a mácula à coisa julgada material tem por fundamento a aplicação do princípio Constitucional previsto no art. 5º, inc. XXXVI da C.F.: *"a lei não prejudicará o direito adquirido, o ato jurídico perfeito e a coisa julgada"*.

Portanto, a existência da coisa julgada não decorre de uma regra prevista no processo civil brasileiro, mas é uma exigência da Constituição Federal.

A necessidade da existência da coisa julgada e sua respectiva importância estabelecida na Constituição Federal é de tal ordem, que a própria lei (norma geral) não poderá causar mácula a esse instituto jurídico.

Contudo, muito embora a Constituição Federal determine que no nosso ordenamento jurídico exista a *coisa julgada*, o texto maior não definiu o que se entende por *coisa julgada*. Daí porque a definição da coisa julgada, de certo modo, ficou adstrita ao legislador ordinário.

No caso, o art. 502 do atual C.P.C. define a *coisa julgada material*, como sendo '*a autoridade que torna imutável e indiscutível a decisão de mérito não mais sujeita a recurso*'.

Assim, a autoridade que a lei atribui à coisa julgada constitui uma presunção legal, determinada, indiscutivelmente, por razões de interesse público, por exigência da ordem social e, principalmente, por determinação da Constituição Federal.

O art. 502 do novo C.P.C., ao tratar da coisa julgada *material*, demonstra que existe também a denominada *coisa julgada formal*.

A *coisa julgada formal* consiste no fenômeno da imutabilidade da decisão pela preclusão dos prazos para recurso. Ocorre pelo fato de que a decisão não poderá ser reformada por meio de recursos, seja porque dela não caibam mais recursos, seja porque estes não foram interpostos no prazo, ou porque do recurso interposto se desistiu, ou dele se renunciou. A coisa julgada formal redunda na imutabilidade da decisão, seja de mérito ou não, como ato processual, *dentro do processo*. Imutável o ato, *dentro do processo*, esgota-se a função jurisdicional. Nesse caso, o Estado tem por cumprida a sua obrigação jurisdicional, ou seja, *faz a entrega da prestação jurisdicional*, a que estava obrigado.[649]

Assim, todas as decisões são, sem dúvida, suscetíveis de adquirirem a autoridade de coisa julgada formal, sendo que a coisa julgada material somente se aplica às decisões que acolhem ou rejeitam o pedido, julgando o mérito, que nada mais significa do que o próprio pedido e sua causa de pedir.

O art. 963, inc. IV, do atual C.P.C., não está tratando especificamente da coisa julgada formal, mas, sim, da coisa julgada material.

Contudo, é pressuposto lógico da autoridade de coisa julgada material que a decisão passe, primeiro, como pressuposto lógico, pela coisa julgada formal.

A coisa julgada contém em si a preclusão de qualquer questão futura: o instituto da preclusão é a base prática da eficácia (autoridade) da coisa julgada, vale dizer: *"a coisa julgada 'substancial' (obrigatoriedade nos futuros processos) tem por pressuposto a coisa julgada 'formal' (preclusão das impugnações).*[650]

É certo que para Pontes de Miranda a demanda rescisória também atacaria a sentença que violasse a coisa julgada formal. Para ele, *"se houve desrespeito à coisa julgada formal, tem-se de exercer a pretensão à rescisão (ação rescisória), não mais a pretensão a recurso extraordinário"*.[651]

Pelo atual C.P.C., são requisitos ou condições para que uma decisão esteja sujeita à autoridade de coisa julgada material: a) que a decisão resolva o mérito; b) que esta decisão não esteja mais sujeita a recurso.

Pelo primeiro requisito, a coisa julgada material abrange somente a decisão que resolve o mérito

O segundo requisito estabelecido pelo código para que haja a autoridade (ou eficácia) da coisa julgada é no sentido de que ela não esteja mais sujeita a recurso.

É comum afirmação dos intérpretes do direito romano de que a autoridade da coisa julgada nasce, apenas, das sentenças *irrevogáveis*, isto é, não suscetíveis de apelação, conforme afirmam Pothier (*Ad Pandectas*, Lib. XLII, títl. I, §1º, e Cogliolo (*Tratatto Teórico-Pratico dell'Eccezione di Cosa Giudicata*, vol. I, págs. 147-148). Por sua vez, entre os intérpretes do denominado direito moderno havia controvérsia. Para alguns, a existência da coisa julgada dependia de que a sentença não poderia mais estar sujeita à impugnação por qualquer recurso, seja ele

[649] Santos, Moacyr Amaral. *Comentário ao código de processo civil (1973)*. IV vol. (art. 332 a 475). Rio de Janeiro: Forense, 1976. p. 459.

[650] Chiovenda, Giuseppe. *Instituições de direito processual civil.* Trad. J. Guimarães Menegale. Vol. 1. São Paulo: Edição Saraiva, 1965. p. 374.

[651] Pontes de Miranda, *op. cit.*, p. 244.

ordinário, seja extraordinário. Outros afirmavam bastar, para isso, que a sentença não estivesse sujeita a recursos ordinários, de oposição ou de apelação, embora contra ela pudessem ser tentados os recursos extraordinários de revogação e de cassação. Outros, por sua vez, entendiam que qualquer sentença, embora de primeiro grau ou contumacial, enquanto não fosse de fato impugnada por apelação ou oposição, constituiria coisa julgada.[652]

Por sua vez, Chiovenda aduz que a imunidade da sentença às impugnações é verificável pelas causas seguintes: *"1. Ou porque a sentença 'por sua natureza' não esteja sujeita a nenhum recurso mencionado; 2. ou porque 'hajam decorridos os termos para' propor as impugnações; 3. ou porque a sentença foi 'aceita' pelo vencido, visto como a aceitação consumada numa declaração expressa de vontade, ou tacitamente consumada, quer dizer, por atos (facta concludentia) univocamente incompatíveis com a vontade de impugnar, importa a perda da possibilidade de impugnar a sentença; 4. ou porque houve 'perempção no processo de apelação ou de revogação', desde que os efeitos da sentença ainda não estejam modificados por outra sentença proferida nos mesmos processos; 5. ou porque houve 'desistência no processo de apelação ou de revogação'.*[653]

Haverá ofensa à coisa julgada quer na hipótese de o novo pronunciamento ser *conforme* ao primeiro, quer na de ser desconforme. O vínculo não significa que o juiz esteja obrigado a rejulgar a matéria em igual sentido, mas sim que ele está impedido de rejulgá-la.[654]

O vínculo à coisa julgada subsiste, ainda que a pretensão submetida à apreciação judicial, não sendo idêntica à decidida em primeiro lugar, tenha solução *logicamente subordinada* à da outra: é o caso, por exemplo, declarada por sentença transitada em julgado a existência da relação de filiação, ofenderá a *res iudicata* a decisão que, em demanda de alimentos, rejeite o pedido por entender inexistente a aludida relação.[655] Para Barbosa Moreira, sob a égide do C.P.C. de 1973, a recíproca não era verdadeira, pois se a questão logicamente subordinante fosse sido examinada *incidenter tantum*, a respectiva solução *não* ficaria coberta pela *auctoritas rei iudicatae*, de maneira que a qualquer juiz seria lícito, depois, apreciá-la e decidi-la livremente.[656]

Porém, esse pensamento de Barbosa Moreira não mais se aplica ao novo C.P.C., em face do que dispõe o §1º do art. 503 do atual C.P.C.:

[652] NEVES, C., op. cit., pág. 149.

[653] CHIOVENDA, G., op. Cit.. p. 373 e 374.

[654] BARBOSA MOREIRA, José Carlos, *Questões prejudiciais e coisa julgada*. Rio de Janeiro, 1967. p. 71/2.

[655] BARBOSA MOREIRA, J. C., idem (*Questões*), p. 64 e ss.

[656] BARBOSA MOREIRA, J. C., idem, *Questões*, p. 96 e ss.

Art. 503. A decisão que julgar total ou parcialmente o mérito tem força de lei nos limites da questão principal expressamente decidida.

§ 1º O disposto no caput aplica-se à resolução de questão prejudicial, decidida expressa e incidentalmente no processo, se:

I – dessa resolução depender o julgamento do mérito;

II – a seu respeito tiver havido contraditório prévio e efetivo, não se aplicando no caso de revelia;

III – o juízo tiver competência em razão da matéria e da pessoa para resolvê-la como questão principal

Portanto, pelo atual C.P.C., a questão examinada *incidenter tantum* gera coisa julgada material, desde que: a) dessa resolução dependa o julgamento do mérito; b) assegurado o devido contraditório; c) o juiz tiver competência em razão da matéria e da pessoa para resolvê-la como questão principal.

Ofende a coisa julgada de sentença estrangeira, se a decisão do órgão nacional for posterior ao trânsito em julgado da homologação de sentença feita pelo S.T.J. Ocorrendo o trânsito em julgado da sentença proferida por órgão nacional, a homologação posterior da sentença estrangeira acarretará ofensa à coisa julgada. A rescisão, contudo, será apenas do ato homologatório e não da sentença estrangeira em si, pois essa não é rescindível no Brasil.

Também se pode indagar se a decisão que ofende a Constituição Federal faz coisa julgada. Em princípio, esta decisão pode ser objeto de rescisória.

Por sua vez, conforme entendem Teresa Arruda Alvim Wambier e José Miguel Garcia medida, referidas decisões são inconstitucionais por acolherem pedidos inconstitucionais, razão pela qual não transitam em julgado por que foram proferidas em processos instaurados por meio de mero exercício do direito de petição e não de direito de ação. Assim, havendo certa decisão sobre a qual pese autoridade de *coisa julgada*, decidida com base em *lei posteriormente tida como inconstitucional pelo controle concentrado do STF*, estar-se-ia diante de decisão viciada. O Pleno do S.T.F. afirmou que 'lei inconstitucional não produz efeito, nem gera direito, desde o seu início (...) assim sendo, perfeitamente comportável é a ação rescisória'. Mas para os autores citados seria rigorosamente desnecessária a propositura da ação rescisória, já que a decisão que seria alvo de impugnação seria juridicamente inexistente, pois que baseada em 'lei' que não é lei (lei inexistente). Nesse caso, poderá a parte intentar ação declaratória de inexistência.[657]

[657] Wambier, T. A. A.; Medina, J. M. G., op. cit., p. 42 e 43.

Outro aspecto importante diz respeito ao fato de que a coisa julgada, em regra, é analisada tradicionalmente em relação às decisões de mérito proferidas no processo de conhecimento em que se realiza cognição plena e exauriente, razão pela qual este tema foi pouco desenvolvido em relação à cognição sumária no sentido vertical.

Note-se, por sua vez, que a natureza satisfativa da tutela provisória de urgência, a fim de distingui-la da tutela provisória de urgência cautelar, não tem qualquer vinculação com a autoridade da coisa julgada, ou seja, não no sentido de se conceder à demandante providência definitiva acerca do direito pleiteado, mas no que se refere à possibilidade de se permitir a este a fruição total ou parcial dos efeitos oriundos da tutela pleiteada, ainda que provisoriamente.[658]

A tutela provisória de urgência, seja ela cautelar ou satisfativa, não ficará sujeita à autoridade da coisa julgada, muito embora possa ocorrer irreversibilidade fática (e não jurídica) dos eventuais efeitos concedidos em decorrência da tutela de urgência. A circunstância que se verifica neste caso não autoriza dizer que a irreversibilidade dos efeitos da decisão atribuiria a esta a condição de decisão acobertada pela coisa julgada, pois, sendo impossível o retorno *in natura* ao *status quo ante*, isso não significa que, por exemplo, constatada a incorreção da decisão que, fundada em cognição sumária, tenha autorizado a realização imediata da execução, seja a decisão judicial revogada e, ante a ausência de fundamento para a execução, tenha a parte lesada direito à recomposição da lesão operada, mesmo que através de indenização por perdas e danos.[659]

Caso interessante e que merece uma análise acurada é a sorte da segunda sentença que infringiu a coisa julgada da primeira.

Ultrapassado o prazo decadencial para a propositura da demanda rescisória em relação à segunda sentença, qual a consequência desse fato?

Havendo o transcurso do prazo do art. 975 do atual C.P.C., a segunda sentença que fora proferida contra uma primeira já transitada em julgado não poderá mais ser atacada, nem rescindida.

Para o direito romano, a primeira sentença continuaria a ser válida, sendo a segunda nula; porém, no sistema romano, a nulidade era oponível em exceção, e não havia prazo extintivo geral.[660]

Se os efeitos em que a sentença cuja *res iudicata* foi ofendida tornaram-se definitivos, assim permanecerão. Mas, se algum efeito não se produziu, a segunda

[658] Wambier, T. A. A.; Medina, J. M. G., idem, p. 127.

[659] Wambier, T. A. A.; Medina, J. M. G., idem, p. 93.

[660] Pontes de Miranda, op. cit. p. 202.

sentença, que era rescindível por ofendê-la, impede-o, pois quem tinha a pretensão à rescisão não a exerceu e a perdeu, definitivamente.[661]

Esclarece Pontes de Miranda: *"Em todo caso, 'se a primeira foi executada', como as duas sentenças passaram em julgado, 'ex hipothesi', prevalece, ainda, teoricamente, a primeira. Isso quer dizer que, tratando-se de sentença não cumprida, a segunda se põe à frente sempre"*.[662] Nesse sentido, aliás, já se manifestou o S.T.J.:

> *1. No conflito entre sentenças, prevalece aquela que por último transitou em julgado, enquanto não desconstituída mediante Ação Rescisória.*
>
> *2. No caso sob exame, a executada propôs ação anulatória para contestar o débito; paralelamente, interpôs Embargos à Execução sobre a mesma questão. Na anulatória, sua pretensão foi parcialmente acolhida para excluir parcela do crédito exequendo. Por seu turno, os Embargos foram julgados totalmente improcedentes.*
>
> *3. Prepondera a decisão proferida na Execução Fiscal, que rejeitou os Embargos de devedor, por ter sido formada por último. Precedentes do STJ.*
>
> *4. Recurso Especial provido.*
>
> (REsp 598.148/SP, Rel. Ministro HERMAN BENJAMIN, SEGUNDA TURMA, julgado em 25/08/2009, DJe 31/08/2009)

Pode ocorrer que advenha terceira e quarta sentença ou qualquer outra sentença que não respeite a coisa julgada, e nada mais se possa fazer contra a última sentença que era rescindível e deixou de ser.[663]

É importante salientar que se a parte apresentou em preliminar de contestação a alegação de coisa julgada, sendo essa alegação não acolhida, isso não impede a propositura de ação rescisória. Assim, mesmo que se tenha alegado a coisa julgada, sendo que esta não tenha sido acolhida pelo juiz, a sentença pode ser rescindida, dentro do prazo preclusivo.

Os elementos e pressupostos da ofensa à coisa julgada são dois: a) sentença passado em julgado; b) outra sentença, com infração da preclusão, posterior, que também haja passado em julgado. Desta forma, ocorre a reiteração de fato jurisdicional. Deve-se exigir, para essa reiteração de fatos jurisdicionais, a identidade de sujeitos, de causa e de pedido. Faltando uma dessas identidades, não há sobreposição de sentenças, muito menos mácula à coisa julgada.

[661] Pontes de Miranda, idem, p. 245.
[662] Pontes de Miranda, idem, p. 253.
[663] Pontes de Miranda, idem, p. 203.

e) *violar manifestamente norma jurídica.*

O art. 485, inc. V, do C.P.C. de 1973 estabelecia que a sentença transitada em julgado poderia ser rescindida se houvesse *violação literal disposição de lei.*

Havia muitas indagações sobre o significado de *violação literal de disposição de lei.*

Para Pontes de Miranda, ou o juiz se atém ao texto da lei, ou ao que dele imediatamente resulta, e assim julga *secundum legem*; ou sem a lei, mas junto (imediatamente à lei, *praeter legem*), ou, ainda, *contra legem*, ou seja, contra a lei escrita.[664]

Quanto à *literal disposição de lei, "que está no art. 485, V, do C.P.C. de 1973, temos sempre mostrado que não se pode acolher opinião apegada ao adjetivo. Letra, literal, está aí, como expresso, revelado..."*.[665]

O erro *contra literam*, ou violação de regra (ou texto) literal de lei, nenhuma referência fazia a ser escrito ou não-escrito o direito. O *error contra literam legis* sempre foi sucedâneo do *error contra iuris rigorem* ou *contra manifesti iuris formam*, que aparece no Digesto (L. 19, D., de *appellationibus et relationibus*, 49, I) e no Código justinianeu (L.2, C., *quando provocare necesse non est, 7, 64*). Assim, a sentença *contra ius, contra literam* são sinônimas. De modo que poderia interpor-se a demanda rescisória ainda quando a infração do direito concerne àquelas regras jurídicas sujeitas à interpretação, ou quando se trata de costume, ou de direito extravagante, ou singular, ainda que não notório.[666]

Evidentemente, a expressão *literal disposição de lei* não era a técnica mais salutar para se delimitar uma causa suscetível de demanda rescisória, especialmente pelo fato de que *"longe vai o tempo em que se repetia a cada momento, fechando-se portas à pesquisa de conteúdo das regras jurídicas, o aforismo 'In claris non fit interpretatio'. As palavras claras, podem não estar empregadas no sentido que é o da lei; e clara ser a frase e chocar-se com alguma palavra que revele o verdadeiro sentido da regra jurídica. A claridade é exterior, às vezes encandeia"*.[667]

O aforismo *in claris non fit interpretatio* não é verdadeiro, especialmente pelo fato de que não se pode confundir texto de lei com a norma resultante da interpretação do texto.

Alguns julgados falam ainda em *letra da lei*, como se fosse possível ao juiz distinguir onde começa e onde termina a interpretação não-literal ou a interpretação literal.[668]

664 Pontes de Miranda, idem, p. 257.
665 Pontes de Miranda, idem, p. 259.
666 Pontes de Miranda, idem, p. 260.
667 Pontes de Miranda, idem, p. 263.
668 Pontes de Miranda, idem, p. 265.

Toda norma é resultado de uma interpretação. Não há norma sem interpretação.

O Direito não é resultado de uma revelação feita pelo juiz ao ouvir os sussurros da lei, mas sim, um ato de criação do juiz ao interpretar as regras e os princípios. Aliás, toda interpretação é criativa e não simplesmente reveladora de uma vontade precedente. Daí porque o Direito muda, muito embora as regras e os princípios permaneçam os mesmos.

Conforme já teve oportunidade de asseverar Pontes, inclusive ao tratar da possibilidade de o juiz decidir *contra legem*, *"O absolutismo da correlação necessária entre texto e direito, que o Estado despótico pregara, o Estado constitucional herdou e as chamadas escolas positivistas receberam como realidade social permanente, por falta de conhecimento sociológico, foi aspecto de momento histórico"*.[669]

Por isso, já entendia Pontes de Miranda que o princípio de que o juiz está sujeito à lei deveria ser entendido como o juiz estaria sujeito ao direito. Assim, a palavra 'lei' deveria ser substituída por 'direito'. Especialmente pelo fato de que direito é conceito sociológico, ao que o juiz se subordina, pelo fato mesmo de ser instrumento de sua realização.[670]

Aliás, a sujeição do juiz ao direito e não à lei é reforçada no Código de Ética Ibero-Americano, que assim estabelece em seu art.35: *"O fim último da atividade judicial é realizar a justiça por meio do Direito"*.

Se o conteúdo da atividade jurisdicional fosse apenas aplicar a 'letra' da lei, e só ela, aos fatos, a função judicial não corresponderia àquilo para que foi criada: *"realizar o direito objetivo, apaziguar. Seria a perfeição, em matéria de braço mecânico do legislador, braço sem cabeça, sem inteligência, sem discernimento; mais: antissocial e, como a lei e a jurisprudência servem à sociedade – absurda"*.[671]

Por isso, andou bem o legislador do novo C.P.C. ao não mais repetir a expressão *literal dispositivo de lei*.

O novo C.P.C., com muita perspicácia, estabelece que a decisão transitada em julgado poderá ser rescindida se *violar manifestamente a norma jurídica*.

Assim, o novo C.P.C. substitui *literal* por *manifestamente*; *disposição de lei* por *norma jurídica*.

A mudança foi muito pertinente, exigindo de nós, intérpretes, uma evolução no delineamento dessa causa ensejadora de demanda rescisória.

O Direito, em sua evolução constante, assim como ocorre com a moral, a religião, a arte e a estética, é tido a cada momento como sendo aquele que é mais

[669] Pontes de Miranda, idem, p. 274.
[670] Pontes de Miranda, idem, p. 267.
[671] Pontes de Miranda, idem, p. 267.

justo e realizável. Portanto, *justiça* e *realização* são os fatores preponderantes para a melhor interpretação das normas jurídicas que constitui o Direito vigente.

Segundo estabelece o art. 36 do Código de Ética Judicial Ibero Americano, a exigência de equidade provém da necessidade de moderar, com critérios de justiça, as consequências pessoais, familiares ou sociais desfavoráveis surgidas pela inevitável abstração e generalização das leis.

Por sua vez, juiz equitativo é aquele que, sem transgredir o Direito vigente, leva em consideração as peculiaridades do caso e resolve-o baseado em critérios coerentes com os valores do ordenamento e que possam estender-se a todos os casos substancialmente semelhantes (art. 37 do Código de Ética Judicial Ibero-Americano).

Assim, se a decisão transitada em julgada não estiver de acordo com os valores de justiça e equidade, efetivamente não estará de acordo com o Direito vigente contemporâneo, acarretando mácula *manifesta à norma jurídica*.

Por isso, é de se rever as decisões dos Tribunais que não aceitam a rescisória para discutir eventual justiça da decisão. Nesse sentido são os seguintes precedentes do S.T.J.:

> *1. Embora a jurisprudência desta Corte exija a abertura de prazo para que o autor da rescisória emende a inicial e, somente se não suprida a falha, é que poderá ser decretada a extinção do processo, no caso, a exordial foi indeferida não pela presença de deficiências que, se supridas, poderiam possibilitar o conhecimento e julgamento do mérito da ação, mas por sua manifesta inadmissibilidade, porquanto ausente o seu enquadramento em uma das hipóteses previstas no art. 485 do CPC, não merecendo o Acórdão recorrido, portanto, nenhum reparo.*
>
> *2. A viabilidade da ação rescisória por ofensa à literal disposição de lei pressupõe violação frontal e direta, contra a literalidade da norma jurídica, o que não se verifica, na hipótese, sendo inviável sua utilização como meio de reavaliar os fatos da causa ou corrigir eventual injustiça da decisão.*
>
> *3. Por outro lado, é impossível a rescisão de sentença, se o fato em torno do qual teria ocorrido erro foi objeto de controvérsia ou pronunciamento judicial no processo de que resultou a decisão rescindenda.*
>
> *4. Agravo Regimental improvido.*
>
> (AgRg no Resp 1350402/DF, Rel. Ministro SIDNEI BENETI, TERCEIRA TURMA, julgado em 18/12/2012, DJe 04/02/2013)

> *1. De acordo com a jurisprudência dominante do STJ, a ação rescisória não é o meio adequado para corrigir suposta injustiça da sentença, apreciar má interpretação dos fatos, reexaminar as provas produzidas ou complementá-las. A violação de lite-*

ral disposição de lei que autoriza o ajuizamento de ação rescisória é aquela que enseja flagrante transgressão do "direito em tese", porquanto essa medida excepcional não se presta simplesmente para corrigir eventual injustiça do decisum rescindendo, sequer para abrir nova instância recursal, visando ao reexame das provas (AR 3.991/RJ, 1ª Seção, Rel. Min. Arnaldo Esteves Lima, DJe de 6.8.2012). Em outras palavras, "não se conhece do pedido de rescisão com fulcro no inciso V do artigo 485 do Código de Processo Civil, dado que a violação de lei, na rescisória fundada no citado dispositivo, deve ser aferida primo oculi e evidente, de modo a dispensar o reexame das provas da ação originária" (Ar 3.029/SP, 3ª Seção, Rel. Min. Jorge Mussi, DJe de 30.8.2011).

(...).

(AR 4.313/SP, Rel. Ministro MAURO CAMPBELL MARQUES, PRIMEIRA SEÇÃO, julgado em 10/04/2013, DJe 29/04/2013)

A *violação manifesta* não é o mesmo que a *violação literal*.

Sendo o Direito o resultado da interpretação da norma jurídica, a violação da norma jamais poderá ser literal, pois não há literalidade na norma. Se houver violação, essa somente poderá ser *manifesta*, ou seja, decorrente de uma interpretação irrazoável ou em desconformidade com a justiça que deve ser o tempero do Direito.

Outrossim, norma jurídica não se confunde com a lei.

Norma jurídica, além de ser o resultado da interpretação do texto de lei, abrange outros aspectos que vão além da regra jurídica.

Na realidade, a *norma jurídica* é resultado da interpretação de uma regra ou de um princípio jurídico. Por isso, parece oportuno traçar um marco divisório entre princípio e regra.

Abandona-se, *a priori*, a teoria metodológica tradicional que coloca em campos opostos normas e princípios.[672]

Como ponto de partida, sugere-se que regras e princípios são duas espécies de normas.[673] Contudo, a distinção entre regras e princípios não é uma tarefa fácil.

[672] "A este fin me parece importante la formulación negativa, aplicable a todos los tipos, de que un principio jurídico no es un precepto jurídico, ni una norma jurídica en sentido técnico, en tanto no contenga ninguna instrucción vinculante de tipo inmediato para un determinado campo de cuestiones, sino que requiere o presupone la acuñación judicial o legislativa de dichas instrucciones". (Esser, Josef. *Principio y norma en la elaboración jurisprudencial del derecho privado*. Barcelona: Casa Editorial Bosch, 1961. p.65.

[673] Alexy, Robert. *Teoria de los derechos fundamentales*. Madrid: Centro de Estudios Constitucionales, 1997. p. 83.

José J. G. Canotilho, sobre o tema, apresenta a seguinte sugestão como critério diferenciador: *Grau de abstração*: os *princípios* são normas com um grau de abstracção relativamente elevado; de modo diverso, as *regras* possuem uma abstracção relativamente reduzida. *Grau de determinabilidade* na aplicação do caso concreto; os *princípios*, por serem vagos e indeterminados, carecem de mediações concretizadoras (do legislador, do juiz), enquanto as *regras* são susceptíveis de aplicação directa. *Caráter de fundamentalidade* no sistema das fontes de direito: os *princípios* são normas de natureza estruturante ou com um papel fundamental no ordenamento jurídico devido à sua posição hierárquica no sistema das fontes (ex.: princípios constitucionais) ou à sua importância estruturante dentro do sistema jurídico (ex.: princípio do Estado de Direito). *'Proximidade' da idéia de direito*: os *princípios* são 'standards' juridicamente vinculantes radicados nas exigências de 'justiça' (Dworkin) ou na 'ideia de direito' (Larenz); as *regras* podem ser normas vinculativas com um conteúdo meramente funcional. *Natureza normogenética*: os *princípios* são fundamento de regras, isto é, são normas que estão na base ou constituem a *ratio* de regras jurídicas, desempenhando, por isso, uma função normogenética fundamentante.[674]

Segundo Ronald Dworkin, a diferença entre princípios e regras jurídicas é de natureza lógica, ou seja, os dois conjuntos de padrões apontam para decisões particulares acerca da *obrigação jurídica em circunstâncias específicas*, contudo, distinguem-se quanto à natureza de orientação que oferecem. As regras aplicam-se à maneira de tudo-ou-nada. Uma vez realizados os fatos que uma regra estipula, então ou a regra é válida, e nesta hipótese o resultado que ela fornece deve ser aceito ou não é válida, e nesta hipótese nada se contribui para a decisão.[675] Já os princípios são aplicados segundo uma dimensão que as regras não têm, ou seja, a dimensão do peso ou importância.[676]

A convivência dos princípios é conflitual, a convivência de regras é antinômica[677]: os princípios, ao constituírem *exigência de optimização*, permitem o balanceamento de valores e interesses, sendo que as regras não deixam espaço

[674] Canotilho, J. J. G., Op. Cit., 2003, p. 1160 e 1161.

[675] Dworkin, Ronald. *Levando os direitos a sério*. São Paulo: Martins Fontes, 2002. p.39.

[676] Idem. Ibidem. p. 43.

[677] "Un conflicto entre reglas sólo puede ser solucionado o bien introduciendo en una de las reglas una cláusula de excepción que elimina el conflicto o declarando inválida, por lo menos, una de las reglas (...).
(...)Cuando dos principios entran en colisión (...) un de los dos principios tiene que ceder ante el otro. Pero, esto no significa declarar inválido al principio desplazado ni que en el principio desplazado haya que introducir una cláusula de excepción". (Alexy, R., Op. Cit., p. 88 e 89).

para qualquer outra solução, uma vez que se uma regra tem validade, deve ser observada exatamente nos seus termos, nem mais nem menos. Os princípios suscitam problemas de *validade e peso* (importância, ponderação, valia), já as regras estabelecem apenas questão de *validade* (se elas não são corretas devem ser modificadas).[678]

Segundo Robert Alexy, o ponto decisivo para a distinção entre regras e princípios é que os *princípios* são normas que ordenam que algo seja realizado na maior medida possível, dentro das possibilidades jurídicas e reais existentes. Assim, os princípios são "mandados de optimização", ou seja, podem ser cumpridos de diferentes graus e que a medida de seu cumprimento depende das condições reais e jurídicas. Ao contrário, as *regras* são normas que somente podem ser cumpridas ou não. Se uma regra é válida, deve-se fazer exatamente o que ela determina, nem mais nem menos. Isto significa que a diferença entre ambos não é de grau, mas qualitativa.[679]

Os princípios, portanto, constituem critérios objetivos de interpretação e aplicação do Direito que impõem ao julgador o dever de sua observância, evitando, desta maneira, que ele lance mão de eventuais concepções meramente subjetivas.[680]

Evidentemente, a forma de padrão nem sempre deixa claro se se trata de uma regra ou de um princípio. Para se ter uma ideia, a primeira emenda à Constituição dos Estados Unidos apresenta uma disposição em que o Congresso não pode cercear a liberdade de expressão. A dúvida é pertinente: será esta uma regra que impede que o Congresso edite uma lei cerceando a liberdade de expressão, sob pena de ser configurada como inconstitucional? Para aqueles que entendem que essa forma de padrão é "absoluta", sustenta-se que se está diante de uma regra. Contudo, se ela meramente enuncia um princípio, de maneira que, se um cerceamento de liberdade de expressão for descoberto será inconstitucional, a não ser que seu contexto revele a existência de uma outra política ou princípio que apresente força suficiente para autorizar o aludido cerceamento, será considerada um princípio.[681]

Seja como for, apenas as regras ditam resultados. Quando se obtém um resultado contrário, a regra é abandonada ou mudada. Os princípios atuam de outra

[678] Canotilho, J. J. G., Op. Cit., 2003, p. 1.161 e 1.162.

[679] Alexy, R., Op. Cit., p. 87.

[680] Farias, Edison Pereira. *Colisão de direito – a honra, a intimidade, a vida privada e a imagem versus a liberdade de expressão e informação*. Porto Alegre: Sergio Antonio Fabris, 1996. p.26.

[681] Dworkin, R., op. cit., p. 44.

maneira; eles conduzem a decisão em uma direção, em que pese de maneira não conclusiva. Além do mais, sobrevivem intactos quando não prevalecem.[682]

Palavras como "razoável", "negligente", "injusto" e "significativo" desempenham frequentemente a função de denotação de um princípio, ainda que essas palavras sirvam de direção para uma determinada regra. "Quando uma regra inclui um desses termos, isso faz com que sua aplicação dependa, até certo ponto, de princípios e políticas que extrapolam a [própria] regra".[683]

Não se pode esquecer que Súmulas de tribunais também podem ser consideradas normas jurídicas, especialmente as Súmulas Vinculantes. Assim, a decisão que manifestamente violar Súmula Vinculante poderá ensejar demanda rescisória.

Observa-se, portanto, diante dessa definição de norma jurídica, que a demanda rescisória encontra-se muito mais aberta para tratar de questões que envolvem não apenas a manifesta violação da regra jurídica, como também dos princípios informadores do Estado Democrático de Direito brasileiro.

O Supremo Tribunal Federal, por meio da Súmula 343 do S.T.F., já deixou assentado que: *"Não cabe ação rescisória por ofensa a literal disposição de lei, quando a decisão rescindenda se tiver baseado em texto legal de interpretação controvertida nos tribunais"*

Ocorre que, como não se trata mais de *violação literal de disposição de lei*, mas de manifesta violação de norma jurídica, aí estão incluídos os princípios e as regras jurídicas. Isso significa dizer que a Súmula 343 do S.T.F. perdeu sua razão de ser.

Na verdade, o Tribunal deve *dizer o* direito, tal como entende que fora violado, sem se preocupar se há ou não controvérsia na interpretação jurisprudencial.

Na realidade, a diferença de interpretação passa na esfera subjetiva do intérprete, no caso, do juiz, e não no ordenamento jurídico.

Daí porque, conforme asseverou Pontes de Miranda, *"Seria bem frágil o sistema jurídico se ao simples fato do erro, da meia-ciência, ou da ignorância de aplicadores e intérpretes, as suas regras jurídicas pudessem empanar-se, encobrir-se, a ponto de não se poder corrigir a violação da lei...com o simples argumento de que havia duas diferentes interpretações da lei."*.[684] E concluiu o mestre: *"Às vezes, a jurisprudência muda entre o proferimento da sentença e o último dia do biênio. Outras vezes, depois de proposta a ação. De modo que, no momento em que se vai julgar a ação rescisória, o direito já se acha diferentemente revelado. Dois acórdãos do Tribunal de Relação do Rio de Janeiro (8 de junho de 1926 e 1º de junho de 1928) pretenderam que, sendo outra a revelação ao tempo*

682 Idem. Ibidem. p. 57.
683 Idem. Ibidem. p. 45.
684 Pontes de Miranda, op. cit., p. 276.

da sentença rescindenda, não pode ser julgada procedente a ação rescisória. Estavam em erro. Não só é rescindível tal sentença, como o são quaisquer outras sentenças que tenham revelado erradamente o direito. A nova jurisprudência faz suscetíveis de rescisão a todas e só o biênio pode cobri-las contra o exame rescindente".[685]

O novo C.P.C. fala em violação manifesta da norma jurídica. Se a norma jurídica decorre de interpretação, o fato de existirem mais de uma interpretação não pode ser motivo para impedir a demanda rescisória, especialmente porque caberá à decisão da rescisória estabelecer qual é a interpretação razoável e qual é a interpretação irrazoável na construção da norma jurídica violada.

Assim, mesmo que haja controvérsia jurisprudencial sobre a forma de construção da norma jurídica, especialmente quando há aplicação dos princípios fundamentais previstos na Constituição Federal, não poderão mais os Tribunais furtarem-se da análise da rescisória pelo fato de que havia à época da construção da norma divergência jurisprudencial.

Aliás, a solução por uma melhor interpretação na construção da norma jurídica é, sem dúvida, uma construção paulatina, por etapas, que requer certo amadurecimento, seja da capacitação dos juízes, seja dos valores incorporados na sociedade. As súmulas são de certa forma um reflexo desse amadurecimento. Sendo assim, o fato de existir conflito de interpretação jurisprudencial sobre determinada questão não pode ser motivo de impedimento da rescisória, mas, sim, compreensão de que a melhor solução decorre de uma processo longo e contínuo de amadurecimento em prol do fim último da atividade jurisdicional que é a *justiça*.

Pode-se pensar na seguinte situação: Trezentos processos foram julgados em todo o país, cada órgão judiciário apresentou uma interpretação para a questão, construindo, cada qual, a sua norma jurídica decorrente da interpretação dos textos de lei. Também os tribunais, ao avaliarem tal interpretação, cada qual apresentou sua concepção jurídica sobre a melhor solução. Dos trezentos, duzentos e noventa e nove foram até o Superior Tribunal de Justiça, o qual, em decisão de recurso repetitivo, estabeleceu qual seria a melhor norma jurídica para o caso. Apenas um não recorreu, mas ingressou com a demanda rescisória a fim de que o entendimento do S.T.J. prevalecesse sobre o seu caso. Evidentemente, seria extremamente *injusta a decisão* do Tribunal que não acolhesse a rescisória sob o argumento de quando foi proferida a sentença rescindenda havia divergência jurisprudencial sobre a questão, especialmente pelo fato de que em nosso país duzentos e noventa e nove decisões estarão de acordo com a melhor

[685] Pontes de Miranda, idem, ibidem.

interpretação, aplicando a norma jurídica correta, enquanto apenas uma estará dissociada desse critério de *justiça*.

Não obstante essa controvérsia, o certo é que o S.T.F. vinha entendendo que havendo controvérsia nos Tribunais sobre matéria Constitucional, seria possível a demanda rescisória, não se aplicando a Súmula 343 do S.T.F. Nesse sentido é o seguinte precedente:

I – Cabe ação rescisória por ofensa à literal disposição constitucional, ainda que a decisão rescindenda tenha se baseado em interpretação controvertida, ou seja, anterior à orientação fixada pelo Supremo Tribunal Federal. II – A atual jurisprudência do Tribunal é no sentido de que a norma do art. 8º do ADCT apenas exige, para concessão de promoções, na aposentadoria ou na reserva, a observância dos prazos de permanência em atividade inscritos em lei e regulamentos. III – Decisão que, ao aplicar o art. 8º do ADCT, afasta as promoções por merecimento ou condicionadas por lei à aprovação em curso de admissão e aproveitamento no curso exigido, autoriza sua rescisão, com base no art. 485, V, do CPC. IV – Ação Rescisória julgada procedente.

(AR 1478, Relator(a): Min. RICARDO LEWANDOWSKI, Tribunal Pleno, julgado em 17/11/2011, ACÓRDÃO ELETRÔNICO DJe-022 DIVULG 31-01-2012 PUBLIC 01-02-2012).

Porém, recentemente (22/10/2014) o S.T.F., no RE n. 590.809-7, entendeu que não cabe demanda rescisória contra decisão fundamentada em jurisprudência do Supremo Tribunal Federal que posteriormente foi revista. Com essa interpretação, o S.T.F. entendeu que a Súmula 343 também deve ser aplicada em questão de controle de constitucionalidade. Portanto, por seis votos contra dois, o S.T.F. passou a entender que a súmula 343 deve ser aplicada também nas controvérsias de natureza Constitucional. Eis o teor do acórdão da referida decisão:

O Direito possui princípios, institutos, expressões e vocábulos com sentido próprio, não cabendo colar a sinonímia às expressões "ação rescisória" e "uniformização da jurisprudência".

AÇÃO RESCISÓRIA – VERBETE Nº 343 DA SÚMULA DO SUPREMO. O Verbete nº 343 da Súmula do Supremo deve de ser observado em situação jurídica na qual, inexistente controle concentrado de constitucionalidade, haja entendimentos diversos sobre o alcance da norma, mormente quando o Supremo tenha sinalizado, num primeiro passo, óptica coincidente com a revelada na decisão rescindenda.

A analogia, para se aplicar ou para não se aplicar alguma regra jurídica, pode dar ensejo à demanda rescisória. Assim, *"se o juiz ou o tribunal diz que ao fato 'a' corresponde a regra jurídica 'b', porque falta a regra jurídica 'a', o juiz ou tribunal ofende o direito constituído, se regra jurídica 'a' existe, ou se seria o caso de se aplicar a regra jurídica 'c', ou não aplicar regra jurídica".*[686]

A norma jurídica violada que enseja a demanda rescisória pode ser tanto norma de direito material quanto de direito processual.

Na realidade, violam-se os direitos, deixando-se de aplicar os princípios jurídicos que lhes dão fundamento.

Agora, se a violação não é de norma jurídica mas de interpretação de fatos, a rescisória não poderá fundamentar-se neste inciso, mas, sim, nos incisos VI, VII ou VIII deste artigo.

Sobre o tema, eis os seguintes precedentes do S.T.J.:

1. É cabível Ação Rescisória com fundamento no art. 485, V, do CPC, tanto por error in procedendo quanto por error in judicando.

2. Em mandado de segurança é necessária a intimação da pessoa jurídica de direito público à qual vinculada a autoridade dita coatora (art. 3º, da Lei nº 1.318/61 e art. 7º, II, da Lei nº 12.016/2009). Nulidade reconhecida.

3. Ação Rescisória julgada procedente, determinando-se o retorno dos autos ao Tribunal de origem para processamento do recurso ordinário em mandado de segurança.

(AR 3.976/GO, Rel. Ministro MOURA RIBEIRO, TERCEIRA SEÇÃO, julgado em 11/06/2014, DJe 17/06/2014)

Ação Rescisória ajuizada contra decisão monocrática que negou seguimento ao Recurso Especial do autor – Procedência – Violação a literal dispositivo de lei e erro de fato configurados – Inicio de prova material que demonstra atividade campesina a partir de 09/07/57 (data do pedido inicial) corroborada pelos depoimentos testemunhais – Precedentes – Aposentadoria por tempo de serviço concedida – Sucumbência fixada – Rescisória procedente.

1. Para fins previdenciários bastam à comprovação da atividade rurícola o início de prova material corroborada por prova testemunhal.

2. Erro de fato demonstrado ao não reconhecer a atividade campesina a partir de 09/07/57.

3. Preenchido o requisito previsto pelo art. 52, da Lei 8.213/91, faz jus o autor à concessão da aposentadoria por tempo de serviço nos moldes do art. 53, II, do mesmo diploma legal.

[686] PONTES DE MIRANDA, *Tratado, p. 272.*

4. Ação rescisória julgada procedente.

(AR 4.089/SP, Rel. Ministro MOURA RIBEIRO, TERCEIRA SEÇÃO, julgado em 11/06/2014, DJe 17/06/2014)

(...).

2. Quanto à violação literal de dispositivo legal, constatada a impossibilidade de rescisão do julgado, uma vez que o relator decidiu a matéria baseado em posicionamento firme deste Tribunal Superior, no sentido de que a renda mensal vitalícia é um amparo previdenciário intuitu personae e que não permite a transferência de direitos do beneficiário aos seus sucessores.

3. Aplicado à espécie o entendimento desta Corte de Justiça no sentido de que não cabe ação rescisória fundada em ofensa literal a disposição de lei quando a decisão rescindenda estiver em consonância com a jurisprudência pacífica do STJ.

4. No tocante ao erro de fato, a alegação da autora em nada interfere no desate da controvérsia, porque diz respeito a matéria estranha à lide originária, consistente na manutenção ou na perda da qualidade de segurado para a concessão da pensão por morte.5. Ação rescisória improcedente.

(AR 4.255/SP, Rel. Ministro MOURA RIBEIRO, TERCEIRA SEÇÃO, julgado em 11/06/2014, DJe 17/06/2014).

(...).

2. O entendimento esposado pelo Tribunal de origem, longe de encerrar teratologia ou manifesta ilegalidade, encontra-se em consonância com a jurisprudência pacificada pela Corte Especial deste STJ, que se manifesta no sentido de que a ação rescisória, fundada na alegação de violação literal à dispositivo de lei, não se presta a conferir nova interpretação à cláusula contratual ou a infirmar a injustiça da decisão rescindenda, especificamente na hipótese em que adota interpretação possível e razoável, lastrada na prova pericial produzida nos autos.

3. Do mesmo modo, em tese, não se afigura cabível ação rescisória, fundada na alegação de erro de fato, a considerar o expresso enfrentamento da matéria suscitada (sobre a qual incidiria o apontado erro de fato) pela decisão rescindenda.

4. No tocante à urgência da pretensão acautelatória, embora as insurgentes argumentem o risco de iminência de levantamento dos valores bloqueados, não demonstraram, como seria de rigor, a existência de qualquer requerimento da recorrida ou decisão judicial nesse sentido.

5. Agravo regimental desprovido.

(AgRg na MC 22.659/SP, Rel. Ministro MARCO BUZZI, QUARTA TURMA, julgado em 10/06/2014, DJe 17/06/2014)

f) *se fundar em prova cuja falsidade tenha sido apurada em processo criminal ou venha a ser demonstrada na própria ação rescisória.*

A rescisão de sentença pela falsidade da prova já era prevista nas Ordenações Afonsinas, Livro III, Título 78, assim como nas Ordenações Filipinas, Livro III, Título 75.[687]

Este inciso insere como fundamento da procedência da pretensão formulada na demanda rescisória, o fato de a decisão fundar-se em prova cuja falsidade tenha sido apurada em processo criminal, ou venha a ser demonstrada na própria demanda rescisória.

O C.P.C. de 1939, art. 798, n. II, estabelecia que a prova falsa deveria ter sido o principal fundamento da sentença rescindenda. Já o C.P.C. de 1973, assim como o atual dispositivo, apenas exige que a prova falsa tenha sido de certa forma fundamento da decisão rescindenda. Na realidade, o que se deve verificar é se a sentença proferida pelo juiz escolheria a mesma posição se não tivesse se respaldado na prova falsa. Daí porque, a sentença não seria rescindível se houvesse outro fundamento 'bastante' para a conclusao.[688]

Se a falsidade da prova atingir apenas a um dos capítulos da sentença, a decisão será apenas parcialmente procedente.

É importante salientar que a procedência da rescisória não significa que o réu nesta demanda não tinha direito ou pretensão. A eficácia preponderante é desconstitutiva. O elemento declarativo somente atinge a prova declarada falsa, e não o direito. Por isso, nada impede que se proponha nova demanda, se ainda não prescreveu a pretensão, tendo novo êxito.[689]

A falsidade da prova pode decorrer tanto da falsidade material quanto da falsidade ideológica. Não há distinção na norma sobre a espécie de falsidade. Tampouco exige-se que se tenha suscitado no processo em que foi proferida a sentença rescindenda a questão da falsidade, nem que ao interessado não haja sido possível suscitá-la naquele processo, *v.g.*, pelo fato de que somente depois teve ciência da falsidade. Também não se leva em consideração qualquer elemento subjetivo do requerente da rescisória, ou seja, se sabia ou não da falsidade durante o transcurso do processo em que fora proferida a sentença rescindenda. Porém, em se tratando de *arguição de falsidade* (art. 430 do atual C.P.C.), e tendo

[687] Pontes de Miranda, *Tratado, p. 305*

[688] Barbosa Moreira, José Carlos. *Comentários ao código de processo civil.* Vol. V. Rio de Janeiro: Forense, 1976. p.129.

[689] Pontes de Miranda, op. cit. *316.*

a sentença declarado a validade do documento, fica excluída a possibilidade de rescindir-se com base no art. 966. inc. VI do atual C.P.C.[690]

A falsidade da prova pode ser apurada tanto em processo penal como no próprio processo em que se dá a rescisória. No processo penal, a decisão que reconhece a falsidade da prova pode ocorrer antes ou depois da sentença rescindenda proferida no juízo cível. É importante salientar que somente sentença penal transitada em julgado poderá respaldar a rescisória, sendo que não se poderá mais no juízo cível discutir sobre a falsidade ou não da prova.

A falsidade da prova, conforme se afirmou, também poderá ser apurada na própria demanda rescisória, independentemente de instauração de processo criminal, abrindo-se instrução, normalmente com perícia, para se apurar a validade ou não da prova que fundamentou a sentença rescindenda.

Não interferirá na demanda rescisória o fato de o autor da falsidade ter em seu favor no processo criminal a extinção da punibilidade pela prescrição ou outra causa. Nesse sentido é o teor do art. 67 do Código de Processo Penal, a saber:

> *Art. 67. Não impedirão igualmente a propositura da ação civil:*
> *I – o despacho de arquivamento do inquérito ou das peças de informação;*
> *II – a decisão que julgar extinta a punibilidade;*
> *III – a sentença absolutória que decidir que o fato imputado não constitui crime.*

Somente se houver absolvição no processo criminal com base em declaração peremptória de que não houve a falsidade documental, ou seja, de que não houve a materialidade do delito de falso, é que se impedirá na rescisória a possibilidade de se discutir novamente esta questão já definitivamente resolvida no processo criminal. Sobre o tema, anota o art. 66 do Código de Processo Penal: *Não obstante a sentença absolutória no juízo criminal, a ação civil poderá ser proposta quando não tiver sido, categoricamente, reconhecida a inexistência material do fato.*

Por fim, deve-se ressaltar que somente cabe a demanda rescisória diante de *prova falsa ou falsidade de prova* e não por outra irregularidade constante na prova, ou seja, não por ser a prova irregular ou nula, em face de que não preenche os requisitos legais exigidos pela regra jurídica. Falso é o que se diz existir e não existe. Note-se que prova falsa não é o mesmo que prova nula. Assim, se o documento que serviu de prova foi realizado por agente incapaz, tenha por conteúdo objeto ilícito, ou, ainda, não tenha observado a forma prescrita em

[690] Barbosa Moreira, J. C., idem, p. 130.

lei, tal circunstância não denota a falsidade de prova mas sua invalidade. Nessa hipótese, a rescisória poderá ter por fundamento, não a falsidade de prova, mas eventual violação manifesta da norma jurídica, uma vez que o documento que serviu de fundamento para a sentença rescindenda não observou os requisitos exigidos pela norma jurídica para sua constituição, razão pela qual a sua força ou a sua estrutura para amparar a decisão judicial deu-se em manifesta violação da norma jurídica, sendo que por norma entenda-se regras e princípios jurídicos.

Segundo anota Pontes de Miranda, *"enquanto corre (ou não se iniciou) o processo criminal, não pode ocorrer o prazo para se propor a ação rescisória da sentença com invocação do art. 485, VI, 1ª parte: o sistema jurídico tece de acolher tal fundamento exatamente para evitar a contradição (incompossibilidade lógico-jurídica) entre a sentença rescindenda e o julgado criminal, que lhe infirma o principal fundamento. Seria contra os princípios que se desse ao tempo tal importância que a eficácia declarativa do julgado criminal não se exercesse se o trânsito em julgado foi 'após' os dois anos (prazo do C.P.C. de 1973) da coisa julgada da sentença rescindenda"*.[691]

Não obstante a lição de Pontes de Miranda, o certo é que a instauraçao do processo criminal para efeito de apuração delituosa de falso material ou ideológico não tem o efeito de interromper o prazo *decadencial* para a propositura da demanda rescisória. Note-se que a pretensão criminal é diversa da pretensão rescisória, pois numa há a pretensão Estatal em punir o ato infracional, enquanto que na outra há a pretensão de rescisão de uma sentença transitada em julgado.

O que pode ocorrer, até mesmo para se evitar conflitos de decisões, é, após a citação do réu na demanda rescisória, suspender-se o processo até que seja definida a questão prejudicial sobre a falsidade no processo criminal.

Para Pontes de Miranda, pode a parte que produziu o documento pedir rescisão da decisão com fundamento no art. 966, inc. VI, do atual C.P.C., especialmente se o documento serviu de base para que a decisão fosse favorável à parte contrária.[692] Essa posição de Pontes tem razão de ser se a parte que utilizou o documento desconhecia naquele momento a sua falsidade. Contudo, se a parte, fraudulentamente e dolosamente, tentou beneficiar-se com o documento, não terá interesse para ingressar com a rescisória, tanto pelo fato de que se utilizou dolosamente do documento falso, como em razão do princípio de que ninguém poderá se beneficiar de sua própria torpeza.

Sobre o tema, eis os seguintes precedentes:

691 Pontes de Miranda, *Tratado*, op. cit., 311.

692 Pontes de Miranda, Idem, p. 315.

(...).

2. De acordo com os registros assentados na Carteira de Trabalho e Previdência Social – CTPS constante dos autos, que serviram de base probatória para o reconhecimento do direito à concessão do benefício por esta Corte, a segurada teria laborado, entre os anos de 1980 a 1991, em diversos sítios localizados no Município de São Manuel/SP.

3. Entretanto, na forma dos elementos de prova fornecidos pela entidade previdenciária, sobretudo aqueles obtidos a partir de procedimentos criminais, os vínculos trabalhistas registrados na Carteira de Trabalho foram considerados fraudulentos, ora porque a assinatura do suposto empregador era falsa; ora porque a propriedade imóvel onde a segurada teria prestado serviços não existia.

4. Como se as provas coligidas aos autos não fossem suficientes, a própria demandada afirmou jamais haver trabalhado para os empregadores citados em sua CTPS.

5. Ante esse quadro, tem-se por procedente a postulação formulada pela autarquia autora, à luz do disposto no art. 485, inc. VI, do CPC, que impõe a rescisão do julgado, quando este se encontrar fundado em prova, cuja falsidade tenha sido apurada em processo criminal ou seja demonstrada na própria ação rescisória.

6. Ressalta-se, por fim, que, no caso dos autos, não há dúvidas de que a decisão rescindenda está baseada nos elementos probatórios reputados falsos e que não remanesce fundamento diverso independente a ensejar a sua manutenção. Nesse sentido: AR 3.553/SP, Rel. Ministro FELIX FISCHER, TERCEIRA SEÇÃO, DJe 6/4/2010.

7. Ação rescisória julgada procedente para desconstituir o acórdão rescindendo e, em juízo rescisório, negar provimento ao recurso especial interposto por MARIA APARECIDA SALMIM DE MORI, ora demandada.

(AR 1.804/SP, Rel. Ministro OG FERNANDES, TERCEIRA SEÇÃO, julgado em 13/04/2011, DJe 25/04/2011)

1. A ação rescisória é instrumento excepcional posto romper a coisa julgada, instrumento consubstanciador da promessa constitucional da "segurança jurídica".

2. Ação de ressarcimento procedente posto comprovada a fraude na alienação de ações com notável prejuízo para a entidade pública.

3. Alegação de prova falsa existente anteriormente à propositura da ação rescisória, obtida sem contraditório, por isso que unilateral e tardia.

4. Revelando-se instrumento de estrita utilização é mister para o acolhimento do iudicium rescindens que a prova seja produzida em processo criminal de falsidade ou no curso da ação rescisória, atributos que não ostenta a prova inquisitorial precedente à ação rescisória.

5. Fraude objetivamente atestada e imputável ao advogado da Prefeitura e irmão do prefeito, o que justificaria, no iudicium rescisorium a imputação da responsabilidade in eligendo.

6. Deveras, a sentença rescindenda baseou-se em outros documentos que não o supostamente falso, desconfigurando a causa petendi eleita para a ação rescisória, mercê de a referida e suposta prova falsa não ter sido produzida nem em processo criminal nem no curso da rescisória, por isso que imperiosa a prevalência da regra do art. 474, do CPC (tantum iudicatum quantum disputatum debeat) quanto à conclusão da ação ressarcitória, cuja condenação se pretende desconstituir.

7. Recurso especial parcialmente conhecido e, nesta parte, provido.

(REsp 471.732/MA, Rel. Ministro LUIZ FUX, PRIMEIRA TURMA, julgado em 18/03/2004, DJ 19/04/2004, p. 154)

g) *o autor, posteriormente ao trânsito em julgado, obtiver prova nova cuja existência ignorava ou de que não pôde fazer uso, capaz, por si só, de lhe assegurar pronunciamento favorável.*

Esta motivação para demanda rescisória não tinha previsão no C.P.C. de 1939.

Essa espécie de motivação para a demanda rescisória encontrava-se prevista no inc. II do art. 485 do C.P.C. de 1973, a saber: *depois da sentença, o autor obtiver documento novo, cuja existência ignorava, ou de que não pôde fazer uso, capaz, por si só, de lhe assegurar pronunciamento favorável.*

Percebe-se uma diferença substancial no conteúdo normativo do atual C.P.C. em relação ao C.P.C. de 1973.

Enquanto o Código revogado somente permitida a rescisória quando o autor obtivesse *documento novo*,[693] o atual C.P.C. deu uma aplicação muito mais abrangente ao permitir a rescisória quando o autor obtiver *prova nova*.

A prova nova não se restringe ao *documento*, mas a qualquer prova lícita e legítima, podendo ser testemunhal, pericial, documental etc.

Outra diferença observada, é que no C.P.C. de 1973 o documento novo teria sido obtido após a sentença, enquanto que o novo C.P.C. aduz que a prova nova surge após o trânsito em julgado da decisão. Isso significa que pelo novo C.P.C. o surgimento de uma prova nova cuja existência era até então ignorada pela parte, ou de que não poderia ter feito uso anteriormente, poderá ser trazida ao processo, inclusive se o processo já estiver em grau de recurso perante os tribunais de apelação ou perante os tribunais superiores. Tal afirmação tem por fundamento o princípio da celeridade e economia processual, pois não se justificaria aguardar o trânsito em julgado da decisão para se apresentar a prova nova e, se for o caso, rescindir-se a sentença que já fora prolatada. Havendo ainda possibilidade de se reverter a decisão, antes do trânsito em julgado, a utilização da nova

[693] Também o C.P.C. italiano, art. 395, inc. III, o C.P.C. alemão, art. 580, 7, letra 'b' apenas fazem referência a documento novo e não prova nova.

prova é de rigor, pois o que se busca no âmbito do processo jurisdicional é uma decisão équo e justa.

Contudo, se já foi proferido o último julgamento na última instância, não havendo mais oportunidade para se fazer referência à nova prova que surgiu antes do trânsito em julgado da decisão, preclusa encontra-se tal possibilidade, pois a demanda rescisória somente poderá ter por objeto prova nova surgida após o trânsito em julgado da decisão, salvo se o autor da rescisória demonstrar que não pode fazer uso da prova anteriormente ao último julgamento proferido na ação originária por circunstância alheia à sua vontade.

Atualmente, a rescisória somente poderá ser promovida com base em prova nova obtida após o trânsito em julgado da sentença rescindenda, e não antes. Se a parte interessada tinha ciência da prova e poderia utilizá-la antes do trânsito em julgado da sentença, e não o fez, não poderá mais valer-se da demanda rescisória para suprir sua falta.

A regra estabelecida no inc. VII do art. 966 do atual C.P.C. faz referência ao *autor* que obtenha prova nova, cuja existência ignorava ou de que não pode fazer uso, capaz, por si só, de lhe assegurar pronunciamento favorável. O autor referido neste inciso é o promovente da demanda rescisória, que poderá ter sido autor, réu ou assistente da demanda original, ou, ainda, terceiro interessado, assim como, nos casos permitidos, o Ministério Público.

A referência a ser *nova a prova* é um tanto ambígua, pois o novo, nesse caso, é o conhecimento da prova, ou a possibilidade de utilizá-la. A prova, inclusive, pode ter existência antes do processo em que fora proferida a decisão rescindenda, ou ter existência ainda no curso deste processo. O que se exige, é que o interessado na sua utilização não tivesse conhecimento desta prova, ou se tivesse, estava totalmente impedido de utilizá-la. Portanto, a exigência de *prova nova* nada tem a ver com fato novo ou acontecimento novo.[694]

Outro aspecto importante é que não basta que a prova seja nova; é necessário, também, que ela, por si só, seja capaz de assegurar pronunciamento favorável ao autor da rescisória. Se mesmo com a prova nova, outras provas forem suficientes para manter o resultado da decisão rescindenda, a rescisória não terá sucesso.

Sobre o tema, eis os seguintes precedentes do S.T.J.:

> *(...).*
>
> *2. A jurisprudência desta Corte é no sentido de que a ação rescisória proposta com base no art. 485, IX (erro de fato), do CPC, somente subsiste se: a) não houve contro-*

[694] Pontes de Miranda, *Tratado, idem, p. 323.*

vérsia sobre o fato, b) se não houve pronunciamento judicial sobre o fato e c) se não é preciso juntar novas provas na rescisória para demonstrar a ocorrência ou inocorrência do fato. Precedentes: AR 2311/SP, Primeira Seção, Rel. Min. Mauro Campbell Marques, julgado em 10.11.2010; AR 3868/SP, Primeira Seção, Rel. Min. Mauro Campbell Marques, julgado em 09.02.2011; AR 4655/ES, Primeira Seção, Rel. Min. Arnaldo Esteves Lima, julgado em 13.06.2012; AR 4717/SP, Primeira Seção, Rel. Min. Benedito Gonçalves, julgado em 10.04.2013.

3. No caso, para se acatar a tese da autora de que houve erro de fato seria necessário examinar provas que não constam dos autos do processo rescindendo, já que não há ali suporte seguro para se afirmar a condição em que se deram os referidos pagamentos, isto é, se antes, concomitantemente ou depois da entrega das respectivas DCTFs originais ou se antes, concomitantemente ou depois da entrega das respectivas DCTFs retificadoras e se a multa exigida é a multa de mora ou aquela por atraso na entrega da declaração.

4. Por tais razões, dada à impossibilidade jurídica do pedido, impõe-se o indeferimento monocrático da inicial, com a consequente extinção do processo sem resolução do mérito, nos termos do art.

267, I e VI c/c art. 295, I, parágrafo único e inciso III, e artigos 490, I, do Código de Processo Civil.

5. Agravo regimental não provido.

(AgRg no AgRg na AR 4.948/PR, Rel. Ministro MAURO CAMPBELL MARQUES, PRIMEIRA SEÇÃO, julgado em 23/10/2013, DJe 02/04/2014)

(...).

2. O documento novo, apto a aparelhar a ação rescisória, deve ser preexistente ao julgado rescindendo, de existência ignorada ou de que não pode a parte fazer uso, capaz, por si só, de assegurar pronunciamento favorável.

3. O conhecimento do presente especial, no que se refere à alegação de dolo da parte vencedora em detrimento da parte vencida, demandaria nova incursão fático-probatória, inviável tendo em vista a incidência da Súmula nº 7/STJ.

4. Agravo regimental não provido.

(AgRg no Ag 1265966/RJ, Rel. Ministro RICARDO VILLAS BÔAS CUEVA, TERCEIRA TURMA, julgado em 04/10/2011, DJe 10/10/2011)

h) *fundada em erro de fato verificável do exame dos autos.*

O art. 485, inc. IX, do C.P.C. de 1973, também trazia essa causa justificadora do pleito rescisório, mas com a seguinte redação: *fundada em erro de fato, resultante de atos ou de documentos da causa.* Esta redação espelhou-se no art. 395, n. 4, do C.P.C. italiano. Porém, Barbosa Moreira fez a seguinte crítica ao legislador do C.P.C. de 1973, ao tentar traduzir o diploma processual italiano: *"O inc. IX do art.*

485 corresponde, quase literalmente, ao art. 395, n. 4, do Código italiano, onde se prevê, como fundamento da 'revocazione, o 'errore di fatto risultante dagli atti o documenti della causa'. O legislador pátrio, no entanto, foi particularmente infeliz ao traduzir a expressão transcrita. Em primeiro lugar, é equívoco o uso de 'resultante' no texto brasileiro, pois no original a palavra não tem o sentido de 'decorrente', oriundo, proveniente', que é a sua acepção vernácula. O dispositivo da lei peninsular refere-se ao erro de fato que 'transparece, que emerge, que ressalta dos 'atti o documenti della causa', e não ao erro de fato que fosse uma consequência desses 'attos ou documentos'. Ademais, no texto italiano, o vocábulo 'atti', que pode ter mais de um sentido, não está empregado no de 'atos', mas no de 'autos', coisa bem diferente. É o que se pode comprovar mediante consulta à doutrina, formada quer sob o Código em vigor, quer sob o antigo, de 1865, cujo art. 4º, já contemplava a hipótese, em termos quase idênticos".[695]

O erro, segundo o Código revogado, deveria decorrer da prática de atos ou de documentos da causa.

O novo C.P.C. apresenta uma conotação mais elástica à análise do erro, talvez adotando a tradução correta do art. 395, n. 4, do C.P.C. italiano, pois o erro poderá emergir, ressaltar do *exame dos autos* (e não dos atos), ou seja, ser proveniente do ato de examinar os autos na sua inteireza, não só em relação a determinados documentos ou a determinados atos.

Este dispositivo vem reforçar, conforme já se afirmou quando da análise da rescisória com fundamento em *manifesta violação da norma jurídica*, que o legislador do atual C.P.C. tornou-se mais sensível à *justiça da decisão*, razão pela qual procurou aumentar o campo de motivação para se permitir a propositura da demanda rescisória.

Por isso, o *erro de fato* exigido pela norma resulta do exame dos autos, no seu conjunto, e não isoladamente de uma prova específica ou de um ato processual individualizado.

O que se constata com o erro de fato é a falta de coincidência entre a ideia e o estado verdadeiro da coisa ou do fato. Assim, há erro quando o juiz afirma a existência de determinado documento nos autos, quando, na realidade, não existe, ou quando afirma que não existe determinado documento, e ele existe.

Não se discute em matéria de erro de fato se se está diante de *erro escusável* ou *inescusável* por parte do juiz. Qualquer um deles justifica a demanda rescisória, pois foi a decisão, e não qualquer dos litigantes, que admitiu o fato inexistente, ou negou o fato existente.[696]

[695] BARBOSA MOREIRA, José Carlos. *Comentários ao código de processo civil.* Vol. V. Rio de Janeiro: Forense, 1976. p. 144.

[696] PONTES DE MIRANDA, op. cit., p. 341.

Portanto, não se trata de má apreciação da prova, mas que o fato existente tenha sido considerado pelo juiz como inexistente ou vice-versa, sendo essa circunstância fundamental para o juiz decidir como decidiu. A pergunta que se deve fazer é simplesmente essa: *"subsistiria a conclusão da sentença, se o fato sobre o qual não se pronunciou o órgão judicial houvesse de considerar-se existente, em vez de inexistente, ou inexistente, em vez de existente?"*[697]

O erro que levou o juiz a proferir sua decisão pode advir de determinada prova, como, ainda, de qualquer ato praticado no processo.

Sobre o tema, eis o seguinte precedente do S.T.J.:

> *(...).*
>
> *2. O acórdão ora impugnado entendeu que não há fato novo a ser apurado, inexiste no acórdão rescindendo erro de fato ou violação à lei ou à Constituição. O relator examinou convenientemente a questão da cobertura florística. Logo, a presente ação rescisória está incidindo sobre matéria controvertida, o que não é possível.*
>
> *3. A autora, em seu recurso, a pretexto de existência de erro de fato, busca na verdade nova interpretação jurídica das provas carreada nos autos, já enfrentadas na demanda originária, o que não dá ensejo à ação rescisória prevista no art. 485, IX, do CPC.*
>
> *4. Cabe ação rescisória fundada em erro somente "quando a sentença admitir um fato inexistente ou quando considerar inexistente um fato efetivamente ocorrido. É indispensável, num como noutro caso, que não tenha havido controvérsia judicial sobre o fato" (art. 485, §§ 1º e 2º, do CPC). Precedentes.*
>
> *(...).*
>
> (REsp 1342469/AM, Rel. Ministro CASTRO MEIRA, SEGUNDA TURMA, julgado em 06/08/2013, DJe 04/10/2013)

Preceitua o *§1º do art. 966* do atual C.P.C. que *há erro de fato quando a decisão rescindenda admitir um fato inexistente ou quando considerar inexistente um fato efetivamente ocorrido, sendo indispensável, em ambos os casos, que o fato não represente ponto controvertido sobre o qual o órgão jurisdicional deveria ter se pronunciado.*

Em suma, trata-se de erro de fato suscetível de ser verificado em decorrência da análise dos autos do processo e das provas nele inseridas.

O erro de fato consiste em a decisão: *"admitir um fato inexistente, ou considerar inexistente um fato efetivamente ocorrido"*.

Quatro pressupostos são necessários para se considerar concretizado o erro de fato como fundamento da rescisória: a) que a decisão nele esteja fundada,

[697] Barbosa Moreira, J. C., op. cit., p. 150.

isto é, que sem ele a conclusão do juiz haveria de ser diferente; b) que o erro seja apurável mediante o simples exame dos documentos e demais peças dos autos, não se admitindo de, modo algum, na rescisória, a produção de quaisquer outras provas tendentes a demonstrar que não existia o fato admitido pelo juiz, ou que ocorrera o fato por ele considerado inexistente; c) que não tenha havido controvérsia sobre o fato no âmbito do processo originário; d) que não tenha havido pronunciamento judicial.[698]

Segundo Barbosa Moreira, há três hipóteses em que se concebe que o fato haja sido incontroverso no processo anterior: *"1ª, se nenhuma das partes sequer o alegou; 2ª, se uma admitiu a alegação da outra, isto é, confessou; 3ª, se uma simplesmente se absteve de contestar a alegação da outra"*. Segundo Barbosa Moreira, à terceira hipótese é que se refere o art. 374, inc. III, do atual C.P.C.[699]

Em relação à primeira hipótese, se nenhuma das partes sequer o alegou, isso significa dizer que este fato somente poderia ter sido inserido no processo de ofício pelo juiz, ou seja, trata-se de fato que o juiz poderia conhecer de ofício. Isso ocorre, por exemplo, quando os autos demonstram que já ocorrera a prescrição ou decadência. A segunda hipótese, *fatos admitidos*, pode ensejar duas questões. Uma em que ambas as partes admitiram a *existência* do fato, ao passo que a decisão, apesar dessa manifestação, concluiu pela inexistência do fato; a outra, em que ambas as partes hajam sido concordes em afirmar a *inexistência* do fato, sendo que a decisão supôs existente. Em relação à terceira hipótese, *fato não contestado*, a norma do inc. VIII do art. 966 do atual C.P.C. demonstra que, mesmo fora das exceções contempladas nos arts. 341 do atual C.P.C., não é absoluta a presunção de veracidade: *"se o órgão judicial ficasse vinculado a admitir o fato como verdadeiro pela só ausência de impugnação, não se explicaria que a sentença se tornasse rescindível quando o suponha existente sem que, na realidade, ele haja ocorrido"*.[700]

A norma estabelece também como condição para a rescisória, com base em *erro de fato*, a circunstância de que não houve *pronunciamento judicial* sobre o fato. Assim, se houve indagação de alguma das partes sobre a existência ou não do fato, e o juiz expressa ou implicitamente analisou a questão levantada, não caberá nova reavaliação da decisão em demanda rescisória. Somente se não houve manifestação expressa ou implícita sobre a efetiva existência ou não do fato, é que se permite a rescisória. Mas é importante salientar que não basta que o fato tenha sido declarado existente ou não pelo juiz na fundamentação de sua decisão, pois isso é natural ocorrer em qualquer decisão logicamente fundamen-

[698] Barbosa Moreira, J. C., idem, p. 146.
[699] Barbosa Moreira, J. C., idem, p. 146.
[700] Barbosa Moreira, J. C., idem, p. 148.

tada. É necessário, isso sim, que haja decisão específica, expressa ou implicitamente, sobre a existência ou não do fato.

O pronunciado do juiz sobre a controvérsia pode ter ocorrido na sentença ou em outra decisão proferida no processo.

Sobre o tema, eis o seguinte precedente do S.T.J.:

1. A respeito da constatação da ocorrência de denúncia espontânea, houve controvérsia sobre suporte fático dos autos do acórdão rescindendo com três pronunciamentos judiciais dissonantes. Em primeiro grau se entendeu que havia DCTF original incompleta sem se afirmar a existência ou não de DCTF retificadora. Em segundo grau já se falou na existência de DCTF retificadora entregue conjuntamente com o pagamento das diferenças dos tributos. Já o STJ considerou que a DCTF retificadora apresentada fora do prazo enseja a aplicação da multa por atraso na entrega da declaração que não é afastada pela denúncia espontânea.

2. A jurisprudência desta Corte é no sentido de que a ação rescisória proposta com base no art. 485, IX (erro de fato), do CPC, somente subsiste se: a) não houve controvérsia sobre o fato, b) se não houve pronunciamento judicial sobre o fato e c) se não é preciso juntar novas provas na rescisória para demonstrar a ocorrência ou inocorrência do fato. Precedentes: AR 2311 / SP, Primeira Seção, Rel. Min. Mauro Campbell Marques, julgado em 10.11.2010; AR 3868 / SP, Primeira Seção, Rel. Min. Mauro Campbell Marques, julgado em 09.02.2011; AR 4655 / ES, Primeira Seção, Rel. Min. Arnaldo Esteves Lima, julgado em 13.06.2012; AR 4717 / SP, Primeira Seção, Rel. Min. Benedito Gonçalves, julgado em 10.04.2013.

3. No caso, para se acatar a tese da autora de que houve erro de fato seria necessário examinar provas que não constam dos autos do processo rescindendo, já que não há ali suporte seguro para se afirmar a condição em que se deram os referidos pagamentos, isto é, se antes, concomitantemente ou depois da entrega das respectivas DCTFs originais ou se antes, concomitantemente ou depois da entrega das respectivas DCTFs retificadoras e se a multa exigida é a multa de mora ou aquela por atraso na entrega da declaração.

4. Por tais razões, dada à impossibilidade jurídica do pedido, impõe-se o indeferimento monocrático da inicial, com a consequente extinção do processo sem resolução do mérito, nos termos do art.

267, I e VI c/c art. 295, I, parágrafo único e inciso III, e artigos 490, I, do Código de Processo Civil.

5. Agravo regimental não provido.

(AgRg no AgRg na AR 4.948/PR, Rel. Ministro MAURO CAMPBELL MARQUES, PRIMEIRA SEÇÃO, julgado em 23/10/2013, DJe 02/04/2014)

Preceitua o *§2º do art. 966* do atual C.P.C. que *nas hipóteses previstas no caput, será rescindível a decisão transitada em julgado que, embora não seja de mérito, impeça: I – nova propositura da demanda; ou II – admissibilidade do recurso correspondente.*

Segundo Pontes de Miranda, dever-se-ia lamentar a persistência do legislador do C.P.C. de 1973 em fazer referência somente à *'sentença de mérito'*, pois a sentença rescindenda poderia não ter ingressado no mérito, não gerando, portanto, coisa julgada material. Pontes de Miranda fundamentava sua conclusão da seguinte maneira: *"No art. 485 do Código de 1973 fala-se da rescindibilidade das sentenças de mérito; mas o próprio Código de 1973, que fez rescindível a sentença que se fundou em 'desistência' invalidável (art. 485, VIII), ao enumerar as sentenças que extinguem o processo 'sem julgamento de mérito', pôs a desistência da ação'. Sentenças que não julgaram o mérito podem ser rescindidas. A alusão do art. 485 a 'sentença de mérito' foi erro grave, que a doutrina e a jurisprudência não podem acolher, nem suportar. Se um juiz prevaricou, foi concusso, ou corrupto, ao ter de julgar e julgou com tão grande vício (art. 485, I), como se poderia admitir que valesse e fosse irrescindível, por exemplo, a sentença que indeferiu a petição inicial ou que deu por extinto o processo por ilegitimidade das partes ou por desistência do autor, ou por litispendência, ou coisa julgada?"*.[701]

Sem dúvida que a ponderação de Pontes de Miranda sobre a necessidade de rescindibilidade de decisão que não apreciou o mérito, mas que foi proferida com corrupção, concussão ou parcialidade, é de extrema importância e deve ser melhor avaliada.

O §2º do art. 966 do atual C.P.C. vem acolher a crítica de Pontes de Miranda, ao permitir a demanda rescisória de decisão que não resolve o mérito da causa, desde que essa decisão não permita a repropositura da demanda, ou impeça a admissibilidade do recurso correspondente.

Pense-se na hipótese em que o juiz (corrupto ou não) extingue o processo sem resolução de mérito com fundamento na ilegitimidade de parte, na litispendência ou na coisa julgada.

Este dispositivo vem confirmar que a demanda rescisória não se aplica apenas às decisões que resolvam o mérito.

O *§3º do art. 966* do atual C.P.C. prescreve que a *ação rescisória pode ter por objeto apenas 1 (um) capítulo da decisão.*

Tendo em vista que a decisão, especialmente a sentença ou acórdão, são constituídas por capítulos, cada qual resolvendo ou não determinada pretensão, a demanda rescisória poderá ter por objeto apenas um ou alguns capítulos

[701] Pontes de Miranda, *Tratado...., op. cit., p. 171.*

da decisão, não sendo necessário que toda a decisão seja objeto da demanda rescisória.

Assim, é possível que a demanda rescisória diga respeito apenas ao capítulo da sentença que trata dos honorários de advogado, deixando de lado o capítulo da sentença que diga respeito ao objeto principal do processo.

Por fim, preconiza o *§4º do art. 966* que *os atos de disposição de direitos, praticados pelas partes ou por outros participantes do processo e homologados pelo juízo, bem como os atos homologatórios praticados no curso da execução, estão sujeitos à anulação, nos termos da lei.*

Diz Pontes de Miranda: *"Na 'actio nullitatis' e na 'actio rescisória', desapareceu a declaração de inexistência: ali, pela ação constitutiva negativa, sem forma especial; aqui, pela ação constitutiva negativa, em que se evita, a despeito da persistência da expressão 'nula', posta a 'sentença', até o Código de Processo Civil de 1939, que exprobráramos e foi corrigido no Código de 1973, sem mais aludir à nulidade. Quanto aos motivos ou causas de nulidade 'ipso iure' e de rescisão, o direito comum passou à frente do direito germânico; mas precisou--se que a nulidade 'ipso iure' só seria quanto à estrutura da relação jurídica processual. Os 'errores in iudicando' ficaram fora. Daí a limitação que se contém no art. 741, I: 'citatio', legitima citatio', 'defectus jurisdictionis'; e os outros casos, de 'defectus solennitatis ac formae sententiae', como, ainda hoje, é o caso de sentença publicada fora da audiência, ou não reduzida à forma escrita (cf. A. Renaud, 'Lehrbuch, des gemeinen Civilprozesserechts, 539)".*[702]

Na realidade, a *querela nullitatis* dos estatutos italianos foi uma das sínteses entre o princípio germânico e a distinção romana entre *sententia nulla* e *sententia iniusta*. Não havia no direito romano a concepção de *querela constitutiva negativa*, tendo em vista que não se conseguia desvencilhar-se de sua equação 'nullus – inexistente'. Daí porque esse instituto nasce no século XII (A. Skedi, *Die Nichtigkeitsbeschuwerde, 54 s*).[703] É certo, contudo, que a *actio nulitatis* era uma querela de natureza próxima à impugnação recursal, pois caberia contra sentença ainda não transitada em julgado.

É bem verdade que a querela de nulidade sofre evolução, despregando-se dos traços comum da apelação.

A *actio nullitatis*, desde o Século XVI, já poderia ser proposta perante o juízo que prolatou a sentença, ao contrário da ação rescisória, cuja competência é dos tribunais.

O §4º do art. 966 atual C.P.C. apresenta a mesma essência que já havia no art. 486 do C.P.C. de 1973 e 800, p.u., do C.P.C. de 1939, não fazendo referência à demanda rescisória da sentença.

[702] Pontes de Miranda. *Tratado da ação rescisória*. Rio de Janeiro: Forense, 1976. p. 29.
[703] Pontes de Miranda, idem, p. 30.

Trata-se, na realidade, de decretação de nulidade do ato objeto de homologação judicial, ainda que transitada em julgado a decisão homologatória, independentemente de demanda rescisória.

O art. 486 do C.P.C. de 1973 estabelecia que os atos judiciais, que não dependessem de sentença, ou em que esta fosse meramente homologatória, poderiam ser rescindidos, como os atos jurídicos em geral, nos termos da lei civil. A expressão rescindidos deveria ser interpretada como anulados. A impropriedade terminológica já vinha sendo apontada pela doutrina desde a égide do C.P.C. de 1939.[704]

O §4º do art. 966 do atual C.P.C., ao invés de falar em *rescisão de sentença ou acórdão*, menciona expressamente os atos jurídicos de disposição de direitos que podem ser *anulados* nos termos da lei, corrigindo o equívoco da legislação precedente.

O §4º do art. 966 do atual C.P.C. tem por objetivo a anulação de atos jurídicos de disposição de direitos praticados pelas partes ou por outros participantes no processo, desde que *homologados pelo juiz.*

Pelo atual C.P.C., na hipótese de o ato homologado pelo juiz ter por conteúdo questões diversas de disposição de direitos, ou na hipótese de atos praticados pelas partes ou intervenientes no processo não dependerem de homologação, a única forma de se alegar sua nulidade é por meio dos recursos correspondentes, ou, mediante a demanda rescisória da decisão, desde que se possa enquadrar essa nulidade em alguns dos incisos do art. 963 do atual C.P.C.

É possível, porém, propor-se demanda anulatória de confissão, quando esta for proveniente de erro ou coação, conforme estabelece o art. 393 do atual C.P.C.

Evidentemente, não é a natureza processual da decisão judicial (homologatória) que justificará a existência do dado essencial para a propositura da demanda. Na realidade, saber qual o objeto da demanda anulatória não é questão de natureza processual, mas sim de direito material. Portanto, é a natureza do ato das partes ou daqueles que participam do processo (disposição de direitos) que determinará a possibilidade de se ingressar com a demanda anulatória. A homologação judicial é apenas um pressuposto processual para se promover a demanda anulatória, nada tendo a ver com o objeto da pretensão.

Os motivos de anulação do ato não estão restritos às hipóteses ensejadoras da demanda rescisória (art. 966 do atual C.P.C.), podendo abranger outras circunstâncias previstas no ordenamento jurídico.

[704] Pontes de Miranda. *Coment. Ao C.P.C. de 1939*, t. X, págs. 257, 264/5.

Evidentemente, em se tratando de *ato de disposição de direitos*, o principal motivo que poderá ensejar a demanda anulatória serão *os vícios de vontades*.

Estes atos de disposição das partes ou de participantes do processo não precisam necessariamente ter sido realizados dentro do processo. Podem ter sido constituídos fora do processo e posteriormente introduzidos na relação jurídica processual para homologação do juiz.

Assim, somente os atos das partes ou dos participantes do processo é que podem ser objeto de demanda anulatória, e não os atos do juiz, muito embora a sentença homologatória sujeita-se a perder sua eficácia em face da anulação do ato homologado.[705] A decisão anulatória dirige-se ao conteúdo do ato homologado.

Também não estão sujeitos à demanda anulatória os atos das partes ou dos participantes do processo homologados pelo juiz que não tenham por objeto a disposição de direitos. Tratando-se de decisão homologatória que não tenha por objeto ato das partes ou dos que participam do processo visando a disposição de direitos, não caberá a demanda anulatória, podendo, de acordo com as circunstâncias, ensejar a demanda rescisória.

São exemplos de atos de disposição de direitos: a) renúncia ao direito de recorrer; b) a desistência de recurso; c) transação; d) conciliação; e) renúncia ao direito que se funda a demanda.

A demanda anulatória pode ser proposta no curso do processo primitivo, especialmente quando os atos homologatórios não dependem de sentença final. Nessa hipótese, o processo principal poderá ficar suspenso, desde que a sentença de mérito a ser nele proferida dependa do resultado da demanda anulatória.

É certo que a demanda anulatória também poderá ser proposta após o trânsito em julgada da sentença do processo primitivo. Assim, procedente que seja o pedido de anulação do ato homologado, não pode subsistir a sentença homologatória, se bem que a demanda não a tenha visado diretamente. A sentença, em si, não é rescindida. Porém, como não passava de envoltório do ato homologado, a anulação deste, por assim dizer, a esvazia.[706]

O §4º do art. 966 do atual C.P.C. permite a propositura da demanda anulatória de ato de disposição de direito tanto no processo de conhecimento, quanto na hipótese de a homologação ser uma mera decisão interlocutória proferida no curso do processo de execução.

Assim, poderá ser objeto de demanda anulatória a renúncia ao crédito, a desistência da execução etc.

[705] Barbosa Moreira. José Carlos. *Comentários ao código de processo civil.* 2ª ed. Rio de Janeiro: Forense, 1976. p. 153 e 154.

[706] Barbosa Moreira, J. C., idem, p. 162.

No dia 21 de outubro de 2015, foi aprovado na Câmara dos Deputados o Projeto de Lei n. 2.384-B de 2015, o qual introduziu no art. 966 do atual C.P.C. os §§ 5º e 6º com as seguintes redações: "§ 5º Cabe ação rescisória, nos termos do inciso V do caput deste artigo, contra decisão baseada em enunciado de súmula, acórdão ou precedente previsto no art. 927, que não tenha considerado a existência de distinção entre a questão discutida no processo e o padrão decisório que lhe deu fundamento.

§ 6º Quando a ação rescisória fundar-se na hipótese do § 5º deste artigo, caberá ao autor, sob pena de inépcia, demonstrar, fundamentadamente, tratar-se de situação particularizada por hipótese fática distinta ou questão jurídica não examinada, a impor outra solução jurídica."(NR)

Essa nova hipótese de demanda rescisória trazida pelo Projeto de Lei n. 2.384-B de 2015, tem por finalidade suprir a impossibilidade de reclamação direta ao S.T.F. ou ao S.T.J. com base no art. 988, inc. IV, pois esse mesmo projeto preconiza que é inadmissível a reclamação proposta perante o Supremo Tribunal Federal ou o Superior Tribunal de Justiça para garantir a observância de precedente de repercussão geral ou de recurso especial em questão repetitiva, quando não esgotadas as instâncias ordinárias.

O referido projeto de lei encontra-se atualmente no Senado Federal.

Art. 967

Têm legitimidade para propor a ação rescisória:

I – quem foi parte no processo ou o seu sucessor a título universal ou singular;

II – o terceiro juridicamente interessado;

III – o Ministério Público:

a) se não foi ouvido no processo em que lhe era obrigatória a intervenção;

b) quando a decisão rescindenda é o efeito de simulação ou de colusão das partes, a fim de fraudar a lei;

c) em outros casos em que se imponha sua atuação;

IV – aquele que não foi ouvido no processo em que lhe era obrigatória a intervenção.

Parágrafo único. Nas hipóteses do art. 178, o Ministério Público será intimado para intervir como fiscal da ordem jurídica quando não for parte.

Legitimidade para propositura da demanda rescisória

É evidente que sendo a demanda rescisória um processo autônomo e específico, devem-se preencher as condições para análise do mérito, no caso, a legitimidade e o interesse processual.

Por isso, só o interesse de agir, pré-processual, justifica a interposição da demanda rescisória. A falta de interesse impede o seu conhecimento. Nesse sentido estabelece o art. 17 do atual C.P.C.: *"para postular em juízo é necessário ter interesse e legitimidade"*.

Para se propor a demanda rescisória, é preciso que haja legitimidade para tanto, pois sem legitimidade ativa não há pretensão a ser exercida perante os órgãos do Poder Judiciário.

O C.P.C. de 1939 não tratava especificamente da legitimidade ativa para se propor demanda rescisória. Contudo, a doutrina estendia essa legitimidade não apenas às partes e seus sucessores, mas igualmente aos terceiros interessados.

O novo C.P.C., assim como já o fizera o C.P.C. de 1973, regula expressamente a matéria.

Nos casos apontados pelo art. 966 do atual C.P.C., a pessoa que foi parte na relação jurídica processual, ou que a uma das partes se equipare, tem legitimidade para propor a demanda rescisória. Assim, qualquer das partes, inclusive aquela que não participou originariamente na relação jurídica processual anterior (lembre-se da sucessão *causa mortis ou inter vivos*), e que foi atingida pela decisão, apresenta legitimidade atividade para promover a demanda rescisória.

Não se distingue, para efeito da legitimidade ativa, entre autor e réu.

Também o assistente terá legitimidade para ingressar com a demanda rescisória, como terceiro juridicamente interessado.

Conforme estabelece este dispositivo, para que haja legitimidade, basta que a pessoa tenha sido parte na demanda em que se postula a rescisão da decisão. Não há necessidade que tenha sido parte desde o começo da demanda, podendo inclusive ter ingressado no processo durante o transcurso da relação jurídica processual. O que importa é que tenha sido parte no momento em que fora proferida a decisão rescindenda.

A revelia não exclui a condição de parte, nem, portanto, a legitimidade ativa para a rescisória.

Também os sucessores, a título universal ou singular, apresentam pretensão à rescisão de decisão transitada em julgado. Desta feita, o adquirente da coisa ou do direito litigioso, que tiver permanecido alheio ao processo, estando, porém, sujeito ao respectivo resultado, terá legitimidade para ingressar com a rescisória.

São partes legítimas para ingressar com a demanda rescisória, o autor e sucessores, réu e sucessores, reconvinte e sucessores, reconvindo e sucessores.

Partes da sentença rescindenda não são apenas as partes que compuseram a relação jurídica processual originária, podendo estender-se essa legitimidade aos herdeiros, aos credores, aos fiadores e todos os que ficam sub-rogados nos direitos de outrem à rescisão. Assim, o sócio da empresa falida seria parte legítima para pedir a rescisão da sentença de abertura da falência.

Igualmente o terceiro, que não foi parte na relação jurídica processual, mas que tenha sido atingido em seu interesse jurídico pela decisão transitada em julgado, poderá promover a demanda rescisória.

É certo que o art. 506 do atual C.P.C. estabelece que *a sentença faz coisa julgada às partes ente as quais é dada, não prejudicando terceiros.* Esse dispositivo preconiza os *limites subjetivos da coisa julgada*, ou seja, a imutabilidade da sentença somente se estabelece em relação às partes do processo. Porém, esse dispositivo disse menos do que deveria dizer, pois os sucessores da parte, a título universal ou singular, também ficam vinculados à coisa julgada. Também vinculado encontra-se à coisa julgada o titular de uma relação jurídica, nos casos em que a lei confere a outrem a legitimação extraordinária. Da mesma forma, o sucessor, como o adquirente da coisa ou cessionário do direito litigioso, a quem se estende a coisa julgada, e não somente os efeitos da sentença, em relação à sentença proferida em face do alienante ou cedente, ainda que este permaneça no processo, como parte, após a alienação ou cessão.[707]

Mas os efeitos da sentença, e não a autoridade da coisa julgada, podem atingir terceiros, a fim de beneficiá-los ou mesmo prejudicá-los, ainda que seja por via reflexa. Isso fundamenta a existência do instituto denominado assistência litisconsorcial. Isso também justifica ter o legislador permitido que o terceiro interessado possa também ser considerado parte legítima para promover a demanda rescisória.

Apenas o terceiro juridicamente interessado poderá ingressar com a rescisória, e não o terceiro com interesse meramente econômico (o credor do devedor não tem legitimidade para ingressar com demanda rescisória em face de decisão que beneficiou outro credor).

Quanto ao Ministério Público, se ele for parte da relação jurídica processual, poderá ingressar com a rescisória com base nas mesmas hipóteses outorgas pela lei a qualquer outra parte.

Já se o Ministério Público atuar no processo como fiscal do ordenamento jurídico, somente poderá ingressar com demanda rescisória nas hipóteses previstas nas letras 'a', 'b' e 'c' do inc. III do art. 967 do atual C.P.C., a saber: *se não foi ouvido no processo em que lhe era obrigatória a intervenção; quando a decisão rescindenda*

[707] Barbosa Moreira, op. cit., p. 164 e 165.

é o efeito de simulação ou colusão das partes, a fim de fraudar a lei; em outros casos em que se imponha sua atuação.

Na primeira hipótese, se era obrigatória a intervenção do Ministério Público, e ele não foi ouvido, houve mácula ao art.178 do atual C.P.C. que assim dispõe:

> *Art. 178. O Ministério Público será intimado para, no prazo de 30 (trinta) dias, intervir como fiscal da ordem jurídica nas hipóteses previstas em lei ou na Constituição Federal e nos processos que envolvam:*
>
> *I – interesse público ou social;*
>
> *II – interesse de incapaz;*
>
> *III – litígios coletivos pela posse de terra rural ou urbana.*
>
> *Parágrafo único. A participação da Fazenda Pública não configura, por si só, hipótese de intervenção do Ministério Público.*

Por sua vez, preceitua o art. 179 do atual C.P.C. que o Ministério Público terá vista dos autos depois das partes, sendo intimado de todos os atos do processo, assim como poderá produzir provas, requerer as medidas processuais pertinentes e recorrer.

Também qualquer das partes estará legitimada à propositura da demanda rescisória se houver violação de normal legal, no caso, violação de norma que determinava a intervenção obrigatória do Ministério Público.

É importante salientar que existe hipótese processual em que não há a intimação do Ministério Público de primeiro grau para intervir no processo, mas há a intimação do Ministério Público de segundo grau quando do julgamento do recurso. Nessa hipótese, fica suprida a falha ocorrida anteriormente, razão pela qual não haverá espaço para a concessão da pretensão rescisória.

Na segunda hipótese, a legitimação do Ministério Público decorre em razão de que a *decisão rescindenda é efeito de simulação ou colusão das partes, a fim de fraudar a lei.* Essa legitimidade verifica-se independentemente da obrigatoriedade do Ministério Público intervir no processo.

Já o art. 397 do C.P.C. italiano estabelece que o Ministério Público somente terá legitimidade para a *revocazione* em razão de colusão das partes quando ele obrigatoriamente deveria participar do processo, *in verbis*:

> *"Art. 397. (Revocação proposta pelo Ministério Público.*
>
> *Nas causas em que a intervenção do Ministério Público é obrigatória em face do que dispõe o art. 70, inciso primeiro, as sentenças previstas nos dois artigos precedentes podem ser impugnadas por revogação do Ministério Público:*
>
> *1) quando a sentença foi pronunciada sem que ele tenha sido ouvido;*
>
> *2) quando a sentença for efeito de colusão por obra das partes para fraudar a lei.*

Havendo simulação ou colusão, não terão legitimidade para a rescisória as partes que agiram em conluio, pois ninguém pode beneficiar-se da própria torpeza. Porém, se houver pluralidade de partes, como no caso de litisconsórcio, aquela que não participou da colusão terá legitimidade para ingressar com a demanda rescisória.

O terceiro interessado que foi prejudicado pelo efeito da sentença em razão do conluio das partes poderá interpor a demanda rescisória, pois tem legitimidade e interesse para tanto.

A terceira hipótese de legitimação do Ministério Público ocorre em outros casos em que a lei ou a Constituição imponha sua atuação.

Na verdade, essa terceira hipótese já se encontra expressamente prevista no art. 178, *caput,* do atual C.P.C., estando, portanto, abrangida pela letra 'a' do inc. III do art. 967 do atual C.P.C.

Sobre o tema, eis o seguinte precedente do S.T.J.:

> *1. O Ministério Público detém legitimidade para ajuizar ação rescisória na condição de fiscal da lei, quando evidenciado o interesse público decorrente da natureza da causa, conforme o disposto no art. 83, III, do Código de Processo Civil. Precedentes.*
>
> *2. Afasta-se a decadência em razão da ausência de intimação do Ministério Público relativamente à decisão que inadmitiu o recurso extraordinário de uma das partes, porquanto o prazo decadencial da ação rescisória somente se inicia após trânsito em julgado da sentença ou acórdão de mérito.*
>
> *3. Agravo regimental a que se nega provimento.*
>
> (AgRg no REsp 650.030/RS, Rel. Ministro OG FERNANDES, SEXTA TURMA, julgado em 27/11/2012, DJe 10/12/2012).

Também terá legitimidade o terceiro juridicamente interessado que não participou da relação jurídica processual. Nesse sentido eis os seguintes precedentes do S.T.J.:

> *1. A legitimidade ativa para a propositura da ação rescisória, em princípio, é conferida às partes do processo rescindendo, sendo certo que, o terceiro prejudicado também está habilitado à rescisão da sentença.*
>
> *2. Nos termos do art. 487, inciso II, do Código de Processo Civil, tem legitimidade para propor ação rescisória o terceiro juridicamente interessado, assim compreendido aquele estranho à relação processual na qual foi proferida a decisão rescindenda, mas que por ela tenha sido reflexamente atingido.*
>
> *3. A situação da Autora, meeira do bem penhorado para garantia de processo de execução de débitos oriundos de avença locatícia, amolda-se perfeitamente à condição*

de terceiro que possui interesse jurídico – e não apenas econômico – na desconstituição do julgado.

4. Recurso especial conhecido e provido.

(REsp 361.630/DF, Rel. Ministra LAURITA VAZ, QUINTA TURMA, julgado em 04/02/2010, DJe 01/03/2010).

(...).

3. A legitimidade ativa para a propositura da ação rescisória, em princípio, é conferida às partes do processo no qual proferida a sentença rescindenda, posto que nada mais lógico do que os destinatários do comando judicial viciado pretenderem desconstituí-lo.

4. Como de sabença, o terceiro prejudicado, que de há muito é prestigiado pelos ordenamentos mais vetustos e que lhe permitem intervir em qualquer grau de jurisdição, também está habilitado à rescisão da sentença. Para esse fim, o seu legítimo interesse revela-se pela titularidade de relação jurídica conexa com aquela sobre a qual dispôs sentença rescindenda, bem como pela existência de prejuízo jurídico sofrido.

5. A doutrina especializada, ao discorrer acerca da definição de "terceiro juridicamente interessado", deixa assente que o interesse deste, ensejador da legitimação para propositura da rescisória, não pode ser meramente de fato, vez que, por opção legislativa os interesses meramente econômicos ou morais de terceiros não são resguardados pela norma inserta no art. 487 do CPC. É o que se infere, por exemplo, da lição de Alexandre Freitas Câmara, in verbis: "(...) No que concerne aos terceiros juridicamente interessados, há que se recordar que os terceiros não são alcançados pela autoridade de coisa julgada, que restringe seus limites subjetivos àqueles que foram partes do processo onde se proferiu a decisão.

Pode haver, porém, terceiro com interesse jurídico (não com interesse meramente de fato), na rescisão da sentença. Como regra, o terceiro juridicamente interessado será aquele que pode intervir no processo original como assistente. Considera-se, também, terceiro legitimado a propor a 'ação rescisória' aquele que esteve ausente do processo principal, embora dele devesse ter participado na condição de litisconsorte necessário." (in "Lições de Direito Processual Civil", vol. II. 10ª ed. rev. e atual., Rio de Janeiro: Ed. Lumen Juris, 2005, pp.24/25 – grifo nosso)

(...).

(REsp 867.016/PR, Rel. Ministro LUIZ FUX, PRIMEIRA TURMA, julgado em 05/05/2009, DJe 06/08/2009).

Terá também legitimidade para ingressar com a demanda rescisória, nos termos do inc. IV do art. 967, aquele que não foi ouvido no processo em que lhe era obrigatória a intervenção.

Pode-se pensar em primeiro lugar no próprio Ministério Público, mas ele está abrangido pelo inc. III do mesmo diploma legal.

Mas há a hipótese da obrigatoriedade de intervenção do litisconsórcio necessário, do curador de ausente, do inventariante etc.

Prescreve o *parágrafo único do art. 967* do atual C.P.C. que *nas hipóteses do art. 178, o Ministério Público será intimado para intervir como fiscal da ordem jurídica quando não for parte.*

Nas demandas rescisórias em que o Ministério Público não for parte, deverá ele obrigatoriamente atuar, como fiscal da ordem jurídica, desde que presentes as hipóteses do art. 178 do atual C.P.C.

Art. 968

A petição inicial será elaborada com observância dos requisitos essenciais do art. 319, devendo o autor:

I – cumular ao pedido de rescisão, se for o caso, o de novo julgamento do processo;

II – depositar a importância de cinco por cento sobre o valor da causa, que se converterá em multa caso a ação seja, por unanimidade de votos, declarada inadmissível ou improcedente.

§ 1º Não se aplica o disposto no inciso II à União, aos Estados, ao Distrito Federal, aos Municípios, às suas respectivas autarquias e fundações de direito público, ao Ministério Público, à Defensoria Pública e aos que tenham obtido o benefício de gratuidade da justiça.

§ 2º O depósito previsto no inciso II do caput deste artigo não será superior a 1.000 (mil) salários-mínimos.

§ 3º Além dos casos previstos no art. 330, a petição inicial será indeferida quando não efetuado o depósito exigido pelo inciso II do caput deste artigo.

§ 4º Aplica-se à ação rescisória o disposto no art. 332.

§ 5º Reconhecida a incompetência do tribunal para julgar a ação rescisória, o autor será intimado para emendar a petição inicial, a fim de adequar o objeto da ação rescisória, quando a decisão apontada como rescindenda:

I – não tiver apreciado o mérito e não se enquadrar na situação prevista no § 2º do art. 966;

II – tiver sido substituída por decisão posterior.

§ 6º Na hipótese do § 5º, após a emenda da petição inicial, será permitido ao réu complementar os fundamentos de defesa, e, em seguida, os autos serão remetidos ao tribunal competente.

Requisitos da petição inicial

A demanda rescisória, em que pese tenha por finalidade impugnar uma decisão transitada em julgada, é, na verdade, uma demanda autônoma, razão pela qual a sua propositura deve obedecer todos os requisitos exigidos pela lei, especialmente aqueles que regulam a petição inicial. Daí porque a petição inicial da demanda rescisória deverá conter todos os requisitos exigidos pelo art. 319 do atual C.P.C., *in verbis*:

Art. 319. A petição inicial indicará:

I – o juízo a que é dirigida;

II – os nomes, os prenomes, o estado civil, a existência de união estável, a profissão, o número de inscrição no Cadastro de Pessoas Físicas ou no Cadastro Nacional da Pessoa Jurídica, o endereço eletrônico, o domicílio e a residência do autor e do réu;

III – o fato e os fundamentos jurídicos do pedido;

IV – o pedido com as suas especificações;

V – o valor da causa;

VI – as provas com que o autor pretende demonstrar a verdade dos fatos alegados;

VII – a opção do autor pela realização ou não de audiência de conciliação ou de mediação.

A petição inicial deverá indicar o Tribunal competente para conhecer da demanda rescisória.

Deverá identificar as partes, sujeitos ativo e passivo da demanda rescisória.

A parte deve narrar na petição inicial os fatos e os fundamentos jurídicos que justificam o pedido rescindente, e, se for o caso, do pedido rescisório, ou seja, a causa de pedir próxima e remota da demanda rescisória.

A parte deve indicar especificamente o pedido, que poderá ser apenas referente a uma decisão rescindente, ou, se for o caso, também a uma decisão rescisória. Assim, permite-se que se cumule o pedido rescindente com o pedido de novo julgamento da causa, ou seja, que se cumule ao pedido ao juízo rescindente o que compete ao juízo rescisório. Se não existir tal cumulação, entende-se que só se pediu e só se há de julgar o que concerne à rescisão da sentença.[708]

Deve ser apresentada com a petição inicial a indicação das provas que o autor pretende demonstrar a verdade dos fatos.

Deve-se, ainda, indicar na petição inicial o valor da causa, justamente pelo fato de que o depósito de cinco por cento indicado no art. 968, inc. II, deste Código, incide sobre este valor.

[708] Pontes de Miranda, op. cit., *Tratado*, p. 488.

Conforme estabelece o art. 320 do atual C.P.C., a petição inicial será instruída com os documentos indispensáveis à propositura da demanda. Dentre os documentos indispensáveis encontra-se a certidão da sentença rescindenda.

Faltando quaisquer desses requisitos, o autor da rescisória deverá emendar ou complementar a petição inicial, no prazo de quinze dias (art. 321 do atual C.P.C.). Se não o fizer no prazo estabelecido, a petição inicial da demanda rescisória será indeferida.

Além da observância dos requisitos do art. 319 do atual C.P.C., o autor, no que concerne ao pedido, poderá requerer apenas a rescisão da decisão (exemplo: mácula à autoridade da coisa julgada), como também *cumular ao pedido de rescisão, se for o caso, ao de novo julgamento do processo*. Nessa hipótese haverá um *iudicium rescindens* e um *iudicium rescissorium*. Essa acumulação de pedido, havendo necessidade, não é facultativa, mas, sim, obrigatória. Sobre o tema, eis os seguintes precedentes do S.T.J.:

(...).

8. Ação rescisória julgada procedente, por violação à literal disposição do art. 333 do CPC e por erro de fato. Acórdão rescindido em judicium rescindens. Retorno dos autos ao Tribunal de origem para que realize o judicium rescissorium. Precedentes.

9. "O Recurso Especial assentado em violação ao Art. 485, IX, do CPC trata de questão de direito que implica e se confunde com questão de fato. O reconhecimento de ofensa ao dispositivo de Lei (ocorrência, ou não, de erro de fato) passa pela análise de atos ou de documentos da causa (CPC; Art. 485, IX)". (REsp 733.742/MG, Rel. Ministro Humberto Gomes de Barros, Terceira Turma, julgado em 23/11/2005, DJ 12/12/2005, p. 382) 10. Agravo regimental não provido.

(AgRg no REsp 1332603/SP, Rel. Ministro LUIS FELIPE SALOMÃO, QUARTA TURMA, julgado em 21/03/2013, DJe 02/04/2013)

PROCESSUAL CIVIL. AÇÃO RESCISÓRIA. REGIME DE LITISCONSÓRCIO.

(...).

4. Conforme, o art. 488, I, do CPC, a ação rescisória comporta dois pedidos: o de rescisão propriamente dito e, cumuladamente, quando for o caso, o de novo julgamento da causa. Isso significa dizer que o correspondente julgamento inclui não apenas o iudicium rescindens (= a rescisão, em sentido estrito, da decisão atacada), mas também o do iudicium rescissorium, referente ao pedido cumulado. É o que determina o art. 494 do CPC. Havendo juízo de procedência por maioria em qualquer deles individualmente, estará configurada hipótese de desacordo parcial, o que, por si só, enseja a interposição do recurso de embargos infringentes, como decorre do disposto na parte final do art. 530 do

CPC. Incide, no caso, a Súmula 207 do STJ: "É inadmissível recurso especial quando cabíveis embargos infringentes contra o acórdão proferido no tribunal de origem".

5. Recurso especial parcialmente conhecido e, na parte conhecida, parcialmente provido, apenas para julgar extinto o processo em relação a Comercial Oliveira Ltda.

(REsp 1111092/MG, Rel. Ministro TEORI ALBINO ZAVASCKI, PRIMEIRA TURMA, julgado em 28/06/2011, DJe 01/07/2011).

PROCESSUAL CIVIL. VIOLAÇÃO DO ART. 535 DO CPC INOCORRENTE. AÇÃO

(...).

4. Via de regra, o magistrado, ao julgar a ação rescisória, rescinde a decisão impugnada (judicium rescindens) para apreciar novamente a matéria objeto da rescisão (judicium rescissorium). Precedentes.

5. Sem fundamento a premissa do acórdão recorrido de ser possível realizar novo julgamento dos aclaratórios para análise do Juízo rescissorium ao argumento de que a recorrente o teria cumulado na petição inicial, pois, comumente, a ação rescisória possui mesmo dois pedidos cumulados: a) o primeiro objetiva rescindir o julgado atacado, e b) o segundo visa à prolação de um novo julgamento para a ação inicialmente proposta. Exceção a essa regra ocorre quando o fundamento da rescisória é justamente a existência de coisa julgada.

Nesse caso, o pedido é uno e limita-se a anular a decisão proferida por último, o que não trata a hipótese. Precedentes.

6. O Tribunal a quo não poderia ter rescindido a decisão impugnada (iudicium rescissorium) de modo direto quando constatou a ocorrência de falha relativa à ausência de intimação do embargado para admitir os embargos de declaração com efeitos infringentes, sem antes determinar o retorno dos autos ao Juízo a quo para correção da falha influente no julgamento da ação originária.

7. Recurso especial provido.

(REsp 1195513/AL, Rel. Ministro CASTRO MEIRA, SEGUNDA TURMA, julgado em 26/08/2010, DJe 08/09/2010)

O requerente da rescisória, conforme ainda determina o art. 968 do atual C.P.C., deverá também, junto com a petição inicial, depositar a importância de cinco por cento sobre o valor da causa, que se converterá em multa caso a demanda seja, por unanimidade de votos, declarada inadmissível ou improcedente.

O depósito do valor tem por finalidade, além de desestimular a propositura temerária de demandas rescisórias, também indenizar de certa forma o réu da demanda que já tem em seu favor uma decisão transitada em julgado.

Deveria o legislador estabelecer a forma que se deve se perfectibilizar o depósito em questão. Essa falha já ocorrida no C.P.C. de 1973, razão pela qual a

Comissão Revisora do Anteprojeto do C.P.C. revogado havia sugerido o acréscimo de um parágrafo no qual dispunha que o depósito deveria ser realizado mediante guia do juízo, antes de despachada a petição inicial. Não obstante o silêncio da lei, esse é o procedimento que se deverá observar, pois se o comprovante do depósito não acompanhar a inicial, petição inicial será indeferida.[709]

Somente será aplicada a multa se a demanda rescisória não for conhecida ou for julgada improcedente por *unanimidade de votos* dos membros do Tribunal. Se houver apenas um voto favorável ao autor da rescisória, não haverá aplicação da multa. Também não haverá a incidência da multa se for julgada procedente a rescisão da sentença, mas no juízo rescisório o pedido não for conhecido ou for julgado improcedente.

Sobre o tema, eis os seguintes precedentes do S.T.J.:

> *1. O comando contido no art. 488, II, do CPC, em conjunto com a norma prevista no art. 494, do mesmo diploma legal, revela que, se a ação rescisória for julgada procedente, a quantia será restituída ao autor; se for julgada inadmissível ou improcedente por unanimidade de votos, a importância será revertida em favor do réu, a título de multa.*
>
> *(...).*
>
> (AgRg na AR 5.102/RS, Rel. Ministro LUIS FELIPE SALOMÃO, SEGUNDA SEÇÃO, julgado em 12/02/2014, DJe 17/02/2014)

> *1. Extinta a rescisória sem resolução do mérito, por decisão singular do relator, o depósito inicial dado em garantia da multa deve ser restituído ao autor.*
>
> *2. Em não havendo condenação, os honorários advocatícios devem ser fixados de forma equitativa, com base nos parâmetros estabelecidos nas alíneas a, b e c do art. 20, § 3º, do CPC.*
>
> *3. Agravos regimentais parcialmente providos.*
>
> (AgRg nos EDcl na AR 3.915/RJ, Rel. Ministro JOÃO OTÁVIO DE NORONHA, SEGUNDA SEÇÃO, julgado em 12/02/2014, DJe 17/02/2014).

> *1. Na ação rescisória, a perda do depósito inicial em favor do réu depende de existência de julgamento colegiado unânime em seu desfavor, ante os expressos termos da lei e a orientação firmada pelo STF e o STJ, e não importando o fato de ter havido contestação.*
>
> *(AgRg na AR 4082/MG, Rel. Ministro SIDNEI BENETI, SEGUNDA SEÇÃO, julgado em 23/06/2010, DJe 01/02/2011) 2. No caso, o autor interpôs*

[709] Barbosa Moreira, J. C., op. cit., p. 171.

agravo regimental em face da decisão monocrática que negou seguimento à rescisória, tendo o órgão colegiado negado provimento, de forma unânime, ao referido recurso.

(...).

(AgRg na PET na AR 3.756/SP, Rel. Ministro LUIS FELIPE SALOMÃO, SEGUNDA SEÇÃO, julgado em 09/10/2013, DJe 14/10/2013)

Preceitua o *§1º do art. 968* do atual C.P.C. que *não se aplica o disposto no inciso II à União, ao Estado, ao Distrito Federal, aos Municípios, às suas respectivas autarquias e fundações de direito público, ao Ministério Público, à Defensoria Pública e aos que tenham obtido o benefício da gratuidade da justiça.*

Este parágrafo excepciona as instituições nele indicadas, assim com a parte beneficiária da gratuidade de justiça da necessidade de realizar o depósito de cinco por cento sobre o valor da causa.

É compreensível que a União, o Estado, o Distrito Federal, o Município e respectivas autarquias e fundações de direito público, assim como o Ministério Público, estejam isentos de realizar o depósito, justamente pelo fato de que estes órgãos, quando em juízo, deliberam sobre questões de interesse público ou social.

Por sua vez, aquele que é defendido pela Defensoria Público ou é beneficiário da gratuidade da justiça não possui condições econômicas favoráveis para fazer vezes às despesas do processo e das custas processuais. Logicamente, também não terá condições financeiras para realizar o depósito de cinco por cento sobre o valor da causa.

Sobre o tema, eis os seguintes precedentes:

1. Benefício da assistência judiciária gratuita que engloba a dispensa do depósito prévio constante do art. 488, II, do CPC.

2. A existência da coisa julgada é o requisito principal da ação rescisória.

3. O termo inicial da concessão do benefício previdenciário de auxílio-acidente é a prévia postulação administrativa.

4. Ação rescisória procedente.

(AR 3.740/SP, Rel. Ministro MOURA RIBEIRO, TERCEIRA SEÇÃO, julgado em 11/06/2014, DJe 17/06/2014)

1. Afastada a preliminar de ausência do depósito prévio, requisito previsto no art. 488, II, do CPC, por ser a autora beneficiária da justiça gratuita.

(...).

(AR 4.255/SP, Rel. Ministro MOURA RIBEIRO, TERCEIRA SEÇÃO, julgado em 11/06/2014, DJe 17/06/2014).

Estabelece o *§ 2º do art. 968* do atual C.P.C. que *o depósito previsto no inciso II não será superior a 1.000 (mil) salários- mínimos.*

Este dispositivo prescreve um valor máximo para efeito de depósito de 5% para se ingressar com a demanda rescisória.

No caso, o valor do depósito não poderá ser superior a mil salários mínimos nacionais, pouco importando o valor da causa.

Preconiza o *§3º do art. 968* do atual C.P.C. que *além dos casos previstos no art. 330, a petição inicial será indeferida quando não efetuado o depósito exigido pelo inciso II do 'caput' deste artigo.*

Este dispositivo trata do indeferimento da petição inicial da demanda rescisória.

Distribuída a demanda rescisória ao relator (pois o processo é de competência dos Tribunais), o rito deverá observar o que dispõe este Código e o Regimento Interno do Tribunal.

Compete ao Relator, a quem foi distribuída a demanda rescisória, proferir despacho preliminar deferindo ou indeferindo o requerimento de citação do réu.

As hipóteses de indeferimento estabelecidas por este parágrafo podem ser assim delineadas:

Conforme estabelece o art. 330 do atual C.P.C., a petição inicial será indeferida: a) se for inepta; b) se a parte for manifestamente ilegítima; c) se o autor carecer de interesse processual; d) se não atendidas as prescrições dos arts. 106 e 321 do atual C.P.C.

Por sua vez, considera-se inepta a petição inicial quando: a) faltar-lhe pedido ou causa de pedir; b) o pedido for indeterminado, ressalvadas as hipóteses legais em que se permite o pedido genérico; d) da narração dos fatos não decorrer logicamente a conclusão; e) contiver pedidos incompatíveis entre si.

Também será hipótese de indeferimento da petição inicial quando a parte autora não comprovar que efetuou o depósito de 5% sobre o valor da causa, exigido no inc. II do art. 968 do atual C.P.C.

Sobre a necessidade de intimação da parte autora para emendar a inicial e comprovar a realização do depósito, eis os seguintes precedentes do S.T.J.:

> *(...).*
> *4. Segundo entendimento da Segunda Seção desta Corte, "[...] a falta ou insuficiência do depósito prévio motiva o indeferimento da petição inicial, conduzindo à extinção da ação rescisória sem apreciação do mérito, nos termos do art. 267, I, do CPC, situação que dispensa a prévia intimação pessoal da parte, visto que o § 1º desse mesmo dispositivo legal somente exige essa providência nas hipóteses dos incisos II e III" (AgRg na AR 3.223/SP, Relatora a Ministra NANCY ANDRIGHI, Segunda Seção, DJ 18/11/10).*

5. RECURSO ESPECIAL PARCIALMENTE CONHECIDO E, NESTA PARTE, DESPROVIDO.

(REsp 1286262/ES, Rel. Ministro PAULO DE TARSO SANSEVERINO, TERCEIRA TURMA, julgado em 18/12/2012, DJe 04/02/2013).

(...).

3. De acordo com o art. 490 do CPC, a falta ou insuficiência do depósito prévio motiva o indeferimento da petição inicial, conduzindo à extinção da ação rescisória sem apreciação do mérito, nos termos do art. 267, I, do CPC, situação que dispensa a prévia intimação pessoal da parte, visto que o § 1º desse mesmo dispositivo legal somente exige essa providência nas hipóteses dos incisos II e III.

4. Agravo a que se nega provimento.

(AgRg na AR 3.223/SP, Rel. Ministra NANCY ANDRIGHI, SEGUNDA SEÇÃO, julgado em 10/11/2010, DJe 18/11/2010)

Do despacho que indefere liminarmente a petição inicial da demanda rescisória caberá agravo interno/legal no próprio tribunal, o qual será julgado pelo órgão colegiado respectivo e competente para tanto.

Aduz o *§ 4º do art. 968* do atual C.P.C. que *se aplica à ação rescisória o disposto no art. 332.*

Assim, nas demandas rescisórias que dispensem a fase instrutória, o relator, independentemente de citação do réu, nos termos do art. 332 do atual C.P.C., julgará liminarmente improcedente o pedido que contrariar: I – enunciado de súmula do Supremo Tribunal Federal ou do Superior Tribunal de Justiça; II – acórdão proferido pelo Supremo Tribunal Federal ou pelo Superior Tribunal de Justiça em julgamento de recursos repetitivos; III – entendimento firmado em incidente de resolução de demandas repetitivas ou de assunção de competência; IV – enunciado de súmula de tribunal de justiça sobre direito local.

O relator também poderá julgar liminarmente improcedente o pedido se verificar, desde logo, a ocorrência de decadência ou de prescrição (§1º do art. 332 do atual C.P.C.).

Contra a decisão do relator que julgar liminarmente improcedente o pedido, caberá agravo interno.

Preceitua o *§5º do art. 968* do atual C.P.C. que *reconhecida a incompetência do tribunal para julgar a ação rescisória, o autor será intimado para emendar a petição inicial, a fim de adequar o objeto da ação rescisória, quando a decisão apontada como rescindenda: I – não tenha apreciado o mérito e não se enquadrar na situação prevista no § 2º do art. 966; II – tenha sido substituída por decisão posterior.*

É possível que o tribunal reconheça sua incompetência para julgar a demanda rescisória.

O Superior Tribunal de Justiça, quando reconhecia sua incompetência para julgar a demanda rescisória, proferia decisão de extinção do processo. Nesse sentido, eis os seguintes precedentes:

1. A competência para processar e julgar ação rescisória é do Tribunal prolator do último julgamento de mérito relativamente à demanda rescindenda.

2. Redigidas a causa de pedir e o pedido rescisório de modo a imprecar acórdão prolatado por este Superior Tribunal de Justiça, mas tendo sido do Supremo Tribunal Federal a última palavra sobre o meritum causae, tem-se quadro em que apesar da manifesta incompetência, a providência prevista no art. 113, § 2º, do CPC, não se aplica. Precedentes.

3. Isso se deve, por um lado, ante a impossibilidade de o Supremo Tribunal Federal examinar petição de ação rescisória que se dirige contra aresto de outro Tribunal, e, por outro, pela vedação à alteração da causa de pedir e do pedido depois de angularizada a relação processual.

4. Agravo regimental não provido.

(AgRg na AR 4.585/PE, Rel. Ministro MAURO CAMPBELL MARQUES, PRIMEIRA SEÇÃO, julgado em 26/03/2014, DJe 01/04/2014).

Agravo regimental – embargos de declaração – ação rescisória destinada a rescindir acórdão desta augusta corte que não aprecia mérito da demanda, cingindo-se a apreciar a admissibilidade do recurso especial – incompetência do superior tribunal de justiça – verificação – extinção do feito sem resolução de mérito – não preenchimento dos pressupostos processuais – verificação, a qualquer tempo – possibilidade – agravo improvido.

(AgRg na AR 3.839/RJ, Rel. Ministro MASSAMI UYEDA, SEGUNDA SEÇÃO, julgado em 22/08/2012, DJe 29/08/2012).

O §5º do art. 968 do atual C.P.C. vem refutar esse entendimento do S.T.J.

Assim, na hipótese de o Tribunal reconhecer a sua incompetência para a demanda rescisória, o autor deverá ser intimado para, assim querendo, emendar a petição inicial, a fim de adequar o objeto da ação rescisória, quando a decisão apontada como rescindenda: a) não tenha apreciado o mérito e não se enquadre na situação prevista no §2º do art. 966; b) tenha sido substituída por decisão posterior.

Este dispositivo tem por finalidade observar os princípios da *economia processual* e da *celeridade do processo*, evitando-se desta forma a extinção da rescisória para que outra seja proposta perante o Tribunal competente. Aliás, essa normatização vem ao encontro da seguinte decisão do S.T.J.:

(...).

3. Apesar de imprópria a ação rescisória intentada e da incompetência desta Corte para apreciar e julgar a matéria, verifica-se que foi instalado o litígio, com a citação da parte ex adversa para ofertar contestação, oportunidade na qual a ré, além de suscitar questões preliminares referentes ao cabimento da ação rescisória, apresentou defesa das questões de mérito, postulando a manutenção do acórdão que a autora intentou rescindir.

Oportunizou-se, ainda, às partes a produção de prova, e, após o saneamento do feito, abriu-se prazo para apresentação de razões finais, seguindo-se a intervenção do Ministério Público Federal, que opinou pela procedência do pedido.

4. Com esse panorama de desenvolvimento do processo, tendo a finalidade dos referidos atos aqui praticados sido alcançada, o aproveitamento desses atos na eventual ação declaratória de inexistência de citação não apresenta prejuízo para qualquer das partes. Por tal razão, permite-se a aplicação ao caso dos princípios da instrumentalidade das formas e do aproveitamento racional dos atos processuais, que norteiam o sistema das nulidades no direito brasileiro, incidindo as normas insertas nos arts. 244 e 249, § § 1º e 2º, do CPC.

5. Impende considerar, ainda, que a simples extinção do processo sem resolução do mérito fundada na inadmissão da ação rescisória, com o arquivamento dos presentes autos, configura, como bem exposto nos presentes embargos de declaração, desrespeito aos princípios da celeridade e economias processuais, pois o não aproveitamento dos atos processuais validamente praticados na nova ação a ser iniciada no juízo competente demandará maior dispêndio de tempo e atividade jurisdicional, ainda mais em se tratando de ação rescisória iniciada em abril de 1997.

6. Demonstra-se, portanto, oportuna a mitigação do rigor formal, a fim de se autorizar o aproveitamento dos atos processuais aqui praticados. Sendo assim, cabível o envio dos presentes autos ao Juízo Federal da Seção Judiciária em Recife, no Estado de Pernambuco, a fim de que a presente ação seja reautuada como ação declaratória de inexistência de citação.

7. Embargos de declaração acolhidos, sem efeitos infringentes.

(EDcl nos EDcl na AR .569/PE, Rel. Ministro MAURO CAMPBELL MARQUES, PRIMEIRA SEÇÃO, julgado em 24/08/2011, DJe 30/08/2011)

Em complemento, estabelece o *§6º do art. 968* do atual C.P.C., que *na hipótese do § 5º, após a emenda da petição inicial, será permitido ao réu complementar os fundamentos de defesa, e, em seguida, os autos serão remetidos ao tribunal competente.*

Art. 969

A propositura da ação rescisória não impede o cumprimento da decisão rescindenda, ressalvada a concessão de tutela provisória

Efeitos da decisão rescindenda

Todas as decisões sujeitas à demanda rescisória, ainda que eivadas de nulidade *ipso iure*, tem eficácia jurídica (força e efeitos).

Assim, todas as decisões que, mesmo sendo *nulas*, não forem objeto de demanda rescisória, continuarão a produzir efeitos, pois, se não for intentada a demanda rescisória no prazo estabelecido no art. 975 do atual C.P.C., serão inimpugnáveis.

Evidentemente, a decisão que apresentar nulidade de citação *ipso iure*, por ter sido proferida contra parte que não compareceu à relação jurídica processual, continuará a ser impugnável sempre e a qualquer momento, pois essa decisão jamais transita em julgado em relação ao réu ausente, justamente pelo fato de que o processo, em relação ao não citado, é inexistente.

Se no final do prazo estabelecido pelo art. 975 do atual C.P.C. a demanda rescisória não for exercida, torna-se a decisão definitivamente incólume de qualquer vício, preservando seus efeitos e gerando eficácia definitiva.

O art. 969 do atual C.P.C. confirma que a decisão sujeita à rescisória não é inexistente. E, apesar de poder ser considerada nula, estando sujeita à demanda rescisória, ela gerará efeitos, ainda que sendo objeto de demanda rescisória.

Já que a decisão transitada em julgado gera efeitos no mundo jurídico, a simples propositura da demanda rescisória não impede o seu cumprimento.

Ingressando-se com o cumprimento da decisão e com a demanda rescisória ao mesmo tempo, ambos os procedimentos terão sequência, sem que um seja prejudicial ao outro.

A única hipótese em que os efeitos da decisão poderão ser suspensos, é quando na própria demanda rescisória o Tribunal concede em favor do autor antecipação de tutela provisória de urgência ou da evidência.

Assim, os efeitos da decisão transitada em julgada (coisa julgada material) poderão ser suspensos na hipótese de o Tribunal conceder uma tutela antecipada com base na urgência ou na evidência.

Indaga-se, porém, qual a natureza dessa tutela de urgência que o tribunal poderá conceder. Será ela cautelar ou satisfativa?

É bem verdade que o Supremo Tribunal Federal já afirmou que não haveria medida preventiva antecipatória contra a coisa julgada. Nesse sentido era o seguinte precedente do S.T.F.:

> *Ementa: medida cautelar objetivando suspender execução de decisão transitada em julgado, até o final julgamento da ação rescisória. Inadmissibilidade. Precedentes. Petição indeferida.*
>
> (Pet 143 MC, Relator(a): Min. OSCAR CORREA, Tribunal Pleno, julgado em 12/03/1986, DJ 04-04-1986 PP-04753 EMENT VOL-01413-01 PP-00005)

O que entendia o Supremo Tribunal Federal, à época, é que contra a coisa julgada somente caberia a demanda rescisória, e sem efeito suspensivo.

Nesse sentido, aliás, era também a Súmula 234 do extinto Tribunal Federal de Recursos: *"Não cabe medida cautelar em ação rescisória para obstar os efeitos da coisa julgada"*.

Galeno Lacerda sempre criticou essa postura do S.T.F. e do ex-TFR, entendendo que se trata de posição extremamente radical. A coisa julgada não constitui presunção absoluta em prol do vencedor. Na verdade, em sistemas que adotam a revisão, como é o nosso, tal presunção da demanda rescisória assume caráter relativo, enquanto não expirado o prazo decadencial.

Felizmente, o S.T.F. reviu sua posição para o efeito de admitir a concessão de *tutela de urgência* em demandas rescisórias. Nesse sentido é o atual precedente da Corte Suprema:

> *1. Ocorrência de plausibilidade jurídica na alegação de violação ao art. 47 do CPC (litisconsórcio necessário), por inexistência de pedido de citação dos candidatos aprovados melhor classificados, possivelmente afetados pela decisão rescindenda; 2. Verossimilhança da alegação de erro de fato. Inobservância, pela decisão rescindenda, do caráter regional do certame e a consequente convocação, para o curso de formação, de número de candidatos cuja classificação não alcançou a dos requeridos; 3. Acolhimento da alegação do alto grau de dificuldade na reparação dos danos a serem causados, tendo em vista os transtornos administrativos que adviriam da nomeação de 119 candidatos para vagas hoje inexistentes no Estado do Rio de Janeiro; 4. Ademais, os elementos trazidos aos autos revelam a inocorrência da abertura de novo concurso público durante o prazo de validade daquele prestado pelos requeridos, além da não obrigatoriedade da Administração Pública em convocar para a segunda etapa do certame (curso de formação), os candidatos que, embora aprovados na primeira etapa, não obtiveram classificação dentro do número de vagas previstas no edital. Precedentes: RMS nº 23.788, Maurício Corrêa, MS 21.915, Ilmar Galvão e RMS nº 23.793, Moreira Alves. Cautelar deferida referendada pelo Plenário do Supremo Tribunal Federal.*
>
> (AR 1685 MC, Relator(a): Min. ELLEN GRACIE, Tribunal Pleno, julgado em 12/06/2002, DJ 12-03-2004 PP-00036 EMENT VOL-02143-01 PP-00066)

Contudo, a concessão de tutela de urgência no âmbito da demanda rescisória, para o fim de suspender os efeitos legais da sentença transitada em julgada, não se enquadra no campo das medidas cautelares, mas, sim, no âmbito da tutela de urgência satisfativa, pois é *medida satisfativa que visa a antecipar ao autor, no todo ou em parte, os efeitos da tutela pretendida*, no caso, os efeitos da decisão a ser proferida na demanda rescisória.

Nesse sentido já vinha se manifestando o Superior Tribunal de Justiça, conforme se pode observar do seguinte acórdão da lavra do Ministro Ari Pargendler, no Resp n. 81.529/PI:

> *Processo civil. Atribuição de efeito suspensivo a ação rescisória. 1. antecipação da tutela. A partir da lei 8.952, de 1994, a atribuição de efeito suspensivo a ação rescisória deve ser requerida, nos respectivos autos, como antecipação da tutela, e não mais por meio de ação cautelar. 2. cabimento. A regra do art. 489 do cpc cede sempre que, sem a atribuição de efeito suspensivo a ação rescisória, se possa prever que o acordão, mesmo se o pedido for julgado procedente, não terá utilidade. Recurso especial não conhecido.*
>
> (REsp 81529/PI, Rel. Ministro ARI PARGENDLER, SEGUNDA TURMA, julgado em 16/10/1997, DJ 10/11/1997, p. 57734)

A tutela de urgência satisfativa somente será concedida se forem preenchidos os requisitos previstos no 300 do atual C.P.C., isto é, a probabilidade do direito e o perigo de dano ou o risco ao resultado útil do processo.

A medida de urgência poderá ser substituída pela prestação de caução ou outra garantia menos gravosa para o requerido, sempre que adequada e suficiente para evitar a lesão ou repará-las integralmente.

Desta feita, conforme estabelece o art. 300 do atual C.P.C., a tutela provisória de urgência satisfativa, assim como a tutela de urgência cautelar, somente poderão ser deferidas se demonstrados o *fumus boni iuris* e o *periculum in mora*.

Além da tutela de urgência de natureza satisfativa, a suspensão dos efeitos da decisão transitada em julgado também poderá decorrer da concessão de tutela de evidência, nos termos do art. 311 do atual C.P.C.

Assim, tanto a concessão de tutela provisória de urgência satisfativa quanto a outorga de tutela provisória de evidência podem ensejar a suspensão dos efeitos da decisão transitada em julgado, pelo menos até que seja decidida a pretensão formulada na demanda rescisória.

Art. 970

O relator ordenará a citação do réu, designando-lhe prazo nunca inferior a 15 (quinze) dias nem superior a 30 (trinta) dias para, querendo, apresentar resposta, ao fim do qual, com ou sem contestação, observar-se-á, no que couber, o procedimento comum.

Citação do réu

Estando a petição inicial devidamente regular, e tendo sido efetuado o depósito de cinco por cento do valor da causa, o relator determinará a citação do réu.

A citação válida produz litispendência e, ainda quando ordenada por juízo incompetente, interrompe a prescrição. Em relação à decadência, o prazo retroagirá à data da propositura da demanda (art. 240, §§1º e 4º do atual C.P.C.).

Porém, a retroação do efeito interruptivo fica condicionada a que o autor adote as providências necessárias para a citação do réu nos dez dias subsequentes ao despacho que a ordenar, sob pena de não se considerar interrompido o prazo decadencial para o exercício da demanda rescisória. É certo que a parte não será prejudicada pela demora imputável exclusivamente ao serviço judiciário. Caso a citação não se efetue com a observância desses prazos, o prazo decadencial não se haverá por interrompido. Sobre o tema, eis os seguintes precedentes do S.T.J.:

> *1. Diante da redação dos artigos 219 e 220 do CPC, a citação, caso seja válida, tem o efeito de obstar a fluência do prazo decadencial, retroagindo esse efeito à data de propositura da ação, salvo se houver demora do ato citatório por desídia do próprio demandante ao informar o endereço correto da parte contrária.*
>
> *2. No caso dos autos, nota-se que a demora da citação não decorreu da falta de diligência da autora, mas dos mecanismos do aparelho judiciário.*
>
> *3. Desse modo, não há motivos para que sejam afastados os efeitos do ato cientificatório, especificamente o de interromper o prazo decadencial, conforme dispõem os artigos 219 e 220 do CPC.*
>
> (...).
>
> (AR 2.678/CE, Rel. Ministro MAURO CAMPBELL MARQUES, PRIMEIRA SEÇÃO, julgado em 10/04/2013, DJe 29/04/2013)
>
> *(...).*
>
> *3. O Código de Processo Civil disciplina as hipóteses de interrupção da prescrição e determina como marco interruptivo a citação válida, retroagindo seus efeitos à data da propositura da ação. Ainda que a ação rescisória seja uma ação autônoma de impugnação que visa desconstituir a coisa julgada, não está desvinculada dos atos do processo originário, o qual não deixou de existir. Destarte, considerar como marco interruptivo a data da propositura da rescisória é uma exegese que penaliza o recorrente que fora infligido com julgado contrário a literal disposição de lei.*
>
> *4. Recurso especial parcialmente conhecido e, no ponto, provido.*
>
> (REsp 1119349/RS, Rel. Ministro BENEDITO GONÇALVES, PRIMEIRA TURMA, julgado em 08/09/2009, DJe 23/09/2009)

> *1. Embora tenha a autora aforado com a Ação Rescisória perante Tribunal incompetente (TRF3), foi realizada, dentro do prazo decadencial, a citação da Autarquia Previdenciária que, inclusive, contestou o feito, nada alegando quanto à incompetência do Juízo.*
>
> *Dessa forma, não há motivo para que sejam afastados os efeitos da citação, ainda quando ordenada por Juízo incompetente, especificamente o de interromper o prazo decadencial, conforme dispõem os arts. 219 e 220 do CPC.*
>
> (...).
>
> (AR 3.821/MS, Rel. Ministro NAPOLEÃO NUNES MAIA FILHO, TERCEIRA SEÇÃO, julgado em 28/03/2008, DJe 05/05/2008).

No documento legal de citação constará o prazo para que o réu possa responder à demanda rescisória, prazo esse que não poderá ser inferior a quinze dias nem superior a trinta dias. A fixação do prazo pelo juiz levará em conta a complexidade da defesa a ser formulada em razão dos argumentos expendidos pelo autor da rescisória em sua petição inicial.

Independentemente de pedido, e em se tratando de processo em papel, os litisconsortes que tiverem diferentes procuradores, de escritórios de advocacia distintos, terão prazos contados em dobro para todas as suas manifestações, nos autos (art. 229 do atual C.P.C). Sobre o tema, eis o seguinte precedente do S.T.J.:

> *1. A regra do artigo 188 do Código de Processo Civil, referente à dilação de prazos processuais, é aplicável ao prazo de resposta para a ação rescisória.*
>
> *2. Precedentes do STF e do STJ.*
>
> *3. Recurso especial conhecido.*
>
> (REsp 363.780/RS, Rel. Ministro PAULO GALLOTTI, SEXTA TURMA, julgado em 27/08/2002, DJ 02/12/2002, p. 379)

Findo o prazo para contestação, deverá ser observado o procedimento comum, no que couber.

O Código atual fez opção por indicar o procedimento comum, no que couber, aplicando-se eventualmente as fases desse procedimento, inclusive os dispositivos que possam abreviar o curso da causa, seja pela extinção do processo ou julgamento antecipado do pedido.

Sabe-se que as atribuições concedidas ao juiz competirão naturalmente ao relator da rescisória.

Quanto às hipóteses de extinção do processo, cumpre distinguir: em se tratando de hipótese que poderia ter ensejado o indeferimento da petição inicial, por exemplo, falta de legitimação para a causa, decadência, subsiste a competência do relator; quando não, é necessário o pronunciamento do órgão colegiado. Se o autor desistir da demanda, a decisão homologatória será proferida pelo relator, salvo se já se iniciou o julgamento.

Assim, se o réu não contestar, o relator poderá decretar os efeitos da revelia, conforme estabelece o art. 344 do atual C.P.C. Após a análise da existência ou não da revelia, o relator passará para as providências preliminares e do saneamento. Se o réu não contestar a demanda, o relator, verificando que não ocorreu o efeito da revelia, mandará que o autor especifique as provas que pretenda produzir, se ainda não as tiver indicado (art. 348 do atual C.P.C.). Se o réu alegar fato impeditivo, modificativo ou extintivo do direito do autor, este será ouvido no prazo de 15 (quinze) dias, permitindo-lhe, o relator, a produção de prova (art. 350 do atual C.P.C.). Cumpridas as providências preliminares ou não havendo necessidade delas, o juiz proferirá julgamento conforme o estado do processo (art. 353 do atual C.P.C.).

Art. 971

Na ação rescisória, devolvidos os autos pelo relator, a secretaria do tribunal expedirá cópias do relatório e as distribuirá entre os juízes que compuserem o órgão competente para o julgamento.

Parágrafo único. A escolha dc rclator rccairá, sempre que possível, em juiz que não haja participado do julgamento rescindendo.

Procedimentos da Secretaria do Tribunal

Após as medidas preliminares e o saneamento do processo, os autos serão devolvidos pelo relator à secretaria do tribunal.

O Secretário expedirá cópia do relatório feito pelo relator, distribuindo o relatório entre os juízes que compuserem o órgão competente para o julgamento.

Receberão cópias todos os juízes que devam votar na sessão de julgamento.

Ocorrendo substituição de juízes que devam votar, aos novos componentes também deverão ser encaminhadas cópias do relatório.

Evidentemente, esse procedimento (cópia do relatório) somente será utilizado nos tribunais em que não haja processo eletrônico. Caso contrário, havendo processo eletrônico, o relatório será encaminhado via sistema.

Prescreve o *parágrafo único do art. 971* do atual C.P.C. que a *escolha de relator recairá, sempre que possível, em juiz que não haja participado do julgamento rescindendo.*

Este dispositivo de certa forma tem por objetivo resguardar o princípio da *imparcialidade do juiz*, especialmente pelo fato de que o juiz que funcionou como relator no julgamento passado já exteriorizou a sua convicção com o voto que anteriormente proferiu.

Daí ser salutar que outro seja o relator no julgamento da demanda rescisória.

Art. 972

Se os fatos alegados pelas partes dependerem de prova, o relator poderá delegar a competência ao órgão que proferiu a decisão rescindenda, fixando prazo de 1 (um) a 3 (três) meses para a devolução dos autos.

Delegação de poderes para produção de prova

Não sendo o caso de extinção do processo ou julgamento antecipado do pedido, justamente pela necessidade de se produzir prova, passa-se à fase da instrução probatória.

Tratando-se de prova documental, esta será apresentada no tribunal competente para a demanda rescisória, não se delegando competência para tal fim.

Sendo de outra natureza o meio probatório, como, por exemplo, oitiva de testemunha, perícia técnica, inspeção judicial, o relator *poderá* delegar a competência ao órgão que proferiu a sentença ou o acórdão rescindendo.

Assim, se a rescisória couber ao tribunal de apelação, a delegação será para o juiz federal ou juiz de direito que houver proferido a sentença rescindenda.

Se a rescisória couber aos tribunais superiores, o relator deste tribunal poderá delegar competência ao órgão do tribunal inferior que proferiu o acórdão rescindendo.

As provas poderão ser requeridas pelas partes ou determinadas de ofício pelo juiz. O juiz poderá determinar a produção de prova de ofício, ainda que ocorra revelia do réu.

O relator, ao delegar competência ao órgão que proferiu a sentença ou acórdão rescindendo, fixará prazo de um a três meses para a devolução dos autos. O art. 492 do C.P.C. de 1973, estabelecia o prazo de 45 (quarenta e cinco) a 90 (noventa) dias para a devolução dos autos.

Se houver necessidade do juízo delegado realizar audiência, que esta não será de instrução e julgamento, pois a competência para o julgamento da causa é do Tribunal competente. Nessa audiência de instrução, o juízo delegado apenas realizará a colheita da prova, de acordo com as regras do procedimento comum.

No curso da atividade de instrução de colheita de prova, o juízo delegado deverá resolver as questões que surjam, inclusive mediante decisões interlocutórias, por exemplo, decidirá sobre a contradita da testemunha, indeferirá perguntas ou quesitos impertinentes, apreciará a escusa da testemunha, perito ou assistente técnico etc. Para Barbosa Moreira, ainda sob a égide do C.P.C. de 1973, tais decisões poderiam ser objeto de agravo de instrumento, sendo que o julgamento do agravo competiria, de acordo com as regras de competência recursal, a órgão diverso do que julgará a rescisória.[710] Porém, essas hipóteses não se encontram discriminadas no art. 1.015 do novo C.P.C., razão pela qual não poderão ser objeto de agravo de instrumento. Assim, como não cabe agravo de instrumento, a impugnação das aludidas decisões dar-se-á da seguinte forma: a) mandado de segurança ou; b) agravo legal ao órgão colegiado competente, tendo em vista que a colheita de prova ocorre mediante ato de delegação do relator competente para a análise da rescisória.

Colhida a prova no prazo fixado pelo juízo rescisório, os autos deverão ser devolvidos ao Tribunal competente para o julgamento da rescisória.

Art. 973

Concluída a instrução, será aberta vista ao autor e ao réu para razões finais, sucessivamente, pelo prazo de 10 (dez) dias.

Parágrafo único. Em seguida, os autos serão conclusos ao relator, procedendo-se ao julgamento pelo órgão competente.

Instrução e julgamento

Concluída a instrução da demanda rescisória, o que, em regra, ocorre com a devolução dos autos pelo juízo delegado, o feito retorna para prosseguimento no tribunal competente, mediante abertura de vista do processo, sucessivamente, ao autor e ao réu, pelo prazo de dez dias para cada um, para apresentação de eventuais razões finais. Em caso de litisconsórcio, independentemente de pedido, e desde que os litisconsortes tenham diferentes procuradores de escritórios de advocacia distintos, os prazos serão contados em dobro, desde que se trate de autos em papel.

Segundo afirma Barbosa Moreira, somente se justifica a abertura de prazo para que as partes apresentem alegações finais, se houver fase instrutória, quando então poderá haver novos elementos a serem explorados nos autos.[711]

710 Barbosa Moreira, J. C., idem, p. 183.
711 Barbosa Moreira, J. C., idem, p. 185.

Estabelece o *parágrafo único do art. 973* do novo C.P.C. que *em seguida, os autos serão conclusos ao relator, procedendo-se ao julgamento pelo órgão competente.*

Apresentadas ou não as razões finais, os autos serão conclusos ao relator, o qual restituirá à secretária com o relatório. A secretaria extrairá cópias do relatório (salvo se se tratar de processo eletrônico), para expedição aos membros do órgão competente para julgamento da a rescisória. Havendo interesse do Ministério Público, será aberto vista ao órgão para sua manifestação.

O órgão competente para o julgamento será aquele estabelecido nos Regimentos Internos dos Tribunais. No Tribunal Regional Federal da 4ª Região a competência é da Seção, ou seja, do órgão composto pelas turmas reunidas.

Há ordenamento jurídico em que a competência é do próprio juízo que conheceu da causa anterior, mesmo que de primeiro grau. É o que estabelece o §584 do Código de Processo Processual Civil alemão: *"A competência exclusiva para as ações é atribuída: ao tribunal que julgou em primeiro grau; se a sentença impugnada ou se apenas uma de mais sentença impugnada foi emitida pelo tribunal de impugnação ou, se uma sentença emitida pelo tribunal de revisão foi impugnada pelo §580 n. 1 a 3, 6, 7, ao tribunal da impugnação; se uma sentença emitida pelo tribunal de revisão é impugnada segundo os §§579, 580 n. 4, 5, o tribunal de revisão. Se as ações são diretas contra um decreto de execução, é competente exclusivamente o tribunal que teria sido competente para o procedimento de mérito".*

O julgamento será realizado de acordo com o que for estabelecido pelos regimentos internos dos tribunais.

Art. 974

Julgando procedente o pedido, o tribunal rescindirá a decisão, proferirá, se for o caso, novo julgamento e determinará a restituição do depósito a que se refere o inciso II do art. 968.

Parágrafo único. Considerando, por unanimidade, inadmissível ou improcedente o pedido, o tribunal determinará a reversão, em favor do réu, da importância do depósito, sem prejuízo do disposto no § 2º do art. 82.

Efeitos da procedência ou improcedência do pedido

Segundo Barbosa Moreira, o julgamento da demanda rescisória ocorre, em princípio, em três etapas sucessivas: a) verificação da admissibilidade da demanda; b) o exame do pedido de rescisão no mérito ou não, em que o tribunal decide rescindir ou não a decisão impugnada (*iudicium rescindens);* e, c) finalmente, o rejulgamento da matéria que por ela fora decidida (*iudicium rescissorium*). Somente se passará para a segunda etapa, caso, na primeira, a demanda tenha sido considerada admissível. E, somente se passará para a terceira etapa, caso, na segunda, o pedido haja sido julgado procedente e, pois, rescindida a sentença. Isso significa dizer que cada uma das etapas é, tecnicamente, *preliminar* à seguinte.[712]

É importante salientar que a conclusão que se chega na primeira etapa de modo algum influirá no resultado da segunda. Assim, a demanda pode ser admitida, mas o pedido pode ser julgado improcedente. Por sua vez, o fato de ter sido rescindida a sentença anterior, isso não significa dizer que o tribunal irá julgar de modo diverso à conclusão que se construiu na sentença rescindida. É possível que o conteúdo da nova decisão seja idêntico ao da anterior.[713]

A decisão a ser proferida na demanda rescisória tem por objeto o *iudicium rescidens e* o *iudicium rescissorium*, pois cada um deles corresponde a um dos pedidos da demanda rescisória.

É importante estabelecer a distinção entre juízo de admissibilidade e juízo de mérito na demanda rescisória, até mesmo para se verificar se será possível o ingresso de nova rescisória contra a decisão do tribunal.

A demanda rescisória será admitida se o pedido formulado enquadrar-se em qualquer das hipóteses previstas no art. 966 do atual C.P.C.

Admitida a demanda rescisória, o pedido será julgado procedente no *iudicium rescindens*, se o tribunal reconhecer a efetiva ocorrência de algumas das causas do art. 966 do atual C.P.C.

Julgado procedente o pedido formulado no *iudicium rescindens*, com a decretação de invalidade da sentença anterior, poderá ocorrer algumas das seguintes hipóteses: a) estará encerrada a atividade do tribunal, por exemplo, se o fundamento da rescisão for a ofensa à coisa julgada, caso em que não haverá rejulgamento da causa; b) ou então haverá necessidade de se rejulgar a causa, cabendo ao tribunal emitir novo pronunciamento, que em regra poderá favorecer ou não o autor vitorioso no *iudicium rescindens*. Assim, se no *iudicium rescindens* se anula a sentença porque, violando literal disposição de norma jurídica, repelira arguição de prescrição que, na espécie, tinha de ser acolhida, é indispensável que se profira novo julgamento para substituir o anterior, declarando-se improcedente o pedido, com fundamento na prescrição.[714]

O Tribunal não poderá rejulgar a causa no *iudicium rescissorium*, se se tornar inadmissível por algum motivo o exame do mérito da causa.

[712] Barbosa Moreira, idem, p. 190.

[713] Barbosa Moreira, idem, p. 190.

[714] Barbosa Moreira, idem, p. 192.

Uma vez proferida a decisão no *iudicium rescindens*, deve o tribunal regular o destino do depósito de 5% sobre o valor da causa. Sendo o pedido de rescisão da decisão julgado procedente, o depósito será devolvido ao autor, pouco importando o resultado do julgamento do *iudicium rescissorium*. Como havia motivo para se rescindir a decisão transitada em julgado, nada mais justo de que o depósito que fora obrigado a efetuar o autor a ele seja devolvido.

Preceitua o *parágrafo único do art. 974* do atual C.P.C. que *considerando, por unanimidade, inadmissível ou improcedente o pedido, o tribunal determinará a reversão, em favor do réu, da importância do depósito, sem prejuízo do disposto no §2º do art. 82.*

Por outro lado, se a decisão no *iudicium rescindens* for de extinção do processo sem resolução de mérito ou decorrer de julgamento de improcedência do pedido, a importância será entregue ao réu.

Evidentemente, este dispositivo deve ser avaliado em conjunto com o disposto no art. 968, inc. II do atual C.P.C. Assim, o valor do depósito somente será revertido em favor do réu caso a demanda rescisória seja, *por unanimidade de votos* do órgão competente, declarada inadmissível, ou seja, o seu pedido não seja conhecido ou seja julgado improcedente. Se for julgado por maioria de votos, ou seja, havendo divergência, ainda que uma, o valor do depósito será devolvido ao autor.

Havendo recurso contra a decisão que for preferida na demanda rescisória, e o resultado desse recurso for diverso do que chegara o tribunal anteriormente, o destino do depósito será de acordo com o que for decidido em grau de recurso.

O art. 974, p.u., do atual C.P.C., além de determinar que o depósito efetuado pelo autor seja revertido em favor do réu a título de multa, caso haja sido declarada inadmissível a demanda rescisória ou venha a ser julgado improcedente o pedido por unanimidade de votos do órgão competente, também determina a observância do art. 82, §2º, do atual C.P.C. Assim, a sentença na rescisória, além de definir o destino do depósito efetuado pelo autor, também condenará o vencido ao pagamento das despesas que antecipou.

Art. 975

O direito à rescisão se extingue em 2 (dois) anos contados do trânsito em julgado da última decisão proferida no processo.

§ 1º Prorroga-se até o primeiro dia útil imediatamente subsequente o prazo a que se refere o caput, quando expirar durante férias forenses, recesso, feriados ou em dia em que não houver expediente forense.

§ 2º Se fundada a ação no inciso VII do art. 966, o termo inicial do prazo será a data de descoberta da prova nova, observado o prazo máximo de 5 (cinco) anos, contado do trânsito em julgado da última decisão proferida no processo.

§ 3º Nas hipóteses de simulação ou de colusão das partes, o prazo começa a contar, para o terceiro prejudicado e para o Ministério Público, que não interveio no processo, a partir do momento em que têm ciência da simulação ou da colusão.

Prazo decadencial

O art. 928 do Projeto do novo C.P.C., n. 2.046/10, estabelecia que o prazo para a propositura da demanda rescisória extinguir-se-ia em um ano contado do trânsito em julgado da decisão.

O art. 975 do atual C.P.C. restabeleceu o prazo de dois anos contado do trânsito em julgado *da última* decisão proferida no processo.

O nosso ordenamento jurídico estabelece *prazo único* decadencial para a propositura da demanda rescisória.

É certo, porém, que as Medidas Provisórias n.s 1.577-6/90, 1.703/98 e 1.798/3/99 foram editadas e reeditadas para o efeito de alterar o art. 188, inc. I do C.P.C. de 1973, a fim de aumentar o prazo para a demanda rescisória, quando proposta pela União, pelos Estados, pelo DF e pelos Municípios e pelo Ministério Público. O Supremo Tribunal Federal, porém, ao analisar arguição de inconstitucionalidade dessas alterações legislativas de prazo para a propositura da demanda rescisória em favor dos entes públicos, assim se manifestou:

EMENTA: Ação rescisória: MProv. 1577-6/97, arts. 4º e parág. único: a) ampliação do prazo de decadência de dois para cinco anos, quando proposta a ação rescisória pela União, os Estados, o DF ou os Municípios e suas respectivas autarquias e fundações públicas (art. 4º) e b) criação, em favor das mesmas entidades públicas, de uma nova hipótese de rescindibilidade das sentenças – indenizações expropriatórias ou similares flagrantemente superioras ao preço de mercado (art. 4º, parág. único): arguição plausível de afronta aos arts. 62 e 5º, I e LIV, da Constituição: conveniência da suspensão cautelar: medida liminar deferida. 1. Medida provisória: excepcionalidade da censura jurisdicional da ausência dos pressupostos de relevância e urgência à sua edição: raia, no entanto, pela irrisão a afirmação de urgência para as alterações questionadas à disciplina legal da ação rescisória, quando, segundo a doutrina e a jurisprudência, sua aplicação à rescisão de sentenças já transitadas em julgado, quanto a uma delas – a criação de novo caso de rescindibilidade – é pacificamente inadmissível e quanto à outra – a ampliação do prazo de decadência – é pelo menos duvidosa. 2. A igualdade das partes é imanente ao procedural due process of law; quando uma das partes é o Estado, a jurisprudência tem transigido com alguns favores legais que, além da vetus-

tez, tem sido reputados não arbitrários por visarem a compensar dificuldades da defesa em juízo das entidades públicas; se, ao contrário, desafiam a medida da razoabilidade ou da proporcionalidade, caracterizam privilégios inconstitucionais: parece ser esse o caso das inovações discutidas, de favorecimento unilateral aparentemente não explicável por diferenças reais entre as partes e que, somadas a outras vantagens processuais da Fazenda Pública, agravam a consequência perversa de retardar sem limites a satisfação do direito do particular já reconhecido em juízo. 3. Razões de conveniência da suspensão cautelar até em favor do interesse público.

(ADI 1753 MC, Relator(a): Min. SEPÚLVEDA PERTENCE, Tribunal Pleno, julgado em 16/04/1998, DJ 12-06-1998 PP-00051 EMENT VOL-01914-01 PP-00040 RTJ VOL-00172-01 PP-00032)

EMENTA: Ação rescisória: arguição de inconstitucionalidade de medidas provisórias (MPr 1.703/98 a MPr 1798-3/99) editadas e reeditadas para a) alterar o art. 188, I, CPC, a fim de duplicar o prazo para ajuizar ação rescisória, quando proposta pela União, os Estados, o DF, os Municípios ou o Ministério Público; b) acrescentar o inciso X no art. 485 CPC, de modo a tornar rescindível a sentença, quando "a indenização fixada em ação de desapropriação direta ou indireta for flagrantemente superior ou manifestamente inferior ao preço de mercado objeto da ação judicial": preceitos que adoçam a pílula do edito anterior sem lhe extrair, contudo, o veneno da essência: medida cautelar deferida. 1. Medida provisória: excepcionalidade da censura jurisdicional da ausência dos pressupostos de relevância e urgência à sua edição: raia, no entanto, pela irrisão a afirmação de urgência para as alterações questionadas à disciplina legal da ação rescisória, quando, segundo a doutrina e a jurisprudência, sua aplicação à rescisão de sentenças já transitadas em julgado, quanto a uma delas – a criação de novo caso de rescindibilidade – é pacificamente inadmissível e quanto à outra – a ampliação do prazo de decadência – é pelo menos duvidosa: razões da medida cautelar na ADIn 1753, que persistem na presente. 2. Plausibilidade, ademais, da impugnação da utilização de medidas provisórias para alterar a disciplina legal do processo, à vista da definitividade dos atos nele praticados, em particular, de sentença coberta pela coisa julgada. 3. A igualdade das partes é imanente ao procedural due process of law; quando uma das partes é o Estado, a jurisprudência tem transigido com alguns favores legais que, além da vetustez, tem sido reputados não arbitrários por visarem a compensar dificuldades da defesa em juízo das entidades públicas; se, ao contrário, desafiam a medida da razoabilidade ou da proporcionalidade, caracterizam privilégios inconstitucionais: parece ser esse o caso na parte em que a nova medida provisória insiste, quanto ao prazo de decadência da ação rescisória, no favorecimento unilateral das entidades estatais, aparentemente não explicável por diferenças reais entre as partes e que, somadas a outras vantagens processuais da Fazenda Pública, agravam a consequência perversa de retardar sem limites a satisfação do direito do particular já reconhecido em juízo. 4. No caminho da efetivação do due process of law – que tem particular relevo na construção sempre inacabada do Estado de direito democrático – a tendência há de ser a da gradativa superação dos privilégios processuais do Estado, à custa da melhoria de suas instituições de defesa em juízo, e nunca a da ampliação deles ou a da criação de outros, como – é preciso dizê-lo – se tem observado neste decênio no Brasil".

(ADI 1910 MC, Relator(a): Min. SEPÚLVEDA PERTENCE, Tribunal Pleno, julgado em 22/04/2004, DJ 27-02-2004 PP-00019 EMENT VOL-02141-02 PP-00408)

O art. 975 do atual C.P.C. é muito claro quanto à natureza do prazo para a proposição da demanda rescisória.

Ao invés de falar que a *pretensão* para a propositura da demanda rescisória *prescreve* no prazo de dois anos, disse expressamente que *o direito* para a propor a demanda rescisória *extingue-se* no prazo de dois anos contado do trânsito em julgado da última decisão proferida no processo.

Assim, não há dúvida de que a *natureza* do prazo para a propositura da demanda rescisória é *decadencial*, ou seja, está sujeito à *caducidade*.[715]

O que se extingue é o *direito à rescisão da decisão transitada em julgado* e não a *pretensão*. Conforme ensina Barbosa Moreira: *"A rigor, o que se extingue não é, aliás, o 'direito de propor ação rescisória': esse existirá sempre, como simples manifestação particular do direito de ação. Extingue-se, sim, o direito mesmo à rescisão da sentença viciada. O fenômeno passa no plano material, não no plano processual...é o direito à rescisão da sentença, o direito que se deduziria em juízo, que cessa de existir. O caso é, tecnicamente, de improcedência no 'iudicium rescindens', conquanto, por exceção inspirada em considerações de ordem prática, a lei autorize (ou antes, ordene) o indeferimento da inicial pelo relator, se desde logo verificada a decadência.... O direito à rescisão da sentença constitui exemplo típico de direito potestativo só exercitável pela via judicial"*.[716]

[715] A doutrina majoritária sempre assim entendeu: *"Câmara Leal, Da prescrição e da decadência, págs.; 132/3; Washington de Barros Monteiro, Curso de direito civil, Vol. I, pág. 297; Arnoldo Wald, Direito civil brasileiro, Vol. I, pág. 251; Nicolau Nazo, A decadência no direito civil brasileiro. Vol. I, pág. 251; Lopes da Costa, Direito processual civil brasileiro, Vol. III, pág. 458; Batinsta Martins, Rec. Eproc. Da compet. Orig. dos trib., págs. 84/5; Agnelo Amorim Filho, Critério científico para distinguir a prescrição da decadência e para identificar as ações imprescritíveis, in Ver. De Dir. Proc. Civil. 3º Vol, pág. 132; J. C. Barbosa Moreira, o juízo de admiss...., pág. 137; Cf., agora, Calmon de Passos, Coment. Ao C.P.C., vol. III, págs. 219, 429; Bueno Vidigal, Coment. Ao C.P.C., Vol. VI, págs. 236/7; José Frederico Marques, Manual, vol. III, págs. 247, 268; Galeno Lacerda, O novo dir. proc. Civ..., págs. 56, 102"* (Apud. Barbosa Moreira, J. C., op. cit., p. 203).

[716] Barbosa Moreira, J. C., idem, p. 204.

É importante salientar que se a rescisória a ser proposta é de uma decisão interlocutória que diga respeito ao mérito da pretensão, o prazo decadencial não começa a correr da preclusão da referida decisão, mas, sim, do trânsito em julgado da *última* decisão a ser proferida no processo que, em regra, é a sentença ou o acórdão.

Sobre o tema, eis os seguintes precedentes do S.T.J.:

> *(...).*
>
> *2. Hipótese em que o Tribunal a quo acolheu a prejudicial de mérito para pronunciar a decadência do direito do autor da presente Ação Rescisória ajuizada posteriormente ao prazo de dois anos disposto na legislação processual civil.*
>
> *(...).*
>
> *4. A interposição de recurso intempestivo não tem o condão de interromper a fluência do prazo decadencial para a propositura da Ação Rescisória, nos termos da jurisprudência do STJ, pois a posterior declaração de intempestividade do recurso só confirma o trânsito em julgado anteriormente ocorrido. Precedentes.*
>
> (...).
>
> EDcl no REsp 1352730/AM, Rel. Ministro HERMAN BENJAMIN, SEGUNDA TURMA, julgado em 03/10/2013, DJe 11/10/2013)

> *1. Na forma do disposto no art. 495 do CPC: "O direito de propor ação rescisória se extingue em 2 (dois) anos, contados do trânsito em julgado da decisão".*
>
> *2. No caso dos autos, a decisão rescindenda consiste em acórdão proferido pela eg. Quinta Turma, que, dando provimento ao Recurso Especial 473.623/SP, interposto pelo segurado, determinou a aplicação do percentual estabelecido pela Lei nº 9.032/95 a benefício concedido em data anterior à sua vigência.*
>
> *3. De acordo com os registros de movimentação processual, o acórdão proferido no aludido recurso especial foi publicado no Diário da Justiça em 24/2/2003 (segunda-feira), razão pela qual a contagem do prazo teve início em 25/2/2003. Sendo assim, o prazo para interposição de eventual recurso extraordinário (computado em dobro – art. 188 do CPC) findou em 26/3/2003 (quarta-feira).*
>
> *4. Diante desses dados, portanto, é de se inferir que o prazo para o ajuizamento da vertente ação rescisória se iniciou em 27/3/2003, com término previsto para 28/3/2005 (em razão de 27/3/2005 incidir em domingo – art. 184, § 1º, do CPC).*
>
> (...).
>
> (AR 3.281/SP, Rel. Ministro OG FERNANDES, TERCEIRA SEÇÃO, julgado em 10/04/2013, DJe 03/05/2013)

(...).

1. "A eg. Corte Especial, por maioria, adotou o entendimento no sentido de que, sendo a ação una e indivisível, não há que se falar em fracionamento da sentença/acórdão, o que afasta a possibilidade do seu trânsito em julgado parcial, contando-se o prazo para a propositura da ação rescisória a partir do trânsito em julgado da última decisão proferida na causa" (AgRg no Ag 724.742/DF, Rel. Min. FRANCISCO PEÇANHA MARTINS, Segunda Turma, DJ 16/5/06).

2. Nesse diapasão, se "uma das partes possui o privilégio de prazo em dobro, tão-somente após o escoamento deste é que se poderá falar em coisa julgada, ocasião em que começará a fluir o prazo para ambas as partes pleitearem a rescisão do julgamento. Precedentes do STJ e STF" (REsp 551.812/RS, Rel. Min. FELIX FISCHER, Quinta Turma, DJ 10/5/04).

3. "Em tese, até mesmo o vencedor pode ter interesse em recorrer da decisão que lhe foi favorável; e a mera possibilidade de o vitorioso obter julgamento mais vantajoso conduz à admissibilidade do recurso por ele interposto" (SOUZA, Bernardo Pimentel (In "Introdução aos Recursos Cíveis e à Ação Rescisória", São Paulo: Saraiva, 2009, p. 65).

(...).

(AgRg no AREsp 79.082/SP, Rel. Ministro ARNALDO ESTEVES LIMA, PRIMEIRA TURMA, julgado em 05/02/2013, DJe 08/02/2013)

1. Em face da edição da Medida Provisória n. 1.577-6, em 11 de junho de 1997 (DOU de 13.6.1997), posteriormente substituída pela Medida Provisória n. 1.703, de 27 de outubro de 1998, o prazo para propositura de ações rescisórias pelo Ministério Público, União, Estados, Distrito Federal, Municípios e respectivas autarquias e fundações foi ampliado para cinco anos e, depois, estabelecido em quatro anos, por força da concessão do prazo em dobro.

2. No pertinente às alterações introduzidas ao CPC pela Medida Provisória n. 1.577, o Supremo Tribunal Federal no julgamento da ADIn 1.753-6, deferiu liminar para suspender a ampliação do prazo decadencial. A referida decisão liminar foi posteriormente cassada pelo Plenário do STF, que, em questão de ordem, no dia 17/09/98, publicada no DJ de 23/10/98, julgou prejudicada a ação. Já no que tange à Medida Provisória n. 1.703/98, o Supremo Tribunal Federal, por ocasião da ADI n. 1.910/DF, da relatoria do Ministro Sepúlveda Pertence, considerou inconstitucional a alteração do prazo para rescindibilidade das sentenças introduzida pela Medida Provisória em referência.

3. É bem verdade que a ação rescisória em comento foi proposta quando ainda em vigor a Medida Provisória n. 1.632-7/97, pois a decisão concessiva da liminar na Ação Direta de Inconstitucionalidade n. 1753/DF, na qual o Supremo Tribunal Federal suspendeu os efeitos da Medida Provisória n. 1.703-18/98, que modificara a redação do art. 188 do CPC para conceder prazo em dobro para a propositura da ação rescisória, somente foi publicada em 12 de junho de 1998, e, diante da princípio da segurança jurídica, somente é dotada de efeitos ex nunc, a teor do disposto no art. 11, § 1º, da Lei 9.868/99.

4. Todavia, a Medida Provisória que majorou o prazo para propositura da ação rescisória para as pessoas jurídicas de Direito Público e suas fundações não foi reeditada nem convertida em lei, perdendo sua eficácia, retrospectivamente, desde a data de sua edição, motivo pelo qual desapareceu o direito de postular a desconstituição do julgado após o prazo de dois anos previsto no art. 485 do CPC.

5. Em caso análogo, o Supremo Tribunal Federal e o Superior Tribunal de Justiça firmaram posicionamento no sentido da perda da eficácia da medida provisória não convertida em lei pelo decurso do prazo para a sua aprovação pelo Congresso Nacional, o que se opera com efeitos retroativos, alcançando os atos produzidos durante a sua vigência. Nesse sentido, citam-se os seguintes julgados: AgRg no AG nº 278.947/RJ, Rel. Min. Sepúlveda Pertence, publicado no DJ de 2.3.2001; AgRg na AR nº 1.575/SP, Rel. Min. Maurício Corrêa, publicado do DJ de 20.4.2001; AR 1141/RS, Primeira Seção, Rel. Ministra Eliana Calmon, DJU de 15/4/2002; AR 735/DF, Primeira Seção, Rel. Ministro Franciulli Netto, DJU de 29/3/2004; REsp 357647/DF, Quinta Turma, Rel. Ministro Félix Fischer Quinta Turma, DJ de 1º/7/2004; AgRg no REsp 414496/RS, Quinta Turma, Rel. Ministro Felix Fisher, DJ 4/4/2005; REsp 650858/MT, Primeira Turma, Rel.

Ministro Luiz Fux, DJ 28/3/2005.

6. Agravo regimental não provido.

(AgRg na AR .750/DF, Rel. Ministro MAURO CAMPBELL MARQUES, PRIMEIRA SEÇÃO, julgado em 22/09/2010, DJe 08/10/2010)

1. Nos termos do art. 495 do Código de Processo Civil, "o direito de propor ação rescisória se extingue em 2 (dois) anos, contados do trânsito em julgado da decisão". A decadência da ação rescisória se comprova pelo trânsito em julgado da última decisão proferida no processo de conhecimento, no caso, a decisão proferida no agravo de instrumento para o STF, que ocorreu em 26.6.2006. Assim, como a presente ação foi proposta em 17.6.2008, dentro do prazo de 2 anos, não se pode falar em decadência. (...).

(AR 3.992/BA, Rel. Ministro MAURO CAMPBELL MARQUES, PRIMEIRA SEÇÃO, julgado em 11/06/2014, DJe 01/07/2014).

Há, porém, uma exceção em que o prazo de 2 (dois) anos para a interposição da demanda rescisória não se conta do trânsito em julgado da última decisão proferida no processo.

Trata-se das hipóteses previstas no §15 do art. 525 e no §8º do art. 535 do atual C.P.C. Nessas duas hipóteses, o prazo da demanda rescisória será contado do trânsito em julgado da decisão proferida pelo Supremo Tribunal Federal.

Estabelece o *§ 1º do art. 975* do atual C.P.C., *prorroga-se até o primeiro dia útil imediatamente subsequente o prazo a que se refere o caput, quando expirar durante férias forenses, recesso, feriados ou em dia em que não houver expediente forense.*

Sendo decadencial, o prazo para se promover a rescisão da decisão transitada em julgado não se suspende nem se interrompe.

Contudo, este parágrafo estabelece que se o prazo expirar durante férias forenses, recesso, feriados ou em dia em que não houver expediente forense, o prazo prorrogar-se-á até o primeiro dia útil imediatamente subsequente.

Esse posicionamento é adotado pelo S.T.J., o qual entende que se o último dia do prazo decadencial da demanda rescisória cair em dia não útil, o prazo prorroga-se para o primeiro dia útil seguinte. Nesse sentido eis os seguintes precedentes:

> *Processual civil. Ação rescisória. Termo inicial do prazo de dois anos. Recurso considerado inexistente. Trânsito em julgado da decisão que apreciou o último recurso interposto. Súmula 401/stj.*
>
> *Prazo decadencial. Término em dia não-útil. Prorrogação. Primeiro dia útil seguinte. Precedente da corte especial. Agravo regimental a que se nega provimento.*
>
> (AgRg no REsp 1231666/BA, Rel. Ministro TEORI ALBINO ZAVASCKI, PRIMEIRA TURMA, julgado em 17/04/2012, DJe 24/04/2012)
>
> *(...).*
>
> *2. A Corte Especial desta Corte Superior firmou entendimento segundo no sentido de que o prazo decadencial da ação rescisória, de natureza processual, se inicia no dia seguinte ao trânsito em julgado do acórdão rescindendo e, findando-se em feriado ou final de semana, é prorrogado para o dia útil subsequente.*
>
> *3. Na hipótese em análise, a decisão que se postula rescindir transitou em julgado na data de 15 de agosto de 2007 e a ação rescisória foi protocolada em 17 de agosto de 2009 (segunda-feira) – primeiro dia útil após 15 de agosto de 2009, sábado (data que ocorreu o prazo final para ajuizamento) – dentro, portanto, do biênio legal.*
>
> *4. Inocorrendo a decadência da ação rescisória, impõe-se o provimento do recurso e o retorno dos autos à origem para a continuidade do julgamento.*
>
> *5. Recurso especial parcialmente conhecido e, nessa parte, provido.*
>
> (REsp 1210186/RS, Rel. Ministro MAURO CAMPBELL MARQUES, SEGUNDA TURMA, julgado em 22/03/2011, DJe 31/03/2011)

Evidentemente, esse entendimento do S.T.J. e do próprio §1º deste artigo teria sentido na hipótese de processo físico, quando haveria necessidade de se protocolizar a petição inicial da rescisória na Secretaria do Tribunal.

Porém, com o processo eletrônico que se aproxima no futuro próximo, o sistema para peticionamento funciona vinte e quatro horas, não havendo mais impedimento para que a distribuição da demanda rescisória se faça em dia não útil.

Por sua vez, a existência de um prazo decadencial tem por finalidade impedir que a *coisa julgada* que tem previsão Constitucional no rol dos direitos e garantias fundamentais não fique eternamente a mercê de revisão judicial, pondo em risco a segurança das relações jurídicas e sociais, ainda que a decisão esteja contaminada por vícios graves.

Por isso, decorrido certo lapso de tempo a coisa julgada torna-se, conforme afirmava Pontes de Miranda, *soberanamente julgada*.

Assim, consumada a decadência, fica imune contra futuros ataques a autoridade da coisa julgada, não havendo mais possibilidade de se rescindir a decisão transitada em julgado. Essa circunstância, conforme anota Barbosa Moreira, faz surgir uma questão interessante, relacionada à hipótese do inc. IV do art. 966 do atual C.P.C., para a qual não parece surgir uma solução satisfatória. Assim, tornando-se irrescindível a decisão violadora da *res iudicata*, têm-se duas sentenças, talvez contraditórias, ambas passadas em julgado, não existindo mais qualquer remédio para desconstituir ambas as sentenças. Trata-se de saber qual delas deverá prevalecer.

Para o direito romano a primeira sentença continuaria a ser válida, sendo a segunda nula; porém, no sistema romano, a nulidade era oponível em exceção, e não havia prazo extintivo geral.[717]

Se os efeitos da sentença, cuja *res iudicata* foi ofendida, tornaram-se definitivos, assim permanecerão. Mas, se algum efeito não se produziu, a segunda sentença, que era rescindível por ofendê-lo, impede-o, pois quem tinha a pretensão à rescisão não a exerceu e a perdeu, definitivamente.[718]

Esclarece Pontes de Miranda: *"Em todo caso, 'se a primeira foi executada', como as duas sentenças passaram em julgado, 'ex hipothesi', prevalece, ainda, teoricamente, a primeira. Isso quer dizer que, tratando-se de sentença não cumprida, a segunda se põe à frente sempre"*.[719]

[717] Pontes de Miranda, op. cit., p. 202.
[718] Pontes de Miranda, idem, p. 245.
[719] Pontes De Miranda, idem, p. 253.

A doutrina europeia já afirmou, em termos genéricos e com fundamentação variável de autor para autor, que a prevalência é da segunda sentença (não rescindida por meio de recurso ou demanda autônoma) sobre a primeira (Vide: por exemplo, na literatura germânica: Reichel, *Rechtskraft und ungerechtfertigte Bereicherung, in Festschrift für Adolf Wach, vol. III, págs. 44/6; Hellwig, System, vol. I, pág. 362; Stein-Jonas, Die Zivlprozessordnun für das Deutsche Reich, vol. I, pág. 851; Nidisch, Zivilprozessrecht, pág. 170).*[720]

Porém, aduz Barbosa Moreira que: *"não é razoável comparar a segunda sentença, que pura e simplesmente 'ofendeu' a coisa julgada da primeira, a uma decisão de procedência em 'iudicium rescindens', única que, no sistema do ordenamento, teria a força de desconstituí-la. Aliás, se se chagasse a tal equiparação, teria de concluir-se, por amor à coerência, que em princípio se sujeitariam a desfazimento atos praticados com fulcro na primeira sentença, inclusive a respectiva execução, acaso já promovida, conclusão manifestamente insatisfatória, entre outras razões pela insegurança jurídica que instauraria".*[721]

Sobre o tema, eis a seguinte decisão do S.T.J.:

1. No conflito entre sentenças, prevalece aquela que por último transitou em julgado, enquanto não desconstituída mediante Ação Rescisória.

2. No caso sob exame, a executada propôs ação anulatória para contestar o débito; paralelamente, interpôs Embargos à Execução sobre a mesma questão. Na anulatória, sua pretensão foi parcialmente acolhida para excluir parcela do crédito exequendo. Por seu turno, os Embargos foram julgados totalmente improcedentes.

3. Prepondera a decisão proferida na Execução Fiscal, que rejeitou os Embargos de devedor, por ter sido formada por último. Precedentes do STJ.

4. Recurso Especial provido.

(REsp 598.148/SP, Rel. Ministro HERMAN BENJAMIN, SEGUNDA TURMA, julgado em 25/08/2009, DJe 31/08/2009)

Pode ocorrer que advenha terceira e quarta sentença ou qualquer outra sentença que não respeite a coisa julgada, e nada mais se pode fazer contra a última sentença que era rescindível, e deixou de ser.[722]

Prescreve o *§2º do art. 975* do atual C.P.C. que *se fundada a ação no inciso VII do art. 966, o termo inicial do prazo será a data de descoberta da prova nova, observado o*

[720] Barbosa Moreira, J. C., op. cit., p. 210.

[721] Barbosa Moreira, J. C., idem, p. 211.

[722] Pontes de Miranda, op. cit., p. 203.

prazo máximo de 5 (cinco) anos, contado do trânsito em julgado da última decisão proferida no processo.

Assim, se o fundamento da demanda rescisória repousar na hipótese de obtenção de prova nova, posteriormente ao trânsito em julgado da decisão rescindenda, cuja existência o autor ignorava ou de que não poderia fazer uso, capaz, por si só, de lhe assegurar pronunciamento favorável, o termo inicial do prazo decadencial de dois anos será a data da descoberta da prova nova, observado o prazo máximo de cinco anos, contado do trânsito em julgado da última decisão proferida no processo, que, em regra, será a sentença ou o acórdão. Assim, a prova nova (apresentada após o trânsito em julgado da decisão) deverá surgir no prazo de cinco anos, contado do trânsito em julgado da última decisão proferida no processo. E se a prova nova surge faltando um mês para se completar o prazo de cinco anos ? Tenho para mim que nesse caso, o prazo de 2 (dois) anos para o ingresso com a demanda rescisória inicia-se no momento em que surge a prova nova.

Preceitua o *§3º do art. 975* do atual C.P.C. que *nas hipóteses de simulação ou colusão das partes, o prazo começa a contar, para o terceiro prejudicado e para o Ministério Público, que não interveio no processo, a partir do momento em que têm ciência da simulação ou da colusão.*

O prazo decadencial de dois anos para a propositura da demanda rescisória, quando o seu fundamento for a simulação ou colusão das partes, começa a correr para o terceiro prejudicado ou para o Ministério Público, que não interveio no processo, a partir do momento em que tem ciência da simulação ou da colusão. Poder-se-ia indagar se a ciência da colusão deverá ocorrer no prazo de cinco anos indicado no parágrafo anterior. Tenho para mim que diante da gravidade do fato (colusão entre as partes), não há o limite de cinco anos previsto no parágrafo anterior.

Por fim, é importante ressaltar que tramita no Senado Federal o Projeto de Lei n. 294/2015, de autoria da Senadora Gleisi Hoffmann, que altera a Lei nº 13.105, de 16 de março de 2015 – Código de Processo Civil –, para instituir a extinção da ação rescisória no prazo de 5 (cinco) anos contado da sua propositura.

Explicação da Ementa:

Altera o Código de Processo Civil para dispor que na Ação Rescisória ocorrerá a extinção do direito à rescisão no prazo de 5 (cinco) anos contado da propositura da ação rescisória, independentemente do motivo da duração do processo. Estabelece que a lei entra em vigor após decorridos trezentos e sessenta e cinco dias de sua publicação oficial.

CAPÍTULO VIII – Do Incidente de Resolução de Demandas Repetitivas

Art. 976

É cabível a instauração do incidente de resolução de demandas repetitivas quando houver, simultaneamente:

I – efetiva repetição de processos que contenham controvérsia sobre a mesma questão unicamente de direito;

II – risco de ofensa à isonomia e à segurança jurídica.

§ 1º A desistência ou o abandono do processo não impede o exame do mérito do incidente.

§ 2º Se não for o requerente, o Ministério Público intervirá obrigatoriamente no incidente e deverá assumir sua titularidade em caso de desistência ou de abandono.

§ 3º A inadmissão do incidente de resolução de demandas repetitivas por ausência de qualquer de seus pressupostos de admissibilidade não impede que, uma vez satisfeito o requisito, seja o incidente novamente suscitado.

§ 4º É incabível o incidente de resolução de demandas repetitivas quando um dos tribunais superiores, no âmbito de sua respectiva competência, já tiver afetado recurso para definição de tese sobre questão de direito material ou processual repetitiva.

§ 5º Não serão exigidas custas processuais no incidente de resolução de demandas repetitivas.

Incidente de resolução de demandas repetitivas

O processo civil moderno tornou-se um terreno fértil de colisões e de recomposição dos grandes interesses sociais e coletivos postos ao julgamento de um juiz ou tribunal. Daí porque o legislador, a fim de permitir a melhor forma de resolução desses conflitos, mediante uma solução definitiva e segura, deve prover a pretensão material ou processual por meio de diversos instrumentos hábeis para tal fim.

Para se garantir a efetividade da prestação da tutela jurisdicional, é necessário atualizar-se e aperfeiçoar-se cada vez mais o próprio instrumento de atuação do Poder Judiciário, no caso o sistema processual. Por isso, o conceito de efetividade deve estar vinculado à concepção de *meio e fim*.

É bem verdade que o ordenamento jurídico brasileiro já apresentava algumas soluções para evitar o acúmulo indevido de processos, sobrecarregando ilegitimamente a atividade jurisdicional, especialmente quando a matéria de direito já se encontra de certa forma solucionada por reiteradas decisões judiciais. Seriam exemplos desses instrumentos processuais ainda sob a égide do C.P.C. de 1973: a) julgamento liminar de improcedência do pedido, nos termos do art. 285-A do CPC de 1973. Esse instituto não conseguira solucionar o problema, pois estava restrito às hipóteses de improcedência do pedido. Além do mais, era restrito apenas às decisões proferidas pelos juízos de primeiro grau; b) súmula vinculante, instituída pela Emenda Constitucional n. 45/2004, que inclui no texto constitucional o art. 103-A, possibilitando ao S.T.F. editar súmula de caráter obrigatório e vinculante para o Poder Judiciário e para a Administração pública direta e indireta federal, estadual ou municipal. O problema da súmula vinculante é que os requisitos expressos para sua expedição exigem que a matéria tenha natureza constitucional, o que a torna muito restrita; c) julgamento de recursos repetitivos no âmbito do S.T.J. A inclusão desse instituto no ordenamento jurídico brasileiro ocorreu com o art. 543-C do C.P.C. de 1973. O problema desse instituto é que somente após o trâmite de diversos processos na instância inferior e um longo transcurso de tempo é que a matéria seria examinada pelo tribunal superior; d) questão de repercussão geral em recursos repetitivos perante o S.T.F. A inclusão desse instituto ocorreu com a inserção no C.P.C. de 1973 do art. 543-B; trata de questão de multiplicidade de recursos extraordinários, na qual se discute a mesma questão constitucional, em recursos repetitivos. Contudo, a crítica que se faz é a mesma já feita para a instituto de recursos repetitivos no S.T.J.; e) súmula impeditiva de recebimento de apelação. A inserção desse instituto no ordenamento jurídico nacional ocorreu com o art. 518, §1º, do C.P.C. de 1973, o qual estabeleceu que o recurso de apelação não deveria ser recebido quando a sentença estivesse em conformidade com súmula do S.T.J. ou do S.T.F. Esse instituto também merece críticas, porque também exige que a matéria tenha sido sumulada para impedir o recebimento do recurso, não impedindo, por óbvio, o fenômeno processual das demandas de massa.[723]

Sem dúvida que no âmbito do C.P.C. de 1973 já havia diversos institutos processuais visando a impedir a sobrecarga de processos ou a reiteração de processos com a mesma questão jurídica.

[723] Moraes, Vânila Cardoso André de. Demandas repetitivas decorrentes de ações ou omissões da administração pública: hipóteses de soluções e a necessidade de um direito processual público fundamentado na Constituição. *Serie Monografia do CEJ*. N.14, Brasília, 2012. p. 89 a 106.

Diante de diversos instrumentos jurídicos predispostos em um ordenamento jurídico, o custo benefício deve permitir a escolha daquele que seja mais idôneo a realizar os objetivos de desenvolvimento do mercado e de determinados interesses.

Muito embora o direito seja efetivamente um instrumento de busca de determinados fins sociais, isso não significa que não se deva também observar a melhor forma de eficiência dos objetivos a serem perseguidos por aludidos instrumentos. E uma das formas mais eficiente para conseguir uma melhor avaliação de custo benefício das demandas judiciais é, sem dúvida, a *class action* ou a *group actions* ou, ainda, a *representative suits*.

Aliás, a Comissão Europeia apresenta um programa que denomina de *collective redress* (também conhecido como recurso coletivo), em linha com o resultado do Livro Verde de 2005 sobre as demandas de ressarcimento por violação das normas comunitárias *antitrust*. Esse sistema de *collective redress* é muito similar àquele das demandas denominadas de coletivas. Esse sistema nasce da exigência de consentir, por razões de justiça, de economia processual, a quem se encontre em uma determinada situação, de unir a própria pretensão de tutela àquela de outro cidadão que reveste igual posição em relação à sociedade ré.[724]

Observa-se, portanto, que há uma preocupação a nível global quanto à inserção nos ordenamentos jurídicos de espécies de tutelas coletivas, visando, acima de tudo, à justiça da decisão, apesar de a União Europeia propugnar por uma via toda própria de tutela coletiva que não seja uma simples cópia da *class action* norte-americana. Aliás, os europeus apontam a *collective redress* como uma criação própria, diversa da *class action* norte-americana.

Mas, seja numa perspectiva europeia ou norte americana, o certo é que *"a agregação em uma única ação de diversas e numerosas controvérsias de idêntico conteúdo, permite uma economia de custos para os cidadãos e também para aquele que deve se sujeitar à demanda, rendendo mais eficiência à função da justiça e mais simples o acesso à mesma"*.[725]

O *incidente de resolução de demandas repetitivas*, embora não se identifique com a *class action*, também apresenta essa possibilidade de agregação, em uma única demanda, dos efeitos da decisão que irá alcançar diversas outras demandas individuais que venham ou possam a vir a ser propostas, diminuindo o custo Brasil

[724] GIORGETTI, Alessandro; VALLEFUOCO, Valério. *Il contenzioso di massa in itália, in Europa e nel mondo*. Profili di comparazione in tema di azioni di classe ed azioni di gruppo. Milano: Giuffrè Editore, 2008. p. 134.

[725] GIORGETTI, A.; VALLEFUOCO, V., idem, p. 46.

do processo, assim como reduzindo significativamente o tempo do processo. Trata-se de ampliar o campo da extensão subjetiva do julgado.

Mas não é só, o *incidente de resolução de demandas repetitivas,* do ponto de vista do âmbito judiciário, também permite que, diante do efeito ultrademanda da decisão nele proferida, previna o risco de julgados conflitantes, com enormes benefícios de secular exigência de economia processual e de uniformidade de julgados.

O incidente de resolução de demandas repetitivas, assim como o instituto da *group actions* europeu, é um instrumento processual cujo objetivo maior é evitar o conflito de julgados e a disparidade de tratamento entre sujeitos portadores da mesma instância de justiça em processos diversos.

Na Áustria, por exemplo, a característica da *'group action'* é aquela de oferecer a um certo número de pessoas, com pedido e interesse similar, a oportunidade de satisfazer os próprios interesses com a introdução de uma única demanda que ao mesmo tempo satisfaça a economia processual. Nesse caso, o código de processo civil austríaco prevê a possibilidade de satisfazer contextualmente instância de mais partes contra um ou mais réus, prevendo em tal caso a competência exclusiva da Corte Suprema Austríaca (OGH), o máximo órgão nacional. Atualmente, o Código de Processo Civil austríaco (*Zivilprozesordnung – ZPO)* não prevê uma demanda particular para o contencioso de massa. Os autores têm à sua disposição uma série de demandas entre as quais é possível mencionar: a) os recursos para provimento inibitório dos comportamentos danosos para os consumidores; b) as demandas singulares levada avante individualmente por qualquer sujeito interessado (*Einzelklagem*); c) a reunião de mais demandas singulares (*Verbindung von Verfahren*); d) a demanda modelo ou teste (*Testprozess*); e) a demanda cumulativa de mais partes *(Streitgenossenschaft*); f) a denominada *'classe action'* estilo austríaco (*Sammelklage nach österreichischem Recht*).[726]

O novel instituto do *incidente de resolução de demandas repetitivas* previsto no atual C.P.C. brasileiro apresenta certa similitude ao *Testprozess* ou causa piloto do sistema austríaco. Na ação da demanda modelo se tenta reproduzir para um grupo de sujeitos que tenha o mesmo interesse o princípio anglo-saxão do *stare decises* em face de um precedente. O problema do sistema austríaco, ao contrário do que ocorre no sistema do *Common Law,* é que o precedente não é de nenhuma maneira *vinculante.* Isso comporta dizer que o *Testprozess* poderia revelar-se de todo inútil para uma parte – salvo que todas as partes interessadas não tenham preventivamente estipulado de serem obrigadas pela decisão – e por outro lado,

[726] GIORGETTI, A.; VALLEFUOCO, V., idem, p. 147.

uma perspectiva contraproducente pela lentidão do processo que poderia ensejar a prescrição das pretensões não demandadas em juízo.[727]

Já em relação ao incidente de demandas repetitivas, essa preocupação não existe, pois a decisão proferida no novel instituto jurídico brasileiro, muito embora não tenha efeito vinculante, (pelo menos numa interpretação mais consentânea da Constituição) tem eficácia *erga omnes*, razão pela qual surtirá efeitos em relação aos demais processos já promovidos, como em relação àqueles que estão por surgir.

Por outro lado, a *class action* dinamarquesa, além de exigir necessariamente uma introdução do Garante dos Consumidores que age em nome e por conta deles, também deve observar as condições ditadas pelo art. 254(1) da Lei dinamarquesa, que assim são especificadas: a) os pressupostos de fato e de direito que fundamentam as diversas demandas dos singulares devem ser substancialmente idênticos entre eles; b) uma Corte Danese deve ter jurisdição sobre todas as demandas; c) a Corte, diante da qual foi lançada a demanda, deve ter competência territorial sobre pelo menos uma das diversas causas e ainda competência material para todas as causas; d) a *'class action'* deve ser recebida pela Corte segundo a modalidade mais apropriada e respeitando o princípio da economia dos juízos de afrontar e resolver o contencioso específico.[728]

Não obstante a similitude entre as condições da *class action* dinamarquesa e o incidente da resolução de demandas repetitivas brasileiro, como, por exemplo, o pressuposto de identidade de questão jurídica e a competência de uma Corte para julgar o incidente, o certo é que esses dois institutos se distanciam pelo fato de que a tutela dinamarquesa encontra-se delimitada *às demandas de classe*, enquanto que o incidente de demanda repetitivas não apresenta essa característica, pois se trata de uma demanda individual com amplitude sobre outras demandas também individuais.

Na Alemanha existem três tipos diferentes de demandas coletivas a saber: a) *Verbandsklage* ou 'demanda das associações', na qual um ente ou fundação reconhecida age, não no interesse dos singulares indivíduos, mas frequentemente no interesse coletivo ou difuso de uma categoria ou de um grupo homogêneo e identificado de pessoas (por exemplo, os consumidores); b) a *Gruppenklage* ou 'demanda de grupo', na qual não se procura satisfazer os interesses difusos, mas uma pluralidade de singulares interesses reunidos em uma singular demanda. Ainda que a demanda de grupo possa certamente satisfazer interesses comuns,

[727] Giorgetti, A.; Vallefuoco, V., idem, p. 152.
[728] Giorgetti, A.; Vallefuoco, V., idem, p. 155.

isso ocorre incidentalmente em relação à satisfação dos interesses dos singulares autores; c) a *Musterprozessführung* ou a 'demanda modelo ou teste'.

Na comparação do sistema germânico com o incidente de demanda repetitivas introduzido em nosso ordenamento jurídico, pode-se de imediato descartar a *Verbandsklage* ou 'demanda de associações'. Também não se verifica identidade com a *Gruppenklage,* uma vez que nessa hipótese haverá a reunião de demandas, como ocorre com o sistema do litisconsórcio, nos termos do §59 do Código de Processo Civil alemão: *"Mais pessoas podem citar o ser citadas conjuntamente na qualidade de litisconsorte se se encontram em uma situação de direito comum em relação ao objeto da controvérsia e se estão legitimadas ou obrigadas sob a base da própria razão de fato ou de direito"*.

O que mais se assemelha ao novel instituto brasileiro é sem dúvida a *Musterprozessführung* ou 'causa piloto'.

Conforme anotam Alessandro Giorgetti e Valerio Vallefuoco, *"Na Musterprozessführung (causa piloto) as diversas demandas são propostas por uma parte com a finalidade, não somente de decidir o caso específico, mas com o escopo secundário de utilizar a solução jurisprudencial assim obtida como referência para a resolução consensual de uma pluralidade indeterminada de controvérsias referente a um grupo mais amplo de sujeitos que tenham o mesmo interesse. Como já observado na Áustria, esse tipo de ação tenta recepcionar no sistema tedesco o princípio anglosaxão do 'stare decisis' sobre um precedente jurisprudencial, com a inafastável problemática que, diferentemente do que acontece na jurisdição do Common Law, o precedente não é de nenhum modo vinculante"*.[729]

A demanda modelo tem natureza geral; todavia, partindo de tal princípio, o legislador alemão, no que concerne aos ilícitos financeiros, criou uma demanda nova e autônoma onde a decisão nela proferida resulta ser vinculante e de referência para a solução consensual de uma pluralidade indeterminada de controvérsia que diga respeito a um grupo mais amplo de sujeitos que tenha o mesmo interesse. Trata-se da denominada *Kapitalanleger-Musterverfahrensgesetz,* ou demanda modelo em causa relativa ao mercado financeiro.[730]

A Lei sobre a demanda modelo em causa relativa a mercado de capitais *Kapitalanleger-Musterverfahrensgesetz – KapMug* – entrou em vigor em 1º de novembro de 2005. A origem normativa decorreu da impossibilidade material por parte do Judge Wösthoff de gerir e portanto decidir uma demanda de responsabilidade constituída por 2.500 demandas distintas e reunidas entre elas, interpostas por

[729] Giorgetti, A.; Vallefuoco, V., idem, p. 176.

[730] Giorgetti, A.; Vallefuoco, V., idem, p. 176

754 diferentes advogados ou sociedade de advogados em nome e por conta de 14.447 investidores alemães contra a Deutsche Telekom.[731]

Essa lei não introduziu no sistema alemão uma *class action*, onde um autor representa uma pluralidade indeterminada de sujeitos; na realidade, a *KapMug* representa uma tentativa de afrontar e resolver os problemas procedimentais nascentes da introdução contextual de uma massa de demandas ressarcitórias reunidas entre elas e caracterizadas pela *richiesta di danni piú o meno contenuti.* Esse tipo de demanda é proveniente de um verdadeiro e próprio experimento previsto num arco temporal de cinco anos. Na realidade, o legislador alemão reservou para si a avaliação, em 2010, da eficácia da solução procedimental escolhida, reservando-se, se a experiência fosse positiva, a possibilidade de estender tal solução processual a todas as demandas ressarcitórias diversas daquela do ilícito financeiro.[732]

Nos termos do art. 9, primeira parte, da norma transitória (*zum Kap-Mug*), a normativa aplica-se a todos os processos pendentes em primeiro grau na data de 1º de novembro de 2005, dia da entrada em vigor da nova normatização, especialmente ao caso *Deutsche Telekom.* Em relação ao seu campo de aplicação, ela será observada apenas às controvérsias relativas aos ilícitos do campo financeiro e não pode encontrar aplicação extensiva ou analógica em outros campos do direito. Mais precisamente, este tipo de demanda aplica-se: a) às demandas ressarcitórias decorrentes de falsa, incorreta ou omissão de informações em relação às ações e obrigações *quotate*; b) à demandas ressarcitórias decorrente da responsabilidade dos administradores ou *dei vertici apicali sociali ai primi parificati*, por negligência ou atos voluntários realizados no curso da oferta pública regulamentada pela norma alemã em tema de aquisição de títulos e obrigações e em tema de aquisição societária, la onde tenham sido alegadas questões contenciosas comum de: 1) fato; 2) direito.[733]

Tanto o autor quanto o réu podem requerer a *certificação* de uma demanda *KapMug* para efeito de ressarcimento em primeiro grau de pretensão relativa a ilícito financeiro.[734] No juízo competente são observadas todas as condições de análise do mérito e da sua procedimentalização. Na instância de certificação na

[731] Giorgetti, A.; Vallefuoco, V., idem, p. 177.

[732] Giorgetti, A.; Vallefuoco, V., idem, p. 177.

[733] Giorgetti, A.; Vallefuoco, V., idem, p. 177.

[734] *"No Canadá a parte que deseja promover uma ação coletiva deve obter a autorização do tribunal. Esta autorização é conhecida como certificação. Por meio desta autorização, o tribunal aprova a ação coletiva se a considera a melhor forma para solucionar a questão"* (Giorgetti, A.; Vallefuoco, V., idem, p. 299).

qual tenha sido acolhida a demanda, é dado publicidade com a publicação no boletim das demandas, gerido pela Gazeta Oficial Federal em via eletrônica. O boletim é facilmente acessado eletronicamente no endereço: http://www.ebundesanzeiger.de.[735]

Ainda que a normatividade alemã esteja dissociada e seja distinta da *class action* americana, alguns pressupostos dela foram recepcionados, como, por exemplo, a *numerosidade de demandas,* ou seja, é indispensável para a instauração do procedimento nos termos da *KapMug,* que pelo menos dez demandas tenham sido apresentadas nos quatro meses sucessivos à publicação no boletim de demandas de massa, na primeira instância de certificação da ação modelo. Portanto, somente na hipótese de terem sido tempestivamente registradas pelo menos dez demandas, o Tribunal em que se encontra pendente o caso suspenderá *ex officio* as causas e transmitirá *l'incarto* à Corte de Apelo para as decisões de competência (§7, part. 1 KapMug). A Corte de Apelo escolhe entre as demandas pendentes aquela que servirá de modelo, em outras palavras, decide quem deva ser o autor representativo da comunidade litisconsorcial, e ao fazer isso deverá levar em consideração a importância dos respectivos danos reclamados entre os diversos autores.Os autores e os réus de todas as outras causas assumirão o papel de terceiros intervenientes coativos e terão a faculdade de apresentar defesa e participar ativamente das audiências (§8º, parte 3, subseção 2 Kap Mug). A decisão da Corte de Apelo será proferida após a realização de uma audiência pública e será obrigatória para todo o Tribunal (§16, part1 KapMug) que decidiu, *quindi, sulla scorta delle risultanze di fatto e di diritto rese nella sentenza che ha deciso il caso modello,* isto é, ainda se uma ou mais das partes constituídas tenha renunciado à demanda. Na realidade, *ancora uma volta* o efeito obrigatório é limitado porque em concreto esse aplica-se unicamente para as partes do caso modelo e para os litisconsortes intervenientes que tenham participado ativamente no processo; para todos as outras partes que não tenham assumido a qualidade de interveniente, a decisão não tem eficácia alguma. Particularmente, a decisão da Corte de Apelo resolve questão de fato e de direito, enquanto o *quantum debeatur* de toda singular controvérsia, inclusive aquela compreendida na demanda modelo, são remetidas e decididas pelo Tribunal competente. Contra a decisão da Corte de Apelo (*Musterentscheid*) é consentido, a todas as partes, propor recurso à Corte Federal Suprema alemão, por violação de mero direito.[736]

[735] Giorgetti, A.; Vallefuoco, V., idem, p. 178.
[736] Giorgetti, A.; Vallefuoco, V., idem, p. 179.

O processo modelo na Alemanha *(Musterprozess)* também é encontrado na jurisdição administrativa alemã. A Lei da Justiça Administrativa alemã, em seu §93 assim estabelece sobre o instituto do processo-modelo:

"(1) Se a legalidade de uma medida administrativa for questionada em mais de vinte processos, o tribunal poderá conduzir, primeiramente, um ou vários processos idôneos (Musterverfahern), suspendendo os demais. As partes deverão ser previamente ouvidas. Não cabe recurso contra essa resolução judicial.

(2) Quando houver coisa julgada nos processos findos, o tribunal poderá, depois de ouvir as partes, decidir sobre os processos suspensos por resolução judicial, se, em sua opinião, por unanimidade, os casos não contiverem particularidades essenciais fáticas ou jurídicas, perante os processos decididos, e se os fatos forem esclarecidos. O tribunal poderá introduzir provas do processo modelo (Musterverfahren) em outros processos, bem como, de acordo com sua discricionariedade, determinar novo interrogatório de testemunha ou realização de nova perícia pelo mesmo perito ou por outro. O tribunal poderá denegar proposições de provas relativas a fatos acerca dos quais já tenha havido produção de provas no processo-modelo, caso sua admissão não contribua, segundo sua livre convicção, à prova de novos fatos relevantes para a decisão e retarde a solução do litígio. A denegação, poderá ser na própria decisão, de acordo com a primeira fase deste inciso. Contra a resolução judicial fundada na primeira parte deste inciso, as partes possuem o recurso judicial que será admitido se o tribunal decidisse por sentença. As partes deverão ser informadas sobre esse recurso.[737]

O processo modelo administrativo somente terá aplicação quando a questão administrativa for de conteúdo jurídico e não fático.

O art. 69 da Lei de Justiça Administrativa alemã estabelece que deverão ser notificados os terceiros interessados que possam ser atingidos pela decisão no processo modelo. Havendo mais de cinquenta pessoas interessadas, o tribunal poderá limitar este número mediante a inserção em resolução (publicada em jornais e irrecorrível) de que somente poderão participar do processo modelo aqueles que se inscreverem num determina prazo.

Também o direito português, no âmbito do contencioso administrativo, apresenta solução semelhante ao do sistema alemão, especialmente no art. 48 do Código de Processo dos Tribunais Administrativos (CPTA), promulgado pela Lei 15, de 22 de fevereiro de 2002, *in verbis*:

[737] PIERLANGEIRO, Ricardo; BALNKE, Hermann-Josef; SOMMERMANN, Karl-Peter. *Código de jurisdição administrativa: o modelo alemão*. Rio de Janeiro: Editora Renovar, 2009.

"1. Quando sejam intentados mais de vinte processos que, embora reportados a diferentes pronúncias da mesma entidade administrativa, digam respeito à mesma relação jurídica material ou, ainda, que, respeitantes a diferentes relações jurídicas coexistentes em paralelo, sejam suscetíveis de ser decididos com base na aplicação das mesmas normas a idênticas situações de facto, o presidente do tribunal pode determinar, ouvidas as partes, que seja dado andamento a apenas um ou alguns deles, que neste último caso são apensados num único processo, e se suspenda a tramitação dos demais.

2. O tribunal pode igualmente determinar, ouvidas as partes, a suspensão dos processos que venham a ser intentados na pendência do processo selecionado a que preencham os pressupostos previstos no número anterior.

3. No exercício dos poderes conferidos nos números anteriores, o tribunal deve certificar-se de que no processo ou processos aos quais seja dado andamento prioritário a questão é debatida em todos os seus aspectos de facto e de direito e que a suspensão da tramitação dos demais processos não tem o alcance de limitar o âmbito da instrução, afastando a apreciação de factos ou a realização de diligências de prova necessárias para o completo apuramento da verdade.

4. Ao processo ou processos seleccionados segundo o disposto num. 1 é aplicável o disposto neste código para os processos urgentes e no seu julgamento intervêm todos os juízes do tribunal ou da secção.

5. Quando no processo seleccionado seja emitida pronúncia transitada em julgado, as partes são imediatamente notificadas da sentença, podendo o autor optar por:

a) *Desistir do seu próprio processo;*

b) *Requerer ao tribunal a extensão ao seu caso dos efeitos da sentença proferida, deduzindo qualquer das pretensões enunciadas nos ns. 3, 4 e 5 do art. 176.*

c) *Requerer a continuação do seu próprio processo.*

d) *Recorrer da sentença no prazo de 30 dias, no caso de ela ter sido proferida em primeira instância.*

6. Quando seja apresentado o requerimento a que se refere a alínea b) do número anterior, seguem-se os trâmites do processo de execução das sentenças de anulação de actos administrativos previstos nos artigos 177º a 179º.

7. Se o recurso previsto na alínea d) do n. 5 vier a ser julgado procedente, pode o autor exercer a faculdade prevista na alínea b) do mesmo número, sendo também neste caso aplicável o disposto no número anterior".

O art. 161 do Código de Processo dos Tribunais Administrativos português trata da extensão dos efeitos da sentença dos processos em massa. Assim, segundo esse dispositivo, os efeitos de uma sentença transitada em julgado que tenha anulado um ato administrativo desfavorável a uma ou várias pessoas podem ser estendidos a outras que se encontrem na mesma situação jurídica, quer tenham recorrido ou não à via judicial, desde que, quanto a essas, não exista sentença transitada em julgado. Esse dispositivo aplica-se nas situações em que existem vários casos perfeitamente idênticos, nomeadamente no domínio do funcionalismo público e no âmbito de concursos, e só quando, no mesmo sentido, tenham sido proferidas cinco sentenças transitadas em julgado ou, existindo uma situação de processo de massa, nesse sentido tenha sido decido o processo selecionado.

A importância de se encontrar soluções criativas para as demandas de massa ou simplesmente repetitivas é de tal ordem que na decisão proferida pela Corte Suprema do Canadá, no caso *Western Canadian Shopping Centres Inc.* contra *Dutton* (2001) 2 S.C.R. 534, sustentou-se que na falta de uma legislação completa sobre demanda coletiva, os tribunais devem compensar a deficiência existente exercitando o próprio poder de estabelecer regras práticas e procedimentais para permitir que o processo consiga os objetivos das *class action*. No direito Israelense, no período entre 1948 a 1988, imediatamente após à independência do Estado judeu, o único fundamento de demandas de massa era o art. 19 das normas israelenses de procedimento civil (o *Isareli Rules of Civil Procedure – RPC)*, herdado do sistema inglês. Esse dispositivo assim estabelecia quanto à autoria da demanda de massa:*"Em todos os casos em haja um grande número de sujeitos interessados a uma determina ação, um deles – mediante pedido de um dentre os diversos autores, ou mediante pedido do réu, se mais de um são os réus, e com a autorização da Corte ou do Oficial de estado civil, pode representar naquela causa todos os interessados. Se as outras pessoas potencialmente interessadas não tenham tido notícia da demanda, a Corte Oficial de estado civil, lhes informará da proposição da demanda por meio de uma notificação pessoal ou mediante aviso público...".*[738]

Feitas essas comparações de direito comparado entre os institutos, especificamente em relação ao incidente de resolução de demandas repetitivas, pode-se indicar os seguintes princípios estruturantes desse novo sistema de tutela individual/coletiva:

a) efeitos *ultra-singuli demandas* da decisão nele proferida, a fim de alcançar outras demandas individuais – extensão subjetiva do julgado;
b) efetivo acesso à justiça;
c) economia processual, pois impede a multiplicação de demandas que tenham por objeto a mesma questão jurídica;
d) redução do impacto de contenciosos seriais sobre o sistema judiciário;
e) igualdade dos cidadãos diante da lei;

[738] Giorgetti, A.; Vallefuoco, V., op. cit., p. 357 e 358.

f) uniformização de julgados;

g) justiça équo e eficiente.

Esses princípios permitem dizer que o incidente de resolução de demandas repetitivas evita uma série de problemas que ocorrem com o gargalo dos ofícios judiciários, especialmente a possibilidade de julgados contrastantes e, não sem menor importância, os altos custos do acesso à justiça.

Os efeitos *ultra-singuli demandas* decorrem do próprio efeito *secundum eventum litis*, por assim dizer, reflexo da decisão proferida pelo tribunal numa determinada demanda judicial.

Os doutrinadores italianos não deixaram de tecer críticas à extensão subjetiva do julgado proferido em *class action* em face do que dispõe os artigos 24 e 11 da Constituição italiana, os quais fixam os limites subjetivos do julgado segundo a possibilidade de realização expressa do princípio do contraditório. Segundo Alessandro Giorgetti e Valério Vallefuoco: *"O projeto de lei do governo revolve o problema da compatibilidade da 'class action' com os artigos 24 de 11 da Constituição italiana simplesmente desarticulando o procedimento judiciário em duas fases. Uma primeira fase, desencadeada com a promoção da ação coletiva, assume a forma de um juízo de mero acertamento, cuja sentença de definição delimita-se apenas aos aspectos da responsabilidade do réu. Uma segunda fase, ao invés, instaurada com a promoção de ações individuais de ressarcimento por obra dos singulares consumidores ou 'utenti', é um juízo de determinação do 'quantum' devido a cada um dos recorrentes a título de ressarcimento do dano ocorrido".*[739]

No caso do incidente de demandas individuais/coletivas introduzido no Brasil, não se observa qualquer mácula de inconstitucionalidade no que concerne à extensão subjetiva dos efeitos da coisa julgada, especialmente pelo fato de que no nosso sistema constitucional há previsão expressa de demandas coletivas ou *class action* em que a sentença tem efeito *erga omnes,* ampliando o campo subjetivo dos efeitos da decisão.

Evidentemente que muito embora a decisão proferida no incidente de resolução de demandas repetitivas terá efeito *erga omnes* em relação às demandas já propostas ou em relação às demandas que poderão vir a ser propostas, isso não quer dizer que a decisão proferida no incidente terá também efeito vinculante ao Poder Executivo, por exemplo.

É bem verdade que poderá a lei estabelecer efeito vinculante, muito embora tal efeito não esteja previsto na Constituição. Isso ocorreu com o art. 10 da lei 9.882/99 que conferiu efeito *vinculante* às decisões proferidas pelo S.T.F. na Arguição de Descumprimento de Preceitos Fundamentais (ADPF). Porém, essa

[739] GIORGETTI, Alessandro; VALLEFUOCO, Valério. idem, p. 97.

aceitação de previsão legislativa infraconstitucional somente será legítima se *"o efeito vinculante configura apanágio da jurisdição constitucional e não depende, por isso, de regra expressa na Constituição"*.[740]

O que se pretende com a decisão a ser proferida no incidente de resolução de demandas repetitivas é dar segurança jurídica e isonomia para aqueles que procuram o Poder Judiciário, evitando-se decisões conflitantes e impedindo o congestionamento de demandas repetitivas no âmbito do Poder Judiciário.

Assim, em relação aos processos já propostos quando da instauração do incidente de resolução de demandas repetitivas, a decisão terá efeito imediato, ou seja, terá efeito *erga omnes*.

A decisão proferida no âmbito do incidente, por sua vez, não impede o ingresso de demais demandas individuais sobre o mesmo assunto. Aliás, como a decisão proferida no incidente não tem efeito vinculante, há necessidade da sua propositura. Mas o juiz de imediato poderá extinguir o processo com resolução de mérito, aplicando a decisão proferida no incidente de demandas repetitivas.

O *pressuposto objetivo* para que se possa instaurar o incidente de resolução de demandas repetitivas encontra-se localizado na *possibilidade de gerar relevante multiplicação de processos fundados em idêntica questão de direito*. Assim, dois requisitos são exigidos pela norma: a) houver efetiva repetição de processos; b) contenham controvérsia sobre a mesma questão unicamente de direito.

Entende-se por efetiva repetição de processos a possibilidade de existência de um número substancial de demandas repetitivas que poderão vir a ser propostas no âmbito regional ou nacional. Esse número de demandas deve ser *relevante*, o que significa dizer que um número inexpressivo de demandas repetitivas não justificaria a instauração do incidente de demandas repetitivas. Evidentemente, a norma não traz um número exato e objetivo do que significa *relevante multiplicação de processos*, o que deverá ser avaliado de acordo com a circunstância da questão envolvida na demanda judicial. Sem dúvida, questões como o reajuste de 28,86% referente à Lei 8.622/93 e 8.627/93 do servidor público[741], aposen-

[740] Mendes, Gilmar Ferreira; Branco, Paulo Gustavo Gonet. *Curso de direito constitucional*. 7ª ed. São Paulo: Saraiva, 2012. p. 1.459.

[741] *"Trata-se de matéria atrelada ao Direito Administrativo que diz respeito à remuneração de servidor público. Com base no princípio da isonomia, o Pleno do Supremo Tribunal Federal reconheceu a existência de omissão legislativa e deferiu aos servidores públicos civis e militares a extensão do reajuste de 28,86% previsto nas Leis 8.622 e 8.627, ambas de 1993, segundo a exegese do disposto no inc. X, do art. 37, da Constituição Federal. Referido reajuste foi concedido, inicialmente, tão somente aos militares de graduação superior. Na hipótese, o Supremo Tribunal Federal interpretou a legislação no sentido de que se tratava de revisão geral dos servidores, observadas as compensações dos reajustes concedidos. Há precedentes do Supremo publicados desde 1997, e a matéria continuou a ser discutida nos tribunais, mesmo*

tadoria especial prevista no art. 57 e 58 da lei da previdência social, compensação de prejuízo do IRPJ, correção monetária da poupança, reajuste do índice de correção monetária dos contratos firmados pelo Sistema Financeiro de Habitação, questionamento sobre a inconstitucionalidade da CPMF etc são alguns exemplos de demandas que se multiplicaram de forma geométrica no âmbito de nossos tribunais.

É importante dizer que a multiplicidade de demandas poderá ocorrer apenas numa determinada região do país, o que já seria suficiente para a instauração do incidente da resolução de demandas repetitivas.

Já no Canadá, para que um procedimento de demanda coletiva possa ser instaurado, deve haver uma classe identificável por duas ou mais pessoas. Diferentemente do que ocorre nos E.U.A, a lei canadense não exige o requisito de que o número de pessoa da classe proposta seja de tal forma vasto que de certa forma seja impraticável a reunião dos procedimentos. Os estatutos provinciais pedem somente que a classe seja composta de duas ou mais pessoas. No caso *Ontário Ward-Price vs. Mariners Haven Inc.* (2002), 36 C.P.C. 5º) 189 (Ont. Sup. Ct. Jus.) a autorização foi requerida por um grupo de 26 condôminos. O tribunal avaliou a restrição do grupo proposto e se a demanda coletiva seria o método preferível para fazer valer as pretensões. Nordheimer J. Notò disse: *"No meu sentir, é muito problemático contemplar livremente o inteiro conjunto dos requisitos procedimentais que se apresentam em uma demanda coletiva, para o fim de determinar a reivindicação de um pequeno grupo que se apresenta para a demanda. (...) Parece muito simples, mas é exíguo o número dos membros do grupo que se propõe, mais difícil é avaliar se a demanda coletiva*

após a edição da Súmula 672 do Supremo Tribunal Federal. O último julgamento a respeito do tema pela Corte Suprema deu-se tão somente em 6/10/2010, com o reconhecimento da repercussão geral e a adoção de medidas determinadas pela lei...

O primeiro, acréscimo de percentual a servidores públicos federais (28/86%), alcançou contornos constitucionais e, apesar da existência de Súmula do Supremo Tribunal Federal no ano de 2003, a matéria continuou a ser fortemente debatida nos tribunais até meados de 2008, tendo sido objeto de repercussão geral em outubro de 2010. A primeira conclusão que brota dessa análise numérica é que o Setor Público não adotou o entendimento sumulado pela Corte Constitucional, o que gerou o fenômeno das ações repetitivas. Além disso, a ausência do efeito vinculante acarretou a prolação de decisões contraditórias na própria seara do Poder Judiciário. Afora a demonstração do lapso temporal necessário para a resolução definitiva da questão de direito controvertida, aproximadamente 17 anos, desde a edição da lei concessiva do índice (9/10/93) até a publicação da decisão do Supremo Tribunal Federal, que reconheceu a sua jurisprudência em repercussão geral (6/10/2010). Percebe-se, finalmente, que, como se trata de ato único de reajuste, novos ajuizamentos foram diminuindo com o decorrer dos anos". (MORAES, Vânila Cardoso André de. Demandas repetitivas decorrentes de ações ou omissões da administração pública: hipóteses de soluções e a necessidade de um direito processual público fundamentado na Constituição. *Serie Monografia do CEJ.* N.14, Brasília, 2012. p. 29 e 30.

conseguirá o objetivo da economi processual". O Tribunal concedeu a autorização, mas deixou claro que se tratava de uma questão limítrofe.[742]

Outro requisito objetivo importante é que haja entre essa multiplicação de demandas repetitivas a mesma controvérsia sobre a mesma questão de direito, ou seja, que haja um ponto comum de *idêntica questão de direito*.

Sabe-se que o escopo da demanda coletiva é resolver controvérsias comuns de um grupo de indivíduos. Essa identidade de controvérsia pode decorrer de um ponto comum de fato ou de direito, ou mesmo de interesses difusos. Por exemplo, na legislação canadense as questões são em geral definidas como *"comuns mas não necessariamente idênticas quanto ao aspecto de fato; "comuns mas não necessariamente idênticas questões jurídicas que surgem de fatos comuns mas não necessariamente idênticos"*.[743]

Já no que diz respeito ao instituto brasileiro de incidente de resolução de demandas repetitivas, a única exigência para que se possa desencadeá-lo é que haja *idêntica questão de direito*, mesmo que não haja identidade de fatos. Também não se exige que as pessoas pertençam a uma mesma classe ou grupo, podendo não haver qualquer identidade entre elas nesse sentido. Também não se exige que haja direitos ou interesses coletivos, difusos ou individuais homogêneos.

Essa exigência de *idêntica questão de direito* não é nova, pois na *Federal Rules of Civil Procedure* de 1938 que regulamentava as categorias de demandas de classe americanas era definida segundo a natureza abstrata dos direitos coinvolvidos. Apenas com a revisão da *Federal Rules of Civil* de 1983, pela *rule n. 23*, não mais se concentrou a demanda de classe com base no tipo de direito coinvolvido, mas com base nas *causes of action* que fundamentavam a demanda de classe.[744]

Daí porque, ao contrário do que ocorre com as demandas coletivas ou de grupo, o autor do incidente de resolução de demandas repetitivas não precisa ser um representante de um interesse comum de determinada classe ou grupo. Aliás, o autor pode inclusive apresentar algum conflito de interesse em relação aos autores das outras demandas individuais.

Contudo, mesmo que não haja identidade de interesses, isso não impede a instauração do incidente, desde que ocorra a identidade de questão de direito. De certa forma, quando a norma fala em idêntica questão de direito, pode-se dizer que se está diante de um interesse individual homogêneo em face de uma idêntica questão de direito, razão pela qual a questão poderia também ser objeto de *class action*.

742 GIORGETTI, A; VALLEFUOCO, V., op. cit., p. 302.

743 GIORGETTI, A; VALLEFUOCO, V., idem, p. 303.

744 GIORGETTI, A; VALLEFUOCO, V., idem, p. 376 e 377.

A identidade imposta pela norma refere-se não à questão de *fato*, mas, sim, à questão jurídica inserida na demanda individual como *causa de pedir*.

E normalmente haverá controvérsia sobre determinada questão de direito, quando houver discordância quanto à forma de interpretação de determinada norma jurídica. Pense-se na questão da incidência do percentual de 28,86% na remuneração dos servidores públicos, na questão se o trabalho rural exercido pelos trabalhadores rurais deve ou não ser objeto de recolhimento previdenciário para efeito de cômputo de aposentadoria; se a pensão por morte de um determinado período deve ou não receber determinado reajuste; se a CPMF é ou não constitucional; se o reajuste da prestação da casa própria deve ou não ser de acordo com determinado índice etc.

Havendo, assim, possibilidade de multiplicação nos órgãos do Poder Judiciário de demandas repetitivas com idêntica questão de direito, deve-se instaurar o incidente de resolução de demandas repetitivas justamente para se evitar *grave insegurança jurídica* e *quebra da isonomia* que possam decorrer *do risco de coexistência de decisões conflitantes*.

Já tivemos oportunidade de observar em nosso país essa incongruência de decisões judiciais, especialmente quando da análise da correção pela URP dos salários de servidores públicos. Alguns servidores públicos foram beneficiados pela incidência da URP justamente pelo fato de que sua decisão transitou em julgado e não era mais possível à Fazenda Pública ingressar com a demanda rescisória. A maioria dos servidores, por sua vez, por terem ingressado com a demanda um pouco mais tarde, não foram beneficiados pelo mesmo índice, uma vez que o Supremo Tribunal Federal havia decidido que não existia direito adquirido a essa correção. Nessa situação é possível observar a grave mácula à isonomia jurídica que gerou, fazendo com que alguns funcionários recebessem aproximadamente 80% a mais do salário em relação a outros que ocupavam o mesmo cargo funcional.

Preceitua o *§ 1º do art. 976* do atual C.P.C. que *a desistência ou o abandono do processo não impede o exame de mérito do incidente.*

Assim como já ocorre com as ações diretas de inconstitucionalidade ou constitucionalidade, a desistência ou abandono da demanda não impedirá o exame do mérito do incidente, justamente pela importância jurídica/social/econômica do resultado do incidente de resolução de demandas repetitivas.

No caso de desistência ou abandono da demanda, assim como acontece com a ação civil pública, o Ministério Público assumirá sua titularidade.

Preceitua o *§2º do art. 976* do atual C.P.C. que *se não for o requerente, o Ministério Público intervirá obrigatoriamente no incidente e deverá assumir a sua titularidade em caso de desistência ou de abandono.*

Como se afirmou, o Ministério Público poderá requerer por petição a instauração do incidente de resolução de demandas repetitivas, seja ele parte ou fiscal do ordenamento do jurídico.

Se o incidente for instaurado mediante petição do Ministério Público, que atua como parte ou como fiscal do ordenamento jurídico no processo modelo, não haverá necessidade de nova intervenção do agente Ministerial.

Por sua vez, se o interessado na instauração do incidente requerer a sua desistência ou abandonar o procedimento, o Ministério Público, assim como já ocorre com a ação civil pública, assumirá a frente do procedimento, passando a ser parte substitutiva titular do incidente de demandas repetitivas.

Aduz o *§ 3º do art. 976* do atual C.P.C. que *a inadmissão do incidente de resolução de demandas repetitivas por ausência de qualquer de seus pressupostos de admissibilidade não impede que, uma vez satisfeito o requisito, seja o incidente novamente suscitado.*

Isso significa dizer que se o incidente não for admitido pela falta de algum de seus pressupostos, novo pedido poderá ser formulado pela mesma parte legitimada ou por outra, desde que presente o pressuposto antes considerado ausente.

Estabelece *o § 4º do art. 976* do atual C.P.C. que *é incabível o incidente de resolução de demandas repetitivas quando um dos tribunais superiores, no âmbito de sua respectiva competência, já tiver afetado recurso para definição de tese sobre questão de direito material ou processual repetitiva.*

Tendo em vista que a afetação de recurso repetitivo ao S.T.F. ou ao S.T.J., ou a afetação de Repercussão Geral ao S.T.F., apresentam os mesmos efeitos do incidente de resolução de demandas repetitivas, inclusive prevalecendo a decisão proferida nos recursos ofertados ao S.T.F. ou ao S.T.J. sobre o incidente, será incabível o incidente de demandas repetitivas quando um dos tribunais superiores, no âmbito de sua competência, já tiver afetado o recurso para a definição de tese sobre questão de direito material ou processual repetitiva.

Por fim, estabelece o *§5º do art. 976* do atual C.P.C. que *não serão exigidas custas processuais no incidente de resolução de demandas repetitivas.*

Art. 977

O pedido de instauração do incidente será dirigido ao Presidente de Tribunal:

I – pelo juiz ou relator, por ofício;

II – pelas partes, por petição;

III – pelo Ministério Público ou pela Defensoria Pública, por petição.

Parágrafo único. O ofício ou a petição será instruído com os documentos necessários à demonstração do preenchimento dos pressupostos para a instauração do incidente.

Autoridade competente para apreciar pedido de instauração do incidente de resolução de demandas repetitivas

Este dispositivo preconiza a competência para conhecer do pedido de instauração do incidente de demandas repetitivas.

No caso, a competência é do Tribunal funcionalmente superior ao juízo em que se verifica a possibilidade de instauração de diversas demandas repetitivas e com a mesma questão de direito, salvo se o incidente for instaurado no próprio tribunal de apelação.

Assim, se a possibilidade de demandas repetitivas se der no âmbito de juízos de primeiro grau estadual, competente será o tribunal de justiça correspondente para o julgamento do incidente; se isso ocorrer perante juízes federais, a competência será dos tribunais regionais federais; se se tratar de demandas repetitivas diante de competência originária dos tribunais de apelação ou em face de análise de recurso, a competência também será do próprio tribunal.

Mas uma questão importante deve ser levantada sobre o critério de competência para análise do incidente de demandas repetitivas estabelecido pelo atual C.P.C.

O legislador, ao estabelecer a competência *originária dos tribunais*, ampliou o rol dessa competência sem observar o que dispõe a Constituição Federal.

Em relação aos Tribunais de Justiça, estabelece o art. 125 da Constituição Federal:

> *Art. 125. Os Estados organizarão sua Justiça, observados os princípios estabelecidos nesta Constituição.*
>
> *§1º A competência dos tribunais será definida na Constituição do Estado, sendo a lei de organização judiciária de iniciativa do Tribunal de Justiça.*

Assim, no caso de Tribunal de Justiça, a Constituição Federal brasileira deixa claro que a competência jurisdicional deste tribunal será definida pela Constituição Estadual.

No caso do Tribunal de Justiça do Estado do Paraná, a Constituição Estadual do Paraná, em seu art. 101, inc. VII, VIII e IX, assim prescreve:

"Art. 101. Compete privativamente ao Tribunal de Justiça, através de seus órgãos:
(...).
VII – processar e julgar, originariamente:
nos crimes comuns e de responsabilidade, os deputados estaduais, os juízes de direito e juízes substitutos, os secretários de Estado, os membros do Ministério Público e os prefeitos municipais, ressalvada a competência da Justiça Eleitoral, e, nos crimes comuns, o vice-governador do Estado;
(Redação dada pela Emenda Constitucional 16 de 26/10/2005);
os mandados de segurança contra atos do Governador do Estado, da Mesa e da Presidência da Assembleia Legislativa, do próprio Tribunal ou de algum de seus órgãos, de Secretário de Estado, do Presidente do Tribunal de Contas, do Procurador-Geral de Justiça, do Procurador-Geral do Estado e do Defensor-Geral da Defensoria Pública;
os mandados de injunção e os 'habeas data';
os "habeas-corpus" nos processos cujos os recursos forem de sua competência, ou quando o coator ou paciente for autoridade diretamente sujeita à sua jurisdição;
as ações rescisórias de seus julgados e as revisoes criminais nos processos de sua competência;
as ações diretas de inconstitucionalidade e de constitucionalidade de leis ou atos normativos estaduais e municipais contestados em face desta Constituição e a inconstitucionalidade por omissão de medida para tornar efetiva norma constitucional;
(Redação dada pela Emenda Constitucional 7 de 24/04/2000);
a execução de sentença nas causas de sua competência originária, facultada a delegação de atribuições para a prática de atos processuais;
a reclamação para a preservação de sua competência e garantia da autoridade de suas decisões;
as causas e os conflitos entre o Estado e os Municípios, inclusive entre as respectivas entidades de administração indireta;
(Redação dada pela Emenda Constitucional 7 de 24/04/2000);
os conflitos de atribuições entre autoridades administrativas e judiciárias do Estado, ou entre estas e as administrativas municipais;
VIII – julgar em grau de recurso os feitos de competência da justiça estadual, salvo os atribuídos, por lei, aos órgãos recursais dos juizados especiais;
(Redação dada pela Emenda Constitucional 16 de 26/10/2005)
IX – exercer as demais funções que lhe forem atribuídas por lei.

O art. 101, inc. VII, da Constituição Estadual do Paraná, deixa claro as únicas hipóteses em que o Tribunal de Justiça do Paraná poderá exercer a competência *originária*, não ampliando essa competência para o incidente de resolução de demandas repetitivas.

Note-se que o incidente de demandas repetitivas é julgado originariamente pelo tribunal de apelação e não pelo juízo de primeiro grau.

Já em relação aos Tribunais Regionais Federais, a sua competência é expressamente regulamentada pela própria Constituição Federal de 1988, que, em seu art. 108, incs. I e II assim estabelece:

Art. 108. Compete aos Tribunais Regionais Federais:

I – processar e julgar, originariamente:

a) os juízes federais da área de sua jurisdição, incluídos os da Justiça Militar e da Justiça do Trabalho, nos crimes comuns e de responsabilidade, e os membros do Ministério Público da União, ressalvada a competência da Justiça Eleitoral;

b) as revisões criminais e as ações rescisórias de julgados seus ou dos juízes federais da região;

c) os mandados de segurança e os "habeas-data" contra ato do próprio Tribunal ou de juiz federal;

d) os "habeas-corpus", quando a autoridade coatora for juiz federal;

e) os conflitos de competência entre juízes federais vinculados ao Tribunal;

II – julgar, em grau de recurso, as causas decididas pelos juízes federais e pelos juízes estaduais no exercício da competência federal da área de sua jurisdição.

Assim, o art. 108 da Constituição Federal não amplia a competência dos Tribunais Regionais Federais para o julgamento de outras demandas senão aquelas expressamente ali consignadas.

Desta feita, o legislador do novo C.P.C., ao estabelecer a competência originária dos Tribunais Regionais Federais e dos Tribunais de Justiça para o incidente de demandas repetitivas, além de ferir a competência já preconizada pela Constituição Estadual e pela Constituição Federal, também feriu o princípio da *não supressão de instância* e do *juízo natural. Mutatis mutantis*, eis o seguinte precedente do Supremo Tribunal Federal sobre a questão de *supressão de instância* e do *juízo natural:*

EMENTA: questão de ordem em ação cível originaria. Competência do supremo tribunal federal. Indenização por desapropriação indireta requerida contra a união e a Funai: denunciação da lide ao estado do mato grosso, na qualidade de alienante. Ação declaratória incidental. 1. em ação proposta por particulares contra a união e a Funai perante a justiça federal de 1a. instância, tendo por base desapropriação indireta, não cabe denunciação da lide ao estado alienante do imóvel porque o caso não se adapta em nenhuma das três hipóteses do art. 70 do cpc, eis que não se trata de reivindicação de imóvel pela união, nem de denunciação sucessiva (art. 73 do cpc), mas feita "per saltum". Precedentes. 2. quando a denunciação implica no deslocamento da competência para grau de jurisdição superior (cf/69, art. 119, i, "d", e cf/88, art. 102, i, "f"), só pode ser acolhida quando indispensável ao exercício do direito de evicção ou da ação regressiva; caso contrário, quando não há prejuízo ao exercício de tais direitos, podem ser eles exercidos após a decisão da lide e em ação própria, pois da denunciação decorreria supressão de instancias julgadoras, com prejuízo ao princípio do juiz natural, dos direitos do réu e do denunciado. Precedentes. 3. a falta de denunciação, no caso, não implica na perda de direitos dos autores contra os alienantes, que podem ser exercidos em ação própria. 4. sendo absoluta a competência em razão das pessoas, só e possível a propositura de ação declaratória incidental se o juiz da causa principal também for competente em razão das pessoas (cpc, arts.109 e 470). Precedentes. 5. questão de ordem decidida no sentido de excluir o estado do mato grosso, denunciado a lide, do processo e de indeferir a inicial da ação declaratória incidental e, em consequência, ser declarada a incompetência do supremo tribunal federal e determinar a remessa dos autos ao juiz federal de 1. Grau da seção judiciária que os remeteu a esta corte.

(ACO 280 QO, Relator(a): Min. MAURÍCIO CORRÊA, Tribunal Pleno, julgado em 18/10/1995, DJ 24-11-1995 PP-42034 EMENT VOL-01810-01 PP-00036 REPUBLICAÇÃO: DJ 31-10-1996 PP-42034)

Eis também a seguinte decisão do S.T.F. em matéria penal, mas que fica bem claro o rigor que deve ser observado quanto à competência originária ou recursal dos tribunais, especialmente quando essa competência é estabelecida pela norma Constitucional:

(...).

Agregue-se ao óbice da Súmula 691/STF o recente entendimento desta Corte no sentido de sua incompetência para julgar HC substitutivo de recurso ordinário. Destarte, a competência originária do Supremo Tribunal Federal para conhecer e julgar habeas corpus está definida, taxativamente, no artigo 102, inciso I, alíneus "d" e "i", da Constituição Federal, verbis: Art. 102. Compete ao Supremo Tribunal Federal, precipuamente, a guarda da Constituição, cabendo-lhe: I – processar e julgar, originariamente: ... d) o habeas corpus, sendo paciente qualquer das pessoas referidas nas alíneas anteriores; o mandado de segurança e o habeas data contra atos do Presidente da República, das Mesas da Câmara e do Senado Federal, do Tribunal de Contas da União, do Procurador-Geral da República e do próprio Supremo Tribunal Federal; ... i) o habeas corpus, quando o coator for Tribunal Superior ou quando o coator ou o paciente for autoridade ou funcionário cujos atos estejam sujeitos diretamente à jurisdição do Supremo Tribunal Federal, ou se trate de crime sujeito à mesma jurisdição em uma única instância. In casu, o paciente não está arrolado em nenhuma das hipóteses sujeitas à jurisdição originária desta Corte. A ementa do acórdão proferido na Pet 1738-AgRg, Rel. o Min. Celso de Mello, Pleno, DJe 1º/10/199, é elucidativa e precisa quanto à taxatividade da competência do Supremo Tribunal Federal: "Em e n t a: protesto judicial formulado contra deputado federal – medida destituída de caráter penal (cpc, art. 867) – ausência de competência originária do supremo tribunal federal – recurso de agravo improvido. A prerrogativa de foro – unicamente invocável nos procedimentos de caráter penal – não se estende às causas de natureza civil. – As medidas cautelares a que se refere o art. 867 do Código de Processo Civil (protesto, notificação ou interpelação), quando promovidas contra membros do Congresso Nacional, não se incluem na esfera de competência originária do Supremo Tribunal Federal, precisamente porque destituídas de caráter penal. Precedentes. Competência do supremo tribunal federal – cujos fundamentos repousam na constituição da república – submete-se a regime de direito estrito. – A competência originária do Supremo Tribunal Federal, por qualificar-se como um complexo de atribuições jurisdicionais de extração essencialmente constitucional – e ante o regime de direito estrito a que se acha submetida – não comporta a possibilidade de ser estendida a situações que extravasem os limites fixados, em numerus clausus, pelo rol exaustivo inscrito no art. 102, I, da Constituição da República. Precedentes. O regime de direito estrito, a que se submete a definição dessa competência institucional, tem levado o Supremo Tribunal Federal, por efeito da taxatividade do rol constante da Carta Política, a afastar, do âmbito de suas atribuições jurisdicionais originárias, o processo e o julgamento de causas de natureza civil que não se acham inscritas no texto constitucional (ações populares, ações civis públicas, ações cautelares, ações ordinárias, ações declaratórias e medidas cautelares), mesmo que instauradas contra o Presidente da República ou contra qualquer das autoridades, que, em matéria penal (CF, art. 102, I, b e c), dispõem de prerrogativa de foro perante a Corte Suprema ou que, em sede de mandado de segurança, estão sujeitas à jurisdição imediata do Tribunal (CF, art. 102, I, d). Precedentes." Afigura-se paradoxal, em tema de direito estrito, conferir interpretação extensiva para abranger no rol de competências do Supremo Tribunal hipóteses não sujeitas à sua jurisdição.

(...).

(HC 116562, Relator(a): Min. LUIZ FUX, julgado em 06/02/2013, publicado em PROCESSO ELETRÔNICO DJe-028 DIVULG 08/02/2013 PUBLIC 13/02/2013)

Se foi a própria Constituição Estadual ou Federal que estabeleceu *TAXATIVAMENTE* a competência originária dos tribunais, não poderia o legislador ordinário agir como se fosse um constituinte derivado para ampliar essa competência.

Portanto, para se aproveitar o instituto de incidente de demandas repetitivas, pois é de grande valia para desafogar o Poder Judiciário, a competência para conhecer desse instituto somente poderá ser do juízo de primeiro grau ou do tribunal quando a questão já estiver no âmbito de sua jurisdição ou em face de demandas de sua competência originária, assim como já acontece com as *class action* ou demandas de grupo.

Se a intenção é outorgar essa competência para os tribunais de apelação, haverá necessidade então de uma emenda Constitucional para tal objetivo.

Daí porque estava correta a emenda apresentada pela Câmara dos Deputados ao projeto originário do novo C.P.C., introduzindo o §2º ao art. 988, a saber: *O incidente somente pode ser suscitado na pendência de qualquer causa de competência do tribunal.*

Feita essa breve consideração, passa-se a análise do art. 977 do atual C.P.C., sem se levar em conta sua eventual mácula de inconstitucionalidade.

Conforme estabelece esse dispositivo, o pedido de instauração do incidente poderá ser feito *de ofício* pelo juiz de primeiro grau ou pelo relator no caso de estar a questão já em grau de recurso. Nessas hipóteses, o pedido será formulado mediante ofício.

O incidente também poderá ser instaurado a pedido das partes, do Ministério Público ou da Defensoria Pública, mediante petição.

O Ministério Público poderá arguir o incidente, aja ele como parte (legitimidade extraordinária) ou como fiscal do ordenamento jurídico.

O dispositivo não fala em terceiros, o que significa que o *assistente* simples não poderá arguir o incidente, pois não é parte na relação jurídica processual.

Já em relação ao *assistente litisconsorcial*, pelo fato de ele *praticamente* ter os mesmos poderes das partes, equiparado a um litisconsórcio para todos os fins, é possível sustentar que possa arguir o incidente.

O pedido de instauração do incidente será dirigido ao presidente de tribunal, no caso, Tribunal de Justiça e Tribunal Regional Federal. Também poderá ser dirigido ao presidente do Tribunal Regional do Trabalho, pois se aplicam subsidiariamente as normas deste Código à esfera trabalhista.

Questão que se coloca é se o incidente de resolução de demandas repetitivas poderá ser instaurado perante as Turmas Recursais dos Juizados Especiais Federais ou Estaduais.

Interpretando-se gramaticalmente o disposto no art. 977 do novo C.P.C., a resposta seria 'negativa', pois as Turmas Recursais não são consideradas Tribunais para os efeitos legais.

Contudo, penso que tal consideração poderia ser relativizada, especialmente pelos fins benéficos que possam ser gerados pelo incidente de resolução de demandas repetitivas, principalmente no âmbito dos juizados especiais.

O incidente será dirigido ao presidente do tribunal correspondente.

Estabelece o parágrafo *único do art. 977* do atual C.P.C. que *o ofício ou a petição será instruído com os documentos necessários à demonstração do preenchimento dos pressupostos para a instauração do incidente.*

O interessado e legitimado para instauração do incidente de demandas repetitivas deverá, no ofício ou na petição de solicitação de instauração do incidente, demonstrar que estão presentes os pressupostos e requisitos necessários para tal fim.

Os documentos necessários que deverão acompanhar o ofício ou a petição são aqueles que demonstrem a identificação de controvérsia com potencialidade de gerar relevante multiplicação de processos fundada em idêntica questão de direito e de causar grave insegurança jurídica, decorrente do risco de coexistência de decisões conflitantes.

Se não houver a demonstração documental da identificação de controvérsia, ou potencialidade de gerar relevante multiplicação de processos fundados em idêntica questão de direito, ou, ainda, a possibilidade de causar grave insegurança jurídica, decorrente do risco de coexistência de decisões conflitantes, o incidente não será instaurado. Haverá, portanto, necessidade de coexistência cumulativa de requisitos.

Art. 978

O julgamento do incidente caberá ao órgão indicado pelo regimento interno dentre aqueles responsáveis pela uniformização de jurisprudência do tribunal.

Parágrafo único. O órgão colegiado incumbido de julgar o incidente e de fixar a tese jurídica julgará igualmente o recurso, a remessa necessária ou o processo de competência originária de onde se originou o incidente.

Órgão competente para julgamento do incidente

Em se tratando de incidente de resolução de demandas repetitivas, o *julgamento do incidente* será de competência do órgão colegiado que o regimento interno do tribunal indicar, devendo tal competência recair naqueles órgãos responsáveis pela uniformização de jurisprudência do tribunal.

Como o dispositivo não estabelece o quorum para o julgamento do incidente, presume-se que será o mesmo quorum necessário para a uniformização de jurisprudência do tribunal.

Preceitua o *parágrafo único do art. 978* que *o órgão colegiado incumbido de julgar o incidente e de fixar a tese jurídica julgará igualmente o recurso, a remessa necessária ou o processo de competência originária de onde se originou o incidente.*

Este dispositivo estabelece um critério de prevenção do órgão colegiado competente para julgar o incidente de resolução de demandas repetitivas, prevenção essa que abrangerá o recurso, a remessa necessária ou a causa de competência originária de onde se originou o incidente.

Este dispositivo somente se aplica quando o incidente de resolução de demandas repetitivas for instaurado pelo relator, de ofício, ou a pedido da parte quando o processo, seja em decorrência de recurso, remessa necessária ou demanda originária, já se encontra no Tribunal.

Assim, se o processo já está no Tribunal em razão de interposição de recurso contra a decisão de primeiro grau, e o relator, de ofício, ou umas das partes, por petição, entender de suscitar o incidente de resolução de demandas repetitivas, o recurso interposto, juntamente com incidente, será julgado pelo órgão colegiado.

Portanto, esse dispositivo não trata do incidente instaurado de ofício pelo juiz de primeiro grau, ou quando requerido pelas partes ou pelo Ministério Público em demanda que se encontra no primeiro grau de jurisdição.

Art. 979

A instauração e o julgamento do incidente serão sucedidos da mais ampla e específica divulgação e publicidade, por meio de registro eletrônico no Conselho Nacional de Justiça.

§ 1º Os tribunais manterão banco eletrônico de dados atualizados com informações específicas sobre questões de direito submetidas ao incidente, comunicando-o imediatamente ao Conselho Nacional de Justiça para inclusão no cadastro.

§ 2º Para possibilitar a identificação dos processos abrangidos pela decisão do incidente, o registro eletrônico das teses jurídicas constantes do cadastro conterá, no mínimo, os fundamentos determinantes da decisão e os dispositivos normativos a ela relacionados.

§ 3º Aplica-se o disposto neste artigo ao julgamento de recursos repetitivos e da repercussão geral em recurso extraordinário.

Ampla publicidade da instauração e julgamento do incidente de resolução de demandas repetitivas

Tendo em vista que a decisão a ser proferida no incidente de resolução de demandas repetitivas tem efeito *erga omnes* e *ultra partes*, atingindo também os demais processos que estão suspensos ou que ainda poderão ser intentados, haverá necessidade de se dar ampla e específica divulgação e publicidade sobre a admissão do incidente, até mesmo para que possíveis interessados na decisão possam ingressar no procedimento como *amicus curiae*, formulando pretensões pró ou contra os argumentos que sugestionarão a decisão que poderá ser proferida no incidente.

Assim, para que se possa alcançar o objetivo de específica divulgação e publicidade dos incidentes que porventura poderão vir a ser instaurados, compete ao Conselho Nacional de Justiça organizar registro eletrônico dos incidentes de demandas repetitivas que forem interpostos em todos os tribunais existentes no Brasil.

É importante que esse registro eletrônico seja de fácil acesso a qualquer pessoa, bem como esclarecedor quanto à natureza do incidente instaurado, indicando especialmente a questão de direito que se encontra em análise.

A consulta será importante para a intervenção no conflito como *amicus curiae*, quanto para se evitar a multiplicação de incidentes sobre a mesma questão de direito.

Estabelece o *§1º do art. 979* do atual C.P.C. que *os tribunais manterão banco eletrônico de dados atualizados com informações específicas sobre questões de direito submetidas ao incidente, comunicando-o imediatamente ao Conselho Nacional de Justiça para inclusão no cadastro.*

Além do banco de dados que deverá ser organizado pelo Conselho Nacional de Justiça sobre a instauração e processamento dos incidentes de demandas repetitivas, também os tribunais de justiça e federais deverão promover o seu próprio banco de dados, mediante a formação e atualização de banco eletrônico de dados específicos sobre questões de direito submetidas ao incidente, comunicando, de imediato, ao Conselho Nacional de Justiça, para inclusão no seu respectivo cadastro.

É importante que esse registro eletrônico seja de fácil acesso a qualquer pessoa, bem como esclarecedor quanto à natureza do incidente instaurado, indicando especialmente a questão de direito material ou processual que se encontra em análise.

Aduz o *§ 2º do art. 979* do atual C.P.C. que *para possibilitar a identificação dos processos abrangidos pela decisão do incidente, o registro eletrônico das teses jurídicas constantes do cadastro conterá, no mínimo, os fundamentos determinantes da decisão e os dispositivos normativos a ela relacionados.*

Para possibilitar a identificação das causas abrangidas pela decisão do incidente, o registro eletrônico das teses jurídicas constantes do cadastro conterá, no mínimo, os fundamentos determinantes da decisão e os dispositivos normativos a ela relacionados.

A consulta será importante, para a intervenção no conflito como *amicus curiae*, quanto para se evitar a multiplicação de incidentes sobre a mesma questão de direito material ou processual.

É salutar que o Conselho Nacional de Justiça e os respectivos tribunais também comuniquem à Ordem dos Advogados do Brasil sobre os incidentes instaurados para que essa autarquia federal também mantenha cadastro atualizado dos incidentes de demandas repetitivas.

Prescreve o *§ 3º do art. 979* do atual C.P.C. que *se aplica o disposto neste artigo ao julgamento de recursos repetitivos e da repercussão geral em recurso extraordinário.*

A importância de banco eletrônico sobre demandas repetitivas fez com que o legislador determinasse que o disposto no art. 979 do novo C.P.C. também fosse aplicado ao julgamento de recursos repetitivos e de repercussão geral em recurso extraordinário.

Art. 980

O incidente será julgado no prazo de 1 (um) ano e terá preferência sobre os demais feitos, ressalvados os que envolvam réu preso e os pedidos de habeas corpus.

Parágrafo único. Superado o prazo previsto no caput, cessa a suspensão dos processos prevista no art. 982, salvo decisão fundamentada do relator em sentido contrário.

Prazo para julgamento do incidente de resolução de demandas repetitivas

Em decorrência dos fins visados pelo instituto do incidente de resolução de demandas repetitivas, especialmente para se evitar a reprodução geométrica de processos repetitivos, é necessário que o incidente seja decidido o mais rapidamente possível.

Por isso o art. 980 do atual C.P.C. estabelece que o julgamento do incidente deve realizar-se no prazo de um ano, tendo preferência sobre os demais feitos, ressalvados os processos que envolvam réu preso e os pedidos de *habeas corpus.*

Preconiza o *parágrafo único do art. 980* do atual C.P.C. que *superado o prazo previsto no caput, cessa a suspensão dos processos prevista no art. 982, salvo decisão fundamentada do relator em sentido contrário.*

O art. 982, inc. I, do atual C.P.C. estabelece que admitido o incidente de demandas repetitivas, o relator determinará a suspensão dos processos pendentes, individuais ou coletivos, que tramitam no Estado ou na região, conforme o caso.

A medida de suspensão dos demais processos se justifica, tanto para que não haja decisão conflitante com a que for proferida no incidente de demandas repetitivas, quanto para se evitarem gastos desnecessários econômicos e intelectuais.

Porém, essa suspensão não se estenderá indefinidamente.

O prazo máximo para a suspensão será de um ano, conforme estabelece o art. 980 do atual C.P.C. Este prazo somente poderá ser prorrogado mediante decisão fundamentada do relator do incidente. Nessa hipótese, o relator deverá indicar os motivos que possam justificar a prorrogação do prazo além de um ano.

Art. 981

Após a distribuição, o órgão colegiado competente para julgar o incidente procederá ao seu juízo de admissibilidade, considerando a presença dos pressupostos do art. 976.

Juízo de admissibilidade

Oficiado ou entregue a petição ao presidente do respectivo tribunal, este determinará sua distribuição a um relator.

O relator apresentará o incidente ao órgão colegiado competente para julgá-lo, que procederá ao seu juízo de admissibilidade, considerando a presença dos pressupostos do art. 976 do atual C.P.C., quais sejam, o risco de ofensa à isonomia e à segurança jurídica, e a efetiva repetição de processos que contenham controvérsia sobre a mesma questão unicamente de direito.

Art. 982

Admitido o incidente, o relator:

I – suspenderá os processos pendentes, individuais ou coletivos, que tramitam no Estado ou na região, conforme o caso;

II – poderá requisitar informações a órgãos em cujo juízo tramita processo no qual se discute o objeto do incidente, que as prestarão no prazo de 15 (quinze) dias;

III – intimará o Ministério Público para, querendo, manifestar-se no prazo de 15 (quinze) dias.

§ 1º A suspensão será comunicada aos órgãos jurisdicionais competentes.

§ 2º Durante a suspensão, o pedido de tutela de urgência deverá ser dirigido ao juízo onde tramita o processo suspenso.

§ 3º Visando à garantia da segurança jurídica, qualquer legitimado mencionado no art. 977, incisos II e III, poderá requerer, ao tribunal competente para conhecer do recurso extraordinário ou especial, a suspensão de todos os processos individuais ou coletivos em curso no território nacional que versem sobre a questão objeto do incidente já instaurado.

§ 4º Independentemente dos limites da competência territorial, a parte no processo em curso no qual se discuta a mesma questão objeto do incidente é legitimada para requerer a providência prevista no § 3º deste artigo.

§ 5º Cessa a suspensão a que se refere o inciso I do caput deste artigo se não for interposto recurso especial ou recurso extraordinário contra a decisão proferida no incidente.

Providências do relator

Assim como já acontece com o instituto do recurso repetitivo no S.T.F. e no S.T.J., uma vez admitido o incidente de resolução de demandas repetitivas, o relator determinará, na própria sessão em que o incidente for admitido, ou em despacho posterior, a suspensão dos processos pendentes, individuais ou coletivos, que tramitam no Estado ou na região, conforme o caso.

A medida de suspensão dos demais processos se justifica, tanto para que não haja decisão conflitante com a que for proferida pelo incidente de demandas repetitivas, quanto para se evitar gasto desnecessário de força intelectual para se definir a matéria de direito, correndo-se o risco dessa argumentação não prevalecer no incidente instaurado no tribunal.

Porém, a suspensão dos processos não se estenderá infinitamente.

O prazo máximo para a suspensão será de um ano, conforme estabelece o art. 980 do atual C.P.C. Este prazo somente poderá ser prorrogado mediante decisão fundamentada do relator do incidente.

Se assim entender necessário, o relator poderá solicitar informações a órgãos jurisdicionais em cujo juízo tramita processo no qual se discute a mesma questão de direito objeto do incidente, que as prestarão em quinze dias. Uma das informações que poderá ser solicitada aos órgãos jurisdicionais diz respeito justamente à quantidade de processos que já foram instaurados e que tenham a mesma questão de direito a ser dirimida.

Prestadas as informações, ou sem elas, o relator determinará a intimação do Ministério Público para, querendo, manifestar-se no prazo de quinze dias.

Preconiza o *§ 1º do art. 982* do atual C.P.C. que *a suspensão será comunicada aos órgãos jurisdicionais competentes.*

Essa comunicação é importante, pois os órgãos jurisdicionais, tendo ciência das determinações proferidas no incidente de resolução de demandas repetitivas, determinarão a imediata suspensão dos processos em trâmite no seu âmbito jurisdicional.

Aduz o *§ 2º do art. 982* do atual C.P.c. que *durante a suspensão, o pedido de tutela de urgência deverá ser dirigido ao juízo onde tramita o processo suspenso.*

A suspensão dos processos pela admissibilidade do incidente de resolução de demandas repetitivas não pode impedir que se sejam concedidas, no caso de urgência, eventuais tutelas provisórias de urgência, sejam elas cautelares ou satisfativas.

Essa regra também se aplica na suspensão dos processos por outros fundamentos.

Competirá ao juízo em que tramita o processo suspenso avaliar a concessão ou não das medidas urgentes, especialmente pelo fato de que deverá ele verificar não somente as questões de direito mas igualmente as questões de fato.

Estabelece o *§ 3º do art. 982* do atual C.P.C. que *visando à garantia da segurança jurídica, qualquer legitimado mencionado no art. 977, incisos II e III, poderá requerer, ao tribunal competente para conhecer do recurso extraordinário ou especial, a suspensão de todos os processos individuais ou coletivos em curso no território nacional que versem sobre a questão objeto do incidente já instaurado.*

O art. 982, inc. I, do atual C.P.C., estabelece que admitido o incidente de resolução de demandas repetitivas, o relator determinará a suspensão dos processos pendentes, individuais ou coletivos, que tramitam no Estado ou na região, conforme o caso. Evidentemente, essa suspensão apenas abrange os processos que estão em tramitação perante juízes vinculados ao tribunal em que foi instaurado o incidente de resolução de demandas repetitivas, pois não teria o tribunal competência para suspender processos que não estão abrangidos pela sua jurisdição.

Contudo, é possível que a questão jurídica que é objeto do incidente de resolução de demandas repetitivas esteja disseminada em todo o território nacional, sob a jurisdição de inúmeros e diversos órgãos jurisdicionais do país. Nessa hipótese, conforme estabelece o art. 982, §3º, do atual C.P.C., poderão as partes, o Ministério Público e a própria Defensoria Pública, visando à garantia da segurança jurídica, requerer ao tribunal competente para conhecer de eventual recurso extraordinário ou especial, no caso o Supremo Tribunal Federal ou Superior Tribunal de Justiça, a *suspensão de todos os processos individuais ou coletivos* em curso no território nacional que versem sobre a questão objeto do incidente já instaurado.

Caberá ao Regimento Interno do S.T.F. e do S.T.J. regular a forma e o procedimento para a interposição do requerimento de suspensão de todos os processos em território nacional.

Preceitua o *§ 4º do art. 982* do atual C.P.C. que *independentemente dos limites da competência territorial, a parte no processo em curso no qual se discuta a mesma questão objeto do incidente é legitimada para requerer a providência prevista no § 3º deste artigo.*

O *caput* do art. 997 do atual C.P.C. prevê a competência das *partes, dos interessados, do Ministério Público e da Defensoria Pública*, que intervieram no processo modelo, para requerer a suspensão geral dos processos em território nacional perante o S.T.F e o S.T.J.

Porém, também poderá requerer essa providência, conforme faculta o §1º do art. 997 do atual C.P.C., aquele que for parte em processo em curso no qual se discuta a mesma questão jurídica que deu causa ao incidente. Nesse caso, pouco importa o limite de competência territorial do juízo em que está tramitando o processo.

Preceitua o *§ 5º do art. 982* do atual C.P.C. que *cessa a suspensão a que se refere o inciso I do 'caput' deste artigo se não for interposto recurso especial ou recurso extraordinário contra a decisão proferida no incidente.*

A decisão de suspensão dos demais processos, determinada pelo S.T.F. ou S.T.J., perderá eficácia se não for interposto o recurso especial ou recurso extraordinário contra a decisão proferida no incidente.

Também perderá a eficácia se o recurso especial ou extraordinário não for admitido ou for negado o seu seguimento.

Art. 983

O relator ouvirá as partes e os demais interessados, inclusive pessoas, órgãos e entidades com interesse na controvérsia, que, no prazo comum de 15 (quinze) dias, poderão requerer a juntada de documentos, bem como as diligências necessárias para a elucidação da questão de direito controvertida, e, em seguida, manifestar-se-á o Ministério Público, no mesmo prazo.

§1º Para instruir o incidente, o relator poderá designar data para, em audiência pública, ouvir depoimentos de pessoas com experiência e conhecimento na matéria.

§2º Concluídas as diligências, o relator solicitará dia para o julgamento do incidente.

Oitiva de interessados na controvérsia

Há aqui a necessidade de se fazer uma adequação no sistema formulado pelo legislador para o incidente de demandas repetitivas.

Uma vez admitido o incidente pelo órgão competente, deverá a sessão ser suspensa a fim de que o relator possa ouvir as partes e os demais interessados (*amicus curiae*), inclusive pessoas, órgãos e entidades com interesse na controvérsia sobre a questão de direito. As partes e os possíveis interessados terão o prazo comum (15 dias) para se manifestar, podendo, inclusive, requerer a juntada de documentos, bem como as diligências necessárias para a elucidação da questão de direito controvertida.

Em seguida, o relator encaminhará o incidente para manifestação do Ministério Público no mesmo prazo, salvo se o incidente foi instaurado pelo próprio órgão fiscal da ordem jurídica.

Estabelece o *§1º do art. 983* do atual C.P.C. que *para instruir o incidente, o relator poderá designar data para, em audiência pública, ouvir depoimentos de pessoas com experiência e conhecimento na matéria.*

Essa postura vem sendo utilizada pelo S.T.F. nas ADINs e nas ADPFs, mediante a designação de audiências públicas para ouvir depoimentos de pessoas com experiência e conhecimento da matéria posta em julgamento.

Segundo estabelece o *§2º do art. 983* do atual C.P.C., *concluídas as diligências, o relator solicitará dia para o julgamento do incidente.*

Este dispositivo vem reforçar a ideia de que haverá necessidade de duas sessões do órgão colegiado para analisar o incidente de resolução de demandas repetitivas.

A primeira sessão é para analisar se o incidente será ou não admitido. A outra sessão, definitiva, será realizada para julgamento do incidente.

Como o código não estabelece o quorum para o julgamento do incidente, será aquele estabelecido no Regimento Interno do Tribunal. Enquanto não houver quorum estabelecido no regimento interno, o julgamento ocorrerá por maioria absoluta dos membros presentes na sessão de julgamento.

Realizadas as diligências exigidas pelo Relator, este estará apto a solicitar o julgamento do incidente pelo órgão colegiado competente.

Assim, concluídas as diligências, o relator solicitará dia para julgamento do incidente.

Art. 984

No julgamento do incidente, observar-se-á a seguinte ordem:

I – o relator fará a exposição do objeto do incidente;

II – poderão sustentar suas razões, sucessivamente:

a) o autor e o réu do processo originário e o Ministério Público, pelo prazo de 30 (trinta) minutos;

b) os demais interessados, no prazo de 30 (trinta) minutos, divididos entre todos, sendo exigida inscrição com 2 (dois) dias de antecedência.

§ 1º Considerando o número de inscritos, o prazo poderá ser ampliado.

§ 2º O conteúdo do acórdão abrangerá a análise de todos os fundamentos suscitados concernentes à tese jurídica discutida, sejam favoráveis ou contrários.

Procedimento para o julgamento do incidente

O incidente de resolução de demandas repetitivas será julgado de acordo com as regras deste Código, e com o que dispuser o Regimento Interno do Tribunal.

No dia da sessão de julgamento, o presidente dará a palavra ao relator, o qual fará uma exposição do incidente de demandas repetitivas, relatando as principais ocorrência e diligências realizadas.

Após o relatório do relator, o presidente dará a palavra, sucessivamente, ao autor e ao réu do processo originário ou do processo modelo conforme denominam os alemães e austríacos, e ao Ministério Público, pelo prazo de trinta minutos para cada um.

Tanto o autor, como réu e o Ministério Público poderão sustentar suas razões sobre a questão de direito, pelo prazo de trinta minutos cada um.

Se houver mais de um autor ou de um réu, cada qual terá trinta minutos para sustentação oral.

Tendo em vista que a lei permite a participação dos demais interessados no incidente, especialmente os *amicus curiae*, referidos interessados poderão inscrever-se para realizar sustentação oral no dia da sessão de julgamento. A inscrição deverá ser realizada no prazo de dois dias de antecedência, geralmente pelo sistema eletrônico do respectivo Tribunal.

Os interessados em realizar a sustentação oral na sessão de julgamento deverão fazê-lo no prazo de trinta minutos. Havendo mais de um interessado, deverão acordar sobre a divisão do prazo de trinta minutos entre todos aqueles que se inscreveram.

Segundo estabelece o *§1º do art. 984* do atual C.P.C., *considerando o número de inscritos, o prazo poderá ser ampliado.*

A ampliação deverá levar em consideração o número de inscritos, não ficando limitada ao dobro do prazo.

Preconiza o *§2º do art. 984* do atual C.P.C. que *o conteúdo do acórdão abrangerá a análise de todos os fundamentos suscitados concernentes à tese jurídica discutida, sejam favoráveis ou contrários.*

O acórdão deverá apreciar todas as questões suscitadas pelas partes e pelos interessados em relação à tese jurídica discutida.

Art. 985

Julgado o incidente, a tese jurídica será aplicada:

I – a todos os processos individuais ou coletivos que versem sobre idêntica questão de direito e que tramitem na área de jurisdição do respectivo tribunal, inclusive àqueles que tramitem nos juizados especiais do respectivo Estado ou região.

II – aos casos futuros que versem idêntica questão de direito e que venham a tramitar no território de competência do tribunal, salvo revisão na forma do art. 986.

§ 1º Não observada a tese adotada no incidente, caberá reclamação.

§2º Se o incidente tiver por objeto questão relativa a prestação de serviço concedido, permitido ou autorizado, o resultado do julgamento será comunicado ao órgão, ao ente ou à agência reguladora competente para fiscalização da efetiva aplicação, por parte dos entes sujeitos a regulação, da tese adotada.

Efeitos jurídicos da decisão proferida no incidente de resolução de demandas repetitivas

Tendo em vista que um dos objetivos do incidente de demandas repetitivas é justamente a uniformização de entendimento no âmbito dos órgãos jurisdicionais, a decisão proferida no procedimento, no que diz respeito à tese jurídica, será aplicada a todos os processos que versem idêntica questão de direito e que tramitem na área de jurisdição do respectivo tribunal.

Trata-se de efeito *erga omnes*, pois a decisão alcançará outros processos com outras partes.

Observa-se aqui uma nítida diferenciação entre o incidente de demandas repetitivas e o *KapMug* do sistema Alemão. Na realidade, o efeito do processo modelo alemão é obrigatório e limitado porque, em concreto, aplica-se unicamente para as partes do caso modelo e para os litisconsortes intervenientes que tenham participado ativamente no processo; para todas as outras partes que não tenham assumido a qualidade de interveniente, a decisão não tem eficácia alguma. Já a eficácia da decisão proferida no incidente de demandas repetitivas brasileiro abrangerá inclusive aquelas pessoas que não participaram do incidente como *amicus curiae*.

Evidentemente, muito embora essa decisão tenha efeito *erga omnes*, isso não significa dizer que também tenha efeito *vinculante*.

Na realidade, em nosso ordenamento jurídico somente haverá efeito vinculante quando a decisão for objeto de súmula vinculante ou de ações abstratas de constitucionalidade ou inconstitucionalidade.

O art. 985 do atual C.P.C., quanto à questão da delimitação territorial da eficácia da decisão proferida no incidente de demandas repetitivas, segue a orientação constante no art. 16 da lei 7.347/85 (Lei da Ação Civil Pública) que assim dispõe: *A sentença civil fará coisa julgada erga omnes, nos limites da competência territorial do órgão prolator, exceto se o pedido for julgado improcedente por insuficiência de provas, hipótese em que qualquer legitimado poderá intentar outra ação com idêntico fundamento, valendo-se de nova prova. (Redação dada pela Lei nº 9.494, de 10.9.1997).*

Portanto, a decisão que for proferida no incidente de demandas repetitivas terá eficácia somente em relação aos processos que tramitem na área de jurisdição do respectivo tribunal e não de outros tribunais.

O art. 985 do atual C.P.C. determina que a tese jurídica seja aplicada às demandas individuais, como também em relação às demandas coletiva, incluindo os processos que tramitem nos juizados especiais do respectivo Estado ou região.

Porém, há dúvida sobre a constitucionalidade deste dispositivo, ao determinar o efeito vinculante e *erga omnes* do julgamento do incidente de resolução de demandas repetitivas também em relação aos juizados especiais, especialmente pelo fato de que os juizados especiais não estão sujeitos à jurisdição do Tribunal Regional Federal ou do Tribunal de Justiça no que concerne à uniformização de entendimento, justamente pelo fato de que existe no âmbito dos juizados especiais a Turma Nacional de Uniformização.

A tese jurídica será aplicada, também, aos casos futuros que versem idêntica questão de direito e que venham a tramitar no território de competência do respectivo tribunal, até que esse mesmo tribunal, nos termos do art. 986, a revise. Essa determinação vem reforçar o efeito *erga omnes* da tese jurídica firmada no julgamento do incidente de resolução de demandas repetitivas, aplicando-se aos casos futuros que versem idêntica questão de direito.

Estabelece o *§1º do art. 985 do atual C.P.C.* que se *não observada a tese adotada no incidente, caberá reclamação.*

Muito embora o S.T.F. já tenha afirmado a constitucionalidade de normas de Regimento Interno de Tribunais estaduais que acolheram o instituto da reclamação ADIn 2.212 (Pl. 2.10.03, Ellen, DJ 14.11.2003), alterando o entendimento firmado em período anterior à ordem Constitucional vigente (v.g., Rp 1092, Pleno, Djaci Falcão, RTJ 112/504), é certo que o S.T.F. também afirmou que haveria de ter uma ligação entre o instituto da reclamação perante os tribunais estaduais e as hipóteses previstas na Constituição Federal para a reclamação de competência do S.T.F. e do S.T.J.

E a Constituição Federal somente permite o instituto de reclamação perante o S.T.F. e o S.T.J. para garantir a sua competência e para garantir a autoridade de suas decisões.

Aliás, recentemente, no dia 26.01.2015, na Reclamação n. 19515, o Ministro Ricardo Lewandowski indeferiu pedido de liminar que buscava suspender decisão da Justiça Federal, sob a alegação de que a decisão contrariava súmula não vinculante do S.T.F. Segundo notícia no sitio do S.T.F., http://www.stf.jus.br/portal/cms/verNoticiaDetalhe.asp?idConteudo=284132&tip=UN, o fundamento do indeferimento da liminar deu-se nos seguintes termos:

> ***Negada liminar em reclamação que alega descumprimento de súmula do STF sem efeito vinculante***
>
> *O presidente do Supremo Tribunal Federal (STF), ministro Ricardo Lewandowski, indeferiu pedido de liminar que buscava suspender decisão da Justiça Federal que negou a uma empresa a liberação de mercadorias importadas sem o depósito prévio dos valores em favor do fisco. Na decisão monocrática tomada na Reclamação (RCL) 19515, o ministro destacou que, ao contrário do que alegado pela parte, não é cabível reclamação por descumprimento de súmula do Supremo sem efeito vinculante.*
>
> *De acordo com os autos, uma empresa do ramo de importação e exportação foi autuada e teve mercadorias importadas retidas pela fiscalização tributária, que exigiu o pagamento dos valores decorrentes dos autos de infração para a liberação dos produtos. Com o objetivo de conseguir a liberação sem o depósito prévio, a empresa impetrou mandado de segurança na Justiça Federal em Joinville (SC). O juízo de primeira instância negou pedido liminar por entender cabível a exigência de prestação de garantia.*
>
> *No STF, a empresa alegou que a decisão atacada afrontaria o disposto na Súmula 323 do STF, segundo a qual "é inadmissível a apreensão de mercadorias como meio coercitivo para pagamento de tributos".*
>
> ***Decisão***
>
> *Para o ministro Ricardo Lewandowski, a empresa não conseguiu demostrar a plausibilidade jurídica do pedido, um dos requisitos para a concessão da liminar. Em análise preliminar do caso, entendeu que o pleito não se enquadra em nenhuma das hipóteses*

previstas no artigo 102, inciso I, alínea "l", da Constituição Federal, "seja para preservar a competência da Corte, seja para garantir a autoridade de suas decisões".

O presidente da Corte afirmou que a jurisprudência da Corte é firme no sentido de que não cabe reclamação por inobservância de súmula do STF destituída de efeito vinculante. Ele explicou que, no julgamento de agravo regimental na RCL 3979, o Plenário assentou que "o artigo 103-A, parágrafo 3º, da Constituição Federal tem aplicação exclusiva às súmulas vinculantes, que possuem natureza constitucional específica e completamente distinta das súmulas convencionais, as quais não vinculam ou subordinam os demais órgãos do Poder Judiciário".

Assim, o ministro indeferiu a liminar, sem prejuízo de um exame "mais aprofundado da matéria" pelo relator. A ação foi distribuída para a relatoria do ministro Gilmar Mendes.

Como o incidente de resolução de demandas repetitivas não tem *efeito vinculante*, não poderá ser admitida a reclamação se o descumprimento da tese jurídica for realizado por outro órgão jurisdicional que não aquele do *processo modelo*.

É bem verdade que a lei ordinária poderá estabelecer efeito vinculante a determinada decisão, muito embora tal efeito não esteja previsto na Constituição. Isso ocorreu com o art. 10 da lei 9.882/99, que conferiu efeito *vinculante* às decisões proferidas pelo S.T.F. na Arguição de Descumprimento de Preceitos Fundamentais (ADPF). Porém, essa possibilidade de previsão legislativa infraconstitucional somente foi aceita em face de que *"o efeito vinculante configura apanágio da jurisdição constitucional e não depende, por isso, de regra expressa na Constituição"*.[745]

Porém, o instituto do incidente de demandas repetitivas não é apanágio de jurisdição constitucional, razão pela qual a lei ordinária não poderá conferir tal efeito sob pena de mácula ao princípio do *livre convencimento do juiz e da independência interna do Poder Judiciário.*

Considerando-se Constitucional, essa reclamação será dirigida ao próprio tribunal que julgou o incidente de resolução de demandas repetitivas, com base nos arts. 985 a 990 do atual C.P.C.

Prescreve o *§ 2º do art. 985* do atual C.P.C. que *se o incidente tiver por objeto questão relativa a prestação de serviço concedido, permitido ou autorizado, o resultado do julgamento será comunicado ao órgão, ao ente ou à agência reguladora competente para fiscalização da efetiva aplicação, por parte dos entes sujeitos a regulação, da tese adotada.*

[745] MENDES, G. F.; BRANCO, P. G. G., op. cit., p. 1.459.

Somente a Constituição Federal poderá conferir *efeito vinculante* a decisão judicial, sob pena de ferir os princípios fundamentais do *devido processo legal*, do *contraditório* e da *ampla defesa*.

Assim, o efeito vinculante está circunscrito às demandas concentradas de inconstitucionalidade e às súmulas vinculantes aprovadas pelo Supremo Tribunal Federal.

Por isso, é de duvidosa constitucionalidade esse §2º, uma vez que determina a incidência dos efeitos da decisão (de forma vinculante) aos órgãos ou à agência reguladora competente para fiscalização do efetivo cumprimento por parte dos entes sujeitos à regulação.

Art. 986

A revisão da tese jurídica firmada no incidente far-se-á pelo mesmo tribunal, de ofício ou mediante requerimento dos legitimados mencionados no art. 977, inciso III.

Revisão da tese jurídica

A tese jurídica constituída no incidente de resolução de demandas repetitivas poderá ser revista.

A revisão da tese jurídica poderá ocorrer de ofício, pelo próprio tribunal (no caso, o órgão colegiado competente para o julgamento do incidente de resolução de demandas repetitivas), assim como a requerimento dos legitimados mencionados no art. 977, inc. III, do atual C.P.C., a saber: pelo Ministério Público ou pela Defensoria Pública.

Essa permissão legal denota que a decisão proferida no incidente de demandas repetitivas não faz coisa julgada material, no sentido de que somente poderia ser modificada por meio de demanda rescisória.

Ao contrário, a resolução do incidente de demandas repetitivas está sujeita à *clausula rebus sic stantibus*, tendo eficácia enquanto no âmbito social, cultural e econômico for legítima a tese jurídica adotada no incidente, assim como ocorre com eventuais súmulas expedidas pelos Tribunais.

O conteúdo normativo da decisão proferida pelo incidente não se torna imutável, podendo ser revisto desde que haja fundamento social, político, econômico, cultural para tal revisão, ou se se demonstrar que a tese aprovada não está de acordo com o sistema jurídico brasileiro.

Essa permissão legal gera, de certa forma, um paradoxo, pois se a intenção do legislador, ao instituir o incidente de demandas repetitivas, foi no sentido de evitar a *insegurança jurídica* de decisões proferidas no âmbito do Poder Judiciário, o que dizer então dos graves efeitos à segurança jurídica que poderá acarretar, a qualquer tempo, a mudança da tese, especialmente em relação aos milhares de processos que seguiram a tese jurídica anteriormente aprovada.

Se se entender que a nova tese se aplica apenas aos novos processos que forem distribuídos após a alteração, haverá grave mácula ao princípio da isonomia, fato esse que justamente o incidente de demandas repetitivas visa a evitar.

Além do mais, havendo mudança de tese jurídica, poderá ser proposta ação rescisória em face das sentenças, transitadas em julgado, que adotaram a tese ultrapassada? Se puder, imagine-se o derrame de ações rescisórias que serão propostas no tribunal competente, jogando por terra a finalidade do incidente de demandas repetitivas.

O certo seria conferir à decisão proferida no incidente de demandas repetitivas a autoridade de coisa julgada, somente podendo ser rescindida por demanda rescisória.

Outrossim, a forma como foi regulada a revisão do incidente de demandas repetitivas também gera muita insegurança jurídica.

O legislador, por exemplo, não estabeleceu prazo decadencial para a alteração da tese jurídica, o que poderá acarretar muita insegurança no ordenamento jurídico. Note-se que a própria demanda rescisória apresenta um prazo decadencial para sua propositura, justamente para se resguardar a segurança jurídica do sistema brasileiro.

O pedido de revisão, além de observar o que dispõe o regimento interno de cada tribunal, poderá ser regulado, por analogia, por meio do procedimento previsto na Lei nº 11.417, de 19 de dezembro de 2006.

A modificação de entendimento sedimentado poderá fundar-se, entre outras alegações, na revogação ou modificação de norma em que se fundou a tese ou em alteração econômica, política ou social referente à matéria decidida.

A decisão sobre a modificação de entendimento sedimentado poderá ser precedida de audiências públicas e da participação de pessoas, órgãos ou entidades que possam contribuir para a rediscussão da tese.

O órgão jurisdicional que tiver firmado a tese a ser rediscutida será preferencialmente competente para a revisão do precedente formado em incidente de assunção de competência ou de resolução de demandas repetitivas, ou em julgamento de recursos extraordinários e especiais repetitivos.

Na hipótese de alteração da tese firmada no incidente de resolução de demandas repetitivas, o tribunal poderá modular os efeitos da decisão que supera o entendimento anterior, limitando sua retroatividade ou lhe atribuindo efeitos prospectivos.

A modificação de entendimento sedimentado, sumulado ou não, observará a necessidade de fundamentação adequada e específica, considerando os princípios da segurança jurídica, da proteção da confiança e da isonomia.

E se for interposto recurso especial ou extraordinário, a quem competirá rever a tese jurídica? Ao tribunal de apelação ou aos tribunais superiores, especialmente pelo fato de que a Constituição Federal determina que ao S.T.F. e ao S.T.J. compete apreciar a rescisão de seus julgados. No caso, parece-me que competirá ao S.T.F ou ao S.T.J rever a tese, salvo se não houve conhecimento do recurso extraordinário ou especial interposto.

Outrossim, havendo interposição de recurso especial ou extraordinário e sendo a tese jurídica analisada em seu mérito, essa tese passará a ser aplicada em todo território nacional, não mais ficando restrita ao tribunal que julgou o incidente de demandas repetitivas.

Art. 987

Do julgamento do mérito do incidente caberá recurso extraordinário ou especial, conforme o caso.

§1º O recurso tem efeito suspensivo, presumindo-se a repercussão geral de questão constitucional eventualmente discutida.

§2º Apreciado o mérito do recurso, a tese jurídica adotada pelo Supremo Tribunal Federal ou pelo Superior Tribunal de Justiça será aplicada no território nacional a todos os processos individuais ou coletivos que versem sobre idêntica questão de direito.

Recurso contra a decisão proferida no incidente de resolução de demandas repetitivas

Uma vez proferido o julgamento do incidente de resolução de demandas repetitivas, as partes, o Ministério Público, a Defensoria Pública e o terceiro interessado poderão interpor recurso especial ou extraordinário.

De acordo com o que estabelece o art. 102, inc. III, da Constituição Federal, compete ao Supremo Tribunal Federal julgar, mediante recurso extraordinário, as causas decididas em *única* ou *última* instância, quando a decisão recorrida: *a) contrariar dispositivo da Constituição; b) declarar a inconstitucionalidade de tratado ou lei federal; c) julgar válida lei ou ato de governo local contestado em face da Constituição. d) julgar válida lei local contestada em face de lei federal. (Incluída pela Emenda Constitucional nº 45, de 2004).*

Como a decisão proferida pelo tribunal no incidente de demandas repetitivas caracteriza-se como sendo de última instância, poderá ela estar sujeita a recurso extraordinário.

A decisão também estará sujeita ao Recurso Especial.

Preceitua o art. 105, inc. III, da Constituição Federal, que compete ao Superior Tribunal de Justiça julgar em recurso especial, as causas decididas, em única ou última instância, pelos Tribunais Regionais Federais ou pelos Tribunais dos Estados, do Distrito Federal e Territórios, quando a decisão recorrida: *a) contrariar tratado ou lei federal, ou negar-lhes vigência; b) julgar válido ato de governo local contestado em face de lei federal;(Redação dada pela Emenda Constitucional nº 45, de 2004); c) der a lei federal interpretação divergente da que lhe haja atribuído outro tribunal.*

Ainda contra a decisão que decidir o incidente de demandas repetitivas caberá também o recurso de embargos de declaração.

Segundo estabelece o *§1º do art. 987* do atual C.P.C., *o recurso tem efeito suspensivo, presumindo-se a repercussão geral de questão constitucional eventualmente discutida.*

Assim, trata-se de exceção aos efeitos conferidos ao recurso extraordinário e especial.

No caso, o recurso extraordinário ou especial interposto contra decisão proferida em incidente de resolução de demandas repetitivas terá efeito suspensivo e devolutivo, suspendendo-se a eficácia da decisão até que a questão seja apreciada pelo S.T.F. ou pelo S.T.J.

Outra inovação importante trazida pelo §1º do art. 987 do atual C.P.C. é que no caso de interposição de recurso extraordinário, a matéria constitucional tratada no incidente de resolução de demandas repetitivas *presume-se possuir repercussão geral*, ao contrário da regra geral que trata dos requisitos da repercussão geral.

Preceitua o *§2º do art. 987* do atual C.P.C. que *apreciado o mérito do recurso, a tese jurídica adotada pelo Supremo Tribunal Federal ou pelo Superior Tribunal de Justiça será aplicada no território nacional a todos os processos individuais ou coletivos que versem sobre idêntica questão de direito.*

Havendo recurso extraordinário ou recurso especial contra a decisão proferida no incidente de demandas repetitivas, a tese jurídica adotada pelo S.T.F. ou pelo S.T.J. na análise do mérito dos respectivos recursos será aplicada (*efeito erga omnes*) em relação a todos os processos que versem idêntica questão de direito e que tramitem em todo o território nacional.

Somente quando houver julgamento do incidente de demandas repetitivas em grau de recurso no S.T.F. ou no S.T.J., é que a eficácia da decisão ultrapassará a barreira do limite territorial do respectivo tribunal que julgou o incidente, passando a estender seus efeitos a todos os processos existentes em território nacional.

Nesta hipótese, o S.T.F. ou o S.T.J. deverá comunicar a decisão ao Conselho Nacional de Justiça para que se dê amplitude à informação do julgamento a todos os órgãos do Poder Judiciário nacional.

CAPÍTULO IX – Da Reclamação

Art. 988

Caberá reclamação da parte interessada ou do Ministério Público para:

I – preservar a competência do tribunal;

II – garantir a autoridade das decisões do tribunal;

III – garantir a observância de decisão do Supremo Tribunal Federal em controle concentrado de constitucionalidade;

IV – garantir a observância de enunciado de súmula vinculante e de precedente proferido em julgamento de casos repetitivos ou em incidente de assunção de competência.

§ 1º A reclamação pode ser proposta perante qualquer tribunal, e seu julgamento compete ao órgão jurisdicional cuja competência se busca preservar ou cuja autoridade se pretenda garantir.

§ 2º A reclamação deverá ser instruída com prova documental e dirigida ao presidente do tribunal.

§ 3º Assim que recebida, a reclamação será autuada e distribuída ao relator do processo principal, sempre que possível.

§ 4º As hipóteses dos incisos III e IV compreendem a aplicação indevida da tese jurídica e sua não aplicação aos casos que a ela correspondam.

§ 5º É inadmissível a reclamação proposta após o trânsito em julgado da decisão.

§ 6º A inadmissibilidade ou o julgamento do recurso interposto contra a decisão proferida pelo órgão reclamado não prejudica a reclamação.

Sumário:

1. Considerações gerais **2.** Finalidade da reclamação

1. Considerações gerais

A reclamação para preservar a competência do Supremo Tribunal Federal ou garantir a autoridade de suas decisões decorre de criação jurisprudencial. Diz-se que ela provém da ideia dos *implied powers* deferidos aos Tribunais. Assim, num primeiro momento, o instituto da reclamação repousou sobre a teoria dos poderes implícitos.[746] Nesse sentido foi a decisão proferida pelo Ministro Rocha Lagoa na Rcl n. 141, de 1952:

"A competência não expressa dos tribunais federais pode ser ampliada por construção constitucional. Vão seria o poder, outorgado ao Supremo Tribunal Federal de julgar em recurso extraordinário as causas decididas por outros tribunais, se lhe não fora possível fazer prevalecer os seus próprios pronunciamentos, acaso desatendidos pelas justiças locais. A criação dum remédio de direito para vindicar o cumprimento fiel das suas sentenças, está na vocação do Supremo Tribunal Federal e na amplitude constitucional e natural de seus poderes. Necessária e legítima é assim a admissão do processo de Reclamação, como o Supremo Tribunal tem feito. É de ser julgada procedente a Reclamação quando a justiça local deixa de atender a decisão do Supremo Tribunal Federal".

A reclamação foi introduzida em nosso ordenamento jurídico pelo Regimento Interno do Supremo Tribunal Federal em 2/10/1957, em razão da competência que lhe outorgava a Constituição de 1946, no art. 97, II, quando foi aprovada proposta dos Ministros Lafayete de Andrada e Ribeiro da Costa, no sentido de incluir o instituto no Regimento Interno do Supremo Tribunal Federal, Título II, Capítulo V-A, 'Da Reclamação'.

A Constituição Federal de 1967 conferiu ao S.T.F. a possibilidade de regulamentar os procedimentos processuais dos feitos de sua competência, conferindo força de lei federal ao Regimento Interno do S.T.F.

A Constituição Federal de 1988 conferiu força constitucional ao instituto da reclamação, ao prever uma demanda constitucional de criação genuinamente brasileira, denominada de reclamação constitucional, destinada a preservar a competência do Supremo Tribunal Federal e a autoridade de suas decisões. Estabelece o art. 102, inc. I, letra 'l' da C.F.:

"Art. 102. Compete ao Supremo Tribunal Federal, precipuamente, a guarda da Constituição, cabendo-lhe:

I – processar e julgar, originariamente:

(...)

l – a reclamação para a preservação de sua competência e garantia da autoridade de suas decisões".

A Constituição Federal também permitiu a *reclamação* perante o Superior Tribunal de Justiça, conforme estabelece o art. 105, inc. I, letra 'f' da C.F.:

[746] MENDES, Gilmar Ferreira; BRANCO, Paulo Gustavo Gonet. *Curso de direito constitucional.* 7ª ed. São Paulo: Saraiva, 2012. p. 1450.

"Art. 105. Compete ao Superior Tribunal de Justiça:

I – processar e julgar, originariamente:

(...).

f) a reclamação para a preservação de sua competência e garantia da autoridade de suas decisões".

José da Silva Pacheco assim sintetiza a cronologia histórica do instituto da reclamação em nosso sistema jurídico:

"1º) a primeira vai desde a criação do STF até 1957; 2ª) a segunda começa em 1957, com a inserção da medida no RISTF, até 1967; 3º) a terceira, a partir do disposto na CF de 1967, art. 115, parágrafo único, c, que foi reproduzido na EC 1/69, art. 120, parágrafo único, c, e, posteriormente, após a EC 7, de 13.4.77 com o disposto no art. 119, I, o, sobre a avocatória, e no §3º, c, autorizando que o RISTF estabelecesse 'o processo e o julgamento dos feitos de sua competência originária ou recursal e da arguição de relevância da questão federal'; 4ª) a quarta, com o advento da CF de 5.10.88, cujos arts. 102, I, l e 105, I, f., prevêem, expressamente, a reclamação como da competência originária do STF e STJ".[747]

A Emenda Constitucional n. 45/2004 instituiu a Súmula Vinculante de competência do S.T.F. em nosso ordenamento jurídico, assim como prescreveu a possibilidade de reclamação perante a Egrégia Corte na hipótese de não observância dos efeitos jurídicos estabelecidos pela referida súmula. Nesse sentido preceitua o art. 103-A, §3º da C.F.:

"Art. 103-A. O Supremo Tribunal Federal poderá, de ofício ou por provocação, mediante decisão de dois terços dos seus membros, após reiteradas decisões sobre matéria constitucional, aprovar súmula que, a partir de sua publicação na imprensa oficial, terá efeito vinculante em relação aos demais órgãos do Poder Judiciário e à administração pública direta e indireta, nas esferas federal, estadual e municipal, bem como proceder à sua revisão ou cancelamento, na forma estabelecida em lei.

(...).

§3º Do ato administrativo ou decisão judicial que contrariar a súmula aplicável ou que indevidamente a aplicar, caberá reclamação ao Supremo Tribunal Federal que, julgando-a procedente, anulará o ato administrativo ou cassará a decisão judicial reclamada, e determinará que outra seja proferida com ou sem a aplicação da súmula, conforme o caso".

[747] PACHECO, José da Silva. *O mandado de segurança e outras ações constitucionais típicas.* 4. ed. São Paulo: Revista dos Tribunais, 2002. p. 601.

A partir de 2004, nosso modelo constitucional passou a consagrar a possibilidade de se ingressar com o instituto de reclamação contra ato administrativo ou contra ato judicial em desconformidade com o teor de súmula vinculante do S.T.F. Nesse sentido é o teor do art. 103-A, §3º da C.F.: *"Do ato administrativo ou decisão judicial que contrariar a súmula aplicável ou que indevidamente a aplicar, caberá reclamação ao Supremo Tribunal Federal que, julgando-a procedente, anulará o ato administrativo ou cassará a decisão judicial reclamada, e determinará que outra seja proferida com ou sem aplicação da súmula, conforme o caso".*

O procedimento até então adotado para a *reclamação* no S.T.F. está regulado pelos arts. 156 a 162 do Regimento Interno do S.T.F. e nos artigos 13 a 18 da Lei 8.038/90.

Estabelecem os arts. 156 a 162 do Regimento Interno do S.T.F.:

> *"Art. 156. Caberá reclamação do Procurador-Geral da República, ou do interessado na causa, para preservar a competência do Tribunal ou garantir a autoridade das suas decisões.*
>
> *Parágrafo único. A reclamação será instruída com prova documental.*
>
> *Art. 157. O Relator requisitará informações da autoridade, a quem for imputada a prática do ato impugnado, que as prestará no prazo de cinco dias.*
>
> *Art. 158. O Relator poderá determinar a suspensão do curso do processo em que se tenha verificado o ato reclamado, ou a remessa dos respectivos autos ao Tribunal.*
>
> *Art. 159. Qualquer interessado poderá impugnar o pedido do reclamante.*
>
> *Art. 160. Decorrido o prazo para informações, dar-se-á vista ao Procurador-Geral, quando a reclamação não tenha sido por ele formulada.*
>
> *Art. 161. Julgando procedente a reclamação, o Plenário ou a Turma poderá:*
>
> *I – avocar o conhecimento do processo em que se verifique usurpação de sua competência;*
>
> *II – ordenar que lhe sejam remetidos, com urgência, os autos do recurso para ele interposto;*
>
> *III – cassar decisão exorbitante de seu julgado, ou determinar medida adequada à observância de sua jurisdição;*
>
> *Parágrafo único. O Relator poderá julgar a reclamação quando a matéria for objeto de jurisprudência consolidada do Tribunal.*
>
> *Art. 162. O Presidente do Tribunal ou da Turma determinará o imediato cumprimento da decisão, lavrando-se o acórdão posteriormente.*

Porém, é importante salientar que os arts. 13 a 18, 26 a 29 e 38 da Lei nº 8.038, de 28 de maio de 1990 (que instituíram normas procedimentos para processos perante o S.T.F. e S.T.J.) foram expressamente revogados pelo art. 1.072, inc. IV, do novo C.P.C. Estes dispositivos assim estabeleciam:

Art. 13 – Para preservar a competência do Tribunal ou garantir a autoridade das suas decisões, caberá reclamação da parte interessada ou do Ministério Público.

Parágrafo único – A reclamação, dirigida ao Presidente do Tribunal, instruída com prova documental, será autuada e distribuída ao relator da causa principal, sempre que possível.

Art. 14 – Ao despachar a reclamação, o relator:

I – requisitará informações da autoridade a quem for imputada a prática do ato impugnado, que as prestará no prazo de dez dias;

II – ordenará, se necessário, para evitar dano irreparável, a suspensão do processo ou do ato impugnado.

Art. 15 – Qualquer interessado poderá impugnar o pedido do reclamante.

Art. 16 – O Ministério Público, nas reclamações que não houver formulado, terá vista do processo, por cinco dias, após o decurso do prazo para informações.

Art. 17 – Julgando procedente a reclamação, o Tribunal cassará a decisão exorbitante de seu julgado ou determinará medida adequada à preservação de sua competência.

Art. 18 – O Presidente determinará o imediato cumprimento da decisão, lavrando-se o acórdão posteriormente.

Art. 26 – O recurso extraordinário e especial, nos casos previstos na Constituição Federal, serão interpostos no prazo comum de quinze dias, perante o Presidente do Tribunal recorrido, em petições distintas que conterão:

I – exposição do fato e do direito;

II – a demonstração do cabimento do recurso interposto;

III – as razões do pedido de reforma da decisão recorrida.

Parágrafo único – Quando o recurso se fundar em dissídio entre a interpretação da lei federal adotada pelo julgado recorrido e a que lhe haja dado outro Tribunal, o recorrente fará a prova da divergência mediante certidão, ou indicação do número e da página do jornal oficial, ou do repertório autorizado de jurisprudência, que o houver publicado.

Art. 27 – Recebida a petição pela Secretaria do Tribunal e aí protocolada, será intimado o recorrido, abrindo-se-lhe vista pelo prazo de quinze dias para apresentar contra-razões.

§ 1º – Findo esse prazo, serão os autos conclusos para admissão ou não do recurso, no prazo de cinco dias.

§ 2º – Os recursos extraordinário e especial serão recebidos no efeito devolutivo.

§ 3º – Admitidos os recursos, os autos serão imediatamente remetidos ao Superior Tribunal de Justiça.

§ 4º – Concluído o julgamento do recurso especial, serão os autos remetidos ao Supremo Tribunal Federal para apreciação do recurso extraordinário, se este não estiver prejudicado.

§ 5º – Na hipótese de o relator do recurso especial considerar que o recurso extraordinário é prejudicial daquele em decisão irrecorrível, sobrestará o seu julgamento e remeterá os autos ao Supremo Tribunal Federal, para julgar o extraordinário.

§ 6º – No caso de parágrafo anterior, se o relator do recurso extraordinário, em despacho irrecorrível, não o considerar prejudicial, devolverá os autos ao Superior Tribunal de Justiça, para o julgamento do recurso especial.

Art. 28 – Denegado o recurso extraordinário ou o recurso especial, caberá agravo de instrumento, no prazo de cinco dias, para o Supremo Tribunal Federal ou para o Superior Tribunal de Justiça, conforme o caso.

§ 1º – Cada agravo de instrumento será instruído com as peças que forem indicadas pelo agravante e pelo agravado, dele constando, obrigatoriamente, além das mencionadas no parágrafo único do art. 523 do Código de Processo Civil, o acórdão recorrido, a petição de interposição do recurso e as contra-razões, se houver.

§ 2º – Distribuído o agravo de instrumento, o relator proferirá decisão.

§ 3º – Na hipótese de provimento, se o instrumento contiver os elementos necessários ao julgamento do mérito do recurso especial, o relator determinará, desde logo, sua inclusão em pauta, observando-se, daí por diante, o procedimento relativo àqueles recursos, admitida a sustentação oral.

§ 4º O disposto no parágrafo anterior aplica-se também ao agravo de instrumento contra denegação de recurso extraordinário, salvo quando, na mesma causa, houver recurso especial admitido e que deva ser julgado em primeiro lugar.

§ 5º – Da decisão do relator que negar seguimento ou provimento ao agravo de instrumento, caberá agravo para o órgão julgador no prazo de cinco dias.

Art. 29 – É embargável, no prazo de quinze dias, a decisão da turma que, em recurso especial, divergir do julgamento de outra turma, da seção ou do órgão especial, observando-se o procedimento estabelecido no regimento interno.

Art. 38 – O Relator, no Supremo Tribunal Federal ou no Superior Tribunal de Justiça, decidirá o pedido ou o recurso que haja perdido seu objeto, bem como negará seguimento a pedido ou recurso manifestamente intempestivo, incabível ou, improcedente ou ainda, que contrariar, nas questões predominantemente de direito, Súmula do respectivo Tribunal.

Diante dessas considerações, observa-se que o instituto da *reclamação* foi constitucionalmente conferido à competência do S.T.F. e do S.T.J.

Conforme anota Luana Pedrosa de Figueiredo Cruz, a reclamação constitucional seria um direito constitucional com natureza de ação e tem como objetivo a preservação da competência dos tribunais e a preservação da autoridade de suas decisões.[748] Daí porque a reclamação possuir os três elementos da demanda: a) partes – o reclamante, isto é, quem quer preservar a competência ou a autoridade da decisão da Corte, e o reclamado, ou seja, quem está invadindo a referida esfera de competência, ou desobedecendo a decisão decorrente dela; b) pedido – a decisão que resguarde a competência da Corte ou imponha o cumprimento de seu julgado; c) causa de pedir – a invasão de competência ou a desobediência a decisão da Corte.[749]

A natureza de ação ou demanda da reclamação também é defendida por Leonardo Morato.[750]

Porém, conforme teve oportunidade de aduzir o Ministro Celso de Mello, na Reclamação n. 336, julgada em 19.12.1990: *"A reclamação, qualquer que seja a qualificação que se lhe dê – ação (Pontes de Miranda, 'Comentários ao Código de Processo Civil', tomo V/384, Forense), recurso ou sucedâneo recursal (Moacyr Amaral Santos, RTJ 56/546-548; Alcides Mendonça Lima, 'O Poder Judiciário e a Nova Constituição', p. 80, 1989, Aide) remédio incomum (Orosimbo Nonato, apud Cordeiro de Mello, 'O processo no Supremo Tribunal Federal', vol. 1/280), incidente processual (Moniz de Aragão, 'A correição parcial, p. 110, 1969), medida de Direito Processual Constitucional (José Frederico Marques, 'Manual de Direito Processual Civil, vol. 3º, 2ª parte, p. 199, item, n. 653, 9ª ed., 1987, Saraiva) ou medida processual de caráter excepcional (Ministro Djaci Falcão, RTJ 112/518-522), configura, modernamente, instrumento de extração constitucional, inobstante a origem pretoriana de sua criação (RTJ 112/504), destinado a viabilizar , na concretização de sua dupla função de ordem político-jurídica, a preservação da competência e a garantia da autoridade das decisões do Supremo Tribunal Federal (CF, art. 102, I, l) e do Superior Tribunal de Justiça (CF, art. 105, I, f).*

[748] Figueiredo Cruz, Luana Pedrosa. Reclamação constitucional para garantia de autoridade de decisão do STJ e violação dos deveres das partes. Org: Medina, José Miguel Garcia; Figueiredo Cruz, Luana Pedrosa; Sequeira de Cerqueira, Luiz Otávio; Gomes Junior, Luiz Manoel. *Os poderes do juiz e o controle das decisões judiciais.* – estudos em homenagem à Professora Teresa Arruda Alvim Wambier. Ed. Revista dos Tribunais, 2008. p.1169.

[749] Dantas, Marcelo Navarro. *Reclamação constitucional no direito brasileiro.* Porto Alegre: Fabris, 2000, p. 460.

[750] Morato, Leonardo. *Reclamação* – e sua aplicação para o respeito da súmula vinculante. São Paulo: Editora Revista dos Tribunais, 2006. p. 111.
Também entende que a natureza jurídica da reclamação é de ação ou demanda: Cândido Rangel Dinamarco, A reclamação no processo civil brasileiro, *in* Nelson Nery Junior e Teresa Arruda Alvim Wambier. *Aspectos polêmicos e atuais dos recursos cíveis e de outros meios de impugnação às decisões judiciais.* São Paulo: Editora Revista dos Tribunais, 2002. V. 6., p. 100

Não obstante a divergência doutrinária e jurisprudencial sobre a natureza jurídica da *reclamação*, o certo é que a atividade exercida nesse tipo de procedimento é jurisdicional e não administrativa.[751]

A reclamação constitucional, em síntese, tem por finalidade resguardar a competência do S.T.F. e do S.T.J., assim como garantir a autoridade de suas decisões.

A existência da reclamação constitucional tem por finalidade garantir o *juízo natural* e *competente* para a causa, assim como evitar o desrespeito ao cumprimento das decisões judiciais. Por isso, conforme anota Leonardo Morato: *"enquanto não se chegar ao ideal, vale dizer, ao perfeito funcionamento de nosso sistema, a reclamação é remédio muito útil e eficaz, ao lado dos muitos outros que se encontram disponíveis em nosso ordenamento jurídico, para o fim de tentar atingir as finalidades do processo, a realização do direito".*[752]

É importante salientar que não é possível a interposição de mandado de segurança como substitutivo de reclamação. Nesse sentido são os seguintes precedentes: STJ – 3ª Seção, MS 2.904-5, Min. Adhemar Maciel, j. 7.10.93; STF – RT 845/168.

Por outro lado, a reclamação não pode ser utilizada como substituta da execução do julgado (STJ – 1ª Seção, Rcl 1.343, Min. Luiz Fux, j. 10.12.03).

2. Finalidade da reclamação

Estabelece o *art. 988* do atual C.P.C. que *caberá reclamação da parte interessada ou do Ministério Público para: I – preservar a competência do tribunal; II – garantir a autoridade das decisões do tribunal; III – garantir a observância de decisão do Supremo Tribunal Federal em controle concentrado de constitucionalidade; IV – garantir a observância de enunciado de súmula vinculante e de precedente proferido em julgamento de casos repetitivos ou em incidente de assunção de competência.*

A reclamação é um instituto processual jurídico de natureza constitucional de competência conferida pela Constituição Federal ao S.T.F. e ao S.T.J.

A reclamação tem por objetivo específico resguardar a competência do Supremo Tribunal Federal ou do Superior Tribunal de Justiça a fim de garantir a autoridade de suas decisões.

Questão que se pode formular é se poderia o legislador ordinário introduzir o instituto da reclamação também em relação aos tribunais de apelação.

[751] Dantas, Marcelo Navarro Ribeiro. *Reclamação constitucional no direito brasileiro.* Porto Alegre: Sérgio ª Fabris, 2000. p. 439.

[752] Morato, L., op. cit., loc. cit.

Inicialmente, o Supremo Tribunal Federal, na Representação n. 1.092-DF, Relator Ministro Djaci Falcão, assim se pronunciou sobre a instituição de reclamação em outras fontes normativas:

"Reclamação. Instituto que nasceu de uma construção pretoriana, visando a preservação, de modo eficaz, da competência e da autoridade dos julgados do Supremo Tribunal Federal. Sua inclusão a 2-10-57, no Regimento Interno do órgão maior na hierarquia judicial e que desfruta de singular posição.

Poder reservado exclusivamente ao Supremo Tribunal Federal para legislar sobre 'o processo e o julgamento dos feitos de sua competência originária ou recursal', instituído pela Constituição Federal de 1967 (artigo 115, parágrafo único, letra c, hoje artigo 119, §3º, letra c).

Como quer que se qualifique – recurso, ação, ou medida processual de natureza excepcional, é incontestável a afirmação de que somente ao Supremo Tribunal Federal em face primacialmente, da previsão inserida no artigo 119, §3º, letra c, da Constituição da República, é dado no seu Regimento Interno, criar tal instituto, não previsto nas leis processuais.

O Regimento Interno do Tribunal Federal de Recursos, ao criar a reclamação, nos seus artigos 194 a 201, 'para preservar a competência do Tribunal ou garantir autoridade das suas decisões', vulnerou os preceitos constantes do art. 43 c/c o art. 8º, inciso XVII, letra 'b', artigo 6º e seu parágrafo único, e do art. 119, §3º, letra c, da Lei Magna".

Um dos argumentos fundamentais daqueles que então defendiam a constitucionalidade da reclamação criada pela via regimental, como foi o caso do extinto Tribunal Federal de Recursos, foi consubstanciado no fato de que também no Supremo Tribunal Federal a criação desse remédio, de natureza ainda um pouco enigmática, antecederá de muito à norma constitucional que dera hierarquia de lei ao Regimento Interno do Supremo Tribunal Federal.

O Supremo Tribunal Federal, porém, alterou seu posicionamento, passando a assim se pronunciar:

EMENTA: Ação direta de inconstitucionalidade: dispositivo do Regimento Interno do Tribunal de Justiça do Estado da Paraíba (art. 357), que admite e disciplina o processo e julgamento de reclamação para preservação da sua competência ou da autoridade de seus julgados: ausência de violação dos artigos 125, caput e § 1º e 22, I, da Constituição Federal. 1. O Supremo Tribunal Federal, ao julgar a ADIn 2.212 (Pl. 2.10.03, Ellen, DJ 14.11.2003), alterou o entendimento – firmado em período anterior à ordem constitucional vigente (v.g., Rp 1092, Pleno, Djaci Falcão, RTJ 112/504) – do monopólio da reclamação pelo Supremo Tribunal Federal e assentou a adequação do instituto com os preceitos da Constituição de 1988: de acordo com a sua natureza jurídica (situada no âmbito do direito de petição previsto no art. 5º, XXIV, da Constituição Federal) e com os princípios da simetria (art. 125, caput e § 1º) e da efetividade das decisões judiciais, é permitida a previsão da reclamação na Constituição Estadual. 2. Questionada a constitucionalidade de norma regimental, é desnecessário indagar se a colocação do instrumento na seara do direito de petição dispensa, ou não, a sua previsão na Constituição estadual, dado que consta do texto da Constituição do Estado da Paraíba a existência de cláusulas de poderes implícitos atribuídos ao Tribunal de Justiça estadual para fazer valer os poderes explicitamente conferidos pela ordem legal – ainda que por instrumento com nomenclatura diversa (Const. Est. (PB), art. 105, I, e e f). 3. Inexistente a violação do § 1º do art. 125 da Constituição Federal: a reclamação paraibana não foi criada com a norma regimental impugnada, a qual – na interpretação conferida pelo Tribunal de Justiça do Estado à extensão dos seus poderes implícitos – possibilita a observância das normas de processo e das garantias processuais das partes, como exige a primeira parte da alínea a do art. 96, I, da Constituição Federal. 4. Ação direta julgada improcedente.

(ADI 2480, Relator(a): Min. SEPÚLVEDA PERTENCE, Tribunal Pleno, julgado em 02/04/2007, DJe-037 DIVULG 14-06-2007 PUBLIC 15-06-2007 DJ 15-06-2007 PP-00020 EMENT VOL-02280-01 PP-00165).

Na decisão proferida na ADIN 2.122, já mencionada, o S.T.F. assentou que a disponibilidade de um instrumento que garanta a autoridade das decisões e a preservação da competência dos Tribunais efetiva o direito de petição previsto na Constituição Federal (art. 5º, XXXIV, 'a'), já que permite a defesa de direito reconhecido por decisão definitiva na alçada do Estado-membro e o combate ao abuso de poder decorrente da atuação de órgão jurisdicional incompetente. Assim, diante da nova postura do S.T.F., não haveria problema de a lei federal estender o instituto da reclamação também para os tribunais de apelação, tudo isso com fundamento no direito Constitucional de petição.

Portanto, não há mácula de inconstitucionalidade na inclusão no atual C.P.C. do instituto da reclamação, abrangendo também os tribunais de apelação.

Porém, põem-se em dúvida a constitucionalidade da reclamação em relação a precedente proferido em julgamento de casos repetitivos ou em incidente de assunção de competência.

Muito embora o S.T.F. já tenha afirmado a constitucionalidade de normas de Regimento Interno de Tribunais estaduais que acolheram o instituto da reclamação ADIn 2.212 (Pl. 2.10.03, Ellen, DJ 14.11.2003), alterando o entendimento firmado em período anterior à ordem constitucional vigente (v.g., Rp 1092, Pleno, Djaci Falcão, RTJ 112/504), é certo que o S.T.F. também afirmou que haveria de ter um critério de similitude no instituto da reclamação entre os tribunais estaduais e as hipóteses previstas na Constituição Federal para a reclamação de competência do S.T.F. e do S.T.J.

E a Constituição Federal somente permite o instituto de reclamação perante o S.T.F. e o S.T.J. para garantir a sua competência e para garantir a autoridade de suas decisões.

Aliás, recentemente, no dia 26.01.2015, na Reclamação n. 19515, o Ministro Ricardo Lewandowski indeferiu pedido de liminar que buscava suspender decisão da Justiça Federal, sob a alegação de que a decisão contrariava súmula não vinculante do S.T.F. Segundo notícia no sitio do S.T.F., http://www.stf.jus.br/portal/cms/verNoticiaDetalhe.asp?idConteudo=284132&tip=UN, o fundamento do indeferimento da liminar deu-se nos seguintes termos:

> ***Negada liminar em reclamação que alega descumprimento de súmula do STF sem efeito vinculante***
>
> *O presidente do Supremo Tribunal Federal (STF), ministro Ricardo Lewandowski, indeferiu pedido de liminar que buscava suspender decisão da Justiça Federal que negou a uma empresa a liberação de mercadorias importadas sem o depósito prévio dos valores em favor do fisco. Na decisão monocrática tomada na Reclamação (RCL) 19515, o ministro destacou que, ao contrário do que alegado pela parte, não é cabível reclamação por descumprimento de súmula do Supremo sem efeito vinculante.*
>
> *De acordo com os autos, uma empresa do ramo de importação e exportação foi autuada e teve mercadorias importadas retidas pela fiscalização tributária, que exigiu o pagamento dos valores decorrentes dos autos de infração para a liberação dos produtos. Com o objetivo de conseguir a liberação sem o depósito prévio, a empresa impetrou mandado de segurança na Justiça Federal em Joinville (SC). O juízo de primeira instância negou pedido liminar por entender cabível a exigência de prestação de garantia.*
>
> *No STF, a empresa alegou que a decisão atacada afrontaria o disposto na Súmula 323 do STF, segundo a qual "é inadmissível a apreensão de mercadorias como meio coercitivo para pagamento de tributos".*
>
> ***Decisão***
>
> *Para o ministro Ricardo Lewandowski, a empresa não conseguiu demostrar a plausibilidade jurídica do pedido, um dos requisitos para a concessão da liminar. Em análise preliminar do caso, entendeu que o pleito não se enquadra em nenhuma das hipóteses previstas no artigo 102, inciso I, alínea "l", da Constituição Federal, "seja para preservar a competência da Corte, seja para garantir a autoridade de suas decisões".*
>
> *O presidente da Corte afirmou que a jurisprudência da Corte é firme no sentido de que não cabe reclamação por inobservância de súmula do STF destituída de efeito*

vinculante. Ele explicou que, no julgamento de agravo regimental na RCL 3979, o Plenário assentou que "o artigo 103-A, parágrafo 3º, da Constituição Federal tem aplicação exclusiva às súmulas vinculantes, que possuem natureza constitucional específica e completamente distinta das súmulas convencionais, as quais não vinculam ou subordinam os demais órgãos do Poder Judiciário".

Assim, o ministro indeferiu a liminar, sem prejuízo de um exame "mais aprofundado da matéria" pelo relator. A ação foi distribuída para a relatoria do ministro Gilmar Mendes.

Como o incidente de demandas repetitivas ou o julgamento de casos repetitivos não tem *efeito vinculante*, não poderá ser admitida a reclamação se o descumprimento da tese jurídica for realizado por outro órgão jurisdicional que não aquele do *processo modelo*.

É bem verdade que a lei ordinária poderá estabelecer efeito vinculante a determinada decisão, muito embora tal efeito não esteja previsto na Constituição. Isso ocorreu com o art. 10 da lei 9.882/99, que conferiu efeito *vinculante* às decisões proferidas pelo S.T.F. na Arguição de Descumprimento de Preceitos Fundamentais (ADPF). Porém, essa possibilidade de previsão legislativa infraconstitucional somente foi aceita em face de que *"o efeito vinculante configura apanágio da jurisdição constitucional e não depende, por isso, de regra expressa na Constituição"*.[753]

Porém, o instituto do incidente de demandas repetitivas ou julgamento de casos repetitivos não é apanágio de jurisdição constitucional, razão pela qual a lei ordinária não poderá conferir tal efeito sob pena de mácula ao princípio do *livre convencimento do juiz e da independência interna do Poder Judiciário*.

A Súmula 734 do STF prescreve que *"não cabe reclamação quando já houver transitado em julgado o ato judicial que se alega tenha desrespeitado decisão do Supremo Tribunal Federal"*. Isso decorre do fato de que a reclamação não é sucedânea de demanda rescisória (RTJ 142/385).

Por sua vez, ajuizada a reclamação antes do trânsito em julgado da decisão reclamada, e não suspenso liminarmente o processo principal, a eficácia de tudo quanto nele se decidir ulteriormente, incluindo o eventual trânsito em julgado do provimento que se tacha de contrário à autoridade do acórdão do STF, será desconstituída pela procedência da reclamação (STF – Pleno, Rcl 509, Min. Sepúlveda Pertence. J. 17.12.99).

A recorribilidade da decisão que usurpa a competência do STF ou desafia sua autoridade não impede que, desde logo, seja ajuizada a demanda de reclamação perante a Corte Superior (Rcl 329-SP (RTJ 132/620).

753 MENDES, G. F.; BRANCO, P. G. G., op. cit., p. 1.459.

Já o S.T.J. teve oportunidade de afirmar que não se conhece de reclamação quando a decisão, que se diz haver descumprido acórdão próprio do tribunal, se acha submetida a recurso regularmente interposto (STJ, 2ª Seção, Rcl 175-1, Min. Dias Trindade, j. 30.6.93).

O S.T.J., em relação à reclamação de decisões monocráticas, apresenta dois posicionamentos distintos. Um que sustenta ser incabível a reclamação, justamente por ser possível no próprio tribunal a interposição de agravo regimental contra esse ato (STJ – 2ª Seção, Rcl 10, Min. Nilson Naves, j. 25.4.90) e outro entendimento que admite a reclamação contra a decisão monocrática (STJ – 2ª Seção, Rcl 1.202-AgRg. Min. Nancy Andrighi, j. 13.8.03.

Por sua vez, o S.T.J., na Rcl 377-2, Rel. Min. Ilmar Galvão, assentou que não apenas as decisões interlocutórias, senão também as decisões definitivas podem ser objeto de reclamação.

Os fins que justificam a interposição de *reclamação*, segundo o art. 988 do atual C.P.C., são os seguintes:

I – preservar a competência do tribunal.

A competência dos Tribunais de Justiça é regulada pela Constituição Estadual e pelo Regimento Interno.

A competência dos Tribunais Regionais Federais e de outros tribunais federais é regulada pela Constituição Federal.

Assim, se algum órgão jurisdicional, sem competência para tanto, usurpar a competência dos tribunais de apelação, bem como a do S.T.F. e do S.T.J., caberá reclamação para o respectivo tribunal a fim de que seja restabelecida sua competência.

Sobre a questão de competência, já decidiu o STF, em decisão publicada na RTJ 105/451, que se conhece de reclamação para a avocação de conflito de jurisdição indevidamente suscitado perante o STJ ou TFR, sendo a competência do STF.

Apesar de não ser um conflito de jurisdição, mas de atribuição, também é possível arguir-se reclamação perante o S.T.F., quando haja conflito entre o Conselho Nacional de Justiça e o Tribunal de Contas da União. Isso porque compete ao S.T.F. julgar conflito de atribuição entre o C.N.J. e o T.C.U.

II – garantir a autoridade das decisões do Tribunal;

Para se evitar a insegurança jurídica e o conflito entre decisões de órgãos hierarquicamente superior dentro do Poder Judiciário, a reclamação tem por objetivo garantir a autoridade das decisões do Tribunal.

Porém, descabe a reclamação se não há decisão da Corte a ser resguardada, nem cuja autoridade esteja sendo desrespeitada.

Argumentar que a questão controvertida na execução é contrária à jurisprudência do STF não basta para o cabimento da medida (STF- Rcl 726-1 – AgRg, Min. Ilmar Galvão, j. 12.3.98).

Por sua vez, o S.T.J. assim já se pronunciou na Reclamação n. 2.520, Relator Min. Humberto Gomes de Barros:

1. Demonstrado, inequivocamente, que julgado do Tribunal local contrariou decisão do Superior Tribunal de Justiça, declara-se procedente a reclamação.

(Rcl 2520/AM, Rel. Ministro HUMBERTO GOMES DE BARROS, SEGUNDA SEÇÃO, julgado em 08/08/2007, DJ 20/08/2007, p. 234).

Já na Reclamação n. 2.435, o S.T.J entendeu que não seria lícito às instâncias ordinárias rediscutirem questão de competência já decidida pelo Superior Tribunal de Justiça.

Também já decidiu o S.T.J. que não se tem afronta a julgado quando ocorrer mera diversidade de interpretação da extensão da decisão do STJ, de modo que seja necessário provimento jurisdicional na origem para acertamento do efeito prático e concreto da decisão, cabendo recurso para os órgãos recursais do próprio Tribunal a que pertence o juízo, para eventual reforma da decisão tomada (STJ – 2ª Seção, Rcl 2861, Min. Sidnei Beneti, j. 14.10.09).

III – garantir a observância de decisão do Supremo Tribunal Federal em controle concentrado de constitucionalidade.

Inicialmente, cumpre salientar que no dia 21 de outubro de 2015, foi aprovado na Câmara dos Deputados o Projeto de Lei n. 2.384-B, de 2015, o qual visa alterar o inc. III do art. 988 do novo C.P.C., que, se aprovado, passa a ter a seguinte redação: III – garantir a observância de enunciado de súmula vinculante e de decisão do Supremo Tribunal Federal em controle concentrado de constitucionalidade.

As decisões definitivas de mérito, proferidas pelo Supremo Tribunal Federal, nas ações (demandas) diretas de inconstitucionalidade e nas ações (demandas) declaratórias de constitucionalidade produzirão eficácia contra todos e efeito vinculante relativamente aos demais órgãos do Poder Judiciário e da administração pública direta e indireta, nas esferas federal, estadual e municipal. Por isso, poderá ser objeto de reclamação perante o S.T.F. decisão que contrarie referidos julgamentos.

Note-se que a reclamação contra atos judiciais que não respeitem orientação judicial com força vinculante há muito vinha sendo admitida pelo S.T.F.

Por sua vez, a primeira reclamação que cassou decisão administrativa de um Governador de Estado ocorreu na Rcl 1.507, Rel. Min. Néri da Silveira, DJ 1.3.2002.

Também caberá reclamação ao S.T.F. para garantir a autoridade de decisão proferida em medida cautelar proposta como antecedente à Ação (ou demanda) Declaratória de Constitucionalidade, pois essa decisão também apresenta caráter *vinculante*. Nesse sentido é o teor da decisão proferida em medida cautelar requerida na ADC n. 4/DF:

"O Tribunal, por votação majoritária, deferiu, em parte, o pedido de medida cautelar, para suspender, com eficácia 'ex nunc' e com efeito vinculante, até final julgamento da ação, a prolação de qualquer decisão sobre pedido de tutela antecipada, contra a Fazenda Pública, que tenha por pressuposto a constitucionalidade ou a inconstitucionalidade do art. 1º da Lei n. 9.494/97, sustando, ainda, com a mesma eficácia, os efeitos futuros dessas decisões antecipatórias de tutela já proferidas contra a Fazenda Pública, vencidos, em parte, o Ministro Néri da Silveira, que deferia a medida cautelar em menos extensão, e, integralmente, os Ministros Ilmar Galvão e Marco Aurélio, que a indeferiam".

IV – garantir a observância de súmula vinculante e de precedente proferido em julgamento de casos repetitivos ou em incidente de assunção de competência.

O art. 103-A da Constituição Federal estabelece que o Supremo Tribunal Federal poderá, de ofício ou por provocação, mediante decisão de dois terços dos seus membros, após reiteradas decisões sobre matéria constitucional, aprovar súmula que, a partir de sua publicação na imprensa oficial, terá efeito *vinculante* em relação aos demais órgãos do Poder Judiciário e à administração pública direta e indireta, nas esferas federal, estadual e municipal, bem como proceder à sua revisão ou cancelamento, na forma estabelecida em lei.

A súmula vinculante, assim como as decisões definitivas de mérito, proferidas pelo Supremo Tribunal Federal, nas ações (demandas) diretas de inconstitucionalidade e nas ações (demandas) declaratórias de constitucionalidade produzirão eficácia contra todos e efeito vinculante, relativamente aos demais órgãos do Poder Judiciário e à administração pública direta e indireta, nas esferas federal, estadual e municipal.

Tanto a Constituição Federal, como o atual C.P.C., respaldam, portanto, a admissibilidade de reclamação para garantir a autoridade de decisão do Supremo Tribunal Federal consagrada em súmula vinculante.

É importante salientar que em razão do efeito *vinculante* da súmula, a reclamação também poderá ter por objeto ato normativo administrativo proveniente da Administração Pública.

Não se deve confundir súmula vinculante com outro tipo de súmula que os tribunais podem expedir.

Por isso, a prolação de decisão contrária a súmula não vinculante editada pelo STF não autoriza a oferta de reclamação (STF-RT 863/134).

Também o STJ já decidiu que configura erro inescusável pretender-se atribuir à jurisprudência da Corte, ainda que sumulada, o viés de decisão vinculante, de modo a favorecer a utilização do instrumento processual regulado no art. 187 do RISTJ.

Muito embora o S.T.F. já tenha afirmado a constitucionalidade de normas de Regimento Interno de Tribunais estaduais que acolheram o instituto da reclamação ADIn 2.212 (Pl. 2.10.03, Ellen, DJ 14.11.2003), alterando o entendimento firmado em período anterior à ordem constitucional vigente (v.g., Rp 1092, Pleno, Djaci Falcão, RTJ 112/504), é certo que o S.T.F. também afirmou que haveria de ter um critério de similitude no instituto da reclamação entre os tribunais estaduais e as hipóteses previstas na Constituição Federal para a reclamação de competência do S.T.F. e do S.T.J.

E a Constituição Federal somente permite o instituto de reclamação perante o S.T.F. e o S.T.J. para garantir a sua competência e para garantir a autoridade de suas decisões.

Como o incidente de demandas repetitivas não tem *efeito vinculante*, não poderá ser admitida a reclamação se o descumprimento da tese jurídica for realizado por outro órgão jurisdicional que não aquele do *processo modelo*.

É bem verdade que a lei ordinária poderá estabelecer efeito vinculante a determinada decisão, muito embora tal efeito não esteja previsto na Constituição. Isso ocorreu com o art. 10 da lei 9.882/99, que conferiu efeito *vinculante* às decisoes proferidas pelo S.T.F. na Arguição de Descumprimento dc Prcceitos Fundamentais (ADPF). Porém, essa possibilidade de previsão legislativa infraconstitucional somente foi aceita em face de que *"o efeito vinculante configura apanágio da jurisdição constitucional e não depende, por isso, de regra expressa na Constituição"*.[754]

Porém, o instituto do incidente de demandas repetitivas não é apanágio de jurisdição constitucional, razão pela qual a lei ordinária não poderá conferir tal efeito sob pena de mácula ao princípio do *livre convencimento do juiz e da independência interna do Poder Judiciário.*

Aliás, recentemente, no dia 26.01.2015, na Reclamação n. 19515, o Ministro Ricardo Lewandowski indeferiu pedido de liminar que buscava suspender decisão da Justiça Federal, sob a alegação de que a decisão contrariava súmula não vinculante do S.T.F. Segundo notícia no sitio do S.T.F., http://www.stf.jus.br/portal/cms/verNoticiaDetalhe.asp?idConteudo=284132&tip=UN, o fundamento do indeferimento da liminar deu-se nos seguintes termos:

[754] Mendes, G. F.; Branco, P. G. G., op. cit., p. 1.459.

Negada liminar em reclamação que alega descumprimento de súmula do STF sem efeito vinculante

O presidente do Supremo Tribunal Federal (STF), ministro Ricardo Lewandowski, indeferiu pedido de liminar que buscava suspender decisão da Justiça Federal que negou a uma empresa a liberação de mercadorias importadas sem o depósito prévio dos valores em favor do fisco. Na decisão monocrática tomada na Reclamação (RCL) 19515, o ministro destacou que, ao contrário do que alegado pela parte, não é cabível reclamação por descumprimento de súmula do Supremo sem efeito vinculante.

De acordo com os autos, uma empresa do ramo de importação e exportação foi autuada e teve mercadorias importadas retidas pela fiscalização tributária, que exigiu o pagamento dos valores decorrentes dos autos de infração para a liberação dos produtos. Com o objetivo de conseguir a liberação sem o depósito prévio, a empresa impetrou mandado de segurança na Justiça Federal em Joinville (SC). O juízo de primeira instância negou pedido liminar por entender cabível a exigência de prestação de garantia.

No STF, a empresa alegou que a decisão atacada afrontaria o disposto na Súmula 323 do STF, segundo a qual "é inadmissível a apreensão de mercadorias como meio coercitivo para pagamento de tributos".

Decisão

Para o ministro Ricardo Lewandowski, a empresa não conseguiu demostrar a plausibilidade jurídica do pedido, um dos requisitos para a concessão da liminar. Em análise preliminar do caso, entendeu que o pleito não se enquadra em nenhuma das hipóteses previstas no artigo 102, inciso I, alínea "l", da Constituição Federal, "seja para preservar a competência da Corte, seja para garantir a autoridade de suas decisões".

O presidente da Corte afirmou que a jurisprudência da Corte é firme no sentido de que não cabe reclamação por inobservância de súmula do STF destituída de efeito vinculante. Ele explicou que, no julgamento de agravo regimental na RCL 3979, o Plenário assentou que "o artigo 103-A, parágrafo 3º, da Constituição Federal tem aplicação exclusiva às súmulas vinculantes, que possuem natureza constitucional específica e completamente distinta das súmulas convencionais, as quais não vinculam ou subordinam os demais órgãos do Poder Judiciário".

Assim, o ministro indeferiu a liminar, sem prejuízo de um exame "mais aprofundado da matéria" pelo relator. A ação foi distribuída para a relatoria do ministro Gilmar Mendes.

Como o incidente de demandas repetitivas não tem *efeito vinculante*, não poderá ser admitida a reclamação se o descumprimento da tese jurídica for realizado por outro órgão jurisdicional que não aquele do *processo modelo*.

Considerando-se Constitucional, essa reclamação será dirigida ao próprio tribunal que julgou o incidente de resolução de demandas repetitivas, com base nos arts. 988 a 991 do atual C.P.C.

No que concerne aos precedentes decorrentes de julgamento de recursos repetitivos no S.T.F. e no S.T.J., caberá reclamação para esses tribunais. Essa reclamação poderá ser, inclusive, de decisão proferida em juízo de primeiro grau. Na realidade, o Supremo Tribunal Federal e o Superior Tribunal de Justiça poderão ficar muito sobrecarregados, julgando somente reclamações que serão interpostas em todo o país. A reclamação poderá se tornar mais um recurso a ser interposto diretamente perante os tribunais superior. Ocorre que, foi aprovado na Câmara dos Deputados, no dia 21 de outubro de 2015, o Projeto de Lei n. 2.284-B de 2015, o qual deu nova redação ao §5º do art. 988 do atual C.P.C., a saber:§ 5° É inadmissível a reclamação: I – proposta após o trânsito em julgado da decisão reclamada; II – proposta perante o Supremo Tribunal Federal ou o Superior Tribunal de Justiça para garantir a observância de precedente de repercussão geral ou de recurso especial em questão repetitiva, quando não esgotadas as instâncias ordinárias. Assim, na hipótese do inc. II, somente após esgotadas as instâncias ordinárias é que caberá reclamação ao S.T.F. ou ao S.T.J. O projeto está para apreciação do Senado Federal.

Estabelece o art. 947 do atual C.P.C. que ocorrendo relevante questão de direito, com grande repercussão social, sem repetição em múltiplos processos, deverá o relator, de ofício ou a requerimento das partes, do Ministério Público ou da Defensoria Pública, propor a *assunção de competência*.

O acórdão proferido em *assunção de competência* vinculará todos os juízes e órgãos fracionários, salvo revisão de tese. (§3º do art. 947 do atual C.P.C.).

Não se observa qualquer mácula de inconstitucionalidade no disposto no art. 947, §3º, do atual C.P.C., em relação ao *efeito vinculante* da decisão proferida na assunção de competência, quando direcionado aos órgãos fracionários do próprio Tribunal.

Não se pode esquecer que os órgãos fracionários são apenas uma parte que compõem o tribunal, razão qual pela qual deverá sempre a decisão proferida pela composição integral do Tribunal prevalecer em relação ao órgão fracionário.

Assim, poderá haver *reclamação* para o órgão colegiado que o Regimento Interno indicar, quando os órgãos fracionários do tribunal não cumprirem a decisão proferida no instituto jurídico processual da assunção de competência.

Porém, o mesmo não ocorre em relação aos juízes de primeiro grau, uma vez que a decisão proferida no instituto de assunção de competência, apesar de ter efeito *erga omnes*, não apresenta força vinculante em relação aos demais juízes.

Prescreve o *§ 1º do art.* 988 do atual C.P.C. que *a reclamação pode ser proposta perante qualquer tribunal, e seu julgamento compete ao órgão jurisdicional cuja competência se busca preservar ou cuja autoridade se pretenda garantir.*

Assim, a reclamação poderá ser dirigida a qualquer tribunal, competindo sua análise ao órgão jurisdicional cuja competência pretende-se que seja garantida.

Estabelece o *§ 2º do art. 988* do atual C.P.c. que *a reclamação deverá ser instruída com prova documental e dirigida ao presidente do tribunal*

A reclamação será dirigida ao Presidente do Tribunal competente, devendo o pedido ser instruído com os documentos que o requerente entender necessários para comprovar as causas previstas nos incs. I a IV deste artigo.

Porém, sobre esse aspecto já teve oportunidade de decidir o Pleno do S.T.F. que para o conhecimento da reclamação não se exige a juntada de cópia do acórdão do STF que teria sido desrespeitado, pois essa peça é dispensável em virtude de o acórdão ter sido proferido pela própria Corte Suprema (STF-Pleno, Rcl 6.167-AgRg. Min. Menezes Direito, j. 18.9.08).

Preceitua o §3º do art. 988 do atual C.P.C. que *assim que recebida, a reclamação será autuada e distribuída ao relator do processo principal, sempre que possível.*

O Presidente do Tribunal determinará que a reclamação seja autuada e distribuída ao relator da causa originária, sempre que possível, pois pode ocorrer que o relator não mais esteja no órgão jurisdicional que proferiu a decisão objeto de reclamação ou não mais esteja no Tribunal.

O S.T.J. tem entendido que para se exigir o efetivo cumprimento da decisão, objeto da reclamação, é necessária a comprovação documental de que a autoridade reclamada teve efetiva ciência da decisão, após regular intimação das partes. Nesse sentido é a teor da decisão proferida na Reclamação n. 2.399/PA, Relator Min. Teori Albino Zavascki: *"(...). Não há como se imputar ao reclamado o cumprimento de decisão a respeito da qual não foi formalmente cientificado, pois não providenciada a notificação nos termos do art. 87, II, do RISTJ".*

Preconiza o *§ 4º do art.* 988 do atual C.P.C. que *as hipóteses dos incisos III e IV compreendem a aplicação indevida da tese jurídica e sua não aplicação aos casos que a ela correspondam.*

Assim, com exceção da hipótese de reclamação para preservar a competência do tribunal ou para garantir a autoridade de sua decisão, todas as demais previstas nos incisos III a IV compreendem a aplicação indevida da tese jurídica e sua não-aplicação aos casos que a ela correspondam.

Para tanto, deverá a parte demonstrar essa indevida aplicação da tese jurídica ou a sua não aplicação aos casos similares.

Aduz o *§5º do art. 988* do atual C.P.C. que *é inadmissível a reclamação proposta após o trânsito em julgado da decisão.*

Este dispositivo vem referendar a Súmula 734 do STF que assim prescreve: *"não cabe reclamação quando já houver transitado em julgado o ato judicial que se alega tenha desrespeitado decisão do Supremo Tribunal Federal".*

Isso decorre do fato de que a reclamação não é sucedânea de demanda rescisória (RTJ 142/385).

Por fim, estabelece o *§6º do art. 988* do atual C.P.C. que *a inadmissibilidade ou o julgamento do recurso interposto contra a decisão proferida pelo órgão reclamado não prejudica a reclamação.*

Art. 989

Ao despachar a reclamação, o relator:

I – requisitará informações da autoridade a quem for imputada a prática do ato impugnado, que as prestará no prazo de 10 (dez) dias;

II – se necessário, ordenará a suspensão do processo ou do ato impugnado para evitar dano irreparável;

III – determinará a citação do beneficiário da decisão impugnada, que terá prazo de 15 (quinze) dias para apresentar a sua contestação.

Incumbência do relator ao despachar a inicial

Recebendo o processo de reclamação que lhe fora distribuído, o relator requisitará informações da autoridade a quem for imputada a prática do ato impugnado, que as prestará no prazo de dez dias.

Em regra, a autoridade a quem for imputada a prática do ato impugnado deverá manifestar-se no sentido de que o ato não usurpou a competência ou não maculou a autoridade das decisões do Tribunal.

O relator poderá, também, no mesmo ato em que solicitar informações, ordenar a suspensão do processo ou do ato impugnado, desde que o requerente comprove que a execução ou cumprimento do ato poderá causar dano irreparável.

O relator também determinará a citação do beneficiário da decisão impugnada, que terá prazo de quinze dias para apresentar sua contestação.

Da decisão do Relator caberá agravo interno para o órgão competente do Tribunal.

Art. 990

Qualquer interessado poderá impugnar o pedido do reclamante.

Impugnação ao pedido de reclamação

Este dispositivo estabelece que qualquer interessado poderá impugnar o pedido do reclamante.

O interesse constante no art. 990 do atual C.P.C. deve apresentar natureza jurídica e não meramente econômica.

Para o S.T.F., a intervenção do interessado no processo de reclamação é caracterizada pela nota da simples facultatividade. Isso significa dizer que não há necessidade de chamamento formal do interessado para compor o processo. Para que o interessado possa ingressar no processo deverá fazê-lo espontaneamente, recebendo a causa no estado em que se encontre. O interessado, uma vez admitido no processo de reclamação, e observada a fase procedimental em que este se acha, tem o direito de ser intimado dos atos e termos processuais, assistindo-lhe, ainda, a prerrogativa de fazer sustentação oral, quando do julgamento final da causa (RTJ 163/5 e RT 741/173).

Preceito similar encontrava-se no art. 13 da Lei 8.038/90 (revogado pelo art. 1.072, inc. IV, do novo C.P.C.), *in verbis*: *"Para preservar a competência do Tribunal ou garantir a autoridade das suas decisões, caberá reclamação da parte interessada ou do Ministério Público.*

Em relação à reclamação feita em questão que envolva ação ou demanda direta de inconstitucionalidade, o Supremo Tribunal Federal inicialmente inclinava-se como sendo inadmissível, conforme decisão proferida na Rcl. AgRg 354, Relator Ministro Celso de Mello, DJ 28.6.1991.

Num segundo momento, o S.T.F. passou a admitir a reclamação em ADIn, ADC e em Arguição de Descumprimento de Preceito Fundamental (ADPF), desde que ajuizada por legitimado previsto no texto constitucional. Nesse sentido é a seguinte decisão:

> *"Reclamação. Garantia da autoridade de decisão proferida pelo Supremo Tribunal Federal em ação direta de inconstitucionalidade. Excepcionalidade do seu cabimento. Ausência de legitimidade ativa. Pedido não conhecido.*
>
> *O ajuizamento de ação direta de inconstitucionalidade, perante o Supremo Tribunal Federal, faz instaurar processo objetivo, sem partes, no qual inexiste litígio referente a situações concretas ou individuais.*
>
> *A natureza eminentemente objetiva do controle normativo abstrato afasta o cabimento do instituto da reclamação por inobservância de decisão proferida em ação direta (Rcl 354, Rel. Min. Celso de Mello). Coloca-se, contudo, a questão da conveniência de que se atenue o rigor dessa vedação jurisprudencial, notadamente em face da notória insubmissão de alguns Tribunais judiciários às teses jurídicas consagradas nas decisões proferidas pelo Supremo Tribunal Federal em ações diretas de inconstitucionalidade.*
>
> *"A expressão 'parte interessada', constante da Lei n.8.038/90, embora assuma conteúdo amplo no âmbito do processo subjetivo, abrangendo, inclusive, os terceiros juridicamente interessados, deverá, no processo objetivo de fiscalização normativa abstrata,*

limitar-se apenas aos órgãos ativa ou passivamente legitimados à sua instauração (CF, art. 103). Reclamação que não é de ser conhecida, eis que formulada por magistrados, estranhos ao rol taxativo do art. 103 da Constituição" (STF-Pleno: RTJ 147/31).

Mas parece que o S.T.F., num terceiro momento, amplia o rol de legitimados para promover a reclamação em demandas de controle abstrato de constitucionalidade. Nesse sentido é a decisão proferida pelo S.T.F. na Rcl n. 1.880, de 23 de maio de 2002:

> *"Questão de ordem. Ação Direta de Inconstitucionalidade. Julgamento de mérito. Parágrafo único do art. 28 da Lei 9.868/99: constitucionalidade. Eficácia vinculante da decisão. Reflexos. Reclamação. Legitimidade ativa.*
> *(...).*
> *Reclamação. Reconhecimento de legitimidade ativa 'ad causam' de todos que comprovem prejuízo oriundo de decisões dos órgãos do Poder Judiciário, bem como da Administraçao Pública de todos os níveis, contrárias ao julgado do Tribunal. Ampliação do conceito de parte interessada (Lei 8038/90), artigo 13...".*

Além da parte interessada, poderá igualmente o Ministério Público formular reclamação perante os Tribunais, evidentemente que nas hipóteses em que este órgão atua como parte ou naquelas questões em que poderá atuar como fiscal do ordenamento jurídico.

Art. 991

Na reclamação que não houver formulado, o Ministério Público terá vista do processo por 5 (cinco) dias, após o decurso do prazo para informações e para o oferecimento da contestação pelo beneficiário do ato impugnado.

Manifestação do Ministério Público

Nas hipóteses em que há interesse do Ministério Público, poderá ele formular o pedido de reclamação perante o tribunal competente

Se o Ministério público é quem ingressa com a reclamação como sujeito ativo, não haverá lugar para nova intervenção de outro agente ministerial. Caso contrário, se a reclamação for formulada por outrem que não o Ministério Público, deverá ele obrigatoriamente ter vista do processo, pelo prazo de cinco dias, após o decurso do prazo para que a autoridade reclamada preste informações e da oportunidade ofertada ao beneficiário do ato reclamado para contestar.

Art. 992

Julgando procedente a reclamação, o tribunal cassará a decisão exorbitante de seu julgado ou determinará medida adequada à solução da controvérsia.

Efeito jurídico da procedência da reclamação

Um dos efeitos proeminentes da reclamação, quando acolhido o pedido formulado pelo reclamante, é justamente cassar a decisão exorbitante do julgado proferido pelo Tribunal. A cassação poderá incidir sobre uma decisão interlocutória ou sobre uma sentença final (desde que não transitada em julgado, pois a reclamação não pode servir de substituto de demanda rescisória).

Quando a reclamação tiver por objetivo cessar mácula à competência do tribunal, a decisão proferida na reclamação deverá ser de tal forma que restabeleça a competência usurpada, podendo o tribunal, se for o caso, avocar os autos para processamento ou julgamento, como, também, de plano estabelecer a competência de outro órgão do Poder Judiciário para instruir e julgar o processo.

Segundo estabelece o art. 161 do Regimento Interno do Supremo Tribunal Federal, uma vez julgada procedente a reclamação, o tribunal ou a turma, se for o caso, poderá: a) avocar o conhecimento do processo em que se verifique a usurpação de competência; b) ordenar que lhe sejam remetidos, com urgência, os autos do recurso para ele interposto; c) cassar a decisão exorbitante de seu julgado ou determinar medida adequada à observância de sua jurisdição.

Art. 993

O presidente do tribunal determinará o imediato cumprimento da decisão, lavrando-se o acórdão posteriormente.

Imediato cumprimento da decisão

Proferido o julgamento pelo tribunal competente para conhecer da reclamação, o seu presidente, antes mesmo da lavratura do acórdão, poderá de imediato determinar as medidas necessárias para fazer cumprir a decisão proferida no procedimento de reclamação.

Este dispositivo demonstra a necessidade de se fazer cessar de forma rápida e imediata toda e qualquer decisão que contrarie a autoridade das decisões dos tribunais ou que ponha em risco a própria competência do tribunal.

TÍTULO II – Dos Recursos

CAPÍTULO I – Disposições Gerais

Art. 994

São cabíveis os seguintes recursos:

I – apelação;
II – agravo de instrumento;
III – agravo interno;
IV – embargos de declaração;
V – recurso ordinário;
VI – recurso especial;
VII – recurso extraordinário;
VIII – agravo em recurso especial ou extraordinário;
IX – embargos de divergência.

Sumário:

1. Considerações gerais

Observa-se que a Constituição Federal apresenta dois princípios estruturantes do processo jurisdicional moderno.

O primeiro está previsto no art. 5º, inc. LXXVIII, da C.F., incluído pela Emenda Constitucional n. 45, de 2004 que assim dispõe: *"a todos, no âmbito judicial e administrativo, são assegurados a razoável duração do processo e os meios que garantam a celeridade de sua tramitação"*.

O segundo está contido também no art. 5º, inc. LV, da C.F., que determina que *"aos litigantes, em processo judicial ou administrativo, e aos acusados em geral são assegurados o contraditório e ampla defesa, com os meios e recursos a ela inerentes"*

Diante desses dois princípios estruturantes do processo jurisdicional moderno, o legislador haverá de compatibilizar a duração razoável do processo com a asseguração do contraditório e da ampla defesa, com os meios e recursos a ela inerentes.

Assim, conforme afirma Barbosa Moreira, à conveniência da rápida composição dos litígios, para o pronto restabelecimento da ordem jurídica, contrapõe-

-se o anseio de garantir, na medida do possível, a conformidade da solução do direito.[755]

Por isso, ao mesmo tempo em que se deve promover procedimentos que possibilitem a agilização e celeridade do processo, necessita-se também resguardar o contraditório e a ampla defesa, com os meios e recursos a ela inerentes.

Postular-se a não impugnação de toda e qualquer decisão, atenderia à celeridade processual, mas macularia o contraditório e a ampla defesa. Multiplicar as possibilidades de interposição de recursos atenderia ao contraditório e à ampla defesa, mas poria em risco a celeridade do processo.

Daí a necessidade de se chegar a um critério que tangenciando um real conflito entre os princípios, possa harmonizá-los.

Naturalmente, conforme a política legislativa adotada em cada época de reforma processual, tais remédios são prodigalizados ou, ao contrário, comprimidos em doses parcimoniosas. A oscilação entre uma ou outra opção legislativa, marca a evolução histórica de todos os grandes sistemas jurídicos do chamado mundo ocidental.[756]

Teve-se a oportunidade de observar essa oscilação legislativa especialmente em relação à tratativa normativa dada ao recurso de *agravo de instrumento*.

Quando da entrada em vigor do C.P.C. de 1973, a redação original do art. 522 admitia o recurso de agravo de instrumento contra *toda e qualquer decisão interlocutória proferida no processo*, salvo as hipóteses dos artigos 504 e 513. Com a redação dada pela Lei 9.139/95, o art. 522 do C.P.C. de 1973 passou a permitir a interposição de agravo *por instrumento* ou *retido* nos autos. Por fim, com a entrada em vigor da Lei 11.187/05, o art. 522 do C.P.C. de 1973 passou a proclamar que das decisões interlocutórias caberia agravo, no prazo de dez dias, *na forma retida*, salvo quando se tratasse de decisão suscetível de causar à parte lesão grave e de difícil reparação, bem como nos casos de inadmissão da apelação e nos relativos aos efeitos em que a apelação é recebida, quando seria admitida a sua interposição por instrumento.

O novo C.P.C., em seu art. 1.015, *indicou as decisões interlocutórias* que podem ser objeto de agravo de instrumento, a saber: I –tutelas provisórias; II –mérito do processo; III – rejeição da alegação de convenção de arbitragem; IV –incidente de desconsideração da personalidade jurídica; V – rejeição do pedido de gratuidade da justiça ou acolhimento do pedido de sua revogação; VI – exibição ou posse de documento ou coisa; VII – exclusão de litisconsorte; VIII – rejeição do

[755] BARBOSA MOREIRA, José Carlos. *Comentários ao código de processo civil*. V. Vol. (arts. 476 a 565). Rio de Janeiro: Forense, 1976. p. 213.
[756] BARBOSA MOREIRA, J. C., idem, ibidem.

pedido de limitação do litisconsórcio; IX – admissão ou inadmissão de intervenção de terceiros; X – concessão, modificação ou revogação do efeito suspensivo aos embargos à execução; XI – redistribuição do ônus da prova nos termos do art. 373, §1º; XII – conversão da ação individual em ação coletiva; XIII – outros casos expressamente referidos em lei. Também caberá agravo de instrumento contra decisões interlocutórias proferidas na fase de liquidação de sentença ou de cumprimento de sentença, no processo de execução e no processo de inventário.

Pode-se perceber que a política externada nas diversas mudanças legislativas sobre o agravo de instrumento demonstra cada vez mais uma opção de restrição de sua interposição.

Porém, por mais que se queira assegurar a razoável duração do processo, isso não pode significar risco ao contraditório e à ampla defesa, muito menos impedir que a parte valha-se dos recursos permitidos em lei para impugnar a decisão que lhe for desfavorável.

O nosso ordenamento jurídico, assim como grande parte dos ordenamentos contemporâneos, pretende resolver o problema do controle da justiça da decisão e de possíveis equívocos que possam ser cometidos, reconhecendo, em modo geral, às partes, e por vezes a terceiros, o poder de impugnar a decisão do juízo 'a quo', sendo em regra essa impugnação dirigida a outro órgão jurisdicional para que ele faça um sucessivo controle da decisão.

Teria, então, o *princípio do duplo grau de jurisdição* natureza constitucional?

A Constituição do Império de 1824 previa, em seu art. 158, que o princípio do duplo grau de jurisdição deveria sempre ser aplicado, pois a parte teria o direito de ver sua questão reapreciada pelo então denominado Tribunal da Relação. Havia, portanto, uma garantia absoluta ao princípio do *duplo grau de jurisdição*. As Constituições posteriores não outorgaram a mesma garantia de caráter absoluto ao princípio em referência, limitando-se apenas a mencionar a existência de tribunais, conferindo-lhes competência recursal.[757] Poder-se-ia alegar que implicitamente havia previsão constitucional do princípio do *duplo*

[757] "Questão que divide a doutrina é a que se refere à natureza constitucional do princípio do duplo grau de jurisdição. A Constituição Federal de 1988, no inciso LV do art. 5º, assegurou a todos os litigantes em processo administrativo ou judicial o direito ao contraditório e à ampla defesa, com todos os meios e recursos a ele inerentes; todavia, expressamente, não aludiu ao duplo grau de jurisdição, mas sim aos instrumentos inerentes ao exercício da ampla defesa. Por esses motivos, autorizada doutrina pátria repele que o duplo grau de jurisdição esteja alçado à categoria de princípio constitucional". (Didier Jr. Fredie; Cunha, Leonardo José Carneiro. *Curso de direito processual civil* – meios de impugnação às decisões judiciais e processo nos tribunais. Vol. 3. Salvador: Edições PODIVM, 2007. p. 20).

grau de jurisdição, mas essa previsão implícita não garantia a observância do referido princípio. Por isso, não havendo garantia constitucional do duplo grau de jurisdição, mas simples previsão, o legislador infraconstitucional poderá limitar o direito ao recurso, como se observa no âmbito das execuções fiscais de valor igual ou inferior a 50 ORTN (art. 34, da Lei 6.830/80), quando prevê apenas a possibilidade de interposição de embargos infringentes que será de competência do próprio juiz que julgou os embargos à execução fiscal.[758]

Para Luiz Guilherme Marinoni, o inciso LV do art. 5º da C.F. garante os recursos inerentes ao contraditório, segundo os recursos previstos na legislação ordinária para um determinado caso concreto.[759]

Teresa Arruda Alvim e Luiz Rodrigues Wambier sustentam a natureza Constitucional do princípio do duplo grau de jurisdição, justamente por estar vinculado à moderna noção de Estado de Direito, que exige controle em sentido duplo das atividades do Estado pela sociedade. Assim, a sociedade, representada pelas partes no processo, exerce o controle da decisão por meio de sua impugnação recursal; no plano interno, o Poder Judiciário também exerce o controle das decisões do juízo *a quo* por meio dos órgãos *ad quem*.[760]

Calmon de Passos também defende a natureza constitucional do princípio do duplo grau de jurisdição, apresentando como fundamento o controle da decisão, possibilitando-se, sempre, a correção da ilegalidade praticada pelo decisor. Esse princípio é um dos componentes do *devido processo legal*. Por isso, dispensar esse princípio é favorecer o arbítrio em benefício do desafogo de juízos e tribunais. Favorece o poder e não o cidadão.[761]

É certo que atualmente o princípio do duplo grau de jurisdição vem sofrendo severas críticas, especialmente por aqueles que entendem que este princípio causa desprestígio à primeira instância, permitindo o prolongamento do processo, maculando o princípio da celeridade processual. Como afirma Luiz Guilherme Marinoni, o duplo grau, em resumo, é uma boa desculpa para o réu que não tem razão em retardar ainda mais o processo.[762]

[758] Nery Junior. Nelson. *Princípio do processo civil na constituição federal.* 5ª ed. São Paulo: Editora Revista dos Tribunais, 1999. p. 167 e 168.
[759] Marinoni. Luiz Guilherme. *Tutela antecipatória, julgamento antecipado e execução imediata da sentença.* 2ª ed. São Paulo: Editora Revista dos Tribunais, 1998. p. 217.
[760] Wambier, Luiz Rodrigues; Wambier, Teresa Arruda Alvim. *Breves comentários à 2ª fase da reforma do código de processo civil.* 2ª ed. São Paulo: Editora Revistas dos Tribunais, 2002, p. 131.
[761] Calmon de Passos. *Dieito, Poder Justiça e Processo.* Rio de Janeiro: Forense, 2000. p. 69.
[762] Marinoni, L. G., op. Cit., p. 213.

Porém, não obstante as críticas que possam ser formuladas ao princípio do duplo grau de jurisdição, o certo é que não poderá existir limitação à interposição de recursos especiais e extraordinários, justamente pelo fato de que a interposição desses recursos encontra-se expressamente prevista na Constituição Federal brasileira. Nelson Nery inclusive sustenta ser inconstitucional o art. 38 da Lei 8.038/90, que restringiu o acesso ao STF e STJ, impondo barreiras ao cabimento do recurso extraordinário e especial.[763]

É importante salientar que o art. 1.072, inc. IV, do atual C.P.C. revogou expressamente o art. 38 da Lei 8.038/90.

A possibilidade de se impugnar a decisão proferida por um determinado órgão jurisdicional, a fim de que seja reavaliada a questão por outro órgão jurisdicional cuja competência é estabelecida na Constituição Federal ou em lei, é garantir no processo o efetivo contraditório e a ampla defesa.

Observam-se duas formas específicas de impugnação de decisão; uma que se dá por meio do sistema recursal; outra que ocorre através de ações (demandas) autônomas de impugnação. As raízes históricas dessa dicotomia de impugnação provêm da Roma antiga, que ao lado da *appellatio*, protótipo dos recursos, permitia também a *restitutio in integrum*, na qual se poderia identificar traços assimiláveis aos das modernas demandas de impugnação.[764]

Há vozes que tentam diferenciar a demanda de impugnação dos recursos com base na existência ou não de coisa julgada. Se já houve coisa julgada, caberá a demanda de impugnação; porém, se ainda não houve, é cabível o recurso. Já em relação ao nosso sistema jurídico, a distinção não se apresenta tão nítida assim. Muito embora o recurso será sempre anterior à formação da coisa julgada, o inverso não é verdadeiro. Existem demandas autônomas de impugnação oponíveis contra decisões não transitadas em julgado. É o que ocorre, por exemplo, com o mandado de segurança contra ato jurisdicional, bem como com o instituto da *reclamação*.

Em termos genéricos, numa prospectiva geral, *impugnação* designa qualquer meio de contestação de um ato jurídico, direto a eliminar-lhe os efeitos. Se a

763 Nery Junior, N., op. cit., p. 169.

764 *"A cristalização desta última categoria em figura de contornos nítidos apenas ocorreria, porém, depois de fundamentadamente alteradas as noções correntes entre os romanos sobre a 'nulidade' da sentença e os respectivos efeitos. Chamava-se em Roma 'nulla sententia' ao pronunciamento judicial eivado de defeitos muito graves, notadamente de ordem processual; mas o conceito que se exprimia por tais palavras correspondia ao que hoje, apesar de reiteradas críticas doutrinárias, geralmente se designa pela locução 'sentença inexistente' e implicava a desnecessidade do uso de qualquer remédio"*. (Barbosa Moreira, J. C., op. cit., p.214).

impugnação tem por objeto um provimento judicial decisório, ela passa a assumir, todavia, uma qualificação mais precisa, configurando-se como um remédio ou instrumento que tem por função assegurar o controle da legitimidade e da justiça da decisão. Nessa hipótese, o 'meio de impugnação' pode ser direto apenas para eliminar o provimento inválido, injusto ou não conforme a lei ou ser direto também para substituí-lo por meio de outro provimento, seguido do reexame integral da matéria substancial controvertida. Num e noutro caso, permanece evidente a função de controle da decisão contestada, aspirando-se a um provimento mais justo, correto e não mais contestável.[765]

É bem verdade que tanto o C.P.C. de 1973, quanto o atual, não definem o que seja a palavra recurso, pois apenas indicam expressamente quais seriam os recursos cabíveis.

Para Pontes de Miranda, *"recurso é a impugnativa dentro da mesma relação jurídica processual"*.[766] Por isso o recurso prolonga a *litispendência*.

Assim, não será recurso, remédio algum cujo uso produza a instauração de processo distinto daquele em que se proferiu a decisão impugnada.[767]

Segundo Barbosa Moreira, pode-se conceituar *recurso* no direito processual civil brasileiro: *"como o remédio voluntário idôneo a ensejar, dentro do mesmo processo, a reforma, a invalidação, o esclarecimento ou a integração de decisão judicial que se impugna"*.[768]

Diante dessa definição, observa-se que não é qualquer decisão que pode ser objeto de recurso, mas sim aquela que ainda não transitou em julgado. Se já transitou em julgado, poderá ser objeto ou de demanda rescisória ou de nulidade. Por isso, a demanda rescisória não é caracterizada como tendo natureza recursal.

A sentença desprovida de *auctoritas rei iudicatae* é uma sentença que de certa forma apresenta instabilidade jurídica, pois a prolação de um novo pronunciamento em grau recursal poderá retirar toda a aptidão da sentença anterior, evitando-se a coisa julgada. Segundo Barbosa Moreira, várias e interessantes teorias têm sido propostas para explicar essa figura, a saber: *"a) A sentença sujeita a recurso seria ato submetido a 'condição resolutiva': nasceria desde logo provida dos requisitos necessários para viver de maneira estável, mas exposta a perder a eficácia originária no caso de sobrevier novo pronunciamento...* (concepção de Mortara, Kohler)*; b) utili-*

[765] Comoglio, Luigi Paolo; Ferri, Corrado; Taruffo, Michele. *Lezioni sul processo civile.* Il processo ordinario di cognizione. Bologna: Il Mulino, 2006. p. 589.

[766] Pontes de Miranda. *Comentário ao C.P.C. de 1973.* Tomo VIII. Rio de Janeiro: Forense, s/d., p. 277.

[767] Barbosa Moreira, J. C., op. cit., p. 217.

[768] Barbosa Moreira, J. C., idem, ibidem.

zou-se também, para caracterizar a natureza da sentença passível de recurso, o conceito de 'situação jurídica', entendido como circunstância que, com o concurso de outras, pode gerar determinado efeito, mas permanece ineficaz se essas outras não se verificaram. A decisão do órgão inferior seria, então, menos uma sentença propriamente dita que mera 'possibilidade de sentença', à espera, para aperfeiçoar-se, de que fique em definitivo excluída a hipótese de novo pronunciamento (concepção de Chiovenda)*; c) de acordo com outra opinião, a sentença recorrível seria ato em si perfeito, mas 'sujeito a revogação', ocorrendo esta apenas quando o órgão 'ad quem' a reformasse, não quando a confirmasse...* (concepção de Hugo Rocco)*; d) uma quarta explicação, que nos parece a preferível, com ressalva dos casos em que a lei, por exceção, antecipa ao trânsito em julgado a produção de efeitos – vê também, na sentença sujeita a recurso, um ato condicionado, porém esclarece que se trata, na verdade, de 'condição suspensiva': a decisão nasce com todos os requisitos essenciais de existência, mas tolhida em sua eficácia; a não-superveniência de outro pronunciamento, na instância recursal, é a condição legal negativa cujo implemento lhe permite irradiar normalmente os efeitos próprios...*(Calamandrei)*".*[769]

Quanto à natureza jurídica do recurso, há aqueles que entendem que se trata de uma demanda distinta e autônoma em relação àquela que se vinha exercitando no processo (Betti,Provinciali, Del Pozzo, Leone). Porém, a maior parte da doutrina prefere conceituar o poder de recorrer como simples aspecto do direito de ação exercido no processo (Ugo Rocco, Zanzucchi, Carnelutti, Mandrioli etc). Não obsta esse entendimento a interposição do recurso pelo réu, tendo em vista o caráter bilateral da ação.[770]

Os recursos, de certa forma, apresentam as seguintes características: a) somente podem ser exercidos antes do trânsito em julgado da sentença; b) não promovem a instauração de uma nova demanda; c) caráter voluntário.

É bem verdade que existe ainda no nosso ordenamento jurídico a remessa necessária prevista no art. 496 do atual C.P.C. Para alguns, não guarda natureza de recurso o instituto denominado de recurso de ofício.

Diante dessas características, Ada Pellegrini Grinover, Antonio Magalhães Gomes Filho e Antonio Scarance Fernandes conceituam o recurso *"como o meio voluntário de impugnação de decisões, utilizado antes da preclusão e na mesma relação jurídica processual, apto a propiciar a reforma, a invalidação, o esclarecimento ou a integração da decisão".*[771]

[769] Barbosa Moreira, J. C., idem, p. 220.
[770] Barbosa Moreira, J. C., idem, p. 221.
[771] Grinover, Ada Pellegrini; Gomes Filho, Antônio Magalhães; Fernandes, Antonio Scarance. *Recursos no processo penal.* 5ª ed. São Paulo: Editora Revista dos Tribunais, 2005, p. 30.

Apesar de o recurso ser uma atividade voluntária do recorrente, o certo que ele também pode ser configurado como um ônus processual, pois se não recorrer, a decisão que lhe foi desfavorável transitará em julgado e não poderá mais ser objeto de nova análise na mesma relação jurídica processual, gerando aquilo que se denominada de coisa julgada formal.[772]

Porém, o ônus de recorrer sofre atenuações diante do reexame necessário, também conhecido como *recurso de ofício*, uma vez que nessa hipótese a sentença proferida somente transitará em julgado após ser revista pelo tribunal de segundo grau.

Há também uma outra atenuação ao ônus de recorrer quando se está diante de litisconsórcio necessário unitário, pois nesse caso, mesmo que um dos litisconsortes não ingresse com o recurso, a decisão do tribunal, em razão do recurso interposto pelo outro litisconsorte, a todos vinculará.

Observa-se, seja numa avaliação histórica, seja com base no direito comparado, que o legislador brasileiro, nos últimos tempos, tem procurado uma contínua evolução nos sistemas de impugnação, visando a melhorar os instrumentos processuais recursais, tentando conciliar a ampla defesa com a celeridade processual.

Contudo, não se pode deixar de registrar as diversas dúvidas e incertezas que constantemente se apresentam diante das inovações e contradições que surgem com as modificações propostas nos sistemas de impugnações.

Não obstante essas incertezas, que sem dúvida advirão com as reformas propostas, o certo é que há necessidade de se preservar e aprimorar os sistemas recursais.

É certo que há algumas ponderações que justificam a existência do duplo grau de jurisdição, a saber: a) numa primeira perspectiva, a falibilidade *do conhecimento humano*, em especial a possibilidade de erro que possa ser cometido pelo juiz ao decidir. É bem verdade, porém, que não se pode garantir que a decisão a ser proferida num segundo grau de julgamento possa conduzir a uma decisão mais justa e correta. Muito embora o juiz de segundo grau, em regra, seja mais velho, mais sagaz, apresenta mais título meritórios, e esteja numa composição

[772] "*Se as partes dão voluntariamente execução à sentença de primeiro grau ou renunciam ao exercício do poder de impugnação, ou, ainda, se as impugnações forem exercitadas e foram exauridas no sentido de que o processo foi concluído, em todas estas hipóteses, a própria sentença adquirirá uma qualidade que consiste na sua norma inatacabilidade ou, segundo outros termos, torna-se incontroversa. Nenhuma outra fase de impugnação poderá substituir, modificar ou corrigir o ato sentença, do que deriva como consequência a inexistência de controvérsia sobre os efeitos de acertamento nesta contida...*" (Comoglio, L. P.; FERRI, C.; Taruffo, M., op. cit., p. 592.

colegial e não unipessoal como o juiz de primeiro grau, o que poderia significar maior garantia de correção do julgado, pode-se objetar que se assim for, o certo seria, para se conseguir de imediato a decisão mais justa e correta, que o julgamento fosse proferido unicamente e diretamente pelo órgão colegiado; b) numa segunda perspectiva, afirma-se que o exercício do meio de impugnação corresponderia à exigência da parte sucumbente, ou melhor, a um direito de defesa tendente a substituir a decisão desfavorável; contudo, também se pode objetar a essa afirmação, sob o argumento de que a consequência seria uma serie de impugnações sem limites, maculando o não menos importante princípio da celeridade processual.[773]

O nosso ordenamento, assim como a maioria dos ordenamentos jurídicos contemporâneos, reconhece a necessidade do sistema recursal, como garantia de um princípio constitucional, assim como critério de controle sobre a justiça e sobre a possibilidade de erros que possam ser cometidos nas decisões judiciais, reconhecendo de modo generalizado às partes e aos terceiros o poder de impugnação. Não se pode esquecer que o controle exercido pelo juízo *ad quem* apresenta certa vantagem sobre o exercício da jurisdição realizado pelo juízo *a quo*, especialmente pela existência no processo de material já trabalhado, já submetido à análise de um outro órgão jurisdicional. Além do mais, como anota Barbosa Moreira, se no plano da lógica pura talvez se tornasse difícil demonstrar *more geométrico* a superioridade do sistema do duplo grau de jurisdição, é certo que na prática, até por motivos de ordem psicológica – pois mais facilmente se conforma a parte com a solução desfavorável ao seu interesse se lhe foi dado, ao menos, provocar segundo pronunciamento, têm-se considerado positivos os resultados de sua adoção, como revela a consagração geral dos princípios nos ordenamentos dos povos cultos, principalmente depois que a Revolução Francesa, apesar de forte resistência, o encampou.[774]

O nosso ordenamento jurídico apresenta uma série de meios processuais para a impugnação de decisões, sendo que os mais utilizados são, sem dúvida, o agravo e a apelação interpostos, respectivamente, contra decisão interlocutória e sentença.

Deve-se esclarecer que não podem ser considerados como meio de impugnação recursal os embargos infringentes previstos no art. 34 da Lei 6.830/80 (Lei de Execução Fiscal), *in verbis*: *"Das sentenças de primeira instância proferidas em execuções de valor igual ou inferior a 50 (cinquenta) Obrigações Reajustáveis do Tesouro Nacional – ORTN, só se admitirão embargos infringentes e de declaração"*.

[773] Comoglio, L. P.; Ferri, C.; Taruffo, M., op. cit., p. 590.

[774] Barbosa Moreira, J. C., op. cit. p. 222.

Os atos praticados pelo juiz, nos termos do art. 203, são *as sentenças, as decisões interlocutórias e o despacho*.

Ressalvadas as disposições expressas dos procedimentos especiais, *sentença* é o pronunciamento por meio do qual o juiz, com fundamento nos arts. 485 e 487, põe fim à fase cognitiva do procedimento comum, bem como extingue a execução. Inclui-se também nessa definição os acórdãos que decorrem do julgamento proferido pelos tribunais.

Decisão *interlocutória* é todo pronunciamento judicial de natureza decisória que não se enquadre na definição de sentença.

Já os *despachos* são todos os demais pronunciamentos do juiz praticados no processo, de ofício ou a requerimento da parte.

Por sua vez, os *atos meramente ordinatórios*, como a juntada e a vista obrigatória, independem de despacho, devendo ser praticados de ofício pelo servidor e revistos pelo juiz quando necessário.

De imediato pode-se afirmar que todos os despachos, assim como os atos ordinatórios de mero expediente não estão sujeitos a recurso

Algumas decisões interlocutórias, como as descritas no art. 1.015 do atual C.P.C., estão sujeitas ao agravo de instrumento.

É bem verdade que o conceito de *decisão* é um conceito genérico no qual pode inserir-se o conceito de sentença, de acórdão e também de decisão interlocutória.

Já as sentenças proferidas pelos juízes de primeiro grau podem ser objeto de apelação.

2. Princípios gerais dos recursos

1) *Princípio da taxatividade dos recursos* – significa dizer que a previsão recursal é estabelecida por lei, ou seja, a parte somente poderá valer-se dos recursos expressamente constantes na norma positivada. Trata-se, portanto, de um elenco taxativo de previsão recursal.

2) *Princípio da unicidade ou unirrecorribilidade das decisões.* A regra geral é que para cada decisão corresponda um único recurso. Esse princípio significa a impossibilidade de se interpor mais de um recurso, ao mesmo tempo, contra a mesma decisão. Algumas legislações permitem que a parte opte entre dois recursos diversos em relação a uma mesma decisão. É, por exemplo, o que ocorre com o art. 360 do Código de Processo Civil italiano, que estabelece que uma sentença apelável poderá ser impugnada com o recurso de cassação, se as partes estiverem de acordo em omitir a apelação. No nosso ordenamento jurídico, em regra, tal previsão legal não existe, pois para cada decisão caberá apenas uma única espécie de recurso.

Havia previsão expressa desse princípio no art. 809, 2ª parte, do C.P.C. de 1939.

É bem verdade que o nosso ordenamento jurídico permite a interposição, ao mesmo tempo, do Recurso Extraordinário e do Recurso Especial contra a mesma decisão. Porém, além de que cada recurso deverá dirigir-se contra determinado fundamento da decisão, o recurso extraordinário ficará suspenso até que seja julgado o recurso especial, conforme estabelece o art. 1.031, §1º, do atual C.P.C.

Dizia Barbosa Moreira que na aplicação do princípio havia de ter-se em conta as decisões objetivamente complexas, as quais apresentavam capítulos de sentença distintos; assim, por exemplo, se a turma, no julgamento da apelação, decidisse por unanimidade quanto a uma parte da matéria impugnada e por simples maioria quanto a outra parte, nesta caberiam embargos infringentes (art. 530 do C.P.C. de 1973), e naquela, possivelmente, recurso especial ou extraordinário. Porém, segundo Barbosa Moreira, tal hipótese, regulada expressamente no art. 498 do C.P.C. de 1973, não constituía verdadeira exceção ao princípio de que ora se trata, porque, para fins de recorribilidade, cada capítulo seria considerado como uma decisão *per se*.[775] Note-se, contudo, que essa hipótese não mais se verifica, pois o novo C.P.C. extinguiu os *embargos infringentes*, como recurso autônomo.

3) Princípio da fungibilidade recursal. Uma manifestação importante do princípio da unirrecorribilidade das decisões consiste em tornar inadmissível o recurso interposto em lugar de outro previsto em lei. Por isso, quem tem a pretensão de recorrer deverá propor o recurso correto previsto em lei, não podendo substituí-lo por outro.

O C.P.C. de 1939, em seu art. 810, previa a possibilidade de aproveitamento do recurso *erroneamente* escolhido, mediante sua conversão no recurso correto. Essa possibilidade somente seria refutada na hipótese de má-fé ou de *erro grosseiro*.

Essa possibilidade de conversão de um recurso por outro decorre do conteúdo normativo do *princípio da fungibilidade recursal*.

Contudo, em face da inexistência de norma expressa no C.P.C. de 1973, garantindo a aplicação do princípio da fungibilidade recursal, a doutrina, assim como a jurisprudência, inclinou-se num primeiro momento no sentido de negar a subsistência do referido princípio (RTJ 83/181). Contudo, essa posição foi posteriormente superada, conforme se pode verificar pela seguinte decisão:

> *1. Os embargos de declaração opostos objetivando reforma da decisão do relator, com caráter infringente, devem ser convertidos em agravo regimental, que é o recurso cabível, por força do princípio da fungibilidade. Precedentes: Pet 4.837-ED, rel. Min.*

[775] BARBOSA MOREIRA, J. C., idem, p. 232.

CÁRMEN LÚCIA, Tribunal Pleno, DJ 14.3.2011; Rcl 11.022-ED, rel. Min. CÁRMEN LÚCIA, Tribunal Pleno, DJ 7.4.2011; AI 547.827-ED, rel. Min. DIAS TOFFOLI, 1ª Turma, DJ 9.3.2011; RE 546.525-ED, rel. Min. ELLEN GRACIE, 2ª Turma, DJ 5.4.2011)...."

(ARE 700077 ED, Relator(a): Min. LUIZ FUX, Primeira Turma, julgado em 19/02/2013, PROCESSO ELETRÔNICO DJe-052 DIVULG 18-03-2013 PUBLIC 19-03-2013)

O recurso erroneamente interposto poderá ser conhecido como outro recurso desde que: a) não haja má fé; b) não haja erro grosseiro; c) tenha sido interposto no prazo estabelecido para o recurso correto.

O erro grosseiro pode ser constatado por circunstâncias objetivas, ou seja, se o recurso corrente contra a decisão está perfeitamente delineado na norma jurídica e não há qualquer oscilação ou dúvida na doutrina e na jurisprudência sobre sua interposição.

A má-fé pode decorrer do uso de recurso impróprio, com prazo maior, tendo em vista que o recorrente perdeu o prazo para a interposição do recurso correto. Pode decorrer, também, pela opção de um recurso incorreto (mas com efeito suspensivo) ao invés do recurso correto (sem efeito suspensivo). Outros, *"definem a má-fé como erro intencional, consubstanciado no fato de o recorrente ter plena consciência de estar interpondo o recurso impróprio. Outros, ainda, com a convicção que tem o violador da lei da infringência que pratica, de tal sorte que a má-fé se confundiria com o procedimento doloso.*[776]

A jurisprudência somente admite a utilização do *princípio da fungibilidade* se o recurso equivocado for interposto no mesmo prazo estabelecido para o recurso próprio ou correto. Nesse sentido é a seguinte decisão do S.T.F, publicada na RTJ 92/123:

> *"Habeas Corpus. Erro de interposição. Recurso extraordinário (conversão). Código de Processo Penal, art. 579. Princípio da fungibilidade consagrado no art. 579 do Código de Processo Penal. A norma processual confere amplos poderes ao Juiz para fazer a conversão do recurso, independentemente de proposição da parte desde que dentro do prazo legal....".*

No mesmo sentido é o seguinte precedente do S.T.J.:

> *Processo civil. Execução fiscal. Decisão homologatória de cálculos de verificação. Recurso cabível. Precedentes.*

[776] GRINOVER, A. P.; GOMES FILHO, A. M.; FERNANDES, A. S., op. cit., p. 39.

i – a aplicação do princípio da fungibilidade recursal reclama a observância do prazo previsto para o recurso próprio.

ii – decisão que aprecia meros cálculos atualiza tórios no curso do processo de execução não tem a natureza de sentença e, portanto, não pode ser apelável. O recurso adequado e o agravo de instrumento.

(REsp 53645/SP, Rel. Ministro CESAR ASFOR ROCHA, PRIMEIRA TURMA, julgado em 28/09/1994, DJ 24/10/1994, p. 28716)

4) *Princípio da motivação ou da dialeticidade dos recursos.* A parte que interpor o recurso deverá informar os motivos ou as razões de direito ou de fato que justificam as razões recursais. Essa dialeticidade permite que a parte contrária possa contrapor-se às razões quando da apresentação das contrarrazões de recurso.

5) *Princípio da disponibilidade dos recursos.* Tendo em vista que o recurso é um meio de impugnação à decisão proferida, a parte sucumbente tem a faculdade de recorrer ou não da decisão.

Não há obrigatoriedade da parte sucumbente recorrer da decisão.

A única hipótese em que a decisão deve obrigatoriamente passar pelo crivo de um juízo *ad quem* é quando diante do reexame necessário.

Porém, sendo o recurso no direito brasileiro um remédio voluntário, o reexame necessário, para alguns doutrinadores, deixa de ter natureza recursal.

Diante do princípio da disponibilidade do recurso, é possível ao recorrente renunciar à faculdade de recorrer ou desistir do recurso interposto. A renúncia anterior à interposição do recurso antecipa o trânsito em julgado da decisão. A desistência é sempre posterior à interposição do recurso.

3. Critérios sobre os meios de impugnação

Os meios de impugnação, segundo Barbosa Moreira, podem distinguir-se segundo diversos critérios quc a lci não clenca, mas que são retirados da própria estrutura do sistema recursal.

Quanto à *classificação*, o recurso pode ser considerado:

a) *crítica livre* e *crítica vinculada*. É possível que o recurso possa aceitar toda e qualquer crítica à decisão proferida pelo juízo 'a quo', seja em relação à matéria de direito ou de fato, seja em relação ao *error in judicando* ou ao *error in procedendo*; outras vezes, a crítica inserida no recurso deve estar vinculada a determinada matéria especificada em lei. No nosso ordenamento jurídico, o único tipo de recurso que permite a crítica livre é o recurso de apelação.

b) *error in procedendo* e *error in iudicando*. Pode o recurso ser distinguido em relação ao vício alegado. Há recursos que dizem respeito ao *error in procedendo*, os quais visam à invalidade derivada da decisão, podendo consistir em nulidade formal, em invalidade extra formal (defeito de competência, de contraditório integrado, de legitimação para agir) ou em defeito próprio do ato decisório. Há recursos que dizem respeito ao *error in iudicando*, os quais visam a equívocos de interpretação da norma na qualificação jurídica da fattispécie ou erro na valoração do juiz dos fatos controvertidos.

c) *total* ou *parcial*. O recurso *total* é aquele em que o recurso abrange todo o conteúdo da decisão recorrida (não necessariamente o seu conteúdo integral). Será *parcial* o recurso que, em virtude de limitação voluntária, não compreende a totalidade do conteúdo impugnável da decisão, como, *v. g.*, quando o autor, que cumulara vários pedidos, observando que foram julgados todos improcedentes pelo juízo de primeiro grau, interpõe apelação exclusivamente quanto à parte da sentença referente a um ou a alguns dos pedidos.[777]

d) *principal ou adesivo*. Na hipótese de a decisão ser favorável em parte para ambos os litigantes, cada qual poderá interpor recurso independente contra a parte da decisão em que foi sucumbente. Porém, pode ocorrer que um dos litigantes abstenha-se de recorrer, no prazo comum, para impugnar a parte da sentença em que fora sucumbente. Não obstante, a outra parte ingressa com um recurso, denominado *principal*, em relação à parte em que fora sucumbente. A interposição desse recurso denominado *principal*, permite que a outra parte, que não interpôs também recurso denominado *principal*, possa, ao ser intimada do recebimento do recurso interposto pela parte contrária, ingressar, nas hipóteses permitidas, com o denominado *recurso adesivo*.

4. Admissibilidade dos recursos

Todo ato postulatório está sujeito à análise de sua admissibilidade para o efeito de prestação do exercício da tutela jurisdicional.

Chama-se 'juízo de admissibilidade' *"àquele em que se declara a presença ou a ausência de semelhantes requisitos.*[778]

O recurso, por ser um ato jurídico que tem por finalidade a prestação jurisdicional, também requer um *juízo de admissibilidade* quanto aos requisitos legais para a sua interposição.

Assim, somente será analisado o recurso, quanto ao mérito, quando ultrapassada a fase do juízo de *admissibilidade*. Por isso, conforme leciona Barbosa Moreira, é absurdo declarar inadmissível a postulação por falta de fundamento; se se chegou a verificar essa falta, é porque já se transpôs o juízo de admissibilidade e já se ingressou no mérito: a postulação, na realidade, já foi admitida,

[777] BARBOSA MOREIRA, J. C., op. cit., p. 234.
[778] BARBOSA MOREIRA, J. C., idem, p. 241.

embora, com má técnica. Daí porque a questão relativa à admissibilidade é, sempre e necessariamente, *preliminar* à questão de mérito do recurso.[779]

Quando a admissibilidade é negada, declara-se que não se conhece do recurso; caso contrário, o recurso é conhecido.

O *objeto* do juízo de admissibilidade está circunscrito aos requisitos necessários para que se possa conhecer do mérito do recurso, dando-lhe ou negando-lhe provimento.

É possível que determinada questão tenha sido conhecida no juízo de primeiro grau como preliminar, momento em que o juízo extinguiu o processo sem resolução de mérito. Isso ocorre quando o juízo 'a quo' reconhece, por exemplo, a ilegitimidade de parte, a falta de interesse de agir etc. Porém, em grau de recurso, essa matéria passa a ser o *mérito* do recurso. Observa-se, portanto, que o mérito do recurso não necessariamente corresponderá ao mérito da demanda. Também as preliminares do *recurso* não se identificam com as preliminares da *causa*.[780]

Os requisitos de *admissibilidade do recurso* podem ser classificados em: *requisitos intrínsecos* e *requisitos extrínsecos*. Os primeiros correspondem: a) ao cabimento do recurso; b) à legitimação para recorrer; c) o interesse em recorrer; d) à inexistência de fato impeditivo ou extintivo do poder de recorrer. Os segundos dizem respeito: a) à tempestividade; b) à regularidade formal; c) ao preparo. Esses requisitos são genéricos, podendo em determinada situação a lei dispensar alguns deles. Assim, por exemplo, o recurso interposto pelo Ministério Público ou pela Fazenda Pública está isento de preparo.[781]

A *competência* para analisar os *requisitos de admissibilidade* do recurso é, em regra, do órgão perante o qual se interpôs o recurso.

Quando o legislador confere a competência para a análise do juízo de admissibilidade ao juízo *a quo*, não deve este juízo deixar de admitir o recurso por entendê-lo infundado quanto ao mérito da pretensão recursal. Note-se que a competência para análise do mérito não seria do juízo 'a quo', mas do juízo 'ad quem'.

Por sua vez, os requisitos de admissibilidade do recurso analisado pelo juízo 'a quo' devem corresponder àqueles exigidos pela norma quando da sua interposição, ou que se aperfeiçoam antes da remessa do recurso ao tribunal 'ad quem'. Não estão inseridos nessa competência as causas de inadmissibilidade supervenientes ao recebimento do recurso, exceto a deserção. Em qualquer outra circunstância, vindo a faltar algum requisito, após a admissibilidade do recurso

779 Barbosa Moreira, J. C., idem, ibidem.
780 Barbosa Moreira, J. C., idem, p. 242 e 243.
781 Barbosa Moreira, J. C., idem, p. 243.

pelo juízo 'a quo', ainda que antes da subida do recurso, somente ao juízo 'ad quem' competirá a declaração de inadmissibilidade.[782]

Ainda quando a legislação outorgue ao juízo 'a quo' a avaliação dos requisitos de admissibilidade do recurso, isso não impede que o juízo 'ad quem' faça novamente a análise dos mesmos requisitos de admissibilidade, podendo chegar a uma conclusão diversa da do juízo 'a quo'. Assim, conforme já afirmará Alfredo Buzaid, a matéria de admissibilidade fica sujeita ao *duplo grau de jurisdição*.[783]

Portanto, juízo positivo de admissibilidade realizado pelo juízo 'a quo' não garante que o mérito do recurso será analisado pelo juízo 'ad quem', seja pela circunstância de que pode ocorrer algum fato que torne inadmissível o recurso, seja porque a análise do juízo de admissibilidade pelo juízo 'a quo' não preclui a reavaliação desse requisito pelo juízo 'ad quem'.

A *natureza* da decisão proferida no juízo de admissibilidade, *implícita* ou *explícita,* é meramente *declaratória* positiva ou negativa. Ao proferir essa decisão, o órgão jurisdicional apenas reconhece se estão ou não presentes os requisitos de admissibilidade intrínsecos ou extrínsecos do recurso. A existência ou não desses requisitos é algo que advém anteriormente ao juízo de admissibilidade, o qual somente irá reconhecer ou não da sua ocorrência.

Quando o juízo declaratório negativo de admissibilidade de recurso é realizado pelo juízo 'a quo', impedindo com isso a remessa do recurso ao juízo 'ad quem', abre-se a oportunidade ao recorrente de interpor recurso contra a decisão declaratória negativa, recurso esse que deve ser analisado pelo juízo competente para conhecer o mérito do recurso originário.

Uma vez presentes os requisitos de admissibilidade do recurso, o juízo competente para a análise do mérito deverá se pronunciar sobre o objeto do recurso propriamente dito. O conteúdo presente na impugnação do recurso pode referir-se tanto ao *error in iudicando,* resultante da má apreciação da questão de direito ou de fato pelo juízo 'a quo', quanto ao *error in procedendo* que pode levar à invalidação da decisão.

O órgão *'ad quem',* ao conhecer do recurso pelo seu mérito, pode negar provimento ao recurso, pode entender infundada a impugnação ou dar provimento ao recurso, acolhendo os argumentos apresentados pelo recorrente em suas razões recursais. Nessa hipótese, a decisão proferida no recurso poderá reformar a decisão anterior ou simplesmente anulá-la, conforme se esteja diante de *error in iudicando* ou de *error in procedendo.* Na primeira hipótese, o

[782] Barbosa Moreira, J. C., idem, p. 244.

[783] Buzaid, Alfredo. *Do agravo de petição no sistema do código de processo civil.* Segunda Edição. São Paulo: Saraiva, 1956. 157.

julgamento do órgão 'ad quem', normalmente denominado de *acórdão*, substitui a decisão anterior; já na segunda hipótese, o julgamento proferido em grau recursal não coincide com o julgamento anterior, pois a decisão proferida pelo juízo 'ad quem' limita-se a invalidar a decisão anterior, determinando que outra seja proferida.

5. Espécies de recurso

Estabelece o *art. 994* do atual C.P.C. que *são cabíveis os seguintes recursos: I – apelação; II – agravo de instrumento; III – agravo interno; IV – embargos de declaração; V – recurso ordinário; VI – recurso especial; VII – recurso extraordinário; VIII – agravo em recurso especial ou extraordinário; IX – embargos de divergência.*

Assim como já o fizera o art. 496 do C.P.C. de 1973, o art. 994 do atual C.P.C. apresenta uma articulada série de meios de impugnação, espécies de recursos que são previstos pela norma e podem ser interpostos contra decisões proferidas pelos diversos órgãos do Poder Judiciário brasileiro.

O atual C.P.C. manteve os recursos de: a) apelação; b) agravo de instrumento; c) agravo interno; d) embargos de declaração; e) recurso ordinário; f) recurso especial; g) recurso extraordinário; h) embargos de divergência.

Os quatro primeiros seriam admitidos pelo Código; o recurso ordinário, o recurso especial e o recurso extraordinário são de ordem constitucional, apenas regulados por ele.

No direito italiano, a diferenciação entre impugnação ordinária e extraordinária decorre da existência ou não do trânsito em julgado da sentença. A impugnação ordinária ocorre na hipótese de sentença que ainda não transitou em julgado. Já a impugnação extraordinária ocorre quando já ocorreu o trânsito em julgado formal da sentença.

Foi extinto, pelo novo C.P.C., os *embargos infringentes* como recurso autônomo.

Foi renomeado, pelo novo C.P.C., o recurso de agravo de instrumento contra a decisão que não recebe o recurso extraordinário ou recurso especial, passando a se denominar de *agravo em recurso especial ou extraordinário.*

Para Comoglio, Ferri e Taruffo, não se considera meio de impugnação o procedimento de correção das sentenças previsto nos artigos 287 e 288 do C.P.C. italiano, que equivale aos nossos embargos *de declaração*, que pode ser utilizado somente para remediar os vícios meramente formais, resolvendo-se em um procedimento mediante recurso da parte, direto ao mesmo juiz que pronunciou o provimento que ainda está em curso, para correção de omissões e erros materiais ou de cálculo. Trata-se, portanto, de um procedimento que não constitui um novo julgamento ou uma nova fase processual em relação àquela em que a decisão fora emitida.[784]

Observa-se, portanto, que o novo C.P.C. conservou a maioria das espécies de recursos existentes no C.P.C. de 1973, mesmo aqueles que, em razão da experiência, já algum tempo vem sofrendo severas críticas, como é o caso do agravo de instrumento.

O atual legislador, de certa forma, houve por bem manter inalterado todo o sistema de impugnação, entendido como instrumento de garantia que visa a assegurar para grande parte dos provimentos, e em particular para toda sentença, a possibilidade de controle e de reexame.

O que determinará qual tipo de recurso deverá ser interposto é, em regra, o conteúdo do ato decisório, assim como a sua procedência. Mesmo que se denomine o ato decisório como uma sentença, mas o seu conteúdo seja de natureza de uma decisão interlocutória, o recurso cabível não será o de apelação, mas, sim, o de agravo de instrumento. Portanto, não se dá prevalência à forma, mas ao conteúdo do ato decisório, para fins de escolha da espécie de impugnação a ser exercida.

É bem verdade que algumas modificações pontuais foram inseridas no procedimento de cada recurso, as quais serão analisadas no momento oportuno.

6. Direito intertemporal

Uma das maiores complicações jurídicas existentes na transição entre duas legislações processuais no tempo diz respeito à definição de qual norma deverá ser observada e aplicada em relação à interposição e em relação ao procedimento a ser adotado para cada recurso previsto na legislação processual.

Essas complicações serão mais acentuadas no que concerne à transição entre o revogado C.P.C. de 1973 e o atual C.P.C. brasileiro, especialmente pelo fato de que houve diversas alterações pontuais em cada espécie de recurso existente na sistemática de impugnação processual.

Se durante a pendência do processo sobrevém lei nova modificando a sistemática dos recursos, quer para permitir algum recurso contra a decisão até então irrecorrível, quer para suprimir o recurso até então existente, quer para alterar os seus requisitos de admissibilidade, a orientação doutrinária é que deverá prevalecer a lei em vigor quando da publicação da decisão recorrida. Assim, a norma processual superveniente haverá de respeitar os atos já praticados e os seus respectivos efeitos antes de sua vigência. Nesse sentido é a lição de Seabra

[784] Comoglio, L. P., Ferri, C.; Taruffo, M.; op. cit., pág. 591.

Fagundes, José Frederico Marques, Arruda Alvim.[785] Assim, à luz desse princípio, *"se a lei nova concedeu recurso que não cabia, a decisão permanece irrecorrível, mesmo que, ao entrar aquela em vigor, ainda não tenha decorrido lapso de tempo equivalente ao prazo de interposição por ela fixado. Se a lei nova suprimiu recurso existente, subsiste a interponibilidade em relação às decisões que, pela lei anterior, podiam ser impugnadas pelo recurso suprimido, até o termo final do respectivo prazo, ou até que ocorra, eventualmente, outra causa de inadmissibilidade; 'a fortiori', têm de ser processados e julgados os recursos já interpostos na data em que a nova lei começou a viger. Se o recurso cabível era um, e passou a ser outro, continua interponível aquele que o era ao entrar em vigor a lei nova; e o recurso antigo porventura já interposto processa-se e julga-se como tal"*.[786]

Quando da entrada em vigor do C.P.C. de 1973, firmou o S.T.F. esse entendimento. No R.E. 78.057, publicado na R.T.J. vol. 68, págs. 879 e 880, consagrou o entendimento de que o recurso previsto no C.P.C. de 1939, e extinto pelo novo C.P.C., deveria continuar a ser cabível em relação às decisões que foram publicadas à época de sua vigência. Eis a ementa da decisão:

> *Agravo de petição. Recurso extinto pelo novo código de processo civil. Regula o cabimento do recurso a lei vigente ao tempo da decisão recorrida. Ação executiva, que o novo código substituiu pela execução com base em títulos, extrajudiciais (art.585). Esses títulos, porém, devem ser líquidos (art.586), o que não ocorre com a duplicata não aceita. Acresce que o agravo de petição já foi julgado improcedente. Seria inútil, assim, mandar julgar-lhe o mérito. Recurso extraordinário conhecido, mas não provido.*
>
> (RE 78057, Relator(a): Min. LUIZ GALLOTTI, PRIMEIRA TURMA, julgado em 05/03/1974, DJ 29-03-1974 PP-*****)

Um exemplo bem evidente é saber qual lei processual deverá ser aplicada em relação ao juízo de admissibilidade do recurso especial ou do recurso extraordinário. Pelo C.P.C. de 1973, o presidente ou vice-presidente do Tribunal de Apelação realizava um prévio juízo de admissibilidade do recurso especial ou extraordinário, podendo proferir decisão no sentido de admissão, não admissão ou mesmo declarar prejudicado o recurso. Na sistemática do novo C.P.C., em regra, não haverá mais esse juízo de admissibilidade que era feito pelo tribunal de apelação, uma vez que o juízo de admissibilidade será de competência exclusiva do S.T.F. ou do S.T.J. É certo que há na Câmara dos Deputados (PL n 2384/15) e no Senado Federal (PLS 414/15) projetos de lei visando à modificação do novo C.P.C. para que o juízo de admissibilidade dos recursos especiais e

[785] Barbosa Moreira, J. C., op. cit., p. 250.
[786] Barbosa Moreira, J. C., idem, p. 251.

extraordinários se faça com base na metodologia do C.P.C. de 1973. É importante salientar que o Projeto de Lei da Câmara dos Deputados n. 2.384-B de 2015 já foi aprovado, sendo remetido ao Senado Federal. Esse projeto de lei deu nova redação aos arts. 12, 153, 521, 537, 966, 988, 1.029, 1.030, 1.035, 1.036, 1.038, 1.041 e 1.042 da Lei nº 13.105, de 16 de março de 2015 – Código de Processo Civil.

Diante dessa modificação legislativa processual, pode-se indagar: Qual lei deverá ser aplicada nas seguintes hipóteses: a) ainda não foi proferido o acórdão pelo tribunal de apelação; b) foi publicado o acórdão, mas não houve a interposição do recurso especial ou extraordinário; c) foi publicado o acórdão e já houve a interposição do recurso especial ou extraordinário.

O art. 14 do atual C.P.C. preconiza que *a norma processual não retroagirá e será aplicável imediatamente aos processos em curso, respeitados os atos processuais praticados e as situações jurídicas consolidadas sob a vigência da norma revogada.*

Assim, em tese, e nos termos do art. 14 do atual C.P.C., salvo na hipótese em que o tribunal de apelação já proferiu decisão sobre o juízo de admissibilidade dos recursos especiais ou extraordinários, todos os demais recursos interpostos deveriam ser encaminhados diretamente ao S.T.F. ou ao S.T.J. para a realização do juízo de admissibilidade.

Porém, a jurisprudência, no que concerne à questão da aplicação da norma recursal no tempo, tem se inclinado por uma solução cujo marco delimitador é a publicação da decisão judicial.

Assim, para a jurisprudência, a lei que deverá reger o recurso e o seu procedimento será aquela em vigor quando da publicação da decisão judicial recorrida. Nesse sentido eis os seguintes precedentes:

> *1. A eficácia da lei processual no tempo obedece à regra geral no sentido de sua aplicação imediata (artigo 1.211 do CPC).*
>
> *2. O processo, como um conjunto de atos, suscita severas indagações, fazendo-se mister isolá-los para o fim de aplicação da lei nova.*
>
> *3. A regra mater, sob essa ótica, é a de que "a lei nova, encontrando um processo em desenvolvimento, respeita a eficácia dos atos processuais já realizados e disciplina o processo a partir de sua vigência (Amaral Santos)." 4. A regra tempus regit actum produz inúmeras consequências jurídicas no processo como relação complexa de atos processuais, impondo-se a técnica de isolamento.*
>
> *(...).*
>
> *7. A lei vigente à época da prolação da decisão que se pretende reformar é que rege o cabimento e a admissibilidade do recurso.*

Com o advento da Lei nº 11.232/2005, em vigor desde 24/06/2006, o recurso cabível para impugnar decisão proferida em liquidação é o agravo de instrumento (art. 475-H do CPC).

8. Recurso especial desprovido.

(REsp 1132774/ES, Rel. Ministro LUIZ FUX, PRIMEIRA TURMA, julgado em 09/02/2010, DJe 10/03/2010)

Segundo princípio do direito intertemporal, salvo alteração constitucional, o recurso próprio é o existente à data em que publicada a decisão"

(STJ – 2ª Seção, CC 1.133-RS, rel. Min. Sálvio de Figueiredo, j. 11.3.92, v.u., DJU 13.4.92, p. 4.971).

"Sendo constitucional o princípio de que a lei não pode prejudicar o ato jurídico perfeito, ela se aplica também às leis de ordem pública"

(RTJ 173/263);

"CABIMENTO DO RECURSO COM BASE NA LEI VIGENTE AO TEMPO DA INTIMAÇÃO DA DECISÃO RECORRIDA"

STF – RTJ 68/879, 79/569, 105/197"

A doutrina vem também assim entendo, com base nos fundamentos encartados nos precedentes acima citados.

Luiz Rodrigues Wambier apresenta alguns delineamentos sobre o direito intertemporal das normas processuais, a saber: a) no que tange aos requisitos da petição inicial, importa saber quais as regras que estão em vigor no momento da propositura da demanda; b) relativamente aos títulos executivos extrajudiciais, vale a regra do momento do ajuizamento da ação executiva; c) no que tange ao cabimento do recurso, é aplicável a regra que está em vigor no momento em que é publicada a decisão; d) quanto à natureza dos efeitos das decisões, vale também a regra em vigor no momento em que a decisão é publicada; e) no que tange às hipóteses de rescisão de sentença, importa saber as que estavam em vigor no momento do trânsito em julgado; f) quando a lei aumenta determinado prazo, tal aumento incidirá apenas nos casos em que o prazo anterior ainda não tenha decorrido integralmente (por exemplo, se a lei previa prazo de cinco dias para o agravo e passou a prever dez dias, e se o prazo estava no seu quarto dia quando a lei entrou em vigor, o prazo encerrou-se naquele quinto dia, operando, caso não tenha sido interposto o recurso, a preclusão temporal); g) por outro lado, quando a lei diminui o prazo, e tal prazo já estava em curso no caso concreto, cabe verificar quanto faltava fluir do prazo antigo. Se o remanescente, de acordo com a lei antiga, é menor do que o total do novo prazo, computa-se o remanescente. Caso contrário, computa-se o total do novo prazo. Isso aconteceu, por exemplo, quando o Código de Processo Civil de 1973 reduziu o prazo da ação rescisória de cinco para dois anos; h) quando a lei suprime determinado tipo de processo, a regra não se aplica aos processos que já estejam em curso.[787]

Poder-se-ia indagar se a norma aplicável ao juízo de admissibilidade do recurso especial ou extraordinário seria aquela em vigor quando da publicação da decisão de primeiro grau ou aquela em vigor quando da publicação do acórdão pelo tribunal de apelação.

Tendo em vista o *princípio da unirrecorribilidade* da decisão, o mais lógico é que a norma que deverá reger determinado recurso seja aquela vigente *quando da publicação da decisão que se pretende recorrer*, pois o recurso tem por objeto a impugnação de determinada decisão específica.

Porém, não se pode esquecer a seguinte interpretação dada pelo S.T.F. quando da entrada em vigor da lei que condicionou a interposição do recurso extraordinário à demonstração da *repercussão geral*.

O Supremo Tribunal Federal, no AI-QO n. 664.567, Relator Min. Gilmar Mendes, Dje de 6.9.2007, avaliando a questão do direito *intertemporal* em razão da introdução do instituto da *repercussão geral* em nosso ordenamento jurídico, firmou o entendimento de que a exigência de demonstração de repercussão geral nos recursos extraordinários teve início a partir de 3-5-2007, data da entrada em vigor da Emenda Regimental n. 21 do RISTF, cuja normatização preconizou as normas necessárias para a execução das disposições legais do novel instituto.

Porém, o S.T.F. também optou por estender a aplicação da sistemática do instituto da repercussão geral a recursos extraordinários e agravos de instrumento anteriores a 3-5-2007, conforme se observa pelo seguinte precedente:

> *O Plenário do Supremo Tribunal Federal já proclamou a existência de repercussão geral da questão relativa à obrigatoriedade de o Poder Público fornecer medicamento de alto custo. Incidência do art. 328 do RISTF e aplicação do art. 543-B do CPC. Responsabilidade solidária entre União, Estados-membros e Municípios quanto às prestações na área de saúde. Precedentes. Impossibilidade de exame, em recurso extraordinário, de alegada violação, acaso existente, situada no âmbito infraconstitucional. Acórdão do Tribunal de origem publicado antes de 03.5.2007, data da publicação da Emenda Regimental 21/2007, que alterou o RISTF para adequá-lo à sistemática da repercussão geral (Lei 11.418/2006). Possibilidade de aplicação do art. 543-B do*

[787] Wambier. Luiz Rodrigues. *Curso avançado de processo civil.* V. 1. Teoria Geral do Processo e Processo de Conhecimento, 10ª edição, revista, atualizada e ampliada. São Paulo: Ed. R.T., 2008. p. 67 e 68.

CPC, conforme decidido pelo Plenário desta Corte no julgamento do AI 715.423-QO/ RS. Agravo regimental conhecido e não provido.

(RE 627411 AgR, Relator(a): Min. ROSA WEBER, Primeira Turma, julgado em 18/09/2012, PROCESSO ELETRÔNICO DJe-193 DIVULG 01-10-2012 PUBLIC 02-10-2012).

Sem dúvida que a questão da repercussão geral diz respeito ao procedimento a ser adotado na interposição do recurso extraordinário. E, no caso, o S.T.F. entendeu que a nova lei deveria ser aplicada retroativamente, inclusive em relação aos processos cujas decisões foram publicadas à época em que não se exigia a condicionante da repercussão geral.

Art. 995

Os recursos não impedem a eficácia da decisão, salvo disposição legal ou decisão judicial em sentido diverso.

Parágrafo único. A eficácia da decisão recorrida poderá ser suspensa por decisão do relator, se da imediata produção de seus efeitos houver risco de dano grave, de difícil ou impossível reparação, e ficar demonstrada a probabilidade de provimento do recurso.

Interposição do recurso e eficácia da decisão

Efeitos do recurso: A interposição de todo e qualquer recurso apresenta um efeito comum que é o prolongamento do estado de litispendência da relação jurídica processual, evitando-se a concretização da coisa julgada formal e, se for o caso, da coisa julgada material. Conforme estabelece o art. 499 do atual C.P.C.: *Denomina-se coisa julgada material a autoridade que torna imutável e indiscutível a decisão de mérito não mais sujeita a recurso.*

A interposição dos recursos também pode apresentar dois efeitos importantes quanto à amplitude de conhecimento e à eficácia da decisão. Um que é denominado efeito *devolutivo* e o outro chamado de efeito *suspensivo*.

O recurso tem efeito *suspensivo* quando impede a eficácia imediata dos efeitos da decisão (que pode ser a eficácia executiva ou de outra espécie, como é o caso das decisões meramente declaratórias ou constitutivas que não estão sujeitas à execução).

Na verdade, conforme anota Barbosa Moreira, a decisão, pelo simples fato de estar sujeita a recurso com efeito suspensivo, é ato *ainda* ineficaz, e a interposição apenas *prolonga* semelhante ineficácia, que *cessaria*, se não se interpusesse o recurso.[788]

O recurso terá efeito *devolutivo* quando a sua interposição transfere ao órgão *ad quem* o conhecimento da matéria apreciada pelo juízo *a quo*.

Muito embora o recurso devolva ao órgão superior toda a matéria, é certo que essa devolução terá um limite que é imposto pelo princípio *tantum devolutum quanto apelattum*. Assim, diante de um recurso parcial, a parte não impugnada pelo recorrente não poderá ser apreciada pelo órgão *ad quem*, salvo se se tratar de matéria de ordem pública em que o tribunal poderá conhecer de ofício e não houve preclusão *pro iudicato*.

A regra geral, sob a égide do C.P.C. de 1973, era a de que os recursos teriam efeitos suspensivo e devolutivo, especialmente o recurso de apelação. Por isso o art. 497 do C.P.C. de 1973 trazia as exceções à regra, ao estabelecer que o recurso extraordinário e o recurso especial não impediriam a execução da sentença; a interposição do agravo de instrumento não obstaria o andamento do processo, ressalvado o disposto no art. 558 do C.P.C. e 1973. (Redação dada pela Lei nº 8.038, de 25.5.1990). Com base nessa regra geral, sempre que o texto silenciasse, dever-se-ia entender que o recurso era dotado de efeito suspensivo. Como se disse, o recurso de apelação, sob a égide do C.P.C. de 1973, seria recebido em seu efeito *devolutivo* e *suspensivo*, conforme estabelecia o art. 520 do Código revogado. Seria, no entanto, somente recebido no efeito devolutivo, quando interposto de sentença que: a) homologasse a divisão ou a demarcação; b) condenasse à prestação de alimentos; c) decidisse o processo cautelar; d) julgasse procedente o pedido de instituição de arbitragem; e) confirmasse a antecipação dos efeitos da tutela.

Recebida a apelação em ambos os efeitos, o juiz não poderia mais inovar no processo; recebida somente no efeito devolutivo, o apelado poderia promover, desde logo, o cumprimento provisório da decisão, extraindo-se a respectiva carta.

Ocorre que o legislador do novo C.P.C., dando mais ênfase ao princípio da celeridade processual e da efetividade da prestação da tutela jurisdicional, optou por não mais dar caráter geral ao efeito suspensivo dos recursos, ao contrário do C.P.C. de 1973.

Conforme estabelece o art. 995 do atual C.P.C., os recursos, salvo disposição legal ou decisão judicial em sentido diverso, não impedem a eficácia da decisão.

A partir do novo C.P.C., a regra geral é de que os recursos somente terão efeito devolutivo e não suspensivo, salvo disposição legal (apelação) ou judi-

[788] Barbosa Moreira, J. C., op. cit., p. 238.

cial em sentido diverso, razão pela qual o cumprimento provisório de sentença poderá ocorrer de imediato.

Prescreve o *parágrafo único do art.* 995 do atual C.P.C. que *a eficácia da decisão recorrida poderá ser suspensa por decisão do relator, se da imediata produção de seus efeitos houver risco de dano grave, de difícil ou impossível reparação, e ficar demonstrada a probabilidade de provimento do recurso.*

Muito embora a nova tendência do atual C.P.C. seja a celeridade processual e a garantia da efetividade da tutela jurisdicional, o certo é que poderão surgir situações em que se justificará a suspensão da *eficácia* da decisão até que se julgue o recurso interposto.

Assim, mediante requerimento da parte recorrente, poderá o Relator, para o qual foi distribuído o recurso interposto, dar efeito suspensivo à eficácia da decisão, desde que a parte recorrente demonstre, com argumentos consistentes e objetivos, que há uma grande probabilidade de reforma ou modificação da decisão pelo órgão 'ad quem', bem como a possibilidade de risco de dano grave ou de difícil ou impossível reparação com o cumprimento provisório da decisão. Em outras palavras, caberá ao requerente demonstrar ao relator a existência de *fumus boni iuris* e *periculum in mora*.

O Projeto originário do novo C.P.C., n. 166/10, previa a possibilidade do recorrido, em determinadas situações, oferecer caução para efeito de resguardar eventuais danos que pudessem ser causados ao recorrente pelo cumprimento provisório da decisao.

Preceituava o *§2º do art. 949* do projeto originário que *o pedido de efeito suspensivo do recurso será dirigido ao tribunal, em petição autônoma, que terá prioridade na distribuição e tornará prevento o relator.*

Por sua vez, estabelecia o *§3º do art. 949* do projeto originário que *quando se tratar de pedido de efeito suspensivo a recurso de apelação, o protocolo da petição a que se refere o §2º impede a eficácia da sentença até que seja apreciado pelo relator.*

Aduzia, ainda, o *§4º do art. 949* do projeto originário que *é irrecorrível a decisão do relator que conceder o efeito suspensivo.*

Art. 996

O recurso pode ser interposto pela parte vencida, pelo terceiro prejudicado e pelo Ministério Público, como parte ou como fiscal da ordem jurídica.

Parágrafo único. Cumpre ao terceiro demonstrar a possibilidade de a decisão sobre a relação jurídica submetida à apreciação judicial atingir direito de que se afirme titular ou que possa discutir em juízo como substituto processual.

Legitimidade para interposição do recurso

Para impugnar a decisão, o recorrente necessita ter assumido a qualidade de parte no grau do juízo em que se conclui o ato decisório, pois, assim como há necessidade de legitimidade para se promover toda e qualquer demanda, também haverá de ser legítima a parte que pretenda interpor o recurso.

O art. 996 do atual C.P.C. considera como legitimados a interpor recurso a *parte vencida, o terceiro prejudicado e o Ministério Público, como parte ou como fiscal da ordem jurídica.*

A parte legítima para recorrer, a princípio, é o autor e/ou o réu originários do processo em que foi proferida a decisão recorrida. O réu terá legitimidade ainda que seja revel.[789]

Na hipótese de litisconsórcio, seja qual for a sua espécie, qualquer litisconsorte poderá interpor o recurso, desde que tenha sido sucumbente.

A legitimidade para recorrer transmite-se aos sucessores a título universal ou singular, desde que assim o façam no prazo para a interposição do recurso. Havendo sucessão *causa mortis*, haverá necessidade da habilitação do sucessor, nos termos dos arts. 687 a 692 do atual C.P.C.

A legitimidade para recorrer abrange também o *assistente simples e litisconsorcial*. Pode o assistente recorrer mesmo que não o faça a parte assistida. Porém, se a parte assistida expressamente não concordar com o recurso do assistido ou desistir do recurso interposto, impede que subsista o recurso do assistente (STJ – 5ªT., Resp 146.482-Pr., rel. Min. Felix Fischer). Também não será conhecido o recurso do assistente se a parte assistida reconhecer a procedência do pedido ou transigir no processo. A situação do assistente equivale à situação do *terceiro prejudicado*.

O *Ministério Público* poderá ingressar com recurso tenha ele participado do processo como parte ou como fiscal da ordem jurídica. Os recursos postos à disposição do Ministério Público são os mesmos outorgados às partes em geral. O Ministério Público, ao recorrer, assume no recurso a qualidade de parte recorrente, seja ele parte ou fiscal da ordem jurídica, com iguais poderes e ônus.

O terceiro poderá impugnar quando for juridicamente prejudicado.

[789] *"se na fase antecedente do processo figurou incapaz representado ou assistido, e no instante da decisão, ou logo após, vem a cessar a incapacidade, o recurso pode, obviamente, ser interposto pelo ex-incapaz. Se a incapacidade sobreveio, será necessária, para a interposição do recurso, a representação ou a assistência. Num caso e noutro, parte é sempre, antes e depois do recurso, aquela cuja incapacidade cessou ou surgiu".* (Barbosa Moreira, J. C., idem, p. 270).

O *conceito de terceiro* determina-se por *exclusão* em confronto com o de parte: *"é terceiro quem não seja parte, quer 'nunca' o tenha sido, quer haja 'deixado' de sê-lo em momento anterior àquele em que se proferia a decisão"*.[790]

Não se deve confundir a *legitimidade* para recorrer com o *interesse para recorrer*. Ambos integram os requisitos para a admissibilidade do recurso.

O *interesse para recorrer* decorre da *necessidade, utilidade e adequação* para se interpor o recurso. O recurso deve ser *necessário*, pois é a única forma para se conseguir a pretensão nele exteriorizada. O recurso deve ser *útil*, no sentido de que irá atender à pretensão nele formulada, ou seja, irá reverter a *sucumbência da parte recorrente*. Trata-se do proveito que a decisão no recurso acarretará ao recorrente. O recurso deve ser *adequado*, ou seja, deve ser interposto de acordo com o procedimento adequado estabelecido em lei.

O critério que se tem dado mais ênfase como interesse de agir recursal é justamente a *sucumbência ou prejuízo* verificado pela decisão proferida.

Há sucumbência quando uma pretensão não for acolhida ou for acolhida a pretensão da parte contrária. Necessita-se, para análise da sucumbência, por-se em confronto aquilo que foi pedido e aquilo que foi concedido ou não.

A doutrina estrangeira também argumenta que poderá haver a denominada *sucumbência teórica*, que consiste numa noção mais ampla de sucumbência, a qual emerge do confronto entre a sentença impugnada e aquela, hipotética, que a substituiria se a impugnação fosse acolhida. Mas essa noção funda-se sobre valoração de mera hipótese e não pode ser acolhida. Às vezes a jurisprudência dá importância, para os fins de interesse à impugnação, também à sucumbência considerada *teórica* que se tem quando, malgrado a parte tenha saído do processo totalmente vitoriosa no mérito, tenha ficado sucumbente em relação a uma questão prejudicial, por exemplo, de jurisdição ou de competência ou de prescrição. Portanto, algumas vezes admite-se que possa subsistir também um interesse de agir, limitadamente ao capítulo da sentença que decidiu sobre questões prejudiciais em sentido desfavorável à parte, ainda que no mérito tenha sido ela vitoriosa.[791]

É importante salientar que, conforme preconiza a doutrina brasileira, não legitima a interposição de recurso a simples discrepância entre as razões de decidir e os argumentos agitados pela parte; em outras palavras, só se admite recurso *contra dispositivos* e não *contra a motivação*. Assim, se se trata de matéria em que houve amplo debate, é irrelevante, para o fim de utilidade, que o juiz se tenha apoiado, total ou parcialmente, em argumentos diversos daqueles suge-

[790] Barbosa Moreira, J. C., idem, p. 273).

[791] Comoglio, L. P., Ferri, C.; Taruffo, M.; op. cit., p. 595.

ridos pelo litigante a cujo favor, no entanto, decidiu: *"ainda na hipótese de que ele explicitamente rejeitasse todos esses argumentos, a existência ou a inexistência do interesse em recorrer teria de verificar-se à luz da mera 'conclusão', e não do raciocínio armado para produzi-la"*.[792]

Por sua vez, prescreve a Súmula 283 do S.T.F. que *é inadmissível o recurso extraordinário, quando a decisão recorrida assenta em mais de um fundamento suficiente e o recurso não abrange todos eles.*

Estabelece o *parágrafo único do art. 996* do atual *C.P.C.* que *cumpre ao terceiro demonstrar a possibilidade de a decisão sobre a relação jurídica submetida à apreciação judicial atingir direito de que se afirme titular ou que possa discutir em juízo como substituto processual.*

Segundo lição de Barbosa Moreira, é necessário distinguir-se entre *legitimação para recorrer* e o *interesse em recorrer*, pois *"a legitimação do 'terceiro', na verdade, pressupõe o prejuízo que lhe tenha causado a decisão, e implica, pois, a existência de um 'interesse' na remoção desse 'prejuízo'. Tal circunstância não impede, porém, que se preserve a distinção conceitual entre os dois requisitos, ao contrário do que preconiza certa corrente doutrinária, que se recusa a enxergar entre ambos qualquer diferença, ou nega autonomia ao requisito do interesse em recorrer, visto sempre como simples fundamento ou razão de ser da legitimação"*.[793]

O novo C.P.C., no parágrafo único do art. 996, estabelece que o terceiro deve demonstrar a possibilidade de a decisão sobre a relação jurídica submetida à apreciação judicial atingir direito de que se afirme titular ou que possa discutir em juízo como substituto processual.

O certo é que o terceiro deve demonstrar de plano, para que o seu recurso seja conhecido, a *possibilidade de a decisão sobre a relação jurídica submetida à apreciação judicial atinja eventual interesse jurídico seu, inclusive quando possa atuar como substituto processual.*

Se existe ou não direito efetivo do terceiro a ser resguardado, isso não é avaliado no juízo de admissibilidade do recurso do terceiro, mas no próprio mérito do seu recurso.

Note-se que o interesse que o terceiro deve demonstrar para efeito de juízo de admissibilidade do recurso é o *interesse jurídico* e não outro tipo de interesse, ainda que econômico.

O prejuízo que a decisão possa causar ao interesse do terceiro é efetivamente um prejuízo jurídico e não meramente um prejuízo de fato.

[792] Barbosa Moreira, J. C., op. cit. p. 280.
[793] Barbosa Moreira, J. C., idem. p. 269.

Aliás, a necessidade de interesse jurídico é exigida inclusive para que o terceiro possa intervir como assistente de umas das partes.

Sobre o tema, eis os seguintes precedentes do S.T.J.:

1. Não é inusitado que um terceiro tenha interesse jurídico na solução de determinada demanda, mesmo que dela ele originariamente não participe. Para que surja esse interesse, basta que uma posição jurídica sua possa ser alterada em função do julgamento da causa. É justamente isso que foi levado em consideração pelo legislador ao introduzir o art. 499 do CPC, tendo ampliado o âmbito de legitimação para a propositura de recurso e possibilitado sua propositura também por terceiros juridicamente interessados, desde que demonstrado o nexo de interdependência entre o seu interesse de intervir e a relação jurídica submetida à apreciação judicial (art. 499, § 1º, do CPC).

(...).

(EDcl nos EAg 928.962/SP, Rel. Ministro LUIS FELIPE SALOMÃO, SEGUNDA SEÇÃO, julgado em 14/08/2014, DJe 19/08/2014)

1. Com a edição do enunciado n. 202 da Súmula do STJ, ficou sedimentado o entendimento de que "A impetração de segurança por terceiro, contra ato judicial, não se condiciona a interposição de recurso", mas, mitigando a sua aplicação, a jurisprudência desta Corte orienta que, nas hipóteses em que o terceiro interessado teve ciência do ato atacado, exige-se a apresentação de razões plausíveis que justifiquem a não-interposição do recurso próprio, no prazo estabelecido em lei. Precedentes.

2. Hipótese em que o ato judicial impugnado indeferiu requerimento da própria impetrante, à qual, com ciência do ato, caberia interpor o recurso próprio.

3. Agravo regimental a que se nega provimento.

(AgRg no RMS 45.011/SC, Rel. Ministra MARIA ISABEL GALLOTTI, QUARTA TURMA, julgado em 05/08/2014, DJe 14/08/2014)

I. É pacífico o entendimento jurisprudencial desta Corte, materializado na Súmula 418/STJ, segundo o qual "é inadmissível o recurso especial interposto antes da publicação do acórdão dos embargos de declaração, sem posterior ratificação". Precedentes.

II. A alegação de que os Embargos de Declaração foram opostos por terceiro interessado não afasta a necessidade de ratificação das razões do Recurso Especial, já que a procuradora do agravante foi devidamente intimada do julgamento dos declaratórios, o que lhe possibilitava a ratificação do Recurso Especial, prematuramente interposto.

III. Agravo Regimental improvido.

(AgRg no AREsp 408.099/PR, Rel. Ministra ASSUSETE MAGALHÃES, SEGUNDA TURMA, julgado em 27/03/2014, DJe 08/04/2014)

Art. 997

Cada parte interporá o recurso independentemente, no prazo e com observância das exigências legais.

§ 1º Sendo vencidos autor e réu, ao recurso interposto por qualquer deles poderá aderir o outro.

§ 2º O recurso adesivo fica subordinado ao recurso independente, sendo-lhe aplicáveis as mesmas regras deste quanto aos requisitos de admissibilidade e julgamento no tribunal, salvo disposição legal diversa, observado, ainda, o seguinte:

I – será dirigido ao órgão perante o qual o recurso independente fora interposto, no prazo de que a parte dispõe para responder;

II – será admissível na apelação, no recurso extraordinário e no recurso especial;

III – não será conhecido, se houver desistência do recurso principal ou se for ele considerado inadmissível.

Independência dos recursos e recurso adesivo

A lei estabeleceu o princípio da independência objetiva e subjetiva em relação à impugnação contra a mesma decisão, seja no caso de pluralidade de partes, seja na hipótese de apenas duas partes.

Assim, havendo sucumbência recíproca parcial entre autor e réu, cada parte, de forma independente, poderá ingressar com o seu recurso autônomo no respectivo prazo, observadas as exigências legais.

Aliás, no C.P.C. de 1939, a cada parte incumbia o ônus de interpor, no prazo comum, o seu recurso. Se a parte não recorresse no prazo comum, perderia em definitivo a possibilidade de fazê-lo, ocorrendo a preclusão. Vencido o prazo comum, a decisão transitava em julgado em relação à parte que não exerceu seu ônus de recorrer.

Estabelece o *§1º do art. 997* do atual C.P.C. que *sendo vencidos autor e réu, ao recurso interposto por qualquer deles poderá aderir o outro*.

Verifica-se com certa frequência na prática que a pretensão de uma parte pode não ser acolhida totalmente pelo juiz. E pode ocorrer que esta parte, por diversas razões, embora sucumbente parcial, tivesse a tendência de não recorrer da parte da decisão que lhe foi desfavorável. Porém, sob a égide do C.P.C. de 1939, se não recorresse no prazo comum, sujeitava-se ao prosseguimento do feito, pelo fato de a outra parte, também sucumbente parcial, ter interposto o seu recurso no prazo comum, por vezes, no último dia do prazo comum. Tomada de surpresa, a parte que não recorreu estava sujeita a dupla insatisfação: *"abstivera-se de recorrer por achar que o encerramento imediato do processo era compensação bastante para a renúncia à tentativa de alcançar integral satisfação, e no entanto a compensação lhe escapava; pior ainda, já não dispunha de meio idôneo para, retificando a posição primitiva, ir buscar no juízo recursal o que deixara de conseguir no grau inferior de jurisdição".*[794]

Para evitar essa insatisfação, as partes interpunham ambos os recursos, mesmo que no íntimo não tivessem a vontade de recorrer. Por isso, o regime estabelecido pelo C.P.C. de 1939 favorecia apenas o prolongamento do processo, por vezes desnecessário, uma vez que no fundo as partes queriam de uma vez por todas encerrar a relação jurídica mediante o trânsito em julgado da decisão.

Diante desse paradoxo, o legislador do atual C.P.C., assim como já o fizera o legislador do C.P.C. de 1973, possibilitou à parte que fora parcialmente sucumbente, e dentro da avaliação de seus interesses, deixar de interpor recurso contra a parte da decisão que lhe fora desfavorável, *desde que a outra parte, que também fora sucumbente, não ingresse com o respectivo recurso.* Se a outra parte optar por ingressar com o recurso contra o capítulo da sentença que lhe foi desfavorável, à outra parte permite-se também ingressar com o seu respectivo recurso, *aderindo ao recurso* daquela. Diante dessa possibilidade normativa, a parte que não deseja recorrer pode aguardar (condicionalmente), sem preocupação, a atitude processual que a outra parte irá adotar, somente recorrendo se a outra parte também recorrer. Sobrevindo o prazo final comum para ambas as partes, sem que qualquer delas recorra, a decisão passa em julgado. Se, ao contrário, a outra parte interpuser recurso, e o processo houver de ser remetido ao órgão 'ad quem', pode a parte que até então encontrava-se inerte, e não obstante já ter se esgotado o prazo comum para o recurso, interpor o seu recurso *adesivo*.

Para este fim, a doutrina italiana distingue entre a impugnação *principal*, que é a impugnação proposta pela primeira, daquela que é *incidental tardia*, que é proposta após a impugnação principal (incidental não significa secundário ou menos importante, posto que o único critério a que se ateve o legislador foi o cronológico).[795]

A razão da norma *"é aquela de consentir às partes reciprocamente sucumbente de permitir que seja a outra a impugnar por primeiro e, portanto, a ambas as partes avaliar a oportunidade de não propor impugnação. Permite-se, então, à parte parcialmente sucumbente, que está disposta a aceitar a sentença somente se também a parte contrária a aceitar, de dirigir-se pela escolha e pela iniciativa desta última, sem dever necessariamente propor a impugnação principal para evitar o decurso do prazo.*[796]

[794] Barbosa Moreira, J. C., idem. p. 286.

[795] Comoglio, L.p.; Ferri, C.; Taruffo, M., op. cit., p. 603.

[796] Comoglio, L.p.; Ferri, C.; Taruffo, M., idem, p. 605.

No direito italiano admite-se que a impugnação incidental, tardia ou não, possa ser condicionada ao acolhimento ou à rejeição da impugnação principal.[797]

Já o Código de Processo Civil português distingue entre o recurso independente e o recurso subordinado, conforme estabelece o seu art. 633º:

> *Artigo 633º Recurso independente e recurso subordinado*
>
> *1 – Se ambas as partes ficarem vencidas, cada uma delas pode recorrer na parte que lhe seja desfavorável, podendo o recurso, nesse caso, ser independente ou subordinado.*
>
> *2 – O prazo de interposição do recurso subordinado conta -se a partir da notificação da interposição do recurso da parte contrária.*
>
> *3 – Se o primeiro recorrente desistir do recurso ou este ficar sem efeito ou o tribunal não tomar conhecimento dele, caduca o recurso subordinado, sendo todas as custas da responsabilidade do recorrente principal.*
>
> *4 – Salvo declaração expressa em contrário, a renúncia ao direito de recorrer ou a aceitação, expressa ou tácita, da decisão por parte de um dos litigantes não obsta à interposição do recurso subordinado, desde que a parte contrária recorra da decisão.*
>
> *5 – Se o recurso independente for admissível, o recurso subordinado também o será, ainda que a decisão impugnada seja desfavorável para o respetivo recorrente em valor igual ou inferior a metade da alçada do tribunal de que se recorre.*

O nosso ordenamento jurídico, para esse tipo de impugnação (principal e incidental) preferiu a denominação de *recurso adesivo*.

O *recurso adesivo* nada mais é do que o recurso contraposto ao da parte adversa, por aquela que tinha a intenção de não impugnar a decisão, e só o fez porque o fizera a parte adversa.[798]

Sobre a terminologia impugnação principal e impugnação adesiva, leciona Francesco Carnelutti: *"Na hipótese de vencimento paralelo (supra, n. 574), a impugnação secundária recebe o nome de impugnação 'adesiva'; com efeito, quem a propõe, 'adere-se' à impugnação principal"*.[799]

A denominação impugnação adesiva foi utilizada para a hipótese de litisconsórcio, ou seja, um litisconsórcio poderia aderir ao recurso do outro litisconsórcio.

Em se tratando de *vencimento múltiplo oposto* e não paralelo, a denominação legal no direito italiano é de *impugnação 'incidental'*.[800]

[797] Comoglio, L.P.; Ferri, C.; Taruffo, M., idem, ibidem.

[798] Barbosa Moreira, J. C., op. cit., p. 288.

[799] Carnelutti, Francesco. *Sistema de direito processual civil.* Trad. Hiltomar Martins de Oliveira. Vol. III. São Paulo: Classic Book, 2000. p. 786.

[800] Carnelutti, F., idem, p. 787.

O *recurso adesivo* tem *natureza jurídica recursal*, pois não obstante sua particularidade, a sua finalidade é impugnar dentro de uma mesma relação jurídica a decisão proferida pelo juízo 'a quo'.

É certo que essa natureza jurídica é de certa forma relativizada na doutrina estrangeira.

Na Alemanha, por exemplo, a *Anschliessung* é permitida até mesmo por parte do litigante *totalmente vitorioso*. O autor, nessa hipótese, poderia inclusive ampliar o pedido, pedindo mais do que obtivera no juízo 'a quo'. Por isso, essa 'adesão' não teria natureza recursal mas de uma verdadeira demanda própria.

Estabelece o *§2º do art. 997* do atual C.P.C. que *o recurso adesivo fica subordinado ao recurso independente, sendo-lhe aplicáveis as mesmas regras deste quanto aos requisitos de admissibilidade e julgamento no tribunal, salvo disposição legal diversa, observado, ainda, o seguinte I – será dirigido ao órgão perante o qual o recurso independente fora interposto, no prazo de que a parte dispõe para responder; II – será admissível na apelação, no recurso extraordinário e no recurso especial; III – não será conhecido, se houver desistência do recurso principal ou se for ele declarado inadmissível.*

Este parágrafo estabelece os *requisitos de admissibilidade* do recurso adesivo.

Ao recurso adesivo são aplicadas as mesmas regras do recurso independente quanto aos requisitos de admissibilidade, preparo e julgamento no tribunal, salvo disposição legal diversa.

Assim, por exemplo, se o recurso adesivo for em face de um recurso extraordinário, deverá a parte recorrente demonstrar a *repercussão geral*, sob pena de o recurso adesivo não ser conhecido, assim como que houve o *prequestionamento* da matéria constitucional.

Outro requisito de admissibilidade importante para a interposição do recurso adesivo, é que a parte contrária tenha efetivamente interposto o recurso independente ou principal. Sem que tenha sido interposto voluntariamente o recurso independente, não será conhecido o recurso adesivo. Por isso, não cabe recurso adesivo nas hipóteses de *remessa necessária*.

É necessário que no momento da interposição do recurso adesivo ainda subsista o recurso independente ou principal. Se quando da interposição do recurso adesivo já não mais existe o recurso principal, seja pelo fato de que não foi conhecido, seja pelo fato de sua desistência pela parte proponente, não será ele conhecido.

A *legitimação ativa* para interpor o recurso adesivo é da parte que, no grau inferior de jurisdição, se contrapunha ao primeiro recorrente. Havendo litisconsortes, qualquer um deles poderá interpor o recurso adesivo em face do adversário deles que interpôs o primeiro recurso. Ressalvada a hipótese de *litisconsórcio unitário*, *"caso o recurso principal, interposto pela parte adversa, se enderece a um único (ou a alguns) dos coautores ou corréus parcialmente vencidos, só esse (s) coautor (es) ou corréu (s) se legitima (m) à 'adesão', que poderá visar apenas matéria pertinente à situação do (s) recorrido (s) na impugnação principal".*[801]

Não tem legitimidade para interpor recurso adesivo o *terceiro prejudicado* e o Ministério Público que não ocupava na época a posição de parte no processo. Nesse sentido é a lição de José Afonso da Silva, Paulo César Aragão, Cândido Rangel Dinamarco, Sérgio Bermudes, José Frederico Marques e José Carlos Barbosa Moreira.[802]

O *interesse* ao recurso adesivo é demonstrado pela sucumbência parcial da decisão recorrida.

Além do mais, o *interesse* também é demonstrado pela necessidade de se levar à cognição do órgão 'ad quem' matéria que não esteja abrangida pelo efeito *devolutivo* do recurso independente ou principal, e que ficaria preclusa em não ocorrendo a adesão.

Se o órgão 'ad quem' pode apreciar a matéria em face do efeito devolutivo do recurso independente ou principal, não terá o recorrente adesivo interesse em recorrer por falta de necessidade.[803]

O recurso adesivo, nos termos do inc. I do §2º do art. 997 do atual C.P.C. deverá ser interposto no mesmo prazo de que dispõe a parte para responder ao recurso principal ou independente.

Havendo litisconsórcio, o prazo para que se possa interpor o recurso adesivo será computado em dobro, havendo procuradores e escritórios de advogados diferentes, salvo em se tratando de processo eletrônico.

Também se contará em dobro o prazo do recurso adesivo em se tratando do Ministério Público, da União, do Estado, do Distrito Federal, dos Municípios e respectivas autarquias e fundações públicas, assim como se a parte estiver representada pela Defensoria Pública. Nesse sentido são os seguintes precedentes do S.T.J.:

> *I – O prazo em dobro para interposição do recurso adesivo decorre da conjugação do art. 500, I c/c art. 188, ambos do Código de Processo Civil.*
>
> *II – O recurso adesivo não está condicionado à apresentação de contrarrazões ao recurso principal, porque são independentes ambos os institutos de direito processual, restando assegurado, pela ampla defesa e contraditório constitucionais, tanto o direito de recorrer, como o de responder ao recurso.*

801 Barbosa Moreira, J. C., op. cit., p. 297.

802 Barbosa Moreira, J. C., idem, ibidem.

803 Barbosa Moreira, J. C., idem, p. 298.

III – Embargos rejeitados.

(EDcl no REsp 171.543/RS, Rel. Ministra NANCY ANDRIGHI, SEGUNDA TURMA, julgado em 16/06/2000, DJ 14/08/2000, p. 159)

O art. 188 do Código de Processo Civil é expresso na admissão do prazo recursal em dobro para as pessoas jurídicas de direito público, embora não o faça para apresentação de contrarrazões. Na verdade "adesivo" é a modalidade de interposição do recurso, e não uma outra espécie recursal. Por isso, que o recurso do autor Município é "recurso de apelação", na modalidade "adesiva", e para sua interposição, como de qualquer outro recurso, goza do privilégio de interposição no prazo dobrado.

(REsp 171.543/RS, Rel. Ministra NANCY ANDRIGHI, SEGUNDA TURMA, julgado em 18/04/2000, DJ 22/05/2000, p. 97, REPDJ 29/05/2000, p. 139)

Em nosso ordenamento jurídico, não se considera recurso adesivo aquele que é interposto no prazo comum para responder. Assim, se o recurso é interposto no prazo comum, será ele considerado um recurso autônomo e independente.

Entende Barbosa Moreira que é possível admitir que alguma das partes, no caso de 'sucumbência recíproca', recorrendo embora dentro do *prazo comum* (mas *depois* da interposição de recurso pelo adversário), possa dar à sua impugnação, se quiser, o caráter 'adesivo'. Nesse caso, o recorrente deverá declarar expressamente tal intenção nas razões recursais; no silêncio do recorrente, presume-se a *independência* do recurso interposto no prazo comum.[804]

O recurso adesivo será dirigido ao juízo de primeiro grau ou de segundo grau, conforme se trate respectivamente de apelação, recurso extraordinário ou recurso especial.

Devem-se observar os procedimentos legais e regimentais dos tribunais quanto à forma de interposição do recurso independente ou principal.

O órgão competente para a interposição do recurso adesivo terá as mesmas atribuições procedimentais conferidas em relação ao recurso independente ou principal.

Remetidos os autos ao tribunal 'ad quem', o procedimento para apreciação do recurso independente ou principal e do recurso adesivo é unificado, como se fossem dois recursos principais.

[804] Barbosa Moreira, J. C., idem, p. 300.

O recurso adesivo, conforme estabelece o inc. II do §2º do art. 997 do atual C.P.C., somente será permitido em se tratando de recurso principal ou independente de apelação, recurso extraordinário e recurso especial.

Portanto, o recurso adesivo não tem espaço em se tratando de agravo de instrumento, agravo interno, embargos de declaração, recurso ordinário, agravo em recurso especial ou extraordinário e embargos de divergência.

O recurso adesivo, conforme estabelece o inc. III do §2º do art. 997 do atual C.P.C., não será conhecido se houver desistência do recurso principal ou se for ele declarado inadmissível.

Esse forte vínculo existente entre o recurso adesivo e o recurso independente ou principal decorre do fato de que o recurso adesivo somente foi proposto em face da existência ou possibilidade de apreciação do recurso principal ou independente. Se este não houvesse sido interposto, o recurso adesivo também não teria existência.

Assim, em nosso ordenamento jurídico todo recurso adesivo subordina-se à sorte do recurso principal.

Portanto, se houver desistência do recurso principal, o recurso adesivo não será conhecido. Da mesma forma, se o recurso principal não for conhecido, em razão da falta de requisitos para sua admissibilidade, também não será conhecido o recurso adesivo.

Porém, se o recurso princípio for conhecido, mas negado seu provimento, o recurso adesivo será apreciado normalmente.

Também não será conhecido o recurso adesivo, se o recurso principal for considerado deserto, em face da não comprovação do depósito das custas recursais.

Art. 998

O recorrente poderá, a qualquer tempo, sem a anuência do recorrido ou dos litisconsortes, desistir do recurso.

Parágrafo único. A desistência do recurso não impede a análise de questão cuja repercussão geral já tenha sido reconhecida e daquela objeto de julgamento de recursos extraordinários ou especiais repetitivos.

Desistência do recurso

Inicialmente, é importante distinguir a desistência da renúncia expressa ou tácita do recurso.

A desistência do recurso ocorre quando o recorrente manifesta perante o órgão jurisdicional competente a sua vontade de que não seja julgado o recurso por ele interposto.

A desistência está subordinada à interposição do recurso.

Já o ato de renúncia ocorre antes da interposição do recurso. Nessa hipótese, o sucumbente declara que aceita o conteúdo da sentença ou que renuncia à sua impugnação, ou, ainda, pratica atos ou realiza comportamentos que possam ser interpretados como expressão de uma vontade de não propor qualquer recurso contra a decisão.

Esses diversos tipos de comportamentos, que podem ser judiciais ou extrajudiciais, dão lugar ao fenômeno geral de aceitação da decisão ou, numa outra perspectiva, da intenção do sucumbente de não interpor qualquer impugnação ou recurso contra ela.

A renúncia expressa de recorrer ocorre mediante a aquiescência expressa da parte com o conteúdo da decisão, por meio de ato unilateral que demonstre a intenção de que não pretende recorrer, renunciando ao prazo recursal.

Por sua vez, a renúncia tácita ocorre diante de comportamentos incompatíveis com a vontade de impugnar a decisão. Trata-se de um comportamento unívoco que demonstra a exclusao da vontade de promover impugnação à decisão. É exemplo desse ato, o pagamento feito pela parte sucumbente, sem ressalvas, do valor estipulado na decisão judicial.

A doutrina italiana também denomina de aquiescência imprópria ou presumida, aquela que diz respeito à parte da sentença não impugnada e tem lugar nos casos em que o sucumbente, pelo fato de impugnar alguns capítulos da sentença, manifesta se pela não impugnação de outros capítulos ou parte da sentença. O problema não é simples, pois no caso de aquiescência imprópria, ou seja, de impugnação parcial de capítulos da sentença forma-se a coisa julgada formal, com a impossibilidade de o juiz de impugnação proceder ao reexame ou controle da decisão sobre o ponto objeto da aquiescência. Essa possibilidade não se aplica na hipótese de capítulos coligados ou dependentes por relação de prejudicialidade ou se entre eles houver conexão.[805]

Distingue-se, ainda, a desistência da deserção do recurso, pois esta ocorre quando o recorrente não comprova o recolhimento das custas processuais.

É importante salientar que o dispositivo em análise trata exclusivamente do instituto da desistência do recurso.

Diferentemente do que ocorre com a propositura da demanda, cuja desistência poderá, em determinadas situações, depender da concordância do réu, o recorrente, seja do recurso principal ou independente ou do recurso adesivo poderá, a qualquer tempo, sem anuência do recorrido ou dos litisconsortes,

[805] Comoglio, L.P.; Ferri, C.; Taruffo, M., op. cit., p. 601.

desistir do recurso. Essa diferença é justificável, pois no procedimento instaurado em primeiro grau, o réu poderá ter interesse que o juiz se manifeste de uma vez por todas sobre a questão inserida no processo, a fim de que não fique sujeito a nova demanda, eliminando eventual estado de incerteza em decorrência de julgamento sem resolução de mérito. Já em relação ao recurso, esta incerteza não mais existe, pois já houve a prolação da decisão de primeiro grau.

Sobre o termo final para se requerer a desistência do recurso, eis a seguinte decisão do S.T.J.:

> *1. Nos termos da jurisprudência do Superior Tribunal de Justiça, à exceção dos casos em que despontam razões de interesse público na uniformização da jurisprudência (como ocorre com os recursos representativos de controvérsia, ou seja, aqueles submetidos à sistemática do art. 543-C do CPC) e dos casos em que se evidencia má-fé processual em não ver sedimentada a jurisprudência, é possível a desistência do recurso especial a qualquer tempo, inclusive quando o julgamento, já iniciado, estiver suspenso por pedido de vista.*
>
> *(...).*
>
> (DESIS no AgRg na MC 22.582/RJ, Rel. Ministro SÉRGIO KUKINA, PRIMEIRA TURMA, julgado em 15/05/2014, DJe 22/05/2014)

A desistência é ato unilateral do recorrente, não comportando nem condição nem termo. Se for realizada por procurador, este deverá ter poderes especiais para requerer a desistência do recurso.

O pedido de desistência será regulado pelo art. 200 do atual C.P.C. que estabelece que os atos das partes consistentes em declarações unilaterais ou bilaterais de vontade produzem imediatamente a constituição, a modificação ou a extinção de direitos processuais. Portanto, o juiz, ao acolher o pedido de desistência, apenas declara aquilo que já produziu efeito pela simples manifestação escrita ou oral do pedido de desistência do recurso. O parágrafo único do art. 200 do atual C.P.C. somente exige homologação por sentença do juiz, quando se tratar de pedido de desistência da demanda (ação).

Uma vez requerida a desistência, e independentemente de homologação pelo juiz, passa em julgado a decisão recorrida, salvo se houver outro recurso independente ou autônomo interposto.

Note-se que se a desistência for do recurso principal ou independente, automaticamente não será conhecido o recurso adesivo.

A doutrina tem indagado: se a desistência do recurso ocorrer ainda durante o prazo do recurso, poderia o recorrente formular novo recurso? Segundo Barbosa Moreira, *"não nos parece que fique salva a este a possibilidade de recorrer nova-*

mente, ainda que o prazo não se haja esgotado. Isso não importa desconhecer a diferença conceptual entre desistência e renúncia ao direito de recorrer. Focalizamos o problema de outro ângulo: o da preclusão. O recorrente já tinha exercido, de maneira válida, o direito de impugnar a decisão; com o exercício, tal direito consumou-se, e não é a circunstância de vir a desistir-se do recurso que faz renascer". Trata-se de uma preclusão consumativa (José Frederico Marques, Egas Moniz de Aragão, Arruda Alvim).[806]

Por outro lado, se a parte desiste do seu recurso principal ou independente, mas o recorrido ingressa com o seu recurso principal ou independente, nada impede que o desistente interponha o recurso adesivo.

A desistência não depende da anuência do recorrido ou dos outros litisconsortes, razão pela qual eles não precisam se manifestar sobre o pedido de desistência.

Quando a norma permite ao recorrente desistir do recurso independentemente da anuência dos outros litisconsortes, isso pressupõe aquilo que se denominada de sucumbência paralela, e que dois ou mais litisconsortes tenham interpostos recursos contra a decisão.

Estabelece o art. 117 do atual C.P.C. que os litisconsortes serão considerados, em suas relações com a parte adversa, como litigantes distintos, exceto no litisconsórcio unitário, caso em que os atos e as omissões de um não prejudicarão os outros, mas os poderão beneficiar.

Assim, para o desistente sobrevém o trânsito em julgado da decisão, sendo que para os demais litisconsortes que não desistiram de seus recursos subsiste a possibilidade de novo julgamento. Essa situação possibilita a quebra da uniformidade na solução da questão posta em juízo: "em relação a A, que desistiu, a disciplina da situação litigiosa será a fixada pelo órgão 'a quo'; em relação a B e C, que não desistiram, será a que se vier a fixar no julgamento do recurso. Semelhante resultado não é concebível, todavia, em se tratando de litisconsórcio 'unitário', isto é, quando a situação litigiosa for tal que reclame necessariamente disciplina uniforme para todos os colitigantes. O exemplo clássico é o dos vários acionistas que pedem juntos, pelo mesmo fundamento, a anulação de uma deliberação da assembleia social, v.g. sobre a reforma dos estatutos da sociedade. Suponhamos que, rejeitado o pedido no primeiro grau de jurisdição, os autores apelem, mas um deles posteriormente desista do recurso. Caso se venha a dar provimento às demais apelações, a deliberação será anulada; ora, é inadmissível que ela subsista só para o desistente, pois tal incongruência caracteriza um absurdo não apenas 'lógico', mas 'prático': o ato de reforma dos

806 Barbosa Moreira, J. C., op. cit., p. 315.

estatutos não pode simultaneamente valer para um acionista e não valer para outros. A única solução consiste em negar à desistência, nessas hipóteses, o efeito normal de produzir o trânsito em julgado para o desistente...Analogamente ao que acima se expôs, a desistência do recurso interposto em face dos co-litigantes pelo adversário, na hipótese de este unicamente desistir quanto a uma parte dos recorridos, produzirá todos os efeitos normais se se tratar de matéria que comporte diversidade de soluções: para os litisconsortes perante os quais se desistiu, passa em julgado a decisão de grau inferior; para o(s) outro(s), a solução será a que se contiver no pronunciamento do órgão 'ad quem'. Se, porém, for indispensável a preservação da uniformidade, a desistência do recurso interposto pelo adversário não produzirá o trânsito em julgado da decisão recorrida, senão quando manifestada em relação à 'totalidade dos litisconsortes unitários'."[807]

Sobre o tema, eis o seguinte precedente do S.T.J.:

> *1. Não estando caracterizado o litisconsórcio passivo unitário, não incide o efeito expansivo subjetivo dos recursos, por conta da regra do caput, do art., 509, CPC, pelo que, no caso concreto, em se tratando de litisconsórcio facultativo simples, não se pode admitir o alcance do provimento da apelação aos que desistiram na origem do referido recurso, tendo em vista que não integravam mais o polo ativo da relação jurídico-processual.*
>
> *2. A propósito: "a possibilidade do recurso interposto por um litisconsorte aproveitar aos demais não decorre da necessariedade do litisconsórcio, e sim da sua unidade. É que a norma que prevê tal possibilidade, inserta no art. 509, caput, do CPC, incide apenas na hipótese de litisconsórcio unitário. Aos demais, aplica-se o princípio da autonomia dos litisconsortes, previsto no art. 48 do CPC". (REsp 827.935/DF, Rel. Min. Teori Albino Zavascki, DJ 27/08/2008).*
>
> *3. Agravo regimental não provido.*
>
> (AgRg nos EDcl no AgRg no REsp 1225106/CE, Rel. Ministro BENEDITO GONÇALVES, PRIMEIRA TURMA, julgado em 04/06/2013, DJe 11/06/2013)

Portanto, a desistência pode ocorrer a qualquer tempo. É indiferente, pois, que o recurso já tenha sido ou não recebido, que se encontre ainda pendente no juízo 'a quo' ou que já tenha sido encaminhado ao tribunal superior.[808]

[807] Barbosa Moreira, J. C., op. cit., p. 318 a 320.

[808] Barbosa Moreira, J. C., idem, p. 311.

Sobre o tema, eis os seguintes precedentes do S.T.J.:

1. Nos termos do artigo 501 do Código de Processo Civil, a desistência do recurso independe da concordância do recorrido e pode ser formulada até o julgamento do recurso.

(...).

(AgRg nos EDcl no AREsp 351.788/PR, Rel. Ministra NANCY ANDRIGHI, TERCEIRA TURMA, julgado em 20/02/2014, DJe 10/03/2014).

1. A jurisprudência desta Corte é no sentido de que, com a desistência do recurso, prevalecerá a decisão imediatamente anterior, inclusive no que diz respeito a custas e honorários advocatícios.

(...).

(AgRg nos EDcl na DESIS no Ag 1426446/BA, Rel. Ministro HUMBERTO MARTINS, SEGUNDA TURMA, julgado em 18/10/2012, DJe 25/10/2012)

Estabelece o *parágrafo único do art. 998* do C.P.C. que *a desistência do recurso não impede a análise de questão cuja repercussão geral já tenha sido reconhecida e daquela objeto de julgamento de recursos extraordinários ou especiais repetitivos.*

Este dispositivo estabelece um limite jurídico para o pedido de desistência. Nas hipóteses indicadas neste parágrafo único, o recorrente não mais poderá desistir do recurso extraordinário ou recurso especial, no que concerne à questão ou às questões jurídicas que já tenham sido admitidas como de repercussão geral ou que já tenham sido reconhecidas no julgamento de recursos repetitivos afetados ao S.T.F. ou ao S.T.J.

A falta de eficácia da desistência dos recursos extraordinário ou especial nas hipóteses indicadas neste parágrafo único tem sua razão de ser. É que uma vez acolhida pelo S.T.F. a *repercussão geral* da questão posta no recurso extraordinário, ou uma vez acolhida a necessidade de resolver a questão pelo instituto de recursos repetitivos pelo S.T.F ou pelo S.T.J., deve-se prosseguir com o julgamento, pois a matéria ultrapassa a alçada individual do recurso, para abranger outros processos, razão pela qual há um interesse público evidenciado para que a solução das questões seja definitiva.

Isso vai ao encontro da concepção ideológica do novo C.P.C. que é justamente resolver o mais rápido possível as questões de massa ou que possam gerar demandas repetitivas. Portanto, uma vez acolhida a *repercussão geral* ou reconhecida a necessidade de julgamento de *recursos repetitivos*, a questão ali inserida sai da esfera de disponibilidade do recorrente.

Art. 999

A renúncia ao direito de recorrer independe da aceitação da outra parte.

Renúncia ao direito de recorrer

Conforme se afirmou, a desistência do recurso ocorre quando o recorrente manifesta perante o órgão judicial competente a sua vontade de que não seja julgado o recurso por ele interposto. A desistência está subordinada à interposição do recurso.

Já o ato de renúncia ocorre antes da interposição do recurso. Nessa hipótese, o sucumbente declara que aceita a sentença ou renuncia à sua impugnação, ou, ainda, pratica atos ou realiza comportamentos que possam ser interpretados como expressão de uma vontade de não propor qualquer recurso contra a decisão.

Esses diversos tipos de comportamento, que podem ser judiciais ou extrajudiciais, dão lugar ao fenômeno geral de aceitação da sentença ou, em outras palavras, da intenção do sucumbente de não interpor qualquer impugnação ou recurso contra a decisão.

A renúncia expressa de recorrer ocorre mediante a aquiescência pela aceitação expressa da sentença, e mediante ato unilateral expresso da parte que não pretende recorrer, renunciando ao prazo recursal.

Por sua vez, a renúncia tácita verifica-se diante de comportamentos incompatíveis com a vontade de impugnar a decisão. Trata-se de um comportamento unívoco que demonstra a exclusão da vontade de promover impugnação à decisão. É exemplo desse ato, o pagamento, sem ressalva, feito pela parte sucumbente do valor estipulado na decisão judicial.

Para Barbosa Moreira, não se configura como renúncia tácita ao direito de recorrer a prática, pela parte, de qualquer ato do qual diretamente resulte, no processo, em verdadeira relação de causa e efeito à decisão a ela desfavorável, como, por exemplo, a desistência da demanda, a renúncia ao direito postulado, o reconhecimento do pedido. Em regra, nesses casos, será inadmissível o recurso porventura interposto por aquele que a provocou, pois seria logicamente contraditório admitir-se a impugnação da decisão por quem tenha agido com o fim de fazê-lo surgir. No fundo, trata-se de aspecto particular do princípio que proíbe o *venire contra factum proprium*. Tal circunstância está inserida na denominada preclusão lógica.[809]

[809] Barbosa Moreira, J. C., idem p. 322.

A renúncia somente poderá ocorrer quando o recurso já poderia ser interposto concretamente, pois não há renúncia a direito que ainda não se concretizou ou se incorporou ao patrimônio daquele que poderá recorrer; não há renúncia a perspectiva de direito. Aliás, renunciar ao direito de recorrer antes da sentença é renunciar a um direito que ainda não se tem e nem se sabe se efetivamente o terá.

Por outro lado, o direito comparado admite a denominada renúncia antecipada, conforme se pode observar pelo disposto no art. 632, 1ª alínea, do C.P.C. português: *"É lícito às partes renunciar aos recursos; mas a renúncia antecipada só produz efeito se provier de ambas as partes"*.

Assim como na desistência ao recurso, a renúncia não pode estar sujeita à condição ou a termo.

A renúncia ao recurso independe da aceitação da parte contrária ou mesmo dos demais litisconsortes que sofreram sucumbência paralela.

A renúncia expressa ou tácita impede a interposição de recurso, permitindo que a decisão proferida transite em julgado ou se torne preclusa de imediato, desde que não exista outro óbice para isso.

Questão interessante é a de saber se a renúncia ao recurso principal ou independente, manifestada dentro do prazo normal de sua interposição, impede o renunciante de recorrer 'adesivamente'.

O direito alemão tem afirmado a possibilidade do recurso adesivo, conforme estabelece o §524 do C.P.C. alemão: *"(1) O apelo incidental é admissível também se o apelado renunciou ao apelo ou é decorrido o prazo para o apelo"*.

Para Barbosa Moreira, entre nós, no silêncio da lei, parece razoável lançar mão da analogia e aplicar à renúncia o que a lei estabelece para a aquiescência: *"ora, quanto a esta, o art. 503, caput, do C.P.C. de 1973, é categórico em recusar a possibilidade de recorrer a quem aceitou, expressa ou tacitamente, a decisão, e não faz distinção alguma ao propósito, entre recurso independente e recurso 'adesivo'. Todavia, não há obstáculo a que se reconheça como válida a ressalva porventura feita, 'expressis verbis', pelo renunciante; quem pode renunciar 'ilimitadamente' ao direito de recorrer pode também, é claro, renunciar tão-só ao direito de recorrer 'por via independente', reservando-se a possibilidade de fazê-lo em caráter 'adesivo', se a outra parte vier a impugnar a decisão. Não se tratará propriamente de renúncia 'condicional', mas de renúncia 'parcial'"*.[810]

[810] Barbosa Moreira, J. C., idem, p. 326.

Sobre o tema, eis os seguintes precedentes do S.T.J.:

(...).

5. A renúncia ao direito de recorrer configura ato processual que exige capacidade postulatória, devendo ser praticado por advogado.

6. Nulidade do negócio jurídico realizado pelo interdito após a sentença de interdição.

7. Preclusão da matéria relativa aos atos processuais realizados antes da negativa de seguimento ao recurso de apelação.

8. Doutrina e jurisprudência acerca do tema.

(REsp 1251728/PE, Rel. Ministro PAULO DE TARSO SANSEVERINO, TERCEIRA TURMA, julgado em 14/05/2013, DJe 23/05/2013).

1. A inadmissão do recurso especial ao qual se pretendia a concessão de efeito suspensivo, aliada à posterior renúncia ao direito de recorrer manifestada pelo insurgente, revela a perda superveniente de objeto do agravo regimental e da própria medida cautelar.

2. Agravo regimental e medida cautelar prejudicados por perda de objeto.

(AgRg na MC 3.118/TO, Rel. Ministro LUIS FELIPE SALOMÃO, QUARTA TURMA, julgado em 13/11/2012, DJe 20/11/2012).

1. Cumpre esclarecer que, após proferida (e publicada) a decisão de fls. 464/466, a qual negou seguimento ao recurso especial, a ora agravante apresentou pedido de desistência do recurso e dispensa do pagamento de honorários advocatícios. Considerando que o recurso especial já havia sido julgado, sendo que em face da respectiva decisão não foi apresentado nenhum recurso, homologou-se tão somente a renúncia ao direito de recorrer, nos termos do art. 502 do CPC, e manteve-se os ônus sucumbenciais fixados pelas instâncias ordinárias. Por meio do presente agravo regimental, impugna-se a decisão relativa ao pedido de desistência (fl. 482), tão somente na parte relativa aos honorários advocatícios.

(AgRg no REsp 1299083/RS, Rel. Ministro MAURO CAMPBELL MARQUES, SEGUNDA TURMA, julgado em 08/05/2012, DJe 14/05/2012).

1. A desistência do recurso ou a renúncia ao direito de recorrer constituem negócios jurídicos unilaterais não receptícios, não dependendo, portanto, de aceitação/anuência da parte ex adversa, consoante a ratio essendi dos arts. 501 e 502, do CPC.

2. A doutrina assevera que "A desistência é ato pelo qual o recorrente abre mão do recurso interposto, demonstra o desinteresse em relação ao inconformismo manifestado em momento anterior. O art. 501 do Código revela que a desistência pressupõe a exis-

tência de recurso já interposto" (in Souza, Bernardo Pimentel. Introdução aos recursos cíveis e à ação rescisória. 6ª ed. – São Paulo: Saraiva, 2009, p.73).

3. In casu, a recorrente expressamente desistiu do recurso interposto, sendo que o subscritor do pedido de desistência possui poderes para desistir do recurso, em atendimento ao disposto no artigo 38, do CPC.

4. Pedido de desistência homologado em relação aos embargos de declaração opostos à fls. 574/579, na forma do art. 34, IX, do RISTJ, para que produza os efeitos legais.

(DESIS nos EDcl no AgRg no Ag 1134674/GO, Rel. Ministro LUIZ FUX, PRIMEIRA TURMA, julgado em 28/09/2010, DJe 20/10/2010)

Art. 1.000

A parte que aceitar expressa ou tacitamente a decisão não poderá recorrer.

Parágrafo único. Considera-se aceitação tácita a prática, sem nenhuma reserva, de ato incompatível com a vontade de recorrer.

Direito de recorrer e aceitação tácita ou expressa da decisão

Preceito normativo semelhante encontra-se no art. 329 do C.P.C. italiano, *in verbis*:

> *Art. 329 (aquiescência total ou parcial)*
> *Salvo os casos de que tratam os números 1,2,3 e 6 do art. 395, a aquiescência resultante da aceitação expressa ou de atos incompatíveis com a vontade de valer-se das impugnações admitidas pela lei, exclui a possibilidade de propô-las.*
> *A impugnação parcial importa aquiescência às partes da sentença não impugnada.*

Segundo dispõe o *art. 1.000* do atual C.P.C., a parte pode aceitar expressa ou tacitamente ou a decisão. Esse tipo de comportamento pode ser judicial ou extrajudicial, dando lugar ao fenômeno geral de aceitação da decisão ou, em outras palavras, a intenção do sucumbente de não interpor qualquer impugnação ou recurso contra a decisão.

Não poderá recorrer a parte que mediante aquiescência expressa aceita os efeitos da decisão. A aquiescência expressa manifesta-se, geralmente, por escrito, mas pode ser realizada verbalmente, na própria audiência de instrução e julgamento, após a prolação da decisão.

Por sua vez, também não poderá recorrer a parte que realiza comportamentos incompatíveis com a vontade de impugnar a decisão. Trata-se de um comportamento unívoco que demonstra a exclusão da vontade de promover impugnação à decisão. É exemplo desse ato, o pagamento, sem ressalvas, feito pela parte sucumbente do valor estipulado na decisão judicial.

Portanto, *"quando se verifica um fenômeno de aquiescência, a impugnação se entende 'exclusa' (pois uma impugnação é preclusa quando são decorridos os prazos para impugnar): a aquiescência consiste em uma declaração de aceitação expressa da sentença (aquiescência explícita), mas pode resultar também de comportamentos incompatíveis com a vontade de valer-se da impugnação (aquiescência tácita).*[811]

Assim, quem aquiesce a uma decisão simplesmente aceita o resultado dessa decisão sujeitando-se àquilo que foi nela determinado.

É preciso que o ato seja espontâneo, e que não haja nenhuma iniciativa de execução da decisão pela parte vencedora, pois aí não haverá aquiescência mas execução forçada ou coercitiva.

Muito embora o dispositivo somente tenha dito que a aquiescência seria um ato da parte da relação jurídica processual, entende Barbosa Moreira que também o terceiro poderá aquiescer à decisão que prejudica interesse jurídico seu, inclusive tacitamente, praticando ato incompatível com a vontade de recorrer.[812]

A doutrina italiana também denomina de aquiescência imprópria ou presumida, aquela que diz respeito à parte da sentença não impugnada e tem lugar nos casos em que o sucumbente, pelo fato de impugnar alguns capítulos da sentença, se tenha manifestado pela não impugnação de outros capítulos ou parte da sentença. O problema não é simples, pois no caso de aquiescência imprópria, ou seja, de impugnação parcial de capítulos da sentença forma-se a coisa julgada formal, com a impossibilidade de o juiz de impugnação proceder ao reexame ou controle da decisão sobre o ponto objeto da aquiescência. Essa possibilidade não se aplica na hipótese de capítulos coligados ou dependentes por relação de prejudicialidade ou se entre eles houver conexão.

A aquiescência, assim como a renúncia, torna inadmissível o recurso que se pretenda interpor, assim como recomenda a extinção do recurso interposto, pois, por questão lógica, não se admite atos que possam ser caracterizados como contraditórios. Não havendo outro empecilho, a decisão transita em julgado ou torna-se preclusa.

Sobre o tema, eis os seguintes precedentes do S.T.J.:

[811] PISANI, Andrea Proto. *Lezioni di diritto processuale civile*. Napoli: Casa Editrice Dott. Eugênio Jovene, 1999. p. 493.
[812] BARBOSA MOREIRA, op. cit., p. 329.

1. Se ocorre o pagamento espontâneo de débitos impugnados judicialmente, especialmente após a interposição de recurso contra a decisão que reconhece como legítimos tais débitos, configura-se a aceitação tácita da decisão recorrida. E consoante já proclamou a Terceira Turma desta Corte, ao julgar o AgRg no REsp 746.092/RJ (Rel. Min. Paulo Furtado – Desembargador Convocado do TJ/BA, DJ de 4.6.2009), "a aceitação tácita pode se dar antes ou depois da interposição do recurso, implicando, nesta última hipótese, em extinção do procedimento recursal (preclusão lógica do direito de recorrer)".

(...).

(AgRg nos EDcl no REsp 1220327/MA, Rel. Ministro MAURO CAMPBELL MARQUES, SEGUNDA TURMA, julgado em 16/08/2011, DJe 23/08/2011).

(...).

2. No caso, ao concordar com a desistência desta ação anulatória de débito previdenciário em virtude da adesão da parte autora ao parcelamento de que trata a Lei n. 10.684/2003, o próprio INSS manifestou-se pela fixação da verba de sucumbência em 1% do valor consolidado do débito sob discussão judicial. Ainda que não tenha havido renúncia da autora ao alegado direito sobre que se funda a ação, por outro fundamento se mantém o acórdão desta Turma que, ao dar provimento ao recurso especial, fixou os honorários advocatícios mediante a aplicação do percentual e da base de cálculo acima. O fundamento que ora se adota consiste em que a aludida manifestação do INSS constitui ato incompatível com a oposição destes embargos e configura aceitação tácita do acórdão embargado, nos termos do art. 503 do CPC. Insta acentuar que "a aceitação tácita pode se dar antes ou depois da interposição do recurso", consoante já proclamou a Terceira Turma, ao julgar o AgRg no REsp 746.092/RJ (Rel. Min. Paulo Furtado – Desembargador Convocado do TJ/BA, DJ de 4.6.2009;grifou-se).

3. Embargos declaratórios rejeitados.

(EDcl no REsp 1249779/ES, Rel. Ministro MAURO CAMPBELL MARQUES, SEGUNDA TURMA, julgado em 04/08/2011, DJe 15/08/2011).

(...).

3. A adesão a parcelamento fiscal após a sentença afasta o interesse de recorrer, ainda que o recorrente não tenha feito a renúncia ao direito sobre o qual se funda a ação, em razão de inafastável preclusão lógica. (REsp 1149472/MG, Rel. Ministro MAURO CAMPBELL MARQUES, SEGUNDA TURMA, julgado em 05/08/2010, DJe 01/09/2010) 4. A adesão ao parcelamento fiscal é ato incompatível com a pretensão recursal. A afirmação é corroborada em razão das leis que tratam de parcelamento (Lei 10.684/2003; 9.964/2008 e 11.941/2009) exigirem tanto renúncia do direito que se funda a ação, quanto a desistência da ação ou recurso em juízo. Precedentes: REsp 950.871/RS, Rel. Ministro HERMAN BENJAMIN, SEGUNDA TURMA, julgado em 25/08/2009, DJe 31/08/2009; REsp 1004987/RS, Rel. Ministra ELIANA CALMON, SEGUNDA TURMA, julgado em 12/08/2008, DJe 08/09/2008.

5. Recurso especial ao qual se NEGA PROVIMENTO.

(REsp 1226726/SP, Rel. Ministro MAURO CAMPBELL MARQUES, SEGUNDA TURMA, julgado em 17/05/2011, DJe 30/05/2011)

Estabelece o parágrafo único do art. 1.000 do atual C.P.C. que se considera aceitação tácita a prática, sem qualquer reserva, de ato incompatível com a vontade de recorrer.

Também não poderá recorrer a parte que realiza comportamentos incompatíveis com a vontade de impugnar a decisão. Trata-se de um comportamento unívoco que demonstra a exclusão da vontade de promover impugnação à decisão.

Mas para que se possa falar em aquiescência tácita, é necessário que o ato incompatível com a vontade de recorrer se faça sem reserva alguma. Por isso, quem realiza ato incompatível com a vontade de recorrer, reservando-se o direito de impugnar a decisão, não pratica comportamento intitulado de aquiescência tácita.

Art. 1.001

Dos despachos não cabe recurso.

Despacho – recurso

Regra similar encontra-se no art. 630º do C.P.C. português.

Os atos praticados pelo juiz, nos termos do art. 203 do atual C.P.C., são *as sentenças, as decisões interlocutórias e os despachos.*

Ressalvadas as disposições expressas dos procedimentos especiais, *sentença* é o pronunciamento por meio do qual o juiz, com fundamento nos arts. 485 e 487, põe fim à fase cognitiva do procedimento comum, bem como extingue a execução. Inclui-se também nessa definição os acórdãos, que decorrem do julgamento proferidos pelos tribunais.

Decisão *interlocutória* é todo pronunciamento judicial de natureza decisional que não se enquadre na definição de sentença.

Já os *despachos* são todos os demais pronunciamentos do juiz praticados no processo, de ofício ou a requerimento da parte.

Por sua vez, os *atos meramente ordinatórios*, como a juntada e a vista obrigatória, independem de despacho, devendo ser praticados de ofício pelo servidor e revistos pelo juiz quando necessário.

De imediato pode-se afirmar que todos os despachos, assim como os atos ordinatórios de mero expediente são *irrecorríveis.*

Porém, é possível que a prolação de um despacho possa ensejar questões a serem resolvidas, desta vez por meio de decisões interlocutórias.

A resolução das questões através de decisões interlocutórias poderá ensejar recurso de agravo de instrumento, desde que tal decisão esteja prevista no art. 1.015 do atual C.P.C.

Art. 1.002

A decisão pode ser impugnada no todo ou em parte.

Impugnação total ou parcial da decisão

Os atos praticados pelo juiz, nos termos do art. 203 do atual C.P.c., são *as sentenças, as decisões interlocutórias e o despacho*.

Conforme já se afirmou, ressalvadas as previsões expressas nos procedimentos especiais, *sentença* é o pronunciamento por meio do qual o juiz, com fundamento nos arts. 485 ou 487 põe fim à fase cognitiva do procedimento comum, bem como extingue a execução. Inclui-se também nessa definição os acórdãos, que decorrem do julgamento proferidos pelos tribunais.

Decisão *interlocutória* é todo pronunciamento judicial de natureza decisional que não se enquadre na definição de sentença.

Tanto a sentença como as decisões interlocutórias estão sujeitas a recurso.

Dificilmente uma decisão, especialmente uma sentença, contém o julgamento de uma só pretensão, ou seja, uma só *decisão*. Basta pensar na condenação ao pagamento das custas e honorários do processo, decisão essa que não se confunde com o mérito da pretensão principal formulada em juízo.

São também comuns os casos de *cúmulo de pedidos*, em que a parte final da decisão (especialmente a sentença) cinde-se em duas ou mais disposições, cada uma distinta da outra e destinada ao julgamento de uma das pretensões cumuladas.[813]

[813] Dinamarco, Cândido Rangel. *Capítulos de sentença.* 4ª ed. São Paulo: Malheiros, 2009. p. 9.

Surge, assim, o interesse em *cindir ideologicamente a sentença*, isolando as partes mais ou menos autônomas de que ela se compõe e buscando-se por esse meio critérios válidos para a solução de variadíssima série de questões processuais.[814]

Essa *cindibilidade da* decisão é objeto do tema denominado *capítulos de decisões* (especialmente de sentença).

Remonta a Giuseppe Chiovenda a mais restritiva das teorias sobre os capítulos de sentença, os quais para ele seriam apenas as unidades do decisório, portadores de julgamento de mérito. Chiovenda associava capítulos de sentença aos *da demanda*, falando nos predicados da *autonomia e independência* como elementos essenciais ao conceito daqueles. Por isso, na concepção chiovendiana, a autonomia de cada um dos capítulos da sentença significava que as diversas parcelas do *petitum* bem poderiam ter sido objeto de demandas separadas, propostas em tempos diferentes e dando origem a dois ou mais processos distintos.[815]

À perspectiva chiovendiana extremamente restritiva objetou-se, com razão, a sua insuficiência para resolver problemas importantes relacionados com os próprios recursos, quando a sentença contém capítulos decisórios (de mérito e sobre a admissibilidade do julgamento deste). Não podem ser considerados *autônomos* os pronunciamentos do juiz sobre a admissibilidade do julgamento de mérito, como aquele mediante o qual, rejeitando uma preliminar destinada a por fim ao processo (coisa julgada, carência de demanda, etc) ele afirma que o autor tem direito a esse julgamento e passa a decidir a causa; pronunciamentos como esses exaurem-se na relação processual e dizem respeito exclusivamente a ela, sem interferir na vida exterior dos ligantes, não se concebendo, portanto, que pudessem ter sido provocados por uma iniciativa autônoma nem dar origem a um processo autônomo.[816]

Cada capítulo do ato decisório, quer todos de mérito, quer heterogêneos, é uma *unidade elementar autônoma*, no sentido de que cada um deles expressa uma deliberação específica.[817]

Assim, pode-se definir os *capítulos da sentença*, em face do direito positivo brasileiro, como *unidades autônomas do decisório da sentença"*.[818]

Diante dessa autonomia de unidade autônoma do decisório, a parte pode recorrer de toda decisão desfavorável em relação a cada capítulo da decisão,

[814] Dinamarco, C. R., idem, p. 11.
[815] Dinamarco, C. R., idem, p. 19 e 20.
[816] Dinamarco, C. R., idem, p. 21.
[817] Dinamarco, C. R., idem, p. 34.
[818] Dinamarco, C. R., idem, p. 34.

ou de apenas algumas dessas unidades autônomas. Fala-se então que o recurso pode ser total ou parcial.

Na hipótese de a parte impugnar apenas algumas unidades autônomas do ato decisório, pode afirmar que ela aceitou parte da decisão, concordando com o seu conteúdo, apesar de lhe ser desfavorável.

A doutrina italiana denomina isso de aquiescência imprópria ou presumida, ou seja, aquela que diz respeito à parte da sentença não impugnada e tem lugar nos casos em que o sucumbente, pelo fato de impugnar alguns capítulos da sentença, se tenha manifestado pela não impugnação de outros capítulos ou parte da sentença.[819]

O art. 881 do C.P.C. de 1939 presumia total a impugnação se o recorrente não indicasse a parte da decisão que pretendia recorrer. Evidentemente, essa interpretação ocorria apenas para as partes da decisão em que o recorrente fosse sucumbente, e não para aquelas em que ele saísse vencedor.

O art. 1.002 do atual C.P.C., assim como já o fizera o art. 505 do C.P.C. de 1973, não repetiu a parte final do art. 881 do C.P.C. de 1939. Por isso, se não existir delimitação do recurso, a impugnação presumir-se-á total ou parcial?

Se a parte não impugnar especificamente os capítulos da sentença que são independentes e autônomos entre si, considera-se que a parte aceitou a decisão, e sendo ela uma sentença, haverá o trânsito em julgado da parte não recorrida. O objeto da cognição recursal é o que delimita o âmbito do recurso, não podendo o órgao *ad quem* ir além do que fora delimitado no recurso, salvo se se tratar de questão de ordem pública, quando poderá haver o conhecimento de ofício.

Para Barbosa Moreira, a impugnação sucessiva, dentro do prazo para o recurso, de partes distintas da decisão, não vulnera o princípio da unicidade, tendo em vista que cada parte é havida, desse ponto-de-vista, como uma decisão per si.[820]

Se não houver independência entre os capítulos da decisão, mas relação de acessoriedade ou conexão, a impugnação do principal alcançará a do acessório, sendo que o inverso pode não ser verdadeiro.

Sobre o tema, eis os seguintes precedentes do S.T.J.:

> *1. Uma vez negado seguimento ao recurso especial ante a incidência das Súmulas 280, 283, 284, todas do Supremo Tribunal Federal, e da Súmula 211/STJ, a interposição de agravo regimental voltado apenas à configuração de prequestionamento implí-*

[819] Comoglio, L.p.; Ferri, C.; Taruffo, M., op. cit., p. 601.

[820] Barbosa Moreira, J. C., op. cit., p. 337.

cito, sem impugnar a motivação autônoma remanescente, configura irregularidade formal decorrente da inobservância ao princípio da dialeticidade.

2. Agravo regimental não conhecido. Multa de um por cento sobre o valor corrigido da causa (art. 557, § 2º, do CPC).

(AgRg no REsp 1371023/SC, Rel. Ministro MAURO CAMPBELL MARQUES, SEGUNDA TURMA, julgado em 20/05/2014, DJe 26/05/2014).

1. Anulado o decreto expropriatório por dois fundamentos distintos, a saber, o desvio de finalidade, por haver benefício a um único particular, e o descumprimento ao art. 5º, alínea "i" e §§ 1º e 2º, do Decreto-Lei 3.365/1941, a impugnação a apenas este último configura a falta de regularidade formal do recurso especial, porque na eventualidade do seu provimento ainda remanesceria o desvio a inquinar o ato e manter a eficácia do acórdão. Súmula 283/STF.

(...).

(AgRg no REsp 1404738/SC, Rel. Ministro MAURO CAMPBELL MARQUES, SEGUNDA TURMA, julgado em 26/11/2013, DJe 04/12/2013).

(...).

2. Inaplicabilidade da Súmula 182/STJ ao agravo regimental que impugna capítulos autônomos da decisão monocrática. Preclusão quanto aos capítulos não impugnados.

(...).

(EDcl no AgRg no REsp 895.227/RS, Rel. Ministro PAULO DE TARSO SANSEVERINO, TERCEIRA TURMA, julgado em 18/12/2012, DJe 01/04/2013)

Art. 1.003

O prazo para interposição de recurso conta-se da data em que os advogados, a sociedade de advogados, a Advocacia Pública, a Defensoria Pública ou o Ministério Público são intimados da decisão.

§ 1º Os sujeitos previstos no caput considerar-se-ão intimados em audiência quando nesta for proferida a decisão.

§ 2º Aplica-se o disposto no art. 231, incisos I a VI, ao prazo de interposição de recurso pelo réu contra decisão proferida anteriormente à citação.

§ 3º No prazo para interposição de recurso, a petição será protocolada em cartório ou conforme as normas de organização judiciária, ressalvado o disposto em regra especial.

§ 4º Para aferição da tempestividade do recurso remetido pelo correio, será considerada como data de interposição a data de postagem.

§ 5º Excetuados os embargos de declaração, o prazo para interpor os recursos e para responder-lhes é de 15 (quinze) dias.

§ 6º O recorrente comprovará a ocorrência de feriado local no ato de interposição do recurso.

Prazo para interposição do recurso

Conforme estabelece o §5º do art. 1.003 do atual C.P.C., executados os embargos de declaração, o prazo para interpor e para responder os recursos é de 15 (quinze) dias.

O prazo para a interposição do recurso contar-se-á: a) da data em que os advogados, a sociedade de advogados, a advocacia Pública, a Defensoria Pública ou o Ministério Público são intimados da decisão; b) se a decisão for proferida em audiência, os sujeitos indicados no item a) serão considerados intimados a partir da data da audiência (§1º do art. 1.003 do atual C.P.C.). Assim, sendo a decisão proferida na audiência de instrução e julgamento, a partir desta data começa correr o prazo para a interposição do recurso.

Em se tratando de intimação do Ministério Público, Advocacia Pública ou da Defensoria Pública, o prazo para interposição do recurso começa a correr a partir da data da intimação pessoal.

Em todas essas hipóteses, em regra geral, o prazo conta-se da data da intimação da decisão, seja em audiência, seja por diário oficial físico ou eletrônico, seja pessoal.

Em se tratando de litisconsortes que tenham diferentes procuradores, de escritório de advocacia distintos, o prazo para recorrer será contado em dobro, nos termos do art. 229 do atual C.P.C. , salvo na hipótese de processo eletrônico.

O prazo em dobro será observado mesmo que um dos corréus seja considerado revel. Nesse sentido é o seguinte precedente do S.T.J.:

> *1. Em caso de litisconsórcio entre dois corréus, o prazo deverá ser contado em dobro, mesmo que um deles seja revel, deixando de apresentar contestação. Precedentes.*
>
> *2. Agravo Regimental improvido.*
>
> (AgRg no REsp 1344103/SP, Rel. Ministro SIDNEI BENETI, TERCEIRA TURMA, julgado em 23/10/2012, DJe 07/11/2012)

Porém, conforme entendimento pacífico do Superior Tribunal de Justiça, se a decisão recorrida é prejudicial aos litisconsortes, mas apenas um recorre, o prazo em dobro existe apenas em relação ao prazo do primeiro recurso, mas passa a ser simples para os recursos posteriores. Nesse sentido é a seguinte decisão:

> *Agravo regimental no recurso especial – ação ordinária – contrato de compra e venda de gás natural – litisconsórcio – art. 191 do cpc – prazo em dobro para recorrer – inaplicabilidade, na espécie – apelação interposta apenas por um dos litisconsortes – desfazimento do litisconsórcio – prazo simples – precedentes – recurso especial intempestivo – negado provimento ao agravo regimental.*
>
> (AgRg no REsp 1288106/MS, Rel. Ministro MASSAMI UYEDA, TERCEIRA TURMA, julgado em 20/11/2012, DJe 29/11/2012)

Também não será considerado o prazo em dobro para os litisconsortes, quando algum dos litisconsortes não for sucumbente em face da decisão recorrida. Nesse sentido é o seguinte precedente do S.T.J.:

> *1. O prazo em dobro para recorrer se aplica quando os litisconsortes, com diferentes procuradores, sucumbirem diante da decisão recorrida. Não havendo interesse recursal por um dos litisconsortes, por não haver sucumbência, não incide a regra do art. 191 do Código de Processo Civil.*
>
> *2. Agravo Regimental improvido.*
>
> (AgRg no AREsp 218.330/PR, Rel. Ministro SIDNEI BENETI, TERCEIRA TURMA, julgado em 23/10/2012, DJe 09/11/2012)

Quando a parte for o Ministério Público, a Defensoria Pública, a União, os Estados, o Distrito Federal, os Municípios e suas respectivas autarquias e fundações de direito público, conforme estabelecem, respectivamente, os arts. 180, 186 e 183 do atual C.P.C., a contagem do prazo para recorrer será em dobro.

Os prazos contra o revel que não tenha patrono nos autos correrão a partir da publicação do ato decisório no órgão oficial (art. 346 do atual C.P.C.). Trata-se de inovação importante, pois mesmo que haja revelia, os prazos contra o revel fluirão a partir da publicação do ato decisório no órgão oficial e não da data da audiência de leitura da decisão, salvo se, quando da leitura da decisão em audiência, este já estava representado por meio de advogado, devidamente intimado para comparecer à audiência.

A intimação é o ato pelo qual se dá ciência a alguém dos atos e dos termos do processo (art. 269 do atual C.P.C.).

Em todas as hipóteses de contagem do prazo para a interposição de recurso, os prazos serão contados, excluindo o dia do começo e incluindo o do vencimento.

Considera-se prorrogado o prazo até o primeiro dia útil, se o vencimento cair em dia em que: a) for determinado o fechamento do fórum; b) o expediente forense for encerrado antes ou iniciado depois da hora normal ou houver indisponibilidade da comunicação eletrônica (§1ºdo art. 224 do atual C.P.C.).

Considera-se como data da publicação o primeiro dia útil seguinte ao da disponibilização da informação no Diário da Justiça eletrônico (§2º do art. 224 do atual C.P.C.). A contagem do prazo terá início no primeiro dia útil que se seguir ao da publicação (§3º do art. 224 do atual C.P.C.).

Estabelece o *§2º do art. 1.003* que *se aplica o disposto no art. 231, incisos I a VI, ao prazo de interposição de recurso pelo réu contra decisão proferida anteriormente à citação.*

Conforme estabelece o art. 239 do atual C.P.C., para validade do processo é indispensável a citação do réu ou do executado, ressalvadas as hipóteses de indeferimento da petição inicial ou de improcedência liminar do pedido.

Portanto, é possível que o juiz, antes da citação do réu, profira decisão de extinção do processo com ou sem resolução do mérito, especialmente nas hipóteses de indeferimento da petição inicial ou de improcedência liminar do pedido.

Porém, não obstante a extinção do processo, o réu terá direito de ser intimado da decisão que indeferiu a petição inicial ou que julgou liminarmente improcedente o pedido.

Nessa hipótese, a contagem do prazo do recurso dar-se-á de acordo com o disposto no art. 231, incis. I a VI do atual C.P.c., a saber:

Art. 231. Salvo disposição em sentido diverso, considera-se dia do começo do prazo:

I – a data de juntada aos autos do aviso de recebimento, quando a citação ou a intimação for pelo correio;

II – a data de juntada aos autos do mandado cumprido, quando a citação ou a intimação for por oficial de justiça;

III – a data de ocorrência da citação ou da intimação, quando ela se der por ato do escrivão ou do chefe de secretaria;

IV – o dia útil seguinte ao fim da dilação assinada pelo juiz, quando a citação ou a intimação for por edital;

V – o dia útil seguinte à consulta ao teor da citação ou da intimação ou ao término do prazo para que a consulta se dê, quando a citação ou a intimação for eletrônica;

VI – a data de juntada do comunicado de que trata o art. 232 ou, não havendo esse, a data de juntada da carta aos autos de origem devidamente cumprida, quando a citação ou a intimação se realizar em cumprimento de carta;

Preconiza o *§ 3º do art. 1.003* do atual C.P.C. que *no prazo para interposição do recurso, a petição será protocolada em cartório ou conforme as normas de organização judiciária, ressalvado o disposto em regra especial.*

Este preceito normativo é resquício de processo físico ou em papel, em que a petição do recurso deveria ser protocolizada em cartório.

Porém, tendo em vista a virtualização do processo eletrônico, o protocolo da petição do recurso também será virtual, devendo ser feito no próprio sistema do Pje.

A petição deverá ser protocolizada, seja em cartório, seja no Pje, no prazo para a interposição do recurso. Se for protocolizada além do prazo estipulado para a interposição do recurso, este será considerado intempestivo.

Note-se que em se tratando de processo físico, o protocolo deverá ser realizado no horário estabelecido pelo C.P.C. ou pela norma de organização judiciária. Já em relação ao processo eletrônico, o protocolo poderá ser realizado até à meia noite do último dia do prazo.

Na hipótese de agravo de instrumento, a petição de recurso deverá ser protocolizada na secretaria do tribunal, podendo ser realizada no protocolo descentralizado ou integralizado.

Aduz o *§ 4º do art. 1.003* do atual C.P.C. para *aferição da tempestividade do recurso remetido pelo correio, será considerada como data da interposição a data da postagem.*

Este dispositivo permite que o recurso possa ser remetido pelo correio, como, por exemplo, o recurso de agravo de instrumento.

Nesse caso, considera-se como data de sua interposição a da postagem.

Diante dessa disposição legal, fica superada a Súmula n. 216 do S.T.J. que assim estabelecia: *A tempestividade de recurso interposto no Superior Tribunal de Justiça é aferida pelo registro no protocolo da secretaria e não pela data da entrega na agência do correio.*

Estabelece o *§ 5º do art. 1.003* do atual C.P.c. *que excetuados os embargos de declaração, o prazo para interpor os recursos e para responder-lhes é de 15 (quinze) dias.*

O exercício do direito de impugnação ou de recurso de uma decisão deve advir dentro de um prazo peremptório, previsto pela norma jurídica.

Este prazo é preclusivo e não pode ser prorrogado por acordo das partes.

Porém, por acordo das partes é possível reduzir o prazo peremptório, conforme estabelece o art. 222, §1º, do atual C.P.C., a saber: ao juiz é vedado reduzir prazos peremptórios sem anuência das partes.

Por sua vez, preconiza o art. 222, caput, e §2º, do atual C.P.C.:

> *Art. 222. Na comarca, seção ou subseção judiciária onde for difícil o transporte, o juiz poderá prorrogar os prazos por até 2 (dois) meses.*

(...)

§ 2º Havendo calamidade pública, o limite previsto no caput para prorrogação de prazos poderá ser excedido.

No C.P.C. de 1939 havia grande diversidade de prazos para interposição de recurso. O prazo da apelação seria de quinze dias (art. 823), o prazo dos embargos de nulidade e infringentes, recurso de revista etc seria de dez dias (art. 834);

O art. 508 do C.P.C. de 1973, com a redação dada pela Lei 8.950, de 13.12.1994, estabelecia o prazo de quinze dias para a apelação, embargos infringentes, recurso ordinário, recurso especial, recurso extraordinário e embargos de divergência. Por sua vez, o art. 522 do C.P.C. de 1973, com a redação dada pela lei 11.187, de 2005, estabelecia o prazo de 10 (dez) dias para a interposição do agravo retido ou de instrumento.

O novo C.P.C. houve por bem unificar os prazos para a interposição e para a resposta de recurso, estabelecendo o *prazo uniforme de 15 (quinze) dias, salvo em se tratando de embargos de declaração, cujo prazo continua a ser de 5 (cinco) dias* nos termos do art. 1.023 do atual C.P.C. Assim, o prazo do agravo de instrumento que era de 10 (dez) dias sob a égide do C.P.C. de 1973 passou a ser de 15 (quinze) dias a partir do novo C.P.C.

Terão prazo idêntico o recorrente assim como o recorrido, ou seja, como regra geral o prazo de quinze dias para cada um.

O recurso adesivo será interposto no mesmo prazo que a parte dispõe para recorrer, no caso, quinze dias.

Preceitua o *§6º do art. 1.003* do atual C.P.C. que *o recorrente comprovará a ocorrência de feriado local no ato de interposição do recurso.*

Os atos processuais serão realizados em dias úteis, das seis às vinte horas.

Quando o ato tiver que ser praticado em determinado prazo por meio de petição, esta deverá ser apresentada no protocolo dentro do seu horário de funcionamento, nos termos da lei de organização judiciária local.

Já os atos processuais eletrônicos serão praticados em qualquer horário.

Durante as férias forenses, onde as houver, e nos feriados não se praticarão atos processuais Além dos declarados em lei, são feriados, para efeito forense, os sábados e os domingos e os dias em que não haja expediente forense.

Na contagem de prazo em dias, estabelecido pela lei ou pelo juiz, computar-se-ão somente os úteis (art. 219 do novo C.P.C.).

Salvo disposição em contrário, os prazos serão contados excluindo o dia do começo e incluindo o do vencimento.

Os prazos terão início no primeiro dia útil após a publicação.

Diante dessas considerações normativas, pode ocorrer que haja algum feriado local durante o início, transcurso ou término do prazo para a interposição de recurso.

Como os tribunais não têm condições de saber da ocorrência dos diversos feriados existentes em todo o território brasileiro, caberá ao recorrente, com o intuito de demonstrar a tempestividade do seu recurso, comprovar a existência de feriado local.

Art. 1.004

Se, durante o prazo para a interposição do recurso, sobrevier o falecimento da parte ou de seu advogado ou ocorrer motivo de força maior que suspenda o curso do processo, será tal prazo restituído em proveito da parte, do herdeiro ou do sucessor, contra quem começará a correr novamente depois da intimação.

Falecimento da parte ou de seu advogado ou ocorrência de força maior durante o prazo para interposição do recurso

O prazo para a interposição de recurso pode ser suspenso ou interrompido, dependendo do fato ensejador da suspensão ou interrupção.

Ocorrendo a suspensão, a fluência do prazo cessa temporariamente, recomeçando pelo prazo que faltar.

Já na interrupção, o prazo começa a fluir por inteiro.

As hipóteses de suspensão ou interrupção do prazo recursal são aquelas expressamente previstas na norma jurídica, justamente pelo fato de que esse prazo é peremptório.

As circunstâncias que determinam a suspensão do prazo recursal são as seguintes: a) superveniência de férias (art. 213 do atual C.P.C.); b) pelo recesso compreendido entre 20 dezembro e 20 de janeiro (art. 220 do atual C.P.C.); c) quando for criado obstáculo ilegítimo pela parte (art. 221 do atual C.P.C.), pelo próprio juízo ou por terceiro (exemplo, greve no judiciário); d) pela arguição de impedimento ou suspeição (art. 313, inc. III do atual C.P.C.); f) pela admissão de incidente de resolução de demandas repetitivas (art. 313, inc. IV do atual C.P.C.); g) pela perda da capacidade processual de qualquer das partes; h) nas outras hipóteses previstas em lei.

Muito embora o art. 313, inc. I, do atual C.P.C., estabeleça que a morte ou perda da capacidade processual de qualquer das partes, de seu representante legal ou de seu procurador acarrete a suspensão do processo, o certo é que o art. 1.004 do atual C.P.C. não adota a mesma postura em relação ao transcurso do prazo para recurso. Este dispositivo estabelece que nessas hipóteses haverá interrupção do prazo recursal.

Da mesma forma ocorre na hipótese de motivo de força maior. Muito embora o motivo de força maior leve à suspensão do processo, nos termos do art. 313, inc. VI, do atual C.P.C., para efeito de prazo recursal, essa hipótese levará à interrupção do prazo, nos termos do art. 1.004 do atual C.P.C.

Casos de interrupção do prazo recursal, nos termos do art. 1.004 do atual C.P.C.: a) falecimento da parte; b) falecimento do advogado da parte; h) por motivo de força maior (art. 313, inc. VI, do atual C.P.C.).

Nas hipóteses estabelecidas no art. 1.004 do atual C.P.C., o prazo será restituído em proveito da parte, do herdeiro ou do sucessor, contra quem começará a correr novamente depois da intimação.

Para Theotônio Negrão et au, a restituição do prazo é pelo restante, e não total, fazendo referência ao art. 219 do C.P.C. de 1973 que corresponde ao atual art. 221.[821]

Já para Barbosa Moreira, *"a redação do atual art. 507 (do C.P.C. de 1973) é ligeiramente diferente: em vez de 'restabelecido', diz-se agora 'restituído', como no art. 180 (do C.P.C. de 1973), que concerne à suspensão. Entretanto, no último dispositivo citado, ao contrário do que ocorre no art. 507 (do C.P.C. de 1973), há a cláusula restritiva: 'por tempo igual ao que faltava para a sua complementação' – na qual, precisamente, está caracterizada 'suspensividade'. Por outro lado, subsiste no texto ora comentado a expressão 'começará a correr novamente', que sugere o desaproveitamento do lapso acaso decorrido antes. A oração 'que suspenda o curso do processo' não induz à conclusão oposta: inexiste incompatibilidade entre suspender-se o curso do processo e interromper-se o prazo para recorrer. Parece-nos, destarte, que se continua diante de hipótese de 'interrupção'"*.[822]

Razão assiste a Barbosa Moreira quando aduz que as hipóteses previstas no art. 1.004 do atual C.P.C. levam à interrupção do prazo recursal. Pense-se na situação de falecimento do advogado da parte no último dia do prazo para interpor recurso contra a decisão. Não teria sentido computar-se o prazo enquanto o advogado estivesse vivo, pois desapareceria todo o estudo por ele realizado para exercer com efetividade o contraditório e a ampla defesa de seu cliente. Assim, o prazo deverá ser restituído por interior ao novo advogado, a fim de que ele possa se inteirar do processo e defender o seu cliente com efetividade.

821 Negrão, Theotônio; Govêa, José Roberto F.; Bondioli, Luis Guilherme A.; Fonseca, Francisco N. *Processo civil e legislação processual em vigor.* 44ª ed. São Paulo: Editora Saraiva, 2012. p. 642.

822 Barbosa Moreira, J. C., op. cit., p. 347.

Muito embora o art. 1.004 tenha mencionado apenas o falecimento do advogado, deve-se aplicar por analogia esse dispositivo também às hipóteses de perda da capacidade do advogado ou em razão de suspensão do exercício da atividade de advocacia.

Já a doença do advogado não constitui motivo de força maior, a menos que ele, em razão da doença, não possa substabelecer a procuração (STF, RTJ 72/221; 96/634, 111;702 e RT 615/241).

Também será caso de interrupção do prazo recursal a superveniência do falecimento da parte ou ocorrer motivo de força maior.

Ocorrendo a morte da parte, será o prazo recursal restituído ao herdeiro ou ao sucessor habilitado no processo.

Também na hipótese de força maior, como o incêndio causado nas dependências da Justiça em razão de raio ou fato criminoso.

A greve de servidores não caracteriza força maior, mas caso fortuito, razão pela qual deve ser considerada como causa suspensiva do prazo recursal, devendo o prazo ser restituído pelo que faltar, salvo se for comprovado que em razão da greve o advogado não teve possibilidade de ter acesso ao processo durante o prazo do recurso.

Contudo, se o advogado já se encontrava na posse do processo durante o prazo recursal, advindo a greve, a contagem do prazo será pelo restante do prazo que faltava para expirar o prazo recursal. Nesse sentido é o seguinte precedente do S.T.J.:

1. O STJ possui o entendimento de que, em caso de greve, a publicação do ato administrativo que dá ciência do fim da suspensão dos prazos processuais implica intimação do novo início do prazo.

2. Nos termos do art. 184 do Código de Processo Civil, deve ser excluído da computação o dia do início do prazo recursal.

3. Hipótese em que a intimação da penhora ocorreu em 22 de julho de 2003, durante movimento paredista dos servidores do Poder Judiciário.

4. O Tribunal de origem consignou que a Portaria 3/2003, publicada em 13 de agosto de 2003, comunicou o restabelecimento do curso dos prazos processuais.

5. Em consequência, diante da publicação no dia 13 de agosto, o reinício do prazo para ajuizamento dos Embargos à Execução Fiscal deve ser computado a partir do primeiro dia útil imediato, no caso, 14 de agosto de 2003 (quinta-feira), encerrando-se em 12 de setembro de 2003.

6. Correto, portanto, o acórdão que julgou intempestivos os Embargos ajuizados em 13 de setembro de 2003.

7. Agravo Regimental não provido.

(AgRg no AREsp 109.199/BA, Rel. Ministro HERMAN BENJAMIN, SEGUNDA TURMA, julgado em 24/04/2012, DJe 25/05/2012)

Porém, o S.T.J. vem entendendo que a greve nos correios não configura justificativa plausível para suspender o prazo recursal. Nesse sentido é o seguinte precedente:

1. "É inexistente o recurso interposto via fax se a parte não providenciar a juntada dos originais em juízo, em razão da responsabilidade que lhe é atribuída pelo art. 4º, caput, parte final, da Lei 9.800/1999" (AgRg nos EREsp 1.049.863/SP, Rel. Min. João Otávio de Noronha, Corte Especial, DJe 22.5.2012).

2. In casu, a decisão do Relator foi publicada em 11.9.2012.

Inconformado, o agravante interpôs Agravo Regimental via fax em 21.9.2012. O prazo para que apresentasse a peça original encerrou-se em 26.9.2012; o recurso, porém, só foi protocolizado em 27.9.2012, fora, portanto, do prazo de cinco dias previsto no art. 2º da Lei 9.800/1999.

3. A Corte Especial do STJ firmou entendimento de que a greve dos Correios não configura justa causa hábil para excluir o requisito da tempestividade recursal.

4. Embargos de Declaração rejeitados.

(EDcl no AgRg no AREsp 222.142/RJ, Rel. Ministro HERMAN BENJAMIN, SEGUNDA TURMA, julgado em 18/12/2012, DJe 15/02/2013)

A interrupção do prazo recursal se dá no momento em que ocorre o evento que a ensejou. No caso de óbito da parte ou do advogado, a interrupção dar-se-á na data do óbito constante da respectiva certidão e devidamente comunicado ao juiz do processo.

Falecendo a parte, o juiz suspenderá o processo, nos termos do art. 313, inc. I, a fim de que seja realizada a habilitação dos herdeiros e sucessores. Preclusa a decisão de habilitação, inicia-se o prazo recursal da decisão proferida.

Falecendo o procurador, o juiz marcará prazo de quinze dias, a fim de que a parte constitua novo mandatário. Nomeado novo advogado, este será intimado do prazo para eventual recurso.

Sendo caso de suspensão do processo por motivo de força maior, cabe ao órgão judiciário proferir decisão suspendendo o processo. Afastada a força maior, deverá ser intimado o advogado sobre a restituição integral do prazo, salvo se o processo já se encontrava em mãos do advogado quando da ocorrência da força maior, fato esse que ensejará a restituição do prazo faltante.

Conforme anota Barbosa Moreira, sob a égide do C.P.C. de 1939, firmou-se na doutrina a tese de que o falecimento só operava a interrupção do prazo recursal, quando se tratasse da parte interessada em recorrer, ou do seu advogado (Pontes de Miranda e Sergio Bermudes). Sob a égide do C.P.C. de 1973, o processo suspendia-se pela morte de qualquer das partes ou de seus advogados, não fazendo qualquer discriminação.

O art. 314 do atual C.P.C. é expresso ao estabelecer que durante a suspensão do processo é vedado praticar qualquer ato processual (exceto de urgência). Por isso, *"embora se negue, pois, o efeito previsto no art. 507 ao falecimento de parte que não tivesse interesse em recorrer, ou do respectivo procurador, a verdade é que a suspensão do processo, sempre ocorrente, bastará para obstar à fluência do prazo de interposição. A outra parte, realmente, ainda que o queira, não poderá, enquanto suspenso o feito, praticar ato processual algum – nem, portanto, recorrer. A diferença é que o prazo recursal ficará 'suspenso' e não 'interrompido'"*[823]

Art. 1.005

O recurso interposto por um dos litisconsortes a todos aproveita, salvo se distintos ou opostos os seus interesses.

Parágrafo único. Havendo solidariedade passiva, o recurso interposto por um devedor aproveitará aos outros quando as defesas opostas ao credor lhes forem comuns.

Efeitos do recurso interposto por um litisconsorte

Segundo estabelece o art. 113, incisos I a III, do atual C.P.C., duas ou mais pessoas podem litigar, no mesmo processo, em conjunto, ativa ou passivamente, quando: *a) entre elas houver comunhão de direitos ou de obrigações relativamente à lide; b) entre as causas houver conexão pelo pedido ou pela causa de pedir; c) ocorrer afinidade de questões por ponto comum de fato ou de direito.*

Os litisconsortes serão considerados, em suas relações com a parte adversa, como litigantes distintos, exceto no litisconsórcio unitário, caso em que os atos e as omissões de um não prejudicarão os outros, mas os poderão beneficiar (art. 117).

Qual o motivo de se estender os efeitos de um recurso interposto por um dos litisconsortes aos outros que não recorreram? Um dos motivos é evitar decisões conflitantes sobre questões comuns de fato e de direito, impedindo-se a dualidade de regulamentação fática e jurídica de questões comuns. Por isso, se

[823] Barbosa Moreira, J. C., idem, p. 350.

apenas A se sujeitasse à decisão de grau superior, poderia acontecer que a solução do litígio, em relação a ele, viesse a diferir afinal daquela que se consagra no pronunciamento do órgão 'a quo', e que prevaleceria quanto a B e a C, caso a interposição não lhes estendesse os seus efeitos.[824]

Em se tratando de litisconsórcio comum, tal quebra de homogeneidade não tem impedimento legal. Desta feita, em se tratando de litisconsórcio comum facultativo, os litisconsortes serão considerados, em suas relações com a parte adversa, como litigantes distintos. Assim, o recurso interposto por um dos litisconsortes facultativo não prejudica nem beneficia o outro litisconsorte que não recorreu da decisão.

Porém, se litigarem conjuntamente duas ou mais pessoas, como litisconsortes unitários, a sentença de mérito deverá ser uniforme, não podendo decidir de uma forma para alguns em detrimento de outros.

O art. 1.005 do atual C.P.C. não trata do litisconsorte facultativo ou necessário, mas, sim, do litisconsórcio *unitário*.

É possível a existência de um litisconsórcio necessário, sem ser unitário. Pense-se na demanda de demarcação total de terras em que se exige a citação de todos os confinantes. Nesse caso, a decisão não haverá, necessariamente, de ser igual para todos os confinantes, não obstante sejam considerados litisconsortes necessários.

Nesse sentido, eis as seguintes decisões do S.T.J.:

> *(...).*
>
> *2. O art. 509 do Código de Processo Civil aplica-se tão somente às hipóteses de litisconsórcio unitário, não havendo espaço para incidência deste quando se trata de litisconsórcio simples, como no presente caso. Precedentes.*
>
> *3. Recurso especial improvido.*
>
> (REsp 209.336/SP, Rel. Ministra MARIA THEREZA DE ASSIS MOURA, SEXTA TURMA, julgado em 08/03/2007, DJ 26/03/2007, p. 291)

> *– O julgado que se pretende estender aos demais litisconsortes ativos se refere à fase de execução do julgado. Dessa forma, não há como se entender que se trata de litisconsórcio simples, pois, no caso dos autos, a relação jurídica que une as partes é marcada pela indivisibilidade, porquanto já definida a situação de cada servidor na ação de conhecimento. Apenas tentam os ora embargados, de forma unitária, se fazerem valer dos efeitos da decisão tomada na fase executiva.*

[824] BARBOSA MOREIRA, J. C., idem, p. 362.

– A jurisprudência desta Corte está firmada no sentido de que a formação de litisconsórcio unitário conduz à aplicação da regra prevista no art. 509 do CPC.

Embargos declaratórios recebidos como agravo regimental, ao qual se nega provimento.

(EDcl nos EDcl no REsp 519.340/SP, Rel. Ministra MARILZA MAYNARD (DESEMBARGADORA CONVOCADA DO TJ/SE), SEXTA TURMA, julgado em 10/06/2014, DJe 27/06/2014)

1. As questões de ordem pública, no caso a ilegitimidade das partes, podem ser alegadas em qualquer tempo e grau de jurisdição ordinária, podendo ser, até mesmo, conhecidas de ofício pelo juiz, o que afasta as teses de julgamento ultra petita e reformatio in pejus, levantadas pelos recorrentes.

2. O entendimento que firmemente prevalece nesta Corte é o de que o recurso produz efeitos somente ao litisconsorte que recorre, ressalvados os casos de litisconsórcio unitário, que não é o caso dos autos.

3. Agravo regimental a que se nega provimento.

(AgRg no REsp 770.326/BA, Rel. Ministro CELSO LIMONGI (DESEMBARGADOR CONVOCADO DO TJ/SP), SEXTA TURMA, julgado em 02/09/2010, DJe 27/09/2010)

Por isso, o recurso interposto por um ou alguns dos litisconsortes a todos aproveita, salvo se distintos ou opostos seus interesses. Exemplo: a) a impugnação versar sobre questão pertinente ao *mérito* da causa. Exemplo, nulidade de assembleia social; b) a impugnação versar sobre matéria diversa do mérito, mas que é de interesse de todos os litisconsortes. Ex. Em demanda proposta contra A, B e C para anular contrato em que são figurantes, rejeitando o juiz a preliminar de coisa julgada, para fazer prosseguir o feito, mediante saneamento do processo, em vez de extingui-lo desde logo, o agravo de instrumento, que A sozinho interponha, surte efeitos igualmente para B e C.[825]

Assim, *"a interposição tempestiva de recurso, por qualquer dos litisconsortes unitários, é eficaz para todos os outros, inclusive para aqueles que tenham desistido de recurso interposto, ou em relação aos quais haja ocorrido fato ordinariamente idôneo a tornar-lhes inadmissível a impugnação (escoamento inaproveitado do prazo recursal, renúncia ao direito de recorrer, aquiescência à decisão). Se não coincidem os prazos dos diversos colitigantes, porque as intimações não se fizeram na mesma data, a tempestiva interposição por um produz efeitos desde logo para os que já tenham deixado esgotar-se 'in albis' os seus*

[825] Barbosa Moreira, J. C., idem, p. 367.

próprios prazos, e passa a produzi-los para os restantes, a partir do termo final dos prazos respectivos, porventura não aproveitados...".[826]

Estabelece o *parágrafo único do art. 1.005* do atual C.P.C. que *havendo solidariedade passiva, o recurso interposto por um devedor aproveitará aos outros quando as defesas opostas ao credor lhes forem comuns.*

Inicialmente, é importante ressaltar que o legislador fez questão de tratar num parágrafo separado da *solidariedade passiva* e o efeito de extensão subjetiva da eficácia recursal, justamente porque não significa que havendo solidariedade passiva haverá também litisconsórcio unitário. É possível que numa demanda de cobrança formulada contra A e B., o juiz julgue-a procedente contra A e improcedente contra B, não havendo qualquer conflito em tal decisão, justamente porque não se trata de litisconsórcio unitário.

Segundo estabelece o art. 264 do C.c.b., há solidariedade, quando na mesma obrigação concorre mais de um credor, ou mais de um devedor, cada um com direito, ou obrigado, à dívida toda.

Quando há solidariedade *passiva*, o credor tem direito a exigir e receber de um ou de alguns dos devedores, parcial ou totalmente, a dívida comum. Se o pagamento tiver sido parcial, todos os demais devedores continuam obrigados solidariamente pelo resto (art. 275 do C.c.b.).

Havendo solidariedade passiva, o recurso interposto por um devedor aproveitará aos outros, quando as defesas opostas ao credor lhes forem comuns. Essa extensão subjetiva dos efeitos do recurso decorre da necessidade de se promover tratamento uniforme no julgamento, evitando-se contradição lógica.

Por isso, os efeitos do recurso interposto por um dos codevedores solidários estender-se-ão aos outros codevedores que estão inseridos na relação jurídica processual, desde que haja identidade de defesa em relação ao credor. Assim, a extensão subjetiva dos efeitos do recurso justifica-se para o fim de evitar a ruptura da homogeneidade no trato da questão de fato e de direito constante dos autos.

Não sendo a defesa comum entre os devedores solidários, não haverá a extensão dos efeitos, pois nesse caso cada devedor solidário será tratado isoladamente. Assim, se o devedor solidário incapaz em razão de idade interpor recurso para que seja reconhecida a prescrição da dívida em razão de prazo prescricional menor ao incapaz, o reconhecimento dessa prescrição não alcançará o litisconsorte capaz que não recorreu.

[826] Barbosa Moreira, J. C., idem, p. 369.

Porém, se o recurso disser respeito à nulidade do contrato, o recurso de um dos devedores solidários surtirá efeito em relação ao devedor que não recorreu, especialmente se no recurso for acolhida a alegação de nulidade contratual.

Art. 1.006

Certificado o trânsito em julgado, com menção expressa da data de sua ocorrência, o escrivão ou o chefe de secretaria, independentemente de despacho, providenciará a baixa dos autos ao juízo de origem, no prazo de 5 (cinco) dias.

Certificação do trânsito em julgado e baixo dos autos

Este dispositivo é resquício metodológico do C.P.C. de 1973, pois durante a vigência do C.P.C. de 1939, caberia à parte que saiu vencedora no recurso promover a baixa dos autos, pagando para esse fim as despesas correspondentes.

Porém, após o C.P.C. de 1973 tal exigência deixou de existir, pois essa incumbência é interna do próprio órgão *ad quem*. Além do mais, em se tratando de processo físico, a parte recorrente, quando da interposição do recurso, já efetuou o pagamento do porte de retorno dos autos ao juízo 'a quo'.

Julgado o recurso interposto e transitado em julgado o acórdão, o escrivão ou chefe de secretaria, mediante ato ordinatório (do qual não cabe recurso) e, independentemente de despacho do presidente do órgão ou do relator, providenciará a baixa dos autos ao juízo de origem, no prazo de cinco dias. Trata-se de um dever funcional do escrivão ou do chefe de secretaria do tribunal. O não cumprimento do prazo poderá ensejar procedimento administrativo contra o servidor.

Evidentemente que o processo físico será remetido via correio ou malote para o juiz de origem.

Em se tratando de processo eletrônico, bastará liberar os autos para o seu processamento eletrônico no juízo de origem; simples mudança de localizador.

Art. 1.007

No ato de interposição do recurso, o recorrente comprovará, quando exigido pela legislação pertinente, o respectivo preparo, inclusive porte de remessa e de retorno, sob pena de deserção.

§ 1º São dispensados de preparo, inclusive porte de remessa e de retorno, os recursos interpostos pelo Ministério Público, pela União, pelo Distrito Federal, pelos Estados, pelos Municípios, e respectivas autarquias, e pelos que gozam de isenção legal.

§ 2º A insuficiência no valor do preparo, inclusive porte de remessa e de retorno, implicará deserção se o recorrente, intimado na pessoa de seu advogado, não vier a supri-lo no prazo de 5 (cinco) dias.

§ 3º É dispensado o recolhimento do porte de remessa e de retorno no processo em autos eletrônicos.

§ 4º O recorrente que não comprovar, no ato de interposição do recurso, o recolhimento do preparo, inclusive porte de remessa e de retorno, será intimado, na pessoa de seu advogado, para realizar o recolhimento em dobro, sob pena de deserção.

§ 5º É vedada a complementação se houver insuficiência parcial do preparo, inclusive porte de remessa e de retorno, no recolhimento realizado na forma do § 4º.

§ 6º Provando o recorrente justo impedimento, o relator relevará a pena de deserção, por decisão irrecorrível, fixando-lhe prazo de 5 (cinco) dias para efetuar o preparo.

§ 7º O equívoco no preenchimento da guia de custas não implicará a aplicação da pena de deserção, cabendo ao relator, na hipótese de dúvida quanto ao recolhimento, intimar o recorrente para sanar o vício no prazo de 5 (cinco) dias.

Preparo e deserção do recurso

Dentre os documentos indispensáveis para interposição do recurso encontra-se a prova, quando exigido pela legislação pertinente, do respectivo preparo, inclusive porte de remessa e de retorno, sob pena de deserção.

O *preparo* é requisito objetivo de admissibilidade do recurso, e corresponde ao pagamento das despesas relativas ao seu processamento.

A falta de *preparo* impede o conhecimento do recurso, justamente pela falta de pagamento da taxa judiciária. Efetivamente, o preparo do recurso tem natureza tributária. Sobre o tema, eis a seguinte decisão do S.T.F.:

EMENTA: Embargos de declaração conhecidos como agravo regimental. – Esta Corte já firmou o entendimento de que não cabem embargos de declaração contra decisão monocrática, devendo eles ser conhecidos como agravo regimental. – Como resulta do artigo 24, IV, da atual Constituição, os serviços forenses continuam custeados pelas custas, que nela é expressão empregada em sentido amplo, para alcançar tanto a taxa judiciária (que é o tributo a ser cobrado para cada processo, em conformidade, as mais das vezes, com a natureza da causa ou com o seu valor, conforme estabelecido pelo legislador) quanto as custas em sentido estrito (as despesas com os atos praticados no curso do procedimento), ao contrário do que sucedia com o artigo 8º, XVII, "c", da Constituição anterior na redação dada pela Emenda nº 7/77 que a empregava em sentido restrito, distinguindo-as da taxa judiciária. – Consequentemente, o preparo para a interposição de recurso que se enquadra no conceito de custas, inclusive em sentido estrito, é devido, como determina o artigo 511 do C.P.C., em conformidade com a legislação pertinente, sem qualquer afronta ao artigo 5º, XXXIV, "a", da Constituição. Embargos de declaração conhecidos como agravo regimental, a que se nega provimento.

(AI 309883 ED, Relator(a): Min. MOREIRA ALVES, Primeira Turma, julgado em 14/05/2002, DJ 14-06-2002 PP-00143 EMENT VOL-02073-07 PP-01403)

A parte deverá comprovar não somente o *preparo* do recurso, mas também o recolhimento do porte de remessa e retorno dos autos. Esse requisito somente pode ser exigido em relação aos processos físicos, justamente em razão do transporte de um para outro lugar do processo. Em se tratando de processo eletrônico, não tem razão de ser a exigência de porte de remessa e retorno dos autos, justamente pelo fato de que não há movimentação ou transporte físico do processo. O que há é apenas a transmissão virtual e eletrônica do processo no Pje.

A sanção pela falta de preparo ou de recolhimento do porte de remessa e retorno na hipótese de processo físico, que não se confunde nem com a desistência nem com a renúncia, é a *deserção do recurso* e o consequente *trânsito em julgado ou preclusão da decisão proferida*. Por isso, quando se reconhece a deserção do recurso por falta de preparo tempestivo, a eficácia da decisão recorrida remonta ao *dies ad quem* do prazo para o preparo. Assim, decorrido *in albis* esse prazo, nesse mesmo dia a decisão terá passado em julgado.

Não se indaga se a deserção ocorreu por culpa ou dolo do recorrente.

Tendo em vista que o preparo do recurso tem natureza tributária, especificamente de taxa judiciária, a lei poderá isentar do pagamento desta taxa determinadas pessoas, especialmente os entes públicos.

Estabelece o *§1º do art. 1.007* do atual C.P.C. que *são dispensados de preparo, inclusive porte de remessa e retorno, os recursos interpostos pelo Ministério Público, pela União, pelo Distrito Federal, pelos Estados, pelos Municípios, e respectivas autarquias, e pelos que gozam de isenção legal.*

Tendo em vista que as fundações públicas apresentam características similares às autarquias, deve-se dar uma interpretação extensiva ao dispositivo, para também abranger as fundações públicas.

No âmbito da Justiça Federal, há expressa menção de isenção das fundações públicas em relação ao recolhimento das custas judiciais. Diz o art. 4ª, inc. I da Lei 9.289/96:

"Art. 4º São isentos de pagamento de custas:
I – a União, os Estados, os Municípios, os Territórios Federais, o Distrito Federal e as respectivas autarquias ***e fundações.***

Em relação aos conselhos de fiscalização de profissões regulamentadas, o parágrafo único do art. 4º da Lei 9.289/96, assim estabelece: *"A isenção prevista neste artigo não alcança as entidades fiscalizadoras do exercício profissional, nem exime as pessoas jurídicas referidas no inciso I da obrigação de reembolsar as despesas judiciais feitas pela parte vencedora.*

Além dos entes públicos indicados no §1º do art. 1.007 do atual C.P.C., há referência também àqueles que gozam de isenção legal.

No âmbito da Justiça Federal, gozam de isenção legal, segundo dispõe o art. 4º, incs. II e IV, da Lei 9.289/96, os que provarem insuficiência de recursos e os beneficiários da gratuita de justiça, bem como os autores nas ações populares, nas ações civis públicas e nas ações coletivas de que trata o Código de Defesa do Consumidor, ressalvada as hipóteses de litigância de má-fé.

A isenção de custas judiciais em execução fiscal foi também reconhecida à Fazenda Pública federal quando esta litiga na Justiça Estadual com função delegada. Nesse sentido são os seguintes precedentes do S.T.J.:

Embargos de declaração no agravo regimental no recurso especial. Execução fiscal ajuizada pela união na justiça estadual. Exercício de jurisdição delegada. Custas judiciais. Isenção. Embargos acolhidos, com efeitos infringentes. Recurso especial da fazenda nacional provido.

(EDcl no AgRg no REsp 1223379/RS, Rel. Ministro CESAR ASFOR ROCHA, SEGUNDA TURMA, julgado em 07/08/2012, DJe 15/08/2012)

1. Quanto às custas efetivamente estatais, goza a Fazenda Pública Federal de isenção, devendo apenas, quando vencida, ressarcir as despesas que tiverem sido antecipadas pelo particular.

2. Ainda que se trate de execução fiscal promovida pela União perante a Justiça Estadual, subsiste a isenção referente às custas processuais e emolumentos.

3. A isenção do pagamento de custas e emolumentos e a postergação do custeio das despesas processuais (artigos 39 da Lei 6.830/80 e 27 do CPC), privilégios de que goza a Fazenda Pública, não dispensam o pagamento antecipado das despesas com o transporte dos oficiais de justiça ou peritos judiciais, ainda que para cumprimento de diligências em execução fiscal ajuizada perante a Justiça Federal.

4. Matérias julgadas sob o rito do art. 543-C do CPC e da Resolução STJ nº 08/2008.

5. Recurso especial provido.

(REsp 1267201/PR, Rel. Ministro CASTRO MEIRA, SEGUNDA TURMA, julgado em 03/11/2011, DJe 10/11/2011).

É importante salientar que a função delegada prevista no art. 15, inc. I, da Lei 5.010 de 1966, referente aos executivos fiscais da União e de suas respectivas autarquias, foi revogada pela Lei 13.043 de 2014.

Aduz o *§ 2º do art. 1.007* do atual C.P.C. que a *insuficiência no valor do preparo, inclusive porte de remessa e de retorno, implicará deserção se o recorrente, intimado na pessoa de seu advogado, não vier a supri-lo no prazo de 5 (cinco) dias.*

Este dispositivo vem reforçar o princípio da *instrumentalidade das formas*, pois não haveria sentido ser a deserção do recurso declarada de plano caso a comprovação do recolhimento das custas ou do porte de remessa ou de retorno não fosse apresentada juntamente com a petição de recurso.

Agora, a deserção do recurso somente será declarada se o recorrente, *intimado*, não vier a suprir a irregularidade no prazo de cinco dias.

Portanto, se não houver comprovação do preparo do recurso ou do porte de remessa e retorno juntamente com a petição do recurso, deve o magistrado determinar a intimação do recorrente para comprovar o recolhimento desses valores no prazo de cinco dias. Somente após expirado o prazo de cinco dias, e não havendo comprovação da supressão da irregularidade, é que será declarado deserto o recurso.

Preconiza o *§ 3º do art. 1.007* do atual C.P.C. que *é dispensado o recolhimento do porte de remessa e retorno no processo em autos eletrônicos.*

Em se tratando de processo eletrônico, não tem razão de ser a exigência de porte de remessa e retorno dos autos, justamente pelo fato de que não há movimentação ou transporte físico do processo. O que há é apenas a transmissão virtual e eletrônica do processo no Pje.

Estabelece o *§ 4º do art. 1.007* do atual C.P.C. que *o recorrente que não comprovar, no ato de interposição do recurso, o recolhimento do preparo, inclusive porte de remessa e retorno, será intimado, na pessoa de seu advogado, para realizar o recolhimento em dobro, sob pena de deserção.*

Nos termos do §2º do art. 1.007 do atual C.P.C., quando houver recolhimento a menor do preparo ou do porte de remessa e retorno, o recorrente será intimado para, no prazo de cinco dias, complementar o valor normal, sob pena de deserção do recurso.

Porém, se o recorrente não comprovar o recolhimento do preparo e do porte de remessa retorno no ato de interposição do recurso, ele será intimado, na pessoa de seu advogado, para no prazo de cinco dias comprovar que realizou o recolhimento *em dobro*, sob pena de deserção.

Tenho para mim que se o recorrente comprovar, no ato da interposição do recurso o preparo, mas não comprovar o recolhimento do porte de remessa e retorno, não será obrigado a recolher em dobro, mas apenas, no prazo de cinco dias, comprovar o recolhimento normal do porte de remessa e retorno.

Preceitua *o § 5º do art. 1.007* do atual C.P.C. que *é vedada a complementação se houver insuficiência parcial do preparo, inclusive porte de remessa e de retorno, no recolhimento realizado na forma do § 4º*.

Assim, nos termos do §4º, o recorrente somente será intimado para comprovar, no prazo de cinco dias, que fez o recolhimento *em dobro* do preparo ou do porte de remessa e retorno.

Se ao comprovar o recolhimento em dobro, houver constatação de que o recolhimento foi parcial, o recurso será declarado deserto, não havendo nova chance para complementação do valor.

Aduz o *§ 6º do art. 1.007* do atual C.P.C que *provando o recorrente justo impedimento, o relator relevará a pena de deserção, por decisão irrecorrível, fixando-lhe prazo de 5 (cinco) dias para efetuar o preparo.*

É possível que o recorrente não tenha realizado o preparo do recurso em face de *justo impedimento*, como, por exemplo, encerramento antecipado do expediente bancário ou greve dos funcionários de instituição financeira. Nesse caso, provando o recorrente tais impedimentos, o juiz relevará a pena de deserção que fora anteriormente decretada, fixando ao recorrente o prazo cinco dias para efetuar o preparo.

Por fim, estabelece o *§ 7º do art. 1.007* do atual C.P.C. que *o equívoco no preenchimento da guia de custas não implicará a aplicação da pena de deserção, cabendo ao relator, na hipótese de dúvida quanto ao recolhimento, intimar o recorrente para sanar o vício no prazo de 5 (cinco) dias.*

Encontra-se nesse dispositivo uma forte inclinação do legislador do atual C.P.C. em privilegiar o princípio da *instrumentalidade das formas*.

É muito comum, especialmente em razão de diversos códigos existentes nas redes bancárias e na própria Receita Federal, que o recorrente, sem qualquer má-fé, cometa erros de preenchimento da guia de recolhimento das custas recursais.

Tratando-se de simples equívoco no preenchimento de guia, seja em relação ao código, seja em relação ao número do processo ou de indicação do motivo do recolhimento, o relator não aplicará a pena de deserção do recurso. Nessa hipótese, havendo dúvida quanto ao recolhimento das custas, o relator intimará o recorrente para sanar o vício no prazo de cinco dias ou solicitará informações ao órgão arrecadador.

Art. 1.008

O julgamento proferido pelo tribunal substituirá a decisão impugnada no que tiver sido objeto de recurso.

Substituição da decisão impugnada

Dentro de um critério lógico e razoável de hierarquia processual na análise de correção de *error in judicando* ou *error in procedendo* de decisões proferidas nos processos jurisdicionais, não poderia ser diferente a redação do presente dispositivo.

Submetida a decisão do juízo 'a quo' ao órgão 'ad quem', a decisão proferida pelo segundo órgão jurisdicional substituirá o conteúdo decisório da decisão proferida pelo primeiro órgão jurisdicional.

Assim, o acórdão do tribunal substituirá a sentença ou a decisão interlocutória proferida pelo juízo de primeiro grau.

Porém, poderá ocorrer que um acórdão substitua outro acórdão. É o caso do julgamento proferido pelos Tribunais Superiores contra acórdão proferido por tribunais de apelação.

O fundamento para tal substituição sequencial de decisões, segundo ensinamento de Barbosa Moreira, decorre do fato de que *"a decisão sujeita a recurso é ato que, reúna embora todos os requisitos de validade, não tem ainda eficácia, salvo nos limites em que a lei, por exceção, lhe permita surtir algum efeito desde logo (assim, v.g., a exequibilidade em caráter provisório). Ela virá a tornar-se eficaz se e quando transitar em julgado. Fica, pois subordinada à condição legal suspensiva de que 'não' advenha, sobre a matéria, decisão de grau superior. A condição verifica-se no momento de que seja proferida tal decisão"*.[827]

Contudo, diante da nova sistemática dos recursos no processo civil, a condição que se verifica, em regra, não é suspensiva, mas, sim, resolutiva pois os recursos, em regra geral, não terão efeito suspensivo. A condição resolutiva da decisão

[827] Barbosa Moreira, J. C., idem, p. 377.

do juízo 'a quo' implementar-se-á se a decisão do juiz 'ad quem' for contrária ao que fora anteriormente decidido.

Na hipótese de não existir recurso, ou se não tiver sido admitido, ou houver renúncia ou desistência do recurso já interposto, a condição resolutiva não mais se perfectibilizará tendo em vista o trânsito em julgado ou preclusão da decisão proferida.

Havendo o segundo julgamento, o certo é que a primeira decisão jamais adquiriu a estabilidade necessária, pois enquanto pendente de recurso ela não transita em julgado, podendo ser substituída por outra advinda do órgão *ad quem*.

Por sua vez, quando o dispositivo afirma que o julgamento do tribunal substitui a sentença ou a decisão interlocutória, assim o faz naquilo que foi *objeto do recurso*, e desde que o tribunal tenha conhecido do recurso pelo seu mérito.

Quando o tribunal não analisa o mérito ou quando determinado capítulo da decisão autônomo ou independente não fora objeto do recurso, evidentemente, não haverá substituição integral da sentença ou da decisão interlocutória proferida pelo juízo 'a quo'.

A substituição de decisão ocorre quando se dá ou se nega provimento ao recurso, ou seja, quando o tribunal confirma ou reforma a decisão anterior. Nada importa que o conteúdo da decisão do tribunal seja idêntico ao da sentença, haverá substituição de decisão, segundo a ótica de Barbosa Moreira.[828]

A substituição poderá ser total ou parcial. A substituição será total se, tendo o recurso atacado toda a decisão, o órgão 'ad quem' lhe dá provimento por inteiro. Será parcial a substituição se provido *parcialmente* o recurso.[829]

Um dos importantes efeitos da substituição da decisão, é que somente a segunda decisão transitará em julgado e não a primeira, mesmo que esta tenha sido simplesmente confirmada pelo juízo 'ad quem'. O trânsito em julgado, portanto, não ocorre da intimação da primeira decisão, mas, sim, da intimação da segunda decisão.

Por fim, deve-se salientar que quando o órgão 'ad quem' analisa recurso em que se alega o *error in procedendo* da decisão recorrida, não haverá substituição de decisões, pois, em regra, o órgão 'ad quem', ao analisar o *error in procedendo,* anula a decisão anterior, determinando que outra seja proferida. Nessa hipótese, se o órgão 'ad quem' acolhe o recurso interposto, limita-se a *cassar a sentença* ou *a decisão interlocutória* ou, ainda, *o acórdão anterior.*

828 Barbosa Moreira, J. C., idem, p. 380.
829 Barbosa Moreira, J. C., idem, p. 380.

CAPÍTULO II – Da Apelação

Art. 1.009

Da sentença cabe apelação.

§ 1º As questões resolvidas na fase de conhecimento, se a decisão a seu respeito não comportar agravo de instrumento, não são cobertas pela preclusão e devem ser suscitadas em preliminar de apelação, eventualmente interposta contra a decisão final, ou nas contrarrazões.

§2º Se as questões referidas no §1º forem suscitadas em contrarrazões, o recorrente será intimado para, em 15 (quinze) dias, manifestar-se a respeito delas.

§ 3º O disposto no caput deste artigo aplica-se mesmo quando as questões mencionadas no art. 1.015 integrarem capítulo da sentença.

Sumário:

1. Generalidades

Mediante uma análise do processo civil moderno, não se pode esquecer que em toda sociedade contemporânea a tutela jurisdicional dos direitos decorre de uma prévia valoração do interesse da parte por intermédio do legislador, diretamente a fazer prevalecer a eficácia imediata das decisões no que concerne à estabilidade dos provimentos e à imutabilidade dos seus efeitos e, portanto, a executoriedade do objeto formado pela coisa julgada. Por isso, a dinâmica das relações jurídicas substanciais e a rapidez das transformações de elementos sociais e econômicos que a sustentam, parece exigir técnicas de tutelas jurisdicionais mais ágeis, fundadas na urgência e, portanto, diretas a obter provimento regulatório emanado em seguida a uma atividade de cognição e de procedimentos que de todo modo possam exaurir-se em tempo suficientemente breve e de tal modo a fazer conseguir a quem requer tutela vantagens reais, ou seja, resultados jurídicos e práticos, imediatos. A estabilidade dos efeitos do provimento decisório é, sem dúvida, um 'valor', mas para as partes, parece inserir-se, pelo menos usualmente a um grau de apetite menor em relação à realização da primeira das exigências acima indicadas e o objetivo primário resta aquele de conseguir um resultado juridicamente apreciável.[830]

[830] Comoglio, Luigi Paolo; Ferri, Corrado; Taruffo, Michele. *Lezioni sul processo civile.* Il processo ordinario di cognizione. Bologna: Il Mulino, 2006. p. 611.

Por isso, em busca desse resultado juridicamente apreciável, é que a Constituição Federal, assim como as leis ordinárias, garante à parte sucumbente uma nova apreciação da causa perante outro órgão julgador de segundo grau.

Daí porque o apelo é uma impugnação de *crítica livre*, pertencente à categoria das impugnações ordinárias, sendo também um meio de gravame, pois serve para introduzir uma fase no processo, de segundo grau, na qual pode haver lugar um novo exame da causa. A parte sucumbente propõe, novamente, perante o exame de um juiz de segundo grau as questões já tratadas e discutidas na primeira fase do juízo. A decisão de segundo grau, seja que confirme inteiramente ou que reforme a sentença objeto da impugnação, é destinada a substituir a decisão de primeiro grau, determinando um novo regramento sobre a relação substancial controvertida. Assim, o apelo é, portanto, uma impugnação com caráter substitutivo.[831]

No ordenamento jurídico brasileiro, o apelo decorre do princípio do *duplo grau de jurisdição*, pois não teria sentido a Constituição Federal criar tribunais de justiça, federais, de trabalho e eleitorais, sem que a lei ordinária permitisse o acesso de recursos a esses tribunais.

Poder-se-ia indagar se seria constitucional a eliminação de todo e qualquer recurso de apelo contra as decisões de primeiro grau. Evidentemente, tal medida seria inquestionavelmente inconstitucional, pois impediria a interposição de recurso de apelação perante os tribunais próprios de apelação, ferindo desta forma o princípio do *duplo grau de jurisdição*. Portanto, esse princípio do *duplo grau de jurisdição* não se aplica apenas aos recursos extraordinários ou especiais, pois a existência geral do recurso de apelação decorre deste princípio de natureza constitucional. Segundo anotam Comoglio, Ferri e Taruffo: *"o princípio do duplo grau de jurisdição constitui uma elaboração técnica consequente para a análise do apelo; de fato, se o apelo é meio de gravame não subordinado à existência de vícios taxativamente estabelecidos e é portanto um geral remédio contra a sentença injusta, se deve concluir que nisso atua o princípio do duplo grau de jurisdição. Por força desse princípio, toda controvérsia deve poder passar, salvo casos excepcionais, através de dois graus de exame dos fatos e do direito por parte do juiz."*.[832]

Porém, a doutrina, assim como a jurisprudência, há colocado em evidência como esse princípio do duplo grau de jurisdição não exige que toda singular questão venha a ser examinada e decidida duas vezes, pois é a complexidade da controvérsia que deve ditar a necessidade de que ela se sujeita ao duplo grau de jurisdição.

[831] Comoglio, L. P.; Ferri, C.; Taruffo, M., idem, p. 612.
[832] Comoglio, L. P.; Ferri, C.; Taruffo, M.; idem, p. 612.

Na realidade, o núcleo central do problema diz respeito ao quesito fundamental se o duplo grau de jurisdição possa efetivamente elevar-se a uma categoria de princípios de natureza constitucional do processo, ou constitui uma simples diretiva para o legislador ordinário.

Há vozes, inclusive, que entendem que o duplo grau de jurisdição não é elevado a um grau de princípio constitucional, salvo em se tratando de recurso extraordinário ou especial.

Pode-se observar, igualmente, com base no direito positivo, que em algumas hipóteses o apelo não atua segundo o princípio do duplo grau de jurisdição, mas se limita a assegurar um julgamento em apenas um único grau. Isso ocorre quando o tribunal de apelação atua como se fosse um tribunal de cassação, ou seja, quando se reconhece uma nulidade na sentença de primeiro grau ou no próprio procedimento realizado no juízo anterior, determinando-se no julgamento do apelo que a questão seja novamente apreciada pelo juízo 'a quo'.

A apelação é, sem dúvida, o principal recurso existente no sistema jurídico brasileiro, seja pelo fato de ser a primeira e direta impugnação contra a sentença, seja pelo fato de que permite a reavaliação em grau superior de questões de fato e de direito avaliadas na decisão de primeiro grau.

A jurisprudência brasileira não aceitou a alegação de que o recurso de apelação fosse decorrente do princípio do duplo grau de jurisdição, pois tem por constitucional o recurso de embargos infringentes interpostos contra decisão proferida em embargos à execução fiscal, quando o valor da causa for igual ou inferior a determinado número de OTNs.

Historicamente e com base numa análise de direito comparado do instituto, observa-se que o recurso de apelo há muitos séculos convive com regimes de todas as formas políticas e não pertence a uma concepção democrática, mas a uma concepção autoritária de organização hierárquica dos oficiais judiciários.[833]

Diversos países adotam a apelação como recurso, dentre eles Portugal, Espanha (*apelación*), França (*appel*), Itália (*appello*), Alemanha (*Berufung*), Inglaterra e EUA (*appellation*).

Todos esses institutos têm como fonte remota a *appellatio* romana, cujos traços fundamentais permanecem, não obstante os influxos e as interferências provenientes das mudanças ocorridas ao longo do tempo. No direito romano, a *appellatio* surge no período da *cognitio extra ordinem*. Era interponível apenas contra *sententia*, não contra as *interlocutiones*. Visa a obter a revisão da decisão em face de *errores in iudicando*, embora tenha sido usada em certos casos para a denúncia

[833] Comoglio, L. P.; Ferri, C.; Taruffo, M.; idem, p. 613.

de *invalidade*, e não da *injustiça* da sentença. Podiam utilizá-la as partes e os terceiros. Era interposta perante o *iudex a quo*, oralmente ou por meio de *libeli appellatorii*. O órgão inferior poderia ou não admiti-la. Do indeferimento poderia o prejudicado interpor a *appellatio* secundária para o juízo superior. Recebida que fosse, expediam-se as *litterae dimissoriae* ou *apostoli*, que o apelante se incumbia de fazer chegar ao órgão competente para o julgamento. O recurso era recebido no efeito suspensivo e devolutivo.[834]

2. Da apelação

Estabelece o *art. 1.009* do atual C.P.C. que *da sentença cabe apelação.*

O ato processual consiste em 'uma modificação da realidade' desejada pelo agente. Cada espécie de ato processual praticado pelo juiz apresenta um 'conteúdo', ou seja, a modificação material na qual o ato consiste, um 'objeto' consistente no *quid* da realidade sobre o qual aquela modificação recai, por exemplo, a admissão de uma prova objeto do pedido da parte e respectiva decisão do juiz, uma 'vontade' que é o elemento que liga o sujeito ao conteúdo do ato e uma forma, isto é, o seu modo de aparecer na realidade.[835]

Normalmente, a formatação dos atos processuais encontra-se expressa em normas legais, sendo, portanto, típicas.

Os atos do juiz, como atos processuais, são provimentos finais ou antecipatórios, isto é, manifestações imperativas de vontade (mandados, autorizações etc), ou meros atos processuais (interrogatório da parte, exame de laudo etc).

Os provimentos 'finais', ou incidem sobre o 'mérito', isto é, subministram medidas jurisdicionais de condenação, declaração, constituição, mandamental, executiva 'lato sensu' etc e, portanto, desenvolvem eficácia também fora do processo, no patrimônio das partes, ou dizem respeito somente ao processo, ao 'rito', como, por exemplo, provimentos de rejeição ou mesmo relativos à jurisdição, à competência, à legitimação etc, desenvolvendo efeitos somente sobre o processo.[836]

Em nosso ordenamento jurídico o juiz pode praticar três espécies de atos processuais: a) sentença; b) decisões interlocutórias; e c) despacho.

[834] Barbosa Moreira, José Carlos. *Comentários ao código de processo civil.* Vol. V. (art. 476 a 565). Rio de Janeiro: Forense, 1976. p. 387 a 390.

[835] Fazzalari, Elio. *Instituições de direito processual.* Trad. Elaine Nassif. Campinas: Bookseller, 2006. p. 415.

[836] Fazzalari, E., idem, ibidem.

O legislador processual brasileiro sempre preconizou um critério distintivo dos atos processuais do juiz, não com base na sua forma, mas, sim, de acordo com o seu conteúdo/finalidade.

Efetivamente, não é a forma que distingue uma sentença de uma decisão interlocutória, uma vez que uma decisão interlocutória pode ser proferida utilizando-se de todos os requisitos de uma sentença, isto é, formatada através de um relatório, fundamento e decisão. Por sua vez, há sentenças que não possuem relatório, como aquelas proferidas nos juizados especiais.

O art. 162, §1º, do C.P.C. de 1973, dizia que a sentença seria o ato do juiz que implicava alguma das situações previstas nos arts. 267 e 269 daquela Lei. (Redação dada pelo Lei nº 11.232, de 2005).

Já o novo código de processo civil define *sentença* no *§1º do art. 203*, quando estabelece *que ressalvadas as disposições expressas dos procedimentos especiais, sentença é o pronunciamento por meio do qual o juiz, com fundamento nos arts. 485 e 487, põe fim à fase cognitiva do procedimento comum, bem como extingue a execução.*

Em vários dispositivos o Código cedeu inconscientemente ao peso da tradição e referiu-se a certas decisões como *sentença*, exclusivamente pelo fato de elas se manifestarem sobre o mérito.

Assim, há sentença mesmo que não ponha fim ao processo, mas à fase cognitiva do procedimento comum ou à execução.

A sentença, segundo o §1º do art. 203 do novo C.P.C., tem por fundamento os ditames normativos dos arts. 485 e 487 do novo C.P.C que assim dispõem:

Art. 485. O juiz não resolverá o mérito quando:

I – indeferir a petição inicial;

II – o processo ficar parado durante mais de 1 (um) ano por negligência das partes;

III – por não promover os atos e as diligências que lhe incumbir, o autor abandonar a causa por mais de 30 (trinta) dias;

IV – verificar a ausência de pressupostos de constituição e de desenvolvimento válido e regular do processo;

V – reconhecer a existência de perempção, de litispendência ou de coisa julgada;

VI – verificar ausência de legitimidade ou de interesse processual;

VII – acolher a alegação de existência de convenção de arbitragem ou quando o juízo arbitral reconhecer sua competência;

VIII – homologar a desistência da ação;

IX – em caso de morte da parte, a ação for considerada intransmissível por disposição legal; e

X – nos demais casos prescritos neste Código.

Art. 487. Haverá resolução de mérito quando o juiz:

I – acolher ou rejeitar o pedido formulado na ação ou na reconvenção;

II – decidir, de ofício ou a requerimento, sobre a ocorrência de decadência ou prescrição;

III – homologar:

a) o reconhecimento da procedência do pedido formulado na ação ou na reconvenção;

b) a transação;

c) a renúncia à pretensão formulada na ação ou na reconvenção.

Parágrafo único. Ressalvada a hipótese do § 1º do art. 332, a prescrição e a decadência não serão reconhecidas sem que antes seja dada às partes oportunidade de manifestar-se.

Portanto, o fundamento da sentença é justamente o julgamento com ou sem resolução de mérito, pondo fim à fase cognitiva do procedimento comum ou extinguindo a execução.

Diante dessas considerações, pode-se dizer que a apelação é o recurso cabível contra toda e qualquer *sentença* proferida pelo juízo de primeiro grau que ponha fim à fase cognitiva do procedimento comum, bem como a que extingue a execução, tendo por fundamento as hipóteses dos arts. 485 ou 487 do atual C.P.C. É certo que o §1º do art. 203 do atual C.P.C. insere na natureza jurídica de sentença as decisões que assim são denominadas nos dispositivos que tratam do procedimento especial, mesmo que não extinguam a fase cognitiva do procedimento comum.

Caberá a apelação qualquer que seja o valor da causa, salvo em se tratando de embargos do devedor em execução fiscal. Nos termos do art. 34 da Lei 6.830/80, das sentenças de primeira instância proferidas em execuções de valor igual ou inferior a 50 (cinquenta) Obrigações Reajustáveis do Tesouro nacional – ORTN, só se admitirão embargos infringentes e de declaração.

É importante salientar que o S.T.J. não admite a aplicação do princípio da fungibilidade no caso de interposição de apelação ao invés de embargos infringentes. Nesse sentido é o seguinte precedente:

1. Contra as sentenças proferidas nas execuções fiscais cujo valor é inferior ao quantum fixado pelo art. 34, caput, da LEF, são cabíveis, apenas, embargos infringentes e de declaração.

2. O princípio da fungibilidade recursal determina o recebimento de uma espécie pela outra, desde que não haja outros óbices, como, no caso, o decurso de prazo superior àquele de que dispunha o recorrente para o manejo dos embargos de devedor.

3. Recurso especial desprovido.

(REsp 413827/PR, Rel. Ministro TEORI ALBINO ZAVASCKI, PRIMEIRA TURMA, julgado em 06/05/2004, DJ 24/05/2004, p. 158)

O objeto de recurso de apelação deve ser, em regra, toda e *qualquer sentença* que tenha por fundamento as características estabelecidas no art. 203, §1º do atual C.P.C., pouco importando a fidelidade semântica realizada pelo código em relação ao referido instituto.

Nas causas envolvendo Estado estrangeiro ou organismo internacional contra município ou pessoa jurídica residente ou domiciliado no Brasil, a sentença proferida pelo juiz federal de primeiro grau, nos termos do art. 109, inc. II da C.F., não será impugnada por meio de apelação, mas, sim, por meio de *recurso ordinário constitucional* que será endereçado ao Superior Tribunal de Justiça, nos termos do art. 105, inc. II, letra 'c' da C.F.

A Lei 8.038/90, no seu Capítulo IV da *Apelação Civil e do Agravo de Instrumento*, assim preconiza em seus arts. 36 e 37:

> *Art. 36 – Nas causas em que forem partes, de um lado, Estado estrangeiro ou organismo internacional e, de outro, município ou pessoa domiciliada ou residente no País, caberá:*
>
> *I – apelação da sentença;*
>
> *II – agravo de instrumento, das decisões interlocutórias.*
>
> *Art. 37 – Os recursos mencionados no artigo anterior serão interpostos para o Superior Tribunal de Justiça, aplicando-se-lhes, quanto aos requisitos de admissibilidade e ao procedimento, o disposto no Código de Processo Civil.*

Muito embora a lei fale em apelação, na realidade ela está se referindo ao *recurso ordinário constitucional*. Assim, a lei ordinária denomina o recurso ordinário constitucional para o S.T.J. de apelação. Porém, há um aspecto peculiar desse recurso, que o diferencia do agravo ou da apelação propriamente dita. É o *quorum* para julgamento. No agravo e na apelação o julgamento deve ser proferido com o voto de três juízes. Já o recurso ordinário é julgado por uma turma do S.T.J. que é composta por cinco ministros.[837]

Não caberá o recurso de apelação contra decisão que tenha por finalidade por termo a *incidente* do processo, como é o caso do *incidente de desconsideração da personalidade jurídica* previsto no art. 133 do atual C.P.C. No caso, o incidente é

[837] Didier Jr., Fredie; Cunha, Leonardo José Carneiro da. *Curso de direito processual civil – meios de impugnação às decisões judiciais e processo nos tribunais.* Vol. 3. Salvador: Edições PODIVM, 2007. p. 93.

resolvido por decisão interlocutória sujeita a agravo de instrumento, nos termos do art. 1.015, inc. IV, do atual C.P.C.

Também a decisão que conceder ou negar tutela provisória de urgência ou de evidência é impugnável por meio de agravo de instrumento e não por apelação, conforme estabelece o art. 1.015, inc. I, do atual C.P.C., justamente pelo fato de que não se trata de decisão que põe fim a um determinado procedimento.

A decisão que julgar o incidente de intervenção de terceiros no processo também será objeto de agravo de instrumento, nos termos do art. 1.015, inc. IX, do atual C.P.C., justamente pelo fato de que não encerra um determinado procedimento.

O novo C.P.C. não fala mais em ato do juiz que põe fim a verdadeiro processo incidental, como nas hipóteses de *ação declaratória incidental* ou de *arguição de falsidade documental*. É que no novo C.P.C. não há mais ação declaratória incidental autônoma.

Também o novo C.P.C. não traz um procedimento autônomo para a arguição de falsidade documental, conforme preconiza o art. 430, p.u., do atual C.P.C.

Por sua vez, cabe apelação da decisão que julgar o pedido de habilitação de crédito no inventário, conforme o seguinte precedente do S.T.J.:

> *1. A ausência de decisão sobre os dispositivos legais supostamente violados, não obstante a interposição de embargos de declaração, impede o conhecimento do recurso especial. Incidência da Súmula 211/STJ.*
>
> *2. Ocorre erro grosseiro na interposição de recurso quando (i) a lei é expressa ou suficientemente clara quanto ao cabimento de determinado recurso e (ii) inexistem dúvidas ou posições divergentes na doutrina e na jurisprudência sobre qual o recurso cabível para atacar determinada decisão.*
>
> *3. Para que se admita o princípio da fungibilidade, portanto, deve haver uma dúvida fundada em divergência doutrinária e/ou jurisprudencial – uma dúvida objetiva, que também deve ser atual.*
>
> *4. Os recorridos cometeram um erro grosseiro ao interpor recurso de agravo contra a decisão da habilitação de crédito porque não há dúvidas de que se trata de uma sentença e, portanto, sujeita à apelação.*
>
> *5. Inaplicabilidade do princípio da fungibilidade recursal diante do erro grosseiro.*
>
> *6. Recurso especial provido.*
>
> (REsp 1133447/SP, Rel. Ministra NANCY ANDRIGHI, TERCEIRA TURMA, julgado em 11/12/2012, DJe 19/12/2012)

Há hipótese em que, dependendo do conteúdo de determinada decisão no mesmo procedimento, o recurso poderá ser de apelação ou de agravo de instrumento.

No caso de impugnação ao cumprimento de sentença previsto no art. 525 do atual C.P.C., o recurso será de apelação se o juiz acolher alguma das causas estabelecidas no §1º do referido artigo, pois nesse caso o juiz encerrará o procedimento executivo; por outro lado, a decisão na impugnação ao cumprimento de sentença poderá ensejar o recurso de agravo de instrumento se a referida decisão não acolher as causas de impugnação.

O art. 99 da Lei de falência (Lei 11.101 de 2005) diz expressamente que a decisão que decreta a falência é uma *sentença*. Por sua vez, o art. 100 da mesma legislação preconiza: *"Da decisão que decreta a falência cabe agravo, e da sentença que julga a improcedência do pedido cabe apelação"*.

Assim, não se pode afirmar que sempre a decisão que avalia o pedido de falência será uma *sentença*. Poderá ser como não ser. Se acolhe o pedido de falência, essa decisão é interlocutória, pois não encerrou o procedimento falimentar. Já se não acolhe o pedido de falência, encerrando o procedimento falimentar, aí sim a decisão terá natureza de sentença, cabendo contra ela o recurso de apelação.

Há entendimento da doutrina de que contra a sentença que julga o procedimento de habilitação, conforme art. 687 do atual C.P.C., o recurso cabível é o de apelação.

Efetivamente, o art. 692 do atual C.P.C. expressamente estabelece que a decisão proferida na habilitação é uma *sentença*, pois fala em trânsito em julgado da sentença de habilitação.

O problema é que a 'sentença' proferida no incidente de habilitação não *põe fim à fase cognitiva do procedimento comum,*, conforme preconiza o art. 203, §1º do atual C.P.C.

Porém, o art. 203, §1º, do atual C.P.C. expressamente ressalva da definição contida no seu conteúdo normativo, as disposições expressas de 'sentença' contidas nos procedimentos especiais.

Portanto, a decisão que põe fim ao incidente de habilitação, ao ser denominada de sentença, sentença é. E se sentença é, o recurso cabível será o de apelação.

Já sob a égide do C.P.C. de 1973, a doutrina e a jurisprudência entendiam que o recurso seria de apelação.

Em relação à *assistência judiciária gratuita*, estabelecia o art. 17 da Lei 1060 de 1950: *Caberá apelação das decisões proferidas em consequência da aplicação desta lei; a apelação será recebida somente no efeito devolutivo quando a sentença conceder o pedido. (Redação dada pela Lei nº 6.014, de 1973)*. Segundo anota Fredie Didier Jr., *"a despeito da literalidade do texto, contra a decisão de primeiro grau de jurisdição que denega a concessão da justiça gratuita ou que julga improcedente a impugnação manejada pela parte adversária, cabe agravo de instrumento, por se tratar de típica decisão interlocutória. A expressa previsão do recurso de apelação contra qualquer decisão que aplica a Lei de Assistência Judiciária (art. 17) tem causado sérias discussões doutrinárias e jurisprudenciais".*[838]

O S.T.J. tem entendido que o recurso contra sentença que julga o pedido de assistência judiciária gratuita em autos apartados é o recurso de apelação, conforme os seguintes precedentes:

(...).

2 – Esta Corte de Uniformização Infraconstitucional firmou entendimento no sentido do cabimento do recurso de apelação contra sentença que acolhe impugnação ao deferimento de assistência judiciária gratuita, processada em autos apartados aos da ação principal, não se aplicando o princípio da fungibilidade recursal na hipótese de interposição de agravo de instrumento. Isso porque inadmissível referido princípio "quando não houver dúvida objetiva sobre qual o recurso a ser interposto, quando o dispositivo legal não for ambíguo, quando não houver divergência doutrinária ou jurisprudencial quanto à classificação do ato processual recorrido e a forma de atacá-lo" (Corte Especial, EDcl no AgRg na Rcl nº 1450/PR, Rel. Ministro EDSON VIDIGAL, DJ de 29.8.2005) (cf. AgRg no MS nº 9.232/DF e AgRg na SS nº 416/BA). Incidência do art. 17 da Lei nº 1.060/50. Precedentes (Ag nº 631.148/MG; REsp nºs 256.281/AM, 453.817/SP e 175.549/SP).

3 – Recurso conhecido e provido para, anulando o v. acórdão recorrido, não conhecer do agravo de instrumento, restabelecendo a r. sentença de primeira instância.

(REsp 780.637/MG, Rel. Ministro JORGE SCARTEZZINI, QUARTA TURMA, julgado em 08/11/2005, DJ 28/11/2005, p. 317).

Porém, o art. 1.015, inc. V, do atual C.P.C., estabelece que somente caberá agravo de instrumento contra a decisão que *rejeitar o pedido de gratuidade de justiça ou acolher o pedido de sua revogação.* Porém, se a revogação se der na sentença, a questão deverá ser analisada no recurso de apelação.

No caso de se acolher o pedido de gratuidade de justiça, a questão do acolhimento deverá ser analisada no recurso de apelação.

[838] DIDIER JR., F.; CUNHA, L. J. C., idem, p. 94.

A apelação é um recurso que se mostra eficaz tanto para corrigir *errores in iudicando*, ou seja, os vícios de *julgamento*, quanto para corrigir *errores in procedendo*, ou seja, os vícios de *atividade do juiz*. Na primeira hipótese, ao mesmo tempo em que o juízo 'ad quem' julga o vício, acolhendo-o, também profere decisão substitutiva da primeira. Já na segunda hipótese, ao acolher o vício de atividade, o órgão 'ad quem' anula a decisão, determinando que outra seja proferida, salvo as exceções legais.

Pode o apelante invocar na mesma apelação tanto o *error in iudicando* quanto o *error in procedendo*, inclusive mediante pedido sucessivo.

Quando o tribunal se manifesta sobre as razões do apelante, quaisquer que sejam, está ingressando no objeto do recurso, isto é, no seu mérito, para dar-lhe ou negar-lhe provimento. O mérito do recurso não se confunde, e nem sempre coincide, com o mérito da causa, ainda que se trate de apelação contra sentença *definitiva*.[839]

A apelação também poderá ter por objeto a sentença que põe fim ao processo *sem resolução de mérito* (art. 485 do atual C.P.C.). Nessa hipótese, o órgão 'ad quem', em regra, não poderá ingressar no mérito da causa, inclusive para evitar a *supressão de instância*, salvo nas situações especificadas no art. 1.013, §3º, do atual C.P.C. O mérito da apelação, nessa hipótese, é justamente o acerto do juízo 'a quo' em determinar a extinção do processo sem resolução do mérito, e nada mais, pois em grau de recurso o órgão 'ad quem' somente pode se pronunciar sobre a *matéria impugnada*.

Prescreve o *§1º do art. 1.009* do atual C.P.C. que as *questões resolvidas na fase de conhecimento, se a decisão a seu respeito não comportar agravo de instrumento, não são cobertas pela preclusão e devem ser suscitadas em preliminar de apelação, eventualmente interposta contra a decisão final, ou nas contrarrazões.*

Há decisões que, ao resolverem questões durante o transcurso da relação jurídica processual, permitem que parte ou terceiro prejudicado interponha o recurso de agravo de instrumento.

E o agravo de instrumento, além de outras hipóteses previstas em lei, cabe contra as decisões indicadas no art. 1.015 do atual C.P.C. que assim dispõe:

I – tutelas provisórias;
II – mérito do processo;
III – rejeição da alegação de convenção de arbitragem;
IV – incidente de desconsideração da personalidade jurídica;

[839] Barbosa Moreira, J. C., op. cit., p. 396.

V – rejeição do pedido de gratuidade da justiça ou acolhimento do pedido de sua revogação;

VI – exibição ou posse de documento ou coisa;

VII – exclusão de litisconsorte;

VIII – rejeição do pedido de limitação do litisconsórcio;

IX – admissão ou inadmissão de intervenção de terceiros;

X – concessão, modificação ou revogação do efeito suspensivo aos embargos à execução;

XI – redistribuição do ônus da prova nos termos do art. 373, § 1º;

XII – (VETADO);

XIII – outros casos expressamente referidos em lei.

Parágrafo único. Também caberá agravo de instrumento contra decisões interlocutórias proferidas na fase de liquidação de sentença ou de cumprimento de sentença, no processo de execução e no processo de inventário.

Assim, salvo as hipóteses previstas no art. 1.015 do atual C.P.C., todas as demais questões que forem resolvidas por decisões interlocutórias no curso do processo não estarão mais sujeitas ao recurso de agravo de instrumento, muito menos ao até então denominado *agravo retido*. Isso significa dizer que no momento em que são elas proferidas, essas decisões interlocutórias são irrecorríveis. Pense-se, por exemplo, no indeferimento de determinada prova requerida.

Porém, em que pese essas decisões não estejam sujeitas ao recurso de agravo de instrumento, isso não significa que elas não poderão ser oportunamente impugnadas e levada ao crivo de um órgão jurisdicional 'ad quem'.

Muito embora não comporte o recurso de agravo, a impugnação dessas decisões não fica coberta pela *preclusão*. Essa impugnação deverá ser feita ou suscitada em *preliminar de apelação*, eventualmente interposta contra a decisão final, ou nas *contrarrazões*.

Desta feita, a matéria que já fora resolvida anteriormente será objeto de nova análise pelo órgão 'ad quem' em preliminar de apelação ou em preliminar de contrarrazões.

Evidentemente, se não houver interposição de recurso, a matéria, aí sim, tornar-se-á preclusa.

Estabelece *o §2º do art. 1.009* do atual C.P.C. que se as questões referidas no §1º forem suscitadas em contrarrazões, o recorrente será intimado para, em 15 (quinze) dias, manifestar-se a respeito delas.

Este dispositivo deixa evidente que as questões não sujeitas ao agravo de instrumento deverão ser alegadas nas razões de apelação ou nas contrarrazões.

Alegadas nas contrarrazões, o recorrente será intimado para exercer o contraditório no prazo de 15 (quinze) dias.

Preceitua o *§ 3º do art. 1.009* do atual C.P.C. que *o disposto no 'caput' deste artigo aplica-se mesmo quando as questões mencionadas no art. 1.015 integrarem capítulo da sentença.*

Assim, se as questões que poderiam ser objeto de agravo de instrumento, nos termos do art. 1015, forem analisadas em capítulos da decisão final, o recurso a ser interposto, em face do princípio da unirrecorribilidade, será somente o de apelação.

É importante salientar que no projeto originário do novo C.P.C., após emenda da Câmara dos Deputados, a impugnação prevista no § 1º pressupunha a prévia apresentação de protesto específico contra a decisão, protesto que deveria ser realizado no primeiro momento que coubesse à parte falar nos autos, sob pena de preclusão; as razões do protesto teriam de ser apresentadas na apelação ou nas contrarrazões de apelação, nos termos do § 1º.

Esse protesto, porém, não foi exigido pelo atual C.P.C., razão pela qual a decisão interlocutória poderá ser objeto de preliminar de apelação, independentemente de qualquer condição ou pressuposto.

Art. 1.010

A apelação, interposta por petição dirigida ao juízo de primeiro grau, conterá:

I – os nomes e a qualificação das partes;

II – a exposição do fato e do direito;

III – as razões do pedido de reforma ou de decretação de nulidade;

IV – o pedido de nova decisão.

§ 1º O apelado será intimado para apresentar contrarrazões no prazo de 15 (quinze) dias.

§ 2º Se o apelado interpuser apelação adesiva, o juiz intimará o apelante para apresentar contrarrazões.

§ 3º Após as formalidades previstas nos §§ 1º e 2º, os autos serão remetidos ao tribunal pelo juiz, independentemente de juízo de admissibilidade.

Requisitos da apelação

Muito embora o recurso de apelação seja julgado pelo tribunal respectivo, sua interposição dar-se-á perante o juízo de primeiro grau, ou seja, mediante o próprio órgão jurisdicional que proferiu a sentença recorrida.

Manteve o presente dispositivo a mesma regra do art. 518 do C.P.C. de 1973, no sentido de que a apelação será interposta e processada no juízo de primeiro grau.

O art. 518 do C.P.C. de 1973 assim estabelecia:

Art. 518. Interposta a apelação, o juiz, declarando os efeitos em que a recebe, mandará dar vista ao apelado para responder. (Redação dada pela Lei nº 8.950, de 13.12.1994)

§ 1º O juiz não receberá o recurso de apelação quando a sentença estiver em conformidade com súmula do Superior Tribunal de Justiça ou do Supremo Tribunal Federal. (Renumerado pela Lei nº 11.276, de 2006)

§ 2º Apresentada a resposta, é facultado ao juiz, em cinco dias, o reexame dos pressupostos de admissibilidade do recurso. (Incluído pela Lei nº 11.276, de 2006)

Sob a égide do Código revogado, o juiz de primeiro grau não poderia analisar o mérito da apelação, mas tinha competência para realizar juízo de admissibilidade do recurso de apelação. Se faltasse algum requisito, a apelação não seria conhecida já no juízo de primeiro grau.

Da decisão do juízo de primeiro grau que não recebesse a apelação caberia agravo de instrumento.

Também sob a égide do Código revogado, o juiz de primeiro grau, ao receber a apelação, declarava os efeitos em que a recebia, ou seja, efeito devolutivo ou suspensivo.

O atual C.P.C., conforme a redação contida no art. 1.010, manteve o processamento da apelação perante o juízo de primeiro grau, mas não mais lhe permite analisar os requisitos de admissibilidade do recurso, pois esta matéria é de competência apenas do juízo 'ad quem'.

O juízo de primeiro grau também não mais se manifesta sobre os efeitos da apelação, pois essa análise compete ao juízo 'ad quem'.

A petição de apelação será devidamente protocolizada em cartório ou perante o sistema eletrônico Pje, cuja data indicará a tempestividade ou não do recurso.

O recurso será interposto mediante petição escrita, ao contrário do que sucedia em algumas legislações antigas e em alguns ordenamentos estrangeiros, que admitem a interposição oral, conforme estabelece o art. 245 do Código de Processo Civil argentino: *"El recurso de apelación se interpondrá por escrito o verbalmente"*.

Até mesmo nos juizados especiais, o recurso equivalente à apelação deverá ser interposto por escrito, conforme preceitua o art. 42 da Lei 9.099/95, *in verbis*:

O recurso será interposto no prazo de dez dias, contados da ciência da sentença, por petição escrita, da qual constarão as razões e o pedido do recorrente.

A petição será redigida no idioma nacional, na qual conterá os nomes e qualificação das partes, os fundamentos de fato e de direito do recurso, as razões do pedido de reforma ou de anulação da decisão, e o pedido de nova decisão a ser proferida pelo Tribunal na hipótese de *error in iudicando* ou pelo juízo de primeiro grau na hipótese de *error in procedendo,* salvo as exceções previstas no próprio código.

Partes no sentido do texto são apelante e apelado, as quais, em regra, são autor e réu do processo, salvo quando a apelação é interposta por terceiro interessado. Há necessidade de indicação dos respectivos nomes, delimitando subjetivamente o recurso. Pode ocorrer que nem todos os litigantes sejam parte no recurso, como por vezes ocorre na hipótese de litisconsortes. Evidentemente, a simplificação da indicação das partes não constitui nulidade, razão pela qual será considerada como simples irregularidade que não prejudica a admissibilidade do recurso de apelação.

Havendo mais de um apelado no processo, e não indicando o apelante todos os nomes, entende-se que a impugnação da sentença se dá em face de todos.[840]

A petição deverá indicar pormenorizadamente as razões de fato e de direito do recurso, ou seja, as razões que justificam a modificação ou a necessidade de nova decisão de primeiro grau.

As razões de apelação geralmente devem ser indicadas em peça à parte da petição de interposição de recurso, sendo que, enquanto a petição de recurso é endereçada ao juízo de primeiro grau, as razões de apelação são endereçadas aos membros julgadores do tribunal 'ad quem'.

Nas razões de apelação, o apelante deverá indicar no que consiste o *error in iudicando* ou o *error in procedendo*. Em regra, essas razões serão as mesmas já deduzidas na pretensão e na contestação formuladas no processo.

Se o apelante suscita questões de fato não articuladas no juízo inferior, conforme lhe permite o art. 1.014 do atual C.P.C., deverá demonstrar que essas novas questões de fato são razões suficientes para a modificação ou alteração da decisão de primeiro grau.

Deverá o recorrente, se for o caso, indicar nas razões de recurso as provas que pretende demonstrar os novos fatos.

[840] Barbosa Moreira, J. C., idem, p. 400.

O recorrente também deverá formular *pedido* em suas razões recursais, pedido esse que visa a prolação de *uma nova decisão*, que venha a substituir a sentença de primeiro grau.

O pedido formulado no recurso poderá ter por fundamento a nulidade da sentença, razão pela qual a nova decisão deverá, salvo exceções, ser proferida pelo juízo 'a quo'. Nessa hipótese, o julgamento a ser proferido pelo tribunal terá apenas função *rescindente* da sentença de primeiro grau, pois a decisão no recurso suprime a decisão apelada, sem substituí-la. O processo deverá voltar para novo julgamento perante o juízo 'a quo'. Nada obsta, porém, a que o apelante, depois de pedir a *anulação* da sentença, peça, a título subsidiário, a *reforma* dela, para o caso de não se acolher o primeiro pedido (princípio da eventualidade).[841]

O pedido formulado no recurso, seja ele referente à anulação da sentença ou à sua reforma, poderá abarcar todo o conteúdo por ele impugnável ou apenas uma parte. Se o apelante não especificar a parte em que impugna a sentença, deve entender-se que a apelação abrange tudo aquilo que poderia ser objeto de recurso.[842]

Entende Pontes de Miranda e Sérgio Bermudes que eventuais irregularidades na petição e nas razões de recurso, o apelante poderá supri-las antes de expirado o prazo para a interposição da apelação. Para eles, o tribunal não deve indeferir a petição recursal por falta de algum dos requisitos legais antes do *dies ad quem*.[843]

Estabelece o §1º do art. *1.010* que *o apelado será intimado para apresentar contrarrazões no prazo de 15 (quinze) dias.*

Interposta a apelação, o juízo de primeiro grau proferirá despacho determinando a intimação do apelado para apresentar contrarrazões.

Com ou sem contrarrazões, os autos serão remetidos ao tribunal, onde será realizado o juízo de admissibilidade

Situação especial observa-se na hipótese de indeferimento da inicial.

Indeferida a inicial, o autor poderá apelar, facultado ao juiz, no prazo de cinco dias, retratar-se (art. 331, *caput*, do atual C.P.C.). Se o juiz não reconsiderar a sua decisão, mandará citar o réu para responder ao recurso (§1º do art. 331 do atual C.P.C.).

Assim, na hipótese de apelação contra sentença que indeferiu a inicial, o apelado não será intimado, mas citado a fim de responder o recurso. Provida a

[841] Barbosa Moreira, J. C., idem. p. 400.

[842] Barbosa Moreira, J. C., idem, p. 400 e 401.

[843] Pontes de Miranda. *Comentário ao C.P.C. de 1973.* Tomo VII. Rio de Janeiro: Forense, s/d. p. 203.

apelação, o réu será intimado para apresentar sua resposta, observado o disposto no art. 334 do atual C.P.C.

O prazo para o apelado apresentar resposta ao recurso de apelação é de *quinze dias*, nos termos do art. 1.003 §5º, do atual C.P.C.

O prazo da apelação conta-se nos termos das determinações estabelecidas no art. 1.003 do atual C.P.C. Incidem as regras comuns de prorrogação e suspensão dos prazos. É aplicável o art. 229 do atual C.P.C. em se tratando de litisconsortes.

Entendia a doutrina que não se aplicava o prazo em dobro para a resposta do recurso de apelação, pois a duplicidade do prazo era conferida apenas para a interposição do recurso.

Porém, em face do conteúdo dos arts. 180, 186 e 184 do atual C.P.C., aplica-se também o prazo em dobro para apresentar a resposta, pois, em se tratando de Ministério Público, Defensoria Pública, União, Estados, Distrito Federal, Municípios e respectivas autarquias e fundações de direito público, o prazo em dobro será observado para *todas as manifestações processuais*, sendo que a apresentação de contrarrazões recursais é uma forma de manifestação processual.

Se houver interposição de recurso de apelação por ambas as partes, cada qual deverá ser intimada para responder ao recurso da outra. Os prazos de resposta são autônomos.

A intimação do apelado para apresentar contrarrazões é formalidade essencial, sendo que se subir os autos sem essa observância, deverá o relator suprir essa irregularidade processual, sob pena de nulidade do julgamento.

Conforme anota Barbosa Moreira: *"A resposta do apelado tem certa analogia com a contestação; não se lhe aplica, todavia, o ônus da impugnação especificada dos fatos (art. 302 do C.P.C. de 1973). Tampouco é indispensável que o apelado reitere de modo expresso os pedidos e as defesas que apresentou na primeira instância e já estão abrangidos pelo efeito devolutivo da apelação do adversário. Precisa ele, ao contrário, suscitar nas razões, se for o caso, as questões novas que pretender ver apreciadas pelo órgão 'ad quem', juntando a prova de que deixara de fazê-lo, até então, por motivo de força maior...Suscitando questões novas ao arrazoar, deve o apelado juntar desde logo os documentos com que entende provar os fatos alegados, e indicar as outras provas cuja produção acaso lhe pareça necessária"*.[844]

Preconiza o *§ 2º do art. 1.010 do atual C.P.C. que se o apelado interpuser apelação adesiva, o juiz intimará o apelante para apresentar contrarrazões.*

Conforme estabelece o art. 997, §2º, do atual C.P.C., o recurso adesivo fica subordinado ao recurso independente, sendo-lhe aplicáveis as mesmas regras

[844] Barbosa Moreira, J. C., op. cit., p. 432.

deste quanto aos requisitos de admissibilidade e julgamento no tribunal, salvo disposição legal diversa.

Uma vez interposto o recurso adesivo, o juiz mandará o apelante apresentar contrarrazões, que, em regra, será de quinze dias.

Aduz o *§ 3º do art. 1010* do atual C.P.C. que *após as formalidades previstas nos §§ 1º e 2º, os autos serão remetidos ao tribunal pelo juiz, independentemente de juízo de admissibilidade.*

A apelação será interposta e processada no juízo de primeiro grau.

O art. 518 do C.P.C. de 1973 assim estabelecia:

> *Art. 518. Interposta a apelação, o juiz, declarando os efeitos em que a recebe, mandará dar vista ao apelado para responder. (Redação dada pela Lei nº 8.950, de 13.12.1994)*
>
> *§ 1º O juiz não receberá o recurso de apelação quando a sentença estiver em conformidade com súmula do Superior Tribunal de Justiça ou do Supremo Tribunal Federal. (Renumerado pela Lei nº 11.276, de 2006)*
>
> *§ 2º Apresentada a resposta, é facultado ao juiz, em cinco dias, o reexame dos pressupostos de admissibilidade do recurso. (Incluído pela Lei nº 11.276, de 2006)*

Sob a égide do Código revogado, o juiz de primeiro grau não poderia analisar o mérito da apelação, mas tinha competência para realizar juízo de admissibilidade do recurso de apelação. Se faltasse algum requisito, a apelação não seria conhecida já no juízo de primeiro grau. Da decisão do juízo de primeiro grau que não recebesse a apelação caberia agravo de instrumento.

O atual C.P.C., conforme a redação do art. 1.010, manteve o processamento da apelação perante o juízo de primeiro grau, mas não mais lhe permite analisar os requisitos de admissibilidade do recurso, pois esta matéria é de competência apenas do juízo 'ad quem'.

Art. 1.011

Recebido o recurso de apelação no tribunal e distribuído imediatamente, o relator:

I – decidi-lo-á monocraticamente apenas nas hipóteses do art. 932, incisos III a V;

II – se não for o caso de decisão monocrática, elaborará seu voto para julgamento do recurso pelo órgão colegiado.

Providências a serem adotadas pelo Relator

Há no Brasil uma tradição constitucional de que os julgamentos a serem proferidos nos tribunais sejam realizados mediante órgãos colegiados.

Essa tradição decorre justamente pela própria estrutura conferida pela C.F. aos nossos tribunais, os quais são compostos de órgãos com mais de um magistrado.

Essa perspectiva constitucional decorre de uma concepção sociológica e psicológica de que a avaliação de uma situação por diversas pessoas é mais confiável do que apenas por uma.

Contudo, não obstante a estrutura colegiada dos tribunais, isso não impede que a lei outorgue/delegue, com base nos princípios da celeridade e economia processual, determinadas prerrogativas ao próprio relator do processo, para que, monocraticamente, possa proferir determinadas decisões.

Há no Brasil, nos últimos anos, uma nítida tendência de ampliação dos poderes do relator para que monocraticamente possa adotar algumas decisões. Isso se pode observar pelas reformas processuais ocorridas no C.P.C. de 1973, como é o caso das Leis 8.038/90, 9.139/95, 9.756/98, 10.352/2001 etc.

O art. 932 do atual C.P.C. pretende delinear o máximo possível as atribuições do relator, seja no âmbito das demandas autônomas, seja no âmbito das atribuições recursais.

Recebido o recurso de apelação no tribunal e distribuído imediatamente ao relator, este poderá, apenas nas hipóteses do art. 932, incisos III a V, decidi-lo monocraticamente.

O art. 932, incs. III a V, assim prescreve:

> *Art. 932. Incumbe ao Relator:*
>
> *(...).*
>
> *III – não conhecer de recurso inadmissível, prejudicado ou que não tenha impugnado especificamente os fundamentos da decisão recorrida;*
>
> *IV – negar provimento a recurso que for contrário a:*
>
> *a) súmula do Supremo Tribunal Federal, do Superior Tribunal de Justiça ou do próprio tribunal;*
>
> *b) acórdão proferido pelo Supremo Tribunal Federal ou pelo Superior Tribunal de Justiça em julgamento de recursos repetitivos;*
>
> *c) entendimento firmado em incidente de resolução de demandas repetitivas ou de assunção de competência;*
>
> *V – depois de facultada a apresentação de contrarrazões, dar provimento ao recurso se a decisão recorrida for contrária a:*

a) súmula do Supremo Tribunal Federal, do Superior Tribunal de Justiça ou do próprio tribunal;

b) acórdão proferido pelo Supremo Tribunal Federal ou pelo Superior Tribunal de Justiça em julgamento de recursos repetitivos;

c) entendimento firmado em incidente de resolução de demandas repetitivas ou de assunção de competência;

Se não for o caso de se proferir decisão monocrática nas hipóteses do art. 932, incisos III a V, o relator deverá elaborar seu voto para julgamento do recurso perante o órgão colegiado competente.

Art. 1.012

A apelação terá efeito suspensivo.

§ 1º Além de outras hipóteses previstas em lei, começa a produzir efeitos imediatamente após a sua publicação a sentença que:

I – homologa divisão ou demarcação de terras;

II – condena a pagar alimentos;

III – extingue sem resolução do mérito ou julga improcedentes os embargos do executado;

IV – julga procedente o pedido de instituição de arbitragem;

V – confirma, concede ou revoga tutela provisória;

VI – decreta a interdição.

§ 2º Nos casos do § 1º, o apelado poderá promover o pedido de cumprimento provisório depois de publicada a sentença.

§ 3º O pedido de concessão de efeito suspensivo nas hipóteses do § 1º poderá ser formulado por requerimento dirigido ao:

I – tribunal, no período compreendido entre a interposição da apelação e sua distribuição, ficando o relator designado para seu exame prevento para julgá-la;

II – relator, se já distribuída a apelação.

§ 4º Nas hipóteses do § 1º, a eficácia da sentença poderá ser suspensa pelo relator se o apelante demonstrar a probabilidade de provimento do recurso ou se, sendo relevante a fundamentação, houver risco de dano grave ou de difícil reparação.

Efeito suspensivo da apelação

A interposição de todo e qualquer recurso apresenta um efeito comum que é o prolongamento do estado de litispendência da relação jurídica processual, evitando-se a concretização da coisa julgada formal e se for o caso da coisa julgada material.

A interposição dos recursos também pode apresentar dois efeitos importantes quanto à eficácia e o aprofundamento cognitivo da decisão. Um que é denominado efeito *devolutivo* e o outro chamado de efeito *suspensivo*.

O recurso tem efeito *suspensivo* quando impede a eficácia imediata dos efeitos da decisão (que pode ser a eficácia executiva ou de outra espécie, como é o caso das decisões meramente declaratórias ou constitutivas que não estão sujeitas à execução).

Na verdade, conforme anota Barbosa Moreira, a decisão, pelo simples fato de estar sujeita a recurso com efeito suspensivo, é ato *ainda* ineficaz, e a interposição apenas *prolonga* semelhante ineficácia, que *cessaria*, se não se interpusesse o recurso.[845]

O recurso terá efeito *devolutivo* quando a sua interposição transfere ao órgão *ad quem* o conhecimento da matéria apreciada pelo juízo *a quo*.

Muito embora o recurso devolva ao órgão superior toda a matéria, é certo que essa devolução terá um limite que é imposto pelo princípio *tantum devolutum quanto apelattum*. Assim, diante de um recurso parcial, a parte não impugnada pelo recorrente não poderá ser apreciada pelo órgão *ad quem*, salvo se se tratar de matéria de ordem pública em que o tribunal poderá conhecer de ofício, salvo se houver preclusão *pro iudicato*.

A regra geral sob a égide do C.P.C. de 1973 era de que os recursos teriam efeitos suspensivo e devolutivo, especialmente o recurso de apelação. Por isso o art. 497 do C.P.C. de 1973 trazia as exceções à regra, ao estabelecer que o recurso extraordinário e o recurso especial não impediriam a execução da sentença; a interposição do agravo de instrumento não obstaria o andamento do processo, ressalvado o disposto no art. 558 do C.P.C. de 1973. (Redação dada pela Lei nº 8.038, de 25.5.1990). Com base nessa regra geral, sempre que o texto silenciasse deveria se entender que o recurso era dotado do efeito suspensivo. Já a interposição de recurso extraordinário e recurso especial não suspenderia o cumprimento provisória da decisão. A lei previa nessas hipóteses uma exceção à regra geral, permitindo-se o cumprimento provisório da decisão. Da mesma forma se dava em relação ao agravo de instrumento que não obstaria o andamento do processo, ressalvadas as hipóteses do art. 558 do código revogado.

Como se disse, o recurso de apelação, sob a égide do C.P.C. de 1973, seria recebido em seu efeito *devolutivo* e *suspensivo*, conforme estabelecia o art. 520

[845] Barbosa Moreira, J. C., idem, , p. 238.

do Código revogado. Seria, no entanto, somente recebido no efeito devolutivo, quando interposto de sentença que: a) homologasse a divisão ou a demarcação; b) condenasse à prestação de alimentos; c) decidisse o processo cautelar; d) julgasse procedente o pedido de instituição de arbitragem; e) confirmasse a antecipação dos efeitos da tutela.

Recebida a apelação em ambos os efeitos, o juiz não poderia mais inovar no processo; recebida somente no efeito devolutivo, o apelado poderia promover, desde logo, o cumprimento provisório da sentença, extraindo-se a respectiva carta.

Ocorre que o legislador do novo C.P.C., dando mais ênfase ao princípio da celeridade processual e da efetividade da prestação da tutela jurisdicional, optou por não mais dar caráter geral ao efeito suspensivo aos recursos, conforme estabelece o art. 995 do atual C.P.C.: *Os recursos não impedem a eficácia da decisão, salvo disposição legal ou decisão judicial em sentido diverso.*

A partir do novo C.P.C., a regra geral é de que os recursos somente terão efeito devolutivo e não suspensivo, salvo disposição legal ou judicial em sentido diverso, razão pela qual o cumprimento provisório de sentença poderá ocorrer de imediato.

Lamentavelmente, o art. 1.012 do atual C.P.C. ainda estabelece como critério geral o efeito *suspensivo* a ser atribuído ao recurso de apelação, impedindo a celeridade e a rápida eficácia da decisão de primeiro grau.

Deveria o legislador ter seguido o disposto no art. 647º do atual C.P.C. português, o qual preconiza que a apelação tem efeito meramente devolutivo.

Assim, nos termos do art. 1.012 do atual C.P.C., a apelação terá *efeito suspensivo.*

Porém, segundo estabelece o *§1º do art. 1.012* do atual C.P.C., *além de outras hipóteses previstas em lei, começa a produzir efeitos imediatamente após a sua publicação a sentença que: I – homologa divisão ou demarcação de terras; II – condena a pagar alimentos; III – extingue sem resolução do mérito ou julga improcedentes os embargos do executado; IV – julga procedente o pedido de instituição de arbitragem; V – confirma, concede ou revoga tutela provisória; VI – decreta a interdição.*

Portanto, nas hipóteses descritas no §1º do art. 1.012 do atual C.P.C., eventual recurso de apelação será recebido apenas no efeito devolutivo, uma vez que a decisão proferida pelo juízo de primeiro grau começará a produzir efeitos imediatamente após a sua publicação.

Estabelece o *§ 2º do art. 1.012* do atual C.P.C. que *nos casos do § 1º, o apelado poderá promover o pedido de cumprimento provisório depois de publicada a sentença.*

Tendo em vista que nas hipóteses do §1º do art. 1.012 a apelação interposta contra as referidas decisões será recebida apenas no efeito devolutivo e não suspensivo, a parte poderá, de imediato, promover o cumprimento provisório da decisão, após a publicação da sentença.

Assim, deve-se aguardar a publicação da sentença para se promover o seu cumprimento provisório.

Preconiza *o § 3º do art. 1.012* do atual C.P.C. que *o pedido de concessão de efeito suspensivo nas hipóteses do § 1º poderá ser formulado por requerimento dirigido ao: I – tribunal, no período compreendido entre a interposição da apelação e sua distribuição, ficando o relator designado para seu exame prevento para julgá-la; II – relator, se já distribuída a apelação.*

Muito embora nas hipóteses indicadas no §1º deste artigo o recurso de apelação deva ser recebido apenas no efeito devolutivo e não suspensivo, o certo é que, nos termos do p.u. do art. 995 do atual C.P.C., *a eficácia da decisão recorrida poderá ser suspensa por decisão do relator, se da imediata produção de seus efeitos houver risco de dano grave, de difícil ou impossível reparação, e ficar demonstrada a probabilidade de provimento do recurso.*

Assim, em que pese a nova tendência do atual C.P.C. seja a da celeridade processual e da garantia da efetividade da tutela jurisdicional, o certo é que poderão surgir situações em que se justificará a suspensão da *eficácia* da decisão até que se julgue o recurso de apelação interposto.

Portanto, mediante requerimento da parte recorrente, poderá o Relator para o qual foi distribuído o recurso interposto dar efeito suspensivo à eficácia da decisão, desde que a parte recorrente demonstre com argumentos consistentes e objetivos que há uma grande probabilidade de reforma ou modificação da decisão pelo órgão 'ad quem', bem como quando o recorrente demonstre por meio de fundamentação relevante a possibilidade de risco de dano grave ou de difícil ou impossível reparação com o cumprimento provisório da sentença. Em regra, caberá ao requerente demonstrar ao relator a existência de *fumus boni iuris* e *periculum in mora*.

É importante salientar que no período compreendido entre a interposição da apelação e sua distribuição, o pedido de efeito suspensivo a ser atribuído ao recurso deverá ser formulado diretamente ao tribunal competente, ficando o relator designado para seu exame prevento para o julgamento do recurso de apelação.

Em complemento ao disposto no §3º, preconiza o *§4º do art. 1.012* do atual C.P.C. que *nas hipóteses do § 1º, a eficácia da sentença poderá ser suspensa pelo relator se o apelante demonstrar a probabilidade de provimento do recurso ou se, sendo relevante a fundamentação, houver risco de dano grave ou de difícil reparação.*

Art. 1.013

A apelação devolverá ao tribunal o conhecimento da matéria impugnada.

§ 1º Serão, porém, objeto de apreciação e julgamento pelo tribunal todas as questões suscitadas e discutidas no processo, ainda que não tenham sido solucionadas, desde que relativas ao capítulo impugnado.

§ 2º Quando o pedido ou a defesa tiver mais de um fundamento e o juiz acolher apenas um deles, a apelação devolverá ao tribunal o conhecimento dos demais.

§ 3º Se o processo estiver em condições de imediato julgamento, o tribunal deve decidir desde logo o mérito quando:

I – reformar sentença fundada no art. 485;

II – decretar a nulidade da sentença por não ser ela congruente com os limites do pedido ou da causa de pedir;

III – constatar a omissão no exame de um dos pedidos, hipótese em que poderá julgá-lo;

IV – decretar a nulidade de sentença por falta de fundamentação.

§ 4º Quando reformar sentença que reconheça a decadência ou a prescrição, o tribunal, se possível, julgará o mérito, examinando as demais questões, sem determinar o retorno do processo ao juízo de primeiro grau.

§ 5º O capítulo da sentença que confirma, concede ou revoga a tutela provisória é impugnável na apelação.

Efeito devolutivo da apelação

Este dispositivo trata especificamente do *efeito devolutivo* do apelo.

O efeito devolutivo do apelo recomenda a análise de duas questões importantes: a) a extensão do efeito; b) sua profundidade.

A extensão do efeito do apelo diz respeito à matéria que é devolvida para conhecimento do órgão 'ad quem', enquanto que a profundidade tem a ver com que material o órgão 'ad quem' irá trabalhar.

A extensão do efeito devolutivo do apelo é determinada pela matéria impugnada pelo recorrente. Aplica-se o princípio *tantum devolutum quantum appellatum*. Por isso o atual art. 1.013 do C.P.C. preconiza que a apelação devolverá ao tribunal o conhecimento da *matéria impugnada*.

Se o recorrente limitou a matéria impugnada apenas alguns capítulos da sentença, a matéria não contida na apelação não poderá ser objeto de análise pelo órgão 'ad quem'.

Também não será objeto de análise do tribunal, matéria que não foi decidida pelo órgão de origem, pois o apelante somente pode impugnar aquilo que fora decidido pela sentença de primeiro grau. Assim, diante de sentença que extingue o processo sem resolução de mérito, não poderá o apelante requerer que o órgão 'ad quem' passe *incontinenti* ao exame do mérito da causa, na hipótese de ser provida a apelação, salvo nas hipóteses previstas neste Código. Deve o tribunal, nessa hipótese, evitar a *supressão de instância*. O provimento da apelação resultará no retorno dos autos ao juízo de origem, para que este prossiga no julgamento. Por isso, como não se permite que a extensão da matéria impugnada seja maior do que a da matéria decidida, o julgamento do tribunal nunca terá objeto *mais* extenso que o da sentença apelada. Isso não impede, contudo, que a extensão da matéria seja *menor* que a matéria decidida, especialmente quando há impugnação parcial.[846]

O *princípio dispositivo* aplica-se tanto no juízo de primeiro como no de segundo grau.

Diante dessas considerações, o recorrente não poderá inovar quanto ao pedido e à causa de pedir que delimitaram a demanda de primeiro grau, ainda que haja concordância da parte recorrida. Aliás, essa determinação está bem configurada no art. 492 do atual C.P.C.: "*É vedado ao juiz proferir decisão de natureza diversa da pedida, bem como condenar a parte em quantidade superior ou em objeto diverso do que lhe foi demandado*".

Quando o tribunal profere julgamento, extrapolando os limites delineados nas razões de apelação, especialmente para prejudicar o recorrente do ponto de vista prático, isso caracteriza a *reformatio in pejus*. Essa reforma para pior pode ser de ordem *qualitativa* ou *quantitativa*. É qualitativa, quando se substitui a providência jurisdicional por outra. Exemplo: Tício, condenado ao pagamento de multa por suposta infração do contrato celebrado com Caio, recorre sozinho, sustentando a inexistência da infração, e o órgão 'ad quem' decreta a resolução do contrato. É quantitativa, quando se onera o recorrente com um *plus*. Exemplo: Tício recorre sozinho contra a decisão que decretara a resolução do contrato, e o órgão 'ad quem' condena-o a pagar a Caio perdas e danos. Não haverá *reformatio in pejus* quando a decisão em grau de recurso não é *praticamente* mais desfavorável ao recorrente do que a decisão impugnada. Esses argumentos aplicam-se a todos os casos de modificação *quantitativa*, mas também se aplicam às hipóteses de modificação *qualitativa*. Assim, por exemplo, se Caio pedira a condenação de Tício em *x*, ou, subsidiariamente, em *y*, e Tício recorre sozinho contra a decisão

[846] Barbosa Moreira, J. C., idem. cit., p. 405.

que acolheu apenas o pedido subsidiário, esse seu recurso abre ao órgão *ad quem* a possibilidade de confirmar ou excluir a condenação *menos grave*, mas não a de impor a condenação *mais grave*.[847]

Não haverá possibilidade de o tribunal aplicar a *reformatio in pejus*, justamente pelo fato de que este dispositivo estabelece que a impugnação recursal delimita o campo de conhecimento recursal do órgão 'ad quem'. Assim, o órgão 'ad quem' não poderá ingressar no âmbito de matéria não impugnada.

Sobre o tema, eis os seguintes precedentes do S.T.J.:

(...).

2. O dispositivo apontado como hostilizado (art. 515, do CPC e parágrafos) disciplina as normas acerca do efeito devolutivo do recurso de apelação. A hipótese dos autos, por sua vez, foi decida em sede de agravo de instrumento, o que revela que o dispositivo tido por violado não contêm comando capaz de infirmar das fundamentações do v. acórdão proferido pelo Tribunal a quo.

3. A título de argumentação obiter dictum, o efeito devolutivo coloca o Tribunal nas mesmas condições em que se encontrava o juiz no momento de decidir, adstrindo-se, todavia, sua atuação aos limites da impugnação, em atenção ao princípio tantum devolutum quantum appellatum. Inteligência do art. 515, § 1º, do CPC, verbis: Art. 515. A apelação devolverá ao tribunal o conhecimento da matéria impugnada.

§ 1o Serão, porém, objeto de apreciação e julgamento pelo tribunal todas as questões suscitadas e discutidas no processo, ainda que a sentença não as tenha julgado por inteiro.

4. In casu, o juízo de primeira instância entendeu ser incabível exceção de suspeição em face de perito oficial do juízo, e o recorrente interpôs agravo de instrumento, com as seguintes impugnações: a) a r. decisão agravada merece reforma, tendo em vista que é plenamente cabível a oposição de exceção de suspeição contra Oficiais de Justiça (fl.09); b) os fatos já ocorridos demonstram, de forma inequívoca, que o Agravado é inimigo capital do Agravante, devendo, também, por este motivo ser julgada procedente a Exceção de Suspeição oposta. Assim, não há como se olvidar que está amplamente caracterizada a suspeição nos moldes do art. 138, inciso II, do Código de Processo Civil (fl. 12).

5. Inocorre julgamento extra petita quando o acórdão o resolve questão não decidida em primeira instância, mas que foi objeto de impugnação pela recorrente.

(...).

(REsp 1088037/SP, Rel. Ministro LUIZ FUX, PRIMEIRA TURMA, julgado em 07/05/2009, DJe 27/05/2009).

[847] Barbosa Moreira, J. C., idem, p. 406 e 408.

1. A legitimatio ad causam, condição subjetiva do direito de ação, por força dos artigos 515, §§ 1º e 2º, e 267, § 3º, é matéria cognoscível pelo Tribunal, ainda que omissa a decisão no que pertine a esse aspecto formal da lide.

2. É que dispõe os respectivos dispositivos legais, verbis: Art. 515 – A apelação devolverá ao tribunal o conhecimento da matéria impugnada.

§ 1º – Serão, porém, objeto de apreciação e julgamento pelo tribunal todas as questões suscitadas e discutidas no processo, ainda que a sentença não as tenha julgado por inteiro.

§ 2º – Quando o pedido ou a defesa tiver mais de um fundamento e o juiz acolher apenas um deles, a apelação devolverá ao tribunal o conhecimento dos demais.

(...) Art. 267. Extingue-se o processo, sem resolução de mérito: (...) § 3º – O juiz conhecerá de ofício, em qualquer tempo e grau de jurisdição, enquanto não proferida a sentença de mérito, da matéria constante dos números IV, V e VI; todavia, o réu que a não alegar, na primeira oportunidade em que lhe caiba falar nos autos, responderá pelas custas de retardamento.

3. Interesses transindividuais não são identificáveis in persons, por isso que diferem-se dos interesses de adquirentes certos de lotes municipais. Sob esse ângulo, a lei conceitua os interesses individuais homogêneos como sendo "os decorrentes de origem comum" (artigo 81, § único, III, do Código de Defesa do Consumidor).

4. O Município não é parte legítima para pleitear em nome de adquirentes certos interesses juridicamente protegidos, que a própria inicial indica não pertencer à sua órbita jurídica.

5. É que o artigo 6º do Código de Processo Civil, ao versar a substituição processual, é cristalino ao assentar que "ninguém poderá pleitear, em nome próprio, direito alheio, salvo quando autorizado por lei".

6. Recurso especial desprovido.

(REsp 803.661/RS, Rel. Ministro JOSÉ DELGADO, Rel. p/ Acórdão Ministro LUIZ FUX, *PRIMEIRA TURMA, julgado em 17/06/2008, DJe 28/08/2008).*

1. Nos termos do art. 515 do CPC, a apelação devolve ao Tribunal o conhecimento da matéria impugnada pela parte. Em conformidade com o princípio da non reformatio in pejus, o que é devolvido ao Tribunal pelo efeito devolutivo não pode ser modificado a ponto de prejudicar a parte apelante.

2. Hipótese em que o Tribunal de origem apenas manteve a sentença, explicitando de forma mais clara e fundamentada os termos da decisão. Não houve modificação da sentença, tampouco prejuízo para União. Reformatio in pejus não caracterizada. Ausência de violação do art. 515 do CPC.

Agravo regimental improvido.

(AgRg no REsp 1384909/RS, Rel. Ministro HUMBERTO MARTINS, SEGUNDA TURMA, julgado em 03/09/2013, DJe 11/09/2013).

1. Em consonância com o artigo 515 do Código de Processo Civil, excetuando-se as matérias de ordem pública, o recurso de apelação devolve ao conhecimento do Órgão ad quem apenas a matéria devidamente impugnada, o que não se verifica, na hipótese, em relação aos honorários advocatícios. Julgamento extra petita.

2. Agravo regimental provido.

(AgRg no Ag 1197268/SP, Rel. Ministro VASCO DELLA GIUSTINA (DESEMBARGADOR CONVOCADO DO TJ/RS), TERCEIRA TURMA, julgado em 16/11/2010, DJe 03/12/2010).

1. A teor da jurisprudência desta Casa, não se configura julgamento extra ou ultra petita quando o julgador, nas ações de natureza acidentária, atento aos requisitos legais, deferir benefício diverso do pleiteado na exordial, haja vista a natureza da demanda e a relevância da questão social envolvida.

2. A compreensão de adequação ao pleito inicial encontra limite na prestação jurisdicional entregue pelo órgão de primeiro grau ao prolatar a sentença, diante das regras contidas nos artigos 475, I, e 515, ambos do CPC, que prevêem a sujeição da sentença proferida contra a Fazenda Pública à confirmação pelo Tribunal e o efeito devolutivo da matéria impugnada na apelação.

3. A jurisprudência pacífica desta Corte confirma ser defeso agravar a situação da Fazenda Pública em sede de remessa oficial.

Incidência do óbice da Súmula n. 45/STJ.

4. Recurso especial provido.

(REsp 1083643/MG, Rel. Ministro JORGE MUSSI, QUINTA TURMA, julgado em 26/05/2009, DJe 03/08/2009).

Aduz o *§ 1º do art. 1.013* do atual C.P.C. que *serão, porém, objeto de apreciação e julgamento pelo tribunal todas as questões suscitadas e discutidas no processo, ainda que não tenham sido solucionadas, desde que relativas ao capítulo impugnado.*

Este dispositivo trata da profundidade do efeito devolutivo do recurso de apelação, ou seja, a profundidade de cognição que poderá exercer o tribunal na apelação.

A apelação interposta contra a sentença que julga procedente o pedido para extinguir o processo com resolução de mérito, devolve ao tribunal o conhecimento do mérito da causa. O Tribunal deverá proferir julgamento de procedência ou improcedência do pedido, ainda que o juízo de primeiro grau não tenha examinado todas as questões. Portanto, a extensão do efeito devolutivo se dá de acordo com a extensão da impugnação.

Se a matéria impugnada for a declaração de improcedência do pedido, sobre isso deverá se manifestar o tribunal, podendo, inclusive ingressar em todas as questões suscitadas e discutidas no processo, resolvidas ou não pelo juízo 'a quo'. Este dispositivo demonstra que não é necessário que a atividade cognitiva do juízo de primeiro grau tenha esgotado toda a matéria.

O princípio do duplo grau de jurisdição não determina que só passem ao exame do tribunal as questões *efetivamente* resolvidas pelo juízo 'a quo'. O que se exige é que o juízo 'a quo' já estivesse em condição de resolver as questões suscitadas e discutidas no processo, no momento em que proferiu a sentença.

Entende-se por *questões* os pontos que foram objeto de controvérsia no processo. Por isso, não basta que uma das partes tenha arguido o ponto, é necessário que sobre ele tenha havido controvérsia, ou seja, que a parte contrária tenha impugnado a arguição.

Se o réu permaneceu revel, isso significa dizer que não houve controvérsia sobre o ponto suscitado; logo, na apelação do revel somente terão relevância as questões efetivamente apreciadas pelo juiz e aquelas que, não o tendo sido, caiba ao tribunal apreciar de ofício. Porém, isso não significa dizer que o tribunal seja obrigado a reconhecer como verdadeiros os fatos alegados pelo autor, em face da revelia. Poderá rejeitá-los como inverídicos.[848]

A sentença de primeiro grau, portanto, poderá ter apreciado todas as questões discutidas ou pode ocorrer que tenha se omitido sobre algumas.

A cognição a ser realizada pelo tribunal, seja em relação a todas as questões decidas, seja em relação às questões não decididas, será profunda e sem restrições. Porém, essa profundidade estará circunscrita, sempre, dentro dos limites da matéria impugnada.

Dentre as questões que poderá o tribunal examinar encontram-se: a) as questões examináveis de *ofício*, a cujo respeito o juízo 'a quo' não se manifestou; b) as questões que não sendo examináveis de ofício deixaram de ser apreciadas, *a despeito* de haverem sido suscitadas e discutidas pelas partes e estejam no âmbito da extensão da impugnação.[849]

Sobre o tema, eis os seguintes precedentes do S.T.J.:

[848] BARBOSA MOREIRA, J. C., idem, p. 420.
[849] BARBOSA MOREIRA, J. C., idem, p. 418.

(...).

2. No caso dos autos, a sentença de piso afastou a ilegitimidade passiva da recorrida a partir do exame dos arts. 263 da CLT e 11, IV e V da Lei 8.630/93, os quais não foram objeto de análise do acórdão recorrido, o que revela a omissão de ponto essencial ao deslinde da causa. Com efeito, o art. 515, § 1o. do CPC dispõe que serão, porém, objeto de apreciação e julgamento pelo Tribunal todas as questões suscitadas e discutidas no processo, ainda que a sentença não as tenha julgado por inteiro. Logo, competia-lhe manifestar-se a respeito da disciplina normativa contida nesses dispositivos, até porque expressamente referidos na sentença e, empós, nos Aclaratórios opostos ao acórdão que julgou a Apelação. Tal omissão assume especial relevância para o escorreito deslinde da controvérsia, e, assim, impõe seja reconhecida a violação ao art. 535, II do CPC. Precedentes: REsp. 1.350.460/AC, Rel. Min. NAPOLEÃO NUNES MAIA FILHO, DJe 24.04.2013, e AgRg no AREsp 199.092/RS, Rel. Min. DIVA MALERBI, DJe 27.02.2013.

3. Agravo Regimental desprovido.

(AgRg no REsp 1125399/SP, Rel. Ministro NAPOLEÃO NUNES MAIA FILHO, PRIMEIRA TURMA, julgado em 12/08/2014, DJe 04/09/2014).

(...).

4. "O fato de a apelação ser recurso de ampla devolutividade não significa que questões anteriormente discutidas e decididas em outra sede recursal possam ser novamente apresentadas quando de sua interposição" (REsp 1.048.193/MS, Rel. Ministro Fernando Gonçalves, Quarta Turma, DJe 23/3/2009).

5. Recurso especial a que se nega provimento.

(REsp 1407461/PB, Rel. Ministro OG FERNANDES, SEGUNDA TURMA, julgado em 01/04/2014, DJe 28/04/2014).

2. O reexame de matéria de prova é inviável em sede de recurso especial (Súmula 7/STJ).

3. É certo que o recurso devolve ao Tribunal o conhecimento da matéria impugnada art. 515 do CPC. No entanto, estabelece o § 1º do citado dispositivo que serão "objeto de apreciação e julgamento pelo tribunal todas as questões suscitadas e discutidas no processo, ainda que a sentença não as tenha julgado por inteiro". No caso concreto, a questão relativa à viabilidade do bem ofertado à penhora (precatório) foi expressamente tratada na decisão do juízo singular, razão pela qual o Tribunal de origem, ao manter a inviabilidade por outros fundamentos, evidentemente, não violou o disposto no art. 515 do CPC. Ademais, ao analisar o recurso, o Tribunal de segundo grau pode examinar, de ofício, matéria de ordem pública discutida nos autos, como é o caso da legalidade/regularidade da penhora (REsp 1.165.193/DF, 2ª Turma, Rel. Min. Hum-

berto Martins, DJe de 14.2.2011; AgRg no REsp 1.168.195/DF, 2ª Turma, Rel. Min. Herman Benjamin, DJe de 4.2.2010; AgRg no REsp 1.242.741/SP, 1ª Turma, Rel. Min. Arnaldo Esteves Lima, DJe de 14.10.2011).

4. Agravo regimental não provido.

(AgRg no REsp 1146489/PR, Rel. Ministro MAURO CAMPBELL MARQUES, SEGUNDA TURMA, julgado em 26/06/2012, DJe 06/08/2012).

Questão interessante que se coloca é se o tribunal poderá apreciar matéria de ordem pública que fora expressamente decidida pelo juiz 'a quo', não tendo a parte insurgindo-se contra a decisão no momento oportuno.

Na realidade, como houve expressa manifestação do juízo 'a quo', ainda que se tratando de matéria de ordem pública, deveria a parte insurgir-se contra a decisão tempestivamente, desde que a norma lhe concedesse recurso legítimo para tal fim, sob pena de preclusão.

Ocorre que o S.T.J. vem entendo de forma diversa, alegando que não há preclusão *pro iudicato*, mesmo que a questão tenha sido expressamente definida pelo juízo 'a quo'. Sobre o tema, eis o seguinte precedente do S.T.J.:

(...).

2. Esta Corte Superior possui entendimento consolidado de que as matérias de ordem pública decididas por ocasião do despacho saneador não precluem, podendo ser suscitadas na Apelação, ainda que a parte não tenha interposto o recurso de agravo.

(REsp 1483180/PE, Rel. Ministro HERMAN BENJAMIN, SEGUNDA TURMA, julgado em 23/10/2014, DJe 27/11/2014)

(...).

2. As matérias de ordem pública decididas por ocasião do despacho saneador não precluem, podendo ser suscitadas na apelação, ainda que a parte não tenha interposto o recurso de agravo.

Precedentes. Incidência da Súmula n. 83/STJ.

3. Embargos de declaração recebidos como agravo regimental, ao qual se nega provimento.

(EDcl no Ag 1.378.731/PR, Rel. Ministro JOÃO OTÁVIO DE NORONHA, TERCEIRA TURMA, DJe 24/5/2013, grifei).

1. As matérias de ordem pública decididas por ocasião do despacho saneador não precluem, podendo ser suscitadas na apelação – mesmo que a parte não tenha interposto o recurso próprio (agravo).

2. Recurso especial provido.

(REsp n. 1.254.589/SC, Rel. Ministra Nancy Andrighi, TERCEIRA TURMA, DJe 30/9/2011).

Estabelece o *§ 2º do art. 1.013* do atual C.P.C. que *quando o pedido ou a defesa tiver mais de um fundamento e o juiz acolher apenas um deles, a apelação devolverá ao tribunal o conhecimento dos demais.*

Enquanto o parágrafo anterior trata de *pontos controvertidos,* conhecidos por *questões,* os quais foram suscitados e discutidos no processo, este parágrafo não fala de *questões* mas do conteúdo da causa de pedir, no caso, os fundamentos jurídicos ou de fatos que justificam o pedido.

Esses fundamentos também podem ter sido arguidos pela defesa, geralmente em contestação.

Se o autor invoca dois ou três fundamentos e o juiz de primeiro grau para acolher o pedido utilizou apenas um dos fundamentos, eventual recurso de apelação do réu que busca a improcedência do pedido transfere ao tribunal o conhecimento dos demais fundamentos. Da mesma forma, se o juiz julgou improcedente o pedido, examinando apenas um dos fundamentos, sem se manifestar sobre os demais, eventual apelação do autor permite que o tribunal conheça dos demais fundamentos.

Nesta hipótese, nenhuma influência terá a revelia, pois se o autor invocar vários fundamentos e a sentença acolher apenas um deles, nada impede que o tribunal possa apreciar os outros fundamentos do pedido ou da defesa.

Sobre o tema, eis os seguintes precedentes do S.T.J.:

(...)..

4. No caso dos autos, há omissão na decisão que negou seguimento ao Agravo de Instrumento e, portanto, cumpre seja ela suprida, uma vez que, nos termos do art. 515, § 2o. do CPC, quando o pedido ou a defesa tiver mais de um fundamento e o juiz acolher apenas um deles, a Apelação devolverá ao Tribunal o conhecimento dos demais, devolvendo-se ao Tribunal, também, todas as questões anteriores à sentença, ainda não decididas, tal como previsto no art. 516 da Lei Adjetiva.

5. Com efeito, embora o acórdão tenha afastado o único fundamento lançado pelo Magistrado sentenciante para acolher os embargos à execução, qual seja, a ausência de responsabilidade pela queima da palha de cana-de-açúcar, cabia ao Tribunal Bandeirante examinar as demais questões submetidas nos embargos à execução, dentre elas, a de inconstitucionalidade da exigência de depósito prévio para a interposição de recurso administrativo, o que não ocorreu, mesmo após a oposição dos Aclaratórios, o que evidencia a violação ao art. 535, II do CPC.

(...).

(EDcl no AgRg nos EDcl no Ag 1069275/SP, Rel. Ministro NAPOLEÃO NUNES MAIA FILHO, PRIMEIRA TURMA, julgado em 26/08/2014, DJe 05/09/2014).

(...).

3. "Quando o pedido ou a defesa tiver mais de um fundamento e o juiz acolher apenas um deles, a apelação devolverá ao tribunal o conhecimento dos demais" (Art. 515, § 2º, do CPC).

4. Necessidade de retorno dos autos ao Tribunal de origem para julgamento das demais questões devolvidas por meio do recurso de apelação.

5. Dimensão vertical, ou profundidade, do efeito devolutivo.

Doutrina e jurisprudência sobre o tema.

(REsp 1172707/AL, Rel. Ministro PAULO DE TARSO SANSEVERINO, TERCEIRA TURMA, julgado em 28/05/2013, DJe 05/11/2013).

1. Quando os embargos à execução fiscal tiverem mais de um fundamento e o juiz acolher apenas um deles, decretando a nulidade da Certidão de Dívida Ativa, a apelação da Fazenda Pública devolverá ao tribunal o conhecimento dos demais temas, ainda que não tenham sido deduzidas tais questões nas contrarrazões de apelação.

2. Não se pode exigir que todas as matérias sejam abordadas em contrarrazões de apelação, porque, em determinadas situações, como a dos autos, falta interesse à parte na impugnação expressa, diante da procedência dos embargos à execução fiscal em primeiro grau de jurisdição, por um dos fundamentos ventilados na petição inicial.

3. Precedente: "Julgada procedente a ação, com o acolhimento de um dos fundamentos expostos pelos autores, o acórdão que dá provimento ao apelo dos réus para afastar o argumento aceito em primeiro grau deve examinar o outro, expressamente desprezado na sentença." (REsp 246.776/SP, Rel. Min. Ruy Rosado de Aguiar, Quarta Turma, julgado em 18.5.2000, DJ 26.6.2000, p. 181).

Recurso especial provido, para determinar o retorno dos autos ao Tribunal "a quo" para proceder a novo julgamento do recurso de apelação.

(REsp 1125039/RS, Rel. Ministro HUMBERTO MARTINS, SEGUNDA TURMA, julgado em 01/03/2011, DJe 15/03/2011)

Preconiza o *§ 3º do art. 1.013* que *se o processo estiver em condições de imediato julgamento, o tribunal deve decidir desde logo o mérito quando: I – reformar sentença fundada no art. 485; II – decretar a nulidade da sentença por não ser ela congruente com os limites do pedido ou da causa de pedir; III – constatar a omissão no exame de um dos* *pedidos, hipótese em que poderá julgá-lo; IV – decretar a nulidade de sentença por falta de fundamentação.*

Já se afirmou que a impugnação da decisão definitiva pode fundamentar-se na alegação de *error in procedendo*, cujo acolhimento dessa alegação no julgamento do recurso de apelação ensejaria a declaração de nulidade da sentença e a remessa do processo ao juízo de origem para proferir nova decisão. O julgamento do tribunal, nessa hipótese, teria uma função meramente rescindente, pois com o acolhimento da impugnação pelo órgão *ad quem* deixa de existir a sentença anteriormente proferida.

Ocorre que, o legislador, reforçando a força normativa dos princípios da *celeridade* e da *economia processual*, permite que o tribunal, mesmo diante de situações que ensejam o acolhimento do *error in procedendo*, prossiga no julgamento, analisando o mérito da causa, proferindo nova decisão substitutiva da anterior.

Por isso, se a causa estiver em condições de imediato julgamento, especialmente pela conclusão da instrução do processo, o tribunal deve decidir desde logo a demanda (causa, objeto do processo, pedido). Isso poderá ocorrer quando o tribunal reformar a sentença de primeiro grau de extinção do processo sem resolução de mérito, nos termos do art. 485 do atual C.P.C. O mesmo ocorrerá quando o tribunal declarar a nulidade da sentença por não ser ela congruente com os limites do pedido ou da causa de pedir, ou seja, quando a sentença for *ultra, extra ou citra petitum*. Da mesma forma quando o tribunal constatar a omissão no exame de um dos pedidos, hipóteses em que poderá julgá-lo. Também isso será possível quando o tribunal declarar a nulidade da sentença por falta de fundamentação.

Evidentemente, o tribunal somente poderá prosseguir no julgamento se já foi concedido às partes a possibilidade de comprovar os fatos ou as impugnações alegadas, mediante o contraditório e a ampla defesa. Se não foi conferido essa oportunidade ou se o processo não se encontra 'maduro' suficiente para que o tribunal prossiga no julgamento, a decisão de segundo grau deverá ter apenas efeito rescindente.

Preceitua o *§ 4º do art. 1.013* que *quando reformar sentença que reconheça a decadência ou a prescrição, o tribunal, se possível, julgará o mérito, examinando as demais questões, sem determinar o retorno do processo ao juízo de primeiro grau.*

Tal prerrogativa já estava prevista no art. 515, §3º, do C.P.c. de 1973, que assim estabelecia:

> *Art. 515. A apelação devolverá ao tribunal o conhecimento da matéria impugnada. (...).*

§ 3º Nos casos de extinção do processo sem julgamento do mérito (art. 267), o tribunal pode julgar desde logo a lide, se a causa versar questão exclusivamente de direito e estiver em condições de imediato julgamento. (Incluído pela Lei nº 10.352, de 26.12.2001)

Nesse sentido, aliás, é o seguinte precedente do S.T.J.:

(...).

4. Por fim, não existe ofensa ao art. 515, caput, e §§ 1º e 3º, do CPC, porquanto, mesmo nos casos de extinção do processo com resolução de mérito, em que o juízo primevo acolheu a alegação de prescrição, é possível ao tribunal, se entender ser o caso de afastá-la, julgar desde logo a lide, se esta já se encontra madura, nos termos do art. 515, § 3º, do CPC. Precedentes.

5. Nos termos da Súmula 7/STJ, rever se há ou não necessidade de produção de provas para o regular prosseguimento do feito, enseja o exame da documentação contida nos autos, o que se revela impossível em recurso especial.

Agravo regimental improvido.

(AgRg no AREsp 527.494/PE, Rel. Ministro HUMBERTO MARTINS, SEGUNDA TURMA, julgado em 21/08/2014, DJe 28/08/2014)

Por fim, estabelece o *§5º do art. 1.013* do atual C.P.C. que *o capítulo da sentença que confirma, concede ou revoga a tutela provisória é impugnável na apelação.*

Muito embora a decisão interlocutória que concede ou revoga tutela provisória esteja sujeita ao recurso de agravo de instrumento, se a concessão ou revogação da tutela provisória for apreciada na sentença final, caberá contra o capítulo da sentença que trata da tutela provisória o recurso de apelação.

Art. 1.014

As questões de fato não propostas no juízo inferior poderão ser suscitadas na apelação, se a parte provar que deixou de fazê-lo por motivo de força maior.

Questões de fato articuladas na apelação

A função da apelação corresponde a um meio ordinário de 'ataque' contra a sentença de primeiro grau, diretamente a provocar o reexame da causa, quando a sentença seja ou não de mérito. Por isso, a apelação devolverá ao tribunal o conhecimento da matéria impugnada. Contudo, há proibição geral de se propor no apelo novas exceções, salvo que possam ser conhecidas de ofício, ou novos meios de prova, pois a função do juízo de segundo grau tende a impedir nova indagação sobre fatos já exauridos no juízo de primeiro grau.

As matérias que poderiam ser suscitadas perante o juízo de primeiro grau, mas que não o foram, estão sob o manto da preclusão. Isso porque os fatos importantes para a solução da causa devem ser debatidos e, por vezes, ser objeto de prova perante o juízo de primeiro grau, oportunizando o contraditório e a ampla defesa das partes. Além do mais, também deve prevalecer no âmbito do julgamento de segundo grau o princípio da *celeridade processual*, evitando-se os prolongamentos indevidos de nova produção probatória. Atribuir a possibilidade de novas deduções em apelo vai de encontro a essas exigências, prolongando-se em demasia o processo em segundo grau.

Porém, é possível que determinada matéria de fato ou questão de fato, por motivo de força maior, não tenha sido objeto de análise pelo juízo de primeiro grau, mas que interessa sobremaneira à solução da causa. Nessa hipótese, poderá o apelante ou o apelado arguir essa nova questão de fato, demonstrando que não o fez oportunamente por motivo de força maior.

O que se permite é que o apelante ou o apelado alegue *questão de fato* e não nova *causa de pedir*, desde que prove a impossibilidade de fazê-lo perante o juízo 'a quo' em razão de eventual força maior.

Essa nova questão de fato não entrou no âmbito de abrangência do efeito devolutivo da apelação, pois ela não foi objeto de análise no juízo de primeiro grau. Essa nova questão de fato ingressou no âmbito cognitivo apenas do juízo de segundo grau.

O art. 1.014 do atual C.P.C. não trata de quaisquer questões de fato que poderiam ter sido alegadas, discutidas e avaliadas pelo juízo *a quo*, ou que foram alegadas e discutidas mas não efetivamente examinadas pelo juízo *a quo*.

O art. 1.014 do atual C.P.C. também não abrange as questões de direito, pois estas podem ser apreciadas a qualquer momento, seja qual for o grau de jurisdição, e independentemente de provação da parte, salvo em se tratando de recurso extraordinário e especial quando se exige o *prequestionamento*.

Segundo Barbosa Moreira, *"escapam também da incidência do art. 517 do C.P.C. de 1973* (art. 1.014 do atual C.P.C.) *as questões de fato porventura suscitadas, pela primeira vez, na apelação do 'terceiro prejudicado': não tendo, até então, participado do processo, não podia ele, obviamente, haver suscitado questão alguma perante o órgão 'a quo'"*.[850]

[850] Barbosa Moreira, J. C., idem, p. 426.

A questão de fato que pode ser alegada com base no art. 1.014 do atual C.P.C. é aquela que por *motivo de força maior* não foi possível alegar antes da sentença de primeiro grau.

Dentre os motivos de *força maior*, reconhece-se a hipótese de o fato, quando da sentença de primeiro grau, ainda não ter *ocorrido*. Do mesmo modo quando o fato *já tenha ocorrido*, mas a parte não tinha ciência dele; ou, ainda, quando apesar de conhecê-lo, estava impossibilitada, por circunstância alheia à sua vontade, de comunicá-lo ao advogado para que este o levasse à consideração do juiz; ou, enfim, quando ao próprio advogado fora impossível a arguição em tempo oportuno.[851]

O *motivo de força* maior será alegado nas razões ou contrarrazões de apelação ou em petição avulsa se a força maior somente cessou após a apresentação das aludidas peças processuais. A alegação deverá ser acompanhada de prova do motivo de força maior.

Devidamente comprovado o motivo de força maior, em razão do qual a questão de fato não pode ser antes trazida ao conhecimento do julgador, abre-se ao recorrente ou ao recorrido a possibilidade de produzir provas do fato a que se fez menção. Se a prova for exclusivamente documental, o interessado providenciará sua juntada aos autos, ouvindo a parte contrária. Se houver necessidade de realização de prova pericial ou testemunhal, o relator poderá delegar competência ao juízo de primeiro grau para sua produção ou coleta.

CAPÍTULO III – Do Agravo de Instrumento

Art. 1.015

Cabe agravo de instrumento contra as decisões interlocutórias que versarem sobre:

I – tutelas provisórias;

II – mérito do processo;

III – rejeição da alegação de convenção de arbitragem;

IV – incidente de desconsideração da personalidade jurídica;

V – rejeição do pedido de gratuidade da justiça ou acolhimento do pedido de sua revogação;

VI – exibição ou posse de documento ou coisa;

VII – exclusão de litisconsorte;

[851] Barbosa Moreira, J. C., idem, p. 427.

VIII – rejeição do pedido de limitação do litisconsórcio;

IX – admissão ou inadmissão de intervenção de terceiros;

X – concessão, modificação ou revogação do efeito suspensivo aos embargos à execução;

XI – redistribuição do ônus da prova nos termos do art. 373, § 1º;

XII – conversão da ação individual em ação coletiva (VETADO);

XIII – outros casos expressamente referidos em lei.

Parágrafo único. Também caberá agravo de instrumento contra decisões interlocutórias proferidas na fase de liquidação de sentença ou de cumprimento de sentença, no processo de execução e no processo de inventário.

Sumário:

1. Considerações gerais **2.** Agravo de instrumento

1. Considerações gerais

O recurso de *agravo* surge com o velho direito português em face da proibição estabelecida por Afonso IV à faculdade de apelar contra decisões interlocutórias. As partes, não se conformando contra essas decisões que lhes causavam por vezes alguns prejuízos iminentes, insistiam por meio de petição dirigida ao Rei na concessão de imediata correção ao *agravo sofrido*. A fim de acelerar o procedimento, D. Duarte determinou que as petições lhe fossem dirigidas já acompanhadas da resposta do juiz que proferiu a decisão impugnada. A isso se denominou de carta testemunhável ou instrumentos de agravos. No âmbito das Ordenações Manuelinas foram previstas duas modalidades de agravo. Quando o órgão *ad quem* tivesse sede no mesmo local do órgão *a quo*, o agravo subia por *petição*. Se os juízos tivessem sede diferentes, o agravo subia por *instrumento*.[852]

O C.P.C. de 1939 restabelece o denominado *agravo no auto do processo*, assim como manteve o *agravo de instrumento* e o *agravo de petição*. O agravo de petição ficou restrito às decisões de natureza terminativas (aquelas que extinguem o processo sem resolução de mérito). Já o agravo de instrumento ficou reservado para impugnação das decisões interlocutórias, sendo que a título excepcional contra as decisões definitivas (art. 842, XV do C.P.C. de 1939).

[852] Buzaid, A. op. cit., p. 34 e ss.

O agravo previsto no C.P.C. de 1973, quando de sua entrada em vigor, apresentava apenas uma natureza, ou seja, tratava-se de um recurso processado somente por meio de instrumento, razão pela qual passou a se chamar *agravo de instrumento*. Por sua vez, convém registrar que uma só espécie, na verdade, existia no Anteprojeto Buzaid e no Projeto definitivo; mas, quando de sua tramitação deste no Congresso Nacional, reintroduziu-se, posto que sem o velho nome, a figura do agravo no auto do processo, por meio de emenda aditiva, resultando na aprovação dos §§1º e 2º do art. 522 do C.P.C. de 1973.[853] Assim estabelecia a redação original deste artigo:

> *Art. 522. Ressalvado o disposto nos arts. 504 e 513, de todas as decisões proferidas no processo caberá agravo de instrumento.*
>
> *§1º Na petição, o agravante poderá requerer que o agravo fique retido nos autos, a fim de que dele conheça o tribunal, preliminarmente, por ocasião do julgamento da apelação.*
>
> *§2º Requerendo o agravante a imediata subida do recurso, será este processado na conformidade dos artigos seguintes.*

Quando da entrada em vigor do C.P.C. de 1973, o agravo de instrumento era um recurso permitido contra toda e qualquer decisão de natureza interlocutória, conforme estabelecia o *caput* do art. 522.

O nosso ordenamento jurídico, conforme se pode observar pelo C.P.C. de 1939 e o de 1973, sempre optou pela aplicação de fases distintas no âmbito do processo jurisdicional, permitindo a interposição de impugnações de decisões de acordo com a fase processual respectiva, assim como em relação ao conteúdo propriamente dito da decisão.

Porém, é bem verdade que essa amplitude de possibilidade de impugnações de decisões, especialmente as de natureza interlocutórias, durante o transcurso das fases processuais, representa de certa forma um importante obstáculo ao andamento do processo, maculando o princípio da celeridade processual.

Por isso, o legislador, já no ano de 1995, pela Lei n. 9.139, houve por bem modificar a sistemática do agravo de instrumento no ordenamento jurídico nacional, modificando inclusive sua nomenclatura, o qual passou a se chamar de forma genérica de simplesmente *agravo*. O legislador, a partir desta data, permitiu que o agravo se dividisse em instrumento, apreciado pelo tribunal de ime-

[853] BARBOSA MOREIRA, José Carlos. *Comentários ao código de processo civil.* V Vol.) (art. 476 a 565). Rio de Janeiro: Forense, 1976. p. 454.

diato, ou agravo retido, que ficava retido nos autos principais para que o tribunal dele conhecesse se fosse solicitada sua apreciação em preliminar de apelação.

Outras modificações ocorreram, especialmente pela Lei 11.187/05, a qual deu nova redação ao art. 522 do C.P.C. de 1973, a saber: *Das decisões interlocutórias caberá agravo, no prazo de 10 (dez) dias, na forma retida, salvo quando se tratar de decisão suscetível de causar à parte lesão grave e de difícil reparação, bem como nos casos de inadmissão da apelação e nos relativos aos efeitos em que a apelação é recebida, quando será admitida a sua interposição por instrumento. (Redação dada pela Lei nº 11.187, de 2005)*

O legislador estabeleceu que o agravo, de uma maneira geral, passaria a ser retido, salvo quando se tratasse de decisão suscetível de causar à parte lesão grave e de difícil reparação, bem como nos casos de inadmissão de apelação e nos relativos aos efeitos em que a apelação seria recebida, quando então seria admitida a interposição de agravo de instrumento.

Com a entrada em vigor da Lei 11.187/05, o legislador tentou restringir um pouco a subida do recurso de *agravo* ao tribunal, a fim de que na maioria das decisões interlocutórias esse recurso deveria permanecer retido no âmbito do processo, a fim de que o órgão 'ad quem' somente dele conhecesse quando suscitado em preliminar de apelação.

2. Agravo de instrumento

Preceitua o *art. 1.015* do atual C.P.C. que cabe agravo de instrumento contra as decisões interlocutórias que versarem sobre: I – tutelas provisórias; II – mérito do processo; III – rejeição da alegação de convenção de arbitragem; IV – incidente de desconsideração da personalidade jurídica; V – rejeição do pedido de gratuidade da justiça ou acolhimento do pedido de sua revogação; VI – exibição ou posse de documento ou coisa; VII – exclusão de litisconsorte; VIII – rejeição do pedido de limitação do litisconsórcio; IX – admissão ou inadmissão de intervenção de terceiros; X – concessão, modificação ou revogação do efeito suspensivo aos embargos à execução; XI – redistribuição do ônus da prova nos termos do art. 373, §1º; XII – VETADO; XIII – outros casos expressamente referidos em lei.

Também caberá agravo de instrumento contra decisões interlocutórias proferidas na fase de liquidação de sentença ou de cumprimento de sentença, no processo de execução e no processo de inventário.

No âmbito do sistema recursal, compete ao legislador ordinário realizar uma opção política concentrada, na qual haja restrição ao elenco dos recurso cabíveis contra as decisões de primeira instância, podendo inclusive optar pela permissão de apenas um único recurso, por meio do qual se leva ao conhecimento do órgão superior toda a matéria (de mérito ou estranha a ele) apreciada pelo juiz *a quo*, ou uma opção política aberta, na qual permite-se um leque de recursos ou impugnações contra as diversas decisões judiciais que são proferidas durante o transcurso da relação jurídica processual.

Na realidade, ambas as tentativas políticas, uma para restringir, outra para ampliar a interposição de agravo de instrumento contra decisão interlocutória apresentam vantagens e desvantagens. A primeira decerto evita as perturbações, delongas e despesas que a reiterada interposição de recurso, com o consequente processamento, fatalmente acarreta para a marcha do feito. A segunda abre margem a esse grave inconveniente, mas, em compensação, enseja a correção rápida de erros suscetíveis, em certos casos, de causar danos que já não poderiam ser reparados, ou que dificilmente o seriam, se se tivesse de aguardar o término do procedimento de primeiro grau para denunciá-los.

O C.P.C. de 1973, com a redação dada pela Lei 11.187 de 2005, estabeleceu que das decisões interlocutórias caberia agravo, no prazo de 10 (dez) dias, na forma retida, salvo quando se tratasse de decisão suscetível de causar à parte lesão grave e de difícil reparação, bem como nos casos de inadmissão da apelação e nos relativos aos efeitos em que a apelação seria recebida, quando a sua interposição deveria ocorrer por instrumento. A partir desta lei, a regra geral passou a ser o *agravo retido*, prevendo oportunidade para a interposição do *agravo de instrumento* diretamente ao tribunal quando se tratasse de decisão suscetível de causar à parte lesão grave e de difícil reparação, bem como nos casos de inadmissão da apelação e nos relativos aos efeitos em que a apelação seria recebida.

O legislador de 1973 não optou por uma sistemática de discriminação das decisões que pudessem ser objeto de agravo de instrumento.

Porém, para Barbosa Moreira, a via intermediária consistiria em discriminar, dentre as numerosas decisões interlocutórias, aquelas que, por seu objeto, reclamassem pronto exame, e aquelas que comportassem mais longa espera, criando para as duas classes regimes diversos.[854] Aliás, o legislador do C.P.C. de 1939 procurou seguir justamente a via intermédia indicada por Barbosa Moreira, uma vez que distribuiu entre o agravo de instrumento e o agravo no auto do processo a função de servir a impugnação das interlocutórias.

Também o legislador do atual C.P.C. houve por bem seguir a recomendação de Barbosa Moreira, pois o art. 1.015 expressamente discrimina e enumera, assim como já o fez o C.P.C. de 1939, as decisões que são suscetíveis do *agravo de instrumento*.

[854] Barbosa Moreira, J. C., idem, p. 456.

Por outro lado, o atual legislador, ao enumerar as decisões interlocutórias que possam ser suscetíveis de *agravo de instrumento,* também abandonou a opção legislativa do Código revogado no sentido de que este recurso somente seria cabível em relação à decisão suscetível de causar à parte lesão grave e de difícil reparação.

Houve por parte do legislador atual uma amplitude maior para a interposição do agravo de instrumento, o que poderá ser prejudicial ao princípio da rapidez e celeridade processual.

É importante salientar que o atual C.P.C. extinguiu a figura do *agravo retido* que era a regra geral no Código revogado.

É certo que no projeto originário do novo C.P.C., com emenda da Câmara dos Deputados, havia previsão de que em relação às questões resolvidas na fase de conhecimento, se a decisão a seu respeito não comportasse agravo de instrumento, haveria necessidade de a parte interessada promover prévia apresentação *de protesto* específico contra a decisão no primeiro momento que coubesse à parte falar nos autos, sob pena de preclusão (§2º do art. 1.022 do projeto originário n. 2.046/10). Assim, se a parte interessada em revogar a decisão não sujeita a agravo de instrumento não efetuasse o protesto indicado no §2º do art. 1.022 do atual C.P.C., não poderia mais suscitá-la em preliminar de apelação, em face da ocorrência da preclusão.

Porém, o novo C.P.C. não repetiu a necessidade de protesto como pressuposto para reforma da decisão interlocutória em preliminar de apelação.

Outra alteração importante que se verifica no recurso do agravo de instrumento regulado pelo C.P.C. de 1973 e o atual C.P.C. é que naquele Código o prazo para a interposição do agravo era de 10 (dez) dias, conforme estabelecia o seu art. 522; já pelo atual C.P.C., com a unificação dos prazos recursais, o prazo para a interposição do agravo de instrumento é de 15 (quinze) dias.

Assim, caberá *agravo de instrumento* contra as *decisões interlocutórias* enumeradas nos incisos I a XIII do art. 1.015 do atual C.P.C.

Em nosso ordenamento jurídico o juiz pode praticar três espécies de atos processuais: a) sentença; b) decisões interlocutórias; e c) despacho.

O legislador processual brasileiro sempre preconizou um critério distintivo dos atos processuais do juiz, não com base na sua forma, mas, sim, de acordo com o seu conteúdo/finalidade.

Efetivamente, não é a forma que distingue uma sentença de uma decisão interlocutória, uma vez que uma decisão interlocutória pode ser proferida utilizando-se de todos os requisitos de uma sentença, isto é, formatada através de um relatório, fundamento e decisão. Por sua vez, há sentenças que não possuem relatório, como aquelas proferidas nos juizados especiais.

Interessa-nos as *decisões interlocutórias*.

A definição normativa de *decisões interlocutórias* está contida no §2º do art. 203 do atual C.P.C., a saber: *"Decisão interlocutória é todo pronunciamento judicial de natureza decisória que não se enquadre no §1º"*.

Portanto, é decisão *interlocutória* toda aquela que não seja um simples despacho ou que não se enquadre na definição de sentença.

A decisão interlocutória não é um *despacho*, pois a definição de despacho é configurada por exclusão, ou seja, todo pronunciamento do juiz praticado no processo, de ofício ou a requerimento da parte, que não seja nem sentença nem decisão interlocutória, será considerado despacho. (§3º do art. 203 do atual C.P.C.).

Por sua vez, entende-se por *sentença*, ressalvadas as disposições expressas dos procedimentos especiais, todo pronunciamento por meio do qual o juiz, com fundamento nos arts. 485 e 487 do atual C.P.C, põe fim à fase cognitiva do procedimento comum, bem como extingue a execução. (§1º do art. 203 do atual C.P.C.).

Porém, nem todo pronunciamento judicial que tenha natureza de decisão e que se enquadre na definição de decisão interlocutória estará sujeito ao recurso de agravo de instrumento.

Pelo atual C.P.C., o *agravo de instrumento* estará delimitado somente às seguintes decisões interlocutórias que versarem sobre:

a) *tutela provisória*.

Note-se que a tutela provisória poderá ter por fundamento a urgência (satisfativa ou cautelar) e a evidência.

Caberá agravo de instrumento contra as decisões interlocutórias que conceder, negar, modificar ou revogar a tutela provisória, seja com base na urgência ou com base na evidência.

A tutela de urgência e a tutela de evidência podem ser requeridas antes ou no curso do processo, sejam essas medidas de natureza satisfativa ou cautelar.

É importante salientar que uma vez julgado pelo Tribunal de Apelação o recurso de agravo de instrumento contra a tutela provisória concedida de forma antecedente ou incidental, não haverá espaço para se levar a questão ao crivo do Superior Tribunal de Justiça.

É que o Superior Tribunal de Justiça não tem conhecido do Recurso Especial interposto contra acórdão proferido em agravo de instrumento interposto contra decisão que avaliou pedido de tutela provisória.

Para que o S.T.J. pudesse analisar recurso especial que tivesse por objeto a concessão ou não de tutela provisória, seria necessário o ingresso na análise dos requisitos normativos para a concessão da aludida tutela, o que demandaria a análise de prova, fato impeditivo da admissibilidade do recurso especial, nos termos Súmula 07 do S.T.J.

Sobre o tema, assim tem se manifestado o S.T.J.:

1. A iterativa jurisprudência desta Corte é no sentido de que, para análise dos critérios adotados pela instância ordinária que ensejaram a concessão ou não da liminar ou da antecipação dos efeitos da tutela, é necessário o reexame dos elementos probatórios a fim de aferir a "prova inequívoca que convença da verossimilhança da alegação", nos termos do art. 273 do CPC, o que não é possível em recurso especial, ante o óbice da Súmula 7/STJ.

2. É sabido que as medidas liminares de natureza cautelar ou antecipatória são conferidas à base de cognição sumária e de juízo de mera verossimilhança. Por não representarem pronunciamento definitivo, mas provisório, a respeito do direito afirmado na demanda, são medidas, nesse aspecto, sujeitas à modificação a qualquer tempo, devendo ser confirmadas ou revogadas pela sentença final. Em razão da natureza precária da decisão, em regra, não possuem o condão de ensejar a violação da legislação federal. Incidência, por analogia, da Súmula 735/STF: "não cabe recurso extraordinário contra acórdão que defere medida liminar".

3. O Tribunal de origem, com amparo nos elementos de convicção dos autos, procedeu à análise dos parâmetros da razoabilidade e da proporcionalidade do valor fixado para a multa diária por descumprimento de decisão judicial.

4. Rever o conteúdo dos autos, a fim de que se chegue à conclusão diversa da instância de origem é, nesta via recursal, impossível, pois demanda apreciação de matéria fática, defeso em recurso especial, nos termos da Súmula 7/STJ.

Agravo regimental improvido.

(AgRg no AREsp 490.601/MS, Rel. Ministro HUMBERTO MARTINS, SEGUNDA TURMA, julgado em 15/05/2014, DJe 22/05/2014).

1. O simples ajuizamento de ação revisional, com a alegação da abusividade das cláusulas contratadas, não importa o reconhecimento do direito do contratante à antecipação da tutela, sendo necessário o preenchimento dos requisitos do art. 273 do Código de Processo Civil. Analisar os fundamentos que subsidiaram a decisão tomada em relação à medida de urgência encontra óbice na Súmula 7/STJ, pois requer a apreciação de fatos e provas.

2. Para que seja deferido o pedido de manutenção do devedor na posse do bem, é indispensável que ele demonstre a verossimilhança das alegações de abusividade das cláusulas contratuais e dos encargos financeiros capazes de elidir a mora, bem como deposite o valor incontroverso da dívida ou preste caução idônea.

3. Se não foi reconhecida, na ação revisional em curso, a abusividade dos encargos pactuados para o período da normalidade, é de se entender que os valores depositados pelo recorrente não são suficientes a afastar a mora. Incidência, no ponto, da Súmula 83/STJ.

4. Agravo regimental não provido.

(AgRg no AREsp 452.055/MS, Rel. Ministro LUIS FELIPE SALOMÃO, QUARTA TURMA, julgado em 03/04/2014, DJe 11/04/2014).

No sistema jurídico italiano, conforme anota Ítalo Augusto Andolina, *"por constante instrução da Suprema Corte, somente as pronúncias decisórias incidentes sobre direitos subjetivos e ou seu 'status' são impugnáveis por cassação; e decisões são somente as 'ditas' judiciais idôneas ao 'julgado'. Ao contrário, os provimentos provisórios e ou cautelares antecipatórios 'não são' decisórios próprios porque 'auxiliares' em relação ao 'julgado', e a eles correlatos e subordinados, e por este destinados a serem absorvidos".*[855]

Segundo ainda Ítalo Augusto Andolina, o projeto assim construído apresenta uma indubitável coerência. Porém, referida coerência vacila, e arrisca de ser perigosa, no momento em que os provimentos (que de início seriam 'auxiliares') se afastam da subordinação (ao menos estruturais) ao julgado e adquirem um mais elevado critério de autonomia. Em particular a *ultratividade* (sempre mais reconhecida aos provimentos de *quibus*), reduz sensivelmente a distância que (até ontem) separava estes provimentos (*lato sensu, provisórios*) das pronúncias decisões em sentido próprio.[856]

Porém, essa preocupação de Ítalo Augusto Andolina, legítima no sistema processual italiano, não se aplica ao sistema jurídico brasileiro, tendo em vista que a *ultratividade* da tutela provisória de urgência antecipada ou satisfativa somente ocorrerá se a parte contrária deixar justamente de interpor o recurso de agravo de instrumento.

b) mérito do processo

Cabe agravo de instrumento contra as decisões interlocutórias que versarem sobre *o mérito do processo*.

De regra, a decisão que versa sobre o mérito da causa tem natureza de *sentença*.

É certo que a doutrina diverge sobre a definição de *mérito*. Em tese, há três posições específicas sobre o que significa o *mérito*: *"a) os que o conceituam no*

[855] ANDOLINA, Italo Augusto. Crisi del giudicato e nuovi strumenti alternativi di tutela giurisdizionale – la nuova tutela provvisoria di merito e le garanzie costituzionali del giusto processo. *In: Revista de Processo*, São Paulo, R.T., ano 32, n. 150, agost/2007, p. 75.

[856] ANDOLINA, I. A., idem, p. 76

plano das 'questões', ou complexo de questões referentes à demanda; b) os que se valem da 'demanda' ou de situações externas ao processo, trazidas a ele através da demanda; c) especificamente, a assertiva de que o mérito é a 'lide', 'tout court' (exposição de motivos)".[857]

Adotam a concepção de que o mérito se confunde com *as questões de mérito*, Liebman, Carnelutti, entre outros.

Segundo Liebman: *"o conhecimento do juiz é conduzido com o objetivo de decidir se o pedido formulado no processo é procedente ou improcedente e, em consequência, se deve ser acolhido ou rejeitado. Todas as questões cuja resolução possa direta ou indiretamente influir em tal decisão formam, em seu complexo, o mérito da causa".*[858]

Para Carnelutti, mérito significa o *mérito da lide*, isto é, o complexo das questões materiais que a lide apresenta.

Para Cândido Rangel Dinamarco, fica difícil aceitar a concepção de mérito formulada por Liebman e Carnelutti, uma vez que o próprio conceito de *questão* refuta essa vinculação, pois para Liebman questão é "a dúvida quanto a uma razão". A questão, portanto, não é a *lide*, pois essa se apresenta como *conflito de interesses*. Questão, na realidade, seria o *ponto duvidoso*. Ocorre que, dúvidas podem surgir sobre fatos ou sobre questão jurídica, assim como podem surgir também com referência a situações do processo mesmo e à ação e suas condições. Daí porque a distinção entre *questões substanciais* e *questões processuais*. Assim, o fato de uma questão ter pertinência à relação material *in judicium deducta*, caracterizando-se como questão de mérito, não significa que ela própria (a questão, ou grupo de questões) *seja* o mérito. Na realidade, para decidir o mérito o juiz no transcurso do processo vai resolvendo *questões*, a fim de que elas se tornem apenas pontos incontroversos. Por isso, é vital não confundir as questões com o próprio mérito.[859]

Doutrinadores como Redenti, Fazzalari e outros entendem que o mérito do processo, ou o objeto do processo, seria uma situação externa ao próprio processo, no caso a *relação jurídica substancial controvertida pelas partes*. Contudo, como bem leciona Dinamarco, não se pode afirmar que o processo seja constituído pela relação jurídica controvertida, "*porque é o processo que deve averiguar se esta relação existe ou não: ela pode não existir; onde então o objeto do processo?*" (Liebman). Além do mais, o processo de execução se realiza sem que necessariamente haja controvérsia em torno da relação jurídica afirmada pelo demandante.[860]

857 DINAMARCO, Cândido Rangel. *Fundamentos do processo civil moderno*. São Paulo: Editora Revista dos Tribunais, 1986. p. 188.

858 LIEBMAN, E.T., *Manual.....*, op. cit., pp. 170-171.

859 DINAMARCO, C. R., op. cit., 1986. p. 189 e 190.

860 DINAMARCO, C. R., idem, p. 196.

Para Alfredo Buzaid, autor do anteprojeto do C.P.C. de 1973, a lide seria o objeto fundamental do processo, pois nela se exprimem as aspirações em conflito de ambos os litigantes.[861] Essa afirmação de Buzaid tem vínculo com as aspirações de Carnelutti. Para Dinamarco, salvo engano, a identificação entre lide e mérito jamais foi feita assim, em termos tão evidentes. Dinamarco cada vez mais se convence da inadequação da colocação da lide como polo metodológico, na teoria do processo, principalmente pelo fato de que a aceitação dessa concepção deixaria sem explicação a questão da revelia e do reconhecimento do pedido pelo réu.

Há também aqueles doutrinadores que associam o mérito à *demanda inicial* proposta em juízo, no sentido que se trata de sentença de mérito aquela que sobre a demanda se manifesta. Dentre esses autores há Chiovenda.

O nosso ordenamento jurídico assim preconiza sobre a definição de mérito, ao estabelecer em seu art. 487, inc. I, do atual C.P.C.:

> *"Art. 487. Haverá resolução de mérito quando o juiz:*
> *I – acolher ou rejeitar o pedido formulado na ação ou na reconvenção".*

Para Cândido Rangel Dinamarco, a demanda não é o mérito da causa. Ele vê nela apenas o veículo de algo externo ao processo e anterior a ele, algo que é trazido ao juiz em busca do remédio que o demandante quer. A demanda seria fato estritamente processual, ato formal do processo. Seria ela o veículo de pretensão do demandante, que é sua aspiração a determinada situação ou a determinado bem.

Portanto, mérito=pretensão. *Meritum causa* é justamente aquilo que alguém vem a juízo pedir, postular, exigir. Assim, a pretensão que a pessoa vem expor ao juiz, sendo uma *exigência*, é o que configura o conceito de mérito.[862]

Como se sabe, o ato de demandar é o responsável pela colocação da *pretensão* diante do juiz, a fim de que sobre ela haja uma manifestação jurisdicional – julgando-a no processo de cognição propriamente dito e satisfazendo-a na execução. É sobre esse material que se desenvolverão as atividades de todos os sujeitos do processo e é sobre ele que atuarão os resultados da jurisdição. A tutela jurisdicional conferida ao demandante refere-se sempre a uma pretensão, por ele trazida. A pretensão, na verdade, não é uma situação jurídica, mas um fato que ocorre na vida das pessoas; não é um direito, mas uma exigência. Pretender é querer, desejar, aspirar. Daí dizer-se que a pretensão constitui o *objeto*

[861] Buzaid, A.. op. cit. p. 104.
[862] Dinamarco, C. R., op. cit., 1986, p. 202.

do processo ou o *mérito*. O *mérito* é o objeto do processo e reside no *petitum* contido na demanda, razão pela qual quando o juiz profere uma decisão com resolução de mérito, ele está acolhendo a pretensão ao provimento, tanto que o emite, e, ao mesmo tempo, estará acolhendo ou rejeitando a pretensão processual ao bem de vida, conforme o juiz julgue a demanda procedente ou improcedente.[863]

Assim, toda decisão interlocutória que durante o transcurso do processo verse sobre o *mérito da causa*, ou seja, sobre a *pretensão, sobre aquilo que alguém vem a juízo pedir, postular, exigir*, estará sujeito ao recurso de agravo de instrumento.

Haverá possibilidade de se ingressar com agravo de instrumento todas as vezes que a decisão interlocutória versar sobre: a) o pedido na ação (demanda) ou o pedido inserido na reconvenção; b) reconhecimento de procedência do pedido; c) eventual transação das partes; d) prescrição ou decadência do pedido; e) renúncia ao direito sobre o qual se funda a demanda.

A possibilidade de interposição de agravo de instrumento nessas situações dependerá sempre da natureza da decisão proferida. Se a decisão proferida pelo juízo *a quo*, ao tratar do mérito da causa, extinguir uma fase cognitiva do procedimento comum ou extinguir a execução, não será caso de agravo de instrumento, mas, sim, de apelação.

Também a decisão do juiz poderá versar sobre o mérito da causa, nas hipóteses em que ele julgar parcialmente o mérito, indicadas no art. 356 do atual C.P.C., a saber:

> *Art. 356. O juiz decidirá parcialmente o mérito quando um ou mais dos pedidos formulados ou parcela deles:*
>
> *I – mostrar-se incontroverso;*
>
> *II – estiver em condições de imediato julgamento, nos termos do art. 355.*

c) rejeição da alegação de convenção de arbitragem.

A convenção de arbitragem deverá ser formulada em preliminar de contestação, nos termos do art. 337, inc. X, do atual C.P.C.

No projeto originário do novo C.P.C., em razão de emenda da Câmara dos Deputados, a alegação de convenção de arbitragem deveria ser feita em petição autônoma, na audiência de conciliação ou de mediação, conforme determinava o art. 345 do projeto originário.

A convenção de arbitragem é um meio de resolução privado de conflitos. A convenção de arbitragem é regulada pela Lei 9.307/96.

863 Dinamarco, C. R., idem, ibidem.

As partes interessadas podem submeter a solução de seus conflitos ao juízo arbitral mediante convenção de arbitragem, assim entendida a cláusula compromissória e o compromisso arbitral.

Havendo cláusula compromissória para resolução de conflitos de um determinado contrato, por meio desta modalidade é que deverá ser solucionada a questão e não através de um processo jurisdicional.

Se o juiz *a quo*, mediante decisão interlocutória, rejeitar a alegação de convenção de arbitragem, contra esta decisão caberá recurso de agravo de instrumento.

Porém, se o juiz acolher a alegação de *convenção de arbitragem*, sua decisão terá natureza de *sentença*, pois extinguirá a fase cognitiva do procedimento comum, razão pela qual o recurso cabível será o de *apelação*.

d) incidente de desconsideração de personalidade jurídica.

Em caso de abuso da personalidade jurídica, caracterizado na forma da lei, o juiz pode, em qualquer processo ou procedimento, decidir, a requerimento da parte ou do Ministério Público, quando lhe couber intervir no processo, que os efeitos de certas e determinadas obrigações sejam estendidos aos bens particulares dos administradores ou dos sócios da pessoa jurídica ou aos bens de empresa do mesmo grupo econômico (art. 133 do atual C.P.C.).

Concluída a instrução, se necessário, o incidente será resolvido por decisão interlocutória impugnável por agravo de instrumento.

e) rejeição do pedido de gratuidade da justiça ou acolhimento do pedido de sua revogação;

A pessoa natural ou jurídica, brasileira ou estrangeira, com insuficiência de recursos para pagar as custas, as despesas processuais e os honorários de advogado tem direito à gratuidade de justiça, na forma da lei (art. 98 do atual C.P.C.).

A lei que trata da gratuidade da justiça é a Lei 1.060 de 5 de fevereiro de 1950.

Das decisões que indeferir ou revogar a gratuidade de justiça, caberá agravo de instrumento, salvo quando a decisão se der em capítulo próprio de sentença.

Contra a decisão que deferir a gratuidade de justiça não caberá agravo de instrumento; poderá a parte contra ela se insurgir em preliminar de apelação.

f) exibição ou posse de documento ou coisa

Durante a fase probatória o juiz poderá ordenar que a parte exiba documento ou coisa que se encontre em seu poder (art. 396 do atual C.P.C.).

Essa determinação de exibição de documento ou coisa também poderá ser dirigida contra terceiro.

Contra a decisão interlocutória que resolver o incidente caberá o recurso de agravo de instrumento.

Pelo art. 1.015, inc. VI, do atual C.P.C., o agravo de instrumento poderá ser interposto contra a decisão que conceda ou negue a exibição ou posse do documento ou da coisa.

A exibição de documento ou coisa também pode ser objeto de pedido em tutela provisória *satisfativa ou cautelar*. Nesse caso, o fundamento do agravo de instrumento contra a decisão que conceda ou negue a exibição ou posse do documento ou coisa encontra-se no inciso I do art. 1.015 do atual C.P.C.

g) exclusão de litisconsorte.

O juiz poderá excluir um ou alguns dos litisconsortes em razão do reconhecimento de sua ilegitimidade ou por outro motivo.

Em relação ao litisconsorte excluído, a processo se extingue, pois será ele afastado da relação jurídica processual.

O Supremo Tribunal Federal, há muito, já teve oportunidade de afirmar que o recurso contra a decisão que excluía parte do feito, por ilegitimidade, seria o de apelação. Nesse sentido é a decisão proferida no RE n. 88.784-BA, relator Min. Cunha Peixoto, publicada na R.T.J. n. 92, pág. 1301:

> *Despacho Saneador – Exclusão de parte.*
>
> A decisão que exclui parte do feito, por ilegitimidade, é, em relação a ela, terminativa, embora não tenha julgado o mérito.

Em regra, contra essa decisão caberia o recurso de apelação.

Porém, esse entendimento não vingou no seio do Superior Tribunal de Justiça que acabou por entender que o recurso cabível contra essa decisão seria o de agravo de instrumento. Nesse sentido são os seguintes precedentes:

> *1. Nos termos da jurisprudência desta Corte, o ato judicial que exclui litisconsorte passivo não põe termo ao processo, mas somente à ação em relação a um dos réus. Por esse motivo, o recurso cabível é o agravo de instrumento, e não apelação. Precedentes.2. Agravo regimental não provido.*
>
> (AgRg nos EDcl no Ag 1204346/RJ, Rel. Ministro RICARDO VILLAS BÔAS CUEVA, TERCEIRA TURMA, julgado em 06/12/2012, DJe 13/12/2012)

> *1. O julgado que exclui litisconsorte do polo passivo da lide sem extinguir o processo é decisão interlocutória, recorrível por meio de agravo de instrumento, e não de apelação, cuja interposição, nesse caso, é considerada erro grosseiro.*
>
> *2. Agravo regimental desprovido.*
>
> (AgRg no Ag 1329466/MG, Rel. Ministro JOÃO OTÁVIO DE NORONHA, QUARTA TURMA, julgado em 10/05/2011, DJe 19/05/2011)

Diante do novo C.P.C., não cabe mais dúvida de que o recurso correto é o de agravo de instrumento.

Porém, se a exclusão do litisconsórcio ocorrer em capítulo próprio de sentença, o recurso não será de agravo, mas de apelação.

Outrossim, contra a decisão que não incluir litisconsorte, não cabe agravo de instrumento; poderá a parte, porém, arguir tal questão como preliminar de apelação.

h) rejeição do pedido de limitação de litisconsórcio.

Duas ou mais pessoas podem litigar, no mesmo processo, em conjunto, ativa ou passivamente.

Porém, conforme estabelece o §1º do art. 113 do atual C.P.C., o juiz poderá limitar o litisconsórcio facultativo quanto ao número de litigantes na fase de conhecimento, na liquidação de sentença ou na de execução, quando este comprometer a rápida solução do litígio ou dificultar a defesa ou o cumprimento de sentença.

Do *indeferimento* do pedido de limitação de litisconsórcio cabe agravo de instrumento, conforme estabelece inc. VIII do art. 1.015 do atual C.P.C.

Assim, somente caberá agravo de instrumento contra a decisão interlocutória que *indeferir* o pedido de limitação de litisconsórcio e não contra aquela que o *deferir.* Contra a decisão que *deferir* o pedido de *limitação de litisconsórcio* não caberá recurso algum, salvo a possibilidade de arguir novamente essa questão em preliminar de apelação.

i) admissão ou inadmissão de intervenção de terceiros.

O atual C.P.C. delimita como hipóteses de intervenção de terceiros a assistência (arts.119 a 124), a denunciação da lide (arts. 125 a 129), chamamento ao processo (arts. 130 a 132), o incidente de desconsideração da pessoa jurídica (art. 133 a 137) e o 'amicus curiae' (138).

Em todos esses casos de intervenção de terceiro, a decisão que admitir ou inadmitir referida *intervenção* estará sujeita ao recurso de agravo de instrumento.

j) concessão, modificação ou revogação do efeito suspensivo aos embargos à execução.

O executado, independentemente de penhora, depósito ou caução, poderá se opor à execução por meio de embargos, demanda autônoma, mas vinculada à execução de título executivo extrajudicial.

Em regra, os embargos à execução não terão efeito suspensivo.

Porém, o juiz poderá, a requerimento do embargante, atribuir efeito suspensivo aos embargos quando verificados os requisitos para a concessão de tutela provisória e desde que a execução já esteja garantida por penhora, depósito ou caução suficientes (§1º do art. 919 do atual C.P.C.).

A decisão relativa aos efeitos dos embargos poderá, a requerimento da parte, ser modificada ou revogada a qualquer tempo, em decisão fundamentada, cessando as circunstâncias que a motivaram.

Contra a decisão que conceder, modificar ou revogar o efeito suspensivo aos embargos caberá recurso de agravo de instrumento.

É certo que essa possibilidade de concessão de efeito suspensivo também é permitida no âmbito de cumprimento de sentença, quando a parte ingressa com a respectiva impugnação. Nesse caso, também poderá a parte valer-se do recurso de agravo de instrumento, com base no parágrafo único do art. 1.015 do atual C.P.C.

l) redistribuição do ônus da prova nos termos do art. 373, §1º.

Não havia essa previsão normativa no relatório final do Senador Vital do Rego, sendo que a sua inserção deu-se em plenário do Senado.

Transcreve-se abaixo a discussão realizada no Plenário do Senado sobre a questão:

> *Senhor Presidente, a orientação que a gente pede é pela aprovação de duas hipóteses de cabimento de agravo de instrumento sobre a decisão de redistribuição do ônus de prova e sobre a decisão de indeferimento de prova pericial. A nossa preocupação, Sr. Presidente, é com a possibilidade de o juiz de primeira instância decidir a esmo pela redistribuição de ônus de prova, sem que haja a possibilidade de revisão dessa decisão, o que gerará insegurança jurídica enorme, com prejuízo, principalmente, Sr. Presidente, para o ente público e para o setor econômico. Digo a V. Exª que, ao contrário do que pode parecer, isto não é procrastinação com uma instância adicional, porque, ao cabo, o recurso acontecerá por parte da Previdência, por exemplo, o que fará com todo o processo reinicie desde o início, Sr. Presidente.*
>
> *Portanto, o mesmo raciocínio vale para a questão do indeferimento de prova pericial. A redistribuição ao inverso do ônus da prova é medida que não pode ser vulgarizada, sob o risco de grave insegurança jurídica, com dano imediato à parte obrigada a produzir prova. É importante recordar que a Câmara manteve a possibilidade bastante polêmica de o juiz determinar a inversão do ônus da prova, mas zelou pela mínima segurança jurídica e pela redução dos riscos de aplicação abusiva dessa medida, quando introduziu a possibilidade de recurso imediato, se a parte se sentisse prejudicada por inversão do ônus da prova.*
>
> *Entendemos, com todo o respeito, que houve, portanto, neste caso, a necessidade da ampliação desse debate, na supressão, portanto, da possibilidade do recurso contra a inversão do ônus da prova ou do indeferimento de prova pericial, pois, na prática, a decisão somente poderá ser revisada – eu insisto nessa tese –, após a sentença, o que*

pode gerar situação de difícil reversão a ambos os lados, a ponto de a instância superior tender a não querer revisar verdadeiramente o abuso verificado.

Esta é a justificativa, Sr. Presidente, fazendo, portanto, um apelo a todos os Srs. Senadores e às Srªs Senadoras, porque entendemos que isso, ao contrário de estar criando uma nova instância, está assegurando que nós teremos um recurso que poderá trazer mais justiça e mais velocidade aos processos.

O SR. VITAL DO RÊGO (Bloco Maioria/PMDB – PB. Como Relator. Sem revisão do orador.) – Peço a aprovação pelo requerimento, o destaque.

O SR. PRESIDENTE (Renan Calheiros. Bloco Maioria/PMDB – AL) – O parecer do Relator, Senador Vital do Rêgo, é pela aprovação. O parecer é pela aprovação dos dois destaques. É isso? Pela aprovação...

O SR. VITAL DO RÊGO (Bloco Maioria/PMDB – PB) – Eu estou me posicionando sobre o primeiro destaque.

O SR. PRESIDENTE (Renan Calheiros. Bloco Maioria/PMDB – AL) – O agravo de instrumento para decisão sobre a redistribuição do ônus da prova. O parecer do Relator é pela aprovação.

Em votação.

As Senadoras e os Senadores que o aprovam permaneçam como se encontram. (Pausa.)

Aprovado.

O art. 373 do atual C.P.C. prescreve que o ônus da prova incumbe ao autor, quanto ao fato constitutivo de seu direito, e ao réu, quanto à existência de fato impeditivo, modificativo ou extintivo do direito do autor.

Porém, conforme preconiza o §1º do art. 373 do atual C.P.C., nos casos previstos em lei ou diante de peculiaridades da causa relacionadas à impossibilidade ou à excessiva dificuldade de cumprir o encargo nos termos do *caput* ou à maior facilidade de obtenção da prova do fato contrário, poderá o juiz atribuir o ônus da prova de modo diverso, desde que o faça por decisão fundamentada, caso em que deverá dar à parte a oportunidade de se desincumbir do ônus que lhe foi atribuído.

Contra a decisão que redistribuir de modo diverso o ônus da prova, caberá o recurso de agravo de instrumento.

m) outros casos expressamente referidos em lei.

Muito embora as hipóteses de interposição de agravo de instrumento sejam taxativas, nada impede que o legislador preveja a possibilidade da interposição de recurso em outras legislações.

Estabelece o *parágrafo único do art. 1.015* do atual C.P.C., que *também caberá agravo de instrumento contra decisões interlocutórias proferidas na fase de liquida-*

ção de sentença ou de cumprimento de sentença, no processo de execução e no processo de inventário.

Existem determinados procedimentos que não justificam aguardar eventual decisão final, como a sentença, para que se possa requerer a apreciação de questão surgida durante a relação jurídica processual, seja porque a finalidade do procedimento não é resolver pretensão consubstanciada em direito material propriamente dito, seja pelo fato de que uma vez concretizado o ato processual durante o transcurso da relação jurídica processual, não haverá mais oportunidade de se apreciar a questão numa eventual apelação.

Alguns procedimentos, por sua vez, são desenvolvidos mediante atos processuais que são extremamente importantes e podem gerar graves consequências, como é o caso, por exemplo, do leilão de um bem no processo de execução, pois uma vez alienado, arrematado o bem, nada mais poderá ser efeito quando da apresentação de eventual apelação em razão de sentença declaratória de cumprimento da obrigação.

Por isso, o legislador, nesses tipos de procedimentos, optou em permitir a interposição de agravo de instrumento para todas as hipóteses de decisões interlocutórias.

Os procedimentos que justificam essa amplitude recursal são:

a) liquidação por arbitramento ou pelo procedimento comum. Da decisão que julgar a liquidação caberá agravo de instrumento. Isso já estabelecia o art. 475-H do C.P.C. de 1973.

Da decisão que decidir liquidação por arbitramento ou pelo procedimento comum caberá agravo de instrumento.

Aliás, a Súmula 118 do S.T.J. preconiza: *"o agravo de instrumento é o recurso cabível da decisão que homologa a atualização do cálculo da liquidação.*

Sobre o tema, eis ainda o seguinte precedente do S.T.J.:

> *1. O Tribunal a quo, ao julgar o agravo de instrumento interposto contra decisão que acolheu a impugnação da CEF aos cálculos apresentados pela parte contrária, chegou à conclusão, a partir das planilhas e demais provas dos autos, que os cálculos apresentados estavam de acordo com o título judicial. Infirmar tal conclusão demandaria o reexame de toda a documentação acostada aos autos.*
>
> *2. Desse modo, inviável o conhecimento do recurso especial em razão do óbice contido na Súmula 7/STJ: "A pretensão de simples reexame de prova não enseja recurso especial".*
>
> *Agravo regimental improvido.*
>
> (AgRg no AREsp 521.232/RS, Rel. Ministro HUMBERTO MARTINS, SEGUNDA TURMA, julgado em 19/08/2014, DJe 26/08/2014).

b) cumprimento de sentença. A execução de sentença de título executivo judicial dar-se-á pelo procedimento denominado de cumprimento de sentença. Assim, toda decisão interlocutória que for proferida durante o procedimento de cumprimento de sentença estará sujeita ao recurso de agravo de instrumento.

Por sua vez, a decisão que resolver a impugnação apresentada como matéria de defesa no cumprimento de sentença é recorrível mediante agravo de instrumento, salvo quando importar extinção da execução, caso em que caberá apelação;

c) processo de execução. Em se tratando de execução de título executivo extrajudicial, não haverá o sincretismo cognição/execução como ocorre no cumprimento de sentença, razão pela qual haverá necessidade de se instaurar um processo de execução autônomo.

Assim, toda decisão interlocutória que for proferida no processo de execução estará sujeita ao recurso de agravo de instrumento, salvo a decisão final que extinguir a execução, pois nesse caso o recurso cabível é o de apelação tendo em vista que se está diante de uma sentença;

d) processo de inventário. Da mesma forma, entendeu o legislador que no procedimento de inventário toda decisão interlocutória que nele possa ser proferida ensejará o recurso de agravo de instrumento, pois o juiz, no procedimento de inventário, decidirá todas as questões de direito desde que os fatos relevantes estejam provados por documento, só remetendo para os meios ordinários as questões que dependerem de outras provas (art. 612 do atual C.P.C.). Caberá agravo de instrumento inclusive no incidente de remoção de inventariante que correrá em apenso aos autos de inventário. Porém, o S.T.J., sob a égide do C.P.C. de 1973, aplicava ao caso o princípio da fungibilidade recursal. Nesse sentido eis o seguinte precedente:

1 – A teor da jurisprudência pacífica desta Corte, não configura erro grosseiro a interposição de apelação, em vez de agravo de instrumento, contra decisão que remove inventariante, devendo ser aplicado o princípio da fungibilidade recursal, desde que observado o prazo para a interposição do agravo.

2 – Recurso conhecido e provido para que o recurso de apelação seja processado como agravo.

(REsp 714.035/RS, Rel. Ministro JORGE SCARTEZZINI, QUARTA TURMA, julgado em 16/06/2005, DJ 01/07/2005, p. 558)

Art. 1.016

O agravo de instrumento será dirigido diretamente ao tribunal competente, por meio de petição com os seguintes requisitos:

I – os nomes das partes;

II – a exposição do fato e do direito;

III – as razões do pedido de reforma ou de invalidação da decisão e o próprio pedido;

IV – o nome e o endereço completo dos advogados constantes do processo.

Requisitos para interposição do agravo de instrumento

Quando da entrada em vigor do C.P.C. de 1973, segundo a redação originária do art. 522 e 523 do referido código revogado, o agravo era interposto por meio de instrumento. A petição do agravo de instrumento era dirigida diretamente ao órgão judicial que proferiu a decisão agravada, sendo que o juiz poderia manter ou reformar a decisão que havia proferido. Se mantivesse, o escrivão ou chefe de secretaria remeteria o recurso ao tribunal dentro do prazo de dez dias; caso contrário, se o juiz reformasse a decisão, o escrivão ou chefe de secretaria trasladaria cópia para os autos principais do inteiro teor da decisão. Se o agravado não se conformasse com a nova decisão, poderia requerer, dentro de cinco dias, a remessa do instrumento ao tribunal.

Com a entrada em vigor da Lei 9.139, de 30.11.1995, o agravo de instrumento deixou de ser interposto perante o juiz de primeiro grau, passando a petição do agravo a ser dirigida diretamente ao tribunal competente.

A mesma opção de o agravo de instrumento ser interposto diretamente ao tribunal foi feita pelo legislador do atual C.P.C., pois, conforme estabelece o art. 1.016 do atual C.P.C. *o agravo de instrumento será dirigido diretamente ao tribunal competente, por meio de petição.*

A forma para interposição do agravo será obrigatoriamente por escrito.

A petição poderá ser protocolizada em protocolo integralizado, quando se tratar de processo físico ou em papel, ou, ainda, ser remetida pelo correio, mas mesmo assim a petição do agravo deverá ser endereçada ao tribunal competente.

O agravo de instrumento poderá, ainda, em se tratando de processo físico, ser proposto mediante *fac-símile*, mas o original deverá ser apresentado na forma do art. 2º da Lei 9.800/99.

A petição de agravo deverá apresentar os seguintes requisitos:

a) nome das partes.

Como se trata de petição dirigida a órgão jurisdicional onde não se encontra o processo principal, é necessário a qualificação do agravante e do agravado, assim como a indicação do número do processo principal em que fora proferida a decisão recorrida.

b) exposição do fato e do direito.

A petição será redigida no idioma nacional, na qual conterá os nomes e qualificação das partes, os fundamentos de fato e de direito do recurso e o pedido de nova decisão a ser proferida pelo Tribunal na hipótese de *error in iudicando* ou pelo juízo de primeiro grau na hipótese de *error in procedendo,* salvo as exceções prevista no próprio código.

A petição deverá indicar pormenorizadamente as razões de fato e de direito do recurso, ou seja, as razões que justificam a modificação ou a necessidade de nova decisão de primeiro grau.

c) as razões do pedido de reforma ou de invalidação da decisão e o próprio pedido. Na realidade, as razões do pedido nada mais são do que a causa de pedir da pretensão recursal, ou seja, a exposição do fato e do direito que justifica a reforma da decisão de primeiro grau para que outra seja proferida pelo juízo 'a quo', no caso de invalidação, ou para que outra seja proferida pelo juízo 'ad quem', no caso de reforma.

Deverá também conter o pedido formulado no agravo, que em regra será a da reforma da decisão interlocutória proferida, que poderá ser suficiente ao agravante, ou para que outra seja proferida em seu lugar, seja pelo juízo 'a quo', seja pelo juízo 'ad quem', conforme o fundamento do recurso tenha por objeto o *error in procedendo* ou o *error in judicando*.

Já entendeu o S.T.J. que não há necessidade de se pedir expressamente a o da reforma da decisão, uma vez que outra não poderia ser o objetivo perseguido pelo agravo (STJ – 3ª T. Resp. 43.244-8, rel. Min. Eduardo Ribeiro).

c) o nome e o endereço completo dos advogados constantes do processo.

É importante indicar o *nome e o endereço* completo dos advogados constantes do processo, justamente para que o tribunal possa intimá-los das decisões que possam ser proferidas durante o processamento do agravo de instrumento no tribunal.

Há especial necessidade de se indicar o nome e o endereço do advogado do agravado para que o tribunal possa intimá-lo para o fim de apresentação das contrarrazões de agravo.

É importante salientar que o nome e o endereço do advogado serão os mesmos constantes do processo, se não houver a alteração do profissional ou do seu endereço quando da interposição do agravo, razão pela qual poderá haver divergência entre o nome constante dos autos do processo quando da distribuição e o nome constante da petição de agravo.

Tem-se entendido que se trata de mera irregularidade a falta de indicação dos nomes e endereços dos advogados, se isso não acarretou prejuízo ao agravado. Assim, seria desnecessária a indicação se os nomes e endereços dos advogados podem ser verificados na cópia das procurações (STJ – Resp 181.631-DF, rel. Min. Peçanha Martins). Também há entendimento de que se trata de mera irregularidade a falta do nome e endereços dos advogados dos litisconsortes do agravante (STJ – 2ª T., Resp 132.964, rel Min. João Otávio Noronha).

Art. 1.017

A petição de agravo de instrumento será instruída:

I – obrigatoriamente, com cópias da petição inicial, da contestação, da petição que ensejou a decisão agravada, da própria decisão agravada, da certidão da respectiva intimação ou outro documento oficial que comprove a tempestividade e das procurações outorgadas aos advogados do agravante e do agravado;

II – com declaração de inexistência de qualquer dos documentos referidos no inciso I, feita pelo advogado do agravante, sob pena de sua responsabilidade pessoal;

III – facultativamente, com outras peças que o agravante reputar úteis.

§ 1º Acompanhará a petição o comprovante do pagamento das respectivas custas e do porte de retorno, quando devidos, conforme tabela publicada pelos tribunais.

§ 2º No prazo do recurso, o agravo será interposto por:

I – protocolo realizado diretamente no tribunal competente para julgá-lo;

II – protocolo realizado na própria comarca, seção ou subseção judiciárias;

III – postagem, sob registro, com aviso de recebimento;

IV – transmissão de dados tipo fac-símile, nos termos da lei;

V – outra forma prevista em lei.

§ 3º Na falta da cópia de qualquer peça ou no caso de algum outro vício que comprometa a admissibilidade do agravo de instrumento, deve o relator aplicar o disposto no art. 932, parágrafo único.

§ 4º Se o recurso for interposto por sistema de transmissão de dados tipo fac-símile ou similar, as peças devem ser juntadas no momento de protocolo da petição original.

§ 5º Sendo eletrônicos os autos do processo, dispensam-se as peças referidas nos incisos I e II do caput, facultando-se ao agravante anexar outros documentos que entender úteis para a compreensão da controvérsia.

Peças que devem instruir a petição do agravo de instrumento

O art. 525 do C.P.C. de 1973 era um dispositivo voltado à interposição de recurso por meio de papel, formando-se o agravo por instrumento fisicamente.

Tendo em vista que o processo deverá em curto espaço de tempo ser totalmente eletrônico, não haverá mais necessidade de juntada de documentos no recurso de agravo de instrumento, salvo eventuais documentos novos, pois em razão de todos os processos encontrarem-se em meio eletrônico, o relator poderá consultar via *on line* o processo principal.

Somente se justificava essa preocupação de juntada de documentos para instruir o agravo de instrumento, em razão de que o processo principal permaneceria no juízo de primeiro grau, pois o recurso de agravo seria interposto por instrumento diretamente ao tribunal.

Assim, o art. 1.017 do atual C.P.C somente terá aplicação nos recursos que ainda forem interpostos por meio físico e em papel. Nesse caso, a petição de agravo dirigida ao tribunal deverá ser instruída, *obrigatoriamente*, com os documentos referidos nos incisos do art. 1.017 do atual C.P.C.

O inc. I do art. 1.017 do atual C.P.C. determina que a petição do agravo de instrumento seja instruída *obrigatoriamente* com cópias da petição inicial, da contestação, da petição que ensejou a decisão agravada, da própria decisão agravada, da certidão da respectiva intimação ou outro documento oficial que comprove a tempestividade e das procurações outorgadas aos advogados do agravante e do agravado.

A *cópia da decisão agravada* é necessária para que o tribunal saiba o conteúdo e a natureza da decisão proferida pelo juiz de primeiro grau, justamente pelo fato de que o processo principal permanece no âmbito do juízo do primeiro grau. Sem essa cópia, o tribunal não pode analisar a conclusão a que chegou o juízo de primeiro grau, nem poderá verificar se essa decisão apresenta algum equívoco.

O art. 525, inc. I, do C.P.C. de 1973 somente permitia a juntada da *certidão da respectiva intimação* da decisão agravada, sendo que a ausência dessa certidão acarretaria a inadmissibilidade do agravo de instrumento (STJ, AGA n. 418.383/

RJ), rel. Min. Humberto Gomes de Barros, j. 26.03.2002). Por outro lado, não se permitia substituir a certidão por informativo judicial que contivesse recorte do Diário Oficial sem a indicação da data da publicação aposta por impressão do próprio periódico oficial (STJ, Resp n. 334.780/SP, Min. Barros Monteiro, j. 12.03.2002).

Atualmente, o recorrente poderá juntar cópia da intimação realizada por meio de recorte do Diário Oficial, desde que nesse recorte conste a data da publicação aposta por impressão do próprio periódico oficial.

Se a decisão agravada foi proferida em audiência, na qual estavam presentes todas as partes, a comprovação da intimação da decisão poderá ser feita com a juntada de cópia da audiência realizada, pois se trata de documento oficial.

Na realidade, o S.T.J. já vinha relativizando a juntada da certidão, conforme os seguintes precedentes:

I. Cabe ao agravante zelar pela observância do art. 525, I, do CPC, diante obrigatória a juntada da cópia da certidão de intimação da decisão agravada para atestar a tempestividade do agravo de instrumento perante o Tribunal. Caso, todavia, em que a decisão liminar agravada foi proferida initio littis, atestando-se a tempestividade do recurso através da juntada do mandado de citação cumprido posteriormente, de onde infere-se, de forma cabal, a oportunidade da interposição do instrumento.

II. O comparecimento espontâneo do réu não tem lugar se a apresentação de procuração nos autos foi efetuada por advogado destituído de poderes para receber citação, caso em que o prazo somente corre a partir da juntada aos autos do mandado citatório respectivo (art. 241 do CPC). Precedentes do STJ III. Recurso especial conhecido e provido.

(REsp 877.057/MG, Rel. Ministro ALDIR PASSARINHO JUNIOR, QUARTA TURMA, julgado em 18/11/2010, DJe 01/12/2010).

– Incumbe ao agravante instruir o agravo, obrigatoriamente, com as peças arroladas no Art. 525, I, CPC. Todavia, em homenagem à instrumentalidade, a falta de certidão de intimação da decisão pode ser suprida por outro instrumento que comprove a tempestividade do recurso.

– No caso, certificou-se que até 23.02.2001 não fora juntada a carta precatória cumprida. Mesmo se tal carta tivesse ingressado nos autos no final do expediente daquele dia, ainda assim o agravo seria tempestivo.

(AgRg nos EDcl nos EDcl no REsp 460.056/MT, Rel. Ministro HUMBERTO GOMES DE BARROS, TERCEIRA TURMA, julgado em 26/10/2006, DJ 18/12/2006, p. 360)

Por fim, também será obrigatória a juntada das *procurações outorgadas aos advogados do agravante e do agravado*, especialmente pelo fato de que toda intimação dos atos processuais realizada durante o trâmite do recurso de agravo será feita na pessoa dos respectivos advogados das partes. Além do mais, somente através das procurações é que se poderá verificar se o agravante ou o agravado apresentam capacidade postulatória e se estão devidamente representados por advogados.

A lei somente exige cópia das procurações, não determinando que também se junte cópia do respectivo contrato social para que reste comprovado se a pessoa que agiu em nome da pessoa jurídica que outorgou a procuração efetivamente dispõe de poderes. Nesse sentido é a decisão proferida pelo S.T.J. no Resp n. 213.567/RJ, Rel. Min. Vicente Leal, j. 22.05.2001.).

Haverá hipótese em que o agravante não poderá juntar cópia de procuração do advogado do agravado, uma vez que não há advogado constituído nos autos. Isto ocorre quando o agravante ingressa com o recurso de agravo de instrumento contra a decisão que indeferiu logo no início do processo pedido de tutela provisória de urgência cautelar ou satisfativa, pois nesse caso o agravado ainda não teria integrado a relação jurídica processual. Assim, deverá o agravante munir-se de uma certidão ou declaração que ateste a ausência de advogado da parte agravada. Nesse sentido é o seguinte precedente do S.T.J.:

> *1. Na formação do agravo de instrumento, a mera alegação de traslado de cópia integral dos autos não é suficiente para justificar a falta de documento obrigatório previsto no artigo 525, inciso I, do Código de Processo Civil, mostrando-se indispensável a juntada de certidão cartorária atestando a ausência do referido documento.*
>
> *2. Agravo regimental não provido.*
>
> (AgRg no AREsp 463.706/PE, Rel. Ministro RICARDO VILLAS BÔAS CUEVA, TERCEIRA TURMA, julgado em 05/08/2014, DJe 18/08/2014)

Também não haverá necessidade de se juntar procuração do Membro do Ministério Público ou do procurador judicial da Fazenda Pública ou da Defensoria Pública, pois esses órgãos prescindem de procuração, uma vez que sua legitimação processual decorre de previsão legal e constitucional.

Segundo anota Fredie Didier Jr., em caso de *urgência*, é corriqueiro que a parte não reúna condições nem disponha de tempo para confeccionar a procuração dos seus patronos. Nessa hipótese, o advogado que subscreveu o pedido inicial poderá requerer prazo para juntada da procuração, sendo permitida a distribuição e a análise imediata do feito. Em caso assim, uma vez denegada a pretensão de tutela provisória de urgência cautelar ou satisfativa, e ainda não tendo transcorrido o prazo para a juntada da procuração, deve-se permitir a interposição do agravo de instrumento, *sem a cópia da procuração*, cabendo ao tribunal determinar a suspensão do recurso e consequente intimação do agravante para que traga aos autos o documento obrigatório.[864]

Sobre o tema, eis os seguintes precedentes do S.T.J.:

> *(...).*
>
> *3. Conforme a jurisprudência desta Corte, compete à parte zelar para que a procuração conste dos autos do recurso no momento da sua interposição.*
>
> *4. EMBARGOS DE DECLARAÇÃO REJEITADOS.*
>
> (EDcl no AgRg no REsp 1231549/SC, Rel. Ministro PAULO DE TARSO SANSEVERINO, TERCEIRA TURMA, julgado em 08/04/2014, DJe 22/04/2014).

> *(...).*
>
> *1. A ausência de procuração que outorga poderes a advogado da parte agravante impede o conhecimento do apelo em razão dos óbices inscritos no art. 525, I, do CPC.*
>
> *2. Agravo regimental desprovido.*
>
> (AgRg no AREsp 452.642/SP, Rel. Ministro JOÃO OTÁVIO DE NORONHA, TERCEIRA TURMA, julgado em 18/03/2014, DJe 25/03/2014).

> *1. É dever do agravante instruir – e conferir – a petição de agravo de instrumento com as peças obrigatórias e essenciais ao deslinde da controvérsia. A falta ou a incompletude de qualquer dessas peças acarreta o não conhecimento do recurso.*
>
> *2. In casu, ausentes as cópias das procurações dos demais sucumbentes na origem, documentos essenciais à solução da controvérsia, porquanto somente com a análise delas é possível conferir se a prerrogativa prevista no art. 191 do Código de Processo Civil é aplicável à espécie, bem como se o apelo especial é tempestivo.*
>
> *3. "Não se pode desconhecer os pressupostos de admissibilidade do recurso. O aspecto formal é importante em matéria processual não por obséquio ao formalismo, mas para segurança das partes e resguardo do due process of law" (AgRg no Ag 427.696/RJ, Relator o eminente Ministro SÁLVIO DE FIGUEIREDO, DJU de 12/8/2002).*
>
> *4. Agravo regimental a que se nega provimento.*
>
> (AgRg no Ag 1395121/GO, Rel. Ministro RAUL ARAÚJO, QUARTA TURMA, julgado em 25/02/2014, DJe 31/03/2014)

[864] DIDIER JR., Fredie; CUNHA, Leonardo José Carneiro da. *Curso de direito processual civil – meios de impugnação às decisões judiciais e processo nos tribunais.* Vol. 3. Salvador: Edições PODIVM, 2007. p. 135.

Havia uma discussão no âmbito dos tribunais se a falta de juntada de qualquer das peças obrigatórias previstas no inc. I do art. 525 do C.P.C. de 1973 acarretaria ou não conhecimento do agravo. A tendência dos tribunais era de não conhecer do agravo de instrumento que não viesse de plano instruído com as peças obrigatórias. Nesse sentido eis os seguintes precedentes:

> *– Nos termos do art. 544, § 1º, do CPC (com a redação anterior à Lei n. 12.322/2010), compete ao agravante zelar pela correta formação do agravo instrumento, sendo indispensável a efetiva apresentação de todas as peças obrigatórias e essenciais à compreensão da controvérsia, sob pena de não conhecimento do recurso.*
>
> *– Na espécie, o agravo de instrumento não foi instruído com a cópia da procuração ou do substabelecimento em cadeia outorgando poderes à subscritora do agravo, nem com a cópia do inteiro teor do acórdão proferido nos embargos de declaração e respectiva certidão de intimação.*
>
> *– Cabe ao recorrente comprovar, quando da formação do agravo, o pagamento das custas do recurso especial e do porte de remessa e retorno dos autos, o que não ocorreu na espécie e também impede o conhecimento do agravo de instrumento.*
>
> *– Agravo regimental desprovido.*
>
> (AgRg no Ag 1374243/RJ, Rel. Ministra MARILZA MAYNARD (DESEMBARGADORA CONVOCADA DO TJ/SE), QUINTA TURMA, julgado em 05/02/2013, DJe 15/02/2013)

> *1. Nos termos do art. 544, § 1º, do CPC, necessária a juntada das peças obrigatórias ali elencadas para o conhecimento do agravo de instrumento. Precedentes.*
>
> *2. Agravo regimental a que se nega provimento.*
>
> (AgRg no Ag 1403023/RS, Rel. Ministro SÉRGIO KUKINA, PRIMEIRA TURMA, julgado em 07/03/2013, DJe 12/03/2013).

Agora, em face do §3º do art. 1.017 do atual C.P.C., haverá possibilidade de o agravante complementar as peças necessárias para o conhecimento do agravo de instrumento, nos termos do art. 932, p.u.

É importante salientar que a cópia das peças obrigatórias não precisa ser autenticada. Aliás, a Medida Provisória n. 1.770/99 e sucessivas reedições já havia dispensado a autenticação para as pessoas jurídicas de direito público. A jurisprudência passou a entender que não haveria necessidade de se autenticar as peças obrigatórias juntadas com a petição do recurso de agravo de instrumento. Nesse sentido são os seguintes precedentes:

(...).

3. A ordem das peças que instruem o agravo não é determinante para o seu conhecimento. A sequência de juntada dos documentos é realizada a partir de um juízo absolutamente subjetivo, que irá variar não apenas conforme o trâmite de cada processo e da maneira como as razões recursais forem redigidas, mas principalmente conforme a percepção individual de cada advogado, que poderá ou não coincidir com a percepção do Relator e demais julgadores que venham a analisar o processo.

4. É desnecessária a autenticação das cópias que formam os autos do agravo de instrumento porquanto se presumem como verdadeiras, cabendo à parte contrária arguir e demonstrar a falsidade.

Precedentes.

5. Recurso especial provido.

(REsp 1184975/ES, Rel. Ministra NANCY ANDRIGHI, TERCEIRA TURMA, julgado em 02/12/2010, DJe 13/12/2010)

(...).

2. Entendimento firmado pela Corte Especial no sentido de reconhecer a presunção de veracidade dos documentos apresentados por cópia, se na oportunidade de resposta a parte contrária não questiona sua autenticidade (EREsp 179.147/SP, julgado em agosto/2000).

3. Posição ratificada em junho/2003 no EREsp 450.974/RS, pelo mesmo órgão.

4. Inaugurando nova divergência, a Primeira Seção e a Sexta Turma, em decisões isoladas, vêm considerando obrigatórias a autenticação ou a declaração de autenticidade firmada pelo advogado no agravo de instrumento do art. 544 do CPC, em virtude da alteração legislativa promovida no seu parágrafo primeiro pela Lei 10.352/2001.

5. Interpretação sistemática que chancela os precedentes anteriores da Corte Especial, não alterada pela nova reforma do CPC, que veio apenas positivar e consolidar a interpretação dada pelos Tribunais, no sentido de que é desnecessária a autenticação dos documentos juntados com a inicial ou nos agravos de instrumento dos arts. 525 e 544 do CPC, prevalecendo a presunção juris tantum de veracidade.

6. Pacificação de entendimento no AgRg no AG 563.189/SP, julgado em 15/09/2004.

7. Recurso especial conhecido em parte e, nessa parte, provido.

(REsp 892.174/SP, Rel. Ministra ELIANA CALMON, SEGUNDA TURMA, julgado em 17/04/2007, DJ 30/04/2007, p. 306).

O inc. II estabelece que a petição do agravo de instrumento será instruída com declaração de inexistência de qualquer dos documentos referidos no inciso I, feita pelo advogado do agravante, sob pena de sua responsabilidade pessoal.

Se o advogado declarar falsamente tais informações, poderá estar sujeito às sanções previstas no Código de Ética de sua atividade profissional bem como às penais cabíveis.

Essa declaração é considerada documento obrigatório, devendo o agravante apresentá-la com a petição do agravo.

Além das peças obrigatórias, o agravante também poderá juntar com a petição do agravo, *facultativamente*, outras peças que constem do processo e que entender úteis para o julgamento do recurso, conforme estabelece o inc. III do art. 1.017 do atual C.P.C.

Assim, deve o agravante instruir seu recurso com as peças essenciais para a compreensão e análise da controvérsia. Se a juntada das peças obrigatórias não for suficiente para compreender a questão posta no recurso, há necessidade de se juntar outras peças ou documentos para melhor análise do recurso de agravo de instrumento. Por vezes é necessário a juntada de contrato, título de crédito, extratos bancários etc. Aliás, nesse sentido já entendia o S.T.F., conforme conteúdo da Súmula 288: *Nega-se provimento a agravo para subida de recurso extraordinário, quando faltar no traslado o despacho agravado, a decisão recorrida, a petição de recurso extraordinário ou qualquer peça essencial à compreensão da controvérsia"*.

O S.T.J., revendo seu posicionamento anterior, entendeu que no caso de faltar peça não obrigatória, mas essencial para a análise do recurso, haveria de se dar oportunidade ao agravante para juntar a peça considerada como indispensável. Nesse sentido é o seguinte precedente:

> *1. A Corte Especial do STJ, no julgamento do REsp 1.102.467/RJ, submetido ao rito do art. 543-C do CPC, reviu sua jurisprudência, até então pacífica, e firmou o entendimento de que a ausência de peças facultativas no ato de interposição do Agravo de Instrumento – aquelas consideradas necessárias à compreensão da controvérsia – não enseja a inadmissão liminar do recurso, devendo-se dar oportunidade à agravante de complementação do instrumento.*
>
> (AgRg no AREsp 32.259/SP, Rel. Ministro HERMAN BENJAMIN, SEGUNDA TURMA, julgado em 18/12/2012, DJe 08/03/2013)

Estabelece o *§1º do art. 1.017* do atual C.P.C. que *acompanhará a petição o comprovante do pagamento das respectivas custas e do porte de retorno, quando devidos, conforme tabela publicada pelos tribunais.*

Para que o Tribunal possa conhecer do agravo, é necessário que o agravante comprove documentalmente e juntamente com a petição de agravo que recolheu as custas processuais do recurso, o que se denomina de *preparo*.

Se não comprovar o recolhimento das custas, o recurso de agravo não será conhecido, pois será considerado *deserto*. Essa exigência não ocorrerá em relação aos beneficiários de gratuidade de justiça, assim como ao Ministério Público, União, Distrito Federal, Estados, Municípios e respectivas autarquias e aqueles que gozam de isenção como é o caso da Defensoria Pública.

Em se tratando de processo físico ou em papel, o agravante também deverá comprovar o recolhimento do porte de retorno dos autos, que tem por finalidade reembolsar o pagamento do transporte do processo do tribunal para o juízo de origem. Em se tratando de processo eletrônico, não haverá razão para o pagamento dessa despesa, pois não há transporte físico de processo.

Preceitua o *§2º do art. 1.017* do atual C.P.C. que no *prazo do recurso* (quinze dias), *o agravo será interposto por: I – protocolo realizado diretamente no tribunal competente para julgá-lo; II) protocolo realizado na própria comarca, seção ou subseção judiciárias; III) postagem, sob registro, com aviso de recebimento; IV) transmissão de dados tipo 'fac-símile' nos termos da lei;* V – *por outra forma prevista em lei.*

Este dispositivo indica os diversos locais em que a petição do agravo de instrumento poderá ser protocolizada ou expedida.

Em primeiro lugar, a petição poderá ser protocolizada diretamente no protocolo do tribunal competente para conhecer do agravo de instrumento.

Há entendimento de nossos tribunais de que o protocolo do recurso de agravo de instrumento no Tribunal incompetente para conhecer do recurso, caracteriza sua intempestividade. Nesse sentido, eis os seguintes precedentes:

> *(...).*
> *Uma vez que o feito principal tramita em vara da Justiça estadual por delegação federal, o tribunal competente para processar e julgar a irresignação é, in casu, este Tribunal Regional Federal, para onde o recorrente deveria ter dirigido seu inconformismo. – O protocolo equivocado no TJSP não pode ser considerado para efeito de verificação da tempestividade, ante a inexistência do serviço de protocolo integrado entre esta corte e os fóruns da Justiça estadual. – A ausência de qualquer informação que justifique a interposição em outro tribunal resulta na falta intransponível de um dos pressupostos de admissibilidade recursal, qual seja, a tempestividade. – Inalterada a situação fática, a irresignação não merece provimento, o que justifica a manutenção da decisão recorrida por seus próprios fundamentos. – Recurso desprovido.*
>
> (AI 00125159120134030000, DESEMBARGADOR FEDERAL ANDRE NABARRETE, TRF3 – QUARTA TURMA, e-DJF3 Judicial 1 DATA: 13/09/2013).

(...).
2. O presente recurso é intempestivo, pois o agravante foi intimado da decisão agravada em 20 de junho de 2006 e o recurso foi protocolado no Tribunal de Justiça do Estado de São Paulo no dia 30 de junho de 2006. E, não obstante tenha sido determinado o encaminhamento do agravo de instrumento a este E. Tribunal Regional Federal da 3ª Região em razão do erro cometido pelo advogado no endereçamento do recurso, o instrumento somente veio a ser protocolado nesta Corte no dia 01/08/2006, quando já esgotado o prazo recursal. 3. Não há como sustentar que o equívoco na protocolização do recurso foi justificado, diante da norma constante do artigo 109, §§ 3º e 4º da CF/88, e artigo 15, inciso I da Lei nº 5.010/66. 4. Não é possível conhecer-se de recurso protocolado em órgão equivocado, pois tal entendimento implicaria em absoluta insegurança quanto ao trânsito em julgado das decisões. Jurisprudência do Supremo Tribunal Federal. 5. Não há como sustentar a correção da protocolização do recurso na Justiça Estadual, uma vez que este Tribunal Regional Federal da 3ª Região não tem protocolo integrado com os Fóruns da Justiça Estadual. Assim, deveria o agravante promover o protocolo do recurso na Justiça Federal – aí sim, valendo-se do protocolo integrado – ou remetê-lo via postal, como permite o §2º do artigo 525 do Código de Processo Civil. 6. Agravo legal desprovido.

(AI 00782407120064030000, JUIZ CONVOCADO MÁRCIO MESQUITA, TRF3 – PRIMEIRA TURMA, e-DJF3 Judicial 1 DATA:21/10/2009 PÁGINA: 74).

Em segundo lugar, a petição do agravo poderá ser protocolizada nos denominados protocolos integralizados existentes nas Comarcas e nas Seções e Subseções Judiciárias, prevalecendo a tempestividade do recurso pela data do referido protocolo.

Em terceiro lugar, poderá também a petição do agravo de instrumento ser postada no correio sob registro com aviso de recebimento, devendo ser considerada a data da postagem como a data para efeito de se analisar a tempestividade do recurso. A postagem pelo correio deverá ser mediante registro com aviso de recebimento.

Assim, ficaram superadas as seguintes decisões do S.T.J.:

1. Não deve prosperar a alegação do agravante quando informa que o Tribunal de origem conta com instrumento próprio que regulamenta o protocolo, segundo o qual prevalece como a data do protocolo aquela da postagem junto aos correios, pois o que deve ser observada é a Súmula 216 desta Corte que prevê que, a tempestividade de recurso interposto no STJ é aferida pelo registro de protocolo da secretaria, e não pela data da entrega na agência do correio.

2. Agravo regimental improvido.

(AgRg no AREsp 335.453/MG, Rel. Ministro CAMPOS MARQUES

1. A tempestividade do recurso especial é aferida pela data do protocolo da petição na Secretaria do Tribunal de origem, e não pela data da postagem na agência dos Correios, nos termos da Súmula 216/STJ.

2. "A Resolução nº 380/01 do Tribunal de Justiça do Estado do Rio Grande do Sul, que instituiu o protocolo postal, não se aplica aos recursos dirigidos aos Tribunais Superiores, devendo ser aplicada a Súmula 216/STJ" (AgRg no AREsp 54.412/RS, Segunda Turma, Rel. Min. Castro Meira, DJe de 17.2.2012).

3. Agravo regimental a que se nega provimento.

(AgRg no Ag 1412993/RS, Rel. Ministro RAUL ARAÚJO, QUARTA TURMA, julgado em 02/08/2012, DJe 28/08/2012).

Em quarto lugar, a petição do agravo de instrumento poderá ser encaminhada por transmissão de dados tipo *fac símile*, nos termos da lei.

O agravo de instrumento poderá, ainda, em se tratando de processo físico, ser interposto mediante *fac-símile*, mas o original deverá ser apresentado na forma do art. 2º da Lei 9.800/99.

Complementando esse dispositivo, prescreve o *§4º do art. 1.017* do atual C.P.C.: *se o recurso for interposto por sistema de transmissão de dados tipo fac-símile ou similar, as peças devem ser juntadas no momento de protocolo da petição original.*

E, no caso, a petição original deverá ser apresentada no protocolo até cinco dias da data do término do prazo, nos termos do art. 2º da Lei 9.800/99.

Sobre o tema, eis os seguintes precedentes do S.T.J.:

1. O art. 4º da Lei 9.800/1999 estabelece expressamente que quem fizer uso de sistema de transmissão fac-similar torna-se responsável pela qualidade e pela fidelidade do material transmitido, e por sua entrega ao órgão judiciário, devendo haver plena identidade entre a peça original e a entregue via fac-símile.

2. O descumprimento desse regramento impede o conhecimento do recurso. Precedentes.

3. Agravo regimental não conhecido. Multa de um por cento sobre o valor corrigido da causa.

(AgRg no RMS 43.077/DF, Rel. Ministro MAURO CAMPBELL MARQUES, SEGUNDA TURMA, julgado em 02/09/2014, DJe 08/09/2014).

1. A petição do agravo regimental foi protocolizada via fac-símile em 16/06/2014; contudo, os originais foram apresentados de forma física em 20/06/2014, sendo recu-

sados pela Secretaria Judiciária desta Corte Superior, de acordo com o art. 23 da Resolução/STJ nº 14/2013.

2. Registre-se que a referida resolução estabeleceu cronograma específico para a adaptação dos usuários (arts. 10, 21 e 22), sendo certo que, para a classe processual "Agravo em recurso especial (AREsp)", o prazo era de 280 (duzentos e oitenta) dias após a publicação da resolução, que se deu em 03 de julho de 2013.

3. Dessa forma, não apresentados os originais da petição interposta via fax na forma da Resolução nº 14/2013 desta Corte Superior, inviável o conhecimento do recurso.

4. Agravo regimental não conhecido.

(AgRg no AREsp 514.744/ES, Rel. Ministra LAURITA VAZ, QUINTA TURMA, julgado em 26/08/2014, DJe 02/09/2014).

Em relação à possibilidade de encaminhar a petição do agravo via *e-mail*, eis os seguintes precedentes do S.T.J.:

– Conforme os precedentes desta Corte, para o envio de petição ao Tribunal, o sistema de comunicação dito e-mail não configura meio eletrônico equiparado ao fax, para fins da aplicação do disposto no art. 1º da Lei 9.800/1999.

– Intempestivo o recurso protocolizado no Tribunal de origem após o lapso recursal. A tempestividade dos recursos é aferida pela data do protocolo, e não pela data aposta na petição recursal.

Agravo regimental improvido.

(AgRg no Ag 1405880/PB, Rel. Ministro CESAR ASFOR ROCHA, SEGUNDA TURMA, julgado em 24/04/2012, DJe 07/05/2012)

1. A petição de recurso especial apresentada via e-mail é tida como inexistente, consoante firme entendimento jurisprudencial desta Corte Superior de Justiça, uma vez que, carente de previsão legal, não pode ser equiparada ao fac-símile (fax) para efeito da Lei 9.800/99.

2. Importante gizar que o envio eletrônico não guarda a mesma segurança na transmissão dos dados que o sistema fac-símile.

3. Agravo regimental não provido.

(AgRg no AREsp 398.826/MG, Rel. Ministro JORGE MUSSI, QUINTA TURMA, julgado em 21/08/2014, DJe 27/08/2014)

Poderá, por fim, a petição de agravo ser interposta por outra forma prevista na lei local.

Prescreve o *§3º do art. 1.017* do atual C.P.C. que na *falta da cópia de qualquer peça ou no caso de algum outro vício que comprometa a admissibilidade do agravo de instrumento, deve o relator aplicar o disposto no art. 932, parágrafo único.*

Este dispositivo vem resolver de uma vez por todas o conflito existente no âmbito dos tribunais sobre a possibilidade de se ofertar nova oportunidade a fim de que o agravante possa suprir a irregularidade constante na petição do agravo, ou seja, suprir a falta de peça obrigatória indicada no *caput* do art. 1.017 do atual C.P.C., e que deveria acompanhar a petição do recurso.

Havia entendimento de que se faltasse qualquer das peças obrigatórias, quando do protocolo da petição do agravo, o Tribunal de imediato deixaria de conhecer do agravo por falta de peça obrigatória.

Pela normatização do atual C.P.C., isso não é mais possível, pois se o relator constatar a falta de qualquer das peças obrigatórias deverá intimar o agravante para que, no prazo de cinco dias, faça a juntada da peça faltante. Somente após transcorrido o prazo de cinco dias sem a apresentação da peça obrigatória é que o relator poderá declarar a inadmissibilidade do recurso de agravo. Nesse sentido estabelece o parágrafo único do art. 932 do atual C.P.C., a saber: *antes de considerar inadmissível o recurso, o relator concederá o prazo de 5 (cinco) dias ao recorrente para que seja sanado vício ou complementada a documentação exigível.*

Com isso, o legislador do novo C.P.C. deu prevalência aos princípios da instrumentalidade das formas e da efetiva entrega da tutela jurisdicional.

Aduz o *§ 5º do art. 1.017* do atual C.P.C. que *sendo eletrônicos os autos do processo, dispensam-se as peças referidas nos incisos I e II do caput, facultando-se ao agravante anexar outros documentos que entender úteis para a compreensão da controvérsia.*

Essa possibilidade técnica somente será legítima se houver interligação entre os sistemas processuais dos diversos tribunais brasileiros.

Não havendo interligação e compartilhamento de informações entre o Tribunal de Justiça e o Tribunal Regional Federal e os Tribunais Superiores, haverá necessidade de o agravante suprir o recurso com as peças eletrônicas, sob pena de os tribunais superiores não conhecerem de eventual recurso especial ou extraordinário interposto.

Art. 1.018

O agravante poderá requerer a juntada, aos autos do processo, de cópia da petição do agravo de instrumento, do comprovante de sua interposição e da relação dos documentos que instruíram o recurso.

§ 1º Se o juiz comunicar que reformou inteiramente a decisão, o relator considerará prejudicado o agravo de instrumento.

§ 2º Não sendo eletrônicos os autos, o agravante tomará a providência prevista no caput, no prazo de 3 (três) dias a contar da interposição do agravo de instrumento.

§3º O descumprimento da exigência de que trata o §2º, desde que arguido e provado pelo agravado, importa inadmissibilidade do agravo de instrumento.

Juntada das peças do agravo de instrumento aos autos do processo principal

O art. 526 do C.P.C. de 1973 determinava que o agravante, no prazo de 3 (três) dias, devia requerer a juntada aos autos do processo de cópia da petição do agravo de instrumento e do comprovante de sua interposição, assim como da relação dos documentos que instruíram o recurso, com o exclusivo objetivo de provocar a retratação do juízo *a quo*. Se o agravante não cumprisse essa determinação legal, e desde que arguido e provado pelo agravado, o recurso de agravo de instrumento seria considerado inadmissível.

Assim, a juntada das peças do agravo no processo originário caracterizava um dever jurídico, sob pena de não conhecimento do recurso do agravo de instrumento.

O novo C.P.C., segundo o que dispõe o seu art. 1.018, não caracteriza mais a obrigatoriedade de juntada das peças do agravo de instrumento no processo originário, em se tratando de processo eletrônico, uma vez que o juízo do processo principal terá efetivo acesso ao agravo pelo sistema eletrônico.

Portanto, o agravante *poderá* (e não deverá) requerer a juntada aos autos do processo de cópia da petição do agravo de instrumento e do comprovante de sua interposição, assim como a relação dos documentos que instruíram o recurso, com exclusivo objetivo de provocar a retratação do juízo *'a quo'*, desde que se trate de processo eletrônico.

A retratação ou não da decisão proferida pelo juízo *a quo*, quando se tratar de processo eletrônico, tornou-se uma faculdade do agravante, que irá optar ou não por essa possibilidade jurídica processual.

Porém, em se tratando de processo físico, prescreve o *§2º do art. 1.018* do atual C.P.C.: *Não sendo eletrônicos os autos, o agravante tomará a providência prevista no caput, no prazo de 3 (três) dias a contar da interposição do agravo de instrumento.*

Em se tratando de processo físico, será obrigatório o agravante, no prazo de três dias a contar da interposição do agravo de instrumento, requerer a juntada, aos autos do processo original, de cópia da petição do agravo de instrumento, do comprovante de sua interposição e da relação dos documentos que instruíram o recurso.

Estabelece o *§3º do art. 1.018* do atual C.P.C. que *o descumprimento da exigência de que trata o §2º, desde que arguido e provado pelo agravado, importa inadmissibilidade do agravo de instrumento.*

Portanto, na hipótese de autos físicos, o agravante deverá, obrigatoriamente, tomar a providência prevista no *caput* deste artigo. Se assim não proceder, e desde que arguida e provada essa falta pelo agravado, o agravo de instrumento será declarado inadmitido.

Conforme preconiza o *§1º do art. 1018* do atual C.P.C., *se o juiz comunicar que reformou inteiramente a decisão, o relator considerará prejudicado o agravo de instrumento.*

Assim, seja no processo eletrônico ou no processo físico, havendo retratação integral do juízo de primeiro grau em relação à decisão agravada, e sendo essa retratação devidamente comunicada ao tribunal superior, o relator considerará prejudicado o agravo de instrumento.

Se o juiz de primeiro grau reformar parcialmente a decisão, o julgamento do agravo continuará em relação à parte da decisão que não foi objeto de reforma.

Uma vez reformada a decisão de primeiro grau, abre-se nova oportunidade para que desta vez o agravado possa interpor recurso de agravo de instrumento, cujo prazo terá início após a sua intimação da reforma da decisão.

Art. 1.019

Recebido o agravo de instrumento no tribunal e distribuído imediatamente, se não for o caso de aplicação do art. 932, incisos III e IV, o relator, no prazo de 5 (cinco) dias:

I – poderá atribuir efeito suspensivo ao recurso ou deferir, em antecipação de tutela, total ou parcialmente, a pretensão recursal, comunicando ao juiz sua decisão;

II – ordenará a intimação do agravado pessoalmente, por carta com aviso de recebimento, quando não tiver procurador constituído, ou pelo Diário da Justiça ou por carta com aviso de recebimento dirigida ao seu advogado, para que responda no prazo de 15 (quinze) dias, facultando-lhe juntar a documentação que entender necessária ao julgamento do recurso;

III – determinará a intimação do Ministério Público, preferencialmente por meio eletrônico, quando for o caso de sua intervenção, para que se manifeste no prazo de 15 (quinze) dias.

Atribuições do relator no agravo de instrumento

Este dispositivo trata do procedimento a ser seguido no agravo de instrumento no âmbito do tribunal respectivo.

O dispositivo em análise estabelece que recebido o agravo de instrumento no tribunal, este deverá ser imediatamente distribuído a um relator.

O relator, num primeiro momento, deverá verificar se não será o caso de aplicar o disposto no art. 932, incs. III e IV, do atual C.P.C., a saber:

> *Art. 932. Incumbe ao relator:*
>
> *(...).*
>
> *III – não conhecer de recurso inadmissível, prejudicado ou que não tenha impugnado especificamente os fundamentos da decisão recorrida;*
>
> *IV – negar provimento a recurso que for contrário a:*
>
> *a) súmula do Supremo Tribunal Federal, do Superior Tribunal de Justiça ou do próprio tribunal;*
>
> *b) acórdão proferido pelo Supremo Tribunal Federal ou pelo Superior Tribunal de Justiça em julgamento de recursos repetitivos;*
>
> *c) entendimento firmado em incidente de resolução de demandas repetitivas ou de assunção de competência;*

Para *negar seguimento*, o relator poderá fazê-lo independentemente do contraditório.[865]

Há entendimento de que o relator poderá declarar a perda do objeto do agravo de instrumento caso, antes de seu julgamento, o juiz de primeiro grau venha a proferir a respectiva sentença. Sobre o tema eis as seguintes decisões do S.T.J.:

> *1. Esta Corte vem firmando o entendimento de que fica prejudicado o recurso especial interposto contra acórdão que examinou agravo de instrumento interposto contra decisão que defere/indefere liminar ou antecipação de tutela, quando há a superveniência de sentença de mérito, tanto de procedência, porquanto absorve os efeitos da medida antecipatória, por se tratar de decisão proferida em cognição exauriente; como de improcedência, pois há a revogação, expressa ou implícita, da decisão antecipatória.*
>
> *2. Agravo regimental não provido.*

[865] WAMBIER, Luiz Rodrigues; WAMBIER, Teresa Arruda Alvim. *Breves comentários à 2ª fase da reforma do Código de Processo Civil.* 2ª ed. São Paulo: Editora Revista dos Tribunais, 2002. p. 166; DIDIER JR., F; CUNHA, L. J. C., op. cit., p. 143.

(AgRg no AREsp 4.591/RS, Rel. Ministra DIVA MALERBI (DESEMBARGADORA CONVOCADA TRF 3ª REGIÃO), SEGUNDA TURMA, julgado em 12/03/2013, DJe 19/03/2013).

1. A prolação de sentença de mérito na ação originária conduz à superveniente perda de objeto do recurso interposto contra o deferimento do pedido de liminar.

2. O interesse em recorrer, tal como ocorre com o interesse de agir, deve ser mensurado à luz do benefício prático proporcionado à parte recorrente, sendo certo, ademais, que a sentença proferida com base em cognição exauriente confere tratamento definitivo à controvérsia, fazendo cessar a eficácia da liminar e da antecipação dos efeitos da tutela deferidas initio litis ou incidentalmente.

3. Agravo regimental a que se nega provimento.

(AgRg no AREsp 140.206/SP, Rel. Ministro ANTONIO CARLOS FERREIRA, QUARTA TURMA, julgado em 05/03/2013, DJe 12/03/2013)

Processual civil. Agravo regimental no agravo em recurso especial. Embargos do devedor. Excesso de execução. Agravo de instrumento interposto na origem. Alegação de cerceamento de defesa. Necessidade de realização de perícia contábil para fixar o correto valor da execução. Superveniência de sentença julgando procedente o pedido, como pretendido pela agravante. Perda de objeto. Recurso especial prejudicado. Agravo regimental a que se nega provimento.

(AgRg no AREsp 194.846/RJ, Rel. Ministro PAULO DE TARSO SANSEVERINO, TERCEIRA TURMA, julgado em 05/03/2013, DJe 02/04/2013)

Há, porém, entendimento de que uma vez admitido o agravo de instrumento, a decisão do tribunal irá substituir a decisão interlocutória, de modo que a sentença que tenha sido prolatada pelo juízo 'a quo' não poderia ser incompatível com a decisão do agravo de instrumento. Para essa corrente, em face da hierarquia existente entre o tribunal e o juízo de primeiro grau, não há perda de objeto do agravo de instrumento.[866]

Para Didier Jr., seguindo posicionamento de alguns Ministros do S.T.J., a premissa que deve estabelecer o efetivo enfrentamento da questão da perda ou não do objeto do agravo não poderá ser avaliada numa perspectiva abstrata. A sorte do agravo de instrumento pendente de julgamento dependerá sempre da análise do caso concreto, não se podendo dizer abstratamente que a só superveniência da sentença vai gerar, *ipso facto*, a perda de objeto do aludido recurso.[867]

[866] Didier, Jr., F; Cunha, L. J..C., idem. p. 150.

[867] Didier, Jr., F.; Cunha, L. J. C., idem, p. 151.

Não sendo o caso de julgamento monocrático do recurso, o relator, sob a égide do C.P.C. de 1973, poderia ainda converter o recurso de agravo de instrumento em agravo *retido*. Porém, essa hipótese foi extinta pelo atual C.P.C., pois não há mais espaço para o agravo *redito*.

Entende a doutrina, em especial Teresa Arruda Alvim Wambier, que o tribunal, desde que diante de matéria que possa ser conhecida de ofício, pode extinguir o processo originário com base no art. 485 do atual C.P.C. (antigo art. 267 do C.P.C. de 1973), em julgamento do agravo de instrumento, ainda que a matéria não tenha sido ventilada.[868] É preciso, porém, segundo Didier Jr., que o agravo seja admitido, pois a admissão do agravo abre a jurisdição do órgão 'ad quem', que, em função da profundidade do efeito devolutivo do recurso, poderá apreciar toda a matéria que lhe foi posta para a apreciação. Nesse caso, ainda segundo Didier Jr., há uma curiosidade: *"o processo será extinto, mas não terá havido sentença, somente uma decisão interlocutória e um acórdão ou decisão monocrática do relator. Daí se poder dizer que, nesse caso, 'a sentença' é o acórdão ou o acórdão tem conteúdo de sentença, produzindo seus efeitos e ostentando sua consequência de por termo ao processo (ou à fase de acertamento)".*[869]

Não sendo o caso de julgamento monocrático, o relator *poderá atribuir efeito suspensivo ao recurso ou deferir, em antecipação de tutela, total ou parcial, a pretensão recursal, comunicando ao juiz sua decisão.*

Convencido dos argumentos de urgência e de relevância dos fundamentos, o relator, por meio de decisão isolada, poderá dar efeito suspensivo ao recurso, efeito esse que suspenderá a decisão interlocutória impugnada através do recurso de agravo de instrumento.

O relator poderá também, em caso de urgência e de relevância dos fundamentos, conceder, por meio de decisão isolada, antecipação de tutela, total ou parcial, da pretensão recursal. Essa hipótese ocorre normalmente quando um determinado pedido feito pelo agravante no juízo de primeiro grau foi indeferido por uma decisão interlocutória. No caso, o relator poderá deferir a antecipação de tutela, total ou parcial, da pretensão recursal. Trata-se de antecipação de tutela e não de medida cautelar, pois a concessão pelo relator dessa pretensão apresenta natureza satisfativa e não meramente cautelar.

Após analisada a questão da concessão ou não de efeito suspensivo ao recurso ou a concessão ou não da antecipação dos efeitos da tutela recursal, o relator ordenará a intimação do agravado pessoalmente, por carta com aviso de

[868] WAMBIER, Teresa Arruda. *Os agravos no CPC brasileiro.* 4ª Ed., São Paulo: Editora Revista dos Tribunais, 2006. p. 340.

[869] DIDIER JR., F.; CUNHA, L. J. C., op. cit., p. 149 e 150.

recebimento, quando não tiver procurador constituído, ou pelo Diário da Justiça ou por carta com aviso de recebimento dirigida ao seu advogado, para que responda o agravo no prazo de 15 (quinze) dias, facultando-lhe juntar a documentação que entender necessária ao julgamento do recurso;

Após a apresentação das contrarrazões do agravo ou após transcorrido *in albis* o prazo de quinze dias, o relator determinará a intimação do Ministério Público, preferencialmente por meio eletrônico, quando for caso de sua intervenção, para que se manifeste também no prazo de quinze dias. O Ministério Público somente irá atuar nas hipóteses em que ele deve atuar no processo originário, ou seja, nas hipóteses previstas no art. 178 do atual C.P.C.

Art. 1.020

O relator solicitará dia para julgamento em prazo não superior a 1 (um) mês da intimação do agravado.

Solicitação de dia para julgamento

Este dispositivo tem por finalidade aplicar no julgamento do agravo o princípio da *celeridade processual*, assim como o princípio da *efetividade da tutela jurisdicional*, estabelecendo um prazo curto para o julgamento do agravo.

Contudo, em face do elevado número de processos existentes no âmbito dos tribunais brasileiros, duvida-se que esse prazo será efetivamente cumprido.

CAPÍTULO IV – Do Agravo Interno

Art. 1.021

Contra decisão proferida pelo relator caberá agravo interno para o respectivo órgão colegiado, observadas, quanto ao processamento, as regras do regimento interno do tribunal.

§ 1º Na petição de agravo interno, o recorrente impugnará especificadamente os fundamentos da decisão agravada.

§ 2º O agravo será dirigido ao relator, que intimará o agravado para manifestar-se sobre o recurso no prazo de 15 (quinze) dias, ao final do qual, não havendo retratação, o relator levá-lo-á a julgamento pelo órgão colegiado, com inclusão em pauta.

§ 3º É vedado ao relator limitar-se à reprodução dos fundamentos da decisão agravada para julgar improcedente o agravo interno.

§ 4º Quando o agravo interno for declarado manifestamente inadmissível ou improcedente em votação unânime, o órgão colegiado, em decisão fundamentada, condenará o agravante a pagar ao agravado multa fixada entre um e cinco por cento do valor atualizado da causa.

§ 5º A interposição de qualquer outro recurso está condicionada ao depósito prévio do valor da multa prevista no § 4º, à exceção da Fazenda Pública e do beneficiário de gratuidade da justiça, que farão o pagamento ao final.

Agravo interno

A competência para julgamento de recursos ou mesmo de demanda originária perante os tribunais não é de um órgão monocrático, mas, sim, de um órgão colegiado cuja competência é estabelecida em lei ou no regimento interno do tribunal.

Ao relator permite-se uma espécie de antecipação do pronunciamento do órgão colegiado, mediante decisão monocrática. Porém, a decisão do relator sempre poderá ser revista ou modificada pelo órgão colegiado do tribunal, salvo exceções previstas neste Código ou em lei especial. A competência do órgão colegiado foi momentaneamente transferida ao relator, com vista a racionalizar a atividade interna do tribunal, mas jamais foi ela excluída do órgão colegiado, o qual sempre irá preservar sua competência originária. Assim, a colegialidade das decisões do tribunal, longe de constituir uma garantia fundamental processual ou uma garantia individual do jurisdicionado, sobreleva como fator de legitimação dos julgamentos ali proferidos, ostentando a feição de penhora da estrutura hierarquizada do Poder Judiciário.[870]

O C.P.C. de 1973 previa duas hipóteses legais que permitiam a interposição de recurso ou agravo interno contra a decisão monocrática do relator.

A Lei 12.322, de 2012, que deu nova redação ao art. 545 do C.P.C. de 1973, permitiu a interposição de agravo interno ou legal contra a decisão do relator que não conhecesse do agravo de instrumento interposto contra o não recebimento de recurso especial ou extraordinário.

[870] Didier Jr., F., *et al*, op. Cit., p. 146.

A Lei 9.756, de 1998, ao incluir o §1º do art. 557 do C.P.C. de 1973, permitiu a interposição de agravo interno ou legal contra a decisão do relator que negasse seguimento a recurso manifestamente inadmissível, improcedente, prejudicado ou em confronto com súmula ou com jurisprudência dominante do respectivo tribunal, do Supremo Tribunal Federal, ou de Tribunal Superior, ou , ainda, contra a decisão do relator que desse provimento ao recurso na hipótese de a decisão recorrida estar em manifesto confronto com súmula ou com jurisprudência do Supremo Tribunal Federal, ou de Tribunal Superior.

O C.P.C. 1973 foi muito comedido às hipóteses de interposição de agravo legal ou interno contra decisão do relator.

O novo C.P.C., por sua vez, introduziu um capítulo próprio para o recurso contra decisão proferida monocraticamente pelo relator, o qual foi denominado de *agravo interno*, pois se trata de um recurso interposto para o próprio órgão do tribunal que é competente para conhecer do recurso ou da questão apreciada pelo relator isoladamente.

Assim, ressalvadas as hipóteses expressamente previstas neste Código ou em lei, das decisões proferidas pelo relator caberá agravo interno para o respectivo órgão colegiado, observadas, quanto ao processamento, as regras do regimento interno do tribunal.

O novo Código ampliou as hipóteses para a interposição do recurso de agravo interno, permitindo que toda e qualquer decisão *interlocutória* ou *final* proferida pelo relator seja suscetível de *agravo interno*, salvo as exceções estabelecidas neste Código ou em lei especial. As exceções que se pode visualizar neste Código estão previstas nos arts. 1.007, §6º, 1.031, §2º etc. Encontram-se em lei especial também exceções, conforme se verifica no §1º do art. 115 e §2º do art. 258 do Regimento Interno do S.T.J.

O prazo para a interposição do agravo interno será de quinze (15) dias, nos termos do art. 1.003, §5º, do atual C.P.C.

Porém, observa-se que o art. 258 do Regimento Interno do S.T.J. estabelece o prazo de 5 (cinco) dias para o referido agravo. O S.T.J. já manifestou entendimento que se deve observar o prazo estabelecido em seu regimento interno. Nesse sentido é o seguinte precedente:

Agravo Regimental. Intempestividade. Artigo 258 do Regimento Interno do STJ. O prazo para a interposição do agravo regimental é de cinco dias. Recurso não conhecido.

(AgRg no Ag 245.516/MG, Rel. Ministro EDUARDO RIBEIRO, TERCEIRA TURMA, julgado em 25/10/1999, DJ 28/02/2000, p. 80)

Porém, há entendimento que deve ser observado o prazo do código de processo civil. Nesse sentido é o seguinte precedente:

1. Da decisão do relator que não conhecer do agravo, negar-lhe provimento ou decidir, desde logo, o recurso não admitido na origem, caberá agravo, no prazo de 5 (cinco) dias, ao órgão competente, nos termos dos arts. 557, § 1º, do CPC e 258 do RISTJ.

2. No caso, a decisão agravada foi disponibilizada no DJe de 12/3/13, e o agravo regimental interposto somente em 19/3/13, quando já esgotado o prazo recursal.

3. Agravo regimental não conhecido.

(AgRg no AREsp 205.119/SC, Rel. Ministro SÉRGIO KUKINA, PRIMEIRA TURMA, julgado em 21/03/2013, DJe 02/04/2013).

No caso, como o Código de Processo Civil regulou inteiramente a matéria referente ao prazo do agravo interno, deve o regimento interno do S.T.J. e do S.T.F. também se adequar para que haja um prazo único, no caso, o prazo de quinze dias.

Aliás, preceitua o art. 1.070 do atual C.P.C. que é de quinze (15) dias o prazo para a interposição de qualquer agravo, previsto em lei ou no regimento interno do tribunal, contra decisão de relator ou outra decisão unipessoal proferida em tribunal.

O processamento do agravo interno dar-se-á de acordo com o regimento interno do respectivo tribunal.

O Regimento Interno do Superior Tribunal de Justiça prevê, em seus arts. 258 e 259, o agravo interno com o nome de agravo regimental:

"Art. 258. A parte que se considerar agravada por decisão do Presidente da Corte Especial, de Seção, de Turma ou de relator, poderá requerer, dentro de cinco dias, a apresentação do feito em mesa, para que a Corte Especial, a Seção ou a Turma sobre ela se pronuncie, confirmando-a ou reformando-a.

§1º O órgão do Tribunal competente para conhecer do agravo é o que seria competente para o julgamento do pedido ou recurso.

§2ºNão cabe agravo regimental da decisão do relator que der provimento a agravo de instrumento, para determinar a subida de recurso não admitido.

Art. 259. O agravo regimental será submetido ao prolator da decisão, que poderá reconsiderá-la ou submeter o agravo ao julgamento da Corte Especial, da Seção ou da turma, conforme o caso, computando-se também o seu voto.

Parágrafo único. Se a decisão agravada for do Presidente da Corte Especial ou da Seção, o julgamento será presidido por seu substituto, que votará no caso de empate".

Conforme anota Didier Jr.: *"O art. 39 da Lei Federal n. 8.038/90 prevê o cabimento de agravo contra decisão monocrática proferida por membro do tribunal (Presidente do Tribunal, da Seção ou da Turma, ou o relator) que causar gravame à parte, em cinco dias. Esse dispositivo está previsto em lei que regulamenta os processos perante o STJ e o STF. Inexplicavelmente, o STF não aceita o agravo interno contra decisão do relator em liminar de mandado de segurança (súmula do STF, n. 622). O STJ possui decisões que, corretamente, aplicam o art. 39 mencionado, por analogia, às decisões proferidas monocraticamente em qualquer tribunal (1ª T., Resp n. 575.938, rel. Min. Luiz Fux, j. 15.06.2004, publicado em 16.08.2004, p. 143; 2º T., Resp n. 770.620, rel. Min. Castro Meira, j. 01.09.2005, publicado no DJ de 03.10.2005, p. 236)".*[871]

Também no sentido da doutrina de Didier Jr., é a seguinte decisão do S.T.J.:

> *"É entendimento pacífico da Primeira Seção desta Corte que cabe agravo regimental contra decisão que concede ou indefere liminar em mandado de segurança"* (STJ – 2ª T. Al 556.879-AgRg, rel. Min. João Otávio, j. 16.03.04).

Porém, a matéria não é uniforme no seio do S.T.J., pois há entendimento que endossa a Súmula 622 do S.T.F., conforme se pode verificar no seguinte precedente:

> *"Esta Corte, recentemente, secundando orientação do Eg. Supremo Tribunal Federal, se manifestou no sentido de que não é cabível agravo regimental contra decisão do relator que, em mandado de segurança, defere ou indefere liminar"* (STJ – Corte Especial – MS 9.232-Ag.Rg, rel. Min. Gilson Dipp, j. 17.11.04).

O S.T.J. também já decidiu que a revogação de liminar concedida em mandado de segurança, pelo próprio relator, ao examinar agravo regimental, compõe-se nos limites do juízo de retratação, não constituindo violação ao princípio contido no art. 25 da Lei n. 8.038, de 1990 (STJ – Corte Especial, Rcl 177-5/RS, Rel. Min. William Patterson, j. 27.5.93.

O tema que pode ser conhecido no agravo interno somente pode ser aquele que foi indicado no recurso ou na demanda interposta, pois temas trazidos em agravo regimental ou interno que não haviam antes sido apresentados para exame não poderão ser analisados (STJ – 3ª T. Ag. 37.832-MG, Ag. Rg. – EDCL, rel. Min. Eduardo Ribeiro, j. 9.11.93.

[871] DIDIER JR, F.; CUNHA, L. J. da. *Idem*, p. 147.
Ver também CARNEIRO, Athos Gusmão. Poderes do relator e agravo interno – arts. 557, 544 e 545 do CPC. *Revista de Processo*. São Paulo, Revista dos Tribunais, 2000, n. 100.

Segundo prescreve o *§ 1º do art. 1.021* do atual C.P.C., *na petição de agravo interno, o recorrente impugnará especificadamente os fundamentos da decisão agravada.*

Assim, não poderá o agravante impugnar de forma genérica a decisão do relator, devendo pontuar especificamente os fundamentos da decisão agravada e os motivos ensejadores de sua reforma.

Aduz o *§ 2º do art. 1.021* do atual C.P.C. que *o agravo será dirigido ao relator, que intimará o agravado para manifestar-se sobre recurso no prazo de 15 (quinze) dias, ao final do qual, não havendo retratação, o relator levá-lo-á a julgamento pelo órgão colegiado, com inclusão em pauta.*

O agravo interno não será dirigido diretamente ao órgão colegiado competente para sua apreciação, mas, sim, ao relator que proferiu monocraticamente a decisão agravada.

Recebido o recurso, o relator intimará o agravado para manifestar-se sobre o recurso, no prazo de quinze dias.

Assim como ocorre com o agravo de instrumento, o relator, com ou sem as contrarrazões, poderá retratar-se de sua decisão.

Retratando-se, o recurso principal terá seu seguimento normal.

Se o relator não se retratar de sua decisão, deverá levar o agravo interno para julgamento perante o órgão colegiado, com inclusão em pauta de julgamento. Em que pese o art. 12 do atual C.P.C. determine que os juízes e os tribunais devam obedecer a ordem cronológica de conclusão para proferir sentença ou acórdão, o §2º, inc. VI, do mesmo preceito normativo, excepciona o julgamento do agravo interno.

Outrossim, nos termos do art. 937, §3º, do atual C.P.C., caberá sustentação oral nos agravos internos interpostos nos processos de competência originária (rescisória, mandado de segurança e reclamação), contra decisão de relator que o extinga.

Preconiza o *§ 3º do art. 1.021* do atual C.P.C. que *é vedado ao relator limitar-se à reprodução dos fundamentos da decisão agravada para julgar improcedente o agravo interno.*

Assim, não basta o relator, conforme se tem observado até agora, simplesmente transcrever a decisão agravada como fundamento de seu voto para apresentar perante o órgão colegiado competente. É necessário que o relator apresente novos fundamentos que possam sustentar a decisão agravada perante o órgão colegiado.

Preceitua o *§ 4º do art. 1.021* do novo C.P.C. que *quando o agravo interno for declarado manifestamente inadmissível ou improcedente em votação unânime, o órgão colegiado, em decisão fundamentada, condenará o agravante a pagar ao agravado multa fixada entre um e cinco por cento do valor da causa atualizado.*

Este dispositivo está de acordo com a concepção política ideológica do novo Código, que prestigia o princípio da celeridade processual e da efetividade da tutela jurisdicional.

Portanto, quando o agravo interno for manifestamente inadmissível ou totalmente improcedente (R.T. 804.187), ou quando tiver meramente intuito protelatório (STF – 2ª Turma, Ag Rg. Em RE 250.716-4-RS, rel. Min. Celso de Mello, j. 26.10.99), assim reconhecido em decisão unânime do órgão colegiado, o tribunal condenará o agravante a pagar ao agravado multa fixada entre um e cinco por cento do valor corrigido da causa.

Na verdade, o abuso do direito de recorrer qualifica-se como prática incompatível com o postulado ético-jurídico da lealdade processual, constituindo ato de litigância de má-fé.

Por fim, prescreve o *§ 5º do art. 1.021* do atual C.P.C. que *a interposição de qualquer outro recurso está condicionada ao depósito prévio do valor da multa prevista no § 4º, à exceção da Fazenda Pública e do beneficiário de gratuidade da justiça, que farão o pagamento ao final.*

Este dispositivo ainda estabelece que o agravante ficará impedido de interpor qualquer outro recurso, enquanto não realizar prévio depósito do respectivo valor da multa, ressalvados os beneficiários da gratuidade de justiça e da Fazenda Pública, que farão o pagamento ao final.

O S.T.F assim se manifestou sobre determinação similar prevista no art. 557, §2º do C.P.C. de 1973: *"A comprovação do depósito da multa em questão é requisito de admissibilidade de novos recursos. Requisito aplicável, inclusive, à Fazenda Pública"* (RE 380.944, Ag. Rg – Edcl, rel. Min. Carlos Britto, j. 23.5.06.

No mesmo sentido:

> *I – O prévio depósito da multa aplicada, com base no art. 538, parágrafo único, do Código de Processo Civil, configura pressuposto objetivo de recorribilidade, sendo certo que a ausência de recolhimento inviabiliza o recurso, ainda que tenha sido interposto com o propósito de afastar a multa imposta. II – Agravo regimental improvido, determinando-se a baixa imediata do processo, independentemente da publicação do acórdão.*
>
> (MS 25643 ED-ED-ED-AgR, Relator(a): Min. RICARDO LEWANDOWSKI, Primeira Turma, julgado em 25/06/2014, ACÓRDÃO ELETRÔNICO DJe-158 DIVULG 15-08-2014 PUBLIC 18-08-2014)

Sem o depósito prévio, não se conhece de qualquer outro recurso interposto pela parte.

Ocorre que esse condicionamento do exercício da ampla defesa e do contraditório ao recolhimento de multa processual é de duvidosa constitucionalidade, pois a lei ordinária, sem previsão constitucional, está impedindo o acesso à justiça, assim como, está maculando o devido processo legal com os recursos a ele inerentes.

Sem dúvida que é salutar a sanção monetária à parte que se vale de recurso com o fim meramente protelatório. Porém, essa sanção não pode ir além da imposição de multa.

Aliás, nesse sentido já se manifestou o S.T.F. em relação a recurso administrativo:

> *Recurso administrativo – depósito – § 2º do artigo 33 do decreto nº 70.235/72 – inconstitucionalidade. A garantia constitucional da ampla defesa afasta a exigência do depósito como pressuposto de admissibilidade de recurso administrativo.*
>
> (RE 388359, Relator(a): Min. MARCO AURÉLIO, Tribunal Pleno, julgado em 28/03/2007, DJe-042 DIVULG 21-06-2007 PUBLIC 22-06-2007 DJ 22-06-2007 PP-00017 EMENT VOL-02281-05 PP-00814 RDDT n. 143, 2007, p. 238 RDDT n. 144, 2007, p. 154-169 LEXSTF v. 29, n. 344, 2007, p. 184-218).

> *Recurso administrativo – depósito – §§ 1º e 2º do artigo 126 da lei nº 8.213/1991 – inconstitucionalidade. A garantia constitucional da ampla defesa afasta a exigência do depósito como pressuposto de admissibilidade de recurso administrativo.*
>
> (RE 389383, Relator(a): Min. MARCO AURÉLIO, Tribunal Pleno, julgado em 28/03/2007, DJe-047 DIVULG 28-06-2007 PUBLIC 29-06-2007 DJ 29-06-2007 PP-00031 EMENT VOL-02282-08 PP-01625 RDDT n. 144, 2007, p. 235-236)

Porém, o S.T.F. não reconheceu a repercussão geral sobre a matéria, conforme se observa pelo seguinte precedente:

> *Ementa: agravo regimental. Exigência do prévio recolhimento da multa imposta em embargos declaração. Pressupostos de admissibilidade de recurso de competência de outros tribunais. Ausência de repercussão geral. 1. É legítimo condicionar a interposição de qualquer outro recurso ao depósito da multa imposta no julgamento dos embargos de declaração tidos como protelatórios. 2. Não cabe recurso extraordinário para reexame dos pressupostos de admissibilidade de recurso de competência de outros tribunais, por ausência de repercussão geral. 3. Agravo regimental a que se nega provimento.*

(AI 809635 AgR, Relator(a): Min. JOAQUIM BARBOSA, Segunda Turma, julgado em 26/06/2012, ACÓRDÃO ELETRÔNICO DJe-159 DIVULG 13-08-2012 PUBLIC 14-08-2012).

CAPÍTULO V – Dos Embargos de Declaração

Art. 1.022

Cabem embargos de declaração contra qualquer decisão judicial para:

I – esclarecer obscuridade ou eliminar contradição;

II – suprir omissão de ponto ou questão sobre o qual devia se pronunciar o juiz de ofício ou a requerimento;

III – corrigir erro material.

Parágrafo único. Considera-se omissa a decisão que:

I – deixe de se manifestar sobre tese firmada em julgamento de casos repetitivos ou em incidente de assunção de competência aplicável ao caso sob julgamento;

II – incorra em qualquer das condutas descritas no art. 489, § 1º.

Embargos de declaração

Os recursos discriminados no art. 994, incisos I a III e V a IX do atual C.P.C. exigem a existência de um juízo 'a quo' e um juízo 'ad quem', isto é, estabelecem que a competência para apreciá-los não é do mesmo juízo que proferiu a decisão. Ao juízo 'ad quem' é que competirá proferir o julgamento dos recursos ali indicados.

Já os embargos de declaração previstos no inc. IV do art. 994 do atual C.P.C. são uma espécie de recurso (previsto no rol taxativo da norma) em que o juízo 'a quo' e o juízo 'ad quem' estão aglutinados no mesmo órgão jurisdicional. Trata-se do mesmo juízo e não do mesmo juiz, pois não se aplica aos embargos de declaração o princípio da identidade física do juiz.

A decisão proferida nos embargos de declaração terá a mesma natureza da decisão embargada. Assim, se os embargos de declaração forem interpostos de uma decisão interlocutória, a decisão dos embargos será também interlocutória, pois se trata de uma decisão complementar à original. Por outro lado, se a decisão embargada for uma sentença, a decisão proferida nos embargos também terá natureza de sentença, ou seja, uma sentença que se soma à outra que fora objeto dos embargos.

Em razão dessa unidade de órgão jurisdicional, os embargos de declaração não têm por finalidade a análise de *error in iudicando* ou *error in procedendo* do julgado. Limitam-se à correção de equívocos, contradições e omissões existentes na decisão proferida.

O art. 1.022 do novo C.P.C. corrigiu uma omissão contida no art. 535 do C.P.C. de 1973. Este dispositivo somente falava em sentença ou acórdão. O novo C.P.C. preconiza que os embargos de declaração cabem contra *qualquer decisão* judicial, inclusive a decisão monocrática, abrangendo tanto a sentença quanto decisões interlocutórias, bem como o acórdão. Sem dúvida, também em relação à decisão interlocutória caberão os embargos de declaração.

É bem verdade que o S.T.F. vinha entendendo que não caberiam embargos de declaração contra decisão monocrática, devendo esse recurso ser recebido como agravo regimental. Nesse sentido são os seguintes precedentes:

> *A jurisprudência desta Corte firmou-se no sentido de que incabíveis embargos de declaração opostos em face de decisão monocrática. Recebimento como agravo regimental com fundamento no princípio da fungibilidade. A resolução da controvérsia acerca da ocorrência de dissolução irregular da sociedade e do redirecionamento da execução fiscal com fundamento no art. 10 do Decreto 3.708/1909 não prescinde do reexame do contexto fático-probatório e da exegese da legislação infraconstitucional. Aplicação da Súmula 279/STF. Embargos de declaração recebidos como agravo regimental, ao qual se nega provimento.*
>
> (RE 685861 ED, Relator(a): Min. ROSA WEBER, Primeira Turma, julgado em 26/02/2013, ACÓRDÃO ELETRÔNICO DJe-047 DIVULG 11-03-2013 PUBLIC 12-03-2013)

> *1. Os embargos de declaração opostos objetivando a reforma da decisão do relator, com caráter infringente, devem ser convertidos em agravo regimental, que é o recurso cabível, por força do princípio da fungibilidade. (Precedentes: Pet 4.837-ED, rel. Min. CÁRMEN LÚCIA, Tribunal Pleno, DJ 14.3.2011; Rcl 11.022-ED, rel. Min. CÁRMEN LÚCIA, Tribunal Pleno, DJ 7.4.2011; AI 547.827-ED, rel. Min. DIAS TOFFOLI, 1ª Turma, DJ 9.3.2011; RE 546.525-ED, rel. Min. ELLEN GRACIE, 2ª Turma, DJ 5.4.2011).*
>
> *(...).*
>
> (RE 677156 ED, Relator(a): Min. LUIZ FUX, Primeira Turma, julgado em 18/12/2012, ACÓRDÃO ELETRÔNICO DJe-033 DIVULG 19-02-2013 PUBLIC 20-02-2013)

Contudo, com a nova redação dada pelo atual C.P.C., o entendimento do S.T.F. sobre a questão haverá de ser alterado.

É certo, porém, que o §3º do art. 1.024 do novo C.P.C. preconiza que o órgão julgador conhecerá dos embargos de declaração como agravo interno se entender ser este o recurso cabível, desde que determine previamente a intimação do recorrente para, no prazo de 5 (cinco) dias, complementar as razões recursais, de modo a ajustá-las às exigências do art. 1.021, § 1o.

Portanto, os embargos de declaração são cabíveis independentemente da espécie de decisão que for proferida pelo órgão jurisdicional.

O S.T.J. vem entendendo que os embargos de declaração não interrompem o prazo para a interposição de agravo em recurso contra a não admissibilidade do recurso especial. Nesse sentido eis o seguinte precedente:

> *1. O agravo é o único recurso cabível contra decisão que nega seguimento a recurso especial (CPC, art. 544). Desse modo, a oposição de embargos de declaração não interrompe o prazo para a interposição do agravo. Precedentes do STF e do STJ.*
>
> *2. Pedido de reconsideração recebido como agravo regimental a que se nega provimento.*
>
> *(RCD no AREsp 466.074/SP, Rel. Ministra MARIA ISABEL GALLOTTI, QUARTA TURMA, julgado em 03/04/2014, DJe 25/04/2014)*

O C.P.C. de 1939, em seu art. 862, estabelecia três defeitos da decisão judicial que justificavam os embargos de declaração, ou seja, a obscuridade, a omissão ou a contradição.

Também o art. 535, incisos I e II, do C.P.C. de 1973, previa apenas as hipóteses de obscuridade, contradição ou omissão, não fazendo referência expressa ao *erro material*, não obstante tal irregularidade pudesse ser arguida, inclusive em petição avulsa.

O novo C.P.C. estabelece que os embargos de declaração são cabíveis quando a decisão monocrática ou colegiada contiver *obscuridade, contradição, omissão de ponto ou questão sobre o qual devia se pronunciar o juiz de ofício ou a requerimento, ou erro material*. Apenas nessas *específicas* hipóteses legais é que serão cabíveis os embargos de declaração.

Não há espaço para os embargos de declaração no caso de *dúvida*, pois a dúvida é um estado de espírito que se traduz na hesitação entre afirmar e negar algo. Trata-se de um fenômeno psicológico que não tem qualquer relevância jurídica. A dúvida que poderá ocorrer estará em quem, ouvindo ou lendo o teor da decisão, não logre aprender-lhe bem o sentido. A dúvida poderá ser apenas uma consequência da obscuridade ou da contradição que se observe no julgado.[872]

Porém, o S.T.J. ora admite ora não admite os embargos para a solução de dúvida. Nesse sentido são os seguintes precedentes:

> *– No julgamento dos embargos infringentes chegou-se à conclusão de que os embargos à execução da União deveriam ser corretamente julgados pela Turma, ao argumento de que o valor apontado pela União como devido R$ 765.076,92 (setecentos e sessenta e cinco mil e setenta e seis reais e noventa e dois centavos) seria questionável, considerada a sua origem e o possível recebimento de valores a maior por parte dos servidores.*
>
> *– A questão de ordem pública não restou superada, porque a totalidade dos julgadores entendeu existir dúvida quanto aos valores devidos, determinando correto julgamento dos embargos à execução pela Turma. Frise-se, a divergência restou salientada apenas para que o valor apontado pela União fosse corretamente verificado pela Turma Julgadora.*
>
> *– A jurisprudência deste Tribunal tem se posicionado no sentido de que as matérias de ordem pública podem ser conhecidas mesmo no julgamento dos embargos infringentes, por força do efeito translativo desse recurso.*
>
> *Embargos declaratórios parcialmente acolhidos sem efeitos infringentes.*
>
> (EDcl no AgRg no AgRg nos EDcl nos EDcl no REsp 1258627/PE, Rel. Ministra MARILZA MAYNARD (DESEMBARGADORA CONVOCADA DO TJ/SE), SEXTA TURMA, julgado em 19/08/2014, DJe 02/09/2014)

> *1 – Suficientemente resolvida a questão jurídica, cumprido está o ofício jurisdicional, sendo desnecessário esclarecer cada nova dúvida das partes.*
>
> *2 – A ação declaratória incidental não se presta ao reconhecimento de situação de fato, como o é a revelia, mas somente à declaração de existência ou inexistência de relação jurídica.*
>
> *3 – Embargos de Declaração rejeitados.*
>
> (EDcl no AgRg no AREsp 491.288/DF, Rel. Ministro SIDNEI BENETI, TERCEIRA TURMA, julgado em 05/08/2014, DJe 01/09/2014)

Lamentavelmente, a indicação de *dúvida do julgado* ainda permanece como referência para cabimento dos embargos de declaração nos juizados especiais

[872] Barbosa Moreira, José Carlos. *Comentários ao código de processo civil.* Vol. V., (arts. 476 a 565). Rio de Janeiro: Forense, 1976. p. 516 e 517.

(art. 48 da Lei n. 9.099/05) e na Lei de Arbitragem (art. 30, inc. II, da Lei 9.307/96).

O órgão julgador deverá esclarecer eventual *obscuridade* existente na decisão. A falta de clareza da decisão gera insegurança e pode levar à sua inexequibilidade.

Deve o magistrado pronunciar uma decisão que não seja prolixa e obscura, de tal sorte que se possa verificar com precisão a certeza jurídica em relação à causa posta em juízo. A decisão, portanto, deverá ser clara, precisa e objetiva.

A obscuridade pode ocorrer no fundamento quanto no dispositivo da decisão.

Segundo Barbosa Moreira, há graus de obscuridade que vai desde a simples ambiguidade, que pode resultar do emprego de palavras de acepção dupla ou múltipla, até a completa ininteligibilidade da decisão.[873]

Deve o órgão julgador igualmente eliminar eventual *contradição* existente na decisão.

A decisão é considerada contraditória quando traz proposições entre si inconciliáveis. Normalmente a contradição ocorre entre a fundamentação e o *decisum*. Poderá haver ainda contradição entre *capítulos da decisão*.

Sobre o assunto eis o seguinte precedente do S.T.J.:

> *1. Os aclaratórios são cabíveis somente para sanar omissão, obscuridade ou contradição contida no julgado. Sem se configurar ao menos uma dessas hipóteses, devem ser rejeitados, sob pena de rediscutir-se matéria de mérito já decidida, exatamente o que se afigura no caso.*
>
> *2. Ressalte-se que a contradição que enseja o acolhimento dos aclaratórios é interna, ou seja, aquela existente entre as proposições e a conclusão do próprio julgado, e não quando há divergência entre Turmas, nem entre Turma e Seção deste Superior Tribunal de Justiça, caso em que caberia a oposição dos embargos de divergência, a teor do que dispõe o art. 266 do RISTJ. Precedentes.*
>
> *3. Embargos de declaração rejeitados.*
>
> (EDcl no REsp 1206136/MG, Rel. Ministro CASTRO MEIRA, SEGUNDA TURMA, julgado em 04/08/2011, DJe 16/08/2011)

Já se entendeu no S.T.J. que não se pode ingressar com embargos de declaração quando há contradição no corpo de voto-vista. Nesse sentido é o seguinte precedente:

[873] Barbosa Moreira, J. C., idem, p. 518.

1. "– Eventuais equívocos, omissões ou contradições cometidas no corpo do votos-vistas não autorizam a interposição de embargos de declaração; cabia à embargante requerer aos autores dos referidos votos, o saneamento dos vícios apontados" (EDcl nos EREsp 404.777/DF, Rel. Min. Francisco Peçanha Martins, Corte Especial, DJ 24/10/2005).

2. Embargos de declaração rejeitados.

(EDcl nos EDcl no AgRg no Ag 1339927/ES, Rel. Ministro RICARDO VILLAS BÔAS CUEVA, TERCEIRA TURMA, julgado em 02/08/2012, DJe 09/08/2012).

Porém, como atualmente o voto vista, especialmente o divergente, passa a fazer parte do acórdão, há interesse em se ingressar com embargos de declaração quando no voto vista houver contradição, obscuridade ou erro material.

São cabíveis os embargos de declaração quando houver contradição entre a ementa e o corpo do acórdão, nada impedindo que o próprio magistrado determine a correção da ementa de ofício. Nesse sentido é o seguinte precedente do S.T.J.:

1. Inviáveis os declaratórios articulados com nítido caráter infringente e sob infundada alegação de omissão no julgado.

2. Cabível a retificação, de ofício, de contradição existente entre o voto e a ementa do julgado.

3. Republicação do acórdão embargado, com a ementa descrita no corpo deste voto.

4. Embargos de declaração rejeitados.

(EDcl na AR 3.898/SP, Rel. Ministra ELIANA CALMON, PRIMEIRA SEÇÃO, julgado em 25/03/2009, DJe 04/05/2009)

Também o órgão julgador deverá esclarecer eventual *omissão* contida na decisão. Assim, deverá ser suprida eventual omissão de ponto sobre o qual devia pronunciar-se o juiz ou tribunal.

Considera-se omissão a decisão que não se manifeste sobre determinada pretensão ou sobre algum argumento relevante indicado pelas partes.

Evidentemente, o órgão julgador não terá que se manifestar sobre todos os argumentos formulados pelas partes, mas somente em relação àqueles que possam de forma substancial confirmar ou negar a pretensão das partes. Nesse sentido são os seguintes precedentes:

1. "O juiz não está obrigado a manifestar-se sobre todas as alegações das partes, nem a ater-se aos fundamentos indicados por elas, ou a responder, um a um, a todos os seus argumentos quando já encontrou motivo suficiente para fundamentar a decisão"

(EDcl nos EDcl no AgRg no REsp n. 1.298.728/RJ, Relator Ministro HUMBERTO MARTINS, SEGUNDA TURMA, julgado em 28/8/2012, DJe 3/9/2012).

2. Se o Tribunal local, com base no conjunto fático-probatório dos autos, concluiu pela presença dos requisitos autorizadores da desconsideração da personalidade jurídica, não pode esta Corte reexaminar fatos e provas para chegar a conclusão distinta, por aplicação do enunciado n. 7 da Súmula do STJ.

3. Agravo regimental desprovido.

(AgRg no AREsp 13.296/RS, Rel. Ministro ANTONIO CARLOS FERREIRA, QUARTA TURMA, julgado em 25/09/2012, DJe 01/10/2012)

1. Está sedimentado nesta Corte o posicionamento de que o juiz não fica obrigado a manifestar-se sobre todas as alegações das partes, nem a ater-se aos fundamentos indicados por elas, ou a responder, um a um, a todos os seus argumentos quando já encontrou motivo suficiente para fundamentar a decisão; porquanto cabe ao magistrado decidir a questão de acordo com o seu livre convencimento, utilizando-se dos fatos, provas, jurisprudência, aspectos pertinentes ao tema e da legislação que entender aplicável ao caso concreto, ao teor do art. 131 do Código de Processo Civil.

(...).

(AgRg no REsp 1299521/RJ, Rel. Ministro HUMBERTO MARTINS, SEGUNDA TURMA, julgado em 13/03/2012, DJe 19/03/2012).

Tanto a decisão que não examina o pedido, que é, nesse caso, uma não decisão, assim como uma decisão que deixe de examinar um ponto ou uma questão indispensável à solução da lide, que tenha sido suscitada ou que seja questão a ser conhecida de ofício, são suscetíveis de embargos de declaração. A dúvida levantada por Didier Jr. diz respeito ao seguinte: *"e se não forem opostos os embargos de declaração, qual deve ser a postura do tribunal ao constatar a omissão da decisão judicial?* O mesmo autor responde: *"No primeiro caso, não deve o tribunal invalidar a decisão. Como visto, não há o que ser invalidado; deve o tribunal determinar que o juízo 'a quo' complete o julgamento, decidindo o pedido não examinado. O tribunal pode fazer isso independentemente de pedido na apelação, pois, como visto, a decisão recorrida não está sendo reformada ou anulada. Trata-se de um juízo de fato do tribunal, que constata a ausência de solução de um pedido, determinando que o juízo 'a quo' termine o seu ofício. Para que isso não impeça o prosseguimento do processo em relação aos pedidos que já foram examinados, deve o tribunal determinar a extração de cópia dos autos, para que os originais, ou a cópia, desçam ao juízo 'a quo', e o processo prossiga nos autos suplementares, ou nos originais, tanto faz...O segundo problema é de mais fácil solução. A apelação, e de resto os demais recursos, devolvem ao juízo 'ad quem' o exame das questões suscitadas e discutidas no processo, que possam interferir na solução do objeto litigioso recursal...Assim, o tribunal, a constatar que não houve exame de um dos fundamentos ou de alguma questão relevante que tenha sido suscitada, ou mesmo uma questão cognoscível 'ex officio' (que não precisa ter sido suscitada), deve ele próprio examinar essas questões, não sendo o caso de devolução dos autos ao juízo 'a quo'".*[874]

Sobre o tema, eis a seguinte decisão do S.T.J.:

> *1. A eg. Terceira Seção desta Corte, pelas Turmas que a compõem, firmou entendimento no sentido de que a decretação de nulidade da sentença citra petita pode ser realizada de ofício pelo Tribunal ad quem. Nesse caso, o recurso de apelação não está condicionado à prévia oposição de embargos de declaração.*
>
> *3. Recurso especial improvido.*
>
> (REsp 243988/SC, Rel. Ministro HÉLIO QUAGLIA BARBOSA, SEXTA TURMA, julgado em 27/10/2004, DJ 22/11/2004, p. 393)

Verifica-se, portanto, que a não oposição dos embargos de declaração contra uma decisão omissa gera preclusão apenas para os próprios embargos, exatamente pelo fato de que a preclusão, além de ser endoprocessual, restringe-se ao ato não praticado.[875]

O atual C.P.C. traz expressamente a possibilidade de se interpor os embargos de declaração também para *corrigir erro material*, em que pese o disposto no art. 494, inc. I, do atual C.P.C., possa dar a impressão de que a correção de ofício ou a requerimento da parte de inexatidões materiais ou retificação de erro de cálculo esteja fora do âmbito dos embargos de declaração. Diz o aludido art. 494:

> *Art. 494. Publicada a sentença, o juiz só poderá alterá-la:*
>
> *I – para corrigir-lhe, de ofício ou a requerimento da parte, inexatidões materiais ou erros de cálculo;*
>
> *II – por meio de embargos de declaração.*

O erro material, além de poder ser corrigido de ofício pelo juiz ou a requerimento das partes, também poderá ser arguido por meio de embargos de declaração.

O S.T.J. também já entendeu que os embargos de declaração servem para corrigir decisão que julgou *ultra petita*. Nesse sentido é o seguinte precedente:

> *1. Verificada que a decisão se fez "ultra petita", servem os Embargos de Declaração para adequar o provimento judicial aos termos do pedido.*

[874] Didier, JR., F., *et au*, idem, p. 172.
[875] Didier, JR., F., idem, ibidem.

2. Embargos acolhidos para adequar o dispositivo do acórdão, mantendo-se sua fundamentação.

(EDcl no REsp 110901/SP, Rel. Ministro EDSON VIDIGAL, QUINTA TURMA, julgado em 25/03/1999, DJ 03/05/1999, p. 159).

Preceitua o *parágrafo único do art. 1.022* do atual C.P.C. que *se considera omissa a decisão que: I – deixe de se manifestar sobre tese firmada em julgamento de casos repetitivos ou em incidente de assunção de competência aplicável ao caso sob julgamento; II – incorra em qualquer das condutas descritas no art. 489, §1º.*

O órgão jurisdicional deverá se manifestar expressamente sobre tese firmada em julgamento de casos repetitivos ou em incidente de assunção de competência.

Também será considerada omissa a decisão que apresente qualquer das condutas descritas no art. 489, §1º do atual C.P.C., a saber:

Art. 489.

(...).

§ 1º Não se considera fundamentada qualquer decisão judicial, seja ela interlocutória, sentença ou acórdão, que:

I – se limitar à indicação, à reprodução ou à paráfrase de ato normativo, sem explicar sua relação com a causa ou a questão decidida;

II – empregar conceitos jurídicos indeterminados, sem explicar o motivo concreto de sua incidência no caso;

III – invocar motivos que se prestariam a justificar qualquer outra decisão;

IV – não enfrentar todos os argumentos deduzidos no processo capazes de, em tese, infirmar a conclusão adotada pelo julgador;

V – se limitar a invocar precedente ou enunciado de súmula, sem identificar seus fundamentos determinantes nem demonstrar que o caso sob julgamento se ajusta àqueles fundamentos;

VI – deixar de seguir enunciado de súmula, jurisprudência ou precedente invocado pela parte, sem demonstrar a existência de distinção no caso em julgamento ou a superação do entendimento.

Art. 1.023

Os embargos serão opostos, no prazo de 5 (cinco) dias, em petição dirigida ao juiz, com indicação do erro, obscuridade, contradição ou omissão, e não se sujeitam a preparo.

§ 1º Aplica-se aos embargos de declaração o art. 229.

§ 2º O juiz intimará o embargado para, querendo, manifestar-se, no prazo de 5 (cinco) dias, sobre os embargos opostos, caso seu eventual acolhimento implique a modificação da decisão embargada.

Prazo para interposição dos embargos

Já houve momento na história do processo civil brasileiro que o prazo de interposição dos embargos de declaração variava conforme se tratasse de decisão de primeiro grau ou de acórdão. Na primeira hipótese, o prazo seria de 48 horas (art. 465 do C.P.C. de 1973 na sua redação original); na segunda hipótese o prazo seria de 5 (cinco) dias (art. 536 do C.P.C. de 1973). Com a revogação do art. 465 do C.P.C. de 1973, pela Lei n. 8.950/94, o prazo dos embargos, seja para decisão de primeiro ou de segundo graus, passou a ser de cinco dias.

Atualmente, o prazo para interpor e para responder os recursos é de quinze dias, executados os embargos de declaração, cujo prazo, segundo estabelece o art. 1.023 do atual C.P.C., será de cinco dias.

A interposição dos embargos de declaração não se sujeita a preparo.

Estabelece o *§ 1º do art. 1.023* do atual C.P.C. que *se aplica aos embargos de declaração o art. 229 do atual C.P.C.*, que assim dispõe:

> *Art. 229. Os litisconsortes que tiverem diferentes procuradores, de escritórios de advocacia distintos, terão prazos contados em dobro para todas as suas manifestações, em qualquer juízo ou tribunal, independentemente de requerimento.*
>
> *§ 1º Cessa a contagem do prazo em dobro se, havendo apenas 2 (dois) réus, é oferecida defesa por apenas um deles.*
>
> *§ 2º Não se aplica o disposto no caput aos processos em autos eletrônicos.*

Em se tratando de embargos de declaração interpostos pela Defensoria Pública, pelo Ministério Público, pela União, Estados, Distrito Federal, Municípios e suas respectivas autarquias, o prazo para interposição dos embargos será em dobro, ou seja, dez dias.

Da mesma forma será em dobro o prazo para embargos de declaração na hipótese de litisconsortes com procuradores pertencentes a escritórios de advocacias diferentes.

É importante, porém, observar o disposto na Súmula 641 do S.T.F.: "não se conta em dobro o prazo para recorrer, quando só um dos litisconsortes haja sucumbido". Segundo Didier Jr., tal enunciado não se aplica aos embargos de declaração, pois não se exige sucumbência para a interposição dos embargos.[876]

[876] DIDIER, Jr., F., idem, p. 176.

Competente para o julgamento dos embargos será o mesmo órgão que proferiu a decisão de primeiro grau ou o acórdão embargado.

Os embargos de declaração serão dirigidos ao juiz ou relator, com a indicação do ponto obscuro, contraditório ou omisso, ou o erro material. Deverá ser interposto por petição escrita, salvo nos juizados especiais em que poderão ser interpostos por escrito ou oralmente (art. 49 da Lei 9.099/95).

Não haverá oportunidade para a parte contrária se manifestar sobre os embargos de declaração, salvo se com o acolhimento do recurso houver a necessidade de lhe conferir efeitos infringentes.

Preceitua o *§ 2º do art. 1.023* do atual C.P.C. que *o juiz intimará o embargado para, querendo, manifestar-se, no prazo e 5 (cinco) dias, sobre os embargos opostos, caso seu eventual acolhimento implique a modificação da decisão embargada.*

Normalmente o acolhimento dos embargos de declaração para esclarecer obscuridade, eliminar contradição, suprir omissão de ponto ou questão sobre o qual devia pronunciar-se o juiz ou tribunal, mesmo que de ofício, ou corrigir erro material, nao afeta a conclusão do julgado ou da decisão. Corrige-se a decisão sem alterá-la. Além do mais, não poderá o embargante trazer nova causa de pedir ou pedido não inserido anteriormente. Nesse sentido é o seguinte precedente do S.T.J.:

> *1. As matérias pertinentes aos arts. 103, parágrafo único, da Lei n. 8.213/1991 e 8º, § 1º, da Lei n. 8.230/1993 não foram objeto do recurso especial e nem do agravo regimental interpostos pelo ora embargante, caracterizando inovação da lide em sede de embargos, vedada pela jurisprudência desta Corte. Precedentes.*
>
> (...).
>
> (EDcl no AgRg no Resp 1241540/PR, Rel. Ministra MARILZA MAYNARD (DESEMBARGADORA CONVOCADA DO TJ/SE), QUINTA TURMA, julgado em 21/03/2013, DJe 03/04/2013)

Porém, há hipóteses em que o acolhimento dos embargos para efeito de suprir a omissão ou mesmo a contradição existente na decisão embargada poderá ensejar a modificação da decisão de forma integral ou parcial. Nesse sentido é a Súmula 278 do Tribunal Superior do Trabalho: *"A natureza da omissão suprida pelo julgamento de embargos declaratórios pode ocasionar efeito modificativo no julgado"*.

Diante dessa possibilidade, diz-se que os embargos de declaração apresentam *efeitos infringentes.* Sobre o tema, eis o seguinte precedente do S.T.J.:

> *1. A teor do art. 535 do CPC, os Embargos de Declaração constituem modalidade recursal destinada a suprir eventual omissão, obscuridade e/ou contradição que se faça*

presente na decisão contra a qual se insurge, de maneira que seu cabimento revela finalidade estritamente voltada para o aperfeiçoamento da prestação jurisdicional, que se quer seja cumprida com a efetiva cooperação das partes.

2. Por outro lado, sem olvidar a circunstância de estarem jungidos a fundamentação vinculada, é possível a concessão de efeitos infringentes aos Aclaratórios no caso em que, conforme seja a deficiência a ser corrigida, seu suprimento acarrete, inevitavelmente, a modificação do julgado recorrido, conforme admitem a doutrina e a jurisprudência atuais.

3. Diga-se, ainda, que, excepcionalmente, os Embargos de Declaração podem servir para amoldar o julgado à superveniente orientação jurisprudencial do Pretório Excelso, quando dotada de efeito vinculante, em atenção à instrumentalidade das formas, de modo a garantir a celeridade e a eficácia da prestação jurisdicional e a reverência ao pronunciamento superior.

(...).

6. Embargos de Declaração acolhidos, com efeito infringente, para, conhecendo do Agravo de Instrumento, prover-se o Recurso Especial, por violação ao art. 535, II do CPC, determinando-se, assim, o retorno dos autos ao Tribunal de origem, a fim de que sejam reexaminados os Embargos de Declaração opostos ao acórdão que apreciou a Apelação, conforme for de direito.

(EDcl no AgRg nos EDcl no Ag 1069275/SP, Rel. Ministro NAPOLEÃO NUNES MAIA FILHO, PRIMEIRA TURMA, julgado em 26/08/2014, DJe 05/09/2014)

A jurisprudência quando diante de embargos de declaração que puderem ter *efeitos infringentes* passou a exigir o devido contraditório. Por isso, antes de o juiz proferir sua decisão nos embargos, há necessidade de se intimar a outra parte para se manifestar sobre o conteúdo dos embargos de declaração. Nesse sentido são os seguintes precedentes:

1. O Superior Tribunal de Justiça tem entendimento firmado quanto à necessidade de prévia intimação da parte adversa no caso de acolhimento dos embargos de declaração com efeitos infringentes. O não cumprimento dessa formalidade viola os princípios do contraditório e da ampla defesa, tornando nulo o respectivo julgamento.

2. Agravo regimental a que se nega provimento.

(AgRg no REsp 938.575/RS, Rel. Ministro ANTONIO CARLOS FERREIRA, QUARTA TURMA, julgado em 07/02/2013, DJe 25/02/2013)

1. Cuida-se de embargos de declaração opostos pela União postulando a nulidade do julgamento anterior, ante a inexistência de sua intimação para ofertar impugnação ao recurso.

2. O STF possui entendimento pacífico no "sentido da exigência de intimação do Embargado quando os declaratórios veiculem pedido de efeito modificativo" (RE 250.396/RJ, Rel. Min. Marco Aurélio, Segunda Turma, DJ 12.5.2000, p. 29, Ement Vol 1990-03, p. 597).

3. No STJ, consignou-se que "a atribuição de efeitos infringentes aos embargos de declaração supõe a prévia intimação da contraparte; sem o contraditório, o respectivo julgamento é nulo" (EDcl nos EDcl na AR 1228/RJ, Rel. Min. Ari Pargendler, Corte Especial, DJe 2.10.2008).

4. Se não houve a devida prévia intimação, é de ser anulado o pretérito julgamento para possibilitar o exercício do contraditório.

Embargos de declaração acolhidos para, anulando-se o acórdão embargado, determinar a intimação da União a manifestar-se sobre o teor dos embargos de declaração.

(EDcl nos EDcl no MS 12.929/DF, Rel. Ministro HUMBERTO MARTINS, PRIMEIRA SEÇÃO, julgado em 28/11/2012, DJe 05/12/2012)

O novo C.P.C. acolheu a determinação estabelecida pela jurisprudência da necessidade de se preservar o princípio do contraditório quando os embargos de declaração puderem ter efeitos infringentes.

Havendo possibilidade de o juiz dar efeito modificativo à decisão, em face da interposição dos embargos de declaração, assim somente poderá proceder após oitiva da parte contrária, no *prazo de cinco dias*.

É importante salientar que a norma positivada somente autoriza o efeito modificado em razão da correção dos vícios apontados na petição dos embargos. E esses vícios somente poderão ter por fundamento o esclarecimento de obscuridade, a eliminação de contradição, a supressão de omissão de ponto ou questão sobre o qual devia pronunciar-se o juiz ou tribunal, ou correção de erro material.

Qualquer outro vício que possa ter ocorrido na decisão, além daqueles apontados no art. 1.023 do atual C.P.C., não será fundamento para que o juiz altere a sua própria decisão, pois uma vez publicada a decisão, o juiz cumpre o seu ofício jurisdicional.

A Corte Especial do Superior Tribunal de Justiça (STJ) decidiu quarta-feira (16/09/2015), por unanimidade de votos, que embargos de declaração com pedido de efeitos modificativos não podem ser recebidos como mero pedido de reconsideração e, assim, interromper a contagem do prazo para outros recursos.

A decisão do órgão julgador máximo do STJ resolve divergência sobre o tema encontrada em diversos precedentes de diferentes colegiados do tribunal. O relator do caso, ministro Raul Araújo, apontou que decisões recentes da corte superior ora reconhecem os embargos de declaração com pedido de efeitos infringentes como mero pedido de reconsideração – com perda de prazo para novos recursos –, ora em sentido inverso. Araújo ressaltou que os embargos de declaração são um recurso expressamente previsto no Código de Processo Civil (CPC) e, ainda que tenham o indevido pedido de efeitos modificativos, não podem ser confundidos com mero pedido de reconsideração, que nem recurso é. Por essa razão, não se pode nem mesmo aplicar o princípio da fungibilidade recursal. "A possibilidade de o julgador receber os embargos de declaração, com pedido de efeito modificativo, como pedido de reconsideração traz enorme insegurança jurídica ao jurisdicionado, pois, apesar de interposto tempestivamente, o recurso cabível ficará à mercê da subjetividade do magistrado", alertou o ministro. Para ele, deve ser aplicada a regra do artigo 538 do CPC, a qual estabelece que os embargos de declaração interrompem o prazo para interposição de outros recursos e que, quando o magistrado considerar que são meramente protelatórios, pode-se aplicar multa.

"A inesperada perda do prazo recursal é uma penalidade por demais severa, contra a qual nada se poderá fazer, porque encerra o processo", ponderou o relator.

Notícia na íntegra: http://www.stj.jus.br/sites/STJ/default/pt_BR/noticias/noticias/Destaques/Embargos-de-declara%C3%A7%C3%A3o-n%C3%A3o-podem-ser-recebidos-como-mero-pedido-de-reconsidera%C3%A7%C3%A3o. (informativo CAJU, n. 198).

Art. 1.024

O juiz julgará os embargos em 5 (cinco) dias.

§ 1º Nos tribunais, o relator apresentará os embargos em mesa na sessão subsequente, proferindo voto, e, não havendo julgamento nessa sessão, será o recurso incluído em pauta automaticamente.

§ 2º Quando os embargos de declaração forem opostos contra decisão de relator ou outra decisão unipessoal proferida em tribunal, o órgão prolator da decisão embargada decidi-los-á monocraticamente.

§ 3º O órgão julgador conhecerá dos embargos de declaração como agravo interno se entender ser este o recurso cabível, desde que determine previamente a intimação do recorrente para, no prazo de 5 (cinco) dias, complementar as razões recursais, de modo a ajustá-las às exigências do art. 1.021, § 1º.

§ 4º Caso o acolhimento dos embargos de declaração implique modificação da decisão embargada, o embargado que já tiver interposto outro recurso contra a decisão originária tem o direito de complementar ou alterar suas razões, nos exatos limites da modificação, no prazo de 15 (quinze) dias, contado da intimação da decisão dos embargos de declaração.

§ 5º Se os embargos de declaração forem rejeitados ou não alterarem a conclusão do julgamento anterior, o recurso interposto pela outra parte antes da publicação do julgamento dos embargos de declaração será processado e julgado independentemente de ratificação.

Processamento dos embargos de declaração

Uma vez interpostos os embargos de declaração, o juiz de primeiro grau julgará os embargos em cinco dias a partir da conclusão dos autos. Em que pese o art. 12 do atual C.P.C. determine que os juízes e os tribunais devam obedecer a ordem cronológica de conclusão para proferir sentença ou acórdão, o §2º, inc. V, do mesmo preceito normativo, excepciona o julgamento dos embargos de declaração.

A decisão proferida nos embargos de declaração em juízo de primeiro grau dar-se-á por sentença.

Sendo interpostos os embargos de declaração perante o tribunal, o relator apresentará os embargos em mesa na sessão subsequente, proferindo voto. Sendo o processo apresentado em mesa, não haverá necessidade de publicação do ato no diário oficial, bem como não haverá sustentação oral pelo embargante. Relatados os embargos, segue a votação pelos demais membros do órgão julgador, podendo ser conhecidos ou não os embargos de declaração. Sendo conhecidos, o tribunal poderá dar-lhes ou negar-lhes provimento.

Porém, se os embargos não forem apresentados pelo relator na sessão subsequente, deverão ser automaticamente incluídos em pauta para julgamento, razão pela qual haverá necessidade de ser publicada a data de julgamento no órgão oficial.

Estabelece o *§2º do art. 1.024* do atual C.P.C. que quando os embargos de declaração forem opostos contra decisão de relator ou outra decisão unipessoal proferida em tribunal, o órgão prolator da decisão embargada decidi-los-á monocraticamente.

Os embargos de declaração apresentados contra decisão dos tribunais serão julgados pelo próprio órgão colegiado que proferiu a decisão embargada. Trata-se, portanto, de um julgamento colegiado e não monocrático. Assim, não poderá o relator decidir monocraticamente os embargos de declaração interpostos contra uma decisão do colegiado. Nesse sentido já se manifestou o S.T.J.:

O artigo 557 do Código de Processo Civil não se aplica às hipóteses em que há prévia decisão colegiada do Tribunal, caso em que caberá ao órgão que proferiu o julgado examinar os embargos declaratórios opostos contra ele.

Recurso Especial conhecido e provido para que a Corte de origem, por seu órgão colegiado, pronuncie-se acerca da matéria ventilada pela recorrente nos embargos de declaração.

(REsp 326.041/PR, Rel. Ministro FRANCIULLI NETTO, SEGUNDA TURMA, julgado em 13/08/2002, DJ 31/03/2003, p. 193)

1. No caso de embargos opostos de acórdão da Turma do Tribunal a quo, não pode o Relator decidi-los monocraticamente, devendo, nos termos do art. 537 do CPC, apresentá-los em mesa para que o colegiado se manifestasse a respeito de eventual omissão, contradição ou obscuridade no acórdão recorrido.

2. Inaplicabilidade do art. 557 do CPC à hipótese de já haver decisão do órgão colegiado.

3. Recurso provido.

(REsp 300397/PE, Rel. Ministra ELIANA CALMON, SEGUNDA TURMA, julgado em 12/06/2001, DJ 20/08/2001, p. 438)

Porém, este parágrafo abre exceção ao julgamento colegiado, permitindo que os embargos de declaração sejam julgados monocraticamente pelo relator que proferiu a decisão ou em relação a outra decisão unipessoal proferida pelo tribunal.

Preceitua o *§3º do art. 1.024* do C.P.C. que o *órgão julgador conhecerá dos embargos de declaração como agravo interno se entender ser este o recurso cabível, desde que determine previamente a intimação do recorrente para, no prazo de 5 (cinco) dias, complementar as razões recursais, de modo a ajustá-las às exigências do art. 1.021, § 1º.*

É possível que a parte ingresse com embargos de declaração contra determinada decisão monocrática do relator.

Porém, se o órgão julgador entender que não seria caso de interposição de embargos de declaração, mas, sim, de agravo interno, deverá conhecer dos embargos como agravo, desde que determine previamente a intimação do recorrente para, no prazo de cinco dias, complementar as razões recursais, de modo a ajustá-las às exigências do art. 1.021, §1º, que assim estabelece: *na petição de agravo interno, o recorrente impugnará especificadamente os fundamentos da decisão agravada.*

A possibilidade de conversão dos embargos de declaração em agravo interno, com base no princípio da fungibilidade, já era reconhecida pela jurisprudência.

Aduz o *§ 4º do art. 1.024* do atual C.P.C. que *caso o acolhimento dos embargos de declaração implique modificação da decisão embargada, o embargado que já tiver interposto outro recurso contra a decisão originária tem o direito de complementar ou alterar suas razões, nos exatos limites da modificação, no prazo de 15 (quinze) dias, contado da intimação da decisão dos embargos de declaração.*

É importante salientar que, muito embora os embargos de declaração não tenham efeito suspensivo em relação à eficácia da decisão, eles interrompem o prazo para a interposição de outros recursos (art. 1.026 do atual C.P.C.).

Porém, não obstante os embargos de declaração interrompam o prazo para interposição de outros recursos, é possível que uma das partes ingresse com embargos de declaração contra a decisão e a outra ingresse com outro recurso pertinente.

Caso sejam acolhidos os embargos de declaração com efeitos infringentes, o embargado que já tiver ingressado com outro recurso contra a decisão originária terá o direito de complementar ou alterar as razões do recurso já interposto, nos exatos limites da modificação introduzida nos embargos de declaração, no prazo de quinze dias, contado da intimação da decisão dos embargos.

Se o legislador oportuniza a possibilidade de a parte complementar as razões do recurso, tal oportunidade legal também deve ser ofertada ao embargante ou recorrido, para que possa complementar eventuais contrarrazões já apresentadas.

Por fim, prescreve o *§ 5º do art. 1.024* do atual C.P.C. que *se os embargos de declaração forem rejeitados ou não alterarem a conclusão do julgamento anterior, o recurso interposto pela outra parte antes da publicação do julgamento dos embargos de declaração será processado e julgado independentemente de ratificação.*

Esse dispositivo vem demonstrar a autonomia existente entre a interposição dos embargos de declaração e outros recursos que possam ser apresentados.

Assim, se os embargos de declaração forem rejeitados ou não alterarem a conclusão do julgamento anterior, o recurso interposto pela outra parte não precisará ser ratificado.

Note-se que o S.T.J., sob a égide do C.P.C. de 1973, exigia a ratificação do recurso interposto, nos termos da Súmula 418 do S.T.J.: *"É inadmissível o recurso especial interposto antes da publicação do acórdão dos embargos de declaração, sem posterior ratificação"*.

Sobre o tema, eis o seguinte precedente:

1. A interposição de embargos de divergência antes da publicação do acórdão que julga os embargos de declaração, sem ulterior ratificação das razões recursais, implica na incidência por analogia da Súmula n. 418 do STJ: "É inadmissível o recurso especial interposto antes da publicação do acórdão dos embargos de declaração, sem posterior ratificação".

2. Agravo regimental desprovido.

(AgRg nos EREsp 1306390/SP, Rel. Ministro ANTONIO CARLOS FERREIRA, SEGUNDA SEÇÃO, julgado em 27/08/2014, DJe 08/09/2014).

O mesmo posicionamento era adotado pelo S.T.F., conforme os seguintes precedentes:

EMENTA: agravo regimental no agravo regimental na ação rescisória. Acolhimento dos embargos de declaração. Ausência de ratificação do recurso: intempestividade. Precedentes. Agravo regimental ao qual se nega provimento.

(AR 1332 AgR-AgR, Relator(a): Min. CÁRMEN LÚCIA, Tribunal Pleno, julgado em 01/08/2014, ACÓRDÃO ELETRÔNICO DJe-159 DIVULG 18-08-2014 PUBLIC 19-08-2014).

Embargos de declaração em recurso extraordinário. 2. Decisão monocrática. Embargos de declaração recebidos como agravo regimental. 3. Recurso intempestivo. Ausência de ratificação. 4. É irrelevante que os embargos infringentes não tenham sido interpostos pelo recorrente. 5. Agravo regimental a que se nega provimento.

(RE 793949 ED, Relator(a): Min. GILMAR MENDES, Segunda Turma, julgado em 08/04/2014, ACÓRDÃO ELETRÔNICO DJe-080 DIVULG 28-04-2014 PUBLIC 29-04-2014)

Art. 1.025

Consideram-se incluídos no acórdão os elementos que o embargante suscitou, para fins de pré-questionamento, ainda que os embargos de declaração sejam inadmitidos ou rejeitados, caso o tribunal superior considere existentes erro, omissão, contradição ou obscuridade.

Pré-questionamento

Este dispositivo vem resolver um dos grandes problemas atuais na interpretação da questão do *pré-questionamento* para efeito de recursos a serem interpostos aos tribunais superiores, no caso, recurso especial ao S.T.J. ou recurso extraordinário ao S.T.F.

Sabe-se que para se interpor recurso especial ou extraordinário há necessidade de que o tribunal *'a quo'* tenha se manifestado sobre a questão que fundamenta os aludidos recursos (em especial os dispositivos legais ou constitucionais violados). Se não houver manifestação expressa sobre essa questão, caberá à parte interpor recurso de embargos de declaração para que o tribunal de apelação manifeste-se sobre a matéria.

Porém, por vezes a parte interpõe os embargos de declaração para fins de pré-questionamento, mas o tribunal de apelação não os conhece e muito menos aprecia a alegação da omissão. Nessa hipótese, qual o procedimento a ser adotado pela parte que não teve seus embargos de declaração conhecidos?

O S.T.J. tem entendido que *"sendo evidente a ausência de prequestionamento no acórdão recorrido dos dispositivos legais apontados pelo recorrente como violados, em sede de recurso especial, deste não se toma conhecimento. Se a parte interpõe embargos declaratórios para suprir omissões que aponta existir no julgado e tais embargos são rejeitados, cabe-lhe, para fins de assentar o prequestionamento, interpor recurso especial por violação ao art. 535, II, do CPC. Não o fazendo, não se consagra o prequestionamento"*. (STJ Resp. 86.108, Rel. José Delgado – DJU 14.10.1996).

O S.T.J. também tem entendimento de que não atendem ao pré-questionamento os fundamentos do voto vencido. Nesse sentido é o seguinte precedente:

> *1. No caso concreto, o voto condutor, a despeito da remessa oficial, não se manifestou sobre questão de ordem pública consistente na eventual impossibilidade jurídica do pedido, e tal ponto é de grande relevância para a solução da controvérsia, sobretudo diante do entendimento manifestado por esta Corte no sentido de que "não atendem ao requisito do prequestionamento os fundamentos do voto vencido" (Enunciado Sumular n. 320 do STJ).*
>
> *2. Recurso especial provido.*
>
> (Resp 1357460/DF, Rel. Ministro MAURO CAMPBELL MARQUES, SEGUNDA TURMA, julgado em 02/04/2013, DJe 09/04/2013).

Nesse sentido também é a Súmula 370 do S.T.J.: *"A questão federal somente ventilada no voto vencido não atende ao requisito do prequestionamento"*.

Ocorre que esse entendimento não pode mais prevalecer, justamente pelo fato de que o voto vencido passa a ser declarado e a fazer parte integrante do acórdão para todos os efeitos legais, inclusive de pré-questionamento (art. 941, §3º, do atual C.P.C.).

O S.T.J. também já se manifestou pelo acolhimento do pré-questionamento implícito. (STJ Rel. Sálvio Figueiredo, Resp 155.621).

Por sua vez, o S.T.F., em relação ao pré-questionamento, já havia manifestado entendimento de que bastaria a interposição dos embargos de declaração, independentemente de sua efetiva apreciação, para que a matéria já pudesse ser considerada devidamente pré-questionada, permitindo-se de imediato a interposição de recurso extraordinário. Porém, nos precedentes abaixo, o S.T.F. passou a adotar, sobre a matéria, o posicionamento do S.T.J.:

I – Como tem consignado o Tribunal, por meio da Súmula 282, é inadmissível o recurso extraordinário se a questão constitucional suscitada não tiver sido apreciada no acórdão recorrido. O fato de o agravante ter suscitado o tema nos embargos opostos contra o acórdão que julgou a apelação, por si só, não conduz ao prequestionamento das matérias constitucionais, se o Colegiado a quo não se manifestou expressamente sobre ela. II – Para se chegar à conclusão contrária à adotada pelo acórdão recorrido, seria necessário o reexame dos fatos e provas da causa, o que atrai, inevitavelmente, a incidência da Súmula 279 desta Corte. III – Agravo regimental improvido.

(ARE 716379 ED, Relator(a): Min. RICARDO LEWANDOWSKI, Segunda Turma, julgado em 19/03/2013, ACÓRDÃO ELETRÔNICO DJe-064 DIVULG 08-04-2013 PUBLIC 09-04-2013)

(...).

4. A simples oposição dos embargos de declaração, sem o efetivo debate acerca da matéria versada pelo dispositivo constitucional apontado como malferido, não supre a falta do requisito do prequestionamento, viabilizador da abertura da instância extraordinária. Incidência da Súmula n. 282 do Supremo Tribunal Federal, verbis: É inadmissível o recurso extraordinário, quando não ventilada na decisão recorrida, a questão federal suscitada.

(...).

(ARE 684498 AgR, Relator(a): Min. LUIZ FUX, Primeira Turma, julgado em 19/03/2013, PROCESSO ELETRÔNICO DJe-066 DIVULG 10-04-2013 PUBLIC 11-04-2013)

É importante salientar que não é suficiente que o pré-questionamento tenha sido arguido apenas nos embargos de declaração, e não haja a matéria sido discutida anteriormente, conforme precedente abaixo:

I – Ausência de prequestionamento da questão constitucional suscitada. Incidência da Súmula 282 do STF. Ademais, a tardia alegação de ofensa ao texto constitucional, apenas deduzida em embargos de declaração, não supre o prequestionamento. Precedentes. II – Matéria de ordem pública não afasta a necessidade do prequestionamento da questão. Precedentes. III – Agravo regimental improvido.

(ARE 707758 AgR, Relator(a): Min. RICARDO LEWANDOWSKI, Segunda Turma, julgado em 02/04/2013, ACÓRDÃO ELETRÔNICO DJe-069 DIVULG 15-04-2013 PUBLIC 16-04-2013)

O art. 1.025 do atual C.P.C. unifica a questão do pré-questionamento para o fim de considerar *incluídos no acórdão os elementos que o embargante suscitou, para fins de pré-questionamento, ainda que os embargos de declaração sejam inadmitidos ou rejeitados, caso o tribunal superior considere existentes erro, omissão, contradição ou obscuridade.*

Agora, basta a interposição dos embargos de declaração para fins de pré--questionamento, em face de omissão, contradição ou obscuridade do julgamento para que seja suprido o requisito legal e para que o recurso especial ou extraordinário suba para os respectivos S.T.J. e S.T.F.

Se o tribunal 'a quo' não conhecer dos embargos ou entender que não houve omissão, considerar-se-ão incluídos no acórdão os elementos que o embargante pleiteou, suprindo-se desta forma a questão do pré-questionamento.

Art. 1.026

Os embargos de declaração não possuem efeito suspensivo e interrompem o prazo para a interposição de recurso.

§ 1º A eficácia da decisão monocrática ou colegiada poderá ser suspensa pelo respectivo juiz ou relator se demonstrada a probabilidade de provimento do recurso ou, sendo relevante a fundamentação, se houver risco de dano grave ou de difícil reparação.

§ 2º Quando manifestamente protelatórios os embargos de declaração, o juiz ou o tribunal, em decisão fundamentada, condenará o embargante a pagar ao embargado multa não excedente a dois por cento sobre o valor atualizado da causa.

§ 3º Na reiteração de embargos de declaração manifestamente protelatórios, a multa será elevada a até dez por cento sobre o valor atualizado da causa, e a interposição de qualquer recurso ficará condicionada ao depósito prévio do valor da multa, à exceção da Fazenda Pública e do beneficiário de gratuidade da justiça, que a recolherão ao final.

§ 4º Não serão admitidos novos embargos de declaração se os 2 (dois) anteriores houverem sido considerados protelatórios.

Efeitos jurídicos dos embargos de declaração

Como os embargos de declaração apresentam natureza recursal, isso significa que o seu recebimento poderá ensejar alguns efeitos.

Existe entendimento de que os embargos de declaração não apresentam *efeito devolutivo*, uma vez que são dirigidos ao próprio juiz que proferiu a decisão (Barbosa Moreira). Já para Didier Jr., os embargos de declaração, justamente por serem recursos, são recebidos no efeito devolutivo. Caso não houvesse esse efeito, a sua interposição não obstaria a preclusão da decisão embargada.[877]

Já em relação ao *efeito suspensivo*, o novo C.P.C. trouxe uma inovação importante quanto à eficácia da decisão na pendência dos embargos de declaração.

A interposição dos embargos de declaração, apesar de interromper o prazo para outros recursos, não impedirá a *eficácia da decisão.*

Permanece, contudo, a eficácia interruptiva do prazo para a interposição de outros recursos por qualquer das partes.

Assim, os embargos de declaração *interrompem* e não *suspendem* o prazo para a interposição de outros recursos, sejam quais forem, contando-se integralmente o prazo desses recursos após a publicação ou ciência da decisão dos embargos pelas partes.

A aptidão dos embargos de declaração para interromper o prazo para a interposição de outros recursos não significa dizer que os embargos possam conter e a eficácia da decisão embargada.

No âmbito dos Juizados Especiais Cíveis, os embargos de declaração interpostos contra a sentença *suspendiam* o prazo para a interposição de outro recurso, conforme estabelecia a redação original do art. 50 da Lei n. 9.099/95.

Porém, o art. 1.065 do atual C.P.C. deu nova redação ao art. 50 da Lei 9.099/95, a saber:

> *Art. 1.065.*
>
> *O art. 50 da Lei nº 9.099, de 26 de setembro de 1995, passa a vigorar com a seguinte redação:*
>
> *"Art. 50. Os embargos de declaração interrompem o prazo para a interposição de recurso." (NR)*

Sobre o tema, eis a seguinte decisão do S.T.F.:

> *1. Lei 9.099/95, artigos 48 e 50. Cabimento de embargos de declaração contra sentença. Suspensão do prazo recursal. Norma restritiva aplicável a sentenças, que*

[877] DIDIER JR., F., *et au*, idem, p. 164.

não pode ser estendida à hipótese de embargos declaratórios opostos contra acórdão de turma recursal, apesar de os juizados especiais estarem alicerçados sobre o princípio da celeridade processual, cuja observância não deve implicar redução do prazo recursal. 2. Embargos declaratórios opostos contra acórdão de turma recursal. Efeito. Interrupção do prazo estabelecido para eventual recurso. Aplicação da regra prevista no Código de Processo Civil. Norma restritiva. Interpretação. As normas restritivas interpretam-se restritivamente. 3. Agravo regimental provido, para afastar a intempestividade prematuramente declarada pelo juízo "a quo", determinando-se a subida do recurso extraordinário, que somente deverá ocorrer após o transcurso do prazo concedido ao recorrido para apresentar contrarrazões.

(AI 451078 AgR, Relator(a): Min. EROS GRAU, Primeira Turma, julgado em 31/08/2004, DJ 24-09-2004 PP-00004 EMENT VOL-02163-02 PP-00423 RF v. 101, n. 378, 2005, p. 263-265 RTJ VOL 00192-01 PP-00385).

Estabelece o *§ 1º do art. 1.026* do atual C.P.C. que *a eficácia da decisão monocrática ou colegiada poderá ser suspensa pelo respectivo juiz ou relator se demonstrada a probabilidade de provimento do recurso ou, sendo relevante a fundamentação, se houver risco de dano grave ou de difícil reparação.*

Muito embora a nova tendência do atual C.P.C. seja a celeridade processual e a garantia da efetividade da tutela jurisdicional, o certo é que poderão surgir situações em que se justificará a suspensão da *eficácia* da decisão até que se julguem os embargos de declaração.

Assim, mediante requerimento da parte recorrente, poderá o juiz de primeiro grau ou o relator para o qual foi distribuído o recurso interposto dar efeito suspensivo à eficácia da decisão, desde que a parte recorrente demonstre com argumentos consistentes e objetivos que há uma grande probabilidade de acolhimento dos embargos de declaração.

Poderá ainda o relator conceder efeito suspensivo à eficácia da decisão quando o recorrente demonstrar por meio de fundamentação relevante a possibilidade de risco de dano grave ou de difícil reparação com o cumprimento provisório da decisão. Em regra, caberá ao requerente demonstrar ao juiz de primeiro grau ou ao relator a existência de *fumus boni iuris* e *periculum in mora.*

Observa-se que o presente dispositivo oferece duas hipóteses em que o relator poderá conceder efeito suspensivo à decisão.

Na primeira hipótese, basta que o recorrente demonstre a *probabilidade de provimento do recurso,* não necessitando demonstrar eventual *periculum in mora.*

Por sua vez, na segunda hipótese, não há necessidade de o recorrente demonstrar a probabilidade de provimento do recurso, mas, sim, a relevância dos fundamentos para efeito de reforma ou modificação da decisão. Mas somente a relevância dos fundamentos não é suficiência para a concessão do efeito suspensivo. Há necessidade de demonstrar também o *periculum in mora*, ou seja, que o cumprimento provisório da decisão poderá causar ao recorrente risco de dano grave ou de difícil reparação.

Prescreve o *§2º do art. 1.026* do atual C.P.C. que *quando manifestamente protelatórios os embargos de declaração, o juiz ou o tribunal, em decisão fundamentada, condenará o embargante a pagar ao embargado multa não excedente a dois por cento sobre o valor atualizado da causa.*

O processo não poderá servir de *chicana* para protelar o cumprimento ou a efetividade da decisão, agindo a parte de má-fé com o nítido propósito de protelar aquilo que foi determinado na decisão.

Por vezes, a utilização dos embargos de declaração serve como mecanismo da parte para tumultuar o processo; outras vezes para ganhar mais prazo para interposição do recurso principal; há ainda as hipóteses em que os embargos declaratórios não apresentam qualquer pertinência ou fundamentação. Todos esses casos caracterizam embargos de declaração meramente protelatórios, ou seja, a sua interposição é meramente procrastinatória

Verificando o juiz ou o tribunal que os embargos são *manifestamente protelatórios*, poderá o embargante ser condenado a pagar ao embargado multa não excedente de dois por cento sobre o valor atualizado da causa.

Evidentemente, não basta que o juiz ou tribunal rotule os embargos de declaração como meramente protelatórios. É necessário que o magistrado fundamente a sua decisão, demonstrando a razão pela qual seria esse recurso procrastinatório. (S.T.J. Resp n. 92.285/PR, rel. Min. Nilson Naves, j. 16.12.1996).

Interpostos os embargos de declaração, e sendo declarados meramente protelatórios, será aplicada ao embargante a respectiva multa.

Aduz o *§ 3º do art. 1.026* do atual C.P.C. que *na reiteração de embargos de declaração manifestamente protelatórios, a multa será elevada a até dez por cento sobre o valor atualizado da causa, e a interposição de qualquer recurso ficará condicionada ao depósito prévio do valor da multa, à exceção da Fazenda Pública e do beneficiário de gratuidade da justiça, que a recolherão ao final.*

O parágrafo único do art. 538 do C.P.C. de 1973 estabelecia uma multa não excedente a 1% (um por cento) sobre o valor da causa. Estabelecia, ainda, que *na reiteração de embargos protelatórios, a multa seria elevada a até 10% (dez por cento), ficando condicionada a interposição de qualquer outro recurso ao depósito do valor respectivo.(Redação dada pela Lei nº 8.950, de 13.12.1994)*

Essa sanção, além de caráter pedagógico, também busca desestimular a parte para ingressar com embargos de declaração com o único propósito de prorrogar o prazo do recurso principal ou tumultuar o processo.

O caráter pedagógico torna-se ainda muito mais evidente com a possibilidade de se elevar a multa, que era de dois por cento, para o máximo de 10% (dez por cento) sobre o valor atualizado da causa, quando houver reiteração de embargos de declaração manifestamente protelatórios.

A interposição de qualquer recurso ficará condicionada ao depósito prévio do valor da multa, à exceção do beneficiário de gratuidade de justiça e da Fazenda Pública, que a recolherão ao final.

Esse dispositivo ainda estabelece que o agravante ficará impedido de interpor qualquer outro recurso, enquanto não realizar prévio depósito do respectivo valor da multa, ressalvados os beneficiários da gratuidade de justiça e da Fazenda Pública, que farão o pagamento ao final.

O S.T.F assim se manifestou sobre determinação similar prevista no art. 557, §2º do C.P.C. de 1973:

> *"A comprovação do depósito da multa em questão é requisito de admissibilidade de novos recursos. Requisito aplicável, inclusive, à Fazenda Pública"*
>
> (RE 380.944, Ag. Rg – Edcl, rel. Min. Carlos Britto, j. 23.5.06.

> *I – O prévio depósito da multa aplicada, com base no art. 538, parágrafo único, do Código de Processo Civil, configura pressuposto objetivo de recorribilidade, sendo certo que a ausência de recolhimento inviabiliza o recurso, ainda que tenha sido interposto com o propósito de afastar a multa imposta. II – Agravo regimental improvido, determinando-se a baixa imediata do processo, independentemente da publicação do acórdão.*
>
> (MS 25643 ED-ED-ED-AgR, Relator(a): Min. RICARDO LEWANDOWSKI, Primeira Turma, julgado em 25/06/2014, ACÓRDÃO ELETRÔNICO DJe-158 DIVULG 15-08-2014 PUBLIC 18-08-2014)

Sem o depósito prévio, não se conhece de qualquer outro recurso interposto pela parte.

Ocorre que esse condicionamento ao exercício da ampla defesa e do contraditório ao recolhimento de multa processual é de duvidosa constitucionalidade, pois a lei ordinária, sem previsão constitucional, está impedindo o acesso à justiça, assim como, está maculando o devido processo legal com os recursos a ele inerentes.

Sem dúvida que é salutar a sanção monetária imposta à parte que se vale de recurso com o fim meramente protelatório. Porém, essa sanção não poderia ir além da imposição de multa.

Aliás, nesse sentido já se manifestou o S.T.F. em relação a recurso administrativo:

Recurso administrativo – depósito – § 2º do artigo 33 do decreto nº 70.235/72 – inconstitucionalidade. A garantia constitucional da ampla defesa afasta a exigência do depósito como pressuposto de admissibilidade de recurso administrativo.

(RE 388359, Relator(a): Min. MARCO AURÉLIO, Tribunal Pleno, julgado em 28/03/2007, DJe-042 DIVULG 21-06-2007 PUBLIC 22-06-2007 DJ 22-06-2007 PP-00017 EMENT VOL-02281-05 PP-00814 RDDT n. 143, 2007, p. 238 RDDT n. 144, 2007, p. 154-169 LEXSTF v. 29, n. 344, 2007, p. 184-218).

A garantia constitucional da ampla defesa afasta a exigência do depósito como pressuposto de admissibilidade de recurso administrativo.

(RE 389383, Relator(a): Min. MARCO AURÉLIO, Tribunal Pleno, julgado em 28/03/2007, DJe-047 DIVULG 28-06-2007 PUBLIC 29-06-2007 DJ 29-06-2007 PP-00031 EMENT VOL-02282-08 PP-01625 RDDT n. 144, 2007, p. 235-236)

Porém, o S.T.F. não reconheceu a repercussão geral sobre a matéria, conforme se observa pelo seguinte precedente:

1. É legítimo condicionar a interposição de qualquer outro recurso ao depósito da multa imposta no julgamento dos embargos de declaração tidos como protelatórios. 2. Não cabe recurso extraordinário para reexame dos pressupostos de admissibilidade de recurso de competência de outros tribunais, por ausência de repercussão geral. 3. Agravo regimental a que se nega provimento.

(AI 809635 AgR, Relator(a): Min. JOAQUIM BARBOSA, Segunda Turma, julgado em 26/06/2012, ACÓRDÃO ELETRÔNICO DJe-159 DIVULG 13-08-2012 PUBLIC 14-08-2012)

Aduz o *§ 4º do art. 1.026* do atual C.P.C. que *não serão admitidos novos embargos de declaração se os 2 (dois) anteriores houverem sido considerados protelatórios.*

É importante salientar que a decisão proferida nos embargos de declaração poderá ser objeto de novos embargos de declaração, se a decisão proferida nos embargos de declaração anterior contiver outros vícios que não aqueles apontados na primitiva decisão. Nesse sentido é o seguinte precedente do S.T.F.:

"Processual Civil. Embargos de declaração. Cabíveis são embargos declaratórios de acórdão prolatado em idêntico recurso, se nele se aponta omissão, dúvida ou

contradição. A rejeição pura e simples, por considerá-lo inadmissível, nega prestação jurisdicional"

(Recurso Extraordinário n. 115.911-SP, Rel. Min. Carlos Madeira, RTJ n. 125, pág. 1.344.

Observem-se os seguintes exemplos formulados por Didier Jr: *"opostos embargos declaratórios em que se alegou omissão no julgado, o juiz ou tribunal os rejeitam, alegando, genericamente, a ausência de qualquer vício. Nesse caso, persiste a omissão alegada, sendo possível o manejo de novos aclaratórios. A outra hipótese: opostos embargos em que se alega omissão e o juiz ou tribunal, ao supri-la, incorre em contradição. A nova decisão, como se vê, padece de 'outro' vício diverso do apontado no primitivo 'decisum'"*.[878]

Muito embora sejam admitidos embargos declaratórios de decisão proferida em outros embargos de declaração, isso não será possível se os primeiros embargos de declaração forem declarados *protelatórios*. Ora, seria ilógico reconhecer que os embargos de declaração são meramente protelatórios e ao mesmo tempo processar novos embargos de declaração.

Assim, se os dois anteriores embargos forem considerados protelatórios, não serão admitidos novos embargos de declaração.

CAPÍTULO VI – Dos Recursos para o Supremo Tribunal Federal e para o Superior Tribunal de Justiça

SEÇÃO I – Do Recurso Ordinário

Art. 1.027

Serão julgados em recurso ordinário:

I – pelo Supremo Tribunal Federal, os mandados de segurança, os habeas data e os mandados de injunção decididos em única instância pelos tribunais superiores, quando denegatória a decisão;

II – pelo Superior Tribunal de Justiça:

a) os mandados de segurança decididos em única instância pelos tribunais regionais federais ou pelos tribunais de justiça dos Estados e do Distrito Federal e Territórios, quando denegatória a decisão;

[878] Didier Jr., F., *et au*, idem. p. 180.

b) os processos em que forem partes, de um lado, Estado estrangeiro ou organismo internacional e, de outro, Município ou pessoa residente ou domiciliada no País.

§ 1º Nos processos referidos no inciso II, alínea "b", contra as decisões interlocutórias caberá agravo de instrumento dirigido ao Superior Tribunal de Justiça, nas hipóteses do art. 1.015.

§ 2º Aplica-se ao recurso ordinário o disposto nos arts. 1.013, § 3º, e 1.029, § 5º.

Recurso ordinário

A competência para julgamento de recursos perante o S.T.F. ou o S.T.J. encontra-se estabelecida na Constituição Federal.

A Constituição Federal estabelece a competência *originária* para as demandas iniciais, assim como a competência para *recurso ordinário, recurso extraordinário* (no caso do S.T.F.) ou *recurso especial* (no caso do S.T.J.).

Em relação ao *recurso ordinário* dirigido ao S.T.F., que é o recurso disciplinado nesta seção, a Constituição Federal assim estabelece em seu art. 102, inc. II, letra 'a':

> *"Art. 102. Compete ao Supremo Tribunal Federal, precipuamente, a guarda da Constituição, cabendo-lhe:*
>
> *II – julgar, em recurso ordinário:*
>
> *a) o "habeas-corpus", o mandado de segurança, o "habeas-data" e o mandado de injunção decididos em única instância pelos Tribunais Superiores, se denegatória a decisão;".*

O recurso *ordinário* constitucional de competência do S.T.F. diz respeito ao mandado de segurança, 'habeas-data' e ao mandado de injunção, quando denegatória a decisão.

Segundo estabelece o art. 5º, inc. LXIX, da C.F.: *conceder-se-á mandado de segurança para proteger direito líquido e certo, não amparado por 'habeas corpus' ou 'habeas data', quando o responsável pela ilegalidade ou abuso de poder for autoridade pública ou agente de pessoa jurídica no exercício de atribuições do Poder Público".*

Conforme anotam Hely Lopes Meirelles, Arnoldo Wald e Gilmar Ferreira Mendes: *"Mandado de segurança é o meio constitucional posto à disposição de toda pessoa física ou jurídica, órgão com capacidade processual ou universalidade reconhecida por lei para a proteção de direito individual ou coletivo, líquido e certo, lesado ou ameaçado de lesão por ato de autoridade, não amparado por 'habeas corpus'* ou *'habeas data', seja de que categoria for e sejam quais forem as funções que exerça".*[879]

Preceitua o art. 5º, inc. LXXII, da C.F.: *conceder-se-á "habeas-data": a) para assegurar o conhecimento de informações relativas à pessoa do impetrante, constantes de registros ou bancos de dados de entidades governamentais ou de caráter público; b) para a retificação de dados, quando não se prefira fazê-lo por processo sigiloso, judicial ou administrativo.*

Conforme anotam Hely Lopes Meirelles, Arnoldo Wald e Gilmar Ferreira Mendes: *"habeas data é o meio constitucional posto à disposição de pessoa física ou jurídica para lhe assegurar o conhecimento de registro concernente ao postulante e constante de repartições públicas ou particulares acessíveis ao público, para retificação de seus dados pessoais (CF, art. 5º, LXXII, 'a' e 'b').*[880]

Preconiza o art. 5º, inc. LXXI, da C.F.: *conceder-se-á mandado de injunção sempre que a falta de norma regulamentadora torne inviável o exercício dos direitos e liberdades constitucionais e das prerrogativas inerentes à nacionalidade, à soberania e à cidadania.*

Conforme anotam Hely Lopes Meirelles, Arnoldo Wald e Gilmar Ferreira Mendes:

> *"Mandado de injunção é o meio constitucional posto à disposição de quem se considerar prejudicado pela falta de norma regulamentadora que torne inviável o exercício dos direitos e liberdades constitucionais e das prerrogativas inerentes à nacionalidade, à soberania e à cidadania (CF, art. 5º, inc. LXXI)".*[881]

O recurso ordinário de competência do S.T.F. refere-se à decisão denegatória proferida em mandado de segurança, habeas-data e mandado de injunção por *Tribunais Superiores.*

Como o S.T.J. tem competência originária para processar e julgar o mandado de injunção, quando a elaboração da norma regulamentadora for de atribuição de órgão, entidade ou autoridade federal, da administração direta ou indireta, excetuados os casos de competência do Supremo Tribunal Federal e dos órgãos da Justiça Militar, da Justiça Eleitoral, da Justiça do Trabalho e da Justiça Federal, eventual recurso ordinário será interposto perante o S.T.F.

Também compete originariamente ao S.T.J. julgar os mandados de segurança e os *habeas data* contra ato do Ministro de Estado, dos Comandantes da Marinha,

[879] MEIRELLES, Hely Lopes; WALD, Arnoldo; MENDES, Gilmar Ferreira. *Mandado de segurança e ações constitucionais.* 34ª ed. São Paulo: Editora Malheiros, 2012. p. 29.

[880] MEIRELLES, H. L.; *et au.* Idem, p. 346.

[881] MEIRELEES, H. L.; *et au.* Idem, p. 328.

do Exército e da Aeronáutica ou do próprio Tribunal. Nesse caso, o recurso ordinário também será de competência do S.T.F.

Em relação à competência para se conhecer de *habeas data*, estabelece o art. 20 da Lei 9.507 de 1997:

> *Art. 20. O julgamento do habeas data compete:*
>
> *I – originariamente:*
>
> *a) ao Supremo Tribunal Federal, contra atos do Presidente da República, das Mesas da Câmara dos Deputados e do Senado Federal, do Tribunal de Contas da União, do Procurador-Geral da República e do próprio Supremo Tribunal Federal;*
>
> *b) ao Superior Tribunal de Justiça, contra atos de Ministro de Estado ou do próprio Tribunal;*
>
> *c) aos Tribunais Regionais Federais contra atos do próprio Tribunal ou de juiz federal;*
>
> *d) a juiz federal, contra ato de autoridade federal, excetuados os casos de competência dos tribunais federais;*
>
> *e) a tribunais estaduais, segundo o disposto na Constituição do Estado;*
>
> *f) a juiz estadual, nos demais casos;*
>
> *II – em grau de recurso:*
>
> *a) ao Supremo Tribunal Federal, quando a decisão denegatória for proferida em única instância pelos Tribunais Superiores;*
>
> *b) ao Superior Tribunal de Justiça, quando a decisão for proferida em única instância pelos Tribunais Regionais Federais;*
>
> *c) aos Tribunais Regionais Federais, quando a decisão for proferida por juiz federal;*
>
> *d) aos Tribunais Estaduais e ao do Distrito Federal e Territórios, conforme dispuserem a respectiva Constituição e a lei que organizar a Justiça do Distrito Federal;*
>
> *III – mediante recurso extraordinário ao Supremo Tribunal Federal, nos casos previstos na Constituição.*

O *recurso ordinário* somente terá seguimento quando o mandado de segurança, o 'habeas data' e o mandado de injunção tiverem sido decididos em única instância pelos Tribunais Superiores, e somente quando diante de decisão *denegatória* da pretensão formulada. Portanto, somente será cabível o recurso ordinário *secundum eventum litis*, ou seja, diante de decisão denegatória.

Não caberá o recurso *ordinário* se a decisão for concessiva da pretensão formulada. Na hipótese de concessão de mandado de segurança, do 'habeas data' ou do mandado de injunção, o sujeito passivo somente poderá interpor recurso extraordinário para o S.T.F., se houver pré-questionamento da matéria.

Quando a Constituição Federal fala em decisão denegatória, o faz de forma abrangente, ou seja, tanto para as decisões que julgarem improcedente o pedido quanto para as decisões que extinguirem o processo sem resolução do mérito. Nesse sentido é a lição de Nelson Nery Júnior e Rosa Maria Andrade Nery: "*Decisão de carência do MS. A locução 'denegação' do MS, constante da Constituição Federal 102, II a, e 105, II, b, deve ser entendida em sentido lato, abrangendo toda a forma de não atendimento à pretensão mandamental. Assim, cabe Recurso Ordinário, das decisões que extinguem o processo de Mandado de Segurança sem julgamento de mérito...*".[882]

Por outro lado, o recurso *ordinário* somente tem cabimento contra decisão final, denegatória das hipóteses elencadas no art. 102, II, 'a' da C.F. e não em relação às decisões monocráticas proferidas pelo relator ao conceder ou negar eventual liminar ou tutela de urgência.

A decisão deverá ter sido proferida em *única instância*, por tribunais superiores, aí abrangendo o S.T.J., o S.T.M., o T.S.T.

As hipóteses estabelecidas para a interposição de recurso *ordinário* são somente aquelas indicadas na Constituição, não podendo a lei ordinária ampliar ou restringir essa competência.

Diferencia-se o recurso *ordinário* dos recursos *extraordinário* e *especial*, especialmente pelo fato de que no recurso ordinário não haverá a limitação que esses últimos apresentam em relação à matéria de fato, e outras situações de admissibilidade como é o caso do pré-questionamento. No recurso ordinário admite-se o reexame da prova.

Na realidade, em face do recurso ordinário, o S.T.F. e o S.T.J. exercerão o papel de tribunais de apelação.

O Supremo Tribunal Federal não tem admitido como recurso ordinário eventual recurso extraordinário da decisão denegatória de mandado de segurança, conforme a Súmula 272 do S.T.F. Porém, na decisão proferida no RMS n. 21.458/DF, assim estabeleceu o S.T.F, aplicando o princípio da fungibilidade:

> *– constitucional. Processual civil. Recurso. Fungibilidade. Militar. Promoção. Princípio da isonomia: impossibilidade. i. conversão de recurso extraordinário em ordinário constitucional. c.f., art. 102, ii, "a". ii. promoção a graduação de suboficial, na inatividade, com base no princípio da isonomia, sobre o fundamento de que colegas seus obtiveram decisão judicial favorável e que estão eles em situação igual: pedido improcedente: a uma, porque não demonstrada a igualdade de situação; a duas, porque a*

[882] Nery Júnior, Nelson; Nery, Rosa Maria Andrade. *Código de processo civil comentado.* 2ª ed. São Paulo: Editora Revistas dos Tribunais, 1996. p. 2.319.

extensão pura e simples da coisa julgada não seria possível, porque esta não prejudica e nem beneficia a terceiros. iii. recurso não provido.

(RMS 21458, Relator(a): Min. CARLOS VELLOSO, Segunda Turma, julgado em 05/10/1993, DJ 15-04-1994 PP-08047 EMENT VOL-01740-01 PP-00187)

O recurso ordinário Constitucional de competência do S.T.J. está previsto no e art. 105, inc. II, letras 'b' e 'c', que assim dispõe:

"Art. 105. Compete ao Superior Tribunal de Justiça:

II – julgar, em recurso ordinário:

a) (...);

b) os mandados de segurança decididos em única instância pelos Tribunais Regionais Federais ou pelos tribunais dos Estados, do Distrito Federal e Territórios, quando denegatória a decisão;

c) as causas em que forem partes Estado estrangeiro ou organismo internacional, de um lado, e, do outro, Município ou pessoa residente ou domiciliada no País.

Esse recurso diz respeito aos mandados de segurança decididos em única instância pelos tribunais regionais federais ou pelos tribunais dos Estados, do Distrito Federal e Territórios, quando denegatória a decisão. Também será competente para as causas em que forem partes Estado estrangeiro ou organismo internacional, de um lado e, do outro, Município ou pessoa residente ou domiciliada no País.

Aplica-se o que já se disse em relação ao recurso ordinário interposto ao S.T.F. também em relação ao S.T.J., pois as hipóteses são bastante semelhantes.

Enquanto o recurso ordinário constitucional de competência do S.T.F. cabe em relação a decisões denegatórias de mandado de segurança proferidas por Tribunais Superiores em única instância, o recurso ordinário ao S.T.J. será interposto contra decisão proferida em única instância pelos tribunais regionais federais ou pelos tribunais dos Estados, do Distrito Federal e Territórios.

Não será cabível o recurso ordinário ao S.T.J. contra decisão de Turma Recursal, pois as Turmas Recursais não são consideradas Tribunais Regionais ou Tribunais de Justiça, nem contra acórdão de Tribunal Regional do Trabalho (TRT) ou Tribunal Regional Eleitoral (TRE).[883]

[883] DIDIER JR. Fredie; CUNHA, Leonardo José Carneiro da. *Curso de direito processual civil* – meios de impugnação às decisões judiciais e processo nos tribunais. Salvador: Edições PODIVM, 2007, p. 212.

Caberá também recurso ordinário constitucional para o S.T.J. nas causas em que forem partes Estado estrangeiro ou organismo internacional, de um lado, e, do outro, Município ou pessoa residente ou domiciliada no País.

Sabe-se que o *recurso ordinário constitucional* interposto ao S.T.J. normalmente decorre de decisão proferida por tribunais de segundo graus.

Porém, o recurso ordinário constitucional para o S.T.J., quando se tratar de causas em que forem partes Estados estrangeiros ou organismo internacional, de um lado, e, do outro, Município ou pessoa residente ou domiciliada no País, não decorre de uma decisão proveniente de um tribunal, mas, sim, de juízes federais de primeiro grau, conforme estabelece o art. 109, inc. II da C.F., a saber:

> *Art. 109. Aos juízes federais compete processar e julgar:*
> *(...).*
> *II – as causas entre Estado estrangeiro ou organismo internacional e Município ou pessoa domiciliada ou residente no País.*

Assim, o recurso ordinário constitucional não será interposto contra acórdão de tribunal de segundo grau, mas, sim, contra sentença proferida por órgão jurisdicional de primeiro grau.

Nessa hipótese, o recurso ordinário constitucional não depende do *eventum litis*, pois poderá ser conhecido contra qualquer tipo de decisão que for proferida pelo juízo federal de primeiro grau.

Estabelece o *§ 1º do art. 1.027* do atual C.P.C. que *nos processos referidos no inciso II, alínea b, contra as decisões interlocutórias caberá agravo de instrumento dirigido ao Superior Tribunal de Justiça, nas hipóteses do art. 1.015.*

Este dispositivo trata das decisões interlocutórias que poderão vir a ser proferidas pelos juízos federais de primeiro grau, nas causas em que forem partes, de um lado, Estado estrangeiro ou organismo internacional e, de outro, Município ou pessoa residente ou domiciliada no País, sabendo-se, de antemão, que o recurso ordinário das sentenças proferidas nessas causas é de competência do S.T.J.

Dúvida poderia surgir em relação à competência para apreciar eventual recurso contra decisão interlocutória a ser proferida pelo juízo de primeiro grau. Essa dúvida foi suprida pelo disposto no §1º do art. 1.027 do atual C.P.C., o qual expressamente preceitua que a competência para conhecer de *agravo de instrumento* contra a decisão do juízo federal, inserida nas hipóteses do art. 1.015 do atual C.P.C., será do S.T.J.

Preceitua o *§2º do art. 1.027* do atual C.P.C. que se *aplica ao recurso ordinário o disposto nos arts. 1.013, § 3º, e 1.029, §5º*, a saber:

"Art. 1.013. A apelação devolverá ao tribunal o conhecimento da matéria impugnada.

(...).

§ 3º Se o processo estiver em condições de imediato julgamento, o tribunal deve decidir desde logo o mérito quando:

I – reformar sentença fundada no art. 485;

II – decretar a nulidade da sentença por não ser ela congruente com os limites do pedido ou da causa de pedir;

III – constatar a omissão no exame de um dos pedidos, hipótese em que poderá julgá-lo;

IV – decretar a nulidade de sentença por falta de fundamentação".

Art. 1.029. O recurso extraordinário e o recurso especial, nos casos previstos na Constituição Federal, serão interpostos perante o presidente ou o vice-presidente do tribunal recorrido, em petições distintas que conterão:

(...).

§ 5º O pedido de concessão de efeito suspensivo a recurso extraordinário ou a recurso especial poderá ser formulado por requerimento dirigido:

I – ao tribunal superior respectivo, no período compreendido entre a interposição do recurso e sua distribuição, ficando o relator designado para seu exame prevento para julgá-lo;

II – ao relator, se já distribuído o recurso;

III – ao presidente ou vice-presidente do tribunal local, no caso de o recurso ter sido sobrestado, nos termos do art. 1.037.

Art. 1.028

Ao recurso mencionado no art. 1.027, inciso II, alínea "b", aplicam-se, quanto aos requisitos de admissibilidade e ao procedimento, as disposições relativas à apelação e o Regimento Interno do Superior Tribunal de Justiça.

§ 1º Na hipótese do art. 1.027, § 1º, aplicam-se as disposições relativas ao agravo de instrumento e o Regimento Interno do Superior Tribunal de Justiça.

§ 2º O recurso previsto no art. 1.027, incisos I e II, alínea "a", deve ser interposto perante o tribunal de origem, cabendo ao seu presidente ou vice-presidente determinar a intimação do recorrido para, em 15 (quinze) dias, apresentar as contrarrazões.

§ 3º Findo o prazo referido no § 2º, os autos serão remetidos ao respectivo tribunal superior, independentemente de juízo de admissibilidade.

Processamento do recurso ordinário

Como o *recurso ordinário* regulado no art. 1.027, inc. II, alínea 'b' (*as causas em que forem partes, de um lado, estado estrangeiro ou organismo internacional e, do outro, município ou pessoa residente ou domiciliada no País*) do atual C.P.C. é similar ao recurso de apelação de competência dos tribunais de segundo grau, entendeu o legislador em determinar que sejam observados os mesmos requisitos de admissibilidade e o mesmo procedimento no juízo de origem em relação ao recurso de apelação, além daqueles previstos no regimento interno do S.T.J.

Aplica-se ao recurso ordinário o disposto no art. 1.013 do atual C.P.C.:

Art. 1.013. A apelação devolverá ao tribunal o conhecimento da matéria impugnada.

§ 1º Serão, porém, objeto de apreciação e julgamento pelo tribunal todas as questões suscitadas e discutidas no processo, ainda que não tenham sido solucionadas, desde que relativas ao capítulo impugnado.

§ 2º Quando o pedido ou a defesa tiver mais de um fundamento e o juiz acolher apenas um deles, a apelação devolverá ao tribunal o conhecimento dos demais.

§ 3º Se o processo estiver em condições de imediato julgamento, o tribunal deve decidir desde logo o mérito quando:

I – reformar sentença fundada no art. 485;

II – decretar a nulidade da sentença por não ser ela congruente com os limites do pedido ou da causa de pedir;

III – constatar a omissão no exame de um dos pedidos, hipótese em que poderá julgá-lo;

IV – decretar a nulidade de sentença por falta de fundamentação.

§ 4º Quando reformar sentença que reconheça a decadência ou a prescrição, o tribunal, se possível, julgará o mérito, examinando as demais questões, sem determinar o retorno do processo ao juízo de primeiro grau.

§ 5º O capítulo da sentença que confirma, concede ou revoga a tutela provisória é impugnável na apelação.

Preceitua o *§1º do art. 1.028* do atual C.P.C. que *na hipótese do art. 1.027, §1º, aplicam-se as disposições relativas ao agravo de instrumento e o Regimento Interno do Superior Tribunal de Justiça.*

Em se tratando de agravo de instrumento interposto contra decisão interlocutória proferida em processo que tenha por objeto *as causas em que forem partes, de um lado, estado estrangeiro ou organismo internacional e, do outro, município ou pessoa residente ou domiciliada no País*, o seu processamento deverá observar as disposições relativas ao agravo de instrumento, além do regimento interno do Superior Tribunal de Justiça.

As questões resolvidas na fase cognitiva, se a decisão a seu respeito não comportar agravo de instrumento, não ficam cobertas pela preclusão, e devem ser suscitadas como preliminar do recurso ordinário.

Não há revisor, nos termos do art. 23 do RISTF e 35 e 245, p.u., do RISTJ e do art. 40 da Lei Federal n. 8.038/1990.

Preceitua o *§2º do art. 1.028* do atual C.P.C. que *o recurso previsto no art. 1.027, incisos I e II, alínea "a", deve ser interposto perante o tribunal de origem, cabendo ao seu presidente ou vice-presidente determinar a intimação do recorrido para, em 15 (quinze) dias, apresentar as contrarrazões.*

Assim, com exceção do recurso ordinário interposto no processo que tenha por objeto as *causas em que forem partes, de um lado, estado estrangeiro ou organismo internacional e, do outro, município ou pessoa residente ou domiciliada no País*, as demais hipóteses de recurso ordinário deverão ser interpostas perante o tribunal de origem, cabendo ao presidente ou vice-presidente determinar a intimação do recorrido para, em quinze dias, apresentar contrarrazões.

Por fim, estabelece o *§3º do art. 1.028* do atual C.P.C. que *findo o prazo referido no §2º, os autos serão remetidos ao respectivo tribunal superior, independentemente de juízo de admissibilidade.*

Assim, findo o prazo, os autos serão remetidos ao respectivo tribunal superior, independentemente de juízo de admissibilidade.

O recurso, portanto, deverá ser interposto perante o presidente ou vice-presidente do tribunal recorrido, o qual não poderá realizar a análise de admissibilidade do recurso, cuja competência será exclusiva ou do S.T.F. ou do S.T.J.

O recurso, salvo disposição diversa, não gerará efeito suspensivo em relação à eficácia da decisão, mas apenas devolutivo.

Poderá ser interposto recurso adesivo pela parte que saiu parcialmente vencedora.

O recurso ordinário devolverá ao tribunal o conhecimento da matéria impugnada, seja de direito ou de fato.

As questões de fato não propostas no juízo inferior poderão ser suscitadas no recurso ordinário se a parte provar que deixou de fazê-lo por motivo de força maior.

Se o S.T.J. ou o S.T.F. atribuir efeito suspensivo ao recurso ordinário, obsta a eficácia da sentença.

Aplica-se ao recurso ordinário o disposto no art. 933 do atual C.P.C.

Aliás, o S.T.J. já vinha decidindo pela aplicação do art. 515, §3º, do C.P.C. de 1973, conforme o seguinte precedente:

(...).

4. Afastado o óbice da impropriedade da via eleita e que extinguiu o processo sem exame do mérito, pode o STJ, com respaldo no art. 515, § 3º, do CPC, examinar o mérito do mandamus.

(...).

(RMS 19.521/RJ, Rel. Ministra ELIANA CALMON, SEGUNDA TURMA, julgado em 08/11/2005, DJ 21/11/2005, p. 173)

Discute-se sobre qual recurso será cabível na hipótese de o juízo de origem não admitir a subida do recurso ordinário ao S.T.F. ou ao S.T.J.

Bernardo Pimentel identificou três correntes: a) que cabe agravo interno contra a decisão do Presidente do Tribunal que não o remeter; b) agravo de instrumento regulado pelo C.P.C.; c) por analogia, o agravo de admissão. Entende Didier Jr. que é caso e aplicação analógica do agravo de admissão.[884]

Penso que em face da dificuldade de se estabelecer qual é o recurso ideal, deve-se aplicar o princípio da *fungibilidade.*

SEÇÃO II – Do Recurso Extraordinário e do Recurso Especial

SUBSEÇÃO I – Disposições Gerais

Art. 1.029

O recurso extraordinário e o recurso especial, nos casos previstos na Constituição Federal, serão interpostos perante o presidente ou o vice-presidente do tribunal recorrido, em petições distintas que conterão:

I – a exposição do fato e do direito;

II – a demonstração do cabimento do recurso interposto;

III – as razões do pedido de reforma ou de invalidação da decisão recorrida.

§ 1º Quando o recurso fundar-se em dissídio jurisprudencial, o recorrente fará a prova da divergência com a certidão, cópia ou citação do repositório de jurisprudência, oficial ou credenciado, inclusive em mídia eletrônica, em que houver sido publicado o acórdão divergente, ou ainda com a reprodução de julgado disponível na rede mundial de computadores, com indicação da respectiva fonte, devendo-se, em qualquer caso,

[884] DIDIER, F., et au, idem, p. 212.

mencionar as circunstâncias que identifiquem ou assemelhem os casos confrontados.

§ 2º Quando o recurso estiver fundado em dissídio jurisprudencial, é vedado ao tribunal inadmiti-lo com base em fundamento genérico de que as circunstâncias fáticas são diferentes, sem demonstrar a existência da distinção.

§ 3º O Supremo Tribunal Federal ou o Superior Tribunal de Justiça poderá desconsiderar vício formal de recurso tempestivo ou determinar sua correção, desde que não o repute grave.

§ 4º Quando, por ocasião do processamento do incidente de resolução de demandas repetitivas, o presidente do Supremo Tribunal Federal ou do Superior Tribunal de Justiça receber requerimento de suspensão de processos em que se discuta questão federal constitucional ou infraconstitucional, poderá, considerando razões de segurança jurídica ou de excepcional interesse social, estender a suspensão a todo o território nacional, até ulterior decisão do recurso extraordinário ou do recurso especial a ser interposto.

§ 5º O pedido de concessão de efeito suspensivo a recurso extraordinário ou a recurso especial poderá ser formulado por requerimento dirigido:

I – ao tribunal superior respectivo, no período compreendido entre a interposição do recurso e sua distribuição, ficando o relator designado para seu exame prevento para julgá-lo;

II – ao relator, se já distribuído o recurso;

III – ao presidente ou vice-presidente do tribunal local, no caso de o recurso ter sido sobrestado, nos termos do art. 1.037.

Sumário:

1. Considerações gerais

A declaração do vínculo existente entre as treze colônias americanas e a Coroa da Inglaterra aconteceu efetivamente quando a Coroa Inglesa e o Parlamento perderam a sua soberania em definitivo pelo desencadeamento da guerra da Independência, em decorrência, por um lado, pela atitude do governo metropolitano que reduziu os colonos a uma efetiva submissão, e de outro, em razão de um Congresso Continental que assumiu o poder de conduzir os assuntos beligerantes. Tais acontecimentos, embora não observáveis de plano, restaram confirmados pelo conhecido nome de *Declaração de Independência* ocorrida em 4 de julho de 1776.[885]

Rompido os laços políticos com a Inglaterra, os signatários da Declaração de Independência declararam: *"Temos estas verdades como evidentes: que todos os homens são iguais; que pelo Criador foram dotados de certos direitos inalienáveis, entre os quais o da vida, o de liberdade e o de procura da felicidade; que para os assegurar foi que se instituíram os governos, derivando a sua justa autoridade do consenso dos governados; que qualquer que seja a forma de governo que atentar contra tais fins, é um direito do povo mudá-la ou aboli-la e instituir um novo governo, fundando-o sobre aquelas bases, e organizando-o da forma que mais apta lhes parecer para promover a própria segurança e a própria felicidade"*.[886]

Observa-se que nesse primeiro momento da independência, o governo da União sob o Congresso Continental foi estritamente revolucionário, o que, em razão dessa sua característica, e em decorrência do fortalecimento dos Estados membros, não podia por muito tempo corresponder aos fins da União. Na verdade, o Congresso Continental era considerado tanto pelo povo como pelos governos estaduais, caracterizado mais como uma assembleia consultiva do que um verdadeiro governo. Além do mais, somente quando diante de questões externas urgentes é que se justificava o grau de obediência que mereceriam os seus preceitos e conselhos.[887]

A forma de se solucionar tal entrave pragmático veio com os denominados *Artigos de Confederação e União Perpétua*, elaborados pelo Congresso e submetidos aos Estados em 1777, mais tarde ratificados pela maioria dos Estados em 1778.

Os defeitos apresentados pela Confederação, principalmente a falta de tribunais para tomar conhecimento das infrações de sua autoridade, fizeram com que o seu insucesso fosse inevitável.

Em fevereiro de 1787, o Congresso recomendou a instauração de uma convenção a ser realizada na Filadélfia, mediante convocação de delegados dos vários Estados, com a intenção de rever os Artigos de Confederação e propor ao

[885] Cooley, Thomas M. *Princípios gerais de direito constitucional nos estados unidos da América*. Traduzido e anotado por Ricardo Rodrigues Gama. Campinas: Russell, 2002. p.21

[886] Cooley, T. M., idem., p. 22.

[887] "Nos assuntos mais importantes, muitas vezes não foram atendidos, e a Confederação esteve a ponto de se desmantelar, devido à falta de um elo legal de união e de um poder, também legal, para obrigar o desempenho de deveres a ela (Confederação) inerentes por parte de seus diferentes membros" (Cooley, T. M., idem. p. 23).

Congresso e às diversas Assembleias Legislativas estaduais emendas que, além de outras particularidades, visariam, acima de tudo, a preservação da União. A Convenção, quando reunida, percebeu que não bastava apenas a revisão daquilo que até então não estava surtindo efeito e, além do mais, colocava em risco a própria integridade da União, razão pela qual resolveu propor uma nova Constituição, que dependeria apenas da ratificação de nove Estados para que pudesse prevalecer entre eles. Na verdade, estava-se diante de um novo processo revolucionário, pois tal deliberação contrariava aquilo que dispunham os Artigos da Confederação, ou seja, a exigência do consentimento de todos os Estados para tal deliberação. Não obstante a crise institucional que se avizinhava, essa deliberação revolucionária fez com que, em princípio, onze Estados a ratificassem, exceto os Estados da Carolina do Norte e Rhode Island, que permaneceram algum tempo excluídos da União. Ambos, contudo, exteriorizaram os seus consentimentos, respectivamente, em novembro de 1789 e maio de 1790.[888]

Tendo em vista essa nova característica do Estado americano, segundo uma perspectiva desta vez federalista, os americanos tinham por objetivo encontrar mecanismos de unificação do país, política e territorial. Para tanto, era necessário a construção de um novo equilíbrio entre a liberdade e a ordem, conjuntamente delineado por uma igualdade de distribuição de poderes entre o Estado e a Nação.[889]

Como forma de dar eficácia a essa perspectiva do federalismo americano, a Constituição dos Estados Unidos da América, na Seção 1 do art. III criou a Suprema Corte e lhe concedeu a posição de vértice do Poder Judiciário, ao dispor: *"o Poder Judiciário dos Estados Unidos será investido a uma Suprema Corte"*.[890]

Segundo Madison, o Judiciário seria considerado "como instrumento de proteção simultânea das autoridades nacional e estadual". Já no pensamento de

[888] Colley, T. M., id., p. 27.

[889] Rosas, Roberto. Suprema corte Americana: acompanhamento da realidade política e econômica. *In Arquivos do Ministério da Justiça.* ano 49, número 187, janeiro/junho de 1996, (91-110), p.91.

[890] "The judicial Power of the United States, shall be vested in one supreme court, and in such inferior Courts as the Congress may from time to time ordain and establish. The Judges, both of the supreme and inferior Courts, shall hold their Offices during good Behavior , and shall, at stated Times, receive for their Services, a Compensation, which shall not be diminished during their Continuance in Office". (O Poder Judiciário dos Estados Unidos será investido em uma Suprema Corte e nos tribunais inferiores que forem oportunamente estabelecidos por determinações do Congresso. Os juízes, tanto da Suprema Corte como dos tribunais inferiores conservarão seus cargos enquanto bem servirem, e perceberão por seus serviços uma remuneração que não poderá ser diminuída durante a permanência do cargo).

Hamilton[891], "os juízes são investidos de poderes para reforçar esta supremacia em detrimento das Constituições e leis estaduais".[892]

Havia assim uma perspectiva de que a Suprema Corte, como órgão máximo do Poder Judiciário norte-americano, pudesse avaliar e rever as decisões de outros órgãos do judiciário ou mesmo os atos normativos de poderes diversos.

É evidente que essa construção em torno do chamado *judicial review* não passou incólume às críticas. Segundo William Crosskey, Professor da Universidade de Chicago, "o *judicial review* não era uma estipulação genérica existente na Constituição, antes, pelo contrário, foi proibida na Carta Suprema".[893] Além do mais, conforme observou Hamilton, a aplicação arbitrária do *judicial review* poderia acarretar excessos ou abusos, pois se os tribunais resolvessem impor vontades ao invés de julgamentos, a consequência seria a substituição de seu desejo pelo do Corpo legislativo.[894]

A Suprema Corte, com sede em Washington, é o único tribunal originariamente previsto no texto constitucional norte-americano. O número de seus integrantes (chamados *justices*) é determinado por ato do Congresso, segundo os limites traçados pelo artigo III da Constituição. A Corte apresenta nove integrantes, sendo que um deles é designado como *Chief Justice of the United States*. Sua jurisdição contempla a revisão de todas as decisões das cortes de apelação federais, além de reapreciar as decisões das mais altas cortes estaduais quando tenham decidido uma questão de direito federal.[895]

A jurisdição da Suprema Corte, salvo quando revê decisões dos tribunais de segunda-instância, federais e estaduais, "revisão judicial" (*judicial review*), é discricionária (Bob Woodward e Scott Armstrong, *The Bretheren*. New York: Avalon, 1981, pg. XII).[896] O jurisdicionado interessado requer que seu pedido seja atendido através de um (*writ of certiorari*) e fica na expectativa de seu defe-

891 "Hamilton, o gênio financeiro da Confederação, mais tarde Tesoureiro sob a Constituição, tinha suas funções descritas durante o período de guerra como 'Recebedor dos Impostos Continentais' – o 'Recebedor' e não o 'Coletor'". (BURGER, Warren E. Constituição norte-americana. Conferência pronunciada perante a ABA (American Bar Association), publicada *in Revista de Direito Público*, São Paulo, Ed. Revista dos Tribunais, n. 80 – out./dez de 1986, (143/146), p.143.

892 Rosas, R., op. cit., loc. cit.

893 Rosas, R., id., p. 92.

894 Rosas, R., id., p. 93.

895 Meador, Daniel John. *Os tribunais nos estados unidos*. Tradução de Ellen G. Northfleet. Brasília: Serviço de Divulgação e Relações Culturais dos Estados Unidos da América – USIS, 1996. p. 29 e 30.

896 Godoy, Arnaldo Sampaio de Moraes. *Direito nos estados unidos. Obra inédita*. p.8.

rimento (William H. Rehnquist, *The Supreme Court*. New York: Vintage Books, 2001, p.8 e ss.).[897] Com o deferimento do *certiorari*, as partes são intimadas para confecção e encaminhamento de razões escritas (*briefs*): petições concisas, diretas, com limitado número de laudas. (Martha Faulk e Irving Mehler, *The Elements of Legal Writing*, New York: Longamn, 1994).[898] Interesse nacional, manutenção da ordem, desafio constitucional e nuances políticas, além da carga de trabalho (*woorkload*), orientam a discricionariedade da Suprema Corte. Daí a tendência contemporânea em julgamentos vinculados a ações afirmativas (*affirmative action*) e a direitos de homossexuais (*gays rights*).[899] Segundo William Burnham, a discricionariedade é exercida nos seguintes termos: *"Em conferência privada realizada semanalmente, são decididos os certiorari, de acordo com a 'regra dos quatro' (...). A Suprema Corte não se vê no papel de corrigir erros judiciários, vê-se como servidora de amplos interesses da lei e do sistema legal. Assim, seu regulamento prevê que questões serão apreciadas somente quando tribunal federal ou estadual decidira questão de lei federal em conflito com outro tribunal, ou quando tribunal estadual ou federal decidira importante questão que não fora, porém deveria ser, decidida pela Suprema Corte, ou ainda que tais tribunais tenham decidido de forma distinta ou conflitante com as decisões da mesma Suprema Corte"*.[900]

Direito e política são funções interligadas no modelo norte-americano.

Segundo afirmou o Ministro Robert Jackson, a função política desempenhada pela Suprema Corte, resume-se em dois princípios: *"Numa sociedade em que transformações rápidas tendem a romper todo equilíbrio, a Suprema Corte, sem ultrapassar seus próprios poderes limitados, deve empenhar-se por manter o grande sistema de compensações sobre o qual baseia-se nosso governo livre. Se esses contrapesos e controles são essenciais à liberdade em outros lugares do mundo, é fora de questão, são necessários na sociedade que conhecemos"*.[901]

Na verdade, segundo determinada perspectiva, a lei não seria outra coisa que uma predição da decisão do magistrado perante um determinado fato, predição essa baseada não num método dedutivo lógico, mas segundo determinado comportamento humano.[902]

[897] Godoy, A. S. M., id, ibid.
[898] Godoy, A. S. M., id., ibid.
[899] Godoy, A. S. M., id., ibid.
[900] Godoy, A. S. M., id., ibid.
[901] Rosa, R., op. cit., p. 94.
[902] Rosa, R., idem. p. 92.

Observa-se que com o *judicial revew* surge na história uma forma de controle de constitucionalidade, seja pela revisão de decisão judiciais, seja pela verificação da constitucionalidade de normas provenientes de outros poderes do estado.

O controle jurisdicional de constitucionalidade pode ser dividido em *modelo difuso* (de natureza norte americano) e *modelo concentrado* (austríaco).

O modelo brasileiro adotou o sistema *misto*, pois tanto aplica o modelo concentrado quando o modelo difuso.

Pelo controle constitucional concentrado a atribuição para o julgamento de matéria constitucional é de um único órgão que tem por fim resguardar a constituição federal. Já pelo controle difuso qualquer órgão do poder judiciário que exerça função jurisdicional poderá avaliar a aplicação da lei em face da norma incompatível com a Constituição.

O novo C.P.C. regula o controle difuso de constitucionalidade por meio do *recurso extraordinário*.

O *recurso extraordinário* tem origem norte-americana, muito embora não tenha sido criado pela Constituição Federal dos E.U.A. A Constituição norte americana apenas outorgou à Suprema Corte a competência originária e a competência *recursal* (*appellate jurisdiction*) em relação a determinadas questões.

Foi o *Judiciary Act* de 1789 que permitiu a revisão pela Corte Suprema de decisões finais dos mais altos tribunais dos Estados, mediante *writ of error*, em diversas hipóteses relacionadas com a constitucionalidade de leis e com a legitimidade de normas estaduais. Rotulou-se de inconstitucional, mais de uma vez, essa competência constitucional instituída por lei ordinária. Porém, a Corte, por meio de duas decisões famosas, casos *Martin* v. *Hunter's Lessee* e *Cohens* v. *Virginia*, deu por válida a norma. Legislação posterior conferiu à Corte Suprema, de modo explícito e em termos de crescente amplitude, o poder de reexaminar decisões dos Estados, quer por meio do *appeal*, quer do *writ of certiori*".[903]

O controle difuso de constitucionalidade passou a ser uma realidade no ordenamento jurídico americano a partir do julgamento do caso *Marbury* v. *Madison*, de 1803. Em 1800, Thomas Jefferson derrotou John Adams na concorrência para a Presidência da República. Após a derrota, John Adams promoveu a nomeação de diversos juízes em cargos relevantes, para manter certo controle sobre o Estado. Entre eles se encontrava William Marbury, nomeado Juiz de Paz. O secretário de Justiça de John Adams, devido ao curto espaço de tempo, não entregou o diploma de nomeação a Marbury. Já com Jefferson no poder como presidente, seu novo secretário de justiça, James Madison, negou-se a intitular

[903] Moreira, José Carlos Barbosa. *Comentários ao código de processo civil.* Vol. V. (arts. 476 a 565). Rio de Janeiro: Forense, 1976. p. 534 e 535.

Marbury. Marbury apresentou um *writ of mandamus* (Mandado de Segurança) perante a Suprema corte Norte-Americana exigindo a entrega do diploma. O processo foi relatado pelo Presidente da Corte, Juiz John Marshall, em 1803, quando ele concluiu que a lei federal que dava competência para a Corte analisar o mandado de segurança era inconstitucional, pois não cabia à Suprema Corte decidir do pedido de mandado de segurança. Essa decisão configura uma mudança de *paradigma*, pela simplicidade da forma, sendo aplicada em diversos países do mundo.[904]

Um dos objetivos do constituinte ao criar o Supremo Tribunal Federal foi justamente permitir que esse órgão jurisdicional tivesse natureza de Corte Constitucional, assim como ocorreu com a Suprema Corte Norte americana e outras cortes européias.

E uma das formas de nossa Corte Constitucional exercer sua atividade jurisdicional/constitucional é justamente pelo controle difuso ou incidental, por meio do Recurso Extraordinário.

O Recurso extraordinário tem por finalidade *"assegurar no âmbito da jurisdição constitucional brasileira: a inteireza positiva; a validade; a autoridade e a uniformidade de interpretação da Constituição"*.[905]

No Brasil, o Recurso Extraordinário passou a viger a partir do Decreto 848/1890, que organizou a Justiça Federal, por inspiração do *writ of error* do direito norte americano, cujo pedido consistia na ampla revisão de decisões proferidas por tribunais inferiores, pela Suprema Corte americana. Já no Brasil, o recurso foi concebido para possibilitar a revisão extraordinária de julgados de segunda instância, desde que houvesse exaurimento das vias ordinárias.[906]

O recurso extraordinário foi acolhido pelo art. 59, §1º, da Constituição de 1891.

Contudo, a denominação de *recurso extraordinário* somente foi incorporada em nosso ordenamento jurídico no primeiro Regimento Interno do Supremo Tribunal Federal, art. 24, do Dec. N. 3.084, de 5.11.1898, Parte III, arts. 678, letra 'd', e 744.[907]

Note-se que o recurso extraordinário no direito brasileiro não se assemelha às figuras recursais a que se costuma, em vários ordenamentos jurídicos

[904] MENDES, Gilmar Ferreira, BRANCO, Paulo Gustavo Gonet. *Curso de direito constitucional.* São Paulo: Editora Saraiva, 2012. p. 1185.

[905] MIRANDA, Pontes de. *Comentários ao código de processo civil.* Vol. VIII, Rio de Janeiro: Forense, 2002. p. 39.

[906] MENDES, G.F.; BRANCO, P.G.G., op. cit., p. 1.185.

[907] MOREIRA, J. C. B., op. cit., p. 536.

estrangeiros, aplicar essa designação. Em algumas legislações estrangeiras, essa nomenclatura de 'extraordinário' refere-se a recursos interponíveis contra decisões já transitadas em julgado, como se fosse a nossa demanda rescisória.

Todas as Constituições que vieram a seguir fizeram menção ao recurso extraordinário.

A partir da Constituição Federal de 1988, o recurso extraordinário é cabível apenas para reapreciação de matéria constitucional. A sua disciplina está esculpida no art. 102, inc. III, letras 'a' a 'd' da C.F.:

"Art. 102. Compete ao Supremo Tribunal Federal, precipuamente, a guarda da Constituição, cabendo-lhe:

(...).

Inc. III – julgar, mediante recurso extraordinário, as causas decididas em única e última instância, quando a decisão recorrida:

a) contrariar dispositivo desta Constituição;

b) declarar a inconstitucionalidade de tratado ou lei federal;

c) julgar válida lei ou ato de governo local contestado em face desta Constituição.

d) julgar válida lei local contestada em face de lei federal. (Incluída pela Emenda Constitucional nº 45, de 2004)

Nas letras 'a' a 'c', há expressa menção de que a decisão violou de alguma forma a Constituição.

Por outro lado, a hipótese descrita na letra 'd' não traz qualquer menção expressa de violação à Constituição, pois permite a interposição de recurso extraordinário quando a decisão recorrida julgar válida lei local contestada em face de lei federal. Porém, como a competência do Poder Legislativo para legislar, seja no âmbito federal, estadual e municipal, é estabelecida pela Constituição Federal, o cabimento do recurso extraordinário se justifica pela não observância das regras constitucionais.

O Recurso extraordinário vai até o Supremo diretamente com sua interposição ou por meio de *agravo em recurso extraordinário*, quando não for recebido pelos órgãos jurisdicionais inferiores.

Porém, tendo em vista o grande volume de recursos extraordinários e agravos em recurso extraordinário (antigo agravo de instrumento) que chegam diariamente à mais alta corte deste país, houve necessidade de se estabelecer um critério delimitador para a subida e apreciação dessa espécie de controle difuso. Trata-se do instituto denominado de *repercussão geral*, instituído pela Emenda Constitucional n. 45.

A *repercussão geral* foi regulada pela Lei 11.418/2006.

A repercussão geral deverá ser demonstrada como preliminar do R.E., para apreciação exclusiva do S.T.F., ou, ainda, na hipótese 987, §1º, do atual C.P.C.

A repercussão geral será presumida quando a decisão contrariar Súmula ou jurisprudência dominante do S.T.F.

Segundo o art. 323 do Regimento Interno do S.T.F., a análise da existência de repercussão geral será realizada pelo Plenário Virtual, um sistema eletrônico por meio do qual o ministro relator ou o presidente insere um tema e submete-o à votação em sessão eletrônica, apresentando seu voto pelo reconhecimento ou não da repercussão geral. A partir de então, os demais ministros têm o prazo de vinte dias para se pronunciar, sendo que no caso de ausência de pronunciamento, o silêncio caracteriza a aceitação da repercussão geral, salvo se o relator rejeitar a repercussão.

O Supremo Tribunal Federal, até a Constituição Federal de 1988, além de um Tribunal Constitucional, também tinha competência para a uniformização do direito federal infraconstitucional. Nesse sentido era o teor do art. 119, inc. III, letra 'a' a 'd' da C.F. de 1969:

> *"Art. 119. Compete ao Supremo Tribunal Federal:*
>
> *(...).*
>
> *III – julgar, mediante recurso extraordinário, as causas decididas em única ou última instância por outros tribunais, quando a decisão recorrida:*
>
> *a) contrariar dispositivo desta Constituição ou negar vigência de tratado ou lei federal;*
>
> *b) declarar a inconstitucionalidade de tratado ou lei federal;*
>
> *c) julgar válida lei ou ato do governo local contestado em face da Constituição ou de lei federal; ou*
>
> *d) der à lei federal interpretação divergente da que lhe tenha dado outro Tribunal ou o próprio Supremo Tribunal Federal.*

Com a entrada em vigor da Constituição Federal de 1988, a competência para a uniformização do direito federal infraconstitucional passou a ser do Superior Tribunal de Justiça, conforme preconiza o art. 105, inc. III, letras 'a' a 'c' da C.F. de 1988:

> *Art. 105. Compete ao Superior Tribunal de Justiça:*
>
> *(...).*
>
> *III – julgar, em recurso especial, as causas decididas, em única ou última instância, pelos Tribunais Regionais Federais ou pelos tribunais dos Estados, do Distrito Federal e Territórios, quando a decisão recorrida:*

a) contrariar tratado ou lei federal, ou negar-lhes vigência;

b) julgar válido ato de governo local contestado em face de lei federal;(Redação dada pela Emenda Constitucional nº 45, de 2004)

c) der a lei federal interpretação divergente da que lhe haja atribuído outro tribunal.

A regulação dos recursos extraordinários e especiais é feito pelo atual C.P.C. neste capítulo.

2. Recurso especial e extraordinário

Preceitua o *art. 1.029* do atual C.P.C. que *o recurso extraordinário e o recurso especial, nos casos previstos na Constituição Federal, serão interpostos perante o presidente ou o vice-presidente do tribunal recorrido, em petições distintas que conterão: I – a exposição do fato e do direito; II – a demonstração do cabimento do recurso interposto; III – as razões do pedido de reforma ou da invalidação da decisão recorrida.*

A mesma decisão proferida pelo órgão jurisdicional recorrido poderá ensejar, ao mesmo tempo, a possibilidade de interposição de *recurso extraordinário* e *recurso especial.* O primeiro de competência do S.T.F. e o segundo de competência do S.T.J.

Segundo o dispositivo, o recurso extraordinário e o especial serão interpostos nos casos previstos na Constituição Federal.

Na hipótese do *recurso extraordinário,* os casos previstos são:

"Art. 102. Compete ao Supremo Tribunal Federal, precipuamente, a guardu da Constituição, cabendo-lhe:

(...).

Inc. III – julgar, mediante recurso extraordinário, as causas decididas em única e última instância, quando a decisão recorrida:

a) contrariar dispositivo desta Constituição;

b) declarar a inconstitucionalidade de tratado ou lei federal;

c) julgar válida lei ou ato de governo local contestado em face desta Constituição.

d) julgar válida lei local contestada em face de lei federal. (Incluída pela Emenda Constitucional nº 45, de 2004)

O recurso extraordinário será interposto em razão de decisão proferida em *única ou última instância.* Assim, o recurso extraordinário não necessariamente terá por objeto um acórdão de tribunal, podendo ser interposto contra decisão de juiz de primeiro grau como na hipótese de sentença proferida pelo juiz em embargos à execução fiscal cujo valor não excede o valor de alçada (art. 34 da lei 6.830/80). Sobre o tema, eis o seguinte precedente do S.T.F.:

EMENTA: reclamação. Recurso extraordinário de decisão em embargos infringentes em processo de execução. Seguimento negado em face do irrisório valor do débito – valor de alçada lei 6830/80 -. Agravo de instrumento arquivado pelo juiz de primeira instância, por ter sido interposto no juízo de 1º grau. Usurpação de competência do stf para decidir a respeito. cf, art. 102, iii. Precedentes. Reclamação julgada procedente.
(Rcl 1155, Relator(a): Min. NELSON JOBIM, Tribunal Pleno, julgado em 19/02/2003, DJ 13-06-2003 PP-00010 EMENT VOL-02114-01 PP-00074)

O recurso especial e o recurso extraordinário somente poderão ser interpostos contra decisão de *última* ou *única* instância.

Enquanto houver recurso a ser utilizado na origem não haverá espaço para a interposição de recurso perante os Tribunais Superiores. Isso era, aliás, o que estabelecia a Súmula 207 do S.T.J.: *"é inadmissível recurso especial quando cabíveis embargos infringentes contra o acórdão proferido no tribunal de origem"*.

No mesmo sentido é o teor da Súmula 281 do S.T.F.: *"É inadmissível o recurso extraordinário, quando couber, na Justiça de origem, recurso ordinário da decisão impugnada"*.

Ao contrário do que ocorre no controle abstrato de constitucionalidade que tem como parâmetro o controle da norma em relação à Constituição atual de 1988, o controle incidental feito através do recurso extraordinário realiza-se em face da Constituição vigente quando da edição da lei ou do ato normativo. Assim, o recurso extraordinário poderá ter por pretensão a declaração de inconstitucionalidade de norma editada sob a vigência e em face da Constituição de 1967/69. No RE n. 148.754, rel. Min. Francisco Resek, afirmou-se que a constitucionalidade de normas jurídicas que foram promulgadas antes da entrada em vigor da Constituição de 1988 deve ser aferida, na via de controle difuso, de acordo com a Constituição vigente à sua época.

Por sua vez, ocorrendo conflito jurídico entre o direito pré-constitucional e a nova Constituição, a questão não se insere no âmbito da análise de constitucionalidade, mas, sim, no campo de aplicação dos princípios de direito intertemporal, uma vez que *lex posterior derogat priori*.

Uma vez revogada a norma infraconstitucional pela atual Constituição Federal, não há necessidade, para sua constatação, de se observar a cláusula de *reserva de plenário* (art. 97 da C.F.), muito menos utilizar-se da comunicação ao Senado Federal estabelecida no art. 52, X, CF.

Pode ser objeto de recurso extraordinário a decisão que declarar a inconstitucionalidade de tratado ou lei federal.

Se a decisão recorrida reconhecer a constitucionalidade de tratado ou de lei federal não haverá margem para o recurso extraordinário, justamente pelo fato de que há presunção de constitucionalidade de tratado ou lei federal.

O que se entende por tratado?

Segundo anota Francisco Resek, *"tratado é todo acordo formal concluído entre pessoas jurídicas de direito internacional público, e destinado a produzir efeitos jurídicos. Na afirmação clássica de Georges Scelle, o tratado internacional é em si mesmo um simples 'instrumento'; identificamo-lo por seu processo de produção e pela 'forma' final, não pelo conteúdo. Este – como o da lei ordinária numa ordem jurídica interna – é variável ao extremo. Pelo efeito compromissivo e cogente que visa a produzir, o tratado dá cobertura legal à sua própria substância"*.[908]

No sistema jurídico brasileiro, segundo a C.F. de 1988, é de competência exclusiva do Congresso Nacional resolver definitivamente sobre tratados, acordo ou atos internacionais que acarretem encargos ou compromissos gravosos ao patrimônio nacional. Além do mais, ao Presidente incumbe celebrar tratados, convenções e atos internacionais, sujeitos a referendo do Congresso Nacional (arts. 49, I, 84, VIII da C.F.).

No Brasil, portanto, não poderá o Presidente da República, em relação ao tratado, e sem o abono do Congresso Nacional, manifestar consentimento definitivo, pois, segundo o nosso ordenamento jurídico, a vontade nacional, quanto a um compromisso externo, é representada pela vontade conjugada dos dois poderes políticos. Assim, a vontade singular de qualquer deles é *necessária*, porém não *suficiente*.[909]

O Tratado deve ser aprovado pelas duas casas do Congresso, Câmara dos Deputados e Senado Federal. Aprovado o tratado por ambas as casas, incumbe ao Congresso Nacional formalizar essa decisão do parlamento por meio de *decreto legislativo*, promulgado pelo presidente do Senado, sendo publicado no Diário Oficial da União.

A *vigência* do tratado pode ser contemporânea do consentimento, quando o tratado passa a atuar como *norma jurídica* no exato momento em que ele se perfaz como *ato jurídico* convencional. Contudo, a sua vigência pode ser diferida, o que é mais comum, por razões de ordem operacional. No Brasil, *se promulgam* por decreto do presidente da República todos os tratados que tenham feito objeto de aprovação congressional antes da ratificação ou adesão.

Assim, a promulgação e a publicação incorporam o tratado no ordenamento jurídico interno, habilitando-se ao cumprimento por particulares e governantes, e à garantia de vigência pelo Poder Judiciário.

[908] Rezek, Francisco. *Direito internacional público – curso elementar.* 12ª ed., São Paulo: Editora Saraiva, 2010. p. 14.

[909] Resek, F., idem, p. 64.

Uma vez promulgado e dado publicidade ao tratado, ele se incorpora ao direito interno como se fosse uma lei ordinária. Contudo, há exceção a essa paridade: a) A primeira exceção está prevista no art. 98 do Código Tributário Nacional. O S.T.F. tem reconhecido a eficácia do art. 98 do CTN, razão pela qual o tratado prevalece, mesmo quando anterior à lei ordinária; b) direitos e garantias fundamentais (art. 5º §§2º e 3º da Constituição Federal), que assim dispõem:

Art. 5º (...).

§ 2º – Os direitos e garantias expressos nesta Constituição não excluem outros decorrentes do regime e dos princípios por ela adotados, ou dos tratados internacionais em que a República Federativa do Brasil seja parte.

§ 3º Os tratados e convenções internacionais sobre direitos humanos que forem aprovados, em cada Casa do Congresso Nacional, em dois turnos, por três quintos dos votos dos respectivos membros, serão equivalentes às emendas constitucionais. (Incluído pela Emenda Constitucional nº 45, de 2004) (Atos aprovados na forma deste parágrafo)

O que se entende por *lei federal?*

Há doutrinadores que diferenciam *lei federal* de *lei nacional.* A primeira seria uma lei que regula interesses específicos da União, enquanto que a lei nacional seria aquela válida em todo território nacional.

O art. 102, inc. III, letra 'b', ao fazer referência à *lei federal,* ali incorporou ambas as hipóteses, ou seja, a lei federal propriamente dita, como a lei nacional.

Assim, leis de todas as formas e conteúdos podem ser objeto de análise de recurso extraordinário, como, por exemplo: a) leis ordinárias; b) leis complementares; c) *medidas provisórias;* d) *Decreto legislativo* que contém a aprovação do Congresso aos tratados e autoriza ao Presidente da República a ratificá-lo em nome do Brasil (CF, art. 49, I); c) *decreto do Chefe do Executivo* que promulga os tratados e convenções; e) *Decreto legislativo* do Congresso Nacional que suspende a execução de ato do Executivo, em virtude de incompatibilidade com a lei a regulamentar (art. 49, V da CF); f) regimentos internos dos Tribunais Superiores.

O recurso extraordinário também poderá ter objeto decisão que *julgar válida lei ou ato de governo local contestado em face desta Constituição.*

Lei ou ato de governo local poderá ser tanto do governo municipal quanto estadual. No âmbito do ato entra igualmente resoluções e decretos do poder executivo municipal ou estadual.

O importante que essa validade seja em contraste ou mediante contestação ao que diz a Constituição Federal.

Por sua vez, se a decisão julgar inválida lei ou ato de governo em face da Constituição Federal não haverá oportunidade para se ingressar com recurso extraordinário perante o S.T.F.

O recurso extraordinário também poderá ter por objeto decisão que *julgar válida lei local contestada em face de lei federal.*

Essa hipótese, ao contrário das demais, não traz qualquer menção expressa de violação à Constituição, pois permite a interposição de recurso extraordinário quando a decisão recorrida julgar válida lei local contestada em face de lei federal.

Tendo em vista que a competência do Poder Legislativo para legislar, seja no âmbito federal, estadual e municipal, é estabelecida pela Constituição Federal, o cabimento do recurso extraordinário se justifica pela não observância das regras constitucionais.

O dispositivo fala em *lei local* e não em *ato do governo local.* Esta última hipótese será objeto de recurso especial.

Se a decisão julgar *inválida* lei local em face de lei federal, não caberá recurso extraordinário.

As hipóteses de interposição do *recurso especial* estão previstas no art. 105, inc. III, letras 'a', 'b' e 'c' da C.F., a saber:

> *Art. 105. Compete ao Superior Tribunal de Justiça:*
> *(...).*
> *III – julgar, em recurso especial, as causas decididas, em única ou última instância, pelos Tribunais Regionais Federais ou pelos tribunais dos Estados, do Distrito Federal e Territórios, quando a decisão recorrida:*
> *a) contrariar tratado ou lei federal, ou negar-lhes vigência;*
> *b) julgar válido ato de governo local contestado em face de lei federal;(Redação dada pela Emenda Constitucional nº 45, de 2004)*
> *c) der a lei federal interpretação divergente da que lhe haja atribuído outro tribunal.*

O recurso especial será interposto nas causas decididas em única ou última instâncias, pelos Tribunais Regionais Federais ou pelos tribunais dos Estados, do Distrito Federal e Territórios.

Não caberá recurso especial de decisões dos Tribunais Regionais do Trabalho, dos Tribunais Regionais Eleitorais e dos Tribunais Militares.

Não existe a possibilidade do recurso especial ser interposto diretamente de decisão de juízo de primeiro grau.

O recurso especial terá por objeto decisão recorrida *que contrariar tratado ou lei federal, ou negar-lhes vigência.*

Se a decisão recorrida declarar a inconstitucionalidade de tratado ou lei federal, o recurso será o extraordinário e não o especial.

A possibilidade de recurso especial somente ocorre quando a decisão *contrariar tratado ou lei federal, ou negar-lhes vigência.*

Se a decisão recorrida *não contrariar tratado ou lei federal, nem mesmo negar-lhes vigência,* não caberá o recurso especial.

O recurso especial terá por objeto decisão recorrida que *julgar válido ato de governo local contestado em face de lei federal;(Redação dada pela Emenda Constitucional nº 45, de 2004).* Observe-se que o dispositivo somente faz menção ao *ato de governo local* e não a *lei local.* E isso ocorre pelo fato de que se a decisão julgar *válida lei local contestada em face de lei federal* o recurso cabível é o extraordinário e não o especial.

O especial somente caberá quando a decisão julgar válido ato de governo local contestado em face de lei federal. E ato de governo local poderá ser decreto ou resoluções.

O recurso especial também terá por objeto decisão que *der a lei federal interpretação divergente da que lhe haja atribuído outro tribunal.*

Assim, se um tribunal regional federal der interpretação diversa da de outro tribunal de qualquer natureza, caberá o recurso especial.

Essa hipótese não se aplica no caso de confronto entre tribunais regionais federais ou de justiça e turma recursal, uma vez que turma recursal não tem natureza de tribunal.

O recurso extraordinário e o recurso especial, nos casos previstos na Constituição Federal, serão interpostos perante o presidente ou o vice-presidente do tribunal recorrido e não perante o órgão fracionário de que emane o acórdão ou a decisão recorrida. Serão interpostos em petições distintas que conterão:

I – *a exposição do fato e do direito.*

É importante salientar que tanto o recurso extraordinário quanto o recurso especial não avaliam matéria de fato, mas somente matéria jurídica.

É pacífica a orientação dos tribunais superiores sobre a não possibilidade de recurso especial ou extraordinário para efeito de reexame de prova.

A pretensão de simples reexame de prova não pode ser objeto de recurso especial, nos termos da Súmula 7 do S.T.J., a saber: *"A pretensão de simples reexame de prova não enseja recurso especial.*

Também não caberá recurso especial para simples interpretação de cláusula contratual, nos termos da Súmula n. 5 do S.T.J.: *"A simples interpretação de cláusula contratual não enseja recurso especial".*

No mesmo sentido é o seguinte precedente do S.T.J.:

(...).

3. A análise dos fatos ocorridos, a fim de demover a conclusão de que o caso em apreço enquadra-se como acidente do trabalho, demandaria inevitável o reexame de matéria fática, procedimento que encontra óbice no verbete 7 da Súmula desta Corte.

4. Agravo regimental a que se nega provimento.

(AgRg no Resp 1288361/SP, Rel. Ministra MARIA ISABEL GALLOTTI, QUARTA TURMA, julgado em 04/04/2013, DJe 15/04/2013)

Igualmente é a posição do Supremo Tribunal Federal, nos termos da Súmula 279 do S.T.F.: *"Para simples reexame de prova não cabe recurso extraordinário"*.

Sobre o tema eis o seguinte precedente do S.T.F.:

Não cabe recurso extraordinário, quando interposto com o objetivo de discutir questões de fato ou de examinar matéria de caráter probatório.

(RE 728822 AgR, Relator(a): Min. CELSO DE MELLO, Segunda Turma, julgado em 09/04/2013, ACÓRDÃO ELETRÔNICO DJe-078 DIVULG 25-04-2013 PUBLIC 26-04-2013)

Evidentemente, quando o inc. I do art. 1.029 do atual C.P.C. menciona exposição do fato, isso significa dizer que o direito, numa perspectiva tridimensional, somente pode ser fato, valor e norma.

Portanto, toda questão jurídica ou normativa está vinculada a uma questão de fato que da qual não se separa sob pena de se avaliar uma lei em tese.

Também deverá a petição do recurso especial ou extraordinário fundamentar a questão de direito que será objeto do recurso, devendo essa questão ser delimitada pelas hipóteses que são objeto dessa espécie recursal.

Além do mais, é possível o recurso especial ao S.T.J., quando houver violação às regras do direito probatório, sejam elas de ordem processual (C.P.C.) ou material (C.C.b.), especialmente as questões de valoração e admissibilidade de prova.

Conforme já teve oportunidade de afirmar Athos Gusmão Carneiro: *"a questão da valorização da prova, no entanto, exsurge como questão de direito, capaz de propiciar a admissão do apelo extremo"*.[910]

Sobre o tema, eis os seguintes precedentes do S.T.J.:

[910] CARNEIRO, Athos Gusmão. Requisitos específicos de admissibilidade de recurso especial. *In: Aspectos polêmicos e atuais dos recursos cíveis de acordo com a Lei 9.756/98*. São Paulo: Revista dos Tribunais, 1999. p. 105.

Se o tribunal a quo aplica mal ou deixa de aplicar norma legal atinente ao valor da prova, incorre em erro de Direito, sujeito ao crivo do recurso especial; tem-se um juízo acerca da valoração da prova, quando, por exemplo, se discute a propósito da validade de contrato de compra e venda de imóvel ajustado verbalmente.

O que, todavia, a instância ordinária percebe como fatos da causa (ainda que equivocadamente) resulta da avaliação da prova, que não pode ser refeita no julgamento do recurso especial.

Espécie em que a reforma do julgado demanda a reavaliação da prova, inviável nesta instância.

Agravo regimental desprovido.

(AgRg no AREsp 117.059/PR, Rel. Ministro ARI PARGENDLER, PRIMEIRA TURMA, julgado em 11/04/2013, DJe 19/04/2013)

1. A pretensão do agravante não é a revaloração das provas, e sim a análise do seu conteúdo, sendo correta a aplicação da Súmula 7/STJ.

2. Valorar juridicamente a prova é aferir se, diante da legislação pertinente, um determinado meio probatório é apto para provar algum fato, ato, negócio ou relação jurídica.

3. No caso concreto, não se debate se determinado tipo de prova pode ser juridicamente utilizado como meio probatório para dar suporte a uma condenação criminal. O que se pretende é que esta Corte verifique se o conjunto probatório seria apto para afastar a condenação. Isso não é valoração jurídica da prova, mas reexame do acervo de provas, vedado pelo verbete sumular.

4. Se diversas as situações de fato avaliadas pelo acórdão recorrido, não se configura a divergência jurisprudencial, em razão da ausência de similitude fática.

5. Agravo regimental improvido.

(AgRg no AgRg no AREsp 283.270/BA, Rel. Ministro SEBASTIÃO REIS JÚNIOR, SEXTA TURMA, julgado em 04/04/2013, DJe 17/04/2013).

Também é possível pensar em recurso extraordinário nas hipóteses em que o tribunal aceita como meio de prova a denominada prova ilícita.

A doutrina apresenta diversas hipóteses em que se admite o controle, por recurso especial ou extraordinário, da aplicação de regras de direito probatório: a) ilicitude da prova; b) qualidade da prova necessária para a validade do ato jurídico; c) uso de certo procedimento; d) objeto da convicção; e) convicção suficiente diante da lei processual; f) direito material; h) ônus da prova; i) idoneidade das regras de experiência e das presunções.[911]

[911] Marinoni, Luiz Guilherme; Arenhart, Sérgio Cruz. *Comentários ao código de processo civil.* 2. ed. Tomo 1. São Paulo: Ed. Revista dos Tribunais, 2005. p. 320.

Entendem Eduardo Cambi e Paulo Nalim que é possível o controle de recurso especial sobre a aplicação de *conceitos jurídicos indeterminados* e de *cláusulas gerais.*[912]

Sobre o denominado conceito *vago*, anotam Fredie Didier Jr e Leonardo José Carneiro da Cunha: *"A distinção entre cláusula geral e conceito jurídico indeterminado é bem sutil; ambos pertencem ao gênero 'conceito vago'. No conceito jurídico indeterminado, o legislador não confere ao juiz competência para criar o efeito jurídico do fato cuja hipótese de incidência é composta por termos indeterminados; na cláusula geral, além da hipótese de incidência ser composta por termos indeterminados, é conferida ao magistrado a tarefa de criar o efeito jurídico decorrente da verificação da ocorrência daquela hipótese normativa. É como explica Rodrigues Mazzei: 'Havendo identidade quanto à vagueza legislativa intencional, determinado que o Judiciário faça a devida integração sobre a moldura fixada, a cláusula geral demandará do julgador mais esforço intelectivo. Isso porque, em tal espécie legislativa, o magistrado, (1) além de preencher o vácuo que corresponde uma abstração (indeterminação proposital) no conteúdo da norma, é (2) compelido também a fixar a consequência jurídica correlata e respectiva ao preenchimento anterior. No conceito jurídico indeterminado, o labor é mais reduzido, pois, como simples enunciação abstrata, o julgador, após efetuar o preenchimento valorativo, já estará apto a julgar de acordo com a consequência previamente estipulada em texto legal...*

Eis a razão de o STJ ter enunciados consolidados em sua súmula da jurisprudência predominante sobre o que seja 'prova escrita' (conceito indeterminado) apta a ensejar ação monitória: n. 247: 'O contrato de abertura de crédito em conta-corrente, acompanhado do demonstrativo de débito, constitui documento hábil para o ajuizamento da ação monitória'; n. 299: 'É admissível a ação monitória fundada em cheque prescrito'. É por isso, também, que o STJ vem examinando o que seja 'móveis que guarnecem a casa' para fim de caracterização do que seja 'bem de família' (art. 1º, p.u. da Lei n. 8.009/1990) e o que seja 'preço vil' (art. 692 do CPC de 1973)".[913]

II – a demonstração do cabimento do recurso interposto;

Deverá o recorrente demonstrar que o recurso extraordinário ou especial interposto apresenta todos os requisitos exigidos pelas normas jurídicas, especialmente os requisitos do art. 102 e 105 da C.F. de 1988.

Em relação ao recurso extraordinários é necessário demonstrar a existência de *repercussão geral.*

912 Cambi, Eduardo; Nalin, Paulo. O controle da boa-fé contratual por meio de recurso de estrito sentido. *IN: Aspectos polêmicos e atuais dos recursos cíveis e de outros meios de impugnação às decisões judiciais.* Teresa Wambier e Nelson Nery Jr. (coord.). São Paulo: Editora Revista dos Tribunais, 2003. p. 95.

913 Didier Jr., F.; Cunha, L.J.C., op. cit., p. 220 e 221.

Também é necessário demonstrar, tanto para o recurso especial como para o recurso extraordinário, a existência de *pré-questionamento*, ou seja, que a questão constitucional ou de lei federal tenha sido suscitada e analisada na instância inferior.[914]

A doutrina vê a possibilidade de configurar três hipóteses sobre o *pré-questionamento*, a partir de decisões do S.T.F.:

a) quando consta do acórdão impugnado entendimento explícito a respeito da matéria de lei federal ou constitucional. Nesse sentido é o seguinte precedente:

> *Recurso – prequestionamento – configuração. Tem-se como configurado o prequestionamento da matéria veiculada no recurso quando consta, do acórdão impugnado, a adoção de entendimento explicito a respeito. Viabilizado o cotejo indispensável a que se diga da transgressão, ou não, ao preceito cuja supremacia almeja-se preservar mediante a via recursal, conclui-se pela observância ao citado pressuposto de recorribilidade, no que inerente aos extraordinários. Isto ocorre quando arguidos nas razoes o concurso do direito adquirido e a inaplicabilidade de certo limite referente aos proventos e o acórdão consigna o debate e a decisão prévios dos temas. Proventos – diferença. Incorporado ao patrimônio do aposentado, segundo a legislação da época, o direito de receber diferença de proventos independentemente das majorações dos valores satisfeitos por órgão da previdência social, lei posterior que disponha de forma diversa não o alcança. Prevalece, no caso, a garantia constitucional do direito adquirido sobre a lei n. 5.892, de 23 de dezembro de 1969, do estado do rio grande do sul. proventos – limite – artigo 102, par. 2., da carta de 1969 – prestadores de serviços a sociedades de economia mista – dupla contribuição. Estando em questão contribuições diversas, considerados quantitativos e órgãos, descabe cogitar do limite previsto no par. 2. do artigo 102 da constituição federal de 1969 – precedente: recurso extraordinário n. 62.294, julgado pelo pleno, cujo acórdão foi publicado na revista trimestral de jurisprudência n. 47/749. O mesmo ocorre quando o beneficiário dos proventos não tem, sequer, o status de servidor público, o que se dirá de funcionário. Os prestadores de serviços de sociedades de economia mista assumem, na relação jurídica, a posição de empregado, decorrente do contrato individual de trabalho.*
>
> (RE 104899, Relator(a): Min. ALDIR PASSARINHO, Relator(a) p/ Acórdão: Min. MARCO AURÉLIO, Segunda Turma, julgado em 30/06/1992, DJ 18-09-1992 PP-15410 EMENT VOL-01676-02 PP-00263 RTJ VOL-00144-01 PP-00300)

914 Medina, José Miguel Garcia. *O prequestionamento nos recursos extraordinário e especial.* São Paulo: Ed. Revista dos Tribunais, 1998, p. 159 a 166.

b) basta que a questão tenha sido colocada pela parte, havendo debate anterior, independentemente de o tribunal de origem ter se manifestado sobre a referida questão. Nesse sentido é o seguinte precedente:

i – em tema de prequestionamento, o que deve ser exigido e apenas que a questão haja sido posta, na instancia ordinária. Se isto ocorreu, tem-se a figura do prequestionamento implícito, que e o quanto basta.

(...).

(REsp 2336/MG, Rel. Ministro CARLOS VELLOSO, SEGUNDA TURMA, julgado em 09/05/1990, DJ 04/06/1990, p. 5054)

c) o pré-questionamento há quando ocorra debate prévio acerca da questão jurídica, seguido de manifestação expressa do Tribunal. Nesse sentido é o seguinte precedente:

– A tardia suscitação de tema constitucional, em sede de embargos declaratórios, não se reveste de idoneidade jurídico-processual apta a caracterizar o prequestionamento, que constitui pressuposto especifico de admissibilidade do recurso extraordinário. – A configuração jurídica do prequestionamento decorre de sua oportuna formulação em momento procedimentalmente adequado. Não basta, no entanto, só arguir previamente o tema de direito federal para legitimar o uso da via do recurso extraordinário. Mais do que a satisfação dessa exigência, impõe-se que a matéria questionada tenha sido efetivamente ventilada na decisão recorrida. Sem o cumulativo atendimento desses pressupostos, além de outros igualmente imprescindíveis, não se viabiliza o acesso a via recursal extraordinária. – A rejeição dos embargos declaratórios não implica, sob qualquer aspecto, vulneração ao par-4. do art. 153 da CF/69 e nem importa, consequentemente, em denegação de prestação jurisdicional.

(AI 134175 AgR, Relator(a): Min. CELSO DE MELLO, Primeira Turma, julgado em 02/04/1991, DJ 06-03-1992 PP-02432 EMENT VOL-01652-02 PP-00316 RTJ VOL-00136-03 PP-01346)

É lamentável essa incerteza e insegurança jurídica quanto ao que efetivamente significa o pré-questionamento para efeito de interposição de recurso especial ou extraordinário, justamente quando essa insegurança advém dos próprios tribunais que têm competência para conhecer dos referidos recursos.

Aliás, segundo José Miguel Garcia Medina, *"Não há exigência constitucional no sentido da presença do prequestionamento. Por isso, não pode ser indeferido o recurso extraordinário ou o recurso especial se não tiver havido prequestionamento. O que se exige, para a interposição dos recursos extraordinários, é a presença de uma questão (constitu-*

cional ou federal) na decisão recorrida, tenha ou não havido prequestionamento".[915] No mesmo sentido é a lição de Nelson Nery Jr.[916]

Ocorre que, não obstante a crítica da doutrina, o certo é que o *pré-questionamento* faz parte do nosso ordenamento jurídico e é, efetivamente, queira ou não, um requisito importante de admissibilidade do recurso especial ou extraordinário.

O que não se admite é a insegurança sobre a efetiva definição do que se entende por *pré-questionamento*, gerando insegurança àqueles profissionais que pretendam se valer dos recursos de competência dos tribunais superiores.

De certa forma, o novo C.P.C. resolveu um dos fatores de insegurança sobre a definição do pré-questionamento, especificamente em relação aos embargos de declaração para efeito de pré-questionamento, conforme estabelece o art. 1.025 do atual C.P.C., a saber: *consideram-se incluídos no acórdão os elementos que o embargante suscitou, para fins de pré-questionamento, ainda que os embargos de declaração sejam inadmitidos ou rejeitados, caso o tribunal superior considere existentes erro, omissão, contradição ou obscuridade.*

Este dispositivo vem solucionar um dos grandes problemas na interpretação da questão do *pré-questionamento* para efeito de recursos a serem interpostos aos tribunais superiores, no caso, recurso especial ao S.T.J. ou recurso extraordinário ao S.T.F.

Sabe-se que para se interpor recurso especial ou extraordinário há necessidade de que o tribunal *'a quo'* tenha se manifestado sobre a questão que fundamenta os aludidos recursos (em especial os dispositivos legais ou constitucionais violados). Se não houver manifestação sobre essa questão, caberá à parte interpor recurso de embargos de declaração para que o tribunal de apelação expressamente se manifeste sobre a matéria.

Porém, muitas vezes a parte interpunha os embargos de declaração para fins de pré-questionamento, mas o tribunal de apelação não os conhecia e muito menos apreciava a alegação da omissão suscitada. Nessa hipótese, qual o procedimento a ser adotado pela parte que não teve seus embargos de declaração conhecidos?

O S.T.J. tem entendido que *"sendo evidente a ausência de prequestionamento no acórdão recorrido dos dispositivos legais apontados pelo recorrente como violados, em sede*

[915] MEDINA, J. G., idem, p. 204.

[916] NERY JR., Nelson. Ainda sobre o prequestionamento – embargos de declaração prequestionadores. *In: Aspectos polêmicos e atuais dos recursos cabíveis e de outras formas de impugnação às decisões judiciais.* Nelson Nery Jr. e Teresa Wambier (Coord.). São Paulo: Ed. Revista dos Tribunais, 2000. p. 855 (VER MELHOR).

de recurso especial, deste não se toma conhecimento. Se a parte interpõe embargos declaratórios para suprir omissões que aponta existir no julgado e tais embargos são rejeitados, cabe-lhe, para fins de assentar o prequestionamento, interpor recurso especial por violação ao art. 535, II, do CPC. Não o fazendo, não se consagra o prequestionamento". (STJ Resp. 86.108, Rel. José Delgado – DJU 14.10.1996).

Agora, pelo atual C.P.C., basta a interposição dos embargos de declaração para fins de pré-questionamento, suprindo-se dessa forma o requisito legal, a fim de que o recurso especial ou extraordinário seja examinado pelo S.T.J. ou pelo S.T.F.

O S.T.J. também já se manifestou pelo acolhimento do pré-questionamento *implícito.* (STJ Rel. Sálvio Figueiredo, Resp 155.621). No mesmo sentido é o seguinte precedente:

> *1. O Superior Tribunal de Justiça formou compreensão segundo a qual: "De acordo com a jurisprudência pacífica desta Corte, admite-se o prequestionamento implícito, não sendo necessário que o Tribunal de origem faça expressa menção aos dispositivos legais apontados como violados nas razões do recurso especial, sendo suficiente a mera apreciação da tese." (AgRg no REsp 1.127.209/RJ, Rel. Min. MARIA THEREZA DE ASSIS MOURA, SEXTA TURMA, julgado em 15/5/2012, DJe 28/5/2012).*
>
> *2. Agravo regimental a que se nega provimento.*
>
> (AgRg no REsp 1186637/SP, Rel. Ministro OG FERNANDES, SEXTA TURMA, julgado em 19/03/2013, DJe 05/04/2013)

O S.T.J. tinha entendimento de que não atendiam ao pré-questionamento os fundamentos do voto vencido. Nesse sentido é o seguinte precedente:

> *1. No caso concreto, o voto condutor, a despeito da remessa oficial, não se manifestou sobre questão de ordem pública consistente na eventual impossibilidade jurídica do pedido, e tal ponto é de grande relevância para a solução da controvérsia, sobretudo diante do entendimento manifestado por esta Corte no sentido de que "não atendem ao requisito do prequestionamento os fundamentos do voto vencido" (Enunciado Sumular n. 320 do STJ).*
>
> *2. Recurso especial provido.*
>
> (Resp 1357460/DF, Rel. Ministro MAURO CAMPBELL MARQUES, SEGUNDA TURMA, julgado em 02/04/2013, DJe 09/04/2013).

Nesse sentido era a Súmula 370 do S.T.J.: *"A questão federal somente ventilada no voto vencido não atende ao requisito do prequestionamento".*

Porém, como o voto vencido, nos termos do §3ºdo art. 941 do atual C.P.C., deverá necessariamente ser declarado e considerado parte integrante do acórdão para todos os fins, isso significa dizer que haverá pré-questionamento ainda que a questão tenha sido ventilada e discutida apenas no voto vencido.

É importante salientar que não é suficiente, para fins de pré-questionamento, que a questão tenha sido arguida somente nos embargos de declaração, sem que a matéria tenha sido discutida anteriormente, conforme estabelece o precedente abaixo:

> *I – Ausência de prequestionamento da questão constitucional suscitada. Incidência da Súmula 282 do STF. Ademais, a tardia alegação de ofensa ao texto constitucional, apenas deduzida em embargos de declaração, não supre o prequestionamento. Precedentes. II – Matéria de ordem pública não afasta a necessidade do prequestionamento da questão. Precedentes. III – Agravo regimental improvido.*
> (ARE 707758 AgR, Relator(a): Min. RICARDO LEWANDOWSKI, Segunda Turma, julgado em 02/04/2013, ACÓRDÃO ELETRÔNICO DJe-069 DIVULG 15-04-2013 PUBLIC 16-04-2013)

O certo é que, para não se ter qualquer dúvida, haverá o pré-questionamento quando a questão federal ou constitucional for expressamente trazida pela parte para análise no processo, e, em seguida, for ela discutida e avaliada no acórdão ou na decisão objeto de recurso especial ou extraordinário.

Numa decisão paradigmática, citada por Fredie Didier Jr e Lonardo José Carneiro da Cunha, a Min. Ellen Gracie, em decisão monocrática no AI n. 375011, constante do informativo 365 do S.T.F, com o objetivo de fazer prevalecer decisão do S.T.F. sobre a inconstitucionalidade de determinada lei estadual, relativizou a exigência do pré-questionamento.[917] Eis o teor da decisão:

> *1. Decisão agravada que apontou a ausência de prequestionamento da matéria constitucional suscitada no recurso extraordinário, porquanto a Corte a quo tão-somente aplicou a orientação firmada pelo seu Órgão Especial na ação direta de inconstitucionalidade em que se impugnava o art. 7º da Lei 7.428/94 do Município de Porto Alegre – cujo acórdão não consta do traslado do presente agravo de instrumento –, sem fazer referência aos fundamentos utilizados para chegar à declaração de constitucionalidade da referida norma municipal. 2. Tal circunstância não constitui óbice ao conhecimento e provimento do recurso extraordinário, pois, para tanto, basta a simples declaração de*

[917] DIDIER JR. F.; CUNHA J. C., op. cit., p. 226.

constitucionalidade pelo Tribunal a quo da norma municipal em discussão, mesmo que desacompanhada do aresto que julgou o leading case. 3. O RE 251.238 foi provido para se julgar procedente ação direta de inconstitucionalidade da competência originária do Tribunal de Justiça estadual, processo que, como se sabe, tem caráter objetivo, abstrato e efeitos erga omnes. Esta decisão, por força do art. 101 do RISTF, deve ser imediatamente aplicada aos casos análogos submetidos à Turma ou ao Plenário. Nesse sentido, o RE 323.526, 1ª Turma, rel. Min. Sepúlveda Pertence. 4. Agravo regimental provido.

(AI 375011 AgR, Relator(a): Min. ELLEN GRACIE, Segunda Turma, julgado em 05/10/2004, DJ 28-10-2004 PP-00043 EMENT VOL-02170-02 PP-00362)

Por fim, sobre a questão do *pré-questionamento* em recurso extraordinário ou especial interposto por *terceiro*, observa-se que há julgados do S.T.F. relativizando a exigência do pré-questionamento no recurso extraordinário de terceiro, em face da *impossibilidade processual* de sua ocorrência. Segundo o Prof. Mantovani Colares Cavalcante, citado por Didier Jr *et au*: *"essa postura, em determinadas situações, notadamente aquelas que envolvem litisconsorte necessário não-citado, é a mais correta e favorece a economia processual, pois evita futura ação rescisória ou 'querella nullitatis"*. Assim, embora a regra do *pré-questionamento* deva ser aplicada também em relação ao recurso extraordinário ou especial interposto por terceiro, essa regra deverá ser mitigada na hipótese de o terceiro não ter tido oportunidade de proceder ao pré-questionamento em tempo oportuno.[918]

III – as razões do pedido de reforma ou de invalidação da decisão recorrida.

Por fim, deverá o recorrente demonstrar as razões jurídicas do pedido de reforma ou da invalidação da decisão recorrida, pois se não demonstrar em que se fundam as razões do pedido, os Tribunais Superiores não poderão acolher a pretensão formulada.

Preceitua o *§1º do art. 1.029* do atual C.P.C. que *quando o recurso fundar-se em dissídio jurisprudencial, o recorrente fará a prova da divergência com a certidão, cópia ou citação do repositório de jurisprudência, oficial ou credenciado, inclusive em mídia eletrônica, em que houver sido publicado o acórdão divergente, ou ainda com a reprodução de julgado disponível na rede mundial de computadores, com indicação da respectiva fonte, devendo-se, em qualquer caso, mencionar as circunstâncias que identifiquem ou assemelhem os casos confrontados.*

A hipótese atual em que o recurso se funda em dissídio jurisprudência é a do Recurso Especial que tenha por fundamento o art. 105, inc. III, letra 'c' da C.F.:

[918] Didier Jr. F.; Cunha, L. J. C., idem, p. 228.

> *Art. 105. Compete ao Superior Tribunal de Justiça:*
> *(...).*
> *III – julgar, em recurso especial, as causas decididas, em única ou última instância, pelos Tribunais Regionais Federais ou pelos tribunais dos Estados, do Distrito Federal e Territórios, quando a decisão recorrida:*
> *(...).*
> *c) der a lei federal interpretação divergente da que lhe haja atribuído outro tribunal.*

Uma das principais funções do S.T.J. é justamente a uniformização da jurisprudência em relação à melhor interpretação a ser dada à lei federal.

E para exercer essa função de uniformização de jurisprudência, o legislador constituinte permitiu que o recurso especial tivesse por fundamento a hipótese do art. 105, inc. III, letra 'c'. O recurso especial, com base nessa letra, somente é possível quando a divergência ocorrer entre tribunais diversos e não entre órgãos do mesmo tribunal, conforme preconiza a Súmula 13 do S.T.J.: *"A divergência entre julgados do mesmo tribunal não enseja recurso especial"*.

Outrossim, a divergência entre julgados deve ser atual, não se admitindo divergência entre julgados já ultrapassados ou modificados.

Além do mais, não se admite a divergência se a jurisprudência do S.T.J. se firmou no mesmo sentido do acórdão recorrido, conforme estabelece a Súmula 83 do S.T.J.: *Não se conhece do recurso especial pela divergência, quando a orientação do tribunal se firmou no mesmo sentido da decisão recorrida.*

O recorrente não poderá apenas alegar a existência de interpretação divergente entre tribunais, ou seja, entre a decisão de um tribunal e a decisão paradigma de outro tribunal. Deverá o recorrente fazer prova da divergência mediante *certidão, cópia ou citação do repositório de jurisprudência, oficial ou credenciado, inclusive em mídia eletrônica, em que tiver sido publicada a decisão divergente, ou ainda pela reprodução de julgado disponível na Internet, com indicação da respectiva fonte, mencionando, em qualquer caso, as circunstâncias que identifiquem ou assemelhem os casos confrontados.*

A possibilidade de apresentar comprovação da decisão do tribunal diverso por meio da internet foi introduzida em nosso ordenamento jurídico pela Lei 11.341/2006, que alterou o p.u. do art. 541 do C.P.C. de 1973. Essa alteração foi muito bem vinda, especialmente pela facilidade que atualmente se encontra no uso da internet como fonte de pesquisa jurisprudencial. Não teria qualquer sentido impedir-se a utilização desse instrumento tecnológico para efeito de acesso ao Poder Judiciário.

Aliás, o S.T.J. há tempos vinha mitigando essa exigência de prova peremptória do acórdão divergente, conforme se pode verificar no seguinte precedente da referida Corte:

O recurso especial ajuizado com esteio na alínea "c", quando notória a divergência, prescinde do formalismo insculpido no parágrafo único do artigo 541 do Código de Processo Civil, ou seja, "prova da divergência mediante certidão, cópia autenticada ou pela citação de repositório de jurisprudência, oficial ou credenciado, em que tiver sido publicada a decisão divergente, mencionando as circunstâncias que identifiquem ou assemelhem os casos confrontados".

A expressão "outro tribunal" prevista no artigo 105, III, "c", da Constituição Federal compreende o próprio Superior Tribunal de Justiça.

Agravo regimental improvido.

(AgRg no REsp 587.325/RJ, Rel. Ministro FRANCIULLI NETTO, SEGUNDA TURMA, julgado em 16/12/2004, DJ 23/05/2005, p. 200).

Além de o recorrente comprovar a divergência mediante os meios de prova indicados neste parágrafo, também deverá mencionar, em qualquer das hipóteses, as circunstâncias que identifiquem ou assemelhem os casos confrontados, ou seja, o confronto analítico de cada precedente. Por isso, não é suficiente a simples indicação de *ementas*. Deverá o recorrente ingressar no inteiro teor do acórdão para o efeito de identificar expressamente as circunstâncias de semelhança dos casos confrontados, transcrevendo as passagens do voto vencedor de cada paradigma para comprovar a divergência de julgados. Nesse sentido são os seguintes precedentes do S.T.J.:

(...).

– É inviável o recurso especial pela alínea "c" do permissivo constitucional quando não realizado o cotejo analítico e não comprovada a similitude fática entre os arestos trazidos à colação, nos termos dos arts. 541, parágrafo único, do Código de Processo Civil e 255, §§ 1º e 2º, do Regimento Interno do Superior Tribunal de Justiça, não sendo suficiente para tal desiderato a mera transcrição de ementas, conforme ocorreu in casu.

Recurso especial parcialmente conhecido e nesta extensão desprovido.

(Resp 1356199/GO, Rel. Ministra MARILZA MAYNARD (DESEMBARGADORA CONVOCADA DO TJ/SE), QUINTA TURMA, julgado em 18/04/2013, DJe 25/04/2013).

1. Considera-se deficiente de fundamentação o recurso especial que, apesar de apontar o preceito legal tido por violado, não demonstra, de forma clara e precisa, de que modo o acórdão recorrido os teria contrariado, ou apresenta argumentação dissociada da sua literalidade, circunstância que atrai, por analogia, a Súmula nº 284 do STF.

2. A ausência de impugnação dos fundamentos do acórdão recorrido, os quais são suficientes para mantê-lo, enseja o não-conhecimento do recurso, incidindo o enunciado da Súmula nº 283 do STF.

3. Para prevalecer a conclusão em sentido contrário ao decidido pelo colegiado estadual, mormente quanto ao reconhecimento da simulação, necessária se faz a revisão do acervo fático dos autos, o que, como já decidido, encontra-se inviabilizada nessa instância superior pela Súmula nº 7/STJ.

4. A divergência jurisprudencial com fundamento na alínea "c" do permissivo constitucional, nos termos do art. 541, parágrafo único, do CPC e do art. 255, § 1º, do RISTJ, exige comprovação e demonstração, esta, em qualquer caso, com a transcrição dos julgados que configurem o dissídio, a evidenciar a similitude fática entre os casos apontados e a divergência de interpretações.

5. Agravo regimental não provido.

(AgRg no Resp 645.044/SC, Rel. Ministro RICARDO VILLAS BÔAS CUEVA, TERCEIRA TURMA, julgado em 16/04/2013, DJe 25/04/2013)

1. Não se conhece de Recurso Especial no que se refere à violação ao art. 535 do CPC quando a parte não aponta, de forma clara, o vício em que teria incorrido o acórdão impugnado. Aplicação, por analogia, da Súmula 284/STF.

2. A alegação de ofensa ao art. 332 do Código de Processo Civil, a despeito da oposição de Embargos Declaratórios, não foi apreciada pelo Tribunal a quo. Incide a Súmula 211/STJ porque, para que se tenha por atendido o requisito do prequestionamento, é indispensável também emissão de juízo de valor sobre a questão.

3. A divergência jurisprudencial deve ser comprovada, cabendo a quem recorre demonstrar as circunstâncias que identificam ou assemelham os casos confrontados, com indicação da similitude fático-jurídica entre eles. Indispensável a transcrição de trechos do relatório e do voto dos acórdãos recorrido e paradigma, realizando-se o cotejo analítico entre ambos, com o intuito de bem caracterizar a interpretação legal divergente. O desrespeito a esses requisitos legais e regimentais (art. 541, parágrafo único, do CPC e art. 255 do RI/STJ) impede o conhecimento do Recurso Especial, com base na alínea "c" do inciso III do art. 105 da Constituição Federal.

4. Hipótese em que a demanda foi dirimida no acórdão recorrido com base em Direito local (Lei Estadual 14.445/2002, fls. 283-285, e-STJ). Logo, é inviável sua apreciação em Recurso Especial, em face da incidência, por analogia, da Súmula 280 do STF: "por ofensa a direito local não cabe recurso extraordinário." 5. Agravo Regimental não provido.

(AgRg no AREsp 247.733/MG, Rel. Ministro HERMAN BENJAMIN, SEGUNDA TURMA, julgado em 12/03/2013, DJe 18/03/2013)

É bem verdade que o S.T.J. já aceitou a interposição de recurso especial mediante a simples indicação de *ementa* do acórdão, desde que nessa ementa esteja bem delineada a divergência de julgamento e a similitude de casos. Nesse sentido é o seguinte precedente:

Recurso especial. Divergência. Demonstração.

Hipótese em que o dissídio foi suficientemente evidenciado com a explicitação da tese jurídica aceita pelo acórdão recorrido a que se seguiu o paradigma, consagrando entendimento diverso.

Admissível a indicação do acórdão confrontado, feita apenas pela ementa, quando essa dá cumprida notícia da hipótese fática e do direito que se teve como aplicável, de maneira a não ensejar dúvida quanto a diversidade no tratamento jurídico de situações que guardavam identidade bastante para recomendar a igualdade de solução.

(EDcl no REsp 150467/RJ, Rel. Ministro EDUARDO RIBEIRO, TERCEIRA TURMA, julgado em 29/06/1999, DJ 23/08/1999, p. 121)

Uma questão importante colocada por Fredie Didier Jr. e Leonardo José Carneiro da Cunha, diz respeito à autonomia ou não do cabimento do recurso especial fundado na divergência jurisprudencial. Segundo os processualistas: *"Com efeito, 'no caso da alínea 'c' daquele dispositivo, o recorrente não lamenta um vício de atividade (error in procedendo) ou de avaliação jurídica (error in iudicando), mas aponta fundamento autônomo – e extrínseco do julgado – qual seju a contingência deste se apresentar divergente de acórdão (s) de outro (s) Tribuna (is), assim dando o moto ao STJ para emitir a última voz sobre a controvérsia, como guardião do Distrito Federal, comum' Avulta, por outro lado, entendimento segundo o qual a divergência jurisprudencial 'não' constitui fundamento autônomo do recurso especial, devendo, neste caso, o recorrente demonstrar que a interpretação adotada na decisão recorrida não é a correta, estando a hipótese abrangida pela letra 'a' do inciso III do art. 105 da CF. Na verdade, a demonstração do dissídio jurisprudencial consiste em mero reforço do fundamento da violação da lei federal. Adota-se a primeira interpretação. O segundo entendimento esvazia o conteúdo do comando constitucional previsto na letra 'c', olvidando, exatamente, que o objetivo do texto é o de permitir que o Superior Tribunal de Justiça uniformize a interpretação da lei federal e, com isso, forneça paradigmas que tornem mais previsíveis as decisões judiciais, diminuindo a insegurança jurídica. Toda interpretação que favoreça à uniformização da jurisprudência deve ser prestigiada.... Nessa hipótese de cabimento do recurso especial, não há necessidade de prequestionamento."*.[919]

[919] Didier Jr. *et au*, idem., p. 258.

Preceitua o *§ 2º do art. 1.029* do atual C.P.C. que *quando o recurso estiver fundado em dissídio jurisprudencial, é vedado ao tribunal inadmiti-lo com base em fundamento genérico de que as circunstâncias fáticas são diferentes, sem demonstrar a existência da distinção.*

Este dispositivo obriga ao órgão jurisdicional indicar pontualmente em que consiste a não admissão do recurso, especialmente quando ele estiver fundamentado em dissídio jurisprudencial, não sendo suficiente meros argumentos genéricos de que as circunstâncias fáticas são diferentes.

Deverá o órgão jurisdicional apontar concretamente a existência da distinção de circunstâncias fáticas. O Projeto de Lei n. 2.384-B de 2015, aprovado pela Câmara dos Deputados no dia 21 de outubro de 2015, revogou o §2º do art. 1.029. O referido projeto aguarda análise do Senado Federal.

Prescreve o *§ 3º do art. 1.029* do atual C.P.C. que *o Supremo Tribunal Federal ou o Superior Tribunal de Justiça poderá desconsiderar vício formal de recurso tempestivo ou determinar sua correção, desde que não o repute grave.*

Não havia essa possibilidade de 'emendar' ou refutar determinado vício formal no recurso especial ou no recurso extraordinário quando da vigência do C.P.C. de 1973.

O novo C.P.C., com os olhos voltados à instrumentalidade do processo e à preservação do efetivo acesso à justiça, assim como ao devido processo legal, ao contraditório e à ampla defesa, optou por desconsiderar eventuais defeitos formais constantes no recurso especial ou extraordinário, desde que não se reputem graves e desde que a interposição dos recursos tenha sido no prazo legal.

Poder-se-á pensar num caso de mero vício formal sem maior gravidade, como a indicação da fonte de publicação do acórdão paradigmático. Se o S.T.J. ou o S.T.F. tiver ciência da fonte de publicação do acórdão paradigmático, poderá desconsiderar o vício, ou mandar saná-lo, mediante intimação do recorrente para que indique o órgão oficial da fonte jurisprudencial.

Outro motivo que o S.T.J. tem reconhecido como causa de não conhecimento de recurso especial, é a falta de procuração do advogado, conforme se verifica nos seguintes precedentes:

> *1. O Superior Tribunal de Justiça considera inexistente o recurso de agravo regimental no qual o advogado subscritor não possui procuração ou substabelecimento nos autos, não sendo passível sua regularização nesta instância, conforme pacífica jurisprudência (Súmula nº 115/STJ).*
>
> *2. Quando os autos nos quais constavam a procuração tiverem sido desapensados dos principais, incumbe à parte interessada juntar cópia do instrumento procuratório ou de novo mandato no momento processual oportuno, qual seja, a interposição do recurso especial, sobretudo porque eventual vício somente é sanável nas instâncias ordinárias.*

3. Em sede de apelo especial não cabe a aplicação do disposto no art. 13 do Código de Processo Civil.

4. Agravo regimental não conhecido.

(AgRg no REsp 879.021/SP, Rel. Ministro RICARDO VILLAS BÔAS CUEVA, TERCEIRA TURMA, julgado em 09/04/2013, DJe 12/04/2013)

1. A decisão agravada, ao aplicar a Súmula 115/STJ, não olvidou do fato de que a nomeação de advogado dativo, para fins representação processual, equivale à procuração. O que ocorre nos autos é que o defensor nomeado não subscreveu o agravo em recurso especial, sendo que, em relação à advogada que o fez, não consta nomeação, procuração ou substabelecimento, este último, conferido pelo advogado nomeado pelo Juízo.

2. O fato de que a advogada dativa integraria os quadros de Núcleo de Prática Jurídica de Faculdade de Direito não dispensa a apresentação de procuração ou de nomeação judicial. Nesse ponto, não há equiparação com a Defensoria Pública.

3. A Defensoria Pública, por força das atribuições expressas na legislação de regência da instituição, pode atuar na defesa de seus assistidos ou representados, razão pela qual seus integrantes, uma vez investidos no cargo de defensor público, podem atuar em juízo sem a exibição de procuração ou de nomeação.

4. No caso de Núcleo de Prática Jurídica ou de advogado dativo, embora prestem relevantes serviços, não existe previsão legal semelhante. Por essa razão, seus poderes de representação em juízo dependem de procuração ou nomeação, na qual não basta a indicação do Núcleo de Prática – pois este não possui capacidade para receber nomeação ou mandato –, mas é necessária a especificação do advogado a quem são atribuídos os poderes de representação.

5. Agravo regimental improvido.

(AgRg no AREsp 11.931/DF, Rel. Ministro SEBASTIÃO REIS JÚNIOR, SEXTA TURMA, julgado em 12/03/2013, DJe 19/03/2013)

1. O Superior Tribunal de Justiça considera inexistente o recurso de agravo regimental no qual o advogado subscritor não possui procuração ou substabelecimento nos autos, não sendo passível sua regularização nesta instância, conforme pacífica jurisprudência (Súmula nº 115/STJ).

2. Agravo regimental não conhecido.

(AgRg no AREsp 250.863/PR, Rel. Ministro RICARDO VILLAS BÔAS CUEVA, TERCEIRA TURMA, julgado em 26/02/2013, DJe 01/03/2013)

Evidentemente, eventual erro ou falta de procuração não caracteriza vício formal grave, pois pode ser juntada a procuração ou sanado o vício a qualquer momento. Nesse caso, nada impede que o S.T.J. ou o S.T.F. intime a parte para sanar o vício.

Aduz o *§ 4º do art. 1.029* do atual C.P.C. que *quando, por ocasião do processamento de incidente de resolução de demandas repetitivas, o presidente do Supremo Tribunal Federal ou do Superior Tribunal de Justiça receber requerimento de suspensão de processos em que se discuta questão federal constitucional ou infraconstitucional, poderá, considerando razões de segurança jurídica ou de excepcional interesse social, estender a suspensão a todo o território nacional, até ulterior decisão do recurso extraordinário ou do recurso especial a ser interposto.*

O incidente de resolução de demandas repetitivas é regulado pelos artigos 976 a 987 do atual C.P.C.

Segundo preceitua o art. 976 do atual C.P.C. é cabível a instauração do incidente de resolução de demandas repetitivas quando houver, simultaneamente: I – efetiva repetição de processos que contenham controvérsias sobre a mesma questão unicamente de direito; II – risco de ofensa à isonomia e à segurança jurídica

O que se pretende com a decisão a ser proferida no incidente de resolução de demandas repetitivas é dar segurança jurídica, evitando-se decisões conflitantes e impedindo o congestionamento de demandas repetitivas no âmbito do Poder Judiciário.

Admitido o incidente, o relator determinará a suspensão dos processos pendentes, individuais ou coletivos, que tramitam no Estado ou na região, conforme o caso. (Art. 982, inc. I, do atual C.P.C.).

Em regra, a suspensão dos demais processos ocorrerá apenas no âmbito da jurisdição do tribunal que conhecer do incidente de demandas repetitivas.

Porém, nos termos do §4º do art. 1.026 do atual C.P.C. quando, por ocasião de incidente de resolução de demandas repetitivas, o presidente do Supremo Tribunal Federal ou do Superior Tribunal de Justiça receber requerimento de suspensão de processos em que se discuta questão federal constitucional ou infraconstitucional, poderá, considerando razões de segurança jurídica ou de excepcional interesse social, estender a suspensão a todo o território nacional, até ulterior decisão do recurso extraordinário ou do recurso especial interposto.

Se não houver a interposição do recurso especial ou extraordinário, automaticamente ficará sem efeito a decisão proferida pelo presidente do S.T.F. ou do S.T.J.

Aduz o *§5º do art. 1.029* do atual C.P.C. que *o pedido de concessão de efeito suspensivo a recurso extraordinário ou especial poderá ser formulado por requerimento dirigido ao: I – tribunal superior respectivo, no período compreendido entre a interposição do recurso e sua distribuição, ficando o relator designado para seu exame prevento para julgá-*

-lo; II – ao relator, se já distribuído o recurso; III – ao presidente ou vice-presidente do tribunal local, no caso de o recurso ter sido sobrestado, nos termos do art. 1.037.

Este dispositivo preconiza qual será a autoridade competente para analisar o pedido de concessão de efeito suspensivo a recurso extraordinário ou especial.

Atualmente, o pedido de efeito suspensivo a recurso especial ou extraordinário é formulado por meio de medida cautelar.

Contudo, como se trata de medida de natureza satisfativa, não há mais necessidade de se ingressar com processo cautelar autônomo, podendo o pedido ser formulado por meio de petição.

Assim, no período compreendido entre a interposição do recurso especial ou extraordinário e a sua distribuição aos Tribunais Superiores, o pedido de concessão de efeito suspensivo deverá ser dirigido diretamente ao tribunal superior respectivo, ou seja, ao S.T.J., no caso de recurso especial, ou ao S.T.F., no caso de recurso extraordinário, ficando o relator para o qual foi distribuído o pedido prevento para conhecer do recurso.

Durante a vigência do C.P.C. de 1973, na hipótese acima referida, a competência seria do presidente ou vice-presidente do tribunal inferior. Nesse sentido era o teor da Súmula 634 do S.T.F.: *não compete ao Supremo Tribunal Federal conceder medida cautelar para dar efeito suspensivo a recurso extraordinário que ainda não foi objeto de juízo de admissibilidade na origem.*

No mesmo sentido eram os seguintes precedentes do S.T.J.:

> *1. A competência do Superior Tribunal de Justiça para a apreciação de medida cautelar, objetivando concessão de efeito suspensivo a recurso especial, instaura-se após ultrapassado o juízo de admissibilidade, a cargo do tribunal de origem.*
>
> *2. A atribuição, em caráter excepcional, de efeito suspensivo a recurso especial, pendente de juízo de admissibilidade, depende da presença cumulativa dos requisitos do periculum in mora e do fumus boni juris, aliados à teratologia ou manifesta ilegalidade da decisão.*
>
> *3. No caso dos autos, em um exame perfunctório, não se constata a presença dos requisitos autorizadores da concessão da medida cautelar.*
>
> *4. Agravo regimental não provido.*
>
> (AgRg na MC 22.658/SP, Rel. Ministro RICARDO VILLAS BÔAS CUEVA, TERCEIRA TURMA, julgado em 26/08/2014, DJe 05/09/2014).

> *1. O pedido de concessão de efeito suspensivo a recurso especial pendente de admissibilidade pela Corte a quo somente pode ser examinado pelo Superior Tribunal de Justiça quando amplamente demonstrada a presença de situação excepcionalíssima, consistente na manifesta ilegalidade ou teratologia do aresto impugnado, aliado a um*

evidente risco de dano de difícil reparação, uma vez que, via de regra, a competência para exame de tal pleito é do próprio Tribunal Estadual.

1.1. Tal orientação está consolidada nas Súmulas 634 e 635 do STF, aplicadas analogicamente por esta Corte de Uniformização: Não compete ao Supremo Tribunal Federal conceder medida cautelar para dar efeito suspensivo a recurso extraordinário que ainda não foi objeto de juízo de admissibilidade na origem (súmula 634). Cabe ao Presidente do Tribunal de origem decidir o pedido de medida cautelar em recurso extraordinário ainda pendente de seu juízo de admissibilidade (súmula 635).

(...).

(AgRg na MC 22.257/RJ, Rel. Ministro MARCO BUZZI, QUARTA TURMA, julgado em 19/08/2014, DJe 02/09/2014).

Se o recurso extraordinário ou especial já tiver sido distribuído no Tribunal Superior, o pedido de suspensão do recurso deverá ser dirigido ao respectivo relator.

Se o recurso especial ou extraordinário for sobrestado (art. 1.037 do atual C.P.C.) no tribunal de origem, o pedido de efeito suspensivo deverá ser dirigido ao presidente ou vice-presidente do tribunal local.

Questão que se coloca é se o presidente ou vice-presidente negar o efeito suspensivo requerido. Nessa hipótese, qual recurso seria cabível.

Em tese, não caberia o agravo interno, tendo em vista que o presidente ou vice-presidente não são relatores, muito menos estão subordinados, nessa hipótese, a órgão colegiado.

Sob a égide do C.P.C. de 1973, o S.T.J., em determinadas decisões, entendia ser possível a interposição de agravo de instrumento, com base no art. 544 do C.P.C. revogado, agora denominado agravo em recurso especial ou extraordinário previsto no art. 1.039 do atual C.P.C. Nesse sentido, eis o seguinte precedente do S.T.J.:

1. Cabe ao STJ, por meio de agravo de instrumento previsto no art. 544 do CPC, exercer o controle jurisdicional de decisão proferida pela Vice-Presidência do Tribunal de origem, concessiva de efeito suspensivo de efeito suspensivo a recurso especial, já que se trata de decisão inserida no exercício das atribuições relacionadas com o juízo de admissibilidade do referido recurso. Precedentes.

2. Sendo assim, é incabível, contra a referida decisão, a interposição de meio impugnativo ou recurso interno para órgão colegiado do próprio Tribunal de origem. Assim, ultrapassado o prazo do art. 544 do CPC, resta preclusa a matéria, não sendo cabível buscar seu reexame por medida cautelar.

3. Agravo regimental a que se nega provimento.

(AgRg na MC 14.635/PR, Rel. Ministro TEORI ALBINO ZAVASCKI, PRIMEIRA TURMA, julgado em 16/09/2008, DJe 22/09/2008)

Todavia, também havia jurisprudência do S.T.J. que não admitia o Agravo de Instrumento previsto no art. 544 do C.P.C. de 1973 contra decisão que indeferia medida cautelar para dar efeito suspensivo a recurso especial interposto. Nesse sentido é o seguinte precedente:

1. Cuida-se de agravo regimental que objetiva combater decisão da Presidência desta Corte que negou seguimento a agravo de instrumento interposto contra decisão monocrática, da Vice-Presidência do Tribunal Regional da 2ª Região, que indeferiu o pedido de tutela cautelar.

2. "As hipóteses de cabimento do denominado agravo de instrumento para esta Corte estão adstritas aos arts. 544 e 539, parágrafo único, ambos do CPC. O primeiro, que passou a ser nos próprios autos diante das alterações decorrentes da Lei n. 12.322/2010, objetiva dar seguimento a recurso especial interposto cujo trânsito fora obstado; o segundo é cabível de decisões interlocutórias proferidas por juiz federal nas 'causas em que forem partes, de um lado, Estado estrangeiro ou organismo internacional e, do outro, Município ou pessoa residente ou domiciliada no País' (art. 539, II, 'b', do CPC)." Precedente: AgRg no Ag 1430927/RJ, Rel. Min. Mauro Campbell Marques, Segunda Turma, julgado em 16.10.2012, DJe 24.10.2012.

3. Incabível, portanto, agravo de instrumento contra decisão monocrática da Vice-presidência da Corte de origem que indeferiu o pedido de tutela cautelar.

Agravo regimental improvido.

(AgRg no Ag 1431096/RJ, Rel. Ministro HUMBERTO MARTINS, SEGUNDA TURMA, julgado em 06/12/2012, DJe 17/12/2012)

O S.T.J. também permitia a interposição de nova medida cautelar diretamente ao Tribunal Superior. Nesse sentido é o seguinte precedente:

1. A imissão provisória no imóvel cujo valor do depósito baseou-se em prova pericial oficial em face das conjecturas da área expropriada é matéria insindicável pelo E. STJ, mercê de a discricionariedade judicial receber o respaldo do art. 15, § 1º, alínea "d", do Decreto-lei nº 3.365/41 (Precedentes: RESP nº 258.283/RS, RESP nº 74.466/SP, RESP nº 74.179/RO, RESP 31678/SP, RESP 14.004/SP, ERESP nº 895/SP, ERESP nº23.649/SP) 2. Deveras, o valor expressivo que considera a inutilização da propriedade e fixa o depósito à luz dessa constatação, atende ao cânone constitucional da "prévia" e justa indenização, mercê de transpor o óbice da Súmula 07, interdições aplicáveis ao recurso especial (ação principal) que se espraiam para a ação cautelar (ação acessória).

3. O recurso especial deve permanecer retido nos autos quando interposto contra decisão interlocutória proferida em processo de conhecimento, cautelar ou embargos à execução (art. 542, § 3º do CPC).

4. A interlocutória que versa medida urgente, com repercussão danosa, impõe o destrancamento do recurso especial. Precedentes: AGA 447101, Rel.Min. Luiz Fux, DJ de 02/12/2002; MC nº 3645/RS, 3ª Turma, Relª Minª NANCY ANDRIGHI, DJ de 15/10/2001; MC nº 3564/MG, 3ª Turma, Rel. Min. CARLOS ALBERTO MENEZES DIREITO, DJ de 27/08/2001.

5. In casu, o acórdão proferido em sede de agravo de instrumento contra o qual foi interposto recurso especial manteve a decisão liminar proferida em sede de ação de desapropriação que condicionou o deferimento da imissão provisória na posse do imóvel expropriado ao pagamento de R$ 5.460.000,00 (cinco milhões quatrocentos e sessenta mil reais), tendo a requerente efetuado depósito judicial do valor de R$ 704.353,00 (setecentos e quatro mil, trezentos e cinquenta e três reais) 6. A apreciação de pedido de efeito suspensivo a recurso especial que encontra-se pendente de admissibilidade é de competência do Tribunal de origem, em razão da incidência dos verbetes sumulares nºs 634 e 635 do STF (Súmula 634 – "Não compete ao Supremo Tribunal Federal conceder medida cautelar para dar efeito suspensivo a recurso extraordinário que ainda não foi objeto de juízo de admissibilidade na origem" ; Súmula 635 – "Cabe ao Presidente do Tribunal de origem decidir o pedido de medida cautelar em recurso extraordinário ainda pendente do seu juízo de admissibilidade").

7. O egrégio S.T.J, em casos excepcionais, tem deferido efeito suspensivo a recurso especial ainda não admitido, com o escopo de evitar teratologias, ou a fim de obstar os efeitos de decisão contrária à jurisprudência pacífica desta C. Corte Superior, em hipóteses em que demonstrado o perigo de dano irreparável ou de difícil reparação.

8. In casu, a hipótese delineada nos autos não revela a teratologia da decisão fustigada, haja vista que o aresto impugnado por meio do recurso especial fixou o depósito prévio para fins de imissão provisória na posse do imóvel expropriado, o valor total sugerido pelo perito do juízo de R$5.460.000,00 (fl.210) a título de indenização pela área expropriada, sendo certo que o requerente prestou contra-cautela equivalente a 12,90% (R$ 704.353,00) sobre referido quantum, uma vez que revela-se admissível a exigência de depósito integral para referido fim, e, da mesma forma, não autoriza o destrancamento do recurso especial cuja controvérsia impõe o reexame de matéria de conteúdo fático-probatório.

9. As interdições à cognição da Corte, implicam no esvaziamento das questões processuais inerentes ao destrancamento do recurso e sua subida independentemente de admissão.

10. Agravo Regimental desprovido.

(AgRg na MC 14.073/RJ, Rel. Ministro LUIZ FUX, PRIMEIRA TURMA, julgado em 17/03/2009, DJe 23/04/2009)

O Projeto de Lei n. 2.384-B de 2015, aprovado na Câmara dos Deputados em 21.10.2015, deu a seguinte redação ao §5º do art. 1.029 do novo C.P.C.:

§ 5º ....

I – ao tribunal superior respectivo, no período compreendido entre a publicação da decisão de admissão do recurso e sua distribuição, ficando o relator designado para seu exame prevento para julgá-lo;

III – ao presidente ou vice-presidente do tribunal recorrido, no período compreendido entre a interposição do recurso e a publicação da decisão de admissão do recurso, assim como no caso de o recurso ter sido sobrestado, nos termos do art. 1.037.

O projeto aguarda análise no Senado Federal.

Art. 1.030

Recebida a petição do recurso pela secretaria do tribunal, o recorrido será intimado para apresentar contrarrazões no prazo de 15 (quinze) dias, findo o qual os autos serão remetidos ao respectivo tribunal superior.

Parágrafo único. A remessa de que trata o caput dar-se-á independentemente de juízo de admissibilidade.

Prazo para apresentação de contrarrazões

O recurso extraordinário ou especial deverá ser interposto perante a presidência ou vice-presidência do tribunal recorrido, em petição distinta, conforme estabelece o art. 1.029 do atual C.P.C. Embora sejam esses recursos interpostos perante a presidência ou vice-presidência do tribunal de origem, a petição não será de pronto conclusa a esses magistrados, mas, sim, protocolizada em secretaria ou no sistema do processo eletrônico.

Uma vez protocolizada a petição, a própria secretaria determinará a intimação do recorrido, por ato ordinatório, para apresentar contrarrazões recursais no prazo de quinze dias.

O recorrido poderá impugnar o mérito do recurso como também o seu efetivo cabimento, ou seja, sua admissibilidade.

Os recursos especiais e extraordinários terão efeito devolutivo limitado, pois somente devolvem ao S.T.J. ou ao S.T.F. as questões restritivamente indicadas nos arts. 102 e 105 da C.F., excluídas, portanto, as questões de fato.

Somente após transcorrido o prazo de quinze dias para a apresentação das contrarrazões recursais, contado da data da intimação do recorrido, é que os autos serão remetidos ao respectivo tribunal superior.

Prescreve o *parágrafo único do art. 1.030* do atual C.P.C. que *a remessa de que trata o 'caput' dar-se-á independentemente de juízo de admissibilidade.*

Emenda da Câmara dos Deputados retirou a possibilidade do presidente ou vice-presidente do tribunal 'a quo' realizar juízo de admissibilidade do recurso especial ou extraordinário.

Não haverá mais espaço para que o tribunal 'a quo' admita ou não o recurso especial ou extraordinário, pois o novo C.P.C. prescreveu que essa competência será apenas e tão somente do S.T.J. e do S.T.F.

Essa alteração, sem dúvida, irá esvaziar, e muito, a atual função da vice-presidência ou da presidência do tribunal 'a quo', uma vez que não haverá mais espaço para análise de admissibilidade de recurso especial ou extraordinário.

Outrossim, entendo que o S.T.J. e o S.T.F. ficarão ainda mais sobrecarregados com a necessidade de se fazer a análise de admissibilidade de todos os recursos especiais ou extraordinários interposto no Brasil, tornando-se ainda mais moroso o trâmite processual.

É certo que já está tramitando na Câmara dos Deputados e no Senado Federal dois projetos de lei visando à alteração da Lei 13.105 de 2015 (novo C.P.C.), no sentido de que a sistemática de análise do juízo de admissibilidade de recurso especial e de recurso extraordinário volte a ser como era na vigência do C.P.C. de 1973.

O Projeto de Lei n. 2.384-B de 2015 foi aprovado na Câmara dos Deputados no dia 21 de outubro de 2015, e aguarda análise no Senado Federal. Este projeto deu nova redação ao art. 1.030 do novo C.P.C., a saber:

"Art. 1.030. Recebida a petição do recurso pela secretaria do tribunal, o recorrido será intimado para apresentar contrarrazões no prazo de quinze dias, findo o qual os autos serão conclusos ao presidente ou ao vice-presidente do tribunal recorrido, que deverá: I – negar seguimento a recurso extraordinário que trate de controvérsia a que o Supremo Tribunal Federal tenha negado a repercussão geral; II – negar seguimento a recurso extraordinário ou a recurso especial interposto contra acórdão em conformidade com o precedente de repercussão geral ou de recurso especial em questão repetitiva; III – encaminhar o processo ao órgão julgador para juízo de retratação, se o acórdão recorrido divergir de precedente de repercussão geral ou de recurso especial em questão repetitiva; IV – sobrestar o recurso que versar sobre controvérsia de caráter repetitivo ainda não decidida por tribunal superior; V – selecionar o recurso como representativo de controvérsia constitucional ou infraconstitucional de caráter repetitivo, nos termos do § 6º do art. 1.036; VI – realizar juízo de admissibilidade e, se positivo, remeter o feito ao tribunal superior correspondente, desde que: a) o recurso ainda não tenha sido submetido ao regime da repercussão geral ou do recurso especial repetitivo; b) o recurso tenha sido selecionado como representativo da controvérsia; ou c) o tribunal recorrido tenha refutado o juízo de retratação.

§ 1º Das decisões de inadmissibilidade proferidas com fundamento no inciso VI caberá agravo ao tribunal superior, nos termos do art. 1.042.

§ 2º Das decisões proferidas com fundamento nos incisos I, II e IV caberá agravo interno, nos termos do art. 1.021." (NR)

Art. 1.031

Na hipótese de interposição conjunta de recurso extraordinário e recurso especial, os autos serão remetidos ao Superior Tribunal de Justiça.

§ 1º Concluído o julgamento do recurso especial, os autos serão remetidos ao Supremo Tribunal Federal para apreciação do recurso extraordinário, se este não estiver prejudicado.

§ 2º Se o relator do recurso especial considerar prejudicial o recurso extraordinário, em decisão irrecorrível, sobrestará o julgamento e remeterá os autos ao Supremo Tribunal Federal.

§ 3º Na hipótese do § 2º, se o relator do recurso extraordinário, em decisão irrecorrível, rejeitar a prejudicialidade, devolverá os autos ao Superior Tribunal de Justiça para o julgamento do recurso especial.

Interposição simultânea de recurso especial e extraordinário – consequências jurídicas Na hipótese de interposição conjunta de recurso extraordinário e recurso especial, os autos serão remetidos, primeiramente, ao Superior Tribunal de Justiça.

Este dispositivo trata especificamente do caso em que há interposição conjunta de ambos os recursos, especial e extraordinário, ou quando há a interposição isolada apenas do recurso especial.

Na hipótese de ter sido interposto somente o recurso extraordinário, os autos serão remetidos, não ao Superior Tribunal de Justiça, mas ao Supremo Tribunal Federal, que é competente para julgar o aludido recurso.

Interpostos tanto o recurso especial quanto o recurso extraordinário, os autos serão primeiramente encaminhados ao Superior Tribunal de Justiça, ficando suspensa a análise do recurso extraordinário. Assim, serão analisadas, em primeiro lugar, as razões recursais do recurso especial, sendo que, e se for o caso, após essa análise é que o recurso extraordinário será remetido ao S.T.F para apreciação das razões recursais do recurso extraordinário.

Portanto, a parte tem o dever de ingressar com ambos os recursos se o acórdão recorrido assenta-se em fundamento constitucional e infraconstitucional, sob pena de não ser conhecido o recurso especial.[920]

Aduz o *§ 1º do art. 1.031* do atual C.P.C. que *concluído o julgamento do recurso especial, os autos serão remetidos ao Supremo Tribunal Federal para apreciação do recurso extraordinário, se este não estiver prejudicado.*

Se houver impugnação conjunta do acórdão do tribunal *a quo*, mediante recurso especial e extraordinário, o Superior Tribunal de Justiça deverá conhecer em primeiro lugar do recurso de sua competência.

Se o Superior Tribunal de Justiça negar provimento ao recurso especial, os autos serão remetidos ao Supremo Tribunal Federal para a análise e julgamento do recurso extraordinário, independentemente de qualquer ato do relator. A remessa é automática pela secretaria do tribunal.

Por sua vez, se o Superior Tribunal de Justiça der provimento ao recurso especial, resta prejudicado o recurso extraordinário, por falta de objeto. Nesse sentido é o seguinte precedente do Supremo Tribunal Federal:

> *(...).*
>
> *2. Aresto do Superior Tribunal de Justiça, que, em Recurso Especial contra acórdão regional, julga extinto o processo, por ilegitimidade passiva "ad causam", deixando claro a Corte, posteriormente, em embargos declaratórios, que a extinção abrange toda a relação processual e não apenas aquela relativa a um dos pedidos alternativos (o de isenção), e, sim, também, quanto ao outro (o de inexigibilidade). 3. Com o trânsito em julgado desse acórdão, assim esclarecido nos embargos declaratórios, restou prejudicado o recurso extraordinário para o S.T.F., interposto contra o mesmo julgado regional e que visava ao exame do pedido de reconhecimento da inexigibilidade do tributo, porque não recebido pela Constituição (fundamento constitucional). Agravo regimental improvido.*
>
> (RE 182416 AgR, Relator(a): Min. SYDNEY SANCHES, Primeira Turma, julgado em 09/05/1995, DJ 10-11-1995 PP-38327 EMENT VOL-01808-06 PP-01160).

[920] Aliás, conforme estabelece a Súmula 126 do S.T.J.: *"É inadmissível recurso especial, quando o acórdão recorrido assenta em fundamentos constitucional e infraconstitucional, qualquer deles suficiente, por si só, para mantê-lo, e a parte vencida não manifesta recurso extraordinário".*

Aduz o *§ 2º do art. 1.031* do atual C.P.C. *se o relator do recurso especial considerar prejudicial o recurso extraordinário, em decisão irrecorrível, sobrestará o julgamento e remeterá os autos ao Supremo Tribunal Federal.*

Pode ocorrer que ao chegar os recursos ao Superior Tribunal de Justiça, o relator sorteado considere *prejudicial* a análise do recurso extraordinário para efeito de conhecimento do recurso especial. Nessa hipótese, por meio de decisão *irrecorrível*, o relator sobrestará o julgamento do recurso especial, remetendo os autos ao Supremo Tribunal Federal para a análise do recurso extraordinário considerado prejudicial em relação ao especial.

É de inteira *discricionariedade* do relator do recurso especial decidir se o recurso extraordinário é ou não *prejudicial* em relação ao recurso de competência do S.T.J. Nesse sentido são os seguintes precedentes do S.T.J.:

> *(...).*
>
> *2. O STF, ao analisar questão relativa à atualização dos saldos do FGTS no julgamento do Recurso Extraordinário n. 226.855/RS, fê-lo à luz do princípio do direito adquirido, sem declarar, contudo, a inconstitucionalidade de nenhum dispositivo legal.*
>
> *3. O sobrestamento não é uma obrigação que se impõe ao julgador, mas sim uma faculdade que lhe é atribuída, ficando a seu exclusivo critério decidir sobre a prejudicialidade do recurso extraordinário em relação ao especial.*
>
> *4. Recurso especial parcialmente provido.*
>
> (REsp 585.516/SC, Rel. Ministro JOÃO OTÁVIO DE NORONHA, SEGUNDA TURMA, julgado em 06/12/2005, DJ 01/02/2006, p. 481)

> *(...).*
>
> *3. O sobrestamento não é uma obrigação que se impõe ao julgador, mas sim uma faculdade que lhe é atribuída, ficando a seu exclusivo critério decidir sobre a prejudicialidade do recurso extraordinário em relação ao especial.*
>
> *4. Recurso especial dos titulares improvido.*
>
> (REsp 761.847/SC, Rel. Ministro JOÃO OTÁVIO DE NORONHA, SEGUNDA TURMA, julgado em 01/09/2005, DJ 26/09/2005, p. 348)

> *(...).*
>
> *5. Havendo fundamento predominante no acórdão recorrido de natureza constitucional ou ação pendente de julgamento no colendo STF, não significa que há de se cumprir o disposto no art. 543, § 2º, do CPC (sobrestamento do recurso especial até o julgamento do recurso extraordinário). Para aplicar tal dispositivo legal, o relator deve considerar que, na hipótese, o recurso extraordinário é prejudicial ao recurso especial. É ato de pura discricionariedade, devendo se atentar pelo sobrestamento ou, se assim*

achar, negar seguimento ou não conhecer do Especial ante à predominância de tema de ordem constitucional.

6. Embargos rejeitados.

(EDcl no AgRg no Resp 306888/SC, Rel. Ministro JOSÉ DELGADO, PRIMEIRA TURMA, julgado em 02/10/2001, DJ 04/02/2002, p. 300)

Assim, se o acórdão recorrido estruturar-se, basicamente, em fundamento constitucional e infraconstitucional, devendo o primeiro fundamento ser afastado para que se possa ingressar no segundo fundamento, haverá no caso prejudicialidade do recurso extraordinário em relação ao recurso especial.

Por sua vez, a existência de recurso extraordinário admitido pelo S.T.F. não é motivo para sobrestamento do recurso especial, se a decisão deste estiver em consonância com o atual entendimento do S.T.F., já manifestado em precedentes anteriores. (Nesse sentido é o Resp n. 35.264-SP, rel. Min. José de Jesus Filho, j. 12.9.95).

Preconiza o *§ 3º do art. 1.031* do atual C.P.C. que *na hipótese do § 2º, se o relator do recurso extraordinário, em decisão irrecorrível, rejeitar a prejudicialidade, devolverá os autos ao Superior Tribunal de Justiça, para o julgamento do recurso especial.*

A decisão proferida pelo S.T.J., conforme estabelece o §2º deste artigo, reconhecendo a existência de uma questão prejudicial de constitucionalidade, em hipótese alguma vincula o Supremo Tribunal Federal, a quem compete o monopólio de última palavra sobre o tema. Nesse sentido é o seguinte precedente do S.T.F.:

(...).

A decisão proferida pelo Superior Tribunal de Justiça – reconhecendo, na causa, a existência de uma questão prejudicial de constitucionalidade – não vincula o Supremo Tribunal Federal, a quem compete o monopólio da última palavra sobre esse tema.

(...).

(AI 246239 AgR, Relator(a): Min. CELSO DE MELLO, Segunda Turma, julgado em 26/10/1999, DJ 26-11-1999 PP-00111 EMENT VOL-01973-12 PP-02558).

Portanto, se o relator do recurso extraordinário, em decisão irrecorrível, rejeitar a prejudicialidade, devolverá os autos ao Superior Tribunal de Justiça para prosseguimento do julgamento do recurso especial.

Art. 1.032

Se o relator, no Superior Tribunal de Justiça, entender que o recurso especial versa sobre questão constitucional, deverá conceder prazo de 15 (quinze) dias para que o recorrente demonstre a existência de repercussão geral e se manifeste sobre a questão constitucional.

Parágrafo único. Cumprida a diligência de que trata o caput, o relator remeterá o recurso ao Supremo Tribunal Federal, que, em juízo de admissibilidade, poderá devolvê-lo ao Superior Tribunal de Justiça.

Matéria constitucional formulada em recurso especial

Esta permissibilidade procedimental não havia no C.P.C. de 1973.

Este dispositivo reforça a concepção ideológica do legislador do novo C.P.C. em respaldar com maior força o princípio da *instrumentalidade do processo* e da *instrumentalidade das formas procedimentais*, evitando-se deixar de conhecer recursos por mero erro formal.

Assim, se o recorrente inserir como fundamento do recurso especial matéria constitucional, e o relator, no Superior Tribunal de Justiça, entender que o recurso especial versa efetivamente sobre questão constitucional, deverá conceder prazo de quinze dias para que o recorrente deduza as razões que revelem a existência de repercussão geral, remetendo, em seguida, os autos ao Supremo Tribunal Federal, que procederá o juízo de admissibilidade ou os devolverá ao Superior Tribunal de Justiça, por decisão irrecorrível.

Portanto, o fato de o recurso especial encontrar-se fundamentado única e exclusivamente em questão constitucional, não mais autoriza, de plano, a sua inadmissibilidade ou não conhecimento do recurso, mas, sim, após a devida inserção nas razões recursais que revelem a existência de repercussão geral, a aplicação do princípio da fungibilidade recursal, mediante a remessa dos autos ao S.T.F., que procederá à sua admissibilidade ou os devolverá ao S.T.J., por decisão irrecorrível.

Na realidade, o S.T.J., diante dessas circunstâncias, aplica o princípio da fungibilidade recursal, dando contornos de típico recurso extraordinário ao recurso especial, para legitimar a remessa dos autos ao S.T.F.

Art. 1.033

Se o Supremo Tribunal Federal considerar como reflexa a ofensa à Constituição afirmada no recurso extraordinário, por pressupor a revisão da interpretação da lei federal ou de tratado, remetê-lo-á ao Superior Tribunal de Justiça para julgamento como recurso especial.

Ofensa reflexa à Constituição

Como se disse em relação ao artigo anterior, este dispositivo reforça a concepção ideológica do legislador do novo C.P.C. em respaldar com mais força o princípio da *instrumentalidade do processo* e da *instrumentalidade das formas procedimentais*, evitando-se deixar de conhecer recursos por mero erro formal.

Na realidade, durante a vigência do C.P.C. de 1973, o Supremo Tribunal Federal, ao deparar-se com recurso extraordinário em que a questão nele ventilada tivesse conteúdo simplesmente legal, sendo somente indireta a ofensa à Constituição Federal, não admitia o recurso, pois inexistia a possibilidade de remessa dos autos ao S.T.J. Nesse sentido eram os seguintes precedentes do S.T.F.:

> *I – Esta Corte firmou orientação no sentido de ser inadmissível, em regra, a interposição de recurso extraordinário para discutir matéria relacionada à ofensa aos princípios constitucionais do devido processo legal, da ampla defesa, do contraditório e da prestação jurisdicional, quando a verificação dessa alegação depender de exame prévio de legislação infraconstitucional, por configurar situação de ofensa reflexa ao texto constitucional. II – A exigência do art. 93, IX, da Constituição não impõe seja a decisão exaustivamente fundamentada. O que se busca é que o julgador indique de forma clara as razões de seu convencimento. III – É inadmissível o recurso extraordinário quando sua análise implica rever a interpretação de norma infraconstitucional que fundamenta a decisão a quo. A afronta à Constituição, se ocorrente, seria apenas indireta. IV – Agravo regimental a que se nega provimento.*
>
> (ARE 788756 AgR, Relator(a): Min. RICARDO LEWANDOWSKI, Segunda Turma, julgado em 26/08/2014, PROCESSO ELETRÔNICO DJe-171 DIVULG 03-09-2014 PUBLIC 04-09-2014).

> *A situação de ofensa meramente reflexa ao texto constitucional, quando ocorrente, não basta, só por si, para viabilizar o acesso à via recursal extraordinária.*
>
> (ARE 782590 AgR, Relator(a): Min. CELSO DE MELLO, Segunda Turma, julgado em 26/08/2014, PROCESSO ELETRÔNICO DJe-174 DIVULG 08-09-2014 PUBLIC 09-09-2014)

Atualmente, não será mais o caso de não se conhecer do recurso extraordinário, mas, sim, aplicar o princípio da fungibilidade recursal, a fim de que o recurso seja remetido ao S.T.J. para julgamento da questão infraconstitucional, sendo essa decisão irrecorrível.

Na realidade, essa foi uma grande inovação do legislador em prol da garantia do acesso à justiça, pois a questão da ofensa indireta ou reflexa à Constituição era extremamente complexa e gerava muita insegurança aos recorrentes, pois essa análise ficava ao crivo subjetivo e às vezes discricionário do relator do recurso extraordinário.

O S.T.J. poderá realizar novamente o juízo de admissibilidade do recurso especial, não podendo somente deixar de conhecer do recurso em face da fungibilidade aplicada pelo S.T.F.

Art. 1.034

Admitido o recurso extraordinário ou o recurso especial, o Supremo Tribunal Federal ou o Superior Tribunal de Justiça julgará o processo, aplicando o direito.

Parágrafo único. Admitido o recurso extraordinário ou o recurso especial por um fundamento, devolve-se ao tribunal superior o conhecimento dos demais fundamentos para a solução do capítulo impugnado.

Jura novit curia

Para que o S.T.F ou o S.T.J. possa conhecer do recurso extraordinário ou especial, é necessário que tenha havido o pré-questionamento da questão de direito a ser levada ao conhecimento desses tribunais superiores.

Havendo o pré-questionamento, o S.T.J e o S.T.F. julgará a causa de acordo com o Direito, aplicando o princípio *jura novit curia.*

Preceitua o *parágrafo único do art. 1.034* do atual C.P.C. que *admitido o recurso extraordinário ou o recurso especial por um fundamento, devolve-se ao tribunal superior o conhecimento dos demais fundamentos para a solução do capítulo impugnado.*

Este dispositivo não está de acordo com o delineamento do recurso extraordinário ou do recurso especial pelo novo C.P.C.

É que não há mais juízo de admissibilidade desses recursos por parte da presidência ou vice-presidência do tribunal *a quo.*

Talvez esse dispositivo possa ainda ser aplicado nas hipóteses dos processos sobrestados ou suspensos que estão aguardando solução em decorrência de repercussão geral ou de recursos repetitivos.

Assim, se o recurso extraordinário/especial for admitido por um fundamento, poderá o S.T.J. ou o S.T.F., ao julgá-lo, conhecer *ex officio* ou por provocação todos os demais fundamentos e todas as questões relevantes para a solução do capítulo impugnado, mesmo que não tenham sido enfrentados no acórdão recorrido.[921]

Há certa flexibilidade para conhecimento da causa de pedir, especialmente pelo efeito devolutivo que esse tipo de recurso apresenta.

Nesse sentido, aliás, é o que dispõe a Súmula 456 do S.T.F., a saber: *"O Supremo Tribunal Federal, conhecendo do recurso extraordinário, julgará a causa, aplicando o direito à espécie"*. No mesmo sentido é a Súmula 457 do S.T.F., desta vez fazendo referência ao Tribunal Superior do Trabalho: *"O Tribunal Superior do Trabalho, conhecendo da revista, julgará a causa, aplicando o direito à espécie"*.

O mesmo preceito normativo encontra-se no art. 257 do RISTJ e art. 324 do RISTF.

Diante dessas considerações, percebe-se que o S.T.F. ou o S.T.J. poderá analisar matéria que não foi examinada na instância inferior, desde que tenha ocorrido o *pré-questionamento* para fins de admissibilidade de recurso. Sobre o tema eis a seguinte lição de Didier Jr. e Carneiro da Cunha: *"Assim, poderá o STF/STJ analisar matéria que não foi examinada na instância 'a quo', pois o prequestionamento diz respeito apenas ao juízo de admissibilidade. O juízo de rejulgamento da causa é diferente do juízo de admissibilidade do recurso extraordinário: para que se admita o recurso é indispensável o prequestionamento, mas, uma vez admitido, no juízo de rejulgamento, não há qualquer limitação cognitiva, a não ser a limitação horizontal estabelecida pelo recorrente (extensão do efeito devolutivo). Conhecido o recurso excepcional, a profundidade do seu efeito devolutivo não tem qualquer peculiaridade. Nada há de especial no 'julgamento' de um recurso excepcional; o 'excepcional' em um recurso excepcional está em seu juízo de admissibilidade, tendo em vista as suas estritas hipóteses de cabimento"*.[922]

Diante dessas considerações, chega-se à seguinte conclusão: a) o recurso extraordinário e especial não são recursos de cassação, mas de revisão; b) para o juízo de admissibilidade desses recursos deverá haver prequestionamento de determinada questão jurídica; c) para fins de julgamento (efeito translativo ou profundidade do efeito devolutivo), porém, uma vez admitido o recurso extraordinário ou especial, poderá o tribunal superior examinar todas as matérias que possam ser examinadas a qualquer tempo, inclusive prescrição e decadência e as questões de ordem pública. E é com base nessa premissa que se permite ao STJ fazer controle de constitucionalidade, no julgamento de recurso especial, da lei que se reputa ofendida.[923]

[921] Didier Jr., F.; da Cunha, L. J. C., op. cit., p. 236.
[922] Didier Jr., F.; da Cunha, L. J. C., idem, p. 237.
[923] Didier Jr., F., da Cunha, L. J. C., idem, p. 238.

Sobre o tema eis os seguintes precedentes do S.T.J.:

1. Em sede de recurso especial, é possível examinar, de ofício, questões que envolvam a declaração de nulidade processual absoluta, ainda que tal exame esteja subordinado ao conhecimento do recurso especial, dado o efeito translativo dos recursos. Nesse sentido: REsp 609.144/SC, 1ª Turma, Rel. Min. Teori Albino Zavascki, RDR, vol. 30, p. 333; AgRg no REsp 803.656/PR, 1ª Turma, Rel. Min. Denise Arruda, DJe 13.11.2009; EDcl nos EDcl no REsp 920.334/SP, 2ª Turma, Rel. Min. Castro Meira, DJe 12.8.2008.

(...).

3. Verifica-se a ocorrência de nulidade processual absoluta por inobservância dos arts. 128, 460 e 515 do Código de Processo Civil, pois o Tribunal de origem incorreu em julgamento citra petita, na medida em que não se pronunciou sobre o pretendido desconto de 30% a que se refere o art. 6º, II, da Medida Provisória n. 1.706/98, tampouco sobre a alegada inaplicabilidade da Taxa Referencial a título de correção monetária. Por outro lado, ao se manifestar sobre a tabela PRICE, o Tribunal de origem incorreu em julgamento extra petita.

4. Recursos especiais conhecidos e decretada, de ofício, a nulidade do acórdão recorrido, determinando-se ao Tribunal de origem que proceda a um novo julgamento da causa, com a observância dos limites em que a lide foi proposta.

(REsp 1205340/PE, Rel. Ministro MAURO CAMPBELL MARQUES, SEGUNDA TURMA, julgado em 16/12/2010, DJe 08/02/2011)

1. Até mesmo as questões de ordem pública, passíveis de conhecimento ex officio, em qualquer tempo e grau de jurisdição ordinária, não podem ser analisadas no âmbito do recurso especial se ausente o requisito do prequestionamento.

2. Excepciona-se a regra se o recurso especial ensejar conhecimento por outros fundamentos, ante o efeito translativo dos recursos, que tem aplicação, mesmo que de forma temperada, na instância especial.

Precedentes.

3. Aplicação analógica da Súmula 456/STF, segundo a qual "o Supremo Tribunal Federal, conhecendo do recurso extraordinário, julgará a causa, aplicando o direito à espécie".

4. Diz-se extra petita a decisão que aprecia pedido ou causa de pedir distintos daqueles apresentados pelo autor na inicial, isto é, aquela que confere provimento judicial sobre algo que não foi pedido.

5. Na hipótese, as autoras, ora recorrentes, defenderam que o enquadramento das atividades da empresa, para fins de apuração das alíquotas do SAT, deve corresponder ao grau de risco da atividade desenvolvida em cada estabelecimento da empresa. A

Corte regional, porém, proferiu julgamento diverso relativo à possibilidade de o decreto regulamentador dispor sobre o grau de risco das atividades desenvolvidas pelas empresas, dada a impossibilidade de a lei prever todas as condições sociais, econômicas e tecnológicas que emergem das atividades laborais.

6. Embargos de declaração acolhidos com efeitos modificativos, para conhecer do recurso especial e dar-lhe provimento.

(EDcl nos EDcl no REsp 920.334/SP, Rel. Ministro CASTRO MEIRA, SEGUNDA TURMA, julgado em 24/06/2008, DJe 12/08/2008)

No mesmo sentido são as seguintes decisões do S.T.F.:

1. Servidor Público do Município de São Paulo: aplicação do novo critério de reajuste dos vencimentos dos servidores fixado pela Lei Municipal 11.722/95, no mês de fevereiro de 1995, que viola o princípio constitucional da irredutibilidade de vencimentos: orientação firmada pelo plenário do STF no julgamento dos RREE 258980 (10.4.2003, Galvão, DJ 6.6.2003) e 298.694 (6.8.2003, Pertence, DJ 23.4.2004). 2. Recurso extraordinário: letra a: possibilidade de confirmação da decisão recorrida por fundamento constitucional diverso daquele que o tenha lastreado: baseado o acórdão recorrido na violação do direito adquirido, pode o Supremo Tribunal conhecer do RE, a, por violação ao princípio da irredutibilidade de vencimentos, ante a sua função precípua de guarda da Constituição (RE 298.694, Pl., 6.8.2003, DJ 23.4.2004).

(RE 389302 AgR, Relator(a): Min. SEPÚLVEDA PERTENCE, Primeira Turma, julgado em 18/10/2005, DJ 11-11-2005 PP-00027 EMENT VOL-02213-04 PP-00667)

I. Recurso extraordinário: alínea "b": devolução de toda a questão de constitucionalidade da lei, sem limitação aos pontos aventados na decisão recorrida. Precedente (RE 298.694, Pl. 6.8.2003, Pertence, DJ 23.04.2004). II. Controle incidente de inconstitucionalidade e o papel do Supremo Tribunal Federal. Ainda que não seja essencial à solução do caso concreto, não pode o Tribunal – dado o seu papel de "guarda da Constituição" – se furtar a enfrentar o problema de constitucionalidade suscitado incidentemente (v.g. SE 5.206-AgR; MS 20.505). III. Medida provisória: requisitos de relevância e urgência: questão relativa à execução mediante precatório, disciplinada pelo artigo 100 e parágrafos da Constituição: caracterização de situação relevante de urgência legislativa. IV. Fazenda Pública: execução não embargada: honorários de advogado: constitucionalidade declarada pelo Supremo Tribunal, com interpretação conforme ao art. 1º-D da L. 9.494/97, na redação que lhe foi dada pela MPr 2.180-35/2001, de modo a reduzir-lhe a aplicação à hipótese de execução por quantia certa contra a Fazenda Pública (C. Pr. Civil, art. 730), excluídos os casos de pagamento de obrigações definidos em lei como de pequeno valor (CF/88, art. 100, § 3º).

(RE 420816, Relator(a): Min. CARLOS VELLOSO, Relator(a) p/ Acórdão: Min. SEPÚLVEDA PERTENCE, Tribunal Pleno, julgado em 29/09/2004, DJ 10-12-2006 PP-00050 EMENT VOL-02255-04 PP-00722)

Dentro do efeito translativo da matéria recursal que será apreciada pelo S.T.F. ou pelo S.T.J. há, também, a possibilidade de se verificar que a causa de pedir que deve ser analisada é de competência do outro tribunal.

Art. 1.035

O Supremo Tribunal Federal, em decisão irrecorrível, não conhecerá do recurso extraordinário quando a questão constitucional nele versada não tiver repercussão geral, nos termos deste artigo.

§ 1º Para efeito de repercussão geral, será considerada a existência ou não de questões relevantes do ponto de vista econômico, político, social ou jurídico que ultrapassem os interesses subjetivos do processo.

§ 2º O recorrente deverá demonstrar a existência de repercussão geral para apreciação exclusiva pelo Supremo Tribunal Federal.

§ 3º Haverá repercussão geral sempre que o recurso impugnar acórdão que:

I – contrarie súmula ou jurisprudência dominante do Supremo Tribunal Federal;

II – tenha sido proferido em julgamento de casos repetitivos;

III – tenha reconhecido a inconstitucionalidade de tratado ou de lei federal, nos termos do art. 97 da Constituição Federal.

§ 4º O relator poderá admitir, na análise da repercussão geral, a manifestação de terceiros, subscrita por procurador habilitado, nos termos do Regimento Interno do Supremo Tribunal Federal.

§ 5º Reconhecida a repercussão geral, o relator no Supremo Tribunal Federal determinará a suspensão do processamento de todos os processos pendentes, individuais ou coletivos, que versem sobre a questão e tramitem no território nacional.

§ 6º O interessado pode requerer, ao presidente ou ao vice-presidente do tribunal de origem, que exclua da decisão de sobrestamento e inadmita o recurso extraordinário que tenha sido interposto intempestivamente, tendo o recorrente o prazo de 5 (cinco) dias para manifestar-se sobre esse requerimento.

§ 7º Da decisão que indeferir o requerimento referido no § 6º caberá agravo, nos termos do art. 1.042.

§ 8º Negada a repercussão geral, o presidente ou o vice-presidente do tribunal de origem negará seguimento aos recursos extraordinários sobrestados na origem que versem sobre matéria idêntica.

§ 9º O recurso que tiver a repercussão geral reconhecida deverá ser julgado no prazo de 1 (um) ano e terá preferência sobre os demais feitos, ressalvados os que envolvam réu preso e os pedidos de habeas corpus.

§ 10. Não ocorrendo o julgamento no prazo de 1 (um) ano a contar do reconhecimento da repercussão geral, cessa, em todo o território nacional, a suspensão dos processos, que retomarão seu curso normal.

§ 11. A súmula da decisão sobre a repercussão geral constará de ata, que será publicada no diário oficial e valerá como acórdão.

Da repercussão geral

A exigência de demonstração de repercussão geral dos recursos extraordinários também é prevista no art. 322 do Regimento Interno do S.T.F.: *"O Tribunal recusará recurso extraordinário cuja questão constitucional não oferecer repercussão geral, nos termos deste capítulo"*.

A EC n. 45/2004 (Reforma do Judiciário) consagrou no art. 102, §3º, da C.F., o instituto da *repercussão geral*, segundo o qual *'no recurso extraordinário o recorrente deverá demonstrar a 'repercussão geral' das questões constitucionais discutidas no caso, nos termos da lei, a fim de que o Tribunal examine a admissão do recurso, somente podendo recusá-la pela manifestação de dois terços de seus membros"*.

A Lei 11.418/06 introduziu no art. 543-A do CPC de 1973 a nova disciplina do recurso extraordinário, tendo em vista a exigência de demonstrar, em preliminar do recurso, a existência de *repercussão geral*. Estabelecia o art. 543-A do C.P.C. de 1973:

> *Art. 543-A. O Supremo Tribunal Federal, em decisão irrecorrível, não conhecerá do recurso extraordinário, quando a questão constitucional nele versada não oferecer repercussão geral, nos termos deste artigo. (Incluído pela Lei nº 11.418, de 2006).*
>
> *§ 1º Para efeito da repercussão geral, será considerada a existência, ou não, de questões relevantes do ponto de vista econômico, político, social ou jurídico, que ultrapassem os interesses subjetivos da causa. (Incluído pela Lei nº 11.418, de 2006).*

§ 2º O recorrente deverá demonstrar, em preliminar do recurso, para apreciação exclusiva do Supremo Tribunal Federal, a existência da repercussão geral. (Incluído pela Lei nº 11.418, de 2006).

§ 3º Haverá repercussão geral sempre que o recurso impugnar decisão contrária a súmula ou jurisprudência dominante do Tribunal. (Incluído pela Lei nº 11.418, de 2006).

§ 4º Se a Turma decidir pela existência da repercussão geral por, no mínimo, 4 (quatro) votos, ficará dispensada a remessa do recurso ao Plenário. (Incluído pela Lei nº 11.418, de 2006).

§ 5º Negada a existência da repercussão geral, a decisão valerá para todos os recursos sobre matéria idêntica, que serão indeferidos liminarmente, salvo revisão da tese, tudo nos termos do Regimento Interno do Supremo Tribunal Federal. (Incluído pela Lei nº 11.418, de 2006).

§ 6º O Relator poderá admitir, na análise da repercussão geral, a manifestação de terceiros, subscrita por procurador habilitado, nos termos do Regimento Interno do Supremo Tribunal Federal. (Incluído pela Lei nº 11.418, de 2006).

§ 7º A Súmula da decisão sobre a repercussão geral constará de ata, que será publicada no Diário Oficial e valerá como acórdão. (Incluído pela Lei nº 11.418, de 2006).

A repercussão geral apresenta certa semelhança com o writ of certiorari do direito norte-americano, muito embora com ele não se confunde.

Tem-se aqui importante mudança do controle incidental, uma vez que os recursos extraordinários terão de passar pelo crivo de admissibilidade referente à *repercussão geral*

O S.T.F., por meio de decisões, já estabeleceu alguns critérios para o instituto da *repercussão geral:* a fundamentação da repercussão geral somente poderá ser exigida nos recursos extraordinários cujo início do prazo para sua interposição tenha ocorrido após o dia 3-7-2007, data em que foi publicada a Emenda Regimental n. 21 do S.T.F. (AI/QO n. 664.567, Rel. Min. Sepúlveda Pertence); b) cabe exclusivamente ao S.T.F. reconhecer a efetiva existência da repercussão geral, não obstante tanto o S.T.F. quanto os demais tribunais de origem possam verificar a existência da demonstração formal e fundamentada da repercussão geral. Essa última hipótese, no que se refere aos demais tribunais, somente seria aplicada sob a égide do C.P.C. de 1973, salvo se for aprovado projeto de lei que restabelece o juízo de admissibilidade nos termos do Código revogado.

Evidentemente, a introdução em nosso ordenamento jurídico da *repercussão geral* é efetivamente uma forma de se limitar o ingresso de recurso extraordinário no âmbito do S.T.F.

A repercussão geral deverá ser demonstrada como preliminar do R.E., para apreciação exclusiva do S.T.F.

Segundo o art. 323 do Regimento Interno do S.T.F., quando não for o caso de inadmissibilidade do recurso por outra razão, o (a) relator (a) ou o presidente submeterá, por meio eletrônico, aos demais Ministros, cópia de sua manifestação sobre a existência, ou não, de repercussão geral. A análise da existência de repercussão geral ocorrerá por meio do Plenário Virtual, um sistema eletrônico por meio do qual o ministro relator ou o presidente insere um tema e submete-o à votação em sessão eletrônica, apresentando seu voto pelo reconhecimento ou não da repercussão geral. Após a inserção no plenário eletrônico, os demais ministros terão o prazo de vinte dias para se pronunciar (art. 324 do Regimento Interno do S.T.F.), sendo que no caso de ausência de pronunciamento, o silêncio caracteriza a aceitação da repercussão geral, salvo se o relator rejeitar a repercussão (art. 324, §1º do Regimento Interno do S.T.F.).

Reconhecida a repercussão geral, o relator no Supremo Tribunal Federal determinará a suspensão do processamento de todos os processos pendentes, individuais ou coletivos, que versem sobre a questão e tramitem no território nacional.

As decisões proferidas nos processos paradigmas espraiam seus efeitos para uma série de demandas que apresentam igual temática, antes mesmo da conversão do entendimento em súmula vinculante. É mais uma fase do fenômeno de *'objetivação'* do recurso extraordinário.

O Supremo Tribunal Federal, no AI-QO n. 664.567, Relator Min. Gilmar Mendes, Dje de 6.9.2007, avaliando a questão do direito *intertemporal* em razão da introdução do instituto da *repercussão geral* em nosso ordenamento jurídico, firmou o entendimento de que a exigência de demonstração de repercussão geral nos recursos extraordinários teve início a partir de 3-5-2007, data da entrada em vigor da Emenda Regimental n. 21 do RISTF, cuja normatização preconizou as normas necessárias para a execução das disposições legais do novel instituto.

Porém, o S.T.F. também optou por estender a aplicação da sistemática do instituto da repercussão geral a recursos extraordinários e agravos de instrumento anteriores a 3-5-2007, conforme se observa pelos seguintes precedentes:

> *O Plenário do Supremo Tribunal Federal já proclamou a existência de repercussão geral da questão relativa à obrigatoriedade de o Poder Público fornecer medicamento de alto custo. Incidência do art. 328 do RISTF e aplicação do art. 543-B do CPC. Responsabilidade solidária entre União, Estados-membros e Municípios quanto às prestações na área de saúde. Precedentes. Impossibilidade de exame, em recurso extraordinário, de alegada violação, acaso existente, situada no âmbito infraconstitucional.*

Acórdão do Tribunal de origem publicado antes de 03.5.2007, data da publicação da Emenda Regimental 21/2007, que alterou o RISTF para adequá-lo à sistemática da repercussão geral (Lei 11.418/2006). Possibilidade de aplicação do art. 543-B do CPC, conforme decidido pelo Plenário desta Corte no julgamento do AI 715.423-QO/RS. Agravo regimental conhecido e não provido.

(RE 627411 AgR, Relator(a): Min. ROSA WEBER, Primeira Turma, julgado em 18/09/2012, PROCESSO ELETRÔNICO DJe-193 DIVULG 01-10-2012 PUBLIC 02-10-2012)

1. Os embargos de declaração opostos objetivando a reforma da decisão do Relator devem ser recebidos, por força do princípio da fungibilidade, como agravo regimental, que é o recurso cabível. (Precedentes: Rcl n. 11.022-ED, Relatora a Ministra Cármen Lúcia, Pleno, DJe de 7.4.2011; AI n. 547.827-ED, Relator o Ministro Dias Tofolli, 1ª Turma, DJe de 9.3.2011; RE n. 546.525-ED, Relator o Ministro Ellen Gracie, 2ª Turma, DJe de 5.4.2011, entre outros). 2. Ao apreciar as questões de ordem nos autos do AI n. 715.410, Relatora a Ministra Ellen Gracie e do RE n. 540.410, Relator o Ministro Cezar Peluso, Dje de 05.09.2008, O Plenário do Supremo Tribunal Federal decidiu que, nos casos de matérias com repercussão geral reconhecida, ocorrerá a devolução dos recursos extraordinários aos Tribunais de origem, inclusive daqueles interpostos em data anterior a 03.05.2007, e dos respectivos agravos de instrumento, para os fins previstos no artigo 543-B, § 3º, do CPC. Esse ato judicial previsto no artigo 543-B, § 3º, do CPC, constitui mero procedimento, sem cunho decisório, contra o qual não cabe recurso. 3. Embargos de declaração rejeitados.

(RE 660527 AgR-ED, Relator(a): Min. LUIZ FUX, Primeira Turma, julgado em 18/09/2012, ACÓRDÃO ELETRÔNICO DJe-196 DIVULG 04-10-2012 PUBLIC 05-10-2012).

Preceitua o *§ 1º do art. 1.035* do atual C.P.C. que *para efeito da repercussão geral, será considerada a existência ou não de questões relevantes do ponto de vista econômico, político, social ou jurídico que ultrapassem os interesses subjetivos do processo.*

Este parágrafo define o que se entende por *repercussão geral* para efeitos de conhecimento do recurso extraordinário.

Para que haja a repercussão geral, a questão constitucional inserida no âmbito do recurso extraordinário deverá ser considerada cumulativamente com a existência de questões relevantes do ponto de vista econômico, político, social ou jurídico, que ultrapassem os limites dos interesses subjetivos da causa.

O recorrente deverá demonstrar, em preliminar do recurso, para apreciação exclusiva do Supremo Tribunal Federal, a existência de repercussão geral.

A jurisprudência do Supremo tem-se alinhado no sentido de ser necessário que o recorrente demonstre a existência de repercussão geral nos termos da lei, conforme assentado no julgamento do AI n. 797.515, a saber:

De acordo com a orientação firmada neste Tribunal, é insuficiente a simples alegação de que a matéria em debate no recurso extraordinário tem repercussão geral. Cabe à parte recorrente demonstrar de forma expressa e clara as circunstâncias que poderiam configurar a relevância – do ponto de vista econômico, político, social ou jurídico – das questões constitucionais invocadas no recurso extraordinário. A deficiência na fundamentação inviabiliza o recurso interposto".

Porém, não será caso de repercussão geral se a matéria estiver no estrito limite da lei ordinária. Nesse sentido é o seguinte precedente do S.T.F.:

I – Os Ministros desta Corte, no ARE 694.450-RG/PE, de minha relatoria, manifestaram-se pela inexistência de repercussão geral da controvérsia referente à determinação do valor do soldo dos integrantes da carreira militar do Estado de Pernambuco, ante o escalonamento vertical previsto pela Lei estadual 10.426/1990 e a estipulação do Vencimento Básico de Referência – VBR pela Lei pernambucana 11.216/1995, e as consequências da edição da Lei Complementar estadual 32/2001 na disciplina normativa da remuneração dos militares daquele Estado. II – Agravo regimental improvido.

(ARE 723919 AgR, Relator(a): Min. RICARDO LEWANDOWSKI, Segunda Turma, julgado em 26/02/2013, PROCESSO ELETRÔNICO DJe-048 DIVULG 12-03-2013 PUBLIC 13-03-2013).

Assim, há necessidade de que o recorrente apresente, em capítulo próprio, nas razões recursais, os fundamentos que demonstrem a existência da repercussão geral, fundamentos esses que indiquem questões relevantes do ponto de vista econômico, político, social ou jurídico, que ultrapassem os interesses subjetivos da causa.

Aduz o *§ 2º do art. 1.035* do atual C.P.C. que *o recorrente deverá demonstrar a existência da repercussão geral para apreciação exclusiva do Supremo Tribunal Federal.* A repercussão geral deverá ser demonstrada como preliminar do recurso extraordinário, para análise exclusiva do S.T.F. A análise das questões relevantes do ponto de vista econômico, político, social ou jurídico é de competência exclusiva do S.T.F.

Estabelece o art. 327 do Regimento Interno do S.T.F.: *"A Presidência do Tribunal recusará recursos que não apresentem preliminar formal e fundamentada de repercus-*

são geral, bem como aqueles cuja matéria carecer de repercussão geral, segundo precedente do Tribunal, salvo se a tese tiver sido revista ou estiver em procedimento de revisão".

Igual competência terá o relator quando o recurso não tiver sido liminarmente recusado pela Presidência (art. 327, §1º, do Regimento Interno do S.T.F.).

Segundo estabelece a jurisprudência do S.T.F, é dever da parte demonstrar a existência de repercussão geral para conhecimento do recurso extraordinário. Nesse sentido são os seguintes precedentes:

> *1. É dever processual da parte recorrente apresentar preliminar, formal e fundamentada, de repercussão geral das questões constitucionais versadas no apelo extremo. Dever, esse, constante do § 3º do art. 102 da Constituição Federal, incluído pela EC 45/2004 e regulamentado pelo § 2º do art. 543-A do Código de Processo Civil, na redação da Lei 11.418/2006. 2. Agravo regimental desprovido.*
>
> (ARE 641296 AgR, Relator(a): Min. AYRES BRITTO (Presidente), Tribunal Pleno, julgado em 31/10/2012, ACÓRDÃO ELETRÔNICO DJe-235 DIVULG 29-11-2012 PUBLIC 30-11-2012)

> *Ausência da preliminar formal e fundamentada de repercussão geral no recurso extraordinário. Inobservância do art. 543-A, § 2º, do CPC. Reconhecimento da repercussão geral em caso análogo que não dispensa a satisfação do requisito. Precedentes. Agravo regimental a que se nega provimento.*
>
> (AI 799377 AgR, Relator(a): Min. ROSA WEBER, Primeira Turma, julgado em 03/04/2012, ACÓRDÃO ELETRÔNICO DJe-076 DIVULG 18-04-2012 PUBLIC 19-04-2012)

> *1. As razões do agravo regimental não atacam todos os fundamentos da decisão agravada, incidindo o óbice da Súmula nº 283/STF. Precedentes. 2. Não se conhece de recurso extraordinário se a alegada afronta a Constituição é reflexa, a depender de interpretação da legislação infraconstitucional. 3. Acórdão que contém motivação suficiente não se ressente do vício da ausência de fundamentação, com afronta ao art. 93, IX, da Constituição Federal. 4. Inconfundíveis os pressupostos processuais e condições da ação constitucional do habeas corpus e os requisitos de admissibilidade do recurso extraordinário. 5. Não se admite o recurso extraordinário se ausente a preliminar de repercussão geral, incluído o que trata de matéria criminal. Precedentes. 6. Agravo regimental a que se nega provimento.*
>
> (AI 834125 AgR, Relator(a): Min. ROSA WEBER, Primeira Turma, julgado em 03/04/2012, ACÓRDÃO ELETRÔNICO DJe-089 DIVULG 07-05-2012 PUBLIC 08-05-2012)

1. Inobservância ao que disposto no artigo 543-A, § 2º, do Código de Processo Civil, que exige a apresentação de preliminar sobre a repercussão geral na petição de recurso extraordinário, significando a demonstração da existência de questões constitucionais relevantes sob o ponto de vista econômico, político, social ou jurídico, que ultrapassem os interesses subjetivos das partes. 2. A ausência dessa preliminar na petição de interposição permite que a Presidência do Supremo Tribunal Federal negue, liminarmente, o processamento do recurso extraordinário, bem como do agravo de instrumento interposto contra a decisão que o inadmitiu na origem (13, V, c, e 327, caput e § 1º, do Regimento Interno do Supremo Tribunal Federal). 3. Cuida-se de novo requisito de admissibilidade que se traduz em verdadeiro ônus conferido ao recorrente pelo legislador, instituído com o objetivo de tornar mais célere a prestação jurisdicional almejada. 4. O simples fato de haver outros recursos extraordinários sobrestados, aguardando a conclusão do julgamento de ação direta de inconstitucionalidade, não exime o recorrente de demonstrar o cabimento do recurso interposto. 5. Agravo regimental desprovido. (RE 569476 AgR, Relator(a): Min. ELLEN GRACIE, Tribunal Pleno, julgado em 02/04/2008, DJe-074 DIVULG 24-04-2008 PUBLIC 25-04-2008 EMENT VOL-02316-09 PP-01926 RTJ VOL-00205-01 PP-00468 RJTJRS v. 47, n. 283, 2012, p. 45-48)

Estabelece o *§ 3º do art. 1.035* do atual C.P.C. que *haverá repercussão geral sempre que o recurso impugnar acórdão que: I – contrarie súmula ou jurisprudência dominante do Supremo Tribunal Federal; II – tenha sido proferido em julgamento de casos repetitivos; III – tenha reconhecido a inconstitucionalidade de tratado ou lei federal, nos termos do art. 97 da Constituição Federal.*

O Projeto de Lei n. 2.384-B, aprovado na Câmara dos Deputados no dia 21 de outubro de 2015, revogou expressamente o inciso II do §3º do art. 1.035 do novo C.P.C. Aguarda análise do Senado Federal.

Enquanto que o §1º do art. 1.035 do atual C.P.C. estabelece que as questões relevantes do ponto de vista econômico, político, social ou jurídico, que ultrapassem os interesses subjetivos da causa, devem ser expressamente demonstradas e fundamentadas no recurso extraordinário, o §3º, do mesmo dispositivo, indica as hipóteses em que sempre haverá a *repercussão geral* (presunção).

Essas hipóteses são:

a) a decisão recorrida contraria súmula ou jurisprudência dominante do S.T.F.

Poderá ser qualquer espécie de súmula, podendo ser vinculante ou não.

A jurisprudência do S.T.F. deverá ser dominante, não podendo ser isolada.

Aliás, a importância da sedimentação da jurisprudência do S.T.F. é de tal ordem, que o Ministro Relator, analisando repercussão geral presumida em face de jurisprudência do S.T.F., poderá suscitar em *questão de ordem* o reconhecimento da repercussão geral, e, de imediato, julgar o processo reafirmando a jurisprudência dominante do tribunal. Nesse sentido é o seguinte precedente do S.T.F.:

1. Aplica-se, plenamente, o regime da repercussão geral às questões constitucionais já decididas pelo Supremo Tribunal Federal, cujos julgados sucessivos ensejaram a formação de súmula ou de jurisprudência dominante. 2. Há, nessas hipóteses, necessidade de pronunciamento expresso do Plenário desta Corte sobre a incidência dos efeitos da repercussão geral reconhecida para que, nas instâncias de origem, possam ser aplicadas as regras do novo regime, em especial, para fins de retratação ou declaração de prejudicialidade dos recursos sobre o mesmo tema (CPC, art. 543-B, § 3º). 3. Fica, nesse sentido, aprovada a proposta de adoção de procedimento específico que autorize a Presidência da Corte a trazer ao Plenário, antes da distribuição do RE, questão de ordem na qual poderá ser reconhecida a repercussão geral da matéria tratada, caso atendidos os pressupostos de relevância. Em seguida, o Tribunal poderá, quanto ao mérito, (a) manifestar-se pela subsistência do entendimento já consolidado ou (b) deliberar pela renovação da discussão do tema. Na primeira hipótese, fica a Presidência autorizada a negar distribuição e a devolver à origem todos os feitos idênticos que chegarem ao STF, para a adoção, pelos órgãos judiciários a quo, dos procedimentos previstos no art. 543-B, § 3º, do CPC. Na segunda situação, o feito deverá ser encaminhado à normal distribuição para que, futuramente, tenha o seu mérito submetido ao crivo do Plenário. 4. Possui repercussão geral a discussão sobre o tema do cabimento de juros de mora no período compreendido entre a data da conta de liquidação e da expedição da requisição de pequeno valor ou do precatório, dada a sua evidente relevância. Assunto que exigirá maior análise em futuro julgamento no Plenário. 5. Questão de ordem resolvida com a definição do procedimento, acima especificado, a ser adotado pelo Tribunal para o exame da repercussão geral nos casos em que já existente jurisprudência firmada na Corte. Deliberada, ainda, o envio dos autos do presente recurso extraordinário à distribuição normal, para posterior enfrentamento de seu mérito.

(RE-QO 579431, Relator(a): Min. MARCO AURÉLIO,)

b) tenha sido proferido em julgamento de casos repetitivos.

O julgamento de casos repetitivos poderá decorrer do instituto de *recursos repetitivos* ou do IRDR (incidente de resolução de demandas repetitivas).

Assim, haverá repercussão geral sempre que o recurso impugnar acórdão que tenha sido proferido em julgamento de casos repetitivos, não importando o teor da decisão.

O Projeto de Lei n. 2.384-B, aprovado na Câmara dos Deputados no dia 21 de outubro de 2015, revogou expressamente o inciso II do §3º do art. 1.035 do novo C.P.C. Aguarda análise do Senado Federal.

c) tenha reconhecido a inconstitucionalidade de tratado ou lei federal, nos termos do art. 97 da Constituição da República.

Quando o reconhecimento de inconstitucionalidade de tratado ou lei federal for de competência de tribunais colegiados, a competência será do plenário ou do órgão especial e não do órgão fracionário, conforme estabelece o art. 97 da C.F.: *"Somente pelo voto da maioria absoluta de seus membros ou dos membros do respectivo órgão especial poderão os tribunais declarar inconstitucionalidade de lei ou ato normativo do Poder Público"*.

Sobre o ponto, o S.T.F. editou a Súmula Vinculante n. 10: *"Viola a cláusula de reserva de plenário (CF, artigo 97), a decisão de órgão fracionário de tribunal que, embora não declare expressamente a inconstitucionalidade de lei ou ato normativo do poder público, afasta sua incidência, no todo ou em parte"*.

Assim, há repercussão geral sempre que o plenário ou o órgão especial do tribunal *a quo* declarar a inconstitucionalidade de tratado ou lei federal. Não haverá a presunção legal se a declaração de inconstitucionalidade ocorrer em relação a outros atos normativos do poder público.

Não se adotará o procedimento de análise virtual da repercussão geral, quando o recurso versar questão cuja repercussão já houver sido reconhecida pelo Tribunal, ou quando impugnar decisão contrária a súmula ou a jurisprudência dominante, casos em que se presume a existência de repercussão geral (art. 323, §2º do Regimento Interno do S.T.F.).

Preceitua o *§4º do art. 1.035* do atual C.P.C. que o *relator poderá admitir, na análise da repercussão geral, a manifestação de terceiros, subscrita por procurador habilitado, nos termos do Regimento Interno do Supremo Tribunal Federal.*

O relator do recurso extraordinário poderá, para efeito de se verificar a existência ou não de repercussão geral, valer-se de manifestação de terceiros, desde que estejam habilitados nos autos por meio de procurador constituído.

Essa previsão normativa encontra-se também no art. 323, §3º do Regimento Interno do S.T.F.: *"Mediante decisão irrecorrível, poderá o (a) Relator (a) admitir de ofício ou a requerimento, em prazo que fixar, a manifestação de terceiros, subscrita por procurador habilitado, sobre a questão de repercussão geral.*

Por sua vez, o julgamento de mérito de questões com repercussão geral, nos casos de reafirmação de jurisprudência dominante da Corte, também poderá ser realizado por meio eletrônico (art. 323-A do Regimento Interno do S.T.F.).

Preceitua o *§ 5º do art. 1.035* do atual C.P.c., *que reconhecida a repercussão geral, o relator no Supremo Tribunal Federal determinará a suspensão do processamento de todos os processos pendentes, individuais ou coletivos, que versem sobre a questão e tramitem no território nacional.*

Uma vez acolhida a arguição de repercussão geral sobre determinada matéria, é importante que o relator do recurso no S.T.F. determine a suspensão de todos os processos pendentes, individuais ou coletivos, que versem sobre a questão e tramitem no território nacional, evitando-se, assim, desperdício de tempo e de dinheiro.

O melhor é que todos os processos permaneçam suspensos na fase em que se encontrem, aguardando a manifestação definitiva do S.T.F., uma vez que essa definição terá efeito *erga omnes*.

Porém, é importante que o S.T.F. se preocupe efetivamente em julgar o mais rápido possível as repercussões gerais que se encontram pendentes de julgamento, pois o que se percebesse até o presente momento são milhares de processos sobrestados nas vice-presidências dos inúmeros tribunais do país, alguns há mais de cinco anos, sem qualquer solução a curto prazo.

Outro aspecto importante é que se o processo foi suspenso após o julgamento da apelação, essa suspensão não suspende a eficácia da sentença, salvo se na repercussão geral o Ministro relator estender a suspensão também à eficácia da decisão já proferida.

Aduz o *§ 6º do art. 1.035* do atual C.P.C. que *o interessado pode requerer, ao presidente ou vice-presidente do tribunal de origem, que exclua da decisão de sobrestamento e inadmita o recurso extraordinário que tenha sido interposto intempestivamente, tendo o recorrente o prazo de 5 (cinco) dias para manifestar-se sobre esse requerimento.*

Sendo a tempestividade um dos requisitos objetivos de admissibilidade do recurso, não haveria motivo lógico manter-se um recurso extraordinário sobrestado, tendo sido ele interposto fora do prazo legal, isto é, sendo ele intempestivo.

Assim, havendo intempestividade, o interessado poderá requerer ao presidente ou vice-presidente do tribunal de origem que exclua o processo da decisão de sobrestamento e inadmita o recurso extraordinário que tenha sido interposto intempestivamente.

Porém, antes de se proferir decisão de inadmissibilidade do recurso por intempestividade, deverá ser ouvido, no prazo de cinco dias, o recorrente.

Este dispositivo, na realidade, traz uma exceção ao juízo de admissibilidade do recurso extraordinário, pois, pelo novo C.P.C., este juízo não é mais feito pelo presidente ou vice-presidente do tribunal de origem, salvo se for aprovado projeto de lei em trâmite na Câmara dos Deputados e no Senado Federal restabelecendo o critério então existente no C.P.C. de 1973 sobre a competência para se realizar juízo de admissibilidade de R.E. e REsp.

Qualquer outra hipótese que justifique a retirada do processo do sobrestamento deveria ser formulada diretamente ao S.T.F.

Porém, se assim ocorrer, especialmente nas hipóteses em que o recurso encontra-se sobrestado de forma equivocada, seria contraproducente.

Assim, havendo o sobrestamento equivocado de determinado recurso, a parte poderá requerer ao presidente ou vice-presidente do tribunal de origem que analise o erro do sobrestamento, com a possibilidade de interposição de recurso de agravo interno perante a seção de julgamento competente.

Prescreve o *§ 7º do art. 1.035* do atual C.P.C. que *da decisão que indeferir o requerimento referido no §6º caberá agravo, nos termos do art. 1.042.*

Estabelece o art. 1.042, inc. I, do atual C.P.C.:

> *Art. 1.039. Cabe agravo contra decisão do presidente ou vice-presidente do tribunal que:*
>
> *I – indeferir pedido formulado com base no art.1.035, § 6º ou 1.036, § 2º, de inadmissão de recurso especial ou extraordinário intempestivo.*

O agravo em recurso especial ou extraordinário nada mais é do que o antigo agravo nos próprios autos previsto no art. 544 do C.P.C. de 1973.

A competência para conhecer do agravo extraordinário é do S.T.J. ou S.T.F., dependendo do recurso.

O Projeto de Lei n. 2.384-B, aprovado na Câmara dos Deputados no dia 21 de outubro de 2015, dá nova redação ao §7º do art. 1.035 do novo C.P.C., a saber: "Da decisão que indeferir o requerimento referido no §6º ou que aplicar precedente de repercussão geral ou de recurso especial repetitivo caberá apenas agravo interno, nos termos do art. 1.021". Este projeto aguarda análise do Senado Federal.

Preceitua o *§8º do art. 1.035* do atual C.P.C. que *negada a repercussão geral, o presidente ou vice-presidente do tribunal de origem negará seguimento aos recursos extraordinários sobrestados na origem que versem sobre matéria idêntica.*

Somente será admitido o recurso extraordinário quando o S.T.F. reconhecer a existência de questão que possa ser considerada como de *repercussão geral.*

O S.T.F. somente poderá recusar a *repercussão geral* pela manifestação de dois terços de seus membros.

Uma vez recusada pelo S.T.F. a repercussão geral, tal decisão valerá para todos os recursos que apresentem matéria idêntica. Nessa hipótese, o presidente ou vice-presidente do tribunal de origem negará seguimento aos recursos extraordinários sobrestados na origem que versem sobre matéria idêntica. Contra essa decisão, segundo alguns regimentos internos, caberá agravo regimental à respectiva Seção das Turmas ou Câmaras reunidas.

Somente poderá subir novos recursos extraordinários, se o S.T.F. promover a revisão de sua tese, e isso somente ocorrerá quando a Corte Suprema passar a admitir a repercussão geral do recurso.

Preconiza o *§ 9º do art. 1035* do atual C.P.C. que *o recurso que tiver a repercussão geral reconhecida deverá ser julgado no prazo de 1 (um) ano e terá preferência sobre os demais feitos, ressalvados os que envolvam réu preso e o pedido de habeas corpus.*

Trata-se de uma determinação legal importante, pois atualmente há recurso com repercussão geral pendente no S.T.F. há mais de cinco anos, gerando insatisfação e descrédito no Poder Judiciário, bem como ferindo o princípio da celeridade processual.

Assim, deverá o recurso com repercussão geral ser julgado no prazo de um ano, tendo preferência sobre os demais feitos, ressalvados os que envolvam réu preso e o pedido de habeas corpus.

Preceitua o *§ 10 do art. 1.035* do atual C.P.C., *não ocorrendo o julgamento no prazo de 1 (um) ano a contar do reconhecimento da repercussão geral, cessa, em todo o território nacional, a suspensão dos processos, que retomarão seu curso normal.*

Infelizmente, se o S.T.F. não respeitar o prazo de um ano previsto no §9º deste artigo, os prejudicados serão, indubitavelmente, os jurisdicionados, pois haverá, sim, a movimentação dos processos até então sobrestados, porém, essa movimentação não ensejará resolução final da pretensão formulada em juízo, pois a questão sempre estará sujeita à repercussão geral a ser decida pelo S.T.F.

O ideal seria que o legislador, ao invés de determinar o simples prosseguimento do processo, dissesse que se não julgado no prazo de um ano, a repercussão geral reconhecida estaria automaticamente cancelada.

Foi apresentado na Câmara dos Deputados o Projeto de Lei n. 2.384 de 2015, visando a revogação do §10 do art. 1.035 do novo C.P.C. Este projeto foi aprovado na câmara dos Deputados no dia 21 de outubro de 2015. Aguarda análise no Senado Federal.

Por fim, prescreve o *§ 11 do art. 1.035* do atual C.P.c. que *a súmula da decisão sobre a repercussão geral constará de ata, que será publicada no diário oficial e valerá como acórdão.*

No reconhecimento da repercussão geral do recurso extraordinário, a súmula da decisão constará em ata, que será publicada no diário oficial e valerá como acórdão. Não haverá necessidade, portanto, de ser lavrado acórdão pelo relator, sendo que a súmula do julgamento da repercussão geral terá essa finalidade, pois deverá constar em ata que será publicada no diário oficial.

Por sua vez, estabelece o art. 329 do Regimento Interno do S.T.F.: *"A Presidência do Tribunal promoverá ampla e específica divulgação do teor das decisões sobre repercussão geral, bem como formação e atualização de banco eletrônico de dados a respeito".*

SUBSEÇÃO II – Do Julgamento dos Recursos Extraordinário e Especial Repetitivos

Art. 1.036

Sempre que houver multiplicidade de recursos extraordinários ou especiais com fundamento em idêntica questão de direito, haverá afetação para julgamento de acordo com as disposições desta Subseção, observado o disposto no Regimento Interno do Supremo Tribunal Federal e no do Superior Tribunal de Justiça.

§ 1º O presidente ou o vice-presidente de tribunal de justiça ou de tribunal regional federal selecionará 2 (dois) ou mais recursos representativos da controvérsia, que serão encaminhados ao Supremo Tribunal Federal ou ao Superior Tribunal de Justiça para fins de afetação, determinando a suspensão do trâmite de todos os processos pendentes, individuais ou coletivos, que tramitem no Estado ou na região, conforme o caso.

§ 2º O interessado pode requerer, ao presidente ou ao vice-presidente, que exclua da decisão de sobrestamento e inadmita o recurso especial ou o recurso extraordinário que tenha sido interposto intempestivamente, tendo o recorrente o prazo de 5 (cinco) dias para manifestar-se sobre esse requerimento.

§ 3º Da decisão que indeferir este requerimento caberá agravo, nos termos do art. 1.042.

§ 4º A escolha feita pelo presidente ou vice-presidente do tribunal de justiça ou do tribunal regional federal não vinculará o relator no tribunal superior, que poderá selecionar outros recursos representativos da controvérsia.

§ 5º O relator em tribunal superior também poderá selecionar 2 (dois) ou mais recursos representativos da controvérsia para julgamento da questão de direito independentemente da iniciativa do presidente ou do vice-presidente do tribunal de origem.

§ 6º Somente podem ser selecionados recursos admissíveis que contenham abrangente argumentação e discussão a respeito da questão a ser decidida.

Recurso especial e extraordinário repetitivos

Trata-se de um instituto altamente salutar para a resolução de idêntica questão de direito, evitando-se a proliferação desenfreada de recursos especiais perante o S.T.J e de recursos extraordinários perante o S.T.F.

O novo C.P.C., além de manter o instituto de *recursos repetitivos* perante o S.T.J. (art. 543-C do C.P.C. de 1973), também estendeu essa possibilidade ao recurso extraordinário de competência do S.T.F. (art. 543-B do C.P.C. de 1973).

Portanto, atualmente, sempre que houver multiplicidade de recursos com fundamento em idêntica questão de direito, o recurso extraordinário ou o recurso especial será processado nos termos desta Subseção, observado o disposto no Regimento Interno do Supremo Tribunal Federal e do Superior Tribunal de Justiça.

Já se manifestou o S.T.J. que o instituto de *recurso repetitivo* somente se aplica aos recursos provenientes dos Tribunais de Justiça ou dos Tribunais Regionais Federais, *in verbis*:

> *1. A suspensão prevista na 'Lei de Recursos Repetitivos', somente se aplica aos recursos especiais que estejam em processamento nos Tribunais de Justiça ou nos Tribunais Regionais Federais.*
>
> *2. Verifica-se, de início, que o conteúdo normativo do art. 206, § 3º, IV, do Código Civil não foi objeto de debate no v. Acórdão recorrido, carecendo, portanto, do necessário prequestionamento viabilizador do Recurso Especial. Incidem, na espécie, as Súmulas 282 e 356 do Supremo Tribunal Federal.*
>
> *3. Não há perder de vista que, "tal como se dá no recurso fundado na letra 'a' do inciso III do art. 105 da CF/88, o especial interposto pela alínea 'c' do permissivo constitucional também deve atender à exigência do prequestionamento.". (cf. REsp n. 146.834-SP, Rel. Ministro Adhemar Maciel, in DJ de 02.02.98).*
>
> *4. Infere-se também que o Recurso Especial, no tocante à a Lei nº 10.438/2002, não atendeu às exigências dos artigos 541, parágrafo único, do Código de Processo Civil e 255, §§ 1º e 2º, do RISTJ, que o Agravante colacionou precedente do próprio Tribunal de Justiça do Estado de São Paulo, razão pela qual inafastável a incidência da Súmula 13 desta Corte de Justiça, que dispõe: "A divergência entre julgados do mesmo Tribunal não enseja recurso especial".*
>
> *5. Agravo Regimental improvido.*
>
> (AgRg no AREsp 280.190/SP, Rel. Ministro SIDNEI BENETI, TERCEIRA TURMA, julgado em 12/03/2013, DJe 25/03/2013)

Atualmente, no âmbito do S.T.J., o instituto do recurso repetitivo está regulado pela Resolução n. 08, de 7 de agosto de 2008, a qual estabelece os procedimentos relativos ao processamento e julgamento de recursos repetitivos, a saber:

"Art. 1º. Havendo multiplicidade de recursos especiais com fundamento em idêntica questão de direito, caberá ao presidente ou ao vice-presidente do tribunal recorrido (CPC de 1973, art. 541) admitir um ou mais recursos representativos da controvérsia, os quais serão encaminhados ao Superior Tribunal de Justiça, ficando os demais suspensos até o pronunciamento definitivo do tribunal.

§1º Serão selecionados pelo menos um processo de cada Relator e, dentre esses, os que contiverem maior diversidade de fundamentos no acórdão e de argumentos no recurso especial.

§2º O agrupamento de recursos repetitivos levará em consideração apenas a questão central discutida, sempre que o exame desta possa tornar prejudicada a análise de outras questões arguidas no mesmo recurso.

§3º A suspensão será certificada nos autos.

§4º No Superior Tribunal de Justiça, os recursos especiais de que trata este artigo serão distribuídos por dependência e submetidos a julgamento nos termos do art. 543-C do CPC e desta Resolução.

Art. 2º Recebendo recurso especial admitido com base no artigo 1º, 'caput', desta Resolução, o Relator submeterá o seu julgamento à Seção ou à Corte Especial, desde que, nesta última hipótese, exista questão de competência de mais de uma Seção.

§1º A critério do Relator, poderão ser submetidos ao julgamento da Seção ou da Corte Especial, na forma deste artigo, recursos especiais já distribuídos que forem representativos de questão jurídica objeto de recursos repetitivos.

§2º A decisão do Relator será comunicada aos demais Ministros e ao Presidente dos Tribunais de Justiça e dos Tribunais Regionais Federais, conforme o caso, para suspender os recursos que versem sobre a mesma controvérsia.

Art. 3º Antes do julgamento do recurso, o Relator:

I – poderá solicitar informações aos tribunais estaduais ou federais a respeito da controvérsia e autorizar, ante a relevância da matéria, a manifestação escrita de pessoas, órgãos ou entidades com interesse na controvérsia, a serem prestadas no prazo de quinze dias.

II – dará vista dos autos ao Ministério Público por quinze dias.

Art. 4º Na Seção ou na Corte Especial, o recurso especial será julgado com preferência sobre os demais, ressalvados os que envolvam réu preso e os pedidos de 'habeas corpus'.

Parágrafo único: A Coordenadoria do órgão julgador extrairá cópias do acórdão recorrido, do recurso especial, das contra-razões, da decisão de admissibilidade, do parecer do Ministério Público e de outras peças indicadas pelo Relator, encaminhando--as aos integrantes do órgão julgador pelo menos 5 (cindo) dias antes do julgamento.

Art. 5º Publicado o acórdão do julgamento do recurso especial pela Seção ou pela Corte Especial, os demais recursos especiais fundados em idêntica controvérsia:

I – se já distribuídos, serão julgados pelo relator, nos termos do art. 557 do Código de Processo Civil;

II – se ainda não distribuídos, serão julgados pela Presidência, nos termos da Resolução n. 3, de 17 de abril de 2008.

III – se sobrestados na origem, terá seguimento na forma prevista nos parágrafos sétimo e oitavo do artigo 543-C do Código de Processo Civil.

Art. 6º A coordenadoria do órgão julgador expedirá ofício aos tribunais de origem com cópia do acórdão relativo ao recurso especial julgado na forma desta Resolução.

Art. 7º O procedimento estabelecido nesta Resolução aplica-se, no que couber, aos agravos de instrumento interpostos contra decisão que não admitir recurso especial.

Art. 8º Esta Resolução entra em vigor em 8 de agosto de 2008 e será publicada no Diário de Justiça eletrônico, ficando revogada a Resolução n. 7, de 14 de julho de 2008".

O recurso repetitivo no âmbito do S.T.F. é regulado no art. 328 do Regimento Interno do S.T.F.

O instituto em análise exige para a sua configuração quatro requisitos importantes:

a) *multiplicidade de recursos.*

É necessário que a questão jurídica a ser decidida pelo S.T.J. ou pelo S.T.F. possa contribuir para a ocorrência de *multiplicidade de recursos repetitivos.*

Indaga-se se essa *multiplicidade de recursos* já deve existir no âmbito dos tribunais ou é suficiente que haja a possibilidade de ocorrer no futuro não muito longínquo a possibilidade de multiplicação desenfreada de recursos.

Tendo em vista que o atual C.P.C. prima pela concretização do princípio da celeridade processual e da rápida prestação jurisdicional, não teria sentido sobrecarregar o Poder Judiciário com milhares e milhares de recursos, para só então reconhecer-se a *multiplicidade* deles. Assim, se houver possibilidade de a matéria controvertida ser objeto de outros recursos, deverão os tribunais superiores afetarem-na ao instituto dos recursos repetitivos.

A definição de *multiplicidade* não é subjetiva, mas deve ser aferida de acordo com a possibilidade de multiplicação aritmética de inúmeros recursos perante os tribunais superiores, de tal forma que essa multiplicidade de recursos possa inviabilizar a rápida e célere prestação jurisdicional, servindo apenas para abarrotar o S.T. F. e o S.T.J. sobre a mesma e idêntica matéria de direito.

b) *idêntica questão de direito.*

Não basta a existência de multiplicidade de recursos. É necessário que haja também identidade de questão de direito e não de fato, pois no recurso extraordinário ou no especial não há análise de fato.

Assim, deve haver identidade de questão de natureza constitucional em se tratando de recurso extraordinário ou identidade de questão de tratado ou lei federal em se tratando de recurso especial.

c) *recurso extraordinário ou especial*

O instituto de *recursos repetitivos* somente será aplicado no âmbito do recurso extraordinário ou do recurso especial, não sendo aplicado a outros recursos.

O agrupamento de recursos repetitivos levará em consideração apenas a questão central discutida, sempre que o exame dessa questão possa tornar prejudicada a análise de outras questões arguidas no mesmo recurso.

O processamento do instituto dos *recursos repetitivos* dar-se-á de acordo com as normas dessa Subseção II e de acordo com o que estabelecer o regimento interno do S.T.F. e do S.T.J.

O recurso repetitivo no âmbito do S.T.F. é regulado no art. 328 do Regimento Interno do S.T.F.

Aduz o *§ 1º do art. 1.036* do atual C.P.C. que *o presidente ou vice-presidente de tribunal de justiça ou do tribunal regional federal selecionará 2 (dois) ou mais recursos representativos da controvérsia, que serão encaminhados ao Supremo Tribunal Federal ou ao Superior Tribunal de Justiça para fim de afetação, determinando a suspensão do trâmite de todos os processos pendentes, individuais ou coletivos, que tramitem no Estado ou na região, conforme o caso.*

Sendo a *multiplicidade* de recursos um requisito objetivo para o desencadeamento do instituto dos recursos repetitivos, isso não significa dizer que todos os recursos extraordinários ou especiais interpostos em relação à matéria de direito tenham que obrigatoriamente subir aos tribunais superiores.

Por isso, o §1º do art. 1.036 do atual C.P.C. permite que o presidente ou vice-presidente do tribunal de origem selecione um ou mais recursos representativos da controvérsia, a fim de que somente estes subam às cortes superiores para efeito de *afetação* (S.T.F. e S.T.J.).

Deve o presidente ou vice-presidente optar por aqueles recursos que tragam o maior número de argumentos possíveis sobre a questão de direito. Aliás, nesse sentido é o que dispõe o §1º do art. 1º da Resolução n. 08/08 do S.T.J.: *§1º Serão selecionados pelo menos um processo de cada Relator e, dentre esses, os que contiverem maior diversidade de fundamentos no acórdão e de argumentos no recurso especial.*

O §1º do art. 543-C do C.P.C. de 1973 apresentava o mesmo conteúdo normativo, mas nada mencionava quanto à questão do juízo de *admissibilidade.* Já o novo C.P.C. determina a remessa do recurso ou dos recursos representativos da controvérsia *independentemente de juízo de admissibilidade*, o qual será realizado no próprio S.T.F. ou no S.T.J. Isso somente será modificado se for aprovado pelo

Senado Federal ou pela Câmara dos Deputados projeto de lei que visa ao restabelecimento da sistemática de juízo de admissibilidade existente no C.P.C. de 1973.

O presidente ou vice-presidente do tribunal de origem determinará a suspensão do processamento de todos os processos pendentes, individuais ou coletivos, que tramitem no estado ou na região, conforme o caso, ou seja, conforme sejam de competência do TRF ou do Tribunal de Justiça.

A suspensão será certificada nos autos.

A suspensão perdurará até o julgamento final a ser proferido no S.T.F. ou no S.T.J.

Da decisão que determinar a suspensão dos recursos extraordinários ou especiais, em regra, não cabe recurso ou impugnação, salvo a possibilidade dos tribunais superiores reverem essa determinação. Nesse sentido é o seguinte precedente:

I – A sistemática adotada pela Lei n. 11.672/08, que introduziu o artigo 543-C no Código de Processo Civil, teve por finalidade conferir racionalidade e celeridade à prestação jurisdicional, otimizando o julgamento dos múltiplos recursos com fundamento em idêntica questão de direito, além de amenizar o problema representado pelo excesso de demanda no Superior Tribunal de Justiça;

II – Admitir-se qualquer tipo de irresignação por parte do recorrente para se "destrancar" o recurso especial sobrestado na forma do artigo 543-C do Código de Processo Civil, seria o mesmo que desconstituir as diretrizes traçadas pela reforma da Justiça e uma afronta ao ditame da razoável duração do processo, assim como a celeridade de sua tramitação (art. 5º, inciso LXXVIII, da Constituição Federal de 1.988), salvo em casos de sobrestamento equivocado, em que a parte deve demonstrar explicitamente a diferença entre o seu caso concreto e os afetados como repetitivos;

III – A c. Segunda Seção desta a. Corte, por ocasião do julgamento da Reclamação n. 3.652/DF, cuja controvérsia central residia em saber qual era a abrangência de tal decisão, reconheceu, no que efetivamente importa à presente controvérsia, que, sobre a decisão do Presidente do Tribunal de origem que determina a suspensão dos recursos especiais (que possuam a mesma questão inserta nos representativos da controvérsias enviados a esta Corte), o Superior Tribunal de Justiça exerce papel de controle. Conforme bem delineado no referido julgado, o controle exercido por esta Corte sobre a decisão de suspensão prolatada pelo Presidente do Tribunal de origem se dá pela análise inicial do recurso representativo da controvérsia, ocasião em que se aferirá, além dos pressupostos de admissibilidade, o caráter exemplificativo das questões postas;

IV – Sob tal premissa, indaga-se se a parte, que teve um recurso especial indevidamente suspenso pelo Tribunal de origem, na hipótese exclusiva de a matéria versada em seu recurso especial não condizer com a questão posta no recurso representativo da controvérsia, também deveria se submeter a este controle diferido. Caso efetivamente demonstrado pela parte o equívoco da suspensão do trâmite de seu recurso especial, na hipótese acima aventada, não seria razoável que aquela fosse submetida ao mesmo procedimento dos recursos repetitivos;

V – Tem-se que o pretendido controle direto desta augusta Corte sobre a adequação das matérias constantes no recurso especial suspenso na origem e o no recurso representativo da controvérsia somente se afiguraria possível, em caráter excepcional, necessariamente após o juízo inicial do recurso representativo da controvérsia, em que o relator, caso reconheça a presença dos requisitos de admissibilidade e a correta representatividade da controvérsia, afete o julgamento ao colegiado competente, momento a partir do qual a controvérsia, tida por representativa, encontrar-se-á devidamente delineada;

VI – Negado seguimento ao pedido acautelatório.

(MC 17.226/RJ, Rel. Ministro MASSAMI UYEDA, TERCEIRA TURMA, julgado em 05/10/2010, DJe 17/11/2010).

Diante da suspensão dos demais recursos existentes nos tribunais brasileiros sobre a mesma controvérsia de direito, os processos permanecerão no tribunal *a quo*.

Sobre o tema eis o seguinte precedente do S.T.J.:

(...).

3. A afetação de recurso especial como representativo da controvérsia demanda à Corte de origem a suspensão de recursos que abordem questão análoga, até o julgamento definitivo da controvérsia. Após o pronunciamento desta Corte, os recursos suspensos devem ser analisados na forma prevista nos §§ 7º e 8º do art. 543-C do CPC (art. 5º, inciso III, da Resolução n. 8/2008 da Presidência do STJ).

Embargos de declaração acolhidos, com efeitos modificativos, para anular o acórdão embargado e tornar sem efeito a decisão monocrática, ao passo que determino a devolução do processo ao Tribunal de origem.

(EDcl no AgRg no AREsp 225.034/BA, Rel. Ministro HUMBERTO MARTINS, SEGUNDA TURMA, julgado em 21/03/2013, DJe 02/04/2013)

Preceitua o *§ 2º do art. 1.036* do atual C.P.C. que *o interessado pode requerer, ao presidente ou ao vice-presidente, que exclua da decisão de sobrestamento e inadmita o recurso especial ou o recurso extraordinário que tenha sido interposto intempestivamente, tendo o recorrente o prazo de 5 (cinco) para manifestar-se sobre esse requerimento.*

Sendo a tempestividade um dos requisitos objetivos de admissibilidade do recurso, não haveria motivo lógico manter um recurso especial ou extraordinário sobrestado, tendo sido ele interposto fora do prazo legal, isto é, sendo ele intempestivo.

Assim, havendo intempestividade, o interessado poderá requerer ao presidente ou vice-presidente do tribunal de origem que exclua da decisão de sobrestamento e inadmita o recurso especial ou extraordinário que tenha sido interposto intempestivamente.

Porém, antes de se proferir decisão de inadmissibilidade do recurso por intempestividade, deverá ser ouvido, no prazo de cinco dias, o recorrente.

Este dispositivo, na realidade, traz uma exceção ao juízo de admissibilidade do recurso especial ou extraordinário, pois, pelo novo C.P.C., esse juízo não é mais feito pelo presidente ou vice-presidente do tribunal de origem, salvo se for aprovado projeto de lei em tramitação no Senado Federal e na Câmara dos Deputados visando ao restabelecimento da sistemática existente na égide do C.P.C. de 1973.

Diante de qualquer outra hipótese que justifique a retirada do processo do sobrestamento, o certo é que este requerimento deveria ser dirigido ao S.T.J. ou ao S.T.F.

Porém, se assim ocorrer, especialmente nas hipóteses em que o recurso encontra-se sobrestado de forma equivocada, seria contraproducente.

Assim, havendo o sobrestamento equivocado de determinado recurso, a parte poderá requerer ao presidente ou vice-presidente do tribunal de origem que analise o erro do sobrestamento, com a possibilidade de interposição de recurso de agravo interno perante a seção de julgamento competente.

Prescreve o *§ 3º do art. 1.036* do atual C.P.C. que *da decisão que indeferir este requerimento caberá agravo, nos termos do art. 1.042.*

Estabelece o art. 1.042, inc. I, do atual C.P.C.:

> *Art. 1042. Cabe agravo contra decisão do presidente ou de vice-presidente do tribunal que:*
>
> *I – indeferir pedido formulado com base no art. 1.035, § 6º, ou 1.036, § 2º, de inadmissão de recurso especial ou extraordinário intempestivo;*

O agravo em recurso especial ou extraordinário nada mais é do que o antigo agravo nos próprios autos previsto no art. 544 do C.P.C. de 1973.

A competência para conhecer do agravo em recurso especial ou extraordinário é do S.T.J. ou S.T.F., dependendo do recurso.

O Projeto de Lei n. 2.384-B, aprovado na Câmara dos Deputados no dia 21 de outubro de 2015, deu nova redação ao §3º do art. 1.036 do novo C.P.C., a saber:

"Da decisão que indeferir o requerimento referido no §2º caberá apenas agravo interno, nos termos do art. 1.021". Aguarda análise no Senado Federal.

Preceitua o *§ 4º do art. 1.036* do atual C.P.C. *a escolha feita pelo presidente ou vice-presidente do tribunal de justiça ou do tribunal regional federal não vinculará o relator no tribunal superior, que poderá selecionar outros recursos representativos da controvérsia.*

Não obstante possa o presidente ou vice-presidente do tribunal de justiça ou do tribunal regional federal selecionar os recursos que deverão subir ao S.T.J ou ao S.T.F. para a devida afetação, tal escolha não vinculará o relator no tribunal superior, que poderá selecionar outros recursos representativos da controvérsia.

Prescreve o *§ 5º do art. 1.036* do atual C.P.C. que *o relator em tribunal superior também poderá selecionar 2 (dois) ou mais recursos representativos da controvérsia para julgamento da questão de direito independentemente da iniciativa do presidente ou vice-presidente do tribunal de origem.*

A seleção dos recursos para afetação de julgamento de recursos repetitivos poderá ser realizada no próprio S.T.J ou no S.T.F., independentemente da iniciativa do presidente ou vice-presidente do tribunal de origem.

E não poderia ser diferente, pois quem pode o mais pode o menos.

Por fim, prescreve o *§ 6º do art. 1.036* do atual C.P.C. que *somente podem ser selecionados recursos admissíveis que contenham abrangente argumentação e discussão a respeito da questão a ser decidida.*

Este dispositivo delimita a qualidade do recurso a ser escolhido para afetação. Somente podem ser selecionados recursos admissíveis, ou seja, que preencham os requisitos legais de admissibilidade, especialmente a tempestividade, assim como que contenham maior abrangência de argumentação e discussão a respeito da questão a ser decidida.

Se, por exemplo, a matéria que poderia ensejar multiplicidade de recurso não foi objeto de pré-questionamento, não poderá o recurso ser selecionado para afetação.

O agrupamento de recursos repetitivos levará em consideração apenas a questão central discutida, sempre que o exame dessa possa tornar prejudicada a análise de outras questões arguidas no mesmo recurso.

Art. 1.037

Selecionados os recursos, o relator, no tribunal superior, constatando a presença do pressuposto do caput do art. 1.036, proferirá decisão de afetação, na qual:

I – identificará com precisão a questão a ser submetida a julgamento;

II – determinará a suspensão do processamento de todos os processos pendentes, individuais ou coletivos, que versem sobre a questão e tramitem no território nacional;

III – poderá requisitar aos presidentes ou aos vice-presidentes dos tribunais de justiça ou dos tribunais regionais federais a remessa de um recurso representativo da controvérsia.

§ 1º Se, após receber os recursos selecionados pelo presidente ou pelo vice-presidente de tribunal de justiça ou de tribunal regional federal, não se proceder à afetação, o relator, no tribunal superior, comunicará o fato ao presidente ou ao vice-presidente que os houver enviado, para que seja revogada a decisão de suspensão referida no art. 1.036, § 1º.

§ 2º É vedado ao órgão colegiado decidir, para os fins do art. 1.040, questão não delimitada na decisão a que se refere o inciso I do caput.

§ 3º Havendo mais de uma afetação, será prevento o relator que primeiro tiver proferido a decisão a que se refere o inciso I do caput.

§ 4º Os recursos afetados deverão ser julgados no prazo de 1 (um) ano e terão preferência sobre os demais feitos, ressalvados os que envolvam réu preso e os pedidos de habeas corpus.

§ 5º Não ocorrendo o julgamento no prazo de 1 (um) ano a contar da publicação da decisão de que trata o inciso I do caput, cessam automaticamente, em todo o território nacional, a afetação e a suspensão dos processos, que retomarão seu curso normal.

§ 6º Ocorrendo a hipótese do § 5o, é permitido a outro relator do respectivo tribunal superior afetar 2 (dois) ou mais recursos representativos da controvérsia na forma do art. 1.036.

§ 7º Quando os recursos requisitados na forma do inciso III do caput contiverem outras questões além daquela que é objeto da afetação, caberá ao tribunal decidir esta em primeiro lugar e depois as demais, em acórdão específico para cada processo.

§ 8º As partes deverão ser intimadas da decisão de suspensão de seu processo, a ser proferida pelo respectivo juiz ou relator quando informado da decisão a que se refere o inciso II do caput.

§ 9º Demonstrando distinção entre a questão a ser decidida no processo e aquela a ser julgada no recurso especial ou extraordinário afetado, a parte poderá requerer o prosseguimento do seu processo.

§ 10. O requerimento a que se refere o § 9o será dirigido:

I – ao juiz, se o processo sobrestado estiver em primeiro grau;

II – ao relator, se o processo sobrestado estiver no tribunal de origem;

III – ao relator do acórdão recorrido, se for sobrestado recurso especial ou recurso extraordinário no tribunal de origem;

IV – ao relator, no tribunal superior, de recurso especial ou de recurso extraordinário cujo processamento houver sido sobrestado.

§ 11. A outra parte deverá ser ouvida sobre o requerimento a que se refere o § 9º, no prazo de 5 (cinco) dias.

§ 12. Reconhecida a distinção no caso:

I – dos incisos I, II e IV do § 10, o próprio juiz ou relator dará prosseguimento ao processo;

II – do inciso III do § 10, o relator comunicará a decisão ao presidente ou ao vice-presidente que houver determinado o sobrestamento, para que o recurso especial ou o recurso extraordinário seja encaminhado ao respectivo tribunal superior, na forma do art. 1.030, parágrafo único.

§ 13. Da decisão que resolver o requerimento a que se refere o § 9º caberá:

I – agravo de instrumento, se o processo estiver em primeiro grau;

II – agravo interno, se a decisão for de relator.

Decisão da afetação

Selecionados os recursos, o relator, no S.T.J. ou no S.T.F., verificando a existência de multiplicidade de recursos com fundamento em idêntica questão de direito, proferirá decisão de *afetação*, na qual: a) identificará com precisão a questão a ser submetida a julgamento; b) determinará a suspensão do processamento de todos os processos pendentes, individuais ou coletivos, que versem sobre a questão e tramitem no território nacional; c) poderá requisitar aos presidentes ou vice-presidentes dos tribunais de justiça ou dos tribunais regionais federais a remessa de um recurso representativo da controvérsia.

Assim, encaminhado o recurso ou os recursos representativos da controvérsia jurídica, o relator do S.T.F. ou do S.T.J. deverá identificar com precisão a matéria a ser levada a julgamento, que será apenas a matéria de natureza constitucional ou infraconstitucional, dependendo do recurso, a qual foi devidamente pré-questionada na instância de origem.

Uma vez devidamente reconhecida a matéria que será afetada ao julgamento, não poderá o tribunal ingressar ou estender sua cognição para outros temas não identificados na referida decisão de afetação.

Daí a importância da identificação da questão de direito similar da multiplicidade de recursos.

A decisão de afetação determinará, ainda, a suspensão no tribunal superior, nos de segundo grau de jurisdição e nos juízos de primeiro grau, dos processos, individuais ou coletivos, que versem sobre idêntica controvérsia, até a decisão do recurso representativo da controvérsia.

Sob a égide do C.P.C. de 1973, a determinação de suspensão dos recursos gerava efeito apenas em relação aos recursos que ainda se encontravam no âmbito do tribunal de origem, não gerando efeito em relação aos Tribunais Superiores. Nesse sentido são os seguintes precedentes do S.T.J.:

> *I. Consoante a jurisprudência do Superior Tribunal de Justiça "as disposições contidas no art. 543-C do CPC dirigem-se aos feitos em trâmite no Tribunal de origem, sendo incabível, nesta Instância superior, a suspensão dos recursos especiais até a apreciação da via submetida ao rito previsto no mencionado dispositivo legal" (STJ, AgRg no REsp 1132514/SP, Rel. Min. OG FERNANDES, SEXTA TURMA, DJe de 19/11/2012).*
>
> (...).
>
> (AgRg no Ag 1246171/SP, Rel. Ministra ASSUSETE MAGALHÃES, SEXTA TURMA, julgado em 12/03/2013, DJe 08/04/2013)
>
> *(...).*
>
> *2. A determinação de suspensão dos recursos cuja matéria se encontra afetada para julgamento pela sistemática prevista no art. 543-C do Código de Processo Civil e na Resolução nº 8, de 7 de agosto de 2008, desta Corte, dirige-se aos tribunais locais, não abrangendo os apelos especiais já encaminhados a esta Corte, apta a aplicar o entendimento jurisprudencial pacífico justificador da afetação dos recursos destacados como representativos da controvérsia.*
>
> *3. Agravo regimental não provido.*
>
> (AgRg no AREsp 193.005/SC, Rel. Ministro RICARDO VILLAS BÔAS CUEVA, TERCEIRA TURMA, julgado em 09/04/2013, DJe 15/04/2013)

Pelo atual C.P.C., ficam também suspensos no tribunal superior e nos de segundo grau de jurisdição os recursos que versem sobre idêntica controvérsia, até a decisão do recurso representativo da controvérsia.

Preceitua o *§1º do art. 1.037* do atual C.P.C. se, *após receber os recursos selecionados pelo presidente ou vice-presidente do tribunal de justiça ou de tribunal regional federal, não se proceder à afetação, o relator, no tribunal superior, comunicará o fato ao presidente* *ou vice-presidente que os houver enviado, para que seja revogada a decisão de suspensão referida no art. 1.036, § 1º.*

Se o relator no S.T.J. ou no S.T.F. não afetar os recursos selecionados pelo presidente ou vice-presidente do tribunal de justiça ou do tribunal regional federal, comunicará tal fato às referidas autoridades, a fim de que seja revogada a decisão de suspensão dos demais processos.

Preceitua o *§2º do art. 1.037* do atual C.P.C. que *é vedado ao órgão colegiado decidir, para os fins do art. 1.040, questão não delimitada na decisão a que se refere o inciso I do caput.*

O órgão colegiado indicado neste artigo é aquele competente para decidir e julgar a questão afetada nos recursos repetitivos.

Assim, o órgão colegiado somente poderá conhecer, restritivamente, a questão identificada com precisão e submetida a julgamento.

Da mesma forma, o presidente ou vice-presidente do tribunal de origem somente negará seguimento aos recursos especiais ou extraordinários sobrestados na origem e que digam respeito apenas ao acórdão paradigma do tribunal superior.

Estabelece o *§ 3º do art. 1.037* do atual C.P.c. que *havendo mais de uma afetação, será prevento o relator que primeiro tiver proferido a decisão a que se refere o inciso I do caput.*

Poderá ocorrer que haja mais de uma afetação de recursos repetitivos, a mais de um relator do S.T.J. ou do S.T.F. Isso será comum quando diversos tribunais encaminhem dois ou mais recursos que possam ser afetados a julgamento de recursos repetitivos.

Nessa hipótese, tornar-se-á prevento o relator que primeiro tiver proferido decisão a que se refere o inc. I do *caput* deste artigo, ou seja, o primeiro que proferir decisão de afetação na qual identifique com precisão a questão a ser submetida a julgamento.

Aduz o *§ 4º do art. 1.037* do atual C.P.C. que *os recursos afetados deverão ser julgados no prazo de 1 (um) ano e terão preferência sobre os demais feitos, ressalvados os que envolvam réu preso e o pedido de 'habeas corpus'.*

O legislador estabeleceu um prazo limite para o julgamento dos recursos afetados, e por tabela, para a permanência da suspensão dos demais processos.

Assim, os recursos afetados deverão ser julgados no prazo de um ano.

Outrossim, na Seção, na Corte Especial, no Plenário do Tribunal o recurso extraordinário ou especial será julgado com preferência sobre os demais, ressalvados os que envolvam réu preso e os pedidos de habeas corpus.

A Coordenadoria do órgão julgador extrairá cópias do acórdão recorrido, do recurso especial, das contrarrazões, da decisão de admissibilidade, do parecer do Ministério Público e de outras peças indicadas pelo Relator, encaminhando--as aos integrantes do órgão julgador.

Após essas diligências, o processo será incluído em pauta, devendo ser julgado com preferência sobre os demais feitos, ressalvados os processos que envolvam réu preso e os pedidos de habeas corpus.

Preconiza o *§ 5º do art. 1.037* do atual C.P.C. que *não ocorrendo o julgamento no prazo de 1 (um) ano a contar da publicação da decisão de que trata o inciso I do caput, cessam automaticamente, em todo território nacional, a afetação e a suspensão dos processos, que retomarão seu curso normal.*

Uma vez publicada a decisão de afetação prevista no inc. I deste artigo, o S.T.J ou o S.T.F. deverá promover o julgamento no prazo de um ano, sob pena de cessar *automaticamente a afetação*, bem como a suspensão dos processos em todo território nacional, que retomarão seu curso normal.

Preceitua *o §6º do art.1.037* do atual C.P.C. que *ocorrendo a hipótese do § 5º, é permitido a outro relator do respectivo tribunal superior afetar 2 (dois) ou mais recursos representativos da controvérsia na forma do art. 1.036.*

A importância da solução em definitivo de questão que possa gerar multiplicidade de recursos é tanta, que o legislador permitiu, mesmo que ocorrendo a hipótese do §5º deste artigo, que outro relator do respectivo tribunal superior afete dois ou mais recursos representativos da controvérsia na forma do art. 1.036. Essa nova afetação também deverá observar o prazo de um ano, sob as penas do §5º deste artigo.

Estabelece o *§7º do art. 1.037* do atual C.P.C. que *quando os recursos requisitados na forma do inciso III do caput contiverem outras questões além daquela que é objeto da afetação, caberá ao tribunal decidir esta em primeiro lugar e depois as demais, em acórdão específico para cada processo.*

Este dispositivo demonstra a independência das questões que são dirigidas aos Tribunais Superiores para julgamento.

Assim, se os recursos requisitados aos presidentes ou vice-presidentes de todos os tribunais de justiça ou tribunais regionais federais tiverem por objeto, além das questões que possam ser apreciadas no âmbito de afetação de recurso representativo de controvérsia, outras questões que não estejam abrangidas por esta afetação, caberá ao órgão jurisdicional (S.T.J. ou S.T.F.) decidir a questão afetada em primeiro lugar, e depois, em ato contínuo, as demais questões não afetadas, lavrando-se acórdão específico para cada processo.

Preconiza o *§ 8º do art. 1.037* do atual C.P.C. que *as partes deverão ser intimadas da decisão de suspensão de seu processo, a ser proferida pelo respectivo juiz ou relator quando informado da decisão a que se refere o inciso II do caput.*

A decisão de afetação dos recursos representativos de controvérsia determinará a suspensão do processamento de todos os processos pendentes, individuais ou coletivos, que versem sobre a questão e tramitem no território nacional.

Da decisão que suspender os processos, seja ela proferida pelo juiz ou pelo relator, as partes deverão ser devidamente intimadas, até para que possam requerer o que lhe for de direito, ou mesmo demonstrar que a questão tratada em seu recurso (ou processo) não se enquadra na questão indicada na afetação.

Prescreve o *§ 9º do art. 1.037* do atual C.P.C. que *demonstrando distinção entre a questão a ser decidida no processo e aquela a ser julgada no recurso especial ou extraordinário afetado, a parte poderá requerer o prosseguimento do seu processo.*

Se a parte demonstrar, seja para o juiz de primeiro grau, para o relator do Tribunal de origem, ou, ainda, para o relator no S.T.J. ou S.T.F. que a questão a ser discutida em seu processo não se enquadra na decisão de afetação dos recursos repetitivos, o seu processo terá prosseguimento normal, saindo do sobrestamento.

Em complemento ao §9º, estabelece o *§10º do art. 1.037* do atual C.P.C.: *O requerimento a que se refere o § 9º será dirigido ao: I – juiz, se o processo sobrestado estiver em primeiro grau; II – relator, se o processo sobrestado estiver no tribunal de origem; III – relator do acórdão recorrido, se for sobrestado recurso especial ou recurso extraordinário no tribunal de origem; IV – relator, no tribunal superior, de recurso especial ou de recurso extraordinário cujo processamento houver sido sobrestado.*

Este dispositivo estabelece o órgão do Poder Judiciário competente para apreciar o pedido de cancelamento do sobrestamento do processo.

Preceitua o *§ 11 do art. 1.037* do atual C.P.C. que *a outra parte deverá ser ouvida sobre o requerimento a que se refere o § 9º, no prazo de 5 (cinco) dias.*

Antes de o órgão do Poder Judiciário competente determinar a retirada do sobrestamento do processo, deverá ser oportunizado à outra parte o devido contraditório, a fim de que se manifeste sobre a pretensão formulada nos autos.

Aduz o *§12 do art. 1.037* do atual C.P.C. que *reconhecida a distinção no caso: I – dos incisos I, II e IV do §10, o próprio juiz ou relator dará prosseguimento ao processo; II – do inciso III do §10, o relator comunicará a decisão ao presidente ou ao vice-presidente que houver determinado o sobrestamento, para que o recurso especial ou o recurso extraordinário seja encaminhado ao respectivo tribunal superior, na forma do art. 1.030, parágrafo único.*

Por fim, prescreve o *§13 do art. 1.037* do atual C.P.c. que *da decisão que resolver o requerimento a que se refere o §9º caberá: I – agravo de instrumento, se o processo estiver em primeiro grau; II – agravo interno, se a decisão for de relator.*

Este dispositivo prevê a possibilidade de interposição de recurso contra a decisão que deferir ou não a retirada dos autos do sobrestamento, tendo em vista que a questão discutida no processo não está inserida na questão afetada ao S.T.J. ou ao S.T.F.

Art. 1.038

O relator poderá:

I – solicitar ou admitir manifestação de pessoas, órgãos ou entidades com interesse na controvérsia, considerando a relevância da matéria e consoante dispuser o regimento interno;

II – fixar data para, em audiência pública, ouvir depoimentos de pessoas com experiência e conhecimento na matéria, com a finalidade de instruir o procedimento;

III – requisitar informações aos tribunais inferiores a respeito da controvérsia e, cumprida a diligência, intimará o Ministério Público para manifestar-se.

§ 1º No caso do inciso III, os prazos respectivos são de 15 (quinze) dias, e os atos serão praticados, sempre que possível, por meio eletrônico.

§ 2º Transcorrido o prazo para o Ministério Público e remetida cópia do relatório aos demais ministros, haverá inclusão em pauta, devendo ocorrer o julgamento com preferência sobre os demais feitos, ressalvados os que envolvam réu preso e os pedidos de habeas corpus.

§ 3º O conteúdo do acórdão abrangerá a análise de todos os fundamentos da tese jurídica discutida, favoráveis ou contrários.

Processamento dos recursos repetitivos

Conforme já prevê o art. 3º da Resolução n. 08/08 do S.T.J., antes do julgamento do recurso, o Relator poderá solicitar informações aos tribunais inferiores a respeito da controvérsia e solicitar ou admitir manifestação de pessoas, órgãos ou entidades com interesse na controvérsia, considerando a relevância da matéria, com a finalidade de instruir o procedimento.

Essa possibilidade é atualmente prevista no art. 3º, inc. I, da Resolução n. 08/08 do S.T.J.

Assim, o relator poderá determinar a intimação de pessoas, órgãos ou entidades com interesse na controvérsia para se manifestarem como *amicus curiae*, especialmente pelo fato da amplitude e da força *erga omnes* que gera a decisão proferida no instituto de recursos repetitivos.

Poderá ocorrer que o relator do S.T.F. ou do S.T.J. tenha dúvida sobre a possibilidade de a controvérsia jurídica gerar efetivamente um número expressivo de recursos, a fim de caracterizar o requisito objetivo da instalação do instituto dos *recursos repetitivos*.

Daí porque poderá o relator solicitar informações aos tribunais inferiores, especialmente sobre a possibilidade de a controvérsia gerar recursos repetitivos, assim como pedir a remessa de eventuais dados estatísticas sobre os recursos já interpostos e que aguardam a devida tramitação legal.

Os tribunais inferiores também poderão subsidiar o relator quanto à questão jurídica que possa ensejar a controvérsia a ser decidida no âmbito dos recursos repetitivos.

Cumprida a diligência, o relator intimará o Ministério Público para se manifestar.

Preceitua o *§1º do art. 1.038* do atual C.P.C. que *no caso do inciso III, os prazos respectivos são de 15 (quinze) dias, e os atos serão praticados, sempre que possível, por meio eletrônico.*

Tanto a intervenção dos tribunais inferiores quanto a manifestação do Ministério Público deverão ocorrer no prazo de quinze dias, devendo os atos de intervenção, sempre que possível, serem praticados por meio eletrônico, especialmente pelo fato de que o processo deverá ser eletrônico.

Mas para que seja possível a comunicação eletrônica, é necessário a unificação das plataformas tecnológicas dos tribunais, ou que haja comunicação entre elas.

Prescreve o *§2º do art. 1.038* do atual C.P.C. que *transcorrido o prazo para o Ministério Público e remetida cópia do relatório aos demais ministros, haverá inclusão em pauta, devendo ocorrer o julgamento com preferência sobre os demais feitos, ressalvados os que envolvam réu preso e os pedidos de habeas corpus.*

Na Seção, na Corte Especial, no Plenário do Tribunal, o recurso extraordinário ou especial será julgado com preferência sobre os demais, ressalvados os que envolvam réu preso e os pedidos de 'habeas corpus'.

A Coordenadoria do órgão julgador extrairá cópias do acórdão recorrido, do recurso especial ou extraordinário, das contrarrazões, da decisão de admissibilidade, do parecer do Ministério Público e de outras peças indicadas pelo Relator, encaminhando-as aos integrantes do órgão julgador.

Após essas diligências, o processo será incluído em pauta, devendo ser julgado com preferência sobre os demais feitos, ressalvados os processos que envolvam réu preso e os pedidos de habeas corpus.

Preceitua o *§ 3º do art. 1.038* do atual C.P.C. que *o conteúdo do acórdão abrangerá a análise de todos os fundamentos da tese jurídica discutida, favoráveis ou contrários.*

Este dispositivo determinada que o órgão julgador da matéria afetada deverá analisar todas as teses apresentadas e discutidas, favoráveis ou contrárias, sob pena de ser considerado omisso o acórdão, dando ensejo a eventuais embargos de declaração.

O Projeto de Lei n. 2.384-B, aprovado na Câmara dos Deputados no dia 21 de outubro de 2015, dá nova redação ao §3º do art. 1.038 do novo C.P.C., a saber: "O conteúdo do acórdão abrangerá a análise dos fundamentos relevantes da tese jurídica discutida". Aguarda análise no Senado Federal.

Art. 1.039

Decididos os recursos afetados, os órgãos colegiados declararão prejudicados os demais recursos versando sobre idêntica controvérsia ou os decidirão aplicando a tese firmada.

Parágrafo único. Negada a existência de repercussão geral no recurso extraordinário afetado, serão considerados automaticamente inadmitidos os recursos extraordinários cujo processamento tenha sido sobrestado.

Efeitos da decisão do recurso representativo da controvérsia

Após o julgamento dos recursos representativos da controvérsia, os órgãos colegiados dos Tribunais Superiores ou dos tribunais inferiores declararão prejudicados os recursos que contrariem a tese ou decidirão a questão de acordo com o que fora decidido no julgamento dos recursos repetitivos.

Não obstante esse dispositivo estabeleça que a competência para apreciar o resultado final da decisão do recurso representativo de controvérsia seja do órgão colegiado, isso não significa dizer que o relator do órgão fracionário não possa decidir monocraticamente, nos termos do art. 932, incs. III e IV, letra 'b', V, letra 'b', a saber:

> *Art. 932. Incumbe ao relator:*
> *(...).*
> *III – não conhecer de recurso inadmissível, prejudicado ou que não tenha impugnado especificamente os fundamentos da decisão recorrida;*
> *IV – negar provimento a recurso que for contrário a:*
> *(...).*
> *b) acórdão proferido pelo Supremo Tribunal Federal ou pelo Superior Tribunal de Justiça em julgamento de recursos repetitivos;*
> *V – depois de facultada a apresentação de contrarrazões, dar provimento ao recurso se a decisão recorrida for contrária a:*

(...).

b) acórdão proferido pelo Supremo Tribunal Federal ou pelo Superior Tribunal de Justiça em julgamento de recursos repetitivos;

Por sua vez, o art. 5º, inc. I e II da Resolução n. 08/08 do atual S.T.J., assim preceitua:

Art. 5º Publicado o acórdão do julgamento do recurso especial pela Seção ou pela Corte Especial, os demais recursos especiais fundados em idêntica controvérsia:

I – se já distribuídos, serão julgados pelo relator, nos termos do art. 557 do Código de Processo Civil;

II – se ainda não distribuídos, serão julgados pela Presidência, nos termos da Resolução n. 3, de 17 de abril de 2008.

III – se sobrestados na origem, terá seguimento na forma prevista nos parágrafos sétimo e oitavo do artigo 543-C do Código de Processo Civil.

Prescreve o *parágrafo único do art. 1.039* do atual C.P.C. que *negada a existência de repercussão geral no recurso extraordinário afetado, serão considerados automaticamente inadmitidos os recursos extraordinários cujo processamento tenha sido sobrestado.*

Muito embora pelo atual C.P.C. possa ser arguido perante o S.T.F. o instituto representativo de controvérsia, o certo é que a Egrégia Corte somente irá apreciar o recurso extraordinário afetado se for acolhida a alegação de repercussão geral como requisito de admissibilidade do R.E.

Se o S.T.F negar a existência de repercussão geral do recurso extraordinário afetado e no representativo de controvérsia, serão considerados automaticamente inadmitidos os recursos extraordinários cujo processamento tenha sido sobrestado.

Art. 1.040

Publicado o acórdão paradigma:

I – o presidente ou o vice-presidente do tribunal de origem negará seguimento aos recursos especiais ou extraordinários sobrestados na origem, se o acórdão recorrido coincidir com a orientação do tribunal superior;

II – o órgão que proferiu o acórdão recorrido, na origem, reexaminará o processo de competência originária, a remessa necessária ou o recurso anteriormente julgado, se o acórdão recorrido contrariar a orientação do tribunal superior;

III – os processos suspensos em primeiro e segundo graus de jurisdição retomarão o curso para julgamento e aplicação da tese firmada pelo tribunal superior;

IV – se os recursos versarem sobre questão relativa a prestação de serviço público objeto de concessão, permissão ou autorização, o resultado do julgamento será comunicado ao órgão, ao ente ou à agência reguladora competente para fiscalização da efetiva aplicação, por parte dos entes sujeitos a regulação, da tese adotada.

§ 1º A parte poderá desistir da ação em curso no primeiro grau de jurisdição, antes de proferida a sentença, se a questão nela discutida for idêntica à resolvida pelo recurso representativo da controvérsia.

§ 2º Se a desistência ocorrer antes de oferecida contestação, a parte ficará isenta do pagamento de custas e de honorários de sucumbência.

§ 3º A desistência apresentada nos termos do § 1º independe de consentimento do réu, ainda que apresentada contestação.

Efeitos da decisão do recurso representativo da controvérsia em relação aos R.E. e aos REsp., assim como em relação aos processos suspensos em primeiro grau

O art. 5º da Resolução n. 08/08 do S.T.J. estabelece que publicado o acórdão do julgamento do recurso especial pela Seção ou pela Corte Especial, os demais recursos especiais fundados em idêntica controvérsia: *I – se já distribuídos, serão julgados pelo relator, nos termos do art. 557 do Código de Processo Civil; II – se ainda não distribuídos, serão julgados pela Presidência, nos termos da Resolução n. 3, de 17 de abril de 2008; III – se sobrestados na origem, terá seguimento na forma prevista nos parágrafos sétimo e oitavo do artigo 543-C do Código de Processo Civil.*

Diante desses dispositivos, os recursos sobrestados na presidência ou vice-presidência não terão seguimento, devendo ser aplicada de plano a decisão paradigmática dos recursos repetitivos se o acórdão recorrido estiver de acordo com a orientação da instância superior. Nessa hipótese, o presidente ou vice-presidente do tribunal de justiça ou federal negará seguimento ao recurso extraordinário ou especial interposto.

Se o acórdão recorrido não estiver em consonância com a decisão proferida no paradigma do instituto dos recursos repetitivos, o órgão que proferiu o acórdão recorrido, na origem, reexaminará a causa de competência originária, a remessa necessária ou o recurso anteriormente julgado, na hipótese de o acórdão recorrido contrariar a orientação do tribunal superior.

Por sua vez, os processos suspensos em primeiro e segundo graus de jurisdição retomarão o curso para julgamento e aplicação da tese firmada pelo tribunal superior.

Se os recursos versarem sobre questão relativa a prestação de serviço público objeto de concessão, permissão ou autorização, o resultado do julgamento será comunicado ao órgão, ao ente ou à agência reguladora competente para fiscalização da efetiva aplicação, por parte dos entes sujeitos a regulação, da tese adotada.

Somente a Constituição Federal poderá conferir *efeito vinculante à* decisão judicial, sob pena de ferir os princípios fundamentais do *devido processo legal*, do *contraditório* e da *ampla defesa.*

Assim, o efeito vinculante está circunscrito às demandas concentradas de inconstitucionalidade e às súmulas vinculantes aprovadas pelo Supremo Tribunal Federal.

É evidente que a inconstitucionalidade poderá ser atenuada em relação ao julgamento de recursos repetitivos no âmbito do Supremo Tribunal Federal, justamente pelo fato de que essa decisão envolve questão Constitucional aproximando-se sistematicamente das decisões realizadas em controle concentrado de constitucionalidade.

Por isso, é de duvidosa constitucionalidade este inc. IV, uma vez que determina a incidência dos efeitos da decisão (de forma vinculante) aos órgãos ou à agência reguladora competente para fiscalização do efeito cumprimento por parte dos entes sujeitos à regulação.

Estabelece o *§1º do art. 1.040* do atual C.P.C. que *a parte poderá desistir da ação em curso no primeiro grau de jurisdição, antes de proferida a sentença, se a questão nela discutida for idêntica à resolvida pelo recurso representativo da controvérsia.*

Este preceito normativo tem por finalidade incentivar a parte para fins de que haja efetiva economia processual, evitando-se o prolongamento de um processo cuja questão jurídica central foi definitivamente resolvida pelo S.T.F. ou pelo S.T.J. no âmbito do instituto dos recursos repetitivos.

Por isso, a parte poderá desistir da demanda em curso no primeiro grau de jurisdição, se a questão nela discutida for idêntica à resolvida pelo recurso representativo da controvérsia.

Essa desistência não depende de concordância da parte contrária.

Prescreve o *§2º do art. 1.040* do atual C.P.C. que *se a desistência ocorrer antes de oferecida contestação, a parte ficará isenta do pagamento de custas e de honorários de sucumbência.*

Se o autor desistir da demanda antes de o réu ter oferecido contestação, ficará isento do pagamento de custas e de honorários de sucumbência. Se a desistência for após, arcará com as verbas de sucumbências.

Aduz o *§3º do art. 1.040* do atual C.P.C. que *a desistência apresentada nos termos do §1º independe do consentimento do réu, ainda que apresentada contestação.*

Art. 1.041

Mantido o acórdão divergente pelo tribunal de origem, o recurso especial ou extraordinário será remetido ao respectivo tribunal superior, na forma do art. 1.036, § 1º.

§ 1º Realizado o juízo de retratação, com alteração do acórdão divergente, o tribunal de origem, se for o caso, decidirá as demais questões ainda não decididas cujo enfrentamento se tornou necessário em decorrência da alteração.

§ 2º Quando ocorrer a hipótese do inciso II do caput do art. 1.040 e o recurso versar sobre outras questões, caberá ao presidente do tribunal, depois do reexame pelo órgão de origem e independentemente de ratificação do recurso ou de juízo de admissibilidade, determinar a remessa do recurso ao tribunal superior para julgamento das demais questões.

Manutenção e retratação da decisão

Se o órgão colegiado mantiver o acórdão divergente em relação ao paradigma, o recurso especial ou extraordinário será de imediato encaminhado pelo presidente ou vice-presidente do tribunal de origem ao S.T.J. ou ao S.T.F., na forma do art. 1.036, §1º deste Código.

Este dispositivo demonstra que o instituto de recursos repetitivos, muito embora tenha efeito *erga omnes*, não tem força vinculante, pois a nossa Constituição somente prevê força vinculante às sumulas vinculantes ou ao julgamento de controle concentrado de constitucionalidade realizado pelo S.T.F.

Prescreve o *§1º do art. 1.041* do atual C.P.C. que *realizado o juízo de retratação, com alteração do acórdão divergente, o tribunal de origem, se for o caso, decidirá as demais questões ainda não decididas cujo enfrentamento se tornou necessário em decorrência da alteração.*

Se reformado o acórdão recorrido em razão da decisão proferida no âmbito dos recursos repetitivos, competirá ao órgão fracionário do tribunal de origem decidir as demais questões antes não decididas e que o enfrentamento se tornou necessário em decorrência da reforma.

Na realidade, por vezes, o acolhimento de uma determinada tese jurídica pelo órgão fracionário do tribunal de origem, como questão prejudicial, e por uma questão lógica, impede o prosseguimento do julgamento sobre as demais questões trazidas no recurso julgado.

Porém, sendo a decisão proferida no âmbito dos recursos repetitivos contrária à tese firmada pelo órgão fracionário do tribunal de origem, deverá este órgão, ao modificar sua decisão, prosseguir no julgamento para a análise das demais questões.

Evidentemente, o julgamento proferido em relação às demais questões (exceto em relação à questão jurídica decidida no âmbito dos recursos repetitivos) poderá ser objeto de novo recurso especial ou extraordinário, conforme o caso.

Por fim, estabelece o *§2º do art. 1.041* do atual C.P.C. que *quando ocorrer a hipótese do inciso II do caput do art. 1.040 e o recurso versar sobre outras questões, caberá ao presidente do tribunal, depois do reexame pelo órgão de origem e independentemente de ratificação do recurso ou de juízo de admissibilidade, determinar a remessa do recurso ao tribunal superior para julgamento das demais questões.*

Ocorrendo a hipótese de remessa dos autos para o órgão Colegiado, a fim de, se for o caso, exercer o juízo de retração, e versando o recurso sobre outras questões não objeto do conteúdo do paradigma, caberá ao presidente ou vice-presidente do tribunal local, depois do reexame pelo órgão de origem e independentemente de ratificação do recurso ou juízo de admissibilidade, determinar a remessa do recurso ao tribunal superior para julgamento das demais questões.

É muito comum, por exemplo, que, especialmente o recurso especial, ao ser sobrestado na presidência ou vice-presidência do tribunal de origem, além da questão a ser resolvida no âmbito dos recursos repetitivos, também apresente outras questões autônomas. Porém, como a questão a ser dirimida no âmbito dos recursos repetitivos é prejudicial em relação a outras questões, eventual remessa ao tribunal superior somente ocorrerá após a definição da questão prejudicial.

O Projeto de Lei n. 2.384-B, aprovado na Câmara dos Deputados em 21 de outubro de 2015, dá a seguinte redação para o §2º do art. 1.041 do novo C.P.C.: Quando ocorrer a hipótese do inciso II do caput do art. 1.040 e o recurso versar sobre outras questões, caberá ao presidente ou ao vice-presidente do tribunal recorrido, depois do reexame pelo órgão de origem e independentemente de ratificação do recurso, sendo positivo o juízo de admissibilidade, determinar a remessa do recurso ao tribunal superior para julgamento das demais questões.". Aguarda análise no Senado Federal.

SEÇÃO III – Do Agravo em Recurso Especial e em Recurso Extraordinário

Art. 1.042

Cabe agravo contra decisão de presidente ou de vice-presidente do tribunal que:

I – indeferir pedido formulado com base no art. 1.035, § 6º, ou no art. 1.036, § 2º, de inadmissão de recurso especial ou extraordinário intempestivo;

II – inadmitir, com base no art. 1.040, inciso I, recurso especial ou extraordinário sob o fundamento de que o acórdão recorrido coincide com a orientação do tribunal superior;

III – inadmitir recurso extraordinário, com base no art. 1.035, § 8o, ou no art. 1.039, parágrafo único, sob o fundamento de que o Supremo Tribunal Federal reconheceu a inexistência de repercussão geral da questão constitucional discutida.

§ 1º Sob pena de não conhecimento do agravo, incumbirá ao agravante demonstrar, de forma expressa:

I – a intempestividade do recurso especial ou extraordinário sobrestado, quando o recurso fundar-se na hipótese do inciso I do caput deste artigo;

II – a existência de distinção entre o caso em análise e o precedente invocado, quando a inadmissão do recurso:

a) especial ou extraordinário fundar-se em entendimento firmado em julgamento de recurso repetitivo por tribunal superior;

b) extraordinário fundar-se em decisão anterior do Supremo Tribunal Federal de inexistência de repercussão geral da questão constitucional discutida.

§ 2º A petição de agravo será dirigida ao presidente ou vice-presidente do tribunal de origem e independe do pagamento de custas e despesas postais.

§ 3º O agravado será intimado, de imediato, para oferecer resposta no prazo de 15 (quinze) dias.

§ 4º Após o prazo de resposta, não havendo retratação, o agravo será remetido ao tribunal superior competente.

§ 5º O agravo poderá ser julgado, conforme o caso, conjuntamente com o recurso especial ou extraordinário, assegurada, neste caso, sustentação oral, observando-se, ainda, o disposto no regimento interno do tribunal respectivo.

§ 6º Na hipótese de interposição conjunta de recursos extraordinário e especial, o agravante deverá interpor um agravo para cada recurso não admitido.

§ 7º Havendo apenas um agravo, o recurso será remetido ao tribunal competente, e, havendo interposição conjunta, os autos serão remetidos ao Superior Tribunal de Justiça.

§ 8º Concluído o julgamento do agravo pelo Superior Tribunal de Justiça e, se for o caso, do recurso especial, independentemente de pedido, os autos serão remetidos ao Supremo Tribunal Federal para apreciação do agravo a ele dirigido, salvo se estiver prejudicado.

Sumário:

1. Considerações gerais

Já houve época em que não sendo admitido o recurso extraordinário, o recurso cabível contra essa decisão seria a *carta testemunhável*.

O C.P.C. de 1939, em seu art. 868, alterou essa perspectiva, permitindo a interposição de agravo (em autos suplementares ou por instrumento) contra a decisão do tribunal de origem que não admitisse a subida do recurso extraordinário. O procedimento que deveria ser observado seria o mesmo do agravo de instrumento.

No sistema do C.P.C. de 1973, manteve-se o mesmo procedimento adotado no Código de 1939, admitindo-se o agravo de instrumento, embora regulado especificamente em seu art. 544, na sua redação originária. Com a redação dada ao art. 544 pela Lei 12.322 de 2010, o agravo deixou de ser por instrumento para ser considerado nos próprios autos.

O prazo para o recurso de agravo nos próprios autos contra decisão denegatória do recurso extraordinário ou especial era de dez dias, conforme preconizava o art. 544 do C.P.C. de 1973.

O novo C.P.C. manteve o paradigma de que contra a decisão proferida pelo presidente ou vice-presidente do tribunal de origem, em determinadas situações, cabe recurso de agravo, mas agora passou a ser denominado não mais de agravo nos próprios autos mas sim de *agravo em recurso especial e extraordinário*, cujo prazo é de quinze dias.

Note-se que somente em situações específicas é que o presidente ou vice-presidente do tribunal de origem irá inadmitir o recurso especial ou extraordinário.

O prazo para a interposição e para a resposta ao *agravo* será de quinze dias. Esse prazo começa a correr da publicação do pronunciamento do presidente ou vice-presidente do tribunal recorrido. Este prazo está sujeito às normas comuns de contagem e suspensão de prazo.

Já se manifestou o S.T.J. que não se aplica o benefício do prazo em dobro aos litisconsortes, conforme estabelece o seguinte precedente:

> *Agravo regimental. Recurso especial não admitido. Tempestividade do agravo de instrumento.*
> *Inaplicável a regra do art. 191 do Código de Processo Civil ao agravo de instrumento interposto contra o despacho que não admitiu o recurso especial.*
> *Agravo regimental desprovido".*
> (AgRg no Agravo de Instrumento n. 447.161, relator Min. Carlos Alberto Menezes Direito, D.J. 5.9.2012.).

Tendo em vista que se está diante de *agravo*, o recurso deverá subir ao S.T.F. ou ao S.T.J. no mesmo processo e não mais por instrumento.

Tal mudança é muito salutar, pois impede que o S.T.F. ou o S.T.J. deixe de conhecer do agravo por falta de peça obrigatória, aliás como previa a Súmula 223 do S.T.J.: *"A certidão de intimação do acórdão recorrido constitui peça obrigatória do instrumento do agravo"*.

No mesmo sentido é o seguinte precedente do S.T.F.:

> *"A ausência de certidão de publicação do aresto recorrido impede seja aferida a tempestividade do recurso interposto e inadmitido. A finalidade processual do agravo de instrumento é o destrancamento do recurso obstado, mas de recurso tempestivamente oposto, requisito que somente pode ser aferido à luz da peça não trasladada"*.
> (AgRg em AgIn. 181265-6/RJ, rel. Min. Maurício Correa).

Assim, a mudança de paradigma para recurso a ser interposto contra decisão de não admissibilidade do recurso extraordinário ou especial, em situações especiais, evita o não conhecimento do agravo por falta de peça essencial, pois as peças a comporem o traslado do agravo de instrumento, sob a égide do C.P.C. de 1973, deveriam ser apresentadas até o término do prazo para sua interposição. Entendia o S.T.J. que uma vez encontrando-se o recurso de agravo de instrumento na superior instância, não produziria efeito a juntada de peças faltantes no traslado, hipótese que equivaleria à complementação de peças (RSTJ 148/17).

2. Do Agravo em Recurso Especial e Extraordinário

Estabelece o *art. 1.042* do atual C.P.C. que *cabe agravo contra decisão de presidente ou de vice-presidente do tribunal que: I – indeferir pedido formulado com base no art. 1.035, § 6º, ou no art. 1.036, § 2º, de inadmissão de recurso especial ou extraordinário intempestivo; II – inadmitir, com base no art. 1.040, inciso I, recurso especial ou extraordinário sob o fundamento de que o acórdão recorrido coincide com a orientação do tribunal superior; III –inadmitir recurso extraordinário, com base no art. 1.035, § 8º, ou no art. 1.039, parágrafo único, sob o fundamento de que o Supremo Tribunal Federal reconheceu a inexistência de repercussão geral da questão constitucional discutida.*

No atual C.P.C., o presidente ou o vice-presidente não faz mais o juízo de admissibilidade do recurso especial ou extraordinário, uma vez que esse juízo ficou restrito aos Tribunais Superiores, salvo se for aprovado projeto de lei em trâmite no Senado Federal ou na Câmara dos Deputados restabelecendo a sistemática anterior prevista no C.P.C. de 1973.

Porém, em determinadas situações específicas, o presidente ou vice-presidente do tribunal de origem poderá decidir sobre a inadmissão *do* recurso especial ou extraordinário, a saber:

a) Interposto o recurso extraordinário e reconhecida a repercussão geral, o relator no Supremo Tribunal Federal determinará a suspensão do processamento dos processos pendentes, individuais ou coletivos, que versem sobre a questão e tramitem no território nacional (§5º do art. 1.035 do atual C.P.C.). O interessado poderá requerer, ao presidente ou vice-presidente do tribunal de origem, após a oitiva do recorrente no prazo de cinco dias, que exclua da decisão de sobrestamento e inadmita o recurso extraordinário que tenha sido interposto intempestivamente (§6º do art. 1.035 do atual C.P.C.).

Contra a decisão que indeferir o pedido de exclusão e de inadmissão do recurso extraordinário (§6º do art. 1.035 do atual C.P.C.) caberá *agravo* ao S.T.F.

Por sua vez, da decisão que acolher o pedido e inadmitir o recurso extraordinário caberá, s.m.j., *agravo interno* para o órgão colegiado competente do tribunal de origem.

b) Sempre que houver multiplicidade de recursos com fundamento em idêntica questão de direito, o recurso extraordinário ou especial será afetado para julgamento de acordo com as normas deste Código, observado o disposto no Regimento Interno do Supremo Tribunal Federal e do Superior Tribunal de Justiça (art. 1.036 do atual C.P.C.). O interessado poderá requerer, ao presidente ou vice-presidente, após oitiva do recorrente no prazo de cinco dias, que exclua da decisão de sobrestamento e inadmita o recurso especial ou recurso extraordinário que tenha sido interposto intempestivamente (§2º do art. 1.036 do atual C.P.C.).

Contra a decisão que indeferir o pedido de exclusão e inadmissão do recurso extraordinário ou especial caberá *agravo* ao S.T.F. ou ao S.T.J.

Contra a decisão que deferir o pedido de exclusão e inadmissão, s.m.j., caberá *agravo interno* para o órgão colegiado competente do tribunal de origem.

c) Publicado o paradigma do julgamento de recurso repetitivo especial ou extraordinário, o presidente ou vice-presidente do tribunal de origem negará seguimento aos recursos especiais ou extraordinários sobrestados na origem, se o acórdão recorrido coincidir com a orientação superior (art. 1.040, inc. I, do atual C.P.C.).

Contra essa decisão que inadmitir o recurso especial ou extraordinário em razão do acórdão na origem coincidir com a orientação superior, caberá *agravo* ao S.T.J. ou ao S.T.F. Essa previsão normativa permitirá que demandas individuais possam subir ao S.T.J. e principalmente ao S.T.F., quando, na verdade, havia uma tendência de se evitar essa política de recursos individuais no âmbito dos Tribunais Superiores. Gera preocupação essa sistemática tendo em vista que que haverá acesso irrestrito aos Tribunais Superiores, os quais tornar-se-ão tribunais de julgamento de reclamação e de agravo.

Se o presidente ou vice-presente do tribunal de origem não acolher o pedido, por entender que o paradigma não se aplica ao acórdão de origem, deverá encaminhar o processo ao órgão colegiado competente para a devida *retratação.*

d) O Supremo Tribunal Federal, em decisão irrecorrível, não conhecerá do recurso extraordinário quando a questão constitucional nele versada não oferecer repercussão geral, nos termos do art. 1.035 do atual C.P.C. Negada a repercussão geral, o presidente ou o vice-presidente do tribunal de origem negará seguimento aos recursos extraordinários sobrestados na origem que versem sobre matéria idêntica (§8º do art. 1.035 do atual C.P.C.).

Outrossim, negada a existência de repercussão geral no recurso extraordinário afetado, serão considerados automaticamente inadmitidos os recursos extraordinários cujo processamento tenha sido sobrestado (p.u. do art. 1.039 do atual C.P.C.).

Contra a decisão que inadmitir o recurso extraordinário em face de que o S.T.F. reconheceu a inexistência de repercussão geral da questão constitucional debatida, caberá *agravo* ao S.T.F.

É importante salientar que o *agravo* terá por finalidade permitir ou não a admissão e a apreciação do recurso extraordinário ou especial, não se admitindo a invocação de fundamento novo para recurso extraordinário ou especial denegado. Aliás, nesse sentido já havia se manifestado o S.T.J. no seguinte precedente:

> *É defeso ao recorrente alegar fundamento novo por ocasião do agravo da lei 8.038/90.*
>
> *Agravo denegado.*
>
> *Unanime.*
>
> (AgRg no Ag 31945/MG, Rel. Ministro FONTES DE ALENCAR, QUARTA TURMA, julgado em 24/06/1993, DJ 20/06/1994, p. 16107)

Preceitua o *§1º do art. 1.042* do atual C.P.C. que, *sob pena de não conhecimento do agravo, incumbirá ao agravante demonstrar, de forma expressa:*

> *I – a intempestividade do recurso especial ou extraordinário sobrestado, quando o recurso fundar-se na hipótese do inciso I do 'caput' deste artigo;*
>
> *II – a existência de distinção entre o caso em análise e o precedente invocado, quando a inadmissão do recurso: a) especial ou extraordinário fundar-se em entendimento firmado em julgamento de recurso repetitivo por tribunal superior; b) extraordinário fundar-se em decisão anterior do Supremo Tribunal Federal de inexistência de repercussão geral da questão constitucional debatida.*

Se o *agravo* tiver por fundamento o indeferimento do pedido formulado no inc. I do 'caput' deste artigo, ou seja, aplicação dos artigos 1.035, §6º e 1.036, §2º, ambos do atual C.P.C., deverá o agravante demonstrar, de forma expressa, a *intempestividade* do recurso especial ou extraordinário sobrestado.

Por sua vez, se o *agravo* tiver por fundamento a inadmissão do recurso especial ou extraordinário com base nos incs. II e III do art. 1.042 do atual C.P.C, ou seja, aplicação dos artigos 1.040, inc., I e art. 1.035, §8º e o parágrafo único do art. 1.039 do atual C.P.C., deverá o agravante demonstrar, de forma expressa, a existência de distinção entre o caso em análise e o precedente invocado, ou seja, deverá realizar de forma pontual a comparação entre o paradigma e o acórdão recorrido.

É importante salientar que para que seja conhecido o *agravo* deverá haver um confronto analítico entre os acórdãos, não sendo suficiente apenas a inserção ou a descrição de *ementas*, salvo se for possível retirar da *ementa* toda a matéria de divergência.

Deve-se, portanto, realizar um cotejo entre o acórdão recorrido e o acórdão paradigma, expondo as respectivas particularidades dos dois precedentes.

Aduz o *§2º do art. 1.042* do atual C.P.C. que a *petição de agravo será dirigida ao presidente ou vice-presidente do tribunal de origem e independe do pagamento de custas e despesas postais.*

A petição do agravo será interposta e dirigida à presidência ou vice-presidência do tribunal de origem e não ao tribunal superior.

A interposição do agravo não depende de pagamento de custas ou despesas postais, ou seja, do porte de remessa e retorno.

Porém, muito embora não se exija o recolhimento de custas da interposição do recurso de agravo, não está o recorrente dispensado de comprovar o recolhimento das custas judiciais pela interposição do recurso especial ou extraordinário.

A petição do agravo deverá conter as razões do pedido de reforma da decisão agravada, atacando os fundamentos.

Preceitua o *§ 3º do art. 1.042* do atual C.P.C. que *o agravado será intimado, de imediato, para oferecer resposta no prazo de 15 (quinze) dias.*

A intimação do agravado para responder ao *agravo* poderá ser realizada por simples ato ordinatório da secretaria, justamente pelo fato de que o presidente ou vice-presente do tribunal de origem não analisam qualquer aspecto de admissão do agravo.

Preceitua o *§ 4º do art. 1.042* do atual C.P.C. que *após o prazo de resposta, não havendo retratação, o agravo será remetido ao tribunal superior competente.*

Expirado o prazo para a resposta do agravo, e com ou sem a resposta, o agravo extraordinário será remetido ao tribunal superior competente.

Prescreve o *§ 5º do art. 1.042* do atual C.P.C. que *o agravo poderá ser julgado, conforme o caso, conjuntamente com o recurso especial ou extraordinário, assegurada, neste caso, sustentação oral, observando-se, ainda, o disposto no regimento interno do tribunal respectivo.*

Tendo em vista que o agravo extraordinário é interposto de forma incidental do processo que se encontra suspenso ou sobrestado, o recurso do agravo sobe ao tribunal superior conjuntamente com o recurso especial ou extraordinário interposto. Em razão disso, o S.T.J. ou o S.T.F. poderá promover julgamento simultâneo do agravo extraordinário e do recurso especial ou extraordinário, conforme o caso, desde que assegurada a ambas as partes a possibilidade de sustentação oral, observando-se o disposto no regimento interno do tribunal respectivo.

O procedimento para julgamento do agravo no S.T.F. ou no S.T.J. será de acordo com o que dispõe o regimento interno de cada tribunal.

O agravo de instrumento do art. 544 do C.P.C. de 1973 era regulado pelos artigos 253 e 254 do RISTJ e pelos artigos 313 a 316 do RISTF.

O relator poderá apreciar livremente as condições de admissibilidade do recurso extraordinário ou especial, não tendo qualquer vinculação com a decisão proferida pelo presidente ou vice-presidente do tribunal de origem (RTJ 149, pág. 918).

A competência do relator abrange todas as questões, inclusive as pertinentes às circunstâncias de cabimento de recurso, especialmente aquelas relacionadas ao mérito (RTJ 159/680).

É possível, ainda, que o relator do agravo, por meio de decisão monocrática, no S.T.F. ou no S.T.J., julgue de plano o recurso extraordinário ou especial, negando seguimento ou dando provimento a esses recursos.

Contra a decisão proferida monocraticamente pelo relator do agravo caberá *agravo interno* para o respectivo órgão fracionário.

Evidentemente, o S.T.J. ou o S.T.F. somente passará ao julgamento do R.E. ou do REsp. após a prolação da decisão no agravo, pois muitas vezes o conhecimento daqueles recursos dependerá do que for decidido no agravo.

Preceitua o *§ 6º do art. 1.042* do atual C.P.C. que *na hipótese de interposição conjunta de recursos extraordinário e especial, o agravante deverá interpor um agravo para cada recurso não admitido.*

Tendo em vista que cada tribunal superior mantém sua competência em relação ao agravo extraordinário contra a decisão que negou o seguimento ao respectivo recurso extraordinário ou especial, haverá necessidade de interposição de agravo extraordinário específico e individual contra cada decisão que não admitir o recurso extraordinário ou especial, quando essa interposição for conjunta.

Se não houver a interposição individual ou específica de agravo extraordinário, o tribunal superior não mais poderá conhecer do recurso extraordinário ou especial, precluindo a decisão do tribunal de origem que não o conheceu.

Se o tribunal de origem não receber o agravo extraordinário por qualquer motivo, segundo anota Nelson Nery Jr e Rosa Nery, será possível interpor *reclamação* perante o S.T.J. ou S.T.F. por usurpação de competência.[924]

Assim, não poderá o tribunal ou juízo de origem impedir o conhecimento do agravo de admissão pelo tribunal superior. Nesse sentido é o teor da Súmula 727 do S.T.F.: *"Não pode o magistrado deixar de encaminhar ao Supremo Tribunal Federal o agravo de instrumento interposto de decisão que não admite recurso extraordinário, ainda que referente a causa instaurada no âmbito dos juizados especiais"*.

No mesmo sentido é o seguinte precedente do S.T.J.:

> *I – Sendo interposto agravo de instrumento ante a denegação de seguimento do apelo especial, não pode o Tribunal de origem obstar sua remessa ao Tribunal ad quem, sob qualquer pretexto.*

[924] Nery Jr. Nelson. Nery, Rosa. Apud. WAMBIER. Teresa Arruda Alvim. *Os agravos no CPC brasileiro.* 4ª ed. São Paulo: Ed. Revista dos Tribunais, 2005. p. 598.

II – Reclamação conhecida e julgada procedente, para determinar a subida do agravo de instrumento que atacou a decisão que inadmitiu o recurso especial no Tribunal a quo.

(Rcl 971/SP, Rel. Ministro FRANCISCO FALCÃO, PRIMEIRA SEÇÃO, julgado em 09/05/2002, DJ 16/09/2002, p. 129)

Mesmo que o agravo extraordinário seja intempestivo, não poderá o tribunal de origem impedir o seu conhecimento pelo S.T.F. ou pelo S.T.J.

Aduz o *§ 7º do art. 1.042* do atual C.P.C. que *havendo apenas um agravo, o recurso será remetido ao tribunal competente, e, havendo interposição conjunta, os autos serão remetidos ao Superior Tribunal de Justiça.*

Se houver a interposição de apenas um agravo, o recurso será remetido ao tribunal competente.

Havendo porventura a interposição conjunta de agravo que diga respeito simultaneamente a recurso extraordinário e especial, os autos serão remetidos primeiramente ao Superior Tribunal de Justiça, justamente pelo fato de que na interposição simultânea de recurso extraordinário e especial os autos serão primeiramente remetidos ao S.T.J.

Decidido o agravo no S.T.J., e dependendo do resultado, os autos serão posteriormente remetidos ao S.T.F. para o julgamento de agravo de sua competência.

Assim, se o S.T.J., ao conhecer do agravo também proferir julgamento do recurso especial, tal decisão poderá tornar prejudicado o recurso extraordinário interposto, razão pela qual o processo não será remetido ao S.T.F., mas retornará ao tribunal de origem.

Por fim estabelece o *§ 8º do art. 1.042* do atual C.P.C. que *concluído o julgamento do agravo pelo Superior Tribunal de Justiça e, se for o caso, do recurso especial, independentemente de pedido, os autos serão remetidos ao Supremo Tribunal Federal para apreciação do agravo a ele dirigido, salvo se estiver prejudicado.*

Concluído o julgamento do agravo pelo S.T.J., e se for o caso, do recurso especial, os autos serão remetidos ao Supremo Tribunal Federal para a apreciação do agravo a ele dirigido.

Porém, poderá ocorrer que o agravo interposto contra a decisão do tribunal de origem que negou seguimento ao recurso extraordinário esteja prejudicado em razão da decisão proferida no agravo extraordinário ou no próprio recurso especial interposto perante o S.T.J.

Poderá ocorrer que o S.T.J. conheça do agravo e passe a julgar recurso especial, dando provimento ao pedido formulado pelo recorrente, prejudicando a análise do recurso extraordinário e do agravo de competência do S.T.F.

Agora, se o S.T.J. não admitir o agravo ou negar provimento ao recurso especial, os autos serão remetidos ao S.T.F. para a análise do agravo de sua competência ou do recurso extraordinário interposto.

O Projeto de Lei n. 2.384-B, aprovado na Câmara dos Deputados no dia 21 de outubro de 2015, dá a seguinte redação ao art. 1.042 do novo C.P.C.:

"Art. 1.042. Cabe agravo contra decisão de presidente ou de vice-presidente do tribunal recorrido que inadmitir recurso extraordinário ou recurso especial, salvo quando fundada na aplicação de precedente de repercussão geral e de recurso especial repetitivo.

I – (revogado);

II – (revogado);

III – (revogado).

§ 1º (Revogado):

I – (revogado);

II – (revogado);

a) (revogada);

b) (revogada).

§ 2º A petição de agravo será dirigida ao presidente ou vice-presidente do tribunal de origem e independe do pagamento de custas e despesas postais, aplicando-se a ela o regime de repercussão geral e dos recursos especiais repetitivos, inclusive quanto à possibilidade de sobrestamento e de juízo de retratação.

...."

Esse mesmo projeto estabelece em seu art. 4º: "Ficam revogados o art. 945; o §2º do art. 1.029; o inciso II do §3º e o §10 do art. 1.035; os §§2º e 5º do art. 1.037; os incisos I, II e III do caput e o §1º, incisos I e II, alíneas a e b, do art. 1.042; e os incisos II e IV do caput e o §5º do art. 1.043 da Lei n. 13.105, de 16 de março de 2015.

O projeto aguarda análise no Senado Federal.

SEÇÃO IV – Dos Embargos de Divergência

Art. 1.043

É embargável o acórdão de órgão fracionário que:

I – em recurso extraordinário ou em recurso especial, divergir do julgamento de qualquer outro órgão do mesmo tribunal, sendo os acórdãos, embargado e paradigma, de mérito;

II – em recurso extraordinário ou em recurso especial, divergir do julgamento de qualquer outro órgão do mesmo tribunal, sendo os acórdãos, embargado e paradigma, relativos ao juízo de admissibilidade;

III – em recurso extraordinário ou em recurso especial, divergir do julgamento de qualquer outro órgão do mesmo tribunal, sendo um acórdão de mérito e outro que não tenha conhecido do recurso, embora tenha apreciado a controvérsia;

IV – nos processos de competência originária, divergir do julgamento de qualquer outro órgão do mesmo tribunal.

§ 1º Poderão ser confrontadas teses jurídicas contidas em julgamentos de recursos e de ações de competência originária.

§ 2º A divergência que autoriza a interposição de embargos de divergência pode verificar-se na aplicação do direito material ou do direito processual.

§ 3º Cabem embargos de divergência quando o acórdão paradigma for da mesma turma que proferiu a decisão embargada, desde que sua composição tenha sofrido alteração em mais da metade de seus membros.

§ 4º O recorrente provará a divergência com certidão, cópia ou citação de repositório oficial ou credenciado de jurisprudência, inclusive em mídia eletrônica, onde foi publicado o acórdão divergente, ou com a reprodução de julgado disponível na rede mundial de computadores, indicando a respectiva fonte, e mencionará as circunstâncias que identificam ou assemelham os casos confrontados.

§ 5º É vedado ao tribunal inadmitir o recurso com base em fundamento genérico de que as circunstâncias fáticas são diferentes, sem demonstrar a existência da distinção.

Sumário:

1. Considerações gerais

O recurso previsto nesta seção não se identifica com o extinto embargos infringentes, previstos no art. 496, inc. III do C.P.C. de 1973, muito menos com os embargos de declaração.

A finalidade dos embargos de divergência é estabelecer a *uniformização* da jurisprudência interna do tribunal quando houver conflito de entendimento sobre determinada questão jurídica.

A origem dos embargos de divergência, segundo ensina Barbosa Moreira, decorre da relutância do Supremo Tribunal Federal, sob a égide do C.P.C. de 1939, admitir o recurso de revista contra decisão de suas Turmas. Na época, para o S.T.F., o art. 853 do C.P.C. de 1939, que fazia referência a 'Câmaras Cíveis Reunidas', tinha incidência restrita apenas aos tribunais estaduais, os únicos em que existia tal órgão. O legislador, para solucionar tal questão, editou a Lei 623, de 19.1.1949, acrescentando um parágrafo único ao art. 833, com a seguinte normatização: *"Além de outros casos admitidos em lei, serão embargáveis, no Supremo Tribunal Federal, as decisões das Turmas, quando divirjam entre si, ou da decisão tomada pelo Tribunal Pleno'.* Surge, assim, nova espécie de recurso, denominado de embargos de divergência. Esses embargos foram disciplinados no Capítulo XII – A do Regimento Interno do S.T.F. em vigor à época, por meio de emenda aprovada em 28.8.1963.[925]

Os embargos de divergência são regulados no atual Regimento Interno do S.T.F. em seus artigos 330 a 336.

Os embargos de divergência passaram a ser regulados, além dos Regimentos Internos, também pelo art. 546 do C.P.C. de 1973, que assim dispunha:

> *"Art. 546. É embargável a decisão da turma que: (Revigorado e alterado pela Lei nº 8.950, de 13.12.1994)*
>
> *I – em recurso especial, divergir do julgamento de outra turma, da seção ou do órgão especial; (Incluído pela Lei nº 8.950, de 1994)*
>
> *II – em recurso extraordinário, divergir do julgamento da outra turma ou do plenário.(Incluído pela Lei nº 8.950, de 1994)*
>
> *Parágrafo único. Observar-se-á, no recurso de embargos, o procedimento estabelecido no regimento interno. (Revigorado e alterado pela Lei nº 8.950, de 13.12.1994)".*

O novo C.P.C., em seu art. 1.043, somente prevê a interposição de embargos de divergência nas hipóteses de recurso especial ou extraordinário e nas causas de competência originária do Superior Tribunal de Justiça ou do Supremo Tribunal Federal.

2. Embargos de divergência

Para que sejam cabíveis os embargos de divergência, a decisão embargada deve ter sido proferida pela turma em recurso especial ou extraordinário, ou, ainda, em causas de competência originária no S.T.J. ou do S.T.F.

925 Barbosa Moreira, José Carlos. *Comentários ao código de processo civil.* Vol. V. (Arts. 476 a 565) Rio de Janeiro: Forense, 1976. p. 573.

Os embargos de divergência podem confrontar tanto em relação a matéria de mérito, como em relação a juízo de admissibilidade, assim como no caso em que houver divergência da turma em relação ao julgamento de qualquer outro órgão do mesmo tribunal, sendo um acórdão de mérito e outro que não tenha conhecido do recurso, embora tenha apreciado a controvérsia.

O prazo para a interposição e resposta dos embargos de divergência é de quinze dias do art. 266 do Regimento Interno do S.T.J.

A interposição dos embargos é contra acórdão da *Turma* do S.T.J. ou do S.T.F., seja em recurso especial, seja em recurso extraordinário, ou, ainda, em demanda originária. A divergência da decisão da Turma deve ser em relação à decisão proferida por outro órgão do mesmo tribunal, salvo a hipótese do §3º deste artigo.

Assim, dois são os requisitos para a interposição dos embargos de divergência: a) decisão recorrida proferida por turma do S.T.J. ou do S.T.F.: b) decisão recorrida decorrente de julgamento de recurso especial ou recurso extraordinário ou demanda originária.

A decisão embargada e o paradigma devem consagrar teses jurídicas inconciliáveis, pouco importa se a adoção dessas teses em cada uma dessas decisões tenha sido por maioria de voto ou por unanimidade.

A decisão paradigma não precisa ser decorrente de recurso especial ou extraordinário, podendo advir de qualquer outro recurso, inclusive de agravo extraordinário, demanda rescisória ou de demanda originária.

Muito embora o saudoso Ministro do S.T.J., Milton Luiz Pereira, admitisse[926], não servirá como paradigma aquela proveniente de *decisão monocrática*. Nesse sentido é o seguinte precedente do S.T.J.:

> *1. Não são cabíveis embargos de divergência para impugnar decisão monocrática, porquanto o art. 546, I, do Código de Processo Civil estabelece ser embargável a decisão da Turma que, em recurso especial, divergir do julgamento de outra Turma, da seção ou do órgão especial.*
>
> *2. Precedentes: AgRg nos EDcl nos EAREsp 116.349/PR, Rel. Min. Humberto Martins, Corte Especial, julgado em 21.11.2012, DJe 14.12.2012; AgRg nos EAREsp 44.362/MG, Rel. Min. Luis Felipe Salomão, Segunda Seção, julgado em 14.3.2012, DJe 19.3.2012; AgRg nos EAREsp 10.115/SP, Rel. Ministra Laurita Vaz, Terceira Seção, julgado em 28.3.2012, DJe 10.4.2012.*
>
> *3. É inviável o agravo regimental que deixa de atacar especificamente os fundamentos da decisão agravada. Incidência, por analogia, da Súmula 182 do STJ.*

[926] Pereira, Milton Luiz. Embargos de divergência contra decisão lavrada por relator. *In. Revista de Processo,* São Paulo, RT, 2001, n. 101, p. 81-87.

Agravo regimental improvido.

(AgRg nos EAREsp 47.111/RJ, Rel. Ministro HUMBERTO MARTINS, CORTE ESPECIAL, julgado em 17/04/2013, DJe 02/05/2013)

O objetivo dos embargos de divergência é justamente conseguir a uniformização de jurisprudência *interna* do S.T.J. ou do S.T.F., seja mediante a reforma ou a modificação do acórdão embargado.

As causas que fundamentam os embargos de divergência quando diante de decisão da turma em recurso especial ou extraordinário podem dizer respeito tanto ao *mérito*, quanto ao *juízo de admissibilidade*. Poderá também decorrer de confronto de *uma decisão de mérito e outra que não tenha conhecido do recurso, embora tenha apreciado a controvérsia*. São essas as três hipóteses previstas nos incisos I, II e III do art. 1.043 do atual C.P.C.

É possível admitir que caibam embargos de divergência da decisão proferida em agravo em recurso especial ou extraordinário, desde que se tenha conhecido e julgado simultaneamente o recurso especial ou o recurso extraordinário correspondente.

A Súmula 315 do S.T.J., ao tratar do agravo de instrumento para que fosse conhecido o recurso especial, assim estabelece: *"não cabem embargos de divergência no âmbito do agravo de instrumento que não admite recurso especial"*. Sobre o tema, eis as seguintes decisões do S.T.J.:

A decisão agravada tem dois fundamentos, ambos suficientes por si só para inibir o conhecimento dos embargos de divergência: um, o de que, a teor da Súmula nº 315 do Tribunal, "não cabem embargos de divergência no âmbito do agravo de instrumento que não admite recurso especial" (STJ, Súmula nº 315); outro, o de que os embargos de divergência supõem acórdãos discrepantes acerca de questão de direito, e tendo o acórdão embargado reconhecido no recurso especial uma questão de fato, não há como comparar os julgados.

Agravo regimental não provido.

(AgRg nos EAREsp 30.132/SC, Rel. Ministro ARI PARGENDLER, PRIMEIRA SEÇÃO, julgado em 24/04/2013, DJe 02/05/2013)

(...).

3. De fato, o recurso é manifestamente incabível, na medida em que não se admite a oposição de embargos de divergência contra decisão proferida em sede de agravo, de instrumento ou nos próprios autos, quando não é examinado o mérito do recurso especial, como ocorreu no caso. Inteligência da Súmula nº 315 do STJ. Precedentes.

4. Agravo regimental desprovido.

(AgRg nos EAREsp 165.234/SP, Rel. Ministra LAURITA VAZ, CORTE ESPECIAL, julgado em 25/04/2013, DJe 02/05/2013)

É possível, ainda, que o relator no agravo em recurso especial ou extraordinário, se o acórdão recorrido estiver em conflito com súmula do tribunal superior, conheça de plano do agravo para dar provimento ao próprio recurso especial ou extraordinário interposto. Nessa hipótese, a parte recorrente poderá ingressar com *agravo interno*, obtendo assim uma decisão colegiada do órgão fracionário, no caso a turma. Se esse acórdão da turma mantiver a decisão monocrática do relator, proferida no agravo em recurso especial ou extraordinário, serão cabíveis os embargos de divergência. Muito embora a decisão proferida pela turma não tenha sido no recurso especial ou extraordinário, mas em agravo interno de decisão monocrática de agravo em recurso especial ou extraordinário, é possível a interposição dos embargos de divergência se houver conflito entre precedentes do S.T.J. ou do S.T.F. Esse entendimento encontra-se consolidado na Súmula 316 do S.T.J.: *"Cabem embargos de divergência contra acórdão que, em agravo regimental, decide recurso especial"*. Sobre o tema, eis os seguintes precedentes do S.T.J.:

I – Consoante o entendimento desta Corte, não são cabíveis embargos de divergência interpostos contra decisão proferida em agravo regimental no agravo de instrumento, quando não há exame meritório do apelo trancado na origem. Ademais, esclareça-se que após a edição da Lei 9.756/98, esta Corte vem admitindo embargos de divergência contra acórdão proferido em agravo interno, somente se, quando da apreciação do recurso, houver sido analisado o próprio mérito.

Precedentes.

II – A Eg. Corte Especial já decidiu ser inviável, em sede de embargos de divergência, a alteração do valor de honorários advocatícios, tendo em vista que o exame da matéria demanda a apreciação das especificidades de cada caso.

III – Agravo interno desprovido.

(AgRg na Pet 5.392/SP, Rel. Ministro GILSON DIPP, CORTE ESPECIAL, julgado em 16/05/2007, DJ 29/06/2007, p. 463)

1. A jurisprudência deste Tribunal é pacífica quanto à inadmissibilidade de embargos de divergência contra decisão proferida em agravo regimental em sede de agravo de instrumento, que não adentrou no mérito do recurso.

2. Art. 546, I e parágrafo único, do CPC.

3. Art. 266 do RISTJ.

4. Embargos de divergência não conhecidos.

(EAg 541.924/RJ, Rel. Ministro JOÃO OTÁVIO DE NORONHA, PRIMEIRA SEÇÃO, julgado em 18/10/2004, DJ 13/12/2004, p. 206)

1. Cabem embargos de divergência de acórdão proferido em agravo regimental, se no mesmo foi a tese jurídica de mérito examinada (Precedentes STJ, ERESp´s 133.451/SP; 258.616/PR e Ag.Reg./286.332/MG.

2. Acórdãos que não se confrontam, porquanto o paradigma, diferentemente do acórdão impugnado, deixou de examinar a situação fática (Súmula 7).

3. Embargos de divergência não-conhecidos.

(EREsp 271295/DF, Rel. Ministra ELIANA CALMON, PRIMEIRA SEÇÃO, julgado em 18/02/2002, DJ 08/04/2002, p. 124)

A Súmula 599 do S.T.F., por sua vez, afirma que *"são incabíveis embargos de divergência de decisão de Turma em agravo regimental"*. Esta Súmula continuou válida em face da Constituição Federal de 1988 (RTJ 165/319) e mesmo após a redação dada ao art. 546, inc. II do CPC de 1973 pela Lei 8.950/94 (STF – Pleno; RT 810/145).

A divergência há de ocorrer na interpretação de alguma norma de direito federal ou da Constituição, devendo essa divergência ser *atual* e não *passada*. Se a divergência já restou superada por decisão uniforme do S.T.J. ou do S.T.F., não mais serão admissíveis embargos de divergência, pois no presente já houve uniformização interna da jurisprudência do tribunal superior. Nesse sentido é o teor da Súmula 165 do S.T.J.: *"Não cabem embargos de divergência, quando a jurisprudência do tribunal se firmou no mesmo sentido do acórdão embargado"*. No mesmo sentido é a Súmula 247 do S.T.F.: *"O relator não admitira os embargos da Lei 623, de 19.02.1949, nem deles conhecerá o Supremo Tribunal Federal, quando houver jurisprudência firme do Plenário no mesmo sentido da decisão embargada"*.

Eis, por sua vez, o teor da Súmula 598 do S.T.F.: *"Nos embargos de divergência não servem como padrão de discordância os mesmos paradigmas invocados para demonstrá-la, mas repelidos como não dissidentes no julgamento do recurso extraordinário"*.

Não basta, contudo, que o acórdão paradigma seja atual e não ultrapassado. Necessita-se, ainda, que o acórdão paradigma tenha sido proferido por órgão que ainda mantenha competência para a matéria ali versada. Nesse sentido é Súmula n. 158 do STJ: *"Não se presta a justificar embargos de divergência o dissídio com acórdão de turma ou seção que não mais tenha competência para a matéria nela versada"*.

É importante salientar, para que sejam conhecidos os embargos de divergência deverá haver um confronto analítico entre os acórdãos, não sendo suficiente apenas a inserção ou a descrição de *ementas*, salvo se for possível retirar da *ementa* toda a matéria de divergência.

Deve-se, portanto, realizar um cotejo entre o acórdão recorrido e o acórdão paradigma, expondo as respectivas particularidades dos dois precedentes. Nesse sentido são os seguintes precedentes do S.T.F.:

Para efeito de interposição de embargos de divergência, somente o acórdão proferido no julgamento de recurso extraordinário (ou de agravo de instrumento) poderá revestir-se de caráter paradigmático, viabilizando-se, processualmente, como padrão de confronto, apto a demonstrar a existência de dissídio jurisprudencial no âmbito do Supremo Tribunal Federal. Precedentes. – A parte embargante, sob pena de recusa liminar de processamento dos embargos de divergência – ou de não conhecimento destes, quando já admitidos – deve demonstrar, de maneira objetiva, mediante análise comparativa entre o acórdão paradigma e a decisão embargada, a existência do alegado dissídio jurisprudencial, impondo-se-lhe reproduzir, na petição recursal, para efeito de caracterização do conflito interpretativo, os trechos que configurariam a divergência indicada, mencionando, ainda, as circunstâncias que identificariam ou que tornariam assemelhados os casos em confronto, não bastando, para os fins a que se refere o art. 331 do RISTF, a mera transcrição das ementas dos acórdãos invocados como referências paradigmáticas, nem simples alegações genéricas pertinentes à suposta ocorrência de dissenso pretoriano.

(...).

(RE 140829 EDv-ED, Relator(a): Min. CELSO DE MELLO, Tribunal Pleno, julgado em 15/12/2011, ACÓRDÃO ELETRÔNICO DJe-241 DIVULG 07-12-2012 PUBLIC 10-12-2012)

I – A utilização adequada dos embargos de divergência impõe ao recorrente o dever de demonstrar, de maneira objetiva e analítica, o dissídio interpretativo alegado, sob pena de inadmissão do recurso. II – Súmulas do STF, decisões singulares e arestos da mesma Turma que proferiu o acórdão embargado não servem à demonstração do dissenso jurisprudencial. III – Cabem embargos de divergência contra acórdão de Turma que, em recurso extraordinário ou agravo de instrumento, divergir de julgado de outra Turma ou do Plenário do STF, desde que os acórdãos confrontados tratem do mesmo thema decidendum. IV – Os embargos de divergência destinam-se a promover a uniformização da jurisprudência desta Corte. Não se prestam, pois, à mera revisão do acerto ou desacerto do acórdão embargado. V – O acórdão impugnado está em harmonia com a jurisprudência predominante deste Tribunal, o que afasta o cabimento dos embargos de divergência, nos termos do art. 332 do Regimento Interno do Supremo Tribunal Federal. VI – Agravo regimental improvido.

(RE 355796 AgR-ED-EDv-AgR, Relator(a): Min. RICARDO LEWANDOWSKI, Tribunal Pleno, julgado em 23/02/2011, DJe-051 DIVULG 17-03-2011 PUBLIC 18-03-2011 EMENT VOL-02484-01 PP-00139)

Portanto, para conhecimento dos embargos de divergência, o recorrente deve demonstrar objetivamente e analiticamente o dissídio dos precedentes citados, não bastando simplesmente a referência à ementa de cada decisão, salvo se a ementa contiver todos os detalhes do caso e por si só for bastante para demonstrar com objetividade e clareza o dissídio jurisprudencial.

Sobre o tema, eis o seguinte precedente do S.T.F.:

A parte embargante, sob pena de recusa liminar de processamento dos embargos de divergência – ou de não-conhecimento destes, quando já admitidos – deve demonstrar, de maneira objetiva, mediante análise comparativa entre o acórdão paradigma e a decisão embargada, a existência do alegado dissídio jurisprudencial, impondo-se-lhe reproduzir, na petição recursal, para efeito de caracterização do conflito interpretativo, os trechos que configuram a divergência indicada, mencionando, ainda, as circunstâncias que identificam ou que tornam assemelhados os casos em confronto, não bastando, para os fins a que se refere o art. 331 do RISTF, a mera transcrição das ementas dos acórdãos invocados como referências paradigmáticas, nem simples alegações genéricas pertinentes à suposta ocorrência de dissenso pretoriano. Precedentes.

(RE 202097 ED-EDv-AgR, Relator(a): Min. CELSO DE MELLO, Tribunal Pleno, julgado em 12/03/2003, DJ 02-05-2003 PP-00027 EMENT VOL-02108-03 PP-00584)

Estabelece o *§1º do art. 1.043* do atual C.P.C. que *poderão ser confrontadas teses jurídicas contidas em julgamentos de recursos e de ações de competência originária.*

Este dispositivo também permite a interposição de embargos de divergência em relação a acórdão e seu paradigma quando proferidos em recursos de ações de competência originária.

Havendo *divergência* de tese jurídica nas decisões recursais das causas de competência originária dos tribunais *a quo*, poderão ser interpostos embargos de divergência.

Aduz o *§ 2º do art. 1.043* do atual C.P.C. que *a divergência que autoriza a interposição de embargos de divergência pode verificar-se na aplicação do direito material ou do direito processual.*

Portanto, o conteúdo da divergência não se restringe apenas ao direito material, podendo também ter por fundamento questão de natureza de direito processual.

Prescreve o *§ 3º do art. 1.043* do atual C.P.C. que *cabem embargos de divergência quando o acórdão paradigma for da mesma turma que proferiu a decisão embargada, desde que sua composição tenha sofrido alteração em mais da metade de seus membros.*

Não haverá espaço para a interposição de embargos de divergência quando a decisão embargada e o paradigma forem proferidos pela *mesma turma*. Aliás, nesse sentido é a Súmula 353 do S.T.F.: *"São incabíveis os embargos da Lei 623, de*

19/2/1949, com fundamento em divergência entre decisões da mesma turma do Supremo Tribunal Federal".

Porém, como bem disse o Ministro Celso de Mello, nos Embargos de Divergência nos Embargos de Declaração no Agravo Regimental no Recurso Extraordinário n. 433.952 – Piauí: *"Impende considerar, desde logo, dentre os diversos pressupostos de embargabilidade que condicionam a adequada interposição dos embargos de divergência,* ***o requisito da diversidade orgânica.*** *Isso significa, tratando-se do recurso em questão, que o padrão de divergência – para ser validamente invocado como expressão do dissídio interpretativo – há de consubstanciar-se em acórdão emanado* ***do Plenário ou de outra Turma*** *do Supremo Tribunal Federal, pois não se reveste de idoneidade processual, para efeito de demonstração do conflito pretoriano, a indicação de acórdão proferido* ***pela própria Turma*** *de que proveio a decisão contra a qual foram opostos os embargos de divergência, ressalvada, neste caso, a* ***hipóteses excepcional*** *(inocorrente na espécie) de a Turma haver sofrido* ***substancial*** *modificação em sua composição (RTJ 88/166 – RTJ 116/211).*

Portanto, o Supremo Tribunal Federal passou a aceitar os embargos de divergência em relação a acórdãos da mesma Turma, desde que houvesse substancial modificação em sua composição.

E o *§3º do art. 1.043* do atual C.P.C. estabelece que essa alteração substancial deve ocorrer quando a *composição da turma tenha sofrido alteração em mais da metade de seus membros.*

Preceitua o *§ 4º do art. 1.043* do atual C.P.C. que *o recorrente provará a divergência com certidão, cópia ou citação de repositório oficial ou credenciado de jurisprudência, inclusive em mídia eletrônica, onde foi publicado o acórdão divergente, ou com a reprodução de julgado disponível na rede mundial de computadores, indicando a respectiva fonte, e mencionará as circunstâncias que identificam ou assemelham os casos confrontados.*

Este dispositivo estabelece a forma de o recorrente comprovar a divergência entre o acórdão e o paradigma.

Sobre o tema, eis os seguintes precedentes do S.T.F. e do S.T.J.:

– recurso extraordinário: pressupostos de admissibilidade não satisfeitos. Se os dispositivos legais aos quais teria sido negada vigência não foram objeto de exame no aresto impugnado, e nem houve a interposição de embargos de declaração para vê-los debatidos, cabe a incidência das sumulas 282 e 356. de outra parte, também, não e suscetível de apreciação o recurso, se, embora tenha sido ele igualmente interposto sob o enfoque da divergência pretoriana (letra 'd' do art. 119, iii, da c.f.), os arestos trazidos a confronto não podem ser sequer considerados, quer por não indicarem o repositório oficial ou autorizado que os publicou, quer por serem do mesmo tribunal (sumulas 369). Outrossim, não serve para confronto simples despacho do relator, pois a demonstração

do dissidio há de fazer-se frente a acórdão. Ademais, o reexame de matéria probatória não se torna possível na via do recurso extraordinário.

(RE 99490, Relator(a): Min. ALDIR PASSARINHO, Segunda Turma, julgado em 12/02/1988, DJ 20-05-1988 PP-12096 EMENT VOL-01502-02 PP-00395)

1. Para a análise da admissibilidade do recurso especial pela alínea "c" do permissivo constitucional, torna-se imprescindível a indicação dos acórdãos divergentes, bem como que o apelo nobre seja instruído com a prova da dissonância, que se dá mediante a "certidão, cópia autenticada ou pela citação do repositório de jurisprudência, oficial ou credenciado, inclusive em mídia eletrônica, em que tiver sido publicada a decisão divergente, ou ainda pela reprodução de julgado disponível na Internet, com indicação da respectiva fonte, mencionando, em qualquer caso, as circunstâncias que identifiquem ou assemelhem os casos confrontados", nos termos do parágrafo único do artigo 541 do Código de Processo Civil.

2. O recurso revela-se manifestamente infundado e procrastinatório, devendo ser aplicada a multa prevista no art. 557, § 2º, do CPC.

3. Embargos de declaração recebidos como agravo regimental a que se nega provimento, com aplicação de multa.

(EDcl no AREsp 122.602/SP, Rel. Ministro LUIS FELIPE SALOMÃO, QUARTA TURMA, julgado em 02/05/2013, DJe 14/05/2013).

1. O parágrafo único do art. 541 do CPC é claro ao consignar, in verbis: "[q]uando o recurso fundar-se em dissídio jurisprudencial, o recorrente fará a prova da divergência mediante certidão, cópia autenticada ou pela citação do repositório de jurisprudência, oficial ou credenciado, inclusive em mídia eletrônica, em que tiver sido publicada a decisão divergente, ou ainda pela reprodução de julgado disponível na Internet, com indicação da respectiva fonte, mencionando, em qualquer caso, as circunstâncias que identifiquem ou assemelhem os casos confrontados.

2. Sucede que, no caso sub examine, o ora agravante, além de não ter juntado as cópias integrais autenticadas dos arestos apontados como paradigmas, nem indicado o repositório oficial em que tais decisões tenham sido publicadas, furtou-se a realizar o cotejo analítico entre os acórdãos em comparação, com a demonstração dos trechos que eventualmente os identificassem, limitando-se a mera transcrição de ementas, o que é insuficiente à comprovação do dissídio jurisprudencial invocado.

3. A título de argumento obter dictum, é inviável a caracterização de dissenso jurisprudencial no concernente à alegação de afronta ao art. 535 do CPC, porque esse dispositivo versa tema processual assentado em premissa fática. Deveras, esta Corte, ao sindicar sobre a existência de omissão, contradição ou obscuridade, empreende análise do acórdão proferido no bojo do recurso de apelação, o que interdita a eventual uniformização de teses jurídicas.

4. Agravo regimental não provido.

(AgRg nos EREsp 1172805/SP, Rel. Ministro BENEDITO GONÇALVES, PRIMEIRA SEÇÃO, julgado em 09/02/2011, DJe 16/02/2011)

Por fim, preconiza o *§ 5º do art. 1.043* do atual C.P.c. que *é vedado ao tribunal inadmitir o recurso com base em fundamento genérico de que as circunstâncias fáticas são diferentes, sem demonstrar a existência da distinção.*

Este dispositivo vem concretizar o princípio Constitucional de que todas as decisões proferidas pelos órgãos do Poder Judiciário devem ser motivadas e fundamentas.

Em se tratando de embargos de divergência, a forma de se motivar e fundamentar a decisão de inadmissibilidade é demonstrando pontualmente a existência da distinção entre o acórdão recorrido e o acórdão divergente.

Art. 1.044

No recurso de embargos de divergência, será observado o procedimento estabelecido no regimento interno do respectivo tribunal superior.

§ 1º A interposição de embargos de divergência no Superior Tribunal de Justiça interrompe o prazo para interposição de recurso extraordinário por qualquer das partes.

§ 2º Se os embargos de divergência forem desprovidos ou não alterarem a conclusão do julgamento anterior, o recurso extraordinário interposto pela outra parte antes da publicação do julgamento dos embargos de divergência será processado e julgado independentemente de ratificação.

Procedimento dos embargos de divergência

Atualmente, o procedimento a ser observado nos embargos de divergência no S.T.J. está regulamentado nos artigos 266 a 267 do RISTJ, a saber:

"Art. 266. Das decisões da Turma, em recurso especial, poderão, em quinze dias, ser interpostos embargos de divergência, que serão julgados pela Seção competente, quando as Turmas divergirem entre si ou de decisão da mesma Seção. Se a divergência for entre Turmas de Seções diversas, ou entre Turma e outra Seção ou com a Corte Especial, competirá a esta o julgamento dos embargos.

§1º A divergência indicada deverá ser comprovada na forma do disposto no art. 255, §§1º e 2º, deste Regimento.

§2º Os embargos serão juntados aos autos independentemente de despacho e não terão efeito suspensivo.

§3º Sorteado o relator, este poderá indeferi-los, liminarmente, quando intempestivos, ou quando contrariarem Súmula do Tribunal, ou não se comprovar ou não se configurar a divergência jurisprudencial.

§4º Se for caso de ouvir o Ministério Público, este terá vista dos autos por vinte dias.

Art. 267. Admitidos os embargos em despacho fundamentado, promover-se-á a publicação, no 'Diário da Justiça', do termo de 'vista' ao embargado para apresentar impugnação nos quinze dias subsequentes.

Parágrafo único. Impugnados ou não os embargos, serão os autos conclusos ao relator, que pedirá a inclusão do feito na pauta de julgamento.

Diante da regulamentação estabelecida pelo RISTJ, podem-se observar os seguintes aspectos procedimentais:

a) interposição e resposta aos embargos de divergência no prazo de quinze dias;
b) competência da Seção quando a divergência for de turmas a ela vinculada;
c) competência da Corte Especial quando a divergência for entre Turmas de Seção diversa ou entre Turma e Seção diversa;
d) A divergência deverá ser comprovada nos termos do art. 255, §§1º e 2º do RISTJ, a saber: a) por certidões ou cópias autenticadas dos acórdãos apontados divergentes, permitida a declaração de autenticidade do próprio advogado, sob sua responsabilidade pessoal; b) pela citação de repositório oficial, autorizado ou credenciado, em que os mesmos se achem publicados; c) em qualquer caso, o recorrente deverá transcrever os trechos dos acórdãos que configurem o dissídio, mencionando as circunstâncias que identifiquem a divergência dos casos confrontados;
e) Serão juntados aos autos independentemente de despacho do relator;
f) Não terão efeito suspensivo do julgado recorrido;
g) Poderão ser indeferidos liminarmente pelo relator quando intempestivos, ou quando contrariarem súmula do tribunal, ou não se comprovar ou não se configurar a divergência jurisprudencial;
h) Se for o caso, será ouvido o Ministério Público pelo prazo de vinte dias;
i) Impugnados ou não os embargos, serão conclusos ao relator que pedirá inclusão em pauta.

Por sua vez, o procedimento dos embargos de divergência no S.T.F. encontra-se regulado nos artigos 330 a 336 do RISTF, a saber:

Art. 330. Cabem embargos de divergência à decisão de Turma que, em recurso extraordinário ou em agravo de instrumento, divergir de julgado de outra Turma ou do Plenário na interpretação do direito federal.

3 Atual competência do STJ: art. 105, III e c, da CF/1988. CF/1988: art. 102, III, a, b e c. RISTF: art. 6º, IV (julgamento pelo Pleno) – art. 57 e art. 59, II (sujeitos a preparo: Tabela B de custas) e § 3º, c/c art. 107 (prazo: 10 dias) – art. 76 (distribuição) – art. 93 (acórdão) – art. 96 e art. 97 (compõem o acórdão). CPC: art. 508 – art. 546, II e parágrafo único.

Art. 331. A divergência será comprovada mediante certidão, cópia autenticada ou pela citação do repositório de jurisprudência, oficial ou credenciado, inclusive em mídia eletrônica, em que tiver sido publicada a decisão divergente, ou ainda pela reprodução de julgado disponível na internet, com indicação da respectiva fonte, mencionando, em qualquer caso, as circunstâncias que identifiquem ou assemelhem os casos confrontados.

Parágrafo único. (Revogado.)

Art. 332. Não cabem embargos, se a jurisprudência do Plenário ou de ambas as Turmas estiver firmada no sentido da decisão embargada, salvo o disposto no art. 103.

RISTF: art. 103 (revisão de jurisprudência).

Art. 333. Cabem embargos infringentes à decisão não unânime do Plenário ou da Turma:

RISTF: art. 57 e art. 59, II (sujeitos a preparo: Tabela B de custas do STF) e § 3º, c/c art. 107 (prazo: 10 dias) – art. 76 (distribuição) – art. 93 (acórdão) – art. 96 e art. 97 (compõem o acórdão).

CPC: art. 530 e art. 531, com a redação da Lei 10.352/2001, art. 532, art. 533 e art. 534, com a redação da Lei 10.352/2001 (dos EIs).

I – que julgar procedente a ação penal;

Norma aplicada: art. 1º a art. 12 (processo e julgamento) da Lei 8.038/1990.

RISTF: art. 230 a art. 246 (processo e julgamento).

II – que julgar improcedente a revisão criminal;

RISTF: art. 263 a art. 271 (processo e julgamento).

III – que julgar a ação rescisória;

Norma aplicada: art. 530 e art. 531, com a redação da Lei 10.352/2001; art. 532; art. 533; e art. 534, com a redação da Lei 10.352/2001, do CPC.

RISTF: art. 259 a art. 262 (processo e julgamento).

IV – que julgar a representação de inconstitucionalidade;

Atual dispositivo da CF/1988: art. 102, I, a (ADI).

Lei 9.868/1999: art. 26 (decisões em ADI e ADC são irrecorríveis).

V – que, em recurso criminal ordinário, for desfavorável ao acusado.

Atual dispositivo da CF/1988: art. 102, II, b (crime político).

Parágrafo único. O cabimento dos embargos, em decisão do Plenário, depende da existência, no mínimo, de quatro votos divergentes, salvo nos casos de julgamento criminal em sessão secreta.

Atualizado com a introdução da Emenda Regimental 2/1985.

Norma aplicada: art. 5º, LX (publicidade) – art. 93, IX (limitações à publicidade), da CF/1988.

RISTF: art. 5º, I e II (AP) – art. 6º, I, b (RvC) e c – art. 6º, III (crime político: CF, art. 102, II, b).

Art. 334. Os embargos de divergência e os embargos infringentes serão opostos no prazo de quinze dias, perante a Secretaria, e juntos aos autos, independentemente de despacho.

RISTF: § 1º do art. 115 (juntada de documentos).

CPC: art. 508 (prazo: 15 dias) – art. 546, II e parágrafo único (processo conforme RISTF).

Art. 335. Interpostos os embargos, o Relator abrirá vista ao recorrido, por quinze dias, para contrarrazões.

§ 1º Transcorrido o prazo do caput, o Relator do acórdão embargado apreciará a admissibilidade do recurso.

§ 2º Da decisão que não admitir os embargos, caberá agravo, em cinco dias, para o órgão competente para o julgamento do recurso.

§ 3º Admitidos os embargos, proceder-se-á à distribuição nos termos do art. 76.

Atualizado com a introdução da Emenda Regimental 47/2012.

Art. 336. Na sessão de julgamento, aplicar-se-ão, supletivamente, as normas do processo originário, observado o disposto no art. 146.

RISTF: art. 6º, IV (julgamento pelo Pleno) – art. 146 (empate: decisão mais favorável ao réu).

Parágrafo único. Recebidos os embargos de divergência, o Plenário julgará a matéria restante, salvo nos casos do art. 313, I3 e II, quando determinará a subida do recurso principal.

Atual competência do STJ: art. 105, II, c, da CF/1988.

RISTF: art. 313 (AI da inadmissão de recurso da competência do STF).

Aduz o *§ 1º do art. 1.044* do atual C.P.C. que *a interposição de embargos de divergência no Superior Tribunal de Justiça interrompe o prazo para interposição de recurso extraordinário por qualquer das partes.*

Poderá ocorrer que a decisão proferida em recurso especial insira nova questão de natureza constitucional, que poderá ser objeto de recurso extraordinário perante o S.T.F.

Contudo, como também poderão ser cabíveis embargos de divergência da decisão proferida no recurso especial, na pendência desses embargos não correrá prazo para a interposição de eventual recurso extraordinário, pois ainda não se esgotou a jurisdição do S.T.J.

O prazo para o recurso extraordinário começará a correr após a publicação da decisão proferida nos embargos de divergência.

Por fim, aduz *§ 2º do art. 1.044* do atual C.P.C. que *se os embargos de divergência forem desprovidos ou não alterarem a conclusão do julgamento anterior, o recurso extraordinário interposto pela outra parte antes da publicação do julgamento dos embargos de divergência será processado e julgado independentemente de ratificação.*

LIVRO COMPLEMENTAR – DISPOSIÇÕES FINAIS E TRANSITÓRIAS

Art. 1.045

Este Código entra em vigor após decorrido 1 (um) ano da data de sua publicação oficial.

Vacatio legis

Ao contrário do C.P.C. de 1939 e de 1973, que apresentavam data fixa para entrada em vigor, o novo C.P.C. brasileiro estabelece que sua entrada em vigor ocorrerá após decorrido 1 (um) ano da data de sua publicação.

Portanto, a *vacatio legis* do novo Código de Processo Civil é de um ano, após a data de sua publicação oficial.

A contagem anual tem por base a Lei n. 810/49, que define o ano civil e estabelece no seu art. 1.º: "considera-se ano o período de 12 (doze) meses contados do dia do início ao dia e mês correspondentes do ano seguinte".

Porém, mesmo antes de produzir eficácia no ordenamento jurídico brasileiro, o novo estatuto processual já gera polêmica sobre a sua efetiva data de vigência.

Para Marinoni e Arenhart, a entrada em vigor do novo C.P.C. ocorrerá em 16 de março de 2016. (Novo código de processo civil comentado, R.T, 2015, p. 991). Esse argumento teria sentido se se considerar a contagem do prazo para vigência em dias (365 dias).

Para Scarpinella e Guilherme Rizzo, a vigência ocorrerá no dia 17 de março de 2016. (Novo código de processo civil anotado, Saraiva, 2015, p. 39; Comentários às alterações do novo C.P.C., R.T., 2.015, p. 1077).

A Lei Complementar n. 95/98 estabelece em seu art. 8º *"a vigência da lei será indicada de forma expressa e de modo a contemplar prazo razoável para que dela se tenha amplo conhecimento, reservada a cláusula 'entra em vigor na data de sua publicação', para as leis de pequena repercussão".*

Por sua vez, a Lei Complementar n. 107/2001 acrescentou o §1º ao art. 8º da Lei 95/98, *in verbis: "a contagem do prazo para entrada em vigor das leis que estabeleçam período de vacância far-se-á com a inclusão da data da publicação e do último dia do prazo, entrando em vigor no dia subsequente à sua consumação integral".*

A publicação oficial da Lei 13.105 ocorreu no D.O. em 17 de março de 2015 (D.O.U. de 17 de março de 2015).

Assim, a data da publicação da Lei 13.105 (Código de Processo Civil) ocorreu no dia 17 de março de 2015 (terça-feira).

Diante disso, a Lei 13.105 (Código de Processo Civil) entrará em vigor nas primeiras horas do dia 18 de março de 2016. Essa é a melhor análise da questão, não obstante seja possível defender a entrada em vigor no dia 16 de março de 2016.

É certo, porém, que se encontra tramitando na Câmara dos Deputados o Projeto de Lei n. 2.913 de 2015, de autoria do Deputado Victor Mendes, alterando o art. 1.045 do novo C.P.C., ampliando o prazo para a vigência do novo C.P.C. Segundo o projeto, a entrada em vigor ocorreria no prazo de 3 (três) anos após a data de sua publicação oficial.

Art. 1.046

Ao entrar em vigor este Código, suas disposições se aplicarão desde logo aos processos pendentes, ficando revogada a Lei nº 5.869, de 11 de janeiro de 1973.

§ 1º As disposições da Lei nº 5.869, de 11 de janeiro de 1973, relativas ao procedimento sumário e aos procedimentos especiais que forem revogadas aplicar-se-ão às ações propostas e não sentenciadas até o início da vigência deste Código.

§ 2º Permanecem em vigor as disposições especiais dos procedimentos regulados em outras leis, aos quais se aplicará supletivamente este Código.

§ 3º Os processos mencionados no art. 1.218 da Lei nº 5.869, de 11 de janeiro de 1973, cujo procedimento ainda não tenha sido incorporado por lei submetem-se ao procedimento comum previsto neste Código.

§ 4º As remissões a disposições do Código de Processo Civil revogado, existentes em outras leis, passam a referir-se às que lhes são correspondentes neste Código.

§ 5º A primeira lista de processos para julgamento em ordem cronológica observará a antiguidade da distribuição entre os já conclusos na data da entrada em vigor deste Código.

Aplicação imediata do Código e exceções

O direito processual civil apresenta norma particular sobre sua aplicação imediata.

Tendo em vista seu caráter instrumental e público, justifica-se que as normas processuais se apliquem imediatamente, ou seja, tenham aplicação imediata a todos os atos processuais ainda não praticados nos processos em andamento quando de sua entrada em vigor.

Alberto dos Reis apresenta a seguinte justificação à defesa desse princípio: *"O princípio que domina a aplicação das leis de processo quanto ao tempo é este: as leis de processo são, pela sua própria natureza, de aplicação imediata. Isto quer dizer que a lei nova se aplica a todos os atos que se realizarem a partir do momento em que ela entra em vigor. O princípio que fica enunciado deriva, como dissemos, da própria natureza das leis de processo e justifica-se, qualquer que seja a doutrina que se adote quanto ao problema geral da retroatividade das leis. As leis de processo referem-se, em última análise, ao exercício duma das funções do Estado – a função jurisdicional ou judiciária; quando se publica uma lei nova, isso significa que o Estado considera a lei anterior imperfeita e defeituosa para a administração da justiça ou para o regular funcionamento do poder judicial. Tanto basta para que a lei nova deva aplicar-se imediatamente."*[928]

No sentido da aplicação imediata das normas processuais, eis os seguintes precedentes do S.T.J.:

Processual civil. Ação rescisória. Depósito prévio. Dispensa.

Inépcia da inicial. Não configurada. Revogação de decisão homologatória de acordo. Aplicação imediata das normas processuais. Competência funcional. Reconhecimento de nulidade. Ausência de impugnação. Preclusão. Ação rescisória improcedente.

1. Os postulantes beneficiários da Justiça Gratuita estão dispensados do depósito prévio previsto no art. 488, II, do CPC.

928 Apud. RODRIGUES, Fernando Pereira. *O novo Processo Civil – os princípios estruturantes.* Coimbra: Almedina, 2013. p.

Precedentes.

2. Permitida a aferição do mérito da controvérsia por meio dos documentos acostados aos autos, fica superada a preliminar de inépcia da petição inicial.

3. A competência funcional tem caráter absoluto e improrrogável, razão pela qual acertada a conduta judicial de reconhecimento da nulidade e revogação de decisão anterior com vistas a sanar o vício despontado nos autos.

4. A ausência de manifestação contrária da parte, no momento processual adequado, acerca de decisão judicial, acarreta a incidência do instituto da preclusão.

5. Ação rescisória improcedente.

(AR 2.628/RJ, Rel. Ministro NEFI CORDEIRO, TERCEIRA SEÇÃO, julgado em 13/08/2014, DJe 22/08/2014).

(...).

3. Conforme assentado no REsp. 1.205.946/SP, julgado sob o rito do art. 543-C do CPC, pela Corte Especial do STJ, Rel. Min. BENEDITO GONÇALVES, determinou-se que a incidência dos juros e da correção monetária havida no período anterior à vigência da Lei 11.960/09, que deu nova redação ao art. 1o.-F da Lei 9.494/97, deve seguir os parâmetros definidos pela legislação então vigente, em consonância ao princípio do tempus regit actum. Sendo uma norma de natureza eminentemente processual, deve ser aplicada de imediato aos processos pendentes, a partir de sua vigência.

(...).

(AgRg no REsp 1377163/MG, Rel. Ministro NAPOLEÃO NUNES MAIA FILHO, PRIMEIRA TURMA, julgado em 12/08/2014, DJe 27/08/2014).

O *§1º* deste artigo traz uma exceção ao princípio da aplicação imediata das normas processuais.

Assim, as disposições do C.P.C. de 1973, relativas ao procedimento sumário e aos procedimentos especiais, que tenham sido revogados pelo novo C.P.C., continuarão a ser aplicadas às demandas proposta até a vigência deste Código, desde que ainda não tenham sido sentenciadas. Se já foram sentenciadas, as disposições deste Código deverão ser aplicadas.

As disposições deste Código, salvo supletivamente, também não serão aplicadas, nos termos do *§2º*, aos procedimentos regulados em disposições especiais previstas em outras leis (por exemplo, Juizados Especiais, Falência e recuperação judicial, Lei de execução Fiscal etc).

Nos termos do *§3º* deste artigo, os procedimentos mencionados no art. 1.218 do C.P.C. de 1973, e que ainda não foram incorporados por lei, submetem-se ao procedimento comum previsto neste Código.

O art. 1.218 do C.P.C. de 1973 assim prescrevia:

Art. 1.218. Continuam em vigor até serem incorporados nas leis especiais os procedimentos regulados pelo Decreto-lei nº 1.608, de 18 de setembro de 1939, concernentes:

I – ao loteamento e venda de imóveis a prestações (arts. 345 a 349);

II – ao despejo (arts. 350 a 353);

III – à renovação de contrato de locação de imóveis destinados a fins comerciais (arts. 354 a 365);

IV – ao Registro Torrens (arts. 457 a 464);

V – às averbações ou retificações do registro civil (arts. 595 a 599);

Vl – ao bem de família (arts. 647 a 651);

Vll – à dissolução e liquidação das sociedades (arts. 655 a 674);

Vlll – aos protestos formados a bordo (arts. 725 a 729); (Incluído pela Lei nº 6.780, de 12.5.1980)

IX – à habilitação para casamento (arts. 742 a 745); (Inciso VIII renumerado pela Lei nº 6.780, de 12.5.1980)

X – ao dinheiro a risco (arts. 754 e 755); (Inciso IX renumerado pela Lei nº 6.780, de 12.5.1980)

Xl – à vistoria de fazendas avariadas (art. 756); (Inciso X renumerado pela Lei nº 6.780, de 12.5.1980)

XII – à apreensão de embarcações (arts. 757 a 761); (Inciso XI renumerado pela Lei nº 6.780, de 12.5.1980)

XIII – à avaria a cargo do segurador (arts. 762 a 764); (Inciso XII renumerado pela Lei nº 6.780, de 12.5.1980)

XIV – às avarias (arts. 765 a 768);(Inciso XIII renumerado pela Lei nº 6.780, de 12.5.1980)

XVI – às arribadas forçadas (arts. 772 a 775). (Inciso XV renumerado pela Lei nº 6.780, de 12.5.1980)

A maioria desses procedimentos já se encontram incorporados por leis especiais, a saber:

a) O inc. I (loteamento e venda de bens imóveis a prestações) – Decreto-Lei n. 58/37, dentre outros;
b) O inc. II (despejo) – Lei 8.245/91;
c) O inc. III (renovação de contrato de locação) – Lei 8.245/91;
d) O inc. IV (Registro Torrens) – Lei 6.015/73;
e) O inc. V (averbações e retificações de registro civil) – Lei 6.015/73;
f) O inc. VI (instituto de bem de família) – Lei 6.015/73;
g) O inc. VII (dissolução e liquidação de sociedades) – Código Civil e normas deste Código.

h) O inc. VIII (protestos formados a bordo) – Submetem-se ao procedimento comum deste Código;
i) O inc. IX (habilitação para casamento) – Lei 6.015/73;
j) O inc. X (dinheiro a risco) – procedimento comum deste Código;
l) O inc. XI – (vistoria fazendas avariadas) – procedimento comum deste Código;
j) O inc. XII (apreensão de embarcações) – procedimento comum deste código;
l) O inc. XIII (avaria a cargo do segurador) – em se tratando de avaria grossa (art. 707 a 711 deste Código), caso contrário, procedimento comum.
m) O inc. XIV (avarias) – em se tratando de avaria grossa (art. 707 a 711 deste Código), caso contrário, procedimento comum;
n) O inc. XV (arribadas forçadas) – procedimento comum.

O *§4º* deste artigo estabelece que as remissões a disposições do Código Civil de 1973 revogado, existentes em outras leis, passam a referir-se às que lhes são correspondentes neste Código.

A primeira lista de processos para julgamento em ordem cronológica observará a antiguidade da distribuição entre os já conclusos na data da entrada em vigor deste Código, nos termos do §5º deste Código. Este parágrafo visa a dar efetividade ao disposto no art. 12, *caput*, §3º e art. 153, ambos deste Código.

Art. 1.047

As disposições de direito probatório adotadas neste Código aplicam-se apenas às provas requeridas ou determinadas de ofício a partir da data de início da sua vigência.

Norma aplicável à produção de prova

As normas de conteúdo probatório previstas no novo C.P.C. somente serão aplicadas às provas que tenham sido requeridas, a pedido da parte ou determinadas ex *officio* a partir da vigência desta lei.

Se o requerimento da prova deu-se na vigência do C.P.C. de 1973, por este código deverá ser regulado o seu procedimento.

No Substitutivo da Câmara dos Deputados fazia-se referência não às provas requeridas, mas, sim, às provas *deferidas*.

Art. 1.048

Terão prioridade de tramitação, em qualquer juízo ou tribunal, os procedimentos judiciais:

I – em que figure como parte ou interessado pessoa com idade igual ou superior a 60 (sessenta) anos ou portadora de doença grave, assim compreendida qualquer das enumeradas no art. 6º, inciso XIV, da Lei nº 7.713, de 22 de dezembro de 1988;

II – regulados pela Lei nº 8.069, de 13 de julho de 1990 (Estatuto da Criança e do adolescente).

§ 1º A pessoa interessada na obtenção do benefício, juntando prova de sua condição, deverá requerê-lo à autoridade judiciária competente para decidir o feito, que determinará ao cartório do juízo as providências a serem cumpridas.

§ 2º Deferida a prioridade, os autos receberão identificação própria que evidencie o regime de tramitação prioritária.

§ 3º Concedida a prioridade, essa não cessará com a morte do beneficiado, estendendo-se em favor do cônjuge supérstite ou companheiro em união estável.

§ 4º A tramitação prioritária independe de deferimento pelo órgão jurisdicional e deverá ser imediatamente concedida diante da prova da condição de beneficiário.

Tramitação prioritária do processo

O art. 12 do atual C.P.C. estabelece que os juízes e os tribunais deverão obedecer à ordem cronológica de conclusão para proferir sentença ou acórdão, exceto a hipótese §5º do art. 1.046 do novo C.P.C. É importante salientar que o Projeto de Lei n. 2.384-B, aprovado na Câmara dos Deputados no dia 21 de outubro de 2015, modificou a redação do art. 12 do novo C.P.C., estabelecendo que a observância da ordem cronológica de julgamento dos processos com base na conclusão deverá ocorrer 'preferencialmente' e não mais 'obrigatoriamente'. Este projeto aguarda análise no Senado Federal.

O referido art. 12, em seu §2º, inc. VII, estabelece as exceções à regra, dentre elas, as preferências legais e as metas estabelecidas pelo Conselho Nacional de Justiça.

Dentre as preferência legais para tramitação e julgamento da demanda encontram-se, nos termos do art. 1.048 deste Código, a parte ou interessado com idade igual ou superior a sessenta anos ou portadora de doença grave, assim compreendida qualquer das enumeradas no art. 6º, inc. XIV, da Lei n. 7.713/88, a saber: *XIV – os proventos de aposentadoria ou reforma motivada por acidente em serviço e os percebidos pelos portadores de moléstia profissional, tuberculose ativa, alienação mental, esclerose múltipla, neoplasia maligna, cegueira, hanseníase, paralisia irreversível e incapacitante, cardiopatia grave, doença de Parkinson, espondiloartrose anquilosante, nefropatia grave, hepatopatia grave, estados avançados da doença de Paget (osteíte deformante), contaminação por radiação, síndrome da imunodeficiência adquirida, com base em conclusão da medicina especializada, mesmo que a doença tenha sido contraída depois da aposentadoria ou reforma; (Redação dada pela Lei nº 11.052, de 2004)*, e as demandas que envolvam interesse das crianças e dos adolescentes nos termos da Lei 8.069/90.

A pessoa que tiver interesse em que seu processo tenha trâmite prioritário, deverá comprovar sua condição preferencial, requerendo essa preferência perante a autoridade judiciária competente para decidir o feito, que determinará ao cartório do juízo as providências a serem cumpridas (*§1º* deste artigo).

Uma vez deferida a prioridade, a secretaria do juízo identificará os autos com identificação própria que evidencie o processo como regime de tramitação prioritária (*§2º* deste artigo).

Sendo concedido o trâmite prioritário ao processo, esse não cessará com a morte do beneficiado, estendendo-se o benefício em favor do cônjuge supérstite ou companheiro em união estável (*§3º* deste artigo).

O benefício, porém, não será concedido aos demais herdeiros legítimos, salvo se o herdeiro também tiver preferência legal.

Por fim, uma vez requerido o benefício pela parte, o trâmite preferencial independe de deferimento por parte do órgão jurisdicional, devendo o processo ser imediatamente identificado com o regime preferencial pela secretaria do juízo diante da prova da condição de beneficiário.

Art. 1.049

Sempre que a lei remeter a procedimento previsto na lei processual sem especificá-lo, será observado o procedimento comum previsto neste Código.

Parágrafo único. Na hipótese de a lei remeter ao procedimento sumário, será observado o procedimento comum previsto neste Código, com as modificações previstas na própria lei especial, se houver.

Indicação do procedimento em lei especial
Sempre que lei especial indicar que determinada demanda deverá observar o procedimento previsto no novo C.P.C., sem fazer referência a qualquer procedimento especial, o processo deverá seguir o procedimento comum.

Se a lei especial fizer referência ao procedimento sumário (extinto), a demanda deverá seguir o procedimento comum deste código, salvo as modificações apresentadas pela própria lei especial.

Art. 1.050

A União, os Estados, o Distrito Federal, os Municípios, suas respectivas entidades da administração indireta, o Ministério Público, a Defensoria Pública e a Advocacia Pública, no prazo de 30 (trinta) dias a contar da data da entrada em vigor deste Código, deverão se cadastrar perante a administração do tribunal no qual atuem para cumprimento do disposto no arts. 246, § 2º, e 270, parágrafo único.

Cadastramento da administração pública
Segundo prescreve o art. 246, §2º, c/c art. 270, p.u., do atual C.P.C., com exceção das microempresas e das empresas de pequeno porte, as empresas públicas e privadas, a União, os Estados, os Municípios, suas respectivas entidades da administração indireta, o Ministério Público, a Advocacia Pública e a Defensoria Pública ficam obrigadas a manter cadastro junto aos sistemas de processo em autos eletrônicos, para efeito de recebimento de citações e intimações, as quais serão efetuadas preferencialmente por esse meio.

Estas entidades terão o prazo de trinta dias, a contar da data de entrada em vigor deste Código, para se cadastrarem perante a administração do tribunal no qual atuam.

Art. 1.051

As empresas públicas e privadas devem cumprir o disposto no art. 246, § 1º, no prazo de 30 (trinta) dias, a contar da data de inscrição do ato constitutivo da pessoa jurídica, perante o juízo onde tenham sede ou filial.

Parágrafo único. O disposto no *caput* não se aplica às microempresas e às empresas de pequeno porte.

Cadastramento das empresas públicas ou privadas
Com exceção das microempresas e empresas de pequeno porte, as empresas públicas e as empresas privadas deverão promover o cadastro referido no art. 246, §1º, do atual C.P.C., e referido no artigo anterior, no prazo de trinta dias, a contar da data de inscrição do ato constitutivo da pessoa jurídica, perante o juízo onde tenham sede ou filial.

Em relação às empresas públicas ou privadas já constituídas quando da entrada em vigor deste Código, o cadastramento deverá ocorrer, por analogia, no prazo previsto no art. 1.050 deste Código.

Essa determinação legal não se aplica às microempresas e às empresas de pequeno porte.

Art. 1.052

Até a edição de lei específica, as execuções contra devedor insolvente, em curso ou que venham a ser propostas, permanecem reguladas pelo Livro II, Título IV, da Lei nº 5.869, de 11 de janeiro de 1973.

Procedimento para execução contra devedor insolvente
O novo C.P.C. não regula mais a execução contra devedor insolvente, devendo esse procedimento ser regulado por lei específica.

Porém, enquanto não aprovada lei específica, a execução contra devedor insolvência continuará a ser regulada pelo Livro II, Título IV, do C.P.C. de 1973, ou seja, pelos arts. 748 a 786-A.

Art. 1.053

Os atos processuais praticados por meio eletrônico até a transição definitiva para certificação digital ficam convalidados, ainda que não tenham observado os requisitos mínimos estabelecidos por este Código, desde que tenham atingido sua finalidade e não tenha havido prejuízo à defesa de qualquer das partes.

Convalidação dos atos processuais eletrônicos
Pelo novo C.P.C., os atos processuais eletrônicos, a fim de que tenham segurança, deverão ser realizados por meio de certificação digital.

Porém, até que ocorre a transição definitiva para a certificação digital, ficam convalidados os atos processuais praticados sem a observância deste requisito, desde que tenham atingido sua finalidade e não tenha havido prejuízo à defesa de qualquer das partes.

Art. 1.054

O disposto no art. 503, § 1º, somente se aplica aos processos iniciados após a vigência deste Código, aplicando-se aos anteriores o disposto nos arts. 5º, 325 e 470 da Lei nº 5.869, de 11 de janeiro de 1973.

Coisa julgada de resolução de questão prejudicial

O §1º do art. 503 do atual C.P.C. estabelece que a decisão que julgar total ou parcialmente o mérito tem força de lei nos limites da questão principal expressamente decidida, aplicando-se esta regra à resolução de questão prejudicial decidida expressa ou incidentalmente no processo, se dessa resolução depender o julgamento de mérito, houver a seu respeito o devido contraditório prévio e efetivo, não se aplicando no caso de revelia, e o juízo tiver competência em razão da matéria e da pessoa para resolvê-la como questão principal.

Porém, o disposto no §1º do art. 503 do atual C.P.C. somente se aplica aos processos iniciados a partir da vigência deste Código.

Em relação aos demais processos, aplicar-se-ão os dispositivos previstos nos arts. 5º, 325 e 470 do C.P.C. de 1973, a saber:

> *Art. 5º Se, no curso do processo, se tornar litigiosa relação jurídica de cuja existência ou inexistência depender o julgamento da lide, qualquer das partes poderá requerer que o juiz a declare por sentença. (Redação dada pela Lei nº 5.925, de 1973)*
>
> *Art. 325. Contestando o réu o direito que constitui fundamento do pedido, o autor poderá requerer, no prazo de 10 (dez) dias, que sobre ele o juiz profira sentença incidente, se da declaração da existência ou da inexistência do direito depender, no todo ou em parte, o julgamento da lide (art. 5º).*
>
> *Art. 470. Faz, todavia, coisa julgada a resolução da questão prejudicial, se a parte o requerer (arts. 5º e 325), o juiz for competente em razão da matéria e constituir pressuposto necessário para o julgamento da lide.*

Art. 1.055º (VETADO)

O devedor ou arrendatário não se exime da obrigação de pagamento dos tributos, multas e taxas incidentes sobre os bens vinculados e de outros encargos previstos em contrato, exceto se a obrigação de pagar não for de sua responsabilidade, conforme contrato, ou for objeto de suspensão em tutela provisória.

Art. 1.056

Considerar-se-á como termo inicial do prazo da prescrição prevista no art. 924, inciso V, inclusive para as execuções em curso, a data de vigência deste Código.

Termo inicial de prescrição intercorrente

Segundo estabelece o art. 924, inc. V, do atual C.P.C., extingue-se a execução *quando ocorrer a prescrição intercorrente.*

Porém, o novo C.P.C. preconiza que se considerará como termo inicial para a extinção da execução pela prescrição intercorrente, inclusive as execuções em curso, a data da vigência deste Código.

Ocorre que o legislador não percebeu que a prescrição intercorrente já vinha há muito sendo aplicada pelos nossos tribunais nos processos em curso.

Assim, este dispositivo poderá dobrar o prazo da prescrição intercorrente ao determinar que o início do prazo em relação aos processos em curso se dê a partir da vigência deste Código.

Art. 1.057

O disposto no art. 525, §§ 14 e 15, e no art. 535, §§ 7º e 8º, aplica-se às decisões transitadas em julgado após a entrada em vigor deste Código, e, às decisões transitadas em julgado anteriormente, aplica-se o disposto no art. 475-L, § 1º, e no art. 741, parágrafo único, da Lei nº 5.869, de 11 de janeiro de 1973.

Direito intertemporal no cumprimento de sentença

O art. 525 e o art. 535 do atual C.P.C. tratam, respectivamente, da impugnação a ser apresentada pelo executado ou pela Fazenda Pública, indicando as matérias que poderão ser articuladas na defesa em relação à pretensão executiva.

Dentre as matérias que podem ser objeto de impugnação, há a previsão constante nos §§14 e 15 do art. 525, e nos §§7º e 8º do art. 535, que trata da inexigibilidade da obrigação reconhecida em título executivo judicial fundado em lei ou ato normativo considerado inconstitucional pelo Supremo Tribunal Federal, ou fundado em aplicação ou interpretação da lei ou do ato normativo tido pelo Supremo Tribunal Federal como incompatível com a Constituição Federal, em controle de constitucionalidade concentrado ou difuso.

Estabelecem o §§14 e 15 do art. 525 do atual C.P.C.:

(...).

§ 14. A decisão do Supremo Tribunal Federal referida no § 12 deve ser anterior ao trânsito em julgado da decisão exequenda.

§ 15. Se a decisão referida no § 12 for proferida após o trânsito em julgado da decisão exequenda, caberá ação rescisória, cujo prazo será contado do trânsito em julgado da decisão proferida pelo Supremo Tribunal Federal.

Por sua vez, estabelecem os §§7º e 8º do art. 535 do atual C.P.C.:

(...).

§ 7º A decisão do Supremo Tribunal Federal referida no § 5º deve ter sido proferida antes do trânsito em julgado da decisão exequenda.

§ 8º Se a decisão referida no § 5º for proferida após o trânsito em julgado da decisão exequenda, caberá ação rescisória, cujo prazo será contado do trânsito em julgado da decisão proferida pelo Supremo Tribunal Federal.

Porém, nos termos do art. 1.057 do atual C.P.C., os §§14 e 15 do art. 525, e §§7º e 8º do art. 535, somente serão aplicados às decisões transitadas em julgado após a entrada em vigor deste Código.

Em relação às decisões transitadas em julgado anteriormente, aplica-se o disposto no art. 475-L, e art. 741, parágrafo único, da Lei n. 5.869, de 11 de janeiro de 1973, a saber:

Art. 475-L. A impugnação somente poderá versar sobre: (Incluído pela Lei nº 11.232, de 2005)

I – falta ou nulidade da citação, se o processo correu à revelia; (Incluído pela Lei nº 11.232, de 2005)

II – inexigibilidade do título; (Incluído pela Lei nº 11.232, de 2005)

III – penhora incorreta ou avaliação errônea; (Incluído pela Lei nº 11.232, de 2005)

IV – ilegitimidade das partes; (Incluído pela Lei nº 11.232, de 2005)

V – excesso de execução; (Incluído pela Lei nº 11.232, de 2005)

VI – qualquer causa impeditiva, modificativa ou extintiva da obrigação, como pagamento, novação, compensação, transação ou prescrição, desde que superveniente à sentença. (Incluído pela Lei nº 11.232, de 2005)

§ 1º Para efeito do disposto no inciso II do caput deste artigo, considera-se também inexigível o título judicial fundado em lei ou ato normativo declarados inconstitucionais pelo Supremo Tribunal Federal, ou fundado em aplicação ou interpretação da lei ou ato normativo tidas pelo Supremo Tribunal Federal como incompatíveis com a Constituição Federal. (Incluído pela Lei nº 11.232, de 2005)

Art. 741. Na execução contra a Fazenda Pública, os embargos só poderão versar sobre: (Redação dada pela Lei nº 11.232, de 2005)

I – falta ou nulidade da citação, se o processo correu à revelia; (Redação dada pela Lei nº 11.232, de 2005)

II – inexigibilidade do título;

III – ilegitimidade das partes;

IV – cumulação indevida de execuções;

V – excesso de execução; (Redação dada pela Lei nº 11.232, de 2005)

VI – qualquer causa impeditiva, modificativa ou extintiva da obrigação, como pagamento, novação, compensação, transação ou prescrição, desde que superveniente à sentença; (Redação dada pela Lei nº 11.232, de 2005)

Vll – incompetência do juízo da execução, bem como suspeição ou impedimento do juiz.

Parágrafo único. Para efeito do disposto no inciso II do ***caput*** *deste artigo, considera-se também inexigível o título judicial fundado em lei ou ato normativo declarados inconstitucionais pelo Supremo Tribunal Federal, ou fundado em aplicação ou interpretação da lei ou ato normativo tidas pelo Supremo Tribunal Federal como incompatíveis com a Constituição Federal. (Redação pela Lei nº 11.232, de 2005)*

Art. 1.058

Em todos os casos em que houver recolhimento de importância em dinheiro, esta será depositada em nome da parte ou do interessado, em conta especial movimentada por ordem do juiz, nos termos do art. 840, inciso I.

Depósito em dinheiro

Quando houver recolhimento de importância em dinheiro, esta deverá ser depositada em nome da parte ou do interessado, em conta especial movimentada por ordem do juiz, nos termos do art. 840, inc. I, do atual C.P.C., a saber:

Art. 840. Serão preferencialmente depositados:

I – as quantias em dinheiro, os papéis de crédito e as pedras e os metais preciosos, no Banco do Brasil, na Caixa Econômica Federal ou em banco do qual o Estado ou o Distrito Federal possua mais da metade do capital social integralizado ou, na falta desses estabelecimentos, em qualquer instituição de crédito designada pelo juiz;

É importante salientar que se o depósito visar à suspensão de exigibilidade do crédito tributário, o valor do depósito somente será levantado pela parte ou convertido em rendas da entidade pública após o trânsito em julgado da decisão.

Art. 1.059
À tutela provisória requerida contra a Fazenda Pública aplica-se o disposto nos arts. 1º a 4º da Lei nº 8.437, de 30 de junho de 1992, e no art. 7º, § 2º, da Lei nº 12.016, de 7 de agosto de 2009.

Tutela provisória contra a Fazenda Pública
Este dispositivo não deveria ter inserido no âmbito das disposições transitórias.

Estabelecem os arts. 1º a 4º da Lei 8.437/92:

Art. 1º Não será cabível medida liminar contra atos do Poder Público, no procedimento cautelar ou em quaisquer outras ações de natureza cautelar ou preventiva, toda vez que providência semelhante não puder ser concedida em ações de mandado de segurança, em virtude de vedação legal.

§ 1º Não será cabível, no juízo de primeiro grau, medida cautelar inominada ou a sua liminar, quando impugnado ato de autoridade sujeita, na via de mandado de segurança, à competência originária de tribunal.

§ 2º O disposto no parágrafo anterior não se aplica aos processos de ação popular e de ação civil pública.

§ 3º Não será cabível medida liminar que esgote, no todo ou em qualquer parte, o objeto da ação.

§ 4º Nos casos em que cabível medida liminar, sem prejuízo da comunicação ao dirigente do órgão ou entidade, o respectivo representante judicial dela será imediatamente intimado. (Incluído pela Medida Provisória nº 2,180-35, de 2001)

§ 5º Não será cabível medida liminar que defira compensação de créditos tributários ou previdenciários. (Incluído pela Medida Provisória nº 2,180-35, de 2001)

Art. 2º No mandado de segurança coletivo e na ação civil pública, a liminar será concedida, quando cabível, após a audiência do representante judicial da pessoa jurídica de direito público, que deverá se pronunciar no prazo de setenta e duas horas.

Art. 3º O recurso voluntário ou ex officio, interposto contra sentença em processo cautelar, proferida contra pessoa jurídica de direito público ou seus agentes, que importe em outorga ou adição de vencimentos ou de reclassificação funcional, terá efeito suspensivo.

Art. 4º Compete ao presidente do tribunal, ao qual couber o conhecimento do respectivo recurso, suspender, em despacho fundamentado, a execução da liminar nas ações movidas contra o Poder Público ou seus agentes, a requerimento do Ministério Público ou da pessoa jurídica de direito público interessada, em caso de manifesto interesse público ou de flagrante ilegitimidade, e para evitar grave lesão à ordem, à saúde, à segurança e à economia públicas.

§ 1º Aplica-se o disposto neste artigo à sentença proferida em processo de ação cautelar inominada, no processo de ação popular e na ação civil pública, enquanto não transitada em julgado.

§ 2º O Presidente do Tribunal poderá ouvir o autor e o Ministério Público, em setenta e duas horas. (Redação dada pela Medida Provisória nº 2, 180-35, de 2001)

§ 3º Do despacho que conceder ou negar a suspensão, caberá agravo, no prazo de cinco dias, que será levado a julgamento na sessão seguinte a sua interposição. (Redação dada pela Medida Provisória nº 2,180-35, de 2001)

§ 4º Se do julgamento do agravo de que trata o § 3º resultar a manutenção ou o restabelecimento da decisão que se pretende suspender, caberá novo pedido de suspensão ao Presidente do Tribunal competente para conhecer de eventual recurso especial ou extraordinário. (Incluído pela Medida Provisória nº 2,180-35, de 2001)

§ 5º É cabível também o pedido de suspensão a que se refere o § 4º, quando negado provimento a agravo de instrumento interposto contra a liminar a que se refere este artigo. (Incluído pela Medida Provisória nº 2,180-35, de 2001)

§ 6º A interposição do agravo de instrumento contra liminar concedida nas ações movidas contra o Poder Público e seus agentes não prejudica nem condiciona o julgamento do pedido de suspensão a que se refere este artigo. (Incluído pela Medida Provisória nº 2,180-35, de 2001).

Estabelece o art. 7º, §2º, da Lei n. 12.016/09, que trata do mandado de segurança individual ou coletivo, a saber:

Art. 7º Ao despachar a inicial, o juiz ordenará:
(...).

§ 2º Não será concedida medida liminar que tenha por objeto a compensação de créditos tributários, a entrega de mercadorias e bens provenientes do exterior, a reclassificação ou equiparação de servidores públicos e a concessão de aumento ou a extensão de vantagens ou pagamento de qualquer natureza.

Assim, para a concessão de tutela provisória contra a Fazenda Pública dever-se-á observar os dispositivos acima citados.

Art. 1.060

O inciso II do art. 14 da Lei nº 9.289, de 4 de julho de 1996, passa a vigorar com a seguinte redação:

"Art. 14. ....

....

II – aquele que recorrer da sentença adiantará a outra metade das custas, comprovando o adiantamento no ato de interposição do recurso, sob pena de deserção, observado o disposto nos §§ 1º a 7º do art. 1.007 do Código de Processo Civil;

....” (NR)”.

Custas judiciais da União

A Lei n. 9.289/96 trata das custas devidas à União na justiça federal de primeiro e segundo graus.

O art. 14 da Lei n. 9.289/86 preconiza que o autor pagará metade das custas quando da propositura da demanda (inc. I), sendo que aquele que recorrer da sentença pagará a outra metade (inc. II).

O inc. II do art. 14 da Lei 9.289/86 permitia que o pagamento da metade das custas quando do recurso poderia ser feito dentro de cinco dias, sob pena de deserção.

A nova redação dada pelo art. 1.060 do atual C.P.C. estabelece que a comprovação do pagamento da metade das custas, quando do recurso, deve ser imediata, ou seja, no ato da interposição do recurso, sob pena de deserção.

Porém, é importante salientar que o art. 1.060 do atual C.P.C. determina a observância dos §§1º a 7º do art. 1.007, que assim dispõem:

§ 1º São dispensados de preparo, inclusive porte de remessa e de retorno, os recursos interpostos pelo Ministério Público, pela União, pelo Distrito Federal, pelos Estados, pelos Municípios, e respectivas autarquias, e pelos que gozam de isenção legal.

§ 2º A insuficiência no valor do preparo, inclusive porte de remessa e de retorno, implicará deserção se o recorrente, intimado na pessoa de seu advogado, não vier a supri-lo no prazo de 5 (cinco) dias.

§ 3º É dispensado o recolhimento do porte de remessa e de retorno no processo em autos eletrônicos.

§ 4º O recorrente que não comprovar, no ato de interposição do recurso, o recolhimento do preparo, inclusive porte de remessa e de retorno, será intimado, na pessoa de seu advogado, para realizar o recolhimento em dobro, sob pena de deserção.

§ 5º É vedada a complementação se houver insuficiência parcial do preparo, inclusive porte de remessa e de retorno, no recolhimento realizado na forma do § 4º.

§ 6º Provando o recorrente justo impedimento, o relator relevará a pena de deserção, por decisão irrecorrível, fixando-lhe prazo de 5 (cinco) dias para efetuar o preparo.

§ 7º O equívoco no preenchimento da guia de custas não implicará a aplicação da pena de deserção, cabendo ao relator, na hipótese de dúvida quanto ao recolhimento, intimar o recorrente para sanar o vício no prazo de 5 (cinco) dias.

Assim, o novo C.P.C, com base no art. 1.007, §4º, permite que o recolhimento do preparo e do porte do retorno possa ocorrer após a interposição do recurso, desde que seja feito em dobro, sob pena de deserção.

Art. 1.061

O §3º do art. 33 da Lei nº 9.307, de 23 de setembro de 1996 (Lei de Arbitragem), passa a vigorar com a seguinte redação:

"Art. 33. ....

....

§ 3º A decretação da nulidade da sentença arbitral também poderá ser requerida na impugnação ao cumprimento da sentença, nos termos do art. 525 e seguintes do Código de Processo Civil, se houver execução judicial." (NR)

Nulidade da sentença arbitral

Segundo estabelece o art. 29 da Lei n. 9.307/96, proferida a sentença arbitral, dá-se por finda a arbitragem, devendo o árbitro, ou o presidente do tribunal arbitral, enviar cópia da decisão às partes, por via postal ou por outro meio qualquer de comunicação, mediante comprovação de recebimento, ou, ainda, entregando-a diretamente às partes, mediante recibo.

A sentença arbitral produz, entre as partes e seus sucessores, os mesmos efeitos da sentença proferida pelos órgãos do Poder Judiciário e, sendo condenatória, constitui título executivo.

Nos termos do art. 33 da Lei n. 9.307/96, a parte interessada poderá pleitear ao órgão do Poder Judiciário competente a decretação da nulidade da sentença arbitral, nos casos previstos nesta Lei.

Em regra, nos termos do § 1º do art. 33 da Lei 9.307/96, a demanda para a decretação de nulidade da sentença arbitral seguirá o procedimento comum, previsto no Código de Processo Civil, e deverá ser proposta no prazo de até noventa dias após o recebimento da notificação da sentença arbitral ou de seu aditamento.

Porém, com a nova redação dada ao §3º do art. 33 da Lei n. 9.307/96, a decretação da nulidade da sentença arbitral poderá ser requerida na impugnação ao cumprimento de sentença, nos termos do art. 525 e seguinte do novo C.P.C., se houver execução judicial.

Art. 1.062

O incidente de desconsideração da personalidade jurídica aplica-se ao processo de competência dos juizados especiais.

Incidente de desconsideração da personalidade jurídica

O incidente de desconsideração da personalidade jurídica é regulado nos arts. 133 a 137 deste Código.

Este dispositivo deixa claro que o incidente de desconsideração da personalidade jurídica também se aplica aos juizados especiais, como não poderia deixar de ser.

Art. 1.063

Até a edição de lei específica, os juizados especiais cíveis previstos na Lei nº 9.099, de 26 de setembro de 1995, continuam competentes para o processamento e julgamento das causas previstas no art. 275, inciso II, da Lei nº 5.869, de 11 de janeiro de 1973.

Procedimento sumário em razão do valor

Este dispositivo não tem mais razão de ser, pois o procedimento dos juizados especiais é suficiente para abranger todas as hipóteses do art. 275, inc.II, do C.P.C. de 1973.

Art. 1.064

O *caput* do art. 48 da Lei nº 9.099, de 26 de setembro de 1995, passa a vigorar com a seguinte redação:

"Art. 48. Caberão embargos de declaração contra sentença ou acórdão nos casos previstos no Código de Processo Civil." (NR)

Embargos de declaração nos juizados especiais

A redação originária do art. 48 da Lei n. 9.099/95 preconizava que caberia embargos de declaração quando, na sentença ou acórdão, houvesse obscuridade, contradição, omissão ou dúvida.

Agora, pela nova redação estabelecida pelo art. 1.064 do atual C.P.C., as hipóteses dos embargos de declaração nos juizados especiais são as mesmas hipóteses previstas no art. 1.022 do atual C.P.C., a saber:

> *Art. 1.022. Cabem embargos de declaração contra qualquer decisão judicial para:*
> *I – esclarecer obscuridade ou eliminar contradição;*
> *II – suprir omissão de ponto ou questão sobre o qual devia se pronunciar o juiz de ofício ou a requerimento;*
> *III – corrigir erro material.*
> *Parágrafo único. Considera-se omissa a decisão que:*
> *I – deixe de se manifestar sobre tese firmada em julgamento de casos repetitivos ou em incidente de assunção de competência aplicável ao caso sob julgamento;*
> *II – incorra em qualquer das condutas descritas no art. 489, § 1º.*

Art. 1.065

O art. 50 da Lei nº 9.099, de 26 de setembro de 1995, passa a vigorar com a seguinte redação:

"Art. 50. Os embargos de declaração interrompem o prazo para a interposição de recurso." (NR)

Efeitos dos embargos de declaração nos juizados especiais

A redação original do art. 50 da Lei n. 9.099/95 preconizava que os embargos de declaração *suspendiam* o prazo para recurso.

Agora não há mais dúvida, pois o art. 1.065 do novo C.P.C. estabelece que a interposição de embargos de declaração nos juizados especiais *interrompe* o prazo para interposição de outros recursos.

Art. 1.066

O art. 83 da Lei nº 9.099, de 26 de setembro de 1995, passam (sic) a vigorar com a seguinte redação:

"Art. 83. Cabem embargos de declaração quando, em sentença ou acórdão, houver obscuridade, contradição ou omissão.

....

§ 2º Os embargos de declaração interrompem o prazo para a interposição de recurso.

...." (NR)

Efeitos dos embargos de declaração no procedimento sumariíssimo dos juizados especiais

Na realidade, o art. 83 da Lei 9.099/95 trata de embargos de declaração contra sentença proferida em matéria penal no procedimento sumariíssimo dos juizados especiais.

Essa regulamentação, na realidade, deveria ter sido feita pelo Código de Processo Penal e não pelo novo C.P.C.

Também nos embargos de declaração interpostos contra sentença proferida no procedimento sumariíssimo da Lei n. 9.099/95, não há mais espaço para esclarecimento de simples dúvida, mas apenas para os casos em que haja obscuridade, contradição ou omissão.

Além do mais, a interposição dos embargos de declaração, ao invés de suspender, interrompe o prazo para a interposição dos demais recursos.

Art. 1.067

O art. 275 da Lei nº 4.737, de 15 de julho de 1965 (Código Eleitoral), passa a vigorar com a seguinte redação:

"Art. 275. São admissíveis embargos de declaração nas hipóteses previstas no Código de Processo Civil.

§ 1º Os embargos de declaração serão opostos no prazo de 3 (três) dias, contado da data de publicação da decisão embargada, em petição dirigida ao juiz ou relator, com a indicação do ponto que lhes deu causa.

§ 2º Os embargos de declaração não estão sujeitos a preparo.

§ 3º O juiz julgará os embargos em 5 (cinco) dias.

§4º Nos tribunais:

I – o relator apresentará os embargos em mesa na sessão subsequente, proferindo voto;

II – não havendo julgamento na sessão referida no inciso I, será o recurso incluído em pauta;

III – vencido o relator, outro será designado para lavrar o acórdão.

§ 5º Os embargos de declaração interrompem o prazo para a interposição de recurso.

§ 6º Quando manifestamente protelatórios os embargos de declaração, o juiz ou o tribunal, em decisão fundamentada, condenará o embargante a pagar ao embargado multa não excedente a 2 (dois) salários-mínimos.

§ 7º Na reiteração de embargos de declaração manifestamente protelatórios, a multa será elevada a até 10 (dez) salários-mínimos." (NR)

Efeitos dos embargos de declaração no Código Eleitoral

A redação originária do art. 275 da Lei n. 4.737/65 (Código Eleitoral) era a seguinte:

Art. 275. São admissíveis embargos de declaração:

I – quando há no acórdão obscuridade, dúvida ou contradição;

II – quando fôr omitido ponto sôbre que devia pronunciar-se o Tribunal.

§ 1º Os embargos serão opostos dentro em 3 (três) dias da data da publicação do acórdão, em petição dirigida ao relator, na qual será indicado o ponto obscuro, duvidoso, contraditório ou omisso.

§ 2º O relator porá os embargos em mesa para julgamento, na primeira sessão seguinte proferindo o seu voto.

§ 3º Vencido o relator, outro será designado para lavrar o acórdão.

§ 4º Os embargos de declaração suspendem o prazo para a interposição de outros recursos, salvo se manifestamente protelatórios e assim declarados na decisão que os rejeitar.

Art. 1.068

O art. 274 e o caput do art. 2.027 da Lei nº 10.406, de 10 de janeiro de 2002 (Código Civil), passam a vigorar com a seguinte redação:

"Art. 274. O julgamento contrário a um dos credores solidários não atinge os demais, mas o julgamento favorável aproveita-lhes, sem prejuízo de exceção pessoal que o devedor tenha direito de invocar em relação a qualquer deles." (NR)

"Art. 2.027. A partilha é anulável pelos vícios e defeitos que invalidam, em geral, os negócios jurídicos.

.... " (NR)"

Solidariedade ativa e da partilha

Em relação à solidariedade ativa, o art. 274 do Código Civil brasileiro assim dispunha: *O julgamento contrário a um dos credores solidários não atinge os demais; o julgamento favorável aproveita-lhes, a menos que se funde em exceção pessoal ao credor que o obteve.*

O art. 1.068 do novo C.P.C. veio esclarecer a parte final do art. 274 do C.C.b., a saber: *sem prejuízo de exceção pessoal que o devedor tenha direito de invocar em relação a qualquer deles."*

Assim, muito embora o julgamento favorável em relação a um dos credores solidários a todos aproveita, o devedor poderá arguir exceção pessoal que ele tenha direito de invocar em relação a qualquer um deles, como, por exemplo, compensação.

Por sua vez, o art. 2.027 do Código Civil brasileiro, sobre a *anulação da partilha* no processo de inventário, assim dispunha:

> *Art. 2.027. A partilha, uma vez feita e julgada, só é anulável pelos vícios e defeitos que invalidam, em geral, os negócios jurídicos.*
>
> *Parágrafo único. Extingue-se em um ano o direito de anular a partilha.*

Assim, pela nova redação prevista no art. 1.068 do atual C.P.C., poder-se-á requerer a anulação da partilha antes de ser ela devidamente julgada.

Art. 1.069

O Conselho Nacional de Justiça promoverá, periodicamente, pesquisas estatísticas para avaliação da efetividade das normas previstas neste Código.

C.N.J. e as pesquisas estatísticas

Este dispositivo determina que o Conselho Nacional de Justiça, periodicamente, promova pesquisas estatísticas sobre a eficácia das normas processuais previstas no novo C.P.C., até mesmo para verificar se a mudança da legislação processual está efetivamente produzindo os efeitos desejados, ou, recomendar a correção de rumos para melhor efetividade do exercício da tutela jurisdicional.

Art. 1.070

É de 15 (quinze) dias o prazo para a interposição de qualquer agravo, previsto em lei ou em regimento interno de tribunal, contra decisão de relator ou outra decisão unipessoal proferida em tribunal.

Prazo para interposição de agravo

Este dispositivo unifica todos os prazos de recurso de agravo interposto contra decisão monocrática ou unipessoal de relator, especialmente os denominados agravos internos ou regimentais, aduzindo que o prazo desses agravos passa a ser de quinze dias, revogando-se desta forma eventual norma em contrário existente em lei específica ou nos regimentos internos dos Tribunais, inclusive do S.T.J e do S.T.F.

Art. 1.071

O Capítulo III do Título V da Lei nº 6.015, de 31 de dezembro de 1973 (Lei de Registros Públicos), passa a vigorar acrescida do seguinte art. 216-A:

"Art. 216-A. Sem prejuízo da via jurisdicional, é admitido o pedido de reconhecimento extrajudicial de usucapião, que será processado diretamente perante o cartório do registro de imóveis da comarca em que estiver situado o imóvel usucapiendo, a requerimento do interessado, representado por advogado, instruído com:

I – ata notarial lavrada pelo tabelião, atestando o tempo de posse do requerente e seus antecessores, conforme o caso e suas circunstâncias;

II – planta e memorial descritivo assinado por profissional legalmente habilitado, com prova de anotação de responsabilidade técnica no respectivo conselho de fiscalização profissional, e pelos titulares de direitos reais e de outros direitos registrados ou averbados na matrícula do imóvel usucapiendo e na matrícula dos imóveis confinantes;

III – certidões negativas dos distribuidores da comarca da situação do imóvel e do domicílio do requerente;

IV – justo título ou quaisquer outros documentos que demonstrem a origem, a continuidade, a natureza e o tempo da posse, tais como o pagamento dos impostos e das taxas que incidirem sobre o imóvel.

§ 1º O pedido será autuado pelo registrador, prorrogando-se o prazo da prenotação até o acolhimento ou a rejeição do pedido.

§ 2º Se a planta não contiver a assinatura de qualquer um dos titulares de direitos reais e de outros direitos registrados ou averbados na matrícula do imóvel usucapiendo e na matrícula dos imóveis confinantes, esse será notificado pelo registrador competente, pessoalmente ou pelo correio com aviso de recebimento, para manifestar seu consentimento expresso em 15 (quinze) dias, interpretado o seu silêncio como discordância.

§ 3º O oficial de registro de imóveis dará ciência à União, ao Estado, ao Distrito Federal e ao Município, pessoalmente, por intermédio do oficial de registro de títulos e documentos, ou pelo correio com aviso de recebimento, para que se manifestem, em 15 (quinze) dias, sobre o pedido.

§ 4º O oficial de registro de imóveis promoverá a publicação de edital em jornal de grande circulação, onde houver, para a ciência de terceiros eventualmente interessados, que poderão se manifestar em 15 (quinze) dias.

§ 5º Para a elucidação de qualquer ponto de dúvida, poderão ser solicitadas ou realizadas diligências pelo oficial de registro de imóveis.

§ 6º Transcorrido o prazo de que trata o § 4º deste artigo, sem pendência de diligências na forma do § 5º deste artigo e achando-se em ordem a documentação, com inclusão da concordância expressa dos titulares de direitos reais e de outros direitos registrados ou averbados na matrícula do imóvel usucapiendo e na matrícula dos imóveis confinantes, o oficial de registro de imóveis registrará a aquisição do imóvel com as descrições apresentadas, sendo permitida a abertura de matrícula, se for o caso.

§ 7º Em qualquer caso, é lícito ao interessado suscitar o procedimento de dúvida, nos termos desta Lei.

§ 8º Ao final das diligências, se a documentação não estiver em ordem, o oficial de registro de imóveis rejeitará o pedido.

§ 9º A rejeição do pedido extrajudicial não impede o ajuizamento de ação de usucapião.

§ 10. Em caso de impugnação do pedido de reconhecimento extrajudicial de usucapião, apresentada por qualquer um dos titulares de direito reais e de outros direitos registrados ou averbados na matrícula do imóvel usucapiendo e na matrícula dos imóveis confinantes, por algum dos entes públicos ou por algum terceiro interessado, o oficial de registro de imóveis remeterá os autos ao juízo competente da comarca da situação do imóvel, cabendo ao requerente emendar a petição inicial para adequá-la ao procedimento comum."

Da usucapião extrajudicial

Este dispositivo, assim como já ocorre com o inventário e o divórcio, permite a declaração de usucapião pela via extrajudicial, desde que observado o devido processo legal, pois, segundo a Constituição Federal de 1988, ninguém será privado de seus bens sem o devido processo legal, podendo esse devido processo legal ser realizado administrativamente.

Assim, o art. 1.067 do atual C.P.C. insere na Lei n. 6.015/73 (Lei de Registro Públicos) o art. 216-A, no Capítulo III- Do processo de registro – que passa a ser denominado *usucapião extrajudicial*.

Quem tiver interesse na usucapião de terras particulares, sem prejuízo da via jurisdicional, poderá formular pedido de reconhecimento extrajudicial da usucapião.

Este pedido será feito diretamente no cartório de registro de imóveis da comarca em que estiver situado o imóvel usucapiendo.

O requerimento deverá ser feito pelo interessado, o qual deverá estar representado por advogado constituído ou nomeado pelo juiz dos registros públicos.

O requerimento deverá ser instruído com: I – ata notarial lavrada pelo tabelião, atestando o tempo de posse do requerente e seus antecessores, conforme o caso, e suas circunstâncias. Assim, antes de requerer a usucapião diretamente no registro de imóveis, deverá o requerente solicitar a lavratura de ata notarial a ser lavrada por tabelião (o substitutivo da Câmara dos Deputados determinava a competência de tabelião do local em que se encontra situado o imóvel), atestando a posse, o tempo do requerente e de seus antecessores, se for o caso; II – planta e memorial descritivo assinado por profissional legalmente habilitado, com prova de anotação de responsabilidade técnica no respectivo conselho de fiscalização profissional, pelos titulares de direito reais e de outros direitos registrados ou averbados na matrícula do imóvel usucapiendo e na matrícula dos imóveis confinantes. A planta e memorial descritivo deverão ser assinados não somente por profissional legalmente habilitado, mas também pelos confinantes e titulares de direito reais e de outros direitos registrados ou averbados na matrícula do imóvel usucapiendo e na matrícula dos imóveis confinantes. A dúvida é se os titulares apenas de posse também deverão assinar o memorial descritivo, uma vez que a posse apresenta natureza de direito real. Se a planta não contiver a assinatura de algum confinante, titulares de direito reais e de outros direitos registrados ou averbados na matrícula do imóvel usucapiendo e na matrícula dos imóveis confinantes, este será notificado pelo registrador competente, para manifestar seu consentimento expresso em quinze dias, interpretado o seu silêncio como discordância; a notificação pode ser feita pelo registrador pessoalmente ou pelo correio, com aviso de recebimento; III – certidões negativas dos distribuidores da comarca da situação do imóvel e do domicílio do requerente. Esse requisito é importante para se verificar se a posse usucapiendo é mansa e pacífica; IV – justo título ou quaisquer outros documentos que demonstrem a origem da posse, continuidade, natureza e tempo, tais como o pagamento dos impostos e taxas que incidirem sobre o imóvel. Muito embora esse dispositivo requeira a apresentação de *justo título*, isso não significa que a usucapião extrajudicial seja aplicável somente em relação à usucapião ordinário, ou seja, à usucapião que exige a presença de justo título, isto é, o título que se legítimo fosse permitiria a transferência do domínio.

O pedido de usucapião extrajudicial deverá ser autuado pelo registrador, após a sua prenotação. A prenotação será prorrogada até o acolhimento ou rejeição do pedido.

O oficial de registro de imóveis dará ciência à União, ao Estado, ao Distrito Federal e ao Município, para que se manifestem, em quinze dias, sobre o pedido. A comunicação será feita pessoalmente, por intermédio do oficial de registro de títulos e documentos, ou, ainda, pelo correio, com aviso de recebimento. Mesmo que a União tenha interesse, tal fato não afetará a possibilidade de se promover a usucapião extrajudicial, desde que não haja impugnação da União.

O oficial de registro de imóveis promoverá a publicação de edital em jornal de grande circulação, onde houver, para a ciência de terceiros eventualmente interessados, que podem manifestar-se em quinze dias.

Porém, se o proprietário do imóvel for conhecido e tiver endereço certo, deverá ele ser notificado pessoalmente sobre a usucapião extrajudicial, em razão do princípio do Contraditório que também deve regular o processo administrativo.

Para a elucidação de qualquer ponto de dúvida, poderão ser solicitadas ou realizadas diligências pelo oficial de registro de imóveis, inclusive oitiva de eventuais testemunhas.

Transcorrido o prazo da última diligência notificatória sem qualquer impugnação ou outras pendências, e achando-se em ordem a documentação, o oficial de registro de imóveis registrará a aquisição do imóvel com as descrições apresentadas, sendo permitida a abertura de matrícula, se for o caso.

Em qualquer caso, é lícito ao interessado suscitar o procedimento de dúvida, o qual será resolvido pelo juiz titular dos registros públicos.

Ao final das diligências, se a documentação não estiver em ordem, o oficial de registro de imóveis rejeitará o pedido.

A rejeição do pedido extrajudicial não impede o ajuizamento de ação de usucapião.

Em caso de impugnação ao pedido de reconhecimento extrajudicial da usucapião, apresentada por qualquer um dos titulares de direito reais e de outros direitos registrados ou averbados na matrícula do imóvel usucapiendo e na matrícula dos imóveis confinantes, por algum dos entes públicos ou por algum terceiro interessado, o oficial de registro de imóveis remeterá os autos ao juízo competente da comarca da situação do imóvel, cabendo ao requerente emendar a petição inicial para adequá-la ao procedimento comum.

Se houver interesse da União, de suas autarquias ou de empresa pública federal, o processo deverá ser remetido à Justiça Federal. Se não houver Vara da

Justiça Federal na localidade, o processo será remetido ao juízo estadual com eventual recurso ao Tribunal Regional Federal respectivo.

Art. 1.072

Ficam revogados:

I – o art. 22 do Decreto-lei nº 25, de 30 de novembro de 1937;

II – os arts. 227, caput, 229, 230, 456, 1.482, 1.483 e 1.768 a 1.773 da Lei nº 10.406, de 10 de janeiro de 2002 (Código Civil);

III – os arts. 2º, 3º, 4º, 6º, 7º, 11, 12 e 17 da Lei nº 1.060, de 5 de fevereiro de 1950;

IV – os arts. 13 a 18, 26 a 29 e 38 da Lei nº 8.038, de 28 de maio de 1990;

V – os arts. 16 a 18 da Lei nº 5.478, de 25 de julho de 1968; e

VI – o art. 98, § 4º, da Lei nº 12.529, de 30 de novembro de 2011.

Dispositivos expressamente derrogados

O art. 1.068, finalmente, indica expressamente os dispositivos que foram derrogados pelo novo C.P.C. a saber:

a) Art. 22 do Decreto-lei n. 25/37 (Organização do patrimônio histórico e artístico):

Art. 22. Em face da alienação onerosa de bens tombados, pertencentes a pessôas naturais ou a pessôas jurídicas de direito privado, a União, os Estados e os municípios terão, nesta ordem, o direito de preferência.

§ 1º Tal alienação não será permitida, sem que prèviamente sejam os bens oferecidos, pelo mesmo preço, à União, bem como ao Estado e ao município em que se encontrarem. O proprietário deverá notificar os titulares do direito de preferência a usá-lo, dentro de trinta dias, sob pena de perdê-lo.

§ 2º É nula alienação realizada com violação do disposto no parágrafo anterior, ficando qualquer dos titulares do direito de preferência habilitado a sequestrar a coisa e a impor a multa de vinte por cento do seu valor ao transmitente e ao adquirente, que serão por ela solidariamente responsáveis. A nulidade será pronunciada, na forma da lei, pelo juiz que conceder o sequestro, o qual só será levantado depois de paga a multa e se qualquer dos titulares do direito de preferência não tiver adquirido a coisa no prazo de trinta dias.

§ 3º O direito de preferência não inibe o proprietário de gravar livremente a coisa tombada, de penhor, anticrese ou hipoteca.

§ 4º Nenhuma venda judicial de bens tombados se poderá realizar sem que, prèviamente, os titulares do direito de preferência sejam disso notificados judicialmente, não podendo os editais de praça ser expedidos, sob pena de nulidade, antes de feita a notificação.

§ 5º Aos titulares do direito de preferência assistirá o direito de remissão, se dela não lançarem mão, até a assinatura do auto de arrematação ou até a sentença de adjudicação, as pessôas que, na forma da lei, tiverem a faculdade de remir.

§ 6º O direito de remissão por parte da União, bem como do Estado e do município em que os bens se encontrarem, poderá ser exercido, dentro de cinco dias a partir da assinatura do auto da arrematação ou da sentença de adjudicação, não se podendo extraír a carta, enquanto não se esgotar êste prazo, salvo se o arrematante ou o adjudicante for qualquer dos titulares do direito de preferência.

b) os arts. 227, *caput*, 229, 230, 456, 1.482, 1.483 e 1.768 a 1.773 da Lei nº 10.406/02 (Código Civil brasileiro):

Art. 227. Salvo os casos expressos, a prova exclusivamente testemunhal só se admite nos negócios jurídicos cujo valor não ultrapasse o décuplo do maior salário mínimo vigente no País ao tempo em que foram celebrados.

Art. 229. Ninguém pode ser obrigado a depor sobre fato:

I – a cujo respeito, por estado ou profissão, deva guardar segredo;

II – a que não possa responder sem desonra própria, de seu cônjuge, parente em grau sucessível, ou amigo íntimo;

III – que o exponha, ou às pessoas referidas no inciso antecedente, a perigo de vida, de demanda, ou de dano patrimonial imediato.

Art. 230. As presunções, que não as legais, não se admitem nos casos em que a lei exclui a prova testemunhal.

Art. 456. Para poder exercitar o direito que da evicção lhe resulta, o adquirente notificará do litígio o alienante imediato, ou qualquer dos anteriores, quando e como lhe determinarem as leis do processo.

Parágrafo único. Não atendendo o alienante à denunciação da lide, e sendo manifesta a procedência da evicção, pode o adquirente deixar de oferecer contestação, ou usar de recursos.

Art. 1.482. Realizada a praça, o executado poderá, até a assinatura do auto de arrematação ou até que seja publicada a sentença de adjudicação, remir o imóvel hipo-

tecado, oferecendo preço igual ao da avaliação, se não tiver havido licitantes, ou ao do maior lance oferecido. Igual direito caberá ao cônjuge, aos descendentes ou ascendentes do executado.

Art. 1.483. No caso de falência, ou insolvência, do devedor hipotecário, o direito de remição defere-se à massa, ou aos credores em concurso, não podendo o credor recusar o preço da avaliação do imóvel.

Parágrafo único. Pode o credor hipotecário, para pagamento de seu crédito, requerer a adjudicação do imóvel avaliado em quantia inferior àquele, desde que dê quitação pela sua totalidade.

Art. 1.768. A interdição deve ser promovida:

I – pelos pais ou tutores;

II – pelo cônjuge, ou por qualquer parente;

III – pelo Ministério Público.

Art. 1.769. O Ministério Público só promoverá interdição:

I – em caso de doença mental grave;

II – se não existir ou não promover a interdição alguma das pessoas designadas nos incisos I e II do artigo antecedente;

III – se, existindo, forem incapazes as pessoas mencionadas no inciso antecedente.

Art. 1.770. Nos casos em que a interdição for promovida pelo Ministério Público, o juiz nomeará defensor ao suposto incapaz; nos demais casos o Ministério Público será o defensor.

Art. 1.771. Antes de pronunciar-se acerca da interdição, o juiz, assistido por especialistas, examinará pessoalmente o argüido de incapacidade.

Art. 1.772. Pronunciada a interdição das pessoas a que se referem os incisos III e IV do art. 1.767, o juiz assinará, segundo o estado ou o desenvolvimento mental do interdito, os limites da curatela, que poderão circunscrever-se às restrições constantes do art. 1.782.

Art. 1.773. A sentença que declara a interdição produz efeitos desde logo, embora sujeita a recurso.

c) os arts. 2º, 3º, 4º, *caput* e §§ 1º a 3º, 6º, 7º, 11, 12 e 17 da Lei nº 1.060, de 5 de fevereiro de 1950 (assistência judiciária aos necessitados):

Art. 2º Gozarão dos benefícios desta Lei os nacionais ou estrangeiros residentes no país, que necessitarem recorrer à Justiça penal, civil, militar ou do trabalho.

Parágrafo único. – Considera-se necessitado, para os fins legais, todo aquele cuja situação econômica não lhe permita pagar as custas do processo e os honorários de advogado, sem prejuízo do sustento próprio ou da família.

Art. 3º A assistência judiciária compreende as seguintes isenções:

I – das taxas judiciárias e dos selos;

II – dos emolumentos e custas devidos aos Juízes, órgãos do Ministério Público e serventuários da justiça;

III – das despesas com as publicações indispensáveis no jornal encarregado da divulgação dos atos oficiais;

IV – das indenizações devidas às testemunhas que, quando empregados, receberão do empregador salário integral, como se em serviço estivessem, ressalvado o direito regressivo contra o poder público federal, no Distrito Federal e nos Territórios; ou contra o poder público estadual, nos Estados;

V – dos honorários de advogado e peritos.

VI – das despesas com a realização do exame de código genético – DNA que for requisitado pela autoridade judiciária nas ações de investigação de paternidade ou maternidade.(Incluído pela Lei nº 10.317, de 2001)

VII – dos depósitos previstos em lei para interposição de recurso, ajuizamento de ação e demais atos processuais inerentes ao exercício da ampla defesa e do contraditório. (Incluído pela Lei Complementar nº 132, de 2009).

Parágrafo único. A publicação de edital em jornal encarregado da divulgação de atos oficiais, na forma do inciso III, dispensa a publicação em outro jornal. (Incluído pela Lei nº 7.288, de 1984)

Art. 4º A parte gozará dos benefícios da assistência judiciária, mediante simples afirmação, na própria petição inicial, de que não está em condições de pagar as custas do processo e os honorários de advogado, sem prejuízo próprio ou de sua família. (Redação dada pela Lei nº 7.510, de 1986)

§ 1º Presume-se pobre, até prova em contrário, quem afirmar essa condição nos termos desta lei, sob pena de pagamento até o décuplo das custas judiciais. (Redação dada pela Lei nº 7.510, de 1986)

§ 2º A impugnação do direito à assistência judiciária não suspende o curso do processo e será feita em autos apartados. (Redação dada pela Lei nº 7.510, de 1986)

§ 3º A apresentação da carteira de trabalho e previdência social, devidamente legalizada, onde o juiz verificará a necessidade da parte, substituirá os atestados exigidos nos §§ 1º e 2º deste artigo. (Incluído pela Lei nº 6.654, de 1979)

Art. 6º O pedido, quando formulado no curso da ação, não a suspenderá, podendo o juiz, em face das provas, conceder ou denegar de plano o benefício de assistência. A petição, neste caso, será autuada em separado, apensando-se os respectivos autos aos da causa principal, depois de resolvido o incidente.

Art. 7º A parte contrária poderá, em qualquer fase da lide, requerer a revogação dos benefícios de assistência, desde que prove a inexistência ou o desaparecimento dos requisitos essenciais à sua concessão.

Parágrafo único. Tal requerimento não suspenderá o curso da ação e se processará pela forma estabelecida no final do artigo 6º. desta Lei.

Art. 11. Os honorários de advogados e peritos, as custas do processo, as taxas e selos judiciários serão pagos pelo vencido, quando o beneficiário de assistência for vencedor na causa.

§ 1º Os honorários do advogado serão arbitrados pelo juiz até o máximo de 15% (quinze por cento) sobre o líquido apurado na execução da sentença.

§ 2º A parte vencida poderá acionar a vencedora para reaver as despesas do processo, inclusive honorários do advogado, desde que prove ter a última perdido a condição legal de necessitada.

Art. 12. A parte beneficiada pela isenção do pagamento das custas ficará obrigada a pagá-las, desde que possa fazê-lo, sem prejuízo do sustento próprio ou da família, se dentro de cinco anos, a contar da sentença final, o assistido não puder satisfazer tal pagamento, a obrigação ficará prescrita.

Art. 17. Caberá apelação das decisões proferidas em consequência da aplicação desta lei; a apelação será recebida somente no efeito devolutivo quando a sentença conceder o pedido. (Redação dada pela Lei nº 6.014, de 1973)

d) os arts. 13 a 18, 26 a 29 e 38 da Lei nº 8.038, de 28 de maio de 1990 (institui normas procedimentos para processos perante o S.T.F. e S.T.J.):

Art. 13 – Para preservar a competência do Tribunal ou garantir a autoridade das suas decisões, caberá reclamação da parte interessada ou do Ministério Público.

Parágrafo único – A reclamação, dirigida ao Presidente do Tribunal, instruída com prova documental, será autuada e distribuída ao relator da causa principal, sempre que possível.

Art. 14 – Ao despachar a reclamação, o relator:

I – requisitará informações da autoridade a quem for imputada a prática do ato impugnado, que as prestará no prazo de dez dias;

II – ordenará, se necessário, para evitar dano irreparável, a suspensão do processo ou do ato impugnado.

Art. 15 – Qualquer interessado poderá impugnar o pedido do reclamante.

Art. 16 – O Ministério Público, nas reclamações que não houver formulado, terá vista do processo, por cinco dias, após o decurso do prazo para informações.

Art. 17 – Julgando procedente a reclamação, o Tribunal cassará a decisão exorbitante de seu julgado ou determinará medida adequada à preservação de sua competência.

Art. 18 – O Presidente determinará o imediato cumprimento da decisão, lavrando-se o acórdão posteriormente.

Art. 26 – Os recursos extraordinários e especiais, nos casos previstos na Constituição Federal, serão interpostos no prazo comum de quinze dias, perante o Presidente do Tribunal recorrido, em petições distintas que conterão:

I – exposição do fato e do direito;

II – a demonstração do cabimento do recurso interposto;

III – as razões do pedido de reforma da decisão recorrida.

Parágrafo único – Quando o recurso se fundar em dissídio entre a interpretação da lei federal adotada pelo julgado recorrido e a que lhe haja dado outro Tribunal, o recorrente fará a prova da divergência mediante certidão, ou indicação do número e da página do jornal oficial, ou do repertório autorizado de jurisprudência, que o houver publicado.

Art. 27 – Recebida a petição pela Secretaria do Tribunal e aí protocolada, será intimado o recorrido, abrindo-se-lhe vista pelo prazo de quinze dias para apresentar contra-razões.

§ 1º – Findo esse prazo, serão os autos conclusos para admissão ou não do recurso, no prazo de cinco dias.

§ 2º – Os recursos extraordinário e especial serão recebidos no efeito devolutivo.

§ 3º – Admitidos os recursos, os autos serão imediatamente remetidos ao Superior Tribunal de Justiça.

§ 4º – Concluído o julgamento do recurso especial, serão os autos remetidos ao Supremo Tribunal Federal para apreciação do recurso extraordinário, se este não estiver prejudicado.

§ 5º – Na hipótese de o relator do recurso especial considerar que o recurso extraordinário é prejudicial daquele em decisão irrecorrível, sobrestará o seu julgamento e remeterá os autos ao Supremo Tribunal Federal, para julgar o extraordinário.

§ 6º – No caso de parágrafo anterior, se o relator do recurso extraordinário, em despacho irrecorrível, não o considerar prejudicial, devolverá os autos ao Superior Tribunal de Justiça, para o julgamento do recurso especial.

Art. 28 – Denegado o recurso extraordinário ou o recurso especial, caberá agravo de instrumento, no prazo de cinco dias, para o Supremo Tribunal Federal ou para o Superior Tribunal de Justiça, conforme o caso.

§ 1º – Cada agravo de instrumento será instruído com as peças que forem indicadas pelo agravante e pelo agravado, dele constando, obrigatoriamente, além das mencionadas no parágrafo único do art. 523 do Código de Processo Civil, o acórdão recorrido, a petição de interposição do recurso e as contra-razões, se houver.

§ 2º – Distribuído o agravo de instrumento, o relator proferirá decisão.

§ 3º – Na hipótese de provimento, se o instrumento contiver os elementos necessários ao julgamento do mérito do recurso especial, o relator determinará, desde logo, sua inclusão em pauta, observando-se, daí por diante, o procedimento relativo àqueles recursos, admitida a sustentação oral.

§ 4º – O disposto no parágrafo anterior aplica-se também ao agravo de instrumento contra denegação de recurso extraordinário, salvo quando, na mesma causa, houver recurso especial admitido e que deva ser julgado em primeiro lugar.

§ 5º – Da decisão do relator que negar seguimento ou provimento ao agravo de instrumento, caberá agravo para o órgão julgador no prazo de cinco dias.

Art. 29 – É embargável, no prazo de quinze dias, a decisão da turma que, em recurso especial, divergir do julgamento de outra turma, da seção ou do órgão especial, observando-se o procedimento estabelecido no regimento interno.

Art. 38 – O Relator, no Supremo Tribunal Federal ou no Superior Tribunal de Justiça, decidirá o pedido ou o recurso que haja perdido seu objeto, bem como negará seguimento a pedido ou recurso manifestamente intempestivo, incabível ou, improcedente ou ainda, que contrariar, nas questões predominantemente de direito, Súmula do respectivo Tribunal.

e) os arts. 16 a 18 da Lei nº 5.478, de 25 de julho de 1968 (lei da ação de alimentos):

Art. 16. Na execução da sentença ou do acordo nas ações de alimentos será observado o disposto no artigo 734 e seu parágrafo único do Código de Processo Civil. (Redação dada pela Lei nº 6.014, de 27/12/73)

Art. 17. Quando não for possível a efetivação executiva da sentença ou do acordo mediante desconto em folha, poderão ser as prestações cobradas de alugueres de prédios ou de quaisquer outros rendimentos do devedor, que serão recebidos diretamente pelo alimentando ou por depositário nomeado pelo juiz.

Art. 18. Se, ainda assim, não for possível a satisfação do débito, poderá o credor requerer a execução da sentença na forma dos artigos 732, 733 e 735 do Código de Processo Civil. (Redação dada pela Lei nº 6.014, de 27/12/73)

f) o art. 98, § 4º, da Lei nº 12.529, de 30 de novembro de 2011 (Estrutura o Sistema Brasileiro de Defesa da Concorrência; dispõe sobre a prevenção e repressão às infrações contra a ordem econômica; altera a Lei nº 8.137, de 27 de dezembro de 1990, o Decreto-Lei nº 3.689, de 3 de outubro de 1941 – Código de Processo Penal, e a Lei nº 7.347, de 24 de julho de 1985; revoga dispositivos da Lei nº 8.884, de 11 de junho de 1994, e a Lei nº 9.781, de 19 de janeiro de 1999; e dá outras providências):

Art. 98.(...).
(...).
§ 4º Na ação que tenha por objeto decisão do Cade, o autor deverá deduzir todas as questões de fato e de direito, sob pena de preclusão consumativa, reputando-se deduzidas todas as alegações que poderia deduzir em favor do acolhimento do pedido, não podendo o mesmo pedido ser deduzido sob diferentes causas de pedir em ações distintas, salvo em relação a fatos supervenientes.

BIBLIOGRAFIA

AGUIAR, João Carlos Pestana. *Comentários ao código de processo civil.* 2ª Ed. Vol. IV – Arts. 332 a 443. São Paulo: Editora Revista dos Tribunais, 1977.

ALEXY, Robert. *Teoria de los derechos fundamentales.* Madrid: Centro de Estudios Constitucionales, 1997.

ALI/UNIDROIT. *Principles of transnational civil procedure.* New York: Cambridge Universty Press: 2004.

ALLEGRETTI, Umberto. *L'imparzialità amministrativa.* Padova: CEDAM – Casa Editrice Dott. Antonio Milani, 1965

ALVARO DE OLIVEIRA, Carlos Alberto; GALENO, Lacerda. *Comentários ao código de processo civil.* Vol. VIII. Tomo II – art. 813 a 889. Rio de Janeiro: Forense, 1988.

ALVIM, Agostinho. *Da inexecução das obrigações e suas conseqüências.* 4ª ed. atual. São Paulo: Saraiva, 1972.

ALVIM, Arruda. *Manual de direito processual civil.* Vol. I. Parte Geral. São Paulo: Editora Revista dos Tribunais, 1979.

ALVIM, Arruda; ALVIM, Teresa Arruda. *Manual de Direito Processual Civil,* vol. 1, São Paulo: R.T.

ALVIM, José Manoel Arruda. *Código de processo civil comentado.* Vol. III, São Paulo: Ed. Revista dos Tribunais, 1976.

ALVIM, Thereza. *Questão prévias e os limites objetivos da coisa julgada.* São Paulo: Editora Revista dos Tribunais, 1976.

AMADO, Juan Antonio García. *Tópica. derecho y método jurídico.* DOXA http://www.cervantesvirtual.com/servlet/SirveObras/12837218659036051876657/cuaderno4/Doxa4_12.pdf#search="non liquet"&page=6.

AMERICANO, Jorge. *Comentários ao código de processo civil do Brasil.* 2ª ed., Saraiva, vol. I.

ANDOLINA, Italo Augusto. Crisi del giudicato e nuovi strumenti alternativi di tutela giurisdizionale – la nuova tutela provvisoria di merito e le garanzie costituzionali del giusto processo. *In: Revista de Processo*, São Paulo, R.T., ano 32, n. 150, agost/2007.

ANDRIOLI, Virgilio, Commeto al Códice di procedura civile. 3. ed. v. I. Nápoles: Edit. Jovene, 1954.

ARAGÃO, E. D. Moniz; *Comentários ao código de processo civil.* II Vol. Arts. 154 a 269. Rio de Janeiro: Forense, 1983.

ARAÚJO CINTRA, Antônio Carlos de; GRINOVER, Ada Pellegrini; DINAMARCO, Cândido Rangel. *Teoria geral do processo.* São Paulo: Editora Revista dos Tribunais, 1976.

ARMELIN, Donaldo. A tutela jurisdicional cautelar. *In Revista da Procuradoria do Estado de São Paulo,* São Paulo, jun. 1985.

ARMELIN, Donaldo. *Legitimidade para agir no direito processual civil brasileiro*, São Paulo: Editora Revista dos Tribunais, 1979.

AROCA, Juan Montero.*I principi politici del nuovo processo civile spagnolo.* Trad. Vittorio Bratteli e Nicoletta Magrino. Napoli: Edizioni Scientifiche Italiane, 2002.

ASCARELLI. Tullio. Inexistenza e nullità, *in Rivista di Diritto Processuale*, vol. XI, part I, ano 1956, Padova, CEDAM.

ASCENSÃO, José de Oliveira. *O Direito – introdução e teoria geral.* Lisboa: Fundação Calouste Gulbenkian, 1979.

ASENSIO, Rafael Jiménez. Imparcialidad judicial y derecho al juez imparcial. Navarra: Aranzadi, 2002.

ASSIS, Araken. *Eficácia civil da sentença penal.* São Paulo: Ed. Revista dos Tribunais, 1993.

ASSIS, Araken. *Cumulações de ações.* 4ª ed., São Paulo: Ed. Revista dos Tribunais, 2002.

ASSIS, Araken. *Manual do processo de execução.* 8ª ed. São Paulo: Editora Revista dos Tribunais, 2002.

ATIENZA, C. A. *Técnicas de indexação de pronunciamentos judiciais.* São Paulo: s.n.), 1981.

AUBRY, C.; RAU, C. *Cours de droit civil français.* 3ª ed. Paris: Cosse, 1856, Tomo I, §37.

AUGENTI, Giacomo P. *In:* Fancesco Carnelutti. *La prueba civil.* Trad. Niceto Alcalá-Zamora Y Castillo. Buenos Aires, Ediciones Arayú, 1955.

ÁVILA, Hmberto. *Teoria dos princípios – da definição à aplicação dos princípios jurídicos.* 5ª ed. São Paulo: Malheiros, 2006.

AZEVEDO, Álvaro Villaça. *Prisão civil por dívida.* São Paulo: 1992.

BABOSA MOREIRA, José Carlos. *Comentário ao código de processo civil.* 2ª ed. Vol. V. Rio de Janeiro: Forense: 1976.

BALENA, Giampiero. *Istituzioni di diritto processuale civile* – i principi. Primo Volume. Seconda Edizione. Bari: Cacucci Editore, 2012.

BAPTISTA DA SILVA, Ovídio A. *Comentários ao código de processo civil.* Vol. XI – arts. 796-889 – do processo cautelar. Porto Alegre: Letras Jurídicas Editoras, 1985.

Baptista da Silva, Ovídio A. *Doutrina e prática do arresto ou embargo*. Rio de Janeiro: Forense, 1976. §21.

Barbi, Celso Agrícola. *Ação declaratória – principal e incidente*. Rio de Janeiro: Forense, 1977.

Barbi, Celso Agrícola. *Comentário ao código de processo civil*. 5ª ed. I Vol. (art. 1º a 153). Rio de Janeiro: Forense, 1983.

Barbi, Celso Agrícola. *Comentários ao código de processo civil*. 5ª ed. I Vol. Rio de Janeiro: Forense, 1988.

Barbi, Celso Agrícola. *Comentários ao código de processo civil*. 6ª ed. Vol. I (arts. 1º a 153º). Rio de Janeiro: Forense, 1991.

Barbi, Celso Agrícola. *Comentários ao código de processo civil*. I Vol. Tomo I, (arts. 1 a 55). Rio de Janeiro: Forense, 1977.

Barbi, Celso Agrícola. *Comentários ao código de processo civil*. I Vol. Art. 1 a 153. Rio de Janeiro: Editora Forense, 1988.

Barbosa Moreira, *A conexão de causas como pressupostos da reconvenção*. São Paulo: Editora Saraiva, 1979.

Barbosa Moreira, José Carlos, *Comentários ao código de processo civil*. Vol. V. Rio de Janeiro: Forense, 1976.

Barbosa Moreira, José Carlos. *Questões prejudiciais e coisa julgada*. Borsoi, 1967.

Barbosa Moreira, José Carlos. Aspectos do 'usufruto de imóvel ou de empresa' no processo de execução. *In REPRO*, São Paulo, R.T., n. 26, ano 7, abr-jun/82.

Barbosa Moreira, José Carlos. *Litisconsórcio unitário*. Rio de Janeiro: Editora Forense, 1972.

Barbosa Moreira, José Carlos. *O novo processo civil brasileiro*. 6. ed., Rio de Janeiro: Forense, 1984.

Barbosa Moreira. José Carlos. *Comentários ao código de processo civil*. Rio de Janeiro, 1978, Vol. V.

Barbosa Moreira. José Carlos. *Comentários ao código de processo civil*. 2ª ed. Rio de Janeiro: Forense, 1976.

Barby, Celso Agrícola. *Comentários ao código de processo civil*. 10ª ed. Vol.1. Rio de Janeiro: Forense,

Bedaque, José Roberto dos Santos. *Poderes instrutórios do juiz*. São Paulo, RT, 1994,

Bellavista, Girolamo. *Lezioni di diritto processuale penale*. 4. ed. Milano: Dott. A. Giuffrè Editore, 1973.

Beristain, Antonio. Nuevo proceso penal desde las víctimas. *In Direito Criminal*. coord. José Enrique Pierangeli. Belo Horizonte: Del Rey, 2001.

Berti, Giorgio. *Interpretazione costituzionale*. Quarta edizione. Milano: CEDAM, 2001.

Betti, Emilio. *Diritto processuale civile italiano*. IIª edizione. Roma: Società Editrice del 'Foro Italiano', 1936.

BETTI, Emilio. *Teoria general del negocio jurídico*. Trad. A. Martin Peres.2ª ed. Madrid: Editorial Revista de Derecho Privado, 1959.

BETTIOL, Giuseppe. *Istituzioni di diritto e procedura penale*. Padova: CEDAM – Casa Editrice Dott. Antonio Milani, 1966,

BEVILÁQUA, Clóvis, *Código civil dos estados unidos do brasil*. Vol. V. Tomo 2. São Paulo: Livraria Francisco Alves, 1919.

BEVILAQUA, Clóvis. *Código civil dos estados unidos do Brasil comentado*. 6ª ed., Vol. I, Rio de Janeiro: Livraria Francisco Alves, 1940.

BEVILAQUA, Clóvis. *Código civil dos estados unidos do Brasil comentado*. 6ª ed., Vol. III. Rio de Janeiro: Livraria Francisco Alves, 1942.

BEVILÁQUA, Clóvis. *Código civil dos estados unidos do brasil*. 4ª Tiragem. Comentário ao art. 136. Edição Histórica. Rio de Janeiro: 1979.

BEVILÁQUA. Clovis. *Direito da successões*. 2ª Ed., Rio de Janeiro: Livraria Editora Freitas Bastos, 1932.

BINDER, Alberto. Importância y limites del periodismo judicial. *In Justicia penal y estado de derecho*. Buenos Aires: Ad-Hoc, 1993.

BLECKMANN, A. *Allgemeine Grundrechtslehere*, Munique, 1979.

BONATO, Gilson. *Devido processo legal e garantias processuais penais*. Rio de Janeiro: Lumen Juris, 2003.

BONNECASE, Julien. *Supplément au traité théorique et pratique de droit civil, par Baudry--Lacantinerie*. Paris: Recueil Sirey, 1926. Tomo III.

BORGES, Paulo Torminn. *Ação de demarcação de terras. In Digesto de processo civil*. Vol. 1.

BORRÈ, Giuseppe. *Esecuzione forzata degli obblighi di fare e di non fare*. Napoli: Jovene, 1996.

BÜLOW, Oscar. *La teoria de las excepciones procesales y los presupuestos procesales*. Trad. Miguel Angel Rosas Lichtschein. Buenos Aires: Ediciones Jurídicas Europa--América, 1964.

BURGER, Warren E. Constituição norte-americana. Conferência pronunciada perante a ABA (American Bar Association), publicada *in Revista de Direito Público*, São Paulo, Ed. Revista dos Tribunais, n. 80 – out./dez de 1986.

BUSAID, Alfredo. Da responsabilidade do juiz. *IN Revista de Processo*, n. 9, janeiro--março, 1978, São Paulo, R.T.

BUZAID, Alfredo. *Do agravo de petição no sistema do código de processo civil*. Segunda Edição. São Paulo: Saraiva, 1956.

BUZAID, Alfredo. *Estudos e pareceres de direito processo civil*. São Paulo: Editora Revista dos Tribunais, 2002.

CABIALE, José Antonio Díaz. *Principios de aportación de parte y acusatorio: la imparcialidad del juez*. Granada: Editorial Comares, 1996.

CABRAL, Antonio de Passo. Despolarização do processo e 'zonas de interesse': sobre a migração entre polos da demanda', *in* http://www4.jfrj.jus.br/seer/index.php/revista_sjrj/article/viewFile/25/24.

CAHALI, Yussef Said. *Dos alimentos.* 4ª ed. São Paulo: Editora Revista dos Tribunais, 2002.

CAHALI, Yussef Said. *Fraudes conra credores.* 5ª ed. São Paulo: Revista dos Tribunais, 2013.

CAHALI, Yussef Said. *Fraudes contra credores.* São Paulo: Ed. Revista dos Tribunais, 1989.

CALAMANDREI, Piero. *Instituciones de derecho procesal civil.* Vol. I. Trad. Santiago Sentis Melendo. Buenos Aires: Ediciones Juridicas – Europa-America, 1973.

CALAMANDREI, Piero. *Introdução ao estudo sistemático dos procedimentos cautelares.* Trad. Carla Roberta Andreasi Bassi (traduzido da edição italiana de 1936). Campinas: Servanda, 2000.

CALMON DE PASSOS José Joaquim. *Comentários ao código de processo civil.* 6ª ed., Vol. III (arts. 270 a 331). Rio de Janeiro: Editora Forense, 1989.

CALMON DE PASSOS, J. J. Democracia, participação e processo. *In:* GRINOVER, Ada Pellegrini; DINAMARCO, Cândido Rangel; WATANABE, Kazuo (Coord.). *Participação e processo.* São Paulo: Editora R.T., 1988.

CALMON DE PASSOS, José Joaquim de. *A nulidade no processo civil.* 2ª ed. III v. Rio de Janeiro: Forense, 1977.

CALMON DE PASSOS. José Joaquim de. *Direito, Poder Justiça e Processo.* Rio de Janeiro: Forense, 2000.

CALMON DE PASSOS. José Joaquim. *Comentários ao código de processo civil.* Vol. III, arts. 270 a 331. Rio de Janeiro: Editora Forense, 1989.

CALMON, Petrônio. *Fundamentos da mediadação e da conciliação.* Rio de Janeiro: Forense, 2007.

CÂMARA LEAL, Antônio Luiz. *Comentários ao código de processo civil.* 3ª ed., Vol. 5. Rio de Janeiro: Forense, 1979.

CÂMARA, Alexandre Freitas. *Lições de direito processual civil.* 6ª ed. Vol. 1. Rio de Janeiro: Ed. Lúmen Júris, 2001.

CÂMARA, Alexandre. *Lições de direito processual civil.* 17ª ed. Rio de Janeiro: Editora Lúmen Júris, 2009.

CAMBI, Eduardo; NALIN, Paulo. O controle da boa-fé contratual por meio de recurso de estrito sentido. *IN: Aspectos polêmicos e atuais dos recursos cíveis e de outros meios de impugnação às decisões judiciais.* Teresa Wambier e Nelson Nery Jr. (coord.). São Paulo: Editora Revista dos Tribunais, 2003. CAMPESTRINI, H. *Como redigir ementas.* São Paulo: Saraiva, 1994.

CÂNDIDO RANGEL DINAMARCO, A reclamação no processo civil brasileiro, *in* Nelson Nery Junior e Teresa Arruda Alvim Wambier. *Aspectos polêmicos e atuais dos recursos cíveis e de outros meios de impugnação às decisões judiciais*. São Paulo: Editora Revista dos Tribunais, 2002. V. 6.

CANOTILHO, José Joaquim Gomes. *Direito constitucional e teoria da constituição.* 6. ed. Lisboa: Almedina, 2002.

CANOTILHO, José Joaquim Gomes. *Estudos sobre direitos fundamentais*. Coimbra: Coimbra Editora, 2004.

CAPPELLETTI, Mauro. *Proceso, ideologias, sociedad.* Trad. Sentis Melendo y Tomás A. Banzhaf. Buenos Aires: Ediciones Jurídicas Europa-America, 1974.

CAPPELLETTI, Mauro; BRYANT Garth. *Acesso à justiça.* Trad. Ellen Gracie Northfleet. Porto Alegre: Sergio Antonio Fabris Editor, 1988.

CARNEIRO, Athos Gusmão. Denunciação da lide e chamamento ao processo. AJURIS, n. 21.

CARNEIRO, Athos Gusmão. *Intervenção de terceiros.* 8ª ed. São Paulo: Saraiva, 1999.

CARNEIRO, Athos Gusmão. Poderes do relator e agravo interno – *Revista de Processo.* São Paulo, Revista dos Tribunais, 2000, n. 100.

CARNEIRO, Athos Gusmão. Requisitos específicos de admissibilidade de recurso especial. *In: Aspectos polêmicos e atuais dos recursos cíveis de acordo com a Lei 9.756/98.* São Paulo: Revista dos Tribunais, 1999.

CARNELLI, Lorenzo. *O fato notório.* Trad. Erico Maciel. Rio de Janeiro: José Konfino, 1957.

CARNELUTTI, Fancesco. *La prueba civil.* Trad. Niceto Alcalá-Zamora Y Castillo. Buenos Aires, Ediciones Arayú, 1955.

CARNELUTTI, Francesco La publicidad del proceso penal, *in: Cuestiones sobre el proceso penal,* Trad. Sentis Melendo, Buenos Aires, 1961.

CARNELUTTI, Francesco. *Lecciones sobre el proceso penal.* Trad. Santiago Sentís Melendo. Buenos Aires: Bosch Y Cía Editores, 1950.

CARNELUTTI, Francesco. *Instituições de processo civil.* Trad. Adrián Sotero De Witt Batista. Vol. I. Campinas: Servanda, 1999.

CARNELUTTI, Francesco. *La prueba civil.* Trad. para o español: Niceto Alcalá-Zamora Y Castillo. Buenos Aires: Ediciones Arayú. 1947.

CARNELUTTI, Francesco. *Lezioni di diritto processuale civile.* Volume Terzo. Parte Seconda. Padova: CEDAM, 1922.

CARNELUTTI, Francesco. *Sistema de direito processual civil* Trad. Hiltomar Martins Oliveira. Vol. II. São Paulo: Classic. Book, 2000.

CARNELUTTI, Francesco. Sistema de direito processual civil. Trad. Hiltomar Martins Oliveira. v. IV. São Paulo: Classic Book, 2000.

Carnelutti, Francesco. *Sistema de direito processual civil.* Trad. Hiltomar Martins de Oliveira, Vol. III. São Paulo: Classic Book, 2000.

Carnelutti, Francesco. *Sistema de direito processual.* Trad. Hiltomar Martins Oliveira. Vol. I. São Paulo: Classic Book, 2000.

Carnenelutti, Francesco. *Diritto e proceso.* Napoli: Morano Editore, 1958.

Carvalho de Mendonça, J.X., *Tratado de direito comercial brasileiro,* 5ª ed., Rio de Janeiro: Freitas Bastos, 1953, v. 3, Livro 2

Carvalho de Mendonça, José Xavier. *Tratado de direito comercial brasileiro.* 5ª Ed. Vol. VI. Rio de Janeiro: Livraria Freitas Bastos, 1955.

Carvalho Santos, J. M. *Código civil brasileiro interpretado.* Parte Geral. Vol. XI. 7ª Ed., Rio de Janeiro: Freitas Bastos, 1956.

Carvalho Santos, J. M. *Código civil brasileiro interpretado.* Vol. XXIII. 6ª ed., Livraria Freitas Bastos S.A., 1958.

Carvalho Santos, J. M., *Código civil interpretado.* 7. ed. Vol. III. Rio de Janeiro: Livraria Freitas Bastos S/A, 1958.

Carvalho Santos, J. M., *Código de processo civil interpretado* (artigos 263 a 353). Vol. IV. 3. Ed., Rio de Janeiro: Livraria Editora Freitas Bastos, 1946.

Carvalho Santos, J. M.. *Código civil brasileiro interpretado.* 7. ed. Art. 928 a 971. V. XII. São Paulo: Livraria Freitas Bastos, 1958.

Carvalho Santos, J. M.. *Código civil interpretado.* Parte Geral. Volume XI. 7ª ed., Rio de Janeiro: Livraria Freitas Bastos S.A., 1956.

Carvalho Santos. J. J. de. *Código civil brasileiro interpretado.* Direto das Coisas. 7ª ed. Vol. XIX, São Paulo: Livraria Freitas Bastos, 1958.

Carvalho Santos. J. M. *Código de processo civil interpretado.* (art. 180 a 262). Vol. III, 3ª ed., São Paulo: Libraría Editora Freitas Bastos, 1946.

Castro Filho, José Olympio. *Comentários ao código de processo civil.* X Vol. (art. 1.103 a 1.220). Rio de Janeiro: Forense, 1988.

Castro, Amílcar Augusto. *Comentários ao código de processo civil.* Vol. VIII. Rio de Janeiro: Forense, 1973.

Celso Neves. Divagações sobre a ação de prestação de contas. *Revista dos Tribunais,* São Paulo.

Chiarloni, Sergio. Giusto processo, garanzie processuali, giustizia della decisione. In. *Rivista Trimestrale di Diritto e Procedura Civile,* Milano, Ed. Giuffrè, Marzo 2008, Anno LXII.

Chiavario, Mario. *Processo e garanzie della persona – le garanzie fondamentali.* 3.ed. v. II. Milano: Dott. A. Giuffrè Editore, 1984

Chiavario, Mario. Garanzie individuali ed efficienza del processo. Il giusto processo. Associazione tra gli studiosi del processo penal, n. 8. Milano: giuffrè, 1998.

CHIOVENDA, G., *Instituições de direito processual civil.* Trad. J. Guimarães Menegale. Vol. 1. São Paulo: Ed. Saraiva, 1965.

CHIOVENDA, Giuseppe. *Instituições de direito processual civil.* Trad. Alfredo Buzaid. 2º Ed. Vol. III, São Paulo: Edição Saraiva, 1965.

CHIOVENDA, Giuseppe. *Instituições de direito processual civil.* Trd. Alfredo Buzaid. II. Vol. São Paulo: Edição Saraiva, 1965.

CINTRA, Antonio Carlos de Araújo; GRINOVER, Ada Pellegrini; DINAMARCO, Cândido R. *Teoria Geral do Processo.* 15 ed. São Paulo: Ed. Malheiros, 1999.

CIRIGLIANO, Raphael. *Prova civil – legislação – doutrina – jurisprudência.* Rio de Janeiro: Forense, 1930.

COELHO, Fábio Ulhoa. *Curso de direito comercial.* 5. ed. São Paulo: Saraiva, 2002.

COELHO. Fábio Ulhoa. *Manual de direito comercial.* 14ª ed. São Paulo: Saraiva, 2003.

COMOGLIO, Luigi Paolo. *La garanzia costituzionale dell'azione ed il processo civile.* Padova: CEDAM,1970.

COMOGLIO, Luigi Paolo; CORRADO, Ferri; TARUFFO, Michele. *Lezioni sul processo civile – il processo ordinário di cognizione.* Bologna: Il Mulino, 2006.

COOLEY, Thomas M. *Princípios gerais de direito constitucional nos estados unidos da América.* Traduzido e anotado por Ricardo Rodrigues Gama. Campinas: Russell, 2002.

CORDEIRO, António Manuel da Rocha e Menezes. *Da boa fé no direito civil.* Vol. II. Coimbra: Livraria Almedina, 1984.

COSTA MACHADO, Antônio Cláudio da. *Tutela antecipada.* 3. Ed., revista. São Paulo: Editora Juarez de Oliveira, 1999.

COSTA MACHADO, Antônio Cláudio da. *A intervenção do ministério público no processo civil brasileiro.* São Paulo: Ed. Saraiva, 1989.

COUTO E SILVA, Clóvis V. do. *A obrigação como processo.* 4ª ed. Rio de Janeiro: FGV, 2010.

COUTO E SILVA, Clóvis. *Comentários ao código de processo civil.* Tomo I, Vol. XI. São Paulo: Editora Revista dos Tribunais, 1977.

COUTURE, Eduardo J. *Fundamentos del derecho procesal civil.* 4ª ed. Buenos Aires: IBdeF, 2009.

COUTURE, Eduardo J. *Introdução ao estudo do processo civil.* 3 Ed. Rio de Janeiro: Editor José Konfino, s/d.

COUTURE, Eduardo J., *Fundamentos do direito processual civil.* Trad. Rubens Gomes de Sousa. São Paulo: Ed. Saraiva, 1946.

CRUZ E TUCCI, José Rogério. Do relacionamento juiz-advogado como motivo de suspeição. In Revista dos Tribunais, São Paulo, Ano 87, v. 756, outubro de 1998.

Cruz e Tucci, José Rogério. *A causa petendi no processo civil*. 2. Ed. Coleção Estudos de Direito de Processo Enrico Tullio Liebman, vol. 27. São Paulo: Ed. Revista dos Tribunais, 2001.

Cruz, Alcides. *Demarcação e divisão de terras*. Porto Alegre: Ed. Ajuris. 1979.

Cruz, Rogério Schietti Machado. *Garantias processuais nos recursos criminais*. São Paulo: Atlas, 2002.

Cunha de Sá, Fernando Augusto. *Abuso de direito*. Coimbra: Almedina, 1997.

Cunha Gonçalves, Luiz da. *Tratado de direito civil*. 2ªed. Vol. I. Tomo I. São Paulo: Max Limonad, 1955.

Cura, António Alberto Vieira. *Curso de organização judiciária*. Coimbra: Coimbra Editora, 2011.

Dantas, Marcelo Navarro Ribeiro. *Reclamação constitucional no direito brasileiro*. Porto Alegre: Sérgio Fabris, 2000.

De Paolis, Maurizio. *Eccessiva durata del processo: risarcimento del dano*. II ed. Republica de San Marino, 2012.

De Plácido e Silva, *Vocabulário jurídico*. 24ª cd. Rio de Janeiro: Forense, 2004.

Denti, Vittorio: Il ruolo del giudice nel processo civile tra vecchio e nuovo garantismo. In *Rivista Trimestrale di Diritto e Procedura Civile*, Milano, Dott. A. Giuffrè Editore, Ano XXXVIII, n. 3, (726-739), settembro-1984.

Di Chiaria, Giuseppe. Televisione e dibattimento penale – Esperienze e problemi della pubblicità mediata 'tecnologia' in Italia. In: Barbero Santos, Marino; Díaz-Santos, Maria Rosario (coord.). *Criminalidad, medios de comunicación y proceso penal*. Salamanca: Universidad Salamanca, 1998.

Di Pietro, Maria Sylvia Zanella. *Direito administrativo*. 20ªed. São Paulo: Ed. Atlas, 2007.

Dias, Maria Berenice. *Manual de direito das famílias*. 4ª ed. rev. atual. e ampl. São Paulo: Editora Revista dos Tribunais, 2007.

Dias, Maria Berenice. *Manual de Direito das Famílias*. 4º ed. São Paulo, Editora Revista dos Tribunais, 2007.

Didier JR, Fredie. *Curso de direito processual civil*. Teoria geral do processo e processo de conhecimento. Vol. I. Salvador: Edições PODIVM, 2007.

Didier JR, Fredie. *Curso de direito processual civil*: Teoria geral do processo e processo de conhecimento. 6. ed. Salvador: JusPodivm, 2006.

Didier JR. Fredie; Cunha, Leonardo José Carneiro. *Curso de direito processual civil* – meios de impugnação às decisões judiciais e processo nos tribunais. Vol. 3. Salvador: Edições PODIVM, 2007.

Didier JR., Fredie. *Curso de direito processual civil – teoria geral do processo e processo de conhecimento*. Vol. 1. Salvador: Edições PODIVM, 2007.

DIDIER JÚNIOR, Fredie, *et al. Curso de direito processual civil*: teoria geral do processo e processo de conhecimento. 10ª ed., Salvador: Juspodivm, 2008. v. 1.

DINAMARCO, Cândido Rangel, *Instituição de Direito Processual Civil.* V. III, 4. ed. São Paulo: Malheiros, 2004,

DINAMARCO, Cândido Rangel. *Fundamentos do processo civil moderno.* São Paulo: Ed. Revista dos Tribunais, 1986.

DINAMARCO, Cândido Rangel. *A instrumentalidade do processo.* São Paulo: Ed. Revista dos Tribunais, 1987.

DINAMARCO, Cândido Rangel. *A Reforma do Código de Processo Civil.* São Paulo: Malheiros, 1995.

DINAMARCO, Cândido Rangel. *Capítulos da sentença.* 4ª ed. São Paulo: Malheiros, 2009.

DINAMARCO, Cândido Rangel. *Coisa julgada inconstitucional.* Coord. Rio de Janeiro: América Jurídica, 2002.

DINAMARCO, Cândido Rangel. *Execução civil.* 3ª Ed., São Paulo: Malheiros, 1993.

DINAMARCO, Cândido Rangel. *Instituições de direito processual civil.* Vol. III. São Paulo: Malheiros, 2001.

DINAMARCO, Cândido Rangel. *Intervenção de terceiros.* São Paulo: Malheiros, 2000.

DINAMARCO, Cândido Rangel. *Litisconsórcio.* 2. Ed., São Paulo: Ed. Revista dos Tribunais, 1986.

DINAMARCO, Cândido Rangel. *Nova era do processo civil.* São Paulo: Malheiros, 2003.

DINAMARCO, Cândido Rangel. O ônus de contestar e o efeito da revelia. *RePro,* n. 41, São Paulo, jan.-mar,1986,

DINAMARCO. Cândido Rangel. *Instituições de direito processual civil.* Vol. I. São Paulo: Ed. Malheiros, 2001.

DINAMARCO. Cândido Rangel. *Instituições de direito processual civil.* Vol. II. São Paulo: Malheiros, 2001.

DINIZ, Maria Helena. *As lacunas no direito.* 2ª ed., São Paulo: Editora Saraiva, 1989.

DINIZ, Maria Helena. *Lei de introdução ao código civil brasileiro interpretada.* 14ª Ed. São Paulo: Ed. Saraiva, 2009.

DOMINGOS DE ANDRADE, Manual A. *Teoria geral da relação jurídica*. Vol. I. Coimbra: Almedina, 1992.

DONALD R. Songer and Reginald S. Sheehan. "Interest Group Success in the Courts: Amicus participation in the Supreme Court." Vol. 46 (June 1993) Political Research Quarterly.

DWORKIN, Ronald. *Levando os direitos a sério.* São Paulo: Martins Fontes, 2002.

ENNECCERUS, Ludwig; KIPP, Theodor; WOLFF, Martin. *Tratado de Derecho Civil. Tradução da 39ª Edição Alamã por Blas Pérez González e José Alguer.*, 2 ed. Primeiro Tomo. Parte Geral. Barcelona: Bosch, Casa Editorial, 1953.

ENNECCERUS, Ludwig; KIPP, Theodor; WOLFF, Martin. *Tratado de derecho civil.* Primer Tomo. Parte General. II. 2ª ed. Barcelona: Casa Editorial Bosch, 1950.

ENNECCERUS, Ludwig; KIPP, Theodor; WOLFF, Martín. *Tratado de derecho civil.* Segundo Tomo. Derecho de obligaciones. Vol. I. Barcelona: BOSCH, 1947.

ESSER, Josef. *Principio y norma en la elaboración jurisprudencial del derecho privado.* Barcelona: Casa Editorial Bosch, 1961.

FABRÍCIO, Adroaldo Furtado. *Comentários ao código de processo civil.* Vol. VIII, tomo III (art. 890 a 945), Rio de Janeiro: Forense, 2002.

FADEL, Sérgio Sahione *Código de processo civil comentado.* Tomo IV. Rio de Janeiro: J. Kofino, 1974. BORGES, Marcos Afonso. *Comentários ao código de processo civil.* Vol. III. São Paulo: 1976.

FADEL, Sérgio Sahione. *Código de processo civil comentado.* Vol. 2. 4ª ed. Rio de Janeiro: Forense, 1981.

FADEL, Sergio Sahione. *Código de processo civil comentado.* Vol. II. 8ª ed. Rio de Janeiro: Forense, 2010.

FARAGO, Francc. *A justiça.* Trad. Maria Jose Pontieri. Barueri: Editora Manole, 2004.

FARIAS, Edison Pereira. *Colisão de direito – a honra, a intimidade, a vida privada e a imagem versus a liberdade de expressão e informação.* Porto Alegre: Sergio Antonio Fabris, 1996.

FAZZALARI, Elio. *Instituições de direito processual.* Trad. Elaine Nassif. Campinas: Bookseller, 2006.

FAZZALARI, Elio. *Instituições de direito processual civil.* Trad. Elaine Nassif. Campinas: Bookseller, 2006.

FAZZALARI, Elio. *Instituzioni di diritto processuale.* Seconda Edizione. Padova: CEDAM, 1979.

FAZZALARI, Elio. La imparzialità del giudice. In *Rivista di Dirito Processuale*, Padova, Edizioni Cedam, n. 2, 1972.

FAZZALARI, Elio. *Lezioni di diritto processaule: processo ordinário di cognizione.* Padova: Cedam, 1985.

FERNANDES, Antonio Scarance. *Processo penal constitucional.* São Paulo: Revista dos Tribunais, 1999.

FERRAJOLI, Luigi. *Direito e razão – teoria do garantismo penal.* Trad. Ana

FERRAZ JÚNIOR, Tércio Sampaio. Judiciário frente à divisão dos poderes: um princípio em decadência? In *Revista da Universidade de São Paulo*, **São** Paulo: Coordenação de Comunicação Social da USP, n. 21, mar./mai. 1994,

FERRAZ JÚNIOR. Tercio Sampaio. *Constituição de 1988: legitimidade, vigência e eficácia, supremacia.* São Paulo: Atlas, 1989.

FERREIRA, Waldemar. *Tratado de direito comercial.* 3º Vol. (O estatuto da sociedade de pessoas). São Paulo: Edição Saraiva, 1961.

FIGUEIREDO CRUZ, Luana Pedrosa. Reclamação constitucional para garantia de autoridade de decisão do STJ e violação dos deveres das partes. Org: MEDINA, José Miguel Garcia; FIGUEIREDO CRUZ, Luana Pedrosa; SEQUEIRA DE CERQUEIRA, Luiz Otávio; GOMES JUNIOR, Luiz Manoel. *Os poderes do juiz e o controle das decisões judiciais.* – estudos em homenagem à Professora Teresa Arruda Alvim Wambier. Ed. Revista dos Tribunais, 2008.

FIGUEIREDO DIAS, Jorge. *Direito processual penal.* Primeiro Volume. Coimbra: Coimbra Editora, Ltda., 1974.

FILHO MONTENEGRO, Misael. *Curso de direito processual civil.* Teoria geral dos recursos, recursos em espécies, processo de execução. 5ª ed., São Paulo: Editora Atlas, 2009.

FIQUEIREDO, Lúcia Vale. *Curso de direito administrativo.* 5ª ed., São Paulo: Malheiros.

FONSECA, Isabel Celeste. *A urgência na reforma do processo administrativo In:*http://rca.meticube.com/_RCA/Documents/doc13.rtf

FRAGA, Affonso. *Theoria e prática na divisão e demarcação das terras particulares.* 4ª ed., 1936.

FRANÇA, Rubens Limongi, *Manual de direito civil.* 3. ed. Vol. 1. São Paulo: Ed. Revista dos Tribunais. BEVILÁQUA, Clóvis. *Código civil dos estados unidos do Brasil comentado.* 6ª Ed. Vol. 1. São Paulo: Livraria Francisco Alves, 1940.

FRANCOS, María Victoria Berzosa (Prólogo), in Joan Picó I Junoy, La imparcialidad judicial y sus garantías: la abstención y recusación. Barcelona: J. M. Bosch Editor, 1998.

FREITAS, Lebre, *apud* GERALDES, António Santos Abrantes. *Temas da reforma do processo civil* – princípios fundamentais – fase inicial do processo declarativo. Coimbra: Almedina, 1997.

GAGLIANO, Pablo Stolze; PAMPLONA FILHO, Rodolfo. *Novo curso de direito civil* – parte geral. São Paulo: Editora Saraiva, 2008.

GARCÍA DE ENTERRÍA, Eduardo; FERNANDEZ, Tomás Ramon. *Curso de direito administrativo.* Tradução Arnaldo Setti, São Paulo: RT, 1991.

GERALDES, António Santos Abrantes. *Termas da reforma do processo civi – princípios fundamentais – fase inicial do processo declarativo.* Coimbra: Almedina, 1997.

GIANESINI, Rita. *Da revelia no processo civil brasileiro.* São Paulo: Ed. Revista dos Tribunais, 1977. FERREIRA, Aurélio Buarque de Holanda. *Novo dicionário da língua portuguesa.* 2. ed. rev. e aum. 29ª impressão. Rio de Janeiro: Ed. Nova Fronteira, 1986.

GIARETA, Gerci. Teoria da despersonalização da pessoa jurídica ('disregard doctrine'). *In: Revista dos Juízes do Rio Grande do Sul – AJURIS*, n. 44, novembro, 1988.

GIORGETTI, Alessandro; VALLEFUOCO, Valério. *Il contenzioso di massa in itália, in Europa e nel mondo.* Profili di comparazione in tema di azioni di classe ed azioni di gruppo. Milano: Giuffrè Editore, 2008.

GIOSTRA, Glauco. *Processo penale e informação*. 2ª ed. Milano: Giuffrè, 1989.

GIUSEPPE, Chiovenda. *Instituições de direito processual civil*. Trad. J. Guimarães Menegale. Vol I. São Paulo: Edição Saraiva, 1965.

GODOY, Arnaldo Sampaio de Moraes. *Direito nos estados unidos. Obra inédita.*

GOLDSCHMIDT, James. *Derecho procesal civil*. Trad. Leonardo Prieto Castro. Barcelona: Editorial Labor S.A., 1936.

GOMES, Orlando. *Obrigações*. 17ª ed. Rio de Janeiro: Forense, 2007.

GOMES, Sergio Alves. *Hermenêutica jurídica e constituição no estado de direito democrático*. Rio de Janeiro: Forense, 2001.

GONÇALVES, Fernando; ALVES, Manuel João. *Os tribunais, as polícias e o cidadão* – o processo penal prático. 2. ed. revista e actualizada. Coimbra: Almedida, 2002.

GONZÁLEZ MONTES, J. L. Instituiciones de derecho procesal. 3. ed. Tomo I. Madrid: Tecnos, 1993.

GRINOVER, Ada Pellegrini, org. *Código de defesa do consumidor*. 6. Ed., Rio de Janeiro: Forense Universitária, 1999.

GRINOVER, Ada Pellegrini. *Novas tendências do direito processual* – de acordo com a constituição de 1988. 2. ed. São Paulo: Ed. Forense Universitária Ltda, 1990.

GRINOVER, Ada Pellegrini. A tutela jurisdicional dos interesses difusos. *In Revista Geral do Estado*, vol. 12. São Paulo, 1978.

GRINOVER, Ada Pellegrini. *As garantias constitucionais do direito de ação*. São Paulo: Revista dos Tribunais, 1973.

GRINOVER, Ada Pellegrini. O princípio do juiz natural e sua dupla garantia. In *Revista de Processo*, São Paulo, Ed. Revista dos Tribunais, n. 29, Ano 8, jan./mar.

GRINOVER, Ada Pellegrini; GOMES FILHO, Antônio Magalhães; FERNANDES, Antonio Scarance. *Recursos no processo penal*. 5ª ed. São Paulo: Editora Revista dos Tribunais, 2005.

GRONDONA, Mariano, *Los pensadores de la liberdad – de John Locke a Robert Nozick*. 6. ed. Sudamericana, 1992,

GROSSMANN-TANEHAUS, *Frontiers of judicial research*, Nova York, 1969,

GUASP, Jaime; ARAGONESES, Pedro. *Derecho procesal civil*. Tomo I. Introducción y parte general. 7ª ed. Navarra: Thomson Civitas, 2005.

GUASP, Jaime; ARAGONESES, Pedro. *Derecho procesal civil*. Tomo II – Parte Especial: procesos declarativos y de ejecución. 7ª ed. Navarra: Editorial Aranzia, 2006.

GUERRA, Marcelo Lima. Condições da ação e mérito no processo cautelar. *in Revista de Processo*, São Paulo, R.T., n.78, p.191/203. Abril-junho, 1995.

GUERRA, Marcelo Lima. *Execução forçada:* controle de admissibilidade. São Paulo: Ed. Revista dos Tribunais, 1995.

GUSDORF, Georges. Pasado, presente y futuro de la investigacion interdisciplinaria. *In Interdisciplinariedad y ciencias humanas. Madrid*: Editorial Tecnos, 1983.

HABERMAS, Jürgen. *Direito e democracia* – entre facticidade e validade. Trad. Flávio Beno Siebeneichler. v. I. Rio de Janeiro: Tempo Brasileiro, 1997.

HANADA, Nelson. O possuidor esbulhado na posse e a legitimação de seu sucessor para a cão de reintegração de posse. *In. Revista de Processo*, São Paulo, R.T., n. 26.

HESSE, Konrad. *A força normativa da constituição*. Trad. Gilmar Ferreira Mendes. Porto Alegre, Sergio Antonio Fabris, 1991.

HOYOS, Arturo. *Justicia contencioso-administrativa y derechos humano*. Panamá: Instituto Panameño de Derecho Procesal, 1991.

JARDIM, Afrânio Silva. *Direito processual penal – de acordo com a constituição de 1988*. 4.ed. Rio de Janeiro: Forense, 1992.

KELSEN, Hans. *Teoria pura do direito*. 2ª ed. Coimbra: Armênio Amado: 1962, vol. 2.

LA CHINA. Norma giuridica (dir. Proc. Civ.), *In: Enciclopedia del diritto*, XXVIII, Milano, 1978.

LACERDA, Galeno. *Despacho Saneador*. Porto Alegre: Sergio Antonio Fabris Editor, n. 2, 1990.

LAKATOS, E., MARCONI, M. A.. *Fundamentos de metodologia científica*. São Paulo: Atlas, 1986.

LASSALLE, Ferdinand. *A essência da constituição*. 6. ed. Rio de Janeiro: Lúmen Júris, 2001.

LEGAZ Y LACAMBRA, Luis. *Humanismo, Estado e Direito*. Barcelona. Edit. Bosch, 1960, p. 7.

LEITE, Eduardo de Oliveira. *Direito civil aplicado* (direito de família). Vol. 5. São Paulo: Editora Revista dos Tribunais, 2004.

LESSA, Breno Munici. (03/2010) *A invalidade das provas digitais no processo judiciário* http://jus.uol.com.br/revista/texto/14555/a-invalidade-das-provas-digitais-no--processo-judiciario/print . Acesso em: 03/11/2010

LIBMANN, Enrico. *Manuale di diritto processuale civile – principi*. Sesta Edizione. Milano: Giuffrè Editore, 2002.

LIEBMAN, Enrico Tullio. *Embargos do executado*. Caminas: Bookseller, 2003.

LIEBMAN, Enrico Tullio. Fondamento del principio dispositivo. In: Rivista di diritto processuale. Padova, CEDAM – Casa Editrice Dott. Antonio Milani, Volume XV, Ano 1960.

LIEBMAN, Enrico Tullio. *Manual de direito processual civil*. Trad. Cândido R. Dinamarco. Rio de Janeiro: Forense, 1984.

LIEBMAN, Enrico Tullio. *Manuale di diritto processuale civile – principi*. Sesta edizione. Milano: Giuffrè Editore, 2002.

LIEBMAN, Enrico Tullio. *Manuale di diritto processuale civile*. Vol. II. Milano: Giuffrè Editores, 1984. PESSOA, Fábio Guidi Tabos. *In: Código de processo civil interpretado*. Coord. Antonio Carlos Marcato. São Paulo: Atlas, 2004.

Liebman, Enrico Túllio. *Processo de execução.* 5ª ed. São Paulo: Saraiva, 1986. n. 12.

Liebman. Enrico Tullio. *Eficacia e autoridade da sentença e outros escritos sobre a coisa julgada – com aditamento relativos ao direito brasileiro.* Trad. Alfredo Buzaid e Benvindo Aires. 2ª Ed. Rio de Janeiro: Forense, 1981.

Liebman. Enrico Tullio. *Manuale di diritto processuale civile.* Principi. 6ª Ed. Milano: Giuffrè Editore, 2002.

Lima, Alcides de Mendonça. *Comentários ao código de processo civil.* Vol. VI, Tomo I. Rio de Janeiro: Forense, 1979.

Lima, Alcides de Mendonça. *Comentários ao código de processo civil.* 3ª ed. Vol. VII. Tomo II (arts. 586 a 645). Rio de Janeiro: Forense, 1979.

Lima, João Franzen. Irretroatividade das leis. *In: Revista dos Tribunais,* São Paulo, Vol. 132.

Lincoln Caplan. *The Tenth Justice: The Solicitor General and the Rule of Law.* (New York: Alfred A. Kinopf, 1987).

Llambias. *Efecto de la nulidad y de la anulación de los actos jurídicos.* Buenos Aires: Arayú, 1953.

Lobo, Paulo Luiz Netto. *Código civil comentado,* XVI. Direito de Família. Relações de Parentesco. Direito Patrimonial. São Paulo: Atlas, 2003.

Loewenstein, Karl. *Teoria de la constitución.* Trad. Alfredo Gallego Anabitarte. Madrid: Ariel, 1970.

Lopes da Costa, Alfredo de Araújo, *Medidas preventivas.* 2ª ed. Belo Horizonte: Livraria Bernardo Álvares, 1958.

Lopes da Costa. Alfredo de Araújo. *Demarcação, divisão, tapumes.* 1963. n. 315.

Lopes, João Batista. *Ação declaratória.* 5ª ed. São Paulo: Editora Revista dos Tribunais, 2002.

Lopes, João Batista. O depoimento pessoal e o interrogatório livre no processo civil e estrangeiro. *Revista de Processo,* n. 13/86.

Lopes, João Batista. O depoimento pessoal e o interrogatório livre no processo civil e estrangeiro. *Revista de Processo,* n. 13/86.

Lopez Jiménez, Raquel. *La prueba en el juicio por jurados.* Valencia: Tirant lo Blanch, 2002.

López Ortega, Juan J. Información y justicia. *In: Justicias y Medios de Comunicación, Cuadernos de Derecho Judicial,* Madrid, XVI, 2006.

Lucon, Paulo Henrique dos Santos. *Eficácia das decisões e execução provisória.* São Paulo: Editora R.T., 2000.

Luiso, Francesco P. *Diritto processuale civile.* II. Il processo di cognizione. Terza edizione. Milano: Giuffrè Editore, 2000.

Luiso, Francisco Paolo. *L'execuzione 'ultra partes'.* Milano: Dott. A. Giuffrè Editore, 1984.

MACEDO. Regina Maria; FERRARI, Nery. *Normas constitucionais programáticas.* São Paulo: Revista dos Tribunais. 1994.

MAIER, Julio B. *La ordenanza procesal penal alemana – su comentario y comparación con los sistemas de enjuiciamiento penal argentinos.* Buenos Aires: Depalma, 1978.

MALATESTA. Nicola Framarino Dei. *A lógica das provas em matéria criminal.* Vol. II. Trad. Alexandre Augusto Correia. São Paulo: Edição Saraiva, 1960.

MANCUSO, Rodolfo de Camargo. *Recurso extraordinário e recurso especial.* 11ª edição. São Paulo: Editora Revista dos Tribunais, 2010.

MANDRIOLI, Crisante. *Diritto processuale civile.* I nozioni introduttive e disposizioni generali. 17ª ed., Torino: G. Giappichelli Editore, 2005.

MANDRIOLI, Crisanto. *Corso di diritto processuale civile.* II – Il processo di cognizione. 5ª ed. Torino: G. Giappichelli Editore, 2006.

MANDRIOLI, Crisanto. *Corso di diritto processuale civile.* III – L'execuzione forzata, I procedimento speciali, I processi del lavoro, locatizio e societário. III V. Quinta edizione. Torino: G. Giappichelli Editore, 2006.

MANDRIOLI, Crisanto. *Diritto processuale civile – nozioni introduttive e disposizioni generali.* Diciassettesima edizione. Torino: G. Giappichelli Editore, 2000.

MARCATO, Antonio Carlos. *Ação de consignação em pagamento.* 3ª ed. São Paulo: Editora Revista dos Tribunais, 1989.

MARCEL STORM ed., *Approximation of judiciary law in the European union.* Amsterdam: Kluwer, 1994.

MARINONI, Luiz Guilherme. *Tutela específica – arts. 461, CPC e 84, CDC.* 2ª ed. São Paulo: Editora R.T., 2001.

MARINONI, Luiz Guilherme; ARENHART, Sérgio Cruz. *Execução.* 4ª ed. São Paulo: Editora Revista dos Tribunais, 2012.

MARINONI, Luiz Guilherme; ARENHART, Sérgio Cruz. *Comentários ao código de processo civil.* 2. ed. Tomo 1. São Paulo: Ed. Revista dos Tribunais, 2005.

MARINONI, Luiz Guilherme; ARENHART, Sérgio Cruz. *Curso de Processo Civil – Execução.* Volume 3. São Paulo, Editora Revista dos Tribunais, 2007.

MARINONI, Luiz Guilherme; ARENHART, Sérgio Cruz. *Execução.* Vol. 3. 4º ed., São Paulo: Ed. R.T., MARINONI. Luiz Guilherme. *Tutela antecipatória, julgamento antecipado e execução imediata da sentença.* 2ª ed. São Paulo: Editora Revista dos Tribunais, 1998.

MARINONI. Luiz Guilherme. *A antecipação da tutela.* 7. Ed. São Paulo: Editora Malheiros, 2002.

MARQUES, José Frederico. *Instituições de direito processual civil.* Vol. V. Rio de Janeiro: Forense, 1960.

MARQUES, José Frederico. *Manual de direito processual civil.* 2ª ed. Campinas: Millennium, 2000, vol. 4.

MARQUES, José Frederico. *Manual de Direito Processual Civil.* 8ª Ed. Vol. II. São Paulo: Saraiva, 1985.

MARQUES, José Frederico. *Manual de direito processual civil.* Vol. III. 2ª parte. 9ªed. São Paulo: Saraiva, 1987.

MARTINS, Fran. *O cheque segundo a nova lei.* Rio de Janeiro: Forense, 1986.

MAZZILLI, Hugo Nigri. *O ministério público na constituição de 1988.* São Paulo: Saraiva, 1989.

MCLAUCHALAN, Judithanne Scourfield. *Congressional Participation as amicus curiae before the U.S. Supreme Court.* LFB Scholarly Publishing LLC, New York, 2005

MEADOR, Daniel John. *Os tribunais nos estados unidos.* Tradução de Ellen G. Northfleet. Brasília: Serviço de Divulgação e Relações Culturais dos Estados Unidos da América – USIS, 1996.

MEDINA, José Miguel Garcia. *Execução* – Processo civil moderno. N. 03. São Paulo: Editora Revista dos Tribunais, 2008.

MEDINA, José Miguel Garcia. *O prequestionamento nos recursos extraordinário e especial.* São Paulo: Ed. Revista dos Tribunais, 1998,

MEIRELLES, Hely Lopes. *Direito administrativo brasileiro.* 29ª ed. São Paulo: Malheiros, 2004.

MEIRELLES, Hely Lopes; WALD, Arnoldo; MENDES, Gilmar Ferreira. *Mandado de segurança e ações constitucionais.* 34ª ed. São Paulo: Editora Malheiros, 2012.

MELLADO, José Mª Asencio. *Derecho procesal civil.* Valencia: Tirant Lo Blanch, 2008.

MELLO, Celso D. de Albuquerque. *Curso de Direito Internacional Público.* 14 ed Rio de Janeiro: Renovar, 2002.

MELO RIBEIRO, Maria Teresa de. *O princípio da imparcialidade da administração pública.* Coimbra: Almedina, 1996.

MENDES, Gilmar Ferreira, BRANCO, Paulo Gustavo Gonet. *Curso de direito constitucional.* São Paulo: Editora Saraiva, 2012.

MENDES, Gilmar Ferreira. *Direitos fundamentais e controle de constitucionalidade.* 4ª ed. São Paulo: Saraiva, 2012.

MENDES, Gilmar Ferreira; BRANCO, Paulo Gustavo Gonet. *Curso de direito constitucional.* 7ª ed. São Paulo: Saraiva, 2012.

MENDES, Gilmar Ferreira; BRANCO, Paulo Gustavo Gonet. *Curso de direito constitucional.* 7ª ed. São Paulo: Saraiva, 2012.

MIAILLE, Michel. *Introdução crítica ao direito.* Trad. Ana Prata. Lisboa: Editorial Estampa, 1994.

MICHELI, Gian Antonio. Curso de derecho procesal civil, v. I. Buenos Aires: Ed. EJEA, 1970.

MILHOMENS, Jônatas. *Teoria e prática do despacho saneador.* Rio de Janeiro: Editora Forense, 1958. CARVALHO SANTOS, J. M., *Código de processo civil interpretado.* (artigos 263 a 353). Vol. IV. 3. Ed., Rio de Janeiro: Livraria Editora Freitas Bastos, 1946.

Mirabete, Julio Fabbrini. Processo penal. 16 ed. Rev. e atual. São Paulo: Atlas, 2004.

Miranda, Pontes de. *Comentários ao código de processo civil.* Vol. VIII, Rio de Janeiro: Forense, 2002.

Miranda, Pontes. *Comentário ao código de processo civil.* Tomo I: arts. 1º a 45. Rio de Janeiro: Forense, 1979.

Miranda, Pontes. *Comentários ao código de processo civil.* Tomo I (arts. 1-79). 2 ed., Rio de Janeiro: Ed. Forense, 1958.

Moniz de Aragão, E. D., *Comentários ao código de processo civil.* 6ª ed., Vol. II (arts. 154 a 269). Rio de Janeiro: Editora Forense, 1989.

Monteiro, João. *Curso de processo civil.* São Paulo: Ed. Cia. Industrial, 1900,

Monteleone, Girolamo. Intorno al conceitto di verità "materiale" o "oggettiva" nel proceso civile. In: Rivista di Diritto Processuale. CEDAM, 2009. Volume LXIV (II Serie), Anno 2009.

Monteleone, Girolamo. *Manuale di diritto processuale civile.* Vol. II. Quarta Edizione. Modena: CEDAM, 2007.

Monteleone. Girolamo. *Manuale di diritto processuale civile.* Vol. II. L'arbitrato – L'execuzione forzata – I procedimenti speciali. Quarta edizione. Padova: CEDAM.

Montenegro Filho, Misael. *Curso de direito processual civil.* Teoria Geral dos Recursos. Recursos em Espécie. Processo de Execução. 5ª ed. São Paulo: Editora Atlas,2009.

Montero Aroca, J. Princípios del proceso penal – una explicación basada en la razón. Valencia: Tirant lo Blanck, 1997.

Montesano, Luigi. *Lê tutela giurisdizionale dei diritti.* Bari: Cacucci, 1981.

Montovani, Ferrando. *Diritto Penale.* Padova: CEDAM, 1992.

Moraes e Barros, Hamilton de. *Comentários ao código de processo civil.* 2ª ed. Rio de Janeiro: Forense, 1988.

Moraes, Crislayne Maria Amaral Nogueira Cavalcante de Moraes. *Prova eletrônica: aspectos controvertidos.* http://www.jurisway.org.br/v2/dhall.asp?id_dh=5633. Acesso em 29/10/2011.

Moraes, Vânila Cardoso André de. Demandas repetitivas decorrentes de ações ou omissões da administração pública: hipóteses de soluções e a necessidade de um direito processual público fundamentado na Constituição. *Serie Monografia do CEJ.* N.14, Brasília, 2012.

Morato, Francisco. *Da prescrição nas ações divisórias.* 2ª ed. São Paulo, 1944.

Morato, Leonardo. *Reclamação* – e sua aplicação para o respeito da súmula vinculante. São Paulo: Editora Revista dos Tribunais, 2006.

MOREIRA ALVES, José Carlos. *Posse,* Vol. II, 1º Tomo. Estudo Dogmático. Rio de Janeiro: Forense, 1990.

MOREIRA ALVES, José Carlos. *Posse.* Vol. I Evolução História. Rio de Janeiro: Forense, 1985.

MOREIRA, Alberto Camiña. *Defesa sem embargo do executado.* São Paulo: Editora Saraiva, 2000. p. 9.

MOREIRA, José Carlos Barbosa. La igualdad de las partes em el proceso civil. *In. Revista de Processo*, São Paulo: Revista dos Tribunais, n. 44, ano 11, out./dez., 1986,

MOREIRA, José Carlos Barbosa. *Litisconsórcio unitário.* Rio de Janeiro: Ed. Forense, 1972.

MOREIRA, José Carlos Barbosa. A sentença mandamental. Da Alemanha ao Brasil, *RePro*, vo. 97,

MOREIRA, José Carlos Barbosa. *Comentários ao código de processo civil.* Vol. V. (arts. 476 a 565). Rio de Janeiro: Forense, 1976.

MOREIRA, José Carlos Barbosa. Cumprimento e execução de sentença: necessidade de esclarecimentos conceituais. *Temas de direito processual.* 9ª Série. São Paulo: Saraiva, 2007.

MOREIRA, José Carlos Barbosa. *O novo processo civil brasileiro.* 2. ed., vol. I, Rio de Janeiro: Forense, 1976.

MOREIRA, José Carlos Barbosa. *O novo processo civil brasileiro.* 6ª ed. Rio de Janeiro: Editora Forense, 1984.

MOREIRA. José Carlos Barbosa. Pode o juiz declarar de ofício a incompetência relativa?. *Temas de direito processual – Quinta Série.* São Paulo: Saraiva, 1994.

MORELI, Gaetano. *Derecho procesal civil internacional.* Trad. Santiago Sentis Melendo. Buenos Aires: Ediciones Jurídicas Europa-América, 1953.

MORELLO, Augusto. *El proceso justo.* Buenos Aires: Abeledo – Perrot, 1994.

MUÑOZ, Pedro Soares. Da intervenção de terceiros no novo código de processo civil. In *Estudos sobre o novo código de processo civil.* Vol. I.

NEGRÃO, Theotônio. *Código de processo civil e legislação processual em vigor.* 32. ed. São Paulo: Saraiva, 2001.

NEGRÃO, Theotônio; GOVÊA, José Roberto F.; BONDIOLI, Luis Guilherme A.; FONSECA, Francisco N. *Processo civil e legislação processual em vigor.* 44ª ed. São Paulo: Editora Saraiva, 2012.

NELUTTI, Francesco. *Sistema de direito processual civil.* Trad. Hiltomar Martins Oliveira. Vol. II. São Paulo: Classic Book, 2000.

NERY JR., Nelson. Ainda sobre o prequestionamento – embargos de declaração prequestionadores. *In: Aspectos polêmicos e atuais dos recursos cabíveis e de outras formas de impugnação às decisões judiciais.* Nelson Nery Jr. e Teresa Wambier (Coord.). São Paulo: Ed. Revista dos Tribunais, 2000.

NERY JR., Nelson.; NERY, Rosa. Apud. WAMBIER. Teresa Arruda Alvim. *Os agravos no CPC brasileiro.* 4ª ed. São Paulo: Ed. Revista dos Tribunais, 2005.

NERY JÚNIOR, Nelson. *Código de processo civil comentado e legislação processual civil extravagante em vigor.* 4ª ed., São Paulo: Ed. R.T.,

NERY JUNIOR, Nelson; ANDRADE NERY, Rosa Maria de. *Código de Processo civil comentado.* 10 ed. São Paulo: Revista dos Tribunais, 2007,

NERY JUNIOR, Nelson; ANDRADE NERY, Rosa Maria. *Código de processo civil comentado e legislação processual civil extravagante em vigor*. 3. ed. São Paulo: Ed. R.T.: 1997.

NERY JÚNIOR, Nelson; NERY, Rosa Maria Andrade. *Código de processo civil comentado.* 2ª ed. São Paulo: Editora Revistas dos Tribunais, 1996.

NERY JUNIOR, Nelson; NERY, Rosa Maria de Andrade. *Código de processo civil comentado e legislação extravagante.* 12ª ed. revista, atualizada e ampliada, São Paulo: Editora Revista dos Tribunais

NERY JUNIOR. Nelson. *Princípio do processo civil na constituição federal.* 5ª ed. São Paulo: Editora Revista dos Tribunais, 1999.

NEVES, Celso. *Coisa julgada civil.* São Paulo: Editora Revista dos Tribunais, 1971.

NEVES, Celso. *Comentários ao código de processo civil.* 2ª ed. Vol. VII. Rio de Janeiro: Forense, 1977. NEVES, Celso. *Comentários ao código de processo civil.* Rio de Janeiro: Forense, 1979.

NEVES, Marcelo. *A constituição simbólica.* São Paulo: Acadêmica, 1994.

NIETO, Alejandro. *El arbítrio judicial.* Editorial Ariel, 2004.

NINO, Carlos Santiago. *Introdución al análisis del derecho,* 10ª Ed. Barcelona: Editorial Ariel, 2001.

NUNES, Castro. *Da fazenda pública em juízo.* Rio de Janeiro: Freitas Bastos, 1950.

NUNES, Castro. *Teoria e prática do poder judiciário.* 1943,

OLIVEIRA NETO. Olavo. *Conexão por prejudicialidade.* São Paulo: Revista dos Tribunais, 1994.

OLIVEIRA, J. Lamartine Corrêa de. *A dupla crise da pessoa jurídica.* São Paulo: Saraiva, 1979.

OLIVEIRA, Paulo Rogério de; Aspectos da Tutela Inibitória. Jurisprudência do Superior Tribunal de Justiça. LEX: 230.

OLIVERIA. Yonne Dolácio. *A natureza jurídica das custas judiciais.* OAB-SP: Ed. Resenha Tributária, 1092.

ORTIZ, Maria Isabel Valldecabres. Imparcialidad del juez y médios de comunicación. Valencia: Tirant lo Blanch, 2004.

OTERO GONZÁLES, María del Pilar. *Protección del secreto sumarial y juicios paralelos.* Madrid: Editorial Centro de Estudios Ramón Areces, S.A., 1999.

PACE, Alessandro, *Problemática delle liberta constitucionale,* Padova, 1984.

PACHECO, José da Silva. *O mandado de segurança e outras ações constitucionais típicas*. 4. ed. São Paulo: Revista dos Tribunais, 2002.

PAOLOZZI, Giovanni. Giudice político e iudex suspectus. Rivista Italiana di Diritto e Procedura Penal, Milano: Dott. A. Giuffrè, 1973, Anno XVI.

PASTORE. Baldassare. *Giudizio, prova, ragion pratica*. Milano: Dott. A. Giuffrè, 1996.

PATTI, Salvatore. *Codice di procedura civile tedesco – Zivilprozessordnung* – Milano: Giuffrè Editore, 2010

PAULA BATISTA. *Compêndio da teoria e prática do processo civil e comercial*, Lisboa, 1910.

PENTEADO, Luciano de Camargo. *Direito das coisas*. São Paulo: Editora Revista dos Tribunais, 2008.

PEREIRA, Caio Mário da Silva. *Instituições de direito civil*. 2. vol. Rio de Janeiro: Forense, 2005.

PEREIRA, Caio Mário da Silva. *Instituições de direito civil*. Vol. 5. 13ª ed.

PEREIRA, Caio Mário da Silva. *Intituições de direito civil*. Volume IV. Rio de Janeiro: Forense, s/d.,

PEREIRA, Caio Mário. *Instituições de direito civil*. 5ª edição. I Vol., Rio de Janeiro: Editora Forense.

PEREIRA, Milton Luiz. Embargos de divergência contra decisão lavrada por relator. *In. Revista de Processo,* São Paulo, RT, 2001, n. 101.

PÉREZ, Ruiz. *Juez y sociedad*. Colombia: Editorial Temis, 1987.

PESSOA, Fábio Guidi Tabosa, Coord. Antônio Carlos Marcato. *Código de processo civil interpretado*. São Paulo: Atlas, 2004.

PICÓ I JUNOY, Joan. La imparcialidad judicial y sus garantías: la abstención y la recusación. Barcelona: J. M. Bosch, 1998.

PINTO, Nelson Luiz. O fundamento da pretensão processual como objeto da prescrição e da decadência. *In: Revista de Processo*, N. 34, Ano 9, abril-junho de 1984, São Paulo.

PIRES JÚNIOR, Paulo Abraão. O papel da cooperação jurídica internacional, In: *Manual de cooperação jurídica internacional e recuperação de ativos*. Ministério da Justiça Secretaria de Justiça – Departamento de Recuperação de Ativos e Cooperação Jurídica Internacional, Brasília, 2012, 2ª edição.

PIRES, Ruy. *In: Revista do Clube de Oficias da Marinha Mercante*. Bordo Livre – Nº 70 Setembro/Outubro 2005.

PISANI, Andrea Proto. *Lezioni di diritto processual civile*. Napoli: Casa Editrice Dott. Eugenio, 1999.

PISAPIA, Gian Domenico. *Copendio di procedura penal*. Padova: CEDAM – Casa Editrice Dott. Antonio Milani, 1975.

PLANIOL, Marcelo; RIPERT, Jorge. *Tratado practico de derecho civil.francês*. Trad. espanhola Mario Diaz Curz. Tomo X. Havana: Cultural S.A., 1946.

PONTE DE MIRANDA. *Comentário ao c.p.c de 1973.* Tomo VI. Rio de Janeiro: Forense, s/d.,

PONTES DE MIRANDA. *Comentário ao CPC DE 1973.* Tomo VIII. Rio de Janeiro: Forense, s/d.

PONTES DE MIRANDA. *Comentários ao código de 1939*, vol.XIV, pág., 20, n. 5. Idem, 1973, vol. X, PONTES DE MIRANDA, *Comentários ao código de processo civil de 1939.* Tomo III, 2ª Ed. Rio de Janeiro: Forense, 1958.

PONTES DE MIRANDA. *Comentários ao código de processo civil de 1973.* Vol. V. Rio de Janeiro: Forense, s/d.

PONTES DE MIRANDA. *Comentários ao código de processo civil.* Tomo XII (arts. 796 a 889). Rio de Janeiro: Forense, 1976.

PONTES DE MIRANDA. *Comentários ao código de processo civil.* Tomo X. Rio de Janeiro: Forense, 1976.

PONTES DE MIRANDA. Francisco Cavalcanti. *Tratado de direito privado:* parte geral. Rio de Janeiro: Borsoi, 1955. V.

PONTES DE MIRANDA. *Tratado de direito privado.* Editora Borsoi: Rio de janeiro, s/d. Tomo X.

PONTES DE MIRANDA. *Tratado da ação rescisória.* Rio de Janeiro: Forense, 1976.

PONTES DE MIRANDA. *Tratado de direito privado.* Tomo V, Rio de Janeiro: Editor Borsoi, 1955.

PONTES DE MIRANDA. *A acção rescisória.* Rio de Janeiro: Livraria Jacintho, 1934.

PONTES DE MIRANDA. *Comentário ao C.P.C. de 1973.* Tomo VIII. Rio de Janeiro: Forense, s/d.,

PONTES DE MIRANDA. *Comentário ao código de processo civil de 1939.* 2ª ed., Vol. VI, Rio de Janeiro: Forense.

PONTES DE MIRANDA. *Comentário ao código de processo civil.* Tomo IV (arts. 273 a 301), Rio de Janeiro: Editora Forense, 1959.

PONTES DE MIRANDA. *Comentário ao código de processo civil.* Tomo XVI. Rio de Janeiro, 1977.

PONTES DE MIRANDA. *Comentário ao código de processo civil.* Tomo X. Rio de Janeiro: Forense, 1976.

PONTES DE MIRANDA. *Comentário ao código de processo civil.* Vol. VII, 2ª ed., Rio de Janeiro: Revista Forense, 1959.

PONTES DE MIRANDA. *Comentários ao C.P.C. de 1973.* Vol. IX. Rio de Janeiro: Forense, s/d..

PONTES DE MIRANDA. *Comentários ao C.P.C. de 1973. Vol. X.* Rio de Janeiro: Forense, s/d.

PONTES DE MIRANDA. *Comentários ao código de processo civil de 1939.* Tomo VIII (arts. 600 – 706), 2ª ed. Rio de Janeiro: Forense, 1959.

PONTES DE MIRANDA. *Comentários ao código de processo civil de 1939.* Tomo VIII (arts. 600 – 706), 2ª ed. Rio de Janeiro: Forense, 1959.

PONTES DE MIRANDA. *Comentários ao Código de Processo Civil de 1939.* Vol. IX. 2ª ed. Rio de Janeiro: Revista Forense. 1959,

PONTES DE MIRANDA. *Comentários ao código de processo civil de 1973.* 2ª ed. Tomo I. Rio de Janeiro: Forense, 1979.

PONTES DE MIRANDA. *Comentários ao código de processo civil de 1973.* Tomo XIII. Rio de Janeiro: Forense, 1977.

PONTES DE MIRANDA. *Comentários ao código de processo civil de 1973.* Tomo XIII.

PONTES DE MIRANDA. *Comentários ao código de processo civil* de 1973. Tomo IX (arts. 566-611). Rio de Janeiro: Forense, 1976.

PONTES DE MIRANDA. *Comentários ao código de processo civil.* Tomo X. Rio de Janeiro: Forense, 1976.

PONTES DE MIRANDA. *Comentários ao código de processo civil.* Tomo I (arts. 1º – 45). 2ª ed. Rio de Janeiro: Editor Forense, 1979.

PONTES DE MIRANDA. *Comentários ao código de processo civil.* 2ª ed. Tomo VII. Rio de Janeiro: Forense, s/d.

PONTES DE MIRANDA. *Comentários ao código de processo civil.* Tomo I (arts. 1º -79). 2 ed., São Paulo: Ed. Forense, 1957.

PONTES DE MIRANDA. *Comentários ao código de processo civil.* Tomo III. Rio de Janeiro: Forense, 1973.

PONTES DE MIRANDA. *Comentários ao código de processo civil.* Tomo IV (arts. 282 – 443). 2ª Ed., Rio de Janeiro: Forense, 1979.

PONTES DE MIRANDA. *Comentários ao código de processo civil.* Tomo XIV (arts. 982-1.045). Rio de Janeiro: Forense, 1977.

PONTES DE MIRANDA. *Comentários ao código de processo civil.* Tomo XI (arts. 736 – 795). Rio de Janeiro: Forense, 1976.

PONTES DE MIRANDA. *Tratado das ações.* Tomo I. São Paulo: Editora Revista dos Tribunais, 1970. PONTES DE MIRANDA. *Tratado das ações.* Tomo VI – ações mandamentais. São Paulo: Editora Revista dos Tribunais, 1976.

PORTANOVA, Rui. *Princípios do processo civil.* 4ª Ed. Porto Alegre: Livraria do Advogado, 2001.

PRADO, Geraldo. *Sistema acusatório* – a conformidade constitucional das leis processuais penais. Rio de Janeiro: Ed. Lúmen Júris, 1999.

PRIETO-CASTRO Y FERRÁNDIZ, Leornardo. Tribunales españoles – organización y funcionamiento. 4. ed., Madrid: Ed. Tecnos, 1977.

PUBLIATTI, Salvatore. *Esecuzione forzata e diritto sostanziale.* N. 32, Milano: Giuffrè, 1935.

PUGLIATTI, Salvatore. *Esecuzione forzata e diritto sostanziale*, Milão, 1935.

PUGLIESE, Giovanni. Introdução realizada à obra de WINDSCHEID, Bernhard; MUTHER, Theodor. *Polemica sobre la 'actio'*. Trad. Tomás A. Banzhaf. Buenos Aires: Ediciones Jurídicas Europa-America, 1974.

RAFFAELLO, Magi. In *Il giusto proceso*. Associazione tra gli studiosi Del proceso penale. Milano: Dott. A. Giuffrè Editore, 1998.

RAWLS, John. *Uma teoria da justiça*. São Paulo: Martins Fontes, 2002.

RÉGIS, Mário Luiz Delgado. *In:* FIUZA, Ricardo (coordenador). *Novo código civil comentado*. São Paulo: Saraiva, 2002.

REIS, José Alberto dos. *Código de Processo Civil portuguès: Anotado*, 3ª ed., Coimbra: Coimbra, 1948, p. 5, n. 3.

REIS, José Alberto. *Processo especiais*. 1º Vol. Coimbra, 1955.

RESK. Lloveras de. *Tratado teórico – práctico de las nulidades*. Buenos Aires: Ediciones Depalma, 1985. Revista dos Tribunais, 2002.

Rezek, Francisco. *Direito internacional público – curso elementar*. 12ª ed., São Paulo: Editora Saraiva, 2010.

REZENDE, Gabriel de. *Curso de direito processual civil*. São Paulo: Ed. Saraiva, 1963. v. II.

RIPERT, Georges; BOULANGER, Jean. *Tratado de derecho civil*. Tomo I, Parte General. Buenos Aires: La Ley, s/d.

RODRIGUES, Fernando Pereira. *O novo Processo Civil – os princípios estruturantes*. Coimbra: Almedina, 2013.

RODRIGUES, Marcelo Abelha. *Ação civil pública e meio ambiente*. São Paulo: Forense Universitária, 2003.

RODRIGUES, Maria Stella Villela Souto Lopes. *ABC do processo civil – processo de conhecimento*. São Paulo: Editora Revista dos Tribunais, 1983.

RODRIGUES, Silvio. *Direito civil*. Direito de família. 27ª ed. Vol. 6. São Paulo: Ed. Saraiva, 2002.

ROSA, Eliézer. *Dicionário de processo civil*. Vbo. "Audiência de Instrução".

ROSAS, Roberto. Suprema corte Americana: acompanhamento da realidade política e econômica. *In Arquivos do Ministério da Justiça*. ano 49, número 187, janeiro/junho de 1996.

ROSEMBERG, Leo. *Tratado de derecho procesal civil*. Trad. Angela Romera Vera. Tomo II. Buenos Aires: Ediciones Juridicas Europa-America, 1955.

ROSENBERG, Leo. *Tratado de derecho procesal civil*. Trad. Angela Romera Vera. Tomo I. Buenos Aires, 1955.

ROWAT, Donald C. *El ombudsman – el defensor del ciudadano*. México: Fondo de Cultura Económica, 1973.

RUGGIERO, Roberto de. *Instituições de direito civil*. Vol. 2. Campinas: Bookseller Editora e Distribuidora, 1999.

RUGGIERO, Roberto. *Instituições de direito civil.* Trad. Paolo Capitanio. Vol. 3. Campinas: Bookseller, 1999.

RUGGIERO, Roberto. *Instituições de direito civil.* Trad. Paolo Capitanio. Vol. 3. Campinas: Bookseller, 1999.

SALES, Lilia Maia de Moraes. *Justiça e mediação de conflitos.* Belo Horizonte: Del Rey, 2003

SANCHES, Sydney. *Denunciação da lide no direito processual civil brasileiro.* São Paulo: Editora Revista dos Tribunais.

SANTOS, Ernani Fidélis dos. *Comentários ao código de processo civil.* Vol. 6. Série 6. n. 230. Rio de Janeiro: Forense.

SANTOS, Ernani Fidélis. *Manual de direito processual civil.* 5ª ed. Vol. 1. São Paulo: Editora Saraiva, 1997.

SANTOS, ERNANI FIDELIS. *Novos perfis do processo civil brasileiro* Belo Horizonte: Del Rey, 1996. SANTOS, Gildo dos. Imissão na posse. Aspectos processuais. *In* vol. *Posse e Propriedade.* Org. Yussef Said Cahali, São Paulo, 1987.

SANTOS, Moacyr Amaral Santos. *Comentários ao código de processo civil.* Vol. IV. Rio de Janeiro: Ed. Forense, 1976.

SANTOS, Moacyr Amaral. *Primeiras linhas do direito processual civil.* São Paulo: Ed. Max Limonad, 1962. v. 2.

SANTOS, Moacyr Amaral. *Comentário ao código de processo civil (1973).* IV vol. (art. 332 a 475). Rio de Janeiro: Forense, 1976.

SANTOS, Moacyr Amaral. *Comentário ao código de processo civil (1973).* IV vol. (art. 332 a 475). Rio de Janeiro: Forense, 1976.

SANTOS, Moacyr Amaral. *Da reconvenção no direito brasileiro.* 4ª ed. São Paulo: Max Limonad, 1973.

SARLET, Ingo W. *A eficácia dos direitos fundamentais.* 5ª ed. Porto Alegre: Livraria do Advogado, 2005.

SATTA, Salvatore. Astensione del giudice. In Enciclopedia del diritto. Tomo III. Milan: Editora Giuffrè, 1958.

SATTA, Salvatore. . *Direito processual civil.* Trad. de Luiz Autuori. 7. Ed., Rio de Janeiro: Editor Borsoi, 1973.

SCHMIDT, Eberhard. *Los fundamentos teóricos y constitucionales del derecho procesal penal.* Trad. José Manuel Nuñez. Buenos Aires: Bibliografia Argentina, 1957.

SCHÖNKE, Adolf. *Direito processual civil.* Revisão de Afonso Celso Rezende: Campinas: Editora Romana, 2003.

SCHUBERT, *Quantitative analisis of judicial behavior,* Glencoe, Illinois, 1959

SCHWAB, Karl Heinz. *El objeto litigioso en el proceso civil.* Trad. Tomás A. Banzhaf. Buenos Aires: Ediciones Jurídicas Europa-America, 1968.

SCOGNAMIGLIO. Renato. *Contributo alla teoria del negozio giuridico*, Napoli: Jovene, s/d. n. 137,

SEE SAMUEL KRSLOV. 'The Amicus Curiae Brief: From Friendship to Advocacy'. Vol. 72 (1963) *Yale Law Journal.*

SEE STEPHEN L. WASBY, 'Amicus Briel', included in Kermit L. Hall, edtor-in-chiefl. *The Oxford Companion to the Supremo Court of the United States.* (Oxford: Oxford university Press, 1992)

SERPA LOPES, Maria Miguel de. *Curso de direito civil.* 6ª ed., Vol. I. Rio de Janeiro: Livraria Freitas Bastos S.A., 1988.

SERPA LOPES, Miguel Maria de. *Comentários à lei de introdução ao código civil.* 2ª ed. Vol. I, São Paulo: Livraria Freitas Bastos, 1959.

SERPA LOPES, Miguel Maria de. *Exceções substanciais: exceção de contrato não cumprido.* Rio de Janeiro: Livraria Freitas Bastos S.A., 1959.

SERPA LOPES, Miguel Maria. *Curso de direito civil.* 6. Ed. Vol. 1. Rio de Janeiro: Livraria Freitas Bastos S.A., 1988.

SERPA LOPES, Miguel Maria. *Curso de direito civil.* Vol. III. 4ª Ed., rev. e atual. Rio de Janeiro: Livraria Freitas Bastos, 1964.

SICHES, Luis Recaséns. *Introdução ao estudo do direito.* 12 ed. México: Editorial Porrua, 1997.

SILVA, De Plácido, *Vocabulário jurídico.* Rio de Janeiro: Forense, 1984. v. IV.

SILVA, Ovídio Baptista. *Curso de direito processual civil.* Vol. II, Porto Alegre: Fabris, 1990,

SOUSA. Rabindranath V. A. Capelo. *O direito geral de personalidade.* Coimbra: Coimbra Editora, 1995. GABLIANO, Pablo Stolze; PAMPLONA FILHO, Rodolfo. *Novo curso de direito civil.* Parte Geral. Vol. I. 10ª Ed. São Paulo: Editora Saraiva, 2008.

SOUZA, Artur César de. *Contraditório e revelia – perspectiva crítica dos efeitos da revelia em face da natureza dialética do processo.* São Paulo: Ed. Revista dos Tribunais, 2003.

SOUZA, Artur César. *A parcialidade positiva do juiz.* São Paulo. Editora: Revista dos Tribunais, 2008.

SOUZA, Ernani Vieira, *Enciclopédia Saraiva de Direito.* São Paulo: Saraiva, 1977, v. 36.

SOUZA, Gelson Amaro. Da revelia. *RePro, n. 80,* São Paulo, out.-dez. 1995.

SOUZA, Orlando. *Inventários e partilhas – doutrina – jurisprudência – formulários.* 11ª ed. Rio de Janeiro: Forense, 1984.

STARLING, Leão Vieira. *Inventários e partilhas.* 3ª ed. São Paulo: Saraiva, 1947.

Sztajn, Raquel. *Direito de recesso,* Faculdade de Direito da USP, 1982.

TABOSA, FÁBIO, *in: Código de processo civil interpretado.* Coord. Antonio Carlos Marcato, São Paulo, Ed. Atlas, 2004.

TARUFFO, Michele. Il significato costituzionale dell'obbligo di motivazione. In: GRINOVER, Ada Pellegrini; DINAMARCO, Cândido Rangel; WATANABE, Kazuo (coord..). *Participação e processo.* São Paulo: RT, 1988.

TARUFFO, Michele. *La motivación de la sentencia civil.* Trad. Lorenço Córdova Vianello. México: Tribunal Electoral del Poder Judicial de la Federación, 2006.

TARUFFO, Michele. *La prueba de los hechos.* Trad. Jordi Ferrrer Bletrán. Madri: Editorial Trotta, 2005.

TARZIA, Giuseppe. *Lineamenti del processo civile di cognizione.* Seconda edizione. Milano: Dott. A. Giuffre Editore, 2002.

TEIXEIRA, J.H. Mirelles. *Curso de direito constitucional.* Rio de Janeiro: Forense, 1991. p. 315.

TELLES. Inocêncio Galvão. *Manual dos contratos em geral.* Coimbra: Coimbra Editora, 2002.

TESCHEINER, José Maria. Ata notarial como meio de prova – uma revolução no processo civil. *In: Boletim eletrônico IRIB*, São Paulo, agosto de 2004, n. 1.259 de 26.08.2004.

TESHEINER. José Maria. *Pressupostos processuais e nulidades no processo civil.* São Paulo: Editora Saraiva, 2000.

THEODORO JÚNIOR, Humberto. *Curso de direito processual civil.* 32ª ed., Vol. I Rio de Janeiro: Forense, 2000.

THEODORO JÚNIOR, Humberto. *Curso de direito processual civil.* 18. ed., Rio de Janeiro: Forense, 1999, v. 3.

THEODORO JÚNIOR. Humberto. *Terras particulares, demarcação, divisão, tapumes.* 4ª ed. São Paulo: Editora Saraiva, 1999.

TOMASZEWSKI, Adauto de Almeida. A ata notarial como meio de prova e efetivação de direitos. *Revista Cien. Jurídica e Sociológica da Unipar*, Umuara, vol. 11, n. 1, p. 7-23, jan./jun., 2008.

TONINI, Paolo. *Manuale di procedura penale.* Milano: Giuffrè Editore, 2007.

TORNAGHI, Hélio. *Comentários ao código de processo civil.* 2ª ed., São Paulo: Ed. Revista dos Tribunais, 1976.

TUCCI, Rogério Lauria. *Da contumácia no processo civil brasileiro.* São Paulo: Ed. José Bushatsky, 1964.

TUCCI, Rogério Lauria. *Direitos e garantias individuais no processo penal brasileiro.* São Paulo: Saraiva, 1993.

UMBERTIS, Giulio. in Il giusto processo. Associazione tra gli studiosi del processo penale. Milano: Dott. A. Giuffrè Editore, 1998.

VASCONCELOS, Julenildo Nunes. CRUZ, Antonio Augusto. *Direito notarial: teoria e prática.* Rio de Janeiro: Forense, 2006.

VELOSO, Zeno. *In:* FIUZA, Ricardo (Coordenador). *Novo código civil comentado.* São Paulo: Saraiva, 2002.

VENOSA, Sílvio Salvo. *Direito civil.* 9ª ed. Teoria geral das obrigações e teoria geral dos contratos. São Paulo: Editora Atlas, 2009.

VENOSA. Sílvio de Salvo. *Direito civil.* 7ªed. São Paulo: Editora Atlas, 2007.

VERDE, Filippo. *I provvdimenti cautelari – la nuova disciplina.* Padova: CEDAM, 2006.

VERDE, Giovanni; CAPPONI, Bruno. *Proffili del processo civile.* 3. Processo di esecuzione e procedimenti speciali. Napoli: Jovene, 2006.

VERDE, Giovanni; CAPPONI, Bruno. *Profili del processo civile* 3. Processo di esecuzione e procedimenti speciali . Napoli: Jovene Editore, 2006.

VERDE, Giovanni; CAPPONI, Bruno. *Profili del processo civile.* 3. Processo di esecuzione e procedimenti speciali. Napoli: Jovene Editore, 2006.

VERDE, Giovanni; CAPPONI, Bruno. *Profili del processo civile.* Napoli: Jovene Editore, 2006.

VERONESE, Alexandre. O terceiro poder em crise: impasses e saídas; *Cadernos Adenauer,* Ano III, 2002, n. 06, Rio de Janeiro: Ed. Fundação Konrad.

VIAGAS BARTOLOMÉ. Plácido Fernández. El juez imparcial. Granada: Editorial Comares, 1997.

WAMBIER, Luis Rodrigues (Coordenação); TALAMINI, Eduardo; CORREIA DE ALMEIDA. Flávio Renato Correia. *Curso avançado de processo civil.* Teoria geral do processo e processo de conhecimento. V. 1. 10ª ed., São Paulo: Ed. R.T., 2008.

WAMBIER, Luiz Rodrigues (Coord). *Curso avançado de processo civil.* 9º e. Vol. 2. Execução. São Paulo: Editora Revista dos Tribunais, 2007.

WAMBIER, Luiz Rodrigues; WAMBIER, Teresa Arruda Alvim. *Breves comentários à 2º fase da reforma do Código de Processo Civil.* 2ª ed. São Paulo: Editora Revista dos Tribunais, 2002.

WAMBIER, Luiz Rodrigues; WAMBIER, Teresa Arruda Alvim. *Breves comentários à 2ª fase da reforma do código de processo civil.* 2ª ed. São Paulo: Editora Revistas dos Tribunais, 2002, p. 131.

WAMBIER, Teresa Alvim; MEDINA, José Miguel Garcia. *O dogma da coisa julgada – hipóteses de relativização.* São Paulo: Editora Revista dos Tribunais, 2003.

WAMBIER, Teresa Arruda Alvim. *Direitos de família e do menor.* 3ª ed. Belo Horizonte: Del Rey, 1993. WAMBIER, Teresa Arruda Alvim. *Nulidades do processo e da sentença.* São Paulo, R.T., 1998.

WAMBIER, Teresa Arruda Alvim. *Os agravos no CPC brasileiro.* 4ª ed. São Paulo: Editora Revista dos Tribunais, 2005.

WAMBIER, Teresa Arruda. *Os agravos no CPC brasileiro.* 4ª Ed., São Paulo: Editora Revista dos Tribunais, 2006.

WAMBIER. Luiz Rodrigues. *Curso avançado de processo civil.* V. 1. Teoria Geral do Processo e Processo de Conhecimento, 10ª edição, revista, atualizada e ampliada. São Paulo: Ed. R.T., 2008.

WATANABE, Kazuo. *Da cognição no processo civil.* 2. ed. 2. Tiragem. Campinas: Bookseller, 2000.

WATANABE, Kazuo. *Da cognição no processo civil.* São Paulo: Revista dos Tribunais, 1987.

WELLMAN, Francis L. *The art of cross-examination.* Fourth edition. New York: Touchstone Book, 1997.

WHITAKER, Firmino. *Terras: divisão e demarcação.* 2ª ed., 1920.

YARSHELL, Flavio Luiz. *Competência no Estatuto do Idoso (lei n. 10.741/03),* In: http://www.mundo jurídico.adv.br. 29.12.2004.

YARSHELL, Flávio Luiz. *Tutela jurisdicional específica nas obrigações de declaração de vontade.* São Paulo: Malheiros, 1993.

YARSHELL, Flávio Luiz. *Tutela jurisdicional.* São Paulo: Atlas, 1998.

ZANITELLI, Leandro Martins. Abuso da pessoa jurídica e desconsideração. *In* Org. COSTA-MARTINS, Judith. *A reconstrução do direito privado.* São Paulo. Editora Revista dos Tribunais, 2002.

ZANZUCCHI, Marco Tullio. *Diritto processuale civile.* vol. I, 4ª ed., Milano: Giuffrè, 1948.

ZANZUCCHI. Marco Túlio. *Diritto processuale civile,* Milão, 1946, Tomo III.

ZAVASCKI, Teori Albino. *Comentários ao código de processo civil.* Vol.8. São Paulo: Ed. Revista dos Tribunais, 2000.

ZAVASCKI. Teori Albino. *Tutela de tutela.* São Paulo: R.T., 1997.

ZOCCOLI, Dinemar. Autenticidade e integridade dos documentos eletrônicos: a firma eletrônica. *IN:* ROVER, Aires José (Org). *Direito, Sociedade e Informática: limites e perspectivas da vida digital.* Florianópolis: Fundação Boiteux, 2000.

TABELA COMPARATIVA DO NOVO C.P.C. COM O C.P.C. DE 1973 E COM CÓDIGOS ESTRANGEIROS

NOVO CPC	CPC 1973	CPC PORTUGAL	CPC ITÁLIA	CPC ESPANHA
Art. 693				
Art. 694				
Art. 695				
Art. 696				
Art. 697				
Art. 698				
Art. 699				
Art. 700	Art. 1102-A		Art. 633 Art. 634 Art. 635	
Art. 701	Art. 1102-B		Art. 641	
Art. 702	Art. 1102-C		Art. 645 Art. 646	
Art. 703	Art. 874			
Art. 704	Art. 875			
Art. 705				
Art. 706	Art. 876			
Art. 707	Art. 1218	Art. 1072 Art. 1073 Art. 1074		
Art. 708				
Art. 709				
Art. 710				

NOVO CPC	CPC 1973	CPC PORTUGAL	CPC ITÁLIA	CPC ESPANHA
Art. 711				
Art. 712	Art. 1063			
Art. 713	Art. 1064			
Art. 714	Art. 1065			
Art. 715	Art. 1066			
Art. 716	Art. 1067			
Art. 717	Art. 1068			
Art. 718	Art. 1069			
Art. 719	Art. 1103	Art. 986		
Art. 720	Art. 1104			
Art. 721	Art. 1105			
Art. 722	Art. 1104			
Art. 723	Art. 1109	Art. 987		
Art. 724	Art. 1110			
Art. 725	Art. 1112			
Art. 726	Art. 867			
Art. 727				
Art. 728	Art. 869			
Art. 729	Art. 872			
Art. 730	Art. 1113 Art. 1114 Art. 1115 Art. 1116 Art. 1117 Art. 1118 Art. 1119			
Art. 731	Art. 1120 Art. 1121	Art. 994	Art. 706 Art. 711	
Art. 732				
Art. 733	Art. 1124-A			
Art. 734				
Art. 735	Art. 1125 Art. 1126 Art. 1127	Art. 885		
Art. 736	Art. 1128 Art. 1129			

NOVO CPC	CPC 1973	CPC PORTUGAL	CPC ITÁLIA	CPC ESPANHA
Art. 737	Art. 1130 Art. 1131 Art. 1132 Art. 1133 Art. 1134			
Art. 738	Art. 1142		Art. 781	
Art. 739	Art. 1143 Art. 1144		Art. 782	
Art. 740	Art. 1145 Art. 1146 Art. 1147 Art. 1148 Art. 1149 Art. 1150 Art. 1151			
Art. 741	Art. 1152 Art. 1153 Art. 1154			
Art. 742	Art. 1155 Art. 1156		Art. 783	
Art. 743	Art. 1157 Art. 1158			
Art. 744	Art. 1159 Art. 1160	Art. 1021	Art. 721 Art. 722	
Art. 745	Art. 1161 Art. 1162 Art. 1163 Art. 1164 Art. 1165 Art. 1166 Art. 1167 Art. 1168 Art. 1169	Art. 1022 Art. 1023 Art. 1024 Art. 1025	Art. 723	
Art. 746	Art. 1170 Art. 1171 Art. 1172 Art. 1173 Art. 1174 Art. 1175 Art. 1176			
Art. 747	Art. 1177	Art. 891		
Art. 748	Art. 1178 Art. 1179			

NOVO CPC	CPC 1973	CPC PORTUGAL	CPC ITÁLIA	CPC ESPANHA
Art. 749	Art. 1180	Art. 891		
Art. 750				
Art. 751	Art. 1181	Art. 896 Art. 897		
Art. 752	Art. 1182	Art. 894 Art. 895		
Art. 753	Art. 1183	Art. 896 Art. 898		
Art. 754	Art. 1184	Art. 901		
Art. 755		Art. 901		
Art. 756	Art. 1186	Art. 905		
Art. 757				
Art. 758				
Art. 759	Art. 1187			
Art. 760	Art. 1192 Art. 1193			
Art. 761	Art. 1194 Art. 1195 Art. 1196			
Art. 762	Art. 1197			
Art. 763	Art. 1198			
Art. 764	Art. 1199 Art. 1200			
Art. 765	Art. 1204			
Art. 766	Art. 1218			
Art. 767				
Art. 768				
Art. 769				
Art. 770				
Art. 771	Art. 598	Art. 6º		
Art. 772	Art. 341 Art. 599	Art. 723	Art. 485	Art. 591
Art. 773	Art. 341			
Art. 774	Art. 600 Art. 601 Art. 739-B	Art. 767		

NOVO CPC	CPC 1973	CPC PORTUGAL	CPC ITÁLIA	CPC ESPANHA
Art. 775	Art. 569	Art. 848	Art. 629	
Art. 776	Art. 574	Art. 866		
Art. 777	Art. 739-B			
Art. 778	Art. 566 Art. 567	Art. 53 Art. 54 Art. 57		
Art. 779	Art. 568	Art. 53 Art. 54	Art. 477	
Art. 780		Art. 56		
Art. 781	Art. 575 Art. 576 Art. 578	Art. 85 Art. 86 Art. 87 Art. 88 Art. 89 Art. 90	Art. 26	
Art. 782	Art. 577 Art. 579			
Art. 783	Art. 580 Art. 586	Art. 713	Art. 474	
Art. 784	Art. 585	Art. 703	Art. 474	
Art. 785				
Art. 786	Art. 580	Art. 713	Art. 474	
Art. 787	Art. 582			
Art. 788	Art. 581			
Art. 789	Art. 591	Art. 735		
Art. 790	Art. 592	Art. 740 Art. 747		
Art. 791	Art. 593			
Art. 792	Art. 593			
Art. 793	Art. 594			
Art. 794	Art. 595	Art. 745		
Art. 795	Art. 596			
Art. 796	Art. 597	Art. 744		
Art. 797	Art. 612			
Art. 798	Art. 614 Art. 615	Art. 715		Art. 549 Art. 550
Art. 799	Art. 619		Art. 498	

NOVO CPC	CPC 1973	CPC PORTUGAL	CPC ITÁLIA	CPC ESPANHA
Art. 800	Art. 571	Art. 714		
Art. 801	Art. 616			
Art. 802	Art. 617			
Art. 803	Art. 618			
Art. 804				
Art. 805	Art. 620			
Art. 806	Art. 621	Art. 859 Art. 861	Art. 605 Art. 606	Art. 701
Art. 807	Art. 624			
Art. 808	Art. 626			
Art. 809	Art. 627	Art. 867		
Art. 810	Art. 628			
Art. 811	Art. 629			Art. 702
Art. 812	Art. 630			
Art. 813	Art. 631			
Art. 814	Art. 287			
Art. 815	Art. 632	Art. 868		Art. 705
Art. 816	Art. 633	Art. 869 Art. 870		Art. 706
Art. 817	Art. 634	Art. 870 Art. 871 Art. 872 Art. 873 Art. 874		
Art. 818	Art. 635			
Art. 819	Art. 636			
Art. 820	Art. 637	Art. 871 Art. 872		
Art. 821	Art. 638			
Art. 822	Art. 642	Art. 876		
Art. 823	Art. 643	Art. 877		
Art.824	Art. 646			Art. 571
Art. 825	Art. 647			

NOVO CPC	CPC 1973	CPC PORTUGAL	CPC ITÁLIA	CPC ESPANHA
Art. 826	Art. 651	Art. 842 Art. 843 Art. 843 Art. 844 Art. 845		
Art. 827	Art. 652-A	Art. 855		Art. 553 Art. 551
Art. 828	Art. 615-A			
Art. 829	Art. 652	Art. 726		
Art. 830	Art. 653 Art. 654			
Art. 831	Art. 659	Art. 735	Art. 491	
Art. 832	Art. 648			
Art. 833	Art. 649	Art. 736 Art. 738 Art. 739	Art. 514	Art. 605 Art. 606 Art. 607 Art. 608
Art. 834	Art. 650			
Art. 835	Art. 655	Art. 752		
Art. 836	Art. 659			
Art. 837	Art. 655-A	Art. 749 Art. 780		Art. 621
Art. 838	Art. 665	Art. 753 Art. 766		Art. 624
Art. 839	Art. 664	Art. 753		
Art. 840	Art. 666			
Art. 841	Art. 652	Art. 753		
Art. 842	Art. 655	Art. 786		
Art. 843	Art. 655-B	Art. 743 Art. 781		
Art. 844	Art. 659			
Art. 845	Art. 659	Art. 755		
Art. 846	Art. 660	Art. 757		
Art. 847	Art. 656	Art. 856	Art. 492	
Art. 848	Art. 667	Art. 751		
Art. 849				
Art. 850			Art. 584	

NOVO CPC	CPC 1973	CPC PORTUGAL	CPC ITÁLIA	CPC ESPANHA
Art. 851				
Art. 852	Art. 670			
Art. 853				
Art. 854	Art. 655-A	Art. 749 Art. 780		
Art. 855	Art. 671	Art. 773	Art. 543	
Art. 856	Art. 672	Art. 774 Art. 775 Art. 777	Art. 546	
Art. 857	Art. 673	Art. 779		
Art. 858	Art. 675	Art. 779		Art. 622
Art. 859	Art. 676	Art. 778		
Art. 860	Art. 674			
Art. 861		Art. 781		
Art. 862	Art. 677	Art. 782		Art. 630
Art. 863	Art. 678			
Art. 864	Art. 679	Art. 768 Art. 769 Art. 770		
Art. 865				
Art. 866	Art. 655-A			
Art. 867	Art. 716	Art. 803	Art. 592 Art. 593	
Art. 868	Art. 717 Art. 718 Art. 719		Art. 592	
Art. 869	Art. 719 Art. 720	Art. 804	Art. 592 Art. 593 Art. 594	
Art. 870	Art. 680	Art. 766		Art. 637 Art. 638
Art. 871	Art. 684 Art. 682			
Art. 872	Art. 681	Art. 766		
Art. 873	Art. 683			
Art. 874	Art. 685			
Art. 875				

NOVO CPC	CPC 1973	CPC PORTUGAL	CPC ITÁLIA	CPC ESPANHA
Art. 876	Art. 685-A	Art. 799 Art. 819	Art. 501 Art. 505 Art. 506	Art. 651 Art. 670
Art. 877	Art. 685-B	Art. 801	Art. 507	
Art. 878				
Art. 879	Art. 685-C	Art. 811	Art. 503	
Art. 880	Art. 685-C	Art. 831 Art. 832 Art. 333	Art. 532	
Art. 881	Art. 686 Art. 689-A		Art. 534	
Art. 882				
Art. 883	Art. 706		Art. 534-bis	
Art. 884		Art. 818	Art. 533	Art. 644
Art. 885	Art. 690	Art. 824	Art. 535	
Art. 886	Art. 686	Art. 817		Art. 645 Art. 646
Art. 887	Art. 687	Art. 817		Art. 645
Art. 888	Art. 688			
Art. 889	Art. 687 Art. 698	Art. 819		
Art. 890	Art. 690-A			Art. 647
Art. 891	Art. 692	Art. 816		Art. 650
Art. 892	Art. 690	Art. 824 Art. 815 Art. 540		Art. 654
Art. 893	Art. 691			
Art. 894	Art. 702			
Art. 895	Art. 690			
Art. 896	Art. 701			
Art. 897	Art. 695	Art. 824 Art. 825		Art. 653
Art. 898	Art. 696			
Art. 899	Art. 692	Art. 813	Art. 504	
Art. 900	Art. 689			

NOVO CPC	CPC 1973	CPC PORTUGAL	CPC ITÁLIA	CPC ESPANHA
Art. 901	Art. 693 Art. 703 Art. 707	Art. 826 Art. 827 Art. 828		
Art. 902				
Art. 903	Art. 694	Art. 835 Art. 838 Art. 839		
Art. 904	Art. 708	Art. 795		
Art. 905	Art. 709	Art. 798		
Art. 906				
Art. 907	Art. 710			
Art. 908	Art. 711		Art. 510	
Art. 909	Art. 712			
Art. 910	Art. 730 Art. 731			
Art. 911	Art. 732 Art. 733	Art. 933		
Art. 912	Art. 734			
Art. 913	Art. 732			
Art. 914	Art. 736	Art. 728	Art. 615	Art. 556 Art. 557
Art. 915	Art. 738	Art. 728	Art. 617	
Art. 916	Art. 745-A	Art. 806		
Art. 917	Art. 745	Art. 731		
Art. 918	Art. 739	Art. 732		
Art. 919	Art. 739-A	Art. 733		
Art. 920	Art. 740			
Art. 921	Art. 791	Art. 793 Art. 863	Art. 623 Art. 624	
Art. 922	Art. 792		Art. 624-bis Art. 627	
Art. 923	Art. 793		Art. 626	
Art. 924	Art. 794	Art. 849	Art. 629 Art. 630	
Art. 925	Art. 795			
Art. 926				

NOVO CPC	CPC 1973	CPC PORTUGAL	CPC ITÁLIA	CPC ESPANHA
Art. 927				
Art. 928				
Art. 929	Art. 547			
Art. 930	Art. 509 Art. 548			
Art. 931	Art. 549	Art. 657		
Art. 932	Art. 557 Art. 558	Art. 652 Art. 655 Art. 656		
Art. 933				
Art. 934	Art. 552			
Art. 935	Art. 552			
Art. 936	Art. 562			
Art. 937	Art. 554	Art. 659		
Art. 938	Art. 560			
Art. 939	Art. 561			
Art. 940	Art. 555			
Art. 941	Art. 556	Art. 663		
Art. 942	Art. 498			
Art. 943	Art. 563 Art. 564	Art. 663 Art. 664		
Art. 944				
Art. 945				
Art. 946	Art. 559 Art. 562			
Art. 947	Art. 555			
Art. 948	Art. 480			
Art. 949	Art. 481			
Art. 950	Art. 482			
Art. 951	Art. 116	Art. 111		Art. 60
Art. 952	Art. 117			
Art. 953	Art. 118	Art. 111		
Art. 954	Art. 119			
Art. 955	Art. 120	Art. 113		
Art. 956	Art. 121			

NOVO CPC	CPC 1973	CPC PORTUGAL	CPC ITÁLIA	CPC ESPANHA
Art. 957	Art. 122	Art. 113 Art. 114		
Art. 958	Art. 123			
Art. 959	Art. 124			
Art. 960	Art. 483	Art. 706	Art. 796 Art. 800	
Art. 961				
Art. 962				
Art. 963		Art. 980	Art. 797	
Art. 964		Art. 180		
Art. 965				
Art. 966	Art. 485 Art. 486	Art. 696	Art. 395	Art. 510
Art. 967	Art. 487	Art. 616	Art. 397	Art. 511
Art. 968	Art. 488	Art. 698	Art. 398	Art. 513
Art. 969	Art. 489	Art. 700 Art. 702	Art. 401	Art. 515
Art. 970	Art. 491	Art. 699	Art. 399 Art. 400	Art. 514
Art. 971		Art. 700		
Art. 972	Art. 492			
Art. 973	Art. 493			
Art. 974	Art. 494	Art. 701	Art. 402	Art. 516
Art. 975	Art. 495	Art. 697		Art. 512
Art. 976				
Art. 977				
Art. 978				
Art. 979				
Art. 980				
Art. 981				
Art. 982				
Art. 983				
Art. 984				
Art. 985				
Art. 986				

NOVO CPC	CPC 1973	CPC PORTUGAL	CPC ITÁLIA	CPC ESPANHA
Art. 987				
Art. 988				
Art. 989				
Art. 990				
Art. 991				
Art. 992				
Art. 993				
Art. 994	Art. 496	Art. 627	Art. 323	Art. 448
Art. 995	Art. 497		Art. 337 Art. 338	
Art. 996	Art. 499	Art. 631	Art. 404 Art. 405 Art. 406 Art. 407 Art. 408	
Art. 997	Art. 500	Art. 633		
Art. 998	Art. 501	Art. 632		Art. 450
Art. 999	Art. 502	Art. 632		
Art.1000	Art. 503		Art. 329	
Art.1001	Art. 504	Art. 630		Art. 451
Art.1002	Art. 505	Art. 635		
Art.1003	Art. 506 Art. 508	Art. 638	Art. 325	Art. 452
Art.1004	Art. 507			
Art.1005	Art. 509	Art. 634		
Art.1006	Art. 510			
Art.1007	Art. 511	Art. 642		
Art.1008	Art. 512			
Art.1009	Art. 513	Art. 644	Art. 339	
Art.1010	Art. 514		Art. 342	
Art.1011	Art. 557 Art. 558	Art. 652		
Art.1012	Art. 520 Art. 521	Art. 647		
Art.1013	Art. 515 Art. 516	Art. 647		

NOVO CPC	CPC 1973	CPC PORTUGAL	CPC ITÁLIA	CPC ESPANHA
Art.1014	Art. 517			
Art.1015	Art. 522			
Art.1016	Art. 524			
Art.1017	Art. 525			
Art.1018	Art. 526			
Art.1019	Art. 527			
Art.1020	Art. 528			
Art.1021	Art. 545			
Art.1022	Art. 535	Art. 613 Art. 614	Art. 287 Art. 288	Art. 214 Art. 215
Art.1023	Art. 536			
Art.1024	Art. 537			
Art.1025				
Art.1026	Art. 538			
Art.1027	Art. 539			
Art.1028	Art. 540			
Art.1029	Art. 541	Art. 69, 70 (lei 28/82)		Art. 477
Art.1030	Art. 542			Art. 479
Art.1031	Art. 543			
Art.1032 Art.1033				
Art.1034				
Art.1035	Art. 543-A			
Art.1036	Art. 543-C Art. 543-B			
Art.1037	Art. 543-C Art. 543-B			
Art.1038	Art. 543-C Art. 543-B			
Art.1039	Art. 543-C Art. 543-B			
Art.1040	Art. 543-C Art. 543-B			
Art.1041				

NOVO CPC	CPC 1973	CPC PORTUGAL	CPC ITÁLIA	CPC ESPANHA
Art.1042	Art. 544			
Art.1043	Art. 546			
Art.1044	Art. 546			
Art.1045				
Art.1046				
Art.1047				
Art.1048				
Art.1049				
Art.1050				
Art.1051				
Art.1052				
Art.1053				
Art.1054				
Art.1055				
Art.1056				
Art.1057				
Art.1058				
Art.1059				
Art.1060				
Art.1061				
Art.1062				
Art.1063				
Art.1064				
Art.1065				
Art.1066				
Art.1067				
Art.1068				
Art.1069				
Art.1070				
Art.1071				
Art.1072				
NOVO	1973	PORTUGAL	ITÁLIA	ESPANHA

ÍNDICE